Ingeborg Schnack

Rainer Maria Rilke
Chronik seines Lebens und seines Werkes
1875-1926

Erweiterte Neuausgabe
herausgegeben
von Renate Scharffenberg

Insel Verlag

Dem Andenken von Rilkes Tochter Ruth

Erste Auflage Frankfurt am Main und Leipzig 2009
© Insel Verlag Frankfurt am Main 1975
Alle Rechte vorbehalten, insbesondere das der Übersetzung,
des öffentlichen Vortrags sowie der Übertragung
durch Rundfunk und Fernsehen, auch einzelner Teile.
Kein Teil des Werkes darf in irgendeiner Form
(durch Fotografie, Mikrofilm oder andere Verfahren)
ohne schriftliche Genehmigung des Verlages reproduziert
oder unter Verwendung elektronischer Systeme verarbeitet,
vervielfältigt oder verbreitet werden.
Satz: TypoForum GmbH, Seelbach
Druck: CPI – Ebner & Spiegel, Ulm
Printed in Germany
ISBN 978-3-458-17433-2

1 2 3 4 5 6 – 14 13 12 11 10 09

Inhalt

An den Leser · 1975 9
An den Leser · 2008 12

Kindheit und Jugend · 1875-1895 17
Student in Prag und München · 1895-1897 44
Berliner Studienjahre · 1897-1899 70
Reisen in Rußland · 1899-1900 90
Worpswede – Westerwede · 1900-1902 115
Erster Pariser Aufenthalt · 1902-1903 158
In Rom · 1903-1904 180
Gastfreundschaften in Schweden · 1904 195
Neue Freunde · 1905 210
Bei Rodin · 1905-1906 223
Erste Meisterschaft · 1906 245
Capri · 1906-1907 257
Paris: Die »Neuen Gedichte« · 1907 269
Begegnungen und Beziehungen · 1907-1908 285
Paris: »Der neuen Gedichte anderer Teil« · 1908 ... 303
Paris: Die Vollendung der »Aufzeichnungen des
Malte Laurids Brigge« · 1909-1910 320
Beginn der Schaffenskrise · 1910 339
Die Reisen in Nordafrika · 1910-1911 356
Zurück in Paris: Übertragungen · 1911 365
Rilkes letzte Reise nach Böhmen · 1911 374
Das Legat · 1911 377
Duino: Die ersten »Elegien« · 1911-1912 382
Sommer in Venedig · 1912 400
In Spanien · 1912-1913 409
Paris: 17, rue Campagne-Première · 1913 420
Unstetes Reisen in Deutschland · 1913 429
Letzte Arbeitszeit in Paris · 1913-1914 440
Aufbruch · 1914 461
Erste Kriegszeit: München und Berlin · 1914-1915 . 474
Bis zur Einberufung · 1915 488
Militärdienst in Wien · 1916 520

Zurück in München · 1916-1917 534
Rilkes letzte Reise in Deutschland · 1917 559
Der Winter im Hotel Continental · 1917-1918 576
München: Ainmillerstraße 34^{IV} · 1918 592
Kriegsende und Revolution · 1918 602
Die letzten Monate in München · 1919 613
Anfänge in der Schweiz · 1919 635
Vortragsreise in der Schweiz · 1919 653
Winter in Locarno · 1919-1920 660
Auf dem Schönenberg bei Basel · 1920 672
Wiederanknüpfungsversuche: Venedig und Paris · 1920 682
Schloß Berg am Irchel · 1920-1921 696
Auf der Suche nach dem »Elegien-Ort« · 1921 727
Der Anfang in Muzot · 1921-1922 737
Die »Duineser Elegien« und »Die Sonette an Orpheus« · 1922 ... 762
Der Sommer in Muzot · 1922 778
Arbeitswinter in Muzot: »Paul Valéry: Gedichte« · 1922-1923 ... 799
Die Zeit der Gäste · 1923 819
Kleine Reisen in der Schweiz · 1923 830
Patient in Schöneck und Val-Mont · 1923-1924 838
Späte Gedichte und »Poèmes français« · 1924 862
›Zwischenzeit‹ · 1924 883
»Les Quatrains Valaisans« · 1924 896
Vor der Abreise nach Paris: Muzot · Bern · Val-Mont · 1924-1925 . . 907
Ein letztes Mal: Paris · 1925 920
Zurück in der Schweiz · 1925 949
Muzot: Der fünfzigste Geburtstag · 1925 954
Wieder in Val-Mont · 1925-1926 975
»La vie au ralenti« · 1926 1001
Muzot: Die letzten Valéry-Übertragungen · 1926 1026
Das Ende · 1926 1036

Nachwort 1045

Verzeichnis der Fundorte für die im Text verwendeten Zitate . 1051
Verzeichnis der Namen......................... 1088
Verzeichnis der Länder und Orte 1204
Verzeichnis der Werke Rilkes 1218

AN DEN LESER

Diese Chronik ist keine Biographie Rilkes, die Aufgabe, sich aus den darin aufgezeichneten Fakten, den Erlebnissen, Erfahrungen, Ansichten und Urteilen ein biographisches Ganzes zu bilden, muß der Leser selber leisten. Der Chronist sammelt, erforscht, untersucht und berichtet, damit im Ablauf der Tage sichtbar werden kann, unter welchen Bedingungen sich Rilkes Leben vollzog, welche Begegnungen mit Menschen, mit Landschaften und Städten, mit Kunstwerken, Büchern und ›Dingen‹ ihm widerfuhren und was sie für ihn bedeuteten. Dabei versucht die Chronik, soviel Lebenswirklichkeit, soviel Alltag, soviel von den wirtschaftlichen Grundlagen von Rilkes Existenz wie möglich zu erfassen. Vieles aus diesem Alltag erklärt sich aus den Arbeitsbedingungen, die ihm unerläßlich waren. Sie fassen sich auch für Rilke in der dezidierten Erklärung Goethes zusammen: »denn dabei bleibt es nun einmal, daß ich ohne absolute Einsamkeit nicht das mindeste hervorbringen kann ...« (7. 8. 1799 an Schiller)
Rilke hat keine Erinnerungen hinterlassen, keinen seiner Lebensabschnitte zusammenfassend dargestellt. Unmittelbar Autobiographisches findet sich bei ihm in den Prager und frühen Berliner Jahren in der Form von ›Selbstanzeigen‹. Hinzu tritt neben kleineren, diesen verwandten Aufzeichnungen jetzt ein lange unveröffentlichtes Dokument aus dem Frühjahr 1921, den letzten Tagen auf Schloß Berg: »Das Testament« (1975 als Faksimile-Druck erstmals publiziert), niedergeschrieben im Gefühl, er habe zum ersten Mal im Leben seine Arbeit verraten, das mithin mehr zur inneren als zur äußeren Biographie des Dichters beiträgt.
Dagegen hat Rilke immer wieder Tagebuch geführt oder doch tägliche Aufzeichnungen gemacht. Bekannt sind das Florenzer, das Schmargendorfer und das Worpsweder Tagebuch, die Ruth und Carl Sieber-Rilke 1933 beziehungsweise 1942 zuerst herausgaben, sie umfassen die Jahre 1898 bis 1900 und sind an Lou Andreas-Salomé gerichtet. Rilke spricht zudem in dieser Frühzeit von seinen ›Skizzenbüchern‹, da er seine Verse vielfach mit Zeichnungen begleitet, später heißt es ›Taschenbücher‹, sie bergen Niederschriften aller Art. Der Gräfin Caroline Stauffenberg gegenüber bezeichnet er 1919 etwa das »Erlebnis« als ›Tagebuch-Blatt‹, dessen Veröffentlichung ihm schwergefallen ist. Im Juli

1904 klagt er Clara Rilke, es dränge in Schweden soviel Neues auf ihn ein, daß er nicht einmal Tagebuch schreibe; viel später erfährt Elya Nevar, es enthielten seine »täglichen Anmerkungen«, die er »schlagwörtlich aufschreibe«, außer ein paar Dingen und Häusern nur Menschen (Ende Juli 1919). Doch gewannen bereits die Monate in Locarno Rilke in der Verlassenheit dieses Winters ausführliche Aufzeichnungen ab.

Diese ›Tagebücher und persönlichen Aufzeichnungen‹, Rilkes »Taschenbücher«, sind als Ganzes für eine Publikation im Rahmen der »Sämtlichen Werke« vorgesehen und standen für die Chronik nicht zur Verfügung; soweit sie Gedichte, Gedichtentwürfe und selbständige Prosa enthalten, ist ihr Inhalt bereits in die Werkausgabe eingegangen.

Auch seine Werke hat man autobiographisch auszuwerten unternommen, Rilke hat jedoch nachdrücklich davor gewarnt, einzelnes aus seiner ›Hervorbringung‹, insbesondere die »Aufzeichnungen des Malte Laurids Brigge«, als ein biographisches Bergwerk auszubeuten; derartige Versuche stießen bei ihm auf entschiedene Ablehnung, so verlokkend sie sein mögen.

Selbstaussage und Selbstdarstellung jedoch, beides charakterisiert Rilkes Briefe, sie begleiten sein Leben von den ersten Schuljahren an und enden mit mühsamen Bleistiftzeilen aus seinen letzten Tagen. Sie sind gewiß nicht weniger subjektiv, womöglich mit noch größerer Behutsamkeit als Quelle zu benutzen als die Tagebücher, in denen der Schreibende dem eigenen Ich als Gegenüber berichtet, während die Briefe an Partner gerichtet sind, deren Persönlichkeit unbewußt oder bewußt in die Aussage einstrahlt. Rilke hat seine Briefe – aus denen er ganz oder teilweise in seine Taschenbücher übertrug, was ihm wichtig war – in seiner letztwilligen Verfügung von 1925 in bestimmter Weise seinem Werk zugerechnet und so ihre Veröffentlichung freigegeben. Ihre Herausgabe setzte mit den »Lettres à Rodin« im selben Jahr ein, in dem die erste Gesamtausgabe der Werke erschien (1927), die Publikation der Briefe ist noch lange nicht abgeschlossen, selbst die 416 tagebuchartigen Briefe an Frau Wunderly-Volkart aus den Jahren 1919 bis 1926, die für die Chronik uneingeschränkt benutzt werden konnten, harren noch der Edition. Eine genaue Übersicht über das ausgeschöpfte gedruckte und ungedruckte Material bietet dem Leser das »Verzeichnis der Fundorte für die im Text verwendeten Zitate«, alles Weitere findet er im Nachwort.

AN DEN LESER

Eine der Grundforderungen, denen die Chronik zu genügen hat, ist die Einbettung des Werkes in das Leben, das sich für Rilke in und mit seiner Arbeit rechtfertigt. Sie ließ sich anhand der von Ernst Zinn sorgfältig erarbeiteten Chronologie von Rilkes dichterischer Produktion in den von ihm besorgten »Sämtlichen Werken« zuverlässig vornehmen. Der Rhythmus von Rilkes Schaffensperioden ist deutlich akzentuiert worden, auch wenn dies vor allem bei der Entstehung der großen Gedichtsammlungen nicht durch die Einbeziehung jedes einzelnen Gedichtes geschieht. Soweit der gegenwärtige Forschungsstand es ermöglicht, wurden die Entstehungsstufen der »Aufzeichnungen des Malte Laurids Brigge« (in den »Sämtlichen Werken« blieben sie unkommentiert) eingezeichnet. Anstieg und Versiegen des Werkes sind festgehalten. Die Übertragungen Rilkes mußten ohne derart gesicherte Grundlage eingearbeitet werden, sie fehlen in den »Sämtlichen Werken«, als deren siebenter Band sie vorgesehen sind; hier ist der Nachlaß nicht erschlossen und nicht ausgeschöpft, soviel gerade auf diesem Gebiet von der Rilke-Forschung gearbeitet wurde.

Große Zurückhaltung übt die Chronik den Erinnerungen anderer gegenüber. Nur soweit gleichzeitige Tagebuchaufzeichnungen vorliegen, wie etwa von Lou Andreas-Salomé, auf deren unveröffentlichtes Tagebuch die Darstellung der Rußlandreise von 1900 sich stützt, wurden diese auf gleicher Ebene wie Rilkes Briefe und Aufzeichnungen verwertet. Erinnerungen in späterer Niederschrift, die nicht deutlich erkennen lassen, daß sie auf Tagebuchnotizen fußen – im Gegensatz etwa zu den Aufzeichnungen von Maurice Betz oder Genia Tschernosvitowa –, sind nur in Ausnahmefällen als Beleg verwendet worden.

Politisches Geschehen, in das auch ein isoliert geführtes Leben wie das Rilkes hineingestellt ist, wurde insoweit immer wieder einbezogen, als er darauf Antwort gab; er reagierte freilich zu bestimmten Zeiten stärker und spontaner, als gemeinhin angenommen wird.

Rilke hat in seinem unnachsichtig werkbezogenen Leben, das schon vor seinem 50. Lebensjahr tödlicher Krankheit verfiel, stets neu begonnen, wenn eine Stufe in seinem Schaffen einmal erreicht war; so steht diese Chronik unter dem Wort, das seine »reinste endgültigste Erreichung« sein sollte: »Sei allem Abschied voran ...«

Ingeborg Schnack · 1975

An den Leser

Seit dem ersten Erscheinen der »Rilke-Chronik«, wie sie zitiert wird, sind mehr als dreißig Jahre vergangen. Mit dieser erweiterten Neuausgabe liegt nun Ingeborg Schnacks Werk in drei verschiedenen Ausgaben vor. 1975, zum 100. Geburtstag Rilkes, erschien die erste Ausgabe in zwei Bänden, die inzwischen zu *dem* Standardwerk der Rilke-Literatur überhaupt wurde. Ohne sie wären die zwischenzeitlich erschienenen Rilke-Biographien kaum zustande gekommen; sowohl Donald Prater als auch Ralph Freedman betonen dies dankbar. Aber auch die vielen Spezialuntersuchungen fanden in ihr ein sicheres Gerüst von Daten und Fakten. Sie stellt die Grundlage auch der beiden folgenden Ausgaben dar. Ingeborg Schnacks damals formulierten Grundsätze wurden folglich auch unserer neuen Ausgabe wieder vorangestellt und behalten ihre volle Gültigkeit.

Schon bei der Vorstellung der Chronik 1975 sagte Siegfried Unseld, von nun an werde die große Arbeit »ausgebeutet« werden. Das stimmt auch, aber immer wieder geraten die nur eben Nachschlagenden in den Sog der ablaufenden Jahre und stoßen auf ihnen bisher unvertraute Äußerungen und Einsichten des Dichters, gewinnen Einblicke in das Zusammenwirken von Zeitereignissen und begegnen den Reaktionen der Freunde und Mitlebenden, was alles in seiner Abfolge eine eigene Aussagekraft erlangt: Also bleibt die Chronik doch auch ein Buch zum Lesen.

1990 folgte eine erste neu durchgesehene Ausgabe, die, abgesehen von Berichtigungen, im Druckbild seitengleich mit der Basis-Ausgabe war. Die inhaltlichen Ergänzungen, die damals möglich waren, erschienen aus drucktechnischen Gründen in einem dem Basistext nachgestellten, 85 Seiten umfassenden Teil, ohne daß diese Ergänzungen in den drei Registern berücksichtigt werden konnten. Erschienen ist diese Fassung 1990 in zwei Bänden im insel taschenbuch und 1996 in einer einbändigen (textidentischen) Nachauflage in Leinen.

Die vorliegende dritte Ausgabe der Rilke-Chronik integriert nun erstmals alle für die zweite und all die zahlreichen für diese dritte Ausgabe neu erarbeiteten Ergänzungen in den Text der ersten. Alle neuen Erwähnungen sind über das Verzeichnis der Fundorte und die drei Register der Personen, Länder/Orte und Werke erschlossen.

Bei den Vorarbeiten für diese Ausgabe habe ich mich auf ein von Ingeborg Schnack bis zu ihrem Tod 1997 mit Ergänzungen versehenes durchschossenes Exemplar ihrer Rilke-Chronik stützen können, dazu auf Hinweise vieler Rilke-Freunde, vor allem aber auf die neu edierten Briefe, Selbstzeugnisse und Werke Rilkes, auf die im »Nachwort« näher eingegangen wird und die unter den »Fundorten« bibliographisch nachgewiesen sind. Genannt seien hier bereits Rilkes »Briefe an die Mutter 1896-1926«, die – lebensbegleitend – erstmals berücksichtigt werden konnten. Dafür gilt Frau Hella Sieber-Rilke besonderer Dank. Sie gestattete Einsicht in das Manuskript, während sie es für den Druck vorbereitete.

Da die »Rilke-Chronik« über die Jahre so etwas wie ein eigenes Leben gewonnen hat, wird dies wohl weiterhin so sein – auch die vorliegende Fassung ist folglich auf Erweiterung angelegt und stellt kein Endstadium dar, selbst wenn sie zum Abschluß gebracht werden mußte.

Renate Scharffenberg · 2009

Rainer Maria Rilke
Chronik seines Lebens
und seines Werkes

Kindheit und Jugend

1875

4. DEZEMBER 1875: Rilke wird in Prag als zweites und letztes Kind seiner Eltern geboren, seine Schwester ist damals bereits verstorben. Das Geburtshaus in der Heinrichsgasse 19 steht nicht mehr, es wurde 1924 abgerissen.

19. DEZEMBER: R. wird in der Kirche zu St. Heinrich in Prag auf die Namen René Karl Wilhelm Johann Josef Maria getauft. Seine Mutter erinnert sich später: »Am 3. Dez. ... um Mitternacht, ... und da es zum Samstag ging –, wurdest Du sofort ein Marienkind! – der gnadenreichen Madonna geweiht, ... ein Siebenmonatskind hat es eilig in die Welt zu kommen.« (Brief vom 17.12.22)

Die Eltern hatten am 24. Mai 1873 geheiratet. Der Vater Josef Rilke, geb. am 25.9.1838, war Magazins-Chef, dann Revisor bei der k. k. Turnau-Kralup-Prager-Eisenbahngesellschaft und stieg dort zum Inspektor auf. Sein Geburtsort ist Sperning (Nr. 60), Pfarrei Schwabitz, Kreis Leitmeritz in Böhmen, sein Vater Johann Baptist Rilke (1788-1855) stand in gräfl. Hartigschem Dienst als Güterverwalter; er war verheiratet mit Wilhelmine Reiter (1807-1879) aus Budin in Böhmen, wo ihr Vater Magistratsrat war. Sie wohnte später verwitwet in Kremsier; R. hat diese Großmutter, seine Patin, auch besucht. Der Ehe sind vier Söhne entsprossen, von denen Jaroslav, der Älteste, Jura studierte, die drei anderen, Emil, Josef und Hugo, alle die Offizierslaufbahn einschlugen. Emil starb bereits am 1.5.1858 als Oberleutnant im 12. Ulanenregiment an der Ruhr; Hugo beging am 17.1.1892 Selbstmord als Hauptmann der Artillerie, da er sich im Avancement dauernd übergangen fühlte, beide waren unverehelicht. Die einzige Schwester, Gabriele, heiratete den Juristen Wenzel Kutschera, Ritter von Woborsky; sie hatten vier Kinder. Josef Rilke kam als Knabe in das Regimentserziehungsheim des Infanterieregimentes Graf Degenfeld-Schonburg Nr. 36, dann ins Obererziehungshaus Prag und schließlich zur Artillerie-Schulkompagnie; absolvierte die Anstalt mit Vorzug, vor allem im Fechten, Turnen, Reiten und Schwimmen. 1856 zum Kadettkorporal ernannt, wurde er dem 1. Artillerieregiment als Kadettführer zugeteilt. 1858 Kadettfeuerwerker, machte er 1859 bei diesem Regiment den unglücklichen Feldzug gegen Italien mit und war 21jährig selbständiger Kommandant des Kastells von Brescia, nach Solferino Kommandant der vier Türme am Monte Gaino bei Verona. Nach dem Kriege wurde er Lehrer an der Regimentsschule seines Regimentes. In den Jahren 1862-65 war Josef R. wegen eines Halsleidens oft auf Urlaub und viel zur Erholung auf der Domäne Wescheck in Mähren zu Besuch, die sein Onkel Josef von Weissenburg bewirtschaftete. Nach zehn Jahren fehlerfreien Dienstes erbat er den Abschied, da er trotz mehrerer Eingaben nicht zum Offizier befördert wurde. Aus dieser Zeit stammt eine Daguerreotypie, die sein Sohn besaß und in einem Gedicht festhielt: »Jugend-Bildnis meines Vaters«, Paris, 27. 6.1906 (aufgenommen in »Neue Gedichte«). 1865 schied Josef R. aus der Armee aus, und sein Bruder Jaroslav vermittelte ihm eine Stellung – zunächst als ›Offizial‹ – bei der neuerrichteten Bahngesellschaft.

R.s Mutter Sophie – Phia – (4. 5.1851-21. 9.1931) war Pragerin und wuchs als Tochter des Fabrikanten und Kaiserlichen Rats Carl Entz in dem aus der Barockzeit stammenden Haus Herrengasse 8 auf (abgerissen 1930). Carl Entz (1820-1895), Sohn des Kanzlisten Franz E. am städtischen Bauamt in Prag und seiner Frau Theresia, geb. Mayerhof aus Brünn, war Direktionsrat der Böhmischen Sparkasse und wie seine Gattin Caroline, geb. Kinzelberger (1828-1927) in Prag geboren. Sein Schwiegervater war der wohlhabende Fabrikant (Chemische Farben und Produkte) Carl K. in Prag. R. ist als Kind viel im großelterlichen Hause. Seine Tante Charlotte, die Schwester seiner Mutter, war mit dem Obersten Mähler von Mählersheim verheiratet. Von den beiden Brüdern wohnt Carl Entz später in Berlin, mit ihm und seiner Tochter, R.s Kusine, bleibt dieser in loser Verbindung. Das Haus in der Herrengasse 8 war von R.s Urgroßvater, dem Fabrikanten Carl Kinzelberger und seiner Gattin Barbara, geb. Bretschneider, erworben worden: damals gehörte es Olga Gabriele Gräfin Miraviglia-Crevelli. R. legt 1922 ein Heft an mit der Aufschrift »Das Haus in der Herrengasse«, in das er einen Brief seiner Mutter kopiert, wonach im Falle des Verkaufs sie auf dem Besitzanspruch an dem darin vergrabenen Schatz beharre, die Geister dagegen lasse sie dem Käufer. Sie beobachtet besonders in den Monaten Juli und August in ihrem zweiten Stock ein »eigentümliches, doppeltes Klopfen«. (Phia R., 1922)

Nach dem Stand der Familienforschung, die besonders Carl Sieber, R.s Schwiegersohn, betrieben hat, stammt die Familie Rilke aus Türmitz bei Aussig; als Stammhaus gilt die Nr. 19, wo Donath Rilke, gest. 1625, als erster Eigentümer nachweisbar ist. R.s Urgroßvater Johann Joseph R. (geb. 1755) erwarb 1806 von Graf Franz von Sickingen das Gut Kamenitz an der Linde, der es selber von dem erst 1838 geadelten Prager Großbürger Johannes Nádherny gekauft hatte. Zum Gut gehörten ein Eisenwerk mit Hochofen, Nagel- und Werkschmieden; es war um 1800 mit 713000 fl veranschlagt. Bereits 1811 sah sich Johann Joseph R. genötigt, den Besitz an Franz Leopold Förster zu veräußern; er ging als gräfl. Nostitzscher Wirtschaftsbeamter nach Tschochau und starb als Kastner des Grafen Hartig. In Rilkes Knabenzeit war das Gut ›Kamenice nad Lipou‹ im Besitz der Familie von Geymüller, der es bis 1945 gehörte. R. selber vertrat die Ansicht, die Urheimat der Familie sei Kärnten, von dort sei das Geschlecht nach Sachsen übergesiedelt, wo es um 1348 in Johann Rylke einen Vogt in der alten Bergwerkstadt Freiberg stellte, der 1351 das Gut Langenau besaß, Linda und Gränitz kamen in der ersten Hälfte des 15. Jahrhunderts an die Rulikes (Rülko). 1440 kommt ein Franz Rulike nach Böhmen und wird Amtmann zu Brüx. Die Gleichheit der Wappen spricht dafür, daß dieser Zweig der Familie zu den Vorfahren der Rilkes in Türmitz gehören könnte. Die angezweifelte Theorie von dem Ursprung in Kärnten hat in letzter Zeit eine Stütze erfahren. 1960 wurde bei der Katalogisierung der Hilprantschen Schloßbibliothek in Mladá Vožice in Böhmen eine 1554 bei Froben in Basel gedruckte Plinius-Ausgabe aufgefunden, die den Besitzvermerk des Christoph Rülike in Gamelitz, Kärnten 1585 trägt. Der Titel lautet:»Plinii Secundi historiae mundi libri XXXVII adiunctis Sigismundi Gelenii annotationibus. Basileae Froben 1554« mit der Inschrift:»Librum hunc ex dono Nobilis Viri ad Domini Matthaei Ammonis in Grottenhof possidet Christophorus Rülcko in Gamelitz Carinthus ... 1585.«

Um 1878

Es gibt Photographien des zwei- und dreijährigen René R. Außerdem haben sich im Rilke-Archiv einige seiner Kinderzeichnungen erhalten, so ein Ordensritter im Kampf mit dem Drachen und ein Schlachtbild, auf dem ein tödlich getroffener junger Offizier zu Boden sinkt, von Kameraden noch gehalten. Ein Schaukelpferd, Säbel und Helm schenkten ihm seine Onkel Jaroslav v. R. und Oberst Mähler.
Aus späterer Zeit sind Karikaturen von R.s Hand erhalten. R. erinnert

sich: »Mein Kindheitsheim war eine enge Mietswohnung in Prag ... unser kleiner Hausstand, der in Wirklichkeit kleinbürgerlich war, sollte den Schein von Fülle haben, unsere Kleider sollten die Menschen täuschen, und gewisse Lügen galten als selbstverständlich ... Ich mußte sehr schöne Kleider tragen und ging bis zur Schulzeit wie ein kleines Mädchen umher.« (An Ellen Key, 3. 4. 03)
An anderer Stelle heißt es: »Diese immensen Strecken am Graben, Obstgasse, Ferdinandstraße, Quai entlang, die man mich hin und zurück und wieder zurück und hin stundenlang spazierennahm ...« R. klagt, so »spazierte ich mich auf diesem unaufhörlichen Pflaster sinnlos müd« (an Sidie Nádherný, 8. 3. 12).
Lou A.-S. notierte in ihrem Tagebuch (11.10.1913): »Während unserer Rückreise aus den Bergen machten wir eine Traumanalyse, während welcher unter anderm auch viele entlegene Kindheitserinnerungen in Rainer hochkamen. Die Wäscherin im elterlichen Haushalt, die ihm als die wichtigste und gewaltigste Person erschien, teils wegen ihrer massigen und großen Körperlichkeit, teils weil sie nur zu schweren Leistungen, die physische Kraft beanspruchten, ins Zimmer gerufen wurde. Offenbar spukte sie in einer Mischung von Grausen und Wonne schon durch die Träume des ganz Kleinen ...«

1879

JULI: R. ist mit seinen Eltern zur Sommerfrische in Konstantinsbad, Westböhmen, wo sich gleichzeitig die Familie Jaroslav R.s zur Kur aufhält.

1881

OKTOBER: R.s Vater bewirbt sich als Revisor der Turnau-Kralup-Prager Eisenbahngesellschaft um die Verleihung der erledigten Administratorstelle in Kukusgradlitz in Böhmen, eines gräflich Sporkschen Besitzes – »durch den dringenden Wunsch seiner Frau aufs Land zu ziehen bewogen«. R. selber erinnert sich: »Was für aufregende Wochen wir alle durchmachten, als er, recht spät, viel zu spät (ich mochte damals schon acht Jahre haben) es wagen wollte, seine Beamtenstellung gegen die Verwaltung eines Gutes einzutauschen. Die gräflich Sporksche Herrschaft Kukus (in Böhmen) suchte einen Güterdirektor, mein Vater mußte Gründe haben, zu glauben, daß er einer solchen großen Aufgabe

gewachsen wäre. – Aber es war nicht leicht, Beweise für diese Fähigkeit, die er sich zutraute, aufzubringen. Allerdings hatte er als junger Mensch auf dem Gute seiner Tante, der Baronin Weißenburg, volontiert …, diese Tatsache wurde nun in das vollste Licht gestellt und so behandelt, als wäre sie der Angelpunkt seines Lebens gewesen. Die Erwartung und Hoffnung in unserem Hause war groß, nicht allein versprach man sich von diesem Wechsel finanzielle und gesundheitliche Vorteile …, ich, soweit ich etwas von der schwebenden Angelegenheit begriff, ließ mich schon gehen in meiner Leidenschaft für Wagen- und Schlittenfahrten, für hohe Zimmer und lange weiße Gänge.« (An Ruth R., 1. 3. 1924 aus Muzot)
Über sein Verhältnis zu den deutschen Klassikern später befragt, antwortet R.:»daß ich Schiller zuerst etwas kennen lernte, verdanke ich meiner Mutter, die seine Verse beim Möbelabstauben rezitierte, weil sie Schiller so liebte. Dabei hörte ich andächtig zu« (Erinnerung von Madame Paula Riccard aus dem Februar 26, Val-Mont).

1882

Eintritt in die von Piaristen geleitete Deutsche Volksschule in Prag als Freischüler. In dieser Schule wird ›Böhmisch‹, will sagen Tschechisch, als Schulfach gelehrt. R. versäumt im zweiten Schuljahr 200 Stunden, im dritten Schuljahr die letzten beiden Quartale aus Gesundheitsgründen.
Seine Zeugnisse aus dem dritten Schuljahr sind in allen Fächern ›Sehr gut‹, in Zeichnen und Gesang ›Gut‹. R. lernt bei seiner Mutter bereits Französisch.

1883

JULI/AUGUST: R. verbringt die Sommerwochen mit seiner Mutter in Bürgstein, Bez. Böhmisch-Leipa. An den Vater schreibt er am 6. 8. 1883: »esse wie ein Wolf, schlafe wie ein Sack … auch hat sich mein Mut gesteigert, daß ich anfange auf die Bäume zu klettern«.

1884

24. MAI: »Für Eueren Trauungs-Tag« Gedicht für die Eltern. Zu den Zeilen »Das Glück geleit Euch überall/dies ruft Euch zu der Hanibal« setzt R. die Anmerkung: »(René ist Hanibal, Feldherr der Karthager)«. R. hat bereits seit 1882 zu Festtagen für die Eltern Gedichte abgeschrieben, wohl aus einem ›Wunschbuch‹; dies sind erste selbstverfaßte Verse. R. setzt später den Beginn seiner schriftstellerischen Tätigkeit auf sein »neuntes Lebensjahr« an (am 10.7.1900 im Stammbuch des russischen Bauerndichters S.D. Drožžin – im Original russisch).
In diesem Jahr beginnt R.s Mutter, Prag immer häufiger zu verlassen, bis später die Trennung vom Gatten eintritt. Die Eltern R.s leben seit 1884 in getrennten Wohnungen in Prag; R.s Mutter bis 1886 mit ihm in ihrem Elternhaus in der Herrengasse. Seine Erziehung bleibt der Mutter.
Als eine Folge der beginnenden Haushaltsauflösung wird R. für die Offizierslaufbahn bestimmt – ein Berufsplan, dem der Zehnjährige zustimmt.
Später erinnert sich R.: »Italien kannte und liebte ich seit meinem achten Jahr, – es war in seiner deutlichen Vielfalt und Formfülle, sozusagen, die Fibel meines beweglichen Daseins« (an eine Freundin, 17.3.1926 aus Valmont); und auf die Frage nach seinem Italien-Aufenthalt von 1897 ergänzt R.: »nachdem ich schon mit acht Jahren unser italienisches Küstenland besucht hatte« (an Hermann Pongs, 21.10.1924 aus Muzot).
An den Besitzer des Gutes Niederlangenau, den Hauptmann Otto Braun, schreibt R. am 3.9.1924 aus Muzot: »Die Geschichte unserer Familie hat mich, seit meiner Kindheit, interessiert, ja es gab damals eine Zeit, in meinem achten oder neunten Jahr, da dieses Interesse zu einer Art Passion angewachsen war, die nicht ihresgleichen hatte. Der Chef unserer Familie, meines Vaters ältester Bruder (Dr. Jaroslav von Rilke-Rüliken), hatte in jenen Jahren, zu Gunsten seines Sohnes besonders, die immer schon fortgesetzten Nachforschungen außerordentlich lebhaft erneuert... Bald darauf, über dem frühen Tode seines Sohnes, verlor mein Onkel alles Interesse an dergleichen Entdeckungen...« Max von R., 1868 geboren, stirbt am 8.3.1891, sein Bruder Egon (1873-1880) schon als Kind. Jaroslav v. R. hat seine Frau Malvine, geb. Freiin von

Schlosser, noch früher verloren (1879), ihm verbleiben nur die Töchter
Paula und Irene v. R.

1885

18. JANUAR: »Klage über Trauer. Ein General im Krieg gefallen ...«
Gedicht mit der Unterschrift für die Eltern: »Euer Euch innig liebender
Sohn René«.
SOMMER: R. verlebt mit seiner Mutter die Sommerwochen in Canale:
»Übe mich fleißig im Dichten, ich muß, wenn es so fortgeht, gekrönt mit
dem Lorbeerkranze nach Prag kommen.« (An den Vater) Begegnung
mit ›Amélie‹. Ihr, die später den Schleier genommen haben soll, wie die
Fürstin Marie von Thurn und Taxis in ihren Erinnerungen an R. berichtet, widmet R. in seinem Gedicht »Resignation« von 1888 die Schlußverse: »Was sind mir die Freuden des Lebens o! sieh/ohne dich mein
liebes Mädchen/ohne dich oh teure Amélie«.

1886

SOMMER: R. verbringt die Sommerferien in Bad Wartenberg. Das dort
gelegene Schloß Hruby Rohozec ist in seine Novelle »Teufelsspuk« eingegangen. Aus einem Brief an den Vater: »Ich verkehre mit drei kleinen
Mädchen, die zwar ganz böhmisch sind, aber wir vertragen uns sehr
gut«.
1. SEPTEMBER: R. tritt in die Militärunterrealschule St. Pölten ein, durch
Vermittlung des Landesadvokaten, seines 1873 geadelten Onkels Jaroslav Rilke Ritter von Rüliken, erhält er bald einen »Landesstiftungsplatz«. Das ärztliche Gutachten über den Elfjährigen lautet dahin, daß
seine allgemeine Körperbeschaffenheit kräftig sei und seine Körperentwicklung dem Alter entsprechend. Die Gesamtzahl der Zöglinge in
St. Pölten beträgt etwa 200, als Lehrer wirken zehn Offiziere und ein
geistlicher Professor, dazu einige Feldwebel als Lehrgehilfen.
Am 5.11.1899 notiert R. in seinem Tagebuch: »noch fühle ich nicht die Geschicklichkeit, diese Gesellschaft von Knaben in ihrer ganzen Roheit und
Entartung, in dieser hoffnungslosen und traurigen Heiterkeit zu zeigen... Denn der einzelne ist ja eben, – auch der verdorbenste – Kind...«
Briefe R.s an den Vater aus der Kadettenzeit sind nicht erhalten, nur an
die Mutter, die ihm selber regelmäßig schreibt.

1887

JUNI: Am Ende des ersten Jahres lautet R.s Beurteilung unter »Gemütsbeschaffenheit«: »still, zaghaft, gutmütig. Benehmen: sehr artig und bescheiden«. In deutscher, böhmischer und französischer Sprache ist er sehr gut und gut, in Mathematik gut; sein Klassenrang: 35 unter 51 Zöglingen.

1888

2. BIS 7. MAI: Erste stürmische Regungen des Talentes – in ein Schulnotizbuch, ein Wachstuchheft sind zahlreiche Gedichte eingetragen, die Hauptgruppe aus den genannten Maitagen; darunter »Resignation«, »Der Kampf«, »Das Gewitter«, ferner: »Das Grabmal«, »Allerseelen«, »Der Friedhof«, »Die Waise«. Es existiert auch ein Tagebuch – »traurige und ernste Gedanken«.

JUNI: Am Ende des Jahrgangs 1887/88 lautet R.s Zeugnis in allen Sprachen sehr gut, Religion vorzüglich, in den mathematischen Fächern gut, Turnen genügend. Sein Klassenrang: 7 unter 53.

AM 30. JUNI endet jeweils das Schuljahr, das folgende beginnt am 1. September.

26. JULI: R. schreibt einen tagebuchartigen Rückblick auf die Sommerreise; er endet mit dem Satz: »Wir fuhren hin und hier lebten wir glücklich den Sommer – und hier fand ich die erste süße Pflanze meiner Liebe – hier konnte ich beglückt zum ersten Male rufen: ›Die ersten Küsse sind die größten Wonnen‹.« Im Anschluß daran stehen die Verszeilen: »... so ist mein Herz! / Und als Soldat da hab ich doch / auch Freunde mir erwählt, / mit ihnen geschlossen ein starkes Band / für unsre Gegenliebe, für die fürs Vaterland. / So seid ihr meine Freunde, / wir wollen uns lieben all / Christen, Brunner, Schediwy, Slamezka, / und unsre Lieb, sie komme / wohl nimmermehr zum Fall.«

1889

4. MAI: Geburtstagsgedicht für die Mutter: »Liebste Mama!« unterschrieben: »Tausend innige Küsse sendet mit herzinnigem Glückwunsch und adee ton René«. Ähnliche Gedichte schreibt R. auch zum Namenstag am 15. Mai.

JUNI: Nach dem 3. Jahrgang heißt es in R.s Beurteilung unter »Fähigkeiten«: »besser befähigt für Sprachen«; er wird als »sehr strebsam« und »zuvorkommend« bezeichnet und ist der 8. unter 48. Turnen ist auf ungenügend abgesunken. In diesem Jahr erringt R. als Abschlußqualifikation unter »Auszeichnung« den Vermerk ›doppelte‹. In diesem Fall erhält die Uniform eine Doppelborte.

27. OKTOBER: In einem Brief an die Mutter heißt es: »Ich bin gottlob! ganz gesund, heiter und froh, was man auch bleibt, wenn man sich in leuchtenden Initialen stets das leuchtende ›in medio veritas‹ (In der Mitte liegt die Wahrheit) und daneben als zur Seite gehenden Ratgeber ›beata neviopita, aurea neviopitas‹ (Nicht zu wenig, nicht zuviel) beachtet und vor die Augen hält«. Latein war nicht Unterrichtsfach. R. breitet dann sein Schulwissen aus, spricht über Kopernikus und Torricelli, woran er die Bemerkung anschließt: »wir können mit dem erhabenen Goethe in seinem ›Faust‹ sagen: Ich hab die Teile in der Hand, leider fehlt mir das geistige Band!« Auch mit der Aufnahme von Scipio, Plato, Cato und Sokrates in die Seligkeit beschäftigt sich der Dreizehnjährige. Seine ›Erläuterungen‹ zur Französischen Revolution münden in den Satz: »das erste Gesetz der neuen Staatsverfassung hieß: Il faut que chaque français pense à un Dieu qui règne«. R. läßt Tante Charlotte grüßen und »mes grandparents«.

1890

IM ERSTEN HALBJAHR beginnt R. mit der Niederschrift einer »Geschichte des Dreißigjährigen Krieges« in Prosa. Von dem Manuskript sind 81 Seiten erhalten geblieben, der »Erste Band«, dessen erste drei Kapitel noch in St. Pölten entstanden sind. Im Vorwort heißt es: »Lassen wir nun das große schauerliche Gemälde sich vor unseren Augen entrollen, lernen wir das Land und Volk kennen, begrüßen wir die großen Männer jener großen Zeit, Wallenstein, Tilly und wie sie alle heißen; lernen wir alle kennen – den äußern Schein, das innere Leben, die Fürsten und das Volk, den ›Dreißigjährigen Krieg‹.« Eingestreut sind elf Gedichte, die zwischen die Kapitel eingeschaltet werden sollten. (Bisher sind nur das Vorwort und zwei der Gedichte aus R.s Nachlaß veröffentlicht.) R.s Deutschlehrer ist der damalige Oberleutnant Cäsar von Sedlakowitz, der auch in Geschichte, Schönschreiben und Exerzieren unterrichtet, er ist 1881 nach St. Pölten versetzt worden. R.s Mitschüler, der spätere

Generalmajor Jacob Fischer, damals der Neunte in der Klasse, erzählt von dem Deutschunterricht:»Oftmals erhob er sich [R.], vor Beginn des Unterrichts in der deutschen Sprache, laut- und wortlos von seiner Bank in der letzten Reihe und [ging] mit ganz kleinen Schritten zum Katheder, überreichte dem Lehrer einige kurze Gedichte, und bat, sie vorzulesen, was auch stets geschah. Wir verstanden wenig von Lyrik, wir schwiegen ... Es fiel nie ein spöttisches Wort«.
In ähnlicher Weise erinnert sich der Anstaltsgeistliche und Religionslehrer in St. Pölten, Professor Horaček, R.s als »eines stillen, ernsten, hochbefähigten Jungen, der sich gerne abseits hielt den Zwang des Internatslebens geduldig ertrug«. R. bewahrt »diesem liebenswürdigen Gelehrten eine große Verehrung und eine durch die Jahre dauernde Dankbarkeit« (an Kappus, 17. 2. 03).
JUNI: Auch im letzten Zeugnis der Unterrealschule erhält R. in Turnen ungenügend, dagegen im Fechten genügend und im neuen Fach »Zimmergewehr-Scheibenschießen« sehr gut und gut. Auch Exerzieren bleibt gut. Nach dem 4. Jahrgang der Militärunterrealschule erfolgt der Übergang zur Militäroberrealschule. Diese Militärschulen sind in den Schulfächern und dem verlangten Kenntnisstand den zivilen Schulen der gleichen Schulart eng angepaßt.
1. SEPTEMBER: R. besteht bei der Aufnahme in die Militäroberrealschule in Mährisch-Weißkirchen als 18. von 51 Zöglingen eine »Nachprüfung«. Auch jetzt bleibt Böhmisch Pflichtfach, R. erhält darin weiter sehr gut.
4. SEPTEMBER: R. teilt seiner Mutter auf einer Karte aus Mährisch-Weißkirchen mit, er sei am Freitag in Wien angekommen, habe sich am Sonnabend auf seine ›Nachprüfung‹ vorbereitet und habe diese am Sonntag bestanden. Am Montag sei er noch in Wien geblieben und am Dienstag in M.W. eingerückt. R. schreibt dies am Donnerstag.
30. NOVEMBER: R.s Mitschüler Oskar Slamezka, dessen Familie in Prag mit Jaroslav v. R. befreundet war, schreibt an Josef R.: »Voll der innigsten Teilnahme für René erlaube ich mir ein gutes Wort für den armen Jungen einzulegen. Seinen Zustand; den ich anfangs auch für einen eingebildeten hielt, habe ich durch vierzehntägige unausgesetzte Beobachtung ... leider für einen wirklich vorhandenen erkannt. Ich lag jetzt fast vierzehn Tage mit ihm im Spitale und fand, daß sich sein Kopfweh bedeutend besserte ... Gestern entließ ihn der Herr Regimentsarzt aus dem Spitale, und als er heute früh auf einen Sprung heraufkam, sah

er schlecht aus, klagte über furchtbaren Kopfschmerz und zitterte am ganzen Körper. Kurz, man sah es ihm an, daß es ihm schwer ankomme, sich auf den Füßen zu halten ...«
AM 6. DEZEMBER wird R. krankheitshalber beurlaubt. In Mährisch-Weißkirchen sind 400 Schüler, 31 Offiziere, zwei geistliche und zwei zivile Lehrer, dazu die üblichen Zusatzbediensteten.

1891

FEBRUAR: R. schließt den ersten Band seiner »Geschichte des Dreißigjährigen Krieges« mit dem vierten Kapitel ab: »Februar 1891 (Mährisch-Weißkirchen)«. Damals entsteht das Gedicht »Wallenstein in Eger, 1634. Weiset mir den Weg, ihr stillen Sterne ...«
BIS IN DEN APRIL bleibt R. in Mährisch-Weißkirchen, in dieser Zeit hat er die wenigen Reitstunden, von denen er am 14. 7. 07 Clara R. erzählt.
APRIL: Unter den Papieren von Phia R. findet sich ein mit Bleistift geschriebenes Billet ihres Mannes: »Ich sende Dir in der Anlage sämtliche Briefe, die ich im Verlaufe der letzten schweren Tage von René erhielt. Ich habe eine Nachricht von Weißkirchen erhalten, daß Du René mit geradezu überschwenglichen Briefen überschüttest, die sein Gemüt weit mehr erregen als aufheitern. Bitte, fasse Dich kurz in den Briefen und rege René durch ja nichts auf, ebenso lasse ja das Dichten bei René nicht aufkommen. – Über das Ganze schreibe ernst und maßvoll. Mit Gruß Pepi«.
In seinem Brief an Ludwig Ganghofer vom 16. 4. 97 stellt R. das Ende seiner Militärschulzeit dar: »Nach einer hinzugetretenen Lungenentzündung wurde ich als ›stark nervös‹ (!) für sechs Wochen zur Solekur nach Salzburg geschickt. Hätte ich damals austreten dürfen! Aber man hielt es allgemein für einfach natürlich, daß ich, nachdem ichs vier Jahre ertragen, noch die bevorstehenden sechs, die ja besser würden, blieb, um Leutnant zu werden und – mich zu versorgen. Im 5. Jahre meiner Militärerziehung (dem 15. meines Lebens) erzwang ich endlich meinen Austritt ...« Lou Andreas-Salomé bemerkt in ihrem Buch »R. M. R.« (1929): »Halbwüchsig entfloh er der Militärschule, nicht ohne derb-abenteuerliche Nebenumstände.« Mit der Begründung, er sei ständig krank, kehrt R. nach Prag zurück. Hier verfaßt er den zweiten Band seiner Geschichte des Dreißigjährigen Krieges.
MAI: In das Stammbuch des k. u. k. Rittmeisters Christian Gellinek, sei-

nes Reitlehrers, schreibt R. ein Gedicht: »Leben heißt es und genießen / in der Jugend frischer Lust ...« (unveröffentlicht).
3. JUNI: Mit Genehmigung seines Vaters wird R. aus der Militärschule wegen »dauernder Kränklichkeit« ohne Abschlußzeugnis entlassen. Er verbringt die nächsten Monate in Prag; vor allem in der Villa Excelsior in Prag-Smichow, die Jaroslav Rilke für den Sommer gemietet hatte. Auf Spaziergängen trägt er noch Uniform.
5. JUNI: R. schreibt an seine Mutter, er hoffe im nächsten Jahr mit Lust und Liebe ein Fach zu ergreifen, ihm sich ganz zu weihen und ein neues Leben zu beginnen.
IM JULI schreibt der Fünfzehnjährige seiner Mutter, er sei nun »ganz Literat«.
AUGUST: R. verlebt mit seiner Mutter Ferientage in Wartenberg, ca. 10.-24. 8.
10. SEPTEMBER: »René Rilke in Prag, Smichow« ist das erste von ihm selbst veröffentlichte Gedicht unterzeichnet: »Die Schleppe ist nun Mode ...« R. beteiligt sich damit an dem Preisausschreiben »Schleppe oder keine Schleppe?«, zu dem am 6. 8. 1891 »Das Interessante Blatt«, Wien, aufgerufen hat. Sein Gedicht wird von den Preisrichtern zum Abdruck empfohlen und erscheint mit 27 anderen Einsendungen (die preisgekrönten Arbeiten sind bereits am 27. 8. veröffentlicht worden) am 10. September an zweiter Stelle (10. Jg., Nr. 37).
14. SEPTEMBER: René R. trifft in Linz ein und übernachtet im ›Rothen Krebs‹.
MITTE SEPTEMBER: R. beginnt den dreijährigen Kursus auf der Handelsakademie in Linz, die er ohne Abschluß im Jahr darauf verläßt, obwohl er anfangs die Absicht hat, von der Berechtigung Gebrauch zu machen, nach Absolvieren des Kursus doch noch Offizier zu werden.
In Linz entsteht ein ansehnlicher Teil der später in R.s erstem Gedichtband »Leben und Lieder« (1894) zusammengefaßten Gedichte.
R. wohnt in Linz bei Hans Drouot, dem Besitzer der Hofbuchdruckerei Feichtingers Erben. Graben 19. Er liest damals Tolstoi und kauft in Raten die Weltgeschichte von Schlosser. Sein Exemplar ist erhalten. Als Fremdsprachen werden an der Akademie Englisch und Französisch unterrichtet, R. gehört zu den besten Schülern, erhält jedoch kein Jahreszeugnis, da ein Diplom (= Maturitätszeugnis) nur für die Schüler ausgestellt wird, die alle Jahrgänge abschließen und sich der schriftlichen und mündlichen Reifeprüfung unterziehen.

25. SEPTEMBER: Ein langes Geburtstagsgedicht für den Vater enthält die Verse:»Ich will bei meiner Arbeit emsig walten / auf daß es wahr, bis ich Dich wiederseh: / Durch Fleiß und Mühe kann sich viel entfalten; / was er versprach, das wird Dir ewig halten – / in treuer Lieb Dein dankbarer René«.

6. NOVEMBER: Zu dem wenigen Erhaltenen der Linzer Zeit gehört eine Stammbucheintragung, deren Empfänger vermutlich sein Freund Wimhölzl war:»Was im hellen Sonnenstrahle ...« – »Diese Zeilen widmet Dir / René Rilke / Linz a. D., den 6. November 1891«.

R. findet in Linz in der Familie seines Freundes Arnold Cajetan Wimhölzl freundliche Aufnahme. Am 9.12.25 erinnert er:»Arnold Wimhölzl hat mir in Jahren der Wirrnis, da ich an der entscheidenden Wendung meiner Jugend zögerte, ein Gefühl offener und loyaler Freundschaft entgegengebracht: ich sehe ihn wie damals, und sehe auch seine Schwester neben ihm und erinnere die behäbige Gastlichkeit seines elterlichen Hauses.« (An Achill von Karwinsky)

9. NOVEMBER: Ein Gedicht, das R. im»Namen der Klasse« zum Namenstag des Klassenvorstandes Professor Theodor Schneller schreibt, ist verschollen.

R. versichert der Mutter:»Ich habe nur den Rock des Kaisers ausgezogen, um ihn in kurzer Zeit wieder anzuziehen – für immer«. In den Brief sind die Verse eingeschoben:»Was giebt es Schönres, als dem innern Drange / zu folgen, auszuziehn, beim Heer zu stehn ...« An dem Vorsatz, nach Durchlaufen der Handelsakademie Offizier zu werden, hält R. bis in den Sommer 1892 fest. Aus den Jahren 1891 und 1892 haben sich vierzehn früheste Erzählungen R.s erhalten (unpubliziert), ebenso dramatische Szenen:»Der Thurm«.

IM WINTER 1891/92 lernt R. im Hause seines Freundes Arnold Wimhölzl, Graben 28, Drouots (Graben 19) schräg gegenüber, außer dessen älterem Bruder Robert und der Schwester Johanna auch ihre Kusinen Helene und Matthissa (Thyssa) Poche kennen, deren Vater eine bedeutende Textilhandelsfirma besaß. Sein Schwager, Arnolds Vater, bekleidete eine ähnliche Stellung in Linz wie R.s Onkel in Prag: Johann Evangelist Wimhölzl war Präsident der Handels- und Gewerbekammer, Landtagsabgeordneter, Bürgermeister, Mitglied des Verwaltungsausschusses der Handelsakademie; auch Präsident der Mühlkreisbahn.

Zwischen R. und Helene und Thyssa Poche werden undatierte, von beiden Seiten mit Versen durchmischte Briefe gewechselt, in denen R.s schwärmerische Zuneigung zum Ausdruck kommt. Der zweite der beiden bekannt gewordenen Briefe endet:»– in Euren zarten lieben Händen, die ich am liebsten mit Küssen bedeckte – liege all mein Glück und mein Sehnen«.

1892

13. FEBRUAR: R. verfaßt ein – wie eine damalige Zeitungsnotiz festhält –»wirklich gelungenes und sinnreiches Gedicht« zum 25jährigen Professoren-Jubiläum des Direktors der Handelsakademie Dr. Anton Effenberger. Es ist nicht erhalten.

16. FEBRUAR: Briefgedicht für Eduard Fedor Kastner:»Wo umwebt von tausend Sagen ...«

19. MÄRZ: R. schreibt an Eduard Kastner, den Herausgeber der Zeitschrift»Böhmens Deutsche Poesie und Kunst« in Wien als Begleitung zu eingesandten Gedichten:»vorläufig nur einige Kleinigkeiten aus meinem Tagebuche«.

30./31. MÄRZ: Im Hause Drouot wird bekannt, daß R. ein Liebesverhältnis mit Olga Blumauer, Bonne im Hause des Kaufmanns Adolph Zelenka, angeknüpft hat. Die Schulkameraden wissen seit längerem um R.s Beziehung zu der hübschen Blondine aus Wien, die einige Jahre älter ist als ihr 16jähriger Kavalier. R. verspricht dem telegraphisch herbeigerufenen Vater, die Beziehung zu lösen.

12. APRIL: R. dankt E. Kastner»für die mir entgegengebrachte Freundlichkeit«.

25. APRIL: R.s Vater wird erneut nach Linz gerufen; R. wiederholt sein Versprechen, sich von Olga Blumauer zu trennen.

OSTERN: Mit der Unterschrift»Linz a. D. René Rilke« erscheint in der Wiener Zeitschrift»Böhmens Deutsche Poesie und Kunst. Monatsschrift für alle Gebiete des Schönen«, 2. Jg., das zweite von R. veröffentlichte Gedicht,»Antwort auf den Ruf ›Die Waffen nieder!‹«. Es wendet sich gegen das Buch Bertha von Suttners mit dem gleichen Titel. Im »Briefkasten« der Zeitschrift steht im 2. Jg.:»R. R. in Linz: Bitte nur zu senden. Soll uns freuen, je mehr wir davon verwenden können«.

22. MAI: An diesem Sonntag, an dem Linz im Zeichen eines Sängerfestes steht, verlassen R. und Olga Blumauer Linz und fahren nach Wien. Drouot, dessen Frau in Angst und Empörung schwebt, benachrichtigt die Polizei von R.s Verschwinden. Dieser hat sich mit vollem Namen in

einem Wiener Gasthof eingetragen, wird dort am 23. oder 24. 5. aufgefunden und nach Prag geschickt. Mit dem 24. 5. tritt er aus der Handelsakademie aus. Olga B. kehrt nach Linz zurück.

MITTE MAI: R. hat noch immer die Absicht, Offizier zu werden. Der Aufbruch aus Linz erfolgt plötzlich.

In Prag liest R. Goethes »Wilhelm Meister«, die »Wahlverwandtschaften« und »Dichtung und Wahrheit«, auch die »Leiden des jungen Werther« sind ihm vertraut.

4. JUNI: Jaroslav Rilke schreibt aus Baden-Baden an seinen Bruder Josef R.: es war »mir doch immer wieder ein wohltuender Gedanke ... mich gewissermaßen immer als den Begründer einer Familiengenossenschaft zu betrachten, deren Nachwuchs jene Pläne realisieren sollte, die mich so oft durchglühten; ich wollte nur die Vorfrucht für eine künftige reichlichere Ernte meiner Liebe und meines Ehrgeizes für unsere Familie, für unsern Namen sein. Das war leider ein verfehltes Lebensprogramm«. Jaroslav, der, »als unser armer Vater starb, und als es uns damals recht schlecht ging«, die Sorge für die jüngeren Brüder übernommen hatte, setzt jetzt ein Monatsgeld von 200 Gulden für seinen Neffen René aus »mit Ausschluß der Ferialmonate«. Nach seinen Vorstellungen sollte R. zunächst Abitur machen und dann Jura studieren, um die Anwaltspraxis einmal weiterführen zu können. Im selben Brief heißt es über R.: »Renés Phantasie ist ein Erbteil seiner Mutter, und durch ihren Einfluß, von Hause aus krankhaft angeregt, durch unsystematisches Lesen allerhand Bücher überheizt – [ist] seine Eitelkeit durch vorzeitiges Lob erregt«.

R. wohnt in der Villa Exzelsior in Prag-Smichow, die Jaroslav R. als Sommersitz gemietet hat.

13. JUNI: R. bittet E. Kastner um die Rückgabe des Buches mit den Gedichten, in dem er jene bezeichnen möge, die er veröffentlichen will. R. hat Kastner in Wien besucht, nennt ihm als Adresse: »vorläufig Prag – Hotel Victoria. Breitegasse«.

JULI BIS SEPTEMBER: R. verbringt die Sommermonate in Schönfeld in Nordböhmen, dort beginnt er seine Studien unter Leitung eines Professors. Es vollzieht sich in dieser Zeit der völlige Umschwung seiner Pläne, er verzichtet auf die Militärlaufbahn und strebt leidenschaftlich nach literarischem Hervortreten. Die Gedichte des Sommers werden gesammelt und bilden dann einen wesentlichen Bestandteil von »Leben und Lieder«.

28. AUGUST: Besuch der Ruine Tollenstein.
2. SEPTEMBER: An die Mutter schreibt R.: »Ich habe den großen Fehler, den ich, von augenblicklichen Gefühlen bewogen, begangen, eingesehen, ich habe ihn bereut! Das Bewußtsein dessen befriedigt mich, und es macht mich glücklich, bereuen zu können. Und heute liebe Mama, wenn ich ruhig darüber nachdenke, – heute finde ich den damaligen Zustand meiner Empfindungen ganz natürlich. – ... Dieses Feuer, siehst Du, war entfesselt! aber wofür sollte es erglühen? – Die Wissenschaft bot ihm nicht den Stoff dazu, nun so tats halt eine alberne Liebelei! – Gottlob, daß ich mich von den Fesseln dieses Verhältnisses frei fühle.«
4. SEPTEMBER: Ausflug zur Schloßberg-Ruine bei Böhmisch-Kamnitz; die bei diesen Unternehmungen in die Gästebücher eingetragenen Verse finden in erweiterter Form Aufnahme im Gedichtband.
7. SEPTEMBER: R. stattet brieflich seiner Mutter Bericht über seine neue Arbeit ab.
HERBST: R. beginnt sich in Prag mit Privatunterricht auf das Abitur des Gymnasiums vorzubereiten; »man konnte mich unmöglich unter die Zehnjährigen setzen, an seinen Anfang, bei dem ich zu beginnen hatte. Ein günstiger Privatunterricht wurde mir zugebilligt, der mich, den nun mit einer gewissen Entschlossenheit Aufnehmenden, so weit führte, daß die ersten sechs Klassen der Lateinschule in einem Jahr durchgemacht wurden; den restlichen zwei Klassen (die ich, zur Belohnung, in dem gleichen Privatverhältnis absolvieren durfte), kam dann eine langsamere Gangart zustatten.« (An Hermann Pongs, 17.8.1924 aus Muzot)
Grundlage für den Deutschunterricht war das Werk von Hermann Kluge »Geschichte der deutschen National-Literatur« in der Ausgabe von 1892, das sich mit handschriftlichen Notizen und Anmerkungen R.s erhalten hat.
Alle halbe Jahre legt R. Zwischenprüfungen am Prag-Neustadter Deutschen Gymnasium ab. In den klassischen Sprachen wird er regelmäßig ›befriedigend‹ beurteilt. Er wohnt bei der Schwester seines Vaters, Prag II, Wassergasse 15 B/1. Das Haus gehört Jaroslav R., seine Tante Gabriele lebt dort, getrennt von ihrem Mann, dem Staatsanwalt Wenzel von Kutschera-Woborsky. Phia R. siedelt nach Wien über.
Von seinem Vater erhält R. in dieser Studienzeit die Werke Shakespeares, Lenaus, Schopenhauers geschenkt. In »Larenopfer« heißt es: »Manchmal vom Regal der Wand / hol ich meinen Schopenhauer ...«

29. OKTOBER: R. bittet seine Mutter, sich bei Zeitschriftenredaktionen um die Unterbringung seiner Gedichte zu bemühen. Er legt auch Gedichte bei: Nr. 47 und Nr. 53 »Meiner Sammlung«.
2. NOVEMBER: R. schreibt am Allerseelentag an seine »Theuerste, süße Mia«, von der nichts weiter bekannt ist als dieser eine Brief. Er enthält – wie wenig später die Briefe an Valerie von David-Rhonfeld auch – eigene Verse: »So dies Herz einst Stille werde / O! Bedeckt mich nicht mit Stein! ...«
29. NOVEMBER: R. schreibt dem österreichischen Schriftsteller Franz Keim (1840-1918), damals Professor an der Landesoberrealschule in St. Pölten, mit der Bitte um ein Urteil über seine Gedichte.
12. DEZEMBER: Jaroslav von Rilke, Landesadvokat und Präsident der Notariatskammer, stirbt in Prag; R. wird an das Sterbebett des Onkels gerufen. Die beiden hinterbliebenen Töchter Paula und Irene übernehmen die Fortführung des Stipendiums für R.s Ausbildung.
17. DEZEMBER: R. dankt Franz Keim für einen offenbar ermutigenden Brief – er schließt mit den Versen: »Nein! – Schafft die Zeit sich keine großen Männer, / so schafft der Mann sich eine große Zeit!«
30. DEZEMBER: R. schreibt an seinen St. Pöltener Deutschlehrer Sedlakowitz: »Nebstbei ruht Freundin Poesie nicht ganz aus – die Saiten meiner Leier rosten nicht, die tätige Hand erweckt in ihnen des Wohllautes versöhnende Harmonie, und sie erklingt geläuterter denn je.« (Zitiert im Briefe Sedlakowitz' an R. vom 5.10. 20)
31. DEZEMBER: Ausführlicher Brief an Kastner mit Neujahrsgrüßen und der dringenden Bitte um Antwort.

1893

JANUAR: Beginn der Freundschaft mit Valerie –Vally – von David-Rhonfeld. Sie ist die Tochter eines höheren Artillerieoffiziers, ihre Mutter Johanna ist die Schwester des tschechischen Dichters Julius Zeyer. Sie wohnt in einem Haus, das dem Großvater Entz gehört hat, im Vorort Prag-Weinberge und ist mit R.s Kusine Gisela Mähler v. M. befreundet.
R. widmet der um ein Jahr älteren, künstlerisch begabten jungen Dame sein Gedichtbändchen »Leben und Lieder«. R. schreibt ihr bis 1895, als die Verbindung sich löst, fast täglich, 124 Briefe und zahlreiche Ge-

dichte sind erhalten. Mit Valerie von David-R. beginnt in R.s Leben die Reihe der Frauen, denen er Freundschaft und Liebe zuwendet, weil er in ihnen künstlerische Begabung von Rang zu erkennen meint. In dem Glauben an die neue Aufgabe der Frau als Künstlerin steht R. damals nicht allein; Thomas Mann schreibt in seiner Besprechung eines Romans von Toni Schwabe: »... uns muß es wahrscheinlich sein, daß von der Frau als Künstlerin das Merkwürdigste und Interessanteste zu erwarten« ist, ja, daß sie irgendwann einmal zur Führer- und Meisterschaft unter uns gelangen kann.« (›Freistatt‹, März 1903)

3. JANUAR: R. bietet dem Verlag J. G. Cotta in Stuttgart sein Gedichtbuch »Leben und Lieder« an – vergeblich, obwohl er schreibt: »Selbe haben von Franz Keim, Alfred Klaar und anderen lobende Beurtheilung erfahren, und sind bisher nur einzeln in Zeitschriften erschienen...«

4. JANUAR: R. sendet Valerie v. D.-R. die ersten Gedichte, die er für sie schreibt: »Nach unserer ersten Begegnung« I-III; das letzte endet: »denke, daß René dich liebt!«

26. JANUAR: R. schreibt an Valerie von David-Rhonfeld: »Was Sie fernerhin von Büchern wünschen, werde ich vielleicht das Glück haben aus Ihrem Munde zu erfahren. – Sie wissen, daß Ihnen meine kleine Bibliothek Tag und Nacht zur Verfügung steht.«

28. FEBRUAR: In einem Brief an Valerie v. D.-R. heißt es: »zudem kommt, daß nach meiner neuen Stundeneintheilung – der Donnerstag Nachmittag mir nicht ganz geblieben ist. Ich habe gerade von ½ 4 bis ½ 5 Uhr im naturgeschichtlichen Cabinette des Gymnasiums am Graben zu arbeiten.«

29. APRIL: »Feder und Schwert. Ein Dialog«, R.s erste gedruckte Prosa-Arbeit, erscheint im Prager »Deutschen Abendblatt«. Möglicherweise handelt es sich um eine Schularbeit – unterzeichnet: »René Maria Rilke«.

1. MAI: An die Mutter: »Was sagst Du zu ›Feder und Schwert‹? Hat es Dich gefreut? – Sogar Papa fand sehr viel Gefallen daran.«

6. MAI: R. bittet die Mutter, angesichts der bevorstehenden Prüfung sei es »nicht Zeit, die natürlichen Kinder meines Geistes aller Welt zu unterbreiten«. Die erbetene Nummer mit dem Dialog sei vergriffen.

24. MAI: Briefgedicht an Johanna von David-Rhonfeld, geb. Zeyer, Vallys Mutter, zum Namenstag.

NOVEMBER: Adalbert von Majerszky bringt in zwei von ihm herausgegebenen Zeitschriften Beiträge R.s: »Das Deutsche Dichterheim«,

14. Jg., H. 5 (Wien), enthält »Bitte« aus den »Lautenliedern« (VI); »ICAEA. Organ der Internationalen Correspondenz-Association ›ICA‹«, Bolleso im Waagtal, publiziert in Nr. 11 die Gedichte »Verblühst du schon?« und »Es war einmal ...« R. ist Mitglied der ICA und tritt Anfang 1895 wieder aus.

4. DEZEMBER: R. erhält von seinem Vater als Geburtstagsgeschenk ein Exemplar eines deutschen Shakespeare.

7. DEZEMBER: Als ›Privatist‹ schreibt R. »Der Wanderer. Gedankengang und Bedeutung des Goetheschen Gedichtes« – eine Betrachtung.

DEZEMBER: Mit der Gedichtfolge »Lautenlieder I-VI« stellt sich »René Maria Rilke« zum Jahresende einem größeren Leserkreis im ersten Jahrgang von »Jung-Deutschlands Musenalmanach« (1894) vor. Herausgeber ist die Redaktion der Halbmonatsschrift für Dichtkunst, Kritik und modernes Leben »Jung-Deutschland und Jung-Elsaß« unter G. L. Kattentidt in Straßburg. Er wird R.s erster Verleger; in beiden Publikationen bleibt R. bis 1897 Mitarbeiter.

ICAEA bringt 1893 in Nr. 12 das Gedicht »Weihnacht«, es wird in keine Sammlung aufgenommen.

AM ENDE DIESES JAHRES berichtet R. der Freundin Valerie v. D.-R. über seine Abiturvorbereitung: »Ich betreibe wie Du weißt, mein Studium eigentlich erst seit September vorigen Jahres. Seither hat sich nur in der Mitte des Decembers (als Mama ankam) ein Stillstand im Fortgange bemerkbar gemacht. Sonst ist der Fortschritt der Leistung stetig geblieben, und hat mir manches belobende Wort seitens meines Directors eingetragen. Er ist auch der einzige der über meinen Fleiß oder Unfleiß ein Urtheil zu fällen berechtigt ist. Denn selbst mein Papa, gab mir die Versicherung sich nicht um meine Studieneintheilung zu kümmern; er hat es auch bisher nicht gethan. Er weiß ich thue gewissenhaft meine Pflicht – alles andere überläßt er ganz mir ...«

Während des Jahres 1893 ist R. Mitarbeiter folgender Zeitschriften: »Deutsches Abendblatt« Prag, »Das Deutsche Dichterheim« Wien, »ICAEA« Bolleso, »Jung-Deutschlands Musenalmanach« Straßburg und mit dem Gedicht »Wohin?« der »Mitteilungen des Nordböhmischen Excursions-Clubs« Leipa (Jg. 16).

1894

1. FEBRUAR: »Jung-Deutschland und Jung-Elsaß« bringt in Bd. 3, Nr. 2/3 R.s im Vorjahr geschriebenes Gedicht »Nicht jauchzen, nicht klagen«, das R. in keine spätere Sammlung aufnimmt.
UM DEN 5. FEBRUAR: Im »Deutschen Dichterheim« erscheint: »Fürst Poppov«, später in »Leben und Lieder« aufgenommen (Jg. 14, Heft 9). Im 8. Heft meldet der »Briefschalter« an R. M. R. in Prag: »Nun ist der bau- und lebenslustige Fürst tadellos und comme-il-faut. Besten Dank für Ihren Brief.«
12. FEBRUAR: R. schreibt an eine ungenannte Dame: »Wie lange waren Tolstoj, Zola, Turgeniew mir Propheten, die ein neues glückseliges Zeitalter anzukündigen schienen. Aber in einer einsamen Stunde ging eine Wandlung in mir vor. Meine Gedanken irrten und irrten. Die äußere Welt schien ihnen kalt, fremd und leer. Sie verloren sich nach Innen ... taumelnd traten sie in ein Feenreich ein – in das Reich der Empfindung, der Phantasie, – in die innere Welt ... ich habe es mir zur Pflicht gemacht, in unserer alles übertönenden Zeit eine kleine Schaar zu werben, die wahre Lyrik schätzt und liebt –«
MÄRZ: »ICAEA«, Nr. 3 nimmt das Gedicht »Sehnsucht« auf, später in Heft 1 der R.schen »Wegwarten« wiederabgedruckt.
28. MÄRZ: R. schreibt an G. L. Kattentidt nach Straßburg über eigene Zahlungen an dessen Verlag (ohne Angabe der Summen), vermutlich handelt es sich um Druckkosten für »Leben und Lieder«.
15. APRIL: »Jung-Deutschland und Jung-Elsaß« bringt in Bd. 3, Nr. 8 »Die Sternennacht«, entstanden im Spätherbst 1893, in keine Sammlung aufgenommen.
1. MAI: »Die Penaten«, Halbmonatsschrift, herausgegeben von Arno Zschuppe, Dresden, enthält in Jg. 1894, Heft 9 die eben entstandenen Verse »Die Lehre des Lebens«, die nirgends sonst aufgenommen werden.
15. JUNI: »Die Penaten« enthalten in Heft 12 das Gedicht »Nachtgedanken«, das R. zunächst in »Wegwarten« I und dann in »Traumgekrönt« aufnimmt. In den »Ersten Gedichten« ist es das wohl früheste Stück, im Frühjahr 1894 entstanden.
JUNI: In »ICAEA« findet das Gedicht »Die Hoffnung« Abdruck, es gehört zu denen, die nicht wieder auftauchen.

VOR DEM 6. JULI: R. schreibt die kleine Erzählung »Pierre Dumont«, die autobiographische Züge aus seiner Kadettenzeit trägt. Sie bleibt zu R.s Lebzeiten unveröffentlicht.
19. JULI: R. verbringt Ferienwochen in Lautschin; dort schreibt er in Blankversen das »Auswandererschiff«, das er später in »Phantasie / Gedicht in Prosa« umsetzt. Während des Aufenthaltes dort entsteht auch das Gedicht »Abend im Dorfe« (»Wegwarten« I).
15. AUGUST: R. schreibt Valerie v. D.-R. von seiner gemeinsam mit dem Vater unternommenen Reise nach München, wo sie die Ausstellung im Glaspalast sehen, die Alte Pinakothek besuchen und die Residenz besichtigen, dort besonders die Gemächer, in denen Napoleon 1809 gewohnt hat.
An Kattentidt schreibt R. aus München: »Bin auf meiner schon früher erwähnten Tournee. Augenblicklich in Bayerns Hauptstadt.« Wohl auf dieser Reise sucht R. Kattentidt, der Prag 1893 verlassen hat, in Straßburg auf: sein Verlagsbüro ist in der rue des Bouchers.
Gleichzeitig bringt »Jung-Deutschland und Jung-Elsaß« in Bd. 4, Nr. 4 »Tränen«, ein Gedicht aus dem April des Jahres. Es wird in keine weitere Sammlung aufgenommen.
15. SEPTEMBER: »Die Penaten« veröffentlichen in Heft 18 nicht nur das Gedicht »Von Kronen träumte ...«, entstanden am 6. Mai, sondern auf S. 456 unter der Rubrik »Literatur und Kunst« folgende Notiz: »Unser Mitarbeiter René Maria Rilke hat unter dem Titel ›Der Weltuntergang‹ ein dreiaktiges Operetten-Libretto mit eingeschobenen Liedern vollendet, auf das wir um einen Text verlegene Komponisten aufmerksam machen möchten. Die Adresse des Autors ist bei uns zu erfahren.« Die Handschrift wird von Valerie v. D.-R. vernichtet – im Nachlaß erhalten hat sich ein skizzenhaftes Szenar, aus dem die Pointe der Handlung hervorgeht: das Ausbleiben des prophetisch angekündigten Weltuntergangs.
NOVEMBER: Das Valerie v. D.-R. geschenkte Exemplar von »Leben und Lieder« enthält ein Widmungsgedicht: »Meine Lieder! kennst sie lange, – / Und vergieb dem jungen Muth ...«
Etwa um diese Zeit berichtet R. der Freundin, er arbeite mit Professor Mendl an Lessings Hamburgischer Dramaturgie, und gibt ein Beispiel für seinen Stundenplan: Freitag 5-6 Professor Riedl (Mathematik), Samstag 10-11 Latein, 3-4 Riedl, Montag $^3/_48$-$^3/_49$ Latein, $^1/_210$-$^1/_211$ Deutsch, 2-3 Griechisch. Genannt werden außerdem die Professoren Geschwind, Nestler und Ostermann.

ENDE NOVEMBER: »Das Deutsche Dichterheim« bringt im 14. Jg., Heft 27, »Redensart«, ein undatiertes kleines Gedicht, das in keiner späteren Sammlung vorkommt.
Jetzt erscheint auch »Leben und Lieder«, R.s erstes selbständig gedrucktes Werk: »L. u. L. Bilder und Tagebuchblätter von René Maria Rilke. Straßburg i. E. und Leipzig. G. L. Kattentidt. Jung-Deutschlands Verlag«. Das Gedichtbändchen, von dem sich nur wenige Exemplare erhalten haben, trägt die Widmung »Vally von R ... zu eigen«. Die Gedichte sind, soweit datierbar, seit September 1891 in Linz, im Sommer 1892 in Schönfeld und danach in Prag bis Ende 1893 entstanden. Das Gedicht »Mein Herz« trägt den Zusatz: »(In Musik gesetzt von Ed. Joh. Hübner)«.
R. hat seinen Erstling von jedem Neudruck ausgeschlossen, auch von den »Gesammelten Werken« in sechs Bänden. Am 7.1.1906 schreibt er an Zdenek Broman Tichy: »Die früheste Publikation ›Leben und Lieder‹ ist ganz ohne Belang und, soviel ich weiß und hoffe, eingestampft worden«; ähnlich am 2.9.1907 an E. L. Schellenberg, der einen Essay über ihn geschrieben hat: »Von dem einstigen Buch ›Leben und Lieder‹ besteht tatsächlich kein Exemplar; was ... in keiner Weise zu bedauern ist.«
1. DEZEMBER: »Der Gesellschafter. Monatsschrift für vornehme Unterhaltung. Hamburg«, herausgegeben von Roderich Wald und Max Beyer, bringt im 1. Jg, Nr. 3 »Abendstimmung«. Das im Juli in Lautschin geschriebene Gedicht wird in keine Sammlung aufgenommen.
4. DEZEMBER: In der Nacht vor seinem neunzehnten Geburtstag schreibt R. einen langen Brief an Valerie v. D.-R., in dem er Rechenschaft ablegt über sein bisheriges Leben. Es ist dies das früheste autobiographische Dokument: »In dieser Nacht gegen einhalb zwölf sind es gerade neunzehn Jahre, daß ich bin. Du kennst die lichtarme Geschichte meiner Kindheit ... Du weißt, daß ich einen großen Teil des Tages einer gewissensarmen und sittenlosen Dienstmagd überlassen war, und daß diejenige Frau, deren erste und nächstliegende Sorge ich hätte sein sollen, mich nur liebte, wo es galt, mich in einem neuen Kleidchen vor ein paar staunenden Bekannten aufzuführen.« Zur Schulzeit und dem Entschluß, Kadett zu werden, heißt es: »wie ich mit wechselndem Erfolge die Volksschule der Piaristen absolvierte und – – ein dummer Knabe – in der Hauptallee des Baumgartens über mein eigenes Schicksal mit einem kindischen Worte entschied. Wenn mir im

Vaterhause die Liebe nur von seiten meines Papas zugleich mit Sorgfalt und Fürsorge entgegengebracht wurde, ich im allgemeinen ganz auf mich selbst angewiesen war ...« Er spricht von der Seele, »die, immer in sich selbst verloren, schon den einfachen, heiteren, schuldlosen Spielen toller Buben in der Volksschule abhold« war, und nun in der Militärschule: »Ich duldete Schläge, ohne je einen Schlag erwidert oder wenigstens mit einem bösen Worte vergolten zu haben ... Ich glaubte, der Wille eines unendlichen, unwandelbaren Schicksals verlange von mir diese heroische Duldsamkeit ... [ich] setzte einen Stolz hinein sie zu tragen ... ich floh dann immer zurück bis in die äußerste Fensternische, verbiß meine Tränen, die dann erst in der Nacht, wenn durch den weiten Schlafsaal das regelmäßige Atmen der Knaben hallte, sich ungestüm und heiß Bahn brachen.« – »Dafür entwickelte sich zu jener Zeit der Trieb zu dichten, der mir schon in seinen kindlichen Anfängen Trost verschaffte. ›Maritana‹, eine Erzählung einer heldenmütigen Jungfrau, deren Charakter dem der Jeanne d' Arc ähnelte, war nach einzelnen, mir nicht mehr erinnerlichen Gedichten die erste größere Arbeit. ›Das Schlachtroß steigt und die Trompeten klingen‹, das war das Ende eines feurigen Monologes aus dieser merkwürdigen Phantasie. Daß jene Periode vor allem geistliche Lieder, die dank der Vorsehung alle verloren gegangen sind, ausfüllen, bedarf bei der oben erwähnten Seelenstimmung keiner Versicherung ... daß ein Verbleiben in der verhaßten Militärschule nicht möglich ist. In dieser Zeit, die ich ja meistens im Krankenzimmer mehr geistig vergrämt als körperlich krank verbrachte, bildeten meine poetischen Versuche sich zu größerer Klarheit und Selbständigkeit heraus und besonders die beiden Gedanken ›Satan auf den Trümmern Roms‹ und die ›Beschwörung‹ erwähne ich mit freudiger Erinnerung ... Einmal noch schloß ich mich innig an einen Kameraden ›Fried‹ mit Namen, an ... Es entwickelte sich eine auf gegenseitige Übereinstimmung beruhende wahrhaft brüderliche Neigung, und wir schlossen mit Kuß und Handschlag einen Bund fürs Leben. Wie Kinder sind ... Frieds Großmutter, die er ungeheuer verehrte, starb eines jähen Todes, er fuhr zu ihrem Begräbnis ... Er kehrte endlich zurück, sehnlich von mir erwartet und – war ein anderer. Später erfuhr ich, daß .... Fried überdies höheren Orts Weisungen erhalten hatte, nicht so viel mit dem Narren zu verkehren. Nachher schloß sich mein Herz nie mehr an jemand.«

Zu dem Jahr in Linz heißt es: »Dann kam die Zeit, die Du kennst und deren herbe Enttäuschungen und Irrungen in Deiner Verzeihung begraben sind. Dann kam der vierte große Abschnitt meines Daseins: die Zeit des Studiums. Schon war ich bereit, meiner wissenschaftlichen Zukunft, der immerwährenden, erfolglosen und zielfremden Arbeit müde, zu entsagen, als Du, geliebte teuerste Vally mir begegnetest, mich stärktest ... So stehen wir denn bei der Zukunft. Am 4. Dezember des Jahres, in welchem ich in Schönfeld meine Gymnasiallaufbahn angetreten, sagte ich mich von diesem Plane los ... um unterzugehen oder gleichviel wo zu landen. Daß ich heute nicht als zielverlorener Wanderer die Welt durchirre, sondern als sicherer Kämpfer ... unserem Glück, unserer Vereinigung zuschreite, könnte ich das jemandem anderen danken als eben Dir?« Auch Zukunftsvorstellungen werden sichtbar: »dann kommen ja, wenn alles nach Plan und Hoffnung vonstatten geht, die Universitätsjahre ... Dann laß uns den ersehnten Hausstand gründen ... Dann wollen wir schaffen, tüchtig in der Ausübung unserer Künste, gegenseitig helfend, ratend wie zwei wackere, seelige Menschen.« Schließlich: »Dann in sechs Jahren, im ersten Jahre des 20. Jahrhunderts, wahrscheinlich im ersten oder zweiten unserer offiziellen Vermählung, bekommst Du, meine vieltraute paničzka, wieder solch einen Brief, der einen kleinen Rückblick enthalten wird über die besiegten schlimmeren und eine Prophezeiung für bessere Zeiten! Elf Uhr nachts hat's schon draußen geschlagen, und ehe ich noch diesen Brief vollende und überlese, werden gewiß neunzehn Jahre voll werden.«

15. DEZEMBER: Das Gedicht »Stimmungsbild«, das in keine Sammlung aufgenommen wird, erscheint in Heft 24, Jg. 2 der »Penaten«.

DEZEMBER: R. schreibt einen, bis auf ein Gedicht »Nochmal ›Heine‹« ungedruckt bleibenden Gedichtzyklus auf Heinrich Heine.

24. DEZEMBER: An G. L. Kattentidt: »Vertrieb von ›L. u. L.‹ geht sicher gut vonstatten«.

ENDE DES JAHRES: Niederschrift der Erzählung »Die Näherin«, die ungedruckt bleibt – sie ist für den Novellenband »Was toben die Heiden« bestimmt, der nicht erscheint. In einem Umschlag unter diesem Titel finden sich weitere Erzählungen: »Das Eine«, »Der Rath Horn«, »Der Dreiklang«, »Die Näherin«, »Schwester Helene«, »Silberne Schlangen«, »To«, »Der Tod«, »Die goldene Kiste« und »Pierre Dumont«. Zu R.s Lebzeiten erschien von diesen nur »Die goldene Kiste«. Weitere Novellen aus R.s Frühzeit blieben ebenso unveröffentlicht: »Der Ball«, »Der Betteltoni«, »Eine Heilige«, »Die rothe Liese«, »Zwei Schwärmer«, »Bettys Sonntagstraum« und »Requiem«.

Während des Jahres 1894 ist R. Mitarbeiter folgender Zeitschriften. Jung-Deutschland und Jung-Elsaß« Straßburg, »Das Deutsche Dichterheim« Wien, »ICAEA«, »Die Penaten« Dresden, »Der Gesellschafter« Hamburg und »Jung-Deutschlands Musenalmanach«. Damit hat er seinen ›Wirkungskreis‹ weiter vergrößert – in den nächsten Jahren wird auf die Veröffentlichung einzelner Gedichte nur dann verwiesen, wenn es sich dabei um weitere ›neue‹ Periodika handelt, die R.sche Beiträge aufnehmen.

1895

1. JANUAR: R. findet Anschluß an die von dem Obersten Richard von Meerheimb in Dresden begründete »Litterarische Gesellschaft Psychodrama«, deren Zweck die Verbreitung der neuen Gattung des ›Psychodramas‹ ist. In der von Franziskus Hähnel, der auch die »Neuen Litterarischen Blätter« betreute, herausgegebenen Vierteljahrsschrift der Gesellschaft: »Psychodramenwelt« (Bremen), erscheint in Jg. 2, Nr. 1 R.s »Murillo« (Ende 1894 entstanden).

2. JANUAR: R. überreicht Valerie v. D.-R. mit einem Widmungsgedicht (»Gern gäb ich Dir dies Buch als Liebeslohn hin ...«) »Jung-Deutschlands Musenalmanach« Jg. 2, der seine Gedichte »Waldesrauschen I-VI« enthält.

15. JANUAR: »Jung-Deutschland und Jung-Elsaß« bringt in Jg. 3, Nr. 2 das von der Redaktion preisgekrönte Gedicht »Abend«. R. nimmt es in keine spätere Sammlung auf.

2. FEBRUAR: Die Erzählung »Die goldene Kiste«, R.s zweite Prosapublikation, erscheint in der »Nürnberger Stadtzeitung, Unterhaltungsblatt«.

14. FEBRUAR: R. fragt bei dem »Herrn Schriftleiter« von Velhagen und Klasings Monatsheften an, ob er einen novellistischen oder lyrischen Beitrag zur Verfügung stellen dürfe; »im letzteren Falle sende ich meine preisgekrönte Arbeit ›Abend‹.«

22. FEBRUAR: Auf Grund einer Antwort der Monatshefte übersendet R. »zwei kleine Skizzen ›Pierre Dumont‹ und ›Der kleine Fridolin‹ zur Verfügung. ... Ich bitte um gütigste jedesfallsige Rücksendung der Manuskripte.« – »Der kleine Fridolin« ist wie neun andere Novellen R.s, die aus Erwähnungen in Briefen bekannt sind, verlorengegangen, d. h. auf Redaktionen und bei Verlagen verschollen.

FRÜHJAHR: In R.s Nachlaß ist als Ms. 79 eine Übertragung von Ovids »Arion« in elegischen Distichen erhalten, vermutlich eine Oberstufen-Übungsarbeit.

1. APRIL: »Sterns literarisches Bulletin« bringt eine Besprechung von »Leben und Lieder«; gez. J. R. In »Jung-Deutschland und Jung-Elsaß« erfolgt am gleichen Tag die Würdigung durch H. Turdus (3. Jg., Heft 6/7). Es sind die ersten Besprechungen für R. überhaupt.

APRIL: R. schreibt an Valerie v. D.-R. über die unfreundliche Rezension von »Leben und Lieder«: »In Betreff derselben aber will ich nichts thun, als daß ich den Namen des Kritikers zu erfahren fordere, damit ich mir den Herren für spätere Zeiten ad notam nehmen könne. Mit jenem J. R. sehn wir uns schon noch einmal wieder! – Und mit nächstem Halbjahr unterbleibt vorläufig das Abonnement des Sternschen ›Bulletin‹. Wir werden es wohl noch erleben wer weiterkommt, Herr J. R. mit seinen weisen Rezensionen oder ich mit meinen lieben, lieben Werken!« Die Besprechung erschien in »Stern's Literarisches Bulletin der Schweiz«, 3, Nr. 10, 1. 4. 1895 (S. 396).

1. JUNI: Das Gedicht »Am Abend«, das später ohne Überschrift in »Advent« eingeordnet wird, erscheint in »Neue Litterarische Blätter. Zeitschrift für Freunde zeitgenössischer Litteratur«, herausgegeben von Heinrich Stümcke, ab 1896 von Paul Bornstein (3. Jg., Nr. 9).

1. JULI: In der folgenden Ausgabe der gleichen Zeitschrift steht außer dem Gedicht »Auf der Heide«, das erst 1921 in der Sammlung »Aus der Frühzeit R. M. R.s« neu erscheint, eine Besprechung von »Leben und Lieder« durch Paul Grotowsky.

9. JULI: R. besteht am k. k. Neustädter deutschen Staats-Ober-Gymnasium am Graben in Prag nach dreijährigem privatem Gymnasialstudium sein Abitur mit dem Prädikat »Mit Auszeichnung«. Er hat Latein und Griechisch für alle acht Schulklassen nachgeholt und in jedem Semester eine Prüfung am Prag-Neustädter Deutschen Gymnasium ablegen müssen.

Die Zahl der Abiturienten des Jahrgangs betrug 34, außer R. bestanden vier weitere ›Mit Auszeichnung‹; die Mehrzahl war 1877 geboren, R. und drei andere bereits 1875.

10. JULI: Telegramm an Vally v. D.-R. nach Dittersbach: »Mit Auszeichnung! Komme morgen Donnerstag mit Eurem Zuge 2 Uhr. René.«

JULI: Bei einem Sommeraufenthalt in Dittersbach entsteht das Gedicht »Rückschau. Du, Zeit, erfüllt von Dämmernacht / griesgräm'ger

Arbeitslast ...«, das sich auf die Zeit vor der Maturitätsprüfung bezieht. R.s Eindrücke aus Dittersbach finden Eingang in die Plaudereien »Böhmische Schlendertage« II. Darin heißt es: »Ich gehöre zu jener Gruppe von Menschen, die Nietzsche die ›historischen‹ nennt ...«
20. JULI: Im einzigen Jahrgang der Wochenschrift »Socialreform« – herausgegeben von Konrad Beerwald – erscheint in Heft 3 R.s kleine Erzählung »Mohn«.
AUGUST: R. sucht zur Erholung das Ostseebad Misdroy auf; dort entsteht der Gedichtkreis »Strandgut«, aus dem die »Neuen Litterarischen Blätter« im Oktoberheft zwei Proben bringen; zwei weitere Stücke legt R. am 10.8. einem Brief an Dr. Ludwig Jacobowski bei. Der Druck ist ergänzt durch den Hinweis: »Aus dem im Laufe 1896 erscheinenden Cyclus Strandgut, bisher unveröffentlicht«. Die – verschollene – Sammlung wird im September in Prag abgeschlossen.
Aus dem Ostseebad Misdroy berichtet R. seiner Freundin Valerie v. D.-R., es helfe ihm, »daß ich dieser Seebaderholung dringend bedurft hatte. Denn ich war, (Papas Chefarzt der hier ist hat es auch festgestellt) nicht nur nicht erholt, sondern sogar recht erholungsbedürftig von Dittersbach weggegangen ... Hier tröstet mich auch eines noch – das Meer.« R. erzählt von seinen Begegnungen mit den Fischern, »wetterbraunen Leuten«. Zu Vallys Geburtstag am 21.8.95 schreibt er: »es geht ein wenig besser, aber lange nicht gut, und die Reihe der ärztlich bestimmten 22-24 Bäder muß eingehalten werden.«
25. AUGUST: R. schreibt für Ella Glässner, die Tochter eines seiner Familie bekannten Prager Arztes, in Misdroy einen Vers in ihr Album, in dem er zu seiner Freude seine Novelle »Die goldene Kiste« entdeckt. Seine Unterschrift: »René Maria Caesar Rilke«.
31. AUGUST: Am Tage vor der Abreise nimmt R. Abschied vom Strand. Gemeinsam mit seinem Vater, der mit ihm in Misdroy war, reist er über Berlin zurück nach Prag, wo sie am 3.9.95 eintreffen.
17. BIS 22. SEPTEMBER: Erste Niederschrift des Dramas »Im Frühfrost / Ein Stück Dämmerung / Drei Vorgänge«. Es handelt sich um R.s dritten dramatischen Versuch, ist das erste seiner Stücke, das gedruckt wird.
23. SEPTEMBER: Unter dem Eindruck einer Aufführung von Max Halbes »Jugend« durch ein Berliner Ensemble auf der Prager Sommerbühne wendet sich R. mit einem verehrungsvollen Brief an den Autor, dabei die Strophe: »Als sollte sich mein Herz mit einem Schlag / von all

dem schalen Alltagsqualm befrein, / so griff Max Halbes ›Jugend‹ tief hinein, / wie ein Gewitter in den Spätherbsttag.«

2. OKTOBER: Brieflich sucht R. Bürgen für seinen Eintritt in einen Schriftstellerverband: Vermutlich handelt es sich um die »Concordia. Verein deutscher Schriftsteller und Künstler in Böhmen«. Vorsitzender ist gerade Dr. Alfred Klaar, Professor für Deutsche Literatur an der Deutschen Technischen Hochschule in Prag. Als Redaktionsmitglied der »Bohemia«, der Prager deutschen Tageszeitung, ist er der beherrschende Literatur- und Theaterkritiker für das deutsche Prag. Rilke wird Mitglied, ebenso wie im »Verein Deutscher Bildender Künstler in Böhmen«. Hier verkehrt er freundschaftlich mit Emil Orlik, Hugo Steiner, Rud. Chr. Jenny, Karl Krattner und anderen.

OKTOBER: In einem Skizzenbuch R.s steht das Gedicht »St. Peter« neben einer Zeichnung: Sankt Peter nach dem Plane Bramantes, Denkmünze Papst Julius II., 18. April 1506.

13. OKTOBER: R. übergibt: »In Verehrung und aufrichtiger bewundernder Ergebenheit« ein Exemplar von »Leben und Lieder« dem tschechischen Dichter Julius Zeyer. Um die gleiche Zeit entsteht sein Gedicht »An Julius Zeyer. Du bist ein Meister; – früher oder später / spannt sich dein Volk in deinen Siegeswagen ...«, später in »Larenopfer«.

HERBST: In diesem Herbst löst R. seine Beziehung zu Valerie v. D.-R., der Abschiedsgruß lautet: »Liebe Vally, Dank für das Geschenk der Freiheit, Du hast Dich groß und edel erwiesen auch in diesem schweren Augenblick, besser als ich ... Und bedarfst Du je eines Freundes, – dann rufe. – Es kann Dir niemand mehr Freund sein als René«.

Student in Prag und München

Mit dem Wintersemester 1895 beginnt R. sein Studium als ordentlicher Hörer an der Deutschen Carl-Ferdinands-Universität in Prag. Die Prager Universität ist 1882 in eine Deutsche und eine Tschechische Universität geteilt worden. An der Tschechischen Universität wirkt damals der spätere erste Staatspräsident der Tschechoslowakei, Thomas Garrigue Masaryk als Hochschullehrer. R. belegt Vorlesungen in Kunstgeschichte bei A. Schultz, Literaturgeschichte bei August Sauer, Philosophie bei

Marty. Mit seinen zwanzig Jahren ist R. älter als der damalige Durchschnittsanfänger und sucht seinen Umgang unter Literaten, Theaterleuten und Künstlern.
25. OKTOBER: R. schreibt an Max Halbe, »Im Frühfrost« erwähnend: »ein Monat ist verstrichen, ohne daß es mir vergönnt war eine Antwort auf meine ergebene Bitte, die Widmung meines Dramas betreffend, zu erhalten.«
1. NOVEMBER: Auf Max Halbes Brief vom 31. 10. erwidert R.: »ich danke Ihnen, wertgeschätzter Meister, vielmals für die Gewährung, Ihnen ›Im Frühfrost‹, (Ein Stück Dämmerung) zusenden zu dürfen. – Der Theater-Verlag des H. Eduard Bloch, Berlin C 2, Brüderstr. 2 wird Ihnen, meinem Auftrage folgend, die Arbeit überreichen. – Es ist die einzige, vollständige Niederschrift des Dramas.« R. bittet darum, das Manuskript an Bloch zurückzusenden.
3. NOVEMBER: Es entsteht der Gedichtkreis »Eine Nacht«, fünfteilig, dessen erstes und letztes Gedicht R. in Prosa umsetzt.
8. NOVEMBER: R. bittet Halbe jetzt, ihm doch das Manuskript »Im Frühfrost« nach Prag zu senden: »Ich gedenke den Verlag des Werkes Herrn S. Fischer, Berlin W. Köthenerstraße 44, Ihrem Verleger, anzubieten –«
VOR DEM 15. NOVEMBER: »Das Deutsche Dichterheim«, Jg. 15, bringt in Nr. 23: »Der Sühnversuch. Ballade. Nach der gleichnamigen Novelle des Freiherrn Detlev von Liliencron«. Liliencrons Novelle ist kurz zuvor in dem Band: »Eine Sommerschlacht« erschienen. Im gleichen Heft findet sich unter »Notizen« R.s Zurückweisung einer ungünstigen Kritik von »Leben und Lieder«: »… kann ich, gestützt auf maßgebende Beurtheilungen, behaupten, daß das Gute, das auf den Blättern sich findet, nicht nur Beifall, sondern auch die Zuerkennung seiner Eigenart verdient.«
2. DEZEMBER: Nach der Lektüre des Werkes »Urania« von Camille Flammarion, dt. von Carl Wenzel 1894, erbittet R. von Dr. Bauschinger Auskunft über den Wahrheitsgehalt der vorgetragenen Gedankengänge, besonders über das ›Hellsehen‹ und jene ›Seelensprache‹, »die auf Kilometer hin lautlos weiterhallt«.
10. DEZEMBER: An Max Halbe: »Heute überreiche ich Ihnen den Prospekt meines Unternehmens, einer Novelletten und Skizzen Sammlung, welche die ersten Meister dieses Genre's umfassen soll. – Ich bitte Sie um die Ehre Ihrer Mitwirkung, durch welche Sie die Sammlung ebenso fördern, wie Sie mich auszeichnen. Haben Sie den ›Frühfrost‹

schon gelesen und darf ich hoffen, meine Widmung angenommen zu wissen?«
19. DEZEMBER: R.s Anzeige von »Karl Henckell. Sonnenblumen« erscheint im »Deutschen Abendblatt«, Nr. 291 – es ist R.s erste ›Besprechung‹.
DEZEMBER: R. wendet sich mit einem Rundschreiben an mögliche Mitarbeiter für eine bei Otto Hendel in Halle herauszugebende »Sammlung kleiner psychologischer Skizzen, Novellen und Stimmungsbilder aus der Feder unserer ersten Meister«. Erschienen ist diese Sammlung nicht.
ZU WEIHNACHTEN: Es erscheint R.s zweiter selbständig gedruckter Gedichtband: »Larenopfer. Von René Maria Rilke. Prag. Verlag von H. Dominicus« 1896. Der Umschlag ist von »Vally« entworfen, die Gedichte stammen aus dem Herbst 1895. In einer Selbstanzeige sagt R.: »Dieses Werk, das in Böhmen die ›starken Wurzeln seiner Kraft‹ hat, ragt doch weit ins Allgemein-Interessante, und eignet sich seiner vornehmen Ausstattung wegen vorzüglich zu Geschenkzwecken.« (Anlage zu dem vorgenannten Rundschreiben) Das Gedicht »Kajetan Týl« ist mit der Anmerkung versehen: »Bei Betrachtung seines Zimmerchens, das auf der böhmischen ethnographischen Ausstellung zusammengestellt war«. Diese Ausstellung (1895) wurde von den Deutschen in Prag gemieden.
Ein Exemplar von »Larenopfer« widmet R. Bertha von Suttner »in großer inniger Ergebenheit« mit dem Vers: »Wohl seh' ich goldig der Zukunft Weiten ...«
Unmittelbar nach Erscheinen von »Larenopfer« stellt R. sein erstes »Wegwarten«-Heft zusammen. Es enthält 21 seiner Gedichte, das früheste aus dem Jahr 1892. Der Titel lautet: »Wegwarten. Lieder, dem Volke geschenkt von René Maria Rilke. Frei. Erscheint ein- bis zweimal jährlich. Selbstverlag des Verfassers, Prag«. R. verschenkt die Hefte an Krankenhäuser, Volks- und Handwerkervereine. Es erscheinen noch ein 2. und 3. Heft. Im Vorwort erklärt R. den Titel: »Paracelsus erzählt, die Wegwarte werde alle Jahrhunderte zum lebendigen Wesen; und leicht erfüllt die Sage sich an diesen Liedern; vielleicht wachen sie zu höherem Leben auf in der Seele des Volkes. Ich bin selbst arm.«
30. DEZEMBER: Erster Brief an Láska van Oestéren, in der R. die mitstrebende Künstlerin verehrt. Sein Interesse wendet sich dem Theater zu, er trifft sich darin mit Láskas Bruder, dem Schriftsteller Friedrich

Werner van Oestéren. Die Briefreihe endet im Dezember 1896 mit der Übersendung von »Traumgekrönt«.

Während des Jahres 1895 erscheinen Arbeiten R.s in den Zeitschriften: »Psychodramenwelt« Bremen, »Jung-Deutschland und Jung-Elsaß« Straßburg, »Neue Litterarische Blätter« Braunschweig, »Socialreform« Berlin, »Das Deutsche Dichterheim« Wien, »Deutsches Abendblatt« Prag, »Nürnberger Stadtzeitung«, »Jung-Deutschlands Musenalmanach«.

1896

11. JANUAR: R. schreibt an Kattentidt, er erwarte die »Probenummern« der geplanten Sonderausgabe »Jung-Deutschland und Jung-Oesterreich«, die er übernehmen soll: »alles ist schon zur Versendung bereit; hiesige Blätter ›Bohemia‹, ›Tageblatt‹ etc. haben bereits entsprechende Notizen gebracht!«

13. JANUAR: Anfrage bei Kattentidt: »Werden Sie die Güte haben, ›Larenopfer‹ bald zu besprechen? Wüßte Ihnen, hochwerter Herr, Dank dafür. Anbei volksthüml. Gratis-Unternehmen ›Wegwarten‹«.

14. JANUAR: R. übernimmt die Redaktion von »Jung-Deutschland und Jung-Oesterreich« und entwickelt Kattentidt gegenüber die Grundsätze seiner neuen Tätigkeit. Nach einigen, noch von diesem redigierten Heften stellt aus Mangel an Abonnenten die Separatausgabe ihr Erscheinen ein. – R. übersendet K. seine neue Skizze »Ein Charakter«.

19. JANUAR: »Meine Skizze ›ein Charakter‹ möge entweder unverändert oder gar nicht zum Abdruck kommen. – Ja fühlten Sie, geschätzter Herr, denn nicht den Abstand, der zwischen dem Titel Ihres Blattes und unserer Tendenz besteht, wenn sogar solche leichte Andeutungen nicht geschehen dürfen? – Da könnte man ›Jung-Deutschland‹ ja als Vereinsblatt für Kleinkinderbewahranstalten einrichten!! ... Was künstlerisch gut ist, ist auch sittlich gut!« (An Kattentidt)

22. JANUAR: An Max Halbe schreibt R.: »allen Dank für die Rücksendung meines Dramas ›Im Frühfrost‹. – Ihre aufrichtigen, herzlichen Worte werde ich getreu befolgen! – Einmal kommt sie ja doch vielleicht – die Zeit des Reifens! Wie mir der Obmann der ›Concordia‹ mittheilt, dürfen wir über Kurzes Ihren ehrenden Besuch erwarten. – Ich freue mich ungeduldig, den verehrten Meister zu sehen, und hoffe, Sie dann persönlich bitten zu dürfen, mir das Wohlwollen zu bewahren, das Ihre gütigen Zeilen enthielten.«

22. BIS 25. JANUAR: In drei Fortsetzungen veröffentlicht R. seine kurz zuvor entstandene »Psychologische Skizze« »Eine Tote« im »Deutschen Abendblatt« Prag, Nr. 17, 18, 20.
IM JANUAR berichtet R. Frau Ottilie Malybrock-Stieler über seine Begegnung mit Julius Zeyer im Hause David-Rhonfeld (Oktober 1895): »Bei seinem letzten Aufenthalt in Prag hatte ich Gelegenheit, ihm im Hause seiner Schwester meine Larenopfer auswahlweise im Manuscript vorzulesen, und ich fühlte mich überreich belohnt, einerseits durch den aufrichtigen, warmen Beifall, den er mir mit Stimme und Blick zollte, andererseits durch die Episoden und Erzählungen, die seine weiten Reisen ihm eingegeben haben und die er in schlichter Weise wiederzugeben versteht. Den glänzenden Himmel von Tunis glaubt man über sich zu sehen..., oder man glaubt sich an seiner Seite in einer engen Gasse Toledos...« Zeyer hat R. seine »Drei Legenden vom Cruzifix« geschenkt, die zweite ist die »Toledische Legende El Cristo de la Luz« – in einer tschechischen Originalausgabe. R. fährt fort: »die drei Skizzen und besonders ›Inultus‹ zeigen wieder, wie scharf Zeyer zu zeichnen versteht, wie real und wahr er schildern kann, trotzdem er nicht mit den ›Jungen‹ geht und unter dem Banne einer süßen eigenen Romantik schafft und lebt...«
27. JANUAR: R. schreibt an Kattentidt: »Wenn auch ungern, so gehe ich diesmal doch auf die Aenderung in der Novelle ›ein Charakter‹ ein...« Die Skizze erscheint am 1. Februar.
29. JANUAR: R. übersendet an Franz Brümmer, den Herausgeber des »Lexikon der deutschen Dichter und Prosaisten des 19. Jahrhunderts« für die 4. Auflage, Leipzig 1896, eine autobiographische Darstellung: »Ich entstamme, wenn ich alten Traditionen glaube, einem uradeligen, Kärntner Adelsgeschlecht. Gelehrte oder Dichter gab es unter meinen Vorfahren nicht. – Das Fabulieren hat mich weder Vater noch Mutter, wiewohl letztere poetische Anlagen besitzt, sondern früher Schmerz und herbe Erfahrung gelehrt. Mit zehen Jahren verließ ich das von Zwietracht gespaltene Elternhaus. Mehr denn fünf Jahre härmte ich mich durch eine mir verhaßte Militärerziehung, um endlich in Hast die 8 Gymnasialklassen in drei Jahren voll unbeschreiblicher Mühsal zu überwinden – mit Auszeichnung, freilich wenig Lohn für die zerrüttete Gesundheit. An den Folgen leide ich immer noch. – Rilke, René Maria Caesar, geboren zu Prag am 4. Dezember 1875, gegenwärtig Schriftleiter von ›Jung-Deutschland und Jung-Oesterreich‹. Mein Motto: patior ut potiar. Für die

Gegenwart hege ich heißes Streben nach Licht, für die Zukunft eine Hoffnung und eine Furcht. Hoffnung: Inneren Frieden und Schaffensfreude. Furcht (als erblich nervös belastet): Wahnsinn! Ich bin tätig auf dem Gebiete des Dramas (›Gleich und frei‹, ›Im Frühfrost‹), Novelle und Skizze (viele Arbeiten zerstreut in mehr denn 20 Zeitschriften. Demnächst gesammelt), Lyrik, Psychodrama, Kritik etc. In Freistunden führe ich den Pinsel. Auch bin ich Improvisator.« Der Herausgeber überarbeitete diesen Entwurf, der sich in seinem Nachlaß erhalten hat.
An den tschechischen Dichter Jaroslav Vrchlický sendet R.»Larenopfer«, dankt ihm für »Worte der Anerkennung« und schließt: »Vielleicht interessiert Sie auch das beiliegende Heft ›Wegwarten‹, das ein Geschenk für das Volk ist.«
2. FEBRUAR: Die »Monatsblätter. Organ des Vereins ›Breslauer Dichterschule«‹ bringen in Jg. 22, Nr. 2 die Gedichte »Bad« (aus dem Zyklus »Strandgut«) und »Vergessen«.
15. FEBRUAR: An Kattentidt: »Von mir liegt das Gedicht ›Flammen‹, dann eine Besprechung ›Küsse‹ von Anton Renk bei. Ebenso eine kleine Notiz für ›Unter uns‹.« – »Flammen« wird am 15. 5. 96 gedruckt. Die »Deutsche Rundschau. Zeitschrift zur Förderung der nationalen Schutzbestrebungen der Deutschen in Böhmen«, 2. Jg., enthält in der Unterhaltungsbeilage von Nr. 3/4: »Irrlicht«. Das Gedicht stammt aus »Wegwarten I«.
24. FEBRUAR: In einem Briefgedicht an den »hochverehrten Herrn Dr. Ludwig Jacobowski in Erwiderung seiner gütigen Zeilen« heißt es: »Ich singe, wie michs drängt und nicht um Lob ...« (Sonett).
25. FEBRUAR: In »Runen. Monatsschrift für deutsche Dichtung und Kritik«, 1. Jg., Nr. 2 erscheint das Gedicht »Nochmal ›Heine‹« und acht »Sprüche«; der letzte lautet: »Was ihnen fehlt: G. Hauptmann hat immer noch ein paar Nebenmänner, und Halbe muß noch lernen, damit er Ganz wird!«
FEBRUAR: R. schreibt in ein Exemplar von »Larenopfer« die Verse »Das Leben ist / ein leeres Heft für Viele ...«: »Gewidmet der feinsinnigen Dichterin Frau Ottilie Malybrock-Stieler-Kleinschrod in großer Sympathie und Ergebenheit vom Verfasser, Prag Februar 1896«.
»Der liebenswürdigen Künstlerin Frau Gustave Hellmérsen« trägt R. das Gedicht »Für jene Stunden, wo Sie im ›Vereine‹ / Verehrte gnädige Frau, stolz ohne Bangen / Und unbeirrt von allem äußern Scheine / dem Urgrund uns'res Strebens nachgegangen ...« in »Larenopfer« ein.

1. MÄRZ: in »Jung-Deutschland und Jung-Elsaß« (Jg. 4, Nr. 5) steht unter den Buchbesprechungen R.s Hinweis auf »Anton Renk. Küsse« Erzählung, Kufstein 1895 und eine sehr positive Anzeige von »Larenopfer« durch Richard Hermann.
2. MÄRZ: R. schreibt an Kattentidt: »Die liebenswürdige Beurtheilung meines Werkes ›Larenopfer‹ durch Herrn Zollamtsvorstand Mertens hat mich sehr erfreut. Ich habe dem Herrn Rezensenten für das liebevolle Verständnis, mit welchem er sich in Art und Sinn des Buches vertieft hat, dankgesagt und lasse ihm demnächst auch ein Exemplar zukommen …« R. hat inzwischen einen Beitrag von »H. Martin Boelitz, Berlin« angenommen und verspricht eine Reihe von Besprechungen.
R., der von Paul Bornstein gebeten worden ist, für die »Neuen litt. Blätter« aus Prag »gute Übersetzungen aus der jungböhmischen Lyrik« zu vermitteln, wendet sich an Frau Ottilie Malybrock-Stieler: »Ich sehe in Ihnen die berufenste Vertreterin für dieses Feld, und bitte Sie … mir zwei bis drei markante, kurze, charakteristische Gedichte aus der modernen böhmischen Litteratur gütigst bald übersenden zu wollen.« R. selbst denkt an S. Čech und J. Zeyer.
MÄRZ: »Die Musen. Zwanglose Hefte für Produktion und Kritik«, herausgegeben von Wilhelm Arent, bringen im 4. Heft R.s Erzählung »Der Apostel«, deren Abfassungsdatum ungewiß ist.
»Der Gesellschafter« (Jg. 2, Nr. 6) enthält das Gedicht »Park im Winter«.
WOHL IN DIESEM FRÜHJAHR: In einem Manuskript Theodor Fontanes hat sich ein – rückseitig von diesem verwendeter – Brief R.s an Fontane gefunden; R. schreibt: »der Beifall, den Sie meinem Buche ›Larenopfer‹ zollen, bereitet mir große und innige Freude, zumal er von Ihnen, verehrter Meister, kommt.« Jedoch: »Sie haben … durch meinen zweiten Vornamen verleitet, in mir eine Dame gesehen; dies ist nun nicht der Fall – ich bin männlichen Geschlechts und hoffe mich auch im Leben stets männlich im besten Sinne des Wortes zu betätigen. (Gleichzeitig geht ein Heft der ›Wegwarten‹ an Ihre w. Adresse ab)« R. weist in »Wegwarten II« darauf hin, daß »Larenopfer« »mit Anerkennung von Theodor Fontane u. a.« genannt worden sei.
7. MÄRZ: R. entbietet mit Brief und Gedicht (»Wer also reine Töne weiß …«) dem ›Hochverehrten Meister‹ Stephan Milow Glückwünsche zum 60. Geburtstag; unter dem Pseudonym schrieb der Dichter und Offizier St. von Millenkovich.

Am gleichen Tag schickt R. an Bodo Wildberg (d. i. Harry Louis von Dickinson-Wildberg) einen Brief des Schriftstellers Peter Th. Thiels zurück mit der Bemerkung, er lehne dessen »streng deutsche-patriotische Meinung« über den geplanten »Bund der Modernen« ab. Zu diesem Bund sagt er: »Mir gefällt die Idee sehr gut, und es würde mich freuen, wenn sie zur Wirklichkeit sich inkarnierte. – Da dürfte man nicht die Reklametrommel schlagen, da müßte man still nach Gleichgesinnten und Mitempfindenden forschen.« W. lebt in Dresden.

15. MÄRZ: R. erbietet sich in einem Brief an Svatopluk Čech, Übersetzungen zeitgenössischer tschechischer Lyrik in den »Neuen litterarischen Blättern« Berlin zu veröffentlichen. Čech hat »Lieder eines Sklaven« geschrieben, die deutsch 1897 bei Dietz in Stuttgart erscheinen. R. weist auf diese Lieder in seiner Novelle »König Bohusch« hin. Der Brief ist unterzeichnet: »R. M. R., autor sbírky Larenopfer atd.« (= Autor der Sammlung L. usw.)

16. MÄRZ: In seine Briefe an Láska van Oestéren flicht R. zwischen dem 16. 3. und Ende Juli 1896 vierzehn Gedichte, z. T. Briefgedichte, ein.

18. MÄRZ: Die erste von zwei Prosaarbeiten: »Totentänze. Zwielicht-Skizzen aus unseren Tagen«, erscheint in der »Deutschen Rundschau« Prag: »Und doch in den Tod«; die zweite, »Das Ereignis. Eine ereignislose Geschichte« folgt am 1. 4., eine größere Sammlung war geplant.

22. MÄRZ: An Kattentidt: »Heute sende ich Ihnen die Besprechung von fünf Werken, die noch aus meiner Redaktions-Aera bei mir lagen. Ich kam in die erfreuliche Lage, recht viel loben zu dürfen.«

Am gleichen Tage fordert R. Hans Benzmann zum Beitritt in den ›Bund der wahrhaft Modernen‹ auf und begrüßt ihn am 1. April als »1. Mitglied des Bundes«.

23. MÄRZ: In einem langen Brief an L. v. Oestéren heißt es: »Der Gipfelpunkt meiner Bestrebungen ist, wie jüngst erwähnt, ein intimes Theater…«

24. MÄRZ: »Zur Erinnerung an den Prager Aufenthalt« widmet R. dem Schriftsteller Hans Olden ein Exemplar von »Larenopfer«. Olden ist nach Prag gekommen, um den Proben und der Premiere seines Schauspiels »Die offizielle Frau« beizuwohnen. R. berichtet an Bodo Wildberg: »es war Besuch hier, der mich durch acht Tage und, was noch mehr sagen will, fast durch ebensoviel Nächte in Anspruch nahm: Max Halbe und Hans Olden. Ersterer, um in unserer ›Concordia‹ einen Vortrag zu halten. H. las seine jüngste Novelle ›Frau Meseck‹, eine präch-

tige, durch und durch gereifte Arbeit … Kennen Sie Halbe. Ich habe ihn durch die Gassen der Kleinseite und des Hradschins geführt, um ihm die ›Larenopfer‹ verständlich zu machen, und habe manche interessante Frage mit ihm erörtert.« – Im gleichen Brief heißt es zum »Bund der wahrhaft Modernen«: »Ein Bund trägt ja doch nicht den Stempel der vollsten herdenartigen Gleichheit seiner Glieder … je verschiedener die einzelnen Bestandteile sind, desto volltönender und reicher wird der Erfolg ihres Zusammenklingens sein, wenn sie nur alle auf einen Grundton gestimmt sind, – den echter, inniger, wahrer Kunstempfindung.« R. denkt dabei an Hans Benzmann, Albrecht Mendelssohn Bartholdy, Carl von Arnswaldt und Wildberg selber.

ENDE MÄRZ: An Wildberg: »Wenn Sie Heft N° IV der ›Musen‹ (W. Arent Herausgeber) in die Hand bekommen, lesen Sie mein halb tief ernstes, halb satirisches Glaubensbekenntnis: ›Der Apostel‹.«

1. APRIL: Es erscheint: »Wegwarten. II. Jetzt und in der Stunde unseres Absterbens … Scene. Von René Maria Rilke. Frei. Selbstverlag. Prag II. Wassergasse 15 B¹.« R. zeigt das Stück als »einaktiges Drama« an. Die Niederschrift ist vermutlich Anfang des Jahres erfolgt.

DAS IM APRIL erscheinende Wegwarten-Heft mit seinem Stück »Jetzt und in der Stunde unseres Absterbens« schenkt R. mit einer Widmung Jakob Elias Poritzky.

IM APRIL schreibt R. seinen ersten Brief an Arthur Schnitzler: »Hochverehrter Meister, Das erste Heft meines Volks-Gratis-Unternehmens ›Wegwarten‹, das ich mit Liedern im Volkston erfüllt habe, hat viel Beifall gefunden. – Ich habe mir seinerzeit auch erlaubt Ihnen ein solches Liederheft zu übersenden. Dieses neue (II.) ›Wegwarten‹-Heft dürfte zweifelsfrei Ihr Interesse in höherem Maße beanspruchen, da es eine kleine ›moderne Scene‹ bringt. Es liegt mir viel daran, das Urtheil des von mir hochgeschätzten Dichters der ›Liebelei‹ zu vernehmen.« Das Neue Deutsche Theater in Prag hat unter der Leitung Angelo Neumanns in der Saison 1895/96 Schnitzlers »Liebelei« aufgeführt. R. fährt fort: »Vom nächsten Hefte an werden die ›Wegwarten‹ Organ eines Bundes ›Moderner Fantasie Künstler‹ oder wie ich den Bund nennen werde. – Die gemeinschaftliche Idee der Mitglieder ist: Modernes Schaffen, Unterwerfung unter die Macht der ›Stimmung‹, der intimen fantasievollen Stimmung! – Mitglieder sind Dichter und auch bildende Künstler. Wenn Sie, Herr Doctor, dieser Idee, diesem Leitmotiv nicht ferne stehen, dann werde ich Sie von dem Fortschreiten meines Planes unterrichten. Jedes Mitglied erhielte dann 60-100 Wegwartennummern (frei) zu freier Vertheilung ...«

R. sendet das Heft der »Wegwarten« auch dem Prager Kunsthistoriker »Herrn Professor Josef Neuwirth, dem hochverehrten, feinfühligen Gelehrten, in größter Ergebenheit«.

15. APRIL: Unter der Rubrik »Bücherbesprechungen« erscheint R.s Rezension: »Hans Benzmann. Im Frühlingssturm / Albrecht Mendelssohn Bartholdy und Carl von Arnswaldt. Schmetterlinge / Franz Josef Zlatnik. Träume des Lebens« in »Jung-Deutschland und Jung-Elsaß«, 4. Jg., Nr. 8. Darin heißt es, von den drei Lyrik-Bändchen gebühre »ganz unstreitig« Hans Benzmann der Preis. (Die Gedichte sind 1894 und 1896 herausgekommen.)

4. MAI: R. bespricht im »Deutschen Abendblatt« das Volksstück in drei Akten von Rudolf Christoph Jenny: »Noth kennt kein Gebot«. Es wird am 6. 5. 96 am Deutschen Volkstheater in Heines Theatergarten aufgeführt.

6. MAI: R. beabsichtigt, Maeterlincks ›kleines Drama‹ »Les Aveugles« in Prag aufzuführen: »Eine Bühne hab ich schon sammt allem Rüstzeug, Jenny wäre ein tüchtiger Regisseur und die Darsteller, welche sich zum Theil aus Schauspielern von Fach, zum Theil aus vernünftigen Dilettanten zusammensetzen sollen, werden sich nach und nach finden«, schreibt R. an Láska v. Oestéren. R. ist mit folgenden Mitgliedern der »Deutschen Bühne« in Prag bekannt; den Herren Norini und Korff, den Damen Fräulein Illing und Jenny Carsen; ferner mit dem Dramaturgen Heinrich Teweles und dem Direktor des »Deutschen Volkstheaters« in Prag, Franz Schlesinger.

Über Emil Orlik, den R. seit diesem Jahr kennt, heißt es im gleichen Brief: »meiner Ansicht nach der talentierteste jüngere deutsch-böhmische Künstler«. In der ›Kneipzeitung‹ des »Vereins Deutscher Bildender Künstler in Böhmen« auf das Jahr 1896 finden sich drei handschriftlich eingetragene Gedichte R.s, dazu gehören zwei Karikaturen von Orlik, die R. im Verein vor Mitgliedern Verse rezitierend zeigen. Er liest dort »drei kleine Novellen« vor (an Láska v. Oestéren, 6. 5. 96). In Orliks »Prager Skizzenbuch« haben sich neben der bekanntesten Porträt-Karikatur noch mehrere Skizzen erhalten.

11. MAI: Auf einer Postkarte sendet R. ein Gedicht an Carl von Arnswaldt in Göttingen: »Groß ist die Menge derer, die da ringen / Ob ihnen auch zum Sieg die Kraft gebricht ...« (unveröffentlicht). Er möchte ihn für den »Bund der wahrhaft Modernen« gewinnen.

15. MAI: Kattentidt veröffentlicht eine eigene Besprechung von »Jetzt und in der Stunde unseres Absterbens« in seiner Zeitschrift.
SOMMERSEMESTER 1896: R. tritt als Hörer in die Rechts- und Staatswissenschaftliche Fakultät über und belegt, wie die »Frequentationsbestätigung« der Dozenten zu beweisen scheint, auch »Pandekten und Rechtsgeschichte«. R.s Mutter lebt wieder in Prag, so daß keine Briefe an sie aus diesem Jahr vorhanden sind.
PFINGSTEN: R. begleitet R. Ch. Jenny nach Wien, um dessen Stück »Noth kennt kein Gebot« im Raimund-Theater zur Annahme zu bringen.
Am 9.12.1913 schreibt R. aus Paris über seine erste Begegnung mit Karl Kraus: »Es mögen an die achtzehn Jahre sein, daß wir einander in Wien begegnet sind, sein großer schauender Blick ... ist mir noch immer eingeprägt ... (Vielleicht sind es Begegnungen mit solchen Menschen, die in einem, wenn man ihnen frühe begegnet ist, das Gewissen herausgebildet haben, das man später so unerbittlich in sich erzogen findet.)« (An Sidonie von Nádherný)
ENDE MAI: R. reist zur »Millenniums-Feier«, der Tausendjahrfeier des Königreichs Ungarn, nach Budapest.
VOM 27. MAI BIS 12. JUNI ist R. in Budapest. Er wohnt bei Verwandten, besichtigt die Ausstellung und sieht den historischen Festzug, ein Hauptstück der Festlichkeiten: »dieses tolle Reiterbild im wolkenlosen Sommertag« (an R. Ch. Jenny, 9.6.96). An Jenny schreibt R. am 31.5. von Geldnöten: »da weder Papa noch Tante noch Dominicus die versprochene Geldsendung besonders eifrig betreiben«, und von den Verwandten, seiner ›ungarischen Tante‹ Marie und seinem Onkel, dem Oberoffizial Josef Müller, »der unter dem Pseudonym Müller-Raro Stükke über kleinere Bühnen gehen ließ ... er ist eine ausgesprochene Journalistennatur, dem die Phrase so geläufig ist, daß er sie nachgerade selbst für ›Gefühl‹ hält, der immer noch höhere Triebe in sich fühlt, aber in mehrjähriger Militärdienstzeit (er ist Oberlieutenant) und der darauffolgenden Beamtenlaufbahn ganz und gar vertrocknet ist ... Diese Leute mit dem Kirchthurmhorizont, mit den kleinen Interessen und Sorgen widern mich fast ebenso an, wie meine Prager Verwandtschaft, wenngleich die Hiesigen noch meilenhoch über jenen stehen!«
5. JUNI: R. bittet R. Ch. Jenny, ihm mit einer dringenden Aufforderung, in einer Bühnenangelegenheit nach Prag zu kommen, die frühere Abreise aus Budapest zu erleichtern: »mir geht es mit meiner Ungarfahrt

wie Lenau mit der Amerikareise. Auch ich vermisse die ›Nachtigall‹: meine liedervolle Stimmung...« Weiter heißt es: »Die Schnitzler-Affaire ist typisch für diese litterarischen Parvenues. – In ein bis zwei Jahren wird Arthur Schnitzler, wenn es noch halbwegs gerecht zugeht, im Vorzimmer des Dramaturgen Jenny, des bekannten Dramatikers / Sie werden sehen – jetzt wirds über Nacht / dehmütig warten...« (Im Gegensatz zu Schnitzlers »Liebelei« wird Jennys Stück »Noth kennt kein Gebot« – im März 1896 mit Erfolg in Innsbruck uraufgeführt – in Prag vom Deutschen Theater abgelehnt und dort in Heines Theatergarten gebracht, wo Direktor Franz Schlesinger mit »einer lächerlich kleinen Subvention« arbeiten muß, wie R. am 6. 5. 96 an Láska v. Oestéren schreibt.)

15. JUNI: R. schreibt seinen letzten Brief an Valerie v. D.-R.: »Eben komme ich aus Pest zurück; ich sehne mich, Dich zu sehen und zu erfahren, wie es Dir geht...« Vally lehnt ein Wiedersehen ab.

28. JUNI: R.s Erzählung »Ihr Opfer« erscheint in der Sommerbeilage der »Politik« – eine Vorbemerkung weist darauf hin, sie sei dem »in Bälde« zu erwartenden Novellenbuche »Was toben die Heiden« entnommen. Diese auf etwa 22 Stücke geplante Sammlung bleibt ungedruckt.

JULI: Im Juli erreichen L. v. Oestéren R.s Briefe aus Prag-Weinberge, Villa Gröbe; die Familie van Oestéren bewohnt Im Sommer Schloß Veleslavin, wo R. mehrfach zu Gast ist; er bezeichnet sich in seinen dorthin gerichteten Gedichten als »Schloßpoet«.

R. wendet sich in dieser Zeit an Hans Benzmann, der zum Kreis der »Wegwarten« gehört, ob er ihm für eine neue Gedichtsammlung einen rührigen Verlag nennen könne: »Wie wäre es mit Baumert und Ronge?« Zudem meldet er: »ich bin damit beschäftigt, Wegwartenheft N° III zusammenzustellen.« Auch an ein viertes Heft für Weihnachten ist gedacht. R. widmet Benzmann »Larenopfer« mit dem Gedicht: »Es drängt so viel Gewürm sich dreist und dreister / zum Lorbeer hin. Sei nicht bescheiden drum...« und einer Zueignung: »dem lieben 1. Mitglied des freien Bundes ›Moderner Phantasie-Künstler‹!«

14. JULI: »Gestern sah ich Hirschfelds ›Mutter‹ – Das ist eine sehr reiche Arbeit voll meisterhafter Charakterisierung, die mich umso mehr interessiert, als ich Gelegenheit hatte, den jugendlichen Autor kennen zu lernen. Vielleicht werde ich am Volkstheater auch mein dreiaktiges Drama ›Im Frühfrost‹ zur Aufführung bringen.« (An Ludwig Jacobow-

ski) R. erwähnt hier auch den Plan:»Ich will mich für einige Zeit in München niederlassen.«

ANFANG AUGUST: R. schreibt»Herrn Siegfried Trebitsch, dem verborgenen, feinfühligen Dichter als Erinnerung an die Heimfahrt aus Veleslavin« ein Widmungsgedicht in»Larenopfer«.

6. AUGUST: R.s dramatische Szene»Jetzt und in der Stunde unseres Absterbens« wird im Sommertheater des Deutschen Volkstheaters Prag als Benefiz für die Schauspielerin Frau Anna Wank aufgeführt. Die »Bohemia« schreibt darauf:»ein gehäuftes Elend mit verhängnisvollen Verwicklungen ... Das ist eine Ballade im Alltagskleid, aber kein ›Drama‹. Von dramatischem Talent zeugt die prospektivische Gedrängtheit der kurzen Szenenreihe, mancher kräftige Farbenstrich und das kecke Spiel mit Kontrasten.«

7. AUGUST: Die Sparte»Vom Büchertisch« im»Deutschen Abendblatt« bringt R.s Besprechung:»Anne-Marie. Ein Berliner Idyll von Ludwig Jacobowski«, die vermutlich kurz vor dem Druck entstanden ist.

10. AUGUST: An L. Jacobowski:»Ich freue mich heute die Mittheilung anfügen zu können, daß mein kleines Drama ›Jetzt und in der Stunde unseres Absterbens‹ bei der Donnerstägigen Erstaufführung am hiesigen ›Deutschen Volkstheater‹ einen großen Erfolg errungen hat. Stimmen der Presse (die Sie mir gelegentlich gütigst zurückgeben) bestätigen dies.« R. legt seine Besprechung von Jacobowskis»Anne-Marie« bei.

NACH DEM 10. AUGUST: Abreise nach Obergrund bei Bodenbach an der Elbe in der böhmisch-sächsischen Schweiz; von hier aus macht R. einen Ausflug nach Dresden, kehrt für zwei Tage nach Prag zurück und reist dann nach Goisern bei Ischl ins Salzkammergut: Villa Grill.

22. AUGUST: R. zeigt im»Deutschen Abendblatt« (Nr. 192) Karl Henkells»Sonnenblumen« an.

23. AUGUST: R. schreibt in Attnang ein Gedicht für den Schriftsteller J. F. Poritzky.»... Ein Tagebuch ...« Nach Jahren erzählt R., wie er bei einem Besuch in Aussee während dieser Ferien Johannes Brahms gesehen habe. (An Ilse Sadée, Duino, 8. 2.1912)

31. AUGUST: R. notiert in sein Skizzenbuch neben die Bleistiftzeichnung von der Mühle von Goisern seine Verse»Die Mühle von Goisern«.

5. SEPTEMBER: Wieder in Prag, schreibt R. das satirische Gedicht»Aber lieber Herr ...«, das sich mit einem Rebhuhn essenden und Rotwein trinkenden Philister beschäftigt.

Der »Simplizissimus. Illustrierte Wochenschrift« München, bringt in Heft 23, 1. Jg., das am 22. 4. 96 entstandene Gedicht »Stelldichein«.

9. SEPTEMBER: Es entsteht eine Reihe von zehn Gedichten unter dem Titel »Impromptu«, unveröffentlicht bis auf das zweite, später Auftakt der Sammlung »Advent«.

12. SEPTEMBER: Die »Jugend. Münchner illustrierte Wochenschrift für Kunst und Leben«, 1. Jg., Nr. 37 enthält die Prosaskizze »Sonntag« – sie beruht auf einer Erinnerung an den Aufenthalt in Misdroy, Sommer 1895. R. bleibt bis 1899 Mitarbeiter der »Jugend«.
Unter dem gleichen Datum berichtet R. an R. Ch. Jenny: »Zehn Tage war ich im Nordböhmischen, dann bin ich mit zweitägigem Aufenthalt in Prag nach dem Salzkammergut gereist, wo ich bei meiner Cousine ein paar angenehme Tage zugebracht habe. – Schöne Partien, die ich von dem traulich im Traunthal träumenden Goisern aus unternahm ... Ich war auch in Ischl und Gmunden.« In Gmunden trifft R. mit der Schauspielerin Jenny Carsen zusammen, die am dortigen Sommertheater engagiert ist. R. sagt weiter, er habe den Vertrag über das umgearbeitete Stück »Im Frühfrost« von Dr. O. F. Eirich aus Wien erhalten und es am Raimund-Theater eingereicht.

15. SEPTEMBER: Briefgedicht an Láska v. Oestéren aus Dresden, das vor allem den Meisterwerken in der Galerie gilt. R. sieht in Dresden Gemälde von Hermione von Preuschen; zu einzelnen Bildern haben sich Verse erhalten, so »Asraël«.

17. SEPTEMBER: Wieder in Prag, schreibt R. an Christian Morgenstern zu dessen Gedichtband »In Phantas Schloß«. Er sendet ihm die Abschrift des Gedichtes »Der Abend bringt ein ›Ave santa / Maria‹ ...«, das R. »auf die erste leere Seite Ihres Buches schrieb«.

24. SEPTEMBER: Im »Deutschen Abendblatt« (Nr. 219) erscheint eine Besprechung R.s über die Arbeiten Hermione v. Preuschens.

IN DER LETZTEN PRAGER ZEIT schreibt R. »Vigilien« nieder, »Ein Nachtstück (9 Szenen) Nach dem Plane Fr. W. von Oestérens bearbeitet von R. M. R.«. Das Stück ist R.s vierter dramatischer Versuch, es wird nicht veröffentlicht.
Für »Das große illustrierte Dichter- und Künstlerbuch«, herausgegeben von Jeannot Martinelli, Berlin 1896, verfaßt R. eine biographische Notiz, in der es u. a. heißt: »Rilke vereinigt demnächst eine Anzahl moderner Prosaskizzen, die in Zeitschriften zerstreut erschienen sind, in einem Bande ...«

24. SEPTEMBER: R. bittet in einem langen Brief den Lyriker Arthur von Wallpach darum,»aus Ihrem prächtigen ›Im Sommersturm‹ zwei Stücke in unseren Volks=gratis=Heften ›Wegwarten‹ abzudrucken«.
25. SEPTEMBER: An den Schriftsteller Richard Zoozmann: nun ist»mit Herrn Friesenhahn der Vertrag perfekt geworden. Er übernimmt den Verlag meines Buches ...Was die Zahlung anbetrifft, so fallen mir zwar 150 M recht schwer. Allein die Hälfte hab ich zusammengelegt und sende sie schon jetzt an Friesenhahn, wofür er mir die Vergünstigung gewähren möge, die andere Hälfte nach und nach in kleineren Raten zu zahlen ...« Zoozmann notiert auf R.s Brief:»Friesenhahn verlangte 300.– Mk, 150,– Mk gebe ich aus eigenen Mitteln zu, um das Erscheinen der wirklich guten Sachen zu ermöglichen.« (Die Gedichte»Traumgekrönt«)
28. SEPTEMBER: An Max Halbe:»wie sehr habe ich bedauert, daß ich just an jenem Tage, als Sie der Vorstellung der ›Jugend‹ im Deutschen Volkstheater beiwohnten, nicht auf meinem Rezensentensitz oben war; es hätte mich so sehr gefreut, Sie wieder in Prag begrüßen zu dürfen. – Nun aber übersiedle ich nach München. – Und so wird es mir vergönnt sein, Ihnen persönlich meine Aufwartung zu machen.« R. berichtet, »daß mein Dramenakt ›Jetzt und in der Stunde unseres Absterbens‹, den ich Ihnen kurz nach Ihrer Abreise von Prag nachgesandt hatte, im ›Deutschen Volkstheater‹ einen großen Erfolg erzielt hat«.
SEPTEMBER: R. dankt seinem Linzer Freund Wimhölzl für dessen Brief, verspricht ihm eines seiner Bücher –»meine Bücher sind meine Confessionen« –, er sei ein Schriftsteller mit einigen Meriten und siedele in den nächsten Tagen nach München über.
29. SEPTEMBER: R. setzt sein Studium in München fort, eingetragen als ›Studierender der Philosophie‹, und verläßt damit Prag endgültig. Sein Vater gewährt ihm ein ›Monatsgeld‹, die beiden Töchter Jaroslav Rilkes, Paula und Irene von Rilke, zahlen als»lästige Pflicht« die Unterstützung weiter. R. bewohnt in München zwei Zimmer im Erdgeschoß der Briennerstr. 48.
R. hört im Wintersemester laut Testierbuch bei Professor B. Riehl: Geschichte der bildenden Künste im Zeitalter der Renaissance; bei Professor Lipps: Grundlagen der Ästhetik; Darwinsche Theorie bei Professor Pauly.
UM DEN 1. OKTOBER schreibt R. für das Prager»Deutsche Abendblatt« einen Aufsatz über»Bodo Wildberg«, der dort am 15.10.96 in Nr. 236

erscheint. Gleichzeitig beginnt er die Niederschrift seiner ›Traumepen‹: »Christus / Elf Visionen«.
1. OKTOBER: Für Georg Hirschfeld schreibt R. das Gedicht »Die ›Mütter‹ haben geoffenbart ...« in ein Exemplar der »Larenopfer«.
3. OKTOBER: R. bittet Láska v. Oe. um ein Gedicht für »Wegwarten III«, die dann zwei Gedichte ihres Bruders, aber keines von ihr bringen.
10. OKTOBER: Im Beiblatt der »Deutschen Roman-Zeitung« erscheint von R. »Im Walde. Tief im Walde – Mich umstaubt Glanz. / ›Biberpelz‹, das Drama Hauptmanns, / trag ich durch das Lichtgehasche ...«
17. OKTOBER: Courierkarte R.s an Friedrich Werner van Oestéren; ›ein Stück Traum‹ mit der Überschrift »Theaterzettel aus dem Jahre 2000«.
29. OKTOBER: Es erscheint: »René Maria Rilke und Bodo Wildberg. Wegwarten (III). Deutsch-moderne Dichtungen«, Wegwarten-Verlag München, Dresden. Das Heft vereinigt dreizehn Verfasser und spiegelt in ihren Namen die literarischen Beziehungen von R.s Prager Zeit. Die Auflage beträgt 1000 Exemplare.
1. NOVEMBER: »Sterns literarisches Bulletin« bringt die Besprechung von »Larenopfer«, gez. H.; R. erwähnt den Einfluß Reinhold Maurice von Sterns am 17. 8. 24 Hermann Pongs gegenüber.
8. NOVEMBER: R. schreibt für Gabriele Reuter mit Bezug auf ihren Roman »Aus guter Familie. Leidensgeschichte eines Mädchens« (Berlin) ein Gedicht: »Agathe«, das er seinem Brief an sie beilegt.
Ernst von Wolzogen erinnert sich: »Im Salon von Carry Brachvogel tauchte zum erstenmal in München Rainer Maria Rilke auf. Damals, Mitte der neunziger Jahre nannte er sich noch René, kam frisch von Prag und war in Deutschland noch gänzlich unbekannt.«
9. NOVEMBER: »Der ›Frühfrost‹ liegt also am Raimundtheater, und außerdem am ›Deutschen Theater‹ zu Berlin. Nirgends regt sich was. Das entmuthigt mich sehr«; R. bittet in diesem Brief R. Ch. Jenny um Fürsprache in Wien: »Es ist schon zum Ausweis meinen Verwandten gegenüber nothwendig, daß ich an äußerem Erfolge, der mir ja sonst nicht Hauptsache ist, nicht versage.«
19. NOVEMBER: R. tritt brieflich mit Richard Dehmel in Verbindung; zehn Tage später sendet er ihm die jüngste »Wegwarten«-Ausgabe: »Diese Hefte haben sich zu kleinen zwanglos erscheinenden Lyrikanthologien ausgewachsen.« R. bittet um einen Beitrag für das nächste Heft. Im weiteren berichtet er von seiner und seines »lieben Kollegen Wilhelm von Scholz« Lektüre von Dehmels »Weib und Welt« und einem

Plan zur Hilfe für Detlev von Liliencron: »Ich habe vor, wenn ich um Weihnachten für ein paar Tage in meine Heimatstadt Prag, reisen sollte, dort einen Vortrag zugunsten Liliencrons zu halten.«

22. NOVEMBER: Emil Orlik schreibt aus München an Hugo Salus in Prag: »R. kennt bald alle Dichter die in München leben; ich kann ihn aber trotzdem ganz gut leiden und glaube auch an seine Begabung: das Messer ›Ehrgeiz wird schon mit der Zeit stumpf!‹ ...«

NOVEMBER: Die Freundschaft mit Wilhelm von Scholz führt u. a. zu einer Korrespondenz, die sich bis 1902 nachweisen läßt. Orlik zeichnet um diese Zeit eine Karikatur, die Scholz, Oskar Fried und R. im Gespräch zeigt.

R. besucht Fritz von Uhde in seinem Atelier und bewundert die Kinderbilder und die »Himmelfahrt« – langes Gespräch mit dem Künstler. »Die Kinder«, eine der »Christusvisionen«, enthält in der ersten Fassung einen deutlichen Hinweis auf Uhde: »Er hat einmal ein Bild gemalt ...«

DEZEMBER: »Traumgekrönt. Neue Gedichte von René Maria Rilke« erscheint in Leipzig bei Friesenhahn. Die Gedichte stammen aus den Jahren 1894 bis 1896, der Band trägt die Widmung: »Richard Zoozmann in treuer Verehrung zu eigen«.

IM DEZEMBER: R. widmet Karl Kraus seinen Gedichtband »Traumgekrönt«: »Herrn Karl Kraus, dem feinsinnigen Kritiker in aufrichtiger Ergebenheit. René Maria Rilke«.

3. DEZEMBER: R. sendet seinen Eltern jedem ein Exemplar von »Traumgekrönt« mit einem Widmungsgedicht. Dem Vater möchte er einen neuen Beweis »von der Ehrlichkeit meines künstlerischen Strebens« geben.

8. DEZEMBER: An die Mutter schreibt R.: »Wenn ich mein Drama ›Jetzt und in der Stunde unseres Absterbens‹ (welches sommers am ›Deutschen Volkstheater‹ großen Erfolg gewann) neben eine der späteren Arbeiten lege, glaube ich zu empfinden, daß ich über das Ungesunde, Zersetzende meines ›Sturm und Drang‹ hinaus bin ...«

Am selben Tag dankt R. Liliencron mit einem langen Briefgedicht für dessen freundliche Aufnahme von »Traumgekrönt«.

Um diese Zeit schreibt R. für Nathan Sulzberger ein Widmungsgedicht in seinen neuen Band; dieser, ein mit R. gleichaltriger New Yorker, damals Chemiestudent in München, gehört zum dortigen Freundeskreis.

Auch Otto Julius Bierbaum empfängt »Traumgekrönt« mit einer Widmung.
21. DEZEMBER: Das »Deutsche Abendblatt« in Prag bringt in Nr. 292 R.s Besprechung von »Aus Traum und Leben«, Gedichte von Martin Boelitz (Berlin 1896).

R., der in Prag die Ferien verbringt und dort bis Mitte Januar 1897 bleibt, schreibt an Ludwig Ganghofer, wie sehr ihn »das Lesen des Dramas ›Meerleuchten‹ interessiert und ergriffen« habe.

ENDE DES JAHRES erscheinen im von Wilhelm Arent herausgegebenen »Deutschen Musen-Almanach 1897« R.s Gedichte »Im Elend« und »Eine Nacht I-V«.

1896 erscheint ein »Kritisches Lexikon über die bekanntesten deutschen Dichter der Gegenwart, mit besonderer Berücksichtigung der Novellisten«, hg. von Martin Maack. Darin S. 283: »René Maria Caesar Rilke, wurde geboren Prag, besuchte dort die Militärschule, das Gymnasium, die Universität zu Prag. R. hat einige Novellen im Feuilleton erscheinen lassen und einen Band lyrischer Gedichte veröffentlicht.«

Während des Jahres 1896 arbeitet R. an folgenden Zeitschriften mit: »Jung-Deutschland und Jung-Elsaß« Straßburg (mit dem dazugehörigen »Musenalmanach«), »Deutsches Abendblatt« Prag – hier besonders Besprechungen –, »Monatsblätter« Breslau, »Runen« Paderborn, »Deutsche Rundschau« Prag, »Der Gesellschafter« Erfurt, »Neue Litterarische Blätter« Braunschweig, »Die Musen« Berlin, »Sommerbeilage der Politik« Prag, »Jugend« München, »Simplizissimus« München, »Deutscher Musen-Almanach« Leipzig.

1897

JANUAR: In der von Paul Bornstein herausgegebenen »Monatsschrift für neue Literatur und Kunst«, 1. Jg., Heft 4 erscheint R.s Gedicht »Sehnsucht« (entstanden am 9.10.96) und eine Besprechung von »Traumgekrönt« durch den Herausgeber.

10. JANUAR: R. schreibt für Ganghofer das Gedicht »Meerleuchten«.

11. JANUAR: Das »Deutsche Abendblatt« bringt R.s Besprechung von »Poggfred. Kunterbuntes Epos in zwölf Cantussen von Detlev Freiherr von Liliencron«.

13. JANUAR: R. hält im »Deutschen Dilettantenverein« einen Vortragsabend über Liliencron ab, wobei er aus »Poggfred« vorliest.

15. JANUAR: »Liebster Kollege von Scholz! Liliencron-Abend großer Er-

folg. Materiell und ideal! Sende unserm teuren Detlev heute 300 Mark und die Versicherung vieler neuer begeisterter Freunde!«
IM JANUAR schreibt R. für »Fräulein Edith Rzach« das Gedicht: »Diese Lieder sind verjährte Wunden ...«
26. JANUAR: Die erste Fassung der Gedichtsammlung »Advent« liegt handschriftlich vor, die Gedichte sind in Prag und München (Sept.-Oktober 1896 und Januar 1897) entstanden. R. nimmt später weitere Gedichte von seiner Frühjahrsreise und aus Wolfratshausen auf, die letzten vom Juli 1897.
JANUAR: R. berichtet aus München dem Musiker Oskar Fried nach Paris: »Hier ist immer noch Carneval. Tagaus, Tagein, nachtauf, nachtab – die gleichen Maskentollheiten. Bei Tage jetzt meist Frühjahr und neue Toiletten auf dem Corso. Die jours bei Porges sind sehr schön; gestern war Siegfried Wagner dort, der von allen jungen und alten Jungfern angeglotzt wurde ...« R. geht auch auf den neuesten Klatsch ein: »die Verlobung Frank Wedekinds mit Frau Strindberg« und bedauert: »daß die ›Jugend‹ anfängt ihre Honorare sowohl für Bilder als lit. Beiträge zu schmälern. Maaßstab Gedichte von M 20,– auf M 10,–. Überdies wird sie mit jeder Woche schlechter.« R. verkehrt auch im Salon des Ehepaars Bernstein.
FEBRUAR: R. wohnt jetzt Blüthenstraße 8^l.
1. FEBRUAR: R. arbeitet bis März 1899 regelmäßig in der neuen »Wiener Rundschau« mit, im 1. Jg., Heft 6, erscheint sein Gedicht »Ein weißes Schloß in weißer Einsamkeit« (aufgenommen in »Advent«).
16. UND 18. FEBRUAR: In Briefen an Dr. Karl Freiherrn Du Prel bekennt sich R. als ›interessierter Laie‹ auf dem Gebiet des Hypnotismus, auch der Spiritismus habe eine ›bedeutende Anziehungskraft‹ für ihn. Er liest damals Du Prels »Das Rätsel des Menschen« und »Der Spiritismus« – »Nun werde ich noch Kants ›Träume eines Geistersehers‹ lesen«, auch Schopenhauer sei ihm vertraut.
FEBRUAR: R. berichtet seiner Mutter: »Humperdink hab' ich auch kennengelernt. Kurz: sehr viel Anregung.« Der Komponist Engelbert Humperdinck war damals populär.
18. FEBRUAR: R. schreibt an Dr. Karl Freiherrn Du Prel: »Ja, ich habe sogar in einem laienhaften und unreifen Aufsatz, den ich vor etwa zwei Jahren der ›Sphinx‹ gesandt habe, eine ähnliche Weltanschauung auszusprechen versucht.« »Die Sphinx«, hg. von Hübbe-Schleiden, war das Organ der theosophischen Vereinigung. Die Hefte von 1895 und 1896

enthalten keinen Aufsatz R.s, weiter ist die Zeitschrift nicht erschienen.
IM FEBRUAR sendet R. »Traumgekrönt« mit der Widmung: »Dem Dichter Hans Benzmann in collegialer Verehrung«.
26. FEBRUAR: R. übersendet der Gattin seines Prager akademischen Lehrers August Sauer, Frau Hedda Sauer, »vier Übersetzungen aus dem Italienischen. Zwei Gedichte Ada Negris und zwei Stecchettis. Urteilen Sie milde.« Von diesen läßt R. nur »Bacio morto« von Ada Negri drucken (»Wiener Rundschau«, 15.3.98.) R. überträgt damals auch »Storia breve« und »Te solo« von Ada Negri und »Postuma XIV« und »XXVII« aus dem »Canzoniere« von Stecchetti, Bologna 1887 (Rilke-Archiv, Ms. 403a).
Mit gleicher Post fragt R. eine Prager Bekannte, wohl Edith Rzach, die Schwester Frau Hedda Sauers: »Nun haben Sie schon die ›Versunkene Glocke‹ des großen Hauptmann gesehen und – theilen Sie meine Begeisterung? Diese sonnenstolze Siegerstimmung des III. Aktes und der milde, versöhnte Ausklang: ich muß das Werk immer wieder lesen...«
4. MÄRZ: R. schreibt an Oskar Fried nach Paris: »Scholz hat Dienstag geheiratet; einzig ich war der ganz intimen Hochzeit zugezogen, welche durch ein 4-stündiges Diner im bairischen Hof festlich ward; mir war es lieb auch die Verwandten der wahrhaft liebenswerten jungen Frau kennen zu lernen. Sie ist die Tochter eines Generals Wallmüller.« Über Wassermann, »der täglich in meiner Pension bei Tische ist«, heißt es, sein Roman »Die Juden von Zirndorf« werde jedenfalls großartig.
5. MÄRZ: »Bitte, lieber Herr Dramaturg, gedenken Sie bald meines ›Im Frühfrost‹. Sehr dankbar Ihr herzlichst in Verehrung ergebener René M. R.« Wohl an Heinrich Teweles, Dramaturg am Deutschen Theater in Prag, dem R. zum Jahresende (nach Erscheinen) »Ohne Gegenwart« mit einer Widmung schickt: »Herrn Dramaturg Heinrich Teweles in herzlicher Verehrung: R. M. R.«
6. MÄRZ: Die »Jugend« (Jg. 2, Nr. 10) bringt das satirische Gedicht »Aber lieber Herr...« Es wird in keine Sammlung aufgenommen.
Mit einer gereimten Selbstanzeige seines Gedichtbandes »Traumgekrönt« setzt R.s Mitarbeit an Maximilian Hardens »Zukunft« ein; sie endet 1905 mit einer Besprechung von Richard Schaukals »Ausgewählten Gedichten«.
7. MÄRZ: Niederschrift des Gedichtes »Loris«, aufgenommen in »Advent«.

9. MÄRZ: »Dem hochverehrten Dichter Hermann von Lingg in treuer Ergebenheit an dem Tage, an welchem mir die große Freude ward, ihm vorgestellt zu werden dieses Buch« (Widmung in »Traumgekrönt«).
»München, im März 1897« übersendet R. ein weiteres Exemplar des Gedichtbandes: »Dem Herrn Grafen von Knyphausen mit seiner hochverehrten Gemahlin, möchte ich mit diesem Buche ein kleines Zeichen meiner Ergebenheit reichen!«
10. MÄRZ: Zu seinen Reiseplänen schreibt R. seiner Mutter: »Bei Bierbaum in Englar will ich 1 Tag bleiben.« Otto Julius Bierbaum lebte auf Schloß Englar in Südtirol.
MITTE MÄRZ: R. reist zum Besuch seiner Mutter nach Arco, wo er mit Mathilde Nora Goudstikker zusammentrifft, die er aus München kennt. Aus der Zeit vom 25. 3. bis 29. 4. 1897 sind dreizehn Briefe an sie mit z. T. unveröffentlichten Gedichten erhalten.
20. MÄRZ: In Arco notiert R. neben eine eigene Zeichnung von Varone am Gardasee die Verse: »Ich weiß ein graues Schloß am See ...«
24. MÄRZ: »Eine Einladung hat mich hierher berufen und wird mich vielleicht bis Venedig führen.« (An R. Ch. Jenny)
25. MÄRZ: Vor der Reise nach Venedig heißt es: »Ich lese was Goethe in der Italienischen Reise von Venedig erzählt; das ist meist sehr nüchtern und dreht sich um die Schaubühnen und das Volksleben. Goethe war damals noch recht unmodern. Denn später scheint er mir viel mehr Empfinden für ›die Stimmung an sich‹ gehabt zu haben.« (An M. N. Goudstikker)
26. BIS 31. MÄRZ: R.s erster Aufenthalt in Venedig; er ist zu diesem Abstecher aus Arco von seinem Freund Nathan Sulzberger eingeladen worden. Neben dem kleinen Zyklus von vier Gedichten, den R. unter dem Titel »Venedig« in »Advent« aufnimmt, sind aus diesen Tagen weitere ›Venedig‹-Gedichte erhalten, darunter »Nacht am Kanal. Die Marmorgnade / der Kuppelkirchen schimmert her ...«
27. MÄRZ: R. beschreibt seine Pläne für Venedig im einzelnen: »Am Sonntag muß ich den Marcusthurm besteigen, den Dogenpalast erstürmen und die Kirche Redentore, die mich um Goethes Erwähnung willen sehr interessirt, beschauen.« (An M. N. Goudstikker)
28./29. MÄRZ: R. schreibt aus dem Hotel Britannia in Venedig einen siebenseitigen Brief an M. N. Goudstikker mit vielen Einzelheiten und Gedichten, darunter »Poppé, fahr zu! ...«
1. APRIL: Die »Neuen Bremer Sonntagshefte« bringen in ihrer ersten

Ausgabe R.s Gedicht »Morgenschlaf« (niedergeschrieben am 28.11.96 in München) und auf derselben Seite das Schlaflied: »Mir war's ...« von R.s Freund F. W. van Oestéren. Auch eine weitere gereimte Selbstanzeige für »Traumgekrönt« enthält dies Heft (1. Jg., Nr. 1).

2. APRIL: R. sendet an Nathan Sulzberger aus Bozen »aus ganzem Herzen treue Worte der Freude und des Dankes für die wertvollen Tage! ... Bozen und Gries beschaut und Burg Runkelstein, wo sich wertvolle Fresken aus der Gral- und Tristansage finden, bestiegen. In 10 Minuten fahre ich nach Meran. Erfahre ... daß meine Mutter dort ist ...« An Fräulein Goudstikker aus Meran, Unter-Mais, Villa Huber: »Vorgestern abends dünkt man sich so ein kleiner Doge ... und gestern Mittag wird man auf Oesterreichischem so ganz als ab und zu benummerter Reisender behandelt, der, als Nichtengländer überhaupt kaum das Recht hat, die ›beorderten Amtsorgane durch seine Ansprüche zu belästigen‹ wie man im österreichischen Amtsstil reisen – übersetzt. An jeder kleinsten Brücke erinnert einen irgendein kategorischer Imperativ an die reizende Steuerpflichtigkeit: 9 Kreuzer am Hin-, 9 Kreuzer am Rückweg ...«

9. APRIL: R. ist zurück in München.

10. APRIL: R.s Besprechung des »Lieder- und Liebesbuches« »Frühlingsfahrt« von Wilhelm von Scholz (München 1896) erscheint im »Deutschen Abendblatt« in Prag.

13. APRIL: R. berichtet seiner Mutter von der Aufführung des Dramas »Dämmerung« von Elsa Bernstein, die unter dem Namen Ernst Rosmer schrieb. R. hatte bei den Proben mitgewirkt.

16. APRIL: Aus München wendet sich R. mit einem langen Brief an Ludwig Ganghofer, in dem er seine Verhältnisse darlegt und um Rat bittet: »Ich habe jetzt die großen ›Christusvisionen‹ fertig, über die mir Conrad den beifolgenden Brief ... schrieb. Fünf derselben kommen in der Gesellschaft, aber für das Ganze hab ich keinen Verleger. Die ›Novellen‹, die Schuster und Löffler im September 97 bringen will: ›Frühfrost‹, modernes Drama in drei Akten, ›Mutter‹, drei Einakter, ›Gedichte‹, einen großen Band: (alles verlegerlos). Und wenn ich erst mal sicher und ruhig schaffen darf! ... raten Sie mir, helfen Sie.« R. zeichnet in diesem Brief sein bisheriges Leben nach, unter anderem heißt es: »Man steckte mich nach Linz in eine Handelsakademie, wo ich eine trostlose Comptoirzukunft vor mir dämmern sah. – Nach kaum einem Jahr riß ich mich gegen aller Willen durch einen Gewaltakt los und wurde seither als eine Art verlorener Sohn erklärt ...«

Michael Georg Conrads »Gesellschaft« hat die »Christus-Visionen« nicht gebracht, sie werden erst aus dem Nachlaß publiziert.

17. APRIL: Aus Konstanz, Hotel Schönebeck, erzählt R. von der Fahrt und erwähnt die Meersburg: »An der bin ich von Lindau her vorbeigefahren. Sie sieht recht trotzig und übermüthig heute noch drein, da längst statt dünkeltoller Erzbischöfe und statt der großen Vorläuferin moderner Lyrik, der Droste – die beiden greisen Freifräuleins von Lassberg drinnen hausen.« (An M. N. Goudstikker)

18./19. APRIL: Besuch im Elternhaus von Wilhelm von Scholz in Konstanz.

19. APRIL: An Wilhelm von Scholz schreibt R. über dessen Konstanz: »Hier überwiegt bei mir das historische Gefühl trotz der Schönheit der Landschaft. Das liegt daran, daß alle die Papstgestalten und die kühne Mannheit Hussens nicht verstaubte Andenken sind, sondern als Symbole heute noch mitten in den Tagen stehen. Dieser Hus. Wolltest Du alle Gefühle der Čechennation in Eines fassen und personifizieren, – riesig müßte der Reformator in dem Kampfe der Nachfahren ragen.«

21. APRIL: Rückkehr nach München.

24. APRIL: In der »Jugend« (Jg. 2, Nr. 17) erscheint das Gedicht »Purpurrothe Rosen« aus »Advent«.

25. APRIL: R. schreibt in sein Exemplar von »Marie Grubbe«; das Gedicht an »Jens Peter Jacobsen. Er war ein einsamer Dichter ...« R. besitzt den Band seit 1896 und sendet ihn am 18.10.1900 als Geschenk an Paula Becker.

R. widmet sein kurz zuvor entstandenes einaktiges Stück »Höhenluft« M. N. Goudstikker. (Der Einakter ist nie aufgeführt und von R. nicht publiziert worden.) Nora Goudstikker ist Photographin, ihr Atelierhaus ›Elvira‹ in München, von August Endell erbaut, galt als hervorragendes Beispiel des Jugendstils. Seinen Brief an sie vom selben Tag beginnt R. mit den französischen Versen: »Mais j'ai raison ...« Er fährt fort: »Auch gestern war ich bis 12 Uhr sehr fleißig; dann hab' ich paar Briefe geschrieben. Nachmittags eine Stunde bei meinem Buchhändler zugebracht, von 5-6 im Wiener Cafe die wichtigsten Zeitungen gelesen und dann durch den englischen Garten heimwärts gegangen; es sind jetzt die Gedichte des herrlichen Dänen Peter Jens Jacobsen erschienen; ich besitze dieselben noch nicht, habe aber eines seiner Prosawerke, das mir noch fremd war ›Frau Marie Grubbe‹ zu lesen begonnen. Dem frühverstorbenen Dichter hab ich folgende Verse geweiht: Er war ein einsamer Dichter ...«

29. APRIL: R. berichtet Fräulein Goudstikker über die Übernahme seiner Novellen durch den Verleger Adolf Bonz: »G[anghofer]'s Verleger hat den Ruf sehr gut zu zahlen ...«
Über seine Lektüre im Wiener Café betont R., er lese »die neuen Zeitungen unterm Strich; denn die Politik fürcht ich wie die Pest«. Über »Einsame Menschen« von Gerhart Hauptmann urteilt R.: »Das Stück wirkt endlos und oft unecht.«

8. MAI: R.s vermutlich im Frühjahr niedergeschriebene Skizze »Heiliger Frühling« erscheint in Jg. 2, Nr. 19 der »Jugend« – sie ist zunächst für den geplanten Band »Am Leben hin« bestimmt, wird dort fortgelassen.

12. MAI: R.s erste Begegnung mit der damals sechsunddreißigjährigen Lou Andreas-Salomé, die mit ihrer Freundin, der Schriftstellerin Frieda von Bülow, für einige Monate von Berlin nach München übergesiedelt ist. Sie wohnt in den »Fürstenhäusern«. Am 13. Mai schreibt R. seinen ersten Brief an sie über ihren Aufsatz »Jesus der Jude«, auf den ihn M. G. Conrad im Zusammenhang mit den »Christusvisionen« aufmerksam gemacht hat, und den R. im Aprilheft 1896 der »Neuen Deutschen Rundschau« tief beeindruckt kennenlernt.

MITTE MAI: R. widmet Lou A.-S. sein »Traumgekrönt« mit dem Gedicht: »Das log das Mittelalter ...« Dies ist das erste Gedicht R.s für sie.

17. MAI: R. liest Lou A.-S. drei seiner »Christusvisionen« vor.

18. MAI: An die Mutter heißt es: »In der vergangenen Woche hab' ich zwei Vorträge gehalten. Vor einem Verein einmal, das andere Mal vor geladenen Gästen.«

22. MAI: Aus München, Blütenstraße 8/1 sendet R. eine Postkarte: »Lieber, wertgeschätzter Herr Kraus ... Auch ich habe in den letzten Tagen oft und mit dem Gefühle herzlicher Übereinstimmung an Sie gedacht. Das geschah: Bei und nach der Erstaufführung des ›Tschaperl‹ am hiesigen deutschen Theater ...« Im Druck erschien »Das Tschaperl. Ein Wiener Stück in vier Aufzügen« von Hermann Bahr bei S. Fischer, Berlin 1898.

26. MAI: Von diesem Tage stammt das erste von insgesamt etwa hundert Gedichten aus der handschriftlichen Sammlung »Dir zur Feier« (26. 5. 97 bis 22. 5. 98), die R. auf Wunsch von Lou A.-S. nicht veröffentlicht. Das in ihrem Nachlaß erhaltene Manuskript enthält nur etwa die

Hälfte dieser Gedichte. Auch in der Folge sind alle Liebesgedichte R.s bis zum Herbst 1900 noch an Lou A.-S. gerichtet.

31. MAI UND 1. JUNI: R. und Lou A.-S. unternehmen einen Ausflug nach dem unweit des Starnberger Sees gelegenen Dorfe Wolfratshausen, um ›etwas Gebirgsnahes‹ für einen längeren Aufenthalt zu suchen.

1. JUNI: R. schreibt an Josef Adolf Bondy in Berlin über die von diesem herausgegebene Zeitschrift »Moderne Dichtung«: »Das 1. Heft war vornehm und – noblesse oblige.« Am Schluß bemerkt R.: »Es trifft sich, daß ich übermorgen für 2-3 Tage nach Prag muß.«

JUNI: In München findet die bis Ende Oktober geöffnete VII. Internationale Kunstausstellung im kgl. Glaspalast statt, Präsident: Franz von Lenbach. R. besucht sie intensiv, wovon ein »Kunstbrief« (4. 8. 97) Zeugnis ablegt.

4. JUNI: R. muß sich in Böhmisch-Leipa der Musterung auf militärische Diensttauglichkeit unterziehen – einem Gestellungsbefehl zufolge. Er wird freigestellt.

12. JUNI: R. sendet ein Manuskript von 12 Novellen auf Ganghofers Empfehlung an den Verleger Adolf Bonz in Stuttgart. Die vorher Schuster und Löffler vorgelegten Arbeiten hat er bereits im April zurückgezogen – ebenfalls auf Ganghofers Rat hin – und ergänzt.

14. JUNI: R., Lou A.-S. und deren Freundin, die Afrikareisende Frieda von Bülow, ziehen nach Wolfratshausen hinaus, der Kunstwissenschaftler und Architekt August Endell schließt sich wiederholt für längere Besuche dort an. R. wohnt zunächst einige Tage in Dorfen, dann auch im ›Lutzhäuschen‹. Als Lou A.-S. von einer Reise nach Kufstein zurückkehrt, zieht sie in ein anderes Haus in W., für das Endell eine Fahne »Loufried« malt (zweite Julihälfte).

VOM 14. JUNI BIS 16. JULI arbeitet in Wolfratshausen der mit Lou A.-S. befreundete russische Schriftsteller Akim L'vovič Volynskij (Flekser) mit dieser an den Übertragungen seiner russischen Aufsätze über Leskov und unterstützt sie bei der Abfassung zweier Artikel über russische Dichtung und Philosophie. R. schreibt diese Arbeiten ins reine und überläßt Volynskij die Handschrift seiner Erzählung »Alle in Einer« für die Petersburger Zeitschrift »Severnyj Vestnik«, deren führender Kritiker Volynskij ist. Sie erscheint dort unter dem Titel »Vsë v odnoj«.

27. JUNI: Mit dem Briefgedicht »Wie tief hat mich Ihr schöner Brief belohnt ...« dankt R. dem Wiener Hofschauspieler Alexander Engels, der ihm nach der Lektüre von »Traumgekrönt« schreibt: »daß Deutsch-

land einen wundervollen Lyriker mehr gewonnen habe, daß ein echter Dichter erstanden sei, einer von jenen stillen, innigen, milden, einer von den Storm, Mörike, Keller ...«

JUNI-JULI: Während des Zusammenseins mit Lou A.-S. in Wolfratshausen zwischen dem 12. und 25. Juni ändert R. seinen Vornamen aus René in Rainer, er formt seine Handschrift mit ihrem nervös-ausladenden, stark druckbetonten Duktus zu einer sehr gepflegten gleichmäßigen Kunstschrift um – R. schreibt deutsch, alle Eigennamen und Fremdwörter lateinisch. Von der Lebensführung eines Großstadt-Literaten rückt er ab zugunsten einer bescheidenen Lebenshaltung im Sinne der Reformbewegung, die das Natürliche bevorzugt.

9. JULI: R. erbittet von Bonz das Novellen-Manuskript zurück, »zu einer letzten stylistischen Durchsicht«. Schließlich läßt R. sieben Skizzen fort und fügt sechs »neuere« ein; am 30. 7. 97 Rücksendung.

17. JULI: Nachdem Lou A.-S. und Volynskij abgereist sind, sendet R. der Freundin nach Kufstein die Verse: »Ich bin allein, und vor mir auf dem Tische / steht zart und blaß Dein kleines Kinderbild ...« Er schließt seinen Brief: »Heute regnet es. Wohl auch über Kufstein und Puschkin«. Lou A.-S. kehrt nach einigen Tagen allein zurück.

20. JULI: R.s Drama »Im Frühfrost« wird – in seiner Abwesenheit – vom »Berliner Ensemble Heine« (einer Truppe vom Deutschen und Lessing-Theater in Berlin unter Albert Heine mit Max Reinhardt) im Deutschen Volkstheater in Prag aufgeführt. Stück und Aufführung werden wohlwollend besprochen.

23. JULI: Lou A.-S.' Gatte, der bedeutende Iranist Dr. Friedrich Carl Andreas, damals Lektor am Orientalischen Seminar in Berlin, weilt bis zum 29. August in Wolfratshausen.

24. BIS 30. JULI: R. arbeitet in München, kehrt dann nach Wolfratshausen zurück.

4. AUGUST: R. schreibt einen »Münchner Kunstbrief« nieder, der Bruchstück bleibt und nicht veröffentlicht wird, unterzeichnet: »Lou-Fried«. Wohl Ende des Monats entsteht »Auch ein Münchner Brief«, der am 17. 9. in der Beilage zur »Bohemia« (Nr. 258) erscheint und die Münchner Kunstszene schildert.

11. AUGUST: R. fährt nach München.

13. AUGUST: »ich bin für drei Tage nach München gekommen, um hier mit meinem Vater beisammen zu sein. Wir sind viel im Glaspalast ...« In diesem Brief an Frieda von Bülow nach Holland berichtet R. auch über

die Studien zur Kunst der italienischen Renaissance, die er an Hand der Bücher treibt, die August Endell mit nach Wolfratshausen hinausgenommen hat.

3. SEPTEMBER: Lou A.-S. verläßt Wolfratshausen, um in Hallein eine befreundete Familie zu besuchen.

5. SEPTEMBER: R. schreibt im Namen von Dr. Paul Bornstein »wegen jenes Aufsatzes über jungtschechische Litteratur« an die Redaktion der »Moderní Revue«. Diese Prager Zeitschrift (»Moderní Revue pro Literaturu, Umění a Život«) bringt R.s Gedicht »Der Kirchhof hoch im Sommerschnee ...« – am 8. 4. 97 auf der Brennerfahrt niedergeschrieben – in Bd. 3, Heft 5 und im folgenden Heft »Der schwarze Tod«, das schon am 3. 11. 95 in Prag entstanden ist. Im 4. Jahrgang (Heft 7) findet sich ferner ein Gedicht R.s, das aus dem Manuskript ins Tschechische übertragen ist: »Bílé štěstí« (= Weißes Glück).

8. SEPTEMBER: R. verläßt Wolfratshausen und erwartet die Rückkehr von Lou A.-S. in München.

15. SEPTEMBER: Zum ersten Mal erscheint der Name Rainer Maria Rilke im Druck: unter der Übersetzung von Fernand Gregh »La brise en larmes« in der »Wiener Rundschau«, Bd. II, Nr. 21. Das Gedicht stammt aus dessen Buch »La Maison de l'Enfance«, Paris 1897.

30. SEPTEMBER: Vor seinem Scheiden aus München schreibt R. für Wilhelm von Scholz »Terzinen / für Dich als Gegengabe. Weißt Du, wie oft wir lichte Lanzen warfen / nach Sonnenzielen ...« als Erwiderung auf Terzinen von Scholz.

Berliner Studienjahre

1. OKTOBER: R. und Lou A.-S. verlassen München und reisen nach Berlin. R. nimmt dort seine erste Wohnung in der Nähe des Ehepaares Andreas: Berlin-Wilmersdorf, im Rheingau 8^{III}. (R. gebraucht manchmal als Absender: »Schmargendorf bei Berlin, im Rheingau 8«.)

4. OKTOBER: Brieflich verabschiedet sich R. von dem Schriftsteller Josef Ruederer in München und schreibt auch an Max Halbe: »ehe ich es ahnte, mußte ich von München fort, und weil es nicht für lange ist, geht es wohl an, daß ich Ihnen die Abschiedshand von hier aus hinrei-

che. Übrigens ist auch ein inniger Glückwunsch zum großen Erfolg der ›Mutter Erde‹ drin, die ich nun baldigst ansehen will. Schade, daß ich nicht zur Zeit der Premiere schon in Berlin war. Ich habe mich nicht mitten nach Berlin gesetzt, um den Vorzug großer Arbeitsruhe mit den anderen Annehmlichkeiten der Residenz vereinen zu können ...«
An Michael Georg Conrad heißt es ähnlich: »ich vernahm, Sie seien noch auf dem Lande, als ich Abschied nehmen wollte ...« R. erwartet ein Wiedersehen: »wenn der Reichsrat Sie ruft«.
7. OKTOBER: An die Mutter: »In der That, ich nenne mich in Büchern und Aufsätzen fortan Rainer, wobei ich ja meinen Verwandten nicht verbieten kann, mich in altgewohnter Art René zu nennen. Es ist ja gleichgültig. René galt für gezwungen und geziert in der Öffentlichkeit und ich hasse nichts mehr wie den Verdacht zu erregen originell sein zu wollen. Rainer ist schön, schlicht und deutsch. – Nebenan stehn noch andere Gründe; das Jahr 97 macht einen Abschnitt in meinen Publikationen; Alles bisher erschienene halte ich für gar zu unreif!«
9. OKTOBER: R. nimmt im »Deutschen Theater« an der Premiere von Georg Hirschfelds Drama »Agnes Jordan« unter Brahm teil, einer der Zuschauer ist Hermann Sudermann. R. schreibt eine Kritik für die »Wiener Rundschau« vom 1.11.97.
17. OKTOBER: An Ruederer berichtet R.: »»Agnes Jordan‹ ist überstanden und hat mir eine arge Enttäuschung gebracht. Ganz verfehlt im Entwurf, in der Sprache matt und langweilig, nur Milieu ... ganz unvereinbar mit Hirschfelds lieber und klarer Persönlichkeit, mit seinem guten aufrichtigen Wollen.« R. fährt fort: »»Mutter Erde‹, die ich ja vom Abenthum-Abend her kenne, ist mir erst morgen zu sehen bestimmt. Sonst scheint sich arg wenig bei Brahm zu rühren ...« R. bittet um Nachrichten über die »Dramatische Gesellschaft« und um »zehn Worte über ›Frühfrost‹. Er steht mir sehr fern und ist mir nur durch den Umstand ... daß das Stück von den Berlinern mit der Gabri, Heine, Biensfeldt, etc. erfolgreich im August aufgeführt wurde, einigermaßen nähergerückt.«
19. OKTOBER: R. legt den Titel seiner ersten Novellensammlung fest; der ursprünglich vorgesehene Name »Lachen und Weinen« soll in »Zwischen Lachen und Weinen« geändert werden, doch erscheint gerade ein Buch von Albert Roderich unter diesem Titel. Dieser Umstand »macht, daß ich nun einen, wenn nicht für die Struktur des Buches, so doch für dessen Entstehen und somit meine persönliche Meinung be-

zeichnenderen Namen vorschlage, nämlich: ›Am Leben hin‹« (an Bonz, 19. und 25.10.).

25. OKTOBER: R. setzt sich in einem langen Brief mit der Auffassung des Verlegers Bonz auseinander, keine Gedichtbände zu publizieren, bis er sich einen Namen gemacht habe:»Sieben Skizzenbücher voll mit Sachen, die auszusprechen ich brenne, harren meiner Wahl, und sie müssen entweder jetzt gesagt sein oder nie. Weil ich aber wußte, daß ich sie werde sagen wollen, habe ich mir vorgenommen, jede Lyrikperiode durch ein Buch zu markieren. Seit der Periode ›Traumgekrönt‹ sind sieben Skizzenbücher entstanden und ein achtes begonnen, welches mir eine ganz neue Stufe zu bezeichnen scheint. – Es ist mir also geradezu Pflicht, mit dem reifen Reichtum abzurechnen, d.h. das Gute daraus entweder dem Feuer oder dem Buchhandel zu übergeben. Ich ziehe das letztere vor, denn meine Bücher haben Erfolg gehabt ...« R. fährt dann fort:»so wert und lieb mir Ihr Rat ist, Sie werden es nun nicht mehr verübeln, wenn ich ihm nicht folge, sondern alles tue um dem jungen 98 ein neues Gedichtbuch ›Feiertage‹ zu weihen.« Dabei erwartet R. »für dieses Gedichtbuch nicht einen Pfennig, obwohl z.B. ›Larenopfer‹ ... bis jetzt Mk 160,– eingebracht hat«; es geht ihm darum, daß seine Gedichtbücher seine »Verbindung mit dem Draußen«, sein »Kompromiß mit der Welt« sind.

OKTOBER: Die russische Monatsschrift »Severnyj Vestnik« (= Nordischer Bote) bringt in der russischen Übertragung von S. Spielberg R.s Novelle »Alle in Einer«, die deutsch erst im März 1898 in »Am Leben hin« publiziert wird. Dies ist die früheste russische Übersetzung eines Werkes von R., wohl vermittelt durch Lou A.-S., die in der Zeitschrift mitarbeitet.

31. OKTOBER: R. liest Lou A.-S. seine soeben vollendete Novelle »König Bohusch« vor, eine der beiden »Prager Geschichten«.

NOVEMBER: Die in dieser Zeit entstehenden Gedichte gelten Lou A.-S. und werden nicht publiziert.

5. NOVEMBER: R. fragt bei Fidus an: »wollen Sie mich sehen? Dann schreib ich eine Freude in mein Morgenbuch und komme ... ich möchte' Ihnen gern zu ein paar Bildern Lieder ersinnen ... wollen Sie?«

6. NOVEMBER: R. wendet sich im Spätherbst wieder dramatischen Arbeiten zu, am 6.11. ist abgeschlossen: »Ohne Gegenwart. Drama in zwei Akten von R.M.R.«, das im Dezember 1897 im Verlag von A. Entsch, Ber-

lin vorliegt. Es folgt im gleichen Monat die theoretische Betrachtung über die Möglichkeiten des Dramas »Demnächst und gestern«, die am 1. Januar 1898 in der »Wiener Rundschau« erscheint (Bd. 3, Nr. 4).
14. NOVEMBER: Bei einer Lesung im Hause des Künstlerehepaares Reinhold und Sabine Lepsius begegnet R., von Lou A.-S. dort eingeführt, Stefan George. Unter den Gästen sind auch Karl Vollmoeller und seine Schwester, die Malerin Mathilde Vollmoeller.
29. NOVEMBER: R. schreibt das Gedicht »An Stephan George. Wenn ich, wie du, mich nie den Märkten menge ...«
7. DEZEMBER: R. bittet George brieflich: »Dem engeren, von den Mitgliedern erkorenen Leserkreis der ›Blätter für die Kunst‹« angehören zu dürfen – »der große Eindruck, welchen Ihr Leseabend im Salon Lepsius auf mich gemacht hat, läßt den Wunsch nicht zur Ruhe gehen, alles, was Ihrer Kunst gehört, mit getreuem Interesse zu verfolgen. Ich konnte mir ›Das Jahr der Seele‹ verschaffen ...« R. wird in den ›Kreis‹ nicht aufgenommen, obwohl ihm George freundlich antwortet: »lieber dichter: die einführung in unseren Kreis geschieht ohne förmlichkeit durch bekanntschaft mit einem unserer mitglieder. Die mitgliedschaft besteht in teilnahme, lesen und weitergeben unserer ›Blätter‹. So ist Ihr wunsch schon, indem Sie ihn aussprechen, erfüllt.« (Dezember 1897)
DEZEMBER (?): R. nimmt mit Lou A.-S. an einer literarischen Veranstaltung im Hause des Verlegers S. Fischer in der Burggrafenstraße 3 teil. Dr. Carl Hauptmann liest sein Schauspiel »Ephraims Breite« vor. Die gemeinsame Bewunderung für Gerhart Hauptmann und eine Vorliebe für Peter Altenberg verbinden R. und die Hausherrin Frau Hedwig Fischer. So wird R.s lose Verbindung zum Fischer-Verlag geknüpft.
Die »Monatsschrift für Neue Litteratur und Kunst«, 2. Jg., Heft 3 enthält »Der Sterbetag«, eine 1896/97 entstandene Skizze R.s, als Vorabdruck aus »Am Leben hin«.
MITTE DEZEMBER: R.s Drama »Ohne Gegenwart« – (Den Bühnen gegenüber Manuskript) – wird ausgeliefert.
16. DEZEMBER: R. übersendet Fritz Mauthner sein neues Stück (»O. G.«): »eine dramatische Kleinigkeit«. Im Begleitbrief heißt es: »es hat mich am Sonntag innig erfreut, endlich meinem berühmten Landsmann, dessen Namen ich schon als Kind so gut gekannt habe, vorgestellt zu werden.«
19. DEZEMBER: Auch Ludwig Ganghofer erhält von R. dessen neues Stück.

VOR WEIHNACHTEN: In der endgültigen Fassung von Ende 1897 erscheint »Advent. Von Rainer Maria Rilke«, Leipzig: P. Friesenhahn. Der Gedichtband trägt die Widmung: »Gedichte / (München 1896/97) / meinem guten Vater unter den Christbaum«. In der Abteilung »Gaben« befindet sich schon ein ›Loris‹ (= Hugo von Hofmannsthal) gewidmetes Gedicht. Im ganzen ruft diese Gedichtgruppe 22 Namen herauf, Jacobsen und Maeterlinck, aber auch Münchner Gönner wie Ganghofer und M. G. Conrad, Frau Julie Weinmann, Frau Hofrat Stieler und den Prager Freund Orlik.
21. DEZEMBER: R. übersendet Nathan Sulzberger sein neues Buch: »Das bekannte ›Poppé, fahr zu‹ unter den ›Fahrten‹ gehört Ihnen zu. Doch Ihr eigentlicher Besitz reicht viel weiter, als dieser offizielle. Venedig dank' ich Ihnen und was es heißt Jemandem Venedig danken, muß ich nicht erörtern.«
28. DEZEMBER: An Emanuel von Bodmann geht ein Exemplar von »Ohne Gegenwart« ab.
31. DEZEMBER: R. gratuliert dem ihm aus München bekannten Grafen Franz von Knyphausen zur Geburt seiner Tochter Hyma (10.12.97). »Berlin/Wilmersdorf ... Da ich ihrer und des älteren Schwesterchens nicht im Widmungswort gedankt habe, bekommen die beiden ein kleines treuherziges Lied – nur für sich.« Es folgte ein dreistrophiges Lied: »Werde leiser und weicher ...«
Dem Schriftsteller Paul Wilhelm in Wien dankt R. für sein »schönes, gediegen-goldechtes Gedichtbuch« »Welt und Seele«. Der Band enthält eine Widmung an Detlev von Liliencron, und R. schreibt dazu: »Meister Detlev kann auf diese Gabe ebenso stolz sein, wie wir auf ihn!«

Im Jahr 1897 finden R.s Gedichte Aufnahme in »Moderne Dichtung«, gesammelt von Alfred Guth und Joseph Adolf Bondy. In zwangloser Folge. Prag, Heft 1 und Heft 2. Im letzteren steht »Wiegenlied« mit der Anmerkung: »Aus meinem Dramencyklus ›Mutter‹« (der nicht überliefert ist). R. arbeitet an folgenden Zeitschriften mit: »Monatsschrift für Neue Litteratur« Berlin, »Deutsches Abendblatt« Prag, »Wiener Rundschau« Wien, »Jugend« München, »Die Zukunft« Berlin, »Monatsblätter« Breslau, »Simplizissimus« München, »Bohemia« Prag und »Moderne Dichtung« Prag, ferner »Moderní Revue pro Literaturu« Prag.

1898

1. JANUAR: R. sendet »Advent« an Julie Weinmann: »Gnädigste Frau, ein paar Verse in diesen Blättern haben sich mit Ihrem Namen geschmückt. Auch in jäher Entfernung starb nicht Dankbarkeit und Verehrung Ihres R. M. R. Berlin/Wilmersdorf. Neujahr 98! Allen Ihren!«
JANUAR: Im 3. Heft des »Narrenschiffs« erscheint R.s Gedicht »Der Abend kommt...« unter dem Titel »Winterabend«, später aufgenommen in »Erste Gedichte« (1913). R. schenkt Dr. Ludwig Abels sein »Traumgekrönt« mit der Widmung: »Dem tapferen Kapitän des Narrenschiffs«. Die »Monatsschrift für Neue Litteratur und Kunst«, 2. Jg., Heft 4 bringt das Drama »Mütterchen«. Es bleibt ungeklärt, ob dieser zwischen Mitte Dezember 1896 und Februar 1897 geschriebene Einakter zu dem von R. am 16. 4. 97 als abgeschlossen gemeldeten Zyklus »Mutter« gehört.
In ihrem ersten Heft publiziert die neue Zeitschrift »Das Narrenschiff. Blätter für fröhliche Kunst« Berlin, herausgegeben von Ludwig Abels, »Die vor uns und – wir«, ein Gedicht R.s, dem dieser ein Motto von Jens Peter Jacobsen voranstellt.
14. JANUAR: R. verfaßt das Gedicht »An Heinrich von Kleists wintereinsamem Waldgrab in Wannsee. Wir sind keiner klarer oder blinder ...« Wie R. am 5. 11. 1900 an Paula Becker schreibt, pflegte er zu Allerseelen zu Heinrich von Kleists Grab zu fahren: »Spät im November ist er da draußen gestorben.« Die Verse werden in keine Sammlung aufgenommen.
20. JANUAR: Georg Simmel lädt R. ein: »Wir würden uns sehr freuen, wenn Sie uns diesen Sonnabend um ½6 zu einer Kaffeestunde besuchen wollten ...«
23. JANUAR: Die Berliner Dramatische Gesellschaft führt im Residenztheater Maeterlincks »L'Intruse« (= Der Ungebetene) als Matinee auf, eingeleitet von Rudolf Steiner. R. erwähnt W. von Scholz gegenüber, man habe das Stück »in Grund und Boden gespielt«. (31.1.98)
28. JANUAR: R.s erste persönliche Begegnung mit Richard Dehmel – in seinem Dankbrief vom gleichen Tage schreibt R.: »manches bedeutende Wort klingt mir noch nach, und außerdem hab ich durch Sie einen neuen Dichter werten gelernt – Mombert – alles in allem eine schwere Ernte für den kurzen Winternachmittag.« R. legt eine Handschrift seines Gedichtes »Der erste Gott« bei, das gerade entstanden ist.

29. JANUAR: R. richtet seinen ersten Brief an die Wiener Sezession: »bei Richard Dehmel finde ich eben zufällig ›Ver sacrum‹ und interessiere mich dafür«. R. bestellt Heft 1 und reicht »Advent« zur Rezension ein.
31. JANUAR: Langer Brief an Wilhelm von Scholz, in dem R. zunächst über den Besuch bei Dehmel berichtet, u. a. habe er Peter Hille dort getroffen. Ferner heißt es: »Ich beschäftige mich nun viel, viel mit der Kunst des Quattrocento.« R. erwähnt seine Lektüre der Tagebücher des Aeneas Silvius Piccolomini = Pius II., des Leon Battista Alberti »De re aedificatoria« und von Dantes »Vita nuova«. R. schließt die Übertragung – »(ich übersetze aus dem Original:)« des Sonetts »Deh peregrini ... Ihr Pilger, die ihr wandelt ...« aus dem 41. Kapitel ein; er bezieht sich auf ein Urteil Jacob Burckhardts: »Dante allein scheint sich selbst gesucht zu haben« (in: »Die Kultur der Renaissance«).

Eine weitere Übertragung, die der Inschrift über der Höllenpforte: »Du gehst durch mich nun ein zu ew'gem Quälen, / Du gehst durch mich zur klagelauten Stadt ...« (dreizehn Verse), hat sich erhalten; möglicherweise aus dem September 1896 – damals nennt R. Dantes Namen in dem Gedicht »Liebe – leuchtende Liebe spannte ...« (9. 9. 1896).

FEBRUAR: Eine Auswahl aus den Gedichten der ersten Monate des Jahres, darunter die »Engellieder«, ordnet R. später in den Gedichtband »Mir zur Feier« ein.

1. FEBRUAR: Die »Wiener Rundschau« bringt R.s Aufsatz vom Ende 1897: »Uhde's Christus« (Bd. 3/4, Nr. 6).
2. FEBRUAR: Gedicht für Michael Georg Conrad: »Schon damals, als es mir zuerst beschert, / von Deinen Stunden eine mitzuleben ...«
15. FEBRUAR: R. übersendet dem Verleger Bonz »König Bohusch« als »die erste Hälfte meines neuen Buches, welches in meiner Heimat spielt«. Den historischen Hintergrund für »König Bohusch« und die zweite der Prager Geschichten »Die Geschwister« bildet die tschechische ›Omladina‹ Bewegung der Jahre 1893/94, insbesondere das Schicksal des Rudolf Mrva, dessen Gestalt zu der des »König Bohusch« umgebildet ist.
22. FEBRUAR: An Michael Georg Conrad: »am 3. März soll ich im ›Deutschen Dilettantenverein‹ in Prag einen Vortragscyclus eröffnen, für welchen der Vorstand gen. Vereines auch Sie zu gewinnen suchte. Er hofft, daß Sie geneigt sein werden, am 30. März über ›die Literaturperiode Zola bis Hauptmann‹ zu sprechen und bittet sehr um Ihre gütige Zusage«. R. charakterisiert den Verein, in dem ursprünglich Liebhaber-

aufführungen stattfanden: »bis ich im Winter 96/97 in seinem Rahmen und Raum meinen Liliencron-Abend ... veranstaltete. Damals war ein schönes und vernünftiges Publikum da ...«
23. FEBRUAR: R. schließt die im Herbst 1897 entworfene Erzählung »Die Geschwister« ab. Eine »Farbenskizze«: »Masken«, die R. in die Erzählung einarbeitet, entsteht um die gleiche Zeit – sie verwendet Motive aus dem Maskensaal von Schloß Krummau; der Krummauer Stoff liegt dem – ungedruckten – Drama von 1895 »Das Thurmzimmer« zugrunde und ist erwähnt in dem Aufsatz »Böhmische Schlendertage« vom Herbst 1895.
28. FEBRUAR: R. dankt dem Redakteur von »Ver sacrum«, Wilhelm Schölermann, für das Honorar von 70 Kronen für das Gedicht »Lehnen im Abendgarten ...« aus »Advent« in »Ver sacrum«, Heft 3; dies Heft erreicht R. in Arco, er schreibt am 24. 3. 98: es »ist sehr schön und gibt ein reiches Bild von der Persönlichkeit Gustav Klimts.«
MÄRZ: R. setzt seine Mitarbeit an »Ver Sacrum« fort, dem »Organ der Vereinigung bildender Künstler Oesterreichs«, herausgegeben von Alfred Roller, der für Jg. 1, Heft 3 (in dem R.s Gedicht »Lehnen im Abendgarten beide ...« aus »Advent« erscheint) auch den Buchschmuck übernimmt. Schon im nächsten Heft publiziert R. »Masken«. An der hochangesehenen Zeitschrift arbeitet auch Hofmannsthal mit.
»Frühling. Monatsschrift für Litteratur und Kritik« bringt in Heft 3 das in der Osternacht 1897 beim Besuch in Konstanz entstandene Gedicht »Vision I. II.«, worin Johan Huss heraufgerufen wird.
UM DEN 3. MÄRZ trifft R. – auf der Reise nach Arco zum Besuch seiner Mutter – in Prag ein.
5. MÄRZ: R. hält im »Deutschen Dilettantenverein« in Prag einen Vortrag: »Moderne Lyrik«. Das Manuskript dafür ist in den letzten Tagen in Berlin ausgearbeitet worden. R. gibt seinen Hörern einen breit angelegten Überblick über die zeitgenössische Lyrik, am Schluß spricht er sich entschieden gegen das Experiment des ›Gedichtes in Prosa‹ aus.
6. MÄRZ: An Richard Dehmel schreibt R.: »Nun es war gestern ein unerwartet großer Erfolg. Zwei Stunden sprach ich vor den gespanntesten Mienen.« Er habe seine Meinungen »nicht zum wenigsten gestützt durch die Gedichte, die ich ›Weib und Welt‹ entnahm«.
7. MÄRZ: R. ist mit den Gedichten »Jugend«, »Der bleiche Knabe« und »Nonnenhände« (alle 1897) an der Festschrift für den Direktor der Bibliothek und des Historischen Museums der Stadt Wien Dr. Carl Glossy

zum 50. Geburtstag beteiligt: »Ein Wiener Stammbuch«, gewidmet von Freunden und Landsleuten.

An die Mutter schreibt R.: »Heute fahre ich nach Leipa der größeren Gefahr entgegen. Morgen bleibe ich in Leipa mich der 3. (letzten) Militärstellung zu unterziehen, bei welcher ich zweifelsohne hängenbleibe...«

AM 10. MÄRZ meldet er ihr aus Prag: »Vorgestern abends kam ich erst aus Leipa; nun bin ich für immer Militärfrei! Dieser schwerste Alb ist von mir. Jetzt gehört die Zukunft ohne Unterbrechung meiner theuren Kunst! –«

R. übersendet Bonz »Die Geschwister«: »Heute sende ich Ihnen schon die zweite Geschichte des Buches ›Zwei Prager Geschichten‹: ›Die Geschwister‹; denn sie ist fertig und ich bin beunruhigt, beendigte Manuskripte im Koffer mitzuschleppen ...« Zu R.s Enttäuschung erscheint das Buch nicht zu Weihnachten 1898.

AM 13. MÄRZ ist R. kurz in München.

15. MÄRZ: R. bespricht für »Das Deutsche Dichterheim« die Liliencron gewidmeten Gedichte »Welt und Seele« von Paul Wilhelm – Pseudonym für Wilhelm Dworaczek, mit dem R. 1891/92 auf der Handelsakademie in Linz zusammen war. Die Anzeige erscheint Jg. 18, Nr. 6 am 15. 3. 98.

20. MÄRZ: R. setzt in Arco die Reihe der später in »Mir zur Feier« gesammelten Gedichte fort: »Und ich ahne: in dem Abendschweigen...«

25. MÄRZ: R. bestätigt den Empfang seiner Freistücke von »Am Leben hin«, seinem ersten Prosaband, der bei Adolf Bonz in Stuttgart Ende März erscheint – in einer Auflage von 1000 Exemplaren. Die Novellensammlung umfaßt elf Geschichten aus den Jahren 1893 (»Das Christkind«) bis 1897; aus letzterem Jahr stammen die meisten.

26. MÄRZ: R. übersendet Detlev von Liliencron seinen neuen Novellenband mit einem Briefgedicht, in dem er sich auf L.s Vortragsabend in Prag bezieht, den R. ihm für Mai vorbereitet hat; R. kann nicht teilnehmen.

29. MÄRZ: In den Band der »Nuovi Versi (Editione Posthuma)« von Contessa Lara, Mailand 1897 trägt R. das Datum dieses Tages mit dem Vermerk »Arco« ein. In der Zeit vom 9. April bis 4. Juli überträgt er sieben Gedichte daraus. Contessa Lara ist das Pseudonym von Evelina Cattermole Mancini. (Unveröffentlicht, jetzt SW 7)

30. MÄRZ: R. dankt Wilhelm von Scholz für »Hohenklingen«, einen Gedichtband, den dieser R. gewidmet hat: »An meinen treuen Freund

R. M. R.« R. schreibt in den nächsten Tagen eine Besprechung, die ihm von der »Wiener Rundschau« zurückgesandt, dann – nach einer Überarbeitung Ende Mai in Viareggio – in der Bornsteinschen »Monatsschrift für neue Litteratur und Kunst«, 2. Jg., Heft 11 (August) gedruckt wird.

1. APRIL: »Denken Sie: ich gehe in diesen Tagen nach Florenz«, an Hugo Salus, noch aus Arco. »Wenn ich nur an Botticellis Madonna mit dem Magnificat denke, erscheint mir mein Glück als unverdient und übergroß...«

8. APRIL: An seine Mutter schreibt R. aus Florenz, Dr. Schneeli habe ihm eine Pension vermittelt: »Das tollste ist mein Zimmer. Stell Dir vor: ein flaches Dach, auf dessen einem Drittel ein Zimmer aufgebaut ist, der andere Theil des Daches ist eine große zu dem Zimmer gehörige Terrasse: hoch über Florenz. Dort wohn' ich. Ein Traum, eine Dichtervision. –«

Als erstes Gedicht in Florenz entsteht die kleine Widmung: »Auf den hellen Wiesenfesten...«

10. APRIL: Im Prager Tagblatt, Nr. 100, wird »Die Stimme« aus »Am Leben hin« abgedruckt.

15. APRIL: R. beginnt das Florenzer Tagebuch als eine Art Reisebericht für Lou Andreas-Salomé; es wird eingetragen in einen weißen Kunstlederband mit eingeprägten Florentiner Lilien. Neben dem Florenzer Tagebuch führt R. ein Skizzenbuch, das die Gedichte dieser Wochen aufnimmt, die »Lieder der Mädchen« und die »Gebete der Mädchen zur Maria«, die in »Mir zur Feier« einbezogen werden. Eine größere Anzahl gleichzeitig entstehender Gedichte an Lou A.-S., die für die Sammlung »Dir zur Feier« gedacht sind, werden wie dieser geplante Band nicht publiziert.

In Florenz begegnet R. unvermutet im Park Boboli Stefan George, es kommt zu einem längeren Gespräch, in dem G. dem Jüngeren Vorhaltungen wegen dessen zu frühen und unreifen Veröffentlichungen macht. (R. berichtet darüber am 25. 5. 1907 an Fr. von Oppeln-Bronikowski.)

Gleichfalls in Florenz lernt R. Heinrich Vogeler kennen: in der Pension Benoit, in der er wohnt, veranstaltet der Schweizer Kunstfreund Herr Schneeli einen Herrenabend – man geht noch auf R.s Dachgarten hinauf, R. und Vogeler kommen ins Gespräch.

16. APRIL: An Wilhelm von Scholz: »Seit vierzehn Tagen bin ich hier ganz still / und bleibe noch, wer weiß wie lange, lauschen...« (Briefgedicht)

In diesen Tagen erhält auch Ernst von Wolzogen ein Briefgedicht; R. geht zunächst auf dessen erfolgreiche Aufführung von Shakespeares »Troilus und Cressida« ein, von der er gehört habe, und schildert dann in Vers und Prosa Florenzer Eindrücke, besonders seine Wohnung: »Ein flaches Dach dessen ein Drittel mit einer Stube überbaut ist, d. h. ich nenne es meine Stube, den Rest meine Terrasse. Und ganz Florenz liegt davor auf den Knieen ...«

Zu R.s Lektüre gehören die ›Canti‹ von Lorenzo de Medici. Seine Übertragung »Wie schön ist die Jugend ...« nimmt R. in die Erzählung »Der Bettler und das stolze Fräulein« auf; geschrieben zwischen dem 10. und 21. November 1899 (»Vom lieben Gott und anderes«).

19. APRIL: R. versendet »im April« die an diesem Tage entstandenen Verse »Renaissance II«, sowie das am 17. 4. niedergeschriebene »Renaissance I« in Abschriften an Hugo Salus.

11. MAI: R. weilt in Viareggio, wo er bis Ende Mai bleibt; er setzt hier die in Florenz begonnenen Gedichtkreise für »Mir zur Feier« fort.

ENDE MAI: Nach dem 22. 5. 98 notiert R. im Tagebuch: »Gestern vormittags geschah noch eines, welches zu verzeichnen mir gut scheint. Ich schrieb, wie ich an jedem Morgen tue, auf meinem breiten Marmorbalkon sitzend, in dieses Buch. Der Garten vor mir war einer scheuen und ängstlichen Sonne voll, und darüber hinaus über Düne und Meer waren erwartungsvolle Schatten eines breiten Gewölkes. Durch ein Kiesknirschen aufmerksam geworden, blick ich hinab und gewahre in der Mittelallee des Gartens einen Bruder von der Schwarzen Bruderschaft des Letzten Erbarmens in seinem schwarzen glatten Faltenkleid mit der schwarzen Gesichtsmaske ... er war wie der Tod selbst ...« (Dies ist der Keim der Erfindung für »Die weiße Fürstin. Eine Scene am Meer«.)

30. MAI: R. hat in Viareggio Jelena Woronina aus Petersburg kennengelernt, die mit Vater und Schwester dort zur Kur weilt. Ihr sendet er, zuerst aus Genua und nun aus Wien Reisegrüße und spricht davon, »was lieb und leise war in unseren Abenden: Meereskühle und Waldesdunkel und die unbestimmten Gestalten aus Glanz und Klarheit«.

ANFANG JUNI kommt R. nach Prag: »der Alltag, der in Prag so enge ist wie nirgendwo, die Menschen die in Prag so dunkel gehen und gar kein Verlangen haben nach Glanz und Klarheit, und diese Vergangenheit, die mich aus Gestalten und Häusern und Tagen verständnislos anstaunt – ich fühle, daß ich auch das nicht mehr fürchten muß ... Gearbeitet hab' ich nichts; dazu ist Prag zu enge.« (An Jelena Woronina)

6. JUNI: In diesem Brief an Helene Woronin gibt R. ihr Ratschläge für ihre Lektüre: »Zunächst (ich lese ihn gerade wieder) müssen Sie den dänischen Dichter Peter Jens Jacobsen: (›Niels Lyhne‹ besonders) lesen; dann Dänemarks trefflichsten Kritiker Georg Brandes (Hauptströmungen der Litteratur im 19. Jahrh.) und sein eben erschienenes russenfeindliches Buch ›Polen‹! Das ist ein wahrhaft menschliches Buch.« Von sich sagt R.: »Außerdem kam mir der amerikanische Philosoph Ralph Waldo Emerson zuhänden, der so viel Einfluß hat. Ich beginne erst, mich mit ihm zu beschäftigen.« R. stellt sowohl seinem bald darauf in Zoppot und Berlin niedergeschriebenen Essay »Über Kunst« als auch seinem Florenzer Tagebuch Emerson-Worte voran, und auch seine Rodin-Monographie erhält 1902 ein Emerson-Motto. R. benutzt die Reclam-Ausgabe »Essays von R. W. Emerson«, aus dem Englischen übersetzt und eingeleitet von Oskar Dähnert, Leipzig 1897. In das Heft hat er das Gedicht »Nacht« entworfen (vermutlich März 1901 in Arco).
R. übersendet Helene Woronin sein »Advent« mit dem Widmungsgedicht: »In diesen Liedern ist noch Leid...«
AM 8. JUNI ist R. in Berlin zurück, von hier aus fährt er nach Zoppot zu Lou A.-S. Damit findet die erste längere Trennung der beiden ihr Ende. Lou A.-S. kommt aus Danzig-Langfuhr, wo sie Freunde besucht hat.
16. JUNI: R. sendet seiner Mutter einen Kartengruß von der »sehr blauen, schönen Ostsee«, am 18. 6. ergänzt er den Eindruck für sie: »Seltsamer Art sind die Eindrücke hier nach dem freien, breiten Gefühl, das an dem anderen wärmeren und wilderen Meer entstand. Eng und doch nicht ängstlich, dunkel und doch nicht traurig. Ich feiere eines: der Schönheit Allgegenwart...«
1. JULI: Heinrich Vogeler lädt R. nach Worpswede ein.
AM 6. JULI endet das »Florenzer Tagebuch«.
11. JULI: R. äußert aus Zoppot an den Verleger Bonz seinen Vorsatz, die Arbeit an den »Christus-Visionen« wieder aufzunehmen und abzuschließen. Wahrscheinlich entstehen hier die drei »Visionen« der zweiten Folge: »Die Kirche von Nago«, »Der blinde Knabe« und »Die Nonne«, die den Vorrat auf elf Stücke vergrößern. R. beginnt das sogenannte »Schmargendorfer Tagebuch«.
21. JULI: R. bietet Alfred Roller für die Redaktion des »Ver Sacrum« eine »kleine Skizze aus dem Quattrocento ›Fernsichten‹, welche, in Umfang und Art der früher veröffentlichten ›Masken‹, Ihren Absichten entsprechen dürfte« an. Sie erscheint dort nicht, sondern im April 1899 in der

»Revue franco-allemande« München. Weiter heißt es: »Bald hernach möchte ich Ihnen auch einen oder zwei Aufsätze über ›Kunst im Allgemeinen‹ überlassen; Offenbarungen die mir im letzten Florentiner Frühling geschahen ...«
An diesen Aufsätzen arbeitet R. bereits in Zoppot, beendet sie in Berlin. Sie werden von »Ver Sacrum« auf drei Nummern verteilt und erscheinen im November 1898, Januar und Mai 1899. R. beabsichtigt später, sie zu einem Buch anwachsen zu lassen (an Pol de Mont, 10.2.02).
Aus dieser Arbeitsphase stammt zudem der Prosa-Entwurf »Die Kunst ist der dunkle Wunsch aller Dinge« in zwei Fassungen; er erhielt sich im Nachlaß von Lou A.-S.
23. JULI: R. erwähnt in seinem in Zoppot begonnenen Tagebuch einen Besuch im Park von Oliva.
1. AUGUST: R. bezieht ein Zimmer in der Villa Waldfrieden, Berlin-Schmargendorf, Hundekehlstraße 11, in der Nähe des Ehepaars Andreas. R. teilt, wie Lou A.-S. berichtet, dessen bescheidene Existenz und verliert dabei »alles Verwöhnerische, das ihn früher an geringsten Beschränkungen hatte leiden und seinen geringen Monatswechsel beklagen lassen«. Die in der gemeinsamen Zeit in Wolfratshausen eingeleitete Wandlung in der Lebensführung vollzieht sich hier. R. hilft bei täglichen Hausarbeiten, hackt Holz, macht barfuß weite Wald- und Wiesenwege. R. raucht nicht und meidet Alkohol, hat eine Vorliebe für Tee, später auch für Kaffee. Unentbehrlich sind ihm Milch und Obst, seine Kost ist überwiegend vegetarisch.
Unter demselben Datum steht die erste Eintragung nach der Rückkehr aus Zoppot: »Ich bin in Berlin seit gestern abends. – Früh kam ich heute durch die Stadt; das erste, was ich erfuhr, ist, daß Bismarck gestorben sei ... Im übrigen aber ist die Stimmung: Bismarck ist tot – es lebe – Berlin.« Erst am 3.11.99 nimmt R. die Führung des Tagebuchs wieder auf, das wie das vorhergehende ein innerer Dialog mit Lou A.-S. ist.
HERBST: Zwei Prosaarbeiten R.s entstehen, die ungedruckt bleiben: »Intérieurs« und »Notizen zur Melodie der Dinge«. Es sind Betrachtungen, die den Aufenthalt in der Toskana zur Voraussetzung haben. Beide Arbeiten sind undatiert.
In Heft 9 von »Ver Sacrum« erscheint R.s Gedicht »Ein Händeineinanderlegen ...« aus »Advent« mit floralen Illustrationen von Josef Hoffmann.
24. SEPTEMBER: R. publiziert in »Dramaturgische Blätter«, Organ des

deutschen Bühnen-Vereins (Beiblatt zum Magazin für Litteratur), herausgegeben von Rudolf Steiner, eine kurze Betrachtung »Der Wert des Monologes«, der Rud. Steiner eine knappe Bemerkung der Redaktion folgen läßt. R. antwortet mit »Noch ein Wort über den Wert des Monologes« (Jg. 1, Nr. 38 und 40). Frühere Überlegungen zu den Grundgedanken dieser dramaturgischen Aufsätze finden sich in »Intérieurs« und »Notizen zur Melodie der Dinge«.

10. OKTOBER: R. berät seine Mutter, die ihr Manuskript der Aphorismen-Sammlung »Ephemeriden« gedruckt wissen möchte. Er hat mit Gruss (Dominicus), seinem früheren Verleger, gesprochen. Die Buchausgabe, die 360 Aphorismen enthält, erscheint erst Ende November 1899.

15. OKTOBER: Anläßlich der Wiedereröffnung des Kunstsalons Keller und Reiner in Berlin, Potsdamer Straße 122 nach einem Umbau schreibt R. für die »Wiener Rundschau« den Bericht: »Die Neue Kunst in Berlin« (Bd. IV, Nr. 23). Ausführlich würdigt er die Innenausstattung von Henry van de Velde, Schultze-Naumburg und O. Riemerschmid; auch August Endell hat einen Schrank beigesteuert. Die ausgestellten Gemälde und Plastiken von Leistikow, Thoma, Habermann, Klinger werden nur erwähnt – eine Ausnahme macht das Porträt Stefan Georges von Curt Stoeving. R. macht sich zum Fürsprecher der »Art Nouveau«, die A. L. Liberty im Sinne von William Morris in London und Samuel Bing mit seiner Pariser Kunsthandlung vertreten.

22. OKTOBER: Die Novelle »Leise Begleitung« erscheint im 1. Band der Zeitschrift »Das neue Jahrhundert«, Berlin, herausgegeben von Hans Land. Sie ist für eine neue Novellensammlung vorgesehen.

IN DER ZWEITEN HÄLFTE DES JAHRES schreibt R. die autobiographisch wichtige Skizze »Ewald Tragy« nieder. R. hat sich niemals zu dieser Arbeit geäußert und sie vermutlich deshalb nicht veröffentlicht, weil sie unverhüllt die Prager Verwandtschaft und Münchner Freunde abbildet.

NOVEMBER: Bruno und Paul Cassirer haben in Berlin, Victoriastraße ihren Kunstsalon eröffnet, der um einen von Henry van de Velde eingerichteten, für die Betrachtungen von Mappenwerken und Büchern gedachten Raum drei Einzelzimmer gruppiert, die anfangs von den Inhabern je einem Künstler zur Verfügung gestellt werden. R. muß dort noch die Juli-Ausstellung mit Degas, Liebermann und Meunier gesehen haben, jetzt im November sind James Paterson, J. F. Raffaëlli und Felicien Rops ausgestellt. In seiner Besprechung »Der Salon der Drei« für die »Wiener Rundschau« (Bd. V, Nr. 3) wendet sich R. dem Innenraum van de Veldes wieder ausführlich zu, von den Künstlern erhalten Degas und Rops die gründlichste Würdigung.

13. NOVEMBER: R. widmet sein »Spiel. Ludwig von Hofmann zu eigen« dem Künstler. Im Begleitbrief zum Manuskript äußert R. den Plan, daß es »einmal später in einem Buch, ›Spiele‹, stehen soll«; dies Buch ist nie erschienen. R. hat schon in das Heft »Ludwig von Hofmann, Skizzen und Buchschmuck aus der Kunstzeitschrift ›Pan‹« (erschienen wohl im Juni 1898) auf die leeren Seiten neben den Zeichnungen 14 Gedichte geschrieben – undatiert –. Der geplante Zyklus unter dem Titel »Die Bilder entlang«, den man aus dem Heft entnehmen kann, wird nicht vollendet und nicht publiziert. Die Verse zu Blatt II: »Hochwald« werden in die erste Ausgabe des »Buch der Bilder«, die zu Blatt XII: »Träumerei« in den Gedichtkreis »Lieder der Mädchen« des Buches »Mir zur Feier« aufgenommen. Zu näheren Beziehungen zwischen Ludwig von Hofmann und R. kommt es nicht.

15. NOVEMBER: Keller und Reiner, »die beiden mutigen Besitzer«, wie R. sie nennt, veranstalten in ihrem Salon eine Ausstellung der »Neo-Impressionisten«, die für R. zum Anlaß wird, unter der Überschrift »Impressionisten« Betrachtungen über den dieser Bewegung zu Grunde liegenden ›Pantheismus‹ in der »Wiener Rundschau« zu publizieren (Bd. V, Nr. 1). Eine dritte Studie über den Salon Keller und Reiner aus dem Dezember 1898 ist verschollen.

R. kennt den Aufsatz von Paul Signac »Neoimpressionismus« aus der Zeitschrift »Pan« (Jg. 4, Heft 1/2); hier findet R. das Delacroixwort, das er als Motto für seine Arbeiten in der Zeitschrift »Frühling« (April 1901) verwendet.

21. NOVEMBER: Heinrich Vogeler, »ein lieber träumerischer Weggefährte«, hat R. in Berlin besucht; (an Hugo Salus, dem er im selben Brief für den Band seiner »Gedichte« (1898) dankt). Vogeler lebt seit 1894 in Worpswede, wohin er R. erneut einlädt.

26. NOVEMBER: R. veröffentlicht seine Prosaskizze »Generationen« in der Hardenschen »Zukunft« (Jg. 7, Nr. 9). R. führt Bonz gegenüber diese im Herbst 1898 niedergeschriebene Arbeit für den geplanten Novellenband auf (27. 7. 99).

4. DEZEMBER: Von Curt Stoeving erbittet R. die Photographie seines

Bildnisses von Stefan George, das er wie folgt kennzeichnet. »Curt Stöving zum Beispiel hat Stephan George gezeichnet: Es ist das feinste Porträt, das ich von Stöving kenne. Lorenzo il magnifico in einem Traume Burne-Jones': so etwa.« (»Die neue Kunst in Berlin«, 1898) Zu gleicher Zeit sendet George ihm den Auswahlband der »Blätter für die Kunst«, der R. ebensowenig erreicht wie eine Einladung zur Lesung im Hause Lepsius. R. erfährt dies erst am 7. April 1899 durch einen Besuch bei Dr. Bondi, Georges Verleger – seine Adresse war nicht bekannt.

10. DEZEMBER: R. schreibt an Franziska von Reventlow zu seiner letzten Prosaarbeit: »Aus der kleinen Skizze ›Generationen‹ werden Sie vielleicht erkannt haben, liebe Freundin, daß ich von dem alten Novellenbuch« – ›Am Leben hin‹ – »weg und irgendwohin anders will.«

Bei Heinrich Teweles fragt R. nach seinem Drama »Ohne Gegenwart«: »längst habe ich mir Ihr Stillschweigen als Ablehnung ausgelegt ... Das Stück hat das Schicksal seines Namens und auch das: ohne Zukunft. Also: Vergangen, nehmen wir an.«

14. DEZEMBER: R. beschwert sich, daß der Ausschuß der Lese- und Redehalle in Prag »in der Festschrift, zu deren Theilnahme mich aufzufordern, Sie die Güte hatten, einen anderen alten Beitrag« publiziert hat. Er stimme mit der »Art dieses verjährten Gedichtes in keinem Sinne überein« und sei unwillig, seine gegenwärtige Adresse darunter angegeben zu finden. Bei der nicht gebrachten Arbeit handelt es sich um den verschollenen Essay »Jugend«. R. schließt: »... und bitte Sie sich bei ähnlichen Gelegenheiten meines Namens nicht mehr erinnern zu wollen.«

15. DEZEMBER: Dem Dramaturgen Heinrich Teweles vom Deutschen Landestheater in Prag erläutert R. seine Aufsätze über den Monolog und verweist ihn auf die Essays »Über Kunst« in »Ver Sacrum«: »Die Zusammenhänge werden dort vielleicht sichtbar werden und manches Ungewisse und Übertriebene wird Recht und Rahmen haben, wie es ihm zukommt.«

17. DEZEMBER: Aus Hamburg, wo er zu einem kurzen Aufenthalt weilt, antwortet R. Emil Faktor, der ihn wegen der Prager »Festschrift« um Verzeihung bittet. Diese wird gewährt, aber zu der Festschrift sagt R.: »Alles ist mir daran unsympathisch: Rexens Titelblatt, der gelbe Buchschmuck, der wie Limonadenflecke anmuthet und schließlich das furchtbar ›Deutsche‹ der Sache. Wozu also?« R. schreibt »eilig, in fremdem Zimmer, bei fremder Feder und mißgünstig und ungern unterstützt von zwei Stearinkerzen«.

18. DEZEMBER: R. besucht in Hamburg Gustav Falke, der für »Wegwarten III« zwei kleine Gedichte beigesteuert hat, und Richard Dehmel. Dabei lernt er Detlev von Liliencron persönlich kennen. In der Kunsthalle, die er an beiden Tagen aufsucht, bleibt R. jeweils eine Stunde lang vor den Bildern Julius Oldachs; Falke begleitet ihn in das Atelier des Malers Arthur Illies – die Kunsthalle besitzt drei Gemälde dieses von Lichtwark geförderten Künstlers.

19. DEZEMBER: R. fährt zu Vogeler nach Bremen und verlebt dort das Weihnachtsfest – »in einem vornehmen alten Patrizierhaus«, wie er an die Mutter schreibt. (29.12.98)

WEIHNACHTEN: Für Helene Klingenberg schreibt R. in »Advent« die Verse »Für Frau Helene«: »Drei Bücher sinds und drei Vergangenheiten...«

25. DEZEMBER: R. kommt mit Vogeler zusammen zum ersten Mal nach Worpswede auf dessen kleines Landgut in »das weiße Giebelhaus an dem jeder Stein, in dem jeder Stuhl von ihm gezeichnet und beabsichtigt wurde«.

29. DEZEMBER: R. ist zurück in Berlin und sendet Vogeler den »Haus-Segen, Anno d. 99« mit folgender Widmung: »R. M. R. seinem lieben Heinrich Vogeler zum Anfang des neuen und als Anhang des gut vollendeten Jahres. Schmargendorf bei Berlin«. Der Spruch wird im Türbalken des Barkenhoffs eingehauen.

An Helene Woronin schreibt R. »... weil ich nicht nur das Jahr sondern eine Arbeitsepoche beschließe, in der sich manches erfüllt hat von dem, das Sie als junge Verheißung gekannt haben... Für mich war es ein großes Beginnen damals.« Er spricht von dem Plan, im Frühjahr nach Petersburg zu kommen, wohin er seinen Brief richtet.

ENDE 1898: Niederschrift von »Die weiße Fürstin. Eine Scene am Meer«, in der R. dem in Viareggio empfangenen Eindruck Form verleiht. Am 15.7.99 sendet R. das Manuskript dieser ersten Fassung an die Zeitschrift »Pan«.

In diesem Jahr erscheinen Arbeiten R.s in folgenden Zeitschriften: »Monatsschrift für Neue Litteratur und Kunst« Berlin, »Wiener Rundschau« Wien, »Das Narrenschiff« Berlin, »Frühling« München, »Das Deutsche Dichterheim« Wien, »Ver Sacrum« Wien, »Prager Tagblatt« Prag, »Dramaturgische Blätter« Berlin, »Das neue Jahrhundert« Berlin, »Die Zukunft« Berlin und »Moderní Revue pro Literaturu« Prag. Als erste Werkübertragung ins Tschechische erscheint »Jetzt und in der Stunde unseres Absterbens...«: »Přeložil Reinhard Jos. Zyka«, Prag: Rosendorf 1898.

1899

IM WINTER 1898/99 entstehen die Prosaskizzen »Im Leben« und »Teufelsspuk«, beide sind für den neuen Novellenband bestimmt, der dann nicht erscheint. »Im Leben« wird in der »Jugend« (Jg. 4, Nr. 9), »Teufelsspuk« im »Simplizissimus« (Jg. 3, Nr. 50) veröffentlicht.

12. JANUAR: R. erinnert Fritz Mauthner an einen Artikel, den dieser in der Beilage des »Berliner Tageblatts« – »Zeitgeist« – bringen sollte: »Es ist bald ein Monat seither und ich müßte den Aufsatz, der ohnehin nah am Verjähren ist, noch rasch versorgen im Falle der ›Zeitgeist‹ ihn nicht brauchen kann. Gelegentlich der ›Lyrik-Abende‹, so bei Keller und Reiner stattfinden werden, ist er noch eine Weile lang zeitgemäß ...« Der Artikel ist verschollen.

28. JANUAR: R. schreibt an Frieda von Bülow, die zu einem Besuch in Berlin am 3. 2. 99 erwartet wird und die er vorher schon beim ›Presseabend‹ zu begrüßen hofft. Sie soll in der ›Villa Waldfrieden‹ absteigen.

5. FEBRUAR: »Schon seit 2 Monaten hab' ich jeglichem Alkoholgetränke u. zwar für immer adieu gesagt. Es gibt weder Bier noch Schnaps noch Wein für mich!« (An die Mutter)

9. FEBRUAR: Auf die Bitte von Wilhelm von Scholz, ihm die »Christus-Visionen« für eine Zeitschriften-Publikation zu überlassen, antwortet R.: »Ich habe viele Ursachen, die Christus-Bilder zu verschweigen – lang-lange noch. Sie sind das Werdende, das mich begleitet lebenentlang. Darum verzeih, wenn ich Deinem Wunsche nicht nachgebe.«

12. FEBRUAR: R. besucht die Aufführung von Maeterlincks »Pelleas und Melisande« durch den Akademisch-literarischen Verein, eine Matinee mit anschließender Conférence von Maximilian Harden im Neuen Theater zu Berlin. Er faßt seine Eindrücke in dem Aufsatz »Pelleas und Melisande« zusammen, den die »Wiener Rundschau« am 1. März 1899 in Bd. 5, Nr. 8 bringt.

28. FEBRUAR: R. schreibt an Bonz aus Arco; er besucht dort seine Mutter für 14 Tage.

9. MÄRZ: Helene Woronin gegenüber äußert sich R. über den »frühen Frühling dieser Berge« und kündigt für den 20. April eine Rußlandreise mit dem Ehepaar Andreas an. Er »kehre in dieser Woche über Wien und Prag nach Schmargendorf bei Berlin zurück«.

15. MÄRZ: Ankunft in Wien.

17. MÄRZ: R. an seine Mutter: »Bin jeden Abend mit Arthur Schnitzler und H. v. Hofmannsthal beisammen.«
18. MÄRZ: R. sendet an Lou A.-S. »Grüße aus dem Wien der Schnitzler und Loris!« An diesem Tag nimmt R. mit Schnitzler an der Premiere von Hugo von Hofmannsthals »Hochzeit der Sobeïde« und »Der Abenteurer und die Sängerin« teil. Eine erste Beziehung zu Rudolf Kassner bahnt sich an. Auch die Eröffnung der Sezession erlebt R. mit.
19. MÄRZ: Aus Prag schreibt R. an Hofmannsthal: »Der Bahnnacht zum Trotz, die mich dunkel und ungewiß mitten aus dem Märchen von Sobeïdens Sehnsucht riß, kehre ich zu Ihnen zurück von meinem Dank und meinen besten Gedanken geführt. Sie übermäßiger unersättlicher Verschwender. Sie haben bisher Ihre Verse, die rosenreichen, in die Andacht einsamer Leser und Lauscher wie in schöne Schalen gestreut, gestern aber warfen Sie in göttlichem Vergeuden in das Meer der Menge hinaus, was der stille Stolz Ihrer Gärten ist. Die Erregung des Überschütteten, Überbeschenkten, dessen Freude sich hundert Hände wünscht, fiel mich aus Ihren Versen an ...« R. spricht von der Wirkung, die für ihn von Hofmannsthals Versen ausgeht, und fährt fort: »Wenn ich Sie als den Führer oft empfand, der dunkle Worte spricht vor ernsten Bildern und einen tiefen Sinn in Bäume und in Blumen senkt im Weitergehen, so hab ich Sie gestern als den Herrn gefühlt, und Ihres Wesens Wille war mein Weg.« R. schließt: »Ich sage Ihnen das, lieber H. v. H., weil ich Ihnen an jenem kurzen Abend viel verschwieg, und weil ich weiß, daß ich Ihnen seither noch näher bin, denn gestern war ich der Ihre in Angst und Andacht.«
20. MÄRZ: In Prag erhält R. die ersten Exemplare seines zweiten Prosabuches »Zwei Prager Geschichten«, erschienen bei Bonz in Stuttgart. Am 4. 2. 99 hat er dem Band wegen des verspäteten Erscheinens: »Die Novellen sind nun als Arbeit weit über ein Jahr alt, als Entwurf noch älter, ich möchte nicht, daß sie als das Letzte meiner Entwicklung gelten sollen« (an Bonz) – ein Vorwort vorausgeschickt.
22. MÄRZ: R. berichtet seiner Mutter von seinem Wiener Aufenthalt, dazu aus Prag: »Gestern war ich im Philharmonischen Concert und genoß eine Sonate von Bruch und die Zigeunerweisen von der Hand Sarasate's.«
30. MÄRZ: An Schnitzler schreibt R. seinen Dankbrief verspätet: »Dann lag ich in Prag mit der Influenza in einem höchst fatalen Bett. Und jetzt bin ich im ›Waldfrieden‹ wieder und habe den Wald, den weiten, we-

henden, und Bilder von Monet und eine Aufführung von Maeterlincks ›Intérieur‹ in einem neuen wirklich intimen Theater gesehen und empfinde die Summe dieser unaddierbaren heterogenen Freuden mit seltsamer Sorglosigkeit ...« Schnitzler dankt ihm am 13.4. »für Ihre Bücher ... besonders das schöne Skizzen u. Noveletten Buch«; vielleicht begegne man sich nächste Woche in Berlin.
APRIL: Auf R.s Brief vom 7.4.99 antwortet Stefan George, er habe die Anzeige der ersten Öffentlichen Ausgabe seiner Bücher R. zugehen lassen, da er annahm, daß dies für die geistige Jugend ein Ereignis bedeuten müsse. Wenn R. ihm vor dem Druck Einsicht in sein Buch gewähren wolle, so sage er gern, was er darüber denke.
5. APRIL: Die »Revue franco-allemande«, deutsch-französische Rundschau, herausgegeben von Wilhelm von Scholz, bringt in ihrem 1. Jg. von R. »Fernsichten. Skizze aus dem Florenz des Quattrocento«, die im Sommer des Vorjahrs entstand; ferner eine Besprechung der »Zwei Prager Geschichten« durch W. v. Scholz.
7. APRIL: An Stefan George schreibt R.: »Ich bereite ein Buch vor für das nächste Jahr. Als ob ich noch keine hinter mir hätte, ein erstes, ernstes, feierliches Buch. Es hat sich langsam versammelt ...«
APRIL: Aus dem Gedichtkreis »Lieder der Mädchen« erscheinen 13 Gedichte in der Zeitschrift »Pan« als Vorabdruck. Die Zeitschrift, eine bibliophile Kostbarkeit, wird herausgegeben von Wilhelm Bode, Eberhard von Bodenhausen, Caesar Flaischlen, Richard Graul, Ludwig von Hofmann, Harry Graf Kessler u.a.
VON OSTERN 1899 bis AUGUST 1900 ist R. als Student der Kunstgeschichte an der Universität Berlin immatrikuliert.
18. APRIL: R. übersendet Frieda v. Bülow seinen Aufsatz »Pelleas und Melisande«, »welcher als ein Bruchstück betrachtet und mit aller Nachsicht empfangen sein will. Was ich mir eigentlich gedacht habe, hab ich nicht ausgesprochen – und dies nicht aus feiner Zurückhaltung, sondern weil ich keine Form dafür fand.« Weiter schreibt er: »Ebenso will auch mein neues (längst altes) Buch ›Zwei Prager Geschichten‹, welches ich Dir überreiche, mehrfach entschuldigt sein; es ist mir sehr fern, ich verstehe stellenweise meine eigene Absicht darin nicht mehr; so wird es wohl auch nie aus meiner Absicht ganz gekommen sein. Eine Reihe fremder Gefühle hat an diesem Buch mitgeschrieben, und so muß man es nehmen wie ein ungleichwertiges Sammelwerk.«
22. APRIL: R. teilt Frieda v. Bülow mit, daß er seinen sommerlichen Be-

such auf dem Bibersberg bei Meiningen verspätet antreten wird, »da mein Universitätsstudium nun unvermeidlich und unaufschiebbar geworden ist... Als Hauptfach werde ich Kunstgeschichte betrachten und hoffen, daß Herman Grimms halberledigter Lehrstuhl gut besetzt werde. Man möchte am liebsten Muther hören; aber der ist in Breslau...« Er werde kommen, »sobald dem äußersten akademischen Anstand Genüge getan ist«. R. hört Vorlesungen bei dem Professor für Geschichte Kurt Breysig und dem Philosophen und Soziologen Georg Simmel.

Seiner Mutter berichtet R.: »Wenn man nur erst über die Grenze kommt! Die Paßschwierigkeiten sind jetzt naheliegender als je, weil keine Juden über die Grenze sollen und man gar nicht genug Papiere vorweisen kann, um sich als Christ zu behaupten.«

REISEN IN RUSSLAND

25. APRIL BIS 18. JUNI: Erste Reise nach Rußland. R. begleitet das Ehepaar Andreas auf der Reise nach Petersburg und Moskau, nachdem der Plan, eine Studienreise nach Transkaukasien und ins Persische zu unternehmen – wie Professor Andreas es wünschte – sich zerschlagen hat. Lou A.-S. besucht die Ihrigen.

25. APRIL: Abreise aus Berlin nach Warschau.

27. APRIL: Ankunft in Moskau; Museen und Bibliotheken sind wegen des Osterfestes geschlossen. Das Ehepaar Andreas und R. steigen im »Grand-Hotel« unweit des Kreml ab. Von seinem Fenster aus hat R. den Blick auf das Iberische Tor und die Kapelle der Iberischen Mutter Gottes.

28. APRIL: R. und das Ehepaar Andreas besuchen Tolstoi: »die Krone vor allem: gestern waren wir bei Graf Leo Tolstoi zum Tee und blieben zwei Stunden, tief erfreut von der Güte und Menschlichkeit des Grafen.« (An die Mutter vom 29. 4.) Tolstoi unterhält sich sehr angeregt mit Andreas über die persische Sekte der Babis, die dieser erforscht. Mit Lou A.-S. ist er nicht einer Ansicht darüber, daß in einer Synthese von westlichem Intellekt und russischer Seele die Zukunft des russischen Volkes liege – er bezeichnet die Frömmigkeit der russischen Bauern als

Aberglauben, für sie sei das Erlernen praktischer Fertigkeiten, sei Aufklärung wichtig (nach dem Tagebuch von L. A.-S.).
29. APRIL: »Ich bin seit vorgestern 3 Uhr nachm. hier. Konnte aber keine Zeile schreiben unter der Herrlichkeit in Hoheit des Eindrucks vergangen. Immer wieder von Zinnen umgeben schließt sich eine Stadt hier an die Andere an und jede Stadt ist aus Gold und den festlichsten Farben unter ihren Kuppeln, in ihren Mauern aus schlichter schimmernder Weiße. Stell Dir einen Frühlingstag vor über dieser Verschwendung oder eine Mondnacht. Ein jedes Märchen wird kleinlaut davor. Es ist etwas so neues für mich. Die Klänge des Orients, gespielt auf den Orgeln dehmütiger Gedanken: das ist Moskau, das ist Rußland; denn Moskau ist Rußland.« (An die Mutter)
30. APRIL: Lou A.-S. schreibt:»Obgleich uns Tolstoi auf das heftigste ermahnt hatte, abergläubischem Volkstreiben nicht noch durch dessen Mitfeier zu huldigen, fand die Osternacht uns doch, direkt von ihm kommend, unter der Gewalt der Kremlglocken.« (Tagebuch) Bei R. heißt es später:»Mir war ein einziges Mal Ostern; das war damals in jener langen, ungewöhnlichen, ungemeinen, erregten Nacht, da alles Volk sich drängte, und als der Ivan Welikij mich schlug in der Dunkelheit, Schlag für Schlag. Das war mein Ostern, und ich glaube es reicht für ein ganzes Leben aus ...« (An Lou A.-S. am 31. 3. 04, ›Ivan Welikij‹ wird der große Glockenturm im Kreml genannt.) R. lernt den Maler Leonid Pasternak kennen und den Bildhauer Fürst Paul Trubetzkoi.
2. MAI: Am Abend Abreise nach Petersburg, das wegen des 100. Geburtstages von Puschkin festlich geschmückt ist. R. schenkt nach seiner Ankunft seinen Band »Zwei Prager Geschichten« Helene Woronin mit einer Widmung, in der er sagt: »So empfangen Sie Erinnerungen aus meiner Heimat im Augenblick, da Ihre Heimat mir lieb wird von Tag zu Tag.« R. besucht sie während der Petersburger Tage vom 4. bis 24. Mai mehrfach.
In seinem ersten Brief an Leonid Pasternak verabschiedet sich R.: »Die Stunden bei Ihnen gehören zu den besten und reichsten des Moskauer Aufenthaltes!«
3. MAI: »... in Petersburg scheint alles viel internationaler und unrussischer zu sein, wenngleich ich mich in der maison meublée, in der ich wohne, nicht verständlich machen kann. Die Zeichensprache herrscht vor.« (An die Mutter)
6. MAI: R. besucht den Übersetzer und Sammler Friedrich F. Fiedler

(1859-1917). Fiedler berichtet über diese Begegnung: »Leider konnte gestern die Lou ... nicht kommen, doch es kam ihr Page, Raimund Maria R., ein sehr sympathischer 23jähriger Jüngling mit Kenntnissen der Literatur und Kunst ... Kürzlich hatte er in Gemeinschaft mit dem Ehepaar A.-S. Tolstoi in Moskau besucht; derselbe spreche deutsch wie ein Deutscher und flechte nur selten ein französisches Wort ein.«
11. MAI: Man besucht das Volkstheater im Taurischen Garten und sieht Gogols »Taras Bulba«. R. schreibt »Für Helene: / Ich höre von weit ...«
18. MAI: R. besucht den Maler Elie – Ilja – Repin, er macht sich über diesen schon Notizen aus der Zeitschrift »Pčeda« (Jg. 1875/76). An Helene Woronin heißt es: »Sehen Sie das ist wieder ein Russe dieser Repin. Und diese wahren Russen sind alle wie Menschen, die einem in der Dämmerung sagen, was die Anderen im Lichte leugnen.« (18. 5. 99) Weiter berichtet er der Freundin, er werde zunächst »eine Menge ›Sehenswertes‹«, z. B. die Eremitage betrachten, danach möchte er mit ihr die Privatgalerien von Graf Stroganov und von Petr Semenov, einem Geographen und Staatsmann, besuchen.
19. MAI: R. schreibt an Hugo Salus: »Ich bin seit drei Wochen in Rußland wie seit drei Jahren so gern und gut. Moskau war das erste Ziel. Ostern die erste Freude. Tolstoi, den ich besucht habe, der erste Mensch im neuen Lande und der rührendste Mensch, der ›ewige Russe‹.« An Franziska Reventlow heißt es: »Ich bin seit drei Wochen in Rußland, habe die Osterglocken in Moskau gehört und empfinde den ersten Frühling aus dem Blinken der Birkenhaine und dem Rauschen der breiten Newa. Es ist ein tägliches seltsames Erleben unter diesem Volke voll Ehrfurcht und Frömmigkeit, und ich freue mich tief dieser neuen Erfahrung.« (20. 5., R. zieht bei der Umrechnung der Daten verschiedentlich nur 11 statt 12 Tage zu.)
20. MAI: Niederschrift des Gedichtes: »Lied für Helene. Wir alle brauchen solchen warmen Regen ...«
22. MAI: R. und Lou A.-S. besuchen gemeinsam Fiedlers. In seinem Tagebuch hält Fiedler das lange, vorwiegend mit Lou A.-S. geführte Gespräch über zeitgenössische russische Schriftsteller fest. R. schreibt in das Gästebuch ein Gedicht ein: »Im fremden Land ein freudiges Begegnen / mit den vertrauten und verehrten Schriften / hat mich in diesem Buche überrascht ...«
25. MAI: Für Helene Woronin entstehen die Verse: »Laß Dir jede Freude geschehen ...«

26. BIS 28. MAI: Während des zweiten Besuchs in Moskau knüpft R. Beziehungen zu dem Kreis russischer Künstler um Leonid Pasternak. R. besucht wahrscheinlich erst bei diesem Aufenthalt Abramzewo, ein Gut bei Moskau (von 1844-1870 im Besitz von S. T. Aksakow), ein wichtiges Zentrum russischen Kunstlebens von den siebziger bis in die neunziger Jahre. Ferner sieht er Selo Ostankino, ein Gut mit einem berühmten Palast unweit Moskaus. In der Stadt selbst liebt R. besonders die Znamenskaja Kapelle des gleichnamigen Klosters (auf die er am 8. 8. 99 ein Gedicht macht) und die Wladimirskaja-Madonna in der Uspenski-Kathedrale.

VOM 29. MAI BIS 15. JUNI ist R. wieder in Petersburg, er wohnt im Maison Versailles, Ligowka 35, Lou A.-S. bei ihrer Mutter. R. liest in Petersburg zur Geschichte der russischen Kunst die Werke von Rowinsky, Gneditsch und A. P. Nowitski.

3. JUNI: R. schreibt an Emil Faktor: »Ich bin seit fünf Wochen in Rußland und wie in der Heimat meiner leisesten Wünsche und meiner dunkelsten Gedanken.«

7. JUNI: R. berichtet seiner Mutter nach einer Regennacht, in der die Birken ergrünen: »So kommt hier das Werden über das Land. So leicht, so reif, so ohne alle die Zagheit und Enttäuschung unseres Frühlings.«

9. JUNI: An Frieda von Bülow: »Florenz scheint mir jetzt als eine Art Vorbildung und Vorbereitung für Moskau ... Und ich fühle in diesen Tagen, daß mir russische Dinge die Namen schenken werden für jene fürchtigsten Frömmigkeiten meines Wesens, die sich, seit der Kindheit schon, danach sehnen, in meine Kunst einzutreten!«

Langer Brief an Helene Woronin. R. erzählt von seiner Arbeit. Weiter heißt es: »Sehen Sie, liebe Helene, in Ihrem Rußland fühlte ich zum ersten Mal den Ruf zu forschen und zu finden. Eine geradezu wissenschaftliche Neigung, die mir überall durch die Menge des vorhandenen Materials erstickt und entfremdet wurde, bleibt diesen unberührten Räthseln gegenüber wach vor denen man sich als der Erste fühlt. Über alle Dinge bei uns ist so viel geschrieben.«

10. JUNI: Mit der Unterschrift »St. Petersburg R. M. R.« veröffentlicht R. in der »Zukunft« die Selbstanzeige für seinen Novellenband »Zwei Prager Geschichten«. Darin spricht er vom »Schicksal eines Volkes, das seine Kindheit nicht ausbreiten kann neben dem älteren, ernsten erwachsenen Brudervolk«.

VOM 18. JUNI BIS 27. JUNI ist R. in Danzig-Langfuhr bei Johanna Niemann, einer Freundin von Lou A.-S., und in Oliva; Lou A.-S. ist zunächst auch dort, fährt aber bereits am 22. 6. nach Berlin. In diesen Tagen schreibt R. an seine Mutter: »Ich bin in Oliva inmitten herrlicher Wälder ... Das Dorf, das in einem reichen Waldtal liegt, erhält seine Bedeutung durch eine aus dem Jahre 1170 stammende Abtei mit herrlicher Kirche, durch das Schloß der alten Herzoge von Pommerellen und Dansk ... Trotz Regens bin ich recht froh in dieser Verlorenheit. Ich verkehre mit keinem Menschen, nur gelegentlich besuche ich in Langfuhr eine liebe Bekannte, die Schriftstellerin Johanna Niemann.« (Undatiert)

28. JUNI: R. trifft in Berlin ein.

2. JULI: R. richtet eine Karte an Karl Kraus nach Wien: »Eben komme ich aus Russland zurück, dort gingen Gerüchte von einem blutigen Schein, den die ›Fackel‹ warf. Weshalb erhalte ich nie eine Nummer? Sie wissen, wie theilnehmend ich bin und sehr Ihres Sinnes. Ich habe Harden besucht in der Festung und habe ihn recht leidend gefunden.« H. verbüßt eine Festungshaft (6 Monate) in Weichselmünde.

4. JULI: Bei Ludwig Jacobowski, dem Redakteur der »Gesellschaft«, fragt R. nach dem Verbleib seines Gedichtes »Brand«, es »liegt bald 2 Jahre bei Ihnen; wollten Sie es nicht früher bringen?« Das Gedicht ist verschollen. »Die Gesellschaft« bringt in Bd. 3, 2. Juliheft, einen Aufsatz von Hans Benzmann über »Prager Dichter«, in dem dieser über »Larenopfer«, »Traumgekrönt« und »Advent« spricht und fragt: »Ob dieser Hochbegabte sich wohl jemals zu seiner Eigenart und Vollkommenheit ganz durchringen wird?«

7. JULI: »Orlik hat mich mit einer feinen Radierung überrascht und last not least: die Gesellschaft zur Förderung Deutscher Kunst und Poesie in Böhmen hat mir heute ein Stipendium von 400 Gulden zur Herausgabe eines neuen Gedichtbuches verliehen«: »Mir zur Feier« (an die Mutter).

10. JULI: R. beantwortet die Anfrage J. A. Beringers, ob er sich an einer Ehrung für Hans Thoma zu dessen 60. Geburtstag beteiligen wolle, mit einer Zusage und übersendet an einem der folgenden Tage »Mondnacht. Ritter. Reife. Drei Gedichte für Meister Hans Thoma. Ihm zu Fest und Freude ersonnen«. Die beiden ersten Gedichte nimmt R. in »Das Buch der Bilder« auf, das dritte bleibt unpubliziert.

13. JULI: R. schickt dem Herausgeber des »Pan« sein Manuskript »Die weiße Fürstin« zum Abdruck.

SOMMER: Rudolf Alexander Schröder schickt Otto Julius Bierbaum die Verse: »Das Gedicht: Die Waisenkinder / Ist ganz nett doch etwas minder / Doch behalte ichs noch da, / Weiß noch nicht ob nein ob ja. / Die verrückte Leichenode / Ist ein albernes Gemächte / Nach der Mombert-Dehmel Mode / Und von ungemeiner Schlechte. / Sowas kann auch ein Frisör / Oder Trambahncondukteur.« Es geht um Beiträge R.s für die »Insel«, »Waisenkinder. Eine Szene« erscheint im Mai 1901 in der »Revue franco-allemande«, 3. Jg., Bd. 5.

JULI: R. bespricht für die bei G.H. Meyer erscheinende Zeitschrift »Der Bote für die deutsche Litteratur«, 2. Jg., Heft 10: »Gustav Falke. Neue Fahrt«, »Friedrich Adler. Neue Gedichte« und »Konsonanzen und Dissonanzen, Gedichte eines ungarischen Musikers«. Im September erscheint dort seine Kritik von »Hermann Hesse. Eine Stunde hinter Mitternacht« und »Elsa Zimmermann. Der Tag hat sich geneigt« (beide geschrieben in Meiningen im August).

17. JULI: R. sendet »Seinem lieben Heinrich Vogeler / mit einem russischen Heiligen« das Gedicht »Gegrüßet, Sankt Georg ...«

22. JULI: R. an Emil Faktor: »ich freue mich auf Ihr Buch ... und erwidere mit der Nachricht: auch von mir erscheint ein neues Gedichtbuch noch in diesem Jahre (am Rande des Winters wohl) und auch bei G.H. Meyer.« R. spricht über seine Reise und fährt fort, es habe jemand gesagt, keiner sei Künstler, der nicht 4 Meilen Umkreis um seine Heimat Stoff genug für das ganze Leben findet: »Gut. Nur werden wir nicht in unsere Heimat geboren, und mir scheint sogar, als ob alles Große immer aus diesem Verlangen gekommen wäre, sie irgendwo zu finden – offen und festlich und wie wartend unserer Wiederkehr!«

23. JULI: R. schreibt eine dem Kinde Rolf Reventlow in den Mund gelegte Trost- und Mahnrede an seine Mutter. Die zweite Hälfte des Briefs beginnt: »Und nun hören Sie auch mich, meine liebe Freundin!«
Am selben Tage Niederschrift des Gedichtes »Die Heiligen Drei Könige«.

27. JULI: Dem Verleger Adolf Bonz übersendet R. ein Verzeichnis von Novellen und Skizzen: »Mit den ›Prager Geschichten‹ läßt sich diese Reihe nicht vergleichen – sie ist abwechslungsvoller und vielleicht amüsanter. Warum sollte sie nicht ebenso wie ein Roman gelesen werden? Trotzdem hoffe ich ja Ihnen (heut oder morgen) besagten Roman noch einmal geben zu können, da Sie sich von einem solchen mehr Erfolg und Freude erwarten. Inzwischen nehmen Sie diese Skizzen

gütig auf …« Die beiliegende Liste umfaßt zehn Stücke, von denen die ersten fünf in den bereits erschienenen Einzeldrucken beigelegt werden: »Im Leben«, »Teufelsspuk«, »Generationen«, »Leise Begleitung« und »Fernsichten«. Zwei Arbeiten legt R. im Manuskript ein: »Wladimir, der Wolkenmaler«, kurz vorher entstanden und einzeln am 25.12.99 erschienen, und »Gegen Wiedererstattung«, das verschollen ist. In die letzte Gruppe: »bleibt noch zu senden bis Herbst«, rechnet R. »Der fremde Hirt« (verschollen), »Das Lachen des Pán Mráz«, das im September 1899 im »Simplizissimus« erscheint, im Juli schon vorliegt, und »Ouverture« (verschollen). Bonz hat diesen Band nicht herausgebracht.

Unter dem gleichen Datum erzählt R. Helene Woronin: »ich … bin dabei, Puschkin und Lermontow im Original zu lesen. Es kommt schon vor, daß ich plötzlich eine Zeile, auch zwei, ganz leicht verstehe, und das ist jedesmal ein kleines intimes Fest. Beim Onegin habe ich begonnen, aber ich bin ganz in den ›Dämon‹ geraten.« R. erbittet eine Reproduktion von Wasnetzow »Drei Ritter« und klagt, daß er Dostojewski noch deutsch lesen müsse: »in dieser mangelhaften Übersetzung und in dieser unintimen und kanzleifrommen Sprache … Ich liebe das Deutsche (die Sprache nämlich, nicht die Menschen) trotzdem …«

29. JULI: Auf dem Bibersberg bei Meiningen stellt die Prinzessin Marie von Meiningen Frieda v. Bülow ein Gartenhäuschen zur Verfügung. Hier besuchen Lou A.-S. und R. die Freundin und betreiben ihre russischen Studien so eifrig »mit phänomenalem Fleiß den ganzen Tag«, daß die Gastgeberin sich vernachlässigt fühlt. »Sprache, Literatur, Kunstgeschichte, Weltgeschichte, Kulturgeschichte von Rußland, als ob sie sich für ein fürchterliches Examen vorbereiten müßten.« (F. v. B. am 20. 9. 99) Diese Arbeitswochen dauern bis Mitte September.

AUGUST: Im »Litterarischen Echo«, 1. Jg., Heft 21 erscheint R.s Besprechung von »Max Bruns. Lenz« – R. tadelt den Untertitel »Ein Buch von Kraft und Schönheit«.

7. AUGUST: An Georg Heinrich Meyer schreibt R. aus Meiningen über die Ausstattung von »Mir zur Feier«. Der Brief enthält in seinem Hauptteil eine kritische Auseinandersetzung mit H. Hesses Skizze »An Frau Gertrud«, die R.s Besprechung seines Bandes »Eine Stunde hinter Mitternacht« (September 1899) vorbereitet. Gegen Ende heißt es dann zum »Cellini-Cyclus« des Lyrikers, Komponisten und Nietzscheforschers Fritz Koegels (1860-1904), die Gedichte seien »doch nur angeregt und nicht

erfüllt ... Selbst bei einer ›Zeit‹ genügt es nicht, sie aus Werken zu übernehmen man muß auf näheren Wegen zu ihrem Sinn und ihrer Schönheit finden.«

8. AUGUST: Niederschrift des Gedichtes »Die Znamenskaja / Der Madonnenmaler«.

AUGUST/SEPTEMBER: Es entsteht der Gedichtkreis: »Die Zaren«, sechs Gedichte, die, in Paris 1906 überarbeitet, Aufnahme finden in die 2. Ausgabe des »Buch der Bilder«.

8. SEPTEMBER: R. schreibt an Tolstoi: »als an jenem bedeutenden Abende in Moskau uns dreien: Frau Lou Andreas-Salomé, Dr. F. C. Andreas und mir, der tiefe Eindruck Ihrer Persönlichkeit geschenkt ward, wie etwas, was uns in einem breiten einfachen Gefühle zusammenschloß: da mochte in uns schon der Wunsch entstanden sein, später noch einmal mit dem oder jenem Buche bei Ihnen uns einzufinden ...« Von Andreas übersendet R. »Babis in Persien«, Leipzig 1896, von Lou A.-S. »Menschenkinder. Ein Novellenzyklus«, Stuttgart 1899, und von sich »Zwei Prager Geschichten« aus seiner ›slavischen Heimat‹. Letzteres befindet sich in der Bibliothek Tolstois in Jásnaja Poljána und ist bis S. 98 aufgeschnitten.

10. SEPTEMBER: Lou A.-S. notiert in Meiningen bei Frieda von Bülow im Tagebuch: »Am Abend Rainer Loris ›Gestern‹ vorgelesen.« Hofmannsthal hatte das kleine Drama 1891 unter dem Pseudonym ›Theophil Morren‹ veröffentlicht.

12. SEPTEMBER: Abreise aus Meiningen.

14. SEPTEMBER: Nach dem überstürzten Abschied aus Meiningen dankt R. in einem Brief Frieda von Bülow für ihre Gastfreundschaft; weiter heißt es: »Ich erlaube mir, Dir für den vollendeten halben Monat die Schuld von M 20,– hier (in Gold) beizulegen.« Während des Sommers in M. schenkt R. Frieda von Bülow in der Ausgabe »The Temple Shakespeare«, London 1899, Shakespeares »Hamlet« mit dem Widmungsgedicht: »Die Schönheit, welche eine Zeit enthält ...«

17. SEPTEMBER: An Ernst von Wolzogen schreibt R. zunächst über Franziska von Reventlow, für die er einen Verleger suche, dann über den Regisseur Dr. Martin Zickel, der Wolzogen in München besuchen möchte. Von sich sagt R.: »Ich war viel unterwegs. In Italien und lange in Rußland. Überall kam mir ein Stück meiner selbst hinzu ... Dabei aber will ich meine alten Freunde nicht verlieren, auf deren Ermuthigung ich begonnen habe, meine ersten Mauern zu bauen!«

Am selben Tage dankt R. Helene Woronin für die Übersendung der »Tri bogatiri«, einer Abbildung von Wasnetzows Gemälde »Drei Ritter«: »Sie werden einen Rahmen, schlicht, aus rothem Holz bekommen und über einem kleinen Kästchen hängen, welches ich in Moskau, in der Mamontowschen Niederlage gekauft habe. Aus Kästchen, Kreuzen, Bildern fügt sich so allmählich eine fromme russische Ecke in meinem Arbeitszimmer.«
SEPTEMBER: »Die Gesellschaft« bringt in Bd. 3, September-Heft, R.s Gedicht »Sturmnacht«, 1898/99 entstanden, das R. 1920 in das 12.-15. Tausend des »Buch der Bilder« aufnimmt.
VOM 20. SEPTEMBER BIS 14. OKTOBER entsteht die ursprüngliche Fassung des ersten Teils aus dem späteren »Stunden-Buch«, den R. dann das »Buch vom mönchischen Leben« nennt. Diese »Gebete« enthalten die Eindrücke der ersten russischen Reise und sind für Lou A.-S. geschrieben.
Gleichfalls entsteht jetzt »in einer stürmischen Herbstnacht« niedergeschrieben »Aus einer Chronik – Der Cornet – (1664)«, die erste Fassung der »Weise von Liebe und Tod des Cornets Christoph Rilke«.
25. SEPTEMBER: Tolstoi dankt in einem eigenhändig unterschriebenen Brief in französischer Sprache für Brief und Bücher, die R. gesandt hat: »je vous remercie pour les livres et votre lettre. Je me souviens avec plaisir de l'agréable et intéressant entretien, que nous avons eu avec vous et vos amis pendant votre visite chez moi à Moscou.«
9. OKTOBER: An Alfred Gold (geb. 1874), Redakteur der »Zeit« in Wien, schreibt R., der ihm eine »Novellette« geschickt hat, er habe nichts Passendes in der Art der Omladina-Geschichten, wie »König Bohusch« eine war, 1897 entstanden.
3. NOVEMBER: Seiner Mutter schreibt R.: »ich hatte Tapezierer und Tischler im Haus, habe meine Wohnung bedeutend vergrößert, vorn neben dem Arbeitszimmer ein kleines Speisezimmerchen geschaffen, mit einer grünen Eckbank, vielen russischen Tüchern und Bildern – ein richtiges Theezimmerchen –«
R. nimmt seine Tagebuchaufzeichnungen für Lou A.-S. wieder auf: Das »Schmargendorfer Tagebuch« reicht bis zum Mai 1900. Er beginnt mit der Aufzeichnung »Ein Abend«, daran schließt sich am 5.11. die erste Fassung der Erzählung »Die Turnstunde« an. In diesem Zusammenhang notiert R.: »Seltsam, nachts wurde plötzlich der Militärroman so dringend, daß ich glaubte, ich würde, wenn nicht sofort, so doch wenigstens heute beginnen müssen, ihn zu schreiben.«

Auf die Niederschrift der in der Militärschule spielenden Skizze »Turnsaal« folgt im Tagebuch »Ein Morgen«: »Zwischen dem Kastellfelsen von Arco ...« (Erstdruck: Weihnachtsbeilage des »Prager Tagblatt« 1899)
7. NOVEMBER: »Der Grabgärtner«, die erste Fassung von: »Der Totengräber« entsteht (Niederschrift im Tagebuch).
8. NOVEMBER: R. schreibt »Der Kardinal: Eine Biographie« unmittelbar an den »Grabgärtner« anschließend. Beide Erzählungen bleiben unveröffentlicht.
8. UND 9. NOVEMBER: »Frau Blahas Magd« setzt die Reihe der Erzählungen im Tagebuch fort, auch diese wird von R. nicht publiziert.
10. NOVEMBER: »Hier folgt die Geschichte der Herzogin von Villerose, welche ich nicht hier einschreiben konnte, weil ich sie teilweise auf dem Wege zur Stadt, anderenteils im Colleg aufzeichnete«: Diese Geschichte, »Reflexe«, erscheint 1902 in »Deutsche Arbeit«, 1. Jg., Heft 5.
ZWISCHEN DEM 10. UND 21. NOVEMBER: »In der Zwischenzeit ist entstanden: ›Das Buch vom lieben Gott und anderes‹ und eine Novelle: ›Das Haus‹. Einige andere stehen mir wohl noch bevor. Vielleicht auch etwas Dramatisches.« (Tagebucheintragung vom 21.11.) »Das Haus«, die Geschichte eines jungen Mannes aus Danzig, erscheint Anfang Mai 1900 im »Simplizissimus«, 5. Jg., Nr. 5.
Das Buch »Vom lieben Gott und anderes« kommt zu Weihnachten 1900 im Insel-Verlag heraus.
20. NOVEMBER: R. dankt Heinrich Vogeler mit einem Gedicht: »Meine Hände gingen voran ...« für dessen Buch »Dir«. Vogeler hat R. ein handkoloriertes Exemplar des im Insel-Verlag erschienenen Gedichtbandes geschenkt.
21. NOVEMBER: R. notiert im Tagebuch »Französische Verse entstanden auf einem Weg nach Halensee und eben (mühselig genug) übersetzt.« Es sind die Verse »Chanson orpheline«, französisch und deutsch – weitere französische Verse »Je vois deux yeux comme deux enfants ...« entstehen am 24.11., ihnen folgt eine kleine französische Aufzeichnung im Tagebuch: »Car tu ne peux pas consoler aucun ... savoir c'est consoler.«
24. NOVEMBER: R. bittet seine Mutter: »Da ich eine Arbeit vor habe, welche die Militärschulzeit zum Hintergrund hat, wäre es mir von der größten Wichtigkeit, die Briefe, die ich aus St. Pölten und M. Weißkirchen geschrieben habe, einmal einsehen zu dürfen. Hast Du sie aufgehoben? Ich habe an alle, die Briefe haben, die gleiche Bitte gerichtet, denn von dieser Hilfe hängt es ab, ob mir jene Arbeit möglich wird, oder

nicht. Natürlich erhältst Du sie tadellos und in bester Ordnung zurück.«

ENDE NOVEMBER: R. beginnt die Arbeit an einem Drama, von dem nur der Anfang erhalten ist: »Der ›Brautpaar‹-Stoff will mir nicht näher kommen, – gleichwohl will ich morgen zwei oder drei Szenen des ersten Aktes versuchen«, notiert er am 24. November.

28. NOVEMBER: R. dankt Emil Faktor für dessen Buch. Dabei spricht er von der Arbeit des Lyrikers: »was ist denn entdeckt? Ist nicht alles um uns fast wie Niegesagt, das Meiste sogar Niegesehen? Sind wir nicht der Erste jedem Dinge gegenüber, das wir wirklich (›wirklich‹ will andeuten einmal ohne Hast, dann ohne Vorurtheil) schauen, und ist nicht jedes Ding wert, irgendwie ausgesprochen zu werden, wenn wir es auf diese Art zuerst entdecken?« R. bespricht Faktors Gedichte im »Litterarischen Echo«, 3. Jg., Heft 3, November 1900: »Emil Faktor. Was ich suche«.

DEZEMBER: R. schenkt »Mir zur Feier« »Doctor Caesar Flaischlen herzlich zu 1900. R. M. R. Schmargendorf-Berlin, Dec. 99«.

»Schmargendorf, im Dezember 1899« widmet Rilke: »Fragmente / meinem lieben Fidus zum Hochzeitstage« aus dem »Buch der Bräute«. Es handelt sich um längere Abschnitte aus dem Prosatext »Intérieurs«, den R. im Sommer oder Herbst des Vorjahres niederschrieb.

BIS ZUM 2. DEZEMBER notiert R. weitere deutsche und französische Gedichte im Tagebuch, darunter »Das Lied der Bildsäule« (später ins »Buch der Bilder« aufgenommen) und: »Ich möchte einmal nur tüchtig sein ...«

2. DEZEMBER: In sein Tagebuch schreibt R. zu seiner Lektüre, er habe von Melchior de Vogüé »Le Roman russe« (1886) gelesen, Dostojewskis »Arme Leute«: »– ich weiß kein Buch, welches ich daneben nennen könnte.« Die ›schönste Episode‹ daraus übersetzt R.; das Manuskript ist verloren.

Von Richard Beer-Hofmanns »Der Tod Georgs« heißt es: »ich mag es kaum mehr fortlegen. Ich halte es wie einen Brief.«

5. DEZEMBER: Seiner Mutter versichert R.: »ein Teil meiner Existenz soll auf diesen russischen Kenntnissen ruhen.«

AM 9. DEZEMBER ergänzt er dies: »ich bin an der hiesigen Universität für russische Fächer inskribiert und möchte gern bis zum Zeitpunkte meiner russischen Reise regelmäßig die Kollegien hören. Ich lese jeden Tag 2-3 Stunden russisch Turgeniew und 3-4 Stunden französisch über

Rußland.« Es folgt auf russisch: »ich muß heute noch russisch sprechen.«

9. DEZEMBER: R. richtet an Alfred Roller von der Redaktion des »Ver Sacrum« die Mahnung: »Was ist denn mit meinem Orlik-Aufsatz geschehen? Ich dachte Sie wollten ihn in der Oktober-Nummer bringen?« Die wohl schon im Juli 1899 geschriebene Arbeit »Ein Prager Künstler« erscheint am 1.4.1900.

Inzwischen sind Phia Rilkes »Ephemeriden« – dank tätiger Mithilfe R.s – erschienen. Er gibt ihr nun Ratschläge für den Versand an wichtige Persönlichkeiten, darunter Liliencron und Paul Heyse.

10. DEZEMBER: Für die Redaktion der »Insel« schreibt Otto Julius Bierbaum an R.: »Mit Ihren heiligen drei Königen haben Sie uns eine ganz außerordentliche Freude gemacht. Es ist ein entzückendes Gedicht, ein Wurf, wie er so nur selten gelingt. Wir hoffen, daß Herr Vogeler ein Blatt dazu zeichnen wird ... Am liebsten hätten wir es noch in die Januarnummer gestellt –«, mit Rücksicht auf Vogeler wird es erst im März erscheinen, in die Februarausgabe passe es aus bestimmten Gründen nicht hinein.

23. DEZEMBER: R. verlebt Weihnachten in Prag.

WEINACHTEN: Es liegt vor: »Mir zur Feier. Gedichte von R. M. R.« verlegt bei Georg Heinrich Meyer, Berlin. Die Buchausstattung ist von Heinrich Vogeler, der Band enthält einen Dank an Professor August Sauer und die Gesellschaft zur Förderung Deutscher Wissenschaft, Kunst und Literatur in Böhmen, die einen Druckzuschuß gab. Es sind die Gedichte aus der Zeit vom November 1897 bis Ende Mai 1898 – das erste Werk, das R. vor seinem späteren Urteil bestehen läßt.

28. DEZEMBER: R. besucht in Breslau den Kunsthistoriker Professor Dr. Richard Muther und erhält von ihm die Anregung, einen Aufsatz über russische Kunst für die »Zeit« zu schreiben, eine Wiener Wochenschrift, deren Redaktion für bildende Kunst Muther damals innehat. Die russische Schriftstellerin Sophia Schill lernt in der Berliner Universität Lou A.-S. kennen; später wird sie auch mit R. bekannt, der sie in den sechs Wochen ihres Aufenthaltes in der Stadt in das Werk Novalis' einführt.

30. DEZEMBER: Wieder in Berlin, schreibt R. den ersten Brief an Alfred Lichtwark, dem er »Mir zur Feier« als Dank für seine Eindrücke in der Hamburger Kunsthalle (Dez. 1898) übersendet: »In Hamburg habe ich zuerst die Melodie der neuen Schönheit gewonnen.«

Lichtwarks Gegengabe, sein Buch über Julius Oldach mit der Widmung: »Rainer Maria Rilke mit freundlichstem Dank für die liebenswürdigen Worte und das anziehende Buch. 6.1.1900 A. Lichtwark«, hat sich bei R.s Büchern erhalten.
31. DEZEMBER: Am letzten Tag des Jahres schreibt R. an Tolstoi mit Genesungswünschen.
An Carl Hauptmann heißt es: »Vor drei Tagen in Breslau habe ich gelesen, daß man dort ›Ephraims Breite‹ erwartet. Die Erinnerung an den schönen Abend bei Fischers gibt mir das Gefühl, daß Sie vor einem schönen Erfolge stehen; und diesen wünsche ich Ihnen zunächst als erstes Ereignis an der Schwelle des neuen Jahrhunderts.«

1899 erscheinen Arbeiten R.s in folgenden Zeitschriften: »Ver Sacrum« Wien, »Jugend« und »Simplizissimus« München, »Wiener Rundschau« Wien, »Pan« Berlin, »Revue franco-allemande« München, »Die Gesellschaft« Berlin, »Die Zukunft« Berlin, »Der Bote für die Deutsche Litteratur« Leipzig, »Das Litterarische Echo« Berlin und »Weihnachtsbeilage des Prager Tagblatt« Prag.
Zum ersten Mal enthält in diesem Jahr eine Anthologie Gedichte R.s: »Neue Lieder der besten neueren Dichter. Fürs Volk zusammengestellt von Dr. Ludwig Jacobowski« Berlin 1899.

1900

JANUAR: R. übersendet »Mir zur Feier« an: »Richard Beer-Hofmann unter dem Eindruck der unsagbaren Schönheit seines Fragments ›Der Tod Georgs‹«.
Der Direktor des Berliner Schillertheaters erhält »Mir zur Feier« mit der Widmung: »Herrn Direktor Dr. Raphael Löwenfeld als verspäteten Dank für das liebe russische Geleite und alle damit zusammenhängende Güte! R. M. R. Schmargendorf bei Berlin, anfangs 1900«.
8. JANUAR: R. dankt Alfred Lichtwark für dessen Buch über Julius Oldach, Hamburg 1899: »Es sind da ein paar Menschen, die starben lang vor unserer Zeit; und wir finden, daß sie, ohne davon übermüthig zu werden, so geschaut haben, wie wir es heute versuchen.« Oldach sei einer von diesen; R. lobt besonders das 1829 entstandene Gemälde »Hermann und Dorothea«, das 1931 im Glaspalast verbrannt ist. Auch vor den Familienbildern Oldachs habe er sich eine Stunde vergönnt. R. setzt hinzu: »Das hab' ich in der ›Kunsthalle‹ selbst geschrieben: gleich nachdem ich die Bilder zuerst gesehen habe«, im Dezember 1898.
9. JANUAR: R. berichtet seiner Mutter: »ich habe jetzt am Anfang des

Jahres ganz unsäglich viel zu thun! Muß noch 3-400 Mark verdienen, ehe ich ganz in Ruhe an die russische Reise denken darf und an der ist mir Alles gelegen. Ich arbeite fleißig darauf hin, sowohl was meine pekuniäre als auch meine geistige Ausrüstung anlangt, will ich vollkommen vorbereitet sein.«

ANFANG JANUAR: R. schreibt den Aufsatz »Russische Kunst«, der auf seiner ersten Rußlandreise basiert, aber erst am 19.10.01 in der »Zeit«, Bd. 29, Nr. 369 erscheint.

12. JANUAR: R. dankt Lichtwark für dessen Bücher über Meister Francke und Matthias Scheits, Hamburg 1899. Er erinnert sich an Francke nur unsicher: »Ich habe jetzt ein Gefühl von einem großen Versäumnis der alten deutschen Kunst gegenüber.« R. habe von München aus Nürnberg nicht besucht und kenne, obwohl Prager, Dürers »Rosenkranzfest« nicht. Jetzt sei er auf dem Wege zu einem Volk, das ganz am Anfang stehe: »In dem russischen Volk aber, über dem so viele Verzögerungen liegen, daß es neben uns doch noch andere langsame Athemzüge sich bewahrt hat, könnte sich vielleicht erfüllen, was ich nur erst in ungewissen Worten anzudeuten wage: daß sein Gott (der noch nicht vollendet ist) und seine Kunst (die noch nicht vollendet ist) gleichmäßig nebeneinander, in steten Wechselwirkungen sich entwickeln.« Vor den Bildern der Renaissance habe er den Eindruck gehabt: »Daß wir wie vor Allem, ganz am Anfang alles Könnens und Genießens stünden, mit Meeren von Zukünften vor unseren geblendeten Blicken.«

15. JANUAR: Der österreichische Schriftsteller Jakob Julius David schreibt an Hugo Salus: »Je tiefer ich in Rilke hineinkomme, desto peinlicher wird mein Eindruck. Wie kann man mit einer so reichen Begabung so übel hausen? Es ist ein ganz Verzerrtes in ihm ... Und wie viel ungewollt Komisches!«

ENDE JANUAR: R. sagt einen Besuch bei Sophia Schill ab: »Ich wollte Ihnen heute einen Band Novalis bringen, so zum Durchblättern, aber es ist besser, wenn Sie jetzt nicht lesen und nur der Ruhe pflegen! ... Wie gut, Sie noch in Berlin zu wissen.« Sophia Schill erinnert sich: »Unsere geistige Nähe vertiefte sich noch durch die gleichen literarischen Sympathien. Rainer Ossipowitsch brachte mir den seinem Herzen teuren Novalis.« R. besaß die dreibändige Ausgabe aus dem Eugen Diederichs Verlag von 1898, Band 2 und 3 sind im Rilke-Archiv erhalten und tragen das Exlibris von Emil Orlik. Der erste Band ist verloren.

5. FEBRUAR: R. sendet mit einem langen Brief sein neues Buch an Leo-

nid Pasternak, dem er von den Reiseplänen erzählt, und berichtet: »wenn ich auch noch nicht sprechen kann, lese ich doch ziemlich mühelos Ihre großen (Ihre so großen –) Dichter! ... Und was für eine Freude ist es, Lermontowsche Verse oder Tolstois Prosa im Original zu lesen.« Lermontows ›Gebet I und II‹ sind in R.s noch fehlerhafter Prosaübertragung erhalten. Zu seinen Bemühungen, Interesse für die zeitgenössische russische Kunst zu wecken, schreibt er von vergeblichen Versuchen dieserhalb in Wien und schließt an: »Ich hätte schon so gerne etwas veranstaltet, aber es ist wichtig, nichts zu überstürzen, wenn man das Fremde hier günstig einführen will.«

15. FEBRUAR: Sophia Schill, die Lou A.-S. in Berlin besucht hat, schickt aus Petersburg ein Gedichtbändchen von S. D. Drožžin, den sie allerdings für nicht so bedeutend hält: »nur Epigone von Koljtzow«.

17. FEBRUAR: R. schreibt an Emil Faktor über »Mir zur Feier«, das »eben erst in den Handel gekommen zu sein« scheint: »was meine Beobachtung angeht, ist bislang keines meiner Bücher so leise hinausgegangen; wenig Briefe treffen darüber ein und die meisten sind etwas verlegen, zaghaft und unaufrichtig. Nun das ist mir eben recht. Ich dachte ja eigentlich nur an mich bei dem Buche.«

22. FEBRUAR: R. überträgt das Gedicht »Frühling und Nacht« von Konstantin M. Fofanow aus dem Russischen, das Original fügt er am folgenden Tage einem Brief an Sophia Schill ein.

23. FEBRUAR: Langer Brief an Sophia Schill, der er für eine Büchersendung dankt. »Was mich am meisten gefreut hat, um es vorweg zu sagen: S. D. Drožžin.« R. möchte aus dem Band übersetzen, hat auch andere Vorhaben: »ich brauche nämlich dringend Tschechows ›Tschaika‹ [= Möve], möglichst auch ›Onkel Wanja‹. Es hat sich nämlich einer der ersten deutschen Verleger sehr für die Stücke interessiert, und er wünscht dringend sie zu lesen. Die undeutliche Abschrift der ›Tschaika‹ kann ich ihm nicht geben, auch will er ›Onkel Wanja‹ sehen ... Das könnte den Stücken den Weg bedeutend erleichtern, wenn es mir gelänge, diesen Mann dafür zu gewinnen!« (Albert Langen) R. arbeitet an einer Übertragung der »Tschaika«, die er bis zum 15. März zu vollenden hofft. »Von den übrigen Büchern hat mich das ›Slowo‹ [= Igorlied] ungemein interessiert; das Schönste darin ist die Klage der Jaroslawna und gleich im Anfang der stolze, unübertreffliche Vergleich mit den zehn Falken über den Schwänen.« Weiter bestätigt er ein Werk über den Maler Kramskoi und Gedichte von Tjutschew.

3. MÄRZ: R. schreibt an Pasternak, er wolle für eine Reihe von Essays monographischer Art, die einzelne russische Künstler behandeln, Studien machen. »Beginnen möchte ich mit A. A. Iwanow und Kramskoi.« Sonst wünsche er Menschen und Bilder in Rußland zu sehen.
MÄRZ: R. liest »Die Geburt der Tragödie« von Friedrich Nietzsche, dazu haben sich 18 Blätter mit Aufzeichnungen im Nachlaß von Lou A.-S. erhalten, die mit Nietzsche eng befreundet war.
»Die Insel. Monatsschrift mit Buchschmuck und Illustrationen«, herausgegeben von O. J. Bierbaum, A. W. Heymel und R. A. Schröder, bringt in Jg. 1, 2. Quartal, Nr. 6 R.s Gedicht »Die Heiligen Drei Könige« mit reichem Buchschmuck von Heinrich Vogeler.
5. MÄRZ: R. meldet Sophia Schill, seine Übertragung der »Tschaika« sei fertig; das Manuskript ist nicht erhalten. R. erörtert nach der zweiten Rußland-Reise hierzu keine Übersetzungspläne mehr. In diesem Brief an Sophia Nikolajewna, wie er sie nennt, bespricht R. die Möglichkeiten und auch die Probleme für Tschechow-Aufführungen in Deutschland: »Einer Aufführung ist die ›Tschaika‹ ja wohl wert, aber sie ist nicht geeignet, einen Dichter bei einem fremden Volke als Dramatiker einzuführen. Ich persönlich habe freilich sehr den Wunsch, das Stück in Moskau auf dem Theater zu sehen: ich bin überzeugt, daß es dort nicht versagt.« R. will beide Stücke bei Dr. Zickel für die Sezessionsbühne einreichen, bevor er reist.
Im zweiten Teil des Briefes schreibt R. über Pläne, die russische Künstler betreffen; er legt seine Übertragungen von zwei Gedichten Drožžins bei. Sophia Schill reagiert auf R.s Brief sehr überrascht, soweit er Tschechow als Dramatiker betrifft, da die Aufführung der »Tschaika« in Moskau ein »gewaltiger Erfolg« war.
AM 5. MÄRZ wendet sich R. auch unmittelbar an Tschechow: »je viens de traduire votre ›Čajka‹ et j'ai l'espérance non seulement que ma traduction paraîtra ici, mais aussi que la pièce même sera jouée.« R. bittet um gedruckte Ausgaben von »Tschaika« und »Djadja Vanja«, weil diese so schwer zu erhalten seien. Diese Bitte R.s erreichte Tschechow durch Vermittlung von Kramskoi.
6. MÄRZ: »... ich lese nun doch schon recht mühelos russisch, so daß ich mich schon an Übersetzungen wagen darf.« (An Frieda v. Bülow)
16. MÄRZ: Langer Brief an Sophia Schill – »Ich kann Ihnen gar nicht sagen, wie sehr ich mich darauf freue, russische Bilder zu sehen, die Tretjakow-Galerie zu durchwandern und alles nachzuholen, was mir

vor einem Jahr infolge Flüchtigkeit und Fremdheit verloren gehen mußte.« R. bedauert, eine Ausstellung von Bildern Lewitans nicht zu sehen. Der Hauptteil des Briefes enthält R.s Begründung für sein Urteil über Tschechow als Dramatiker.

24. MÄRZ: Abends Besuch einer Aufführung von Beethovens »Missa solemnis«. R. schreibt in sein Tagebuch: »Gestern abends Beethovens ›Missa solemnis‹ gehört. – Besonders herrlich fand ich den Jubel im Credo und im Gloria. Die Erziehung zum Jubel.« Es folgt das Gedicht »Aus dem hohen Jubelklanggedränge ...« (25. 3.)

7. APRIL: Niederschrift der Aufzeichnung »Vitali erwachte« ins Tagebuch, das Bruchstück scheint in Beziehung zu stehen zu einer Gestalt in der um diese Zeit entstandenen Erzählung »Rodinka« von Lou A.-S.; es wird von R. nicht publiziert. Später notiert R.: »Ich lese in diesen Tagen [Tolstois] ›Krieg und Frieden‹. Ich stehe im ersten Band, meine beste Teilnahme gehört dem Fürsten Andrei. Alle Stellen, die mir wertvoll sind, habe ich bezeichnet.«

10. APRIL: An Sophia Schill schreibt R.: »Ich bin all die Zeit mit russischen Dingen beschäftigt, und es tut mir nur sehr leid, daß ich ›Onkel Wanja‹ nicht habe, sonst hätte ich jetzt gewiß auch dieses Stück übersetzt. Professor Pasternack [!], der sich sehr liebenswürdig für mich bemüht hat, konnte auch kein Exemplar mehr auftreiben.« S. Schill hat Simmels Essay über Maeterlincks »Weisheit und Schicksal« erbeten: »Gleichzeitig mit diesem Brief geht an Sie Simmels Aufsatz über ›sagesse et destinée‹ sowie sein Essay über den Pessimismus ... an Sie ab. Hoffentlich kommen die Zeitungsausschnitte heil durch die Zensur.«
R. dankt Leonid Pasternak für den Rat bezüglich des photographischen Apparates: »Ich werde einen Kodak-Apparat nun doch in Berlin hier kaufen.«

11. APRIL: »In der Stadt (im Café Bauer) Georges Rodenbachs Drama ›Le mirage‹ gelesen mit tiefer Bewegung, wie in atemlosem Lauschen.« (Tagebuchnotiz)

ZWISCHEN DEM 12. UND 16. APRIL schreibt R. einen imaginären Brief eines Mädchens: »Riva am Gardasee, im April« »als alle zu Bette waren, stand ich leise auf ...«, in sein Tagebuch; der Text bleibt unveröffentlicht.

15. APRIL: In der Osterbeilage des »Prager Tagblatt« Nr. 104 erscheint: »Im Heimatdorf. Zwei Gedichte des russischen Bauers S. D. Drožžin« übersetzt von R. M. R.

R. schreibt unter dem Titel »Anfänger. Zwei Akte. Dram. Skizze« seine letzte größere szenische Arbeit – im Jahr 1901 ändert er den Titel in »Das tägliche Leben«.

22. APRIL: R. gibt Adolf Bonz in Stuttgart die Zusicherung, ihm »jeden Roman, jede Erzählung oder jede Novelle, welche mehr als fünf Druckbogen enthält, zuerst anzubieten«, eine drückende Verpflichtung, die der Insel-Verlag nur durch die Übernahme der Restauflagen der beiden bei Bonz erschienenen Novellenbücher 1909 endlich aufheben kann.

29. APRIL: »Ich sehne mich schon sehr zu reisen, aber noch etwa 8 Tage wird es dauern, ehe ich fort kann. Der Photographen-Apparat, den ich aus München bekomme, hat sich verzögert, so dass ich noch nicht beginnen konnte, mich zu üben im photographieren; dieses und manches andere muss noch vorher gethan sein. Eben mache ich große Toilette, um in die russische Botschaft zu fahren, wo ich von dem russischen Gesandtschafts-Geistlichen, Probst A. von Maltzew, einige Anempfehlungsschreiben bekommen soll.« (An die Mutter)

7. MAI BIS 24. AUGUST: Zweite Reise nach Rußland.

7. MAI: 18^{50} fahren Lou A.-S. und R. vom Charlottenburger Bahnhof in Berlin in einer Nachtfahrt nach Warschau, von dort am nächsten Tag über Brest nach Moskau, im Moskauer Zug 3. Klasse.

9. MAI: Ankunft in Moskau, R. bekommt das alte Zimmer im vorjährigen Gasthaus, man macht noch einen Abendgang.

10. MAI: Besuch bei Sophia Schill und im Historischen Museum; Sophia Schill erinnert: R. »hatte etwas Mädchenhaftes, etwas von Franz von Assisi in dessen Jugend an sich ... Er hielt sich zwar für außerhalb von Raum und Zeit stehend (mit Goethe und Novalis), gehörte aber selbstverständlich unserer Zeit an.« (Niederschrift von 1927) An den beiden folgenden Tagen ist R. vormittags in der Tretjakow-Galerie, sein Katalog mit eigenen Anstreichungen ist erhalten. Am 11. Mai Besuch bei Leonid Pasternak, am Tag darauf wieder bei »Schillchen«.

13. MAI: Es wird kalt, sogar Schnee fällt. Abends besuchen Lou A.-S. und R. im Moskauer Kleinen Theater eine Aufführung von »Gorie ot uma« (= Verstand bringt Leiden) von Gribojedow und Schnitzlers »Abschiedssouper«.

15. MAI: Umzug in das »Amerika« genannte, vor dem Kremltor gelegene Rondell in Chambres garnies. Dort erhält R. den Besuch von P. Ettinger, einem aus Polen stammenden russischen Schriftsteller, der die führenden Persönlichkeiten der russischen Kunst zum großen Teil

persönlich kennt. Er wird neben dem mit Tolstoi befreundeten Leonid Pasternak R.s Berater in der Anschaffung und Lektüre von Kunstbüchern; bis Januar 1902 bleiben R. und Ettinger brieflich in Verbindung. Auf Pasternak, der zwei Bleistiftskizzen von R. macht und nach dessen Tod das Porträt »Rilke in Moskau« malt, wirkt R. ganz wie ein junger russischer Intellektueller. Kurzes Vorsprechen bei Tolstoi, abends gehen R. und Lou A.-S. zu den »Volksvorlesungen« bei Sophia Schill, literarischen Fortbildungskursen für Arbeiter. Mit dem jungen Alexei Zacharowitsch Smirnow bleibt R. in Kontakt: »Ich denke an den jungen Smirnoff, den einen der Arbeiter, den wir bei Schillchen kennen gelernt haben. Ich bekam später noch zwei Briefe von ihm; er war in Warschau Soldat.« (An Lou A.-S. aus Rom, 17. 3. 04)

16. MAI: Besuch des Kreml mit Fürst Schachowskoi, darin: Rüstkammer, Schatzkammer, die Terene.

17. MAI: Es kommt zur Bekanntschaft mit der Bildhauerin Golubkina; R. geht in die Tretjakow-Galerie und mit Fürst Schachowskoi ins Museum.

R. bittet Pasternak um Einführung bei Lewitan, es sei sein ›großer Wunsch‹.

19. MAI: Galeriebesuch bei den Peredvižniki (= Wanderer, wegen ihrer Wanderausstellungen), die Bilder von Lewitan und Žukowski sprechen R. besonders an. Abends bei Professor Storoschenko.

20. MAI: Mit Madame M. C. Ugrjumova sind Lou A.-S. und R. in der ›Sonntagsschule‹, in der russische Frauen und Mädchen, meist Arbeiterinnen, Lesen und Schreiben lernen; die freiwillig Lehrenden sind Damen der Moskauer Gesellschaft. Abends wieder bei ›Schillchen‹ mit den Arbeitern.

21. MAI: Teilnahme am Gottesdienst im Tschudow-Kloster, danach in der Verkündigungskapelle und der Uspenskikathedrale; Einkäufe auf dem Sibirischen Markt.

R. schreibt an seine Mutter, er habe Gewinn durch die »Kenntnis der Sprache, die ich nun (wenn auch nicht spreche) so doch Wort für Wort verstehe«.

22. MAI: R. verweilt in der Tretjakow-Galerie eine Stunde vor Iwanows Bildern.

25. MAI: Erneuter Besuch des Kreml.

27. MAI: Auf dem Novodievice polje (= Friedhof). »Herrlich die Kremlglocken gehört«, notiert Lou A.-S.

28. MAI: Bei Gewitter in das Sergei-Troitzky-Kloster; erneut wird Abramzewo, »eine Art russisches Worpswede« (so an die Mutter) besucht.

31. MAI: Abschied von Moskau: Gegen 12 Uhr treffen R. und Lou A.-S. auf dem Kursker Bahnhof mit Leonid Pasternak und seinem Sohn zusammen; Boris Pasternak berichtet später: »Unmittelbar vor der Abfahrt trat ein Mann im schwarzen Tiroler Umhang an das Fenster unseres Abteils. Mit ihm eine hochgewachsene Frau. Sie mochte wohl seine Mutter oder seine ältere Schwester sein ... der Fremde aber sprach nur Deutsch. Obwohl ich diese Sprache gut kannte, hatte ich sie noch nie so sprechen hören.« (Anfang des »Geleitbriefes«) Von Leonid Pasternak erfahren sie, daß Tolstoi in Jásnaja Poljána sei – so steigen sie unterwegs aus in Koslowka-Saseka.

1. JUNI: Besuch bei Tolstoi. R. beschreibt diesen Tag mehrfach, am 2.6. an seine Mutter, am gleichen Tag an Sophia Schill, der er in seinem langen Brief zunächst die Umständlichkeiten der Fahrt zu Tolstoi erklärt. Hier heißt es: »Der älteste Sohn öffnet die Glastür, und wir stehen im Flur dem Grafen gegenüber, dem greisen Manne, zu dem man immer wie ein Sohn kommt, selbst wenn man nicht unter der Gewalt seiner Väterlichkeit bleiben will. Er scheint kleiner geworden, gebeugter ...« Und weiter: »Der Graf erkennt Frau Lou gleich und begrüßt sie sehr herzlich.« Zunächst hat Tolstoi keine Zeit, aber später: »[Er] schlägt uns einen Gang durch den Park vor ... Wir gehen langsam die engumwachsenen langen Wege entlang in reichem Gespräch, das, wie damals, vom Grafen Wärme und Bewegung empfängt. Er spricht russisch, und wo der Wind mir nicht die Worte verdeckt, verstehe ich jede Silbe. Er hat die linke Hand unter seiner Wolljacke in den Gürtel geschoben, die rechte ruht auf der Krücke des Stockes, ohne sich schwer aufzustützen, und er bückt sich von Zeit zu Zeit« nach den Blumen des ›wilden Frühlings‹.

Tolstoi erwähnt den Besuch der beiden in einem Brief an seine Tochter M.L. Obolenskaja mit einer kurzen Bemerkung.

2. JUNI: Aufenthalt in Tula, dann nach Kiew. Nachmittags sehen R. und Lou A.-S. noch die Pjetscherskaja-Höhlen.

3. JUNI: Besuch der Wladimir-Kathedrale und des Höhlenklosters.

5. JUNI: Sophienkathedrale und Michaelskloster.

6. JUNI: Übersiedelung in ein schön über Gärten gelegenes ›Hotel Florenzia‹. Am 8.6. schreibt R. seiner Mutter vom Höhlenkloster: »Dies ist

das heiligste Kloster im ganzen Reiche. Ich habe, eine brennende Kerze in Händen, alle diese Gänge durchschritten, einmal allein und einmal im betenden Volke ... und habe mir vorgenommen, ehe ich Kiew verlasse, noch einmal die seltsamen Katakomben zu besuchen.« Die Reisenden verbringen die Pfingstwoche in Kiew bei sommerlicher Hitze, besuchen weiter Kirchen und Klöster der Stadt, baden im Djnepr, fahren mit Orloff-Trabern nach der Birkenkirche und dem Widubietzki-Monastir, sehen das Djnepr-Ufer, die Brücke, den Stadtteil Podal-lawki und suchen die Kaiserlichen Gärten der Stadt auf.

16. JUNI: Vor der Abreise aus Kiew heißt es:»Von diesem zweiten beweglicheren Theil meiner Reise erwarte ich mir sehr viel, – da ich aus dem westlichsten in einen sehr östlichen Theil des weiten Reiches und von da in langsamen Tagereisen in den Norden aufsteige, also fast alle Gegenden Russlands durchstreife und alle seine historisch merkwürdigen Orte berühre.« (An die Mutter)

AM 17. JUNI ist Sonntagsmarkt, den sie zum Abschied besuchen, dann geht es nachmittags mit dem Schiff ›Mogutschi (= der Mächtige) den Dnjepr hinunter nach Krementschúg, am 18. 6. geht es weiter nach Kresl, wo sie das Schiff verlassen und nach einer Fahrt durch die Stadt mit der Bahn nach Poltáwa reisen, durch die ukrainische Nacht.

VOM 19. BIS 21. JUNI sind R. und Lou A.-S. in Poltáwa, machen von hier einen Ausflug nach Korbonowka, unterwegs sehen sie sich ein kleinrussisches Bauernhaus an.

21. JUNI: Von Poltáwa geht es mit der Bahn 3. Klasse über Charkow und Worónesch nach Sarátov, wo sie am 23. Juni die Wolga erreichen. In Sarátow Gang durch die Stadt und zu den Kosakenhäusern der östlichen Vorstadt. R. besucht das Puschkin-Museum.

24. JUNI: Einschiffung auf dem Dampfschiff ›Alexander Newsky‹, nachts Abfahrt bei herrlichem Wetter: »inmitten der Wolgawasser später, einmal, als wir so durch eine lange Nacht immer ins Licht hineinfuhren« (R.s Tagebuch, 1. 9. 1900 in Worpswede).

26. JUNI: Gegen Mittag in Samára, Besorgungen – danach beginnt die landschaftlich schönste Wolgapartie. Abends trübt es sich ein, am 27. 6. erreichen sie Simbírsk im Regen, aber es wird von Stunde zu Stunde schöner: Eine herrliche Blütenwiese. Am nächsten Tag wird Kasán erreicht. Dort ist Zeit, die Stadt anzusehen, bevor der Schnelldampfer ›Großfürstin Olga‹ ablegt, auf dem die beiden ihre Wolgafahrt fortsetzen. Der 29. 6. ist der letzte Tag auf dem Strom, wo er noch groß und

mächtig ist; am 30.6. erreichen sie Nischni-Nówgorod, haben von 11 Uhr bis abends ½ acht Uhr Zeit, besteigen dann den kleinen Dampfer ›Michael Twerskoj‹. Lou A.-S. notiert »Tag in Nischni sehr schön«.
2. JULI: In Jarosláwl endet früh am Morgen die Wolgafahrt. Lou A.-S. und R. fahren hinaus nach Kresta Bogorodskoje, wo sie sich in einem ganz neuen Bauernhaus einmieten, einer Isbá, und Kontakt zu den Bauern suchen; sie schlafen auf Stroh.
3. UND 4. JULI: Aufenthalt auf dem Dorf, die Reisenden freunden sich mit den Bauersleuten an, »auf der Thürschwelle abends Gedichte«; besonderen Eindruck machen die herrlichen Blumenwiesen.
5. JULI: Fahrt in die Stadt nach Jarosláwl, wo sie die Kirchen betrachten; am nächsten Tag Rückreise nach Moskau. Als Kunstführer auf der Reise benutzen sie ein Werk von Zabelin.
6. BIS 18. JULI: Zweiter Aufenthalt in Moskau: 2 Novo mostowskoje podwor'je. Da viele der Bekannten und Freunde die Stadt verlassen haben und auf dem Land sind, besuchen R. und Lou A.-S. um so eifriger die Museen, oft begleitet vom Fürsten Schachowskoi, der ihnen besonders nahe kommt – R. leiht er einen Band Gorkischer Erzählungen und sendet ihm ein Päckchen Platten für seinen Photoapparat.
Den 12.7. ist R. vor- und nachmittags in einer privaten Galerie, am 13.7. sieht er die Soldatenkow- und die Swetkow-Galerie, dort vor allem Zeichnungen. R. beschäftigt sich mit dem Landschafter Fj. Wassilew, einem Vor-Impressionisten; er liest dessen Briefe, einige Seiten mit Auszügen haben sich erhalten.
15. JULI: Zum Abendgesang in die Erlöserkirche, durch den Kreml. Mit Fürst Schachowskoi wird der Plan durchgesprochen, noch einmal weit nach Osten auszuholen und mit der Uralbahn bis Tscheliabinsk zu reisen. Aus Geldmangel läßt sich dieser Plan nicht verwirklichen, wohl aber der Wunsch, ein russisches Dorf wirklich kennen zu lernen. Sophia Schill verschafft Lou A.-S. und R. eine Einladung nach Nisowka zu dem Bauerndichter Spiridon Drožžin; diese melden sich auf russisch bei ihm an.
In Deutschland erscheint R.s »Die weiße Fürstin« in »Pan«, 5. Jg., Heft 4.
18. JULI: Mittags treffen R. und Lou A. S. in Zawidava ein, von dort geht es nach Nisowka. Drožžin hat über den Besuch der beiden schon 1913 in der Zeitschrift »Put'« (Jg. 2, Nr. 12) berichtet. Bereits am ersten Abend gehen alle an die Wolga, R. legt sich einen kleinen Moosbeerenzweig in sein Notizbuch. Nach dem Abendessen liest Drožžin seine Gedichte vor.

Am nächsten Morgen machen sie barfuß einen langen Spaziergang, finden Pilze, führen Gespräche auch mit Drožžins Frau, die die ganze Bauernwirtschaft besorgt, und mit seiner alten Mutter.
20. JULI: Drožžin und seine Gäste folgen der Einladung des Grafen Nicolai A. Tolstoi, eines entfernten Verwandten des Dichters, auf das nahe Gut Nowinki, wohin sie mit dem Wagen abgeholt werden. Am Nachmittag des 21. 7. wird dieser Besuch wiederholt, am 22. 7. fahren sie abends auf das Gut und übernachten dort. Lou A.-S. schreibt: »War es schon eine Überraschung zum Schluß der Reise in Drožžins Dorf so viel und so Reiches geschenkt zu erhalten, so erschien dieser Einblick in einen köstlichen Typus russischen Gutslebens als eine unerwartete Steigerung der Reise.« Die Familie in Nowinki besteht aus dem Grafen, seiner Frau Maria Alexandra, deren Kindern und der Mutter des Grafen, der ›Babuschka‹, die ›Wunder‹ erlebt, Träume hat und die Gabe des Hellsehens. Die Reisenden haben einen kleinen photographischen Apparat bei sich und photographieren hier. R. liest aus seinen Gedichten: »Der Spielmann« und anderes. Noch in seinem Aufsatz »Puppen« vom Februar 1914 heißt es: »Ich entsinne mich, auf dem Herrenhaus eines abgelegenen russischen Gutes, in den Händen der Kinder, eine alte ererbte Puppe gesehen zu haben, der die ganze Familie ähnlich sah –« Vom Grafen erhält R. im November 1912 einen Brief nach Toledo, das dieser aus seiner Jugend kennt.
23. JULI: R. schreibt auf Drožžins Wunsch eine kurze Autobiographie in russischer Sprache in dessen Stammbuch. R. schließt: »Und jetzt verstehe und liebe ich Sie noch mehr, wo ich die Heimat Ihrer Lieder gesehen habe, Ihr Dorf und Ihr Leben in diesem Dorf. Rainer Josifow Rilke«.
24. JULI: Abreise nach Petersburg, auf der Fahrt Abstecher nach Nowgorod Welíki, der einstigen Hauptstadt des Rurik-Reiches, wo R. und Lou A.-S. am anderen Morgen Museum und Kreml besuchen und eine Fahrt zum Juriew-Monastir unternehmen.
Aus Nowgorod berichtet R. seiner Mutter über den Besuch bei Drožžin: »in seiner kleinen Hütte, die er eben neu aufgebaut hat, mit seinen Büchern und Bildern habe ich gerne und gut gewohnt; die Fenster der Stuben sehen in den Garten, darin er sein Gemüse und seine Rosen pflegt ... [er] tut sommers die gewöhnliche Bauernarbeit und wird in jedem Winter, wenn die Hände von den Feldern abgeschnitten sind, wieder Dichter, als solcher ist er in ganz Rußland bekannt.« R. besitzt

mit eigenen Inschriften D.s »Ausgewählte Gedichte« 1890 und »Das Jahr des Landmannes« 1890. Von R. haben sich neben den veröffentlichten Übertragungen noch seine Übersetzung von »Das Gebet« und »Kraft des Liedes« im Manuskript erhalten.

AM 26. JULI kommen R. und Lou A.-S. in Petersburg an, der 27.7. ist ihr letzter gemeinsamer Tag dort, Lou A.-S. fährt am 28.7. zum Besuch ihrer Familie nach Rongas in Finnland.

VOM 28. JULI BIS 22. AUGUST ist R. allein in Petersburg. Er arbeitet fast täglich auf der Bibliothek und betreibt mit Nachdruck kunsthistorische Studien, um sich für eigene Arbeiten vorzubereiten.

SCHON AM 29. JULI berichtet R. in seinem Dankbrief an Drožžin – in russischer Sprache –, er lese in der Kaiserlichen Bibliothek das Buch von I. Zabelin »Domašij byt russkich tzarej« 1872, die Geschichte des alten Moskau sei darin so klar wie auf den Bildern von A. Wasnetzow. Neben einem weiteren, 1900 erschienenen Werk von Zabelin arbeitet R. erneut die Kunstgeschichten von Nowitzki und Gneditsch durch. Seine Auszüge sind sorgfältig und enthalten erläuternde Zeichnungen; diese Hefte mit den russischen Studien sind erhalten; ebenso seine Liste von eigenen russischen Büchern.

30. JULI: »Angesichts der kaiserl. Bibliothek hat man das Gefühl, einen Kampf beginnen zu müssen gegen die Verschlossenheit dieser hunderttausend Bände, eine Stunde abzuwarten, in der man den Geist aller empfangen und empfinden kann, sammt allen Widersprüchen und abgewendeten Weisheiten: man würde dann erkennen, daß für uns nur deshalb viele unverträgliche Wahrheiten bestehen, weil die Wahrheit größer ist als die Welt und unsere Maßstäbe, die für die Wege von Stern zu Stern ausreichen, ihren Sinn verlieren an ihre Dimensionen angelegt.« (An die Mutter)

AUGUST: Im Entwurf eines Briefes an Sophia Schill heißt es: »Kennen Sie die Briefe Kramskois? Dann brauche ich Ihnen nicht zu sagen, warum ich vor allem diesen Künstler liebe.«

8. AUGUST: R. weist seine Mutter auf einige Romane hin, Frieda von Bülows »Abendkinder«, ferner »Ellen von der Weiden« und »Frau Bürgelein und ihre Söhne« von Gabriele Reuter.

11. AUGUST: R. schreibt an Lou A.-S. von »fast feindlichen Eindrücken dieser schweren Stadt ... ein fortwährendes Unterwegssein ist das Leben hier, wobei die Ziele alle leiden. Man geht, geht, fährt, fährt ... Dazu kommt, daß man die weitesten Wege fast immer umsonst macht.« R.

meldet dann: »Vogeler hat sehr lieb geschrieben, er erwartet mich also. Auch bin ich schon nöthig für mein schönes Buch [= »Vom lieben Gott und anderes«]. Der 1. Bogen Correctur wartet schon. Es erscheint also im Oktober!«

13. AUGUST: R. erwirbt den Band »Kobzar« des ukrainischen Volksdichters Schewtschenko und besitzt volkstümliche Werke von Koljtzow und W. Schukowski, deren Gedichte er sich aus der Zeitung »Novoje Wremja« ausschneidet.

15. AUGUST: Der Kaufmann und Kunstkritiker Friedrich Groes aus Petersburg, der auch als Übersetzer wirkt und mit der Zeitschrift »Mir iskusstva« verbunden ist, empfiehlt R. bei Alexander N. Benois: »Er interessiert sich für russische Malerei, speziell für Kramskoi und Wassiljew und hat von Ihnen als Künstler und Kritiker viel gehört ... Er ist übrigens eine interessante Persönlichkeit, so daß Sie sich nicht langweilen werden; ein bemerkenswert origineller und geistreicher Kopf.« R. erinnert in seinem Brief an Benois vom 21.11.1900 an die Begegnung mit ihm: »Ich denke oft an unseren Peterhofer Abend.«

17. AUGUST: Aus der ›Russischen Klassischen Bibliothek‹ besorgt sich R. eine Reihe von Ausgaben, vor allem geistlicher Volksdichtung, russischer Heldenlieder und Heiligenlegenden.

Er lernt Alexander Benois kennen, Mitarbeiter an der bedeutenden russischen Kunstzeitschrift »Mir iskusstva«. Dieser erwägt, R. eine Korrespondentenstelle an einer russischen Kunstzeitschrift zu vermitteln, die zu einer Übersiedlung R.s nach Petersburg hätte führen können.

AM 18. AUGUST berichtet R. seiner Mutter von Benois: »gestern habe ich bei ihm in seinem Landhaus in Peterhof gespeist.« R. wandert mit ihm durch den Schloßpark und lange Alleen »lichtsteigender Fontänen bis an das ganz stille Meer«. Benois schreibe eine »russische Kunstgeschichte vom modernsten Standpunkte aus«.

R.s Plan, diese »Geschichte der russischen Malerei des 19. Jahrhunderts« zu übersetzen, bleibt in den Anfängen stecken; die Verbindung mit Benois wird brieflich aufrechterhalten.

Außer mit Benois trifft R. in Petersburg mit Sergej Diaghilew zusammen, Kunsthistoriker und Herausgeber der »Mir iskusstva«, mit dem er Gespräche führt über eine Ausstellung russischer Künstler in Berlin. Ferner begegnet er dem Sonderkorrespondenten der »Novoje Wremja« W. G. Jantschewetzki, einem hervorragenden Rußlandkenner, dessen Erzählung »Die Bittschrift« R. übersetzt.

19. AUGUST: An die Mutter heißt es: »Ich lese ziemlich mühelos russisch, habe gestern sogar einen (freilich sehr fehlerhaften) vierseitigen russischen Brief geschrieben.« (Der Brief ist an Sophia Schill gerichtet, die am 7. 9. antwortet: »Der erste Eindruck war der Eindruck von etwas Fremden und Seltsamen.«) R. schreibt weiter: »In den letzten Tagen hat Rußland zwei große Verluste gehabt: sein größter moderner Landschafter J. Lewitan und Wladimir Solojew sind rasch nacheinander gestorben. Dabei war Lewitan erst Mitte der Dreißig.«
R.s Absicht, durch Aufsätze in bedeutenden Kunstzeitschriften, Monographien und Ausstellungen der russischen Kunst, besonders der zeitgenössischen, in Deutschland Eingang zu schaffen, bleibt im Vorbereiten stecken. Seine eigenen intensiven Studien hat er kunstkritisch nicht ausgeschöpft, auch die Möglichkeit, auf Grund seiner Vorarbeiten zu einem kunsthistorischen Studienabschluß zu gelangen, nicht wahrgenommen.
22. AUGUST: R. tritt mit Lou A.-S. gemeinsam die Rückreise an, am 24. 8. sendet er seiner Mutter eine Postkarte aus Danzig.
24. AUGUST: Der Band: »Leo Graf Tolstoi: Patriotismus und Regierung«, dt. von W. Tzumikow, Leipzig 1900, trägt die Einschrift: »Danzig am 24. Aug. 1900. R.M. Rilke.«
Während R.s Aufenthalt in Rußland erscheint eine Übertragung seiner Skizze »Die Flucht« aus der Sammlung »Am Leben hin« durch O. Pribytkova in der Zeitschrift »Kur'er« (4.6.1900) unter dem Titel »Pobeg«.

WORPSWEDE – WESTERWEDE

26. AUGUST: R. kehrt nach Berlin zurück.
27. AUGUST: Fahrt nach Worpswede zu Heinrich Vogeler; R. bleibt dort bis zum 5.10.1900. Er ist Gast auf dem Besitz Vogelers, dem ›Barkenhoff‹, und wird in den Kreis der Worpsweder Künstler eingeführt.
28./29. AUGUST: R. schildert in Briefen an seine Mutter den ersten Eindruck von der Worpsweder Landschaft.
29. AUGUST: Aus Worpswede berichtet R. in einem langen russisch geschriebenen Brief Sophia Schill von seiner Reise in Rußland und seinen Arbeitsplänen (Kramskoj).

31. AUGUST: Für Alexander Benois entwirft R. den Plan einer Ausstellung »etwa 20 Werke russischer moderner Meister im Saal der Sezessionsbühne«.

1. SEPTEMBER: Mit einem Rückblick auf die russische Reise nimmt R. die Eintragungen in sein Tagebuch wieder auf. Darin heißt es: »Unzählige Gedichte hab ich nicht erhört. Ich habe einen Frühling überschlagen; was Wunder, wenn nun kein rechter Sommer ist ... Aber dies ist nicht die Summe der Reise. Das Unerhörte ist dennoch in mir. Ich habe ja alles doch erlebt.«

Carl Hauptmann schenkt R. eine Erstausgabe seines Werkes »Aus meinem Tagebuch« mit einer Widmung.

3. SEPTEMBER: Paula Becker begegnet R. zusammen mit Carl Hauptmann und schreibt: »Daneben Rainer Maria Rilke, ein feines lyrisches Talent, zart und sensitiv, mit kleinen, rührenden Händen. Er las uns seine Gedichte, zart und voller Ahnen. Süß und bleich.«

4. SEPTEMBER: R. notiert im Tagebuch: »Ich gebe Gesellschaften«: Musikabend im Hause Vogelers – R. urteilt ausführlich über Carl Hauptmann und dessen Gedichte, hält dann ein Gespräch mit ihm fest, über Kramskoi und das Lachen.

7. SEPTEMBER: R. schreibt das Gedicht »Die Braut« für Heinrich Vogeler auf Martha Schröder, dessen spätere Frau; es findet Aufnahme in den handschriftlichen Band »In und nach Worpswede«, den R. Vogeler zu seinem Geburtstag am 12.12.1900 übersendet.

9. SEPTEMBER: R. notiert im Tagebuch: »Vorgestern abends war ich bei der blonden Malerin«, bei Paula Becker – Gespräch über Paris. »Später kommt Clara Westhoff hinzu«, eine junge Bildhauerin.

R. schreibt den Gedichtkreis »Vom Tode / Worpsweder Skizzen I-V« und »Die roten Rosen waren nie so rot ...«

10. SEPTEMBER: R. liest abends »Die weiße Fürstin« vor, im Tagebuch beschreibt R. Clara W. und schließt: dort »war sie Herrin unter uns.« Von den Gedichten dieses Tages nimmt R. »Mädchen, Dichter sind, die von euch lernen ...« ins »Buch der Bilder« auf.

11. SEPTEMBER: R. verbringt einen Abend im Hause Overbeck, er spricht von Rußland, zeigt Paula Becker russische Bücher, »die Bilder von Nadson und Garschin, Drožžins Bildnis und andere Erinnerungen«; auch Carl Hauptmann und Clara Westhoff sind dabei. H. Vogeler ist in diesen Tagen oft abwesend in Adiek bei seiner Braut.

15. SEPTEMBER: R. erhält von Lou A.-S. die kurze Nachricht, daß »Tol-

stoi in Jásnaja Poljána schwer erkrankt« sei. R. schreibt darauf in sein Tagebuch die Erinnerung an die Begegnung mit Tolstoi am 1. Juni: »Wie genau seh ich jeden Augenblick dieses Tages vor mir!«
Am gleichen Tag Telegramm zur Eröffnung der Sezessions-Bühne in Berlin: »Was ist so schön wie Anfang ...«, das Vogeler mitunterzeichnet.
17. SEPTEMBER: Im weißen Saal des Barkenhoffs, der in diesen Wochen immer wieder den Rahmen für festliches Zusammensein bietet, liest R. Gedichte vor: »Es war die größte Wirkung, die ich je auf eine Gruppe von Menschen ausgeübt habe.« Später in der Nacht berichtet in ihrem Atelier Clara Westhoff über ihre Lehrer Max Klinger und Auguste Rodin.
18. SEPTEMBER: Mit Franz und Heinrich Vogeler fährt R. hinaus zu ihrem Gut Adiek an der Oste: »Alles muß erst werden hier.« Von dort aus Besuch der alten Kirche in Heeslingen und bei Hans Müller-Brauel, dem »glücklichen Aufdecker so vieler Heidengräber. Steinwaffen, Urnen, Ringe füllen seine Schränke.« R. wird von Müller-Brauel photographiert. Im Oktober sendet ihm R. aus Berlin »Mir zur Feier« mit der Widmung: »Was ist des Dichters: Sagen, was er leidet oder an allem leiden, was er sagt? R. M. R. mit dankbaren und herzlichen Grüßen an Hans Müller-Brauel in Zeven. Schmargendorf, im Oct. 1900«. An einem Sonnabend Wagenfahrt nach Bremen, der Vaterstadt von Paula Becker und Clara Westhoff, an den Abenden liest R. sein »Anfänger«-Drama vor und von Beer-Hofmann »Der Tod Georgs«.
22. BIS 25. SEPTEMBER: Der Worpsweder Freundeskreis, Franz und Heinrich Vogeler, Clara Westhoff, Paula Becker und ihre Schwester Milly, Fritz Mackensen, R. und Otto Modersohn, fahren gemeinsam zur Premiere von Carl Hauptmanns Schauspiel »Ephraims Breite« nach Hamburg. Bei der Premierenfeier hält R. eine Rede.
Am nächsten Morgen: »Auf einem hohen, vierspännigen Gesellschaftswagen machten wir eine Rundfahrt durch Hamburg, an die sich eine Fahrt durch den Hafen anschloß.« Nachmittags: »in der Privatbildersammlung des Bankiers Behrens«, R. spricht besonders von einem Bild Böcklins, zwei Bildern von Corot und »von einem ›Abend‹ Daubignys«. Abends folgt ein Besuch der »Zauberflöte«.
»Am anderen Tage frühstückten wir gemeinsam, und alle gingen dann in die Kunsthalle, während ich Hauptmann abholte und mit ihm nachkam.« Abends über Bremen Rückkehr »mit der Post« nach Worpswede.

R. endet diese Aufzeichnungen in seinem Tagebuch mit den Worten: »Da entschloß ich mich, in Worpswede zu bleiben ...«
24. SEPTEMBER: R. notiert später im »Worpsweder Tagebuch«, er habe bei einem ›fliegenden Händler‹ in Hamburg »eine sehr feine Ausgabe von J. J. Rousseaus ›Confessions‹ und vom ›Emile‹ – sieben kleine blaugraue Bändchen mit drei feinen Kupfern im ›Emile‹« gekauft.
27. SEPTEMBER: Niederschrift der beiden Prosa-Fragmente »Als der Tod mit dem Morgen kam ...« und »Sie lebte das Leben der anderen ...« in das unter diesem Datum begonnene neue Tagebuch, das ›Worpsweder Tagebuch‹; auch dieses ist für Lou A.-S. geschrieben. Am selben Tag entsteht das Gedicht für Heinrich Vogeler »Schicksale sind ...«, mit dessen ersten vier Zeilen R. das Manuskriptbuch für Vogeler eröffnet.
29. SEPTEMBER: Unter dem Eindruck zweier Skizzenblätter Vogelers schreibt R. die Gedichte »Die Hirten« und »Ruhe auf der Flucht« (später »Verkündigung über den Hirten« und »Rast auf der Flucht« genannt). Er übernimmt sie in das Manuskriptbuch für Vogeler; gedruckt werden sie mit einem weiteren Gedicht: »Verkündigung« als »Aus einem Marienleben I-III« Weihnachten 1901 in der Weihnachtsbeilage der »Bohemia« in Prag.
R. schreibt an Herrn Hancke, Sekretär der Wiener Sezession, er wolle einen Vorschlag machen: in Rußland habe er den großen Reichtum russischer moderner Kunst kennengelernt, nun werde eine Ausstellung »im Bildersaal unserer neuen Sezessionsbühne in Berlin« stattfinden, ob nicht auch die Wiener Sezession daran interessiert sei? R. stellt 30 Gemälde und Plastiken von Trubetzkoi und der »Rodin-Schülerin Golubkin« in Aussicht.
5. OKTOBER: R. kehrt nach Berlin zurück, obwohl er sich in Worpswede ein kleines Haus schon gemietet hat: »Es ergab sich aber, daß ich doch von allen Hilfsmenschen und Hilfsmitteln, welche meine Arbeiten (besonders die russischen) brauchen, zu sehr entfernt wäre und Gefahr liefe, mit dem mühsam errungenen Studium alle Zusammenhänge zu verlieren.« (An F. v. Bülow, 24. 10. 1900)
18. OKTOBER: R. schreibt Clara Westhoff, er habe sich entschlossen, in Berlin zu bleiben: »Meinen ganzen Winter richte ich dafür ein, tüchtig im Tage zu sein, und vielleicht schon im Januar 1901 gehe ich wieder nach Rußland«, und an Paula Becker: »Sie wissen, was mir diese Studien, welche ich neben meine persönlichste Arbeit gegründet habe, bedeuten; den Alltag, das Dauernde, den Weg, auf welchen ich aus je-

dem Fluge zurückkomme ... Mir ist ja Rußland doch das geworden, was Ihnen Ihre Landschaft bedeutet: Heimat und Himmel.« R. sendet P. B. gleichzeitig Jacobsens Gedichte und »Frau Marie Grubbe« als Geschenk.

21. OKTOBER: Für Paula Becker schreibt R. an diesem »Sonntag« und am nächsten ein Briefgedicht nach Worpswede, worin er teilnimmt an den Abenden der Freunde.

AB 20./21. OKTOBER wohnt R. in Berlin-Schmargendorf, Misdroyer Straße 1. »Die neue Wohnung (und diesmal eine wirkliche: zwei Zimmer, Vorzimmer, Küche ...) wird bald behaglich sein, und dann kann der Winter nicht mehr wehe tun.« (An F. v. Bülow, 24.10.)

22. OKTOBER: R. dankt Franz Hancke, Sekretär der »Vereinigung bildender Künstler Österreichs« für seinen Brief: leider werde sich die Ausstellung russischer Künstler in Berlin aus Zeitgründen nicht verwirklichen lassen, um so dankbarer sei er für die Aussicht auf eine Ausstellung in der Wiener Sezession: »Ich habe ihm [Diaghilew] eben einen langen Brief geschrieben und habe versucht, ihn für den zweiten, wichtigeren Plan zu gewinnen: für eine große nationale Ausstellung russischer Kunst in Wien.« Sollte er sich versagen, so sei nichts verloren: »weil ich am Ende des beginnenden Winters wohl selbst wieder nach Rußland gehe«.

23. OKTOBER: Auch an seine Mutter schreibt R. von den Vorarbeiten für die dritte Reise nach Rußland.

Auf der Sezessionsbühne sieht R. Hofmannsthals »Der Thor und der Tod«.

24. OKTOBER: »Anfangs November (unbestimmt wann) ist die Premiere meines alten Stückes ›Ohne Gegenwart‹ hier auf der Sezessionsbühne, später kommt auch ein neues Buch für Weihnachten.« (An F. v. Bülow) Zu der Aufführung kommt es nicht.

UM DEN 25. OKTOBER schreibt R. an seine Mutter: »Ich bin sehr leer von der russ. Reise zurückgekommen, und habe überdies beim Einrichten der Wohnung unverhältnismäßige Auslagen gehabt. Zu dem habe ich (im Vertrauen gesagt) noch etwa 250 Mark an Dr. Andreas zurückzuzahlen, Geld, welches er mir für Bücherankauf in Russland seinerzeit angeboten hat. Das ist keine eigentliche Schuld, so wie wir zueinander stehen, gleicht sich das nach und nach wieder aus, – aber ich will die Sache doch ernst nehmen und ratenweise meiner Verpflichtung nachkommen.«

28. OKTOBER: R. bestellt in der Buchhandlung von Axel Juncker in Berlin von Hofmannsthal »Der Thor und der Tod« und von Maeterlinck »Serres chaudes«. R.s Exemplar von »Der Thor und der Tod« mit seinem Exlibris von Emil Orlik ist erhalten.
31. OKTOBER: Vier Gedichte »Begleitung zu Bildern Heinrich Vogelers I-IV« entstehen, sie bilden den Abschluß von »In und nach Worpswede«.
1. NOVEMBER: An August Sauer schreibt R.: »sehr lange bin ich in Rußland gewesen. Bis in seinem Süden und Osten, und von seinen Steppen hat mich keine Geringere als Wolga, die Große, wieder hinaufgeführt zu den Heiligthümern und Thürmen des nördlichen Nowgorod und nach Petersburg, wo ich in den Bibliotheken arbeitete.« R. spricht ferner von Hedda Sauers Buch »Im Land der Liebe«.
5. NOVEMBER: In einen Brief an Clara Westhoff schließt R. das Gedicht ein: »Erinnern Sie sich jenes schönen Schwanes? / Auf einmal wurde Nacht und Alster weit ...« Ein zweites Briefgedicht folgt am 7.11.
8. NOVEMBER: An Clara Westhoff heißt es: »Ich habe viel Schönes gesehen in diesen Tagen. Cottet (Landschaften aus Savoyen), Rodin (einen Barbédienne-Guß nach l'Eternel printemps) und die Bilder eines eigentümlichen Franzosen Cézanne.« Am 21.11.00 schreibt R. dazu an Alexander Benois: »im Salon von Cassirer kann man einige Bilder von Cézanne sehen, die (besonders die Früchte) unvergleichlich stark und eigenartig gemacht sind.«
9. NOVEMBER: R. sieht eine Aufführung von Maeterlincks »Der Tod des Tintagiles« auf der Sezessionsbühne und macht darüber am folgenden Tag eine Aufzeichnung in sein Tagebuch.
10. NOVEMBER: R. übersendet Paul Ettinger »Mir zur Feier« mit der Widmung: »R. M. R. Herrn P.D. Ettinger mit Grüßen und voll dankbaren Gedenkens«; er fragt nach neuen Dramen von Gorki und Tolstoi.
14. NOVEMBER: Anläßlich ihrer Verlobung mit Otto Modersohn sendet R. Paula Becker das Gedicht: »Es ist so seltsam: jung sein und zu segnen ...«, das im Tagebuch die Überschrift »Brautsegen« trägt.
ZWISCHEN DEM 17. UND 21. NOVEMBER schreibt R. eine Aufzeichnung über »Rodin« ins Tagebuch. »Das macht seine Plastik so isoliert, so sehr zum Kunstwerk ... daß sie meistens sich befreit hat von der Abhängigkeit von Umgebung und Hintergrund.«
18. NOVEMBER: R. sendet Clara Westhoff zu ihrem Geburtstag am 21.11. einen langen Brief und fügt hinzu: »Ich sende Ihnen ›Mir zur

Feier‹ mit einem Vers, den ich in Worpswede am Anfang geschrieben habe. Von meinen andern Büchern folgt gelegentlich alles Bessere oder Nennenswerte. Dann ein Heft der alten ›Wegwarten-Hefte‹, die für das Volk gedacht waren, als Gratisgabe. Dann der Wiertz-Katalog, anknüpfend an ein Gespräch an einem Abend bei Ihnen. Dann eine Dichtung, der ›Cornet‹, die einen Vorfahren mit Glanz umgibt. Lesen Sie sie an einem Ihrer schönen Abende im weißen Kleid. Es ist die einzige erste Niederschrift der Dichtung, und wenn ich das Gedicht mal verwende zum Drucke, muß ich sie von Ihnen zurückerbitten – aber das wird nicht bald sein.«

19. NOVEMBER: R. dankt Otto Modersohn für die drei Blätter mit abendlichen Landschaften aus Worpswede, die dieser ihm schenkt.

20. NOVEMBER: Die Nachricht vom Tode einer Freundin Clara Westhoffs, die im Süden gestorben ist (Gretel Kottmeyer), führt zur Niederschrift des Clara W. gewidmeten »Requiem«. R. nimmt es ebenso wie eine Anzahl der Gedichte aus dem Herbst und Winter 1900/01 in »Das Buch der Bilder« auf.

21. NOVEMBER: R. fragt auch Alexander Benois: »Man erzählt von einem Drama Gorkis? Wissen Sie davon? Ist es schon erschienen? Ich möchte so gerne etwas Gutes übersetzen.« Gorkis »Kleinbürger« wurden 1901 vollendet und im Januar 1902 im Moskauer Künstlertheater von Konstantin Stanislawski aufgeführt.

22. NOVEMBER: R. liest die Memoiren Krapotkins.

25. NOVEMBER: Das »Spiel« »Winter-Seele« entsteht, das R. überarbeitet und mit dem Titel »Die Blinde« ins »Buch der Bilder« einbezieht.

26. NOVEMBER: R. notiert im Tagebuch: »Jetzt lese ich A. A. Iwanows Briefe und versuche mir alles Weitere zurückzubilden von den Briefen nach rückwärts. Einen Federstiel, eine Hand, ach, eine Malerhand, die gebunden ist von eigenen und anderen Gedanken ... Das Gesicht sehe ich nicht.« R. besitzt das Werk von Botkin über Iwanow, das dessen Briefe enthält.

Von der Schauspielerin Gertrud Eysoldt vernimmt R. zu seinem Buch »Mir zur Feier«: »Ich werde diese Lieder wie ein fahrender Sänger mitnehmen, und viele werde ich damit von Ihnen grüßen.«

27. NOVEMBER: R. schreibt an Carl Hauptmann: »Mit unseren Worpswedern bin ich in enger Beziehung. Modersohn hat eine gute glorreiche Arbeitsperiode, die lauter schöne Dinge hervorbringt. Vogeler kommt zum 1. Dezember nach Berlin, um seine Ausstellung bei Keller

und Rainer (die sehr köstlich sein wird) einzurichten.« Hauptmann antwortet umgehend und läßt Karten für die Premiere von »Ephraims Breite« im Schiller-Theater zurücklegen.

29. NOVEMBER: Tagebuch: »Außerdem lese ich weiter Iwanows Aufzeichnungen.« Über den geplanten Iwanow-Essay korrespondiert R. mit den Moskauer Professoren Storoschenko und Leonid Pasternak, mit S. Lepeschkin und noch bis 1902 mit Paul Ettinger, den er besonders über den Maler Maljutin befragt.

VOM 29. NOVEMBER BIS ZUM 7. DEZEMBER schreibt R. für Lou A.-S. eine Folge von sechs Gedichten in russischer Sprache nieder: »Das erste russische Gedicht kommt mir ganz unversehens heute im Walde.« Lou A.-S. nennt sie »obwohl grammatikalisch arg, doch irgendwie unbegreiflich dichterisch«.

1. DEZEMBER: »An diesem Tage sah ich zuerst Gerhart Hauptmann. Er und Vogeler waren bei Lou geladen. Mit Hauptmann kam Grete M. [= Grete Marschalk?]. Es war ein schöner Abend ...«

2. DEZEMBER: Heinrich Teweles aus Prag, der um einen Beitrag gebeten hat, bietet R. sein Drama »Mütterchen« an. Er berichtet: »›Ohne Gegenwart‹ wird hier (Sezessionsbühne) aufgeführt, außerdem in russischer Übersetzung in Moskau gegeben werden ...«

3. DEZEMBER: R. bestellt bei Juncker Hofmannsthals Erzählung »Erlebnis des Marschalls von Bassompierre«.

5. DEZEMBER: »In der Stadt schrieb ich mitten im Gewühle von Josty ein kleines russisches Gedicht auf, aus jener gemeinsamen Nachtstimmung, welche damit noch nicht verbraucht, aber zum ersten Mal geweckt ist. Ich meine die Fahrt auf der Bauerntelega von Novinki nach dem Dorf und zurück. Es soll heißen: Die Feuersbrunst.« (Tagebuch)

9. DEZEMBER: R. bestellt bei Juncker Henry D. Thoreaus »Winter«, bald darauf auch dessen Tagebuchaufzeichnungen, in deutscher Übersetzung.

12. DEZEMBER: Heinrich Vogeler erhält zum Geburtstag den Manuskriptband »In und nach Worpswede. Verse für meinen lieben H. V.« Die Handschrift umfaßt 16 Gedichte aus dem Herbst 1900, nachträglich werden fünf weitere eingeklebt.

»AM 13. DEZEMBER, NACHTS«: Tagebuchaufzeichnung: »Es ist eine unendliche Demütigung für mich, die Namen der letzten Tage hier zu verzeichnen; aber gerade deshalb will ich es kurz tun. Wenn jedem Tod (wie jedem Leben) eine bestimmte begrenzte Frist zugemessen ist, so

müssen mir Tage wie die letzten dann gezählt und abgerechnet werden. Denn sie sind Tage unter der Erde ...«
19. DEZEMBER: R. nimmt allein mit Lou A.-S. »in dem dunklen Zuschauerraum des Deutschen Theaters« an der Probe von Hauptmanns »Michael Kramer« teil. Seine Aufzeichnung darüber im Tagebuch verrät seine tiefe Betroffenheit. Hauptmann schenkt R. ein Exemplar von »Michael Kramer« mit der Einschrift: »Herrn Rilke zur Erinnerung an d. 19. Dec. 1900, Gerhart Hauptmann«.
R. schreibt an die Redaktion von »Ver Sacrum«, er sei bereit, ein Buch zu rezensieren: »Ich meine Jozef Israels ›Spanien‹, Tagebuchblätter des großen Meisters von einer Einfachheit und Menschlichkeit, wie nur ganz große sie haben und willkürlich geben.« Es handelt sich um den holländischen Maler Israels (1824-1911).
DEZEMBER: Kurz vor Weihnachten erscheint R.s dritter Prosaband »Vom lieben Gott und anderes. An Große für Kinder erzählt von R. M. R.« Im Insel-Verlage bei Schuster und Löffler, Berlin. Der Buchschmuck stammt von E. R. Weiß.
20. DEZEMBER: R. sendet Hugo Salus sein neues Buch: »Ich glaube, es sind einige Kerne in diesem Buch, aus denen Bäume wachsen können später.«
22. DEZEMBER: Langer Brief an den Fürsten Schachowskoi (?), in dem R. im Zusammenhang mit der Gestalt Iwanows über Gerhart Hauptmanns »Michael Kramer« schreibt. Er fährt fort: »Ich will nur noch anfügen, daß ich an Moskau wie an eine Heimat denke und sehr verlange wieder dort zu sein. Das wird sich freilich erst im Anfang des Frühlings ermöglichen lassen. Bis dahin, hoffe ich mit meinen Studien über Iwanow so weit fortgeschritten zu sein, daß ich sie bei meinem diesmaligen Aufenthalt in Moskau zum Abschluß bringen kann.« Der letzte Absatz des Briefes ist von R. russisch geschrieben.
In dieser Zeit tritt R. mit Tolstois Londoner Verleger Tschertkow in Verbindung, um das Übersetzungsrecht an dessen Drama »Der lebende Leichnam« zu erwerben – auch in dieser Frage vermittelt Schachowskoi bei Tolstoi –; da Tolstoi das Drama zu seinen Lebzeiten nicht veröffentlicht wissen will, kommt die Arbeit nicht zustande.
An Alexander Benois schreibt R. über die Premiere von Hauptmanns »Michael Kramer«: »Lassen Sie dies alle lesen, die Gerhart Hauptmann lieben. Ich wollte es Ihnen gleich schreiben! Möchte der ›M. K.‹ bald übersetzt werden!« Jakow A. Fejgin, Redakteur der Moskauer Zeitung

»Kur'er«, der R.s Drama »Ohne Gegenwart« ins Russische übersetzte, übertrug auf R.s Empfehlung hin auch »Michael Kramer«, der am 27.10.1901 im Künstlertheater erstaufgeführt wurde.
Mit der Aufzeichnung »Bruchstück: Das Leben, das frei und unbesorgt und schön sein will...« endet das »Worpsweder Tagebuch«.
25. DEZEMBER: R. schreibt an Gerhart Hauptmann ausführlich über »Michael Kramer«.
WOHL AM 27. DEZEMBER erklärt R. in einem Brief an Richard Scheid, er sei nicht abgeneigt, sich bei »Avalun« zu beteiligen, gibt aber keine definitive Zusage, da immer zwei Autoren in einem Heft vereinigt werden sollen: »Ich habe seit Jahren aufgehört Lyrisches in Zeitschriften zu publizieren (ganz wenige Fälle ausgenommen) weil ich Gedichte nicht gern im Gedränge sehe... Ich müßte vor allem wissen, wen Sie mir als Begleiter ausgewählt haben.« R. ziehe es vor, ein Heft von »Avalun« allein für seine Arbeiten zu haben. (Verlagsort: München)
29. DEZEMBER: An Drožžin sendet R. »Mir zur Feier«, er arbeite am »Iwanow«.
30. DEZEMBER: R. übergibt die »Drei Spiele« unter den später geänderten Überschriften: »Finale. Die Blinde. Der Page« zur Publikation an »Ver Sacrum« (Sendung an Franz Hancke): »Ich nenne sie ›Spiele‹ und auch die Form ist noch bei keiner von mir veröffentlichten Arbeit bisher angewandt gewesen. Also durchaus – Premiere.«

Im Jahre 1900 erscheint das Bändchen »Ephemeriden« von Phia Rilke in Prag, eine Aphorismen-Sammlung mit der Widmung: »Dies Buch ist meinem theuren Sohn René zugedacht.«
R. veröffentlicht in diesem Jahr in folgenden Zeitschriften: »Die Insel« München, »Ver Sacrum« Wien, »Prager Tagblatt« Prag (Osterbeilage), »Simplizissimus« München, »Pan« Berlin, »Das Litterarische Echo« Berlin.

1901

WINTER 1900/01: Es entsteht der Anfang einer Erzählung: »Am 17. September, abends um neun Uhr, stand Herr Albrecht Ostermann etwas steif vom Tische auf...«, der Text bleibt unveröffentlicht.
2. JANUAR: L. Pasternak dankt R. für dessen russischen Brief und bewundert seine »unzweifelhaften natürlichen Fähigkeiten. Ruhm und Ehre sei Ihnen.«
4. JANUAR: R. teilt Richard Scheid mit: »Die Nachbarschaft von so ei-

genartigen Versen und Worten (denen Heinrich Lautensacks) ist mir lieb ... Ich selbst habe meinen Plan, zu zwei, drei unveröffentlichten Versbildern einige Gedichte aus ›Mir zur Feier‹ zuzufügen, – aufgegeben und gebe Ihnen lauter (9) neue Gedichte, davon nur eines (›Sturmnacht‹) einmal leider in der ›Gesellschaft‹ gestanden hat. Bei meiner Auswahl war ich von dem Willen geführt, einsames und intimes zu geben, das in Zeitschriften oder Büchern nicht so gut stünde, wie in ›Avalun‹ ...« R. schließt: »Anbei folgen 9 Gedichte mit Verzeichnis der Folge und zurück das Mscpt. Lautensack und die Zeitungsnotiz von Leo Greiner, den Sie herzlich von mir grüßen mögen!«

5. JANUAR: »Der Lotse. Hamburgische Wochenschrift für deutsche Kultur«, herausgegeben von C. Mönckeberg und Dr. Heckscher, Hamburg, bringt in Jg. 1, Heft 14 R.s Aufsatz »Das Theater des Maeterlinck«, niedergeschrieben bald nach dem 13. November 1900 in Berlin.

7. JANUAR: R. bittet den zuständigen Redakteur von »Ver Sacrum«, den Maler Wilhelm List, an den eingesandten »Spielen« Titeländerungen vorzunehmen: »›Der Page‹ soll heißen: ›Vorfrühling‹, ›Finale‹ soll heißen: ›In herbstlichen Alleen‹, ›Die Blinde‹ soll heißen: ›Winterseele‹. Diese Änderung geschieht deshalb, weil die Gestalten nicht groß gedacht sind, und etwa wie die Böcklin'sche Frau in der ›Villa am Meer‹ in Landschaft und Schicksal stehen.« Die »Spiele« erscheinen am 1. November 1901, Jg. 4, Heft 21; Juncker gegenüber äußert sich R., der Buchschmuck dazu – von verschiedenen Künstlern – sei ›schrecklich‹ (21.1.1902).

10. JANUAR: Lou A.-S. in ihrem Tagebuch: »Nachmittags, bei schwachem, wundervollen Sonnenfrost und einem Waldweg mit Rainer, hinter dem Grunewaldsee auf Gerhart Hauptmann und Grete gestoßen, weit mit ihnen spazieren gegangen ...« Am 26.1.01 erzählt sie von der gemeinsamen Lektüre »im Benua: Victor Wasnezow«.

13. JANUAR: Paula Becker, die sich für zwei Monate in Berlin aufhält, besucht R. in seiner Wohnung. Er liest ihr die Verse: »Du blondes Kind ...« (später als »Der Sänger singt vor einem Fürstenkind« ins »Buch der Bilder« aufgenommen), die er am 3.10.1900 in Worpswede geschrieben hat. Sie sind Paula Becker gewidmet. An den kommenden Sonntagen ist diese häufig zu Gast bei R. »in seinem großen Zimmer in Schmargendorf«.

14. JANUAR: R. berichtet seiner Mutter: »Ich habe zwei wunderschöne Abende verbracht; Samstag abends war ich bei Gerhart Hauptmann geladen zu Thee u. Abendbrot, und hatte das große Glück, ihn einen Akt seiner neuen Dichtung (die schon vor dem ›Michael Kramer‹ entstan-

den ist) lesen zu hören. Es war wieder etwas Einfaches, Großes. Und gestern hatte ich lieben Besuch aus unserem Worpsweder Kreise. Sonst Arbeit, Arbeit, Arbeit.«

21. JANUAR: In seinen Brief an Clara Westhoff schließt R. die Verse ein: »Sturm.... Ich sehe den Bäumen Stürme an...« In einer späteren Fassung nennt R. das Gedicht »Der Schauende«; – ebenso wie den am gleichen Tage folgenden Zyklus »Aus einer Sturmnacht. Acht Blätter mit einem Titelblatt« nimmt R. es ins »Buch der Bilder« auf.

24. JANUAR: Nach ihrem Besuch gibt Paula Becker R. eigene »Aufzeichnungen« zum Lesen; R. dankt mit einem langen Brief.

26. JANUAR: In ihrem Tagebuch erwähnt Lou A.-S. die gemeinsame Lektüre mit Rilke in der russischen Kunstgeschichte von Alexander Benois. Die Kapitel über Iwanov und Victor Vasnecóv werden erörtert.

UM DEN 1. FEBRUAR schreibt R. einen »Offenen Brief an Maximilian Harden«, in dem er sich gegen das Wiener Todesurteil für den Kindesmörder Joseph Ott wendet. Er nimmt Anstoß an der summarischen Verhandlungsführung: »weil jedes Verbrechen, wie jedes Kunstwerk, ein Einzelfall ist, mit eigenen Wurzeln, eigenem Wachstum, mit einem eigenen Himmel über sich, der regnet und scheint über den fremdartigen Keimen unbegreiflicher Taten«. R. macht sich den sozialen Hintergrund der Tat genau klar. Der Artikel, der am 23.2. in der »Zukunft« erscheint (Jg. 9, Heft 21) wird von R. noch 1921 als »geradezu wertvoll« beurteilt (24.12.21 an F.A. Hünich).

3. FEBRUAR: Paula Becker notiert: »Am Sonntag erlebte ich mit Clara Westhoff ein wundervolles Konzert; die Symphonie Eroica von Beethoven.« Clara W. bleibt bis Mitte Februar in Berlin, bei einem Zusammensein senden »Rainer Maria / Clara Westhoff / Paula Becker« ein Briefgedicht an Heinrich Vogeler: »Mir ist: es wandert der weiße Saal ...«

An Richard Scheid heißt es: »»Avalun‹ sieht sehr vornehm aus. Die großen Seiten mit den klaren Typen sind reich und einfach zugleich. Die Titellithografie wirkt etwas plakathaft, aber immerhin bei der Größe des Formates nicht zu laut ... Die Auswahl ist charakteristisch.« R. fährt fort: »Daß Sie Honorar zu zahlen gedenken, wird wohl jeder freudig begrüßen.« R. ist bereit, Scheid Anregungen für weitere Hefte zu geben und empfiehlt ihm »den modernsten und geschmackvollsten hiesigen Buchhändler«, nämlich Axel Juncker.

8. UND 11. FEBRUAR: Briefen R.s an Clara W. liegen Gedichte bei, dar-

unter »Die Frau geht wie aus ihrer Laute ...«; es gilt dem Gemälde Böcklins »Frühlingslieder« von 1876. Eine Abbildung dieses Gemäldes hängt später in Westerwede neben R.s Schreibtisch.

AM 9. FEBRUAR schreibt R. an Maximilian Harden, er wolle den »offenen Brief« nun doch in der »Zukunft« unterbringen, da ja diese »in Oesterreich ebenso viel gelesen wird wie Zeit, Wage und Fackel, und daß ihre Stimme mehr gilt als die der einheimischen Blätter«, auch wenn der Fall Ott in Deutschland wenig bekannt sei.

11. FEBRUAR: An Scheid: »Der Correcturbogen geht gleich zurück. – Sie schreiben: Der Tod ist ... müßte fortbleiben. Auf dem Bogen, den ich corrigiere, hat dieser Schlußvers doch noch Raum vor der Biographie? Meinten Sie etwa das Gedicht ›Die Sturmnacht ist wie eine große Geste ...‹, welches ich auf dem Bogen nicht finde? Wenn irgend möglich lassen Sie den kleinen Vers ›Vom Tode‹ stehen, wo er steht, bitte. Mir liegt viel daran, mit ihm zu schließen ...«

14. FEBRUAR: R. fragt bei »Ver Sacrum« an, ob das wieder literarischer werdende Blatt nicht »vielleicht heute oder morgen die Bethätigung einer rein schriftstellerischen Kraft innerhalb der Redaktion erwünscht« mache. »Sollte dieser Fall eintreten, bitte sich dieses Briefes zu erinnern, in welchem ich meine Bereitwilligkeit erkläre, nach Wien zu kommen und Ihrer Sache meine Kraft zu widmen, wenn ein entsprechender Posten mir Raum und Möglichkeit dazu gewährt.«

MITTE FEBRUAR: Nachdem er seine Wohnung in der Misdroyer Strasse 1 aufgegeben hat, zieht R. für kurze Zeit in Netzlers Hotel, Berlin C, Burgstrasse 11 um.

15. FEBRUAR: Bei einem Zusammensein zu dritt erfährt Paula Becker, daß Clara Westhoff und R. heiraten wollen.

16. FEBRUAR: Paula Becker schreibt an R.: »Lieber Freund, als ich gestern bei Ihnen beiden im Zimmer stand, war ich weit, weit ferne von Ihnen Beiden. Und es überfiel mich eine große Traurigkeit ... Heute im Schlaf aber ist sie von mir gewichen und ich fühlte daß es eine kleinliche Traurigkeit war. ... dies wollte ich Ihnen sagen, und freue mich über Sie und reiche Ihnen die Hand ...«

Otto Modersohn erfährt von ihr: »Und dann wird auch Clara Westhoff wiederkommen.« Gleichzeitig meldet R. seiner Mutter: »unerwartete Umstände brachten es mit sich, daß ich in diesem Jahr nicht nach Rußland gehe«, obwohl er davon ihr gegenüber am 7. 2. noch als Absicht gesprochen hat.

Clara Westhoff bittet R. zu einer Aussprache nach Westerwede zu kommen.

17. FEBRUAR: R. erhält von Professor Muther dessen Monographie »Lucas Cranach«, den ersten Band der Reihe »Die Kunst«. R.s Besprechung erscheint am 14. 2. 03 im »Bremer Tageblatt«.

IN DIESEN TAGEN bittet R. Axel Juncker: »durch eine Reihe von unerwarteten Zufällen in große Unkosten gestürzt, brauche ich für eine nothwendige Reise nach Bremen fünfzig Mark ...« R. hinterlegt dafür Siegelring und Paß.

VOM 19. BIS 25. FEBRUAR: R. ist in Westerwede bei Clara W. zur Vorbereitung ihrer Heirat. Von dort dankt er Juncker für die erwiesene Gefälligkeit.

21. FEBRUAR: Gemeinsamer Gruß von »Rainer Maria« und »Clara« aus Worpswede an Paula Becker in Berlin.

UM DIESE ZEIT, so erinnert sich Paulas Schwester Milly, habe Clara ihr gesagt: »Vor vierzehn Tagen hatte ich noch darauf geschworen, es sei nur Freundschaft.«

26. FEBRUAR: Lou A.-S. sendet an R. einen Brief, den sie »Letzter Zuruf« überschreibt. Sie warnt ihn vor dem »bald Deprimierten, bald Excitierten, einst Allzufurchtsamen, dann Allzuhingerissenen« seines Wesens. »Schweifst Du frei in's Ungewisse, so verantwortest nur Du für Dich selbst; indessen für den Fall, daß Du Dich bindest, mußt Du erfahren, *warum* ich Dich auf einen so ganz bestimmten Weg zur Gesundheit unermüdlich hinwies.« Lou A.-S. hält damals eine Entwicklung gewisser Wesenszüge R.s ins Krankhafte für möglich.

27. FEBRUAR: An Gerhart Hauptmann schreibt sie: »Von Herrn Rilke kann ich Ihnen keinen Gruß bestellen, da er verreist ist; er wird nach Schmargendorf auch nicht mehr zurückkehren: allzu lange war er schon hier, und es erwies sich nach verschiedenen Richtungen als nicht wünschenswerth, das fortzusetzen. Er ist ein nervöses, sogar nervös bedrohtes und belastetes, Menschlein, das einem leicht unter den Fingern zerbricht, wenn man nicht gut Acht giebt.«

VOM 5. BIS UM DEN 12. MÄRZ besucht R. wie alljährlich seine Mutter in Arco, die allerdings verspätet eintrifft. Dort entstehen weitere Gedichte »An Clara Westhoff«, die er seinen fast täglichen Briefen an sie beifügt. Am 5. März heißt es: »Heute hab ich Dir zu unserem Böcklin ein paar Versstücke aufgeschrieben«: Fragmente zu »Die Pietá« von Arnold Böcklin.

»Du schöne dunkle Laute, mir gegeben...« und »Meine Hände kommen weither...« stehen in einem Brief vom 6. März.
8. MÄRZ: R. erhält das »Avalun«-Heft mit seinen Arbeiten, das ihm allein gewidmet ist: »Mein Heft ist in meinem Sinn und macht mir Freude. Schön, daß der Spruch vom Tode noch Raum gefunden hat. – Daß Ernst Neumann mich noch René nennt, thut mir freilich leid; es macht einen verwirrenden Eindruck auf jene, die sich an das Rainer mühsam gewöhnt haben.« Weiter schreibt R. an Richard Scheid: »Auf das Honorar kann ich leider (diesmal wenigstens), so gern ich es im Interesse der Sache möchte, nicht verzichten.« R. erbittet das Geld nach Arco: »Dieselben Umstände, die mich unversehens her verschlagen haben, machen es nothwendig, daß ich das Geld mit Aufmerksamkeit behandeln muß.« R. hat deshalb auch an Leo Greiner geschrieben, ob er nicht auf dem Rückweg von Arco um den 20. 3. in München eine Lesung einrichten könne: »Ich dachte an eine Veranstaltung der Revue franco-allemande, oder aber... an Abende von ›Avalun‹, die ich damit eröffnen wollte.« In einer Nachschrift geht R. auf das ›Avalun‹-Heft mit Arbeiten Heinrich Lautensacks ein; auch das Heft mit eigenen Werken Richard Scheids liegt ihm vor: »Das beste von den Titelblättern ist das zu Ihrem Heft, wenngleich alle etwas den Charakter der Jugendtitelblätter tragen, deren man schon (wie des ganzen Jugendtones!) mit Recht überdrüssig geworden ist.« Am schwächsten findet R. die Lyrik Otto Falckenbergs. »Avalun. Ein Jahrbuch neuer deutscher lyrischer Wortkunst« bringt sechs Gedichte R.s aus dem »Buch der Bilder« als Vorabdruck und eine biographische Bemerkung.
11. MÄRZ: Laut einer zusätzlichen Eintragung des Magistrats unter R.s Taufeintragung im »Liber Babtizatorum Vol. XXVII« des Pfarramtes bei St. Heinrich in Prag, Neustadt, tritt R. aus der Kirche aus. Fälschlich wird hinzugesetzt, daß R. der Protestantischen Kirche beitritt.
15. MÄRZ: R. ist in Bremen.
20. MÄRZ: R. schreibt aus Westerwede bei Bremen an Richard Scheid: »Ich bin, wie Sie sehen, schon von Arco zurückgekehrt. Unerwartet wurde ich zurückberufen, und so eilig mußte ich reisen, daß ich in München diesmal nicht verweilen durfte. Sollte indessen der Vortrag bei den elf Scharfrichtern zustande kommen, so sehen wir uns bei diesem Anlaß.« R. bittet, das Honorar nach Westerwede zu senden, falls es nicht nach Arco gegangen ist.
22. MÄRZ: Aus Westerwede schreibt R. seiner Mutter: »Heute legen wir

Dir auch die Bilder von Papa und Mama Westhoff bei und ein Bild von Clara als sie 18 war. Auch die Bilder der Eltern sind alt. Gelegentlich giebst Du sie mir wieder zurück. Bald wird es ja auch von uns neue Bilder geben. Die bekommst Du dann natürlich.«

IN DEN NÄCHSTEN WOCHEN ist R. an einem Scharlachfieber erkrankt.

11. APRIL: R. entwirft zwei Gedichte in russischer Sprache: »Ich wurde so müd ...« und »Ich bin so allein ...« Das Bleistiftblatt findet sich später in der Ausgabe der Briefe des Malers Iwanow.

14. APRIL: An die Mutter: »da der Arzt mich schon für völlig ungefährlich hält und ich auch stark genug bin, kann ich Dir selbst einige Zeilen senden! ... mit jedem Tag geht es besser und ich schone mich auch noch, um jeden Rückfall zu vermeiden.« Im Brief liegt eine Beilage von Clara Westhoff: »Meine liebe künftige Mama ...«

WEITER HEISST ES AM 19. APRIL: »Ich bin heute zum zweiten Mal aufgestanden und fühle mich recht gut und gar nicht mehr übermäßig schwach. Kann schon so etwa eine halbe Stunde im Zimmer spazieren gehen. Der Doctor ist sehr zufrieden.«

22. APRIL: An Rudolf Alexander Schröder schreibt R. aus Bremen seinen Dank für dessen Gedicht »Empedokles« und fährt fort: »Ich bin augenblicklich Rekonvaleszent nach einer längeren und nicht ganz leichten Krankheit, und die Feder liegt mir schwer in der entwöhnten Hand.«

R. teilt seiner Mutter die nächsten Pläne mit: »Zu unserem Bedauern mußten wir uns entschließen die kirchliche Trauung aus der schönen kleinen Kirche von Alt Sankt Jürgen, her ins Haus zu verlegen, da die lange Wagenfahrt nach Alt Sankt Jürgen und die damit verbundenen Umstände mir jetzt nicht rathsam schienen. Ferner haben wir uns entschlossen, ehe wir nach Prag gehen, 10 Tage bei Dr. Lahmann, Weißer Hirsch bei Dresden zu bleiben und uns dort vollkommen zu erholen. Lahmanns Sanatorium das vorzüglich für Erholungsbedürftige eingerichtet ist besteht aus mehreren schön gelegenen, gut eingerichteten Villen. Dr. Lahmann, der ein Hauptvertreter der Naturheilkunde ist, ist mir längst dem Namen nach bekannt und ich wollte immer schon mit ihm Rücksprache nehmen. Es ist mir besonders jetzt angenehm noch einige Tage in der Nähe eines Arztes, dem ich vertraue, zu sein, um dann ganz gesund nach Prag und nachhause zu kommen.«

29. APRIL: R. heiratet in Bremen die Bildhauerin Clara W., Tochter des

Bremer Kaufmanns Friedrich Westhoff und seiner Frau Johanna, geb. Hartung. Westhoffs sind evangelisch. Am 1. Mai beschreibt R. seiner Mutter die Hochzeit: »Unsere Trauung war ganz still. Nur Claras Stiefschwester Paula mit ihrem Mann und die beiden Brüder Claras waren außer den Eltern anwesend. In einem dunkelpanelierten Speisezimmer unter einem schönen alten Ahnenbild stand ein kleiner Tisch mit einem weißen Tuche bedeckt und einer großen Familienbibel. Davor lagen 2 schwarzsamtene Kniepolster und aufblühende Rhododendron, welche später in unseren Garten in Westerwede eingesetzt werden sollen zu beiden Seiten. Die Familie versammelte sich im Kreise, der hiesige Domprediger Primarius Pastor Schenkel trat hinter den kleinen Tisch vor dem wir standen, hielt eine kurze Ansprache, erfragte unser Ja-Wort, gab uns unsere Ringe und schloß mit einem schönen Gebet.«
Die Heiratsanzeige lautet, Clara und Rainer Maria Rilke hätten ein gemeinsames Heim errichtet. Bis zur Einrichtung ihres Hausstandes in Westerwede bei Worpswede wohnt R. zunächst mit bei den Schwiegereltern. Von dort: Bremen, Lübecker Straße 9, schreibt er am 28. 4. an Franziska von Reventlow, ihr Brief habe ihn erreicht »in einer Zeit der Verwirrung und des Umsturzes ... nach der ich eben erst wieder den Weg einige Schritte weit vor mir erkenne.«
IM APRIL UND MAI erscheint von R. ein Sonderheft »R. M. R.« der Prager Zeitschrift »Frühling. Moderne Flugblätter«, herausgegeben von Paul Leppin, mit Originallithographien von Hugo Steiner. Alle darin gedruckten Arbeiten sind bis dahin unpubliziert: Gedichte aus dem Frühjahr und dem November 1900, die Novelle »Im Gespräch« und eine biblio-biographische Zusammenstellung aus dem Januar in Berlin. Darin kündigt R. als nächste Veröffentlichung ein Drama »Das tägliche Leben« an.
Als zweites bringt die von Wilhelm Schäfer herausgegebene Zeitschrift »Die Rheinlande. Monatsschrift für Kunst und Kultur« in Bd. 2 die Novelle »Die Letzten«, geschrieben um die Jahreswende 1898/99, in Fortsetzungen.
MAI: R. und seine junge Frau verbringen den Mai im Sanatorium Weißer Hirsch von Dr. Lahmann bei Dresden. Am 5. Mai berichtet R. seiner Mutter ausführlich über die Kur mit ihren Anwendungen und fährt fort: »Clara ist auch sehr erholungsbedürftig, hat zwar eine weit kleinere Liste, aber doch immerhin auch so viel Kurpflichten, daß wir uns nur bei den Mahlzeiten und nach 4 Uhr nachmittags zu sehen

bekommen. So, da man uns aber (besonders mir) eine wirkliche Kur auferlegt hat, ist es möglich, dass wir 3 Wochen etwa hier bleiben müssen.«

Vom Weißen Hirsch aus dankt R. Arthur Schnitzler für die Übersendung des Buches »Der Schleier der Beatrice«: »Sie haben mit Ihrem Geschenk ganz unabsichtlich eine so gute Zeit getroffen; ich nehme das wie ein frohes Zeichen auf. Ich empfing es nicht mehr allein und doppelt danke ich Ihnen deshalb dafür.« R. spricht über das Buch und fährt fort: »Vielleicht sag ich das später einmal einfacher, deutlicher. Ich bin hier jetzt einer strengen Cur unterworfen.«

Die »Revue franco-allemande« bringt in Nr. 53, Mai 1901 die Szene »Waisenkinder«, die bereits 1899 entstanden ist.

5. MAI: Clara R.-W. berichtet Paula Modersohn-Becker von der Internationalen Kunstausstellung in Dresden, auf der sie mit eigenen Arbeiten vertreten ist. R. schreibt rückblickend: »Die schöne große Ausstellung, (die schöner war als ich überhaupt dachte, daß Ausstellungen sein können) habe ich im Juni [!] mit meiner Frau mehrmals besucht. Meine Frau (Cl. W.) hat selbst drei kleine Figuren (Akte) dort ausgestellt.« Im Rilke-Archiv wird eine »Rilke-Album« genannte Handschrift bewahrt, ein von ihm angelegtes Verzeichnis von den wichtigsten Plastiken seiner Frau aus dem Zeitraum von 1898/99 bis 1902/03, das neben einigen Werkphotographien die Titel der abgebildeten Arbeiten, deren Entstehungszeiten und Ausstellungsbeteiligungen bringt. Auf der Dresdener Ausstellung war auch Rodin vertreten.

AB ENDE MAI bewohnen R. und seine Frau in Westerwede, dem Nachbardorf Worpswedes, ein Bauernhaus an einem Seitenweg der Straße Lilienthal-Worpswede. Das Haus ist später abgebrannt. Clara R. hat dort »schon als Mädchen eine Zeitlang in stillem Schaffen gelebt« (10.1.02 an Pol de Mont). R.s Arbeitszimmer ist im Giebel; das Atelier seiner Frau im Nebenhaus. Die Möbel werden nach Vogelers und R.s Zeichnungen gearbeitet, z. B. in der hellen Diele, dem früheren Fleth ein Tellerbord mit bunten Bauerntellern. Auf dem Schrankuntersatz steht eine silberne Schale mit Krug, Geschenk von R.s Vater an Clara R.

31. MAI: R. lehnt den Antrag des S. Fischer-Verlages, ein Buch über Walther von der Vogelweide herauszugeben, ab: »In einer Zeit, da ich noch viel Mitteldeutsch las, hielt sein ›politisch Lied‹ mich oftmals ab, Walther blindlings lieb zu haben. Und ich bin seither nicht geneigter geworden, politische Lyrik zu ertragen ...« Außerdem wolle er zur eige-

nen Arbeit zurück: »Momentan bin ich mit einer großen Übersetzung aus dem Russischen beschäftigt.« Es könnte sich dabei um die Kunstgeschichte von Alexander Benois handeln.

7. JUNI: »Wir haben noch Handwerker im Haus und es dauert lang, bis alles einigermaßen imstande ist. Bis es soweit ist schicken wir Dir einen Plan unseres Hauses, aus dem Du ersehen wirst, wie alles steht und liegt. – Eben kamen erst meine vielen Sachen aus Schmargendorf an: 6 Kisten und viele andere Dinge. Da pack ich nun aus bis ich grau und grün bin vor Staub.« (An die Mutter)

22. JUNI: R. weist seine Mutter auf zwei Autorinnen hin: »Vielleicht eine moderne Schriftstellerin Ricarda Huch, deren ältestes und bestes Buch ›Erinnerungen von Ludolf Ursleu dem Jüngeren‹ dauernden Wert behält und als Roman ein Zeugnis von großer Kraft u. Künstlerschaft ist... Oder von ebenso bleibender Bedeutung Malwida von Meysenbugs Memoiren einer Idealistin... Dies ist die alte Verehrerin Wagners, Freundin Nietzsches, Erzieherin und Freundin der Tochter Alexander Herzens, des berühmten Flüchtlings.«

24. JUNI: R. dankt Schnitzler für dessen »Lieutenant Gustl« und schreibt dazu: »Daß eine gewisse offizielle Meinung nicht einmal bis zur ersten Tiefe kam, ist bedauerlich, aber keineswegs erstaunlich. Es kommt bei alledem im ›Lieutenant Gustl‹ etwas zum Ausdruck, was man in Österreich schwer verträgt: eine Verurtheilung jeder Lebensspielerei und ein Bedürfnis nach Ernst, welches den bevorzugten Ständen jedesmal, wo es auch auftreten mag, als Gefahr erscheint und als Angriff. Wenn eine Gemeinschaft, die sich so eng faßt und so ängstlich schließt, schließlich merkt, daß man außerhalb ihres Kreises steht und das laut erklärt, ist das für sie auch ein Fortschritt, eine Zunahme an Einsicht, über welche jeder unbetheiligte Beobachter sich freuen kann.«

30. JUNI: In der Auseinandersetzung zwischen Max Klinger und dem Berliner Künstler Ernst Moritz Geyger, der ›Klinger-Geyger-Affäre‹, ergreift R. in einem Brief an Klinger für diesen Partei: »Wenn ich auch ein Schriftsteller bin, der abseits von allen Wandlungen und Bewegungen der Tage, dem Journalismus ganz fremd, seinen Arbeiten lebt, so biete ich Ihnen doch (einige Zeitschriften wie Zukunft, Lotse, ›Zeit‹ u.s.f. stehen mir zur Verfügung) meine Feder an, wenn zu dem vorliegenden Fall noch etwas gesagt werden soll von einem unabhängigen Menschen, der gleich Ihnen, diese Sache für ernst und wichtig hält, und für so geartet, daß sie jedes Totschweigen überdauern kann...«

ENDE JUNI: R. und seine Frau besuchen in Prag Rilkes Vater. Hier treffen sie auch mit Emil Orlik zusammen: »Er hat viel Schönes aus Japan mitgebracht.« (An A. Holitscher, 26. 8. 01) Orlik entwirft ein Ex libris für R., eine stehende weiße Frauengestalt, die sich in einem Weiher spiegelt, darüber Leier und Federkiel in einem Kranz. Orlik wählt für die Unterschrift das ihm vertraute »René M. Rilke«.

10. JULI: R. beginnt in Westerwede mit der Lektüre des Romans »Čto dělat« (= Was tun) von Tschernyschewski.

22. JULI: In einem langen Brief beschreibt R. seiner Mutter ganz genau – mit kleinen Zeichnungen – das Westerweder Haus. Dorthin kommt im Sommer 1901 viel Besuch, auch R.s Vater und »umsorgt und sorgfältig von Zugluft geschützt« seine Mutter (Darstellung von Carl Sieber). Zu nennen sind weiter der Maler Melchior von Hugo und die ›Kollegen‹ Friedrich Huch und Rudolf Alexander Schröder.

28. JULI: In einem langen Brief R.s an Alexander Benois heißt es: »Ich bin ohne jede philosophische Erfahrung, habe jede Philosophie, wo sie mir begegnete, wie eine Dichtung behandelt, mit zu viel ästhetischem Bedürfnis und zu wenig Fanatismus und Gewissenhaftigkeit. Auf diese Weise kenne ich von den Philosophen nur eine Wesensseite und erkläre mich vollkommen unfähig, ein System zu überschauen ...«

30. JULI: R. übersendet dem Maler Oskar Zwintscher in Dresden sein Buch »Vom lieben Gott«, dem er eine Photographie seiner jungen Frau beilegt, mit der Bitte, er möge nach Westerwede kommen, um Clara R. zu malen: »Die Kinder müssen wieder unter den schönen Jugendbildnissen ihrer Mütter aufwachsen ...«

ANFANG AUGUST: R. unternimmt mit seiner Frau eine Fahrt nach Cuxhaven und zur Vogelinsel Neuwerk; auf der Rückreise besuchen sie Altenbruch und Lüdingworth im Lande Hadeln. »Uns hat diese kleine Reise, verbunden mit 3 Seebädern auf Neuwerk und einigen Tagen guter Luft sehr gut gethan ... Neuwerk ist in seiner Art sehr merkwürdig, eine befestigte kleine Insel, auf welcher 10 Familien wohnen, die in der Geschichte wiederholt eine Rolle gespielt hat und die weder Tilly noch Napoleon einzunehmen verschmäht haben.« (Am 19. 8. an die Mutter)

10. AUGUST: »Der Lotse« bringt R.s Novelle »Der Liebende« im 1. Jg., Heft 45. Entstanden um die Jahreswende 1898/99, wird sie in den Band »Die Letzten« aufgenommen.

12. AUGUST: Brief R.s an Korfiz Holm über die Verhandlungen mit dem

Verlag Albert Langen, München, in dem sein Stück »Das tägliche Leben« erscheinen soll.

17. AUGUST: An Emanuel von Bodman schreibt R. über die Ehe: »eine neue Aufgabe und ein neuer Ernst«.

26. AUGUST: »Vorerst stehen allerhand sehr kleinliche und häßliche Sorgen praktischen Inhalts breitbeinig mitten im Weg zum Kommenden. Noch weiß ich nicht, was sie tun werden«, heißt es in einem Brief an Arthur Holitscher, dem er von verschiedenen Plänen berichtet.

2. SEPTEMBER: R. spricht von gesellschaftlichen Verpflichtungen: »wir sind nämlich aus finanziellen Gründen genöthigt, mit den besten bremer Familien gesellschaftliche Beziehungen zu suchen, da wir nur mit der Hilfe einflußreicher Leute über die großen Schwierigkeiten unserer bescheidenen ménage hinwegkommen können.« (An die Mutter)

7. SEPTEMBER: R. an Gustav Pauli: »Ich muß Sie nicht erst versichern, daß ich jederzeit gerne bereit bin, zur Verwirklichung des Planes, im Winter einige Maeterlinck-Abende einzurichten, mein kleines Teil beizutragen ...« Er empfiehlt Dr. Martin Zickel, den Oberregisseur am Residenztheater in Berlin, als Berater.

Richard Scheid gegenüber verzichtet R. auf restliche Honorarzahlungen von »Avalun«, da dieser zum Militärdienst eingezogen werden soll. Für weitere Ausgaben der Reihe schlägt R. vor: Schaukal, Holitscher, Dauthendey, Margarethe Beuthler und Vollmoeller, dazu als Graphiker: Markus Behmer und Emil Rudolf Weiß, auf dessen neues Buch »Der Wanderer« R. hinweist. Das Bremer Publikum sei am besten über die Buchhandlung von Otto von Halem zu gewinnen.

14. SEPTEMBER: R. bittet Juncker um Beschaffung des Erstlingswerkes »Mei« des holländischen Schriftstellers und Sozialisten Hermann Gorter im Original. »Mei« ist eine symbolistische Versdichtung von 1889.

15. SEPTEMBER: R. schreibt die Novelle »Der Drachentöter«. Eine zweite Fassung entsteht einige Wochen später, diese erscheint am 25.1.02 in der »Zeit«, Bd. 30, Nr. 382. Im gleichen Schreibheft steht anschließend ein Exzerpt aus Rudolf Kassner »Die Mystik, die Künstler und das Leben« (1900).

18. BIS 25. SEPTEMBER: Der zweite Teil des Stunden-Buches, »Das Buch von der Pilgerschaft« entsteht, 34 Gedichte, in denen die Eindrücke der zweiten russischen Reise ihren Niederschlag finden. Eine Reihe von Gedichten aus dem Umkreis des »Buches von der Pilgerschaft« wird bereits seit dem 11. September niedergeschrieben.

20. SEPTEMBER: R. bietet dem Verlagsbuchhändler Axel Juncker einen Novellenband an, er soll »Die Letzten« heißen: »Im Gespräch. Der Liebende. Die Letzten« – ›ein feiner stimmungsvoller Dreiklang‹. Gleichzeitig erbittet R. erstmals Bücher der dänischen Schriftstellerin Edith Nebelong.

28./29. SEPTEMBER: R. und seine Frau besuchen den Prinzen Emil von Schönaich-Carolath in Haseldorf in Holstein auf dessen Besitz. Schon aus München hat R. den Prinzen, der seinen frühen Gedichten wohlwollend gegenüberstand, um einen Beitrag für »Wegwarten III« gebeten (9.11.1896).

ANFANG OKTOBER: Besuch Phia Rilkes in Westerwede. R. schreibt ihr am 10.10.: »es hat uns so aufrichtig und herzlich gefreut, dass Du Dich bei uns gut gefühlt hast und weißt, wie es bei uns steht! Ich bin Dir sehr dankbar, dass Dir mein Haus in aller Bescheidenheit zwar, aber doch mit aller Freude gastlich sein durfte ...«

OKTOBER: Die »Deutsche Arbeit. Zeitschrift für das geistige Leben der Deutschen in Böhmen« bringt in der ersten Ausgabe drei Gedichte R.s, darunter: »Ich sehe den Bäumen die Stürme an ...« R. bleibt der Zeitschrift bis 1907 mit wichtigen Arbeiten verbunden.

7. OKTOBER: R. trägt dem Leiter des Kgl. Kupferstichkabinetts in Dresden, Professor Dr. Max Lehrs, an, ihm für die Internationale Kinderbuchausstellung drei illustrierte Bücher des russischen Malers Sergeij Maljutin zu senden, die ihm von Dr. Pauli, Bremen, schon vorgelegt worden waren. Zwei der Bände, Puschkins »Märchen vom Zaren Saltan ...« und »Aj, du-du!«, eine Sammlung russischer Volksmärchen und Lieder, hatte Pauli Lehrs bereits mitgebracht. R. will diesen Gaben noch »Die Stadt der Kleinen. Ein Märchen« von Nikolaus Jurin hinzufügen. Über den Künstler könne er nichts Näheres berichten: »Ich habe es in meinem Moskauer Aufenthalt leider verabsäumt Maljutin, welcher sehr zurückgezogen und ohne Verkehr mit anderen Künstlern lebt zu besuchen.«

12. OKTOBER: R. wendet sich an Otto Julius Bierbaum, unter dessen Leitung die »Insel« als Verlag weitergeführt wird, nachdem dessen Besuch, auf den R. auf Grund einer Bemerkung Vogelers gehofft hat, ausbleibt. R. bietet dem Insel-Verlag »ein Buch Gedichte« an, »welches von vorhinein verwandtschaftliche Beziehungen zur ›Insel‹ hat, dadurch, daß mehrere seiner besten Gedichte ... von Ihnen für die Insel angenommen sind«. R. fährt fort, er wende sich an den Insel-Verlag,

weil nur dieser »künstlerische Distinktion genug besitzt, um einsame Bücher (wie ja auch das Buch vom lieben Gott eines ist) mit Würde zu vertreten. Zudem habe ich das Unglück, daß alle meine bisherigen Versbücher in den unrichtigsten Händen liegen, wodurch über mein lyrisches Werk eigentlich noch nichts bekannt sein kann ... Die Ausstattung denke ich mir ganz ohne Buchschmuck, groß, ernst, einfach – etwa wie die Bücher der jungen holländischen Dichter (Gorters etwa) beschaffen. Der Vertrag könnte ähnlich wie beim Buche ›vom lieben Gott‹ lauten, da ja auch dieses neue Buch nicht für ›Viele‹ ist, wohl aber den Wenigen wertvoll sein könnte, welche die Insel zu suchen und zu versammeln sich vorgenommen.« R. bietet Bierbaum ein Treffen in Berlin an: »da ich dort an den litt. Abenden des Residenztheaters eine Premiere haben werde, zu der ich mich jedenfalls aus unserem stillen entlegenen Bauernhaus einfinden werde«. Das »Buch der Bilder« erscheint nicht im Verlag der »Insel«.

18. OKTOBER: R. mahnt den ihm bekannten Dr. Haberfeld in Wien wegen des Ausbleibens seines Aufsatzes über »Russische Kunst«, der aus »den Ergebnissen der ersten Fahrt entstanden« sei und den er deshalb zu datieren bittet, weil er inzwischen eine zweite große Reise nach Rußland gemacht habe.

19. OKTOBER: In der »Zeit«, Bd. 29, Nr. 368 erscheint R.s Aufsatz »Russische Kunst« aus dem Januar 1900, den er für den Druck um den letzten Absatz ergänzt hat.

29. OKTOBER: R. bestellt bei Juncker die deutsche Übersetzung von Sigbjörn Obstfelders Roman »Aus dem Tagebuch eines Priesters«. Obstfelder ist am 29. Juli 1900 im Kommunehospital von Kopenhagen 34jährig gestorben.

AM 30. OKTOBER übersendet R., den Ettinger mit den Büchern versorgt hat, Lehrs die angekündigten Bände, die sämtlich 1898 im Moskauer Verlag von Antoni Mamontow erschienen waren, der inzwischen finanzielle Schwierigkeiten hatte, so daß weiteres nicht publiziert wurde. R. fügt seiner Sendung ein Exemplar seines Aufsatzes »Russische Kunst« bei. In »aller Kürze und Beschränkung gibt er doch die Richtung an, in welcher das Land der russischen Kunst und ihr Sternenhimmel liegt«.

An Hugo Salus schreibt R. von seiner »Abneigung gegen alle Anthologien der Welt, die noch immer im Wachsen ist ... Ich habe auch nichts, was recht eigentlich in eine solche Sammlung paßt und was etwa doch hineinpaßte auszusuchen, ist mir eine fremde und unfrohe Arbeit.«

ANFANG NOVEMBER: Zu dem Gedichtband »Styx« von Else Lasker-Schüler merkt R. an: »Es sieht sehr gut aus, nur die Fidus'sche Zeichnung ist mir nicht sympathisch. Fidus, den ich persönlich kenne, hat in den letzten Jahren viel von seinem Besten verloren, was zum Theil durch die Nachlässigkeit des Ausdrucks kommt, die er sich angewöhnt hat, zum anderen Theil davon herrührt, dass er mit seinen Zeichnungen theoretische Absichten verbindet, die die Naivität seines Talentes zerstören.« (An Juncker)

7. NOVEMBER: R. übersendet dem Verleger Juncker sein Manuskript für »Das Buch der Bilder« mit genauen Anweisungen für die Druckgestalt: »Ich ... lege darauf gerade die Betonung, daß Gedichte in einer großen monumentalen, jeden Buchstaben klar für sich setzenden Schrift gedruckt werden ... so wird das Charakteristische von Versen am besten ausgedrückt durch das Stehen, Monumentalwerden auch der kleinsten Worte. Es giebt nichts Unwichtiges, nichts Unfestliches da.«

12. NOVEMBER: Der Gräfin Reventlow berichtet R., seine Frau habe »einige treffliche Porträtbüsten gemacht«, darunter auch die seine.

20. NOVEMBER: Der Breslauer Kunsthistoriker Richard Muther besucht R. in Westerwede, der diesen durch die Worpsweder Ateliers begleitet; Muther haben Vorträge nach Bremen geführt. Dieser berichtet im Berliner ›Tag‹ (27./28.11.01) über »Worpswede« und dankt vor allem seinem »lieben Freund Rilke ... für die unvergeßlichen Stunden«.

24. NOVEMBER: R. bemüht sich um »die Stelle eines Vorlesers oder Gesellschafters oder eine ähnliche Stellung in der Umgebung« des Landgrafen Alexander Friedrich von Hessen. (An dessen Hofmarschall)

25. NOVEMBER: Langer Brief an Gustav Pauli über den »Beatricen-Plan«.

26. NOVEMBER: R. schreibt an Juncker über den eben fertiggestellten Band »Die Letzten«. Er schlägt Juncker vor, Rezensionsexemplare von »Die Letzten« an die Redaktionen von »Mir iskusstva« (Diaghilew), von »Nowoje Wremja«, beide in Petersburg, und »Kur'er« (J. A. Fejgin), Moskau, zu senden. »Wichtig vor allem wäre mir die erstgenannte Zeitschrift.«

28. NOVEMBER: R. übersendet der Wiener Sezession drei Kinderbücher mit Zeichnungen des russischen Malers Maljutin als Ergänzung der gerade laufenden Ausstellung. Dabei weist er auch auf die, wie er hofft, 1902 erscheinende Übersetzung des Werkes von A. Benois hin, an

deren Übertragung er arbeite. Schließlich fragt er, ob man für die nächste Ausstellung eine Arbeit Clara R.-Westhoffs aufnehmen könne, sie habe bei Klinger und Rodin gearbeitet. Wirklich ist Clara R.-W. auf der 13. Ausstellung der Sezession mit einer männlichen Porträtbüste vertreten (Februar 1902).

29. NOVEMBER: R. schreibt an Carl Mönckeberg über »Peter Michel«: »Das Buch von Friedrich Huch ist eine große und unvergeßliche Überraschung: es ist ein Ereignis. Man steht vor dieser reifen Gabe eigentlich wie ein Unwürdiger ... Ich habe sofort darüber geschrieben.«

ENDE NOVEMBER: »Die Letzten« erscheinen mit der Widmung »Dem Prinzen und der Prinzessin von Schönaich-Carolath zu Haseldorf«.

30. NOVEMBER: »Die Zukunft« bringt im 10. Jg., Nr. 9 R.s Besprechung von Edith Nebelongs Buch »Mieze Wichmann: Aus dem Leben einer jungen Dame unserer Zeit«, das im Axel Juncker Verlag herausgekommen ist.

10. DEZEMBER: R. schreibt einen Brief-Essay an die Schauspielerin Else Vonhoff, die in der zur Einweihung der Kunsthalle Bremen geplanten Aufführung von Maeterlincks »Schwester Beatrix« die Titelrolle übernimmt, um ihr seine Auffassung, wie Maeterlinck zu spielen sei, vorzutragen. Er nennt Maeterlinck ›den tiefernsten und feinen Vorahner einer kommenden Schaubühne‹.

12. DEZEMBER: R.s einziges Kind, seine Tochter Ruth, wird im Westerweder Haus geboren.

13. DEZEMBER: »Gegen eins hatten wir unser liebes Töchterchen. Es ist ein ungewöhnlich großes und stämmiges Kind«, berichtet er seiner Mutter und fährt am 16.12. fort: »Heißen soll unsere Tochter mit dem schönen biblischen Namen: Ruth, Ruth Rilke ohne Zufügung irgend eines anderen Namens. ... Wir freuen uns jetzt so sehr auf Weihnachten, das wir ganz still in unserem eingeschneiten Haus feiern werden.«

16. DEZEMBER: R. sendet ein Exemplar »Die Letzten« an Gerhart Hauptmann und erbittet die Erlaubnis, ihm sein »Buch der Bilder« widmen zu dürfen – in Erinnerung an die Aufführung von »Michael Kramer« am 19.12.1900.

17. DEZEMBER: Die Redaktion der »Illustrierten Jugend Zeitung« »Der Junge« erbittet von R. ein Gedicht für Nr. 2 oder 3 der neuen Zeitschrift; R. entwirft die Strophen »Winter« auf der Rückseite des Briefes.

20. DEZEMBER: R.s Drama »Das tägliche Leben« wird am Berliner

Residenztheater aufgeführt, R. ist nicht anwesend bei der Premiere. Wegen des Mißerfolges wird die fest geplante Inszenierung im Hamburger Schauspielhaus abgesetzt. R. äußert dazu:»Mein Berliner Mißerfolg hat mich nicht berührt. Mein Gewissen ist in bezug auf ›das tägliche Leben‹ gut und rein; es ist eine gute Arbeit.« (6.1.02 an Carl Mönckeberg)

Die Buchausgabe von »Das tägliche Leben. Drama in zwei Akten« im Verlag von Albert Langen, München, wird nach der Uraufführung ausgeliefert.

22. DEZEMBER: Gerhart Hauptmann an R.:»Ihr Brief, Ihre Treue für Michael Kramer, die ausgesprochene Absicht seiner zu gedenken, alles hat mich in der Weise gerührt, die Erinnerung in sich trägt. Dank!«

24. DEZEMBER: R.s Besprechung des Buches »Peter Michel von Friedrich Huch« erscheint im Berliner Börsen-Courier, Jg. 34, Nr. 601, Morgenausgabe.

WEIHNACHTEN: R. schenkt seiner Frau »Die Letzten« mit dem Widmungsgedicht:»Wir haben diesem Buch ein Haus gebaut / und du hast treulich mich dabei beraten ...« Auch das Gedicht »Weihnachten ist der stillste Tag im Jahr ...« ist für sie bestimmt.

Im Zusammenhang mit den Weihnachtstagen in Westerwede erinnert sich R.:»jetzt sind es schon Jahre her, da auch ich, da oben im Moor, einen solchen großen schwarzen Hund hatte; ich erinnere mich, daß auch er Juno hieß, allerdings, die Bauern, von denen er stammte, hatten ihn, einen ›Er‹, mit diesem Namen ausgerüstet, weil es, ihrem Gefühl und Ohr nach der männlichste Name war, den sie allezusammen aufbrachten. Und ihm, dem Hund, war ganz wohl dabei.« (An die Fürstin Taxis, 24.12.1911 aus Duino)

26. DEZEMBER: R. dankt Juncker für das Sammeln von Zeitungsstimmen, die er jedoch nicht lesen möchte. Zu dem Sonderheft von »Ver Sacrum« heißt es:»Es enthält drei Dichtungen aus einem größeren Zusammenhang ›Spiele‹. Ich hätte es Ihnen gern geschickt, aber der Buchschmuck [von Josef Hoffmann] ist so häßlich und das Lesen des Textes erschwerend, so sehr im Auswuchsstyle der wiener Sezession, daß ich es Ihnen nicht zumuten darf.«

28. DEZEMBER: Ernst Heilborn berichtet in der »Zeit« über die Aufführung von »Das tägliche Leben« in Berlin.

31. DEZEMBER: An Paul Ettinger heißt es:»Wir leben hier tief im Moor ohne anderen Zusammenhang mit der sogenannten Welt, aus der uns

durch Briefe, nur dann und wann durch eine Zeitung spärliche Kunde zufliesst. Die Rede des deutschen Kaisers gelegentlich der Vollendung der Siegesallee hat manches Für und Wider hervorgerufen, mehr Wider allerdings ... Unsere Besten leben einsam, abgewandt dem geschmacklosen Leichtsinn und der billigen Phrase Berlins.«

ENDE DEZEMBER: R. sendet seinen Aufsatz »Russische Kunst« an Gerhart Hauptmann, im Begleitbrief heißt es: »Aber was sich mir bei meinen Betrachtungen und als geläuterte Erinnerung meiner zwei Reisen in Rußland schenkt, sind Ergebnisse so stiller, intimer und unlitterarischer Art, daß ich noch mit der Form kämpfe, mit der Möglichkeit sie auszusprechen, ohne sie preiszugeben ...«

Im Jahr 1901 verstärkt R. seine Mitarbeit an Zeitschriften; seine Beiträge erscheinen in folgenden Publikationen: »Der Lotse« Hamburg, »Revue francoallemande« München, »Die Zukunft« Berlin, »Die Rheinlande« Düsseldorf, »Frühling« Prag, »Deutsche Arbeit« Prag, »Die Zeit« Wien, »Ver Sacrum« Wien, »Bohemia« Prag, »Avalun« München, »Berliner Börsen-Courier«, »Monats-Blätter für deutsche Literatur« Berlin und in Band 1901 von »Das große illustrierte Dichter- und Künstlerbuch« Berlin.

1902

In diesem Jahr erweitert R. seine Rezensententätigkeit, Buchbesprechungen erscheinen im Berliner Börsen-Courier und Hardens »Zukunft«, dazu im Bremer Tageblatt und General-Anzeiger.

5. JANUAR: Die Beilage zur »Bohemia« enthält R.s Übersetzung der Erzählung »Die Bittschrift« des russischen Schriftstellers W. G. Jantschewetzki.

R. notiert in sein Exemplar von Heinrich von Kleists »Michael Kohlhaas«: »(Westerwede, 5. Januar 1902. R. M. Rilke)«

6. JANUAR: R. erfährt, daß ihm ein Zuschuß »von zu Hause«, das Studien-Stipendium aus dem Legat Jaroslav R.s, nur noch bis zur Mitte des Jahres 1902 gezahlt werden wird; seine Kusinen sehen mit R.s Heirat seine Studienzeit als abgeschlossen an. Deshalb bemüht er sich um eine Tätigkeit, die ihm monatlich ein festes Einkommen bringt. An Carl Mönckeberg schreibt er: »Ich denke an Arbeit in einer Redaktion oder in einem Verlag, in einem Kunstsalon oder einer Sammlung, an eine dramaturgische Tätigkeit und dergleichen ... Ich hoffte immer, daß ein Verleger mir jetzt ... vertrauensvoll helfen wird, ein Jahr ruhiger Arbeit

zu haben, was mir vielleicht am besten, auch nach außen, meine Wege bereitet hätte ... aber: ich warte ganz umsonst. Und so hab ich ein verlorenes Jahr hinter mir (da es damit beschäftigt war, an dem stillen Hause zu bauen), und die Zukunft steigt wie Hochwasser um mich her und droht uns zu ertränken ... Das ist die Situation am Anfang von 1902 nach den Berichten eines Augenzeugen!«

7. JANUAR: R. sendet Pol de Mont seine letzten Bücher und übermittelt ihm die Adresse von Hugo von Hofmannsthal.

8. JANUAR: An Richard Scheid schreibt R. über Margarete Susman: »In Lautensack und ihr sehe ich die beiden großen Entdeckungen von Avalun. Ich beglückwünsche Sie. Ich weiß nicht, wer diese Dame ist und höre Ihren Namen zum ersten Mal. Ihr Buch hab ich sofort bestellt und erwarte es ungeduldig. Endlich ein Gegengewicht gegen Marie-Madleine und ähnliches Gesindel. Eine freie Frau, die keine Freigelassene ist wie die anderen ›freien‹ ...«

Seiner Mutter schreibt R.: »Ich bin jetzt öfters in Bremen, da ich mit dem Direktor der Bildergalerie in Bremen zusammen die Inszenierung von Maeterlincks ›Schwester Beatrix‹ (die Du aus der Insel kennst) übernommen habe. Wir wollen das Drama aufführen am 15. Febr. zur Wiedereröffnung der renovierten Kunsthalle.«

8. UND 11. JANUAR: R. legt Gustav Pauli seine bedrängte wirtschaftliche Lage dar: »Bei den billigen Bedingungen unseres Bauernhauses und den geringen Bedürfnissen, die wir beide haben, genügte uns zusammen ein Einkommen von etwa 250 Mark monatlich, so daß jeder etwa 125 Mark erwerben müßte. Sollte das nicht irgendwie möglich sein?«; und er dankt für die rasche Hilfe. »Wollen Sie die Güte haben, um wirklich zu helfen, bei Velhagen & Klasing anfragen, ob man mir die in Frage stehende Arbeit übertragen würde, und welches Honorar dafür in Betracht käme? dieses ist, glaub ich, der zunächstliegende Ausweg.« Es handelt sich um die Monographie »Worpswede«. »Auch Ihren zweiten Vorschlag, betreffend die Stelle eines Feuilletonredakteurs am ›Tageblatt‹, lehne ich nicht ganz ungesehen ab ...«, R. übernimmt statt dessen vom März des Jahres an Buchkritiken für diese Zeitung.

9. JANUAR: An Leonid Pasternak schreibt R.: »Wenn ich doch in Moskau ein ganz bescheidenes Plätzchen mit einem ganz geringfügigen Einkommen fände ...«

10. JANUAR: An Pol de Mont: »Es soll keine Bitterkeit darin liegen: aber werden Sie es glauben, daß ich für keines meiner Bücher je ein Hono-

rar, von keinem auch, obwohl sie doch gekauft und gelobt werden, eine Tantieme bekommen habe? ... Sie gründen eine neue Zeitschrift. Können Sie mich nicht brauchen?« R. weist darauf hin, daß er Russisch und Französisch leicht lese, und – auch wenn er Flämisch nicht beherrsche – sich rasch mit diesem Idiom vertraut machen könne: »Ich habe in Gorters wunderschönem Buche ›Mei‹ vieles verstanden. mit der ganzen Tiefe durch die Worte durch ergriffen.« An eine zweite Möglichkeit denkt R.: »können Sie mir nicht eine gewisse regelmäßigere Mitarbeiterschaft an der neuen Zeitschrift anvertrauen?« R. übersendet gleichzeitig seine drei Aufsätze »Über Kunst«.

An Friedrich Huch heißt es: »Es ist so viel Fremde um uns im Deutschland von heute, so viel ausgesprochene und verschwiegene Feindschaft, daß wir nur in uns selbst und in diesem Wissen von den Einzelnen, die ähnliche Leiden und verwandte Freuden haben, Stütze und Vertrauen suchen dürfen.«

11. JANUAR: Beim Verlag Albert Langen mahnt R. seine Freiexemplare von »Das tägliche Leben« an, er habe noch nichts erhalten. Der Verlag sendet daraufhin am 13.1.02 zwölf broschierte Exemplare.

R. sendet »Die Letzten« an Nicolai N. Tolstoi in Nowinki und berichtet: »Wir wohnen einsam in einem Dorf in der Nähe Bremens und wir arbeiten tagaus, tagein ganz ohne Gespräch und Gesellschaft, jeder auf seine Art ... ich muß sehen, irgend etwas zu erwerben, um vor dem Hunger sicher zu sein und meine Lieben, die mir wie ihrem Schicksal vertrauen davor zu bewahren.« R. hofft, sein »bescheidenes Brot« in Rußland zu verdienen. Ähnliche Hilferufe hat R. Ende Dezember 1901 an Benois, am 1.1.02 an Ettinger und am 9.1.02 an Leonid Pasternak gerichtet. »Mir wird immer klarer, daß Rußland meine Heimat ist und alles andere Fremde.« (An Nicolai Tolstoj)

12. JANUAR: In der Zeitschrift »Bohemia« erscheint zu deren 75jährigem Jubiläum ein Glückwunschbrief R.s mit seinem Dank dafür, daß sie »sein Werden schon in den Tagen seiner ersten Entfaltung liebevoll begleitet« habe.

An Georg Fuchs wendet sich R. wegen der Vermittlung einer Korrespondentenstellung in Wien: »wäre das mit dieser Vertretung verbundene Gehalt so geartet, daß ich einzig darauf gestützt, die Übersiedlung wagen könnte?«

13. JANUAR: An Otto Modersohn richtet sich R. im Zusammenhang mit dem geplanten Buch »Worpswede«, er denke daran, »sechs selbständige

Monographien über die mit Worpswede verwachsenen Künstler zu schreiben, wobei von einer Darstellung als ›Gruppe‹ natürlich keine Rede sein kann«. Zwischen die einzelnen Kapitel will R. wie ›Intermezzi‹ die Beschreibung der Worpsweder Landschaft stellen, »in kleinen abgetönten Stimmungen«.

14. JANUAR: R. schreibt an Schnitzler von seiner Lage: »Nun will es ein Verhängnis, daß ich gerade jetzt einen Zuschuß verliere, von dem wir fast ausschließlich gelebt haben, (denn meine Bücher und Arbeiten tragen, trotz jahrelanger Bemühungen, so gut wie nichts –) – so daß ich, da ein Verdienen von hier aus, das nur durch die vertrauensvolle Hilfe eines Verlegers möglich gewesen wäre, – ausgeschlossen ist, alles verlassen und in die Fremde gehen muß ... und es ist nicht unmöglich, daß ich nach Wien komme, um dort eine Korrespondenz für eine Zeitschrift zu übernehmen. Dieser Posten würde aber nicht genügen und ich müßte nebenbei noch andere regelmäßige Korrespondenzen und Mitarbeiterschaften ... übernehmen dürfen.« R. bittet Schnitzler, sich seiner zu erinnern, wenn er von etwas Geeignetem höre. Schnitzler antwortet am 17.1.02: »Wenn Sie nichts dagegen haben, spreche ich nächstens mit Bahr; eventuell auch mit Singer (Zeit). Mit den Tagesblättern habe ich so gut wie keine Verbindung.«

Am selben Tag dankt R. Pol de Mont, auch wenn kein fester Posten bei »Kunst en Leven« offen sei, werde er alles schreiben, was dieser wünsche »sur qui et sur quoi« im Maße seiner Fähigkeit.

15. JANUAR: R. bietet Zwintscher ein kleines Haus in Worpswede auf Vogelers Grundstück an. Zwintscher ist bereit, R. und seine Frau zu malen, wenn er Wohnung und Atelier haben könne. Er sagt sich am 19.1.02 für Februar an.

An Carl Vinnen, der dem Plan des Worpswede-Buchs ablehnend gegenübersteht, schreibt R.: »Ich weiß nicht, was Sie ... auf die Idee bringt, daß sich litterarische Besprechungen ›leicht zu kritikloser Bewunderung steigern‹ ... Ich kann Ihnen versichern, daß meinem ganzen Schaffen und Streben vielleicht nichts ferner liegt als dieser Fehler, gar nicht durch mein Verdienst, sondern weil ich von Natur aus, meinen Blick zu Zielen spanne, die auch die ganz Großen erreicht haben. Im übrigen ändert Ihr Brief natürlich nichts an meinem Plan. Meine Überzeugung muß hier die maßgebende sein, und sobald die einzelnen Künstler (Fritz Mackensen und Heinrich Vogeler haben dies schon gethan) mir gestatten, ihre Ateliers zu besuchen, um die letzten Überblicke zu gewinnen, werde ich ruhig und ehrlich an meine Arbeit gehen.«

19. JANUAR: R. dankt Schnitzler für die zugesagte Hilfe; weiter heißt es: »Gestern habe ich Ihnen ›Das tägliche Leben‹ geschickt. Nach dem berliner Lacherfolg haben mir Direktor Lautenburg und der Regisseur Dr. Zickel sehr liebe Briefe geschrieben voll Vertrauen und Freude an meiner Arbeit. Und in mir selbst ist das treue zu-meinem-Stücke-halten auch nicht einen Augenblick erschüttert worden. Es ist mir lieb, wie vorher, und deshalb sende ich es Ihnen.«

21. JANUAR: R. fragt vergeblich bei Axel Juncker an, ab er als »litterarische Hilfskraft« in dessen Verlag eintreten könne.

23. JANUAR: R. erbittet bei Heinrich Teweles, dem Sekretär der »Concordia« in Prag, ein Darlehen von 300 bis 500 Mark, obwohl er 1899 zum letzten Male Beitrag bezahlt habe. Am 25.1.1902 erreicht ihn von Emil Orlik die Nachricht, er erhalte das Schriftstellerstipendium der »Concordia« in Höhe von 200 FL. Ö.W.

25. JANUAR: R. antwortet Holitscher, der Stefan George auf R.s Vorträge hinweisen will: »Mir widerstrebt es aus nicht ganz sagbaren Gründen immer wieder, in irgendeiner Weise an ihn heranzutreten und das erste Wort zu sagen, vielleicht, weil ich das Gefühl habe, daß er einen bittenden Klang hineinlegt in dieses Wort, auch wenn man es schlicht und ruhig spricht. Ich werde vor ihm selber so maßlos stolz, grade weil ich eine gewisse Ehrfurcht vor ihm habe und fürchte, er könnte sie durch seinen Hochmut erniedrigen. Der Besitz seiner Bücher genügt mir vorläufig und sollte ich später damit nicht ausreichen, wird immer noch Zeit sein, ihn zu suchen.« Am 28.2.02 teilt R. Holitscher mit, er habe die Lyrik-Vorträge auf den Herbst verschieben müssen.

26. JANUAR: »Vormittags Bremen: Besuch bei Baron Berger in Hillmanns-Hôtel. Berger über das Tägliche Leben ...« (Aus dem »Tagebuch Westerwede Paris 1902«) Weiter: »Am Abend kommt unerwartet Friedrich Huch. Bleibt 10 Minuten bis zur Post bei uns. Beobachter. Kontrolliert seine Beobachtungen. Sucht jeden Fall so zu erfassen, wie es dem Fall entspricht, ohne den einen Moment und seine Stimmung mit dem nächsten zu verbinden ...«

27. JANUAR: R. dankt für das Stipendium und bittet Teweles, dem Ausschuß der Gesellschaft zu vermitteln, »was mir diese große Hülfe in diesem Augenblick bedeutet«.
Besuch bei Fritz Mackensen und Otto Modersohn.

29. JANUAR: R. beendet die Niederschrift seiner Studie über Heinrich Vogeler, die am 1. April im Sonderheft über diesen von »Deutsche Kunst und Dekoration« erscheint. (Bd. X, Heft 7)
Im Tagebuch heißt es: »Mit Heinrich Vogeler zur Stadt.« Es folgt ein Bericht zu den Proben von »Schwester Beatrix«.
FEBRUAR: In der »Zukunft«, Jg. 10., Nr. 8 bringt M. Harden R.s Skizze »Die Turnstunde« aus dem November 1899, für den Druck ausgearbeitet wohl Ende 1901. Später wird diese als einzige der frühen Erzählungen in die Gesammelten Werke von 1927 aufgenommen, mit R.s Einverständnis.
2. FEBRUAR: Paula Modersohn-Becker schreibt in einem Brief an Clara Rilke: »Aus Ihren Worten spricht Rilke zu stark und zu flammend. Fordert das denn die Liebe, daß man werde wie der andere?« Weiter heißt es: »Lieber Rainer Maria Rilke, ich hetze gegen Sie. Und ich glaube, es ist nötig, daß ich gegen Sie hetze. Und ich möchte mit tausend Zungen der Liebe gegen Sie hetzen und Ihre schönen bunten Siegel, die Sie nicht nur auf Ihre feingeschriebenen Briefe drücken ...«
3. FEBRUAR: R. antwortet auf die Anfrage des Verlags Velhagen und Klasing durch Robert Ernesti, »Worpswede« betreffend, er hoffe, die interessante Aufgabe gut zu lösen. Es kämen die fünf wirklich in Worpswede lebenden Künstler in Betracht, Carl Vinnen, der abgeneigt sei, könne fortbleiben, da er in Osterndorf wohne.
R. erreicht in Einzelgesprächen die Zusage der fünf ausgewählten Künstler, auch Modersohn willigt schließlich ein.
4. FEBRUAR: »Ich arbeite den ganzen Tag - gestern und heute am Maeterlinckvortrag. Heute glaub ich einigermaßen durch zu sein.« (Tagebuch) Am Vortag hat R. »Zwölf Lieder« Maeterlincks übertragen, beginnend mit dem Gedicht »Die sieben Jungfraun von Orlamünde«.
6. FEBRUAR: Zum 60. Geburtstag übersendet R. »Das tägliche Leben« mit Glückwünschen an Georg Brandes, mit dem er »vor drei oder vier Jahren« bei einer Matinee in Berlin zusammen mit Halbe und Dr. Bernstein eine Loge geteilt habe: »Sie können sich dessen nicht erinnern, aber ich habe oft mit Freude jener schönen Fügung gedacht.« Zuvor hat Juncker »Die Letzten« an Brandes geschickt.
9. FEBRUAR: R. hält im Kunstsalon des Herrn von Halem in Bremen seinen Vortrag über Maeterlinck »vor einem auserwählten Publikum von etwa 90 Menschen« (an Eugen Diederichs, am 22. 2. 02). In Briefen vom 14., 17. und 20. Januar 1902 an den Übersetzer Maeterlincks, Friedrich

von Oppeln-Bronikowski, begründet R. sein Vorhaben und erbittet die Aufführungsrechte für »Schwester Beatrix«. Maeterlinck sendet ›Behelfe und Drucksachen‹.
MITTE FEBRUAR wohnt R. für ein paar Tage in Bremen, weil er an den Vorbereitungen zur Einweihung der Bremer Kunsthalle beteiligt ist. Die Proben finden im Hause von Frau Christiane Rassow statt. Die Rolle der ›Beatrix‹ liegt bei der jungen Schauspielerin Else Vonhoff, die Äbtissin wird von einer Schwester Rudolf Alexander Schröders gespielt.
12. FEBRUAR: Aus Bremen schreibt R. an Paula M.-B.: »erlauben Sie, daß ich einige Worte zu Ihrem Brief an meine liebe Frau sage ...« R. weist die Vorwürfe zurück.
13. FEBRUAR: R. berichtet seiner Frau von der Generalprobe zu Maeterlincks »Schwester Beatrix«.
15. FEBRUAR: Einweihung der von Eduard Gildemeister erbauten Kunsthalle in Bremen. Im Anschluß an die von R. einstudierte Aufführung von »Schwester Beatrix« wird eine von R. im Januar geschriebene Festspielszene »Zur Einweihung der Kunsthalle« auf deren Freitreppe gesprochen. Bremer Liebhaber-Schauspieler, Dr. H. Finke und der spätere Senator Apelt, stellen den »Fremden« und den »Künstler« dar. Gustav Pauli erinnert: »Stürmischer Beifall«. Den Teilnehmern wird ein Privatdruck überreicht. Unter den Gästen ist auch Alfred Walter Heymel.
16. FEBRUAR: R. schreibt seiner Frau einen ausführlichen Bericht über den Vorabend: »die Aufführung der Beatrix ging sehr gut vonstatten ... Ich selbst war hinter der Szene und leitete die Sache, die ja eigentlich von selbst geht.«
Seit dem 16.2.02 findet ein Gastspiel des von Ernst von Wolzogen am 18.1.1901 in Berlin gegründeten »Überbrett'l« statt, unter der literarischen Oberleitung Detlev von Liliencrons.
17. FEBRUAR: R. holt Liliencron von der Bahn ab. »Und Liliencron ist in Bremen, muß jeden Abend 3 bis 6 Minuten in seinem ›Überbrett'l‹ lesen, für ›Weib und Kinder‹, wie er auf offenen Postkarten immer wieder versichert. Daß das Leben viele so entstellt und verzerrt, wie eine flackernde Flamme ...« (An Holitscher, 25.2.02)
18. FEBRUAR: »Nun hätte ich noch eine Bitte: ich fand, dass die Vogeler-Büste sehr viel zu hoch steht (und Heinrich Vogeler stimmte mir darin zu); sie ist gedacht, nicht über Kopfhöhe hinauszuragen; und wenn Sie so gütig sein wollen, einen Versuch mit einem etwas niedereren Sockel

machen zu lassen, wird der Eindruck den die Büste dann macht, wie ich glaube, zu meinen Gunsten reden!« (An Gustav Pauli)

19. FEBRUAR: R. gibt Friedrich von Oppeln-Bronikowski eine detaillierte Schilderung der Maeterlinck-Aufführung: »ich habe eine Zeit von großer Arbeit hinter mir und eine Stunde voll eines gewissen Lohnes. Dieser Lohn bestand darin, daß die Aufführung der ›Schwester Beatrix‹ für Bremen ein Ereignis war. Einige von den 200 Menschen, die der ersten Aufführung am Sonnabend beiwohnten verließen den Saal in tiefer, inniger Ergriffenheit, Alle – so darf ich wohl sagen – mit dem Bewußtsein von der Größe des Dichters...« R. fährt fort: »Bei der gleichmäßigen Sprechweise, die ich anempfahl, kamen die lyrischen Werte der Sprache zur Geltung, man vernahm Wort für Wort und es wurde keine Schönheit unterdrückt, die im einfachen Lesen wirkt.« R. betont, daß Vogelers Mitarbeit an Dekoration und Kostümen mit zum Erfolg beigetragen habe. Er legt das von diesem gezeichnete Programm und den Privatdruck der Festspielszene bei. »Die Bekanntschaft mit Maurice Maeterlincks Werk hat in Bremen so überraschend gewirkt, daß sich ... ein kleiner auserwählter Kreis gebildet hat, vor dem ich nun öfter über die Ereignisse in der neuen Kunst sprechen soll.« R. bereite sich vor, »von neuer Lyrik, von den Versen Hofmannsthals und Dauthendey's zu sprechen.«

R. bittet in einem Brief aus Westerwede Richard Beer-Hofmann um die Erlaubnis, in einem kleinen vornehmen Hörerkreis »Ihr ›Schlaflied für Myriam‹, das eines der schönsten Gedichte ist, die ich weiß, zu lesen«. R. beruft sich auf »eine sehr kurze persönliche Begegnung von vor zwei oder drei Jahren«.

22. FEBRUAR: An den Verleger Eugen Diederichs schreibt R. über seinen Maeterlinck-Vortrag. Maeterlincks Werke erscheinen deutsch seit 1900 im Diederichs-Verlag.

Am gleichen Tage bietet R. seinen Vortrag dem Kunstkritiker Hans Rosenhagen für die Berliner Tageszeitung »Der Tag« an. Rosenhagen hat einen anerkennenden Bericht über die Bremer Eröffnungsfeierlichkeiten dort erscheinen lassen.

26. FEBRUAR: R. sieht in Bremen Yvette Guilbert bei ihrem Gastspiel: »unter Mitwirkung des gesamten Berliner Überbrettel's«, wie die Ankündigung lautet.

1. MÄRZ: R.s Besprechung vom »Überbrett'l-Gastspiel« erscheint im Bremer Tageblatt (Nr. 51): »Madame Yvette Guilbert ist ein Ereignis – für uns, wie sie einmal für Paris ein Ereignis gewesen ist ...«

2. MÄRZ: R. holt Zwintschers in Bremen ab.
5. MÄRZ: R. richtet auf Rat und mit Empfehlung von Maximilian Harden ein Bewerbungsschreiben an den Petersburger Verleger und Mäzen Alexej S. Suworin (1834-1912), den Herausgeber von »Nowoje Wremja«, dem er ausführlich sein Rußlanderlebnis und seine die russische Kunst betreffenden Arbeitspläne darlegt. »Brauchen Sie mich! Lassen Sie mich neben meiner Kunst, der ich gehöre, etwas tun, was nützlich ist und was mich und die Meinen ehrlich nährt...«
7. MÄRZ: Als Geburtstagsgruß sendet R. seinem jungen Schwager Helmuth Westhoff die Nummer der Jugendzeitschrift »Der Junge«, in der ein Gedicht von ihm steht (»Glaubt mir...«).
17. MÄRZ: R. schickt dem Verlag Velhagen und Klasing »einen Überblick über die in Aussicht genommenen Reproduktionen... das war keine leichte Arbeit«, und bittet, der Verlag möge alles Weitere mit den Künstlern selbst regeln.
18. MÄRZ: An Fritz Overbeck wendet sich R. mit der Bitte: »Wäre es Ihnen nicht möglich, mir eine Art kurzer Autobiographie zu schreiben«, und begründet dies: es »scheint mir im Leben jedes Künstlers eine Tatsache ganz besonders wirklich und wichtig zu sein: die Kindheit...« Nach ihr möchte R. »jeden Schaffenden« zuerst fragen.
AM 16., 19. UND 20. MÄRZ bringt »Der Tag« in den Nummern 127, 131 und 133 den Vortrag »Maurice Maeterlinck«, den R. am 9. 2. in Bremen gehalten hat. Darin steht aus R.s unveröffentlichten Übertragungen der »Douze Chansons« das sechste Stück: »Les sept filles d'Orlamonde«.
19. MÄRZ: Im Bremer Tageblatt (Nr. 68) erscheint: »Zwei Bücher«: die Besprechungen von Franz Servaes »Giovanni Segantini«, Wien 1902 und von Friedrich Huch »Peter Michel«, Hamburg 1901; für dieses Buch liegt hiermit R.s dritte Rezension vor. Die Monographie über Segantini kann mit Interesse rechnen, weil gerade 22 Bilder des Künstlers in der Kunsthalle Bremen gezeigt werden.
20. MÄRZ: R. schreibt an Franz Servaes: »dass Ihr Segantini-Buch mir sehr viel ist; erstens um der Persönlichkeit willen, die ich dadurch viel näher und besser werten und lieben gelernt habe und dann, weil die Art, wie Sie von dieser Persönlichkeit und ihrer Größe reden so ungemein sympathisch und einfach und vornehm ist...«
24. MÄRZ: Friedrich Huch besucht R. in Westerwede; die Beziehung ist durch Carl Mönckeberg, den Herausgeber des Hamburger »Lotsen«, hergestellt worden.

WOHL MÄRZ BIS APRIL 1902 schreibt R. seinen Aufsatz »Von der Landschaft« als Vorstudie zu einer Einleitung in das Buch »Worpswede«, er blieb unveröffentlicht bis 1932.

4. APRIL: Zwintschers letzter Arbeitstag an den beiden Porträts von R. und seiner Frau.

VOR DEM 8. APRIL: R. bittet Axel Juncker, er möge die Korrekturfahnen für »Das Buch der Bilder« doppelt senden, da er sie gleich Herrn Wilhelm Michel weitergeben wolle: »derselbe will einen umfassenderen Essay über meine Arbeiten schreiben und dazu ist die Kenntnis des B. d B. vor Allem wichtig.« R. hat Michel auch »Die Letzten« zugehen lassen.

11. APRIL: R. berichtet Zwintscher, wie er die Bilder gehängt habe, seines ins Arbeitszimmer, das seiner Frau unten: »Dort wirkt es so groß und vornehm und still ...«

12. APRIL: R. dankt Harry Graf Kessler für seine Anerkennung zu seinem »Vogeler«-Aufsatz. Dieser »war mir eine besonders freudige Aufgabe und, wenn er gelungen ist, so ist das wieder ein Beweis für die Tatsache, daß je größer die Liebe, desto größer auch Gerechtigkeit und Einsicht: Liebe macht nicht blind, sondern sehend!«

APRIL: »Die Insel« bringt im 3. Jg., 3. Quartal, Heft 7/8 drei Gedichte R.s aus dem »Buch der Bilder«: »Der Sänger singt vor einem Fürstenkind...«, »In der Certosa« und »Verkündigung. Die Worte des Engels«.

16. APRIL: Nr. 88 des Bremer Tageblatts bringt »Zwei neue Romane«. R. bespricht »Buddenbrooks« von Thomas Mann: »Man wird sich diesen Namen unbedingt notieren müssen. Mit einem Roman von elfhundert Seiten hat Thomas Mann einen Beweis von Arbeitskraft und Können gegeben, den man nicht übersehen kann ...« Das zweite Buch ist: Herman Bang »Das weiße Haus«, Berlin 1902.

19. APRIL: Langer Brief an Eugène Melchior de Vogüé nach Paris, in dem R. diesem seine Situation schildert und ihn um Beistand bittet, wenn aus seiner Übersiedelung nach Paris etwas werden sollte.

24. APRIL: R. schreibt an Zwintscher über Haus und Garten: »Tulpen und Narcissen, neben einer großen Pfingstrose, sind schon im Wachsen« und von der Wirkung des Bildes von Clara R. auf die Worpsweder: »Modersohn, Mackensen, Overbeck und am Ende haben es bei uns gesehen und jeder hatte in seiner Art Freude daran und Ehrfurcht davor.«

Beide Porträts verspricht R. zum Rahmen nach Dresden zu senden, sowie sie völlig getrocknet sind. Später sagt R. von seinem Bildnis, nie sei eines »unverantworteter hergestellt worden«; er nennt es einen »Zwintscherich«. (An Gräfin Sizzo, 17. 3. 22 aus Muzot)

29. APRIL: In einem Brief an Wilhelm Schölermann schreibt R.: »Ich lese Englisch schlecht und mit ziemlicher Mühe.«

1. MAI: An Arthur Holitscher heißt es: »Nein, gefunden hat sich nichts, d. h. nichts Äußerliches, nur ein Entschluß: wir übersiedeln im Herbst nach Paris ... Ich hoffe, daß meine Frau irgendein Stipendium erhält, dann will ich mich schon irgendwie oben halten«, vorher will R. sich »für einige Wochen ganz in jene monographische Arbeit einspinnen« – »Worpswede«.

R. berichtet an Gerhart Hauptmann von seiner Monographie »Worpswede«: »halb nur Freude und halb Fron«; das »Buch der Bilder« sei bereits im Druck.

R. dankt Vogüé für seine Antwort: »Sie haben, mit vollem Recht, den gefährlichen Punkt des Planes, den ich so sehr zu verwirklichen wünsche, blosgelegt. Wenn ich trotzdem hoffe, nach Paris zu kommen, so wird es zunächst mein Bemühen sein, unsere äußere Lage einigermaßen zu sichern, so daß wir das Ärgste auf keinen Fall zu fürchten haben. Nur, wenn sich alles bis zum Herbst so ordnet, daß jeder von uns mit einem bestimmten monatlichen Einkommen rechnen darf, werden wir, vorläufig für ein halbes Jahr, nach Paris kommen.«

10. MAI: »Ein junger münchner Schriftsteller hat einen sehr schönen Essay über mich geschrieben, der manches Richtige enthält, und auch, von dem Einzelfall meines Namens abgesehen, interessant und anregend ist. (Harden, der den Essay gelesen hat, fand ihn sehr gut geschrieben und hält den Verfasser für ein reiches Talent.) Nun, dieser Essay soll mit anderen in einem Bande vereinigt werden. Wollen Sie diesen Essay-Band verlegen?« R. wendet sich mit dieser Frage an Axel Juncker, bei dem Verfasser handelt es sich um W. Michel.

25. MAI: Seit dem 2. März ist R. zum ersten Mal wieder in Bremen, sieht dort Zwintschers Selbstporträt und schreibt dem Künstler: »Wie freue ich mich einmal, bis ich viel mehr kenne, über Ihr Werk zu schreiben!« (Am 28. 5. 02)

28. MAI: In diesem Brief heißt es zudem: »Ich habe die letzten zwanzig Tage (und Nächte) größtenteils über meiner Monographie verbracht, die jetzt endlich so gut wie fertig ist. Es ist keine Monographie, aber ich glaube etwas ganz Interessantes geworden, wenigstens freut es mich

selbst. Aber ich kann kaum schreiben jetzt, meine Finger sind wie verbogen.«

29. MAI: R. übersendet das druckfertige Manuskript seines Buches »Worpswede« an den Verlag Velhagen und Klasing in Bielefeld.

30. MAI: R. folgt einer Einladung des Prinzen Emil von Schönaich-Carolath auf das Schloß Haseldorf in Holstein, wo ihm im Cavalierhaus inmitten eines großen Parks ein stilles Arbeitszimmer zur Verfügung steht. R. liest dort die Korrekturen für »Das Buch der Bilder«. Er bleibt bis Mitte Juli.

Clara Rilke geht mit Ruth zusammen zu Freunden nach Amsterdam.

1. JUNI: Über »Worpswede« schreibt R. an Robert Ernesti: »Sie haben gesehen, daß jeder Künstler in der Monographie ›Worpswede‹ in einem besonderen Kapitel behandelt worden ist ...«, besonders beschäftigt er sich mit dem Stellenwert der Einleitung: »Ich lege begreiflicherweise gerade auf diese allgemeine Übersicht den größten Werth, weil sie manchen neuen Gesichtspunkt zur Betrachtung jener Künstler bietet, die man historisch nicht betrachten kann.«

Am selben Tag heißt es in einem Brief an Clara R.: »Früh kam ein Däne an ... Ich erzählte dem alten Herrn von unserer Vorliebe für dänische Schriftsteller, und er hat uns sehr lieb eingeladen, ihn zu besuchen. Aber von Jacobsen wußt er – denke Dir – nichts.« R. staunt: »Däne sein und nicht von Jacobsen wissen, und bei diesem Namen an irgend einen Jacobsen denken ...!« Er bemerkt: »Es klingt übrigens gut das Dänische.«

5. JUNI: R. schreibt seiner Frau: »Nun gehe ich manchmal hinüber ins Archiv, stöbere in alten Büchern und lese da und dort einige Zeilen; ob ich etwas finde, was ich brauchen kann, ist fraglich. Die Briefe, an welche ich dachte, sind so unübersehbar, daß man ein Jahr lang lesen müßte, um einen gewissen Einblick zu gewinnen, und überdies ist die schwere alte Schrift, die schlechte Luft und der Staub im Archiv keine Ermunterung dazu. So muß ich mich auch in dieser Beziehung auf schon Gedrucktes beschränken; ich blättere in den Geschichten der Familien von Ahlefeldt und von Oppen-Schilden, die früher auf Haseldorf gesessen haben, und es ist nicht unmöglich, daß ich da auf einen interessanten Lebenslauf stoße, wenngleich mir zum Entdecker guter Buchstellen Talent und Übung fehlt. Was mich indessen sehr interessiert, ist, alte Ausgaben, schon um ihres Druckes und ihrer Titelkupfer willen, durchzusehen, alte Mappen mit Stichen aus dem Ende des 18. Jahrhunderts durchzustöbern und ein wenig zu lächeln über die

langen, gleichsam neugierigen Profile seliger Kammerherren und Ritter des Danebrog ... die Wochen hier haben doch ihren Sinn, auch wenn sie nur im Lesen einiger Bücher bestehen, die ich sonst nicht zur Hand bekommen hätte.«

Die Bestände des Haseldorfer Archivs sind kurz vor dem Ableben des letzten Vorbesitzers, des dänischen Kammerherrn für Holstein, Freiherrn Carl Rudolf von Oppen-Schilden, von dem bedeutenden dänischen Archivar Louis Bobé geordnet worden. 1896 hat dann Prinz Schönaich-Carolath die Güter Haseldorf und Paalsgaard von seinem Onkel geerbt. Bobé ist der Herausgeber des achtbändigen Werkes über den Reventlow-Bernstorff-Schimmelmann'schen Familienkreis: »Efterladte Papirer fra den Reventlowske Familienkreds ... 1770-1827«, 1895ff., und von »Johann Caspar Lavaters Rejse til Danmark i Sommeren 1793«, Kopenhagen 1898.

Beide Werke hat R. möglicherweise schon in Haseldorf eingesehen. Als Abbildungswerk sind R. unter Umständen hier die »Danske Malede Portraeter« von E. F. S. Lund, Kopenhagen 1895ff. zugänglich gewesen, die in den »Aufzeichnungen des Malte Laurids Brigge« ebenfalls Verwendung finden. Auch viele unmittelbare Eindrücke aus dem Aufenthalt in Haseldorf sind in dies Werk eingegangen: so kann das dortige Herrenhaus als Vorbild von ›Ulsgaard‹ gelten, und der silberne Schwan, der in Haseldorf als Tischdekoration mit Blumen gefüllt wird, prangt auf der Abendtafel von ›Urnekloster‹, als die Erscheinung Christine Brahes den Saal durchquert.

Noch zwei Jahre später aber seufzt R.: »Was für ein guter, tüchtiger Sommer hätte das sein können, wenn ich ein wenig Archivarhandwerk verstanden hätte; etwas wie eine Maria Grubbe wäre mir da vielleicht in den Grundzügen gegeben worden, jedenfalls hätte ich aus so naher Berührung mit den noch unerzählten Begebenheiten viel gelernt und gesammelt.« (An Lou A.-S., Rom den 13. 5. 04)

7. JUNI: Eine bereits im November 1901 geschriebene Besprechung von Friedrich Huchs »Peter Michel« erscheint in der »Zukunft«, 10. Jg., 39 Bd., Nr. 36.

8. JUNI: Das Bremer Tageblatt (Nr. 132) bringt R.s Rezension von »Ellen Key: Das Jahrhundert des Kindes. Studien. Autorisierte Übersetzung von Francis Maro. Berlin 1902«: »dieses Buch, in seiner stillen, eindringlichen und liebevollen Art, ist ein Ereignis, ein Dokument, über das man nicht wird hinweggehen können ...«

11. JUNI: An die Mutter: »Du kannst Dir denken, dass ich, als ich Samstag [7.6.] aufeinmal hörte, dass meine Lieben in Pellworm sind, sofort zum Besuch hinüberreiste. Nun sind wir für einige Tage beisammen.«
»Ich bin unerwartet für einige Tage auf Pellworm gereist (eine einsame Insel voll Vergangenheiten, wo meine Frau gerade weilt)«, schreibt R. am 15.6. an Axel Juncker.

25. JUNI: R. bittet in einem langen Brief die ihm aus München bekannte Frau Kommerzienrat Julie Weinmann um soviel geldliche Unterstützung, wie nötig sei: »ein einziges Jahr ruhiger, angstloser Arbeit« in »Paris an mir zu arbeiten, still, gesammelt, ohne diese fortwährende Angst, die in alle Gedanken und in jede Stille des Herzens hineinspricht? Nicht ohne die Armut, nur ohne die Angst. – Und nur ein Jahr?« Für Frau Weinmann ist unter den »Gaben« in »Advent« bereits das Gedicht »Dekorativ« bestimmt.

An Otto Modersohn schreibt R. an diesem Tag einen ausführlichen Brief über Gustav Frenssen, der vor ihm in Haseldorf zu Gast war: »›Jörn Uhl‹ habe ich gelesen ...«

28. JUNI: R. wendet sich an Auguste Rodin: »J'ai entrepris d'écrire pour les nouveaux arts monographiques allemands, publiés par le professeur Richard Muther, le volume dédié à votre œuvre ...« R. erbittet acht bis zehn Werkphotos und Literaturangaben über den Künstler und sein Werk; die Prager Ausstellung habe er nicht gesehen. Über die Besprechungen mit Professor Muther, die zu dem Auftrag führen, R. solle eine Rodin-Monographie schreiben, ist nichts erhalten, der Plan stammt aus dem Frühjahr 1902. R. hat in Bremen Französisch-Stunden bei Madame Meuris an der Berlitz-School genommen.

5. JULI: R. dankt Wilhelm Schölermann für dessen »schöne (wirklich treffliche, intime) Übersetzung von Walter Pater's Renaissance Buch«, das er gerade liest und bespricht: »Walter Pater: Die Renaissance. Studien in Kunst und Poesie«, Leipzig 1902. R.s Besprechung erscheint am 27.7.02 im Bremer Tageblatt (Nr. 174./2).

IM JULI kommt »Das Buch der Bilder« bei Axel Juncker in Berlin heraus, zusammengestellt aus Gedichten der Jahre 1898 bis 1901. Die Widmung lautet: »Dieses Buch ist Gerhart Hauptmann in Liebe und aus Dankbarkeit für ›Michael Kramer‹ zugeeignet.«

Ein weiteres Exemplar widmet R.: »Hugo von Hofmannsthal mit verehrungsvollen Grüßen: Rainer Maria Rilke. Westerwede, im July 1902«.

5. JULI: R. fragt Axel Juncker nach Arbeitsmöglichkeiten für seine Frau

in Dänemark, er selbst würde auch gern dort leben: in Haseldorf komme er »mit dänischem Wesen in mannigfache Berührung«. »Bitte denken Sie in Dänemark manchmal daran, daß wir vielleicht hinwollen.«

6. JULI: Langer Brief an Friedrich Huch; darin heißt es: »Ich will zuerst (anfangs September vielleicht) nach Paris gehen; denn ich habe es übernommen, in den neuen, von Muther veranlaßten Publikationen das Buch über Rodin zu schreiben.« R. berichtet auch von seinem Plan, bei Muther zu arbeiten und dann »sobald es geht, den Doktor zu machen ... und? ... Etwas hilft dieser Titel dann doch, vor allem aber glaube ich, daß die ruhige sachliche Arbeit mich brauchbarer machen wird, irgendeine Stelle, die mich nicht zu elend macht, später anzutreten.«

8. JULI: R. dankt Rodin für dessen gütigen Brief mit den lobenden Worten über Clara R.-W. und verspricht die Lektüre der von Rodin benannten Studie: Leon Maillard »Auguste Rodin, Statuaire«, Paris 1899.

19. JULI: Wieder in Westerwede, bittet R. Alfred Lichtwark um die Befürwortung eines Stipendiums für Clara Rilke-Westhoff, damit sie in Rom arbeiten kann: »Ich fühle es steckt ein großer Künstler in ihr ...« Über eigene Pläne äußert er sich im gleichen Sinne wie Friedrich Huch gegenüber.

JULI: R. sendet ein Exemplar des »Buch der Bilder« an Schroeder mit der Einschrift: »An Rudolf Alexander Schroeder: die heiligen drei Könige mit ihrem Gefolge. Rainer Maria Rilke: Westerwede 1902«.

24. JULI: Gerhart Hauptmann dankt R. für das »Buch der Bilder«: »Sie widmen mir Ihr Buch in Liebe und Dankbarkeit und mir bleiben, so beschenkt, nur die gleichen Worte als Erwiderung. Ich habe in den wenigen Tagen jungen Besitzes aus dem schönen Brunnen Ihrer Poesie viel geschöpft und mich seines grundlauteren Elementes gefreut ...«

25. JULI: Hofmannsthal dankt nach Empfang des »Buch der Bilder« aus Rodaun: »Nur die unglücklichen, durchwegs großen Buchstaben schmälern mir empfindlich die Freude des Lesens und werden jedes Wiederlesen wiederum herabstimmen. Mein Auge erfaßt in dieser Schrift gern ein ›requiescat in pace‹, oder höchstens die zweizeilige Inschrift eines Triumphbogens, aber wie peinlich hindert sie den Sinn, sich in die rhythmischen Zeilen hineinzuleben.«

27. JULI: In seiner Besprechung von »Jörn Uhl. Roman von Gustav Frenssen« schreibt R.: »Es ist ein gutes Jahr für den, der unter Kritik nicht versteht: in mittelmäßigen Büchern nach den Ansätzen zum Gu-

ten suchen wie in Schulaufsätzen, und auch nicht: sich über die schlechten und schwachen Bücher lustig machen. Für den, der unter Kritisieren meint, sich ehrlich und tief und rückhaltlos freuen an dem Außergewöhnlichen und Guten, an dem Seltenen, wirklich Wertvollen, – für den ist es ein gutes Jahr.« In der Nr. 174 finden sich zudem die Besprechungen von Carl Worms: »Die Stillen im Lande« und dem Renaissance-Buch von W. Pater (Bremer Tageblatt).

28. JULI: Clara R.-W. bewirbt sich um zwei Bremer Senats-Stipendien, zusammen 600 Mark, die ihr abgelehnt werden (an Lichtwark, 28.7.02).

R. meldet Lichtwark, er werde zu Rodin nach Paris gehen, und fährt fort: »Und dann werde ich wahrscheinlich ... den breslauer Plan, von dem Sie nicht abraten, zur Ausführung bringen und so rasch es geht auf den Titel zustreben, auf die Etikette, die mich den Brotgebern begehrenswerter machen soll. Obs hilft?« R. wollte bei Muther promovieren.

30. JULI: An den Verlag Albert Langen heißt es: »ich habe Gelegenheit über einige gute Bücher im ›bremer Tageblatt‹ zu sprechen und möchte gerne auch etwas von den Werken von Selma Lagerlöf würdigen. Vielleicht haben Sie die Güte, mir ein Rezensionsexemplar ihres neuen Buches ›Jerusalem‹ (gleichzeitig mit einem Verzeichnis der Neuheiten Ihres Verlages) einzusenden.«

31. JULI: »Ich bin ... ganz mit Rodin beschäftigt, der mir wächst und wächst, je mehr ich von seinem Werke höre und sehe«, schreibt R. an Holitscher: »(ich erinnere, als ich zum erstenmal vor Jahren in München Niels Lyhne las, wie ich mir da vornahm, den, der das geschrieben hätte, zu suchen ... später hörte ich von ihm sprechen wie von einem lange Toten ...) und Rodin lebt noch.«

1. AUGUST: Aus Westerwede schreibt R. den zweiten Brief an Rodin, in dem er von seiner eigenen Arbeit spricht.

5. AUGUST: R. dankt beim Verlag Albert Langen für die Übersendung von »Jerusalem« und erbittet das neue Buch von Amalie Skram: »Ein Liebling der Götter«, das er gleichzeitig mit dem Buch von Selma Lagerlöf besprechen möchte.

8. AUGUST: »überdies muß ich jetzt zweimal in der Woche nach Bremen, um französische Conversation-Stunden zu nehmen« (an die Mutter).

R. sendet »Das Buch der Bilder« an Pol de Mont, dem er mitteilt, er werde in vierzehn Tagen aufbrechen, um mit ›Herzklopfen und zitternden Händen‹, aber ›voll glühender Freude‹ in Paris ein Buch über Rodin zu schreiben.

17. AUGUST: R. erkundigt sich bei O. J. Bierbaum nach dem »Kinderkreuzzug« von Marcel Schwob (1867-1905) und fordert den vor Jahr und Tag angenommenen und noch unveröffentlichten Beitrag, die Übersetzung eines Fragmentes aus Dostojewskis Roman »Arme Leute«, von der »Insel« zurück. Schwobs Roman »La croisade des enfants« erschien 1896.

18. AUGUST: Aus Petersburg fragt Benois: »Wie ist es bei Ihnen mit Gorki? Bei uns ist es geradezu eine Besessenheit.«

19. AUGUST: R. dankt Gerhart Hauptmann für seine Aufnahme des »Buch der Bilder«, aus dem dieser die »Blätter aus einer Sturmnacht«, »Die Blinde« und das »Requiem« hervorgehoben hat. R. teilt mit, daß er als nächstes mit großer Freude eine Monographie über Rodin in Paris schreiben werde, Clara ihn begleite, er aber vergeblich ein Stipendium für sie beantrage. R. fragt Hauptmann, ob er Stiftungen wisse, an die man sich wenden könne, und ob er Freunde in Paris habe, die sich Claras annehmen würden, wenn R. später nach Breslau gehe, um zu promovieren.

21. AUGUST: Das Bremer Tageblatt bringt in Nr. 195 R.s Besprechung dreier Bücher von Fritz Rassow, dem Sohn Christiane Rassows: »Barabbas. Dramatisches Bild« und »Zwei Frauen. Eine religiöse Novelle«, außerdem den Gedichtband »Morgen und Abend«. Ferner »Zwei nordische Frauenbücher«, Selma Lagerlöfs »Jerusalem I. In Dalarne« und Amalie Skrams »Liebling der Götter«.

25. AUGUST: Seiner Mutter schreibt R., er werde außer Rodin nur den Vicomte E. M. de Vogüé aufsuchen, »membre de l'academie und bekannter russophiler Schriftsteller«.

27. AUGUST: R. reist aus Westerwede nach Paris ab.

Erster Pariser Aufenthalt

VOM 28. AUGUST 1902 BIS ENDE JUNI 1903 dauert R.s erster Pariser Aufenthalt, seine erste Wohnung: 11, rue Toullier, die Adresse, mit der die »Aufzeichnungen des Malte Laurids Brigge« beginnen. Die Adresse des ›Hotel de la France‹ hatte er durch Arthur Holitscher erhalten. Kassner wohnte hier 1900 bei seinem ersten Paris-Aufenthalt. R. schreibt an Clara R.: »On ne peut pas s'en douter: je suis à Paris ...«
AM 30. UND 31. AUGUST sieht R. Louvre und Notre Dame, Musée du Luxembourg und Panthéon. In seinem großen Brief an Clara R., in dem er am 31.8. diese ersten Eindrücke beschreibt, heißt es dann: »Mich ängstigen die vielen Hospitäler, die hier überall sind. Ich verstehe, warum sie bei Verlaine, bei Baudelaire und Mallarmé immerfort vorkommen ... Man fühlt auf einmal, daß es in dieser weiten Stadt Heere von Kranken gibt, Armeen von Sterbenden, Völker von Toten.«
SEPTEMBER: R. bittet den spanischen Maler Ignacio Zuloaga in Paris, ihn in seinem Atelier aufsuchen zu dürfen: »Votre œuvre était pour moi, dès j'ai vu à Berlin quelques toiles, et apres à Dresde en 1901 plusieurs chef-d'œuvres – alors: cet œuvre était et est pour moi une source de beauté, de joie, – d'éternité ...«
1. SEPTEMBER: R.s erster Besuch bei Rodin. »Gestern, Montag nachmittag 3 Uhr, war ich zuerst bei Rodin. Atelier rue de l'Université 182. Bin auf der Seine hingefahren. Er hatte Modell. Ein Mädchen, hatte ein kleines Gipsding in der Hand, an dem er herumkratzte. Er ließ die Arbeit im Stich, bot mir einen Sessel an, und wir sprachen. Er war gut und mild. Und mir war, als kennte ich ihn immer schon.« R. darf alles ansehen, was im Atelier steht: »Die ›Hand‹ ist da. C'est une main comme-ça (sagte er und machte mit seiner eine so mächtig haltende und formende Gebärde, daß man glaubte, Dinge aus ihr wachsen zu sehen) ...« (An Clara R., 2.9.02)
2. SEPTEMBER: »Und nun heute: heute fuhr ich um 9 Uhr früh mit der Bahn nach Meudon ...« R. beschreibt Haus und Park, dann: »Es ist ein ungeheuer großer und seltsamer Eindruck, diese große helle Halle mit allen ihren weißen, blendenden Figuren, die aus den vielen hohen Glastüren hinaussehen wie die Bevölkerung eines Aquariums« – angesichts des Pavillons von der Pariser Weltausstellung 1900, der am Pont

de l'Alma Rodins Arbeiten enthalten hatte und den dieser bei sich aufbauen ließ. (An Clara R., 2.9.02)
Am selben Tag heißt es an Juncker: »Zickel schrieb, er würde die weiße Fürstin noch im September bringen. Bitte gehen Sie hin und schreiben Sie mir dann genau wie es war.« Vilma Illing soll die Fürstin spielen, wegen ihrer Erkrankung kommt die Aufführung nicht zustande.

5. SEPTEMBER: R. übermittelt Clara ein langes Gespräch mit Rodin über »le modelé«.

6. SEPTEMBER: R.s erster Brief an Ellen Key enthält die Frage, ob sie – die Verfasserin des »Jahrhunderts des Kindes« – wohl Rat wisse: Clara Rilke will »unsere Tochter zuerst zu ihrer Mutter geben; aber die Verhältnisse in ihrem Elternhause sind nicht so, daß sie es gerne und ohne Sorgen thut. Sie hofft, sie wird Ruth bald nachkommen lassen können. Sollte man nicht jemanden finden können, der auf eigene Kosten oder für ein Geringes mit nach Paris geht? ... Können sie sich einen Ausweg denken?«

In der »Zukunft« erscheint die noch in Westerwede geschriebene Besprechung von »Bunt ist das Leben«. Novellen von Ernst Hardt, (10. Jg., S. 408f.).

9. SEPTEMBER: Über Paris heißt es. »Der Ton auf dem hier alles gespielt wird, ist mir äußerst unsympathisch und ich wäre gewiß schon abgereist, wenn nicht die Aufgabe wäre, die mich hergerufen hat, wenn nicht Rodin wäre und sein großes, großes Werk«, und weiter: »Das Leben ist theuer, man muß furchtbar auf der Hut sein, die kleinen Frankstücke springen ab wie Knöpfe. Ich schränke mich auf das äußerste ein und es ist gut, daß es mir nicht schwerfällt, tagelang von Cacao und Obst zu leben.« (An die Mutter)

10. SEPTEMBER: Nach langer Pause setzt R.s lyrisches Schaffen neu ein, die kleinen Gedichtkreise gelten der zurückgelassenen Landschaft um Westerwede: »Dunkelndes Moor, jetzt bist du tief und weit ...«, und dem schweren Einleben in Paris. Nur die Gedichte »Herbst. Die Blätter fallen ...« und »Herbsttag. Herr: es ist Zeit ...«, sowie »Einsamkeit« finden später Aufnahme in die zweite Ausgabe des »Buch der Bilder« (1906).

11. SEPTEMBER: R. verbringt den ganzen Tag bei Rodin im Garten von Meudon, wo er eine Kiste mit Zeitschriften durchsieht, in denen er »die bezeichneten Stellen über Rodin« liest. Nach dem gemeinsamen déjeuner arbeitet er weiter. R.s tagebuchartige Briefe an seine Frau enthalten eingehende Berichte.

R. schreibt am gleichen Abend einen französischen Brief an Rodin, darin die Verse »Ce sont les jours où les fontaines vides ...«, die nicht aus dem Deutschen übersetzt sind. »... mon travail, parce que je l'aimais tant, est devenu pendant ces années une chose solennelle, une fête, attachée à des inspirations rares; et il y avait des semaines où je ne faisais rien qu'attendre avec des tristesses infinies l'heure créatrice ...«
14. SEPTEMBER: »Ich bin jetzt jeden Tag viele Stunden in der Nationalbibliothek und lese viel ... Das tut (als Kontrast) wohl. Ich habe viel Rude, Barye und Carpeaux gesehen. Sie sind gute Propheten gewesen, drei fleißige kleine Propheten, und dann kam Rodin, und es ist keiner neben ihm ...« (An Clara R.)
16. SEPTEMBER: R. bittet Rodin um einführende Zeilen an Eugène Carrière und dankt für das Zusammensein mit dem Dichter Camille Mauclair.
17. SEPTEMBER: R. dankt Vogeler dafür, daß er Clara R., die »ohne Ruth allein im zerstörten Haus« den Aufbruch vorbereitet, freundschaftlich beisteht: »Sie wissen ja, was das mit uns geworden ist, Sie sehen, wie alles, was wir versucht haben, mißlungen ist ...«
18. SEPTEMBER: »Aber vor allem die Arbeit. Was man bei Rodin fühlt: sie ist Raum, sie ist Zeit, sie ist Wand, sie ist Traum ... Il faut travailler toujours ... Neulich, Sonnabend, sagte er das, und wie er es sagte, so tief überzeugt, so schlicht, so aus der Arbeit heraus.« R. schließt: »Arbeiten. – Werde ich es können?« (An Clara R.)
26. SEPTEMBER: »Diese letzte Woche bin ich jeden Tag von 10 Uhr an bis 5 Uhr nachmittags in der Nationalbibliothek gewesen«; R. beschäftigt sich im Zusammenhang mit seiner Rodin-Arbeit mit antiker und mittelalterlicher Plastik: »Die Venus von Milo ist mir zu modern. Aber die Nike von Samothrake, die Siegesgöttin auf dem Schiffrumpf mit der wunderbaren Bewegung und dem weiten Seewind im Gewand ist mir ein Wunder und wie eine ganze Welt. Das ist Griechenland.« (An Clara R.)
27. SEPTEMBER: »Rodin hat einen ganz kleinen Gipsabguß, einen Tiger (antik) ... den er ganz hoch einschätzt: C'est beau, c'est tout ... sagt er von ihm. Und an diesem kleinen Gipsabguß hab ich gesehen, was er meint, was die Antike ist und was ihn mit ihr verbindet.« R. verspricht seiner Frau: »Du wirst das kleine Ding sehen, und wir wollen auch nicht versäumen, das Original (eine kleine Bronze) zu besuchen, die sich im Medaillen-Kabinett der Nationalbibliothek befindet.« Weiter heißt es: »Das Museum des Trocadero ist sehr interessant; es enthält leidlich

gute Gipsabgüsse und Abformungen von alten Portalen aus der Provinz, aus Chartres, aus Rouen und anderen Städten ... Rodin hat auch dazu viele Beziehungen.« (An Clara R.)
28. SEPTEMBER: »Zuloaga lebt in Paris! ... Er muß zu finden sein.« R. erwägt einen Umzug in ein helleres, sauberes Hotel: »Aber schließlich sagte ich mir, daß das wieder die alte Methode ist, von der ich mich ja befreien will, die Methode ›Reichtum‹, und kehrte schlicht und scheu aus der Versuchung in mein Zimmer zurück.« R. erbittet von Clara R. die Besorgung eines Exemplars von Dantes »Göttlicher Komödie«.
29. SEPTEMBER: Wieder an Clara R. heißt es: »Westerwede war erfüllt, Westerwede hatte seine Zeit gehabt, sein großes Glück, seine große Bangheit... Wir haben eine große Ouverture gelebt, eine Ouverture des Lebens. Wir werden sie nie vergessen.« Clara R. löst den Hausstand in Westerwede auf, um R. nach Paris zu folgen.
Langer Brief an Ernst Hardt, der R. für eine Zeitschriftengründung zu gewinnen sucht: »Ich will sehr gerne mit Ihnen den Versuch machen«, aber: »Ich eigne mich, glaube ich, schlecht für solche Sachen, obwohl ich eine Hinneigung zu derartigen Versuchen von Zeit zu Zeit fühle. Geschäftlich verstehe ich nichts ...« R. dankt für einen Empfehlungsbrief an Ferdinand Gregh; er kenne außer Rodin und Carrière nur noch den Vicomte de Vogüé und: »ich habe Meier-Graefe (leider) besucht, aber wir wußten miteinander so wenig anzufangen, daß es so gut wie ungeschehen ist.« R. werde zu Maeterlinck gehen und Marcel Schwob besuchen, »wenn es geht«. Für Vogüé hatte Maximilian Harden R. einen Empfehlungsbrief mitgegeben. R. sendet Genesungswünsche an Eugène Carrière.
UM DEN 4. OKTOBER trifft Clara R. in Paris ein, R. siedelt mit ihr nach 3, rue de l'Abbé de l'Epée über. An Lichtwark schreibt R., eine »kleine private Unterstützung« erlaube es seiner Frau, nach Paris zu kommen. Sie stelle bei Commeter in Hamburg einige Plastiken aus, »Frau mit Kind« und Porträts: »Heinrich Vogeler's und vielleicht (wenn es noch rechtzeitig ankommt) auch das meine« (4.11.02).
10. OKTOBER: R. und seine Frau besuchen gemeinsam Rodins Arbeitspavillon in Meudon – Rodin ist abwesend.
11. OKTOBER: »Ma femme est à Paris depuis quelques jours et elle prépare déjà son travail«, schreibt R. an Rodin, der sich an den Samstagen in seinem Atelier in der rue de l'Université aufhält, wo er auch ›Schüler‹-Arbeiten kritisiert und korrigiert.

17. OKTOBER: R. schreibt an Holitscher einen Bericht aus Paris, in dem er die Stadt mit Petersburg vergleicht:»Ich habe nie so viel Heimweh nach Rußland gehabt. –«»Ich lese viel in der Nationalbibliothek. Geffroy, Baudelaire, Flaubert, die Goncourts. Ich lese, trotzdem mich die Sprache traurig macht, mit ihrem Alleskönnen. Und ich habe noch keinen Menschen gesehen, außer Rodin und Carrière ...«

18. OKTOBER: In einem Brief an Oskar Zwintscher heißt es:»vor vierzehn Tagen ist auch Clara Westhoff hier angekommen ... wir wohnen in einem Haus, aber wenn unsere Arbeit erst recht im Gange ist, werden wir uns in der Woche fast nicht sehen und nur am Sonntag uns zusammen erholen und vorbereiten für die neue Woche. Unser Plan ist, zu arbeiten, wie wir noch nie gearbeitet haben.« R. klagt:»daß es kein Westerwede mehr giebt, kaum noch eine Erinnerung daran. – In Westerwede war große Auktion, alles ist unter den Hammer gekommen. Wir haben alles verkauft, nur unsre liebsten Sachen (Bilder, Bücher, Möbel) behalten, die nun zum Theil in Oberneuland zum Theil bei Heinrich Vogeler wohnen. Trümmer einer Vergangenheit, aber hoffentlich auch: Bausteine einer Zukunft. Wir werden nicht sobald ein Heim haben wieder.«

27. OKTOBER: R. teilt Rodin mit, daß er auch nach Abschluß des Rodin-Buches in Paris bleiben wird »de fréquenter les conférences du ›Collège de France‹ ... de travailler et d'étudier beaucoup.« R. will L. Léger hören.

»Klossowski war rue de L'Abbè de l'Epée. Hat nur Clara getroffen. War verlegen, befangen. Wohnt rue Mazarine, bleibt eine Weile.« (Tagebuch)

28. OKTOBER: »Nachmittag: gegen ½4. Auf den Thürmen von Notre-Dame. Bei den Chimären, die in den stillen Hof mit den runden Brunnen herunterschauen, Das Thier welches den Hund zerreißt. Der Vogel mit dem Tuch um Kopf und Schultern. Der Mann mit der nervösen Hand am Bart ...« (Tagebuch)

30. OKTOBER: »Die Sachen kommen. Der Ballen. Mit dem Theekocher, den Mänteln, der Abruzzendecke. Damit der Winter. Damit seine Arbeit, die viele Arbeit, die ich mit ihm verbinde, verbinden möchte, will – werde?« (Tagebuch)

1. NOVEMBER: Im Tagebuch die Verse »Abend einer Heiligen. Das Volk war durstig ...«

2. NOVEMBER: »Dann: St. Cloud. Spätes Dämmern im Park. Gold. Wie

das Gold die Dämmerung aufhält und glänzt. Immer noch glänzt. Die langsam steigenden breiten Alleen, die Stille. Die eingefaßten Wasser, welche spiegeln, dunkel spiegeln. – Heimkehr zu Schiff.« (Tagebuch)
4. NOVEMBER: R. verspricht Lichtwark sein »Worpswede«-Buch: spätere Briefe an diesen sind nicht erhalten.
5. UND 6. NOVEMBER: Erste Niederschrift des Gedichtes in Prosa »Der Löwenkäfig (Jardin des Plantes)«, das R. im Sommer 1907 redigiert, aber nicht veröffentlicht. Gleichzeitig entsteht das Gedicht »Der Panther«, R. vermerkt das Datum auf einer Abschrift für Gräfin Manon zu Solms in Capri, am 1. April 1907. »Der Panther« wird von R. als deren frühestes Stück in die »Neuen Gedichte« aufgenommen, während einzelne weitere Gedichte aus dem November 1902 in der zweiten Ausgabe des »Buch der Bilder« Aufnahme finden, z. B. »Die Heilige«.
9. NOVEMBER: »Sommermorgen und Herbstnachmittag. Wir fahren nach Versailles. Gang durchs Schloß. Die Schlachtenbilder. Der Spiegelsaal mit seinen hohen Fenstern. Der Park. Essen auf dem kleinen Balkon...« (Tagebuch)
10. NOVEMBER: »Diese Nacht nach 11 brannte es gegenüber in einem Haus. Man hatte einen brennenden Gegenstand aus den Fenstern geworfen. Leute standen dicht gedrängt um die Flamme auf der Straße und traten auf die Funken. Drinnen waren verwirrte, erschreckte, athemlose Stimmen, Rufe. Auf einmal bog die Feuerwehr um die Ecke. That in der Stille ihren Dienst, fuhr 10 Minuten später wieder ab. Mit wehender Fackel und hell flackernden Helmen. – Was hatten diese Menschen gesehen, erlebt ... Mitten in der Nacht in ein fremdes verstörtes Haus. Und dann mit unheimlich glänzenden Helmen, beim Schein einer Fackel durch die Straßen zu fahren, ganz rasch, ... Natürlich, sie wissen nichts davon, – fahren und kommen an, handeln und fahren. Aber ich dachte an die merkwürdige Stimmung dieser unruhig=glänzenden Helme, in der Nacht. –« (Tagebuch)
MITTE NOVEMBER beginnt R. die Niederschrift der Rodin-Monographie. In seine Vorarbeiten bezieht er neben Rodins Werk und Werdegang die Geschichte der Skulptur und der französischen Kunst sowie das Studium derjenigen Dichter ein, die für Rodins geistige Welt besondere Bedeutung haben: Dante, Baudelaire, Balzac und Victor Hugo. Rodin selbst weist R. im Zusammenhang mit seinen »Bürgern von Calais« auf das Werk »Les Chroniques de Sire Jean Froissart« hin (ed. par J. A. Buchon, Paris 1835); es wird zu einer wichtigen Quelle für

die historischen Gestalten in R.s »Aufzeichnungen des Malte Laurids Brigge«. R.s Materialien zum »Rodin« sind erhalten (Ms. XXIX des R.-Archivs).

15. NOVEMBER: R. notiert im Tagebuch seine Eindrücke von der Katzenausstellung im Jardin d'Acclimatation.

»Die Zeit« bringt R.s Aufsatz »Moderne russische Kunstbestrebungen«, geschrieben vermutlich Ende 1901 in Westerwede, redigiert Sept./Okt. 1902 in Paris (Bd. 33, Nr. 424).

16. NOVEMBER: In Nr. 270 des Bremer Tageblatts erscheinen unter »Neue Bücher« R.s Besprechungen von »Der Moloch. Roman von Jacob Wassermann« und »Weltuntergang. Novellen von Siegfried Trebitsch«, geschrieben am 5.11. in Paris. Beide Bücher erscheinen bei S. Fischer, Berlin 1903.

17. NOVEMBER: Niederschrift des Gedichtes »Ein Verleugneter der eignen Hände,...«

UM DEN 20. NOVEMBER schreibt R. an Juncker von seiner und Clara R.s gemeinsamer Jacobsen-Lektüre: »ich möchte meiner Frau zu Weihnachten gerne eine Photographie des besten Jacobsen-Porträts, das Sie wissen, schenken. Können Sie mir eines besorgen ...« Juncker sendet ihm die Radierung von Axel Helsted von 1885.

21. NOVEMBER: R. trägt für Clara zu ihrem Geburtstag die beiden Gedichte »Rodin« (I und II) in das Buch ein: Gustave Geffroy »La vie artistique«, Paris 1893. Die Studie ist vom Verfasser Rodin gewidmet und enthält den von R. für seine eigene Darstellung benutzten Aufsatz über Rodin und sein Werk. R. wendet sich mit den »Rodin«-Gedichten »An Clara. Die liebe Mutter. Den Künstler. Die Freundin. Die Frau«.

22. NOVEMBER: R. geht zusammen mit Erich Klossowski durch den Luxembourg-Garten: »Es war ein stiller, kalter früh eindämmernder Wintertag.« (Tagebuch)

»Die Zukunft« (11. Jg., Nr. 8) enthält R.s Besprechung von »Karin Michaëlis. Das Schicksal der Ulla Fangel«, geschrieben um den 1.11.02 in Paris. In der Nummer zeigt R. selbst sein »Worpswede« an: »Dieses Buch vermeidet es zu richten.« (= Abdruck von »Zum Eingang«)

24. NOVEMBER: »Nach dem Frühstück war ich in der Anatomie. Der Saal war sehr gefüllt, athemlos eng und heiß. Ich stand hinten. Vorn saß auf einem Strohschemel eine Leiche; ein Mann, die Beine lang nebeneinander, die linke Hand hielt scheinbar den Sitz, die Rechte lag auf dem Schenkel. Der rechte Theil der Rippen, das Schlüsselbein, der

Oberarm waren sehr reinlich bloßgelegt.« Die genaue Schilderung mündet in die Frage: »Und seine Seele, sein Leben, das Leben dieses Körpers leidet es nicht irgendwo; leidet nichts?« (Tagebuch)

16. DEZEMBER: Ein langer Brief an Friedrich Huch zu dessen neuem Buch »Geschwister« meldet: »Mein Rodin-Buch ist eben fertig geworden.«

23. DEZEMBER: R. liest in diesen Wochen in dem in Petersburg erworbenen Buche von Grigori Kotoschichin »Über Rußland unter der Herrschaft Alexander Michailovič«: russisch-französische Vokabeln und Daten von R.s Hand in den ersten Kapiteln zeugen davon.

WEIHNACHTEN verleben R. und seine Frau in Paris, Ruth bei den Großeltern in Oberneuland.

31. DEZEMBER: R., der bedauert, daß sein »Worpswede« nicht zu Weihnachten vorliegt, schreibt Otto Modersohn über das Neue: »Paris (wir sagen es uns täglich) ist eine schwere, schwere, bange Stadt ... Es hat sich ganz verloren, es rast wie ein bahnverirrter Stern auf irgendeinen schrecklichen Zusammenstoß zu ... Zu alledem ist Rodin ein großer, ruhiger, mächtiger Widerspruch. Die Zeit fließt von ihm ab, und wie er so arbeitet, alle, alle Tage seines langen Lebens, scheint er unantastbar, sakrosankt und beinahe namenlos.«

ENDE 1902 beginnt R. eine Übertragung des Igor-Liedes, auch das Fragment: »Nicht allein weil sie viele Menschen umfassen und Gruppen von Menschen, viele Häuser, Dinge und Tiere, nicht allein deshalb sind die großen Städte so groß ...« entsteht in diesem Winter.

Während des Jahres 1902 erscheinen Arbeiten R.s in den Zeitschriften »Bohemia« Prag, »Die Zeit« Wien, »Deutsche Arbeit« Prag, »Die Zukunft« Berlin, »Der Junge« Berlin, »Bremer Tageblatt und General-Anzeiger« Bremen, »Der Tag« Berlin, »Deutsche Kunst und Dekoration« Darmstadt, »Die Insel« Leipzig und »Insel-Buch«.

1903

Aus diesem Jahr stammen die einzigen Briefe von R.s Vater an den Sohn, die erhalten sind, vier Briefe und zwei Postkarten.

JANUAR: R. verselbständigt die Skizze »Kunstwerke«, sie erscheint im »Jahresbericht der Lese- und Redehalle jüdischer Hochschüler in Wien für das Vereinsjahr 1902«; wie es zu der Veröffentlichung kommt, ist nicht bekannt.

ETWA VOM 16. BIS 18. JANUAR sind R. und seine Frau in der Bretagne; am 17.1. meldet R. der Mutter: »Wir waren in der Bretagne in dem berühmten Wallfahrtsort Saint-Michel...«

20. JANUAR: R. schreibt an Juncker: »Von meinem Rodin-Buch lese ich schon die Correktur«, am folgenden Tag beantwortet er dessen Frage nach seinen Dramen: »Von ›Ohne Gegenwart‹ habe ich zufällig ein Exemplar bei mir; ich sende es Ihnen; es ist nirgends im Handel, aber es könnte sein, daß bei Entsch noch einige Exemplare liegen.«

22. JANUAR: R. dankt Gerhart Hauptmann für den »Armen Heinrich«, den er und seine Frau in den einsamen Weihnachtstagen in Paris gelesen haben. R. wird das Werk lieb als das »Buch von der großen, übergroßen Hülflosigkeit«.

27. JANUAR: R. schreibt an Ernst Hardt aus Paris: »Ich will noch eine Weile hier bleiben, vorzüglich um der Sammlungen und Bibliotheken willen und weil die Vorlesungen Légers am College de France und meine Verbindung mit dem Vicomte de Vogüé mich in meinen russischen Bestrebungen (die nicht aufhören neben allem herzugehen) sehr unterstützen.«

R. beschwert sich bei dem Verlag Greiner und Pfeiffer über eine nicht autorisierte Veröffentlichung von Gedichten in der Anthologie »Wir sind die Sehnsucht«, herausgegeben von K. E. Knodt, und verlangt unter Androhung gerichtlicher Schritte eine Entschädigung.

R. tritt dem Cartell lyrischer Autoren bei, denn: »Leider habe ich im Herbst dem Cartell beizutreten versäumt; ich beeile mich jetzt umsomehr es zu thun, als mir durch eine von dem Pfarrer Karl Ernst Knodt herausgegebene Anthologie arge Unbill widerfahren ist...« (Wohl an Max Hirschfeld in Berlin)

29. JANUAR: R. dankt Ellen Key für ihren Versuch, eine Frau Ellen Ljunggren für die Betreuung Ruths zu gewinnen, diese gedeihe gut auf dem Lande. Er berichtet über Clara R. W.s und seine Arbeit in Paris. »Ich habe indessen ein kleines Buch vom Werke Rodins geschrieben, das ich Ihnen senden werde, sobald es erscheint. Nehmen Sie indessen eines meiner älteren Bücher (das Buch vom lieben Gott) als bescheidenen Träger meiner Verehrung an.«

5. FEBRUAR: R. erbittet von Korfiz Holm aus dem Albert Langen Verlag drei Exemplare seines »täglichen Lebens«.

R. berichtet Juncker von dem ersten Besuch Johan Bojers, der Grüße von Ellen Key bringt: »Es thut immer so wohl, einem nordischen Menschen zu begegnen.«

11. FEBRUAR: Gerhart Hauptmann an R.: »Ich beneide Sie um Ihre Pariser Eindrücke, die Nähe Rodins etc. Wann werde ich je meinen leidenschaftlichen Wunsch, Paris tiefer kennen zu lernen, Genüge thun können!? Wann kommt Ihr Rodin-Buch?«

13. FEBRUAR: Für ihre zustimmende Aufnahme der Geschichten »Vom lieben Gott« ist R. Ellen Key besonders dankbar: »alle die Angst und Sorge, die mit dem Glück und Geschenk des vergangenen Jahres kam und wuchs, hat das in mir, was schafft, schwach und schwankend und bange gemacht.«

Ellen Key hat den R.s in Paris die Beziehung zu dem norwegischen Dichter Johan Bojer und seiner Frau vermittelt: »wir sehen und sprechen so gerne nordische Menschen und Bojers sind uns ganz besonders sympatisch!« In diesem Brief fragt R. (da Frau Ljunggren »nun gar nach dem schrecklichen Amerika gehen muss«): »selbst wenn man das in Amerika kann, dienend Geld zusammensuchen und ersparen, – wir fühlen doch nicht mehr Jugend und blind vertrauenden Muth genug in uns zu solchem Thun ... Ist das unrecht vielleicht?« Über seine Möglichkeiten sagt R., er sehe immer mehr ein: »dass für meine Art nichts schwerer ist und gefährlicher als mit dem Schreiben Geld verdienen wollen. Ich kann mich so garnicht zum Schreiben zwingen; und allein schon das Bewusstsein, dass zwischen meinem Schreiben und des Tages Nahrung und Nothdurft eine Beziehung besteht, genügt, mir die Arbeit unmöglich zu machen.«

14. FEBRUAR: An Axel Juncker heißt es: »Von Frau Obstfelder habe ich nichts gehört ... Eine Auswahl aus Obstfelders Nachlaß: das wäre eine verlockende Arbeit für mich gewesen!« Die Witwe Sigbjörn Obstfelders ist seit 1902 mit dem französischen Maler Armand Point verheiratet. Weiter heißt es über eine vom Eugen Diederichs Verlag angezeigte Meister-Eckehart-Ausgabe: »ich kann schlecht rathen; ich kenne die Schriften der Mystiker zu wenig und halte es auch nicht für nöthig, sie wieder herbeizuziehen; was Verwandtes in unserer Zeit anklingen und aufwachen mag, muß lieber ohne Anschluß an alte Schriftsteller eigene Wege finden; schon um nicht die Ursprünglichkeit einer neuen, von den heutigen Bedürfnissen geschaffenen Ausdrucksart zu gefährden. (So ist meine Meinung.)«

Am gleichen Tag erscheinen R.s letzte Besprechungen für das ›Bremer Tageblatt‹: »Nordische Bücher II« – Herman Bang, »Tine«, und Gustaf af Geijerstam, »Die Komödie der Ehe«, beide Romane: Berlin 1903 – und

»Lucas Cranach« von Richard Muther, Berlin: Bard 1902. Die Texte schreibt R. im Januar oder Anfang Februar 1903 in Paris.

17. FEBRUAR: R.s erster Brief an Franz Xaver Kappus, der um ein Urteil über seine Verse gebeten hat: »Mit nichts kann man ein Kunst-Werk so wenig berühren als mit kritischen Worten: es kommt dabei immer auf mehr oder minder glückliche Mißverständnisse heraus ...« Rilkes Briefe an Kappus wurden als die »Briefe an einen jungen Dichter« später veröffentlicht, der letzte Brief ist vom 26.12.1908.

20. FEBRUAR: Gerhart Hauptmann hat R. geschrieben, daß er sich über dessen Worte zum »Armen Heinrich« gefreut habe. R. antwortet, in seinem tiefen Vertrauen zu Hauptmanns werdenden Dichtungen dürste es ihn, einmal einige Zeit in dessen Nähe auf dem Wiesenstein zu leben. R. berichtet über den Stand der Arbeit am »Rodin« – eben habe er die Revision gesehen – und übersendet »Worpswede«, das er auch Carl Hauptmann, dem treuen Freund dieser Landschaft, zugehen läßt.

ENDE FEBRUAR: »Worpswede / Fritz Mackensen, Otto Modersohn, Fritz Overbeck, Hans am Ende, Heinrich Vogeler« kommt als Band LXIV der Künstlermonographien von H. Knackfuß bei Velhagen und Klasing (Bielefeld und Leipzig) heraus; der Band enthält 122 Abbildungen.

22. FEBRUAR: R. überreicht Paula M.-B. sein »Worpswede« mit der Einschrift: »Paula Modersohn als Heimats-Nähe in gemeinsamer Fremde. In treuer Ergebenheit: Rainer Maria Rilke. Paris, im Februar 1903.« Sie urteilt streng: »Ich sehe allmählich hinter diesem Schwung der Rede eine große Hohlheit ... In meiner Wertschätzung sinkt R. doch allmählich zu einem ziemlich kleinen Lichtlein herab, das seinen Glanz erhellen will durch Verbindung mit den großen Strahlen der großen Geister Europas: Tolstoi, Muther, Worpsweder, Rodin, Zuloaga... Aber je mehr man in das Leben blickt und in Tiefen des menschlichen Gemüts und in das rauschende Wasser der Kunst, desto schaler scheint mir dieses Leben.« (An Modersohn)

26. FEBRUAR: R. bittet Juncker, seine Bücher »Die Letzten« und »Das Buch der Bilder« direkt an Ellen Key zu senden, er selbst habe mit der Verschickung von »Worpswede« zu tun. Auch Juncker erhält ein Exemplar.

R. erklärt sich bereit, eine Anzahl von Manuskripten, die Juncker ihm schickt, auf ihre Eignung für dessen Verlag hin durchzuarbeiten.

28. FEBRUAR: R. schreibt einen Empfehlungsbrief für Paula Modersohn-Becker an Rodin: »J'ose d'introduire chez vous une de nos amies:

Madame Modersohn, femme d'un peintre allemand très distingué. Elle adore votre art depuis longtemps ... Je suis toujours un peu malade.« R. leidet an immer neuen Influenza-Infektionen.

6. MÄRZ: R. wendet sich an Zuloaga: »je veux partir si tôt que possible ...« und fragt nach einem Küstenort bei Eibar in Spanien, der Heimat des Malers.

8. MÄRZ: R. besucht Paula M.-B., der er eine Reihe von Kunstbüchern überbringt.

9. MÄRZ: Ellen Key erhält »Worpswede«, das Rodin-Buch soll in 8-10 Tagen folgen. Clara arbeite an einem Auftrag, R. selbst sei krank und ertrage Paris nicht mehr. Weiter heißt es: »Wir lesen jetzt gerade Karl Larsen's ›Was siehst Du aber den Splitter‹ (ein ernstes und wichtiges Buch!) und haben alle Freude besonders an Thora's Mädchengestalt, die sich meisterhaft darstellt.«

IN DER NACHT VOM 19. ZUM 20. MÄRZ reist R. aus Paris ab, kommt am 20. 3. abends in Genua an, findet am 21. 3. S^a Margherita Ligure unerquicklich und fährt am nächsten Tag weiter.

21. MÄRZ: In der »Zeit« erscheint die Besprechung des »Buch der Bilder« durch Wilhelm Michel, dem R. Material zur Verfügung gestellt hat (Bd. 34, Nr. 442).

22. MÄRZ: Ankunft in Viareggio, R. steigt bei seinen früheren Wirten Malfatti ab, wenn auch nicht im selben Haus wie 1897: Hotel de Florence. R. mietet am Strand die Reihenletzte der ›kleinen Hütten mit Strohdächern und Strohwänden‹, dort hat er auch einen Tisch und zwei Stühle: »so läßt es sich da gut lesen und schreiben«, »ins Meer hineinlaufen« und baden. (An Clara R., 24. 3. 03)

27. MÄRZ: R. berichtet, er habe ein Treffen mit seiner Mutter in Mailand abgelehnt und ihr dringend abgeraten, später nach Viareggio zu kommen: »ich brauchte Ruhe.« (An Clara R.)

ENDE MÄRZ »Auguste Rodin von R. M. R. Mit zwei Photogravüren und sechs Vollbildern in Tonätzung« erscheint bei Bard in Berlin in der Reihe: »Die Kunst. Sammlung illustrierter Monographien«, herausgegeben von Richard Muther, Band 10. Der Band trägt die Widmung: »Einer jungen Bildhauerin« (Clara R.-Westhoff).

27. MÄRZ: R. schreibt an Rodin, wie traurig er sei, ihm das Buch nicht selbst bringen zu können: »Je pense que demain (samedi) peut-être ma femme viendra vous apporter le livre qui m'est cher ...« Eine französische Ausgabe sei geplant, ebenso die Übersetzung ins Englische.

28. MÄRZ: R. sendet die Manuskripte, darunter von Karin Michaëlis »Der Richter«, an Juncker zurück.

R. schreibt an Carrière, er denke daran, ein Buch über ihn zu schreiben, aber: »C'est mon livre sur Rodin qui maintenant vient de paraître, et j'ai en tout l'hiver l'intention de vous l'apporter un jour ...« R. habe Paris verlassen müssen, kann deshalb sein Buch nicht überbringen, bittet darum, nun Clara zu empfangen. Er erzählt von den wenigen Gästen in Viareggio: »surtout les jeunes femmes, d'une beauté fière, un peu triste, comme des princesses, qui ne connaissent pas l'empire où on les attends...«

1. APRIL: Langer Brief an Friedrich Huch, in dem R. auch über sein Befinden schreibt: »Schließlich fast zugleich mit dem Jahre, begannen influenzahafte Quälereien sich einzustellen, die mich monatelang von Krankheit und Gesundheit gleich weit entfernt hielten, auf einem schmalen Streifen schwindlichen Unbehagens, auf dem zu gehen eine stete Angst war und eine verzweifelte Ungeduld ...«

3. APRIL: Auf ihre Bitte verspricht R. Ellen Key Bilder von sich, Clara und Ruth, doch sei es schwer, sie mit seinen älteren Büchern zu versorgen. Es folgt ein langer autobiographischer Brief, vergleichbar dem an Valerie von David-Rhonfeld vom 4.12.1894: »es war sehr traurig. Die Ehe meiner Eltern war schon welk, als ich geboren wurde. Als ich neun Jahre war, brach die Zwietracht offen aus, und meine Mutter verließ ihren Mann. Sie war eine sehr nervöse schlanke schwarze Frau, die etwas Unbestimmtes vom Leben wollte. Und so ist sie geblieben ...« Auffällig an seiner Darstellung ist R.s Aufwertung seiner Familie nach Herkunft und sozialer Geltung, wogegen er seine eigene Lage schonungslos darlegt: »daß ich nun auf einmal weiß, daß meine Bildung zu gar keiner bestimmten Stellung ausreicht, kaum zu einer journalistischen Tätigkeit ...« R. leidet darunter, daß er ›noch immer aus seines Vaters Hand leben muß‹, da seine Bücher nicht genug eintragen: »Die Monographie Worpswede's war ein Auftrag, der gut honoriert worden ist, – aber das Rodin-Buch, in dem ich monatelang gelebt habe, hat nur 150 Mk. gebracht!« Sein Vater könne ihm einen Beamtenposten in Prag verschaffen: »Ich aber fürchte mich vor dieser Rettung wie vor dem Kerker.« R. hat nur den Wunsch: »sein, was ich bin, leben, was mir zu leben gesetzt war, klingen wollen, was keiner sonst klingen kann, die Blüten bringen, die meinem Herzen befohlen sind: das will ich – und das kann doch nicht Überhebung sein.« R. sendet ihr sein Rodin-Buch

und bittet, sie möchte das beigelegte zweite Exemplar an Georg Brandes weitergeben.

Auch seinem »theuren Freund« Gerhart Hauptmann übersendet R. seinen »Auguste Rodin« und erzählt von Viareggio, wo er sich von den quälenden Influenza-Anfällen erhole.

5. APRIL: R. schreibt an Kappus: »Ironie: Lassen Sie sich nicht von ihr beherrschen, besonders nicht in unschöpferischen Momenten. In schöpferischen versuchen Sie es, sich ihrer zu bedienen, als eines Mittels mehr, das Leben zu fassen. Rein gebraucht, ist sie auch rein, und man muß sich ihrer nicht schämen ...« R. spricht von Büchern, die er immer bei sich habe, »die Bibel und die Bücher des großen dänischen Dichters Jens Peter Jacobsen«, und von seinen Lehrmeistern, eben Jacobsen und Rodin.

6. APRIL: Rodin schreibt R. einen Dankbrief nach Viareggio; in R.s Antwort heißt es »que votre lettre m'a rendu bien heureux en m'annonçant que vous avez accepté mon livre avec tant de bonté« (25. 4. 03).

8. APRIL: R. an seine Frau: »Jeder muß in seiner Arbeit den Mittelpunkt seines Lebens finden ... Und dabei darf ihm kein Zweiter zusehen und gerade der Nächste und Liebste nicht ... meine Einsamkeit muß erst wieder fest und sicher sein ...« R. spricht über die nächste Zukunft: »Ich weiß nicht zu sagen wozu es kommen wird und ob der spanische Plan sich durchsetzen wird oder irgendein anderer ... Soviel ist sicher, daß ich zunächst wieder nach Paris kommen werde, vielleicht um das Carrière-Buch zu schreiben; es ist mir immer, als ob Paris mir noch eine Arbeit schenken müßte.«

9. APRIL: R. übersendet Zuloaga seinen »Rodin«: »pendant plusieurs jours j'étais sur le point de partir directement pour Seville pour vous voir.«

10. APRIL: »nur ein Wort, weil ich gerade zur Post gehe mit einem langen Brief an Zuloaga: es wäre doch schön: ein Buch über ihn – und mir ist, als käme es einmal dazu, wenn nicht in diesem Jahr, im nächsten ...« (An Clara R.)

13. BIS 20. APRIL: R. schreibt »Das Buch von der Armut und vom Tode«, das dritte Buch der »Gebete«.

16. APRIL: R. entwirft drei Gedichte, die er in die »Gebete« aufnimmt, auf leeren Blättern in seinem Exemplar von Jens Peter Jacobsen: »Sechs Novellen«, übersetzt von Marie von Borch, Leipzig: Reclam. Die Bleistifteintragungen finden sich im Anschluß an die Erzählung »Frau

Fönß« und auf dem Inhaltsverzeichnis. Es sind die Stücke »Denn wir sind nur die Schale und das Blatt ...«, »Herr, wir sind ärmer denn die armen Tiere ...« und »Mach Einen herrlich Herr, mach Einen groß ...«, die im »Stunden-Buch« auf den Dreizeiler folgen: »O Herr, gieb jedem seinen eignen Tod ...« (der Jacobsen-Band ist im R.-Archiv erhalten). Mehrere Gedichte, die R. hier als Schluß der »Gebete« vorsieht, nimmt er schon in die Reinschrift für Lou A.-S. (Paris, Frühsommer 1903) nicht auf. Das letzte dieser Gedichte bezieht sich auf Rodin: »Nur Einer ist, ein Wachender, ein Reifer, / ein großer Für-Sich-Redender im Stein ...« Auch diese Verse entwirft R. in das genannte Buch, sie stehen auf dem Titelblatt.
17. APRIL: R. läßt den Plan, nach Assisi zu fahren, »wo der heilige Franz sein Lied an die Sonne geschrieben hat«, der Kosten und der umständlichen Reise wegen fallen. (An Clara R.)
19./20. APRIL: Niederschrift des Franz von Assisi gewidmeten Schlußgedichtes für die »Gebete«: »O wo ist der, der aus Besitz und Zeit / zu seiner großen Armut so erstarkte ...« Dieser »Hymnus auf den Heiligen Franz« (so im Herbst 1926 im »Inselschiff«) endet in den Verszeilen: »O wo ist er, der Klare, hingeklungen? ... der Armut großer Abendstern.«
22. APRIL: R. schiebt die Rückkehr nach Paris noch auf, um »wirklich in guter und ruhigerer Verfassung« abzureisen: »Ferner war es, mitten in den weniger guten Tagen, als wollte ein kleines Klingen in mir anheben, vielleicht ein ganz, ganz kleines nur, nach so langer Zeit – und da erschien es mir nicht gut, mit diesem Klang-Keim in die große Eisenbahn und dann zu neuen Eindrücken in Genua und Dijon zu fahren ...« (An Clara R.)
23. APRIL: In einem langen Brief an Franz Xaver Kappus schreibt R. über Jacobsen und Richard Dehmel.
Am selben Tag sendet R. seinem Verleger Axel Juncker ein Manuskript mit Übersetzungen von Gedichten Sigbjörn Obstfelders zurück – mit eingehender Kritik. »Man kann Prosa so nur übersetzen, wenn sie schlecht ist; aber man kann nicht einmal schlechte Gedichte so übersetzen, denn Gedichte sind Dinge, darinnen jedes Wort, der Fall jedes Wortes und sein Ton so genau und bestimmt feststehen muß, daß es sich nicht verschiebt und verrückt und wenn man damit herumwürfe ...« R. empfiehlt Juncker »Obstfelders nachgelassene Sachen mit einem Vorwort von Ellen Key« zu bringen. Ferner beantwortet er eine Frage Junckers: »Das Manuskript, von dem Wilhelm Michel in seinem

(so einseitigen) Aufsatz in der ›Zeit‹ spricht, heißt der Cornet, ist ein längeres, selbständiges Gedicht, das eine Episode aus unserer Familien-Geschichte zur Grundlage hat ...«

24. APRIL: An Clara R.: »Ja, es ist Zeit zur Heimkehr. Ich muß jetzt nur das Geld abwarten, das ich von meinem Vater erbeten habe ... Hier bin ich immer noch bald im Niels Lyhne, bald in der Bibel und viel in Deinen lieben, lieben Briefen, die mir das Allerliebste von allem sind. Auch in meinen Büchern finde ich viel; gehe in den Geschichten vom lieben Gott umher und freue mich an vielem und verzeihe ihnen das, was mir nicht gut scheint, um des anderen willen, was wesentlich ist und schön und was auch nicht mehr anders wird.«

25. APRIL: R. teilt Rodin mit: »J'ai l'intention de rester encore un jour à Gênes, et de faire un petit séjour à Dijon pour admirer l'œuvre de ce grand Claus Sluter, dont on connaît si peu la gloire.«

Unter demselben Datum schreibt R. Holitscher von seinem Plan, »mit des Herbstes erstem Anfang (wahrscheinlich) nach Italien« zu gehen, »um den Winter dort, vielleicht sogar in Rom zu verbringen«. Über seine Lektüre heißt es, er habe »Walter Paters Imaginäre Porträts gelesen und ein schlechtes langweiliges Buch des Russen Mereschkowski über Lionardo da Vinci«.

28. APRIL: Morgens Abreise von Viareggio, ½4 Uhr Ankunft in Genua, wo R. entgegen seinen Plänen nur ein paar Nachmittagsstunden bleibt. Später erinnert R.: »Genua: Sie können sichs nicht stolz genug vorstellen. Die Überhebung seiner Paläste ... ist ohne Gleichen. In einer Höhe, wo andere Häuser sich erschöpft haben, entfalten diese sich zu Terrassen, zu Plätzen, zu ganzen Gärten, die sie hinaushalten über die Stadt, die, gedrängt, als ob sie ihre Gassen erwürgen wollte, in riesigen Stufen den glänzendsten Abhang ersteigt.« (An Sidie Nádherný, am 13. 3. 08)

29. APRIL: »Ich fuhr durch unendliches Grau, durch viele Regen und durch Avignon, das so ist, wie Frau Fönß und Ellinor es gesehen haben. Immer noch so. Ich bin froh, nirgends gerastet zu haben ...«, berichtet R. aus Dijon seiner Frau.

Gerhart Hauptmann an R.: »Nach Paris kommt jetzt mein Sohn Ivo. Er ist lang und knochig aber erst 17 Jahre. Vielleicht wird ein Maler aus ihm. Er soll Sie besuchen, lieber Freund, und Ihre verehrte Gattin, und ich empfehle Ihnen seine Jugend. Und üben Sie, bitte, auch Nachsicht mit ihm.«

1. MAI: R. trifft in Paris ein. »Gleich nach meiner Rückkehr aus Italien

ereilte mich ein neuer heftiger Influenza-Anfall, von dem ich auch jetzt noch nicht ganz erholt bin«, wie R. am 13. Juli an Ellen Key schreibt.

12. MAI: R. versichert Gerhart Hauptmann, er und seine Frau seien gerne bereit, Hauptmanns Sohn Ivo während seines Besuches in Paris zu betreuen, ihm in Ausstellungen und bei Atelierbesuchen zu helfen – R. spricht von Ignacio Zuloaga –. Auch Photographien von Plastiken Rodins auszusuchen, wird R. eine Freude sein, ebenso ist er bereit, sich nach dem Preis von Rodins kleinen Plastiken zu erkundigen.

MAI: In den Band von Giacomo Leopardi »Poesie« trägt R. ein: »(Paris, May 1903)«.

13. JUNI: »Ich bin vor etwa fünf Wochen ziemlich erholt von Italien zurück gekehrt; aber ich war kaum zehn Tage in Paris, als mich aufs neue eine Art Influenza-Anfall (in heftigster Form und mit Fieber) überraschte; ich war ziemlich lange leidend«, heißt es an Juncker, »mich strengt alles noch zu sehr an und eine Viertelstunde Lesens oder Schreibens verursacht mir Augenschmerzen und arges Unbehagen.« R. lehnt es ab, die ihm angetragene Monographie über den norwegischen Bildhauer Gustav Vigeland zu verfassen: »ich kann Ihnen leider über Vigeland nicht schreiben – denn dazu müßte ich seine Werke sehen, sehen und wiedersehen, und womöglich ihn selbst. Das ist ja aber nicht möglich. Was ich von seinen Sachen aus Reproduktionen des ›Pan‹ und nach Photographien kenne, hat mir Eindruck gemacht; aber das hilft nicht zu einem Buche über ihn.« Vigeland, von Rodin beeinflußt, war ein Freund Obstfelders.

16. JUNI: R. bedauert, daß ihn Ivo Hauptmann verfehlt hat: »Ich hätte Ihnen schreiben müssen, daß ich immer nachmittags im Atelier bin ...« (bei Clara R.).

17. JUNI: An Gerhart Hauptmann: R. weiß Ivo Hauptmann bereits in Dresden zurück. Das Jahr sei für R. ein von Mißgeschicken eng verstelltes Jahr, voller Traurigkeit, voller Bedrängnis durch die große harte Stadt. R.s wollen fort aus Paris, wissen jedoch nicht, wohin, so haben sie »nirgends hin heimzukehren«, nicht einmal zu ihrer kleinen Ruth. Mit Ivo H. hat R. fünf Aufnahmen von Arbeiten Rodins ausgesucht.

19. JUNI: Niederschrift des Gedichtes »Das Abendmahl«, aufgenommen in die 2. Ausgabe des »Buch der Bilder« 1906.

FRÜHSOMMER: R. fertigt noch in Paris eine Reinschrift des »Buches von der Pilgerschaft« aus dem September 1901 und des Buches »von der Armut und vom Tode« (Viareggio) an.

23. JUNI: R. bittet um einen Abschiedsbesuch Rodins im Atelier seiner Frau: 1, rue Leclerc (Le quartier du Lion de Belfort), und um ein Zeugnis für Clara R., das für ein Bremer Senatsstipendium verlangt wird: »ma femme peut espérer de recevoir une bourse annuelle de la part du Sénat de Brême ... Mais à la demande officielle, elle doit ajouter une courte attestation qui la déclare digne de recevoir ce secours pour continuer ses études ...«

Am selben Tag schreibt R. zum ersten Male wieder an Lou Andreas-Salomé seit deren »letztem Zuruf« vom 26. 2. 1901. »Seit Wochen will ich diese Worte schreiben und wage es nicht aus Furcht, es könnte viel zu früh sein ...« R. werde im Juli und August voraussichtlich in Worpswede sein: »Wenn ich in dieser Zeit einmal nur, für einen einzigen Tag bei Euch Zuflucht suchen dürfte ...«, er erbittet außerdem die Adresse des Wiener Nervenarztes Dr. Friedrich Pineles.

R. läßt diesen Brief über Johanna Niemann, die er in Danzig kennengelernt hat, eine Freundin von Lou A.-S., an diese gelangen. Lou A.-S. antwortet: »Lieber Rainer, jederzeit kannst Du bei uns sein, in schweren wie in guten Stunden. Und doch schlage ich vor: laß uns in diesem Fall zunächst schriftlich uns wiedersehn. Für zwei alte Schreiberiche wie wir bedeutet das ja nichts Künstliches ...« (27. 6. 03 aus Berlin)

30. JUNI: Dank und Bedrängnis R.s kommen unmittelbar in den neun langen Briefen zum Ausdruck, die er zwischen dem 30. 6. und 21. 8. 03 an Lou A.-S. schreibt. Als erstes berichtet er von seinem Leben seither: »ich bin immer noch Lebens-Anfänger und habe es schwer.« R. beschreibt Lou »verschiedene schmerzhafte Zustände«, »tiefe unsägliche Ängste«, die Influenza-Anfälle und die Sorgen: »hier, wo armsein und untergehen so ähnlich sind«. Er schreibe mitten im Packen, Clara und er »werden in Worpswede sein, Gäste Heinrich Vogelers, der uns ein paar Stuben bereitet hat, und bei dem wir zwei Monate bleiben wollen ... wir hatten keine Wahl und mußten nehmen was sich bot.«

1. JULI: Abreise aus Paris nach Worpswede zu Vogelers.

5. JULI: Lou A.-S. schreibt: »Lieber Rainer, kein Grund zur Furcht. Bei diesen letzten Fällen kann ganz banal die wiederholte Influenza schuld haben: nicht nur Erwachsene, sogar Kinder, erleiden bisweilen hinterdrein die stärksten Depressionen und seltsamsten Geisteszustände ...«

13. JULI: R. an Lou A.-S.: »so will ich versuchen ohne Furcht zu sein.« Er habe viel Schmerzen, lauter Ungemach, Regentage, eine kalte Stube –

die Zeit sei hingegangen in fortwährender Gegenwehr. Nun habe er eine »kleine rothe Stube ... die mit einem hellen Fenster nach Süden sieht ... Ich werde hier viel in meiner Stube sitzen und barfuß in meinem blauen russischen Hemde im Garten auf und niedergehen. Und irgend eine Arbeit versuchen. Eine Übertragung des slówo o polkú Igorja wurde noch in Paris begonnen; vielleicht wächst sie hier. Vorläufig fällt das Schreiben mir schwer.« »Ruth werden wir auch wiedersehen. Sie wohnt zwei Stunden von hier auf einem Landgut bei den Eltern meiner Frau.«
Auch an Ellen Key schreibt R. am 13.7.03; unter anderem: »Und im Herbst gehen wir zu neuer Arbeit nach Italien. ... Daß Georg Brandes sich für das Rodinbuch hat interessieren können (Bojer schreibt mir davon!) ist eine große Freude für mich.«
16. JULI: R. ermutigt Franz Xaver Kappus, »aus sich, aus Ihrer Anlage und Art, aus Ihrer Erfahrung und Kindheit und Kraft heraus ein ganz eigenes (von Konvention und Sitte nicht beeinflußtes) Verhältnis zu dem Geschlecht zu erringen ... Die körperliche Wollust ist ein sinnliches Erlebnis, nicht anders als das reine Schauen oder das reine Gefühl, mit dem eine schöne Frucht die Zunge füllt ...« Ein weiteres Thema: »Vermeiden Sie, jenem Drama, das zwischen Eltern und Kindern immer ausgespannt ist, Stoff zuzuführen ...«
17. JULI: An Ernst Hardt schreibt R. über dessen Schauspiel »Der Kampf ums Rosenrote« (Insel-Verlag 1903): »Wenn mir etwas fremd ist daran, so ist es die für die Bühne bereitete und berechnete Form ... Ich weiß selbst nicht. wie ich dieser Form so allmählich entfremdet bin, dieser Form und dem Theater, welches sie verlangt. Aber Sie wollten ja, aus Gründen die ich begreife, für dieses Theater schreiben (ich kann es leider nicht oder nicht mehr) ...«
18. JULI: An Lou A.-S.: »Ich möchte Dir sagen, liebe Lou, daß Paris eine ähnliche Erfahrung für mich war wie die Militärschule ...« Was R. in diesem Brief an Entsetzen darstellt, wird später in »Die Aufzeichnungen des Malte Laurids Brigge« eingeschmolzen. Schon hier finden sich Hinweise auf das 30. Kapitel des Buches Hiob und die für R. wichtigen »Petits poèmes en prose« Baudelaires. R. klagt, daß er aus den Ängsten keine Dinge habe bilden können: »Dinge machen aus Angst. Einmal gelang es, wenn auch nur für kurze Zeit. Als ich in Viareggio war ...« R. berichtet von dem dort entstandenen »Buch Gebete«, die er ihr »zu den anderen legen« möchte. »Lou, hast Du meine Bücher einmal gesehen, das über Worpswede und das von dem Werke Rodins?«

22. JULI: Lou A.-S. antwortet: »Und die eigenthümliche Beseelung kam über mich, die auch von Eindrücken des Elends ausgeht, wenn nicht nur das Leben sie schuf, sondern nach dem Leben auch noch der Schaffende, Umschaffende. Denn darin irrst Du Dich: daß Du alle diese Dinge nur hülflos miterlitten hast, ohne sie im höhern Prozeß zu wiederholen. Sie sind alle da: nicht mehr nur in Dir, jetzt auch in mir, und außerhalb unserer als lebendige und selbstberedte Dinge, – nicht anders als irgend ein Lied das Dir kam.«
ENDE JULI: Etwa vom 24. bis 31.7. sind R. und seine Frau für eine Woche bei den Westhoffs in Oberneuland, um mit ihrer Tochter Ruth zusammenzusein; Ruth ist damals ein Jahr und 8 Monate. Das ehemalige Bauernhaus gehört der Familie W. nicht.
25. JULI: An Ellen Key schreibt R. von Ruth: »Am Morgen, wenn sie aufwacht, erzählt sie uns von sich in ihrer selbstgebauten, ausdrucksvollen Sprache ...« Über die weiteren Pläne heißt es: »dann reisen wir voraussichtlich über Venedig – Florenz (mit kurzen Aufenthalten) nach Rom, wo meine Frau vermuthlich den ganzen Winter wohnen und arbeiten wird. Mich hat Paris gelehrt, daß ich die großen Städte nur ... mit großem Schaden ertragen kann, und deshalb werde ich wahrscheinlich nur zwei oder drei Monate in Rom bleiben und dann irgendeinen stilleren Ort suchen.« R. schickt einige Bilder: »Mein Bild ist aufgenommen Ostern 1902, das meiner Frau ganz kürzlich, in ihrem Atelier in Paris, und das Bildnis der kleinen Ruth stammt aus dem April dieses Jahres.«
Auch an Lou A.-S. schreibt R. an diesem Tag, er dankt für ihren Brief: »ich ... nahm ihn auf wie Neues, Unerhofftes, wie über alle Maßen Gutes. ... ich glaube es selbst, daß die Erfahrungen der letzten Jahre gut waren für mich ... Aber halten kann sich doch niemand an mir: mein kleines Kind muß bei fremden Leuten sein, meine junge Frau, die auch ihre Arbeit hat, hängt von Anderen ab, die für ihre Ausbildung sorgen, und ich selbst kann nirgends nützlich sein und nichts erwerben.«
1. AUGUST: Nach Worpswede zurückgekehrt, übersendet R. Lou A.-S. seinen »Rodin« mit dem Widmungsgedicht: »Ich will vom Leben eines schönen Dinges / ehrfürchtig reden weil ich sehr begehre / daß ich bei Dingen Ding geworden wäre ...« Und er schreibt ihr, sie wollten nun doch schon vor Ende August aufbrechen, in Leipzig R.s Vater treffen und dann nach Rom gehen: »denn es verlangt mich sehr, die Antike zu sehen ... und ich fühle einen italienischen Aufenthalt jetzt als eine

natürliche Fortsetzung des Besten was Paris mich lernen ließ ... Da war noch vieles in Paris, was ich Dir sagen möchte und Du mußt auch erfahren von dem Mont Saint Michel, der gothischen Kirchenburg des Erzengels, die an der Nordküste der Normandie aufragt, fast ganz umgeben vom Meer ...«

8. AUGUST: Die Geburt von Vogelers zweiter Tochter veranlaßt R.s., nach Oberneuland zu übersiedeln – von dort erhält Lou A.-S. den ersten von zwei Briefen, in denen R. ihr Rodin als Menschen und Künstler darstellt. Dieser Brief enthält R.s im April in Viareggio entstandenes Gedicht »Der Einsame. Wie einer, der auf fremden Meeren fuhr ...« und kritische Äußerungen über Vogelers künstlerische Entwicklung: »Und es wird immer kleiner um Heinrich Vogeler ...«

10. AUGUST: R. antwortet auf einen Brief von Lou A.-S., in dem sie sein Rodin-Buch mit den Worten bestätigt: »Der künstlerische und sachliche Werth, den das Rodinbuch durch Deine schöpferische Hingabe empfing, ist sehr groß und durch nichts zu theuer erkauft.« In R.s Brief heißt es: »Nichts könnte mich so mit Sicherheit und mit Hoffnung erfüllen wie dieses Jasagen von Dir zu meinem erwachsensten Werke.« Sein Problem aber bleibe: »Arbeiten muß ich lernen, arbeiten. Lou, das fehlt mir so! Il faut toujours travailler – toujours –« habe Rodin ihm gesagt, und er fragt: »Liegt das Handwerk vielleicht in der Sprache selbst, in einem besseren Erkennen ihres inneren Lebens und Wollens, ihrer Entwicklung und Vergangenheit? (Das große Grimm'sche Wörterbuch, welches ich einmal in Paris sah brachte mich auf diese Möglichkeit ...)« – »Oder liegt es in einer gewissen, gut ererbten und gut vermehrten Kultur? (Hofmannsthal spräche dafür; ein kleiner Aufsatz aus der Neuen Freien Presse, den ich in diesen Tagen zufällig erhielt und den ich nun beilege, spräche dafür; er ist schön, das schöne Handwerk, das zu seiner schönen Kunst gehört.) Aber bei mir ist es anders, gegen alles Ererbte muß ich feindsälig sein und mein Erworbenes ist so gering. Ich bin fast ohne Kultur.« Hofmannsthals Aufsatz »Sommerreise« erschien am 18.7.03.

11. AUGUST: In einem Brief vom Vortag hat Lou A.-S. geschrieben, sie meine nicht, »daß Kunst und Leben am weitesten kommen, wenn sie zweierlei sind«; darauf antwortet R.: »auch ich will ja Kunst und Leben nicht voneinanderreißen: ich weiß, daß sie irgendwann und irgendwo eines Sinnes sind. Aber ich bin ein Ungeschickter des Lebens und darum ist es, wie es sich um mich zusammenzieht, sooft ein Aufenthalt für

mich, eine Verzögerung, die mich viel verlieren läßt ... die Kunst ist ein Ding viel zu groß und zu schwer und zu lang für ein Leben ...« R. verweist auf Hokusai, auf Rodin und Lionardo, »sie haben immer in ihrer Kunst gelebt und haben, versammelt um das Eine, alles andere zuwachsen lassen«.

R. dankt an diesem Tage Ellen Key für ihr Buch »Menschen«, welches »täglich auf seine feine Art zu uns spricht«. In diesem Buche ist auch Marianna Alcoforado erwähnt.

R. beschreibt in einem Brief an Zwintscher seine Tochter: »Ruth hat sich sehr entfaltet und entwickelt« – »uns war es schwer, in dem laufenden, aufrechten und sprechenden Kindchen, das kleine viel hülflosere Wesen wiederzufinden, von dem wir im Herbst des vorigen Jahres fortgegangen waren.«

15. AUGUST: In einem weiteren Bekenntnisbrief versucht R. eine noch genauere Selbstanalyse für Lou A.-S., darin geht es auch um ›ein Gebrechen seiner Natur‹, die Unfähigkeit für Gespräch und Verkehr. Er hoffe nun, in Italien »tief und gesammelt arbeiten« zu lernen: »wenn ich dort doch ein hohes Zimmer fände, eine Terrasse, eine Allee«.

18. AUGUST: R. fragt Ellen Key, aus deren Buch »Menschen« ihn die Darstellung der Brownings besonders angesprochen hat: »ist es möglich in Venedig (wir werden zwei Tage dort zubringen) den Palazzo Rezzonico zu betreten und was muß man thun, um diese Vergünstigung zu erreichen? ... ich wäre vorbereitet, die Bildnisse der Brownings und die Dinge zu sehen, über denen ihr schönes Leben eine Weile verweilte.«

21. AUGUST: R. übersendet eine in einem Heft vereinigte Abschrift des zweiten und dritten Buches der »Gebete«, des späteren »Stunden-Buches« an Lou A.-S., die das erste Buch bereits besitzt; die Handschriften erhielten sich in ihrem Nachlaß.

R. und seine Frau reisen nach Marienbad, wo sie mit R.s Vater zusammentreffen. Dieser hat zuvor geschrieben: »ich wünsche, daß Du gut angezogen bist« – »ohne auf Abnormitäten zu sehen« (René könne sich bei seinem Prager Schneider einen Anzug machen lassen). »Leider kann ich für Clara nichts machen, hoffe aber, daß sie auch gut angezogen geht.« Sie bleiben bis zum 25.8.03.

25. AUGUST: R. und Clara besuchen für einen Tag Phia Rilke in Karlsbad.

27. BIS 29. AUGUST: R.s machen in München Station, um Bilder von Zuloaga zu betrachten.

ENDE AUGUST BIS 9. SEPTEMBER: Zunächst besuchen R. und seine Frau Venedig, dann Florenz. Dort »war viel Wiedersehen; aber es muß eigentlich Frühling sein in Florenz; er fehlte überall, nur in S. Miniato drin war Frühling«; von der Reise schreibt R. außerdem: »in München und in Venedig waren die Bilder Zuloagas das Wichtigste für mich.« (An Holitscher, 5.11.03)

In Rom

SEPTEMBER: In der »Deutschen Arbeit« (Jg. 2, Heft 12) erscheint R.s Gedicht »Der Panther« aus dem November 1902. Im selben Heft findet sich der Aufsatz »R. M. R. als Kunstschriftsteller« von Wilhelm von Scholz.

10. SEPTEMBER: Ankunft in Rom; nach einigen Wochen des Suchens bezieht Clara R. Atelier und Wohnung in der Villa Strohl-Fern, R. wohnt bis Ende November in der Via del Campidoglio 5: »im letzten steilen Haus über dem Forum, das war sogar meine erste römische Wohnung«, erinnert sich R. am 1.4.1920 (an Elya Nevar).

30. SEPTEMBER: R. schildert seiner Mutter die ersten Eindrücke von Rom im Gegensatz zu Florenz: »Rom ist mächtiger, es hat viel mehr aus allen seinen Zeiten und hat viel mehr Vergangenheit überlebt, – aber es ist auch viel stylloser. Vielmehr wie eine einzige große Ausstellung in der man rasch müde wird ...«

ANFANG OKTOBER: Professor Andreas und Lou A.-S. ziehen nach Göttingen, wohin er einen Ruf für westasiatische Sprachen erhalten hat.

29. OKTOBER: R. schreibt an F. X. Kappus: »In Rom trafen wir vor etwa sechs Wochen ein, zu einer Zeit, da es noch das leere, das heiße, das fieberverrufene Rom war ...« R. klagt über die Fremdheit der Stadt, ihre »unlebendige und trübe Museumsstimmung«. Einzig die Wasser der Aquaedukte und Brunnen, der Gärten hebt er hervor. »Noch wohne ich in der Stadt auf dem Kapitol, nicht weit von dem schönsten Reiterbilde, das uns aus römischer Kunst erhalten geblieben ist, – dem des Marc Aurel ...«

3. NOVEMBER: Lou A.-S. beschreibt R. seinen Rom-Eindruck ähnlich, er hebt nur den Marc Aurel hervor und unter den ›sinnlosen Statuen‹ in den Museen werde er sich nur weniger erinnern, »eines schönen Mar-

mor-Dinges im Museum Ludovisi (des Thrones der Aphrodite), einer Säule in irgend einer kleinen, vergessenen Kirche, irgendwelcher ganz unbekannter Sachen ...« Er will arbeiten, lesen, und bittet Lou A.-S., ihm eine ›moderne, wissenschaftliche gute deutsche Bibel-Ausgabe‹ zu nennen. Sie empfiehlt für das Alte Testament die Ausgabe von Kautzsch, für das Neue die von Carl Weizsäcker.

Auch an Ellen Key schreibt er am 3.11.: »ich hatte seit wir hier sind, so schlechte Tage ...« Von der Reise berichtet er: »Man ließ uns ohne weiters im Palazzo Rezzonico ein und wir ergingen uns darin voll guter Gedanken. Mit den Gestalten des Dichterpaares erfüllt (wie Ihr liebes Buch sie uns gegeben hat) fanden wir den Palast nicht leer und das Leben, das ihn durchzitterte kaum noch verhallt. Es war unser bester venezianischer Tag, der, als die Gondel uns an die Stufen dieses reichen Palastes trug ...«

An Axel Juncker schreibt R. an diesem Tag: »daß es mir nicht gut geht, mit der Gesundheit zwar besser, – aber mit der Arbeit nicht gut. Ich lebe in tiefer seelischer innerster Verstimmung, die mich zu allem unfähig macht.«

5. NOVEMBER: An Holitscher: »Wir waren in Tre Fontane, wir haben vor dem Tartarughe-Brunnen gestanden und in den Kirchen die schönen Mosaiken gesehen, die Sie lieben. Der Borghese-Garten war auch uns schon in den ersten Tagen ein vertrauter Zufluchtsort; – und eine Zuflucht tat uns not, da besonders die Museen mit den vielen erbärmlichen Statuen uns hilflos machten ... jetzt habe ich das Gefühl, als hätten die Römer eine sehr treffliche Malerei, aber eine ganz untergeordnete dekorativ-oberflächliche Plastik gehabt ...« Mitte des Monats hofft R. »ein kleines Haus, das entlegenste und letzte in dem großen verwilderten Garten der Villa Strohl-Fern«, zu beziehen.

Aus der Via del Campidoglio sendet R. ein Billet zu Clara in die Villa Strohl-Fern: »Sorge Dich nicht, wenn auch jetzt Abende voll Mondlicht vergehen, während ich hinter verhängtem Fenster bei meiner Lampe bin ... im kleinen Lichtkreis scheint es leichter, sich zu sammeln, als draußen in der im Mondlicht wachsenden Nacht: für die muß man erst wieder etwas geworden sein, um sie als den Raum zu fühlen, in dem man allein ist und in den man gehört.«

13. NOVEMBER: Anläßlich ihres Einzuges in das Haus »Loufried« in Göttingen gedenkt R. in einem Brief an Lou A.-S. jenes ersten »Loufried« in Wolfratshausen: »Du warst alles Zweifels Gegentheil ... Die

Welt verlor das Wolkige für mich, dieses fließende Sich-Formen und Sich-Aufgeben, das meiner ersten Verse Art und Armuth war; Dinge wurden, Thiere, die man unterschied, Blumen, die waren ...« Die Gefahr, sich »an Formloses fortzugeben«, bestehe weiter wie die Aufgabe: »Wirklicher unter Wirklichem zu sein. Nur in den (so seltenen) Arbeitstagen werde ich wirklich, bin ...«

17. NOVEMBER: R. nimmt den Vorschlag Junckers an, gegen ein Honorar von 50 Mark monatlich für den Verlag als Lektor tätig zu sein. Das Manuskript »Fontes Melusinae« von K. E. Knodt sendet er mit ablehnendem Bescheid zurück.

1. DEZEMBER: R. zieht in das Studio al Ponte im Park der Villa Strohl-Fern, einen schlichten Raum über einer Brücke.

5. DEZEMBER: R. empfiehlt Juncker den Roman »Der Kleine« von Johannes Schlaf zur Annahme, zwei andere Manuskripte beurteilt er negativ.

8. DEZEMBER: R. dankt seiner Mutter für ihr Gedenken zu seinem achtundzwanzigsten Geburtstag. »Am Abend lasen wir Hofmannsthals wunderschönes Drama ›Elektra‹ und bereiteten uns damit eine feierliche Stunde.«

19. DEZEMBER: An Arthur Holitscher heißt es: »Elektra habe ich bald nach Ihrem Briefe gelesen. Mit großer Bewunderung, mit Staunen und Hingabe an den Sturm dieses heulenden Buches.« Hofmannsthals »Elektra« war 1903 herausgekommen.

22. DEZEMBER: An Ellen Key schreibt R.: »Nach vielen langen Regentagen mit schweren, fallenden Himmeln hebt hier eine Art von Frühling an ...« Er und seine Frau werden Weihnachten kaum feiern: »wir werden in dem entlegenen kleinen Gartenhaus sitzen und an jene denken, die Weihnacht haben; an unsere kleine liebe Ruth ...«

23. DEZEMBER: Weihnachtsbrief an F. X. Kappus: »Sie sollen nicht ohne einen Gruß von mir sein, wenn es Weihnachten wird und wenn Sie, inmitten des Festes, Ihre Einsamkeit schwerer tragen als sonst ...«

WEIHNACHTEN: Juncker hat R. Hofmannsthals »Das kleine Welttheater« gesandt – »Über dem lauten Lesen von Hofmannsthals schönen Versen ging der Abend groß und feierlich hin ...« (An Juncker, 31.12.03)

ENDE DEZEMBER: R. schreibt an seinen Schwager Friedrich Westhoff, der beim Militär eine Arreststrafe erhalten hat: »Ich habe ja jene militärischen Härten und Hartnäckigkeiten frühzeitig kennen lernen müssen, und weiß wie schwer sie zu ertragen sind, aus eigener Erfahrung zum Theil! Nichts desto weniger finde ich die Strafe reichlich lang für ein kleines Zu-Spät-Kommen ...«

Während des Jahres 1903 erscheinen Arbeiten R.s nur im »Jahresbericht der Lese- und Redehalle jüdischer Hochschüler« Wien, im »Bremer Tageblatt« und in »Deutsche Arbeit« Prag. Das »Oesterreichische Novellenbuch«, zweite Sammlung, im Verlag von Carl Fromme, Wien, bringt R.s Geschichte »Der Totengräber«. Hans Benzmann veröffentlicht in der Anthologie »Moderne deutsche Lyrik«, Leipzig 1903, Universal Bibliothek 4511-15, mit R.s Einverständnis Gedichte aus »Advent«, »Mir zur Feier«, »Larenopfer« und »Traumgekrönt«.

1904

In diesem Jahr bringt Bard in Berlin eine zweite, unveränderte Auflage von R.s »Auguste Rodin« heraus.
WINTER 1903/04: In einem Ausgabenbuch R.s findet sich der Titel von Boccaccios »Leben Dantes« und die Anführung der Geschichte von den Lichtern, die jemand ungestraft vom Altar fortnahm, um sie auf Dantes Grab zu stellen: »nimm sie, du bist würdiger als jener ...«
ANFANG DES JAHRES gelingen R. die drei großen Gedichte »Hetären-Gräber«, »Orpheus. Eurydike. Hermes« und »Geburt der Venus«, die beiden letzten in einer ersten Fassung, die R. im Herbst 1904 in Furuborg überarbeitet; er stellt sie später an den Schluß der »Neuen Gedichte«.
In die zweite Ausgabe des »Buch der Bilder« (1906) wird aus dieser Zeit nur das Gedicht »Die aus dem Hause Colonna« aufgenommen.
R. schreibt 1907 an Paula Modersohn-Becker: »Karl Hofer sah ich vor drei Jahren oft in Rom, war aber zu dumm, ihn kennenzulernen, was zwanzigmal beinah nicht zu vermeiden war. Später erzählte mir E. R. Weiß (der Maler) von ihm; aber gesehen habe ich kaum je etwas, ein paar kleine Sachen in der ›Insel‹ abgerechnet.« (17. 3. 07 aus Capri)
Frühestens Anfang 1903 in Paris, wahrscheinlicher in diesem Winter, schreibt R. das Fragment von den Einsamen nieder, als Vorläufer zu den »Aufzeichnungen des Malte Laurids Brigge«: »Eingang. Ist es eine Frage? Ja, eine Frage ...«
15. JANUAR: In einem langen Brief an Lou A.-S. ruft R. die Erinnerung an antike Malereien herauf, Wandbilder aus einer Villa bei Boscoreale, die er »in Paris, bei Durand-Ruel« im Vorjahr gesehen hat. Das Bild von dem Angekommenen, nun Sprechenden vor einer sitzenden Frau wird ihm zum Gleichnis seiner Beziehung zu Lou A.-S. Sie selbst hat diese

Schilderung später in ihrem Roman »Das Haus«, Berlin 1921, verwendet.
16. JANUAR: Rudolf von Poellnitz, damals Leiter des Insel-Verlages, hat R. zu dessen Freude eine zweite Auflage des Buches »vom lieben Gott« vorgeschlagen. R. antwortet zusagend und begründet dies: »Das eine ist, daß Ellen Key einen größeren Aufsatz vorbereitet, darin ganz besonders dieses Buch, welches ihr sehr lieb ist, vor meinen anderen Büchern, eine Stelle haben soll, – das andere, seine bevorstehende Übersetzung ins Schwedische ...« R. fährt fort: »Mit diesen beiden Daten ist, wie ich wohl fühle, eine Neuausgabe noch keineswegs motiviert; sie wäre besser begründet, wenn zu gleicher Zeit jener 2. Theil der ›Geschichten vom lieben Gott‹, dessen Abfassung längst zu meinen liebsten Plänen gehört, erscheinen dürfte. Dann könnte man darangehen, zwei kleine Bände zu machen ... ähnlich jenen von Dr. Paul Ernst herausgegebenen Altitalienischen Novellen-Bänden ...« Weiter heißt es: »Es ist da (wie auch heute schon nebenbei erwähnt sein mag) noch ein anderes Manuskript, für welches ich einmal den Insel-Verlag zu gewinnen hoffe; doch kann von diesem erst in ein oder zwei Jahren die Rede sein.« Es handelt sich hierbei um »Das Stunden-Buch«. R. fragt auch nach möglichen Honoraren; für die »Geschichten vom lieben Gott« habe er nur einmal eine Abrechnung über 50 Mark erhalten (23.1.1902). Falls ihm der Verlag keine »guten Aussichten« machen könne, werde er auf die Vorschläge Axel Junckers eingehen müssen. In einer Nachschrift erbittet R. aus dem Insel-Verlag Soeren Kierkegaards »Das Tagebuch des Verführers« mit Nachnahme.
21. JANUAR: In seinem nächsten Brief an Lou A.-S. beschreibt R. sein Leben im Park der Villa Strohl-Fern, seine Arbeit im Garten, seine selbst zubereiteten Mahlzeiten, das Studio al Ponte: »Meine Fenster sind groß; ich sehe den Park sich aufbauen und viel Himmel, also auch viel Nacht. Vor dem einen steht der Schreibtisch, und das Stehpult, an dem ich meistens bin, hat seinen Platz in der Mitte des Zimmers so, daß es sich beider Fenster erfreut. – Am Vormittag schreitet dort langsam die Übersetzung des Slówo o polkú Igorjá vor, zu der ich nach langer Pause wieder zurückgekommen bin ...« Er lese »Ellen Olestjerne« von Franziska Reventlow, das er zu besprechen habe.
23. JANUAR: R. dankt H. von Poellnitz für die ›guten Vorschläge‹. Als Muster für die »Geschichten vom lieben Gott« gefällt ihm besonders der Band von Brownings »Paracelsus«: »Nicht Größe und Art des Einbands

allein sollte der Neugestaltung vorbildlich sein, auch inneres Titelblatt, Papier und Schrift ...« Nur der Titel soll geändert werden, »im Inneren läßt sich – wie ich mich in diesen Tagen überzeugt habe – nichts wegnehmen, ohne daß auch das Nächste und Übernächste einfällt.« Über den geplanten zweiten Teil schreibt R.: »wenn meine Gesundheit gut ist und die ruhige Sammlung (die ich zu lange entbehrt habe) mir hier in diesem stillen römischen Garten (in dem ich ein ganz kleines Gartenhaus bewohne) eine Weile gewahrt bleibt, so hoffe ich Ihnen das Manuscript im Sommer senden zu können; denn auch mir wäre es lieb, wenn das neue Buch schon im Herbst erscheinen könnte.« Dieser Plan wird ebensowenig verwirklicht wie der folgende: R. schlägt dem Verlag die Bücher von Francis Jammes zur Übertragung vor: »Ich denke daran, weil gerade das intimste seiner Bücher, die Geschichte der ›Clara d'Ellébeuse‹ (ou l'Histoire d'une ancienne jeune fille) vor mir liegt und in mir klingt.«
28. JANUAR: R. schlägt Max Brod die Bitte ab, ihm etwas für eine Lesung zu schicken: »Es muß gar nicht erst zur Sprache kommen daß ich nicht gerne Arbeiten zum Vorlesen gebe, ohne selbst auf die Art dieser Lesungen Einfluß haben zu können!«
30. JANUAR: R. schreibt Ernst Hardt ausführlich über dessen ihm vom Insel-Verlag in einer Sendung zugegangenen Novelle »An den Toren des Lebens«: »dieses unbeschreibliche kleine Buch gehört zu jenen unendlich kostbaren kleinen Dingen, die uns groß machen wenn wir sie halten; einmal, als ich in Meudon einen kleinen Rodin'schen Frauen-Akt hielt, erfuhr ich dieses Gefühl ...« R. beschreibt sein Gartenhaus und den großen wilden Park: »ich betrachte den Lorbeer, der blüht mit hundert unscheinbaren Blüten und sehe die Wellen die aufsteigen in seinem Gezweig bis in die schlanken aufgerichteten Blätter. Der leere Feigenbaum steht wie ein siebenarmiger Leuchter neben der Epheu-Wand ...«
6. FEBRUAR: R. meldet Ellen Key, sie seien jetzt »tief in Arbeit«, bittet sie darum, eine Vorrede für eine neue Ausgabe der »Geschichten vom lieben Gott« zu schreiben: »Der Insel-Verlag will die alte, unhandliche und unschöne Ausgabe des ›Lieben-Gott-Buches‹ (die mir immer unlieb war) einstampfen ...«, und fragt schließlich, ob sie den Essay-Band von Michel durch Juncker erhalten habe, den sie zur Vorbereitung ihrer eigenen Studie über R. braucht.
Am selben Tag stellt R. für Emmy von Egidy, eine Freundin seiner Frau und Bildhauerin wie sie, eine Liste der Vorträge zusammen, die sie in

Paris gehört haben, und gibt eine Fülle von Hinweisen, was sie in Paris sehen solle. Dann: »wenn Sie an diesen Orten die gotischen Dinge liebgewinnen, so müßten Sie später Dijon, Chartres sehen und eine Nacht nach Norden fahren, um an einem unvergeßlichen Morgen die Abtei des Mont St-Michel aufsteigen zu sehen, dieses Vorgebirge der Gotik am Rande der Normandie.« An Künstlern kann er ihr nur Rodin und Eugen Carrière nennen.

8. FEBRUAR: R. beginnt mit den »Aufzeichnungen des Malte Laurids Brigge«, eine Arbeit, die er erst am 27. Januar 1910 abschließt. Die erste Fassung des Eingangs – später verworfen – beginnt mit einer Personenbeschreibung ohne Namensnennung: »Zuerst glaubte ich, sein Gesicht würde das unvergeßlichste sein; aber ich fühle, daß ich es nicht beschreiben kann ...«

Aus dieser Arbeitsphase stammt vermutlich ein Manuskriptblatt, das auf der Vorderseite französische und russische Namen, »St. Petersburg. Erlebnis« und fragmentarische Zeilen: »Musik ist sie Blut oder Geist – ...« trägt, auf der Rückseite »Hätte ich geahnt, daß mein Leben so nahe vor einem großen Glück stünde, wie selig hätte ich seine Schwere getragen. Malte Laurids Larsen«; der Name »Larsen« verbessert in: »Brigge«. Nach einem Besuch bei R. schreibt Editha Klipstein im Juli 1915 an Ilse Erdmann, R. habe von der Entstehung des »Malte« gesprochen, 1904 in Rom: »Das erste seien dann die Szenen mit der Christine Brahe, das zweite der Tod des Kammerherren gewesen ...«

16. FEBRUAR: »Ich hoffe, ich komme diesen Sommer dazu, dänisch zu lernen ... die Aussicht, daß es noch Jacobsen'sche Gedichte zu übersetzen gäbe, läßt mir keine Ruhe«, schreibt R. an Axel Juncker, von dem er für dies Vorhaben Rat erwartet.

20. FEBRUAR: In der »Zukunft« (12. Jg., Nr. 21) erscheint R.s Besprechung »Ellen Olestjerne. Eine Lebensgeschichte von Franziska Gräfin Reventlow. Rom. R. M. R.«.

1. MÄRZ: R. sendet Juncker ein Paket mit Manuskripten zurück und ein langes Gutachten, in dem er die Frauen-Romane von drei Schriftstellerinnen ablehnt, »die erschreckend ähnlich sind an Verworrenheit und Wertlosigkeit«, obwohl er die nordischen Schriftstellerinnen Edith Nebelong, Karin Michaëlis und Amalie Skram voll anerkennt. Zur Annahme empfiehlt er »Moralités Légendaires« von Jules Laforgue, die der Verlag auch bringt. R. bespricht sie im November des Jahres für die »Zeit« unter dem deutschen Titel »Sagenhafte Sinnspiele«.

Ferner bittet R. seinen Verleger, seinem Vater ein Exemplar von Wilhelm Michels Essaybuch nach Prag zu schicken (Pflastergasse 5).
3. MÄRZ: R. bemüht sich, Ellen Key seine frühen Werke zu verschaffen, sagt aber: »Sie verlieren nichts, wenn Sie diese Blätter nicht kennen lernen. Mein Können war damals so gering, mein Fühlen unreif und verängstigt, und es kommt noch dazu, daß ich für alle ersten Veröffentlichungen immer das schlechteste und unpersönlichste aus meinen Versuchen zusammenstellte, weil ich mich nicht entschließen konnte das, was mir wirklich lieb war, preiszugeben ...« R. nimmt nur »Mir zur Feier« und von Dramatischem »Die weiße Fürstin« aus. »Wann ist Ihr Vortrag?«, fragt er.
10. MÄRZ: R.s Mutter trifft in Rom ein, wo sie bis zum 20. 4. 1904 bleibt.
14. MÄRZ: Die Vorträge Ellen Keys sollen am 10. April in Göteborg, danach in Kopenhagen stattfinden, R. nimmt die »gute Botschaft« dankbar auf: »Sogar von der Möglichkeit eines Abdrucks im ›Mercure de France‹ sprechen Sie ... Der große Freund und Meister, der durch die Sprache so sehr von dem abgetrennt ist, was ich bin und werde: Rodin, – er sollte aus Ihrer lieben Auslegung von meinem Werke hören ...« Da Ellen Key für die Veröffentlichung ihres Rilke-Essays in Schweden eine Photographie wünscht, ist R. bereit, eine Ausnahme zu machen, er verspricht ihr eine Porträt-Aufnahme aus dem Jahr 1900.
Aus dieser Zeit stammt auch ein Fragebogen von der Hand Ellen Keys, in den R. seine Antworten einträgt. Es handelt sich um Fragen über die Eltern, die Erziehung, die ersten Bücher, weitere Bücher, Reisen, Heirat, die Worpsweder Zeit und »Welche Einflüsse?«.
16. MÄRZ: An Arthur Holitscher heißt es: »Und mir Jacobsen zuzumuthen, war lieb von Ihnen. Ich freute mich, daß Sie mir diese schöne Aufgabe geben wollten. In Wirklichkeit habe ich mir sie selbst schon vor längerer Zeit vorgenommen – aber sie wird (wenn überhaupt) erst in Jahren zur Ausführung kommen. Erst wenn ich dänisch alle seine Werke und Briefe lesen kann; erst wenn ich in Kopenhagen war, in Thisted und in Montreux. Das kann noch ein viertel Leben dauern. Darum werde ich diesen Band auch für Bard nicht übernehmen, denn gerade bei meinen liebsten Plänen will ich durch keinen Anstoß von außen gestört sein, durch keinen Termin beschränkt, und nicht durch Umfang und Art einer bestimmten Ausgabe eingeengt werden. Wenn mein Jacobsen-Buch einmal wird, dann soll es mein Jacobsen-Buch werden und rücksichtslos von innen heraus wachsen, sich formen und

entfalten dürfen –. Denn das kleine Buch vom Werke Rodins hat mir (immer deutlicher wird es mir) ein größeres oder großes Rodin-Buch, das ganz nach meiner Art hätte gebaut und gebildet sein müssen, weggenommen, vorweggenommen. Zwei Dinge kann ich nie schreiben und wenn ich eines schreiben muß, dann geht daran das zugrunde, was ich schreiben will ...« in einer Anmerkung ergänzt R. zu »Bard«: »Ich habe übrigens den gleichen Vorschlag eben vor zwei Wochen für die von Dr. Remer (bei Schuster und Loeffler) herausgegebene Sammlung ›Die Dichtung‹ ... abgelehnt.«

17. MÄRZ: R. schreibt in großer Sorge an Lou A.-S., von der er länger nicht gehört hat – inzwischen ist der russisch-japanische Krieg ausgebrochen: »Daß dieses Unheil kommen mußte, diese Last, dieses Leiden für Tausende, die den Krieg alle so fühlen wie Garschin ihn gefühlt hat: als auferlegtes Leid. Gott, hätte man Kräfte ... wäre man etwas wirkliches geworden (Arzt, was man im Grunde hätte sein müssen –) nirgends als auf jenen Verbandsplätzen, wo russische Menschen schwer und schrecklich sterben, wäre jetzt Ort und Beruf für den, der sich selbst gebrauchen und biegen dürfte. Ich denke an den jungen Smirnoff ...«

Von der eigenen Arbeit meldet R. den Abschluß der Übersetzung des Igor-Liedes, »dann fing ich im Februar eine größere Arbeit an, eine Art 2. Theil vom ›Lieben-Gott-Buch‹; nun stecke ich irgendwie mittendrin, ohne zu wissen, ob es weitergeht, wann und wohin«.

22. MÄRZ: Clara R. schreibt an Ellen Key: »Ich bin 25 Jahre alt (geboren in Bremen). Kam mit fast 17 Jahren nach München. Zeichnete und malte dort, kam mit 19 Jahren nach Worpswede bei Bremen. Zeichnete dort noch mehr und wurde Bildhauerin. War ganz kurz bei Klinger in Leipzig, dann in Paris. Nach Worpswede im Sommer 1900 zurückkehrend, fühlte ich mich schon sicher auf meinem einsamen Weg. In diesem Jahre traf ich dort mit Rainer Maria Rilke zusammen, der im Anfang des Jahres 1901 mein Mann wurde. Jeder fühlte im Anderen ein Leben, das seine Einsamkeit brauchte und Ungestörtheit, um zu einer langen und wichtigen Lebensarbeit fest zu werden. Die Gemeinsamkeit sollte diese Stille schaffen ... Da lernten wir beide die Sorge kennen, die in einer Zeit, da die Arbeit hinter dem Leben zurücktreten musste, eine ungeahnte Macht über uns bekommen musste. Und jetzt? Jetzt ist wieder Arbeit da und beginnt langsam das Einzige zu werden, das Grosse, Wichtige – und so sind wir zwei Anbeginne, die arbeiten lernen.«

23. MÄRZ: R. bestätigt Axel Juncker den Empfang eines erbetenen Buches: »Soeren Kierkegaards Verhältnis zu seiner Braut« Briefe und Aufzeichnungen aus dem Nachlaß, herausgegeben von Henriette Lund, Insel-Verlag 1904. R. fragt nach Henriette Lund: »es giebt nicht viele, die so zu erzählen wissen. Kennt man in Dänemark ihren Namen? Weiß man von ihr – wer sie gewesen ist und was sie gethan hat?« (Sie ist die Nichte Kierkegaards.)
FRÜHJAHR: Emma Noether, die Frau des zeitweise in Rom lebenden und seit 1903 mit Kassner befreundeten Malers Ernst Noether, bittet R. »um Rückgabe des ›Kassners‹«. Es handelt sich sehr wahrscheinlich um Kassners 1903 bei Bruckmann erschienenes Buch »Der indische Idealismus« – eine Spur von R.s früher Kassner-Lektüre.
31. MÄRZ: R. erinnert Lou A.-S. an das Osterfest in Moskau: »Mir war ein einziges Mal Ostern ...«
2. APRIL: (Ostersonnabend) Ellen Key hat angeboten, durch eine Frau S. die kleine Ruth nach Rom bringen zu lassen, R. lehnt diesen Vorschlag ab, für Ruth sei der Wechsel schädlich, Clara R. und er selbst brauchten Ruhe für ihre Arbeit. R. beantwortet einen zweiten Fragebogen Ellen Keys, darin äußert er sich über seine Jacobsen-Lektüre, über Carl Vinnen, der in »Worpswede« fehlt, über Unsterblichkeit: »Ich glaube, daß nichts, was wirklich ist, vergehen kann«, über den Mönch in der »Weißen Fürstin«, über die Bedeutung des Wortes »Raute«, über seine Besprechung des »Jahrhunderts des Kindes« und schließlich über R.s mögliche slawische Herkunft.
3. APRIL: R. bittet Herrn Müller-Brauel um das Bild, das dieser »1900 im Garten des Hauses Sachsenheim« von ihm aufgenommen habe, für die schwedische Zeitschrift »Wort und Bild«, wo Ellen Keys Essay erscheinen soll.
10. APRIL: Ellen Key hält in Göteborg zugunsten des Frödingfonds den Vortrag: »R. M. Rilke, ein deutscher Dichter und der Gottesbegriff«. Unter dem Titel: »R. M. R. En österrikisk diktare« wird er in »Ord och Bild« (Jg. 3) gedruckt. R. erhält aus Göteborg eine Besprechung vom 11.4.04. In deutscher Übersetzung von Francis Maro (= Marie Franzos, Wien) wird der Beitrag in der »Deutschen Arbeit« (Jg. 5, 1905/06) gebracht.
Auch in Kopenhagen hält Ellen Key den Vortrag (am 16.4.), ferner in Lund, wo sie Ernst Norlind kennenlernt, und in Stockholm (R. am 13.5. an Lou A.-S.).

15. APRIL: R. schreibt an Lou A.-S. von den Störungen der letzten Zeit – »Meine Mutter kam nach Rom und ist noch hier. Ich sehe sie nur selten, aber – Du weißt es – jede Begegnung mit ihr ist eine Art Rückfall ...« Besonders belastend sei dies, da seine Arbeitsweise sich verändert habe, er werde für jedes neue Buch »lange und ungezählte Zeit brauchen«, nicht wie früher nur zehn Tage: »acht oder zehn Tage alle äußere Störung fernzuhalten, das ist möglich –; aber für Wochen, für Monate?« Zudem verlangt der Maler, von dem R. das Häuschen übernommen hat, plötzlich alle Möbel: »Nun tröste ich mich damit, daß ich einen Bücherschrank und ein Bett vorläufig behalten durfte, daß mein Stehpult mir gehört und daß es zum Sommer paßt, nicht viele Dinge um sich zu haben.«
19. APRIL: R. klagt über das drückende Wetter: »[ich] fühle mich auch heute so angegriffen, dass wir eben den Entschluß gefasst haben (obwohl es uns schwer fällt) für einen Tag ins Gebirge, nach Anticoli (über Tivoli hinaus) zu fahren ... Ich weiß für mich keinen anderen Ausweg, als etwas gute frische Luft, mir ist als müßte ich ersticken in unserem schwülen Garten.« (An die Mutter)
26. APRIL: R. rät Juncker, sich die deutsche Ausgabe der Jugend- und Liebesbriefe Kierkegaards zu sichern, »ehe der Insel-Verlag, der vielleicht darauf ausgehen wird, sie uns fortnimmt«. Ferner bittet R., ein Exemplar des Michelschen Essay-Buches an die »Gesellschaft zur Förderung deutscher Wissenschaft, Kunst und Litteratur« in Prag zu senden, wo er sich um ein kleines Stipendium beworben habe.
AM 28. APRIL an Zuloaga: »Vous et Rodin et notre petite fille –: voilà les trois êtres sur le monde à qui nous avons pensé le plus souvent pendant cet hiver.«
29. APRIL: Aus Rom fragt R. bei Julius Bard an, ob »jene, seinerzeit vereinbarte englische Ausgabe des Rodin-Buches erschienen« sei, und bittet um ein Belegexemplar. Ferner fragt er, ob es stimmt, »daß alle lagernden Exemplare meines Buches zum Zweck einer zweiten Auflage eingezogen worden sind?« Wenn ja, so bitte er um das Honorar der zweiten Auflage, denn in allen seinen Plänen sei er von seinen Honoraren abhängig.
R. bittet Ellen Key um einen Bericht über ihre Vorträge, aus der übersandten Zeitung habe er »trotz fleißigen Buchstabierens« nicht viel begriffen. Vor allem geht es in diesem Brief um die Ablehnung eines von Ellen Key als Vorwort für die »Geschichten vom lieben Gott« vorge-

sehenen »Fragmentes« aus ihrem Essay, weil dieses »aus einem so viel weiteren Entwicklungsstadium desselben Gedankenkreises« stamme. »Merkwürdig stark weisen die Worte jenes Fragmentes auf mein werdendes Buch hin...«
Clara R. bittet in einer Nachschrift zu diesem Brief: »Können Sie sich irgend eine Möglichkeit denken, R. M. R. zu sich einzuladen.«
R. bemüht sich, seinem Schwager Friedrich Westhoff, dem jüngeren Bruder seiner Frau, damals Kaufmann in Hamburg, in einer besonders schwierigen Lebenssituation beizustehen. Er entwickelt ihm, daß junge Menschen zu hastig und unausgereift glaubten, Liebe sei Hingabe, sei Spiel, sei Vergnügen. Er, R. habe erfahren: »daß es kaum etwas Schwereres gibt, als sich lieb haben. Daß das Arbeit ist, Tagelohn, Friedrich, Tagelohn...« Dazu heißt es: »Ich werde einmal, wenn ich reifer und älter bin, vielleicht dazu kommen; ein Buch zu schreiben, ein Buch für junge Menschen; nicht etwa, weil ich glaube, etwas besser gekonnt zu haben als andere. Im Gegenteil, weil mir alles so viel schwerer geworden ist als anderen jungen Menschen von Kindheit an und während meiner ganzen Jugend.«

3. MAI: Ellen Key schreibt an R.: »In Göteborg wie in Kopenhagen war volles Haus und ein lebhaftes Interesse. Einige feine Menschen fangen nun an Ihre Bücher zu kaufen...« Sie bestellt Grüße des Schriftstellers L. C. Nielsen, den R. bei Bojers getroffen habe.

9. MAI: R. dankt Ellen Key: »Nirgends so gern als in Ihrer Heimat und in Dänemark mag ich meiner Arbeit Freunde finden; – daß sogar einige junge Menschen und junge Dichter schon von mir gewußt haben, ist seltsam und schön.« R. klagt über Kopfschmerzen, Müdigkeit und die Angst vor der Sommerhitze in Rom. Seine Frau gedenke nach Bremen zu gehen, »wo sie doch am leichtesten Schülerinnen und Porträt-Aufträge bekommen« könne. Beide dächten sie auch an Dänemark, er könne »ja überall hingehen, – heimatlos«, wie er sei. »(Nach Oberneuland, wo Ruth ist, kann und darf ich nicht aus vielen Gründen.) ... Ach, daß ich kein ländliches Elternhaus habe, nirgends auf der Welt eine Stube mit ein paar alten Dingen...«

10. MAI: An Axel Juncker schreibt R.: »Um die Zeit nicht ganz ohne Sinn hingehen zu lassen, möchte ich schon jetzt rasch, mit Zusammennahme meiner Kräfte, beginnen, das Dänische zu lernen, wie ich es vorhatte.« R. bittet um eine dänische Grammatik, ein dänisch-deutsches Wörterbuch und dänische Ausgaben Jacobsens. »Mit dem Lernen

des Dänischen möchte ich es nämlich so halten, wie ich es vor einigen Jahren mit der russischen Sprache versucht habe; damals begann ich einfach Tolstois ›Kosaken‹ an der Hand eines Wörterbuchs und einer Grammatik langsam, Wort für Wort, zu lesen...«

R. stellt dem englischen Dichter Fred G. Bowles für eine geplante Anthologie moderner deutscher Lyrik »einige neuere Verse zur Verfügung«, die dann nicht erscheint. (An Juncker, 10.5.04)

10. MAI: Clara R. bittet Ellen Key um Hilfe: »Sehen Sie, es ist immer die Gesundheit, die Rainer Maria zu schaffen macht und die durch das arme Leben im Ausland ganz besonders leidet. In der Zeit, da wir ein Heim hatten und eine eigene Küche führten war seine Gesundheit die beste seit ich ihn kenne, und er und ich fühlen beide, dass ein solches Leben gerade das richtige für ihn wäre. So müssen wir hoffen, dass sich das wieder einmal schaffen lässt – wo es auch sei –, augenblicklich es für ihn in Oberneuland und in meiner Nähe zu erhoffen ist unmöglich. Meine Einrichtung wird sehr primitiv sein und gerade eben eine Arbeitsstätte für mich bieten. Nun denke ich mir in meinem stillen Sinn ob nicht Sie in Ihrem schönen Norden einen ruhigen Winkel für ihn wüßten...«

12. UND 13. MAI: R. legt in einem Rechenschaftsbericht von großer Länge Lou A.-S. seine Lage dar. Über den Beginn der Malte-Niederschrift heißt es: »daß in meiner Arbeit des Monats Februar vielleicht eine gewisse Überanstrengung lag; ich bemühte mich damals, im Zusammenhange meines neuen Buches, vieles aus meinen schweren pariser Eindrücken aufzuzeichnen und zu formen und ich fühlte, während ich es that, manchmal einen kurzen Schmerz seelisch dem ähnlich, der körperlich eintritt, wenn man sich an zu Schwerem überhebt.« R. faßt die dargelegten Arbeitspläne zusammen: »Die Arbeiten, die ich mir vornehme und die mich abwechselnd beschäftigen sollen, sind: 1. Die ›Gebete‹, die ich fortführen will. 2. Mein neues Buch, (dessen feste lückenlose Prosa eine Schule für mich ist und ein Fortschritt, der kommen mußte, damit ich später einmal alles Andere, – auch den Militär-roman. – schreiben könne.) 3. Ein Dramen-Versuch. 4. Zwei monografische Bücher: Der Dichter: Jens Peter Jacobsen. Der Maler: Ignacio Zuloaga. Diese beiden machen Reisen nöthig...« In ähnlicher Weise faßt R. auch seine »Lernabsichten« zusammen: »1. Ich will naturwissenschaftliche und biologische Bücher lesen und Vorlesungen hören, die zum Lesen und Lernen solcher Dinge anregen. (Experimente und

Präparate sehen.) 2. Ich will archivarische und historische Arbeit lernen, soweit sie Technik und Handwerk ist. 3. Ich will das Wörterbuch der Gebrüder Grimm lesen, zugleich mit mittelalterlichen Dichtungen. 4. Dänisch lernen will ich. 5. Fortfahren russisch zu lesen und dann und wann aus dem russischen übersetzen. 6. Ein Buch des Dichters Francis Jammes aus dem französischen übertragen...« R. bittet Lou A.-S. vor allem in Hinblick auf einen geeigneten Ort um Rat, er denkt auch an Göttingen.
14. MAI: Eindringlicher als seinem Schwager Friedrich gegenüber antwortet R. F. X. Kappus: Junge Menschen »handeln aus gemeinsamer Hilflosigkeit, und sie geraten, wenn sie dann, besten Willens, die Konvention, die ihnen auffällt (etwa die Ehe), vermeiden wollen, in die Fangarme einer weniger lauten, aber ebenso tödlichen konventionellen Lösung«.
UM DEN 27. MAI: Besuch von dem Ehepaar Edith Nebelong und Helge Rode mit kleinem Kind. »Wir haben uns gefreut an ihnen.« (An Ellen Key)
28. MAI: R. schreibt an Ernst Norlind, daß er seine und Fräulein Larsson's Einladung nach Borgeby in der Provinz Schonen (Südschweden) annehme: »mit Ihrem Briefe, den ich seit zwei Tagen lese und wieder lese, ist alles verändert für mich.«
30. MAI: R. dankt Ellen Key für die durch sie vermittelte Einladung nach Schweden, alles sei dadurch anders geworden: »Mir ist als müßte das ein Wendepunkt sein und ein neuer Anfang von vielem Guten.« R. fährt fort: »Axel Juncker schrieb mir, daß er Sie gebeten hätte, ob Sie ihm nicht den Essay aus ›Ord und Bild‹ [!] zur deutschen Ausgabe überlassen wollten. Wenn ich dazu meine Meinung sagen darf, so ist es die: daß eine von den beiden Möglichkeiten, die Sie nannten, (Litteratur-Bändchen oder die Fischer'sche Rundschau) mir persönlich lieber wären, als eine Publikation als Brochure im Juncker'schen Verlag.« R. befürchtet, letztere könne »das Ansehen einer Verlags-Reklame« erhalten.
An Lou A.-S. schreibt R., Ellen Keys Vorträge hätten ihm »einige sympathische Einladungen nach Norden verschafft«, er werde bis zum 8. oder 10. Juni noch in Rom sein; in Assisi, in Pisa, in Mailand und Düsseldorf plane er kurze Aufenthalte.
31. MAI: Für Detlev von Liliencron zum 60. Geburtstag am 3. Juni schreibt R. in Stanzen ein langes Glückwunschgedicht: »Mit allen treu-

en Grüßen und Wünschen in alter Anhänglichkeit, Herzlichkeit, Liebe«. Es ist das sechste Gedicht R.s für Liliencron.

2. JUNI: R. bedankt sich bei Juncker für die dänischen Bücher: »Wir haben uns mit Eifer und Freude ans Lesen und Lernen gemacht und finden, daß Ihre Sprache unvergleichlich ist: wie alte köstliche Seide fühlt sie sich an ... Jacobsen hat, das fühlt man gleich, unsägliches aus dieser Sprache gemacht ...« Frau Nebelong liest R. und seiner Frau in Rom Jacobsens Gedichte im Original vor.

Seiner Mutter schickt R. eigene Photos vom Haus im Park: »Sie sind ja als Photographien recht dilettantisch und nur mäßig gelungen, aber als Andenken doch sehr lieb und Dir gewiß ebenso sympathisch wie uns.«

JUNI: Drei Gedichte R.s erscheinen in der »Deutschen Arbeit« (Jg. 3, Heft 9), »Einladung« aus dem Februar 1904 wird 1919 in die Sammlung »Frühe Gedichte« aufgenommen, »Das Abendmahl« und »Die Konfirmanden« aus dem Mai 1903 fügt R. ins »Buch der Bilder« (2. Ausgabe) ein.

4. JUNI: R. erbittet von Juncker das »May- und Juni-Honorar« noch nach Rom: »um den 9. will ich reisen«.

ETWA VOM 5. BIS 9. JUNI ist R. mit seiner Frau in Neapel: »Neapel war viel, anders als Rom, wirklich lebendig, wirklich eine Welt und eines Meeres Nähe. Aber soviel Eindrücke ich dort in vier Tagen auch empfing, es war nichts gegen die darauffolgende Zeit. Abbruch in Rom, Packen, wieder einmal, neun Kisten fast über die Kraft, mitten drin ein lieber, viel erinnernder Besuch, prachtvoll erleichternd inmitten römischer Stimmung: Pasternak aus Moskau.« (An Lou A.-S., 3. 7. 04) R. trifft Pasternak noch einmal im Zuge: am 18. 6. in Bellinzona.

12. JUNI: Otto Sohn-Rethel, ein Maler, dem R. für eine »schöne Anempfehlung nach Düsseldorf« dankt, soll möglicherweise die Möbel übernehmen, später kauft sie Strohl-Fern selbst und verrechnet dies im Herbst mit der Mietschuld.

14. JUNI: R. unterbricht seine Reise in Viareggio, von wo aus er Juncker meldet, die Manuskriptsendung sei unterwegs, er arbeite an den Gutachten.

»Auf der Durchreise« in Viareggio schreibt R. an Ernst Norlind: »Es fällt mir ein, dass Sie ja vielleicht auch wissen müssen, wie sonst meine Lebensweise beschaffen ist. Meine Natur braucht es, dass ich bei offenem Fenster schlafe, viel barfuss gehe, grösstentheils (nicht streng ausschliesslich) vegetarisch (Eier, Gemüse, Milch, Obst etc.) esse und ohne Alkohol auskomme. Wird ein solcher Gast in Ihrem Hause keine Störung sein?«

17. JUNI: »Mailand, (auf der Durchreise)« – R. sieht dort »das Abendmahl, über alle Maßen herrlich, Malerei, nur antiken Wandbildern nah, allem anderen unvergleichlich; fast vergangen ...«, wie R. über das Gemälde Lionardo da Vincis an Lou A.-S. schreibt (3. 7. 04).

19. BIS 22. JUNI: R. besucht in Düsseldorf die Kunstausstellungen mit Werken Zuloagas und Rodins, denen er beiden darüber berichtet. An Lou A.-S. heißt es: »Freundliche und neugierige Spießbürger; mitten unter ihnen, wie ein Steinbruch wild, Rodins Dinge und wie ein großer Garten: Zuloaga. Ein Tag im Hause eines Japan-Sammlers [Georg Oeder] über Stichen und Drucken von Utámaro, Kionaga, Hokusai. Ein Tag über den 13 Bänden der ›Mangwa‹ (dem Skizzenbuch Hokusai's) und hernach wieder Düsseldorfer.« (3. 7. 04)

JUNI: Ohne genaue Datierung geht die letzte Gutachten-Sendung an den Juncker-Verlag. Zur Aufnahme empfiehlt R. von den acht Manuskripten nur den »Bänkelsang vom Balzer« von Max Dauthendey, der auch herauskommt. Unter den abgelehnten Büchern befinden sich »Worte und Zufälle« von Alfred Döblin, Aufzeichnungen, die in dieser Form nicht erscheinen.

GASTFREUNDSCHAFTEN IN SCHWEDEN

23./24. JUNI: R. reist zunächst nach Kopenhagen: »Bremen, Hamburg, Kiel: um ½ 2 in der Morgendämmerung Fahrt aus dem Hafen; großer Wind auf offener schwarzblauer See, – Sonnenaufgang. Um 8 Uhr in Korsör, um 10 Uhr in Kopenhagen«, und weiter: »Eine Stadt ohnegleichen, seltsam unaussprechlich, ganz in Nüancen vergehend ... Man fühlt J. P. Jacobsen, Kierkegaard, hört die Sprache wie Auslegung von alledem ...« (An Lou A. S., 3. 7. 04)

Auch seiner Frau schreibt R. von Kopenhagen am 24. 6. 04: »Den ganzen Nachmittag war ich in der Glyptothek Ny-Carlsberg; 10 Rodins. – Das Herrlichste aber: die ›Bourgeois‹ stehen ganz groß in Bronze (gegossen in Brüssel) neben der Glyptothek. Sie sind ganz, ganz anders, als man sie nach der Photographie denkt« (Rodins »Bürger von Calais« aus der Sammlung Carl Jacobsens, des Gründers der Glyptothek).

25. JUNI: R. trifft in Borgeby gård ein, wo er bis in den September bleibt, als Gast von Hanna Larsson (Larsdotter) und Ernst Norlind, dem Maler.

26. JUNI: R. berichtet seiner Frau: »Gestern also ... fuhr ich von Kopenhagen fort, mit dem großen Dampfschiff über den Öresund. Es gab großen Wind und scharfen Regen darin.« in Malmö wird R. von Norlind erwartet, sie fahren mit dem Zug nach Flädie, mit der Droschke nach Borgeby gård: »Fräulein Larsson kommt, rasch mit festen Schritten ... mehr Mensch als Frau.«

27. JUNI: In einem weiteren langen Brief schildert R. seiner Frau die neue Umgebung, die Gastgeber – Schwedisch werde er kaum lernen können, Norlind spricht Deutsch, Hanna Larsson Französisch. »Von Ellen Key erwartete mich ein kleiner, lieber Begrüßungsbrief hier. Von Borgeby bis nach Oby Alfvesta sind noch sieben bis acht Stunden Bahn und Wagenfahrt! (Bahn nach Stockholm.) Trotzdem, sagt N., ist es nicht unmöglich, daß sie uns eines Tages hier überrascht ...«

An Ellen Key heißt es: »Wie lieb und gut ist Fräulein Larsson und was ist Norlind für ein verwandter und naher Mensch ...«

FRÜHSOMMER: Inzwischen ist die neue Ausgabe der »Geschichten vom lieben Gott« im Insel-Verlag erschienen, mit der langen Widmung für Ellen Key, die schließt: »Die Geschichten vom lieben Gott gehören Ellen Key.«

4. JULI: R. dankt Ellen Key: »Nun hat mir Ernst Norlind gestern den Schluß des Essay vorgelesen, und ich beeile mich, Ihnen zu sagen, daß für mein Gefühl nichts darin geändert und gestrichen werden dürfte«, er freue sich darauf, ihn in der deutschen Übersetzung selbst zu lesen. »Ernst Norlind rüstet sich zur Reise«, er fährt nach Rußland. Clara war krank, »hatte auch sonst schlechte Tage in Bremen«, vielleicht sei es möglich, für sie in Kopenhagen etwas zu finden, etwa in einer Porzellanmanufaktur. Er denke selbst an einen Winter dort.

5. JULI: R. an Ellen Key: »Gestern abends erhielt ich die Verständigung, daß die ›Gesellschaft zur Förderung deutscher Wissenschaft, Kunst und Litteratur‹ in Prag (die mir schon zweimal geholfen hat) mir neuerdings eine Subvention von tausend oesterreichischen Kronen zuerkennt ...« R. führt dies auf Ellen Keys Essay zurück und ihre Vorträge. »Das sehe ich auch daran, daß, wie in demselben Schreiben steht, die

Gesellschaft die deutsche Übertragung Ihres Essays für die von ihr herausgegebene Zeitschrift (›Deutsche Arbeit‹) zu erwerben wünscht.« R. sei aber mehr für ein Erscheinen des Essays in der Fischerschen Rundschau. Wenn die Arbeit bei Fischer erscheine, dann müsse die »Deutsche Arbeit« ›natürlich verzichten‹.

9. JULI: An seine Frau schreibt R.: »[ich] bin ganz allein auf Borgeby gård, von dessen Geschichte und Wohnern ich nun schon sehr vieles weiß; viel aus alten Beschreibungen mühsam schwedisch Erlesenes.« Ernst Norlind ist nach Rußland abgereist: »Die französische Unterhaltung mit Fräulein Larsson hat natürlich an Umfang etwas zugenommen.« R. fällt es leichter, Schwedisch zu lesen als zu verstehen: »es gibt hier viel, viel in diesen Literaturen, wovon wir nichts ahnen. Hermann Bang, der sehr nervenmüde, erschöpft und Morphinist ist, hat an 25 starke Bücher geschrieben, darunter neben dem ›weißen Haus‹ ein ›graues Haus‹ und vieles, vieles andere – auch einen Band Gedichte. Helge Rode ist bei den Dänen sehr geschätzt und hat, außer 4 oder 5 Dramen, auch Verse und Novellen veröffentlicht. Von Edith Nebelong weiß man nicht viel. Die Schweden nennen Gustaf Fröding (von dem nichts übertragen ist) ihren großen Dichter und haben Überfluß an guten Schreibenden: von Strindberg und Selma Lagerlöf bis zu den jungen skånischen Dichtern. Und in Skånes Hauptstadt Lund lebt auch ihr großer, stiller, wenigen bekannter Dichterdenker: Hans Larsson ...« Später entschuldigt sich R. bei Norlind dafür, dass er »eine Arbeit, der ich mich in den Tagen auf Borgeby gård gewachsen fühlte«, nicht leisten könne. Es geht um die Schrift Hans Larssons »Intuition«, die R. übersetzen wollte. »Am 15. d. M. eröffnet Hans Larsson (Professor der Philosophie in Lund) eine Vortragsreihe über Erziehung; – vielleicht fahre ich dazu mit Frl. Larsson hinüber, um ihn zu sehen und sprechen zu hören ...«

15. JULI: An Axel Juncker: »was mir zu größter Freude gereicht, ist Ihre Erwerbung der Kierkegaard-Briefe. Glück auf! Wir wollen sehen in dieser Weise fortzufahren, dann soll man unseren Verlag bald schätzen lernen.«

16. JULI: R. fährt nach Bjerred, »das zugleich ein kleines Seebad ist«.

18. JULI: Von Bjerred aus besucht R. Lund, die kleine Landstadt, »die respektvoll um ihren Stolz herumsteht, um die Universität«. R. berichtet darüber seiner Frau in Briefen vom 19. und 20. 7. 04.

21. JULI: R. schickt aus Borgeby gård einige Aufnahmen: »Die Bilder

habe ich selbst gemacht; sie sind nicht gut, geben aber doch eine kleine Idee.« (An die Mutter)

24. JULI: »Ich schreibe nicht einmal Tagebuch, hoffe nur immer über allerhand Briefe, die noch zu schreiben sind, hinauszukommen und mich durch allerhand Bücher durchzulesen, die noch zu lesen sind. Daß ich dänische Leseversuche mache, täglich drei bis vier Stunden, ist ja auch etwas und will seine Zeit und hat sie, und will seine Kraft.« (An Clara R., 24. 7. 04)

26. JULI: R. trägt mit Bleistift das Gedicht »Ist Seligkeit in den abendbeschienenen Kronen? ...« in sein Exemplar von »Entweder – Oder. Ein Lebensfragment«, herausgegeben von Victor Eremita (= Sören Kierkegaard), aus dem Dänischen von O. Gleiß, 2. Auflage, Dresden/Leipzig«, ein.

1. AUGUST: R. ist in Lund, wo er ein Buch kauft, das er am folgenden Tag Tora Holmström sendet: »Daß es von Hugo von Hofmannsthal ist, den Sie zu lesen wünschten, und sehr gut als Einleitung in Stephan Georges Dichtung dienen kann, kommt als erfreulicher Umstand hinzu.« R. möchte mit dieser Gabe zudem die Erinnerung an ein Gespräch über Goethe auslöschen: »denn ich habe kein Recht, mehr zu sagen als dieses: daß mir ein Organ fehlt, um von Goethe zu empfangen; mehr weiß ich ja wirklich nicht«. Das Hofmannsthal-Bändchen enthält auch zwei Aufsätze über Goethe. (»Unterhaltungen über literarische Gegenstände«, Berlin: Marquardt 1904)

2. AUGUST: R. geht zögernd auf den Wunsch Richard Schaukals ein, dessen »Ausgewählte Gedichte«, Insel-Verlag 1904 zu besprechen: »ja, ich will es versuchen und tue es gerne, wenn Sie wirklich fühlen, daß ich es tun soll. Mir fällt das Schreiben ›über‹ mit jedem Tage schwerer; der Kreis wird immer kleiner, und schließlich wird es nur zwei oder drei Dinge geben, über welche ich mich zu schreiben getrauen werde, und unter diesen Dingen werden wohl keine Bücher sein.«

An Walter Seifert in Straßburg schreibt R.: »Der Vorrath des kleinen Buches ›Leben und Lieder‹ ist, soviel ich weiß, schon vor mehreren Jahren eingestampft worden; ich besitze selbst kein Exemplar davon.« Auch ›drei Dramen-Versuche‹ seien verschollen; R. hält »alle jene Arbeiten für wertlos und unbezeichnend«.

An Tora Holmström heißt es: »Und dass ich Das, was das Leben Sie Goethe nennen gelehrt hat, die Weite und die Klarheit, die für Sie mit diesem Namen beginnt, ehrerbietig anerkenne, das hätte ich (wie ich gleich darauf wusste) statt aller jener Worte sagen müssen.«

AM 8. UND 9. AUGUST entstehen die Gedichte »Ich konnte Dich wie eine Rose rühmen ...« und »Da kenn ich Dich und was mich von Dir trennte ...« als eine begonnene Fortsetzung des »Stunden-Buchs«, die nicht weitergeführt wird. Sie bleiben unveröffentlicht.

11. AUGUST: An Ellen Key schreibt R. über seine weiteren Pläne, Fräulein Larsson habe Clara R. nach Borgeby gård eingeladen, mit der er dann nach Kopenhagen gehen werde, »um zu sehen, was sich unter Umständen dort für sie finden ließe«. Gesehen habe er außer Tora Holmström niemanden: »und wenn ich trotzdem nicht viel gemacht habe, so lag es an mir. Ich hoffe im Herbst, der immer meine beste Arbeitszeit ist.«

An diesem Tag schildert R. in einem Brief an Rodin seinen Eindruck von den »Bürgern von Calais«, die er in Kopenhagen gesehen hat.

R. erinnert sich später: »während meines Aufenthaltes auf einem kleinen schwedischen Schlosse, in der Nachbarschaft von Lund, erreichten mich von mehreren deutschen und österreichischen Städten, Aufforderungen zu Vorträgen über das Thema Rodin ...« (An Hermann Pongs, 21.10.24 in Muzot)

12. AUGUST: In einem Brief an Clara R. heißt es bei der Schilderung einer verlassenen Ecke im Park, die schon herbstlich wirkt: »denn ich will den Herbst! Ist es nicht, als wäre er das eigentlich Schaffende; schaffender denn der Frühling ...«

AUGUST: R. überarbeitet die »Weise von Liebe und Tod des Cornets Otto Rilke«: diese mittlere Fassung – sie weist Unterschiede zur Buchausgabe von 1906 auf – erscheint im Herbst 1904 in der »Deutschen Arbeit«, 4. Jg., Heft 1.

16. AUGUST: R. berichtet Lou A.-S. von »den Briefen, die Sören Kierkegaard an seine Verlobte [= Regine Olsen] geschrieben hat: diese Briefe zu übersetzen, das war fast meine einzige Arbeit. Denn ich war krank und habe es schwer genommen ...« Die Übersetzung hat sich im Nachlaß erhalten (jetzt in SW 7, S. 1043-1083).

17. AUGUST: Zu Holitschers Plänen, nach England zu gehen, schreibt R.: »Mir ist alles Englische fern und fremd; ich kenne nicht die Sprache dieses Landes, fast nichts von seiner Kunst, keinen seiner Dichter; und unter London stelle ich mir etwas sehr Quälendes vor. Sie kennen meine Furcht vor den sehr großen Städten; auch werde ich wohl nie weiter nach dem Westen gehen, da doch alles immer wieder mich nach Rußland ruft. Wenn einmal irgendwo etwas wie Heimat mir gegeben

werden könnte, so wird es dort sein, in diesem weiten leidvollen Land.«
Von sich sagt R.: »Was ich gern plante, wäre ein Buch über Jacobsen; vielleicht gibt mir der bevorstehende Aufenthalt in Dänemark die Mittel dazu in die Hand; aber ich werde noch viel Plage mit der Sprache haben und wohl für lange hinaus in Vorarbeiten verloren gehen.« Zu diesen ›Vorarbeiten‹ gehört vermutlich eine Übertragung von Jacobsens »Gurreliedern«, die sich als Manuskript erhalten hat, 178 Verszeilen umfassend. R. kommt nur bis zum Titel des Gedichtes »Der Waldtauben Lied«, das auf die Dialoge zwischen »Valdemar« und »Tove« folgt. Sprachlich weist diese Übersetzung Unsicherheiten und Lücken auf.

An seine Frau schreibt R. von einer Übersetzung durch Edith Nebelong: »es ist die den Abendwolken erzählte Geschichte vom ›Fingerhut‹. Das ist kaum zu sagen, wie lieb und einfach sich das dänisch liest. Das Gespräch der Kinder zum Beispiel; fast hätte es so geschrieben werden müssen. Und sie hat gerade das sehr gut aufgefaßt in ihrer Art.« (Es handelt sich um eine der »Geschichten vom lieben Gott«.)

19./20. AUGUST: R. trifft Axel Juncker in Kopenhagen, wo er Lou A.-S. zu sehen hofft. Sie, die ihm am 17. 8. eine Karte von hier aus dem Hotel Bellevue gesandt hat, ist jedoch bereits abgereist, als er am 19. 8. früh hinüberfährt. Lou A.-S. ist nach Christiania, Bergen und dann Petersburg unterwegs.

21. AUGUST: Aus Borgeby gård meldet R. an Ellen Key, seine Frau werde um den 24. 8. in Kopenhagen ankommen, wo er sie erwarten wolle. »Dann wäre sie Donnerstag in Borgeby ...« Dort wird der Besuch Ellen Keys vorbereitet.

25. AUGUST: R. ist in Kopenhagen. »Ich hoffe, meine liebe Frau kommt heute abends gut in Kopenhagen an ... Morgen sind wir (gegen Abend wohl erst) auf Borgeby und bei Ihnen.« (An Ellen Key)

SOMMER: Der Schwede Anders Österling, damals Student, der eine Studie über R. plant, besucht diesen in Borgeby gård. In seinen Erinnerungen erzählt er: »An einem Tag im Spätsommer 1904 wurde ich nach Borgeby eingeladen, um die Bekanntschaft R. M. R.s zu machen, der durch die Vermittlung von Ellen Key dort mit seiner Frau zu Gast war. Ich hatte die Gelegenheit mit ihm allein im Schloßpark zu spazieren, neben mir eine kleine zerbrechliche Gestalt mit großem und gedankenvoll geneigtem Haupt, äußerst freundlich gegen den unbekannten Adepten. Seine Stimme, wie ich sie erinnere, war sanftmütig singend, von mildem Ernst und ohne Salbung ...«

26. AUGUST: Ellen Key trifft ein und verbringt eine Woche mit den R.s in Borgeby; gemeinsam fahren sie zu dritt zu Freunden Ellen Keys, den Gibsons, über Göteborg nach Furuborg.
8. SEPTEMBER: R. und seine Frau kehren nach Borgeby zurück.
HERBST: R. schenkt Tora Holmström »Die Weise von Liebe und Tod des Cornets Otto Rilke« als Sonderabdruck aus der »Deutschen Arbeit«. Als Fußnote ergänzt er auf dem Titelblatt: »theilweise umgeschrieben in Borgeby Gård, August 1904«. Die Widmung lautet: »An Tora Holmström. Mit Wünschen und Grüssen, in Dankbarkeit: R. M. R.« Tora Holmström schreibt am 4.8.07 an Svea Larsson: »Ich habe ganz unerwartet ein numeriertes Prachtbuch von R. erhalten, neu erschienen ...«, die Neuausgabe des »Cornet« im Axel Juncker Verlag 1906 mit der Widmung: »Tora Holmström: in herzlich bewegter Erinnerung: R. M. R.«
9. SEPTEMBER: An Axel Juncker schreibt R.: »Meine Frau ist auch angegriffen und leidend und da auch ich immer noch nicht recht wohl bin, wollen wir in der nächsten Woche den Versuch machen, eine Naturheilanstalt in Skodsborg, die uns empfohlen worden ist, zu besuchen. Gefällt es uns dort, so werden wir wohl 4 bis 5 Wochen dort bleiben...«
VOM 12. SEPTEMBER bis zum Ende des Monats ist R. in Kopenhagen, wo er und seine Frau in einem kleinen Hotel in der Peder Skrams Gade wohnen.
14. SEPTEMBER: An Juncker berichtet R.: »Wir sind nun seit zwei Tagen in Kopenhagen, das bezaubernd ist wie immer ... gestern haben wir das Sanatorium Skodsborg besichtigt (Oberarzt Dr. C. Ottosen) und eine ausführliche Untersuchung, die morgen stattfinden soll, wird darüber entscheiden, ob einer von uns oder wir beide zunächst eine Zeitlang im Sanatorium Skodsborg bleiben soll.«
Die Konsultation ergibt: »Sie leiden an Blutarmuth, Störung des Blutumlaufs, etwas verzögertem Stoffwechsel mit Überschuß von Urinsäure, Erschöpfung und leichter Schwäche der einen Herzklappe«; der Arzt empfiehlt vegetarische Diät, Wasseranwendungen, Herzumschläge und gymnastische Übungen.
In Kopenhagen sieht R. häufig Georg Brandes und besucht Karin und Sophus Michaëlis.
20. SEPTEMBER: Sophus Michaëlis schreibt an den Kunstsammler Alfred Bramsen: »Darf ich Ihnen hiermit aufs beste ein deutsches Künstlerpaar empfehlen, das Hammershöjs Kunst bewundert und gerne Ihre

Bilder von ihm sehen möchte.« R. hatte bereits auf der Kunstausstellung in Düsseldorf Werke des dänischen Malers Vilhelm Hammershöj gesehen, Bramsen setzte sich dafür ein, seinen Ruf zu verbreiten.

OKTOBER: »Die Rheinlande« bringen im 4. Jg., Heft 13 von R.: »Ein Märchen vom Tod und eine fremde Nachschrift dazu«, das zehnte Stück aus den »Geschichten vom Lieben Gott«.

2. OKTOBER: Aus Furuborg schreiben »Lizzie, Jimmy, Clara, Rainer Maria« an Ellen Key; R. setzt diese Grüße mit einem Brief fort: »Und wir sitzen beisammen und sind voller Nachklang unseres Gehens und voll Erinnerung an Föhren und Fichten und Wege und Wasserläufe...« Der Brief enthält das Gedicht »Oben wo die großen Stimmen wohnen...«, von dem R. sagt: »Da erwachte in mir das Gedicht, das also eigentlich (wie Sie sehen) sein Gedicht ist, Jimmy's Gedicht, eines seiner schönsten lebendigen Gedichte. Ich gab es ihm nur zurück...« R. hat die Verse nicht veröffentlicht.

6. OKTOBER: R. berichtet aus Kopenhagen an Juncker: »meine Frau ist heute nachhause zurückgereist. Wir waren vierzehn Tage in Kopenhagen mit allerhand Wegen und Versuchen sehr beschäftigt. Hierauf einige Tage in Schweden bei Freunden ... Meine Adresse ist also nun bis auf weiteres (ich fahre morgen dahin zurück): Jonsered bei Göteborg, Furuborg. (Schweden.).«

8. OKTOBER: Im Zug von Helsingborg nach Göteborg schreibt R. seiner Frau: »Sonst war die Stadt schwer, ganz nur Stadt, nicht oder nur ein wenig – Kopenhagen. Die Verliebtheit geht vorbei.« R. fährt fort: »Ich las eben in Eduard Brandes' Briefausgabe und fand, daß Jacobsen eine sehr schöne Stimme gehabt hat vor seiner Krankheit und daß er, als er die ersten Kapitel von M[arie] G[rubbe] vorlas, jedes Wort formte mit dieser tiefen, vollen Stimme!«

VOM 8. OKTOBER BIS ZUM 2. DEZEMBER ist R. in Furuborg zu Gast bei James und Lizzie Gibson. Er ist Civilingenieur und Förderer von Göteborgs ›Högre Samskola‹, einem Schulversuch privater Kreise.

15. OKTOBER: R. bittet Sophus Michaëlis, ihm bei der Suche nach einem Zimmer in Kopenhagen, »einem guten großfenstrigen Raum, der gut heizbar ist«, für den Winter behilflich zu sein.

16. OKTOBER: R. vertritt Juncker gegenüber die Meinung, daß die nachgelassenen Papiere Kierkegaards, die dieser gleichzeitig mit dem Insel-Verlag herausbringen will, jedenfalls erscheinen sollen: »Die Ausgabe Raphael Meyer's ist besser als die von Henriette Lund; das ist der Vor-

sprung den wir haben und wir wollen keinen anderen suchen.« R. hat den Text durchgesehen, lehnt es aber ab, als Mitherausgeber auf dem Titel zu erscheinen; er ist bereit, das Buch zu besprechen. R. bittet um baldige Anweisung des ausstehenden Monatsgeldes für September und Oktober: je 50 Mark.
17. OKTOBER: An Lou A.-S. meldet R.: »Ich bin noch in keiner Arbeit. Das in Rom begonnene Buch ist noch nicht wieder aufgenommen; mir fehlt der Muth (was vielleicht auch physische Ursachen hat.) ... Im Übrigen denke ich noch immer daran, irgendwo zu studieren; da ich von innen heraus die Lösung zur Arbeit nicht finden kann, wird sie doch wohl von außen kommen müssen.«
In Furuborg entsteht auf 20 Quartblättern die Reinschrift des vermutlich im Februar in Rom entworfenen zweiten Anfangs der »Aufzeichnungen des Malte Laurids Brigge«, der später nochmals verworfen wird: »An einem Herbstabende eines dieser letzten Jahre besuchte Malte Laurids Brigge, ziemlich unerwartet, einen von den wenigen Bekannten, die er in Paris besaß ...«
19. OKTOBER: R. schreibt an Ellen Key, er habe nicht genug Geduld und Geld gehabt, in Skodsborg die Kur zu machen; aber: »Wenn nicht alles mich täuscht, werde ich in dieser gesegneten Zeit einen Fortschritt machen ... Ich fühle wie hier viele freundliche Einflüsse in mich münden. Das wirkliche Gutsein und die tiefe Hülfsbereitschaft dieser Menschen hier, die Kraft und Klarheit ihrer hellen Seelen ...« Weiter heißt es: »und zweimal waren wir (Clara und ich) in der Samskola, die uns ein großes, großes Ereignis war; wissen Sie, daß wir sogar lange und viel davon gesprochen haben, etwas ähnliches im Norden Deutschlands durchzusetzen?« Für Axel Juncker fragt R. wegen der Übersetzungsrechte von Verner von Heidenstams »Carolinen« an, »dieses wunderbaren Buches«. Schließlich meldet R., wie sehr sich sein Vater über den Essay Ellen Keys in »Ord och Bild« gefreut habe, und zitiert aus dessen Brief den Satz: »ich weiß, daß Du fleißig und gut bist und mir meine Sorgen nehmen willst, lasse Dir Zeit, schone Dich.«
An Lou A.-S. schreibt R. ausführlich über eine Reihe von Plänen, darunter: »Ich will jetzt einige Wochen noch hier Gast bleiben, mir Wäsche, Kleider und Schuhe kaufen (wovon ich so gut wie nichts mehr besaß). Sparen, wie es das Gastsein erlaubt. Ordnen. Arbeiten, so gut es geht.« Nach einem Zwischenaufenthalt in Kopenhagen werde er für Weihnachten zu Ruth fahren, später im Jahr seine Studienpläne verwirk-

lichen. Dabei erwähnt R. Ricarda Huch in Zürich, die von ihm wisse und ihm vielleicht helfen könne.

21. OKTOBER: Clara R. gegenüber führt R. seine Zukunftspläne weiter aus: »Ich will jetzt noch eine Weile auf Furuborg bleiben; dann nach Kopenhagen gehen und dort lesen was ich für Jacobsen brauche ... Dann kommt Weihnachten und ich bin bei Euch ...« Weiter heißt es: »und nach Ostern an einer Universität bleiben (Zürich wahrscheinlich) und Geschichte und Naturwissenschaften studieren. Meine Sommerferien wollen wir zu dreien irgendwo am Meer verbringen, in Skagen oder in dem kleinen Seebad gegenüber von Thisted.«

24. OKTOBER: R. übersendet Axel Juncker den »Cornet«: »Es wäre schön, ihn zum Febr. als selbständige kleine Sache herauszugeben ...«

28. OKTOBER: R. bittet Juncker, seinen Gedichtband »Mir zur Feier«, 1899 bei G. H. Meyer erschienen, aus der Konkursmasse zu übernehmen, die z. T. bei Franz Wunder liegt: »wie froh ich wäre, wenn dieses Buch, das es bisher nicht gut gehabt hat, zu Ihnen käme.« R. bestätigt den Eingang von 81,41 Kronen für zwei Monate.

31. OKTOBER: Der Übersetzerin von Ellen Keys Essay, Marie Franzos (= Francis Maro), Wien, schickt R. das Heft der »Deutschen Arbeit« mit dem »Cornet«.

NOVEMBER: Den Sonderabdruck aus der »Deutschen Arbeit« mit dem »Cornet« schickt R. auch: »An Maximilian Harden / herzlich sein sehr ergebener R. M. R. Jonsered, Anfang November 1904«.

1. NOVEMBER: Niederschrift des Aufsatzes »Samskola«, Furuborg bei Jonsered. Um diese Zeit entsteht die Besprechung von Max Dauthendey, »Bänkelsang vom Balzer auf der Balz«. Zudem schreibt R. die Gedichte »Abend in Skåne«, »Sturm« und vermutlich »Vorgefühl« sowie »Abend«. Alle werden in die zweite Auflage des »Buch der Bilder« aufgenommen. »Die Geburt der Venus« erhält die endgültige Fassung, »Orpheus. Eurydike. Hermes« eine Reinschrift.

2. NOVEMBER: Zur Anfrage Ellen Keys, ob Arvid Baeckström R.s Buch über Rodin ins Schwedische übersetzen könne, schreibt R., Bard wolle die ganze Serie schwedisch erscheinen lassen. Die Baeckströmsche Übertragung erscheint erst 1920. Von dem Plan, ihren Essay bei Bard als Einzelband herauszubringen, bittet R. dringend Abstand zu nehmen. Er will keinesfalls einen illustrierten Band über sich selber und rät wieder, den Essay an die »Neue Rundschau« zu geben.

3. NOVEMBER: »Ich habe auf meinem einsamen Berg ein Gedicht

geschrieben, es wurde so aus mir herausgerissen. (Das erste seit lange, lange.) Das gebe ich Dir nun, liebe, Lou, zum Dank für Deinen guten Brief...« Im Nachlaß von Lou A.-S. hat sich das Gedicht nicht erhalten, vielleicht ist es »Sturm« oder »Vorgefühl« oder »Abend in Skåne«. R. hat Lou A.-S. das Heft der »Deutschen Arbeit« mit der Widmung auf S. 59 übersandt: »Für Lou. Der alte ›Cornet‹, theilweise umgearbeitet diesen Sommer in Borgeby gård. (Soll später auch als kleines Buch herausgegeben werden)«. Jetzt fragt er: »Hast Du Dich noch des ›Cornet‹ erinnert?«

Auch an Spiridon Drožžin übersendet R. einen Sonderdruck des ›Cornet‹ aus der »Deutschen Arbeit« mit einer Widmung, die in deutscher Übertragung lautet: »Dem Dichter und Freunde Spiridon D. Drožžin sendet herzliche Glückwünsche und Dank für freundliches Gedenken Rainer Osipow. Rilke« (Original russisch).

4. NOVEMBER: R. dankt Ernst Hardt für das »liebe, leise, schluchzende Buch«: »Aus den Tagen des Knaben« (Insel-Verlag 1904).

5. NOVEMBER: R. möchte von Ellen Key die Fragebogen-Briefe zurückhaben: »Dort war der beste Wortlaut, den ich – bei meinem mangelhaften Gedächtnis – nicht ohne diese Hülfe wiederherstellen kann, was doch nothwendig ist für die deutsche Ausgabe [des Essays]. – Und auch für mich, für mein nächstes Buch, wäre es gut jene wichtigen, sehr rasch geschriebenen und abgeschickten Briefe noch einmal durchzusehen.«

13. NOVEMBER: Seiner Frau berichtet R.: »Jimmy, als er einmal auf meinem Zimmer war, las über einem Manuskripte auf meinem Tische die rote Aufschrift ›Samskola‹...« R. habe es den Freunden abends vorgelesen und am Sonntag auf deren Bitte einem größeren Kreis: »so stand ich im ausgeräumten Wohnzimmer ... vor mir mehr als vierzig Menschen, Lehrer, Freunde, Anhänger der Samskola. Ich mußte mir einen kleinen Vortrag formen, darin ich sagte, wie (wie tief) die Samskola-Idee mit mir zusammenhängt, an einer wie wesentlichen Stelle sie mich ergriffen hat ...« R. liest am Ende des Abends noch »Panther« und »Abendmahl« sowie einige Gedichte aus dem »Buch der Bilder« (an Clara R., 19.11.04). Leiter der Samskola sind Arthur Bendixson und Sven Lönborg, R. lernt beide persönlich kennen.

»Die Zeit«, Jg. 3, Nr. 766 bringt im Feuilleton eine Besprechung von Sigbjörn Obstfelders »Pilgerfahrten«, Stuttgart 1905, Verlag von Axel Juncker. R. hat die Arbeit am 1.11. in Furuborg geschrieben.

17. NOVEMBER: R. liest in der Samskola aus seinen Werken. »daß ich nun durchaus in Göteborg eine Vorlesung halten sollte: von eigenen Sachen. Ich erklärte, Gedichte nicht öffentlich und gegen Bezahlung lesen zu wollen, fand mich aber zu einer Vorlesung bereit, die in der Samskola für die zwei obersten Jahrgänge und einige von der Samskola geladene Gäste (ohne Entree) stattfinden sollte. Das war nun vorgestern ... Zweihundert Menschen.« – »Ich las: Die Geschichte von Michelangelo aus dem Buch vom lieben Gott; das neue Prosa-Gedicht: Orpheus, Eurydike, Hermes. Drei Gedichte aus Mir zur Feier (darunter der ›Spielmann‹), einiges aus dem Buch der Bilder, – Panther, Abendmahl, das in Paris geschriebene Gedicht ›Herbst‹ und ein paar neue Verse, ›Abend in Skåne‹. – Und die Stimmung war schön, einfach, herzlich: voll Bereitschaft und Freude. – Vorher und nachher verbrachte ich ruhige Stunden in dem schönen Haus von Stina Frisell.« (An Clara R., 19.11.04) Frau Frisell ist eine Kusine Lizzie Gibsons.
Einladungen zur Lesung R.s und Rezensionen erscheinen in »Morgenposten«, »Göteborgs Aftonblad«, »Handelstidningen« und »Göteborgsposten«.
Auf den Wunsch der Samskola schreibt R. seinen Essay in das ›goldene Buch‹ der Schule: »damit« wie sie sagten, ›wer zu zweifeln beginnt, sich dort Festigkeit und Bestärkung zu holen vermöchte‹ ...« (An Clara R., 19.11.04)
18. NOVEMBER: R. schließt die Neufassung der »weißen Fürstin« ab; im Druck erscheint das Werk erst 1909 am Schluß des Bandes »Frühe Gedichte«, der Neuausgabe von »Mir zur Feier«. An Clara R. schreibt er: »Am ersten oder zweiten Dezember plane ich nach Kopenhagen zu gehen, um mich, wenigstens im großen ganzen und übersichtlich, mit der Menge des Jacobsen-Materials bekannt zu machen; nicht um es zu studieren, sondern nur um zu wissen: das und das käme also einmal, gegebenenfalls, in Betracht.« R. fährt fort: »Vor allem aber, um Hammershöj zu besuchen, zu sehen, wiederzusehen, sprechen und schweigen zu hören. Denn er soll der Gegenstand meiner nächsten kleineren Arbeit (für die ›Zeit‹) sein.«
19. NOVEMBER: Über »Die weiße Fürstin« heißt es: »die Folge ist, daß es nun zwei Weiße Fürstinnen gibt, die eine, ältere, immer noch unabgeschriebene, und eine Abschrift, aus der etwas ganz Neues, viel Breiteres und viel mehr Gearbeitetes geworden ist etwas mit Modelé, –: gestern bin ich mit dieser Arbeit (sie hat jetzt etwa 35-40 mittelgroße Seiten)

fertig geworden; nun wird sie in weißes Pergament gebunden (aus Schafleder)...« (An Clara R., 19.11.04)

20. NOVEMBER: R. schreibt für Stina Frisell »Das Lied von den Lilien«. R. meldet seinen Besuch bei Ellen Key an und verspricht, seine letzten Arbeiten vorzulesen: »Ich werde auch die Abschrift des Samskola-Aufsatzes sammt den einleitenden Worten, die ich vor seiner Verlesung sprach, mitbringen.«
An Emmi Hirschberg führt R. aus: »Es ist so natürlich für mich, Mädchen und Frauen zu verstehen; das tiefste Erleben des Schaffenden ist weiblich –: denn es ist empfangendes und gebärendes Erleben.« R. beruft sich dabei auf Obstfelder.

21. NOVEMBER: R. übersendet »Drei Gedichte in Prosa« an die »Neue Rundschau«, sie sind: »das Beste, Reifste, Weiteste, was ich habe, und gehören zu dem wenigen Eigenen, das vor meinem Urteil besteht«. Gleichzeitig erbittet R. Hofmannsthals »Das gerettete Venedig« per Nachnahme.

24. NOVEMBER: R. schenkt seinem Gastgeber »Johnny Gibson« die erste Ausgabe seiner Rodin-Monographie von 1903 mit einem Widmungsgedicht: »Zeiten giebt es, in denen wie hinter Türen, / als ob es uns nicht gehörte, das Leben steht...« Die Verse hat R. nicht veröffentlicht.

27. NOVEMBER: In der »Zeit«, Jg. 3, Nr. 780 erscheint R.s Besprechung von Jules Laforgue »Sagenhafte Sinnspiele«, die er Juncker zur Annahme empfohlen hat. Geschrieben hat R. den Artikel am 1.11.04. An diesem Tag kommt es zu dem schon länger geplanten Besuch mit Gibson bei Ellen Key in Oby. R. beschreibt ihn in seinem Brief an Lou A.-S. vom 4.12., Eindrücke der Fahrt sind in »Die Aufzeichnungen des Malte Laurids Brigge« eingegangen: »Oft wenn Besuch da war...«

29. NOVEMBER: In seinem Dankbrief an Ellen Key gebraucht R. zum ersten Mal das »Du« der Anrede. Bei Juncker bestellt er für sie – »sie war ja Obstfelders bester Freund« – ein Exemplar der »Pilgerfahrten« (1.12.04).

1. DEZEMBER: R. beschreibt seiner Frau den letzten Tag in Furuborg, eine Schlittenfahrt durch das weiße Land: »Das war mein Abschied von Furuborg – denn heute ist mein letzter Abend in der goldenen Stube, die auch durch Koffer und Kisten nicht konfus geworden ist und immer noch so viel Raum und Ruhe hat, daß ich zwischen all diesem Aufbruch arbeiten könnte...«

2. DEZEMBER: R. reist nach Kopenhagen-Charlottenlund.

3. BIS 8. DEZEMBER: R. bemüht sich vergeblich, die Übersetzerin Therese Krüger zu sehen, die sowohl mit Lou A.-S. als auch mit Ellen Key

befreundet ist. »Ich wohne in Charlottenlund und beginne die Tage damit, in den großen Buchenwald zu gehen, bis an das stille, lichte kalte Meer. Schon am letzten Tag in Furuborg schlug der Winter in Tauwetter um ...« (An Clara R., 4. 12. 04)

4. DEZEMBER: R. schreibt an Lou A.-S.: »heute denke ich nicht mit Gesprächen an Dich, sondern mit dem, was schweigend mit mir in mein dreißigstes Jahr hinübergeht. Ich bin ganz allein gewesen diesen Tag, um nachzudenken ...«

An Clara R. heißt es: »gestern habe ich zum ersten Mal Hammershöj gesehen. ... Er ist anders als auf seinen Selbstporträts, älter und weniger schlicht, weil langes Haar und ein vollwachsender Bart das Gesicht über seine einfachen Konturen hinaus erweitern und scheinbar komplizieren. Aber ich bin sicher, je öfter man ihn sieht, desto deutlicher wird man ihn erkennen, und desto mehr wird man seine wesentliche Schlichtheit finden. Ich werde ihn wiedersehen, ohne mit ihm zu sprechen, denn er spricht nur Dänisch und versteht kaum Deutsch. Man fühlt, daß er nur malt und nichts anderes kann oder will ...«

8. DEZEMBER: R. meldet Ellen Key, an ihrem Geburtstag, dem 11.12., werde er, nach kurzem Aufenthalt in Hamburg, bereits mit Clara R. und Ruth zusammensein.

9. DEZEMBER: R. reist von Kopenhagen ab, wohin er ebensowenig wie nach Schweden je zurückgekehrt ist.

Später erinnert sich R. an Kopenhagen: »wie hat es Sie empfangen in seiner wunderbaren bleigrauen und weißen Winterlichkeit, deren ›valeurs‹ ich so gut vor mir sehen kann, daß ich nur die Augen schließen muß, um mich an einer gewissen Stelle, nahe am Prinzen-Palais, zu befinden, die mir, ich weiß nicht warum, ein für alle Mal, ›Kopenhagen im Winter‹ bedeuten sollte, wie mir die Obstkeller der Oestergade, die Bredgade und die Langelinie das sommerliche Kopenhagen in mehreren Ausdrücken vorstellen.« (An Inga Junghanns, 31. 1. 22 aus Muzot)

10. DEZEMBER: R. schreibt seiner Mutter aus Hamburg.

WINTER 1904/05: R. ist mit Clara und Ruth in Oberneuland.

18. DEZEMBER: An Lizzie Gibson heißt es aus Oberneuland: »ich schreibe Dir hier im folgenden alle Bücher Hofmannsthals auf, soweit ich sie weiß (– verzeih, daß ich es nicht früher that –). Im Insel-Verlag, Leipzig: Hofmannsthal, Hugo von, Der Kaiser und die Hexe. Ein dramatisches Spiel, nur in einer von H. Vogeler geschmückten Luxus=Ausgabe 1897 herausgegeben in Pergament gebunden Preis Mk 40,– / Hofmannsthal,

Der Thor und der Tod, Dramat. Gedicht. Brosch. Mk 2,– in Halbpergament Mk 3,– in Leder Mk 3,50 / Hofmannsthal, Der Tod des Tizian. Ein dramat. Fragment. Mk 1,–, außerdem die bei S. Fischer erschien[enen] Bücher auf beiliegendem Ausschnitt. Alle diese Bücher müßtest Du eigentlich haben und lesen, man kann nicht eines über das andere stellen, oder vor dem andern lesen; sie sind alle Hofmannsthal.«

22. DEZEMBER: An Ellen Key schreibt R.: »Ich bin gleich nach meiner Ankunft einer häßlichen Influenza und einem Zahnarzt in die Hände gefallen, die mich beide quälen ... Trotzdem ist es schön bei Clara zu sein und den kleinen Menschen Ruth jeden Tag zu sehen ...«

WEIHNACHTEN: Für Ruth wird in Claras Atelier beschert, ein Märchenbuch von Ellen Key ist durch Eva Solmitz besorgt worden. R. liest Clara abends »Die weiße Fürstin« in der Neufassung vor.

25. DEZEMBER: In der »Zeit«, Jg. 3, Nr. 808 erscheint die dritte der am 1.11. geschriebenen Besprechungen: Max Dauthendey »Bänkelsang vom Balzer auf der Balz«, Axel Juncker Verlag, Stuttgart 1905.

28. DEZEMBER: »Clara hat für die nächste Zeit in Oberneuland ein eigenes Atelier, das eine vermögende Freundin für sie gemiethet hat und es sind noch ein paar Räume dabei, so dass ich auch ein kleines Absteigequartier bei ihr haben kann, solange ich in Oberneuland weile. Es ist ein sehr schönes Landhaus.« (An die Mutter)

29. DEZEMBER: Dankbrief an Ellen Key.

30. DEZEMBER: R. tauscht den ihm von Axel Juncker als Weihnachtsgabe geschenkten Band von S. Kjaer: »Erik Grubbe ... og hans tre døtre«, Kopenhagen 1904, gegen die dänische Ausgabe von Obstfelders »En Praests Dagbog« um, da er den Kjaer bereits besorgt habe.

Im Jahre 1904 arbeitet R. an folgenden Zeitschriften mit: »Die Zukunft« Berlin, »Deutsche Arbeit« Prag und »Die Zeit« Wien. Außer dem Rodin-Buch wird auch »Worpswede« zum Jahresende neu aufgelegt.

Als erstes Buch über R. erscheint von Wilhelm Michel als Sonderdruck aus: »Apollon und Dionysos. Dualistische Streifzüge«, Stuttgart 1904, das Bändchen »Rainer Maria Rilke«, Axel Juncker Verlag, Stuttgart 1904.

In der Zeitschrift »Vesy« (= Wegemarken) in Moskau kommt eine Besprechung des »Buch der Bilder« von Jurgis Baltrušajtis, in der es heißt: »Der junge Autor ist zum Kreise von Hofmannsthal und Stefan George zu rechnen, obwohl er ihnen nachsteht, was die innere Selbstsicherheit anlangt; seine Bilder geben eher nur das Zittern der künstlerischen Vorahnung wieder, aber es gibt auch nicht wenige unter ihnen, die einen vollen Hintergrund haben und der Dichter sieht die Welt mit einem bestimmten und scharfen Blick.«

Neue Freunde

1905

1. JANUAR: R.s Aufsatz »Samskola« erscheint in der »Zukunft«, Jg. 13, Nr. 14.
6. JANUAR: R. meldet Ellen Key ein erstes Echo auf »Samskola« von einem Vater, »der seine 2 Söhne für die Zukunft erziehen will«. Weiter heißt es: »Im Augenblick habe ich alle Zügel aus den Händen verloren, die Tage laufen, aber sie gehorchen mir nicht. Ich denke noch daran, die Duse womöglich irgendwo zu treffen, aber fast fehlt mir jetzt der Muth dazu.«
7. JANUAR: An Lou A.-S. schreibt R.: »Es waren unfertige und provisorische äußere Zustände, in die ich hier kam ... Wieder war es so: sobald das Leben mich mit einer seiner Wirklichkeiten anrührt, sich auf mich bezieht, mich verlangt, – bin ich nur gestört.« Die Wohnung bestehe nur bis Ende Februar, R. fragt an, ob er Lou A.-S. in Göttingen besuchen könne, er habe »Die weiße Fürstin« vorzulegen, wolle die »Gebete« mit ihr lesen, müsse überhaupt Göttingen auf »Studien- und Wohnmöglichkeiten hin« sehen »und von dem Zukünftigen nächsten reden«. »Das Wiedersehen mit Dir ist die einzige Brücke zu allem Kommenden ...«
23. JANUAR: »Am 23. Jan. waren Liliencron und Dehmel mit ihren Frauen um eines Vortrages willen in Bremen; ich habe sie an der Bahn erwartet und mich herzlich gefreut, besonders Liliencron, der noch immer frisch und jugendlich ist mit seinen einundsechzig Jahren, wiederzusehen.« (Am 15. 2. an die Mutter)
26. JANUAR: R. sendet Fräulein von Ledebur den »Samskola«-Aufsatz: »wir hatten ein starkes und tiefes Erlebnis (Beruhigung und Unruhe) aus dem Dasein dieser neuen Einrichtung gezogen und eine Zeitlang sogar den Aufruf daraus reden gehört, Verwandtes bei uns in Deutschland einzuleiten und auszuführen; (obwohl das ein ganzer neuer Beruf gewesen wäre).« Bei diesen Plänen sei an sie gedacht worden.
15. FEBRUAR: R. reicht das Übersetzungs-Manuskript von Ellen Keys Aufsatz verspätet an Marie Franzos zurück; dazu schreibt er an Ellen Key, die Korrekturen bezögen sich »nur auf sorgfältige Berichtigung der citierten Stellen«. Er bittet jedoch um die Streichung eines Ab-

schnitts: »Im mündlichen Vortrag magst Du natürlich auch alles das sagen ... im Druck hingegen, wo jeder allein darüber Herr ist und verstehen und mißverstehen kann, ganz nach Anlage und Laune, würden wir die ganze Verheiratung mit Westerwede und Paris und Rom sehr gerne ganz fortgelassen wissen.«

22. FEBRUAR: An Ellen Key berichtet R., Clara R. müsse am 1. März die Oberneulander Wohnung räumen, gehe nach Worpswede, weil sie auf Schülerinnen hoffe – um dann im Herbst »ganz an ihre eigene Arbeit denken zu können«. R. ist entschlossen, Mitte April nach Berlin zu gehen, um »an der Universität zu studieren« – von Georg Simmel sagt er: »Er hat einen Brief, darin ich ihm von meinen Studienabsichten aufrichtig schrieb, so lieb und mit so nahem Verständnis aufzunehmen gewußt, daß der Entschluß, mich ganz in seine Hände zu geben mir der natürlichste und befreiendste war.« R. hofft, vor dem Kuraufenthalt auf dem Weißen Hirsch bei Dresden, am 27. 2. Ellen Key, die dort den Rilke-Vortrag hält, zu treffen.

IN DIESER ZEIT fragt R. seinen Freund Gibson: »Giebt es jemanden Reichen, den man für uns interessieren und gewinnen könnte, jemanden, der z. B. das Manuscript der weißen Fürstin kaufen und meine künftigen Manuscripte erwerben würde?« R. schreibt: »als meine kleinen Ersparnisse und was sonst da war aufgezehrt waren, da fiel auch ich in jenen Zustand fast unbeweglicher, hypnotisch erstarrter Hülflosigkeit, in den mich dieser unbegreifliche Mangel jedesmal versetzt. Ich bekenne es nicht ohne Scham, daß ein gewisser Grad von aussichtsloser Armuth, der, wie ich weiß, andere zur Thätigkeit drängt, mich vollkommen lähmt ...« Weiter heißt es: »Aber wie das Geld in die Welt gekommen ist und was es will, kann ich nicht verstehen und ich bin diesem Kampfe nicht gewachsen.«

28. FEBRUAR: R. schreibt an Benno Geiger über dessen »Sommeridylle«.

1. MÄRZ: In Dresden, während der Nacht vom 1. zum 2. März, setzt sich R. in einem langen Brief an Ellen Key mit der Wirkung ihres Vortrages vom 27. Februar auseinander. R. bittet: »den Fremden (den dreimal und abermal Fremden als die ich die Deutschen fühle) nicht allzuviel zu sagen; seit einigen Tagen schon quält mich diese Sorge.« R. begründet dies: »Ich habe Angst vor dieser Art von Öffentlichkeit ... meine Kunst ... geht doch über fast alle fort und begegnet, draußen, wo schon keine Menschen mehr sind, dem einen oder anderen Zukunftsvollen, (wie sie

Dir begegnet ist.) Diese Begegnungen (so selten sie sein mögen) sind die einzige natürliche Beziehung meiner Kunst zu den Menschen.« Zu den Vorträgen heißt es: »Du fühltest Montag [27. 2.] keine innige Theilnahme, – (glaube mir, es lag nicht an Dir, daß man Dir nicht ganz folgen wollte) und ich fühlte heute ... Kälte, Widerstand, Ablehnung bei allen denen, welchen Du in Deiner liebevollen Offenheit von mir sagtest. Das kränkte mich nicht; es ist das normale Verhältnis ...«

Da der nächste Vortrag in Prag stattfinden soll, bittet R., sie möge seinen Vater aufsuchen, um ihm »wenigstens ein Stück von jener Sorge« zu nehmen, »die sein Altern drückt und beengt: daß mein amtloser, ungewisser Weg dermaßen ins Brotlose und Verlorene führe, sodaß immer noch eine Umkehr mein bester Fortschritt sein müsse«. Zu seiner Arbeit sagt R.: »Ein Anfang ist da, einiges wirklich Geschaffene, Gute, dessen ich sicher und ruhig bin ...«

3. MÄRZ BIS 19. APRIL: R. und seine Frau sind zur Kur im Lahmannschen Sanatorium Weißer Hirsch bei Dresden; hier lernen sie Gräfin Luise von Schwerin kennen.

7. MÄRZ: R. erfährt von seinem Vater, daß er an dem Vortrag Ellen Keys in Prag nicht habe teilnehmen können.

9. MÄRZ: R. dankt Ellen Key für alles, was sie in Prag für ihn getan habe, besonders für ihren Besuch bei seinem Vater. Sie trifft in Prag ferner mit Professor von Ehrenfels und seiner Frau zusammen, die R. damals noch unbekannt sind, und mit Paula von Rilke.

23. MÄRZ: R. dankt Richard Beer-Hofmann für den »Grafen von Charolais«: »Ich las es oft«, und betont: »Wie viel ich auch da wieder von Ihnen empfangen habe und wie natürlich mir das ist: von Ihnen zu empfangen.«

27. MÄRZ: An Richard Beer-Hofmann schreibt R.: »Ich habe oft daran gedacht, ob Ellen Key zu Ihnen kommen und wie das sein wird. Nun weiß ich wie schön es war ... Wenn ich nun an Berlin denke (ich werde sicher von Mitte April an dort sein) so denke ich vor allem an Sie. Wie sehr wünsche ich mir diese Begegnung ...«

30. MÄRZ: »Dank, liebe Ellen, für den Reinertrag. Am liebsten möchte ich ihn fortlegen als einen kleinen Anfang mit der Überschrift ›Sundsholm‹. Aber jetzt im Augenblick geht es nicht, die Kur ist theuer und ich fühle, wie ich sie brauche ... Dafür kam nun dieses Geld und that mir unsäglich wohl. Aber es soll nach und nach wieder erspart werden ... Und nun willst Du auch noch einen Weg zum Unterrichtsminister für

mich thun. Liebe Ellen, ich sage nicht: nein. Denn was wäre das für mich in diesem Moment: Mein Studium muthig aufnehmen zu dürfen, in Sicherheit, ohne nahe Sorgen ...« In diesem Brief geht R. auch auf die Warnung Ellen Keys ein, Simmel könnte R. durch seinen Einfluß gefährlich werden: »Aber, so lange mir kein anderer Ausweg sich zeigt, muß ich doch wohl bei dem einmal Entschlossenen aushalten.« Schließlich berichtet er: »wir sehen niemanden, – nur seit drei Tagen eine liebe Frau, die von uns gewußt hat und uns mit Güte umgiebt: eine Gräfin Schwerin. Die leider nur acht Tage bleibt.«

31. MÄRZ: Lou A.-S. sagt R. die Zusendung der »Gebete« zu; R. schreibt darauf: »Dank für die Gebete: daß ich sie nehmen darf, um sie Dir wieder und wieder zu geben ... Ich will Sorge tragen für Dein Buch, daß alles daran Dir lieb werde.« R. möchte die beiden Hefte aus Lou A.-S.s Besitz aber erst nach Berlin erbitten: »Hier ist alles Zwischenraum und Zwischenzeit.«

Während der Kur liest R. von Otto Weininger, der sich 23jährig im Oktober 1903 das Leben genommen hat, »Geschlecht und Charakter«, Wien 1903.

An Ellen Key meldet R. am 31. 3.: »Ich hatte Aufforderungen zu Vorträgen, wovon ich zwei (Prag und Berlin) für den nächsten Herbst angenommen habe.« Es handelt sich um Vorträge über Rodin.

1. APRIL: R.s letzte Buchbesprechung, »Ausgewählte Gedichte von Richard Schaukal«, erscheint in der »Zukunft«, Jg. 13, Nr. 27. Entstanden ist sie bereits am 1. 11. 04 in Jonsered.

AM 2. UND 5. APRIL schreibt R. zwei Gedichte in französischer Sprache, »Jour d'été« und »L'automne sonne dans les feuilles vides«.

IN DIESER ZEIT wird R. von der Rigaer Künstlerin Anna Schewitz-Hellmann gezeichnet.

13. APRIL: An den Insel-Verlag: »Herr von Poellnitz, weiland der Leiter Ihres Verlages, fragte mich vor etwa einem Jahre nach neuen Veröffentlichungen, die ich zu machen gedächte ...« R. erwähnt die Neuausgabe der »Geschichten vom lieben Gott« und fährt fort: »ich versprach ihm ferner ein neues Prosa-Buch, das als eine Art zweiter Theil jenes Geschichtenbuches betrachtet werden könnte. Ein Zusammentreffen verschiedener hemmender Ursachen hat die Vollendung dieses Buches hinausgeschoben ... Dagegen liegt ein Manuscript, von welchem ich auch in jenem Briefe sprach, seinen voraussichtlichen Abschluß weiter hinaus setzend, nun fertig vor. Ich will Ihnen – und nur Ihnen – von die-

ser Arbeit sagen ...« Weiter heißt es: »Es handelt sich um einen großen, weithin gerundeten Gedichtkreis, in den fast alle Fortschritte und das Beste aller Arbeit, die ich seit meinem letzten, vor mehr als zwei Jahren veröffentlichten Gedichtbuche geleistet habe, eingegangen ist. Eine Reihe von Erhebungen und Gebeten, soll damit zu einem Ganzen (zu dem es sich selbst gefügt hat) auch äußerlich vereinigt werden und in Erinnerung an die Livres d'heures soll dem Bande der Name ›Stunden-Buch‹ gegeben sein, mit dem Untertitel: ›erstes, zweites und drittes Buch der Gebete‹.« R. macht die Drucklegung geradezu von der Zusage des Insel-Verlages abhängig. Der Brief wird von Carl Ernst Poeschel beantwortet, Rudolf von Poellnitz ist im Vorjahr gestorben.

An Ellen Key meldet R. in der Stipendiumsangelegenheit: »Ich habe gestern einen Gesuch-Entwurf an Marie Herzfeld geschickt mit der Bitte um ihre Durchsicht und ihren Rath. Diese Sache, bei der Du so unermüdlich warst, ist also in Angriff genommen.« August Sauer habe ihm gute Aussichten gemacht, ihm ferner empfohlen, in Berlin gleich zu Alfred Klaar zu gehen. Simmel sei vom 15. bis 30. 4 in Paris, wie er ihm geschrieben habe.

WÄHREND DES KURAUFENTHALTES kommen R. und seine Frau nicht in die Stadt, wo sie Zwintschers besuchen wollten, am 17. 4. schreibt R. dem Maler: »Denn da wir schon übermorgen ganz früh reisen (Clara Rilke nach Worpswede, ich nach Berlin) so kann es zu keinem Wiedersehen mehr kommen.«

16. APRIL: R. kündigt Rodin den Besuch von Professor Simmel an, bei dem er künftig studieren werde.

An den Insel-Verlag: »dankbar empfing ich Ihre Zusage und die Erwiederung meines Vertrauens durch das Ihre: das ist die beste Grundlage für die erneute Verbindung.« R. bittet, ihm jemand zur Erstellung einer Schreibmaschinen-Abschrift zu nennen, und ist bereit, diese an einem »Ort, wo es in Sicherheit und Verschwiegenheit wäre«, vornehmen zu lassen. R. vermittelt dem Verlag die Anschrift Ellen Keys.

19. APRIL: Vom Bahnhof Dresden-Neustadt erbittet R. die »Gebete« von Lou A.-S. nach Berlin-Westend, Kastanienallee 20. »Die Abschrift soll gleich beginnen, der Insel-Verlag erwartet anfangs May das Buch. (Von dessen Dasein Ellen K. nichts wußte; erfuhr sie's?)« Ellen Key hat gerade am 16. 4. Lou A.-S. in Göttingen besucht und geschrieben: »Lieber Rainer Maria, ich habe mit Lou viel über Dir gesprochen!«

VOM 19. APRIL BIS KURZ VOR OSTERN ist R. in Berlin: »Simmel habe ich

während jener Tage in Westend nicht gesehen; (er war in Paris). Doch seine Frau hat mich gut aufgenommen ...«, wie R. am 19. 5. an Lou A.-S. schreibt:»Der Versuch mit Berlin soll ja doch noch auf alle Fälle geschehen, voraussichtlich gehe ich für den Monat Juni hin, um als Hospitant die Verhältnisse kennen zu lernen.«
OSTERN ist R. in Worpswede, nach der anstrengenden ›Kur-Arbeit‹ fühlt er sich Berlin noch nicht gewachsen.
29. APRIL: R. greift das Anerbieten des Insel-Verlages dankbar auf, die Abschrift des »Stunden-Buchs« zu übernehmen: »Sie empfangen dementsprechend als eingeschriebene Sendung des Stunden-Buches II. und III. Theil und sind sehr gebeten eine genaue und sorgfältige Abschrift herstellen zu lassen.« Bis zum 16. Mai fertigt R. in Worpswede die Druckvorlage auch des ersten Teils der »Gebete« für »Das Stunden-Buch« an.
Rodin, die Duse und Armand Dayot werden in Meudon zusammen photographiert.
30. APRIL: »... ich bin vom weißen Hirsch direkt nach Berlin gereist, aber die Stadt, das Wohnungssuchen und alles was mit der Einrichtung und Durchsetzung des neuen Lebens zusammenhängt, griff mich nach der Kur-Arbeit so sehr an, daß ich mir eingestehen mußte, daß es über meine Kräfte sei diesen Wechsel in all seiner Plötzlichkeit erzwingen zu wollen ...« (Aus Worpswede an die Mutter)
3. MAI: An die beiden baltischen Malerinnen Alice Dimitrijew und Anna Hellmann, die R. in Dresden kennengelernt hat, schreibt er, daß er bedaure, »nicht noch vierzehn Tage bei langsam abnehmender Kur auf dem Weißen Hirsch geblieben zu sein«; er fühle sich dem Studium in Berlin noch nicht gewachsen. Im Juni besuchen die beiden Malerinnen Worpswede, wo sie verschiedentlich mit R. zusammentreffen.
4. MAI: Der Gräfin Schwerin beschreibt R. den norddeutschen Frühling. Es scheint ihm »fast undenkbar, aus dieser Wirklichkeit in die fremde und zufallsvolle Stadt zurückzukehren, um die selbstauferlegte Studienpflicht einzulösen«. Neben seiner Erschöpfung gibt R. als weiteren Grund für sein Zögern an: »fast scheint es mir, nach allem, was ich durch Sie, liebe Gräfin, weiß, und nach dem, was ich darüber hinaus ahnend empfinde, als müßte Baron Uexküll mir, wenn wir einander im Sommer begegnen, der Rater und Helfer werden, auf den ich mit allem Meinen warte.« Der Naturforscher Jakob von Uexküll ist der Schwiegersohn der Gräfin Schwerin.

Am selben Tage schreibt R. an Richard Beer-Hofmann, er werde kaum vor Mitte des Monats nach Berlin zurückkommen.

MAI BIS ANFANG JUNI: Niederschrift von R.s Beitrag zu: »Religionsunterricht? Achtzig Gutachten. Ergebnis einer von der ›Vereinigung für Schulreform, Bremen‹ veranstalteten allgemeinen deutschen Umfrage, herausgegeben von Fritz Gansberg, Lehrer in Bremen«, Leipzig 1906. Die im Februar 1905 ins Leben gerufene Vereinigung wendet sich in einem Rundschreiben an führende Persönlichkeiten vieler Gebiete. R. hat bereits in »Samskola« geäußert: »Es war konsequent und mutig, diesen Kindern keinen Religionsunterricht im herkömmlichen Sinne aufzuerlegen«, so bietet es sich an, ihn um seinen Beitrag zu bitten.

16. MAI: R. übersendet dem Insel-Verlag das »vollständige und druckfertige Manuscript des Stundenbuches«; er macht eine Reihe von Vorschlägen für die Druckgestalt des Bandes: »Ich denke mir das Stundenbuch schlicht und stark in der Wirkung; von jener Art eines vornehmen Gebrauchsbuches, wie die Gebetbücher etwa des sechzehnten Jahrhunderts sie aufweisen ... Absichtlich antiquierende Mittel wären natürlich zu vermeiden«, fährt er fort und gibt Hinweise auf Format, Titelblatt, Satzspiegel und Papierqualität. Er hofft: »daß meine Bemerkungen mit Ihren Absichten in manchen Punkten übereinstimmen«. Der Brief R.s trägt den Vermerk »Schön!« von der Hand Anton Kippenbergs.

19. MAI: An Lou A.-S. schreibt R.: »Von hier aus sandte ich vor zwei Tagen die Abschrift der Gebete an den Verlag; von hier aus sende ich Dir heute die beiden Bücher zurück, mit denen ich in diesen Wochen gelebt habe. Hier wo nichts anderes war als sie, in einem zellenartigen, leeren, grauen Atelier ...« Die Handschriften haben sich im Nachlaß von Lou A.-S. erhalten.

23. MAI: R. dankt Lou A.-S. für ihre Einladung nach Göttingen für die Pfingstwoche: »Liebe Lou, ich lese es nicht, ich hör es als Botschaft.«

24. UND 25. MAI: R. besucht Ruth in Oberneuland.

31. MAI: R. meldet sich bei Lou A.-S. für den 13. Juni an; weiter heißt es: »Und wenn ich jetzt etwas von Simmel lese, so ruft mich nichts zu ihm hin. Trotzdem will ich jedenfalls noch ein paar Wochen irgendwo Vorlesungen hören, als Vorbereitung für den Herbst, in dem ich ernsthaft beginnen will.«

5. JUNI: Der Gräfin Schwerin dankt R. für die Reden des Meister Eckehart: »Irgendwo (ich fühls in aller Demut) wuchs ich über ihn hinaus: an den Stellen, wo er feststellte, stehen blieb, endgültig formte«; R.s

liebste Texte seien »die Predigt über Lucas ›Gottes Reich ist nahe‹ und die Rede ›von des Geistes Ausgang und Heimkehr‹«.

7. JUNI: An Ellen Key, die von ihren Vortragsreisen nach Schweden zurückgekehrt ist, gibt R. einen Bericht über die letzten Wochen, seit er in Berlin »keinen anderen Ausweg, als mich her auf das Land zu flüchten, in Clara's stille Werkstatt« gefunden habe. Zu dem Stipendium heißt es: »Die Staats-Unterstützung ist noch nicht vergeben und von Marie Herzfeld hatte ich einen Brief ... daß mein Gesuch einige Aussicht auf Erfolg zu haben scheint.« Auch die Concordia in Prag wolle noch etwas tun.

13. BIS 24. JUNI: R. sieht Lou A.-S. zum ersten Mal nach den Jahren der Trennung wieder.

13. JUNI: An Clara R. schreibt R. über Göttingen: »das ist eine richtige kleine Gartenstadt ... nur daß auf den meisten Häusern nicht nur die jetzigen Bewohner stehen, sondern auch die vergangenen, um ihrer Größe willen. Fast jedes Haus hat so eine Gedenktafel.« Vom ›Loufried‹ am Hainberg heißt es: »Dort steht, nach der einen Seite hin fast ebenerdig, nach dem Tale hin fast wie ein Turm, das liebe Haus, in dessen kleinster blauer Stube ich nun sitze, um gleich darauf auf meiner eigenen Holztreppe in den Garten niederzusteigen ...«

15. JUNI: Aus Göttingen schickt R. an Ellen Key »herzliche und wirklich frohe Grüße«.

16. JUNI: Seiner Frau schreibt R.: »Ich will Dir nicht viel sagen von allem, wie ich es hier lebe, wie es mich hier stärkt und sammelt und ermutigt. Oft wünschen wir, Du wärest hier bei uns, wenn wir im Garten sitzen und lesen oder über alle die Dinge sprechen, mit denen ich Dich oft gequält habe und die nun um so vieles leichter werden oder wenigstens tragbarer in ihrer Schwere ... Und wenn mich nun alles hier freut und mir hilft, so ist unter den wirklichsten Freuden eine kaum mehr unterdrückbare Zuversicht: daß auch Dir dieser liebe weite Mensch hier eines Tages wird lieb werden können ... dieser Mensch, der in meiner inneren Geschichte so viel Handlung trägt.«

VOM 25. JUNI BIS 17. JULI ist R. in Berlin, wo er Studien aufnimmt und Georg Simmel aufsucht. Er wohnt in Berlin C, Holzgartenstraße 10, Hospiz im Zentrum.

27. JUNI: R. sieht den Pergamon-Altar: »es war, wie alles Sehen von Antike im großen, eine arge Mühsal und Enttäuschung.« (An Clara R., 27. 6. 05)

ANFANG JULI übersendet R. Gertrud Eysoldt: »Ein Gedicht aus den Pari-

ser Tagen. Es gibt schon Menschen, die es kennen; ja es bestehen sogar zwei oder drei Abschriften in der und jener Hand ... Von mir will ich nichts sagen. Es ist ein fernes Geräusch in mir und eine Bewegung wie kommender Flut.«
Unter den Notizen eines Taschenbuches aus dem Berliner Studienaufenthalt finden sich die Verse: »O laßt mich gehen, wie ich kam, als einer / der Menschen nur wie Fließendes berührt ...« Mit dem Verlust einer Reihe von Gedichtentwürfen aus dieser Zeit ist zu rechnen.
5. JULI: Seiner Frau berichtet R.: »ich war heute lange bei den Rodins in der Nationalgalerie (ach, sie stehen in einem dunklen, wie eine Bierhalle mit gelb-rotem Glas gedeckten Vorraum, ganz oben, bei jetzt achtundzwanzig Grad Wärme), und doch, trotz alledem: ›Quelle bonne nourriture, quel bon repas!‹ ... Dann trat ich oben in das eine kleine, armsälige, modern-ausländische Zimmer, wo der Degas, ein Cézanne, ein Courbet, Monet und Daubigny ist, und fand zwei Goyas; der erste, die Skizze zu einem Stiergefecht, war mir in Erinnerung, – der zweite, früher noch nicht da, ein kleines Bild, das bekannte La Cucaña ...«
7. JULI: R. sieht in Berlin Gorkis »Nachtasyl«: »Neben den russischen Dichtern wirkt Gorki doch nicht eigentlich groß, und es ist trotz seines Aus-der-Erde-Herausgewachsenseins weniger Natur in ihm und weniger Notwendigkeit, – also auch weniger Kunst.« (An Clara R.)
14. JULI: R. verkehrt auch bei Hedwig und Samuel Fischer; er dankt für einen schönen Sommerabend.
15. JULI: Seiner Frau schreibt R.: »Vormittag gibt es noch zwei Simmelsche Kollegien und eine letzte Zusammenkunft mit ihm ...« Von dem ausführlichen Brief über das Gespräch mit Simmel über Rodin an Lou A.-S. ist nur ein Bruchstück erhalten: »einen Zustand, in dem man den Inbegriff seiner Vorbilder nach vielen Verwandlungen wieder nur la nature nennen durfte, mit einem einzigen ganz großen Namen, konnte Simmel sich nicht vorstellen. La nature war für ihn der Vorwurf des plattesten Naturalismus, während das Modell Rodin's nothwendig etwas anderes, zusammengesetzteres sein müsse ... Ich weiß nicht, ob Du verstehen kannst, wie das war?« Am 15.1.1915 berichtet R. Marianne Mitford über ein merkwürdiges Gespräch mit Simmel über dessen Michelangelo-Aufsatz.
16. JULI: R. betrachtet im Kaiser-Friedrich-Museum die orientalische Mschatta-Fassade, »in der man Gotik und Antike in einer seltsamen Verständigung zusammenfindet« (an Clara R.).

DIE TAGE VOM 17. BIS 24. JULI verbringt R. in Treseburg am Harz. In Halberstadt trifft er auf der Reise dorthin mit Lou A.-S. zusammen, die ihre Berliner Freundin Helene Klingenberg in Treseburg besucht.
18. JULI: »Deutsche Sommerfrische. Ein kleines Tal, so breit wie der kleine rauschende Fluß es gemacht hat ... Und alles voll von Aufschriften, Zeigefingern, die hinauf und hinab und um die Ecke weisen, Andenken, Ansichtskarten, Musik und Schokoladeautomaten und ein vollvolles Gasthaus: ich kann mir eigentlich nicht vorstellen, daß und wie ich hier bis August aushalten soll. Und weshalb?« (An Clara R.) Und weiter: »Nachmittag las ich Oscar Wilde's Ballade aus dem Zuchthause von Reading von C. 3. 3. – Du kennst sie noch nicht und ich habe sie neulich in Berlin zuerst gelesen mit großem Ergriffensein (das hier niemand gestern begriff.) Dir aber wird sie auch etwas sein, denk ich, wenn ich Dir sie lese –«
19. JULI: R. erhält einen Brief von Rodin – dieser hat sich von Gertrud Eysoldt R.s Adresse geben lassen, als sie mit Grüßen zu ihm kommt. Rodin grüßt darin: »l'écrivain travailleur, qui a déjà tant d'influence partout par son travail et son talent ... Vous êtes deux de mes bons souvenirs. Travail, courage, intelligence modérée, pour que ces biens ne se surmènent pas.«
21. JULI: Dankbrief R.s an Rodin, R. meldet sich für Anfang September an.
Auf dem Wege nach Schloß Friedelhausen in Hessen macht R. in Kassel und Marburg Station.
25. JULI: Seiner Frau schreibt R.: »Kassel hielte mich schon heute nicht mehr. Die Rembrandts freilich sind sehr wert, einmal hier zu sein, aber sobald die Gemäldegalerie schließt, ist alles fortgenommen ...« Eines gefällt ihm: »Schön ist es, dann und wann einen hessischen Bauer mit Schnallenschuhen, Kniehosen, losem hemdartigen Oberkleid und flachem Hut zu sehen.«
25. ODER 26. JULI: Aus »Cassel, Hotel du Nord« bittet R. den Insel-Verlag um Geduld, da er die Druckproben erst Heinrich Vogeler zeigen möchte: »ich wollte das Buch eher klein und stark haben, als so groß ...« R. fährt fort: »Auch die Frage mit dem Holzschnitt-Titel ist mir noch nicht klar. Direkt illustrativ würde ich ihn nicht wählen, vielmehr etwas Allgemeines wünschen, das aus dem Einfachen herauswächst. Zum Beispiel einen in der Zelle lesenden Mann, hinter dem ein Fenster in einen Garten und auf den Himmel hinaus aufgeht. Oder einen Baum,

darin Vögel sich niederlassen. Auch alte Drucke, etwa Darstellungen aus dem Umkreis der Franciscus-Legende, würden sich eignen ...«
26. JULI: Aus Kassel berichtet R. für Ellen Key: »Laß mich in kürzester Form nachtragen, daß ich drei Wochen in Berlin (drei der heißesten Wochen) Colleg gehört habe, mit dem Erfolge, daß ich jedenfalls den nächsten Winter studieren werde, sei's in Berlin, sei's in Göttingen. Jetzt traf ich mit Lou bei einer gemeinsamen lieben Freundin im Harz zusammen und war acht Tage mit ihr. Und nun findest Du mich unterwegs nach dem Gute der Gräfin Schwerin, bei der ich ein paar Augustwochen bleiben will. Ein stilles Schloß mitten im Walde und es werden dort sein: die Gräfin, ihre verwitwete Schwester, ihre Tochter Gudrun und deren Mann, ein Baron Uexküll, der Naturforscher ist, mit dem ich viel zu sprechen und von dem ich manches zu lernen hoffe. – So siehst Du also in meine nächsten Pläne ...«
R. dankt der Litterarischen Gesellschaft in Dresden für die Einladung, aus eigenen Werken zu lesen, lehnt dies jedoch ab, zumal er den Abend teilen soll. Er bietet aber an, im Oktober seinen Rodin-Vortrag dort zu halten: »Das würde aber freilich einen ganzen Abend in Anspruch nehmen.«
27. JULI: In einem Brief aus Marburg schildert R. seiner Frau Stadt und Elisabethkirche.
VOM 28. JULI BIS 9. SEPTEMBER ist R. Gast der Gräfin Schwerin in Schloß Friedelhausen an der Lahn, während dieser Zeit kommt – in der ersten Augusthälfte – auch Clara R. dorthin. Mit ihr gemeinsam unternimmt R. Fahrten nach Kassel und Frankfurt, von denen er im Jahr darauf anläßlich der Rembrandt-Feier in Amsterdam schreibt: »Daß wir doch dort fortfahren könnten, wo wir voriges Jahr in Kassel und Frankfurt zu schauen aufhörten ... wie schön war es vor dem Simson; man hätte müssen damals davor ein paar Worte aufschreiben. Hast Du's nicht getan? Später? Das war ein so guter Tag, da man begriff und einsah.« (An Clara R., 6. 7. 1906) Auf der Terrasse von Friedelhausen arbeitet Clara an ihrer zweiten Rilke-Büste, die ihn gesenkten Kopfes darstellt.
Zu dem Kreis der in Friedelhausen Versammelten gehört neben der Gräfin Schwerin selbst, die noch vor R. abreist, deren Tochter Gudrun mit ihrem Mann und ihrer Tochter Damajanti, zeitweilig auch Karl von der Heydt. Im nahen Londorf lebt »Frau Nonna«, Julie Freifrau von Nordeck zur Rabenau, die Stiefmutter der Gräfin und ihrer verwitweten Schwester Frau Alice Faehndrich.

ENDE JULI: R. schenkt der kleinen Tochter der Uexkülls das Buch »Bei uns zu Haus. Eine Fibel für kleine Stadtleute« von Fritz Gansberg, dem ihm bekannten Bremer Lehrer, mit der Widmung: »Der kleinen Damajanti Uexküll von einem, der auf sie warten wird, um einmal ihr Freund zu sein. Friedelhausen, Ende July 1905. R.-M.«
AUGUST: In einer warmen Augustnacht liest R. das Kapitel aus dem werdenden »Malte« vor, das von Urne-Kloster handelt und beginnt: »Zwölf Jahre oder höchstens dreizehn muß ich damals gewesen sein...«, und das schon in der Furuborger Fassung steht.
7. AUGUST: An den Insel-Verlag: »Ich habe viele alte Bücher in der Hand gehabt und unter dem Einfluß derselben, die Überzeugung gewonnen, daß das Stundenbuch die Art der alten Breviere, ohne sie direkt nachzuahmen, doch sich auf alle Weise zu nutze machen muß...«
Zum Titelblatt heißt es: »Ich habe in der hiesigen Bücherei nach einer alten Zeichnung gesucht, ohne jedoch etwas wirklich passendes zu finden. Hingegen fand ich in den bei E. A. Seemann, Leipzig, erscheinenden Heften ›Meister der Farbe‹ in Heft V. des Jahrganges 1905 die mitfolgende Zeichnung, die mir eine gewisse Eignung für unseren Zweck zu haben scheint.« Die von R. eingelegte Abbildung stellt einen Renaissance-Künstler vorm offenen Ausblick dar, eine Zeichnung von E. Lanceray-St. Petersburg. R. bietet an, am 12. 8. für einen Tag nach Leipzig zu kommen.
IM AUGUST entsteht: »Steh froh auf zu deinem Werktage... Geschrieben für eine Morgenandacht in Friedelhausen, August 1905«. Die Handschrift, die wohl Frau Nonna besaß, ist nicht erhalten.
13. AUGUST: Friedrich Westhoff, Clara R.s Vater, stirbt nach einem Unfall.
15. AUGUST: Der Insel-Verlag hat R. ein Buch mit »Reproduktionen venetianischer Drucke« gesandt, wohl »L'Art de l'imprimerie à Venise pendant la renaissance italienne«, Venise 1895. R. weist in seiner Antwort auf mehrere Möglichkeiten hin, darunter: »das Bild eines dreifach fließenden Brunnens... das auch verwendbar und auf das Stundenbuch und seine drei Theile deutbar wäre«. Auch für die Type äußert R. nochmals einen Wunsch: »jene schöne klare, starke... für die ich so viel mehr Sympathie habe und die mir zu dem Charakter des Buches besser zu passen scheint«.
Aus diesen Tagen erinnert sich R. später der schönen Wagenfahrten in das sommerlich bunte Hessen, die er in Briefen an seine Frau schildert:

nach Londorf und Appenborn, zur Nehmühle, ins Salzbödetal, nach Marburg.

19. AUGUST: Von der Heydt trifft ein.

26. AUGUST: An den Insel-Verlag heißt es: »Die Probeseiten, in ihrer jetzigen Form gefallen mir sehr gut, und auch die Verwendung des dreifach strahlenden Brunnens als Titelblatt und die Anbringung des schreibenden Mannes über dem Anfang des ersten Buches ist ganz in meinem Sinne.« R. bittet um »die Ausgabe einer kleinen Anzahl nummerierter sorgfältiger Exemplare in weißem Pergament-Leder-Band«.

Für den 5./6. September meldet sich R. bei Rodin in Paris an: »Si mes désirs se réalisent, j'irai à Paris vers le 5 ou 6 septembre, pour y rester huit ou dix jours.«

31. AUGUST: R. beschreibt seiner Mutter ausführlich die ›guten Tage‹ in Friedelhausen.

1./2. SEPTEMBER: R. besucht von Friedelhausen aus Darmstadt: »Ich war auch schon auf der Mathildenhöhe; die Häuser der kleinen Niederlassung sind ganz gut in das Grün hineingepaßt und geben wenig Ärgernis. Gegen Farben und Formen ist nicht viel zu sagen, nur denkt man eigentlich nicht an Häuser dabei.« (An Clara R.) R. spricht beim Grafen Ernst zu Solms-Laubach in seinem kleinen Palais vor, mit dessen Familie die Gräfin Schwerin befreundet ist.

4. SEPTEMBER: R. schreibt Clara R.: »Vorgestern abend bei meiner Rückkehr aus Darmstadt war von Rodin dieses liebe Telegramm da: Très heureux; vous attend à partir du 7 courant à Paris. Nun läßt es mir, wie Du Dir denken kannst, auch nicht Ruhe ...« Dem Telegramm folgt ein Brief von Rodins Sekretär, in dem R. aufgefordert wird, für die Dauer seines Aufenthaltes bei Rodin zu wohnen.

6. SEPTEMBER: R. nimmt dankbar die Einladung Rodins nach Meudon an. Dem Insel Verlag sendet R. die zweite ›Correctur-Sendung‹ zurück und merkt an, daß er am »Sonnabend den 9., ganz früh« aus Friedelhausen abreisen werde.

Von den letzten Tagen in Friedelhausen erzählt R. in seinem Dankbrief an Gräfin Schwerin: »da kamen die ersten zwei Korrekturbogen meines Stunden-Buches und wollten gelesen sein, und der Nachmittag brachte unsere Kant-Stunde, die am letzten Tage auch das Buch zu Ende führte, das wir [= Jakob Uexküll und R.] uns vorgenommen hatten.« R. betont: »Mein Leben, alles, was ich bin, ist durch Friedelhausen durch gegan-

gen, wie ein ganzer Fluß durch die Wärme einer besonnten Gegend geht, ausgebreiteter und breiter gleichsam und glänzend mit allen seinen Wellen.« (10. 9. 05)
Der Band »Kritik der reinen Vernunft« mit der Einschrift »(Zur Erinnerung an die Kantstunden in Friedelhausen, Aug. 1905 / Jacob Uexküll)« ist erhalten.

9. SEPTEMBER: Durch das Lahntal führt die Reise nach Godesberg auf die Wacholderhöhe zu Karl von der Heydt – auch diese Fahrt beschreibt R. der Gräfin Schwerin; von seinen weiteren Plänen heißt es: »Und ich werde nicht die Stadt um mich haben mit Stimmen und Ungestüm, sondern ihn [= Rodin] und die Stille seines Landhauses, das von den Höhen Meudons das ferne Paris und das nahe Tal von Sèvres mit ruhigen Augen überschaut.« (10. 9. 05)

11. SEPTEMBER: Zum Abschied trägt R. in das Gästebuch der Wacholderhöhe für Karl und Elisabeth von der Heydt den Vers ein: »›Wer vermag es ein Haus zu bauen?‹ ...« R.s Briefe an das Ehepaar von der Heydt reichen bis ins Jahr 1922, 108 Briefe und Karten sind erhalten.

12. SEPTEMBER: R. trifft in Paris ein, wo er zunächst im Hôtel du Quai Voltaire absteigt.

Bei Rodin

VOM 12. SEPTEMBER 1905 BIS ZUM 29. JULI 1906 währt R.s zweiter Pariser Aufenthalt. Seine ersten Eindrücke schildert R. seiner Frau: »Paris ist seiner so sicher wie je, ganz, ganz dasselbe, ebenso riesig und voll Notwendigkeit im Kleinen wie im Großen. Unglaublich wirklich. – Ich habe viel wiedergesehen ... ach, vor dieser Stadt sind drei Jahre wie ein Tag.«

13. SEPTEMBER: R. meldet Rodin: »le 15, vendredi matin, j'irai à Meudon pour accepter l'hospitalité, que vous voulez me donner, de tout mon cœur.«

15. SEPTEMBER: R. beschreibt seiner Frau die überaus herzliche Aufnahme durch Rodin in Meudon. Besonders beglückt ihn: »Er hat mir über mein Buch, das ihm kürzlich erst sorgfältig übersetzt worden ist, das Größte gesagt, was man sagen kann: hat es neben seine Dinge gestellt ...« Weiter heißt es: »Ich habe ein kleines Häuschen ganz für

mich: drei Räume: Schlafzimmer, Arbeitszimmer, Garderobe, mit entzückenden Dingen, voll Würde und dem Hauptfenster mit allen Herrlichkeiten des Sèvres-Tales, der Brücke, den Weiten mit ihren Dörfern und Dingen. Denk nur, wie gut ichs habe ...«

17. SEPTEMBER: Sonntags-Ausflug mit Rodin nach Versailles: »er zeigte es mir und Grand-Trianon.« (An Clara R.)

19. SEPTEMBER: Mit Rodin in Paris, Zusammentreffen mit dem Schriftsteller Charles Morice und mit Eugène Carrière.

20. SEPTEMBER: In einem langen Brief an seine Frau schreibt R. über Rodin: »was sind alle Ruhe-Zeiten, alle Tage in Wald und Meer, alle Versuche, gesund zu leben, und die Gedanken an alles dieses: was sind sie gegen diesen Wald, gegen dieses Meer, gegen das unbeschreiblich getroste Ausruhen in seinem haltenden und tragenden Blick, gegen das Anschauen seiner Gesundheit und Sicherheit. Es rauscht von Kräften, die in einen einströmen, es kommt eine Lebensfreude, eine Fähigkeit zu leben über einen, von der ich keine Ahnung hatte. Sein Beispiel ist so ohnegleichen ...« Von sich erzählt R.: »Nach dem Abendessen zieh ich mich bald zurück, bin um ½ 9 längstens in meinem Häuschen. Dann ist vor mir die weite blühende Sternennacht, und unten vor dem Fenster steigt der Kiesweg zu einem kleinen Hügel an, auf dem in fanatischer Schweigsamkeit ein Buddha-Bildnis ruht, die unsägliche Geschlossenheit seiner Gebärde unter allen Himmeln des Tages und der Nacht in stiller Zurückhaltung ausgebend. C'est le centre du monde, sagte ich zu Rodin.«

27. SEPTEMBER: An Clara R. schreibt R. weiter über sein Leben mit Rodin: »ich war stundenlang mit ihm im Musée, und er hat viel Liebes gesagt und viel aus großem Vertrauen heraus. Wir gehen von Sache zu Sache, und er fragt mich, wie ich das und jenes sehe und fühle, und schreibt dann die Namen, die ich den Sachen gebe, auf den Sockel ... Er ist so allein. Da ist sein Werk, hundert und hundert Dinge, die ihn brauchen, und er findet nicht einmal einen passenden Sekretär, der ihm die Last der Schreibereien abnimmt, geschweige denn einen, der ihm wirklich hilft, das ganze Werk zu verwirklichen, der mit angreift dabei.«

Später heißt es dann in einem Brief an Ellen Key: »Aus diesen Beziehungen ergab es sich ganz von selbst, daß Rodin mir eines Morgens anbot, als sein Privat-Sekretär bei ihm zu bleiben; ich wies ihn auf mein schlechtes Französisch hin, – er sah darin kein Hindernis und so nahm

ich schließlich an und fülle nun, im zweiten Monat schon, diese Stelle zu seiner Zufriedenheit aus. – Du kannst Dir denken, daß ... ich zu den Briefen ... zehnmal soviel Zeit brauche als ein Franzose brauchen würde.« R. fährt fort: »Rodin will, daß ich viel Zeit für mich haben soll, denn um mir zu helfen, hat er mir diese Stelle gegeben. Ich bin wie ein Gast gehalten, nach wie vor ... und überdies beziehe ich ein Monatsgehalt von 200,– Frcs. – Es war mir eine glückliche Freude, meinen Vater auf diese Weise entlasten zu können ... nur kann ich leider die erste Zeit Clara noch nicht helfen.« (6. 11. 05)
Als Gustav Pauli während eines Besuches in Paris Rodin auf Rilke hin anspricht, antwortet dieser: »Mais oui, c'est un ami. Je le vois beaucoup et il m'aide quelquefois. C'est un honneur pour moi.«
Am selben Tage geht R. brieflich auf einen Vorschlag von Herwarth Walden ein: »Ich beeile mich Ihnen mein Einverständnis mit dem 2. März 1906 zu sagen. Was das Programm angeht, so wird es sich um eine Auswahl von Prosa und Versen handeln. Einzelheiten festzustellen ist wohl noch zu früh. Doch bitte ich Sie, nicht mit ›den Letzten‹ zu rechnen; ich bin diesen älteren Arbeiten nicht mehr sehr nah und würde es vorziehen, reifere Sachen zu lesen. Diesen Herbst werde ich in mehreren Orten über das Werk Rodin's sprechen; auch dieser Vortrag stünde Ihnen zur Verfügung; ich vermute aber, daß Sie vor Allem die Darbietung von Dichtungen beabsichtigen ...« R. fährt fort: »Würden Sie wohl von musikalischen Ergänzungen an meinem Abende absehen mögen? Ich bin gegen die Vertonung meiner Gedichte und weiß deshalb auch nicht, ob Versuche dieser Art gemacht worden sind und mit welchem Erfolg ...« (Nach Berlin)
Hans Gebhard komponiert in diesem Jahr (Mai/Juni 1905) »Vier Gesänge aus ›Mir zur Feier‹ von R. M. R. für eine Singstimme mit Begleitung des Pianoforte«, Verlag von N. Simrock, Berlin, Leipzig, London ... 1906.
29. SEPTEMBER: Aus Rodins Atelier in der Rue de l'Université 182 schildert R. Clara R. die Sammlungen Rodins.
An Max Dauthendey schreibt R. – offenbar zu dessen Frage, ob eine gemeinsame Vortragsreise möglich sei –: »Ich überlege und meine Neigung ist groß, Ihnen zuzusagen, – aber: es läßt sich nicht mehr einrichten für diesmal ... Tagelang mit Ihnen beisammen zu sein, das wäre schön für mich, und eine Erfüllung vieler alter Wünsche ergäbe sich dabei von selbst.«
OKTOBER: R. vollendet unter der Überschrift »Liederkreis um eine

lichte Gestalt« die Verse »Sinnend von Legende zu Legende ...« und »Liebende und Leidende verwehten ...«, gewidmet: »Meudon im Oktober 1905. An Luise Gräfin Schwerin, in dankbarer ehrfürchtiger Freundschaft: R. M. R.«

Die »Deutsche Arbeit« bringt in Jg. 5, Heft 1 R.s Gedicht »Abend in Schonen«; R. nimmt es, um den ursprünglichen Schluß verkürzt, in die zweite Ausgabe des »Buch der Bilder« auf.

11. OKTOBER: Das Porträt Clara R.s von Zwintscher geht an Johanna Westhoff in Oberneuland: »Vorläufig, da unsere Lehr- und Wanderjahre immer noch dauern wollen, wird es der kleinen Ruth von ihrer Mutter zu erzählen haben.« Clara R. ist seit einigen Tagen auch in Meudon. R.s Bild bleibt bei Zwintscher (an diesen).

HERBST: In R.s Nachlaß findet sich eine Vorstufe seines Rodin-Vortrages, die Beschreibung dreier Bildwerke Rodins: »Junges Mädchen das sein Geheimnis Isis oder der Natur anvertraut« (= Le bon génie), vor 1900 entstanden, »Le Christ et la Madeleine« 1894 und »La mort d'Athènes« 1902.

14. BIS 19. OKTOBER: Niederschrift des Rodin-Vortrages für die erste Vortragsreise im Spätherbst 1905. Das aus dem Pariser Sequester von 1914 gerettete Manuskript schenkt R. 1925 Baladine Klossowska.

VOM 21. OKTOBER BIS 2. NOVEMBER unternimmt R. seine erste Vortragsreise.

23. OKTOBER: R. spricht in Dresden: »Mein Vortrag, der mir viel reifer scheint, als mein Rodin-Buch, hat mir selbst Freude gemacht und mich befriedigt ... In Dresden waren 650 Menschen (aber nicht die richtigen).« (An Ellen Key, 6. 11. 05)

24. OKTOBER: R. weist in einem Brief an den Vorstand der Litterarischen Gesellschaft in Dresden darauf hin, dass man ihm ursprünglich für den halben Abend 150 Mark geboten habe: »mußte ich also nicht der Meinung sein, dass für den ganzen Abend ein Honorar von 300 Mk sicher steht, selbst wenn ich nicht gewußt hätte, dass dieser Satz bei allen Litterarischen Gesellschaften der gebräuchliche ist? Nur in dieser Meinung konnte ich Ihren Ruf annehmen; ich habe niemals zu geringeren Bedingungen gelesen ...« Laut seiner Quittung hat R. dann tatsächlich 300 Mk erhalten.

VOM 24. BIS 27. OKTOBER ist R. in Prag, wo er am 25. 10. den Vortrag hält: »in Prag war ein ganz unpassendes kleines Publikum, so daß diese Vortragsreise in keiner Weise meine Erwartungen und meine Kosten ge-

deckt hat.« R. findet seinen Vater nach einer Lungenentzündung noch sehr schwach, alle Zeit gehört ihm. »Sonst waren Sauers, die mich zu einem Thee luden, mein einziger Weg. Ein paar Menschen fanden sich dort zusammen; leider Ehrenfels nicht ...« (An Ellen Key, 6.11.05)
Aus Prag, wo er im Goldenen Engel wohnt, sendet R. die Korrekturen seines Beitrages zu dem Buch »Religionsunterricht?« an Fritz Gansberg zurück. (25.10.05)
28. OKTOBER: R. sucht in Leipzig Carl Ernst Poeschel auf, mit dem er die Ausgabe des »Stunden-Buchs« bespricht, und trifft zufällig Richard Beer-Hofmann: mit diesem zusammen sieht er die Aufführung des »Grafen von Charolais«.
29. OKTOBER: R. telegraphiert aus Lollar, dem Postort von Friedelhausen, an Rodin, er wolle, falls Rodin nicht schon abreise nach Spanien, die Sammlung Osthaus in Hagen besuchen; am 2.11. werde er dann in Paris sein.
29./30. OKTOBER: Auf der Rückreise nach Paris ist R. kurz in Friedelhausen, wo er auch seine Frau trifft. Aus Meudon berichtet er Karl von der Heydt: »Friedelhausen ... war so seltsam feierlich und still: meine Frau sagte: Wenn man Weihnachten nach Hause kommt kann es nicht schöner sein ...« und fährt fort: »Ich wagte es kaum, nach der unvergleichlich lieben Frau zu fragen«, der Gräfin Schwerin, die eine Klinik in Heidelberg hatte aufsuchen müssen.
NOVEMBER: »Die Neue Rundschau« (1905, Heft 11) bringt zum ersten Mal einen Beitrag R.s: »Drei Gedichte in Prosa. Hetären-Gräber – Orpheus. Eurydike. Hermes – Geburt der Venus«, die später in die »Neuen Gedichte« aufgenommen werden.
1. NOVEMBER: Seiner Mutter sendet R. einen Gruß aus Köln.
Hofmannsthal schreibt aus Wien: »Wir lesen mit tiefster Freude Ihre überaus wundervollen Gedichte in der ›Rundschau‹ und danken Ihnen dafür ... Aber warum setzen Sie die Verse als Prosa? Ihr H. / Ich gieng diesen Herbst immer mit dem Buch der Bilder spazieren.« Die Karte ist u.a. von Jakob Wassermann und Felix Salten mitunterschrieben.
ANFANG NOVEMBER: R. schreibt an Karl von der Heydt aus Meudon: »Wenn ich anfangs März nach Berlin komme, um im ›Verein für Kunst‹ Eigenes zu sagen, glauben Sie nicht, daß ich bei dieser Gelegenheit auch meinen Rodin-Vortrag an irgendeiner Stelle anbringen könnte? Mir brennen die Worte im Herzen, die, wie es mir scheint, in al-

ler Kunstverwirrung manchem nötig oder doch nützlich sein könnten...«

6. NOVEMBER: In einem zehn Seiten langen Brief an Ellen Key führt R. diesen Gedanken weiter aus: »Mit der Reise nach Berlin möchte ich dann womöglich ein paar andere Städte verbinden, Weimar am liebsten, Hamburg, Bremen etc. wenn es geht und überall über Rodin sprechen, was ... den jungen Menschen mehr helfen kann als jeder andere Ausblick.« Weiter heißt es: »Nun träume ich: wenn Rodin mich entbehren kann, zu Weihnachten nach Oberneuland zu fahren, um mit Ruth und Clara zu feiern dann von Bremen ganz schnell weiterzufahren und in Schweden, in Göteborg vor allem, über Rodin zu sprechen. In einem großen Saal, öffentlich, und wenn's geht auch noch in einer oder zwei anderen schwedischen Städten, um etwas über die Reise hinaus zu verdienen ... An wen müßte ich schreiben, um eingeladen zu werden? Wärs auch in Stockholm möglich – –?« Über Clara R. sagt R. in diesem Brief, sie habe Rodin Arbeiten von sich geschickt und dieser habe »von der einen, besten schließlich gesagt: ›Es giebt nicht viele Bildhauer, die das können‹. Darauf hat er ihr seine Glückwünsche telegraphiert und sie zu sich gerufen. Du kannst Dir denken, daß sie nicht gezögert hat, zu kommen. Sie ist 4 Wochen hier gewesen, auch noch während meiner Vortragsreise, und hat hier in einem von Rodins Ateliers arbeiten dürfen ... Ihre Verhältnisse sind mit dem plötzlichen Tode ihres Vaters nur noch enger geworden. Sie verliert damit sogar die letzte kleine Beisteuer, die sie doch immer noch, wenn auch nicht gern gegeben, von Hause empfing und wir wissen noch nicht wie es werden soll bis zu dem Augenblick, da ihre Arbeit etwas zu tragen anfängt.« R. hofft, es könne sich durch Gibsons in Schweden etwas finden. Zu dem Stipendium aus Wien sagt er: »das Ministerium hat meine Adresse verlangt, ist aber darauf wieder in Stillschweigen versunken – und Hartl ist nicht mehr am Ruder. Ob von da etwas kommen wird ...« Ernst Norlind ist in Paris, R. hat ihn wiedergesehen; zu seiner Lektüre schreibt R.: »Ich lese Platon, Imitation du Jésus-Christ. Sonst nichts.«

8. NOVEMBER: R. bringt bei Carl Ernst Poeschel zwei Fragen zur Ausstattung des »Stunden-Buchs« vor, die er »im Reisetempo« seines Besuches zu erwähnen vergaß, und fährt fort: »Ihren seinerzeit gemachten Vorschlag betreffs Theilung des Reingewinnes habe ich stillschweigend angenommen; verzeihen Sie wenn ich nun trotzdem die folgende Frage stelle, die ich Sie bitte mir ganz aufrichtig beantworten zu wollen.

Nun da das Buch fast fertig vorliegt und Sie seine Art und Ihre Kosten zu übersehen vermögen, – würde es Ihnen nicht möglich sein (ein Vertrag besteht ja noch nicht), sich zu denselben Bedingungen zu entschließen, unter denen die zweite Auflage der ›Geschichten vom lieben Gott‹ erschienen ist und die mir damals von Herrn von Poellnitz auch für mein nächstes Buch zugesagt worden sind? (Womit freilich das jetzt zurückgestellte gemeint war, an dem ich noch arbeite.) ... Sie wissen mir liegt viel daran, meine kommenden Sachen in einem einzigen Verlage zu versammeln. Nur müßte es jener sein, der mir außer allem idealen, ein gewisses (nicht über normales) geldliches Entgegenkommen erwiese, auf das zu verzichten, meine Verhältnisse mir leider verwehren.« R. legt einen Brief an Walter Tiemann bei. Das »zurückgestellte« Buch: »Die Aufzeichnungen des Malte Laurids Brigge«.

10. NOVEMBER: R. dankt Alfred Bramsen für die Übersendung eines Hammershöj-Katalogs und schreibt dazu: »Aufrichtig gesagt: ich fühlte mich trotz der in Kopenhagen gemachten Studien, (für deren Ausführlichkeit und Förderung ich Ihnen so vielen Dank schulde) doch noch nicht vorbereitet, eingeweiht, durchdrungen genug, um eine von dem Wesen dieses köstlichen Meisters ganz überzeugend erfüllte Arbeit geben zu können, die, um die es mir zu thun war ...« Ganz aufgeben möchte R. den Plan jedoch nicht.

R. fragt bei Marie Herzfeld an, ob sie ihm zu einem Vortrag in Wien verhelfen könne: »Gerne, wenn irgend jemand mich zu sprechen lüde, käme ich nach Wien, – vor allem um Sie zu sehen und die anderen Freunde, die mir unverdient so Liebes thun und zudenken. Könnt' ich – wie denken Sie – bei irgend jemandem anfragen? ... Mit der Sezession und Ver sacrum hatte ich einige, leider eingeschlafene Beziehungen. Gütig wärs, dürft ich Ihren Rath hören, einmal, bei Gelegenheit.«

11. NOVEMBER: Im Zusammenhang mit den Vorarbeiten für seinen »Rodin-Vortrag« meldet R. an Karl v. d. Heydt: »hier fand ich einen Aufsatz des Grafen Kessler, den ich fast für das einzig Vernünftige und Ernsthafte halte, was in Deutschland über den Meister geschrieben worden ist ...« Harry Graf Kessler »Rodins Zeichnungen«, Faltblatt zur Rodin-Ausstellung in Weimar vom 6. 6.-15. 8. 1904.

12. NOVEMBER: R. teilt Herwarth Walden (»Verein für Kunst«) in Berlin mit, es sei sicher, daß er um Weihnachten nach Deutschland komme, Walden möge einen Tag festsetzen. Vor dem 16./17. 12. könne R. nicht reisen, die Woche nach dem Fest halte er für ungünstig. R. dankt für die

Übersendung von Waldens »Programm«, wohl dessen Vortragsübersicht.
13. NOVEMBER: Einblick in R.s Tätigkeit bei Rodin gibt ein Brief an seine Frau: »Ein langer Brief von Carl Jacobsen ist gekommen: sie wollen noch eine Büste von Jean-Paul Laurens und den großen Penseur, und außerdem soll Rodins Büste (die von Falguière gemachte) vor der Glyptothek aufgestellt werden. – ... Heute waren Gustave Kahn und M. Bourdelle hier beim Frühstück. Und gestern ... denk Dir, die liebe Russin, deren Büste im Salon d'Automne steht, kannte und liebte alle meine Sachen seit lange, zufällig ergab sich das.« Rodin und R. sind bei ihr zum Tee, ihr Mann, Monsieur de Goloubew, hat eine »sehr schöne Sammlung (denk nur:) von alten Livres d'heures ... Er hat mir seine schöne russische Bibliothek zur Verfügung gestellt –, aber mir fehlt es an Zeit, so sehr an Zeit.«
14. NOVEMBER: Auf Hofmannsthals Zuschrift über die »Drei Gedichte in Prosa« antwortet R.: »Dank. Ihre Karte kommt eben erst an und macht mich sehr froh; denn gerade zu diesen Dingen (Anfang 1904 in Rom geschrieben) ist mir ihre Zustimmung und Freude lieb und wichtig. Die Schreibweise war mir irgendwie natürlich; nur, daß in meiner Niederschrift Striche (/) sind, die die Verse bezeichnen; im Druck sind sie fortgefallen, und Ihre Frage hat recht.« Am selben Tag berichtet R. Lou A.-S. von seiner neuen Umwelt und von Rodin: »es ist eine Atmosphäre der Arbeit und des Arbeitenkönnens um seine Dinge, so daß ich hier vielleicht alles lernen werde, was mir fehlt.« An diesem Tag ist Rodins 65. Geburtstag.
15. NOVEMBER: Postkarte an Ellen Key: »gewiß ich werde Verhaeren aufsuchen, sobald ich ein wenig Zeit habe, oder ihn bei Rodin, der ihn sehr schätzt, (c'est un simple, un sincère artiste) sehen. Denk, ich las wenig von ihm, aber das wenige war mir sehr lieb. Die Duse ist wohl schon fort, hör ich, aber auch Lugné-Poé werde ich mal aufsuchen mit Deinen Grüßen und sorgen, daß ich sie das nächste Mal nicht versäume. Ich weiß nicht, ob Du die ›Rundschau‹ hast und sende Dir 3 neue Sachen, zu denen ich gestern warme Zustimmung von Hofmannsthal, Wassermann, Salten und ihrem Kreise erhielt.«
20. NOVEMBER: R. lehnt die Mitarbeit an der Zeitschrift »Roland« ab, die Fritz Gansberg ihm anträgt.
An C. E. Poeschel schreibt R. zustimmend zum »künstlerischen Theil« des »Stundenbuchs«, von dem er sich vier Ganz-Pergament-Exemplare

erbittet. Weiter heißt es: »von geschäftlichen Dingen verstehe ich nichts, muß also glauben, daß Sie sich aus feststehenden Gründen zu keiner anderen Abmachung entschließen können als der von Ihnen vorgeschlagenen, der ich in bestem Vertrauen zustimme.« R. trägt Empfehlungen »unbekannter Weise« für Dr. Kippenberg auf.
Mit dem »Verein für Kunst« in Berlin verhandelt R. über mögliche Termine für seine Lesung und einen Rodin-Vortrag (an Herwarth Walden).
21. NOVEMBER: An Professor Treu berichtet R. über den Salon d'Automne: »Was den Salon sonst interessant macht, waren größere Ausstellungen von Ingres und Manet, von Raffaëlli und von einigen japanischen Sachen moderner Entstehung.« Daß hier zum ersten Mal die »Fauves« geschlossen in Erscheinung treten, der Kreis um Matisse, wird von R. nicht erwähnt.
22. NOVEMBER: R. besucht Emile Verhaeren in St. Cloud und erzählt davon Ellen Key, er sei dort mit ihren Grüßen zu ihnen gegangen: »wo mich erst die Frau, dann er, der nachhause kam, lieb aufnahm. Er ist wirklich einfach und groß und gut.« Verhaeren gibt R. das Manuskript einer Übersetzung der »Heures claires« zur Beurteilung mit und regt diesen damit an, mehr zu lesen: »einiges (darunter das mächtige dramatische Gedicht ›Le Cloître‹, darin seine Fähigkeit, Gestalten aufzuthürmen, sich so elementar offenbart) – fand ich in Rodins Bibliothek, die ›Villes tentaculaires‹ hab ich mir selbst gekauft, und nun kommt mir sein Werk immer näher und ist mir sehr lieb und meinem Gefühl oft sehr verwandt.« (29.11.05) R. erzählt Rodin in einem Brief vom 24.11.05 ebenfalls von diesem Besuch.
23. NOVEMBER: Zu dem Essay Ellen Keys schreibt R. an Lou A.-S.: »ich bin, was ich Ellen nicht sagen mag, froh, daß es zunächst in der ›Deutschen-Arbeit‹ verschwindet und hoffe im Stillen, daß die spätere Buch-Ausgabe unterbunden wird. Ist es nicht seltsam, wie wenig Beobachtung in alledem ist.«
Karl von der Heydt hat durch R.s Vermittlung gerade einen »wunderschönen Marmor Rodin's gekauft ›Frère et sœur‹...«, diese Plastik soll in Berlin bei Schulte ausgestellt werden. (An Lou A.-S., 23.11.05)
25. NOVEMBER: R. ist bereit, Axel Juncker für seinen Verlag eine Separat-Ausgabe des »Cornet« anzuvertrauen: »sehr schön und sehr tadellos in 300 Exemplaren einer einmaligen Auflage«.
29. NOVEMBER: An Ellen Key schreibt R.: »Neulich hab ich für Rodin

einen schönen Brief an die Duse geschrieben ... Rodin hieß mich eine lange Nachschrift im eigenen Namen anfügen, darin ich ihr ein wenig von mir erzählen sollte. Sie ist in Italien.« Das Stipendium habe er nicht erhalten, weil er nicht deutlich genug gesagt habe, wozu er es brauche, auch habe er seine Mittellosigkeit nicht nachgewiesen.

30. NOVEMBER: R. berichtet seiner Frau, daß von der Heydt sein Drama »Jehanne d'Arc« an Rodin geschickt habe – sie hätten lange darüber gesprochen.

An Marie Franzos meldet R. am gleichen Tage: »Ellen Key hat zugestimmt, daß der Essay nun zunächst, vor seiner Veröffentlichung in den kleinen Monographien, in der ›Deutschen Arbeit‹ (Prag) abgedruckt wird ... die sich besonders eifrig um diese Vergünstigung bewarb.«

1. DEZEMBER: R. verbringt den ganzen Tag mit Rodin, vormittags in Versailles, dann »pünktlich zwei Uhr mit den Betern des ersten Adventssonntages« treten sie in die Notre-Dame ein: »Da saßen wir still, ganz still zwei Stunden nebeneinander, und es sang über uns und für uns und für den Lieben Gott, sang und brauste und rauschte in den dunkelen Wipfeln der Orgel ...« Danach gehen sie mit Madame Rodin zu dritt durch die sonntäglichen Pariser Straßen, kaufen Kuchen und kommen heim: »Das war der Sonntag und eigentlich schon ein Geburtstag, ganz und gar ...« (An Clara R., 2.12.05)

4. DEZEMBER: R. wird dreißig Jahre alt.

6. DEZEMBER: R. mahnt im Insel-Verlag bei C. E. Poeschel: »Ich erhalte eben einen Brief von Heinrich Vogeler, der mir schreibt, daß er das ›Stunden-Buch‹ in Leipzig bei Ihnen gesehen hat und daß es sehr schön geworden ist ... Werde ich bald auf einige Exemplare rechnen können?« R. dankt für den Insel-Almanach.

7. DEZEMBER: R. schenkt Ellen Key eine Photographie des »Penseur« zum Geburtstag: »es ist eines von meinen liebsten Rodin-Dingen ... Der wunderschöne Marmor gehört Carrière, dem Maler, und ist von einem stillen tiefen inneren Licht, so wie die große schwere und schöne Menschlichkeit, die er darstellt. Du wirst am Besten von allen Menschen die Größe und erhabene Feier dieses Dinges verstehen und lieben.«

An diesem Sonntag besucht R. mit Rodins ein Konzert im Saale der Geographischen Gesellschaft in Paris.

11. DEZEMBER: An den Insel-Verlag schreibt R., der die ersten Exemplare des »Stunden-Buchs« erhalten hat, um zwei Druckfehler zu bean-

standen und wegen der Versendung von Rezensionsstücken an: Pol de Mont, Antwerpen, an die Redaktion der »Deutschen Arbeit« in Prag, an die Redaktion der »Poesia« in Mailand und an Herrn Zd. Broman Tichý in Prag, III. ›Lázně‹. Dazu heißt es, er: »ist dabei, für die Zeitschrift ›Česky Svět‹ einen Essay und Übersetzungen meiner Arbeiten vorzubereiten. Würden Sie ihm für diesen Zweck auch die ›Gesch. v. l. G.‹ und ein ›St.-B.‹ freundlichst zur Verfügung stellen?« (Die Arbeit von Zdenek Broman: »R. M. R.« erscheint am 10. 2. 1906 in »Česky Svět« [II, 17].) »Ich werde noch eine größere Anzahl Exemplare nöthig haben und zwar rechne ich, nach ungefährer Übersicht 20 geheftete und (wenn es möglich ist) noch 6 in Ganz-Pergament gebundene.« R. erbittet diese an Clara R. in Worpswede bei Bremen. Bezahlen möchte er sie erst nach seiner Vortragsreise in Deutschland (März 1906). Den Vertrag schickt R. gleichzeitig unterschrieben zurück.

12. DEZEMBER: R. sendet Verhaeren das durchgesehene Manuskript zurück: »on peut bien dire que la traduction est bonne et que c'est un travail plein d'amour et d'attention.« R. dankt Verhaeren für sein Schaffen und legt von sich »Das Buch der Bilder« bei.

13. DEZEMBER: Nach längerer Pause schreibt R. an Arthur Holitscher: »Und da ist mein Leben. Ein wenig als Sekretär Rodins, sehr verwerfliche französische Briefe schreibend, vor allem aber bei seinen erwachsenen Dingen und in seiner großen heiteren Freundschaft dieses lernend, langsam lernend: leben, Geduld haben, arbeiten und keinen Anlaß zur Freude versäumen.«

ENDE 1905: Es entsteht das Gedicht »Buddha. Als ob er horchte. Stille: eine Ferne …«, das in die »Neuen Gedichte« aufgenommen wird.

Im Insel-Verlag erscheint: »Das Stunden-Buch enthaltend die drei Bücher: Vom mönchischen Leben / Von der Pilgerschaft / Von der Armuth und vom Tode«, es trägt die Widmung »Gelegt in die Hände von Lou«, Leipzig 1905. R. sendet es Lou A.-S. mit der durch die Worte »Zurück-« und »für alle Zeit« ergänzten Widmung: »Advent 1905«.

17. DEZEMBER: An den Insel-Verlag: »Wenn Sie sagen, daß wir bei der Versendung der Rezensions-Exemplare sparsam und vorsichtig sein müssen, so ist das ganz meine Meinung.« R. ist sicher, Ende Dezember nach dem Besuch in Worpswede wieder in Meudon zu sein.

AM 18. DEZEMBER reist R. über Brüssel zurück nach Worpswede, wo er am 20.12. eintrifft. Clara R. arbeitet an einem Bildnis Ruths. Bei diesem Aufenthalt sieht R. zum ersten Mal mit Bewußtsein und Bewunderung die Arbeiten Paula M.-B.s, die im November das Porträt Clara R.s geschaffen hat. Er erwirbt für sich ein kleines Bild: »Säugling mit der Hand der Mutter« von 1903 und hilft damit der Malerin, einen nächsten Aufenthalt in Paris zu beginnen. Sie dankt ihm am 17. 2.1906: »Dafür, daß Sie ›mein kleines Kind‹ ein wenig gern mögen, dafür danke ich Ihnen. – Man freut sich, wenn jemand einen gern leiden mag, hauptsächlich, wenn es nicht viel Concurrenten gibt, wie in diesem Fall.« Es war das erste Bild, das sie verkaufen konnte. Sie endet: »Und nun weiß ich gar nicht wie ich mich unterschreiben soll. Ich bin nicht Modersohn und ich bin auch nicht mehr Paula Becker. Ich bin Ich, und hoffe, es immer mehr zu werden. Das ist wohl das Endziel von allem unseren Ringen.«

WEIHNACHTEN: R. sendet das »Stunden-Buch« mit einer Einschrift an: »Jimmy und Lizzie Gibson. Weihnachten 1905. In dankbarer Freundund Verwandtschaft: Rainer Maria.«

Er schickt Hofmannsthal »Das Stunden-Buch« mit der Widmung: »Hofmannsthal. Weihnachten 1905. sein R. M. R.« Hofmannsthal dankt am 7. 3. 06 für »Ihr wunderschönes neues Buch –«

R. übersendet »Das Stunden-Buch« in einer Vorzugsausgabe an Richard Beer-Hofmann; ein weiteres Exemplar geht an Verhaeren.

R. überträgt aus dem Mittelhochdeutschen das »Tag-Lied« von Dietmar von Eist (Rilke-Archiv).

Im Jahre 1905 arbeitet R. an folgenden Zeitschriften mit: »Die Zukunft« Berlin, »Deutsche Arbeit« Prag und »Die neue Rundschau« Berlin. Seine Studie über »Heinrich Vogeler« wird wieder abgedruckt in: »Nordwestdeutsche Kunst-Ausstellung Oldenburg 1905«, Verlag von Alexander Koch, Darmstadt.

1906

1. JANUAR: An Axel Juncker aus Worpswede: »nach Meudon zurückgekehrt werde ich sofort an die gründlichste Beantwortung Ihres langen Briefes gehen«, ferner verspricht er ihm »Das Stunden-Buch« zu senden.

AM 5. JANUAR kehrt R. nach Meudon zurück, wo er die große Besprechung seines »Stunden-Buches« durch Karl von der Heydt in den »Preußischen Jahrbüchern« (Bd. 123, Heft 1) vorfindet.

6. JANUAR: Dank an Karl von der Heydt: »Und heute, eben, da ich Ihren Aufsatz wieder las, entstanden mir die Verse, die ich Ihnen sende...« Es

ist das Gedicht »So will ich gehen, schauender und schlichter ...«, in keine Sammlung aufgenommen.
An C. E. Poeschel schreibt R.: »Das Stunden-Buch in seiner jetzigen Form wird mir mit jedem Tage vertrauter: ich lese darin wie in meinem Manuscript; der Druck ist so herrlich stark und klar, ganz wie ich ihn wünschte.« Nur die Buchbinderarbeit ist »nicht von derselben Präcision«, die Bücher lösen sich zum Teil aus dem Umschlag. »Auch fehlt mir nun sehr das Verzeichnis, das ich dem Buche gewiß noch beigefügt hätte, hätte ich es in zweiter Revision durchsehen dürfen ...« R. erbittet weitere Exemplare auf seine Rechnung.
IM WINTER 1905/1906 entsteht eine Reihe von Gedichten, die R. später an den Anfang der »Neuen Gedichte« stellt – darunter »Eranna an Sappho«, »Sappho an Eranna«, »Grabmal eines jungen Mädchens«, »Opfer«, »Abisag (I/II)«, »David singt vor Saul (I-III)«, »Das Einhorn«, »Sankt Sebastian«, »Der Schwan« und »Der Dichter«.
9. JANUAR: R. dankt Ellen Key für die »reizenden zwei kleinen Goethe-Bändchen, mit denen ich nun hier in herzlichem Verständnis lebe«. Er fährt fort mit der Darstellung seiner März-Vortragsreise: »Bis jetzt steht fest: Elberfeld, zweimal Berlin (2. und 9. März, einmal: Rodin, einmal Eigenes) Bremen, – dazukommen wird vielleicht noch: Weimar, Hamburg, Prag, Wien ... Von Dänemark und Schweden werd ich doch wohl absehen müssen ...«
Gleichzeitig ist R. beschäftigt mit dem für die Eröffnung einer Rodin-Ausstellung in London bestimmten Brief. An Clara R. schreibt er: »er ist noch nicht ganz gelungen. Rodins Ideen dafür sind wunderschön, und in dem Haufen sehr unleserlicher Notizen, die er dafür gemacht hat, sind Fragmente von rührender Herrlichkeit.« (8.1.06)
11. JANUAR: R. berichtet seiner Frau von einem frühlingshaften Ausflug mit Rodins nach Chaville und durch den Wald von Viroflay. »Der Meister arbeitet im Musée und macht etwas im Gefühl und Modelé der Imitation de Jésus-Christ, die er auch wieder liest«, von Thomas von Kempen.
13. JANUAR: R. wendet sich an den ihm aus Kopenhagen flüchtig bekannten Dr. Valdemar Vedel mit der Frage, ob ein Vortrag über Rodin, bei dem er jetzt lebe, sich für Kopenhagen einrichten ließe: »Die Glyptothek hat mehrere und sehr wichtige Dinge Rodin's und bereitet neue Ankäufe vor, so daß die Stadt einen guten Hintergrund böte.« R. fährt fort: »Um gleich die wichtigsten Details anzufügen, sei gesagt, daß mein

Vortrag etwas über eine Stunde dauert und nicht von Lichtbildern begleitet wird. Die äußeren Bedingungen ... bestehen in einem Honorar von 300 Mk. –«

14. JANUAR: An Ellen Key: »Ich bin so froh, daß Du meine kleine Büste, die in Furuborg steht, liebst. Mir wird sie immer lieber. Clara hatte eine Bestellung, diese Büste in Bronze auszuführen und Du hättest sehen müssen, wie schön sie in Bronze aussah auf einem Sockel von schwedischem Granit.«

16. JANUAR: Aus seinen Weihnachtsferien berichtet R.: »Das merkwürdigste war, Modersohns Frau an einer ganz eigenen Entwicklung ihrer Malerei zu finden, rücksichtslos und geradeaus malend, Dinge, die sehr worpswedisch sind und die doch noch nie einer sehen und malen konnte. Und auf diesem ganz eigenen Wege sich mit Van Gogh und seiner Richtung seltsam berührend ...« (An v. d. Heydt)

18. JANUAR: »Gestern nachmittag, in einer freien Stunde vor Dämmerung, hatte ich Hofmannsthals Kreuzweg im Lande Phokis gelesen; es sind wunderschöne Verse drin von einer anwachsenden und wieder abfallenden Bewegtheit, die mich manchmal an den Gang meines Requiems denken ließ ...« (An Clara R.) Dieser erste Aufzug aus dem Drama »Oedipus und die Sphinx« erschien im Januar-Heft der »Neuen Rundschau«.

21. JANUAR: R. hat von Axel Juncker Verträge erhalten, dazu schreibt er: »in dem für das B. d. B. bestimmten habe ich die Änderung des Procentsatzes von 20 auf 25, Ihrem liebenswürdigen Entgegenkommen folgend, vorgenommen.« Ferner bespricht er die Ausstattung des »Cornet« und der Neuauflage des »Buch der Bilder«, die nicht Emil Orlik, sondern Fritz Endell übertragen werden soll. R. lobt den Druck des »Stunden-Buchs«. Er macht den Vorschlag, »Advent« und »Traumgekrönt« zu erwerben, falls diese billig zu haben seien, er selbst sei bereit, wegen »Mir zur Feier« an Franz Wunder zu schreiben. »Ich werde sooft nach meinen alten Büchern gefragt und gerade diese haben überall Freunde, so daß ich selbst nicht dabei bleiben kann, mich durchaus ablehnend diesen frühen Arbeiten gegenüber zu verhalten«; R. denkt an einen Auswahlband. Über seine Erzählungen sagt er: »Mit Bonz ist die Lage anders; da besteht ein Kontrakt und zwar einer, der mich immer noch verpflichtet diesem verschlafenen Verlage, Prosa über einen gewissen Umfang hinaus anzubieten. Diese Bedingung, die eines Tages sehr lästig werden kann, und der Umstand, daß die beiden Prosa-

Bände, wovon der erste nicht schlecht ist, bei Bonz wie begraben sind, ließe es sehr wünschenswert erscheinen, daß jemand diese Bücher einmal erwürbe. Aber vielleicht drängt das jetzt nicht so ...«

23. JANUAR: An Valdemar Vedel antwortet R.: »ich möchte nichts erzwingen und überstürzen und da ich die Angelegenheit von Ihren Händen so freundlich aufgenommen sehe, mich vorläufig nicht an Herrn Dr. Carl Jacobsen wenden, sondern abwarten.«

24. JANUAR: Tod der Gräfin Luise Schwerin. R. schreibt zu ihrem Gedächtnis die Gedichte »Sinnend von Legende zu Legende ...« und »Liebende und Leidende verwehten ...«

In der Stipendiumsangelegenheit schreibt R. an Marie Herzfeld: »Übrigens, das Ministerium hat mir nicht nur nichts gegeben, sondern, wie ich erst jetzt merke, mir auch allerhand wichtiges genommen als da sind: meine Papiere, (Taufschein, Maturitäts=Zeugnis), die ich nie zurückbekommen habe. Wie soll ich es einrichten, die erst noch wiederzuerhalten?«

25. JANUAR: Aus Chartres schreibt R. seiner Frau: »dann kamen wir in eine kleine, helle französische Stadt und sahen über einem Haufen kleiner, zusammengeschobener Häuser aus dem Gedränge einen Turm aufsteigen, der oben blühte von Gotik und einen anderen wie eine Knospe von Gotik daneben. Dann gingen wir durch kleine Gassen ... um plötzlich so nah davor gestellt zu sein, vor das Unübersehbare.« Am folgenden Tag schreibt R. weiter: »Mir kommt Chartres noch viel zerstörter vor als die Notre-Dame von Paris ... das erste Detail, ein verwitterter schlanker Engel, der vor sich her eine Sonnenuhr hält, aufgeschlagen den ganzen Stundengang des Tages ... Und der Meister ist der einzige (scheint es), zu dem das alles noch kommt und spricht.«

R. übermittelt Clara R. Rodins Wort: »il y a toujours un vent, ce vent-là autour des grandes Cathédrales.«

FEBRUAR: In Heft 5 und 6 bringt die »Deutsche Arbeit«, Jg. 5: »Rainer Maria Rilke von Ellen Key«, autorisierte Übertragung von Francis Maro.

1. FEBRUAR: An Clara R.: »was den Cornet betrifft, so wird in ihm nichts zu ändern sein als die kleine Vorbemerkung ... Und der Name: er heißt also endgültig Christoph, was schade ist, man hatte sich so an den Otto Rilke gewöhnt, der ruhig auf seinen Gütern gesessen hat und eines späten und unbekannten Todes verstorben ist. Ich denke aber, man hat der Wahrheit nachzugeben und den Cornet beim rechten Namen zu nennen, wie alles andere, soweit das möglich ist.«

ANFANG FEBRUAR: R. überarbeitet den Gedichtkreis »Die Zaren« – erste Fassung: Meiningen 1899 –; zu den fünf vorhandenen kommt ein sechstes Gedicht hinzu. R. nimmt »Die Zaren«, von denen er sagt, sie überraschten ihn, in die Neuausgabe des »Buch der Bilder« auf.
6. FEBRUAR: Wegen entstehender Schwierigkeiten bittet R. Valdemar Vedel, den Kopenhagener Vortrag nicht weiter zu betreiben.
7. FEBRUAR: R. übersendet S. Fischer und seiner Frau »Das Stunden-Buch«; wegen einer kleinen Veränderung am Äußern des Bandes stehen erst jetzt wieder Exemplare zur Verfügung. R. hofft, Fischers während seiner Vortragsreise zu sehen.
8. FEBRUAR: »Ich schreibe, gerne möchte ich sagen, hundert Briefe jeden Tag, vormittag für den Meister und nachmittag für mich, und wenn da etwas übrig bleibt, was noch nicht Nacht ist, so horch ich über meinen Gedichten, die noch ins Buch der Bilder wollen... Wenige werden bestehen.« (An Clara R.)
Über Paula Modersohn-Beckers Entschluß, allein wieder nach Paris zu gehen, schreibt Clara R. nach einem Gespräch mit ihr an R.: »Sie sagt, daß sie all die fünf Jahre unverheiratet lebt, eigentlich, daß der Mann, neben dem sie lebt, nicht fähig war, aus Nervosität, das geschlechtliche Zusammenkommen auszuüben. Daß sie selbst gar nichts gefühlt und erlebt habe als eine große Enttäuschung, daß er nun seit einiger Zeit weniger nervös sei – daß nun aber für sie natürlich jede Annäherung zwecklos und ohne Sinn sei – also unmöglich.«
Die »Österreichische Rundschau«, herausgegeben von Alfred Freiherrn von Berger und Dr. Karl Glossy, Wien bringt in Bd. 6, Heft 67 R.s Gedicht: »Da rinnt der Schule lange Angst und Zeit...«, unterzeichnet »Meudon-Val-Fleury«, wo es im Winter 1905/06 entstanden ist. Unter dem Titel »Kindheit« wird es in die Neuausgabe des »Buch der Bilder« aufgenommen.
Im ersten Vierteljahr von 1906 erscheint auch die Sammlung von Gutachten: »Religionsunterricht?«, die neben R.s Beitrag einen Abschnitt aus seinem Brief an F. Gansberg vom 25.10.05 aus Prag enthält.
13. FEBRUAR: »Gestern haben wir bei Troubetzkoi gefrühstückt, der aus seinem Riesenhandgelenk heraus eine gut zwei Spannen hohe Statuette Rodins (ganze Figur, ein wenig Vittorio Emmanuele, mit den Händen in den Hosentaschen) in zwei Sitzungen hervorgebracht hat. – Rodin scheint für seine Gewandtheit eine gewisse Anerkennung zu haben; ich habe mich gefreut, Troubetzkoi wiederzusehen.« (An Clara R.)

15. FEBRUAR: R. schreibt an Juncker, Franz Wunder habe ihm für »Mir zur Feier« folgendes Angebot gemacht: »Von Ihrem Buche sind noch ungefähr 330 Exemplare vorräthig, welche ich Ihnen für zusammen 500 Mk überlasse.« R. soll nach Junckers Vorschlag 300 Mk bieten.
21. FEBRUAR: R. dankt Frau Hedwig Fischer für eine Büchersendung: »der Teil, von Hofmannsthals Oedipus, den ich aus der Rundschau kenne, hat es mich längst notwendig erscheinen lassen, dieses Buch zu besitzen und unter meinen ganz unentbehrlichen mit herumzuführen, überallhin.« Das Exemplar mit der Einschrift »Von den Verlegersleuten« in Hedwig Fischers Handschrift ist erhalten. Die Berliner Aufführung des »Oedipus« enttäuschte R.
R. dankt Ellen Key dafür, daß sie das Honorar für ihren Essay (10 Kronen pro Seite) durch August Sauer hat an Clara R. überweisen lassen; sie hat damit einer »Zumuthung« R.s Folge geleistet. Weiter heißt es: »Morgen geht mein erneutes Gesuch an das Ministerium nach Wien ab, zu dem Marie Herzfeld mich auf das treueste berathen hat und das sie auch auf seinem Wege nach ›oben‹ nicht ganz aus dem Auge lassen will.«
Am selben Tag legt R. auch Lou A.-S. seinen Reiseplan dar, die er in Berlin zu sehen hofft. Er freue sich auf Hofmannsthals »Oedipus«. – »Aber Hauptmann kommt mir in ›und Pippa‹ nicht wieder näher; fast auf seines Bruders konfusen Wegen scheint er mir, ebenso räthselnd und unruhig wie jener, eine Phantastik aufwühlend, die besser Bodensatz bliebe ...« R. schließt die Frage an: »hörst Du mit Mißtrauen mein Erhöhen Hofmannsthals?« Lou A.-S.'s Besprechung der Aufführung von »Und Pippa tanzt« erscheint am 17. 3. 06 in der »Zukunft«.
22. FEBRUAR: »Da sind Morgen ... da weiß ich mich fast nicht zu fassen vor Sehnsucht nach langem Alleinsein, nach irgend etwas so unbedingt Meinem wie jene römischen Tage, an die ich oft denken muß.« (An Clara R.)
An Herwarth Walden: »inliegend ein Verzeichnis meiner Bücher ... Ich werde nur im engsten Zeitkreis um die beiden Vortrags-Tage in Berlin sein und, wie ich hoffe, am 28. gegen Abend eintreffen. Wir verabreden dann ein Rendez-vous für den 1. März ...« R. dankt Walden für eine Abendeinladung: »ich bin der Menschen so völlig ungewohnt ... auch muß ich, schon um der großen Reise willen, mich in den Zwischen-Zeiten still und gesammelt halten; Sie werden's verstehen. Das soll mich aber nicht hindern, irgend eine stille Stunde mit Ihnen und Else Lasker-

Schüler (die ich in Verehrung grüße) zu suchen und zu erhoffen, wenn es auch vielleicht nur ein kleiner Nachmittag wird um Dämmerung.« Walden ist mit Else Lasker-Schüler verheiratet.

VOM 25. FEBRUAR BIS 31. MÄRZ unternimmt R. seine zweite Vortragsreise. Sie beginnt in Elberfeld, wo R. bei August von der Heydt auf der Königshöhe wohnt. Über seinen dortigen Rodin-Vortrag berichtet Paul Zech: »In einer knappen Stunde geschah der vollkommenste Querschnitt durch das Werk, und doch fiel der Name Rodin nur einmal laut und deutlich wie ein Name in den Raum. Einmal. Und war der Ausklang...« (1927)

26. FEBRUAR: R.s Vortrag über Rodin findet im Städtischen Museum in Elberfeld statt und erhält am nächsten Tage im Generalanzeiger für Elberfeld und Barmen eine sehr abfällige Kritik: »Was R. bot, war nichts mehr oder weniger als eine bedingungslose Glorifizierung Rodins, die zwar meist in außerordentlich fesselnder, geistreicher Form, oft aber auch in orakelnden Phrasen geboten wurde ...« R. wird als französischer Schriftsteller vorgestellt; Verfasser war vermutlich Otto Klein.

27. FEBRUAR: Clara R. trifft in Berlin ein und wird von Lou A.-S., der sie zum ersten Mal begegnet, freundlich empfangen.

28. FEBRUAR: R. ist in Berlin, zunächst in der Villa Wannsee bei Karl von der Heydts Onkel Bernhard: »um 2 Uhr frühstücken wir bei Karl v. d. H. und für abends hat die Baronin uns Plätze zum ›Zarj Fjódor‹ [= Drama von Alexéj K. Tolstój] bestellt«, einem Gastspiel des Moskauer künstlerischen Theaters. (An Lou A.-S.)

1. MÄRZ: R. und seine Frau ziehen ins Hospiz des Westens, Marburger Str. 4 um, wo auch Lou A.-S. wohnt.

2. MÄRZ: Im »Verein für Kunst, Salon Cassirer« liest R. zum ersten Mal vor deutschem Publikum aus eigenen Werken; Clara R. und Lou A.-S. sind unter den Zuhörern; was R. liest, ist nicht überliefert.

3. MÄRZ: Weiterreise nach Hamburg, wo R. am 4. 3. 06 seinen Rodin-Vortrag hält. Da der für den 9. 3. 06 angesagte Rodin-Abend in Berlin auf Wunsch von Harry Graf Kessler wegen des Vortrags in Weimar, der dann doch ausfällt, um zehn Tage verschoben wird, gehen R. und seine Frau zunächst nach Worpswede.

13. MÄRZ: Aus Worpswede schreibt R. an Rodin über den Erfolg der ersten Vorträge: »à Berlin, Hambourg et Brême«, berichtet, daß er sehr erkältet, fast ohne Stimme sei, und meldet, sein Vater sei schwer erkrankt.

14. MÄRZ: R.s Vater, Josef Rilke, stirbt in Prag. R. reist sogleich dorthin und steigt bis zum 19.3.06 im Goldenen Engel ab; am nächsten Tag folgt Clara R.
15. MÄRZ: R. verständigt Rodin und Ellen Key telegraphisch vom Tode seines Vaters; »in Prag war alle Fülle traurigster Arbeit zu tun, – und hätte Clara mir nicht so treu und wahrhaft aufopfernd zur Seite gestanden, ich hätte nicht gewußt, wie ich sie hätte leisten können. Nun ist alles geordnet, die Wohnung aufgelöst, der Nachlaß durchgesehen ... Papa hat ein ganz einfaches Begräbnis gewünscht. Veilchen habe ich neben sein Haupt gelegt; auf dem Sarge liegt ein Heidekranz von Ruth. Er ruht in dem gemauerten Grab unseres Onkels Weißenburg ...« in der R.schen Familiengruft auf dem Prager Friedhof in Olšany. (An die Mutter, 20.3.06 aus Berlin)
19. MÄRZ: Rückkehr aus Prag nach Berlin.
20. MÄRZ: R. hält seinen Vortrag »Vom Werke Rodins« im »Verein für Kunst«. Kurz vor Beginn meldet R. seiner Mutter nach Arco: »Du siehst mich schon wieder in Berlin, wo ich heute abends, trotz aller unbeschreiblicher Müdigkeit, meinen Vortrag über Rodin nachholen muß ...« R. schreibt ihr »im Gedächtnis desjenigen, der für mich die Güte selbst, die treueste Hilfe, der rührendste Freund war, von Jahr zu Jahr immer mehr sich mir nähernd in hingebender Herzlichkeit, – und der auch Dir vor einer Reihe von Jahren ein Freund gewesen ist, ein herber Freund, der später in dem Drängen der Verhältnisse sich Dir entfernte, ein Bringer von tausend Schmerzen und Verzweiflungen: aber nicht dieses alles vermeiden oder nicht haben hieße ja leben, sondern alles das überstehen ...« Wegen der langen und kostspieligen Reise und seiner Verpflichtung Rodin gegenüber könne er nicht nach Arco kommen.
26. MÄRZ: R. übersendet seiner Mutter »den Wortlaut des Pensions-Gesuches ... Es wäre, glaub ich, gut, wenn das Gesuch jetzt bald abginge ... da ja eine gerichtliche Scheidung nicht vorlag, kann ja auch kaum irgend ein Einspruch erhoben werden.«
30. MÄRZ: R. meldet Herwarth Walden: »unerwartete Umstände haben meine Abreise verzögert. Ich reise erst heute gegen 12.« R. erbittet die beiden Photographien, die Walden für den »Katalog« zur Verfügung gestellt worden sind, bis 11 Uhr ins Hospiz zurück: ein Porträt Rodins und die Büste der Miss Fairfax, damit sei auch Rodin einverstanden. R. reist nach Paris zurück.
31. MÄRZ: Morgens in Paris trifft R. mit Paula Modersohn-Becker zu-

sammen: »Sie ist mutig und jung und, wie mir scheint, auf gutem aufsteigendem Wege, allein wie sie ist und ohne alle Hilfe.« (An Clara R., 2.4.06)

Abends kehrt R. nach Meudon zurück.

1. APRIL: Mittags Gäste, Zuloaga, der Bildhauer Bourdelle und der belgische Lyriker Fagus.

APRIL: »Wir. Deutsche Blätter der Künste«, 1. Heft, Redakteur für den literarischen Teil: Paul Leppin, bringt R.s Gedicht »Ehe«: aus dem Entwurf von 1901 für den Druck vollendet. R. nimmt es in keine Sammlung auf.

Aus dem Frühjahr 1906 stammen vermutlich auch die Gedichte »Der Gefangene (I/II)«, »Die Genesende«, »Abschied« und »Selbstbildnis aus dem Jahre 1906«.

4. APRIL: An C.E. Poeschel aus Meudon: »Gerne stimme ich der Absicht des Herrn Kirsten Horne, die ›Geschichten vom lieben Gott‹ zu übersetzen unter den von Ihnen vorgeschlagenen Bedingungen zu. Mit Freude höre ich ferner, daß Sie Anlaß haben, mit dem Stunden-Buch nicht unzufrieden zu sein. Mir ist da und dort eine warme und unbedingte persönliche Zustimmung zugekommen, die mir wohlgethan hat; auch kenne ich die in den ›preußischen Jahrbüchern‹ veröffentlichte Anzeige meines Buches.« Weitere Kritiken möchte R. nicht zugesandt haben, da er sie nicht lese. R. fährt fort: »Vielleicht läßt der bisher gute Erfolg des Buches es zu, daß Sie mir die Vergünstigung gewähren, die von mir bezogenen Exemplare jetzt noch nicht zahlen zu müssen ...« R. bittet um Verrechnung.

5. APRIL: »Montag war ich einen Augenblick bei den Indépendants; aber das ist Unfug und sinnlose Spielerei. Freiheit auf das armsäligste mißbraucht, irgendwo hingebracht.« (An Clara R.) Es handelt sich um eine Ausstellung der »Fauves«: Matisse, Dérain, Rouault, Vlaminck und Marquet. Weiter schreibt R. seiner Frau glücklich über die Frühlingstage in Meudon.

R. schreibt an Benois: »Herr von Goloubeff war es nun, der mir zuerst sagte, daß Sie hier seien; dann mußte ich verreisen, und nun, eben da ich zurückkomme, haben mich Ihre drei Bilder bei den Indépendants auf das sympathischste an Sie gemahnt. Wie schön ist das ›Bassin de Flore‹!«

7. APRIL: An Karl von der Heydt heißt es: »So stark ist in mir das Gefühl, daß ich jetzt etwas machen könnte, müßte, – was vielleicht so nie wie-

derkommt, was aber hier nicht kommen kann, erdrückt von den Korrespondenzen, die ich tun muß, und abgelenkt von mir durch das fortwährende Qui vive meines Postens ...« R. klagt: »Und mir fehlt nichts als dies bischen Freiheit, für mich zu sein und in mich hineinzuhören und eine eigene Arbeit zu bedenken ... So stark ist in mir das Gefühl, daß ich jetzt etwas machen könnte, müßte, – was vielleicht so nie wieder kommt, was aber hier nicht kommen kann, erdrückt von den Correspondenzen...«

8. APRIL: R. besucht in Versailles den Maler und Kunsthistoriker Alexander Benois, seinen Petersburger Freund.

10. APRIL: R. berichtet seiner Mutter ausführlich über die Regelungen für den Nachlaß des Vaters durch den Rechtsanwalt Dr. Stark. Die Pension ist inzwischen bewilligt, R. schreibt: »Bezüglich Deiner Absicht, wie die Pension zu verwenden und mir dabei nach Kräften beizustehen, war ja nichts zu sagen, als mein innigster Dank; mein Einverständnis ist selbstverständlich. Solang ich meine kleine Stelle hier habe, möchte ich die 40 Gulden ganz Ruth und Clara zuwenden ...« In den folgenden Jahren erhält R. jeweils 80 Kronen im Monat.

12. APRIL: R. bittet Lou A.-S. um eine Einführung an die Künstler des Moskauer Theater-Ensembles, die jetzt in Paris gastieren: »die mir vielleicht auch ermöglichte ohne zu große Kosten allen Abenden beizuwohnen«. Rodin und seine Frau sind an Grippe erkrankt, berichtet er weiter.

16. APRIL: Karl v. d. Heydt sendet aus Neapel das Telegramm: »Brief eben erhalten was kann ich für sie thun als Freund erwarte Nachricht«, das R. viele Jahre in seiner Brieftasche bei sich trägt.

18. APRIL: In einem großen Brief stellt R. Karl von der Heydt auf dessen Frage hin seine Lage dar: »Was ich, meinem Gefühl und meinem Gewissen nach, nötig hätte, das ist: ein, zwei Jahre nur für mich arbeiten zu können unter Umständen, wie ich sie damals eine Weile in Rom hatte; allein, nur [mit] meiner Frau in der Nachbarschaft, die auch arbeitete, so daß wir uns gar nicht täglich sahen, aber doch einander halfen. Ohne Amt, fast ohne Verkehr. (Damals entstanden die Aufzeichnungen des Malte Laurids Brigge, zu denen ich noch nicht wieder zurückgekehrt bin, und es wollte anderes kommen. Aber der Aufenthalt mußte abgebrochen werden) ...« R. sagt weiter: »Ich glaube nicht, daß ich mich täusche, wenn ich meine, daß mein Alter (ich werde in diesem Jahre einunddreißig) und alle anderen Umstände dafür sprechen,

daß ich, falls ich mich jetzt zu meinen nächsten Fortschritten zusammenfassen dürfte, ein paar Arbeiten zustande bringen könnte, die gut wären, mir innerlich weiterzuhelfen und vielleicht auch äußerlich eine Sicherung meines Lebens anbahnen könnten, die durch die bisherigen Bücher nicht gegeben, aber doch gleichsam für später nicht ganz abgesprochen ist ... Aber: ich kann Rodin jetzt unmöglich verlassen ...«

19. APRIL: An S. Fischer meldet R.: »Rodin hat vor einigen Tagen das Porträt eines Ihrer merkwürdigsten Autoren begonnen, das etwas ganz Besonderes zu werden verspricht«, die Büste Bernard Shaws. R., der von ihm nur den »Schlachtenlenker« zu kennen glaubt, erbittet »einiges von seinen Büchern«. Shaw erinnert sich 1931: »I have never read a word by Rilke. I met him when he was factoring for Rodin in Paris and liked him personally quite warmly; but beyond knowing by hearsay from Rodin that he was a poet I had no literary acquaintance with him.«

An Gerhart Hauptmann schreibt R., es sei viel bei Rodin über ihn gesprochen worden, besonders bei dem Besuche William Rothensteins.

21. APRIL: R. nimmt an der Inauguration des »Penseur« vor dem Panthéon teil, mit ihm sind unter der Menge Frau Shaw, Maillol, Paula M.-Becker.

25. APRIL: Tauffest für den Sohn Zuloagas – R. ist unter den singenden und tanzenden Menschen in Z.s Atelier auf dem Montmartre.

26. APRIL: R. begegnet Amalie Nádherný von Borutin und ihrer Tochter bei Rodin, führt sie durch das Musée. Beginn der Freundschaft mit Sidonie (= Sidie) von Nádherný.

28. APRIL: Karl von der Heydt bietet R. einige Jahre stiller Gastfreundschaft auf seinem Gut Volkardey an. R. kann es sich »noch gar nicht unter dem Wahrscheinlichen denken«; »Weil ja auch meine eigenen persönlichen Verhältnisse (so nennt man das doch wohl) armseliger und ungünstiger sind, als Sie wohl meinen ...«

ENDE APRIL: In dieser Zeit macht Rodin R. mit dem Werke des Dr. Joseph Mardrus bekannt: »Le livre des mille nuits et une nuit«, Paris 1899-1904, 16 vols.

2. MAI: Auf R.s Rechenschaftslegung vom 28./29. 4. 06 sagt K. v. d. Heydt R. zunächst für ein Jahr 2000,- Mark zu: »In Freundschaft für Sie und in aufrichtiger Verehrung für Ihr Werk«.

8. MAI: R. schreibt an Sidie Nádherný, er habe das »Eternelle Idole« in

der Marmorfassung aus dem Besitz von Eugène Carrière gesehen: »für mein Gefühl und Ahnen eines von Rodins strahlendsten Dingen«.

R., der in seinem letzten Brief an Gerhart Hauptmann den Wunsch geäußert hat, dieser säße Rodin einmal für eine Porträtbüste, teilt ihm nun mit, Rodin mache Porträts eigener Wahl nur noch ausnahmsweise, er sei ganz auf feste Aufträge angewiesen und widme sich seines Alters wegen im übrigen seinen noch unvollendeten Arbeiten.

10. MAI: R. meldet seiner Frau, er habe eine große Arbeit: »die, zu packen und aus meinem kleinen Hause auszuziehen in das alte Freisein hinaus mit all seinen Sorgen, mit allen seinen Möglichkeiten, mit dem großen Eigentum aller seiner Stunden. Ich bin voll Erwartung und froh. Wie das kam, darüber ist nicht viel zu sagen, und was zu sagen ist, mag ich nicht schreiben…« Rodin werde aufs Land gehen und »Haus und Garten ganz abschließen«. R. hat »ein Zimmer gemietet in dem kleinen Hotel der Rue Cassette (– No. 29 –), in dem wir einst Paula Becker besuchten«. Er will »daran gehen, gleich, den Cornet fertig zu stellen und das B. d. B. einzuordnen (wozu ich noch keinen Augenblick frei und fähig war)«.

Erste Meisterschaft

12. MAI: Aus Paris sendet R. seinen großen Abschieds- und Rechtfertigungsbrief an Rodin, der ihn ohne Vorankündigung entlassen hat. Anlaß zu der schroffen Entscheidung sind zwei Briefe, einer in deutscher Sprache von »M. Thyssen«, ein anderer von »M. Rothenstein«, beide an R. adressiert, deren Bearbeitung Rodin als eigenmächtige und nicht völlig lautere Einmischung ansieht. R. stellt den Sachverhalt richtig: »Néanmoins, j'ai toutes les apparences contre moi au moment où bon vous semble de transposer mes efforts sincères sur une base de méfiance soupçonneuse.« Dem hält R. entgegen, daß er als Freund eingeladen worden sei, bei Rodin zu leben, und dieser ihm erst nach einigen Wochen vorgeschlagen habe: »Vous m'aiderez un peu; cela ne vous prendra pas beaucoup de temps. Deux heures tous les matins.« R. erinnert Rodin daran, daß er sich durch sieben Monate bemüht habe, ihm eine wirkliche Hilfe zu sein, ohne Rücksicht auf Kräfte, Zeit und die eigene Arbeit. R. schließt: »Vous voilà, grand Maître, devenu invisible

pour moi ... Nous étions d'accord que dans la vie il y a une justice immanente, qui s'accomplit lentement mais sans défaut. C'est dans cette justice que je mets tout mon espoir; elle corrigera un jour le tort que vous avez voulu imposer à celui qui n'a plus de moyen ni de droit de vous montrer son cœur. Rilke.«

13. MAI: An Clara R. berichtet R.: »Meine Stube ist klein, nicht zu klein, – nicht sehr luftig, aber nicht dumpf, voll abgenutzter Dinge, die aber nicht aufdringlich sind in ihren Erinnerungen. Drüben sind die Klosterbäume ... Paris im Mai ... Ich denke an Malte Laurids Brigge, der das alles geliebt hätte wie ich, wenn er die Zeit seiner großen Bangnis hätte überstehen dürfen ...«

18. MAI: »Diese Woche (– morgen vormittag ist es schon eine – seit ich hier bin) ist mir so mit Schauen hingegangen, kaum weiß ich noch wie ...« (An Clara R.)

19. MAI: R. erwartet das Kommen Ellen Keys: »Freilich – um die Enttäuschung vorwegzunehmen – auf Rodin mußt Du verzichten, wenigstens darauf, ihn mit mir zu sehen ... Vielleicht gehst Du mit Verhaeren zu ihm.« R. fährt fort: »meine innere Beziehung zu ihm ist unverändert, nur kann ich ihr augenblicklich keinen äußeren Ausdruck geben und muß es der Zeit überlassen, einen Ausgleich herbeizuführen, der mich wieder in die Rechte meines Gefühls einsetzt.«

24. MAI: An Verhaeren schreibt R.: »Je viens de lire votre Rembrandt qui est admirable en force et en compréhension, et je suis presque toujours accompagné d'un volume de vos vers, les lisant et relisant dans les allées du Luxembourg.«
Am gleichen Tage dankt R. Gudrun Uexküll, daß sie die Widmung des »Cornet« annehmen wolle.

25. MAI: »Ich bin noch weit vom Malte Laurids; der Cornet und das B. d. B. müssen erst ganz druckfertig sein.« (An Clara R.)

VOM 27. MAI BIS 17. JUNI ist Ellen Key in Paris. Am ersten Morgen ist R. mit ihr im Louvre, nachmittags bei Verhaerens in Batignolles, abends sehen sie bei Antoine die »Wildente« von Ibsen. Über das Publikum sagt R., es habe an den »leisesten, wundesten, schmerzlichsten Stellen« gelacht: »Und wieder begriff ich Malte Laurids Brigge und sein Nordischsein und sein Zugrundegehen an Paris. Wie sah und empfand und erlitt er es.« (An Clara R., 29. 5. 06)

28. MAI: R. sieht mit Ellen Key die Failletsche Privatsammlung, »wo alle die wichtigsten Van Goghs und Gauguins sind, die bei Meier-Graefe

reproduzierten und gepriesenen. Da ist etwas Wichtigstes unter Willkür und neben Wahnsinn ...« (An Clara R., 29. 5. 06)
29. MAI: R. schreibt seiner Frau über Ellen Keys unbegreifliche Sparsamkeit: »Diese Dürftigkeit ist traurig, aber sie hat eine Freiheit zur Folge, die wir gut brauchen könnten. Man kann sehr viel, man reicht immer noch aus auf diese Weise –.«
30. MAI: An Paula M.-Becker: »wir, d. i.: Ellen Key, Bojer und ich, wollen morgen nach Chantilly fahren. Uns allen wärs eine große Freude, wenn Sie mit uns sein wollten.«
1. JUNI: In einem langen Brief schildert R. seiner Frau die Schätze im Schloß von Chantilly.
MAI/JUNI 1906: In Paris entstehen folgende Gedichte, die Aufnahme in die »Neuen Gedichte« finden: »Der Ölbaum-Garten«, »Östliches Taglied«, »Pietà«, »Der Tod des Dichters«, »L'Ange du Méridien« und »Römische Sarkophage«.
3. JUNI: Auf ihre Bitte nennt R. Sidie Nádherný eine Reihe von Büchern über Rodin: »Endgültiges ist natürlich über Rodin noch nicht geschrieben worden ...«
6. JUNI: R. betrachtet mit Ellen Key und Stina Frisell gemeinsam die Carrières im Salon.
7. JUNI: An Clara R. heißt es: »Ich bin nun endlich doch in der Buchder-Bilder-Arbeit eingerichtet ... Besonders glücklich bin ich über drei ganz neue Dinge, die, mit dem Lied des Aussätzigen zusammen, eine Gruppe bilden sollen.« R. legt ihr »Das Lied des Zwerges«, »Das Lied des Idioten«, »Das Lied des Blinden« bei. Bis zum 12. 6. 06 entstehen noch fünf Gedichte für den Zyklus: »Die Stimmen – Neun Blätter mit einem Titelblatt«.
ANFANG JUNI: Für die Prinzessin Madeleine de Broglie schreibt R. das Gedicht: »Wir sind ja. Doch kaum anders als den Lämmern ...« (6. 6. 06), eine »Widmung« und einen Gedichtkreis von sechs Gedichten. Keines davon wird in eine Sammlung aufgenommen.
9. JUNI: »Zum Gedächtnis gemeinsamen Schauens und Erlebens vor den Teppichen der edlen Dame aus dem Hause Le Viste im Hôtel de Cluny« widmet R. Stina Frisell, die mit ihrer 18jährigen Tochter Karin in Paris ist, das Gedicht »La Dame à la Licorne«.
JUNI: R. überreicht der Comtesse de Noailles, der Dichterin, sein »Buch der Bilder« in einem Pergamenteinband.
12. JUNI: R. sendet Axel Juncker mit einem langen Begleitbrief die

Manuskripte: »Also: Der Cornet: abgesehen von einzelnen Worten, ist nur das ganze XI. Kapitel verändert und durch das inliegende Manuskript zu ersetzen. Vorauszustellen ist I.: Die Widmung, II.: (in kleinerer Schrift ...) der kleine Auszug aus den Archiv-Papieren« (aus den Familienforschungen des Onkels Jaroslav R.). Dazu kommt das »Buch der Bilder«: »ich habe alles getan, was möglich war, die neue Einordnung so kenntlich als möglich zu machen«, schreibt R.; 37 Gedichte aus den Jahren 1902 bis 1906 werden hinzugefügt, besonders wichtig ist R. der Gedichtkreis »Die Stimmen«: er »erweitert das Buch nach einer Seite hin und wird ihm dazu verhelfen, daß man nicht fürder es für ein bloß Ästhetenhaftes ausgibt«.

Über weitere Pläne heißt es: »Ein ›Jacobsen-Buch‹: ja, daß ich es einmal mache, ist sicher. Es ist aber noch nichts dafür da.« Er hoffe auf einen Arbeits-Winter.

Am Abend des 12. Juni liest R. im Atelier der Malerin Mathilde Vollmoeller, rue Campagne Première, seinen Rodin-Vortrag vor sechs jungen Menschen: »ich kannte nur einen davon« (an Clara R., 14. 6. 06): die Bildhauerin Dora Herxheimer. Diese erinnert R.s Erscheinung aus dieser Zeit: »Sein Äußeres: schlank, feingliedrig, Augen, die hell wie Sonnenstrahlen leuchten konnten ... Auf der Straße etwas eilend, schlicht und unauffällig; im Gedränge unscheinbar, den Blick in sich gekehrt. Beim Vortrag der Mund als Mittelpunkt.«

IM FRÜHSOMMER entstehen folgende Gedichte: »Der Auszug des verlorenen Sohnes«, »Der Engel«, »Die Spitze I«, »Die Erblindende«, »Letzter Abend«, »Jugend-Bildnis meines Vaters« (27. 6. 06), »Das Karussell« und »Spanische Tänzerin«; alle werden in die »Neuen Gedichte« aufgenommen.

Die biographische und werkgeschichtliche Bedeutung des Winters 1905/06 in Meudon läßt sich an dem jetzt einsetzenden starken Arbeitsanstieg ablesen, es beginnt die erste Arbeitsepoche der Meisterschaft.

14. JUNI: R. erzählt Ruth, er habe sich seinen Kinnbart abnehmen lassen, seiner Frau gegenüber begründet er: »daß es mit dem Umstand zusammenhängt, daß nun bald (in Ellen Keys Buch) eine Reihe von Bildnissen von mir veröffentlicht werden wird«. Weiter heißt es an Clara: »Wie lasen sich die drei Gedichte bei Dir ...? Es sind noch welche hinzugekommen, so daß ein kleiner Gedichtkreis daraus wurde (neun Blätter mit einem Titelblatt), den ich ›Die Stimmen‹ genannt habe (im neuen B. d. B.). Würdest Du Dir einen anderen Namen dafür denken?

Verraten will ich Dir auch noch zu Deinem Sonntag, daß es mir schließlich im letzten Augenblick geglückt ist, das elfte Kapitel im Cornet umzuschreiben. Es war merkwürdig, eine kleine (ich weiß nicht, ob sehr gute) Farbenskizze an die Stelle des Liebigbildchens zu setzen, das so schön rosa glänzte. Juncker ... versprach den Druck der beiden Dinge nun entschlossen und rasch zu betreiben.«

17. JUNI: R. sagt Paula M.-Becker die Sitzungen für sein Porträt ab, an dem sie seit Mai arbeitet: »ein Eingeständnis von Untreue«. Das Gemälde bleibt unvollendet.

An diesem Sonntag reist Ellen Key ab, R. verbringt den Tag mit ihr in Schloß und Park von Fontainebleau. Mit ihrem Besuch in Paris hat für R. die enge persönliche Beziehung zu Ellen Key ein Ende gefunden.

25. JUNI: An Verhaeren schreibt R. über die Freude, unvermutet in einer Nr. des »Antée« eines seiner Gedichte gefunden zu haben: »J'ai lu et relu ces ›Funérailles à Dixmude‹, manifestation d'Art sûre, grave et simple ...«

29. JUNI: »Rechne jetzt ... vorläufig noch nicht mit meinem nahen Kommen. Meine Stube ist gut zu mir und hält sich um mich, und die Hitze scheint mir so ungemein erträglich, daß ich noch nie über sie geklagt habe.« Über seine Lebensführung berichtet R.: »Ich esse nun mittags (ganz vegetarisch alle die Wochen) bei Claire und trinke abends in einer Crèmerie zwei Tassen Milch –: das ist alles, mit Obst abends und morgens, und ist vorzüglich und nährt mich so leicht und selbstverständlich wie der Saft den Baum.« R. legt dem Brief an seine Frau das angesichts einer Daguerreotypie aus dem Nachlaß seines Vaters geschriebene Gedicht bei: »Jugendbildnis meines Vaters«. Ferner kündigt er ihr die Besprechungen des »Stunden-Buchs« von Stefan Zweig aus der »Neuen freien Presse« und von Richard von Schaukal aus der »Wiener Abendpost« an: »Ich bin nicht imstande, etwas über dieses Buch zu lesen. Wills nicht tun ...«

UM DEN 1. JULI schreibt R. die Gedichte: »Mädchenklage«, »Die Kathedrale«, »Morgue«, »Kindheit«, »Ein Frauen-Schicksal«, »Tanagra«, »Vor dem Sommerregen«, »Im Saal«, »Der König« und »Auferstehung« – aufgenommen in die »Neuen Gedichte«.

VOM 8. BIS 11. JULI entstehen: »Josuas Landtag«, »Das Portal (I-III)«, »Die Fensterrose«, »Das Kapitäl«, »Römische Fontäne« und »Früher Apollo« – dies letzte bildet später den Anfang der »Neuen Gedichte«. Zwischen dem 11. und 19. Juli Niederschrift des Gedichtes »Der Fahnenträger«.

9. JULI: R. bemüht sich um eine Verabredung mit der Malerin Elisabeth Taubmann.

14. JULI: R. dankt Karl von der Heydt für dessen Einladung für vierzehn Tage in der zweiten Augusthälfte nach Godesberg: »Es ist wirklich schön für uns und kein Zwang, uns während dieser Zeit Ihrem Leben ganz einzuordnen.« Darüber hinaus ermöglicht es R.s Förderer diesem, auch andere Pläne zu verwirklichen, R. denkt zunächst an einen Ort in der Bretagne.

15. JULI: Der Gräfin Lili Kanitz-Menar, einer dem Friedelhausener Kreise nahestehenden Sängerin, schreibt R.: »Wie ist es lieb, daß Sie an meinen jungen Dänen denken. Ich bin nicht mit ihm beschäftigt, nein; wenn alles so wird, wie ich es plane, so soll ich ihm den größten Teil des nächsten Herbstes und Winters gehören; aber ich bin trotzdem in Arbeit und innerlich zuversichtlich ... Clara ist noch an der Arbeit in Wwde. Wir gedenken vielleicht uns bald irgendwo am Meer zu begegnen (in der Bretagne oder in Belgien).«

VOM 19. BIS 23./24. JULI entstehen die Gedichte: »Buddha« (»Schon von ferne fühlt ...«) und »Die Insel (I-III)« – letzteres überarbeitet R. am 20. August 1907, wodurch es das späteste der »Neuen Gedichte« wird – und »Blaue Hortensie« (Mitte Juli).

20. JULI: R. schreibt seiner Frau: »ich will Dir den Ort nennen, welchen ich gewählt habe oder doch wählen würde: er heißt St. Pol-de-Léon und liegt (wenn Du den kleinen Atlas de Poche einsiehst) im Nordwesten der Bretagne ... (Saint Pol-de-Léon ist die Heimat des Michel Colomb [= Bildhauer, 1430-1512]).« R. erwägt eine zweite Möglichkeit, die weniger teuer und näher an Godesberg wäre: »Das ist zwar nicht Holland, aber Belgien. Ich war bei Verhaeren und habe mich ausführlich für diese Möglichkeit vorgesehen.« Das Ergebnis ist, daß R. am belgischen Strande einen kleinen Ort sucht: »Brügge wäre nicht weit, Gent ganz nah und die merkwürdigen alten Orte Ypern und Furnes in nächster Nachbarschaft.« R. schließt: »Falls ich nach Belgien gehe, reise ich heute über eine Woche, Freitag, und zwar zuerst nach Furnes, wo am letzten Julisonntag ein merkwürdiger Bußgang stattfindet.«

ENDE JULI: R. besitzt eine »Autorisation d'artistes«, mit der er den »Jardin des Plantes« mit seinen Tieren zwischen 8 und 11 Uhr besuchen darf.

26. JULI: R. meldet Mathilde Vollmoeller nach St. Pol-de-Léon, er könne nicht kommen, müsse seine Beschlüsse für drei fassen. »Bis gestern

war ich noch in meinem gewohnten guten Arbeitsgange, den Vormittag im Jardin des Plantes große Tiere sehend und kleine Blumen ...«
29. JULI BIS 16. AUGUST: Reise nach Belgien.
Am 29. 7. ist R. in Furnes, wo er die Prozession sieht, die er in seiner Studie »Furnes« Ende Juli 1907 beschreibt.
31. JULI: »Ich sitze in einer kleinen seltsamen, alten Stadt mitten in einer Teniersschen Kermes, die Augen voller Schaukeln und Ringelspielen.« (An K. v. d. Heydt) Aus Furnes schreibt R. an die Prinzessin Madeleine de Broglie; R. hat ihr die »Geschichten vom lieben Gott« mit der Einschrift »A Madonna« geschenkt.
1. AUGUST: Clara und Ruth treffen in Furnes ein, wo R. sie im Hotel de la noble Rose erwartet. Von dort gehen sie zu dritt nach einem gemeinsamen Besuch in Ypern für zehn Tage nach Oostduinkerke-Bains an die See.
10. AUGUST: R. beanstandet die von Axel Juncker übersandten Druckproben zum »Cornet«: »ich bin leider fast in allen Punkten anderer Meinung ... die Seite macht den Eindruck einer Leseprobe im Zimmer eines Augenarztes.« Nur das gewählte Papier findet R.s Billigung.
14. AUGUST: R. und seine Familie sind in Brügge, Hôtel Panier d'Or; die Eindrücke aus dieser Stadt gehen vielfältig in R.s Werk ein, unvergeßlich ist ihm der Johannes-Altar von Hans Memling mit dem beidhändig schreibenden Johannes auf Patmos.
15. AUGUST: Besuch in Gent am Tage Mariae Himmelfahrt. R.s erleben hier die ›Marienprozession‹. Eine Schilderung dieser Reise gibt R. am 20. 8. 06 an die Malerin Mathilde Vollmoeller. Über Furnes heißt es: »Diese kleine Stadt, mit einem Kirchenschiff, das schon mehr zum Himmel zu gehören schien als zu ihr, und alles viel zu groß für ihre Verhältnisse.« Trotz der Touristen von den Seebädern »war Brügge unvergleichlich schön ... auch das kleine Mädchen war überall mit uns. In den Museen etablierte sie sich auf dem Fußboden und spielte mit den vom Meer mitgebrachten Muscheln ...«
VOM 17. BIS 31. AUGUST: Besuch bei von der Heydts auf der Wacholderhöhe in Godesberg. Für das Gästebuch schreibt R. die Verse: »Kommendes ist nie ganz fern; Entflohnes / nie ganz fortgenommen wenn es floh ...« – »Aus den Tagen einer Wiederkehr. In Dankbarkeit und Freundschaft«. In Godesberg begegnet R. der Stiefschwester Karl v. d. Heydts, Gräfin Mary Gneisenau, geb. von Bonin, Schwester der Malerin Edith von Bonin.

In dieser Zeit schreibt R. an Madeleine de Broglie über die flandrischen Städte: »Et pourtant, Madonna, c'était Bruges. Et elle dépassait les autres et les traversait. Elle se plaçait autour de moi et m'accompagnait partout: tout ce qu'il y a de solitude, d'inexprimable, de fatalité intime dans ces ruelles et ces jardins, dont je vous parlerai un jour, Madonna ... Que ne peut-on faire, de maisons, de ciels, d'arbres et de reflets. Comme mes yeux étaient prêts à s'en emparer. Tous les jours, car je sentais que si je me l'appropriais, si je le possédais vraiment et ardemment, ce serait pour vous, Madonna.«

VOM 1. BIS 8. SEPTEMBER ist R. mit Clara und Ruth im Schloßhotel in Braunfels, weil sie erst zu diesem Tage in Friedelhausen erwartet werden. »Draußen aber liegt die kleine alte Stadt in der Furcht des Schlosses, als ob sie unterwegs wäre, nach der Bergkuppe zu, auf der es sich ausbreitet, und es doch nie erreichen könnte.« (An Mary Gneisenau, 1.9.06)

6. SEPTEMBER: Fahrt nach Gießen.

7. SEPTEMBER: Besuch von Weilburg, wo Graf Karl von Schwerin, Gatte der Gräfin Luise, als Landrat gewirkt hatte. »Was für ein rührender Rahmen für ihre Gestalt, und immer erscheint sie so licht, so ausgespart, so in der Farbe des fernsten Hintergrundes.« (An Karl v. d. Heydt)

R. hat in Gießen die zweibändige Jacobsen-Ausgabe gefunden, die er Madeleine de Broglie jetzt senden kann, da ihr Brief aus England ihn erreicht. Die Freundin klagt über einen »point noir« beim Sehen, R. beruhigt sie: »Il m'est arrivé autrefois la même chôse, subitement, pendant mon voyage d'Italie en Suède. Un jour, en plein été, il se trouva devant mes yeux ... j'avais l'impression que le ciel et la terre étaient un aquarium pour cet être mystérieux et mobile ...« Ein einsichtiger Arzt habe ihm dies als Erschöpfungserscheinung gedeutet. R. fährt fort, indem er von seinen ungewissen Plänen für den Winter berichtet. In Paris fürchtet er die möblierten Zimmer: »J'ai beaucoup pensé a Florence, puis a Ravello près d'Amalfi. Finalement à la Grece ... Pour le moment, je sais seulement que je ne resterai pas en Allemagne si c'est possible. Sa population me fait horreur. Il n'y a dans cette Allemagne ›renaissante‹ que des parvenus dans toutes les classes de la population (à part quelques exceptions très isolées parmi lesquels se trouve le cercle d'amis de Godesberg). L'occasion du petit château à Düsseldorf est manquée. Toutes les décisions sont encore à prendre ...«

Am Abend erwähnt R. Mary Gneisenau gegenüber im Zusammenhang mit der Gestalt der Gräfin Schwerin »die Briefe der portugiesischen Nonne« Marianna Alcoforado.

8. SEPTEMBER BIS 3. OKTOBER: Aufenthalt in Schloß Friedelhausen; Gastgeberin ist Frau Faehndrich, Uexkülls sind an der See. Lili Kanitz-Menar ist gleichzeitig mit den R.s anwesend.

In den ersten Tagen schreibt R. an die Abwesenden, was es für ihn bedeute: diese Rückkehr in die ›Gegenwart‹ der verstorbenen Gräfin, deren Zuwendung ihm so sehr geholfen habe.

9. SEPTEMBER: Morgens Kahnfahrt auf der Lahn: wir »fuhren mit der kleinen Ruth, dem jungen Mädchen, das für sie sorgt, und einer Puppe aus Furnes den Fluß auf und ab in der schönen Sonne und dem sommerlichen Geruch der Ufer.« (An Gudrun Uexküll, 10.9.06) Nachmittags Wagenfahrt zur Nehbrücke, wo im Gasthaus in Tracht getanzt wird.

10. SEPTEMBER: Ausflug nach Marburg, »wo wir angesichts des Grabmals, das für das des Conrad von Marburg sich ausgibt, Ihrer gedachten; für mich war es interessant, den schönen Wandteppich aus dem 14. Jahrhundert wiederzusehen (im Dom), der die Geschichte des verlorenen Sohnes mit so überzeugten Ausdrücken erzählt«, so schreibt R. an Karl v. d. Heydt, der selbst ein Drama über Konrad von Thüringen verfaßt hat und dessen »Manuskript der Aphrodite« R. gerade prüfend liest. (11.9.06)

11. SEPTEMBER: R. dankt Mary Gneisenau für die Rückgabe der »Briefe der Schwester Marianna«, sein Brief liest sich wie eine Einführung. Am gleichen Tage legt R. Karl v. d. Heydt seine und Claras Pläne für den Winter vor: »Clara denkt ernstlich an Berlin und will versuchen, ihre Worpsweder Arbeitsstätte dahin zu übertragen und dort einen tüchtigen Winter zu beginnen. Und ich – ich denke allen Ernstes und Mutes an – Griechenland ...« R. begründet diesen Plan; unter anderem heißt es: »Müßte es nicht von besonderer Wertigkeit sein, dort den zweiten Band des kleinen Rodin-Buches zu schreiben, was ja mein allernächstes Beginnen sein soll?« R. erbittet als unentbehrlich »Meinung und Zustimmung«.

Einige Tage später erkrankt Ruth an Masern: »Sie hatte ein paar quälende Tage ...« (An Mary Gneisenau, 20.9.06)

20. SEPTEMBER: »... das kleine Mädchen wendet nun ihre Energie und Natur so herzhaft ans Wiedergesundwerden, daß wir eigentlich keinen

Grund mehr haben, in Sorge zu sein«, heißt es im selben Brief, in dem R. auch die Möglichkeit erwähnt, daß er, der Einladung Frau Faehndrichs folgend, »den Winter in voller Arbeitsfreiheit bei ihr in ihrer Villa auf Capri« verbringen werde.

21. SEPTEMBER: R. wendet sich an Axel Juncker, besorgt über die Flüchtigkeit, mit der dieser den Druck des »Buch der Bilder« und des »Cornet« betreibt. Er bittet, ihn »alles sehen und wissen zu lassen, ehe es endgültig festgesetzt wird«. Von den Proben heißt es: »Sie sind ziemlich gelungen, theilweise sogar sehr schön.« Besonders möchte R. das Wappen auf dem Titelblatt sehen: »Ferner bitte ich Sie, mir das alte Wappenblatt (Original) auf das Sorgfältigste verpackt jetzt hier her senden zu wollen«, R. will es »mit einigen alten Wappen in der hiesigen Bibliothek« vergleichen.

22. SEPTEMBER: R. fragt Ernst Hardt nach Aufenthaltsmöglichkeiten in Griechenland.

22./23. SEPTEMBER: Eberhard von Schwerin, der Sohn von Gräfin Luise Schwerin, verbringt zwei Tage in Friedelhausen.

ENDE SEPTEMBER: R. dankt Gräfin Kanitz-Menar für ihr Angebot, Clara R. in Berlin eine Schülerin zuzuführen. In Friedelhausen fehle ihre »schöne, feierliche, schimmernde Stimme«.

28. SEPTEMBER: An Elisabeth von der Heydt schreibt R. von der Einladung nach Capri und fährt fort: »Wir reisen Anfang nächster Woche von hier; zunächst wird Clara die kleine Ruth nach Hause bringen.«

2. OKTOBER: R. sendet Juncker die ausgeführten Korrekturen des »Cornet« mit weiteren Druckanweisungen zurück.

3. OKTOBER: R. ist in Wiesbaden.

4. OKTOBER: Im benachbarten Bad Langenschwalbach besucht R. Madeleine de Broglie.

5. OKTOBER: R. und seine Frau treffen in Berlin ein und steigen im Hospiz des Westens ab.

VOM 5. OKTOBER BIS 24. NOVEMBER bleibt R. in Berlin.

14. OKTOBER: Besuch bei Fischers – ein erneutes Treffen muß ausfallen, da R. die Zeit »für Wege, Besorgungen, Einrichtungen« brauche: »um so mehr, als ich meine Abreise recht nahe ansetzen muß«. R. wohnt inzwischen Marburger Straße 9, Pension Kettler. (An Hedwig Fischer, 15.10.06)

Clara R. richtet mit R.s Hilfe eine provisorische Wohnung ein, Halensee, Westfälische Straße 41. Mehrere Berliner Bekannte, von der Heydts,

Gräfin Kanitz-Menar, Fischers vor allem, stehen ihnen freundschaftlich bei. R.s Abreise verzögert sich durch eine sieben Wochen dauernde anstrengende Zahnbehandlung bei Professor Bödecker.
OKTOBER: Die »Deutsche Arbeit«, Jg. 6, Heft 1 bringt »Das Lied der Witwe« aus R.s Gedichtkreis »Die Stimmen«.
WOHL VOR DEM 24. OKTOBER übersiedelt R. nach Grunewald, Hubertusallee 16, Pension Sprague.
6. NOVEMBER: R. bittet Ellen Key noch einmal, den Essay nicht als Buchausgabe herauszubringen: »Der Aufsatz, der so sehr auf Briefstellen aufgebaut ist, für die in meinen Büchern noch keine Belege sich vorfinden, überholt mich gewissermaßen, während er andererseits auch wieder meine religiösen Entwicklungen in einem Stadium festhält, über das sie teilweise schon wieder hinweg verschoben worden sind... Dazu kommt, daß der Platz bei Fischer ein sehr auffälliger und exponierter ist, an welchem das Buch notwendig und mit Recht manchen Widerspruch hervorrufen würde, der unnötig ist.« Abends sieht R. die Duse als Rebekka West in Ibsens »Rosmersholm«.
10. NOVEMBER: R. wendet sich an Karl v. d. Heydt, um durch dessen Beziehungen zu Mendelssohns, bei denen die Duse wohnt, eine Begegnung mit ihr zu erlangen: »Ich habe ja die ›Weiße Fürstin‹, die ihr gewidmet ist, und dachte oft daran, dieses Gedicht ihr selbst zu überbringen.«
R. berichtet von einer Aufführung der Ibsenschen »Gespenster« »in einer rücksichtslos ausgearbeiteten, haarscharfen Darstellung (Moissi als Oswald, die Sorma in der Rolle der Mutter)« vom vorhergehenden Abend.
Am selben Tage verwahrt sich R. gegen den brieflichen Vorwurf von Anton Kippenberg, Leiter des Insel-Verlages (7.11.06), er habe neue Bücher an einen anderen Verlag fortgegeben. Es handle sich um Neuausgaben: »Es steht seit dem ›Stunden-Buch‹ für mich fest, daß ich Ihnen von jeder neuen Arbeit sagen würde, die etwa bei mir zum Abschluß kommt. Augenblicklich ist allerhand Wachsendes und Werdendes da, aber erst zu Anfang des nächsten Jahres wird, frühestens, wieder ein Ganzes druckfertig vorliegen.«
NOVEMBER: Der »Insel-Almanach auf das Jahr 1907« enthält insgesamt 16 Gedichte aus dem »Stunden-Buch« sowie dessen Titelblatt von Walter Tiemann.
12. NOVEMBER: Kippenberg schreibt an R.: »Es ist mir ein sehr beruhi-

gender Gedanke, daß nichts vorliegt, was Ihnen zu irgend welchen Bedenken gegen eine weitere Verbindung mit uns Anlaß geben könnte, daß Sie vielmehr die Absicht haben, uns auch in Zukunft Ihre Werke anzuvertrauen.«

15. NOVEMBER: An K. v. d. Heydt schreibt R. noch aus Berlin: »im Widerspruche mit meinem Gefühl und mit unserer einstigen Abmachung entschließe ich mich schwersten Herzens, Ihnen ein paar Worte von geschäftlichen Dingen zu schreiben ... Sie sollen nur wissen, daß ich die Probe nicht bestanden habe; ich habe vielmehr Geld ausgegeben als ich durfte, soviel, daß ich jetzt höchstens noch das Reisegeld bis Capri besitze sonst nichts mehr.«

AM 25. NOVEMBER reist R. aus Berlin ab; Zwischenaufenthalt in München, Hotel Deutscher Kaiser. Unterwegs liest R. im Novemberheft der »Zeit« Hofmannsthals Aufsatz über die Tänzerin Ruth St.-Denis, die R. in Berlin hat auftreten sehen, und »Karin Brandts Traum« von Geijerstam.

26. NOVEMBER: Weiterreise nach Neapel, R. liest unterwegs die Briefe van Goghs.

29. NOVEMBER: R. schreibt seiner Frau aus Neapel, Hotel Haßler, wo er am Tag zuvor ankommt: »alles fremd bis zu dem Knallen der Steineichenfrüchte unter meinen Schritten in dem kleinen Garten. – Könnte das doch bleiben, dieses von niemandem Gekanntsein.«

30. NOVEMBER: R. fährt nach Sorrent, um den Dichter Karl Vollmoeller wiederzusehen – dieser ist nach Florenz gezogen: »Und wieder und von etwas näher sah ich Capris Kontur, wie einen Namenszug, den ich schon öfters gelesen habe.« (An Clara R.)

1. DEZEMBER: R. bedauert, Madeleine de Broglie, die sich in Dresden aufhält, nicht besucht zu haben: »J'étais trop pauvre pour le moment pour faire deux voyages au lieu d'un ...« Er fährt fort: »Je vous ai dit à Schwalbach que je me sentais comme au bord d'une maladie, eh bien, ce qui suivait était encore pire: c'était comme une maladie inconnue, longue, triste. Ma femme ne pouvait travailler non plus, elle ne s'occupait que de me soigner ...« R. schließt: »Paris m'est presque indispensable pour mon travail qui y était interrompu au mois d'Août dernier ... Pardonnez une fois de plus mon français enfantin et maladroit; j'épargne ma langue pour en faire bientôt des vers qui vous appartiendront tout instinctivement ... Votre poète exilé R. M. R.«

1./2. DEZEMBER: R. sieht im Museum das Orpheus-Relief wieder und

betrachtet in der Bibliothek des Aquariums die Fresken von Hans von Marées:»Aber der Marées: der macht wirklich einen bedeutenden Eindruck, ganz große Sachen, teilweise erstaunlich einfach.«
(An Clara R., 2.12.06)
4. DEZEMBER: R. verlebt an seinem Geburtstag den ersten Tag auf Capri.

Capri

VOM 4. DEZEMBER BIS ZUM 20. MAI 1907 ist R. auf Capri, er bewohnt einen Pavillon im Park der Villa Discopoli, das Rosenhäusl. Neben Frau Faehndrich als Gastgeberin sind den Winter über ›Frau Nonna‹ (Freifrau Julie von Nordeck zur Rabenau) und die 24jährige Gräfin Manon zu Solms-Laubach, deren Elternhaus in Darmstadt R. kennt, anwesend. Die Tage gehören R., abends wird im kleinen Kreis vorgelesen, unter anderem: Ibsen:»Die Kronprätendenten« und »Baumeister Solness«, Verhaeren:»Le Cloître« und Gedichte, Trebitsch:»Der letzte Wille«, Hermann Hesse:»Peter Camenzind« und zwei Romane von Geijerstam.
An diese Abende in der Discopoli erinnert sich R. fünf Jahre später in Duino:»Ach, liebe Frau Nonna, so beneidenswert das sein mag –: Capri, die Discopoli ist es nicht, was gäb ich darum, manchmal am Abend auf zwei Frauenhände zu sehen, die sich, fast geistig, in einer Handarbeit rühren –, ganz abgesehen davon, daß niemand da ist, mir einen Apfel zu schälen. Aus jenem Schauspiel und diesem Liebesdienst hab ich mir damals irgendwie Kräfte für Jahre geholt ...« (Am 2.1.1912)
6. DEZEMBER: R. beschreibt seiner Frau die neue Umgebung, das Rosenhäusl erinnert ihn an sein römisches Studio.
10. DEZEMBER: R. bedauert in einem Brief an Leonid Pasternak, dessen Berliner und die große russische Ausstellung in Paris nicht gesehen zu haben, und fährt fort:»Nein, ich habe das Russische nicht vergessen, d. h. es ist ja so schwer, russische Bücher zu haben, und äußerlich hab ich wohl viel, viel vergessen; Sprechen geht kaum mehr. Aber Denken. Glauben Sie mir, daß ich oft auf russisch denke; denn ich hänge sehr an Ihrer lieben, gequälten Heimat und leide mit ihr.« R. fragt Pasternak, wie er zu Gorki stehe, der auf Capri lebt. – »Das Stunden-Buch«, das R.

als Weihnachtsgabe übersendet, wird später für Boris Pasternak eins der wichtigsten Bücher.

11. DEZEMBER: An Elisabeth und Karl v. d. Heydt beschreibt R. die Möglichkeiten des Alleinseins auf Capri: »Es gibt vielleicht nichts so Eifersüchtiges wie meinen Beruf ...«

13. DEZEMBER: An Lou A.-S. berichtet R. über das vergangene Jahr; in Paris habe er sehr gut gearbeitet, »konstant wie noch kaum je, Tag für Tag, monatelang. Dann ließ ich mich leider zu allerhand Reiserei verleiten, die, da sie theilweise zu dreien geschah und sehr ungeschickt, so kostspielig wurde, daß ich nicht wieder, (wie ich so sehr nötig gehabt hätte) nach Paris zurückkehren konnte ...«

In seinem Brief vom selben Tag empfiehlt R. Sidie Nádherný Meier-Graefes dreibändige »Entwicklungs-Geschichte der modernen Malerei« und klagt, daß er im Salon d'Automne in Paris die zweihundert Gauguins nicht habe sehen können.

An Gudrun Uexküll heißt es: »Ihr Buch, verehrte Freundin, der ›Cornet‹, muß fertig sein; ich hab noch kein Exemplar zu meiner Bestürzung und hoffe, Sie finden es nicht irgendwo, bevor ich es Ihnen geben kann; bitte, sehen Sie nicht hin, wenn es sich so trifft.«

14. DEZEMBER: R. erzählt Frau Hedwig Fischer: »Dieffenbach ist noch hier und alles hat sich an seine Eigensinnigkeiten gewöhnt, wie man eben dabei ist, sich an Gorki zu gewöhnen, der sich als Anarchist feiern läßt, aber angenehmer Weise vorderhand statt Bomben Geld unter die Leute wirft, haufenweise.«

15. DEZEMBER: R. schreibt seiner Mutter: »Die ›Zauber-Insel‹ wäre nichts für Dich in dieser Zeit, wir haben Stürme, wie ich sie noch kaum je mitgemacht habe, wahre Kriegszeiten; einen Tag kommt der Scirocco und peitscht von Süden herauf (denn er steht nicht als warmer Athem still vor diesen Klippen) den anderen Tag stürzt sich die Tramontana in entgegengesetzter Richtung über die Insel und haut einen förmlich, sobald man sich auf der Straße zeigt, so daß man beinah nicht Fuß zu fassen vermag ...«

17. DEZEMBER: R. antwortet auf Vorwürfe, die Lou A.-S. im Gespräch mit Clara R. gegen ihn erhoben hat und die seine Frau ihm nicht vorenthält. »Lou meint, man hat kein Recht, unter Pflichten zu wählen und sich den nächstliegenden und natürlichen zu entziehen; aber meine nächstliegenden und natürlichen sind immer, schon in meiner Knabenzeit, diese hier gewesen ...«, die R. seine Arbeit und Aufgabe nennt.

19. DEZEMBER: In seinem Weihnachtsbrief an Clara R. ruft R. die Reihe der gemeinsam verlebten Weihnachtsfeste ins Gedächtnis, vor allem das erste in Westerwede.
20. DEZEMBER: R. dankt seiner Kusine Irene von Kutschera, daß sie ihm zu diesem ersten Jahresende nach dem Tode seines Vaters das Gefühl der Zugehörigkeit durch ihren Gruß vermittele.
DEZEMBER: Die ersten »Improvisationen aus dem Capreser Winter« – so nennt R. eine Anzahl von Gedichten, Fragmenten und Entwürfen, als er sie 1925 aus wiedergefundenen Taschenbüchern ausschreibt – entstehen in dieser Zeit, darunter »Täglich stehst du mir steil vor dem Herzen, / Gebirge, Gestein ...«; sie werden von R. nicht publiziert.
22. DEZEMBER: Frau Nonna und Manon zu Solms-Laubach treffen ein.
23. DEZEMBER: R. erhält von Axel Juncker die ersten Exemplare des »Buch der Bilder« und von »Die Weise von Liebe und Tod des Cornets Christoph Rilke«. »Das Buch der Bilder« erscheint in dieser zweiten Auflage in kräftiger Fraktur mit dem Hinweis: »Druck von Breitkopf und Härtel in Leipzig nach Anordnung von Lucian Bernhard, Berlin«.
24. DEZEMBER: Zu Weihnachten schenkt R. Frau Faehndrich das »Buch der Bilder« mit dem Widmungsgedicht: »Wer könnte einsam leben ...« R. geht nicht mit den andern in die Kirche, nimmt aber an der Feier im Studio teil: »Hier gab's eine große Bescherung von an vierzig Capreser Kindern im Lichtschein eines riesigen, mit lebenden Rosen geschmückten Pinien-Baumes und hernach einen stillen, einsamen Abend.« (An S. Fischer, 25.12.06)
25. DEZEMBER: R. bittet S. Fischer, ihm statt Dehmels »Erlösungen«, die ihm der Dichter selbst geschenkt habe, doch den ersten Band der Hauptmann-Gesamt-Ausgabe zu senden. R. erhält die gesamte Ausgabe.

Im Jahre 1906 arbeitet R. an folgenden Zeitschriften mit: »Österreichische Rundschau« Wien, »Wir. Deutsche Blätter der Künste« Prag, »Deutsche Arbeit« Prag und »Insel-Almanach auf das Jahr 1907« Leipzig.

1907

NEUJAHRSNACHT: »Mondschein; Wege, Mauern, Häuser, eine Erde aus Mondschein, aus Mondschatten, die stille hält ... Und die Nacht war eine helle, ferne, die über viel mehr als nur über der Erde zu ruhen schien; man fühlte, daß sie über Meeren lag und weit darüber hinaus

über dem Raum, über sich selbst, über Sternen, die ihren Sternen entgegensahen aus unendlicher Tiefe.« (An Clara R.)
UM NEUJAHR entsteht »Die Rosenschale«, aufgenommen in die »Neuen Gedichte«.
R. liest jeden Morgen einen Abschnitt aus der Legendensammlung vor, den »Fioretti des heiligen Franz«.
JANUAR: Das »Buch der Bilder« geht »An Richard Beer-Hofmann in herzlicher Erinnerung. R. M. R. Capri/Anf. 1907«.
5. JANUAR: Dank an Gudrun Uexküll für ihr Weihnachtsgeschenk »Elysium« von R. A. Schröder: »... nun lerne ich so allmählich, ganz anfängerhaft noch, gerechter, abwartender gegen die Menschen zu sein, einfach konstatierend statt abschließend ihre Art zu ertragen, und Schröder ist einer der ersten, der mir zeigte, zu welcher Bereicherung diese Bescheidenheit und Geduld führen kann. Denn er ist mir nun wirklich viel.«
An Stefan Zweig schreibt R., seine »Stunden-Buch«-Kritik habe er ungelesen verwahrt: »Kritiken muten mich immer mehr wie Briefe an andere an, deren Inhalt nicht für mich bestimmt ist«: als Gegengabe für Zweigs »Frühe Kränze« läßt er diesem das »Buch der Bilder« senden.
5. BIS 7. JANUAR: Das Prosastück »Eine Begegnung« entsteht.
9. JANUAR: R. liest abends die »Begegnung« vor.
12. (13.) BIS 16. JANUAR: Wiedersehen mit Clara R., die von ihrer Freundin Baronin May Knoop nach Heluan in ihr dortiges Hotel-Sanatorium Al Hayat eingeladen ist und die in Neapel die ›Oceana‹ besteigt: »wir genossen es sehr, zusammen in Neapel zu sein, und es war doch sehr schön, daß sie Zeit hatte, auch noch herüberzufahren auf unsere Insel.« (An S. Fischer, 21.1.07)
12. JANUAR: Holitscher schreibt an R., dieser müsse seine Prosa »energischer pflegen«: »Gewiß haben Sie eine große Anzahl von Prosablättern vor sich, die Sie immer und immer wieder revidiren, allein – ists vielleicht nur der Stoff, der Sie in dem Cornetenbüchlein dazu verleitet hat? – es besteht eine allzustarke Versinfusion in Ihrer Prosa und sie schadet ihr sehr ...«
16. JANUAR: Erste Fassung des Prosagedichtes »Die Auslage des Fischhändlers«; auch die redigierte Form vom Sommer des Jahres bleibt ungedruckt.
17. JANUAR: R. sendet Frau Faehndrich, die einige Tage leidend ist, das Gedicht »J'admire immensément la force solitaire ...«

20. UND 28. JANUAR: In seinen Sonntagsbriefen an Clara R. verfolgt R. ihre Ägyptenreise. Auf dem Atlas erscheint ihm der Lauf des Nil wie ein »Rodinscher Kontur«, wie »eine Schädelnaht«. R. liest dazu in Spamers Weltgeschichte.
22. JANUAR: R. sendet Frau Hedda Sauer das »neue Buch der Bilder« und dazu für sie und ihre Schwester Edith Rzach den »Cornet«. Ihren Wunsch – ein Orlik'sches Ex libris – kann R. nicht erfüllen, die Platte sei zerstört worden.
24. JANUAR: Zur ersten Wiederkehr des Todestages der Gräfin Luise Schwerin übergibt R. »Frau Alice zugeeignet« das Gedicht: »Wir wissen nichts von diesem Hingehn …«; als »Todes-Erfahrung« findet es Aufnahme in die »Neuen Gedichte«.
26. JANUAR: Am Abend liest R. die Verse vor: »Uraltes Wehn vom Meer / Meerwind bei Nacht …« R. schreibt sie zum Abschied in das Gästebuch der Villa Discopoli und nimmt sie später als frühestes Gedicht in den zweiten Teil der »Neuen Gedichte« auf: »Lied vom Meer«.
28. JANUAR: R. sendet seiner Frau die Abschrift des Gedichtes »Die ferne Laute« aus Richard Dehmels Li-Tai-Pe-Übertragungen: »die wir ihn sagen hörten«.
IM JANUAR entstehen auch die Aufzeichnungen aus Neapel und Capri: »Die Brunnen in der Certosa …«, »Im Museum von Neapel standen wir …«, »Das Meer unter nahem grauem Himmel …« und »Sprich von den Weinbergen …«; R. veröffentlicht sie nicht.
2. FEBRUAR: R. dankt Gudrun Uexküll für ihre Aufnahme des »Cornet«, der in dieser ersten Buch-Ausgabe die Widmung trägt: »Gudrun Baronin Uexküll / Geborenen Gräfin von Schwerin / Im Gedächtnis einer Erhabenen / Aus tiefer Freundschaft / Zu eigen gegeben. R. M. R.« R. hat ihr zudem sein »Selbstbildnis aus dem Jahre 1906« eingeschrieben. Seinem Brief liegt »Ein Brief des lahmen Ewald« bei, durch den R. eine Frage Damajanti Uexkülls beantwortet. R. schließt damit an die »Geschichten vom lieben Gott« an.
5. FEBRUAR: An Paula M.-B.: »Van Gogh, der Arles so sehr genoß, hätte auch hier zu der Einsicht des Großen kommen können, dessen Anwachsen (und Über-ihn-Hinauswachsen) seine schlichten, sachlichen Briefe so kostbar macht.« Er sendet ihr Photographien antiker Malereien, die er mit Clara R. in Neapel für sie ausgesucht hat »mit besonderer Hinsicht auf Ihre Kunst«, und erwähnt einen Tisch mit Fischen: »Aber das will gemacht sein, nicht erzählt; und wenn ich einmal dazu ausreiche, es zu machen, so sollen Sie's lesen.«

9. FEBRUAR: An Ellen Key: »Unser kleiner Kreis ist der reizendste, den man sich denken kann, aber für mich ist das so furchtbar schwer, das noch so schöne Beisammensein mit Menschen mit wirklicher Arbeit zu vereinen ... unter Menschen, und gerade unter lieben, komm ich so leicht dazu, zu reden und alles Mögliche fortzugeben im Gespräch, was dann wohl für die Arbeit fehlt.«
An Anton Kippenberg schreibt R. über seine Arbeit am »Malte«: »Mein neues Prosabuch rührt sich nur langsam; die Arbeit am 2. Theil eines Rodinbandes für die Kunstmonographien verzögert seinen Fortschritt ...« Die versprochene Beschreibung der Briefe der Schwester Marianna habe er zurückgestellt, weil er »wahrscheinlich in den Zusammenhängen« des Prosabuches davon zu handeln haben werde.
10. FEBRUAR: An Elisabeth v. d Heydt meldet R.: »das Stunden-Buch ist ausverkauft (500 Exempl. in etwas mehr als einem Jahr!), und wir gehen daran, eine neue Auflage, 1100 Exempl. diesmal zu drucken. Das ist eine große, sehr unerwartete Freude für mich ...« Über seine gegenwärtige Arbeit sagt R.: »etwas wie ein neues Stunden-Buch setzt ein. Aber was wird am Ende dieser Wochen fertig sein? Ich fürchte, nicht viel.«
An diesem Tag vollendet R. »Alkestis«, eingeordnet in die letzte Gruppe der »Neuen Gedichte«.
14. FEBRUAR: R. lobt in einem Brief an Stefan Zweig dessen »Frühe Kränze«, spricht über die Unzulänglichkeit der eigenen Jugendarbeiten und erklärt sich bereit, »im späteren Herbst dieses Jahres, im November«, Herrn Hellers Aufforderung, in Wien zu lesen, Folge zu leisten.
15. FEBRUAR: R. liest das Gedicht »Ein Frühlingswind« vor, das ebenso unveröffentlicht bleibt wie »Jetzt gehn die Lüfte ...« und »Kore« (diese Überschrift ist in griechischen Buchstaben geschrieben).
16. FEBRUAR: »Für Gräfin Manon zu Solms-Laubach« schreibt R. »Migliera«: »Am Abend nach dem Gange zur Migliera und in der Nacht ...«
BIS MITTE FEBRUAR entsteht, eine seit 1902 geplante Arbeit aufnehmend: »Aus dem Traum-Buch. Der siebente, elfte und sechsundzwanzigste Traum« (gedruckt in Prag, Oktober 1907), dazu das von R. nicht veröffentlichte Bruchstück »Träume«.
17. FEBRUAR: Hugo von Hofmannsthal schreibt an Oskar Bie im Zusammenhang mit der neuen Zeitschrift »Morgen«, für die er den lyrischen Teil übernehmen soll, ihm liege daran, »die Beiträge der wenigen

Männer, deren lyrische Production mir interessant erscheint: Rilke, Schröder, Dehmel (bedingungsweise), Borchardt, Walser, soweit sie einlaufen, durchzusehen ...«
Besuch von Lutz Wolde, den R. aus Bremen kennt und der zu seinen Verwandten Knoop nach Heluan in Ägypten reist.
18. FEBRUAR: Weg auf den Monte Solaro. »Ich fange an, Anacapri zu entdecken ... da oben in den Berggeländen einer Hirtenwelt, erwächst einem langsam und immer wieder verwischt eine Ahnung von jener antikischen Südlichkeit.« (An Clara R.) Auf seinen Morgengängen und Wanderungen begleitet R. an vielen Tagen die junge Gräfin Manon zu Solms.
20. FEBRUAR: Kippenberg meldet R. dessen Anteil an der ersten Auflage des »Stunden-Buchs«: 297,49 Mark.
21. FEBRUAR: Auf die Vorschläge Karl von der Heydts, doch eine Tätigkeit anzunehmen, antwortet R. mit einem langen Brief, in dem er seine Arbeits- und Lebensweise begründet.
24. FEBRUAR: R. dankt Gudrun Uexküll für Walter Calés »Nachgelassene Schriften« und berichtet, er habe ein Manuskript von Ernst Hardt und von Friedrich Huch dessen Roman »Mao« erhalten.
26. FEBRUAR: An Ernst Hardt schreibt R. über sein Manuskript »Tantris«, das ihm Marcus Behmer aus Florenz zugesandt hat, er ›stehe jenen Stoffen merkwürdig fremd und unbeholfen gegenüber‹, und begründet dies: »es ist ein Drang in meiner Natur, die alten Verdichtungen wieder ganz in namenlose Kraft aufzulösen, sie zurückzuführen auf das, was da war, ehe sie sich zu irgend Gestalten ballten ...«
27. FEBRUAR: Ellen Key gegenüber äußert sich R. zu ihrem Rodin-Aufsatz.
28. FEBRUAR: R. sagt Kippenberg zu, das Manuskript des neuen Gedichtbandes nach Möglichkeit im Laufe des Sommers zur Verfügung zu stellen.
ENDE FEBRUAR: Zu Elisabeth v. d. Heydt spricht R. von Anacapri: »Santa Maria a Cetrella heißt es dort, und ich habe angefangen, für diese arme, vergessene Maria da oben ein bißchen zu dichten.« Den gleichnamigen kleinen Zyklus trägt R. 1908 ins Gästebuch der Villa Discopoli ein.
Manon zu Solms-Laubach schenkt R. sein Exemplar von Dantes »Vita Nuova« für ihre Studien. Dabei legt er ein Gedicht ein: »An den Dichter: / Vita N:A. Du hast gewußt, erhaben – Herr – von ihr / zu reden ...«

8. MÄRZ: R. entwirft den Plan, mit Clara R. zusammen aus deren »geistesgegenwärtigen« Beschreibungen ihrer ägyptischen Erlebnisse und Beobachtungen eine »ägyptische Reise« zusammenzustellen, »wie noch niemand sie zu machen und zu erzählen gewußt hat« ... »mach viele, sogar nicht wieder durchgelesene Notizen«, bittet R. sie: »und wenn Du kannst, mach ebensolche Zeichnungen mit aller Unbedingtheit des momentanen Striches. Das alles nur als Material, das wir dann hier sichten, besprechen und mit den natürlichen Bruchstellen aneinandersetzen, Du wirst sehen, es paßt.«
10. MÄRZ: Besuch des Shaw-Übersetzers Siegfried Trebitsch auf Capri – die Einladung, ihn auf seiner anschließenden Tunis-Reise zu begleiten, hat R. zwei Tage zuvor abgelehnt, freut sich aber über das Wiedersehen.
11. MÄRZ: »Die Menschen haben, ehe sie die Arbeit richtig kennen gelernt hatten, die Zerstreuung erfunden als der falschen Arbeit Abspannung und Gegenteil. Hätten sie gewartet ... Renan notierte einmal: ›Travailler, ça repose‹. Ich werde es als Motto in den neuen Rodin-Band setzen (den ich nicht anfange, ehe wir über Ägypten gesprochen haben).« (An Clara R.)
Am selben Tag sendet R. die Niederschrift seines Aufsatzes »Die fünf Briefe der Nonne Marianna Alcoforado« an Kippenberg – als »eine Art Anzeige« für das Buch des Dänen Carl Larsen »Schwester Marianna und ihre Liebesbriefe. Ins Deutsche übertragen von Mathilde Mann«, Leipzig, im Insel-Verlag 1905. Gleichzeitig schickt er die Gedichte »Das Karussell / Abisag / Der Panther« für den Almanach.
12. MÄRZ: Hofmannsthal an Hermann Ubell, Direktor des Museums Francisco-Carolinum in Linz: »Rilke, ja Rilke ist gut. Immerhin: er ist immer sehr in Gefahr. Es fehlt ihm etwas: Kopf, Charakter, Selbstkritik, ich weiß nicht recht.«
12. BIS 16. MÄRZ: Besuch von Ellen Key, die aus Sizilien und Neapel kommt und in der Villa Pagano absteigt. Am 12. März schreibt R. für sie die Zeilen: »Doch sind nicht unsere Eigentümer / wo Namen noch verschieden uns erinnern ...« Für den 13. März kündet R. ihr an: »dann wirst Du etwas Schönes hören; zufällig sind die Pifferari aus den Gebirgen da, die sonst nur um Weihnachten mit ihren uralten Liedern durch die Orte gehen. Ich möchte diese Gesänge etwas näher studieren, weil ich viel darin höre, was mir zu Herzen geht. So hab ich die Leute morgen auf zehn Uhr zu mir bestellt und meine Damen gebeten, mit mir

zuzuhören...« R. notiert die Texte der Lieder und macht sie Manon zu Solms zum Geschenk. Abends hält R. in der Villa Discopoli vor dem Freundeskreis einen Rodin-Vortrag.

15. MÄRZ: Über die Wirkung Ellen Keys schreibt R. seiner Frau: »Frau Alla und die Discopoli haben manches zu verwundern und zu verwinden. Sie sind erstaunt, daß die neue Zeit, ach, die unerhört neue, mit einem so alten Fräulein bei ihnen einbricht.«

17. MÄRZ: R. macht einen langen Besuch bei dem Arzt Axel Munthe, der ihm seine Häuser und reichen Kunstschätze zeigt.

R. dankt Paula M.-B. für einen lange erwarteten Brief, indem er über ihre Kunst spricht: »lassen Sie mich ruhig bei meiner Erwartung, die so groß ist, daß sie nicht enttäuscht werden kann.« R. fragt nach Paris: »Haben Sie Maillol mal wiedergesehen, und was ist aus Hoetger geworden?«, und bittet, ihn zu benachrichtigen, falls im Bekanntenkreis »ein eingerichtetes Atelier« frei wird: »von Mitte April frühestens könnte ich es brauchen.«

18. MÄRZ: Zu »Briefstellen und Bildern« Clara R.s: »merkwürdig, dieses erhaben getragene Sphinxhaupt in den Raum hineingerückt zu fühlen mit der ganzen ungeheuern Ausdauer seines Daseins. Merkwürdig, so merkwürdig, daß einem dieses Wort wieder wörtlich wird. Immer wieder muß ich denken: was für eine Welt für einen Abschnitt in einem neuen Stunden-Buch, um darin und davor Gestalten aufstehen zu lassen in ihrer ganzen Größe. Und wie nah ist mir das alles gerückt. Selbst wenn ich erst in Jahren hinkommen sollte, wie sehr bin ich nun schon eingeführt und im Umgang mit alledem.« Gleichzeitig liest R. in dem beim Insel-Verlag erbetenen ersten Band der unverkürzten Ausgabe von »1001 Nacht«, der eben erschienen ist: »Und wenn ich ein Kapitel in ›Tausendundeiner Nacht‹ lese ... so bekommen die Einzelheiten, die ich von Dir weiß, ein eigenes Leben ...«

R. plant, von Capri »direkt nach Paris« zu gehen: »Ich habe dem Insel-Verlag ein neues Gedichtbuch noch rechtzeitig für Weihnachten zugesagt (mit aller Beschränkung, unter der so etwas zugesagt werden kann), aber ich möchte es wirklich durchsetzen und die schönen neuen Sachen vermehren, bis es ein Buch ist, das Buch, das nun kommen muß.«

21. MÄRZ: R. an Hofmannsthal: »Vielmehr will ich, ohne Sie warten zu lassen, Ihre besondere und liebe Einladung beantworten, zusagend, wie Sie denken können: völlig zusagend. Denn in diesem Falle werden

alle Gründe ungültig, die ich gegen die Publikation lyrischer Beiträge in Zeitschriften sonst anzuführen wüßte, und es treten andere entscheidende auf, denen ich nachgebe, wenn ich Sie bitte, mit meiner Teilnahme ganz und gar zu rechnen.« Hofmannsthal bittet um Beiträge für den »Morgen«; R. stellt »Die Rosenschale« und »Alkestis« zur Verfügung, ferner »Rodin als Zeichner«.

In diesen Tagen beschäftigt R. sich intensiv mit Hofmannsthals Vortrag »Der Dichter und diese Zeit«.

Während des Capri-Aufenthaltes schreibt R. für die »Neuen Gedichte«: »Liebes-Lied«, »Die Spitze II«, »Der letzte Graf von Brederode ...«, »Die Kurtisane« und »Gesang der Frauen«.

24. MÄRZ: R. liest zwei von ihm übertragene Sonette der Elizabeth Barrett-Browning vor, in den letzten Tagen hat er zwölf vollendet.

25. MÄRZ: Selma und August v. d. Heydt besuchen Capri.

An Clara R. heißt es: »Der diesjährige Insel-Almanach, den sie schon vorbereiten, wird schon drei Gedichte als Probe des neuen Buches bringen, zugleich meinen kleinen Aufsatz über die Briefe der Marianna Alcoforado, mit denen ich wieder viel Umgang gehabt habe und aus denen sich mir die rührende Gestalt der portugiesischen Nonne jedesmal deutlicher erhebt.«

27. MÄRZ: R. schreibt Verhaeren über die Natur als Lehrmeisterin: »cette impitoyable évocation au travail ... P. S. Notre grand et noble poète, Hofmannsthal, vient de publier une admirable conference, ayant pour sujet: Le Poète et notre temps. Vous l'auriez aimée, car elle est d'une conception pure et puissament vraie.«

29. MÄRZ: Tora Holmström ist in Paris eingetroffen, R. warnt vor Überanstrengung: Paris selbst sei eine Arbeit. »Sie nimmt einem leise die Werkzeuge aus der Hand, die man bisher benutzte, und ersetzt sie durch andere, unsäglich feinere und präzisere.«

ENDE MÄRZ (?) schreibt R. an Ernst Norlind über das Dichten in fremden Sprachen: »Ich kann Deine Sehnsucht gut verstehen, besser als irgendeiner. Habe ich doch manchmal russische Gedichte versucht, in Augenblicken, da ein inneres Erlebnis nur in dieser Form sich verklären zu können meinte. Und immer noch bin ich von Zeit zu Zeit genötigt, gewisse Dinge französisch zu schreiben, um sie überhaupt ausformen zu können. Aber ich bin dabei auch zu der Einsicht gekommen, daß man diesem Drängen nicht zu sehr nachgeben, vielmehr immer wieder seine Kraft daran setzen muß, in der eigenen Sprache alles zu finden, mit ihr alles zu sagen ... Das Material des Schreibenden ist nicht nachgiebiger als das irgendeiner anderen Kunst und nicht leichter zu umfassen!«

2. APRIL: Hofmannsthal an R.: »In der ›Rosenschale‹ scheinen Sie mir in gewissem Sinn in Ihrer Art weitergekommen zu sein als je zuvor und wirklich das Unmögliche möglich gemacht zu haben ... ›Alkestis‹ fand ich etwas schwächer als die früheren ähnlichen Sachen, vielleicht nur beim ersten Lesen. Ich bin mir noch nicht klar, was der Stoff in Ihrem Sinne herzugeben schien, wodurch er Sie lockte.«

10. APRIL: R. beendet die Reinschrift »Aus den Portugiesischen Sonnetten / Übertragungen«. »... ich habe eine liebe tägliche Arbeit hinter mir, eine Übertragung der wunderschönen vierundvierzig ›Sonnets from the Portuguese‹ von Elisabeth Barrett-Browning, deren Zustandekommen ich meiner Hausherrin hier verdanke.« (Frau Faehndrichs Mutter war Engländerin, sie las R. die Originale vor.) »... es sind Gefühlskristalle: so klar, so gesetzmäßig, so durchsichtig geheimnisvoll und an so tiefer unverstörter Stelle erwachsen. Und es war mir irgendwie möglich, in ähnlicher Tiefe die deutsche Umformung sich bilden zu lassen, so daß die Übersetzung mir Freude macht, so wie sie gelungen ist.« (An Gudrun Uexküll, 15. 4. 07)

11. APRIL: An die eben abgereiste »Frau Nonna«, Freifrau Julie von Nordeck zur Rabenau, zu seiner Übertragung der Sonette von Elizabeth Barrett-Browning: »Und als ich dann die drei letzten von den vierundvierzig bewältigten Sonetten las, las ich sie für Sie mit und in Gedanken an Ihre Gegenwart glaubend.« R. kündigt eine Abschrift derselben an und fährt fort: »dieses liebe lange Beisammensein ... hat mich Ihrer Güte für mich so sicher gemacht, daß ich mit ihr rechne, wie mit etwas, was zu meinem Leben fortab gehört.«

An Anton Kippenberg: »Ich habe gestern die Übertragung der vierundvierzig Sonette von Elisabeth Barrett-Browning beendet, jener glänzenden Liebesgedichte ... Ich halte es für denkbar, daß der Insel-Verlag ... sich geneigt fände, eine kleine sorgfältige Ausgabe meiner Nachdichtungen zu veranstalten.« Der Brief enthält ferner Überlegungen zum Titel des neuen Gedichtbandes, für den R. »Gedichte und Gedichtkreise« erwogen hat, was Kippenberg unbeholfen erscheint.

APRIL: Die »Deutsche Arbeit« bringt in Jg. 6, Heft 7 R.s Gedicht »Sexte und Segen« – niedergeschrieben am 7. 3. 07 –, das R. in keine Sammlung aufnimmt.

12. APRIL: Besuch bei Gorkis. R. berichtet Ellen Key: »Von Gorki's soll ich Dich sehr grüßen ... Es war lieb und herzlich, ihn zu sehn und zu hören; sein Lächeln kommt mit so tiefer Sicherheit durch all die Traurigkeit seines Gesichtes. Er sprach sehr richtig und einfach über Verhaeren und Hofmannsthal. Aber der ›Demokrat‹, den er herauskehrt, steht doch arg zwischen uns. Das Hindernis ist um so größer in diesem Fall, als der Revolutionär mir sowohl ein Widerspruch gegen den Künstler wie gegen den Russen scheint: beide haben so sehr viel Grund, gegen Revolutionen zu sein in ihrem Innersten, weil bei beiden nichts so wichtig ist wie die Geduld und nichts so natürlich für den einen wie für den andern.« (18. 4. 07) Karl v. d. Heydt gegenüber urteilt R. erheblich schärfer über Gorki (am 3. 5. 07).

17. APRIL: R. liest abends »einen merkwürdigen, ganz unheimlich hellseherischen Vortrag Hugo von Hofmannsthals über: den Dichter und diese Zeit« vor. (An Ellen Key, 18. 4. 07)

Am selben Tag schreibt er an Hofmannsthal: »noch ehe ich von hier fortgehe (um nach Paris zurückzukehren), werde ich Ihnen eine nächste Sendung vorbereiten ... die wirkliche Neigung, das und jenes in Ihre Hände zu legen, wird nicht geringer (können Sie denken) durch die Möglichkeit, daß Sie vielleicht eines Tages Ihr Verhältnis zu meinen Arbeiten in irgendeiner einfachen Einsicht aussprechen könnten. Im Gedanken daran ist es mir lieb, daß ich fast nie lese, was über meine Bücher geschrieben wird. Das macht mich fähig, eine seltene Stimme dann und wann ohne Sammeleifer in mich einzuordnen und sie gut und fruchtbar zu verwenden.«

18. APRIL: In seinem langen Brief bittet R. Ellen Key um den Rodin-Aufsatz Giovanni Cenas: »Ich sammle alles, was ich über Rodin bekommen kann«, und berichtet – wie so oft in diesem Winter –: »Wir leiden hier unter dem immerfort schlechten Wetter, das einen zwischen Frieren und drückender Scirocco-Luft hin und her schwanken läßt.«

19. APRIL: R. holt in Neapel seine Frau ab, beide kommen am 20. April nach Capri. Am nächsten Tag ist »eine kleine Ausstellung ägyptischer Dinge« im Rosenhäusl, unter anderem eine Koran-Handschrift auf Pergament.

21. APRIL: Hofmannsthal legt für Harry Kessler einen Brief von Borchardt ein, »welcher unter anderem ... auch ein glänzendes Urteil über Rilke enthält«. Der Brief ist nicht gedruckt.

IM MAI 1907 findet in Breslau im Lobe-Theater eine Matinée-Aufführrung von R.s »Das tägliche Leben« statt, unter der Leitung von Dr. Zickel; freundliche Aufnahme.

3. MAI: R. erzählt von der Heydt von seinem Besuch bei Gorki.

10. MAI: R. schenkt gemeinsam mit Clara R. Frau Faehndrich zum 50. Geburtstag die »Pilgerfahrten« von Sigbjörn Obstfelder. »Eine aus den Erfahrungen des gemeinsamen Winters, die auf den lieben großen Dichter paßt, der Ihnen ein Freund sein wird, wie er uns einer ist.«

11. MAI: Der ständig wachsende Besucherkreis der Villa Discopoli erweitert sich durch das Eintreffen von Leopold und Marie von Schlözer sowie von Frau von Waldow, geb. v. d. Planitz.

16. MAI: R.s reisen von Capri ab, bleiben aber bis zum 28.5. in Neapel, wo sie nochmals mit den Schlözers, Frau Faehndrich und Manon zu Solms zusammentreffen – gemeinsame Museumsbesuche und Ausflüge. R.s wohnen zunächst im Hotel Bourbon, siedeln dann »in das altgewohnte Haßler« über.

18. MAI: In der »Wiener Abendpost«, Beilage zur »Wiener Zeitung«, Nr. 114 erscheint R.s Prosaarbeit »Eine Begegnung«.

27. MAI: Aus Neapel kündet R. Anton Kippenberg das Manuskript der ›Portugiesischen Sonette‹ mit der Bitte an, es im Verlag abschreiben und das Original an seine ›Besitzerin‹ Frau Faehndrich so bald als möglich zurückgehen zu lassen.

29. MAI: Aus »Rom, Hôtel de Russie. Auf der Durchreise« schreibt R. an Friedrich von Oppeln-Bronikowski über Stefan George: »Meiner Erfahrung nach besteht die Einwirkung Georgescher Gedichte wie anderer ernster Kunstdinge darin, daß sie die Fähigkeit zur Bewunderung und zur Arbeit entwickeln und unbedingt zur Natur verpflichten.«

Paris: Die »Neuen Gedichte«

31. MAI: Nach der langen Reise: »Ich war ganz unter Auswanderer geraten in meiner zweiten Klasse, Griechisch sprechende Bauern« (an Clara R.), kommt R. morgens in Paris an; bis zum 5. Juni wohnt er im Hôtel du Quai Voltaire.

3. JUNI: »... wie sehr ist anderswo Sehen und Arbeiten verschieden; Du siehst und denkst: später –. Hier ist es fast dasselbe.« Im Brief an Clara R.

heißt es weiter, Dora Herxheimer »hat für mich Ateliers angesehen, die bei Colarossi als ›meubliert‹ angezeigt waren: aber der Schmutz, der jedesmal damit zusammenhängt, ist unüberwindlich ... So daß es sehr wahrscheinlich wieder – rue Cassette wird. Ich muß nur nochmals handeln; ich habe 48 als Monatspreis vorgeschlagen: sie 65, so sind wir noch ein wenig weit voneinander, aber heute gehe ich nochmals hin und hoffe, wir nähern uns. Und das wird dann ein oberes Zimmer, genau das über Paula Beckers, das auf die kleine Kirche durch die Kastanien des Klostergartens sieht ... Heute sah ich Mathilde Vollmoeller bei Jouven [= vegetarisches Restaurant]; sie war wie immer einfach und sympathisch.«

4. JUNI: Besuch einer ›Ausstellung von Frauenbildnissen aus den Jahren 1870-1900‹ im Schlößchen Bagatelle – »Ein wunderbarer Manet lohnt alles andere überreichlich.« (An Clara R., 7. 6. 07)

VOM 6. JUNI BIS 30. OKTOBER: 29, rue Cassette – R.s dritter Paris-Aufenthalt. »Zimmer Nr. 12 au deuxième, das ich, nach allem Verhandeln, für etwa 55 Frcs. bekommen habe (80 samt Frühstück). Damit darf ich mich nicht brüsten«, schreibt R. an seine Frau und schildert am nächsten Tag »die Atmosphäre dieser Maisons meublées«, sie seien von so »betonter Heimatlosigkeit«.

3. JUNI: Tora Holmström ist mit R. zusammen in Paris: »Es war ein schöner Abend. R. ist jung und bartlos geworden, aber man erkannte ihn dennoch wieder. Er ist zauberhaft lieb und fein zu mir. Wir gingen zu Lilas, um Kaffee zu trinken. Es liegt in einer lauschigen stillen Ecke mit Aussicht auf den grünspanfarbigen Springbrunnen der Luxembourg-Allee. ... Nach kurzer Zeit kamen Henning Berger und die Norweger und Finnen und Österling, wir verschwanden dann bald und gingen den Boulevard etwa eine Stunde lang auf und ab, worauf wir uns bei mir an der Tür trennten. Mir war ganz wirr im Kopf von allem, was R. von Paris gesagt und phantasiert hatte: ›Wo wir in unserem leichten Boot mit einem Abgrund unter uns und einem Gewimmel um uns fahren, gleichzeitig bewußt und vergessend all dessen, was am Boden ist.‹« (Am 23. 6. 07 an Torsten Holmström) Einer Freundin erzählt sie: »R. hat heute abend Dinge über Paris gesagt, daß sie wie Pfähle auf dem Boden eingeschlagen stehen.«

7. JUNI: Besuch der »neueingerichteten Sammlung Moreau-Nélaton« im Louvre; R. spricht weiter über Manet: »mir fängt er ganz von neuem an aufzugehen nach diesem Porträt und nach dem unglaublichen

Déjeuner sur l'herbe«, das R. hier sieht. »Bei Bernheim jeune sah ich Van Goghs: ein Nachtcafé, spät, öde, wie als wenn man mit übernächtigen Augen sähe ...« R. erwähnt ferner Arbeiten Maillols und Bilder von Berthe Morisot.
An Madeleine de Broglie: »Madonna, il n'y a que des souvenirs. La vie continuera quand je saurai, que vous êtes en bonne santé et disposée de recevoir votre Poète.«
12. JUNI: »... den ganzen Vormittag im Jardin des Plantes, vor den Gazellen. Gazella Dorcas, Linné. Es sind zwei da und noch eine einzelne.« (An Clara R., 13. 6. 07)
Wiedersehen mit der Prinzessin Broglie, die ihm von Rodin berichtet. »Sie ist öfter bei Rodin jetzt, den sie inzwischen kennen gelernt hat durch eine Bekannte, eine Frau von Nostitz, die einige Monate in Meudon in meinem kleinen Häuschen gewohnt hat, diesen Winter während Rodin ihr (der Frau v. N.) Porträt machte.« (An Clara R., 15. 6. 07)
13. JUNI: »Heute war ich in der Ausstellung von Chardin und Fragonard. Fragonard hat ein paar wunderbare Akte in eigenem Licht und Chardin Dinge, Dinge, bürgerliche Dinge, von einer malerischen Tatsächlichkeit, die ohnegleichen ist. Da wird einem alles aus den Augen herausgeräumt, was drin ist, und dann wird einem eine Flasche hineingestellt, mitten hinein, oder ein Becher oder ein Apfel liegt da. Zwei Firmenschilder hat er gemalt für Pinaud, den Parfumeur ... das müßtest Du sehen.« (An Clara R.)
14. JUNI: Besuch in Saint-Cloud.
15. JUNI: R. beschäftigt sich mit den Briefen der Mademoiselle Julie de Lespinasse – »lauter Material für Einsichten und Einblicke« (an Clara R.).
19. JUNI: R. schreibt seiner Frau: »ich weiß nicht, warum ich diesmal so schwerfällig bin im Eingewöhnen und Einwohnen. Die Nachbarschaft ist nicht schlimm, und doch, es ist wieder das Paris, das Malte Laurids aufgezehrt hat. Ein Student, lernend für die Examen, seit Jahren. Da stellt sich, nahe vor den Prüfungen, ein Leiden ein ...« R. beschreibt die Krankengeschichte des Nachbarn, die im »Malte« wiedererscheint. (2. Bändchen, 12. Abschnitt)
20. JUNI: An Holitscher heißt es über »Cornet« und »Malte«: »Mit der ›versinfizierten‹ Prosa des Cornet hatten Sie so recht. Sie ist von 1898, müssen Sie bedenken. Die, an der ich jetzt arbeite, sieht sehr anders aus.«

An Elizabeth Gibson schreibt R. von Clara R.s Plänen für Schweden: »Wir haben die Samskola nicht vergessen und Ruth wird sechs Jahre und muß, wenn irgend ein Kind auf der Welt es muß, in *diese* Schule, die wie für sie gemacht ist und in der sie wachsen und blühen wird, so aus sich selbst heraus wie sie es bisher aus eigenem Gefühle versucht hat«; diese Pläne lassen sich nicht verwirklichen.

Nach Tora Holmströms Abreise schreibt R.: »Sie vergaßen mir Anders Österling's Adresse zu geben ... ich würde ihn gerne sehen.«

21. JUNI: R. ist bereit, Hofmannsthal weitere Gedichte zu schicken, fragt aber: »Und der ›Morgen‹? Ich sah das erste Heft auf den Boulevards vor ein paar Tagen. Es machte mir den Eindruck, als wäre es nicht überzeugt von seiner eigenen Notwendigkeit. Lag das an mir?«

Über seine finanzielle Bedrängnis schreibt R. seiner Frau: »Ich habe alles gestrichen, 1. die Wagen, 2. das Teetrinken, 3. das Bücherkaufen (ach), und doch ... habe ich die letzten Tage wieder viel gerechnet und bin nicht dazu gekommen einzusehen, wie es werden soll. Mir scheint vorderhand, ich kann weder hierbleiben noch reisen, – aber wenn ich erst arbeiten kann: ob dann nicht doch die Lösung da ist?«

AM 24. JUNI an Clara R.: »Mein Verhältnis zu meinen ›Modellen‹ ist ja sicher noch falsch, besonders, da ich eigentlich noch gar keine menschlichen Modelle brauchen kann (Beweis: Ich mache sie noch nicht) und mit Blumen, Tieren und Landschaften noch für Jahre hinaus beschäftigt bin. (Die Anfangsszene der Alkestis ist vielleicht der erste Griff in die Welt der ›Gestalten‹.)«

Begegnung mit Karl Vollmoeller.

26. JUNI: »Wie das einmal mit Rodin sein wird? Es ist zuviel jetzt darüber zu schreiben, es führt nach allen Seiten hin zu weit. Auch ist es noch nicht Zeit dafür. Es schmerzt mich, nicht einfach hinausgehen zu können, um ein paar Dinge wiederzusehen und ihn selbst.« Er gehe Begegnungen mit Rodin aus dem Wege. R. fährt fort: »Heute sandte ich Dir ›eingeschrieben‹ etwas Unerwartetes. Mein neues Buch. Ich war die letzte Zeit dabei, abzuschreiben und zusammenzustellen, wie ein Mädchen, ›das noch nicht weiß, was aus dem Ganzen wird‹. Und es scheint fast, es hält sich und trägt sich und ist ein Buch? Es soll in Deiner Verwahrung sein bis wirs an die Insel schicken.« (An Clara R.) Diesem ersten Manuskript der »Neuen Gedichte« werden noch Blätter hinzugefügt.

27. JUNI: An Kippenberg: »Mein neues Gedichtbuch ist im großen gan-

zen druckfertig ... Allerdings, es wäre mir lieb, noch eine Weile mit dem Manuskript beisammen bleiben zu können, um es zu beobachten in seinem, mir selber noch neuen Zusammenhang und um, im Laufe der nächsten Wochen, noch die Möglichkeit irgend welcher Veränderungen zu haben.«
Am gleichen Tag dankt R. Ellen Key für »das kleine Bild, das vielleicht Sappho vorstellt«. R. bittet sie nochmals, ihren Essay über ihn nicht als Buch zu veröffentlichen: »Ich habe nie gelesen, was Michel geschrieben hat und ich weiß nicht, was Herr Schellenberg publiziert: aber ich habe den beiden auch keine Daten geliefert ...«
28. JUNI: Das Gedicht »Der Marmor-Karren« entsteht und wird noch in die »Neuen Gedichte« eingefügt.
Clara R. bestätigt den Empfang des Manuskriptes, R. schreibt darauf: »Du mußt mir nicht viel schreiben, nur kurz, was Du anders oder fortgelassen oder vermehrt haben willst. Die Folge ist gut – nicht wahr? Willst Du's jemandem zeigen (Schröder?), so tu's nach Gefühl und Freude ...« (Zwei Tage später sagt er, daß es nicht etwa sein Wunsch sei, daß noch jemand das Ms. sehe, nur daß sie auch das tun könne, wenn sie wolle.) – Am 28. fährt er fort: »Ich muß mich noch etwas unbeirrt halten, solange der zweite Teil meines Rodin-Buches noch nicht geschrieben ist ... Natürlich wird dieser zweite Teil der vorhandene Vortrag sein, kaum oder gar nicht verändert – denn es ist in keiner Weise der Zeitpunkt, jetzt etwas Neues von Rodin zu sagen.«
30. JUNI: R. schreibt an S. Fischer: »seit einer Weile ist ein Gauguin in Berlin, der verkauft werden soll. Es ist ein Porträt (eines der wenigen, die Gauguin gemalt hat) und hat mir seinerzeit einen sehr guten Eindruck gemacht. Maier=Graefe hat es, wie ich weiß, gesehen und könnte Ihnen Maßgebendes davon sagen, im Falle Sie sich nämlich – und das ist die Frage die dieser Brief Ihnen stellen kommt – für das Bild interessieren würden. Es gehört einer nahen Freundin Ellen Key's, die sich davon trennen will, weil es ihr als Porträt nicht lieb ist. Nun soll es her nach Paris geschickt und hier verkauft werden. Aber noch ist es in Berlin ...«
ENDE JUNI BIS 14. JULI: R. arbeitet den Rodin-Vortrag zum »Zweiten Teil« seiner Monographie von 1903 um.
IM FRÜHSOMMER beantwortet R. ein Rundschreiben von Dr. Julius Moses zur Lösung der Judenfrage. Sein Beitrag erscheint neben denen vieler anderer in: »Die Lösung der Judenfrage / Eine Rundfrage. Veranstaltet von Dr. Julius Moses«, Berlin-Leipzig 1907.

6. JULI: In der Literarhistorischen Gesellschaft in Bonn hält Friedrich von Oppeln-Bronikowski einen Vortrag über R., das Korreferat hat Dr. Karl Enders. Die Veröffentlichung des Vortrags in den ›Mitteilungen‹ dieser Gesellschaft (Jg. 2, Nr. 6) reicht R. am 5.10.07 ungelesen an Clara R. weiter.

SOMMER 1907: R. vollendet die im November 1902 konzipierte Prosaskizze »Der Löwenkäfig«. Da die Reinschrift über R.s Initialen den ausgeschriebenen Namen von der Hand Anton Kippenbergs trägt, war vielleicht die Aufnahme in einen Insel-Almanach geplant, sie unterblieb.

14. JULI: R. schreibt das von ihm nicht veröffentlichte Prosastück über die Saltimbanques: »Vor dem Luxembourg, nach dem Panthéon zu, hat wieder Père Rollin mit den Seinen sich ausgebreitet ...« R. schildert diese Szene in einem Brief an Dora Herxheimer vom selben Tag: »damit Du nicht ganz ohne quatorze Juillet bleibst«.

An Clara R. heißt es: »Gerade war meine Rodin-Arbeit fertig geworden. Das heißt, ich nehme an, daß sie es ist. Sie ist um etwa 20 Seiten kürzer als bestimmt war und es kann sein, daß der Verlag sich sträubt ... Dein treuer Wunsch hat mir beigestanden und meine Einsamkeit, die ganz dicht gemacht war, wie eine Dunkelkammer zum Entwickeln.« Das Manuskript ist erhalten, es trägt ein handschriftliches Titelblatt: »Ein Vortrag«.

17. JULI: »Die Gazelle« entsteht, das Gedicht wird in das Manuskript des neuen Gedichtbandes aufgenommen.

18. JULI: R. übersendet Hofmannsthal drei Gedichte: »Die Gazelle (Gazella Dorcas)«, »Der Marmor-Karren (Paris)« und das an diesem Tage entstandene »Der Turm (Tour Saint-Nicolas, Furnes)«, und fragt, ob für seinen Vortrag über Rodin Hugo Hellers Buchhandlung in Wien der richtige Ort sei.

VOM 18. BIS 21. JULI schreibt R. die Gruppe von Gedichten aus Eindrücken der vorjährigen Reise nach Flandern. Neben »Der Turm« sind es: »Der Platz. Furnes«, »Quai du Rosaire. Brügge«, »Béguinage. Béguinage Sainte-Elisabeth, Brügge (I/II)« und »Die Marien-Prozession. Gent«. Sie werden ebenso noch in die »Neuen Gedichte« eingefügt wie die gleichzeitigen »Gott im Mittelalter« und »Die Erwachsene«.

19. JULI: R. sieht sich in dieser Arbeitsphase außerstande, Karl von der Heydt in Reims zu treffen, wo dieser die Schauplätze des Lebens der Jeanne d'Arc besuchen will.

An Clara R. meldet R., Kippenberg brauche das Manuskript der Gedichte schon am 1. August: »vorher werde ich Dir senden, was noch fehlt«.

22. JULI: Karl v. d. Heydt kommt aus Reims herüber, gemeinsam werden »in einem behaglichen Auto« Saint Denis und die Königsgräber, danach St. Germain besucht; zuletzt mit der Trambahn, da das Auto »eine Pneumatik abstreifte«. Vor seiner Abreise besucht v. d. Heydt R. in seinem Zimmer. (An Clara R.)

24. JULI: Mit »Sappho an Alkaïos« entsteht das letzte der Gedichte, die in den Gedichtband aufgenommen werden.

25. JULI: R. übersendet Clara R. das Neugeschaffene: »Ich habe versucht, die Einordnungsbestimmungen, soweit es sich von hier aus absehen ließ, anzudeuten, und hoffe, daß Du keine besorgte Mühe oder Entscheidungsnot hast.« Er habe gezögert wegen der »Gazelle« und des »Marionettentheaters«; zu »Sappho an Alkaïos« und der »Marienprozession« gibt R. ihr Erklärungen. Dabei wird deutlich, daß sich R. bemüht hat, für »Sappho an Alkaïos« auf den griechischen Grundtext zurückzugreifen.

27. JULI: An Anton Kippenberg heißt es: »diesmal habe ich die Freude, Ihnen das abgeschlossene Manuskript des neuen Gedichtbuches anzukündigen ... Alles ist, was nun kommt, Ihnen überlassen, die äußere Form und Ausgestaltung und Einrichtung des Buches, ja sogar (wie schon vorauszusehen war) der Titel.« R. bittet um Angabe des geplanten Erscheinungstermins und fragt, ob die Barrett-Browning-Übertragung zum Frühling oder Herbst 1908 folgen dürfe. R. erwähnt ferner: »Für die Mitte des Herbstes plane ich wieder eine Vortragsreise«, diesmal vor allem nach Österreich.

ENDE JULI: Niederschrift der Skizze »Furnes«. Sie beginnt: »Die meisten Reisenden, die Brügge besuchen, kommen eines Tages wie durch Zufall hin ...« Erst auf eine Darstellung Brügges folgt die von Furnes und der großen Prozession. Die Arbeit erscheint bereits am 1.8.07 im »Berliner Tageblatt«, Nr. 386.

IN DER ZEIT VOM 31. JULI 1907 BIS 2. AUGUST 1908 entsteht »Der Neuen Gedichte anderer Teil«. Von den etwa 100 Gedichten schreibt R. im August 1907 allein 41, Entwürfe und später Verworfenes nicht gerechnet. »Meine Einsamkeit schließt sich endlich, und ich bin in der Arbeit wie der Kern in der Frucht«, heißt es am 3.8.07 an Manon zu Solms, der er die am 1.8. aufgezeichneten »Delphine« und die in Capri begonnene, am 2.8. vollendete »Landschaft« einlegt: »ein paar Erinnerungen ... zu denen nichts weiter zu sagen ist: Sie werden sie erkennen.«

2. AUGUST: Einen Wunsch Ernst Norlinds aus dem März erfüllend, schreibt R. diesem für das ›Erinnerungs-Album der Gäste auf Borgeby‹ das Gedicht »Der Apfelgarten«, später einbezogen in den zweiten Teil der »Neuen Gedichte«.
An diesem Tag heißt es an Clara R.: »so groß meine Wünsche sein mögen, sie sind unerfüllbar, alle – und wären sie's nicht, so bliebe ich vielleicht doch und hielte aus, um einer gewissen Arbeitshygiene willen, von der ich mir allmähliche Erfolge erhoffe. Alles in allem: es scheint mir, als ob ich wirklich bis Ende Oktober (zu diesem Termin bereite ich meine geplante Vortragsreise vor) hier bleiben sollte, in eintöniger Regelmäßigkeit die Tage abspulend, Arbeitstag nach Arbeitstag (auch die verlorenen äußerlich genau einhaltend).«
3. AUGUST: R. betont Stefan Zweig gegenüber: »Es gibt also keinen ›Kreis‹ für mich in Wien, gegen den ich irgendeinen Vorwurf oder Vorurteil mitbrächte – wohl aber einen oder zwei sehr große Dichter, deren Werk ich in Ehrfurcht und Bewunderung nenne und deren freundschaftliche Gesinnung ich unter die noch unverdienten, viel zu großen Erträge meiner Arbeit rechne.« R. könne die angebotene Gastfreundschaft aus zeitlichen Gründen nicht annehmen. Ferner erbittet R. nochmals Zweigs Verhaeren-Übertragungen und alles, was er über Verhaeren publiziert hat: »Es ist wahrscheinlich, daß ich auf der nächsten Reise oder später auch von diesem gewaltigen Dichter reden werde ...«
4. AUGUST: An Sidie Nádherný: »Ich lese ab und zu in der mit soviel Vorstellungskraft geschriebenen Geschichte der Herzoge von Burgund, des Baron v. Barante (Histoire des Ducs de Bourgogne par M. de Barante, Pair de France. Paris 1826), die vieles verstehen hilft. Man muß nur diese Fürsten hingehen sehen über die Bühne dieser Städte ...« Das Werk von Barante ist eine der Quellen zum »Malte«. Das Rilke-Archiv verwahrt R.s Notizbuch von 1906/07 mit seinen Exzerpten.
8. AUGUST: R. berichtet der Mutter: »Neulich besuchte mich der Direktor einer großen staatlichen chemischen Aktiengesellschaft in Nürnberg, der erzählte mir, ohne daß er natürlich ahnte daß der Name mir bekannt sein könnte, daß zu den fortgeschrittensten und leistungsfähigsten Fabriken in Österreich, die sich um alle Neuerungen in den Farbenerfindungen kümmern und zu den besten Abnehmern des chemischen Unternehmens zählen, Kinzelberger & Co gehören! – Unwillkürlich denkt man da: wie anders hätte alles kommen können!«
9. AUGUST: R. dankt seiner Frau für ihre Mühe mit seinem neuen Buch:

»Es ist ein Buch: Arbeit, der Übergang von der kommenden Inspiration zur herbeigerufenen und festgehaltenen. Wie soll man es nennen?« R. fragt sich, ob er »Gazelle« und »Marionettentheater« nicht doch ausscheiden solle, letzteres bleibt dann fort.

10. AUGUST: Frau Nonna stellt R. sein Leben mit den Worten dar: »ich stehe an meinem Stehpult und sonst nichts«.

11. AUGUST: R. dankt Stefan Zweig für die von ihm übertragenen »Ausgewählten Gedichte« Verhaerens und bestärkt ihn in dem Plan, über Verhaeren Vorträge zu halten.

An Karl v. d. Heydt gibt R. für eine Reise nach Flandern eine Fülle von Ratschlägen.

14. AUGUST: R. schlägt Kippenberg vor: »ob es nicht am besten wäre, einfach das neue Buch zu nennen: ›Gedichte‹, darunter: aus den Jahren 1905 bis 1907; es sind nur zwei oder drei Gedichte in dem ganzen Zusammenhang, die vorher entstanden sind«, und die könne man ja kennzeichnen.

17. AUGUST: Anton Kippenberg schreibt R., er sei der Meinung: »daß wir die erste Auflage auf 1100 Exemplare festsetzen, von denen 100 als Frei- und Rezensionsexemplare honorarfrei bleiben. Als Honorar erlaube ich mir 15 % vom Ladenpreise in Vorschlag zu bringen (je nach dem Preise des Buches schätze ich es insgesamt auf M 600,– bis 750,–) von denen die Hälfte bei Erscheinen des Buches, die zweite Hälfte nach Verkauf von 500 Exemplaren zu zahlen wäre.«

19. AUGUST: R. nimmt dies Angebot an, auch mit den übersandten Druck- und Papierproben ist er einverstanden. »Der Titel: Neue Gedichte ist jedenfalls der beste. Die Jahreszahlen sind dann überflüssig ...« Da er bereits absehen kann, daß ein zweites Manuskript folgen werde, bittet R., »die jetzt erscheinenden Neuen Gedichte als I. Band zu bezeichnen«. Dies wird vom Verlag abgelehnt.

An Clara R. sendet R. »einen Abzug der neuen Rodin-Arbeit zum Lesen und Behalten«, seine Korrektur sei abgeschickt.

27. AUGUST: R. lehnt eine Einladung Karl v. d. Heydts auf die Wacholderhöhe ab. »Mein Daimonion heißt mich diesmal energisch hier aushalten in der kleinen stillen Stube, die Sie kennen.«

Dr. Martin Zickel gegenüber erklärt sich R. damit einverstanden, den Leseabend in Breslau mit Herrn von Gleichen-Rußwurm zu teilen, vorausgesetzt: »daß das Honorar das verabredete bleibt (350 Mk einschließlich der Reisekosten) ...« R. fährt fort: »Es interessierte mich

natürlich sehr, durch Sie ein Wort über den Verlauf des ›Täglichen Lebens‹ zu hören (gegen welches sich ja soviel einwenden läßt und thatsächlich einwendet.) Da ich nie Kritiken und überhaupt gar keine Zeitungen lese, erfuhr ich so zuerst von jener breslauer Aufführung, nicht ohne ein dankbares Gefühl für Ihre freundliche Verfassung ...«
R. setzt den Leseabend auf den 5.11.07 fest.
30. AUGUST: R. erinnert sich seiner Ankunft in Paris vor fünf Jahren, an Clara R. heißt es: »nach meinem Briefbuch schrieb ich Dir dann am 2. September. Was ich wohl mag geschrieben haben?« – »Ich gehe nun fast jeden Morgen auf die Nationalbibliothek, mehr um nachzuschlagen als um zu lesen. Dabei kamen mir vor ein paar Tagen Übersetzungen wunderschöner chinesischer Gedichte in die Hand, Li-tai-pes und anderer ... wie alle Schwere ins Gewichtlose kam, um dort zu dauern.«
1. SEPTEMBER: R. bittet seine Frau um Rat: »Eigentlich wollt ich das öffentliche Widmen ziemlich aufgeben, d. h. nur auf solche Fälle beschränken, wo das Manuskript sozusagen schon jemandes Eigentum ist, wie bei den Übertragungen der portugiesischen Sonette (die im Frühling erscheinen werden). Aber es geht mir wiederholt durch den Sinn, ob es nicht doch passend wäre, hineinzuschreiben nichts als dies: Karl von der Heydt in Freundschaft.«
Da R. in Paris schon wegen des Heizens nicht überwintern kann, denkt er daran, die erneuerte Einladung nach Capri vielleicht anzunehmen.
2. SEPTEMBER: R. schreibt an Ernst Ludwig Schellenberg, der über ihn »R. M. R. Ein Essay« (Beiträge zur Literaturgeschichte Heft 35, Leipzig 1907) publiziert hat und dessen Frage-Brief R. unbeantwortet ließ, er werde diesen Essay nicht lesen: »Ich muß mit meiner Arbeit allein sein.«
5. SEPTEMBER: R. übersendet seiner Frau die Handschriften von etwa 40 Gedichten auf blauen Einzelblättern, den Grundstock für einen zweiten Band der »Neuen Gedichte«. Allein zwischen dem 22.8. und dem 5.9. entstehen 14 Gedichte. »... das ganze Leben, das ich den letzten Monat geführt habe, kannst Du, in ihnen blätternd, nachleben: alles, was war, ist darin: alles was Arbeit war; und es war nichts sonst.«
Zu zwei Gedichten gibt R. Erklärungen, zu »Bildnis«, das die Duse darstellt, und zu »Corrida«, in dem ein bestimmter Espada eine neue Figur versucht.

Die Malerin Edith von Bonin, Stiefschwester Karl v. d. Heydts und Schwester Mary Gneisenaus, kommt nach Paris.
Am gleichen Tag unterrichtet R. Hofmannsthal vom Erscheinen der »Neuen Gedichte« im November; er freue sich jetzt »in jeder Hinsicht«, nach Wien zu kommen.
13. SEPTEMBER: R. dankt Clara R. mit einer eingehenden Beschreibung für ein wenig Heide, die sie ihm geschickt hat; er schließt: »vermutlich macht mich jetzt auch der überstandene Stadtsommer so empfänglich für die Pracht der kleinen Heidestücke ... Lieber Gott: was hab ich voriges Jahr gewirtschaftet; Meere, Parke, Wald und Waldwiesen ...«
Am 13. 9. 07 erscheint in »Morgen«, Jg. 1, Nr. 14 von R. »Alkestis« und »Die Rosenschale«.
14. SEPTEMBER: R. schreibt die Studie »Die Bücher einer Liebenden«, das Manuskript trägt von seiner Hand die Notiz: »Die Gräfin Mathieu de Noailles, zweite Tochter des Fürsten Bassaraba von Brancovan, hat außer einigen Romanen drei Bücher Gedichte veröffentlicht. Das erste Le Cœur Innombrable erhielt einen Preis der Académie Française. Dann folgte L'Ombre des Jours und in diesem Jahre: Les Eblouissements. Alle bei Calmann-Lévy, Paris.«
Aus dem Band »L'Ombre des Jours« von Anna de Noailles hat sich R.s Übertragung des Gedichts »J'écris pour le jour où je ne serai plus ...« erhalten: »Ich schreibe, daß man, wenn ich nicht mehr bin ...«; sie blieb unveröffentlicht. R.s Exemplar der »Eblouissements« (Paris 1907) verwahrt die Houghton Library der Havard University; es enthält zahlreiche Marginalien und Ansätze zu Übertragungen, jedoch nichts Vollendetes.
15. SEPTEMBER: R. bestätigt Ernst Norlind den Eingang seiner Bücher, die er natürlich nur teilweise verstehen könne. Er lobt den Rodin-Essay (später deutsch in dem Buch »Intermezzos und Bagatellen«) Norlinds als »überzeugt und überzeugend, einfach und wahr«. Auf den von Norlind übersandten Blättern für das Borgeby-Hausbuch schickt er ihm das Gedicht »Der Apfelgarten«.
16. SEPTEMBER: Zur geplanten Vortragsreise schreibt R. an seine Frau: »ich habe keinen neuen Vortrag und werde wohl, da die Rodin-Conférence wohl inzwischen schon im Druck vorliegen wird, nur Eigenes lesen können: was mir nicht sehr recht ist.«
20. SEPTEMBER: In »Morgen«, Jg. 1, Nr. 15 erscheint als Vorabdruck aus »Auguste Rodin«, 2. Theil: »Auguste Rodin als Zeichner«.

Seiner Frau erzählt R. an diesem Abend die Geschichte von der singenden Blinden, deren Hund ihr die Geldstücke in einen vorgehaltenen kleinen Teller legt.

24. SEPTEMBER: An Madeleine de Broglie heißt es: »j'ose, vous prier de ne m'appeler point vers vous si tôt. Je suis au carrefour de plusieurs travaux dont je ne connais, ni la direction, ni le but...« Und weiter: »Depuis des semaines ce qui me tourmente c'est une nostalgie étrange et presque insupportable qui m'attire vers Venise...« »P.S. Je serai heureux de vous offrir dans une dizaine de jours une partie de l'étude sur Rodin qui va paraître dans notre Revue ›Kunst und Künstler‹.«

25. SEPTEMBER: R. beglückwünscht Ernst Norlind und Hanna Larsson zur angekündigten Vermählung: »ich sage nur einfach: Heil und Segen«. Er bedauert, Ernst Norlind das Übersetzungsmanuskript von Hans Larssons »Intuitionen« nicht senden zu können, da es sich nicht bei seinen Büchern in Paris befinde. Am 7.12.07 schreibt er aus Oberneuland, wo er das Manuskript gefunden hat: »Ich habe es durchgesehen und kann, nach allem, nicht anders, als Dir sagen, daß ich zu meinem aufrichtigstem Bedauern, die Arbeit nicht auf mich nehmen kann, der ich mich in den Tagen auf Borgeby gård gewachsen glaubte. Es war eine Überhebung, daß ich meinte, solches leisten zu können; nun fühle ich, daß ich das Original nicht genügend bewältigen kann, um eine endgültige vergleichende Umformung Deiner Übertragung vorzunehmen.«

27. SEPTEMBER: R. meldet Clara R. die Termine der bevorstehenden Vortragsreise, 3. bis 10. November.

1. OKTOBER: »Kunst und Künstler. Monatsschrift für bildende Kunst und Kunstgewerbe«, redigiert von Karl Scheffler im Verlag von Bruno Cassirer, Jg. 6, Heft 1, bringt »Auguste Rodin«, einen Vorabdruck des Textes der biographischen Schlußabschnitte aus dem »2. Theil«. Ferner enthält das Heft einen weiteren Text daraus, der durch folgende Anmerkung eingeleitet wird: »Im Anschluß an den Aufsatz über Rodin wird eine Beschreibung der ›Tour du Travail‹ willkommen sein, die R.M.R. nach dem Gipsmodell im Musée Rodin in Meudon giebt.«

R. betrachtet bei der ihm befreundeten Malerin Mathilde Vollmoeller, der Schwester des Dichters, eine Mappe von Van Gogh-Reproduktionen, die diese aus Amsterdam mitgebracht hat; »es sind zum Teil diejenigen Sachen, von denen die Briefe an den Bruder handeln (und die im Besitze der Witwe dieses Bruders sind – zu Hunderten.) ... schlichte ...

Reproduktionen von 40 Sachen, 20 noch aus der vorfranzösischen Zeit«. – »... die Existenz und Ruhe und Wohlbehaltenheit eines anderen Lebens«, die R. bei dieser Teestunde in Mathilde Vollmoellers Atelier erfährt, taten ihm wohl, nachdem er »einen Sommer so am Stehpult ›überstanden‹ hatte«. (An Clara R., 2. 10. 07)
R. darf die Mappe für einige Tage mit nach Hause nehmen, an seinen Beobachtungen, an seiner »Freude und Einsicht und Bestärkung« läßt er Clara R. durch seine Briefe vom 2. und 4. 10. 07 teilhaben. »Ich fühle ja wohl, was Van Gogh an einer gewissen Stelle gefühlt haben muß, und fühle stark und groß: daß alles noch zu machen ist: alles.«
OKTOBER: Die »Deutsche Arbeit« druckt als letzten Originalbeitrag R.s in dieser Zeitschrift (Jg. 7, Heft 1): »Aus dem Traum-Buch«. Der fragmentarische Charakter dieses Werks ist von R. fingiert, jedoch bestand ursprünglich ein weiter ausgreifender Plan.
R. liest die beiden Aufsätze »Souvenirs sur Paul Cézanne« von Emile Bernard im »Mercure de France« (Bd. 11).
2. OKTOBER: R. entwickelt seiner Frau einen »Reisewunsch«: er möchte vor den Vorträgen noch nach Venedig fahren. »Wenn ich vielleicht in der Pension des Signor Romanelli, den Meier-Graefe empfahl, mich einrichten könnte, so müßte ich dort nicht mehr ausgeben als etwa hier. Ich hätte dann dort drei Wochen ...«
4. OKTOBER: »Manchmal gehe ich an kleinen Läden vorbei, in der rue de Seine etwa; Händler mit Altsachen oder kleine Buchantiquare ... Ach, wenn das genügte: ich wünschte manchmal mir so ein volles Schaufenster zu kaufen und mich mit einem Hund dahinterzusetzen für zwanzig Jahre. Am Abend wäre Licht in der Hinterstube, vorn alles ganz dunkel, und wir säßen zu dritt und äßen, hinten ...« Diese Briefstelle an Clara R. findet sich fast wörtlich im »Malte« wieder (17. Abschnitt).
6. OKTOBER: R. besucht zum ersten Mal den diesjährigen Salon d'Automne: die Gedächtnis-Ausstellung für Cézanne.
7. OKTOBER: »Ich war wieder im Salon d'Automne heute vormittag. Meier-Graefe war wieder bei den Cézannes anzutreffen ... Graf Kessler war auch da und sagte mir viel schöne Aufrichtigkeiten über das neue Buch der Bilder, das er und Hofmannsthal sich gegenseitig vorgelesen hätten. Das alles ging im Cézanne-Saal vor sich, der einen sofort wieder in Anspruch nimmt mit seinen starken Bildern. Du weißt, wie ich auf Ausstellungen immer die Menschen, die herumgehen, so viel

merkwürdiger finde als die Malereien. Das ist auch in diesem Salon d'Automne so, mit Ausnahme des Cézanne-Raumes. Da ist alle Wirklichkeit auf seiner Seite.« (An Clara R.)

VOM 7. BIS 22. OKTOBER, an dem sie geschlossen wird, besucht R. die Ausstellung fast täglich. Diese Begegnung mit dem Werke des im Vorjahre verstorbenen Paul Cézanne ist der große Eindruck dieses letzten Monats in Paris. In fünfzehn wichtigen Briefen an seine Frau setzt er sich mit dem Künstler und seinem Werk auseinander.

7. OKTOBER: Hofmannsthal sendet R. für seine Reise nach Venedig einen Empfehlungsbrief an Prinz Friedrich Hohenlohe, der dort ein sehr schönes und merkwürdiges kleines Haus bewohnt. Er ist der Bruder der Fürstin Marie Taxis.

8. OKTOBER: An Mary Gneisenau, die er im Dezember in Capri zu treffen hofft, schreibt R.: »So hätte ich Lust, alles Ungünstige zu unterschlagen und Ihnen ein Capri zu schildern, das Sie ruft und überredet ...«

Im Louvre betrachtet R. die Venezianer und beschreibt seiner Frau ein Damenbildnis von Rosalba Carriera. In dem Brief heißt es weiter: »Es ließe sich denken, daß jemand eine Monographie des Blaus schriebe; von dem dichten wachsigen Blau der pompejanischen Wandbilder bis zu Chardin und weiter bis zu Cézanne: welche Lebensgeschichte!«

9. OKTOBER: Erster der langen Briefe an Clara über Cézanne.

10. OKTOBER: R. sieht seine Reise gefährdet, weil ein Honorar »um mehr als die Hälfte« unter seiner Berechnung bleibt, er aber dringende Anschaffungen machen müsse. Es handelt sich um das Honorar von »Kunst und Künstler«, das statt der von R. erwarteten 150,– Mk nur 90,– beträgt, was R. in seinem Brief an den Verlag Bruno Cassirer am 11.10.07 vorbringt.

An Madeleine de Broglie meldet er: »je lis des épreuves ...« Es sind die Korrekturen für die »Neuen Gedichte«.

11. OKTOBER: R. denkt weiter an seine Reise: »Venise: dieser wunderbare verblichene Name«. ›Venedig‹ dagegen erscheint ihm »ein Aktenname, von Bürokraten boshaft auf unzählige Konvolute geschrieben, trist und tinten« (an Clara R.).

12. OKTOBER: In einem Brief an Clara R. heißt es: »Was so ein kleiner Mond alles vermag ...«; dieser Absatz findet sich fast wörtlich in den »Aufzeichnungen des Malte Laurids Brigge« (12. Abschnitt). R. berichtet seiner Frau, Mathilde Vollmoeller habe vor den Cézannes gesagt: »Es ist wie auf eine Waage gelegt: das Ding hier, und dort die Farbe; nie

mehr, nie weniger, als das Gleichgewicht erfordert. Das kann viel oder wenig sein: je nachdem, aber es ist genau, was dem Gegenstand entspricht.‹ Auf das letztere wäre ich nicht gekommen ...« R. verwendet diesen Gedanken im »Requiem für eine Freundin«.

13. OKTOBER: R. vergleicht die »Neuen Gedichte« mit dem »Stunden-Buch«: »Ich schritt einher und sah, sah nicht die Natur, sondern die Gesichte, die sie mir eingab. Wie wenig hätte ich damals vor Cézanne, vor van Gogh zu lernen gewußt. Daran, wie viel Cézanne mir jetzt zu tun gibt, merk ich, wie sehr ich anders geworden bin. Ich bin auf dem Wege, ein Arbeiter zu werden.« (An Clara R.)

14. OKTOBER: Bei der Rücksendung der Korrektur an Kippenberg bemerkt R.: »ich lege auch das Manuskript nochmals bei, besonders zur Feststellung der Absätze innerhalb der einzelnen Gedichte, die teilweise verwischt worden sind.« Das Manuskript ist nicht erhalten.

15. OKTOBER: Für Madeleine de Broglie schreibt R. das »Gedicht«: »Das war doch immer das: Geheul, Gehärm ...« und berichtet Clara R. von seinem Besuch bei Bernheim j., wo er Rodins Zeichnungen der kambodschanischen Tänzerinnen betrachten konnte.

16. OKTOBER: Im Begleitbrief, mit dem R. das Gedicht vom Vortage übersendet, heißt es: »Jamais je n'ai senti si clairement combien il est contraire à notre nature et à nos dispositions de penser au delà du présent. Nous n'avons d'organes et de moyens que pour ce qui est là devant nous. Or, il faut encore ajouter à cela que ce présent est si grand et si beau et qu'il a tant de droits ...«

19. OKTOBER: An Clara R. schreibt R.: »Du erinnerst sicher ... aus den Aufzeichnungen des Malte Laurids, die Stelle, die von Baudelaire handelt und von seinem Gedichte: ›Das Aas‹ [= »Une Charogne«]. Ich mußte daran denken, daß ohne dieses Gedicht die ganze Entwicklung zum sachlichen Sagen, die wir jetzt in Cézanne zu erkennen glauben, nicht hätte anheben können; erst mußte es da sein in seiner Unerbittlichkeit ...« Im 22. Abschnitt des »Malte« heißt es: »Erinnerst Du Dich an Baudelaires unglaubliches Gedicht ›Une Charogne‹? Es kann sein, daß ich es jetzt verstehe ...«

R. besitzt von Baudelaire »Petits poèmes en prose«, die er Lou A.-S. gegenüber seinen ›Lieblingsband‹ nennt (18. 7. 03), und »Fleurs du mal« (sein Exemplar mit Anstreichungen ist erhalten). Im 18. Abschnitt des »Malte« ist der Schluß des »Poème en prose«: »A une heure du matin« französisch eingefügt: »Mécontent de tous ...«

Im selben Brief an seine Frau erwähnt R. »La Légende de Saint Julien l'Hospitalier« von Flaubert (1877), die ebenso im »Malte« angeführt ist (22. Abschnitt).
21. OKTOBER: R. beichtet Paula M.-B., daß er die von ihr im Mai zurückgelassenen und für ihn bestimmten Möbel, die er zunächst ganz vergessen habe, nun verschenke, da niemand sie kaufen wolle. Er rechnet ihr dafür bei sich selber 20,– Frcs gut.
Mit den Zeilen »In Eile nur dies, mit herzlichen Wünschen zu Ihrer Genesung von Ihrem ergebenen R M Rilke« geht eine Sendung an Franziska Mann.
Am selben Tage schreibt R. an Reinold von Walter einen längeren Brief über die Bedeutung des künstlerischen Gewissens: »es ist der einzige Maßstab. (Die Kritik ist keiner ...)«.
Clara R. gegenüber äußert R.: »Daß man van Goghs Briefe so gut lesen kann, daß sie so viel enthalten, spricht im Grunde gegen ihn, wie es ja auch gegen den Maler spricht (Cézanne danebengehalten), daß er das und das wollte, wußte, erfuhr ...«
22. OKTOBER: R. sendet Madeleine de Broglie das Fragment »Wie sich die warmen Blumen an das All / fortgeben ...«: »Madonna, cette nuit un poème encore montait en moi, j'en ressens encore le mouvement. Mais mes mains trop distraites déjà par les choses qui les attendent et qui s'impatientent, ne retrouvent en moi que ce petit fragment ce matin ...«
24. OKTOBER: An Sidie Nádherný: »wenn Sie von Paris hören wollen, so will ich mich auf das Schönste besinnen: auf die neuen Zeichnungen Rodins, die jetzt hier (neben älteren Blättern) ausgestellt sind: auf Cézanne, den wunderlichen großen Alten, an dessen Bildern ich in den letzten Wochen glückliche und seltsame Einsichten gewann.« R. dankt für eine Einladung, von Prag, »(das seit meines Vaters Tode fast nur noch trüb und drückend für mich ist)«, nach Schloß Janowitz hinüberzufahren.

Begegnungen und Beziehungen

AM 25. OKTOBER: »Da Cézanne nun äußerlich abgelaufen war, fragte ich mich: was nun? Es war für alles zu spät geworden«, schreibt R. an seine Frau. Er beschließt, zu den Vorträgen auf geradem Wege über Nürnberg nach Prag zu gehen.
26. OKTOBER: R. gibt sein Zimmer in Paris auf, im Packen erlebt er »mit einem Wort: das Elend, die Hölle; Du kennst es. Und man spielt Voraussicht und bildet sich ein, für unbestimmte Künftigkeiten sorgen und auswählen zu können. Ich habe es indessen insofern gut, als Fräulein Vollmoeller (die kürzlich ein neues großes Atelier bezogen hat) mein Stehpult und vor allem meine Bücher nimmt und bei sich aufstellt, so daß ich die wenigstens nicht einzeln bedenken muß und durch sie doch immer haben kann, was mir etwa im Laufe des Winters nötig wird...« (An Clara R.)
29. OKTOBER: R. meldet sich für den Nachmittag des 2.11.07 bei Sidie Nádherný an.
VOM 30. OKTOBER BIS 18. NOVEMBER dauert R.s dritte Vortragsreise.
30. OKTOBER: Noch aus Paris schreibt R. seiner Mutter: »Ich sage gleich meine bisherigen Verpflichtungen [in Prag]: am 1.: muß ich eine Stunde zu Tante Gabriele und zu Dr. Stark. / Zum Thee bin ich bei Baronin Ehrenfels. / Am 2.: fahre ich gegen Mittag für 4-5 Stunden aufs Land, um einen Besuch zu machen. / Am 3.: bin ich nach dem Vortrag für etwa 2 Stunden bei Prof. Sauer. Gegen Mittag muß ich einen Besuch bei Salus machen. Im übrigen will ich diesen Tag stille halten und wenig sprechen, wegen des Vortrags. Am 4. komme ich gratulieren in die Herrengasse« (zum Geburtstag der Großmutter Entz). »Nachmittag fahre ich weiter nach Breslau. Jedenfalls werden uns jeden Vormittag mehrere Stunden ganz gehören.«
31. OKTOBER: Auf dem Bahnhof von Heilbronn schreibt R. an Mathilde Vollmoeller: »Ich fahre in kleinen Zügen, fast immer allein, um Stuttgart herum, abwechselnd nahe und wieder entfernter, wie um die Zeit hinzubringen bis zum nächsten ernsthaften Eilzug, von dem es heißt, daß er hier in Heilbronn durchkommt. Alle sprechen mit Respekt von ihm, weil er einen Wagen haben soll, der bis Nürnberg geht...« R. vergleicht Prévosts »Manon Lescaut« – seine Reiselektüre – mit den Briefen

der Marianna Alcoforado, wobei er den Briefen vor der »Dichtung« den Vorzug gibt, obwohl auch diese »litterarische Erfindung« sein sollen, was R. zurückweist.

1. NOVEMBER: R. steigt in Prag im Hotel Erzherzog Stefan am Wenzelsplatz ab. An Clara R. heißt es: »Mehr als je fühle ich seit heute früh die Gegenwart dieser Stadt als Unbegreiflichkeit und Verwirrung. Sie müßte entweder mit meiner Kindheit vergangen sein, oder meine Kindheit müßte von ihr abgeflossen sein später, sie zurücklassend, wirklich neben aller Wirklichkeit, zu sehen und auszusagen sachlich wie ein Cézannesches Ding, unbegreiflich meinetwegen, aber greifbar. So aber ist sie gespenstisch ...«

2. NOVEMBER: »Ich habe meine Mutter gesehen, der gegenüber ich mich wieder ungerecht fühle, ohne daß ich weiß, wie es anders sein könnte; die Wege, auf denen sie mich erwartet, sind wie in einem Spiegel, und wenn man sich noch so klein machte oder sich irgendwie verstellte, man kann sie nicht gehen. Ich kann nicht die geringste meiner Wirklichkeiten bis zu ihr bringen, sie sieht mit ihrer Vorstellung von mir ein solches Loch in mich hinein, eine solche Leere, daß ihr gegenüber nichts seine Gültigkeit behält. – Wer kann in ein Puppenhaus, auf dem Türen und Fenster nur aufgemalt sind?« (An Clara R.)

R. sieht in Prag auf einer Ausstellung vier schöne Bilder Cézannes. Nachmittags fährt er nach Schloß Janowitz hinaus: »Schon die Wagenfahrt durch den verglasten harten Herbstnachmittag und das naive Land war so schön. Und das war Böhmen, das ich kannte, hügelig wie leichte Musik ...« (An Clara R., 4.11.07) R. verlebt eine Teestunde mit der »schönen Baronesse (die wie eine Miniatur aussieht ...)« Sidonie von Nádherný, dem älteren Bruder Johannes und ihrem Zwillingsbruder Carl.

3. NOVEMBER: R. liest aus seinen Arbeiten in der ›Concordia‹ (Leiter: Dr. Alfred Klaar): »Der Vortrag flau; wieder die abscheulichen alten Damen, über die ich mich als Kind verwunderte ... (Ich werde doch noch mal zu Dramen kommen. Ich fange an, Menschen zu sehen, merke auch schon die ›Tiergesichter‹, die Ibsen sah, die Schnuten und Gebisse, bleibe aber nicht dabei; denn dahinter fängt es erst recht an, interessant zu werden und, über Abneigung und Antipathie hinaus, gerecht.)« R. fährt fort: »Ich las erst Gedichte aus dem B.d.B., dann Christine Brahe. Dann Neues: außer dem Karussell wurde nichts auch nur aufgehoben. Es blieb alles liegen, wo es hinfiel. So ähnlich wird das Programm überall sein.« Nach dem Vortrag ist R. Gast bei Professor Sauer

und begegnet dort den »beiden Ehrenfels«. (An Clara R., im Zuge Prag-Breslau, am 4.11.07)
Als R. zum Vortrag fährt, hat er einen Brief Rodins in der Tasche. Dieser bittet ihn um Auskunft über die Zuverlässigkeit der Buchhandlung Heller in Wien, wo eine Ausstellung Rodinscher Zeichnungen stattfinden soll. »Du verstehst, daß ich froh bin. Ich habe gleich, ebenso sachlich, geantwortet.« (An Clara R., 4.11.07)
R. schreibt Rodin, der sich R.s Beitrag in »Kunst und Künstler« hat übersetzen lassen: »L'article ... n'est qu'une partie d'une étude qui sera ajoutée à mon petit livre d'antan; il va paraître sous sa forme nouvelle dans quelques semaines et je me permettrai de vous l'offrir.« Mit seiner Bitte lenkt Rodin nach dem Bruch im Mai 1906 selbst wieder ein, R. antwortet ausführlich. R. berichtet Rodin, Karl Scheffler habe ihn für »Kunst und Künstler« um einen Beitrag über die Zeichnungen Rodins gebeten: »J'ai promis à M. Scheffler de lui livrer quelques mots de texte dans le cas qu'il pourrait se procurer les reproductions ...« Kessler werde bei Rodin um die Vorlagen einkommen. Tatsächlich erscheint R.s Text »Rodins Zeichnungen« in »Kunst und Künstler« 1908, Heft 11 mit der Fußnote: »Wir lassen noch die Stelle eines schönen Briefes folgen, den R. M. R. uns schrieb, als eine Sammlung Rodinscher Zeichnungen vor einiger Zeit in Paris ausgestellt war. D. Red.«
In Prag übersendet R. an Professor Ernst ›ein Blatt für eine junge Sammlerin‹, er schreibt dazu: »Ihre gütige und herzliche Hülfe in gewissen komplizierten Jahren meiner frühen Entwicklung war viel zu wichtig, als daß ich Ihrer vergessen haben könnte. Ich erinnere mich Ihrer auf das Dankbarste und freue mich, auch in Ihrer Erinnerung einen Platz behalten zu dürfen ...« Frantisek Ernst war Professor an der 1. Deutschen Realschule in Prag, wo er bereits seit 1891 unterrichtete; er wohnte damals Blandlstraße 3.
VOM 5. BIS 7. NOVEMBER ist R. in Breslau, Monopol Hotel. Seine Lesung am 5.11. teilt R. mit Alexander Freiherrn von Gleichen-Rußwurm; über den Abend meldet er: »Es stellte sich sogar, da und dort, einige Beziehung her, so daß ich lieber las als in dem stumpfen Prag. Das Karussell fand wieder seine Freunde. Und Iwan der Schreckliche entwickelte sich zu einer Art dramatischer Leistung, die alle bis weithin in Atem hielt«. (An Clara R., 6.11.07)
6. NOVEMBER: R. besucht die Verwandten Frau Nonnas, den General von Wallenberg und seine Frau; am Grabe ihres bei Königgrätz gefalle-

nen ersten Mannes, des Grafen von Bethusy-Huc, legt er Rosen nieder: »Das war, mit allem rings, wie eine neue Strophe zum ›Letzten Abend‹, die vor den andern schon da war.« (An Clara R.) Das genannte Gedicht trägt den Vermerk: »Aus dem Besitze Frau Nonnas«, als es bald darauf in den »Neuen Gedichten« erscheint.

Wanda von Wallenberg erhält den »Rodin« mit dem für sie vollendeten Gedicht »Ausblick von Capri«.

In Breslau schreibt R. seiner Prager Gönnerin Frau Rosa Schobloch: »nicht herzlich genug kann ich Ihnen für Ihre Theilnahme an mir danken. Mein Weg ist lang und weit und ich weiß jede Hülfe zu schätzen, die ihn mir möglich macht.«

VOM 7. BIS 18. NOVEMBER bleibt R. in Wien, wo er auf Einladung der Buchhandlung Hugo Heller aus seinen Werken liest und einen Rodin-Vortrag hält.

7. NOVEMBER: R. trägt sich in Rodaun ins Hofmannsthalsche Gästebuch ein.

8. NOVEMBER: Vor seiner Lesung besucht R. das Hof-Museum, das er noch nicht kennt; seinen Weg durch die Gemäldegalerie beschreibt er noch am späten Abend in einem Brief an Sidie Nádherný.

Gleich nach Beginn seiner Lesung hat R. starkes Nasenbluten: »Während des Unfalls kam Hofmannsthal nach hinten, sprach zu, war reizend. ›Im Notfall les ich‹, sagte er.« (An Clara R., 9.11.07) Als Prosastück liest R. diesmal den Tod des Kammerherrn Christoph Detlev Brigge.

9. NOVEMBER: Herbert Steiner berichtet über die Lesung: »R. se tenait devant nous, grêle, un visage plein d'étrangeté, la bouche renflée, prominente, sans beauté, cachée sous une moustache d'apparence presque tartare, qui la surplombait ...« (1952)

Kassner berichtet später: »Es war trotz des Nasenblutens, wodurch die Vorlesung für eine Weile unterbrochen werden mußte, ein sehr großer Erfolg, wohl der größte, den je ein vorlesender Dichter in Wien gehabt haben dürfte. Sein Zimmer im Hotel Matschakerhof soll am nächsten Tag dem einer Diva geglichen haben. Ich war durch Krankheit verhindert gewesen, der Vorlesung beizuwohnen... Einige Tage nach der Vorlesung kam Rilke zu mir nach Hietzing, wo ich damals wohnte. Was man unsere Freundschaft nennen mag, geht jedenfalls auf diesen Besuch zurück, zeitlich und auch sonst. Ein schmächtiger Mann trat da ein, knabenhaft schmal um die Schultern, ein wenig nach vorn gebeugt, entgegenkommend, schnellen, leichten Schrittes. Der stille, reine Blick seiner Augen vom blauesten Blau nahm mich gefangen und hielt mich fest, bevor mir noch der große, unförmige, welke, wie gebrauchte Mund mit dem in zwei langen Spitzen von den Mundwinkeln herabreichenden Schnurrbart ins Auge fiel. Ein Arzt mit dem Blick des Physiognomikers hätte aus diesen Lippen, deren Färbung, an der Haut, an irgend etwas Unbeschreiblichem daran in der Tönung, die Krankheit ablesen können, scheint mir, an der Rilke sterben sollte. Doch kam aus diesem Munde, durch diese Lippen hindurch, eine reiche, volle, tönende Stimme, die nichts Knabenhaftes, Unreifes an sich hatte. Aus dem ganzen Wesen sprach Unbefangenheit ohne die geringsten Spuren oder Reste von Eitelkeit oder Betroffenheit ...« (1951)

10. NOVEMBER: Seiner Mutter berichtet R.:»Von Verwandten war Irene mit Oswald da ... Oswald ist ein großer junger Mann, elegant und nicht unintelligent. Da seine Interessen besonders auf Kunstgeschichte gehen, so hatten wir ein gemeinsames Thema. Ich habe gestern mit ihnen gefrühstückt.«

In Baden bei Wien besucht R. die Baronin von Heß-Diller und schreibt in ihr Gästebuch die Verse: »Wie dunkeln und rauschen im Instrument ...« Auch in Prag und Breslau hat R. mit Widmungen für Gastfreundschaft gedankt. An diesem Abend erhält er durch Heller einen Brief von Rodin: »lang und liebevoll: Alles ist wieder gut.« Rodins Brief schließt: »Venez, quand vous êtes à Paris me voir. Des choses, des choses. Nous avons besoin de la vérité, de la poésie tous deux et d'amitié.« (An Clara R., 11.11.07)

11. NOVEMBER: R. antwortet Rodin umgehend; was ihm am meisten gefehlt habe während seines Pariser Sommers: daß er nicht habe nach Meudon gehen können, um aus Rodins Werk Kräfte zu schöpfen. Im Zusammenhang mit Rodins Zeichnungen zur ›Geschichte der Psyche‹, die er bei Bernheim gesehen habe, erwähnt R. einige in letzter Zeit entstandene eigene Arbeiten über Marianna Alcoforado, über die Duse, über Madame de Noailles.

R. schreibt seiner Frau im Zuge: »Ich bin auf dem Wege zu Hofmannsthal nach Rodaun, wo ich heute frühstücke.« Bei R.s Besuch in Rodaun ist auf Hofmannsthals Wunsch auch die Wiener Schauspielerin Lia Rosen anwesend, die u. a. »Die Blinde« aus dem »Buch der Bilder« vorträgt.

13. NOVEMBER: R. hält seinen Vortrag über Rodin. Vorher besucht er erneut das Hof-Museum.

16. NOVEMBER: An Rodin, den er seit der Aussöhnung mit »Mon cher et grand Rodin« anstelle des bisherigen »Maître« anredet, berichtet R. über den Vortrag: »Jamais je n'ai fait une expérience plus sympathique que celle de ma dernière conférence du 13 novembre. Un public, bien choisi et pas trop nombreux, m'accompagnait d'une attention parfaite...« In diesen Tagen erscheint: »Auguste Rodin von R. M. R.« (Dritte Auflage. Zwei Teile. Berlin 1907) Unter dem Titel »Meister der Skulptur« wird R.s »Auguste Rodin« außerdem zusammen mit Karl Schefflers »Constantin Meunier« im Brandusschen Verlag in Berlin herausgebracht.

Während seines Aufenthaltes in Wien besucht R. Richard Beer-Hofmann, der ihm freundschaftlich einige seltene Bücher über Venedig leiht.

R. trifft mit der Bildhauerin Agnes Speyer zusammen, einer Schülerin Rodins und Maillols, der Schwägerin Jakob Wassermanns.

NOVEMBER: Der »Insel-Almanach auf das Jahr 1908« bringt R.s Aufsatz: »Die fünf Briefe der Schwester Marianna Alcoforado«, außerdem »Drei Gedichte«: »Das Karrusell«, »Abisag« und »Der Panther«. (Zwar ist die Nonne urkundlich nachweisbar, doch kann heute als erwiesen gelten, daß die fünf Briefe eine freie literarische Schöpfung des Gabriel-Joseph de Lavergne, seigneur de Guilleragues (1628-1685) sind, Ur-Ausgabe 1669.)

SPÄTHERBST: R. beantwortet eine zum zweiten Mal vom Buchhändler Hugo Heller veranstaltete Umfrage nach zehn guten Büchern, die veröffentlicht den Sammeltitel »Die Bücher zum wirklichen Leben« erhält. R. nennt darin als erstes und wichtigstes Jacobsens »Niels Lyhne«, den ihm Wassermann 1897 genannt habe, dann Turgenieff und Dostojewski: »Letzterer ist mir später sehr wichtig geworden, als ich, durch sein Land und seine Sprache zum äußersten auf ihn vorbereitet, die ›Armen Leute‹ las und wiederlas und schließlich einen Teil dieses ahnungslos genialen Buches übersetzte...« R. schließt: »Die Bibel hat erst später auf mich gewirkt und eines Tages, plötzlich: Ibsen.« Ein Manuskript ist nicht erhalten, das Heft erscheint »Wien 1908«.

VOM 19. BIS 30. NOVEMBER besucht R. Venedig, es ist sein dritter Aufenthalt in der Stadt. Diesmal wohnt er bei den Schwestern Mimi und Nana Romanelli, Zattere al Ponte Lungo 1471. Der Pensionspreis beträgt pro Tag 6-7 Frcs.

20. NOVEMBER: Seiner Frau schildert R. den ersten Eindruck: »Vene-

dig ... blaß, aber wie jemand blaß wird in der Erregung. Und das alles nicht von einem Hotel aus: von einem kleinen Hause, mit alten Sachen, zwei Schwestern und einer Magd; vor dem jetzt das Wasser liegt, schwarz und glänzend ...«

»Und die Stille! Die venetianische Stille, die sich mit nichts vergleichen läßt, die tiefer in einen hineinreicht und höher über einen hinaus, und die ich jetzt besonders zu fühlen weiß; denn Wien ist ein einziges langes Sprechen gewesen und Menschensehen ...« (An die Mutter)

Für Herbert Steiner schreibt R. das Gedicht: »Vertrau den Büchern nicht zu sehr ...«, und antwortet so auf dessen Huldigung.

An diesem Tage stirbt Paula Modersohn-Becker in Worpswede nach der Geburt ihrer Tochter.

22. NOVEMBER: R. besichtigt den Privatpalast des Grafen Donna delle Rose, früher im Besitz der Dogenfamilien Barbadigo und Michiels.

Mathilde Vollmoeller gibt R. einen Bericht über seine Reise, darin heißt es: »zehn Tage Wien, mit einer solchen Menge von Begegnungen und Beziehungen, daß ich meine, es müssen Wochen dort vergangen sein. Denn alle die Menschen, um die es sich dort irgendwie handelt, haben mich so gut und spontan aufgenommen. Bei meinen Vorträgen sowohl, wie bei sich ... mir war ein bißchen, als hätte ich für sie alle gearbeitet in den letzten Jahren; so nöthig hatten sie das Vorhandene, das ich brachte.«

Pietro Romanelli, der als Kunsthändler in Paris lebt, dankt R., daß er ihn in das Haus seiner Schwestern Anna und Adelmina empfohlen habe: »Mais comment aurais-je pu m'attendre de trouver ici de tels discours, un intérêt si fin et si développé et même un soutien si profond et si spirituel pour mes idées et mes travaux, que je n'oublierai jamais? Car vous me permettrez de vous exprimer sincèrement l'admiration que j'éprouve pour mesdemoiselles vos sœurs.«

24. NOVEMBER: R. schreibt an Sidie Nádherný über die ›Stille‹ in Venedig, das doch so Großes erreicht habe: »daß zur Verwirklichung von alledem nicht einmal die Stelle vorhanden war, daß der Kontinent für diesen Staat erst gezimmert werden mußte: dann erschrickt man vor der Fülle von Aktion.«

25. NOVEMBER: R. besucht die Akademie.

26. NOVEMBER: An Hugo Heller heißt es: »Über alles das Viele fort, das jeder Tag bringt, denke ich gerne und dankbar an Wien, das für mich eine ganz neue, sehr herzliche Realität angenommen hat.«

»Minuit« schreibt R. seinen ersten Brief an die schöne Adelmina (Mimi) Romanelli. Ihm folgen bis zum März 1912 dreißig weitere »Lettres à une amie vénitienne«.

27. NOVEMBER: R. schickt Richard Beer-Hofmann »Das Buch der Bilder« mit dem Widmungsgedicht »Wir müssen immer wie die schwangern Frauen / vorsichtig um die Ecken gehn und leiden / daß Bilder plötzlich uns ins Werden sinken ...« Dazu schreibt er: »Mir liegt sehr daran, die Lücke in dem einen Bücherschrank auszufüllen, die der Forestier Illuminato zurückgelassen hat ...« R. hat außer diesem sehr kostbaren Band noch andere Bücher Beer-Hofmanns über Venedig mitnehmen dürfen. »Gern schriebe ich Ihnen ein wenig von diesem Venedig, das sich sehr kalt anfühlt... Es hält einen in Bewegung... Man lernt alle die merkwürdigen Gassen kennen und die Campi, die einem wie große Zimmer scheinen, wenn man sie plötzlich vor sich hat ...«

30. NOVEMBER: Abreise aus Venedig: »dans la gondole froide et trop matinale qui tournait et tournait toujours, passant par des quartiers vaguement ébauchés qui me semblaient appartenir à une autre Venise située dans les limbes. Et la voix du barcaiolo qui demandait le passage au coin d'un canal restait sans réponse comme en face de la mort.« (An Mimi Romanelli, am 8.12.07)

Aus Verona schickt R. ein Glückwunschtelegramm zum Geburtstag von Sidie Nádherný und ihrem Zwillingsbruder Carl.

R. berichtet Verhaeren von seiner Vortragsreise und bittet um ein kleines Manuskript für die Sammlung Hugo von Hofmannsthals.

2. DEZEMBER: »Aux environs de Cologne« erreicht Mimi Romanelli ein Reisegruß.

VON ANFANG DEZEMBER 1907 BIS ZUM 18. FEBRUAR 1908 ist R. in Oberneuland.

7. DEZEMBER: »Chère; infiniment Chère à qui je voudrais dire tout. Mais comment? Comment vous exprimer ce que je ressens, que je souffre et dont je me console depuis que je suis ici dans ce pays lourd; en face de cette plaine noire et verte, qui tristement s'en va dans des brumes. Comment vous dire toute cette autre vie qui n'est pas la mienne et où péniblement je me retrouve et timidement puisque ce n'est point mon travail qui me tient ici«, heißt es an Mimi Romanelli.

R. erzählt Sidie Nádherný: »Und in Venedig kam diesmal soviel merkwürdige Fügung hinzu, so unerwartete Wege führten in das Innerste seiner verwunschenen Welt und gingen darin in eigenem Glück, in unbeschreiblichem Staunen und in so seltsam wirklichem Erleiden aus, daß die wenigen raschen Tage zu der Einheit einer Existenz sich zusammenschlossen, zu etwas unsäglich Ganzem, das hätte sein und dauern mögen, das aber (als ein Menschliches) von Geburt und Tod eingegrenzt und abgeschnitten war ...«

8. DEZEMBER: Am Schluß eines Briefes an Mimi Romanelli in Venedig bekennt R.: »Et tout en étant dans ma tristesse, je suis heureux de sentir que vous êtes, Belle; je suis heureux de m'être donné sans peur à votre beauté comme un oiseau se donne à l'espace; heureux, Chère, d'avoir marché en vrai croyant sur les eaux de notre incertitude jusqu'à cette Ile qu'est votre cœur où fleurissent des douleurs.«

9. DEZEMBER: R. schreibt an Mathilde Vollmoeller: »Hier habe ich nun meine vielen Briefe über Cézanne wieder vorgefunden; sie scheinen mir gut und es sieht fast aus, als wäre es schade, daß darauf die ganze Reise kam mit allem ganz Anderen. Und ähnlich ist mein Venedig (das ein ganzes Leben war) durch das Hierherreisen abgeschnitten worden. Und dieser Aufenthalt wird ebenso unvermittelt abschließen, wenn ich eines Tages nach Capri soll ... Das Hiersein ist ja gut und wichtig«, fährt R. fort: »welch ungeheure Arbeit liegt auch wieder in allen diesen menschlichen Dingen; welche Arbeit; und nicht die meine. Eine, in der ich noch tausendmal mehr Anfänger bin, Stümper ohne Aussicht, Fortschritte zu machen, da ich nur eine, die einen verpflichtende, wirklich begreifen und leisten lerne, schwer und langsam genug. Und nun ist mirs von Jahr zu Jahr mehr, fast unheimlich, mich anderswo als in meiner Arbeit zu finden ...«

11. DEZEMBER: R. stimmt Kippenberg gegenüber der Vermehrung der Auflage für die »Neuen Gedichte« auf 2000 Exemplare zu: »Ich freue mich, es heute oder morgen ausgegeben zu wissen und erwarte es (sowie die Honorar-Sendung, die Sie mir ankündigen) für die nächsten Tage; ich werde dann eine Anzahl von Büchern (zumal an die in Wien und sonst auf der Reise gewonnenen und erkannten Freunde) selbst versenden.« R. plant Vorträge in Oldenburg und Hannover.

13. DEZEMBER: Kippenberg meldet aus der Jahresabrechnung für R. einen Saldo von 547,80 Mark zu dessen Gunsten aus dem Verkauf der »Geschichten vom lieben Gott«, dem »Stunden-Buch« und den »Neuen Gedichten«.

18. DEZEMBER: R. besucht Lutz Wolde auf Schloß Mühlental, St. Magnus bei Bremen. Von hier schreibt er an Sidie Nádherný: »Jacobsen

muß zu den unausgesprochenen Voraussetzungen unseres Verstehens gehört haben...«

DEZEMBER: Der Band: »Neue Gedichte von R. M. R.«, Leipzig: Insel-Verlag 1907, erscheint; er trägt die Widmung »Karl und Elisabeth von der Heydt in Freundschaft«.

21. DEZEMBER: Brief an Frau Faehndrich.

Harry Graf Kessler notiert im Tagebuch nach einem gemeinsamen Abend bei Heymels im Hause Rhiensberg, Bremen-Horn: »Abends kamen Rilkes zu Tisch. Sie hat etwas Großes und Einfaches, Willensstarkes, fast Männliches; er erscheint wie der femininere von Beiden. Wenn er beim Sprechen zusammengekauert mit übergeschlagenen Beinen und Armen auf seinem Stuhle sitzt, hat man von seinem dünnen Körper und seiner leisen, immer fast bittend klingenden Stimme einen Eindruck wie von einem unschönen jungen Mädchen. Er sprach von Prag, Rußland, Paris, immer in ganz langen, leisen, etwas preziösen Sätzen. Er gehe nur ungern nach Prag ... Im Hause seiner Eltern sei das Gesinde zwar auch tschechisch gewesen; aber man habe diese Thatsache so weit wie möglich ignoriert, den Kindern nur erlaubt, die paar notwendigsten Worte zur Verständigung zu sprechen. Und doch habe er schon damals eine halb unbewußte aber tiefe Sympathie für das Slawische gehabt.« Kessler berichtet, wie R. von Rußland gesprochen habe: »Es war da eine solche Berührung zwischen Urweltlichem und ganz Modernem, zwischen Mystischem und dem Leben einer großen Geschäftsstadt, daß ich aufs Tiefste ergriffen war.« Weitere Gesprächsthemen an diesem Abend sind Paris und Italien.

23. DEZEMBER: R. widmet »Frau Lina Voigt in verehrungsvoller Freundschaft« die »Neuen Gedichte« mit den Versen: »Was will ein kleines Gedicht? / Es will uns zur Welt ergänzen ...«

24. DEZEMBER: R. verbringt Weihnachten in Oberneuland.

WEIHNACHTEN: R. schenkt Lily Schalk seine »Neuen Gedichte« mit der Einschrift des Sonetts »Die Berufung«: »in dankbarer Erinnerung«.

25. DEZEMBER: R.s Gedicht »Skizze zu einem Sankt Georg« erscheint in der »Weihnachtszeit«, Beilage der »Zeit«, Wien, Nr. 1888. Das Gedicht stammt aus dem August 1907, es wird in keine Sammlung aufgenommen.

Mit Einschriften in Vers und Prosa sendet R. die »Neuen Gedichte« an Richard Beer-Hofmann, Alfred Walter Heymel, August und Hedda Sauer, Manon zu Solms-Laubach, an die Schauspielerin Lia Rosen, der er in Wien bereits das »Stunden-Buch« mit einem Widmungsgedicht übergeben hat, und an Lou A.-S. mit der Eintragung »zu neuem Jahr« auf russisch. Briefe an Lou A.-S. aus dem Jahre 1907 sind nicht bekannt.

29. DEZEMBER: S. Fischer macht R. Vorschläge für seine Mitarbeit an der »Neuen Rundschau« und dankt für die »Neuen Gedichte«. R. antwortet: »die Fertigstellung des Prosabuches (aus dem ich der Rundschau einen Abschnitt überlassen habe), zusammen mit der Vorbereitung eines zweiten Bandes ›Neuer Gedichte‹ (in welchem jetzt meine Entwicklung am entschiedensten sich zu vollziehen scheint) wird meine, nicht zu reichliche Kraft fürs nächste ganz beschäftigt halten.« Gleich nach dem Neujahrstage werde er über Berlin weiterreisen. Den Vorschlag von Professor Oskar Bie, R. solle für die »Neue Rundschau« über die flandrischen Städte arbeiten, möchte er ›in Ruhe bei sich selber bedenken‹.

30. DEZEMBER: R. schenkt Sidie Nádherný seinen »Rodin« in der Neuausgabe und bietet ihr die »Gedichte« Jacobsens an (deutsch von Edda Federn, Berlin 1907).

An Rodin übersendet R.: »Le livre sur votre Œuvre, augmenté d'une seconde partie... que vous connaissez déjà« und die »Neuen Gedichte«: »mon nouveau recueil de vers où il y a quelques pieces travaillées d'après nature humblement.« Die Ausstellung der Rodin-Zeichnungen bei Heller habe er versäumen müssen.

Auch Verhaeren erhält die »Neuen Gedichte«, zugleich bittet R. für Hofmannsthal um einige Zeilen von seiner Hand. R. berichtet über den Rodin-Vortrag und äußert den Wunsch, eines Tages auch über Verhaeren zu sprechen.

Während des Jahres 1907 ist R. Mitarbeiter folgender Zeitschriften: »Deutsche Arbeit« Prag, »Wiener Abendpost« Wien, »Berliner Tageblatt« Berlin, »Morgen« Wien, »Kunst und Künstler« Berlin, »Die Zeit« Wien und »Insel-Almanach auf das Jahr 1908« Leipzig.

Neuauflagen: »Auguste Rodin«, 3. erweiterte Auflage, Berlin; »Das Stunden-Buch«, 2. Auflage, Leipzig.

1908

ANFANG 1908: Mit der Strophe »Wehmut will uns zwingen ...« als Einschrift schenkt R. Sidie Nádherný Jacobsens Gedichte.
JANUAR: »Die Neue Rundschau« bringt als Erstdruck das Gedicht »Bildnis« aus dem August 1907.
4. JANUAR: R. dankt Verhaeren für die Erfüllung von Hofmannsthals Bitte, »La page manuscrite«. R. sehnt sich fort aus Oberneuland: »car loin de Paris je suis comme exilé de ma chère solitude.«
Das kleine Verhaeren-Manuskript geht sogleich an Hofmannsthal weiter. R. hat diesem die »Neuen Gedichte« mit der Einschrift »H. v. Hofmannsthal und Frau von Hofmannsthal in Erinnerung an Rodaun auf das Herzlichste: R. Weihnachten 1907« übersandt. Nun schreibt R.: »als für eine unendlich hilfreiche Bestärkung danke ich Ihnen für Ihre Freude an den ›Neuen Gedichten‹«, die Hofmannsthal ihm durch seine Widmungszeilen in den eigenen, R. übersandten Prosaband bezeugt habe.
An Ellen Key berichtet R., daß er die letzten Tage nicht wohl gewesen sei. Sie hat ihm die Neuauflage ihres Buches über »Rahel Varnhagen«, er ihr die »Neuen Gedichte« geschenkt.
15. JANUAR: R. ist an einer schleichenden Influenza erkrankt.
An Sidie Nádherný heißt es: »wenn ich selber las, las ich Dostojewski, eines seiner großen beruhigenden Bücher, in denen mir, wie nirgend sonst, das Rußland begegnet, das meine Reisen mir gegeben haben ...«
18. JANUAR: Hofmannsthal dankt R. für dessen Übersendung der »Neuen Gedichte«: »Die paar Worte, eingeschrieben in das Buch, sagten um so viel zu wenig, mein lieber Rilke. Ich kann Ihr Buch – und was es mir ist – auch heute noch längst nicht ausmessen – es ist noch längst nicht Besitz – sondern immer nur Überraschung. Das Buch und zugleich damit der Eindruck Ihrer Person, dies erscheint mir als der größte Gewinn des letzten Jahres. Sie verzeihen, wenn ich einiges Trockene anfüge. Ein Wunsch den Fischer und Bie Ihnen vortragen werden, ist mir kein Geheimnis. Vielmehr ist er nichts als mein eigener, intensiver, egoistischer Wunsch (den jene teilen.) Refüsieren Sie, so bedarf es natürlich nicht einmal eines Wortes der Erklärung. Fast eher wäre ja ein Gedicht zu forcieren, als eine Leistung jener Art, wie man Ihnen

zumuten will. (Ich selbst sehe, daß mir das neue Buch den innerlich construierten Aufsatz über Sie zunächst wieder umwirft.)« Weder ist die hier von Hofmannsthal gewünschte Arbeit R.s über ihn, noch sein Aufsatz über R. geschrieben worden.

19. JANUAR: R. sendet aus Oberneuland einen Dankbrief an den Wiener Burgschauspieler Josef Kainz für dessen Absicht einer Lesung aus R.s Gedichten.

FEBRUAR: Beer-Hofmann erhält die 3. Auflage des »Auguste Rodin« – »mit vielen herzlichen Grüßen«.

6. FEBRUAR: Kippenberg bietet R. für die Übertragung der Sonette Elizabeth Barrett-Brownings Mk 300,– pro Auflage von 1100 Exemplaren, ferner 20 Freistücke, davon 10 gebunden. Am 14. 2. 08 überweist der Verlag einen Saldo von Mk 211,95.

13. FEBRUAR: R. muß wegen großer Erschöpfung nach der Krankheit von seinem Besuch in Leipzig absehen, – bei schon gepackten Koffern; an Kippenberg heißt es weiter, R. werde die Korrekturbogen der Barrett-Browning-Sonette zurückgehen lassen: »Der Titel müßte wohl lauten: Elizabeth Barrett-Brownings Sonette einer Portugiesin, ins Deutsche übertragen von R. M. R. ... das Wort ›Nachdichtung‹ hat einen so anspruchsvollen Nebenklang; geht es nicht an, es zu vermeiden?«

VOM 19. BIS 23. FEBRUAR ist R. in Berlin, wo er mit S. Fischer zusammentrifft. Dieser bietet R. im Gespräch finanziellen Beistand an.

22. FEBRUAR: Kippenberg schreibt an R., den er noch in Oberneuland vermutet, »wegen des Titels der Sonette. Sie haben ihn festgesetzt auf ›Sonette einer Portugiesin‹, würde es nicht richtiger sein, wörtlich zu übersetzen ›Sonette nach dem Portugiesischen‹? Dumme Leute, an denen es ja nie fehlt, würden sonst vielleicht auf die Vermutung kommen, daß Sie from und by verwechselt hätten ...«

24. FEBRUAR: R. ist auf der Durchreise in München.

25. FEBRUAR: R. meldet seiner Mutter seine Ankunft in Rom, wo er sie wiedersieht.

Brief an Frau Faehndrich aus Rom.

27. BIS 29. FEBRUAR: R. steigt in Neapel im Hotel Haßler ab. Von hier schreibt er an Frau Hedwig Fischer, er sei »diesmal recht eigentlich aus Ihrem Haus in die Welt hinausgefahren ... nun ist Neapel da, und ich seh von meinem Fenster aus unbeschreibliche Herrlichkeit; freilich auch den engen Capri-Kontur, in den ich hinein soll.«

27. FEBRUAR: Im Großen Musikvereins-Saal in Wien liest Josef Kainz

aus R.s »Neuen Gedichten«: »Das Karussell«, »Der Tod des Dichters«, »Der Panther«, »Der König«, »Auferstehung«, »Der Fahnenträger«, »Orpheus, Eurydike, Hermes« und aus dem »Buch der Bilder«: »Der Schauende«. Die Fürstin Taxis ist eine ergriffene Zuhörerin.
VOM 29. FEBRUAR BIS 18. APRIL genießt R. wieder die Gastfreundschaft Frau Faehndrichs. Außer ihr und Frau Nonna sind diesmal Graf Eberhard von Schwerin, Marietta Freiin von Nordeck zur Rabenau und Elisabeth Schenk zu Schweinsberg nacheinander mit R. gemeinsam in der Villa Discopoli. »Alle erzählen davon, daß es einen unvergleichlichen Winter gegeben habe: warm und still, ganz anders als im vorigen Jahr ...« (An Manon zu Solms, 12. 3. 08)
29. FEBRUAR: Von Capri erbittet R. sogleich bei S. Fischer die Essays von Kassner; dazu Oscar Wilde »De profundis«, über das er schreiben möchte. Er fährt fort: »Ich hoffe, ich komme hier zu den Vorarbeiten für ›Hofmannsthal‹ und zu meiner begonnenen Cézanne-Arbeit, nur müßte erst der Kopf frei sein und das Herz eine Kleinigkeit freier.« R. fürchtet, er könne »eilig, mit fast unpersönlichem Dank, über die wichtige und starke Bereitwilligkeit« fortgegangen sein, die ihm Fischer »in so selten lieber Art« entdeckt habe.
5. MÄRZ: An Mathilde Vollmoeller: »Ein gewisser Plan bereitet sich in mir vor, Ende April von hier, möglicherweise zu Schiff, nach Marseille zu fahren und von da nach Aix zu den Cézanne's ...« Er verspricht, Kesslers »Gauguin« mitzubringen. Für eine Gauguin-Ausstellung in Wien im Februar/März 1907, zu der er selbst zwei Bilder beisteuerte, hatte Kessler den Vortrag vorbereitet: »Neue Tendenzen in der Kunst: Paul Gauguin und sein Kreis«.
6. MÄRZ: An Eva Solmitz, später die Frau Kurt Cassirers, schreibt R. mit der Bitte um Hilfe für Ruth: ob sie ein junges Mädchen aus dem Fröbelhaus empfehlen könne.
8. MÄRZ: R. sendet Rodin einen Wiener Zeitungs-Ausschnitt, der sich mit seiner Dichtung befaßt: »parceque, pour la première fois, un critique éclairé y reconnût avec une simple justesse l'influence que votre Œuvre et votre exemple exerçait sur tout ce que j'avais fait pour réaliser lentement un Art sans phrase et sans mensonge.«
10. MÄRZ: Max Brod gegenüber führt R. aus: »in einer Zeit, wo ein so großer Theil der Welt sich ins Innere zurückgezogen hat, wo fast alle früher sichtbaren, aufgezeigten Begebenheiten an einer Stelle des Herzens vor sich gehen, die sich nicht als Bühne einrichten läßt, entsteht

der Lyrik ... die Aufgabe, zu einer breiten gegenständlichen Kunst auszuwachsen, die nicht länger von Gefühlen handelt – sondern mit den unendlich vermehrten Mitteln des Gefühls eine Bewältigung der Welt versucht.«

11. MÄRZ: R. legt Anton Kippenberg in einem ausführlichen Brief seine wirtschaftliche Lage dar und betont, wie wichtig für ihn ein langer Arbeitsaufenthalt in Paris jetzt sei: bisher seien ihm Stipendien kurzfristig zu Hilfe gekommen, nun meine er, der Verlag, der inzwischen vier Bücher von ihm habe, müsse eine Möglichkeit sehen, ihn für eine längere Arbeitszeit finanziell zu sichern. »Ich bin mir bewußt, daß ein lyrisches Werk, geschäftlich gesprochen, als eine schwankende Sicherstellung anzusehen ist, auf die hin jede vorausgreifende Vereinbarung etwas Waghalsiges haben mag.« R. fährt fort: »wenn ich mir jetzt mit aller Sorgfalt eine intensive Arbeitszeit zu sichern wünsche, so denke ich nicht nur an den Abschluß des nächsten Gedichtbuches, sondern, mit ebenso großer Hingabe, an den Ausbau meiner Prosa und darüber hinaus an eine gewisse dramatische Notwendigkeit, die vielleicht eines Tages aus der bis zum äußersten angewachsenen künstlerischen Spannkraft entspringt.« R. orientiert Kippenberg über seine früher eingegangenen Verlagsbeziehungen, besonders die zu Bonz mit dem Prosa-Vorbehalt; er legt die beiden letzten Verträge mit Juncker bei, für den Fall, daß eine von A. W. Heymel vorgeschlagene Auswahl aus seinen Gedichten zustande kommen sollte. R. nennt Kippenberg den Titel seines Prosabuchs: »Die Aufzeichnungen des Malte Laurids Brigge«. »Zwischendurch soll, im kommenden Sommer noch, eine Arbeit über Cézanne abgeschlossen werden, deren Wiederaufnahme auch von meiner Rückkehr nach Paris abhängig ist.« Schließlich bietet R. dem Verlag das szenische Gedicht »Die weiße Fürstin« an.

12. MÄRZ: Aus Capri dankt R. Tora Holmström für die Übersendung der Gedichte von Anders Österling, die sie illustriert hat: »Årets visor« (Die Lieder des Jahres), Herbst 1907: »Soviel versteh und errathe ich selbst im Schwedischen, (das ich leider immer noch nicht kann!) daß Anders Österling die Jahreszeiten Ihres Landes sehr stark und eigenthümlich heraufgerufen hat. (Im Abschnitt ›Sommer‹ verstand ich einige Gedichte fast ganz) ...«

14. MÄRZ: An Madeleine de Broglie sendet R. die Neuauflage des »Auguste Rodin« und bittet um ihre Nachsicht für sein langes Schweigen: »Mais aurez-vous assez de patience pour me garder une amitié, toute

indulgente de votre part, j'ai donné tout ce que j'avais et il ne faut rien attendre de moi si ce n'est mon travail (que je ferai si Dieu m'en aide.)«

Am selben Tag schreibt S. Fischer an R.: »Und damit bin ich auch dabei angelangt, was ich herzlich und heimlich schon lange im Busen trage: Ihnen nützlich sein zu können, Ihnen und Ihrer Kunst, die mir erst nach und nach aufgegangen ist. Um zu einem concreten Vorschlag zu kommen: ich stelle Ihnen für 1908 einen Betrag von 3000,– Mark zur Verfügung, den Sie in beliebigen Raten erheben können. Es soll mich freuen, wenn ich Ihnen damit eine kleine Erleichterung verschaffe.«

17. MÄRZ: R. übersendet der Comtesse de Noailles die »Neuen Gedichte« und seinen »Auguste Rodin« – so spät, weil er ihr habe die Studie »Bücher einer Liebenden« beifügen wollen, deren Druck in der Wiener Staatsdruckerei sich bis zum Herbst verzögere. (Der Druck kam nicht zustande.) Es sei Rodin gewesen, der ihn zu ihrem Werke hingeführt habe.

19. MÄRZ: R. dankt Fischer für dessen großherzigen Vorschlag, er »öffnet mir weit die glücklichste Möglichkeit, die eben noch unmöglich war: ich würde nach Paris gehen, mich einschließen, arbeiten dürfen blindlings, wie kaum je zuvor«. R. weist jedoch gewissenhaft darauf hin, daß er keinerlei Vermögen habe und an den Insel-Verlag gebunden sei, an den er sich am 11. 3. mit der Forderung gewendet habe, die Beziehung »sachlicher zu präzisieren«. Dennoch hoffe er, im Laufe der nächsten Jahre dem S. Fischer-Verlag »ein maßgebendes dichterisches Äquivalent zur Verfügung zu stellen«. Weiter heißt es: »Die erbetenen Bücher sind eingetroffen; ich bin dabei, Kassners ›Kierkegaard‹ wieder zu lesen, aufs Neue erstaunt und fast bestürzt über die Geistesgegenwart seines Denkens.«

20. MÄRZ: R. gratuliert Rodin mit einem Telegramm zur Gründung des ›Comité international pour la tour‹. »Der Turm der Arbeit« wird nicht vollendet.

21. MÄRZ: Nach Rom, wo er sie zu treffen hofft, geht der erste von 21 Briefen R.s an die Malerin Ottilie Reylaender, der er bereits im September 1900 in Worpswede als Freundin von Paula Becker und Clara Westhoff begegnet war.

24. MÄRZ: Mit einem sechzehn Seiten langen Brief erfüllt R. die Bitte Gisela von der Heydts, ihr für ihre Hochzeitsreise einige Winke für Venedig zu geben. Die Verspätung »erklärt sich daraus, daß ich eigentlich

die heimliche Absicht hatte, Ihnen den Baedeker für Venedig überhaupt entbehrlich zu machen ... Denn wenn der Baedeker da und dort unzulänglich ist, in Venedig ist er völlig unbrauchbar; man kann diese Stadt nicht nach seiner Auswahl sehen ... so empfindlich ist es in seiner unbeschreiblichen Existenz.«

28. MÄRZ: R. nimmt die Vorschläge Kippenbergs an, die er mit wachsender Sorge erwartet hat.

29. MÄRZ: An S. Fischer meldet R., er habe den vernünftigen Angeboten des Insel-Verlages zustimmen müssen, die sich auch auf ältere Sachen erstrecken und durch die er aus einem alten Vertrag gelöst werde, der seine Prosa beträfe. »Sie werden begreifen, daß damit alle meine nächsten Sachen vergeben sind, auch die Aufzeichnungen des Malte Laurids ... Bedenken Sie nun, lieber Freund, ob sich nicht Ihre mir angebotene Hilfe soweit einschränken ließe, daß ich einigermaßen sicher sein könnte, Ihnen im Lauf der nächsten Jahre, mit Rundschau-Beiträgen zunächst, ein wirklich entsprechendes Äquivalent zu bieten.«

Das Angebot des Insel-Verlages lautet auf vierteljährliche Zahlung einer Summe à conto laufender und künftiger Honorare, die jährlich neu zu bestimmen sei.

APRIL: »Die Neue Rundschau« (Jg. 2, Heft 4) bringt als Erstdruck zwei Gedichte R.s: »Der Ball« und »Der Hund«, beide am 31. 7. 07 in Paris entstanden, später aufgenommen in »Neue Gedichte II«.

3. APRIL: S. Fischer hält sein freundschaftliches Angebot unvermindert aufrecht.

5. APRIL: R. erläutert Mathilde Vollmoeller seine Reisepläne: »Am 15. oder 16. April reise ich von hier ab und rechne zunächst mit zwei Aufenthalten: drei Tage für Neapel, zwei für Rom. Der dritte wäre Florenz, wenn Sie nämlich dann am 21. etwa oder 22. ... schon dort eingetroffen sein sollten.« R. erbittet ›eine kurze Gebrauchsanweisung‹ für ihr Pariser Atelier, das er bis zum 1. 9. 08 dankbar übernehme. »Was Aix betrifft, so hab ich keinerlei Beweise dafür, daß dort viel zu finden ist«, es komme auf einen Versuch an.

7. APRIL: R. dankt Rodin für die Einladung, bei der Rückkehr nach Paris für einige Tage in Meudon das kleine Haus zu bewohnen. R. legt einen Artikel Hofmannsthals über Balzac bei: »J'ai marqué de rouge le passage qui touche à la réalisation définitive que vous avez donnée dans votre énorme statue à ce héros élémentaire et presque préhistorique.«

R. schreibt an Kessler dankend über das ihm übersandte ›Gauguin-Buch‹. Es habe sich da ein Leben nach zwei Seiten hin entwickelt: »in eine Kunst und in ein Schicksal: etwas, was mir in Rimbaud schon versucht scheint«.

14. APRIL: Aus Paris erwidert Kessler: »Vor meiner Abreise aus Berlin habe ich im Hyperion zwei ganz wunderbare Gedichte von Ihnen gelesen: an eine Tote und die Frau im Spiegel« (»Der Tod der Geliebten« und »Dame vor dem Spiegel«). Und weiter: »Ihr Gedichtbuch, das Sie die Güte hatten, mir zu schicken, war mir auch eine Quelle des reichsten Genusses. Ich habe viel mit Hofmannsthal darüber gesprochen, der meine Bewunderung teilte.« (N. G. I)

Die ›Zweimonatsschrift‹ »Hyperion«, herausgegeben von Franz Blei und Carl Sternheim, München, bringt in ihrem 1. Heft (1908) außer den von Kessler erwähnten noch zwei weitere Gedichte R.s als Erstdrucke: »Toten-Tanz« und »Das Jüngste Gericht«; alle aus dem Vorjahr und dem Vorrat für »Neue Gedichte II«.

BIS ZUM 17. APRIL, an dem das Gedicht »Nächtlicher Gang« entsteht, setzt allmählich nach der Unterbrechung des Winters 1907/08 die Arbeit für den neuen Gedichtband wieder ein.

17. APRIL: »Morgen« (2. Jg., Nr. 16) bringt als Erstdruck »Samuels Erscheinung« aus dem Vorrat für die »Neuen Gedichte II«.

18. APRIL: R. verläßt Capri, aus Neapel schreibt er einen Dankbrief an Frau Faehndrich.

VOM 18. BIS 20. APRIL: Neapel.

VOM 20. BIS 24. APRIL: Rom.

21. ODER 22. APRIL: R. trifft in Rom mit Ottilie Reylaender zusammen.

VOM 25. BIS 30. APRIL: R. ist als Gast von Vollmoellers in der Villa Pozzino-Gilli in Florenz, wo er mit Mathilde Vollmoeller zusammentrifft und Felix Salten begegnet. Über diesen sagt R.: »Ich hab seinen Umgang gern, in dem die österreichischen Eigenschaften beisammen sind, gut gehalten und hell, wie in einem weichen Etui ...« (Am 6. 9. 08 an Hedwig Fischer)

Paris: »Der Neuen Gedichte anderer Teil«

VOM 1. MAI BIS 31. AUGUST wohnt R. in Paris in dem von Mathilde Vollmoeller übernommenen Atelier, 17, rue Campagne-Première. »Durch eine sympathische Fügung konnte ich für einige Zeit eine fertige Wohnung übernehmen, die ich brauchen kann so wie sie ist. Ein Atelier und ein kleines Schlafzimmer...« (An Kippenberg, 13. 5. 08)

7. MAI: Beileidsbrief an die Gattin des verstorbenen Prinzen Emil von Schönaich-Carolath nach Haseldorf, Prinzessin Cathia.

12. MAI: Wegen seiner verspäteten Ankunft in Paris ist R. nicht in Meudon abgestiegen. Er entschuldigt sich bei Rodin: »je dois m'enfermer ici avec mon travail: tout seul.« Dazu kommt, daß Clara R. inzwischen in Paris eingetroffen ist, der er bei der ersten Einrichtung hilft. R. dankt Hedwig Fischer für die von ihm erbetenen Artikel von Lou A.-S. über das Reinhardt-Theater: »Zu den Aufsätzen Lou Salomés fehlte mir etwas, ein Schlüssel, oder vielleicht eine gesprächsmäßige Voraussetzung... Zu anders denke ich über die Bühne, und ihr Verhältnis zu unserer Zeit. Ich will sagen, daß dieses Verhältnis mir völlig zu fehlen scheint.«

13. MAI: R. bestätigt Kippenberg erfreut »das kleine Buch Sonette«, das ganz seiner Erwartung entspricht, und dankt für »die schöne Sammlung Goethescher Sprüche, die ich gerne zu meinen nächsten Büchern ordne«. (Goethes »Sprüche in Reimen« und »... in Prosa«, Insel-Verlag 1908)

MAI: »Elizabeth Barrett-Brownings Sonette nach dem Portugiesischen. Übertragen von R. M. R.« Im Insel-Verlag 1908. Zunächst lautet die Widmung: »Alice Faehndrich / geb. Freiin von Nordeck zur Rabenau / in Erinnerung an gemeinsame Arbeit«, die später ausgelieferten Exemplare erhalten nach dem plötzlichen Tode Alice Faehndrichs am 23. Juni 1908 die geänderte Widmung: »Dem Angedenken an Alice Faehndrich / geb. Freiin von Nordeck zur Rabenau«.

15. MAI: R. sendet die »Sonette« an Manon zu Solms: »nun kann ich zugleich mit diesem Brief die guten und reifen Früchte jenes andern Capreser Winters in Ihre Hände legen: das neue Buch Elizabeth Browningscher Sonette an dessen täglichem Entstehen Sie damals so freundlichen und aufmerksamen Antheil genommen haben.«

An Rodin: R. ist beglückt über die liebenswürdige Aufnahme Clara R.s und die Erlaubnis für sie, in Rodins Atelier in der rue de l'Université zu arbeiten.

18. MAI: R. schenkt Sidie Nádherný die »Sonette«.

29. MAI: Mathilde Vollmoeller versichert R., wie wohl er sich in ihrem Atelier fühlt. Zur Arbeit ist er noch nicht gekommen, Clara R. zieht nochmals um: »Allerdings ist jetzt etwas Herrliches gefunden: ein Saal mit drei ungeheueren Fensterthüren, die auf Gärten gehen: in dem verlassenen früheren Sacré-Cœur-Kloster, Ecke rue Varenne und Boulevard des Invalides, wo noch ähnliche Herrlichkeiten (runde Ecksäle mit den alten plastisch verzierten Wänden und Thüren, weite Räume mit tiefen Wandschränken u.s.f.) zu miethen sind.« Die Adresse verdanken R.s Edith von Bonin.

IN DIESEM SOMMER entsteht die zweite Hälfte der Gedichte, die R. für den zweiten Teil der »Neuen Gedichte« bestimmt. In einer ersten Arbeitsphase im ›Frühsommer‹ schreibt R. den kleinen Gedichtkreis »Venezianischer Morgen«, »Spätherbst in Venedig« und »San Marco«, den er später zwischen »Bildnis« und »Ein Doge« stellt. In die gleiche Zeit gehören unter vielen andern: »Archaïscher Torso Apollos« und »Kretische Artemis«, »Der aussätzige König«, »Legende von den drei Lebendigen und den drei Toten« und »Der König von Münster«, »Die Greisin«, »Das Bett« und »Der Fremde«.

2. JUNI: R. ruft die Hälfte des Fischerschen Stipendiums ab, davon 1200,- Mark für sich und 300,- für Clara R.

5. JUNI: Die Zeitschrift »Morgen« bringt in Nr. 23/24 vier weitere Gedichte R.s aus dem Vorjahr als Erstdrucke: »Eine Sibylle«, »Der Blinde (Paris)«, »Ein Prophet« und »Eine von den Alten (Paris)«.

13. JUNI: R. sendet »Tora Holmström durch ihren Bruder Torsten mit vielen Grüssen aus Paris / 13. Juny 1908, R M. R.« Elizabeth Barrett-Brownings »Sonette nach dem Portugiesischen« in seiner Übersetzung.

23. JUNI: Auf Capri stirbt Frau Faehndrich an Typhus.

AM 5. JULI schreibt R. an Manon zu Solms über den Tod Frau Faehndrichs: »Wir wissen ja übrigens, wie sehr sie sich erzogen hatte, nach dem Äußersten ruhig und vertrauend hinzusehen; sie vermeinte nur noch für Andere zu leben, aber sie arbeitete doch, unter alledem, rastloser als irgendeiner an einer lebendigen innersten Entwicklung. Ich habe damit eine Freundschaft verloren, die mir immer wieder beizustehen und wohlzuthun versuchte, und deren jäher Verlust mich umso mehr berührt, als ich in ihr nicht nur ein unverdientes Geschenk der großmüthigen Geberin, sondern auch etwas wie ein Vermächtnis ihrer edlen vorangegangenen Schwester zu erkennen glaube, das sie rührend vollzog. Die Todeserfahrungen meiner letztvergangenen Jahre sind so zahlreich, daß sie mich verwirren müßten, wenn ich nicht erlernte, daß sie, in unser Leben fallend, ihm nicht entgegen sind, vielleicht zu Lebenserfahrungen werden, zu den gewaltigsten, die ich kenne, zu ungeheueren Ansprüchen, die man an uns stellt, zu einer immensen Erziehung, deren Zwecke noch gar nicht abzusehen sind ...«

BIS ZUM 15. JULI entstehen weitere sieben Gedichte, darunter »Adam« und »Eva«, »Der Käferstein« und »Buddha in der Glorie«, später das Schluß-Gedicht der neuen Sammlung. Das Gedicht »Leichen-Wäsche« geht wie das Anfang Juli 1906 entstandene »Morgue« auf R.s damaligen Besuch des »Institut medico-légal« in Paris zurück.

16. JULI: R. übersendet Frau Rosa Schobloch seine Übertragung der »Sonette aus dem Portugiesischen von Elizabeth Barrett-Browning«: »Wenn Sie allerdings die edlen und reichen Originale dieser seltenen Gedichte kennen, so kann eine Übertragung nichts für Sie bedeuten; auch bin ich den englischen Versen nur so nachgegangen, wie man manchmal in bewegten Windnächten dem klaren Mond nachgeht; ohne Hoffnung ihn zu erreichen.«

20. JULI: An Mathilde Vollmoeller heißt es: »Was hab ichs doch gut hier bei Ihnen; mir scheint ich war noch nie so entsprechend und vernünftig untergebracht ... Ich habe trotzdem schlechte Zeiten hinter mir, noch ganz nah; aber ich frag mich, ob ich sie in einem anderen Raum überhaupt durchgemacht hätte, dicht und struppig wie sie waren. Erst jetzt fang ich an, nützlich zu arbeiten und mit einem kleinen Vorgefühl von Muth; und wir haben so kühle Tage, daß auch das eine Hülfe ist zu unaufhörlichem Am-Stehpult-Stehen. Allerdings auch kalten Regen, der die braunen Kastanienblätter frühzeitig abschlägt, und den Akrobaten des Quatorze Juillet, die ich sorgfältig wieder aufgesucht habe, viel Unrecht gethan hat.«

29. JULI: R. besucht Rodin in Meudon.

1. AUGUST: R. bestätigt Axel Juncker den Empfang von 242,85 Mark für den »Cornet«; eine Neuauflage gestattet er nicht.

BIS ZUM 2. AUGUST entstehen die letzten Gedichte für »Der Neuen Gedichte anderer Teil«, darunter »Der Leser« und »Der Junggeselle«.

Einige Gedichte, darunter »Aus den Nachtwachen der Schwester Godelieve« und »Der Ursprung der Chimäre«, behält R. zurück.
10. AUGUST: Für Sidie Nádherný schreibt R. »Lauda« ab, seine Übersetzung des Marien-Liedes eines unbekannten italienischen Dichters aus dem 15. Jahrhundert: »obwohl ich endlich ganz in der Arbeit wohne«.
11. AUGUST: Nach langer Pause meldet R. an Ellen Key: »Ich komme freilich wenig zum Schreiben, besonders seit Paris mich wieder in den eifrigen Zustand von Arbeit und Arbeitshunger versetzt hat, in dem Du mich damals vor zwei Jahren hier gefunden hast. Ich bin dabei, ein neues Gedichtbuch abzuschließen, und darüber hinaus liegt lauter Arbeit vor mir, die nicht länger aufschiebbar ist.« R. verspricht ihr die ›Browning-Sonette‹: »Dein Besuch in Capri war ja die eigentliche Veranlassung zu dieser Arbeit, auf deren Verwirklichung und Vorhandensein nun für immer ein Schatten liegt: das Buch war kaum da, als Frau Faehndrich auf Capri starb.« Von Clara R., mit deren Arbeiten Rodin sehr zufrieden ist, erzählt R.: »Sie wohnt nicht ganz nah, und wir sehen uns meistens nur einmal die Woche, da wir jeder vor allem Alleinsein und Arbeit brauchen.«
In einem Brief an Eva Cassirer heißt es: »Unter den wenigen Sendungen, die ich in dieser Zeit erhielt und öffnete, war eben jenes Buch: Martin Bubers Legende des Baalschem.«
16. AUGUST: Gertrud Simmel dankt für »Das Stunden-Buch«.
17. AUGUST: R. sendet das Manuskript für die »Neuen Gedichte II« an Kippenberg nach Leipzig, dem er die Wahl des Titels: »wahrscheinlich wieder die sachlichste Bezeichnung«, überläßt.
18. AUGUST: »Da ich die Gedichte ordnete, hatte ich den Eindruck, als ob der neue Band sich recht passend an den früheren anschließen könnte: der Verlauf ist fast parallel, nur etwas höher, scheint mir, und an größerer Tiefe hin und mit mehr Ferne. Wenn sich an diese beiden der dritte Band anschließen darf, so wird noch eine ähnliche Steigerung im immer sachlicheren Bewältigen der Realität zu vollbringen sein, woraus ganz von selbst die weitere Bedeutung und klarere Gültigkeit aller Dinge sich einstellt.« (An Kippenberg)
19. AUGUST: R. berichtet Mathilde Vollmoeller, seine Frau sei verreist: »ich werde mich für ein paar Wochen in ihrem herrlichen Raum unterstellen, solange bis ich einen Platz für mich gefunden habe«, nach Möglichkeit in jenem Hôtel Biron. Er will den ganzen Winter in Paris bleiben: »Paris thut noth. Das ists auch nur (kein Urtheil, denn als Urtheil

wärs, wie Sie sagen, ein ungerechtes) was ich gegen Deutschland, ganz persönlich, geltend mache: daß es mir nicht in gleichem Maße, in gleicher Rücksichtslosigkeit und Fülle nothtut. Mein Einsehen beginnt erst weiter nördlich in Skandinavien, um sich dann rasch weiter über östliche Entwicklungen zu verbreiten. Man kann vielleicht, wenn man, wie ich, in russischem Wesen seine Wahlheimat erkannte, nur schwer und langsam zu deutscher Art jasagen: d. h. zu der heutigen deutschen Art. Aber diese Beschränkung liegt einzig an meinem Unvermögen und ist vielleicht nur ein Moment in einer langen Entwickelung.«

20. AUGUST: R. dankt S. Fischer für den Eingang der zweiten Geldsendung: »Sie können gar nicht wissen, was es für mich bedeutet, jetzt einen ruhigen Herbst und Winter, mehr, ein ganzes ruhiges Jahr vor mir zu haben. Ich brauche es, und so werde ich es nicht verlieren ...«
R. berichtet, er sehe »niemanden, außer von Zeit zu Zeit Rodin; unsere Freundschaft ist so sicher und fest geworden und steht wie ein Merkstein zwischen seiner Einsamkeit und meiner«.

An Eva Cassirer über »die Gotteserfahrungen in den Juden«: »Ich kann mir denken, daß man aus einem erlauchten Hause stammend allen Stolz mit einiger Selbstbeherrschung und festem Eigengefühl abthut, überwindet; aber es scheint mir schwerer, als Jude nicht stolz zu sein auf diese gewaltige schöpferische Abkunft und Ferne, die doch noch auf dem Grunde des Blutes liegt wie untergegangene Schatz-Schiffe ...«

23. AUGUST: R. bereitet die Übersiedelung in das Atelier seiner Frau vor; »j'ai fini mon livre et je me trouve un peu énervé et fatigué.« (An Rodin)

25. AUGUST: Über seine Arbeit schreibt R. an Mimi Romanelli: »– et pourtant, combien reste-t-il encore à réaliser après les Antiques, après Dante, après Saint François; ... on peint, on sculpte, on écrit et de plus en plus on se sent comme le premier homme devant un devoir inouï, l'initiateur timide et téméraire qui avance sans savoir où; rien ne semble entamé ...«

29. AUGUST: In seinem nächsten Brief schließt R. die Freundin in seine Arbeitspläne sogar ein: »J'ai pensé que nous pourrions un jour étudier ensemble l'Œuvre de la Gaspara Stampa. Voulez-vous? ... Vous savez que je prépare de loin un livre qui contiendra quelques portraits de femmes, qui (ayant été malheureuses dans leurs amours) ont dû accomplir et finir leur cœurs, commencés trop grands par la passion, pour à la fin les rendre à Dieu ...« R. erwähnt neben Gaspara Stampa

Marianna Alcoforado, Sappho, Eleonora Duse und die Comtesse de Noailles.
Im Zusammenhang mit seiner Lektüre von Selma Lagerlöfs »Nils Holgerson« schreibt R. an Lizzie Gibson: »Das Märchenhafte ist in jedem Falle ein gefährliches Motiv; es hat mir immer als eine Abschwächung geschienen; es hebt Consequenzen auf und erleichtert das Mögliche –: und müßte doch eigentlich neue Consequenzen setzen und die Möglichkeiten um bisher Unmögliches erweitern!«
31. AUGUST: R. zieht ins Hôtel Biron, 77 rue de Varenne.
VOM 31. AUGUST 1908 BIS 12. OKTOBER 1911 bewohnt R. verschiedene Wohnungen in diesem schönen Palais (heute Musée Rodin). »Vous devriez, cher grand Ami, voir ce beau bâtiment et la salle que j'habite depuis ce matin. Ses trois baies donnent prodigieusement sur un jardin abandonné.« (An Rodin) Mitbewohner sind Jean Cocteau, der Schauspieler De Max und die amerikanische Tänzerin Isadora Duncan.
3. SEPTEMBER: In seinem Brief an Clara R. berichtet R. von der neuen Ebene, auf der seine Freundschaft mit Rodin sich nun vollzieht: »Es wäre ja das Reichste, was sich bilden könnte, daß er einen jetzt nur ein Tausendstel so nötig hätte, wie wir einmal ihn.« Rodin habe alle unteren Räume gemietet, die ganze rechte Ecke zu ebener Erde – in seiner Freude schenkt R. ihm »den schönen Christophor aus Holz, der ihm ähnlich sieht« und sagt: »C'est Rodin portant son Œuvre, toujours plus lourd, mais qui tient le monde.« R. hat für den Winter die linke Ecke gemietet: »den Rundbau mit zwei Räumen und unmittelbarem Ausgang auf die Terrasse«; durch Verzicht auf Reisen will er den Mietpreis ausgleichen.
4. SEPTEMBER: Die Nachschrift zum Brief vom Vortag zeigt R.s starke Anteilnahme an einer von Clara R.s frühen Arbeiten, »an Paula Beckers schöner Büste«. Zu seiner Lektüre äußert R.: »Malte Laurids hat davon angemerkt: ›Goethe und Bettine: da wächst eine Liebe an, unaufhaltsam, zeitfällig und im Recht, wie die Flut des Meeres, wie das steigende Jahr. Und er findet nicht die einzige Gebärde, sie über sich hinauszuweisen, dorthin, wohin sie meint. (Er ist äußerste Instanz); er nimmt sie an, großmütig, ohne sie recht zu gebrauchen; gescholten, verlegen, anderwärts mit einer Liebschaft beschäftigt –.‹ Malte Laurids hat recht; aber, seit gestern denk ich, daß Rodin ähnlich versagt hätte in solchem Fall ...« (Dieser Abschnitt wird in die Druckfassung des »Malte« so nicht übernommen.)

Im Anschluß an ein Gespräch mit Rodin schreibt R. an diesen: »C'est un besoin inné de ma nature de pénétrer le danger héréditaire de l'amour, pour pouvoir glorifier ses divins périls, qui (selon ma croyance) sont les mêmes pour les deux sexes et pour tous les êtres.«

5. SEPTEMBER: »... da kam, an einem der ersten Tage Rodin mich besuchen, und wir gingen durch das verlassene, verstörte Haus«; Rodin, »dem es immer gefehlt hat, nicht so großgemuthe Räume um sich und seine Dinge zu haben ... hat hier eine ganze Reihe Säle gemiethet«, schreibt R. an Sidie Nádherný. Weiter heißt es: »Ich lese, ich weiß nicht wieso, mitten in den Vorbereitungen zu einer neuen Arbeit die Briefe der Bettine Arnim an Goethe; ich nenne nur die, denn seine traurigen verlegenen Antworten machen mir Müh und Kummer. Wie befangen war er doch als Mann, wie zerstreut und konventionell als Liebhaber, da er dieses herrliche Feuer ungern mit so geringen Abfällen unterhielt! Ach, Ihnen darf ichs im Vertrauen sagen, ich hielt nie an ihm und hab ihn nicht zum Wachsen gebraucht bisher. Ich bin zu slavisch, an seinem Selbstbewußtsein Freude zu haben, das, von einem gewissen Augenblick an, in Hoheit erstarrte; wär es flüssig geblieben, so hätte es jenseits dieses Moments wieder Dehmuth werden müssen und stolzeste Unterwerfung: wie bei Lionardo, wie bei Hokusai, wie bei Gogol und Dostojewskij...«

Über ihr dramatisches Gedicht »Die Feldpredigt«, die er schon zum zweiten Mal lese, spricht R. Regina Ullmann seine Bewunderung aus.

6. SEPTEMBER: An Hedwig Fischer schreibt R. nach dem Umzug dankbar: »ich freue mich ... daß ich diesmal ein wenig ruhig sein darf und die Zeit groß, aus einem Stück vor mir habe.« R. fragt nach Wassermann und seinem »Kaspar Hauser«: »ich schreibe nie, aber ich denke doch treulich der alten Freunde.«

8. SEPTEMBER: R. dankt Stefan Zweig für dessen Drama »Tersites«, er kann die tragischen Konsequenzen der Häßlichkeit nicht mitfühlen: »weil ich in Übergängen bin, die mich die Tatsache der Häßlichkeit leugnen lehren«. (Das Trauerspiel ist 1907 im Insel-Verlag erschienen.)

Clara R. sendet ihrem Mann ein Exemplar der »Reden Gotamo Buddhos«, übersetzt von Karl Eugen Neumann, München 1907, das sie selber mit ihrer Freundin Anna Jaenecke intensiv zustimmend liest. R. antwortet: »Ich schlugs auf, und schon bei den ersten Worten schauerte michs um ... warum in mir diese neue zögernde Gebärde aufkommt, die Dich so stark befremdete?: es mag sein, daß es um des Malte Laurids willen geschieht, den ich zu lange aufgeschoben habe. Bis dorthin bin ich so weit mit ihm eines, als ichs sein muß, um die Notwendigkeit zu ihm zu haben und die Zustimmung zu seinem Untergang. Zu weit darf ich nicht über sein Leiden hinaus, sonst begreif ich ihn nicht mehr, sonst fällt er mir fort und ab, und ich kann ihm nicht mehr die ganze Fülle seines Todes geben. Nicht meine Einsichten will ich einschränken, sondern die seinen, an deren Kreis und Wendung ich noch muß glauben können. Denn eigentlich hätt ich ihn voriges Jahr schreiben müssen, fühl ich jetzt; nach den Cézanne-Briefen, die so nah und hart mit ihm sich berührten, war ich an den Grenzen seiner Gestalt angekommen: denn Cézanne ist nichts anderes als das erste primitive und dürre Gelingen dessen, was in M. L. noch nicht gelang. Der Tod Brigges: das war Cézannes Leben, das Leben seiner dreißig letzten Jahre.« R. bittet: »helft mir, so weit Ihr könnt zu ruhiger Zeit, daß ich meinen Malte Laurids mache: ich kann nur durch ihn durch weiter.«

10. SEPTEMBER: Für Dr. Gustav Noll (1876-1967) in Frankfurt legt R. dar, daß und warum er Rezensionen über seine Arbeiten niemals lese. Er fragt ihn nach den Schriften von Mechthild von Magdeburg und der Heiligen Angela da Foligno und erbittet Hinweise auf »nicht zu gelehrte Ausgaben«. Am 26. 9. 08 bedankt R. sich »für das kleine Buch« und setzt hinzu: »Der Lesung des Mittelhochdeutschen hätte ich mich jetzt wohl schwerlich widmen können.«

12. SEPTEMBER: R. erbittet einen Tisch bei Rodin, den er am 14. 9. erhält: »elle est parfaite.«

13. SEPTEMBER: An die Redaktion der Münchener Zeitschrift »Kunst für Alle« schreibt R. über ein geplantes neues Rodin-Heft (1905 war bereits eines erschienen). R. ist bereit, mit Rodin darüber zu sprechen, und wird unter bestimmten Bedingungen einen Beitrag schreiben: er brauche ein Jahr Zeit, wolle die Photographien nach eigenem Ermessen auswählen und fordere ein Honorar nicht unter 500,- Mark.

15. SEPTEMBER: Mathilde Vollmoeller schickt an R. Karten aus Avignon: »Ich besitze zwei Photographien des unglaublichen Palastes: doch die sind gar nicht zu vergleichen mit der Inszenierung auf Ihrer Karte, in welcher er mit seiner ganzen angeborenen Übertriebenheit über die Stadt hinausgeht und über alles, was man im Augenblick auszudenken vermag. Es war recht thöricht von mir, einmal im Frühling dort durchzureisen und dies nebenan liegen zu lassen, statt dem Schauspiel wenigstens eine Stunde beizuwohnen...« R. beruhigt M. V. darüber, daß er

in ihrem Atelier die Miete bezahlt hat, es sei nicht teurer gekommen als früher in der rue Cassette, rund 240,– Frcs für die vier Monate.
17. SEPTEMBER: Die Redaktion der Zeitschrift »Kunst für Alle« reagiert mit der Bitte, R. möge für den Artikel über Rodin bei diesem Photographien auswählen.
18. SEPTEMBER: Rodin stimmt dem Vorhaben zu und stellt »notes manuscrites« zur Verfügung.
An Frau Rosa Schobloch: »Was uns antritt, das will innerlich verwendet und verwandelt sein von uns; das muthet uns Arbeit zu ... Erinnere ich mich doch noch, daß Paris in meinem ersten Jahr mich fast zerstörte: ich flüchtete schließlich als der Unterliegende. Und da ich zurückkam, wars im Gefühl, daß ich seine unerbittliche und rücksichtslose Erziehung brauchte.«
21. SEPTEMBER: R. reicht Rodins »notes manuscrites« zurück; an den Spaziergängen im Garten könne er nur selten teilnehmen: »combien de peine j'ai cette fois à pénétrer de nouveau dans mon travail: il me dédaigne d'avoir pu me passer de lui si longtemps.«
23. SEPTEMBER: Elisabeth von Schenk zu Schweinsberg hat R. über den Tod Ihrer Tante, Frau Faehndrichs, geschrieben. R. antwortet: »Was aber den Einfluß des Todes eines nahestehenden Menschen auf diejenigen betrifft, die er zurückläßt, so scheint mir schon seit lange, als dürfte das kein anderer sein als der einen höheren Verantwortung; überläßt der Hingehende nicht sein hundertfach Begonnenes denen, die ihn überdauern, als Fortzusetzendes, wenn sie einigermaßen ihm innerlich verbunden waren?«
24. SEPTEMBER: Frau Rosa Schobloch schreibt R. über die Mühe des Sich-Abschließens: »selbst die Freunde, die einer solchen Innenexistenz gewährend zusehen, wie oft verfallen auch sie in den Fehler, als Gebende, von dem Schaffenden ein geistiges Wiedergeben außerhalb der Arbeit zu erwarten. Darunter habe ich um so mehr zu leiden gehabt, als in meiner Natur eine große, fast leidenschaftliche Neigung zu jeder Art Geben besteht.«
Die bevorstehende Rückkehr Clara R.s nötigt R., so rasch als möglich seinen unteren Ecksaal herrichten zu lassen.
Auf Sidie Nádhernýs Verteidigung Goethes räumt R. ein: »Ich rühre nicht daran, daß er ganz anders ist, wo er liebt.« R. vergleicht Goethes Haltung mit der des Grafen von Chamilly, dem Geliebten der Marianna Alcoforado, und erinnert an Gaspara Stampa, Sappho und Diotima:

»Briefe reichen ja doch nicht aus; das muß Arbeit werden, innerste klare Verwirklichung für immer ...«

26. SEPTEMBER: Kippenberg lehnt R.s Entwurf einer Zueignung der »Neuen Gedichte II« an Rodin wegen der französischen Fassung ab; R. entgegnet: »Was die Sprache betrifft, beruhigte ich mich zwar momentan damit, daß die dem Buche eigene Sprache, völlig im Kunstmaterial aufgegangen, nicht in erster Linie als deutsch gilt, sondern als Gedicht überhaupt, so daß sich eine andere fremde Sprache gebrauchsweise davor müßte verwenden lassen, ohne unmittelbar und unschön daranzustoßen.« R. schlägt die kürzere Form vor: »A mon grand Ami Auguste Rodin«.

Nochmals an Sidie Nádherný über Goethe: »Ach ja, jenes große Leben muß doch wohl Recht haben; es ist ja auch weit und sphärisch genug, daß jeder, wenn er nur ehrlich will, die Stelle finden mag, von wo aus er's lieben darf ...«

R. führt den jungen Schweden Arvid Baeckström und seinen Freund bei Rodin ein, es geht um die Übertragung von R.s »Rodin« ins Schwedische.

28. SEPTEMBER: R. findet zufällig ältere Gedichtmanuskripte von 1899 und bittet Kippenberg um Ankauf von »Mir zur Feier« aus den Händen von Herrn Wunder. »Die Gedichte, die ich neulich wiederfand, interessierten mich; sie hatten den Ton jenes Buches, das (so sehr ich ihm entwachsen bin) doch zu denen gehört, durch die meine Entwicklung mitten durch gegangen ist.« R. denkt »mit Freude« an eine ergänzte Neuausgabe.

30. SEPTEMBER: R. sendet der Amerikanerin Jessie Lemont, die für 1909/10 Vorträge über Rodin in den USA vorbereitet, sein Rodinbuch und wünscht ihr Erfolg: er glaube an den Sieg ihrer Botschaft über Rodin in Amerika. Jessie Lemont, der R. bei Rodin begegnet, wird zu einer Übersetzerin R.s in den USA.

7. OKTOBER: R. sendet Sidie Nádherný Abschriften aus dem Werk der Gaspara Stampa: das erste Sonett aus den »Rime« und den Begleitbrief an ihren Geliebten, den Grafen Collalto, beides im Original. Manchmal, bekennt R., lebe »Los und Seligkeit« dieser Liebenden (Héloise, die Portugiesin, Bettine) so heftig in seinem Herzen, »daß ich meine, der Engel in mir bricht aus mir aus und Müh habe, ihn zu verhalten, damit er nicht plötzlich unter den Leuten zu leuchten beginnt«.

8. OKTOBER: R. schreibt an Konrad Weichberger in Bremen wegen sei-

nes Beitrags zu dessen Anthologie »Das Bremer Gastbett«. Darin erscheint der Neudruck seiner »Festspielszene zur Einweihung der Kunsthalle am 15. 2.1902«: »Was diese Zueignungszeile [für die verstorbene Christiane Rassow] angeht, so hab ich geglaubt, ohne besondere Anfrage bei der Familie, mir diese Freiheit erlauben zu dürfen ...«

9. OKTOBER: R. lädt Edith von Bonin zu sich auf seine Terrasse ein, um mit ihr über Rudolf Kassner zu sprechen: »Kassner ist ein seltener Schriftsteller und mir ein lieber Freund; die Melancholie ist ein ganz einziges Buch, das ich sehr bewundere.« (»Melancholia« 1908)

9./10. OKTOBER: R. verteidigt seine Lebensweise und seine Kunst in einem Brief an Ellen Key, die mit Lou A.-S. über ihn gesprochen hat: »Du weißt, daß ich den ganzen Ernst von Lou's Tadel und Deiner lieben Besorgtheit begreife –; doch ebenso ernst antworten besonders auch in Bezug auf das ›Schwere‹, – das hieße schon eben jenes Buch schreiben, das ja (wie ich hoffe) eines Tages völlig da sein wird, um Rechenschaft abzulegen; um eine Entwickelung zu rechtfertigen, die Recht haben muß, wenn ich nicht mein ganzes Leben lang in allem Unrecht gehabt habe. –« Vorher sagt R.: »Mein Gewissen ist gut ... Die letzten Bücher, die ›Neuen Gedichte‹ zumal und der ›Neuen Gedichte‹ zweiter Band, der noch heuer herauskommt, sind eine Schule für mich: ich muß mich aller Dinge bemächtigen, aller ohne Ausnahme, auch derjenigen, die mir nicht von vornherein nahe stehn. Ich muß wissen, daß ich die Welt fassen kann, in welcher Verwandlung immer.« R. fährt fort: »Niemals auch war ich weniger weggeflüchtet; niemals mit allen Sinnen so zum Leben hingekehrt, wie ich es gerade in diesem fortwährenden Erfassen geworden bin. Und was die Liebe angeht, so fehlt es nicht daran, weder an glücklicher noch an unglücklicher; wenngleich ich die zweite nicht unter diesem Namen zugeben mag, denn sie ist ja doch wohl die seligste; (was ja auch damit übereinstimmt, daß Ihr sie mir wünscht.)«

An anderer Stelle heißt es: »Es ist gut, daß Du Lou vier Tage lang gesehen hast; so ist doch jemand da, der Zeugnis ablegen kann für ihr Dasein, das mir oft, wenn ich an sie denke, in allem ausgebreitet und einzeln gar nicht mehr sichtbar scheinen will ...« R. erwähnt ferner im Zusammenhang mit einem Gauguin, den Ellen Key verkaufen möchte, den Kunsthistoriker Dr. Erich Klossowski, er habe ihn »ganz aus den Augen verloren«.

16. OKTOBER: Nachdem R. im Salon d'Automne Grecos Gemälde »Toledo« gesehen hat, schickt er eine spontane Beschreibung an Rodin:

»L'orage s'est déchiré et tombe brusquement derrière une ville qui, sur la pente d'une colline, monte en hâte vers sa cathédrale ... Peut-être que je me trompe en m'attachant avec une certaine véhémence à cette peinture; vous me le direz quand vous l'aurez vue.«

19. OKTOBER: R. betrachtet in Rodins Räumen dessen Zeichnungen der kambodschanischen Tänzerinnen; da Clara R. diese noch nicht gesehen hat, bittet R. sie hinzu.

30. OKTOBER: R. empfängt in den kommenden Monaten häufiger den Besuch von Mimi Romanelli, die dabei auch Clara R. kennenlernt. Sie verbringt den Winter in Paris bei ihrem Bruder.

ANFANG NOVEMBER: Der »Insel-Almanach auf das Jahr 1909« bringt drei Gedichte aus dem neuen Band: »Vor-Ostern« und »Die Greisin« aus dem Sommer in Paris und »Die Flamingos« (Herbst 1907 oder Frühjahr 1908). Außerdem enthält er drei der »Sonette nach dem Portugiesischen« (Das 5., 17. und 21.) R. schreibt dazu: »Ich bin überrascht, schon das neue Jahrbuch der ›Insel‹ in Händen zu haben. So wird auch der neue Gedichtband nicht mehr lang ausbleiben.« (An Kippenberg, 4. 11. 08)

2. NOVEMBER: Vom Verlauf des ersten Jahrestages seines Besuches in Janowitz, dessen er sich in allen Einzelheiten erinnert, erzählt R. Sidie Nádherný: »ich war hier, in meinem hohen Zimmer; ich schrieb den ganzen Tag. Eine unerwartete starke Strömung von Arbeit war unversehens heraufgekommen; ich schrieb und vollendete ... ein Requiem für eine rührende, vor einem Jahr fortgenommene Gestalt: eine Frau, die aus den großen Anfängen eigener künstlerischer Arbeit zurückglitt in die Familie zunächst und von da ins Verhängnis und in den unpersönlichen, nicht selbst vorbereiteten Tod.« (3. 11. 08)

Am 2. November vollendet R. das am 31. Oktober begonnene Requiem »Für eine Freundin« (Paula Modersohn-Becker).

3. NOVEMBER: In seinem Brief an Sidie Nádherný berichtet R.: »In den letzten Wochen hab ich mehrere Briefe bekommen, zufällig, drin halbnahe Menschen an meinen letzten Arbeiten rücken und tadeln und mich warnen vor Kälte, vor Künstlichkeit, vor –; aber ich kann Ihnen gar nicht sagen, wie getrost ich bin, mitten im Schweren der Arbeit getrost, das mein Schweres ist und das sich nicht zum Leichtern beirren läßt...«

4. NOVEMBER: R. sendet Kippenberg das Manuskript des Requiems »Für eine Freundin«, das nicht in einer Zeitschrift und später in einem

Buchzusammenhang untergebracht sein dürfe, vielmehr ein einzelnes, wenn auch noch so kleines Buch sein und bleiben müsse.

4./5. NOVEMBER: Niederschrift des Requiem »Für Wolf Graf von Kalckreuth«. Der junge Dichter hatte sich als Einjährig-Freiwilliger am 9.10.1906 das Leben genommen; in seinem Nachlaß fanden sich eigene Gedichte.

6. NOVEMBER: R. dankt Kippenberg für die Übernahme von »Mir zur Feier«, schon Ende des Monats werde er sein »Handexemplar mit den entsprechenden Vermehrungen und Veränderungen vorlegen«. Zum zweiten Requiem heißt es, daß dieselbe »Arbeitsströmung« ihm ein zweites Gedicht dieser Art zugetragen habe, für den jungen Dichter, »dessen Schicksal und Hingabe mich dringend berührt hat. Die beiden Dichtungen ergänzen und bestärken einander ... Seit lange hat meine Arbeit mich nicht so überrascht wie durch diese Welle, die so ruhig heraufkam und überholte, was ich unter den Händen hatte.«

NOVEMBER: »Der Neuen Gedichte anderer Teil« erscheint: Im Insel-Verlag Leipzig 1908. Die Zueignung lautet: »A mon grand ami Auguste Rodin«. Als Honorar werden 877,50 Mk gutgeschrieben.

8. NOVEMBER: An Kippenberg: »Unser neues Buch ist da, und ich habe die herzlichste Beziehung dazu ... ich empfinde nun recht deutlich, wie es parallel über dem ersten Teil sich entwickelt und ausbreitet.« R. merkt in der »Klage um Jonathan« den Druckfehler an, »röhrt« statt des schönen alten Wortes »löhren«, das so viel von Tierklage enthält. R. übersendet Rodin sein neues Buch: »Mon cher grand Ami, je viens de recevoir le premier exemplaire de mon nouveau livre. J'ai voulu vous l'apporter. Mais vous êtes peut-être très occupé maintenant et je ne veux pas aller vous déranger. D'autre part je suis impatient de vous donner ce livre: il porte votre nom fièrement et humblement ...«

9. NOVEMBER: R. macht Mathilde Vollmoeller aufmerksam auf den schönen Brief Bettinas, »der von Beethoven handelt und anfängt: ›Wie ich diesen sah, von dem ich Dir jetzt sprechen will, da vergaß ich der ganzen Welt ...‹«. R. fährt fort: »aber ich blieb viel zu lang beim Blättern in den Briefen der Aissé« (Charlotte Aissé, 1694-1735).

13. NOVEMBER: Im Begleitbrief zu dem zweiten Requiem schreibt R. an Kippenberg: »Wir bringen die beiden Dichtungen im Februar in einer einmaligen kleinen Auflage heraus und stellen sie später in den nächsten Band Gedichte ein.« Seit dem Erscheinen der »Neuen Gedichte II« veröffentlicht R. jedoch nur noch geschlossene Gedichtkreise in Buch-

form und schließt nie wieder einzelne Gedichte – mit Ausnahme solcher in französischer Sprache – zu Büchern zusammen. Da er auch in Zeitschriften und Almanachen nur vereinzelt publiziert, verläuft für die Zeitgenossen und weitgehend auch für seinen Verleger seine lyrische Produktion in einem unterirdischen Strom, so daß »Duineser Elegien« und »Die Sonette an Orpheus« wie ein jäh aufbrechender Quell erscheinen.

R. beginnt seinen Brief an Sidie Nádherný mit den Zeilen: »Un jour d'Automne trop doux: / voilà qu'il parle du printemps / qu'il na jamais vu.« – Über Musik heißt es: »Einmal ja, wenn ich wissen werde, daß ein Kern von Dasein in mir ist, den es nichtmehr mitreißt aus mir hinaus und von Weltraum zu Weltraum; wenn ich mich schwer genug fühlen werde diesem Anheben und Hinnehmen gegenüber, das Musik für mich ist: dann werd ich es durch mich durchschwingen lassen ... bis dahin ist Musik eine Gefahr für mich.«

15. NOVEMBER: R. besucht mit Pietro Romanelli zusammen Clara R., die diesen kennenlernen möchte.

16. NOVEMBER: Aus dem Tagebuch Harry Graf Kesslers: »Bei Rilke, der im aufgehobenen Sacré Cœur-Kloster wohnt, dem früheren Bironschen Palais, rue de Varennes 77. Er hat einen hohen, runden Eckraum im Parterre nach dem Garten hinaus, in dem er arbeitet, und daneben, oder richtiger davor, denn man tritt durch dieses Zimmer ein, sein Schlafzimmer. Das Arbeitszimmer ist in seiner etwas majestätischen Vornehmheit und Verlassenheit ein Raum, in dem man sich Hofmannsthals ›Thor und Tod‹ denken könnte. R. hat einige Empirestühle und einen großen alten Barocktisch als Arbeitstisch hineingestellt; auch einige Kommoden, auf denen Schüsseln, mit schönen reifen Früchten und Blumen stehen. Eine Büste von seiner Frau steht vor dem Gartenfenster. Sonst ist alles leer, aber infolge der schönen Proportionen und des schönen Lichts nicht kalt. Er las mir sein Requiem auf Wolf Kalkreuth vor. Beim Lesen hob sich sein Profil vom mächtigen Barockfenster ab, und zum ersten Mal bemerkte ich in seinen Zügen Energie. Ein sehr merkwürdiges Profil: die lange schräge Stirn, die lange schräge Nase, fast eine Linie mit der Stirn, beide zusammen vorspringend wie ein Schnabel, und dann fast im Gegensatz zu dieser Schärfe die schweren dicken Lippen, die schweren Augenlider. Er liest etwas pastoral, aber mit klar definiertem Ausdruck. Im Gespräch nachher sprach er wiederholt von seinem ›vor der Natur Dichten‹. Rodin habe ihm gesagt:

›Pourquoi ne vous mettez vous pas devant le paysage? Mettez vous devant le paysage et faites que vous voyez.‹ Ich fragte ihn, was er mit diesem ›vor der Natur Dichten‹ meine? Er: in die Dinge hinein Dichten statt von ihnen weg. Nicht anknüpfen an irgendeinen vielleicht nur flüchtigen Eindruck, um Gefühle oder Betrachtungen daranzureihen, wodurch dann das Gedicht mit dem berühmt ›schönen Anfang‹ entstünde, sondern das Gefühl mit den Dingen selbst amalgamieren, sozusagen in sie hineinfüllen. Seitdem er sich hierzu gezwungen habe, habe eine neue Epoche für ihn angefangen. Zuerst habe er geglaubt, er würde es nie lernen. Aber er habe gefühlt, jetzt heiße es biegen oder brechen; und er habe es durchgesetzt. Jetzt sei er soweit, daß es ihm leicht würde ›vor der Natur zu dichten‹. Wir gingen nachher zu Foyot frühstücken…«

27. NOVEMBER: Zu ihrem und ihres Zwillingsbruders Carl Geburtstag sendet R. Sidie Nádherný – doppelt – den Insel-Almanach.

29. NOVEMBER: An Rodin: »Je suis descendu dans mon travail plus loin que jamais.«

Im Hinblick auf ein Weihnachtsgeschenk für Ruth heißt es an Phia R.: »›Max und Moritz‹ ist mir nicht sehr sympathisch; es ist ein so boshaftes Buch, und wenn Ruth auf Streiche kommt, so hoff' ich, es sind Streiche eigener Erfindung. Aber wie wäre es mit einer netten neuen Ausgabe von Andersen'schen Märchen…?«

9. DEZEMBER: R. wendet sich an seine Mutter: »ich hätte eine Bitte, die ein bischen mit meiner Arbeit zusammenhängt. Da ich einige entfernte Kindheitseindrücke mit verarbeiten müßte, wäre es mir von einem gewissen Nutzen, die Mappe mit allen meinen Kindheitsphotographien die Du gesammelt hast, jetzt durchsehen zu dürfen.«

11. NOVEMBER: R. und Mathilde Vollmoeller bemühen sich um Photographien von Werken Grecos.

12. DEZEMBER: R. beschreibt Karl v. d. Heydt das Palais Biron und fügt hinzu: »Wenn Sie gelegentlich Graf Kessler sehen sollten, kann er Ihnen erzählen: er ist mehrmals gerne hier gewesen.« Von seiner Arbeit sagt er: »Allerhand kommt endlich weiter. Darunter auch Malte Laurids B. (wenn gleich dieser sehr, sehr langsam). Freuen Sie sich übrigens nicht zu sehr auf ihn; Sie wissen, er geht an eben dieser ›Hölle‹ zugrunde und endgültig, ohne Pardon noch Auferstehung. Gott helfe ihm.«

17. DEZEMBER: Von Juncker erfährt R., »Die Weise von Liebe und Tod

des Cornets Christoph Rilke« sei nunmehr vergriffen. Die Neuauflage erscheint 1912 im Insel-Verlag.

22. DEZEMBER: R. schenkt Sidie Nádherný die »Neuen Gedichte II« zu Weihnachten: »es könnte manches Gedicht darinnen Ihnen jetzt in der Reconvaleszenz grausam erscheinen, über die Maßen rücksichtslos.« R. sagt, jedoch seien »auch Verse darin von unbeschreiblicher Milde, leise wie Heilungen aus unzähligen Zärtlichkeiten verdichtet zu dem einen Tropfen mildester Stärke, dessen Duft sich langsam in Zehntausendsteln ausgibt«. R. betont: »daß das Unerbittliche dasein muß um des Erbetenen willen, und daß die Schönheit dünn und gering wird, wenn man sie nur im Gefälligen sucht; dort ruht sie zuweilen; aber sie wohnt und wacht innen in jedem Ding und schließt sich ein und tritt nur für den hervor, der sie überall glaubt und nirgends weitergeht, eh er sie beharrlich beschwört«.

24. DEZEMBER: R. verbringt das Weihnachtsfest in Paris. Richard Beer-Hofmann erhält die »Neuen Gedichte II« »durch Seite 73 herzlich zugeeignet«; das Gedicht »Venezianischer Morgen« auf dieser Seite trägt den Zusatz: »R. B.-H. zugeeignet«. Ein weiteres Exemplar schenkt R. Hedda und August Sauer in Prag.

26. DEZEMBER: R. versichert Mimi Romanelli: »Je n'ai vu personne, même pas Rodin, jusqu'au 24, où il est passé un instant chez moi parce qu'il allait en voyage pour une ou deux semaines.« Er werde jedoch eine Ausnahme machen und sie und ihren Bruder am 28.12. besuchen.

29. DEZEMBER: In seinem Neujahrsbrief an Rodin spricht R. von der Schwierigkeit, Prosa zu schreiben: »La prose veut être bâtie comme une cathédrale; là on est vraiment sans nom, sans ambition, sans secours: dans des échafaudages, avec la seule conscience. Et pensez qu'en cette prose je sais maintenant faire des hommes et des femmes, des enfants et des vieillards. J'ai évoqué surtout des femmes en faisant soigneusement toutes les choses autour d'elles, laissant un blanc qui ne serait qu'un vide, mais qui, contourné avec tendresse et amplement, devient vibrant et lumineux, presque comme un de vos marbres.«

31. DEZEMBER: An Mathilde Vollmoeller – Paris stöhnt im Schnee: »Aber mein Park hat es großartig dabei. Die Terrasse ist so weiß, wie nur irgend eine Terrasse bei Selma Lagerlöf ... Und wenn man abends auf das Haus zukommt, so liegt es dämmernd da zwischen den beiden Helligkeiten von Schnee und Mond und glimmt nur ganz innen ein wenig mit seinem erfrorenen Gas.«

Am letzten Tage des Jahres legt R. seinem Verleger einen Bericht sowohl über seine finanzielle Lage als über seine Produktion vor. »Am meisten aber freut es mich, Ihnen heute von dem sehr glücklichen und soliden Fortschritt meiner Prosa, den ›Aufzeichnungen des Malte Laurids Brigge‹ schon recht tatsächlich schreiben zu können. Ich habe die letzten Monate ganz in diesem Manuskripte verbracht, für das ich, wie mir nun scheinen will, bis zum äußersten vorbereitet war. Ich sehe nicht ab, wie lange es mich noch beschäftigen wird (vielleicht kann ich es Ihnen zu unserem gewohnten Augusttermin übergeben).« In einer Nachschrift heißt es: »Hat es Zeit, wenn ich Ihnen bis zum 15. Januar das veränderte Manuskript des Gedichtbuches ›M. z. F.‹ schicke? Ich dachte, wir nennen es in der neuen Ausgabe einfach ›Die frühen Gedichte‹ zum Unterschied gegen eine Sammlung noch früherer, die wir gewiß später einmal einrichten können unter dem Titel: ›Die ersten Gedichte‹.« R. liest gerade den Briefwechsel Brentano-Mereau, das ›leichtsinnig-verhängnisvolle Zwischenspiel‹.

AM 31. DEZEMBER stehen R. aus der Jahresabrechnung des Insel-Verlages 473,25 Mark zur Verfügung, das sind 579,35 Francs.

Im Jahre 1908 publiziert R. in folgenden Zeitschriften: »Die neue Rundschau« Berlin, »Morgen« Wien, »Hyperion« München und im »Insel-Almanach« Leipzig.
Der »Kunstwart« München, Jg. 22, Heft 4 (1908) bringt aus den »Geschichten vom lieben Gott« die sechste: »Das Lied von der Gerechtigkeit«; ferner elf Gedichte aus dem »Stunden-Buch« und sieben der »Neuen Gedichte«.
R.s Beitrag zu dem Rundschreiben von Hugo Heller ist veröffentlicht in der Sammlung von Hermann Bahr: »Die Bücher zum wirklichen Leben«, Wien 1908.
»Die Festspielszene zur Einweihung der Kunsthalle am 15. 2. 1902« erscheint als Neudruck in: »Das Bremer Gastbett. Altes und Neues zusammengestellt von Dr. Konrad Weichberger«, Bremen 1908 (»Dem Gedächtnis der Frau Christiane Rassow«).
Die »Geschichten vom lieben Gott« kommen 1908 in dritter Auflage heraus.
In der Übertragung von Jan Löwenbach erscheinen »Zwei Prager Geschichten« auf tschechisch bei H. J. Otty in Prag.

1909

UM DIE JAHRESWENDE überarbeitet R. die vom November 1897 bis Ende 1898 entstandenen Gedichte des Bandes »Mir zur Feier« und ergänzt den Band um vier Gedichte. Die Neuausgabe bringt der Insel-Verlag im Mai 1909 heraus.

Paris: Die Vollendung der »Aufzeichnungen des Malte Laurids Brigge«

2. JANUAR: Anton Kippenberg antwortet auf R.s »Konfession«: »Voraussetzung für eine durch nichts getrübte Arbeit ist natürlich, daß keinerlei Sorgen des äußeren Lebens Sie irgendwie bedrücken. Ich lasse Ihnen daher gleichzeitig einen Scheck auf 1000 Francs, deren Sie zur Deckung des letztjährigen Defizits bedürfen, zugehen. Ich füge die Mitteilung hinzu, daß ich unsere Vereinbarung, wonach Ihnen vierteljährlich 500 Mark zu zahlen sind, zunächst auf ein weiteres Jahr ausdehne...«
Am selben Tag schreibt R. seinem Verleger über die Arbeit am »Malte«: »Manchmal kommt es mir vor, als könnte ich sterben, wenn sie fertig ist: so bis ans Ende kommt alle Schwere und Süßigkeit in diesen Seiten zusammen, so endgültig steht alles da und doch so unbeschränkt in seiner eingeborenen Verwandlung, daß ich das Gefühl habe, mich mit diesem Buche fortzupflanzen, weit und sicher, über alle Todesgefahr hinaus.« R. hofft, sich eine »massive, dauerhafte Prosa« damit zu erziehen: »Es wäre herrlich, hernach fortzufahren oder täglich neu anzufangen...«
An Lili Kanitz-Menar betont R.: »daß diesmal wirklich unser Freund Malte Laurids die Ursache war, dessen Erinnerungen mich alle diese letzten Monate intensiv in Anspruch genommen haben. Nun weiß ich so viel von ihm und den Seinen, so viel sichere und merkwürdige Nachrichten sind mir innerlich zugekommen, daß es eine frohe und schwere Verpflichtung ist, ganz für sein Andenken dazusein, Tag um Tag.«
IM JANUAR empfängt Alfred Walter Heymel von R. »Der neuen Gedichte anderer Teil« mit dem Gedicht »Die Liebenden« »aus dem ersten Manuskript dieses Buches«, wie R. dazu in der Widmung anmerkt (Sommer 1908).
5. JANUAR: An Kippenberg: »Was die beiden kleinen Gedichtbücher angeht, die die Firma Friesenhahn seiner Zeit besaß, so habe ich Grund zu befürchten, daß Herr Juncker sie inzwischen erworben hat«; dieser hat R. »kürzlich wissen lassen, daß meine Dichtung ›Die Weise von Liebe und Tod des Cornets Christoph Rilke‹ vergriffen ist, und ich erwarte seine Vorschläge in betreff einer neuen Auflage«.
7. UND 8. JANUAR: Kippenberg antwortet: »Nun treffen wir ja in dem

Wunsche zusammen, Ihre Werke mit der Zeit nach Möglichkeit alle im Insel-Verlag zu vereinigen, und zwar leitet mich vor allem dabei auch der Gesichtspunkt, daß wir an die Möglichkeit einer Gesamtausgabe denken und uns die Rechte dafür in möglichst großem Umfange dafür sichern müssen...«

10. JANUAR: Axel Juncker schreibt an R., er habe »Advent« und »Traumgekrönt« aufgekauft; er bietet an, sie in einer Auswahl und unter neuem Titel neu aufzulegen, und möchte auch den »Cornet«, diesmal in einer Ausgabe von 600 Exemplaren, neu herausbringen.

11. JANUAR: R. besucht Verhaeren in St. Cloud und berichtet Elisabeth von Schenk darüber: »Er steht immer so fest und schlicht in seiner Arbeit, ganz ohne Pose, so richtig wie ein Gerüst, und es geht alles herzliche Liebe und Bestärkende von seiner Freundschaft aus, die ich, so selten wir uns sehen, immer als die gleiche wiederfinde.« (13.1.09)

13. JANUAR: Von sich schreibt R. ihr: »Was mich angeht, so bin ich in dem neuen schweren Prosabuch etwas fortgeschritten, es geht so weiter bei diesen erwünschten äußeren Umständen, die ja allein schon verpflichtend sind. Es geht langsamer als ich wohl möchte und jeder Schritt ist voller Gefahr. Aber ich sage mir, daß man das Leben im Ganzen fühlen muß. Alles, was noch nicht ist, geht doch schon in unserem Blut herum, nur daß wirs nicht auf einmal bewältigen. Und das ist gut.«

15. JANUAR: An Kippenberg meldet R., er habe Juncker die Neuauflage des »Cornet« abgeschlagen; er sendet die »Frühen Gedichte« mit Erläuterungen zu seinen Fortlassungen, Veränderungen, Ergänzungen – letztere stammen aus »ungefähr gleichzeitig« Entstandenem. Weil er nicht alles ersetzen kann, schlägt R. vor, »das auch in der Empfindung völlig gleichzeitige, szenische Gedicht ›Die weiße Fürstin‹ zu einem Bestandteil der ›Frühen Gedichte‹ zu machen«. R. fügt das Manuskript bei.

R. bittet Rodin, ihm gegen Monatsende 400 Frcs für die Miete zu leihen: eine Wahrsagerin habe ihm Reichtum prophezeit. Diese Prophezeiung hat R. sich notiert: »Vous avez (eu) un amour qui s'évapore comme la rosée du matin...«

Von Jessie Lemont hat R. »Studies in Seven Arts« von Arthur Symons erhalten, Essays u.a. über Rodin, Beethoven und Eleonora Duse. R. hofft auf einen hilfreichen Mitleser, da er Englisch nur mühsam verstehe.

17. JANUAR: »In Zeiten, wie diese letzten Wochen, da allerhand Störun-

gen mich listig aus der innersten Arbeit herauslockten unter dem Vorwand, es sei nur für einen Tag, nein, für Stunden nur: in solchen Zeiten empfind ich den Wechselzusammenschluß unserer tausend Verbindungen bange wie ein Preisgegebenwerden«, schreibt R. an Sidie Nádherný und fährt fort: »Gestern aber, zum ersten Mal, kam wieder ein wenig Zuversicht und guter Wille in mein Herz.«

18. JANUAR: R. kann Rodin melden, Kippenberg habe ihm unerwartet Geld geschickt, er habe die Summe nicht mehr nötig: »j'ai une peur un peu superstitieuse d'entrer dans des conditions qui, en quelque façon, ressemblent à celles qui, dans les temps, ont fini par m'éloigner de vous.«

21. JANUAR: R. an Kessler: »Bevor Sie Paris wieder verlassen, hoff ich gleichwohl, Sie noch zu sehen. Ich hätte Ihnen gern ein Bild der Frau Modersohn-Becker gezeigt, eine ihrer besten erstaunlichsten Arbeiten nach meinem Ermessen; (ihrem Gedächtnis ist jenes andere Requiem erwachsen...).«

27. JANUAR: R. will mit den ersten Korrekturen des »Requiem« eine schlichte Abschrift für die Mutter des Grafen Kalckreuth an den Verlag senden: »Ein Kunstding ist rücksichtslos und muß es sein; mir läge daran, daß die Gräfin von vornherein nicht im leisesten gebunden sei, mir persönlich zu antworten.« Gräfin Bertha K. dankt R. für die Zuwendung; der entstehende Briefwechsel sollte nach ihrem Tode verbrannt werden.

1. FEBRUAR: R. und seine Frau werden von Rodin eingeladen, bei ihm Georg Brandes zu treffen. R. erinnert sich der morgendlichen Wege mit diesem in Kopenhagen. (3. 2. 09)

2. FEBRUAR: An Ottilie Reylaender in Berlin heißt es: »Ist es wahr, daß nun Paula Modersohns Sachen bei Cassirer ausgestellt sind? Hier bei mir steht ein kleines Bild, das meiner Frau gehört. Es war mir lieb, seit ich es kenne, jetzt aber erstaunt es mich durch seine wirkliche Endgültigkeit und Sicherheit, wie es so dasteht und jeden Tag gleich schön ist. Ich hätte gern viel von ihr gesehen und wiedergesehen, besonders da man alles verkauft und verstreut.« Bei dem Bild handelt es sich wohl um »Säugling mit der Hand der Mutter«, heute in der Bremer Kunsthalle. In einer Nachschrift kündigt R. »ein kleines Buch ›Requiem‹« an, »das ich Ihnen gern gleich geben würde«.

R. teilt J. A. Bondy in Berlin mit, er könne für die »Neue Revue« keinen Beitrag liefern.

6. FEBRUAR: R. meldet Karl v. d. Heydt, er habe für die »Neuen Gedichte« I und II »eben in Prag einen Preis von 1500 Kronen« erhalten.
7. FEBRUAR: R. sendet Sidie Nádherný ein Mondgedicht, an diesem Abend auf seiner Terrasse entstanden: »da ging dann, unendlich viel feierlicher als ichs zu versichern weiß, das Unverhältnismäßige vor sich, das ich für Sie in einen Gedicht-Anfang eingeschlossen habe, während ich draußen auf und nieder ging. Hier ist er. ›Vergiß, vergiß und laß uns jetzt nur dies / erleben ...«
11. FEBRUAR: Mathilde Vollmoeller kommt nach längerer Abwesenheit mit ihrer Schwester nach Paris zurück; R. lädt sie beide ein: »Es steht bei mir eine Arbeit der Frau Modersohn, ein kleines Bild, das ich Ihnen zu zeigen seit Wochen mich freue.« Er fühlt sich nicht wohl, ist in »heimgesuchter Verfassung«.
15. FEBRUAR: R. schickt Sidie Nádherný sein Exemplar der »Günderode« von Bettina von Arnim in der Insel-Ausgabe von 1904.
VON MITTE FEBRUAR BIS IN DEN FRÜH-SOMMER ist R. leidend, außerstande, die Arbeit am »Malte« zu fördern.
FRÜHJAHR: Erste Begegnung mit der psychoanalytischen Lehre Sigmund Freuds durch Victor von Gebsattel.
MÄRZ: »Die Neue Rundschau« bringt in Jg. 3, Heft 3 einen Abschnitt »Aus den Aufzeichnungen des Malte Laurids Brigge. Fragment von R. M. R.«. Er beginnt »Zwölf Jahre oder höchstens dreizehn muß ich damals gewesen sein ...« Das Manuskript, 19 einseitig beschriebene Blätter, ist erhalten.
4. MÄRZ: Kippenberg meldet, er habe die »Prager Geschichten« und »Am Leben hin« für 1100,– Mark von Bonz gekauft. Für die »Frühen Gedichte« schlägt er vor, den Vertrag über die »Neuen Gedichte« zu übernehmen.
3. APRIL: An Kippenberg: »lange sind meine schlechten Monate nicht so herabsetzend für mich gewesen wie diesmal; ich hatte unrecht, sie durchaus hier in der feuchten, den Winter fortwährend wechselnden Stadt überstehen zu wollen. So war der Widerstand die einzige Arbeit, die geleistet ward, und schließlich gelang auch die nicht mehr ...«
4. APRIL: R. berichtet Mathilde Vollmoeller, das Palais Biron solle verkauft werden: »Ich (nach so wenig guten Tagen mitten in all der Pracht) sehe die Würfel ziemlich gelassen fallen und freu mich fast auf das nächste.«
10. APRIL: Karl v. d. Heydt und seine Stiefschwester Edith von Bonin

sind in Paris, R. möchte sie Rodin vorstellen und bringt sie am Sonnabend vor Ostern zu ihm.

21. APRIL: Fischers sagen ihren Besuch an, R. warnt: »meine jährliche Influenza hat mich gefunden und mich recht schlecht behandelt«, fügt aber hinzu: »Ich wäre sehr froh, Felix Salten wiederzusehen, und Thomas Mann kennenzulernen.«

MAI: Lou A.-S., begleitet von Ellen Key, besucht R. in Paris und trifft auch Clara R. an. Zum Abschied schenkt R. ihr die »Neuen Gedichte II«. Sie antwortet: »zuhause ... werde ich viel mit Dir sein, durch Deine beiden Bücher«, und erinnert sich an ihren stärksten Eindruck aus diesen Tagen: »Wenn ich ... nochmals vor etwas stehen möchte, lange und ganz allein, so ist es der ›Balzac‹ auf der warm duftenden weiten Kleewiese.«

7. MAI: Der Redaktion von »Kunst für Alle« teilt R. mit, er habe 31 Photographien für das Rodin-Heft mit Rodin zusammen ausgesucht: »Der Meister zeigte lebhaftes Interesse für diese Auswahl, die ich gemeinsam mit ihm überlegte und vornahm.« Am 26.7.09 mahnt R. die Vorlagen an, Rodin sei wegen der Verzögerung verstimmt und werde keine Zeichnungen zur Verfügung stellen. Erst am 15.10.1910 erscheint in »Die Kunst (Kunst für alle)« 26. Jg., Heft 26 eine biographische Studie über Rodin von Otto Grauthoff.

13. MAI: R. hofft, daß Ottilie Reylaender aus Sceaux, wohin sie übergesiedelt ist, Paris »immer und immer mehr so schön erscheinen möchte, wie es sich mir heute wieder, im Luxembourg, gezeigt hat ... Ich weiß nicht, welches sein Geheimnis ist: vielleicht giebt es sich Ihnen. Ich merke nur, daß er einem immer das bietet oder zumuthet, was man am ehrlichsten nöthig hat: Ausruhen oder Anforderung, und jedes ganz rein. Er ist Landschaft, trotz der nahen Häuser, und zugleich setzt er die Menschen, die sich in ihm zusammenfinden, in irgend eine große vielseitige Beziehung, die macht, daß selbst die Menge nie allgemein und summarisch wird und dadurch unerträglich; der Einzelne, mögen auch noch so viele durcheinandertreiben und -stehen, wird einzelner in dieser Umgebung; man sieht soviel Schicksal in den Gesichtern, nicht indiskret herausgetrieben auf die Neugier zu, sondern offen austretend wie das frische Innere einer aufgebrochenen Frucht.«

Kippenberg schreibt an R., daß in Berlin: »in der nächsten Zeit Josef Kainz eine Anzahl Ihrer Gedichte vorlesen wird, und darum lebhafte Nachfrage nach Ihren Büchern zu erwarten ist«. Er schlägt eine 3. Auflage des »Stunden-Buchs« vor.

14. MAI: R. dankt der Comtesse de Noailles für einen Brief, der ihm Mut und Kraft zu einigen Versen gegeben habe.
21. MAI: R. bestätigt Kippenberg den Eingang der »Frühen Gedichte« und des »Requiem«. Zum »Malte« heißt es: »Es ist ausgeschlossen, daß ich das Buch zum August abschließe ... Ich wage in dieser entmutigten Verfassung nicht einmal zu versprechen, wann ich das unterbrochene Prosabuch (von dem kaum mehr als die Hälfte seit Januar vorliegt) wieder werde aufnehmen dürfen; vielleicht nicht vor dem Herbst. Denn es ist möglich, daß ich, sobald ich gesundheitlich wieder über mich verfügen kann, erst eine Weile vor der Natur über Gedichten mich erneuern und üben muß, damit die innere Welt, aus der ich jenes Buch gewinne, sich unter dem Einfluß der äußeren erst wieder stärke und spanne.«
MAI: »Die frühen Gedichte«, die stark überarbeitete Neufassung des Buches »Mir zur Feier«, ergänzt durch »Die weiße Fürstin« (1898, umgeschrieben 1904), erscheinen im Insel-Verlag. Bei einem Ladenpreis von 4,50 Mk ergibt sich bei 15 % für 1300 Stück das Honorar von 877,50 Mk. Zugleich kommt der schmale Band »Requiem« / »Für eine Freundin« / »Für Wolf Graf von Kalckreuth«, Leipzig: Insel-Verlag (26 S.) heraus. Das Honorar für die einmalige Ausgabe von 500 Exemplaren beträgt 150,– Mk.
VOM 22. BIS 30. MAI: Reise in die Provence: Saintes-Maries-de-la-Mer, Arles, Aix-en-Provence.
R. berichtet Lou A.-S.: »Die Wallfahrt nach den Saintes Maries war seltsam; der kleine flache Ort am Meer, aus dem sich nur die bezinnte Kirche stark und zusammengefaßt aufhebt, voller Pilger, Hunde und Zigeuner; eine gemeinsame lange Nachtwache aller dieser Geschöpfe im dunkeln unzugänglichen Kircheninnern, bei immer mehr Kerzen, bei provençalischem Gesang, bei einzelnen hohen graden Rufen um ein Wunder; und draußen immerzu das Meer.« (12.6.09)
Auch für Sidie Nádherný erinnert sich R. an »jene lange Pilgrimsnacht, die ganz in der alten festen Kirche verging. Aus dem Kapellen-Fenster hoch über dem Hauptaltar war am Nachmittag der kleine bemalte Doppelsarg der beiden heiligen Marien langsam herabgesenkt worden, auf die erhobenen Gesichter ...« (5.8.09)
26. MAI: Ankunft in Aix-en-Provence.
28. MAI: Aus Aix schreibt R. an Clara R., er freue sich, gereist zu sein: »Wunderlich ist es zu reisen: Was hab ich alles gesehen ... Hier ist ein guter Wind über der Landschaft, die noch ganz frühlinglich ist und

leicht; es ist kühler als unten am Meer und weniger unbeholfen zu wohnen.«

JUNI: R. schenkt »Fräulein Agnes Speyer bei dem guten und schönen Wiedersehen in Paris« das »Requiem«.

2. JUNI: Wieder in Paris, bittet R. Rodin, Clara R. vor ihrer Heimreise nach Deutschland in ihrem Atelier zu besuchen, damit sie ihm einige neue Arbeiten zeigen könne.

3. JUNI: Tod Gabriele von Kutscheras.

10. JUNI: R. sendet Hedwig Fischer sein »Requiem«: »das ich nur sehr wenigen Menschen gebe«.

An Mimi Romanelli, die in Venedig ihren kranken Vater pflegt, schreibt R. von seinem Zustand, es sei der »d'une tige cassée qu'un peu d'écorce retient encore à son arbre, mais qui intérieurement ne correspond plus à la sève heureuse, dont toutes les branches autour sont ivres«.

11. JUNI: An Frau Rosa Schobloch heißt es: »das Hinscheiden meiner guten Tante Gabriele erfüllt mich mit vielen wehmütigen Gedanken und ruft Erinnerungen herauf, die schmerzhaft und nicht ohne Vorwurf für mich sind: die Zeit, da ich bei ihr wohnte, war eine in jeder Beziehung schwere und drängende für meine Entwicklung, und in dem ungeduldig-jugendlichen Streben, aus allem vielfältig Fremden und Unbewältigten zu mir selbst zu kommen, mag ich oft rücksichtslos gewesen sein. Dies hab ich noch nicht wieder ausgleichen können, und nun wird es nicht mehr möglich sein, der gütigen Frau etwas von der Schuld abzudienen, die immer noch größer geworden ist, dadurch, daß sie mir nicht nur nichts nachtrug, sondern Jahr um Jahr in immer aufrichtig bewährtem Vertrauen zu mir gestanden hat ...« Auch seinem Vater sei sie »eine so treue tapfere Schwester« gewesen, »bei all ihrem eigenen großen Leid«.

12. JUNI: An Hugo Heller sendet R. das »Requiem« mit einem Vers: »Der Schicksale sind nicht viele: wenige große ...« Im Begleitbrief spricht R. von der Frau als Künstlerin bei der »man, übertreibend, sagen könnte, daß auch ihr Geistigstes immer noch irgendwie Leib ist: sublim gewordener Leib«. Auf Paula M.-B. bezogen, fährt R. fort: »Dieses Schicksal ahnte ich längst, aber ich erfuhr es erst so recht, als es mich selber streifte und so groß und weh vor mir stand, daß ich die Augen nicht darüber schließen konnte ...«

R. schenkt Lou A.-S. das »Requiem« und das Werk von Xaver Bichat: »Recherches physiologiques sur la vie et la mort«, Paris 1805. »... wie sehr mir dieses Buch als Sprungbrett gedient hat zu den wunderlichsten Absprüngen. Die Kurven dieser Gymnastik aber werden erst noch nachzuziehen sein, und dann wirst Du sehen, was daran ist.« R. besaß zwei Exemplare des Bichat, seine »Anmerkungen« sind erhalten. R. berichtet weiter: »Neulich war ich eine ruhige Stunde lang bei Ellen« Key. – Clara R. sei seit drei oder vier Tagen in Hannover.

17. JUNI: Lou A.-S. schreibt an R. über seine letzten Bücher: »Von den Neuen Gedichten 1 und 2 geht nicht dieselbe Suggestion auf mich aus wie vom Buch der Lieder II [= Neuausgabe des »Buch der Bilder«] und dem ›Requiem‹. (Über das ich mit Dir sprechen möchte!) Aber ich suche Dich noch darin wie in einem sehr dichten Walde der viel Versteck läßt. Und freuen thu ich mich am Finden wie am Suchen.«

18. JULI: An Sophie Hoechstetter, die ihn vom Tode Frieda von Bülows benachrichtigt, schreibt R.: »jung und ungeformt, wie ich damals war, nahm ich, was mir an menschlichen Beziehungen zufiel, ein und verbrauchte es.« R. schließt: »Es war (glaube ich) ein großer Wille zu Endgültigem eingeboren in ihrem Wesen.«

JULI: R. sendet Sidie Nádherný »ein paar englische Übertragungen einiger meiner Gedichte« von Jethro Bithell mit dessen Brief und der Bitte um ein Urteil »über Art und Werth der englischen Äquivalente«. In seinem Begleitbrief führt R. aus: »Daß Byblis zur Quelle ward und Daphne zum Lorbeerbaum: mir ist, als hätt ich das selbst gesehen und wäre zurückgeblieben, wie man eben zurückbleibt als sehnsüchtig Lebendiges unter Seiendem, das sich selber erfüllt. Ach und doch, wo anders ist des Künstlers Platz als da?: an dieser Quelle, die einstens Byblis war, – an jenem dunklen daphnischen Lorbeerbaum ...«

In einem der vielen Gedicht-Entwürfe R.s aus diesem Sommer lautet es: »Bilden die Nächte sich nicht aus dem schmerzlichen Raum ...« Erhalten sind 27 Fragmente aus dieser Zeit, kaum etwas davon hat R. vollendet.

IM SOMMER an Frau von Schlözer: »Ich bin seit Gott weiß wann nicht gereist, und habe mir halb und halb versprochen, bis zum Abschluß einer gewissen Arbeit hier auszuhalten. Diese Arbeit ist durch Unwohlsein und schlechte Monate in Rückstand geraten und so liegt sie noch lange vor mir und nimmt mich fest.« Fast habe ihn der 50. Geburtstag Verner von Heidenstams nach Schweden verlockt.

»Hyperion. Eine Zweimonatsschrift« bringt in Bd. 2, Heft 8 das Gedicht »Nonnen-Klage« (I-IV), Paris 1909 – das erste nach den »Neuen Gedichten«, das R. publiziert. Es wird erst im III. Band der Gesammelten Werke von 1927 unter: »Letzte Gedichte und Fragmentarisches« eingeordnet.

3. AUGUST: »Es ist wunderlich: diese Stadt, die im Geruch steht, am Leichtsinnigsten, Vergnügtesten, Unbedenklichsten zu sein, dieser zentrifugale Mittelpunkt aller Zerstreuungen, kommt mir immer noch und immer wieder als die ernsteste Prüfung und Probe gesammelter Kraft vor: sie ist, was den Heiligen das Leben schwer gemacht hat: Wüste und Vision zugleich: große Öde in der reißende Thiere umgehen und aller Überfluß der Königin von Saba.« (An Elisabeth Schenk zu Schweinsberg, die einen Parisaufenthalt plant)

5. AUGUST: R. dankt Karl v. d. Heydt für dessen Sorge um seinen Gesundheitszustand, er lehnt jedoch die Zuziehung eines Arztes ab: »Diese komplizierte Wechselwirkung körperlicher und seelischer Depressionen aufzuheben, vermag nur ich selbst, der ich ihren Anlaß und die Gesetzmäßigkeit ihrer Konfusion kenne.«

8. AUGUST: Frau Nonna erhält aus einem mühsamen Sommer sehnsüchtige Grüße in ihre Londorfer Gartenwelt. »Wie viele Male habe ich aber, als es noch Winter und Vorfrühling war, meine kleine Spitzen-Kollektion aufgefaltet, Bahn neben Bahn gelegt und Ihrer gedacht. Der Abende mich erinnert, da Sie erzählten ... Es gab kein Capri dieses Jahr – ...«

VOR DEM 12. AUGUST schreibt R. sein Geleitwort zu Regina Ullmann, »Von der Erde des Lebens«. Am 12. 8. sendet er es mit dem Begleitbrief ab: »Als ich, vor einem Jahr, das kleine Buch kennen lernte, das Sie ›Feldpredigt‹ genannt haben, erfuhr ich ein besonderes neues Staunen ...« Das Buch erscheint 1910 im Frauen-Verlag München.

13. AUGUST: R. dankt Gerhard Ouckama Knoop für dessen im Mai eingetroffenes Buch »Aus den Papieren des Freiherrn von Skarpl« und sendet als Gegengabe das »Requiem«.

16. AUGUST: An Mathilde Vollmoeller schreibt R. nach Cassis und bietet ihr seine Erinnerungen zu ihren gegenwärtigen Erfahrungen mit der provencalischen Landschaft an: »Und dazu kommt der Geruch: der Honigduft der wilden Artischokke, das warme Bittere vom Wermuth und dazwischen alle die anderen dicht gearbeiteten Blattgerüche, die man mit geschlossenen Augen sofort wieder in Sonne zurückübersetzen kann.«

19. AUGUST: Jakob von Uexküll gegenüber verteidigt R. seine »Neuen

Gedichte«: »Glauben Sie nicht, lieber Freund, daß schon das Stunden-Buch ganz erfüllt war von der Entschlossenheit, in der ich (einseitig, wenn Sie wollen) zugenommen habe? Die Kunst nicht für eine Auswahl aus der Welt zu halten, sondern für deren restlose Verwandlung ins Herrliche ... Es kann im Schrecklichen nichts so Absagendes und so Verneinendes geben, daß nicht die multiple Aktion künstlerischer Bewältigung es mit einem großen, positiven Überschuß zurückließe, als ein Dasein-Aussagendes, Sein-Wollendes: als einen Engel.«

20. AUGUST: R. erhält die übersandten Übertragungen Jethro Bithell's von Sidie Nádherný mit negativem Urteil zurück; er erwidert: »Es wundert mich immer der vielen Leute, die das Übertragen von Versen mit emsiger Bonhommie besorgen, als ob es etwas durchaus Bürgerliches und Braves wäre, und dabei ist es doch recht eigentlich das Wunder ...« Hinfort werde er »in ähnlichen Sachen« die Entscheidung dem Verleger überlassen.

VOM 1. BIS 17. SEPTEMBER reist R. in den Schwarzwald. Er steigt in Rippoldsau im Kurhotel ›Sommerberg‹ ab, Badearzt ist Dr. Martinus van Oordt. R. erhält den Besuch seiner Frau, die aus Rippoldsau an S. Fischer schreibt wegen des Auftrags, eine Büste von Tutti Fischer zu arbeiten (7.9.09).

1. SEPTEMBER: Straßburg. Am folgenden Tag berichtet R. Mathilde Vollmoeller von seinem Vormittag in Straßburg: »Und gestern hab ich an Sie gedacht ... weil ich in der durchbrochenen Treppe den einen Münsterthurm aufwärtsstieg, so lange bis von der weiten Thurmterrasse aus Straßburg zu sehen war ... Fast am Schönsten aber wars, im Aufwärtskreisen die Ausschnitte wahrzunehmen, die sich ergaben und unten krokodilenfarben, alle die alten Dachschuppenmassen sich auf- und abheben zu sehen.« R. fährt fort: »Oben stand ich lange in jener Art Innenraum unter dem vollendeten Thurm, sah die Uhr schlagen und den alten Wächter auf einer anderen Glocke ihr nachschlagen, noch einmal elf ... Und auf den Quadern schön eingegraben las ich dabei die Besuche von 1770: Stolbergs und Goethe und ein Freiherr von Leykham und ein Chevalier de Bessen, Kammerherr aus Kopenhagen.«

Ankunft in Bad Rippoldsau. R. hat den österreichischen Bauernfeld-Preis erhalten, dessen Dotierung ihm erlaubt, eine Kur im Schwarzwald unter ärztlicher Aufsicht zu beginnen.

5. SEPTEMBER: R. läßt Kippenberg wissen: »Dienstag bin ich, mich blindlings entschließend, über Straßburg hierher gefahren zu den al-

ten Heilquellen dieser Waldgegend...«, das Aushalten am Schreibtisch, zu dem er sich lange gezwungen habe, damit beendend.

Für Manon zu Solms, die ihre Jugend in Straßburg verbracht hat, beschreibt R. die alten Gassen, das Münster und seine Turmbesteigung.

5. SEPTEMBER: R. schreibt an Tora Holmström über die letzten Monate in Paris: »Und es giebt, Sie wissen es selbst, keine größere Kleinmüthigkeit, als die, welche aus solchem Nichtkönnen entsteht; wenn man sich täglich vorstellt, wie gut und herrlich die Arbeit ist und was alles, nicht gethan, vor einem liegt; und doch zugleich begreift man nicht mehr, wie einem das bisher Bewältigte möglich war...« Er fährt fort: »Und das Ende war, dass ich vor vier Tagen über Strassburg schnell hierher fuhr...«

10. SEPTEMBER: R. bittet Kippenberg um eine Geldsendung, da die Kur länger und kostspieliger sein werde als erwartet. Seine Beschwerden: »eine Spannung ... in den Wangen, an der Zungenwurzel, im Halse«, schildert R. in einem ausführlichen Bericht an Lou A.-S. vom 23.10.09.

12. SEPTEMBER: »Ich habe mich hier im Walde von Tag zu Tag in dem Plane befestigt, mich langsam südwärts zu ziehen und fürs nächste in Avignon zu arbeiten. Dies läßt sich mit denselben Mitteln gut einrichten, da ich zugleich meine Pariser Wohnung aufgebe und höchstens ein kleines Zimmer im selben Haus behalte für meine Möbel.« R. fürchtet, sich sonst Paris ganz zu verscherzen. »Wenn ich das nächste Mal nach Deutschland komme«, schreibt er weiter an Kippenberg, »so soll meine Reise vor allem nach Leipzig gehen. Wollte Gott, ich hätte dann den ›Laurids Brigge‹ in der Reisetasche. Soll nicht seine Vollendung als Datum unserer Begegnung vorausgesetzt sein?« Der Genehmigung der Bithellschen Übersetzung durch den Verlag stimmt R. zu.

17. SEPTEMBER: Colmar. »Nun hab ich wirklich alle heutige Zeit bis zur letzten in dem Unterlinden-Museum vor den Grünewaldschen Bildern verbracht«, leitet R. seinen Dank an Kippenberg ein für dessen Überweisung von 200,– Mark.

VOM 18. BIS 21. SEPTEMBER ist R. in Paris, Hôtel Foyot. R. kündigt zum 1. Januar seine Wohnung im Hôtel Biron: »das ist seit sovielen Monaten meine erste Leistung und, ich muß sagen, ich bilde mir etwas auf sie ein.« (An Mathilde Vollmoeller, 23.9.09)

VOM 22. SEPTEMBER BIS 8. OKTOBER ist R. in Avignon, Hôtel Europe, von wo aus er Ausfahrten in benachbarte Orte unternimmt, darunter Orange, Carpentras, Beaucaire und vor allem Les Baux.

23. SEPTEMBER: »Fast täglich, während 17 Tagen, hab ich den immensen Papstpalast gesehen, diese hermetisch verschlossene Burg, in der die Papstschaft, da sie sich am Rande anfaulen fühlte, sich zu konservieren gedachte, sich einkochend in einer letzten echten Leidenschaft. Sooft man dieses verzweifelte Haus auch wiedersieht, es steht auf einem Felsen von Unwahrscheinlichkeit«, schreibt R. an Lou A.-S.; von Villeneuve aus habe Avignon ihn an Nowgorod denken lassen. (23.10.09)

26. SEPTEMBER: »Was mich angeht, so bin ich wieder in der Provence und in einer der wunderbarsten Städte der Welt. Ein Jahrhundert päpstlicher Geschichte ist hier vergangen und nicht vergangen: denn der päpstliche Palast steht trotz aller Verwüstungen und ist von einer ungeheueren Mächtigkeit und Grandiosität.« (An die Mutter)

R. beglückwünscht Rodin zur Aufstellung des »Victor Hugo-Denkmals«, die am 30. 9. in den Gärten des Palais Royal stattfinden soll, und erinnert an die Feier bei der Enthüllung des »Penseur«.

Seinen großen Eindruck von Les Baux vermittelt R. an Lou A.-S., zumal er in den dort 1621 vertriebenen Salomés Vorfahren Lous gefunden zu haben glaubt. »Hast Du nie von Les Baux gehört? Man kommt von Saint-Remi, wo die Provence-Erde lauter Felder von Blumen trägt, und aufeinmal schlägt alles in Stein um ... Und gegenüber, fern in die Himmel eingelegt wie Stein in Stein, heben sich die Ränder der seltsamsten Ansiedlung herauf, und der Weg hin ist so von den immensen Trümmern, (man weiß nicht, ob Berg- oder Thurmstücken) verlegt und verstürzt, daß man meint, selber aufliegen zu müssen, um in die offene Leere dort oben eine Seele zu tragen. Das ist Les Baux. Das war eine Burg ...« R. ist einen ganzen Tag dort, trennt sich von dem Custoden: »Und von da ab ging ich nur noch mit einem Hirten um, der wenig sagte. Wir standen nur nebeneinander und schauten beide immerzu auf den Ort. Die Schafe weideten auseinander auf dem raren Boden.« (23.10.09)

R. vermerkt 1909 drei Werke, in denen Les Baux behandelt wird, im Taschenbuch: Abbé Papon, »Histoire générale de Provence«. T. I, Paris 1777; A. Castéran, »Nouveau Guide pratique, artistique, complet: Les Baux«, Paris 1903, und Jules Canonge, »Notice historique sur les Villes des Baux en Provence et sur la Maison des Baux«, 2me éd., Avignon 1857.

Das letzte zeigt die größte Übereinstimmung mit der Darstellung im Abschnitt über den verlorenen Sohn am Schluß des »Malte«.
1. OKTOBER: R. verbringt den Tag in Carpentras.
8. OKTOBER: Rückkehr nach Paris.
9. OKTOBER: R. meldet Kippenberg: »die Idee, gleich weiter nach Süden zu gehen, hab ich nun doch aufgegeben: Avignon hat mir viel zu sehen gegeben, und da ich meine Wohnung hier ohnehin bis zum ersten Januar behalten mußte, bin ich gestern abend gern in die bekannten Verhältnisse zurückgekehrt und will sie nun noch eine Weile zum Besten verwenden.« R. dankt für »den schönen Faust des Insel-Verlages«.
11. OKTOBER: An Madeleine de Broglie: »j'aurais aimé infiniment de vous montrer Avignon, ses tours sonnantes, son pont légendaire et le mystère inouï de son Château-fort, impénétrable, hermétique où on découvre d'admirables fresques et où dans une des mille salles dégradées on découvrira un jour (j'en suis convaincu) la plus impossible licorne qui fut jamais peinte.«
12. OKTOBER: Tagebucheintragung Kesslers nach einem Besuch bei R.: »Nachmittags bei R. in seinen schönen fürstlichen Räumen im Hotel de Biron, neben Rodin. Von draussen leuchtete durch die mächtigen Flügelfenster der Garten herbstlich herein, R. sass schwach und trotz der warmen Herbstsonne fröstelnd da. Er wolle diese Räume aufgeben. Es hätten sich so viele düstere Erinnerungen darin für ihn angesammelt; er sei so viel in ihnen krank gewesen, so viel arbeitsunlustig: das lege sich jetzt in ihnen wie Spinnweben auf ihn. Der vorige Winter hier sei für ihn so schlimm gewesen, zum Teil physisch, zum Teil seelisch. Es hätten ihm so viele Dinge, die er zu kennen glaubte, eine neue Seite zugekehrt; seine ganze Welt sei sozusagen ins Wanken gekommen. Er nannte mir als eine von diesen für ihn verwandelten Erscheinungen Rodin.« Kessler gibt ein langes Gespräch über den alternden Rodin wieder, das mit R.s Worten schließt: »Sein ganzes riesenhaftes Werk, in dem er, wie ich glaubte, mit allen diesen Dingen gerungen und fertig geworden wäre, stellt sich jetzt im Gegenteil als ein Hindernis heraus, als das, was ihm keine Zeit gelassen hat, je ernst über diese Dinge nachzudenken, je zum Tod, zur Frau, zur Sinnlichkeit irgendeine feste Stellung zu gewinnen; so überwältigen ihn diese Dinge alle jetzt, wo er nicht mehr so stark arbeiten kann, wo er plötzlich Zeit hat, und so wird das Alles für ihn zu einem Schrecken, zu einem Grauen.«
OKTOBER: Als Beilage zur »Deutschen Arbeit« (Jg. 9, Heft 1) erscheint

die Komposition von Hans Effenberger: »Herbst. R. M. R. Aus einem Herbstzyklus« (Singstimme und Klavier).

18. OKTOBER: R. dankt Frau Hedwig Fischer für eine Photographie der von Clara R. gearbeiteten Büste ihrer Tochter Tutti (Brigitte). Bei R. sieht Graf Kessler diese Aufnahme: »es überzeugte ihn auf den ersten Blick«. R. freut sich, daß auch Hauptmann die Büste gesehen hat, und ist selbst gespannt auf das Original.

19. OKTOBER: R. sendet Sidie Nádherný, die nach Rom gereist ist, »einige Aufsätze über Italienisches aus dem Figaro«, die er »mit Freude und Bewunderung gelesen« hat (von Abel Bonnard, Henry Bordeaux und Hélène Vacaresco).

20. OKTOBER: R. schildert Kippenberg den augenblicklichen Zustand seines »Malte«-Manuskriptes, das zur Hälfte vorliege: »Nun steht der Text in kleinen Taschenbüchern und einem älteren größeren Manuskript und ist schlecht zu übersehen; nicht das allein: im vergangenen Winter in zunehmender Erschöpfung und Unpäßlichkeit mühsam weiterarbeitend, habe ich, ganz gegen meinen sonstigen Gebrauch, mich zu nachlässiger und undeutlicher Aufzeichnung mancher Partien gehen lassen; so daß eine gleichmäßige durchgehende Abschrift auch dadurch schon nötig wird ...« R. bittet Kippenberg um seine Hilfe: »so will ich meine Arbeit zunächst fortsetzen, unter der Vornahme, ehe ich wieder weiter fort reise, im Winter also, für etwan acht Tage nach Leipzig zu kommen, wo Sie mir sicher einen genauen Abschreiber empfehlen und an die Hand geben könnten.« Es sei für ihn unmöglich, die Kopistenarbeit selbst zu übernehmen und fortsenden könne er das Manuskript auch nicht.

26. OKTOBER: Kippenberg lädt R. zu sich nach Leipzig ein, dieser nimmt dankbar an: »Sie kennen meine Pläne. Meine Pariser Wohnung ist für den ersten Januar aufgegeben; erst im Frühling wollte ich mir eine andere suchen und bis dahin im Süden sein. Zwischen jenes Fortgehen von hier und diese Reise käme der Besuch und die Arbeit in Leipzig zu liegen ... Ergibt es sich dann überdies, daß Ihre, gewiß treffliche, Sekretärin Zeit und Lust für mich hat, so wäre das für den armen ›Laurids Brigge‹ ein ganzer Segen. (Aber an so viel Gutes mag ich gar nicht auf einmal glauben.)«

27. OKTOBER: »Diese Kuranstrengung (eine unsinnige und jammervoll anstrengende) machte nichts besser.« (An Mimi Romanelli, Original französisch)

3. NOVEMBER: R. erzählt seiner Frau von einem Besuch bei Rodin: »Jetzt steht ein Phonograph bei ihm. Die Marquise zieht ihn auf, und die Sache schnurrt ins Runde. Mir bangte, als ich mich dazu geladen merkte. Aber es war herrlich; sie haben ein paar Platten mit alten gregorianischen Gesängen gekauft, die niemand mag ...« Im Laufe des ›Programms‹ werden andere Platten gespielt: »Vielleicht braucht Rodin das wirklich jetzt, so jemand, der mit ihm vorsichtig und ein wenig kindisch heruntergeht von allen den Gipfeln, auf die er immerfort gerät. Früher blieb er oben ...« Mme. Claire de Choiseul steht damals Rodin sehr nahe.

R. dankt Gerhart Hauptmann für den Entschluß, seine Porträtbüste bei Clara R. in Auftrag zu geben, da Rodin nur noch die Bestellungen sehr reicher Amerikaner übernehmen kann.

4. NOVEMBER: R. vermerkt im Taschenbuch: »Klopstock Messias kaufen«.

6. NOVEMBER: »La Poésie Allemande Contemporaine« (Nietzsche, Liliencron, Dehmel, Mombert, George, Hofmannsthal, Rilke, Dauthendey, Wedekind) »Conférence de M. Albert Dreyfus faite le Samedi 6 Novembre 1909. Salon d'Automne«, darin: Französische Übertragungen von vier Gedichten R.s durch Ch. Morice: aus den »Frühen Gedichten«, dem »Stunden-Buch« und den »Neuen Gedichten«.

UM DEN 6. NOVEMBER erscheint der »Insel-Almanach auf das Jahr 1910« mit einem Vorabdruck aus den »Aufzeichnungen des Malte Laurids Brigge«: »Daß man erzählte, wirklich erzählte, das muß vor meiner Zeit gewesen sein ...« Die Handschrift ist erhalten.

11. NOVEMBER: An die Krankenschwester Heime Magdalene Kawerau schreibt R.: »Vor Jahren habe ich in einem meiner Taschenbücher den Titel einer Arbeit aufgezeichnet, die ich mir für später vornahm ›Die vierzehn Nachtwachen der Schwester Luitgarde‹ steht dort und an anderer Stelle nochmals ›Die vierzehn Nachtwachen der Schwester Godelieve‹ und das sollte nichts sein, als die ganz einfache Erzählung von vierzehn solchen langen Nächten, wie Sie sicher viele kennen. Ich bin noch in großen anderen Arbeitszusammenhängen, die mich binden und brauchen, so daß nicht abzusehen ist, wann ich diesen Plan werde ausführen dürfen ...« R. bittet Fräulein Kawerau, die an der Charité in Berlin arbeitet, um einzelne ihrer Erfahrungen.

15. NOVEMBER: Für Ellen Key zu ihrem 60. Geburtstag am 11. Dezember 1909 schreibt R. einen Beitrag: »Einst, als Ellen Key auftrat, war sie

im Recht, und so rein und eindeutig ist das Wesen ihrer Persönlichkeit, daß sie es sicher einmal wieder sein wird, und dann endgültig...«
Dieser erscheint am 5.12.09 in »Idun«, Illustrerad Tidning för Kvinnan och Hemmet, darin S. 581: »Europeiska Stämmor om Ellen Key«.

17. NOVEMBER: Über Avignon heißt es an Frau Rosa Schobloch: »Die Stadt blieb mir wunderbar vom ersten Moment bis zum letzten Rückblick aus dem pariser Schnellzug« und: »was die Provence ringsum als Hintergrund, Umgebung, Ferne, Himmel und Spiegelung bedeutet, das kommt noch als ein ganzes Bouquet von Erfahrungen und Erstaunungen zu allen den Eindrücken hinzu.«

19. NOVEMBER: Zu Clara R.s Geburtstag am 21.11. schildert R. ihr »so viel vertrautes Paris«, als er aufbringen kann. Darin heißt es: »Bei den Vegetariern ist ziemlich alles unverändert«, es folgen Bemerkungen über die recht wunderlichen Gäste.

25. NOVEMBER: R. schreibt auf ein ihm von Marie Franzos übersandtes Blatt einen Gedichtanfang für Ellen Key, – »ich blätterte gleich durch mein Taschenbuch« – und schickt das Blatt zurück. »Bilden die Nächte sich nicht aus dem schmerzlichen Raum ...« (Reinschrift der ersten Strophe)

28. NOVEMBER: An Georg Brandes, der im Hospital liegt, empfiehlt R. Gides »Porte Etroite«: »ich müßte mich sehr irren, wenn das Buch mit seiner intimen Präzision Ihnen nicht noch mehr Freude machen wird, als es mir bereitet hat ... Gides Mittel, die ich hier zum ersten Male bewundern durfte, sind der Welt, die er setzt, merkwürdig mächtig.« R. hebt Gide positiv von Georges Rodenbach ab.

29. NOVEMBER: Über das vergehende Jahr sagt R.: »es hat nie soviel Widerstand um mich gegeben. Wollte Gott, es wäre ein Drache, aber es sind Gespenster; es ist ein Heuschreckenheer ... Die lange Arbeit, mit der ich mich eingelassen habe, schafft mir seltsame Einsichten: einerseits macht sie meine Einsamkeit irgendwie definitiv; andererseits seh ich gar nicht ab, wie ich alles, was nun immerzu zu leisten sein wird, ohne eines nahen Menschen Ruhe, Schutz und Wärme soll vollbringen können.« (An Sidie Nádherný)

DEZEMBER: R. schreibt das Lied Abelones »Du, der ichs nicht sage, daß ich bei Nacht / weinend liege ...« für die »Aufzeichnungen des Malte Laurids Brigge«.

In R.s »Papieren« findet sich eine Notiz, die das achte der Sonette der Louize Labé betrifft. Er nimmt die dritte und die achte Zeile aus einer

französischen Ausgabe auf und stellt darunter, hinweisend auf die Widmung Louize Labés an ihre Freundin Clémence de Bourges: »Überstehen von Jahreszeit und Liebe« (Rilke-Archiv).
3. DEZEMBER: Dem Feuilleton-Redakteur der »Frankfurter Zeitung«, Dr. Carl Weichardt teilt R. mit: »es fällt mir, offengestanden, jedesmal sehr schwer, Gedichte einzeln ... zu veröffentlichen«; »jetzt – dauernd anders beschäftigt«, habe er sehr wenige Verse geschrieben und darunter keine, mit denen er »an so betonter und besonderer Stelle heraustreten« wolle.
10. DEZEMBER: R. schickt Ruth zum 8. Geburtstag ein Bilderbuch »so schön eingepackt, geradenwegs von Paris«.
R. erhält einen ersten Brief von Fürstin Marie von Thurn und Taxis-Hohenlohe: »Geehrter Herr Rielke – Verzeihen Sie, wenn ich Ihnen unbekannter Weise diese Zeilen schicke, aber eigentlich kann ich kaum ›unbekannter Weise‹ von einem Dichter sagen dessen Werke ich so sehr bewundere – außerdem haben wir einen gemeinsamen Freund, Dr. Rudolf Kassner.« Sie lädt R. auf Montag, 13. 12., zum Tee zusammen mit der Comtesse de Noailles ins Hôtel Liverpool ein.
R. antwortet zusagend: »Ich habe seit Monaten Menschen nicht gesehen; aber nun verspreche ich mir dieses seltene Aufschaun aus der Arbeit, das Ihre Güte mir bereiten will.« R. bleibt der Fürstin Taxis bis an sein Lebensende verbunden, ihr Briefwechsel umfaßt an 460 erhalten gebliebene Briefe.
11. DEZEMBER: An Kippenberg meldet R.: »Endlich ... bin ich wieder, seit einer Weile, aufs offene Feuer gestellt: ich siede vor Arbeit, und so werde ich hier hoffentlich in Freude und Gewissen abschließen dürfen.« R. plant Vorträge in Elberfeld und Jena, ersteren am 10. Januar 1910.
13. DEZEMBER: Erste Begegnung mit der Fürstin Taxis.
14. DEZEMBER: R. dankt der Fürstin: »Die lange Einsamkeit, in der ich lebe, läßt mich leicht ungeschickt sein im Besitzergreifen solcher Begegnungen, aber, wenn mich nicht alles täuscht, so bin ich sicherer im Halten und Lieben dessen, was sie mir an Lebenszuwachs und lebendiger Bereicherung bedeuten.«
21. DEZEMBER: R. sendet Sidie Nádherný die zweibändige Ausgabe der Werke von Louize Labé, Paris 1881: »Innen sind sie voll Herz. Wenn auch keines dieser Sonette (und auf die kommt es vor allem an,) die Zusammenfassung und Dichte jenes Sonetts der Gaspara Stampa hat, so sind sie doch alle schöne Dinge der Renaissance ...«

21. DEZEMBER: R. bedenkt Frau Rosa Schobloch mit dem »Malte«-Fragment im neuen Insel-Almanach.
An Hedwig Fischer heißt es: »Ich stecke so in Arbeit (endlich, endlich wieder!), daß ich gar nicht aufsehn mag, zumal mir schon Anfang Januar Packen, Umzug und Reise bevorsteht. Ich soll in einigen Städten sprechen und komme dann langsam über Elberfeld, Leipzig, Jena nach Berlin, für das ich mir vor allem eine stille schöne Stunde bei Ihnen wünsche!« Es ist R.s letzte Vortragsreise in Deutschland.
In diesen Tagen schickt R. als Weihnachtsgabe für Lou A.-S. die Reproduktion eines Gemäldes von Eugène Carrière: »Christus am Kreuz«. Auf der Rückseite die Worte: »Weihnachten 1909. Rainer.« Lou A.-S. dankt am 28.12.: »Weißt Du noch, wie die Christuslegenden das erste waren, was Du mir in den Fürstenhäusern vorlasest?« (Mai 1897 in München)
WEIHNACHTEN: R. ist allein in Paris; an Frau R. Schobloch sendet er das Ellen-Key-Heft von »Idun«: »Ich thue dies nicht um meines kleinen Beitrags willen, der ohne Bedeutung ist, sondern wegen des sehr schönen Bildnisses, das in dem Heft die erste Stelle einnimmt ...« Er fährt fort: »Für Lektüre bin ich leider der denkbar schlechteste Berather. Ich lese fast nichts Neues; ich glaube, ich werde am Ende mit zwei, drei alten Büchern auskommen, die ich für unendlich halte. Aber ein Bekannter (Graf Kessler ...) hat mir neulich ein Buch von André Gide mit so dringlicher Anempfehlung ins Haus gebracht, daß ich diese ›Porte étroite‹, ganz gegen meine Gewohnheit, gelesen habe, wie ich gerne eingestehe mit Freude und Bewunderung ...«
28. DEZEMBER: R. bittet Rodin, die ihm als Weihnachtsgabe zugedachte eigenhändige Zeichnung erst nächste Woche abholen zu dürfen: »Je fais le siège de quelques difficultés désespérées qui se sont retranchées dans le donjon de mon travail. Il se peut que je doive reprendre mon assaut pendant plusieurs jours ...«
Der Fürstin Taxis übersendet R., eingeschrieben in ein kleines blaues Buch (»das wenige Manuskript verliert sich in dem umständlichen kleinen Band«) seinen Aufsatz über die Gedichte der Comtesse de Noailles vom 14.9.07: »Die Bücher einer Liebenden«. R. schreibt dazu: »wenn ich nicht irre, so hätte die eine oder andere Stelle an dem überaus merkwürdigen Abend entspringen können, an dem ich der unbeschreiblichen Dichterin bei Ihnen begegnen durfte.«
31. DEZEMBER: Neujahrsgruß an Mimi Romanelli, die wieder in Paris

bei ihrem Bruder ist. R., »obsédé du travail qui avance à petits pas«, bittet sie zum 3.1.10: »La Porte Etroite‹ de Gide vous attend chez moi.«
UM DIE JAHRESWENDE 1909/10 schreibt R. den ursprünglichen Schluß der »Aufzeichnungen des Malte Laurids Brigge« nieder, in zwei Fassungen: die erste über Tolstoi: »Wenn Gott ist, so ist alles getan ...« – wie dieser »sein Herzwerk« verläßt; die zweite: »Wozu fällt mir aufeinmal jener fremde Maimorgen ein? ...«, stellt den Besuch bei Tolstoi in Jásnaja Poljána am 31.5.1900 als Erinnerung ›Maltes‹ dar. Beide Fassungen werden verworfen und bleiben ungedruckt. R. fußt bei den biographischen Einzelheiten auf: »Léon Tolstoi, Vie et Œuvre / Memoires«, réunis ... par P. Birukov, Paris: Mercure de France, 3 vols. 1906-09.

Im Jahre 1909 veröffentlicht R. in folgenden Zeitschriften: »Die Neue Rundschau« Berlin, »Hyperion« München, »Hyperion-Almanach auf das Jahr 1910« (Wiederabdruck der »Nonnen-Klage«), »Idun« Stockholm und »Insel-Almanach auf das Jahr 1910« Leipzig.
Neuauflagen: »Das Buch der Bilder«, 3. (gegenüber der 2. unveränderte) Auflage, Axel Juncker-Verlag Berlin. »Das Stunden-Buch«, 3. Auflage, Insel-Verlag Leipzig.
In der Anthologie »Contemporary German Poetry. Selected and translated by Jethro Bithell« London 1909 erscheinen die ersten Übertragungen von Gedichten R.s ins Englische: Neun Gedichte aus den »Frühen Gedichten«, dem »Stunden-Buch« und den »Neuen Gedichten«. Japanisch erscheint »Das tägliche Leben«, übertragen von Ogai Mori, 1909.

1910

3. JANUAR: R. räumt seine Zimmer und läßt seine Möbel in einem Raum des Hôtel Biron unterstellen. Er dankt Rodin für die Zeichnung, ein Blatt aus der Reihe der kambodschanischen Tänzerinnen: »maintenant qu'il est à moi, dès le premier moment, je sens que la possession surpasse toute mon attente, qu'elle est inépuisable et qu'elle oblige infiniment.«
4. JANUAR: R. bittet in einem deutsch geschriebenen Brief Pietro Romanelli um Geduld der Schwester gegenüber: »Sie liegen ihr an, Sie werfen ihr vor, daß sie nicht ein Gemüse werden mag, eine Cichorie, mit der jeder Bürger seinen Caffee verdünnen und verbilligen kann – ... Alle, die sie liebten, haben sie wie eine Seelige behandelt, die nichts von der Erde braucht, mit jedem Wort ihrer Bewunderung haben sie sie in unbeschreibliche Himmel hinaufgedrängt, solange bis ihr herrliches Angesicht den Widerschein aller Engel auf sich trug ...«

5. JANUAR: »Avant je commence ma journée«, schreibt R. an Mimi Romanelli über das Gebet: »je me sais ce matin loin de ces avares, qui avant de prier, demandent si Dieu existe. S'il n'est plus ou pas encore: qu'importe. Ce sera ma prière qui le fera car elle est toute création telle qu'elle s'élance vers les cieux ...«
8. JANUAR: Am Tage seiner Abreise aus seinem »hohen ovalen Zimmer« in der Rue de Varenne dankt R. der Fürstin Taxis für ihre Güte: »wie einer aus einem unheimlichen Haus tief aufathmend unter die Sterne tritt, so war ich plötzlich im hohen Freien, und aus meinem bedrängten Alleinsein war – kaum begreif ich wie – wieder die Einsamkeit geworden, die ich von Kindheit auf geliebt habe, die immer über mich hinausgeht, aber nie gegen mich ist.« Zur Reise heißt es: »Vor der Hand ruft mich die Arbeit nach Deutschland, zum Insel-Verlag, wo ich mein neues Buch aus dem Manuscript diktieren will. Im April gedenk ich wieder in Paris zu sein; für Februar und März hab ich merkwürdige Reisepläne, an die ich nicht recht glaube ...«

Beginn der Schaffenskrise

AM 8. JANUAR reist R. nachts aus Paris ab. Bis zum 24. Mai hat er dort keine eigene Wohnung mehr.
9. JANUAR: R. liest in Elberfeld aus eigenen Werken; Paul Zech berichtet, er habe den »Panther« gelesen, den »Cornet«, »Die Rosenschale«, »Hetären-Gräber«, »Leichen-Wäsche«, »Schlangen-Beschwörung« und aus den »Aufzeichnungen des Malte Laurids Brigge«. R. ist Gast August von der Heydts. Bei Rodin fragt R. an, ob er weiterhin den großen Tisch behalten könne, und übermittelt für Madame la Duchesse de Choiseul die Maße seines bisherigen Zimmers.
10. JANUAR: An Mathilde Vollmoeller berichtet R., er habe in Paris gerade noch erfahren, daß Bernheim jeune eine Cézanne-Ausstellung vorbereite. »... obgleich ich gestern hier zu sprechen hatte, verlegte ich meine Abreise, fuhr erst die letzte Nacht und war am Nachmittag vorher noch zwei Stunden vor den Cézanne, die Fénéon mir ruhig und langsam gegenüberstellte, eines nach dem anderen, vielleicht an zwanzig Bilder ... vieles mir ganz Neue, nicht Unerwartete, aber doch die große

Erwartung weit Übertreffende; Landschaften, sehr weitgeführte Porträts, alles, mit einem Wort. Und wieder entstand, kaum daß da zehn Bilder auf einmal nebeneinander standen, die gewisse Luft, die von ihnen ausgeht, die Atmosphäre, die das Geheimnis ihrer Einheit enthält.«
AM 11. JANUAR kommt R. in Leipzig an. Am folgenden Tag meldet er sich bei Kippenberg: »Es ist soweit ... ich bin in Leipzig.«
VOM 12. BIS 31. JANUAR wohnt R. bei Kippenbergs in Leipzig, wo er die »Aufzeichnungen« diktiert und unter anderem auch das Gedichtmanuskript Hans Carossas für den Insel-Verlag prüft. Zwischendurch kommt er seiner Vortragsverpflichtung in Jena nach.
22. JANUAR: Aus Jena berichtet R. Rodin nach Paris: »Invité par un groupe d'étudiants, j'ai fait hier soir à Jena une lecture de pièces choisies de mes livres ... M. et Madame de Nostitz sont venus de Weimar assister à ma conférence; il m'a été donné après de passer avec eux une demi-heure jusqu'au départ de leur train ...« R. kehrt am nächsten Tag nach Leipzig zurück, wo er, bis auf einen Spaziergang in der Mittagsstunde, den Tag über diktiert.
Helene von Nostitz erinnert sich: »Ich traf R. zum ersten Male in Jena, als wir in Weimar wohnten. Er las dort vor einem kleinen Kreis aus Malte Laurids Brigge ›den verlorenen Sohn‹ vor. Ich sehe ihn noch wie er langsam vor den Zuhörern seine grauen Handschuhe auszog und eindringlich mit seinen großen, ernsten Augen um sich schaute, als wollte er mit der Ausstrahlung der Menschen vertraut werden, denen er sein Leben offenbaren sollte. Dann las er langsam und eindringlich ...«
23. JANUAR: An eine der Besucherinnen seines Jenaer Vortrags, Charlotte Veit, schreibt R., er bedaure, daß es zu keinem Gespräch gekommen sei: »Schon im Saal während ich las, waren Sie unter denen, die ich unterschied, für die ich las, deren Zuhören mich freute ...«
26. JANUAR: R. dankt Frau von Nostitz für ihre Zustimmung zu dem Leseabend. R. hat den Schluß des »Malte« vorgelesen.
27. JANUAR: R. beendet sein Diktat; er meldet der Fürstin Taxis: »es ist keine halbe Stunde her, seit ich das letzte Wort aus meinem Manuscript diktiert habe.« Er dankt für die Einladung nach Duino, glaubt, auf der Rückreise aus dem Süden sie Ende April dort besuchen zu können.
VOM 31. JANUAR BIS 21. FEBRUAR ist R. mit Clara R. zusammen in Berlin, Hospiz des Westens, wohin sie sich Ruth holen.
31. JANUAR: R. dankt Katharina Kippenberg für ihre Gastfreundschaft, es ist der erste von 139 Briefen an Frau Kippenberg.

1. FEBRUAR: R. schreibt Kippenberg nach München: »Sie glauben nicht, wie sicher und ruhig mich die Erfahrung Ihrer Gastfreundschaft macht.« R. trägt Grüße für Wilhelm von Scholz auf.

7. FEBRUAR: »Was Berlin angeht, so kommt es mir konfuser und rücksichtsloser vor als ich es kannte; es war unvorsichtig, daß ich, zu allem, das Wiedersehen mit der kleinen Ruth vor so viel Unruh verlegt habe ...« (An Kippenberg)
Max Dauthendey berichtet seiner Frau: »es war gestern bei Fischers eine riesige Gesellschaft, lauter Kunstriesen, fünfundfünfzig Personen ... Ich saß am Tisch der Frau Fischer, sie saß zwischen Rilke und mir. Neben mir Frau von Hofmannsthal und Brahm und Gabriele Reuter, die berühmte weißhaarige Schriftstellerin ...« Weiter heißt es: »Es wurde ausschließlich fortwährend getanzt. Nur die Lyriker, Hofmannsthal, Rilke und ich, tanzten keinen Schritt, dafür die Maler Corinth und Orlik und Weiß um so mehr.«

8. FEBRUAR: R. teilt Frau von Nostitz mit, er habe Hofmannsthal noch nicht gesehen: »ich verfehlte ihn neulich.«

11. FEBRUAR: R.s und Kippenbergs nehmen an der Premiere von Hofmannsthals Komödie »Cristina's Heimreise« bei Reinhardt im Deutschen Theater teil, in der Pause lernt auch Clara R. das Verlegerehepaar kennen. Anschließend ist im Hôtel de Rome ein größerer Kreis versammelt: neben den Genannten noch Hofmannsthals, Eberhard von Bodenhausen, van de Veldes, Graf Kessler, Vollmoellers, R. A. Schröder, Meier-Graefes, Emil Orlik, der Maler Leo von König und andere. R.s sind nicht anwesend.
Nach der Aufführung von »Cristina's Heimreise« schreibt R. an Hofmannsthal, da er am anschließenden Zusammensein nicht teilnimmt (»ich bin nichts unter vielen Menschen«): »Sie wissen sicher selbst, etwas wie Wunderschönes Ihnen da entstanden ist und Sie kennen mich genug, um zu verstehen, aus welchem Einvernehmen unserer Aufgaben heraus ich das unvergleichliche Gelingen einzelner äußerster Dinge, die nun da sind – zum ersten Mal und für immer – bewundert habe. Dies mußte ich Ihnen noch denselben Abend schreiben ...« Hofmannsthal antwortet: »Ihre guten schönen Worte, als ich sie nachts beim Nachhausekommen fand, haben mir die tiefste Freude gemacht ... Nun wünsche ich mir – wie sehr – Sie still und wirklich zu sehen«; er bittet R. und seine Frau zum 14. 2. zum Tee (13. 2. 10).

12. FEBRUAR: Kippenbergs sind Gäste R.s, sie lernen auch Ruth kennen.

15. FEBRUAR: R. und seine Frau gehen ins Deutsche Theater: »nochmals zum Hofmannsthal Stück, um den ersten Eindruck, der durch die erregte Premièren-Umgebung und alles Darüber-reden-müssen beeinträchtigt war, zu korrigieren« (an Frau v. d. Heydt).

21. FEBRUAR BIS 7. MÄRZ ist R. nochmals in Leipzig bei Kippenbergs zu Gast.

26. FEBRUAR: R. beantwortet Frau Rosa Schoblochs Frage nach den Büchern, die er in seinem Weihnachtsbrief erwähnt hat: »Unter den ›alten Büchern‹ ... die mich zu neuen kaum kommen lassen, ist die Bibel das vorzüglichste, das alte Testament, die Psalmen; diesmal hab ich überdies die Briefe der heiligen Therese [von Avila] mit und, was ich über die Maßen bewundere: Goethes Briefwechsel mit einem Kinde, d. h. nicht Goethes Antworten darin, sondern alles, was ihm Bettine schrieb.« Von sich sagt R., daß er in Leipzig sei: »um das Letzte an meinem Buche zu thun«.

27. FEBRUAR: An Jeanne Gräfin von Bernstorff schreibt R. nach Paris: »Aber nun bin ich drei Wochen in Berlin gewesen, in dieser heftigen aggressiven Stadt, mit der ich nicht umzugehen verstehe.« Die Menschen, die er habe sehen wollen, habe er kaum aufgenommen, »in Berlin, wo sie einem in Bündeln begegnen, wo einer zum andern hintreibt und wieder von ihm fort ohne Ruhepunkt und Halt in dem überall unbestimmten Raum dieser sich rapide bildenden Neuwelt«. Er fährt fort: »Zum Glück gab es einzelne starke Zusammenfassungen, die den Berlinischen Einfluß überwogen: Hofmannsthal, den ich wiedersah in Ruhe, und seine bestrittene Komödie ›Christinas Heimreise‹, die für mich ein Ereignis war. Dann das Wiedersehen mit Clara, die ihre begonnene Hauptmann-Arbeit mitgebracht hatte« (Clara R. kommt aus Agnetendorf nach Berlin).

1./2. MÄRZ: R. besucht Frau von Nostitz in Weimar.

2. MÄRZ: R. erzählt seiner Frau aus Weimar: »Abends, bei K[essler], las Hofmannsthal seine ›Spieloper‹, zu der Strauß Musik macht. Am meisten freute uns der erste Akt, der voll Laune und Einfall ist: das Lever einer Marschallin (unter Maria Theresia) mit allen Zuständen und Übergängen zwischen Intimität und Außenwelt. Zuhörer waren außer K. und Nostitzens Ludwig von Hofmanns ... van de Velde, Frau Osthaus (Hagen) – die Dich grüßt – und Frau Förster Nietzsche.« R. fährt nach Leipzig zurück.

7. BIS 18. MÄRZ: R. ist nochmals in Berlin, wo er bereits die ersten Kor-

rekturen für den »Malte« liest: »der Satz steht jetzt so wundervoll zum Inhalt.« (An Kippenberg 13.3.10)
13. MÄRZ: R. berichtet Kippenberg, daß M. Schlumberger in Berlin gewesen sei (von der Nouvelle Revue Française), um für einen deutschfranzösischen Verlag mit deutschem Kapital zu werben. Zu den für eine Übersetzung vorgesehenen Werken gehören auch die R.s.
16. MÄRZ: R. bekommt auf seinen Wunsch die Korrekturen »von Rega Ullmann's neuem Buch«: »Von der Erde des Lebens« zugesandt, die er dem Frauen-Verlag in München zurückschickt.
Der Fürstin Taxis meldet R. seinen Besuch in Duino zum 20. April an, bis dahin werde er in Rom sein. »Alleinsein und Sonne«, dazu »das Correcturlesen meines Buches: anfang May wird es voraussichtlich in Ihren Händen sein können. Es ist mir lieb, ich glaube ich werde selber lange nichts anderes lesen.«
VOM 19. MÄRZ BIS ZUM 19. APRIL ist R. zum letzten Mal in Rom, Hôtel de Russie. Im selben Haus sind auch Fischers abgestiegen, die Abende verbringt R. häufig bei ihnen in ihrem kleinen blauen Salon. Sidie Nádherný, die er zu sehen hofft, ist wegen eines gebrochenen Handgelenks nach Wien gereist und kehrt erst um den 23.3.10 zurück. Da sie durch Geselligkeiten stark beansprucht ist, begegnet R. ihr nur selten. Auch mit Eva Cassirer trifft R. in Rom zusammen.
25. MÄRZ: An Kippenberg: »Gestern sandte ich den Schluß der Malte-Laurids-Korrektur (der Fahnenabzüge) zurück ... Es war eigentümlich schwer, dieses Buch daraufhin durchzulesen.« Die zweite Korrektur werde er ›sorglos‹ lesen. Von Clara R. sagt R.: »sie hat den ›Malte Laurids‹ zu lesen begonnen ... Es ist sehr schön, wie sie ihn von vornherein als Gestalt nimmt und gelten läßt und sein Dasein ganz weither begründet. Sie beide, liebe Freunde, und dieser erste Leser: es geht dem ›Malte Laurids‹ nicht schlecht, er kommt tüchtig zu Herzen ... diese Aufzeichnungen sind etwas wie eine Unterlage, alles reicht weiter hinauf, hat mehr Raum um sich, sowie man sich auf diesen neuen höheren Grund verlassen kann. Nun kann eigentlich alles erst recht beginnen...«
R. dankt für die Goetheschen Verse, die Kippenberg ihm abgeschrieben hat: »Und wenn mich am Tag die Ferne ...«
27. MÄRZ: An Giulietta von Mendelssohn-Gordigiani: »dieses Land wiederzuerleben ist jedesmal lauter Verwandlung.«
R. spricht von den Briefen der Santa Caterina: »C'est la voix intérieure,

c'est la conscience d'un siècle«, und von Leopardi: »Es gibt Verse, in denen sein Schmerz wirklich ist, so wirklich, daß die Klage wirklich etwas zu tragen hat. (Mein Dichterschmerz, der ein Metier ist.)«
R. liest ferner die von Kurt Wolff herausgegebenen Briefe und Tagebücher Adele Schopenhauers, Insel-Verlag 1909.
28. MÄRZ: R. schreibt an Mathilde Vollmoeller, nun sei es zu spät zu reisen: »Rom ist unbeschreiblich schön, aber ich begreife nur ab und zu etwas.« In Berlin habe er ihren Bruder wiedergesehen: »Hofmannsthals Komödie war ihm unwichtig und eigentlich ärgerlich, mir war sie sehr viel. Wir konnten uns nicht einigen. Bei Königs frühstückten wir einmal und sahen lauter Grecos hernach ...« R. schließt, er könne nicht lange mehr aus Paris fortbleiben: »es ist mir jetzt, wo ich gar keine Fremde geleistet habe, doppelt beunruhigend, daß ich mir keine Stelle in Paris zurückließ.«
An Ottilie Reylaender geht ein Brief nach Mexiko, wo sie von 1910 bis 1927 bleibt: sähe er sie in Rom: »es wäre so natürlich, natürlicher, als daß ich Ihnen von hier aus in einen entlegenen Erdteil schreibe, für den ich in mir gar keine Beweise aufbringen kann. Und es ist schwer, merk ich, einen Brief zu schreiben, der wochenlang geschlossen bleiben und reisen wird, man denkt unwillkürlich daran, welche Worte sich am Besten halten. Erzählen kann man kaum, wer weiß denn, was Sie in Ihren Umgebungen dort wissen mögen ...«
IN DIESER ZEIT bittet R. Sidie Nádherný: »Bitte, denken Sie daran bei der Einrichtung der nächsten Tage, ob sie nicht eine Stunde für mich haben können ... am Liebsten eine ganz ruhige bei Ihnen.« In einem anderen Billett heißt es: »Die Greco's; ich werde Ihnen zeigen, was ich darüber aufgeschrieben habe.« Von den sieben Gedicht-Entwürfen R.s aus Rom (davon einer in französischer Sprache) teilt R. einen Sidie Nádherný mit: »Ach zwischen mir und diesem Vogellaut ...« (Villa Medici). Sie fährt vor ihm ab wegen einer plötzlichen Erkrankung ihrer Mutter, die am 20. 7. 10 in Wien stirbt.
3. APRIL: »Ich glaube, ich kann nur noch in Paris sein und arbeiten ... oder aber ganz entfernte Städte sehen und Länder und Ausdehnungen. Fremde Gegenstände, die nicht irgendwo mit einem zusammenfließen, so daß man gar nicht mehr in die Lage kommt, Gleiches durch Gleiches zu sagen, sondern die Mühe hat, die fortwährende Aufgabe, die aktive Beunruhigung, sich durch das auszudrücken, was vollends anders ist, in einer reinen Übersetzung von Gleichwerten, die draußen stehen

bleiben, draußen Seele sind, unsentimental abgerückt, und einem draußen bedeuten.« (An Mathilde Vollmoeller)
UM DIESE ZEIT berichtet Jakob Wassermann seiner Frau, er sei eben von der Via Appia zurückgekommen, wo er mit Rilke gewesen sei, sie hätten lange, schöne Gespräche geführt.
7. APRIL: R. fragt bei Kippenberg an: »Glauben Sie, mir nun noch die für den zweiten italienischen Monat verabredeten 400 Frcs senden zu können, wiewohl ich das Velhagen und Klasing-Honorar behalten habe?« (Für die 3. Auflage von »Worpswede«) »Von Wien habe ich noch nichts gehört, sollte das Ministerium sich noch für mich entschließen, so würde ich in jedem Fall mein Konto bei der Insel ein wenig zu entlasten versuchen.«
R. dankt Verhaeren für den Band der »Rythmes souverains«: »J'ai reconnu d'abord cet indomptable Hercule que j'ai trouvé un jour sous l'Odéon avant mon départ de Paris.«
9. APRIL: R. schreibt an Frau von Nostitz über seine Beziehung zu Gerhart Hauptmann, die durch »Michael Kramer« bestimmt ist und sich während der Generalprobe für dies Stück herausgebildet hat: »Er saß neben mir, weiß ich noch, ich dachte er säße immer da, aber plötzlich, von Zeit zu Zeit, erschien er oben wie in einem Spiegel und ging sicher und vorsichtig, mit ganz beleuchtetem Gesicht unter seinen bedrängten, halbfertigen Figuren herum, und hatte etwas völlig Unbeschreibliches vor ihnen voraus ...«
An die Fürstin Taxis meldet R., daß der letzte Korrektur-Bogen fertig geworden ist. Er sei nicht recht wohl: »Es liegt vielleicht auch ein wenig daran, daß ich innen auf viel Ferneres gespannt gewesen war, auf entlegene Weltausdrücke gleichsam, in die man sich hinüber übersetzt; nun scheint mir hier alles fast synonym ... Von wie weit dachte ich nicht zu Ihnen zu kommen.«
10. APRIL: Wassermann ergänzt, er habe nach der Abreise des Verlegerehepaars Fischer »heute Mittag mit Rilke gegessen«.
11. APRIL: Für Manon zu Solms erklärt R.: »Malte Laurids hat sich ... zu einer Gestalt entwickelt, die, ganz von mir abgelöst, Existenz und Eigenart gewann, die mich, je mehr sie sich von mir unterschied, desto stärker interessierte.« – »Die ergreifende Gestalt der Gräfin Julie Reventlow wird nur an der Stelle genannt, die Sie kennen, und, ganz vorübergehend, noch einmal. Malte Laurids hat mir den Wunsch eingegeben, mehr von ihr zu wissen (als er wußte).« R. erwähnt das däni-

sche Werk »Briefe aus dem Reventlowschen Familienkreis« von Ludwig Bobé.
APRIL: Leopold von Schlözer berichtet, R. habe den Wunsch gehabt, Frau Helbig, geb. Fürstin Schachowskoi kennenzulernen. Diese, eine Schülerin von Liszt, wohnte in der Villa Lanta am Gianicolo. Später erinnert sich R.: »ob Deine Villa Lante, die berühmte der Herzoge ist, die zuletzt Mme Helbig, geborene Fürstin Schachowskoi, (einer merkwürdigen, in ganz Rom bekannten Frau) gehört hat: dort habe ich manche gute Stunde verbracht. Mme Helbig, enorm stark geworden, so daß sie nur noch eine Art Bure tragen konnte und trotz ihres damals schon großen Alters, hielt ein sehr gastliches Haus. Leopold von Schlözer hatte mich bei ihr eingeführt und sie erwies mir, wie aller Welt, die unbedenklichste Güte ... Prof. Helbig, der Deutscher war, Archäologe – ich kannte ihn nicht –, wird natürlich sein Eigentum haben verlassen müssen.« (An E. M. Nevar, 1. 4. 1920)
16. APRIL: Kippenberg meldet, er werde am 18. 4. 10 die benötigten 400 Frcs an R. absenden lassen.
VOM 20. BIS 27. APRIL ist R. erstmals Gast der Fürstin Taxis auf ihrem Felsenschloß Duino bei Triest. Dort sind Prinz Alexander (Pascha), der jüngere Sohn der Fürstin, andere Familienangehörige und Rudolf Kassner anwesend. »Auf Duino waren es freundliche Tage, das Einvernehmen mit der Fürstin, das ich in Paris in einem Moment im ganzen erkannte, bewies sich herzlich im einzelnen ... Mit Kassner war ich noch drei Tage dort beisammen, dann mußte er fort; aber er wird jetzt eine Zeit in Paris wohnen. Er ist ein bißchen wie eine Prüfung, und für mich wars nicht die Zeit, zu bestehen; ich bin auf eine sanfte sympathische Art durchgefallen bei diesem Examen ...« (An Clara R., 5. 5. 10)
VOM 28. APRIL BIS 11. MAI bleibt R. in Venedig, Hôtel Regina.
29. APRIL: In seinem Dankbrief an die Fürstin Taxis sagt R.: »Hoffentlich haben Sie gefühlt, wie Sie mich langsam wieder brauchbarer gemacht haben; zuletzt war ich wach und froh und bei der Sache.« R. hat den Plan, über Carlo Zeno zu arbeiten, einen venezianischen Admiral des 14. Jahrhunderts: »je mehr ich von ihm weiß, desto mehr werd ich mir in seiner Figur das Fremde, das ich mir wünsche, aneignen.« R. arbeitet daran in den venezianischen Bibliotheken und klagt Clara R.: »Aber in diesen Büchern und Buchkatalogen bin ich genau so aussichtslos unfindig, wie wenn ich ein Kleeblatt oder Erdbeeren suchen soll. Man kommt mir entgegen, als wäre ich ein Gelehrter, legt mir al-

les hin, aber ich sitze auf den Folianten nicht anders als eine Katze, die mit ihrem Dasein nur verdeckt, was darinnen steht.« (5. 5. 10) Noch 1922 äußert R. der Fürstin Taxis gegenüber: »obzwar ich ja von den unseeligen Carlo Zeno-Versuchen her, es mir muß gesagt sein lassen, daß mir die archivisten Talente abgehen –« (18. 7. 22) Zu Carlo Zeno haben sich 22½ Seiten eigenhändigen Manuskriptes in groß 8° erhalten, ferner 7½ Seiten in klein 8° und drei Merkblätter. Das Manuskript setzt mit Berichten zu Zenos Kindheit ein (Dt. Literaturarchiv Marbach).

30. APRIL: R. beschreibt das Gemälde der heiligen Theresa von Rosalba Carriera in Chiogga. (An die Fürstin Taxis)

11. MAI: R. wendet sich an Mimi Romanelli: »je ne peux pas quitter Venise sans vous dire que, pour la première fois, je pense à vous avec un sentiment qui n'est qu'amer ... vous détruisez vous-même ce que je voudrais vous donner, en me faisant de la violence. Il y a un seul tort mortel que nous pourrions nous faire, c'est de nous attacher l'un à l'autre, même pour un instant ... je vous assure, Mimi, je supplie ceux qui m'aiment, d'aimer ma solitude.« Am 9. 5. hat R. ihr in das Buch von Paul Sabatier »Vie de St. François d'Assise« ein Gedicht in französischer Sprache geschrieben: »Qu'il nous soit permis de temps en temps ...«

UM DEN 12. MAI kehrt R. nach Paris zurück, wo er zunächst ein Zimmer sucht, am 24. 5. zieht er jedoch in ein neues Logement im Palais Biron.

19. MAI: Kippenberg bittet R. um eine Einschrift in das für Katharina Kippenberg bestimmte Exemplar der Vorzugsausgabe des »Malte« zu deren Geburtstag am 1. Juni.

25. MAI: R. antwortet: »Ich bin glücklich, daß es einen Termin gibt, zu dem unser ›Malte Laurids‹ so besonders zurechtkommt: den 1. Juni. Beiliegend das vorzuheftende Widmungsblatt. Ich hätte gern mehr geschrieben, am liebsten Verse: aber hier gehen noch Handwerker ab und zu, fragen, warten und tun sich um. Ich habe nur kurze Gedanken und kleine Stücke Gefühl.« Die Einschrift beginnt: »Einzelnen geb ich dieses Buch gleichsam im Bewußtsein, daß sie ihn gekannt haben ...« Die Auswahl für den diesjährigen Insel-Almanach überläßt R. der »Inselherrin« (Texte aus dem »Malte«).

R. dankt einem »Hohen k. k. Ministerium für Kultus und Unterricht in Wien« für die »gnädige Entschließung«, durch die ihm auf Antrag von Professor August Sauer »eine Ehrengabe von 600 Kronen zufällt«.

26. MAI: R. beschreibt Clara R. seine kleine Wohnung im Nebenge-

bäude des Palais Biron, im dritten Stock, die aus einem Arbeits-, einem Schlafzimmer und einer Kammer als Kochraum besteht.

31. MAI: »Die Aufzeichnungen des Malte Laurids Brigge« (Erstes Bändchen. Zweites Bändchen), erscheinen im Insel-Verlag zu Leipzig 1910. Ladenpreis: 4,50, gebunden 6 Mark. R. erhält zum Erscheinungstermin sein Honorar für drei Auflagen von je 1100 Exemplaren, 2700 Mark; fünf derartige Auflagen werden vorgelegt (Kippenberg an Rilke, 1. 6. 10).

2. JUNI: »Die Schaubühne« Berlin bringt in Jg. VI, Nr. 22/23, aus den »Aufzeichnungen des Malte Laurids Brigge« drei Abschnitte unter der Überschrift: »Ibsen, Orange und die Duse von R. M. R.« In der Einleitung dazu heißt es: »Statt eines Erzählerwerkes haben wir nur ein Evangelium Brigge ... Wie fruchtbar R.s Inbrunst an jedem Stoff wird, wie seine Glut neues, fast erschreckendes Licht über jede Gestalt gießt, das mag der Leser selbst empfinden an ein paar Abschnitten der Briggeschen Aufzeichnungen, die dem Stoffkreis der Schaubühne angehören.« Der Autor ist Julius Bab.

7. JUNI: R. erhält das Postpaket mit den ersten Exemplaren seines Buches; er schreibt an Kippenberg: »Wir haben jeder unser Teil getan, keiner hat sich etwas erspart: etwas Gutes ist so daraus geworden.«

R. sendet sogleich ein Exemplar an seine Frau: »Du mußt die Papierumschläge gleich abnehmen und ihn in den Pappbänden um Dich haben und gebrauchen. Das Aussehen, das ich mir vorgestellt habe ist gut erreicht, es fehlt nur das Leseband, das eigentlich in diesem Buche nicht entbehrlich ist.«

9. JUNI: R. an Kessler: »wenn es Ihnen paßt, bring ich Ihnen morgen, Freitag, gegen 12 Uhr mein Buch ins Haus ... es ist in seiner äußeren Form genau so, wie ich es gewollt habe: man kann nicht einfacher Buch sein.«

JUNI: Gide an Verhaeren: »J'ai eu le grand plaisir de faire la connaissance de Rilke; il est venu déjeuner chez moi dernièrement avec Van de Velde et les Théo [Van Rysselberghe]. Inutile de vous dire si nous avons parlé de vous. Il n'est pas impossible que Rilke se décide à venir a Pontigny surtout s'il doit vous y retrouver.«

28. JUNI: R. verfaßt einen Geburtstagsgruß für Verner von Heidenstam: »Damals, vor Jahren, bei einem Aufenthalt im gastfreundlichsten Schweden, habe ich Gedichte von Verner von Heidenstem sagen und singen hören ...«

30. JUNI: R. erhält von Kippenberg die »Neuen Gedichte« zur Durch-

sicht für eine Neuauflage: er bittet diesen: »widmen Sie mir (recht schnell) einen ›Volksgoethe‹ in der allergewöhnlichsten Ausgabe ... Ich ließ mich neulich (an einem verzweifelt schlechten Tage übrigens) mit der Auswahl aus den ›Tagebüchern‹ ein, die ich Ihnen verdanke. Was da aus der ersten Weimarer Zeit steht, berührte und ergriff mich so unmittelbar, ging mich ganz und gar an. Es ist jetzt Zeit, daß ich mehr von dem Goethe jener Jahre (1775-1780) lese. Was fällt in diese Zeit?«
IM SOMMER: R. sendet »Die Aufzeichnungen des Malte Laurids Brigge« mit einer Widmung an Lene Kawerau.
7. JULI: R. ist mit v. d. Heydts in Chantilly.
Aus Lautschin schreibt die Fürstin Taxis an R.: »Tausend Dank für das Buch. Ich bin tief drinnen und genieße es unbeschreiblich, obwohl es manchmal direkt weh thut.«
SOMMER: An Giulietta von Mendelssohn geht ein Exemplar der »Aufzeichnungen des Malte Laurids Brigge«, in dessen erstes Bändchen R. einträgt: »Frau Giulietta von Mendelssohn / in Erinnerung an das Theater von Orange (Band II. Ste 146) / R. M. R. (Paris, im Sommer 1910)«.
VOM 9. JULI BIS 11. AUGUST ist R. bei Frau und Tochter in Oberneuland; R.s letzter Aufenthalt dort.
13. JULI: »Vor ein paar Tagen bin ich, in Ungeduld gegen mich selbst, von Paris fortgegangen, ganz plötzlich«, berichtet R. der Fürstin Taxis. »Da fühl ich mich nun recht aus meiner Arbeit schwerem Paradies ausgetrieben, seit ich von Paris fort bin und nicht weiß wohin ... Als ich mitten in den ›Aufzeichnungen‹ stand, dachte ich oft, daß ich hernach keine Bücher mehr machen würde, sondern ich würde etwas Einfaches und Gleichmäßiges thun und mich im Übrigen nach innen ziehen.«
16. JULI: Die Fürstin Taxis lädt R. auf ihren böhmischen Besitz Lautschin ein.
27. JULI: An Mathilde Vollmoeller schreibt R.: »Augenblicklich bin ich wieder etwas invalide, kann nicht reisen, doch kann es sein, daß ich von hier erst zu Gaste nach Böhmen gehe, um auf ganz andere Gedanken zu kommen. Sonnabend war ich in Hamburg beim Arzt, aber das hat mich nur wieder darin bestärkt, daß man sich selber alle Hülfe thun muß.«
3. AUGUST: R. schenkt seinen »Malte«: »Frau Martha Vogeler herzlich und freundschaftlich beim Wiedersehn nach lange. Worpswede, am 3. August 1910. RMR.«
10. AUGUST: Auf der Durchreise sieht R. in Leipzig ›auf einen richtigen ehrlichen Augenblick‹ seinen Verleger. (An K. Kippenberg, 22. 8. 10)

11. AUGUST: R. trifft seine Mutter in Franzensbad, wo er die Reise unterbricht. »Hier bin ich, liebe, verehrte Fürstin, auf dem Wege zu Ihnen mit den Gedanken weit voraus, bei Ihnen gleichsam schon. Morgen soll ein Ruhetag sein, aber Samstag ganz früh geht es weiter ...«
VOM 13. BIS 20. AUGUST ist R. in Lautschin, wo er auch den Fürsten Alexander von Thurn und Taxis kennenlernt.
17. AUGUST: An Kassner berichtet R.: »Die Fürstin hat mir Ihr kleines Buch vom Dilettantismus vorgelesen, und vorgestern und gestern las ich immer wieder darin, weiter, hätt ich beinah gesagt. Denn es nimmt einen hinauf, man liest immer auf einer neuen inneren Stelle.« (R. Kassner: »Der Dilettantismus«, Frankfurt/M. 1910)
AM 20. AUGUST fahren R.s Gastgeber im Auto nach München, R. reist nach Prag, wo er seine Mutter trifft.
21. AUGUST: Aus Prag, wo R. im Blauen Stern absteigt, meldet er sich bei den drei verwaisten Geschwistern Nádherný auf Schloß Janowitz an.
An die Fürstin heißt es: »Bitte, Fürstin, sehen Sie viel Fernes, ein bischen auch mit für mich. In München die orientalischen Sachen, Miniaturen, Gazellen, Cypressen, Rosengärten und kleine innige Thäler gibt es da sicher zu sehen.«
22. AUGUST: Noch in Prag schreibt R. an Katharina Kippenberg: »Lautschin hat mir auch gesundheitlich aufgeholfen mit seinem vielen Waldinneren; schade, daß nun Prag kommen mußte, kaum zu atmen, dicht von abgestandenem Sommer und unbewältigter Kindheit.« Der Verlag hat R. eine Jacobsen-Sendung zugehen lassen: Mathilde Manns Übersetzung seiner »Sämtlichen Werke«, die R. durchsehen soll.
VOM 23. AUGUST BIS 12. SEPTEMBER ist R. zu Gast bei Johannes, Sidonie und Carl Nádherný von Borutin in Schloß Janowitz in Böhmen. »Rührend ist's, die drei jungen verwaisten Geschwister zu sehen, wie sie ihr Leben, das nun das ganze Leben sein muß, in die Hand nehmen, jedes auf seine Art und dabei in so reizender Rücksicht und Eintracht. Ich bin bei weitem der Älteste im Haus ... nächstens will ich den Kindern Kassner vorlesen. Jetzt lese ich Kierkegaard, es ist herrlich, wirklich Herrlichkeit, er hat mich nie so ergriffen ...« (An die Fürstin Taxis, 30. 8. 10)
In Janowitz werden Billetts gewechselt, einmal heißt es: »Ob wir in der Schloß-Kapelle ein Stück Stundenbuch lesen könnten diesen Vormittag? Ich glaube, ich hätte heute die rechte Seele dazu – Wie denken

Sie?«, oder: »Der Vorschlag mit Kleist wär mir der Liebste: ich komme um 4 in die Bibliothek hinauf und erwarte Sie und das Buch.« Hier liest R. auch Stifters frühe Novelle »Der Condor«.

30. AUGUST: Im Rückblick auf den Lautschiner Aufenthalt gesteht R. der Fürstin: »Lautschin war eine rechte Wasserscheide, nun fließt alles anders ab ...« R. hofft: »Vielleicht lern ich nun ein wenig menschlich werden ... Mir graut ein bischen wenn ich an all die Gewaltsamkeit denke, die ich im Malte Laurids durchgesetzt habe ...«

ENDE AUGUST entstehen zwei Gedicht-Entwürfe: »Ein rar begangner Pfad ...« und »Vom Wegrand ruht der Blick der blauen Rade / auf deinem aufgeschlagenen Vertraun ...«

6. SEPTEMBER: R. übersendet den »Malte Laurids Brigge« an André Gide und dankt für dessen Einladung zu den von Paul Desjardins veranstalteten »Entretiens de Pontigny«, die 1910 zum ersten Mal stattfinden.

6. SEPTEMBER: »Der Park ist hoch und alt, er verschließt dem Schloß ganz den Blick, aber von gewissen seiner hochgelegenen Plätze ist der Ausblick in das Land von großer Weite und Freundlichkeit: diese Landschaft hat etwas sehr Erholendes gerade dadurch, daß sie in keiner Weise namhaft oder großartig ist; sie hat eine sanfte, man möchte sagen, volkliedhafte Harmonie im Auf und Ab ihrer gut besorgten Hügel, in der Vertheilung der nicht umfangreichen aber dichten und gedeihenden Waldstücke, und die Helligkeit die die häufigen Teiche darin verbreiten, macht das Gesicht dieser Welt überaus heiter und liebenswürdig.« (An die Mutter)

7. SEPTEMBER: Lili Kanitz-Menar erhält von R. eine Darstellung von Lautschin und Janowitz: »da wie dort breitet sich hinter den Parkbäumen dasselbe böhmische Land in seiner einfachen, volkstümlichen und freundlichen Weise, die nichts von einem verlangt, und ich merke so nach und nach, daß es mir wohltut mit seiner Anspruchslosigkeit, seinem guten Herzen, das wie das Herz eines Haustiers ist –.« Von seiner Arbeit sagt R.: »daß der Malte ein großer, großer Abschnitt war; es war eine ganz theoretische und pedantische Idee, einfach weiterschreiben zu wollen, als ob nichts geschehen wäre. Es war doch eben, sozusagen, alles geschehen.« R. trägt Grüße an Frau Nonna auf, bei der die Gräfin in Londorf zu Besuch ist.

11. SEPTEMBER: Billett an Sidie Nádherný: »Ich muß morgen reisen, liebe Freundin, lassen Sie mich heute noch soviel wie möglich mit Ih-

nen sein.« Zum Abschied schenkt R. Regina Ullmanns »Feldpredigt«: »Dem lieben Schloßherrn zur Erinnerung an einen der schönen Abende. Janowitz, im September 1910«.
13. SEPTEMBER: Aus Innsbruck dankt R. zurück nach Janowitz: »für unsere schönen reichen glücklichen Tage«.
15. SEPTEMBER: R. ist in Riva bei seiner Mutter.
»Ich werde in Riva gleich sehr tief in Anspruch genommen sein, vielleicht werd ich gar nicht schreiben.« (An Sidie Nádherný, 13.9.10)
17. SEPTEMBER: Kassner an Elsa Bruckmann: »Ich wünschte sehr Sie würden Rilke kennen lernen. Das ist etwas sehr Gutes u. ganz erster Classe.«
VOM 26. SEPTEMBER BIS 19. OKTOBER ist R. in München, Hotel Marienbad.
26. SEPTEMBER: R. schenkt Richard Beer-Hofmann den »Malte« mit der Einschrift: »herzlich und freudig beim unerwarteten Wiedersehn: München, 26. Sept. 1910«.
29. SEPTEMBER: R. besucht die von Max Reinhardt in der Musikfesthalle inszenierte Aufführung von Hofmannsthals »König Ödipus«, zu der ihm dieser am Vortag die Karte gesandt hat.
30. SEPTEMBER: Erster, von Kassner eingeleiteter Besuch R.s im Hause Bruckmann.
2. OKTOBER: Erste Begegnung mit Norbert von Hellingrath im Hause Bruckmann.
7. OKTOBER: Anläßlich seiner Empfehlung für Sigmund Simon aus Frankfurt, der Rodins Werk studieren möchte, schreibt R. aus München an Rodin: »j'ai mené une vie toute nomade ces derniers mois, mais dans une quinzaine, je compte d'être de retour à Paris ... (L'exposition musulmane ici à Munich m'a préparé de vraies merveilles).« Es handelt sich um die »Ausstellung von Meisterwerken muhammedanischer Kunst«, die von einem internationalen Ehrenausschuß betreut wurde.
OKTOBER: Im S. Fischer Verlag erscheint von Ellen Key: »Seelen und Werke«, Berlin 1911. Darin unter dem Titel »Ein Gottsucher« die überarbeitete und ergänzte Studie über R. von Anfang 1906 (»Deutsche Arbeit«, Jg. 5).
VOM 19. BIS 29. OKTOBER ist R. in Köln, Dom-Hotel.
20. OKTOBER: »... der hohe Dom steigt vor den Fenstern auf, gegen mir über, ich fühl ihn, schreibend, wie man ohne hinzusehen fühlt wenn jemand neben einem steht. Er ist mir ja nicht so lieb, weil er ganz kon-

struktiv ist, das Symbolische des Steigens schlägt in ihm um in die bloße Thätigkeit, übertrieben und banal ausgedrückt in den Sport des Steigens, niemand wird mir einreden er steige um Gottes willen, wie das Münster in Straßburg und wie die französischen Kathedralen. Darum ist er auch im innern so leer wie eine Maschine, die Größe mit der er sich abspielt thut natürlich ihre Wirkung, aber sie kommt eben wie aus einer Maschine hervor, gleichmäßig, ordentlich, ohne Fehler, aber auch ohne Lebhaftigkeit nicht bestürzt über sich selbst, nicht die andern schreckend, sondern still und selbstbewußt wie ein Beispiel.« (An die Mutter)

R. fragt Kippenberg um Rat: »Die Sache ist die, mir eröffnet sich eine merkwürdige und schöne Möglichkeit, jemanden auf einer großen Reise in den Orient zu begleiten. Ich muß mich ganz schnell entscheiden ...« R. möchte seinen Anteil an den Reisekosten selbst bestreiten: »ich würde meine pariser Einrichtung aufgeben, möglichst viel zu Geld machen ... könnte der Insel-Verlag mir auf das bevorstehende Jahr eine bestimmte runde Summe vorschießen? ich würde vielleicht sieben bis acht Monate unterwegs bleiben ...« R. weiß, daß Kippenberg wohl nicht zusagen wird, aber: »Immerhin entsprang diese Aussicht aus so wunderlichen Fügungen und sie eröffnet ihre Weiten an einer Stelle, auf der meine Blicke wie durch Gesetzmäßigkeit ruhen geblieben sind, so daß ich mit ihr nicht fertig werde, ohne wenigstens noch diese Frage an das Schicksal zu thun ...«

28. OKTOBER: R. schreibt an Gide: »j'ai l'idée de passer quelques mois en Algérie ou en Tunisie; je crois vous connaissez et vous aimez ce pays d'Afrique, pourrai-je m'appuyer sur vos conseils?«

VOM 30. OKTOBER BIS 18. NOVEMBER ist R. in Paris.

31. OKTOBER: Berthold Viertel bespricht unter dem Titel »Rilkes Buch« in der »Fackel« von Karl Kraus (Wien, Jg. 12, Nr. 309/10) »Die Aufzeichnungen des Malte Laurids Brigge«.

2. NOVEMBER: R. und Norbert von Hellingrath sehen sich in Paris wieder.

4. NOVEMBER: Aus seiner Wohnung in Paris entschuldigt sich R. bei der Fürstin Taxis für sein langes Schweigen: »Aber mir sind so wunderliche Dinge widerfahren, nun treibt es mich von denen aus ins Weite, und ich seh wohl ich muß mich treiben lassen. Sie lasens wahrscheinlich schon damals aus meinem janowitzer Brief, daß eine Art Krisis sich in mir zusammenzog, ja nun ist sie da, es wäre unehrlich auszuwei-

chen; etwas wie die Musik, alles Gefürchtete, hat Macht über mich bekommen ... Mir ist das Herz schwer, aber das schadet nicht, es zieht mich herunter und das ists wohl, was mir schließlich geschehen mußte ...« R. schließt: »In Ihr kleines Buch ist nichts hinzugekommen in dieser Dürre«, er schickt es zurück.

IN DIESEN WOCHEN ist R. in Paris freundschaftlich mit Kassner zusammen. Kassner erinnert sich: »R. und ich waren beinahe täglich von fünf Uhr nachmittags bis in die späte Nacht zusammen. Einmal nach einem Gespräch über ihn und sein Werk schrieb ich, zu Hause im Hotel angekommen, in mein Notizbuch den Satz ein: ›Von der Innigkeit zur Größe gibt es nur einen Weg: das Opfer.‹ Als R. ihn später unter den Sätzen des Joghi las, schrieb er mir, ihn zitierend: ›Diesen Satz habe ich mir für mich herausgeschrieben. Er ist auch irgendwie für und gegen mich‹.« (1927)

5. NOVEMBER: R. bittet Kippenberg wegen »der Reise« um die Vorauszahlung der Januar-Rate von 500,– Mark; er fragt: »ob es meine Lage wesentlich verbessern würde, wenn ich die Jacobsen-Übertragung über mich brächte. Sehen Sie, ich hab mich da und dort damit eingelassen und mir ist nun soviel verständlich, daß ich sie mir innerlich nicht wirklich notwendig machen kann ... Die Gedichte sind so merkwürdig ungleich, vor drei, vier Jahren noch hätt ich das anders gefühlt, jetzt bin ich mit manchem ganz und gar uneins ...«

NOVEMBER: Der »Insel-Almanach auf das Jahr 1911« bringt drei Abschnitte aus den »Aufzeichnungen des Malte Laurids Brigge«: 1. »Wenn ich nach Hause denke ...«, 2. »In späteren Jahren ...« und 3. »Das Versprechen erfüllt sich noch immer ...«

10. NOVEMBER: R. verabredet ein Zusammentreffen mit Harry Kessler.

15. NOVEMBER: An Sidie Nádherný sendet R. für ihren Bruder Johannes N. Voltaires »Karl XII.«: »wahrscheinlich werd ich ... schon in einigen Tagen unterwegs sein und vielleicht lange weit auf Reisen bleiben. Vorläufig sind alle Pläne noch recht vage.«

Erster Brief an Freddie Döhle, die 1910/11 Lehrerin Ruth R.s war.

17. NOVEMBER: An Rodin schreibt R.: »Moi, j'irai samedi à Marseille pour continuer sur Alger. Je tâcherai de passer chez vous ce matin vers 10 heures ½. Faites-moi savoir si je peux vous amener un instant Mme Oltersdorf, mon amie, avec laquelle je ferai le voyage? Je vous ai parlé d'elle; elle vous aime et vous admire, malheureusement elle ne parle pas le français, mais elle serait tout heureuse de vous saluer ...«

18. NOVEMBER: R. schickt das Manuskript von Mathilde Mann, das sehr unvollständig sei, an Kippenberg zurück: »Ja, auf den Jacobsen verzicht ich nun endgültig, vor einigen Jahren wärs vielleicht noch gerade möglich gewesen ... es fragt sich nur, ob es nicht sehr bezeichnend für Jacobsen ist, daß gewisse Gedichte in so merkwürdigen Verhältnissen leben, wie z. B. die Gurrelieder und die schöne ›Arabeske‹, die mit einer äußersten Schamhaftigkeit so gegeben sind, als ob sie in dem Zusammenhang von ›Ein Kaktus springt auf‹, um das Warten hinzubringen, vorgelesen würden. Ob man diese eigentümliche Einfassung nicht beibehalten sollte?« R. liegt der Band »Digte og Udkast« (Kopenhagen 1900) vor. Weiter heißt es: »Ich wollte doch noch, Sie fänden jemanden, der sich als Dichter daran entzückt, Benno Geiger könnt ich mir vorstellen ...«

Seiner Frau meldet R.: »ich danke Dir, die Bände von Tausendundeiner Nacht sind sehr rechtzeitig gekommen, es war noch alles in der Schwebe, jetzt erst ist es so gut wie sicher, daß ich Anfang nächster Woche in Algier bin, rue Michelet, Hôtel Saint-Georges. Ich bin eingeladen, eine schöne Reise mitzumachen, die mich über Tunis vielleicht bis weiter nach Ägypten führt ... Ganz leicht ist es mir nicht, von hier fortzugehen, obwohl mir Paris in dieser Zeit durchaus nicht leicht war.« R. betont: »Lieb ist mir der Gedanke, daß ich meine kleine Wohnung aufgeschlagen hier zurücklasse, da stehen die Bücher, – wie wird man wiederkommen?« Anläßlich der (verfrühten) Meldung vom Tode Tolstois schreibt R.: »Soviel mir bevorsteht, eigentlich ist mir alles verdeckt durch den Tod Tolstois auf dieser kleinen, unbekannten Station; wieviel Raum zu handeln ist doch auch noch in unserer Zeit, wieviel Wege fortzugehen ...« (Tolstoi hat Haus und Familie verlassen und stirbt am 20.11.10 in Astapowo.)

Kessler an Hofmannsthal: »R. reist in diesen Tagen nach Algier, wo er den Winter bleibt, was mir recht leid thut, da ich immer viel von ihm habe wenn wir hier zusammentreffen. Er ist eine unendlich reine vornehme Natur und von einer wohlthuenden Abgeschiedenheit gegen das Materielle des Lebens.«

Die Reisen in Nordafrika

VOM 19. NOVEMBER 1910 BIS 29. MÄRZ 1911 reist R. in Nordafrika, zunächst nach Algier und Tunis, dann in Ägypten.
19. NOVEMBER: Einschiffung in Marseille.
21. NOVEMBER: »Rilke sah ich noch einen nachmittag sehr gemütlich. Jetzt ist er wohl fort.« (Hellingrath an Elsa Bruckmann)
25. NOVEMBER: »Hôtel St. George / Mustapha-Algiers ... ich bin in Afrika, im Orient, in engen weißen Straßen am blauen Mittelmeer, gehe unter Türken, verschleierten arabischen und maurischen Frauen umher, stehe unter ihnen wie einheimisch und mir ist, als wär es nie anders gewesen. Dabei ist Sommer, der Park voller Duft, Zeit der Dattelernte, man kann sich keinen größeren Unterschied denken, als das kalte regnende Paris ... und diese lichte strahlende Küste, hinter der sich der Atlas erhebt, und hinter seinen großartigen Wellen [?] weiß man und fühlt man die Sahara, die Wüste, die ich sehen werde.« (An die Mutter)
26. NOVEMBER: Aus Algier schreibt R. an Clara R.:»Algier ist zu großem Teil eine französische Stadt, aber ein Stück Hang, an dem die alten türkischen, maurischen und arabischen Häuser stehen, hängt noch unter sich und mit Himmel und Ausblick großartig und angeboren zusammen; dort ist das Dasein aus Tausendundeiner Nacht, Bettler und Lastträger gehen wie in Schicksalen umher, Allah ist groß, und es ist keine Macht außer seiner Macht in der Luft ...«
An diesem Tag schreibt R. auch an Norbert von Hellingrath über die Georgeschen »Blätter für die Kunst«. Außerdem heißt es: »Es bleibt dabei, dass oben alle Bücher zu Ihrer Verfügung stehen, der Concièrge ist annotiert, ich lege zum Überflusse noch diese Karte bei.«
ENDE NOVEMBER: R. bittet Gide für Biskra um »un petit mot à Athman ou à celui de ses amis qui accompagnait Kassner à Touggourt«; ein solcher Führer fehle ihm: »à chaque pas je voudrais être instruit de cent détails simples, demander les noms des arbres, d'une fleur ...«
ANFANG DEZEMBER: Aufbruch von Algier nach Biskra und El Kantara. »Wäre mir damals nicht ein sehr bestimmter Plan von den Reisefreunden auferlegt gewesen, ich wäre schon an unserer zweiten Station, in Biskra, ein halbes Leben geblieben, statt nach drei Wochen weiterzu-

reisen, mit noch so vielem vor mir! (Auch wir sollten ja damals nicht nur nach Aegypten weiter, wozu es noch eben kam, sondern auch Palästina stand auf dem Programm ...) Der Orient ist eine Welt für sich ... Bei mir war dieses Verlangen um so begreiflicher, als ich das Arabische sehr liebte und mich seinen Äußerungen so nahe fühlte, daß ich, seltsam leicht und fähig, die Sprache zu treiben begann.« (An Sidie Nádherný, als diese eine ähnliche Reise plant, 21.1.23 aus Muzot)
Auch Gide gegenüber erinnert R.: »Que de fois je pense à la vie en Algérie avec une nostalgie quasi définitive et toujours c'est cette maison jaune de Madame Bertrand à El-Kantara qui se présente comme le but de mes rêves; y passant un jour, je me suis promis d'y revenir: tiendrai-je parole?« (21.5.22)
Und ebenso an Gräfin M. Dobrčensky: »Besonders aber habe ich den gewaltigen Eingang in die Wüste geliebt, dies Gebirgs-Thor von El-Kantara ...« (19.2.22)
17. DEZEMBER: Aus Tunis, Tunisia Palace Hotel, schreibt R. an seine Frau: »In den Souks kommt manchmal so ein Augenblick, da man sich Weihnachten vorstellen kann: die kleinen Nischen hängen so voll bunter Sachen, die Stoffe sind so reichlich und überraschend, das Gold glänzt so versprechend auf, als sollte man es morgen geschenkt bekommen, und wenn dann abends dem allen gegenüber eine einzige Laterne brennt und sich bewegt ... dann geht Tausendundeine Nacht in alles über, was in einem je Erwartung, Wunsch und Spannung war, und Weihnachten ist gar nicht so undenkbar.« R. beschreibt auch die Morgende mit ihren Farben über den Souks und fährt fort: »In dem Souk der Parfümeure haben wir schon einen Freund; wenn man ihm die Hand reicht, reichts für den ganzen Tag, und in der Nacht wacht man davon auf, daß einem die eigenen Finger wunderbar vergeistigt vorkommen...«
Für Tunis rät R. Sidie Nádherný: »die Place Halfaouine und der Weg dahin, rue Halfaouine waren für mich (neben den Souks) die größte Wichtigkeit« (19.3.13), »lassen Sie sichs Gasse für Gasse, Gäßchen für Gäßchen erzählen wie eine Episode Tausend-und-einer Nacht, verweilen Sie vor dem Epos der Märkte ... Die Sänger, die Sänger: der gleichmäßige Rhythmus ihrer Tamburins muß wie eine Art Canevas werden für Ihre dortigen Tage ...« (30.3.13)
»... saß die Abende mit den vielen würdig gespannten Zuhörern um den arabischen Vorleser, der die Geschichte des Autors warm, heftig, wie

was eben erst geschah vor uns brachte und über uns – ...«, erinnert R. sich in seinem Brief an Fräulein Antonie Baumgarten am 27.6.11. In Tunis liest R. den Reisegefährten von Max Dauthendey »Messina im Mörser« vor. (An Dauthendey, 10.5.1911)

21. DEZEMBER: Aus Kairouan schreibt R. an Clara R.: »Ich bin für einen Tag herübergefahren in die ›heilige Stadt‹ Kairouan, nächst Mekka der große Pilgerort des Islam ... der sich aus seinen Zerstörungen immer wieder erhoben hat um die ungeheuere Moschee herum, in der Hunderte von Säulen aus Karthago und allen römischen Küstenkolonien zusammengekommen sind.« Über den Eindruck der Stadt heißt es: »Wie eine Vision liegt die flache weiße Stadt da in ihren rundzinnigen Wällen, mit nichts als Ebene und Gräbern um sich, wie belagert von ihren Toten ... Wunderbar empfindet man hier die Einfachheit und Lebendigkeit dieser Religion, der Prophet ist wie gestern, und die Stadt ist sein wie ein Reich.«

An Lou A.-S. berichtet R. am 16.3.12 aus Duino: »Auf jener großen Reise, als mich in Kairouan, südlich von Tunis, ein gelber kabylischer Hund ansprang und biß (zum ersten Mal in meinem Leben, in dem das Verhalten der Hunde nicht ohne Bezug war), da gab ich ihm recht, er drückte nur auf seine Art aus, daß ich völlig im Unrecht sei, mit Allem.«

24. DEZEMBER: Die Reisenden planen, in Tunis die Mitternachtsmesse in einer kleinen ehemaligen Moschee zu hören.

27. DEZEMBER: Kippenberg meldet R., die 4. und 5. Auflage des »Stunden-Buches« brächten ihm ein Honorar von 900,– Mk. Sie erscheinen erst 1911 und 1912.

28. DEZEMBER: An Frau Hedwig Fischer: »Ich gehe nach Neapel, heut noch, von Nachrichten, die meine Reisegefährten und ich dort erwarten, hängt's ab, ob wir weiter nach Ägypten gehen, vermutlich. Ich reise kaum noch als Künstler, diesem Neuen gegenüber, recht als ein Anfänger, der sich am unendlich überlegen und weise Daseienden oft zaghaft und linkisch genug versucht. Mit unseren Sinnen ist da zunächst nichts auszurichten, man muß sie eingehen lassen, und neue wachsen langsam.« R. dankt für Hauptmanns »Emanuel Quint«.

Die Reise geht zunächst weiter über Sizilien: »die paar Stunden, die das Schiff, von Tunis her, mir in Palermo und Trápani gestattete, können kaum gerechnet werden, obwohl sie von den denkbar schönsten Eindrücken geradezu überfüllt waren.« (An Sidie Nádherný, am 24.1.13)

Ihr gegenüber rühmt R. den Trionfo della morte im Palazzo Sclaffani in Palermo: »Vorgestern beschrieb ichs Verhaeren und darüber wurde mirs ganz stark und gewaltig im Bewußtsein: stärker als Tunis ... man ist doch Europäer von weither.« (19. 3. 13)
ENDE DES JAHRES: R. ist in Neapel, Hôtel Hassler.

Im Jahre 1910 publiziert R. nur noch in: »Die Schaubühne« Berlin und »Insel-Almanach« Leipzig. »Lose Blätter vom praktischen Luxus« bringen R.s Gedicht »Dame vor dem Spiegel« um 1910. Die französische Zeitschrift »Phalange« bringt 1910 einen Teildruck aus dem »Stunden-Buch«.
Neuauflagen: »Die Aufzeichnungen des Malte Laurids Brigge«, 2. Auflage. Leipzig. Im Insel-Verlag 1910. »Worpswede«, 3. Auflage. Bielefeld und Leipzig. Velhagen & Klasing 1910. Die Neuauflage trägt den Vermerk: »Da der Verfasser dieser Monographie seit längerer Zeit im Ausland lebt, hat der Verlag mit seiner Zustimmung einen andern Kunsthistoriker mit den Ergänzungen betraut, welche die Fortentwicklung der Worpsweder Künstlerschaft während der letzten Jahre notwendig machte.«

1911

4. JANUAR: An Kippenberg schreibt R.: »Was mich angeht, so hab ich mich nach einigem Zögern entschlossen, meine Reisegefährten noch weiter nach Ägypten und auf einer Nilfahrt zu begleiten; wir verlassen, falls alles programmgemäß geht, übermorgen den hiesigen Hafen ... Algier und Tunis hat mir viel Eindrücke und Aufgaben eingebracht, doch ist in ihnen das Neue und unendlich Vertraute, Befremdliches und Erwartetes so eigentümlich verschlungen, daß ich noch zu gar keiner Aussage kommen kann ...«
An Katharina Kippenberg heißt es: »Mir steht nun, da ich mich entschlossen habe, mit meinen Freunden noch weiter nach Ägypten zu gehen, immer noch neue und großartige Fremde bevor, im Grunde das, wonach ich so sehr bedürftig war; Algier und Tunis war schon überaus viel, die orientalische Welt hat angefangen sich mir aufzutun; ich hab mich nicht getäuscht im Vorgefühl meiner Eignung und Einsicht für sie ...«
Später erinnert R. sich seiner Rückkehr aus Nordafrika: »War es mir doch z. B. unmöglich, die so sehr sonst geliebten griechischen Skulpturen im Museum von Neapel zu sehen ...« (An Sidie Nádherný, 23.1.23)
6. JANUAR: Abfahrt aus Neapel; nach der Ankunft in Ägypten beginnt zunächst die Nilfahrt.

10. JANUAR: An seine Frau schreibt R. abends von Bord des Schiffes »Ramses the Great«: »erster Tag auf dem Nil, wir liegen seit Mittag vor Bedraschên, jetzt ist die starke, dunkelblaue Dunkelheit eingebrochen«, gegenüber liegt Helouan. R. berichtet: »zweimal ritten wir durch die Palmenlichtung, in der der ungeheure Ramses liegt, wie nur Welt, allein mit sich, unter der Fülle des Raumes liegen kann. Ich hab ihn also gesehen und als das erste ...« Mit dem Vermerk: »Landung in Bedraschên. Ritt zur Palmenlichtung, in der die große Granitstatue liegt«, notiert R. die Strophe: »Da ward ein solcher Vorrat Königseins ...«
In seinem zweiten Brief an Magda von Hattingberg beschreibt R. die Vollmondnacht, die er im Schatten des Sphinx zubringt – hinter der Königshaube fliegt eine Eule auf. (1. 2. 14)
11. JANUAR: »Heute legen wir nirgends an, aber alles kommt zu uns, wie wir so fahren.« R. beschreibt seiner Frau die Nilufer: »viele Dörfer unter großen Palmbäumen, kleinen koptischen Klöstern, Steinbrüchen und Bergzügen, die plötzlich am Nil mit Windprofilen endigen. Und alles Uferleben wird uns sichtbar ...« Über Assiut geht es weiter nach Luxor.
13. JANUAR: »... nun sind wir den dritten Tag auf dem großen Nil, den unser Schiff aufwärtsfahren wird noch sechs Tage lang bis in die Nähe des ersten Nilkatarakts; das ist nun allerdings sehr wunderbar, auf dem bequemen Schiff die Veränderungen der Ufer zu erleben, ungeheure Wüstenberge nahe herankommen zu sehen oder an Dörfern vorbeizufahren, merkwürdig hingestuften Dörfern aus Nilschlamm unter hohen Dattelbäumen und dunklen Sykomoren, – manchmal so nah, daß man das ganze einfache Leben überblicken kann. Kamele ziehen dort am Ufer entlang, die ganz in schwarze Tücher gehüllten Frauen kommen mit den schönen Thonkrügen, in denen sich noch eine uralte Form erhält, das fruchtbare gesegnete Wasser des Stromes holen, auch die Männer sind ganz schwarz, lauter schlanke Figuren, höchstens einmal sieht man ein blaues Gewand, nur an Kindern violett oder roth, und alles das immer vor dem Braun des Nilschlamms oder vor dem schichtigen Blond der Kalkvorgebirge mit denen die arabische Wüste sich an das uralte Flußbett heranschiebt.« (An die Mutter)
16. BIS 19. JANUAR: »Wir sind drei Tage in Luxor«, schreibt R. an Clara R., »aber man müßte viel länger hier sein, nicht sehen müssen, um später vieles gesehen zu haben. Auf dem östlichen (arabischen) Ufer, dem wir anliegen, ist der Luxortempel mit den hohen Kolonnaden knos-

piger Lotossäulen, eine halbe Stunde weiterhin diese unbegreifliche Tempelwelt von Karnak, die ich gleich den ersten Abend und gestern wieder im eben erst abnehmenden Monde sah, sah, sah, – mein Gott, man nimmt sich zusammen, sieht mit allem Glaubenwollen beider eingestellter Augen – und doch beginnts über ihnen, reicht überall über sie fort (nur ein Gott kann ein solches Sehfeld bestellen) – da steht eine Kelchsäule, einzeln, eine überlebende, und man umfaßt sie nicht, so steht sie einem über das Leben hinaus, nur mit der Nacht zusammen erfaßt mans irgendwie ...« (18.1.11)
AM 18. JANUAR besucht R. auf dem anderen Nilufer das Tal der Könige: »wir ritten heute durch das gewaltige Tal, in dem die Könige ruhen, jeder unter der Schwere eines ganzen Berges, auf den sich auch noch die Sonne stemmt, als wärs über die Kraft, Könige zu verhalten«. (An Clara R.)
20. JANUAR: »... wenn ich jetzt aufsehe und hinaus, so hat der Strom ein starkes metallenes Blau angenommen und hinter der silhouettenhaft aus Palmen und Akazien gebildeten Uferkontur senkt sich ein klar abgetönter Abendhimmel von unbeschreiblicher Tönung und bereitet sich zu der Nacht vor, die jedesmal ein Wunder wird, eine Stille und Tiefe aus großen Sternen und ruhigen Sternbildern, wie man sie bei uns gar nicht vorstellen kann. Heute mit Tagesanbruch verließ unser Schiff Luxor, und es war eine gute Fügung für seine riesigen Tempelruinen, die viertausend Jahre überstehen, gerade den vollen Mond zu haben, der mit seinem ganzen Licht die Existenz dieser immensen Trümmer ins Kühnste und Übermenschliche erhob, in etwas was einem die Seele ein für alle mal größer macht, sie gleichsam an eine Grenze hinreißt, wo sie im äußersten Staunen sich ausdehnt und sich das geschehen läßt, was sie selber nicht mehr leisten kann.« (An die Mutter)
Die Nilfahrt geht stromaufwärts bis nach Assuan. In seiner Aufzeichnung »Über den Dichter« aus dem Frühjahr 1912 erinnert R.: »Das war auf der großen Segelbarke, mit der wir von der Insel Philae nach den ausgedehnten Stau-Anlagen hinüberfuhren. Es ging zuerst den Strom hinauf, die Ruderer mußten sich Mühe geben. Ich hatte sie alle gegen mir über, sechzehn, wenn ich mich recht entsinne, je vier in einer Reihe ...« (Diese Niederschrift eröffnet eine Folge von Aufzeichnungen und Exzerpten aus eigenen Briefen, die im Februar und März 1912 in Duino angelegt wird.)
FEBRUAR: R. wird sich von den Reisegefährten trennen; Jenny Olters-

dorf äußert später, R. »sei gar kein Mann, sondern ein lächerlich-hypersensibles Wesen, vollkommen unfähig, sich in der Realität des täglichen Lebens zurechtzufinden«, wie Hilde de Wilt-Stieler erinnert (1946).
Rückkehr nach Kairo. Rückblickend schreibt R. später: »In Aegypten ist die Reisetechnik so weit entwickelt, daß der Fremde, der sich nicht fortwährend wehrt, als solcher, in Bausch und Bogen, behandelt zu sein, rein nicht mehr Zeit behält, etwas zu sehen, so unaufhaltsam, wie man zählt 1, 2, 3, 4 ... wird ihm gezeigt, was zu zeigen Tradition geworden ist ... Oft hab ich getrotzt und bin mit meiner arabischen Grammatik und dem Wörterbuch auf dem Schiff geblieben: wunderbare Abende, Nächte, wo einen der ganze Raum behandelt als wäre man ein Rosenblatt.« (An Sidie Nádherný, 21. 1. 23)
9. FEBRUAR: Nach der Rückkehr schreibt R. seiner Mutter: »Die großen Pyramiden und den Sphinx in der Wüste erreicht man in 5 Viertelstunden Wagenfahrt, eine grade lange Allee ägyptischer Akazien führt an den Aufgang dieses Wüstenplateaus auf dem diese ältesten Dinge menschlicher That beisammenwohnen, Berge, Berge, man kann es nicht anders sagen, man empfindet einen Schauer vor der Macht dieser Könige, die zu so Großem sich entschließen konnten und deren Leben und Geheiß ausreichte, es zu vollenden. Ich kann Dir keinen Begriff geben von der Größe der Landschaft, die nur wie eine unendliche große Begegnung von Licht und Welt ist, aber vielleicht fühlst Du aus diesen Zeilen die Vibration meines Gefühls.«
10. FEBRUAR: Aus Kairo, Shepheards Hotel, schreibt R. an Kippenberg: »Kairo bringt dreifach Welt über einen, man weiß nicht, wie man alles leisten soll: da ist eine weite, rücksichtslos ausgebreitete Großstadt, da ist das ganze, bis zur Trübe dichte arabische Leben, und dahinter stehen immerfort, abhaltend und mahnend wie ein Gewissen, diese unerbittlich großen Dinge Ägyptens, mit denen man sich gar nicht einlassen sollte ... Die Reise war bisher mit mancherlei Unbillen verbunden, zum Glück sah ich die meisten voraus und nahm sie mit Fassung. Nun wünsch ich mir nur einen recht ruhigen Ausgang, damit das unendlich zerstreute Erlebnis zu einer Art innerer Konstellation zusammenkommt.«
VOM 24. FEBRUAR BIS 24. MÄRZ wohnt R., der sich von seinen Reisegefährten trennt, als Gast von Baron Knoop und seiner Frau May Knoop in deren Hotel Al Hayat in Helouan.

25. FEBRUAR: R. erklärt Kippenberg, seine Reise sei so gut wie zu Ende: »und doch darf ich nicht klagen: ich habe mir ja ungenau doch nur gewünscht und vorgestellt, daß etwas sich auftürme zwischen gestern und heute und mich innerlich unterscheide –, nun hab ich meine erhöhte Grenze bekommen und werde gar nicht anders können, als nach der neuen Seite abfließen mit allen Kräften und Antrieben.« Aber: »meine Ersparnisse, die noch vor einem Jahr ziemlich in Ehren waren, sind aufgebraucht.« Um in Paris arbeiten zu können, braucht R. »eine gewisse Hülfe«. Wenn Kippenberg ihm diese nicht gewähren könne, so heißt es: »muß ich versuchen, irgendwo bei Freunden unterzustehen, aber ich weiß nicht, ob ich mir jetzt eine solche Zuflucht rasch aufdecken kann, und, wenn ich aufrichtig sein soll, sie wäre bitter«. R. wünscht sich, »einfach so vor den brachen Schreibtisch« zu kommen.
27. FEBRUAR: Der Fürstin Taxis berichtet R.: »Ich war fast drei Wochen in Cairo krank, fand schließlich hier in Helouan bei Freunden meiner Frau eine gastliche Unterkunft, in der ich mich ein wenig zu erholen hoffe; länger als drei Wochen werd ich kaum bleiben und also gegen Ende März auf dem Heimweg sein ...« R. hofft, sie zu sehen: »ich habe mehreres auf dem Herzen«. Daß er die Bücher Kassners mitgehabt habe, sei ihm »oft zu einer großen Tröstung geworden«.
28. FEBRUAR: An Kippenberg: »Sowie ich Ihre Nachrichten habe, bestelle ich mir meinen Schiffsplatz; wenn es sich machen läßt, möchte ich vierzehn Tage unterwegs am Meer bleiben, um meinen hartnäckigen Katarrh ganz los zu werden und nicht in Paris erst noch mit dem Heizen anfangen zu müssen ...«
An Johannes von Nádherný aus Helouan: »Ich bin weit herumgekommen, habe die Wüste erst von Algerien aus, dann vom Nil versucht, aber ich bin zu keinem rechten Erlebnis dieses Elements gekommen, es ist mir nicht so da, als ein immenser Gegenstand, wie etwa das Meer einem zur Seele sein kann – – –; überhaupt scheint mir vorläufig alles recht ohne Ordnung angehäuft, allerhand Mißgeschick war hinter mir her, ich möchte am liebsten die ganze Reise noch einmal machen ohne alle überflüssigen Fehler und Trübungen. Oder nein, nein, es liegt mir doch vor allem am Herzen, irgendwohin nachhause zu kommen ...«
Dem Fürsten Taxis berichtet R.: »Die Verhältnisse meiner Reise, die zu vielen und sich zu rasch folgenden Eindrücke, allerhand Mißgeschicke endlich, die das an sich schwer zu Bewältigende noch vielfach komplizierten, haben mich für Monate in eine Art von Verschollen-

heit gestürzt, in der ich mir selber fast unwahrscheinlich geworden bin...«

4. MÄRZ: Kippenberg stellt – mit Bedenken – für März und April je 500.– Mark zur Verfügung: »Hoffentlich genügt das, um Sie einigermaßen aus Ihren Sorgen herauszureißen.«

5. MÄRZ: R. sendet über die Fürstin Taxis einen Brief an Kassner, der eine Rußland-Reise plant.

12. MÄRZ: Norbert von Hellingrath berichtet Elsa Bruckmann: »neulich war ich wie er mir erlaubt hatte in der leeren wohnung Rilkes. die wohnung mit ihren wenigen möbeln und seit er sie verlassen hatte nicht mehr aufgeräumt, vermißte ihn sehr. Ich holte seine aufzeichnungen [des Malte Laurids Brigge], die mich mit der furchtbaren Wahrheit ihrer Parisiana quälten und ängstigten...«

22. MÄRZ: R. dankt Kippenberg für die beruhigende Nachricht: »beides hat viel dazu beigetragen, daß ich die Tage hier noch mit einiger Sammlung ausnutzen konnte... über dem vielen Im-»Museum«-Sein und unterwegs, schreibe ich Ihnen erst jetzt.« R. berichtet: »ich reise Sonnabend mit dem Österreichischen Lloyd, der mich bis Venedig bringt. Sie wissen, Duino ist nahe dabei; falls die Fürstin Taxis dort ist, werde ich mich einige Tage bei ihr ausruhen dürfen...«

AM 25. MÄRZ fährt R. in Kairo ab. An die Reise erinnert er sich: »vor einem Jahr, von Aegypten zurückkommend, hatte ich einen Morgen den Peloponnes vor mir, entgegengespreizt einen Moment, als sollte man durch ihn aufgehalten sein – aber dann blieb er rechts, seine Berge, um die Himmlisches und Irdisches sich verträgt, wurden ausdrucksvoller in ihrer gleichmütigen Ferne, die liegende Zanthe und das in sich gekehrte Ithaka ließen uns leise durch, vorbei –...« (An Frau von Nostitz, 5. 6. 12)

VOM 29. MÄRZ BIS 4. APRIL bleibt R. in Venedig, Hotel Luna; er trifft dort die Fürstin Taxis, die in ihrem Mezzanino im Palazzo Valmarana wohnt. Der Plan, einen Tag nach Duino zu gehen, wird wegen des schlechten Wetters aufgegeben. Die Fürstin fährt nach Wien, zum Abschied ist sie mit R. bei ihrem Bruder Prinz Fritz Hohenlohe, sie erwartet R. zum Juli in Lautschin.

29. MÄRZ: Hofmannsthal schreibt an Frau von Nostitz: »Rilke der gewöhnlich mit einem ganz kleinen ihm vom Insel-Verlag gesicherten Jahreseinkommen ganz bescheiden aber rangiert lebt, ist durch irgendwelche Umstände in eine arge gêne geraten, so daß er wenn er

aus Algier nach Paris zurückkehrt, tatsächlich für Sommer und Herbst nicht wüßte, wovon er leben sollte. Er hat dies ganz freimütig an jemanden geschrieben und dieser hat es wieder mir gesagt und wir wollen nun … uns an ein paar Menschen wenden, die wie Sie, wie Marie Taxis, wie Harry Kessler, auch wirklich sehr viel menschliche Sympathie für ihn haben und von denen es sicher ist, daß sie diese kleine Hilfe auch mit netten freundlichen Gedanken ausüben. Es handelt sich natürlich für den Einzelnen gar nicht um eine große Summe, das wollen wir gar nicht, da ja die ganze Summe, die man anstrebt, nicht mehr als 2000-3000 francs ist.«

4. APRIL: An Kippenberg meldet R.: »der Österreichische Lloyd hat mich unbeschädigt gelandet, nach vier Seetagen, davon zwei etwas heftig, zwei aber ganz und gar ›Meeresstille und glückliche Fahrt‹ waren mit Sicht auf den Peloponnes und durch die schönen griechischen Inseln.« Ende der Woche sei er wieder in Paris. Kippenberg schickt ihm nach Venedig 100 Frcs, da alles Geld nach Paris gegangen ist. Nach Paris erbittet R. ein Exemplar von Dostojewski »Der Idiot« – »in der besten Übersetzung« in einem einfachen grauen Einband mit Pergamentrücken: »auf dem unteren Rückenrand die Initialen J. O.? Läßt sich das machen?« Er will das Buch zum 6. Mai verschenken und zuvor noch »eine Zeile einschreiben« (für Jenny Oltersdorf zum Geburtstag).

Zurück in Paris: Übertragungen

6. APRIL: Ankunft in Paris, R.s kleine Wohnung im Palais Biron, 77 rue de Varenne, erwartet ihn.

7. APRIL: Sofia Schill schreibt R. spontan, nachdem sie »Die Aufzeichnungen des Malte Laurids Brigge« gelesen hat: »Ich schreibe Ihnen, um Ihnen zu sagen, welch starken Eindruck Ihr neues Buch bei mir hinterlassen hat. Wenn Sie wüßten, wie sehr ich mich über das Erblühen Ihres Talentes freue – gerade so, als sei ich Ihre leibliche ältere Schwester. Ihr Buch spricht von Ihrer Seele …« Von sich berichtet sie: »Wir haben eine heldenhafte Zeit des Kampfes durchlebt, und über mich pfiffen auf den stillen Moskauer Boulevards im Dezember 1905 die Kugeln hinweg. Jetzt herrscht bei uns eine ganz entgegengesetzte

Stimmung.« Sofia Schill ist im Sommer 1905 in Schweden gewesen, wo sie auf Borgeby gård zu Gast war. Sie schließt: »Ich schicke Ihnen noch einige meiner Bücher, vielleicht interessiert Sie meine Übersetzung von Hofmannsthal«; sie hat fünf der »Kleinen Dramen« übertragen (1906).

8. APRIL: R. meldet sich bei Mathilde Vollmoeller, die jedoch in Stuttgart ist: »Endlich in Paris, vorgestern es kaum findend im Schneetreiben. Gleichwohl es ist da ...«

11. APRIL: R. hat sich »unter Befürwortung Prof. Sauers« bei der Tiedgestiftung in Dresden beworben, Kippenberg möchte bitte seine Bücher dorthin senden.

23. APRIL: R. ist den ganzen Tag in Versailles.

24. APRIL: Hellingrath trifft R. und Ivo Hauptmann bei Erika von Scheel.

25. APRIL: An Mathilde Vollmoeller schreibt R.: »der Anfang hier ist immer ein Gericht und unnachgiebig, dies sollte ich schon kennen, im Grunde wars mir nur unrecht nicht wohl zu sein: das wenigstens wollte ich mir auf dem nicht unwesentlichen Umweg über Nordafrika verdient und versichert haben. Wahrscheinlich wars der große Wechsel von Luft und Umgebung ...« R. verspricht ihr ein kleines Buch Gebsattels, das er gerade liest: »Moral in Gegensätzen. Dialektische Legenden«, München 1911, und erzählt von der Ausstellung der Indépendants: »eine Menge Rousseau's«, und zwei weiteren: alte Holländer und Ingres-Zeichnungen, die bevorstehen.

IM FRÜHJAHR 1911 entstehen in Paris vier Gedichtentwürfe, darunter: »Und wo sich aus dem übervollen Blocke ...« mit dem Vermerk: »(Gott Horus oder junger König.)«.

26. APRIL: Für Kippenbergs, die ihren Besuch angesagt haben, bemüht sich R. in den nächsten Tagen intensiv um Hotel-Unterkunft.

27. APRIL: R. überreicht ein Exemplar der »Neuen Gedichte I« mit der Widmung: »Fräulein von Scheel / nachbarlich, im Anschluß an den guten gestrigen Abend. Paris, am 27. April 1911. R. M. R.«

AM 28. APRIL fährt R. mit Hans Arp, dem Maler Ivo Hauptmann und Erika von Scheel, dessen späterer Frau, nach Marly zu Aristide Maillol. Die Malerin Erika von Scheel bewohnt im Hôtel Biron eine kleine Wohnung, in der R. öfter ihr Tee-Gast ist. Sie erinnert aus diesen Wochen: »Wir sprachen über das neue Buch von Rudolf Kassner ›Von den Elementen der menschlichen Größe‹.« R. schenkt ihr das neue Buch Gebsattels. Auch Ivo Hauptmann hat vorübergehend ein Atelier im Hôtel Biron.

2. MAI: Seiner Mutter erzählt R.: »Mein alter Freund Heinrich Vogeler aus Worpswede ist jetzt hier mit seiner Frau, da er Paris nur wenig kennt, mußte ich mich ihm mehrfach widmen, auch sonst muß ich einzelne Menschen sehen, mit Rodin bin ich öfters zusammen, es freut und interessiert ihn auf das Höchste sich von Aegypten erzählen zu lassen, und es giebt ja auch kaum jemanden, dem man lieber davon erzählte denn alle jene Herrlichkeiten der Skulptur und Kunst gehen ihn, den großen Bildhauer, ganz besonders an, und er weiß zu hören und zu verstehen, wenn man sie ihm beschreibt.«

MAI: Gemeinsam mit Mme Mayrisch de Saint-Hubert übersetzt André Gide in Brügge zwei Fragmente aus den »Aufzeichnungen des Malte Laurids Brigge«, die am 1. Juli in der Nouvelle Revue Française erscheinen: »I. Dès qu'elle parlait d'Ingeborg ...« (28. Abschnitt) und »II. Et quand je le dirais bien haut ...« (18. Abschnitt). Im selben Heft erscheint die Besprechung »R. M. R. et son dernier livre: Les Cahiers de Malte Laurids Brigge« von Mme Mayrisch de St. Hubert.

ANFANG MAI: R. überträgt von Maurice de Guérin »Der Kentauer«. Das Original erschien zuerst am 15.5.1840 in der »Revue des deux Mondes«.

5. MAI: Hellingrath schreibt an R. über »Centauren«.

7. MAI: »Dank, lieber Herr von Hellingrath, für die sorgfältige Mittheilung jener merkwürdigen Hölderlinschen Centauren, durch die ich aufmerksamer und gleichsam erfahrener zu dem Centauer Guérins zurückkomme.«

10. MAI: R. erzählt der Fürstin Taxis von den Ausstellungen in Paris: »die schönsten Ingres«, »herrliche Rembrandts, Blätter mit klaren persischen Illuminierungen« und die Skulpturen Maillols »draußen in Marly in seinem primitiven Garten«. Zu seiner Arbeit heißt es: »um mich langsam und täglich dazu zu erziehen, hab ich den Guérin'schen Centauren übersetzt. Schön, schön, schön. Ich sende Ihnen in ein paar Tagen eine Abschrift und einen merkwürdigen, wahrhaft hellen und geistesgegenwärtigen Sermon ›de l'amour de Madeleine‹, den man in Petersburg im Manuscript entdeckt hat und dem Bossuet zuschreiben möchte.«

Bei Max Dauthendey bedankt sich R. für eine Sendung seiner neuen Bücher durch den Verlag: »wo hab ich nicht über all in der Geflügelten Erde gelesen: in Kairouan, in Neapel auf meiner gewohnten Hotelterrasse, auf dem Nilschiff, nachts einmal in Assuan, fast täglich in Kairo, auf dem Mittelmeer, gerade als Kephalonia in Sicht geriet –. Dieses Buch ... konnte mir nicht besser in die Hände kommen« (erschienen bei Albert Langen, München 1910).

12. MAI: R. seufzt: »wenn nur die Automobile nicht wären, die auf alle Landstraßen und bis hinein in die herrlichen stillen Parks von St-Cloud und Versailles ihr kochendes Benzin, ihren Staub, Lärm und Leute bringen.« (An die Mutter)

13. MAI: Max Mell, dem Herausgeber des »Almanachs der Wiener Werkstätte«, schreibt R.: »sehen Sie, was ich finde: aus den Sonetten der Louize Labé, der Lyoneserin (sie erschienen 1555), das achte im Versuch einer Übertragung; es ist noch ein anderes da, aber dieses ist bei weitem das schönste ...« Mell nimmt es auf.

14. MAI: Marlise Gerding, einer Studentin, antwortet R. auf ihre Fragen zum »Stunden-Buch« mit einer Darstellung: »wie der erste Teil des ›Stundenbuchs‹ zu entstehen kam. Es ist lange her, ich wohnte damals in der Nähe Berlins ...«

R. meldet an Lili Schalk in Wien: »ich war also wirklich in Algier, in Tunis, schließlich in Ägypten, aber es wäre mir recht geschehen, hätte ich überall vor den größesten Außendingen den heiligen Augustinus an der Stelle aufgeschlagen, die Petrarca trifft, da er oben auf dem Mont Ventoux, neugierig das gewohnte kleine Buch öffnend, nichts als den Vorwurf findet, über Bergen, Meeren und Entfernungen von sich selber abzusehen. So sehr war diese Reise, in die ich mich mitnehmen ließ, eine Ausrede ...« In Avignon hatte sich R. eine französische Ausgabe des Petrarca-Briefes gekauft, in dem dieser seinen Aufstieg zum Mont Ventoux beschreibt, »François Pétrarque à Denis Robert de Borgo San Sepolchro / Salut ...« R. fährt fort: »Sie schreiben vom Malte Laurids. Dieses schwere schwere Buch ...« R. glaubt, wie Winkelried alle seine Aufgaben als Lanzen in sich eingebohrt zu haben mit diesem Werk.

VON 14. MAI BIS 6. JUNI sind Kippenbergs in Paris.

15. MAI: R. lehnt eine Aufforderung des Deutschen Kunstvereins, in Brüssel über Rodin zu sprechen, ab.

16. MAI: Wegen des Regens rät R. Kippenbergs, den Besuch bei Maillol aufzuschieben und ins Musée Cluny und in die Sammlung Moreau-Nélaton im Louvre zu gehen.

Der Fürstin Taxis sendet R. die Abschrift seiner Übersetzung des »Kentauer« von Guérin: »es ist recht eigennützig und vorlaut von mir, Ihnen dieses heftige Gedicht, das dem Leser fast keine Oberfläche, sondern nur Bruchstellen seines immensen Stoffes zukehrt, in meinem Deutsch zuzumuthen, ehe es Ihnen französisch in die Hände kam. Aber sehen Sie, es macht mir so viel Eindruck, daß ich überhaupt wieder einmal etwas habe, ich kann nicht anhalten, es Ihnen rasch mitzutheilen ... Abends lese ich in den Briefen der Eugénie de Guérin.« R. liest »Lettres« und »Journal« in den Ausgaben von G. S. Trébutien, Paris 1868 und 1869. R.s Exemplar des »Journal« ist im Rilke-Archiv erhalten.

20. MAI: R. trägt Kippenbergs seine Übertragung des »Kentauer« vor.

22. MAI: Mit Kippenbergs besucht R. Aristide Maillol in Marly-le-Roi bei Paris. Davon erzählt er Erika von Scheel: »Draußen im Garten der einfache Kopf hatte von Zeit zu Zeit Sonne und war offen und lieblich in ihr; gestirnig ausgerichtet, wie das Blatt einer Sonnenuhr ...« Über Maillol selber heißt es: »die Arbeit gibt sich ihm ganz als Freude, wenn er in ihr ist ... Übrigens war er recht warm und treu zu mir, und es kommt Wesen in ihm nach wie Wasser in der Quelle, so daß man, ohne daß viel geschieht, bewegt von ihm geht.«

31. MAI: An Sidie Nádherný schreibt R.: »Tunis / Algier / Aegypten, drei Wochen auf dem Nil und Zeiten, für die ich alles Maaß verloren habe, in jenem immensen Museum von Cairo ... Es war über die Maaßen viel, war wohl auch das Richtige.« R. teilt ihr mit, daß Clara R. und Ruth in München sind.

An die Fürstin Taxis: »Vom neuen Kassner muß heute oder morgen das erste Probeexemplar fertig werden, ich habe mirs erbeten.« (»Die Elemente der menschlichen Größe«, Leipzig: Insel-Verlag 1911) »Denken Sie, Fürstin, nun hab ich auch noch den Sermon übersetzt, das ist völlig überflüssig, aber er geht mich so geradeaus an an manchen Stellen ... ich glaube wirklich, ich hätte so etwas hervorbringen können; und dann hat es mich heiß und streng beschäftigt.«

1. JUNI: Bei R. wird Katharina Kippenbergs Geburtstag abends damit gefeiert, daß er den Gästen den anonymen Sermon »De l'amour de Madeleine« vorliest. Er schenkt ihr eine Nadeldose, einen in Silber gefaßten grünsamtenen Becher mit einem Nadelkissen als Deckel, mit dem Vers: »Sind Nadeln (wie's daran ein Glauben hängt) / in ihren Folgen wirklich arg als Gaben, / so will ich nichts so gern gegeben haben / als dies: das sanft und selber ungekränkt, / auflösend gleichsam die Gefahr empfängt / von allen müßigen, die sich drin vergraben. Paris, im Juny 1911. R.« (Unveröffentlicht)

2. JUNI: Über Kassners ›Elemente‹ schreibt R. der Fürstin: »Ich habe mich gleich sehr entschlossen damit eingelassen und ohne bei Weitem es zu übersehen, empfind ich es doch wie ein Lebendiges, dessen Athem, Wärme und Gang mich gestreift hat.« In seiner langen Auseinandersetzung mit dem Buch vergleicht R. es auch mit Kassners ›Dilettantismus‹.

3. JUNI: »Die Liebe der Magdalena«, ein französischer Sermon ... übertragen durch R. M. R. »ist fertig«, wie R. an Mathilde Vollmoeller meldet: »ich hoffe, der liebe Gott hat bald wieder Arbeit für mich, sonst bau ich mir doch noch eine Bude verquer vor ein einspringendes Eck und thu Flickschusterei, das scheint furchtbar kontinuierlich zu sein und von fortwährender Inspiration.« In diesem Brief beschreibt R., was er in den Ausstellungen der letzten Wochen gesehen hat.

7. JUNI: R. sendet Gide die französische Ausgabe der »Liebe der Magdalena«: »Je vous envoi un petit livre qui m'a ravi, je viens même de le traduire.«

16. JUNI: R. dankt Kassner für einen Gruß aus Moskau und schreibt ihm über die ›Elemente‹: »Was mich angeht, so hab ich noch immer nicht die Wende geleistet, die mein Leben machen muß, um aufs neue ergiebig oder gar gut zu sein. Einmal, in Cairo, schrieb ich mir aus Ihren Sprüchen in mein Taschenbuch: ›Der Weg von der Innigkeit zur Größe geht durch das Opfer‹ – (ich schrieb aus dem Gedächtnis, weiß nicht, ob wörtlich richtig –) – das wird es wohl sein, aber wie? Ich halte mir das Herz mit Übersetzen oben ...« R. bestellt Grüße von Gide und übermittelt die Adresse des Freiherrn Victor von Gebsattel in München. (Das Kassner-Wort stammt aus »Sätze des Joghi«, »Neue Rundschau« Bd. XXII, und heißt dort: »Wer von der Innigkeit zur Größe will, der muß sich opfern.«)

21. JUNI: An die Fürstin Taxis berichtet R.: »das russische Ballett war wieder da (das ich voriges Jahr mit Kassner sah). Ich verdank es Kessler, daß ich, wider alles Absehen, am letzten Abend doch noch im Theater war. Der Tänzer, Nijinski, – ja, wie soll man das sagen: als ob einer seine ganze Schwere in sein Herz herein- und heraufgenommen hätte und sich an dieser seiner Mitte aufhübe und sich in Bewegung austheilte ...« R. sieht »Le Spectre de la Rose«.

23. JUNI: An Kippenberg meldet R., der ›Kentauer‹ sei durchgesehen, »was mich warten ließ, war die gewisse Anmerkung über Maurice de Guérin, ich wollte sie doch nicht zu leicht nehmen, las, las –, darüber

komplizierte sich der Fall ...« R. bittet um einige Bände Shakespeare: »recht entscheidende«. Die Decke in R.s Zimmer wird von Handwerkern ausgebessert, R. klagt: »Mörtel zwischen Ersch und Gruber«. Die von Ersch und Gruber herausgegebene »Allgemeine Encyclopädie der Wissenschaften und Künste« gehört mit vielen ihrer Einzelbeiträge zu den Quellen für historische Ereignisse und Gestalten im »Malte«.

24. JUNI: R. bedauert in seinem Brief an Erika von Scheel, daß diese »die vier Cézanne der Collection Henry Bernstein« nicht gesehen habe: »Ein Gebirge war da mit einem Haus im Vordergrund, ich sagte zu Kessler, seit Moses hat niemand ein Gebirge so gesehen, und Moses hatte eine Ausrede in Jehovah, Berge so groß anzusehen: der Alte hat gar keine Entschuldigung.«

24. oder 25. JUNI: R. schreibt in sein Taschenbuch: »(auf Marthe wartend in Notre Dame)« das »Fragment einer Auferstehung. Der Engel stemmt mit den Trompetenstößen / die Steine auf ...«; es bezieht sich auf das »Portail du Jugement«.

Marthe Hennebert ist eine junge, in großem Elend lebende französische Arbeiterin, der R. um diese Zeit begegnet und die er zu fördern versucht. Sie wird später die Frau des Malers Jean Lurçat.

25. JUNI: Harry Kessler schreibt an Hofmannsthal über Nijinski, seinen Tanz und seine mimische Gabe, »die einem fortwährenden Dichten, einer fortwährenden genialen Schöpfung gleichkommt ... Ich sage da nicht nur, was ich empfinde, sondern was so verschiedene Naturen wie Maillol und Rilke spontan empfunden haben.«

26. ODER 27. JUNI: Erstes Gedicht an Marthe Hennebert: »Wenn endlich Drang und Stumpfheit sich entzwein ...«

27. JUNI: R. ruft seinen Eindruck vom Niltal herauf: »das Wunder der unberührbar überlieferten Landschaft, in der neben dem Stromgott und dem fortwährenden Anheben der Wüste ein Streifen dichtesten, drängendsten, entschlossensten Lebens verläuft, auf dem Menschen und Tiere und rasch heranwachsende Pflanzen sich in gleichsam ewige, starke Bedingungen teilen«. Weiter heißt es in diesem Brief an A. Baumgarten: »Malte Laurids ist ein so großer Abschnitt gewesen, vielleicht ging in ihm jener junge Mensch zu Ende, den Sie vor Jahren angehört, dem Sie in geduldiger Aufmerksamkeit zugesehen haben.«

28. JUNI: R. nennt Kippenberg den Titel seiner französischen Ausgabe des Petrarca-Briefes über dessen Besteigung des Mont Ventoux, die er in Avignon gekauft hat. Für eine Übersetzung werde man den lateini-

schen Text zugrunde legen müssen. Zudem schreibt R.: »Zu meinen späten Abendbeschäftigungen gehören die herrlichen Konfessionen des heiligen Augustinus, ich lese sie jetzt lateinisch, mit dem unbeschreiblich erbärmlichen französischen Text nebenan ...« R. bittet, da ihm seines verlorengegangen ist, um ein einfaches lateinisches Lexikon und um eine deutsche Ausgabe der »Confessiones«: »falls es eine ehrlich brauchbare gibt«. R. dringt in der zweiten Hälfte des Jahres ›in mühsamer, immer wieder aufgenommener Arbeit‹ mit einer eigenen Augustin-Übersetzung bis zum zwölften Kapitel des ersten Buches vor. Editha Klipstein berichtet nach ihrem Besuch bei R. im Juli 1915 aus München an Ilse Erdmann: »Er versprach noch, mir eine Übersetzung aus dem heiligen Augustinus zu schicken. Er sei unbefriedigt von den vorhandenen. Freilich seien diese von ihm übersetzten 18 Kapitel Manuskript geblieben.« Das Fragment ist im Nachlaß erhalten.

30. JUNI: Katharina Kippenberg sendet R. die erbetene Shakespeare-Ausgabe in der Übersetzung von A. W. Schlegel und Dorothea Tieck. Er solle mit »Macbeth« oder »King Lear« beginnen, nicht mit »Hamlet«.

JULI: R. widmet »Die Aufzeichnungen des Malte Laurids Brigge« mit der Einschrift »Tora Holmström herzlich: R. M. R. Paris, im July 1911«.

UM DEN 1. JULI notiert R. den Vers: »A force de prier il se fait un archange«, den er am 29. 3. 1919 Karl v. d. Heydt mitteilt: »Vor dem Pilgerberg an der Küste der Bretagne schrieb ich beglückt in mein Taschenbuch: ›à force de prier ...‹.« Von einem Besuch des Mt. Saint Michel im Sommer 1911 ist dies das einzige Zeugnis.

ANFANG JULI: Auf Marthe Hennebert ist ein Gedicht R.s bezogen: »Deine Seele sing ich, die an mir erstandene. / Da ich vorüberging stand sie im Zwischenraum / rufend nicht, winkend nicht, nur wie abhandene / Dinge, erblinkend kaum ...« Gleichzeitig entsteht: »Mondnacht. Weg in den Garten ...«

AM 1. JULI erscheinen zwei von André Gide übertragene Ausschnitte aus dem »Malte« in der Nouvelle Revue Française mit einer Einführung von Aline de Saint-Hubert.

3. JULI: R. dankt Katharina Kippenberg für die angekündigte Sendung: »nun hab ich freilich eine förmliche Ausgelassenheit in mir, Shakespeare zu betreiben ... mir fällt ein, daß ich Hamlet habe. Ich will gehn und lesen.«

4. JULI: An die Fürstin Taxis heißt es: »Ich glaube ich muß etwas für Nijinskij machen, den russischen Tänzer ... es geht mir nach, es ruft

hinter mir her: ich soll, ich soll ... Ein Gedicht, das sich sozusagen verschlucken läßt und dann tanzt.« R. fährt fort: »Kessler steht den russischen Leuten nah, ich frühstückte eben mit ihm, und natürlich soll alles sofort dasein ...«

BIS MITTE JULI entwirft R. »Figurines pour un ballet«, die unveröffentlicht bleiben. Das Prosa-Gedicht »Judith« daraus verselbständigt R. und trägt es der Fürstin in ihr Buch ein.

5. JULI: An Sidie Nádherný schreibt R.: »ich habe über alledem etwas, fast wie eine Bitte, eine merkwürdige, oder wenigstens eine Anfrage. Ich halte es nicht für unmöglich, daß in Ihrem Budget eine Vorsehung zu helfen eingerichtet ist ... so bring ich Ihnen da Nachricht von einem jungen Leben, in das einzugreifen eigenthümliche Umstände, eine plötzliche starke Ergriffenheit und Überzeugung, kurz eine von jenen inneren Entschlossenheiten, die vor aller Wahl sich durchsetzen, mich bestimmt haben; ein junges Mädchen, achtzehnjährig, ouvrière, aus unendlich lang verschütteter Vergangenheit, seit dem achten Jahr im Erwerbsgeschiebe des Lebens stehend wie einer in einer Menge, die hinter ihm andrängt ... mit dem nach Generationen erwachten Herzen das alles aushaltend, abwartend, und nun endlich an der Grenze, sich aufzugeben oder im geringsten Raum, den man ihr schafft, zu blühn, zu blühn – –: so fand ich sie, und nahm sie zu mir und will nun dies: ihr erst einen Augenblick Aufathmens geben, Freunde für sie gewinnen und mit denen im Einklang ihr Leben auf die Höhe ihrer Natur stellen, sie etwas lernen lassen, was sie befriedigt und woran sie sich selbst fühlen und verwenden kann. Liebe, wär es möglich, daß Sie eine Kleinigkeit für sie thun während dieser Übergangsmonate?« Es handelt sich um Marthe Hennebert.

IM JULI wird »Maurice de Guérin: Der Kentauer. Übertragen durch R. M. R.« mit einer Anmerkung: »Das Werk Maurice de Guérins ...« in 300 Exemplaren, davon 50 auf Japan, auf der Ernst-Ludwig-Presse in Darmstadt gedruckt (Insel-Verlag, Leipzig 1911). R. widmet den Band »Baronin May Knoop in Freundschaft«.

6. JULI: R. dankt Gide für die »Malte«-Übersetzung in der Nouvelle Revue Française vom 1. 7.: »Je suis tout ému de cette transposition inspirée qui me rend deux fragments principaux de mon livre, pour ainsi dire, plus définitifs que je ne les ai rêvés: car votre réalisation précise n'est-elle pas une preuve toute convaincante de leur solide et durable réalité ...« R. bestellt sich 10 Exemplare für diejenigen seiner Freunde, die ihn deutsch nicht lesen können.

8. JULI: Kippenberg beruhigt R. in seinen Geldsorgen: »Sie schreiben, daß nur Gott oder die Schillerstiftung in dem bewußten Punkte helfen könne und vergessen, daß es eine sehr wichtige Zwischeninstanz gibt, nämlich der Menschen...«

14. JULI: R. lehnt es ab, eine Anmerkung über die »unvergleichliche Eleonore« für den Insel-Verlag zu schreiben, er geriete, auch wenn er »Jammersminde« aufgeschlagen vor sich habe, immer in den »Malte«: »Ich muß um jeden Preis aufhören, der Überlebende dieses Buches zu sein...« »Die Denkwürdigkeiten der Gräfin Eleonore Ulfeldt« erscheinen 1911 im Insel-Verlag; das Original hat R. für den »Malte« verwertet.

19. JULI: R. dankt Norbert von Hellingrath für dessen »Arbeit zu Hölderlin's Pindarübertragungen«.

Irene von Kutschera, geb. von Rilke, stirbt.

Rilkes letzte Reise nach Böhmen

19. JULI: Abreise R.s aus Paris.

20. JULI: Auf der Durchreise nach Lautschin trifft R. in Leipzig mit Kippenbergs zusammen.

21. JULI: R. begegnet in Prag seiner Mutter, die er in Franzensbad vermutet, und seiner Großmutter: »Ich sah sie im Sommer in Prag einen Augenblick«, heißt es von dieser in seinem Brief an Lou A.-S. vom 19. 2. 1912, »wie den Kindern bei Tisch der Heiß-Hunger, so steckt ihr eine derbe, gewissermaßen flämische Freude dazusein im Fleisch.« Sie sei im 83. Jahr noch imstande: »rasch und zu Fuß, aufs Munterste aufgelegt, aus ihrer entlegenen armsäligen Vorstadtwohnung herunterzukommen«.

VOM 23. JULI BIS 4. AUGUST ist R. zum zweiten und zugleich letzten Mal zu Gast in Lautschin. Die Fürstin nennt ihn von nun an »Dottor Serafico«. Außer Familienmitgliedern ist auch Carlo Placci anwesend.

26. JULI: R. äußert sich Frau Schobloch gegenüber zum Tode Irene von Kutscheras, seiner Kusine: »Ich hatte Irene längere Zeit nicht gesehen und leider, wie ich mir jetzt bitter und vergeblich vorwerfe, auch unsere Correspondenz so vernachläßigt, daß ich seit Weihnachten keinen Brief von ihr hatte...«

28. JULI: R. schreibt an Jenny Oltersdorf nach Luzern: »Sie haben die

Berge vor sich und um sich, und ihre Nähe und ihr steiler Anstieg entwickelt gewiß noch besser und rascher die Vogelgefühle in Ihnen, die Sie bald brauchen werden. Mich überrascht's nicht, Liebe, diese Vornehmung steht in einem ehrlichen Verhältnis zu der Menge Kühnheit in Ihnen, Ihr Herz hat ja schon in Heliopolis mitgeflogen, nein, nicht ›mit-‹, ganz für sich war es oben und beschrieb seine Kurven in dem großen offenen Himmel, in dem so viel Raum war.«

ENDE JULI: R. schenkt seiner Mutter »Die Bekenntnisse des Heiligen Augustinus«, übersetzt von Georg Freiherrn von Hertling, mit der Einschrift: »Meiner lieben Mama dieses herrliche Buch im Gedächtnis der gemeinsam darüber verbrachten Stunde. René«, und dem Vers: »Laß dich nicht irren die Zeit ...«

»In Lautschin ist man fast den ganzen Tag draußen, der Park ist schattig, die Wälder gehören zu den schönsten, die ich kenne, und für die heißesten Stunden giebt es im Schloß kühle Zuflüchte, die zum Überfluß voller Bücher stecken, so daß mir in dieser Gastfreundschaft alles erdenklich Gute zusammenkommt.« (An Frau Schobloch, am 11. 8. 11)

Raymond Taxis erkrankt; R. schreibt dazu, die Hausgenossen seien »ein gutes Orchester unter der Leitung dieses wirklich begabten Sommers. Da hieß es Mittag ... daß der eine kleine vierjährige Enkel Taxis fiebere ... zwei Stunden später sprach einer der Ärzte die Möglichkeit aus, daß irgendwas Ernsteres, Scharlach oder Diphterie, bei ihm im Anzug sei, und gleich darauf fuhren wir alle nach allen Seiten auseinander.« (An Kippenberg, 8. 8. 11)

VOM 4. BIS 10. AUGUST ist R. in Prag, Hotel Blauer Stern.

6. AUGUST: Bis zu diesem Tage sind Prinz Max und Prinzessin Pauline (Titi) von Thurn und Taxis noch in Prag, für sie schreibt R. in ein Exemplar des »Malte« die Widmung: »Viel schon erreicht ein Buch ...« – »Prinzessin Titi Taxis, auf das herzlichste / R.«

9. AUGUST: An die Fürstin Marie Taxis meldet R.: »Prag ist ein Kummerpfuhl.« Er kauft drei Bände Claudel. Überraschend trifft R. Axel Juncker auf der Straße.

VOM 10. BIS 15. AUGUST besucht R. Johannes Nádherný auf Schloß Janowitz, Sidie N. ist noch in England. Als sie am 15. 8. zurückkehrt, sieht R. sie noch in Prag. In Janowitz liest R. Briefe von Lenau. Es ist sein letzter Aufenthalt dort wie auch in Prag.

13. AUGUST: R. teilt der Fürstin Taxis mit, daß er »nicht einmal seine Lückenarbeit am hlg. Augustinus weitergebracht« habe.

15. BIS 20. AUGUST: R. kehrt für diese Tage nach Lautschin zurück, die Krankheit des Kindes ist harmlos.
18. AUGUST: R. schreibt an Kippenberg: »Voilà: ich komme per Auto von hier nach Leipzig, die Fürstin Taxis bringt mich mit, Sonntag fahren wir; in Leipzig treffen wir den Fürsten, und ich begleite beide Montag bis Weimar, um Montag abend von dort nach Leipzig zurückzukehren: zu Ihnen.«
20. AUGUST: Über die Autofahrt sagt R.: »Die Reise war auf diese Art ausgezeichnet, ich genoß es ungemein, auf den natürlichen Straßen von Ort zu Ort sich zu steigern, man begreift die Landschaft, ... eines ergiebt sich aus dem andern und man faßt es ohne Mühe zum Ganzen zusammen und hört gar nicht auf, zu leben und zu gelten, – während in der Eisenbahn doch immer neutrale Stunden entstehen die man einfach abwartet.« (An Sidie Nádherný, am 30. 8. 11)
21. AUGUST: Von Leipzig fahren R. und die Taxis' zuerst nach Naumburg. Von diesem Aufenthalt berichtet die Fürstin in ihren Erinnerungen, R. habe sich besonders für die Grabinschriften im Dom interessiert. Abends Weimar, Übernachtung im Elefanten.
22. AUGUST: In Weimar, man besucht den Park und Goethes Gartenhaus. Bei einem Antiquar wird das »blaue Büchlein« gekauft, in das R. später die erste und zweite Duineser Elegie für die Fürstin einträgt.
23. AUGUST: Fürst und Fürstin Taxis reisen über Kassel und Paris nach London weiter, R. widmet den Nachmittag vor allem dem Goethehaus: »Dann ergriff mich mehr und mehr diese Gestalt der kaum zwanzigjährigen Christiane Neumann, auf deren Hingang Goethe das große Gedicht Euphrosyne geschrieben hat«, erzählt R. der Fürstin am 25. 8. aus Leipzig: »Es war mein erstes hier, es zu lesen, es ist wirklich ein Leuchten um so früh Verstorbene ...«
VOM 23. AUGUST BIS 8. SEPTEMBER ist R. bei Kippenbergs in Leipzig zu Gast. R. und Katharina Kippenberg lesen in dieser Zeit Shakespeare, unter anderem die Szene aus »King John«, auf die Goethe in »Euphrosyne« hinweist (Hubert und Prinz Arthur), und Teile des »Tempest«.
29. AUGUST: R. dankt Alexander von Bernus für die Übersendung eigener Bücher, darunter: »John Keats. Gedichte«, übertragen von A. v. B., Karlsruhe 1911. »Ich danke Ihnen für die Übertragungen aus dem Englischen durch die ich Keats, den ich kaum noch las, recht eigentlich kennenzulernen hoffe.« In dem Band findet R. die Severnsche Porträtzeichnung von Keats.

VOM 2. BIS 4. SEPTEMBER ist R. erneut, diesmal mit Kippenbergs, in Weimar. »Im Archiv las ich einen herrlichen Brief Bettinens und fand jenes Blatt, auf das Goethe in so wundervoll plötzlicher Strömung: Alles kündet Dich an geschrieben hat. Überdies sah ich Tiefurt, das bescheidene, – und sah Belvedere wieder und empfand auf das unmittelbarste im Wittumspalais, was noch an Nachklang gemeinsamer Lesestunden um den großen Abendtisch der Herzogin Anna Amalia verschwingen mag ...« (An Helene von Nostitz, am 14. 9. 11)

VOM 8. BIS 12. SEPTEMBER ist R. von Leipzig aus in Berlin, um mit Axel Juncker über die Übernahme des »Buch der Bilder« durch den Insel-Verlag zu verhandeln. Am 8. 9. meldet er sich aus dem Hospiz des Westens bei Juncker an und begründet sein Anliegen: »ich bin gerade jetzt in einer Zeit schwächerer Produktion ganz vom Vorhandenen abhängig und es ist fast eine Existenzfrage für mich geworden, ob ich die Bücher an der einen centralen Stelle« vereinigen kann. Eine Unterredung kommt nicht zustande.

2. SEPTEMBER: R. schreibt an seine Mutter: »Daß Du im Augustinus weiter Deine Freude und Erbauung findest, macht mich recht froh, – denk Dir, ich komme jetzt gar nicht zu ihm, so sehr ich mich danach sehne.«

9. SEPTEMBER: Der Fürstin Taxis berichtet R.: »Marthe schrieb seither nur: ›J'oserais presque ne pas vous écrire, si cela pouvait vous faire revenir plus vite‹ ... Wie ist das zu lesen, mein Herz stümpert so daran herum, – ... Was thun? Ob es recht wäre, mit Marthe irgendwo zusammenzutreffen? Ich denke immer noch an Rippoldsau.«

DAS LEGAT

VOM 13. BIS 25. SEPTEMBER: R. trifft in München Clara R.; er wohnt im Hotel Continental.

14. SEPTEMBER: R. schreibt an Sidie Nádherný über den Anlaß seines Münchner Aufenthaltes: es müsse »über Ruths nächstes Loos« beraten werden, die, zehnjährig, in Oberneuland schon wegen der Schulverhältnisse nicht bleiben kann und möglichst zu ihrer Mutter nach München übersiedeln soll.

An Kippenberg: »Heute trafen wir Hofmannsthals in der Pinakothek, wo sehr großartige Grecos ausgestellt sind, vor denen ich voraussichtlich jede freie und stille Stunde meiner hiesigen Zeit, ihrer gewärtig wie ein Schüler, zubringen werde. Vor der Hand ergibt sich freilich viel zu bedenken und zu erledigen.«

VOM 14. BIS 28. SEPTEMBER führt R. eine Korrespondenz mit dem Rechtsanwalt Dr. Josef Stark in Prag, der die Kanzlei seines Onkels Jaroslav übernommen hat. Es geht um eine Erbschaft, die ihm aus dem Nachlaß seiner Cousine Irene von Kutschera, geb. von Rilke, zukommt und mit den Zahlungen allerdings erst am 19. 7. 1912 fällig wird. R. legt seinem Rechtsanwalt dar, daß Ruth wegen des Schulbesuches nicht länger bei der Großmutter bleiben kann. Deshalb müsse für Clara R. und Ruth eine feste Wohnung in München eingerichtet und für den Unterhalt Sorge getragen werden. Hierfür sollen 5000 Kronen im Vorgriff auf die Erbschaft ihr zugehen. Um dies zu ermöglichen, schlägt R. vor, Paula von Rilke, die ältere Tochter Jaroslav von Rilkes, um eine Vorfinanzierung zu bitten. Schließlich springt Rilkes Neffe Oswald von Kutschera, der Sohn der Verstorbenen, hilfreich ein. Am 28. 9. bittet R., die Zahlungen an Clara R. nach München, Ottostr. 1[1], Pension Ethos, zu leisten.

17. SEPTEMBER: »Ihr Brief, Fürstin, indem er mir Duino vorstellte als meine große einsame Aussicht, war genau das, was ich brauchte; schon in Berlin ging nicht alles nach Wunsch und hier vollends bin ich hineingebunden in ein Bündel Sorgen, mittenhinein, wie ihrer eine und kann mich nicht rühren ... Welcher Segen, daß Sie mich in Duino verbergen wollen.« R. fährt fort: »Ja, wir treffen uns also Anfang Oktober in Paris.« Die gemeinsame Reise soll durch Südfrankreich nach Duino führen; R. hat den Plan, mit ihr zusammen Dantes »Vita Nuova« zu übertragen. Über Marthe schreibt R.: »Der Brand ihrer zur Freiheit entzündeten Natur wird wohl nichtmehr aufzuhalten sein, eine Shakespear'sche Welt...«

22. SEPTEMBER: R. dankt Kippenberg für sein geduldiges Weiterverhandeln über das »Buch der Bilder« mit Juncker: »wenn nur der ›Cornet‹ doch ihm weg verwendet werden könnte. Heymel lechzt danach ebenso wie – sagt er – nach einer billigen Auswahl meiner Gedichte; letzteres gehört in den Umkreis seiner jetzigen Bestrebungen, Massenwirkungen zu veranlassen.« R. legt eine durchgesehene Kopie der »Liebe der Magdalena« bei: »nun stehts ganz bei Ihnen, wann wirs drukken wollen.«

In München sieht R. außer Hofmannsthal, der ihm eine seiner Pantomimen für Grete Wiesenthal vorliest, Annette Kolb häufig, mit ihr zusammen auch Ricarda Huch, ferner Gerhard Ouckama Knoop und Friedrich Huch, dazu Dr. von Gebsattel.

23. SEPTEMBER: An die Fürstin heißt es: »Heute morgen verbrachte ich eine merkwürdige Stunde bei Baron Bissing, dem Aegyptologen, hatte die Freude zu sehen, daß meine intuitive Deutung eines altaegyptischen Gedichts unwillkürlich im Recht ist den bisherigen gelehrten Ausdeutungen gegenüber.« R. spricht von dem Gedicht »Gespräch eines Lebensmüden mit seiner Seele«, das bei Kippenbergs in der Erman'schen Ausgabe vorgelesen worden ist. Zu Marthes Lage fragt sich R.: »ob ich in ein paar Tagen rasch und klar auf Marthe werde wirken können, so daß ihrs hilft; es kam dort, wie es kommen mußte: Frau Woermann hat so recht den Zauberlehrling gespielt, nun da sie das phantastische ungehemmte Kind ganz hat überhand nehmen lassen, will sie sie mit einem Schlage los sein – werd ichs bändigen und in den Raum eines Herzens zurückbringen?«

VOM 26. SEPTEMBER BIS 12. OKTOBER wohnt R. noch einmal in der rue de Varenne in Paris.

27. SEPTEMBER: An die Fürstin Taxis meldet R.: »daß wir alle (Rodin nicht ausgenommen) zum ersten Januar aus diesem Hause ausgekündigt sind ... ich bins froh«. R. richtet sich darauf ein, seine Möbel und Kisten unterstellen zu lassen in einem Garde-meuble. »München hat mich auf wunderlichste Gedanken gebracht, etwa die, dort eine Weile zu leben, an der Universität aegyptologische und medizinische Sachen zu hören.« R. schließt: »Wissen Sie, daß ich eine einzige Sehnsucht hätte: nach Toledo zu reisen.« Er beschreibt der Fürstin Grecos »Laokoon«, auf dem im Bogen der Schlange Toledo erscheint: »Ein unvergleichliches, unvergeßliches Bild.«

28. SEPTEMBER: R. erzählt Hedda Sauer von Weimar und bemerkt: »Goethe war gnädig zum ersten Mal –, Sie wissen, er hatte bei mir keinen Altar, aber über die Briefe an Gustchen Stolberg gewann ich in einem Neigung und Lust und Mühe zu ihm – und da kam Weimar und verkündigte ihn ganz, offenbarte, verhieß.«

30. SEPTEMBER: An den Rechtsanwalt Dr. Stark in Prag schreibt R. zunächst noch über die Erbschafts-Angelegenheit und weiter: »Nun aber zu einer zweiten, wichtigen, in der ich nicht minder auf Ihre freundschaftliche und erfahrene Hülfe rechne. – Bei meinem münche-

ner Aufenthalt ist nämlich außer jener Veränderung im Leben unserer kleinen Tochter, noch eine andere verabredet worden, die unser, meiner Frau und mein Leben, nahe angeht. Sie werden vielleicht im ersten Augenblick erschrecken, wenn Sie hören, daß es sich um unsere Scheidung handelt. Die Sache selbst ist nicht so schlimm wie sie sich anhört: der Wunsch ging von meiner Frau aus, und wir haben uns über denselben nicht nur auf das Freundschaftlichste geeinigt, sondern geradezu im Gefühl, daß eben dieser Schritt uns in den Stand setzen wird, einander diejenige Freundschaft zu bewahren und zu beweisen, die wir von Anfang an füreinander gehabt haben. Auch leben wir ja thatsächlich seit so vielen Jahren schon getrennt, so daß die gerichtliche Scheidung nur gleichsam nachträglich ein Verhältnis zu bestätigen hätte, das in Wahrheit längst besteht und sich natürlich und endgültig zwischen uns herausgebildet hat.« Clara R.s Rechtsbeistand sei Dr. R. Voigt in Bremen, der glaube, R. müsse seine Staatszugehörigkeit verändern, um die Scheidung überhaupt zu ermöglichen. »Nun fühl ich mich so heimisch und natürlich in meinem Österreicherthum, daß mir diese Überläuferei nicht ganz leicht angekommen wäre. Durch den mir nachträglich erst erinnerlich gewordenen Umstand, daß ich zur Zeit meiner Verheirathung aus der katholischen Kirche austrat (ohne allerdings bei einer anderen Kirchengemeinschaft mich anzumelden, welche Vernachlässigung durch meine damalige Erkrankung verursacht wurde) wird nun das Ganze wesentlich einfacher ... Ich hoffe nun, wir kommen in dieser Sache auf nicht zu weiten Wegen zu dem erwünschten Ziel und habe die Überzeugung, daß sie schon um einen wichtigen Schritt weitergekommen ist im Augenblick, da Sie von ihr wissen. Ihr ergebener, alter René.«

2. OKTOBER: Anton Kippenberg macht R. die Mitteilung, daß er von nun an mit monatlich 500,- Mark rechnen könne. R. erfährt nicht, daß auf Kippenbergs Anregung hin Karl v. d. Heydt, Rudolf Kassner, Graf Harry Kessler und er selber sich bereit erklären, für die Jahre 1912, 1913 und 1914 einen festen Jahresbetrag von insgesamt 4000,- Mark zu zahlen, über die bisherigen vierteljährlichen Zahlungen des Insel-Verlages von je 500,- Mark hinaus.

4. OKTOBER: R. sagt Dr. Stark eine Reihe von diesem benötigter Urkunden zu: »Ich schreibe gleichzeitig an Herrn Dr. Voigt und ersuche ihn, Ihnen, die Austrittserklärung des prager Magistrats vorzulegen, die ich ihm neulich übersandt habe.« Die Heirats-Urkunde müsse bei den

Papieren seiner Frau liegen: »andere auf meine Verehelichung bezügliche Papiere sind nicht vorhanden.«
VOM 12. BIS 21. OKTOBER fährt R. im Auto der Fürstin Taxis, die ihre Pläne hat ändern müssen, allein mit Pierro, dem Chauffeur, nach Duino. Die Reise führt über Avallon, Lyon, Avignon, Juans-les-Pins, Ventimiglia, San Remo, Savona, Piacenza und Bologna nach Venedig und von dort nach Duino. R. gibt einen Eindruck von dieser Reise an Frau Fischer: »Die Fürstin Taxis überließ mir in Paris ihr Auto, und ich fuhr ganz allein auf selbstgewählten und überlegten Wegen von Paris bis Bologna ... Das Schönste bei weitem war die Fahrt durch die Provence ... hingegen ist die Rivierastraße unangenehm eng, in brüsken Wendungen ruckweise fortschreitend und überdies auf das Grausamste geschottert. Bei Sanpier d'Arena neben Genua hervor bogen wir auf ins Gebirge, kamen mit ehrgeiziger Maschine, wie in einem Satz, auf den Passo dei Giovi und glitten dann, wie in einem Flußbett, auf der glatten antiken Straße durch die aemilianische Landschaft.« (25.10.11)
13. OKTOBER: Aus Lyon schreibt R. an Dr. Stark, nachdem er die Heiratsurkunde von Dr. Voigt erhalten hat: »Leider zeigt es sich, daß ich in diesem Dokument trotz der einige Wochen früher datierten Austrittsbescheinigung als katholisch aufgeführt bin. Dies erklärt sich aus Folgendem: ich hatte kurz vor meiner Verheirathung eine Art Scharlach zu überstehn, war zur Zeit der Heirath selbst noch völlig Rekonvaleszent und ließ, ziemlich theilnahmslos, den Dingen ihren Gang. So konnte es geschehen, daß der Austrittsschein unbeachtet blieb; mein Schwiegervater, der die nöthigen Angaben im Standesamt niederlegte, wußte vermuthlich nicht einmal von ihm und man konnte um so eher mich im alten Status fortführen, als der Eintritt bei einer neuen Kirchengemeinschaft nicht erfolgt war. Damit ist unsere Angelegenheit bedauerlicherweise wieder recht komplizierten Ansehens, welchem Dokument wird das Gesetz nun recht geben ...«
UM DEN 19. OKTOBER: »... wir sind erst in Savona, nahe Genua, hatten uns heute früh landeinwärts verfahren und darüber zwei Stunden verloren, die, da die Tage schon sehr kurz sind, nicht wieder einzubringen waren. Dabei aber mehrere ganz merkwürdige Bergnester gesehen und seltsame Eindrücke, so daß ich [die] Verzögerung nicht bedauere. Nach Genua kommen wir nicht, wenden uns morgen kurz vorher nordwärts ins Gebirge. Ich habe wie ein Generalstäbler den ganzen Tag die

Karte in der Hand, esse wie im Kriege irgendwo, schlafe wie im Feldzug irgendwie, aber es geht.« (An die Mutter)

Duino: Die ersten »Elegien«

VOM 22. OKTOBER 1911 BIS 9. MAI 1912 ist R. in Duino bei der Fürstin Taxis zu Gast. Dort sind zunächst neben der Fürstin selbst auch deren älterer Sohn Erich mit Frau und Kindern zugegen. R. und die Fürstin lesen abends zusammen Dantes »Vita nuova«, regelmäßig ein Gedicht. Die Fürstin erinnert diese Zeit in ihrem Brief an R. vom 17. 8. 1915.
23. OKTOBER: R. schreibt an die Malerin Marie Olden, Cousine und Freundin Kassners, die ihn in Paris verfehlt hat: »Rysselberghe's Adresse weiß ich leider nicht, ich kenne ihn kaum, schreibe aber gleichzeitig mit diesem Brief an meine Haus-Nachbarin in der rue de Varenne, Fräulein Erica von Scheel (die Schülerin van de Velde's, von der Ihnen Kassner auch gesprochen haben wird) und bitte sie, Ihnen Rysselberghe's Adresse mitzuteilen.« Sie werde ihr auch sonst gern behilflich sein.
25. OKTOBER: R., »in diesen Jahren Unstätester«, will in Duino zur Ruhe kommen, wie er an Hedwig Fischer schreibt: »in diesem immens ans Meer hingetürmten Schloß, das wie ein Vorgebirg menschlichen Daseins mit manchen seiner Fenster (darunter mit einem meinigen) in den offenen Meerraum hinaussieht, unmittelbar ins All möcht man sagen ... während innere Fenster anderen Niveaus in still eingeschlossene uralte Burghöfe blicken«.
28. OKTOBER: R. teilt Dr. Stark mit, Dr. Voigt habe ihn beruhigt, die Fehler in den Urkunden, seine Konfession betreffend, ließen sich berichtigen; »ich bitte Sie nunmehr, unsere Scheidung einzuleiten und mich gütigst zu verständigen, was ich weiter zu diesem Zwecke zu thun habe.«
31. OKTOBER: R. berichtet seiner Mutter: Es »ergiebt sich viel gemeinsame Lektüre, mancher schöne gemeinsame Ausflug (gestern waren wir in Aquileja) und bleibt man zuhause, so hat man vom Balkon eines reizenden grünen Salons aus das verschwenderische Schauspiel unbeschreiblicher Sonnenuntergänge, von denen jeder alle vorhergehen-

den übertrifft und lügenstraft. Die Lage dieses Schlosses ist in der That von solcher Einzigheit, daß ich nie aufstehe am Morgen ohne von meinen Fenstern, allen dreien, überrascht zu sein, und auch nachts weckt mich in diesem zunehmenden Mond oft die Neugier hinauszusehen auf das unmittelbarste Meer«, so »seh ich gegen Süden hin die Bucht gegen Triest, östlich die Karstküste über den tieferen Meereinschnitt hin, vor denen die Schloßkante steil und felsig vorspringt, nach der dritten Seite endlich den schönen wohnlichen Burghof, an dessen einer Seite der Anstieg des immensen Römerthurms durch eine barocke Balustrade gemildert wird, während das Ganze jetzt im Schmuck des rothen wilden Weins von der Harmonie eines festlichen Innenraums sich eingeräumt erweist. Neben diesem Fenster öffnet sich in meinen Raum eine kleine kaum merkliche Thür, in die ich nur eintreten muß, um über einige Stufen aufwärts in einer Loge der kleinen Schloßkapelle zu sein: so hab ich die stillste und rührendste Nachbarschaft.«

R. bittet Katharina Kippenberg, ihm zu Kassners »Elementen der menschlichen Größe«, die man gerade vorgenommen habe, wichtige Besprechungen zu senden; Kassner wird in Duino – unmittelbar aus Rußland kommend – erwartet. Für den Insel-Almanach dankt R., erwähnt das Nietzsche-Gedicht darin und schließt: »Hier unterbrochen, bin ich inzwischen in einer der Karstdolinen mit auf Taubenjagd gewesen, still Wacholderbeeren essend während die Jäger mich vergaßen über den schönen in starken Stößen aus den tiefen Felstrichtern aufschlagenden Wildtauben.«

NOVEMBER: Der »Insel-Almanach auf das Jahr 1912« bringt »Drei neue Gedichte. Von R. M. R.«. Es sind »Städtische Sommernacht« (Paris, 1908 oder 09), »Gebet für die Irren und Sträflinge« (Paris, Winter 1908/09) und »Endymion« (Paris, 15.7.09). Keines dieser Gedichte wird von R. in einer Sammlung publiziert, sie eröffnen die Reihe der »verstreuten Gedichte«.

1. NOVEMBER: Entwurf »Pietà in der Cathedrale zu Aquileja«. Im Januar 1912 wird das Bruchstück zu dem Gedicht »Pietà« für »Das Marien-Leben« erweitert.

9. NOVEMBER: R. dankt Alfred Wolfenstein für eine Büchersendung und verspricht seinerseits, »Requiem« und »Sonette aus dem Portugiesischen« zu schicken.

18. NOVEMBER: Dr. Stark erhält von R. eine beglaubigte Vollmacht; R. hofft, daß die verbesserten Dokumente von Dr. Voigt eingetroffen sind.

20. NOVEMBER: R. berichtet Sidie Nádherný, daß Kassner eine Woche lang in Duino gewesen sei und ›recht unmittelbar‹ erzählt habe von Tiflis, Taschkent, Buchara. R. klagt dazu: »daß meine Erinnerungen immer mehr hinter mir zurückbleiben ... Leben und nicht verlieren –, wers doch könnte.« Als erste russische Lektüre empfiehlt R.: »lesen Sie die ›Kosaken‹ oder sonst etwas von Tolstoi einfach im Original; Sie werden sehn, wie sich's ... lohnt und lohnt«.

ENDE NOVEMBER ist R. einige Tage in Venedig.

NOVEMBER/DEZEMBER 1911 entstehen drei Gedichte für Lou A.-S., die R. ihr erst 1919 in München gibt. »I. Ich hielt mich überoffen ...«, »II. Wie man ein Tuch vor angehäuften Atem / nein: wie man es an eine Wunde preßt ...« und »III. Entsinnen ist da nicht genug ...«

29. NOVEMBER: Anton Kippenberg hat für den Insel-Verlag die Rechte an Verhaerens Rembrandt-Buch erworben und schreibt an R.: »für die Übertragung des Textes kommt nur einer in Betracht und das sind Sie.«

DEZEMBER: R. sendet ein Exemplar seiner Übertragung von »Der Kentauer« an »Erica von Scheel / herzlichst, mit Weihnachtsgrüßen: R.« aus Schloß Duino.

2. DEZEMBER: R., der in Venedig die Schwestern Romanelli besucht hat, schickt Mimi R. sein Exemplar der »L'amour de Madeleine«.

ANFANG DEZEMBER: In Venedig Begegnung mit May Knoop, der R. die Übertragung des »Kentauer« von Maurice de Guérin gewidmet hat.

4. DEZEMBER: An seinem Geburtstag singt die Fürstin für R. ein »unendlich trostloses Lied von Pergolesi, das ich auch heute wieder habe singen hören, das ich jeden Tag hören könnte, ein Lied voll gebrochener Strahlen, von einer sinnlichen Geistigkeit wie ein Greco«, wie R. am 8.12.11 an Sidie Nádherný schreibt.

7. DEZEMBER: An Kippenberg heißt es: »Verhaerens ›Rembrandt‹ kannte ich nicht, bin dabei ihn zu lesen und zufrieden, dieses leidenschaftlich aufgefaßte Zeugnis ... kennen zu lernen. Aber zu einer Übertragung kann ich mich nicht entschließen, es ist etwas im Ton, was ich nicht träfe.« R. verweist auf Stefan Zweig. Er fügt hinzu: »mir steht ja die ›Nachtwache‹ erst noch bevor, manches, wie die Bilder in der Eremitage, sah ich zu früh, ganz gegenwärtig sind mir nur die Pariser Sachen, das letzte Selbstbildnis, das jetzt in München ist, und der ›Samson‹, aus der Schönbornschen Sammlung, den ich kurz nach seiner Aufnahme in das Frankfurter Museum gesehen habe.« R. fährt fort: »Die Gustgen-

briefe [= Goethes Briefe an Auguste zu Stolberg] haben hier schon großen Einfluß gehabt ... auch Kassner las sie in meinem Exemplar wieder.« R. erbittet die Schriften der »schönen Seele« Susanna Katharina von Klettenberg und Balzacs Briefe an Mme de Hanska; beides im Insel-Verlag 1911.
ANFANG DEZEMBER: R. schreibt: »Meiner lieben Ruth zum 10. Geburtstag« ein »Abend-Lied. Welcher bist du, mein lieber Stern ...«
9. DEZEMBER: An Dr. Stark im Zusammenhang mit der Scheidung erläutert R., warum er sich nur dazu verpflichten könne, Ruth, wie schon seit einem Jahr »die achtzig Kronen, die meine Mutter mir monatlich von ihrer Pension überläßt, regelmäßig« zukommen zu lassen. Er könne mit »voller Gewißheit nur auf 200,– Frcs monatliches Einkommen« rechnen. Sein Beruf gehöre »zu jenen, die nicht ohne tiefen Schaden nutzbar zu machen sind, und er hat, wie jede künstlerische Thätigkeit, die Eigenheit, alle Aufmerksamkeit und Sammlung, alle Kraft des Geistes wie des Gefühls für sich zu verlangen, so daß ich darin von Anfang an nur weitergekommen bin, indem ich, mit einer mir eigentlich fremden Rücksichtslosigkeit, von allem andern absah«. R. bittet, seiner Mutter nicht zu sagen, daß er aus der Kirche ausgetreten sei.
14. DEZEMBER: An Elsa Bruckmann: »Nun bin ich wirklich seit vorgestern ganz allein in dem alten Gemäuer, draußen das Meer, draußen der Karst, draußen der Regen, vielleicht morgen der Sturm –: nun soll sichs zeigen, was innen ist als Gegengewicht so großer und gründlicher Dinge. Also, wenn nicht ganz Unerwartetes kommt, bleiben, aushalten, stillhalten, mit einer Art Neugier nach sich selbst: ob das nicht das Richtige ist, wie?«
15. DEZEMBER: Die Fürstin ist nach Lautschin gereist, R. berichtet aus Duino: »Die Köchin war den ersten Tag fassungslos meinen vegetarischen Prätentionen gegenüber, nun kamen wir uns ein wenig entgegen, sie erholt sich schon und kommt wieder zu Künsten«, der Tischler habe die Bestellung des Stehpults angenommen, noch aber erscheine das Alleinsein leer.
17. DEZEMBER: »...nun bin ich, seit ein paar Tagen, Herr auf Duino, Alleinherrscher, auf das Sorgfältigste behütet von einer Haushälterin und einem alten Kammerdiener. Mir geht nichts ab, im Gegentheil. Und die völlige Einsamkeit kann ich gut gebrauchen.« (An die Mutter)
20. DEZEMBER: An Mathilde Vollmoeller, die in München die Grecos gesehen hat: »Und den Laokoon, den Laokoon: Sie können sich vorstel-

len, was er mir war, ich saß stundenlang davor, sah immer mehr ein, daß es das geben mußte, daß gerade diese Aktion vor Toledo sich abspielen mußte ...« Über Greco heißt es: »seine Fähigkeit, einen Gegenstand hinzureissen, über sich hinaus –, schlug mir daraus wie eine Flamme entgegen.«

An Manon zu Solms geht der »Kentauer«: »manchmal schien mir als konnte der Schauplatz dieses Centauern dort irgendwo in Anacapri gewesen sein, wo ein fast unentdecktes wildes Land in der Biegung einer unvermuteten Bucht sich ausbreitete und sonnte. Erinnern Sie's noch?«

WEIHNACHTEN: Für Sidie Nádherný schreibt R. in das ›Leidensgedächtnis‹ der Leonora Christina Ulfeld das Distichon »Wer sich zur Liebe entschloß...« und in den »Kentauer« zwei weitere: »Nein: die Natur ertrüge nicht mehr diese Riesigen...«

24. DEZEMBER: R. verlebt Weihnachten allein in Duino, am Abend schreibt er der Fürstin: »Dazu brannte ein kleiner Baum, eine Zwergtanne, die man mir aus Berlin geschickt hat, ganz fertig mit fünf Lichtern...«

Annette Kolb dankt R. für den »prachtvollen Centaur. Eine Sprache wie die Ihrige scheint alles in sich zu vereinigen et tenir du miracle. Sie ist von einer rauschenden Schönheit wie ein Wald, und scheint sich an Stelle der Natur zu setzen!...«

26. DEZEMBER: R. erwirbt für die Fürstin durch die Geschwister Romanelli Bilder aus dem Palazzo Grimani für den gelben Salon in Lautschin: »die Marieschi«, für 15 000 Frcs.

An Ilse Sadée schreibt R. zu Arbeiten ihres Freundes Arthur Hospelt: »Talent, Sie verstehen, hat kaum noch Sinn in unseren Tagen, da eine gewisse Geschicklichkeit im Ausdruck allgemein geworden ist ... Darum bedeutet Gelingen nur noch etwas, wo das Höchste, Äußerste gelingt, und da liegt es dann wieder nahe, zu denken, daß eben dieses Unübertreffliche, wo es in einem einmal auftritt, auch schon gelungen ist.«

28. DEZEMBER: Nach langer Pause zum ersten Mal wendet sich R. an Lou A.-S.: »Hier, Lou, ist wieder eine meiner Beichten.« – »Es sind fast zwei Jahre: liebe Lou, Du allein wirst begreifen können, wie falsch und kümmerlich ich sie verbracht habe.« Von ihr habe er durch Gebsattel gehört, der mit ihr auf dem Kongreß der Psychoanalytiker in Weimar zusammen war. R. bittet Lou: »der Malte Laurids Brigge. Ich brauch

keine Antworten auf meine Bücher, das weißt Du, – aber nun hab ichs herzlich nöthig, zu wissen, welchen Eindruck dieses Buch auf Dich gemacht hat.« In diesem Brief schreibt R.: »Ich denke weniger als früher an einen Arzt. Die Psychoanalyse ist eine zu gründliche Hülfe für mich, sie hilft ein für alle Mal, sie räumt auf, und mich aufgeräumt zu finden eines Tages, wäre vielleicht noch aussichtsloser als diese Unordnung.«

29. DEZEMBER: In einem Schreiben an Gide bittet R. diesen, ihm bei der Beschaffung der Totenmaske Pascals für seinen Arzt-Freund Dr. Wilhelm von Stauffenberg zu helfen.

30. DEZEMBER: R. sendet Rodin einen Gruß, da auch dieser nun das Hôtel Biron verlassen muß: »cette vieille et noble maison ...«
Der Fürstin meldet R.: »bin ein wenig im Shakespeare gewesen, den ich noch kaum kenne –, aber er ist mir zu sehr Gebirg, zu steil, zu amorph, ich klettere und rutsche und weiß nie, was mir gerade passiert.« – »Das Alleinsein ist ein wahres Elexir, es treibt die Krankheit nun völlig an die Oberfläche, es muß erst schlimm, schlimmer, am Schlimmsten werden, weiter gehts in keiner Sprache –, aber dann wird es gut. Ich krieche den ganzen Tag in den Dickichten meines Lebens herum und schreie wie ein Wilder und klatsche in die Hände –: Sie glauben nicht, was für haarsträubendes Gethier da auffliegt ...« Und weiter: »Jetzt blättere ich in den ›Lettres à l'Etrangère‹ von Balzac (deutsche Übersetzung) und bin empört über diese Madame Hanska.«

Im Jahre 1911 veröffentlicht R. nur in den Almanachen der Wiener Werkstätte und des Insel-Verlages. »Der Merker« Wien, Jg. 2, Heft 29, bringt das Lied aus dem »Malte«: »Du, der ichs nicht sage ...«, vertont von Dr. Victor Junk.
Neuauflagen erscheinen: »Das Stunden-Buch« 4. Auflage, »Neue Gedichte« 2. Auflage und »Elizabeth Barrett-Brownings Sonette aus dem Portugiesischen« 3. Tausend.

1912

1. JANUAR: Prinz Erich von Thurn und Taxis kommt für einige Tage nach Duino.

6. JANUAR: Heinrich Vogeler nimmt den Plan eines gemeinsamen »Marien-Lebens« wieder auf, R. bittet deshalb Kippenberg um Abschriften aus dem Vogelerschen Manuskriptbuch (= In und nach Worpswede). »... wenn er von ›10 Marienliedern‹ spricht; es kann sich nur um längst Veröffentlichtes handeln, Handschriftliches ist nichts da ...

so ist es von da noch recht weit zu einem, unserem einstigen Plan sich nähernden Marienleben.« Weiter antwortet R. seinem Verleger, die »Ersten Gedichte« betreffend, seine Frau werde »eine gewisse Truhe zu diesem Zwecke durchsehen«, außer den »Christusvisionen« glaubt R., sei dort nichts Brauchbares.

7. JANUAR: Erika von Scheel hat das neue Jahr vor der Kathedrale von Chartres begonnen; R. schreibt: »O ja, ich kenne sie: der Engel an der Ecke mit der vorgehaltenen Sonnenuhr ist eine meiner berühmtesten Erinnerungen. Ich habe ihn nur einmal gesehen, wie oft wollte ich wieder hin.« R. erzählt von seinem Besuch mit Rodins zusammen in Chartres, Februar 1906.

9. JANUAR: »Es ist mir recht ärgerlich, daß ich nichts über Cézanne gemacht habe, wenn so ein Moment überdauert ist, führt alles weiter, und wahrscheinlich wäre es mir selber nöthig gewesen, mich da bis auf den Grund auszusprechen.« (An Ivo Hauptmann)

10. JANUAR: R. setzt die Reihe seiner großen Briefe an Lou A.-S. fort: »Ich rede gar nicht davon, daß in einem besonderen Jahr, als es gar nicht weiter ging oder vielmehr nirgends anfangen konnte ... Du gekommen bist ... aber ich habe einzelne andere Erinnerungen im Menschlichen...« R. führt hierzu aus: »in der langen, komplizierten, oft bis an's Äußerste getriebenen Einsamkeit, in der der Malte Laurids geschrieben wurde, war mirs vollkommen gewiß, daß die Kraft, mit der ich ihn bestritt, zu einem bedeutenden Theile aus gewissen Abenden auf Capri stammte, an denen nichts geschah, als daß ich mit zwei älteren Frauen und einem jungen Mädchen beisammensaß und ihren Handarbeiten zusah.« R. wünscht sich menschlichen Umgang dieser Qualität. Weiter fragt er Lou A.-S., wie sie darüber denke, die »Christusvisionen« jetzt in den »Ersten Gedichten« zu veröffentlichen; er verstehe den Wunsch des Verlages, in »diesen dürren Jahren ... uns beiden zu dienen, indem er alte und älteste Sachen in den Umsatz zieht«.

12. JANUAR: An Manon zu Solms: »Wahrscheinlich bleib ich noch eine Weile, ganz allein, es ist ein strenger Aufenthalt in riesigen Mauern zwischen Karst und Meer, als Lektüre den heiligen Augustinus und die schönen alten Heiligenlegenden des Spaniers Ribadaneira.« R. besitzt den dritten Teil der Legendensammlung in der Übersetzung des P. S. J. Hornig von 1712 bereits seit 1901/02.

14. JANUAR: R. schreibt an Dr. von Gebsattel, den Arzt Clara R.s, diese meine, »eine Art Feigheit« schrecke ihn »von der Analyse zurück«. R.

sagt dazu: »gerade meine, wenn man so sagen soll, Frömmigkeit hält mich von diesem Eingriff ab, von diesem großen Aufgeräumtwerden, das nicht das Leben tut.« Ferner berichtet R.: »Marthe, – (von ihr höre ich nur indirekt durch Frau W[oermann], die sich, scheint es, immer lebhafter für sie engagiert), Marthe lernt kochen und hat Talent dafür, abends zeichnet sie und hat auch dafür Auffassung, daß mans kaum glaubt; zuweilen besucht sie mit Frau W. die Theater, alles das schlägt ihr zum puren Leben aus, findet ungezählte Bereitschaften in ihrer Natur –, es wird ein Wunder.«

An Hedwig Fischer meldet R. von seiner Lektüre, er lese »Exotische Novellen« und »Mutter« von Johannes V. Jensen: »etwas Erstaunliches und dabei Dauerhaftes«, und über Hofmannsthals »Jedermann«: »ja, es hat Stellen, die zum Stärksten gehören, was man kennt, wenngleich ... es müßte eben jemand kommen und etwas machen, was heute ebenso für Jeden gilt.«

Über Duino schreibt R. an Elisabeth Schenk zu Schweinsberg: »Erst dacht ich, es könnte so eine Art Capri werden, aber es ist ganz anders, sehr schön in seiner Art, ungeheuer, unvergeßlich. Aber niemand schält einen Apfel, schon das macht einen großen Unterschied.«

ANFANG 1912: R. überträgt das Gedicht Giacomo Leopardis »L'Infinito«: »Immer lieb war mir dieser einsame Hügel ...« (es bleibt unveröffentlicht). Aus dem Duineser Winter stammt auch die Übertragung der Verse auf den Tod der jungen Polyxena Thurn aus dem Italienischen des Jacopo Vincenzo Foscarini (1830): »Dieser deiner Thürme, ewiger Gott ...« R. trägt sie in das blaue Buch der Fürstin Taxis ein.

15. JANUAR: Kippenberg gegenüber erklärt R., daß »die Idee, den ›Cornet‹ in den ›Fünfzig-Pfennig-Büchern‹ zu bringen, bei mir stark eingeschlagen hat: ich fände, nichts könnte besser am Platze sein, und sehe einen, der sich lärmend freut: Heymel.« R. fürchtet, aus dem »Zusammenholen von Mariengedichten« für Vogeler komme nichts Gutes heraus; weiter bittet er, das Erscheinen der »Ersten Gedichte« noch hinauszuschieben.

VOM 15. BIS 22. JANUAR: Niederschrift des »Marien-Lebens«. Der kleine Zyklus umfaßt zwölf Gedichte, beginnt mit der »Geburt Mariae« und endet mit »Vom Tode Mariae«. In der Anordnung folgt R. Ribadeneira. Er sendet die Handschrift am 22.1.12 mit einer Widmung an Katharina Kippenberg. Über die »kleine Mühle des Marien-Lebens«, die vom Elegien-Strom mitgetrieben worden sei, erläutert R. später: »Vieles in den

Details und der Anordnung dieser Bilderfolge stammt nicht aus meiner Erfindung: in dem Aufstieg der kleinen Maria zum Tempel wird man unschwer Reminiszenzen an italienische Bilder erkennen (an den Tizian z.B. der Akademie in Venedig, mehr noch an den so ergreifenden Tintoretto in Santa Madonna dell Orto) – sonst ist mir das berühmte Rezeptbuch aller Heiligenmalerei, das Maler-Buch vom Berge Athos, ja sogar der sogenannte Kiewski Paterik (: eine altrussische Sammlung von Ratschlägen und Vorschriften für die Darstellung biblischer Gegenstände) an vielen Stellen anleitend und anregend gewesen. Sie sehen, daß ich da oft zweite und dritte Hand gewesen bin, übernehmend statt erfindend.« (An Gräfin Sizzo, 6.1.22)

16. JANUAR: R. schreibt der Fürstin im Nachgang: »nach dem Diktat von neulich, das mir hier auf diesem Pathmos so stürmisch eingerufen wurde, daß ich, wenn ich daran denke, meine, wie der Evangelist in Brügge im Johannisspital, mit beiden Händen geschrieben zu haben, nach rechts und links, um nur alles Eingegebene nachzutragen« – einen langen Brief, der wie der vorige auf die Lage des Prinzen Pascha eingeht in dessen unglücklicher Ehe.

20. JANUAR: R. erfährt von seinem Rechtsanwalt Dr. Stark, daß die Scheidungssache nach Wien abgegeben werden muß. Dessen langer Brief vom 18.1.12 befindet sich in der »Duineser Briefmappe« R.s: »Ich muß gestehen«, erwidert R.: »daß ich zu der wiener Möglichkeit so gut wie keine Hoffnung habe: man würde uns dort, selbst die fragliche Kompetenz vorausgesetzt, Schwierigkeit um Schwierigkeit entgegenstellen. Übrigens würde es mir widerstreben, auf den Anwalt des Fürsten Taxis zu rechnen; ich würde, falls es dazu kommen müßte, mich unbedingt an Ihren Freund, Herrn Dr. Theimer, wenden.«

An Lou A.-S. schreibt R. über die Analyse Clara R.s bei Gebsattel.

JANUAR: Aus einem Briefentwurf an Kassner: »… aber ich weiß es vielleicht mehr als je, daß dem Heiligen und dem Künstler das Gleiche zugemuthet ist: als Entschluß und Leistung. Nur daß beim Künstler die immense Richtung sich, kaum erreicht, gegen ihn selbst kehrt, als Anforderung. Der Ansturm, mit dem er Heiligkeit meinend, gegen Gott zu sich vorgerissen hatte, bricht sich an ihm selbst und treibt ihn in die Höhe. Es geht darum freilich nicht an, zwischen beiden zu zögern.«

BIS ZUM 21. JANUAR schreibt R. die erste »Elegie« nieder: »Wer, wenn ich schriee, hörte mich denn aus der Engel / Ordnungen?...« Am 21.1.12 sendet er sie der Fürstin.

21. JANUAR: »Da kommt nun endlich, liebe Fürstin, um Ihnen immer zu bleiben, das kleine grüne Buch zu Ihnen zurück, höchst eigenmächtig vollgeschrieben mit der ersten duineser Arbeit (und der ersten seit lange!) für die es genau gemacht war ...« (An die Fürstin Taxis)
R. beglückwünscht Mathilde Vollmoeller anläßlich ihrer Heirat mit dem Maler Hans Purrmann zu »dieser guten Lebens-Wendung«. »Ich sitze immer noch allein auf meinem festen Schloß und lasse mich von der Einsamkeit in mir herumführen, in der Hoffnung beständig, daß wir eine Thür finden, die ich noch nicht kenne ...« Zu seinen Sachen in Paris meint R.: »Sieben Kisten Bücher, schrieb ich Ihnen: sieben! Lieber Gott, ich werde dick und wollte doch gerne so schlank durch die Welt kommen.«
22. JANUAR: Kippenberg berichtet, Axel Juncker habe den »Cornet« für eine Einzelausgabe gegen 400,– Mark abgetreten. Diese solle in der Insel-Bücherei erscheinen, für 10000 Exemplare könne R. mit 400,– Mark Honorar rechnen.
Lou A.-S. rät R. telegraphisch von einer psychoanalytischen Behandlung durch Dr. von Gebsattel ab.
23. JANUAR: R. dankt Annette Kolb für ihren Aufsatz »Der neue Schlag« in der Zeitschrift »Der lose Vogel« – er erwartet, daß der Mann neuen Schlages »die Entwicklung zum ›Liebenden‹ auf sich nimmt, eine lange, eine schwere, ihm völlig neue Entwicklung«. – »Was zu mir vom Menschlichen redet, immens, mit einer Ruhe der Autorität, die mir das Gehör geräumig macht, das ist die Erscheinung der Jungverstorbenen und unbedingter noch, reiner, unerschöpflicher: die Liebende. In diesen beiden Figuren wird mir Menschliches ins Herz gemischt, ob ich will oder nicht.«
R. kündigt Hellingrath aus Duino die Zusendung seines »Kentauren« an.
24. JANUAR: R. teilt Dr. von Gebsattel mit: »Nämlich, ich bin über die ernstesten Erwägungen zu dem Ergebnis gekommen, daß ich mir den Ausweg der Analyse nicht erlauben darf, es sei denn, daß ich wirklich entschlossen wäre, jenseits von ihr, ein neues (möglicherweise unproduktives) Leben zu beginnen ...«
Am selben Tag schreibt R. an Lou A.-S.: »Ich weiß jetzt, daß die Analyse für mich nur Sinn hätte, wenn der merkwürdige Hintergedanke, nicht mehr zu schreiben, den ich mir während der Beendigung des Malte öfters als eine Art Erleichterung vor die Nase hängte, mir wirklich ernst

wäre. Dann dürfte man sich die Teufel austreiben lassen, da sie ja im Bürgerlichen wirklich nur störend und peinlich sind, und gehen die Engel möglicherweise mit aus, so müßte man auch das als Vereinfachung auffassen ...« R. legt Lou A.-S. die Gedichte »Heimsuchung« und »Vor der Passion« aus dem »Marien-Leben« ein.

26. JANUAR: R. fragt bei Kippenberg an, ob wirklich jeder Komponist »alles Gedicht, was ihm gerade paßt, nehmen und in seinen Musikkonserven einlegen« dürfe. Anlaß ist eine Vertonung des »Liedes« aus dem »Malte« durch Dr. Victor Junk, Wien, in der Musikbeilage des »Merker« (Jg. 2, Heft 29, 1911), die sogar den Text verändert. Im selben Jahr komponiert Anton von Webern das »Lied« für Singstimme mit Instrumentalbegleitung, veröffentlicht diese Arbeit jedoch erst 1926 (op. 8).

JANUAR: Zwischen der ersten und der zweiten Elegie entsteht das große Elegien-Fragment »Soll ich die Städte rühmen, die überlebenden ...«, das R. jedoch verwirft.

ENDE JANUAR / ANFANG FEBRUAR: Die zweite Elegie wird niedergeschrieben: »Jeder Engel ist schrecklich. Und dennoch, weh mir ...« und die dritte begonnen, ebenso werden Anfang 1912 die Verse 1-15 der späteren »Zehnten Elegie« festgehalten.

27. JANUAR: R. bittet die Fürstin, für Marthe zum Geburtstag ein Medaillon zu besorgen, und berichtet von dieser: »Sie hat ausgehalten im Vorgenommenen und bekommt jetzt im Februar ihr Koch-Diplom. Dabei hat sie an den Abenden Zeichen-Kurse besucht und auch da soviel Anlage und Auffassung erwiesen, daß man sich nicht genug wundern kann über dieses sichere Umsichgreifen ihrer Natur ...« Marthe will versuchsweise an die Akademie gehen.

28. JANUAR: R. dankt Hedda Sauer für die Übersendung eines Referates über »Die Aufzeichnungen des Malte Laurids Brigge«, das er gelesen habe: »als läge es in Ihrer Schrift vor mir«. »Um dieser großen Einflüsse willen, die darin, ich will nicht sagen, Gestalt annehmen, die möglicherweise nur so vorläufig und faute de mieux auftreten, wie etwa ein Gespenst es tut, fang ich meinen Malte Laurids neuerdings selbst wieder an zu lesen mit Erstaunen, mit jenem Erstaunen an der Naivität und Bescheidenheit des Großen, das äußerst unzulängliche Anlässe benutzt, gegenwärtig zu werden, wenn diese Anlässe nur vertrauensvoll nach ihm zu offen stehen –, wie ich es immer wieder empfinde, wenn ich das Stunden-Buch aufschlage ...«

29. JANUAR: Fürstin Taxis hat in Wien die »Elegie« mitgeteilt, R. ant-

wortet: »mich freut's, daß Hofmannsthal und Kassner so sehr dafür waren, zumal da ihre Zustimmungen ja eigentlich von sehr verschiedenen Centren herkommen und eine besondere Bedeutung darin liegt, wenn sie sich so begegnen.«

1. FEBRUAR: Am 21. August 1911 war in Paris Lionardo da Vincis »Mona Lisa« aus dem Louvre gestohlen worden. R. schreibt dazu an seine Mutter: »Ja, die Gioconda, dieses vielleicht geheimnisvollste Bild, das uns erhalten war, wer hätte gedacht, daß sie eines Tages fort sein würde, unwiederbringlich doch wohl, wie man jetzt annehmen muß. Auf mich hat sie immer den bedeutendsten Eindruck gemacht, aber ich war mir auch immer bewußt, daß sie irgendwie etwas anderes sei, als alle die Bilder um sie herum, es war neben ihren ganz großen künstlerischen Qualitäten immer ein inkommensurabler Überschuß in ihr, der sie unterschied, der es einem fast unmöglich machte, sie zu bewundern wie man Gemälde bewundert. Es war, als könnte die Bewunderung ihr gegenüber Folgen haben, sich schließen oder sich zuspitzen, zum Schicksal werden: und so stimmt mirs fast mit dieser Empfindung, daß sie nun doch noch einmal völlig ins Räthsel gerieth und uns entging und Schicksal wurde oder zugrunde ging in einer Art Schicksal. Denn ich vermuthe, daß man sie zerstört hat. –« (Das Gemälde tauchte zwei Jahre später in Florenz wieder auf.)

4. FEBRUAR: R. empfiehlt Sidie Nádherný »Jammersminde« von der Gräfin Ulfeldt, die von 1665 bis 1685 im Blauen Turm des Kopenhagener Schlosses gefangen war: »Für mich hat es soviel Wichtigkeit zu wissen, was aus den Menschen im Kerker wird, d.h. unter Entziehung jeder Zukunft...«

5. FEBRUAR: Im Zusammenhang mit dem Entschluß Clara R.s, mit Ruth nach München zu ziehen, heißt es an die Fürstin Taxis, R. habe auch an andere Lösungen für Ruth gedacht: »Über dem Prospekt ist es mir allerdings fraglich geworden, ob ich, mangels jeder Einsicht, nicht zuviel gesagt habe, als ich die katholische Kloster-Erziehung, so wie sie ist, mit in die eventuellen Möglichkeiten einbezog. Beim Lesen der verschiedenen ab- und einschränkenden Paragraphe wurde es mir ziemlich stickig ums Herz, die durch die Jahre nie ganz unschädlich gewordenen angoisses der Militär-Schule kamen in Sicht und ich winkte mit beiden Händen ab.«

7. FEBRUAR: R. schreibt an Lou A.-S. über seine Beziehung zu Kassner: »er ist eigentlich der einzige Mann, mit dem ich etwas anzufangen

weiß, – vielleicht besser so: der Einzige, dem es einfällt, aus dem Weiblichen in mir ein klein wenig Nutzen zu ziehen. Ich empfand, schon da ich ihn vor Jahren in Wien zum ersten Mal sah, ungemein rein und unmittelbar die heitere Ausstrahlung seines Wesens, die scheint, die direkt ein Licht ist ... Er ist gewiß, – was er auch zugeben würde – ein geistiges Kind Kierkegaard's ... was für Kierkegaard seine ›Schwermuth‹ war, das ist für Kassner sein Gebrechen.« Dieser ist durch eine Lähmung im Gehen stark behindert.

R. äußert sich Lou A.-S. gegenüber bewundernd über Strindberg und fährt fort: »Ich mußte denken, daß eigentlich das Leben, wie es in Clara's Elternhaus vor sich ging, nur mit solchen Mitteln darzustellen gewesen wäre. Der Vater war entsetzlich, die Mutter ist so durch und durch gebrochen innen, und äußerlich konserviert beinah jung, wie Puppen mit einem übertriebenen Kindergesicht, wenn sie alt sind, unmöglich, – und doch spielt noch etwas mit ihr, – aber spielt eben nur.« Im zweiten Teil des Briefes geht R. auf Claras ›Arbeit‹ ein: »ich necke sie oft mit dieser räthselhaften Abstammung ihrer Bildhauerei, die da war, ohne daß man wußte, woher sie gekommen war: die einfach da war und immer besser wurde, eigentlich auch ohne daß es für irgendwelche inneren Antriebe nöthig war; die schließlich ausgezeichnet geworden war.« R. berichtet außerdem: »Um Ostern ist die psycho-analytische Behandlung Clara's voraussichtlich zu ende, dann will sie Ruth zu sich nach München nehmen, dort in eine Schule schicken, in die auch die Tochter der Ricarda Huch geht ... Clara hat, wie Dir, glaub ich, Gebsattel in Weimar erzählt hat, – unsere Scheidung gewünscht, ich versteh das sehr gut, leider wird die Sache langwierig sein und sich hinziehen.«

R. liest: »Le livre des visions et instructions de la Bienheureuse Angèle de Foligno«, traduit par Ernest Hello, Paris 1910, und zum ersten Mal Goethes »Harzreise im Winter«.

Von Hofmannsthal erhält R. dessen »Jedermann« mit »ein paar auf die ›Elegie‹ bezüglichen eingeschriebenen Worten« (an die Fürstin Taxis). Die Widmung lautet: »R. M. R. in stetem Gedächtnis und als ein Gegengeschenk für die Duineser Elegie. / Hofmannsthal. / Rodaun Januar 1912«. Der Band ist unaufgeschnitten.

9. FEBRUAR: Langer Brief an Marie Olden, dazu die »Neuen Gedichte« II, mit der Einschrift: »Frau Maria Olden / mit aufrichtigen Grüßen nach Paris (wo diese Gedichte ganz und gar zuhause sind)«.

ANFANG FEBRUAR: Als erstes Stück einer Folge von Aufzeichnungen und Exzerpten aus eigenen Briefen, die R. in Duino anlegt, entsteht »Über den Dichter« mit einer Vorbemerkung »Der Gott als Dichter; der Sänger vor der Geschichte. Der Dichter innerhalb der Zeit eine Übertreibung...«
Im Anschluß an den Text vermerkt R.: »(Wie ich dieses jetzt, ein Jahr später, aufschreibe, fallen mir auch die Gallionsfiguren ein: welche Schwermut drückt sich darin aus, ein Gebild mit menschlichen Formen dort anzubringen, wo am meisten zu fühlen ist, und seine Stummheit immer vor sich zu haben.)«
IM FEBRUAR entstehen das Gedicht »Soll ich noch einmal Frühling haben...« und der Entwurf »Blicke hielten mich hin...« aus dem Umkreis der Elegien.
11. FEBRUAR: R. weist einen Leser des »Malte« darauf hin, wie er dies Buch sieht: »erfreuend wird es wesentlich nur denen werden, die es gewissermaßen gegen den Strom zu lesen unternehmen. Strenggenommen aber würd ichs niemandem in die Hand legen, es sei einfach da, da es ja das gute Gewissen hat, sich nicht leichtsinnig gebildet zu haben. Zu lernen, im unmittelbaren Verstande dieses Worts, ist sicher nichts daran.« (An Arthur Hospelt)
12. FEBRUAR: R. fragt bei Kippenberg an, ob dieser die Sendung vom 23.1. erhalten hat, und fügt hinzu: »mit den Abschriften des Marienlebens hat es selbstverständlich keine Eile, nur Vogeler, glaub ich, erwartet die seine mit etwas Ungeduld.«
13. FEBRUAR: An Hellingrath, Lektor an der Sorbonne, der Paris wieder verläßt, legt R. dar, auf welche Weise ihm selbst diese Stadt notwendig geworden ist, den ersten Zugang verdanke er Rodin: »er brachte es [= Paris], teilweise gezähmt, dicht an mich heran«.
19. FEBRUAR: »... nachschlagend, wie Goethe eigentlich Venedig aufnahm, las ich plötzlich, unter den merkwürdigsten Eindrücken, die ganze italienische Reise, die Kampagne in Frankreich, die Belagerung von Mainz, und hätte nichts dagegen, daß es so weiterginge. Der Bann, ihm gegenüber, war schon im July gebrochen, als ich auf die jugendlichen, hinreißend bewegten Briefe an ›Gustgen‹ Stolberg verfiel...« (An Lou A.-S.) Aus der »Kampagne...« macht R. sich Auszüge.
20. FEBRUAR: Kippenberg unterrichtet R., die geplante 50-Pfennig-Bücherei werde im September erscheinen: »Und der Cornet Rilke soll No. 1 der Sammlung werden.«

22. FEBRUAR: R. dankt Marie Herzfeld, die ihm eine Empfehlung bei Professor Kretschmayr für das Archiv in Venedig vermittelt hat: »Es ist schlimm für den Umgang mit Zeno, daß ich gar keine Leichtigkeit im ›Büchern‹ habe, keine Erziehung, auch wohl keine Anlage zu ihnen. Wir wollen sehen, wie weit ichs treibe diesmal und wozu das ganze führt.« Heinrich Kretschmayr, Wiener Historiker, verfaßte eine dreibändige Geschichte Venedigs (1905-1934).
24. FEBRUAR: An Tora Holmström berichtet R. über seine Strindberg-Lektüre: »Ich denke an ihn, da ich neulich seine ›Kammerspiele‹ (deutsche Gesamtausgabe Bd. 12, ›Dramen des Sechzigjährigen‹) las, mit Ergriffenheit und unter dem Resultat größter Bewunderung. Mit welchem Können ist diese entsetzliche Welt, bei deren Einsicht jeder andere wie verschüttet verstummt wäre, von ihm gebildet worden ...«
R. erbittet die »Nebenstunden« der Königin Christine von Schweden.
25. FEBRUAR: An Erika von Scheel schreibt R. über das Wesen der Chimäre – ausgehend vom letzten Kapitel in Kassners »Elementen«. Die Urbilder der Chimäre hat R. mit Kassner auf Notre Dame de Paris aufgesucht und betrachtet.
27. FEBRUAR: R. dankt Heymel für dessen Übertragung von Christopher Marlowes »Eduard II.«: »so hab ich mir Shakespeare erwartet, merk ich jetzt, und war bei dem wenigen, was ich dann in Schlegels Übersetzung las, befremdet, ihn nicht so zu finden.«
28. FEBRUAR: Seiner Mutter erklärt R.: »Die Unordnung und Unnorm, die in unseren Familiensachen herrscht, mußt Du Clara nicht nachtragen, sie hat es all die Jahre sehr schwer gehabt, und die Schuld ist ja fast völlig auf meiner Seite, (soweit in allen diesen Sachen von Schuld die Rede sein kann) der ich weder zum Ehemann noch Vater tauge, alles Familiäre vernachlässige und mein unstätes Leben am Liebsten von heut auf morgen der Fügung überlasse, die ja allerdings durch die Arbeit, der ich nachgehe und um die es mir bitterernst ist, zum Glück nicht ganz zum Zufall wird ...«
MÄRZ: R. übersendet »Die Liebe der Magdalena ...« an »Hugo von Hofmannsthal in herzlichstem Gedenken. R. (Duino, März 1912)«.
1. MÄRZ: An Lou A.-S.: »Ich staune, staune dieses vierzehnte Jahrhundert an ... unserem so genau entgegengesetzt ...« R. liest jeden Tag sieben oder acht Stunden in Muratoris »Annalen der italiänischen Geschichte«: »In der Zeit mit der ich umgeh, war das Geld noch Gold, noch Metall, eine schöne Sache, die handlichste, verständlichste von allen.

Und ein Gefühl gab nichts darauf, sich in irgendeinem Innern zu benehmen und dort etwas zu werden, kaum war es da, sprang es schon in die nächste Erscheinung und überfüllte die von lauter Sichtbarem volle Welt, in die der Große Tod des Jahres 1348, berauscht von so viel Dasein, seiner selbst nicht mehr mächtig hineinzielte.«
2. MÄRZ: »... ich habe mich über alles Venezianische gemacht, was unten in der Bibliothek zu finden war, und lese mit dem ganzen Gesicht. Diese Schülerarbeit ist mir eine Art Zuflucht vor den Wechselfällen des Schöpferischen, denen ich mich nicht recht gewachsen fühle ... Auch sag ich mir, daß ich erst, wenn ich mir mit allen Mitteln das vierzehnte Jahrhundert gegenwärtig gemacht habe, ernstlich werde beurtheilen können, ob die Vita des Carlo Zeno durchführbar ist oder nicht.« (An die Fürstin Taxis)
6. MÄRZ: R. dankt seiner Mutter für Zusendungen: »Unter den Zeitungen war viel interessantes, danke; besonders alles was mit dem armen Herman Bang zusammenhängt, der in Amerika nun verstorben ist, beschäftigte mich sehr: er war einer der unglücklichsten Menschen, aber mit dem rührendsten Herzen eines Dichters, der in einigen seiner Bücher rein und echt und einfach war. Ich sah ihn auch vor Jahren in Kopenhagen –« Bang starb am 29. Januar 1912.
8. MÄRZ: R. schreibt an Sidie Nádherný, die sich und ihrem Bruder Carl in Prag eine Wohnung einrichtet. R. fragt, warum Prag so düster sei, und beantwortet es aus dem Schicksal der Tschechen. R. fährt fort: »Und darin hat Oesterreich so viel auf dem Gewissen: daß es von Anfang an, den an ihm betheiligten Völkern ihre Nationalität ... verdarb, sie ihnen zur Hälfte wegnahm und einschränkte, ohne eine neue National-Einheit aus den Elementen zu bilden, die ihm solche Opfer gebracht hatten ...«
MÄRZ: Einzelne Verse der späteren »Neunten Elegie«, darunter der Anfang, werden niedergeschrieben. In diesem Frühjahr entsteht ferner das Gedicht »Erscheinung. Was, heute, drängt dich zurück ...« und die Strophe »Ach wie du ausholst, Vogel ...«
Es erscheint: »Die Liebe der Magdalena. Ein französischer Sermon, gezogen durch den Abbé Joseph Bonnet aus dem Manuskript Q I 14 der Kaiserlichen Bibliothek zu St. Petersburg. Übertragen durch R. M. R.«, Leipzig, im Insel-Verlag 1912 (ein anonymer Sermon des 17. Jahrhunderts).
13. MÄRZ: R. bittet Dr. Stark, die Scheidungssache an den Hof- und

Gerichtsadvokaten Dr. S. Theimer in Wien abzugeben. Man habe sich auf ›Abneigungsgrund‹ geeinigt.

14. MÄRZ: R. macht den Feuilleton-Redakteur der Wiener »Neuen Freien Presse« Franz Servaes auf die Ausstellung von Werken Clara R.s in Wien bei Heller aufmerksam.

16. MÄRZ: »Dazwischen kam die ›Magdalena‹, ich schickte Dir, wie ich das Paket aufmachte, das erste Exemplar«, heißt es an Lou A.-S. Die Einschrift lautet: »für Lou (eine Art Supplement zu Malte Laurids, gefunden in Paris Ostern 1911, gleich darauf übersetzt.) Duino, März 1912«. Auch Hofmannsthal erhält den Band; mit der Widmung: »Hugo von Hofmannsthal in herzlichstem Gedenken. Rilke. (Duino, März 1912)«.

VOM 21. MÄRZ BIS 1. APRIL ist R. in Venedig, Grand Hôtel. Er fährt gemeinsam mit dem Prinzen Pascha aus Duino ab.

24. MÄRZ: R. berichtet Lou A.-S.: »ich bin schnell, die unerwartetste Gelegenheit benutzend, für drei, vier Tage nach Venedig gefahren; leider liegt der deutsche Kaiser mit seiner ›Hohenzollern‹ großmächtig nah vor der Riva, als wärs das ganze deutsche Reich. Du hasts gut, ihn nicht in Berlin zu finden.«

An Sidie Nádherný heißt es: »Sie machen mich auf Carlyle gespannt, mein Gott es ist schrecklich, daß mir alles Englische entgeht.«

27. MÄRZ: Baronin May Knoop kommt auf der Reise nach Europa durch Venedig, zusammen mit ihr trifft R. den Dichter Algernon Blackwood: »in eigenster, sehr überzeugender Person ... wir haben uns, in der Kürze, sehr gut berührt, das heißt aufrichtig angestaunt gegenseitig.« (An die Fürstin, 29. 3. 12)

In den letzten Märztagen schenkt R. das »Requiem« an Richard Beer-Hofmann, den er in Venedig sieht.

31. MÄRZ: »Der Tod des armen Dr. Stark hat mir sehr angethan; er hat sich mir in so vielen Lagen als ein treuer Freund erwiesen und wird mir oft fehlen. Indessen kams mir nicht überraschend; ich hatte seit Dezember wiederholt schlechte Nachrichten von ihm, fand ihn auch im vorigen Sommer gar nicht wohl und sehr sichtlich gealtert. Er war ein guter einfacher treuer Mensch, ich halte ihn in warmem Angedenken.« (An die Mutter)

Seiner Witwe schreibt R. »es fehlt mir in der augenblicklichen Trauer und Bestürzung an Worten, die imstande wären, Ihnen den Grad meines Antheils am Tod Ihres Gemahls, meines guten, treuen Dr. Stark, zu schildern ...«

APRIL: »Die Liebe der Magdalena« widmet R. auch: »Frau Lili Schalk / Oster-Grüße. R. M. R. (Schloß Duino b. Triest ...)«.
VOM 2. APRIL BIS 8. MAI ist R. nochmals in Duino.
4. APRIL: An Eva Cassirer schreibt R. über den gemeinsam erwogenen Plan, Ruth auf die Odenwaldschule zu geben, für den Cassirers 10000,– Mark bereitstellen wollen. »Von mir will ich Ihnen gleich sagen, daß seit vorgestern die Idee der Odenwald-Schule sehr in mir zugenommen hat ...« Es wäre »ein schöner fester Weg aus einem Stück«, »das Richtigste für Ruth, wenn man die Unsicherheit in Betracht nimmt, unter der sowohl Clara Rilke's wie mein Leben von einem Tag in den andern sich durchräth«. Der Plan zerschlägt sich an Clara R.s Widerspruch, der Fonds für die Erziehung Ruths bleibt jedoch erhalten.
5. APRIL: »... das starke Meer am Lido war von großer Befreiung; eine ganz gelassene entspannte Ruhe kam über meine Nerven, wie manchmal früher in Viareggio, darum gab ich immer noch einen Tag zu.« (An die Fürstin)
IM APRIL sendet R. sein Buch »Die Liebe der Magdalena ...« mit einer Widmung an Lene Kawerau: »Ostergrüße, in alter Gesinnung und Erinnerung: RMR.«
9. APRIL: »Ich erhalte mich mit Luftbädern, die mir vom Körper her weit in die Seele wohlthun, das ist eine centaurische Kur, die mir nie ganz versagt und die hier unten am Meer wirklich etwas Heroisches ins Gefühl treibt.« (An die Fürstin)
10. APRIL: R. stellt Sidie Nádherný den Lido vor Augen, wie er ihn aus früheren Jahren kennt, und klagt, jetzt ist: »alles ringsherum aufgeräumt ... Die Veränderungen in mir und die Veränderungen der Zeit (ins Amerikanisch-Allgemeine oder was es ist) werden immer unerträglicher.«
11. APRIL: An Elsa Bruckmann in München schreibt R.: »Ostern hatte ich einen großen Brief von Ruth (eine Seltenheit); aus jeder der großen Zeilen ging ein Glück aus, nächstens nun wirklich mit ihrer Mutter nach München zu kommen: sie hat schon so sehr darauf gewartet ... Das kleine Mädchen hat es nicht leicht mit seinen Eltern, ich staune über die Großmut und Geduld, die es für uns aufbringt, aber ich habe auch die letzten Wochen fast ausschließlich an seine nächste und weitere Zukunft gedacht ...«
AM 17. APRIL kommt die Fürstin nach Duino, auch Kassner ist für einige Zeit dort. R. liest in diesen Tagen die »Zweite Elegie« vor.

18. APRIL: Zur Sonnenfinsternis am Vortag heißt es: »Dabei gab es gestern mittag eine Art Verfinsterung der Sonne, die hier auch dem freien Aug sehr eigenthümlich sichtbar wurde und eine sehr seltsame Erscheinung hatte, indem Licht und Schatten auf der Erde und über den Dingen sich wie befremdet voneinander zurückzogen, stumpfe Konturen bekamen und zwischen sich ein ungewisses Unbeschreibliches eintreten ließen, das wie nicht von dieser Welt war. In früheren Zeiten, wie hätte man sich solchen Vorgang zu Gewissen genommen und Wunder und Warnung darin gesehen, – und für die Menge ists schade, daß sie dies alles nun kalt hinnimmt, denn da war ein Stück ihres Erlebens, ihrer Emotion und Eindrucksfähigkeit in solchen Geschehnissen.« (An die Mutter)

Sommer in Venedig

VOM 9. MAI BIS 11. SEPTEMBER ist R. in Venedig, zunächst wohnt er Zattere, Ponte Calcina 775 (bis zum 1.6.12). Über die ersten Tage in Venedig berichtet R. der Fürstin am 14.5.12: »Freitag gleich war ich bei den Valmaranas«; ihnen gehört der Palazzo Valmarana, in dem die Fürstin den Mezzanino bewohnt, wenn sie in Venedig ist. Mit der Tochter Agapia (Pia) Valmarana verbindet R. eine herzliche Freundschaft. Ihr Exemplar des »Stundenbuchs« enthält von R.s Hand die Widmung: »Et vae tacentibus de te, quoniam loquaces muti sunt. Augustinus: Conf. 1.4.« 69 Briefe R.s an sie sind erhalten.

13. MAI: An Kippenberg, der soeben die Verlagsrechte an R.s »Auguste Rodin« für den Insel-Verlag erworben hat: »Daß der ›Rodin‹ in Ihre Hände kommt, ist mir eine herzliche Freude, den Grafen Kessler eine Auswahl von Abbildungen treffen zu lassen, ist die beste Idee ... An meinen Texten wird ... nichts zu rücken sein, dieser Gegenstand geht mir weit über den Mut.« Weiter heißt es: »Die ›Elegie‹, lieber Freund, ich freu mich, daß Sie sie in Wien kennen gelernt haben; es ist noch eine zweite da, Kassner bekam sie in Duino vorgelesen, und die Fürstin Taxis und er hatten die stärkste Überzeugung auch für diese zweite, gaben ihr vielleicht sogar den Vorzug vor der früheren.« R. lehnt Kippenbergs Vorschlag, die »Elegie« in dem kommenden Insel-Almanach

zu veröffentlichen, ab. R. verweist an ihrer Stelle auf einige Gedichte aus dem »Marien-Leben«. Die »Elegien« sollen vorerst »im geheimen« gehalten werden.

15. MAI: R. trifft wieder mit Beer-Hofmanns zusammen, denen er »Die Liebe der Magdalena« schenkt. R. erfährt durch sie von Schnitzlers 50. Geburtstag: er sendet diesem sogleich das gleiche Buch mit der Bleistift-Einschrift: »Arthur Schnitzler / (das Einzige, was ich zur Hand habe): froh, von seinem heutigen Festtag zu wissen und daran herzlich theilzunehmen...«

18. MAI: R. mietet eine Capanna am Lido, wie er der Fürstin erzählt. »Valmarana's haben mich neulich in einen Garten auf der Giudecca geführt.« Außer mit diesen ist R. häufig mit Fürst Alexander Wolkoff-Muromzoff zusammen, einem Freund der Taxis.

19. MAI: R. weist Dr. Robert Heller, Rechtsanwalt in Prag, an, aus dem Legat seiner Kusine Irene von Kutschera weiterhin zu jedem Vierteljahr 1000 Kronen für Frau Clara R. nach München zu überstellen.

22. MAI: R. lehnt das Angebot Wolkoffs ab, in dessen Abwesenheit sein großes Haus zu bewohnen. »Vor dieser neuen Versuchung zur Hoffahrt flücht ich mich zu Ihnen«, schreibt R. der Fürstin Taxis.

28. MAI: R. betreibt die Übersiedelung in den Mezzanino der Fürstin, die sich auf einer Bosnien-Reise befindet; im Oktober 1908, im Jahre des 60jährigen Regierungsjubiläums von Kaiser Franz Joseph, waren Bosnien und Herzegowina nach dreißigjähriger Verwaltung der Gebiete durch Österreich annektiert worden.

Wolkoff schickt R. vor seiner Abreise ›ein schönes altes russisches Kreuz aus seiner Sammlung‹.

29. MAI: R. hat Henri de Régnier getroffen, »den französischen Dichter und (seit vorigem Jahr, – also funkelnagelneuen) – Akademiker«. (An die Mutter)

VOM 1. JUNI an bewohnt R. das Mezzanin der Fürstin im Palazzo Valmarana, San Vio. Rückblickend sagt R.: »Bis in den Herbst hinein war ich in Venedig, durch liebe freundliche Beziehungen unterhalten, aber im Grunde doch, von Tag zu Tag, von Woche zu Woche bleibend, weil ich nicht wußte wohin.« (An Lou A.-S., 19.12.12)

5. JUNI: R. berichtet der Fürstin: »Hier bin ich eingezogen Samstag, herzklopfig ... Im Ghetto habe ich einen passenden alten kleinen Schreibtisch gefunden, der an Stelle Ihres kleinen Sekretärs steht, nur mit dem Blick auf das südliche Fenster zugekehrt, und der Tischler der

Casetta rossa hat mir ein treffliches Stehpult gezimmert, das nicht stört, das schönste übrigens von allen meinen europäischen Stehpulten.« Die Casetta rossa ist das Heim des Prinzen Fritz Hohenlohe.
An diesem Tage trifft Carlo Placci in Venedig ein, der R.s Begegnung mit Eleonora Duse vermittelt. Er macht R. auf das kleine Buch der Fürstin Bibesco aufmerksam: »Alexandre Asiatique«, Paris 1912. Wohl um diese Zeit überträgt R. aus dem Buch die Passagen: »Von der Geburt Alexanders« und »Alexander stirbt zu Babylon« (Rilke-Archiv).

6. JUNI: R. ruft bei Dr. Heller in Prag 3000 Kronen aus dem derzeitigen Rest der Erbschaft von 8000 Kronen ab, 1000 für sich, 2000 sollen an Clara R. gehen.

8. JUNI: R. dankt Jessie Lemont für ihren Artikel »Auguste Rodin. A visit to Meudon« und betont seine »connaissance malheureusement très incomplète de l'anglais«, was ihn am Eindringen hindere.

FRÜHSOMMER: R. schreibt das Bruchstück »Wen aber des Leidens je der Eifer ergriff ...« nieder, das er später der Zusammenstellung »Anfänge und Fragmente aus dem Umkreis der Elegien« einfügt.

26. JUNI: An die Fürstin heißt es: »Von Paris höre ich wenig, von Kassner nichts, Marthe hat, nach den Berichten Frau Woermann's, einen tristen Sommer diesmal; manchmal schwebt mir vor, irgend in die Berge zu gehen und sie dorthin für ein paar Wochen einzuladen.«

Dem schottischen Hausgast der Fürstin, Horatio F. Brown, schenkt R. Hofmannsthals »Gedichte und kleine Dramen« mit der Widmung: »Al Signor Horatio F. Brown omaggio e simpatia del suo R. M. R. (Venezia, Giugno 1912)«.

28. JUNI: »Sonntag ist die große Regatta, das Wettfahren der Gondoliere, auf dem Gran Canal, eines der venezianischsten Schauspiele, die die alte Tradition fortsetzen. Die Gräfin Mocenigo hat mich eingeladen, das Fest von ihren Fenstern aus anzusehen, der Palast liegt gerade an einer Biegung des Canals, bietet einen wunderbaren Überblick, ich freu mich, eine venezianische Sache auf so gut venezianische Art zu genießen.« (An die Mutter)

1. JULI: An Carlo Placci, der weitergereist ist: »Et aujourd'hui j'étais chez la Duse. Que vous dire? Cela a dû être beau depuis toujours –, mais ce que je n'aurais pas su prévoir, c'est l'incomparable douceur de notre rencontre, presque nous aurions pu rester sans parole comme frate Egidio et le roi Saint-Louis. Que j'avais raison de ne rien faire pour ce grand désir pendant tant d'années. Il ne faut pas se diriger l'un vers

l'autre volontairement, il faut suivre la courbe du chemin comme les astres: alors tout ce passe selon la loi éternelle, en plain univers.« (Die Legende von Frater Egidio und dem heiligen Ludwig findet sich in der Sammlung »Die Blümlein des heiligen Franziskus von Assisi«, Kap. 34.)
R. lehnt eine Einladung Kippenbergs nach Sils-Maria ab.
ANFANG JULI: R. entwirft das erst Ende des Jahres in Ronda vollendete Gedicht »Perlen entrollen. Weh, riß eine der Schnüre? ...«
12. JULI: Auf ihren Wunsch stellt R. der Fürstin seine Begegnung mit Eleonora Duse dar. Er fährt fort: »Mir fehlt vielleicht nicht sehr viel zur Arbeit, aber, verhüte, daß von mir sollte (wenigstens gleich) verlangt werden, noch Schmerzlicheres einzusehen, als mir im Malte Laurids aufgetragen war ... gestern schrieb ich, unvermittelt, in mein Taschenbuch: ›Ach, da wir Hülfe von Menschen erharrten: stiegen / Engel lautlos mit einem Schritte hinüber / über das liegende Herz.‹« R. spricht vom »Gedräng meiner Stimmen«. In diesem Brief wird R. durch den Eintritt Alexander Moissis unterbrochen: »wir standen am Fenster, sie [= die Duse] kam vorbei mit ihrer Freundin, Mme Poletti, (die die Ariadne für sie schreibt,) wir stiegen zu ihr in die Gondel und fuhren langsam auf den Lido zu. Die Duse war sehr großartig heute, von einer Traurigkeit, wie Wolkenbildungen oben sie haben können.« In dieser Zeit überträgt R. die »Hymne an Aphrodite« von Cordula Poletti.
18. JULI: An Sidie Nádherný über die Duse: »nun wohnt sie hier ganz nah, wir sehen uns fast jeden Tag ein paar Stunden, besprechen Hoffnungen, Pläne.«
20. JULI: R. berichtet der Fürstin, wie sehr er einbezogen ist in die Probleme der Duse, vor allem im Zusammenhang mit Mme Poletti: »Vorwurf und Bitterkeit, Wehmut und Ohnmacht ist immer mehr zwischen den beiden, beide lähmend, bekümmernd ... Ein Ausweg? – Wir sprachen stundenlang.«
1. AUGUST: R. überträgt für »la Contessina Pia di Valmarana, Venise« aus Hofmannsthals »Sommerreise« von 1903 den Abschnitt über das im Besitz ihrer Familie befindliche Landhaus bei Vicenza, erbaut von Palladio: »Hugo de Hofmannsthal / De la Rotonde«.
3. AUGUST: Die Duse und Mme Poletti haben Venedig verlassen, getrennt – »von der Weißen Fürstin war zum Glück nicht mehr die Rede, für mich ist sie so abgethan und entlegen, es wäre der pure Anachronismus gewesen, sie in irgend einem Sinn wieder vor sich zu haben. Die

Duse – wenn es noch nicht zu spät ist – kann nur noch etwas Vollkommenes aufzeigen, ein paar große Zustände mit reinen Übergängen untereinander.« (An die Fürstin)
An Kippenberg sagt R. zu, die »Neuen Gedichte II« für die Neuauflage durchzusehen. Zum Erfolg der »Weise von Liebe und Tod des Cornets Christoph Rilke« als erstem Band der Insel-Bücherei – in drei Wochen sind 8000 Exemplare verkauft worden – schreibt R.: »lieber Freund, was haben Sie diesen guten Christoph Rilke beritten gemacht. Wer hätte das gedacht.«

5. AUGUST: R. sendet Sidie Nádherný die »Gustgen«-Briefe, dazu: »Den Cornet ... nur nebenbei und ein englisches Buch, von dem man mir viel und merkwürdig gesprochen hat (ich kann es selbst nicht lesen mangels genügender Sprache), den Autor, Blackwood, sah ich hier im März.« Es handelt sich vermutlich um »The Centaur«.

6. AUGUST: Besuch Moissis bei R.

9. AUGUST: Moissi »sprach wunderlich über Shakespeare, ich fürchtete schon, er wäre ganz Akteur geworden, aber da, einen Augenblick, triebs wieder in ihm und gab ihm eine reine Bewegtheit, die Berufung schlug durch an seinem ganzen Wesen, wider die kein Wehren ist«. Im selben Brief dankt R. Kippenberg dafür, daß dieser »Das Buch der Bilder« von Juncker erworben hat: »denn dies ist wichtig auf meinem Weg, un carrefour ... vielleicht sogar eines Tages aufs neue nötig dorthin zurück und von dort noch einmal auszugehn in der entgegengesetzten Richtung oder ohne, dem Einhorn, dem ewigen Einhorn nach. –«
Dem Bibliothekar Albert Dessoff in Frankfurt am Main teilt R. mit: »nach meinem Briefbuch hab ich die Anfrage des frankfurter Verbandes für künstlerische Kultur am 14. July beantwortet; leider absagend.«

12. AUGUST: Kippenberg teilt mit, er habe nun auch »Die Letzten« von Axel Juncker übernommen.

13. AUGUST: »Vor der Hand entdeck ich mir Padua, staunend, gestern die Giotto, diesen herrlichen Prato della Valle, und allerlei unberühmte Dinge, auf die mirs, reisend, immer mehr ankommt.« (An die Fürstin)

16. AUGUST: R. meldet seiner Mutter: »Oswald Kutschera seit vorigem Frühling Dr. und wie man mir sagt sehr ernstzunehmen in seinem Fach (Kunsthistorie) hat sich hier angemeldet, ich bin gespannt.«

19. AUGUST: R. schreibt an Rodin, Dr. Wichert, Direktor des Städtischen Museums in Mannheim, wünsche eine seiner Plastiken zu er-

werben, vielleicht den »Balzac« in Bronze oder Marmor. Ferner geht es darum, daß im Auftrag des Mannheimer Museums Clara R. Rodins Porträt-Büste schaffen soll.
20. AUGUST: R. zieht bei Dr. Heller, Prag, für sich 1000 Kronen ab.
28. AUGUST: R. dankt Katharina Kippenberg für eine besonders schöne Ausgabe von Goethes ›Liebesgedichten‹ (Insel-Verlag 1912): »nie ist eine Produktivität reiner vegetativer gewesen als die des jungen und zunehmenden Goethe, die Sprache geht ihm so leicht und blumig auf aus dem von allem bestellten Herzen.« Den 28. August habe er »beim Grafen Cittadella auf dem schönsten Landgut der venetischen Provinz« verbracht, die »aus dem Anfang des 19. Jahrhunderts stammende Anlage eines reichen und generösen Parkes bewundernd«. R. ist häufiger auf diesem Landgut Saonara zu Gast, einer Villa von Verwandten der Valmaranas. (2.9.12)
31. AUGUST: An Sidie Nádherný heißt es: »Mein Nichtfortkönnen ist leider ein simples Nichtweiterwissen und, was das Glück hier angeht, so hab ich mir Venedig ziemlich schwer und bitter gemacht ... eine Arbeit, die hier sich nähren sollte, hat sich als unmöglich erwiesen« (= Carlo Zeno). Weiter: »Gestern höre ich nun, daß die Fürstin Taxis nach Duino kommt und so steht zunächst nur das Eine fest, daß ich für ein paar Tage hingehe, sowie sie dort ist (um den 7. Sept. etwa).«
SEPTEMBER: R. widmet die »Aufzeichnungen des Malte Laurids Brigge« »A Pia di Valmarana / en amitié reconnaissante R. Venise / septembre 1912«. Dazu trägt er ein: »... Le temps est survenu où tout s'en va des maisons, elle[s] ne peuvent plus rien garder. Le danger est devenu plus sûr que la sûreté ... (Brigge, vol. II. p. I.)«.
5. SEPTEMBER: Sidie Nádherný schlägt R. vor, sich an ihrer Griechenland-Reise zu beteiligen, R. lehnt dies ab: »Ja, Sie müssen hin«, er werde eher »nach Berlin gehen, von dort in einem Zuge nach Madrid fahren, drei Tage etwa den Prado sehen, von da nach Toledo und dort wohnen, kaum als Reisender, wie für immer, so toledanisch wie möglich, und erst beim Einbruch der Stürme Sevilla aufsuchen, um später in Gibraltar ein Schiff nach Sizilien zu nehmen. Denn: wenn ich schon ans Schauen denken mag, so mein ich innerlich immer, Toledo nöthig zu haben, Greco ...« Im nächsten, dem Greco-Jubiläumsjahr sei es schon zu spät. »Dies ist die einzige meiner Linien, die ich nachziehen und leserlich machen kann ...«
VOM 11. SEPTEMBER BIS 9. OKTOBER ist R. in Duino mit der Fürstin

zusammen. Die Fürstin erinnert Ausflüge nach Grado mit der Besichtigung des Domes, nach Saonara, von dort zum Grabe Petrarcas, und nach Venedig; auch Verona wird gemeinsam besucht.

18. SEPTEMBER: R. bittet Leo von König: »würden Sie imstand sein, mir bezüglich des Wohnens für Toledo einen Wink zu geben«. Ferner: »Ich erwarte seit Monaten und Monaten das von Cassirer angekündigte Greco-Werk (Cossio-Meier-Graefe), wissen Sie davon, wann es erscheinen wird?« König ist mit Meier-Graefe 1908 in Spanien gereist; ihre große Entdeckung war Greco, König hat die »Himmelfahrt Christi« in Madrid kopiert. Das genannte Werk ist im spanischen Original 1908 erschienen.

20. SEPTEMBER: »... gestern mit der Fürstin von Duino zu einer kleinen Tour aufgebrochen, die uns als erste Etappe hierher nach Saonara zum Grafen Cittadella geführt hat, Du siehst einen Blick in den herrlichen Park; heute gehen wir weiter.« (An die Mutter)

26. SEPTEMBER: R. berichtet weiter von der kleinen Reise: »wir machten, auf zwei Autos, unseres und das unserer Gastfreunde, vertheilt, eine sehr anregende und frohe Fahrt in die euganäischen Hügel, besuchten eine herrliche Villa mit Statuen und Wasserkünsten, die schöne Abtei von Praglia, und zum Schluß Arqua, das kleine, im Gebirg gelegene Haus, in das der alte Petrarca sich zurückgezogen hatte und wo er auch gestorben ist. ... Den nächsten Morgen ein strahlender, wenn auch schon kühler Sonnenschein, – wir fuhren auf Brescia zu, die südliche Küste des Gardasees entlang, frühstückten in Desenzano angesichts des Sees, und waren schon gegen 4 in Brescia, wo wir die Nacht bleiben wollten. Angekommen machten wir uns sofort auf, das antike und das Christliche Museum zu besichtigen, in beiden sehr schöne Stücke, auch außer der berühmten Bronze der griechischen Siegesgöttin.« R. erwähnt ferner Bergamo und auf der Rückfahrt Verona und Treviso.

2. OKTOBER: An Kippenberg: »Ich gedenke nämlich, diesen Herbst und so weit als möglich einen Teil des Winters in Spanien zu verbringen ... mich in Toledo niederzulassen und dort zu wohnen. Sie wissen, daß Greco zu den größten Ereignissen meiner letzten zwei oder drei Jahre gehört; das Bedürfnis, sich gewissenhafter mit ihm einzulassen, sieht beinah wie eine Berufung aus, wie eine tief innen eingesetzte Pflicht.«

Bei Dr. Heller, Prag, zieht R. für sich 500 Kronen aus dem Legat ab. Clara R. erhält wie gewohnt 1000 Kronen.

3. OKTOBER: R. sendet der Fürstin im Hause mit einem Billett seine Protokolle von drei Séancen: »Les trois compte rendus – le premier n'est pas encore corrigé – Je vais donc à Trieste, hélas, – mais à ce soir«. Die Sitzungen, an denen die Fürstin und Prinz Pascha Taxis teilnehmen, finden am 30. 9. und am 1. und 2. Oktober statt, ein weiterer Abend am 4.10.12. R. führt Protokoll und stellt gelegentlich Fragen. (Die Protokolle sind erhalten.) Die »Unbekannte«, die in den Seancen schriftliche Botschaften zu senden scheint, weist R. auf Spanien, besonders auf Toledo hin.

Über sein Verhältnis zum »medialen Schreiben« äußert sich R. in einem längeren Brief an Nora Purtscher-Wydenbruck am 11. 8. 1924: »Sie erinnern, daß man bei den Taxis, sooft ein verläßliches Medium da war, sehr ernste und oft kontinuierliche Séancen abgehalten hat ... Was mich selbst angeht, so stammen meine eigenen Eindrücke auf diesem geheimnisvollen Gebiet, mit ganz wenigen Ausnahmen, aus jenen Versuchen im Taxisschen Kreise, denen ich, bis vor ungefähr zehn Jahren öfter, als Zuschauer beigewohnt habe.« R. fährt dann fort: »Ich bin, zum Glück, medial vollkommen unbrauchbar, aber ich zweifle keinen Augenblick, daß ich mich auf meine Weise den Einflüssen jener oft heimatlosen Kräfte eröffnet halte und daß ich nie aufhöre, ihren Umgang zu genießen oder zu erleiden.«

5. OKTOBER: R. schreibt für Henriette Löbl das Neunte Sonett der Louize Labé in seiner Übertragung ab. Sie hatte das Achte Sonett gelesen: »Das Gedicht, das Ihnen lieb ist, ist eine genaue Übertragung des französischen Sonetts der Louise Labbé, deren Verse um 1550 in Lyon erschienen sind, eingeleitet durch einen sehr rührenden Widmungsbrief an eine Freundin der Dichterin, die junge Clémence de Bourges.«

7. OKTOBER: R. erzählt seiner Mutter vom Besuch des jungen Königs von Portugal, Manoel, auf Schloß Duino: »wenn Könige so sind, so lohnt es wohl, gelegentlich einen oder den anderen zu sehen.«

10. OKTOBER: Kippenberg schreibt an R., für die auf der Ernst-Ludwig-Presse gedruckte Sonderausgabe des »Buch der Bilder« werde er ein Honorar von 400,– Mark erhalten.

VOM 11. ODER 12. BIS ZUM 29. OKTOBER ist R. in München, Hotel Marienbad. Hier lernt er Regina Ullmann persönlich kennen Außer mit ihr, mit Clara R. und Ruth trifft er zu Beginn des Aufenthaltes mit Sidie Nádherný zusammen, die zwei Tage bleibt. Mit ihr geht er zu Grecos »Laokoon«, dann mit ihr und Ruth ins Marionettentheater.

11. OKTOBER: Hofmannsthal meldet seiner Frau: »mit R. zu Mittag gegessen ... ziehe mich an für Jedermann, wollte einen Sitz haben für R., es ist aber ganz ausverkauft, doch wird ihn Steinrück irgendwie hineinbringen.«
14. OKTOBER: R. schreibt der Fürstin tief beunruhigt, daß Marthe Paris verlassen habe; er fürchtet, daß sie ihn in Venedig oder Duino suchen könne. R. fügt an: »heute kommt auch erst meine Mutter.«
15. OKTOBER: R. erfährt Marthes Adresse: »Soll man Marthe dort so lassen, wie es sich ihr fügt, es fügt sich ihr immer irgendwie ...« (An die Fürstin)
In München sieht R. Annette Kolb, Elsa Bruckmann, Alexander von Gleichen-Rußwurm und Hofmannsthal, der im selben Hotel wohnt.
18. OKTOBER: R. schlägt Kippenberg vor, »dem ›Marienleben‹ gleich diese zugänglichste Existenz zu geben«: in der Insel-Bücherei; Kippenberg stimmt zu.
20. OKTOBER: Der verlängerte Aufenthalt seiner Mutter und eine Behandlung beim Zahnarzt halten R. in München fest. Auf ihrer Durchreise nach Stuttgart zur Premiere von »Ariadne auf Naxos« von Hofmannsthal und Richard Strauss macht auch die Fürstin hier Station; R. führt sie zum »Laokoon« Grecos.
»Eben lief ich Jakob Wassermann in die Freundschaft«, meldet R. an Sidie Nádherný.
22. OKTOBER: R. liest bei Bruckmanns die ersten beiden Elegien vor.
25. OKTOBER: Telegraphisch mietet R. zum 1. Januar 1913 ein Atelier in Paris, 17, rue Campagne-Première, in dem Haus, »in dem ich den guten arbeitsamen Sommer verbrachte«, wie R. am 4.11.12 an Kippenberg schreibt. Dort hatte R. 1908 das Atelier Mathilde Vollmoellers inne.
R. teilt Kippenberg mit, daß er es Vogeler abschlagen müsse, das neue »Marienleben« zu illustrieren: »So ist ein recht ungleiches Teil auf uns gefallen. während ich ihm die Entstehung meines ›Marienlebens‹ danke, wurde dies die Veranlassung zu Zeichnungen, mit denen er nun ohne Unterkunft bleibt.« Als Ausgleich will R. ihm das Buch widmen. Dagegen solle die Dedikation an Gerhart Hauptmann aus der »besonderen Ausgabe des ›Buchs der Bilder‹« besser fortbleiben: »wenn das nicht eine zu auffallende Art ist, seinen Fünfzigsten Geburtstag zu begehen?« Weiter heißt es: »Meine hier so weit verlängerten Tage brachten mir reichlich Begegnungen; München selbst ist versehen mit Bekannten, und außerdem nahmen die meisten Stuttgartpilger diesen

Weg und stärkten sich an meinem Unbeteiligtsein. Ich dagegen habe nur drei spanische Stunden nötig, und dann geh ich (Montag) und seh mich nicht mehr um.«

HERBST: Mit dem Vermerk »vor der spanischen Reise« befinden sich im Rilke-Archiv die Handschriften zweier Shakespeare-Übertragungen, des ersten und des dritten Sonetts. Das erste Sonett »Vom schönsten Wesen wollen wir Bestand ...« bleibt unpubliziert, das dritte Sonett trägt R. im Winter 1918/19 in die Handschrift für Richard von Kühlmann ein, die faksimiliert 1931 erscheint.

28. OKTOBER: Abreise aus München.

31. OKTOBER: Rasttag in Bayonne, Grand Hôtel. »Dunque: ich bin gefahren, gefahren«, schreibt R. an die Fürstin, der nun in Bayonne die Arbeiten von Rodins erstem Meister, dem Bildhauer Barye, betrachtet. Im Museum findet er außerdem »einen wunderbaren Goya und zwei Grecos«.

In Spanien

VOM 1. NOVEMBER 1912 BIS ZUM 24. FEBRUAR 1913: R.s Aufenthalt in Spanien. R. steigt in Madrid nur um – von Bahnhof zu Bahnhof – und fährt nach Toledo weiter.

2. NOVEMBER: Toledo: »... ich bin schon überall herumgekommen, hab mir alles eingeprägt, als sollt ichs morgen für immer wissen, die Brücken, beide Brücken, diesen Fluß und, über ihn hinüberverlegt, diese offene Menge der Landschaft, übersehbar wie etwas, woran noch gearbeitet wird. Und dieses Glück der ersten Wege, die man versucht, dieses unbeschreiblich sichere Genommen- und Geführtsein ...« (An die Fürstin) R. wohnt im Hôtel de Castilla.

4. NOVEMBER: R. dankt Kippenberg für die letzte Büchersendung: »Ob nicht auch die neue (von uns geplante) Übertragung der Fünf Briefe der portugiesischen Nonne für die ›Bücherei‹ passen würde?«

6. NOVEMBER: An Frau Fischer rühmt R.: »Wunderbar berührte mich die venezianische Novelle Thomas Mann's, von der ich (das Novemberheft der Rundschau hat mich hier noch nicht erreicht ...) – erst den ersten Theil kenne: aber der war von meisterhafter Fraktur, und mir, der ich ja nahezu Venezianer geworden war, von besonderen

Anklängen.« R. wünscht, Lichtwark möge für die Hamburger Kunsthalle die Büsten Dehmels und Hauptmanns von Clara R. erwerben, und fragt, wann Hauptmanns 50. Geburtstag sei, er wolle eine Depesche senden.

NOVEMBER: Der »Insel-Almanach auf das Jahr 1913« bringt vier Gedichte R.s aus dem »Marienleben«: »Mariae Verkündigung«, »Verkündigung über den Hirten«, »Rast auf der Flucht in Ägypten« und »Vom Tode Mariae. Drittes Stück«.

7. NOVEMBER: R. erbittet eine Sendung von 1000 Kronen aus dem Legat bei Dr. Heller, Prag, nach Toledo.

Nach der Lektüre ihrer »Liebesgedichte« (Insel-Bücherei Nr. 22) dankt R. Ricarda Huch: »Und hier, endlich, ist nun wieder die Kraft, die Beherrschung, das reine Umgehenkönnen mit dem unendlichen Gegenstand, Gedichte, deren Antrieb so groß ist, daß jede Übertreibung ausgeschlossen war, daß sie von selbst schon das Äußerste erreichten, indem sie, genau, nichts als entsprechen ...« R. unterzeichnet diesen Brief: »In Bewunderung Ihr Rilke«; es ist, soweit bekannt, sein einziger Brief an sie.

8. NOVEMBER: Aus Toledo schreibt R. an seine Mutter: »ich wohne fast mehr in der Kathedrale, die ohne Zweifel die herrlichste christliche Kirche ist, die ich noch gesehen habe, mit keiner zu vergleichen, so erhaben und herrlich, ein Wunder jeder Strahl, der dort hineinfällt, so wirkt er erscheinungshaft in diesem großen übermenschlichen Raum, – es ist nicht zu beschreiben. Das ist die Primatkirche Spaniens, aber, wirklich, es könnte die erste christliche Kirche der Welt sein, trotz Sankt Peter.«

9. NOVEMBER: An Rodin schreibt R.: »Aimant tant Avignon, il me semble avoir pressenti, presque connu Tolède qui a de très curieux rapports avec la ville papale de la Provence. ... je ne peux pas rester à la Cathédrale sans vous souhaiter à côté de moi; même la Notre Dame ou Chartres n'ont eu tant de pouvoir sur moi. – Mais ce sera, pour longtemps, ma dernière infidelité envers Paris, seul endroit dont l'hospitalité vaste et fructueuse me tient toujours lieu d'une patrie, hélas! inconnue et à jamais absente.«

R. teilt Clara R. mit, Rodin habe Dr. Wichert eine Plastik zugesagt, wenn auch nicht den »Balzac«, und sie werde im Frühling Rodin porträtieren dürfen.

IM NOVEMBER entsteht das große Fragment: »... komm wann du sollst.

Dies alles wird durch mich / hindurchgegangen sein zu deinem Atem...«

12. NOVEMBER: »Ich hab mir zur Feier des Tages die Schätze der Kathedrale angesehen, die unbeschreiblichsten Goldschmiedearbeiten, Schmuckstücke, Ketten, Schreine und Statuen, die mehrere Räume füllen ... Zimmer, Säle voll Gewänder, unbeschreibliche Spitzen.« (An die Mutter)

13. NOVEMBER: »Liebe Freundin, draußen im Gehen schreib ich Ihnen die schönsten Briefe, hier, zuhause, frier ich und bin ein verdrießlicher Pedant«, beginnt ein Brief an die Fürstin, in dem er Toledo darstellt und seine täglichen Besuche in der Kathedrale erwähnt, wo er unter dem riesigen Cristóbal zu finden sei. Am Ende heißt es: »Ich sehe nun hier völlig keine Zeitungen, nur neulich einmal wandte ich mein bescheiden wachsendes Spanisch an, um zu verstehen, daß der Bulgare Herr in Constantinopel werden dürfte, – und nun deuten Sie wirklich auf so Ähnliches hin, lieber Gott, aber das ist ja gegen alle Weltgeschichte, daß Constantinopel, daß Stambul, daß Byzanz so nebenbei zu dieser balkanischen Unordnung dort unten mit hinzugehören soll.« Im ersten Balkankrieg (1912-13) drängt Bulgarien die Türken bis dicht vor Konstantinopel zurück und erringt ansehnlichen Gebietsgewinn, den es im zweiten Balkankrieg (1913) im Kampf gegen Serbien und Griechenland wieder einbüßt.

14. NOVEMBER: An Mathilde Vollmoeller-Purrmann: R. möchte sich vorstellen, daß Lionardo da Vinci in Toledo gewesen sei; »da man doch nun einmal immer von einer rätselhaften Reise fabelt, die ihn z.B. nach Arabien gebracht hat, so macht es mir Freude zu erfinden, er sei hier gewesen, hätte hier die arabische Schrift und die verschlungene Vegetation ihrer alten Geheimnisse durchforscht, hätte sich das Profil dieser Brücken eingeprägt und den reinen Begriff dieser Mauern; denn ich kann mir keinen Ort vorstellen, der seinem Herzen so genügt hätte, in dem hier das bloß Entsprechende so vollkommen entsprach, daß es, vorhanden, nicht mehr sich bedeutete, sondern über sich hinaus gültig wurde.«

17. NOVEMBER: R. liest die »Instructions« der Angela da Foligno, »ein Leben des Cervantes auf spanisch (als erstes Wagnis in dieser Richtung)« und zwei Bücher von Fabre d'Olivet, von dem R. der Fürstin ausführlich berichtet.

In einem Brief an Josef Hofmiller zeichnet Rudolf Borchardt ein außerordentlich negatives Bild von R.

18. NOVEMBER: Aus Toledo sendet R. an Henriette Löbl die Abschrift seiner Übertragung des fünften Sonetts der Louize Labé; am 7. 4. folgt aus Paris das 14. Sonett.
20. NOVEMBER: An Kippenberg über die Übersetzung der »Fünf Briefe« der Marianna Alcoforado: »es handelt sich darum, nicht nur den reinsten und vollständigsten Text, sondern auch nur die wirklich echten fünf Briefe in der möglichst richtigen Folge herüberzubringen.«
21. NOVEMBER: Hellingrath an Marie von Sladovich über R.: »gerade darein bin ich verliebt, daß er so klein ist, nur davon kommt seine entzückende tapferkeit. er geht unter allen unschuldigen dingen umher und ihm erscheinen sie groß und furchtbar. und er hebt seine dünne stimme auf und greift so tapfer sie an als je von den schweren riesen einer, Hölderlin oder George oder Klages mit göttern und dämonen gekämpft hat um welten, er ist so ganz allein und sieht sich nicht um und denkt an keine hilfe und kein reich, das ist seine tapferkeit...«
23. NOVEMBER: »Eben komme ich aus einer kleinen Kirche, einer der ältesten hier, die schon vor der arabischen Zeit bestanden hat, S. Lucas, und die eine berühmte Madonna Nuestra Señora della Esperanza besitzt, – jeden Samstag um 4 wird dort zu Ehren der Madonna ein Salve gesungen, ein Gesang, der schon mehr als tausend Jahre alt ist, ein paar ganz einfache große Akkorde ... Ich war, seit ich hier bin, jeden Samstag dort.« (An die Mutter)
25. NOVEMBER: Dem Fürsten Taxis rühmt R. die Diskretion der Spanier: »im allgemeinen verliert man sich, was mich sehr erstaunt, hier besser im Ganzen, wird unscheinbar, unsichtbar, dazugehöriger, als mans je in Italien ist, vielleicht weil man als Österreicher, durch das Habsburgische, doch irgendwie entfernt verwandt ist mit hiesigem Gebaren – oder bild ich mir das ein?«
26. NOVEMBER: »Manchmal geh ich gegen Abend da drüben in den Felsen und Bergtrümmern herum, nur die tiefe schmale Flußschlucht zwischen mir und der wie ein Auferstehender (wie Lazarus der aufersteht auf dem Rembrandt'schen Blatt) angeschienenen Stadt, drüben wo die Landschaft sofort ausbricht und wie ein Löwe ist... geh dort auf und ab, wo Propheten gehen könnten.« (An Sidie Nádherný)
28. NOVEMBER: R. kündigt Frau Elsa Bruckmann die Rücksendung entliehener Bücher an – über Toledo und Greco – und entschuldigt sich, daß Stefan Georges Shakespeare-Sonette nicht dabei sind, die er in

München der Fürstin gezeigt habe. Zunehmende Kälte vertreibt R. aus Toledo.

1. UND 2. DEZEMBER: R. ist in Cordoba: »Diese Moschee; aber es ist ein Kummer, ein Gram, eine Beschämung, was man daraus gemacht hat ... Wie große Brocken sind die Kapellen der Dunkelheit im Hals stecken geblieben.« R. stellt Allah dem Christentum entgegen: »Allah ist heil.« (An die Fürstin, 4.12.12)

VOM 3. BIS 8. DEZEMBER ist R. in Sevilla: »Von Sevilla hab ich, abgesehen von Sonne, nichts erwartet, und es giebt mir auch weiter nichts«, schreibt R. der Fürstin. Später erinnert er doch das Altmännerhospiz der Caritad: »es war Morgen, in den langen heiteren Sälen sassen die Alten um das Kohlenbecken oder standen einfach fertig herum wie Spielsachen ... überall auf derselben Stelle der blumigen Bettdecken, lagen je zwei von den riesigen blassen spanischen Weißbroten, friedlich in ihrem augenscheinlichen Überfluß, die pure Vergeltung und gar nicht mehr im Schweiß des Angesichts zu essen.« (An die Fürstin, 17.12.12)

Hier bewundert R. die »schönen Murillos« (an die Mutter).

6. DEZEMBER: Hellingrath nimmt seine Darstellung R.s noch einmal auf: »Besonders liest er wirklich gut, tapfer und leicht als höb es ihn von selbst hoch, ich muß da immer an den Cornet Rilke denken und an seinen tod. Auch von mir hat er mir einiges vorgelesen. dass er das überhaupt gekonnt hat daran kann man sehen wie ich trotz allem wenig ›Blätter für die Kunst‹ bin ... ich glaube jetzt mehr als früher dass viel zusammensein mit Rilke unmittelbar mir geben könnte, vielleicht wär es mir ganz gesund von ihm die dinge in sich erkennen zu lernen, ich weiß nicht sicher.« (An Marie von Sladovich)

VOM 9. DEZEMBER 1912 BIS 19. FEBRUAR 1913 wohnt R. im Hôtel Reina Victoria in Ronda.

11. DEZEMBER: An Sidie Nádherný: »In Toledo war ich, genau vor vier Wochen, ungern ging ich fort, beständig zurückschauend, aber die Kälte trieb, und ich fühlte mich nicht gut, körperlich nicht und nicht in der Seele. Seither war ich in Cordoba und (mit wenig Freude) in Sevilla; hier ist starke herrliche Luft, Berge wie aufgeschlagen um Psalmen daraus vorzusingen, – und auf eine Bergplatte gehäuft eine der ältesten und seltsamsten spanischen Städte.« An Lou A.-S. heißt es: »etwas zog mich nach Ronda –, und hier bin ich nun und erwarte mir in dieser nicht weniger unerhörten Umgebung zunächst nur eine bessere Vertheilung

meines quälenden Bluts durch den Einfluß der hohen reinen Luft.«
(19.12.12)
13. DEZEMBER: R. berichtet seiner Mutter ausführlich vom Fest der Conception am 8. Dezember in Sevilla und fährt fort: »Ronda ist eine der ältesten Städte Spaniens, liegt großartig da auf zwei immensen Felsplateaus zwischen denen in einer Tiefe von 150 m und in einer Schlucht, die kaum 90 m breit ist, unten der Guadalevin (der Fluß) seinen Weg sucht. Diesen Felsmassen, die die Stadt mehr hochhalten als tragen liegen auf allen Seiten Berghänge gegenüber und über diese fort begrenzen grandiose Gebirgsformen den weiten Horizont: es ist ein Panorama von unbeschreiblicher Hoheit.«

An Emil Faktor vom »Berliner Börsen-Courier« schreibt R. auf die Bitte um einen Beitrag: »gerne, wenn ich nur das Geringste hätte, aber nach dieser Richtung hin sind es lauter Hungerjahre, die ich durchmache; – hoffentlich werdens nicht sieben.«

16. DEZEMBER: R. erbittet von Dr. Heller in Prag den Rest des Legates, von dem 300 Frcs zum 1.1.13 als Miete nach Paris gehen sollen. Er erhält am 29.12. die letzten 640 Kronen.

17. DEZEMBER: »Hier wäre nun freilich auch der Ort, recht spanisch zu leben und zu wohnen, wäre nicht die Jahreszeit ... zum Überfluß hat der Teufel den Engländern eingegeben, hier ein wirklich ausgezeichnetes Hôtel zu bauen, in dem ich natürlich nun wohne, neutral, theuer und wie es sich der und jener wünschen würde, und dabei bin ich schamlos genug, zu verbreiten, daß ich in Spanien reise.« Weiter schreibt R. der Fürstin: »ich bin seit Cordoba von einer beinah rabiaten Antichristlichkeit, ich lese den Koran, er nimmt mir, stellenweise, eine Stimme an, in der ich so mit aller Kraft drinnen bin, wie der Wind in der Orgel. Hier meint man in einem Christlichen Lande zu sein ... Jetzt ist hier eine Gleichgültigkeit ohne Grenzen, leere Kirchen, vergessene Kirchen, Kapellen die verhungern.« Ein Jagdpark, in dem R. weite Wege macht, erinnert ihn an »Die Wahlverwandtschaften«.

19. DEZEMBER: R. berichtet Lou A.-S. über das verstrichene Jahr. Eine Nachschrift lautet: »(In Toledo wurden mir unsere Abende in Nowinki und des guten Nikolai Tolstoi spanisches Tagebuch so lebhaft, daß ich ihm einen Gruß schickte, den er auch herzlich erwidert hat.)« Graf T. hat als junger Mann Ronda besucht.

20. DEZEMBER: R. schreibt Leo von König über seine Eindrücke: »Am Ende, wenn man überhaupt ein Mehr und ein Weniger in Rechnung

stellen mag, war mir die Himmelfahrt Mariae in San Vincente dasjenige Werk, zu dem ich immer wieder zurückkam und das dann jedesmal mehr war als meine letzte Erinnerung daran« (von Greco).
24. DEZEMBER: In der Weihnachtsnacht liest R. »mit ganz neuer Hingerissenheit und Einsicht« in Jacobsens Novellen (an Kippenberg, 14.1.13).
AM 30. DEZEMBER schreibt Lou A.-S. aus Wien an R.: »das Wesentliche, – davon hab ich gleich heute, durch Kassner, bei Beer-Hofmann gehört. Er sprach von den beiden Elegien. So hoch wie Du bei ihm Person und Urteil stellst, muß er doch irgendwie Recht damit haben?«
Seiner Mutter erzählt R. von seinem Weihnachten: »Gegen halb zwölf ging ich hinüber in die Stadt, wo es laut zuging, man hörte aus vielen Häusern Gesang und Tamburins und Gruppen von jungen Leuten zogen singend umher –, ich hatte Zeit bis ans andere Ende durchzuwandern, die über und über geweißten kleinen Häuser sahen aus als hätten sie alle reine Hemden angezogen und dabei lag der Schein des Vollmonds so stark über allem, daß man gelegentlich meinen konnte zwischen lauter Schnee zu gehen und das stille helle Dasein unter dem großen Himmel hatte etwas sehr Feierliches und wirklich Weihnachtliches.«
31. DEZEMBER: Im Neujahrsgruß an Rodin heißt es: »Ronda où je suis à présent est un pays incomparable, un géant de rocher qui supporte sur ses épaules une petite ville blanchie et reblanchie à la chaux et qui, avec elle, fait un pas sur la mince rivière, tout comme Saint Cristophore avec l'enfant Jésus; je comprends qu'on trouve partout ici son image dans les églises; et il est tout fait pour en être le Patron.«
An Hedwig Fischer schreibt R. ausführlich über Thomas Manns »Tod in Venedig«, dessen zweiter Teil ihm »nur peinlich« sei. »Gewiß mußte dies der Verlauf sein, auch daß da in der verhängnisvollen Auflösung und Zersetzung ... Konturen eigentlich nicht mehr zu geben waren« – »so hoch die Kunst der Erzählung im ersten Theile war, dies hier ist nicht mehr erzählt, es fließt aus und durchtränkt alles und man siehts größer werden wie verschüttete Tinte.« R. spricht weiter vom Tode Otto Brahms, dem er zwei- oder dreimal begegnet ist, und von Wassermanns Roman »Der goldene Spiegel«, den er in Toledo gelesen hat.
JAHRESWENDE 1912/13: R. schreibt die Verse nieder: »Unendlich staun ich euch an ...« mit der Ergänzung: »Die Mandelbäume in Blüte: alles, was wir hier leisten können, ist, sich ohne Rest erkennen in der irdischen Erscheinung.«

Während des Jahres 1912 erscheinen in Zeitschriften nur einige Gedichte aus dem »Marien-Leben« als Vorabdruck: »Neue Blätter«, 2. Folge, 5. und 6. Heft, bringt vier Gedichte aus dem Zyklus: »Geburt Mariae«, »Die Darstellung Mariae im Tempel«, »Vor der Passion« und »Vom Tode Mariae I-III«. (Im Verlag der Neuen Blätter, Jakob Hegner, Hellerau) Ferner. »Insel-Almanach auf das Jahr 1913« Leipzig.

Die Anthologie »Deutsche Lyrik aus Österreich seit Grillparzer«, ausgewählt und eingeleitet von Camill Hoffmann, Berlin 1912, bietet zehn Gedichte R.s aus den »Frühen Gedichten«, dem »Stunden-Buch«, dem »Buch der Bilder« und den »Neuen Gedichten«. (R. überläßt den Entscheid am 10.2.1911 seinem Verleger.) Heinrich Spiero: »Deutsche Lyrik seit 1850«, Wien und Leipzig 1912, bringt drei Gedichte R.s aus den »Frühen« und den »Neuen Gedichten«.

Neuauflagen: »Das Stunden-Buch« 5. Auflage; »Die Weise von Liebe und Tod des Cornets Christoph Rilke«, Insel-Bücherei Nr. 1, 1. bis 10. Tausend, im gleichen Jahr: 11. bis 30. Tausend, »Requiem« 2. Auflage.

1913

5. JANUAR: R. erzählt: »Morgen ist Drei-Königstag, das für die spanischen Kinder [das ist,] was bei uns Weihnachten ist. Ich merke etwas davon, denn mein einziger Umgang hier ist eine spanische Familie, ein Graf Vilallonga mit zahlreichen Kindern ... Denken Sie, ich sitze manchmal inmitten dieser vergnügten Gesellschaft, spiele Lotto, (was ich seit gut dreißig Jahren nicht mehr gethan habe) und gewinne so unverschämt, daß alle ganz große Augen machen, wie das zugeht. So misch ich mich unter die Jugend, ach, aber nicht aus Gleichberechtigung, schon mehr wie der alte König David als er Abisag bekam, um nochmal warm zu werden...« (Empfängerin nicht ermittelt)

6. JANUAR: Die »Aufzeichnung. Ronda / Drei-Königstag 1913«: »Eigentlich war er längst frei ...«, sendet R. in einer Abschrift an Lou A.-S. In dem Begleitbrief heißt es: »Ja, die zwei Elegien sind da –, aber mündlich kann ich Dir sagen, ein wie kleines und wie scharf abgebrochenes Stück sie bilden von dem, was damals in meine Macht gegeben war ...«

ZWISCHEN DEM 6. UND 14. JANUAR entsteht »Die Spanische Trilogie«; »Aus dieser Wolke, siehe: die den Stern ...«, »Warum muß einer gehn und fremde Dinge ...« und »Daß mir doch, wenn ich wieder der Städte Gedräng...«

7. JANUAR: An Kippenberg: »Das Auftreten der Elegieen voriges Jahr hat mich ein wenig ins Vertrauen dessen einbezogen, was sich unsäg-

lich langsam, unter dem Vorwand so großer Verheerung, ordnen mag, und ich finde in den schlechtesten Tagen doch immer wieder einen Rest Geduld...« R. bittet um »ein paar Bände Stifter«.»... ich habe plötzlich eine Art Instinkt nach seiner Prosa, von der ich kaum mehr kenne als (seit zwei Jahren) die großartige Luftschiffergeschichte, an die ich lange nicht gedacht habe...«
8. JANUAR: Langer Brief an die Mutter über Clara und deren Probleme.
9. JANUAR: Über den Schluß ihres »Exemplar« im Dezemberheft der »Neuen Rundschau« schreibt R. an Annette Kolb voller Bewunderung: »wie schön, wie vollkommen, wie meisterhaft«.
10. JANUAR: R. übersendet Lou A.-S. das Gedicht »Himmelfahrt Mariae«: »Köstliche, o Öl, das oben will...« aus dem Januar in Ronda.
12. JANUAR: Dem Fürsten Alexander Taxis schickt R. ein in Toledo gehörtes »Salve«.
14. JANUAR: R. dankt Kippenberg für die »Deutschen Erzähler« im verspätet eingetroffenen Weihnachtspaket (im vierten Band findet er Stifters »Hagestolz«) und für Ricarda Huchs »kolossales Werk«: »Der große Krieg in Deutschland«.
An Lou A.-S. kommt »zu dem neulich noch dies, draußen im Weideland aufgeschrieben, unterm Gehen, heut nachmittag: und gleich gefühlt, daß Dus haben sollst«: »An den Engel. Starker, stiller, an den Rand gestellter...«
Aus dem Januar stammen ferner die Gedichte »Auferweckung des Lazarus« und »Der Geist Ariel«, zudem die Entwürfe: »Ich Wissender...«, »Ihm geht das nah...«, »... und wir staunen unbeschränkt...« und »Daß ich, entartet meinem Tod, zuletzt...« Bis auf »Der Geist Ariel« bleiben sie unveröffentlicht.
MITTE JANUAR: »Ich, der ich so recht an den Dingen mich an das Hiesige gewöhnt habe, ich muß gewiß (und das ist es, was mir so schwer fällt in diesen Jahren) die Menschen überschlagen und gleich zu den Engeln (lernend) übergehen.« (Notiz im Taschenbuch)
In diesen Tagen schreibt R. an seine Mutter: »schon wieder ist so ein Anliegen da, von einem Privatdozenten der wiener Universität Dr. Swoboda, der die Geburtsdaten meiner Eltern erbittet, wie er schreibt, ›für eine statistische Untersuchung, durch die nachgewiesen werden soll, daß die begabten Kinder aus ganz bestimmten Jahren ihrer Eltern sind‹.« R. erbittet vergeblich die Daten von ihr. Am 28.1.14 heißt es dann,

er habe »Herrn Dr. Sw. sofort mein Bedauern ausgedrückt, ihm bei seinen Untersuchungen nicht dienen zu können. Es giebt sicher genug Leute, die ihm solche Jahreszahlen liefern werden, es wird ihm nicht schwer fallen, mich zu entbehren ...«

14. JANUAR: Der Fürstin berichtet R.: »Bei meinem großen Jens Peter Jacobsen, der, wie Sie wissen von Fach Naturwissenschaftler war, las ich gestern ein Detail über die Paviane, das hoffentlich ein Bild der jetzigen Kriegslage abgiebt: sehr erzürnt, setzen sie sich, statt gleich zu beißen, einander gegenüber und zeigen sich soviel als möglich von ihrem Vorrath Zähne: diese übertriebene Muskelbewegung bringt sie schließlich zum Gähnen und damit ist die Versöhnung von selber da.« Die Neuausgabe der Werke Jacobsens im Insel-Verlag 1912 enthält auch die naturwissenschaftlichen Schriften.

NACH DEM 14. JANUAR: Taschenbuch-Aufzeichnung »Nichts wie Toledo, wenn man sich seinem Einfluß überließe, vermöchte in solchem Grade die Darstellung des Übersinnlichen auszubilden, indem die Dinge dort die Intensität dessen haben, was gemeinhin und täglich nicht sichtbar ist: der Erscheinung. Und möglicherweise ist es meine nächste Stufe, dies zu lernen; die Realität der Engel nach der Realität der Gespenster. ... Greco, getrieben von den Verhältnissen Toledos, begann ein Himmelsinneres einzuführen, gleichsam oben himmlische Spiegelbilder dieser Welt zu entdecken ... Der Engel ist bei ihm nicht mehr anthropomorph wie das Thier in der Fabel, auch nicht das ornamentale Geheimniszeichen des byzantinischen Gottesstaates. Sein Wesen ist fliessender, er ist der Fluß, der durch beide Reiche geht, ja, was das Wasser auf Erden und in der Atmosphäre ist, das ist der Engel in dem größeren Umkreis des Geistes, Bach, Thau, Tränke, Fontäne des seelischen Daseins, Niederschlag und Aufstieg.«

16. JANUAR: An Carlo Placci heißt es: »ces années ce sera comme une mort vécue ici-bas, et si je réussis de la supporter jusqu'au bout, ce sera l'éternité après, n'importe où je me retrouve.«

Der Fürstin rühmt R. die in der Revue de Paris vom 15.11. und 1.12.12 erschienenen Gedichte der Comtesse de Noailles, deren ›sehr nahe Todes-Erfahrung‹ R. mit dem frühen Hinscheiden Henry Francks in Zusammenhang bringt.

21. JANUAR: R. schreibt an Kippenberg über seine Lektüre von Stifters »Condor«.

24. JANUAR: Auch an Sidie Nádherný meldet R.: »daß ich Stifter lese,

fast jeden Abend; – ich fing mit dem ›Kondor‹ an (der mich diesmal fast mehr nach Janowitz versetzte als zu Cornelia) und ließ mich dann so weitertreiben von der schönen breiten Bewegung seiner Prosa, – (gestern bewunderte ich die Stelle vom Irrlicht in den Aufzeichnungen des Urgroßvaters,) in alledem ist etwas enthalten wie die Elemente einer durchaus oesterreichischen Kunst, niemand hats fortgeführt. Zuweilen ist es so hausgemacht, daß es schon beinah gestrickt ist, und dann wieder führt diese gelassene Handarbeit zu so großartig ausgearbeiteten Herrlichkeiten, daß man meint, das eigene Herz müßte einem darüber, ohne daß man sich rührt, zu etwas Berühmten und Unvergeßlichen werden. Sooft ich die zwei Bände vornehme, bin ich überzeugt, ich hab sie von Ihnen.« (»Studien«, im Insel-Verlag 1911²) In diesem Brief schreibt R.: »Könnte ich arbeiten, wärs auch hier ausgezeichnet, aber es sieht aus, als ob darauf vor der Hand nicht zu rechnen wäre, so faß ich Geduld und denk daran, wie ichs in künftigen Jahren machen soll...«

JANUAR/FEBRUAR: In Ronda entstehen die Verse 1-31 der späteren »Sechsten Elegie« auf Grund des ersten Ansatzes aus Duino. R. trägt ferner zusammenhängend in sein Taschenbuch »Erlebnis« I und II ein. Den ersten Teil hebt er im Sommer 1918 für die Veröffentlichung im Insel-Almanach heraus, »Erlebnis II« bleibt ungedruckt.

AUS DEM FEBRUAR stammt das Gedicht »Wird mir nicht Nächstes? Soll ich nur noch verweilen...« (R. schenkt es am 13.10.13 an Lou A.-S.); zwei Entwürfe bleiben unvollendet: »Die weißen Häuser hin...« und »Da rauscht der Bach...«

6. FEBRUAR: R. wendet sich gegen den Plan der Fürstin, in Wien von Moissi oder Hofmannsthal die »Elegien« vorlesen zu lassen: »eine Rezitation bei Heller wäre schon nahezu eine Veröffentlichung, und ich habe diesen Gedichten gegenüber immer noch das Gefühl, daß es durchaus genüge, daß sie daseien und daß man ihre Bekanntmachung ruhig hinausschieben mag ... noch für Jahre hinaus, ists mir umso lieber, je strenger und eifersüchtiger Sie sie in Ihrem Besitz einschließen.« R. ergänzt, daß er lieber als durch Moissi die »Elegien« von Gertrud Eysoldt vortragen ließe. R. weist die Fürstin auf einen Artikel Maeterlincks über die Erfahrungen der »Society for Psychical Research« in der »Rundschau« hin, R. liest auf der Rückreise das Buch, aus dem diese Stellen vorübersetzt sind: »La mort«, das er ablehnt (an die Fürstin, 27.2.13).

AM 18. FEBRUAR verläßt R. Ronda und verweilt einige Tage in Madrid: »Acht Tage war ich in Madrid, zwang mich dazu, hatte aber zu nichts weiter Muth noch Entschluß. Sah die Greco's im Prado mit Leidenschaft an, die Goya's mit Staunen, die Velasquez so höflich wie möglich...« (An die Fürstin, 27. 2. 13)

24. FEBRUAR: Aus Madrid, Palace Hôtel, schreibt R. an Sidie Nádherný: »die letzten Wochen waren schlecht, eine kurze Aussicht auf Arbeit vorher, die ansetzte, mich innen in Bewegung brachte und mich dann gleich im Stich ließ, seither nur Schlechtes – seelisch wie körperlich.« R. sieht den Prado, darin die Säle der Armeria. In seinem Aufsatz über die »Puppen« Lotte Pritzels erinnert R.: »in Madrid, durch die Säle der Armeria zu gehen und die Rüstungen, Helme, Dolche und Doppelhänder anzustaunen, in denen die reine kluge Kunst des Harnischfegers unendlich übertroffen wurde durch ein Etwas, das der stolze und feurige Gebrauch diesem Gewaffen hinzufügte.«

Paris: 17, rue Campagne-Première

VOM 25. FEBRUAR BIS ZUM 6. JUNI ist R. wieder in Paris, er wohnt zuerst im Hôtel Lutetia, weil sein Atelier noch nicht eingerichtet ist. R. erinnert sich später: »Als ich von Spanien kam, den Morgen nach der Reise – ich ging die rue de Seine hinauf, so unsäglich wiedersehend«; er sei »von einer Erfülltheit und unwiderruflichen Freude gleichsam erschüttert« worden (an Erika von Scheel, 10. 8. 15).

27. FEBRUAR: »Heute, mi-carême, wollen die Leute nicht arbeiten, aber morgen bringt man meine Möbel aus dem Depôt. Atelier und Zimmer machen mir den erwünschten Eindruck, es müßte sich darin auskommen lassen, und Paris war den ganzen gestrigen Tag (mein erster hier) ein Fest der Übereinstimmung. Ich habe kurze Momente unbeschreiblicher Hoffnung...« (An die Fürstin)

An diesem Tag sieht R. Marthe wieder, die in Sceaux mit dem russischen Bildhauer Erzia das Atelier teilt. R. erzählt davon der Fürstin am 21. 3. 13.

ENDE FEBRUAR: Niederschrift des Gedichtes »So angestrengt wider die starke Nacht...«, das R. 1916 in die Handschrift des Zyklus »An die

Nacht« aufnimmt, die er später Rudolf Kassner schenkt. (Gedruckt im Brenner-Jahrbuch 1915)
FRÜHJAHR: Aus dem Umkreis der Elegien stammen die Fragmente »Unwissend vor dem Himmel meines Lebens …« und »Was, was könnte dein Lächeln mir …«; im März entstehen zudem fünf Bruchstücke.
6. MÄRZ: R. schreibt an Kippenberg über seine Geldnot bei der Einrichtung des Ateliers, dessen Nähe zum Luxembourg ihm wohltue.
7. MÄRZ: R. schreibt seiner Mutter: »in Staub, Gedräng, – zwischen Tischler, Tapezierer, Schlosser und anderen kleinen Metiers, hinter allen her, da sie schwer zu bekommen sind, viel im Bon Marché, viel bei Bric-à-Brac-Händlern, kaufend, tauschend, versuchend auch nicht ganz unschlau zu sein soviel lebenslänglich entwickelter Findigkeit gegenüber –«
8. MÄRZ: R. bestellt aus Paris bei dem Münchener Buchhändler Jaffe die von Norbert von Hellingrath veranstaltete Hölderlin-Ausgabe: »von Spanien zurück, wo den ganzen Winter über keine Bücher zu sehen waren, hab ich sehr das Bedürfnis, wieder einigen Anschluß an das inzwischen Erschienene zu nehmen.«
10. MÄRZ: R. teilt Kippenberg mit: »Morgen kommt Gide zu mir wegen der Portugiesischen Briefe, über die ich mit ihm sprechen wollte.«
14. MÄRZ: R. berichtet Sidie Nádherný über Marthe: »Da hab ich sie fortgenommen und nun kommt das Leben nicht genug, nicht herrlich über sie … und wenn das Leben Lust haben sollte zu einem Geschöpf, müßts zu diesem sein, mit dem es so phantastisch umgehen dürfte, wie mit Maria Grubbe.« Marthe ist gerade zwanzig Jahre alt geworden, R. sorgt sich um sie.
15. MÄRZ: Stefan Zweig schreibt an Romain Rolland: »ich freue mich, Ihnen ankündigen zu können, daß Sie am Montag bei mir den Dichter R. M. R. treffen werden … für meine Auffassung ist er der reinste und sanfteste und der größte Künstler, den wir besitzen, als Mensch prachtvoll und dabei bescheiden, beispielhaft für uns alle in seiner Kunst wie in seinem Leben.« In seinem Tagebuch hält Zweig am 17. und 18. 3. 13 dieses Zusammensein in allen Einzelheiten fest.
17. MÄRZ: Kippenberg erhält eine Postkarte mit den Unterschriften von Emile Verhaeren, Romain Rolland, R., Léon Bazalgette und Stefan Zweig, die nach einem gemeinsamen Frühstück im Restaurant ›Boeuf à la Mode‹ zusammensitzen. R. gewinnt von Rolland einen »sympathischen und menschlich bedeutenden Eindruck« (an die Fürstin Taxis 21. 3. 13).

19. MÄRZ: »Mein großer hoher ganz geweißter Arbeitsraum, dessen ganze Vorderseite eigentlich ein einziges großes Fenster ausmacht, in das von rechts schräg etwas Morgensonne fällt (während das nach der anderen Seite hinaus gelegene kleine Schlafzimmer fast alle Sonne von Mittag bis gegen Abend hat) wird für den Frühling herrlich brauchbar sein ... einen Einbau aus Holz, vier Säulen an die Wand gerückt, die in zwei Meter Höhe etwas wie einen kleinen Balkon tragen (... zum Fortstellen oben von Koffern und Kisten ...) wollte ich ursprünglich abreißen lassen, habe aber nun vorgezogen, ihn mit einem schönen dunkelgrünen Rips-Vorhang zuzuhängen, um hinter diesem Schutz mein sehr modernes Buffet mit Kochvorrichtungen etc. und die Kleiderhälter unterzubringen. Alles außerhalb gehört der Arbeit, der immense Rodin gehörige Tisch, dominierend, inmitten.« (An die Mutter)

Auf Sidie Nádhernýs Bitte, sie für eine Nordafrika-Reise zu beraten, schreibt R.: »Tunis und die ganze damalige Reise war für mich, Sie wissen, etwas so Verfehltes, Schweres, nahezu Verhängnisvolles, daß keine eigentlichen Erinnerungen aufziehen wollten, und was wild gewachsen ist ohne meine Pflege, das hat Dornen und reißt, ich mag mich nicht dazwischen drängen.«

R. bringt Rodin, der erkrankt ist, das Buch »La Danse devant l'Arche« von Henry Franck: »ces beaux vers«. Der Band ist soeben im Verlag der Nouvelle Revue Française mit einem Vorwort der Comtesse de Noailles erschienen. R. erinnert sich noch 1926: »ce grand poème unique dans notre temps, joue un rôle important dans ma vie et dans mes souvenirs!« (An Benjamin Crémieux, 4. 3. 26)

21. MÄRZ: R. beantwortet der Fürstin ihre Fragen nach Marthe und fährt fort: »Marthe ist da seit fünf Minuten, es klopfte leise, als ob dieses von-ihr-Schreiben sie angezogen hätte; sie war krank, hat bei einer ihrer Schwestern irgendwo gelegen, da bei Erzia niemand ihr zu essen giebt... Ich habe ihr Claudel ›L'Annonce faite à Marie‹ in die Hand gegeben, sie liest, ganz weit weg, wie immer wenn sie nach langer Zeit einmal zu einem Buch kommt.«

24. MÄRZ: Anläßlich des Erscheinens von Briefen und Tagebuchaufzeichnungen Paula Modersohn-Beckers in »Die Güldenkammer« Jg. 3, Heft 4 und 5, schreibt R. an ihren Bruder Dr. Kurt Becker: »Ich kannte einen kleinen (ältesten) Teil dieses Tagebuchs und erkannte ihn mit Rührung wieder, merkend, wie unvergeßbar dies in mich eingeprägt war, – und auch dem andern gegenüber empfand ich ein grenzenloses

Wiedererkennen ...« P. Becker hatte R. ihre Aufzeichnungen am 24.1.01 in Berlin einsehen lassen.

25. MÄRZ: R. gestattet der englischen Komponistin und Suffragette Ethel Smyth[e] die Vertonung von »Judith« – »da die Komponisten immer alle thun, was sie nicht lassen können«, und berichtet der Fürstin weiter über Marthe, »sie hat inzwischen Erzia mit einem Ruck verlassen, ich weiß nicht, was sie vor hat, der arme Wilde weint wie ein trostloses Kind ...«

25. MÄRZ: An Kippenberg: »Benno Geiger, den Sie ja kennen, hat mir durch Heymel seine gesammelten Gedichte übersandt. Mir liegt Geiger persönlich nicht sonderlich; ich möchte daher doppelt gern ein ganz unbefangenes Urteil über die Gedichte haben und wäre Ihnen dankbar dafür, wenn Sie es mir schreiben würden.«

R. bestellt bei K. W. Hiersemann in Leipzig Klopstocks »Messias«, am 14.4.13 bestätigt er die Ausgabe von 1780 in zwei Bänden.

26. MÄRZ: An Carlo Placci: »Quant à moi, mon cher ami, ce n'est pas autant la mort de mon père bien aimé qui m'a, pour ainsi dire, donné la facilité de vieillir, j'avoue que ce fut plutôt la naissance de mon enfant qui m'a inondé soudainement de l'immense tristesse de ma propre futilité. J'ai éprouvé peu de choses dans ma vie avec un étonnement tant cruel que ce moment, où j'étais forcé de reconnaître, tout près de mon sang, un avenir issu de moi qui pourtant n'était plus le mien. Cependant, voyant peu l'enfant, j'ai pu encore pendant quelques années me tenir dans une illusion d'adolescent ou de jeune homme seul, et c'est depuis peu seulement que je suis comme ahuri par le départ brusque de ce qui fut la jeunesse ...«

27. MÄRZ: An Katharina Kippenberg sendet R.: »beiliegend noch eine Himmelfahrt Mariae, geschrieben in Ronda: lassen Sie das Blatt einheften, nächstens, in Ihr Exemplar des ›Marienlebens‹.«

28. MÄRZ: »Gründonnerstag und Charfreitag hörte ich altitaliänische Gesänge des 15. und 16. Jahrhunderts in der alten Kirche von St. Gervais, die einen besonders geschulten Sängerchor besitzt.« (An die Mutter)

30. MÄRZ: R. klagt: »Menschen bekommen mir schlecht«, und fühlt sich »als ein Betrüger des Gefühls« – »Sehen Sie«, fährt er an Sidie Nádherný fort, »Marthe, die sollte (träumte ich vor zwei Jahren) zur Geschlossenheit, zur Vollzähligkeit, zum Schutz meines Lebens sich ausbilden und nun ists eine so blinde Sorge und lenkt mich ab und hülft ihr keinen Schritt im tiefen Sande ihres Lebens weiter.«

An Rodin schreibt R. voller Bewunderung für dessen Exposition in Paris und meldet, Clara R. komme am 15. 4. und hoffe auf »quelques moments précieux vers lesquels déjà toute sa vie monte et se concentre«. Rodin jedoch fühlt sich nicht wohl genug, um ihr für das Porträt zu sitzen.
ANFANG APRIL: Wiedersehen mit Romain Rolland, Gespräch über die gemeinsame Bewunderung für Tolstoi.
4. APRIL: R. erklärt Rodin, daß Clara R. schon zufrieden sein werde, ihn in seiner Umgebung wiederzusehen.
APRIL: Niederschrift der Gedichte »Überfließende Himmel verschwendeter Sterne …«, »Aus einem Frühling. O alle diese Toten des April …«, »Emmaus«, »Narziß. Narziß verging. Von seiner Schönheit hob …« und »Narziß. Dies also: dies geht von mir aus …«; »Christi Höllenfahrt«, »Sankt Christofferus« und »Die Tauben. O weiche graue Dämmerung am Bug …« Bis auf das zweite »Narziß«-Gedicht hat R. diese Arbeiten selbst später verstreut veröffentlicht. Um 1913 überträgt R. das Gedicht »Narkissos« von Gustaf Fröding: »(Aus dem Schwedischen / Gustaf Fröding, Samlade Dikter / Bd. 1, S. 225.)« R. nimmt seine Übersetzung in die Gedichtsammlung für Richard von Kühlmann auf. Diese Handschrift entsteht im Winter 1918/19.
5. APRIL: Langer Brief an Ellen Key, in dem R. ausführlich seine Begegnung mit Romain Rolland schildert.
7. APRIL: R. setzt sich bei Kippenberg für den ihm von Verhaeren empfohlenen Redakteur der Zeitschrift »Revue Française de Belgique«, Fabrice Polderman, ein: ihm sollen für eine Arbeit über R. seine Bücher zur Verfügung gestellt werden.
R. sendet seine Übertragung des 14. Sonetts der Louize Labé an Henriette Löbl in Wien.
9. APRIL: An Katharina Kippenberg: »vielleicht erinnern Sie sich, wie es immer schon mein Wunsch war, den ›Messias‹ zu besitzen, in Toledo noch meinte ich manchmal, ich würde ihn draußen laut gelesen haben in der Wildnis, in die die nächste Landschaft rings um die Stadt unbändig ausbricht.« Nun habe er ein Exemplar mit der Widmung einer »Auguste Bernstorff« aus dem Jahr 1791 erhalten: »Ist es möglich, daß es sich um Gustgen Stolberg handelt! …«
10. APRIL: »Auf der Erde ist Frühling und im Himmel Ablehnung und ich übersetze (endlich nun) die Briefe der Marianna Alcoforado«, heißt es an die Fürstin: »Verschiedene Menschen stehen schon wieder bevor, Durchreisende, auch meine Frau will durchaus kommen, obwohl Ro-

din (wie ich voraussah) momentan nichts von der Büste hören will. – Ich lese abends den ›Jean Christophe‹, Band 3 [von Romain Rolland], finde ihn unaussprechlich dünn und mit Recht nach Deutschland verlegt, vonwegen Länge und Sentiment...«

11. APRIL: R. dankt Ellen Key für das Buch, das er von ihr erbeten hat: »Das romantische Deutschland« von Malla Silfverstolpe-Montgomery. Reisejournal einer Schwedin (1825/26), mit einer Einleitung von Ellen Key, übersetzt von Marie Franzos. Leipzig 1912.»Herrlich, daß von Bettina soviel die Rede ist, lange hab ich mir so ein Buch gewünscht.«

R. schreibt Rodin in verschiedenen Angelegenheiten, in denen man seine Vermittlung erbeten hat. Außerdem fragt R. an, ob Rodin Clara R. in seinem Atelier empfangen könne.

IN DIESEN TAGEN übersendet R. Katharina Kippenberg, die ernsthaft erkrankt ist, eine Handschrift aus den »Aufzeichnungen des Malte Laurids Brigge«: »Zwölf Jahre oder höchstens dreizehn muß ich damals gewesen sein ...«, mit einem Wort aus Goethes »Italienischer Reise« als Widmung. Sie erhält die Gabe am 17. 4. 13.

14. APRIL: Rolland dankt R. für dessen »Liebe der Magdalena«, die dieser ihm hat zugehen lassen. Rolland fährt fort: »Permettez-moi de vous envoyer la lettre de Tolstoy, dont Zweig nous a parlé et mon dernier volume de Jean-Christophe...«

15. APRIL: R. antwortet: »Mauvais liseur comme je suis, j'ai commencé tard à m'engager dans votre vaste Œuvre principale. Je ne suis qu'au quatrième volume du Jean-Christophe à qui je donne mes soirées les plus calmes...«

Clara R. kommt nach Paris.

17. APRIL: R. bestätigt der Fürstin: »ich komme mir über ganz Europa trefflich unterrichtet vor ... nur von der Kriegsgefahr zwischen Frankreich und Deutschland, mit der meine femme de ménage jeden Morgen den Besen durch meine Räume führt, thun Sie in Ihrem Bulletin keine Erwähnung: so nehm ich an, daß es mit ihr nicht so ernst aussieht, wie die gewöhnlichen Leute hier sich zur Würze vorstellen.« R. erzählt von seinem Gegenbesuch bei Rolland: »Kamen auf Musik zu reden ... er spielte mir ein Stück antiker Musik, ein Epitaph, voll sich im Großen ausgleichenden Bedauerns. Dann eine Frühlingsmelodie, aus einer gregorianischen Messe stammend...« Auch dieses stehe ganz »in griechischer Tradition«.

NACH DEM 18. APRIL kommt Sidie Nádherný aus Tunis über Avignon nach Paris, R. besorgt ihr Quartier im Hôtel du Quai Voltaire.
21. APRIL: Die Malerin Johanna Schöne, die am 19. 4. aus Italien nach Paris zurückgekehrt ist, schreibt an ihre Mutter: »vorher hatte ich schon Herrn Rilke getroffen u. ein Plauderchen mit ihm, denn es ist ja wirklich herrlich, dass man hier in 24 Stunden eigentlich alle guten Bekannten einmal getroffen hat.«
AUS DEM APRIL stammen die beiden Entwürfe R.s zu einer »Rede / Über die Gegenliebe Gottes«, zwei verschiedene Ansätze, die durchaus fragmentarischen Charakter haben. Weiter sind zwei Gedicht-Entwürfe aus dieser Zeit erhalten, und R. schreibt seine Übersetzung der »Portugiesischen Briefe« ins reine. Er setzt die Arbeit an der Übertragung der Sonette der Louize Labé fort, die er 1911 bereits begonnen hat. Kippenberg nimmt beide Manuskripte Mitte Mai mit.
»Das Buch der Bilder« erscheint als 19. Druck der Ernst-Ludwig-Presse in Darmstadt: 300 Exemplare.
WAHRSCHEINLICH IM FRÜHJAHR 1913 beschreibt R. eine Kavallerie-Parade in Paris: »Es war eine kühne Bestürzung, zu sehen, wie leicht sich das lenken ließ ...« Das Prosa-Gedicht bleibt unveröffentlicht.
UM DEN 1. MAI entsteht die Aufzeichnung »Wieviel Zeit hatte er gebraucht, um seinen ältesten, verhängnisvollsten Fehler einzusehen: daß er Liebe, die auf ihn ausging, wie seine eigene Angelegenheit nahm ...« Auch diese Arbeit wird nicht gedruckt.
MAI: Neben einer Anzahl von Entwürfen schreibt R. das Gedicht »Bestürz mich, Musik, mit rhythmischem Zürnen! ...« (»Insel-Almanach auf das Jahr 1923«) und das Fragment aus dem Umkreis der Elegien: »Ich bins, Nachtigall, ich, den du singst ...«
5. MAI: Mimi Romanelli ist wieder in Paris, R. berichtet ihr »depuis une dizaine de jours, ces visites, venant de tous côtés ont forcé ma porte. Mais je vais la refermer autant que possible. Mme Rilke qui est là aussi depuis quelques jours, me charge de vous dire ses souvenirs chaleureux.«
9. MAI: R. erwartet für den 10. 5. den Besuch Otto von Taubes mit dessen Vetter Rolf von Ungern-Sternberg, wie er Sidie Nádherný mitteilt. Clara R. arbeitet deren Porträt-Büste: »es ist herrlich für Clara R. ...; ich muß mir immer vorstellen, wie verfehlt ihr diese Zeit geworden wäre, ohne Ihre Güte.« Clara R. hoffte vergeblich, eine Büste Rodins schaffen zu können. Von sich sagt R.: »Einige Jacobsen übersetzt, darunter das

umstehende Gedicht, das ich nie recht bemerkt hatte: erinnern Sie's? Sei's Ihnen zu heut abend ein kleiner Gruß und eine liebe Gegenwart.« Das Gedicht beginnt: »Das haben die Seraphim: / Seraphim haben die blanken Sterne fortgerollt ...«

Im Nachlaß R.s finden sich folgende Übertragungen Jacobsenscher Gedichte: »Arabeske zu einer Handzeichnung von Michelangelo« (mit dem Zusatz von R.s Hand »Veröffentlicht im Insel-Almanach auf das Jahr 1914, Ste 130 ff.«), »Griechenland«, »Ellen«, »An Agnes«, »Landschaft«, »Das haben die Seraphim ...«, »Nun ist es Nacht« (= Taarnvaegtersang), »Wären Perlenreihen ...« und »Das hat man zu büßen ...« (Manuskripte Nr. 540 bis 548, »Arabeske« in einer Reinschrift; dazu die schon genannten »Gurrelieder«).

11. MAI: R. folgt mit Clara R. einer Einladung Rodins: »une matinée vraiment sublime« (13.5.13).

VOM 12. BIS 16. MAI ist Anton Kippenberg in Paris.

13. MAI: »Heute gehen wir nach der alten Kirche Saint-Eustache, die durch ihre schöne Orgel berühmt ist und wo ein junger Priester mit starker Ergriffenheit das Leben Mariens preist. Und in etwa acht Tagen erscheint mein kleines neues Buch, mein ›Marien-Leben‹ ...« (An die Mutter)

R. bittet Rodin um ein Rendezvous in Meudon für Kippenberg, der eine neue große Ausgabe von R.s Rodin-Buch mit guten Abbildungen plant.

14. MAI: R. und Kippenberg sind bei Rodin in Meudon und in seinem Atelier in Paris.

17. MAI: »Zu den mitgenommenen Sachen noch folgende Anmerkung: mit den Abschriften der Sonette der L[ouize] L[abé] und der Portugiesischen Briefe (von jedem also zwei Exemplare, nicht wahr?) erbitte ich zunächst die beiden Manuskripte noch mal zurück ...« (An Kippenberg)

MAI: »... reizender Abend« mit R. und van de Velde, berichtet Gräfin Ottonie Degenfeld an Hugo von Hofmannsthal.

22. MAI: »Das Marien-Leben« erscheint in der Insel-Bücherei als Nr. 43, dazu eine Luxusausgabe in 200 Exemplaren. Der Einbandentwurf ist von Henry van de Velde. R. widmet die Gedichte »Heinrich Vogeler dankbar für alten und neuen Anlaß zu diesen Versen«.

Thankmar von Münchhausen erhält ein Exemplar des »Marien-Lebens« mit der Einschrift: »bei unserem Erwachsenen-Wiedersehen in Paris«. R. hatte den fünfjährigen Thankmar bei Frieda von Bülow, seiner Tante, getroffen. Münchhausen traf Clara R. und Ingrid Stieve, die er bei Wolfskehl in München kennengelernt hatte, im Mai 1913 in Paris, sie vermittelten das Treffen mit R.

26./27. MAI: R. besucht Chartres: »wo es uns gegeben war, auf zitterndem Gerüst neben den von Läutern getretenen Glocken, oben oben im Getös eines Weltgerichts zu stehen, während unten in den kleinen schattigen Gassen still und bildhaft die Prozession einzog.« (An Kippenberg, 29. 5.13)

28. MAI: Johannes von Nádherný nimmt sich in München das Leben: »Sidie war in Paris, kam zu spät ... Er war für sie alles, durch ihn kam das zu ihr, was dann zu ihrem Leben wurde, konnte nur durch ihn kommen ...« (An die Fürstin, 11. 6.13)

29. MAI: R. dankt Kippenberg für das »Marien-Leben« und die dreibändige Faksimile-Ausgabe von »Des Knaben Wunderhorn« (Insel-Verlag 1910). Er fährt fort: »noch ein Wenig-Erfreuliches, Rodin, im letzten Augenblick wieder mißtrauisch, hat uns die schönen Photographien, die er uns anvertrauen wollte, bis auf das Apollonpostament wieder fortgenommen ... Aber wissen Sie denn, daß Kessler eine sorgfältige Auswahl von, ich glaube, 60 Photos für uns gemacht hat, kurz vorher ...«

30. MAI: Kippenberg meldet R.: »Von Langen habe ich ›Das tägliche Leben‹ gekauft, und damit sind alle Ihre Bücher nunmehr endgültig im Insel-Verlag vereinigt ...«

ENDE MAI: Mit Clara R. und deren schwedischer Freundin Ingrid Stieve ist R. in Senlis: »und sah mich dort in den Wäldern nach einer stillen Stelle um« (an Kippenberg, 3. 6.13).

31. MAI: Zum Tode ihres Bruders schreibt R. aus Fleurines (Oise) an Sidie Nádherný.

1. JUNI: Abends Rückkehr nach Paris.

3. JUNI: R. klagt an Kippenberg, er habe »einen kleinen Zusammenbruch« gehabt, tief betroffen durch den Tod seines Freundes Johannes Nádherný: »und eben vorher ein neues Zerwürfnis mit Rodin, ebenso unerwartet wie jenes vor acht Jahren, aber, da es dazu kommen konnte, wohl endgültiger und nicht wieder gut zu machen«. Zur vorgesehenen Aufführung des »Täglichen Lebens« am Kleinen Theater in Berlin sagt R.: »es wird sicher ein recht vorübergehendes Ereignis dort abgeben«. Es gereiche ihm nicht zur Freude.

Clara R. reist nach München zurück.

5. JUNI: R. fragt bei Verhaeren an, ob Marthe zu ihm nach Caillou-qui-Bigue in Belgien kommen könne: »Marthe a fait un beau, très beau portrait de sa sœur en peinture, une chose étonnante ...«

Unstetes Reisen in Deutschland

VOM 6. JUNI BIS ANFANG JULI ist R. zu seinem zweiten Aufenthalt in Bad Rippoldsau im Schwarzwald: »ich habe von so vielem auszuruhen, meine ganze Natur nimmt die Ruhe mit einem Durst, mit einem Bedürfnis hin, das fast leidenschaftlich schiene, wenn anders zur Leidenschaft nicht eine Aktivität gehörte, die ich vorläufig nicht aufbringe.« (An Kippenberg, 10. 6. 13)
Auf der Hinfahrt besucht R. wiederum Straßburg.
9. JUNI: An Erika von Scheel über Malerei: »Es geht ... schrecklich zu in Paris: die neuesten Dinge kommen erschöpft zur Welt, d. h. nein: unmittelbar zu den Kunsthändlern, werden in den Handel hineingeboren und sind schon beim nächsten Händler überholt ...«
10. JUNI: R. dankt Kippenberg für die durch Buber veranlaßte Übersendung von dessen »Daniel« und wünscht sich Goethes Aufsatz »Über die Natur«.
11. JUNI: Der Fürstin meldet R. unter anderem: »Das ›Marien-Leben‹ ist seit etwa zehn Tagen da, aber ich brachte nicht die Ausgelassenheit auf, ein einziges Exemplar zu versenden bisher.«
13. JUNI: An Sidie Nádherný: »Das mindeste Schreiben oder Lesen verursacht mir Kongestionen und Muskelschmerzen ... Ich muß nachgeben und mich eine Weile benehmen wie ein Baum, der schreibt ja nicht, aber denken kann er sicher ...«
14. JUNI: R. schreibt an Hünich: »Ihrer Sorgfalt, die mir soviel Gütiges und Hülfreiches erweist in der Stille, ist es nun zu danken, dass der so vernachlässigte Wortlaut des alten Buches der Bilder gereinigt und endgültig vorliegt.«
19. JUNI: R. berichtet Henriette Löbl: »dabei hatte ich Ihnen seit Mitte May die gute Nachricht zu geben, daß ich mit einem Ruck nun alle Sonette der Louize Labé übersetzt habe, ich schicke Ihnen eine Abschrift, in der Sie sie beisammen finden, die ganze Folge, auch jene, die

Sie schon kennen und besitzen. So haben Sie nun das geschlossene Bild, dieses schönen Gedichtkreises, zu dessen Übertragung ich mich ohne Ihr Zureden wohl nie entschlossen hätte.«

20. JUNI: R. sendet der Fürstin nach Lautschin für die dort Anwesenden Exemplare des »Marien-Lebens« und zugleich: »Abschriften der Übertragungen, die ich in dem noch stillen April und anfangs May in Paris zustandegebracht habe; die lieblichen Sonette der Louize Labé (1555) werden Sie freuen.« An Kippenberg heißt es: »ich lese zum dritten Mal ›Pandora‹ und nebenan das schöne Buch von Martin Buber. (Wie doch das, was in Kassner am lakonischesten und gedrängtesten ist, in anderen breiter sich aufregt ...)«

21. JUNI: R. dankt Felix Braun für dessen Gedichtband »Das neue Leben« (1913).

27. JUNI: An Ellen Key schreibt R. voller Bewunderung über Selma Lagerlöfs »Fuhrmann des Todes« (1912): »Wie das ganz ohne Naht vom Wirklichen zum Überwirklichen übergeht, ohne daß man die Stelle findet, wo man eines überschreitet... das ist eine Erzählerkunst, wie wohl außer ihr jetzt niemand sie besitzt... in ganz Europa.«

27. JUNI: Mit der Einschrift »juin 1913« schenkt R. Verhaeren die zweite Ausgabe des »Buch der Bilder« und »Das Marien-Leben«. Er zieht den Vorschlag zurück, Marthe solle Verhaeren besuchen, da diesem ein Freund, Camille Lemonnier, gestorben ist: »moi aussi j'avais bien de la douleur en perdant en peu de jours deux de mes amis, jeunes encore, dont un était des plus sincères romanciers qu'il y ait en Allemagne. Et il n'avait que 30 ans.« Kurz vor Johannes Nádherný war am 12. 5. 13 Friedrich Huch gestorben.

4. JULI: Für Hedwig Bernhard, mit der R. sich in Rippoldsau befreundet, schreibt er zwei Widmungsgedichte. Für das »Stunden-Buch«: »Nicht, wie du ihn nennst, wird / er dem Herzen gewaltig ...« und für den Pressen Druck des »Buch der Bilder«: »Wie lange schon seit mir zuerst an gefühlter Erfahrung ... (Nacht des 4. July)«. Außerdem schenkt R. ihr eine Reinschrift des Gedichtes »Der Geist Ariel«. Hedwig Bernhard ist eine junge Schauspielerin; von ihr aufgenommen sind die Photographien, die R. in Rippoldsau zeigen.

8. JULI: R. erzählt Hedwig Bernhard, die wie R. in der ›Villa Sonnenblick‹ wohnte, er habe mit Zetlins seinen letzten Abend in Rippoldsau zugebracht. »Mme Zetlin war gerade aus Moskau zurückgekehrt, Du kannst Dir vorstellen, wie ich mir von ihr erzählen liess, was noch un-

verändert, was anders sei ...« R. trifft Michail O. Zetlin im Februar 1925 in Paris wieder.
SOMMER: R. widmet das »Marien-Leben«: »Meiner lieben Paula / herzlichst René (Sommer 1913)«, der älteren Tochter seines Onkels Jaroslav von Rilke.
VOM 9. BIS 21. JULI ist R. in Göttingen bei Lou A.-S. Die Gesprächsthemen notiert sie in ihrem Tagebuch.
MITTE JULI: R. trägt in das Tagebuch von Lou A.-S. die Zeilen aus Goethes »Italienischer Reise« ein: »denn wir ahnen die furchtbaren Bedingungen, unter welchen allein sich selbst das entschiedenste Naturell zum Letztmöglichen des Gelingens erheben kann.«
20. JULI: In ein Exemplar des »Marien-Leben« schreibt R. für Lou A.-S. das in Ronda entstandene Gedicht »Vom Tode Mariae. Nicht nur aus dem Schaun der Jünger...« und schenkt ihr »Narziß. Dies also: dies geht von mir aus ...« (Lou A.-S. veröffentlicht »Narziß« in ihrem Aufsatz »Narzißmus als Doppelrichtung« in »Imago«, 7. Jg. 1921, jedoch nicht ganz vollständig.)
21. JULI: An Ellen Key heißt es: »(Acht Jahre seit ich zuletzt hier war – und alles so herzlich unverändert oder nur noch vermehrt.) Wie viele Gespräche und wieviel Neues und Frohes stellt sich immer darüber heraus, wenn es Lou ist, zu der man spricht...«
VOM 21. BIS 26. JULI besucht R. Kippenberg in Leipzig; weil Frau Kippenberg zur Kur in Bad Steben ist, wohnt R. im Hotel Hauffe. Auf der Reise liest R. »Abstraktion und Einfühlung« von Wilhelm Worringer, erschienen 1908.
22. JULI: R. fragt Lou A.-S.: »Sind nicht die Christus-Visionen, in gelbem Umschlag, bei Dir liegen geblieben?; in diesem Fall, bitte, lies sie doch.« – »Mit Kippenberg gleich gestern über die Geldfrage gesprochen; es stellt sich heraus, was er mir bisher verschwieg, daß eine Gruppe von Freunden meiner Arbeiten sich gebildet hat, die zu den monatlichen Fünfhundert solange beiträgt, bis der Verlag aus eigenen Mitteln mir diese Zahlungen bewilligen kann. (Ich staune über solche Fürsorge ...)«
In Leipzig trifft R. den Ägyptologen Professor Steindorff, mit dem er in Seminar und Sammlung lange Gespräche führt.
22./23. JULI: Mit Kippenberg zusammen ist R. in Weimar.
24. JULI: Von diesem Besuch berichtet R. Katharina Kippenberg: »Im Archiv nach Handschriften der ›Pandora‹ gesucht, die ich seit einem Monat fast allein lese, unendlich bewundernd ...« Auf der Festwiese am

Schützenhaus ist das Puppenspiel vom Dr. Faust zu sehen; »noch eins, abend vorher, Entdeckung einer ältesten Kirche in Oberweimar«, in der R. die Grabmäler betrachtet: »ein Graf von Orlamünde und seine Eheliebste; jung ins Ewige«. R. schließt: »Herrliches Buch Gedichte entdeckt von Franz Werfel, ›Wir sind‹.« Über weitere Pläne heißt es, er werde für einige Wochen das Sanatorium Dr. Ziegelroths im Riesengebirge aufsuchen.

Lou A.-S. hat die »Christus-Visionen« gelesen und schreibt an R.: »wie ist alles was Du geschaffen einheitlich bewegt zwischen diesen vergangenen Christusvisionen und den kommenden Engelvisionen. Wie eine große Landschaft breitet es sich nun vor mir aus ...«

26. JULI: R. dankt Hedwig Bernhard für eine Sendung mit Photographien: »die kleinen Bilder, die Du nahmst von mir, scheinen zum Theil vortrefflich; Dr. Kippenberg war ganz hingerissen.« R. schreibt für sie Werfels Gedicht »Vater und Sohn« aus »Wir sind« ab.

27. JULI: »... durch Berlin reisend, sah ich Sonntag den neugefundenen Amenophis-Kopf: ein Wunder.« So am 1.8.13 an Lou A.-S., und an die Fürstin: »schrieb ich Ihnen, wie ich, durchreisend in Berlin, den dortigen Amenophis IV. sah?« Von diesem und Werfels Gedichten sagt R.: »das sind die beiden Centren meiner etwas wehmüthig langgezogenen geistigen Ellypse.« (14.8.13)

VOM 28. JULI BIS 16. AUGUST ist R. in Heiligendamm an der Ostsee, wo er Nostitzens trifft. R. spricht von seinem ›heftigen Bedürfnis nach Seewind‹ der Fürstin gegenüber. Über sein Zusammensein mit Lou A.-S. schreibt er ihr: »Ich weiß ... niemanden, der so das Leben auf seiner Seite hätte, im Sanftesten wie im Furchtbarsten die eine Kraft erkennend, die sich verstellt, die aber immer, selbst wo sie tötet noch, gebend sein will ...« Schließlich fragt R., wo er eine Planchette bekommen könne: »Mich drängts zur Unbekannten.« Diese Unbekannte hatte in den Séancen in Duino ›gesprochen‹ und ihn nach Toledo gewiesen.

1. AUGUST: An Lou A.-S.: »Nostitz'ens hab ich noch hier vorgefunden, auch, worauf ich nicht rechnete, die Mutter von Frau v. Nostitz, eine Tochter des einstigen pariser Botschafters, Fürsten Münster, die durch ihre schöne Stimme bekannt war und auch jetzt noch, als alte Dame, kaum etwas davon eingebüßt hat ... sie singt mir fast jeden Nachmittag Beethoven und alte Italiäner.« R. verspricht: »Sowie Nostitz'ens fort sind, mach ich die Abschriften für Dich«, der ersten Elegien. R. rühmt Heiligendamm: »sympathisch durch seinen Wald am Meer«.

Man unternimmt eine gemeinsame Wagenfahrt nach Rostock, Stadt und Dom werden besichtigt. Am 6. 8. reisen die Freunde ab.

IN DER ERSTEN AUGUSTHÄLFTE entsteht in Heiligendamm das Gedicht »Hinter den schuld-losen Bäumen ...«, das ungedruckt bleibt.

5. AUGUST: Einer Freundin schreibt R., er werde Vorträge, auch in Dresden, erst wieder halten, »wenn ich etwas wirklich Bedeutendes zu bringen habe quelque bonne nouvelle, am Liebsten etwas, was nicht nur nebenbei das Vorgelesensein verträgt«.

7. AUGUST: Von einer Sendung an Lou A.-S. ist nur der Umschlag erhalten, in dem R. ihr vermutlich Abschriften auch der ersten »Elegien« schickt.

8. AUGUST: »... den Rest der Zeit bin ich am Meer, zwischendurch lese ich höchstens noch Tolstoi, den Briefwechsel mit seiner Cousine, der Gfn. Alexandrine, von dem ich Dir gesprochen habe. Du mußt auch eines Tages diese Briefe lesen, die reinen Kräfte seines ununterdrückbar schöpferischen Fühlens wehen in diesen Blättern, als könnte man sie athmen.« (An Hedwig Bernhard) Der Band ist soeben bei Georg Müller in München erschienen.

An Katharina Kippenberg: »Was mich sonst am meisten, fast täglich, beschäftigt, ist, seit den Leipziger Tagen, jener junge, ich kann nicht weniger sagen: große Dichter, Franz Werfel, den ich mir dort entdeckte und der mich immer tiefer ergreift ...« R. hat das Buch, das bei Kurt Wolff erscheint, auf einem Tisch im Insel-Verlag gefunden.

10. AUGUST: Die Fürstin Taxis wird sich für R. in England um eine Planchette bemühen.

11. AUGUST: R. schreibt an Fürstin Mechtilde Lichnowsky, deren Buch »Götter, Könige und Tiere in Ägypten« 1912 im Kurt Wolff Verlag erschienen ist, von seiner Begegnung mit Steindorff: »dann kam aus einem unscheinbaren Paket plötzlich der Gipsabguß des berliner Amenophis gar nicht erst zum Vorschein, sondern sofort zur Erscheinung –, Fürstin, zwei Tage später stand ich im Museum in Berlin vor dem Urding, und dies, vor allem ists, was ich Ihnen zu berichten habe, herschreibend, (so ists am Unmittelbarsten) was ich dort, schauend, in mein Taschenbuch schrieb. Vielleicht kanns Ihnen das herrliche Wesen vorübergehend heraufrufen: Wie junge Wiesen, blumig, einen Abhang ...« Der Gedichtentwurf (hier als Prosa geschrieben), mündet in den Text: »Und, wie die Eichel in ihrem Becher ...« Verglichen mit der Fassung im Taschenbuch, rafft R. die Eindrücke hier zusammen.

12. AUGUST: R. sendet seiner Mutter »das alte schöne Marien-Bildwerk aus der sehr alten Doberaner Klosterkirche«, die er am Vortag mit Gräfin Margarete von Ross, die er aus Capri kennt, besucht hat.
Nach langer Zeit schreibt Spiridon Drožžin wieder an R.: »Ich habe Erinnerungen über Ihren Aufenthalt im Jahre 1900 bei mir zu Hause und in Rußland geschrieben. Diese Erinnerungen werden im August oder September in der Moskauer Zeitschrift ›Putj‹ veröffentlicht. Ich will mich bemühen, Ihnen einen Abdruck oder die Nummer der Zeitschrift zu schicken, in der sie erscheinen.« Diese Erinnerungen, am 9.6.13 abgeschlossen, enden damit, daß R. ihm 1904 den »Cornet« gesandt habe: »Auf dem Umschlag der Broschüre stand eine Widmung des Autors: ›Dem Poeten und Freund Spiridon D. Droshshin sendet herzliche Grüße und Dank für das gute Gedenken Rainer Ossipow. R.‹.«
14. AUGUST: »Seit nahezu drei Wochen, lieber Franz Werfel, lese ich nun in Ihren Büchern (von denen ich, auswärts lebend, früher nicht wußte), und fast seit jener ersten Stunde, da ich, im Insel-Verlag, das Buch ›Wir sind‹ staunend weiterlas, bestreit ich in mir den Antrieb, Ihnen zu schreiben ... noch eines wird mir klar: daß ich ja die Erscheinung des Dichters noch nie so gewahren und anschauen durfte: die Älteren und Gleichzeitigen waren schon wie seit immer da, und selber drängte man so im Gewölk heran, verworren in den Gott, der's mit einem versuchte –, nun ist's dem längst Erwachsenen herrlich, wie Sie so rein heraufkommen und mit allen Strahlen Ihres Aufgangs gleich auf Welt stoßen und Welt an den Tag bringen.«
R. erhält am 10.8. von der Fürstin Taxis acht Übertragungen seiner Gedichte ins Italienische, die sie z.T. bereits einmal aus Ronda mit seinen Anmerkungen zurückerhalten hat. – R. antwortet: »ich habe sofort gelesen, laut gelesen, lauter gelesen, immer zuhörender dem ins Südliche hinein verzauberten Grundton –, nun weiß ich nicht, was ich Ihnen als das Schönste nennen soll: die ›Giuditta‹ wäre es unbedingt, wäre nicht der ›Orpheus‹ da ...« Die Übertragung von »Orpheus. Eurydike. Hermes« erscheint erst 1926 in »Il Baretti«, Turin, 3. Jg., Nr. 9; sechs weitere folgen in Nr. 12, darunter einzelne erst später von der Fürstin übersetzte Gedichte; hierzu gehören die diesem Brief eingelegten Verse »Hinter den schuld-losen Bäumen ...«, »neulich im Wald aufgeschrieben«.
An der Ostsee trifft R. Lou A.-S.' »Tochter«, die junge Schauspielerin Ellen Delp-Schachian, die im benachbarten Arendsee logiert.

15. AUGUST: R. meldet sich bei Hedwig Bernhard als ›Nachbar‹ an, wenn er demnächst nach Berlin kommt.
16. AUGUST: Kippenberg schreibt an R., er mache sich Sorgen über dessen finanzielle Zukunft: »Zurzeit hat es keine Not, denn für das nächste Jahr sind noch die 2500,– der Freunde zu unserer Verfügung. Vom übernächsten Jahre aber werden es nur 1000,– sein. Wenn wir ja nun auch für die Zukunft mit erheblichen Honoraren rechnen können, so wird sich doch die Differenz von 1500,– vielleicht später fühlbar machen ...« Kippenberg will deshalb mit R. über ein »festes Budget« sprechen. »In den letzten zwölf Monaten ist ja die Jahressumme von M 6000,– schon nicht unerheblich überschritten worden ...« Für den September soll R. jedoch M 750,– extra erhalten. Kippenberg berichtet weiter, der Verlag habe für die Rechte an R.s »Auguste Rodin« Mk 1000,– bezahlt, er werde aber doch für die erste Auflage von 10 000 Exemplaren 1000,– Mark, für jede nächsten 10 000 Stücke 2000,– Mark Honorar erhalten. Für die »Portugiesischen Briefe« solle das Honorar M 250,– für je 10 000 Exemplare betragen.
17./18. AUGUST: R. besucht Clara R. und Ruth auf dem Grönwoldhof bei Frau Gertrud Woermann; zu dritt fahren sie von hier aus zu Ivo und Erika Hauptmann nach Dockenhuden bei Blankenese.
18. AUGUST: Katharina Kippenberg schreibt an R. über die Übersetzung des »Cornet« ins Englische durch eine Urenkelin Herders, A. E. Grantham, die jedoch nicht erscheint. R. hat das Manuskript in Heiligendamm Frau von Nostitz zu einer Vorprüfung übergeben.
19. AUGUST: Station in Hamburg.
VOM 19. AUGUST BIS 6. SEPTEMBER ist R. in Berlin, Hospiz des Westens, in zahnärztlicher Behandlung bei Dr. Charlie Bödecker. R. schlägt der leidenden Fürstin Taxis vor, auch nach Berlin zu kommen und sich von diesem behandeln zu lassen (21.8.13).
21. AUGUST: R. an Werfel: »Mein Lieber, ich reise und lese da und dort den Freunden Ihre schönen Verse und muß nicht einmal immer lesen, denn, trotz meines unverlässlichen Gedächtnisses, weiß ich ›Vater und Sohn‹ auswendig ...« R. hofft Werfel im Oktober in Leipzig zu sehen.
22. AUGUST: »... ich höre, daß das Kleine Theater (das nebenbei auch mein ›Tägliches Leben‹ auf dem Programm hat) mit ein paar interessanten Einaktern von Mell, Wildgans, lauter jungen Wienern, sich eröffnen soll.« (An die Fürstin)

27. AUGUST: Die Fürstin Taxis trifft in Berlin ein, sie steigt im Hotel Esplanade ab, R. wohnt im Hospiz des Westens.
AM 27., 29. UND 30. AUGUST schreibt R. an die Schauspielerin Lia Rosen, die er bittet, ihm und der Fürstin vorzulesen: aus dem »Wunderhorn« und Bettinas Briefwechsel mit Goethe.
1. SEPTEMBER: R. fragt Eva Cassirer, ob er selbst aus dem für Ruth bestimmten Fonds 1000,- Mark entnehmen könne, und fährt fort: »Die Munch'sche Kunst beschäftigt mich viel, sie war das Stärkste über allen diesen Tagen, was den Einaktern vom Sonnabend gegenüber freilich nicht viel bedeuten will. Das war sehr wenig.«
5. SEPTEMBER: R. schickt Eva Cassirer Goethes »Pandora«: »Lesen Sie sich in dieses wunderbare Gedicht, es scheint mir fast alles darin zu sein, woran mein Einsehen jetzt arbeitet...«
VOM 7. SEPTEMBER BIS 4. OKTOBER wohnt R. im Hotel Marienbad in München, wo er Clara R. und Ruth bei ihrer Wohnungseinrichtung (Trogerstraße 50) hilft und an Sitzungen des ›IV. psychoanalytischen Congresses‹ teilnimmt, zusammen mit Lou A.-S.
8. SEPTEMBER: R. erzählt an Hedwig Bernhard, er habe den größten Teil des Tages im Congress zugebracht: »saß fast neben Freud, wurde von allen ausgezeichnet behandelt, sah den freundlichen Eitingon wieder«, »zwei merkwürdige Begegnungen« hebt R. hervor: mit dem holländischen Dichter Frederik van Eeden und dem schwedischen Arzt Dr. Poul Bjerre, einem nahen Freund von Lou A.-S. (15.9.1913). Diese berichtet vom gleichen Tag: »Ich freute mich Rainer Freud zu bringen und sie gefielen sich und wir blieben noch zusammen, auch abends bis sehr spät nachts.« (Tagebuch) Anwesend sind auch Gebsattel und Dr. Feréncki aus Budapest.
Lou A.-S. lernt bei diesem Münchner Aufenthalt R.s Mutter kennen.
11. SEPTEMBER: R. erbittet für den Oktober nach Paris weitere 1000,- Mark aus dem Fonds durch Eva Cassirer.
15. SEPTEMBER: Langer Bericht an die Fürstin: »Das erste, was ich hier vernahm war der Tod Gerhart Ouckama Knoop's, den wiederzusehen, immer eine gute Seite meiner münchner Tage war... Annette Kolb sah ich erst zweimal.« Darüber heißt es am 21.10.13 aus Paris, diese habe eine Planchette aus London kommen lassen: »nous avons fait un seul essai ensemble, mais moi j'en étais si dégoûté, il me semble que je fais je ne sais quel tort en prétant ma main à ce manœvre, que je ne voulais plus recommencer. Et pourtant, je voudrais bien que ›l'Inconnue‹ me parle.«

R. sieht in München eine Ausstellung der Wachs-Arbeiten von Lotte Pritzel und lernt sie selbst kennen. Im Oktober schickt sie ihm Photographien ihrer »Puppen« nach Paris, die R. behält.

15. SEPTEMBER: R. schenkt Sidie Nádherný Goethes »Über die Natur«, das er »viele Male gelesen, jedesmal mit dem äußersten Staunen«, und fragt, ob sie Werfels neuen Gedichtband »Wir sind« schon besitze und wisse, daß dieser Autor ein »junger Prager sei?: es ist ein großer, großer Dichter.«

16. SEPTEMBER: Aus Kochel (Hotel Grauer Bär) schreibt R. an Clotilde von Derp, er bedauere, auch bei diesem Münchner Aufenthalt ihren Tanzabend zu versäumen. Sie tritt unter dem Namen Clotilde Derp auf (= von *der P*lanitz). R. bittet, zugleich im Namen von Lou A.-S., um eine Begegnung, die so glücklich verläuft, daß R. ihr sein »Marien-Leben« »dankbar, für einen schönen freudigen Abend« übersenden kann.

17. SEPTEMBER: »Sie haben recht mit Werfel, er schafft, wenngleich einsam so doch aus dem Gemeinsam-Menschlichen heraus, mehr als aus der Natur, aber es ist um so erschütternder oft, wie er da ans Elementare kommt, ans fast organisch Rücksichtslose, hinaustritt aus der Stube unmittelbar ins All und es erträgt; zuweilen staun ich ihn an; dann wieder bewundere ich ihn mit der ganzen Einsicht ins Geleistete, mit der wunderbaren Freiheit des Künstlers, der sich doch nur dort ausruhen kann, wo er einen anderen das Äußerste glücklich vollbringen sieht...« (An Eva Cassirer, der R. den Briefwechsel Tolstois mit Alexandrine Tolstoi sendet.)

An Hünich heißt es: »Die ›Ersten Gedichte‹ sind, so wie ich sie Ihnen nun zurückgebe, wohl als druckfertig anzusehen; gewisse Austriacismen in den ›Larenopfern‹ hab ich, da sie in der Struktur der Gedichte stecken, unverändert stehen lassen... Wenn ich selber auch nur wenig Theilnahme für das Entlegene habe, so gönne ich ihnen doch völlig, dass das Dasein des seither Geleisteten, diesen einstigen Ansätzen als purer Liebesüberschuss zugute kommt.«

18. SEPTEMBER: An Werfel: »Ich habe mich nun dieser Tage entschlossen, mit einigen hiesigen Freunden zur Claudel-Première nach Hellerau zu fahren; sie wird, wenn ich nicht irre, am 5. Oktober stattfinden: sehen wir uns dann zunächst dort?«

21. SEPTEMBER: An Kurt Tucholsky als den Herausgeber einer geplanten Zeitschrift »Orion« schreibt R.: »Gedichte habe ich keine Ihnen zur Verfügung zu stellen. Dagegen halte ich es für möglich, daß die beilie-

gende Prosa, ihrer Art und ihrem Umfange nach, für den ›Orion‹ nicht unpassend wäre.« Der Beitrag geht an R. zurück, noch sei es zu früh. Im Juni 1914 wird dann der »Orion«-Plan von den Herausgebern aufgegeben.

23. SEPTEMBER: Ottonie von Degenfeld berichtet an Hofmannsthal, sie habe mit Dora von Bodenhausen zusammen R. im Hotel Marienbad getroffen: »sehr nette Stunden«.

27. SEPTEMBER: Nachmittags ein längeres Zusammensein mit Hofmannsthal zum Tee im Hotel Marienbad.

1. OKTOBER: Für Ruth kauft R. Marionetten; Prinzessin, Kasper und Eule kommen in dem Stück vor, das Regina Ullmann für sie schreibt. Clara R. bezieht mit Ruth ihre eigene Wohnung in München.

Hofmannsthal meldet seiner Frau: »Bin nachmittags mit Ottonie [von Degenfeld] ein Stückl Automobil gefahren, die Landschaft sieht wunderbar aus. Dann mit ihr und R. bei Hannah Wolff Thee getrunken, mit Vergnügen ihre schönen Bilder angeschaut.«

UM DEN 2. OKTOBER: Für Lotte Pritzel trägt R. in den »Insel-Almanach auf das Jahr 1914« die Verse ein: »Hinschwindende ganz leicht ...«, auf ihre Wachspuppen bezugnehmend: »ich habe sie im Blumenladen eilig aufgeschrieben ... ein bischen à peu près.«

Der »Insel-Almanach« enthält die Gedichte »Christi Höllenfahrt« und »Emmaus«, beide aus dem April 1913, sowie die Übertragung: »J. P. Jacobsen: Arabeske zu einer Handzeichnung von Michelangelo (Frauenprofil mit gesenktem Blick, in den Uffizien.)« Die »Arabeske« ist schon von Stefan George übertragen und 1893 in den »Blättern für die Kunst« veröffentlicht worden.

3. OKTOBER: Im Englischen Garten begegnen sich R. und Hofmannsthal: Gespräch über Werfel.

4. OKTOBER: Lou A.-S. und R. fahren zusammen nach Dresden, dort wohnen sie in Webers Palast Hotel; R. bleibt bis zum 10.10.13 dort.

5. OKTOBER: Lou A.-S. notiert im Tagebuch: »Mit Rainer und Sidie Nádherný per Auto nach Hellerau zur Aufführung«, der Premiere von Claudels »L'annonce faite à Marie« in der Übersetzung von Jacob Hegner. Die Vorstellung beginnt um ½6 Uhr, R. trifft Anna von Münchhausen, Helene von Nostitz, Annette Kolb, Ellen Delp, Anton und Katharina Kippenberg, Henry van de Velde und lernt Claudel kennen. Auch zu der persönlichen Begegnung mit Werfel kommt es. »Le 5 Octobre il y avait un public très select qui félicitait et fêtait Claudel d'une façon bien déli-

cate. Moi, j'avoue, que je n'ai pas besoin de ses œuvres, j'ai honte de le dire, puisqu'il m'assurait le contraire quant aux miennes ...« (An die Fürstin, 21.10.13)

Werfel berichtet über die »Begegnungen mit Rilke« in »Das Tagebuch«, 8. Jg. 1927: »Ich weiß nicht mehr, ob der erste Eindruck von seinem Mund ausging – es war ein großer, offener Mund mit dicken, fast kindhaften Lippen – oder von seinen Augen oder von der grauen Farbe des Gesichts. Ich weiß überhaupt nicht, ob es das Gesicht war, von dem der erste Eindruck kam. Ich glaube, das Gesicht war es nicht, doch auch nicht die Gestalt. Es war seine Kravatte ...« Werfel empfindet: »Ich fühlte damals eine Spannung zwischen R.s innerem und äußerem Menschen, die mich rührte.« R. findet keinen unmittelbaren Zugang in der persönlichen Begegnung.

VOM 10. BIS 15. OKTOBER sind Lou A.-S. und R. im Riesengebirge, zunächst in Krummhübel bei Dr. Paul Ziegelroth: »qui voulait bien me garder dans son Sanatorium, mais, à coup sûr, je n'aurais pas pu y rester en ce moment ...« (An die Fürstin, 21.10.13)

11. OKTOBER: Lou A.-S. notiert in ihr Tagebuch u.a.: »Was sich in dem letzten Jahrzehnt am stärksten verändert hat, ist der Mund, durch Vorschub der Lippenpartie; und mit einer unendlichen Trauer stehen die großen Augen darüber.« »Die Idee der ›phallischen Hymnen‹, die in Rainer lebt, ist wunderschön ...«

13. OKTOBER: Aus Krummhübel, Hotel Goldener Frieden, dankt R. Sidie Nádherný für die Balladen »der Lasker-Schüler: nein, nein – ich möchte bellen wie sie's neulich that: ›schlecht, schlecht‹, aber ich habe nicht ganz die Stimme dafür.« (Else L.-Sch.: »Hebräische Balladen« 1913) R. ist mit Lou A.-S. zusammen: »Nur dies, ich spreche hier mit dem hiesigen Arzt, nebenbei gehen wir auf die Schnee-Koppe zu, haben sie aber noch nicht im Nebel gefunden. Wahrscheinlich reise ich von hier, ohne Kur, nächster Tage nach Leipzig.«

In das Tagebuch von Lou A.-S. trägt R. seine Verse ein: »Wird mir nicht Nächstes? Soll ich nur noch verweilen? ...« (Ronda, Februar 1913), dazu ein Goethesches Epigramm: »Ach, die zärtlichen Herzen! ...«

15. OKTOBER: Aus dem Berghotel zur Teichmannbaude in Ober Krummhübel sagt R. den Besuch bei Kippenbergs in Leipzig ab: »mit der Ungeduld nach dem eigenen Schreibtisch, nach unverbrüchlicher Stille, Schweigsamkeit, Abgeschiedenheit, wo soll ich das anders als in Paris erhoffen?« (An K.K.)

Lou A.-S. notiert im Tagebuch: »Während unserer Rückreise aus den Bergen machten wir eine Traumanalyse, während welcher unter anderem auch viele entlegene Kindheitserinnerungen in Rainer hochkamen.«

16. OKTOBER: »Durch einen herrlichen Tag und Vollmondnacht noch im Riesengebirge festgehalten, viele schöne Wege in der leichten Luft, tiefes Athemholen ...« (An die Mutter)

Wieder in Dresden, bemüht sich R., zusammen mit Lou A.-S. und Ellen Delp, in Hellerau rhythmische Vorführungen von Jacques Dalcroze zu sehen.

17. OKTOBER: R. meldet Kippenberg: »Ich sehe eben im Schaufenster der Tittmann'schen Buchhandlung den Rodin, er sieht herrlich aus.« (»Auguste Rodin« erscheint im Insel-Verlag 1913 im größeren Format mit »96 Vollbildern«.)

R. fährt dann aus Dresden direkt nach Paris.

Letzte Arbeitszeit in Paris

VOM 18. OKTOBER 1913 BIS ZUM 25. FEBRUAR 1914 arbeitet R. in Paris. »Ich glaube, ich kann nur in Paris bleiben, wenn ich mir einbilde, ich sei völlig unverantwortlich, für einige Tage hergekommen, Gelegentliches, wie es kommt, mitzunehmen: in meiner Nähe haben die jüngsten Leute ein Theater aufgethan [= Le Theatre du Vieux-Colombier], das sich Altes und Neues auf eine ehrliche und reine Art vornimmt, so kann ich das hellerauer Metier weitertreiben ...« (An Lou A.-S., 21.10.13)

19./20. OKTOBER: Rouen und Beauvais. »Mein Zimmer war voll des vergangenen Juny, wartend, drohend, daß ich ihm alles damals Begonnene ablebe. Ich bin vor Schrecken gleich Sonntag nach Rouen gereist. Eine ganze Kathedrale thut noth, mich zu übertönen. Die französische Provinz hat immer etwas Beruhigendes für mich ...« (An Lou A.-S., 21.10.13)

20. OKTOBER: R. berichtet Sidie Nádherný über die vergangenen Wochen und ergänzt: »Werfel, am letzten Abend da wir ihn sahen, sagte uns ein schönes neues Gedicht, wenn ich ihn nicht sehe, bin ich wieder reiner für ihn ...«

21. OKTOBER: R. bestellt bei der Buchhandlung Heinrich Jaffe in München ein Abonnement der »Weißen Blätter«.
An Lou A.-S. heißt es: »Ich schreibe Dir den George auf, von dem Werfel sprach, den er hersagte, und den ›Mörder‹.« R. sendet ihr die Gedichte »Der Jünger« aus dem »Jahr der Seele« und »Der Täter« aus »Der Teppich des Lebens«. Von sich schreibt R.: »Ich muß soviel an das Gedicht aus den ›Neuen Gedichten‹ denken, das, ich glaube, ›Der Fremde‹ heißt, – wie wußt ich, worauf es ankommt: ›alles dieses immer unbegehrend / hinzulassen‹ und ich, der nur noch begehrte –. Wiederanfangen...«
»Sacharoff hat mir, an den beiden Abenden, die ich mit ihm verbrachte, viel Freude gemacht...« (An Clotilde von Derp)
Auch seiner Mutter schreibt R. ausführlich über die Aufführung der »Claudel'schen Verkündigung« und fährt fort: »auch waren wir immer wieder in Hellerau, um die dortigen Menschen und ihre Pläne näher kennen zu lernen, eine alte gute Freundin von Frau Lou Salomé und mir, die Baronin Münchhausen leitet das dortige Schul-Heim, wir waren viel bei ihr, sahen in Dresden Galerien und Grünes Gewölbe – die Zeit ging.«
Langer Bericht an die Fürstin Taxis, darin ein Urteil über die Begegnung mit Werfel, das R. am folgenden Tag auch Hofmannsthal gegenüber ausführt.
22. OKTOBER: »... ich habe mir Zeit gelassen, Ihnen den verabredeten Brief über Werfel zu schreiben; nun will ich Ihnen gleich gestehen, daß es nicht so leicht ist, wie ich mirs damals im Englischen Garten vorstellte. Ich war wirklich darauf gefaßt, diesen jungen Menschen einfach zu umarmen, aber ich sah sofort, daß dies in keinem Fall möglich sei, daß ich wohl den herzlichsten Händedruck ausgeben dürfe, im übrigen aber aufmerksam und vorsichtig, die Hände auf dem Rücken, mit ihm spazieren zu gehen habe. Was denn auch unsere, nicht unfruchtbare und unerfreuliche – Sache war... Der Jude, der Judenjunge, um es geradeaus zu sagen, hätte mir nichts verschlagen, aber es mochte mir doch wohl auch die durchaus jüdische Einstellung zu seiner Produktion fühlbar geworden sein, dieses connaître les choses pour ne pas les avoir eu, welches macht, daß, durch eine Spur Rache, die Ekstase, wie durch ein Ferment, stürmischer, aber auch trüber wird.« R. schließt: »Alles war da, eine jedenfalls außergewöhnliche Begabung, eine starke Entschlossenheit zur vollkommensten Leistung, eine unerfundene natürliche Not, nur daß an alledem, letzthin, doch eine feine Fremdheit haftete.«

HERBST: Niederschrift der Gedichte: »Witwe. Die Kinder stehn ihr leer ...«, das R. im »Insel-Almanach auf das Jahr 1918« veröffentlicht, »Ist Schmerz, sobald an eine neue Schicht ...«, »Ob ich damals war oder bin ...« (in zwei Fassungen, die zweite aus dem Dezember) und »Der du mich mit diesen überhöhtest ...«, die bis auf das erste in den Zyklus »An die Nacht« aufgenommen werden. Zu diesen treten noch an die zwanzig Entwürfe und Fragmente, darunter »Tränen, Tränen, die aus mir brechen ...«

23. OKTOBER: R. übersendet der Schauspielerin Lia Rosen seine Abschrift von Goethes Übertragung des Hohen Liedes König Salomos und schreibt dazu: »Hier ist die Abschrift, die versprochene ... und hab Ihre Stimme, die mir laut nachklingt, irgendwie mit in die Zeilen hineingeschrieben. Schön, schön, Herrlichkeit ist's. Was die Worte so wunderlich aussehn macht: es ist die Schreibart des jungen Goethe, ich denke, er hats so hingestürmt aus dem Vollen seines Mitwissens, da kamen die Silben wie aus dem Schlaf und waren schon hingerissen. Und jung ist's an ihm geworden, kommend, als bräche einstige Jahreszeit wieder als Jahreszeit an, stiege an Herzen, schlüge über Herzen zusammen. Und nur der Vogel rettet sich und tönts in den Wipfeln.« R. schließt: »ich bin schon außerhalb Deutschlands, hier, wo doch nun einmal der Tisch steht, an den ich gehöre.« R. wünscht Gelingen für den Auftritt als Jungfrau von Orleans am 10. November. (Goethe schreibt am 7. Oktober 1775 an Merck: »Ich hab' das Hohelied Salomons übersetzt, welches ist die herrlichste Sammlung Liebeslieder, die Gott erschaffen hat.« Goethe übertrug nach der lateinischen Version von Sebastian Schmid.)

SPÄTHERBST: R. erweitert und vervollständigt die spätere dritte »Elegie« und entwirft Vers 42-44 der sechsten.

26. OKTOBER: R. besucht das Theatre du Vieux-Colombier, das ein Freund Gides, Jacques Copeau, gegründet hat. An Gide schreibt R.: »Quel plaisir que de voir sur la scène des forces bien intentionnées ...« (27.10.13) In diesem Theater wechseln Vorstellungen älterer und moderner Stücke mit Vorträgen zeitgenössischer Schriftsteller: Gide, Rivière, Jaloux, B. Crémieux, Valery Larbaud, Jules Romains, Paul Valéry. Copeau ist Leiter der Nouvelle Revue Française.

R. hört Mozarts Requiem.

27. OKTOBER: An Graf Johannes von Kalckreuth über die Einweihung des Völkerschlachtdenkmals in Leipzig am 18. Oktober: »Keine Zeitungen lesend, fand ich mich vor Leipzigs Thoren, der einzige Ahnungs-

lose, als alle gerade des Denkmals wegen hin unterwegs waren: Sie begreifen, daß das nicht mein Augenblick war, ich fuhr abgewendet durch und her ... Wenns mir nur ganz wieder zum Versteck werden wollte, wie es das jahrelang war, – so wär ich mit Paris immer noch rein einverstanden, und wüßte auf jeden Fall, wozu ichs hier treibe ...« R. fährt fort: »Anfangs November (am 5., wenn ich nicht irre) kommt Frl. von Derp (ein Frl. von der Planitz), die seit kurzem mit dem Tänzer Ssacharoff auftritt, nach Leipzig: versäumen Sie nicht diesen Abend; ich habe in München mit Ssacharoff vieles und sehr Schönes besprochen und gefühlt und habe recht viel Herz und Theilnahme für ihn und seine liebliche Partnerin ...«

29. OKTOBER: In einem langen Brief an Eva Cassirer stellt R. seine Beziehung zu Clara R. dar. Aus dem Zusammentreffen in München ist für Clara R. erneut der dringende Wunsch entstanden, die eingeleitete Scheidung in Wien zur Durchführung zu bringen. R. ist einverstanden.

31. OKTOBER: An Sidie Nádherný heißt es im gleichen Zusammenhang: »ich verstand es vollkommen, daß sie vor anderthalb Jahren die Scheidung vorschlug, und es liegt nur an einigen äußeren Erschwerungen, daß es nicht dazu gekommen ist«, und an die Fürstin: »sollte ich es irgend können, so würde ich im Laufe dieses Winters das Scheidungsverfahren seinen Gang nehmen lassen«, weshalb er an einer gemeinsamen Nilreise gewiß nicht teilnehmen könne. Für diese empfiehlt R. der Fürstin eine Reihe von Büchern zur Vorbereitung. Die Fürstin erwidert am 17.11.13: »Wollen Sie also wirklich Ihre Scheidung heuer durchführen? eigentlich warum? Ich fürchte es wird Ihnen viele Seccaturen und Aufregungen verursachen.«

1. NOVEMBER: Für seine Mutter trägt R. nach: »daß ich in Rouen war und, Dienstag, in Beauvais, um die dortigen Kathedralen kennen zu lernen (die wahre Weltwunder sind)«.

R. wendet sich an Rechtsanwalt Dr. Heller in Prag, dieser möge einige Dokumente, die Dr. Theimer in Wien noch fehlen, diesem zugehen lassen, damit er das Nötige für die Scheidung veranlassen könne.

3. NOVEMBER: R. dankt Hans Carossa für die Zusendung von »Dr. Bürgers Ende« (1913): »Da will ich Ihnen denn bekennen, daß ich mir schon beim Lesen Ihrer mir so sehr lieben Gedichte im Stillen vorgenommen hatte, Sie einmal in Ihrer Ländlichkeit aufzusuchen: Sie, den Dichter, Sie, den Menschen, möglicherweise sogar Sie, den Arzt ...«

An Eva Cassirer: »Es bleiben noch am 1. Januar, 1. April, 1. July und ersten Oktober des kommenden Jahres (1914) je 900 Mk an Clara Rilke zu zahlen, während die von den 10000 Mark außerdem noch vorhandenen 2500,– an mein hiesiges Konto ... anzuweisen wären.«
R. schreibt an Tora Holmström: »Ich sende Ihnen heute zwei Bücher, kleine und nur zur Hälfte oder zu einem Dritttheil eigenen Ursprungs: indem das ›Marienleben‹ auf das Malerbuch vom Berg Athos zurückgreift, die ›Portugiesischen Briefe‹ vollends nichts als eine mässige Übertragung jener herrlichen Briefe darstellen, die die Nonne Marianna an einen, wie alle Männer, höchst unverständigen und zerstreuten Mann vor 300 Jahren geschrieben hat.« Die Einschriften lauten im »Marien-Leben«: »Tora Holmström / herzlich R. – (Paris 1903 [!])«, in den »Portugiesischen Briefen«: »für Tora Holmström / (der Übersetzer)«.

4. NOVEMBER: Frau von Nostitz gegenüber vergleicht R. das Wolf Dohrn'sche »Laboratorium« in Hellerau mit einem möglichen »Duse-Theater« – ob ein solches nicht zu verwirklichen wäre.

AM 5. NOVEMBER hat R. erste Exemplare seiner Übertragung »Portugiesische Briefe. Die Briefe der Marianna Alcoforado« als Band Nr. 74 der Insel-Bücherei in Händen. Das Nachwort ist von Fritz Bergemann, für das R. Verbesserungen vorgeschlagen hat (18. 9. 13 an A. Kippenberg).

12. NOVEMBER: »Die Briefe der Nonne aus dem Hause Alcoforado gehörten seit Jahren zu den Erscheinungen, die an gewissen inneren Wendungen meines Weges über rechts oder links entschieden haben«, schreibt R. an Johannes Sorge.

14. NOVEMBER: R. bittet Kippenberg um »einen vollständigen Kleist« aus seiner Bibliothek, er habe in der Bibliothèque Nationale einiges zu lesen begonnen. – Kippenberg, der mehrere Bilder im »Rodin« austauschen möchte, erfährt, daß R. an der »Héaulmière« besonders liegt, da die Rodinsche Entwicklung darin das 15. Jahrhundert durchmache.

15. NOVEMBER: »Fünf Sonette. Für Frau Grete Gulbransson geschrieben (um einen Doppelgänger völlig zu verdrängen)«. Frau Gulbransson war der Zeichner Karl Arnold als Rilke vorgestellt worden, R. trägt die Gedichte für sie in ein »Marien-Leben« ein. Es sind auch Entwürfe dazu erhalten.

VOM 17. BIS 20. NOVEMBER ist Kippenberg in Paris.

19. NOVEMBER: R. fährt mit Kippenberg nach St.-Cloud zu Verhaeren, abends gehen sie ins »Vieux-Colombier«.

21. NOVEMBER: R. und Verhaeren, »réunis à St. Cloud«, senden Richard Dehmel zum 50. Geburtstag ein Glückwunschtelegramm.

22. NOVEMBER: R. hört im »Vieux-Colombier« Gides Conférence über Verlaine und Mallarmé; es ist die erste Vorlesung in der ›Série moderne‹.

An Kippenberg schreibt R.: »André Gides ›Retour de l'Enfant Prodigue‹ ist tatsächlich ›aus dem Manuskript übersetzt von Kurt Singer‹ in der Neuen Rundschau abgedruckt gewesen (Jahrgang 1907, Mai, 5. Heft). Die Übersetzung gab mir damals, da ich das Original nicht kannte, sehr viel …« R. sendet ein Stück eigener Übersetzung mit: »an beiliegender Probe mögen Sie ungefähr erkennen, wie weit man jener Textur im Deutschen etwa nahekommen könnte (wenn anders auch das wirklich noch deutsch ist?).«

29. NOVEMBER: R. legt in den Geburtstagsbrief an Sidie Nádherný ›drei kleine geglückte‹ Photographien aus Rippoldsau ein: »die einzigen, die es von mir giebt.«

ENDE NOVEMBER: R. beginnt die Übertragung von Gides »Le retour de l'enfant prodigue«, das er in der französischen Ausgabe an Pia Valmarana schickt.

1. DEZEMBER: R. übersendet Romain Rolland sein Rodin-Buch in der neuen Ausgabe mit der Widmung »A Romain Rolland! admirant la conscience de son œuvre tenace et pure: R.M.R. (Paris, en décembre 1913)«. Im Begleitbrief nennt ihm R. vier Bücher Frederik van Eedens.

2. DEZEMBER: An Sidie Nádherný äußert sich R. über seine Kleist-Lektüre; vom Monolog des Grafen Wetter vom Strahl im »Käthchen von Heilbronn« heißt es: »Er gehört, kommt mir vor, zu den schönsten Dingen in deutscher Sprache.«

Lou A.-S. berichtet R., daß er Simmels »Goethe« mit Freude und Zustimmung gelesen habe. Von den entliehenen Büchern behält er die »zwei Bände Bergson« (»Matière et mémoire« [1896] in der achten Auflage von 1912 und »L'évolution créatrice« [1907] in der elften Auflage von 1912). Weiter bittet R.: »Du weißt von meinen Plänen zu einer Rede über die Gegenliebe Gottes. Eine Notiz, die ich kürzlich irgendwo las, brachte mir das wunderbare Verhältnis in Erinnerung, das Spinoza muß aufgestellt haben durch seine Einsicht in die Unabhängigkeit des Gottliebenden von jeder Erwiderung Gottes… Was von Spinoza müßte ich lesen?« Über die Entwürfe vom April 1913 hinaus hat R. die »Rede« nicht weitergeführt.

An Johannes Sorge gibt R. über sein eigenes Verhältnis zur Kirche Auskunft: »Heute mit der Kirche in Berührung kommen, heißt nachgiebig werden gegen das Unkönnen, gegen die süße Phrase, gegen die ganze immense Ausdruckslosigkeit ihrer Bilder, Gebete, Predigten ...« R. sendet Sorge dessen Abschrift vom »Gesang der Liebe« zurück, verweist ihn vielmehr auf ein Gedicht Jacopone da Todis: »Amore, amore ...«, und legt den Entwurf zu einer eigenen Übertragung dieses Textes bei: »Liebe, Liebe ...«, außerdem das »Marien-Leben« und den »Malte«.

IM DEZEMBER entstehen die »Winterlichen Stanzen« (1917 veröffentlicht) und aus den Gedichten an die Nacht: »Gedanken der Nacht, aus geahnter Erfahrung gehoben ...«

3. DEZEMBER: »Um über die jüngere Welt orientiert zu bleiben, möchte ich fest, außer den Weißen Blättern, die Sie mir schon schicken, auch noch die ›Neue Kunst‹ abonnieren; man kommt sonst, draußen lebend, zu weit ins Nichtwissen.« (An Heinrich Jaffe)

4. DEZEMBER: R. hört eine Conférence Gides über Tagore, er sendet Gides Übertragung des »Gitanjali« an Kurt Wolff und rühmt sie Anton Kippenberg (5.12.13).

»Mein Geburtstag verging wie jeder andere Tag an meinem Stehpult, nachmittag gegen vier kam Ivo Hauptmann (der älteste Sohn Gerhart H's, Maler von großer Bedeutung), der wegen einer Ausstellung für zwei Tage nach Paris gekommen war, und wir gingen zusammen in ein nahegelegenes kleines Theater, wo André Gide (der Dichter, der die Fragmente aus dem Malte Laurids Brigge mit so großer Kunst und Einsicht übertragen hat) vor einem kleinen Nachmittagspublikum über Rabindranath Tagore sprach, den Träger des heurigen Nobelpreises für Literatur. Ich kannte schon seit dem Sommer mehreres von den Gedichten dieses Bengalen in der englischen Übersetzung, die von ihm selber herstammt; man kann nicht anders als Bewunderung haben für viele seiner ruhigen und reichen Verse und sich freuen, daß die auffällige Auszeichnung der stockholmer Preisrichter sein Werk, das sonst nur schwer herübergedrungen wäre, mit einem Schlage der ganzen Welt zugänglich gemacht, ja geradezu auferlegt hat.« (An die Mutter, 14.12.13)

An Hedwig Bernhard über Franz Werfel: »Ich hab ihn in Hellerau und Dresden täglich gesehen, stundenlang, ohne ganz den Grad von Freude und Freundschaft an ihn wenden zu können, den ich innen für ihn erreicht und vorbereitet gehabt hatte.«

5. DEZEMBER: Lou A.-S. fragt bei R. an, ob er bereit sei, »Drei Briefe an einen Knaben«, eine Arbeit, die aus ihrer Korrespondenz mit dem kleinen Reinhold Klingenberg entstanden sei, einmal zu lesen.
Als unmittelbare Folge von Kippenbergs Bedenken zu den Abbildungen in der Insel-Ausgabe des »Auguste Rodin« kommt es im 7.-10. Tausend bereits zu Änderungen. Zwar bleibt das Rodin-Porträt von John Sargent, doch wird eine neue Ansicht des »Balzac« eingefügt. Die Anordnung der Tafeln wird geändert, so daß die Numerierung sich verschiebt; insgesamt bleiben es 96. Einige Abbildungen erscheinen unter neuem Blickwinkel (»Eva«) bzw. vor einem neuen Hintergrund (»Torso«); dagegen sind fortgelassen »Erde und Mond«, die jeweils zweiten Ansichten von »Fugit amor« und »Akrobat« und die Seitenansicht des »Denkers«. Andererseits erscheinen die Handzeichnungen in größerer Anzahl, wobei neben drei zusätzlichen Arbeiten zwei frühere Federzeichnungen durch Tuschzeichnungen ersetzt und eine Porträtskizze gegen eine Lithographie (Abb. 81) ausgetauscht werden. Bei R. heißt es dazu: »Die Tuschezeichnungen vor allem sind herrlich ...«
DEZEMBER: Niederschrift der Prosaarbeit »Über den jungen Dichter«, die für den geplanten Druck folgende Anmerkung erhält: »Für den Verfasser war die vielfach beglückende Beschäftigung mit den Gedichten Franz Werfels gewissermaßen die Voraussetzung zu diesem Aufsatz. Es sei daher auf Werfels beide Bände Gedichte (›Der Weltfreund‹ und ›Wir sind‹) an dieser Stelle hingewiesen.« Der Text beginnt: »Immer noch zögernd, unter geliebten Erfahrungen ...« Die Handschrift für Sidie Nádherný trägt den Vermerk: »Paris, im Dezember 1913«.
9. DEZEMBER: R. lehnt eine Einladung Sidie Nádhernýs ab: »Mir wär es recht jetzt, wie ohne Gesicht zu sein, ein zusammengerollter Igel, der sich nur am Abend im Straßengraben aufmacht und vorsichtig heraufkommt und seine graue Schnauze in die Sterne hält. An Arbeit denk ich gar nicht, nur daran, an gleichmäßigen einsamen Beschäftigungen, am Lesen, Wiederlesen, Nachdenken allmählich gesund zu werden und auf weiten Wegen und Umwegen ein klein wenig froh.« R. liest Kleist, wobei ihm »der Prinz von Homburg die gleichmäßigste, das Guiskard-Fragment die größte seiner Arbeiten schien«: »dies gehört zu meinen größten Freuden, daß ich durch die Konfusion meiner Jugend abgehalten worden war, alle diese Bücher kennen zu lernen, die man sonst meistens in recht unfertigen Verhältnissen zuerst herunterliest, sich so die eigentlich gültigen Eindrücke, die spätere Jahre brächten, erschwerend.«

Eingehend beschäftigt sich R. mit den »Puppen« Lotte Pritzels, vor allem mit dem »Engel«.
14. DEZEMBER: R. bestätigt Kurt Wolff den Eingang von Klopstocks »Oden« und erbittet die beiden »trefflichen Bände« nochmals als Weihnachtsgeschenk, ferner von Arnold Zweig »Novellen um Claudia«. Im Almanach des Verlages hat R. zwei Sonette aus Dantes »Vita Nuova« in Werfels Übertragung gefunden.
16. DEZEMBER: R. bestellt bei Jaffe doppelt die englische Ausgabe von Tagores »Gitanjali« – »da aber inzwischen der Nobel-Preis auf dieses Werk gefallen ist«, sei dies gewiß leicht möglich.
Über »Gitanjali« schreibt R. auch der Fürstin Taxis, ebenso über seine Kleist-Lektüre: »Und hinter dem allen – quelle détresse, – quel désespoir, quel sacrifice. In was für einer Unglückserde graben wir Dichtermaulwürfe doch herum ...« R. dankt der Fürstin für ihre Übertragung der »Zweiten Elegie« ins Italienische: »Die ›Elegia II‹ ist schön im Anfang und unbegreiflich groß gelungen in der Engel-Stelle, herrlich; im Weiteren bin ich nicht immer einverstanden ...«
DEZEMBER: Im Insel-Verlag sind »Erste Gedichte von R. M R.« erschienen, Nachdruck der Gedichtbücher »Larenopfer«, »Traumgekrönt« und »Advent«, dazu von fünf Gedichten, die damals gleichzeitig in Zeitschriften publiziert wurden.
R. übersendet die Insel-Ausgabe seines »Auguste Rodin« an: »Herrn und Frau Fischer / mit freundschaftlichen Weihnachtsgrüßen R. M. R. (Paris. Dez. 1913)«.
UM WEIHNACHTEN schreibt R. »Mandarinenrot, köstlich vor dem nachmittägigen Wintergrau in der Mauerkreuzung des Pantheons sah ich sie stehen: abgestellte Tafeln von hommes-sandwiches, hochbeinig wie Mücken ...« R. veröffentlicht dies Gedicht in Prosa nicht.
21. DEZEMBER: »... je weiter ich lebe, desto nötiger scheint es mir, auszuhalten, das ganze Diktat des Daseins bis zum Schluß nachzuschreiben«, heißt es an Ilse Erdmann. »Ich habe gerade in diesen Tagen überlegt, welches die Daten meiner drei letztvergangenen Weihnachten waren: vor drei Jahren Tunis, das Jahr darauf ein einsames Schloß an der adriatischen Küste, im vorigen Jahr Ronda, eine kleine alte spanische Stadt ...«
22. DEZEMBER: An Hedwig Fischer sendet R. zu Weihnachten herzlich teilnehmendes Gedenken – ihr Sohn Gerhart ist im vergangenen Sommer neunzehnjährig an Typhus gestorben.

24. DEZEMBER: R. verbringt Weihnachten allein, er macht sich Goethes Werke in der ›Ausgabe letzter Hand von 1830‹ zum Geschenk.
26. DEZEMBER: R. sendet Sidie Nádherný seine ›Blätter‹ »Über den jungen Dichter« mit der Bitte, sie Karl Kraus vorzulesen: »ergiebt sich zum Schluß, daß sie ihm für Die Fackel erwünscht wären, so macht es mir Freude, sie zu seiner Verfügung zu lassen.« Kraus habe ihn vor Jahren einmal um einen Beitrag gebeten. R. weiß nicht, daß »Die Fackel« seit 1911 keine fremden Beiträge mehr aufnimmt.
27. DEZEMBER: R. schenkt Thankmar von Münchhausen, der in Göttingen Jura studiert, einen posthum erschienenen Gedichtband von Léon Deubel: »Régner«. »... am Ende überwiegt in diesem wunderlichsten Berufe die bénédiction«; Deubel hat sich im Sommer 1913 das Leben genommen. Münchhausen kannte ihn aus Paris.
Der Fürstin Taxis schreibt R. nochmals ausführlich über Kleist und erzählt davon, wie er als junger Mann dessen Grab besucht habe: »Gott, ich kannte wenig von ihm und meinte seinen Tod, den seltsamen, weil ich nur das Seltsame verstand, jetzt aber meine ich sein Leben, weil ich langsam anfange, vom Schönen einen Begriff zu haben und vom Großen, so daß mich der Tod bald nichts mehr angeht.«
28. DEZEMBER: »Bei den Büchern lag auch eines, das mir Clara schon zu Ruths Geburtstag geschickt hatte, eine Sammlung frühchristlicher Hymnen aus den ersten Jahrhunderten bis in die gothische Zeit hinein; viele davon zum ersten Mal mit vollendeter Kunst aus dem Lateinischen übertragen ... es enthält die schönsten Gesänge der frühen Christenheit, Lieder Abälard's, Gedichte Gregor's des Großen, bis auf die wunderbaren Sentenzen und Strophen, die, auf unbekannte Dichter zurückgehend, seit Jahrhunderten in den Kirchen gesungen und gefühlt werden. Die herrlichen Marienlieder und Lieder zur Geburt Christi machten das Buch zu einem besonders Weihnachtlichen; ich hab gestern wieder meinen ganzen Abend damit verbracht.« (An die Mutter)
29. DEZEMBER: »Ich gehe, wie die arabischen Frauen, nur zum Brunnen, und der Brunnen ist mitten im innersten Innenhof, – und Allah ist groß, denn manchmal ist Wasser da, manchmal keins: so groß ist Allah.« (An Katharina Kippenberg)
ENDE 1913: Es entstehen weitere Gedichte, darunter »Die Geschwister I/II« und aus dem Umkreis der Gedichte »An die Nacht«: »Siehe, Engel fühlen durch den Raum ...«, »Atmete ich nicht aus Mitternächten ...«,

»So, nun wird es doch der Engel sein ...«, »Hinweg, die ich bat, endlich mein Lächeln zu kosten ...« und »Einmal nahm ich zwischen meine Hände / dein Gesicht ...«

R. vollendet die ursprüngliche Fassung der »Zehnten Duineser Elegie«; so liegt zum Ende des Jahres 1913 eine erste fragmentarische Form des Elegien-Werkes vor. Um die Jahreswende von 1913 auf 1914 entstehen die Gedichte »O von Gesicht zu Gesicht ...« und »Wenn ich so an deinem Antlitz zehre ...«, beide »An die Nacht«, ferner eine Reihe von Entwürfen aus diesem Zusammenhang.

Unsicher ist, ob 1913 auch die Strophen aus Gabriele d'Annunzios Gedicht »Consolatione«, die R. unter dem Titel »An die Mutter« übertragen und in die Handschrift für Richard von Kühlmann aufgenommen hat (1919), entstanden sind.

30. DEZEMBER: R. schreibt an Pia Valmarana: »mes jours se suivent l'un pareil à l'autre, avec quelques productions lentes, quelques pages traduites du français, de l'italien, du danois, quelques lettres indispensables et certaines lectures qui se proposent l'une après l'autre sans que je prévois où cela se dirige.« R. nennt Kleist; er fährt fort: »Je n'aime plus Paris, en partie parce qu'il se déforme, s'américanise, en partie parce que j'en ai moins besoin.«

Im Jahr 1913 veröffentlicht R. nur im »Insel-Almanach«.
Neuauflagen: »Auguste Rodin«, erste Auflage im Insel-Verlag, 1. bis 10. Tausend; »Das Buch der Bilder«, 5. Auflage, »Geschichten vom lieben Gott«, 4. Auflage; »Das Stunden-Buch«, 6. und 7. Auflage, »Der Neuen Gedichte anderer Teil«, 2. Auflage; »Die frühen Gedichte«, 3. Auflage.
Otto Lyon bringt in seiner Sammlung: »Neuere deutsche Lyrik«, Bielefeld 1913, vier Gedichte aus »Advent«.
In Rußland erscheinen 1913 verschiedene Übertragungen aus R.s Werk: Vladimir Elsner nimmt in seine Anthologie deutscher Lyrik vierzig Gedichte R.s auf, Julian Anisimov überträgt einen Teil des »Stunden-Buches« aus dem Exemplar, das ihm Boris Pasternak zur Verfügung gestellt hat; »Die Aufzeichnungen des Malte Laurids Brigge« kommen in Jaroslavl in der Übersetzung von L. Gorbunova heraus. »Die Geschichten vom lieben Gott« erscheinen tschechisch in der Übersetzung von Tomáš Lipčik Nový Jičin 1913.
Die Anthologie »Moderní Lyrika Německá«, herausgegeben von Emanuel Lešehrad u. a., Prag, enthält drei Gedichte R.s, denen eine kurze bio-bibliographische Einführung voransteht. In Paris erscheint mit einem Vorwort von Emile Verhaeren die »Anthologie des lyriques allemands contemporains« von Henri Guilbeaux im Verlag Figuière. Sie bringt zehn Gedichte aus R.s frühen Werken, dem »Stunden-Buch« und den »Neuen Gedichten«.

1914

JANUAR: Zwei weitere Gedichte »An die Nacht« entstehen: »Die große Nacht. Oft anstaunt ich dich ...« (im »Insel-Almanach auf das Jahr 1918« veröffentlicht) und »Hinhalten will ich mich. Wirke. Geh über ...«
1. JANUAR: An Sidie Nádherný schreibt R.: »Haben Sie Dank für alles –, ich schäme mich ein wenig, nicht gewußt zu haben, daß ›Die Fackel‹ keine fremden Beiträge mehr braucht –, nun ist mir alles so recht, wie Karl Kraus es vor hat, wenn ein Aufsatz, wie jener [Über den jungen Dichter], es verantworten kann, eine solche Ausnahme zu verursachen. Unrecht wäre mir nur, wenn Karl Kraus um meiner Blätter willen die geringste Mühe unternähme ...« Die Freundschaft zwischen Karl Kraus und Sidonie von Nádherný hat ihren Niederschlag in mehr als tausend Briefen gefunden. Die Abneigung zwischen Kraus und Werfel verstärkte sich bis zur Feindschaft.
2. JANUAR: R. äußert sich zu Eva Cassirer über den Briefwechsel Tolstois mit seiner Kusine Alexandrine Tolstoi: »so ist ja das schon wunderbar, daß zwei Menschen durch einen Zeitraum von fast fünfzig Jahren in wirklicher Auseinandersetzung sich zu erhalten vermögen, immer wieder in den Räumen ihres Entferntseins die Konstellation der Beziehung umbildend und erneuernd.« R. verspricht ihr Dostojewskis ›vielleicht schönstes Buch‹: »Der Idiot«.
3. JANUAR: R. schreibt an Kippenberg über seine Kleist-Lektüre. Er bittet um Bettinas Ausgabe der Jugendbriefe ihres Bruders Clemens: »Frühlingskranz« (1907). Bettina selbst nähere er sich erst arglos, »seit ihre Glut nicht mehr Feuerscheine des Vorwurfs über Goethes ruhige Thronung wirft«. Ferner wünscht er sich »Caroline. Briefe aus der Frühromantik« und »Jung-Stillings Jugend« in den Insel-Ausgaben von 1912 und 1907. R. fragt nach Arnims Werken und den Briefen Wilhelm von Humboldts und schließt: »Zu Jacob Grimms Kleineren Schriften hätte ich Lust.«
5. JANUAR: R. sendet Clotilde von Derp den »Kentauer« mit dem Widmungsgedicht: »Einst war dies alles anders aufgeteilt ...«
6. JANUAR: R. dankt Philipp Freiherrn von Schey-Rothschild für die »schöne Ausgabe der Binding'schen ›Gedichte‹«, die 1914 im Insel-Verlag erscheint.
Bei Jaffe in München bestellt R. für Frau Cassirer in Rom Dostojewskis »Der Idiot«.

7. JANUAR: R. lehnt den Vorschlag Kurt Wolffs, Tagore zu übertragen, ab: »Zwar kommt mir manches aus diesen Strophen sehr nahe, aber es wird mir, sozusagen, von einer Woge von Fremdheit zugetragen, deren Bewegung ich kaum wiederzugeben verstünde, ohne mir irgendwie Zwang anzuthun. Das mag zum Theil in dem geringen Verhältnis begründet sein, das ich zur englischen Sprache empfinde; ich entfremde ihr so rasch, daß ich mich immer wieder ohne vielfachen Beistand in ihr nicht zurechtfinden kann. Auch hab ich mich mit einigen Übertragungen aus anderen Sprachen eingelassen, kleinen Versuchen, die neben der eigenen Arbeit weitergehen ...«

JANUAR: R. überträgt Michelangelos Sonett: »In Morte di Vittoria Colonna (1547)«: »Wenn hier mein grober Hammer den und den ...«, die Übertragung erscheint im »Insel-Almanach auf das Jahr 1917«. Am 23.1.14 erhält sie Frau von Nostitz.

11. JANUAR: R. berichtet August Sauer ausführlich über seine Stifterlektüre: »Seit meinem vorigen Winter ist mir Stifter zu einem ganz eigenen Gegenstand der Liebe und Erbauung geworden ... Irr ich mich, oder ist er wirklich eine der wenigen künstlerischen Erscheinungen, die uns dafür entgelten und darüber trösten, daß es Österreich, dem eine eigentliche Durchdringung seiner Bestandteile in keinem Sinne beschieden war, zu einer ihm eigenen Sprache nicht hat bringen dürfen?« R. führt diesen Gedanken weiter. Er bittet Sauer, ihm bei der Suche nach Stifters Briefen (mit einer Lebensbeschreibung), Pest 1896, und den »Bunten Steinen«, 1853, behilflich zu sein, und fragt nach dem Stand der Herausgabe der ›Sämmtlichen Werke‹ durch die Gesellschaft zur Förderung Deutscher Wissenschaft, Kunst und Litteratur in Böhmen. Den »Nachsommer« habe ihm soeben ein Bekannter aus London (= Richard von Kühlmann) in der Ausgabe von 1857 geschickt.

17. JANUAR: R. dankt Kippenberg für zwei Bücherpakete: »nun sind die damit gegebenen Wege und Eindrücke schon angetreten, und zwar von seiten Jung-Stillings her, den ich sehr empfand, obwohl ich zu ihm von den drei Bänden des Stifterschen Nachsommers kam; ... ›Caroline‹ fängt an, mir sehr bedeutend zu sein; ich habe von alledem nichts gewußt, und nun geht es mich um und an.« Weiter heißt es: »ich vergaß immer, Ihnen zu schreiben, daß ich im November, gleich nach Ihrem Hiergewesensein, die Übertragung von Gides Enfant Prodigue unternahm und auch grad und munter zu Ende brachte; mit Aussparung allerdings von zwei oder drei Stellen, die die beiden Ausgaben des

Gideschen Werkes in verschiedenen Fassungen bieten.« Er habe Gide nun gesehen, der sich freue, die Arbeit »in der Insel-Bücherei aufgenommen zu sehen«.

21. JANUAR: Der Fürstin Taxis übersendet R.: »›Die weißen Blätter‹, (die recht remarquable Zeitschrift, in der die, oft so unbegreifliche Jugend sich ziemlich begreiflich und begrifflich benimmt) – wegen des Gedichtes, das die Fürstin Lichnowsky darin veröffentlicht ...« (= »Der letzte Traum des Traurigen«, Jg. 1, Heft 4), ferner: »Marcel Proust, ›Du côté de chez Swann‹, ein Buch, von dem Sie vielleicht schon Gutes gehört haben ... ich empfehle Ihnen den ganzen ersten Theil und den ganzen dritten und bin gewiß, Sie werden ein vielfaches Vergnügen daran haben. Das lange Mittelstück, Swann's Liebes- und Eifersuchtsgeschichte, möchte nicht besser und nicht eben geringer sein, als derartige französische Traktate zu sein pflegen ...« R. nennt das zentrale ›Kindheitsereignis‹ »eine psychoanalytische trouvaille«, »cette angoisse qui plus tard émigre dans l'amour«. R. sagt: Ich »lese Romantiker und staune die mir ganz unbekannte deutsche Litteratur an, abwechselnd zwischen Bewunderung und Verwundern.«

23. JANUAR: R. schreibt aus Paris an Frau von Nostitz: »endlich bin ich wieder auf dem Wege, mir nichts vorstellen zu können, was unerschöpflicher, größer, unwillkürlich-seeliger sein könnte, als meine Einsamkeit«; zum »Malte« heißt es: »Mir fängt dieses Buch an wieder wunderbar zu werden, ich könnte darüber schreiben wie über das eines Fremden.«

24. JANUAR: R. trägt Philipp Schey einen Plan für Eleonora Duse vor: »ließe sich nicht, in einem Kreise von Verständigten, ein Aufgebot von Mitteln bereithalten, ein Theater mit allem was dazugehört, das von heute auf morgen der großen Schauspielerin könnte bereitgemacht werden, wenn die Kraft und Überzeugung, gegen uns über nocheinmal heraufzutreten, in ihr mächtig wird?«

25. JANUAR: R. verspricht Kippenberg, die fehlenden Stellen mit Gide zu besprechen und dann eine Reinschrift zu übersenden; gleichzeitig mahnt R.: »J'espère vous n'allez pas tout à fait abandonner notre trèschere Louize Labbé? Faut-il vous faire un bel épilogue pour vous toucher le cœur en sa faveur?« Diese Übertragung erscheint erst 1917.

26. JANUAR: R. überprüft bei André Gide seine Übertragung der »Rückkehr des verlorenen Sohnes«. Er sieht dort das Grimm'sche Wörterbuch, öffnet es beim Artikel »Hand« und sucht nach einer deutschen

Entsprechung für ›palma‹ in einem Sonett Michelangelos, bzw. für das französische ›la paume‹, deren Fehlen er beklagt. (Gide an Jacques Rivière mit seiner Tagebucheintragung vom 27.1.14)

An diesem Tag beginnt R. den ersten seiner Briefe an die ihm noch unbekannte Pianistin Magda von Hattingberg, die ihm geschrieben hat. Bis zum 26. Februar, dem Tag, an dem R. nach Berlin abreist, um sie zu sehen, füllen diese Briefe »als eine Art Tageheft«, wie R. am 16.2.14 sagt, 170 Seiten auf seinem karierten Arbeitspapier. R. glaubt, in Magda von Hattingberg »Benvenuta« gefunden zu haben, die ersehnte Unbekannte: »Gute Freundin, lassen Sie mich den reichen Ton aufnehmen, er wird mir ganz zur Natur vor Ihrem Briefe: welche Freude, daß Sie ihn geschrieben haben, wie gut aber auch, daß es Schwierigkeiten hatte, sich geradezu in Ellen Key zu verwandeln, das hätte die Sache über die Maaßen kompliziert. Um so mehr, als wir, von den ›Geschichten vom lieben Gott‹ ab, gegenseitig mit unseren Produktionen durchaus unzufrieden waren…«

27. JANUAR: Frau von Nostitz hat nach Rodin gefragt, R. antwortet, ihm sei jede Ablenkung verhängnisvoll: »verhängnisvoll, Orte wiederzusehen, wie Meudon oder auch nur die rue de Varenne, die ich nicht erblicken kann, ohne daß alles in mir, von scharfen Erinnerungen zersetzt, eine andere Struktur annimmt, stockt, starrt«.

Niederschrift des Gedichtes »Zu der Zeichnung, John Keats im Tode darstellend«: »Nun reicht an's Antlitz dem gestillten Rühmer…«, das R. am folgenden Tag Verhaeren übersendet. Er veröffentlicht es selbst nicht.

29. JANUAR: An Eva Cassirer nach Rom meldet R.: »Verhaeren kam eben aus Rußland zurück, wohin er um einiger Vorträge willen gegangen war; ich ließ mir viel von ihm erzählen…« R. fährt fort: »Ich weiß nicht, ob Sie wissen, daß in dem Sterbehaus von John Keats an der Spanischen Treppe ein kleines Keats-Museum, in den einst von ihm bewohnten Stuben eingerichtet und zugänglich ist; Gide erzählt es mir, vor einer Zeichnung, deren Reproduktion er besitzt und die mir, da ich sie unvermuthet bei ihm fand, den größten Eindruck gemacht hat…«
R. bittet um Besorgung dieser Abbildung dort und legt sein Gedicht ein. R. bittet auch um den Namen des Künstlers (= Joseph Severn, die Zeichnung entstand am 28.1.1821, Keats starb am 23.2.1821).

An diesem Tag beginnt R. die Niederschrift der »Lese-Blätter / ab Januar 1914« mit »Carolinens Correspondenz«. Nach dem ersten Abschnitt ist vermerkt: »(Ähnlich im Briefe an E. C.)« Hier fährt R. fort: »Caroline ist ein Beispiel dafür, wie schwer es der Frau fällt, sich gegebenen falschen Umständen zu entziehen, aus denen der Mann, wenn er nur das Bestimmtere in sich fühlt, denn doch aufbegehrt ...« Er schließt mit einem Hinweis auf »J.« (wohl Jenny Oltersdorf): »ob sie nicht, wenn sie durch einige andere Hände gegangen wäre, zum Schluß einem bedeutenden Manne das hätte sein können, was Caroline für Schelling war«. Der zweite Text dieser Blätter ist »Jung-Stillings Jugend (Insel-Verlag 1907)« überschrieben und wird von R. (»Bis incl. S^{te} 11«) am 10.2.14 an Katharina Kippenberg gesandt.

31. JANUAR: An Ilse Erdmann schreibt R. über die Freude: »die Realität jeder Freude ist unbeschreiblich in der Welt, nur in der Freude geht noch die Schöpfung vor sich (das Glück dagegen ist nur eine versprechliche und deutsame Constellation schon vorhandener Dinge), die Freude aber ist eine wunderbare Vermehrung des Bestehenden, ein purer Zuwachs aus dem Nichts heraus.«

ENDE JANUAR entsteht das Gedicht »Seit den wunderbaren Schöpfungstagen / schläft der Gott ...«, am 2.2.14 der Fürstin Taxis übersandt »für Ihr kleines Buch, das wir nicht ganz vergessen dürfen, zu späterer Eintragung«. Es bleibt unveröffentlicht.

UM DEN 1. FEBRUAR schreibt R. den Aufsatz: »Puppen. Zu den Wachs-Puppen von Lotte Pritzel«, der im Märzheft der »Weißen Blätter« (Jg. 1, Nr. 7) erscheint. R. sah die Ausstellung von Arbeiten L. P.s im Herbst 1913 in München, im Oktober sandte sie ihm Photographien der »Puppen« nach Paris.

1. FEBRUAR: Zu Werfels Gedichten in dem Januar-Heft der »Weißen Blätter« sagt R. ihm: »Ihre Kunst wächst uns zu immer höherer Gestaltung heran, sie hat Recht, sie wird recht behalten ... Noch weiß ich nicht, welches das Schönste ist, Hekuba? Der Held? Die Prozession? – Ich weiß nicht. Mit Ihrer Stimme fast hab ich mir ›Eines alten Lehrers Stimme im Traum‹ vorgelesen, des Abends auf der brühl'schen Terrasse gedenkend«; ein P. S. nennt zudem »Jenseits« und »Abendgesang«, alles erscheint 1915 in »Einander«.

An Magda von Hattingberg über Musik: »so kommt mir Beethoven wie der Herr der Heerscharen vor, der Macht hat über die Mächte und der die Gefahren aufreißt, um die Brückenbogen strahlender Rettungen darüber zu werfen.«

2. FEBRUAR: R. schreibt der Fürstin Werfels Gedicht »Hekuba« ab und

sendet eine Michelangelo-Übertragung, die sich nicht erhalten hat. R. berichtet der Fürstin über die Lebensgewohnheiten Marcel Prousts, von seinen mit Korkplatten verkleideten Zimmern: »So die Fabel; und in ihrer Mitte hat man sich also jetzt den weiteren ›Swann‹ im Werden vorzustellen...«

An Sidie Nádherný heißt es zu Werfel: »Ich ... bin nun wieder in meiner Freude und Zustimmung ganz dort, wo ich im Sommer, vor der Begegnung, war: dies muß doch recht haben contre toute apparence, ou peut-être on n'est pas capable d'expliquer bien ce qui apparaît. Übrigens sind diese Gedichte Karl Kraus zugeeignet.«

3. FEBRUAR: R. übersendet dem Insel-Verlag das Manuskript seiner Gide-Übertragung und empfiehlt Kippenberg, sich die Übersetzungsrechte von Gides »Caves du Vatican« zu sichern, ein Plan, dem Gide am 14. 2. zustimmt. Weiter macht R. aufmerksam: »Ein sehr bedeutendes Buch ist da, Marcel Proust, Du Côte de chez Swann (chez Bernard Grasset); ... sollte eine Übersetzung angeboten werden, wäre sie unbedingt zu nehmen.«

4. FEBRUAR: R. spricht zu Magda von Hattingberg von seinem ›Gehör‹: »so ungeschickt, so unbrauchbar«, daß er nicht den ›mindesten Ton‹ eines Liedes wiedergeben könne, selbst wenn er es dreißigmal gehört habe.

Auch an Hofmannsthal schreibt R. über seine wiedergewonnene Zustimmung zu Werfel.

9. FEBRUAR: R. läßt Gide eine Hölderlin-Ausgabe zugehen, da man sich in der Redaktion der Nouvelle Revue Française, deren Direktor Gide ist, für eine Hölderlin-Übertragung interessiert.

Für sich bestellt R. in München bei Heinrich Jaffe von Friedrich Gundolf »Shakespeare und der deutsche Geist« »(Das ich mir längst vorgenommen hatte zu lesen und immer vergaß)«, den Roman »Die Galeere« von Ernst Weiß (S. Fischer-Verlag) und ein kleines Bändchen von Übertragungen magyarischer Lyrik: »Moderne ungarische Dichter«, herausgegeben von Lajos Brajjer. R. fragt: »Fängt man an, in München Marcel Proust zu kennen? Es ist ein sehr merkwürdiges Buch von ihm da...«

10. FEBRUAR: An Katharina Kippenberg: »Hier lege ich Ihnen, teils um diesen nachlässig am Schluß eines sehr schreiberischen Tages beeilten Brief zu entschuldigen, ein paar Blätter ein, nach dem Lesen von Jung-Stilling angemerkt (›Vor-Tod‹ ist ein Ausdruck Goethes). Darf ich sie bei

Gelegenheit zurückhaben?« (Goethe in der »Kampagne in Frankreich«, 11. 9. 1792)

R. sendet das Manuskript des Aufsatzes »Puppen« an Kurt Wolff für dessen »Weiße Blätter«: »Die Lust ist mir unversehens gekommen, an jener schönen Stelle gelegentlich mit herauszutreten –, und obgleich ich nur selten etwas aufbringe, was sich in Zeitschriften verwenden läßt, so ist doch gerade dieser kleine Aufsatz da und am Ende nicht ungeeignet, den Anfang zu machen. Später könnte ich etwas aus meinen einzelnen Versuchen geben, Michelangelo zu übertragen (Gegenstücke, gewissermaßen, zu Werfels Vita Nuova.)«

11. FEBRUAR: In einem langen Brief an Magda von Hattingberg schildert R. seinen Eindruck von dem Sphinx in Gizeh.

VOR DEM 12. FEBRUAR: R. abonniert beim Kurt Wolff-Verlag die Serie »Der Jüngste Tag«, ihn interessieren die neuen Hefte mit Francis Jammes »Gebete der Demut« und den »Hymnen« von O. Březina.

12. FEBRUAR: An Leopold von Schlözer heißt es: »Könnt ich Ihnen nur sagen, wie unbeschreiblich wir, was dieses Zeit-Gefühl betrifft, übereinstimmen. Ach man zieht ja mit jedem Athem so viel Unsicherheit ein aus der unzuverlässigsten aller Lüfte, daß ich nicht weiß, wie man sich im Gleichgewicht hält ... Ich werde nirgends mehr das Waarenhausgefühl los, in keiner Stadt, (sähen Sie nur wie Paris sich verändert!) und nicht nur im Kopfe spür ichs, auch in den Beinen ist etwas Infames, als träte man beständig von einer rotierenden Treppe auf die andere über.«

R. wird korrespondierendes Mitglied der Gesellschaft zur Förderung Deutscher Wissenschaft, Kunst und Litteratur in Böhmen; er erbittet sich als ›Vorrecht dieser Respektabilität‹ mehreres ihm Unbekannte von Stifter und die Werke des Grafen Kaspar Sternberg aus den Publikationen dieser Gesellschaft (an Kippenberg, 19. 2. 14).

13. FEBRUAR: R. dankt Tora Holmström für ihre Einladung nach Norrland für Sommer und Herbst sowie für die Photographie ihres Gemäldes »Främlingar« (= Die Fremdlinge). Seine Beschreibung des Bildes trägt R. aus diesem Brief in sein Taschenbuch ein. R. schließt: »Glauben Sie übrigens nicht ... daß ich mit mir unzufrieden bin, weil keine Bücher bei meinem jetzigen Dasein herauskommen ... Nur meinte ich, wenn ich mich beklagte, gerade dieses Warten müßte froher, reiner (wie soll ich sagen?) – unschuldiger sein.«

14. FEBRUAR: R. verspricht Sidie Nádherný für die nächsten Tage den

»Chopin«. Er ergänzt: »Wolf Dohrn's Tod schrieb mir Thankmar Münchhausen« und: »Grüße an Karl Kraus. Kommt er her, so muß ichs natürlich unbedingt wissen und ihn sehen!«

R. erhält von der Insel eine italienische Übertragung des »Cornet«: »so kehren wir, Gott sei Dank, zu den Sprachen zurück, über die ich eine Spur Einsicht habe.« (An Kippenberg)

15. FEBRUAR: R. schreibt Magda von Hattingberg über seine persönliche Situation: »Daß die elfjährige Trennung noch zu keiner Auflösung des äußeren Gesetzes geführt hat, liegt nur an den oberflächlichsten Nebenumständen, seit einem Jahr ist alles dafür vorbereitet ...« Die Scheidung unterbleibt letztlich.

R. erwidert auf Philipp Scheys Bedenken im Hinblick auf ein Theater für die Duse: »Ein Einzelner kann einfach bereit sein, Max Reinhardt ist in der Lage eines Feldherrn, dessen Persönlichkeit in seinen Heermassen lebt, jede Wendung braucht Zeit, sich zu entwickeln, er handelt im Geiste weiter Bewegung und eines gewaltigen Sehfelds ...« Reinhardt hatte seinerzeit auch dem Plan der Duse, die »Ariadne« der Madame Poletti zu spielen, nicht gleich zugestimmt.

R. empfiehlt Gide in Venedig einen Besuch im Palazzo Valmarana: »Si je ne serais pas trop vieux pour cela, je dirais que je suis un peu l'enfant de la maison ...«

IM WINTER 1913/14 UND IM FEBRUAR entstehen die Gedichte: »Ach aus eines Engels Fühlung falle ...« und »Hebend die Blicke vom Buch ...« aus dem Zyklus »An die Nacht«, weiter: »Wie der Abendwind durch geschulterte Sensen der Schnitter ...«, »Du im Voraus / verlorne Geliebte ...«, »Stimme eines Armen an der Hand des Engels. Mitte im Gerichte ...«, »Liebe Maria, dein Leiden ...« (vielleicht Einschrift in ein »Marien-Leben«), »Guter Tag. Da prüft man noch: was bringt er? ...«, »O Leben Leben, wunderliche Zeit ...«, »Die Getrennten. Immer noch verlieren die Getrennten ...«, »Leicht verführt sich der Gott zur Umarmung. Ihn triebe / Duft eines Lächelns ...«, »In sich blätternder Hain, / einzelnes menschliches Leben ...«, »Chor: Wo soll ich hin / während in mir / Berge stürzen ...« und der Entwurf: »Ritter in der Hölle«. Alle diese Arbeiten bleiben vom Druck ausgeschlossen.

16. FEBRUAR: An Magda von Hattingberg schreibt R. über die vielen Übertragungen des »Cornet« – englische, polnische, ungarische und eine italienische seien dem Verlag angeboten worden – und erinnert sich der Entstehung dieses »Gedichtes« in der »einen wehenden Mond-

nacht«. R. fährt fort: »Als mir in Rom, völlig unbegreiflich, zuerst die erfundene Figur Malte's geistig gegenübertrat, da erschütterte es mich, gleich zu verstehen, daß er jung sterben müsse. Und wenn ich später, in Malte's Beziehungen hinein, den kleinen Erik erfand, auf den die Gespenster so große Stücke halten, so wars wieder dies, was mich wunderlich beschäftigte, die Längen und Leeren und Ausführlichkeiten der Kindheit ... In Padua, wo man die Grabtafeln vieler junger Menschen sieht, die dort (während ihrer Studien an der berühmten Universität) hinstarben, in Bologna, in Venedig, in Rom, überall stand ich, als ein Schüler des Todes, vor ihrer grenzenlosen Wissenschaft und ließ mich erziehen.«

18. FEBRUAR: R. versichert Gide: »mais je serais ravi au sens le plus céleste de ce mot, si un jour il y aurait une traduction du Christophe Rilke par vous, cher ami.« Gide will mit Mme Mayrisch, mit der er bereits aus dem »Malte« einiges übertragen hat, an diese weitere Arbeit gehen. (Die Übersetzung kommt nicht zustande.) – R. fügt für Gide Kassners neues Buch »Die Chimäre. Der Aussätzige«, Insel-Verlag 1914, als Reiselektüre bei.

19. FEBRUAR: R. unterrichtet Kippenberg vertraulich über Gides Absicht, den »Cornet« zu übertragen, und teilt in einer Nachschrift mit, daß er seinen Aufsatz über die »Puppen« Lotte Pritzels durch Kurt Wolff den »Weißen Blättern« angeboten habe.

20. FEBRUAR: Lou A.-S. hat R. ihre »Drei Briefe an einen Knaben« im Manuskript geschickt, R. sendet ihr dazu eine Reihe von ›Anmerkungen‹. R. fragt, ob sie schon das neue Buch Kassners gelesen habe, und: »Hörst Du manchmal von Sidie? – Karl Kraus ist viel bei ihr in Janowitz, was mich für Sidie, in ihrer Verlassenheit, freut ...«

Außer den Lou A.-S. übermittelten Anmerkungen schreibt R. eine Aufzeichnung: »Daß eine Menge Wesen, die aus draußen abgesetztem Samen hervorgehen, das zum Mutterleib haben, dieses weite erregbare Freie ...«, die er am 20. 2. 18 für sie abschreibt, ihr jedoch nicht schickt; veröffentlicht wird nur der Abschnitt »Schön hab ichs aufgefaßt ...« aus R.s Brief an Lou A.-S., den diese bei der Buchausgabe der »Drei Briefe ...« (Kurt Wolff Verlag 1917) als Fußnote hinzufügt.

21. FEBRUAR: R. an Magda von Hattingberg: »Vier Jahre genau sind's her. Da erfuhr ich zuerst von der Psychoanalyse, durch einen näheren Freund, dem diese Disziplin in ganz andere Thätigkeiten hinein unvermuthet und umstürzend aufgegangen war, einem sehr vielfältig und

fein abgetönten Geist, der aus diesem Neuen schon alle möglichen Schüsse und Zweige trieb, wenn auch noch keine rechte Blüthe. Dann verließ er Paris, ich sah ihn lange nicht, erfuhr aber, dass er nach einer gewissen Lehrzeit Patienten übernommen hatte, und nun ist er in der That so weit, das Studium der Medizin nachzuholen, um auf einer viel weiteren Unterlage, seine Behandlungen und Untersuchungen fortzusetzen.« Die Begegnung mit Gebsattel fand schon 1909 statt.

R. mahnt Sidie Nádherný in einem langen Brief, sie solle sich dessen bewußt bleiben, daß Karl Kraus ihr fremd sei: »ein fremder Mensch; ein Sie nahe angehender ausgezeichneter Schriftsteller; ein Geist, der auf den Ihren vom glücklichsten Einfluß sein kann, wenn ... wenn: die Distanz keinen Moment verloren geht, wenn Sie irgend einen letzten unaustilgbaren Unterschied, auch im Geistigsten noch, zwischen sich und ihm aufrechthalten ...« R. sendet ihr eine der beiden Reproduktionen der Zeichnung Severns »Keats auf dem Krankenbett«, die ihm Eva Cassirer besorgt hat, dazu sein Gedicht: »Vom Zeichner dringend hingeballter Schatten / hinter das nur noch scheinende Gesicht ...« aus dem Januar 1914.

VOM 21. BIS 24. FEBRUAR schreibt R. an Magda von Hattingberg »Brief auf Brief, keiner hätte auch nur eine Stunde in der Lade warten können, Liebste, sie stürzten alle zu Dir.«

22. FEBRUAR: »Herr v. Schlözer sandte mir eben die schönen Briefe seines Onkels [Kurd von Schlözer] (des römischen Gesandten und späteren Mitarbeiters Bismarck's), die er und sein Bruder jetzt publiziert haben; darin kommt das Rom der sechziger Jahre des vorigen Jahrhunderts auf eine sehr liebenswürdige und lebhafte Weise zum Ausdruck ...« (An die Mutter)

23. FEBRUAR: R. fragt Gide nach einem ruhigen, großen Zimmer für Magda von Hattingberg: »une grande musicienne ... qui est une des mes plus chères amies«.

R. schlägt Hedwig von Boddien vor, für ihre Leseabende Proust zu wählen: »ich bin überzeugt, daß nicht allein eine vielseitige und unterhaltende Betrachtung von Du Côté de chez Swann die Folge wäre, sondern manchem würde auch seine eigene Kindheit aus halber Vergessenheit sich einstellen.«

24. FEBRUAR: R. äußert sich der Fürstin gegenüber zu Kassners »Die Chimäre. Der Aussätzige«: »K's Buch ist schön und natürlich wieder überaus wichtig für mich persönlich. Wer hat je solche Bücher ge-

macht? ...Weiter heißt es: »es giebt eine sehr schöne Übersetzung ins Italiänische vom Cornet Rilke, stellenweise prachtvoll, von einem Dr Braschi aus Mailand. [Es handelt sich um Dr. Cecilia Braschi, deren Manuskript R. sorgfältig überprüft.] Diese autorisieren wir guten Gewissens; eine englische kommt eben auch, eine französische steht bevor, eine polnische und ungarische haben wir eben als unzulänglich abgelehnt: kurz der Cornet ist lebendiger als ich, immerzu.« Die angekündigten Übertragungen erscheinen nicht.

25. FEBRUAR: An Sidie Nádherný: »Daß die Fackel das Manuscript nicht zu bringen vermag, ist mir fast lieb: denn nun darf Ihnen jenes ganz gehören, ich behalte keine Abschrift davon, so daß es nirgends ein Dasein hat als bei Ihren Büchern ...«

Aufbruch

Am Abend dieses 25. Februar verläßt R. Paris, um in Berlin Magda von Hattingberg persönlich kennenzulernen. »Fast zum Schluß trat ich bei einem jungen Franzosen ein, einem Dichter, der einen kleinen Bilderhandel betreibt in der rue de Seine, um mit diesem Geschäft alles Zweideutige von seiner eigenen Kunst abzuhalten ...« (An M. v. H., 24. 2. 14 »früh«) Dieser Dichter ist Charles Vildrac.
R. meldet Kippenberg, daß er eben »für unbestimmt (vielleicht acht bis zehn Tage) nach Berlin gehe«, und bittet, »diesen Aufenthalt nicht sehr unter die Leute zu bringen«.

26. FEBRUAR: Auf seiner Reise nach Berlin zeichnet R. für »Benvenuta« das Gedicht auf: »Flutet mir in diese trübe Reise ...«

VOM 26. FEBRUAR BIS 10. MÄRZ ist R. in Berlin, steigt zunächst im Hospiz des Westens ab und übersiedelt am 27. 2. nach Berlin-Grunewald, Hubertusallee 16.

27. FEBRUAR: R. schreibt für Magda von Hattingberg »Freitag Abends, nach deinem Fortgehn«: »Oh wie fühl ich still zu dir hinüber ...«
An Michael Georg Conrad antwortet R. auf einen Brief, der ihn noch in Paris erreicht hat, gerührt, nicht vergessen zu sein: »Glauben Sie nicht, Sie wären es bei mir, so alte Rechnungen des Herzens laufen weiter ...«
Er sei: »völlig in der Welt der Dinge, wo Menschen nicht vorkommen

oder in den Umgebungen fremder Länder, ohne Anschluß an die eigene Gegenwart oder Vergangenheit, dem bloßen Schauen und Staunen, einzeln, ja als wär man der einzige Mensch hingegeben«.

MÄRZ: Im Märzheft der »Weißen Blätter« erscheint R.s Aufsatz »Puppen. Zu den Wachspuppen Lotte Pritzels« (1. Jg., Nr. 7). 1921 begleitet dieser Text das Buch mit den Zeichnungen von Lotte Pritzel.

2. UND 3. MÄRZ: »Oh wie schälst du mein Herz aus den Schalen des Elends. / Was verriet dir im schlechten Gehäus den erhaltenen Kern?...«, Gedicht für »Benvenuta«.

Frau von Hattingberg ist Schülerin Ferruccio Busonis, den R. in Berlin kennenlernt, außerdem begegnet er im Hause S. und Hedwig Fischers Robert Musil, der ihm am 10. März für einen Brief dankt.

4. MÄRZ: Frederik van Eeden hat R. eingeladen, sich am Forte-Kreis zu beteiligen, einem auf das Jahr 1910 zurückgehenden übernationalen, anarchistisch-pazifistischen Intellektuellenzirkel, der sich nach dem italienischen Forte dei Marmi nennt, wo die Gruppe sich künftig treffen will. R. antwortet: »Dieser Morgen bringt mir hier (wo ich mich für ein paar Tage, von Paris kommend, aufhalte) den Entwurf zu der von Ihnen angeregten Organisation: Lassen Sie mich Ihnen vor allem danken für Ihre Zuwendung zu mir; als Einem, der fast außerhalb jeder Heimath, einzig in seinem Innern die Befestigung sucht, die jedem sicheren Wachsthum unentbehrlich ist, – konnte mir Ihr Aufruf nicht anders als überaus verständlich sein...« R. setzt sich ausführlich mit den Plänen van Eedens auseinander und erbittet weitere Unterrichtung. Zum engsten Kreis der Gruppe gehören Martin Buber, Gustav Landauer und Theodor Däubler.

7. MÄRZ: R. berichtet Philipp Schey, er habe Frau von Mendelssohn besucht und lange mit ihr über die Duse gesprochen, aber nicht über den Plan, ihr ein Theater einzurichten: »[sie] hatte nur kurze Nachrichten von ihr aus Rom , aber mich verließ, selbst während dieses Gespräches, nicht – wie soll ich es nennen? – der Instinkt jener vagen Möglichkeit, der ich in Ihnen einen so wichtigen Vertrauten gewonnen habe.«

8. MÄRZ: R. schlägt Kippenberg vor, in der Insel-Bücherei als Gegenstück zu van de Veldes »Amo« Busonis »Entwurf einer neuen Ästhetik der Tonkunst« zu bringen: »er nahm diese Idee (die ihm als Möglichkeit vorzustellen ich ja vor der Hand kein Recht habe) wirklich mit Glücklichkeit auf« (erschienen als Band 202 der Insel-Bücherei). Ferner empfiehlt R. eine »große sorgfältige Auswahl aus Andersens Korrespondenz«,

an der Etta Federn arbeite, die R. in seiner Pension »Bismarckplatz« wiedertrifft. R. schließt: »Kam soeben wieder aus dem Ägyptischen Museum; unerschöpfliche Dinge ...«
Langer Brief Ilse Erdmanns an R., den sie am 11. März fortsetzt: Sie schildert ergreifend den Tod ihres vierjährigen Neffen Andreas nach einem Unfall und ihre Gottferne.
10. MÄRZ: R. berichtet der Fürstin aus Berlin, daß er in einer Probe Busonis Ossip Schubin (= die Schriftstellerin Lola Kirschner aus Prag) getroffen habe: »was hat sie mir alles Großmüthiges ins Gesicht gesagt, und ich rathlos, ohne die mindeste Geistesgegenwart.« R. sei ferner dem Grafen Thun begegnet. »Giulietta Mendelssohn sah ich Donnerstag, ruhig und ausführlich. Dann immer wieder die Aegypter, Amenophis, – jetzt stehn alle die neuen Wunder um ihn herum, die kleine Kalksteinstatuette der Königin, ein Kopf der Königin in warmdunkelbraunem Sandstein, bemalt ... nun drohts schon wieder, eine Wissenschaft zu werden mit auf und ab und allen Komplikationen, dem Amenophis allein gegenüber hatte man nur die stille Aufgabe, das Wunder hinzunehmen, die liegt mir viel mehr ...«
Kippenberg macht R. den »sehr bedeutenden Vorschlag«, ein Buch über ägyptische Plastik zu schreiben, den dieser zögernd ablehnt (8.3.14).
11. MÄRZ: R. fährt über Jena: »wo ich mit jemandem zu sprechen hatte« (an Kippenberg, 18.3.14).
VOM 12. BIS UM DEN 20. MÄRZ ist R. in München, auch hier mit Busoni und Frau von Hattingberg zusammen.
12. MÄRZ: Da die Fürstin Taxis mit Pia Valmarana eine »kleine Tour nach Avignon unternehmen« will, schreibt R. ihr einen langen Brief, was alles sie sehen müsse, der widerspiegelt, was R. seinerzeit in Avignon, Villeneuve-lès-Avignon, in Aix-en-Provence, in Carpentras, Orange, Les Baux gesehen hat. R. fragt, wann die Fürstin in Duino sein werde: »bitte lassen Sie mich Ihnen einen lieben Menschen bringen, es ist für mein Leben wichtig, daß Sie ihn kennen ... eine Freundin, Frau von Hattingberg, ich weiß sie wird Ihnen sympathisch sein, und die Musik lebt in ihr auf eine so große und wunderbare Art, wie ichs nie für möglich hielt: ich glaube, durch sie kann ich mich so an der Musik entwickeln und aufrichten wie einst an Rodin's Skulptur ...« (Die Fürstin fährt nicht in die Provence, sie lädt R. und Frau von Hattingberg für Mitte April nach Duino ein.)
13. MÄRZ: R. fragt Carlo Placci nach dem Ergehen der Duse, über die er

mit Giulietta Mendelssohn im gleichen Sinne wie mit Philipp Schey gesprochen hat: ein Theater für sie. Er solle ihr sagen: »que je ne change point à son égard, que les jours de Venise me restent inoubliables et chers dans toute leur richesse douloureuse, seulement que j'ai tant à faire à me supporter moi-même.«

17. MÄRZ: R. hört ein Konzert Ferruccio Busonis. An Elsa Bruckmann heißt es am 16. 3.: »Nach dem Busoni-Konzert aber will ich auf jeden Fall gleich nach Hause: einmal, weil ich dann Mittwoch doch reise ...« Über die Tage in München berichtet R. am 2. 4. 14 aus Paris Sidie Nádherný. Er sieht Clara R. und Ruth, auch Ingrid Stieve. »Bruckmanns fast jeden Tag, denn es war auch Kassner nach München gekommen, der ein alter Freund von Elsa Bruckmann ist – so trafen wir uns meistens zum Frühstück bei ihr. Eduard Keyserling sah ich mit viel Rührung und Freude, lesen Sie seinen jetzigen Roman in der Rundschau, ich finde ihn besonders schön und bezeichnend für seine vornehme definitive Art zu sehen und zuzusehen.« (»Abendliche Häuser« erschien 1914 in der Neuen Rundschau.)

19. MÄRZ: »München bringt immer wieder so vieles, zudem kam mein Freund Rudolf Kassner von Wien herüber, dem ich nun möglichst viel Zeit widmen wollte.« (An die Mutter)

WOHL AM 20. MÄRZ Weiterreise über Innsbruck mit einem Ausflug nach Hall, von dort weiter nach Zürich, Winterthur und Basel. R. faßt zusammen: »Berlin, München, Zürich, Basel und schließlich die Rückkehr zu stark vernachläßigter Korrespondenz und Arbeit« nach Paris (2. 4. 14 an Sidie Nádherný). Über Schweizer Eindrücke schreibt R. am 20. 9. 17 an Inga Junghanns: »von den dortigen Bildersammlungen; besonders von denen zu Winterthur, hab ich das Rühmlichste gehört, bin selber vor mehreren Jahren in der kleinen Stadt gewesen, damals waren aber jene Collectionen, soviel ich weiß, noch nicht vorhanden.«

23. MÄRZ: »Ihr Brief, werte Freundin, erreicht mich eben in dieser Stadt, von deren ordentlichen Türmen die Uhren so kuhäugig-groß wie lauter Bahnhofuhren in die zwar gesteigerte, aber unsäglich bürgerliche Landschaft schauen, in eine menschlich-nüchterne Natur, – ich kann mir nichts vorstellen, was mir fremder wäre, gleichgültiger, außenseitiger als diese Umgebung«, schreibt R. aus Zürich an Katharina Kippenberg, der er für die Übersendung der nachgelassenen Gedichte Gerhart Ouckama Knoops dankt, für die er sich beim Verlag sehr eingesetzt hat.

26. MÄRZ: Rückkehr nach Paris, wohin ihn Magda von Hattingberg begleitet. Sie wohnt im Hôtel du Quai Voltaire.
28. MÄRZ: R. geht auf den Vorschlag Kippenbergs, seine kleine Erzählung »Reflexe«, die 1901 zuerst erschien, im Insel-Almanach zu drucken, nicht ein: »jene ›Reflexe‹ kamen noch einmal zu sich, da Sie sie lasen, aber das war, glauben Sie mir, lediglich der Schein Ihrer guten Meinung, mit dem sie spielten ... Einmal, in Leipzig, wollen wir die kleinen Prosasachen durchsehen und ausmustern; es möchte eines oder das andere darunter sein, was sich bescheiden erhält, doch würde keine jener Arbeiten eine Stelle im Almanach wirklich ausfüllen können...«
Kippenberg schreibt an R.: »daß ich mit einem Gefühl wirklichen Mißbehagens Sie unter den Mitarbeitern der ›Weißen Blätter‹ gesehen habe ... Ich darf Ihnen nicht verhehlen, daß ich diese Franz Blei'sche Gründung, in der sich so viel hilfloser Dilettantismus und sterile Überhebung neben herzlich wenig Gutem breitmacht, Ihrer schlechthin nicht würdig finde ...« Die 1913 gegründete Zeitschrift ist von Kurt Wolffs Freund Erik Ernst Schwabach ins Leben gerufen und auch geleitet worden.
1. APRIL: R. antwortet auf diese Vorwürfe, die sich auch auf die Zeitschrift »Orion« erstrecken: »Trotzdem, die Veröffentlichung in den ›Weißen Blättern‹ macht mir Freude, auch jetzt noch, da sie vorliegt. Der Impuls zu dieser Übertretung meiner sonstigen Grenzen stammt aus meiner Freude an Werfel her, aus meiner seit dem vergangenen Sommer vielfach abgewandelten Überraschung, an einer nächsten Generation so viel Teilnehmung und Lust zu haben...« Zum »Orion« erklärt R.: »Ich glaube, ich sah das Ganze, wie es mir seinerzeit vorgeschlagen wurde, im Lichte einer mir sympathischen Internationalität, während ich jetzt nur merke, daß es sich um eine der Erschleichungen handelt, mit der die heutige Publizität sich ein neues noch intim-geschlossenes Gebiet anzumaßen sucht. ... Wäre ein anständiger Rückweg möglich, so würde ich ihn erleichtert antreten...« Der im März ausgesandte Prospekt für die neue Zeitschrift führt R.s Namen auf. Geplant war: »Orion«, ein Jahrkreis in Briefen, eine auf 260 Abonnenten beschränkte Publikation, die aus faksimilierten Briefen bedeutender zeitgenössischer Autoren und graphischen Beiträgen namhafter Künstler bestehen sollte. Herausgeber: Kurt Tucholsky und Kurt Szafranski.
4. APRIL: R. hört in der Schola Cantorum das »Stabat mater« von Pergo-

lesi: »Frau v. Hattingberg wundert sich sehr über die Art, wie die Franzosen Musik machen.« (An die Fürstin, 7. 4. 14)

7. APRIL: R. schickt an Philipp Schey das »Mystère der Passion der Brüder Greban (von etwa 1450)«, weil die Duse sich dafür vielleicht entscheiden werde. Sie ist zu der Zeit in Rom. Am 7. 7. 14 berichtet R., Reinhardt habe ihn um eine deutsche Fassung der Passion gebeten, dem habe er sich jedoch versagt (ebenfalls an Schey).

An Kurt Wolff schreibt R.: »Ich habe im Herbst v. J. dem Unternehmen, das sich unter dem Namen ORION ankündigte, eine gewisse Zustimmung zu erkennen gegeben, die ich indessen für um so vorläufiger hielt, als mir ein Manuskript, das ich gleichzeitig den Herausgebern übersandte, mit der Bemerkung zurückgestellt wurde, es sei für Beiträge noch zu früh ...« R. bittet Kurt Wolff, seine endgültige Absage zu übermitteln (7. und 8. 4. 14).

An Kippenberg antwortet R. auf den Vorwurf, er gefährde seinen Namen: »offen gestanden, ich kann mir nicht vorstellen, daß ich ihn anders gefährden könne, als durch eine schlechte Arbeit.« R. tut es jedoch leid, Kippenberg »eine Art von Schmerz« bereitet zu haben.

Bei der Fürstin meldet R. sich und Frau von Hattingberg für den 20. oder 21. April an.

16. APRIL: R. ist mit Magda von Hattingberg in Chantilly, der Fürstin schreibt er von »einer Art Grippe«, die er gehabt habe. »Heute erhole ich mich in Chantilly, – der Tag (stark im Wind und linde im Licht) kam einem, kaum man ihn draußen verließ, aus dem Blättern des Livre d'heure so unvermindert als derselbe entgegen, dieser eigenste ewige Tag der Île-de-France.«

In Chantilly entsteht das Gedicht: »Regenbogen. Aus geducktem Wetterunterstand / in die freien Klärungen zu dringen ...«, um dieselbe Zeit auch »Dich zu fühlen bin ich aus den leichten / Kreisen meiner Fühlungen gestiegen ...« für »Benvenuta«. Die Verse bleiben unveröffentlicht.

19. APRIL: Abreise aus Paris über den Simplon nach Mailand, über Venedig nach Monfalcone, wo Frau von Hattingberg und R. nach Duino abgeholt werden.

VOM 20. APRIL BIS 4. MAI ist R. zum letzten Mal in Duino. Gleichzeitig sind Kassner und ein schottischer Freund der Fürstin, Horatio Brown, zu Gast. Auch Pascha Taxis und andere Mitglieder der Familie sind anwesend. R. liest häufig vor, so die »Spanische Trilogie«; das ›Triestiner Quartett‹ spielt, ebenso Frau von Hattingberg.

R. und Frau von Hattingberg sowie die Fürstin sind Anfang Mai in Venedig, wo sie sich schließlich trennen.

VOM 9. BIS 23. MAI ist R. nach der Lösung von »Benvenuta« allein in Assisi.

11. MAI: Aus Assisi schreibt R. seiner Mutter: »in der oberen Kirche war ich noch nicht, die untere mit ihren flachen Gewölben ihrer Dunkelheit hat etwas von einer Grotte und so schön die Malereien Giotto's und Cimabue's da unten vom heiligen Franz erzählen, es ist nur ein Gerücht von ihm, das da unten sich erhält, ganz sicher seiner, seines Gewesenseins und vorhandenen Wirkens ist man erst draußen in der heiteren freien Landschaft, die an seinem Geist so viel Antheil hat.«

12. MAI: »Heute ist der erste Tag voll umbrischen Lichts«, heißt es an Kippenberg. R. überträgt Verlaines »Agnus Dei«, das er am Schluß von André Gides »Conférence« im April-Heft von »Vie des Lettres« findet. Den Vortrag Gides über »Verlaine und Mallarmé« hörte R. am 22.11.1913 im »Vieux-Colombier«; Druck im »Insel-Almanach auf das Jahr 1917«. R.s Übertragung von »André Gide. Die Rückkehr des verlorenen Sohnes« erscheint als Nr. 143 der Insel-Bücherei.

18. MAI: Der Fürstin Taxis schreibt R. von der ›Mauer seiner Apathie‹.

24./25. MAI: Aufenthalt in Mailand, wo sich R. von Dr. Cecilia Braschi ihre Übertragung des »Cornet« vorlesen läßt: »une jeune fille intelligente et de bonne volonté« nennt R. sie in einem Brief an Pia Valmarana (28.5.14).

26. MAI: Rückkehr nach Paris: »Kurz, ich bin hier, das soll nicht als ein neuer Umsturz verstanden sein, im Gegentheil, ich hoffe, es kommt damit alles wieder in sein eigenstes Element, – ich mache einen großen Strich unter die unruhigen, unvermuteten letzten Monate, die hätten unbeschreiblich viel Gutes bringen können ... nun wird, daß sie's nicht gebracht haben, ehrlich zu verstehen und zu verwerten sein.« (An Kippenberg)

27. MAI: An seine Mutter schreibt R.: »Mein Brief vom 15. muß Dich rechtzeitig erreicht haben, hoffentlich auch eine Photographie der schönen Madonna von Cimabue, mit dem heiligen Franz neben dem von Engeln umgebenen Thron, eines der ältesten, sichersten und rührendsten Bildnisse, die man vom hlg. Franziscus kennt.«

28. MAI: »Ach, Fürstin, was für Monate waren das! Zurückschauen ist arg, vorwärtsschauen nicht heiter, comme cela on reste cloué sur place et on voudrait fermer les yeux par une centaine de paupières l'une sur l'autre.«

1. JUNI: R. lehnt auch Karl v. d. Heydt gegenüber eine Übertragung der Passion der Brüder Greban ab, er verweist auf Max Mell oder Werfel. (R. besitzt selbst die Ausgabe von Gaston Paris »Arnoul Greban: Le Mystère de la Passion ...«, Paris 1878.) R. schreibt von der Duse: »jedenfalls liest sie jetzt die Passion und liest sie in einer zu dem wunderbaren Werk stark aufgeregten Verfassung, kurz: das Unmögliche scheint nicht unmöglich.«

3. JUNI: An Sidie Nádherný äußert R. die Absicht, nach Leipzig zu fahren, schon der »Bugra« wegen, der Internationalen Ausstellung für Buchgewerbe und Graphik.

4. JUNI: Mit Johannes Sorge, der ihm sein Drama »Guntwar« geschickt hat, spricht R. über Kirche und Kunst.

FRÜHSOMMER: Die Fragmente »Hassend nach dem Augenmaß ...«, »Aus unvordenklichem Greis ...« und »Siehe das leichte Insekt ...« (Vorklang der achten Elegie) entstehen.

8. UND 9. JUNI: Langer Brief an Lou A.-S., in dem R. über die vergangenen Monate Rechenschaft ablegt. »Was schließlich so völlig zu meinem Elend ausfiel, fing mit vielen vielen Briefen an, leichten, schönen, die mir stürzend von Herzen gingen; ich kann mich kaum erinnern, je solche geschrieben zu haben ...« Auch in der Arbeit biete sich keine Zuflucht, deshalb lese er: Bergson, Stefan Georges »Der Stern des Bundes«, Maeterlincks Aufsatz »über die elberfelder Pferde« im Juni-Heft der »Neuen Rundschau«. R. sieht in Paris eine Magnasco-Ausstellung; er schickt Lou A.-S. Photographien von Werken dieses Genueser Malers zurück, die sie durch Max Scheler erhalten hat: R. bietet an, wegen der verzögerten Rücksendung selbst an diesen zu schreiben.

13. JUNI: Auch an die Fürstin schreibt R.: »Ich lese Bergson und freue mich, daß ich seitenlang mitkomme«, und macht sie aufmerksam auf den Maeterlinck-Aufsatz. »Projekte?: mein einziges, das einige Sicherheit angenommen hat, ist Leipzig, wo mich mein Verleger unbedingt erwartet und wohin ich auf alle Fälle muß, um in die praktische Unordnung meiner Umstände einige Aussicht zu bringen.« R. fragt, wie Sidie Nádherný bei ihrem Besuch der Fürstin gefallen habe.

15. JUNI: An Pia Valmarana heißt es: »Mais peu à peu je devine que j'ai quitté Paris et ma solitude au moment, où un très fort courant intérieur commençait à surgir en moi, et au lieu de m'enfermer alors avec plus d'obstination, j'avais le tort de partir et de m'exposer – des très intenses

influences qui venaient du dehors, de façon que les deux directions contraires se paralysaient l'une l'autre ...«

18. JUNI: Aus London läßt die Frau des deutschen Botschafters, Mechtilde Fürstin Lichnowsky, einen Aufruf ergehen, man solle »einem deutschen Dichter den Grad materieller Unabhängigkeit, der für ungehemmtes Arbeiten nötig ist«, verschaffen. Dreißig bis vierzig Menschen, die bereit wären, jährlich einen Beitrag nicht unter 100,– Mark zu leisten, würden diese Hilfe schaffen können: »Des Dichters Name ist R. M. R. Es ist nicht beabsichtigt, ihm zu sagen, wem er das Geschenk einer größeren Freiheit verdankt, es sei denn, er wünschte selbst die Namen der Freunde zu erfahren.« Die Aktion soll zunächst für fünf Jahre laufen, geht jedoch im Ausbruch des Weltkrieges unter.

20. JUNI: An Lou A.-S.: »da ist ein wunderliches Gedicht, heute morgen geschrieben, das ich Dir gleich schicke, weil ichs unwillkürlich ›Wendung‹ nannte, weil's die Wendung darstellt, die wohl auch kommen muß, wenn ich leben soll.« R.s erster Entwurf zu »Wendung«: »Denn dies ist mein Wesen zur Welt ...« trägt die Bemerkung am Schluß: »Daß dieses leerzehrende Aus mir hinausschaun abgelöst werde durch ein liebevolles Bemühtsein um die innere Fülle.« Voraus geht dem noch das am Vortag begonnene »Waldteich, weicher in sich eingekehrter ...« Dem Gedicht »Wendung« gibt R. als Motto einen Spruch aus Kassners »Sätzen des Joghi« – leicht verändert –: »Der Weg von der Innigkeit zur Größe geht durch das Opfer.« R. hat das Gedicht selbst nicht veröffentlicht.

23. JUNI: An die Fürstin Lichnowsky meldet R.: »Stauffenberg hat mir lieb geschrieben, kann mich im August haben und das will ich auf alle Fälle einrichten. Ich hab ihm noch nicht wieder geschrieben, im Wunsche, ihm das und jenes mitzuteilen über das Nötige hinaus, aber ich sehe schon, es wird jetzt nicht gehen, – ich werde nur gerade ausdrükken können, daß ich komme und wie sehr mir schon das hilft, in ihm so sicher den Freund zu wissen, den Vor-Freund alles des Kümmerlichen, das ich bringe.«

Seiner Mutter schickt R: »ein Faksimile der Segnung, die der hlge Franciscus für den Bruder Leo aufschrieb, ich sah und verehrte das rührende kleine Blatt in Assisi, das der Fra Leone bis zu seinem Tode an der Brust getragen hat; das Kreuz setzte Franciscus anstelle seines Namens als Unterschrift«.

24. JUNI: R. übersendet Frau von Nostitz das Gedicht »Waldteich ...«:

»Vor ein paar Tagen [19./20. 6.14] schrieb ich ein Gedicht, dieses, das ich Ihnen schicke, weils von dem gewissen kleinen Waldteich im linken Strandwald seinen Ausgang nahm; plötzlich wurde mir dieses Stück Heiligendamm ganz überaus fühlbar; der Kontrast, wie ich ihn einmal erlebte, von dort aus ans überstürzte Meer zu treten ...«

26. JUNI: Lou A.-S. gegenüber versucht R. sich seine Lage in einem langen Brief zu verdeutlichen: »Es fällt mir ein, daß eine geistige Aneignung der Welt, wo sie sich so völlig des Auges bedient, wie das bei mir der Fall war, dem bildenden Künstler ungefährlicher bliebe ...« R. fährt fort: »Der junge Goethe wird mir da immer erstaunlicher; wie ihm der Ertrag von vornherein das Maaß des Erträglichen ist, aber auch seines Glücks. Nichts Unbrauchbares in die Hand zu nehmen und das Brauchbare recht; von früh auf Erinnerungen an Können- und Gekonnthaben in sich ansammeln, die verschiedentlichsten und entgegengesetztesten: um nicht anders als mit hundert Vorhandenem in das unendliche Ausbleiben zu gerathen, das die Götter einem jeden Augenblick bereiten können ...«

28. JUNI: Ermordung des österreichischen Thronfolgers und seiner Gemahlin in Sarajevo. – Erst am 12.7.14 heißt es dazu bei R.: »Danke für den Vorrath Zeitungen; das Attentat von Sarajewo betreffend; welcher Unstern steht über dem Schicksal der Thronfolger Oesterreichs.« (An die Mutter)

29. JUNI: Kurt Wolff teilt der Fürstin Lichnowsky die Namen von fünf Personen mit, die auf das Rundschreiben hin gezeichnet haben, darunter Franz Werfel mit 100 Mark jährlich. Kippenberg habe zu der Aktion geäußert: »erstens würde R. noch weniger schaffen, wenn es ihm finanziell besser ginge, zweitens benutze er jetzt schon häufig bei Reisen die erste Wagenklasse und drittens u.s.w.«

2. JULI: Für Regina Ullmann schreibt R. einen ›Gewittersegen‹: »Gewitter Gewitter was willst du hier ...«; sie hat ihm eine geweihte schwarze Gewitterkerze geschickt, die ihm diese Zaubersprüche eingegeben habe. Den Anfang des Begleitbriefes trägt R. in sein Taschenbuch ein.

JULI: Niederschrift der Gedichte »Klage. Wem willst du klagen, Herz? ...« und »Man muß sterben weil man sie kennt ...«, letzteres bis auf die letzten drei Verse der endgültigen Fassung, die wahrscheinlich im Herbst 1914 in Irschenhausen entstanden sind. Beide Gedichte veröffentlicht R. 1918 in »Die Dichtung«. Aus den »Anfängen und Fragmenten aus dem Umkreis der Elegien« stammt die Strophe »Wo wir uns hier, in einander drängend, nicht ...« Auch das Widmungsgedicht für Grete Gulbransson: »Heute will ich dir zu Liebe Rosen / fühlen ...« entwirft R. um diese Zeit.

4. JULI: R. schreibt an Lou A.-S., er werde einen Arzt aufsuchen müssen. Er denkt an Stauffenberg: »Er will im August Zeit für mich haben, und so werd ich, voraussichtlich, jenen Monat in seiner Nähe sein (in München oder bei München auf dem Lande.) ... ich quäle mich hier wie ein Hund, der einen Dorn im Fuß hat«; R. fährt fort: »Ich kann mirs nicht denken, daß es nicht gute einfache Hülfen geben soll ...« Am 20.7.14 werde er in Leipzig bei Kippenbergs erwartet.

9. JULI: An Magda von Hattingberg, die Regina Ullmann in ihrer bedrängten Lage Beistand leisten will, bemerkt R.: »Trifft es sich aber wirklich, daß Du ihr nächstens helfen kannst, so thu's unbedenklich, wie es gerade kommt; Geld hat ja keine vorwurfsvolle Nebenbedeutung für die, die es nur eben brauchen, nicht besitzen und behalten und auch noch schätzen wollen ...« R. sendet ihr das Gedicht »Judith«, das sie ›recht heimlich‹ halten soll, da es der Fürstin Taxis gehöre, und berichtet von zwei kleinen Buchgaben, die er mit herzlicher Einschrift von Heymel erhalten hat.

An Kippenberg schickt R. »die sauberen Abschriften der Michelangelo-Übertragungen«, nämlich »(das Madrigal: Selige, die ihr euch im Himmel freut ... und neunzehn Sonette); vielleicht, daß ich mit einer Auswahl aus diesen (verantwortlichen) Blättern hinreichend und bezeichnend im Almanach vertreten wäre«. Vorher heißt es: »Es sind einige eigene Sachen da: doch scheinen sie mir, nicht allein der Form, sondern auch dem Geiste nach, so fragmentarisch, daß ich sie am liebsten in meiner Lade verhielte, abwartend, was eine spätere Zeit zu ihrer Verbindung, Beziehung und Begeisterung wird hervorzubringen haben.« Der nächste Almanach bringt keine dieser Arbeiten, es ist ein »Kriegs-Almanach.«

12. JULI: In der Zeitung Világ in Ungarn erscheint ein Interview, das R. der jungen Schriftstellerin Zsófia Dénes gewährt hat. Darin heißt es: »Ja, ich bin fast Ihr Landsmann, aber – verzeihen Sie mir, bitte, ich will Sie damit nicht beleidigen, – ich gebe nicht viel auf mein Österreichertum. Ich entstamme einer slawischen Familie, und meine politischen Begriffe verwischen sich. Ich bin ein Prager, aber russischen Bluts, und es ist ein Zufall, daß meine Muttersprache das Deutsche ist.«

17. JULI: R. siegelt an diesem Tage seine Briefe von »Benvenuta« ein.

Der Umschlag trägt von seiner Hand den Vermerk: »Eigenthum der Frau Magda von Hattingberg – München, Rauchstraße 12. Versiegelt 17. July 1914 R. M. R.«

An Gide sendet R. »les deux volumes de Hebbel« zurück, die Briefe Hebbels, und sagt dazu: »je n'ai pour Hebbel que de la curiosité, mais celle-là a trouvé son compte.« R. dankt für das April-Heft von »La Vie des Lettres« und berichtet: »J'ai essayé de traduire ce poème [Agnus Dei de Verlaine] dont je vous dois la connaissance, pour l'édition allemande de Verlaine que l'Insel-Verlag prépare avec beaucoup de soins.«

Zum Vorschlag der Duse, sein »Marien-Leben« in italienischer Übersetzung als Nonne gekleidet vorzutragen, äußert sich R. Frau von Nostitz gegenüber eher ablehnend.

MITTE JULI erhält Ludwig von Ficker, Herausgeber des »Brenner-Jahrbuchs«, die Mitteilung, ein ihm noch Unbekannter werde ihm 100000 Kronen übersenden, damit er diesen Betrag nach seinem Gutdünken an würdige bedürftige Künstler Österreichs verteilen könne. Unterzeichnet ist der Brief: Ludwig Wittgenstein, jun. Der junge Mathematiker und Philosoph Wittgenstein hat soeben ein großes Vermögen geerbt und ist durch eine Äußerung von Karl Kraus in der »Fackel« auf Ludwig von Ficker aufmerksam geworden. Bei einem Treffen am 26. 7. schlägt Ficker Wittgenstein vor, je 20000 Kronen an Trakl, Rilke und Kokoschka zu geben, dieser stimmt sogleich zu.

19. JULI: R. verläßt Paris, wie er glaubt, nur für eine kürzere Reise in Deutschland: »meine alte Concierge stand weinend, weinend! (ahnte sie mehr als ich?) am Wagenschlag, ich sagte: ›Madame, cela ne vaut pas la peine‹ – cela en valait bien plus!!« (An Leopold von Schlözer, 21.1. 20) R. nennt hier den 21. 7. als Tag seiner Abreise, irrtümlich.

VOM 19. BIS 23. JULI ist R. bei Lou A.-S. in Göttingen, er wohnt in Gebhards Hotel. R. gibt ihr eine Abschrift des Gedichtes »Man muß sterben weil man sie kennt ...«

21. JULI: Gemeinsamer Gruß an Ellen Key.

22. JULI: Gide teilt R. mit, daß er dessen »Cornet« auf seine Kleinasien-Reise mitgenommen habe: »j'y ai travaillé plusieurs jours, mais j'ai dû enfin y renoncer en me rendant compte que je vous trahirais ... rien n'y resterait plus de la saveur originale.« In diesem letzten Brief vor einem sechsjährigen, durch den Krieg erzwungenen Schweigen verspricht Gide: »de prendre un jour une belle revanche avec quelque autre poème de vous«.

VOM 23. JULI BIS ZUM 1. AUGUST ist R. in Leipzig bei Kippenbergs. R. liest die »Elegien« vor. Es wird beschlossen, daß R. in Freiburg studieren soll: »Freiburg z. B.: darauf fiel schließlich, als wir in Leipzig alles erwogen, ein Schein von Wahrscheinlichkeit; daß ich dort, in der Schwarzwaldluft, nicht zu weit von Paris, nahe an Colmar und anderen schönen Orten, gewisse Studien versuchen sollte ...« (An Lou A.-S., 9.9.14)
24. JULI: R. fürchtet, eine Sendung Norbert von Hellingraths könne verlorengegangen sein, der neue Band seiner Hölderlin-Ausgabe. »In den beiden bisherigen Bänden Ihres Hölderlin habe ich gerade während der letzten Monate mit besonderer Bewegung und Hingabe gelesen: sein Einfluß auf mich ist groß und großmütig, wie nur der des Reichsten und innerlich Mächtigsten es sein kann ...« Daneben habe R. auch Gundolfs »Shakespeare und der deutsche Geist« gelesen.
25. JULI: R. trifft Franz Werfel und besucht die »Buch- und Buchgewerbe-Ausstellung« BUGRA in Leipzig.
26. JULI: R. verspricht Lou A.-S., wegen ihres Buches »Drei Briefe an einen Knaben« mit Kurt Wolff zu sprechen, der noch verreist ist. R. geht dann auf die Hilfsaktion der Fürstin Lichnowsky ein, die zu Kippenbergs schwerer Verstimmung geführt habe: »das Geschäftliche durchgesprochen, alles hoffnungsvoll; nur leider hat die Fstn L[ichnowsky] wirklich sich Kurt Wolff anvertraut, doch auch das wird in Ordnung zu bringen sein.« Die Fürstin legt von sich aus am 27.7.14 ihren Hilfsplan für R. in Kippenbergs Hände zur Verwirklichung.
R. dankt Heymel für dessen »Gesammelte Gedichte«, in denen R. die »Sieben Gesänge unter den drei Sternen« wiederfindet, von denen er nicht wußte, daß sie von Heymel sind: »so muß ich Ihnen doch auf der Stelle sagen, wie sehr, ja ungeheuer mich damals jenes kleine Buch ergriffen, gehalten und erschüttert hat.« Die sieben Gesänge »An meinen Traumgeist« erschienen ohne Verfassernamen in einem Privatdruck 1913.
26./27. JULI: L. von Ficker besucht Wittgenstein in Wien, sie besprechen die Verteilung der Spende: »die Berücksichtigung Rilkes ... war ihm gleich einleuchtend und ein Gegenstand freudiger Zustimmung.«
28. JULI: Kriegserklärung Österreichs an Serbien.
29. JULI: R. besucht Kurt Wolff.
R. dankt Hellingrath für den Sonderband »Hölderlin«, der bis zum Erscheinen von Band IV der großen Ausgabe nur vertraulich mitgeteilt wird: »Ich kann Ihnen nicht sagen, wie sehr das Wesen dieser Gedichte mir einwirkt und unsäglich kenntlich vor mir steht ...«

31. JULI: »Daß man nicht die Fassung hatte, diese Angelegenheit zwischen den wirklich Beteiligten spielen zu lassen, wo sie ja bald hätte zu Ende kommen müssen. Deutschland ist ein Barbarenland, die Rauflust kocht ihnen immer noch unter dem bischen Anstrich, es ist traurig zu sehen. Welche Unvernunft in dem Ganzen! ... Gott verhüte den größeren Krieg, er wäre erschütternd und namenlos verhehrend, und ich sehe nicht, was er herbeiführen soll.« (An die Mutter)

Erste Kriegszeit: München und Berlin

1. AUGUST: R. reist in der Hoffnung nach München, Lou A.-S. dort zu finden, sie ist jedoch am selben Tag nach Göttingen zurückgefahren.
3. AUGUST: Ellen Key schlägt S. Fischer vor, R. für das Vorwort einer geplanten Ausgabe der Gedichte ihrer verstorbenen Freundin Sissy Frerichs (= Gesine Naef-Frerichs) zu gewinnen.
2./3. AUGUST: Beginn der Niederschrift von sechs »Gesängen« bei Ausbruch des Krieges: »Zum ersten Mal seh ich dich aufstehn / hörengesagter fernster unglaublicher Kriegs-Gott...« R. schreibt sie in die eben erhaltene Sonderausgabe des Hellingrathschen »Hölderlin«. Als »Fünf Gesänge / August 1914« erscheinen die Stücke I bis V im »Insel-Almanach auf das Jahr 1915«, dem »Kriegs-Almanach 1915«. Das sechste der Gedichte: »Dich will ich rühmen, Fahne. Immer von Kind auf / sah ich ahnend dir nach...« bleibt unpubliziert. Zu diesem Text ist eine Reihe von Entwürfen erhalten.
6. AUGUST: Aus München, Hotel Marienbad, meldet R. der Fürstin Taxis: »ich bin vorläufig noch meinen Plänen gemäß in München in ärztlicher Behandlung, aber eine eigenmächtige Existenz ist in diesen Tagen durchaus im Unrecht –, sehen Sie einen Platz für mich, auf dem ich als Schreiber oder Sanitätsgehülfe oder sonst mich nach meinen Kräften im Allgemeinen anzuwenden vermöchte? Vor der Hand hoffe ich schon hier etwas Ähnliches zu finden, später aber muß mein Platz naturgemäß doch in Oesterreich sein...« Ähnlich schreibt R. an Sidie Nádherný: »Unwirksam darf keiner bleiben in diesen Tagen und ich leide darunter, es vor der Hand noch zu sein.«
15. AUGUST: R. sendet dem als Fahnenjunker eingerückten Thankmar

von Münchhausen, den er in Göttingen gerade gesehen hat,»schnell diesen Gruß ... mit ein paar Gedichtzeilen aus den ersten Tagen dieses ungeheuren August« (die »Fünf Gesänge«).
21. AUGUST: An Clara R.: »Stauffenberg, bei dem ich in ausführlicher körperlicher (nicht psychoanalytischer) Behandlung stehe« verlange, daß R. jetzt einen Landaufenthalt antrete, so kann er das Angebot, ihre Wohnung zu übernehmen, nicht ausnutzen. Clara R. und Ruth sind verreist.
VOM 24. AUGUST BIS ENDE SEPTEMBER ist R. in Irschenhausen, Landhaus Schönblick, im Isartal.
28. AUGUST: »Bücher sind nur wenige mit mir: ein Vordruck von einem neuen Band Hölderlin'scher Gedichte, den Hellingrath für seine Freunde der eigentlichen Ausgabe hat vorausdrucken lassen, und der Hyperion, der ja wunderlich beziehungsvoll sich liest und doch in seiner Art hülft, weil er von vornherein über allem steht und höher in einem Jenseits des Kriegs und einem Himmel der Liebe vor sich geht ...« (An Sidie Nádherný)
Seiner Mutter schreibt R.: »Seit ich hier draußen bin, lese ich keine Zeitungen und vernehme nur bei Tische, was man etwa von den Kriegsereignissen erzählt, jeden Fortschritt mit der Hoffnung begleitend, daß es zu einem baldigen Abschluß dieser unerhörten Vorgänge führen sollte und zu einem denkbar glücklichen. Aber noch ist alles unabsehlich und man lebt zwischen Staunen und Furcht die ungewöhnlichsten unbeschreiblichsten Tage.«
29. AUGUST: An Anna von Münchhausen heißt es: »Allmählich fang ich an, mein Zurückgebliebensein hinter soviel Aufbruch verwirrt und kränkend zu empfinden: die ersten Tage trieb mein Geist in der großen allgemeinen Strömung, konnte auf seine Art mit; dann besann ich mich, als unsäglich Einzelner, auf mich selbst, auf mein altes, mein bisheriges Herz (das ich nicht aufgeben kann), und nun hab ichs sehr schwer über diesen Bogen, einzeln, zum ungeheueren Allgemeinen die gültige, womöglich irgendwie fruchtbare Stellung zu gewinnen. Glücklich die, die drinnen sind, die's hinreißt, die's übertönt.«
ENDE AUGUST: Niederschrift des von R. nicht veröffentlichten Prosa-Gedichtes:»Der Gedanke spielte mit seinen Möglichkeiten ...«
AUGUST/SEPTEMBER: Das Gedicht »Es winkt zu Fühlung fast aus allen Dingen ...« entsteht, zugleich eine Reihe von Entwürfen, darunter die ursprüngliche Fassung von »Immer wieder, ob wir der Liebe Land-

schaft auch kennen ...« und Entwürfe zur Fortsetzung von »Ausgesetzt auf den Bergen des Herzens ...«, die in endgültiger Fassung beide im »Insel-Almanach auf das Jahr 1923« erst erscheinen, sowie das Bruchstück: »Fast wie am jüngsten Tag die Toten ...«
In seinen Hölderlin-Band trägt R. das Gedicht ein: »An Hölderlin. Verweilung, auch am Vertrautesten nicht, / ist uns gegeben ...« (es bleibt ungedruckt).

2. SEPTEMBER: R. berichtet Magda von Hattingberg von den letzten Monaten und der Hoffnung, einen Ort zu finden, wo er zu arbeiten vermöchte: »Aber wer denkt so weit. Das Geschehen liegt da wie ein riesiges gefährliches Gebirg und unser aller Zukunft liegt, wie unerreichbar, dahinter. – So mußte denn die Spannung, die ich gerade in Paris so stark empfand, die ganze Welt zur erschütterndsten Entladung drängen?«

5. SEPTEMBER: Über Hölderlin: »Ist es möglich, sagt ich mir noch diesen Morgen im Wald, ... ist es möglich, daß dieses Alles, Unendliches, ausgesagt, ausgefühlt, da ist – und wie leben die Menschen und könnens doch nicht brauchen und sind so unbeschreiblich dieselben, mit solchem Trotz und solcher Beharrnis dieselben, – wo doch jedes dieser Gedichte gewaltiger ist als nur Schicksal, wirkender, wenn man sich nur so zu ihm verhielte, wie man sich zum mindesten Schicksal verhält –. Diese wohin, an wen, verschwendeten Dichter ...« (An eine unbekannte Freundin)

8. SEPTEMBER: R. fragt Sidie Nádherný, ob sie wohl die für die Marmor-Ausführung ihrer Büste bei Clara R. noch ausstehenden 500 Mark zahlen könne; Clara R. sei in Geldnot, da Zahlungen von Knoops aus England ausbleiben.

9. SEPTEMBER: Langer Brief an Lou A.-S., der beginnt: »wenn zwei Menschen denkbar sind, denen diese unvermuthete Zeit genau das gleiche Leid bereitet, das gleiche tägliche Entsetzen. so sind wirs, – wie sollten wir nicht?« R. schickt ihr eine Handschrift der »Fünf Gesänge«. R. berichtet über die Behandlung durch Stauffenberg, der immer wieder analysieren will: »es wäre furchtbar, die Kindheit so in Brocken von sich zu geben, furchtbar für einen, der nicht darauf angewiesen ist, ihr Unbewältigtes in sich aufzulösen, sondern ganz eigentlich dazu da, es in Erfundenem und Gefühltem verwandelt aufzubrauchen in Dingen, Thieren –, worin nicht? – wenn es sein muß in Ungeheuern.« Auch von seinen und Clara R.s finanziellen Sorgen spricht R.; Clara R. und Ruth kehren zum Schulanfang am 13. oder 14. 9. nach München zurück.

10. SEPTEMBER: R. wünscht sich die Aufnahme des schwedischen Liedes »Klein=Kerstin« in den Insel Almanach – vergebens (an Hünich).
MITTE SEPTEMBER: R. trägt ins Taschenbuch »Erinnerung« ein, ein Bruchstück über die Militärschulzeit, das an seinen Brief an Lou A.-S. vom 9.9.14 anknüpft: »Noch einmal: ich begreife durchaus, daß die, die einzig auf sich angewiesen sind …«, es wird von R. nicht veröffentlicht.
17. SEPTEMBER: An Thankmar von Münchhausen schreibt R. vom »Rückschlag aus dem allgemeinen Herzen, in das aufgegebne, in das verlaßne, namenlose eigne Herz«.
Im Haus ›Schönblick‹ in Irschenhausen begegnet R. der Malerin Frau Lulu Albert-Lazard, die er in Paris gesehen, wenn auch nicht gekannt hat. Eine gemeinsame Freundin ist Edith von Bonin. R. schenkt Frau Albert-Lazard seine Übertragung von »André Gide: Die Rückkehr des verlorenen Sohnes« mit der Widmung: »Heimkehr: wohin? Da alle Arme schmerzen / und Blicke, alle, mißverstehn …« – »(… Irschenhausen, am 17. September)«.
ZWISCHEN DEM 17. SEPTEMBER UND DEM 10. DEZEMBER schreibt R. für Lulu A.-L. fünfzehn Gedichte, einige davon sind als Widmungen in seine Bücher, die anderen in ein Schreibbuch eingetragen. In dieses Manuskript fügt R. ferner eine Abschrift von »Bestürz mich, Musik …« als erstes ein und außerdem die am 20. September in Irschenhausen entstandenen Verse »Ausgesetzt auf den Bergen des Herzens …« mit dem Vermerk: »(Aus den ›Elegien‹. Abschrift)«.
AM 21. SEPTEMBER kehrt R. nach München zurück und zieht in die Pension Pfanner, Finkenstraße, wo auch Lulu A.-L. ihr Atelier hat. Frau Albert-Lazards Gatte ist der Chemiker Eugen Albert, Inhaber der Münchner Firma Albert und Brockmann.
24. SEPTEMBER: Aus München, Finkenstraße 2, schreibt R. an Eva Cassirer: »Haben Sie den Briefwechsel Romain Rolland – Hauptmann – Wolfskehl gelesen? (Abgedruckt in der Frankfurter Zeitung vom 12. September, Erstes Morgenblatt). Wolfskehls Antwort enthält die einzigen wirklichen Worte die seit Anfang des Krieges gefunden worden sind, Worte des reinsten Gewissens und des unbedingtesten Geistes. Und auch diese Worte gehen aus dem ›Stern des Bundes‹ hervor und berufen sich auf ihn; wunderlich. Haben Sie versucht, das merkwürdig wahrsagende Buch wieder aufzuschlagen? Ich wills jeden Tag thun –.« Romain Rolland hat in einem offenen Brief im »Journal de Genève« gegen Ger-

hart Hauptmann die Anklage erhoben, daß er, einer der »berühmtesten Wortführer Europas« ebensowenig wie andere öffentlich gegen Regierung und Oberste Heeresleitung in Deutschland wegen des Einfalls in Belgien, der Zerstörung Löwens und der Bombardierung von Mecheln seine Stimme erhoben habe. Hauptmann antwortet darauf, Krieg sei Krieg, Wolfskehl hingegen nennt den Krieg ein Schicksal, eine geheimnisvolle Not, die niemand gewollt habe; aber: »Unser Dichter hat ihn gewußt. Er hat diesen Krieg und seine Not und seine Tugenden gesehen und verkündet ... Der ›Stern des Bundes‹ ist dies Buch der Weissagung, dies Buch der Notwendigkeit und der Überwindung.«

27. SEPTEMBER: R. sagt, er beneide Kippenberg, jetzt Oberleutnant der Reserve: »um die wirkliche Teilnehmung am Wesen des fortwährenden Ereignisses; wir andern ... sind doch schließlich auf das vageste Mitwissen, Mitfreuen, Mitleiden und schließlich Abwarten gesetzt, und das ist ein Zustand von solcher Ungenauigkeit und Formlosigkeit, daß man ihn nicht ohne Grauen jeden Morgen (seit wie vielen schon!) wieder antritt.« R. berichtet, Stauffenberg habe bei ihm einen alten Lungenschaden festgestellt.

29. SEPTEMBER: R. erfährt durch ein ›knappes sachliches Schreiben‹ Ludwig von Fickers, daß ihm der Besitz von 20000 Kronen zugefallen sei – durch eine ihm ›unbegreifliche Schenkung‹ (so an Kippenberg, 6.10.14). Die Fürstin Lichnowsky hat bereits unter dem 11. 9.14 Kippenberg diese Nachricht von der Schenkung – noch zweifelnd – weitergegeben.

30. SEPTEMBER: R. dankt Ludwig von Ficker für die Spende des unbekannten Freundes und gibt ihm sein Bankkonto in München an. »... erst wenn ich wieder in der Arbeit stehe, werde ich ganz die Bedeutung der Hülfe einsehn, die mir da in der wunderbarsten Weise widerfährt. Die ungeheure Ausnahme des Krieges hat ja jeden von uns in seinem eigentlichsten Wirken und Wissen unterbrochen, – und nun geht mir, mitten aus ihr, diese Fügung hervor, in der eine menschlichgroße Vorsehung sich meiner künftigen Arbeit annimmt –, sagen Sie selbst, ob mir Erstaunlicheres begegnen konnte!« R. betont: »Es ergreift mich. daß meine Bücher im Stillen mir solche Freunde aneignen: daß das einmal Hervorgebrachte aus überzeugten Menschen heraus, auf den, der sich darin versuchte, bis ins Greifbarste zurückwirkt und ihm Schicksal und Zukunft befreundet.« R. erfährt den Namen des Spenders, Ludwig Wittgenstein, auch später nicht.

1. OKTOBER: R. weist Sidie Nádherný, die nach Italien fährt, auf seinen Freund Carlo Placci hin: »den ich noch in den ersten Augusttagen zu meinem Troste hier getroffen habe«.

2. OKTOBER: An Magda von Hattingberg über die Möglichkeit einer Lesung: »Sollte ich überlegen, was etwa von meinen eigenen Sachen vorzulesen wäre, ich käme zu keinem Entschluß; denn Unbezügliches zu bringen hätte ebenso wenig Sinn, als es mir gezwungen und falsch erscheint, etwas ungefähr Passendes nachträglich auf Umstände anzuwenden, mit denen es doch in Wirklichkeit nichts gemein hat. Selbst der Cornet, wie zufällig und oberflächlich ist sein Anklang an einen heutigen Krieg – ich würde nicht die rechte Stimme finden, ihn zu lesen.«

Kippenberg schreibt an R., er wolle die 20000 Kronen aus der Schenkung des »Unbekannten« mündelsicher in Leipzig anlegen: »Ich möchte unter allen Umständen, daß diese Summe Ihnen ungeschmälert verbleibt und daß wir nur die Zinsen in die Aktion einbeziehen, die Ihnen nun für eine Reihe von Jahren hinaus alle Freiheit der Arbeit sichern soll. Trotz der Kriegszeiten hat diese Aktion schon gute Fortschritte gemacht und ich werde nunmehr auch, wozu ich bisher nicht habe kommen können, an die Fürstin Lichnowsky schreiben, damit alles in einen Kanal einmündet...«

5. OKTOBER: Ficker teilt R. mit, er habe dessen Brief an den Spender ins Feld gesandt: »Die warmempfundenen Worte und Gefühle, die Sie in Ihrer Zuschrift äußerten, ermächtigen, ja verpflichten mich zu dem Geständnis, daß jene Verfügung, die Sie und Ihr Werk betraf ... einem offenkundigen Herzenswunsch des Spenders entsprach. Und ich möchte dies nicht ohne Innigkeit betonen; war es mir doch vergönnt, in diesem Fünfundzwanzigjährigen eine geistige Existenz von so edler und reifer Selbstbesonnenheit kennen zu lernen, daß die kargen Worte hellster Bewunderung, die er gesprächsweise über Ihren ›Brigge‹ aus sich und seiner Einsamkeit herauszuholen vermochte, zugleich die Tiefe und Lauterkeit eines in unseren Tagen unsäglich ergreifenden Menschentums enthüllten.« Um den 28. Oktober dankt Wittgenstein, der auf dem Wachschiff S. M. S. Goplana bei Krakau eingesetzt ist, für »den beigelegten Brief Rilkes. Er schreibt daß der Krieg die Menschen aus ihrer Arbeit herausreiße – und, denken Sie, ich arbeite gerade in den letzten 6 Wochen so gut wie selten! Möge es vielen gehen wie mir!«

6. OKTOBER: R. an Kippenberg über die Schenkung: »im Grunde ist ja meiner Natur die Erscheinung eines solchen Schatzes nicht weniger befremdlich, als die Existenz des Einhorns – also: ich glaube.« R. wünscht ein paar tausend Mark für die Beschaffung des Notwendigsten sowie für die Begleichung aller seiner Schulden, ist aber einverstanden, daß 17 000 Kronen fest angelegt werden. »Daß die zu meinen Gunsten eingeleitete Aktion trotz der Kriegsläufte nicht unfruchtbar geblieben ist«, beruhigt R.

An Henriette Löbl in Wien heißt es: »Fast alle meine Sachen sind in Paris, das ich ohne die mindeste Voraussehung am 19. July verließ –, und wie das schwankende ausgedehnte Ringen sich auch entscheidet, es wird nicht daran zu denken sein, daß ich in meine Pariser Niederlassung zurückkehre ...«

12. OKTOBER: R. beantwortet einen zurückliegenden Brief Heymels und schließt: »was haben Sie für ein unübertreffliches Jahr: Sie schreiben die schönen ›Gesänge an den Traumgeist‹, Sie genesen von einer schweren Krankheit und geben sich selbst gleich darauf Beweis um Beweis des kühnsten Lebensgefühls.« Heymel steht als Reiteroffizier im Westen.

ANFANG OKTOBER: Niederschrift von »Wir haben eine Erscheinung. Sie steht in den Zimmern ...« Prosastück in zwei Fassungen, die endgültige erscheint in »Zeit-Echo. Ein Kriegstagebuch der Künstler 1914/15«, München, Heft 1. Fehlerhafter Zweitdruck in: »Das Jahrbuch der Zeitschrift ›Das Neue Pathos‹ im Kriegsjahr 1914/15« von Paul Zech. Der Schlußabsatz findet Aufnahme in »Die Weißen Blätter«, Jg. 2, Heft 7, Juli 1915.

16. OKTOBER: »Inzwischen hat es sich entschieden, daß ich in München bleibe fürs Nächste; eine liebe Freundin ist hergekommen und wir haben zusammen der Pension eine Etage abgemiethet, was die einzige Möglichkeit war, zu bestehen ... Nun will ich sehen, was sich in diesem Rahmen trotz der ungeheueren Außenwelt leisten läßt – hoffen, daß man innen nicht unthätig bleibt ...« (An Sidie Nádherný) Lulu Albert-Lazard erinnert, R. habe damals Hölderlin, Werfel, Trakl und Kafka gelesen.

»Eben erhalte ich ein kleines gutes Wort van de Velde's das die definitive Versicherung enthält, daß Gide nicht gefallen sei. Es war sehr lieb von ihm, mir das zu schreiben ...« (Datum und Empfänger unbekannt)

18. OKTOBER: R. dankt Ficker für seine »Geneigtheit«, ihn in seinem ›guten Brief‹ die ›Gestalt seines nur geahnten Gebers‹ etwas deutlicher gewahren‹ zu lassen. »Ich bin Ihnen dankbar, daß Sie meinen Brief in's Feld weitergegeben haben, – ich bedenke seither immer, was ich wohl sonst noch hinausschicken könnte, um mit einer wirklichen Gegenwart den verwandten Geist zu erfreuen, der doch wahrhaftig das unbeschreiblichste Anrecht hat, daß ich ihm Freude bereite... Ich habe nämlich ein paar von den wichtigsten Arbeiten meiner letzten Jahre für den unbekannten Freund abgeschrieben und bitte Sie nun, die einliegenden Blätter zu lesen und sie, wenn es Ihrem Ermessen entspricht, weiterzusenden: ich meine nicht zu irren, wenn ich vermuthe, daß gerade diese Gedichte, selbst unter jenen ausgeschalteten Verhältnissen, draußen, im Feld, ihre Stimme nicht ganz verlieren, und es hat insofern Sinn, sie in besonderer Weise zugänglich zu machen, als ich, wahrscheinlich, jede Veröffentlichung der ›Elegien‹ weit hinausschieben werde. So bitte ich Sie denn auch, meine Sendung ganz vertraulich zu behandeln, umsomehr, als das ursprüngliche Manuskript im Besitz einer mir befreundeten Dame ist, als deren völliges Eigenthum ich meine Arbeit betrachtet wissen möchte.« Von den »Elegien« lagen damals die beiden ersten vor, ferner die in Duino begonnene, im Spätherbst 1913 in Paris vervollständigte »Dritte Elegie«. Fragmentarisch blieben die in Duino begonnenen, in Ronda und Paris 1913 ergänzten, erst in Muzot 1922 vollendeten Teile der sechsten, neunten und zehnten. Wittgenstein dankte Ficker erst am 13.2.1915 für die Sendung: »Ganz unwürdig bin ich des herrlichen Geschenkes, das ich als Zeichen und Andenken dieser Zuneigung am Herzen trage. Könnten Sie Rilke meinen tiefsten Dank und meine treue Ergebenheit übermitteln!«
19. OKTOBER: An Axel Juncker schreibt R.: »›Kriegslieder‹ sind keine bei mir zu holen, beim besten Willen. Ein paar Gesänge, in den ersten Augusttagen entstanden, werden Sie im neuen Insel (Kriegs-) Almanach lesen, – aber die sind nicht als Kriegs-Lieder zu betrachten auch möchte ich sie nicht an anderer Stelle wiederverwendet wissen...«
26. OKTOBER: R. sendet sein Gedicht »An Hölderlin« der Mutter Norbert von Hellingraths, einer Schwester von Elsa Bruckmann: »als ich in Irschenhausen mit dem vierten Bande Hölderlin umging, schrieb ich in die letzten leeren Blätter, im Gehen einige Verse an Hölderlin ein, die sich, scheint mir nun, an die gestern bei Ihnen zugebrachten schönen Stunden anschließen lassen.«

28. OKTOBER: R. schreibt an Ernst Rowohlt über ein Manuskript Gesine Naef-Frerichs, das R. durchsehen möchte, da ihr Mann, Dr. Ernst Naef ihn gebeten hat, »den schriftlichen Nachlaß seiner im letzten Frühjahr verstorbenen Frau durchzusehen und eine Herausgabe einzelner Stücke vorzubereiten«. Im Insel-Verlag haben sich Gedichte ›Sissy‹ Frerichs in Abschriften von R.s Hand erhalten.

OKTOBER/NOVEMBER: In der von Wilhelm Herzog herausgegebenen Zeitschrift »Forum« erscheint Lulu Albert-Lazards Gedicht »Kriegsausbruch«, das R. in einer Abschrift von seiner Hand dem Herausgeber schickte.

NOVEMBER: Der »Kriegs-Almanach 1915« des Insel-Verlags bringt R.s »Fünf Gesänge«, dafür sind ausgeschieden worden »Die Turnstunde« und die »Winterlichen Stanzen«.

2. NOVEMBER: Erstes Wiedersehen R.s mit Hellingrath bei Kassner.

6. NOVEMBER: Über die »Fünf Gesänge« heißt es an Karl v. d. Heydt: »jetzt ist mir längst der Krieg unsichtbar geworden, ein Geist der Heimsuchung, nicht mehr ein Gott, sondern eines Gottes Entfesselung über den Völkern.« R. berichtet, seine Mutter habe ihn in München besucht.

16. NOVEMBER: R. schreibt »Fräulein Luzy von Goldschmidt / freudigst im Besitze dieses alten, rar gewordenen Buches bestätigend. Frankfurt, am 16. November 1914« in das Exemplar 209 der Erstausgabe des »Cornet« von 1906. In »Das Stunden Buch«, Exemplar 293 von 1905 lautet die Einschrift: »Fräulein von Goldschmidt / bei der Begegnung in Frankfurt in ein leider schon ihr gehöriges Buch: R. M. R.« »Das Marien-Leben« enthält von R.s Hand das Gedicht »Siehe, Engel fühlen durch den Raum ...«. Aus dem Besitz von Luzy von Goldschmidt-Spiegl findet sich schließlich in dem Druck des »Buches der Bilder« von der Ernst-Ludwig-Presse in Darmstadt, den der Insel-Verlag im Frühling 1913 herausbrachte, der Gedichtentwurf »Ich Wissender: oh der ich eingeweiht ...« aus dem Winter 1911/12 von R.s Hand.

17. NOVEMBER: R. schreibt aus Frankfurt, wo er Philipp Schey besucht: »er ist bisher als Automobil-Freiwilliger dem Stabe des Generals Dankl, des österreichischen Oberkommandierenden, zugeteilt gewesen, kam erst gestern aus Galizien und geht morgen westwärts, ins deutsche Hauptquartier: freilich soviel wie man hören möchte, erzählt er nicht von draußen.« (An Clara R.) R. sieht Rembrandts »Simson« wieder. Von Schey erfährt R., daß Heymel in Berlin an Tuberkulose todkrank liege.

18. NOVEMBER: R. macht einen Abstecher nach Wiesbaden, wo Geheimrat Lazard wohnt, der Vater von Lulu A.-L. In einem Billett an Philipp Schey erbittet R. die Adresse des Herrn von Mosch, eines verwundeten Regimentskameraden Thankmar v. Münchhausens, der ihn am Vorabend gefragt hat, ob er den »Cornet« kenne.
UM DEN 20. NOVEMBER ist R. drei Tage in Würzburg: »Dort war rein nichts zu tun, ich versprach mirs, uns, für ein anders Mal, es muß dann Sommer sein ... Dauthendeys waren nicht da, Frau D. ist in Schweden und wieder einmal in vollster Not um ihn: denn er sitzt ohne Geld bei irgendwelchen Leuten in Sumatra. War auf einer Weltreise; bei Kriegsausbruch wurde sein Billet ungültig...« (An Lulu A.-L.) R. hat die Pension Pfanner in München vorübergehend verlassen, weil Eugen Albert an seiner Anwesenheit dort Anstoß nimmt. An Lou A.-S. schreibt R. später: »Die Wohnung hier war ein schöner Anfang ... Aber dann kamen von anderer Seite böse Dinge.« (31.1.15)
Über den Besuch in Würzburg berichtet R. am 26.11.14 der Mutter: »Dank der trefflichen Führung durch einen lieben Bekannten, den dortigen Universitätsprofessor Mendelssohn-Bartholdy, hab ich auch schon diesmal einen sehr ersprießlichen Weg durch das reichhaltige Stadtmuseum gemacht, und mir, während der drei Tage, auf meinen Wanderungen, auch manche Kirche entdeckt. Würzburg hat viele und sehr alte, besonderen Reichthum an Skulpturen und Epitaphien.«
VOM ABEND DES 22. NOVEMBER BIS ZUM 6. JANUAR 1915 bleibt R. in Berlin, wo er zunächst im Hotel Esplanade absteigt. »Erklären läßt sichs kaum, Würzburg war unerträglich, nach München schon zurückzugehen, war mir bedenklich, wohin?« heißt es an Lulu A.-L. um den 23.11.14. Er werde sich »ein paar Stunden zu Heymel setzen und sonst einige Freunde sehen ... Dann die ägyptischen Dinge«.
24. NOVEMBER: R. berichtet dem Tuberkulose-Facharzt Hans Carossa von Heymel: »Ich wollte ihn noch einmal sehen; sah ihn gestern, saß eine Viertelstunde an diesem Sterbebett einem schon Unkenntlichen, Namenlosen gegenüber, in dem nur Einspritzungen aufregender Drogen ein stundenlanges Flackern unterhalten ... mir war das Herz weh, als ich um zwei am Telephon hörte, daß ich Sie nicht rufen solle.« Heymel stirbt am 26.11.14.
25. NOVEMBER: Der Fürstin berichtet R. über seinen Versuch, sich »wider die unbeschreibliche Zeit« zu verkapseln, der zusammengebrochen ist. Er werde aber doch nach München zurückkehren.

Harry Kessler an Frau von Bodenhausen: »Rilke scheint ganz vernichtet von den Ereignissen, wie mir Frau von Nostitz schreibt.« (Aus Czenstochau)
28. NOVEMBER: Nach der Beerdigung Alfred Walter Heymels ist R. mit den Kippenbergs zusammen im Hotel Esplanade.
29. NOVEMBER: Auf Anregung von Professor Ludwig Schleich, dem Arzt Heymels, sagt sich R. bei Frau Friedländer-Fuld an, bei der er ihre Tochter Marianne Mitford kennenlernt. Dieser schreibt R. eine Woche nach der Begegnung: »Immer mehr geht's mir so, daß ich zu Menschen, die in Betracht kommen, vom ersten Augenblick an, das ganze Verhältnis empfinde und zugebe, das nicht zu erweitern ist, sondern immer auszubauen; und das unsere, weiß ich, soll uns viel zu bauen geben innerhalb seines großverstandenen Raumes.« (5.12.14)
2. DEZEMBER: »Herrn von Mosch / in Erinnerung an unsere schöne Begegnung in Frankfurt« schreibt R. das Gedicht: »Noch weiß ich sie, die wunderliche Nacht, / da ich dies schrieb: was war ich jung...« in ein Exemplar des »Cornet«.
5. DEZEMBER: An Marianne Mitford, die für einige Tage in Frankfurt ist, schreibt R.: »es ist mir recht, daß ich vor einigen Wochen in Frankfurt war und mir nun vorstellen kann, wo Sie sind. Den Rembrandt aus Schönborn'schem Besitz, den Simson, kennen Sie natürlich längst und doch wünscht ich, Sie sähen ihn wieder: mir hats zu denken gegeben neulich, wie die äußerste Kunst das Grausamste unschuldig macht. Sehen Sie doch nur diesen Strom glücklichsten Lichts der hereindringt, um die wahnsinnigste Gewalt an den hellsten Tag zu reißen: wer einen Märtyrer so darstellte, der hätte den erhabensten Geist auf seiner Seite –, aber hier geschieht ein Verbrechen, und das Bild lehnt sich nicht dagegen auf, das Bild umfaßt es wie Natur und die seligen Farben hinter dem unerhört schmerzvollen Fuß hören nicht auf, selig zu sein.«
7. DEZEMBER: R. lehnt eine Einladung Katharina Kippenbergs nach Leipzig ab, er werde den Ägyptologen Erman sehen, zudem habe er eine »herrliche Wohnmöglichkeit« in Aussicht.
8. DEZEMBER: An Lulu A.-L. schreibt R.: »Stell Dir vor; ich bekomme eine schöne Wohnung in einem kleinen von Messel gebauten Hause in der Bendlerstraße; auch hier sind die wunderbarsten Fügungen für mich am Werke ... Damit sind die Würfel für Berlin gefallen, wenigstens für einen Versuch. An meinem Geburtstag war ich draußen im

Grunewald – sonst sehe ich viele Freunde: Frau Mitford, v. d. Heydts, die Prinzessin Titi Taxis, Giulietta Mendelssohn, Gerhart Hauptmann, auch Magda von Hattingberg ist jetzt hier; ich frühstücke heute draußen bei ihren Freunden Delbrück...«

AM 10. DEZEMBER zieht R. in das Haus Frau Marianne Mitfords ein, die sich nach zweimonatiger Ehe von Lord Mitford hat scheiden lassen und bei ihren Eltern am Pariser Platz wohnt.

R. sendet den »Kriegs-Almanach 1915« mit dem Widmungsgedicht »Weißt Du noch: auf Deinem Wiesenplatze...« an »L« (Lulu A.-L.).

16. DEZEMBER: R. berichtet Sidie Nádherný von seiner Wohnung: »wenn es mir gelingt, mich darin versteckt und beschäftigt zu halten, so kann ich ruhig annehmen, da draußen sei gar nicht Berlin (ohne diese großmüthige Annahme allerdings scheint mir, selbst bei so gutem Wohnen, ein längerer Aufenthalt hier sehr gewagt.) Also es gilt als Versuch...« – Immerhin läßt R. sich ein Stehpult arbeiten.

R. trifft kurz mit Katharina Kippenberg zusammen.

17. DEZEMBER: An Anton Kippenberg heißt es: »Ferner werde ich dem Insel-Verlag in einigen Tagen eine (holländische) Adresse geben können, an die dann Frcs 600,– in meinem Auftrage zu senden sein werden. Es ist dies meine pariser Miethe für die eben ablaufenden und gleich auch für die nächsten 3 Monate. Man räth mir dringend sie zu zahlen; es liegen ziemlich bestimmte Nachrichten vor, daß Privatwohnungen bisher unangetastet geblieben sind und da ist es höchste Zeit, daß ich mich zu der meinen bekenne. Ich will rasch den Weg ausnutzen, über den die Zahlung möglich scheint, erwarte nur noch zustimmende Nachrichten von dort...«

23. DEZEMBER: Lulu A.-L., von R. auch »Lal« genannt, trifft in Berlin ein. Sie verleben Weihnachten zusammen. Es entstehen die drei Gedichte »Vor Weihnachten 1914«: »Da kommst du nun, du altes zahmes Fest...« mit einer Reihe von Entwürfen dazu, sie bleiben ungedruckt. R. schenkt Lulu A.-L. die Arbeit »Über den jungen Dichter«, eingebunden in schwarzes Leder und mit der Gold-Prägung »Lulu« auf dem vorderen Deckel, außerdem »Die Weise von Liebe und Tod des Cornets Christoph Rilke« in einem Lederband mit der Einschrift: »Abend des ersten Weihnachts-Feiertags. (Berlin / Bendlerstraße)«. Sie bringt ihm ihr Porträt von Regina Ullmann mit.

25. DEZEMBER: R. schickt Luise Gräfin Brockdorff-Ahlefeld (Westersatrup bei Sonderburg) die »Sonette aus dem Portugiesischen«.

28. DEZEMBER: An Kippenberg: »Ich begreife durchaus, daß wir die zehntausend Mark realisieren müssen, sie sind da, und sie sind ja auch auf wunderbare Weise für diese unabsehliche Zeit uns geschenkt worden, daß sie hinüberhülfen. Und das sollen sie denn auch ...« R., der inzwischen 1250 Mark erhalten hat, bittet um weitere 2000 Mark aus dem nicht festgelegten Teil der Schenkung: »Ich würde dann von diesem Geld die Bezahlung meiner pariser Miethe (noch steht die holländische Adresse aus) selbst besorgen und im Übrigen darin den Nothpfennig sehen, der mir eine gewisse Bewegungsfreiheit ... zusichert.« Weiter heißt es: »Die Fürstin Lichnowsky wird nun erwartet, und ich hoffe, sie nächster Tage zu sehen.«
In diesen Tagen läßt R. im Museum vom Konservator den Amenophis-Kopf aus der Vitrine nehmen, damit Lulu A.-L. ihn zeichnen kann.
29. DEZEMBER: Frau Albert-Lazard reist wieder ab.
R. betont Frau von Hattingberg gegenüber, die Aufführung des inzwischen von Kasimir von Paszthory komponierten »Cornet« dürfe »einmal durch Dich und Stieler« stattfinden. Der Schauspieler Kurt Stieler ist R. aus der Münchner Studienzeit bekannt.
30. DEZEMBER: Besuch von Eva Cassirer, die das Bildnis Regina Ullmanns lobt.
ENDE 1914: Niederschrift des Gedichtes »Immer wieder, ob wir der Liebe Landschaft auch kennen ...«, das R. im »Insel-Almanach auf das Jahr 1923« veröffentlicht.
Die Verse »Oft bricht in eine leistende Entfaltung ...« tragen im Taschenbuch den Vermerk »In ein ›Marien-Leben‹«. Für das Haus, das Johanna Westhoff in Fischerhude baut, entwirft R. drei »Vorschläge zu einem Haus-Spruch«.

Während des Jahres 1914 erscheinen Arbeiten R.s in folgenden Zeitschriften: »Die Weißen Blätter« Leipzig, »Zeit Echo« München, »Das Jahrbuch der Zeitschrift: Das neue Pathos« Berlin und »Kriegs-Almanach 1915« (Insel-Almanach) Leipzig.
Neuauflagen: »Das Stunden-Buch« 8. Auflage, »Die Weise von Liebe und Tod des Cornets Christoph Rilke« 31. bis 40. Tausend, »Neue Gedichte« (I) 5. und 6. Tausend.
V. Makkavejskij überträgt das »Marien-Leben« ins Russische, es erscheint 1914 in Kiew; in Prag kommt die Übertragung des »Cornet« von Karel Hádek heraus.
Margarete Muensterberg veröffentlicht in der Reihe der German Publication Society, Vol. 18, New York: »The German Classics« vier Übertragungen R.scher Gedichte. In der Novellensammlung von Sergeev-Čensky erscheinen »Die Letzten«, tschechisch von Beatrice Bresková-Mařaková, Prag 1914.

Das »Zeit-Echo« bringt Arnold Schönbergs Vertonung des Gedichtes »Alle, welche dich suchen …« aus dem »Stunden-Buch« für Gesang und kleines Orchester, Opus 22, Nr. 2.

1915

ENTWÜRFE AUS DEM WINTER 1914/15: »Einmalige Straße wie ein Sternenfall …«, »Du nur, einzig du bist …« und »Nur das Geräusch …«.
3. JANUAR: Kippenberg bittet R. dringend, er möchte mit monatlich 800,– Mark für sich und Clara R. auskommen. Weder komme das Geld aus der Aktion der Fürstin Lichnowsky ein, noch zahlten die Freunde weiter, auch Honorare blieben aus. So stünden nur die verbleibenden 12 000 Mark aus der Schenkung Wittgensteins zur Verfügung: »Und nun wünschen Sie wiederum M 2000,– nach Berlin überwiesen zu sehen …«
3. JANUAR: R. schenkt Grete Wiesenthal ein Exemplar des »Marien-Lebens« mit dem Widmungsgedicht: »Oft bricht in eine leistende Entfaltung …«.
4. JANUAR: R. beharrt auf seinem Wunsch, 2000,– Mark nach Berlin überstellt zu erhalten, wie er Kippenberg antwortet. Er fährt fort: »Mit der Fürstin Lichnowsky spreche ich natürlich ganz offen über diese Fragen … und habe im Übrigen aus jener wunderbaren Hülfe [der Schenkung] vor meinen nächsten Freunden kein Hehl gemacht.«
R. sendet Frau Hertha Koenig, die auf seinen Rat vom 4.11.14 hin Picassos »La famille des saltimbanques« in der Galerie Thannhauser (München) inzwischen erworben hat, »einen kleinen vorläufigen Brief«: »wie oft inzwischen wars mir recht, daß ich Ihnen damals meine Freude zu Ihrem neuen großen Eigenthum gleich telegraphirt habe –, meine seither so oft unwillkürlich aufempfundene Freude, (so oft mirs einfiel) daß dieses Bild in die fortan erreichbare Welt gerückt ist, da und vorhanden unter uns, das macht diese Welt, zu der aus der ungeheuren Lebens-Ausnahme zurückzukehren, ich mich namenlos sehne, wirklicher …« R. schließt: »ich gehe in einen Vortrag Simmels, der heute hier spricht. Die Hoffnung bestand, daß Stauffenberg ein paar Tage herkäme: sagen Sie ihm, mir bestünde sie noch, durchaus, – ja ich zehre fast nur von ihr und halte mich so hin.« (Aus Berlin)
5. JANUAR: R. erzählt der Fürstin Taxis von seinem Haus, das er mit einigen ›stillen ostpreußischen Flüchtlingen‹ teilt, und von Marianne Mitford: »Sie ist ein wunderschönes Geschöpf, aus dem Kindsein, von

dem sie noch ganz dunkel ist, plötzlich durch einen Tropfen Schicksal selbständig klar geworden, durchsichtig bis auf den Grund ... Sahen Sie sie jemals? Jetzt hat sie in dem Elternhaus am pariser Platz Wohnung und Leben ganz für sich, beides ist schön und phantastisch, sehr gesichert im Geschmack, man möchte sich die ganze kleine Person ausgedacht haben und sie erzählen ...«
UM DEN 6. JANUAR: R. sieht in Berlin den Fürsten Alexander von Thurn und Taxis.

Bis zur Einberufung

VOM 7. JANUAR BIS 14. JUNI ist R. in München, Finkenstraße 2: »auf einen dringenden Ruf hin ... für zwei, drei Tage wie ich meinte« (an die Fürstin, 24. 2. 15). Lulu A.-L. ist in dieser Zeit auf dem Lande, ihre dreieinhalbjährige Tochter mit der Pflegerin bleibt unterdessen in ihrer Wohnung, wie R. am 31. 1. 15 Lou A.-S. berichtet.
15. JANUAR: An Marianne Mitford schreibt R: »In Berlin hab ich mir eben vor dem Fortgehen, ein ganzes System von außen bestimmender Arbeit (unter Mithilfe des Prof. Loeschcke) angelegt, – das ich nun, wenn ich wieder da bin, als strenges Regime hinnehmen und einhalten will ... Ich werde möglichst wenig an die Universität gehen, aber auf Grund dort geholter Orientierung zuhause lesen und lernen ...« Professor Loeschcke ist Archäologe an der Berliner Universität. R. fährt fort: »Vor meinem Fortgehen neulich hatte ich ein langes merkwürdiges Gespräch mit Georg Simmel und lese hier einen Aufsatz über Michelangelo, den er selbst für seine beste Arbeit hält ...« Aus München berichtet R.: »Hier war ich gleich bei Frau Koenig vor dem großen Picasso, Sie müssen ihn einmal sehen, für Ihre Räume wäre er nicht gewesen, denn er ist unwirtlich und ganz eine Welt, die keine Umgebung duldet ...« Hertha Koenig besitzt Picassos »Saltimbanques«. »Ach, hätte man eine Stunde reiner Fassung –, vor diesem Bilde dacht ichs wieder sehnsüchtig – wie würde man mit dem hervorbringenden Herzen alles Grauen allen Wahnsinn überwiegen, der draußen geschieht.«
16. JANUAR: R. bespricht mit Annette Kolb deren Pläne für eine »internationale Zeitschrift«: »Romain Rolland, Shaw, van Eeden und mehrere andere ›feindliche‹ Ausländer sind bereits für die Theilnahme gewon-

nen worden, – mir scheint es von äußerster Bedeutung, daß in dieser Zeit ein solches Organ zustandekommt und ich begreife Annette, die, dieser Sitzung beiwohnend, aufstand und sich erbot, zehntausend Francs für den nöthig-guten Zweck zusammenzubringen. Sie sammelt nun, und die Sache geht ihren Gang, wenngleich es viele Leute giebt, die sich, national geworden, von solchen Gemeinsamkeiten ausschließen«, berichtet R. an Marianne Mitford, die er bittet, Philipp Schey oder den Baron Goldschmidt dafür zu gewinnen (18.1.15).

18. JANUAR: R. sendet Marianne Mitford eine Nummer des »Zeit-Echo« mit einem Beitrag von Annette Kolb: »ist er nicht unter das Gültigste zu rechnen, Nöthigste, was jetzt geschrieben worden ist? Annettes Mutter ist Französin, ihre Stellung also von vornherein eine doppelte, und ich finde, sie giebt diesem inneren Verhältnis einen so reinen und bestimmten Ausdruck, sie steht organisch zwischen den Völkern, wie wirs doch alle, unserem seelischen Organismus nach, thun, – dies müßte jetzt deutlich werden, diese nicht mehr rückgängig zu machende Verfassung muß die Raserei des Krieges überwiegen helfen.«

22. JANUAR: R. berichtet an Marianne Mitford von einem bei Caspari ausgestellten Bild, das nach Berlin geht: »Picasso's unbeschreiblich schöne Nähende ... es scheint mir für jene Frühperiode erstaunlich, überhaupt eines der erstaunlichsten Dinge an diesem Œuvre, das jede seiner Entwicklungen mit einem definitiven Werk abschließt, von Stufe zu Stufe.«

29. JANUAR: R. lehnt eine Einladung von Frau Hanna Wolff ab, gemeinsam mit Clara R. bei ihr den Abend zu verbringen: Frau von Bodenhausen und deren Schwägerin Gräfin Degenfeld werden dort erwartet.

31. JANUAR: R. berichtet Lou A.-S. über seine letzten Monate und schließt: »Freilich sparen muß ich sehr, denn ich habe die thörichtesten Ausgaben gehabt!«

ZWISCHEN DEM 25. JANUAR UND DEM 3. FEBRUAR ist Marianne Mitford, vom Semmering kommend, in München, es ist ungewiß, ob sie mit R. und Lulu A.-L. zusammentrifft.

ANFANG FEBRUAR ist R. kurz in Partenkirchen; dazu heißt es in Heinrich Vogelers Erinnerungen, er habe bei einem Urlaub in Partenkirchen vor dem Hotel einen Schlitten gesehen: »in dem eine in Pelz gehüllte rothaarige Frau saß. Am Schlitten stand Rainer Maria Rilke. Freudig ging ich auf ihn zu und wollte ihm die Hand reichen. Er aber wandte sich kalt ab und stieg ein. Der Schlitten sauste ab. Offenbar wirkte ich in meinem

Feldgrau wie ein Gespenst auf ihn, hatte er doch dazu beigetragen, dass mein Leben und meine Arbeit in engen Schranken blieb ... Jetzt mag er gefühlt haben, dass ich diese Schranken gesprengt hatte. Bittere Enttäuschung für ihn. Mag auch sein, dass er in mir einen Kriegspatrioten sah.«

Bevor R. am 6. oder 7. 2. 15 nach München zurückkehrt, ist er in Irschenhausen.

Um diese Zeit ist seine Mutter zu Besuch in der Stadt.

5. FEBRUAR: R. besucht mit Lulu A.-L. den Kunstsalon Steinicke, wo Thomas Mann seine im November 1914 in der neuen Rundschau veröffentlichten »Gedanken im Kriege« vorliest. Lulu A.-L. berichtet in ihren Erinnerungen »Wege mit Rilke«: »Thomas Mann zum Beispiel ließ sich hinreißen von der patriotischen Welle, und ich höre noch, wie während seines Vortrags sein Bruder Heinrich leise zu R. sagte: ›Mein Bruder hat druckfähigere Gedanken als ich‹.«

BIS MITTE FEBRUAR ist R. in Irschenhausen, Landhaus Schönblick.

6. FEBRUAR: An Lucy von Goldschmidt-Rothschild schreibt R. über die ›Internationale Rundschau‹: sie »wird immerhin ein Platz der Verständigung sein, der unbeirrten Aussprache, für die wenigstens, die es jetzt noch zu einem Ausdruck bringen, der ihrer inneren Verfassung entspricht. Ich gebe es auf ...«

8. FEBRUAR: R. verspricht Ludwig von Ficker ein Gedicht für das »Brenner-Jahrbuch«. »Auf Ihrigen letzten Brief hätte ich Ihnen gerne berichtet, wie ich im Juli, in Paris, mit Georg Trakls Gedichten grade sehr viel, sehr ergriffen umgegangen war; inzwischen hat sich sein Schicksal um ihn geschlossen, und nun ist freilich noch deutlicher zu erkennen, wieweit sein Werk schon aus dem schicksalhaft Untergänglichen ausgetreten und ausgeworfen war.« R. hat sich den »Sebastian« bestellt und fragt: »Wann ist der ›Helian‹ geschrieben? Vielleicht haben Sie irgendwo ein paar Daten und Erinnerungen über den Dichter zusammengestellt?, sollten Sie derartiges an die Öffentlichkeit geben, so bitte ich um einen Hinweis, wo es zu lesen ist. Trakls Gestalt gehört zu den linoshaft Mythischen ...« Trakl ist am 3. 11. 1914 im Krakauer Garnisonsspital gestorben.

13. FEBRUAR: Aus der k. k. Artillerie Werkstätte der Festung Krakau dankt Ludwig Wittgenstein für die ihm durch Ficker übermittelten Gedicht-Handschriften R.s. Es handelt sich um Abschriften der dritten Elegie und der Fragmente der neunten, sowie die Urfassung der zehnten.

15. FEBRUAR: Ohne Titel, mit sorgsamer Druckanweisung sendet R. Ludwig von Ficker das Gedicht »So angestrengt wider die starke Nacht...« (Paris, Ende Februar 1913) und schreibt dazu: »es ist nun doch nichts Neues –, ich bin unergiebiger als ich dachte, – sondern im Blättern durch mein Taschenbuch fanden sich die beiliegenden Verse.« R., der wieder in München ist, hat Trakls »Sebastian im Traum« inzwischen erhalten: »Trakls Erleben geht wie in Spiegelbildern und füllt seinen ganzen Raum, der unbetretbar ist, wie der Raum im Spiegel. (Wer mag er gewesen sein?)«
In Leipzig findet eine musikalische Aufführung des »Cornet« statt, den Text spricht der Schauspieler Kurt Stieler, die Klavierbegleitung des Komponisten Kasimir von Paszthory spielt Magda von Hattingberg. R.s Einwände dagegen richten sich »gegen das Nebeneinander von Musik und Wort, das die melodramatische Form (die für mich keine Kunst-Form ist) an sich hat« (an Frau von Münchhausen, 4. 2. 15). Katharina Kippenberg berichtet R. am folgenden Tage über den »großen Erfolg« des Abends.
An diesem Abend findet der erste Vortrag von Hellingrath: »Hölderlin und die Deutschen« statt, an dem R. nicht teilnimmt, weil er am Mittag aus München nach Irschenhausen zurückfährt.
18. FEBRUAR: Aus Irschenhausen berichtet R. an Sidie Nádherný nach Rom: »mein Zustand ist ein gedrücktes Abwarten.« R. fragt: »Ich habe mich viel mit Michelangelo beschäftigt ... kennen Sie sein letztes Werk, die Pietà Rondanini (im Palazzo Rondanini)? es ist von einer unbeschreiblich großen Trauer und Aufgegebenheit im Menschlichen: ich wußte nichts von dieser Gruppe, sah sie jetzt nur in schlechten Abbildungen: könnten Sie mir eine gute Fotografie davon verschaffen? (womöglich mehrere Ansichten.) Es heißt Rodin soll jetzt in Rom sein und ein Porträt des Papstes machen. Sehen Sie ihn?« Es handelt sich um die Büste von Benedikt XV.
An Marianne Mitford: »ich bin seither mit kurzen Unterbrechungen immer hier draußen gewesen mit Strindberg und Dostojewsky beschäftigt, aber unbeschäftigt.«
22. FEBRUAR: An Katharina Kippenberg heißt es: »München ist allerdings ›Episode‹, nur weiß ich noch nicht eine wie ausführliche; meine Zimmer in Berlin bestehen noch, die meisten Sachen sind dort, ich wohl auch früher oder später ...«
24. FEBRUAR: Noch in Irschenhausen schreibt R. der Fürstin über seine

persönliche Lage: »ich Unverbesserlicher habs seither nochmals mit dem Nicht-allein-bleiben versucht ... alles sah diesmal besser aus, lebbarer, bis äußere Verhältnisse sich eindrängten, nichts ist noch abzusehen, ich werde mich noch einmal retten müssen, aber ich möchte nicht Zerstörung und Unheil hinter mir lassen.« Er lese Flaubert, »seine Correspondenz, (merkwürdig die Briefe von 70/71: wie man übereinstimmt mit seiner damaligen inneren Verfassung) vorher las ich viel Strindberg, der ein Koloß ist auf thönernen Beinen, aber von härtestem Rumpfe.« Von Aretin heißt es: »können Sie sich eine Vorstellung machen, wer er eigentlich ist, dieser Mensch, der die Biographie eines ihm gleichgültigen Sternes achter Größe schreibt?« Es wäre R. lieb, wenn die von der Fürstin angeregte Wohltätigkeitsaufführung des »Cornet« in Wien unterbleiben könne.

Auf diesen Brief antwortet die Fürstin Taxis am 6. 3. 15: »Es kommt mir vor, D. S. daß der selige Don Juan ein Waisenknabe neben Ihnen war – Und Sie thun sich immer solche Trauerweiden aussuchen, die aber gar nicht so traurig sind in Wirklichkeit, glauben Sie mir – Sie, Sie selbst spiegeln sich in allen diesen Augen – ...«

27. FEBRUAR: Norbert von Hellingrath hält in München seinen Vortrag »Hölderlins Wahnsinn«. Am folgenden Tag schreibt R. dazu an dessen Großmutter, die Fürstin Caroline Cantacuzène-Deym: »daß Norberts groß gestaltetes und gefühltes Redebild mir unbeschreiblich ergreifend und bedeutend war; indem er eine ungeheuere Welt so furchtlos und rein schauend sich zu den täglichen Gesichten macht, stellt er sich selbst in Kreise vom größten Dasein.« R. hat den Vortrag gemeinsam mit Regina Ullmann und Frau Albert-Lazard besucht: »indem man den herrlichen Verlauf Hölderlins gewahrte, erkannte man auch im Stillen das eigene Dastehn, immer, unter dem geistigen Himmel aller derer, die je Bahnen gegangen sind, klare, über den Gipfeln und Schluchten des Schicksals.« (An Elsa Bruckmann)

28. FEBRUAR: R. fährt zu Norbert von Hellingrath nach Sendling hinaus.

3. MÄRZ: Langer Brief an Freddie Döhle: »Über den Abgrund, der nun aufgerissen und ausgewühlt wird, werden Engel fliegen müssen, Menschen werden ihn nie überbrücken und was in ihm wächst wird Dörnicht sein und furchtbar wirres Unkraut. Paris ist abgelaufen, das will etwas sagen: wie unsäglich ist das Bild dieser in ihrem Wesen unkenntlich gewordenen Stadt ...«

5. MÄRZ: R. dankt Marianne Mitford für ihre finanzielle Unterstützung der geplanten »Internationalen Rundschau«: »Die ›Rundschau‹ wird, heißt es, gegen alle Widerstände, demnächst ihr erstes Heft ausgeben; auf der Mitarbeiterliste werden allerdings nur Neutrale aufgeführt sein, mehrere Schriftsteller der kriegführenden Länder hielten es für unmöglich, ihre unvereinlichen, sich gewissermaßen ausschließenden Namen nebeneinander zu finden ...« Sie sollen »dann in den Blättern gleichsam als Schreibgäste auf neutralem Papier« gelten. Über Alfred Schuler vermerkt R.: »Vor ein paar Tagen kam mir so ein Mensch vor, ein wunderlicher, der dem römischen Imperium, mit Nero als Wendepunkt, eine eigene großartige Auslegung giebt –, ein Mensch, dessen Gefühl und Wissen durch gleichsam unterirdische Kanäle mit jenem besonderen Moment der Geschichte in Verbindung steht: ein Büchermensch ...« Schuler hält drei Vorträge: »die beiden ersten habe ich auf dem Lande versäumt, der dritte steht noch bevor und ich bin gespannt, was er ergeben wird.«

6. MÄRZ: An Thankmar von Münchhausen: »Was wir hier tun, soweit Lesen noch als Handeln gilt (denn wer faßte sich zur Beschaulichkeit?), lesen wir Hölderlin (: ihn immer wieder), ich für meinen Teil Strindberg, Montaigne, Flaubert, die Bibel. Die Weißen Blätter erscheinen wieder, es giebt wieder Gedichte von Werfel, man versuchts und steht doch anderswo und kann zum vorgestrigen Ton nicht zurück.« Über den zweiten Vortrag Hellingraths schreibt R.: »Wer, wer ermißt, sagt ich mir, die Mitte jedes Schicksals, dieses Verhängnis war im Recht, hängts nicht von jedem ab, seine Verhängnisse nicht bloßzustellen, rein in sie einzugehen: dann steigt er auch irgendwann einem künftigen Blick, rein hervor.«

9. MÄRZ: R. berichtet Lou A.-S. nach Berlin von den Vorträgen Schulers und charakterisiert diesen: »ein Mensch, der schon deshalb wichtig ist, weil das Heillose, das jetzt geschieht, keinen seiner tiefern innern Zusammenhänge aufhebt – (wer darf das von sich sagen?).« Die Vorträge finden in der Wohnung des Grafen von Seyssel in der Ludwigstraße statt, im Rahmen der »Kriegshülfe für geistige Berufe«, die Frau Elsa Bruckmann leitet.

R. erwartet Lou A.-S. in München, wo sie bei ihm und Frau Albert-Lazard absteigen könne.

Kippenberg schreibt aus Halle: »Ich deutete schon an, dass ich neulich in Wien war, ich habe dort mehrere Tage verlebt, habe u. a. Kassner,

Hofmannsthal, Schnitzler, Wassermann und natürlich Stefan Zweig gesehen und Sie können sich denken, dass wir viel von Ihnen gesprochen haben.«

10. MÄRZ: Für die bevorstehende Hochzeit Sidie Nádhernýs mit dem Grafen Carlo Guicciardini schreibt R. »Strophen zu einer Fest-Musik. Wohin reicht, wohin, die Stimme der Menschen ...«: »Auch hab ich gleich nach Eintreffen Ihres Briefes die beifolgenden Verse niedergeschrieben, von denen ich hoffe, daß die Comtesse Pejacsevich sie wird brauchen können: sie sind ein Unterbau für wirkliche Musik, wenn ich nicht irre, wenigstens lassen sie Raum für Töne ...« (11.3.15) (Die Hochzeit kommt nicht zustande.)

11. MÄRZ: R. gibt an Kippenberg nur ungern seine Zustimmung zum Druck des »Cornet« in der Vertonung von Paszthory beim Brockhaus-Verlag: »er sinkt damit in eine zwiespältige und zweideutige Kunstgattung, die ich für keine ganze, ehrliche halte.«

13. MÄRZ: R. an Lou A.-S.: »Du mußt, was das Wohnen angeht, hier selbstverständlich unser Gast sein, denn die Wohnung ist ja da ... Verköstigung und alles Andere ist, münchner Verhältnissen und unseren vegetarischen Ansprüchen nach, sehr erschwinglich; Du wirst Dich also sehr sparsam einrichten können.«

17. MÄRZ: R. erhält den Besuch der Tänzerin Clotilde von Derp.

18. MÄRZ: An die Fürstin Taxis schreibt R., er werde noch in München bleiben: »Muß hier wohl auch die Musterung abwarten, falls es (wie ich im Corriere della Sera neulich gelesen habe) wahr ist, daß Oesterreich nun alles bis zum zweiundvierzigsten Jahr einberuft. Pläne zu machen, eh man weiß, wie das Loos dann fällt, hätte wenig Sinn.« Auch ihr berichtet R. von Schuler: »ich habe einige Stunden mit jenem Manne verbracht ... jedenfalls fühl ich mich von seinen Zusammenhängen, da ich nicht weiter fragen und nicht genauer damit umgehen kann, ähnlich angezogen und abgetrennt wie von der ›Unbekannten‹.« Er habe nur den letzten von drei Vorträgen gehört, welche »die Toten als die eigentlich Seienden, das Toten-Reich als ein einziges unerhörtes Dasein« darstellten. R. schreibt für die Fürstin drei Gedichte Friedrich Gundolfs aus der neuesten, zehnten Folge der »Blätter für die Kunst« ab, die, wie er durch Zufall erfahren hat, an Kassners Frau gerichtet sind, ferner das »Hochzeits-Carmen« für Sidie Nádherný. (Diese zweite Beilage ging verloren.)

VOM 19. MÄRZ BIS 27. MAI ist Lou A.-S. in München zu Besuch und bewohnt auf R.s Seite in der Wohnung Finkenstraße 2^{IV} ein Arbeits- und ein Schlafzimmer.

19. MÄRZ: R. erhält von Annette Kolb René Schickeles »neues Schauspiel«: »Hans im Schnakenloch« und schreibt dazu an Marianne Mitford: »Vielleicht entgeht mir die entscheidendste Bedeutung von Schickele's Stück; es ist ein gut Teil Karikatur ...« Aus der Wohnung in der Bendlerstraße erbittet R. neben anderem »aus dem Arbeitszimmer, vom Wandtisch linker Hand, das italiänische Wörterbuch (Michaelis) samt der Vita Nuova Dantes«. R. fährt fort: »meine Manuskripte liegen alle in der mittleren Lade des Schreibtisches und sollen auch dort noch bleiben, als Gewicht für mein Wiederkommen« – nach Berlin.

27. MÄRZ: Zur ›Aufführung‹ des »Cornet« schreibt R. an seine Mutter: »Die Wiener Veranstaltung (am 27. d. M.) ist von meiner Freundin Frau v. Hattingberg angeregt worden, einer sehr bedeutenden Pianistin; allgemein freut man sich, daß der Fürst Franz Auersperg den schönen Saal dafür hergegeben hat, was natürlich dem Einfluß der Fürstin Marie Taxis und der Fürstin Windisch-Graetz zu danken ist! Das ganze ist in vorzüglichen Händen und man verspricht sich einen guten Eindruck davon und ein schönes Ergebnis für den ›Invaliden-Dank‹.«

R. schreibt in »Die Aufzeichnungen des Malte Laurids Brigge« die Widmung: »Fräulein Lucy von Goldschmidt / Woher kennen alle uns, die Schmerzen / so als wären sie mit uns erzogen? / Ziehen her in einem schönen Bogen / durchs Gestirn – und rufen uns beim Herzen ... / München, am 27. März 1915./R. M. R.«

28. MÄRZ: Für Lulu A.-L. schreibt R. »Aus dem Gedächtnis« Beer-Hofmanns »Schlaflied für Myriam« nieder.

30. MÄRZ: R. setzt einem Brief von Lou A.-S. an Sigmund Freud einige Zeilen zu, darin heißt es: »ich war immer noch nicht in Wien seit unserer Begegnung.«

FRÜHJAHR: Mit einem Billett kündigt R. bei Ludwig Derleth einen gemeinsamen Besuch mit Lou A.-S. an, die für ihn »seit etwa zwanzig Jahren vom größten reichsten reinsten Einfluß war«.

12. APRIL: R. schreibt an Marianne Mitford: »Mehrere vernünftige Menschen hier überlassen sich dem Tischrücken, der Ironie eines, mit ihrer mindesten Macht ausgestatteten Dings, das ist nicht der Rede werth, – aber ich bin hier und dort auf einzelne merkwürdige Menschen gestoßen, auf eine ganze Schicht ins härteste Lebensgestein eingesprengter Existenzen, die sicher mehr von Geheimnissen erfahren, als die, ein

von Nervenenden trunkenes Möbel rückenden Tischgenossen ...« – R. liest auf schwedisch von Selma Lagerlöf »Der Kaiser von Portugallien«.

13. APRIL: An die Fürstin äußert sich R. über den George-Kreis: »es scheint z. B., als ob es irgendwie der Grundsatz, die Lehre der Leute um Stefan George sei, nichts zu erleben, was nicht vom inneren Mythus aus seine Beleuchtung und Deutung empfängt: innen mythisch zu sein, die täglich widerfahrenden Dinge im Sinn ihrer eigentlich göttlichen Abstammung aufzunehmen, vielleicht ist dies das besondere Geheimnis des Kreises um St G (und kein ästhetisches!).« R. ist neben Schuler einigen anderen, dem Kreis verbundenen Menschen begegnet, die, wie er meint, »ihrer Natur nach, auf mythisches Erleben angelegt sind«. Auch Pascha Taxis gehöre zu dieser Art von Menschen – die Fürstin hat R. Botschaften aus einer Séance mit ihm übermittelt. R. vergleicht das mit Sitzungen in München: »da ist das, was *es* bei Ihnen diktiert, schon von anderer Stimme.«

21. APRIL: In einem Brief an Alfred Rapp lehnt R. es ab, nochmals an spiritistischen Sitzungen mit ihm und der Baronesse Maydell teilzunehmen wie am 21. 3. 15. »ich gehe, nach dergleichen Abenden, irgendwie mit bewölktem Gewissen umher: als ob ich es nicht verstanden hätte, mir die Vorgänge in experimentaler Distanz zu halten: andererseits aber widerstrebt es mir auch ungemein, in sie einbezogen zu sein, – und so ist es wohl die Falschheit, Halbheit und Ungenauigkeit meiner eigenen Haltung, die mich hernach straft und vor mir selber bloßstellt.«

22. APRIL: »Gestern war Annette K[olb] bei mir; es scheint, daß sie einige weitere ›Briefe an einen Toten‹ geschrieben hat, die in den ›Weißen Blättern‹ erscheinen werden. Ihre Begegnung mit Romain Rolland in Genf war gut, freundlich –, aber wie sollen Menschen jetzt anders als rathlos sein gegeneinander ...« R. fragt: »wie wird man leben, wo, aus welcher Sicherheit, – da man doch ein Jahr lang Zeitgenosse dieser Weltschande gewesen ist. C'est atroce.« (An Marianne Mitford)

2. MAI: Billett Walter Rathenaus an R.: »ich reise heute Abend; nur mittags bin ich frei, und bitte sehr, daß Sie und Frau Lou um halb zwei mit mir speisen –«

3. MAI: Gemeinsamer Besuch mit Lou A.-S. bei Eduard Graf von Keyserling. Lou A.-S. notiert im Tagebuch: »schöne zwei Stunden, in denen er voll Munterkeit und Geist war«.

11. MAI: Kippenberg an R.: »Wie Sie wissen, habe ich seinerzeit dem Herrn Geheimrat Walzel geschrieben und ihm nahegelegt, bei der Tiedge-Stiftung eine Ehrengabe für Sie zu beantragen. Zu meiner Freude ist diese Anregung auf einen guten Boden gefallen...« R. erhält 500 Mark.
12. MAI: R. an die Mutter: »Wenn doch die guten Intentionen des Pabstes zu guten Konsequenzen führen wollten, – er ist ja wirklich der Einzige, der ... von einem erhöhteren Standpunkt aus den Frieden im Auge zu behalten vermag, die Friedens-Gnade, die Gottes ist.«
13. MAI: R. schreibt an die Sängerin Augusta Hartmann-Reuter, die er zu treffen wünscht.
16. MAI: Lou A.-S. vermerkt im Tagebuch: »Rainer frei vom Militär«. R. an die Mutter: »Meine Musterung hatte das Resultat, daß ich, nach ärztlicher Untersuchung, als ›nicht geeignet‹ befunden wurde...« (30. 5. 15)
18. MAI: Hans Carossa macht einen Besuch bei R. in Lulu A.-L.s »bildertragenden Werkstatt«, wie er berichtet; Regina Ullmann habe ihn ermutigt. In diesem Gespräch drückt R. seinen Wunsch aus, noch ein Medizinstudium zu beginnen. (»Führung und Geleit«) Im Tagebuch vermerkt Carossa: »mit Kubin bei Rilke«.
PFINGSTEN: R., Lulu Albert-Lazard und Lou A.-S. machen einen Ausflug nach Herren-Chiemsee und zur Frauen-Insel, wo auch Clara R. und Ruth das Pfingstfest verbringen. Davon berichtet R. seiner Mutter am 30. 5. 15: »Die Fraueninsel trägt außer Gärten und einigen uralten Linden nur eine kleine Anzahl ländlicher Häuschen und das schöne alte Nonnenkloster, das zu den ältesten und namhaftesten Bayerns gehört. Es ist ein rechtes Inseldasein unter sympathischer Schifferbevölkerung, in etwa ¾ Stunden hat man auf theilweise sehr lieblichen Strandwegen, die Klostermauer entlang, die ganze Insel umschritten, wo es uns nach mehr Ausschreiten zumuth war, ließen wir uns im Boot auf die größere Herreninsel übersetzen, die ein einziger stundenweiter Park ist, um eine alte Abtei herum, und das weniger erfreuliche neue Schloß, das König Ludwig II. dort erbaut hat.«
28. MAI: Durch Ellen Delp-Schachian läßt R. Max Reinhardt nochmals sagen, er werde das »Mystère der Brüder Gréban« nicht übertragen. »Was eigene Hervorbringung angeht, so hab ich kein Absehen dafür, ob sie in dieser Weltzeit möglich sei. Wo mir aber etwas gelänge, da würd ich mich eher dazu angehalten fühlen, es nicht auszugeben, in keiner Weise. (Der Cornet ist allerdings etwas lebhaft vor die Leute gebracht worden, aber, so wie es geschah, war es gegen meinen Willen, und

überdies ist das Gedicht vor siebzehn Jahren geschrieben also fast nur noch historisch meines.)«
An Marianne Mitford heißt es zur Kriegslage: »thatsächlich wirds ja immer mehr zur Aussicht, daß wir in gesperrter Zukunft anstehen werden; die noch nicht, vorher, Welt gesehen haben, werden nur ein Zimmer kennen, Gott verzeih mir, die deutsche gute Stube, und wir Weltläufige gehen unbeschreiblichen Entbehrungen entgegen. Nun da auch Italien sich schließt. Und ich war alle diese Wochen gefaßt nach Venedig zu gehen oder nach Schweden ...« Italien ist am 23. 5. 15 in den Krieg eingetreten, zunächst gegen Österreich, am 26. 8. 16 erklärt es auch Deutschland den Krieg. Weiter berichtet R. von einem Zusammentreffen, das er und Lou A.-S. mit Walther Rathenau gehabt haben: »ermessen Sie an dieser Länge, daß es uns wohlthat, mit ihm zusammen zu sein.« R. erwähnt ferner einen »faustisch Deutschen«, Dr. Noetzel, der ein »sehr wichtiges Buch über Rußland geschrieben hat, an der Erscheinung Tolstoi's begriffen«: Karl Nötzel »Das heutige Rußland«, München: Georg Müller 1915.
Eine Einladung nach Stift Neuburg bei Heidelberg durch Alexander von Bernus lehnt R. ab.
IM FRÜHJAHR ODER SOMMER entsteht »Liebesanfang. O Lächeln, erstes Lächeln, unser Lächeln ...« R. nimmt das Gedicht in die Handschrift für Richard von Kühlmann auf.
30. MAI: R. schreibt an Sidie Nádherný von »Lou, die wochenlang hier war, mir zur Tröstung und Bestärkung im innersten Herzen«.
2. JUNI: R. meldet Katharina Kippenberg, daß er seine bisherige Wohnung verliere und vielleicht einmal nach Leipzig kommen werde: »Als einer allerdings (muß ich warnen) der nur bedrückt und ganz unbegeistert ist und im ganzen Weltvorgang nur Grauen und Irrung sieht (ohne zu urteilen), auf pures Leiden und mit Allen Mit-leiden eingeschränkt!«
7. JUNI: R. bestellt drei Exemplare von Werfels neuem Buch »Einander« beim Kurt Wolff Verlag.
SOMMER: R. erinnert sich in einem Brief, den er am 28. 2. 21 an Baladine Klossowska schreibt: »(1915 brachte mir Klee etwa 60 seiner Blätter – farbige – ins Haus und ich durfte sie monatelang behalten: sie haben mich vielfach angezogen und beschäftigt, zumal soweit Kairouan, das ich kenne, darin noch zu gewahren war –).« Frau Albert-Lazard erzählt, Paul Klee habe auf ihrer Terrasse öfter Geige gespielt.

9. JUNI: An Katharina Kippenberg berichtet R. von der Aussicht, in Holzhausen am Ammersee ein ganz kleines möbliertes Haus mieten zu können. Als Manuskript möchte er ihr für den Insel-Verlag die Sonette von Hertha Koenig empfehlen.
Von dem Plan gibt R. auch Marianne Mitford Kenntnis und erbittet seine in Berlin zurückgelassenen Manuskripte und Briefschaften: »Das völlige Alleinsein da draußen müßte mir, glaub ich, unmittelbar lieb werden und irgendwie ergiebig, nach sehr zehrenden Monaten, in denen immer wieder Menschen, neue Menschen, zu Wort und Einfluß kamen ...« R. verspricht: »Und von mir bekommen Sie gleich (in den nächsten Tagen, es ist schon für Sie bestellt) den neuen Werfel. Es stehen herrliche Sachen darin, so wunderbar kühn durchgesetzte.«
10. JUNI: »Meine liebe Fürstin, acht oder zehn Tage hab ich keine Zeitung gesehen, gestern wurde mir eine gebracht, in der die Namen Monfalcone, Sagrado, Duino standen; ich weiß nicht, wie weit zutrifft, was dort an Vernichtung berichtet war. Aber alles, was Zerstörung heißt, ist ja jetzt möglich, wahrscheinlich, sozusagen von vornherein zugegeben. Zum ersten Mal seit Krieg ist, hat mich, mit diesen Namen, ein einzelnes Geschehen so unmittelbar im Herzen getroffen ... hätte ich doch alle Elegien auf Duino geschrieben, wären sie doch unsäglich schöner als sie sind –. (Alle die Unwiederbringlichkeiten!) Welches Gewicht, welche Verpflichtung fällt nun auf die ein wenig überlebenderen Dinge.«
AM 11. JUNI fragt R. bei Frau Hertha Koenig an, ob sie ihn »rasch und still für eine Weile beim großen Picasso in der Widenmayerstraße« aufnehmen könne, »da Erlers [am Ammersee] nun ihre andere, größere Villa, nicht die kleine unten am See, vermieten wollen! Ein sehr nettes Fräulein, als Haushälterin, hab ich inzwischen so gut wie engagiert, was tun –?« R. bittet »um ein Bett im Fremdenzimmer für mich, um ein Bett für meine Haushälterin, um die Küche, und die Erlaubnis, an Ihrem herrlichen Schreibtisch zu arbeiten –; alles andere bliebe verschlossen; höchstens würd ich mich mal einen Nachmittag lang vor den Picasso setzen, der mir Mut gibt zu dieser Anfrage«. Frau Koenig verbringt den Sommer auf ihrem Gut Böckel bei Bieren.
AM 14. JUNI zieht R. aus der Finkenstraße 2^{IV} in die Wohnung Frau Koenigs in der Widenmayerstraße 32^{III}, wo er bis zum 11. Oktober bleiben kann.
15. JUNI: An den Schauspieler Kurt Stieler schreibt R.: »Lieber, Guter

(ich schrieb dies alles schon Magda v. Hattingberg), wenn's irgend geht, erspart mir, bitte, weitere Vorführungen des ›Cornet‹ (eine hiesige wäre mir besonders lästig); denn, erstens, mir ist dieses Nebeneinander von Musik und Wort keine Kunstform; denn, zweitens, bringt man sie jetzt und so, so ergiebt sich das Mißverständnis, als ob jene Jugend-Dichtung mit der Zeit, die ist, irgendwie zusammenklänge ... denn, drittens, mag ich in dieser entstellten Welt nicht genannt werden, nirgends, kein Augenmerk auf Einen, der sie vorderhand weder begreift noch bewundert, sondern nur fühlt, daß die Stunde da ist, sich zu entsetzen.«

18. JUNI: R. fordert Clotilde von Derp auf, abends vor einem Vortrag noch den Picasso anzusehen, »hier in diesem schönen Provisorium«. (Picassos »Saltimbanques« sind 1905 entstanden.) R. hört einen »Forum-Vortrag« von Heinrich Mann über Emile Zola im Hotel Continental. Die Zeitschrift »Das Forum« wird von Wilhelm Herzog herausgegeben, Mitarbeiter sind Heinrich Mann und Frank Wedekind. Im September 1915 wird das »Forum« wegen seiner kriegsfeindlichen Haltung und ›unangebrachten Europäertums‹ verboten, das letzte Heft enthält Heinrich Manns Novelle »Die Tote«.

23. JUNI: R. schreibt an Wilhelm Hausenstein über dessen kürzlich erschienene Abhandlung »Belgien. Notizen«: »Ihre lebhaften und aufmerksamen Anmerkungen zu Belgien; ich las sie unter vielem Erinnern und Einsehen, dankbar. Die liebe starke Freundesgestalt Verhaeren's wurde mir auf eine neue Art mächtig über Ihrer Anschauung der belgischen Widersprüche und Zusammenhänge.«

24. JUNI: R. erhält seine Augustinus-Übertragungen aus Berlin zurück.

26. JUNI: R. berichtet Marianne Mitford nach seinem Umzug: »Hier bin ich versteckter und lasse, von meiner früheren Wohnung aus, das Gerücht, ich sei schon fort, zunehmen und gewähren; nur selten, in äußersten Fällen, straf ich's Lügen, erscheine im Theater, wie vorgestern, als Büchner's ›Wozzek‹ im Residenz-Theater gegeben wurde, oder gestern in einem Vortrag Wilhelm Herzog's, der allerdings so dürftig war, daß ich zunächst vom Ausgehen mich wieder dispensiert halte. Wenn doch einer, der weiß, sich die Mühe nähme zu reden, es ist furchtbar, daß die Meinung zunimmt, als müsse man das Ende des Krieges abwarten, um die Dinge zu sagen, wie sie sind. Mein Gott, wie soll es denn enden, wenn alle in ihn befangen und versteift sind und ihre Ambition in ihn setzen?« Im Zusammenhang mit Hausensteins Bel-

gien-Buch schreibt R.: »Aber Geschichte ist nicht die ganze Menschheit, ist ein Verzeichnis der Wasserstände ...« Eine Einladung auf das Friedländer-Fuld'sche Gut ›Lanke‹ lehnt R. dankend ab.

28. JUNI: R. klagt Thankmar von Münchhausen betroffen, wie schmerzlich es sei, daß der Krieg, »diese Nichts-als-Heillosigkeit nötig war, um Beweise von Herzhaftigkeit, Hingabe und Großheit zu erzwingen. Während wir, die Künste, das Theater, in eben denselben Menschen nichts hervorriefen, nichts zum Aufstieg brachten, keinen zu verwandeln vermochten. Was ist anderes unser Metier als Anlässe zur Veränderung rein und groß und frei hinzustellen, – haben wir das so schlecht, so halb, so wenig überzeugt und überzeugend getan? Das ist Frage, das ist Schmerz seit bald einem Jahr, und Aufgabe, daß mans gewaltiger täte, unerbittlicher. Wie?!«

Katharina Kippenberg gegenüber äußert R.: »Die Premiere des Wozzek hier (mit Steinrück), obwohl nicht ganz im Sinne des Stückes, machte doch einen ungeheuren Eindruck, durch die Freiheit, mit der Büchner Gestalten verwendet, und restlos in szenischen Gleichungen auflöst, was von Ausdruck zu Ausdruck unverträglich scheint.«

JUNI: Im »Brenner-Jahrbuch 1915« erscheint R.s Gedicht »So angestrengt wider die starke Nacht ...« neben einer Reihe von Gedichten Georg Trakls, darunter »Grodek«.

ANFANG JUNI: An Marthe Hennebert: »Vous me croirez, si je vous dis que, depuis un an, j'avance, pas sur pas, dans un désert d'étonnement et de douleur, ... il me manque le moindre soulagement d'action, car, moi, je ne saurais combattre que pour tous, contre personne.« Es sei dies die erste Möglichkeit, ihr zu schreiben. R. bittet, Charles Vildrac zu grüßen.

6. JULI: R. übersendet Katharina Kippenberg die Sonette von Hertha Koenig im Manuskript und empfiehlt sie dem Insel-Verlag zum Druck; sie werden angenommen. Vor ein paar Tagen habe er Carossa gesehen.

R. antwortet Hünich, er habe keinen Beitrag für den Almanach, aber: »Ich freue mich zu lesen, daß der Almanach keine Kriegsmaske vorzuhalten beabsichtigt, sondern einfach als Jahrbuch zur Welt zu kommen vorhat, so gut und so arg eben Kinder solcher Zeit aussehen. Genug, genug, aller dieser Zupassungen zum Jetzigen, das doch nicht das ist, als was wirs sehen, oder glauben, oder anstarren oder hassen, sondern ein Anderes, Unabsehliches, Unbegreifbares, Fremdes.«

VOM 6. JULI BIS 4. AUGUST wohnt Editha Klipstein bei Lulu Albert-Lazard in der ehemaligen Pension Pfanner in der Finkenstraße. Sie berichtet in vielen Briefen an Ilse Erdmann aus dieser Zeit, in der sie mehrfach mit Rilke zusammentrifft.

8. JULI: R. lehnt eine Einladung Pfarrer Friedrichs ab und gibt diesem eine Sendung zurück: dies komme aus seinem »Entschluß, keinerlei Eigentum um mich aufkommen zu lassen, nie, besonders jetzt nicht«. R. behält nur einen Kalender.

9. JULI: R. dankt der Fürstin für die Nachrichten über Duino, das vorerst nur leicht getroffen ist. Über das erste Heft von Annette Kolbs neuer Zeitschrift heißt es: »mit dieser Rundschau ist ein erster öffentlicher Versuch gemacht ein wiederum Gemeinsames bei Weitem vorzusehen, was ja zunächst nichts bedeuten kann, als die riesige Wunde Europa von einem Wundrand zum andern und ihrer Tiefe nach zu untersuchen.« Für einen Almanach des »Kriegshülfebüreaus« bittet R., die ihr gehörende »Skizze zu einem Sankt Georg« zur Verfügung zu stellen, er habe keine Zeile zu vergeben. R. fährt fort mit einem Bericht über die Aufführungen von Strindbergs »Gespenstersonate« und Büchners »Wozzek«. R. schließt: »wie dieser mißbrauchte Mensch in seiner Stalljacke im Weltraum steht, malgré lui, im unendlichen Bezug der Sterne. Das ist Theater, so könnte Theater sein.« Über die Wohnung in der Widenmayerstraße sagt R.: »es hängt ein Marées in meinem Arbeitszimmer und, vor allem, ein ganz großer, der schönste bedeutendste Picasso, ein herrliches Bild, in dem französische Tradition: Watteau – Chardin – Manet mit der größten spanischen Haltung unbeschreiblich zusammenkommt. Cette voisinage m'ouvre presque, par moment, le monde – – –«

12. JULI: An Frau von Nostitz: »Je länger es währt, – das Verstörende ist ja nicht die Tatsache dieses Krieges, sondern daß er in einer vergeschäfteten, einer nichts als menschlichen Welt ausgenutzt und ausgebeutet wird ... Menschenmache, wie schon alles die letzten Jahrzehnte Menschenmache war, schlechte Arbeit, Profitarbeit, bis auf ein paar schmerzliche Stimmen und Bilder ...« R. erinnert an Cézanne, der geschrieen habe: »›Le monde, c'est terrible ...‹ Wie an einen Propheten denkt man an ihn, und sehnt sich nach einem solchen Schreier und Heuler –, aber sie sind alle vorher fortgegangen, die Greise, die die Macht gehabt hätten, jetzt vor den Völkern zu weinen ...« R. schickt ihr das »Brenner-Jahrbuch« mit seinem Beitrag.

13. JULI: R. schlägt Elsa Bruckmann an Stelle der von dieser gewünschten Lesung des »Cornet« für die »Kriegshülfe« vor, »das ›Stunden-Buch‹ öffentlich vorzulesen«. Am 19.7. nimmt er dies Anerbieten zurück, da es nötig sein würde, eine Einleitung zu sprechen: »sie würde, ob sie gleich das Gegenwärtige anzugreifen nicht die Anmaßung besäße, doch so unbedingte Widersprüche dagegen aufbieten, einen um den anderen, daß sie wenig Aussicht hätte, der Zensur nicht anstößig zu sein; zensurgemäß Gemindertes auszusprechen wäre mir eine Pein...«
IM JULI erhält R. den Besuch Editha Klipsteins, die darüber an Ilse Erdmann schreibt: »So ist er zugleich zarte Liebenswürdigkeit und eisige Kälte, – und die letztere ist es, in der man sich dann menschlich geborgen fühlt ... weil sie das Persönliche endlich ausschaltet, einmal das Wahrste von uns vorherrschen läßt.« Im Gespräch wird auch Flaubert berührt, Editha Klipstein verspricht R. die erste Fassung der »Education sentimentale« zu leihen, die dieser nicht kennt.
19. JULI: An Elsa Bruckmann schreibt R., daß es zu einer geplanten Lesung jetzt nicht kommen könne: »Denn wenn ich auch von den innerlichsten, mir mittelsten Überzeugungen ausgehen würde, so erkenne ich mich doch durchaus unberufen, solche Antriebe anders, als eingeschlossen in die härteste Produktion, auszugeben, wo sie dann, so Gott will, jeder Zensur der Welt entrückt und von so unbegreiflichem Einfluß sind, daß keine Hand ihre Wirkung anhalten kann.«
22. JULI: R. lehnt eine Einladung Sidie Nádhernýs nach Janowitz ab: »es ist etwas wie ein Aberglauben in mir, irgendeine Landesgrenze zu überschreiten, besonders nun eine ins Engere hinein und Geschlossenere. Kommt man wieder hinaus? Hier ist immerhin ein freieres Empfinden möglich, ob man gleich zögert, die Probe darauf zu machen z.B. nach Schweden zu gehen, was eigentlich meine Absicht war, in Stockholms Nähe, ans Meer...« R. berichtet, er werde zu Erwein Aretin nach Solln fahren: »Geister- und Sternseher, dabei sehr hiesigen Blicks, kritisch, maßvoll und ausgeglichen« und schreibt weiter: »Wissen Sie, was ich nun gerne triebe? Mathematik. Ob man nach Janowitz jemanden könnte kommen lassen um mit ihm zu arbeiten? Einen tüchtigen Studenten? Die herrlichen Bücher von Henri Poincaré (›Der Werth der Wissenschaft‹, ›Wissenschaft und Hypothese‹) liegen hier vor mir und ich kann mich, mangels mathematischer Vorübungen, nicht wirklich damit einlassen...«

23. JULI: R. macht Hertha Koenig auf Picassos Gemälde »La mort d'arlequin« aufmerksam und legt eine Photographie des Bildes bei. Den Brief, den Frau Koenig als den schönsten Brief R.s an sich bezeichnete, machte sie nicht zugänglich: er war auch im Nachlaß nicht zu finden. Sie erwirbt das Bild als ihren dritten Picasso. Als ersten hat sie »Der Blinde« aus der blauen Periode besessen – schon vor ihrem Besuch bei Picasso im Mai 1914 in seinem Pariser Atelier.

VOM 24. BIS 27. JULI ist Katharina Kippenberg auf ihrer Reise nach Bad Kohlgrub in München, sie soll von Lulu Albert-Lazard gemalt werden.

24. JULI: An Marianne Mitford: »schrieb ich nun doch einiges damals entstandene in die Ihnen gehörenden Blätter. Nicht, daß ich etwas davon für wichtig oder auch nur vorhanden halte; ach, leider nein. Es ist die oberflächlichste Improvisierung, sogar (würd ich jetzt sagen) un peu imitation de moi-même, in der Stundenbuch-Weise ...« R. schreibt für sie die Entwürfe: »Vor Weihnachten 1914« ins reine, die er ergänzt. »Mit einer Art Gier hab ich heute morgen meine Schriften durchgesehen, die Elegien, die Übertragungen aus dem Heiligen Augustinus, die Gedichte Michelangelos, und wieder eigene Verse, was für zerbrochene Anfänge. Ein Anfang war da, ich weiß nicht wovon, der mich erschüttert hat, – sechs Zeilen, ich konnte mich nicht erinnern, sie je aufgeschrieben zu haben ...« – »... was lesen Sie? Ich: Tolstoi, die Bruchstücke des halbbiographischen Romans, der unter dem Titel ›Geschichte der heutigen Zeit‹ geplant war, dann aber unvollendet blieb.«

28. JULI: R. macht Marianne Mitford mit der sorgfältigen Beschreibung von Picassos Bild »Der Tod Pierrots« darauf aufmerksam, daß es – aus norddeutschem Privatbesitz – bei der Galerie Caspari zum Verkauf ausgestellt sei.

30. JULI: R. sieht Strindbergs »Totentanz«: »das Wirkliche reicht nicht aus, Vorbild dieses Bildes zu sein, ein großes Gemüth ist in die Hölle gestürzt, und die Bühne ist jeden Augenblick in Gefahr, einen Gott des Entsetzens zur Welt zu bringen.« (An Clotilde von Derp, 3.8.15)

1. AUGUST: Marthe schreibt an R., nachdem sie seinen Brief in Saint-Palais-sur-Mer erhalten hat.

2. AUGUST: An die Fürstin Taxis: »Sie lesen Balzac, ich habe mich immer mehr an Flaubert gehalten, las eine wunderbar frische frühe Fassung der Education Sentimentale, die mit dem späteren Roman kaum etwas gemein hat ...«

An Sidie Nádherný schreibt R.: »die Schweiz! Vielleicht wäre das auch für mich eine Stätte kommenden Winter. Es wäre denkbar, daß ich, als Ihr Gast hinkäme, wenn ich nicht doch genöthigt bin, eine Universitätsstadt aufzusuchen (Freiburg? Göttingen? Lausanne?) Das geht mir ja nach, mich irgendwo als einfacher Student einzuschreiben in der Nähe bedeutender Lehrer, nichts geben, nichts hervorbringen müssen, über Büchern zu einer reinen, immer klareren Sammlung zu kommen. Ob das ein Traum ist?...«

5. AUGUST: R. schreibt Ilse Erdmann von seiner Begegnung mit Editha Klipstein, bei der er »bei weitem der Empfangendere« gewesen sei.

10. AUGUST: R. erinnert sich in einem Brief an Erika von Scheel an den Tag, an dem er aus Spanien nach Paris zurückgekehrt war: »ich ging die Rue de Seine hinauf, so unsäglich wiedersehend.«

11. AUGUST: R.s erster Brief an seine dänische Übersetzerin Inga Junghanns. Er hat sie und ihren Mann, den Maler Rudolf Junghanns, durch den Photographen Hans Holdt kennengelernt und sie in dessen Kreis Lieder von Bellman vortragen hören. »... so freu ich mich dankbar und gern auf einen künftigen Abend voll Bellman'scher Lieder. Jener Morgenritt durch die Felder, denken Sie, daß er mir ungefähr das Land ersetzt, das ich diesen Sommer doch wohl kaum haben werde. In diesem Lied sind einem eigene Erinnerungen, ich weiß nicht wieviele, wiedergeschenkt und erhalten ...« Es sind 28 Briefe R.s an Inga Junghanns bekannt, dazu die von ihm beantworteten Fragebogen zur Übertragung des »Malte«.

16. AUGUST: R. bittet Ellen Delp, Schauspielerin aus der Schule Max Reinhardts, sich bei diesem für die junge Schauspielerin Annette de Vries zu verwenden, die sich aus Saarlouis an ihn gewandt hat. Auch Elsa Bruckmann bittet R. um Hilfe für sie.

18. AUGUST: R. fragt Ilse Erdmann: »Ob Sie Kierkegaard kennen? Hier ist Christenthum, wenn es irgendwo noch ist, dieser wahrhaft innere Mensch strahlt es in die Zukunft hinüber. Ich hab ihn nie viel gelesen, man kann ihn nicht nebenbei aufschlagen, ihn lesen heißt in ihm wohnen und er ist ein Pathmos, Stimme und einsame Landschaft ...« R. liest am Vortag die »Rede vom Tode« im »Brenner-Jahrbuch«, übertragen von Theodor Haecker.

An Erika von Scheel heißt es: »Ich sehe französische und dänische Zeitungen, da ist von Frieden nicht die Rede, das kann ja täuschen, aber die Täuschung selbst kann auch wieder zur Verwirklichung des Vorgetäuschten führen, diesen ganzen Krieg über haben voreilige Zeitungslügen lebende junge Thatsachen zur Welt gebracht, man hat den Eindruck, seit es eine bis zum Äußersten getriebene Presse giebt, kann ein Krieg, der einmal da ist, überhaupt nicht mehr aufhören ... die Welt ist in die Hände der Menschen gefallen ...«

20. AUGUST: An Henriette Löbl nach Wien: »Wäre nicht die Bibel, so bliebe ich fast ganz ohne Umgang ...«
In einem langen Brief an die Schauspielschülerin Annette de Vries-Hummes, die ihn um Rat und Hilfe bittet, schreibt R.: »Aber der Schauspieler, selbst wenn er von dem reinsten Müssen seines Wesens ausgeht, steht im Offenen da und thut seine Arbeit im Offenen, allen Einflüssen, Beirrungen, Störungen, ja Feindsäligkeiten ausgesetzt, die von seinen Collegen, die vom Publikum ausgehen, ihn unterbrechen, ablenken, spalten. Er hat es schwerer als irgend ein Anderer. ... Jede Nachgiebigkeit gegen den Erfolg bringt ihm ebenso sicher den Untergang, wie es der Untergang des Malers oder Dichters ist, nachzugeben und den Beifall in die Voraussetzungen seiner Hervorbringung einzubeziehen.«

22. AUGUST: An Antonie Baumgarten heißt es: »Wieviel Vertuschung in den Städten, wieviel schlechteste Zerstreuungen, welche Heuchelei im unentstellten Hinleben, unterstützt durch gewinnsüchtige Literatur und erbärmliche Theater und geschmeichelt von der widerwärtigen Presse, die sicher an diesem Kriege viel Schuld hat ...« Alles Große und Aufopfernde sei »verschlungen von dem ›Unternehmen‹ dieses Krieges, der Gewinn zu bringen hat«.

30. AUGUST: An Ellen Delp schreibt R. über zwei Gründe dafür, daß ihm das Theater wieder nähergebracht worden sei. Einmal die Arbeiten eines jungen Gelehrten, Felix Noeggerath, über das antike Theater: »ich erschrak fast vor Glück bei den ersten Einblicken«, die jedoch noch nicht veröffentlicht seien, zum anderen Büchners »Wozzek« und Strindbergs »Gespenstersonate«.

1. SEPTEMBER: R. bittet den bücherkundigen Rolf von Hoerschelmann: »mich aufmerksam zu machen, wenn Ihnen je Romane, Gedichte oder Blätter vorkommen sollten, die vom Einhorn, seiner Geschichte, der Jagd dieses Thieres und Ähnlichem handeln. – Scheint es Ihnen möglich, an der Staats-Bibliothek über diese Erscheinung Material zusammen zu finden? ...«

UM DEN 1. SEPTEMBER notiert R. die französischen Verse »A M. ...«, an

Marthe: »Les autres, c'était la tempête ...« und den Entwurf: »Connaî-trai-je la main charitable ...«

4. SEPTEMBER: R. erfährt, daß seine in Paris zurückgelassene Habe zur Deckung der Mietschuld im April 1915 versteigert worden ist. 1937 bot die Buchhandlung Perl in Berlin einen kleinen Teil der Bibliothek R.s auf einer Auktion an, der Verbleib der Bücher ist nicht bekannt.

6. SEPTEMBER: Über diesen Verlust schreibt R. der Fürstin in einem langen Brief: »Sie wissen, daß ich das nicht schwer nehme, längst war ich geneigt, alles, was sich in den zwölf Jahren in Paris um mich angesetzt hatte, als Nachlaß des M. L. Brigge anzusehen, und vielleicht ist mit allen diesen mitwissenden Dingen und Büchern und den paar Erbstücken, die Obsession der Gestalt von mir genommen, von der endgültig abzusehen, ich doch reinlich entschlossen war. Und doch, liebe Freundin, Ihnen darf ichs gestehen, geh ich seit jener Nachricht aus Paris in einem wunderlichen Gefühle herum, etwa wie einer, der einen Sturz gethan hat, schmerzlos aufgestanden ist und doch irgendwie den Verdacht nicht los wird, es könne plötzlich in seinen Eingeweiden ein nachträglicher Schmerz ausbrechen und ihn zum Schreien bringen ...« Vorher heißt es: »Ein münchner Jahr ist vorüber, ich habe nicht viel damit angestellt, im Gegentheil ... seit fünf Jahren, seit sich der Malte Laurids hinter mir geschlossen hat, steh ich als ein Anfänger da« – und: »ich räthselte im Stillen wie alle Welt über die gemeinsame Zukunft, unser aller, ob ich gleich da auf weniger Voraussetzungen angewiesen bin, als irgend ein Eckensteher, denn die Geschichte ist mir dunkel ...«

AM 7. SEPTEMBER erhält R. den Brief Marthes vom 1.8.15, der sich in seiner Abschrift erhalten hat: »Cher René, je ne peux pas me décider à vous écrire, parceque je reste à lire vottre lettre qui m'enmène (= m'amène) dans les souvenirs et près de vous vous savez René toute la joie que j'ai d'avoir reçu votre lettre ...« R. hat orthographische Fehler zum Teil verbessert. Marthe schreibt von den Kriegsereignissen und fährt fort, sie werde in der nächsten Zeit nach Paris zurückkehren und dann R.s Aufträge ausführen: »j'irai faire vos commissions je ne sais comment va Vildrac, il était dans les tranchés il y a quelques mois. Dites à Edvid (= Hedwig) Janichen que je l'embrasse de tout mon cœur.« Abends lese sie »les méditations de S. Augustin et tout ce que j'en lis il me semble que c'est vous qui me le lisez à haute voix«. Am unteren Rand der Abschrift vermerkt R.: »ich hatte Anfang July zum ersten Mal eine

Möglichkeit erreicht, über die Schweiz Briefe nach P. zu schicken und hatte Marthe gleich geschrieben. Dieser Brief traf am 7. September hier ein, ich habe ihn gleich, über denselben Weg, beantwortet. Bis jetzt keine neue Nachricht.«

8. SEPTEMBER: Niederschrift der »Ode an Bellman. Mir töne, Bellman, töne. Wann hat so / Schwere des Sommers eine Hand gewogen?...«, an den schwedischen Dichter und Komponisten Carl Michael Bellman (1740-1795). Ein Entwurf hat sich erhalten.

11. SEPTEMBER: »Um zu wissen, wie arg mir diese Zeitläufte anhaben, müssen Sie sich denken, daß ich nicht ›deutsch‹ empfinde, – in keiner Weise; ob ich gleich dem deutschen Wesen nicht fremd sein kann, da ich in seiner Sprache bis an die Wurzeln ausgebreitet bin, so hat mir doch seine gegenwärtige Anwendung und sein jetziges aufbegehrliches Bewußtsein, soweit ich denken kann, nur Befremdung und Kränkung bereitet; und vollends im Oesterreichischen, das durch die Zeiten ein oberflächliches Kompromiß geblieben ist (die Unaufrichtigkeit als Staat), im Oesterreichischen ein Zuhause zu haben, ist mir rein undenkbar und unausfühlbar! Wie soll ich da, ich, dem Rußland, Frankreich, Italien, Spanien, die Wüste und die Bibel das Herz ausgebildet haben, wie soll ich einen Anklang haben zu denen, die hier um mich großsprechen! Genug.« (An Ilse Erdmann)

VOM 11. BIS 21. SEPTEMBER ist Katharina Kippenberg in München, sie wird von Lulu Albert-Lazard gemalt.

15. SEPTEMBER: R. verabredet mit K. Kippenberg einen Besuch bei Hoerschelmann, wo sie frühe Holzschnitte und Einhorn-Darstellungen betrachten wollen, für den folgenden Tag, anschließend werde man in die Bücherstube Horst Stobbes gehen.

17. SEPTEMBER: An Sidie Nádherný: »alle meine Sachen in Paris sind fort, d.h. ungefähr mein ganzes Eigenthum, das sich seit zwölf Jahren um mich angesetzt hat und die paar (noch Kamenitzer) Erbstücke dazu, alles: hunderte von Büchern, Schriften, alle Correspondenzen, Briefe Rodins, der Duse ... das ist die Richtung, in der ich gar nicht weiter denken darf, denn dort wirds schmerzhaft. Das ist nun wieder ein großer Abschnitt, ein empfindlicher, denn ob es gleich eine meiner ältesten Entschlossenheiten sein mag, an keinem Besitz zu haften, dieser war doch nur der natürlichste Niederschlag des Daseins über meinem Herzen –, ich komme mir jetzt vor wie ein Brunnen, dem man alles angesetzte Grüne abgesäubert hat ...«

R. schickt Magda von Hattingberg das »Stunden-Buch« mit dem Widmungsgedicht: »Erränge man's wie einst als Hingeknieter ...« mit dem Zusatz »(spät)«.

1. OKTOBER: R. verwendet sich bei Katharina Kippenberg für Hausenstein: »auf der Insel liegt, gedruckt, ganz fertig, der Georg Büchner-Band, den er so außerordentlich eingeleitet hat ... Sie werden zugeben, daß, von der tatsächlichen Aktualität Büchners ganz abgesehn, dieses Buch jetzt, sobald als tunlich, auf der Stelle, jedenfalls vor Weihnachten zu erscheinen habe. Die hiesige Aufführung des ›Wozzek‹ hat mich überzeugt, wie sehr nicht nur wir, sondern auch der stumpfere Bürger, den Büchner jetzt aufzufassen vermöchte, wir: de toute conviction, er: malgré lui ...«

2. OKTOBER: R. schreibt der Fürstin von seinem »heillosen Kukuks-Dasein«, er muß sich wieder nach einer neuen Unterkunft umsehen. Für ihre Teilnahme an seinem Verlust dankt er und fährt fort: »Fast zugleich mit der bösen Nachricht kam ein wunderbar Tröstliches: ein herrlicher Brief von Marthe ... Das ist doch der innigste und sicherste Begriff meines Herzens, daß ich dieses Kind gefunden und erkannt habe.«

R. macht Lucy von Goldtschmidt-Rothschild auf das Brenner-Jahrbuch aufmerksam: »Es enthält ein paar bemerkenswerthe Beiträge, Gedichte des in Krakau gestorbenen jungen Georg Trakl, einen klugen Aufsatz zur gegenwärtigen Zeit, und ein paar Absätze über den Tod von Kierkegaard, die sicher zu dem reinsten und unbestochensten gehören, was je über diesen Gegenstand versucht worden ist ...«

5. OKTOBER: R. beglückwünscht Kippenberg zu seiner neuen Aufgabe, der Kriegszeitung der IV. Armee. Den Verlust seiner Pariser Habe nimmt R. zum Anlaß festzustellen, daß er damals beim Eintreffen des Legats nicht richtig gehandelt habe: »Was mir da aber eigentlich widerfuhr (mit dieser Zuweisung eines Fremden) und genau mir widerfuhr, das zu erkennen wäre ich dagewesen, und ich hätte den Begriff dieses unvermuthlichen Eigenthums wenigstens erst in mir fassen und ausbreiten müssen, bevor ich Ihnen zugab, daß wir den größeren Theil davon (und wie mußt ich mir den anderen herauswinden!) einfach zu dem höchst nüchternen Vorrath meiner Lebens-Mittel besorgt und bürgerlich hinzuschlagen! Das war falsch ...« R. ist sicher, daß er Wege gefunden hätte, die Miete in Paris zu bezahlen und damit die Versteigerung zu verhindern. »... falsch in jenem inneren, wenn Sie wollen waghalsigen, wenn Sie wollen phantastischen Sinne, in dem ich zeitlebens

das Unvorhersehliche und Unbegreifliche genommen habe, glauben Sie mir, es will nicht überlegt und mit Geschäftsverstand eingeordnet sein.«

Der Lyrikerin Maria Benemann antwortet R. auf einen bewundernden Brief: »Und wir, über denen die Willkür, Gedankenlosigkeit, die Nutzhast und Anwendungsgier derer hereingebrochen ist, die unsere Arbeit für nichts nahmen ... wir werden vielleicht zu allem Nichtbegreifen, auch noch die Mühsal haben, nicht zu verstehen, daß wir mit jenen großen Alten nicht gestorben sind – sondern noch hier, in dieser unkenntlichen Welt.«

ANFANG OKTOBER: R.s Mutter kommt nach München; R. begegnet ihr zum letzten Mal persönlich. Während einer kurzen Anwesenheit Frau Koenigs in der Stadt (sie ist in Bruchsal als Schwester vertretungsweise tätig), lernt diese Frau Phia Rilke kennen, der sie später Erinnerungen widmet (»Rilkes Mutter« 1963).

7. OKTOBER: R. bittet Katharina Kippenberg um das Leipziger Vorlesungsverzeichnis: »Ich muß nächster Tage hier heraus und so wird die Entscheidung unvermeidlich –«

10. OKTOBER: R. berichtet Ellen Delp, daß wieder eine Musterung für seinen Jahrgang ausgeschrieben sei: »da ich nun einmal hier in den Listen stehe, ists am Besten, wenn ichs hier abwarte und mich hier der nächsten leidigen Entscheidung unterziehe.« R. fährt fort: »Warum gibt es nicht ein paar, drei, fünf, zehn, die zusammenstehen und auf den Plätzen schreien: Genug! und erschossen werden und wenigstens ihr Leben dafür gegeben haben, daß es genug sei, während die draußen jetzt nur noch untergehen, damit das Entsetzliche währe und währe...«

11. OKTOBER: R. muß die Zimmer in der Widenmayerstraße verlassen und zieht während einer Abwesenheit von Lulu Albert-Lazard in die Finkenstraßen-Wohnung.

14. OKTOBER: An Katharina Kippenberg schreibt R.: »ich habe eine gute, ja sogar ausgezeichnete Wohnmöglichkeit in Aussicht, draußen am Englischen Garten, in einem rechten Land-Haus, das übrigens einem Insel-Autor gehört und von oben bis unten voll Insel-Bücher steht«, dem Schriftsteller und Diplomaten Dr. Herbert Alberti.

R. schreibt das Gedicht »Ach wehe, meine Mutter reißt mich ein ...« nieder. Im Oktober vollendet er auch »Der Tod Moses« (Vers 15-22): »Keiner, der finstere nur gefallene Engel ...«, das er im Sommer 1914 in

Paris begonnen hat. Letzteres nimmt R. in die Handschrift für Richard von Kühlmann auf und publiziert es im »Insel-Almanach auf das Jahr 1918«.
15. OKTOBER: R. schreibt an Marianne Mitford, der er Kerstin Strindberg, eine Tochter des Dichters, »ein schönes junges Geschöpf voll des ungeduldigsten stärksten Herzens«, empfiehlt. R. erinnert sich an die Zeit vor einem Jahr: »Nur die ersten drei, vier Tage im August 1914 meinte ich einen monströsen Gott aufstehen zu sehen; gleich darauf wars nur das Monstrum, aber es hatte Köpfe, es hatte Tatzen, es hatte einen alles verschlingenden Leib –, drei Monate später sah ich das Gespenst – – und jetzt, seit wielange schon, ist's nur die böse Ausdünstung aus dem Menschensumpf ...«
R. erhält die Anzeige vom Tode Peter Jaffés: »Im Alter von 7 ¾ Jahren ist nach kurzer Krankheit unser geliebter kleiner Peter sanft und friedlich eingeschlafen.«
MITTE OKTOBER: Zwei Entwürfe: »O alte Sanftmut meines Herzens ...« und »Du aber warst schon da ...«
21. OKTOBER: R. zieht in die Villa Alberti, Keferstraße 11; seine ersten Besucher dort sind Kassner und Felix Noeggerath, zusammen mit Aretin.
22. OKTOBER: R. nimmt die Einladung von Inga Junghanns an, die ihm Bellman-Lieder singt.
27. OKTOBER: In einem Brief an Ellen Delp ruft R. Spanien herauf: »Die spanische Landschaft (die letzte, die ich grenzenlos erlebt habe) Toledo, hat diese meine Verfassung zum Äußersten getrieben: indem dort, das äußere Ding selbst: Thurm, Berg, Brücke zugleich schon die unerhörte, unübertreffliche Intensität der inneren Äquivalente besaß, durch die man es hätte darstellen mögen ...«
R. hört in der Münchner Buchhandlung Goltz eine Lesung von Theodor Däubler.
ZWISCHEN DEM 14. OKTOBER UND DEM 9. NOVEMBER entstehen die sieben Gedichte eines Zyklus, der unveröffentlicht bleibt: die phallischen Gedichte, von denen Lou A.-S. sprach. Das erste beginnt: »Auf einmal faßt die Rosenpflückerin / die volle Knospe seines Lebensgliedes ...« Auch der Entwurf: »Reden will ich, nicht mehr wie ein banger / Schüler, der sich in die Prüfung stimmt ...« stammt aus dieser Zeit.
28. OKTOBER: R. sagt ein Zusammentreffen mit Hausenstein und Kubin ab, er habe sich versprochen, »gar nicht auszugehen«.

30. OKTOBER: R. schreibt an Pfarrer Friedrich, der sein Erinnerungsbuch »Die Heilige« über Agnes Günther, die Verfasserin von »Die Heilige und ihr Narr«, geschickt hat, er habe an diesem Roman ›nichts als Ungeduld und zunehmendes Mißvergnügen‹ empfunden: »Das Buch der Frau Guenther könnte in den schlimmen Achtziger-Jahren entstanden sein« (der Roman erschien 1913).
R. bittet Inga Junghanns, bei ihm zu singen: »Frau Alberti, die viel mit Musik lebt, könnte Sie, denk ich mir, auch begleiten.« R. verspricht ihr seine »Ode an Bellman«.
31. OKTOBER: R. erzählt Marianne Mitford von seiner neuen Umgebung: »Ich bin inzwischen umgezogen, in ein kleines Haus am englischen Garten, das Sie interessieren wird, sowohl durch seine schöne seltsame Eigenthümerin, als durch sich selbst: es hat, ich weiß nicht was für Räume und Zwischenräume, Ateliers und Kammern, und die kleinen Treppen verzweigen sich darin nach rechts und links, daß man mitteninnen auf Kreuzwegen ins Nachdenken fällt ... Ich habe einen großen Arbeitsraum, in dem sich seitenlang auf und abgehen läßt, ein Schlafzimmer und sogar ein kleines Speisezimmer.« An Sidie Nádherný schreibt R. in ähnlichem Sinne; Frau Alberti hat ihm »in Abwesenheit ihres Mannes (des Dr. Herbert Alberti, der im Haag der Gesandtschaft angeschlossen ist) den ersten Stock vermiethet«.
OKTOBER/NOVEMBER: Zu Beginn des Wintersemesters nimmt R. zusammen mit Walter Benjamin, Erwein von Aretin und Felix Noeggerath an einem ›privatissimum‹ des Privatdozenten Dr. Walter Lehmann an der Universität München teil; Thema: »Altmexikanische Kultur und Sprache«. Zu diesem Seminar befinden sich in R.s Nachlaß Bleistiftnotizen. Außerdem sollen R., von Aretin, Noeggerath (›ein junger Gelehrter‹) und Benjamin an einem jour fix Kant gelesen haben.
1. NOVEMBER: Brief an Jomar Förste über die ›Arbeit‹. »Ihre Verse in der Aktion habe ich (seit ich diese Zeitschrift kenne) aufmerksam gelesen.«
2. NOVEMBER: An Katharina Kippenberg schreibt R. ausführlich über die Lesung Däublers: »was ich nun zu konstatieren habe, ist leider das Unerfreulichste. Denken Sie, daß er mir nichts gegeben hat, als noch einmal, nun vom Persönlichen aus, die erschütternde Verschüttung mit der seine Gedichte, je mehr ich davon lese, mich überstürzen. Bis ich unter ihnen, wie unter Gerölle, verschwunden bin ...«
R. betont auch Hoerschelmann gegenüber, er wolle in seiner Klausur

bleiben: »manchmal wird man einander ja doch begegnen, dafür sorgen schon die Kammer-Spiele. Thäten sie's nur gewissenhafter!« R. schenkt ihm »Dieses Buch gehört dem König« von Bettina von Arnim.
Auf die Mitteilung Kippenbergs, daß die Wittgenstein-Schenkung bereits aufgezehrt sei, antwortet R.: »Übrigens hatten doch auch Sie (wie ich aus Ihren Briefen wieder lese) im vorigen Jahr, als das unvermutliche große Geschenk mir zufiel und Sie es zum größten Teile in Verwaltung nahmen, die bestimmte Intention, mir möglichst viel davon zu erhalten: so daß die Enttäuschung, es nun völlig in meinen Unterhalt aufgebraucht zu sehen, uns beide ungefähr gleich betrifft ...«
6. NOVEMBER: R. hat von Kippenberg Guido Gezelles »Kerkhofblommen« erhalten und bittet ihn nun um ein flämisch-deutsches Lexikon. Seine Übertragung von »Bezoek bij't Graf« ist erhalten als unpublizierter Entwurf. Im Jahr darauf schreibt R.: »Als Sie mir voriges Jahr die ›Kerkhof-Blommen‹ sandten, hab ich mit glücklichem Instinkt sehr bald eben diesen ›Besuch am Grab‹ als das größeste Gedicht des ganzen Buches herausgefunden und auf der Stelle übersetzt, einige Strophen auslassend, die meinem Gehör nicht fügsam waren ...« (23.10.16)
7. NOVEMBER: R. besucht den Maler Karl Caspar in dessen Atelier in Schwabing.
8. NOVEMBER: Langer Brief über den »Malte« an Lotte Hepner. R. rät ihr, Tolstois Erzählung »Der Tod des Iwan Iljitsch« zu lesen, und verspricht, ihr Wilhelm Fließ »Vom Leben und vom Tode. Biologische Vorträge« 1914 zu schicken. Über den Tod heißt es im Zusammenhang mit Tolstoi: »deshalb konnte dieser Mensch so tief, so fassungslos erschrekken, wenn er gewahrte, daß es irgendwo den puren Tod gab, die Flasche voll Tod oder diese häßliche Tasse mit dem abgebrochenen Henkel und der sinnlosen Aufschrift ›Glaube, Liebe, Hoffnung‹, aus der einer Bitternis des unverdünnten Todes zu trinken gezwungen war ...«
9. NOVEMBER: Niederschrift des Gedichtes »Der Tod. Da steht der Tod, ein bläulicher Absud / in einer Tasse ohne Untersatz ...« R. schreibt es als letztes in das ›blaue Buch‹ der Fürstin ein. Es erscheint im »Insel-Almanach auf das Jahr 1919«. An Eva Cassirer: »Ich kann Ihnen die Abschrift eines merkwürdigen Gedichtes beilegen, das mir heute, völlig unvermuthet, gelungen ist ... (Übrigens schenk ichs, einem plötzlichen Impuls nachgebend, dem Schauspieler Steinrück.)« Am Vortag hat R. Eva Cassirer und Edith Geheeb bei sich gesehen.
R. nimmt eine Einladung von Frau Gertrud Ouckama Knoop an, weil Schuler da sein wird.

10. NOVEMBER: Die Fürstin Taxis schreibt an R. und schildert die bisherigen Zerstörungen in Duino. In einem zweiten Brief klagt sie:»O Serafico erinnern Sie sich wie Sie uns die Elegien vorlasen, Kassner und mir, im unteren gewölbten Zimmer in Duino – und nachher, nachdem wir lange ganz still gewesen waren, sagten Sie noch auswendig: Uraltes Wehn vom Meer...« (28.11.1915)
R. bittet den Maler Karl Caspar, ihn mit Clara R. zusammen in seinem Atelier besuchen zu dürfen.
13. NOVEMBER: R. erbittet für seine alt-mexikanischen Studien die vom Insel-Verlag vorbereitete Ausgabe der Briefe Cortez' (die jedoch noch nicht erschienen sind). Er fährt fort:»so bringt man es doch im kontinuierlichen Zuhausesein zu einer gewissen Spannung. C'est Michelange qui en profite pour l'instant.« (An K. Kippenberg)
Das »Requiem auf den Tod eines Knaben« entsteht, dem Andenken des fast achtjährig gestorbenen Peter Jaffé gewidmet, dem Sohn von Professor Edgar Jaffé und seiner Frau Else Jaffé-von Richthofen: »Was hab ich mir für Namen eingeprägt...« Es bleibt unveröffentlicht, Frau Jaffé erhält keine Abschrift.
14. NOVEMBER: An Frau Jaffé heißt es:»vorgestern schon, dann gestern wollte ich Ihnen schreiben, aber aus der Verfassung zu Ihnen ging, statt jenes Briefes, jedes Mal Arbeit hervor, gute starke strömende Arbeit, – daraus mögen Sie fühlen wie intensiv meine Verfassung war.«
15. NOVEMBER: R. besucht mit Clara R. und Ruth im Hoftheater »Hoffmanns Erzählungen«; »es ist schön, bei ihrem Alter manchmal mit ihr auszugehen« (an die Mutter, 18.11.15).
17. NOVEMBER: R. überträgt das Gedicht der Comtesse de Noailles »Tu vis, je bois l'azur...« aus dem Band »Les Vivants et les Morts« 1913. »Du lebst. Den Himmel deiner Züge schlürfend...« (Gedruckt im »Insel-Almanach auf das Jahr 1919«)
18. NOVEMBER: R. entschuldigt seiner Mutter gegenüber sein längeres Schweigen: »da ich jeden Tag in drei Sprachen lebe, vormittags Italiänisch lese, Michelangelo, nachmittag und Abend wiederum andere Sprachen, nun obendrein noch vlämisch dazu, da mein Verleger, der in Belgien im Dienst steht, mir von dort schöne ältere Gedichte geschickt hat...«
19. NOVEMBER: R. berichtet Geheimrat Lazard in Wiesbaden von einem Besuch des Malerehepaars Karl Caspar und Frau Caspar-Filser im Atelier seiner Tochter Lulu A.-L.: »es erwies sich, welche Menge von Leistung, schon dem äußeren Umfange nach, vorhanden war.«

19./20. NOVEMBER: R. schreibt »Zum 21. November 1915 / Für Clara mit Dürers Apokalypse« die Strophen: »Siehe: (denn kein Baum soll dich zerstreuen) / reinen Raum auf diesem Eiland stehn ...«, die Worte des Herrn an Johannes auf Patmos, die er seiner Frau mit einer Wiedergabe der Dürerschen Holzschnitte zur »Apokalypse« zum Geburtstag schenkt.

22./23. NOVEMBER: Die »Elegie« »O Bäume Lebens, O wann winterlich? ...« entsteht, die spätere »Vierte Elegie«.

24. NOVEMBER: Bei der erneuten Musterung wird R. als tauglich zum Landsturmdienst mit der Waffe befunden und erhält zum 4. Januar 1916 als »uneingereihter Landsturmmann« den Gestellungsbefehl nach Turnau in Nordböhmen.

»... ich bin eben erst (gegen zwei) nachhause gekommen, sehr erschöpft nach einem endlosen Morgen im Gedräng des überheizten Musterungs-Lokals (da wär ich doch nicht fähig gewesen, bei Ihnen zu frühstücken) zumal, da das Musterungs-Ergebnis mich zunächst bestürzt: ich habe Anfang Januar einzurücken ...« (An Lucy Goldschmidt-Rothschild)

25. NOVEMBER: R. wendet sich an Philipp Schey: »Die Bitte, mit der ich heute zu Ihnen komme, scheint mir eine der größten meines Lebens zu sein ...« Es ist die Bitte, ihn vor dem Militärdienst zu retten. R. berichtet über die Musterung und fährt fort: »Das Ergebnis war, daß ich am 4. Januar nach Turnau zur Truppe einzurücken habe. Sie können verstehen, was das für mich bedeutet, mit den bisher weggeschobenen Brocken vom Tellerrand in den abgestandenen eiskalten Krieg gestoßen zu sein.« Sein eigener Arzt halte ihn für dienstunfähig: »seine Untersuchung stellte die komplizierten Anfänge einer schweren Nervenerkrankung fest, zugleich einen alten, nie ganz ausgeglichenen Lungenschaden, der das Gesammtbefinden immerzu zehrend beeinflußt.« R. erinnert sich daran, daß seine Militärschulzeit Grundursache seiner Leiden sei: »wenn ich das bedenke und mir vorstelle, daß jetzt eine neue Militärzeit mir bevorstehen soll, nicht weniger unbegreiflich und fürchterlich als jene erste in der Kindheit –, so kann mir das nichts anderes als der Untergang scheinen und der Untergang im Fremdesten.« R. endet: »Das Verhängnis des gestrigen Tages hat mich fast betäubt; denn eben, seit etwa zehn Tagen, war eine Arbeitszeit angebrochen, seit wie lange die erste fähige, – zwei, drei Sachen sind angefangen, die zu meinen entscheidendsten gehören, und nun treibt das

Grauen ein Spiel in mir mit den zu dem äußersten Schaffen bereitgewesenen Kräften. Was für ein verschwendetes Spiel ...«
26. NOVEMBER: Erneuter Besuch bei Karl Caspar, diesmal mit Clara R. und Lutz Wolde. R. schenkt Caspar eine Abschrift seines Gedichtes »Der Tod Moses« mit einer Widmung.
R. dankt der Fürstin für ihren Brief: »Wenn Sie Saonara sagen: welche Fluth von Erinnerung ... ich las eine Hymne eines poeta ignoto (eben mit einem Griff schlag ich sie auf in meinem kleinen Taschenbuch, – es ist noch dasselbe seit damals, so wenig kommt jetzt zum Eintrag –) las und war voller Sammlung und voll reiner Haltung im Geiste ...« R. meldet, daß ihm »die Arbeit ganz nahe« gewesen sei vor der Musterung und er nun hoffe, eine Nachmusterung werde das erste Resultat korrigieren. Da die Fürstin gerade Hauptmanns »Emanuel Quint« liest, sagt R. dazu: »ich hatte damals ein böses Wort für den ›Quint‹, der Affe in Christo nannte ich ihn, denn das protestantisch-redliche Steckenbleiben in der Christusgestalt, die bürgerlich-christliche Imitatio ist mir nie so peinlich vorgekommen wie in diesem doch nur geschriebenen Buch.«
27. NOVEMBER: R. berichtet Philipp Schey über die Nachmusterung, die »eben noch härter und ablehnender verlief –, das ärztliche Zeugnis, obgleich von mir verlangt wurde, ein ausführliches mitzubringen – wurde nicht geöffnet und mir nur immer wieder, wenn ich versuchte, meinen Zustand zusammenhängend in aller Kürze zu beschreiben die Frage eingeworfen, dreimal: ›Was fehlt Ihnen?‹ Worauf ich ja freilich mit einem Wort und Namen nicht hinreichend antworten konnte ...« Sein Wunsch, den Gesandten zu sprechen, trägt ihm »vor der versammelten Kommission, einen kuriosen Verweis ein«.
Am selben Tag bittet R. auch den Fürsten Alexander von Thurn und Taxis, sich für seine Verwendung außerhalb des Kasernendienstes einzusetzen: »Ich wage nicht zu hoffen, daß man mich bei meiner eigenen Arbeit bestehn läßt, am Ende wäre es ja auch illoyal, daran auch nur zu denken. Aber meine Hoffnung geht dahin, von Anfang an, eine, meinen Kräften einigermaßen verhältnismäßige Verwendung zu erhalten; womöglich sogar vor dem Einrücken nach Turnau.« R.s tiefe Bestürzung »liegt vor allem daran, daß ich gerade die letzte Woche herrlich in Arbeit gekommen war, da ist der Sturz aus den inneren Himmeln etwas hoch und heftig. Über ein Kurzes werd ich ruhiger sein ...«
29. NOVEMBER: Als »Zueignungen« für Renée Alberti trägt R. in die beiden Bände der »Neuen Gedichte« die Gedichte »Frage an den Gott«

und »Des Gottes Antwort« ein. Die beiden Gedichte, zu denen sich Entwürfe erhalten haben, bleiben unveröffentlicht.
VOM MORGEN DES 1. BIS ZUM 11. DEZEMBER ist R. in Berlin, Hotel Esplanade, um mit Philipp Schey zu besprechen, wie eine Zurückstellung oder Beurlaubung zu erreichen sei.
2. DEZEMBER: R. schreibt an die Fürstin, Schey halte ein Wiederloskommen für ausgeschlossen: »was wärs mir gewesen, jetzt, da sie endlich wieder sich geben wollte, an meiner Arbeit zu bleiben, – wenn ich Ihnen sage, Fürstin, es ist wieder eine Elegie da (oder doch etwas diesem Kreise Nahes –), ein paar seltsame Stücke ›vom Tode‹ und was ahnte ich nicht alles, was glühte nicht alles in mir eben noch, vor dieser Verschüttung.« Schey wendet sich in R.s Angelegenheit an den Vertreter des Kriegsministers, Feldzeugmeister v. Schleyer, um zu erreichen, daß R. in einer ›Büreaudienstleistung‹ verwendet wird, vielleicht nach Wien, »an die Stelle, wo Hofmannsthal, Zweig, Wildgans und Andere« arbeiten. »Ich leide auch unter diesem Zerren und Sträuben: irgendwo ist ein Rest alten Soldatenblutes in mir den es kränkt, daß ich da so viel Aufhebens mache und mich auflehne –, aber ich thus ja nicht um meinetwillen, sondern doch schließlich für meine Arbeit.« R. fährt fort: »Nach Turnau einrücken und einer Ausbildung von selbst nur einigen Tagen unterworfen werden, das hieße für mich, die Militärschule wieder antreten.«
Dem Fürsten Taxis berichtet R. über die von Philipp Schey vorgeschlagenen Schritte und bittet ihn, diese zu unterstützen.
6. DEZEMBER: R. bittet Sidie Nádherný, bei Professor Sauer in Prag vorzufühlen, ob er sich für eine Reklamation R.s auf Grund seiner Arbeiten verwenden könne, und fragt bei ihr selber an, ob sie für den Fall seiner Einrückung nach Turnau wohl dorthin kommen könne: »für mich sorgen und mir alles Schwere und Ungewohnte, das mir dort wird zugemuthet werden, ein wenig erleichtern«.
ANFANG DEZEMBER: In vier Sitzungen entsteht die Büste R.s durch den Schweizer Bildhauer Fritz Huf, den R. bei einer Abendgesellschaft im Hause Friedländer-Fuld, an der u. a. Vollmoeller teilnimmt, kennengelernt hat. Wilhelm Herzog begleitet R. auf dem Weg in das von Kerzen erleuchtete Atelier Hufs.
»Der Tod Moses« und »Der Tod«: »Zwei neue Gedichte / eingetragen beim Wiedersehen im Dezember (1915)« für Marianne Mitford in ihr Buch.
9. DEZEMBER: R. dankt der Fürstin Taxis, die sich in Wien um R.s Frei-

stellung bemüht: »Was wäre nicht besser als Turnau? Mir graut, graut, und ich lebte dieser Tage in dem Gefühl, daß von Schey aus eigentlich nur falsche Schritte geschehen seien, ich hätte alles nur ganz dem Fürsten überlassen müssen.« Rudolf H. Bartsch will sich im Kriegsarchiv in Wien, an dem eine »Literarische Gruppe« errichtet worden ist, um eine Stelle für R. bemühen. Bartsch ist dort als Hauptmann d. R. eingesetzt. Aus Berlin berichtet R.: »Eine schöne Munch-Ausstellung ist hier und Porträts von Herrn von Raisky, der um 1850 auf sächsischen Gütern malte, wo alle seine Bilder stecken. Richtige Bildnisse – dans ce genre sympathique qui est devenu légendaire.«

Walter Rathenau lädt R. zum Abendessen ein. R. rechnet diese Begegnung zum ›Wichtigsten‹.

UM DEN 10. DEZEMBER schenkt R. dem Bildhauer Fritz Huf nach Abschluß der Sitzungen das »Stunden-Buch«, aus dem er ihm während der Arbeit gelegentlich vorgelesen hat, mit der Einschrift: »Aus Thieren, Kräutern, Sternen brächen / Heilkräfte gerne aus; sie würden alle / beschwörend reden, wenn sie, wie wir sprächen. / Michelangelo. / Eingeschrieben in den Tagen guter Begegnung in Ihrer starken Arbeit«.

11. DEZEMBER: R. teilt Katharina Kippenberg mit, daß zwischen Deutschland und Österreich eine Vereinbarung bestehe, auf Grund deren in Deutschland wohnende Österreicher reklamiert werden können, wenn ihre »Tätigkeit ›von öffentlichem deutschen Interesse‹ ist«. R. bittet, der Insel-Verlag möchte eine Eingabe an das kgl. bayrische Generalkommando richten: »die richtigen Namen würden da natürlich von entscheidendem Gewicht sein«.

12. DEZEMBER: An Ruths 14. Geburtstag – Sonntag – ist R. in München und setzt sich bei der Geburtstagsfeier »schließlich ganz mit zur jungen Welt ... wir probierten zwei Gesellschaftsspiele aus.« (An die Mutter, 17.12.15) Er reist am Montagmittag weiter nach Wien.

VOM 13. DEZEMBER an ist R. in Wien, wo er bei der Fürstin Taxis in der Victorgasse 5 wohnt.

16./17. DEZEMBER: R. schreibt an Sidie Nádherný, daß er damit rechne, noch einmal kurz nach München zurückzukehren: »meine Sachen sind in größter Unordnung, Manuskripte u.s.w. alles müßte verwahrt und versorgt und die Wohnung aufgegeben werden. Mir liegt sehr viel daran, noch selbst dort zu sein.« In Wien sucht R. zusammen mit dem Fürsten Taxis am 15.12.15 Professor Redlich auf, dann Hofrath Erhardt im Ministerialpräsidium und schließlich den Minister des Inneren Konrad Hohenlohe, der mit dem Landesverteidigungsminister Georgi telefoniert. Sie sollen R. wenigstens einen ›Kanzleiposten‹ sichern.«... ob die Einrückung nach Turnau zu umgehen sein wird, schien allen höchst fraglich. Doch nicht ganz unmöglich. Der Direktor des Kriegsarchiv V. [= v. Woinovich], den Sie kennen, ist bisher nicht angegangen worden, dagegen sein Vertreter General-Major von Höhn, der zugleich Chef des Kriegspresse-Quartiers ist; diesem hat Bartsch einen eingehenden, dringenden Brief geschrieben ... Schleyer hat jeden Eingriff abgelehnt, will aber meine Verwendung am Kriegsarchiv genehmigen, falls ich mindertauglich erklärt werde.« (Ebenfalls an Sidie Nádherný)

18. DEZEMBER: R. hat erfahren, daß am Ort der Einrückung ein Gesuch gemacht werden könne, und fragt Sidie Nádherný: »wer ist denn nun Bezirkshauptmann in diesem unseligen Turnau?... Nur so scheint es möglich, wenn es noch nicht zu spät ist, vielleicht um die Turnauer Einrückung herumzukommen, die alle für verhängnisvoll halten, weil es von dort aus rapide weitergeht und der Einzelne dem Schutz und Einfluß, der von hier aus einsetzen könnte, immer mehr entzogen wird. Man warnt und warnt mich vor Turnau.« R. denkt sogar daran, sich in Wien freiwillig zu melden, um dem Landsturm zu entgehen, dafür brauche er sein Maturitätszeugnis vom Graben-Gymnasium in Prag.

AM 18. DEZEMBER ist R. nochmals in München, wo er seine Angelegenheiten ordnet.

WOHL VOM 19. DEZEMBER AN ist R. wieder in Wien.

22. DEZEMBER: Billett: »Mittwoch. Guten Morgen, theuere Fürstin, ich gehe schon jetzt aus, zehn Uhr, – wir haben uns nämlich doch entschlossen den Weg zum Unterrichtsministerium, eventuell zum Minister, erst noch zu versuchen, da W[oinovich], nach Sidie's Bericht, sehr gutgewillt, aber in litterarischen Dingen durchaus ahnungslos ist –, so ist es vielleicht gerade gut, vorher zu wissen, ob etwa jemand im Unterrichtsministerium meine Sache zu der seinen machen mag. Also erst mit K[arl] K[raus] dorthin, von da um zwölf zu W. Zu Tisch bin ich zuhause und erzähle. (Vorausgesetzt, daß es was zu erzählen giebt.) Ihr D.S.« Sidie Nádherný ist am 21.12.15 zu der Lesung von Karl Kraus nach Wien gekommen.

24. DEZEMBER: R. verlebt Weihnachten bei der Fürstin Taxis, deren Söhne beide einberufen sind.

28. DEZEMBER: Sidie Nádherný notiert im Tagebuch: »saw Rilke in Vienna, who, poor devil, is assentiert.«

30. DEZEMBER: Stefan Zweig wendet sich an Romain Rolland: »Ich sprach gestern Rainer Maria Rilke, der in Militärangelegenheiten nach Wien mußte, und erfuhr, daß in seiner Abwesenheit seine ganzen Pariser Möbel, seine Manuskripte, seine Briefe aus zehn Jahren plötzlich versteigert wurden und für ihn anscheinend unwiederbringlich verloren sind. Es sind Werke dabei, an denen er in seiner langsamen, sorgsamen mönchischen Art jahrelang gearbeitet hat, Notizen, Entwürfe von unwiederbringlichem Wert für ihn – und da er doch einer unserer ersten Dichter ist – für die ganze deutsche Kunst.« Über Rolland und Jacques Copeau erreicht diese Mitteilung auch Gide.

IN DAS JAHR 1915 fallen folgende Entwürfe: »O Funkenglück aus dem Herzfeuerstein ...«, »Wer darf dies anders sehen? Darf der Hülfe ...«, »Der Mann mit dem verregneten Gesichte ...« und »Graue Liebesschlangen hab ich aus deinen / Achselhöhlen gescheucht ...«

Im »Österreichischen Almanach auf das Jahr 1916«, herausgegeben von Hugo von Hofmannsthal erscheinen Verse R.s »Aus dem Stunden-Buch« (Insel-Verlag). Der »Insel-Almanach auf das Jahr 1916« selbst enthält keinen Beitrag R.s. Im »Brenner-Jahrbuch 1915« veröffentlicht R. »Verse. So angestrengt wider die starke Nacht ...« Die »Christliche Freiheit« Bonn (Jg. 30, Nr. 34) bringt aus den »Geschichten vom lieben Gott«: »Wie der Verrat nach Rußland kam«. Neuauflagen: »Die Weise von Liebe und Tod des Cornets Christoph Rilke« 41.-45. und 46.-60. Tausend.

1916

1. JANUAR: R. ist am Nachmittag mit Sidie Nádherný zusammen.
JANUAR: »Einer jungen Dame / in dieses ihr Buch« schreibt R. die Verse »Die Jugend haben –, oder Jugend geben ...« Es handelt sich um den »Cornet«, Näheres ist nicht bekannt.

MILITÄRDIENST IN WIEN

4. JANUAR: R. hat erreicht, daß er nicht nach Turnau muß; er rückt in die Wiener Kaserne im Baumgarten zum Landwehr-Schützenregiment Nr. 1 ein. Die Kaserne liegt am Westrande Wiens nicht weit von Hütteldorf. Die Ausbildung zum Felddienst mit Gewehr und Gepäck über-

steigt seine Kräfte. Später erfährt R., daß an diesem Tage seine Eingabe auf Grund des österreichisch-deutschen Abkommens positiv entschieden wird, da Prinz Ludwig Ferdinand von Bayern sich durch seinen persönlichen Adjutanten General Max Freiherrn von Redwitz dafür verwendet hat. Da R. bereits eingerückt ist, erlischt die Kompetenz des Münchner Generalkommandos und das nachgeschickte Dokument ist in Wien an keiner Stelle wirksam anzubringen.

Bis zu seiner Nachmusterung am 15.1.16 macht R. »Dienst und Ausbildung in den Baracken mit: mein körperliches Nicht-mehr-können fiel glücklicherweise zusammen mit einer neuen Reklamierung des Kriegs-Archivs, in den letzten Januartagen wurde ich hin abkommandiert.« (An Anton Kippenberg, 15.2.16)

Am 28.1.16 berichtet R. seiner Mutter über diese Tage: »für die Dauer wäre es ja nicht gegangen, aber als Intermezzo war diese Zeit sehr merkwürdig. Bei den Kameraden sowohl wie bei den Offizieren haben wir ›ältere Herren‹, (zu denen mußte ich mich hier endgültig rechnen, denn wir hatten achtzehn- bis neunzehnjährige Leute im Zug –) die größte Rücksicht erfahren, es war rührend, wie man mir in meiner Ungeschicklichkeit beistand, ein guter Geist der Hilfe war von einem zum anderen da – viel Fremdes natürlich brach über einen herein...«

Karin Michaëlis erinnert sich: »Seine Uniform war teilweise zu weit und teilweise zu eng. Sie unterstrich peinlich seine Scheu und Ungeschicklichkeit. Seine schlanken, aber roten und geschwollenen Hände baumelten ganz merkwürdig aus den kurzen Rockärmeln. Sein sonst so zerzaustes Haar war glatt zurückgebürstet. Seinem Körper entströmte der Geruch von Kaserne.« (Aus: »Der kleine Kobold«, Wien 1946)

15. JANUAR: Nachmusterung.

16. JANUAR: Stefan Zweig notiert in seinem Tagebuch: »Vormittags kam plötzlich Rilke. Er ist ganz vernichtet durch den Dienst. Er kann kaum sprechen. Für ihn ist es Erinnerung an seine Knabenzeit ... Er wird nicht gut behandelt, seine Protektion hat ihm geschadet, weil von zu hoch oben herab sie zwischen die Menschen fuhr.«

17. JANUAR: R. erfährt bei Stefan Zweig von den Bemühungen Romain Rollands, R.s Papiere und Bücher in Paris aufzufinden. Zweig schreibt an Rolland: »Rilke war heute (in Uniform) bei mir, er ist gerührt von Ihrer Anteilnahme, aber infolge seiner körperlichen und seelischen Erschöpfung momentan wohl außerstande, Ihnen sofort zu schreiben.« Am 11.1. hat Gide an Rolland geschrieben, nachdem er mit Copeau in R.s

früherer Wohnung gewesen ist:»tout a été vendu,... dit la concierge – une excellente femme qui pleurait en nous racontant ceci et qui est parvenue à mettre à l'abri dans des malles les lettres et les manuscrits, tous les papiers, semble-t-il, qui n'étaient pas ›de vente‹. Ces malles sont, pour l'instant, dans un atelier ou un hangar non loué...« Diese Koffer werden sequestriert, erst 1923 läßt Gide sie in den Räumen der »Nouvelle Revue Française« unterstellen, wo R. sie 1925 zurückerhält. Bücher und Möbel sind verkauft worden ohne Wissen der Pariser Freunde; für insgesamt 538 Francs, wie Rolland um den 17.2.16 im Tagebuch notiert.

ANFANG 1916 entsteht das Gedicht »Refuse-toi à la vie complicable...«, das R.»während einer Jause in der Kriau« in einer Bleistiftabschrift der Fürstin gibt. Um diese Zeit schreibt R. auch den Entwurf:»Nicht daß uns, da wir (plötzlich) erwachsen sind...«

Charles Vildrac berichtet später:»Mobilisé dans l'armée autrichienne et me sachant fantassin en Argonne, il [R.] trouva le moyen de me faire parvenir par la Suisse, au début de 1915 [1916] une lettre fraternelle et déchirante. Je l'ai perdue hélas!«

23. JANUAR: Tagebucheintragung der Fürstin:»Heute ging ich mit R. ins Kaiserliche Museum, das man uns geöffnet hatte; Direktor Glück begleitete uns...«

27. JANUAR: R. wird dem Kriegsarchiv überstellt, in dem bereits Stefan Zweig, Alfred Polgar, Franz Theodor Csokor, Dr. Hans Müller, Ludwig Kirchthaler, Franz Karl Ginzkey, Zega Silberer und Rudolf Hans Bartsch neben anderen tätig sind. Zega Silberer berichtet später:»Unsere erste Aufgabe bestand darin, Kriegsgeschichte à la minute zu schreiben, das heißt dem Publikum kleine Kriegstaten, novellistisch garniert, rasch zu servieren. Jeder von uns erhielt von den regelmäßig einlaufenden Feldakten einen Stoß...« Diese Erzählungen werden gesammelt und vom Leiter der Abteilung, Oberst Alois Veltzé, publiziert. Eines Morgens kommt dieser »mit einem schlanken – Soldaten kann man nicht recht sagen – einem schlanken, schmächtigen jungen Herrn, der eine nette, gutgeschnittene Infantristenuniform trug«, und stellt ihn als R. vor. R. ist nicht in der Lage, diesem »Dicht-Dienst«, auch ›Heldenfrisieren‹ genannt, zu genügen (15.2.16 an Kippenberg). Er bekommt deshalb die Aufgabe, Gagenbogen zu rastrieren:»Er zog horizontale und vertikale Linien, fleißig, stundenlang. Manche Zwischenräume waren bloß zwei Millimeter weit... Selbst dieses geometrisch-strenge Netz von Bleistiftstrichen ließ erkennen, daß hier aesthetischer Sinn an der

Arbeit gewesen und fast ein Kunstwerk geformt hatte.« (Z. Silberer als ›Sil Vara‹ im »Prager Tagblatt« vom 1.3.1931) R. soll auch Katalogkarten für einlaufende Kriegsakten geschrieben haben, wie F. Th. Csokor erinnert.

Ein Urteil über die Publikationen derartiger Kriegsberichterstattung fällt Harry Kessler: »Merkwürdig wie ganz geschieden man sich im Krieg von dieser Kriegsrhetorik fühlt; wie angewidert von all der hohlen Lobhudelei und Clichéküche.« (Czenstochau, 25.11.14)

29. JANUAR: Zu Rollands 50. Geburtstag sendet R. ein »télégramme affectueux et mélancolique«, wie Rolland an Zweig schreibt.

ANFANG FEBRUAR: R. besucht Lia Rosen im ›Riedhof‹, »als eine schöne Ausnahme«.

5. FEBRUAR: Über die Tätigkeit im Kriegs-Archiv berichtet R. auch seiner Mutter und fährt dann fort: »Herrlich ist es auch, die prachtvolle Galerie im Palais Czernin zu genießen, nicht als ein flüchtiger Besucher, sondern in Ruhe nach Tisch mit dem Grafen und der Gräfin vor den Bildern sitzend, bewundernd, plaudernd. Das sind die guten Seiten dieser seltsamen Zeit!«

7. FEBRUAR: In einem Brief R.s an Sigmund Freud heißt es: »Öfters war ich daran, mir durch eine Aussprache mit Ihnen aus der Verschüttung zu helfen. Aber schließlich überwog der Entschluß, die Sache allein durchzumachen, soweit einem eben noch ein trüber Satz Alleinseins bleibt. Wenn ich es nach und nach zu etwas Fassung bringe, so frag ich mich sicher bei Ihnen an und komme; ich weiß, das wird gut sein.«

VOM 12. BIS 16. FEBRUAR verbringt R. vier Tage ›dienstlich‹ in München. Erst von hier aus berichtet er den Freunden.

13. FEBRUAR: An Sidie Nádherný: »Etwa drei Wochen war ich bei der Truppe in Ausbildung, das wird Charlie Ihnen geschrieben haben, jetzt seit etwa einer Woche sitz ich am Kriegs-Archiv. Also unter Dach und an einem Schreibtisch...« R. dankt ihr, daß sie ihm die Münchner Wohnung zu erhalten hilft. »Briefe in Wien erreichen mich am sichersten über die Victorgasse, wenn ich gleich jetzt in einem Hotel in Hietzing wohne; aber ich bin fast jeden Tag bei der Fürstin...« (Hopfners Park-Hotel)

14. FEBRUAR: Langes Gespräch R.s mit Baron Redwitz über eine mögliche Wiederaufnahme des Gesuchs um Freistellung vom Militär.

15. FEBRUAR: Ausführliche Darstellung der Situation für Anton Kippenberg; besonders geht es um eine neue Eingabe: »Nun einigten wir

uns gestern mit Baron Redwitz dahin, daß der Insel-Verlag ganz und gar diejenige Stelle sei, die diesen neuen Schritt organisieren und tun müßte: denn niemand ist mehr, im ideellen wie im praktischen Sinn, an mir interessiert, niemand auch wüßte besser und rascher unter der Zahl meiner Freunde die überzeugenden Namen aufzufinden ...«
R. verweist Kippenberg auch an Clara R.,»die sich bei Redwitz und sonst aufs rührendste eingesetzt hat. Rechnen muß man damit, daß alles in Österreich viel schwerer ist, unfreier, gedankenloser und vor allem vergeßlicher und namennamenlos langsam. Darum wärs gut, wenn das Erwünschte sorgsam, überlegt, aber bald geschehe, bald. Die Erledigung wird trotzdem Monate dauern.« Auf seinem Schreibtisch in München hat R. an siebzig Briefe gefunden, die er zur Beantwortung nicht mit über die Grenze nehmen kann. In einer Nachschrift heißt es: »Zu denen, die mir sehr beigestanden haben, gehört auch Herr v. Kühlmann ...«
Am selben Tag an Frau Anna von Münchhausen: »Nun ist es mir gelungen, ›dienstlich‹ auf vier Tage hergeschickt zu werden, in der Uniform eines Landwehr-Infanteristen, der ich bin ... Drei Wochen hab ich Baracken- und Feldausbildung mitgemacht: nun sitz ich, müßiggehend vor der Hand, im Kriegs-Archiv und find mich dort, fürcht ich, ins Zugemutete geistig nicht eben leichter hinein, als körperlich ins Frühere ...«
MITTE FEBRUAR: R. verabredet sich mit Lia Rosen im Riedhof, ihrer Wiener Wohnung: »Ich zögere jetzt, das Mindeste zu thun, das zum sonstigen, früheren zum wirklichen Leben gehört; das gegenwärtige als ein Abgestellter, möglichst Unbedenkender hinzubringen, ist die Leistung, zu der ich mich nun seit vier Wochen zusammennehme. Aber Sie zu sehen soll als eine schöne Ausnahme verstattet sein ...«
17. FEBRUAR: Aus dem Kriegs-Archiv schreibt R. der Fürstin: »ich bin eben angekommen, diese Nacht gefahren ... Natürlich hat München mir nie so schön und frei und voller Theilnehmung geschienen, da gab es bewegte Menschen, die die früheren Dinge weiterdachten, Bücher, alle Bücher und gleich am ersten Abend Strindberg's Advent in einer außerordentlich rein intentionierten Aufführung der Kammerspiele. Und alles das so nah, so greifbar, so selbstverständlich. Paris wars nicht, aber relativ zum hiesigen Irrsinn wars viel.« R. erzählt von den Münchner Freunden, von Clara R. und Ruth.
18. FEBRUAR: »An der Grenze hatte ich's verhältnismäßig leicht, weil

ich dienstlich in Uniform reiste, aber eine gründliche Durchsicht meiner Koffer blieb auch mir nicht erspart und alle darin befindlichen Bücher, sogar reines Briefpapier mußte ich in Salzburg zurücklassen, bekam allerdings als ich wieder durchreiste, alles wieder.« (An die Mutter)

20. FEBRUAR: An Ilse Erdmann erklärt R.: »ich fange an zu begreifen, wie die zunehmende Überlegenheit meiner Arbeit mich in diese Lage [die des um Beistand Gebetenen] bringen konnte, indem aus meinem Werke unbegreifliche Sicherheiten redeten und mir jedesmal bei weitem zuvorkamen, wenn ich gestehen wollte, ein Verzagter und Absagender zu sein.«

22. FEBRUAR: R.s erster Brief an Elsa Falk, die er als Lehrling in der Buchhandlung Heller kennengelernt hat und die ihn auf Spaziergängen in Schönbrunn begleitet: um 1917 siedelte sie nach München über. Zuletzt schreibt R. an sie noch aus der Schweiz (Soglio, Locarno, Schloß Berg).

25. FEBRUAR: R. besorgt der Fürstin Hausensteins Buch »Die bildende Kunst der Gegenwart« 1914: Der Verfasser »ist ein kluger und überaus geistesgegenwärtiger Mensch, der dadurch, daß er als Historiker (nicht Kunstgeschichtler) an die Dinge herantritt, eine eigene Freiheit mitbringt. Es ist ein herrlich anregendes Buch ...« R. sagt von sich: »Das Alleinsein, wie immer, ist das Rechte, wenn auch nichts passiert, als daß ich vor mich hin rücksichtslos müde bin und böse. Böse. Ich bin böse. In diese Müdigkeit hinein hab ich den ›Golem‹ [von Gustav Meyrink] gelesen, ›Das Gänsemännchen‹ [von Jacob Wassermann] und noch ein paar Bücher der Art und mich viel gegrämt, daß diese Bücher so halb-halb sind und daß man durch eine thörichte Verkleidung verhindert ist, die ›ganzen‹ zu machen ...«

1. MÄRZ: An Sidie Nádherný: »Nun verbringe ich, mit der kurzen münchner Unterbrechung, alle meine Tage im Archiv an meinem militärischen Schreibtisch, – dem kleinen Tagrest, der mir bleibt, wenn ich um 5 Uhr (denn ich esse immer erst noch in der Stadt) hinauskomme eine eigene Verwendung und ein eigenes Gepräg zu geben, dazu fehlt mir meistens die Energie. Ich bin froh, wenn ich dann noch mit einem Buch in der Sofaecke sitzen kann, vor der Hand ist allerdings meine Müdigkeit so groß, daß nach acht nichts mehr von mir zu wollen ist, selbst das Lesen geht dann nicht mehr recht vonstatten. Ein Glück, daß ich zeitlebens ein geübter und überzeugter Schläfer war ...«

An die Mutter heißt es, »daß mir dieses Milieu sehr fremd ist, kannst Du Dir denken, aber jedenfalls, wenn man es schon mitmachen muß, so hat man es hier am Leichtesten und Mildesten, und die Herren Kameraden wissen auch alle ihre Situation zu schätzen. Nur sind allerdings viele journalistisch tätige Herren hier, denen es bedeutend leichter ist, sich einzustellen, da sie eben im Dienste des Archivs nicht viel anders arbeiten, als sonst im Dienst ihrer Zeitung, – während für einen Menschen, der eine ganz eigene unabhängige Arbeit zu thun gewohnt war, die Anpassung um Vieles komplizierter ist. Indessen hoffe ich mit der Zeit wenigstens zu einer mechanischen Thätigkeit brauchbar zu werden und eine Art Dienst zu thun, der meine ›Löhnung‹ rechtfertigt: ganze 17 Kronen und 30 Heller wöchentlich!!«

2. MÄRZ: R. dankt Katharina Kippenberg für Grüße, die ihm sein ›Nachbar im Amte‹, Stefan Zweig ausgerichtet hat: »Das ärgste ist der fortwährende Müßiggang, wozu ich durch die Fremdheit meines Arbeitsgebietes verurteilt bin ...«

ANFANG MÄRZ: R. bittet Karl Kraus um ein Treffen, aber: »Im Kriegsarchiv bitte nicht anzurufen, da für uns ›Mannschaftspersonen‹ das Telephon nicht da zu sein hat.«

4. MÄRZ: An Lulu Albert-Lazard heißt es: »Da aber alles, was irgendwie aufs Eigene führt, eher schmerzhaft und verwirrend wirkt, solange man davon festgehalten ist, so halt ich mich lieber in gleichgültigster Schwebe und in einem vorsichtigen Abstand von Büchern, Bildern und den lebendigen Gesprächen.«

UM DEN 6. MÄRZ: In einem nächsten Brief an L. A.-L. spricht R. von der ›außerordentlich beherrschten Kunst‹ Heinrich Manns; er übertreffe selbst Flaubert. Weiter will R. versuchen, Kokoschka »gut zu sehen« und »Schönberg'sche Musik zu hören«.

8. MÄRZ: R. erbittet den Rat Richard Weiningers für seine Eingabe um Entlassung aus dem Militärdienst.

9./10. MÄRZ: Karl Kraus schreibt an Sidie Nádherný in die Schweiz über R., den er wegen der Zensur als »Maria« bezeichnet: »Was Maria anlangt, so habe ich heute erfahren, daß sie in dem Haus, wo sie zuerst eingetreten ist [= Kaserne], sehr schlecht behandelt wurde. Leider ist aber nunmehr die zweite gefürchtete, von uns noch mehr gefürchtete Eventualität eingetreten: die Erniedrigung durch einen Dienst, der leibliches Wohlergehen mit geistigem und moralischem Schaden rächt. Sie muß thatsächlich all den Zumuthungen gerecht werden, die dort gang

und gebe sind und die ich damals, in den Tagen der großen Sorge, beschrieben habe. Daß sie's können kann, ist kaum ausdenkbar ...«
Kraus spricht vom »Dichtdienst« im Kriegsarchiv. Weiter berichtet Kraus, R. verkehre im Hause von Hermann und Eugenie Schwarzwald, bei denen Karin Michaëlis zu Gast ist.
12. MÄRZ: R. macht Karl Kraus einen Besuch (Sonntag), er hinterläßt einige Zeilen, da Kraus noch schläft. In dieser Zeit ist R. häufiger mit Kraus zusammen, sie treffen sich am Spätnachmittag gelegentlich im Café Imperial.
14. MÄRZ: Bei einem »Kameradschafts-Abend« erhält R. die »überaus hoffnungsvolle Zusicherung des Generals«, wie er am folgenden Tag an Weininger schreibt, sein Entlassungsgesuch zu fördern.
Am selben Tag schickt R. Gräfin Aline Dietrichstein die Insel-Ausgabe der Werke J. P. Jacobsens und sagt dazu: »Daß ich auf einen Nachmittag Schönbergscher Musik soviel Zumutung und Lesezukunft für Sie aufrichte, das mögen Sie meiner fast zwanzig Jahre alten Bewunderung für Jens Peter Jacobsen zuschreiben ...« R. gibt ihr die Seitenzahl für die »Gurrelieder« an. Der mit R. gleichaltrige Arnold Schönberg hatte schon um die Jahrhundertwende das Chorwerk mit Orchester »Gurrelieder« geschaffen. Er ist in Wien dem Kreis um Eugenie Schwarzwald eng verbunden, von 1915 bis 1917 eingezogen. In einem undatierten Billett R.s an die Fürstin heißt es: »Montag Abend hab ich Schönberg, an dem mir viel liegt«, und am Dienstag: »Schade, schade, daß Sie nicht bei Schönberg waren. Ich weiß heute gar nicht mehr, was ich davon denken soll.«
17. MÄRZ: »Ein ausgezeichneter Führer durch Wien wäre Oswald, – aber ich sehe ihn nicht oft; er lebt hier sehr eingezogen, als Kunsthistoriker, sehr ernst, sehr geschätzt für sein doch noch jugendliches Alter, ganz Gelehrter, Sammler, etwas spröde und doch wieder von einer gewissen inneren Phantastik –, seine Wohnung steckt voll kostbarer italienischer Bilder aus dem 17ten und 18ten Jahrhundert, die er auf seinen Reisen erworben hat, und eine Sammlung von Zeichnungen aus dieser Zeit wird nächstens zu den namhaftesten gehören, die es in Wien giebt. Neulich machten wir zusammen einen Weg zu verschiedenen Althändlern, da erwies er sich als außerordentlich sachkundig und zeigte mir unterwegs Gebäude und Statuen mit soviel Enthusiasmus und Einsicht, daß er ganz warm und glücklich wurde darüber. Es heißt, daß man ihn nächstens auf einen sehr respektabeln Posten, als Direktor

einer großen hiesigen Kunstsammlung, berufen will, – er zieht aber, so hab ich den Eindruck, sein stilles freies überaus arbeitsames Gelehrtenleben jeder Berufung vor. Gegen mich ist er von einer rührenden Güte und Dienstbereitschaft.« (An die Mutter)

Die Fürstin lädt R. zum 20. 3. ein, er werde Kokoschka treffen; R. antwortet: »es geht nicht, leider. Ich frage gar nicht erst bei Kokoschka an, wissend, daß er vergeben ist. Nämlich ist Montag der Geburtstag der Frau Karin Michaëlis, sie solls noch nicht wissen, aber einige Freunde sollen am Abend, ihr zu Ehren und zu Liebe, beisammensein«, auch R. und Kokoschka.

20. MÄRZ: Abendfeier von Karin Michaëlis' Geburtstag.

Am selben Tag bittet R. Dr. Reichel, einen Wiener Kunstsammler, ihm doch seine Bilder, vor allem Arbeiten Kokoschkas, zu zeigen. »Es ist mir in der That sehr daran gelegen, Kokoschkas Werk, (das ich, bis zum Kriege fast immer im Ausland wohnend, nur aus einzelnen Abbildungen errathe) aufmerksam kennen zu lernen: ich erwarte mir, sicher nicht mit Unrecht, die berührendsten und fühlbarsten Eindrücke von ihm...«

22. MÄRZ: Kraus sieht R. in Uniform mit Weiningers im Café Imperial; er selbst ist mit Leopold Liegler zusammen, den er R. vorgestellt hat.

24. MÄRZ: R. trägt in das Gästebuch von Dr. Oskar Reichel das Distichon ein: »Rühre einer die Welt...« mit der Widmung: »dankbar unter dem Eindruck dieses Nachmittags«. Wie Kokoschka berichtet, besaß Dr. Reichel sein Gemälde des gehäuteten Hammels: »Ich bedaure Ihnen keine Abschrift des Gedichtes senden zu können, das R. schrieb als er mein makabres Stilleben mit dem abgehäuteten Hammel bei Dr. Oskar Reichel in Wien sah. Es muß in der Zeit seiner Duineser Elegien gewesen sein.« (Kokoschka an S. Geiser in Bern, 27. 7. 1956) Reichel hatte damals die größte Privatsammlung von Bildern Kokoschkas.

27. MÄRZ: Karl Kraus rät R., »doch den fortwährenden Vortrag des ›Cornets‹ zu verbieten«. R. leidet selbst darunter. (An Sidie Nádherný, 28. 3. 16)

Besuch bei Hofmannsthal in Rodaun.

28. MÄRZ: »... gestern war ein guter Abend zu einem guten Tag. Ich las vor Kokoschka und drei jungen schönen Geschwistern Dietrichstein aus den Neuen Gedichten, die aufzuschlagen ich selbst die ganze Zeit nicht gewagt hatte. Kaum als meine Arbeiten empfand ich, was ich las,

aber als ein völlig Seiendes, zu dem ich, gleichzeitig mit meinen jungen Zuhörern, entzückt und entschlossen war ...« (An Richard Weininger)
R. dankt Hofmannsthal für die am Vortag bewiesene Geduld, seinen Überlegungen zuzuhören. Er ergänzt: »Oberstleutnant V[eltzé] hat mich kommen lassen, hat nach meiner Angelegenheit gefragt und mir schließlich aufgetragen, den verspätet erschienenen Erlaß des Münchner Generalkommandos ans Kriegs-Archiv schicken zu lassen ... Sei das Dokument einmal da, so würde er sehen, was sich damit tun läßt, und er hoffe mich dadurch ganz frei zu bekommen.« R. schließt: »mir waren die Stunden bei Ihnen außerordentlich lieb und von weitem so schön angeschlossen an jene ersten vor Jahren. Alles wirkte herzlich zusammen und an Ihren Picasso denke ich mit Staunen.« Das »Selbstbildnis« auf dunkelblauem Hintergrund (von 1901) von Picasso hat Hofmannsthal 1912 in München erworben, es hängt damals in seinem Arbeitszimmer.

30. MÄRZ: R. fragt Katharina Kippenberg, ob es kein Rechtsmittel gegen die ›Ausbeutung‹ des »Cornet« durch Kasimir von Paszthory gebe, der auch allein die Tantiemen erhalte. »Ich weiß nicht, wie der rechtliche Standpunkt aussieht, kann nur immer wieder versichern, daß mir mit einer vollständigen Versagung weiterer Vorführungen eine fühlbare Erleichterung geschaffen würde.« (Am 12.5.16 antwortet K. Kippenberg, eine rechtliche Handhabe biete sich nicht an.)

2. APRIL: R. und Richard Beer-Hofmann machen sich gleichzeitig zueinander auf den Weg und verfehlen einander so.

3. APRIL: R. schreibt an Edgar von Spiegl: »es fehlt mir herzlich, solange keinen Abend bei Ihnen (in Ihrem Schutz, hätt ich beinah gesagt) - gehabt zu haben, denn damals, in meiner bedrängtesten Zeit, hat sich mir die Zuflucht Ihrer schönen Stuben zu innerst eingeprägt. Ich hätte wieder Güte, Behagen und Häuslichkeit eines solchen Abends nöthig -, sehen Sie: ich melde mich; ich melde mich beinahe an, ob man gleich unbescheidener nicht sein kann.«

7. APRIL: R. sagt eine Einladung bei Beer-Hofmann ab, weil einer der Söhne der Fürstin aus dem Felde gekommen sei, und bietet einen Nachmittag in der folgenden Woche an: »Ach diese Nachmittage - kleine Ränder, kommt mir vor, abgeschnitten von dem enormen Aktenformat der militärischen Amtstage -; aber das soll uns nicht hindern, auf so einem Rand ein Wiedersehen sorgfältig einzutragen ...«

Bei Friederike von Winternitz, der späteren Gattin von Stefan Zweig, sagt R. sich für Sonntag an.

13. APRIL: Karl Kraus sieht R. mit einer Dame aus Berlin – wohl Marianne Mitford – und Franz Karl Ginzkey, »dem Blutlyriker«, im Café Imperial (an Sidie Nádherný). Wie aus einem undatierten Billett R.s an die Fürstin Taxis hervorgeht, ist Marianne Mitford im Imperial abgestiegen; R. macht sie mit der Fürstin bekannt: »Marianne Mitford ging von Freude über, bei Ihnen gewesen zu sein (auf der Rückfahrt) und sah wirklich glücklich aus. Ist sie nicht ein schönes Geschöpf?«

IM APRIL zieht R. aus Hietzing wieder zur Fürstin in die Victorgasse 5.

MITTE APRIL: R. begleitet die Fürstin Taxis ins Haus Schwarzwald, wo sie Karin Michaëlis aufsuchen. (Karl Kraus an Sidie Nádherný, 17./18. 4. 16)

17. APRIL: R. besucht die Vorlesung von Karl Kraus aus eigenen Schriften im Kleinen Konzerthaussaal in Wien. Am folgenden Tag spricht er darüber mit Karl Kraus. Dieser berichtet: R. »gab mir heute eine halbe Stunde lang die Ehre. War ganz in Ekstase, hatte sich solchen Eindruck nicht erwartet, war fast bestürzt.« (An Sidie Nádherný, 18. 4. 16)

21. APRIL: »Auch bei der Gräfin Harrach war ich neulich in ihrem schönen Palais auf der Freyung; es stecken Schätze in diesen Häusern, von denen man sich keine Vorstellung macht – Porzellane, Miniaturen, Bildnisse ohne Ende.« (An die Mutter)

29. APRIL: Nach einem Vormittagsbesuch im Atelier von Oskar Kokoschka sendet ihm R. das Gedicht: »Haßzellen, stark im größten Liebeskreise ...« Es umfaßt 18 Strophen, eine Gegengabe für Kokoschkas »schöne Ölberg-Zeichnung«. R. schreibt dazu: »Nehmen Sie das Einzige, was ich jetzt habe, ein paar Strophen, anfang April eines Morgens am Kriegs-Archiv-Schreibtisch hingeschrieben. Sie setzen beim Hassen ein, die eingeklammerten Zeilen oben stellen den Anlaß fest: Stehen auf der Elektrischen mit dem entsetzlich-aussichtslosen Blick in die Nacken, (fürchterliche Gegenden an Menschen, wirklich für Henker eingerichtet). Dann schrieb ich so weiter, um aus dem Haß auf die nächste Lichtung hinauszukommen ...« R. versichert, das Blatt sei nun nur bei Kokoschka: »niemand wird sich besser und erkennender in dieser Aufzeichnung zurechtfinden, als gerade Sie.« Kokoschka schreibt später: »Seinen Brief an mich gab ich vermutlich meiner Schwester, die Dichterbriefe sammelte.« (An S. Geiser, 27. 7. 1956) K.s Schwester Bertha lebte in Prag.

1. MAI: Seiner Mutter berichtet R.: »Gestern hörte ich, von der sogenannten ›Geheimrathsloge‹ aus, die Messe in der Hofkapelle, eine besonders feierliche mit mozart'scher Musik, – das war unvergleichlich schön und hat mir wirklich den Sonntag ganz festlich gemacht.«

10. MAI: Niederschrift des Gedichtes »O Menschenangesicht: aus solcher Flut ...« als Widmung: »(Geschrieben für Frau von Allesch / zum ersten und anderen Theil der neuen Gedichte)«.

12. Mai: »Ein großes Ereignis für mich war der ausführliche Besuch der Liechtenstein-Galerie, im Liechtensteinschen Sommerpalast im Alsergrund, denkwürdig dadurch, daß ein genialer junger Maler in unserer Begleitung war [wohl Kokoschka] und daß der außerordentlich unterrichtete Fürst Franz I. selber uns den Führer machte.« (An die Mutter)

14. MAI: An Oberst Veltzé: »Vor ein paar Tagen bin ich leider zu spät gekommen, um mich dem von den Kameraden gemeinsam vorbereiteten Glückwunsch anzuschließen ... umso mehr eile ich jetzt, da, wie ich höre, die Rückkehr unserer Herren Kommandanten zum 15. Mai erwartet wird, mich Ihnen, Herr Oberst, mit dem ergebensten Glückwunsch pflichtschuldig vorzustellen. Und nicht pflichtschuldig allein; es gereicht mir sogar zu besonderer Freude, daß diese Herrn Oberst zutheilgewordene Erhebung in die Zeit meines Dienstverhältnisses fällt: weil mir so ein Anlaß gegeben ist, meine sehr begründete Ehrerbietung und Dankbarkeit einmal ausdrücklich auszusprechen. Indem ich mich dem Wohlwollen und – mehr noch – der Nachsicht meines gütigen Vorgesetzten weiter empfehle, bitte ich, Herr Oberst, bleiben zu dürfen Ihr gehorsamster und ganz ergebener R. M. R.«

18. MAI: Karl Kraus an Sidie Nádherný: »Rilke, heftig bemüht, die T[axis] zu Verständnis für mich zu bekehren, hat den Maler K[okoschka] gebeten, ihn darin zu unterstützen und ihr einen Vortrag über mich zu halten ...«

MITTE MAI kommt Lulu Albert-Lazard nach Wien, sie wohnt auf Hofmannsthals Anregung im Hotel Stelzer in Rodaun, wohin am 22. 5. R. hinauszieht, weil sein Zimmer in der Victorgasse in einen Umbau einbezogen wird. L. A.-L. erinnert sich, mit R. gemeinsam Oswald von Kutschera, Kassner, Helene von Nostitz, Felix Braun und Karl Kraus, Stefan Zweig, Oskar Kokoschka und Peter Altenberg gesehen zu haben.

27. MAI: Katharina Kippenberg bittet R. um Beiträge für den Insel-Almanach; ob er einverstanden sei mit der Aufnahme der 1914 zurückgestellten »Turnstunde« und der »Winterlichen Stanzen«.

29. MAI: R. stellt für einen in russische Gefangenschaft geratenen Freund Sidie Nádhernýs einige italienische Titel zusammen: man habe ihm »mit besonderer Betonung die Schriften von Benedetto Croce, als das Ernsteste, was das jetzige Italien hervorgebracht« habe, genannt. »Wie Ihr Gefangener sich solche Dinge schaffen soll ist ja allerdings schwerer zu sagen, und dafür wüßte auch ich keinen Rath.« Von sich sagt R.: »mein Schicksal rührt sich nicht ... Gegenwärtig bin ich mit einem Besuch aus München hier herausgezogen ...«

2. JUNI: An seinen Neffen, den Kunsthistoriker Oswald von Kutschera, schreibt R. von »Müdigkeit, Somnolenz und Apathie« und fährt fort: »Meine Freundin, Frau Lulu Albert-Lazard, hat mich überdies bei einem alten Versprechen genommen, ihr einmal für ein Porträt zu sitzen, – nun war keine Ausrede: ich sitze, dies aber ist verzehrender für mich als irgendeine Beschäftigung, und vielleicht trägt auch die Immobilität meiner Modellstunden dazu bei, die nervösen Hemmungen, unter denen ich mehr und mehr leide, zu verstärken ...« Für die Arbeit an dem Bild habe Hofmannsthal einen Pavillon tagsüber zur Verfügung gestellt. R. lädt »Ossi« herzlich ein, ihn dort zu besuchen.

Der Fürstin, die nach Triest gereist ist, rühmt R. die gute Nachbarschaft der Hofmannsthals.

UM DEN 4. JUNI: Aus dem Hotel Imperial sendet R. ein Billett an Kokoschka: »Wir waren den ganzen Vormittag im Hof-Museum durch besondere Güte des Direktors.« R. bedauert, K. nicht dessen 1914 bei Gurlitt in Berlin erschienenes Mappenwerk »O Ewigkeit du Donnerwort: Kantate nach Joh. Seb. Bach« bei der Fürstin heraussuchen zu können, sie habe es wohl eingeschlossen. »Wie gern hätt ich auch noch die Columbusblätter gesehen, bevor sie zurückgehen nach Berlin. An die ›Cantate‹ denke ich viel und bin mitten im Herzen überzeugt von ihr.« R. bittet, da er noch »ein paar Tage draußen in Rodaun bei Stelzer« sei: »ist keine Aussicht, Sie einmal dort zu sehen ... Gern wüßt ich von Ihnen, am Liebsten säh ich Sie. Ist in Ihrem militärischen Schicksal irgend eine Bestimmung erfolgt? und die Arbeit?« Kokoschka, von einer Verwundung in Wien genesend, wird Mitte Juli an die Isonzofront gesandt. Das Mappenwerk »Der gefesselte Columbus« ist 1916 erschienen, ebenfalls bei Gurlitt in Berlin.

5. JUNI: R. entschuldigt sich bei Adrienne Sachs und ihrer Mutter Emmy Sachs für sein längeres Schweigen. Er sei in Rodaun, wo sein Porträt gemalt werde: »für mich ist diese Zeit sosehr Wartezeit, daß, wenn es

mal gelingt, die Zeit nicht zu spüren, eben noch das Warten sich fühlbar macht, das Warten allein, – das ist immer da.« R. erwähnt seine Lektüre: »Ihre aegyptischen Hefte habe ich auch hier wieder mit; ... sonst wenig Bücher: die neue, chronologische Insel Edition der Goethe-Gedichte und die Mémoires d'outre tombe, Chateaubriand.« Die Familie Sachs wohnte in Wien in der Gußhausstraße. Im April hatte »diese rührende Adrienne Sachs« R. Kokoschkas »schweres Gedicht aus dem Zeit-Echo«: »Allos Makar« vorgelesen (R. an Kokoschka, 29.4.16).

7. JUNI: Helene von Nostitz an Katharina Kippenberg: »Mit Rilke machte ich neulich einen schönen Spaziergang durch die Rodauner Landschaft. Wir waren dann abends bei Hofmannsthal. Es waren grade die Tage der starken Depression über die letzten Geschehnisse, die sich ja nun Gott sei Dank gebessert haben. Hofmannsthal stand sehr unter diesem Druck, da er doch intensiv mit seinem Land empfindet, während Rilke wohl mit allen Ländern fühlt ...«

JUNI: L.A.-L. erinnert sich: »Stefan Zweig und Kokoschka besuchten uns in Rodaun, um R.s Porträt zu sehen. Kokoschka sagte mir, er sei sehr böse gewesen, als er hörte, daß R., der es ihm abgeschlagen hatte, für mich gesessen habe. ›Aber jetzt‹, sagte er, indem er mir die Hände drückte, ›bin ich nicht mehr böse‹.« Mitte Juli muß Kokoschka an die Isonzofront, wird erneut verwundet und nach seiner Wiederherstellung dauernd beurlaubt.

9. JUNI: R. wird demobilisiert, er bleibt zunächst in Rodaun.

23. JUNI: An Sidie Nádherný: »seit ich hier draußen wohne (es sind nächsten vier Wochen) bin ich ein einziges Mal in der Stadt gewesen, die Müdigkeit und Apathie ... hält an –, aber es ist wenigstens Eines inzwischen zustande gekommen, womit ich mit Person und gutem Willen einigermaßen betheiligt bin: ein Porträt ...« R. lädt Sidie N. und Karl Kraus ein, Bild und Malerin kennenzulernen.

27. JUNI: R. scheidet aus dem Kriegsarchiv aus.

29. JUNI: R. wohnt inzwischen im Hotel Imperial in Wien, wo er viel mit Marie (Mieze) und Richard Weininger zusammen ist, die dort ihre Zimmer haben.

30. JULI: »Ich bin für drei vier Tage hier im Hôtel, wo ich liebe Freunde habe (den neuen hiesigen sächsischen Gesandten Nostitz und seine Frau) ...« (An die Mutter)

FRÜHJAHR ODER SOMMER: Es entstehen die Entwürfe »Kreuzweg des Leibes. Und sind doch die himmlischen Straßen ...« und »Ach was hülft es, daß ich mirs versage ...«

JULI: R. schenkt die Insel-Ausgabe des »Auguste Rodin« (1913) mit der Widmung: »Herrn Feldwebel Neubauer, zu freundlicher Erinnerung, als Regimentskamerad: R. M. R. (Wien, im Juli 1916)«. Ferdinand Neubauer stand beim k. k. Landwehrinfanterie-Regiment Nr. 1 (Wien), wegen einer Erkrankung machte er Dienst beim Ersatztruppenteil, bis er im Herbst 1916 wieder ›ins Feld‹ ging (Österreichisches Staatsarchiv – Kriegsarchiv, Grundbuchblatt).
Eigenhändige Widmung: »Franz Th. Csokor: (herzlich schreibe ich Ihren Namen in Ihr ›Stundenbuch‹ und den meinen dankbar darunter zur Erinnerung an den wiener Winter 1916 und unsere Tische am Kriegs-Archiv.) Rainer Maria Rilke (Wien, July 1916)«.
SOMMER: In das Exemplar des »Cornet« von Käthe Winter trägt R. das Widmungsgedicht: »Einem unbekannten jungen Mädchen / Das ist der Sinn von etwas, was geschieht: / daß es vergeht ...« ein.
1. JULI: R. meldet Katharina Kippenberg, daß das Bild fertig sei: »bei Kassner, bei Hofmannsthal und einigen anderen maßgeblichen Freunden hat es Zustimmung, ja Bewunderung gefunden. Loulou Albert wird wohl Mitte nächster Woche nach München zurückfahren; ich bin nur für drei, vier Zwischentage hier im Hôtel, gehe Montag wieder in die Victorgasse ...« Mit den Beiträgen für den Almanach ist R. einverstanden, die »Winterlichen Stanzen« sollen »ohne Namen« erscheinen.
8. JULI: Das »Landsturm Vormerkblatt 12811« gibt als Datum für R.s »Enthebung« den 8.7.1916 an.
11. JULI: R. erbittet vom Insel-Verlag Vorschuß für die Rückreise nach München an die Adresse Weiningers.

Zurück in München

18. JULI: Postkarte an Freud von Lou A.-S.: »Im Moment empfange ich eine Depesche von Rainer, daß er dienstentlassen in München gelandet ist.«
19. JULI: »Draußen Welten, Welt ...« – eingeschrieben in den »Malte« für Frau Grete Weisgerber-Collin »dankbar: (zu ihren Bildern)«.
20. JULI: Aus München, Keferstraße 11, dankt R. Richard Weininger für seine Hilfe bei der Rückreise.

Am selben Tag heißt es: »Liebe Sidie, zurückgekehrt! Und daß ich mich nun wirklich am verhältnismäßig eigenen Schreibtisch finde und in den vor sieben Monaten so dringend verlassenen Umgebungen –: wie sehr dank ich das Ihnen ... Im Inneren scheint alles verschüttet, aber von außen wird man nach und nach zu den Stellen kommen, wo die bloße Leistung in die innere Fühlung umschlägt, nach der mich unbeschreiblich verlangt.« Die letzten Wochen nennt R. einen »fortgesetzten Abklang mit allen Mißtönen«, einmal habe er Karl Kraus im Café Imperial gefunden. R. erwähnt auch Loos.

22. JULI: An Clara R., die mit Ruth in Fischerhude bei Bremen ist, schreibt R., daß Renée Alberti nach Schweden gehen werde. »Bis jetzt hab ich nicht viel getan, als ausgepackt, geräumt, meine beiden alten Korkfederstiele gebadet und Wien abgetan, wo ich noch einen Faden davon an mir finde ...« R. bedauert, Ingrid Stieve und Be de Waard nicht anzutreffen, Kassner kehre im August nach München zurück. Von Claras Arbeit bekomme er Schönes erzählt: »Wolfskehl rühmt und rühmt und rühmt.«

27. JULI: Sigmund Freud an Lou A.-S.: »Dieser letztere [R.] dem ich zur Wiederkehr in seine Poetenfreiheit gratulieren möchte, hat uns in Wien deutlich genug zu erkennen gegeben, daß ›kein ewger Bund mit ihm zu flechten‹ ist. So herzlich er bei seinem ersten Besuch war, es ist nicht gelungen, ihn zu einem zweiten zu bewegen.« R. besuchte Freud im Dezember 1915.

SOMMER: »Vent orphelin sur la place vide ...« Entwurf.

4. AUGUST: R. schreibt an Dr. Henry Sagan auf eine Anfrage: »Höchstens die zwei Akte ›Ohne Gegenwart‹ würde ich Ihnen vielleicht vorgelegt haben, doch steht mir ... kein Exemplar, absehbar, zur Verfügung. Zusammen mit dem noch im Buchhandel befindlichen (vom Insel-Verlag übernommenen) Stück ›Das tägliche Leben‹ wäre eine Aufführung dieser Kleinigkeit in einem engeren Kreise vielleicht insofern zu entschuldigen gewesen, als möglicherweise eine Schauspielerin dabei, auf Grund der gegebenen Unzulänglichkeiten, eine rührende Gestalt hätte ausbilden können ...«

5. AUGUST: R. fragt Hoerschelmann, von wem der Roman »Verbene Junkers Liebe« sei, den ein ungenannter Autor dem toten Oskar Wilde gewidmet habe, 1907 bei Georg Müller erschienen. Das Buch sei »als bloße Mittheilung wichtig, berechtigt und voller Erlebnis«. Er hat es in der Bibliothek des Dr. Alberti gefunden. R. schreibt mit verbundener

Hand. (Verfasserin soll Sophie Hochstätter sein, die sich in der Gestalt Verbene Junker selber beschreibt.)
23. AUGUST: »Seit heute erst ist meine Hand aus dem Verband«, meldet R. an Hoerschelmann, dem er die Papiere zur Geschichte des Einhorns zurückgibt. »Auch den Brief an den Autor von Verbene Junker's Liebe habe ich jetzt erst geschrieben, aber heute geht er an Georg Müller ...« Der Verleger will ihn weiterleiten, damit der Autor unbekannt bleiben kann.
25. AUGUST: Der erste von vier langen Briefen, die R. an Else Michel schreibt, eine junge Verehrerin: »Ob ich gleich mit den Jahren immer mißtrauischer und stiller gegen die Briefe von Unbekannten geworden bin, Ihr eigenes helles und sicheres Gefühl wird Ihnen vorausgesagt haben, daß ich Ihren beantworten werde. Dankbar. Freudig. ... erzählen Sie, leben Sie mir in einer Briefseite, seien Sie Kind und Mädchen und Geschöpf, wie es kommt: ich werds dankbar hinnehmen ... Was ist er so großmüthig, Ihr Brief.«
26. AUGUST: An Marianne Mitford: »wissen Sie, daß ich seit ungefähr vier Wochen zurück bin, hier, ›für unbestimmte Zeit‹, wie die Formel lautet.« R. habe wegen einer Entzündung der rechten Hand nicht schreiben können. Er macht ihr Vorwürfe, daß sie ihren Picasso verkaufe, er sei in München bei Caspari: »Ich wage kaum hinzugehen, so traurig ist's mir, das Bild ohne Ihre altgoldene Wand, ohne Ihr Zimmer, ohne Sie ... zu sehen.« Bei dem von Marianne Mitford veräußerten Gemälde Picassos handelt es sich um »Mutter und Kind«, jetzt gelegentlich »Artisten« genannt, auf dessen Rückseite sich eine ›kauernde Frau‹ (1902) findet. Erstbesitzerin war Gertrude Stein in Paris. In der Galerie Caspari kaufte Dr. Arthur Muthmann aus Nassau, später Nervenarzt in Freiburg, das Bild. Heute befindet es sich in der Staatsgalerie Stuttgart. R. hatte eine Photographie.
Bruckmann photographiert das R.-Porträt von L. Albert-Lazard, R. verspricht Marianne Mitford einen Abzug.
28. AUGUST: R. berichtet der Fürstin über die letzte Zeit in Wien und den Beginn in München: »Das leere München also noch leerer, am Leersten, mir aber durch eben diese Eigenschaft unsagbar wohlthätig nach dem lauten und konfusen Wien. Ach, Fürstin, was ich diese Stadt verabscheue wäre nicht die Victorgasse gewesen, ich wäre doch schließlich vor Widerwillen zersprungen.«
29. AUGUST: »Aufathmen war leicht und schnell gethan, aber bis zur

wirklichen inneren Rückkehr sind lange Wege. Besonders bei mir, der ich in allem Wesentlichen immer langsamer werde.« (An Sidie Nádherný)
An Edgar von Spiegl heißt es: »Drei Wochen trug ich die rechte Hand im Verband, wegen einer lästigen Entzündung, das war aber auch dem Briefschreiben hinderlich, nun, da dieses mechanische Hindernis ungefähr vorüber ist, bleibt so manches innere, schwerere. Es war eine rechte Erziehung zur Apathie, was ich da durchgemacht habe; nun möchte ich glühen, aber ich glimme und qualme. Wer bläst mirs zur Flamme auf? Wenn's nur nicht der Teufel ist.«

30. AUGUST: R. moniert bei Frau Kippenberg: »Sie schrieben mir einmal, daß für den Almanach 17 die Turnstunde und (anonym, wie es früher verabredet war) die Winterlichen Stanzen in Aussicht genommen seien. Nun empfing ich, als Korrektur, allerdings diese Stanzen, aber daneben nicht jene alte kleine Prosa, sondern einige Michelangelo-Übertragungen. Ich unterwerfe mich, da dies Beschluß geworden scheint, aber ich gestehe, daß ich am Liebsten diese Übersetzungen, die mir meine jetzt vertraulichste Beschäftigung sind, noch geheim gehalten hätte. Anderseits seh ich ein, daß ich durch sie besser im Almanach vertreten bin, als durch jene Prosaseiten, besonders da auch die Stanzen mir jetzt nicht grade überwältigend vorkommen.« R. dankt K. K., daß sie »entschlossen und herzhaft« für seine Entlassung vorgearbeitet habe.

2. SEPTEMBER: R. dankt Leonore Rapp für eine Einladung: »Noch bin ich frei, aber immer mehr werd ich, so ungern ichs thu, die halben Nächte der Arbeit einräumen müssen; solang es hell ist, schafft der hier vorne tobende Nachwuchs aus der fürchterlichen Feilitzschstraße mir eine Ohrenhölle, in der ein Theil des Tages und vor allem viel gute Verfassung untergeht.«

4. SEPTEMBER: Katharina Kippenberg schlägt ein Treffen in Würzburg vor, R. lehnt dies ab: er brauche Ruhe und »lassen Sie mich nebenbei gestehen, daß auch der Zustand meiner Finanzen nur bei strengster Unbeweglichkeit einige Aussicht auf Heilung gibt«. Auch sei Würzburg durch die Kriegsverhältnisse stark beeinträchtigt.

8. SEPTEMBER: Langer Brief an Hedwig Jaenichen-Woermann; darin heißt es: »So sehn ich mich nach einer Erfülltheit und Innenheit, die schon fast von Erblindung müßte umgeben sein, um an keiner Stelle zu entweichen, denn in demselben Maaße wie Schauen Jahre und Jahre

für mich das Einzige war, die eigentliche Leidenschaft, müßte jetzt das Geschauthaben mein Gesicht ganz nach innen ziehn –. Müßte! Wird es? Schutz, Schutz, Stille! Und das mitten in der tobendsten, reißendsten Welt?...«

12. SEPTEMBER: An Aline Dietrichstein heißt es: »Die Gedichte Michelangelos werden hoffentlich nächstens wieder der regelmäßigste Teil meiner Beschäftigung sein, und ich kann, vor Ihrer Frage, die Eifersucht nicht völlig leugnen, die mich wünschen läßt, Sie möchten diese Dichtungen erst in meiner Vermittlung aufnehmen. Übrigens tu ich damit niemandem großen Abbruch an: denn außer den wenigen meisterhaften Übertragungen von Herman Grimm ist kein Übersetzungsversuch zu irgendwelcher Gültigkeit gediehen...« R. verspricht ihr Abschriften. Im selben Brief spricht R. über die Gestalt der Marie Grubbe von Jacobsen. Ferner stellt er ihr in Aussicht, einmal den »Cornet« vorzulesen.

18. SEPTEMBER: An Kippenberg klagt R. darüber, daß der »Cornet« nun auch noch illustriert werden soll: »nach den Ehren der Musik die Ehren des Stifts«. Aus der Insel wünscht R. von Carossa »Die Flucht«, Erzählungen und Essays von Yeats und den Spinoza-Briefwechsel, ferner die Ausgabe der Goethe-Gedichte in zeitlicher Folge. Seit vorgestern besitze er »Gundolfs großen ›Goethe‹«.

19. SEPTEMBER: Nach einer Begegnung mit Else Michel schreibt R.: »Auch ich, Els, brauchte ein paar Tage Besinnung, um zu sagen, ›was es war‹. Ein liebes schwebendes, gar nicht eigentlich besitzbares Gefühl, ohne Namen: eine von den Freuden.« In einem späteren, undatierten Brief heißt es: »Ich merke eben, dass ich das ›Sie‹ gebrauche, das mag Sie nicht beirren, es sind mir meistens den mittheilenden Menschen gegenüber beide Anreden, im Wechsel, unwillkürlich . .«
Am Morgen holt R. »Ruth an der Bahn« ab, »Clara leidet an einem ... Hexenschuß, konnte deshalb nicht reisen, Ruth mußte wegen der Schule zurück.« (An die Mutter)

20. SEPTEMBER: R. meldet bei Marianne Mitford in Berlin den Besuch Annette Kolbs an, die sie zu sprechen wünscht.

27. SEPTEMBER: Kippenberg stellt R. die finanzielle Lage dar. Das Kapital ist aufgezehrt, R. habe in den letzten beiden Jahren fast 25000 Mark erhalten, sein Konto im Verlag sei bereits mit 2000 Mark belastet: »Nach dem Krieg werde ich unter der Hand wieder eine kleine Rilke-Gesellschaft bilden, wie sie vor dem Kriege bestanden hat«, verspricht

Kippenberg. Aber: »daß der Insel-Verlag Ihnen, dem Oesterreicher, etwa ins Ausland verhilfe, ist leider vollkommen ausgeschlossen.«
28. SEPTEMBER: R. teilt Marianne Mitford mit, ihr Picasso sei nun verkauft. Er rät ihr, nach München zu kommen, um die Franz-Marc-Ausstellung zu sehen: »Niemand fast sah voraus, daß sie so bedeutend sein würde, endlich wieder einmal ein œuvre, eine im Werk erreichte und errungene Lebens-Einheit und welche seelige, unbedingte, reine.« (Franz Marc war am 4. März vor Verdun gefallen.)
29. SEPTEMBER: R. legt Philipp Schey seine wirtschaftliche Notlage dar und bittet um eine Anleihe, die er sich »verpflichten würde nach dem Krieg langsam zurückzuzahlen. Mit etwa tausend Mark würd ich mich ungefähr ordnen und einen kleinen Rückhalt legen –, anders seh ich nicht, wie ich zu Ruhe und ans allein Wichtige kommen soll, und ich muß, müßte das vor mir sehen: einen ruhigen Herbst, einen ruhigen Winter...« R. betont: »Die Insel thut weiter, was sie vermag«, und fährt fort: »Hier ist jetzt die Franz Marc-Ausstellung, ein Ereignis, so bedeutend, wie selbst seine Freunde es nicht erwartet haben. Mich ergreift es ganz und gar.«
SEPTEMBER/OKTOBER: Entwurf: »Da wird der Hirsch zum Erdteil. Hebt und trägt...« Etwa gleichzeitig: »Tout cela s'en va, ce sera de nouveau...«
ANFANG OKTOBER: R. schreibt »Das Tauf-Gedicht / Meinem Taufkind (Oktober 1916) / Du auf der Schwelle. Heimischer und Gast...« in das Tauf-Buch von Peter B.-Eysoldt.
1. OKTOBER: Beginn des freundschaftlichen Umgangs mit Grete Lichtenstein, die zum Münchener Kunstleben gehört, ohne selbst produktiv zu sein.
5. OKTOBER: An Lulu Albert-Lazard: »Bestärkung aber und wirksamste Zurede hab ich nur von der Marc-Ausstellung gehabt, die für mich ein Erlebnis war, wie es für Wolfskehl in seiner Art eines ist und in anderer Weise für Kassner, der ganz erschüttert mit mir von Bild zu Bild ging...«
9. OKTOBER: An Ilse Erdmann äußert sich R. über die Sicherheit, die nur um den Preis der Einschränkung zu erreichen sei; für ihn aber heiße es: »Die Unsicherheit ganz groß nehmen –: in einer unendlichen wird auch die Sicherheit unendlich...«
10. OKTOBER: Alfred Wolfenstein liest in der Buch- und Kunsthandlung von Hans Goltz in der Briennerstraße 8 auf einem von deren

»Abenden für neuere Literatur«. R., der Grete Lichtenstein ›zur Teezeit‹ besucht hat, ist unter den Zuhörern.

11. OKTOBER: R. lädt Grete Lichtenstein für Freitagabend um neun Uhr zu sich ein, Wolfenstein werde lesen: »ich hoffe, ich bringe W. dazu, uns auch noch Einiges Seinige besser zu lesen, als er's am gestrigen Abend gethan hat. Schließlich war ich doch sehr unzufrieden, wenn ichs nachträglich bedenke.« R. hat »Ernsthaftes und Schönes« erhofft.

13. OKTOBER: Katharina Kippenberg hat um eine Stellungnahme R.s gebeten zum Plan Paszthorys, den Text des »Cornet« mit seiner Musik zu veröffentlichen. R. antwortet: »ich seh schon, in den Cornet sind die Motten gekommen, die Mal-Motten, die Musik-Motten: man muß das liebe alte Pelzwerk aufgeben ... Eine einzige Versuchs-Aufführung hatte ich seinerzeit, als eine Courtoisie, Frau v. Hattingberg zugestanden, durch diese Ritze drang das Mottenvolk ein, und nun bin ich eben bestraft. C'est plus fort que nous.«

Am selben Tag dankt R. Philipp Schey und bittet »an den unbekannten theilnehmenden Freund« seinen »erstauntesten und empfundensten Dank weiterzugeben«. Über die auch dadurch geförderte eigene Arbeit, daß er die drückenden Geldsorgen los ist, schreibt R.: »die Übersetzungsarbeiten werden weitergehen; dann ist mir ein Liebes und Ergreifendes eben übertragen worden: die Ordnung und Herausgabe des schriftlichen Nachlasses der Malerin Paula Becker-Modersohn, derselben zu deren Gedächtnis das erste Stück im Buche Requiem entstanden war. Bei der reinen und hingerissenen Bewegung, in der diese Frau innerlich lebte, kann ich nicht anders erwarten, als daß das Ordnen ihrer Aufzeichnungen zu einem Geordnetwerden für mich ausschlagen wird; vielleicht zu dem für die nächste Arbeit entscheidenden.«

23. OKTOBER: R. verspricht Kippenberg, ihm über »Art und Ausdehnung« der Aufzeichnungen Paula Modersohn-Beckers zu berichten: »es ist sehr viel da.« R. erzählt von Besuchen: Thankmar von Münchhausen aus dem Felde, Weiningers aus Wien, Herr von Kühlmann.

27. OKTOBER: R. hört eine Lesung Theodor Däublers, über die er Katharina Kippenberg berichtet: »Denken Sie, daß er mir nichts gegeben hat, als noch einmal, nun vom Persönlichen aus, die erschütternde Verschüttung mit der seine Gedichte, je mehr ich davon lese, mich überstürzen, bis ich unter ihnen, wie unter Geröll, verschwunden bin ... Ich war nicht imstande, ihm hernach die Hand zu reichen, worauf Else Lasker-Schüler es im Stillen angelegt hatte ...« (2.11.16)

1. NOVEMBER: An Aline Dietrichstein heißt es: »Mir konnte Musik oft einfach ›Vergessen‹ bringen, aber je mehr ich an Bildern, Bildwerken und Büchern, oft auf langen Wegen, aufnehmend geworden bin, desto gefaßter werde ich auch der Musik gegenüber ...«
2. NOVEMBER: R. empfiehlt dem Insel-Verlag die Gedichte der ihm unbekannten Ite Liebenthal, die er einsendet. Er bittet um das Werk von Morris: »Der junge Goethe«, sein Exemplar ist in Paris verlorengegangen.
NOVEMBER: Im »Insel-Almanach auf das Jahr 1917« werden von R. anonym die »Winterlichen Stanzen« veröffentlicht, außerdem seine Übertragung von Paul Verlaine »Agnus Dei« und eine Reihe von Michelangelo-Nachdichtungen: Die Sonette 38, 39, 42; dazu 61, 62 und 64 »Auf den Tod der Vittoria Colonna«; ferner 70, 76 und 77 sowie das »Madrigal«.
7. NOVEMBER: R. schreibt an Sidie Nádherný, wie sehr er hoffe: »aus mir zu leben und meine Arbeit für eine Art Wachsthum zu halten, nicht für die unerbittliche Aufgabe, als die sie mir manchmal auferlegt scheint. Andererseits wird es ja doch auch kein Zufall sein, daß ich dem Bedürfnis nach Menschen weiter als sonst nachgegeben habe und, selbst während ich mich über ihr Zudrängen beklage, noch neue rufe und mich ihnen ausliefere ...«
An Alexander von Bernus betont R., wie schwer es sei, zurückzufinden: »aber am eigenen Schreibtisch hat schließlich auch das Schwerste recht, – anders als in Wien, wo alles, Leichtsinniges und Schweres und Schwerstes gleich sinnlos war. In der Marc-Ausstellung war ich sehr viel ...«
10. NOVEMBER: Am fünften »Abend für neuere Literatur« liest Franz Kafka sein Prosastück »In der Strafkolonie« vor, unter den Zuhörern sind R. und der mit ihm befreundete Max Pulver. »Schattenhaft, dunkelhaarig, bleich« habe Kafka am Vortragspult gesessen, wie »Eisnadeln voll abgründiger Quälerei« wirkten seine Worte. (Max Pulver: »Erinnerungen an eine europäische Zeit«) Kafka schreibt am 7.12.16 an Felice Bauer: »Du fragst nach Kritiken über die Vorlesung. Ich habe nur noch eine aus der Münchner-Augsburger Zeitung. Sie ist etwas freundlicher als die erste, aber, da sie in der Grundansicht mit der ersten übereinstimmt, verstärkt die freundlichere Stimmung noch den tatsächlich großartigen Mißerfolg, den das Ganze hatte. ... Übrigens habe ich mich in Prag auch noch an Rilkes Worte erinnert. Nach etwas sehr Liebenswürdigem über den Heizer meinte er, weder in Verwandlung noch in

Strafkolonie sei diese Konsequenz wie dort erreicht. Die Bemerkung ist nicht ohne weiteres zu verstehen, aber einsichtsvoll.«

13. NOVEMBER: R. läßt Thankmar von Münchhausen Bücher zusenden. Dieser hat Trakls »Sebastian im Traum« gelesen, R. sagt dazu: »vor einer Woche hab ichs aufgeschlagen und mich überzeugt, daß ich mich erst wieder ziemlich hineinlesen müßte, wie in eine eigene absteigende Sprache, die es ja ist. Gelingt mirs, so würd ich gern eines Tages einen Trakl-Abend geben für einige Menschen an dem runden Tisch der Stobbeschen Bücherstube, selbst lesend, oder wenigstens eine Einführung sprechend, wenn sich für das Lesen ein junges Mädchen geeignet zeigte ...« R. schließt: »Heute macht Frl. Bierkowski vom Hoftheater hier einen Rilke-Abend, an dem ich natürlich nicht sein werde.«

15. NOVEMBER: Henry van de Velde besucht R. in München.

16. NOVEMBER: R. übersendet dem Obersten Veltzé in Wien sein im April 1913 niedergeschriebenes Gedicht »Sankt Christofferus« für die Zeitschrift »Donauland«. Daß er diese Wahl trifft, »liegt eben daran, daß ich nur unter sehr wenigen, einzeln verwendbaren Sachen zu wählen habe. Unter diesen schien mir das Christophorus-Gedicht das selbständigste und liebenswürdigste; vielleicht mögen Sie es als Beitrag zu Ihren Monatsheften anerkennen.« R. läßt sich dem General von Höhn, dem Direktor des Kriegsarchivs, und dessen Adjutanten, dem Hauptmann Zitterhofer empfehlen.

18. NOVEMBER: R. dankt für den Insel-Almanach, den er schön, vielfältig und ›fried-fertig‹ nennt. Er erbittet von Katharina Kippenberg die Neuausgabe von Kassners »Melancolia« und berichtet: »Gestern war der Feind über München; es ist aber ohne größeren Schaden vorübergegangen. Am gleichen Abend las wieder Däubler, zugleich mit einigen jungen Leuten seines Kreises: Becher, Else Lasker-Schüler, George Groß, Herzfelde – nach dem bedrückenden Eindruck neulich, bracht ichs nicht über mich, wieder hinzugehen.«

18./19. NOVEMBER: Karl Kraus berichtet Sidie Nádherný über die Geldsammlung für R., an der er sich zu beteiligen bereit ist.

19. NOVEMBER: »Eine sehr langwierige Zahnbehandlung die noch nicht abgeschlossen ist, hat mich durch vierzehn Tage fast alle Vormittage gekostet ...« (An die Mutter)

21. NOVEMBER: Kaiser Franz Joseph stirbt, Nachfolger wird sein Großneffe als Kaiser Karl.

25. NOVEMBER: In einem Auktionskatalog bietet Paul Graupe, Berlin

unter Nr. 296 elf eigenhändige Briefe und eine Karte R.s an Richard Zoozmann aus dem Jahre 1896 an.

30. NOVEMBER: Aus Burghausen an der Salzach, wo R. zwei Tage zu Besuch bei Regina Ullmann ist, schreibt er an die Fürstin: »Ich träume davon, mir später hier in einem der Thürme mit ein paar Möbeln eine kleine Zuflucht zu gründen...« Die Miete, so erfährt R. von Regina Ullmann, die in einem der Türme wohnt, beträgt 120 bis 150 Mark jährlich.

1. DEZEMBER: Mit der Unterschrift »Abgeschrieben aus dem Taschenbuch für Regina / nach der ersten Rückkehr aus Burghausen. (am 1. Dezember 1916)« schenkt R. Regina Ullmann die »Elegie. O Bäume Lebens, o wann winterlich?...«

2. DEZEMBER: R. schildert Sidie Nádherný seine Lage, da er sie bitten muß, noch einmal die Miete für seine Wohnung in der Keferstraße zu übernehmen. »Das Alberti'sche Haus steht übrigens zum Verkauf, wer weiß, wie lang man noch bleiben kann, und hat ja eben doch auch manchen Nachtheil für mich. Ich wills jetzt genau nehmen. Heute habe ich wegen einer größeren Anleihe geschrieben, die mir helfen soll mich in Ordnung zu bringen und einiges anzuschaffen, ich hoffe die Sache kommt zu stande, denn ich stecke immer noch in den kleinlichsten Sorgen und Rückständen.« R. möchte sich in München »in einem eigenen Atelier einrichten«.

Tief getroffen ist R. vom Tod Verhaerens, der bei einem Eisenbahnunglück am 27.11. in Belgien umgekommen ist: »ich habe so wenig Männer, die mir nahe stehen, er thats und fühlte mich und stand grenzenlos zu mir. Es wird trostlos in dieser Welt.«

4. DEZEMBER: R. besucht an seinem 41. Geburtstag den Leseabend von Gottfried Kölwel, die Gedichte liest Sibyl Vane.

7. DEZEMBER: R. erinnert Frau Isabella Hilbert in Burghausen, der er für die gastliche Betreuung dankt, an seinen Wunsch, sich »mit dem schönen Burghausen zunächst durch die Stiftung eines Baumes« zu verbinden. R. wählt eine Linde im Andenken an die »weitberühmte Linde« von Kamenitz und erbittet im Namen von Fräulein Mattauch, eine Föhre zu setzen. Die Bäume sollen aber einander »recht nachbarlich vertragen, und so wirds am Ende doch mit zwei Linden am Richtigsten sein...«

8. DEZEMBER: Bei Oswald von Kutschera erkundigt sich R. besorgt nach dessen Ergehen. Von sich sagt er: »Am 12. hat sie [Ruth] ihren fünfzehn-

ten Geburtstag, heute gehe ich mit ihrem Wunschzettel Besorgungen machen: da steht Goethe drauf und Matthias Claudius und eine gewisse kleine Porzellantasse mit Rosen ... Ich sehe das gute Kind meistens Sonntags, sie will dann viel erzählt haben ...«

9. DEZEMBER: R. schreibt für Frau Hertha Koenig den »Vorspruch« und »Zwei Spiele (1900)« ab – »dankbar und freundschaftlich«. Es sind »Vorfrühling« und »Die herbstlichen Alleen«, 1901 in »Ver sacrum« erschienen.

An Frau Weininger sendet R. für ihren Mann »ein Exemplar von Garschin's Attalia Princeps« (Insel-Verlag 1903) und dankt diesem für eine vergriffene Trakl-Ausgabe. Sein langes Schweigen begründet R. mit einer wochenlangen, noch nicht abgeschlossenen Behandlung beim Zahnarzt und nennt sich selbst »ein Monstrum an Unmittheilsamkeit und Finsternis«. Er erinnert sich, besonders durch eine Nummer der »Fackel«, die Philipp Schey ihm geschickt hat, der Nachmittage im Cafe Imperial in Wien.

An Edgar von Spiegl schreibt R. von einem kürzlich gehörten Konzert, das er ihm gewünscht hätte: »Wanda Landowska spielte Bach auf dem Clavicembalo, theils allein, theils mit einem Cello zusammen, quelle félicité –, wie die Sommerwiese, in der die Blumen an einander klingend werden – Mme Landowska wunderbar, mit einer Innigkeit der Leistung, wir haben einander ausserordentlich verwöhnt, den zweiten Abend spielte sie ganz ›für mich‹, wie sie sagte.«

11. DEZEMBER: R. fragt Katharina Kippenberg nach den Sonetten Hertha Koenigs, die zwar angenommen, aber noch nicht erschienen sind. Die ihm zugesandten Gedichte Kölwels empfiehlt er nicht, er sei »ein Grenzfall«. Zu Becher sagt er: »Becher ist ein Irrlicht aus bodenloser Landschaft, Däubler ein Bergsturz unter großem Himmel, und insofern jeder ein tönendes Schicksal und ein Maß von Ereignissen. Aber der unendlich ermessende Dichter! Wo? Trakl war Maß, allerdings Maß einer Spiegelbild-Welt, die ganz im Fallen war.« R. fährt fort: »In den kleinen Büchern der Bücherei hab ich gelesen –, mit äußerster Überraschung die Zueignung Busonis entdeckt ...« Busoni hat den »Entwurf einer neuen Ästhetik der Tonkunst« »Dem Musiker in Worten R. M. R. verehrungsvoll und freundschaftlich dargeboten«.

12. DEZEMBER: R. schenkt »Ruth zu ihrem fünfzehnten Geburtstage« den »Cornet« mit der Einschrift des Gedichtes: »Was Kühnheit war in unserem Geschlecht / ward in mir Furcht ...«

An Adrienne Sachs aus Wien schreibt R. nach Berlin: »Ja, die Königin Teje gehört sicher zu den Gegenständen, die über Berlin hinaushelfen...«
Friedensangebot der deutschen Regierung, das ohne Folgen bleibt.
KURZ NACH DEM 12. DEZEMBER: An Dr. H. Tietze: »Diese ganze subkutane Malerei, die unter der eigentlichen heilen Bildoberfläche vor sich geht und vom écorché bis zum Skelett der Erscheinung alle Bildunterlagen aufdeckt, erscheint mir nur noch als die Anarchie eines durch Mikroskope verdorbenen und durch die zunehmende Unsichtbarkeit vieler Erlebnisse zum äußersten gereizten Blicks.«
13. DEZEMBER: R. meldet Sidie Nádherný, er wisse nichts »von der Überraschung durch ›einige liebe gute Menschen‹, von der Sie meinen, sie müsse mir inzwischen zugekommen sein«, – »sie wäre mir gerade jetzt von dem erfreulichsten Werthe.« R. bittet um genauere Nachricht.
19. DEZEMBER: R. dankt Katharina Kippenberg für günstige Nachrichten an Frau Koenig, die er gleich weitergeben kann, da sie in München ist. Daß er Däubler nicht gesprochen habe, tue ihm manchmal leid, und: »daß man sich zu Becher überzeugt und für ihn einsetzt, kann ich durchaus begreifen –, wenn nur nicht jenes Phosphoreszieren einiger seiner Zeilen schwindet, sowie man die Ufer seiner unsichern Flut zu ordnen versucht.« Von Werfel sagt R.: »ich bin jetzt nicht ohne Vorsicht auch gegen seine Arbeit und doch geht er mir, immer noch, von den Jüngeren am Genauesten nach.« Als Nachschrift heißt es: »In Wien hat Karl Kraus das Drei-Sterne-Gedicht erkannt und mir zugeschrieben über dem Worte ›leisten‹.« (»Winterliche Stanzen«)
24. DEZEMBER: R. ist mittags mit Kassner zusammen: »er war in guter Verfassung, aufmerksam und lebhaft«, wie R. am 30.12.16 der Fürstin mitteilt. R. kopiert 1916 in München für Kassner einen Abschnitt über »Saint Roch« aus dem Buch von Emile Mâle »L'Art religieux de la Fin du Moyen Age en France«, Paris 1908, S. 196-198.
»Da ich gegen elf noch auf war, entschloß ich mich, zur Mitternachtsmette in die Frauenkirche zu gehen, wo unter dem Gefühl des schwersten und fühlbarsten Gebets, das wohl heuer in allen ist, besonders viele Menschen sich eingefunden hatten.« (An die Mutter, 30.12.16)
»WEIHNACHTEN«: R. dankt für den Beistand Philipp Scheys und der »wiener Freunde«: die »weihnachtliche Überraschung und Zuwendung«. »P. S. Die 3000,– bestätigte ich Ihnen telegrafisch, mit dem auf

2500 lautenden Check ist nun die ganze Summe von Mk 5500 in meinem Besitz...«

30. DEZEMBER: An die Fürstin schreibt R.: »Wie groß meine Sehnsucht ist, irgendwo stabilere Verhältnisse zu gründen, die nicht erst wieder geliehene, vorläufige, ungefähr angepaßte sind, sondern genau meine und für unabgegrenzte Zeit vorhandene, das vermöchte ich Ihnen kaum der Wahrheit nach darzustellen.«

An Ite Liebenthal gibt R. nach Berlin einen Zwischenbescheid, ihr Manuskript werde im Insel-Verlag sorgfältig gelesen.

31. DEZEMBER: An Frau von Nostitz berichtet R. über Bücher: »Gundolfs Goethe war dasjenige, worauf ich die meiste Erwartung gesetzt hatte, aber das weitläufige Buch verlangt eine Kontinuität, Ausdauer und Gleichmäßigkeit des Befindens zu der ich mich leider noch nicht zusammenzunehmen vermochte.« Von den Neuerscheinungen der Insel werde der Briefwechsel zwischen Nietzsche und Franz Overbeck (herausgegeben von R. Oehler und C. A. Bernoulli) am wichtigsten sein. Der Gilgamesch-Band (»zu einem Ganzen gestaltet von Georg Burckhardt«, Insel-Bücherei Nr. 203) des Verlages sei unzulänglich: »ich habe mich mit der genauen, gelehrten Übersetzung (von Ungnad) eingelassen und an diesen wahrhaft gigantischen Bruchstücken Maaße und Gestalten erlebt, die zu dem Größesten gehören, was das zaubernde Wort zu irgend einer Zeit gegeben hat... selbst die weiten Text-Lücken wirken irgendwie konstruktiv, indem sie herrlich massive Bruchflächen auseinander halten. Hier ist das Epos der Todesfurcht, entstanden im Unvordenklichen unter Menschen, bei denen zuerst die Trennung von Tod und Leben definitiv und verhängnisvoll geworden war... Ich lebe seit Wochen fast ganz in diesem Eindruck.«

An Frau Weininger äußert sich R. dankbar über die Weihnachts-Zuwendung: »Ich weiß nicht, wie das zuging, Schey verschloß sich geheimnisvoll, und die ganze Sache war von so natürlicher Diskretion, daß ich nicht anders konnte, als sie gewähren lassen und nun einen wirklich sehr empfundenen Dank ausströmen ins gütig Offene. Damit bin ich über die nächsten Sorgen hinaus, durch ein Wunder, und versuche von dieser wichtigen und bürgerlichen Erleichterung aus, alles ein wenig leichter anzusehen (: was die Zeit einem schwer macht.).« Zu seinem ungewissen Verbleib in der Keferstraßen-Wohnung bemerkt R.: »ich ... wäre vielleicht schon fort, wenn nicht ein ganz unerwartetes Erlebnis (das leider nicht Arbeit ist) mich hier festgehalten und unbeschreiblich erfüllt hätte. Das ›neue Leben‹ ist es nicht, aber beinah ein neues Leben ...«

UM DIE JAHRESWENDE 1916/17 schreibt R. in ein Exemplar des »Malte« das Gedicht ein: »Da rauscht das Herz ...«, das aus seinem Taschenbuch erhalten ist, dort mit dem Zusatz »(Für Margarethe von M. in den M. L. B., zu ihrer Vermählung)«. Es handelt sich um Margarethe von Maydell (später Schmidt).

Aus dem Jahr 1916 sind keine Briefe R.s an Lou A.-S. erhalten.

1916 trägt R. in ein Schreibbuch unter dem Titel »Gedichte an die Nacht« 22 Gedichte aus den Jahren 1913/14 ein. Bis auf Nr. 13, das im »Brenner-Jahrbuch 1915« erschien, sind alle damals unveröffentlicht, und auch später werden sie nicht als Zyklus publiziert. Die Folge ist: »O wie haben wir, mit welchem Wimmern ...« (1), »Wenn ich so an deinem Antlitz zehre ...« (2), »Einmal nahm ich zwischen meine Hände ...« (3), »O von Gesicht zu Gesicht ...« (4), »Siehe, Engel fühlen durch den Raum ...« (5), »Atmete ich nicht aus Mitternächten ...« (6), »So, nun wird es doch der Engel sein ...« (7), »Hinweg, die ich bat, endlich mein Lächeln zu kosten ...« (8), »Starker, stiller, an den Rand gestellter ...« (9), »Aus dieser Wolke, siehe: die den Stern ...« (10), »Warum muß einer gehn und fremde Dinge ... (11), »Daß mir doch, wenn ich wieder der Städte Gedräng ...« (12), »So angestrengt wider die starke Nacht ...« (13), »Überfließende Himmel verschwendeter Sterne ...« (14), »Ob ich damals war oder bin ...« (dreistrophige Fassung, 15), »Gedanken der Nacht, aus geahnter Erfahrung gehoben ...« (16), »Oft anstaunt ich dich, stand ...« (17), »Hinhalten will ich mich. Wirke. Geh über ...« (18), »Ach aus eines Engels Fühlung falle ...« (19), »Ist Schmerz, sobald an eine neue Schicht ...« (20), »Der du mich mit diesen überhöhtest ...« (21) und »Hebend die Blicke vom Buch ...« (22). R. schenkt diese Gedichthandschrift Rudolf Kassner.

ENDE 1916 erwidert R. ein langes Schreiben der Dichterin Alma Johanna Koenig mit dem Gedicht: »Kind, die Wälder sind es ja nicht, / welche die Stürme erregen ...«

Nur im »Insel-Almanach auf das Jahr 1917« Leipzig und im »Kriegs-Almanach 1914-16«, herausgegeben vom Kriegs-Hilfsbüro des k. k. Ministerium des Innern, redigiert von Dr. Karl Kobald, Wien: »Skizze zu einem Sankt Georg«, (zuerst veröffentlicht am 25.12.1907 in der »Zeit« Wien) publiziert R.
Neuauflagen: »Geschichten vom lieben Gott« 5. Auflage, »Das Stunden-Buch« 9. Auflage, »Die Weise von Liebe und Tod des Cornets Christoph Rilke« 61.-72.

und 73.-88. Tausend, »Das Marien-Leben« 2. Auflage (= 21.-30. Tausend), »Portugiesische Briefe« 11.-15. Tausend.
In einem Sammelband »Märchen aus unseren Tagen« Weimar 1916 findet sich von R. »Wie der Verrat nach Rußland kam« aus den »Geschichten vom lieben Gott«.
In Wiedeń erscheint eine polnische Übertragung des »Cornet« durch L. Lachowicz und I. Holdera. In New York kommt die Anthologie »A Harvest of German Verses« mit 11 Gedichten R.s in der Übertragung von Margarete Muensterberg heraus.
Über R. erscheint im Insel-Verlag 1916 von Albrecht Schaeffer »R. M. R.«, in 100 numerierten, nicht für den Handel bestimmten Exemplaren. (R. schenkt sein Exemplar Ruth.)

1917

1. JANUAR: R. antwortet dem Grafen Alexander Mensdorff-Dietrichstein: »Da muß ich, nicht ohne Beschämung, vor allem eingestehen, daß ich selber die Lebensumstände Michelangelo's nicht gründlich kenne; das schönste grundlegende Buch, das sein Leben erzählt, ist sicher das von Herman Grimm, das Ihnen dringend empfohlen sei, das ich aber selbst leider nie gelesen habe. Die große italiänische Ausgabe der Gedichte, nach der ich übersetze, enthält einen ziemlich großen Apparat von Anmerkungen, mit dem ich mir helfe ...« R. spricht über Michelangelos Arbeiten: »So kam er oft auch unerschöpft, ja erst zum Bilden gereizt, vom Steine her und warf sich gegen die Sprache mit der ganzen Wucht seines im Stein nicht unterzubringenden Gefühls: dann entstanden jene Gedichte an Gott, die zu den schwersten Gebeten gehören, die je ein Mensch aus der eigenen Tiefe gehoben hat. (Auch von diesen stehen zwei oder drei in der Auswahl des Almanachs.)« R. bezieht sich auf H. Grimm: »Das Leben Michelangelos« 2 Bde 1860-63, und auf die große kritische Ausgabe von Carl Frey: »Die Dichtungen des Michelangiolo Buonarroti«, Berlin 1897, die er neben der von Guasti benutzt. R. hat an Aline Dietrichstein Gundolfs »Goethe« geschickt.
2. JANUAR: R. schreibt an Hedwig Jaenichen-Woermann, der Insel-Almanach enthalte ein paar seiner Michelangelo-Übertragungen: »Sonst wäre höchstens einzelnes vorzulesen, – aber auch das thu ich schwer, weil mir die Unterbrochenheit und Seltenheit meiner Production darüber jedesmal zum brennendsten Vorwurf wird ...«
6. JANUAR: An Lou A.-S. heißt es: »Ruhe und Arbeit sind noch nicht wieder in mir, seit der wiener Bresche. Wenigstens daß die Unruhe des

letzten Monats eine wie von unruhigen Engeln war, durch die Gegenwart eines schönen schönen jungen Mädchens bei mir.« R. spricht hier von Fräulein Mattauch.
JANUAR: Ilse Erdmann trifft in München mit R. zusammen.
24. JANUAR: R. fragt Marianne Mitford: »Kennen Sie Mme Wanda Landowska, die große Künstlerin? – sie hat hier gespielt – ›pour vous seul‹ – wie sie mir an ihrem zweiten Abend sagte, das war eine von den unvermuthlichen und dann plötzlich ganz aufgeblühten Freuden. Ich hoffe, Sie kennen sie, denn ihre alte Musik, so wie sie sie giebt, muß in Berlin zum schönsten tröstlichsten Gegentheil gehören.« Ferner berichtet R. von einem Besuch, den ihm ›vor ein paar Tagen‹ Lucy Goldschmidt-Rothschild gemacht habe. »Sonst sah ich eigentlich seit Monaten nur einen einzigen Menschen, ein schönes junges Mädchen, – das hilft mir, Jugend ist im Recht, auch jetzt noch und ist so unerhört viel und wunderbar.« R. bittet, sein Stehpult aus der Bendlerstraße nach Leipzig zum Insel-Verlag zu senden, da er vielleicht dorthin übersiedeln werde.
An diesem Tag erkundigt sich R. bei Katharina Kippenberg: »ob die Zuflucht des Turmzimmers mir jetzt, über eine Woche offen stünde«. Da diese nach Belgien reisen will, zerschlägt sich der Plan.
30. JANUAR: R., der schon am 28.12.1916 Katharina Kippenberg eine genaue Prüfung des »Merlin« von Max Pulver nahegelegt hat, meldet: »Pulver hat heute im Kunstsaal Steinicke einen Leseabend ... Am 2ten ist dann Heinrich Manns ›Madame Legros‹, Première der Kammerspiele, das wird dann, hoff ich, für lang hin mein letztes Ausgehen sein.« Zur geplanten Illustration des »Cornet« heißt es: »Die Zeichnungen – Beeh ist auch nicht der Rechte – Kokoschka? Er ist eigentlich keiner, dem man einen Gegenstand vorschlagen kann, der nicht schon aus ihm gekommen ist. Aber ich frage mich aufrichtig nur: warum soll, sollte einer ›der Rechte‹ sein, da doch der gute Cornet so gut auf sich gestellt war von vornherein, was soll ihm Musik, was Bild? Motten, Motten ...« R. hofft: »daß der Februar, den ich mir ganz zur Klausur zu machen hoffe, mich in irgendwelche Arbeit bringt, über der ich immobil werde«.
JANUAR (vermutlich): Niederschrift des Gedichtes »Seele im Raum. Hier bin ich, hier bin ich, Entrungene ...«
3. FEBRUAR: R. bittet den Direktor des Wiener Kriegsarchivs, Generalmajor Ritter von Hoen, um seine Fürsprache: »Der deutsche Botschafter in Konstantinopel, Herr von Kühlmann, hat die Anregung gegeben, daß ich für eine Weile hinkommen sollte, um für eine früher begonnene

historische Arbeit [über den venezianischen Admiral Zeno] gründliche Ortsstudien zu machen ...«

UM DEN 6. FEBRUAR: Frau Else Jaffé-von Richthofen lädt R. zu sich ein: »Eine große Bitte. Regina sprach mir von einem neuen Requiem, das Sie gemacht. Allerdings ist es auch schon zwei Jahre her: wenn Sie es mitbrächten.« R. hatte ihr das »Requiem auf den Tod eines Knaben« nicht sogleich zugänglich gemacht.

7. FEBRUAR: An Katharina Kippenberg: »Ein unterrichteter Wiener Freund [R. Weininger] hat mich, in größter Vertraulichkeit verständigt, daß im Laufe der nächsten vier oder sechs Wochen das hiesige Konsulat an mich die Aufforderung wird ergehen lassen, den ›Fortbestand des Rechtstitels meiner Enthebung nachzuweisen‹. Vielleicht wird für diesen Zweck eine Bestätigung der Insel nötig sein, daß sich, seit der durch sie erreichten Enthebung, nichts geändert hat, daß die Arbeitsgründe, auf Grund deren ich enthoben worden bin, unverändert bestehen.« R. bittet um einen entsprechenden Brief vom Verlag.

10. FEBRUAR: Langer Antwort-Brief R.s an Kurt Wolff; darin heißt es über Max Pulver: »Als ich ihn zuerst sah ... hatte er eher das schwere und gewichtige Temperament seiner Arbeiten, war nicht übermäßig beredt und wo er tiefer Empfangenes, zu beschreiben unternahm (ich verdanke ihm den ersten überzeugenden Hinweis auf das herrliche Gilgameš-Epos) da war er von einer jungen, strahlenden Wärme, die mich, mehr als Alles sonst von ihm Ausgegangene, für ihn gewann ...« R. fragt an, ob es in Darmstadt an der Kunstschule eine Möglichkeit für Clara R.-Westhoff gebe, als Lehrerin dort zu wirken. Für diesen Fall werde er sich bemühen, »eine Audienz beim Großherzog zu erreichen, um so von der mittleren Stelle aus die schwebende Absicht zu befestigen«. R. erwähnt, früher einmal vom Großherzog empfangen worden zu sein.

12. FEBRUAR: R. meldet an Katharina Kippenberg: »ich habe gestern bei Clara Rilke das Manuskript der Louize Labé geholt.« Die Eigentümerin erbitte es zurück, weshalb im Verlag eine Abschrift für den Drukker herzustellen sei. Für den Druck entwickelt R. genaue Vorstellungen. Ein Nachwort für Holbeins »Die Bilder des Todes« zu übernehmen lehnt R. ab: »ob ich mich gleich der Insel nun dringend als unentbehrlichen Hülfsarbeiter empfohlen habe.« Von sich berichtet er: »brach die Zerstörung des Frostes in meinem zu sommerlich gebauten Hause ein: geplatzte Wasserrohre, eingefrornes Gas und jetzt, da der Schaden nach vielen Schwierigkeiten einigermaßen ausgeglichen ist, eine arge

nachbleibende Nässe in den meisten Räumen, die sich, mangels ausreichender Kohlen, nicht vertreiben läßt. Ich bin sehr gestört dadurch, schlafe im Hôtel, versuche täglich zuhause zu arbeiten, habe mir dabei aber eine lästige Erkältung geholt...« R. schreibt im Hotel Marienbad.
14. FEBRUAR: An Frau Weininger berichtet R.: »Der vorübergehende Schluß der hiesigen Theater hat uns Heinrich Mann's ›Madame Legros‹ hinausgeschoben, sie kommt nun Montag zur Aufführung, mit einer frankfurter Gastin in der Titelrolle. Übrigens habe ich Heinrich Mann kennen gelernt, bei einem Soupé das Kurt Wolff gab und bei dem sonst noch Meyrinck zugegen war, der Zeichner Preetorius und eben, merkwürdigerweise, ich. (Lesen Sie Meyrinck, Das grüne Gesicht?)« R. bedauert, daß in der »Fackel« »die Kontroverse gegen Werfel so breit fortgesetzt werden mußte. Nein. Nein. Da hab ich meine Widersprüche.«
19. FEBRUAR: R. lehnt Professor Woerner gegenüber eine Claudel-Übersetzung ab: »die Übersetzung dieses Claudels scheint mir eine enorme Aufgabe! So sehr steht und fällt er mit den Bedingungen seiner Sprache.«
20. FEBRUAR: R. schreibt an Imma Freiin von Ehrenfels zum Tode ihres Verlobten: Norbert von Hellingrath ist am 14. Dezember 1916 vor Verdun gefallen.
22. FEBRUAR: R. dankt Erhard Buschbeck für die Übersendung des Bandes »Georg Trakl, ein Requiem«, Berlin 1917. »Das Traklsche Gedicht ist für mich ein Gegenstand von sublimer Existenz. Nun erschütterts mich erst recht, wie die von Anfang an flüchtende, in Ihrer Beschreibung leise ausgesparte Gestalt imstande war, das Gewicht ihres fortwährenden Untergangs in so genauen Bildungen zu beweisen. Es fällt mir ein, daß dieses ganze Werk sein Gleichnis hätte in dem Sterben des Li-Tai-Pe: hier wie dort ist das Fallen Vorwand für die unaufhaltsamste Himmelfahrt.«
23. FEBRUAR: An Hedwig Fischer schreibt R. über Bücher: »Vor der Hand hab' ich viele gekauft, um einige der großen Pariser Verluste auszugleichen. Jensen las ich viel, mit großer Bewunderung. Steffen mit Staunen und Überraschung – sehr großen Eindruck hat mir Flakes neue Novelle in der Rundschau gemacht... Außerdem gibt es Dramatiker, die versprechen, Kornfeld! Georg Kaiser! (Ist Döblins großer Roman etwas für mich?)«
An Ally Frerichs über die Gedichte ihrer Schwester Sissy, an die R. sich deutlich erinnere: »Eine Herausgabe des ganzen, von Ihnen sorgfäl-

tig zusammengestellten Nachlasses würde ich nicht für ratsam halten...«
ASCHERMITTWOCH: R. dankt Marianne Mitford für ihr Gedenken: »Ohne solche Hülfen könnte ich mir nicht hinreichend erklären, wieso ich bei aller Abgebundenheit doch noch irgendwie lebe, in, freilich, längst aufgeathmeter Luft. Denn was erneut sich jetzt innerhalb dieses Zeit-Gefängnisses? ... alles ist innerhalb der Welt-Grimasse zum verzerrten Zuge erstarrt; wo ist Luft, die nicht durch den Krieg gegangen ist?« R. schildert seinen Alltag und fährt fort: »und mittenhinein kam (im Vertrauen erzählt) eine Einladung Kühlmann's nach Konstantinopel, die eine umso größere Versuchung ist, als gerade diese Reise den letzten noch unerfüllten Reise-Wunsch bedeutet, der in mir aufgehoben und aufgeschoben war. Und nun steh ich wieder vor der alten Wahl meines Lebens: Wohnen oder Reisen? Welches? – ... glauben Sie, daß das jetzige Konstantinopel das Konstantinopel, das ich meine, durch seine kriegerisch-deutsche Oberfläche hindurch, erkennen läßt? Irgendwie müßte es ja durch Meer und Landschaft vor zu tiefen Entstellungen gesichert sein? ...«
10. MÄRZ: Als literarischer Berater des Insel-Verlags berichtet R. an Katharina Kippenberg über vier Manuskripte: Hetta Mayr, »Manuskript der Frau«; Carl Haensel, »Die Drei«, Roman; Erich Singer, »Der Gang zu den Sternen«; und von Ludwig Strauss, »Gesänge der Verkündigung«.
An Thankmar von Münchhausen schreibt R. über seinen Besuch bei den Angehörigen Norbert von Hellingraths am 7. 3. 17, den ersten nach dessen Tod.
20. MÄRZ: R. entschuldigt sich bei Graf Paul Thun, daß er sich in den letzten Wochen mit Hartnäckigkeit in gleichförmiger Arbeit von allem abgeschlossen habe, er werde ihn gemeinsam mit Hofmannsthal zu sich bitten, wenn dieser nach München komme.
26. MÄRZ: R. versucht Gustav Pauli für die Arbeiten Clara R.s zu interessieren.
28. MÄRZ: R. dankt Kurt Wolff: »Denn wenn durch Ihre Nachrichten die Übertragung einer Lehrstelle an sie ausgeschlossen erscheint, so enthalten sie mir andererseits die noch um vieles erfreulichere Hoffnung, daß die Erreichung eines Porträtauftrages im großherzoglichen Hause nicht ganz undenkbar wäre. Im Porträt hat Clara Rilke seit Jahren Beweise von Können und sicherer Erfassung gegeben...« R. endet: »Wozu, wozu hat man Toledo gekannt, wozu die Wolga, wozu die Wüste –, um

jetzt in dem engsten Welt-Widerruf dazustehen, voll plötzlich unanwendbarer Erinnerungen? Dazu hat mir die wiener Zeit, mehr als ich zunächst wußte, Schaden und Beirrung gethan, indem sie, gewissermaßen als Wiederholung der Militärschule, die schwerste Lebensschicht meiner Kindheit, die als unterster Boden fruchtbar geworden war, noch einmal über mich legte ... Ich würde mir jede Klage verbieten, wäre das allgemeine Loos von göttlicherem Verhängnis; aber es scheint mir, so wie ich mich danach umsehe, nichts als Menschenmache zu sein, menschlicher Irrthum, Rechthabung, Habgier, menschlichster Eigensinn ...«

MÄRZ: In der »Illustrierten Monatsschrift Donauland«, begründet von Paul Siebertz und Alois Veltzé, erstes Halbjahr, März bis August 1917, erscheint R.s Gedicht als: »Sankt Christophorus. Die große Kraft will für den Größten sein ...«, niedergeschrieben im April 1913 in Paris.

APRIL: »Das Reich«, Vierteljahrsschrift, herausgegeben von Alexander von Bernus, bringt im 2. Jahr, Buch I: »Michelangelo: Terzinen / Strofen. Übertragen durch R. M. R.«: »Terzinen. Auf den rasch aufeinander erfolgten Tod seines Vaters und seines Bruders. Obwohl mein Herz bedrückt war übers Maß ...« – »Strofen. Vielleicht auf Vittoria Colonna. Herrin, da du / Ganz wie ein sterblich Ding ...« Das zweite Buch (Juli 1917) enthält das »Fragment von Michelangelo« in R.s Übertragung: »Ein Riese ist noch, über alles groß ...«

4. APRIL: R. und Kassner besuchen gemeinsam Hofmannsthals Vortrag »Österreich im Spiegel seiner Dichtung«, abends 8.00 Uhr in der Galerie Caspari, Briennerstr. 52, »der das ganze geistige München versammelt hat« (an die Mutter, 5.4.17). (Hofmannsthal schreibt seiner Frau: »Mein Vortrag ist heute abends. R. hab' ich schon gesehen. Er wird für mich mit Kassner etwas verabreden.«)

5. APRIL: Inga Junghanns teilt R. aus Sils-Baselgia mit, daß sie seit Wochen den »Malte« ins Dänische übersetze; am 13.4.17 übersendet sie ihm ihre Übertragung des »Liedes«.

6. APRIL: Kriegserklärung der USA an Deutschland.

13. APRIL: Nach langer Pause schreibt R. an Anton Kippenberg, den er unter anderem um zwei Verlaine-Übertragungen für den Komponisten Werner Josten bittet, die sich im »Vorrat der Verlaine-Übersetzungen« der Insel finden könnten. Er dankt Kippenberg für das von diesem übertragene Buch von August Vermeylen: »Der ewige Jude«, Insel-Verlag 1917.

15. APRIL: Von sich berichtet R. seinem Verleger: »So schreite ich auf den Wegen der Übersetzungen nur sehr langsam weiter, und die Versuche, die bei der Einrückung abgebrochenen eigensten Arbeiten fortzusetzen, haben nur ein qualvolles Nichtkönnen in die tägliche Erfahrung gerückt. Jene Bruchstellen sind hart und kalt geworden, und es fehlt die Wärme argloser Freudigkeit, sie aufzuschmelzen ...« In einer Nachschrift heißt es: »In Hofmannsthals Vortrag vorige Woche durfte ich Hans Carossa, der nach langer Zeit hierher kurz beurlaubt war, die Hand drücken. Kassner, der mir Grüße aufträgt, sehe ich ungefähr jede Woche.«

16. APRIL: Lenin kehrt über Deutschland nach Rußland zurück.

18. APRIL: R. schreibt an Clara R. nach Travemünde, daß er Ruth in München in Empfang genommen habe, um sie nach Dachau zu Frau Dr. Gans zu bringen, wo sie bleibt. Von einem Gipsabguß ihrer Büste Renée Albertis heißt es: »Wir standen aufmerksam davor und fanden sie sehr, sehr schön ...«

23. APRIL: An Katharina Kippenberg: »Was hab ich zu berichten? daß ich nun am hiesigen Konsulate (da die öffentliche Aufforderung dazu durch die Zeitungen gegangen ist) die gewissen Papiere abgegeben habe; die Abschrift Ihrer vorjährigen Eingabe und auch gleich das begleitende Schreiben des Insel-Verlags, das den richtigen Ton zu treffen schien.« – R. erbittet Manuskripte zur Prüfung und kündigt die Revision der »Louize Labé« an. Er denkt an »die Erinnerungen des Entstehens, die mit Paris, mit einem Am-Fenster-stehn in Toledo, mit einem Weg über die Hirtenhalden um Ronda verknüpft sind«.

25. APRIL: R. meldet Frau Weininger die Übersendung von Schleichs Erinnerungen an Strindberg: »Vor allem wegen eines schönen Strindberg'schen Bekenntnisses zu Otto Weininger, sonst ist das kleine Buch nicht weiter bezeichnend; Strindberg, elementhaft unzerlegbar wie er war, ist ja auch der Letzte, den man aus einzelnen Zügen irgendwie erinnern dürfte.« R. fragt, ob sie Alfred Döblins »Chinesen-Roman, die drei Sprünge des Wang-Lun gelesen« habe, und weist sie auf das neue Buch Eduard Keyserlings hin: »vielleicht wird Ihnen Kassner davon erzählen«. Ihrem Mann bittet er auszurichten: »Die Revision, die er mir voraussichtig angekündigt hatte, ist nun im Gange (durch das Konsulat) – hoffentlich zu gutem Ausgang.«

30. APRIL: R. schreibt für den Bruder Hedwig Fischers, Dr. Ludwig Landshoff, einen Empfehlungsbrief für den Fürsten Taxis in dessen Eigenschaft als Präsident der Vereinigung der Musikfreunde in Wien.

An Aline Dietrichstein heißt es: »Daß ich die erschütternden und ungeheueren Vorgänge in Rußland sozusagen mit angehaltenem Herzen begleitet habe, werden Sie sich denken können ...«

4. MAI: An Inga Junghanns über ihre »Malte«-Übersetzung: »Was für ein Ereignis für dieses Buch. Denken Sie: es wird damit in seine imaginäre Heimath erhoben und es ist gewissermaßen eine Probe auf seine Echtheit, ob es sich rein und natürlich in die Sprache seiner Namen und Figuren zu fügen weiß. Der Insel-Verlag hat zugestimmt, würde allerdings fordern, daß der künftige dänische Verlag die Autorisierung bezahle, etwa mit Mk 250,– ...« R. möchte für die Übertragung des »Liedes« eine ›einfachere Fassung‹.

18. MAI: An Elisabeth (»Lisawetta«) Taubmann, die er aus Paris kennt, schreibt R.: »In Paris hab ich nach unseren Begegnungen nur noch das Werk Cézannes ganz aufgenommen; für die späteren Erscheinungen, von einigen Henri Rousseaus abgesehen, war ich nicht mit voller Aufmerksamkeit zu haben ... Erst in der ›Verbannung‹, in der ich hier lebe, begann ich mich wieder, mehr aus désœuvrement als aus Aufnahme, umzusehen, und hier ist mir das Werk Picassos fühlbar geworden. (Da zufällig Einiges hier durchkam, andere wichtige Bilder in Münchener Privatbesitz sind); unter den Deutschen war es der im Kriege gefallene Franz Marc, der mich näher beschäftigt hat, Bildhauer keiner ...« R. fährt fort: »Richtungen und Einzelne, Gestrige und Heutige –, nein, ich wüßte nicht zu sagen, wie viele ihrer im Recht sind, im Gesetz, – ich weiß es nicht. Ich muß annehmen, daß unsere Erlebnisse sich immer weiter ins Unsichtbare, ins Bazillare und Mikroskopische verschieben: und so läßt sich die absurde Gewaltsamkeit verstehen, mit der die Malerei, ebenso wie die Bühne, ihre vergrößerten und entrissenen Gegenstände zur Ausstellung bringt. Was für Gewalt auch da, wie wenig Natur, wie wenig Friede.« R. erinnert sich in diesem Brief auch an die »Königsberger Gegend«, das ›eigentümliche Gebiet der Nehrung‹.

23. MAI: R. berichtet Frau Weininger: »Es könnte sein, daß ich zu Pfingsten mit meiner Frau und Ruth an den Chiemsee fahre«, Ruth wünsche sich dies.

24. MAI: Im Zusammenhang mit der Beurteilung eines Manuskriptes heißt es an Katharina Kippenberg: »Datum 1914, August, als man den Krieg für einen der Kriege noch halten durfte, wie man sie aus der Geschichte geglaubt hatte, für eine chevaleresque Freiheit zu historischem Handeln; wie wenig diese Einstellung dieser nichts als monströ-

sen, ihrer Natur nach verdorbenen und schlecht gewordenen Weltkatastrophe gegenüber wird die gültige bleiben können, darüber täuschen sich doch wohl selbst die Patriotischen nicht mehr ...« R. verweist auf »Le Feu« von Henri Barbusse, das »dem entsetzlichen Welt-Gegenstand gerecht geworden wäre« (Paris 1917).

PFINGSTEN: R. kehrt wegen des Gedränges an der Bahn um, Clara und Ruth fahren allein auf die Fraueninsel im Chiemsee (an Katharina Kippenberg, 11. 6. 1917).

AM 2. JUNI sieht R. zusammen mit Kassner in der Galerie Caspari in München fünf Picasso-Gemälde, wie R. im Kalender notiert.

11. JUNI: An die Fürstin berichtet R., daß er zuweilen Kassner sehe: »Die Stunden bei ihm sind immer lebendige ... Vorige Woche habe ich ihm Kerstin Strindberg, Strindberg's Tochter, gebracht, ein kleines ungeduldiges Geschöpf, manchen Moment schön, vor allem aber eigensinnig wie ihr Vater.« Als Nachschrift: »Ich werfe mir vor, nicht zur Aufführung von Kokoschka's ›Dramen‹ nach Dresden gegangen zu sein; es ging alles nach seinen Entwürfen und Intentionen zu, demnach sehr merkwürdig ...«

An Katharina Kippenberg schreibt R., daß er mit Frau, Tochter und Weiningers den Besuch der Fraueninsel am Fronleichnamstag nachgeholt habe: »Trotzdem will ich morgen noch einmal allein hinaus, für einige Tage oder eine Woche, versuchsweise; vielleicht werde ich, die Fraueninsel im Ausblick, auf der größeren Herreninsel wohnen ...« R. übersendet das Manuskript »Abendgespräche« von Hertha Koenig, das jedoch in der Insel nicht erscheint.

VOM 12. BIS 30. JUNI ist R. im Schloßhotel auf der Herreninsel im Chiemsee.

15. JUNI: An den Grafen Dietrichstein: »Es ist wahr, dieses Beharren der Welt im unbegreiflich Argen, bereitet meiner, nur im Arglosen beweglichen Natur eine vollkommene Lähmung, andererseits aber, müßte nicht, sag ich mir, die grenzenlose Noth, die in mir, stärker vielleicht als in manchem Anderen zum Bewußtsein kommt, Thätigkeit erpressen, leidvolle Worte oder hülfreiche, oder nur ein einziges größeres Wort, einen Schrei? Nichts von alledem, je länger die grauenvolle Ausnahme und Zerstörung währt, desto mehr fühl ich mich erstarren.«

22. JUNI: An Sophie Liebknecht, die er in Herrenchiemsee kennengelernt hat, schreibt R.: »Es ist so gut zu wissen, daß das doch alles noch da ist, unter der Erstarrung, in der ich lebe; wenn auch die eigene Kraft

nicht ausreicht, mirs bewußt zu machen, die Ihre war diesmal das für mich, was in weniger arger Bedrückung zuweilen die Kraft der Natur sein konnte ...«

24. JUNI: Clara und Ruth besuchen R., gemeinsam schreiben sie an Weiningers.

26. JUNI: Langer Brief R.s an Aline Dietrichstein, die erkrankt ist. Er habe »manches Erfreuende gewissermaßen für« sie gesehen. Es folgt eine liebevolle Beschreibung vor allem der Fraueninsel.

28. JUNI: R. verspricht Lou A.-S. eine Photographie seines Porträts von Lulu Albert-Lazard für Ilse Erdmann. Durch den geplanten Besuch auf dem westfälischen Gute Frau Koenigs komme er im Juli ›verhältnismäßig‹ in ihre Nähe.

Einer Dame gegenüber lehnt R. die Rezension von Busonis »Entwurf einer neuen Ästhetik der Tonkunst« ab: »wenn es eines giebt, was ich in keiner Lage versuchen dürfte, so ist es dies: meine Stimme in einer Zeitung geltend zu machen. Das ist unthunlich für einen, der keine Zeitungen liest, mehr noch: an keine Zeitung glaubt; wie sollten seine Worte auf einem Boden bestehen, den er selber nicht anerkennt!«

Bei Hedwig Jaenichen-Woermann erkundigt sich R. nach dem Verlauf der am 3.6. unter Kokoschkas Regie veranstalteten Aufführung von drei dramatischen Dichtungen: »Mörder Hoffnung der Frauen«, »Der brennende Dornbusch« und »Hiob«: »Wie gerne säh ich Sie einmal wieder in all Ihren Sicherheiten, vielleicht, wenn es so kommt, daß der Sommer mich nach Leipzig führt, wär's nicht ganz unmöglich. Beinah hätte die Aufführung von Kokoschka's Szenen am dresdner Albert-Theater mich zur Reise veranlaßt, schließlich fehlte der letzte Muth und Anstoß dazu. Sind Sie dabei gewesen? Kokoschka war mir voriges Jahr, in meinen schweren wiener Verhältnissen, ein guter, unerschöpflicher Freund.«

AM 1. JULI ist R. wieder in München, wo er seine Wohnung in der Keferstraße 11 aufzulösen beginnt.

Papst Benedikt XV. bietet den kriegführenden Mächten seine Vermittlung für Friedensverhandlungen an.

2. JULI: R. schreibt an Sophie Liebknecht: »Auf der Herren-Insel waren ›unsere‹ Tage die eigentlichen, alles andere war nur ein Nachtrag; auch war ich bei weitem nicht so allein, wie ich wollte; zwei Tage nach Ihrem Fortgehen kam Falckenberg, kaum daß er fort war, Dr. Hausenstein mit seiner Mutter.« R. fährt fort: »Übrigens beschämen Sie mich: denn für

Sie, obwohl in bangen und bekümmerten Tagen, ist alles da und mir (der ichs doch verhältnismäßig gut habe) ist das Größte entfremdet und entstellt vor dem Hintergrund des allgemeinen Unheils ...« Karl Liebknecht erleidet wegen seiner Kriegsgegnerschaft eine Zuchthausstrafe. Über einen Roman von John Galsworthy, wohl »The Man of Property« (1906), heißt es: »›Irene‹ hat mich wohl gerührt, der Roman im Ganzen scheint mir aber doch nur mittelmäßig und ist mir ungemein fremd wie alles Englische ...«

5. JULI: An Kippenberg: »Seien Sie nicht enttäuscht, wenn ich Ihnen keine Elegie für den Almanach schicke. Diese Gedichte müssen mein innerer Besitz bleiben dürfen, bis einmal der ganze Zusammenhang herausgestellt sein wird und wir ihn in einem zur Erscheinung bringen. Jede frühere Bekanntmachung müßte ... dieser Arbeit unrecht tun und, was das schlimmste wäre, meine innere Spannung zu ihr verringern.«

An den Redakteur der »Kritischen Tribüne« Eugen Mondt sendet R. dessen »Schriften« zurück, da seine Habe nach Aufgabe der Münchner Wohnung »in Kisten verpackt und für unbestimmte Zeit unerreichbar auf einem Dachboden existieren« werde. So könne er »dieses in meinen Bereich und Schutz gestellte Gut« nicht länger aufheben.

Auch an Alfred Schuler gibt R. »die Schrift über Bachofen, die Sie mir gütigst anvertraut haben«, vorerst zurück.

An diesem Tag schreibt R. an Ite Liebenthal, daß der Insel-Verlag ihre Gedichte nicht herausbringen werde: »Sollten Sie bei anderen Verlagen, etwa bei Kurt Wolff, den Versuch machen wollen, Ihre Gedichte einzureichen, so steht es Ihnen immer frei, meine Stimme (soweit diese etwa als Gewicht geltend zu machen ist) als eine für Ihre Arbeit gewonnene, anzuführen.«

9. JULI: Beim Packen ist R. seine alte Ausgabe des Stifterschen »Nachsommers« zur Hand gekommen, er schickt sie an Alline Dietrichstein als »eines der unbeeiltesten, gleichmäßigsten und gleichmütigsten Bücher der Welt« zur Lektüre. R. erzählt ihr: »Vom Chiemsee kam ich gerade zurecht zurück in die Stadt, um unseren jungen Kaiser und die liebliche Kaiserin [= Karl I. und Zita] an einem schönen Sommerabend hier einfahren zu sehen; von gut gelegenen Fenstern aus hatte ich die beste Aussicht auf die heranfahrenden Wagen ...«

14. JULI: R. antwortet auf Lou A.-S.s Urteil über das Porträt: »Mir bist Du es nicht ...« vom 9.7.1917: »Lulu's Bild scheint auch mir mehr eine

Frage nach mir und etwas Auskunft. Erst überraschte es Alle, die es im Entstehen sahen (Kassner, Hofmannsthal), aber Lulu's Porträts halten nicht vor; sie enthalten schließlich doch nicht, was intensiv in sie einzugehen schien, um ein Bild wirklich zu ›füllen‹, dazu gehört eine lange, ununterbrochene, gleichmüthige Kraft.« R. fährt fort: »Ich weiß nicht, ob ich Dir schrieb, daß ich meine Keferstraßen-Wohnung aufgebe? Daher unbeschreibliches Packen. Aber das Ärgste ist gethan, ich hoffe endlich in zwei, drei Tagen über Berlin nach Böckel zu gehen, wo ich längst erwartet werde.« Das Gut Böckel bei Bieren im Kreis Herford gehört Frau Koenig. Eine Nachschrift weist auf nachgelassene Briefe von Amalie Skram hin, die R. in »Politiken« gelesen hat.

Rilkes letzte Reise in Deutschland

VOM 18. BIS 24. JULI ist R. in Berlin, Hotel Esplanade.
19. JULI: R. befürchtet, ein Wiedersehen mit Elisabeth Taubmann zu verfehlen, der er schreibt: »wie könnten wir einander sehen, ohne ein wenigstens erreichbares Paris? Die schmerzhafte Sehnsucht wäre vielleicht stärker als alle Gegenwart, und bei mir käme ein unerträgliches Sehnen dazu nach mir selbst, nach meinem damaligen Herzen, das so fühlend und schaffend war und einen Augenblick so ergriffen zu Ihnen und so zärtlich für Sie ...«
20. JULI: R. erbittet einen Anruf Ite Liebenthals, der er begegnen möchte, zu Frau Feist-Wollheim, Wannsee, wo er zum Essen eingeladen ist.
21. JULI: R. hofft, Marianne Mitford, die er bisher nur auf der Trauerfeier für ihren am 16. 7. verstorbenen Vater gesehen hat, werde ihm ein kurzes Beisammensein gewähren. Er bleibe ›über den Sonntag‹; sein Besuch aus Königsberg treffe erst heute am späten Abend ein.
22. JULI: R. erklärt der Fürstin, daß es nur »das leidige Hindernis der Grenzüberschreitung« sei, das ihn hindere, nach Lautschin statt nach Böckel zu reisen. Bei dem Bildhauer Adolf von Hildebrand habe er sich wegen des Porträts ihres Enkels Alexander erkundigt, die Sitzungen müßten in München stattfinden: »der Preis für den Marmor scheint mir ziemlich unübersehbar, für Bronze oder gebrannten Ton wäre ungefähr 15 Tausend Mark das Übliche.« Aus Berlin berichtet R. von der Lie-

bermann-Ausstellung: »Der Zufall hat mich sogar zu seiner Geburtstagsfeier in Liebermann's Haus gebracht, in ein Gedräng kühler, kritischer und mindestens von einem Profil aus repräsentativer Leute. Ich fuhr mit Gerhart Hauptmann hinaus. In der ›Freien Sezession‹ sind gute Skulpturen, ein ausgezeichneter Kopf Kessler's von Kolbe und erstaunliche Arbeiten einer jungen Bildhauerin Renée Sintenis. Vor allem aber hab ich gestern eine wahrhaft unbeschreibliche Porzellan-Privat-Sammlung angesehen, das Herrlichste an Gruppen und Figuren ...«
24. JULI: R. dankt Adolf von Hatzfeld für sein »kleines Buch« und fährt fort: »Es ist selbstverständlich, dass ich ohne die Prosa zu kennen, deren Ausgabe Sie vorbereiten, die Zueignung annehme, durch die Ihr Verhältnis und Ihre Überzeugung zu mir in einem leistungsvollen Beweis herausgestellt werden soll.« Es handelt sich um Hatzfelds »Franziskus« (1918).
Abreisend schreibt R. an Frau Weininger: »Denken Sie, daß es recht gut war für mich in Berlin, dank einigen Menschen, dank des Kaiser-Friedrich-Museum's, wo ich, seit langen Monaten zum ersten Mal, ein paar Stunden wacheren Aufnehmens und Schauens leisten konnte. (Etwas, worauf ich, in meiner dichten Stumpfheit, schon kaum mehr rechne.)«
VOM 25. JULI BIS 4. OKTOBER ist R. als Gast von Frau Hertha Koenig auf dem Gut Böckel in Westfalen. »... auf Böckel wars ein Goethe, ›letzter Hand‹, der mich mit seinen dreiundfünfzig Bänden ausführlich versorgt hielt.« (An Katharina Kippenberg, 23.1.18)
25. JULI: Bei Marianne Mitford, deren Einladung ihn erst im Augenblick der Abreise erreicht hat, entschuldigt sich R. und berichtet: »besonders erfreut hat es mich, in der Liebermann-Ausstellung Giulietta Mendelssohn zu begegnen. Wie tröstlich sind jetzt die paar Menschen, die nicht ›mitmachen‹.« Auch Emil Orlik hat R. in Berlin gesehen, der ihm gesagt habe: »Sie schrieben sich wieder mit Ihrem Mädchennamen« (= Friedländer-Fuld).
31. JULI: »Das Gut Böckel, das Frau König von ihrem Großvater her besitzt, liegt in dem fruchtbarsten, aber auch feuchtesten Theil von Westfalen und hat somit ein Klima, das nur in sehr warmen und trockenen Sommern recht behaglich wird. Dieser ließ sich so an, aber nun regnet es fast schon zuviel für die hiesigen Verhältnisse. Das Gutshaus ist eines jener alten Wasserschlößchen, die von Wassergräben eingeschlossen, im tiefsten Grunde der Landschaft Schutz gesucht haben,

also auch ein Haus, das viel Sonne nöthig hat und in dem man in nasseren Sommern sich nicht scheut, ein gutes Kaminfeuer anzulegen; so weit wird es hoffentlich nicht kommen ...« Weiter beschreibt R. seiner Mutter das Haus.

2. AUGUST: R. übersendet Katharina Kippenberg die Gedichtmanuskripte »Nacht in der Fremde«, »Der Tod Moses« und »Witwe«: »der Almanach liegt ja wohl schon ganz abgeschlossen vor Ihnen, hoffentlich paßt wenigstens eines der Gedichte in die mir bis zuletzt ausgesparte Stelle. Es ist so schwer abzusehen, was man der jetzigen Luft aussetzen darf, mir ist immer wieder zu Mut, als widerlegte sie alles, als würde alles Unsere an ihr zuschanden.« R. macht sie auf eine nach seinem »Eindruck bleibende Übertragung des Titurel von Wolfram von Eschenbach« aufmerksam, von Albert Rapp, im »Reich« erschienen.

3. AUGUST: R. erläutert für Sophie Liebknecht sein Gedicht »Der Tod Moses«: »Ich weiß nicht, ob das Gedicht in seiner etwas ungeduldigen Verkürzung dies alles enthält und fühlbar macht«; außerdem erhält sie »Die große Nacht«, »An den Engel«, »Narziß«, »Die Geschwister«, »O alle diese Toten des April«, »Auferweckung des Lazarus«, die ihr R. zum Teil in Herrenchiemsee bereits vorgelesen hat. Später erinnert sich R. Sophie Liebknechts, »Sonjas«: »Femme russe, tendre, aimante et très vaillante dans son malheur ...« (An Tora Holmström, 9. 5. 21)

5. AUGUST: Briefentwurf an Richard von Kühlmann zu dessen Ernennung als Staatssekretär des Äußeren. Von dem Briefwechsel R.s mit Kühlmann ist nur dieser Entwurf erhalten, alles Übrige ist mit dessen Privatarchiv im Zweiten Weltkrieg verbrannt.

7. AUGUST: R. schickt Eva Cassirer »Der Tod Moses« und »Oft anstaunt ich dich ...« mit der Bemerkung: »Das Gedicht an die Nacht, im Almanach ›Nacht in der Fremde‹ genannt, hängt mit Toledo zusammen; der Tod Moses ist hervorgerufen durch eine apokryphe Talmud-Stelle, die bei Herder wiedergegeben ist ...« (J. G. Herder »Sämtliche Werke«, Berlin 1882, Bd. 26, S. 346)

8. AUGUST: An Elisabeth Taubmann schreibt R. nach Berlin: »Wie mag Ihnen die Ausstellung des ›Sturm‹ erschienen sein? Unbegreiflich? Ich habe es diesmal versäumt hinzugehen und zweifle, ob es Sinn für mich gehabt hätte, denn ich kann nur ausnahmsweise einzelnes in der dort üblichen Formsprache verstehen und zugeben. Picasso ist mir auch dort, wo er sich so ausdrückt, recht und zuverlässig, bei den meisten anderen liegt der Verdacht von Willkür, Verstellung und Absicht zu nahe.

Und vor Picassos ›kubistischer‹ Zeit liegt ja auch schon ein ganzes gekonntes Werk ...« R. setzt sich mit den verschiedenen Richtungen der modernen Kunst auseinander und empfiehlt: »Merken Sie sich das Buch von Max Rafael, von Monet zu Picasso vor und lesen Sie Bernard's Briefe und Erinnerungen, die ich Ihnen gebracht habe.«
In Böckel, »auf meinem Gartenplatz am alten Schloßgraben« liest R. Ite Liebenthals ihm geschenkte Gedichte. Er klagt über das regnerische Wetter (an Ite Liebenthal).

9. AUGUST: An Mary Gneisenau antwortet R.: »Die Menschen um Sie sind ›feindlich‹, schreiben Sie, mein Gott, welche Menschen? Die Bevölkerung? Und doch ist es jetzt so leicht, sich zu ihr zu stellen, da man weniger als je zu den ›Oberen‹ sich zählen lassen möchte, viel mehr im Leiden unter den Untersten steht, ärmer, eingeschränkter als sie, von womöglich noch eindringlicherem Unrecht heimgesucht ...«

10. AUGUST: An Kippenberg: »Nach langem Bedenken und Zögern habe ichs im vergangenen Winter schließlich abgelehnt, den schriftlichen Nachlaß von Paula Becker herauszugeben; ja ich hatte sogar Frau Baurat Becker geraten, von einer Herausgabe überhaupt abzusehen.« Dies jedoch nicht wegen darin enthaltener Indiskretionen, ihre Urteile über Menschen seien dafür viel zu vorläufig, sondern: »Dies ist mein Hauptgrund gegen seine Publikation: daß er eine, in ihrem schon zerstreuten, nie im ganzen gezeigten und beschriebenen Werk ohnehin nicht rein festgestellte Gestalt eher heruntersetzt als steigert ...« Zudem sind die ›schönsten Briefe‹ bereits veröffentlicht, selbst diese zeigen nur eine Seite ihres Wesens: »wie dürfte man aus ihnen herauslesen, daß es sich hier um die Malerin, um den Künstler handelt, der mit zunehmender Entschlossenheit ... das Paris van Goghs, Gauguins, Cézannes, die Erscheinung Maillols, ja vielleicht Matisse und Henri Rousseau auf sich wirken ließ und in seinen immer kühneren Arbeiten der Nachfolge, die diese Künstler in Deutschland gefunden haben, bisweilen zuvorkam ...« Der Band erscheint 1918 in Bremen, betreut durch Sophie Gallwitz.

12. AUGUST: R. sendet Inga Junghanns' ausgefüllte Fragebogen zum »Malte« zurück, acht große Seiten, auf denen er den Text der jeweils vorgelegten dänischen Übertragung im Wortlaut verbessert oder sachliche Erläuterungen gibt, so zu Hiob, Ibsen, Les Baux. In seinem Brief erzählt R. von einem alten Schäfer und seinen Geschichten, die er »großartig und wichtig« nennt.

13. AUGUST: »Heute kommt für zwei oder drei Tage Nachbarschaftsbesuch, die Baronin Albrecht Ledebur, geborene Prinzeß Solms, eine Schwester der Großherzogin von Hessen; ich freue mich durch sie etwas von den hessischen Freunden zu hören, von denen ich durch die Jahre wenig vernommen habe.« (An die Mutter)

17. AUGUST: Über seine Umgebung schreibt R. an Sidie Nádherný: »die Landschaft ist eigentlich fremdartig und gleichgültig, nicht Ebene genug, um offen eben zu sein, und in ihren Erhebungen zu wenig organisiert, um durch ein rhythmisches Auf- und Ab dem Auge Schwung und Absprung zu bieten. ... ich hatte Mühe, mit dem allen hier vertraut zu werden, die verständigste Gastfreundschaft hat mir dabei geholfen und die schönen mauerfesten Stuben, die ich im alten Theil von Böckel bewohne.« Zwei Tage später setzt R. die Darstellung fort: »Aber im Ganzen hat es noch seine Art, mit seinen Brücken und Vorhöfen, seinem Wassergürtel und seinen alten Linden ...«

18. AUGUST: Der Fürstin Taxis berichtet R. von Böckel, den Nachbargütern und den Nachbarn, »meistens Geschwister einer zahlreichen Generation Ledebur, deren ich einige Schwestern von früher kenne«, ein Bruder ist mit einer Prinzessin Solms verheiratet, die R. besonders schätzt. Er schließt: »Ich habe inzwischen noch einmal aus Wien gehört, daß ich sehr gut gethan habe, in Deutschland zu bleiben, das tröstet mich ein wenig, sooft ich mir Lautschin vorstelle ...«

»Auch für mich war hier ... das lebendigste Ereignis –: Beeren, warme oder thaunasse Himbeeren und Stachelbeeren aus den beständig hervorbringenden Sträuchern zu holen«, heißt es an Grete Lichtenstein nach Ebenhausen: »Für dieses Vergnügen reicht die Spannkraft meines Herzens gerade noch aus.«

Sophie Liebknecht dankt R. für seine Gedicht-Abschriften: »ich bin fest überzeugt, dass wenn Sie unsere Zeit nicht so von sich weisen würden, wenn Sie mehr sich um sie kümmerten, um sie, wie sie nun mal ist in ihrem ganzen Entsetzen, ihrer Dunkelheit, ihrer schamlosen Verlogenheit ... wenn Sie ... durch Zeitunglesen und überhaupt nähere Anteilnahme – mehr reelle Beziehung zu ihr hätten, dass Sie dann wieder dichten könnten und schließlich ist das doch für Sie das wichtigste. Sie würden dann nicht nur Ihr eigenes Gesicht wiederfinden, sondern festen Boden haben.«

19. AUGUST: R. beschreibt für den Freiherrn von Aretin sorgfältig eine Lichterscheinung, die er am Vorabend beobachtet hat. Er fährt fort:

»Voraussichtlich werde ich erst gegen Mitte September wieder in München sein und dort, immer vorausgesetzt, daß mir Freiheit der Verfügung bleibt, ein rechtes Studentenleben anfangen, mit einem Logis in der Nähe der Universität, wie sich das für einen so beflissenen Studierenden gehört ...«

23. AUGUST: R. antwortet Sophie Liebknecht zu seiner Zeitungslektüre und sagt: »daß ich nicht imstande bin, Wort gegen Wort, Meinung gegen Meinung, auszuwägen, zehn Meinungen gleichzeitig im Bewußtsein zu halten ohne noch einer Recht zu geben; das ist doch sozusagen des klareren und selbständigen Zeitungslesers unentbehrlichste Eigenschaft und Vorsicht.«

24. AUGUST: Als Erwiderung auf ihren Brief mit der Erzählung eines Traumes empfängt Helene Skaller das Gedicht: »Kleine Gegengabe / ins Gemüt der Schläferin. Landschaft des Traumes. Tränensturz im Traum ...«

25. AUGUST: R. empfiehlt der Fürstin, die ihm zwei ihrer Enkelinnen beschrieben hat, diese malen zu lassen: »Ich habe schon an Orlik gedacht, unseren geschickten Weltreisenden, der soviel Techniken und Blickarten in sich angesammelt hat, aber in dieser Wahlkunst, die über die verschiedensten Mittel verfügt, doch so durchaus Künstler geblieben ist ...« R. berichtet von seinem Wiedersehen mit Orlik in Berlin. Weiter geht er auf Agnes Günther und ihren Roman »Die Heilige und ihr Narr« ein. – Die Nachrichten von der elften Isonzoschlacht erfüllen R. mit tiefer Sorge um Duino.

27. AUGUST: R. bittet Marianne Mitford um eine Beihilfe zu Ruths weiterer Schulausbildung. Diese sei gesundheitlich angegriffen: »nun böte sich Gelegenheit, sie dort [bei der Großmutter auf dem Lande], durch einen ausgezeichneten Privatunterricht, die beiden Töchterschulklassen, die sie noch vor sich hat, in einem einzigen Jahre durchmachen zu lassen; wenn nur etwa dreitausend Mark da wären. Ich muß ihr, aus vielen Gründen, diesen Ausweg so sehr wünschen, daß ich mich nach Freunden umsehe, die helfen könnten: – wollen Sie's, Marie-Anne?«

31. AUGUST: R. sendet Katharina Kippenberg den Privatdruck »Persephone« des Anglisten Dr. Emil Wolff mit dem Vorschlag, die Insel möchte ihn übernehmen, geht auf einen dramatischen Versuch Max Pulvers ein, »Igernes Schuld«, und berichtet, daß er in München Albrecht Schaeffer gesehen habe: »ich glaube, auch er hat, da er mich verließ, die Überzeugung mitgenommen, daß wir einander nicht nur oberflächlich und

zufällig berührt haben.« R. fährt fort: »Der Krieg, in seiner jetzigen Phase, ist mir wieder etwas verständlicher geworden, seit er, trotz seiner furchtbaren Schlachtfelder, immer noch mehr überall in dem endgültigen Ringen der zwei gewaltigen Parteien besteht, von denen die eine, kurzsichtige, die kleinen, bösen und habgierigen Gewinste aus ihm zu schlagen sich anmaßen will, während die andere große menschliche Partei in seinem unendlichen Verhängnis das mächtigste und unwidersprechlichste Gebot zur Änderung aller menschlichen Dinge erkennt und sich, durch alle Länder hin, bereit erklärt, zu gehorchen. Nie, soweit wir die Geschichte sehen können, ist die Menschheit so im Ganzen umformbar geworden, wie in diesem ihrem schrecklichsten Schmelzofen, – wären nur die reinen Bildnerhände da –: jetzt wäre sie Wachs in ihnen.«
SEPTEMBER: Wohl aus dieser Zeit stammt der Entwurf »Nur zu Verlierern spricht das Verwandelte. Alle / Haltenden würgen«.
Über den Aufsatz von Adolf Koelsch »Der Einzelne und das Erlebnis« schreibt R. an Jakob von Uexküll: »Hätten Sie einen Rat für mich, der mich zu einer tätigen Berührung und Befreundung mit den Gegenständen dieser köstlich jungen Biologie zuwiese ...?«
13. SEPTEMBER: Inga Junghanns meldet R. ihre Absicht, den »Cornet« – »denne Sang om Elskov og Død« – für sich zu übertragen.
14. SEPTEMBER: R. schreibt an Wolf Przygode, den Herausgeber der Zeitschrift »Die Dichtung«: »Ich habe mein Versprechen nicht vernachlässigt; neben der Langsamkeit, die durch die Hemmungen der Zeit mir auferlegt ist, war es nur die äußerste Sorgfalt, eine wirklich entsprechende Wahl zu treffen, was mich in so große Verspätung gestürzt hat. Hier sind aber nun fünf Gedichte, die ich meine, Ihnen mit befriedigterem Gewissen vorlegen zu dürfen. Scheinen sie Ihnen in einem sehr ungewissen inneren Zusammenhange zu stehen, so bitte ich Sie zu bedenken, daß durch sie gewissermaßen die entlegenen Grenzpunkte meiner neueren lyrischen Produktion abgesteckt werden sollten, wobei freilich nur eine peripherische Beziehung sich einstellen kann. Die Ordnung, in der Sie die Gedichte eingelegt finden, ist zu diesem Blicke die günstigste; sie sind alle unveröffentlicht, mit Ausnahme des letzten; diese Höllenfahrt hat 1914 im Insel-Almanach gestanden. Sie gilt mir als der durchaus wichtigste der fünf Beiträge, indem gerade in ihr der höchste Stand meiner bisherigen lyrischen Arbeit zu erkennen wäre (obgleich sie schon 1913, in Spanien, entstanden ist). Sollte ich für das

erste Heft der Dichtung doch schon zu spät kommen, so steht es bei Ihnen, die Gedichte in einer späteren Folge zu veröffentlichen ...« Es handelt sich um »Aus einem Frühling (Paris)«, »Die Tauben«, »Man muß sterben, weil man sie kennt ...«, »Klage« und »Christi Höllenfahrt«. Sie erscheinen 1918 in der ersten Folge der »Dichtung« (München, Roland-Verlag).

17. SEPTEMBER: An Sidie Nádherný heißt es: »Oft ist mir, je länger das Unheil dauert, als stünde alles Liebe, Gewesene auf dem Spiel –, schon stehen drei Jahre Schrecknis riesenhaft davor und obgleich sie nur Widersinn sind, so verdecken sie doch die eigentliche, die geliebte begriffene bewunderte Welt. Sie haben Janowitz ...«

Das Antiquariat Paul Graupe in Berlin bietet in einem Katalog den »Nachlaß Heymel. Bücher und Graphik. Mit Vorwort von Rudolf Borchardt« an. Darin werden genannt die Exemplare der »Neuen Gedichte« mit der Widmung »Tage, wenn sie scheinbar uns entgleiten ...« Dezember 1907 und »Der neuen Gedichte anderer Teil« mit dem Gedicht »Die Liebenden«.

19. SEPTEMBER: R. beantwortet Marianne Mitford einige Fragen: »Eine Freundin in Dresden hat mir inzwischen für Ruths Studium 2000 Mark zur Verfügung gestellt, der Kostenanschlag des Schuldirektors für ein Jahr Privatunterricht belief sich etwa auf 3600-3800 Mark: Sie sehen also, welcher Rest noch aussteht. Indessen sind die ersten Schritte für die Einrichtung dieser Arbeitsmöglichkeit meiner Tochter schon gethan; sie ist glücklich darüber ... Möchten wenigstens die Kinder arglos und künftig sein, – wir Großen haben ja nun das böse Weltgewissen und Weltbewußtsein mit zu tragen und haben Müh, mindestens das Innerste uns eigen und frei zu bewahren. Wer sähe nicht mit Grauen diesen Winter kommen?« R. will sich in Hannover die große Ausstellung der Bilder Paula Modersohn-Beckers ansehen, fragt nach der Auktion Heymel und meldet sich für Ende des Monats in Berlin an.

In einem Brief an Marietta Freiin von Nordeck zur Rabenau heißt es: »Ich meine manchmal, daß jeder Tag, den der Krieg noch dauert, die Verpflichtung der Menschheit zu einer großen bessergewillten Zukunft vermehrt, denn was könnte verpflichtender sein, als der über alle Maßen angewachsene Schmerz, der doch schließlich Millionen Menschen in allen Ländern verbundener machen muß ...«

20. SEPTEMBER: R. hat inzwischen einen zweiten, kürzeren Fragebogen zum »Malte« von Inga Junghanns erhalten, den er bearbeitet

zurücksendet – diesmal geht es vor allem um die Übertragung des »Liedes«: »ja wer weiß, ob es nicht, falls wir den Malte Laurids anbringen, ganz nöthig wird, ihn nochmals vor der Drucklegung gemeinsam durchzugehen. Wie lieblich und wehmütig klingt der Titel des Cornet auf Dänisch. Da werden Sie's nun, wenn sie ihn übertragen wollen, mit etwas Unausgeglichenem, nichts als Jugendlichem zu thun bekommen, mit einem Gedicht, in dem Athem und Puls alles ist.« (Die Cornet-Übertragung von Inga Junghanns erscheint nicht.)

An Grete Lichtenstein nach München berichtet R.: »ich habe außer den nur in Abständen sich ergänzenden oder wechselnden Hausgenossen, fast niemanden gesehen... Auch Lektüre spielt gerade keine große Rolle, ein biologischer bedeutender Aufsatz im Augustheft der ›Rundschau‹ hat uns viel beschäftigt [= Adolf Koelsch »Der Einzelne und das Erlebnis«], sonst liegt Goethe zwischen uns aufgeschlagen; gestern abend las ich im kleinen, gut verständigten Kreise die ›Pandora‹, und war wieder einmal ganz erfüllt von dem außerordentlich sicheren und glücklichen Vermögen dieser kleinen, aus dem Vollen wirkenden Dichtung...«

R. beglückwünscht Stefan Zweig, der in die Schweiz reisen kann: »Übrigens ist auch bei mir eine Anfrage in betreff von Vorträgen eingelaufen, ich habe aber erfahren, daß ich, in meiner Lage, besser tue, keinerlei Reisewünsche vorzubringen.«

28. SEPTEMBER: Gedicht für Dorothea Freifrau von Ledebur: »Kleines Haus. Es war in diesem Hause...«, Einschrift ins Gästebuch.

VOM 4. OKTOBER BIS 9. DEZEMBER ist R. wieder in Berlin, die Ausstellung in Hannover hat er nicht besucht.

5. OKTOBER: R. schreibt an Frau Weininger, daß ihn noch in Böckel »die gute Nachricht des Consulats, daß für mich bis auf Weiteres wieder der bisherige Zustand bewilligt ist«, erreicht habe. »Ich glaube fast, ich bin so lange in Westphalen geblieben, weil die Rückkehr den großen Schritt in den Winter bedeutet, den man sich nicht vorstellen kann.« »Morgen Abend esse ich mit Kühlmann, an den ich nach wie vor glaube, – aber wer weiß, ob wir irgend etwas Politisches sprechen werden; ich möchte mich so gerne unterrichten lassen, aber der Unterricht wäre lang und der Schüler ist traurig.« (An Dorothea von Ledebur)

6. OKTOBER: Zusammentreffen mit Marianne Mitford.

9. OKTOBER: R. berichtet Katharina Kippenberg, er stehe »in einer geschlossenen Reihe von Verabredungen, deren jede« ihn »über so und so

viel Verkehrshindernisse hinüber an die nächste, übernächste, dritte, abendliche, spätabendliche« weitergebe. »Immerhin seh ich Menschen aus allen Lagen und Lagern und versuch es, unterrichteter, wenn es möglich ist, von hier weiterzugehen.« Noch plant R. die Reise nach Hannover und weiter »nach Fischerhude, wo Ruth und Clara Rilke, in großmütterlicher Ernährung, den ganzen Winter über bleiben werden«. R. erzählt: »Gestern bin ich, nein vorgestern, draußen am Grunewaldrand durch die Straße gegangen, in der (das Haus steht nicht mehr) dem Walde gegenüber in einer einzigen Herbstnacht der Cornet geschrieben worden ist« und endet: »ich war heute im ›Sturm‹, mit beginnender Zustimmung zu den Bildern von Chagall und habe vor ihnen Däubler gesprochen.«

An Aline Dietrichstein: »Die Papstnote und was mit ihr zusammenhing, hat wohl in uns allen die Zuversicht aufgeregt, daß vielleicht noch vor dem Winter eine Entspannung der ungeheueren Feindsäligkeiten eintreten könnte, – es ist schwer daran zu glauben, der Rückweg aus dem komplizierten europäischen Verhängnis wird wohl auch nur ganz langsam sich entdecken und gehen lassen.« [R. bezieht sich auf die Friedensnote des Papstes vom 1. Juli 1917.]

10. OKTOBER: R. ist zum déjeuner bei Landowskis, wo er mit Wanda Landowska zusammentrifft.

R. lernt auf einer Herrengesellschaft bei Joachim von Winterfeldt Bernhard von der Marwitz kennen, von dem er sich noch in Berlin vier Bände Claudel entleiht, drei Bände »Théâtre« und die »Connaissance de l'Est«. An diesem Abend liest R. seine »Ode an Bellman« vor sowie einige andere Gedichte, die er im Februar 1918 für Marwitz in ein Lederbändchen einträgt.

Joachim von Winterfeldt schenkt R. seinen Band »Tagebuchblätter und Briefe während des großen Krieges«, München 1917, mit der Einschrift: »Rainer Maria Rilke dies bescheidene Dokument aus großer Zeit in Verehrung, Bewunderung und Liebe der Verfasser. Winterfeldt. 10.X.1917«.

13. OKTOBER: Von dem Abend erzählt R. Frau Koenig: »ich saß neben Herrn von Winterfeldt und Taube« – »in der Hinterstube des kleinen italienischen Restaurants«: »dort aßen wir, das Weitere spielte dann in den schönen Räumen Winterfeldts, der als Landesdirektor der Provinz Brandenburg das sogenannte Landeshaus, ein weitläufiges repräsentatives Gebäude, bewohnt. Im Mittelpunkt unserer Gespräche und

Anknüpfungen stand der junge, im August 1914 gefallene Goetz von Seckendorff, Maler, von dem ein großes Gemälde und viele außerordentlich schöne Lithographien zu sehen waren. Es scheint, daß er mir nahe gestanden hat, unter den lithographierten Blättern ist eine Auferweckung des Lazarus, eine außerordentliche Darstellung voll beschworenen Todes in großen, reinen, steigenden Schatten –, in der Art der Empfindung irgendwie gegen meine Höllenfahrt zu, – was den Anlaß gab, daß ich in dem sympathischen Kreise später dieses Gedicht las, darauf noch drei andere ...«

An Marianne Mitford: »Ich habe viele Papiere hier mit, vielleicht auch ist es Ihnen lieb, daß ich Ihnen etwas lese, Sie wissen, wie gern ich Sie zuhörend vor mir sehe.«

17. OKTOBER: Erstaufführung von R.s »Das tägliche Leben« in den Wiener Kammerspielen. Es folgen einige weitere Vorstellungen.

20. OKTOBER: An Walter Mehring heißt es: »Die Chagall-Ausstellung habe ich nun zwar schon mehrmals, sogar mit Däubler, besucht, trotzdem wird es mir lieb sein, mir diese Bildersprache auch noch von Ihnen zeigen zu lassen, da Sie (wie mir Frau Landowska-Mutter erzählt) zu Werk und Künstler eine eigene wissende Beziehung haben ...«

22. OKTOBER: An Sidie Nádherný schreibt R.: »eine gute Fügung hat mich in den letzten Tagen auch mit Gerhart Hauptmann mehr zusammengebracht, die Generalprobe seiner Winterballade, war der erste äußere Anlaß, aus dem sich dann wieder innere Anlässe zu mancher gemeinsamen Stunde entwickelt haben. Auch etwas vortreffliche Musik ist mir dann und wann vergönnt durch meine Bekanntschaft mit Wanda Landowska, der großen Clavecinspielerin, mit der und deren Umgebung mir auch etwas von meiner sonstigen früheren Welt mitten in Berlin vorgezaubert ist. Jeden Tag bringe ich die frischesten Stunden in den Museen zu, München, mit seinen ausgezeichneten Sammlungen, ist ja doch einseitig und artistisch, verglichen mit der mannigfaltigen Welt, die hier in den Museen zusammengetragen ist. Ein Wunder ist die erst Ende 1915 hergekommene frühgriechische thronende Göttin«, eine um 480 v. Chr. geschaffene, in Unteritalien gefundene Statue. Ferner sei Thankmar von Münchhausen R. unerwartet in Berlin begegnet.

23. OKTOBER: R. dankt S. Fischer für ein Buch von Otto Flake, das er gern nochmals lesen will, und berichtet, daß er habe an der Premiere von Hauptmanns »Winterballade« am 16.10.17 teilnehmen können.

Bei der Generalprobe zu dem Stück ist R. gemeinsam mit Hauptmanns und Max Reinhardt von Emil Orlik gezeichnet worden.

HERBST: R.s Übertragung »Die vierundzwanzig Sonette der Louize Labé / Lyoneserin 1555« erscheint als Nr. 222 der Insel-Bücherei (mit dem französischen Text). Schon 1911 übersetzte R. das achte und neunte Sonett, im April 1913 das vierte und das zweiundzwanzigste.

29. OKTOBER: R. sendet Marianne Mitford die »Sonette der Louize Labé« und meldet, daß er Ruth nicht gesehen hat: »denn meine Unpäßlichkeit hat sowohl die Reise nach Hannover, die ich vorhatte, wie auch jede andere unthunlich werden lassen.« R. bittet: »schreiben Sie mir, was Sie zu Gunsten Ruths verfügt haben.« M. Mitford ist auf dem Familiengut Lanke bei Berlin.

IM NOVEMBER kommt der »Insel-Almanach auf das Jahr 1918« mit drei Gedichten R.s darin heraus: »Der Tod Moses« (1914/15), »Die große Nacht. Oft anstaunt ich dich ...« (Januar 1914) – R. hatte nachträglich im Verlag gebeten, »den Titel ›Nacht in der Fremde‹ in ›Die große Nacht‹ zu ändern« (an Katharina Kippenberg, 31.8.17) – und »Witwe« (Herbst 1913). Außerdem enthält er das zweite, achte und neunte der Sonette der Louize Labé in R.s Übertragung.

2. NOVEMBER: Harry Kessler notiert in seinem Tagebuch: »Rilke, der mir geschrieben hatte, frühstückte bei mir im Adlon; mit ihm ein junger Münchhausen. Er sagte, er habe schon seit Monaten gewünscht, mich zu sprechen, weil ich am ehesten aus ähnlichen Lebensumständen ihm die Frage beantworten könne, die er sich selber seit Anfang des Krieges immer wieder stelle: ›Wohin gehöre ich?‹ Er habe bis jetzt keine Antwort auf diese Frage gefunden ...« Es folgt eine genaue Aufzeichnung des langen Gesprächs.

Graf Kessler nimmt von Anbeginn als Rittmeister der Reserve am Kriege teil und wird auf verschiedenen Kriegsschauplätzen vor allem an der Ostfront eingesetzt. Seine im Anhang zu seinen Briefen an Hofmannsthal publizierten Rundbriefe an die Freunde schildern seine oft schweren Erlebnisse und seine menschlichen Einsichten.

Am 2. November wird Graf Hertling als Reichskanzler der Nachfolger von Michaelis, der zweite seit dem Sturze Bethmann-Hollwegs. Seit Mitte Juli ist Richard von Kühlmann Staatssekretär des Äußeren; er bemüht sich um einen Verständigungsfrieden.

4. NOVEMBER: An Clara R. anläßlich der Eroberung der russischen Ostseeprovinzen: »›Siege‹, sie mögen noch so groß und gelungen sein,

führen um keinen Schritt weiter, und im Innern entschließt man sich zu keiner wirklichen Veränderung, alles ist Schein und Spiel, noch ist immer und überall das Alte und Verhängnisvolle verlogen am Werke, die neuen Kräfte, soweit vielleicht welche da sind, ungeduldige, schmerzliche, kommen nirgends in die Lage, sich anzuwenden. Zu Kühlmann habe ich nach wie vor Vertrauen, er ist sicher der einzige Weitersehende unter den ›Regierenden‹, es ist viel, daß er an diesen Platz gekommen ist ... Ich bin der Meinung, daß noch viele Veränderungen bevorstehen ehe wirklich das Nächste kommt, man muß auf viel Zeit, Not und Finsternis gefaßt sein, kein Wunder, denn die Veränderungen, die allein weiterführen, müßten bis zu den Wurzeln der jetzigen Verhältnisse hinabreichen ...« Sein Bleiben in Berlin: »es hat sich insofern gelohnt, als Graf K[essler], den zu sehen mir in vieler Beziehung wichtig war, endlich hier ist, ich hoffe ein paar Mal mit ihm zusammenzukommen und verspreche mir Nutzen daraus, denn er ist ungefähr der Einzige meiner Bekannten, der unser früheres Leben (ich meine Paris und die ganze herrliche offene Welt) gekannt und erlebt hat und nun tätig im Gegenwärtigen steht, so daß ich an seiner Stellung meine die meinige irgendwie messen und begreifen zu können.« Weiter berichtet R. vom Zusammensein mit Karl von der Heydt, Jacob Uexküll, Ingrid Stieve, er hofft auch Gudrun Uexküll und Friedrich Stieve noch zu sehen. R. fährt fort: »Daß von mir etwas erscheinen sollte, ist unrichtig ... das Gerücht mit dem ›Alltag‹ hängt vermutlich mit den Aufführungen des ›Täglichen Lebens‹, ganz überflüssigen Spielereien, in Wien zusammen. Dementiere also bitte. Wie schön, daß Euer Haus schon so absehbar in Deiner Vorstellung dasteht, es wird schön sein, dort alles zu versammeln; von meinen alten Büchern haben wir ja das Meiste ...« Inzwischen sind diese unerschwinglich, für die Erstausgabe der »Neuen Gedichte« wurden auf der Auktion Heymel 370 Mark bezahlt. R. schließt: »Ich frühstücke bei v. d. Heydt, mit dem Flügeladjutanten des Kaisers v. Moltke, der eben aus Konstantinopel kommt, werde also weder an Nahrung noch an ›Neuigkeiten‹ (ach! ach!) Mangel haben.«

6. NOVEMBER: Kessler notiert von einem zweiten Zusammensein mit Rilke: »Er sprach ausführlich von Schuler, dessen Persönlichkeit, Stellung zum Georgekreis und Matriarchats Ideen er schilderte ... Er sprach dann von seinen eigenen Elegien, die ich nicht kenne. Sie seien sein Bekenntnis, das, was er im Malte Laurids Brigge formuliert zu haben glaubte, jetzt aber in den Elegien in einer ihm selber überra-

schenden Weise zu verwirklichen im Begriffe stand, als der Krieg ausbrach. Wenn er nur sie vollenden könne, wolle er gern sterben. Zur jüngsten Litteratur hat Rilke ein Verhältnis, kennt Däubler, hat Becher vorgelesen. Wir sprachen dann über Becher.«

11. NOVEMBER: R. verabredet mit Ilse Gräfin Seilern einen gemeinsamen Besuch bei Renée Sintenis. Erstere ist gerade aus der Schweiz gekommen, von der R. zu hören wünscht:»– ach, überhaupt von jener offenen Welt, in der Sie leben, und die einmal so weit und zuversichtlich die meine war«. In den folgenden Tagen ist R. mit der Gräfin, die im gleichen Hotel wohnt, regelmäßig verabredet, soweit ihre angegriffene Gesundheit es zuläßt.

12. NOVEMBER: R. trifft nochmals mit Kessler zusammen, dieser notiert:»Rilke las mir seine Elegien vor, die beiden aus Duino, die über das Thema der Liebe, die aus dem Krieg. Alles etwas sentimental, etwas zu kultiviert und daher blos für Gebildete, aber im Grunde, unter dieser Oberfläche, grandios und grandios orchestriert. Wir sprachen wieder über den Krieg. Er weigert sich, diesen Krieg als ein Stück Natur anzusehen. Das Tier stecke in den Dingen drinnen wie ein Kopf von Rodin in einem Marmorblock; der Mensch habe sich aber aus den Dingen losgelöst, habe eine Distanz zu ihnen gewonnen und dadurch Verpflichtungen übernommen. Man könne seine Verirrungen daher nicht ohne Weiteres der Natur zuzählen.«

13. NOVEMBER: R. besucht mit Gräfin Seilern Renée Sintenis.

14. NOVEMBER: Am Nachmittag ist R. mit Bekannten bei der jungen Bildhauerin, darunter Frau Hertha Koenig und Lutz Wolde. Der Kunsthistoriker Dr. W. R. Valentiner ist verhindert.

An Dorothea von Ledebur schreibt R. einen langen Brief über Harry Graf Kessler und sein Zusammensein mit ihm.

15. NOVEMBER: R. zeigt Dr. Valentiner eine Reihe von Photographien, Werke der Sintenis darstellend:»die Maske, der schlafende Steinbock« und zwei Porträts der Künstlerin von ihrem Mann, dem Maler und Graphiker Emil Rudolf Weiß. Mittags ist R. mit Leo von König in Nikolassee verabredet.

16. NOVEMBER: Mittags ist R. bei Pauline (= Titi) Thurn und Taxis zu Tisch, und hat, wie er der Gräfin Seilern schreibt, nachmittags ›die übliche Führung zu Renée Sintenis‹.

R. nimmt eine Abendeinladung zu Fischers für sich und Frau Hertha Koenig dankend an.

17. NOVEMBER: Rodin stirbt, die Nachricht von seinem Tode ist am folgenden Tag in Berlin.
18. NOVEMBER: Clara R. schreibt aus Fischerhude: »Lieber Rainer Maria als ich Sonnabend mittag aus Bremen zurückkam fand ich hier Deinen Eilbrief vor ... und freute mich sehr, ausführlich von Dir zu hören. Heute Sonntag lese ich Rodins Tod in der Zeitung ... Paris scheint mir ganz verödet ohne ihn. Ich sehe ihn mit seinem grossen schönen Gesicht, wie ein gotisches Grabmal auf seinem Bett liegen. Und dabei kommt mir ein Gefühl von Ruhe ...« Sie fährt fort: »Ob man einmal später wieder in Paris gehen wird und die Omnibusse fahren und das Leben geht seinen Gang? und ob man wieder wie früher am Quai gehen kann und da findet man vielleicht unter vielem Rodins Totenmaske? ... Jetzt greifen wir mit leeren Händen all den versinkenden Dingen nach und langen in die Luft. Wo gehen sie hin?«
19. NOVEMBER: An Clara R.: »gestern wollte ich Dir eben einen kleinen Geburtstagsbrief schreiben, da traf mich die Nachricht vom Tode Rodins, und nun war alles, kannst Du Dir denken, dorthin bezogen und umgestellt. Meine Wünsche stehen nun vor diesem Hintergrund, der ja aber auch ein unendlich gemeinsamer für uns ist ... jetzt überwiegt zunächst die Verwirrung in mir, daß so nahe Angehendes so wenig auslösbar und so unabgegrenzt gegen das Wirrwarr der Zeit sich vollziehen muß, daß hinter der unnatürlichen und fürchterlichen Wand des Krieges diese rein gekannten Gestalten einem wegsinken, irgendwohin, Verhaeren, Rodin, – die großen wissenden Freunde, ihr Tod wird ungenau und unkenntlich ...« Aus Berlin berichtet R. vom Vorabend, den er bei Fischers verlebt hat: »Christophe und Frau waren dort«, der Maler Franz Christophe.
An die Fürstin Taxis sendet R. gemeinsam mit Prinzessin Titi Taxis, bei der er zu Tisch ist, einen Gruß. Sie sagt über ihn: »Sonst geht es ihm gut und schaut er fabelhaft aus ...«
Bei Frau Grete Hauptmann sagt R. für den vereinbarten Abend ab, da nahe Wiener Freunde am 20.11. aus Frankfurt kommen, es handle sich um Otto Weiningers Bruder Richard und seine Frau. R. bittet, zu anderer Zeit kommen zu dürfen.
20. NOVEMBER: An den jüngeren Sohn der Fürstin Taxis, den er in Berlin verfehlt hat, schreibt R. nach Den Haag: »Lieber Pascha, nun habe ich Ihre Adresse und damit die Möglichkeit, Ihnen einen Gruß zu senden, was ich immer schon thun will, seit Duino ›befreit‹ ist, (leider so

spät! und auf die Gefahr hin, daß vieles Andere Wunderbare auch noch zugrunde geht!) ...«

21. NOVEMBER: R. ist bei Marianne Mitford zu Gast, wo er die Malerin Tini Rupprecht kennenlernt.

22. NOVEMBER: Hofmannsthal ist in Berlin eingetroffen und erzählt seiner Frau, er sei »Rilke begegnet«.

23. NOVEMBER: Frau Edith Andreae, die Schwester Walther Rathenaus, lädt R. ein: »Der große Bruder ist benachrichtigt! Wir freuen uns alle herzlich Sie zu sehen ...« Es sind acht Briefe R.s an Rathenau aus den Jahren 1916 bis 1921 erhalten.

24. NOVEMBER: An Marianne Mitford: »eben war Hofmannsthal bei mir ... Er hat, scheint es, einen ausgezeichneten Sommer gehabt, voll innerlichster Thätigkeit, Ergebnis unter anderem, der eben erschienene (dritte) Band seiner prosaischen Schriften, der hier vor mir liegt.« R. hat eine Bitte: »zu den Menschen, die hier zu sehen, mir sehr wichtig gewesen wäre, gehört Wichert, – nun erfahre ich, daß es Hofmannsthal ähnlich ergeht –«, ob sie eine Begegnung herbeiführen könne? »Wichert gehört, ähnlich wie Kessler, für mich zu denjenigen Menschen, an denen ich meine jetzige schwere Orientirung einigermaßen zu bilden hoffe, auf Grund eben jener Einigkeit, die uns in der früheren Welt verband, gleichviel, ob wir uns kannten oder nicht.« Die Begegnung kommt zustande, Dr. Fritz Wichert ist Direktor der Kunsthalle in Mannheim.

27. NOVEMBER: An dem déjeuner bei Frau Milly von Friedländer-Fuld und ihrer Tochter Marianne als Gastgeberinnen nehmen außer R. und Hofmannsthal Dr. Wichert, der Staatssekretär des Äußeren Richard von Kühlmann und Albrecht Graf von Bernstorff teil.

R. schreibt an Sidie Nádherný: »zu allen Gründen, die mich schweigen machen, kommt dieser Tod des lieben weisen Freundes als eine Stummheit mehr hinzu, – Verhaeren fort, Rodin fort, alle Beweise einer wunderbar strebenden Vergangenheit für immer weggenommen, ich schließe immer fester die Augen, um nur die innere Mitte nicht zu verlieren, von der aus das alles wirklich und herrlich berechtigt war.« R. trägt Grüße an Edgar von Spiegl und seine Frau Lucy, geb. v. Goldschmidt-Rothschild in Wien auf; »wollen Sie mir, (Sie fragen wieder danach) beistehen, so wär mir etwa ein monatlicher Beitrag, wie Sie ihn während meiner Einrückung beigesteuert haben, für die ärgsten Wintermonate eine große Erleichterung«; R. denkt doch daran, sich in München wieder eine eigene Wohnung zu nehmen.

28. NOVEMBER: Als »Geleit für Resi Hardy / R. M. R.« trägt R. der jungen Hamburgerin, die er in Berlin als Schülerin Leo von Königs kennengelernt hat, das Gedicht »Die Tauben (Erste Fassung)« in ein Taschenbuch ein: »(Im Anschluß an die Theestunde des 28. November, Berlin)«. Vorher hat er sie und ihren Bruder Dr. Hans Hardy bei Renée Sintenis eingeführt.

Walter Rathenau dankt R. für »Die vierundzwanzig Sonette der Louize Labé, Lyoneserin« und schenkt R. sein Buch »Von kommenden Dingen«, Berlin 1917, mit der Widmung: »Rainer M. Rilke eine Gegengabe in Freundschaft und Verehrung. 28.11.17. Rathenau«.

30. NOVEMBER: R. benachrichtigt Alfred Schuler, daß er den ersten der von diesem geplanten Vorträge nicht werde hören können: »da ich nicht vor dem 8. Dezember in München eintreffen kann. Den anderen fünf Vorträgen aber hoffe ich ein aufmerksamer Hörer zu sein. Sie wissen, daß ich das, was Sie zu geben haben, für ganz unschätzbar halte.« Die Vortragsreihe findet diesmal im Atelier von Gustav W. Freytag, dem freundschaftlichen Förderer Schulers, in der Elisabethstraße in München statt.

3. DEZEMBER: R. bedankt sich bei Frau Hauptmann für ›den schönen Abend‹. Er rechnet es zu den Vorzügen des Berlin-Aufenthaltes, daß er häufig mit Gerhart Hauptmann zusammentrifft.

An Rathenau schreibt R.: »Zu einer zeitgemäßen Orientierung hat der viele berliner Verkehr mich nicht geführt, – aber er hat mir Besseres eingetragen, lebhafte neue geistige Anschlüsse, unter denen ich den an das Haus Ihrer verehrten Schwester mir dauernd zu erhalten und fruchtbar zu machen hoffe.«

4. DEZEMBER: R. schenkt ein Exemplar der Louize-Labé-Sonette mit einem Widmungsgedicht der Buchbinderin Frau Nora Allatini: »Was wünsch ich füglich der Erfinderin / so manchen Einbands an dem Werkstatttische?...«

An diesem Tag, seinem 42. Geburtstag, dankt R. Frau Kippenberg für ihren so ›mitwissenden und mitfühlenden‹ Zuspruch zum Tode Rodins. Für Ruth erbittet R. zu ihrem Geburtstag Goethes »West-östlichen Divan« und die Tischbeinzeichnung, die Goethe am Fenster des Palazzo Rondanini zeigt, »Sie wissen, die wunderbar ausdrucksvolle Rückenansicht, in einer Reproduktion«. (Goethe wohnte in Rom dem Palazzo Rondanini nur gegenüber.) R. ergänzt: »Die Louize-Labé-Sonette finden hier fast überall ganz außerordentlich begeisterte Leser und An-

hänger, besonders, wo ich sie gelegentlich selbst las, war des Staunens und Bewunderns kein Ende.«
8. DEZEMBER: Wieder an Katharina Kippenberg: »Nun geh ich endlich morgen abend nach München, – hoffe aber sehr im Laufe des Sonntags Dr. Kippenberg zu sehen, wenn es auch nur in einem Augenblick sein müßte.« R. muß dann doch vorher abreisen.
9. DEZEMBER: Beim Abschied von Berlin schreibt R. an Marianne Mitford: »Wir haben uns, muß ich feststellen, diesmal kaum wiedergesehen, den ersten Abend bei Ihnen, den einzigen, war ich nicht wohl genug, um wirklich lebhaft und herzlich bei Ihnen zu sein –, haben Sie mirs nachgetragen? ... Lassen wir, Marie-Anne, wenn es irgend geht, die guten Freundschaftsansätze aus dem Winter 1915 nicht verfallen, seien Sie manchmal auch noch in einem guten Gedanken bei mir, wie wenig Menschen giebts, die jetzt wissen, was eigentlich vorgeht und was man durchzumachen hat.« R. kommt nicht wieder nach Berlin zurück.
10. DEZEMBER: Kurt Wolff verteidigt sich gegen ein von R. brieflich vorgetragenes ›Postulat‹, die Verleger sollten bei ihren »verschiedensten Plänen und Absichten erst die Zustimmung der Anderen einholen«; diese ›Zumutung‹ verkenne den Sinn verlegerischer Arbeit. Kurt Wolff führt R. gegenüber an, daß der Insel-Verlag Autoren seines Verlages zu sich herübergezogen habe: Becher, Schaeffer, Pulver. Anlaß zu diesem Brief sind zwei nicht erhaltene Briefe R.s mit Vorhaltungen, weil der Kabinettschef des Großherzogs von Hessen den Vertrag der Ernst-Ludwig-Presse mit dem Insel-Verlag nicht erneuert, sondern mit Kurt Wolff abgeschlossen hat.

Der Winter im Hotel Continental

VOM 10. DEZEMBER 1917 BIS 7. MAI 1918 wohnt R. in München im Hotel Continental.
17. DEZEMBER: R. bittet Eva Cassirer um Hilfe, weil für Ruths Privatunterricht noch etwa 1500-1800 Mark nötig sind.
Am selben Tag heißt es an Katharina Kippenberg: »Ich werde nichts feiern in meinem Hotelzimmer, – wäre nicht der Gedanke an das herrliche Rußland, ich hätte keinen, der mir zuversichtlich und erbaulich wäre.

Wie erkenn ichs nun wieder. Dieser Aufruf der Regierung vorgestern, mit der Überschrift: ›an alle, die leiden und ausgenutzt worden sind‹ … dies als Sprache einer Regierung –: neue Zeit, Zukunft, endlich!« In Rußland hat mit der Oktoberrevolution (6. bis 8. November) der Rat der Volkskommissare unter Lenins Führung die Macht übernommen. Im Dezember erläßt Trotzki den Aufruf »an die mühseligen, bedrückten und verblutenden Völker Europas«.
DEZEMBER: R. sendet mit einer dreizeiligen Widmung die Louize-Labé-Sonette an Oberst Veltzé nach Wien.
19. DEZEMBER: »Man muß schon das Provisorium dieses Winters hinnehmen in der Hoffnung, daß die Welt nun doch den Weg wieder zu normaleren Gegenständen einzuschlagen beginnt. Der Friedensstern steigt wie ein gutes Gestirn im Osten hervor, nun erweist er hoffentlich seine siderische Natur durch die Unaufhaltsamkeit seines Heraufkommens und seines bald höheren und höchsten Standes über einer von ihm beschämend erleuchteten Welt«, schreibt R. an Hedwig Jaenichen-Woermann. Weiter meldet er, daß nur die Sonette der Louize Labé in seiner Übertragung neu erschienen sind: »berühmt war eigentlich in Paris nur das schöne Achte Sonett, – ich hatte dann nach und nach in den Jahren vor 1914 auch die anderen übertragen und nun, da sie vorliegen, scheint mir kein geringes dabei zu sein. Urtheilen Sie selbst, – man kann es umso eher, als die Nachbarschaft des französischen Textes das Original neben meine eine Tonart tiefer und ernster gelegte Übertragung stellt.«
Auch an Marie Josephe von Hoesch sendet R. die Übertragungen. Im Begleitbrief spricht er von den neun Wochen Berlin, »in denen es mein métier war, Menschen aller Art zu sehen und wiederzusehen, um bei ihnen allen Unterricht in den Zeitläuften und Zeitwendungen zu nehmen, die mir, ob ich gleich in ihnen atmen muß, ein Gegenstand von unbeschreiblich abgewandelter Fremdheit bleiben«.
23. DEZEMBER: An die Fürstin Taxis: »Den Ihren Allen geht es gut, unberufen, und die ungeheure Eigensinnigkeit der Welt, der ›Krampf‹ (wie die Leute aus dem Volk bezeichnender Weise hier den Krieg nennen) löst und entspannt sich langsam von Osten her, – so ists ein zuversichtlicheres Weihnachten, als wir seit lange feiern durften … Ich habe die wenigen Tage, die ich wieder hier bin, recht unbehaglich mit aussichtsloser Wohnungssuche zugebracht, es ist nichts zu haben …«
Seit dem 15.12. ist der Waffenstillstand an der Ostfront in Kraft und am

20.12. haben die Friedensverhandlungen mit der neuen russischen Regierung, dem Rat der Volkskommissare unter Lenin, in Brest-Litowsk begonnen.

»WEIHNACHTEN«: An Grete Lichtenstein: »es ist noch nicht der rechte Angelus Silesius, den ich mir seit einem Jahr für Sie gewünscht habe, aber mindestens eine Station auf dem Wege, Ihnen einen zu finden.« In der Nachschrift heißt es: »Die Lotte Pritzel-Puppen sind erstaunlich diesmal, wirklich mehr als alle früheren, auf eine unsagbare Art um irgendein Unbeschreibliches mehr. Nicht? Und die Glasbilder im ›Reich‹ nicht zu vergessen!«

R. schenkt Rodins Buch »Die Kathedralen Frankreichs«, Leipzig 1917: »(Meiner lieben Clara, Rainer Maria. 1917 Weihnachten, im Gedächtnis Rodins.)«

24. DEZEMBER: »Daß ich im Continental wohne, ist eine große Annehmlichkeit für mich, ich zog es diesmal dem gewohnten Marienbad vor, da man dort weniger heizt, wie ich allgemein höre, auch die Wohnlichkeit der Stuben in dem reizend eingerichteten Continental größer und brauchbarer ist. Daß ich in Ruhe hier abwarten kann, bis sich für mich die richtige Wohnung findet, verdanke ich der fürsorglichen Freundschaft der Frau Hertha K., die auch über den Sommer hinaus, nicht aufgehört hat, mir diese schwere Zeit nach Möglichkeit zu erleichtern.« (An die Mutter)

R. verlebt Weihnachten in der ›diesmal recht bedrückt und einsam empfundenen Obdachlosigkeit seines Hotelzimmers‹ (an Kippenberg, 29.12.1917).

Kippenberg schreibt an diesem Tag aus Flandern an R.: »Nun hat aber der Krieg die Lebensbedingungen sehr verteuert, und ich habe daher veranlaßt, daß vom neuen Jahre ab der Monatsbetrag für Sie um 100 Mk erhoeht wird ...« R.s Bücher seien 1917 viel besser gegangen als in den Jahren davor.

25. DEZEMBER: An Max Krell, von dem R. Näheres über den Plan zu einer Deutschen Akademie hören möchte, äußert R.: »Ich habe in meinen Papieren nicht eine einzige abgeschlossene Arbeit, die sich eignen würde, in der beschriebenen Weise herausgestellt zu sein; meine Armuth und Ausgegebenheit ist so gründlich, daß niemand daran glauben will: ich kann sie nur immer wieder ganz und gar eingestehn.« Krell bittet um einen Beitrag zu einem Bruckmannschen Sammelwerk. (Die Deutsche Akademie in München wird 1925 gegründet.)

28. DEZEMBER: R. dankt Kippenberg und geht auf dessen Vorschlag ein: »einige meiner zum Teil vergriffenen Übertragungen in einem eigenen Band, in der Art der anderen Gedichtbücher, zusammenzustellen; dieser Plan hätte von vornherein meinen Beifall, um so mehr, als sich alle die einzeln erschienenen Übersetzungen sehr gut in einem Bande vertragen würden.«
FÜR DEN 30. DEZEMBER gibt R. »eine dankbare, erfreute Zusage« zu einer Einladung von Dr. Ludwig Landshoff (28.12.17).
31. DEZEMBER: In dem ersten von fünf Briefen an Resi Hardy (1890-1969) fragt R. nach der Plastik »Kleine Daphne« von Renée Sintenis, deren Silberreplik ihr Bruder für sie in Auftrag gegeben hat.
R. verschenkt »Die vierundzwanzig Sonette der Louize Labé« mit der Widmung: »Lucy und Edgar von Spiegl / am letzten Tage 1917: wünschend und herzlich gedenkend: R. (München)«.

Im Jahre 1917 erscheinen Beiträge R.s in folgenden Zeitschriften: »Das Deutsche Herz«, Gaben deutscher Dichter. Für den Alice-Frauenverein zu seinem fünfzigjährigen Bestehen herausgegeben von Heinz von Lichberg, Berlin 1917: Darin »Seele im Raum« mit der Widmung: »Ihrer Königlichen Hoheit der Frau Großherzogin von Hessen völlig eigentümlich zugeeignet«; »Das Reich«, herausgegeben von Alexander von Bernus, München und Heidelberg, ferner »Bremer Tageblatt« (darin am 22.10.17 ein Brief R.s an Dr. Knüppers) und »Insel-Almanach auf das Jahr 1918«.
In »Drei Briefe eines Knaben« von Lou Andreas-Salomé, Kurt Wolff-Verlag 1917, wird als Fußnote R.s Brief an sie vom 20.2.14 teilweise abgedruckt. In den von Emil Kläger herausgegebenen »Legenden und Märchen unserer Zeit«, Anton Wolf Verlag, Wien und Leipzig 1917, erscheint R.s Prosastück: »Ein Märchen vom Tod und eine fremde Nachschrift dazu« aus den »Geschichten vom lieben Gott«.
Neuauflagen: »Das Buch der Bilder« 6. Auflage, »Auguste Rodin« 11.-15. Tausend, »Die Weise von Liebe und Tod des Cornets Christoph Rilke« 89.-100. und 101.-140. Tausend.
Der »Cornet« erscheint auf ungarisch in der Übersetzung von Zoltan Franyó, Marosvásárhely 1917. Larissa Rejzner veröffentlicht »Poezija R. M. Rilke« in »Letopis«, Petrograd 1917, Interpretationen des »Stunden-Buchs«, der »Neuen Gedichte« und der »Aufzeichnungen des Malte Laurids Brigge«. Josef Marek übersetzt »Die Liebe der Magdalena« ins Tschechische: »Laska Magdalenina«, Stará Rise 1917.

1918

4. JANUAR: R. bittet Alfred Schuler, den er vergeblich aufgesucht hat: »erlauben Sie mir, in den Kreis Ihrer Zuhörer am nächsten Montag zwei nähere Bekannte mitzubringen, für deren Würdigkeit und Lauterkeit ich durchaus einstehen kann: der eine ist ein junger Diplomat, Graf Zech, (übrigens der Schwiegersohn und gewesene Privatsekretär des früheren Reichskanzlers Herrn von Bethmann-Hollweg), der andere wäre mein Freund Baron Erwein Aretin, Astronom.«

11. JANUAR: Der Sängerin Philippine Landshoff dankt R. für zwei Konzertkarten.

R. erhält: Walther Rathenau »Die neue Wirtschaft«, Berlin 1918, mit der Einschrift: »Rainer Maria Rilke in herzlicher Ergebenheit. 11.1.1918. Rathenau«.

11./12. JANUAR: R. schreibt als Zueignung das Gedicht »An die Musik. Musik: Atem der Statuen ...« in das Gästebuch von Frau Hanna Wolff anläßlich eines Hauskonzertes.

12. JANUAR: R. dankt Eva Cassirer für die Überweisung von 500 Mark für Ruth.

14. JANUAR: An Katharina Kippenberg: »die fortgesetzte Wohnungssuche, die jetzt in jedem Schritt die Hemmung der Aussichtslosigkeit in sich trägt«, sowie die Vielzahl der »Münchner Beziehungen« haben R. am Schreiben gehindert. Lulu Albert-Lazard liege krank in Zürich, R. hat Wolfskehl um Rat und Hilfe gebeten, durch ihn auch Nachricht erhalten. In einem Brief aus der Schweiz ist R. von Hermann Hesse um eine Bücherspende für die Bücherzentrale in Bern gebeten worden, er legt seinem Brief 50 Mark ein und bittet »für diesen Betrag einige meiner Bücher, das Stundenbuch vor allem, bereitlegen zu lassen«. »Ich antworte Hermann Hesse erst, wenn ich weiß, wie Sie, abgesehen von meiner beabsichtigten kleinen Stiftung, zu dieser Anfrage stehen und ob Sie etwa mehr zu veranlassen gedenken.« Die Bücher sind für Kriegsgefangene bestimmt. R. fragt nach seinen Exemplaren der Louize-Labé-Sonette und den »Sonetten von Hertha Koenig, die zwar erschienen, aber nirgends zu haben sind«.

15. JANUAR: An Marie von Mutius schreibt R. über seine Übertragungen und das Wesen verschiedener Sprachen: »im Grunde müßte man alle Sprachen schreiben, wie ja das, was Sie, begreiflicher Weise, jetzt

als Klage aussprechen, diese Vaterlandslosigkeit sich auch jubelnd, in positiver Form, als eine Zugehörigkeit zum Ganzen bekennen ließe. Mein Herz und mein Geist waren von Kindheit an auf diese Welt- Ebenbürtigkeit eingerichtet, ich kann keinen Schritt zurück, und so mögen Sie begreifen, wie ich leide.«
R. sendet Marianne Mitford das Buch von Max Picard »Expressionistische Bauernmalerei«, München 1918: »Die stille, in sich gesicherte Dialektik eines guten strengen Kopfes, deshalb so wohltuend und erwünscht, weil sie über das Verstocktsein im Mittel hinausführt zu dem eigentlichen Wesen der Kunst, von dem wir durch die wider einander ausgespielten Gegensätze des Ausdrucks fast gewaltsam abgetrennt werden. Ein Theil des Buches ist vom Autor hier als Vortrag gesprochen worden. Gestern war der russische Neujahrs-Tag ... es ist ja nicht so zufällig für uns, gerade das russische Neue Jahr zu feiern!« Für die Wohnung, die R. sucht, bittet er um sein Berliner Stehpult, da eine gute Gelegenheit zum Transport sich bietet. Zur politischen Lage: »Mit welcher Sorge ich von einer Zeitung zur anderen lebe, können Sie sich vorstellen; scheint es doch, als ob wir nächstens wieder durch die extremste Strömung von jenen Hoffnungen fortgerissen werden sollten, den einzig menschlichen, die schon fast lebensgroß nahe waren.«
Die Oberste Heeresleitung fordert durch General Hoffmann in Brest-Litowsk einen »Sicherheitsfrieden«, der von der russischen Räte-Regierung den Verzicht auf weite Gebiete im Westen des Russischen Reiches verlangt. Dagegen hat am 8.1.18 Präsident Wilson sein 14-Punkte-Friedenskonzept verkündet, das das Selbstbestimmungsrecht als Voraussetzung für Friedensverhandlungen proklamiert.
An die Fürstin Taxis schreibt R. nach Lautschin: »Die Walpurgisnacht werden wir ungefähr zu gleicher Zeit gelesen haben« (Roman von Gustav Meyrink, 1917 im Kurt Wolff Verlag erschienen), »gerade das ist mir durchaus unerträglich, daß da ein Mensch, der die andere Seite des Daseins wirklich gestreift hat, seine schlechten journalistischen Manieren in einer gewissenlosen Verwendung des Merkwürdigen und Geheimen bethätigt und als konfusen Roman auf den Markt wirft ... Ich kenne M., ohne ihn je zu sehen, er wohnt draußen in Starnberg, am Sonntag feiert man seinen fünfzigsten Geburtstag, eine Veranstaltung, der ich nicht beiwohnen werde.« Von den vielen Menschen, die er in München trifft, nennt R. Marie von Bunsen, »die mir wohlthut als eine wirklich große Dame, die sie ist, dabei wirklich originell in ihrer har-

ten Selbständigkeit«, ferner den jungen Schweizer Schriftsteller Albert Steffen und Max Picard, diesen sieht R. »mit Kassner zusammen«.

17. JANUAR: R. dankt Dora Wintscher für den Aufsatz, den sie ihm zugeschickt hat: »Es scheint mir, Sie hätten wirklich das ganze Erlebnis Barlach, wie es an jenem Abend in uns zusammenkam, beweglich und vollkommen ausgedrückt. Ich bewundere das umso mehr, als die Überwältigung, die der Tote Tag in Kayßler's großartiger Lesung hervorbrachte, in einer stummen Unterwerfung bestand – nun haben Sie gleichwohl in der erschütterten Schicht die entsprechenden Worte gefunden und uns damit den neuen inneren Besitz genauer und beweisbarer angeeignet.«

19. JANUAR: An Erwein von Aretin nach einer politischen Auseinandersetzung: »Ehrlichkeit in Ehren ... es hat keinen Sinn zwischen uns solche Standpunkte nach politischer Breite und Länge festzustellen. Sie konnten immerhin, auf Grund von Überlieferung und Anschauung, eine Urtheilsebene durch die Zeit durchlegen und einen persönlichen Durchschnitt aufdecken – mir, der ich nur mit den Capillaren des Gefühls in allem verästelt und verhaftet bin, ist es überhaupt verwehrt, mich überzeugend zu machen. Es ist mir eine Lehre, daß ich nicht reden soll; es kann am Ende nicht meine Sache sein, zu diesen Vorgängen gefühlsmäßig Stellung zu nehmen; vielmehr muß ich trachten, über sie hinaus und durch sie durch, jene Beziehungen mir zu bewahren, in denen mein Leben, soweit ich denken kann, befestigt war. Und das sind ja zum Glück dieselben, in denen unser freundschaftliches Verständnis, auf das auch ich den herzlichsten Werth lege, sich ausgebildet hat.«

21. JANUAR: R. bittet in einem Brief Kurt Eisner um seinen Rat: »Frau Hertha Koenig geht mit dem Plane um, durch ihr eigenes Beispiel eine größere freiwillige Stiftung anzuregen, deren Zweck es werden soll, den vielen in Noth Gerathenen eine unmittelbare, sofort wirksame Hülfe zu gewähren ...« Frau Koenig hat bereits erwogen, nach dem Vorbild des Grafen Baudissin zu Stolp in Pommern von ihrem Gut in Westfalen aus eine Hilfsaktion zu realisieren: »Da erwies es sich: gleich auf den ersten Blick, daß diese von einem Gutsherrn ausgehende und durch einen meist aus Gutsbesitzern und Regierungsbeamten gebildeten Ausschuß gelenkte Wohlfahrtseinrichtung die viel freieren und volksthümlicheren Intentionen der Frau Koenig nicht lebendig und eindringlich genug zu verwirklichen geeignet sein könne. Beachten Sie in

dem anliegenden Schreiben die genau ausgesprochene Absicht, daß Geben und Nehmen hier nur in einem, das Volk wirklich berührenden Sinne verstanden sein könne und daß den Vertretern des Volkes selbst die Verantwortung für eine richtige und eingehende Vertheilung aufzuerlegen wäre.« R. fragt, ob Eisner zu einer Besprechung wohl bereit sei, und endet: »Zum Schluß muß ich mich entschuldigen, daß ich mich getraue, an unsere ganz flüchtige Begegnung einen solchen Anspruch anzuschließen; die Sache, wenn ich sie nur einigermaßen richtig dargestellt habe, wird da mein bester Anwalt sein.«

R. antwortet Hermann Hesse auf dessen Bitte, Bücher für Kriegsgefangene zu spenden (17.1.18): »Verehrter und lieber Hermann Hesse, Sie können sich denken, daß eine Bitte wie die Ihre – und obendrein von Ihnen ausgesprochen – die eindringlichste Stimme vor mir hat.« R. schließt: »Ein Schmerz für mich, lieber Herr Hesse, jetzt nicht mehr geben zu können. Wenn doch wenigstens mit jedem einzelnen Buch das ganze Gefühl, Wunsch und Bereitschaft, meiner Zuwendung sich an die Empfangen[d]en mitteilen ließe!«

23. JANUAR: R. schreibt in seiner Eigenschaft als literarischer Berater des Insel-Verlages an Katharina Kippenberg über das »nicht sehr wichtige« Buch »Anfang« von Hans Johst, über eine Übertragung von Gedichten des Henri de Régnier und die »Flämische Serie« der Insel-Bücherei. Gelesen habe er diese nicht: »Streng genommen ist mein innerster Spiegel seit der Militärzeit immer noch zerbrochen, es hat keinen Sinn darüber zu reden; die Erschütterung gerade in jenem produktiven Augenblick und die ihr folgende Starre innerhalb einer, gewissen Perioden der Kindheit gespenstisch gleichlautenden Existenz war das Verhängnisvollste, was mir widerfahren konnte ...« Dazu kommt die »fortwährende Obdachlosigkeit« und der in ihr besonders stark empfundene Verlust des Pariser Besitzes, zumal der »Büchernachwuchs« nun schon wieder »in Kisten und unerreichbar ist. Daß ich, notgedrungen, um vom Gemeinsamen nicht nur den stumpfsten Druck zu empfinden, zu einem Zeitungsleser geworden bin, dem täglich vier bis fünf Zeitungen durch die Hände gehen, gehört auch mit zu den Gründen meiner dürftig gewordenen Aufnehmung; denn das Zeitunglesen war seit je diejenige Tätigkeit, die mich am meisten überfüllte und zerstreute.« Über eine Prosaarbeit von Albrecht Schaeffer: »Orest und die Eumeniden« im Insel-Almanach, heißt es dann: »sie macht sich, etwa wie Borchardtsche Prosa, durch ihre Haltung verdächtig, umso mehr

bin ich gespannt, wie das Buch im Ganzen sich bewähren wird. Es ist schrecklich, wie jedes Berufen auf Tradition in der deutschen Sprache die ›Literatur‹ bloßstellt«, sie stehe »irgendwie in der Mitte zwischen Geziertheit und Erziehung«.
R. dankt dem blinden Adolf von Hatzfeld für dessen Roman »Franziskus«, den dieser ihm persönlich überbracht hat. Das bei Paul Cassirer, Berlin, erschienene Buch ist »R. M. R. zugeeignet«.
24. JANUAR: Hesse antwortet: »Lieber verehrter Herr Rilke! Danke für Ihren mir teuren Gruß u. für die so liebe Bereitschaft. Nach Leipzig schreibe ich sogleich. Die Freude und das Gefühl des Gebens wird in diesen Büchern mitwirken. Die Aussaat unter der Menge der Gefangenen geht, wie jede Aussaat, auf ›Zufall‹. Aber wer möchte an Zufall glauben! Treulich grüßt Sie Ihr Hermann Hesse«.
Kippenberg hat R. den Band »Charles de Coster: Die Zigeuner, wiederaufgefunden, übertragen und zum Druck gegeben von Anton Kippenberg«, 100 Exemplare, Gent 1917, geschickt; dazu sagt R.: »Gestern noch hatte ich Ihrer Frau geschrieben, daß die Linie meiner Teilnehmung an de Coster jedesmal an derselben Stelle einen gewissen Knick der Enttäuschung erfährt«, nun nehme er dies zurück, das kleine Buch habe seine »ganze ungebrochene Freude«.
26. JANUAR: R. verlangt von Wolf Przygode die Streichung der seinen Beiträgen in der »Dichtung« beigegebenen Bibliographie: »Erst bei völlig abgeschlossenem Werk, beim Tode des Autors, mag man sich die Vollzähligkeit seiner Bücher gelegentlich zur Vorstellung bringen; sie wird dann mehr den Historiker angehen, während sie vorher von dem Verdacht nicht frei ist, auf den Neugierigen, auf den Käufer wirken zu wollen.«
28. JANUAR: R. fragt beim Grafen Paul Thun, der aus Bern von der österreichischen Gesandtschaft kommt, nach Möglichkeiten für seine eigene Ausreise in die Schweiz, da er auch eine Einladung nach Schweden habe, müsse er sich entscheiden. R. sendet ihm eine Einladungskarte für einen Vortrag Marie von Bunsens über Reisen in Spanien.
Marianne Mitford hat R. nach einem Astrologen gefragt, er schlägt ihr Aretin vor, der bereit wäre, »vergleichende Astrologie zu betreiben«, wenn ein zweiter »Zauberer« zu finden sei. Aretin denkt dabei an Alexander von Bernus. Weiter schreibt R.: »Daß Sie den jetzigen Zuständen gegenüber noch ›optimistisch‹ sein können, fällt schwer bei mir ins Gewicht und giebt mir zögernde Hoffnungen. Sind Sie's auch jetzt noch,

nach den Reden? Mein Vertrauen zu Kühlmann hat keinen Moment nachgelassen, aber die Gegengewichte sind seit Ende Dezember wieder um vieles schwerer geworden und ich fürchte immer, sie könnten plötzlich den Ausschlag geben. (Was jetzt heillos wäre, ins Unabsehbare heillos).« R. spricht hier von den Friedensverhandlungen in Brest-Litowsk und dem steigenden politischen Einfluß der Obersten Heeresleitung. Am Schluß bittet er um Grüße an Dr. Wichert.

31. JANUAR: An Resi Hardy schreibt R.: »wenn Sie mich aber nach Reise-Entschlüssen fragen. so sind noch keine gefaßt, dagegen Pläne sind vorhanden, doch werden sie sich kaum vor März verwirklichen lassen. Es ist sogar auch von Schweden wieder sehr die Rede gewesen, Kopenhagen, Lund, Stockholm und Upsala sind geneigt, mich zu Vorträgen einzuladen, – aber der Vortrag ist noch nicht gemacht und meine Verstimmung und Trübsal, der Druck über meinem Gemüth hat so sehr zugenommen, daß ich zweifle, ob ich etwas Freieres und Mittheilenswerthes in absehbarer Zeit zustande bringe.« R. liest in den Tagebüchern Tolstois.

ANFANG DES JAHRES Abschrift R.s: »Elegie. Aus dem Kreise der Duineser Elegien / Frau Antonia Valentin herzlich zugeeignet«, die vollständige dritte Elegie.

1. FEBRUAR: Dem Kunsthistoriker Dr. Carl Georg Heise (1890-1979) antwortet R. auf die Frage nach dem Rodin aus dem Besitz der Baronin Selma von der Heydt: »Daß Rodin dieses Exemplar selbst ›gegossen‹ haben sollte, ist ganz gewiß nicht zutreffend, doch erinnere ich mich, daß es, in Guß und Patina, nach seiner Meinung vollkommen gelungen war.« R. weiß nicht mehr, ob es sich wirklich um ein Einzelstück handelt. Durch seine Vermittlung war 1906 Rodins »Ruhende Nymphe« von August v. d. Heydt angekauft worden – sie ist wahrscheinlich 1943 den Bomben zum Opfer gefallen.

4. FEBRUAR: »Da und dort spricht einer, wie ich reden würde, aus einer verwandten Warnung heraus – Naumann neulich im Reichstag, Professor Förster, der Prinz Alexander Hohenlohe, – aber das sind ja gerade die Stimmen, die keine Geltung haben.« (An Elisabeth von Schmidt-Pauli)

12. FEBRUAR: R. übersendet Bernhard von der Marwitz ein Lederbändchen: »Niederschriften« für diesen, die Gedichte, die er in Berlin vorgetragen hat: »Aus den spanischen Gedichten: Der Hirte« (das erste Gedicht der »Spanischen Trilogie«), »Auferweckung des Lazarus« und

»Christi Höllenfahrt«. R. bedauert seine eigene »Säumigkeit«, aber: »Das Bewußtsein der jetzigen Welt, indem es sich immer wieder in meinem Innern bildet, sprengt alle meine Verhältnisse ... es muß wohl Schwäche sein, daß ich nur noch das Ende dieser entsetzlich ratlosen Menschenmache herbeisehne und jenseits davon, ehe alles verloren geht, einen weit gemeinsamen, gutgewillten Anfang.« Weiter heißt es, Marwitz spreche »von der Verknüpfung des Dichters mit seinem ganzen lebenden Geschlecht. Ach, lieber Freund, ich denke da mit den Jüngsten, daß wir uns, alle, die wir der Strömung des getragenen höheren Wortes nachgaben, eben dieser Verbundenheit nicht genügend versichert haben. Vielleicht ist sie ja auch nur herstellbar in der Orientierung Tolstois, die dann allerdings eine Absage an die seligsten Antriebe künstlerischer Leistung mit sich bringt.«

13. FEBRUAR: Katharina Kippenberg hat R. die Bücher von Martin Buber: »Die Rede, die Lehre und das Lied« und »Ereignisse und Begegnungen« aus dem Insel-Verlag (1917) gesandt, R. schreibt dazu: »sie sind mir überaus nahe und ergiebig gewesen, besonders das kleinere, obwohl ich zwei der ›Einleitungen‹ ... schon kannte. Befreit von ihrer damaligen Aufgabe, geben sie nun, zusammen mit dem Kalewala-Aufsatz, ein großes umfassendes Bild von den Grenzen menschlich-äußerster Mitteilung.« R. hat inzwischen die Gedichte Regina Ullmanns abgeschrieben und will sie ordnen. Als Ergebnis einer jetzt abgeschlossenen Epoche werde er sie der Insel übersenden. (Sie erscheinen 1919.) Zu Karl Schefflers »Geist der Gotik«, das er erbeten hat, äußert sich R. kritisch.

Tod Dr. med. Wilhelm Freiherr Schenk von Stauffenbergs.

16. FEBRUAR: R. fragt bei Schuler an, ob zu den beiden noch bevorstehenden Abenden der blinde junge Herr von Hatzfeld mit seiner Sekretärin und Führerin kommen dürfe. Über den letzten Abend sagt R.: »Dieser Vortrag hatte für mich fast die Spannung jener früheren in der Kriegshülfe, – umso mehr hatte ich das Gefühl, hernach nicht mehr im abfallenden Gespräch bleiben zu dürfen: so schloß ich mich Kassner an.«

18. FEBRUAR: Hofmannsthal, der im November/Dezember 1916 in Norwegen und Schweden sowie im April 1917 in der Schweiz auf Vortragsreisen gewesen ist, berät R. eingehend über die Schritte beim Wiener Außenministerium zur Erlangung der nötigen Visa. Er nennt R. die Namen einflußreicher befreundeter Persönlichkeiten.

R. bedankt sich bei Frau Valentin für eine Petrarca-Ausgabe und fragt: »ob Sie am 20^(ten) bei Cassirer die Eysoldt hören werden? Sie liest den ›Franciscus‹, das mir von dem erblindeten Herrn von Hatzfeld zugeeignete Buch ...« (Adolf von Hatzfeld, »Franciscus«, Berlin 1918)
20. FEBRUAR: An Lou A.-S.: »wie ein Schlafwandler bin ich vor ein paar Tagen bei Jaffe hinein und gleich auf Dein kleines Buch zugegangen... Seither hab ich die ›Drei Briefe‹ wieder und wieder gelesen und, wie damals in Paris, sind sie mir wichtig und zukommend, als könnt ich jeden Augenblick noch alle drei Altersstufen in mir einstellen und auf jeder von ihnen, ungeachtet meines übrigen Lebens, empfänglich sein. Allerdings deutlicher als früher verlangt mich diesmal, dieselben Inhalte von Dir für mein jetziges Alter und für jedes weitere abgehandelt zu sehen ...« R. schickt dies Brieffragment nicht ab, auch die Abschrift aus seinem Taschenbuch nicht, die es ergänzt: »daß eine Menge Wesen, die aus draußen ausgesetztem Samen hervorgehen, das zum Mutterleib haben, dieses weite erregbare Freie« (Aufzeichnung vom 20. Februar 1914, Paris).
R. bittet Dr. Oskar Reichel, Frau Grete Weisgerber seine Sammlung von Bildern Kokoschkas zu zeigen: sie »ist die Witwe des bekannten Malers und selber eine Malerin«. R. fährt fort: »Sollten sich die Bilder Kokoschka's, die ich außerdem bei der Witwe des Gastwirts Hauer gesehen habe, noch an derselben Stelle finden und zugänglich sein, so wäre es überaus sorgsam von Ihnen, wenn Sie Frau Grete Weisgerber-Pohl auch den Weg zu jener Sammlung weisen würden ... Ich irre wohl kaum, wenn ich mir vorstelle, daß das Kokoschka-Zimmer in Ihrem Hause inzwischen eine oder die andere Bereicherung erfahren hat?« Josef Hauer, Musiker und Wein-Wirt, wurde 1912 von Kokoschka porträtiert; sein Bruder Franz förderte ihn als Sammler.
26. FEBRUAR: R. dankt Dr. Josef Stark für die Verwaltung eines Depots von Papieren in Prag, er übergibt ihm dafür noch »einige Loose« aus dem Nachlaß seines Vaters.
28. FEBRUAR: Nach dem Tode seines Freundes und Arztes Dr. Wilhelm Schenk Freiherrn von Stauffenberg schreibt R. an Gräfin Caroline Schenk v. Stauffenberg: »Das Urteil Stauffenbergs über eine gewisse Arbeit, das Sie mir mitteilen, dieses großmütige Zustimmen in dem, genau wie in seiner Hülfe, erfahrendstes Gefühl zu rein geistigem Ausdruck kommt, läßt mir keinen Zweifel darüber, in welcher Richtung er mich weiterstrebend wissen wollte ... Was aber jene Arbeiten selbst

angeht ... so liegen bis jetzt nur Stücke aus weiteren Zusammenhängen vor, die nur dem unterrichteten Freunde, dem ich sie, auf Grund mancher Gespräche anvertraute, verständlich werden konnten. Leider muß ich fürchten, daß bis zu einem Abschluß noch lange Wege sind und viele Unwegsamkeiten.« (R. spricht von den »Elegien«.)

1. MÄRZ: An Katharina Kippenberg heißt es: »Ich versage es mir, Ihnen etwas von meinen Meinungen zu schreiben, ob ich gleich, da ich immer noch drei bis vier Zeitungen täglich lese, nicht verhüten kann, einige zu haben –, die unmaßgeblichsten, – wie sollte es anders sein ...« R. sendet die Gedichte Regina Ullmanns: »keine leichte Lektüre«, aber: »Immerhin ist in einigen von diesen Gedichten das Äußerste erreicht, was bei so schwerem aber gläubigstem Fußfassen zur rein errungenen Stelle sich ausbilden ließ.«

R. nimmt an einer Lesung Henriette Hardenbergs und an der Premiere von Otto Zoff: »Kerker und Erlösung« teil.

3. MÄRZ: Friede von Brest-Litowsk. Rußland muß auf Livland, Kurland, Litauen, Estland und Polen verzichten, Finnland und die Ukraine als selbständige Staaten anerkennen, sich zu wirtschaftlichen Leistungen verpflichten.

9. MÄRZ: In einem Brief an Bernhard von der Marwitz heißt es: »Auf der inzwischen ausgebildeten Ebene, auf der die Zeitungen einen gewissenlosen wortenen Durchschnitt aller Vorgänge zu geben wissen ... auf dieser Ebene wird ein fortwährender Ausgleich aller Spannungen geschaffen und die Menschheit geübt, eine Welt von Nachrichten beständig an Stelle der Wirklichkeiten hinzunehmen, die in sich groß und schwer werden zu lassen, niemand mehr Zeit und Fassung hat. Ich bin es nie gewesen, und ich kann kein Zeitungsleser mehr sein ...«

An Frau Philippine Landshoff: »Die strenge Klausur dauert immer noch an ... ich bin ganz unfähig, mich zu geben und am mindesten Gespräch theilzunehmen. Entschuldigen Sie mich also. Daß Ihre Musik mir geholfen hat, konnten Sie mir ansehen ...« R. läßt Preetorius grüßen.

»Verehrter Walther Rathenau, man kann nicht sagen Tür: ich falle gleich mit dem großen Tor ins Haus, indem ich Sie sofort, im nächsten Satz, um ein Wunder bitten werde: Können Sie mich rasch, für ein paar Monate den Menschen und Zeitungen, dem ganzen Zubehör der Zeit entziehn, und mich in eine ländliche Einsamkeit versetzen, in der ich bis auf weiteres verborgen bliebe?« In diesem langen Brief beschreibt R., welche Bedingungen er benötigte, wenn sich ein solcher Ort fände.

12. MÄRZ: R. hat für Marianne Mitford eine Frau Arnold als Astrologin gewonnen, Aretin habe mit seinen »parallelen Untersuchungen« angefangen. Von sich sagt R.: »Ich mag meine Schwarzseherei, die ins immer Schwärzere führt, gar nicht mehr zur Sprache bringen ... Ich bin nahe daran krank zu sein aus Gram und Furcht um unsere, in Menschenhände gerathene arme Zukunft, die wie eine Glocke umgegossen ist und nie mehr klingen wird in hoher heiterer Morgenluft.« R. erwähnt ein Zusammensein mit Frau von Stedman und der Baronin Goldschmidt-Lambert.
13. MÄRZ: Auf R.s Bitte, ihm einen Aufenthalt auf dem Land zu ermöglichen, erhält er von Rathenau einen abschlägigen Bescheid.
16. MÄRZ: R. schreibt an Irmela Linberg in Berlin, die ihm von einer Lesung im Sophie-Charlotte-Club berichtet hat: »Nun wüßte ich gerne, was für ein ›Verein‹ es ist, der sich meiner Arbeiten so ernst annimmt ... Wollen Sie mir mehr erzählen und mich an Ihrem Eindruck noch einigen Antheil nehmen lassen?«
18. MÄRZ: R. begründet Rathenau gegenüber nochmals seinen Wunsch nach Zurückgezogenheit: »Es war nicht meine Sache, mich mit dem Wortgeröll der Zeitungen einzulassen, das mich grob verschüttet hat. Nun kommt alles darauf an, ob ich den Anschluß an meine frühere freudige Sicherheit, über vier sie verschüttende Jahre hinüber, fände. Wer in der Beteiligung an den maßlosen Ereignissen keinerlei Nutzen zu bringen vermag, der weise sich aus als ein Kämpfer für jene geistige Kontinuität, nach der doch schließlich Alle wieder verlangen werden.«
29. MÄRZ (Karfreitag): R. dankt der Schauspielerin Anni Mewes, die seit 1917 in München an den Kammerspielen auftritt, für einen Osterstrauß und erinnert sich: »Gott, wie hab ich mich an Ihnen gefreut, damals in Wien und noch hier in Ihren Zimmern in der Pension Romana, wo Sie mich so schonlich warm hielten!« R. schenkt ihr die Louize-Labé-Sonette. 1918 geht sie nach Hamburg.
30. MÄRZ: An die Fürstin über das Schreiben: »Es geht mir jetzt damit, wie es mir als Knabe in der Turnstunde ging, – ich nehme einen rasenden Anlauf –, aber ich kann nicht springen. Ich bin in einer krankhaften Starrheit des Denkens, Fühlens und Thuns ...« R. hofft auf den Besuch der Fürstin in München: »Der Winter für mich in diesem kleinen, von lauter Sorgen abgenutzten Hôtelzimmer war eine Pein ... meine Schwere und Schwermüthigkeit war so groß, daß ich auch Kassner mo-

natelang nicht zu sehen vertrug, das Gespräch, selbst mit ihm, drängt immer wieder zu dem Gegenwärtigen, von dem ich nichts verstehe und wenn man dann plötzlich entdeckt, wie man mit den Ausdrücken der Zeitung (denn, was hat man anderes?) sich unterhält, so ergreift einen Ekel und Grauen vor dem eigenen Munde.« Den von der Fürstin an ihn weitergegebenen Vorschlag, aus dem »Cornet« einen Flieger zu machen, weist R. ironisch zurück.

8. APRIL: R. berät Frau Hedwig Jaenichen-Woermann im Hinblick auf die von ihr geplante Folge von Vorträgen Alfred Schulers, die am 15.4. vor einem Kreis geladener Gäste beginnen soll. R. schreibt: »Wir haben eine Probe gemacht, bei der es sich erwies, daß (woran ich nie zweifeln konnte) sein Lebenswerk so fertig in ihm steht, daß es eigentlich kaum noch Lücken aufweist und also auch nirgends mehr ihn im Stich läßt, wenn er es vorzubringen sich entschließt.« Als Zuhörerin schlägt R. Frau Ida Bienert vor: »die einen aufmerksamen Geist für alles Ernste mitbringt« (sie war u. a. Mäzenin Theodor Däublers und mit Kokoschka befreundet). Als Frau Jaenichen-W. bedauert, Geheimrat Walzel und den Kunsthistoriker Max Lehrs eingeladen zu haben, stellt R. am 11.4. fest: »Es wird sich ... während der Vorträge selbst eine lebendige Auslese vollziehen.« Und am 14.4. heißt es: »Aber wer weiß, wer in der kleinen Gruppe sich als verstehend herausstellen wird? ... Kokoschka?« Über Frau Bienert sagt R.: »Sie ist ein religiös orientierter Mensch ... ich kenne sie selbst zu wenig und habe sie selten in weiten Zeitabständen wiedergesehen.«

9. APRIL: R. dankt Sidie Nádherný für die Anweisungen von je 65 Mark im Februar und März, jetzt hofft er zum 1. Mai auf eine eigene Wohnung. R. schließt: »Je mehr die Welt zum Abgrund wird, desto kostbarer sind mir die, die um meine frühere Welt wissen und die Zeugenschaft dafür ablegen, daß sie war und so schön war, wie wir sie kannten.«

10. APRIL: R. weist Katharina Kippenberg darauf hin, daß Schuler »gleich nach dem 15ten April sechs oder sieben Vorträge« in Dresden halten wird, sie solle doch hinüberfahren. Die Vorträge finden bei Hedwig Jaenichen-Woermann statt.

11. APRIL: R. schreibt für Frau Jaenichen-Woermann einen Teil seines Briefes an Kokoschka ab, mit dem er diesen in die Schuler-Vorträge einstimmen wollte: »Vieles was wir seit der Kindheit als Starres, Unverstandenes oder Unkenntliches mit uns trugen, löst und belebt sich in einem unerschöpflichen Sinn. Der Standpunkt des Anschauenden ist

ein durchaus innerer und gerade dadurch liegt er außerhalb unserer historischen Befangenheit, gewendet nicht in die Perspektiven des sich verdrängenden konsekutiven Lebens, sondern in die Verhältnisse und Spannungen des Seins.« Die Vorträge Schulers über das »Wunder der konzentrischen Jahresringe des einheitlichen und sozusagen ältesten Daseins« werden von Kokoschka nicht besucht.

VOM 15. APRIL BIS ZUM 5. MAI ist Katharina Kippenberg in München, gemeinsam mit R. besucht sie Herrn und Frau von Bernus, Hertha Koenig und Gulbransson, spricht mit Kassner, Gebsattel, Felix Braun, Hofmiller, Hausenstein, Max Pulver. Später erinnert sie: »Einmal [im Hause Bernus] ... sah ich in der Unterhaltung, die Sie scheinbar mitmachten, Ihren verhangenen Blick und es war mir gegeben, blitzartig mitten in Ihrem Leiden zu sein und einzufließen in das, was ich doch schon längst wußte, wie Sie immer und immer wieder abgetrieben nach Ihrem Wesen suchten und nach der Vereinigung mit der Aufgabe.« (An R., Ende Februar 1922)

15. APRIL: An Frau Weininger heißt es: »Ich präzisiere: innere Lage starr und unverändert. Äußere nicht viel anders: immer Continental. Allerdings mit der Aussicht auf eine Art ›Gußhausstraße‹, die hier Ainmillerstraße heißt, und in die ich, wenn nicht Alles täuscht, Anfang May einziehen werde. Ins Eigene: denn ein paar Freunde wollen mir die nöthigsten Möbel schenken ...« R. hat zunächst gezögert: »denn wie gerne wäre ich von München fortgegangen ...« Weiningers wohnen in der Gußhausstraße in Wien.

R. berichtet der Mutter über die endgültige Übersiedlung von Clara R. und Ruth nach Fischerhude und die letzten gemeinsamen Tage Mitte/Ende März (»vor Ostern«) in München.

24. APRIL: R. erzählt der Fürstin: »Besuch kam von auswärts, meine Verlegersfrau, Mme Kippenberg, um die ich den ganzen Tag zu sorgen habe, ferner spielte da meine Wohnungsangelegenheit und ist nun zum Abschluß gekommen ... ich bekomme ein Atelier mit Terrasse und zwei nette Zimmer dazu, zur Terrasse gehören große Kübel mit Rosen und Nelken und zum Ganzen eine oesterreichische Köchin, die mit einigem Hausrath zu mir übergeht ... Übrigens, meine künftige Wohnung verdanke ich Paul Thun. Seinen Abschied zu begehen, kamen wir dort zusammen, bei dem bisherigen Hausherrn Baron Ramberg, unserem Konsul, der sich in diesen Tagen in die Ehe stürzt.«

26. APRIL: R. ermutigt Alfred Wolfenstein, nachdem dessen Lesung aus

eigenen Gedichten in der Presse unfreundlich besprochen worden ist.
FRÜHJAHR: Hans Carossa, verwundet nach München zurückgekehrt, sieht R. am Karlsplatz: »meine Freude war groß, er mußte es fühlen. Leider fand ich sein Aussehen besorgniserregend. Auf meine Frage nach seinem Befinden klagte er über unbestimmte Beschwerden und führte sie zum Teil auf ungemäße Ernährung zurück.« R. hätte ihm früher gesagt, daß er sich durch Fasten zu heilen pflege: »dieses Kurmittel schien ihm jetzt in Maximaldosen verabreicht zu werden, so daß es nicht mehr zuträglich war. Es fehlte gerade am reizlos Kräftigen, an Milch …« R. bittet Carossa um »einen regelrechten Krankenbesuch«. (»Führung und Geleit«)
6. MAI: R. antwortet Hedwig Jaenichen-Woermann auf ihren begeisterten Brief von den Schuler-Vorträgen in Dresden und sendet ihr die Abschrift eines Briefes, den er von Kokoschka erhalten hat: »um seine Gestalt bei Ihnen so rein wiederherzustellen, wie sie ist«.

München: Ainmillerstrasse 34^{IV}

AM 8. MAI bezieht R. seine Wohnung in der Ainmillerstraße 34^{IV} in München, wo ihn seine Haushälterin Rosa Schmid versorgt.
10. Mai: »Ich sitze, nach vierjährigen mühsamen Provisorieen, endlich, endlich in eigenen vier Wänden, in eigenen Möbeln, kurz im Eigenen. Hülfreiche Freunde haben mir zu dieser Verwirklichung verholfen, zu der meine Mittel, besonders jetzt, nicht ausgereicht hätten. Die günstige Fügung kam hinzu, indem ich plötzlich die Wohnung unseres hiesigen Konsuls, der sich verheirathet hat, übernehmen konnte, mit einigen Sachen dazu und mit seinem treuen, wie es scheint, sehr guten und gutgewillten Mädchen, das mich der Nothwendigkeit enthebt, meine Mahlzeiten auswärts zu suchen, was ich nun mehr als zur Genüge gekostet habe.« (An die Mutter)
FÜR DEN 13. MAI lädt R. Grete Lichtenstein und Wilhelm Hausenstein in die Wohnung von Frau Koenig ein, Leopoldstraße 8: »Nun trifft es sich so, daß ich am Montag Abend dort im Saal, in dem die Picasso-Bilder hängen, einige Gedichte von Alfred Wolfenstein zu lesen gedenke …« Wolfenstein ist Herausgeber des Jahrbuches »Die Erhebung«.

18. MAI: Die Fürstin Taxis schreibt an R.: »ich komme von Triest zurück
– habe Phantom von Duino gesehen – Nur mehr ein Phantom.« Pascha
Taxis meldet sich wieder an die italienische Front (4.6.18).
19. MAI: R. dankt: »Ihre, offenbar mit großem Nachdruck erneuten Bemühungen, lieber Hans Carossa, haben diesmal den schönsten Erfolg
gehabt: außer der Milchlieferung (eines halben Liters) sind uns einige
sehr fühlbare Vergünstigungen zutheil geworden (– Eier, Butter, Ha-
ferflocken): alles gültig bis 7. July.«
20. MAI: R. beschreibt Adrienne Sachs seine neue Wohnung.
23. MAI: Bei Katharina Kippenberg bedankt sich R. für »Küchenbei-
gaben«, Bettwäsche, Handtücher und die »außerordentlich erwünschte
Kamelhaardecke«: »Kassner, der vergangenen Samstag, gegen Abend,
zuerst bei mir eintrat, konstatierte im ersten Blick eine gewisse, unwillkürliche Ähnlichkeit mit Paris ... Alles steht wie Sie's kannten, die
Wandfrage ist noch unentschieden, ein wunderbarer Lehnsessel, im
Stile des Schreibtisches, ist hinzugekommen und steht rechts vor ihm
am Fenster ...« Es folgt eine genaue Schilderung, die schließt: »Der
Stehsekretär bewährt sich wundervoll, der Michelangelo liegt seit dem
ersten Abend auf ihm groß aufgeschlagen und – nicht vergebens.«
Im Nachlaß R.s befinden sich zahlreiche Vorarbeiten zu Michelangelo-
Übertragungen, vorläufige Niederschriften, Vollendetes und Fragmentarisches. 1927 bringen die »Gesammelten Werke« im sechsten Band 55
dieser Übertragungen; erst die spätere Ausgabe in der Insel-Bücherei
»Dichtungen des Michelangelo« (Nr. 496) ist auf 62 dieser Nachdichtungen erweitert (1936), womit der Vorrat noch nicht erschöpft ist.
24. MAI: Frau Jaenichen-Woermann gegenüber nennt R. seine neue
Aussicht »frei, aber dächern«.
Im Erdgeschoß des Nachbarhauses wohnt Paul Klee.
26. MAI: »Samstag früh ist nun Clara in München angekommen und
hat sich von meiner Installation erfreut überzeugen lassen; Samstag
und Sonntag habe ich sie bei Tische hier gehabt ... Wie hätte Ruth sich
erst gefreut, einmal ›bei mir‹ zu sein ...« (An die Mutter, 18.6.18)
31. MAI (»Fronleichnam«): R. lädt Henriette Hardenberg-Wolfenstein
zu einer Lesung von Richard Scheid aus eigenen Werken bei Frau Hertha Koenig in den Picassosaal ihrer Wohnung in der Leopoldstraße 8
ein, die am 3.6.18 stattfindet.
3. JUNI: R. empfängt den Besuch von Frau Weininger, die er nachmittags am Hotel abholt: »Denn nun giebt es ein chez moi et je serai heu-

reux de vous y recevoir.« R. fragt, ob sie mit in eine Vorlesung gehen wolle, die in einem Privatkreise stattfinde: »Ich muß abends dorthin.«
An Paul Thun schreibt R. nach Baden bei Wien, Graf Hartenau aus der österreichischen Gesandtschaft in München habe ihm berichtet, er (Rilke) sei mit einem Orden ausgezeichnet worden, wovon er jedoch direkt nichts gehört habe. R. gibt das verliehene Offizierskreuz des Franz-Josephs-Ordens am 17.12.18 wieder zurück.

3. JULI: An Anton Kippenberg: »Sie schreiben, das Weltbild, das äußere sowohl wie das innere, habe sich von Grund aus geändert. Was ich wahrnehme, mein lieber Freund, ist immer nur noch der heillose Abbruch des früheren, an dem ich auf meine Art um so tiefer beteiligt war, als es für mich in die offenste Zukunft überging. Je länger die wirrsälige Unterbrechung dauert, desto mehr sehe ich meine Aufgabe darin, das Gewesene fortzusetzen in reinster Unbeirrtheit und unerschöpflichstem Erinnern ...« Für die geplante Gesamtausgabe der Werke von Charles-Louis Philippe schlägt R. dem Verlag Friedrich Burschell als Übersetzer vor, der »die wunderbaren, unvergleichlichen Lettres de Jeunesse« übertragen hat. Der Insel-Verlag wäre »der rechte Anwalt eines Dichters, der, wie kein anderer, im französischen Geiste menschlich ergriffen war. Für eine zur Verständigung geneigte Welt wird das Zeugnis und Opfer gerade dieser Bücher bedeutend sein müssen.«

8. JULI: Kippenberg schickt an R. je fünf Kilogramm Reis, Weizengrieß, Bohnen und Mehl und läßt 1000 Mark außerhalb der Honorare anweisen für die Wohnungseinrichtung.

12. JULI: R. klagt Alfred Schuler gegenüber: »Meine Wohnung, statt mir Schutz zu bieten, ist zunächst erst recht zu einem Anziehungspunkt für hiesige und durchreisende Freunde geworden ...« Clara R. ist für einige Wochen in München eingetroffen, sie läßt Schuler grüßen.

18. JULI: In einem Brief an Anni Mewes spricht R. über Rußland: »Die innere Stabilität und Gleichmüthigkeit des russischen Menschen ist nicht leicht zu erschüttern, welche Einfalt, den gewagten und verworrenen Verhältnissen, dem Chaos selbst, immer noch eine Art Einfachheit abzugewinnen ... weil Besitz und Verlust, wie sie fallen, nicht die letzten endgültigen Bestimmungen für ihn enthalten, nicht die Pole seines Schicksals sind ...«

19. JULI: R. übersendet Katharina Kippenberg die Beiträge für den Insel-Almanach; zunächst hat R. an Übertragungen gedacht: »deren Auswahl Sie würde überrascht haben. Ronsard (von dem ich nicht weiß, ob

er je übersetzt worden ist) Petrarca, Michelangelo, das etwa wäre die Zusammenstellung gewesen –, es ist – bei der Ungunst und Unruhe meiner inneren Verhältnisse – nicht ein Drittel des Geplanten zustande gekommen, und, was sich hat dem Versagen abringen lassen, ist ungern gelungen und befriedigt mich nicht.« Dafür legt R. ein Stück Prosa ein: »das mir inhaltlich so wichtig und in seinem Ereignis so vollkommen ist, daß ich mich nicht eben leicht davon trenne. Der Veröffentlichung scheint die kleine und genaue Aufzeichnung insofern gewachsen zu sein, als sich nicht oft ein Unbeschreiblicheres bieten wird, das hier doch einigermaßen aufgefaßt und beschrieben ist, – wenn ich mich nicht ganz irre.« Die Aufzeichnung »Erlebnis. Es mochte wenig mehr als ein Jahr her sein ...« entstand um den 1. Februar 1913 in Ronda. Weiter bietet R. das Gedicht »Der Tod« an: »stößt es Sie ab, – wie stünden Sie zu der leicht geschlossenen Arabeske des kleinen ›Narziß‹?« Schließlich: »Als drittes schlage ich die Übertragung eines der schönsten Gedichte der Gräfin Noailles vor, das in einer Zeit vielfältig abgewandelten Verlustes umso größeren Klang haben müßte ...« Die Übertragung aus »Les vivants et les morts: Tu vis, je bois l'azur ...« gibt nach R.s Auffassung »alles Wesentliche des französischen Originals«. Alle vorgeschlagenen Texte erscheinen im Almanach. Katharina Kippenberg hat eine Arbeit über Matthias Grünewald erwartet.

25. JULI: R. dankt Kippenberg für »die reich zusammengestellte Kiste«, die Rosa ›immer wieder anerkannt und gelobt‹ hat, und für die Geldsendung aus dem Verlag.

R. schreibt an Frau Koenig auf ihr Gut Böckel: »lebte Tolstoi noch, ich würde ihm einmal von Ihrem Leben erzählt haben, von der Frau, die an ihrem Besitz, durch die tiefe, echte unerschütterte, ja ehrfürchtige Besitzergreifung alles dessen, neben dem sie in Scheu und abwartender Armut gestanden hat – von der Frau, die an ihrem Besitz zur Freiheit gekommen ist.«

JULI: R.s späterer Freund und »Lehnsherr« Werner Reinhart aus Winterthur begibt sich zu seinem Ferienort Chandolin im Valais. Er übernachtet in Sierre im Hôtel Bellevue, wo er eine Ansichtskarte des »Château de Muzot, 13. siecle« erblickt, die er aus der Auslage kauft. Diese Karte sieht sein Freund, der Züricher Maler Ernst Ruegg in Chandolin, malt nach einer Zeichnung, die er auf der Rückreise in Muzot anfertigt, ein kleines Ölbild, das er Reinhart als Erinnerung an ihre Tage in Chandolin und im Valais zum Geschenk macht.

30. JULI: Katharina Kippenberg hat R. »Die Opfer des Kaisers. Kremserfahrten und die Abgesänge der hallenden Korridore. Mit einer Nachrede« von Albrecht Schaeffer und Ludwig Strauss gesandt, eine als Privatdruck im Insel-Verlag erschienene George-Parodie. R. antwortet: »Die ›Opfer des Kaisers‹ von Schaeffer und Strauss haben mich, daß ich es ganz gestehe, sehr erschreckt und abgestoßen«, er kann sich nur mit Mühe der Interpretation des Verlages anschließen, daß es sich um eine »Huldigung« handle. »Ich kann das Buch nicht ohne Widerwillen ansehen und es scheint mir, als wäre da das (viel zu gute) Inselschiff etwas leichtsinnig gegen die Lechtersche Monstranz ausgespielt.«
31. JULI: R. bittet Dr. Landshoff, von der Verwendung seines Namens im Zusammenhang mit der ›Erweiterung und Befestigung‹ des Bach-Vereins abzusehen: »Lieber würde ich meine Schriften ohne Namen erscheinen lassen, als diesem allein in irgend einem Falle das Recht einzuräumen, sich schwer zu machen. Ach, schlagen Sie mir einen anderen vor und ich will morgen unter ihm aufstehen und versuchen auf neue Weise wahr und vorhanden zu sein ...«
2. AUGUST: An Marianne Mitford: »Sie haben mir niemals geantwortet auf jenen Brief, in dem ich die Möglichkeit aufnahm, die Sie so herzlich und bereitschaftlich gegen Walther Rathenau geäußert hatten: mir irgendwo auf dem Lande eine arbeitsgünstige Zuflucht zu bieten.« Da sie nicht auf diesen Brief eingegangen sei, habe er angenommen, das Projekt sei nicht zu verwirklichen. Tatsächlich scheint ein Brief verlorengegangen zu sein, denn jetzt hat R. erfahren, daß M. Mitford ihn eingeladen habe: »Ob etwa in der zweiten Hälfte August oder, besser, im September nachzuholen wäre, was dem Frühling nicht bestimmt gewesen ist oder was ich mir (Schrecken Schrecken!) habe entgehen lassen?« Gehört hat R. von der Einladung, die ihn nicht erreichte, durch Elisabeth von Schmidt-Pauli.
3. AUGUST: R. dankt Antonia Vallentin-Luchaire für ein Paket. Weiter äußert er sich zu Luxusausgaben von Büchern, für die er nicht viel Vorliebe aufbringe: »Entspricht es doch unserer Zeit soviel besser, daß das wirklich Unentbehrliche eher notdürftig und ärmlich, so gut es die Umstände erlauben, wie ja auch wir selber, bestehe, als daß man ein Aufwandvolles und Kostbares herstelle, welches dann, seiner Erscheinung nach, eher den Bereicherten als den Bedürftigen in die Hände fällt.«
An Wilhelm Fließ, den Begründer der »Periodenlehre«: »Ihre Entdek-

kungen, eine wie die andere, scheinen mir zu den eingreifendsten zu gehören, die unsere unausgesprochenen inneren Verhältnisse berühren. Wieviel Ahnungen, gerade des dichterischen Gemüths, werden durch sie bestätigt ...« R. habe noch wenige Tage zuvor mit Kassner über ihn gesprochen und dankt nun für »Das Jahr im Lebendigen«, das soeben erschienen ist.

10. AUGUST: R. vermittelt für Magda von Hattingberg eine Begegnung mit Dr. Gertrud Wolf, 1917 bis 1919 Leiterin des Frauenreferates im bayerischen Kriegsministerium.

R. stimmt Katharina Kippenberg darin zu, das »Duino« als Vermerk in der Überschrift von »Erlebnis« fortzulassen: »Hätte ich volle Laden, so würde ich mich vielleicht noch nicht von dieser Aufzeichnung getrennt haben; ist sie doch, in einem gewissen Sinne, die intimste, die ich je aufgeschrieben habe –, andererseits aber wieder kann man sich den Schutz gar nicht groß genug vorstellen, darin das Innerste geborgen bleibt, wenn es einmal in seine unbedingteste Gestaltung eingegangen ist.« R. berichtet weiter über den Besuch eines ›möglichen‹ Insel-Autors, Dr. Berendts, der ihm dramatische und lyrische Arbeiten vorgelesen hat. R. ist skeptisch im Hinblick auf die Bedeutung dieser Versuche.

An Marianne Mitford schreibt R. über die verlorenen Briefe und die ›wunderbare verhängnishaft versäumte Möglichkeit‹: »ob, wenn wir die Sache genau erwägen, Rügen nicht doch noch zum September zu requirieren wäre?« – »Ein Schutz, ähnlich dem, den im Jahre zwölf das unglückliche Duino mir geboten hat, eine wirkliche, durch einige Monate ununterbrochen erhaltene Einsamkeit und mit ihr zugleich Stille und Gleichgewicht der Natur –: das wären, wie ich schon damals an Walther Rathenau schrieb, die seit vier Jahren entbehrten Umstände, in denen ich vielleicht jene innere Erstarrung überwände, die immer mehr mit der Kraft einer Gemüthskrankheit mich abzuschließen und abzuschnüren droht ... Bei der Sinnlichkeit meines Wesens waren immer noch äußere Veränderungen die hülfreichsten für mich, hülfreicher als alles, was unmittelbar darauf ausginge, die inneren Hemmungen zu beseitigen. Natur und Stille bewirken das anonymer und göttlicher.«

14. AUGUST: R. dankt Katharina Kippenberg für zwei Bücher aus dem Insel-Verlag: F. Cortez, »Die Eroberung von Mexico«, herausgegeben von Arthur Schurig, und Albrecht Schaeffer, »Josef Montfort. Erzählungen«. »Letzteres habe ich in einem oft gesteigerten Atem gelesen ... Die

Feststellung, zu welcher Kategorie weltlicher Ereignisse das Grausen gehöre, ist denn auch ein schönes und reines Ergebnis der vielen Gespensterei, (die nicht immer ohne Zwang ist und im letzten Teil, in den biographischen Berichten des Abenteurers, nicht immer mit Überzeugung aufgenommen wird).«

17. AUGUST: Im Rilke-Archiv befindet sich der Band »Shakespeare: Sonette. Umgedichtet von Stefan George«, Berlin 1909, mit R.s Einschrift: »17. 8. 1918«.

UM DEN 20. AUGUST besucht Anton Kippenberg R. in München, er ist auf der Durchreise in die Schweiz.

6. SEPTEMBER: R. schreibt der Fürstin Taxis: »mir scheinen unbeschreibliche Kräfte nöthig, um eine Feder in Bewegung zu setzen, ein ganzes Räderwerk«. R. hat ihr den ›Montfort‹ geschickt, den er mit Meyrink vergleicht: »Die kühle litterarische Berechnung stört bei Schaeffer und vielleicht fehlt überhaupt das Erlebnis, aber wenn es sich um die Chemie des Grausens handelt, dann ist mir das saubere Experiment lieber, als der auf Massenerfolg eingekochte Schmöker.« R. hat neue Gedichte der Noailles erhalten, »die in der August-Nummer der Revue des Deux-Mondes stehen«. Er sehnt sich nach Lautschin.

Die neuen Gedichte der Gräfin von Noailles erhielt R. von Fürstin Sophie Oettingen-Oettingen, geb. Prinzessin Metternich, die in R.s ›nächster Nähe‹ wohnt. R. hat ihr Anfang September seine Übertragung von »Tu vis, je bois l'azur ...« in ein eigenes Heft (4°, Büttenpapier, 8 Seiten) eingeschrieben, dazu die Widmung: »Diese Niederschrift des, im Herbst 1915 übertragenen Gedichts ist der Fürstin Sophie von Oettingen ehrerbietigst zugeeignet.«

10. SEPTEMBER: »In einer Stunde fahre ich nach Ohlstadt ...« (An einen ungenannten Empfänger) Der Raunerhof in Ohlstadt ist das Gut des Staatssekretärs des Auswärtigen Richard von Kühlmann, wo R. einige Tage verbringt.

16. SEPTEMBER: Aus München schreibt R. an Joachim von Winterfeldt zum Tode von Bernhard von der Marwitz, der am 8. 9. seiner schweren Verwundung erlegen ist. »Unter den Tausenden von jungen Menschen, die in dem undurchdringlichen Schicksal des Krieges ihr eigenes und eigentümlich gemeintes Leben aufgeopfert haben, wird Bernhard von der Marwitz bei denen, die ihn gekannt haben, einer der unvergessensten bleiben ... Denn das ›Jungsein‹ und das ›Freundsein‹ dieses edel gebildeten und groß bewegten Jünglings war von mehr als persön-

licher Erscheinung, war in gewissem Sinne maßgebend für jene deutsche Jugend, die, ohne den Einbruch so fürchterlicher Verstörungen, unsere Zukunft in einer weit offenen geistigen Welt würde gesichert haben.« R. schreibt am 20.9.18 auch der Schwester des Gefallenen.
UM DEN 18. SEPTEMBER kurzer Aufenthalt in Ansbach: »Der Gedanke an eine solche Veränderung treibt mich zu den unvermutetesten Versuchen: so war ich in der vorigen Woche in dem entlegenen Ansbach, wo ich mich sogar durch ein Inserat einführte, in dem, als wäre das das Natürlichste von der Welt, eine ›stille Gartenwohnung oder ein Gartenpavillon‹ ausdrücklich ausgeschrieben war«, heißt es am 24.9.18 an Anton Kippenberg.
20. SEPTEMBER: R. erwartet Kippenberg auf der Rückreise von der Schweiz, wie er Katharina Kippenberg meldet; am selben Tag empfiehlt dieser – bereits aus Leipzig – Ouchy oder Morges am Genfer See für den geplanten Aufenthalt R.s in der Schweiz: »Wenn also die Pass-Angelegenheit erledigt ist, würde ich Ihnen raten bald zu reisen ...« Für die Zeit dort sollen ihm monatlich 1000 Mark zusätzlich zur Verfügung stehen.
22. SEPTEMBER: R. dankt Marie von Bunsen: »Ihr neuer Brief ist wiederum voller Beweise ihrer lebhaften Unbeirrtheit ... Wie lieblos, lieblos dagegen reiste ich noch vor ein paar Tagen durch Ansbach. Sah, erinnerte, versuchte zu bewundern: aber wie ist mir, über dem jetzigen bösartigen Wirrsal, das Menschliche bis weit zurück verdächtig geworden. Kaum kann ich vor schönen alten Dingen stehen, ohne zu erschrecken vor ihrer Verlassenheit, wie sie in Verlust geraten sind ...« R. berichtet von einem Besuch Richard Coudenhoves und seiner Frau, der Schauspielerin Ida Roland, die er gerade im Schauspiel »Anna Peders Dotter« von Wiers-Jensen gesehen hat: »Warum spielt sie bei uns in schlechten, auffälligen Stücken ...?« R. spricht ferner vom Tode des Schriftstellers Richard Voß und von den jungen gefallenen Freunden Paul von Keyserlingk und Marwitz. R.s Briefe an Keyserlingk sind verloren.
24. SEPTEMBER: Auf Kippenbergs Anraten beginnt R. seine Reise in die Schweiz vorzubereiten: »Unser Konsul ist augenblicklich verreist, wird aber jeden Tag zurückerwartet; ich werde ihn dann ehestens aufsuchen und die äußere Seite meiner Abkömmlichkeit recht dringend in seine Hände empfehlen ... ich gebe zu, daß die Schweizer Reise am Ende das Rechte sein möchte, in meiner anstehenden Immobilität zunächst wie-

der einmal einige Strömung hervorzurufen...« R. endet mit einer Nachricht für den Goethe-Sammler Kippenberg: »Der vorgestrige Tag hatte für mich eine feierliche Stunde: die Goethe-Ausgabe von 1840 traf ein (vierzig schöne kleine Bändchen in den Pappbänden der Zeit)...«
Am selben Tag schreibt R. an Sidie Nádherný, die lange nicht von ihm gehört hat: »Der Weg ist nicht zugewachsen...« Vor allem hofft R. auf ein Wiedersehen in der Schweiz: »Wenn nicht alles täuscht, so werde ich diesen Winter ein paar Wochen in Manin Sur sein können«, dem kleinen Haus in St. Moritz, wo sie zu wohnen pflegt. »Clara und Ruth waren während der Ferien [im Sommer] einige Wochen hier, und da ich nun einen eigenen kleinen Haushalt betreibe, so hatte ich die Freude, sie manchmal am eigenen Tische bewirten zu dürfen, was besonders für Ruth, die ja sonst nirgends je in einer meinigen Niederlassung gewesen war, ein von unterhaltlichen und befreundeten Einzelheiten erfülltes Vergnügen war.«

2. OKTOBER: R. erbittet Kippenbergs Hilfe für seine Einkommensteuer-Erklärung: »Da doch ein großer Teil meiner Einnahmen unregelmäßige und außergewöhnliche sind, weiß ich nicht recht, wie ich mich ordnungsgemäß, ohne dem Staat oder mir unrecht zu tun, einzuschätzen habe.«

3. OKTOBER: Der erste Brief R.s aus der längeren Korrespondenz mit Hans Bodmer über die Vortragsreise in der Schweiz.

UM DEN 6. OKTOBER: Erhalten ist R.s Entwurf eines Briefes an den Reichskanzler Prinz Max von Baden. Darin heißt es: »nicht leicht wäre eine andere Persönlichkeit imstande gewesen, ein unerhört Neues, gestern noch Undenkbares, mit rein verantworteter Freiheit zu vertreten und es zugleich auf das Natürlichste an Tradition und Vergangenheit anzuschließen. Es wird im Sinne des Künftigen bald die eine, bald die andere Betonung nöthig sein.« R. bezieht sich auf das deutsche Friedens- und Waffenstillstandsangebot, datiert vom 3.10.18.

IM OKTOBER entsteht der Entwurf: »Wie Kindheit nach uns langt und sich beruft, / daß wir das waren, die sie ernstgenommen...« Das Sonett ist vielleicht der Entwurf zu einer Widmung. Auf der Rückseite des Blattes findet sich die Notiz: »Daß der Deutsche, sozusagen, von außen wieder nach innen schlüge, worin sein Verhältnis zu Deutschland und den Deutschen auf die knappste Formel gebracht ist.«

1918 niedergeschrieben ist auch das französische Gedicht »A Madame Helen Hessel. Géranium qui éclate / au doux soir pluvieux...« Helen

Hessels Mann, Franz H., der erste Proust-Übersetzer, ist mit Thankmar von Münchhausen befreundet.

8. OKTOBER: R. bestätigt an Kippenberg, daß er die Krellsche Übertragung der »Bacchantin« von Maurice de Guérin kenne, »sie ist nicht ohne Verantwortung, allerdings mehr fleißig als bewegt«. Er selbst werde sie nicht übersetzen, es war »kein Zufall, daß ich mich damals für den Kentauren entschloß und nur für ihn«.

9. OKTOBER: R. macht Aline Dietrichstein zu ihrer Heirat mit dem Grafen Kuenburg »das beschämende Geständnis, daß ich mit dem Abschreiben der Michel-Angelo-Gedichte, die ich Ihnen nun endlich zu Ihrem Fest zu überreichen hoffte, nicht fertig geworden bin«. Vorher heißt es: »Ich habe mich alle die Jahre nicht gefragt (es wäre unvorsichtig gewesen es zu tun), wie sehr ich noch bei aller Trübsal, Wirrnis und Entstellung der Welt an die großen, an die vollkommenen, weithin unerschöpflichen Möglichkeiten des Lebens glaube; Ihr Hochzeitstag sei mir ein Anlaß, mich zu prüfen. Und da bekenne ich denn, liebe Gräfin, daß ich das Leben für ein Ding von der unantastbarsten Köstlichkeit halte, und daß die Verknotung so vieler Verhängnisse und Entsetzlichkeiten, die Preisgebung so zahlloser Schicksale, alles, was uns diese letzten Jahre zu einem immer noch zunehmenden Schrecken unüberwindlich angewachsen ist: mich nicht irre machen kann an der Fülle und Güte und Zugeneigtheit des Daseins. Es hätte keinen Sinn, Ihnen mit Wünschen nahe zu kommen, wenn nicht vor allem Wunsch diese Überzeugung stünde, daß die Güter des Lebens rein und unverdorben und im Tiefsten begehrenswert aus Umsturz und Untergang hervorgehen; aber daß ich (obzwar selber traurig, schwermütig und an ein fast unauflösbares Herz gebunden) diese Überzeugung fassen kann, das möge meinen Wünschen die größte und reinste Gültigkeit geben. Und wenn ich so, auf der einen Seite, für die wunderbaren Vorräte des Lebens einstehe, so ist es mir andererseits im Innersten gewiß, daß gerade Sie seine Zuwendungen nach ihrem gründlichsten Werte zu schätzen wissen.«

11. OKTOBER: R. beglückwünscht Kippenberg zum Erwerb der Verlagsrechte für Charles-Louis Philippe.

13. OKTOBER: R. schickt das »Horoskop der Frau Arnold« an Marianne Mitford, deren Besuch in München er vergeblich erwartet hat, und berichtet über seine Fahrt nach Ansbach. Am selben Tag lehnt R. eine Bitte Axel Junckers ab, in Berlin zu lesen, er habe in den letzten Tagen vier derartige Wünsche abgeschlagen: »Es sieht mir so aus, als sollte ich

diesen Herbst und Winter, während die furchtbare Schwere aller Dinge sich vielleicht am Eingang einer noch unabsehbaren Zukunft niederläßt, gar nicht an Reisen denken, jedenfalls nicht in der Richtung auf Berlin zu.« (Der Verlag möge ihn bitte nicht »Fräulein Rilke Rainer« anreden.)
15. OKTOBER: Im Zusammenhang mit der kritischen politischen Lage schreibt R. an Grete Lichtenstein: »Sie werden schon wissen, daß das gestrige Gerücht, das in den Abendstunden überall verbreitet war, sich nicht bestätigt hat? Muß ich mich meiner Leichtgläubigkeit schämen? Man hätte es so gern geglaubt. Aber wenn es auch nur aus dem allgemeinen Wunsch und der Spannung dieser Tage hervorgebrochen war, vielleicht darf man doch sagen, daß es in der Luft liegt und mit Rückhaltung hoffen ...« Anfang Oktober ist das Waffenstillstandsangebot der deutschen Regierung an Präsident Wilson abgegangen (3./4.10.18).

KRIEGSENDE UND REVOLUTION

15. OKTOBER: An Dr. Ludwig Landshoff: »es war sehr lieb von Ihnen zum ersten Konzert des Bach-Vereines wieder an mich zu denken: seit lange habe ich nun keine Musik gehört und freue mich sehr auf den Abend, den ich Ihnen sicher überaus gerne verdanken werde.«
UM DEN 24. OKTOBER schreibt R. den Hausspruch für den »handbehauenen Hausbalken« des Hauses von Clara Rilke-Westhoff in Fischerhude bei Bremen: »Da vieles fiel, fing Zuversicht mich an ...«
25. OKTOBER: R. fragt im Auftrag von Frau Hertha Koenig bei Dr. Müller-Mittler an, ob dieser für die große Wohnung in der Leopoldstraße Soldaten, Offiziere, Genesende für Unterkunft, Verköstigung und Pflege empfehlen könne oder etwas anderes »als dringendes Hülfswerk«. Er könne aus seiner ›Kriegsthätigkeit‹ raten.
27. OKTOBER: Kaiser Karl bittet um einen Sonderfrieden für Österreich; Tschechen, Jugoslawen und Ungarn proklamieren ihre Unabhängigkeit.
29. OKTOBER: Richard von Kühlmann beauftragt R. brieflich mit dem Zusammenstellen einer Sammlung seiner Gedichte in seiner Handschrift.

IM HERBST 1918 übermittelt R. Anton Kippenberg als letztwillige Fassung ein Manuskript der Elegiendichtung, soweit diese damals vorliegt, für den Fall, daß ihm die Vollendung versagt bleibe. Das Manuskript enthält die ersten beiden Elegien in Schreibmaschinenkopie, handschriftlich und ohne Bezifferung die vollendeten Elegien III, IV und die unvollendeten VI und X, dazu einen Umschlag mit »Anfängen und Fragmenten aus dem Umkreis der Elegien«. Den gleichen Bestand schreibt R. ebenfalls im Herbst 1918 für Lou A.-S. ins reine; der Umschlag trägt den Titel: »Die Elegien«.

3. NOVEMBER: An Elya Nevar: »seit vielen Abenden war ich jeden auswärts bis weit in die Nacht hinein, und bin es heute wieder und morgen auch.« An einem dieser Abende hat R. ein Konzert der dänischen Sängerin Birgit Engell gehört, die ihn tief beeindruckt.

4. NOVEMBER: An Katharina Kippenberg heißt es: »Wundern Sie sich nicht, wenn nun gelegentlich kleine Sendungen kommen, wie die beiliegende: sie möchte verschlossen wie sie ist, im Eisenschrank der Insel aufbewahrt sein. Immer im Hinblick darauf, daß ich doch noch vielleicht in die Schweiz gehe, stelle ich einige Abschriften von meinen neueren Arbeiten her, um sie, für alle Fälle, bei Ihnen gesichert liegen zu lassen, wenn ich mich in alle die Unsicherheiten der bodenlosen Welt hinausbegebe; dem hier Mitkommenden wird also noch einiges, sowie die Abschriften fertig sind, nachfolgen. Vorläufig steht es so, daß ich von Zürich gebeten worden bin, bei meinen Reiseentschlüssen zu bleiben, aber einen Brief der Berner Gesandtschaft abzuwarten, der noch nicht eingetroffen ist.« R. ist vom Lesezirkel Hottingen zu Vorträgen eingeladen, er soll am 25. November dort lesen.

Von den Ereignissen dieses Tages berichtet R. an Clara R.: »Unter Tausenden auch war ich Montag abend in den Sälen des Hotel Wagner, Professor Max Weber aus Heidelberg, Nationalökonom, der für einen der besten Köpfe und für einen guten Redner gilt, sprach, nach ihm in der Diskussion der anarchistisch überangestrengte Mühsam und weiter Studenten, Leute, die vier Jahre an der Front gewesen waren, – alle so einfach und offen und volkstümlich ... der Dunst aus Bier und Rauch und Volk ging einem nicht unbequem ein, man gewahrte ihn kaum, so wichtig wars und so über alles gegenwärtig klar, daß die Dinge gesagt werden konnten, die endlich an der Reihe sind, und daß die einfachsten und gültigsten von diesen Dingen, soweit sie einigermaßen aufnehmlich gegeben waren, von der ungeheueren Menge mit einem schweren massiven Beifall begriffen wurden. Plötzlich stieg ein blasser junger Arbeiter hinauf, sprach ganz einfach: ›Haben Sie oder Sie oder Sie, habt Ihr‹, sagte er, ›das Waffenstillstandsangebot gemacht? und doch müßten wir das tun, nicht diese Herren da oben; bemächtigen wir uns einer Funkenstation und sprechen wir, die gewöhnlichen Leute zu den gewöhnlichen Leuten drüben, gleich wird Friede sein.‹ ...« (7.11.18)

5. NOVEMBER: R. dankt Frau Dorothea Rapp, mit deren Kindern Alfred und Eleonore er in Verbindung steht, für ein Paar warme »selbstgemachte Schuhe«, wie er sie »nur an den Füßen Tolstoi's gesehen« habe: »eine Linderung und Verhäuslichung dieses Winters«. Auf Veranlassung von Alfred Rapp schreibt R. eine Widmung für sie in den »Malte Laurids Brigge«; R. bittet, die Verspätung zu verzeihen: »auch hier ist mein Gehemmtsein schuld, weil ich mich scheue, ungenau und unlebendig zu bleiben in irgend einem ausgegebenen Wort, und mir täglich eingestehen muß, daß ich gegenwärtig fast für nichts den rechten, unmittelbaren Ausdruck aufbringe: sehen Sie daher die eingeschriebenen Zeilen nachsichtig an.« Diese lauten: »Ob man nun die Gefahr der Kindheit mißt, oder, über ihr, den mütterlichen Schutz: man kommt mit beiden gleich über das Begreifliche hinaus – Frau Dorothea Rapp in dieses Buch, um es ihr noch vertrauter anzueignen.«

An Anni Mewes: »Wir standen über vier Jahre im Feuerschein, und so sehr sind uns alle anderen Lichter ausgegangen, daß uns jetzt der erlöschende Krieg in der furchtbarsten Finsternis zurücklassen wird, die es je gegeben hat, wenn nicht das Volk in seiner Not ein anderes gewaltsames Feuer anfacht, dessen Funken schon da und dort den Rand der Massen in Brand stecken. Und zu denken, daß die Leuchtkraft des Geistigen in dieser neuen Atmosphäre ebenso machtlos und strahlenlos sein wird wie, vier Jahre lang, in der Luft des Krieges! Gestern hatte Eisner eine Versammlung einberufen in ein Brauhaus an der Theaterwiese, der Saal erwies sich als zu klein, und so versammelte man sich unter dem Nachthimmel, an sieben Tausend –; dort soll, wird erzählt, auch Bruno Frank gesprochen haben ...« R. fährt fort: »Die Kunst ist immer die Versprecherin der fernsten, mindestens übernächsten Zukunft, und darum wird eine Menge, die leidenschaftlich nach dem nächsten greift, immer bilderstürmerisch gesinnt sein. Die Macht des ganz Künftigen sieht, für den ungeübten und erhitzten Blick, der Autorität der Vergangenheit zum Verwechseln ähnlich!«

Angesichts der steigenden politischen Unruhe und weil Kippenberg in

Schweden ist, fragt sich R., ob er nach Leipzig fahren soll, um Frau Kippenberg zur Seite zu stehen: »mit dem Ergebnis, ich sei ein zu schlechter und zu ungeistesgegenwärtiger Ratgeber in allem Praktischen –, da müßte ich fürchten, am Ende doch nur im Wege zu sein«, wie er ihr schreibt. Weiter heißt es über die Regierung des Reichskanzlers Prinz Max von Baden, der seit wenigen Wochen als Chef einer vom Reichstag legitimierten Regierung im Amt ist: »Ich bin der Meinung, daß wenn die Regierung sich volkstümlich macht, indem sie das Wagnis der ›Nationalen Verteidigung‹ vermeidet, eine Revolution jetzt noch zu verhüten, mindestens hinauszuschieben wäre. Die Regierung müßte sich dann allerdings beeilen, gewisse allgemeine Erwartungen zu erfüllen: über allen ihren Verfügungen liegt noch immer ein leichter Verdacht von Halbheit und Hinterhältigkeit, und es ist das Verhängnis des Verspäteten, wenn es sich zeigen sollte, daß der lang unbeachtet gelassene Volkswille nur noch in gewaltsamer Explosion Atem holen könnte.«

7. NOVEMBER: An Clara R.: »In den letzten Tagen hat München etwas von seiner Leere und Ruhe aufgegeben, die Spannungen des Augenblicks machen sich auch hier bemerklich, wenngleich sie zwischen den bajuwarischen Temperamenten sich nicht gerade geistig steigernd benehmen. Überall große Versammlungen in den Brauhaussälen, fast jeden Abend, überall Redner, unter denen in erster Reihe Professor Jaffé sich hervortut, und wo die Säle nicht ausreichen, Versammlungen unter freiem Himmel nach Tausenden ...« R. endet seinen langen Bericht damit, daß er eine Nachricht von seiner Mutter weitergibt: »es spricht für die Tschechoslowaken, daß sie sich in dem neuen Staate verhältnismäßig gefaßt und geborgen fühlt.«
König Ludwig von Bayern flieht aus München.

8. NOVEMBER: Nachschrift zu dem Brief an Clara R. vom Vortage: »Wir haben eine merkwürdige Nacht hinter uns. Nun ist auch hier ein Soldaten-, Bauern- und Arbeiterrat eingesetzt, mit Kurt Eisner als erstem Vorsitzenden. Die ganze erste Seite der Münchner Neuesten nimmt eine von ihm ausgegebene Verfügung ein, durch die die bayerische Republik erklärt, Ruhe und Sicherheit den Einwohnern zugesagt wird. Dem nächtlichen Unternehmen ging eine Versammlung auf der Theresienwiese voran, die von einhundertzwanzigtausend Menschen besucht war. Nun bleibt nur zu hoffen, daß dieses ungewohnte Aufgestandensein in den Köpfen Besinnung erzeuge und nicht darüber hinaus die verhängnisvolle Berauschung. Bis jetzt scheint alles ruhig und man kann nicht

anders als zugeben, daß die Zeit recht hat, wenn sie große Schritte zu machen versucht.«

R. hört am Abend vor der Revolution ein Konzert mit »Melodien aus alter und ältester Zeit«, die Sängerin ist Auguste Hartmann, eine Freundin von Frau Koenig.

An Elya Nevar heißt es am 8.11.18: »es war nicht recht ein Abend, sich mit ›alter‹ noch älterer Zeit einzulassen, als der, die (vielleicht) gestern zu Ende ging.«

10. NOVEMBER: An die junge Schauspielerin Elya Maria Nevar (= I. M. von Raven), mit bürgerlichem Namen Else Hotop, die R. im September kennengelernt hat, schreibt R.: »mein Tag sieht so aus: ich habe, eine um die andere, lauter Besprechungen mit aufgeregten Menschen: die Folge davon wird vermuthlich sein, daß ich den Abend am Schreibtisch verbringen muß.«

11. NOVEMBER: Kaiser Karl dankt ab und geht ins Exil in die Schweiz. R. meldet Dr. Burschell: »mit der Post dieses Morgens ist endlich der erwartete Brief der Berner Gesandtschaft bei mir eingetroffen; ich muß mich nun bereit machen, unter Umständen früher zu reisen, als ich gestern annahm. Bei der Arbeit, die mir dadurch erwächst, kann ich nicht daran denken, eine Ansprache an die Studenten vorzubereiten, und bitte Sie also, vor der Hand nichts derartiges anzuregen ... Die Morgenzeitung, die die Beruhigung bringt, daß die meisten Betriebe in Amt und Arbeit stehen, spricht dafür, daß die Stunde zunächst nicht so sehr dem Wort gehört, als der stillen tätigen Bestärkung.«

In diesen Tagen nimmt R. an Besprechungen über den Empfang und die Versorgung der heimkehrenden Truppen teil. Zu dem Kreis gehört der Münchner Arzt Dr. med. Erich Katzenstein.

13. NOVEMBER: Katzenstein schreibt an R. in diesen ›tatgefüllten Tagen‹: »Mehr noch als für Ihre Anregung muß ich Ihnen für Ihren Brief danken. Denn er gibt mir Gelegenheit, Ihnen zu sagen, mit welchem Trost es mich erfüllte und welche Sicherheit zum Tun mir zuflog, zu wissen, daß auch Ihr Herz an dem Gelingen unseres inneren und äußeren Wollens hängt ... Ihre Ansprache war mir eine Ermutigung schwerer Müdigkeit zu widerstehen. Ich danke Ihnen sehr.«

15. NOVEMBER: Im Antwortbrief R.s bedauert dieser, daß »jede Durchsetzung ... nicht anders als gewaltsam zu leisten« sei: »Denn die Gewalt ist ein grobes Werkzeug und ein unübbares, darum bleibt auch der Geist hinter ihm zurück, der keine Gewaltsamkeit kennt, denn Gewalt

des Geistes ist ein Sieg von unüberwindlicher Sanftmuth. So erleben wirs jetzt, daß der Geist außen geblieben ist und nun auf unbeholfene Weise Zutritt begehrt zu der über Nacht aufgerichteten Baracke der Freiheit, in der vorzukommen er doch für unerläßlich hält. Es ist derselbe ›Geist‹, der vor vier Jahren Einlaß in den Krieg begehrte ...« R. spricht davon, daß er in seiner Jugend außer Landes gegangen sei, weil »ich in einem militaristisch gezwungenen Volke, in einem Volke, das sein unfertiges Gesicht hinter die verzerrte Machtmaske hielt, die ihm vorgebunden war, meine Zukunft nicht meinte frei und weltlich beginnen zu können«. Er habe aus freieren Ländern »manchmal mit inniger Sorge nach dem aufbegehrlichen Gebaren Deutschlands herübergesehen. Diese Sorge ist nun von mir genommen, seit jener starken umstürzenden Nacht, und, soweit die damit gegebene Erleichterung reicht, gehöre ich zu den Jungen, die die Zuversicht dieses neuen Anfangs (dem vor allem die Demuth nicht fehlen möge) für ihr Recht und ihren (heimlichen) Jubel halten ...«
Als R. im folgenden Jahr nach Bern aufbricht, verweist Dr. Katzenstein ihn an Dr. Wilhelm Muehlon, Bern-Gümligen.
16. NOVEMBER: R. teilt Elya Nevar mit, er könne sie am folgenden Tag nicht sehen: »weil ich im Nationaltheater sein werde bei jenem merkwürdigen Fest, das ›Revolutions-Feier‹ heißt. Ob sich in ihm etwas an neuem Zusammenschluß, von der Freude einer neuen Gemeinsamkeit erweisen wird? Ein Gesicht des Moments oder nur ein stumpfes Zusammenkommen?« R.s Programm der ›Feier‹ ist erhalten.
17. NOVEMBER: R.s erster Brief an Claire Studer, die spätere Gattin Ivan Golls, die am Waffenstillstandstag aus der Schweiz nach München reist und R. Grüße bringt: »Ich bin, seit lange, ein Freund Ihrer Gedichte: so hat mich schon Ihre frühere Sendung der ›Mitwelt‹ [im Aktionsverlag, Berlin 1918] nahe berührt –, aber es lag an den Umständen der Zeit, daß mein wirklich gefühlter Dank nicht zur Aussprache kam ...« R. hofft, sie am selben Tage noch zu sehen. Sie ist Münchnerin, von ihrem ersten Mann, dem Schweizer Verleger H. Studer geschieden, mit R.s Werken vertraut. Es entwickelt sich eine intensive Freundschaft zwischen ihnen, R. nennt sie »Liliane«; 22 Briefe R.s an sie sind bekannt.
19. NOVEMBER: R. ist erleichtert, Kippenberg bei der Insel zu wissen, zumal Leipzig besonders stark von der Grippe-Epidemie betroffen ist. »Hier ging das Gerücht, die ›Insel‹ bereite eine neue große kritische

Büchner-Ausgabe vor: woran ich fast zweifle, da doch die von Hausenstein so schön eingeleitete Edition nicht notwendig durch eine andere zu verdrängen wäre ...« R. fragt in diesem Zusammenhang, ob ein Schüler Professor Fritz Strichs (München) der Insel eine Arbeit über Büchner vorlegen dürfe. R. schließt: »Mein Aufbruch in die Schweiz ist auf Anfang Dezember verschoben, wenn die Reiseverhältnisse nicht einen weiteren Aufschub erfordern.«

25. NOVEMBER: R. gratuliert Kippenberg zum Erwerb des handschriftlichen Nachlasses von Georg Büchner: »es ist keine kleine Sache, dieses Werk auf solcher Grundlage neu herauszugeben.« R. stellt diese Aufgabe neben die, das Werk von Charles-Louis Philippe zu edieren: »Vorige Woche las ich ›Mère et l'Enfant‹, in seinen ersten drei Kapiteln ein herrliches Buch!« R. erbittet »Nietzsches Briefwechsel mit Franz Overbeck«, »Carolinens Leben in ihren Briefen« und von James Morier »Die Abenteuer des Hadschi-Baba von Ispahan« aus dem Insel-Verlag (1913, das englische Original erschien 1828). Wie in den vorangegangenen Briefen an seinen Verleger klagt R. über die Vertonung und Aufführung des »Cornet« durch Max von Schillings.

28. NOVEMBER: »Über ›Arbeitsruhe‹, ach nein, hatte ich mich nicht zu beklagen. Das Wort ›Ruhe‹ steht nicht in meinem Münchner Wörterbuch«, schreibt R. an Adrienne Sachs, und fragt, ob sie Elly Ney gehört hat, ›die wunderbar mächtige Pianistin‹.

Oskar Maria Graf erinnert: »In seine Atelierwohnung in der Ainmillerstraße kamen aktive Revolutionäre wie Toller oder der Kommunist Kurella mit seinem jungen Kreis, kamen Schriftsteller und bürgerliche Männer, die es aufrichtig mit der Revolution meinten ... Die Ursachen des deutschen Zusammenbruchs, unser Anteil an der Kriegsschuld und die deutschen Zukunftsmöglichkeiten waren der Inhalt ihrer Sorge und ihres Denkens, und wahrscheinlich erhofften sie eine brauchbare Stellungnahme R.s zu alledem. Die Gespräche aber verliefen ergebnislos und befriedigten sie nicht.« Weiter heißt es hier: »Er hörte seinen Besuchern unvoreingenommen zu, aber das, was er mitunter darauf sagte, blieb diesen Menschen grundfremd ... Eigentümlicherweise aber hemmte sie etwas, zu widersprechen. Es fiel mir überhaupt auf, daß die meisten Menschen R. mehr zuhörten, als sie mit ihm redeten, obgleich er doch alles andere als redselig war. Er hatte eine sehr gut temperierte Stimme, einen sachten, angenehmen Tonfall, und er sprach ... mit einer tief verborgenen Schüchternheit, einer ungemein nervösen Scheu vor jeder Banalität und mit der Behutsamkeit eines Menschen, der keinem anderen wehtun will.« (1951)

DEZEMBER: R. schenkt »Der glücklichen Liliane / aus den Papieren des gestrigen Abends« die beiden in Paris Ende 1913 entstandenen Gedichte »Die Geschwister. O wie haben wir, mit welchem Wimmern ...« und »Laß uns in der dunkeln Süßigkeit ...«

2. DEZEMBER: R. hat durch Frau Margarete Hethey Anregungen Herrn von Kaufmanns zu einer Verständigung mit Mitgliedern eben noch verfeindeter Völker bekommen: »ich habe in der Tat die interessanten Blätter mit dem bereitesten Wunsche gelesen, es möchte eine derartige Anknüpfung möglich sein; meine Vergangenheit würde mich da auf Frankreich hinweisen, und noch vor vierzehn Tagen würde ein Versuch, Beziehungen mit Paris herzustellen, mir nicht ganz aussichtslos erschienen sein. Seither habe ich, durch Dritte, leider Beweise von so bestimmter und entschlossener Unversöhnlichkeit mitgeteilt bekommen, daß ich fürchten muß, es könne da nur die Zeit, wenn nicht gar viel Zeit, eine allmähliche Milderung einführen ...« R. sendet die Papiere an Herrn Geheimrat Lujo Brentano weiter.

15. DEZEMBER: »... die Geschehnisse und Erschütterungen der Zeit halten mich im Horchen, in einer täglichen Spannung ... dem entsprechend hab ich denn auch seit dem Umsturz des achten November sehr viele Menschen gesehen ... der Kreis meiner Bekannten ... hat sich darüber ungemein vergrößert, es giebt Tage, wo ich von einer Verabredung zur anderen gehe. Dabei ist meine Sehnsucht mit äußerster Ungeduld darauf gerichtet, endlich wieder meinen unterbrochenen eigenen Arbeiten zu gehören ...« (An die Mutter)

17. DEZEMBER: R. schreibt als »Der ergebenst Unterzeichnete« an das Präsidium der Nieder-Österreichischen Landes-Regierung in Wien: »Als er im Mai dieses Jahres durch die Zeitungen erfuhr, daß ihm eine Allerhöchste Auszeichnung zutheil geworden sei, war es sein augenblicklicher Entschluß, sie abzulehnen; denn es war seit je seine Absicht, sich jeder Dekorierung zu entziehen. Damals machten unterrichtete Freunde ihn darauf aufmerksam, daß er, noch im Heeresverbande stehend, kein Recht habe, eine solche Verweigerung auszuüben. Die offizielle Verständigung von der Verleihung jener Auszeichnung, sowie der Orden selbst, sind erst jetzt an den Unterfertigten gelangt, in einem Moment, da er die Freiheit hat, nach seiner Überzeugung zu handeln ...« R. gibt den Orden zurück: »seine Ablehnung erfolgt lediglich zur Wah-

rung seiner persönlichen Unscheinbarkeit, zu der gerade seine künstlerische Arbeit ihn unbedingt verpflichtet.« Es handelt sich um die Verleihung des Offizierskreuzes des Franz-Josephs-Ordens an R. zusammen mit Anton Wildgans und Richard von Schaukal, einen der letzten Regierungsakte Kaiser Karls I.
An den Komponisten Casimir von Pászthory heißt es: »Schon als mir, vor einiger Zeit, Ihr Verleger ein Exemplar Ihrer Musik zur ›Weise von Liebe und Tod‹ zu übersenden die Aufmerksamkeit hatte, wäre ein Wort des Dankes an Sie am Platze gewesen... nehmen Sie dieses kurze Wort wenigstens als ein herzliches.«

19. DEZEMBER: »Ich gestehe, daß ich zu dem Umsturz selbst zuerst eine gewisse rasche und freudige Zuversicht zu fassen vermocht habe, denn seit ich denken kann, habe ich der Menschheit nichts dringender gewünscht, als daß sie irgendwann eine ganz neue Seite der Zukunft aufzuschlagen ermächtigt sein möge, auf die nicht die ganze Fehlersumme der verhängnisvollen Vergangenheiten übertragen werden muß. Die Revolution schien mir ein solcher begabter Moment zu sein. Aber er ist von einer so zufälligen und im Tiefsten unbegeisterten Minderheit erfaßt und ausgeübt worden, – der Geist versuchte erst nachträglich einzutreten und einzudringen, und auch dieser war nur Geist dem Namen nach und hatte keine Jugend und kein überzeugendes Feuer in seiner Natur. Vielleicht sind Revolutionen nur möglich in sehr vollblütigen Augenblicken, jedenfalls nicht nach einem mehr als vierjährigen Aderlaß...« (An Dorothea von Ledebur)

An Anni Mewes heißt es: »unter dem Vorwand eines großen Umsturzes arbeitet die alte Gesinnungslosigkeit weiter und tut mit sich selber unter der roten Fahne groß. Es ist furchtbar, es zu sagen: aber dies ist alles ebensowenig wahr, wie die Aufrufe, die zum Kriege aufgefordert haben... Zunächst sind wir Alle um das Aufatmen gekommen; beschäftigt damit, den Frieden aufzulesen, der, aus allen Händen fallend, in tausend Stücke zersprungen ist, haben wir ihn nie im Ganzen gesehen und hätten doch gerade dieses bedurft: uns seine Größe vorzustellen, seine reine Größe nach der wirren Monstrosität des Krieges.« R. fährt fort: »Dabei diese Verführung zu politischem Dilettantismus, die die Leute verleiten möchte außerhalb ihrer Kenntnis und Übung, sich am Allgemeinen zu versuchen und dort das Experiment einzuführen, wo nur das Weiseste und Erwogenste zur Wirkung kommen dürfte.«

Die Fürstin lädt R. nach Lautschin ein, er antwortet, er habe jetzt »eine

ganze kleine, angepaßtere und meinigere Umwelt, die zu verlassen mir nicht leicht wäre ... verlaß ich sie, so ists für lange, und ich müßte erst noch aus ihr etwas Nutzen gezogen haben; ein solches Bedenken wars ja auch, was mich von der Schweiz zurückgehalten hat, wo meine Vorlesung schon angekündigt war; später hielt mich dann allerdings auch die Unmöglichkeit der Züge vom Reisen ab ...« R. schreibt, er wolle in München noch einen strengen Arbeitsversuch machen. Er schließt: »im Insel-Jahrbuch, das ich Ihnen sende, werden Sie Allerbekanntestes finden, das ich gegen mein Gefühl habe abdrucken lassen«, das »Erlebnis«.
20. DEZEMBER: Thomas Mann notiert im Tagebuch: »Um 7 in den Club, wo ich Martens, Kassner, Rilke, Frisch, Bonn und andere traf ... Hauptredner Brentano, Bonn ...«
21. DEZEMBER: Kippenberg läßt ein Sonderhonorar von 1000 Mk zu Weihnachten anweisen, alle Bücher R.s sind wieder auf dem Markt.
22. DEZEMBER: R. nimmt an der Aufführung eines mittelalterlichen Volksspiels teil, in dem Elya Nevar mitwirkt.
24. DEZEMBER: R. schenkt Grete Lichtenstein die »große vollständige Ausgabe der ›Carolinen-Briefe‹«; er sagt dazu: »Mir sind sie immer besonders tröstlich und gut gewesen, im Lesen sowohl wie in der längeren Nachwirkung ...«
29. DEZEMBER: R. erzählt Katharina Kippenberg, daß Rosa ihm das Weihnachtsfest ausgerichtet habe: »Da war denn wirklich allerhand Liebevolles zusammengekommen ... ich vergaß nicht, im entscheidenden Augenblick, den Insel-Brief dazuzustellen.« R. äußert sich weiter zur Charles-Louis Philippe-Ausgabe, für die er Friedrich Burschell als Übersetzer des Ganzen wünscht, erbittet weitere Bogen von Kassners Buch »Zahl und Gesicht«: »er wartet sehr darauf, ich, womöglich, noch mehr; denn nun hab ich, vorgestern, die Einleitung [»Der Umriß einer universalen Physiognomik«] von ihm lesen hören. Das ist wirklich ein ›Traum von großer Magie‹. Die Polarität im Geistigen ist wohl nie auf so kleinem Raume aufgewiesen worden ...« R. richtet Grüße aus, von Kurt Stieler, Hausenstein und den Le Suires, bei denen er »jede Woche einen Abend an einem wunderbaren Kaminfeuer« verbringt. »Fast nur mündliche Mitteilung war mir möglich in den letzten Wochen, jeden Tag hab ich mehrere Menschen bei mir gehabt, oft auch in kleineren Kreisen, zuhörend meist, an dem Allgemeinen teilgenommen, das sich jetzt in den wechselndsten Zusammenschlüssen versucht.« Die Nach-

schrift lautet: »Gleichzeitig geht, was bisher an Michelangelo-Übertragungen vorliegt [55], an Sie ab – Ihrer Durchsicht offen. Hernach bitte das Couvert zu schließen, zu versiegeln, und es, zu dem neulich bei Ihnen eingetroffenen Manuskript, in den sicheren Eisenschrank fortzulegen?«

An Claire Studer am 29.12.18 nach Berlin: »Und bist jetzt bei Deiner unbegreiflich schönen Freundin, schlägst in sie über, voll, wie Du bist, meiner. Mir ist's wie ein heiliger Schrecken, daß ich dabei bin; sag ihr nur, ich mach mich leicht leicht in Dir, um nur mit meinem Göttlichsten an sie zu rühren in Deiner Umarmung.« Die Freundin ist Elisabeth Bergner, die Schauspielerin.

31. DEZEMBER: R. sendet Paul Thun den »Insel-Almanach auf das Jahr 1919« und berichtet, er habe ein zweites Telegramm vom Lesezirkel Hottingen erhalten: R. soll in Zürich lesen, kann sich aber nicht entscheiden.

IM WINTER 1918/19 richtet R., dem der ihm befreundete Finanzminister Edgar Jaffé einen jungen Lehrer zugesandt hat, eine Anfrage an den Dreiländer-Verlag, ob dieser »ein eben in der Gründung begriffenes sozialistisches Lehrer-Blatt herausgeben« bereit sei: »es besteht, wie es scheint, von allen Seiten Ungeduld nach einer derartigen Zeitung, die, gegen Rückständigkeit und Reaktion, alle jene Schulmänner zusammenfassen könnte, denen es dringend ist, die Schule nicht im unbeweglichen Geiste fortbestehen zu lassen. In der That: eine Revolution, die nicht vor Allem die Schulen revolutioniert, hätte wenig Aussicht, weit in die Zukunft hinauszureichen.«

Im Jahr 1918 erscheinen einzelne Arbeiten R.s im »Insel-Almanach auf das Jahr 1919«: »Erlebnis«, Februar 1913 in Ronda niedergeschrieben, die Gedichte »Der Tod«, München am 9.11.1915, und »Narziß«, Paris, April 1913. Ferner die Übertragung des Gedichtes der Comtesse de Noailles: »Tu vis, je bois l'azur ...«; im »Almanach der Bücherstube«, herausgegeben von Horst Stobbe, Bücherstube am Siegestor, München 1918, darin: »Michelangelo-Übertragungen aus den Gedichten an Vittoria Colonna. In vielen Jahren sucht, in viel Mißlingen ...«; in »Die Dichtung«, herausgegeben von Wolf Przygode und Alfred Wolfenstein, Roland Verlag München, Erste Folge, erstes Buch, darin die Gedichte: »Aus einem Frühling«, April 1913, »Die Tauben«, 1913, »Man muß sterben, weil man sie kennt ...«, Anfang Juli 1914, »Klage«, Juli 1914, und »Christi Höllenfahrt«, April 1913, alle in Paris niedergeschrieben. »Das Jahrbuch der Zeitschrift Das neue Pathos im Kriegsjahr 1917/18«, Verlag von E. W. Tieffenbach, Berlin, enthält R.s Gedicht »Witwe«, Erstdruck im »Insel-Almanach auf das Jahr 1918«. »Die Flöte« Dramaturgische Blätter des Herzoglich Sächsischen Theaters in Coburg, heraus-

gegeben von Carl Stang und Julius Kühn, bringt das Gedicht »Der Lesende« (S.59).
Neuauflagen: »Geschichten vom lieben Gott«, 6. Auflage, »Das Stunden-Buch«, 12.-16., 17.-19. und 20.-24. Tausend, »Die Weise von Liebe und Tod des Cornets Christoph Rilke«, 141.-160. Tausend, »Der neuen Gedichte anderer Teil«, 3. Auflage, »Die frühen Gedichte«, 4. Auflage, »Die Aufzeichnungen des Malte Laurids Brigge«, 6.-8. Tausend, »Erste Gedichte«, 4.-6. Tausend, »Das Marien-Leben«, 31-40. Tausend. Die Übertragungen der »Portugiesischen Briefe«, 11-15. Tausend und »André Gide: Die Rückkehr des verlorenen Sohnes«, 11-15. Tausend.
In New York erscheint eine Übertragung »Poems« durch Jessie Lemont mit der Widmung: »To the memory of Auguste Rodin through whom I came to know Rainer Maria Rilke«, Verlag Tobias A. Wright, 1918; in Stockholm erscheinen die »Geschichten vom lieben Gott« in der Übertragung von Anna Troili-Petersson im Segerbrandska Bokförlaget, 1918: »Hörsägner om den gode Guden«; die Zeitschrift ›Kolos'ja‹ in Charkov bringt den »Cornet«, übersetzt von V. Rožicyn.

DIE LETZTEN MONATE IN MÜNCHEN

1919

NEUJAHRSNACHT: R. beginnt die Lektüre von Oswald Spengler »Untergang des Abendlandes«, eine Einladung zu Graf Otto Lerchenfelds Silvesterfeier hat er abgelehnt. (An die Fürstin Taxis, 13.1.1919)
ANFANG DES JAHRES: An Hertha Koenig geht eine Sendung: »Ein Vortrag Heinrich Vogeler's, er hat ihn in Bremen gehalten, wie Clara schreibt –, mancher Satz ist aus tief erlittener Erfahrung gesprochen und am Seeligsten und Wahrsten der auf Seite 4: ›Ein nie gekannter menschlicher Zustand ist im Werden: Frieden‹, leider lassen sich daraus so wenig unmittelbare und ununterbrochene Wirkungen ziehen; aber reiner kann man nicht sagen, was wenigstens eines Moments innigstes Wissen war.«
2. JANUAR: Für die Tänzerin Wilhelmine (Mimi) Gründlinger, die gemeinsam mit ihrer Schwester unter dem Namen ›Geschwister Werber‹ auftritt, schreibt R. in die Labé-Sonette das Gedicht: »Sonderbar: Träume zu zwein…«
4. JANUAR: Die Fürstin bietet R. das »kleine Pascha Haus« in Lautschin an.

R. läßt Elya Nevar wissen: »so ists in gewissen Augenblicken ein Zustand von unerträglicher Zwiespältigkeit. Mein Platz ist nicht hier, und ich bin noch immer nicht so weit, die innere Lokalität zur unbeirrlich entscheidenden zu machen. Was wärs jetzt für mich, aufzuschauen und Fremde zu sehen, statt immer noch diese ungern gewohnten Gassen ...« R. verabredet für den folgenden Tag einen gemeinsamen Konzert-Besuch bei der Altistin Sigrid Hoffmann-Onegin.

5. JANUAR: An Emil Lettré schreibt R.: »Über das, was die Zeit über uns beschworen hat, sich schriftlich mitzuteilen, hat wenig Sinn: Revolution hieße für mich ein einfaches reines Ins-Recht-Setzen des Menschen und seiner gern gewollten und gekonnten Arbeit. Jedes Programm, das nicht dieses Ziel sich ans Ende setzt, scheint mir ebenso aussichtslos, wie irgendeines der vorigen Regierungen und Herrschaften ...« Über R.s Reisepläne heißt es: »Wohin? Schweiz? Kopenhagen? Bald mein ich schon, es wäre mir jede recht und hülfreich.«

9. JANUAR: R. schenkt Elya Nevar Emile Verhaerens »Les Flammes hautes«. Um diese Zeit zeigt er ihr auch die beiden Rodin-Zeichnungen, die er aus Meudon herübergerettet hat.

ANFANG 1919: überträgt R. Verhaerens Gedicht »Les Morts« aus »Les Flammes hautes«, das zuerst in dem »Jahrbuch der literarischen Vereinigung Winterthur« 1920 gedruckt wird: »Die Toten. An diesen Abenden, da in der Nebeldauer ...« Vermutlich jetzt entsteht auch das Gedenkblatt für Marguerite von Kühlmann, die 1917 in Konstantinopel verstorbene Frau Richard von Kühlmanns: »Wo wäre einer mit dem Blicke des Künstlers ...« Es erscheint in dem Privatdruck »Marguerite von Kühlmann. Gedenkblätter aus ihrem Freundeskreis« 1919.

13. JANUAR: An die Fürstin schreibt R., er fühle sich in München noch festgehalten: »Denn Fortgehen –, wie ich mich kenne, bedeutet ja nichts so ganz Nebensächliches für mich, es wäre, gerade nach diesen schweren münchner Jahren, nicht so sehr eine Unterbrechung, als vielmehr ein Abbruch, ich vermute (unter uns gesagt), daß ich nicht mehr nach München zurückkäme.« R. sendet der Fürstin »Les Flammes hautes« und den neuen Beer-Hofmann, den er auch eben vorgelesen habe (= »Jaákobs Traum. Ein Vorspiel«, Berlin 1918). Zu Kassners neuem Buch »Zahl und Gesicht« heißt es: »wir waren vier, darunter Aretin, denen er sie [die Einleitung] neulich vorgelesen hat. Sie ist wunderbar: es sind Stellen von höchster Magie darin, wirkliche Spiele eines Zauberers ...« R. weist die Fürstin auf Spengler hin und bedauert, daß das

neue Buch Hermann Keyserlings auf sich warten läßt, schließlich bestellt er Grüße von der Gräfin Mariette Mirbach-Geldern-Hoyos: »die mir eine sehr liebe Nachbarschaft bietet«.
R. räumt sein Atelier um, weil er die ihn verzehrenden gesellschaftlichen Verpflichtungen mit einem Ruck aufgibt und deshalb den Kaminplatz opfert. Der Schreibtisch und das Stehpult werden in die Mitte des Zimmers gerückt.
An Lou A.-S.: »In den ersten Tagen der Revolution, ja vielleicht nur an ihrem ersten Morgen, meinte ich dann ergriffen zu sein und, wenn auch nicht im einzelnen beweglicher, doch im Ganzen, im Stück sozusagen, auf eine Art von Zukunft zubewegt! Aber der Sturm war nicht da, und so wies es sich, daß man kein Recht hatte, eigene Zukunft für eine gemeinsame aufzugeben, zu der, wie es scheint, ja doch niemand rein angetrieben war. Nun sitzt man doch wieder und sondert das eigne Dasein heraus und überlegts und plant's ...« R. legt ihr eine Abschrift von »Erlebnis II« ein: »Aus dem Taschenbuch, Anschließendes an das ›Erlebnis‹. Späterhin meinte er, sich gewisser Momente zu erinnern ...« (Ronda, Januar/Februar 1913)
14. JANUAR: »Du wirst staunen, ich hab mein Leben geändert, ohne daß ich darüber schon groß-sprechen dürfte. Aber auch sonst wirst Du über große Veränderungen bei mir zu staunen haben: mach Dich gefaßt. Verhaeren war mein Leben all diese Tage: der Herrliche: mir ist fast, ich rausche selbst wieder, wenn ich in seinen Katarakten und Strömungen aufgehe.« (An Elya Nevar)
16. JANUAR: R. bittet Frau Elly Petersen, Schriftstellerin und Leiterin der landwirtschaftlichen Schule in Moosschwaige bei Dachau, zu einem Gespräch über Ruth.
R. fordert Veronika Erdmann auf, sie möchte ihre Gedicht-Manuskripte bei ihm persönlich abholen: »vielleicht machen Sie mir die Intention in Ihren Gedichten erkennbarer, wenn Sie mir das Eine oder andere selber lesen: ein ›Urteil‹ ist nicht meine Sache; ja, es hieße, mich bei meinem entschiedensten Unvermögen aufrufen, wollte man ein solches von mir verlangen. Mein Maß ist im Ganzen nur des Bewunderns Hülfe, es fehlt ihm, innerhalb dieser Einheit, jede Gradeinteilung für das kleine Mehr und das kleine Weniger im relativ Besseren oder Minderen.«
An May Purtscher schreibt R. von der ›Rigorosität seines neuen Stundenplans‹, in einem undatierten Brief an sie heißt es zu dem Vorschlag,

sich porträtieren zu lassen: »ich habe nur einmal, nach langem Widerstand, gesessen in all den Jahren, und: nie wieder.«

20. JANUAR: Kippenberg schreibt an R., der Saldo stehe mit 6371,– Mk zu gunsten des Verlages, aber: »erschrecken Sie nicht ... der Absatz aller Ihrer Bücher ist so stark, wie er noch nie gewesen ist.« – Um diese Zeit werden der Neuauflage von »Die frühen Gedichte« aus Zeitschriften-Erstdrucken eingefügt: »Sieh, wir wollen heute beim Altane ...«, Rom 1904 und »Sexte und Segen«, Capri, 7. 3. 1907.

R. überträgt das Gedicht Michail J. Lermontovs »Strophen«. (Vychožú odín ja na dorógu ...) »Einsam tret ich auf den Weg, den leeren ...« R. schreibt dazu am folgenden Tag an Lou A.-S., der er eine Abschrift sendet: »Gestern abends übersetzte ich noch das Ljermontoffsche Gedicht, das seit lange in meinem Taschenbuch eingeschrieben war«, darunter kyrillisch den russischen Titel.

21. JANUAR: An Lou A.-S.: »Ich habe nun viel Entschluß, zuhause zu sitzen und – außer vielleicht ab und zu Kassner und zwei, drei andere Menschen – niemanden zu sehen«, er bittet um »Rodinka« und fragt: »Du denkst wohl nicht nach München zu kommen?« Lou A.-S. stellt am 4. 2. 1919 ihren Besuch für den März in Aussicht.

22. JANUAR: Über seine verschobene Reise in die Schweiz schreibt R. an Sidie Nádherný: »Ich möchte nicht gerne für kurze Zeit fortgehen, reiste ich, so müßte es für mehrere Monate sein ... Nun ist gerade so ein winterlicher Moment, da ich anfange mich in diesen eigeneren Wänden heimisch zu fühlen: ... soweit ich, bei der inneren Zerrissenheit, doch an Arbeit denken dürfte, hätt ich wenigstens einige von meinen Übersetzungen bis zu einem gewissen Gedeihen gebracht. Und das alles wäre vielleicht jetzt erst möglich, da es mir erst jetzt gelingen will, münchner Leute und Zufälle fernzuhalten ... ich kenne die Schweiz nur vom Durchfahren und habe nie einen Höhen-Versuch gemacht. Viel mehr würde es mich nach dem Süden drängen, nach Ascona oder Ouchy, wo jetzt schon bald etwas blühen will und wo man die Hände schon in ein paar Wochen auf eine sonnenwarme Steinmauer legen kann, aus der die Eidechsen lugen.« Der Lesezirkel Hottingen werde im Februar nochmals bei R. anfragen.

23. JANUAR: R. schickt Lotte Bielitz, später Frau Tronier-Funder, ihr »Stunden-Buch« mit dem Widmungsgedicht »Schwer ist zu Gott der Abstieg. Aber schau ...« (München, Januar 1919) zurück. »Der Wahrheit nach muß ich sagen, daß ich ähnlichen Ansprüchen sonst immer ab-

sage, da mir die Einschrift in ein Buch nur als persönliche Verbindung möglich scheint, die ein Sich-kennen und Sich-berührthaben zur Voraussetzung hätte. Aber ich habe bei Ihnen das Lange-Wartenlassen gut zu machen ...«
An Gräfin Caroline Stauffenberg sendet R. den »Insel-Almanach«: »Das schöne Gedicht der Komtesse de Noailles, meine beiden kleinen Versuche, ganz besonders aber das Tagebuch-Blatt, das ich unter der Überschrift ›Erlebnis‹ veröffentlicht habe –: alle diese Stücke, jedes in seiner Art, enthalten Annäherungen an die Grenzempfindungen des Daseins und streben alle jenem ahnbaren Ausgleich zu, den ich am Unvergleichlichsten einmal in einem Fragment antiker Musik dargestellt gefunden habe.« R. berichtet von jenem Besuch bei Romain Rolland im April 1912. »Was ich ›Erlebnis‹ nannte, ist mir genau so widerfahren, im Garten des jetzt zerschossenen und zerstörten Duino (bei Triest); ein Jahr nach dieser merkwürdigen Begebenheit, in Spanien, habe ich versucht, das Tatsächliche mit möglichster Eindringung und Genauigkeit aufzuzeichnen, wobei die Gebiete des Sagbaren nicht eigentlich auszureichen schienen.«

24. JANUAR: R. schreibt an Eva Cassirer: »Das Land, die Nähe der Kinder und der gutgewillten mit Ihnen verständigten Menschen sind vielleicht am Ehesten geeignet, das Bewußtsein neuen Anfangs in Einem zu unterhalten, das allein jetzt noth thäte und aus dem so leicht, (wenn die Menschen nicht ängstliche und gewinnlich gestimmte Bürger wären) eine strahlende Gemeinsamkeit hätte aufschlagen können. Ich fürchte an den Erwachsenen ist alles verloren, denke aber mehr denn je an die schwedische ›Samskola‹ und ihre reine heitere Verwirklichung eines liebevoll und unter den glücklichsten Versuchen aufgerichteten Lebens. Nur bei den Kindern beginnt die Zukunft, und wann war ein Welt-Moment so aufs Beginnen gestellt?!«

25. JANUAR: An Gertrud Ouckama Knoop: R. lehnt eine Einladung zu einer Vorlesung Wilhelm Nussbaums ab; am Schluß heißt es: »Freundschaftliches für Vera«, ihre Tochter.

29. JANUAR: Der letzte Brief an Elsa Bruckmann: »Nein: ich gehe konsequent nicht aus, ohne Ausnahme. Als ich vor vierzehn Tagen meine schweizer Reise aus Arbeitsgründen noch einmal aufschob, da versprach ich mir, in München zu bleiben, ›als ob ich verreist sei‹. Und ich muß, um meiner Seele Heil willen, dabei bleiben ...«

1. FEBRUAR: In Berlin notiert Harry Kessler ins Tagebuch: »Abends Vor-

lesung von Rilke durch Ludwig Hardt, einen kleinen Juden, der mich an Felix Holländer erinnerte und Worte verschluckt. Keine große deklamatorische Leistung, aber R. war schön und merkwürdig zeitlos.«
4. FEBRUAR: R. schreibt an Katharina Kippenberg: »Der Michelangelo wird nun längst versiegelt sein. Öffnen Sie ihn, bitte, lassen Sie (sowie eine Schreibmaschinenkraft verfügbar ist) eine doppelte Abschrift davon herstellen: ein Exemplar sollte im Eisenschrank aufgehoben bleiben, eines bitte an mich abzuschicken, meine eigne Niederschrift aber möchte ich gerne Clara Rilke zuwenden: sie fragt ein über das andere Mal nach den Übertragungen, von denen nur ganz wenige ihr bekannt sein dürften.« Ruth arbeite bei einem größeren Bauern bei Fischerhude: »nun hat die Revolution, zusammen mit Knut Hamsuns wunderbarem ›Segen der Erde‹, diesen Antrieben in ihr den Ausschlag gegeben... An dieses Praktische soll sich dann die Dachauer Gartenbauschule im Frühling anschließen.«
5. FEBRUAR: R. sendet der Gräfin Stauffenberg Verhaerens »Les Flammes hautes«, die ihm Paris ganz nahe gebracht haben: »das gehörte, wenn ichs bedenke, zu meinen vielen Pariser Arbeitsjahren, daß die großen Freunde, die beispielhaften und vollendeten, mit denen ich lernend und vertrauend umgehen durfte, in einer Art von großmütigem Glauben zu mir Überzeugung gefaßt hatten, ohne daß ich mich ihnen je künstlerisch hätte darstellen dürfen; denn weder Rodin noch Verhaeren lasen das Deutsche.« R. betont, daß er die Gedichte Verhaerens immer wieder lese und vorlese, besonders »Au Passant d'un soir«.
7. FEBRUAR: Sidie Nádherný hat an R. eine Einladung ihrer Freundin, der Gräfin Mary Dobrčensky, nach Nyon am Genfer See übermittelt. R. antwortet dankbar, aber aufschiebend: »Es giebt, wie in körperlichen, so auch in seelischen Schwankungen einen Zustand des Nicht-transportabel-seins.« Er fährt fort: »Vielleicht reise ich im April, wenn dann die Hottinger Leute, deren Langmuth ich, fürcht ich, schon ein wenig überspannt habe, mirs noch ermöglichen wollen; im März soll Lou vielleicht von Göttingen herüberkommen: das allein schon wäre für mich ein großer Grund hier zu sein; seit April 1915 hab ich sie nicht gesehen...«
An Lou A.-S. schreibt R.: »– ja dann, liebe Lou, wenn die mindeste Aussicht besteht, daß Du im März kommen könntest, bliebe die fortwährend vorschwebende schweizer Reise noch weiter draußen.« R. schickt ihr den »Untergang des Abendlandes« (Band I: »Gestalt und Wirklich-

keit«) und fährt fort: »Daneben wars nur noch Hamsuns ›Segen der Erde‹, was mich anging.« Schuler habe nichts veröffentlicht: »Ich sehe ihn nie.«

An Frau Weininger meldet R., daß er »jetzt endlich die Energie aufbringe, wirklich hinter verschlossenen Thüren hauszuhalten: noch ist nicht viel dabei herausgekommen; immerhin die Rück- und Übelstände nehmen ab und täglich wird eine kleine innere Ordnung geboren, die ihrer Mutter: der Stille, ähnlich sieht.«

Kippenberg schreibt an R.: »ich kann es durchaus verantworten, nunmehr die Monatsraten auf 700,– plus M 300,– zu erhöhen, und kann Ihnen außerdem, wenn Ihnen das jetzt erwünscht ist, wieder M 1000,– besonders zur Verfügung stellen.«

9. FEBRUAR: R. dankt Kippenberg: »Die Erhöhung der Monatsraten wird mich instand setzen, wenn auch noch nicht gleich, so doch bei normaleren Zeiten, etwas zurückzulegen, was mir eine freundliche haushälterische Genugtuung wäre, für die ich in meinen Jahren anfange, Sinn zu bekommen …« R. nimmt Anteil an der Vorbereitung der Charles-Louis Philippe-Ausgabe und den Gedichten Regina Ullmanns, für die er Korrektur gelesen hat. Weiter heißt es: »Das ist herrlich, lieber Freund, daß Sie daran gedacht haben, so viel mit Rodin Zusammenhängendes aus der Schweiz mitzubringen; ich gestehe, daß es mich freuen würde, alle drei Publikationen neben den Bogen in Betracht zu nehmen. Trotzdem halte ich es für wahrscheinlich, daß eine Ergänzung des Buches, in der auf das nun endgültig alleingelassene Werk hingewiesen und seine Verhältnisse dargestellt würden, ebenso wie die Bibliographie erst später sich wird durchsetzen lassen. Ich möchte ja einen solchen Abschluß nicht leicht nehmen: wer weiß, ob er sich nicht zu einem dritten Teil meines ›Rodin‹ auswachsen würde?!« R. liest gerade Goethes »Metamorphose der Pflanzen«.

13. FEBRUAR: An Inga Junghanns nach Sils-Baselgia: »Jetzt wo die Zuwendung von Mensch zu Mensch geradezu als Losung ausgegeben schien (aber wie weit ist davon, daß sie sich erfülle), werde ich mich vielleicht erst recht zurückziehen müssen.«

15. FEBRUAR: R. schreibt an die Gräfin Stauffenberg, die ihm ein Bild ihrer drei Söhne, der Zwillinge Berthold und Alexander und des jüngeren Claus, geschickt hat: »ich verstehe jetzt die Sorge, die Sie … ›als Mutter von drei Söhnen‹ aussprachen« und fährt fort: »Wer weiß, ob wir nicht das Schwerste an Wirrnis und Gefahr zu bewältigen haben, und

ob nicht die nächste Generation in eine von selbst gleich sehr zukünftige Welt wird hineinwachsen dürfen: denn es muß ja doch die Wasserscheide des Krieges, entsetzlich hoch wie sie war, einen Ablauf ins Weiteste und Neue ermöglichen ...«

Von Katharina Kippenberg hat R. die nachgelassene Schrift des Arztes Oskar Kohnstamm erhalten:»Medizinische und philosophische Ergebnisse aus der Methode und hypnotischen Selbstbesinnung«, München: Reinhardt 1918, die ihn so sehr beschäftigt, daß R. sich nun eine andere Arbeit des Autors bestellt hat, wohl »Außerzweckhaftigkeit und Form in Leben und Kunst«, Königstein: Hammon 1916. R. sieht für den Insel-Verlag ein Manuskript »Italienische Sonette« durch; ob diese Übersetzungen einen Überblick über die italienische Lyrik bieten, könne er nicht entscheiden. Weiter heißt es: »Die Nourritures terrestres: sind eines der wichtigsten Bücher von Gide, mir allerdings ein widerspenstiges und nicht gut erinnerlich. Ich würde, ohne den französischen Text daneben, schlecht eine Meinung über jene fragliche Übertragung aussprechen können«; dies sei ebenso bei den Büchern von Charles-Louis Philippe.

MITTE FEBRUAR: An die Gräfin Mirbach: »Um die arge Rodin-Hetze in Paris zu verstehen, muß man wissen, wie stark in der Kammer der Widerstand war, als der Vorschlag eingebracht wurde, es möchte das Hôtel Biron als Musée Rodin dauernd seinem Werk überlassen bleiben: die Stadt Paris sollte dafür dieses ganze Werk erben ...« Jetzt vermutet man im Nachlaß des Künstlers Fälschungen, die Rodin geduldet habe. Diesen Vorwurf weist R. entschieden zurück. Er endet: »Der Isenheimer Besuch –; darf ich noch weiter um Aufschub bitten?; diese Frühlingslüfte überstürzen mich mit schier unüberwindlicher Müdigkeit; aber ich leiste gleichwohl, wenn auch sozusagen kriechend, mein tägliches Pensum, das augenblicklich aus Übersetzungen aus dem Italienischen besteht. Damit geht Stunde für Stunde, bis ich, um neun Uhr schon, mich strengverdienter Ruhe überlasse.«

Den Isenheimer Altar sieht R. in München auch mit Claire Studer gemeinsam, er war hier während des Krieges sichergestellt.

18. FEBRUAR: R. dankt der Gräfin Mary Dobržensky für ihre Einladung in die Schweiz. Er schreibt von seiner Hoffnung: »daß dieses Leben zu dem tief- und gut-Gewillten sich irgendwie bekenne, eine Vertraulichkeit fasse zu ihm, – gewissermaßen heimlich zugäbe, seiner zu bedürfen –: kurz, daß es nicht mit den Menschen eindeutig sei, sondern hinter

ihnen und über sie hinaus und weit unter ihnen im Klaren: Dies zu innerst für wahr zu halten – trotz allem – ist meine Anstrengung, meine Besessenheit, wenn Sie es so nennen wollen –, und muß, [so] ich leben soll, dereinst wieder meine sicherste Unwillkürlichkeit geworden sein...« Die Einladung nach Nyon am Genfer See nimmt R. an, läßt den Termin seines Kommens noch offen: »ich hänge ja da von der Hottinger Einladung ab und anderen Sachlichkeiten!«

19. FEBRUAR: R. lehnt es ab, einen Aufruf zu unterzeichnen, den Dr. Valentiner aus Berlin geschickt hat: »am Ende habe ich doch immer eine unüberwindliche Abneigung, meinen Namen irgendwo erscheinen zu sehen wo er nicht mit einer Arbeit zusammensteht.«
An Dr. Fritz Adolf Hünich, einen Mitarbeiter des Insel-Verlages, schreibt R. zu dem Plan einer ihm durchaus unerwünschten Sammlung »Aus der Frühzeit R. M. R.s«: »wäre jener Privatdruck nicht hinreichend auf seinen geplanten Umfang gebracht, wenn Sie den Inhalt der beiden ersten Wegwarten-Hefte zusammennähmen, vermehrt etwa um ein oder das andere aus jener Zeit stammende Gedicht? Sollte das nicht ausreichen, so würde ich lieber noch zwei oder drei Stücke jener Prosa in Vorschlag bringen, die etwas später allerdings, im Simplizissimus und an anderen Orten zum Abdruck gekommen ist.« R. möchte keinesfalls »Leben und Lieder« aufgenommen wissen.

21. FEBRUAR: Graf Arco ermordet in München den linkssozialistischen Ministerpräsidenten des Freistaates Bayern, Kurt Eisner. Daraufhin wird nach schweren Wirren am 7. April die Räterepublik ausgerufen.
Auf Grund des Sonderhonorars des Insel-Verlags lädt R. Lou A.-S. nach München ein, für die er ein Zimmer in der Pension »Gartenheim« vorsieht. Dort wohnt auch Ellen Delp. »Wann wolltest Du kommen?, rathsam wärs, abzuwarten, wie hier der Landtag sich hält, damit Du nicht, ankommend, den Bahnhof im Mittelpunkt einer Schießerei findest, wie das vorgestern wieder der Fall war.« Über seine Lektüre schreibt R., neben Spengler und Goethes »Metamorphose der Pflanzen« habe ihn Hans Blüher beschäftigt: »in seinem eben erschienenen zweiten Band von ›Die Rolle der Erotik in der männlichen Gesellschaft‹ steht einiges Wunderbare.« R. schließt: »zwei lange Abende dieser Woche hab ich in ›Rodinka‹ zugebracht, unbeschreiblich aufgenommen im Ganzen. Das Kindheits-Kapitel hat nicht dieselbe Kraft, scheint mir, aber alles Weitere ist voller Erlebnis und bereitet es auch! Danke.« »Rodinka. Eine russische Erinnerung« von Lou A.-S. erscheint erst 1923.

R. meldet Frau Elly Petersen, Ruth könne sich nicht entschließen, auf die Schule nach Moosschwaige zu gehen, weil sie in Fischerhude bleiben wolle: »nöthig zu sein: das ist die große Erfahrung, die ihr jeder dieser handfesten Tage bringt.«

24. FEBRUAR: R. schreibt an Hans Blüher: »Gewisse Formulierungen, besonders im zweiten Band Ihres Hauptwerkes, sind für mich ein Gegenstand überraschtester und freudigster Bewunderung.« R. erbittet die Zusendung von Blühers »Empedokles oder das Sakrament des freien Todes«, das im Handel nicht zugänglich ist, sowie die Aufsätze »Die Intellektuellen und die Geistigen« und »Der bürgerliche und der geistige Antifeminismus«. Am 30. 3. 19 erfragt R. die Adresse der Malerin Walburga Laurent, einer Transsexualistin, die sich Walt L. nennt. R. besucht diese mit Lou A.-S. im Atelier.

An Katharina Kippenberg: »Ich würde eher geantwortet haben, aber politisch sich gebender Irrsinn hat uns wieder mit einigen Hemmungen überfallen, die mir ganz besonders schmerzlich waren. Die Ablenkung auf jene Vorgänge war heftig genug, ich kam nicht zum Schreiben, wußte auch nicht, ob die Post (so schien es zwei Tage) nicht unterbrochen sei.« Auch an sie schreibt R. über Hans Blüher: »dieser Gedanke, daß der Staat den beiden Prinzipien der Familie und der männlichen Gesellschaft seine Aufbauung verdanke, und daß dann innerhalb jeder dieser Gruppen der Eros als das Bestimmendste und einzig Unerschöpfliche wirkend sei, kann niemand Aufrichtigen überraschen: denn wo wäre eine andere unüberwindliche und ans Schicksal heranreichende Bindung?! Und sehen Sie, welche Entlastung der Frau sofort entsteht, welche Freiheit und Ruhe um sie (: in jenen wunderbaren Kapiteln, von Die männliche Gattenwahl – bis zum Sakrament der Mehr-Ehe.)! ... Die Italienischen Sonette sind durch die unerwartet starke Beschäftigung mit Blüher vom Stundenplan verdrängt worden.« Zwanzig Jahre zuvor hat R. zu den Unterzeichnern einer »Petition an die gesetzgebenden Körperschaften des deutschen Reiches behufs Abänderung des § 175...« gehört (veröffentlicht in: »Jahrbuch für sexuelle Zwischenstufen unter besonderer Berücksichtigung der Homosexualität«, Leipzig 1899).

26. FEBRUAR: R. tröstet Adelheid von der Marwitz und fährt fort: »Ich bin ohne Geschwister aufgewachsen und was mich sonst in der Familie umgab, mochte nicht auf mich eingehen, war mir gerade in den zartesten und gründlichsten Entschlossenheiten meiner Natur entgegen...«

MÄRZ: Im Winter 1918/19 stellt R. für Richard von Kühlmann eine Handschrift von 82 Gedichten her: »Gedichte aus den Jahren 1902 bis 1917«; auf einem Beiblatt bemerkt R.: »Bestimmend war im großen Ganzen eine unter lebendigstem Einverständnis im Herbst 1918 getroffene Auswahl. Die Anordnung folgt den drei Gedicht-Büchern (Buch der Bilder und Neue Gedichte I. und II. Teil), bringt dann eine Reihe Übertragungen und schließt mit Eigenem neuerer Entstehung. Abgeschlossen in München im März 1919.« Unter den Übertragungen findet sich »Shakespeare / Sonett. Schau in den Spiegel. Siehe dies Gesicht ...« (N° 3: »Look in thy glass ...«), »Baudelaire / Der Tod des Armen«, das 57. und 61. Sonett Petrarcas, G. Fröding: »Narkissos« (1913) und von Gabriele d'Annunzio: »Mutter« (1913). Die Handschrift verbrannte im Zweiten Weltkrieg mit dem Kühlmann-Archiv, ein Faksimile-Druck mit Illustrationen von Max Slevogt erschien 1931 als Privatdruck.

1. MÄRZ: R. dankt Frau von Heyl zu Herrnsheim, der Schwester Bernhard von der Marwitz', für ein Bild ihres Bruders: »Wie würde er dieses Alles, was uns jetzt umwühlt, wahrgenommen haben? – Was mich angeht, so überwiegt in mir, bei aller Sorge, eine weite, über dieses Allerdringendste hinaus gewendete Zuversicht, ein Gefühl, das ich der Erscheinung des Krieges gegenüber nie gekannt habe. Erst jetzt sind ja eigentlich Ideale deutlich geworden, die menschlichsten und hinreißendsten, und es darf uns nicht beirren, daß die Menge so schwerkörperig und unbeholfen und ratlos für sie einsteht; sie weiß es nicht besser. Und es darf uns, auf der anderen Seite, auch wieder nicht irre machen, daß die, die den Glauben an die Rechtreife dieser Menge noch nicht aufbringen mögen, mit allen veralteten Widerständen sich zu sichern versuchen ... Ein schwerer, schwerer Anfang. Nichts Neues für mich: ich habe mich, seit ich denken kann, als Anfänger gefühlt.«

2. BIS 9. MÄRZ: Lektüre von Hermann Keyserlings »Reisetagebuch eines Philosophen«, München und Leipzig 1919. Bei dem Stichwort »Mont-St.-Michel« notiert R. am Rande den Vers aus dem Sommer 1911: »A force de prier, il se fait un Archange«.

5. MÄRZ: R. dankt Dr. Landshoff für die »aus Ruths Händen« erhaltenen Karten für ein Bach-Konzert; im letzten Augenblick habe ihn der Mut verlassen: »so und so viel Begegnungen und Fragen, vor denen ich immer wieder ratlos stehe, als einer der sich zu rechtfertigen hätte«. Da Ruth ihren Vater später in der Schweiz nicht besucht, sind dies letzte gemeinsame Tage.

7. MÄRZ: An Katharina Kippenberg: »Nun kommen endlich auch die Italienischen Sonette zurück; ich habe sie lange behalten. Aber das Kapital hat Zinsen getragen, die ich hier beifüge, sieben an der Zahl; diese konkurrierenden, ganz unbefugten Übersetzungen dürften nirgends sonst vorkommen, als in Ihren Händen, in die ich sie allerdings außerordentlich gerne schicke. Sie können sich denken, wie so etwas entsteht; halb aus unvermeidlicher Anregung, zu einem Teile auch wohl aus gelegentlichem Widerspruch (so beim Glühwürmchen und beim Proserpina-Raub). Aber selbstverständlich wollen meine Versuche nichts gegen die vorhandenen Übertragungen bedeuten. Ich habe da so meine eigene Art, Gegebenes aufzugreifen ...« R. übersendet folgende Übertragungen: Cino da Pistoia »Den seligen Berg, den hohn, erstieg ich, ach ...« und »Für alles, was den andern wohlgefällt ...«, Francesco Maria Molza »– Daß hier sich meine Nymphe niederließ ...«, Michelangelo (Sonett CXIX) »So wende wieder mich zu jener Zeit ...«, Torquato Tasso »Du reisest, Schwalbe, und dann kehrst du wieder ...«, G. B. Felice Zappi »Glühwürmchen, fliegend an der Esche eben ...« und Giuliano Cassiani »Der Raub der Proserpina. Hoch schrie sie auf, warf fort die Blumen, hin ...« R. veröffentlicht diese Übertragungen nicht. Am 9. März: R. kann den Brief an Katharina Kippenberg wegen der »unseligen Verhältnisse« nicht aufgeben und fügt eine Nachschrift an: »Heute endlich bekam ich den Katalog der Schweizer Rodin-Ausstellung, der vergriffen ist. Ich habe mich nicht geirrt, als ich vermutete, dort einige Daten zu finden, die meinem ›Rodin‹ noch könnten zugute kommen.« Den Katalog hat Claire Studer durch den Baseler Kunstverein schicken lassen. R. legt eine verbesserte Anmerkung zum Austausch im Druck ein. Ferner erbittet R. das Werk von Max von Wulf »Über Heilige und Heiligenverehrung in den ersten christlichen Jahrhunderten«, Leipzig 1910.
Am 7. März schreibt R. auch an Ilse Erdmann, über ein Drama von Lou A.-S.: »Der Stiefvater«.
Am selben Tag heißt es: »Seit wir uns bei Schnitzlers gesehen haben«, sei R. ganz in seinen vier Wänden geblieben, er habe auch Mme Lipper, die spätere Frau Wilhelm Hausensteins, nicht mehr gesehen: »Ich geh auch fast gar nicht mehr aus, und, wo es sein muß, mit einem italiänischen Sonett in der Tasche, das ich im Gehen umschmelze, um nur innen und im Geiste zu bleiben.« (An Hausenstein)
10. MÄRZ: R. bespricht mit Frau Koenig eine Einladung von Inga Jung-

hanns nach Gut Böckel als »klimatische Zwischenstation«, wie er dieser am 13. 3. 19 mitteilt.

13. MÄRZ: Über die politische Entwicklung heißt es an Karl v. d. Heydt: »Für München stimmt es jedenfalls, daß alles milder verläuft, als man vermuthlich nach den Zeitungen meint. Die Ermordung Eisners, für den ich eine große Schätzung gehabt habe, ist die entsetzliche Folge eines durch die Presse genährten Mißverstehens dieser durchaus menschlichen Gestalt, mit der gerade eine Kraft der Versöhnung und Mäßigung beseitigt worden ist.«

R. sendet der Gräfin Mirbach »die ›Lebensstufen‹, eines der reichsten, darstellendsten Bücher von Tolstoj«.

MITTE MÄRZ: R. notiert die Verse »Gott läßt sich nicht wie leichter Morgen leben ...«, vermutlich als Entwurf einer Inschrift ins »Stunden-Buch«.

FRÜHJAHR 1919: Es entstehen einige Gedicht-Entwürfe um diese Zeit: »Natur ist glücklich. Doch in uns begegnen / sich zuviel Kräfte ...«, »Erst: wem hält mans hin? Es drängt; man trägt es / durch die Nähe wie ein Ding das schweigt ...« (das Lächeln) und der Entwurf einer Folge zu dem Taufgedicht für Petrus B.: »Und nun, trotzdem, ist Wasser wieder nur / das Rasche ...« und »Nun bist du wach und es erwacht an dir / ein jedes Ding ...« (Das Taufgedicht für Peter Berneis-Eysoldt entstand 1916.)

17. MÄRZ: Elya Nevar erinnert sich, R. das »Büchlein von Alphons Petzold [über Franz von Assisi]« mitgebracht zu haben. Darin finden sich die Worte: »Dem Bruder Franz dieser Zeit: Rainer Maria Rilke in treuer Gefolgschaft«. Aber: »Es war das einzige Mal, dass ich ihn ungehalten gesehen habe. Er faßte seinen Unmut etwa in folgende Worte: »Gäbe es nur einen Menschen in unserer Zeit, der Franz von Assisi gleich käme, so wäre unsere Zeit nicht die, die sie ist.«

18. MÄRZ: R. bittet Elya Nevar, ihm wieder aus Stifter vorzulesen – »gestern hab ich nach Prag geschrieben, ob es möglich sei, die gewisse vollständige Ausgabe, die ich in Paris stehen hatte, zu ersetzen.« Die junge Freundin erinnert sich, R. aus den »Bunten Steinen« die Geschichten »Kalkstein«, »Bergkristall«, »Katzensilber« und »Turmalin« vorgelesen zu haben. Am 24. 3. 19 schreibt R. ihr: »Nun wollen wir also mit unserem Steinkarpfarrer Dienstag zu Ende kommen [»Kalkstein«], ich wünschte, wir könnten auch noch ein neues ›Gestein‹ anfangen, aber dafür reichts nur, wenn Du recht früh hier wärest ...«

19. MÄRZ: R. bittet Lou A.-S.: »Du solltest so rasch wie möglich reisen, etwa am 22ten oder 23ten; ob ein ›Generalstreik‹ am 25. wirklich droht, weiß niemand recht zu sagen ... Wegen Ankunft: Ellen oder ich werden an der Bahn sein; aber man kann, soviel ich höre, nur am Ausgang warten, die Bahnsteige sind nicht zugänglich. Aber nun das Verdrießlichste: Man darf, wie ich von allen Seiten vernehme, nicht länger als vierzehn Tage bleiben, nur für diese Zeit bekommt man Lebensmittelkarten ...« Lou A.-S. möchte Spengler sehen, er »wohnt (unbekannt) in München, war früher, wie ich hörte, Mathematik-Professor an Mittelschulen, – einen hab ich gesehen der ihn besucht hat, aber das war kein Münchner. Dem hat er sich denn etwas mürrisch und abweisend erwiesen, obwohl er in eitel Bewunderung bei ihm einbrach.« R. will gleich nach dem 15. April seine Reise in die Schweiz antreten.

20. MÄRZ: Karl von der Heydt ist krank, das Berliner Haus soll aufgegeben werden. R. schreibt an Frau von der Heydt nach Berlin: »Für mich freilich hat Berlin sozusagen sein Zentrum verloren, die Brücken-Allee wird ja nur ein pied-à-terre sein für Sie, an das Sie nicht viel Lebenswärme wenden werden.« R. sendet dem Freund Keyserlings Reisetagebuch in die Klinik. »Schade, schade, um den einen modellablen Moment zu Anfang November; wie kam der bildsame Stoff in die Daumen der Herren Ebert und Noske?! Eisner's erstes Manifest war so ernsthaft, so rein anfängerisch. Ich muß ihn dringend gegen den Verdacht in Schutz nehmen, den Sie aussprechen. Tötung hätte, jetzt noch weniger als früher, zu seinen Mitteln gehört ...« Im folgenden Brief vom 29. 3. 19 beklagt R. den Verlauf der Revolution, die inzwischen auf den »schon wieder gebildeten Boden des Bürgers zu stehen kam: für eine Revolution wohl die lächerlichste Lage. Daß es zum Töten kam ist eine Folge der Verzweiflung jener, die das zuerst erkannten, und die nun an die Zerstörung dieses ›Bodens‹ gingen. Ich begreife dies unbedingt, wie ich überhaupt einen Untergang im revolutionären Krater, aus dem das Urfeuer des menschlichen Innern fährt, immer noch eher zugeben mag als die künstlichen Opfer des Krieges ...«

R. dankt Sidie Nádherný für die ihm angebotene finanzielle Hilfe in der Schweiz: »ich weiß, wie enorm die Wechselverluste sind.« Er kann jedoch im April noch nicht reisen: »Von den Hottinger Leuten, von denen ja meine Erlaubnis abhängt, fehlt mir noch jede Antwort«, und: »Lou war noch nicht hier.«

21. MÄRZ: An Annette Kolb: »München ist so sehr zu Ende für mich, wie

ein Buch, das ich zwanzigmal im Gefängnis vom Anfang bis zum Schluß durchgelesen hätte; es ist so völlig aufgebraucht, daß nicht einmal Wind, Himmel oder die kleinen Frühlingsversuche der Büsche des Englischen Gartens mir das Mindeste zu sagen haben.«

22. MÄRZ: Claire Studer hat R. das von ihm erbetene Buch Maeterlincks »L'Hôte Inconnu« besorgt, er dankt mit ›einer kleinen Übersetzungs-Probe aus den Vor-Übungen zu Michelangelo‹, seiner Übertragung von Giuliano Cassiani »Der Raub der Proserpina«, und fragt nach dem neuen Barbusse. »Von Charles Vildrac war wohl durch niemand etwas zu erfahren?« Diesen Brief an Claire Studer in der Schweiz weiterzuleiten, bittet R. Henriette Hardenberg-Wolfenstein.

24. MÄRZ: An Frau Irmela Linberg in Berlin schließt R. dem Dank für die kleine Zeitschrift »Blätter zur Kunst« eine Betrachtung über das Sonett an: »Da ich vielfach mit der Übertragung altitaliänischer Sonette in den letzten Wochen beschäftigt war, ist mir, über beständigem Umgang, diese Formgestalt eben wieder recht lebendig geworden. Wie sehr vermag sie doch auch uns noch recht zu sein, die innerhalb der verpflichtendsten Bindung eine fast gesteigerte Freiheit gewährt ...«
R. schreibt weiter: »In der That, in demselben Maaße, in welchem ein Gedicht lebendig überliefert ist, wird der ganze stützende Apparat hinfällig, der es zur Wissenschaft einordnen möchte. Mit verwandten Einsichten hängt es wohl zusammen, daß es mir immer schwerer möglich geworden ist, mich ›über‹ Kunst in irgend einer Weise zu äußern ...«
R. schreibt an Elly Petersen, Ruth werde nun wohl doch die Schule in Moosschwaige besuchen.

25. MÄRZ: Aus R.s Begrüßungsbrief an Lou A.-S.: »wann mag Dein Zug einfahren? Es sieht doch so aus, als könnte man's nicht auf die Stunde erfahren ...«

26. MÄRZ: Lou A.-S. vermerkt in ihrem Tagebuch, nach fast dreitägiger Reise sei sie in der Nacht in München eingetroffen, von Ellen Delp, Regina Ullmann und dem Brief R.s im Hotel erwartet. Bis zum 2.6.1919 bleibt Lou A.-S. in München, sie wohnt nach den ersten Tagen in der Pension Gartenheim, Ludwigstraße 22. R. bittet Ellen Delp: »Lou soll so weit als möglich mein Gast sein: sorgen Sie also irgendwie dafür, daß keine Rechnung zu ihr gelangt.« (Undatiert)

29. MÄRZ: In seinem Brief an Karl von der Heydt erinnert sich R. des Mont-St.-Michel in der Bretagne und zitiert aus seinem Taschenbuch den Vers: »A force de prier il se fait un Archange.«

An Ernst Norlind heißt es: »Wie fehlt es mir, Dich nicht gesehen zu haben, als Du in Deutschland warst.« Er erzählt ihm ausführlich über das Ergehen der jetzt 17jährigen Ruth.
Veronika Erdmann hat R. neue Gedichte zugesandt, R. begrüßt ihre Absicht, sie für ein Buch zu sammeln – »wenn es einmal so weit ist«. Denn: »Für die Fischersche Rundschau stimmt es seit je, daß sie Lyrisches nur als Ausnahme brachte. Von den Weißen Blättern gab es kürzlich wieder eine Nummer; sie haben nichts mehr mit Kurt Wolff zu tun, erscheinen bei Paul Cassirer, und René Schickele zeichnet als Herausgeber ... Was bleibt? Abzuwarten wäre etwa, was aus der ›Neuen Erde‹ wird (herausgegeben von Friedrich Burschell in dem neuen Drei-Länder-Verlag).«
2. APRIL: R. sendet Frau Fega Frisch, der Übersetzerin von Fjódor Sologúb: »Slašče jada« vier Übertragungen der darin enthaltenen Gedichte, »Säh ich, Herz, dich vor mir liegen ...« von Sologúb und »Seherische Seele mein ...« von Fjódor Tjútschew, den R. schon 1900 als Lyriker schätzte (an Sophia Schill, 23.2.1900). Die erste der Übertragungen erschien ohne R.s Namen in der deutschen Fassung des Romans »Süßer als Gift«, München: Musarion Verlag 1922. Ferner liegen dem Brief die Übertragungen von zwei Gedichten der russischen Lyrikerin Sinaida Hippius bei, zu denen R. schreibt: »Das Gedicht von Frau Hippius lag mir wenig, – ich mußte daher zu manchem Übergang greifen, der ›nicht dasteht‹. Dagegen freute mich das kleine ›Lied‹, ich glaube, ich habe ihm seine unwillkürliche Sagbarkeit einigermaßen erhalten.« Aus R.s Nachlaß wurde zunächst nur »Ljubov'-odna: Liebe ist nur Eine« veröffentlicht (1948).
Am selben Tag schickt R. ein Gedichtmanuskript von Hermann Hiltbrunner an Katharina Kippenberg zurück, das er geprüft hat, aber nicht empfiehlt. Von sich schreibt R.: »leider hindert mich die Unzuverlässigkeit meiner Schuhe und eine lästige Erkältung, an diesem Spätwinter, anders als vom stattlichen Fenster aus, teilzunehmen.« In München hat es vier Tage lang geschneit.
An Claire Studer: »Man hat Friedrich Burschell für seine Zeitschrift ein paar Francis-Jammes-Übertragungen angeboten, deren Vorbilder aus einem Buche zu stammen scheinen, das sich ›Gebete aus der Zeit während des Krieges‹ – oder so ähnlich nennt [=»Cinq prières pour le temps de la guerre«, Paris 1916]: für Burschell wärs wichtig, die Originale zu vergleichen, für mich schön, sie kennen zu lernen. Kannst Du das für

uns thun? Hat Iwan Goll Mallarmé's ›Eventail de Mlle Mallarmé‹ übersetzt, an dem ich mich hier versucht habe? Würde er seine Übertragung gegen die meine austauschen mögen? – Schlag es ihm vor.« R. legt diese Übertragung bis auf die letzte Strophe bei: »Der Fächer des Fräuleins Mallarmé«; vollständig erscheint sie 1920 im »Inselschiff«, 1. Jg., Heft 5.

4. APRIL: R. hat aus den Neuauflagen Anrecht auf Freiexemplare, entnimmt jedoch davon nicht genug. Kippenberg schlägt deshalb vor, R. 1000,- Mk dafür zu zahlen: »Vielleicht wird dieser Betrag Ihnen für Ruths Kleideraussteuer besonders erwünscht sein.«

7. APRIL: R. sendet an Karl v. d. Heydt seine Übertragungen der Gedichte »Eventail de Mlle Mallarmé« von Stephane Mallarmé und »Der Raub der Proserpina« von Giuliano Cassiani, ein Sonett.

OSTERN: R. schenkt der ihm aus Paris bekannten Malerin Irene von Fuchs-Nordhoff ein Exemplar von Verhaeren: »Les Flammes hautes«, in das er mit Bleistift neben das Gedicht »Les Morts« seine Übersetzung »Die Toten« eingetragen hat. (Die Übertragung stammt von Anfang 1919.)

20. APRIL: R. hat den Besuch von Sigmund Freuds Sohn Ernst; Lou A.-S. notiert im Tagebuch: »Abends bei Rainer, später Ernst Freud und Hotup dort.« (Gemeint ist Else Hotop.)

26. APRIL: R. bittet Friedrich Burschell, ihm »Das Exemplar« von Annette Kolb für Lou A.-S. zu leihen: »Sie hat einen herrlichen Aufsatz über dieses nie genügend begriffene Buch geschrieben, das heißt, ich kenne ihn nur im Allgemeinen seinem Inhalt nach, denn das Manuskript scheint auf dem Wege von Goettingen verloren gegangen zu sein.« Lou A.-S. will eine Neufassung versuchen; R. bietet Burschell den Aufsatz für seine »Neue Erde« an, ebenso wie die kleinen Arbeiten der Freundin: »Die Ostern der Toten« und »eine Anmerkung zum ›Igelrükken‹, die etwa in kleiner Schrift unter den ›Bemerkungen‹ zu bringen wäre«.

30. APRIL: Lou A.-S. Tagebuch meldet: »Kälte und Frieren«; nachmittags ist R. bei ihr, abends Ellen Delp. Von Regina Ullmann, die dazukommt, heißt es: »geht fort bei größtem Geschieße«.

MAI: Wilhelm Hausenstein berichtet von R.: »wie ihn der grauenhafte Einbruch des weißen Terrors im Mai 1919 vernichtete. Die sogenannte Rätezeit in München war vorüber. Wer des Geistes verdächtig war, wurde von Gewehrkolben heimgesucht. Bei R. schlugen Kolben und

Kommißstiefel eines Morgens um fünf Uhr an die Tür; er sei ein Bolschewist! Dies Ereignis hat ihn aus München, aus Deutschland vertrieben.« (»Stimmen der Freunde«)
Es kommt zu zwei polizeilichen Hausdurchsuchungen bei R.
2. MAI: Paul Zech bittet R., »Die weiße Fürstin« in der Reihe »Der Schatzbehalter« bringen zu dürfen. R. antwortet ihm am 6.6.19 zustimmend.
MAI: R. schreibt das Albumblatt »Wir wenden uns an das, was uns nicht weiß ...« für Fräulein Hedwig Zapf, später Frau Griefenberg. Dazu hat sich ein Entwurf erhalten: »Wir schließen uns an das ...«, von ebenfalls sechs Zeilen. Fräulein Zapf ist auf dem Paß- und Visum-Amt der bayerischen Regierung in München tätig und R. vielfach hilfreich.
7. MAI: Wilhelm Hausenstein heiratet in zweiter Ehe Margot Lipper, die verwitwete Tochter des Brüsseler Ingenieurs Max Maurice Kohn. Trauzeugen sind R. und Emil Preetorius.
Thomas Mann vermerkt in seinem Tagebuch: »Den Aufruf zu einer Politik der Versöhnung, den auch Kerschensteiner, Rilke, Kassner und Heinrich [Mann] unterzeichnen, fertigte ich ebenfalls nachmittags ab.« Der Aufruf erschien am 8.5. in den »Münchner Neuesten Nachrichten«.
17. MAI: Lou A.-S. vermerkt in ihrem Tagebuch: »Als Rainer die drei Gedichte von ihm [Mallarmé] las und die Übersetzungen, enthielten diese doch wohl schon den Gegensatz, den Mallarmé zu Rainer bildet, trotz der Verwandtschaft, die solche Einfühlung ermöglichte.« Unter dem 18.1.23 nimmt sie dann in bezug auf R.s Valéry-Übertragungen diese Erinnerung in einem Brief an R. wieder auf. Von R.s Mallarmé-Übertragungen werden gedruckt: »Eventail de Mademoiselle Mallarmé« – »O Träumerin, daß sie mich trüge ...« im »Inselschiff«, Jg. 1, Heft 5 (1920), und »Tombeau / Anniversaire – Janvier 1897« – »Der schwarze Block im Zorn, daß Wind ihn rolle ...« im »Inselschiff« Jg. 3, Heft 4 (1922). Unveröffentlicht bleiben: »Une dentelle s'abolit« – »Einer Spitze Entgleit ...« und »Le vierge, le vivace et le bel aujourd'hui« – »Das neue Heute, lebhaft, schön und unberührt ...«
18. MAI: R. schreibt für Lou A.-S. die drei für sie bestimmten Gedichte: »I. Ich hielt mich überoffen, ich vergaß ...«, »II. Wie man ein Tuch vor angehäuften Atem ...«, »III. Entsinnen ist da nicht genug, es muß ...« ab, die im November oder Dezember 1911 in Duino entstanden. Dazu: »Aus einer der ›Elegien‹ / (geschrieben im Herbst 1915.)«, die später als »Die vierte Elegie« eingeordnet wird, mit dem Vermerk: »(Dir eingeschrieben, in München, am 18. May 1919. R.)«. Zusammen mit dem früher für

sie abgeschriebenen Bestand besitzt damit Lou A.-S. alles, was von den
»Elegien« damals vollendet ist.
19. MAI: R. interveniert zugunsten des als linksrevolutionär verdächtigen Oskar Maria Graf durch einen Brief an den Münchner Rechtsanwalt Dr. Seidenberger: »was mich angeht, so dürfte ich in der Angelegenheit Oskar M. Graf's zunächst die Überzeugung in die Wagschale legen, daß er als Mensch wie als Schriftsteller von den reinsten und humansten Absichten erfüllt ist. Ihn selbst zu sprechen, ist mir leider nur sehr selten vergönnt gewesen: als ich ihn zuletzt sah (es mag im Januar gewesen sein) hatte ich den Eindruck, daß er, aller politischen Bethätigung abgeneigt, in seinen künstlerischen Arbeiten lebe ... wie ja auch sein Name unter keinem der Aufrufe zu finden ist, die unter der Rätheregierung die Aufmerksamkeit auf sich gezogen haben. Oskar M. Graf's einziger Versuch, sich an die Menge zu wenden (in jener Versammlung vom Anfang Dezember 1918) verräth, wie sehr der Weg rein menschlicher Verständigung seinem Ideale entsprach; er hat es nicht wieder unternommen, diesen Weg öffentlich zu empfehlen, aber gewiß hat er im Kreise seiner Freunde in diesem Sinne gewirkt und es genügt wohl, ihn einige Male gesehen zu haben, um zu wissen, daß er sich dafür opfern könnte, Gewalt zu verhindern, eher als daß er imstande wäre, eines jener Mittel zu empfehlen, mit denen der Terror arbeitet.... ich wünsche von Herzen, daß dieser ernste und begabte junge Schriftsteller recht rasch seiner Thätigkeit wiedergegeben und einer Lage entzogen sei, in die ihn nur ein ihn völlig verkennender Irrthum gestürzt haben kann.«
Oskar M. Graf berichtet in seinen Erinnerungen »Über R.M.R.«: »Wegen seiner Bekanntschaft mit Toller und anderen Revolutionsmännern fing die münchner Polizei an, den Dichter zu beschnüffeln. Daß er nebenbei noch ›Landfremder‹, tschechischer Staatsbürger war, schien besonders verdächtig. ... Das verekelte R. die Stadt völlig, von der er einmal bezeugte, er habe sich ›nie gut aufgehoben‹ in ihr gefühlt ...«
R. betont später in einer von Walter Mehring veröffentlichten »mündlichen Äußerung«: »Ich bin auch nicht aus München vertrieben worden, wo ich mich 1919 aufhielt. Eine Haussuchung war die einzige mir dort bereitete Unannehmlichkeit. Aber man zwang mich nicht, die Stadt zu verlassen. Ich folgte einer Einladung nach der Schweiz.« (Im »Tagebuch« vom 15.8.25, Jg.6, Heft 33)
20. MAI: Noch einmal nimmt R. das Gespräch mit von der Heydt auf:

»Die Rätheherrschaft ist in Millionen kleiner Splitter zersprungen, es wird unmöglich sein, sie überall zu entfernen, nach drei Wochen Ordnungsmacherei sind wir noch weit von wirklicher Aufräumung, ja die Erbitterung hat in ihren vielen Verstecken ungeheuer zugenommen und wird sich früher oder später wieder aktiv machen. Man hört auch von nichts als von Wegzügen, die Spediteure können es kaum mehr bewältigen.«

21. MAI: R. telegraphiert an Sidie Nádherný: »Hottingen kann ... höchstens dreiwöchentliche Aufenthaltsbewilligung erwirken. Reise daher nur möglich, falls später von dort aus Verlängerung sicher wäre ...«

22. MAI: An Kippenberg: »Die Postsperre, äußerlich längst aufgehoben, hält in mir noch an; denn wer möchte nicht am liebsten schweigen über das, was der April uns hier hat erfahren lassen, aber auch über das andere, das mit Ein- und Übergriffen seit dem ersten Mai hier betätigt ist. ›Gift‹ und ›Gegengift‹; aber die rechte tiefere Heilkunde kommt nirgends zur Anwendung, so wund auch der Moment sich eingesteht.« R. schreibt ausführlich über seine Schweizer Pläne. Während seiner Abwesenheit auflaufende Honorare bittet er Clara und Ruth für den Hausbau zu überweisen.

24./25. MAI: Lou A.-S. vermerkt im Tagebuch, R. und sie hätten sich mit den Elegien befaßt.

26. MAI: Kippenberg an R.: »Der starke Absatz Ihrer Bücher in der letzten Zeit – wir drucken Auflage um Auflage und haben größte Mühe, mit Papier und Druck immer nachzukommen – hat Ihnen ein sehr erhebliches Guthaben bei uns verschafft, das uns ermöglicht, ohne alle Sorge auf eine Reihe von Jahren hinzublicken ...« R. erhält eine Zahlung von 6000,– Mk außer der Reihe.

27. MAI: R. liest das am 13.11.1915 niedergeschriebene »Requiem für einen Knaben« und fertigt danach eine »Abschrift für Miriam [Sachs] nach dem 27. May, an dem es vorgelesen worden war«. Das Gedicht bleibt unpubliziert bis 1927.

29. MAI: R. telegraphiert an Sidie Nádherný, daß sich wegen der Ungültigkeit der bisherigen österreichischen Pässe Schwierigkeiten für die Reise ergeben: »Brauche wie es scheint jetzt tschechischen, der augenblicklich nicht ausstellbar, da noch kein hiesiges Consulat eingerichtet ist.«

31. MAI: R. bescheidet F. A. Hünich: »Von den anderen in Abschrift beigelegten älteren Gedichten etwas zur Einordnung, etwa in das ›B. d. B.‹

zu empfehlen, wäre mir nicht eben natürlich ... [sie] sind nur einem Stimmen des Instruments zu vergleichen, auf dem dann jenes dritte Lied gespielt wurde: das bleibende.«
FRÜHSOMMER: R. schenkt ein Exemplar der »Liebe der Magdalena« mit der Bleistift-Einschrift: »Herrn Julius Spiegel in freundlicher Erwiederung seiner Gaben. R.M.R./München 1919«.
1. JUNI: Lou A.-S. und R. gehen am letzten ihrer gemeinsamen Tage zu einer Loheland-Veranstaltung.
2. JUNI: Lou A.-S. reist nach Hohenried bei Tutzing zu Frau und Sohn Henry von Heiselers, der, in Petersburg vom Kriege überrascht, erst 1922 zurückkehrt. Sie wird von R. und ein paar Freunden zur Bahn begleitet. R. sieht die Freundin nicht wieder.
3. JUNI: R. dankt Kippenberg für die günstigen Nachrichten, die ihn »in den Zurüstungen und Aussichten des Momentes befreien und unterstützen«. Vor Pfingsten werde er kaum reisen können: »hoffentlich ist hernach nicht die politische Lage so getürmt, daß ich vor unüberwindlicher Grenze umkehren muß.« R. weist Kippenberg zum Schluß auf einen Graphiker hin, der ihm in der Münchner Sezession »günstig aufgefallen« ist: Karl Rössing. »Der Name wäre zu merken.«
An Elly Petersen schreibt R., Ruth wolle in Fischerhude bleiben, und fährt fort: »Clara R., auf die Zeitungen und Gerüchte hin, durch die allein sie die münchner Zustände kennt, stellt sich natürlich alles noch viel bedrohlicher vor, und ganz besonders Dachau scheint ihr ein Ort ausdrücklichster Gefährdung zu sein: leider ist wohl jetzt niemand in der Lage, ihr das zuverlässigste Gegentheil zu versichern ... Man hat uns den Boden unter den Füßen, diesen braven münchner Boden, gegen einen recht ungewissen ausgetauscht. Ein allgemeines Fortziehen, wohin man sieht!«
6. JUNI: Telegramm an Sidie Nádherný: »Einreisebewilligung eben eingetroffen, aber vor Mittwoch Abreise nicht möglich. Können Sie noch warten? Bitte sendet etwas Geld für Ankunft an Lesezirkel Hottingen...«
An Kippenberg geht die gleiche Nachricht: »Nun sind noch viele Wege zu tun: wärens Wege! Meistens ist es ein Anstehen vor Türen und Tischen und Schaltern, lange Vormittage lang. Aber auch das geht vorüber.«
7. JUNI: Vor der Abreise schreibt R. an die Fürstin Taxis, nun reisen sie erst recht auseinander: »Sie gegen Norden zu [nach Holland], ich in die

Schweiz, wahrscheinlich schon gleich nach den Feiertagen, mit dem ersten Zuge, in dem mein Gepäck mitkommt und in dem meine sich leicht einräumende Gestalt noch einen halben Zwischenraum findet. Für wie lange, ist noch unbestimmt ...« Schließlich beantwortet R. eine Frage nach Kokoschka:»Ich versuchte früher schon in den ›Dramen‹ zu lesen; es sind Ausdrücke von Zuständlichkeiten, die sich ins verzerrt Figürliche projizieren, in ihrer Art ehrlich, wie die Maserungen in einem Holze, die auszulegen natürlich gefährlich und willkürlich scheint. Auch ich gestehe, von seinen Schriften so gut wie nichts verstanden zu haben: ein Leser bedauert sich dann im Stillen in solcher beschämenden Lage, – als Zuschauer ist man weniger langmüthig wahrscheinlich.« Die Fürstin hat »soeben von einem fürchterlichen Spektakel in Berlin gelesen« bei einer Aufführung (31. 5. 19).

10. JUNI: R. gibt an Ludwig Landshoff entliehene Bücher zurück: »Ob Sie in München bleiben: aus dem ein großes Ausziehen im Gange ist ...? Ich komme zunächst noch her zurück, aber ob für lange? ...«

An Lou A.-S. schickt R. die Verse für Bernt von Heiseler, die er eben (3. 6. 19) zustande gebracht habe: »Untergang und Überstehen: beides / ist am Jugendlichen selbst schon alt ...« als Widmungsstrophe für den »Cornet« mit der Überschrift »Gruß zum Geburtstag für Bernt Heyseler«. Er berichtet von den letzten Tagen in München mit ihrer Unruhe: »des ›Teufels Großmutter‹ zu lesen«, ein Traumspiel von Lou A.-S. (Jena 1922), »mußte ich aufgeben: ein großes Couvert auf meinem Pulte enthält das Stück und die beiden ›Imago‹Hefte und erwartet Dich hier.« R. berichtet weiter, daß die holländische Malerin Be de Waard, mit der er hat reisen wollen, gerade in dem Moment ins Krankenhaus gebracht worden ist, in dem er ihr »Ihren endlich erreichten Paß« überbringt. Vor seiner Abreise packt R. alle Briefsachen gebündelt in eine Ledertruhe, eine Reihe täglicher Notizbücher aus den letzten Jahren, Manuskriptanfänge und Vertügungen finden im Sekretär ihren Platz; den Schlüssel zum Sekretär übergibt R. Elya Nevar, die ihm beim Packen hilft.

AM 11. JUNI verläßt R. München. In seiner Wohnung bleibt bis zu ihrer Rückkehr nach Göttingen für einige Zeit Lou A.-S., Anfang Juli wird die Wohnung von deren entferntem Neffen Franz Schönberner und Frau übernommen. Als im Mai 1920 die Beschlagnahmung droht, stellt R. sie dem Schriftsteller Hans Feist zur Verfügung. R. kehrt nicht wieder nach Deutschland zurück.

Viele Jahre später erinnert sich Karl Wolfskehl an R.: ›Werfel‹ – »Den

hab ich übrigens nie im Leben getroffen, erinnere aber noch genau, wie der damals in meiner Nachbarschaft wohnende R. mich auf sein Buch ›Der Weltfreund‹ aufmerksam machte ... Mit R. war ich bis etwa '19 in ziemlich engem persönlichem Kontakt, wir besprachen auch viel Prinzipielles, aber ich glaube nicht, daß es je zu einem wirklichen Ein-Verständnis gekommen ist. Seine Grazie indeß, seine Wärme und seine Sensitivität und das stille, doch so sichere Selbstgefühl bezauberten immer aufs Neue.« (Aus Auckland, Neuseeland, an Siegfried Guggenheim, am 26. 2. 46)
Neben Wolfskehls Erinnerungen treten die von Melchior Lechter: »Ja, ein lieber bescheidener Kerl ist er. Doch ich kenne ihn, wenn auch nur flüchtig, persönlich. Mit Karl W[olfskehl] und seiner Frau war ich bei ihm in München einmal zum Thee eingeladen. Er erzählt sehr anschaulich und sympathisch. Der Karl hat ihn auch menschlich sehr gern... Übrigens in seinem ›Malte Laurids Brigge‹ fand ich sehr schöne Stellen über Paris und manche merkwürdige Dinge auch über den Einhorn-Teppich in Cluny; aber auch für mich unerträgliche Stellen.« (An Marguerite Hoffmann nach Paris, Mai oder Juni 1925)

ANFÄNGE IN DER SCHWEIZ

11. JUNI: An Grete Lichtenstein schreibt R. am 14. 3. 1921: »Wie lange, wie lange seit jenem Juny-Tag, da ich frühmorgens München verließ, mit einer Erlaubnis für 10 Tage(!); im Zuge traf ich Anne-Marie Seidel, die mir durch ihre Protektion über die Grenze half ...« Durch die Bekanntschaft Anne-Marie Seidels, damals Schauspielerin an den Münchner Kammerspielen, mit dem Bezirkshauptmann in Lindau, Dr. Rolf Schreiber, ist es ihr möglich, R. zu einem fehlenden Grenzdokument zu verhelfen. Im Gästebuch Dr. Schreibers findet sich unter dem 11. 6. 19 folgende Eintragung: »herzlichen Dank für eine reizende Stunde nach Tisch / Annemarie Seidel / R. M. R.«, außerdem schenkt R. dem Ehepaar Schreiber den »Cornet« mit der Widmung: »Bei der unerwarteten guten Gastlichkeit: R. M. R (im Juny 1919)«.
Von Lindau aus mit dem Dampfer den Bodensee überquerend, erreicht R. in Romanshorn die Schweiz. Auf der Weiterreise teilt er das Abteil mit

der Kabarettsängerin Albertina (Putzi) Cassani-Böhmer, die in Zürich in der Bonbonniere auftritt. Eine Reihe von 16 Briefen an diese ›Reisegefährtin‹ ist bekannt. R. wird in Zürich von Herren des Lesezirkels Hottingen, darunter dem Präsidenten Dr. Hans Bodmer, empfangen. Seine Aufenthaltserlaubnis geht zunächst nur bis zum 21. 6. 19.

12. JUNI: Kippenberg teilt R. aus Leipzig mit, vom 1. 6. 19 an erhalte Clara R. monatlich 400,– Mk.

13. JUNI: R. dankt Frau Cassani dafür, daß sie ihm von der Grenze aus telephonisch das schöne Balkonzimmer im Hotel Eden au Lac gesichert habe: »Denn Baur au Lac konnte keine Gäste mehr aufnehmen und die guten hottinger Leute hatten mir, etwas phantasielos, ein Zimmer im National (am Bahnhof) zugedacht ... es ist beschlossen worden, daß ich erst nach Nyon gehe, um mit den dortigen Freunden die Schritte zu bedenken, die für ein Bleibenkönnen, ohne Aufschub, gethan werden müssen: das ist das dringendste. Der Termin der Vorlesung wird dann später erst festgesetzt sein, wenn meine Tage gesichert sind. Ich wollte, sie wären's! Denn schon merk ich, was es ausmacht, ›draußen‹ zu sein: die beiden Tage waren reich und gut für mich.« – R. lernt sogleich die französische Buchhandlung in der Rämistraße kennen, deren Inhaber, Paul Morisse, sein Berater und Freund wird.

VOM 16. BIS 18. JUNI ist R. in Nyon zu Gast bei Gräfin Mary Dobrčensky, wo er auch Sidie Nádherný noch antrifft. Man berät, wie sich eine Verlängerung seiner Aufenthaltsgenehmigung erreichen läßt: »schließlich schien es am zuverläßlichsten, auf Grund eines ärztlichen Attestes, die Verlängerung zu beantragen.« Der Arzt bringt zwei bis drei Monate in Vorschlag. »Das Gesuch nimmt nun, von Nyon aus, den Amtsweg nach Bern.« (An Frau Cassani, 18. 6. 19) R. fährt fort: »Ob ich in Nyon bleibe, ist zweifelhaft geworden; eine Unruhe treibt mich herum, die im Grunde Müdigkeit ist und noch ein Anderes: je ne sais que faire de ma liberté après ces cinq ans de prison allemand ...«

Über die Tage in Nyon schreibt R. später an Sidie Nádherný: »Ich konnte so wenig ich selbst sein. In Nyon, genaugenommen, nur gerade in der Stunde des Eintreffens, da wir in der Laube saßen, später, schon am gleichen Abend, überwog ein Fremdes« (5. 8. 19), und an Elya Nevar: »Das kleine Haus in Nyon war zu sehr voller Gäste und Besuch für's Erste; ich zog mich nach Genf ...« (23. 6. 19)

19. JUNI: Aus Nyon bittet R. Marthe: »parlez moi, vite et beaucoup. J'attends. J'attends. J'attends.«

VOM 19. BIS 25. JUNI bleibt R. im Hôtel Richmond in Genf, wo er der Malerin Baladine (Mouky) Klossowska, die er aus Paris kennt, einen ersten Besuch macht. Sie ist die Frau des Kunsthistorikers Dr. Erich Klossowski und hat ihre beiden Söhne, Pierre und Baltusz K., bei sich. R. nimmt in Genf an einer »Conférence von Paul Birnkoff [Birukoff], einem Russen und Freunde Tolstoi's« teil: »natürlich führte auch sie am Schluß zur Erregung und Auseinandersetzung; was liegt näher in diesem Moment, der unter dem Namen des Friedens gewissermaßen doch nur alle Reizungen zusammenfaßte, die die grausamen letzten Jahre zubereitet haben.« (An Frau Cassani, 27.6.19)

22. JUNI: R. dankt Kippenberg für die Nachricht über die Neuauflagen seiner Bücher, wobei es ihn besonders freut, daß der »Kentauer« wieder zu haben sein wird. Katharina Kippenberg ist zur Erholung in Lückendorf, und R. fragt: »›Oybin‹: ist das jener Berg an der böhmischen Grenze? Ich kenne ihn gut; Ferien gabs dort einmal während meiner Gymnasialzeit ... (Goethe kannte, wenn ich nicht irre, den Oybin von geologischen Streifzügen her –.)« R. berichtet nur kurz von Plänen: »Alles wird davon abhängen, ob mir einiger Aufenthalt bewilligt wird; mein Gesuch geht seinen Gang.«

24. JUNI: Kassner hat inzwischen R.s Genfer Adresse erfahren und antwortet auf die Übersendung der ersten Nachkriegs-Nummer der Nouvelle Revue Française, in der steht: »Il est bon de noter ici que Rainer Maria Rilke, un des plus grands poètes de l'Allemagne actuelle est de race tchèque.« Bei Kassner heißt es darauf: »Das de race tschèque muß corrigiert werden. Auf das allerbestimmteste«, und fragt: »Wo werden Sie landen?... Alle haben das Gefühl, Sie sind auf u. davon, einfach weg. Es scheint, daß man es so machen muß ...«

25. JUNI: Telegramm an Sidie Nádherný, die R. in Genf nicht noch einmal gesehen hat: »Bern. Gut angekommen, schon die Orgel im Münster gehört. Herzliches Gedenken allen und Ihnen nochmals Reisewünsche, die Sie innig begleiten.« Sie fährt am 30.6.19 nach Janowitz zurück. Am 5.8.19 schreibt R. an sie: »ich kam erst in Bern etwas mehr zu mir und fing an, auf meine Weise zu schauen, auf meine Weise aufnehmend und mittheilsam zu sein. Frau von Wattenwyl und einer würdigen, wunderbar-wachen Achtzigjährigen, einem Fräulein von Gonzenbach, verdank ich es, daß mir diese fest angestammte Stadt mehr zeigte, als sie sonst einen Fremden gewahren läßt; davon zehre ich seither...«

VOM 25. JUNI BIS 9. JULI dauert dieser erste Aufenthalt R.s in Bern. Er wohnt im Hotel Palace Bellevue.

27. JUNI: Er sei gerade zurecht gekommen, schreibt R. an Frau Cassani, »in dieses schöne Bern, in dem ich zuerst begreife, was ein ausgeglichenes und gleichmäßiges bürgerliches Wesen in gewissen Zeiten redlich aus sich hervorzubringen vermocht hat: alle diese alten Häuser sind Garantien des guten Willens in jedem Einzelnen und, wie sie aneinander angeschlossen dastehen, ein Beweis gemeinsamen Wollens und Einverstehens. Und diese bürgerlichen Brunnen, die mit soviel Haltung und Selbstbewußtsein das Wasser austheilen, auch seine fließende Natur noch einbegreifend in die etwas feierliche Ständigkeit des zünftigen Daseins. Ob Sie die wunderbaren Wandteppiche des hiesigen Museums kennen?...«

Während dieses Aufenthaltes in Bern besucht R. Schloß Gümligen.

28. JUNI: Unterzeichnung des Friedensvertrags von Versailles durch die deutsche Regierung.

30. JUNI: »Von Nyon ist vorgestern meine Contrôle-Karte eingefordert worden: daraus sehe ich, daß irgend etwas auf mein Gesuch hin verfügt sein mag. Was wohl? Welche Frist? –« (An Frau Cassani)

2. JULI: R. liest »Emmy Hennings: Gefängnis, ergreifende Aufzeichnungen dieses armen begabten Mädchens, dessen leidendes und anmuthhaftes Gesicht ich aus Bildern kenne« (an Frau Cassani).

4. JULI: Mit einem Billett aus Bern bittet R. Wilhelm Muehlon, ihn »am Nachmittag 5½ morgen Samstag« zu empfangen. Über dies Gespräch liegen keine unmittelbaren Zeugnisse vor.

5. JULI: R. schreibt gemeinsam mit Yvonne von Wattenwyl-de Freudenreich an Graf Paul Thun-Hohenstein, dem er diese Beziehung verdankt, die sich zu warmer Freundschaft vertieft.

6. JULI: Besuch auf einem kleinen Landgut in Muri bei Fräulein Elisabeth von Gonzenbach, »einer wunderschönen, ganz ganz alten Dame«. R. schenkt ihr seinen »Rodin« mit dem Widmungsgedicht: »Schönheit war einst in tiefbemühten Zeiten / wie nach dem Tag die reine Abend-Ruh;...« »(Bern, am 6. Juli 1919)«.

R. erzählt seiner Mutter von Bern, wo er in den ›schönen Häusern‹ zu Gast ist: »Du kannst Dir denken, wie dankbar ich das empfinde, und wie überhaupt, nach der Abgeschlossenheit der letzten fünf Jahre, alle Eindrücke und Erneuerungen bei mir den bereitesten Boden finden. Freilich, man war dessen so entwöhnt, daß man das Reisen und Aufnehmen erst wieder versuchen und lernen muß, manchen Tag kann ich es, manchen Tag ermüdet und verwirrt es mich.«

7. JULI: R. berichtet an Kippenberg, besonders über Bern: »ein Stadtgesicht«, und weiter: »Es wird Sie freuen, zu hören, daß alle hiesigen Buchhandlungen ganze Stöße des ›Rodin‹ ins Schaufenster legen; überall wird mir versichert, wie sehr er entbehrt gewesen ist. Dagegen fehlt überall der ›Neuen Gedichte‹ erster Teil, und ich werde immerfort daraufhin angesprochen, so daß ich zuweilen von dem Getriebe um meine Bücher ganz betäubt bin.« R. schickt Kippenberg das »Livre d'heures« des Holzschneiders Frans Masereel als Hinweis für den Insel-Verlag.

8. JULI: An Yvonne de Wattenwyl: »Nun sende ich Ihnen Goethe's Stürmisches an ›Gustgen‹ Stolberg, – die Einleitung lesen Sie später erst, zuletzt; ich meine, Sie im Ganzen hinreichend vorbereitet zu haben. Und wie rasch werden Sie das verstehen, daß man von Lili aus, die mit Heirath, Bindung und Bürgerlichkeit ein Leben eher einzufassen als zu erweitern schien, diesen Absprung ins Klar-Offene nehmen mußte ...« R. schließt: »Was Zürich bringen mag? Frau (Ada) von Martini hat geschrieben, das Sanatorium wartet; aber ich habe für die ersten Tage im Baur au Lac bestellt.«

AM 9. JULI reist R. nach Zürich, wo er bis zum 24. Juli bleibt. Er wohnt diesmal im Baur au Lac-Hotel. R. erwägt, das Sanatorium Bircher-Benner aufzusuchen: »... schließlich schob ich das auf, wieder um der ›Freiheit‹ willen, deren thatsächliche Ausübung, bis ins Kleinste hinein, mir jetzt (das mein ich versichern zu müssen) nützlicher und eingreifender ist als jede Kur.« (An Sidie Nádherný, 5. 8. 19)

12. JULI: Clotilde von Derp und Alexander Sacharoff geben einen Tanzabend in Zürich, den R. besucht.

Inga Junghanns, die in Sils-Baselgia lebt, bittet R., doch dort mit ihr die »Malte«-Übertragung durchzusehen.

17. JULI: An Frau Cassani schreibt R.: »auch ist Zürich nicht Bern, es giebt mir wenig zu lernen, faßt mich auch nie recht eigentlich zusammen, verwirrt, vertrübt, verfasert mich leicht, bringt mir zuviel Menschen.« Zu den Züricher Begegnungen gehört die mit Busoni an diesem Tag und mit dem Maler Jean Lurçat, der ihm »gute Nachrichten« von Marthe bringt. Auch Gräfin Seilern trifft er hier zufällig wieder.

R. hat Dr. Maximilian Bircher-Benner konsultiert: »Er bestand nicht auf einer Kur in seinem Sanatorium, wenn er sie auch natürlich empfahl, und ich hätte Lust, mich ein paar Wochen genau zu unterwerfen, falls ich vorher erst noch die so neue ›Freiheit‹ auskosten darf.« (An Frau Cassani)

18. JULI: R. empfängt den Besuch des Biologen Dr. Adolf Koelsch.

19. JULI: Über diese Begegnung schreibt R. an Yvonne de Wattenwyl: »Typus: Gelehrter mit bäuerischer Abkunft, über Handwerkerthum vielleicht, ein bißchen Roseggerhaft ... Gelehrter, deutscher Gelehrter, der allerdings selbst sein Stück Land bestellt nebenbei, und doch er sagt, als ich ihm vorwerfe, das Erscheinen des neuen Buches, das seit zwei Jahren beim Verleger liegt, nicht dringender verlangt zu haben, – ›Nun schließlich, die Bücher sind es ja nicht, sondern das Leben‹ –.« Weiter berichtet R., daß er die Verbindung zu Marthe hergestellt habe: »Marthe's nächster Freund in diesen letzten Jahren, der auch während des Krieges viel für sie gethan hat, ist in der Schweiz, hat mich über Busoni's erreicht, hat mich besucht, hat mir von Marthe erzählt ... und nun kommt sie (das war schon längst bestimmt) nächstens in's Tessin, um dort mit Mme Busoni und anderen Freunden ein paar Monate zuzubringen. So wird ein Wiedersehen und Beisammensein sich einrichten lassen, früher oder später ...«

20. JULI: »Liebe Lou: ... Du liest: ›Baur au Lac‹ und kannst Dir wohl denken, daß das nicht das eigentliche Zu-Ruhe-gekommensein bedeuten kann. Ich bin, im Gegentheil, immerzu unterwegs gewesen ...« R. hofft, im Bergell einen Ort zu finden: »der mich so anmuthet, als wärs nicht Ziel und nicht Zufall«. Weiter heißt es: »Mein erster Brief an Marthe (aus Nyon an ihre alte Pariser Adresse) kam unbestellbar zurück. Dabei konnte es natürlich nicht bleiben. Nun hat mir die Fügung hier einen ihrer nächsten Freunde, einen jungen pariser Maler, zugeführt« – Jean Lurçat.

An Hauptmann Otto Braun, der ihn auf sein Gut Niederlangenau eingeladen hat, schreibt R.: »Wie soll es mich nicht rühren, daß Sie mir helfen wollen, mich an Stellen anzuschließen, zu denen eine fast legendäre Beziehung mich verbunden hält ...« R. hat von der geplanten Einladung früher schon durch Georg Rülke erfahren – er hofft, Niederlangenau zu besuchen, wenn er im Herbst nach Sachsen, nach Leipzig komme. ›Langenau‹ ist die Heimat des ›Cornet‹.

23. JULI: Den letzten Tag in Zürich verbringt R. mit Claire Studer und Iwan Goll: »Wie war es gut, mit Euch zu sein, in dem hohen Atelier, immer noch freuts mich, sooft mir einfällt, daß das mein Abschluß in Zürich war.« (5.8.19)

SOMMER 1919: Vermutlich als Einschrift in einen »Cornet« entstehen die Verszeilen: »Da war nicht Krieg gemeint, da ich dies schrieb / in einer Nacht ...«
VOM 24. BIS 29. JULI besucht R. Inga Junghanns und ihren Mann, den Maler Reinhold Rudolf Junghanns, im Engadin. Auf der Fahrt von St. Moritz nach Sils »in offener Kalesche« ist ihm der von Sacharoff geliehene Pelz »einziger Trost« (an diesen, 31.7.19). R. erzählt: »noch am gleichen Abend konnten wir einen erfreuenden Rundweg über die Chasté machen«, die Halbinsel mit dem Gedenkstein für Nietzsche, »der nächste Morgen hatte Augenblicke von Sonne, und am Nachmittag sah ich die Matten von Crevasalva in ihrer Blüten-Fülle und Blütenkraft ... Es hat mich ergriffen, die Blumen in dieser Steigerung und Klarheit ihres Gemüths wahrzunehmen, wie sie, auch die zartesten noch, sicherer sind, freudiger, heiterer – starke Blumen-Engel mit einem Bewußtsein der echten, der unverwöhnenden Himmel.« R. bemerkt: »Die Probe auf die hohe Luft hab ich ausgezeichnet bestanden; die körperlichen Übelstände, mit denen ich aus Zürich ausgereist war, verschwanden am ersten Tage, ich ging, stieg, schlief mit einer Leichtigkeit, die nichts zu wünschen übrig ließ.« In diesem Brief an Yvonne de Wattenwyl berichtet R. weiter: »Gleich am dritten Tage waren wir in dem wunderbaren Fex-Thal, wo ich wilde Heckenrosen aus einer Bergspalte brechen sah ... Es giebt dort einen einfachen, handwerklich still und abseits arbeitenden Künstler, den ich kennen zu lernen wünschte, seit man mir in Zürich von ihm gesprochen hatte: und denken Sie, der Zufall brachte uns gerade an seinen Tisch« – in der »Sonne« in Fex-Planta –: »der Glasmaler Rinderspacher« (um den 1.8.19 aus Soglio).
28. JULI: Frau Gudi Nölke notiert in dem Taschenkalender, der ihr als Tagebuch dient: »Rainer Maria Rilke ist für morgen angemeldet!«
AM 29. JULI fährt R. in der Postkutsche über den Maloja-Paß in das sonnige Bergell und durch die Kastanienwälder nach Soglio, wo er im Palazzo Salis, damals »Pension Willy«, Quartier nimmt. In Soglio findet R. als Gäste Frau Gudi Nölke mit ihren Kindern und Asa, der japanischen Erzieherin; 46 Briefe R.s an Frau Nölke sind publiziert worden. Außerdem macht er die Bekanntschaft Professor Dr. Henry Lüdekes, damals Lehrer an der Kantonsschule in Schaffhausen, der später über diese Begegnung berichtet: Nationalzeitung Basel, Nr. 385 vom 22.8.37. – »R. kam mittags – ging gleich durch den Garten, wie um Besitz zu ergreifen ...« (Gudi Nölke)

30. JULI: In einem der ersten seiner vielen Briefe aus Soglio schreibt R. an Elya Nevar: »Die täglichen Anmerkungen, die ich schlagwörtlich aufschreibe, nennen, außer vielleicht ein paar Dingen und Häusern, die ich in Bern sah, nur Menschen, ja, sie sehen aus wie die Personen-Verzeichnisse einer riesigen ›Revue‹ ...«
An diesem Tag beginnen die Gespräche zwischen Frau Nölke und R., die sie in ihrem Tagebuch festhält
UM DEN 1. AUGUST schildert R. Yvonne de Wattenwyl seine ersten Eindrücke. »Natürlich hab ich gleich eine Geschichte des Salis'schen Geschlechtes durchgeblättert ... es war nur von den berühmt gewordenen Männern des Hauses die Rede: nicht von einer Frau, nicht einmal von den Müttern der berühmteren Herren von Salis, von keinem früh verstorbenen Jüngling, von keinem Kinde: das ist ›Geschichte‹. Welche Willkür, welcher Triumph des Vergessens!«
2. AUGUST: Im Juli hat nach der Lektüre des »Buch der Bilder« eine junge Frau, Gärtnerin in Weimar, die mit ihrem noch kleinen Kind in einer ernsten Lebenskrise steht, R. für die von ihm empfangenen Tröstungen gedankt. R.s neun Briefe an Lisa Heise sind später als »Briefe an eine junge Frau« 1930 erschienen. In seinem ersten Brief sagt R.: »Das Kunst-Ding kann nichts ändern und nichts verbessern, sowie es einmal da ist, steht es den Menschen nicht anders als die Natur gegenüber, in sich erfüllt, mit sich beschäftigt (wie eine Fontäne), also, wenn man es so nennen will: teilnahmslos. Aber schließlich wissen wir ja, daß diese zweite ... Natur gleichwohl aus Menschlichem gemacht ist, aus den Extremen des Erleidens und Freuens –, und hier liegt der Schlüssel zu jener Schatzkammer unerschöpflicher Tröstung, die im künstlerischen Werk angesammelt erscheint und auf die gerade der Einsame ein besonderes, ein unaussprechliches Recht geltend machen darf ...«
3. AUGUST: In einem Brief an Katharina Kippenberg vergleicht R. die böhmischen Waldberge mit den Schweizer Gebirgen, die ihm noch fremd und bedrückend sind.
4. AUGUST: R. schickt Baladine Klossowska, wie er versprochen hat »Die vierundzwanzig Sonette der Louize Labé / Lyoneserin. 1555« mit der Widmung »tard, mais sans aucun oubli«. Damit beginnt eine Korrespondenz, von der 167 Briefe R.s in den Band »R. M. R. et Merline. Correspondance. 1920-1926« aufgenommen sind.
Frau Nölke notiert: R. »sprach lebhaft, gut und viel – von seinem Vater,

seiner Kindheit in der Militärschule, 5 sehr harte Jahre lang. Seine Mutter getrennt vom Vater (scheinbar geisteskrank) stand ihm immer fern.« – »Von Toledo ... von Rußland ...«

5. AUGUST: In seinem Bericht für Sidie Nádherný überblickt R. die ersten Wochen seines Aufenthaltes in der Schweiz: »Und nun Soglio, mein erster Ruhe-Ort. Ein Bergnest, dreißig Häuser mit den Felsenplatten des Gneisgebirgs gedeckt, die alte Kirche (leider protestantisch und leer) am Abhang, und, als Hôtellerie, der alte Palazzo Salis, mit seinen erhaltenen Boiserien, Stucs, seinen meisten angestammten Möbeln, Marmortischen, Säulenbetten (meines fühl ich hinter mir, ohne mich umzusehen), Bildern, dem alten, steinernen Treppenhaus, dem gewölbten Speisesaal – – und dann: diesem alten französischen Terrassengarten ...«

Bei Claire Studer bedankt sich R. für die Sendung: »Die drei guten Geister Frankreichs« von Iwan Goll, Berlin 1919.

6. AUGUST: R. dankt Fritz Huf, den er in Genf verfehlt hat, für eine Sendung von »drei Abbildungen des Kopfes«, der Rilke-Büste (jetzt im Kunstmuseum in Winterthur).

An Aline Kuenburg-Dietrichstein: »Sie können sich denken, daß es mir nötig war, von München fortzukommen: wirklich und handgreiflich hat man ja nicht zu arg zu leiden gehabt, die Zeitungen haben, nach ihrer Art, vieles übertrieben ... Einen Augenblick hoffte man. Aber das Überwiegen materieller Bestrebungen und untergeordneter, ja arger und rachgieriger Impulse, zerstörte, fast schon in den ersten Stunden die reinere Zukunft ...«

6. AUGUST: Frau Nölke fragt »nach der Bibliothek für R., der bei dem Kinderlärm nicht arbeiten kann. Man richtet sie sofort für ihn ein.«

7. AUGUST: »R. erzählte sehr reizvoll von Paris.« In den folgenden Tagen und Wochen hält Frau Nölkes Tagebuch in Stichworten fest, worüber gesprochen wird: über Frau und Tochter, über Inga Junghanns, Regina Ullmann und Elisabeth von Schmidt-Pauli, über die Gedichte von Gaudenz von Salis-Seewis, von Gabriel Rosetti, den Roman ›Ruth‹ von Lou Andreas-Salomé, von seinem ›Experiment‹ und dem Gedicht ›Der Tod Moses‹, über Duino und Venedig und vieles, vieles mehr.

9. AUGUST: R. bittet Inga Junghanns, die Gedichte Siegfried Langs, die sie ihm mitgegeben hat, noch behalten zu dürfen. Kurze Zeit darauf gelingt es ihm, für den notleidenden Freund seiner Übersetzerin eine Spende von 200,– Frs von Freunden zu erhalten.

11. AUGUST: R. beschreibt Katharina Kippenberg die Bibliothek in Soglio, die ihm zum Arbeiten zur Verfügung gestellt worden ist: »da hab ich nun meine rein eigentümliche Zurückgezogenheit in einem stattlichen Louis-Quatorze-Sessel und lese, an ein Spinett gelehnt, in den alten Almanachen.«

12. AUGUST: An Lotti von Wedel, die er in Sils-Baselgia wiedergesehen hat (1917 waren sie einander in Berlin bei von der Heydts begegnet), heißt es: »Schade, schade, daß ich die Münzen Ihres Vaters [des Bankdirektors Arthur von Gwinner] nicht gesehen habe. Die Rodinsche Erziehung hat mich gut darauf vorbereitet, die Möglichkeiten des kleinen, oft so großen! – numismatischen Reliefs nach Gebühr zu bewundern, – ich habe öfters gerade von diesen Kunstwerken in nuce den fühlbarsten und nachhaltigsten Genuß gehabt.« Eine kleine Goldmünze legt er ihr bei, er werde sie eines Tages in Berlin abholen.

An Yvonne de Wattenwyl: »Schrieb ich Ihnen, daß mein Permis de séjour nun bis zum 15ten erweitert sei? Aber ich denke schon jetzt daran, wie er noch weiter auszudehnen sein möchte ... Inzwischen hat auch Dr. Bodmer (Lesezirkel Hottingen) sich wieder schriftlich bei mir eingestellt, mir darstellend, ich möchte doch ja die Schweiz nicht verlassen, ohne meine Lesezusage (die ich ihnen ja auch wirklich schuldig bin) erfüllt zu haben; ich solle den ersten Abend der Neuen Saison übernehmen (anfangs November).« Bodmer werde sich, falls R. zusagt, um die Verlängerung der Aufenthaltsgenehmigung bis dahin bemühen.

13. AUGUST: An Marietta Mirbach-Geldern schreibt R. über seine Lektüre: »Albrecht von Haller, den ich bei Tage lese ... und Salis-Seewis (in der Edition von 1800), wo sollte man ihn sonst lesen! den ich mir vorbehalte für die abendlichen Stunden, wenn etwa eine sich etwas gefühliger geben mag. Da les ich ihn laut, den Vergessenen, in diesem Bücherzimmer ...« Er fährt fort: »Der Moment ist so schön, dieser um-mich-geschlossne Venusberg, darin eine verwilderte Rose die Venus ist und Bücher aufglänzen wie das lockende Gestein im Bergraum, hat mich in seiner Gewalt, ich mag nicht darüber hinaus planen ...«

14. AUGUST: »An der jetzigen Welt ist alle Arbeit vergebens, die sich anpassen mag; das rein-Andere muß ihr vorgestellt werden, und ob es gleich in einer anderen Sphäre zuhause ist, muß mans in sie hinab- und hineinrücken, ihr einpflanzen und einheimaten, selbst gegen ihren Willen«, heißt es an Elisabeth von Schmidt-Pauli: »man wiederhole sichs nur immer wieder, daß Paktieren keinen Sinn hat an dieser Wen-

de«. Über die Schweiz sagt R.: »gewiß kein Land für mich; sie mutet mich an wie jene gemalten oder modellierten Aktfiguren, die darauf angelegt waren, die ›Schönheiten‹ vieler Frauen an einer Gestalt in Erscheinung zu setzen, das ist, wenn ich nicht irre, die Ästhetik der Schweiz ... weshalb auch ihre Künstler so rasch ins Pädagogische geraten.«

Für Frau Cassani schreibt R. das Gedicht »Berenice« von J.G. von Salis ab: »Auf ein altes Blatt ...«

15. AUGUST: Niederschrift der Prosaarbeit: »Zur Zeit, als ich die Schule besuchte, mochte der Phonograph erst kürzlich erfunden worden sein ...«, später »Ur-Geräusch« genannt.

17. AUGUST: An Katharina Kippenherg: »In der Beilage, beste Freundin, ein Manuskript, vorgestern niedergeschrieben. Ich würde es gerne zunächst abgeschrieben haben; falls die Anregung zum Experiment, die es sich anmaßt, nicht ganz skurril ist, möcht ichs wohl in die Hände eines erfahrenen, zu solchem Versuche aufgelegten Menschen geleitet wissen. Oder, was meinen Sie?, sollte es meine Teilnehmung am ›Inselschiff‹ einleiten und sich von dort aus, sei es den Experimentator und Laboranten, sei es den – Romancier, herbeirufen? Da müßte es ganz als Anmerkung behandelt und nur R.M.R. gezeichnet sein. Zunächst aber erbäte ich zwei, drei Abschriften durch die Insel ...«

19. AUGUST: R. hat gerade erst die Schrift Dr. Wilhelm Muehlons »Die Verheerung Europas« (Zürich 1918) gelesen und wendet sich an den Autor, dem er in Bern begegnet ist: »hätte ich damals, in jenen ersten Monaten des einsetzenden, von allen Seiten geschürten Wahnsinns auch nur geahnt, daß irgendwo solche Worte der Sorge und des Gewissens aufgeschrieben werden, welche Bestärkung, welche Hülfe wäre mir daraus entstanden ... so waren mir Ihre Aufzeichnungen heute so verständlich und nöthig, wie sie mirs im November Vierzehn gewesen wären, und ich meine, sie müßten jetzt erst recht wieder gelesen sein, denn obwohl sich schon alles, was Sie voraussehen und vorfürchten, erfüllt hat, bedarf – unbegreiflicherweise – der Deutsche immer noch genau der gleichen Warnungen; seine Aufbegehrlichkeit, seine Weltlosigkeit, seine Unselbständigkeit hat er nicht überwunden; ja, wo er sich auf sich selbst besinnt, kommt er, nach soviel Veränderungen, genau in der Schicht seiner alten Fehler zu sich und gefällt sich in ihnen, nach wie vor.« Doch sei das Buch »durchaus deutsch«, »nicht im ersten Moment (denn er war ja nun einmal wirklich jener wilhelmini-

schen Ausbeutung und Umdeutung seiner Eigenschaften erlegen) – aber nach und nach hätte jeder Deutsche, aus seiner Wurzel heraus, so, so und nicht anders, urtheilen und handeln müssen«.
20. AUGUST: R. liest Frau Nölke aus Spittelers »Prometheus und Epimetheus« vor. Sie kommen auf »De Profundis« von Oscar Wilde zu sprechen. R.: »widerliche Pose (siehe sein nachheriges Leben in Paris)«.
21. AUGUST: R. dankt Yvonne de Wattenwyl für die Bemühungen ihres Gatten um die Verlängerung seiner Aufenthaltsgenehmigung. Er fährt fort: »ein solches Haus ein Jahr lang allein bewohnen dürfen! Damit wäre alles gewünscht; aber es müßte ebenso alt sein, wie dieser Salis'sche Palast und sein alter Garten dürfte, genau wie dieser hier, zwar verwildert, aber nicht zerstört sein: denn der Einfluß der in den Dingen angesammelten Vergangenheit wäre mir, dem Dinge auf eine besondere Weise mittheilsam sind, unentbehrlich: er sollte mir während eines solchen Arbeitsjahres allen menschlichen Verkehr ersetzen, und ich weiß, er würde es auf eine unendlich fruchtbare Weise imstande sein ...« Weiter erzählt R. von seinen Funden in der alten Bibliothek: »Denken Sie, mitten in dem Gestöber hat mich ein ganz anderes unterbrochen und zu eigenthümlicher Aufmerksamkeit gezwungen. Spitteler. Sein, offenbar ältestes Buch: Prometheus und Epimetheus. Man widerstrebt dieser unentgegenkommenden Sprache, umso mehr bedeutets, daß sie einen einnimmt, ja sogar hinreißt in ihr hartufriges Flußbett, das zuweilen das Bett einer gewaltigen Strömung ist. Was für ein Dichter: wie gesichert ist die fortgesetzte Vision in ihm, wie bestimmt und begrenzt, wie rein führt er ihre Aufträge aus. Ich staune. Und gleich darauf in den Lachenden Wahrheiten (die doch auch schon erschienen sind) welchen erbosten, witzigen und herabgesetzten Gebrauch macht er da schon von seinen besten herrlichsten Eigenschaften! Wie soll man sich das erklären? (Nein: ich sehe eben das Datum nach: Die ›Lachenden Wahrheiten‹ erschienen achtzehn Jahre nach ›P. u. E.‹ –, aber welche böse Verbitterung!)« (»Prometheus und Epimetheus« erschien zuerst 1881.)
24. AUGUST: Gespräch über »Goethe, daß R. erst vor 8 Jahren in ein rechtes Verhältnis zu ihm kam« (Gudi Nölke).
26. AUGUST: Frau Nölke notiert, R. habe »alle Sonette von Elizabeth Barrett-Browning vorgelesen – herrlich! Schenkte mir das Buch. Über Freiheit der Menschen zueinander – es sei das Wichtigste.«
27. AUGUST: R. »sagte den ›Panther‹ her, das einzige seiner eigenen

[Gedichte], das er auswendig kann, weil ers in Schweden so oft sagen mußte!« (Gudi Nölke).
28. AUGUST: Dr. Muehlon dankt R. für seinen Brief: »Als ich Sie sah, glaubte ich deutlich zu fühlen, daß nur die Liebe Sie am Leben erhalten hatte während des Pandämoniums der letzten Jahre ... Daß Ihnen mein Tagebuch, das ich seinerzeit mit großem Widerstreben veröffentlicht habe, etwas sein konnte, ist mir ein großer Trost. Es wurde in Deutschland gar nicht gelesen und hat deshalb seinen Zweck damals nicht erreicht.«
29. AUGUST: R. verordnet sich »Stillschweigen«.
30. AUGUST: An Lisa Heise schreibt R. anklagend über die Beziehung von Mann und Frau.
5. SEPTEMBER: Gespräche: »Über die Duse« und »Über den Tod als Mittelpunkt des Lebens«, »Über Besitzen und Freiheit in der Liebe« (Gudi Nölke).
6. SEPTEMBER: »... diese Woche waren es fünf Wochen, daß ich auf Soglio bin, und ich bin noch weit davon, erholt zu sein. Die letzten fünf Jahre sind nicht so rasch zu überwinden; diesmal ist es vor allem der Magen, der sich mir immerfort beschwerlich macht und daß ich ihn jeden Augenblick zu korrigieren habe, hält wiederum die tüchtige und kräftige Ernährung auf, die ich andererseits so nöthig hätte.« (An die Mutter)
8. SEPTEMBER: Besuch in Bondo, dem »anderen Schloß des Grafen John Salis« (an Yvonne de Wattenwyl, 9.9.19).
9. SEPTEMBER: »Marthe hat mir in einem Brief an ihren Freund Jean Lurçat einen Zettel geschickt mit ein paar raschen, mit Bleistift hingeschriebenen Worten, so voll ihres Daseins und ihres Herzens, daß ich meinte, sie schon fast zu halten: ob es gleich nur sieben, acht Worte waren: wie sehr in seinem Wesentlichen schwingt und drängt dieses genialische Herz. Ihre Freunde sind nun nicht mehr im Tessin, so wird sie nach Genf kommen, nächstens schon ...« Als Nachschrift zu diesem Brief an Yvonne de Wattenwyl steht am Rande: »Vor mir, denken Sie, steht ein großartiges Bild Rodins, an seinem Totenbette aufgenommen. Von einer unbeschreiblichen Erhabenheit des Ausdrucks. (Man hat mirs für ein paar Tage herübergeschickt). –«
»... die Menschen sind jetzt erst recht schwankend und unsicher jeder in sich, sie brauchen mehr als je Zuspräche, Beistand, aufrichtenden Einfluß, und was ich an solchen Fähigkeiten, Kraft meines etwas ge-

sammelteren Herzens, in mir enthalte, strömt ja nur zu leicht und zu bereitschaftlich ihnen zu; aber diese Mittheilung (da ich in mir selber so viel gut zu machen und einzuholen habe) entspannt und verarmt mich wieder und es ist irgend ein wesentliches Unrecht an mir selbst, dem es ja nun einmal bestimmt ward, nicht unmittelbar, sondern mittelbar, in den Gestaltungen der Arbeit, sich hin- und hinauf-zu geben.« (An Sidie Nádherný)

10. SEPTEMBER: Auflösung Österreichs durch den Vertrag von St.-Germain: R. wird ›staatenlos‹.

R. liest in der Bibliothek aus der Aksákowschen Familienchronik vor, »woran er russisch lernte« (Gudi Nölke).

UM DEN 10. SEPTEMBER ist Inga Junghanns für einige Tage in Soglio, R. hat sie gebeten, »mit unserer Arbeit« zu kommen, der Malte-Übertragung.

12. SEPTEMBER: Anni Mewes hat R. von Heinrich Vogeler »Expressionismus der Liebe« (»Die Silbergäule« 12) gesandt, das er bereits gelesen hat. R. antwortet: »Den Antrieb begreif ich wohl, wer hätte ihn nicht, – wer wünschte nicht das Gut-machen, das Anders-machen, den unmittelbarsten und gemeinsamsten Entschluß zur Menschlichkeit? Nun ist er ja aber nicht gefaßt worden, weder in Rußland noch anderswo ...« R. fühlt sich von Vogelers Stimme angerührt, fährt jedoch fort: »Der Expressionist, dieser explosiv gewordene Innenmensch, der die Lava seines kochenden Gemüts über alle Dinge gießt, um darauf zu bestehen, daß die zufällige Form, in der die Krusten erstarren, der neue, der künftige, der gültige Umriß des Daseins sei, ist eben ein Verzweifelter, und die Ehrlichen unter ihnen mag man auswüten und gewähren lassen ...«

An Frau Ouckama-Knoop berichtet R. von der Schweiz, die ihm doch so fremd gewesen sei: »ich glaube sogar, die Schweiz fangt an, mir begreiflich zu werden, in ihrer eigentümlichen Durchdringung und angestammten Einheit. Das verdanke ich Bern, wo mir die gastlichsten Wochen bereitet gewesen sind, und von wo aus diese Länder, die die Natur aus Grenzen und Hindernissen gebildet hat, in einer merkwürdigen Klarheit und Durchsichtigkeit erkennbar werden ...« In diesem Brief macht R. eine Bemerkung über die Psychoanalyse: sie »nimmt hier (wenigstens in Zürich) die eindringlichsten Formen an: fast alle diese ohnehin sauberen und eckigen jungen Leute werden analysiert –«.

15. SEPTEMBER: R. lehnt die Gedichte von Karl Lorenz, die Katharina

Kippenberg ihm vorgelegt hat, ab: »Mir ist es ganz besonders fremd, Richtung gegen Richtung auszuspielen, aber gegenüber der immerfort wiederholten Herausforderung des Expressionismus, fragt man am Ende doch, was ihn denn berechtige, sich als das Äußerste an Brüderlichkeit auszurufen ...« R. hat ein entstelltes Telegramm erhalten, aus dem der Titel-Vorschlag der Insel für seinen Aufsatz nicht mehr zu erkennen ist: »Ich zweifle immer wieder, ob dieser Aufsatz es verträgt, veröffentlicht zu werden? Bitte, erwägen Sie das im genauesten Gewissen. Bringt ihn das Inselschiff [die neue Hauszeitschrift des Verlages], so sei's an unscheinbarer Stelle, wie gesagt, eher in Form einer Anmerkung ...« R. schließt: »Lange hat mich nichts so faßlich gefreut, wie diese Aksakowsche Familienchronik; seit fünf Abenden les ich nun daraus vor. Zwanzig Jahre sinds, da hab ich an diesen Erzählungen russisch gelernt ...« Die deutsche Ausgabe erscheint 1919 im Insel-Verlag.

16. SEPTEMBER: R. liest im Garten Goethes »Euphrosyne« vor, Inga Junghanns erinnert sich daran, als sie R. am 16. 9. 21 schreibt.

HERBST: Wohl in Soglio entwirft R. eine politische Rede: »Die politische Uhr ist ähnlich jenen Wächter-Uhren ...«, die im Zusammenhang steht mit seiner Vorbereitung auf die bevorstehende Vortragsreise. Der Text ist nur in einer Bleistift-Niederschrift erhalten.

20. SEPTEMBER: An Elya Nevar: »ich wünschte, Dir den Malte, mit dem Du zur Zeit Deines vorletzten Schreibens beschäftigt warst, aus der Hand zu nehmen, um ihn durch Wilhelm Meister zu ersetzen, den ich hier immer neben meinem Bett hatte.«

AM 21. SEPTEMBER, seinem letzten Tag in Soglio, schreibt R. das kleine Gedicht »Und Dürer zeichnete das ›Große Glück‹ ...« in das Exemplar der »Sonette aus dem Portugiesischen« mit der Widmung: »An Frau G. Nölke / im Geiste der Lesestunden und Gespräche erinnernd zugeeignet. / Soglio / in der alten Bibliothek.«.

Am 21. September fährt R. durch Schnee und Kälte über das Engadin nach Chur in der Postkutsche, wo er abends um zehn Uhr anlangt. Er steigt im Hotel Steinbock ab.

22. SEPTEMBER: R. erholt sich in Chur von der Fahrt und betrachtet die Stadt mit Hilfe des Führers von Tscharner. Durch das »alte Gebäu« führt ihn ein Baron Salis: »durch die übersonnigen Gartenwege und in den kühlen, hinter verschlossenen Läden dämmernden Palast – denselben übrigens in dem drei Tage vorher der vierundneunzigjährige Freiherr

Daniel gestorben war –« (an Frau Nölke) Diesen Freiherrn von Salis, österreichischen Feldzeugmeister, erinnert sich R., als Kind gesehen zu haben, wie er am 26. 9.19 an Yvonne de Wattenwyl schreibt.

»Von Chur plante ich eigentlich nach Disentis zu fahren, von wo ein Wagen über die Furka mich nach Gletsch bringen sollte: wäre das geglückt, so wäre ich auf Goethes Weg, allerdings in entgegengesetzter Richtung, die Rhône entlang, an den Genfer See herangekommen. Aber meine Reise fiel gerade in die Tage des Wetterumsturzes ...« (An Yvonne de Wattenwyl, 26. 9.19)

AM 23. SEPTEMBER reist R. deshalb mit der Bahn nach Lausanne; durch Tscharner angeregt, hält er Ausschau nach den Salis-Orten Zizers, Malans und Maienfeld. In Zürich steigt R. nur um.

24. SEPTEMBER: Lausanne. R. trifft mit Be de Waard zusammen. Besonders gefällt ihm das französische Fluidum der Stadt: »Und das vielfältig Etagierte der Stadt ... mit allem Auf und Ab der Straßen schien auch dem Steigen und Fallen des dortigen Treibens ein eigenes Temperament zu geben: ich fand es sehr reizvoll und lebendig ...« (An Frau Nölke, 29. 9.19)

AM 26. SEPTEMBER ist R. in Begnins-sur-Gland, wo er in einer Pension im Château de Martheray Marthe Hennebert erwartet: »als Hausführung steht es ziemlich tief, sehr malpropre, in der Art gewisser kleiner französischer Pensionen, selbst Marthe fand es primitiv. Die Zimmer sind reizend ... aber alles war, wenigstens damals, in einem Stande schlimmer Vernachlässigung«, so berichtet R. auf eine Anfrage von Frau Wunderly, als deren Schwager den Ort besuchen will, am 11.2.23. Bevor Marthe eintrifft, schreibt R. an Yvonne de Wattenwyl: »dies ist das erste Mal, daß Paris, das Paris meiner Arbeit und meiner Hoffnungen, mich wieder berühren und finden soll, Marthe bringt es mir herüber ... Marthe, die ein wenig mein Geschöpf ist, die ich mir zur Welt gebracht habe aus dem Schooße des Elends, zu meiner Welt und zu jener ihrigen, die in ihrem genialischen Herzen so vollkommen angelegt war.« R. fährt fort: »Weitergeben: das wird schließlich mein vorzüglichstes Amt gewesen sein, – das thu ich auch durch meine Arbeit, in der die Menschen so wenig bleiben dürften wie bei mir, nur umgestellt sollen sie sich finden durch sie, hinaufgestellt auf eine weitere Ebene der Empfindung, in einem neuen konzentrischen Kreise ihres Horizonts, ins Freiere, in einen stärkeren Wind, in eine Allgegenwart der Welt, in der das Gefühl entscheidend ist –, nicht der Besitz.«

Später beschreibt R. sein Wiedersehen mit Marthe: »es war wehmüthig als Erlebnis, ein klein bischen welk an den Rändern, aber ihr Herz hatte noch dieselbe Genialität, sie stickte einen Teppich für den Salon d'Automne nach dem Entwurf eines ihrer Freunde, die Vorlage war ganz summarisch, Marthe's Übersetzung von einer persönlichen Fülle, von einer Großmüthigkeit –, sie lebte sich ganz hinüber, und in der inneren Vision stand das starke farbige Ensemble offenbar so vollendet da, daß sie wie im Traum Strähne und Faden wählte, nachtwandlerisch unbeirrt...« (An die Fürstin Taxis, 18.1.20) »Drei Tage erst waren wir allein zusammen in Bégnins überhalb Nyon, dann fand ich sie, für Stunden, wieder in Genf und schließlich noch einmal, unerwartet, in Zürich«, heißt es am 16.1.20 an Lou A.-S.

BIS ENDE SEPTEMBER ist R. in Begnins, seine Post erwartet ihn in Nyon.

28. SEPTEMBER: Katharina Kippenberg schreibt aus Leipzig: »doch werden Sie hoffentlich gegen den gewählten Titel ›Ur-Geräusch‹ nichts einzuwenden haben. Den Namen haben wir, da Sie dies im ersten Brief ganz uns anheimstellten, doch nach genauer Überlegung ausgeschrieben. Es weiß jeder, wer der Autor ist...«

29. SEPTEMBER: Aus dem Festungsgefängnis Niederschoenenfeld bei Donauwörth in Bayern dankt Ernst Toller: »Was mir das Stundenbuch in der Haft wurde: ein Geschenk...«

30. SEPTEMBER: Nachdem R. abgereist ist, erinnert sich Frau Nölke: »Ich sehe alles vor mir. Wie R. von den Engeln sprach – sie standen überm Tal! Und der Tod war nur einen Schritt aus dem Gartenhaus, jenseits der Mauer!«

VOM 2. BIS 14. OKTOBER ist R. in l'Ermitage, Nyon, bei Mary Dobrčensky zu Gast: »Ich habe kaum Ellenbogen-Breite zum Schreiben in meinem Kabinet, so wird von hier wenig Schriftliches von mir ausgehen können«, heißt es an Frau Nölke am 3.10.19. In Nyon werden eine Reihe guter Aufnahmen von R. gemacht.

3. OKTOBER: R. zeigt Sidie Nádherný seine Ankunft in Nyon an und meint: »überhaupt nehm ich Nyon gelassener und gerechter hin als das erste Mal –, und dieses Mal sollen doch auch wirkliche Stunden mit der Gfn. Mary herauskommen, koste es was es wolle. So einfach wird das sicher nicht sein –, ich kam gleich gestern in einen großen Thee...«

5. OKTOBER: R. meldet Kippenberg über seine finanzielle Lage: »Ich habe eine Anleihe von monatlich 700-900 frs bei den hiesigen Freun-

den vereinbart. Die Rückzahlung steht mir vollkommen frei, ich darf sie über Jahre und Jahre aufschieben, um sie wann immer zu beginnen in beliebigen Beträgen und zu einer Zeit da ein angenähertes Verhältnis der Geldarten wird eingetreten sein.« Wenn die Vorlesungen gelingen, werde R. aus eigenen Mitteln leben können und die angebotenen Summen nicht benötigen. R. hat vorerst eine Aufenthaltsgenehmigung bis zum 31. Dezember 1919 erhalten, über seine Rückkehr nach München will er noch nichts sagen.

13. OKTOBER: R. und Gräfin Mary Dobrčensky besuchen gemeinsam von Nyon aus Fritz Huf in seinem Atelier in Genf.

VOM 14. BIS 19. OKTOBER ist R. in Genf: »unbehaglich ist mir diese ganze Gegend, die Wochen wären im Ganzen verloren, bliebe nicht ein Herrliches: das Théâtre Pitoëff, das wir zuerst in Lausanne gastieren sahen; sein Standort ist Genf... Ein junger genialer Russe, der mit seiner Frau und einer kleinen zufällig zusammengeratheneu Truppe alles das aufführt, was seiner Vision entspricht, Stücke aller Länder und Sprachen«, so schreibt R. an Frau Nölke: »Das war mein Erlebnis, wenn ich nicht weiter rechnen will, daß ich Fritz Huf und seine Arbeiten, daß ich Frans Masereel (den Holzschneider) gesehen habe.« (22.10.19)

17. OKTOBER: Baladine Klossowska bedankt sich bei R. für Rosen »et le petit billet ... Sans savoir pourquoi je suis restée dans une profonde mélancolie après votre visite. C'est que je pensais que je pouvais si peu pour vous et que vous étiez venu par pure politesse ...« Baladine K. (Elisabeth Dorothee Klossowski, geb. Spiro), ist die Schwester des Berliner Porträtisten Eugen Spiro. Ihre Söhne Pierre (geb. 1905) und Baltusz (geb. 1908) gehen in Genf zur Schule.

IM OKTOBER 1919 erscheint im ersten Heft des ersten Jahrgangs der Verlags-Zeitschrift »Das Inselschiff« der Aufsatz »Ur-Geräusch«

VOM 20. BIS 24. OKTOBER ist R. im Tessin: Brissago, Grand-Hôtel. Diesen Ausflug begründet R. an Frau Nölke: »es ging nicht anders; ich mußte die Hände noch einmal auf einen warmen Steinrand legen (thats heute), sah Eidechsen; Mimosen blühen, Orangen reifen langsam, die Feigen-Lese ist in vollem Gange. Den Ausschlag gab aber die Aussicht hier vielleicht ein kleines miethbares Haus zu finden ...«

Vortragsreise in der Schweiz

AM 25. OKTOBER kommt R. nach Zürich zurück, wieder wohnt er im Hôtel Baur au Lac. Er bleibt bis zum 6.11.19.
27. OKTOBER: Niederschrift der Vorrede zu einer Vorlesung aus eigenen Werken: »Die aufmerksame Aufforderung des L. H., der ich nun endlich folgen kann ...« R. bereitet sich damit für seinen Vortrag im Lesezirkel Hottingen am selben Abend im ausverkauften kleinen Tonhallensaal vor. Von seinen Freunden sind anwesend: Alexander und Clotilde Sacharoff, die Malerinnen Marie Laurencin und Marianne Wereffkin, auch Frau Cassani ist unter den Zuhörern. Als Einführung für diesen Leseabend hat Eduard Korrodi in der Neuen Zürcher Zeitung, Nr. 1641 vom 24.10.19, einen mehrspaltigen Aufsatz »R. M. R.« veröffentlicht.
Hofmannsthal fragt bei der Fürstin (so wie am folgenden Tag bei K. Kippenberg) nach R.s Adresse, weil er diesem sein Märchen »Die Frau ohne Schatten« senden möchte: »aber ich ahne ja nicht, wo er ist«.
29. OKTOBER: In der NZZ, Nr. 1669 vom 29.10.19 erscheint eine große Besprechung des Leseabends durch den Feuilleton-Redakteur Dr. Hans Trog. Sie schließt: »Mit herzlichem Beifall zeichnete das Auditorium dankbar den Dichter aus, der an diesem Abend so vornehm-still sich ihm erschlossen hat.«
31. OKTOBER: R. teilt Kippenberg mit, er wolle die Hypothek auf das Haus Clara R.s in Fischerhude nicht übernehmen, ihr aber noch einmal mit 3219,– Mk »beistehen«; er betrachte sich dabei »nur als ›Freund‹ Clara Rilke's und keineswegs als ›verpflichtet‹«.
1. NOVEMBER: R.s zweite Lesung im Literarischen Klub des Lesezirkels Hottingen. Er liest diesmal nicht nur Gedichte und Übertragungen, sondern das »Ur-Geräusch«. Auch dieser Abend wird überaus lobend besprochen (von B. F., NZZ, Nr. 1721 vom 7.11.19).
2. NOVEMBER: R. verbringt den Nachmittag bei Adolf Koelsch in Rüschlikon. Es wird davon gesprochen, das »Ur-Geräusch«-Experiment zu verwirklichen.
Ludwig von Ficker schreibt R.: »Er [Wittgenstein] hat mir eine ›Logisch-Philosophische Abhandlung‹, die ich bedeutend finde – einen Extrakt letzter Erkenntnisse, fußend auf den Forschungen seines Freundes, des

englischen Philosophen Bertrand Russell – mit dem Ersuchen gesendet, sie wenn irgend möglich (sie umfaßt im Manuskript kaum sechzig Seiten) in meinem Verlag zu publizieren.« Das Risiko sei ihm zu groß, deshalb fragt Ficker, ob R. einen angesehenen Verlag in Deutschland nennen könnte.

3. NOVEMBER: An Frau Nölke schreibt R.: »Menschen habe ich mir mehrere zugezogen, – aber einen einzigen gewonnen, der gleich wirklich und unmittelbar nahe war, eine Frau, Mutter eines schon ganz großen Sohnes (zweiundzwanzigjährig, glaub ich) aber klein, zierlich, jung ...« Es ist Frau Nanny Wunderly-Volkart aus Meilen am Zürichsee, die treueste Freundin seiner Schweizer Jahre. Ihr eignet R. an diesem Tag die »Sonette aus dem Portugiesischen« von Elizabeth Barrett-Browning zu mit dem Gedicht: »O wenn ein Herz, längst wohnend im Entwöhnen ...« und der Einschrift: »Für Frau N. Wunderly-Volkart, in dieses ihr Buch / R. M. R.«. Der Entwurf für die dritte und vierte Strophe dieses Sonetts findet sich auf dem Umschlag von Frau Nölkes Brief, den R. am 3.11.19 erhält.

R. besucht einen Tanzabend der Sacharoffs. Ebenso wie Marianne Wereffkin raten diese ihm ab, sich wegen eines Winteraufenthaltes an Frau Elvire Bachrach zu wenden, die ein Haus bei Ascona besitzt mit einem stillen Pavillon.

5. NOVEMBER: An Clotilde Sacharoff meldet R.: »Übrigens: ich war diesen Nachmittag eine halbe Stunde bei Haller im Atelier.«
Marthe ist in Zürich, R. trifft an diesem Abend mit ihr zusammen.
7. NOVEMBER: R. schreibt aus St. Gallen, Hôtel Hecht, in ›Winter-Vornoth‹ an Frau Bachrach: »Könnten Sie mir für eine Weile Schutz und Unterkunft gewähren ...« Er stellt seine Arbeitsbedingungen genau dar und fährt fort: »Die Schweiz, so gut und gastlich sie sich mir in manchem Sinne erweist, bleibt doch ohne entscheidende Hülfe für mich, solang ich auf die Zufälle des Pensions- und Hôtellebens angewiesen bleibe ...« Frau Bachrach telegraphiert schon am folgenden Tage ihre Zusage.

Abends Lesung R.s in der Museums-Gesellschaft in St. Gallen. R. leitet den zweiten Teil mit einer kleinen »Abhandlung über Regina Ullmann« ein (an Kippenberg, 2.12.19).
8. NOVEMBER: R. besucht Hans Reinhart, einen der Vettern Frau Wunderlys, in Winterthur, um das Gastspiel von Pitoëff zu erleben. Aufgeführt wird von John Millington Synge »Le Baladin du Monde occiden-

tale«. Reinhart schenkt ihm das von ihm gemeinsam mit seinem Bruder Werner übersetzte Legendenspiel »Die Heilige Kuemmernis« (Genf) mit der Einschrift: »Herrn R. M. R. zur Erinnerung an den lieben Besuch im Rychenberg anläßlich des Gastspiels Pitoëff am 8. November 1919. Hans Reinhart«. Den ältesten Bruder und Seniorchef der Firma Gebrüder Volkart, Georg Reinhart, sowie den jüngsten, den Kunstsammler Oskar Reinhart, lernt R. bei diesem ersten Besuch ebenfalls kennen.
12. NOVEMBER: Aus Bern schreibt R. an Ludwig von Ficker: »Die Handlungsweise des (aus der Kriegsgefangenschaft zurückgekehrten) unbekannten Helfers und Freundes ist mir umso ergreifender, als sie, über soviel Wirrnis und Unterbrechung hinüber, als die stille, reine Vollendung dessen erscheint, was mit jenen großmüthigen Entschlüssen des Jahres Vierzehn begonnen war. Wieviele Menschen haben wir aus leichteren Bahnen geworfen gesehen, wieviele erschüttert in ihren innersten Absichten –; dieser ist von allem Anfang an in seinen schweren Weg eingesetzt worden –, man kann es nicht ohne Ehrfürchtigkeit einsehen.«
R. geht bereitwillig auf Fickers Anfrage ein: »Lassen Sie es, bitte, still zwischen uns bleiben, daß ich von jenem Manuscript weiß; welche Freude wäre es für mich, ganz im Verborgenen an seiner Veröffentlichung mitzuwirken, obwohl mir da ja nur der bescheidenste und zufälligste Antheil eingeräumt wäre. Sie kennen die Arbeit Ihres Freundes, Sie schätzen sie; schiene Ihnen ihre Einreichung beim Insel-Verlag angemessen zu sein? Philosophische Schriften sind dort nicht recht einheimisch, wenn man nicht etwa die Bücher Kassners anführen will. Bei der Insel würde ich selbstverständlich mit einigem Gewicht mich einsetzen können, bei Verlagen wissenschaftlicher Art bliebe ich ohne Einfluß. Eine gewisse Beziehung hat sich während des vergangenen Sommers ergeben zu einem Verleger Otto Reichl in Darmstadt, dadurch, daß er die Schriften des Grafen Hermann Keyserling übernahm; es fällt mir eben ein, daß die ›Logisch-Philosophische Abhandlung‹ vielleicht an dieser Stelle einen passenden Verlagsboden fände. Wenn Sie die Bücher Keyserling's bedenken (zuletzt das bedeutende große ›Reisetagebuch eines Philosophen‹) werden Sie diese Frage mit mir erwägen können. Nennen Sie mir überhaupt, nach Ihrem Ermessen, andere deutsche Verlage, – ich will Ihnen dann schreiben, wie weit ich bei dem oder jenem meine, mich geltend machen zu dürfen.« R. erfuhr in dieser Sache nichts Weiteres. Erst im Februar 1923 entschuldigt sich Ficker,

daß er aus unerklärlichen Gründen »vor Jahr und Tag« einen Brief R.s ohne Antwort gelassen habe. Ficker hatte diesen am 29.11.1919 an Wittgenstein weitergesandt, der vom »Brenner« tief enttäuscht war: überzeugt, seine Abhandlung ›sei kein Mist‹. Am 5.12.1919 ließ Wittgenstein Ficker wissen: »ich bin Ihnen sehr dankbar, wenn Sie in meiner Sache durch Rilke etwas erreichen können; geht das aber nicht, so lassen wir Gras drüber wachsen.« – Wittgenstein hatte sein ererbtes Vermögen notariell seinen Geschwistern überschrieben und wirkt vorerst als Dorfschullehrer in einem Gebirgsort am Semmering; sein »Tractatus logico-philosophicus« erscheint 1922 in London.

Am selben Tage geht aus Luzern, Grand Hôtel National, R.s Abschiedsbrief an Fritz Huf, der nach Deutschland zurückkehrt: »Ich habe mir, nach vielem vergeblichen Suchen, endlich eine Einladung ins Tessin provoziert, ja geradezu bestellt; sie ist vorgestern erfolgt, und so werd ich wohl gegen Ende des Monats an den Lago maggiore in eine Gastfreundschaft ziehen, die hoffentlich den rechten Schutz für mich haben wird...«

Abends Lesung in der »Freien Vereinigung Gleichgesinnter« in Luzern. Nach der Vorlesung ist R. Gast bei Frau Fanny Heller-Ammann.

13. NOVEMBER: R. berichtet Frau Wunderly von der Lesung: »niemand von den einheimischen alten Familien wohnte der Vorlesung bei, viel Studenten dafür und Studentinnen, viel Jugend überhaupt.« R. bewundert die Giebelbilder in den alten Brücken Luzerns.

In das Erinnerungsbuch der »Freien Vereinigung Gleichgesinnter« schreibt R. die Verse: »Da blüht sie nun schon an die achtzehn Winter... (Nach dem guten Abend des 12. November)« und für Fräulein Julie Heller, die Tochter seiner Gastgeberin vom Vorabend, das Gedicht: »Der Gast. Wer ist der Gast?...« Auf der Fahrt von Luzern nach Basel entsteht am selben Tag das Gedicht »Auf einen Lampenschirm« (1-4) für Frau Elisabeth von Wechmar: Zu einem Lampenschirm mit den Namenszügen von Freunden und Gästen auf transparenten Feldern: »Sei der Flamme, die hinter dem Schirme brennt...«

Forstmeister Burri schenkt R. Carl Spittelers Gottfried Keller-Rede mit der Einschrift: »Luzern, November 1919«.

14. NOVEMBER: Nach seiner Lesung in Basel, veranstaltet von der Vereinigung »Quodlibet«, lernt R. im Ritterhof die Familien Burckhardt-Schazmann und von der Mühll kennen. Eingeführt wird er hier durch Fräulein Emmy von Egidy, die dort zu Gast ist.

Zwei Besprechungen würdigen R.s Vorlesung in Basel: Dr. E. F. Knuchel schreibt in den Basler Nachrichten, Nr. 493 vom 16.11.19 und Dr. Walther Lohmeyer in der National-Zeitung vom selben Tag (Nr. 518). In einer ersten Reihe hat R. Herbstgedichte gelesen und mit dem »Lied des Bettlers« aus den »Stimmen« geschlossen. In der zweiten Reihe erzählt er von seiner Freundschaft mit Rodin, von einem nächtlichen Erlebnis vor dem Sphinx von Gizeh, liest dann den »Panther«, »Das Karussell«, »Schlangenbeschwörung« und am Schluß wieder jeweils die französischen und italienischen Originale, denen er seine Übertragungen folgen läßt. In das Erinnerungsbuch der Vereinigung »Quodlibet« trägt R. die Strophe ein: »Die Freude, tief Erfahrenes zu bringen ...«
Niklaus und Francisca Stoecklin und ein paar junge Künstler geben R. ein kleines Fest in Stoecklins Atelier; ferner wird R. im Hause von Frau Fanette Clavel bekannt und sieht die berühmte Cembalistin Wanda Landowska wieder, die er »zerstört durch den Tod ihres Mannes« findet (an Frau Nölke, 21.12.19).
VOM 17. BIS 26. NOVEMBER ist R. wieder in Bern, obwohl er schon am 21.11. in Castello San Materno, dem Besitz der Bachrachs über Locarno erwartet wird.
18. NOVEMBER: R. meldet sich bei Frau von Wattenwyl, mit der er während seines Aufenthaltes in Bern häufig den Nachmittag verbringt.
19. NOVEMBER: An Gudi Nölke: »Hier ist das ›Insel-Schiff‹. Der Titel Ur-Geräusch gefällt mir wenig –, aber lesen Sie, was unter ihm steht, in freundlichem Gedächtnis der Entstehung.«
Der erste Brief R.s an Dory Von der Mühll; es folgen ihm bis zum letzten am 9.11.26 viele, viele weitere.
20. NOVEMBER: »Im Anschluß an eine Vorlesung in Basel« schreibt R. in das Album einer seiner Zuhörerinnen die Verse: »Unser Dasein ist in unserm Werke. / Laßt uns sanft vergehn. / Mit Natur und Welt im Augenmerke / mögt Ihr fromm den Künstler übersehn.«
Für Hans Reinhart trägt R. das Gedicht: »Theater will der Wirklichkeit nicht gleichen ...« in dessen Stammbuch ein, »in verspätetem Anschluß« an den Pitoëff-Abend (8.11.19).
24. NOVEMBER: R. übersendet Frau von Wattenwyl drei Karten für die Lesung am Abend. Diese findet »im Großrats-Saal vom Pulte des Präsidenten aus« statt. An Frau Wunderly schreibt R.: »Die Freie Studentenschaft ist von unglaublicher Ungeschicklichkeit, erst mutheten sie mir einen Restaurations-Saal zu, der unmöglich war ... Sah nur Watten-

wyls, einen jungen geistersehenden Attaché der polnischen Ambassade und die (Gott helf ihnen) konfusen Studenten.«
21. NOVEMBER: R. dankt Rudolf F. Burckhardt für die »kleine Schrift von Carl J. Burckhardt« über seinen und Dory Von der Mühlls Vater, Carl Christoph Burckhardt.
26. NOVEMBER: R. ist mit Edgar von Spiegl zusammen, dem österreichischen Konsul in Bern.
28. NOVEMBER: Zum Abschluß seiner Vortragsreise liest R. in Winterthur als Auftakt zum ersten Vortragszyklus der Literarischen Vereinigung im Theatersaal des dortigen Kasinos. R. spricht über Rodin und Cézanne als Einleitung zum zweiten Teil seiner Lesung. Er wohnt bei Hans und Werner Reinhart im Haus Rychenberg, besucht im Haus Tössertobel Georg Reinhart.»... die Beziehung zu den vier Brüdern Reinhart, davon jeder in seiner Art besonders und würdig ist, hat sich vielfach ausgestaltet und befestigt; zum Schluß ist mir auch das Haus des Ältesten – Georg Reinharts – noch mit vielen bedeutenden Eindrücken zum Ereignis geworden. (Was diese Menschen für genaue und zugreifende Interessen haben, bis in's Inkommensurable hinein: Renoirs eine (wunderbare) Figur steht dort inmitten eines Rosengartens!)«, schreibt R. am 16.12.19 aus Locarno an Frau von Wattenwyl.
Von R. sind 73 Briefe und zwei Telegramme an Werner Reinhart und 40 Briefe und ein Telegramm an Georg Reinhart erhalten.
30. NOVEMBER: Für die Literarische Vereinigung in Winterthur schreibt R.: »Was du auch immer empfängst: des Momentes gedenke...« und entwirft um diese Zeit die Widmung: »Hier sei uns alles Heimat: auch die Not...«, die er am 2.12.19 Hans Reinhart in den »Malte« einträgt.
VOM 1. BIS 7. DEZEMBER ist R. in Zürich, Baur au Lac. Für Maria von Hefner-Alteneck schreibt er in die Sonette der Louize Labé das Gedicht ein: »Es liebt ein Herz, daß es die Welt uns rühme...« (mit Entwurf).
2. DEZEMBER: R. berichtet Kippenberg über den Verlauf seiner Vortragsreise: »im ganzen sieben Abende. Alle gut, einige für alle Teile überraschend. Ich bin in ein merkwürdiges Verfahren gekommen, das am dichten, oft dürren, schwer zu penetrierenden Schweizer von der überzeugendsten Bewährung war. Ich brachte nicht einfach Gedichte, sondern ich setzte mit einer allgemeinen Einführung ein, die überall ungefähr die gleiche war, – während ich dem zweiten Teil des Abends eine dem jeweiligen Ort schmiegsam angepaßte, aus dem unmittelbarsten Stegreif erfundene Causerie voranstellte...« In St. Gallen ist R. von

Regina Ullmann ausgegangen, in Basel von Bachofen und in Winterthur von Cézanne. R. hofft auf eine »Lese-Zeit« im Tessin und bittet um Bücher: Kassners »Zahl und Gesicht« vor allem, und zum Verschenken um mehrere Exemplare der Aksákowschen Familienchronik.
Weiter heißt es, daß Koelsch seinem »Ur-Geräusch« zustimme: »Auch Heinrich Simon (von der Frankfurter Zeitung), der ja zu meinen Freunden gehört, ließ der Anregung allen Ernst zugute kommen und war nicht abgeneigt, die eigentümlich auffordernde Idee für unabsehbar fruchtbar zu halten...«
Auch Dory Von der Mühll erhält einen Bericht über die Lesung in Winterthur.
UM DEN 4. DEZEMBER, R.s 44. Geburtstag, entsteht (wohl als Widmung) das kleine Gedicht: »Wie ist doch alles weit ins Bild gerückt...« mit einer verworfenen Vorfassung.
5. DEZEMBER: R. bittet Inga Junghanns, das Manuskript ihrer Malte-Übertragung nach Kopenhagen zu Helge Rode zu senden, mit dem er deshalb die Verbindung wieder aufgenommen hat.
Auf die Einladung Georg Reinharts, im Februar 1920 in Winterthur einen Vortrag über bildende Kunst zu halten, wo seine Lesung ›so viel Freude‹ gemacht habe (2.12.19), antwortet R. abschlägig: »Es ist mir lieb, mich gerade Ihnen gegenüber über die Gründe... offen äußern zu dürfen... Die Sicherheit und Stärke meiner Vorlesungsabende täuscht vielleicht ein wenig über die Verfassung, in der ich mich innerlich als Arbeiter befinde.«
7. DEZEMBER: Vor seiner Abreise am selben Tag schreibt R. an Frau Wunderly von seiner Freude über Kassners »Zahl und Gesicht« und schickt ihr eine Karte für die Ausstellung Jean Lurçats in Zürich mit einer Zeichnung des Ausstellungsplanes.
Kurz vorher ist R. mit Frau Von der Mühll in Zürich zusammengetroffen und hat ausführlich auch mit Prinz Alexander Hohenlohe gesprochen.

WINTER IN LOCARNO

VOM 7. DEZEMBER 1919 BIS ENDE FEBRUAR 1920 bleibt R. im Tessin, zunächst im Grand-Hôtel in Locarno. Dort wohnt damals auch der ehemalige König von Bayern, der »als Vater seiner alten Töchter, vielmehr Dignität hat, als da er in latschiger Bürgerlichkeit Münchens Großpapa vorstellte.« (An Frau Nölke, 21.12.19)

8. DEZEMBER: R. macht seinen ersten Besuch bei Bachrachs im Castello San Materno, wo er die ihm zugedachten Zimmer sieht: »die Wohnung ist sehr primitiv, zwei sehr kleine Stuben in einem kleinen Stall- und Garagen-Gebäude, das dicht am Gitterthor des alten Gartens liegt«, berichtet R. am 9.12.19 an Frau Wunderly. Übelstände sind der kalte Ziegelfußboden und der eiserne Ofen, der keine gleichmäßige Wärme erwarten läßt, zudem der Hühnerhof davor. Für die Wohnung spricht der lange Balkon an der Sonnenseite.

10. DEZEMBER: Von Kippenberg erbittet R. die Anweisung von 500-1000 Frs, er hofft, dies könne als Buchhandelsgeld ohne Kursverlust transferiert werden. Von dieser Möglichkeit hat R. in Zürich gehört. »Vor der Hand heißt es abwarten, mißglückt die Bachrachsche Unterkunft, so bleibe ich auf Hotels angewiesen (hier oder in Brissago).«

R. begegnet in Locarno Dr. Max Picard.

11. DEZEMBER: R. dankt Frau Wunderly für ihren Brief, den er vor der Kirche S. Quirico in Rivapiana gelesen hat: »Liebe ›Nike‹ sagte ich, jetzt weiß ichs: Nike, kleine Nike, Siegesgöttin, die man so klein bilden kann und die doch immer das Große giebt, den großen Sieg; wie oft stand ich in den Museen vor solchen kleinen Figuren und dachte, daß sie so hinreißend sind, weil sie das unerschöpflich Offene vor sich haben, den Raum des Siegers, der eine Spur über seinem Haupte beginnt...« »Nike« bleibt R.s Name für Frau Wunderly. Über Claudel schreibt R. im selben Brief: »noch großartiger tönts's, wenn er aus dem ältesten China heraus redend wird, wie in jenem unerhörten Repos du septième Jour, das mir immer sein wichtigstes Werk geblieben ist.« (12.12.19)

13. DEZEMBER: R. entschließt sich gegen San Materno und für eine kleine Pension hinter dem Grand-Hôtel, wo er zwei Zimmer findet, ein Schlafkabinett und einen Arbeitsraum, beides mit Bretterboden und kleinen gut ausgemauerten Öfen: Pension Villa Muralto.

14. DEZEMBER: Im Vorgriff auf das nahende Weihnachtsfest gibt Rilke seiner Mutter einen Überblick über die Monate in der Schweiz und speziell über seine Lesungen: »Welche Freude, welche Befreiung war es für mich, beim Vortrag von Übersetzungen, das französische oder italiänische Original neben meiner Übertragung vorzulesen ... Könnte ich doch, in dieser und ähnlicher Art, soweit es an mir liegen darf, an der allgemeinen Versöhnung und Besinnung mitwirken!« Zu den in Nyon aufgenommenen vier Fotos schreibt er: »für das beste halte ich das, wo ich, auf der Bank sitzend, aufgenommen bin.«

15. DEZEMBER: »C'est par opposition sans doute contre l'air un peu trop allemand, dont parfois je me sens oppressé ici, c'est pire à Ascona, mais à Locarno aussi cela pèse tout son poids.« (An N.W.-V.)

17. DEZEMBER: R. übersiedelt in die Pension Muralto, Frau Ratzke, die Besitzerin, ist Schweizerin, verheiratet mit einem deutschen Ingenieur, der im Krieg verschüttet war. R. meldet: »Eines der neuen Taschenbücher ist angefangen. Das dunkel-violette-Blaue.« Frau Wunderly ist eine Liebhaber-Buchbinderin, und sie entwirft auch eigene Vorsatz- und Umschlagpapiere. Von nun an mangelt es R. nie mehr an ansprechenden Heften für Werk-Reinschriften.

18. DEZEMBER: Aus dem Konzept eines Briefes an Kassner geht hervor, daß R. sich mit »Zahl und Gesicht« beschäftigt (Rückseiten zweier Briefumschläge von Nanny Wunderly-Volkart).

20. DEZEMBER: Für Inga Junghanns hat R. bei Carlson, dem schwedischen Buchhändler in Locarno, ein Buch von Helge Rode gefunden, er legt von Eugénie de Guérin »Journal et fragments« dazu und ein Bändchen französischer Gedichte: »Endlich das dritte – unermüdlich – immer noch zum Malte, nachtragend, Felix Arvers' eines überlebendes Sonnet steht auf Seite 183!« (Der Tod Felix Arvers' ist beschrieben im »Malte«, 2. Teil, 10. Abschnitt; das Sonett von Arvers beginnt: »Mon âme a son secret...«

R. dankt Frau von der Mühll: »Daß Sie das ›Erlebnis‹ bemerkt haben und daß es Sie beglücken konnte, schafft uns einen neuen Zusammenhang...«

R. empfängt den Besuch Werner Reinharts in Locarno, sie machen einen gemeinsamen Weg nach Madonna del Sasso, wo sie die Votiv-Bilder betrachten.

21. DEZEMBER: An Elya Nevar schreibt R.: »ich rechnete hier in der Gegend auf eine stille schützende Gastfreundschaft –; sie hat sich nicht

antreten lassen. So kommts, daß der Zeiger wieder mehr gegen Rückkehr steht –.« R. schickt ihr die Photos aus Nyon.

An Frau Nölke sendet R. einen ausführlichen Bericht über die zurückliegenden Wochen. In Winterthur habe er unter einem Dache geschlafen mit einem eben aus Paris erworbenen Greco: »Fast so viel Freude wie an diesen mannigfachen, von vier verschiedenen Brüdern angesammelten Dingen, hatte ich an dem Reinhart'schen Geschäftshause, in Firma Gebrüder Volkart. Import aus Indien, die Musterkammern voller Düfte, und überall Gegenstände, die die greifbare Fremdartigkeit an sich haben, sei's in der Gestalt, sei's im Geruch ... gar nicht ins Geld verflüchtigt, ganz Bild und weitgespannter Zusammenhang ...« R. erzählt weiter: »Bei Werner Reinhart sah ich, stundenlang, Mappen mit indischen und persischen Miniaturen durch, die mir unerschöpflich sind, seit ich einige Blätter höchsten Ranges einst bei einem pariser Sammler bewundern gelernt habe.«

22. DEZEMBER: R. stellt Frau Wunderly dar, was ihm das Schreiben eines wichtigen Briefes bedeutet: »Wer aber, aus dem Innern der Kunst her, jene seelige Präzision kennt, den quälts, auf so vielen Gebieten des Leistens immer im à peu près zu bleiben oder gar stümpernd sie zu verunstalten...«

23. DEZEMBER: R. hat Frau von Wattenwyl im November Abschriften von drei Elegien versprochen. »Und wie dürfte auch jemand diese Arbeiten haben und durchmachen, wenn sie nicht, vor allem, Nike, in Ihren Händen sind ...« R. schenkt Frau Wunderly die Reinschriften von drei Elegien zu Weihnachten.

Für Frau Theodora von der Mühll trägt R. zum Fest in ein Heft »Die spanische Trilogie« und »Die große Nacht« ein, außerdem Übertragungen: »Mallarmé: Der Fächer des Fräulein Mallarmé« und »Das Neue Heute«, »J. P. Jacobsen: Arabeske« und von Michelangelo: »Terzinen auf den Tod des Vaters und des Bruders«. Auf den dazugehörigen Umschlag setzt R. die Strophe: »Wie doch im Wort die Flamme herrlich bleibt ...« Bis auf »Die große Nacht« und »Arabeske« sind die Gedichte damals unveröffentlicht.

24. DEZEMBER: R. verlebt Weihnachten allein; er hört die ›Mitternachts-Mette‹ in Madonna del Sasso. Vor dem Aufbruch dankt er Frau von der Mühll für die Einladung auf das Landgut Schönenberg bei Pratteln: »Vor Jahren, im Winter 1912, hatt ich das einmal, Stille, Einsamkeit, wirkliche, vier, fünf Monate lang, es war unerhört. Und gerade jetzt sehn ich

mich nur nach dem Einen, die damals begonnenen großen Arbeiten (Sie kennen davon noch keine) wieder aufzunehmen; dazu brauchts aber die Ununterbrochenheit und Innerlichkeit, die das Gestein hat im Innern der Berge, wenn sichs zum Kristall zusammennimmt...«
An Frau Wunderly schreibt R., daß ihm seine Honorare nicht ohne den enormen Kursverlust geschickt werden können, wie es ein neues Buchhändler-Abkommen ihn hoffen ließ. Er soll zurück: »Und draußen ist dann noch ein ganzer, erst begonnener Winter, und was für einer, und dieses verunglückte Deutschland, und München, das für mich immer noch den Krieg an sich hat. Ja, es graut mir doch, offengestanden.« R. sieht nur den Ausweg über das »System von Anleihen«, das ihm Mary Dobrčensky eingerichtet hat.
27. DEZEMBER: R. bittet seinen Münchner Buchhändler Heinrich Jaffe, Gundolfs »Goethe« und das »Reisetagebuch« Keyserlings an Clara R. nach Fischerhude zu senden.
28. DEZEMBER: In München stirbt, kaum neunzehnjährig, die Tänzerin Wera Ouckama Knoop.
An Frau Wunderly heißt es: »der schwierige Brief, den ich immer wieder vornahm, war an Clara Rilke –, sie steht jetzt so viel gesicherter und selbständiger da, ich meine die Scheidung müßte auch ihr natürlich sein.«
An Emmy von Egidy in den Ritterhof nach Basel schreibt R.: »Was mich hier noch hält, ist meine Unordnung, allerdings auch die Landschaft, die lang entbehrte Südlichkeit, die Wege im steigenden Weingeländ...«
Zum Jahresende stellt R. seinem Verleger die Situation dar: »Ordnung und Schutz!... wann wird mir das für meine größeren Aufgaben zuteil werden, und wo?!« Die von der Insel erbetenen »Einleitungen« zu seinen Lesungen behält R. zurück, es habe sich um »geredetes Wort« gehandelt, um »ein paar groß hingeschriebene Schlagworte«. Auch einen Aufsatz über die ›Aksákowsche Chronik‹ könne er nicht liefern: »Daß mehrere Nummern des Inselschiffs hinausgehen ohne meine Beteiligung, tut mir freilich an.« R. schickt die signierte Abbildung der Hufschen Büste mit, »für jenes bibliographische Heft«.
30. DEZEMBER: Begegnung mit Angela Guttmann: »Dort in der Buchhandlung, traf ich eine Russin, eine seltsame Frau, die eine Zeitlang hier das unheimliche Castello di Ferro ganz allein bewohnt hat; sie ist arm, reist aber mit einem großen schönen alten Spiegel und einem Umkreis kleiner halb welker Dinge –...« (An N.W.-V)

Angela Guttmann, Österreicherin aus Mähren, wuchs bei ihrer Großmutter auf, geriet mit dreizehn Jahren in eine starke religiöse Bewegung, lernte Hebräisch und trat zum Judentum über: Bruch mit der Familie. In erster Ehe war sie mit dem Bruder Leopold des Geigers Bronislaw Hubermann verheiratet, hatte Kinder und lebte in Rußland in großer Armut. In zweiter Ehe ist sie mit Simon Guttmann verheiratet, lebt lungen- und herzleidend allein mit einer Dienerin in Locarno. Sie ist damals 29 Jahre alt.

An Yvonne de Wattenwyl: »Nun hat sich alles besänftigt, meine Anleihen (so leichtsinnig es sein mag, sie fortzusetzen) gehen weiter, die kleine Pension gewöhnt sich an mich, die Stube hat sehr an Zutrauen zugenommen und, was das Beste ist, es wird nicht für lange sein, dahinter stehen neue gastfreundliche Möglichkeiten, und vielleicht (: sag ich schon bescheiden) diesmal die richtigen, fördernden.« R. schließt: »Winterthur? – (Meine Beziehungen dahin sind die lebhaftesten; Werner Reinhart, den ich sehr liebe, hat mich kürzlich hier besucht.)«

An Francisca Stoecklin schreibt R. über ein Bild ihres Bruders: »Neulich, gegen Abend, auf einem meiner Wege (es war etwas Schnee gefallen –) stand ich, tief überrascht vor einem übersichtlichen Anblick: wie sehr hat doch jene tessiner Landschaft von Nikolaus Stoecklin das hiesige Gesicht, in dem Natur und Mensch ineinanderwirken, zu fassen gewußt. Sie wissen ja noch gar nicht, daß ich das Bild inzwischen in Winterthur bei Georg Reinhart gesehen habe ...«

Im Jahr 1919 erscheinen vier Gedichte R.s in: »Die Erhebung. Jahrbuch für neue Dichtung und Wertung«, herausgegeben von Alfred Wolfenstein im S. Fischer Verlag, Berlin: »Fragment« (»Ausgesetzt auf den Bergen des Herzens ...«, niedergeschrieben in Irschenhausen, 20. 9. 1914), »Gedicht« (»So angestrengt wider die starke Nacht ...«, Paris, Februar 1913), »Aus den Gedichten an die Nacht« (»Ob ich damals war oder bin ...«, Paris, Herbst 1913, und »Überfließende Himmel ...«, Paris, April 1913).

Das Programmheft zur zweiten Folge von »Die Dichtung«, besorgt von Edlef Köppen, München, enthält »Der Tod Moses«.

Die Arbeit von Gustav Pauli: »Paula Modersohn-Becker«, Kurt Wolff Verlag, Leipzig, bringt sechs Zeilen aus dem Gedichtbuch »In und nach Worpswede. Verse für meinen lieben Heinrich Vogeler ...«: »Haus-Segen, Anno D. 99«. Der Band »Francesco Petrarca. Sonette«. Nach den besten Übertragungen ausgewählt von Franz Spunda, Georg Müller Verlag, München, enthält die Übertragungen R.s: »In ihres Alters blühendstem Beginn ...« und »Erhabne Flamme, mehr als schöne, schön ...« (das 57. und 61. Sonett); gedruckt 1919. Die Anthologie »Lyrik aus Deutschösterreich vom Mittelalter bis zur Gegenwart«, herausgegeben von Ste-

fan Hock, Amalthea Verlag, Zürich, Leipzig und Wien, enthält 21 Gedichte R.s aus früheren Gedichtbüchern. »Berliner Romantik« 1, 1918/19 bringt »Bettina« aus den »Aufzeichnungen des Malte Laurids Brigge«.
»Deutsche Dichter aus Prag. Ein Sammelbuch«, herausgegeben und eingeleitet von Oskar Wiener, Verlag von Ed. Strache, Wien-Leipzig 1919, darin: »Der Bettler und das stolze Fräulein« aus »Geschichten vom lieben Gott« und aus dem »Buch der Bilder«: »Verkündigung / Die Worte des Engels« und »Karl der Zwölfte von Schweden reitet in der Ukraine«.
R. gibt Beiträge in diesem Jahr nur an die Zeitschriften »Das Inselschiff« und »Die Erhebung«, ein »Insel-Almanach« erscheint nicht. Die »Basler Nachrichten« (Jg. 71, Nr. 493) bringen R.s Widmung für die Vereinigung »Quodlibet« in Basel.
Neuauflagen: »Das Buch der Bilder« 7. Auflage, »Auguste Rodin« 16.-25. Tausend (mit einem Zusatz über Rodins Tod), »Geschichten vom Lieben Gott« 7. und 8. Auflage, »Die Weise von Liebe und Tod des Cornets Christoph Rilke« 161.-180. Tausend, »Neue Gedichte« 7.-9. Tausend, »Der neuen Gedichte anderer Teil« 6.-8. Tausend, »Requiem« 3. Auflage, »Aufzeichnungen des Malte Laurids Brigge« 9.-12. Tausend. Übertragungen: Maurice de Guérin »Der Kentauer« 2. Auflage, »Die Liebe der Magdalena« 2. Auflage. »Elizabeth Barrett-Brownings Sonette nach dem Portugiesischen« erscheinen neu in der Insel-Bücherei (Nr. 252).
»Die frühen Gedichte« (vermehrt um: »Sieh, wir wollen heute beim Altane …« und »Sexte und Segen«) 8.-10. Tausend, »Erste Gedichte« 4.-6. Tausend.
»Auguste Rodin« erscheint in der Übersetzung von Jessie Lemont und Hans Trausil in New York, Sunwise Turn Inc., eine Gedichtauswahl in russischer Übertragung von A. Bisk in Odessa: »Sobranie stichov v perevode«.
Robert Faesi veröffentlicht seinen Essay »R. M. R.« im AmaltheaVerlag, Zürich.

1920

3. JANUAR: Im Zusammenhang mit seiner Beziehung zu Angela Guttmann schreibt R. an Frau Wunderly, vor allem sei wichtig: »daß der andere es nicht persönlich nehmen kann, nicht als Entschluß, Richtung und Neigung zu ihm, sondern eben nur als Stimme eines Schauenden, der vorübergeht, nicht ohne zu lieben, aber doch ohne eigentlich zu verweilen … ich möchte nur gut-machen dürfen und die unzähligen Härten vergelten mit allen Zärtlichkeiten und Tröstungen der Welt, – aber dabei müßt ich immer deutlich machen können, daß ichs nicht bin.«

4. JANUAR: R. erzählt der Fürstin Taxis über die erste Schweizer Zeit und die Lesungen, auch daß der ›Elegien-Ort‹ noch nicht gefunden ist: »ich fühle schon, jenes refuge müßte sich herausstellen von selbst, wie solche Dinge kommen, ruft man sie, besteht man auf ihnen, so kommen die Pseudo-Zuflüchte …«

5. JANUAR: R. bittet Professor Louis Gauchat, den er durch den Lesezirkel Hottingen kennengelernt hat, ob er ihm die Druckorte von drei Sonetten Giuliano Cassianis angeben könne. Es handelt sich um »Susanna«, »La caduta di Icaro« und »La moglie di Puttifarre«, die in einem Manuale delle Letteratura Italiana von Torrea angegeben sind. Das von R. bereits übersetzte Sonett Cassianis, »Der Raub der Proserpina« habe eine gewisse Verwandtschaft mit den »Neuen Gedichten«. Giuliano Cassianis »Saggio di Rime« erschien zuerst 1770 in Lucca bei Giuseppe Rocchi. R. legt seine Übertragung »Der Raub der Proserpina« bei.
6. JANUAR: An Frau Wunderly: »Die Russin war wirklich eine Sorge für mich, ich mußte sie weit hinausrücken und fort, als Korrektur mehr noch meines Benehmens, als des ihrigen. Sie hat mir einmal fünf Stunden lang erzählt, ich habe einiges in mein Taschenbuch eingeschrieben, Zusammenfassungen meines Eindrucks mehr, als Einzelheiten ...« R. führt in diesem Winter eine Art Tagebuch, es ist erhalten. R. hat den Besuch von Dr. Max Picard und seiner Frau, einer Ärztin. Katharina Kippenberg hat R. eine Einladung des Fürsten Maximilian Egon Fürstenberg in eine Wohnung des Barockschlößchens Wartenberg bei Donaueschingen vermittelt, R. zögert, da es sich um einen Ausflugsort handelt: »Ich bin so sehr abhängig vom Gehör her, und ich erinnere noch, wie, wochenlang, auf Duino damals, das Brausen der Stille dem ersten Auftritt des Elegien-Anfangs vorauszog. Ich fürchte, ich kanns unter dem nicht tun ...« R. hat der Insel den Roman »La Mort de Quelqu'un« von Jules Romain (Paris 1911) in der Übersetzung von Emmy Hirschberg empfohlen, er nennt dazu das wichtige Buch des Autors: »Puissances de Paris« (1911).
7. JANUAR: Über Homoerotik: »Die physiologische Forschung entdeckt immer erstaunlichere Verhältnisse, was die Vertheilung des männlichen und weiblichen Elements innerhalb der Geschöpfe angeht; wie weit sind wir schon davon entfernt, zu meinen, daß es ein eindeutiges Hier und Drüben gebe. Alles ist da, feinste und geheimnisvollste Dosierung, und es kann sehr leicht nicht nur ›ab-norm‹ geschehen, daß zwischen zwei Mädchen jene ergänzende Affinität stattfindet, die sie selbst zu der innigsten Sinnlichkeit berechtigt. Ich vermuthe, das solchen Entzückungen unendlich mehr Unschuld innenwohnt, als so mancher ›normalen‹ Beziehung ...« Eine derartige »Liebes-Schule« sei auch für den Mann zu wünschen: »steht es doch in diesen Dingen so heillos bei uns, daß man sich nicht scheuen darf, selbst das Gewagteste vorzu-

schlagen, wenns nur den Weg zur Änderung·in diesem gesetzlich geschonten Geröll anlegen mag.« Und an anderer Stelle: »Immer wieder wäre der ganze Malte zu schreiben, auf allen Ebenen dieser Einsicht errichtet sich wieder sein Leben und sein Untergang. Bin ich weiter als er war? Nein, ich bin's nicht, ich schleppe mich wie die andern.« (An N. W.-V.)

9. JANUAR: R. sieht bei Angela Guttmann Radierungen von Marcel Slodki.

10. JANUAR: R. hat vom Buchhändler Carlson in Locarno ein Buch von Hector France über Spanien und ein paar Goya-Blätter erhalten: »wenn ich an meinen Winter in Spanien denke, wie groß der war, wie offen, wie leidenschaftlich im Geiste ... Hier schränkt mich was ein, von Tag zu Tag mehr«, heißt es an Frau Wunderly. Eine letzte Aufenthaltsverlängerung gelte bis zum 30. 3. 20.

Das Jahrbuch der literarischen Vereinigung Winterthur bringt R.s Übertragung von Emile Verhaeren: »Die Toten«.

11. JANUAR: In diesem Jahrbuch findet R. das Gedicht Gottfried Kellers »Creszenz«: »Ists nicht unheimlich schön? wie aus Glas würd ich im Traum gesagt haben. Ich las mirs eben wieder laut ...«, heißt es an Frau Wunderly und weiter: »Ein Brief von Kassner kam gestern, er schreibt fast nie Briefe – ›Zahl und Gesicht‹ wird nun das nächste sein, was ich lese nach dem Koelsch ...«

12. JANUAR: An Johannes Prinz Schönburg: »Wie heimatlos sind wir doch alle! Dr. Kassner, der vor der Hand in Oberstdorf sitzt und kurz vor Weihnachten ein sehr bedeutendes Buch veröffentlicht hat [›Zahl und Gesicht‹], klagt mir auch über das zerstörte Österreich ... Wo soll man hin? In Deutschland wird sich unsereiner erst recht in der Fremde fühlen...«

13. JANUAR: An Frau Nölke schreibt R. von dem neuen Buch Alfred Koelschs: »Das Erleben«, Berlin 1919, »das sehr wichtig ist«. Ferner weist er sie auf die »Lebensbeschreibung der Witwe des Obrist Florian Engel«, Zürich 1821, hin. Sodann spricht R. weiter von seinem Briefwechsel mit Marie Laurencin und deren Arbeiten: »ihre Zeichnungen und Bilder (die übrigens nicht ohne Berühmtheit sind) waren mir immer ganz und gar beglückend.«

Aus Locarno schreibt R. an Professor Dr. Richard Meszleny in Preßburg, er könne weder die zugesandte Arbeit über sich lesen noch an Zeitschriften mitarbeiten: »Nach der gewaltsamen und schmerzlichen Unterbrechung der letzten fünf Jahre, muß ich mich ganz zu den größeren Aufgaben zusammenfassen, die unter diesem eindringlichen allgemeinen Schicksal am Meisten gelitten haben.«

14. JANUAR: An Frau Wunderly: »Gott weiß, wozu ich so viele Beziehungen unterhalte, manchmal denk ich es ist ein Ersatz für die Heimath, als ob doch eine Art von fein vertheiltem Irgendwo-sein gegeben sei, mit diesem ausgedehnten Netz von Einflüssen ...«

15. JANUAR: An Dorothea von Ledebur, die daran denkt, nach Österreich überzusiedeln: »Seine Wände sind eingestürzt und nun wehts über Österreich hin, wie über eine Brandstätte ... Sogar ich, ob ich doch nie eigentlich die Zuständigkeit ausgenutzt habe, empfinde diese Unterstandslosigkeit mit eigentümlicher Stärke ...«

16. JANUAR: R. berichtet Yvonne de Wattenwyl, daß er seine Briefliste abarbeite, »die Rückstände nach allen Seiten waren enorm geworden, dazu doch immerhin eine ganze Reihe neuer Beziehungen, ›schweizerischer‹, dont je suis très fier, – so sollte mir die Zeit hier (die im Allgemeinen eine verfehlte ist) mindestens zu solchen Erledigungen gut geworden sein ...«

R. fragt Lou A.-S.: »Hast Du meinen Experiment-Vorschlag im Insel-Schiff, Heft Eins, gelesen?« Be de Waard »in ihrer Strenge« habe ernste Kritik daran geübt.

An Anita Forrer: »Die Aufzeichnungen des Malte Laurids Brigge würd ich Ihnen (wenn Sie so jung sind, wie ich vermute) fortgenommen haben, um sie Ihnen erst in einigen Jahren wiederzubringen ...«

17. JANUAR: R. versucht Angela Guttmann zu helfen, schickt ihre Arbeiten an Zeitschriften-Redaktionen, bringt ihr Dr. Bodmer als Arzt.

18. JANUAR: R. erbittet von Georg Reinhart finanzielle Hilfe für sie. Er selbst leidet an dem Kursverlust, 1000 Mk sind damals 100 Frs.

Die Fürstin, die drei Monate in Holland war, fragt R. nach Frederik van Eeden und Augusta de Wit, »die sich früher sehr für mich eingesetzt hat«. »Mit Amerika setzt eine Art Befreundung ein, man hat dort den ›Rodin‹ und eine Auswahl Gedichte, wie es scheint, ganz erträglich, in's Englische übertragen, jedenfalls sehen die Bände recht respektabel aus, und ich bekomme Briefe und sogar Einladungen, ich möchte nach New York kommen, mich ›erholen‹. Vous m'y voyez, n'est-ce pas?«

R. spricht wieder über die Vorträge Schulers, »dieses eigenthümlich-magischen Menschen«. – »Mit Venedig bin ich längst in Verbindung, mit Pia – sonst noch eigentlich mit keinerlei Ausland ... Am meisten Heimweh aber hab ich nach dem ›Richtigen‹ – nach dem Elegien-Ort, den ich immer noch erhoffe, erwarte: Stille, Versorgtheit nach meinem genaueren Bedarf, Natur, Einsamkeit, keine, keine Menschen ein halbes Jahr lang! Wann wird das sein? Wo?...«

18. BIS 22. JANUAR: Lektüre von Pierre Loti »Prime Jeunesse« Suite au Roman d'un enfant, Paris 1919.

20. JANUAR: Jaffe hat R. von der Vortragstätigkeit seiner »Lesestube« berichtet, R. bedauert, den Grafen H. Keyserling und Oswald Spengler versäumt zu haben. »Ob ich selbst mich je dazu entschließen könnte? Vielleicht jetzt eher seit ich in der Schweiz mit sieben Abenden meine so lang unterbrochene öffentliche Mittheilung – nicht ohne Freude – wieder aufgenommen habe.« R. hat einen Wunsch: »so rasch als möglich (Drucksache Express: bitte!) das neue Heft der Blätter für die Kunst (Stefan George), wo ein Dialog zwischen Rodin und St. G. zu finden sein soll, für den ich das dringendste Interesse habe«. Das Gespräch: »Der Abend in Meudon« hat Ernst Morwitz zum Verfasser und gründet sich auf die Begegnung von 1908. (»Blätter für die Kunst« XI. und XII. Folge, Berlin 1919)

Für Frau Wunderly schreibt R. das Gedicht von Hermann Hesse »Alle Tode« ab: »Schön –? Dr. Bodmer nannte es ein ›herrliches Gedicht‹. Ich konnte das Wort ›herrlich‹ nicht wiederholen, sagte ›sehr schön‹ ... Aber auch das gesagt zu haben, drückt mich ein wenig. Es ist einfach; als wärs redlich und rein übersetzt aus einer alten Diktion – aber hats irgendwie der Schöpfung Stärke und Unerklärlichkeit an sich, die allein mir die Bezeichnung ›herrlich‹ eingeben könnte? Ich glaube nicht, es rollt über ein Programm.«

ANFANG 1920 schreibt R. in den Insel-Band »Goethes Briefe an Auguste zu Stolberg« für Frau Wunderly das Gedicht: »Stein will sich stärken / Werkzeug mag sich schärfen ...«

21. JANUAR: R. unterrichtet Leopold von Schlözer über die Jahre, seit er 1914 Paris verließ, kennzeichnet seine Haltung zum Krieg und fährt fort: »Mein Teil ist in alledem nur das Leiden. Das Mit-Leiden und Voraus-Leiden und Nach-Leiden. Bald kann ich nicht mehr. Bitte, glauben Sie dem Pater das nicht von der ›Bestialität‹ der Franzosen in der Rheinprovinz –, man muß aufhören irgend jemanden schlecht zu machen, – es ist die Wirrnis, die bald da, bald dort Ausschweifungen und Turbulenzen schafft, es liegt an Keinem.«

An Amélie de Gamerra heißt es zum »Cornet«: »Die Aventure selbst ist nicht historisch, meine jugendliche Imagination hat sie in den Rahmen der gegebenen Daten als ein freies Spiel eingezeichnet.«

23. JANUAR: R. schickt Frau Wunderly das Buch von Paul Sabatier über Franz von Assisi wegen dessen »Sonnengesang« und verspricht ihr für später die damit »so merkwürdig übereinstimmende« Sonnenhymne des ägyptischen Königs Amenophis IV.

Georg Reinhart hat das erbetene Geld für Angela Guttmann gesandt, der es besonders schlecht geht: »Es ist gut, sehr gut, daß ich nun bald von hier fortgehe ...« (An N.W.-V.)

Kippenberg unterrichtet R. davon, daß von nun an monatlich 600,- Mk an Clara R. gehen.

24. JANUAR: R. dankt dem schwerkranken jungen Ungarn Ernö Exner, der ihm aus Tátraszéplak einen schwärmerischen Brief geschrieben hat: »Du sollst nicht denken, daß Deine Stimme mir vorübergegangen ist, sie hat einige Mühe gehabt, mich zu erreichen, aber gestern fand sie mich, hier im Süden der Schweiz, und nun danke ich Dir, Guter und Brüderlicher, für Zutrauen und Zuwendung ...« Exner hatte das »Stundenbuch« zum Anlaß für seinen Brief genommen.

26. JANUAR: An Paul Hansen, der R. nach seiner Interpretation einer Stelle im »Cornet« gefragt hat, heißt es: »Sie haben (gegen Ihren Kollegen) recht: der Cornet trägt natürlich nur die Fahne. In dieser letzten Welle seines Lebens kommt die Geliebte nicht mehr vor: er hätte sie ja auch aus dem brennenden Schloss nur in jene andere Gefahr getragen, der es ihn stürmisch entgegentrieb ...«

27. JANUAR: R. erzählt N.W.-V. von Herkunft und Jugend Angela Guttmanns: »sie stammt aus einer alten oesterreichischen Patrizierfamilie ... einem streng christlichen Hause, der Bruder ihres Vaters war ein in Oesterreich sehr bekannter Theologe, Laurenz Müllner, Rektor seiner Zeit der wiener Universität.«

28. JANUAR: R. übersendet Frau von Wattenwyl mit einem Begleitbrief »Die Große Nacht / und / Drei Stücke / aus den Duineser Elegien / Abschriften für Yvonne von Wattenwyl«. – »Hier sind sie. Auf dem verabredeten Arbeits-Papiere und darum auch ganz bescheidene Copien, sachlich, wie es dieser Ausstattung entspricht. Es sollte ja nur dies dabei herauskommen, daß Sie diese Gedichte bei sich hätten ...« Am Schluß der ersten Elegie heißt es in dieser Abschrift: »man entwöhnt sich des Irdischen sanft, wie man der Brüste / nicht mehr der Mutter entbehrt ...« Da Frau von Wattenwyl offenbar nicht daran denkt, jetzt den

»Rodin« zu übertragen, hat R. »die Insel veranlaßt, sich mit jenem M. Paul Colin in Verbindung zu setzen« und wegen des »Rodin« mit diesem zu verhandeln.

29. JANUAR: »Von mir kann ich diesmal nicht viel berichten. Mein Leben geht ruhig, mit der langsamen Aufarbeitung meiner zahlreichen Rückstände hin, ich konnte viele alte Posten auf der Liste meiner Briefschulden ausstreichen, was mir immer die fühlbarste Erleichterung verschafft. Dafür war auch die Schreiberei arg, daß ich eine grobe Schwiele am Schreibfinger habe ...« (An die Mutter)

30. JANUAR: Im Zusammenhang mit der Sonnenverehrung verschiedenster Völker erinnert sich R.: »Die Eingeborenen in Aegypten, da sie nach der Insel Elephantine ruderten, sangen zum Rudertakt ein paar Strophen, improvisierte, davon eine an die Sonne war, aber das schien mehr ein Vorwurf zu sein, daß sie ihnen die Arbeit so hart mache und ein Ruf nach der nächsten Kühle, daß sie herannahe dort hinter der großen Granitklippe vielleicht, auf die wir zustrebten.« (An N.W.-V.)

Aus Locarno bittet R. Frau Wunderly, den »gestickten japanischen Vorhang«, den sie ihm geliehen hat, Angela Guttmann schenken zu dürfen: »weils das Schönste ist, was ich hier habe ...« Deren Gedicht »Vogel auf japanischer Seide« schreibt R. am 11. 2. 20 für Frau Wunderly ab.

Zu den beiden Monaten in Locarno finden sich einige Erinnerungen von »Angelina Rohr, geb. Müllner« an R., die unter dem Pseudonym Helene Golnipa in dem Band »Im Angesicht der Todesengel Stalins«, hg. von Isabella Ackerl, 1989 in Wien veröffentlicht wurden. Der Name Guttmann wird hier nicht genannt; jedoch findet sich in R.s Adreßbuch eine Berliner Anschrift der Freundin, die damals mit dem Schriftsteller Simon G. verheiratet war, einem Jugendfreund Georg Heyms, der später nach London emigrieren mußte.

Als Beilage zu dem Brief vom 30.1.20 hat sich R.s »Januar-Briefliste« erhalten, die fast hundert Namen aufführt.

IM FEBRUAR schreibt R. für Maria Stadlin in ein Exemplar des »Auguste Rodin« von 1919 die Verse: »Was hülfe es, daß man ein Werk beschriebe ...«

1. FEBRUAR: An Sidie Nádherný: »Ich bin täglich dankbar, noch in der Schweiz zu sein, es war eine Rettung für mich vor so vielen Nachwirkungen des Krieges und auch ein Fortschritt in mancher Weise ...« Weiter: »Meine Pläne sind leicht zu überschauen: ich fahre in Kurzem von hier nach Basel (vielleicht in zehn oder vierzehn Tagen, vielleicht

schon eher) und richte mich für mehrere Wochen dort, ganz nahe der Stadt, auf einem Gute ein, wo ich ganz allein hausen werde ... ist die Einsamkeit so vollkommen, wie ich sie mir erhoffe, so könnte es sein, daß ich bis an den Ausgang meiner schweizer Zeit auf jenem Landsitz mich verborgen halte.«

2. FEBRUAR: Hofmannsthal hat erfahren, daß R. über Frau v. d. Mühll zu erreichen sei, und schickt ihm sein ›Märchen‹: »Die Frau ohne Schatten. Erzählung von Hugo Hofmannsthal« (1919) mit der Einschrift: »Rilke zu freundlichen Gedanken 1920 Hofmannsthal«.

FEBRUAR: Das »Inselschiff« bringt im dritten Heft ein von F. A. Hünich zusammengestelltes Verzeichnis der selbständig erschienenen Werke R.s mit der Abbildung der Hufschen Rilke-Büste.

11. FEBRUAR: R. erhält den Besuch Frans Masereels.

16. FEBRUAR: In einem Brief an Frau Wunderly vergleicht R. seine Kindheit mit der Angela Guttmanns: »Wenn ich damit meine Erinnerungen an die Militärschule vergleiche: wievieles hab ich verdrängt, weils ganz unauflebbar war, wievieles auch hab ich mir nach und nach umgedeutet, um es auszuhalten ...« Einen Aufsatz der Freundin hat R. nach Frankfurt geschickt.

21. FEBRUAR: An Sidie Nádherný: »ich will für July meine münchner Wohnung kündigen.«

27. FEBRUAR: »Von Frau Albert-Lazard hatte ich seit Mitte 1916 keine Nachrichten mehr, – es thut mir leid, daß sie in Sorgen sein sollte, sie hat Bekümmerungen anderer Art immer im Überfluß gehabt. Nun denke ich nicht, daß sie gerade mein Bild wird verkaufen wollen, geschiehts aber, so muß uns dies nicht Sorge machen ...« (An N. W.-V.)

AUF DEM SCHÖNENBERG BEI BASEL

27. FEBRUAR: R.s letzter Tag in Locarno. Er läßt einen kleinen Empire-Sekretär, Porzellan, Leuchter und anderes nach Meilen zu Frau Wunderly zurückgehen.

WENDE FEBRUAR/MÄRZ: R. ist im Ritterhof bei Frau Burckhardt-Schazmann, der Mutter Carl J. Burckhardts und Theodora von der Mühlls.

28. FEBRUAR: »Letztes ist nicht, daß man sich überwinde ...« als Widmung eingetragen für Frau von der Mühll in »S. T. Aksákow's Familienchronik«, Insel-Verlag 1919.
VOM 3. MÄRZ BIS 17. MAI wohnt R. auf dem Gut Schönenberg bei Pratteln, dem Besitz von Frau Helene Burckhardt-Schazmann, wohin ihn deren Tochter, Frau von der Mühll, eingeladen hat.
3. MÄRZ: »Der ›Saal‹ ist viel länger als dreizehn Schritte, nimmt einen ganzen Flügel des rechtwinklig abgebogenen Landhauses ein, das von 1764 stammt«, erzählt R. an Frau Wunderly, der er auch die Einrichtung genau beschreibt. »Zweierlei Sorge« habe er noch: am 31. 3. 20 läuft die Aufenthaltsgenehmigung ab – und Angela Guttmann: »wird sie verstehen: wie sehr ich jetzt allein sein muß?«
Angela Guttmann macht R. »Meine Kindheit« von Maxim Gorki zum Geschenk (deutsch von August Scholz, Berlin 1919).
4. MÄRZ: An Sidie Nádherný, die ihm eine Summe Geldes zur Verfügung stellen will, schreibt R.: »Ich überlasse es Ihnen, die Beträge zu ermessen. Hier wird mein Aufenthalt, der zu dreivierteln Gastfreundschaft ist, sehr ökonomisch sein. Nur wär es mir lieb, mich in Basel mit Kleidern und Schuhen vor dem Fortgehen nach Thunlichkeit auszurüsten. Nach allem, was ich aus München vernehme, ist das Einkaufen aller dieser Unentbehrlichkeiten in Deutschland schwieriger denn je und von ganz unerträglicher Kostspieligkeit. Ruth, die ein paar Wochen in meiner Münchener Wohnung gehaust hat, schrieb mir erst vorige Woche darüber.«
R. ist weiter mit Angela Guttmann beschäftigt, an Frau Wunderly heißt es: »nach dem schweren Tag, da alles durchgekämpft schien, schrieb ich in mein Taschen-Buch: Sakrament der Trennung ...« Frau Wunderly hat offenbar an die 2000 Frs für die kranke Angela G. zusammengebracht.
5. MÄRZ: Langer Brief an Dr. Hanns Buchli in der Paß-Angelegenheit.
6. MÄRZ: R. beschreibt Frau Nölke sein neues Domizil und fährt fort: »Sonst sind die Berge nicht vordringlich hier, das erste Mal in der Schweiz, daß ich wieder ein rechtes Gefühl der Weite aufbringe ... Pratteln, ein unzusammenhängend industriell zerstreutes Dorf ist die Bahnstation, von dort gehen fast stündlich Züge nach Basel, in etwa zwölf Minuten ist man in der Stadt. Der Aufstieg zum Gut braucht etwa eine halbe Stunde, aufs Bequemste gerechnet.«
9. MÄRZ: R. erhält den Besuch des Verlegers Rentsch aus Erlenbach,

den er für ein von Angela Guttmann geplantes Buch über Negerskulpturen gewinnen will.

11. MÄRZ: Charles Vildrac sendet R. sein Gedicht »Chants des désespérés« mit der Widmung: »Au cher Rainer Maria Rilke avec la fraternelle affection de Charles Vildrac«.

13. ODER 14. MÄRZ: Frau Wunderly besucht R. auf dem Schönenberg.

15. MÄRZ: R. liest »Religiöse Strömungen im Judenthume« von Sam. Horodezky, Bern 1920, ein Buch, das ihm Angela Guttmann empfohlen hat. Für Frau Wunderly schreibt R. Goethes »Harzreise im Winter« ab.

18. MÄRZ: Seit dem 16.3. ist Thankmar von Münchhausen auf dem Schönenberg zu Gast.

Während dieses Besuchs zeichnet R. dem Gast zur Veranschaulichung des »Ur-Geräusch« auf der Rückseite eines Ausstellungskataloges seine Erläuterungen zu diesem ›Experiment‹ auf. (Erhalten im Rilke-Archiv Bern)

19. MÄRZ: Mit Hans und Theodora von der Mühll fährt R. nach Liestal, wo seine Aufenthaltsgenehmigung bis zum 17. 5. 20 erreicht wird: dann verliert R.s Paß seine Gültigkeit.

20. MÄRZ: R. hört im Basler »Münster die vollständig aufgeführte Matthäus-Passion« – »aber das ist eine undatierbare und eigentlich uneinräumliche Begebenheit, au dessus de la vie de tous les jours – –« (An Sidie Nádherný, 22. 3. 20) Münchhausen bleibt nach der Aufführung in Basel, kommt am Mittwoch darauf nochmals zu R. auf den Schönenberg, um Abschied zu nehmen.

22. MÄRZ: »Am 17. May läuft mein für ein Jahr ausgestellt gewesener (deutsch-oesterreichischer) Paß ab; als nächster käme nun nur ein tschecho-slowakischer in Betracht, wahrscheinlich thäte ich gut, mich schon jetzt um einen solchen zu bemühen? Rathen Sie mir dazu, liebe Sidie ...« Dr. Hanns Buchli, ein Freund Frau Nölkes, bemüht sich in Bern am tschechischen Konsulat und später an der tschechischen Gesandtschaft für R.

26. MÄRZ: R. liest »Mme de Boigne« (die ›Mémoires‹, Paris 1907; ihr Salon in Paris war einer der besuchtesten der Juli-Monarchie) und »Nouvelles Génevoises« von Rodolphe Töpffer. (An N.W.-V.)

29. MÄRZ: R., seit einiger Zeit erkältet und wenig wohl, schreibt an Frau Wunderly: »Einmal müßte eine Geschichte geschrieben sein, wie ein Mann an einer etwas dünnen Stelle seines späteren Lebens einbricht, weil einmal in seiner Kindheit die Enttäuschungen zu groß

gewesen sind, mit denen er bestürzt wurde ...« R. hat den Besuch von der Mühlls zusammen mit Hans Ganz: »der eben aus Deutschland zurückkam, ziemlich ernüchtert, scheint es, in seiner Sympathie für Revolutionäre« (an N.W.-V.).
R. gibt von der Mühlls einen Brief an Charles Vildrac nach Paris mit, (den R. am 3. Mai mit der Post nach Paris schickt, weil die Reise wegen Krankheit erst verschoben und dann überhaupt aufgegeben wurde): »Au lieu de vous envoyer ceci par la poste, je le confie à des Amis qui, ces jours-ci, partiront pour Paris ... Quand est-ce que moi-même je pourrai un jour monter la rue de Seine?«
1. APRIL: An Elya Nevar nach Rom: »und dann: wohin? München ist so wenig günstig für mich, ich werde mich kaum entschließen, dort noch einmal anzufangen, zu allem Überfluß hat man eine Art Militärregierung eingesetzt, was zur Folge haben wird, daß der Unruhen kein Ende werden kann...« Es folgen Erinnerungen an Rom, R. möchte gern nach Italien gehen.
R. abonniert die Neue Zürcher Zeitung.
4. APRIL: Am Ostersonntag schreibt R. an Frau von der Mühll: »Da ist es nun ganz herrlich, daß in diesen Wochen niemand etwas Außerordentliches von mir verlangt, der Saal und seine gleichmäßigen langen Tage geben mir alle Freiheit für jene unscheinbare Tätigkeit, die sich bis ins Innerste zurückzieht. Urteile ich nach der Freude, die ich fürs Lesen aufbringe, so meine ich doch, es müsse unter soviel Trägheit sich etwas in mir rühren; augenblicklich ersetzt mir die Lektüre fast alle Bewegung...«
7. APRIL: R. dankt Dr. Buchli für seine Bemühungen, eine Aufenthaltsverlängerung zu bewirken; er enthalte sich jeder Auflehnung: »Die Schweiz ist mir so überaus gutwollend und aufnehmend gewesen, was für großmüthige Erinnerungen! Welcher Zuwachs an zugesinnten, zustimmenden und wahren Menschen! ... Indessen ist es ganz gut, daß ich mich werde für eine Art Ständigkeit (sei es an einer stillen Stelle des verunglückten Deutschlands, sei es im Oesterreichischen irgendwo) zu entschließen haben.«
R. meldet Frau von Wattenwyl die bevorstehende Rückkehr nach Deutschland und fährt fort: »Die Schweiz war ein sehr gutes und günstiges Intermezzo –, und schon jetzt freu ich mich auf ein Wiederkommen, immer wieder und wieder, von Mal zu Mal. Der jetzige Aufenthalt wird kaum auszudehnen sein, – die Anleihen, die ihn ermöglichten, gehen

gründlich zur Neige, und die Valuta erlaubt noch immer keine unmittelbare Überweisung...«

8. APRIL: R. nimmt in einem Brief Abschied von Mary Dobrčenski, die die Schweiz verläßt und nach Böhmen reist: Dank für »fast ein Jahr«, für »alle diese schweizer Monate«.

R. meldet Frau Wunderly, daß er Lamartine lese: »Manuscrit de ma Mère‹ (1871), und Goethes Gespräche mit Eckermann.»... und begann den ganzen Michelangelo durchzusehen, daraufhin, welche von den Gedichten noch durchaus übersetzt sein müßten, damit die deutschen Übertragungen sich irgendwie in ihrer Auswahl befriedigend zusammenschlössen. Das wird mich nun mehrere Tage beschäftigt halten.«

10. APRIL: R., der seit dem 4. März durch von der Mühlls in die Bemühungen eingeschaltet ist, für Hofmannsthal eine Landschaft Hodlers und eine Rodin-Plastik in der Schweiz zu verkaufen, übersendet Georg Reinhart ein Aquarell des Wiener Malers Müller-Hofmann von der Statuette. Da dies Blatt nur »einigermaßen unterrichtend« ist, erklärt R. das »überaus reizvolle« Werk selbst: »Der Gegenstand, um ihn kurz zu beschreiben, giebt einen noch jugendlich kräftigen Mann, stehend, das eine Bein in hoher Beugung, wie zu einem raschen Weitersteigen aufgestemmt: eine Bewegung, in die ihn die kleine geflügelte Figur mitgerissen haben mag, die über seiner einen Schulter schwingenschlagend hinausragt...« Die Anfang Mai 1920 von Werner Reinhart erworbene Bronze (41 cm hoch) befindet sich heute in der Berliner Nationalgalerie, Preußischer Kulturbesitz.

12. APRIL: In einem Brief an Dr. Arpard Weixlgärtner, den Schriftleiter der Zeitschrift »Die graphischen Künste«, dankt R. zunächst für die »schönen Hefte«, die er durch die Vermittlung seines Wiener Vetters, Dr. Kutschera-Woborsky, erhalten habe, lehnt es jedoch ab, einen erbetenen Artikel über Oskar Kokoschka zu schreiben: »meine Beziehung zu seinen Arbeiten ist in den damaligen Anfängen stecken geblieben.« R. betont, er könne auch deshalb nicht an »das Erlebnis des Jahres 1916« anknüpfen, weil er besorgt sei, ob nicht »jene große Begabung untrennbar mit den ihr innewohnenden Gefährdungen verbunden sei«. R. fährt fort: »Munch hat schon diese konstruktive Gewalt des Schreckens in seine Linien eingeführt, – aber er ist unendlich viel mehr ›Natur‹ als Kokoschka und so gelang es ihm, die Gegensätze des Erhaltenden und Vernichtenden immer wieder im bloß räumlichen Ereignis, im ›Bilde‹ zu entwaffnen.« R. äußert sich in diesem Brief auch über Cézanne.

Sidie Nádherný heiratet Dr. med. Maximilian Graf von Thun und Hohenstein. Diese Ehe wird erst 1933 geschieden, obwohl sich Sidie schon im Jahre 1920 von ihrem Gatten wieder trennt.

13. APRIL: An Frau Weininger nach Wien: R. fragt nach einem Ort im Schwarzwald, »der für ein paar Wochen gut und räthlich wäre? Ich kenne dort einen einzigen, Rippolds-Au. Ich unterrichtete mich gerne für den Fall, daß ich auf der Rückreise nicht gleich nach München wollte oder könnte; ich fahre dann von hier aus über Freiburg i. B., wo ich mich ohnehin aufhalten werde ...«

R. ist »alle Tage in der Stadt«, wie er Frau Wunderly schreibt: »Und morgen fahr ich schon wieder hinein, Frau Burckhardt hat zum Frühstück den Bibliotheks-Direktor Bernouilli und den des Museums, Professor Schmid: mit beiden wollte ich mich gern berührt haben ...« Weiter heißt es: »Die Durchsicht durch den Michelangelo zeigt mir, wie sehr vieles noch zu übertragen bleibt, ich habe gleich angefangen, und da ich solche Dinge gern im Gehen thue, gestern im Hineinfahren und in der Stadt zwischen den Besorgungen zwei Sonette übersetzt, beide ›An die Nacht‹, nicht so seltsam und großartig wie jenes an meinen Abenden vorgebrachte, aber aus den Empfindungsunterlagen, die jenes schönste vorbereitet haben ...«

14. APRIL: Angela Guttmann kommt nach Basel, R. betreut sie, am 19. 4. 20 bringt er sie im Zug bis nach Zürich, fährt jedoch sofort zurück nach Pratteln.

R. liest im »Genius«, Zeitschrift für die werdende und ältere Kunst, herausgeben von Carl Georg Heise (Jg. 1919, H. 1) den Aufsatz von Oskar Kokoschka »Vom Bewußtsein des Gesichts« und notiert in sein Taschenbuch aus dem Anfang des Artikels den Satz: »Wenn man sich seines eigenen Lebenslaufes besinnt, wenn die Hoffnung nicht einkehren will und die Furcht wenigstens stillstehen möchte ...« und schreibt zu diesem Satz Kokoschkas, er sei: »von der sorgfältigsten Unbeholfenheit und in die Mulden seiner Unschuld ausgegossen«.

20. APRIL: An Frau Wunderly: »Gleichzeitig schreibt Rosa, meine Haushälterin, sie käme eben von der Polizei, dort hätte man ihr gesagt, nach dem neuen Gesetz, das die Ausweisung aller nach dem 1. August 1914 zugezogenen Ausländer bestimmt, sei auch die meine ganz unvermeidlich. Ausnahmen würden keine gemacht. Ja, schon jetzt hätte ich kein Recht mehr auf meine münchner Wohnung, sie könne jeden Tag belegt werden. Demnach werde ich um die Mitte May zwischen zwei Auswei-

sungen stehen, eine konfuse Situation: wie wird Gott weiterhelfen? Ob er die Lösung der Aufgabe finden wird? ...« René Schickele zum Beispiel muß damals München verlassen.

24. APRIL: R. legt einem Brief an Frau Wunderly die beiden eben entstandenen Übertragungen bei, Michelangelo: »O Nacht, zwar schwarze, aber linde Zeit ...« und »Weil Phöbus nicht die Arme streckt und dreht ...«, das 1927 in einer veränderten Fassung in den Gesammelten Werken erscheint. R. meldet: »Meine holländische Freundin Be de Waard schreibt mir aus Paris, versichert, man könne kommen, – das zieht mich sehr...«

25. APRIL: R. dankt Frau Nölke, die ihn in das Chalet Wartenstein über Ragaz einlädt, wo sie mit den Kindern eingezogen ist. Sie ist wegen eines Lungenleidens in der Schweiz, erwartet die Freigabe ihres als Feindbesitz in Japan beschlagnahmten Vermögens. »Lassen Sie mir diese Zuflucht offen.«

An Dr. Buchli heißt es: »Daß ich nun plötzlich Werth darauf lege, doch bleiben zu dürfen, hat zwei Gründe. Der erste ist eine Verschlechterung meiner Gesundheit ... der zweite die von der neuen Bayerischen Regierung verfügte Ausweisung aller nach dem 1. 8. 1914 dort zugezogenen ›Ausländer‹.« R. bittet dringend, ihm einen tschechoslowakischen Paß zu besorgen.

28. APRIL: Autofahrt mit Frau Wunderly, Teestunde im Arlesheimer »Löwen«.

29. APRIL: Frau Nölke ist in Basel, sie berichtet R. von Bad Ragaz und dem Chalet Wartenstein.

30. APRIL: In Basel trifft R. mit Dr. Vischer zusammen, nachmittags ist er bei von der Mühlls, mit denen er abends die – enttäuschende – Aufführung von Pozzis »Zaubergeige« durch das Münchner Marionetten-Theater besucht. R. beteiligt sich weiter an den Bemühungen, eine Bronze Rodins für Hofmannsthal in der Schweiz zu verkaufen (sie geht schließlich für 7000,– Frs in den Besitz Werner Reinharts über).

2. MAI: R. schreibt an Claire Studer-Goll, daß die Wechselkurse seine Übersiedlung nach Paris oder Italien verhindern.

3. MAI: R. fragt die Fürstin Taxis nach ihrem »venetianischen Plan«, er könne mit seinem tschechoslowakischen Paß nächstens wieder reisen: »Allerdings ich hab nur noch einen kleinen Rest schweizer Franken, was mich ziemlich an die Stelle bindet, ohne die gute Gastfreundschaft müßte ich schon längst über die Grenze sein, da es ja noch immer ganz

unmöglich ist, deutsches Geld dem Wechsel auszusetzen. Augenblicklich weiß ich gar nicht, was aus mir werden soll ...« R. fragt auch nach Lautschin. (Das Original eines von der Fürstin übertragenen Sonetts kann R. in seinen Petrarca-»Rime« nicht finden.)

5. MAI: An Elya Nevar: »Nun räth man mir von rechts und links, nach Italien zu gehen ... Aber die Valuta!« R. fährt fort: »Ach, daß man jünger wäre, unbedenklicher, wagender! Aber es liegt auch an der Welt, sehr, daß sie eben fürs Gelingen froher Wagnisse weniger eingerichtet scheint, als seit lange.«

Im Bleistiftentwurf für einen Dankbrief an Dory von der Mühll heißt es: »Sie können gar nicht wissen, wieviel Sie mir in auch innerlich schweren Monaten still beigestanden haben, diese neue Hülfe ist nur eine von tausend, es fällt nicht mehr Betonung auf sie, als wir ihr grade geben wollen, aber sie ist viel im Ganzen und das Ganze ist viel zwischen uns für immer.«

6. MAI: Die Ausstellung des Passes verzögert sich, da R. die Geburtsdaten seiner Schwiegereltern fehlen: »la pédanterie bureaucratique de l'ancienne monarchie survit, à ce qui parait, à la pauvre defunte.« Weiter: »Die Kälte in meinem Saal zwingt mich, diesen kleinen Brief abzuschließen.« (An Frau Nölke)

FRÜHJAHR: Niederschrift des Widmungsgedichtes »A M. de M.«: »Vous nommez des joies dont je connais la mère ...« für die Tänzerin und Choreographin Mariette von Meyenburg, das er ihr am 14. 6. aus Venedig mit einem Bändchen Rimbaud sendet.

7. MAI: An Claire Studer-Goll nach Paris: »Bei dem eigenthümlich schweren und doch so seeligen Verhältnis, das ich mir durch die Jahre zu Paris verdient habe, kann ich nicht irgend eine Rückkehr wollen, keine um jeden Preis, sie müßte sozusagen in meinen Sternen stehen.« R. liest »Le poète rustique« von Francis Jammes, das Claire Goll übertragen will.

An Frau Wunderly schreibt R. am selben Tag einen Brief über Capri.

9. MAI: R. besucht mit Frau von der Mühll zusammen ›eine Quasi-Amerikanerin‹, Frau Anny Sarasin, auf einem Gut in Arlesheim (10. 5. 20 an N.W.-V.).

AM 11. MAI ist R. für einen Tag in Meilen bei Frau Wunderly.

12. MAI: R. ist in Liestal, nachdem sein tschechoslowakischer Paß angekommen ist. Eine Zwischen-Aufenthaltsgenehmigung wird ihm bis zum 11. Juni erteilt, er stellt ein neues Gesuch, diesmal für ein weite-

res Jahr. Tschechischer Gesandter ist Dr. Cyril Dušek, Attaché Jan Chlup.

MAI: R. schreibt in seine Übertragung von »André Gide. Die Rückkehr des verlorenen Sohnes« für Hans Zesewitz die Verse: »Daß wir, was wir erfahren, rein gebrauchen ...«

AM 15. UND 16. MAI sieht R. in Basel Angela Guttmann.

18./19. MAI: R. besucht Frau Nölke auf dem Wartenstein über Ragaz, dort holt ihn Frau Wunderly mit dem Auto ab.

19. BIS 22. MAI: R. ist zu Gast in der Unteren Mühle in Meilen.

21. MAI: R. dankt Frau Nölke für die gastliche Aufnahme und verspricht dem Sohn Hans das Buch von H. Zschokke »Die klassischen Stellen der Schweiz« (zuerst Karlsruhe 1836 bis 38). Frau Wunderly läßt Pflanzen zum Wartenstein senden: »ein ganzer Garten«, wie es R. scheint.

Frau Nölke schreibt am selben Tag an R.: »Ich wollte Ihnen sagen, daß ich, sobald mein Guthaben aus Tokio da ist, eintausend Lire für Sie zur Verfügung stelle, um Ihnen einen Aufenthalt in Italien angenehmer zu machen ... Ich schreibe schon jetzt davon, da es vielleicht Ihre Pläne für jetzt oder den Herbst bestimmen helfen könnte.«

R. meldet: »Ich habe nun endlich einen Tschechoslowakischen Paß erreicht, aber er ist nur für die Schweiz ausgestellt, deshalb kann ich nicht sagen, ob ich mir die Fahrt nach Venedig werde durchsetzen können; darüber berichte ich Ihnen ... zu den Valmaranas.« (An die Fürstin Taxis)

23. MAI – Pfingstsonntag –: R. ist im Grand Hôtel Baden abgestiegen, fährt am folgenden Tag nach dem Schönenberg zurück.

25. MAI: Da Frau Wunderly eine Reise nach Böhmen plant (vom 27.5 bis um den 20.6.), gibt R. ihr Ratschläge für eine Fiaker-Fahrt durch Prag und legt eine Zeichnung seiner »Geburts-Gegend« ein.

28. MAI: Am 27. Mai ist Hofmannsthal mit Frau und Tochter in Basel angekommen und wird nun auf dem Schönenberg erwartet. Den von der Mühlls soll R. »Huttens letzte Tage« von C. F. Meyer vorlesen: »Nun ich liebte es keineswegs, dieses protestantisch-zweizeilige Vorbeimarschieren, als ob ein poetischer Schützenverein unterwegs wäre ...« (An N. W.-V.) Christiane von Hofmannsthal notiert im Tagebuch: »Freitag. Auf den Schönenberg gefahren, R. stand an der Bahn ganz unverändert und lieb.«

AM 30. MAI fährt sie fort: »Bei Regen auf den Schönenberg, das Haus wieder reizend, nachmittags spazieren. Ich ging mit R., wir haben sehr nett und angeregt gesprochen. Er hat doch einen großen Charme. Ein bissel wie Isepp« (der Wiener Landschaftsmaler). Auf dem gemeinsamen Aufstieg zum Schönenberg versucht Hofmannsthal R. auf das ›Märchen‹, »Die Frau ohne Schatten«, anzusprechen. R. notiert im Taschenbuch, er habe »thörichterweise« Hofmannsthal nicht gesagt, daß er den Band erhalten und gelesen habe, eine »dumme Hemmung« habe ihn gehindert, auf das Thema einzugehen, und er habe das Gefühl gehabt, Hofmannsthal sei deshalb recht verärgert gewesen (Rilke-Archiv).

31. MAI: Christiane v. H. notiert: »Nachmittags mit Dori v. d. M. und R. im historischen Museum. Ein paar schöne Teppiche gesehen.«

4. JUNI: R. meldet der Fürstin, daß er noch nicht reisen kann, da alle Papiere in Bern sind, und erzählt: »Vor ein paar Tagen haben wir Hofmannsthal sammt Frau und Tochter hier gehabt, der, als ein Freund Carl Burckhardts (in Wien), im Hause Burckhardt-von der Mühll vielfach aufgenommen war. H. bestritt hier alles mit einer neuen, ihm nun geläufigen Redensart, von einer Sache, einem Bild, von Verhältnissen zu sagen: sie seien ›mehr als schön‹, sie seien ›anständig‹. Ich, in boshaftem Unbeschäftigtsein, hatte den Einfall, dieses Urtheil auf seine Umkehrung hin zu prüfen, in der es amüsanter Weise, lautet: etwas ist weniger als anständig, es ist schön ...«

5. JUNI: R. beantwortet in Basel einen Brief Frau Wunderlys aus Prag, spricht über Prag und fährt fort: »inzwischen war ich immerzu unterwegs zur Stadt: Hofmannsthal, die Landowska die nun in Händels ›Saul‹ vorgestern und gestern im ›Münster‹ gespielt hat, heute ein Cembalo-Konzert spielt und bis morgen Abend in Basel bleibt ...« R. berichtet auch von einer ›spiritistischen‹ »Seance, mit Buchstabenschreiben mittels eines Glases bei dem jüngeren Stoecklin, dem Betz [Harry B., der spätere Gatte Francisca Stoecklins], Francisca, ein junger Mensch, Angela und ich beiwohnten. Es wurde spät, können Sie denken, halb zwei, und für A. war es gefährlich, denn die Stimmen ihres Unterbewußten (es war sichtlich, daß es die waren) schlugen gleich hohen Flammen aus ihr.«

Wiederanknüpfungsversuche: Venedig und Paris

AM 8. JUNI verschafft sich R. das italienische Visum, am selben Tag reist Angela Guttmann zu ihrem Mann nach Weimar.

9. JUNI: R. gibt Frau Wunderly seine Adresse: Palazzo Valmarana à San Vio in Venedig: »als Erlebnis der seit sechs Jahren verlorenen Kontinuität hoff ichs zu erfassen, und allein in dieser Hoffnung reis ich auch.« (Schönenberg)

10. JUNI: R. fährt direkt nach Venedig, wo er von der Fürstin Taxis erwartet wird. Bis zum 19. 6. 20 ist auch der Fürst in Venedig.

JUNI: »Das Inselschiff« bringt im 5. Heft 1920 von Stéphane Mallarmé »Eventail de Mademoiselle Mallarmé« mit der Übertragung von R.M.R.

VOM 11. JUNI BIS 13. JULI bleibt R. in Venedig, bis zum 22. 6. wohnt er im Hôtel Europe, dann im Palazzo Valmarana. Die Fürstin hat ihren »Musiker« bei sich, Walther Kerschbaumer. »Seltsam diesmal: mein venezianischer Aufenthalt fing mit einem Höhepunkt an –«, schreibt R. am 23. 7. 20 rückblickend an die Fürstin: »unserem Wiedersehen, das ich so außerordentlich gut und so vollkommen dankbar empfunden habe von Tag zu Tag ...« R. erinnert an den Musikabend bei Giorgio Levi; die Fürstin in ihrem Brief vom 12. 8.: »Mit Ihnen Santa Maria Gloriosa zu sehen und il Giardino Eden – und die Stoffe – ces tissus de pierreries – das war eine große große Freude; und der wunderbare Haydn auf meinem Spinet – die Abende am Marcus-Platz.«

14. JUNI: »Zum Glück habe ich nicht nur die unvergleichlich wunderbare Stadt ganz unzerstört und unverändert wiedergefunden, sondern auch schon im ersten Moment die Sicherheit gewonnen, daß alles Gute und Schöne, das ich seinerzeit hier durch Menschen erfahren durfte, fortsetzbar und pflegbar geblieben ist. Eine große Freude! Auch ist in den uns befreundeten Häusern kein ganz naher Verlust vorgefallen, was natürlich die Arglosigkeit der Beziehungen sehr erleichtert.« (An die Mutter)

21. JUNI: Kippenberg an R.: »Tausend Lire heute telegraphisch über Mailand überwiesen ...«

22. JUNI: Die Fürstin reist ab, R. zieht in ihr Mezzanino. Dort findet R.

gleich seinen »eigenen (meinigen) Louis-Seize-Schreibtisch! Ich habe ganz vergessen, daß ich auch hier – vor sieben Jahren – einen gekauft habe ...« (An N.W.-V.)

23. JUNI: An die Fürstin nach ihrer Abreise schreibt R.: »wie freue ich mich auf die Fortsetzung und die Zeiten der Zuflucht und (hoffentlich!) Arbeit in Lautschin ... Ich bin gestern, programmgemäß, eingezogen und empfinde dieses Wiederhiersein in einer noch unaussprechlichen Bedeutung; da ich alles aufs Gleichgebliebensein hin prüfe, siehts zunächst wie eine Wiederholung aus ...«

An Elya Nevar meldet R., daß »dank der Intervention des Grafen Zech, auch eine Bewilligung zur Rückkehr nach München vorliegt«. Von Venedig berichtet er: »Alles ist unverändert ... wie vor sieben Jahren. Und diese Frist ist allem Wirklichen gegenüber so imaginär, daß sowohl die Gräfin Valmarana, wie die Contessina, von unserem letzten Beisammensein sprechend, auf den Ausdruck ›l'année passée‹ gerathen ... nun aber sinds doch so und soviel Lebensjahre geworden, die hinzugekommen sind, da möchte man immerhin etwas gethan haben, etwas geworden sein!«

24. JUNI: Aus Venedig schreibt R. den letzten Brief an Resi Hardy: »Nun leg ich die Hand auf den warmen Marmor venezianischer Brücken –, und fühle und überzeuge mich beständig und weiß doch nicht, wo mit dem Glauben anfangen.«

1. JULI: Bericht an Kippenberg: »es sieht höchst zwiespältig aus in mir: wie sehn ich mich in die Welt hinaus, unter die Gleichnisse, die ich von ihr zu empfangen gewohnt war, in fremdsprachige Gegenden, da mich niemand kennt und wo mir die Sprache, die eigene, wieder in steter Abhebung aufglänzt als Material meiner Arbeit ...«

6. JULI: »Ich werde wohl (auch aus finanziellen Gründen, nach diesem Leichtsinn hier –) nur noch ganz kurz in der Schweiz sein können, vielleicht nur Tage, dann München (wohin ich ja nun ohne Anstand (wie Sie sogar in der Zeitung lesen konnten) zurückkehren darf) – dann etwa Böhmen – Lautschin –, dann Leipzig, zum Verlag, dann: ... aber soweit hat noch nie jemand vorausgesehen.« (An N.W.-V.)

8. JULI: »... ich bin für Jahre hinaus kein Reisender mehr, alle meine Bedürfnisse treffen in einem einzigen Anspruch auf Stabilität zusammen.« (An N.W.-V.)

13. JULI: R. reist aus Venedig ab; bis auf einige Tage Ende August 1925 kommt er nicht wieder nach Italien.

R. fährt über Zürich, wo er mit Frau Wunderly zusammentrifft. Ausflug nach Brestenberg am Hallwyler See.

16. JULI: R. notiert sich in Schloß Hallwyl einen Vers und die Lebensdaten vom Grabe Hans von Hallwyls.

17. JULI: Rückkehr nach Basel, wo R. übernachtet.

18. JULI: R. steigt von Pratteln zum Schönenberg hinauf.

ZWISCHEN DEM 18. JULI UND DEM 1. AUGUST liest R. auf dem Schönenberg die Biographie Dostojewskis, von seiner Tochter geschrieben und aus dem Französischen ins Deutsche übertragen. »Schon die kurze Einleitung, darin Mlle Dostojewskaja, in den slawophilen Zusammenhängen ihres Vaters weiterlebend, den heutigen russischen Zuständen jene Auslegung giebt, die die wunderbarste und künftigste wäre: der russische Mushik, das unerschöpflich überstehende und aufbauende Element Rußlands sei schon an der Arbeit ...« (An Marie Taxis, 23. 7. 20)

20. JULI: Mit Frau von der Mühll liest R. die »Heiligenlegenden« von Selma Lagerlöf – den Roman Werfels »Nicht der Mörder, der Ermordete ist schuldig« nennt er eine »Geschmacklosigkeit« (an N. W.-V.).

23. JULI: In seinem langen Brief an die Fürstin schreibt R.: »Vor der Hand merk ich nur, daß sich das Leben nicht in der Weise, wie ich meinte, an die Bruchstellen der Vorkriegszeit wird ansetzen lassen –, es ist doch alles verändert, und jenes zum ›Genuß‹, zur arglosen und immerhin etwas müßigen Aufnehmung eingestellte Reisen, kurz das Reisen des reisenden ›Gebildeten‹ wird ein für alle Mal abgelaufen sein ... wie anders, wie anders die Welt geworden ist, es handelt sich drum, das zu begreifen.«

24. JULI: Ausflug mit von der Mühlls nach Rheinfelden. Bei dem Ausflug trifft R. die dort zur Kur weilenden Kinder des Prinzen Alexander (Pascha) von Thurn und Taxis an der Mittagstafel. Raymond erinnert sich seiner.

26. JULI: An Frau Wunderly: »Jean Lurçat ist wirklich in Neapel und Marthe bei ihm.«

27. JULI: R. sieht Angela Guttmann in Basel, sie erzählt von Deutschland: »es ist dort immer noch Schlimmeres, ja das Schlimmste zu erwarten.« (An N. W.-V.)

R. sendet Ruth die Dostojewski-Biographie von Aimée Dostojewski.

28. JULI: R. erhält Spittelers »Prometheus und Epimetheus« von von der Mühlls zum Geschenk. Auf dem Schönenberg sind viele Gäste.

29. JULI: Über Spitteler schreibt R.: »Was für ein Dichter! Der Dichter, dort wo's auf den großen Namen nicht mehr ankommt, sage man nun Dante oder Spitteler –, es ist dasselbe, er ist der Dichter, denn im letzten Sinne giebt es nur Einen, jenen Unendlichen, der sich da und dort durch die Zeiten in einem ihm unterworfenen Geiste geltend macht.« (An N. W.-V.)
31. JULI: R. berichtet Frau Wunderly von dem Scheunenbrand auf dem Schönenberg: »hätte sich der Wind eingestellt, so wäre mein Saal – ebenso wie Duino – nur eine Erinnerung.«
1. AUGUST: R. schreibt an Marthe nach Neapel: »que parmi les jours d'été meridional il s'en trouvent quelques-uns qui vous exaltent ou qui collaborent doucement, lentement au secret de votre cœur admirable –« Für Jean Lurçat heißt es: »Dites-lui combien je le désire content et d'une bonne vaillance double de peintre et de poète.«
VOM 2. BIS 6. AUGUST: Zürich und Winterthur.
R. erzählt Frau Nölke später, er habe ihr melden wollen: »ich packe ernstlich und endgültig«, aber: »es wurde doch wieder nur ein kleiner, höchst vorläufiger Koffer, mit dem ich nach Zürich fuhr – zum Zahnarzt –; dort ergriffs mich, noch einmal an den Anfangsorten meiner ganzen schweizer Zeit anzukommen, durch Nyon wenigstens durchzufahren, in Genf zu sein, die Pitoëffs zu sehen.« (18. 8. 20 aus Genf)
3. AUGUST: An den erkrankten Oswald von Kutschera schreibt R. aus »Zürich, unterwegs« nach Wien: »an welcher Stelle der Teilnehmung und Leistung Du jetzt auch stündest ... eine so wunde und an allen Stellen beunruhigte Welt kann dem unabhängig Leistenden keine Garantien geben, sie macht ihn abhängig.«
R. dankt Frau Weininger, die ihn über die ernste Erkrankung seines Vetters unterrichtet hat, für ihren Beistand für diesen: »Einen jüngeren wirklichen Freund in meiner Verwandtschaft zu haben, schien mir etwas so Vergünstigtes und Neues –, ich weiß noch, wie froh ich das erlebte, da ich Oswald zuerst, erwachsen und selbständig, wiedersah.«
WOHL AM 4. AUGUST nachmittags besucht R. mit Frau Wunderly zusammen Schloß Berg am Irchel, noch ohne zu wissen, daß er dort den Winter verbringen wird.
5. AUGUST: R. trifft in Winterthur Frau Yvonne de Wattenwyl.
6. AUGUST: Zürich, Weiterreise nach Genf, wo R. bis zum 21. 8. 20 im Hôtel Les Bergues wohnt.

»Genève, da kommt, wie in Paris fast, alles als Schwingung über einen. Die Atmosphäre, auf den Wegen der Durchdringung, schwebt aus Bäumen und Hängen heran, – es giebt nur Eines, das tragende, schwingende Licht, durch es, durch das Spirituelle dieses Elements, erfährt man Nähe und Ferne...« (An N. W.-V., 22. 8. 20)

In Genf ist R. bis zu ihrer Abreise nach Beatenberg am 12. 8. 20 mit Baladine Klossowska (»Merline«) zusammen, sieht häufig Pitoëffs, nimmt die Verbindung zu Guido von Salis auf, der als Architekt in Genf lebt. »... alles viel reicher und beglückender als vor einem Jahr«, schreibt R. an Frau Wunderly und fügt hinzu: »(Gott, alles was man von Deutschland, Rußland, Polen und den allgemeinen Wirrnissen liest, macht einem solche Tage unsäglich kostbar.)« (9. 8. 20)

12. AUGUST: An Frau Wunderly: »Das, was Bolschewism heißt, ist ja nicht so zu fürchten, der Name hat nie etwas genau Vorstellbares bezeichnet und was sich so langsam unter seinem Schutz herausgefördert hat, kann das und dies sein, auch Gutes, auch Günstiges und die Spannung zu einer Zukunft ist darin mehr, als sie in jedem Rückfall zu den abgethanen Formen wäre –. Auch ist ein régime einmal da und etabliert, so thut ihm die Wirklichkeit schon ihre Zwänge an, während das neue System zur Zeit seiner Durchsetzung sie vergewaltigt – was aber zu fürchten ist, das ist die immer ausgebildetere mauvaise volonté aller derer, die sich von Unordnung zu Unordnung erhalten und so unklar und fiebrig sind in sich selbst, daß sie nur in einer Atmosphäre leben können, die fiebert und getrübt bleibt.« Weiter berichtet R.: »Montag abends hab ich nichts vom Himmel gesehen: ich war seit fünf, in einem lieben Interieur, bei Mme Klossowska der Frau Erich K's, den ich seit seiner Jugend kenne. Klossowski's gehören auch zu den aus Paris (sie hatten ein reizendes altes Haus in St. Germain-en-Laye) Vertriebenen, so helfen wir uns in manche Erinnerung hinein und setzten ein wenig Paris zwischen uns voraus und fort, obgleich ich Mme K., die allein hier ist, dort kaum gesehen habe: aber ein Verlust, wenn man gleiche Gewichte für ihn hat, verbindet...«

13. AUGUST: Aus Bern bedankt sich Baladine K. bei »René« für das »Requiem«: »J'ai reçu hier soir votre livre ›Requiem‹ si émouvant, si tendre et beau. E. [Klossowski] m'a écrit au crayon sur la première page: Wer spricht von Siegen – Überstehn ist alles.«

14. AUGUST: R.s Besuch bei Guido Salis in seiner ›Datsche im Petit-Saconnex‹ erinnert ihn an das Zusammensein mit Alexander Benois in

Peterhof. Auf der Terrasse von Bellerive begrüßt R. kurz den Musiker Othmar Schoeck, den er gern länger gesprochen hätte.

16. AUGUST: Die Fürstin Taxis berichtet R. ausführlich über eine Séance mit einer ›Botschaft‹ für R.

R. erzählt an Frau Burckhardt-Schazmann, gebürtige Genferin, von seinem Besuch bei den Spitzen im Genfer Museum. »Spitzen und Schmuck, grade weil sie meist nur als dekorative Leistungen behandelt werden, halten mich immer in einer besonderen Weise fest –, es verlockt mich, in ihnen das Kunstwerk an sich zu entdecken, d. h. die vollkommene Verwandlung und Verzauberung ihres Hervorbringers, die sich im Werk vollzogen und verklärt hat ...«

18. AUGUST: Baladine K. schreibt aus Beatenberg: »Ici on fait un certain culte de vous. Vous figurez au mur, on a tous vos livres et on vous aime – sans vous connaître.«

R. an Frau Nölke: »mein täglicher Umgang ist Max von Salis (-Soglio), ein Bruder des Malers ... und vor allem sein Vetter Guido von Salis-Seewis, der zweite Sohn vom ›Bothmar‹ in Malans.« Die Salis haben versucht, R. für den Winter im ›Bothmar‹ einzuquartieren, doch sind die dort wohnenden Eltern zu alt und leidend. Jetzt bieten sie R. für einige Wochen ihre ›Datsche‹ im Grand-Saconnex bei Genf an, R. lehnt ab, es wäre ein neues Provisorium.

19. AUGUST: R. schreibt an die Fürstin über das Théâtre Pitoëff und berichtet dann, er habe auf dem Quai du Mont-Blanc jemanden tschechisch sprechen hören: »ach, Klänge, da fiel mir manches aufs Herz, was mir bevorsteht!«

20. AUGUST: »... die Zukunft, alle drei Wochen einen Löffel voll. Ich sehne mich, sie einmal ›im Stück‹ vor mir zu haben: un bloc d'avenir, soit il même dur à travailler ...« (An N. W.-V.)

21. AUGUST: Noch aus Genf gibt R. seinem Verleger eine Übersicht über die Möglichkeiten, die vor ihm liegen; er nennt besonders Lautschin und das Haus »nahe Padua in den schönen euganeischen Hügeln«, wo er Gast von Pia Valmarana wäre, die von ihrem Onkel Conte Cittadella die Besitzung Saonara geerbt hat.

VOM 21. AUGUST BIS ZUM 1. SEPTEMBER ist R. in Bern, wo am 21./22. 8. auch Baladine K. aus Beatenberg eintrifft, die nach Zürich weiterreist.

22. AUGUST: R. beschreibt Frau Wunderly einen Nachmittagsweg nach Schloß Holligen bei Bern: »eine solche Allee, ein solches Haus ein Jahr lang, und ich wäre gerettet«.

23. AUGUST: Baladine K. aus Zürich an R.: »j'étais remplie jusqu'au bord d'un bonheur à peu près inconnu.«

24. AUGUST: R. antwortet: »je lis et relis votre lettre pour me rendre compte de cet état d'âme qu'aucune imagination ne pouvait prévoir ... c'est que nous vivions un instant (ou long – longtemps, qui saurait l'apprécier?) dans un espace tout différent de celui de la réalité (proprement dite) ...«

25. AUGUST: »Und wiederum das Museum: die Teppiche. Ich hatte noch nicht viel Zeit dort zu sein, war's aber mit vollkommener Attention gestern, konstatierend, wieviel ich seit vorigem Jahr vergessen hatte. Wie mirs verblaßt war«, schreibt R. an Frau Wunderly über die Wandteppiche Karls des Kühnen aus der ›Burgunder-Beute‹ im Historischen Museum in Bern. Elisabeth von Gonzenbach sieht R. nur einen Augenblick bei ihrer Abreise an der Bahn.

AM 27./28. AUGUST ist Baladine K. wieder in Bern; R. widmet ihr das französische Gedicht »Nénuphar. J'ai toute ma vie ...«, das er ihr einschreibt in eine Auswahl von Gedichten der Comtesse de Noailles: »Berne, ce 27 Août 1920«.

27. AUGUST: In einem Brief an Frau Wunderly taucht das Fenster-Motiv auf: »Wer doch einmal die Geschichte des Fensters schriebe ...«

28. AUGUST: »... eine Freundin, Mme Klossowska ist hier auf der Durchreise mit ihren zwei schönen Knaben – morgen fährt sie weiter nach Genf, wir würden bis Fribourg zusammengehen, eventuell unterbricht sie auch ihre Fahrt ...« (An N.W.-V.) R. ist bei Simone Brüstlein und wird noch zu Yvonne Wattenwyl gehen, die ihre Mutter verloren hat.

29. AUGUST: R. verbringt den Sonntag mit Baladine K. zusammen in Fribourg; er fährt abends nach Bern zurück, B. K. reist weiter nach Genf.

30. AUGUST: R. schreibt an Baladine K. nach Genf: »Chère Merline, je reviens de la librairie où j'ai trouvé mon livre douloureux (de prose, commencé à Rome, terminé vers 1910 dans une salle ronde de l'Hôtel Biron) et le Sermon sur l'Amour de Marie-Madeleine ...« – »P.S. Au verso vous trouverez les strophes que j'avais composées Samedi pour vous, en me promenant à l'admirable Allée du Château de Holligen. Qui nous dit que tout disparaisse? ...«

Im selben Brief erinnert R. die Freundin an das Diptychon des Königs Andreas von Ungarn, das sie zusammen im Historischen Museum bewundert haben. R. unterzeichnet seine Briefe an »Merline« mit: René.

Am 30.8.20 schreibt R. die Strophe »Fülle ist nicht, daß sie uns betrübe – ...« in »Die Aufzeichnungen des Malte Laurids Brigge« für Baladine K.
Am folgenden Tag datiert Baladine K. ihren Brief an R.: »Genève, le 31 août de ce bienheureux mois!«
31. AUGUST: Aus dem Brief Baladine K.s vom Vortag kopiert R. die Zeilen: »Je suis là toujours prête, tu me trouveras partout où tu voudras que je sois avec toi«, und legt sie als Talisman in seine Brieftasche. »Moi aussi, Merline, je passe des moments derrière mes mains, pour ne sentir que mon contenu de cœur augmenté, magnifié, multiplié à l'infini...«
AM 1. SEPTEMBER fährt R. nach Zürich.
3. BIS 10. SEPTEMBER: R. ist nochmals in Genf, Hôtel Les Bergues. Aus diesem Herbst stammt der Gedicht-Entwurf: »Ach alle, die mich sahn, wenn ich zu dir ging, glaub ...«, den R. auf einem Briefumschlag von Baladine K. notiert. Auch die Reinschrift des vollendeten Gedichts: »Wie waren sie verwirrt, die jungen Büglerinnen ...« hat R. nicht aus der Hand gegeben.
4. SEPTEMBER: R. möchte Frau Nölke vor der Abreise über »die endgültige Grenze« noch einmal sehen und fragt, ob er zum Wartenstein kommen könne. Weiter fragt er: »Kennen Sie die kleine japanische (dreizeilige) Strophe, die ›Haï-Kaïs‹ heißt? Die Nouvelle Revue Française bringt eben Übertragungen dieser, in ihrer Kleinheit unbeschreiblich reifen und reinen Gestaltung ...«
ANFANG SEPTEMBER schreibt R. ein eigenes ›Haï-Kaï‹ für Baladine K. nieder: »C'est pourtant plus lourd de porter des fruits que des fleurs...«
8. SEPTEMBER: R. sucht den Direktor der Schule auf, die Baltusz Klossowski besucht, da dieser wegen schlechter Leistungen in Geographie nicht versetzt werden soll.
VOM 11. BIS 17. SEPTEMBER ist R. wieder in Zürich, für den 17.9. meldet er sich bei Frau Nölke in Ragaz an, er wohnt bei ihr im Chalet Wartenstein.
11. SEPTEMBER: R. fährt mit Frau Wunderly im Auto über den Albis zu Nanny von Escher, später nach Einsiedeln: »Neulich fuhr ich ... nach Einsiedeln, leider nicht zum großen Fest der ›Engelweihe‹, ... das am 14. September stattfand. Die schöne Barockkirche kam mir doch etwas zu sehr restauriert vor ...« (An die Mutter, 26.11.20)

17. BIS 20. SEPTEMBER: Wartenstein oberhalb von Bad Ragaz.
19. SEPTEMBER: R. beschreibt für Guido von Salis den Spaziergang, den er mit Frau Nölke von Landquart aus durch Malans, dann über Jenins und Maienfeld nach Ragaz zurück unternommen hat. Besonders geschlossen in sich ist die liebevolle Schilderung des Gartens vom Bothmar in Malans. Guido von Salis und seine Frau sind damals in München.
Von Ragaz fährt R. über Meilen nach Zürich.
24. SEPTEMBER: Dankbrief an Frau Nölke; R. nimmt ein von ihr gewährtes Hilfsangebot für Notzeiten an.
25. SEPTEMBER: Durch Baladine K. wird die freundschaftliche Beziehung zum Ehepaar Jean und Frida (Fry) Strohl-Moser hergestellt. Strohl, Professor für Zoologie an der Züricher Universität, ist ein naher Freund Erich Klossowskis.
26. SEPTEMBER: R. sendet »Goethes Briefwechsel mit einem Kinde«, in dem er zuvor wieder gelesen hat, an Baladine K. mit der Einschrift: »Malte / l'envoie à M [ouky] / qui de son admirable cœur / immensément / confirme la gloire de / Bettine«. (›Mouky‹ ist ein weiterer Name für Baladine K.)
»Gestern ließ sich mir ein Musikdirektor [Joseph] Stranský aus New York vorstellen, wo er seit neun Jahren die großen Konzerte dirigiert.« (An die Mutter)
ANFANG OKTOBER: R. besucht gemeinsam mit Baladine K. den Landschaftsmaler Alexandre Blanchet in Genf, dessen Gemälde »Foire au Valais«, eine Auftragsarbeit für Oskar Reinhart in Winterthur, R. zu seinem Ausflug nach Sion und Sierre veranlaßt.
BIS ZUM 3. OKTOBER: Zürich (mit täglichen Briefen an Baladine K. nach Genf) – danach kehrt R. wieder dorthin zurück.
2. OKTOBER: R. sagt Georg Reinhart endgültig ab, den Kunstvortrag in Winterthur zu halten, nachdem dieser mitgeteilt hat, der Kunstverein besitze ein Epidiaskop. R. empfiehlt einen Vortrag Klossowskis über Daumier.
3. BIS 7. OKTOBER: Genf.
5. OKTOBER: Aus Fischau schreibt der Generalmajor von Sedlakowitz, R.s Deutschlehrer: »Sehr geehrter Herr Rilke – Sie sind doch der ehemalige Zögling R. der St. Pöltener Militär-Unterrealschule ... Freilich muß ich befürchten, Sie hätten gar kein gutes Gedenken an mich, den damals noch jungen und unerfahrenen Lehrer; hat er doch die gar

phantasievollen und weitschweifigen Aufsätze des Zöglings R. mit allzuviel roter Tinte angestrichen und leisen Spott darüber ausgelassen.« Inzwischen wisse er – durch einen Vortrag von Ellen Key aufmerksam geworden – von dem »hervorragenden lyrischen Dichter R. M. R.«: »Da drängt es mich nun Ihnen im Geiste die Hand zu reichen und meiner innigen Freude Ausdruck zu geben, daß ich Ihnen, dem edlen Dichter, der uns einen so reichen Schatz echter Poesie geschenkt hat, auf Ihrem Lebenspfade in goldener Jugendzeit begegnet bin.« Er habe »reges Mitgefühl mit dem schlechten – Turner« gehabt, »wenn kraftmeierische Kameraden ihn mit Geringschätzung behandeln wollten«.
OKTOBER: In diesen Tagen schreibt C. J. Burckhardt vom Schönenberg einen langen Brief über R. an Hofmannsthal nach Aussee: »Rilke wechselt bisweilen durch. Für Sie ist sicher dieser Prager Deutsche schwieriger als für mich … Rilke hat eine freundliche Gegenwart, er ist ein wunderbarer Erzähler und er hat ein unvergeßliches Lachen. Er geht schwere Aufgaben an, er steigert sich strebend und wird es tun bis zuletzt, das merkt man seinem Gesicht an (wenn es ganz gesammelt erscheint). Briefe schreibt er wie ein Goldschmied Schmuck anfertigt … die Unterkunft im alten Schönenberg war recht primitiv, aber R. hat nicht die geringsten Ansprüche auf Comfort gemacht, er lebte und arbeitete wie ein fleißiger Eremit, und das Haus hat von seinem Hiersein eine gute Atmosphäre bewahrt …«
6. OKTOBER: Hofmannsthal antwortet darauf (indirekt) am Ende seines Briefes an Burckhardt: »Wüßte Frau Hans Von der Mühll, daß man so etwas auch einen Brief nennt, so würde sie mit ganz anderem aplomb ihre Briefe auch wirklich an den unwürdigen Adressaten gelangen lassen. Wie aber kann sie das ahnen, da sie doch ›Dichterbriefe‹ kennt, wirklich unvergleichlich tournierte, wie aus Elfenbein, in denen das Geschaute, als ein mit zarten Händen aus der vagen Negation des Luftraumes Herausgeholtes für die Dauer eines Blickes auf dem Stengel einer noch nicht sehr müden Tulpe balanciert …«
7. OKTOBER: R. berichtet Frau Wunderly, er habe zum 1.11. ein kleines Appartement in der Genfer Altstadt gemietet, für 120 Frs im Monat, dicht an St. Pierre, rue du Puits-Saint Pierre Nr. 4: »Salis hats gefunden.« Auch die geplante Paris-Reise steht jetzt nahe bevor: »daß ich Paris vor mir habe, und alle die abgeschnittenen Daseinfäden meiner dortigen Jahre nächstens in meinen Händen sein werden«. R. fährt fort: »Und nun reis ich heute nach Sierre mit Mme K. Klossowski besuchen, der

dort ist, ich denke, man wird nah bei Chandolin sein, jedenfalls Sion sehen, worauf ich mich freue.« Samstag abend will R. wieder zurück sein im »Bergues«, Montag nach Bern, dann weiter nach Basel fahren.
DEN 8. OKTOBER nennt Baladine K.: »jour de Sion«.
9. OKTOBER: Sierre. R. steigt zum ersten Mal im Hôtel Chateau Bellevue ab, einem ehemaligen Palais der Familie Courten; Strohls, die Freunde und Reisegefährten Erich Klossowskis, wohnen in der Villa Baur. R. erinnert Frau Strohl am 30.11.20 an die gemeinsamen Tage: »Vous aussi sans doute, vous nous voyez encore au salon de la Villa Baur ... feuilleter le petit livre de ›Mizu‹. C'est a vous, Madame, que reviennent tous les honneurs que jamais il ira s'acquerir dans le monde.« »Mizu«, später »Mitsou« ist die Bilder-Geschichte von einer kleinen Katze: »heimlich gezeichnet, ein Jahr nach dem Verlust ›Mitsous‹ als eine Art Tagebuch« (12.1.22 an Nora Purtscher-Wydenbruck) vom damals elfjährigen Baltusz Klossowski. An Frau Strohl heißt es weiter: »Un contract, très sérieux d'ailleurs, vient d'étre établi avec le Rothapfel-Verlag à qui je m'avais adressé sur votre conseil.« (30.11.20)
11. OKTOBER: Gemeinsame Karte von Erich und Baladine K. mit R. an Alexandre Blanchet aus Sion, den Maler, in dessen Genfer Atelier R. Bilder aus dem Valais gesehen hat.
AM 12. OKTOBER, zurück in Genf, schreibt R. an Hans von der Mühll: »Wie schön ist doch dieses Valais. Die Eindrücke von Sion und Sierre haben meine nun schon so vielfältigen Schweizer Erinnerungen mit einem Schlage um Vieles vollzähliger gemacht: wie immer es geht, sooft ich den Rhône erreiche –: es freundet mich aus seinen Ufern wunderbar an, – als ob dieser Strom, mehr als ein anderer, die Kraft hätte, die Länder, die er erfrischt, sich anzueignen: Vaucluse, Avignon, die Île de Bartelasse und hier diese unheimliche Jonction: alles das ist verschwägert und verwandt durch den Geist dieses Flusses – und nun wie sehr erst hat er in den großmütigen Tälern des Valais Raum sich auszubreiten und in jeder Wendung er selbst zu sein.« – R. bittet um »einen gewissen Betrag an Frau G[uttmann]« aus dem Ertrag des Verkaufs der Kunstwerke.
14. OKTOBER: Auch an Frau Wunderly geht eine Schilderung der Tage im Valais. Zur Pariser Reise heißt es, R.s Paß sei bei der tschechoslowakischen Gesandtschaft in Bern. Wanda Landowska hat aus Paris telegraphiert – »ma chambre au Foyot sera réservée pour le quinze: cela m'a fait tout de même une forte et émouvante impression, cette pre-

mière réponse de là-bas. Je viens de répondre que je n'y serai que pour le vingt...«
16./17. OKTOBER: Aus Bern nimmt R. die Einladung für den Winter nach Schloß Berg an: »diese außerordentliche ja wunderbare Zuflucht«, die ihm durch die Bemühungen Frau Wunderlys von Oberst Ziegler und seiner Frau zur Verfügung gestellt wird (an Frau Lily Ziegler).
An Frau Strohl sendet R. »Le Grand Meaulnes« von Alain Fournier zurück: »une tristesse bien propre à lui –, et, moitié parfum moitié musique, elle vous suit...« (16.10.20)
VOM 17. BIS 22. OKTOBER ist R. in Basel, wo er das Visum für die Reise nach Paris erhält – dorthin hat ihm Frau Nölke 1000 Lire angewiesen, R. schreibt ihr am 10.12.20: »Ich setzte eine Art Stolz hinein, das in Basel liegende Geld nur als unberührten Tresor zu betrachten, schließlich mußte ichs doch in Gebrauch nehmen. Wenn sichs auch nun nicht in Lire verfruchtbarte, ein Theil ist zu französischen Franken geworden und kam so immerhin zu einer gewissen Vermehrung und hat zu Paris beigetragen: was ja eine noch größere Anwendung war, als irgend ein Stück Italien.«
VOR DEM 21. OKTOBER: R. besucht das Haus Clavel, den Wenkenhof bei Basel, und schlägt für die neue Bibliothek einen Delacroix vor; er legt eine Abbildung des Bildes bei, bei dessen Verkauf er Baladine K. helfen möchte.
22. OKTOBER: Abreise aus Basel nach Paris.
VOM 22. BIS 30. OKTOBER: Paris, Hôtel Foyot.
24. OKTOBER: R. schreibt sofort an Gide, sucht ihn jedoch nicht auf: Dank für die »Symphonie pastorale«, die Gide ihm mit »une bonne et sincère dédicace« nach Basel gesandt hat: »quelle sanction inattendue de mon projet que cette ligne tracée de votre main qui me permettait de compter sur vos souvenirs. Quant aux miens, cher Gide, vous les trouverez toujours intacts et vivants...«
Unter den Arkaden des Odéon kauft R. ein Notizbuch, in das er nur die Worte einträgt: »ici commence l'indicible«. R. beginnt wieder französisch zu denken. Seine Habe, soweit erhalten, ist noch nicht freigegeben, was die Mutter Wanda Landowskas für ihn in Erfahrung gebracht hat, dazu kommt es erst 1923. Bei Wanda Landowska trifft R. mit dem Schriftsteller Paul Reboux und der Duchesse de Clermont-Tonnerre zusammen (30.10.20). Er besucht Charles Vildrac.
An Madame Clavel heißt es: »il est vrai, ce sera pour peu de jours cette

fois –; n'importe : j'aurai eu le temps de reprendre ce contact vivant, et je divine la continuité toute intérieure que je vais remporter d'ici : c'est elle qui a tant manqué à mes travaux cruellement interrompus.«

25. OKTOBER: An Frau Wunderly: »Je me promène, sans but, car tout devient but, chaque pas est une arrivée ... Chère et maintenant je considère mon avenir, la continuité se rétablit, et peu à peu tout sera accessible. Et je suis tout heureux que cela va commencer avec cette retraite au Château de Berg que vous allez me préparer ces jours-ci ...«

UM DEN 25. OKTOBER trifft R. in Paris mit Yvonne de Wattenwyl zusammen – am 31.12.20 spricht R. von »der schönen geschenkten Begegnung, die uns eine geistesgegenwärtige Fügung in Paris bereitet hat«.

27. OKTOBER: An Marietta Mirbach-Geldern: »aber hier, hier: la même plénitude de vie, la même intensité, la même justesse même dans le mal – – –: ganz unabhängig vom politischen Gedräng und Gemächte, ist alles im Großen geblieben, drängt, treibt, glüht, schimmert: Oktober-Tage.«

28. UND 29. OKTOBER: R. sucht an beiden Tagen die Buchhandlung Flammarion in Paris auf und nimmt außer einigen anderen Büchern das Werk von Paul-Louis Couchoud »Sages et poetes d'Asie« mit (Taschenbuch 38, Rilke-Archiv).

29. OKTOBER: R. meldet seiner Mutter: »Du siehst, wie bei mir wieder eine Reise ›ausgebrochen‹ ist, – eine sehr schöne und glückliche, denn ich hatte hier die wunderbarsten Herbsttage und, was für mein ganzes Dasein so wichtig und unentbehrlich war, der Kontakt mit Paris ist wieder hergestellt. Ich konnte mit Freude feststellen, daß es sich im wesentlichen nicht verändert hat, und ich kann mirs nicht anders denken, als daß ich mein Leben, sobald als irgend thunlich, wieder hierher verpflanzen werde, wo der Boden und die Luft meiner Arbeit ist.«

AM 30. OKTOBER kehrt R. nach Genf zurück, von wo aus er sich sogleich wegen des Delacroix an Mme Clavel wendet.

»Presque pas de personnes (même pas André Gide qui m'appellait point) mais des choses, d'innombrables choses ...« (An N.W.-V.)

VOM 30. OKTOBER bis 11. NOVEMBER weilt R. nochmals in Genf, Hôtel Les Bergues.

1. NOVEMBER: Bericht über die Reise nach Paris an Kippenberg. R. fährt fort: »Was die Winterpläne angeht ... Ich werde eine Gastfreundschaft ausnutzen dürfen, die viel Ähnlichkeit mit jener, seinerzeit, auf Duino besitzt, weniger großartig, aber von verwandter Stille und Si-

cherheit: das kleine alte Schlößchen Berg am Irchel (Kanton Zürich)...«

4. NOVEMBER: Mit Baladine und Pierre K. besucht R. ein Konzert in der Kathedrale von Lausanne.

5. NOVEMBER: R. meldet Frau Wunderly, er habe die kleine Wohnung in der rue Puits-St. Pierre aufgegeben:»aucun regret«.

6. NOVEMBER: R. teilt Professor Jean Strohl, dem Züricher Zoologen und Freund Erich Klossowskis, mit, daß er die gewünschten Bücher in Paris nicht bekommen habe: ein Exemplar von Duhem »Histoire des Sciences« sei nicht vorhanden gewesen:»Pour être sûr je suis passé le lendemain chez Flammarion et Vaillant ... Pour moi aussi du reste je n'ai rien rapportée de mon voyage, exepté un très penetrant souvenir.« Weiter heißt es:»Des amis des Klossowski je n'ai vu que Mlle Marie Charles qui continue toujours à leur garder les anciennes dispositions amicales«; und in einer Nachschrift für diesen:»Mon cher Klossowski, je n'ai rapporté en somme que des bonnes nouvelles de Paris ... Tout a survécu, tout est sauvé, tout continue: c'était mon impression première qui a persisté et qui me soutient.«

8. NOVEMBER: In einem Billett Baladine K.s an R. heißt es:»Oh René, so schwer wie es mir heut fiel Dich zu verlassen! und wie gespenstisch leer war mir die Stadt immer im Gedanken: Daß Du sie bald aufgeben wirst!...«

10. NOVEMBER: R. kündigt Frau Wunderly seine Ankunft in Zürich für den Abend des 11.11. oder den Morgen des 12.11. an. Er erwartet nach Meilen einen Brief des Rentsch-Verlages aus Erlenbach:»pour un petit livre de dessins ravissants que le petit Balthazar Klossowski avait fait quand il avait onze ans: j'attends maintenant le contract qu'on engagera avec Balthusz et moi car je me suis fait son collaborateur en lui promettant un avant-propos en français!« Das Buch heißt später »Mitsou«.

SCHLOSS BERG AM IRCHEL

VOM 12. NOVEMBER 1920 BIS ZUM 10. MAI 1921 bewohnt R. das Schlößchen Berg am Irchel. Frau Wunderly bringt ihn in einer knappen Stunde mit dem Auto aus Zürich dorthin. Er berichtet an Kippenberg: »Pünktlich am zwölften bin ich auf meinem neuen Lehen eingezogen: der erste Eindruck und alle folgenden sind von der Art, daß ich alle Bedingungen, bis ins kleinste und zufälligste, erfüllt sehe.« Die Isolation ist vollkommen, da R. wegen der Maul- und Klauenseuche im Dorf den Park nicht verlassen darf (17.11.20).
Als Wirtschafterin ist Leni Gisler aus Flaach gewonnen worden.
Nach dem Abschied in Genf gehen zwischen R. und Baladine K. bis zum Ende des Jahres viele Briefe hin und her, 28 sind publiziert, davon 15 Briefe R.s, in dieser Zeit kommt es zu keinem Wiedersehen.
12. NOVEMBER: Eintragung R.s in das ›Register der Aufenthalter der politischen Gemeinde Berg a.I.‹.
14. NOVEMBER: R. dankt Herrn Hans Wunderly, dem Gatten Frau Wunderlys, für die Einführung bei der Museums-Gesellschaft in Zürich, bei der er Bücher entleihen kann.
17. NOVEMBER: R. bittet Kippenberg, für ihn einige Geburtstagswünsche Ruths zu erfüllen: Stunden in »Musik, Kunstgeschichte, französische Konversation und auch noch Mathematik«, außerdem Hilfe für die Wintergarderobe und ›ein kleines monatliches Taschengeld‹.
18. NOVEMBER: »Die Briefliste ist eröffnet, heute warens siebzehn Briefseiten, es wird immerhin eine Weile dauern, bis das Oberste weggeschrieben ist. Die Rückstände sind weit über die einst locarnesischen hinaus«, schreibt R. an Frau Wunderly. Er meldet, daß seine weitere Aufenthaltsgenehmigung in Bern anstandslos bewilligt werde; Frage: ob man am 25.11. einen Vortrag Klossowskis in Winterthur besuchen wolle; am 21.11. sagt R., er könne doch nicht teilnehmen.
19. NOVEMBER: R. erfreut sich an Nanny von Eschers Buch »Alt-Zürich«; in seinem Dankbrief bittet er sie, in einem künftigen Buch Schloß Berg, diesem ›von einer unabweisbaren Überlebnis vergangener Bewohner und Geschehnisse‹ erfüllten starken Haus seinen gehörigen Platz einzuräumen, er vermisse dies (9.12.20). Berg war früher im Besitz der Familie von Escher.

An die Fürstin Taxis schreibt R. über Paris: »Ich aber habe das eigenthümliche Glück, durch die Dinge zu leben, und soweit von denen und aus der intensiven Luft Einfluß zu mir herüberkam, wars der alte, unbeschreibliche, derselbe, dem ich seit fast zwanzig Jahren meine beste und entschlossenste Verfassung zu verdanken hatte. Ich kann nicht sagen ... mit welcher Bewegung ich diese Anschlüsse genoß, wie ich mich an hundert intime Bruchflächen anhielt, an die anzuheilen nun nur noch eine Sache der Hingebung war ...«

R. rühmt Hans Reinhart gegenüber Pitoëff und sein Theater in Genf. Pitoëff wird Reinharts Stück »Die arme Mutter und ihr Tod« inszenieren. R. selbst will sich in der nächsten Zeit an den Spruch »Cella continuata dulcescit« halten und Berg nicht verlassen. Er trägt Grüße an den Schweizer Schriftsteller Albert Steffen auf, den er aus München kennt.

20. NOVEMBER: Langer Brief an Sidie Nádherný. R. berichtet über das vergangene halbe Jahr: Venedig, Genf, Paris und schließlich: Berg. »Meine Räume sind warm und schön, alte sympathische Möbel und Dinge, mächtige Kachelöfen und, zum Überfluß, ein herrliches Kaminfeuer. Vor den Fenstern der stille verlassene Park, dessen Charmilles nun warmbraun entblättern, und der, hinter der abschließenden Kastanien-Allee, ohne Abgrenzung in Wiesen übergeht, die sich sanft nach dem Hügel des Irchel hinauflehnen ...«

21. NOVEMBER: Auch Frau Weininger erfährt von der Paris-Reise: »zum ersten Mal nach der Gewaltsamkeit und Sorge dieser sechs Jahre, stand in mir die Zuversicht auf, es könne doch Leben und Arbeit, über den Absturz hinüber, wieder aufgenommen und fortgesetzt sein ...« Ähnlich auch an Frau Nölke.

23. NOVEMBER: R. berichtet seiner Mutter von der ›vergünstigtesten Zuflucht‹ auf Schloß Berg: »und nun bin ich hier eingezogen, hause allein mit einer stillen freundlichen Wirtschafterin und habe (endlich!) die ersehnte und schon fast nicht mehr erhoffte Abgeschiedenheit und Einsamkeit, die mit stärkstem Eifer auszunutzen, nun mein tägliches redliches Bemühen sein wird! Ist es nicht ganz und gar wunderbar, daß die Erwartung, mit der ich in die Schweiz gereist bin, sich im letzten Augenblick doch noch, an unvermuteter Stelle vollkommen erfüllt hat!«

In einem Brief an Inga Junghanns heißt es: »Deutschland und Österreich wird für mich immer unmöglich bleiben, Paris wird hoffentlich bald wieder mein Wohn-Ort sein ...«

24. NOVEMBER: R. lehnt mit Rücksicht auf seine Arbeit eine Einladung Strohls nach Zürich ab: »Es hätte keiner größeren Versprechungen bedurft, mir das kleine Haus am Kapfsteig anziehend zu machen, wenn ich nur Sie beide und Klossowski dort gefunden hätte: und nun nennen Sie mir noch mehrere ausgezeichnete Gäste! Besonders Dr. Albert Schweizer, dessen Name mir schon vorgekommen war, – und seine Vorlesung – zu versäumen, thut mir sehr an.« Jetzt müsse er auch Klossowskis Winterthurer Abend fernbleiben: »Heute ist sein baseler Abend: ich denke an ihn.« R. stellt in Aussicht, daß er womöglich trotz seines Beitritts zur Museumsgesellschaft auf Strohls Hilfe bei der Vermittlung von Büchern angewiesen sein werde.

An Baltusz K. schreibt R. über das gemeinsame Buch »Mitsou« und übersendet den Verlags-Vertrag: »Votre part à cette œuvre était toute travail et douleur, la mienne sera mince et elle ne sera que plaisir …« R. bittet ihn, den Vertrag unterschrieben an ihn zurückzuschicken.

25. NOVEMBER: Als Strohl fürchtet, in Winterthur könne man, aufgrund von Züricher Presse-Meldungen gegen Klossowski voreingenommen sein, antwortet R.: »In einem engeren, vorbereiteteren und unzünftigeren Kreis … wird Klossowskis vornehme und still-anbietende, gewissermaßen vorschlagende conferentielle Haltung (ich verspreche mirs!) ein dankbares Verständnis finden.«

R. schildert seine Zuflucht in Berg für Marietta Mirbach-Geldern, seine Räume mit dem französischen Kamin, den etwas ›vernachlässigten Park‹, die »schlanke Figur der Fontäne«: »die, mit ihrem immerfort abgewandelten Niederfall, ist nun wirklich das Maß der Geräusche …« R. fährt fort: »Eine stille verständige Wirtschafterin versorgt mich, genau wie ich es brauche, und scheint auch über meine Schweigsamkeit und Verschlossenheit (denn so muß ich mich halten, um zur Arbeit zu kommen!) nicht weiter erstaunt zu sein.«

26. NOVEMBER: R. schreibt die Einleitung zu den Zeichnungen Baltusz Klossowskis: »Qui connaît les chats? …«

27. NOVEMBER: R. meldet an Frau Wunderly: »Gestern lief ich schon seit ½ 4 draußen auf und ab, meine Préface für Balthazar K's Katzen-Erlebnis bedenkend und abends noch (bis gegen zwölf!) schrieb ich sie in einem Zuge nieder. Die erste Arbeit hier, wenn mans so ernst nehmen will. Aber es hat mich gefreut, etwas Französisches hervorzubringen, französisch gedacht, nirgends in Gedanken übersetzt aus einem deutschen Einfall …«

Und an Baladine K. heißt es: »Hier soir je me suis mis au travail et j'ai composé d'un seul trait, ma petite Préface à ›Mitsou‹. – Tout joyeux, je vous l'envoie ... Je me propose d'ailleurs de l'envoyer à Vildrac ... pour qu'il m'indique franchement les fautes, par trop blâmables: il y en aura!«
Von Kippenberg erbittet R. zwei Exemplare der Radierung von Ludwig Emil Grimm aus dem Jahre 1808, Bettine Brentano darstellend, davon eines zum Verschenken.
ENDE NOVEMBER, wohl um den 27.11.20, schreibt R. die zehn Gedichte der ersten Reihe »Aus dem Nachlaß des Grafen C. W.« nieder, die bis auf eines: »In Karnak war's ...« unveröffentlicht bleiben. Letzteres erscheint anonym im »Insel-Almanach auf das Jahr 1923«. Am 30. November ist die Arbeit abgeschlossen. Frau Wunderly erhält eine Abschrift.
30. NOVEMBER: An Frau Wunderly: »Sonderbar ging es mir übrigens. War ich doch zu allein, wußte ich nicht genug von dem Hause, seiner Vergangenheit, denen, die hier gehaust haben ... kurz: ich wünschte mir so etwas wie die Spur eines bergischen Vorwohners, z.B. ein Heft im Bücherschrank entdeckt, eines Abends, sieh, sieh! Wer das wohl gewesen sein mag? Ich bildete mir ganz oberflächlich eine Figur ein, die Situation that ein Übriges und Behülfliches, da aber besagtes Heft, trotz aller Imagination, doch nicht zum Vorschein kam, was blieb übrig, als es zu verfassen? Und da liegt es nun vor mir, abgeschlossen ... Gedichte, denken Sie, – auf dem ersten Blatt werden Sie lesen: ›Aus dem Nachlaß des Grafen C.W.‹. Kuriose Sachen, für die ich, angenehmster Weise, gar keine Verantwortung habe.« R. fährt fort: »diese Spielerei ... jetzt erst versteh ich, wie's sich hervorthun konnte, Tag für Tag: zu eigener Produktion noch nicht eigentlich fähig und aufgelegt, mußte ich mir, scheints, eine Figur gewissermaßen ›vorwändig‹ machen, die das, was sich etwa doch schon, auf dieser höchst unzulänglichen Stufe der Concentration, formen ließ, auf sich nahm: das war Graf C.W.«
ENDE NOVEMBER entsteht auch der Entwurf: »La Nascita del Sorriso. Vinse il Dio quella chi sola al mondo ...«, vier Zeilen in italienischer Sprache, denen R. hinzufügt: »Die ›Nascita del sorriso‹ wäre dem Inhalt nach in raschester Kürze etwa so wiederzugeben: Der Former der ersten Menschen bildete sie fest und dicht ...« Dieser Prosa-Entwurf endet mit den Worten: »denn das Lächeln ist nichts, als das Consentement des Geistes, in uns zu sein. Und so war seine Entstehung.« Daran schließt sich in sieben Strophen das Gedicht: »Glaub nicht, es war seit

immer. Jene Hände / des Formers, die die ersten Menschen ballten ...«
[Die Entstehung des Lächelns].

1. DEZEMBER: R. schreibt an F. A. Hünich zu dessen – verzögertem – Vorhaben einer Sammlung »Aus der Frühzeit R. M. R.s«, das er ablehnt: »Halten Sie solche Verurteilung (ein Mal ums andere möcht ichs betonen) nicht für eine Phrase privater Bescheidenheit; ich wüßte nicht, was meine Arbeit angeht, irgendwie bescheiden zu sein –, ich bins ganz gewiß auch zur Zeit jener Elaborate nicht gewesen, nur daß meine halbwüchsige Unbescheidenheit, infolge einer Unterernährtheit meines eigentlichen Wesens, kraftlos und daher meistens auch unwahr war.«

2. DEZEMBER: Frau Weininger, die aus Wien Nachricht über Oswald Kutschera gegeben hat, bittet R., diesen zu grüßen: »das ist umso mehr mein Wunsch, als ich, gerade seit ich hier in der Stille bin, mit eigenthümlicher Konzentration an ihn denke, von hundert Erinnerungen besucht, die weit in seine Kindheit zurückreichen. Was ist doch ein Kind für ein argloses Geschöpf –, wächst hinaus aus den ängstlichen und krankhaften Verhältnissen seiner Familie –, bildet sich, erwachsend und erwachsen, draußen, auf neuem Boden, seine eigene freiere und gefühltere Welt, – und wird doch, wird in den thätigsten Jahren, von allen Verhängnissen wieder eingeholt und in ein Martyrium gestürzt, dessen Boden – wenn es einen hat – tausend Meilen unter dem Niveau des Erträglichen liegt! Wozu? Mit welchem Recht?! –«

3. DEZEMBER: Besuch von Frau Wunderly, der R. die Gedichte »aus dem Nachlaß des Grafen C. W.« vorliest.
Kippenberg schreibt an R., Ruth könne eine einmalige größere Zuwendung wie auch ein monatliches Taschengeld erhalten; am 11.12. nennt er die Summen: 3000,– und 100,– Mk, die er R. vorschlägt.

4. DEZEMBER: R.s fünfundvierzigster Geburtstag: »Eine ganz große Freude und Rührung wurde mir, genau an meinem Geburtstage, durch das Rundschau-Heft (November) mit der Erzählung von Regina Ullmann.« Es ist: »Von einem alten Wirtshausschild«. (Am 15.12. 20 an Kippenberg) – »Von Clara und Ruth waren auch ... liebe Wünsche und Nachrichten da, die mir besonders lieb wurden, dadurch daß sich kleine Abbildungen des Hauses der Bredenau, der Eigenthümerin und der Haustochter beigegeben fanden ... Wie schön und lieb muß doch dieses kleine Anwesen sein und welche Freude für Beide, nach so langer Unstetheit endlich im ›Eigenen‹ hauszuhalten!« (An die Mutter, 9.12. 20)

7. DEZEMBER: R. dankt Frau Strohl für ihre herzliche Zustimmung zu seiner »Préface«: »so ein plötzliches Blühn am okulierten Aste ist einfach Großmuth der Natur, unvorsehliches Geschenk«. R. fährt fort: »Inzwischen hat mein Manuscript auch in Genf die freudigste und liebevollste Aufnahme gefunden; Balthusz liest es ein Mal übers andere und kann es nahezu auswendig; auch hat er sich gleich an den Entwurf der fehlenden Bilder gemacht, so daß wir nächstens, weit vor dem vom Verleger vorgesetzten Termin, ›druckfertig‹ sind!«
AM 9. DEZEMBER beantwortet R. mit großer Ausführlichkeit den Brief seines ehemaligen Lehrers an der Militär-Unterrealschule St. Pölten, des Generalmajors von Sedlakowitz: »Eine Stimme, die sich (es ist die einzige solcher Art, die mich je zu finden versuchte!) auf jene entlegensten Jahre beruft, mußte mir zunächst ... unglaubwürdig sein. Ich hätte, glaube ich, mein Leben ... nicht verwirklichen können, wenn ich nicht, durch Jahrzehnte, alle Erinnerungen an die fünf Jahre meiner Militärerziehung verleugnet und verdrängt hätte; ja was hab ich nicht alles für diese Verdrängung getan! Es gab Zeiten, da der mindeste Einfluß aus jener abgelehnten Vergangenheit das neue fruchtbare und eigentümliche Bewußtsein, um das ich rang, zersetzt haben würde ...«
R. läßt keine Zweifel daran, mit welcher Erbitterung er an die Jahre denkt, an die er durch seinen ehemaligen Lehrer erinnert wird, fügt jedoch hinzu, daß er »schon vor langer Zeit eine gewisse Versöhnlichkeit gegen meine älteren Schicksale anzutreten unternahm. Da sie mich nicht zerstört haben, mußten sie ja irgendwann als Gewicht auf die eine Waagschale meines Lebens hinzugelegt worden sein –, und die Gegengewichte, die die andere Schale ins Gleiche zu belasten bestimmt waren, konnten nur aus der reinsten Leistung bestehen ...«
R. bittet seine Mutter, ihm den ›Weg‹ anzugeben, auf dem sie »2000 oesterr. Kronen, die auf einen ›Ehren-Preis‹ zurückgehen« (den R. 1909 verliehenen Bauernfeld-Preis), erhalten könne. »Meine Ersparnisse beim Verlage sind ... sehr beträchtlich –, thu mir daher den großen, großen Gefallen jenen ... Betrag ... für Deinen so überaus harten Winter zu verwenden.«
12. DEZEMBER: »Nike / Zu einer antiken Figur: / (kleine Nike an der Schulter des Helden)«, Gedicht für Nanny Wunderly-Volkart: »Der Sieger trug sie. War sie schwer? Sie schwingt / wie Vor-Gefühl an seinem Schulterbuge ...«
Baladine K. hat R. eine Anzahl ihrer Pastellzeichnungen gesandt, dar-

unter »La dormeuse«, »La fille à la fenêtre«, über die R. ihr in einem langen Brief seine Eindrücke und Gedanken mitteilt.

DEZEMBER: In Berg entsteht ein Fragment aus dem Umkreis der »Elegien«: die unvollendete und von R. diesen später nicht zugeordnete Elegie »Laß dir, daß Kindheit war, diese namenlose / Treue der Himmlischen ...« mit weiteren Entwürfen.

13. DEZEMBER: R. sendet Charles Vildrac sein Manuskript »Préface à Mitsou« mit der Bitte um unerbittliche Korrektur.

Hünich gegenüber begründet R. ausführlich, warum er die Steinzeichnungen Zähringers zum »Marien-Leben« ablehnt: »Dass diese Gedichte also von Bildern und Bildvorschriften ausgingen, macht sie ganz besonders ungeeignet, auf der anderen Seite, an ihrem Ausgang, von neuen formalen Bildungen aufgefangen zu werden: diese können sich nur durchaus unangemessen erweisen.«

15. DEZEMBER: R. begrüßt den Plan Kippenbergs, ihn in Berg zu besuchen.

An Regina Ullmann schreibt R. über ihre Erzählung »Von einem alten Wirtshausschild«: »So viel wirst Du schon selber gemerkt haben, daß Du plötzlich in der Lage warst, einen großen, ausgebreiteten Zusammenhang rein und wählend zu beherrschen! Ein Sieg ...«

An die Fürstin Taxis richtet R. die Frage, warum Hermann Keyserling, dessen »Reisetagebuch« er zum dritten Mal liest, seiner »mit so harter und (wie mir scheint) ungerechter Zurechtweisung« Erwähnung tut. »Was er mir dort [Bd. 2, S. 662] so schroff und bloßstellend vorwirft, kann ich versichern nie behauptet noch empfunden zu haben, eine solche Einpassung Gottes ins Geringfügige widerspräche mir im innersten Grunde ...« R. erzählt vom Entstehen der Gedichte »Aus dem Nachlaß des Grafen C. W.« in »halber vorläufiger Produktivität ... Ein sehr schönes (aegyptisches) Gedicht ist dabei.« R. fährt fort: »Bücher; Kennen Sie La paix chez les bêtes von Colette (Colette Willy)? ein délicieuses Buch« (1916). R. berichtet zudem von seiner »Préface à Mitsou.«

Letzter Brief an Else Falk.

MITTE DEZEMBER: R. antwortet einem Arbeiter (J. H.), der ihm Gedichte geschickt hat: »Ich weiß nicht, welches métier Sie erlernt haben –, aber als Arbeiter muß Ihnen immerhin die Erfahrung eines gewissen Könnens innewohnen, und die Freude am Gut-machen einer Sache kann Ihnen nicht so ganz fremd geblieben sein. Wenn Sie einen Augenblick von diesem guten, verläßlichen Boden aus auf das Gewoge Ihrer schriftlichen Leistungen hinausblicken, so wird Ihnen nicht entgehen, wie sehr dort der Zufall mit Ihnen spielt und wie wenig Sie sich erzogen haben, die Feder als das zu gebrauchen, was sie vor allem ist: als redliches, genau beherrschtes und verantwortetes Werkzeug ...«

AM 16. DEZEMBER schreibt R. an Baladine K. einen langen Brief, in dem er sich gegen den Vorwurf verteidigt, »trop égoiste« zu sein: »Si je me penche sur ma conscience, je n'y vois qu'une loi, et celle-là impitoyablement impérative: m'enfermer en moi et terminer d'un seul trait cette tâche qui me fut dictée au centre de mon cœur. J'obéis ...« Vorher heißt es: »Si vous connaîssez un jour quelques-uns de ces travaux vous m'entendrez mieux, c'est si difficile de s'expliquer.« Die »Vor-Arbeiten« – 115 Briefe – hat R. abgeschlossen: »Oh Chérie, il y a tant de personnes qui attendent de moi, je ne sais pas trop quoi – des secours, des conseils (de moi, qui me trouve tellement ›rathlos‹ ...).« R. zählt die Ratsuchenden auf und schließt: »et puis tous ces jeunes gens, ouvriers la plupart révolutionnaires, qui désorientés sortent des prisons d'Etat et qui se fourvoient dans la ›littérature‹ en composant des poésies d'ivrogne méchant – – –: que leur dire!«

17. DEZEMBER: »– ich habe ein italiänisches Gedicht angefangen, es heißt herrlich, aber ich kann kein Italiänisch, schon wollt ichs dem Grafen C. W. zuschreiben, der kann scheinbar auch keins: vier entzückende Zeilen stehen da ...« (An N. W.-V. über »La Nascita del Sorriso«)
Weihnachtsbrief an Phia Rilke: »wieder zu unserer gesegneten Stunde das liebevollste Gedächtnis vergangenster Weihnachtstage ... Es ist so recht das Mysterium von dem knieenden Menschen: daß er größer sei, seiner geistigen Natur nach, als der stehende! welches in dieser Nacht gefeiert wird!«

18. DEZEMBER: R. verspricht Inga Junghanns, ihre Fragebogen zu »Auguste Rodin« zu beantworten, sie sind nicht erhalten.

19. DEZEMBER: R. dankt Kippenberg für die Sendung der neubegonnenen Reihen »Pandora« und »Bibliotheca Mundi«, beides Editionen der Insel: »Ich habe gleich gestern im Russkij Párnass mich ergangen, – heute die Suppléments der Fleurs du mal durchgesehen.« Das Exemplar der Baudelaireschen »Les Fleurs du mal« schenkt R. am 14. 4. 21 an Anita Forrer; zuvor überträgt er »Ikarus«. Der »Russische Parnaß« ist von Alexander Eliasberg herausgegeben. Es finden sich im »Russki parnass« acht Gedichte von Sinaida Hippius, darunter ihre um eine Strophe erweiterte Neufassung von »Ljubov'-odna« (1911), das R. nach dem Ur-

text von 1896 im Winter 1918/19 kongenial übertragen hatte: »Liebe ist nur Eine...«

Langer Brief R.s an Jan Chlup, Attaché an der Tschechoslowakischen Botschaft in Bern, in dem er seine tschechischen Sprachkenntnisse ›als im Russischen aufgehoben‹ charakterisiert.

20. DEZEMBER: R. empfängt die von Th. v. Münchhausen und Dr. Erich Lichtenstein im Lichtenstein-Verlag Jena 1921 erscheinenden »Gedichte vom fremden Leben« Veronika Erdmanns, die er schon im Manuskript zum Teil gelesen hat: »Ich bewundere in einzelnen Zeilen den Kontur ihrer Formung...« (An Veronika Erdmann)

21. DEZEMBER: R. sendet C.J. Burckhardt eine Reinschrift der »Préface à Mitsou« mit der Widmung: »Cette copie du petit manuscript a été faite pour Charles Burckhardt, à Vienne en don de l'auteur. Noël 1920«, und im Gedenken an den toten Freund, den Schäferhund Prinz, der R. auf seinen Gängen vom Schönenberg aus begleitete. Als Nachschrift: »Ich fahnde nach Hofmannsthals Beethoven-Conférence, von der ich sofort begriff, wie sehr schön sie gewesen sein müsse.« Hofmannsthal sprach am 10.12.20 in Zürich zum 150. Geburtstag Beethovens; die Rede ist gedruckt in der NZZ vom 19.12.20.

Am selben Tag erhält R. aus Basel sein restliches Gepäck.

23. DEZEMBER: R. antwortet Regina Ullmann auf eine Darlegung ihrer Situation: Die beiden Töchter Reginas beklagen sich, finden sich benachteiligt. »Ich rede da ganz auch in meinem Namen; denn Ruth hat es schließlich nicht viel anders gehabt, als Deine beiden Mädchen und wer weiß, wie oft in ihr ein ähnlicher Vorwurf aufbegehrt hat, ohne daß ich ihn gehört habe. Unser Unrecht, Regina, liegt, glaub mir, nicht so sehr darin, den Kindern nicht mehr als nur ›das pure Leben‹ geschenkt zu haben, – als vielmehr darin, daß wir überhaupt Kinder hatten, während doch unsere Verantwortung schon vorher anders belegt und vergeben war und ihnen also nicht mehr zugewendet werden konnte...«

24. DEZEMBER: R. dankt Hans Franck für die ihm übersandten »Sonette«: »Die meisten Ihrer Sonette wirken auf mich im Sinne dieses bedeutenden Gelingens. Dass ich die eine, dann und wann aus der Kristall=Stufe der Strophe amorph hervorstechende Zeile, gerade im Lautlesen, meistens nicht zu bewältigen wusste, mag an meiner Art des Lesens liegen; zwar begriff ich fast immer die rhythmische Absicht dieser widerspänstigen Unregelmäßigkeit, vermuthe aber doch, dass sie – etwa in Ihr Vorlesen – glätter und aufgelöster aufgenommen erscheinen möchte.«

UM WEIHNACHTEN entsteht das Gedicht »Weißt du, Gewölk von jenem offnen Grau ...«, unterschrieben: »Weg nach Rafz«, mit einem Vorentwurf auf der Rückseite eines Briefumschlages.
»Für Herrn Dr. F. Hünich / den getreuen Forscher und Hüter aller meiner Zeiten / sind die folgenden Zeilen geschrieben und in dieses, sein, Stunden-Buch eingetragen: zu Weihnachten 1920«: »Aufstehn war Sagen damals. Schlafengehn / war abermals ein Sagen der Gesichte ...«
In ein Exemplar des »Buch der Bilder« schreibt R. die Strophe: »Wer aber weiß von uns? Nicht Baum, noch Sterne ...« Zu einer Abschrift der Verse vermerkt R.: »(In ein Exemplar des Buchs der Bilder, das an Herrn H. C. Wunderly nach Leipzig geschickt wurde, der es, scheints, Frl. Nikisch zu schenken gedachte.)« Nora Nikisch ist die Tochter des berühmten Dirigenten Arthur Nikisch, den der musikbegeisterte Schwager Frau Wunderlys aufsucht.
VOR WEIHNACHTEN: R. schenkt Frau Wunderly im ›Einschreibbuch‹ das Gedicht »Nike« und fügt hinzu: »Was ich einschrieb ... ich weiß nicht, ob es irgendwo diese Figur giebt (ich sehe sie! – und vielleicht finden Sie sie einmal in einem der kleinen sonnigen Museen Süd-Italiens): ich meine nur: stünden wir vor ihr in all unserem Abstand –: wie würden wir sie (gemeinsam) erfassen, zugeben, ahnen und lieben! – ...«
An Baladine K. sendet R. eigene Bücher mit Einschriften; »Das Buch der Bilder«, die beiden Bände der »Neuen Gedichte«, Maurice de Guérin »Der Kentauer« tragen nur Namen und Datum. Im »Stundenbuch« heißt es: »Pour doucement rattacher les jours de Beatenberg à la Fête de Noël. 1920. René à M.« Die Sonette der Elizabeth Barrett-Browning enthalten die Zeile: »Einer der großen Vogelrufe des Herzens in der Landschaft der Liebe. Noël 1920«.
Baladine K. schenkt R. eine lateinisch-französische Ausgabe von Ovids »Metamorphosen«, für die sie einen Umschlag aquarelliert.
24. DEZEMBER: R. verlebt Weihnachten auf Berg. »Leni [Gisler] (meine stille und fürsorgliche Wirtschafterin) hat ... einen kleinen Christbaum angezündet, ... die ... eingetroffenen Pakete ... um das Bäumchen gruppiert ...« (An die Mutter, 28.12.20)
DEZEMBER: Die beiden Bände seiner »Neuen Gedichte« mit den Vermerken: »(écrit à Paris, entre 1905-1907)« und »(écrit à Paris, entre 1907 et 1909)« sendet R. »A Madame de Clermont-Tonnerre / en toute déférence, (ces deux volumes de Poésies qui professent une admiration qui ›pratique‹.) R. M. R. Château de Berg-am-Irchel, en Décembre 1920«.

25. DEZEMBER: Seinen Weihnachtsbrief an Baladine K. beginnt R. mit dem Haï-Kaï: »Kleine Motten taumeln schaudernd quer aus dem Buchs...«

29. DEZEMBER: Frau Wunderly besucht R. in Berg.

30. DEZEMBER: Oberst Ziegler spricht in Berg vor.

IN DEN LETZTEN TAGEN DES JAHRES 1920: R. übersendet Georg Reinhart die Reinschrift seiner »Anmerkungen eines Reisenden zu den ›13 Einfällen‹ / Ihrem Zeichner zugeeignet von einem Betrachter, der, im Stillen, nur für sich selber zu schreiben meinte –, nun aber zur herzlichen Übergabe dieser fragmentarischen Blätter sich gerne entschließt. R. M. R.« Im Begleitbrief heißt es: »hier sind (endlich) die von Ihnen gütig erwünschten Abschriften; waren sie schon nicht eben viel im Gedräng des kleinen Taschenbuchs, so nehmen sie sich nun, herausgelöst, fürcht ich, recht spärlich aus ... Was, vorgelesen, ungefähr gefiel, kann sich jetzt leicht als zu wenig erweisen.« Die Reinschrift ist in ein von Frau Wunderly gefertigtes Heft eingetragen. Die »13 Einfälle« sind Kohlezeichnungen von Georg Reinhart aus dem Jahr 1918, die dieser 1919 für Freunde in 50 Exemplaren drucken ließ; R. sah sie bei Frau Wunderly.

31. DEZEMBER: R. schreibt an Balthusz K. zu den ihm bevorstehenden Prüfungen: »Voilà, mon cher, essayez, donnez-vous quelque peine, il n'y en a aucune dans la vie dont ne ressortît, si on persiste un peu, une joie très valable et, à la fin, toute personelle.«

R. dankt Mme Clavel für einen Geschenkkorb, für dessen festlichen Inhalt sich gewiß eine Gelegenheit finden werde: »(ich halte abends keine Mahlzeiten, als höchstens eine ganz kindliche!)«, und berät sie im Hinblick auf die Bibliothek in Wenken, für die er die Gedichtsammlungen der Comtesse de Noailles nennt: »die ich, vielleicht als die einzige Dichterin unserer Zeit ganz und ehrerbietig bewundere« »Und daß, von den Älteren, Mme Desbordes-Valmore nicht fehlen dürfte, scheint mir ausgemacht, ebensowenig wie die ›Sonnets from the Portuguese‹ der Elizabeth Barrett-Browning –; aber Verzeihung, ich gerate schon in die Vollmachten Carl Burckhardts, der ja das alles vorgesehen haben dürfte, Hofmannsthal wird sicher auch nicht, besonders wenn er so lebhaft war, mit Randbemerkungen zur Bibliothek gespart haben, er, der ›Alles‹ kennt, ist ja da auch der glänzendste Anreger, so glänzend daß sein aperçu zuweilen in Gefahr geräth, das Buch, das es bezeichnend rühmt, entbehrlich zu machen!«

An Yvonne de Wattenwyl heißt es, R. habe Hunderte von Briefen geschrieben: »seit dies gethan ist, steht die Brieffeder aber, sozusagen, unter Überwachung der Arbeit und darf sich nur selten ›Ausgänge‹ erlauben.«
Zuletzt gibt R. für Lou A.-S. Rechenschaft über das zurückliegende Jahr, ruft Venedig herauf: »da brach eben jene Nichts-als-Wiederholung herein, die mich beinah mit Entsetzen erfüllte« – und Paris: »es war das maltesche Paris«. Von Schloß Berg heißt es: »Liebe Lou, ich will heute nicht mehr erzählen, von der Gegend, dem Park (seine Fontäne, das Maaß meiner Stille, – wird meine einzige Gefährtin dieses Winters gewesen sein!) dem alten festen Schlößchen und meinen schönen Zimmern darin...«, R. dankt jedoch für die Arbeit von Lou A.-S. über Waldemar Bonsels im ›Litterarischen Echo‹: er hat daraufhin »Menschenwege« und »Indienfahrt« von Bonsels gelesen.

Während des Jahres 1920 erscheinen Arbeiten R.s im »Jahrbuch der Literarischen Vereinigung Winterthur«: R.s Übertragung des Gedichtes »Die Toten« von Emile Verhaeren; der »Almalthea-Almanach«, Wien, bringt eine Auswahl von Gedichten aus »Advent«, »Traumgekrönt«, »Das Buch der Bilder«, dem »Stunden-Buch« und den »Neuen Gedichten«, insgesamt elf. In den »Blättern des Leipziger Schauspielhauses« (7. Jg., Nr. 12) veröffentlicht F. A. Hünich in einem Aufsatz über »Die Anfänge R. M. R.s« Briefstellen R.s an sich. Im »Inselschiff« (Jg. 1, Heft 5) publiziert R. die Übertragung des Gedichtes von Mallarmé: »Der Fächer des Fräuleins Mallarmé«. »Als erstes Buch des Schatzbehalter von den Werkleuten der Officina Serpentis« herausgegeben, erscheint »Die weiße Fürstin«, Jan.-April 1920, mit Erlaubnis des Insel-Verlages in einer Auflage von 175 Exemplaren.
Neuauflagen: »Das Buch der Bilder« 12.-15. Tausend (darin »Sturmnacht« neu aufgenommen, zuerst gedruckt 1899 in »Die Gesellschaft«), »Auguste Rodin« 26.-30. Tausend, »Geschichten vom lieben Gott« 19.-23. Tausend, »Das Stunden-Buch« 25.-29. und 30.-39. Tausend, »Die Weise von Liebe und Tod des Cornets Christoph Rilke« 181.-200. Tausend, der »Cornet« erscheint außerdem in Blindenschrift. »Neue Gedichte« 10.-14. Tausend, »Der neuen Gedichte anderer Teil« 9.-13. Tausend, »Die frühen Gedichte« 11.-14. Tausend, »Requiem« 4. Auflage, »Die Aufzeichnungen des Malte Laurids Brigge« 13.-17. Tausend, »Erste Gedichte« 7.-9. Tausend, »Das Marien-Leben« 41.-50. Tausend.
Übertragungen: »Portugiesische Briefe« 21.-25. Tausend, »Die vierundzwanzig Sonette der Louize Labé. Lyoneserin« 11.-15. Tausend.
»Auguste Rodin« av R. M. R., vermutlich von Arvid Baeckström ins Schwedische übertragen, erscheint bei Bonnier in Stockholm. In polnischer Übersetzung von Henryk Gruber wird der »Cornet« in Warschau und Krakau herausgebracht.

1921

3. JANUAR: Baladine K. klagt über ihre sie sehr beunruhigende Erkrankung: »Pour les jours suivants je crois que je serai obligée de prendre une infirmière. C'est affreux d'etre malade à l'étranger ...«
4. JANUAR: Die Fürstin Taxis erwidert auf R.s Brief vom 15.12. 20, Keyserling betreffend: »Um so mehr wunderten mich seine Worte, da er vor dem Kriege einmal, mit so großer ehrlicher Begeisterung Ihren Elegien zugehört hatte. Besonders über die Erste war er entzückt ...« Sie will mit Keyserling sprechen.
5. JANUAR: R. berichtet an Inga Junghanns nach Kopenhagen, er sei gerade damit fertig geworden, die Rodin-Fragebogen auszufüllen. (Die Rodin-Übertragung von Frau Junghanns ist nicht erschienen.)
An Frau Wunderly schreibt R., er fahre vor dem Besuch Kippenbergs noch schnell für zwei, drei Tage nach Genf.
6. JANUAR: R. meldet sich telegraphisch für den Abend bei Baladine K. an: »Devant aller pour affaires urgentes à Berne je passerai vite jusqu'à Genève...«
Zu dieser Reise heißt es am 17. 2. 21: »eine Angelegenheit, die mich mit Sorge und Bedrängnis überhäuft hat, hat mich erst hier in meiner Entlegenheit so eindringlich beunruhigt, daß aller Schutz illusorisch wurde; später riß sie mich sogar von hier fort.« (An die Fürstin)
6. BIS 22. JANUAR: Genf, Hôtel Les Bergues.
AM 10. JANUAR meldet R. an Frau Wunderly, er könne noch nicht fort, »Mouky« sei zu krank, eine Berner Freundin sei bei ihr gewesen, jetzt suche man eine Pflegerin. Am 13.1. 22 schreibt R. an Simone Brüstlein-Ziegler, die damals in einem New Yorker Hospital arbeitet, von den schweren Belastungen des Vorjahres in Genf: »diesen Jahrestagen, diesen schmerzlichsten, wo jedes Datum für sie [Mouky] an eine Wunde stoßen muß, (für mich auch!!), Simone, nun sinds auch die Jahrestage Ihres Beistands in Genf ...«
17. JANUAR: Baladine K. übersiedelt ins Hôtel Les Bergues, ihre Schwester Gina wird zur Pflege und für die Betreuung der Söhne erwartet (an N. W.-V). Es kommt Simone Brüstlein.
22. JANUAR: Telegramm an Frau Wunderly: R. wird Baladine K. mit nach Schloß Berg bringen.
23. JANUAR: R. kehrt mit der Freundin nach Berg zurück, am selben

Tage trifft dort Kippenberg ein zu seinem wiederholt verschobenen Besuch. Unter anderem erzählt ihm R. von dem Entstehen der Gedichte »Aus dem Nachlaß des Grafen C. W.«; er übergibt ihm eine Abschrift der »Préface à Mitsu« [sic]: »Niederschrift für Katharina Kippenberg (in Entbehrung ihres Besuches auf Berg / Anton Kippenberg mitgegeben)«, Frau Kippenberg ist erkrankt.

24. JANUAR: Gemeinsame Karte von R. und Anton Kippenberg an Frau Kippenberg nach Leipzig; Kippenberg reist weiter.

R. schenkt Baladine K. den »Cornet« mit der Einschrift: »Lu à M., dans sa chambre à Berg. Le 24 janvier 1921«.

26. JANUAR: R. berichtet an Frau Wunderly über den Besuch seines Verlegers: »was das Schönste ist –, für Regina ist alles Erwünschbare erreicht. Sie bekommt 500 Mk monatlich, so ist ihr Leben gesichert und frei für ihre schöne wunderbare innere Arbeit.«

Für Mary Dobrčensky gibt R. eine Reihe von Buch-Empfehlungen (sie ist damals in St. Moritz): »Colette's reizendes ›La Paix chez les bêtes‹«, Proust, Jules Romains »Puissances de Paris« und »La Mort de Quelqu'un«, sowie die Biographie des in Böhmen geborenen »großen Deburau«, die er durch Pitoëff kennengelernt habe. Jean Gaspard Deburau (1796-1876), berühmt als Pantomime, schuf den Typ des Pierrot. Eine Komödie von Sacha Guitry: »Deburau«, wird 1918 uraufgeführt.

R. sendet Anita Forrer in ihr St. Galler Elternhaus »Mitsou« mit der Einschrift: »Anita, spät aber doch weihnachtlich Rainer«.

30. JANUAR: Baladine K. und R. verlassen Berg und fahren nach Zürich, wo sich am folgenden Tag Frau Wunderly und Baladine K. kennenlernen.

AM 1. FEBRUAR kehrt R. nach Berg zurück, Baladine K. nach Genf.

2. FEBRUAR: R. antwortet Joachim von Winterfeldt-Menkin, er könne über Götz von Seckendorff nicht schreiben: »ich habe Seckendorff nicht gekannt und, das andere: es ist nicht eigentlich meine Gepflogenheit, über Erscheinungen der bildenden Kunst zu schreiben. Der Fall Rodin ist für mich völlig unvergleichlich. Rodin ist, was ich wohl sagen darf, mein Lehrer gewesen, das Beispiel seines gewaltigen Werkes war mir, während vieler Lehrjahre, maßgebend. ... Schon im nächsten Falle, da ein Werk der Malerei mir vom größten Einfluß war, vor dem Œuvre Cézannes, hab ich mir jede schriftliche Feststellung meines Erlebnisses versagt ...«

Brief an den tschechischen Gesandten in Bern, Dr. Cyril Dušek, der Präsident Masaryk ein Schreiben R.s übermittelt hat.

3. FEBRUAR: Die Frage des Flaacher Pfarrers Zimmermann nach seinem ›wohl gelungensten‹ Buch beantwortet R. durch Übersendung von »Stundenbuch« und »Geschichten vom lieben Gott«, die beide »Theologen beschäftigt« haben. R. fährt fort: »Um aber Ihrem Wunsche genauer zu entsprechen, übergebe ich Ihnen gleichzeitig noch ein anderes Buch, das ich Sie bitten möchte (wenn dergleichen angeht), überhaupt nicht vom Standpunkt Ihres Berufes aus durchzusehen. Diese ›Aufzeichnungen des Malte Laurids Brigge‹ enthalten eine an der Figur eines jungen Dänen (also an einer durchaus erfundenen Gestalt) aufgewiesene Abrechnung mit den eigentlichen Unlösbarkeiten des inneren Daseins.«

An Lily Ziegler heißt es. »Tagore? Ich kenne ihn kaum. Nur ›Gitangiali‹, das André Gide bewundernd übersetzte, hat mich in der französischen Ausgabe erstaunt; aber es macht mißtrauisch wenn ein Östliches uns Europäern zu leicht fällt, sei's auch in der Bewunderung.«

4. FEBRUAR: An Baladine K.: »Lisez aux enfants le Beethoven de Hofmannsthal que je joins également à ces quelques mots écrits à la hâte. Puis, je vous ai copié une des poésies, la meilleure, ›Aus dem Nachlasse des Grafen C. W.‹, celle sur l'Egypte …« Ferner schickt R. ein Buch von Annette Kolb, vielleicht »Wege und Umwege« (1919).

R. bekennt sich Mary Dobržensky gegenüber zu seiner tschechischen Staatsbürgerschaft: »Ich erinnere mich schon in meiner Kindheit, den Tschechen gewünscht zu haben, sie möchten zu sich kommen: wie erdrückt und erstickt sahen sie alle aus – und doch war ihr Jan Hus um so viel geistiger und glühender als Luther –, und wie schön und sommerlich können ihre Mädchen sein, wie wunderbar ist ihr Land und das hohe geheimnisvolle Prag! Und das alles kam gewiß nicht zu seinem Recht und Glück in jenem engen deutschen Verstande, der es sich anmaßte!«

5. FEBRUAR: Helene von Nostitz, die nach Berlin übersiedelt, hat R. gebeten, ihr Menschen zu nennen. Er erwähnt: »Renée Sintenis vor allem, die Bildhauerin von bedeutendster Begabung, ausserdem ein ›schöner Mensch‹, eine wunderbar sichere Frau und Künstlerin, unzerquält voll sich erneuernden Gleichgewichts … (Renée Sintenis ist von der Insel beauftragt, mein Porträt zu machen, das das definitive sein wird).« R. spricht ferner von Winterfeldt und dem Goldschmied Professor Emil Lettré. R. legt ihr »In Karnak wars …« ein.

6. FEBRUAR: Baladine K. schreibt im Vorgefühl ihrer nahenden Abreise

aus der Schweiz an R.: »J'accepte aussi tout de vous. Même votre peur ... Je ne vous dérangerai pas, René! Je sais bien que vous n'y serez pas pour les vivants.«
9. FEBRUAR: R. an Baladine K.: »Was soll ich denn thun? Soll ich alles hinwerfen hier, diesen Schutz, diese Ruhe, die mir in stiller Vollendung meiner unterbrochenen Aufgaben die Heilung aus dem Verhängnis jener sechs Jahre zu gewähren schien? Wozu würde es Dir jetzt helfen, da ich doch nirgends eine richtige Stelle des Daseins habe und sie nie gewinnen werde, wenn ich meine Arbeit im Stich lasse ...« R. fährt fort: »mon premier élan fut d'aller à Zurich sur-le-champ et de prendre le train pour Genève. Je suis arrêté par l'obstacle le plus ridicule, par le manque d'argent, qui tout au plus me permet une course à Zurich, pas plus loin.«
11. FEBRUAR: R. hat mit Kippenberg besprochen, daß die Wohnung in der Ainmillerstraße in München aufgelöst und sein Eigentum in Leipzig untergestellt werden soll. R. unterrichtet davon Elya Nevar und bittet sie, die Schlüssel des Sekretärs an Rosa zu schicken.
R. fragt Frau Weininger besorgt nach dem Ergehen seines Vetters Oswald Kutschera und nach den Verhältnissen in Wien, über die C. J. Burckhardt Erschreckendes geschrieben hat. Dagegen habe er von Max Mell gehört, mit dem ›allgemeinen Elend‹ sei »die Zuwendung der Menschen zueinander um so vieles, ja oft um ein Überraschendes, hülfreicher und gütiger« geworden. »Auch in der Schweiz stehts ... wirtschaftlich nicht zum Besten: ich sollte für in Schwierigkeiten gerathene Freunde einen kleinen schönen Delacroix verkaufen, der des Preises reichlich werth war –«; es ist nicht gelungen. R. fragt weiter: »Sehen Sie Karl Kraus manchmal? Es ist wieder einige Sträubung gegen ihn im Gange, merk ich, und häßliche Broschüren, die mir zwar nicht ins Haus kamen (Ehrenstein, Kulka –) deren Gerüchte ich aber in Zeitschriften gelegentlich weiterklingen hörte. Die ›Fackel‹ hab ich nun lange nicht gesehen, – aber in Zürich sprach man neulich von einem starken neuen Heft.« 1920 ist bei Rowohlt von Albert Ehrenstein »Karl Kraus« erschienen, mit der Beilage: Georg Kulka »Der Götze des Lachens«; zum gleichen Thema: Folge 2, Buch 1 (nebst Beilage) ›Die Dichtung‹ Wolf Przygodes.
An Frau Wunderly meldet R., daß die verzweifelte Baladine K. vor ihrer durch finanzielle Schwierigkeiten erzwungenen Rückkehr nach Deutschland nochmals für ein Wochenende nach Berg kommen werde.

Am selben Tag richtet André Gide seinen ersten Brief nach Ende des Krieges über den Insel-Verlag an R.:»J'ai beaucoup regretté de vous point voir à Paris, car j'avais beaucoup de choses à vous dire – et à vous raconter les efforts que j'ai tentés (vainement hélas!) pour ressaisir une partie de votre bibliothèque ...«

12./13. FEBRUAR: Besuch Baladine K.s in Berg. Während dieser Tage liest R. ihr aus einer älteren Nummer der Nouvelle Revue Française (Juni 1920) Paul Valérys Gedicht »Le Cimetière marin« vor. Etwa gleichzeitig hat R. »L'Amateur de poèmes« im »Album de vers anciens«, Paris 1920, entdeckt. Baladine zeichnet R.

14. FEBRUAR: R. begleitet Baladine K. bis nach Zürich, fährt nach Berg zurück.

An Mary Dobrčensky: »P. S. haben Sie schon Annettens Buch? Es ist ganz von ihrer Art, – aber die Schönheit der Vorzüge derselben, ihre Gerechtheit und Gesinntheit kommt darin voller Nuance zum Wort: die Darstellung Eisner's z. B. ist so rein und wahr und ergreifend: so, wie sie ihn sah, muß er gesehen und erhalten bleiben!« (»Mit Kurt Eisner und Hugo Haase in Bern ...«, später in: »Kleine Fanfare«, Berlin 1930)

17. FEBRUAR: R. schreibt an die Fürstin Taxis: »Immerhin, ich bin endlich wieder hier, – und nehme nun noch einmal den großen Anlauf, der mich im Dezember schon fast bis an den Sprung herangeschwungen hat; genau, wie damals in München, als ich vor den Elegien stand, die Einrückung kam, so mischte sich auch diesmal wieder ein grob zugreifendes Schicksal ein ... schließlich ists immer dieser eine, in meiner Erfahrung unversöhnliche Konflikt zwischen Leben und Arbeit, den ich in neuen unerhörten Abwandlungen durchmache und fast nicht überstehe. So sehr ich da schon gewählt habe, die Arbeit gewählt habe, so sollte doch mein Abkommen mit dem Leben nicht in einer Absage bestehen (fühl ich), was ja einfacher wäre, sondern ich hoffe immer, ihm, dem unerschöpflichen, eine Zustimmung abzuringen ... comme St. Jérôme avec son Lion, qui dort à côté de son pupitre.«

Vom Lesezirkel Hottingen wird R. gebeten, über Keyserling anläßlich von dessen geplanter Lesung eine Einführung zu schreiben. R. lehnt ab.

19. FEBRUAR: An Baladine K.: »je me promène, hier encore j'étais jusqu'à Rheinau, ancien monastère bénédictin, situé dans un pli du Rhin, j'ai marché pendant cinq heures –, et les pas que je fais, ces milliers de pas, hélas, ne me conduisent point en moi, comme les cent vingt et un

que j'exécutais autrefois dans le parc. Je me promène vraiment en dehors ... Je suis revenu ici tout autre –, avec un terrible besoin de me fuir, de ne pas rentrer en moi –, de voyager ...« Und weiter: »comme les saisons se sont entremêlées cette fois-ci –, non seulement pour nous! Je voudrais tirer les rideaux, fermer les portes et me faire une obstination d'hiver quand même, appeler la concentration, les voix intérieures – –: en aurais-je la force, l'entêtement ...? ... Oui, je vous ferai signe quand je descends dans mes ›mines‹ – dans l'impénétrable du travail ...«

An Frau Nölke berichtet R.: »fast im gleichen Augenblick ... rissen unvorsehliche Angelegenheiten, deren Ordnung ich niemandem überlassen durfte und die Gefährdung enthielten für alle fernere Zukunft – rissen diese Angelegenheiten mich aus den bergischen Mauern – ... es ist die Kraftprobe alles Schicksalhaften, einen unter diesen Himmeln fortzuziehen und in die Finsternis zu werfen, wo das Zähneknirschen anstelle des Handelns tritt.«

Über den Besuch Kippenbergs heißt es an Guido Salis: »Selten, denk ich mir, hat ein Verleger so beruhigend gewirkt, wie dieser meine, dem ich seit einem Jahrzehnt keine Arbeit anbieten konnte. Er tröstete mich sogar darüber (soweit ich tröstliche Stellen habe). Es macht ihm einen so herzlichen Stolz, daß die alten Bücher lebendig sind.« Der »Cornet« steht damals im 200. Tausend.

20. FEBRUAR: »Ce que vous dites de ces fleurs devant vous et de leur fond, c'est à peu près l'idée de cette conférence que je me proposais de faire un jour sur Cézanne ...« heißt es in einem Brief an Baladine K. Er bittet sie: »ne me parlez jamais des Elégies – – je vous supplie!« R. spricht zu ihr über die Bedingungen ihres Entstehens: »Je ne peux employer aucune ruse, ni même aucun effort direct pour pénétrer dans cette sphère ineffable, qui ne m'était jamais accessible qu'après un temps de soumission absolue et d'obéissance quotidienne, employées d'abord à bien exécuter les ordres d'une valeur secondaire.«

21. FEBRUAR: Kippenberg an R.: »Die 2000 Franken werden Sie unmittelbar aus der Schweiz inzwischen erhalten haben.« Kippenberg kümmert sich um die Wohnung R.s, die er bis auf die Möbel auflösen wird. Vor ihrer Abreise ist R. am 21. 2. noch einmal bei Frau Wunderly in Meilen, sie fährt über Rom nach Sizilien.

22. FEBRUAR: An Baladine K.: »Laß mich nun, Liebste, laß mich die nächsten Monate, solang mir diese Zuflucht vergönnt ist, mein Leben ordnen und klären. (Ich kann nicht bestehen bleiben in dieser jahrelan-

gen Trübe!): darum handelt es sich ja für mich nicht um die Elegien oder sonst ein Produktiv-werden – ich bin ja kein ›Autor‹, der ›Bücher macht‹. Selbst die Elegien (oder was mir eines Tages gewährt würde) waren ja nur eine Folge einer inneren Verfassung, eines inneren Fortschritts, eines Reiner-Umfassender-geworden-seins meiner ganzen unterbrochenen und verschütterten Natur ... Deine Liebe hat in gewissen Stunden unendlich mitgewirkt an meiner Bestärkung – tagelang verdanke ich meine Zukunft ihrer Weite und Herrlichkeit. Aber die Entscheidungen fallen nur im Alleinsein ...«

Nach Leipzig sendet R. »das Heftchen mit dem wunderlich gefundenen Nachlaß des Grafen C. W.« und erbittet eine Schreibmaschinenkopie mit vier Durchschlägen. Das kleine Oktav-Heft trägt den Schlußvermerk: »(Aus der Bibliothek des / Schlosses zu Berg-am-Irchel.) Abschrift für / Anton und Katharina Kippenberg / – Februar 1921 –)«.

23. FEBRUAR: R. dankt Wilhelm Hausenstein für die Übersendung von dessen Buch »Kairuan oder eine Geschichte vom Maler Klee und von der Kunst dieses Zeitalters«, München 1921, Kurt Wolff-Verlag: »Wir haben das wohl alle kommen sehen, diese Abrückung der Ereignisse ins Unsichtbare, diesen an allen Stellen gleichzeitig vorbereiteten Verzicht einer Welt auf das sinnliche Äquivalent ... Schon über der Leistung Cézanne's, so ungeheuer sie noch gelingt, erscheint der Name ›Verhängnis‹ –, daß Sie nicht gezögert haben, ihn über das Dasein Klee's zu schreiben, auszuschreiben –, hat Ihnen die Freiheit erwirkt, innerhalb dieses Eingeständnisses, die wunderbaren Erfolge festzustellen, die ein Mensch erringen kann, der die Vorschläge seiner inneren Gegebenheiten berücksichtigt und überall den Verlockungen widersteht, Mittel des Ausdrucks anzuwenden, die ihn genau doch nicht bedeuten würden ... Hier beginnt vermuthlich sein eigentliches ›Wahr-Sagen‹, dessen ein Ahnen mich schon damals erfüllte, als ich (im Jahre 1915) etwa vierzig seiner Blätter durch Monate in meinem Zimmer haben durfte.« R. bittet Hausenstein, Klee das »Inselschiff« mit dem »Ur-Geräusch« mit vielen Grüßen zu überbringen.

Bei R. ist ein »Reichtum schöner Insel-Bücher« eingetroffen, darunter die »Briefe der Diotima an Hölderlin« (1921), über die er schreibt: »hier ist ein Zustand persönlichsten Erlebens so rein ausgemessen, daß man mehr in das Glück des Ausdrucks einbezogen wird, als in das intime Erleiden, das sich in ihm erhalten hat. Aber wie sehr auch die Sprache um das Jahr 1800 herum noch biegsam und dem zartesten und eigentümlichsten Bedürfnis anwendbar war!« (An Kippenberg; Herausgeber ist Carl Viëtor.)

23./24. FEBRUAR: R. übersendet Baladine K. »les propositions de Vildrac qui m'arrivent à l'instant, avec sa lettre ... Je dois dire que je me sens une espèce d'opposition contre certaines corrections que V. veut introduire: parfois elles menacent de détruire mon rythme ...« R. bittet sie, Pierre und Baltusz, ihn zu beraten. Er legt ein Buch Vildracs bei: »Les Chants du désespéré« (1920), und kündigt Hausensteins »Klee« an.

28. FEBRUAR: Antwort R.s auf den Brief Baladine K.s zu Hausensteins Buch über Klee: »Verhängnis. Anders kann man Klee nicht sehen, nur daß sein Verhängnis vielen Ungläubigen heutzutage, sozusagen, nahegelegt wird, à leur disposition – und daß Klee sich dieses ihm zugeschobenen Verhängnisses auf eine sehr besondere Weise bedient. Er macht es sich nämlich wirklich mit allen Mitteln unausweichlich, und nur dann ist ja ein Verhängnis echt, wenn nicht um es herumzukommen ist. Was erschütternd wirkt, das ist dieses, nach Fortfall des sujets, sich gegenseitig zum Sujetwerden von Musik und Graphik (Zeichnung), dieser Kurzschluß der Künste hinter dem Rücken der Natur und selbst der Imagination, für mich die unheimlichste Erscheinung von heute, aber auch schon wieder eine so befreiende: denn weiter geht es dann wirklich nicht ...«

Zu dessen Geburtstag am 29. Februar, der 1921 ›ausfällt‹, schreibt R. an Baltusz K.: »il y a nombre d'années, j'ai connu au Caire un écrivain anglais, Mr. Blackwood qui, dans un de ses romans ... prétend là que, toujours à minuit, il se fait une fente minuscule entre le jour qui finit et celui qui commence, et qu'une personne très adroite qui parviendrait à s'y glisser sortirait du temps ...«; in diesem Zwischenraum werde Baltusz seinen Geburtstag finden. R. schließt: »Quant a ›notre livre‹, je vais terminer mon manuscrit ces jours-ci, en profitant de ces petits changements que M. Vildrac propose ...« Am 1. März will R. das Manuskript an den Verlag abschicken.

3. MÄRZ: R. dankt Gide zum ersten Mal für dessen Anstrengungen, seine Pariser Habe zu sichern: »je dois vous en remercier d'autant plus qu'il n'a point réussi: car par cela même vos démarches ont été sans doute plus pénibles encore et plus compliquées.« R. liest mit Interesse in der Nouvelle Revue Française die dort erscheinenden Abschnitte von Gides »Si le grain ne meurt«. In der Nachschrift heißt es: »Je connais

Walther Rathenau, mais je ne l'ai pas vu depuis nombre d'années.« Gide hat Rathenau im Sommer 1920 bei seinen Freunden Mayrisch in Luxemburg kennengelernt und diesem Grüße an R. aufgetragen.

Rolf von Ungern-Sternberg hat R. gebeten, seine Übertragung der ›Stances‹ von Jean Moréas einzusehen. R. nimmt ausführlich Stellung dazu.

ANFANG MÄRZ sendet R. Baladine K. den »Insel-Almanach auf das Jahr 1908«, enthaltend »Die fünf Briefe der Schwester Marianna Alcoforado«.

4. MÄRZ: R. empfiehlt Baladine K., den Söhnen Gides »L'Enfant prodigue« (1907) vorzulesen.

R. macht Frau Hertha Koenig auf Hausensteins Buch über Klee aufmerksam.

R. sendet seiner Mutter die Verlagszeitschrift Das Inselschiff (1. Jg., 3. Heft) zu, in der »der Archivar des Verlages, Dr Hünich, ... eine Aufzählung aller meiner Publikationen, der Reihe nach, mit Angabe der einzelnen Ausgaben und Auflagen, unternommen« hat. »Dieses Heft ... wird Dich interessieren und überraschen durch die Menge dessen, was im Gebiet meiner Arbeit sich ausgebreitet hat –, auch mir war es überraschend ...« (An die Mutter, 3. 2. 21)

5. MÄRZ: »Herrn W. Becker auf seinen Wunsch freundlich zugeeignet«, schreibt R. über die Strophe: »Daß Demut je in Stolzsein überschlüge ...« in ein Exemplar der »Sonette aus dem Portugiesischen«. Pfarrer Wilhelm Becker ist damals Anstaltsgeistlicher am Landeszuchthaus Rockenberg bei Butzbach in Oberhessen.

BIS ENDE MÄRZ entsteht eine zweite Folge von elf Gedichten »Aus dem Nachlaß des Grafen C. W.«, von R. auf losen Blättern ohne festgelegte Reihenfolge oder Zählung ins reine geschrieben. Vor dem 6. März aufgezeichnet sind die Gedichte »Schöne Aglaja, Freundin meiner Gefühle ...« und »Ich ging; ich wars, der das Verhängnis säte ...«

6. MÄRZ: R. stellt für die Fürstin Taxis eine Abschrift der Gedichte »Aus dem Nachlaß des Grafen C. W.« her, in der die Gedichte »Ich ging; ich wars ...« als fünftes, »Schöne Aglaja ...« als neuntes Stück der Reihe von zusammen zwölf Gedichten eingeordnet sind. Die Handschrift trägt den Vermerk »Aufgefunden in Schloß Berg am Irchel, im November 1920«. In seinem Begleitbrief heißt es: »Wenn das Meiste Sie enttäuscht (Dilettantismen, Banalitäten etc.) so berücksichtigen Sie eben: ich bin's nicht ... Ihrer Aufmerksamkeit sei nun ganz besonders das ägyptische

empfohlen (In Karnak wars …) und das seltsam huschige flüchtige gespenstische vom Windstoß ins Fenster … Mehr ist dazu nicht zu sagen. Vous verrez –.«

R. fährt fort: »Nun war noch so viel Platz in dem Heft, da hab ich rasch noch das ›Testament du prince Charles de Ligne‹ copiert, das ich oft wiederlese, immer mit dem gleichen Erstaunen, daß wir von dieser Gestalt kaum um etwa 130 Jahre getrennt sind: ist es nicht der Geist des Gaston Phoebus de Foix ungefähr?…« (R. hat diesen im »Malte« dargestellt.) R. legt dem Brief außerdem das Sonett »Ave Maria plena gratia« von Alexander Lernet-Holenia in einer Abschrift bei und berichtet ferner: »Ungern-Sternberg … hat mir zum Theil sehr verständige und geschmackvolle Übersetzungen der ›Stances‹ des Jean Moréas geschickt.«

7. MÄRZ: Zu Hünichs Plänen einer Biographie mahnt R.: »Ich kann es in solchem Zusammenhange nicht lassen, Ihnen die größte Vorsicht anzurathen in betreff der ›verschleierten Autobiographie‹, für die Sie den ›Malte Laurids Brigge‹ halten wollen. Die Unkenntlichmachungen und Umsetzungen sind so vielfältig und so kompliziert, dass das eigentlich ›Eigene‹ sich auf ein paar Gefühlssituationen beschränkt, denen aber wiederum andere Anlässe erfunden wurden, als jene gewesen sein mögen, aus denen sie etwa hervorgingen.«

8. MÄRZ: Als Sanktionsmaßnahme besetzen französische Truppen Düsseldorf, Duisburg und Ruhrort.

R. erzählt Franciska Stoecklin von seiner Begegnung mit einem kleinen Mädchen in Flaach.

9. MÄRZ: R. bittet Frau Kippenberg, ein Manuskript Angela Guttmanns über Negerkunst sorgfältig zu prüfen, macht auf Ungern-Sternbergs Übertragung der »Stances« von Jean Moréas aufmerksam, die dieser ihm im Manuskript übersandt hat, und spricht über den »Kanzonnair« Alexander Lernet-Holenias. Regina Ullmann: »Von einem alten Wirtshausschild« empfiehlt R. für die Insel-Bücherei.

R. fragt Stefan Zweig, ob es in Salzburg Zuzugsmöglichkeiten für Baladine K. und ihre Söhne gibt: »Wenn das Leben dort Ihnen nicht unangemessen ist, so müßte es auch für diese Kinder und ihre, als Künstlerin und Frau bedeutende Mutter so zu erfassen sein, daß es ihnen geeignete Seiten zukehre.«

10. MÄRZ: Der Gräfin Mirbach-Geldern gegenüber äußert sich R. über das »Verhängnis«, das ihn aus seiner Arbeit – »um Neujahr ungefähr,

war sie da, sie war da« – gerissen hat: »Jeder erlebt schließlich nur einen Konflikt im Leben, der sich nur immer anders vermummt und anderswo heraustritt –, der meine ist, das Leben mit der Arbeit in einem reinsten Sinne zu vertragen ...«

11. MÄRZ: Angeregt durch die Lektüre des Buches von Gorki über Tolstoi: »dafür habe ich natürlich das lebhafteste Interesse ...«, schreibt R. an Mary Dobrčensky über Tolstoi. (Gorkis »Erinnerungen an Tolstoi« erscheinen 1920 in: »Der neue Merkur«, München, 2. Auflage 1921.)

12. MÄRZ: An Baladine K. sendet R. ein Gedicht Veronika Erdmanns: »N'est-ce pas une vraie poétesse?«

AM 14. UND 16. MÄRZ überträgt R. das Gedicht »Le Cimetière marin« – »Der Friedhof am Meer. Dies stille Dach, auf dem sich Tauben finden ...« von Paul Valéry, dazu dessen Prosa »L'Amateur de poèmes« – »Wenn ich plötzlich meinen wirklichen Gedanken ins Auge fasse ...« Letzteres wird erst 1931 im »Inselschiff« (Jg. 12) publiziert.

MITTE MÄRZ: Für »Herrn René d'Harnoncourt / in Erwiederung seiner Verse« schreibt R. das Gedicht »Wenn es ein Herz zu jener Stille bringt ...« in seine Übertragung der »Sonette aus dem Portugiesischen« der Elizabeth Barrett-Browning.

15. MÄRZ: Zum ersten Mal seit 1914 schreibt R. an Tora Holmström: »Ich habe mit allen gelitten, – das war meine einzige Fähigkeit, und dabei am wenigsten mit den Deutschen – weil ihre Art mir doch am Fremdesten bleibt, nicht der tiefsten Anlage nach, aber gemessen an dem Gebrauch, den sie von sich selbst in dieser Epoche ihrer Geschichte machen! – Und Österreich, dem ich ja trotzallem etwas zugehöriger war, hat aufgehört zu sein! – ...«

IN DER ZWEITEN MÄRZHÄLFTE verfaßt R. auf Bitten von Anneliese Sander für deren Schwester Lo Laux-Sander ein Hochzeitsgedicht: »So oft du auch die Blumen der vertrauten / spielenden Wiesen dir zum Kranze wandest ...« Nur der Entwurf ist erhalten.

16. MÄRZ: R.s letzter Brief an Ottilie Reylaender.

16./17. MÄRZ: »In Oster-Ei-Form« schreibt R. das kleine Gedicht »O / das Proben / in allen Vögeln geschiehts ...«

19. MÄRZ: Baladine K. bittet R. am 16. 3. 20, für sie Baudelaires »L'invitation au voyage« zu übertragen. R. antwortet: »je ne pourrai pas accomplir votre vœu ... car je juge, et depuis longtemps –, intraduisible L'invitation au voyage. Je ne sais pas si Stefan George, dans ses traductions magnifiques, a essayé de réaliser une version allemande ...« R. gibt eine

Übersetzungsprobe von zwei Zeilen und bemerkt dazu: »(Das ist zum davonlaufen und nicht wiederkommen, und doch fast unausweichlich.)« (Georges Übersetzungen von Baudelaire erschienen 1891 und als eigener Band 1901.)

20. MÄRZ: R. berichtet Frau Wunderly, Wanda Landowska sei in Zürich: »– ich erwarte Nachricht von ihr, da ich sie habe bitten lassen, sich meiner zwei Kisten in Paris anzunehmen, die nächstens wohl sequestre-frei sein dürften.«

23. MÄRZ: R. sendet Baladine K. von Jean Moréas »Les Stances«, Paris 1911, mit drei Übertragungen: »je me suis constitué rival de M. de Ungern ... cela restera dans l'intimité.« R. wählt zwei Gedichte aus, die Ungern für unübersetzbar hält, und fügt ein drittes hinzu: »dont la traduction ne me contentait pas«. Es handelt sich um die beiden »Stances«: »Relève toi, mon âme...« und »Coupez le myrte blanc...« sowie um das »so wichtige Siebente aus dem 4. Buche«, wie R. am 26.6.21 an Ungern schreibt. Weiter erzählt R.: »hier j'ai passé tout l'après-midi devant la maison au soleil, en redisant cent fois les traductions que je venais de faire...« (Bis auf »Relève toi, mon âme« – »Auf, meine Seele, auf...« bleiben R.s Moréas-Übertragungen unveröffentlicht.)

An Katharina Kippenberg meldet R., die Zieglers wollten Berg für den Sommer vermieten: »Gewänne ich in der Lotterie, ich würde nun keinen Moment zögern...«

24. MÄRZ: Zu Ostern schenkt R. Baladine K. die Reinschriften seiner ersten Valéry-Übertragungen: »je venais tout juste de finir pour vous cette autre traduction dans laquelle vous reconnaîtrez notre occupation et lecture commune d'un après-midi à Berg, de notre plus bel après-midi d'ici. J'avais une telle joie à sentir que cela peut se faire et je l'ai fait comme d'un seul trait, c'est-à-dire en deux fois, mais vite et avec un entrainement joyeux qui me rappelait celui qui me jette dans vos bras!« R.s Widmung lautet: »Le Cimetière marin avec l'Amateur de Poèmes. Traduction de R.M.R. Berg à Irchel, le 14 et le 16 mars 1921 / René à M., Paques 1921«.

25. MÄRZ: R. dankt Kippenberg für die Sicherstellung seiner Münchner Habe; er plädiert weiter für die Annahme des »Kanzonnairs« von Alexander Lernet-Holenia und legt sieben Abschriften bei: »daß sie mir reizvoll sein müssen – am meisten dort, wo ich nicht ›Schule gemacht‹ habe – werden Sie leicht verstehen, – aber Lernets Zuwendung zu mir... hat mich keinen Moment das vergessen lassen, was sich gegen seine Arbei-

ten in jedem Augenblick vorbringen läßt«. Der »Kanzonnair« erscheint 1923 im Insel-Verlag. In einem Brief an Wolfgang Schneditz erinnert sich Lernet-Holenia am 4.2.1952 an R.: »immer spielt irgend eine Verschwommenheit selbst in die genauesten Dinge. Er wollte in Muzot sein und wollte wiederum nicht in Muzot sein, er rühmte den Tod und wollte ihn dennoch nicht sterben, und zuletzt läßt man sich auch nicht auf einer Bergspitze zwischen lauter Walliser Bauern begraben; aber zuletzt dem ›Cornet‹ zum Trotz, war er doch ein eminenter Dichter ...«

26. MÄRZ: R. bittet Baladine K., in seiner Übertragung von »L'Amateur de Poèmes« das Wort »tadellos« durch »rein« zu ersetzen: »Faites-le sans faute, Amie, car la conscience que ce ›tadellos‹ s'y pavane, me gêne comme un brin de paille dans l'œil ...« R. nimmt die Übertragung von der Veröffentlichung aus.

30. MÄRZ: An Frau Wunderly in Sizilien: »Ich konnte in dieser unerfreulichen Verfassung [Erkältung etc.] nicht die Beschäftigungen einhalten, die ich mir vorgesetzt hatte, dagegen entdeckte ich (›in einer Spalte des Bücherschrankes, unter die rayons geglitten‹) noch ein paar Blätter aus dem bekannten Nachlaß C.W., darin der Graf, ebenso resigniert, seine Frühlingsempfindungen reimt, wie er in den vorher gefundenen, seine Herbstgedanken und -gefühle niedergelegt zu haben schien. Ein übrigens schon vor Wochen zwischen Büchern zum Vorschein gekommenes Blatt ›an Aglaja‹ verrieth sich in eigenthümlicher Weise durch die Anmerkung: ›Palermo 1862‹ –: das erste Datum, das in diesen Aufzeichnungen zu Tage trat! Ich schicke Ihnen diese unerwarteten supplements nächstens, zur Einordnung in das Heft, dessen Zusammenhänge dadurch nicht klarer werden!« – Im selben Brief berichtet R. von Ruths bevorstehender, dann aber doch nicht erfolgter Verlobung mit ihrem Jugendfreund Otto Bünemann: »sie werden in Hamburg wohnen.« Seiner Mutter berichtet er am 22.4.21 von einer ›sympathischen Erinnerung‹, die er an den Bremer Kaufmannssohn habe.

R. rät Baladine K. dringend, jetzt nicht nach Berlin zu reisen: »au déjeuner j'ai ouvert les journaux ... Die Kommunisten-Aufstände ziehn sich von Sachsen her immer mehr gegen Berlin zu, die Bahnlinien sind zerstört zum Theil, überall ziehen ›rothe‹ Truppen herum: das alles ist ja schlimm genug, aber es wird haarsträubend, wenn man bedenkt, daß dieser rabiaten Sinnlosigkeit nur andere Arten des Sinnlosen gegenüberstehen ...«

31. MÄRZ: Baladine K. antwortet: »Wenn ich jetzt mutig bin, so ist es, weil ich irgendwie hoffe, Dich doch im Sommer zu sehen. Alles will ich aushalten für diese Möglichkeit – ... Nun werde ich nicht Vendredi reisen, da ich ja keinen Passeport hab – sondern in Ruhe ihn mir nächste Woche ausstellen lassen.«
An Erwein von Aretin: »Ja freilich, ist ›mein‹ Paris nicht das politische! Jene Eigenschaften, wodurch es mir, zu den Zeiten meines lebhaftesten Lernens, in einem unübertrefflichen Sinne Welt geworden ist, haben wohl niemals viel Einfluß gehabt auf das Benehmen seiner Politiker, aber sie konnten zum Glück auch durch deren Fehler nicht zerstört werden. Übrigens ist, was jetzt [zur Zeit der Rheinlandbesetzung] als ein äußerster blindester Chauvinismus erscheint und nicht anders wirkt, doch dem ›Alldeutschesten Berlin‹ und dem Grauen, das es erregt, nicht durchaus entsprechend...«
APRIL: Im »Inselschiff« (2. Jg., 4. Heft) erscheint R.s Anfang 1921 entstandene Übertragung von Charles Baudelaire »Les plaintes d'un Icare. Die bei den Dirnen trafen...«
1. APRIL: R. an Baladine K.: »ich meine nun auf alle Fälle, das bist Du Dir und den Kindern schuldig, nicht gerade zu reisen, solange aufgerissene Schienen und geworfene Bomben die Eisenbahnwege risquant machen; ich weiß, man kann sich über dergleichen hinwegsetzen, – wäre man im Land, thäte man's ja auch, wie wir alle während der sogenannten Münchner Revolution thaten, – aber gerade dazu zurückzureisen, ist auch wieder ein anderes.«
2. APRIL: Niederschrift des Gedichtes in französischer Sprache: »Cimetière à Flaach. Tombeaux, tombeaux, debout comme des personnes...«
Auf die Anfrage des Malers, Graphikers und Goldschmieds Victor Hammer, ob er R. besuchen könne, antwortet dieser abschlägig.
3. APRIL: An Frau Weininger, die ihn auf ihrer Durchreise nach Paris gerne gesehen hätte: »Grüßen Sie mir, ach ›grüßen‹ ist ja nicht genug, enfin umarmen Sie mir Paris und seinen ganzen unerhörten Frühling, der wie aus einem unendlichen Herzen kommt.«
6. APRIL: R. dankt Reinold von Walter für eine Sendung des Verlages »Skythen«, besonders für das »herrliche Gedicht ›Die Skythen‹ von Alexander Alexandrowitsch Block« aus dem Jahr 1917, und erinnert sich an ihre ›nahe Begegnung‹ in Leipzig. R. fährt fort: »Rußland hat eben, seiner tiefen Aufgabe und Begabung nach, als einziges Land das ganze unendliche Leid auf sich genommen und verwandelt sich in ihm. Wel-

ches das Ergebnis seines Überstehens auf dem Grund dieses Leids sein wird, ist unabsehlich, aber von diesem westlichen Sich-daran-vorbei-drücken wird es ganz und gar verschieden sein. Ja, nun zeigt es sich heillos, wie dem Westen seine gedankliche Gewissenlosigkeit mehr und mehr zum Vorbehalt geworden ist, zur Ausflucht vor den Wirklichkeiten des verhängten Leids und der ernsten endlichen Freude...«

7. APRIL: R. schreibt an Tora Holmström nach Paris über seinen kurzen Besuch dort im Vorjahr: »Enfin tout ce que le pauvre Malte L.-B. avait deviné, m'était confirmé à chaque pas quand je me retrouvais dans ces rues aimées...«

8. APRIL: R. antwortet der Fürstin Taxis auf ihre Pläne für ein Wiedersehen in der Schweiz sowie ihre Frage, wen Pascha Taxis in Berlin finden werde. R. nennt Winterfeldt und Renée Sintenis mit ihrem Mann, dem Maler E. R. Weiß. R. legt die Abschrift eines Gedichtes von Lernet-Holenia ein, mit dessen »Ave Maria plena gratia« die Fürstin sich gerade beschäftigt hat.

An Baladine K. nach Genf: »Pensez, on a installé une ›Scierie électrique‹ (ein elektrisches Sägewerk) tout en face de la sortie droite du parc, qui travaille depuis mardi et qui fait un bruit continuel, atroce, d'acier chantant qui attaque avec une cruauté de dentiste ce pauvre bois admirable qu'on ramène de la forêt, du Irchel... Wo sind die Zeiten, da ich schrieb, die schöne Fontäne gäbe das Maß aller Geräusche hier an...«
Brief an Jan Chlup, Attaché der tschechischen Gesandtschaft in Bern.

9. APRIL: Baladine K. reist mit den beiden Söhnen nachts von Genf nach Berlin. Der Umweg über Berg unterbleibt auf R.s Bitte. Die »Correspondance« zwischen R. und »Merline« weist für die Zeit vom 1. Februar bis zum 9. April 74 Briefe aus, 36 von R., 38 von Baladine K., darunter einige von mehr als zehn Seiten.

10. APRIL: An Frau Wunderly, die noch im Süden ist, meldet R. »das Unglück für Berg«, die Installation der Säge: »denken Sie: Berg ohne seine Stille!«

11. APRIL: Baladine K.s Reise ist äußerlich störungsfrei verlaufen, sie wohnt in Berlin bei ihrem Bruder, dem Porträtisten Eugen Spiro: »L'appartement de mon frère est un rêve, j'habite sa chambre très jolie.« Es beunruhigt R., daß für Pierre und Baltusz kein Schulbesuch vorgesehen ist. Pierre K. schreibt später: »mon oncle s'énervait de nous voir traînasser, courir les spectacles, les cinémas.« Der Berliner Aufenthalt endet für alle 1923.

R. bittet Hünich, ein Exemplar des Don Quichote an Clara R. nach München zu schicken. (Diese unterzieht sich dort einer Darmoperation, von deren erfolgreichem Verlauf R. seiner Mutter am 22. 4. 21 berichtet.)
ZUM 14. APRIL trägt R. für Anita Forrer in ein Exemplar der »Fleurs du Mal« aus dem Insel-Verlag das Gedicht »Baudelaire« ein: »Der Dichter einzig hat die Welt geeinigt ...«
16. APRIL: An Katharina Kippenberg über das Werk »Die Hölle« von Otto zur Linde (Charon-Verlag, Berlin): »Das Komposite meines Österreichertums macht es mir ja schwer, zu wissen, wessen der Deutsche bedürfe –, aber so, wie ich ihn in seiner gegenwärtigen (und noch langen) Verwirrung vermute: müßte, muß dieses ausholende Zureden eines sich-Besinnenden ihm nützlich sein. Wer spricht denn überhaupt noch, wer antwortet, diesen Zuständen gegenüber, in denen alles Frage ist. Der Dichter? ...« R. beklagt die ›heillose Traditionslosigkeit des heutigen deutschen Schriftstellers‹.
R. dankt Max Darnbacher für dessen Buch »Vom Wesen der Dichterphantasie« (Siebener Verlag, Frankfurt 1921): »Meine große Bewunderung für Georg Heym hat mich in den Stand gesetzt, an den bedeutenden Darlegungen dieses Aufsatzes einen ganz besonderen Anteil zu nehmen.« R. wünscht sich eine ähnliche Arbeit über Georg Trakl. Darnbachers »Rühmen Spittelers« hat ihn erfreut.
17. APRIL: Dem Pfarrer in Berg, Rudolf Zimmermann, sendet R. als Gegengabe für dessen Osterpredigt die »Erinnerungen an Tolstoi« von Maxim Gorki: »Mich haben Gorkis Fragmente um so stärker berührt, als ich, seinerzeit, bei meinen Begegnungen mit Lew Tolstoi dem mächtigen Greis ebenso zwiespältig gegenüberstand. Ich war damals zu jung, um mir eine so reine Rechenschaft über meine Gefühle schaffen zu können, wie sie dem Gewissen Gorkis gelungen ist.«
An Frau von Wattenwyl heißt es: »Berg ist vermiethet und ich werde es spätestens gegen Ende May verlassen. Wohin? – Wer das wüßte! Wahrscheinlich holt mich dann die Fürstin Marie Taxis hier ab und nimmt mich mit in die Tschechoslowakei, meine problematische Heimath.«
19. APRIL: R. sendet Tora Holmström das Buch »Le désert« von Isabelle Eberhardt, einer jungen Russin, die er schon 1913 Sidie Nádherný gegenüber genannt hat: »C'était dans le temps – apres mon retour de l'Afrique – une découverte charmante que de trouver ces écrits d'Isabelle Eberhardt et d'apprendre son sort simple sincère et digne d'admiration ...« Weiter heißt es: »Auch ich lese Goethe, meistens abends, ent-

weder irgend eine Stelle im Wilhelm Meister oder, eben jetzt, in den
›Unterhaltungen deutscher Ausgewanderten‹...«
20. APRIL: R. empfiehlt Frau Weininger, die Paris besucht, Georges Pitoëff zu sehen: »ich verdanke ihm wunderbare, große Eindrücke, was gewiß etwas sagen will, bei dem Mißtrauen und der Ablehnung, die ich im Ganzen für das jetzige Theater und seine geschäftlichen Gewissenlosigkeiten habe. Pitoëff hat wunderbare Sachen durchgesetzt in seiner Kunst...«
28. APRIL: R. schreibt an Frau von Wattenwyl über »Les Forces Eternelles« der Comtesse de Noailles: »Jenes kleine Gedicht, Melodie überschrieben, ist es nicht schön und gültig wie eine kleine Antique? (: hier ist vielleicht auch ein Grad einfachsten Gelingens, wie ihn Mme de N., trotz ihrer längst großen Kunst bisher nicht erreicht hatte, ich meine dieses: ›Comme un couteau dans un fruit...‹).«
An Gide: »Mais ce n'est point à Proust que je dois mon plus grand étonnement pendant ces derniers mois; je ne saurais assez vous dire la profonde émotion que j'ai eue en lisant l'Architecte et (par-ci et par-là) quelques autres écrits de Paul Valéry. Comment est-il possible pendant tant d'années, que je ne le connusse point?! Il y a quelques semaines j'ai traduit, en plein enthousiasme, ces autres ›paroles véritablement marines‹ –les strophes du Cimetière Marin... c'est devenu, je crois, une de mes meilleures traductions!« R. fährt fort: »On dirait que ce grand poète ait supprimé toutes les formations provisoires pendant une partie de sa vie, pour ne donner que de l'essence, tant il paraît clair là, où la profondeur des autres ne se découvre qu'au prix d'une certaine obscurité.« Zu dem Buch »Aus den nachgelassenen Schriften eines Frühvollendeten« – Otto Braun –, erschienen 1919, bemerkt R.: »j'avoue que son livre me déconcerte.«
IN DER WOCHE VOM 24. BIS 30. APRIL, »der vorletzten Woche« seines Aufenthaltes in Berg, schreibt R. eine längere Prosa-Aufzeichnung mit dem Titel »Das Testament« nieder. In der autobiographischen Einleitung heißt es: »Um seine Lage am Ausgang jenes Winters verständlich zu machen, muß man bis in den Sommer des Jahres Vierzehn zurückblicken. Der Ausbruch des heillosen Krieges, der die Welt für die Dauer vieler Menschenleben verzerrte, verhinderte ihn, in jene unvergleichliche Stadt zurückzukehren, der er den größten Theil seiner Möglichkeiten verdankte. Es begann eine endlose Wartezeit in einem Lande, mit dem er nur durch die Sprache zusammenhing – und auch die hatte

er, in den verschiedensten Ländern wohnend, seinen innersten Aufgaben so völlig dienstbar gemacht, daß er sie, seit einiger Zeit, für den reinen und unabhängigen Stoff seiner Gebilde halten durfte ...« R. ruft die Zeit des Militärdienstes herauf, die Rückkehr nach München, und fährt fort: »Schließlich als der Krieg schon in die diffuse Unordnung revolutionärer Zuckungen übergesprungen war, und er auch noch diese Sinnlosigkeit, indem er Mallarmé übersetzte, einigermaßen sich vom Körper hielt, gelang es ihm auf die Einladung zu Vorträgen hin, die längst ganz und gar verleidete Stadt und seine dortige, beinah öffentliche Wohnung – so sehr war sie von den Besuchen Fremder und Halbbekannter heimgesucht – zu verlassen ...« Mit der Darstellung seiner Zuflucht in Berg schließt dieser erste Teil. Es folgen ›lose Blätter‹: das »Testament« mit dem Motto »Mais j'accuse surtout celui qui se comporte contre sa volonté« von Jean Moréas. In diesem zweiten Teil ist die Auseinandersetzung mit der winterlichen Schaffenskrise versucht, in Aufzeichnungen und Bekenntnissen; dazwischen sind Stücke »aus dem kleinen Taschenbuch in blauem Leder« ausgeschrieben, einzelne Wörter, bevor R. diesen Zeugen der ›Heimsuchung‹ verbrennt. Anderes ist in der Form von Briefentwürfen an Baladine K. gehalten, so als letztes: »Ich habe Unrecht gethan, Verrath. Ich habe die Umstände, die mir nach sechs Jahren der Zerstörung und Hinderung mit B ... geboten waren, nicht ausgenutzt für die unaufschiebbare innere Aufgabe; sie ist mir vom Schicksal unter den Händen entwunden worden.« Und dann heißt es weiter: »Am zweiten Dezember, gleich nach dem frohen Versuch, jene französisch geschriebene Préface zu entwerfen, gelangen mir die ersten Zeilen jener Arbeit, in der meine neue innere Zusammenfassung sich ausbilden sollte. Am 4ten wurde ich durch die leidigen Correspondenzen meines Geburtstages unterbrochen, am 6ten kamen die ersten beunruhigenden Nachrichten aus G[enf]. Du weißt, wie es weiterging; Du weißt alles, ich habe nichts zu erzählen ...« R. endet damit, er »bitte die, die mich lieben, um Schonung. Ja, daß sie mich schonen! Daß sie mich nicht verbrauchen für ihr Glück, sondern mir beistehen, jenes tiefste einsame Glück in mir zu entfalten, ohne dessen Große Beweise sie mich doch am Ende nicht würden geliebt haben.«
R. sieht eine Abschrift des »Testaments« für Baladine K. vor und gibt seine Niederschrift (66 lose Blätter) in das ›dépot‹ bei Frau Wunderly-Volkart. Es bleibt bis 1975 unveröffentlicht.

7. MAI: An die Fürstin Taxis nach Venedig: R. bittet sie festzustellen, ob

das kleine Haus bei Padua, die Villa Rovollón, das Pia Valmarana ihm anbietet, geeignet sei: »besonders was die praktischen und faktischen Gegebenheiten angeht, ›Einsamkeit‹ wäre natürlich kein Hindernis ...« Die Fürstin antwortet am 16. 5. 21 abratend.

9. MAI: Telegramm an die Fürstin: »J'aurai d'ailleurs peut-être possibilité de passer les semaines prochaines dans un ancien couvent à deux pas de Rolle ce serait encore une chance« – für ein Wiedersehen, das in Berg geplant war; in Rolle sind die Enkel der Fürstin im Internat.

Über die an Sophie Liebknecht gerichteten »Briefe aus dem Gefängnis« Rosa Luxemburgs, Berlin 1921, schreibt R. an Tora Holmström nach Paris: »De Rosa L., je ne sais que très-très-peu ... Il paraît que cette femme que l'on maltraitait pendant des années, avait dans son cœur un espoir plus clair, plus fort et plus rassurant que les personnes les plus heureuses.« Sophie Liebknecht habe von ihrer Bewunderung für sie gesprochen: »cette femme [R. L.] qui, sans résignation aucune, semblait habiter une félicité intérieure quasi indépendante ... Ce n'est pas dans son héroisme qu'elle trouvait ses forces, elle les puisait dans son accord avec la nature.« Weiter heißt es: »Mais tout ce que je vous dis ici sort des lettres-mêmes –, c'est curieux que je les ai reçues aussi (en allemand) il y a quelques semaines ...« (Rosa Luxemburg und Karl Liebknecht sind am 15. 1. 1919 in Berlin ermordet worden.)

10. MAI: R. verläßt Berg; Frau Wunderly holt ihn mit dem Auto ab, ihr Sohn Charles Wunderly fährt sie nach ›Le Prieuré d'Etoy‹. An Frau Nölke schreibt R. am 22. 5. 21: »so stand ich im Augenblick des Gepackthabens etwas ratlos inmitten meines verkofferten und verkisteten Eigenthums –, eine kleine Annonce im Journal de Genève, zufällig aufgegriffen, gab den Ausschlag –, züricher Freunde brachten mich in ihrem Auto hier herunter, nocheinmal an den Genfer See, der gerade seine glänzendste Jahreszeit hat.«

An diesem Tag schreibt R. an die Mutter zu deren »Frage von Ruths ›Aussteuer‹«: »Nein, eine solche zu kaufen, ist jetzt natürlich ein Ding der Unmöglichkeit! Aber wenn Du so nach und nach bedenkst, was Du aus Deinen Vorräthen Ruth schenken kannst –, ... so wäre das ja die größte Freude für Ruth. Schon weil es von Dir kommt, würde es sie mehr beglücken, als alles Gekaufte, ganz abgesehen davon, daß die guten alten Sachen so viel besser sind, als alles, was man jetzt um theueres Geld bekäme!« In diesem Brief berichtet er auch von Clara R.s Rückkehr in die Bredenau.

Auf der Suche nach dem »Elegien-Ort«

VOM 13. MAI BIS 28. JUNI wohnt R. mit kurzen Unterbrechungen in Le Prieuré zu Etoy: »Es ist ein uraltes Haus im Geländ, ursprünglich eine Augustiner-Probstei aus dem XIII^{ten} Jahrhundert, gegenwärtig einer Mlle du Mont gehörig, die, diskret, einzelne Pensionäre nimmt. – Das kann natürlich nur ein Provisorium sein ... denn nun sind die allerletzten ressourcen des immer noch in der Schweiz-bleibens aufgebraucht – was soll nach dem bergischen Mirakel noch kommen? – auch erstaunte ich nicht, als ich auf dem alten Stadtthurm von St.-Prex, vor dem ich am ersten Tage, gelegentlich meines ersten Spaziergangs stand, die Inschrift las: ›Celui qui veille voit venir l'heure de son départ‹.« (An Frau Nölke, 22. 5. 21)

12. MAI: Entwurf eines Gedichtes in französischer Sprache: »Où je ne voulais que chanter ...«, drei Zeilen.

13. MAI: Gide schreibt an R. über Valéry: »Ce que vous dites de Paul Valéry m'enchante; c'est un de mes meilleurs et plus anciens amis ...« Gide hat Valéry R.s Brief gezeigt, dieser erbittet ihn später nochmals: »Je voudrais revoir la lettre de l'aimable Rilke«, und teilt Gide seinen lebhaften Wunsch mit: »de voir traduite en allemand la préface qu'il a rajoutée en tête de sa réédition de la ›Méthode de Léonard de Vinci‹ ...« (im Verlag der Nouvelle Revue Française).

In das ihm von Jean Schlumberger zugeeignete Exemplar von »Un homme heureux« (Paris 1920) vermerkt R.: »(trouvé à mon arrivée à Etoy, commencé ce soir (le 13 mai), fini le Dimanche de Pentecôte 1921 dans ma petite chambre au Prieuré d'Etoy.)«

15. MAI: R. an Schlumberger: »Vous avez serré de bien près – sans l'angoisser cependant – un probleme qui m'occupera toujours, celui de la solitude qui semble imposée à l'homme qui voudrait se rendre compte de soi-même et, de l'autre côté, de la femme aimante qui s'égare et qui se flétrit à la moindre menace d'être délaissée soit ce pour un seul jour ...« (Aus einer Abschrift für N. W.-V.)

16. MAI: R. erzählt Frau Wunderly von seiner neuen Umgebung und sagt: »diese Verwandlungen: immer ists wie ein Jenseits, in das man geräth ...« Dann Nachrichten: »Eve Landowska (die Mutter) schrieb de mes ›pauvres caisses‹, – sie hätten die ganze Zeit offen gestanden! Ich

bitte nun Wanda L., nichts zu schicken, denn wo erreichts mich? Und dafür reicht meine Kraft nicht aus, mich mit den Dingen einzulassen, die in diesen zwei offenen Kisten überdauert haben –, sondern lege ihr nahe, die Kisten bei sich einzustellen, bis ich weiteres anordnen kann oder bis ich wieder nach Paris komme ... es ist schon ein Fortschritt, wenn sie aus den Händen der Concièrge fortgenommen werden.«

19. MAI: An Baladine K. nach Berlin: »Les circonstances d'ici sont telles que la petite annonce les décrivait, tout est bien, calme –, j'ai une chambre claire qui, de loin, regarde le lac ... Le jardin n'est pas grand –, une large terrasse qui à droite, se perd dans un verger un peu chétif; je n'y suis pas souvent pour ne pas me mêler aux autres pensionnaires ... Naturellement ma première idée fut Sierre –, mais ç'aurait été trop cher (il faut que je m'arrange avec peu pour le reste de mon séjour en Suisse)...«

An Max Picard über sein Buch »Der letzte Mensch«: »Es ist ein erstaunliches, ein unaufhaltsames, ein furchtbares Buch: als ich es erst, Seiten um Seiten, mir entgegenjagen sah, in einem Sturm, der aus einem schon eröffneten Jüngsten Gericht herüberblies, da ertrug ichs fast nicht länger, und immer fragte ich mich mit Sorge: wie wird er zu dieser Bewegung die Wind-Stille schaffen, (die doch kommen mußte)? Und, ja, wie mächtig kam sie dann, in ihrer Art, in den Seiten von der Sternen-Linie: wirklich, die Stille zu diesem Sturm ...«

20. MAI: R. berichtet Frau Wunderly über seine Lektüre: In dem Prachtwerk »Treue und Ehre. Geschichte der Schweizer in fremden Diensten« von P. de Vallière sucht R. die ihm vertrauten Namen auf: Salis, Wattenwyl, Muralt. Er liest ein Buch des Parapsychologen Rudolf Tischner über Spiritismus, Tischrücken etc., ferner: Lucien Fabre über Einstein und einen »Band Prosa von John M. Synge, dem Irländer, dem Autor des ›Balladin‹«. Beilage: R.s Brief an Max Picard vom 19. 5. 21 über dessen Buch »Der letzte Mensch«.

21. MAI: R. dankt Gide für sein Angebot, ihm Paul Valérys »Méthode de Léonard de Vinci« zu senden, ihm fehle auch »La Soirée avec M. Teste«. R. fährt fort: »Pour mon sentiment ce serait une tâche digne du meilleur effort de faire une belle, une très soigneuse version de l'Architecte, aussitôt que cette œuvre ... sera complète. Et où lire cette Préface de l'Adonis que vous qualifiez d'admirable?«

22. MAI: »Was ich hier thue?: ich warte auf die Fürstin Taxis (sie kommt nächstens zum Besuch ihrer Enkel nach Rolle), um mich mit ihr zu

berathen. Es wird sich dann zeigen, ob ich etwa gleich mit ihr nach Böhmen weitergehe ...« R. schließt mit einem Hinweis auf Paul Valéry: »einen großen Dichter« (an Frau Nölke).
An die Fürstin: »Hoffentlich haben Sie seither eine gute begünstigte Fahrt gehabt, wär ich mit! Ravenna (das ich nicht kenne!) Siena (das ich nicht kenne!) ... Der Ginster blüht, der gelbe süß duftende, den ich seit der Bretagne nicht mehr gesehen habe.« R. meldet ihr seine Adresse nach Rapallo.
26. MAI: Frau Wunderly gegenüber bedauert R., das Konzert von Elly Ney in Zürich versäumt zu haben, obwohl er versprochen habe, sie überall zu hören: »Oui, je l'ai marquée dans un de mes carnets après l'avoir entendue la première fois, cette grande déesse, qu'elle vit au centre de la musique...« R. schreibt weiter über die Korrekturen Vildracs an seiner ›Préface‹ – im Deutschen fehle eine Akademie: »comme Stefan George l'a fait dans son œuvre qui reste, avec celui de Goethe, la seule Académie allemande qui ait jamais existée ... Ce spectacle déplorable que donne la langue allemande, correspond parfaitement à celui que nous voyons se dérouler en grand, quand on considère le ›Reich‹; là aussi des forces dépareillées qui n'ont jamais été ordonnées et soumises à une vraie domination. Car d'avoir obéi à Bismarck et à Guillaume II c'est tout le contraire, ces ›dompteurs‹ n'étaient nullement, ni l'un, ni l'autre, les représentants des lois, c'étaient des entêtés, des énergumènes obstinés, l'un brutal et autoritaire, l'autre autoritaire également, faible et ridicule. – Quelle misère – –«. R. liest Proust: »Le côté de Guermantes«.
An Baladine K.: »es giebt, ich weiß es wohl, eine Größe des reinen Verhängnisses, die so weit über uns hinausgeht, daß es uns nicht einmal verstattet ist, innerhalb ihrer eine Schuld auf uns zu nehmen. Es ist uns, und auch Dir, Geliebte, nichts Kleines, nichts Herabsetzendes widerfahren, sondern zu Großes: wenn es also eines Trostes bedarf, so sei es dieser, – alles übrige, was es für mich sein mag, mußt Du mir überlassen! ich kann es weder theilen noch darüber reden –, eines Tages werden Dir ja die Noten, die ich in der vorletzten Woche auf Berg aufgeschrieben habe, einiges mittheilen; das Letzte steht auch dort nicht, Gott verhüte, daß es je in Worte käme, ich würde sie nicht ertragen...«
28. MAI: Baladine K. schreibt aus Berlin von einem Haus in Muzzano in Venetien, das zur Miete frei sei, man könne dort für 100 Frs leben, »in Anmuth, auch wenn man nichts hat«. Das Haus gehört Frau Olly Jacques, der Freundin von Ferdinand Hardekopf.

29. MAI: Guido von Salis und seine Frau besuchen R. für den ganzen Tag in Le Prieuré.
30. MAI: R. sieht sich außerstande, auf den Plan Baladine K.s einzugehen, er suche einen Ersatz für Berg. »Mais j'écrirai encore à la ›Insel‹ pour connaître parfaitement les limitations de mon champ d'action.«
31. MAI: An Kippenberg: »Berg zu verlassen für immer! Es war an die sechs Monate mein gewesen, für jeden anderen eine lange Frist; ich aber hatte mich für ein Leben dort eingelassen, und, gemessen an diesem Maß der Ansässigkeit, zieht sichs zum Traumrahmen einer Nacht zusammen, was mir dort, so unvergleichlich zusäglich, gewährt war...« R. berichtet über die Bemühungen der Freunde, einen Ersatz zu finden: »Man sucht, man gibt sich Mühe: Böhmen, Württemberg und sogar die alte Urheimat der Rilke, Kärnten, ist in Betracht gezogen...« Zunächst warte er nun die Fürstin Taxis ab, um seine Pläne zu besprechen.
2. JUNI: R. schreibt an Frau Wunderly, er lese mit »Ordnung und Eifer« den Figaro, dazu das Journal de Genève: »die N. Z. Z. habe ich nicht mehr erneut zum 1. Juny, es wird sonst des Zeitunglesens zuviel, –«, und fragt: »Im Figaro neulich ›L'Histoire du sous-marin ‚Fresnel'‹ (lasen Sie's?) ... galt auch für mich! Sehr! Wäre der Krieg nur manchmal so gewesen, wie anders dürfte man von ihm reden, vor solchen Berichten merk ich, wie wenig ich mich für einen ›Pacifisten‹ halten kann, – ich begreife sofort die alten Leute, die einer solchen Aktion beigewohnt haben und sie bis zuletzt für einen Höhepunkt ihres Lebens halten...« Walter Rathenau übernimmt das Ministerium für Wiederaufbau, R. schreibt ihm dazu: »Wie oft in diesen Jahren habe ich gehofft, Sie an einer Stelle zu erkennen, die Sie zum unmittelbarsten Einfluß berechtigt. Die neue Regierung ist die erste, deren Haltung ich ungefähr begreife –, mögen Sie nun, innerhalb ihrer, die Mittel und den Beistand finden, im Sinne Ihrer starken, immer wieder zu einem Ganzen verbundenen Einsichten zu ordnen und zu wirken!«
JUNI: Im »Inselschiff« (2. Jg., 5. Heft) erscheint ein Neudruck der Novelle »Der Totengräber« (zuerst 1903 veröffentlicht) und das Gedicht »Schlußstück. Der Tod ist groß...« (1900/01).
3. JUNI: R. bestätigt Gide den Eingang der »Méthode de Léonard de Vinci«: »Jusqu'à présent je n'ai lu l'introduction qu'une seule fois, elle me semble très importante, mais elle ne m'étonne point; j'y trouve même certains passages que j'aurais pu deviner ... Je crois d'y recon-

naître les idées qu'il voulait connues outre-Rhin – certes, elles pourraient y faire du bien, car c'est ce sens du choix intérieur qui peut-être ne faisait pas toujours défaut aux artistes allemands, mais dont le développement a été complètement abandonné à partir de Goethe. … du premier coup je ne suis pas bien sûr de ma capacité et (devant vous il est permis que je le dise) l'Architecte m'attire tout autrement, quoique là aussi les difficultés seraient considérables; – mais peut-être qu'elles soient plus dans ma ligne …«

R. antwortet dem Redakteur der »Prager Presse«, Paul Adler, auf mehrere Fragen. Seinem Vorschlag, »Gedichte, die auf Prag und andere heimatliche Motive Bezug nehmen, abzudrucken«, bringt R. »nicht eben viel Sympathie entgegen«, und auch neuere Arbeiten kann er der Zeitung nicht zur Verfügung stellen. Dann aber fährt R. fort: »Ich habe die Gründung der neuen Tschechoslowakei mit Freude begrüßt; nun erkenne ich in Ihrem Blatte einen sehr beachtenswerthen Versuch, jene gleichberechtigte Vielstimmigkeit zu verwirklichen, die … eine eigentlich oesterreichische Aufgabe hätte sein können. Vielleicht, daß sich nun, innerhalb des engeren Bezirks, getragen von der Billigung und Bereitschaft des zu seinen eigensten Kräften erwachenden – und daher zur freudigsten Großmüthigkeit fähigen – tschechischen Volkes um so konzentrierter verwirklicht.« Weiter heißt es: »Und Prag – das Wunder! – nein, ich habe es nie genug gerühmt; aber es war immer mein Wunsch, daß einmal der Druck meiner Kindheit von jener heimlichen und erhabenen Stadtgestalt rein abgelöst und gleichsam in mir aufgebracht sein möchte, damit ich fähig sei, ihre Erscheinung so empfangend und anschauend, so gehorsam wahrzunehmen, wie ich Moskau oder Toledo oder Paris – das unvergleichliche – in mir aufnehmen und aushalten durfte …«

Von Sidie Nádherný hat R. erfahren, daß sie sich von ihrem Mann getrennt hat: »Und nun, da's doch anders war, haben Sie die Hülfe dort gesucht, wo sie wahrhaftig zu finden ist, im Alleinsein und in der Natur, in der offenen Welt, am Meer –.« Von sich sagt R.: »Der Rest des Sommers wird wesentlich der Aufgabe gehören, mir, vielleicht für Jahre, eine entlegene Arbeitszuflucht zu schaffen …«

An diesem Tag schreibt R. vierzehn Briefe.

4. JUNI: Über die mögliche Mitarbeit an einer »russischen Zeitschrift« antwortet R. an R. von Walter: »Was aber Aufsätze und dergleichen angeht, so werden sie kaum zustandekommen – … Ich gestehe, ich habe

eine Weile an etwas wie an ›Briefe nach Rußland‹ gedacht –; später vielleicht. Nehmen Sie meine Zusage erst im allgemeinen und lassen Sie mir Zeit, das Meinige zu übersehen und zu ordnen. Es ist eben jetzt ein zu undurchdringlicher Moment …« Zur Besprechung deutscher Bücher: R. befürwortet Trakl, kennt Barlach nur als Bildhauer und empfiehlt Max Picards Buch »Der letzte Mensch«. Für die Mitarbeit verweist er auf Kassner und Lou Andreas-Salomé.

6. JUNI: R. fragt Baladine K.: »Avez-vous lu la prose de Schickelé sur son voyage en Alsace et à Paris (chez Barbusse)? C'est très beau. Je possède ce numéro de la ›Rundschau‹, parce que Regina Ullmann me l'a envoyé avec un autre petit travail d'elle, très curieux par endroit mais inférieur au ›Wirthshausschild‹.« Die Neue Rundschau bringt in Jg. 31 (1921) von René Schickele »Reise nach Paris« und von Regina Ullmann »Der Bucklige« (S. 459 und 531).

7. JUNI: R. schreibt aus Rolle an Frau Wunderly, wo er die Fürstin im Hôtel de la Tête-Noire erwartet. Er werde jeden Tag von Etoy nach Rolle hinüberfahren.

Kippenberg benachrichtigt R. darüber, daß dessen Konto in Leipzig gut stehe. Trotz des »schlechten Kursstandes« überweist er weitere 2000 Franken an R.

VOM 7. BIS 13. JUNI besucht die Fürstin Taxis ihre Enkel Raymond und Louis, Paschas Söhne, in Rolle.

9. JUNI: Die Fürstin kommt für den Tag zu R. nach Etoy.

10. JUNI: »Gestern der Fürstin hier die zwei anderen fertigen Elegien gelesen, die sie noch nicht kannte: das war sehr schön« (an N.W.-V.) – die Dritte und die Vierte Elegie.

An Kippenberg schreibt R. aus Rolle »am Schreibtische der Fürstin Taxis im Hôtel de la Tête Noire« über die angekündigte Geldsendung: »Indessen versetzt mich natürlich die verantwortete und bedachte Zusage in die froheste Stimmung …« – »Sehr gespannt bin ich, wie Sie denken können, auf das neue ›Stunden-Buch‹, den ersten Druck der Insel-Presse! Dabei fällt mir ein: ich werde mir ein Exemplar dieser kostbaren Edition auszubitten haben, für eine bestimmte Person in Amerika, die mir, ganz unerwartet, sehr bedeutende Dienste erwiesen hat, und der ich mich (wohl mir, daß ichs imstande bin) gern monumental dankbar erweisen würde …« (wohl Simone Brüstlein).

An Frau Wunderly meldet R., daß er noch nicht fort könne; sie ist mit Werner Reinhart in Ouchy, wo R. beide zu sehen hofft.

11. JUNI: Aus Rolle an Baladine K.: »Ma Chérie, je ne vous écris qu'un seul mot, venez, venez, venez! ... Votre idée de Muzzano est peut-être très juste, cependant elle n'efface pas en moi cette vision si forte de Sierre, je nous y vois avec une telle assurance que je crois presque que nous y serons ... Depuis hier, je sais qu'avec mon argent tout sera à peu près possible; je pourrai donc contribuer à la dépense ... Venez!«
14. JUNI: R. erwartet Frau Wunderly in Morges.
15. JUNI: Telegramm an Baladine K.: »nous nous verrons beaucoup plus tôt car après des nouvelles que je viens de recevoir je vous prie de venir d'abord directement ici à Etoy ...«
17. JUNI: Baladine K. trifft in Etoy ein.
18. JUNI: Ausfahrt R.s mit Baladine K. – »Wiedersehen mit Genève« (an N.W.-V., 21. 6. 21).
20. JUNI: R. fährt mit Baladine K. nach Lausanne, auf der Rückfahrt mit dem Schiff nach Morges, wo sie das Musée besuchen.
Die Fürstin Taxis schreibt: »ich bin noch so unter dem Eindruck von den 2 mir unbekannt gewesenen Elegien und von den Bruchstücken.«
23. JUNI: R. berichtet Kippenberg, wie sehr froh sowohl Alexander Lernet-Holenia wie auch er selber über die Annahme des »Kanzonnair« durch die Insel sind. Zugleich empfiehlt R. »die ›Stances‹ des Jean Moréas in der Übertragung des Barons Ungern-Sternberg«. »Was den Dichter selbst angeht, Moréas, so ist er unbedingt eine der repräsentativen Gestalten des neuen Frankreich und gerade in den ›Stances‹ von bleibender, vielleicht immer noch zunehmender Bedeutung.« R. schließt: »Ich fahre heute ins Valais, ein kleines Haus besichtigen, das zu vermieten ist, bin aber in zwei Tagen wieder in Etoy zurück.«
R. besucht gemeinsam mit Baladine K. das Château de Mex, das sich als ungeeignet für R. erweist. Dort begegnen sie M. de Sévery, von dem R. sagt: »eigentlich die nobelste Figur, die mir in der Schweiz begegnet ist« (an N. W.-V.).
R. schreibt später an die Fürstin Taxis unter dem Hinweis auf ihren Brief vom 20. 6. 21: »Als Ihr erster Brief mich in Etoy erreichte, stand ich am Beginn von vielem Schweren; es ist, zu einem Theile, bewältigt und vielleicht gelingt es mir weiter, nicht wehzuthun und das Meine doch wieder in seine Rechte zu setzen, in ein reines Gleichgewicht ...« (25. 7. 21)
26. JUNI: R. teilt Rolf von Ungern-Sternberg mit, er habe an Kippenberg über seine Übertragung der »Stances« von Moréas geschrieben,

und fährt fort: »Meine Anmerkungen zu den neuen oder veränderten Übertragungen habe ich wieder im Lesen, in die Manuskript-Blätter selbst eingeschrieben«; R. geht auf Einzelheiten ein und legt eine eigene Übertragung bei, die des Gedichtes, zu dem Ungern-Sternberg vermerkt hat »die letzte und schwierigste Übertragung«. Gegen diese nun ist R. »ganz widersprechend«, daher die eigene Fassung: »(Troisième Livre) VI. Auf, meine Seele, auf, und wieder sei die Scheibe ...« Sein längeres Schweigen erklärt R. mit seiner Heimatlosigkeit: »Die Stadt, in der ich aufwuchs, bot keinen rechten Boden dafür [für Heimatbewußtsein] ... So geschahs unvermeidlich, daß ich mir Wahlheimaten erwarb, nach dem Maße der Entsprechung, das heißt, mir unwillkürlich eine Anstammung dort fingierte, wo das Sichtbare in seiner Bildhaftigkeit den Ausdrucksbedürfnissen meines Instinkts irgendwie genauer entgegenkam ... Solange die Welt offen war und die Auswahl einer solchen kompositen Heimat uneingeschränkt, bildete sich aus allem so erworbenen wirklich etwas wie eine schwebende und doch hinreichend tragende Stelle, gewissermaßen über den Ländern –.«

AM ABEND DES 28. JUNI treffen R. und Baladine K. in Sierre ein, sie wohnen im Hôtel Bellevue.

29. JUNI: Einladung von M. de Rham (Immobilienmakler) in dessen Wohnturm »La Tour Goubin«, R. ist begeistert. Doch zerschlagen sich die von Rham ins Auge gefaßten Möglichkeiten, für R. eine angemessene Bleibe zu finden.

30. JUNI: R. berichtet am 4. 7. 21 an Frau Wunderly über diesen Tag: »Der Tag (Rham war schon wieder fort) schien schon im Ganzen gestrichen werden zu sollen, als wir uns Abends (jetzt kommt das Wunder, Nike!) doch noch zu einem Ausgang, gewissermaßen vor dem eigenen Gewissen aufraffend, – denken Sie! im Schaufenster des Coiffeur-Bazar, dicht am Bellevue, wo man täglich vorüberkommt, die Photographie eines Thurmes oder Schlößchens ›du treizième siècle‹ entdeckten, mit – denken Sie! – mit der Aufschrift: à vendre ou à louer: Chère, et c'est peut-être mon Château en Suisse, peut-être! ...« Es folgt eine Zeichnung von Muzot.

1. JULI: R. und Baladine K. sind zum ersten Mal in Muzot: »kein elektrisches Licht«, »Wasser nicht im Hause«, »sehr betrüblich primitive Kabinette«. »Die Besitzerin ist Mme Raunier, die Eigenthümerin eben jenes ›Bazar Coiffeur‹ ...« (An N. W.-V., 4. 7. 21) Schwierigkeiten ergeben sich daraus, daß R. nur für drei Monate mieten will; verlangt werden 250 Frs

monatlich, Rham findet die Hälfte davon noch reichlich; das Gartenland verbleibt noch den Rauniers.
4. JULI: R. schreibt seinen alles zusammenfassenden Bericht an Frau Wunderly in Lausanne auf der Fahrt nach und in Genf (22 Seiten).
7. JULI: Philipp Schey kündigt R. eine Sendung (Brief und Manuskript) an: »ich möchte Ihnen sagen, wie nahe mir dieser Mensch steht; der Verfasser ist nämlich meine Nichte Elisabeth Ephrussi – Tochter meiner ältesten Schwester. Sie ist 21 Jahre alt und seit ihrer Kindheit hänge ich an ihr mit einer Liebe und Bewunderung, die mit verwandtschaftlichen Gefühlen nichts zu thun haben. Sie will Ihnen ihr Werk widmen...«
AM 8. JULI reist R. von Etoy nachmittags wieder nach Sierre. Inzwischen hat M. de Rham erreicht, daß die Besitzerin Muzot für sechs Monate vermieten will zu 175 Frs im Monat, ab siebtem Monat dann nur noch 150 Frs.
9. JULI: In Sion, Hôtel de la Poste, schreibt R. an Frau Wunderly: »ich bin heute in jenem Zustande der Unentschlossenheit, wie ich ihn auch vor Berg gehabt habe, – es kommt mir fast vor, ich fürchte mich vor einem ›Ja‹ der alten Frau ebensosehr wie vor ihrem ›Nein‹. Versagt Muzot, so würd ich, glaub ich, keinen weiteren Versuch zu längerem Bleiben mehr machen...«
15. JULI: »Möglicherweise wäre dieses wunderbare spanisch-provençalische Valais die Umgebung für einen Elegien-Winter und Muzot hätte die Zukunft mir dafür Schutz zu sein ich weiß es nicht – –« (An N.W.-V.)
Gleichzeitig erhält R. ein Angebot durch Nora Purtscher-Wydenbruck: ein Haus in Kärnten am Wörthersee, das R. glaubt, nach Baladine K.s Abreise im August ansehen zu sollen.
20. JULI: Frau Wunderly hat geschrieben, der Brief enthält »Werners schönen Entschluß«, Muzot zu mieten. R. zögert noch, Baladine K. zieht bereits ein.
25. JULI: Frau Wunderly hat R. Bilder eines Herrenhauses unweit Schloß Berg im Städtchen Kaiserstuhl geschickt, es könnte vom 1. Oktober an bis Mai R. aufnehmen. R. antwortet zustimmend, er fragt: »Ein Stoß für Muzot!!! Und was wird Werner sagen, wenn ichs sobald desertiere??...« R. berichtet: »Seit drei Tagen haben wir, besonders Mouky Klossowski gearbeitet, Muzot mit dem Vorhandenen einzurichten...« Es fehlt an vielem, Kerzen, Leuchtern, Petroleumlampen, »etwas fürs

Bett«. R. schließt: »Nun der Versuch. Segnen Sie ihn mir, Nike, vielleicht wird mir oben leichter zu Muth, – es ist ja herrlich, von den Fenstern aus in diesen heroischen Sommer zu schauen ...«

An die Fürstin berichtet R., daß ein Ort gefunden sei: »Der Umstand, daß in der hiesigen landschaftlichen Erscheinung Spanien und die Provence so seltsam ineinander wirken, hat mich schon damals [Oktober 1920] geradezu ergriffen: denn beide Landschaften haben in den letzten Jahren vor dem Krieg stärker und bestimmender zu mir gesprochen als alles übrige; und nun ihre Stimmen vereint zu finden in einem ausgebreiteten Bergthal der Schweiz ...« R. legt eine Postkarte von Muzot ein: »Und nun zieh ich morgen hinaus und mache einen kleinen Wohnversuch in diesen etwas harten Burgverhältnissen, die sich einem anlegen wie eine Rüstung ...« Ganz ausführlich beschreibt R. der Fürstin seinen Turm in diesem Brief: »Der Eingang ist von der Rückseite, wo Sie das schräge Dach vorspringen sehen: dieses Geschoß umfaßt das Eßzimmer, ein kleines Boudoir und das Gastzimmer; nebst der Küche (in einem modernen Anbau); die frühere Küche war völlig im Erdgeschoß darunter, ein einziger riesiger Raum ... In der nächsten Etage habe ich mich etabliert: dort ist mein kleines Schlafzimmer, das sein Licht durch die Fensterspalte rechts empfängt, aber noch nach der anderen Seite, in den Baum hinein, einen kleinen Balkon vorschickt. Das Doppelfenster daneben und, um die Ecke herum, das nächste Fenster in der besonnten Westfronte gehören zu meinem Arbeitszimmer ... mit seinen alten Truhen, seinem Eichentisch von 1600 und der alten dunklen Balkendecke, in die die Jahreszahl MDCXVII eingegraben steht.« Zur Vorgeschichte Muzots sagt R.: »gebaut haben es vermuthlich die Blonay; im 15ten Jahrhundert war es im Besitze der de la Tour-Chastillon«. R. berichtet von der »unseligen« Isabelle de Chevron, deren Gatte 1515 bei Marignan fiel und um derentwillen sich zwei Bewerber im Duell durchbohrten, worauf Isabelle dem Wahnsinn verfiel und eines Nachts auf dem Kirchhof von Miège erfror. »Und daß ichs nicht vergesse, neben meinem Schlafzimmer, im oberen Stock, liegt die sogenannte alte ›Kapelle‹ ... vom Vorplatz aus zugänglich durch eine auffallend niedrige, noch ganz gothisch-mittelalterliche Türöffnung und über ihr im Gemäuer, als stark vorspringendes relief, nicht etwa das Kreuz, sondern: ein großes Suastika!!« Auch ihr erklärt R.: »Château de Muzot (sprich: Muzotte)«.

DER ANFANG IN MUZOT

26. JULI: Einzug ins Château de Muzot.
27. JULI: R. schreibt an Frau Wunderly: »Extrêmement fatigué, Chère ... on est monté hier par une chaleur qui certainement a contribué à mûrir le fameux vin d'Enfer qui est l'orgueil de ce pays aestival. Mouky K. est beaucoup plus courageux que moi ...« R. zieht Ermutigung aus dem Zufall, daß der Botenjunge ›Essayé‹ heißt: Versuchet! (essayez), »ce muzotism qui a failli devenir une espèce de maladie, sera au bout du compte quand-même une croyance –, espérons-le!«
28. JULI: »... mein Wunsch, einmal in diesem Rhônethal eine Zeitlang ansässig zu sein ... ist nun thatsächlich in Erfüllung gegangen, ich habe mich in dem alten Château de Muzot (Du siehst es auf der Karte, ein kleines manoir, des dreizehnten Jahrhunderts, wunderbar und pittoresk in seiner Art, aber nicht eben leicht zu bewohnen!) für eine Weile eingenistet. ... wir sind hier in katholischem Land, sogar im katholischsten Kanton der Schweiz nach etwa dem von Fribourg. Die alten Kirchen sind wunderbar ... und zum Schlößchen Muzot selbst gehört durch die Jahrhunderte ein kleines Kirchlein, die alte St. Annakapelle ... Es ist der besondere Charme von Muzot, daß dies alte manoir und seine Kapelle ganz für sich in der großartigsten Landschaft liegen, ohne jede nähere Nachbarschaft.« (An die Mutter)
IM SOMMER 1921 erscheint »Mitsou. Quarante Images par Baltusz. Préface de R. M. R.« Rotapfel-Verlag Erlenbach, Zürich und Leipzig. Gedruckt wird das Buch in Heidelberg. R. widmet es »A mon cher Arsène Davitcho B. K.«; auf Wunsch von Erich Klossowski bleibt Baltusz' Nachname auf dem Titel fort.
AUGUST: Das »Inselschiff« bringt im 2. Jg., 6. Heft, zwei von R. übertragene Sonette Petrarcas, zuerst erschienen in dem Band: Francesco Petrarca »Sonette«, München 1919/20; (das 57. und 61. Sonett).
2. AUGUST: R. schreibt an Gide, den er möglicherweise in Böhmen zu sehen hofft, da dieser nach Carlsbad geht. R. fährt fort: »quelle étonnante poésie tout de même que cette ›Ebauche d'un Serpent‹, de Paul Valéry. Je vois qu'on prépare tout un volume de lui sous ce même titre. Voulez-vous, mon cher ami, avant de partir, prendre soin qu'on m'envoie ce livre aussitôt qu'il aura paru? ...« Der Band erscheint unter dem Titel »Charmes«.

4. AUGUST: R. berichtet Frau Wunderly über den Fortgang der Arbeiten in Muzot: die Rattenlöcher sind vermauert, die Wände geweißt: »wie wunderbar stehen die alten dunklen Möbel davor«.

AM 7. UND 8. AUGUST ist Werner Reinhart zum ersten Mal in Muzot, begleitet von dem Maler-Ehepaar Rüegg: »es freute ihn sichtlich, es zu haben«, berichtet R., hernach gab es »eine wunderbare gemeinsame Autofahrt über Sion hinaus zu einer ältesten romanischen Kirche und nach dem heroischen Saillon« (an N.W.-V., 16. 8. 21).

AM 11. AUGUST nimmt sich Adrienne Sachs in Aussee das Leben.

17. AUGUST: R. schreibt an Nora Purtscher-Wydenbruck, er werde nicht nach Kärnten kommen: »Nicht als ob ich mich für den Winter zu Muzot entschließen könnte, – es ist mir zu hart, zu sehr moyen-âge, ungemildertes«, es habe sich aber eine zweite Möglichkeit ergeben, das Haus in Kaiserstuhl.

Kippenberg gegenüber spricht R. seine Freude an der großen Pressen-Ausgabe des »Stunden-Buchs« aus und gibt die erste Nachricht über Muzot: »vor der Hand bin ich Herr dieses merkwürdigen alten Herrenturms im Wallis.«

21. AUGUST: R. beantwortet einen Brief Frau Weiningers aus Ville d'Avray – »dem Ville d'Avray Corot's, wo ich einen gewissen sentier am See so gut kenne, daß ich ihn unter den Sohlen fühle, im Erinnern. – (Gehn Sie ihn zuweilen.) Gewiß glaube ich nicht nur an ein Wiedersehen, an mehr, und alle hiesig, – denn für drüben wünsch ich nichts; ich lasse mich überraschen, und einmal die Erde durchgemacht, (ach die Erde, so dicht, so dicht!) soll mir alles Überkünftige recht sein ...« Es folgt eine Beschreibung der Landschaft um Muzot. An Oswald von Kutschera werde er selbst schreiben.

22. AUGUST: R. berichtet Frau Wunderly von einem Ausflug nach Rarogne und fragt, wann er zur Besichtigung des Hauses in Kaiserstuhl kommen solle: »Ob wir zur Grundsteinlegung meines Winters fahren? Ach wir wollen einen schönen reinen Stein, einen Kristall vom hellsten Wasser, in seine Grundfesten einmauern ... Muzot gegenüber habe ich kein schlechtes Gewissen, höchstens vor Werner ...« Die Frankfurter Zeitung hat eine positive Besprechung von Picard »Der letzte Mensch« durch Hausenstein abgelehnt – R. ist erbittert. Er schließt mit der Meldung, die ersten Exemplare von »Mitsou« seien gekommen: »vous aurez la vôtre ces jours-ci.«

AUGUST: In die große Ausgabe des »Stunden-Buchs« (erster Druck der

Insel-Presse 1921) schreibt R. für Baladine K.: »A. M. ... pour qu'elle aime et espère (vers le soir d'un beau dimanche à Muzot) août 1921«.
28. AUGUST: Der erste von sieben Briefen an Elisabeth Ephrussi: Es geht um ihr Gedicht »Michelangelo«, das R. zweimal gelesen habe: »Beide Lesungen treffen mir in der Überzeugung zusammen, daß Ihre Dichtung aus jenem innersten Müssen hervorgegangen ist, das doch vor allem den künstlerischen Ausdruck berechtigt. Man hat bald, der fortwährend aufdringenden Masse des Produzierten gegenüber, keine andere Wehr als diese Frage – vor der Ihr gefühltes und erfahrenes Gedicht so rein und sicher besteht, wie nur irgendeines.«
29. AUGUST: R. ist bereit, für das Märchen der Fürstin Taxis von »Huang-Li« die Einleitung zu schreiben: »ich empfinde das schönste Vergnügen bei der Vorstellung, ein paar Schritte vor Ihrem Märchen, als sein Schrittmacher, einherzugehen: daß ich Kostüm und Haltung meines Aufzugs richtig treffe.«
30. AUGUST: R. reist nach Zürich und nach Kaiserstuhl, unweit Eglisau am Rhein, Baladine K. fährt nach Beatenberg.
ZWISCHEN DEM 30. AUGUST UND DEM 3. SEPTEMBER ist R. zum ersten Mal Werner Reinharts Gast auf der »Fluh« am Greifensee.
AM 3. SEPTEMBER kehren R. und Baladine K. nach Muzot zurück.
5. SEPTEMBER: R. bestellt beim Verlag Ernst Bircher, Bern, zwei Exemplare des Buches von Dr. W. Morgenthaler: »Ein Geisteskranker als Künstler«; R. ist durch einen Aufsatz in der Neuen Zürcher Zeitung darauf aufmerksam geworden.
Frau Wunderly gegenüber äußert sich R. enttäuscht über den ›restaurierten und höchst erneuerten Kaiser-Fauteuil‹ und berichtet von der »kleinen kunsthandwerklichen Gruppe« in Beatenberg, die sich sehr verändert habe: »nicht zum Vortheil, wenigstens für jeden Hinzukömmling der Steiner'sches Treiben von außerhalb ansieht, so daß Mme K. recht froh war, fortzugehen«. R. schließt: »Die kleinen Bändchen von Gonzague de Reynold sind nun wirklich sehr anregend, angesichts der Gegenstände, die sie aufrufen und deren jeden ich von meinen Fenstern aus erkennen kann.« (»Cités et pays suisses«, Bd. 2)
ZWISCHEN DEM 5. UND 7. SEPTEMBER schreibt R. seine Einleitung »Zu dem Märchen vom Kaiser Huang-Li« nieder, das die Fürstin Taxis 1916 für ihre Enkel verfaßt hat.
8. SEPTEMBER: R. sendet die Einleitung nach Lautschin, er ist bereit, eine andere zu schreiben, wenn diese nicht gefallen sollte: »zugleich

aber wurde mir klar, daß die kleine Introduktion auf das Inhaltliche des Märchens nicht einzugehen haben würde, um ihm selbst nichts vorwegzusagen und so beschränken sich, wie Sie sehen, die vorbereitenden Worte auf eine allgemeine Darstellung der Vorgeschichte Ihrer Publikation ...« – »... ich lese Paul Valéry (dessen herrlichen Cimetière Marin ich Ihnen zeigte); andere Sachen von ihm, die ich noch nicht kannte; er hat etwa durch zwanzig Jahre geschwiegen und Mathematik getrieben, erst seit 1915 giebt es wieder Gedichte von ihm, en récompense de ›la longue attente de sa vie‹. In seinem Gedicht ›Palme‹ steht: Patience, patience ...«

10. SEPTEMBER: R. dankt dem Verlag Ernst Bircher besonders für das beigelegte Exemplar einer Wölflischen Zeichnung im Original: »dieses Blatt setzt einen erst völlig instand, an den eigenthümlichen Hervorbringungen des Kranken theilzunehmen ... Die Lage und das Wirken des kranken Künstlers bietet so unerhörte Einblicke sowohl in die Hülfen, die die Natur selbst, aus sich heraus, wider die Krankheiten des Geistes aufbringt, wie auch in das Auftreten der produktiven Kräfte überhaupt ...« R. fühlt sich Dr. Morgenthaler zu großem Dank verpflichtet.

An Lou A.-S. sendet R. sogleich das Buch Morgenthalers und einen Artikel von Dr. Koelsch darüber aus der NZZ: »der Fall Wölfli's wird dazu helfen, einmal über die Ursprünge des Produktiven neue Aufschlüsse zu gewinnen.«

12. SEPTEMBER: Die Fürstin Taxis erbittet von R. eine neue Einleitung, Kassner vor allem sei »absolut nicht einverstanden«.

13. SEPTEMBER: R. wendet sich an Frau Strohl: »Savez-vous que les premiers exemplaires de ›Mitsou‹ m'ont trouvé au Valais, à Sierre, à l'endroit-même, où notre projet de publication a été conçu – ...«

15. SEPTEMBER: Elisabeth Ephrussi sendet R. drei ihrer Gedichte, darunter »König Ödipus«.

17. SEPTEMBER: R. antwortet der Fürstin: »Kassner's großer formidabler Zorn! ... Mein eigenes Gewissen verfuhr im Grunde ganz ähnlich mit mir ...« R. ist jedoch nicht in der Lage, eine neue Einleitung zu schreiben – schließlich übernimmt Hofmannsthal die Aufgabe (26. 9. 21). Das Bändchen erscheint 1922 im Verlag von Carl Chryselius in Berlin mit Illustrationen der Fürstin.

An Frau Wunderly heißt es: »Und dann, jeden Tag, jeden Tag: Muzot oder Nicht-Muzot. Ein Monolog voller Finsternisse ...« Für den Winter in Muzot fehlt besonders eine ›neue Leni‹. Kurz meldet R. die Verlobung Ruths mit Carl Sieber.

22. SEPTEMBER: Lou A.-S. schreibt nach Muzot, sie habe das Buch Morgenthalers sogleich Freud empfohlen; dieser läßt später durch sie danken. Lou A.-S. hat schmerzliche Nachrichten von ihrem letzten Bruder in Rußland.

24. SEPTEMBER: »Strohls sind nun hier ... diesmal auch er, sehr sympathisch, voll bonhommie und lebhaften Wissens«, meldet R. an Frau Wunderly. Von Kaiserstuhl sagt er: »sooft ich mich dorthin versetze, ists mir ein sehr Fremdes«.

Am selben Tag: »M. Morisse hat den ›Adonis‹ Valéry's geschickt, vorgestern, nebst seinem eigenen La Fontaine, wodurch die Lektüre dieser außerordentlich schönen Abhandlung vollkommen wurde.« (An N.W.-V.)

25. SEPTEMBER: R. kann den Wunsch Nora Purtscher-Wydenbrucks, ihre Gedichte mit einem Vorwort auszustatten, nicht erfüllen, er ist gegen die Veröffentlichung.

27. SEPTEMBER: An Frau Wunderly: »merken Sie, daß wir in der Stille mindestens das erreicht haben, daß Kaiserstuhl ausfällt!! ... nun darf man sich mit allen Kräften und allem Glauben auf Muzot« einrichten. Aus Solothurn hat sich eine Haushälterin gemeldet: Frida Baumgartner.

30. SEPTEMBER: R. und Baladine K. machen einen Ausflug nach Lens zwischen Sion und Sierre: »C'était comme une promenade sans fatigue et presque sans but qui, à chaque tournant de route, nous comblait de plaisir et de surprise. (Vous-étiez-vous arrêtés aussi dans cette douce petite église de Corin-la-Chapelle?)« (Am 5.10. 21 an Strohls)

OKTOBER: Das »Inselschiff« bringt im 3. Jg., 1. Heft, von R. »Michelangelo-Übertragungen«, das 41., 67., 69., 73. und 75. Sonett.

3. OKTOBER: »Die letzten Wochen, sublim klar und nicht mehr zu heiß, trotz der unablässig wirkenden Sonne, verlockten sehr zu weiten Wanderungen in die nach allen Seiten hin großartige und liebliche Landschaft. Ich habe nun fast alle Umgebungen auf acht bis neun Stunden Umkreis kennen gelernt, und immer wieder staune ich über die unvergleichliche Schönheit und Reichheit dieses Rhônethals und freue mich, daß ich fähig war, ihm alles das im vorigen Herbst anzusehen ...« (An die Mutter)

5. OKTOBER: R. bittet Frau Wunderly telegraphisch, Frida Baumgartner zu engagieren.

R. dankt Jean Strohl: »C'est ... une précieuse promesse que vous me faites en voulant m'instruire un peu de ces mouvements importants qui en ce moment s'accomplissent dans les Sciences biologiques ...«

13. OKTOBER: Es entstehen die Verse »Der Gram ist schweres Erdreich ...«, geschrieben mit dem Vermerk: »(die gleichzeitige ›Innen-Ansicht‹)«, auf ein Aquarell von Baladine K., welches R. auf seinem kleinen Sofa in Muzot schlafend darstellt.

15. OKTOBER: Frida Baumgartner trifft ein und wird von Baladine K. eingewiesen. Diese betreibt ihre Abreise.

17. OKTOBER: R. bereitet seine »Einsamkeit« vor, er beginnt, seine »Briefliste« abzutragen.

Trostbrief an Frau Emmy Sachs zum Freitode ihrer Tochter Adrienne: »Man muß sagen: der reine Einschluß, durch den sie sich ... unserem hülflosen Verstehenwollen entzogen hat, gehört ... wunderbar zu ihr ... Schuld? Nein! Sie hatte ihr Leben längst so eigenthümlich in sich herübergezogen ... sie durfte darüber verfügen.«

22. OKTOBER: Werner Reinhart stellt 500 Frs für Hausreparaturen zur Verfügung.

31. OKTOBER: »Die Verlobung ihrer Tochter Ruth mit Herrn Referendar Carl Sieber beehren sich anzuzeigen. R. M. R.: Château de Muzot sur Sierre. Valais. Schweiz / Clara Rilke geb. Westhoff. Bredenau. Fischerhude. Bez. Bremen«. Durch diese Anzeige wird R.s neue Adresse bekannt. Die Verlobung findet auf dem Gut Liebau, Post Jocketa im Vogtland, statt; C. Sieber ist Ruths Vetter zweiten Grades. »Es ist aller Grund vorhanden, diese neue Wendung im Leben unserer Ruth für eine zuverlässige und zuversichtliche zu halten: wir wollen sie so nehmen und den Kindern ... Vertrauen entgegenbringen ...« (An die Mutter, 10.11.21)

2. NOVEMBER: Erster Kälteeinbruch im Valais.

8. NOVEMBER: Baladine K., die ihre Abreise verzögert hat, um Professor Jean Strohl in Zürich anzutreffen, mit dem sie die Zukunft der Söhne besprechen will, fährt ab. Den Winter verbringt sie in Berlin bei ihrer Schwester.

9. NOVEMBER: R. schreibt an Baladine K. nach Zürich: »Tu as oublié ... ton Orphée!« Dieser Orpheus ist eine Reproduktion der Feder-Zeichnung von Cima da Conegliano (um 1500), die Baladine K. in einem Geschäft in Sion entdeckt und gegenüber R.s Schreibtisch angeheftet hat. Sie zeigt den geigenden Orpheus umgeben von lauschenden Waldtieren.

R. sendet an Katharina Kippenberg das Manuskript der »Dichtungen« von Karl Theodor Bluth zurück, diese erscheinen 1923 im Insel-Verlag. »Da gibt es ... sehr schöne Stücke, nicht so sehr Hölderlinscher Herkunft, als vielmehr abstammend von jener unerhörten ›Harzreise im Winter‹ (die ein großer Anbruch lyrischer Zukunft war) und gelenkt etwa in jener Richtung, an derem, ins schwarze Spiegelbild abgehängten Ende die Traklsche Dichtung liegt.« R. endet: »Im übrigen tret ich jetzt endlich mein heiles Allein- und Innensein an, sowie das Haus winterfest um mich steht.«

R. schreibt an Hünich über die Übersetzung des »Marien-Lebens« von R. G. L. Barrett: »Ich habe mich mit seinen Übertragungen beschäftigt und würde meinen, dass Gutes von ihnen zu behaupten sei; doch giebt es keine Sprache, für die ich weniger Instinkt hätte, als für die Englische, sie war mir nie zu akklimatisieren, ich lese sie mit Überwindung, ohne Gehör und Einsehung: so darf ich nicht mehr, als Gesinnung und Leistung aufmerksam bedenken –, das letzte Für oder Wider müßte einer größeren Instanz überlassen sein.«

10. NOVEMBER: R. beantwortet den ersten Brief seines zukünftigen Schwiegersohnes, indem er seine Beziehung zu Ruth darlegt, die er »das eigentlich Familiale, die konstante Gemeinsamkeit und Gemeinschaft habe entbehren lassen«.

In der Nachschrift eines Briefes an Morisse heißt es: »P. S. je suis bien aise de posséder maintenant la jolie petite édition d'Adonis« von La Fontaine.

11. NOVEMBER: Jean Strohl gegenüber rühmt R. Baladine K.s Leistung für Muzot: »Elle a fait des miracles, d'abord par sa croyance en Muzot (que je ne partageais pas toujours) ensuite par son action infatigable de tous les jours ... Avec tout cela Muzot a beaucoup changé, c'est une vraie maison maintenant, surtout mon cabinet de travail a gagné infiniment et je m'apprête enfin d'en prendre possession et d'en tirer les conséquences intérieures.«

AM 12. NOVEMBER kommt Frau Wunderly zu ihrem ersten Besuch nach Muzot, sie steigt im Hôtel Bellevue in Sierre ab. R. hat sie gebeten, ein großes Tintenfaß mitzubringen und die Bibel, die er in Berg hatte.

16. NOVEMBER: Mit einem Begleitbrief, in dem R. das »fortgesetzte Wunder, durch das ich mich nun schon im dritten Jahre auf so verläßlichem Boden erhalte« rühmt, sendet er Francisca Stoecklin sein »Stunden-Buch« mit dem eingeschriebenen Gedicht: »Wo so viel stilles inneres Ereignen ...«

BIS ZUM 19. NOVEMBER bleibt Frau Wunderly in Sierre.

17. NOVEMBER: R. geht auf eine Frage Tora Holmströms nach Goethes Kunstauffassung ein, die diese ihm im Zusammenhang mit dem Werk von Maria Gutierrez-Blanchard (1881-1932) stellt, einer Malerin spanisch-polnisch-französischer Herkunft aus dem Kreis der Pariser Kubisten: »Goethe n'a laissé aucune œuvre d'Esthétique proprement dite: des remarques de ce genre se trouvent un peu partout chez ... Un ami à qui je me suis adressé, m'avertit que, selon lui, M. Henri Lichtenberger doit avoir publié un choix de fragments de Goethe, rassemblant surtout les opinions de celui-ci sur l'art et les artistes.«

18. NOVEMBER: R. schickt die Korrektur-Abzüge der Buchausgabe von Lotte Pritzel »Puppen« an Kurt Wolff zurück: »Es ist mir eine freundliche Fügung, daß mein Puppen-Aufsatz nun an eine endgültige Stelle aufrückt und sich fähig erweist, uns eine kleine öffentliche Gemeinsamkeit zu bereiten.« Lotte Pritzel hat dazu Lithographien von ihren Puppen gefertigt. R. trägt Grüße für sie auf.

23. NOVEMBER: An Mary Dobrčensky: »Der Hang überhalb Sierre, an dem auch mein Muzot liegt, heißt seit alters ›la noble contrée‹ ...«
An Vildrac schreibt R. über Balthusz: »qui sans faire des bonds s'avance d'une image à l'autre«.

24. NOVEMBER: R. liest Albrecht Schaeffers »Helianth« (3 Bände), Insel-Verlag 1920: »ich mußte durch, die Ablenkung, die solche Bücher einem bereiten, ist zu groß, als daß man sie lange hinnehmen könnte, sie etablieren sich neben einem als richtige Konkurrenz des Lebens mit allen ihren Personen.« (An N.W.-V.)

25. NOVEMBER: R. verfolgt im »Matin« den Prozeß des Mörders Landru in Paris.

R. bespricht in einem viele Seiten langen Brief mit Kippenberg Ruths Aussteuer; es geht ihm zudem um die Klärung seiner Beziehung zu Clara: »Sie erinnern, lieber theilnehmender Freund, jenen Brief, den ich Clara Rilke in den Weihnachtstagen vor nun bald zwei Jahren geschrieben habe, betreffend eine mögliche Scheidung und entsprechende Feststellung unserer allzu schwebenden Verhältnisse, zuletzt auch im praktischen, geldlichen Sinn. Obgleich nun die neue Wendung der Dinge, die die ernst und redlich mit sich ringende Frau mit einer neuen Verlassenheit bedroht, jenen Absichten der Sonderung eine eigenthümliche Vorsicht auferlegt, – so sei doch immerhin ausgesprochen, daß meine damals beschriebene Stellung sich in keiner Weise

wird ändern können. Wir müssen nach und nach dazu kommen, der Wahrhaftigkeit meines, nicht leichten und andrerseits so nothwendigen Alleinseins (nachdem es schon so lange als Wirklichkeit sich konstituiert hat) Bedingungen zu schaffen, die es ganz der Arbeit meines Lebens zueignen und es sichern vor jedem Hineingerissen-werden in ein anderes, oft nur der eigenen Schwere nachgebendes Schicksal.«
Über Muzot heißt es: »Es ist nicht Berg; vieles, was dort selbstverständlich war, fehlt ... Dafür ists hier ein Land aus lauter Schöpfung, und dieses alte starke Haus, genau so groß, daß ichs ganz mit den Bewegungen meines Tagwerks ausfülle.«
26. NOVEMBER: R. erzählt Frau Gertrud Ouckama Knoop von Ruth, dann vom Valais: »Goethe kam durchs Wallis und ich bilde mir ein, es muß Blätter geben von ihm, aufmerksam fühlende Zeichnungen, darin er diese vollkommene Gegenwart des Einzelnen und wie es doch zum nächsten und übrigen und fernsten in die Tiefe führt, zum Gegenstand seiner Aneignung gemacht hätte.« R. schreibt an diesem Brief ›einen ganzen Abend‹, spricht von Valéry: »seither steht er mir unter den Ersten und Größesten, – ja, Großen«, und bittet schließlich, sie möge ihm von ihrer am 28. Dezember 1919 in München verstorbenen Tochter Wera sprechen: »Nicht wahr, die Zeit wird kommen, da Sie mir still von ihr erzählen; – ich habe doch durch jene spätere äußerste Frage nach meinem Kommen, ein kleines Anrecht angeerbt, bis ins Letzte teilzunehmen und – nachzuholen.«
27. NOVEMBER: R. schreibt an Sidie Nádherný zum Geburtstag, »rasch von der Schwelle meines Winters aus, dessen Situation Sie nun kennen. Segnen Sie mir seine Stille.«
28. NOVEMBER: R. lehnt eine französische Übertragung des »Cornet« durch Margot Gräfin Sizzo ab. Diesem ersten Brief folgen 19 weitere Briefe R.s (bis zum 9. 5. 26) an Gräfin Sizzo, die in Adamosz an der oberen Waag in der Tschechoslowakei lebt. Eine Begegnung findet nicht statt.
An Simone Brüstlein in New York schreibt R.: »Was ich, in einer ganz anderen Bedeutung allerdings, in Algier und Tunis erlebte, das gilt auf das Wörtlichste wahrscheinlich für Amerika: daß man alle Vergleiche (und vor allem die des Herzens!) unbedingt abstellen muß, sich darauf beschränkend, irgendwie verschlossen und neugierig zu sein ... von mir würde ich meinen, der Schrecken der Entfremdung würde mich in New-York so unmittelbar anfallen, daß ich nachgeben müßte und umkehren ...«

R. teilt der Bildhauerin Margrit Bay nach Beatenberg die Adresse ihrer Freundin Baladine K. in Berlin mit, er schreibt: »Mme Klossowka hat auf Muzot soviel zur Wohnlichkeit beigetragen, ja sie eigentlich – in einem der Bewohnung seit Jahrhunderten entwöhnten Haus –, von Grund aus geschaffen, daß es ein arges Unrecht scheint, daß sie nun gerade das, was hier ihr Gelingen und ihre Freude war, so völlig vermissen soll und es auf einer Grundlage wird schaffen müssen, mit der sie wenig zusammenhängt. Aber das Entscheidende wird ja, wie in allen Verhältnissen, das Innere sein, ihre innere Stellung und ihr innerster Muth, auch noch das Widerwärtige und Widerspänstige in ein zunächst Brauchbares umzuwandeln.«

29. NOVEMBER: Erster Brief an Aurelia (Lella) Gallarati-Scotti-Cittadella, eine Cousine Pia Valmaranas, der R. gelegentlich in Venedig begegnet ist. R. richtet 22 Briefe an sie, den letzten am 25.3.1926. Er hofft, sie einmal in Mailand zu sehen, wo sie seit ihrer Verheiratung im Jahre 1918 lebt.

1. DEZEMBER: R. sendet Otto Pick das Gedicht »So angestrengt wider die starke Nacht …« für die »Prager Presse« und betont: »daß in ihr ein Organ geschaffen sei, darin alle Stimmen meiner neu bekräftigten Heimath mit den gültigsten der Nachbarländer und des Auslandes zu einem vielfältigen und vollen Einklang zusammenstreben«.

»Sollte es mir gelingen, den Winter in meiner retraite recht fleißig zuzubringen und einige der Rückstände aufzuarbeiten, die der Krieg in meinen wichtigsten Beschäftigungen angestiftet hat …, daß ich auf das Frühjahr zu ein bischen aufathmen dürfte, so würde ich dann Ruth für ein paar schöne Wochen nach Muzot einladen …« (An die Mutter)

5. DEZEMBER: R. erzählt von seinen Spaziergängen im Herbst: »es ist ein herrliches Land, um zu Fuß weiterzukommen: hier ist man noch ganz der Wanderer von einst, dem, in fortwährend gut gestellten Bildern sich darzustellen, die altmodische Landschaft den Ehrgeiz hat.« (An Sidie Nádherný)

R. bittet Frau Kippenberg, für das Verlobungsbild seiner Eltern, das er von seiner Mutter erhalten hat, einen silbernen Rahmen zu besorgen, damit er es Ruth zum Geburtstag schenken kann. »… ich liebe dieses Bild … sehr … und was könnte ihr zu diesem Geburtstag, den sie, als Verlobte in Liebau begeht, passender und rührender sein, als gerade dieses Bild!« (An die Mutter, 8.12.21)

7. DEZEMBER: Zu den »Mémoires der Fürstin Radziwill, Prinzessin von

Preußen« (Paris 1911): »Dieses Preußen! Damals wars noch am Scheideweg, erzog sich –, wie waren die besten bewegtesten Figuren nach auswärts orientiert, wie bewunderten sie, was ihnen noch, von rechts und links, zu lernen blieb (alles), und wie bescheiden waren sie noch, selbst wo ein natürliches und gar fürstliches Selbstbewußtsein sich mit einem drängenden Temperament verband, wie beim Prinzen Louis-Ferdinand, dem Hinreißenden, oder mit einem musikalisch bewegten, wie beim Prinzen Heinrich! Damals wars am Scheideweg, gerade zur Zeit der Bettina und Goethe's –, es hätte ebenso gut noch etwas ganz anderes aus Preußen und damit aus Deutschland werden können. Obzwar die unselige Theilung Polens schon geschehen war und unfähige, aufbegehrliche Bureaucraten, genre Unteroffizier, dort schon mit Ent-Nationalisierung der Polen und mit Geringschätzung dieses Volkes begannen; aber was war das gegen Alles, was später kommen sollte, gegen diese Kinnbackenbrutalität der uns zeitgenössischen Preußen! –« An Frau Wunderly heißt es ferner (auf dem zehnten Blatt dieses Briefes): »›Der junge Rilke‹: haha, mein Eckermännchen strampelt immer noch auf derselben Stelle und merkt gar nicht, wie darüber das letzte Hälmchen, das etwa noch auf dem Boden meiner ›Frühzeit‹ ein blasses Dasein fristete, eingestampft wird.« R. wünscht, F. A. Hünich fände »ein anderes sujet seiner Akribie«.

8. DEZEMBER: An Kurt Wolff über Lotte Pritzels »Puppen«: »Was das vorgeschlagene Abdruckshonorar angeht, so bin ich vollkommen mit Ihnen einverstanden, daß jene 1000 Mark irgend einem sozialen Fonds überwiesen werden sollten ... und das, selbstverständlich, vom Verlag aus, ohne jede Verwendung meines Namens.«
Kippenberg an R.: »Ihr Guthaben bei uns beträgt zur Zeit M 100000,–«, davon könne Ruth 50000,– erhalten, 1500,– gehen an Clara R. – R. telegraphiert an Ruth seine Zusage. In diesem Schreiben schlägt Kippenberg zum ersten Mal eine Gesamtausgabe vor.

10. DEZEMBER: R. empfiehlt Gide das Buch »Der letzte Mensch« von Max Picard: »C'est un livre qui poursuit un peu cette ligne abandonnée de certains écrits de Jean Paul et surtout de Matthias Claudius; (direction qui, si elle eût été poursuivie, aurait conduit vers une toute autre Allemagne).«

11. DEZEMBER: R.s Antwort auf Kippenbergs Vorschlag einer Gesamtausgabe: »Am genugtuendsten wärs, wir gewährten uns die ›Gesamtausgabe‹, wenn es gilt, einen gewissen, wenigstens vorläufigen Ab-

schluß der Michelangelo-Übertragungen zu feiern, um vielleicht diesen Band gleich noch mit in sie einzustellen ... Aber so oder so: wenn Sie den Augenblick für eine Gesamtausgabe gekommen sehen, so sehen Sie mich aufs beste bereit, an dieser schönen Verwirklichung mitzuarbeiten.« Über die »Elegien« wagt R. nichts zuzusichern, sie sind »durchaus von der Gnade abhängig«.

12. DEZEMBER: An den Schweizer Gymnasiasten Xaver von Moos schreibt R. über seine eigene Bewunderung für Verhaeren: »Das erste seiner Bücher, das er selber mir in die Hände legte, war der Band der Multiple Splendeur, den ungemein zu erfassen, ich im Innersten vorbereitet war. Von da ab sahen wir einander oft ...« R. legt ihm drei Sonderdrucke aus dem Jahrbuch der Literarischen Vereinigung Winterthur bei, in denen seine Übertragung von 1919: »Les Morts. Die Toten«, zu finden ist. Xaver von Moos hat eigene Gedichte geschickt, R. gibt sie an Katharina Kippenberg weiter.

DEZEMBER: Das »Inselschiff«, 3. Jg., 2. Heft, bringt R.s Gedicht »Der Geist Ariel. (Nach der Lesung von Shakespeares Sturm). Man hat ihn einmal irgendwo befreit ...«: »Geschrieben 1913«.

13. DEZEMBER: R. erbittet von Frau Wunderly die bei ihr deponierte Bibel, hebräisch und deutsch, die ihm Angela Guttmann geschenkt hat: »Ich rechnete auf die Ihre. Nun erweist sich, daß die sogenannten ›Apokryphen‹ (Stücke in Esther, Buch Judith, Weisheit, Makkabäer, Jünglinge im Feuerofen etc.), daraus ich etwas nöthig hätte, in Ihrer Bibel nicht vorkommen.«

An Hünich heißt es zu den Zeichnungen von Balthusz: »Man macht sich beim ersten Durchsehen gar nicht klar, welches schon entschiedenste Können in diesen Blättern steckt (die Reproduktion hat nicht alle zur Geltung kommen lassen, ja sie ist in diesem und jenem sogar entstellend gewesen). Hier ist wirklich mittels des Bildes erzählt, dass das Wort nicht fortgelassen erscheint, sondern überall, übersetzt, enthalten ist ...«

14. DEZEMBER: »Meine Feder, diese, müde, hat innerhalb zehn oder vierzehn Tagen ungefähr 400 solcher Seiten mit Buchstabenstreifen gemustert –, so enorm waren die Rückstände aus Monaten, da die Sorge um Muzot und um meinen Winter mir zur täglichen Ablenkung ausschlug«, meldet R. an Katharina Kippenberg: »Der Insel-Almanach ist schön und geht, wie immer, in breiten Ufern ... Was lesen Sie nun? Ich: Regina Ullmann – und ich fand wieder eine neueste, mir erstaunliche Arbeit ›Der Verkommene‹ im Heft des Neuen Merkur.«

An Baladine K. legt R. einen Brief Pierre Bonnards ein: »que je transmets avec une copie du texte pour Baltusz, car l'original n'est pas très lisible. Cette lettre m'intitule ›Madame‹, et en plus Bonnard a oublié de la signer: cela n'empêche point qu'elle est tout à fait charmante et très élogieuse pour mon cher collaborateur.«

15. DEZEMBER: R. schreibt »Für Werner Reinhart / ins Gäste-Buch auf Muzot« das Gedicht nieder: »Die Erde ist noch immer überschwemmt...«, das er jedoch nicht einträgt. Er legt eine Abschrift seinem Brief an Frau Wunderly bei, von der er aus seinen Bücherkisten erbittet: Fabres Sternenhimmel und von Spitteler »Prometheus – Epimetheus«.

An Dr. Wilhelm Fließ, den Begründer der Lehre von der Periodizität im Ablauf des Lebens, sendet R. drei Hefte des »Inselschiffs« mit eigenen Arbeiten.

An Gräfin Sizzo heißt es: »In meiner Jugend schienen mir Übertragungen ein leichtes –, ob ich gleich schon damals eine genaueste Verantwortung in mir zunehmen fühlte; aber nun ist es immer mehr so, daß ich es nicht wagen würde, mich zu irgendeiner Übersetzung zu verpflichten, immer in der Befürchtung (oder Ehrfurcht), es möchte etwas plötzlich doch seiner Natur nach widersetzlich und einzig sein!« Zur Übertragung André Gides von Bruchstücken des »Malte Laurids Brigge« sagt R.: »Hier war wirklich ein Äußerstes erreicht; ein Adäquatsein des Ausdrucks, eine Entsprechung der rhythmischen Situation (die ja auch innerhalb der Prosa eine so große Rolle spielt), wie ich sie zwischen zwei sich verhältnismäßig oft ausschließenden Sprachen kaum für denkbar gehalten hätte.«

AM 17. DEZEMBER schreibt Paul Valéry anläßlich seiner für den 12. Januar geplanten Vortragsreise nach Zürich zum ersten Mal an R., erfreut, daß dieser »Eupalinos« übertragen wird. »Je désire bien véritablement, Monsieur, que tout se passe entre nous comme si elle [la communication] était mieux que possible. Il est vrai que je ne sais pas votre langue, et j'en suis fort ennuyé; mais la connaissance remarquable que vous avez de la nôtre, me fait espérer que vous voudrez bien en user généreusement avec moi, et m'adresser quelquefois quelques pensées...«

19. DEZEMBER: André Gide bittet R., sein 1897 zuerst erschienenes Werk »Les Nourritures terrestres« zu übertragen: »je nourris depuis longtemps un grand désir que ce livre soit traduit par vous!« Weiter

heißt es: »Je sais par Valéry que vous êtes entrés directement en correspondance. Peut-être vous verra-t-il à son voyage en Suisse où il doit faire une conférence (à Zurich).«
An Kippenberg, als dieser seine Reise in die Schweiz verschiebt und fürchtet, R. zu stören: »Unser Wiedersehen ist schließlich immer im Recht, und zeigte es sich dann, daß ich grade ganz tief ins Bergwerk eingefahren sei, so empfinge ich Ihren vertrauten, auch dorthin gehörigen Besuch eben im Stollen Soundso, bei der Grubenlampe!...«
19. BIS 21. DEZEMBER: Baladine K. bestätigt aus Berlin die Ankunft der »Mitsous«. Sie hat für Ruth, da Frau Kippenberg verreist ist, den Silberrahmen besorgt: für 600 Mark, das sind 18 Frs.
20. DEZEMBER Niederschrift des Gedichtes »Oh sage, Dichter, was du tust? – Ich rühme...« Auf einer zurückbehaltenen Reinschrift vermerkt R.: »Eingeschrieben auf Wunsch des Herrn Bruno Frentz, in ein Exemplar des M. L. B. (beide Bändchen in einem), das Leonie Zacharias gehört: für die diese Inschrift entworfen ist.«
R. an Gide: »D'ailleurs c'était un courrier glorieux, celui d'aujourd'hui; il vient de m'apporter en même temps une lettre de Paul Valéry qui m'a profondément touché, puisque – tout comme son œuvre – sa parole personnelle me pénètre et m'éclaire.«
Auch an Baladine K. schreibt R. glücklich über den Brief Valérys. Das neue Buch Gides, das dieser ihm geschickt hat, bestimmt R. für Pierre K. (»Morceaux choisis« 1921).
21. DEZEMBER: R. schenkt Frau Nölke »Mitsou« mit der Einschrift: »A Madame G. Nölke / aux trois enfants / à Asa / leur ami, / le préfacier«.
Über »Mitsou« urteilt Kurt Wolff: »Gestern sah ich bei Frau Margot Hausenstein ein sehr reizendes und rührendes kleines Buch, bei dem Sie Pate gestanden haben: ›Mitsou‹. Das Vermögen dieses kleinen Jungen, seinem Erlebnis zeichnerischen Ausdruck zu geben, ist wunderbar und fast erschreckend.« (An Rilke, 30.1.22)
22. DEZEMBER: R. meldet Frau Wunderly, das beim Schreiner Imboden bestellte Stehpult werde erst in der ersten Januarwoche geliefert.
23. DEZEMBER: R. schreibt an Gide, daß er »Les Nourritures terrestres« nicht übertragen könne, er wisse dies seit der ersten Lektüre: »je les ai jugées intraduisibles dans le sens de plus en plus sévère qui se développe en moi au sujet de toute traduction.« An Baladine K. heißt es dazu: »Apres un grand combat, j'ai refuse.« (24.1.24) R. habe zudem zwei wichtige Arbeiten, die er abschließen müsse, eine davon eine Übertra-

gung (= Michelangelo), beide schon 1912 begonnen. Die Frage nach der Adresse Stefan Georges beantwortet R. mit dem Verweis auf Friedrich Gundolf in Heidelberg.

R. empfängt einen langen Brief von Jean Strohl: »Il me renseigne sur la ›tortue‹, concurrente d'Achille dans la légende antique à laquelle Valéry fait allusion dans une Strophe du Cimetière Marin.« (24. 12. 21., an Baladine K.)

Baladine K. dankt R. für »›Adonis‹ de Jean de La Fontaine, introduction de Paul Valéry« mit der Einschrift: »à Merline du Muzot / Noël 1921 / René«.

Für Frau Wunderly schreibt R. die »Erinnerung« aus dem August 1914 ab, die er um ein Stück ergänzt; dieser Zusatz beginnt: »Dann aber stieg, hinter den merkwürdig verdrossenen oder eingeschüchterten Kastanienbäumen, in den kalten Himmel das Leere auf ...« Dem Heft gibt R. den Titel: »Fragment / Niederschrift für Nike / (Muzot) Weihnachten 1921«.

In seinem Begleitbrief schreibt R.: »Diese Dokumente des ›jungen Rilke‹. Sie wissen, wie ich sie ansehe: inavouable! Ich möchte sie nach und nach ersetzen durch ... den noch jüngeren Rilke, nicht durch das, was etwa noch schriftlich aus seiner Kindheit überstünde (auch dies ist voll rathlosester Verstellung, verstellt aus Nothwehr –); aber was ich selber heut und später von ihm zu erzählen wüßte, das hätte am Ende eine gewisse posthume Wahrhaftigkeit: als erste Probe schrieb ich Ihnen ein kleines Breitheftlein voll – von den neuesten –; die Aufzeichnung stammt aus dem August 1914, – und brach plötzlich ab –, Sie sehen, – –, das Leben redete hinein, der damals neue Krieg, es kam nicht zu mehr, und ich erinnere nur, daß die Stelle, die auszusprechen die ganze Niederschrift begonnen war, überhaupt nicht dazu kam, aufgezeichnet zu sein –; ich ahne sie, kann sie nicht mehr erreichen ... aber vielleicht füg ich sie einmal an*, umso lebendiger bleibt, in Ihren Händen, das so kleine, unabgeschlossene Heft ...« – * »Die in Klammern stehenden Seiten am Schluß sind nun heute dazu geschrieben –, annähernd vielleicht, aber nicht ganz im Sinne jener früheren Absicht und Ahnung (22. Dezember). (Abends).«

24. DEZEMBER: An F. A. Hünich, dessen Publikation »Aus R. M. R.s Frühzeit« vor dem Erscheinen steht: »Es wird mir doch recht zum Schmerz ..., den ›jungen Rilke‹ so ›aufgedeckt‹ zu sehen. Keimblättchen haben bekanntlich nicht die Form des künftigen Blattwerks und sehen

bei allem Kraut ungefähr gleich aus. Wär doch das Alles ein für alle Mal verloren geblieben ...« R. fährt fort: »Von dieser Auffassung werd ich nie zu heilen sein. Sie macht sich, im Gegentheil, immer entschiedener.« Doch erkundigt sich R.: »Dabei fällt mir ein: ist ›Die Turnstunde‹ (eine kleine Skizze aus dem Militärschul-Milieu) in den ›Privat-Druck‹ aufgenommen? Sie erschien in der ›Zukunft‹ –, ich lasse sie viel eher gelten, als die übrige Klein-Prosa jener Jahre.« »Die Turnstunde« fehlt hier, sie wird in die »Gesammelten Werke« aufgenommen.

An Dr. Robert H. Heygrodt, einen Freund Hünichs, schreibt R. über dessen Buch: »Die Lyrik R. M. R.s. Versuch einer Entwicklungsgeschichte«, Freiburg i. Br. 1921. Durch Hünich wisse er, wie wenig R. von der eigenen ›Frühzeit‹ halte. Bei einem Gespräch würde R. ihm »die spezifisch österreichischen, auch zeitlich sehr datierten Gründe für diese Situation« darstellen können. »Mir fiel der Vorwurf ein, den mir Stefan George (etwa 1899, bei unserer einzigen Begegnung, in Florenz) so ausdrücklich vorzuhalten für gut fand: daß ich zu früh veröffentlicht habe. Wie sehr, sehr recht hatte er damit.« R. fährt fort: »So um die dreißiger Seiten Ihres Buches ist viel tatsächlich Unrichtiges zur Behauptung gekommen«, man könne seine frühen Erzählungen ebensowenig biographisch deuten wie den »Malte«; dieser sei nicht »als Bergwerk biographischen Materials abzubauen«. »Nein, jene Interieurs haben nicht das milieu der Umgebung des Knaben René wiedergegeben ...« Dagegen hebt R. die »ungeheure Bedeutung« der Militär-Schule hervor. R. verweist in diesem Brief auf seinen Plan, einmal über Cézanne zu schreiben.

An Frau Nölke richtet R. die Bitte, ob sie den gelähmten Prinzen Alexander Hohenlohe in ihrem Praderhof in Obermais-Meran ›bis zu einem gewissen Grade‹ als Gast aufnehmen könne: er muß die Schweiz verlassen; sein sequestriertes Vermögen ist aus Paris noch nicht freigegeben.

WEIHNACHTEN verbringt R. allein: Frida Baumgartner ist zur Mitternachtsmesse eingeladen, »so werd ich ganz allein im stillen Hause sein, von halb elf an. Es liegt Schnee, seit gestern ...« (An Baladine K.) Dies ist bis zum 9. 2. 22 der letzte Brief an die Freundin in der ›Correspondance‹. R. schenkt Frida Baumgartner »Mitsou« mit der Einschrift: »Fräulein Frida / Noel 1921 / (zum Französisch Lernen) / R. M. R.«

27. DEZEMBER: R. bedauert, die Vorträge von Jacob Uexküll und Paul Valéry in Zürich nicht besuchen zu können, wie er an Jean Strohl schreibt.

Margrit Bay schreibt an R.: »In Ihren Werken ist ja überall Verwandtes zu Rodins Gedanken, und Sie sind derjenige, der den Meister am besten verstanden hat, der Einzige, der eigentlich nach meinem Gefühl über ihn schreiben durfte und konnte. Dafür bin ich ihnen so dankbar und möchte Ihnen als kleines Zeichen einmal etwas von meinen Arbeiten schicken. Wenn Sie Gefallen finden an dieser Rosenknospe aus Holz, freut es mich sehr, Ihnen diese Naturstudie zu schenken ... Es ist noch nicht das Endgültige drin, das für mich Rose sagt. Aber man hat immer eine gewisse Scheu, zu viel zu sagen, und sagt lieber zu wenig, um nicht die Natur zu verderben ...«

28. DEZEMBER: R. dankt Ilse Blumenthal-Weiß für mehrere Briefe; sie überschätze die Dichter. »Glauben! – Es gibt keinen, hätte ich fast gesagt. Es gibt nur – die Liebe. Die Forcierung des Herzens, das und jenes für wahr zu halten, die man gewöhnlich Glauben nennt, hat keinen Sinn ... Und Sie, als Jüdin, mit so viel unmittelbarster Gotterfahrung, mit so altem Gottesschrecken im Blut, sollten sich um ein ›Glauben‹ gar nicht kümmern müssen. Sondern einfach fühlen ...« R. fährt fort: »Ich habe ein unbeschreibliches Vertrauen zu jenen Völkern, die nicht durch Glauben an Gott geraten sind, sondern die mittels ihres eigensten Volkstums Gott erfuhren, in ihrem eigenen Stamme. Wie die Juden, die Araber, in einem gewissen Grade die orthodoxen Russen – und dann, in anderer Weise, – die Völker des Ostens und des alten Mexikos. Ihnen ist Gott Herkunft und darum auch Zukunft. Den anderen ist er ein Abgeleitetes ...«

29. DEZEMBER: R. nimmt den Brief vom Vortag an Ilse Blumenthal-Weiß mit einer Nachschrift über die Briefe der Marianna Alcoforado nochmals auf. »Leider übersetzte ich jene fünf Briefe zu spät: ich stand ihnen damals schon nicht mehr so nahe wie zur Zeit, da ich sie mir zuerst entdeckte (was fast zwanzig Jahre zurückreicht) –, deshalb habe ich auch darauf verzichtet, dem Bändchen eine meinige Einleitung oder Anmerkung zu geben.«

In seinem Neujahrsbrief an Lou A.-S. sagt R.: »Vor allem aber muß erst der stille Winter gewesen sein. Wenn er lang sein darf und ununterbrochen, so hoff ich doch ein wenig weiterzukommen, als voriges Jahr in Berg, wenn schon nicht mich völlig einzuholen, so doch so weit, daß ich mich wieder im Abstand eines größeren Athemholens vor mir hergehen sehe. Eine unglaubliche Schwierigkeit der Concentration ist mir aus der Unterbrochenheit der Kriegsjahre zurückgeblieben, deshalb kann ich ohne den Beistand dieses wörtlichsten Alleinseins nicht auskommen. Mehr als je wird mir jedes Mittheilen zur Rivalität der Leistung ...« R. berichtet über seine Correspondenz mit Gide und fährt fort: »ganz erstaunlich sind mir nur die Dichtungen von Paul Valéry, von dem ich ein Gedicht ›Le Cimetière marin‹, mit solcher Äquivalenz zu übersetzen vermochte, wie ich sie zwischen den beiden Sprachen kaum für erreichbar gehalten habe. Wenn ich im Eigenen erst ein wenig wieder gesichert bin, so hoff ich auch an seiner Prosa mich zu versuchen; es ist ein herrlicher Dialog da, ›Eupalinos‹ ... Paul Valéry kommt von Mallarmé her ...« R. erzählt von Valérys langem Schweigen: »Erst jetzt, während des Krieges, 1915 oder 1916, entstand wieder, umso reiner, die Nothwendigkeit des künstlerischen Wortes in dem Fünfzigjährigen: und was seither von ihm ausgegangen ist, ist von der größten Besonderheit und Bedeutung.« R. übersendet Lou A.-S. ein Exemplar von »Mitsou«.

30. DEZEMBER: R. rät Xaver von Moos, einen Beruf zu ergreifen, und verweist auf Mallarmé, Valéry und Spitteler. Sein eigenes Verhalten könne nicht maßgebend sein. R. urteilt über Xaver von Moos: »ein junger, begabter, dabei abgewogener und doch wirklich impulsiver Mensch, ein guter Kopf und ein reines Herz« (an N.W.-V. am 15.1.22).

R. bedankt sich bei Margrit Bay für die Rosenknospe, allerdings: »die Rose, die Sie bilden, entbehrt des Anschlusses, sie ist ein Gefühlsding, bei dem zuerst eines auffällt, seine unheilbare Isolierung. Die schlimmste Seite dieses Vereinzeltseins ist seine Vergrößerung, durch welche es an den Maaßstab anatomischer Einzelpräparate erinnert ... Lebt man sich dann ein in die darin enthaltene Anschauung, so macht man die erfreulichsten Entdeckungen in Bezug auf Stärke und Zartheit des modelé: diese einzuschätzen, würde Rodins Sache gewesen sein ,, .« R. sendet beide Briefe, den von Margrit Bay und seine Antwort, an Baladine K.: »M.B, qui m'envoie une de ses sculptures, un énorme bouton de rose, d'une seule pièce avec son socle, in schönem, gebeiztem Holz, eine ältere Arbeit, die Du jedenfalls bei ihr gesehen haben wirst. Ein kurioser Gegenstand, mit dem man nicht recht weiß wohin, denn er ist völlig ohne Umwelt. Ich mußte ihr das so ungefähr schreiben in aller Aufrichtigkeit und lege Dir ihren Brief und den meinigen hier ein. Ich weiß nicht, ob ich stellenweise hart gewesen bin – aber es gab da nicht recht ein Ausweichen, besonders da die Arbeit ja gewisse Qualitäten hat und verdient, ernst genommen zu sein – nur: ernst: als was?«

31. DEZEMBER: R. dankt Otto Pick, Prag, für die Übersendung der Festnummer der Prager Presse und die Zuwendung von Karel Čapeks Drama »W. U. R.« in Picks Übertragung, die ihm »überaus entsprechend« scheint; »ich kann mir denken, zu welchen außerordentlichen Wirkungen die Bühne dieser gewagten Erfindung verhilft ... Ein seltsames Zusammentreffen war's, daß ich, kurz vor Ihrem Briefe, die Nachricht erhielt, das kleine französische ›Théâtre Pitoëff‹ in Genf würde die ›W. U. R.‹ wahrscheinlich spielen ...« R. stellt Pitoëff neben den »großen Stanislawski« und das »Théâtre du Vieux-Colombier« in Paris. Im tschechischen Original: »R. U. R.«, »Rossums Universal Roboter«; das Wort ›Roboter‹ geht von hier in alle Sprachen ein.

ENDE 1921 (wahrscheinlich) entsteht der Entwurf: »Die Hand. Siehe die kleine Meise ...« Ferner schreibt R. in diesem Winter den Entwurf: »Œil qui ne verra pas, qui donne son image ...« mit der dazugehörigen Notiz: »Das noch nie Geöffnete der Knospe / das Auge, das nicht schaut, – hinausschaut, / sondern Bild ausstrahlt – und in dem / stattfindet die Verbindung? des / deux immensités«.

R. übersetzt im Winter 1921/22 das Sonett »A l'Ami. Je resterais muet, si tu n'étais poëte ...« von Xavier de Magallon aus der Sammlung »La Pléiade«, Paris 1921: »Ich bliebe stumm, wärst du nicht Dichter ...«

Im Jahre 1921 erscheint der in 99 Exemplaren gedruckte Band »Aus der Frühzeit Rainer Maria Rilkes. Vers. Prosa. Drama (1894-1899)«, Leipziger Bibliophilen-Abend 1921. Der Band enthält die Beiträge R.s aus den »Wegwarten«, verstreute Gedichte, novellistische Prosa aus Zeitschriften, die Dramen »Im Frühfrost«, »Mütterchen« und »Ohne Gegenwart« sowie eine Bibliographie und ein Nachwort von F. A. Hünich.

Im Hyperion-Verlag in München kommt der Band: »Rainer Maria Rilke / Lotte Pritzel: Puppen« heraus, im Rotapfel-Verlag Erlenbach-Zürich: »Mitsou«.

In der Anthologie von Hans Bethge: »Deutsche Lyrik seit Liliencron«, Leipzig 1921, sind Gedichte R.s aus dem »Buch der Bilder« und den »Neuen Gedichten I und II« aufgenommen.

»Der Herbst der Dichter. Festgabe der Maximiliangesellschaft«, Berlin 1921, enthält zwei Gedichte R.s (aus dem »Buch der Bilder« und dem »Stunden-Buch«).

Die Festgabe: »Universitätsfest in den Sälen des Zoologischen Gartens zum Besten der studentischen Fürsorge«, Leipzig 1921, bringt »Das Karussell« aus den »Neuen Gedichten«.

Eleonore Lemp druckt in der Sammlung »Aufsätze zeitgenössischer Schriftsteller« (= Deutsche Schulausgaben 106), Bielefeld und Leipzig 1921, einen Teil von R.s »Worpswede« ab.

Außer im »Inselschiff« erscheinen R.s Arbeiten in diesem Jahr in keiner Zeitschrift.

Neuauflagen: »Das Buch der Bilder« 16.-19. Tausend, »Auguste Rodin« 31.-35. Tausend, »Geschichten vom lieben Gott« 24.-28. Tausend, »Die Weise von Liebe und Tod des Cornets Christoph Rilke« 201-230. Tausend, »Requiem« 8.-9. Tausend, »Erste Gedichte« 10.-30. Tausend.
Übertragungen: »Die Liebe der Magdalena« 3. Auflage, »André Gide. Die Rückkehr des verlorenen Sohnes« 16.-20. Tausend.
Sonderausgabe: »Das Stunden-Buch«, erster Druck der Inselpresse, 440 Exemplare auf echtem Büttenpapier in gotischer Schrift.
1921 erscheint eine englische Übersetzung des »Marien-Lebens« durch R. G. L. Barrett in Würzburg – R. nennt diese Ausgabe »ein geschmackvolles Bändchen« (an Gräfin Sizzo, 6.1.22). Gedichte R.s in russischer Übertragung werden in die Anthologien von Grigorij Zabezinskij (Berlin 1921) und von Arthur Luther und Alexander Eliasberg: »Deutsche Dichter in russischen Übertragungen« Insel-Verlag 1921, aufgenommen. Auf polnisch erscheint »Die Liebe der Magdalena« von Marja Rominowa, Warschau 1921.
Zwei Vertonungen sind zu nennen; Paul von Klenau: »Die Weise von Liebe und Tod des Cornets Christoph Rilke ... für Bariton Solo, Chor und Orchester« (Universal-Edition, Wien, Leipzig), und von Clemens Krauss: »Acht Gesänge nach Gedichten von R. M. R. Für eine hohe Frauenstimme und Pianoforte« (Leuckart, Leipzig). Die zweite Auflage des Buches von Robert Faesi: »R. M. R.« enthält: »Verzeichnis der selbständig erschienenen Werke R.s« von F. A. Hünich in erweiterter Fassung, Wien 1921.

1922

IM JAHR 1922 legt R. ein Heft an mit der Aufschrift »Das Haus in der Herrengasse«, in das er einen Brief seiner Mutter über einen vergrabenen Schatz und Spukerscheinungen einträgt.
1. JANUAR: R. erhält ohne Begleitzeilen die Abschrift der Aufzeichnungen über Krankheit und Sterben Wera Ouckama Knoops von ihrer Mutter aus München zugesandt.
4. JANUAR: An Erika Dieckerhoff: »Die herrlichen Sonette Michelangelos zu übertragen, sie wirklich ins Deutsche zu verwandeln, hab ich mir schon vor vielen Jahren, aus Widerspruch gegen die bestehenden Übersetzungen, vorgenommen, die voll Unzulänglichkeit sind, ein Spiel kindischer Reimereien, mit Ausnahme jener wenigen, in denen Herman Grimm seine stille Meisterschaft erwies. Nein, natürlich spreche ich nicht Meiniges in ihnen aus, wenn ich sie meiner Sprache zu fassen gebe; ... halt sie weit von mir fort: nicht von meinen Verhängnissen handeln sie. Und wenn ich die meinen versuchte in Sonette zu ordnen, wärs arg: denn ich hätte sonst kein Werk neben mir, das solches Unternehmen überträfe selbst wo es ihm recht gäbe.«

R. dankt Frau Ouckama Knoop für ihre Aufzeichnungen: »nun wars mit Einem die Einführung in ein mich so vielfältig Berührendes, Ergreifendes, Überwältigendes. Läse man dies, und es beträfe irgendein junges Mädchen, das man nicht gekannt hat, so wärs schon nahe genug. Und nun gehts Wera an, deren dunkler seltsam zusammengefaßter Liebreiz mir so unsäglich unvergeßlich und so unerhört heraufrufbar ist, daß ich, im Augenblick, da ich dies schreibe, Angst hätte, die Augen zu schließen, um ihn nicht mit einem Male mich, in meinem Hier- und Gegenwärtigsein, ganz übertreffen zu fühlen ...« R. endet: »mir ists wie eine ungeheure Verpflichtung zu meinem Innersten und Ernstesten und (wenn ichs auch nur von fern erreiche) Seligsten gewesen, daß ich am ersten Abend eines neuen Jahres diese Blätter habe in Besitz nehmen dürfen.«

5. JANUAR: R. dankt Tora Holmström für die Übersendung von Reproduktionen, die er am Neujahrstag empfangen habe: »Je viens d'écrire un petit mot à Mlle Blanchard; quel aimable geste de sa part que de m'offrir cette ›Communiante‹. C'est sans doute une œuvre fort expressive, et il me semble que j'en devine même la couleur en considérant l'expansivité de ce contour mûri.«

An Inga Junghanns sendet R. einen Fragebogen zu seinem »Rodin« zurück, den sie ihm im Oktober geschickt hat.

6. JANUAR: R. hat von Gräfin Sizzo Zustimmung zu dem ihr übersandten »Mitsou« erfahren, jetzt gibt er ausführliche Erläuterungen über Baltusz und dessen Familie. R. fährt fort, inzwischen hätten sie aus Valuta-Gründen nach Berlin gehen müssen: »aus dem Brief, den er mir um Weihnachten schrieb, geht doch einfach Kummer hervor, Kummer und Entbehrung, und eine halb kindliche, halb schon sehr reife Sorge um alles Nächste und Weitere ...«

R. bittet Jean Strohl: »Parmi mes affaires que j'ai perdues à Paris il y avait un petit travail auquel je ne voudrais pas tout à fait renoncer. C'était une lettre (en latin) de Pétrarque, où il décrit son ascension au Mont Ventoux ... l'entreprise audacieuse, rare pour son époque, au lieu de lui laisser l'événement d'une vue plus étendue, lui découvre un nouvel horizon intérieur. Mais pour mener à bonne fin cette traduction, dont une première esquisse existait autrefois, il me faudrait, hélas tout un appareil.« Strohl möge ihm den lateinischen Text senden, sodann eine französische Übersetzung und ein lateinisch-deutsches Wörterbuch: »car mon latin ... non, c'est déja un mensonge que de l'appeler

›mien‹, je n'ai fait qu'oublier ces dernières années.« Der lateinische Text: »Ad Dyonisium de Burgo Sancti Sepulcri ...«

9. JANUAR: R. erinnert sich des jetzt zerstörten Duino, er sei beschäftigt, »den dortigen Erinnerungen so nah als möglich zu kommen«. In seiner Einsamkeit, »an sie anzuschließen, sie fortzusetzen«, versichert R. der Fürstin: »das Verlorene mindestens in mir wieder aufzubauen!« »Ich bin jetzt endlich mit der mühsamen Aufarbeitung meiner Briefrückstände fertig, hunderte und hunderte lagen angehäuft, und kann an Innerlicheres denken.«

10. JANUAR: Frau Nölke hat R. einen großen Lederband mit altem Hadernpapier angeboten und eine Probe geschickt: »Bei dem großen Bogen alten Handpapiers dachte ich: ›Soglio‹ –, nun kommt er zwar nicht von dort, hats aber doch schon ganz heraufgerufen ...« In diesen Band trägt R. im März und April 1923 die Reinschrift seiner Übertragungen aus Valérys Gedichtband »Charmes« ein.

11. JANUAR: R. beginnt die Abschrift von Valéry: »L'Ame et la Danse« aus »Le Ballet au XIX. siecle. Numéro spécial de la Revue musicale du 1er décembre 1921«. Sie ist am 26. Januar abgeschlossen.

12. JANUAR: Dr. Heygrodt gegenüber spricht R. von der Möglichkeit ›biographisch-auslegender Darstellung‹ mit Vorbehalten: »Mein Instinkt ging so sehr in diesem Sinne vor, daß weder die Militärschulzeit noch die Zeiten in Rußland – die beiden bestimmendsten Epochen meines äußeren Lebens – beschreibende oder berichtende Darstellungen mir abverlangen konnten.« R. legt dar, wie er das Verhältnis von Kunstwerk und Publikum sieht, und schließt: »In einer solchen Zeit, wie der unsrigen, käme es ... viel mehr darauf an, die Lage des Kunstwerkes gegen den Aufnehmenden hin sicherzustellen, als seinen Zusammenhang mit dem Hervorbringer zu untersuchen ...«

R. liest »La Chauve-souris« von Charles Derennes in der »Revue hebdomadaire«. (An Strohl)

13. JANUAR: R. dankt Simone Brüstlein für Ihren Brief mit der Frage nach Baladine K.s Ergehen: »Obzwar Mouky's Nachrichten traurige sind: wie sollen sie nicht! In eben diesen Jahrestagen, diesen schmerzlichsten, wo jedes Datum für sie an eine Wunde stoßen muß, (für mich auch!), Simone, nun sinds auch die Jahrestage Ihres Beistands in Genf, gute, gute Simone, – wenn Sie damals nicht gekommen wären, und so gekommen! Ich habe nie jemanden so still selbstverständlich helfen sehen, liebe Freundin, so unerstaunt, so unerschrocken, so mit dem

ganzen Gemüth hineinsichversetzend ins Nöthige –, noch seh ich uns von der gare Cornavin herunterkommen auf die Stadt zu, ohne dieses größte Gegengewicht zu allem Wirren und Schmerzlichen, das Ihr Herz war, Simone, hätten wirs beide nicht überstanden, wenn ich's jetzt überdenke...«

15. JANUAR: An Frau Wunderly: »als ich der so besonderen Post des Neujahrstages Erwähnung that, hatte ich vor allem die Aufzeichnungen im Sinn, die mir gerade an diesem Tage von Frau Ouckama Knoop ... zukamen«; R. vergleicht die Aufzeichnungen mit Montaignes Eindrükken »am Lager seines schwer und entstellt sterbenden Freundes«. R. hat alles Zeitunglesen eingestellt: »Aber, nichtwahr, die Nouvelle Revue Française behalten wir??...«

16. JANUAR: R. dankt Balthusz K. für seinen und seines Bruders Weihnachtsbriefe, aber: »J'en ai trop écrit, ma pauvre plume se trouve être toute camuse à force d'avoir fait si longues promenades presque dans tous les pays de l'Europe et même plus loin...« R. dankt für ein Aquarell, das Baladine »d'après l'ancienne photographie de mes parents« gemacht hat. Viele Dankesbriefe für Mitsou habe er erhalten: »Je l'avais largement distribué entre Noël et le nouvel an.«

18. JANUAR: R. vergleicht die Gedichte Ite Liebenthals mit in sich geschlossenen Urnen und fährt fort: »noch diesen Morgen, da ich die ›Gedichte‹ wieder vornahm, fiel mir eine köstliche alte Apotheke ein, die ich vor Jahren einmal in der einstigen Bischofstadt Carpentras, um ihres künstlerischen Werthes willen, zum Kauf angeboten bekam. Ihre Verse, heute, brachtens mit sich, daß ich auf einmal im Dunkel des schönen, offenen, die Wände ausfüllenden Geschränkes, die geschlossenen Vasen vor mir sich hinreihen sehe: jede anders im blaublumigen, ausdrucksvollen Ornament, und doch wieder alle gleich; jede ein Gift, eine Gluth oder eine Kühlung einschließend, mit dem vollen großen, ja geschwungenen Namen dieses Inhalts, ihn so offen ansagend – und doch wieder ihn völlig verhaltend, jede einzelne, in ihrer, die Verschließung so unübertrefflich aussprechenden Gestaltung...« R. habe dieses Erinnern wie »unter Diktat« für sie niedergeschrieben.

Von Kurt Wolff erbittet R. Fritz von Unruhs neues Schauspiel »Stürme«: »»Ein Geschlecht‹ und ›Platz‹ sind für mich ganz außerordentliche Erscheinungen, großartig im ursprünglichen Werthe dieses Worts.« R. dankt für Werfels »Bocksgesang«: »Ich werde voraussichtlich erst wieder auf das Frühjahr zu ein paar aufnehmendere Lese-Wochen mir einrichten...«

25. JANUAR: Kippenberg benachrichtigt R., daß Ruth eine größere Summe als die bereits vereinbarte brauche, er schlägt zusätzliche 10000,– Mark vor. R. zögert zunächst, willigt dann ein.

Ilse Blumenthal-Weiß hat die »Aufzeichnungen des Malte Laurids Brigge« gelesen; R. betont: »Soweit Eigenes und Eigenstes dorthin eingegangen ist, hat es unendliche Verwandlungen und Übersetzungen erfahren ...« R. faßt sich kurz, weil er eine »Brief-Fasten-Zeit« begonnen habe.

Auch an Regina Ullmann schreibt R.: »Ich habe eine Art Brief-Fasten augenblicklich, so muß ich mir verbieten, viel mehr zu schreiben; meine Feder wollte jetzt Kräfte sparen für die Arbeit –, für die, im Ganzen, die äußeren Umstände günstig wären, die inneren nicht im selben Maße...«

26. JANUAR: R. ist auf Empfehlung von Eva Cassirer durch Alwina von Keller, Erzieherin an der Odenwaldschule, gebeten worden, die Betreuung des jungen schwermütigen Franz Horneffer zu übernehmen. R. lehnt ab: »da ich mir innere Aufgaben vorgenommen habe, für die die mindeste Ablenkung nach außen so hindernd wäre, daß ich die genaueste Einsamkeit auf mich nehmen mußte«.

An Frau Strohl heißt es: »Je viens presque de terminer le volume de Cochin sur le ›frère de Pétrarque‹, charmant ouvrage, qui contribue beaucoup à me faire ›entrer en matière‹.« (Henri Cochin: »Le frère de Pétrarque«, 1903)

27. JANUAR: R. hat von Kippenberg Satzproben für die »Gesammelten Werke« erhalten. »Mit der Schrift wäre ich auf den ersten Blick einverstanden; gegen das längliche Format dagegen macht sich ein gewisser Widerspruch in mir geltend ...« R. erinnert an das Format des »Malte« und seinen früheren Wunsch, so möchten die »Gesammelten Werke« einmal erscheinen.

28. JANUAR: R. dankt Frau von Wedel für Aufnahmen der »Nofretete« – »Was war das für ein Moment der Windstille in der großen Ägyptischen Zeit? Welcher Gott hielt den Atem an, damit diese Menschen um den vierten Amenophis so zu sich kamen ... Und wie schloß sich wieder, gleich hinter ihnen, die Zeit, die einem ›Seienden‹ Raum gegeben, – es ›ausgespart‹ hatte?!« Im Zusammenhang mit der unzulänglichen Übertragung der Gedichte des Omar Chajj'am durch A. F. von Schack be-

merkt R.: »Wenn ich vom West-östlichen Divan absehe (der ja durchaus das Glück orientalischer Entdeckungen ins Deutsche herüberhob), so beruht meine erste Vorstellung vom arabischen Gedicht auf jenen Versen, die Mardrus seinem Text von den tausend und ein Nächten vielfältig eingefügt hat ... Als ich dann später in Tunis und Ägypten so rasche Fortschritte im Lesen des Arabischen machte, ach, zu machen schien ..., da kam in mir die Hoffnung auf, vielleicht selber eines Tages zur Erfassung und Herüberbildung solcher Verse ein meiniges beizutragen ...«
R. sendet Rolf von Ungern-Sternberg das Heft der Nouvelle Revue Française, in dem Valérys »Eupalinos« steht: »Wenn ich einmal im Eigenen so weit fortgeschritten bin, daß ich mir wieder befestigter vorkomme, so hoffe ich sehr, mich der Übersetzung der meisten Schriften Valérys widmen zu können ...«
Für F. A. Hünich schreibt R. das Gedicht: »Ich komme mir leicht verstorben vor, / da ich dieses nicht hindern konnte ...« in ein Exemplar des Privatdrucks: »Aus der Frühzeit R. M. R.s« mit dem Zusatz: »Dankbar, ›trotzdem‹ ...«
Seiner Tochter übersendet R. den Band mit der Einschrift: »Ach in den Tagen, da ich noch ein Tännlein, / ein zartes, war, in einer Gartenecke, / was sprach mir niemand von dem Eckermännlein ...«
ENDE JANUAR: Gedicht-Entwurf: »O Sorge oft um euch, die ihr nicht lest ...«
30. JANUAR: R. dankt Dimitry Umanskij in Wien für die Übersendung einer Auswahl von Wjatscheslav Iwanovs Prosa »Klüfte« aus dem Skythen-Verlag. »Die Poesie wird wohl nicht erscheinen, da ja das ganze so schön begonnene ›Skythen‹-Programm – leider – wie ich erst neulich erfuhr, nicht verwirklicht werden kann.«
31. JANUAR: Noch am letzten Tag, bevor die »Brieffeder« außer Gebrauch gesetzt werden soll, schreibt R. an Inga Junghanns nach Kopenhagen; ihr Mann hat zu ihm von seinem Wunsch nach Scheidung gesprochen.
Einen weiteren ›letzten‹ Brief erhält Katharina Kippenberg, der R. über Regina Ullmanns Erzählung »Der Verkommene« seine Auffassung darlegt. R. ergänzt seinen Brief »durch ein kleines Heft«.
Dieses Heft, auf dessen Titelblatt R. eine in Laub und Knospen ausschlagende Leyer zeichnet, enthält drei kleine Gedichte: »Über die Quelle geneigt, / ach, wie schweigt Narziß ...«, »O wer die Leyer sich brach ...« und »Töpfer, nun tröste, treib / treib deiner Scheibe Lauf! ...«

Für Frau Wunderly trägt R. als Einschrift in den Sammelband »Aus der Frühzeit R. M. R.s« das Gedicht ein: »Solang du Selbstgeworfnes fängst, ist alles / Geschicklichkeit und läßlicher Gewinn ...«

1. FEBRUAR: Kippenberg sagt R. eine erste Sendung von 500,– Frs zu, dieser hat um ein »Taschengeld« in Schweizer Franken gebeten.

R. sendet Anita Forrer »Bettina's ›Frühlingskranz‹ aus den Jugendbriefen Clemens Brentano's« in der Insel-Ausgabe von 1921 mit der Einschrift »Für Anita aus Muzot«.

Niederschrift des Gedichtes: »... Wann wird, wann wird, wann wird es genügen / das Klagen und Sagen? ...« Über der Reinschrift in der handschriftlichen Sammlung »Aus Taschen-Büchern und Merk-Blättern 1925« steht der auf Baladine K. bezügliche Vermerk: »(Aus M's Besitz)«, und darunter der Zusatz: »(am Vorabend der Orpheus-Sonette geschrieben)«.

Die »Duineser Elegien« und »Die Sonette an Orpheus«

2. BIS 5. FEBRUAR: Niederschrift des ersten Teils der »Sonette an Orpheus«, zunächst 25 Sonette, das erste beginnt: »Da stieg ein Baum. O reine Übersteigung! ...«

3. FEBRUAR: Das erste von acht nicht in den Gedichtkreis aufgenommenen Sonetten entsteht: »Rühmen, das ists! Ein zum Rühmen Bestellter ...«

R. schreibt an Frau Wunderly, daß Werner Reinhart in Leipzig ist und sich mit Kippenberg in Verbindung setzen will.

7. FEBRUAR: An Gertrud Ouckama Knoop: »Verehrte, liebe Freundin, in einigen unmittelbar ergriffenen Tagen, da ich eigentlich meinte, an anderes heranzugehen, sind mir diese Sonette geschenkt worden. Sie werden beim ersten Einblick verstehen, wieso Sie die Erste sein müssen, sie zu besitzen. Denn, so aufgelöst der Bezug auch ist (nur ein einziges Sonett, das vorletzte, XXIVe [›Dich aber will ich nun, dich, die ich kannte / wie eine Blume ...‹], ruft in diese, ihr gewidmete Erregung Weras eigene Gestalt), er beherrscht und bewegt den Gang des Ganzen und durchdrang immer mehr – wenn auch so heimlich, daß ich ihn nach und nach erst erkannte – diese unaufhaltsame, mich erschüt-

ternde Entstehung ... Sollte man die ›Sonette an Orpheus‹ an die Öffentlichkeit gelangen lassen, so würden wahrscheinlich zwei oder drei ... (wie z. B. das XXIe) ... zu ersetzen sein.« R. widmet die erste Niederschrift »W. O. K.«.

An Jean Strohl gesteht R., daß er die Petrarca-Übertragung habe aufgeben müssen: »Je vous envoie mon petit manuscrit, tout chaud encore, que je vous prie de me rendre quelque jour, mais sans hâte et après l'avoir lu tranquillement avec Madame Strohl ... le tout pourrait quand même représenter une espèce de ›tombeau‹.« R. sendet Strohl den ersten Teil der Sonette in der ersten Zusammenstellung: I-XXV, noch ohne das später XXIII. Sonett: »O erst dann, wenn der Flug ...«, das erst am 12. oder 13. Februar entsteht.

AM SELBEN 7. FEBRUAR beginnt mit der siebenten Elegie: »Werbung nicht mehr, nicht Werbung, entwachsene Stimme ...« die Arbeit an den Elegien.

AM 7. UND 8. FEBRUAR schreibt R. die achte Elegie nieder: »Mit allen Augen sieht die Kreatur ...«

8. FEBRUAR: An Frau Wunderly meldet R., es sei ein zweites Stehpult angekommen: »nun benutz ich, pensez, beide – denn ich stecke bis weit über Kopf und bis meterhoch übers Herz in Schreiberei, endlich zum Theil solcher, die sich nicht in Couverts falten läßt. Und nicht zum Verbriefen gemacht ist – Etwas sehr Schönes ist mir vom 2.-5. Februar zur Welt geschenkt worden: ein Kranz von fünfundzwanzig Sonetten, geschrieben als ein Grabmal für Wera Knoop! Erst im Schreiben merkte ich nach und nach, daß es dies sei, – nur ein einziges Sonett bezieht sich auf die Tote, das XXIV^te, vorletzte, und doch ist das Ganze wie ein Tempel um dieses Bildnis. Es heißt ›Die Sonette an Orpheus‹. Ich war sehr versucht, können Sie denken, Ihnen meine Niederschrift zu schicken, gestern, aber dann mocht ich mirs nicht vorwegnehmen, Ihnen die Gedichte selbst zu lesen, zumal das Vorlesen ihnen sehr zustatten kommt. – So macht ich eine Niederschrift für die Mutter (wofür sich ein nach Art und Umfang genau, aber so genau passendes Heftchen unter den meinigen, Ihrigen: unsrigen – fand) außerdem schickte ich meine eigene Reinschrift dem guten Strohl zur Durchsicht, als kleiner Dank für seine Bücherdienste, die unermüdlichen, – und um zugleich zu erklären, wieso ich (force majeure) mit den lateinischen Sachen noch nicht weiter sei! Genug ...«

9. FEBRUAR: R. schreibt das Sonett »Frühling ist wiedergekommen. Die

Erde ...«, das er gegen das ursprünglich XXI. austauscht: »O das Neue, Freunde, ist nicht dies ...« Das Gedicht »Gegen-Strophen«, von dem Vers 1-4 aus dem Sommer 1912 stammen, wird anschließend vollendet: »Oh, daß ihr hier, Frauen, einhergeht ...« R. nimmt es zunächst als fünfte Elegie ins Elegienwerk auf, verwirft es am 14. 2. 22. Zugleich entsteht der Entwurf: »Liebe der Engel ist Raum ...« R. läßt nur die mittlere Strophe gelten: »Wir, in den ringenden Nächten ...«, die dritte Strophe ist die Umbildung eines Bruchstücks aus dem Jahre 1914.

Im Laufe des Tages schreibt R. an Frau Ouckama Knoop: »Da kommt, zu der Sendung vom 7ten, noch gleich ein Nachtrag ... nämlich, es bereitet mir so großes Mißbehagen, an jenes XXIe Gedicht zu denken, das ›leere‹, in dem die ›Transmissionen‹ vorkommen (: ›O das Neue, Freunde, ist nicht dies‹) ..., bitte, überkleben Sie's gleich mit diesem, heut geschriebenen, Frühlings-Kinder-Lied, das eher den Gesamtklang bereichert und, als pendant, nicht schlecht steht, dem Schimmel-Weihgeschenk gegenüber ... Dieses Liedchen hier, wie es mir heut, im Erwachen, aufkam, ganz fertig bis zur achten Zeile, und gleich darauf der Rest, erscheint mir als eine Auslegung einer ›Messe‹ ... die Klosterkinder sangen sie, ich weiß nicht, mit welchem Text, aber so in diesem Tanzschritt, in der kleinen Nonnenkirche zu Ronda (in Südspanien –), sangen sie, man hörts, zu Tamburin und Triangel! –«

Am 9. Februar schreibt R. den Kern der neunten Elegie nieder (beginnend mit: »Oh, nicht, weil Glück ist ...«). Der Anfang »Warum, wenn es angeht, also die Frist des Daseins ...« ist auf Duino im März 1912 entstanden.

Am Abend gelingen die Verse 32 bis 41 der sechsten Elegie, die damit vollendet ist: »Feigenbaum, seit wie lange schon ists mir bedeutend...«

R. telegraphiert an Frau Wunderly: »Sieben Elegien nun im Ganzen fertig jedenfalls die wichtigsten. Freude und Wunder R.«

An Baladine K.: »Jeudi soir / Merline, je suis sauvé! Ce qui me pesait et m'engoissait le plus est fait, et glorieusement, je crois. Ce n'était que quelques jours: mais jamais je n'ai supporté un pareil ouragan de cœur et d'esprit. J'en tremble encore – cette nuit j'ai pensé défaillir; mais voilà, j'ai vaincu ... Maintenant commence un travail calme, pondéré, journalier, sûr –, qui me semblera comme une Windstille ...« R. legt ihr die am 26. 1. abgeschlossene Abschrift von Paul Valéry: »L'âme et la danse« ein. »Vous verrez, si c'est beau, sublime – parfois –, quoique peut-être pas si ›loin‹ comme Eupalinos, – aussi il paraît que ce Dialogue se passe encore sur terre ...«

An Anton Kippenberg heißt es: »Mein lieber Freund, spät, und ob ich gleich kaum mehr die Feder halten kann, nach einigen Tagen ungeheuern Gehorsams im Geiste –, es muß ... Ihnen muß es noch heute, jetzt noch, eh ich zu schlafen versuche, gesagt sein: ich bin überm Berg! Endlich! Die ›Elegien‹ sind da. Und können heuer (oder wann sonst es Ihnen recht sein mag) erscheinen. Neun große, vom Umfang etwa der Ihnen schon bekannten; und dann ein zweiter Teil, zu ihrem Umkreis Gehöriges, das ich ›Fragmentarisches‹ nennen will, einzelne Gedichte, den größeren verwandt, durch Zeit und Anklang ...« R. fährt fort: »Ich bin hinausgegangen, in den kalten Mondschein und habe das kleine Muzot gestreichelt wie ein großes Tier –, die alten Mauern, die mirs gewährt haben. Und das zerstörte Duino.« – »Und: mein lieber Freund: dies: daß Sie mirs gewährt haben, mirs geduldet haben: zehn Jahre! Dank!«

10. FEBRUAR: An Frau Wunderly: »Vendredi matin, oh Nike, petite Victoire fièrement ailée à jamais wie sind Sie doch sicher vorangeflogen, unbeirrt ... immer ... und haben dem Geist den Raum seines Athmens offen gehalten – Der Sieg! Der Sieg! Neun Elegien. Noch auf dem Heimweg, gestern vom Telegramm, schloß und bildete sich die Achte und Neunte um kleinere und größere frühere Bruchstücke / Nike ach, daß ich dies noch erleben durfte, – was erleben: sein, es sein, das Un-geheuere! ... gebe mir Gott nun ruhige, gelassene Arbeiten, menschliche, nicht mehr diese, die über alles Bürgerliche und Ver-bürgte der Kraft hinausgehen. Es ist gethan, gethan ...« R. fährt gegen zwei Uhr mittags fort: »das Stehpult mit Lichtern, (das 2. gekommene) es hat mir jetzt tief in die seltsamen Nächte hinein wunderbare Dienste gethan ...« R. schreibt an diesem Pult die »Elegien«, an dem anderen die »Sonette an Orpheus«.

11. FEBRUAR: Vollendung der zehnten Elegie: »Daß ich dereinst, an dem Ausgang der grimmigen Einsicht ...«, beginnend mit: »Freilich, wehe, wie fremd sind die Gassen der Leid-Stadt ...« (Vers 16). Dabei verwirft R. die Fassung aus dem Spätherbst und Jahresende 1913, Paris.

Mittags um einhalb drei Uhr schreibt R. an Frau Wunderly: »Nike / Zehn / eben die zehnte, letzte vollendet. Und herrlich! R.« Auf die Ecke des Blattes: »Sende dann wahrscheinlich schon Montag, wenn alles eingetragen ist, Ihr kleines ›Dépot‹, das glorreich ergänzte, (wer hätt's gedacht!!) an Sie zurück, damit gleich eine genaue, genaueste Niederschrift noch an anderer Stelle bewahrt sei! Und Sie, Chère, sind die erste, darin zu lesen, und die erste, die es Kippenberg zeigen wird im März.« Beim »Dépot« handelt es sich um den kleinen Pergamentband aus Soglio, in den R. wohl schon um die Jahreswende 1920/21 in Berg die vier ersten Elegien für die Fürstin Taxis eingeschrieben hat.

Am 11. Februar, abends, meldet R. der Fürstin Taxis: »Endlich, Fürstin, endlich, der gesegnete, wie gesegnete Tag, da ich Ihnen den Abschluß – soweit ich sehe – der Elegien anzeigen kann: Zehn! Von der letzten, großen: (zu dem, in Duino einst, begonnenen Anfang: ›Daß ich dereinst, am Ausgang der grimmigen Einsicht / Jubel und Ruhm aufsinge zustimmenden Engeln …‹) von dieser letzten, die ja auch, damals schon, gemeint war, die letzte zu sein, – von dieser – zittert mir noch die Hand! Eben, Samstag, den elften, um sechs Uhr abends, ist sie fertig! –« R. bestimmt: »Das Ganze ist Ihr's, Fürstin, wie sollts nicht! Wird heißen: ›Die Duineser Elegien‹. Im Buch wird (: denn ich kann Ihnen nicht geben, was Ihnen, seit Anfang, gehört hat) keine Widmung stehn, mein ich, sondern: ›Aus dem Besitz ….‹.« R. widmet die achte Elegie Rudolf Kassner.

Am selben Abend geht die Nachricht vom vollendeten Elegien-Werk auch an Lou A.-S.: »Denk! Ich habe überstehen dürfen bis dazu hin. Durch alles. Wunder. Gnade. – Alles in ein paar Tagen. Es war ein Orkan, wie auf Duino damals: alles, was in mir Faser, Geweb war, Rahmenwerk, hat gekracht und sich gebogen. An Essen war nicht zu denken. Und stell Dir vor, noch eins, in einem anderen Zusammenhang eben vorher, (in den ›Sonetten an Orpheus‹, fünfundzwanzig Sonetten, geschrieben, plötzlich, im Vor-Sturm, als ein Grabmal für Wera Knoop) schrieb ich, machte, das Pferd, weißt Du, den freien glücklichen Schimmel mit dem Pflock am Fuß, der uns einmal, gegen Abend, auf einer Wolga-Wiese entgegensprang –: wie hab ich ihn gemacht, als ein ›Ex-Voto‹ für Orpheus! – Was ist Zeit? – Wann ist Gegenwart …« Weiter heißt es: »Jetzt weiß ich mich wieder. Es war doch wie eine Verstümmelung meines Herzens, daß die Elegien nicht da-waren. Sie sind. Sie sind.«

12. FEBRUAR: Nachschrift zu dem Brief an Lou A.-S., R. hat ihr, weil die Post doch am Sonntag nicht fortgeht, drei der Elegien abgeschrieben, die Sechste, Achte und Zehnte: »Die anderen drei schreib ich dann im Lauf der Tage, nach und nach, und schick sie bald. Es ist mir so gut,

wenn Du sie hast. Und außerdem beruhigts mich, wenn sie noch irgendwo, draußen, in genauen Abschriften, sicher bewahrt, existieren...«
An Frau Wunderly: »Voici, Chère, votre dépot, complété, magnifié, – heureux de vous revenir. Je le laisse tel, dans son vieux papier, mal habillé!«
An Mary Dobrčensky: »Heute danke ich Ihnen ... noch einmal, ja nun wirklich noch einmal...: für die ganze Schweiz! denn sehen Sie, was zu thun ich damals hergekommen war, jener Abschluß der großen, vor zehn Jahren auf Duino begonnenen Arbeiten, hat sich mir eben, in einem Orkan innerster Fähigkeit, hier in dem stillen Muzot, herrlich und fast unerwartet erfüllt: Die ›Elegien‹ sind da!«
ZWISCHEN DEM 12. UND DEM 15. FEBRUAR entsteht »Der Brief des jungen Arbeiters«, unmittelbar hervorgegangen aus den Brouillons einer »Erinnerung in Verhaeren«. Der fiktive Brief an Verhaeren beginnt mit den später gestrichenen Zeilen: »(Wenn ich ein junger Arbeiter wäre, so würde ich Ihnen etwa dieses geschrieben haben:)«. Darauf folgt: »Man hat uns in einer Versammlung vorigen Donnerstag aus Ihren Gedichten vorgelesen, Herr V., es geht mir nach ...« R. hat über diese Arbeit nicht gesprochen, sie auch nicht ins reine geschrieben.
Diese Tage bringen R. zudem das Gedicht: »Vasen-Bild / (Toten-Mahl). Sieh, wie unsre Schalen sich durchdringen ...«, das unveröffentlicht bleibt.
13. FEBRUAR: Niederschrift des später in den ersten Teil der »Sonette an Orpheus« eingefügten Sonetts XXIII: »O erst dann, wenn der Flug...«
14. FEBRUAR: »Die fünfte Elegie« entsteht: »Wer aber sind sie, sag mir, die Fahrenden, diese ein wenig ...« (Frau Hertha Koenig gewidmet), durch die R. die »Gegen-Strophen« ersetzt.
AM 15. FEBRUAR meldet R. an Frau Wunderly, es habe »ebenso unvermuthet wie alles, ebenso wunderbar – noch einen strahlenden Nachsturm gegeben, gestern, Dienstag, vom Aufstehen an bis gegen drei Uhr. Der ganze Tag war umgeworfen davon und es gab weder Essen noch sonst etwas Reguläres. Eine heilige, elementarische Unordnung: Die ›Saltimbanques‹-Elegie kam zur Welt! – die elfte also! – Sie wird nun gerade die leeren Blätter in dem lieben Soglio-Buch, denk ich, ausfüllen; aber es ist nicht schade, daß es schon fort war. Ich trage sie später dort ein.« R. fährt fort: »Übrigens bleibt die große Zehnte auf alle Fälle die letzte ... die Saltimbanques werden eingeordnet hinter dem ›Frau-

en‹Gedicht (also vor der Helden-Elegie); das Frauen-Gedicht mit seinem seltsamen andersartigen Aufbau, seinen Strophen und gestemmten faserigen Gegen-Strophen, wird wahrscheinlich nicht als Elegie gelten, sondern als eine Art ›Zwischenstück‹ oder es wird unter den zweiten Theil des Buches, ins ›Fragmentarische‹ versetzt werden, wo es auch in guter Gesellschaft bliebe ... je suis de nouveau le contemporain de moi-même! Ich habe mich eingeholt ...«

R. dankt Kippenberg für den »guten telegraphischen Zuruf« und bedauert, daß seine Abneigung gegen das vorgeschlagene Format der Gesamt-Ausgabe die Verlegerpläne sehr stört. Er ergänzt: »In einem großen Nachsturm sind noch zwei Elegien hinzu entstanden –, eigentlich die, die mich nun am meisten beschenken und beglücken ...«

VOM 15. BIS 17. FEBRUAR schreibt R. die Sonette II bis XV des zweiten Teils der »Sonette an Orpheus« nieder. Gleichzeitig entstehen einige nicht in diesen Zyklus aufgenommene Sonette: »Brau uns den Zauber, in dem die Grenzen sich lösen ...«, »Mehr nicht sollst du wissen als die Stele ...«, »Denk: Sie hätten vielleicht aneinander erfahren ...«, »Aber, ihr Freunde, zum Fest, laßt uns gedenken der Feste ...« und »Welche Stille um einen Gott! Wie hörst du in ihr ...«

16. FEBRUAR: Lou A. S. schreibt an R., bewegt und voller Dank: »Und dann die Elegie der Kreatur, – o wie ist es die meines geheimsten Herzens, die unsagbar herrliche; gesagt, in Vorhandenheit gehoben das Unaussprechliche.«

An diesem Tag telegraphiert auch die Fürstin und schreibt: »– als ich Ihre Adresse sah hatte ich ein merkwürdiges Gefühl – Was wird in dem Briefe stehen? Und ich habe aufgejubelt als ich ihn las ...«

17. FEBRUAR: R. dankt Kurt Wolff für eine Büchersendung: »nur das Buch Kafka's hab ich mir schon jetzt, gestern Abend, mitten in anderen Beschäftigungen, vorweggenommen. Ich habe nie eine Zeile von diesem Autor gelesen, die mir nicht auf das Eigenthümlichste mich angehend oder erstaunend gewesen wäre. Und da ich, wie Sie mich so freundlich erkennen lassen, wünschen darf, so merken Sie mich, bitte, immer ganz besonders für alles vor, was von Franz Kafka bei Ihnen an den Tag kommt. Ich bin, darf ich versichern, nicht sein schlechtester Leser. (Wie schön ist übrigens diese Edition der ›Kleinen Erzählungen‹!)« Kurt Wolff hat R. von Kafka »Ein Landarzt. Kleine Erzählungen« (1919) gesandt. In R.s Nachlaß finden sich »Das Urteil« und »Die Verwandlung«: (›Der Jüngste Tag‹, 1916 und 1915.)

VOM 17. BIS 19. FEBRUAR entstehen das XVI., XVII. und XVIII. Sonett des zweiten Teils der »Sonette an Orpheus«; nicht aufgenommen wird das Sonett »Wir hören seit lange die Brunnen mit ...« Zwölf Bruchstücke sind erhalten.
ZWISCHEN DEM 17. UND 23. FEBRUAR schreibt R. das XIX., XX., XXI., XXII. und XXIII. Sonett nieder.

18. FEBRUAR: An Frau Wunderly: »Chère, kaum sandte mir Strohl das kleine Heftchen mit den fünfundzwanzig Orpheus-Sonetten zurück, da ging dieser Faden auch schon weiter ins neue Geweb – es sind, wo ich ging und stand, eine Menge Sonette hinzuentstanden diese Tage, vielleicht fünfzehn oder mehr, aber ich werde nicht alle gelten lassen –, ich bin jetzt so reich, daß ich mir erlauben kann zu wählen. In was für einer Welt der Gnade leben wir doch! Welche Kräfte warten darauf, uns zu erfüllen, uns immer gerüttelte Gefäße. Wir halten uns unter irgendwelche ›Leitung‹, – aber sie sind schon in uns an der Arbeit. Uns freilich ganz zu eigen, gehört nichts, als die Geduld, aber was ist die für ein Kapital –: und welche Zinsen trägt sie, zu ihrer Zeit – Trost genug für achthundertsiebenunddreißig Leben mittlerer Länge ...« R. erbittet Lactobacilline und, da Frau Wunderly krank ist, sendet er ihr das »kleine Frühlings-Kinder-Liedchen«: »Also: beim ersten richtigen Wieder-auf-sein zu singen!« R. erzählt die »weitere Herkunft« des Liedes aus Ronda.

19. FEBRUAR: R. setzt den Brief vom 12. 2. 21 an Mary Dobrčensky fort: »Dies, liebe Gräfin, schrieb ich vor einer Woche, im gleichen Augenblick, da ich die Feder hinter der letzten (zehnten) Elegie fortgelegt hatte – nun setze ich heute fort, die andere große Freude auszusprechen, diese große, Sie in Algier zu wissen!« R. erinnert sich: »besser im unscheinbarsten Ort einer solchen großmächtigen Fremde lange wohnen, als viel ›Sehenswerthes‹ auf einmal durchmachen müssen. – Trotzdem, natürlich, ist's mir nicht umsonst gewesen. Das hab ich gerade bei meiner jetzigen Arbeit wieder gesehen. – Übrigens, trotz ›Fremde‹, war mir das arabische Wesen, nach dem russischen, das nächste! ... Es ist kein leichter Zugang dazu, besonders weil keinem Araber daran liegt, dem Europäer näher zu helfen. Mit wenigen, umso ergreifenderen Ausnahmen. (Erzählte ich Ihnen nicht die, die mich am Tiefsten betraf? Sonst thu ich's noch einmal.)«
An Lou A.-S.: »Über dem Lesen Deines guten mit-wissenden Briefes: wie überkam's mich noch einmal, diese Sicherheit von allen Seiten, daß

es nun da ist, da, das so lang, das seit je Erstandene!« R. meldet das Hinzukommen einer weiteren Elegie: »Und so sind also auch die ›Saltimbanques‹ da, die mich eigentlich schon seit der allerersten pariser Zeit so unbedingt angingen und mir immer seither aufgegeben waren. Aber nicht genug daran. Kaum war diese Elegie auf dem Papier, so gingen auch schon die ›Sonette an Orpheus‹ weiter ...« R. endet: »Ich weiß wohl, es kann eine ›Reaktion‹ geben«, davor hat Lou A.-S. gewarnt, »nach solchem Geworfenwerden das Auffallen irgendwohin; aber ich falle schließlich in den hier schon näheren Frühling und dann: da ich die Geduld haben durfte, die lange, zu dem nun Erreichten hin –, wie sollte ich nicht eine kleine Nebengeduld leisten können, durch schlechtere Tage ...«

AM 20. FEBRUAR beantwortet Baladine K. R.s Botschaft: »C'est difficile de vous répondre – j'aurais dû le faire plus tôt ... je suis contente, très contente que vous soyez content de ce que vous avez écrit. Je vous en remercie – Vous m'avez enlevé un poids trop lourd et vous l'avez enlevé doucement et pas trop tard. J'ai déjà souvent lu ce beau dialogue de Valéry ...« Am 18. 2. 22 »hat eine Frauen-Ausstellung bei Flechtheim angefangen. J'expose sous le nom de Baladine ...«

ZWISCHEN DEM 19. UND 23. FEBRUAR: Niederschrift der Sonette XXIV bis XXIX des zweiten Teils der »Sonette an Orpheus«. Bis zum 23. 2. 22 entstehen auch die beiden Gedichte: »Manchen ist sie wie Wein, der das Glänzen des Glases ...« und »Neigung: wahrhaftes Wort! Daß wir jede empfänden ...« Das zweite eignet R. am 5.12.1923 in einer leicht veränderten Fassung Anton und Katharina Kippenberg zu.

MITTE FEBRUAR: Außer zwölf Bruchstücken aus dem Umkreis der »Sonette an Orpheus« (3.-23. 2. 22), ist ein weiterer Entwurf erhalten: »Mein scheuer Mondschatten spräche gern / mit meinem Sonnenschatten von fern ...«

21 FEBRUAR. »Ruth schrieb mir nur einmal eilig, seit sie in M[ünchen] sind. Sie wohnen in meiner Wohnung, Ainmillerstrasse 34. IV. – recht unbequem fürcht ich, da sie sie ja mit H. Dr Feist theilen müssen.« (An die Mutter)

22. FEBRUAR: R. sendet Frau Wunderly das siebte der später doch nicht in den Zyklus der »Sonette an Orpheus« aufgenommenen Sonette: »Wann war ein Mensch je so wach / wie der Morgen von heut? ...« R. sagt dazu, als er die Schnüre ihres Paketes gelöst habe: »kam mir das beiliegende Liedchen, tout fait, das doch gar nicht in den Moment paßte

oder gehörte, denn weder war es ein solcher Morgen (ja, es regnete sogar aus kalt beschlagendem Nebel herunter) trotzdem war dieses Liedchen da, das ich auch in die ›Sonette an Orpheus‹ einreihe, die ich gerade abschreibe (: es sind jetzt über fünfzig.)«

GEGEN DEN 23. FEBRUAR schreibt R. das ›erste‹ Sonett des zweiten Teils der »Sonette an Orpheus«, die damit abgeschlossen sind: »Atmen, du unsichtbares Gedicht ...«

23. FEBRUAR: An Katharina Kippenberg heißt es: »Sie haben, meine liebe Freundin, noch in Ihren winterlichen Wäldern ... das Geräusch gehört, mit dem die Leier unwillkürlich aufklang, da man sie hervorholte. Hier ist nun, was sie seither unter wirklichen Griffen getönt hat: ›Die Sonette an Orpheus‹.« R. fährt fort: »Hier ist, scheint mir, oft sehr weit Herstammendes geformt, Wesentliches aus dem ägyptischen Erlebnis ... Manches, das sich lange, ganz ungeschüttelt, einklären durfte und daneben, dicht daneben, Unmittelbares, das bei der ersten Aufnehmung schon klar war ... Ich sage immerzu Sonette. Ob es gleich das Freieste, sozusagen Abgewandeltste wäre, was sich unter dieser, sonst so stillen und stabilen Form begreifen ließe. Aber gerade dies: das Sonett abzuwandeln, es zu heben, ja gewissermaßen es im Laufen zu tragen, ohne es zu zerstören, war mir in diesem Fall, eine eigentümliche Probe und Aufgabe: zu der ich mich, nebenbei, kaum zu entscheiden hatte. So sehr war sie gestellt und trug ihre Lösung in sich.« Für eine mögliche Herausgabe gibt R. Katharina Kippenberg freie Hand in bezug auf Anordnung und Auswahl, selbst Fortlassung: »(wenn Sie wollen, der Hälfte!)«. An Kippenberg schreibt R. zu den »Elegien«, er habe ihm diese erst bei seinem Besuch auf Muzot mitgeben wollen, aber: »Die vorliegenden Reinschriften der sechs neuen Elegien, können, mit den schon vorhandenen Abschriften der vier ersten zusammen, sehr gut, so wie sie sind, als Druckvorlage dienen; es bliebe da nichts mehr zu besorgen. – Was mich noch eine Weile beschäftigen könnte, wäre höchstens die bedenkliche Zusammenstellung jenes zweiten Teils, den ich, wie Sie schon wissen, ›Fragmentarisches‹ zu überschreiben beabsichtige. An und für sich dürften die vollendeten zehn großen Gedichte freilich auch allein hinausgehen, wenn auch der Band dann eben kein sehr starker würde. Es wäre nicht so sehr, um ihm ein volleres Ansehen zu geben, daß ich die Anfügung jenes anderen Teils befürworten wollte –; aber diese Gedichte, den Elegien verwandt und ihnen durchaus zeitgenössisch, blieben sonst für immer zurück. Um so mehr, als ich

mir eigentlich für später bloße Ansammlungen von Gedichten, die man von Zeit zu Zeit zusammennähme, ohne daß ein gemeinsamer Impuls an ihrem Ursprung steht, kaum mehr vorstellen mag ...« R. erläutert den vorgesehenen Inhalt dieses zweiten Teils.

24. FEBRUAR: Einem Brief an Ilse Erdmann legt R. eines der »Sonette an Orpheus« bei.

An Renée Sintenis heißt es: »das wollte ich noch sagen: ich halte es für denkbar, daß 1922 das Jahr unserer Arbeit würde: falls ich nämlich (wofür allerhand Verpflichtungen und Erledigungen zusammenwirken) ein oder zwei Monate in Deutschland zubringen sollte, im Sommer oder Herbst, so würde ich nicht versäumen, Verehrte, mich Ihnen als denkbar ausdauerndes Modell anzubieten, womit mir und nicht zuletzt, dem immer wartenden und hoffenden Insel-Verlag eine schöne Erfüllung widerführe. Natürlich nur, wenn nicht dann gerade andere Arbeiten Ihre Hände ganz brauchen und beschäftigen ...« Der Plan wird nicht verwirklicht.

25. FEBRUAR: Der Fürstin berichtet R., er würde schon gedankt haben: »wenn nicht inzwischen noch eine zweite (nun, soweit ich sehe, ebenfalls abgeschlossne) Arbeit mich ganz in Athem gehalten hätte! Ja, denken Sie, ein solcher Überfluß! – So wie damals neben den ersten großen Elegien (auf Duino), in vor- und nachbewegten Nebenstunden, das Marien-Leben sich einstellen mochte, so ist diesmal eine Reihe von (etwas über fünfzig) Sonetten entstanden, ›die Sonette an Orpheus‹ genannt ...« R. legt der Fürstin das Sonett »Sei allem Abschied voran ...« (II, 13) bei. Die »Elegien« will R. der Fürstin vorlesen: »Außerdem verdient das gute alte Muzot, daß Sie es kennen und überaus verdiente es die herrliche große, großmüthige Landschaft, die schon jetzt anfängt, dem Frühling zuzuneigen ...«

27. FEBRUAR: »Gestern, Lou, war ein Sonntag, der wirklich nach der Sonne hieß, von früh bis spat ... Dein Brief ... voll wie er war, voll Einsehen und Freude! Der gab mir den Anstoß, daß ich Dir dann am Nachmittag noch die übrigen drei Elegien abschrieb ... Nun hast Du sie also.« (An Lou A.-S.)

AM 1. MÄRZ antwortet die Fürstin Taxis aus Wien: »ganz begeistert über das Sonett – und glücklich über die neue Arbeit«. Sie berichtet von Carl J. Burckhardt: »Ich habe ihm Ihr Sonett gezeigt das er wunderschön vorgelesen hat. ›Sei ein klingendes Glas / das sich im Klang schon zerschlug‹ Wie schön ... Kassner kommt heute dem wird es auch gezeigt.«

Die Fürstin möchte Anfang April nach Rom reisen und hofft, auf der Rückfahrt nach Muzot zu kommen.

2. MÄRZ: Xaver von Moos wird einen Vortrag über Verhaeren halten, R. sagt dazu: »Sehr erwünscht ist es mir, daß Sie den Hinweis auf meine Publikationen einem späteren Termin überlassen«, das neuste sei über zehn Jahre alt. Für Moos legt R. Valérys »Cimetière marin« mit seiner Übertragung bei, die Handschrift erbittet er zurück.

4. MÄRZ: An Paul Morisse: »Avec cela: on annonce un nouvel ouvrage de Paul Valéry: Le Serpent. Est-ce qu'il s'agirait d'une reproduction identique du magnifique Poème, paru dans la N. R. F. (en Juillet 1921)? Les vers admirables qu'on a pu lire, portaient comme titre: Ebauche d'un Serpent. C'est cette circonstance qui me fait croire que l'édition annoncée en donne peut-être une version différente ou plus complète; dans ce cas je voudrais absolument l'avoir.« Im selben Brief heißt es: »Quant à la ›Soirée avec M. Teste‹ que je vous avais nommé une autre fois, j'y renonce; car depuis (ayant trouvé mentionné dans un catalogue de Kündig la première édition de ce livre) j'ai eu la chance d'en acquérir un bel exemplaire ...«

6. MÄRZ: R. möchte die Abschrift des zweiten Teils der »Sonette an Orpheus« beginnen und bittet Frau Wunderly um ein passendes Heft. Auch ihr schickt er das Sonett, »das Carl B.[urckhard] so schön vorgelesen hat [und zwar bei der F^{stin} Taxis in Wien] ... nur dies allein, das ich besonders liebe.« (»Sei allem Abschied voran ...«)

R. schreibt weiter an Frau Wunderly von seinen Plänen für den Garten von Muzot: »Rosen vor allem möchte ich doch auf alle Fälle, in den beiden vorderen Parterres, rechts und links von dem mittleren runden Beet«, die Beerensträucher können in den ›Verger‹ übersiedeln: »so hätt ich alles frei für Rosen! Wäre das nicht herrlich?!« Er bittet die Freundin um ihr Kommen, »wenn jetzt heut, morgen oder übermorgen, v. d. M.'s mit ihrem kühnen Besuch doch das Eis der Einsamkeit gebrochen haben«.

AM 7. MÄRZ sind von der Mühlls für einige Stunden auf Muzot, R. liest ihnen die »Saltimbanques«-Elegie, die Helden-Elegie und »Sei allem Abschied voran ...« vor.

10. MÄRZ: Aus einem Brief Kippenbergs an R. geht hervor, daß dieser »weitere, nun aber endgültig restliche M 20000,–« für Ruth bewilligt hat.

R. sendet an Frau von der Mühll »einen bleibenden Ausweis des wirk-

lichen Besuchs«, ein Heft, in das er die von ihm vorgelesenen Dichtungen eingetragen hat; außerdem: »(Das Heft Le Ballet au XIXième siècle wird, auch abgesehen von Valérys sublimem Dialog, Interesse für Sie haben, z. B. durch den Aufsatz über Salvatore Vigano und ähnliches.)«
R. dankt Pfarrer Zimmermann für die Übersendung eines alten Bildes von Schloß Berg. In Weiterführung früherer Gespräche heißt es: »wenn ich zugleich allgemein und wahr sein wollte, so müßte ich gestehen, es sei mir doch, zeitlebens, um nichts anderes gegangen, als in meinem Herzen diejenige Stelle zu entdecken und beleben, die mich in Stand setzen würde, in allen Tempeln der Erde mit der gleichen Berechtigung, mit dem gleichen Anschluß an das jeweils dort Größeste anzubeten.« R. geht auf sein Empfinden in der großen Moschee von Kairouan ein, dem verödeten Gotteshaus.

11. MÄRZ: Im Garten von Muzot sind die Obststräucher umgepflanzt, an deren Stelle Rosen gesetzt worden. Es melden sich Käufer für Muzot, das Werner Reinhart bisher nur gemietet hat.
R. bittet den Rechtsanwalt Dr. Stark in Prag, von der ›Prager Presse‹ eingehende Zahlungen in Verwahr zu nehmen, die Kursverluste bei der Überweisung in die Schweiz seien gegenwärtig zu groß.

13. MÄRZ: In einem sorgfältigen Antwortbrief an den neunzehnjährigen Rudolf Bodländer bejaht R. die Frage, ob Berufsausübung und künstlerische Arbeit miteinander zu verbinden seien. Er verweist ihn auf die Gleichaltrigen und damit im Zusammenhang auf das Buch »La Danse devant l'Arche« von Henry Franck.
Zu Kippenberg spricht R. von Alfred Mombert: »Sie wissen, daß, in meiner Jugend, ›Die Schöpfung‹ und besonders ›Der Glühende‹ mir von großem Einfluß gewesen sind. Es ist wunderbar, daß dieses in seiner Unbeirrtheit und konzentrischen Einheit so großartig kreisende Werk schon jetzt so sagbar gerühmt werden konnte, wie dies dem Benndorfschen Aufsatze und insbesondere dem von Rudolf Pannwitz gelingt.« Die Würdigungen erscheinen zu Momberts 50. Geburtstag im »Inselschiff«, 3. Jg., 3. Heft, 1922.
R. hat das Buch »Telepathie und Hellsehen. Versuche und Betrachtungen über ungewöhnliche seelische Fähigkeiten« (Halle 1922) von Waldemar von Wasielewski gelesen und wendet sich an den Autor: »seit zwei Jahrzehnten war es meine Hoffnung, die Erscheinungen, von denen Sie mit so vollendeter Sorgfalt und Genauigkeit berichten, endlich unter diejenigen aufgenommen zu sehen, die Achtung und – bei ober-

flächlich Beteiligten – mindestens ein stilles erstes Abwarten verdienen. Erst durch Ihr entscheidendes Buch scheint mir Allem in diesen Bereich Gehörigen eine solche Stellung endgültig zugestanden und gesichert zu sein ...« Es sind zwei weitere Briefe R.s an Wasielewski erhalten.

14. MÄRZ: Strohls, die zu einem Vortrag Klossowskis nach München fahren, trägt R. auf: »ne manquez pas, je vous prie, d'emporter bien de choses de ma part à K. et aux Stielers (que j'aime et que je connais depuis 1897! – tout en les voyant rarement de par les circonstances).«

15. MÄRZ: R. bittet Frau Wunderly, für ihn einen von Edith Nebelong erhaltenen »Sonderdruck aus dem dänischen ›Tilskueren‹, mit schönen Gedichten« so einbinden zu lassen wie die Aufzeichnungen über Wera Knoop. Stefan Georges »Drei Gesänge« habe er sich besorgt: »es steht leider damit genau so, wie Korrodi es dargestellt hat.« (Der Band »Drei Gesänge«, Berlin: Bondi 1921, enthält: »An die Toten. Der Dichter in Zeiten der Wirren. Einem jungen Führer im ersten Weltkrieg«.)
Alle Briefe dieser Zeit an Frau Wunderly bringen häusliche Nachrichten aus Muzot und betreffen auch den entstehenden Garten. Diesem ist dazu noch ein »Chokolade-Verschen« für das Stammbuch von Yvonne Ziegler beigegeben, das er dort eingetragen habe: »Halte die Freude für mehr, als das Glück: / Dann wird jedes Ältersein auch ein Mehr-Sein; / und im Rathlossein oder Schwersein / reichst du zu Mächten der Kindheit zurück.«

16. MÄRZ: An die Fürstin Taxis schreibt R.: »diese Sehnsucht, Rom wieder zu sehen« sei »dieses Jahr enorm, schon seit Wochen; an einem Tag, da sie fast unerträglich drängend war, schlug ich zufällig, gegen Abend, in D'Annunzios Notturno ... gerade dieses Gedicht auf! Ich mußt es Ihnen auf der Stelle copieren.« R. legt die Abschrift des Gedichtes ein: »Essere un bel pino italico ...« (»Notturno«, S. 335).
Auf Grund der Besprechung Eduard Korrodis in der NZZ hat R. die Briefe Jean Pauls (München, Georg Müller Verlag) bestellt: »gestern schon trafen zwei herrliche (aber kolossale!) Bände ein; ein Beispiel jetziger deutscher Buchpreise übrigens: Band 1 kostet 500,– Mark, Band 2 550,– Mark!!! Aber ein wunderbarer Besitz. Und das ist erst der Anfang von J. P. enormer Correspondenz, die Jugendjahre ...« (An Frau Wunderly)

17. MÄRZ: R. zeigt Gräfin Sizzo die Vollendung der Elegien an und die »Sonette an Orpheus«. In diesem Brief geht R. ausführlich auf Richard

Dehmel ein und das Wirken der Nyland-Gruppe: »Joseph Winckler und, besonders, der früh verstorbene (oder, wenn ich nicht irre, im Krieg gefallene) Gerrit Engelke, verdanken den Mut, ihre große Begabung von der Stelle aus, auf die das Leben sie gestellt hatte, unbeirrt auszuüben, unbedingt dem Dehmelschen Zuspruch ...« Es folgt eine Erörterung über die Sprache im Vergleich mit dem ›Material der anderen Künste‹.

18. MÄRZ: R. kündigt Frau Ouckama Knoop für ihre Rückkehr nach München den »Zweiten Teil« der »Sonette an Orpheus« an, sendet zunächst nur eines daraus, das XIII., ferner eine Neufassung von I,7 und als Ergänzung zum ersten Teil das jetzige Sonett XXIII.

19. MÄRZ: R. dankt Frau Albert-Lazard für die Übersendung von zwei schönen Lithographien und Abbildungen eigener Arbeiten: »Frau Kippenberg wird Dir vermutlich erzählt haben, daß ich so unterstützenden Umständen nun auch endlich Einiges abgerungen habe ...«

20. MÄRZ: Über den »Zustand, der nach dem Abschluß einer lange anhaltend gewesenen künstlerischen Spannung und Absicht« eintritt, äußert R.: »ein Leichtwerden im Moment, da die Flügel müde sind; ein zu Leichtwerden. Der Auftrieb des Gemüts zu irgendeiner Oberfläche. In früheren Jahren konnte mir dergleichen unsäglich verwirrend sein, denn das Feriale dieser Entlastung ist nur ihre eine Seite, kaum empfunden, schlägt es in ein Bewußtsein des Überzähliggewordenseins um.« (An Elisabeth de Waal)

Werner Reinhart und Frau Wunderly werden gemeinsam die Rosen für Muzot besorgen: »Nike! Rosen! Ich werde einmal Rosen haben. Ich werde an die fünfzig Rosen haben, mit den hiesigen, alten 3, 54, die Rosenbogen nicht mitgerechnet. Eine Rosenschaar, ein Volk von Rosen. Das Rosenwunder. Quel miracle!« Auch wird Frida Baumgartner weiter auf Muzot bleiben – angesichts von Reinharts »zunehmender Absicht und Neigung«, Muzot zu kaufen, eine Sicherung der häuslichen Ordnung. R. wird über Reinharts Pläne schweigen, damit dieser »ganz frei sei in seinen dann sich entscheidenden Absichten«. (An N.W.-V.)

Morisse hat R. den erbetenen Luxusdruck »Le Serpent«, Gallimard 1922, geschickt, R. antwortet: »Je trouve si réussie cette édition du Serpent de Paul Valéry / que je garde la plaquette sans comparer le texte avec celui, paru a la N. R. F.« Die Texte sind bis auf Abweichungen in der Zeichensetzung identisch, dagegen zeigt die Fassung in »Charmes« (1922) einen veränderten Schluß.

ZWISCHEN DEM 20. MÄRZ UND DEM 11. APRIL überträgt R. »Ebauche d'un Serpent« von Paul Valéry: »Entwurf einer Schlange. Winde wiegen die mir umgetane / Schlange ...«

23. MÄRZ: R. antwortet Rudolf Bodländer auf dessen Konflikt zwischen »Liebes-Absage oder Liebes-Erfüllung«: »Was soll uns denn beistehen, wenn die religiösen Hilfen versagen –, indem sie diese Erlebnisse vertuschen, statt sie zu verklären und sie uns entziehen möchten, statt sie herrlicher, als wir sie zu ahnen wagten, in uns einzusetzen ...« Ein weiterer Fragenkreis ist der künstlerischer Produktion, R. schließt: »falls Kunst in Ihnen sich vorbereiten sollte, unter dem doppelten Boden, den Ihr Beruf einziehen und befestigen wird in Ihrem Dasein – denken Sie daran, daß der sublimste, der ›dichteste‹ Dichter unserer Zeit, Stéphane Mallarmé, sein bürgerliches Leben als englischer Sprachlehrer zubringen konnte.«

25. MÄRZ: R. hätte gern Papiere aus dem Besitz seiner Großmutter, »da ich der einzige bin in unserer Verwandtschaft, der genealogisches Interesse hat, da ferner die Familie Entz sich in keinem männlichen Gliede fortsetzt, so möchte ich auf das Dringendste bitten, das an mich Alles das käme, was einen Beitrag zur Familiengeschichte (für die auch Ruth immer Sinn bewiesen hat) aufzufassen wäre...« (An die Mutter)

VOM 27. MÄRZ BIS 1. APRIL ist R. in Zürich, er steigt im Hôtel Baur au Lac ab. Anlaß der Reise: Konsultation des Zahnarztes Dr. Russenberger. R. ist viel mit Frau Wunderly zusammen und trifft am 1. 4. Jean Strohl. Um eine halbe Stunde versäumt R. den Maler Hubert Landau, der, aus Berlin kommend, von Baladine, Pierre und Baltusz K. hätte erzählen können. Landau fährt weiter zu Frau Nölke nach Meran.

An Baladine K. schreibt R. kurz darauf: »Entendez-vous de la musique parfois –, moi, j'ai un grand besoin d'elle, ce qui m'a poussé d'aller dans un ›Symphonie-Konzert‹ à Zurich –, mais je n'en ai pas rapporté grande chose, habitué à mon solitude, je me trouvais trop dépaysé parmi ce monde qui avait la routine de la musique ...« (11. 4. 22)

APRIL: Das »Inselschiff«, 3. Jg., 4. Heft, bringt R.s Übertragung von Mallarmés Gedicht »Tombeau / Anniversaire 1897« – »Tombeau. Der schwarze Block im Zorn, daß Wind ihn rolle ...«

1. APRIL: Kaiser Karl stirbt nach zwei mißglückten Putschversuchen in Ungarn in der Verbannung auf Madeira.

2. APRIL: Über das Sonett »Sei allem Abschied voran ...« schreibt R. an Katharina Kippenberg: »Es enthält alle übrigen und es spricht das aus,

was, ob es mich gleich noch weit übertrifft, eines Tages meine reinste endgültigste Erreichung, mitten im Leben, müßte sein dürfen.«

3. APRIL: »Strohl hat mir erzählt, daß Baltusz wirklich den geplanten Auftrag bekommen hat, ein Stück für das große münchner Nationaltheater auszustatten!!! Er arbeitet in vollem Glück, der liebe Knabe, und ein Theil der Dekorationen soll schon fertig und abgeliefert sein. Quelle gloire à 14 ans!« R. berichtet Frau Wunderly weiter, daß in seiner Abwesenheit Muzot von Kauflustigen besichtigt worden sei, Werner Reinhart habe aber eine »préférence«. Die ersten Rosen werden gepflanzt.

6. APRIL: R. bittet Frau Hedwig Fischer: »ich muß doch durchaus wieder die Rundschau haben ... Der Wunsch wurde ganz lebhaft, als ich vor ein paar Tagen in Zürich, im Hotel, zu meiner Freude und Überraschung, den ganzen Jahrgang 1921 im Lesezimmer vorfand, – – da erwies sich, ich kannte nicht ein einziges Heft (doch das eine mit einem Beitrage von Regina Ullmann) ...« R. betont: »Ganz besonders berührt und beschäftigt haben mich diese Berichte Dauthendeys über die Hochzeit des javanischen Fürsten ...« Weiter bittet R. um die Ausgabe der Briefe Dehmels.

Der Sommer in Muzot

8. APRIL: R. erhält den Besuch des Anatomie-Professors Strasser und seiner Tochter Felicia aus Bern, die mit Strohls befreundet und von Francine Brüstlein an R. verwiesen sind. Strasser arbeitet an einer Broschüre gegen Einstein, keineswegs im Sinne R.s. Dieser schreibt über die Vorträge Einsteins in Paris: »Und welchen Takt, welche Angemessenheit bewahrt er auf dieser ganzen Reise. Es ist doch ein Glück, daß dieser Mensch nun der erste ist, der von Deutschland wieder überall hinauskommt, er verbreitet den in Deutschland so seltenen guten Geruch einer großen Sache –, er vertritt sie, diese Sache und in der Sachlichkeit liegt eine so tiefe reine freie Versöhnung ...« (An N. W.-V.) Einstein hat 1921 den Nobel-Preis für Physik erhalten; 1922 erscheint sein revolutionäres Werk »Über die spezielle und allgemeine Relativitätstheorie«.

Charles Wunderly ist gerade in Budapest, für ihn, schreibt R. an seine

Mutter, wird »Budapest durch den Tod Kaiser Karls in einer neuen Weise merkwürdig und interessant geworden sein«.
In Wien stirbt Oswald von Kutschera-Woborsky.
11. APRIL: An Baladine K.: »Est-ce de ma faute, Merline, si le silence entre nous a pris de telles proportions? (Votre dernière lettre date du 20 Février!) ... Depuis le commencement de Mars j'avais des visites à Muzot. Mais ces visites me fatiguent plus qu'elles ne me rendent du bien –, je me sens encore peu capable de me ›distraire‹ de ces choses aux-quelles j'ai appartenu pendant ces mois, et, seul, j'y rentre toujours avec enchantement et reconnaissance.« Zu Ostern erhält Baladine K. die Übertragung von Valérys »Le Serpent« – »(Pendant du Valéry de l'année dernière)«.
An seine Mutter schreibt R.: »Sehr schade ist es, daß Großmama im Vernichten von Überliefertem so rücksichtslos und rigoros gewesen ist; es hätte mir Freude gemacht, jene Linie zu verfolgen, die ins Elsass führt, ich denke immer, wer weiß, ob nicht von dorther z. B. meine doch offenbar so gründlichen Beziehungen zur französischen Geistigkeit sich erklären ließen?«
12. APRIL: Über den körperlichen Schmerz: »er verträgt keine Auslegung. Man muß ihn, sozusagen, auf der Stelle aufbrennen lassen, ohne irgend einen Gegenstand des Geistes oder des übrigen Lebens in seinem zuckenden Feuerschein zu betrachten. Er ist sinnvoll nur mit seiner der Natur zugekehrten Seite, auf der anderen ist er absurd, Rohmaterial, unbehauen, ohne Form und Oberfläche, unfaßlich ...« (An N.W.-V.)
13. APRIL: An Jean Strohl sendet R. die aus der Bibliothek entliehenen Bücher zurück: »je ne parviendrai certainement pas de m'occuper de la lettre de Pétrarque«. Er behält noch: »Le Swastika« von Paul Sarasin, Uexkülls »Biologische Briefe« und »Le Génie du Rhin« von Barrès. R. fährt fort: »Einstein: cher ami ... Cela me déconcerte parfois que de rester tellement en dehors de ces découvertes dont l'importance et la portée sauveront peut-être notre époque du soupçon futur de n'avoir été qu'une période de troubles et de complications malveillantes.«
R. fragt Frau Weininger nach den letzten Tagen seines Vetters Oswald Kutschera: »Wer mag bei ihm gewesen sein in den letzten Tagen und Stunden? Mir wär's natürlich ein Bedürfnis, so viel als möglich über seinen Ausgang zu erfahren, giebt es jemanden, der die Details kennt und gewissenhaft mitzutheilen sich bereit fände? ...«
VOM 14. BIS 16. APRIL: Besuch von Guido von Salis mit seiner Frau. Als

Architekt macht dieser Vorschläge für notwendige Umbauten in Muzot.

19. APRIL: An Frau Wunderly betont R.: »Es war mir recht gut zu Herzen, daß ich Werner bitten konnte, nun, da die Elegien da sind und abgeschlossen, Muzot also das wichtigste Meinige mir geschützt und gewährt hat, – auf mich gar keine Rücksicht zu nehmen, sondern seinen Beschluß lediglich nach seiner Sympathie und seinen Absichten einzurichten…«

R. bittet Gide, seinen beiden Freunden Erich Klossowski: »écrivain d'art d'un goût très sûr et surtout peintre délicieux«, und dem Elsässer Jean Strohl bei deren erstem Parisbesuch nach dem Kriege freundlich beizustehen, besonders bei K.s Bemühen, für seinen reichbegabten Sohn Pierre Aufnahme in die ›école dramatique rattachée au Théâtre du Vieux-Colombier‹ zu erreichen, als einem von etwa zwölf Schülern. Leiter dieser Schule sind Jacques Copeau und Suzanne Bing.

20. APRIL: Kippenberg teilt R. mit, daß ab 1.4.22 Clara R. monatlich 3000,– Mark erhält, dazu ausnahmsweise zu ihrer Verfügung weitere 15000,– Mark. Auf dem Konto R.s stehen dann 100000,– Mark, also 2000,– Frs. Die Möbel aus München sind inzwischen in Leipzig.

23. APRIL: R. dankt Elisabeth Ephrussi für ihre Gedichte: »schön alle drei, doch neige ich dazu, das Ödipus-Gedicht (also das eigentlich bildende) über die gefühlhaften Verse zu stellen. Je größer der Abstand ist, den Sie sich zumuthen, umsomehr natürlich überblicken und beherrschen Sie die Formung. Das rein lyrische Gedicht, das viel eingeschmiegtere und identischere, ganz von sich abzulösen, gehört zu jenen unabsehlichen, von der Reife, von der gesicherten Kraft und zuletzt von der Gnade abhängigen Aufgaben –, und es gelingt seltener, als man im Allgemeinen glauben mag.«

24. APRIL: R. schließt einen Brief an Morisse: »Pour finir j'ajoute une petite nouvelle qui m'est agréable de vous communiquer: à la traduction du ›Cimetière marin‹ je viens de joindre celle du ›Serpent‹.«

25. APRIL: An Ilse Blumenthal-Weiß schreibt R. über das ›Schlaflied für Mirjam‹ von Richard Beer-Hofmann und ein weiteres, von ihr angesprochenes Thema: »das vom Schicksal des Juden. Beer-Hofmann (während so viele jüdische Menschen dieses schwere Schicksal nur in seinen Brüchen und ausweichenden Bügen vorzustellen scheinen) war mir immer ein Beispiel seiner Größe und Würde, von der auch im langen und bedrängten Exil nichts Wesentliches aufgegeben werden muß-

te ...« R. verweist auf seinen Brief über den »Glauben«, und fährt fort, die Erscheinungen der Entwurzelung zu beschreiben: »Er hat mit einer List, zu der ihn die Selbsterhaltung erzog, sein Unbefestigtsein aus einem Unglück in eine Überlegenheit gewandelt, und wo er etwa diese teuer erkaufte Überlegenheit kleinlich, habgierig und feindselig mißbraucht, wo er sich – unwillkürlich – rächt, da ist er zum Schädling, zum Eindringling, zum Auflöser geworden. Wo aber der gleiche Vorgang, das gleiche dem Schicksal abgewonnene Überstehen in einem groß entschlossenen Wesen sich vollzog, da ist aus denselben Unerbittlichkeiten jene Herrlichkeit entstanden, für die Spinoza ein berühmtes Beispiel wäre ...« R. geht noch kurz auf den Zionismus ein.

André Gide übermittelt R. die Einladung zu dem im August in der Abtei von Pontigny stattfindenden Schriftsteller-Treffen: »Les entretiens de Pontigny«, 1910 von Paul Desjardins gegründet. Deutschland sollte durch den damals in Marburg lehrenden Romanisten Ernst Robert Curtius vertreten sein. Für Pierre K. werde er, Gide, leicht den Eintritt in die Schule vermitteln können. Gide und Strohl sowie Klossowski befreundeten sich.

VOM 26. APRIL BIS 10. MAI ist Nanny Wunderly-Volkart, anfangs auch Werner Reinhart, zu Besuch in Sierre/Muzot.

28. APRIL: R. liest Frau Wunderly die »Sonette an Orpheus« vor.

30. APRIL: Frau Wunderlys Onkel August F. Ammann trifft aus Château d'Œux in Sierre ein, sein Eintrag vom 2. Mai ist der erste im Gästebuch von Muzot.

ENDE APRIL: »In diesem Haus der Blonay, de la Tour ...« – geschrieben für Werner Reinhart als Eröffnung des Gästebuches auf Muzot: »Dem Lehens-Herrn / am Ausgang des wunderbar gewährten / Winters 1921/22. / R. M. R.«

2. MAI: R. teilt Frau Weininger mit, er habe durch Rechtsanwalt Dr. Max Frischauer in Wien erfahren, daß er »durch Ossi's Testament, zu seinem Haupterben eingesetzt sei«. Die Wohnung ist bereits »angefordert«, R. bittet um den Beistand der Weiningers.

5. MAI: R. liest Frau Wunderly den »Brief des jungen Arbeiters« vor.

9. MAI: Werner Reinhart erwirbt das Château de Muzot.

11. MAI: An Frau Wunderly: »Avez-vous senti le ›Narcisse‹ de Valéry, ligne pour ligne ...«

R. legt Ausschnitte aus der NZZ ein: »la seconde représentation de l'opera de Schoeck se fera Samedi le 14 –, on peut encore trouver des billets, ne manquez pas d'y être, si possible! ... (Et puis, à Lausanne, il y a tout à coup une sœur de Clara Haskil, violiniste).«

An Baladine K.: »Moi aussi, en réaction à la tension du travail, qui cette fois fut extrême, je me trouve souvent à la merci de nombreux malaises –, auxquels d'ailleurs j'oppose une ferme volonté! ...« R. berichtet von der guten Nachricht Werner Reinharts: »Muzot lui appartient!«

»Ich war ... nicht wenig erschrocken, über alle die argen Überraschungen, die Dir die Versendung jener zu Ruths ›Aussteuer‹ gehörigen Gegenstände ... eingetragen hat ... Was die Kosten der Versendung angeht, die der Spediteur fordert, so mußt Du mir erlauben, sie Dir zu ersetzen.« (An die Mutter)

12. MAI: Anläßlich der nahe bevorstehenden Heirat Ruths schreibt R. an Clara R.: »Es ist so überaus schön für mich, daß dieses durch Ruths Feier und Wendung denkwürdige ›1922‹ auch mir, außerdem noch, durch den Abschluß meiner großen Arbeit – der Elegien – ausgezeichnet und bedeutend bleibt für alle Zeit.« R. legt Briefe für »Ruth und Carl« ein: »Was mein persönliches Hochzeitsgeschenk angeht, so möcht ich mich dafür erst entschliessen dürfen, wenn ich das junge Paar in Alt-Jocketa besuche ...«

13. MAI: R. dankt Rudolf Kassner für dessen »Grundlagen der Physiognomik«, er besitze es bereits: »Die Insel hatte mir versprechen müssen, mir Ihre neuste Arbeit gleich beim Erscheinen zuzustellen, – am ersten April war das Buch bei mir, am zweiten ... las ich bis weit in die Nacht hinein, denn ich konnte nicht aufhören, ehe ich fertig war.« R. fühlt sich auf »Zahl und Gesicht« hingewiesen »und nun erst recht fähig, sich mit dem großen Buche völlig einzulassen«.

15. MAI: R. kann die Einladung Gides nach Pontigny nicht annehmen; er teilt diesem mit, daß er Valérys »Ebauche d'un Serpent« übertragen habe.

16. MAI: An Frau Wunderly: »seit gestern ist nämlich das Testament [Oswald von Kutscheras] da: ein Monstrum mit vierzehn (im Januar und Februar dieses Jahres) angehängten Kodizillen, die ungefähr alles komplizieren und aufheben. Danach geht alles an öffentliche Sammlungen ... es ist mir, mangels juridischer Bildung, nicht begreiflich, wozu ein ›Universalerbe‹ eingesetzt wurde, da für die Vertheilung alles dessen, wenn überhaupt so viel Vermögen da sein sollte, der Testamentsvollstrecker völlig genügt haben würde ...« Zu der Entscheidung Werner Reinharts, Muzot zu kaufen, heißt es: »je l'avais craint ... puisse

cette affaire tourner à son avantage, tôt ou tard; c'est ce qu'il faut espérer!«

17. MAI: R. bittet Frau Wunderly dringlich, die dünngewordenen Sommeranzüge doch reparieren zu lassen, für Neuanschaffungen habe er keine Mittel.

Auch Frau Wunderly hat Schoecks Oper »Venus« nicht hören können: »Schoeck'sche Musik geht mich ganz gewiß an, – ich glaube, die kommt noch vor für mich, wieder und wieder.« Weiter verweist R. auf eine Novelle von Robert de Traz in der ›Revue hebdomadaire‹: »das erste, was ich von ihm las«. In einer Nachschrift vom folgenden Tag: »Jetzt geh ich die 4 Kerzen anzünden in unserer weißen Winkelried-Kapelle oben, für Ruth.«

18. MAI: Ruth R. heiratet in der ›Bredenau‹ in Fischerhude; Sieberscher Wohnsitz wird das Gut Alt-Jocketa bei Liebau. »Es thut mir freilich leid, daß ich dem Festtag fernbleiben muß, die Reise wäre jetzt unmöglich für mich und würde mich zu sehr aus meinen Beschäftigungen herausreißen. Dafür hab ich Ruth versprochen, sie bald einmal in ihrem Heim ... zu besuchen.« (An die Mutter, 30. 4. 22)

R. bittet Paul Morisse, ihm die Nr. IX von »Ecrits nouveaux«, März 1922 zu senden, diese enthält von Valéry »La Ceinture«.

19. MAI: An Lisa Heise: »Nun grüßen unsere Gärten einander! In meinem (freilich wenig selber mittuend, weil mir Übung, Erfahrung und Griff fehlen) hab ich mehr als hundert Rosen angesiedelt, meine Mitarbeit an ihnen beschränkt sich auf die Arbeit des Begießens jeden Abend ...« R. legt ihr ein kleines Heft bei, in das er sieben der »Sonette an Orpheus« eingetragen hat.

20. MAI: Elisabeth Ephrussi hat R. davon geschrieben, wie einschneidend für ihn das Gelingen gewesen sein muß, das er andeutete. Er erwidert: »Die Einfühlung in den Zustand, der nach dem Abschluß einer lange anhaltend gewesenen künstlerischen Spannung und Absicht eintritt (: als eine zunächst leere Freiheit), mußte Ihnen freilich, auf Grund Ihrer eigenen Arbeitserfahrung, möglich sein; es überrascht mich nicht, daß Ihnen ein so nahes Mitwissen gelingen konnte. Es ist ein gefährlicher Zustand (einer unter den vielen gefährlichen des künstlerisch Thätigen), ein Leichtwerden im Moment, da die Flügel müde sind; ein zu Leichtwerden ...« Im Nachlaß Elisabeth Ephrussis befindet sich von R.s Hand eine Abschrift des Sonetts »Sei allem Abschied voran ...«

22. MAI: R. beschreibt Werner Reinhart den Akt, mit dem Muzot end-

gültig in seinen Besitz übergeht: »Lieber Freund, wirklicher Herr auf Muzot / großmächtiger Lehensherr, es geht nichts über die Authentizität dieser gegen den Schluß zu beinah erhabenen Anrede, – nun ists wirklich an der Zeit, sie zu gebrauchen, denn diesen Morgen habe ich also ›par procuration‹, an Ihrer Statt, meinen ausführlichen Namen unter das Dokument gesetzt, durch welches Sie als der Eigenthümer des alten Muzot anerkannt und eingesetzt erscheinen ... Der Akt vollzog sich rasch wie eine protestantische Heirath.«

26. MAI: R. schreibt an Lotti von Wedel über Hans Carossa: »Eine Kindheit« Insel-Verlag 1922, und »Heinrich Stillings Jugend. Eine wahrhafte Geschichte«: »Gestern las ich ein Buch, die Geschichte einer Kindheit, die mir ganz außerordentlich schön erschien. Ist nicht in seinen Blättern, was Jung-Stillings Kindheit so ergreifend macht, um ein Jahrhundert später wieder aufgenommen, mit allem seither möglichen Zuwachs an Zusammenhängen und dem zugleich vielfältiger und überall bindender gewordenen Einschluß ins ›Dumpfe‹?« R. schenkt ihr das Buch.

27. MAI: R. erbittet den Besuch der Fürstin Taxis und schickt ihr »Beste Verbindungen Sierre-Rolle«. R. berichtet: »Muzot ist inzwischen verkauft worden, d. h. jener Winterthurer Freund, der es bisher gemiethet hatte, hat es in diesen Tagen käuflich erworben; da er selbst nicht herkommen konnte ... fiel mir ein großer Theil der Verhandlungen und Abschlüsse zu.« Sein langes Schweigen begründet R. mit seiner ›nun seit Monaten nicht recht zufriedenstellenden Gesundheit‹.

28. MAI: R. vergewissert Gfn. Adine Schwerin seiner Erinnerungen an Schloß und Park in Friedelhausen: »bis zur Empfindung der Kühle in den sommerlich-schattigen Zimmern«.

29. MAI: S. Martin Fraenkel, Berlin, zeigt in seinem Katalog 22, Nr. 350 einen eigenhändigen Brief R.s vom 3.2.1897 an Hermione von Preuschen an, der ein Gedicht R.s zum Gedenken an deren Gatten Konrad Telmann enthält: »Er war von jenen Großen ...«

30. MAI: An Frau Wunderly berichtet R. von den Handwerkern, die in Muzot wirken. Frida Baumgartner werde nach dem Besuch der Fürstin vom 9. bis 26. Juni auf Urlaub gehen, die Pflege des Gartens macht R. wegen der frühen Hitze Sorge, besonders das Gießen: »Manchmal that ich es, manchmal Frida, meistens beide gemeinsam, aber selbst in diesem letzteren günstigsten Fall, nahm die Arbeit etwa 2½ Stunden mindestens in Anspruch, – fingen wir pünktlich um 6 an, so waren wir nie

vor ¾9 fertig und meistens noch ohne Gemüseland und Fruchtsträucher versorgt zu haben. Frida hat einmal da sie allein ›arbeiten‹ mußte, am Himmelfahrtstage 138 Gießkannen gezählt, nur für den vorderen Garten ...« R. hofft, eine zuverlässige Hilfe zu finden.

VOM 6. BIS 9. JUNI besucht die Fürstin Taxis R. Sie wohnt in Sierre im Hotel Château Bellevue.

7. JUNI: R. liest die Elegien vor, vormittags die Erste bis Siebente, nachmittags die Achte bis Zehnte.

8. JUNI: Im Bellevue liest R. die »Sonette an Orpheus« für die Fürstin.

9. JUNI: An Frau Wunderly: R. ist der Fürstin bis Brigue entgegengefahren: »Nun und dann der 7te, vorgestern, war der große Tag auf Muzot. Den muß ich Ihnen mündlich erzählen, Liebe. Es war wunderbar, wie die Fürstin die Elegien aufnahm (das milieu that ein Seiniges dazu) und, ich kann sagen, ich war mit ihr Hörer und Aufnehmer und habe mich mir selber geschenkt, indem ich wunderbar las. Und zum ersten Mal las ich alle Elegien, die ersten, der Fürstin seit so lange vertrauten eingerechnet, in einem Zug ...« Abends sitzt R. mit der Fürstin Taxis und dem Fürstenpaar Battenberg, die dort wohnen, in der Glasveranda vor dem Speisesaal des Bellevue. »Gestern: Donnerstag, wars uns Beiden, der Fürstin und mir, eine nicht mindere Erschütterung: ich las ihr, hier, in ihrem Zimmer im Bellevue, die Sonette an Orpheus, alle, – auch das that ich zum ersten Mal in einem Zug, und indem ich dies so rasch nach den Elegien that, wurde uns beiden klar, wie nahe an ihnen diese Gedichte sich bewegen, wie geschwisterlich sie, in ihrer Art, die gleichen Motive sich aneignen und mittheilen ...« R. fährt fort: »es war fast über die Kraft, sie in Einem zu lesen und keine geringe Leistung, sie in Einem aufzunehmen. Aber die Fürstin that das mit einer Geistes- und Herzensgegenwart, die wirklich wunderbar war. Kurz, es war vollkommen ...«

Am Nachmittag des 9. 6. reist die Fürstin nach Rolle weiter, R. verbringt den Rest des Tages mit den Battenbergs, die seinetwegen in Sierre sind.

An Frau Wunderly heißt es weiter: »Frau Weininger hab ich gebeten unser Wiedersehn aufzuschieben, es wäre gerade auch in diese Tage gefallen und zu viel gewesen. Und von Kippenbergs keine Spur einer Ansage ... Fürs allernächste wär ich also hier, im Bellevue ... Auch Strohls haben mich eingeladen, nach Zollikon, da Klossowski jetzt (mit sehr angenehmen Ergebnissen) von Paris zurückgekommen ist und

mir natürlich viel zu erzählen hätte.« R. hofft auch, nach Meilen kommen zu können. Außerdem sendet er ihr »Eine Kindheit« von Carossa.
An diesem Tag empfängt R. von seiner Tochter Ruth »den ersten, ganz glücklichen Brief aus ihrem neuen Heim« (an die Mutter, 16. 6.).
JUNI: Elisabeth Aman-Volkart, Frau Wunderlys jüngere Schwester, hat R. aus Zürich das Büchlein »Waldbäume und Sträucher« von Dr. L. Klein (Heidelberg) übersandt: »Was war das für ein lieber Einfall von Ihnen, mir die Elemente der ›Kätzchenkunde‹ ... so übersichtlich und augenfällig vorzustellen.« »Es gibt also keine ›hängenden‹ Weidenkätzchen (merkwürdigerweise), und gäbe es irgendeine rare tropische Ausnahme, so könnte ich sie doch nicht brauchen. Die Gedichtstelle, die ich auf die sachliche Richtigkeit hin kontrollieren wollte, steht und fällt damit, daß der Leser, mit dem ersten Gefühl, gerade dieses Fallende der Kätzchen ergreife und auffasse, sonst verliert das dort gebrauchte Bild allen Sinn.« R. ist sich klar: »daß jener Strauch, der mir, vor Jahren, den nun in meiner Arbeit verwendeten Eindruck vermittelt hat, eine Haselnuß gewesen sein müsse ...« R. schließt: »Ich weiß also, was ich wissen mußte, und vertausche im Text ›Weide‹ gegen ›Hasel‹.« R. ändert die Stelle am Ende der »Zehnten Elegie«.
11. JUNI: Aus Rolle schreibt die Fürstin Taxis an R.: »Noch klingt und singt es mir in Kopf und Herz Serafico, und noch finde ich keine Worte um Ihnen zu sagen was ich empfunden habe, wie ich entzückt und erschüttert war – ... dieser Trost für die Vergangenheit, dieser Jubel für die Gegenwart, diese unsägliche Hoffnung für die Zukunft –«
12. JUNI: An Baladine K. nach Berlin: »J'avoue que je me sens toujours encore comme le convalescent de ces émotions créatrices, et un peu comme quelqu'un qui, les genoux tremblants, redescend de la cime la plus haute de sa nature élémentaire, inexplorée, ineffable ...« Während der Abwesenheit Fridas bleibe er im Bellevue: »Je ne suis pas sûr de supporter encore tout un été valaisan, sans une petite trêve de chaleur quelque part. Mais je n'ai rien encore fixé.« R.s Lektüre: Proust »Sodome et Gomorrhe«, Paris 1921/22.
14. JUNI: R. dankt der Fürstin: »so ist nie in ein vollendetes Buch mit mehr Recht eine Zueignung eingeschrieben worden; die, die in den Elegien stehen wird, wird in einem geheimnisvollsten Sinne wahr und berechtigt sein, wenn es dort heißen wird: Aus dem Besitz ... Und die Sonette, die ich neben ihrem älteren und erhabenen Geschwister, den Elegien, etwas leicht nahm, haben erst Sie mir, Fürstin, hat mir die

wunderbare Art Ihres Hörens, in ihrer ganzen Bedeutung geschenkt. Glauben Sie Ihre Aufnehmung hat mir erst die Leistung, die da war, abgeschlossen und reich und beglückend vollendet.«

R. notiert den Entwurf: »Noyer: première ronde-bosse de l'été ...« Vermutlich gehört die Strophe »L'Offrande fanée. Déesse à ta clémence de ce matin pâlie ...« ebenfalls in das Jahr 1922.

17. JUNI: R. ist jeden Tag ein bis zwei Stunden in Muzot, wo die Arbeiten am Turm weitergehen. Er dankt Frau Wunderly für den Brief ihrer Schwester über den Unterschied zwischen Weiden- und Haselkätzchen. Gern führe er nach Zürich, wo Birgit Engell ankommt, »die herrliche dänische Sängerin, die mir, während des Krieges in München, einmal so wunderbaren Gesang bereitet hat«. Dann könnte er sie nach Meilen bringen: »und das wäre wohl eine große Belohnung für das Gethane dieses Winters, die Wunderbare wiederzusehen und wiederzuhören.« (An N.W.-V.) Das Zusammentreffen erfolgt nicht, am 5.7.22 heißt es: »Birgit Engell est partie, sans pouvoir venir ici.«

21. JUNI: An Baladine K.: »Vous êtes, Chérie, née-invitée à Muzot, – Muzot est toujours là – vous attend toujours«; »je suis bien fatigué de ce pays«, fährt R. fort: »à force d'y avoir trop souffert et d'avoir trop insisté sur ses qualités et sur le secours intime de ces généreux entourages.« R. bittet Baladine K.: »N'oubliez pas de rapporter tous les accessoires de votre peinture, vous devez faire tout l'art valaisan, vous savez bien qu'il n'y a personne pour en faire ...«

23. JUNI: R. sagt alle Einladungen ab, sein Rosengarten und seine »immobilité« halten ihn fest (an N.W.-V.).

R. dankt Frau v. d. Mühll für die Zusendung der »Chanson de Roland«, die er jedoch noch nicht aufgeschlagen hat, und berichtet von Muzot, besonders vom Besuch der Fürstin.

24. JUNI: In Berlin wird Walther Rathenau ermordet.

26. JUNI: R. schreibt an Edith Andreae, die Schwester Walther Rathenaus.

An Kippenberg: »Wie Sie beide hier erwartet sind, das wissen Sie längst.« R. geht dann auf eine Anfrage ein, die Übersetzung des »Cornet« ins Italienische betreffend; er verweist auf Cecilia Braschi. Der Krieg verhinderte damals den Druck, die erste italienische Cornet-Übertragung von Leo Negrelli erscheint 1923 in Triest.

28. JUNI: R. berichtet Frau Wunderly, daß er Baladine K. nach Muzot eingeladen habe: »falls sie überhaupt in die Schweiz kommt, wär es ja

geradezu unnatürlich wenn sie nicht an dieser, über alles geliebten Stelle (an deren Fund und Festhaltung sie so vielen Verdienst hat) einige Wochen der Zuflucht fände ... (Ach, die Arme, sie kommt von Berlin – ...).« R. fährt fort: »Berlin ist mir noch entsetzlicher und odioser geworden, über diesem neuen Verbrechen, dieser heillosen Ermordung Walther Rathenau's, durch die nun der letzte Verständiger vernichtet ist, der das blind-obstinate Deutschland noch mit der übrigen Welt in Leitung und Spannung hielt. – Mein Entsetzen hatte eine Seite die ganz schmerzliche Bestürzung war; denn ich kannte ja den so arg Hingeopferten genug, um zu wissen, wie bedeutend seine Anlagen waren und wie groß die Erfahrung, mittels deren er sie organisiert hatte. Ich schrieb seiner Schwester, Retter, zu spät gerufen, war nicht seines eigensten Amtes; wie viel angemessener hätte ers empfunden, rechtzeitig, im Einklang mit Wohl- und Gleichgesinnten, ›Verhüter‹ noch eben abwendbaren Unheils zu sein! – Aber dem, wie Allem für Deutschland Heilsamen, war dieser aufgeputzte kaiserliche Popanz im Weg, er, und die Millionen, denen seine geile Großthuerei gefiel.«

29. JUNI: An Paul Morisse: »Et voici qu'on annonce – et pour ce mois même: ›Charmes‹, un nouveau recueil de poèmes de Paul Valéry! Ai-je besoin de vous dire que je le réclame ardemment, aussitôt qu'il sera installé, étalé sur vos tables généreuses. ›Plus de vingt-cinq poèmes, étant inédits‹! Pensez!«

AM 1. JULI ist R. zurück auf Muzot.

4. JULI: R. schreibt nochmals an Edith Andreae-Rathenau: »So ist die ungeheuerliche Negativität des Verlusts in Ihnen überholt, übertroffen von der fortwährenden Zustimmung zu jenem unzerstörbaren Werth, den nun zu empfinden und zuzugeben kein menschliches Hindernis mehr besteht: denn im so=Geopfertsein wird er unendlich endgültig.«

5. JULI. R. spricht zu Frau Wunderly von den Möglichkeiten, die sich ihm bieten: Saonara, Lautschin, Janowitz und das Gut der Gräfin Dobrčensky: »aber die Lebensweise wäre nirgends das Richtige, und die gesellschaftlichen Nebengeräusche schrecken meine große Müdigkeit. (Ich schlafe jetzt hier, bei frühem Schlafengehen, 10-11 Stunden (!) ...)«

R. erwartet Kippenbergs für den 18. 7. 22. Eine Büchersendung für Frau Wunderly enthält »die schönen, ernsten drei Bücher von Marie Luise Enckendorff«, für später verspricht er ihr das »Journal« der 1918 verstorbenen Marie Lenéru (2 vols, Paris 1922): »ein Zeugnis muthiger, ringender Entbehrung«.

11. JULI: »Ici, Chérie, on vous attend toujours, littéralement: tous les jours«, schreibt R. an Baladine K.: »J'ai suivi avec effroi ce qui s'est passé à Berlin, pays incurable, – je suis avec crainte ce que s'y passe encore...«

Am 11.7.22 geht bei Dr. Stark in Prag ein Brief R.s ein, in dem dieser über den Tod seines Vetters Oswald und dessen Testament berichtet. Er habe ihn 1916 in Wien zuletzt gesehen: »Mit seinem Hingang ist unsere Familie (der kleine Rest, der schließlich bleibt) um viel mehr als eine Hoffnung verarmt: denn sein junges Leben hatte es ja so zeitig zu Erfüllungen und Einlösungen gebracht.« R. bittet Stark, seiner Mutter 350,– Kronen aus den angesammelten Honoraren zu überweisen, diese wohnt damals in Prag, Herrengasse 8, ihrem Elternhaus.

14. JULI: An Frau Albert-Lazard: »Der Tod Rathenau's, als Verlust und als Zeichen der Zeit, hat mich mit Entsetzen erfüllt und geht mir nah, kannst Du Dir denken. Danke für das merkwürdige ›Bildnis‹...« R. hofft, sie wiederzusehen, doch werde er sicherlich nicht nach Deutschland reisen.

R. dankt Nora Purtscher-Wydenbruck für den Brief aus dem Januar; damals habe seine entscheidendste Arbeit begonnen: »es ist immer ein langer Rückweg von dort zu den Menschen.« R. fragt, ob er im Frühherbst nach Kärnten kommen könne, der »Urheimat meines Bluts«.

An Strohl schreibt R., er wolle sich mit der Geschichte Muzots beschäftigen und sich der Cantonalsbibliothek in Sion bedienen. Von Strohl erbittet er: »ce livre de Rameau sur les Châteaux du Valais«.

15. JULI: R. beschreibt Gräfin Sizzo seine Rosen und legt ihr Blätter der wilden Rose des Valais bei, der Rose der Antike: »wo in der griechischen Anthologie oder überhaupt im orientalischen Gedicht die Rose gefeiert ist, muß man sich diese Rose vorstellen, mit einfachem Kelch und in den Farben der entfachten, freudigen, rein gespeisten Flamme.« An anderer Stelle geht R. auf die Staatsidee Frankreichs ein und fährt fort: »Österreich war zu nachlässig, zu nonchalant, um sich zur ›Idee‹ zu durchdringen, die eine sehr gültige und versöhnliche hätte werden sollen; Ungarn müßte eine haben ... Noch weiß ich die besondere Art Herzklopfen, die mich (vor so viel Jahren! 1895, ich glaube,) in Pest überfiel, als Sie, die Krone, in den Festtagen der Millenniums-Feier, in ihrer eigenen Karosse ruhend, langsam, gegen Ofen hinauf an mir vorüberfuhr.«

17. JULI: An Ruth Sieber-R. nach Alt-Jocketa: »Ich bin recht ungeduldig, Dich, Euch, alles zu sehen ...« Er müsse zuvor Kippenbergs Besuch abwarten.
18. JULI: An Frau Wunderly meldet R.: »Er, Klossowski, mußte nun leider die guten Strohls, am 15ten, verlassen, er wollte seine Frau dann in Heidelberg treffen, sowie sie sich (mit Baltusz) in Bewegung setzt. Er schrieb, wie glücklich er sei, daß Muzot ihr dieses refuge böte; sie schiene eine Veränderung und Erholung sehr nöthig zu brauchen ...« Für den Besuch Kippenbergs erbittet R. die Elegien-Handschrift, die er danach an die Fürstin senden will, aus dem »Dépôt«.
Der Fürstin dankt R. für Anregungen: »die Prétextes [1903] und Nouveaux Prétextes [1911] von Gide kenne ich kaum, habe sie mir vorgemerkt; mit den 3 Bänden Proust (Sodome et Gomorrhe II) bin ich eben noch unten im Bellevue fertig geworden, – es ist unglaublich, wie natürlich er schon Gebrauch macht von dem Recht, die skabreusesten Dinge außerhalb des Moralischen in Bewegung zu setzen ...« R. endet diese Bemerkungen: »Nun man muß ihn so hinnehmen, um den Preis der ›Ergebnisse‹, die sublim sind in jedem Fall.« Weiter: »Diese Woche – endlich – erwarte ich Kippenbergs (wenn anders nicht die unglücklichen Vorgänge in Deutschland und das Fallen der Mark ihnen die langversprochene Reise ganz verdorben hat).« Danach werde er ihr »nicht allein die genaueste, sondern auch die formal schönste Niederschrift« der Elegien senden.
19. JULI: R. berichtet Strohl über seine historischen Nachforschungen und zählt ihm die Familien auf, in deren Besitz Muzot vormals gewesen ist.
AM 20. JULI trifft Baladine K. zu ihrem langen Besuch auf Muzot ein, später kommt auch Baltusz. Sie bleibt bis Ende November.
An Frau Wunderly: »je serais ravi si vous vouliez dédier quelques bons cigares à Muzot en vue de visite Kippenberg, mille fois merci« (Telegramm).
VOM 21. BIS 25. JULI sind Kippenbergs in Sierre und besuchen R. auf Muzot. Am Sonntag (23. 7.) liest R. ihnen die Elegien vor, am folgenden Tag Katharina Kippenberg allein die Sonette an Orpheus. Sie erinnert im Tagebuch: »ein hoher, ein leichterer, ein seliger Genuß, weil ich sie so kannte und nun der Dichter weiter half mit seiner Stimme, mit seinem Wesen, mit seinen Bemerkungen. Er saß am Schreibtisch.«
25. JULI: R. reicht Frau Kippenberg die Handschrift der »Sonette an

Orpheus« in den Zug. Das Manuskript trägt die Widmung: »Katharina Kippenberg (in diesen schon so weit erworbenen Besitz dankbar einsetzend) Rilke, Sierre, am 25. July 1922«.
Kippenberg nimmt zum Abschreiben R.s Manuskript des Zweiten Teils der »Gedichte aus dem Nachlaß des Grafen C.W.« mit, die R. nicht zurückerhält. Als sich Frau Wunderly später eine Kopie wünscht, schreibt R.: »Chère, en vous parlant du Cte C.W., vraimant je suis bouleversé de ne pouvoir pas sur-le-champ accomplir le seul, si petit désir ... je me serais mis immédiatement à les copier pour vous, si ...... si Kippenberg n'avait pas, en été, emporté le petit manuscrit, d'abord pour faire des copies à la machine justement de cette seconde partie ...« (24.12.22)
Während des Besuchs bespricht R. mit seinem Verleger die geplante Gesamt-Ausgabe in sechs Bänden. R. erhält eine schriftliche Aufstellung über den vorgesehenen Inhalt und seine Verteilung auf die sechs Bände.
3. AUGUST: Zu Frau Wunderly, der er keinen ›richtigen‹ Brief geschrieben hat, spricht R. von der starken Abspannung, die ihm das Vorlesen der »Elegien« und der »Sonette« jedesmal verursache. Er fährt fort: »Cela va sans dire que les K. étaient ravis de Muzot, du Valais, – les jours furent très-harmonieux.«
An Gide schreibt R. über die vor zwei Tagen erhaltene Einladung, doch nach Pontigny zu kommen: »dussé-je m'absenter, ce sera pour aller à Vienne où des affaires de famille me sollicitent depuis longtemps. Je suis bien triste, mon cher ami, de devoir m'imposer ce refus ...« R. schließt: »mon projet d'aller à Paris, qui s'attachait d'abord au mois de juin, se réalisera peut-être en septembre prochain ou au commencement d'octobre ...«
AUGUST: Im »Inselschiff«, Jg. 3, Heft 6, erscheint eine Reihe »Aus den Sonetten an Orpheus« (Erster Teil: I, III, IX, X, XII und XXIV; Zweiter Teil: XII und XIII).
8. AUGUST: R. und Baladine K. planen eine kleine Reise: »Werner [Reinhart] hat mir einen herrlichen Fonds in so lieber Weise zur Verfügung gestellt, von da aus wär ich so ›frei‹ wie nur je –, leider bin ichs nicht von mancher Sorge und Bedrückung. Die Nachrichten, die Kippenbergs aus Deutschland gebracht haben, waren unendlich traurig und alles, was die Zeitungen nun dazu beitragen, ist von derselben Natur und irgendwie unentrinnlich.« (An N.W.-V.)
10. AUGUST: R. sendet das Manuskript einer italienischen Übertra-

gung des »Cornet« zur Prüfung an Aurelia Gallarati-Scotti, begleitet von der deutschen Ausgabe mit der Einschrift: »A Madame Lella Gallarati-Scotti: Ce petit bouquin plus que suranné, pour accompagner vers son jugement une traduction italienne de ces pages de jeunesse. R. M. R.« – »J'ai cependant réfléchi sur les traductions qui ont été faites; elles sont plus nombreuses dans les langues scandinaves et surtout en russe. En français il n'existe jusqu'à présent que des fragments dont ces admirables pages où André Gide s'est tout approché de ma prose ...« Vom »Cornet« sagt R.: »car cette mince plaquette avait d'innombrables éditions, et les traducteurs de tous les pays s'y sont attachés de préférence.« R. erwähnt auch die Übertragung von Mlle Dr. Braschi, Mailand 1913.

11. AUGUST: An Kippenberg: »Und nun, kaum heimgekehrt, lassen Sie mich schon teilnehmen an den gleich in tätiger Treue begonnenen ›Verwirklichungen‹ der Elegien und des Orpheus! ...« (Beides erscheint erst im folgenden Jahr.)

14. AUGUST: R. übersendet der Fürstin Taxis die für sie bestimmte Reinschrift der »Duineser Elegien«: »Wenn nicht unerwartete äußere Hindernisse den Gang der Verwirklichung verlangsamen, so werden wir die erste Buchausgabe von Beidem, von den Elegien und den Sonetten an Orpheus, noch vor Ablauf dieses Jahres in Händen halten ...«

R. spricht von der Möglichkeit, »im Herbst nach Paris zu gehen; für 2 oder 3 Wochen«.

16. AUGUST: R. meldet Frau Wunderly die bevorstehende Abreise nach Bern.

17. AUGUST: R. schreibt an Elisabeth von der Heydt zum Tode ihres Mannes am 9. 8. 22: »trotz dieser fühlbaren inneren Nähe überflutet mich nun der Vorwurf, gegen den getreuen und einsichtigen Freund so vieler Jahre in der letzten und vorletzten Zeit nicht mitteilsam gewesen zu sein. Mein Schweigen war, zum Teil, durch Bedrückungen und Sorgen verursacht, die mir die Feder zurückhielten, denn mir war klar, daß man ihm nur noch heiter schreiben dürfe ... Wie oft stellte ich mir vor, daß gerade diese neue, langsam erwachsende Leistung ihm so lieb und nahe sein würde, wie es einst, zu seiner Zeit, das Stunden-Buch gewesen ist ...«

AM 17. ODER 18. AUGUST reisen Baladine K. und R. zunächst nach Bern und dann über Thun nach Beatenberg, wo sie bis zum 6. September bleiben. Dort finden sie Baltusz. Bei ihren Besuchen im Atelier Margrit Bays lernen sie auch deren Freundin und Mitarbeiterin, die Bildhauerin Dora Timm, kennen.

18. AUGUST: Die Fürstin Taxis dankt R. für die Elegien-Handschrift: »Das entzückende kleine Buch kommt zu Ihren anderen Manuscripten in dem kleinen chinesischen Möbel in der Bibliothek«; es handelt sich um ein schlichtes Pergamentbändchen mit Büttenpapier aus den dreißiger Jahren des vorigen Jahrhunderts, das den Vorbesitzern als Rechnungsbuch diente. R. erhielt es von Frau Nölke, die es in Soglio erworben hatte.

VOM 24. AUGUST ist eine Anfrage, ob R. an einer Gerhart Hauptmann-Nummer der Neuen Rundschau mitarbeiten wolle; R. lehnt ab.

1. September: R. schreibt an seine Mutter: »ich hatte mich plötzlich entschlossen, ein paar Tage Ferien zu machen: einige schon lang aufgeschobene Besorgungen in Bern, wurden mir zum Anlaß, erst einige Tage dort zu sein, dann fuhr ich mit Freunden weiter an den Thuner See, den ich bisher immer nur von der Durchreise her kannte, blieb eine Stunde in Thun und bin nun schon seit einer Woche auf dem Beatenberg, von (meistens) sehr warmer Sonne begünstigt, was in diesem, besonders in den Bergen so regnerischen Sommer eine doppelt zu schätzende Fügung ist. Die Wälder hier sind herrlich, die Luft und Natur erinnert mich an die Sommertage der Kindheit, an Wartenberg...«

6. SEPTEMBER: Mit Baltusz in Thun; abends Rückkehr nach Sierre, am folgenden Morgen Muzot.

7. SEPTEMBER: Nach Muzot zurückgekehrt, schreibt R. an Frau Wunderly: »Chère, j'entre à Muzot... Pensez, nous étions absent 3 semaines, dont presque deux à Béatenberg. Et Béatenberg compte désormais entre les quelques endroits que je tiendrais en permanence!... C'était le repos tel, que je ne l'ai pas connu depuis longtemps, un hôtel parfait, une bienveillance continuelle, et alles in den Umgebungen etwas altmodisch, wie aus den Kurorten und Wäldern meiner Kindheit: so daß ich das Gefühl habe, durch vierzehn unbeschreibliche Tage, im reichsten und einigsten Sinn, diesem Allem gegenüber Kind gewesen zu sein. Das Kind von einst, oder noch besser: das, das ich hätte sein können, sein mögen, wäre ich nicht so zudringlich gehindert worden. Ein Rückfall so weit zurück, ist schon fast ein Fall ins Künftige, durch den ganzen Kreis – wir haben uns unter allen diesen Einflüssen, zu denen auch die Gegenwart und der Zauber des kleinen Baltusz hinzuzurechnen ist – stätig erholt...« R. bemerkt, daß am Vortage die mit Werner Reinhart befreundete Künstlerin Alice Bailly Muzot besucht habe.

12. SEPTEMBER: R. schreibt an Dr. Landshoff, er habe, wie erbeten, mit

Prof. Bodmer vom Lesezirkel Hottingen wegen eines Musik-Abends Kontakt aufgenommen.

13. SEPTEMBER: R. beantwortet den Brief eines jungen Mannes (E. M.) über dessen Ehekonflikt – er rät zu einer kurzen Trennung.

15. SEPTEMBER: R. ist bereit, einen »Auftrag« des damals noch studierenden Hermann Bünemann aus München anzunehmen: »Zwar bin ich in den letzten und vorletzten Jahren weniger mit japanischer Kunst in Berührung gekommen; aber Beziehungen und Anschlüsse sind von früher her angelegt, und ich zweifle nicht, daß jene Frauenbildnisse des Harunobu (von denen mir wohl das eine und andere schon vorgekommen sein möchte), im näheren Umgang, eine Verfassung in mir entwikkeln könnten, die sich anpaßlicher Weise im Sinne der betreffenden Blätter, nachdenklich oder mitwissend, ausnutzen ließe.« R.s »Bildbegleitung« soll nicht veröffentlicht werden; der Plan verwirklicht sich nicht.

25. SEPTEMBER: Nachrichten aus Muzot: Frida Baumgartner hat gekündigt; trotzdem will R. in Muzot den Winter verbringen, allenfalls kurz nach Paris gehen: »wegen meiner levée de séquestre der zwei Kisten, welche, nach Mittheilung der Legation, jetzt sich entscheiden soll!« (An N. W.-V.)

26. SEPTEMBER: Katharina Kippenberg an R.: »Aber ich will von einer andern Schrift sprechen, an der mir so viel liegt, daß Sie sie lesen, denn noch zucken in mir die Worte, die Sie auf jenem schönen Wege in Muzot über Deutschland sprachen. Ich lege sie bei: ›Die Urheber des Weltkrieges‹, und Lujo Brentano ist nicht ›rechts‹ verblendet.« R. antwortet am 29.10.22, er habe noch keine Zeit gehabt, Brentano zu lesen, aber ob er diesem recht geben werde oder nicht: es sei genug »Einklang« zwischen ihm und Katharina Kippenberg.

8. OKTOBER: Besuch des Bauerntheaters in Rarogne, das »Quattember-Nacht« von René Morax aufführt. R. erzählt seiner Mutter am 21.10.22 von dem »waadtländische[n] Dichter René Morax aus Morges bei Lausanne, der mich nach einem der nächsten Dörfer einladen kam, wo Bauern, in einem improvisierten Theater, eines seiner populären Stücke aufführten. Es war ein merkwürdiger Eindruck, wie die einfachen Menschen dieses Drama verkörperten, dessen Handlung einer bei ihnen einheimischen Legende entnommen war, nach welcher die Seelen der Verstorbenen das Fegefeuer im Eise des Gletschers erleiden ...«

12. OKTOBER: R. sucht Ersatz für Frida Baumgartner: »Was Muzot

selbst angeht, so ist es nicht so leicht, es einfach zuzuschließen; Ratten und Mäuse, so wie der jetzt – nach dem regnerischen Sommer – an mehreren Stellen eindringende Regen würden das unbewohnt und ungeheizt bleibende Haus rasch in einen schlimmen Zustand versetzen«, heißt es an Frau Wunderly: eine Dachreparatur wird notwendig: 425 Frcs Voranschlag. R. bedauert, diese Fragen nicht mündlich mit Werner Reinhart klären zu können. Schweren Herzens gibt R. eine Reise nach Meilen auf: »von der großen, mir persönlich zugewendeten Beisteuer Werners sind mehr als zwei Drittel verausgabt, was noch da ist, hat schon seine Bestimmungen (meine Wintergarderobe muß davon ergänzt werden, unerläßlich heuer!) – und ein kleiner Theil, 2-3 hundert Frcs, sollte für Unvorhergesehenes zurückgelegt bleiben.« Das ungewisse Schicksal Baladine K.s und ihrer Söhne bedrückt R., alle Versuche zu helfen, sind bisher mißlungen: »aber Muzot ohne Alleinsein wird für mich völlig unsinnig. Ich will damit nicht sagen, daß ich Mouky hier nicht mit Freude beherberge, so lange sie nicht weiterweiß -- das ist ihr Muzot schon schuldig und ich bin es zehnmal«; R. fürchtet: »ein solches dauerndes Angeschlossensein, das keiner Gestalt und keiner Anpaßlichkeit meines Lebens je mehr entspräche.«
R. berichtet ferner von Besuchen Alice Baillys, die René Morax und »Dr. Contat (letzterer Vice-Kanzler beim Bundesrath)« auf Muzot einführt. Auch Johannes Jegerlehner aus Bern und M. und Mme de Sévery aus Valency bei Lausanne besuchen Muzot.

20. OKTOBER: R. erhält von Frau Wunderly die Nachricht, daß durch Werner Reinhart sein Winteraufenthalt in Muzot gesichert ist, aber: »Ich kann eben nur noch Alleinsein«, gesteht R.: »Muzot ist wie die Guß-Form für eine einzige Lebensgestalt, zwei Leben überfüllen sie und geben (besonders wenn man nicht mehr so frei in Garten und Landschaft hinaus weiterlebt) keine Figur!« So bleibt seine Sorge um die Zukunft Baladine K.s und ihrer Söhne drückend. – Für den Haushalt engagiert R. Jeanne Porchet aus Orbe für 80 Frcs im Monat (an N. W.-V.).

21. OKTOBER: R. betont: »daß die Deutschen in Prag viel Schuld haben, wenn das tschechische Regiment nicht immer das Gerechteste ist. Ich habe Sympathie für diesen jungen Staat und seine Kräfte, und Männer wie Masarýk und Beneš, die zu den besten Köpfen gehören, die heute am öffentlichen Leben führend und richtunggebend mitwirken, würden schon allein rechtfertigen, daß man aufmerksam und mindestens unparteiisch einer Entwicklung zusähe, die inmitten der europäischen

Wirrnis nicht der schlechteste Versuch gewesen sein wird, zu einigem Sinn, zu Verständnis und Ordnung vorzudringen.« (An die Mutter)

27. OKTOBER: R. berichtet an Frau Wunderly, daß Georg Reinhart bereit ist, für das Schulgeld Pierre K.s 250 bis 300 Frcs beizusteuern. Auch für Baltusz soll etwas geschehen, R. hofft, daß Strohls ihn aufnehmen können. – Leider erweist sich die neue Haushälterin als zu wenig selbständig und der Arbeit nicht gewachsen.

28. OKTOBER: In Italien reißt Mussolini mit dem »Marsch auf Rom« die Macht an sich, am 1.11.22 wird er Regierungschef.

R. dankt Antoine Contat in Bern für ein Heft mit Erinnerungen an Rodin (»Revue de Paris«): »je me suis aperçu depuis longtemps que je n'ai pas tant traité de Rodin que de ce qui – à cette époque de ma vie – me fut nécessaire en lui.« Als Gegengabe sendet R. »Mitsou« und den neuen Insel-Almanach.

29. OKTOBER: An Katharina Kippenberg schreibt R. über das »Tagebuch eines Dorfküsters. 1824. von Steen Steensen Blicher«: »das, wie es scheint, Jacobsen zu Marie Grubbe angeregt hat«. Er empfiehlt es – ohne Erfolg – als Insel-Bändchen. Zu Hofmannsthals »Buch der Freunde« (1922) heißt es, es rechtfertige »so wie es ist, seine Existenz nicht zur Genüge. Im Einzelnen freut man sich da und dort, im Ganzen wiegt es das ›Warum?‹ seines Bestehens nicht völlig auf, die Frage überwiegt zum Schluß. (Mußte es sein?)« R. bemerkt: »Ein polnischer ›Rodin‹ ist hier eingetroffen«: es handelt sich um die Übertragung durch Witold Hulewicz, 1923.

30. OKTOBER: Pierre Klossowski bedankt sich bei R. für dessen Bemühungen, ihm den Besuch der Pariser Schule zu ermöglichen.

Der Fürstin Taxis empfiehlt R.: »Kennen Sie den ›Nommé Jeudi‹ [The Man who was Thursday, französische Übersetzung von Jean Florence, Paris 1911] von Chesterton (: eines der herrlichsten Bücher, der geheimnisvollsten zugleich, das Ich mir erst jetzt entdeckt habe.) Kennen Sie die merkwürdigen Schriften von George Moore –, man bereitet jetzt ihre erste französische Ausgabe vor, ich bin, mangels Englisch, auf diese angewiesen. Das ist ungefähr alles, was mir kürzlich auffiel: daneben immer wieder, als mir wichtigster: Paul Valéry!« R. legt das »Inselschiff« mit den acht »Sonetten« bei.

31. OKTOBER: R. hat gehört, daß Frau Nölke Schloß Winkl bei Meran mieten will, und fragt bei ihr an, ob sich dort eine Bleibe für Baladine K. und Baltusz eröffnen ließe, die sonst in das Berlin der Inflation und der Unruhen zurückkehren müßten.

NOVEMBER: Der »Insel-Almanach auf das Jahr 1923« enthält von R.: »Zwei Gedichte«, »Bestürz mich, Musik ...« (1913) und »Ausgesetzt auf den Bergen des Herzens ...« (1914); ferner: »Aus den Gedichten des Grafen C. W.« das Gedicht »In Karnak wars. Wir waren hingeritten ...« (Anonym) und schließlich: »Immer wieder, ob wir der Liebe Landschaft auch kennen ...« (1914). Dazu schreibt Albrecht Schaeffer an Kippenberg (28.10.22): »Der neue Insel-Almanach macht mir Freude. Es ist zwar trübe, Rilke zu sehen, wie er sich selbst parodiert, und warum Sie zudem noch die Rilke-Parodien des Grafen C.W. dazu bringen, finde ich nirgend einen Grund ...«

3. NOVEMBER: R. hat seinen Plan, im Herbst Paris zu besuchen, endgültig aufgegeben; an Gide schreibt er: »Muzot me gardera jusqu'à nouvel ordre du sort.« Auch ihn bittet R. um Hilfe für Pierre K., selbst wenn dieser noch nicht von der Möglichkeit, in die Ecole du Vieux-Colombier einzutreten, Gebrauch gemacht habe.

8. NOVEMBER: An Frau Wunderly: »ich wüßte eigentlich nicht, wie ich mich in Bewegung setzen sollte, ohne damit die Stille des Hierseins (und seine Festigkeit) zu gefährden«, doch bedauert er, Valéry in Zürich zu versäumen, zumal auch Frau Wunderly nicht dort sein wird, wenn er seine Conférence hält. R. schließt: »es ist zu viel des Schreibens, und dazu drei Tage Fehlerjagd in den Druckbogen der Sonette und der Elegien, chasse des syllabes qui m'énerve terriblement –«

R. lehnt eine Aufforderung Contats, in Bern aus eigenen Werken zu lesen, mit der Begründung ab, er trete »la belle route de ma solitude« an.

Gide sagt alle Hilfe für Pierre K. zu.

10. NOVEMBER: R. an Gide: »votre activité généreuse dépasse infiniment les plus larges mesures de mon attente.«

12. NOVEMBER: R. dankt Frau Nölke für ihre Bereitschaft, Frau Klossowska und Baltusz notfalls in Schloß Winkl aufzunehmen.

14. NOVEMBER: An die Rezitatorin Beatrix von Steiger schreibt R. über das Vortragen seiner Gedichte: »Nun will ich gestehen, daß ich nie eine meinige Arbeit habe vorsprechen oder vorlesen hören, außer soweit mein eigenes Ohr betheiligt erscheint an der Akustik meines eigenen Mundes. Laut gesprochen im Entstehn, bleibt mir auch mein längst geschriebenes Wort immer noch in meiner eigenen Stimme dargestelltes, gewissermaßen in ihr modelliertes« – daher sein Vorbehalt gegen fremdes Rezitieren.

15. NOVEMBER: Paul Valéry hält in Zürich einen Vortrag über »La Crise de l'Esprit«. R. sendet ihm ein Körbchen mit Äpfeln aus Muzot, verzichtet aber auf die Teilnahme: »combien me coûte ce renoncement!« (An Paul Morisse, 8.11.22). Valéry dankt: »J'en ai mangé une, ce matin au petit jour, en regardant les toits et les fumées de cette ville inconnue. C'est notre métier, n'est-ce pas, d'être éveillé avant tout le monde, et de manger un fruit envoyé par la grâce d'un être qui n'est pas très loin, et que nous n'avons jamais vu?«

Gerhart Hauptmanns 60. Geburtstag wird in der Aula der Berliner Universität in Anwesenheit des Reichspräsidenten Ebert gefeiert.

17. NOVEMBER: Gide, der selbst den Winter nicht in Paris verbringen wird, meldet neue, diesmal unüberwindliche Schwierigkeiten im Hinblick auf Pierre K.s Kommen.

18. NOVEMBER: In Paris stirbt Marcel Proust.

21. NOVEMBER: »Der kleine Baltusz, der rasch noch Muzot sehen sollte und wollte, ist schon vom Beatenberg heruntergestiegen«, meldet R. an Frau Wunderly, die Abreise Baladine K.s nach Deutschland steht bevor.

22. NOVEMBER: Frida Baumgartner kehrt als Wirtschafterin nach Muzot zurück.

24. NOVEMBER: R. schreibt voller Teilnahme an Kippenberg, Katharina Kippenberg ist schwer erkrankt.

Frau Wunderly bereitet eine Reise nach Paris vor: »Sie wissen ja, wo ich dort am meisten lebte – das Quartier um den Luxembourg –, und können sogar in meinen Zimmern stehen, wo der Malte, zum größten Theile, geschrieben wurde. Im Hôtel Biron, Musée Rodin jetzt, war der runde Ecksaal links, von der Straßen-Hoffaçade aus gezählt, also vom Eintretenden her (im Erdgeschoß) mein herrlicher Arbeitsraum ...« Frau Wunderly wird von ihrem Sohn begleitet.

27. NOVEMBER: Gide meldet R. den Tod Marcel Prousts. Daß R. in dem Gedenkheft der Nouvelle Revue Française mitwirke, wie Gide wünscht, wird durch Prousts Bruder abgelehnt: il »a déclaré qu'il n'admettrait pas qu'aucun écrivain allemand s'approche de cette tombe. Que cela est douloureux.« Robert Proust ist um zwei Jahre jünger als sein Bruder und wie der Vater Arzt.

29. NOVEMBER: Baladine K. reist nach Berlin ab, Baltusz begleitet sie.

30. NOVEMBER: Geburtstagsbrief an Sidie Nádherný: »Oft denke ich daran, wie entscheidend mir der Ruf in die Schweiz geworden ist, der

doch von Ihnen ausging; so gebührt auch Ihnen ein Wesentliches von dem Danke ... Der vorige Winter ist mir – je mehr ichs bedenke, desto mehr muß ichs rühmen – über jeden Begriff hinaus ergiebig gewesen ...« R. hofft, noch in diesem Jahr die neuen Bücher aussenden zu können.
Gide gegenüber äußert R. den Wunsch, es möchte doch noch durch ein Wunder Pierre K. nach Paris gelangen. Er fährt fort: »Marcel Proust, oui, j'étais profondément affecté par la nouvelle de sa mort ... en nous forçant sur tant de points de changer notre manière de voir, en découvrant partout les véritables traditions de nos sentiments –, n'allait-il pas jusqu'à changer les habitudes de nos facultés admiratives?« R. betont: »je n'ai jamais essayé encore de me rendre compte de la nature de ces changements, et il se pourrait que ce soit une tâche quelque peu difficile.« Darauf, daß Prousts Bruder deutsche Mitarbeit an jenem Gedenkheft nicht wünscht, geht R. mit keinem Wort ein.

ARBEITSWINTER IN MUZOT: »PAUL VALÉRY: GEDICHTE«

1. DEZEMBER: R. beginnt seinen zweiten Winter auf Muzot, das schon eingeschneit ist. An Frau Wunderly nach Paris schreibt R.: »es wäre mir unendlich wohlthuend, könnten Sie sich – und wärs ein Tag oder zwei – rückwegs hier aufhalten.«
An Frau Nölke gibt R. Bescheid über die Familie Klossowski und begründet den schnellen Aufbruch mit der ›Nachricht‹, »daß von heute an die Bahntariffe in Deutschland mehr als verdoppelt sein würden«. Über den Berliner Winter hilft die regelmäßige Zuwendung Georg Reinharts für Pierre K.
R. überträgt von Paul Valéry »Ode secrète«: »Heimliche Ode. Herrliches Fallen ins Kämpfelose ...«
2. DEZEMBER: An Baladine K. nach Berlin: »Comment as-tu trouvé Pierre? Je ne parviens pas encore à lui écrire, mais entre temps tu lui diras comment tout s'est passé et tu lui montreras que c'est pourtant beaucoup que cette disposition amicale de Gide que nous avons vu à l'œuvre et qui lui restera ...« R. legt die Übertragung von Valérys »Ode secrète« dem Brief bei: »Voici un premier échantillon.«

Ihre eigenen Briefe an R. aus diesem Winter (Dezember 1922 bis Mai 1923) hat Frau Klossowska nach R.s Tod vernichtet.

R. dankt Jean Schlumberger für die Übersendung von dessen Band »Camarade infidèle«.

ZWISCHEN DEM 2. UND 7. DEZEMBER entstehen die Übertragungen von Valérys »La Dormeuse« – »Die Schläferin. Welches Geheimnis da in der jungen Freundin glüht vor sich hin, – ...« und »Les Grenades« – »Die Granaten. Halboffne Granaten, beengte ...«, Sonette aus dem Band »Charmes«.

3. DEZEMBER: In seinem Brief an Frau Strohl bedauert R., den Vortrag Valérys nicht besucht zu haben, zumal dieser den Wunsch geäußert habe, ihn kennenzulernen. Der französische Konsul hatte ein Zusammentreffen vorbereitet.

4. DEZEMBER: R.s 47. Geburtstag. R. schreibt an Baladine K.: »En me rappelant ce matin que c'est celle de mon anniversaire, je n'avais que deux désirs: celui que l'hiver te soit supportable et qu'il t'avance, malgré tout, vers un avenir heureux –, et cet autre, tendu infiniment vers mon travail. Dieu merci, la maison est calme et Frida est tout à fait rentrée dans ses fonctions du – ›Geistlein‹. Crois-moi que j'apprecie profondément ce qui m'est donné ici, aussi ne désiré-je que d'en profiter et de me créer dans cet abri un fond et comme un trésor d'activité intérieure dont je puisse emporter plus tard les avantages n'importe où ...«

An Dory von der Mühll heißt es: »durch ... Zufall verfüge ich wirklich über eine Anzahl Aquarelle [Baladine K.s], die eventuell zu verkaufen, ich, auch ohne weitere Anfrage, durchaus ermächtigt wäre.« Im nächsten Brief bestätigt R. den Ankauf von zwei dieser Arbeiten durch Hans von der Mühll.

5. DEZEMBER: Seiner Mutter klagt R.: »Eine unbrauchbare Haushälterin war leider eingerückt, die, ehemals Lehrerin, nur, in der bösesten Laune, täglich drei Teller zerschlug und wieder entlassen werden mußte, darauf eine ländliche Aushülfe aus dem nächsten Dorf, die nicht schlecht, aber eben, als Provisorium, doch auch nicht erleichternd war –, in derselben Zeit umständliche Dachreparaturen, die das ganze Haus mit Mörtel Lärm und Kälte erfüllten«, nun aber ist Frieda Baumgartner zurückgekommen, »und so hat ... das Haus endlich seine alte Fassung und Ordnung wiedergefunden ... Ich ... bin ... in vollstem Eifer, die Arbeiten meines Winters – größtentheils Übersetzungs-Arbeiten – vorzubereiten ...«

6. DEZEMBER: R. dankt Frau Wunderly für ihren Geburtstagsgruß: »A part de cela, on n'a pas fêté, mais c'était une journée tranquille normale, paisible ...: je ne désire que cela! Rien que cela!«

7. DEZEMBER: An Paul Morisse: »Vos lignes cependant m'ont trouvé tout occupé non seulement de cette négativité sensitive mais de Lui, de Valéry, de son Œuvre, aussi activement que possible. Je viens de traduire cette incomparable ›Dormeuse‹ (Charmes p. 23) qui m'éblouit comme une constellation établie à tout jamais au ciel de la langue. Jusqu'ici – puisque vous m'engagez à la confession – j'ai traduit (avec quelle joie et quelle émotion d'initié!): Ode secrète, les Grenades, puis le Cimetière Marin et Ebauche d'un Serpent –, et je me propose, si la tranquillité de mon hiver reste à peu près assurée, d'y ajouter encore un troisième de ces grands poèmes valériens –.« In diesem Brief sagt R. ferner: »Quant à la prose de Valéry, elle me tente depuis longtemps, mais là je n'ai pas encore fait d'expérience et je ne sais pas, si mes moyens suffiront sur ce plan aussi, pour donner les dernières équivalences. Je l'espère –, mais je suis trop en retard encore dans mes propres travaux, pour m'engager en ce moment dans une tâche aussi longue et absorbante...«

ZWISCHEN DEM 7. UND 19. DEZEMBER überträgt R. folgende Gedichte Paul Valérys: »La Ceinture« – »Der Gürtel. Wenn der Himmel, wangenrot ...«; »Intérieur« – »Intérieur. Das lange Aug voll weicher Ketten, eine ...«; »Les Pas« – »Die Schritte. Deine Schritte, als meines Schweigens ...«; »Poésie« – »Poesie. Plötzlicher Hemmung bewußt ...« und »Le Vin perdu« – »Der verlorne Wein. Einmal hab ich (ich weiß nicht mehr unter / welchen Himmeln) ...«

DEZEMBER: Im »Inselschiff« erscheint unter der Überschrift: »Die fünfte Duineser Elegie« ein Faksimile der Vierten Elegie. (Jg. 4, Weihnachtsheft, d. i. Heft 1, 1923)

11. DEZEMBER: R. übermittelt Baladine K. hoffnungsvollere Nachrichten für Pierres Ausbildung in Paris, aber noch soll sie diesem nichts davon sagen. Zur Übertragung der »Ode secrète« von Valéry heißt es: »Tout ce que vous disiez de mon essai de traduction m'a beaucoup intéressé. Si j'ai voulu faire une seconde version, s'est tout juste pour la rendre plus martelée et moins chantante. Mais jusqu'à présent je n'ai pas repris ce morceau ...«

12. DEZEMBER: R. dankt Kippenberg dafür, daß er sogleich Nachricht über das gebesserte Befinden von Frau Kippenberg erhalten hat. Nach

Leipzig werde er vorerst nicht kommen: »Ich habe die Reise nach Paris – zumal auch die Sequester-Angelegenheit noch nicht zum Abschluß gekommen ist – aufs Frühjahr verschoben, und nun sieht es aus, als sollte ich in meinen alten Mauern genau zurückgezogen bleiben ... ich wünsche vieles zu lesen, vieles zu bedenken und manches vor mich zu bringen auf stillem halbem Feuer!« Im Valais herrscht strenger Winter.

14. DEZEMBER: R. dankt Witold Hulewicz für die Übersendung seiner polnischen Übertragung des »Rodin«: »meine – wenn auch nicht mehr sehr frischen – Kenntnisse des Russischen, mußten sogar herhalten, mir die Zeilen Ihrer Einführung bis zu einem gewissen Grade zu eröffnen.« R. ist erfreut, daß Hulewicz vom »Malte« spricht, und weist ihn auf seine neuen Arbeiten hin, deren Erscheinen bevorsteht, ferner auf Valérys »Charmes ou Poèmes.«

R. erzählt Frau Weininger von seinen vielen fehlgeschlagenen Plänen und endet: »Das sind, liebe Freundin, alle meine Nachrichten, soweit ich sie selber kenne; was ein guter und eindringlicher Zuschauer von mir zu berichten wüßte, wäre vielleicht mehr ...«

15. DEZEMBER: »Ich komme kaum hinaus –, stehe (leider) infolge späten Schlafengehens, sehr (entsetzlich, sträflich!) spät auf. Dann geht die Briefarbeit an, nachmittags etwas Übersetzerei, abends Lektüre: es wird gewöhnlich 1 Uhr!!! Gelegentlich lauf ich dann doch meinen Arbeitsweg im Schnee entlang, um Dämmerung, irgend ein Stück Arbeit im Taschenbuch mitführend ...« (An N.W.-V.)

In einem zweiten Brief an Frau Wunderly berichtet R. über seine Weihnachtsgaben für Ruth und seine Mutter, an die er nur den jährlichen Kalender sende: »Schon deshalb, weil sie in Prag niemanden hat, der für sie aufs Zollamt ginge ... Übrigens klagt sie sehr, die arme Frau hoffentlich gelingt bald der Verkauf eines der Häuser, so daß sie sich ein kleines wirkliches chez soi irgendwo schaffen dürfte, anstelle dieser Wohnkammer, die sie mit Koffern und Kisten theilt und kaum zu heizen vermag!«

19. DEZEMBER: R. sendet an Baladine K. als Weihnachtsgabe die Handschrift: »Paul Valéry Poèmes / René à Merline / pour Noël 1922«, die nebeneinander die französische und die deutsche Fassung der Gedichte: »La Ceinture«, »Intérieur«, »Les Pas«, »Poésie«, »Le Vin perdu«, »La Dormeuse« und »Les Grenades« enthält. R. verpflichtet die Freundin, das Heft erst am 24.12. zu öffnen.

20. DEZEMBER: An Clara R. hat R. seine neuen Bücher zu Weihnachten schicken wollen, die aber noch nicht vorliegen: »So kommt nur ein grünes Insel-Schiff-Heft mit einigen Sonetten als Vorgeschmack... Und ein schönes Bild von Rodin und Mme Rodin aus der allerletzten Zeit, das ein Recht hat, einem die beiden Menschen endgültig vorzustellen: so kannten wir sie doch schließlich!« Ruth und Carl Sieber werden zum Fest in Fischerhude erwartet, R. bittet auch »Großmutter und Helmuth« zu grüßen.

DEZEMBER: Vermutlich sind um diese Zeit auch die nicht genau zu datierenden Übertragungen der Gedichte Valérys: »Au Platane« – »An die Platane. Geneigt, große Platane, bietest du dich nackt ...« und »Le Rameur« – »Der Ruderer. Gebeugt wider den Strom, entreißt mein Ruderschlagen ...« entstanden, ebenso wie die Neufassung des Schlusses von »Ebauche d'un Serpent« – »Entwurf einer Schlange.«

21. DEZEMBER: »Odette R.... Tränen, die innigsten, steigen!...«; Einschrift in ein Exemplar des »Malte« für Frau Margarethe Masson-Ruffy, im Andenken an ihre jung verstorbene Schwester Odette Ruffy. R. ist darum von Antoine Contat gebeten worden.

22. DEZEMBER: In den »Cornet« für cand. med. Max Nußbaum trägt R. die Verse ein: »Leben und Tod: sie sind im Kerne Eins ...«; er erfüllt damit einen Wunsch Otto Kohns.

23. DEZEMBER: R. schreibt an Alexander Hohenlohe nach Badenweiler über Proust: 1913 habe er »Du côté de chez Swann« gelesen – »neulich erinnerte mich André Gide daran, daß ich unter den frühesten Bewunderern dieses Dichters meinen Platz habe, – und nun können Sie sich denken, wie ich von Band zu Band in der gleichen Verfassung mitgegangen war und wie stark mich der Tod dieses bedeutenden Menschen betroffen hat. Es ist noch gar nicht abzusehen, was alles mit diesen Büchern uns und den Künftigen eröffnet ist, sie stecken so voll Reichtum der Entdeckung ... In seinem mit Korkplatten ausgelegten (fast dürftigen) Zimmer, das er nur nachts ab und zu verließ, muß dieser seltsame Wahr-Sager das Leben unaufhörlich vor sich offen gesehen haben, wie eine riesige Hand, deren Linien so im Wesentlichen begriffen waren, daß sie ihm keine Überraschungen mehr bereiten konnten nur noch, täglich, unendliche Aufgaben! – Wie muß man die Arbeit lieben, wenn man erst soweit gekommen ist!...«

UM WEIHNACHTEN überträgt R. von Valéry »Le Cantique des colonnes«, er schenkt diese Übertragung Frau Wunderly mit der Widmung: »Traduit / pour / Nike / Vers Noël 1922«: »Der Gesang der Säulen. Selige Säulen, mit / Tag auf den Hüten und / wirklicher Vögel Schritt / rings um ihr oberes Rund ...«

24. DEZEMBER: R. bedauert in seinem Weihnachtsbrief an Frau Wunderly, ihr nur den »Insel-Almanach« senden zu können, der unter anderem das »Karnak«-Gedicht aus den Gedichten des Grafen C.W. enthält – und nun diese Übertragung: »Voici, chantés, la volonté, l'exemple des Colonnes: Curieuse coïncidence: ne sont-elles pas sœurs, ces Colonnes: de celle dont parle l'inconnu, le Conte C. W., (voyez Insel-Almanach, page 113) et dont je parlerai encore et encore, si toutes ces voix n'étaient pas encore suffisantes! ...«

R. schenkt Frida Baumgartner zu Weihnachten Stifters »Nachsommer« mit der Einschrift: »Frida Baumgartner, der stillen getreuen Helferin und guten Hausgenossin auf Muzot für ihre einsamen Abende dieses Winters. R. M. Rilke.« Frida Baumgartner berichtet: »Herr Rilke hörte mir gerne zu, wenn ich ihm auf Spaziergängen über das plauderte, was ich alles schon gelesen habe, wie: Gotthelf, Hebel, Storm, Grillparzer, Schiller, Goethe, Tolstoi, Dostojewski u. a. Darauf ergänzte er einmal ganz ernst: ›Aber dann müssen Sie auch Johann Gaudenz von Salis kennen?‹ Nach Rückkehr am Abend brachte mir Herr Rilke ein kleines Bändchen mit der Bemerkung: ›So, nun lesen Sie bitte Ihren Johann Gaudenz von Salis‹.«

Baltusz Klossowski schenkt seinem ›Mitautor‹ R. die vierzig Originalzeichnungen zu »Mitsou.«

»Wir hielten die ganze Weihnachtsnacht, wie das im Wallis Sitte ist, unser kleines St. Anna-Kapellchen ... festlich erleuchtet, – ich schmückte selber den Altar mit Christrosen ... es war doch seltsam schön, gerade für Weihnachten, nicht allein ein stilles eigenes Haus im Schnee, sondern auch eine eigene kleine Kapelle zu haben!« (An die Mutter, 9.1.23)

R. liest Weihnachten Korrekturen für die Ausgabe der »Duineser Elegien.«

Die »Deutsche Zeitung Bohemia«, Prag (94. Jg., Nr. 304, Sonntag, 24.12.22, Weihnachtsbeilage) bringt »Drei Sonette von R. M. R.« als Vorabdruck der »Sonette an Orpheus«: Teil I, XIII; Teil II, XIV und XV.

Das »Berliner Tageblatt« enthält in der Weihnachtsausgabe (Nr. 586) die »Sonette an Orpheus« V, VII und XIX aus dem ersten Teil.

26. DEZEMBER: R. dankt Frau Wunderly für ihre Weihnachtsgaben,

darunter eine »Kaffee-Maschine, Schwester meiner münchener! ... Gestern hat sie ihr début geliefert, mit Grazie, je vous assure. Frida ist ebenso verblüfft über das rücksaugende Benehmen, wie es Rosa seinerzeit gewesen war, und ich muß gestehen, ich selbst habe Mühe, nicht mit offenem Munde dabei zu stehen. C'est le miracle qui ne s'épuise point, et quant au Caffée qui en résulte, il est hors concours ...«
Hugo Salus hat aus Prag angefragt, ob R. in der ›Urania‹ dort lesen könne. R. antwortet:»Da muß ich denn leider sagen, daß ich auch diesmal, für absehbare Zeit nicht versprechen kann, mich in Bewegung zu setzen ...«
27. DEZEMBER: Dankbrief für Georg Reinhart, der R. den Band:»Reinhart in Winterthur« geschenkt hat.»Der schlichte und dabei so echte Wert derartiger Familien-Geschichten ist hoch einzuschätzen. Die Schweiz (und auch diesen Vorzug teilt sie mit den ihr in mancher Beziehung verwandten skandinavischen Staaten), die derartiges Material verhältnismäßig unzerstört aufzuweisen vermag, liefert damit die Beiträge zu einer eigentlich bürgerlichen Geschichte, deren anonyme, aber stete Leistungen im Ganzen übersehen worden sind ...«
28. DEZEMBER: »Ma fête, si ce nom convient à une soirée tranquille – rien de plus, – était bonne et paisible; à 5 hrs j'avais monté quelques Christ-Rosen qui me sont venues de Francine [Brüstlein] à la Chapelle, qui, comme toutes les chapelles selon la tradition du pays, restait illuminée pendant toute la nuit. C'était vraiment Noël que de voir ce petit bâtiment simple et pieux, perdu dans la neige, habité par tant de lumière!« (An Baladine K.)
30. DEZEMBER: R. hat zu Weihnachten auf Anregung von Mlle Contat zwei kleine Holzskulpturen des Hirten und Bildschnitzers Michelot von Antoine Contat geschenkt bekommen. R. übersendet Mlle Antoinette Contat zwei Gedichte mit einer längeren Prosa-Widmung. ›Rossignol. Rossignol ..., dont le cœur ...« und »Mésange. O toi, petit cœur, qui hivernes ...«; dazu heißt es:»Le petit cahier à Mademoiselle Contat qui voulait bien intercéder pour que son père envoie à un poëte un rossignol et une mésange au lieu d'une chèvre, ce même poëte offre timidement un peu, – car exprimés dans une langue empruntée – les premiers reflets que ces oiseaux ont éveillés dans le miroir de sa claire surprise ...«
An Frau Wunderly schreibt R.:»Chère, je n'ai pas pu vous envoyer les ›fleurs‹, aquarelle des plus jolies que Mouky [Klossowska] vous avais

destinée –, par la simple raison que cette aquarelle (et une autre) avaient été vendues deux jours avant que j'avais cet ordre de la part de M. – C'est Mme v. d. M[ühll] qui se rappelait que lui, v. d. M., admirait les peintures de Mme K. et qui a voulu lui faire ce cadeau. Naturellement j'ai consenti de grand cœur!« Frau Wunderly wird andere Aquarelle erhalten.

31. DEZEMBER: Gide läßt R. als letzte Nachrichten wissen: »Copeau acceptera volontiers le jeune Pierre K. à son école à titre gracieux, exceptionnellement, et étant donné les circonstances si particulières ... qu'il vienne le plus tôt possible«; die sofortige Reise Pierre K.s ist jedoch zu diesem Zeitpunkt nicht möglich.

Im Jahre 1922 liest R. regelmäßig die folgenden Zeitschriften: »Nouvelle Revue Française«, »Revue Hebdomadaire«, »Nouvelles Littéraires« und »Les Cahiers verts.«
Arbeiten R.s erscheinen im »Berliner Tageblatt«, in der »Deutschen Zeitung Bohemia«, im »Inselschiff« und im »Insel-Almanach auf das Jahr 1923.«
Als zweites Buch bringt die Artusrunde »Bettina. Eine Szene« von Walter Eidlitz mit einem »Vorspruch von R. M. R.« (»Eben warst du noch Bettine ...« aus den »Aufzeichnungen des Malte Laurids Brigge«) im Wir-Verlag, Berlin 1922.
In »Frühe italienische Dichtung«, übertragen und mit dem Urtext herausgegeben von Hans Feist und Leonello Vincenti, Hyperion Verlag München, werden zwei von R. übersetzte Sonette Petrarcas wieder abgedruckt: Das 57. und das 61. Sonett: »In ihres Alters blühendstem Beginn ...« (S. 154f.) und »Erhabne Flamme, mehr als schöne schön ...« (S. 156f.). (Hans Feist hat R.s Münchner Wohnung in der Ainmillerstraße 34 bewohnt.)
Paul Verlaine »Gesammelte Gedichte. Eine Auswahl der besten Übertragungen«, erster Band der von Stefan Zweig im Insel-Verlag herausgegebenen »Gesammelten Werke« Verlaines, enthält auf S. 308 »Agnus Dei. Es sucht das Lamm die Bitterkeit der Heide ...«, unterzeichnet: »R. M. R.«
Jean Moréas »Die Stanzen«, deutsch von Rolf Freiherrn von Ungern-Sternberg im Wir-Verlag, Berlin 1922, bringt auf S. 6f. die Bemerkung: »Diesem Bande zur Einleitung und schönstem Schmuck gereiche die Umdichtung einer der bedeutsamsten Stanzen von Jean Moréas in der Fassung des Meisters deutscher Zunge, dessen gütigem Zuspruch und warmer Förderung die vorliegende Übertragung aus dem Französischen ihren Abschluß verdankt. Er wolle die Huldigung dieses Werkes freundlich annehmen.« Es folgt R.s Übertragung des Gedichtes »Relève-toi, mon âme, et redeviens la cible ...« – »Auf, meine Seele, auf und wieder sei die Scheibe ...« (Stances, troisième livre, VI).
Neuauflagen: »Das Buch der Bilder« 20.-22. Tausend, »Auguste Rodin« 36.-40. Tausend, »Geschichten vom lieben Gott« 29.-33. Tausend, »Das Stunden-Buch« 40.-49. Tausend, »Die Weise von Liebe und Tod des Cornets Christoph Rilke« 231.-251. Tausend, »Die frühen Gedichte« 15.-17. Tausend, »Die Aufzeichnungen

des Malte Laurids Brigge« 18.-20. Tausend, »Neue Gedichte« 15.-17. Tausend, »Das Marien-Leben« 51.-60. Tausend.
Übertragungen: Elizabeth Barrett-Brownings Sonette nach dem Portugiesischen« 11.-15. Tausend, »Die Liebe der Magdalena« 7.-10. Tausend.
1922 schreibt Iwan Bunin eine Übersetzung von »Der Panther«, die erst 1935 veröffentlicht wird.
Ins Russische übertragen werden außerdem Gedichte R.s: »Kniga Dlja Vsěch. Das Buch für Alle. No. 71-72«: »Savelij Tartakover. Anthologie zeitgenössischer deutscher Dichtung« Verlag Mysl', Berlin 1922. Die Ausgabe enthält acht Gedichte R.s aus verschiedenen Sammlungen.
Ins Polnische wird übersetzt: »Auguste Rodin« von Witold Hulewicz, Warschau ... 1923 und »Die Liebe der Magdalena« von Ludwik Lille, Lemberg 1922.
Ferner: »Die Weise von Liebe und Tod des Cornets Christoph Rilke« von Idy Wieniewska, Lemberg... 1922.
Claire Goll schreibt in der »Revue Rhénane. Rheinische Blätter« (2. Jg., Nr. 7) über R. Der Artikel enthält ihre Übertragung des Gedichtes »Der Panther« ins Französische. Vertonungen: Philipp Jarnach »Lied vom Meer. Uraltes Wehn vom Meer (R. M. R.) für eine Singstimme und Klavier. op. 15, No. 1.« Schott's Söhne, Mainz.

1923

4. JANUAR: In einem Brief an Marguerite Masson-Ruffy dankt R. für eine Photographie ihrer verstorbenen Schwester, der Malerin Odette Ruffy, und für wunderschöne weiße Rosen.

5. JANUAR: R. dankt Antoine Contat für die Schnitzereien des Hirten Michelot – die kniende Kuh hat Baltusz bekommen, Meise und Nachtigall R. behalten: »Mais, ayant beaucoup fréquenté de bergers en Espagne autrefois, je me rappelle combien l'apparition du berger est ›seule‹ parmi ses bêtes ...«

6. JANUAR: An Gräfin Sizzo heißt es: »ein Teil meiner Unstetheit mag sich sogar daraus erklären, daß ich jedesmal nach Ablauf einer derartigen Intensitätsperiode jede Veränderung, die sich von außen anbot, als eine erwünschte Hülfe hinnahm.« Die Gräfin hat im November 1922 ihre Mutter verloren, R. versucht, ihr seine ›Todeserfahrungen‹ nahezubringen: »so hat gewiß das Leben eine uns dauernd abgewendete Seite, die nicht sein Gegen-Teil ist, sondern seine Ergänzung zur Vollkommenheit, zur Vollzähligkeit, zu der wirklichen heilen und vollen Sphäre und Kugel des Seins«, die den Tod einschließt.

7. JANUAR: R. klagt der Fürstin Taxis über Beschwerden des Sympathicus: dieser »ist seit einiger Zeit von einer krankhaften Empfindlichkeit bei mir, jede Erregung oder auch nur momentan starke geistige

Anstrengung ruft dort Störungen hervor«. R. kündigt die Gedichtbände an, deren Erscheinen sich weiter verzögert, und fährt fort: »demnächst erscheint dann (man denke!) eine sechs-bändige sorgfältige Gesammt-Ausgabe aller meiner Arbeiten, natürlich mit Fortlassung des durchaus Entbehrlichen und Unreifen der Frühzeit. – Dr. Kippenberg hält diese Edition allmählich für unentbehrlich und ich unterwerfe mich seinem Wunsche danach, schließlich wird es angenehm sein, alles in gleichem Einband und besonders im selben Format nebeneinander stellen zu können. Den Inhalt dieser sechs Bände zu bestimmen war recht amüsant, der sechste enthält die Übersetzungen: und damit ist auch das Pensum meines heurigen Winters gegeben; ich will noch abrunden und ergänzen, was in diesem Sinne im Lauf der Jahre begonnen worden ist, besonders die Übertragungen aus dem Französischen und Italiänischen ...« Leider seien die russischen Sachen in Paris abhanden gekommen, so werden »wohl nur die Skandinavischen Stücke: Jacobsen, Fröding etc.« daneben stehen. R. nennt der Fürstin eine Reihe französischer Bücher aus »dem Umkreis der Nouvelle Revue Française«, so »La vie inquiète de Jean Hermelin« (1920) und »Silbermann« (1922) von Jacques de Lacretelle, ferner »A. O. Barnabooth« (zuerst 1908) von Valery Larbaud.

9. JANUAR: R. bedrücken die Reparaturkosten und Steuerbeträge für Muzot, zu denen er nichts beitragen kann, denn »Mark und oesterreichische Kronen bleiben ja vor der Hand noch weiter unmöglich«, wie er an Frau Wunderly schreibt. »Die Arbeit (Übersetzungen immer weiter angesichts des VI^{ten} Bandes der Gesammt-Ausgabe) die Arbeit ist immer herrlich, herrlich, eine Heimath Himmels und der Erde ..., aber ich muß vorsichtig sein, jede Erregung oder zu heftige Anstrengung erzeugt mir jene fatalen Zustände, um Weihnachten herum lebte ich, mehr als zehn Tage, nur von etwas Hafersuppe, als Strafe für ein zu gewaltiges im Geiste-gewesen-sein.« Weiter heißt es: »Nun erwarte ich, mit großer Spannung, die Januar-Nummer der Nouvelle Revue Française: sie sollte ja ganz Proust gewidmet sein! – Chère, assez, – es bleibt ungefähr alles zu sagen, ich fühle mich, seit Abschluß der vorjährigen Arbeiten, so weit davon, etwas über mich selbst auszusagen, – alles ist neu, ein neuer Anfang (: wessen?) und sehr, sehr schwer wie, bekanntlich, aller Anfang. – Aber es muß, es soll so sein und nicht anders.« In einer Nachschrift dankt R. für die Auffüllung des »Muzot-Fonds« (500 Frcs), nun kann Heizmaterial beschafft werden. Nach Zü-

rich komme er nicht: »es geht, bei aller Vorsicht, zu weit ins Geld bei mir.«

10. JANUAR: R. schreibt an Katharina Kippenberg, die krank in München liegt, vom »Gefangensein in der Krankheit«. Weiter heißt es: »Mit Erstaunen, über das ich im Einzelnen viel zu sagen hätte, las ich – oft mit unheimlichster Erschütterung – diesen ›Regenbogen‹ von Lawrence; ganz unbekannt mit englischer Literatur, kannte ich nicht mal den Namen dieses Autors!« Frau Kippenberg hatte R. auf dies 1922 im Insel-Verlag erschienene Buch hingewiesen: »O wenn Sie Englisch läsen ...« (6.4.21) R. fährt fort: »Dieses und zwei, drei andere Bücher in der letzten Zeit haben mich unbeschreiblich bewegt, auch erschreckt, mit einem fruchtbaren Schrecken ...«

An Jean Strohl heißt es: »En effet je ne vois que mon travail, et il se passe des journées où il ne me reste pas le temps de la petite promenade quotidienne, quoique elle aussi ne représente qu'un chapitre du travail, car j'emporte partout mon petit carnet de notes et toutes les pensées qui s'y rapportent.«

11. JANUAR: R. schließt seine Übertragung von Valérys Gedicht »La Pythie« ab: »Pythia. Aus den Nüstern der Pythia jagen ...« Die Handschrift trägt den Vermerk »trad.: / au commencement de janvier 1923 / (fini le 11 janvier)«.

An diesem Tag marschieren französische und belgische Truppen ins Ruhrgebiet ein, um durch die »Politik der produktiven Pfänder« die Reparationszahlungen des Deutschen Reiches durchzusetzen.

13. JANUAR: An Lou A.-S.: »Ich bin oft in großer Sorge, liebe Lou, um Dich, um Euch, wenn ich höre und mir vorstelle, wie alles in Deutschland immer absurder geworden ist und Leben und Lebenspreise ungefähr unmöglich. Es scheint – und das war mein Eindruck im Jahre 1919 – der einzige rechte Moment, da alles hätte Einverständnis vorbereiten können, ist auf allen Seiten versäumt worden, nun nehmen die Divergenzen zu, die Fehlersummen sind gar nicht mehr abzulesen, so vielstellig sind sie geworden; Rathlosigkeit, Verzweiflung, Unaufrichtigkeit und der zeitgemäße Wunsch, auch noch aus diesen Verhängnissen um jeden Preis Nutzen zu ziehen, auch noch aus ihnen: diese falschen Kräfte stoßen die Welt vor sich her ... Aber vielleicht geht sie nicht, vielleicht geht nichts in der Politik vor sich, kaum kommt man, wo es auch sei, in eine Schicht unter ihr, schon sieht alles anders aus, und man meint, daß ein heimlichstes Wachsthum und sein reiner Wille

jene Wirrnisse nur gebrauchen, um sich darunter heil und der anders beschäftigten Neugier verborgen zu halten. (Gerade in Frankreich ...).« R. spricht von seinen französischen Freunden und der jungen literarischen Generation in diesem Lande; schließlich von der Bedeutung Paul Valérys für seine Arbeit. Seine eigene Lage kennzeichnet er: »Und dabei hab ich ihn [= Valéry], leider, nicht sehen können, aus dem thörichtsten aller Gründe; die Unmöglichkeit, oesterreichisches oder deutsches Geld heraus schicken zu lassen, macht mich in den alten Mauern meines Muzot mehr und mehr zum Gefangnen, in ihnen habe ich alles, noch für eine Weile, aber jeder Schritt nach außen, sei es auch nur bis Lausanne, wird immer unmöglicher!«

15. JANUAR: An Aurelia Gallarati-Scotti: »Je me suis engagé à traduire Paul Valéry ... Mais je reviens aussi souvent à votre langue merveilleuse: car il faut que j'avance en même temps mes traductions des poésies de Michel-Ange, tâche téméraire, mais que j'ai entreprise il y a une dizaine d'années, courageusement, et que je voudrais mener à bonne fin ...« Auch an sie schreibt R. von den Büchern der jungen Franzosen, die ihn beeindrucken, und macht sie auf die Gedenknummer der N. R. F. für Proust aufmerksam.

16. JANUAR: Frau Wunderly und ihre Schwester haben beide »Silbermann« von Jacques de Lacretelle gelesen: »Ja, dieses Buch giebt wie kein anderes das Maaß sowohl dessen, wodurch der Jude sich uns anziehend und werthvoll macht, als auch das unserer endlichen Zurückhaltung gegen ihn ... Ich habe nie eine nahe Freundschaft zu einem Juden entwickelt, könnte mir aber vorstellen, daß es nur diesen Verlauf genommen hätte, wenn man, sagen wir, Rathenau oder Wassermann oder sonst einem ihrer Anreger näher gestanden hätte«, nämlich den, daß man ihn plötzlich als »zu nah« empfindet.

R. legt diesem Brief ein Beiblatt ein, auf dem er sich zur politischen Situation äußert: »Die Franzosen haben vermuthlich unrecht gehabt, ihre Sache, auf diese Spitze zu treiben, (ein böses Beispiel für alle, die nichts wünschen, als wieder auf die Gewalt zu kommen!) von wo's nicht weitergeht und kaum zurück. Aber welche Widerwärtigkeit, diese deutsche Regierung, in ihrem Aufhetzen und Anstiften und ihrer wiederum ›ehrlichen‹ und doch so unwahren Wuth. Und dazu die Fahnen auf Halbmast, die nichts anderes sind, als (immer noch) auf Halbmast herabgelockerte, von Wilhelm II abgelegte Paradehosen. Und der Trauertag (an dem die Operetten-Theater weiterspielen!) ...« Die Regierung

Cuno hat zum passiven Widerstand gegen die Ruhrbesetzung aufgerufen. »Dabei in Essen, was sie widerlegt, eine sachliche Haltung, Ruhe, fortgesetzte Arbeit, Fügung ins Gegebene. Aber in Berlin Geschrei ...«
R. sagt von Deutschland: »gerade noch bis zu Goethe's Tode hätte man es begreifen und lieben können«, und fährt fort: »Kein Volk, kein Volk! Eine zu jedem Auftrieb des Großthuns brauchbare Masse; gleichgültig gegen jede Idee, aber stolz darauf, so viele Ideen ›getrieben‹ zu haben. Nichts verwendend, aber alles ausnutzend. Schon zu kaiserlicher Zeit fähig, Lenin nach Rußland zu transportieren, um dort einen Untergang anzurichten, der seinen damaligen ›Ideen‹ zwar konträr hätte sein müssen, ihnen aber nützlich sein konnte; heute ebenso imstande, sich mit den Sovjets zu verbünden, auf der Stelle – schon ist Brockdorff-Rantzau nach Berlin zurückgerufen –, um nun mit dieser Hülfe rasch wieder emporzukommen.« R. führt diese Gedanken noch weiter. In seinem Brief an Frau Wunderly, dem dies beiliegt, heißt es: »Das beiliegende Blättchen überlesen Sie nur und verbrennens, wenns Ihnen so lieber ist, – ich mußte mir das entspannen, so groß war Widerspruch und Auflehnung in meinem Wesen ... Wie war mir mein Oesterreicherthum, in seiner anderen inneren Zusammensetzung kostbarer!« R. wünscht sich: »Möge die Schweiz mich schützen, solang bis ich irgend eine weit weit entlegne Zuflucht finde, oder still, als Privatmann in Paris verschwinde, als ein čechoslovakischer Staatsbürger, der die Quais entlanggehen und im Luxembourg sich benehmen darf ohne irgendwann an die Schellen der Politik zu stoßen ...« In Sorge auch um die innere Zukunft findet R. die Worte: »die heißt es schützen und fernhalten, denn dieses Unheil, das Deutschland seit 1914 über die Welt verhängt, ist nicht mal ein Verhängnis, das die Größe von Schicksal hat, ist etwas wie ein böswilliger Irrthum, eine Geschmacklosigkeit der Geschichte, ein Zufall des Muth-Willens und der Überhebung, ein Riesensturm in einem Riesenbier-Glase ... Pardonnez-moi, Chère ...« R. geht im weiteren auf das Proust-Gedenkheft der N. R. F. ein: »Schließlich dieses Sterben, Medicamente ablehnend, aber noch in der Agonie die Beschreibung einer Agonie verbessernd ...!, nachdem das Wort Fin (siehe Facsimile des Manuscripts) schon unter das letzte Blatt des XXten Hefts geschrieben war! – – – Dies auf der einen Seite des Rheins. Drüben, dagegen, monatelanges Hauptmann-Feiern ...«
R. berichtet über Pierre Klossowskis Freiplatz an der Schule Jean Copeaus.

17. JANUAR: R. dankt Dr. August Faust für die Übersendung seiner Arbeit: »Der dichterische Ausdruck mystischer Religiosität bei R. M. R.« in »Logos«, Bd. 11, Heft 2, betont aber, daß er sie nicht lesen werde.
18. JANUAR: Lou A.-S. antwortet auf R.s Brief vom 13. 1. 23 unter anderem: »Auch über die französischen Dinge, welche Du erwähnst, wüßte ich so gern mehr, nichts weiß ich davon. Daß das Übersetzen Dir noch besonderes Glück der Verwandtschaft gab im Fall des Paul Valéry, stimmt zum Umstand daß es Dir doch nun seit Jahren starkes Bedürfnis überhaupt wurde: als Du mir in München Mallarmé-Übersetzungen vorlasest (wir redeten oft davon) hatte ich schon ein Gefühl, als löse sich darin in Dir ein Verlangen nach dem ›Manne‹ in einer geistigsten Anschmiegung, und als müßte das vielleicht nur noch ›den‹ Dichter finden, der allein ganz dazu stimmte.«
20. JANUAR: R. begrüßt die Absicht von Maurice Betz, Paris, »un fragment« aus dem »Malte« zu übertragen: »Mais j'en suis charmé!« R. verweist auf die Übertragung Gides.
21. JANUAR: »Sie haben viel vor, zu viel auf einmal, scheint mir fast«, so warnt R. Sidie Nádherný vor ihrer Orientreise: »Der Orient ist eine Welt für sich, eine Welt der Nüance, nicht der Vielfalt ... man reist dort ein wenig wie im Sternenhimmel, auch dort wär es gewiß unsinnig, sechs Sterne nach einander besuchen zu wollen, man bliebe auf dem Aldebaran oder sonst in der gewaltigen Himmlischkeit und sähe sich um ...« R. gibt eine Fülle von Hinweisen.
23. JANUAR: R. dankt Aurelia Gallarati-Scotti für die Empfehlung von Dr. Filippo Sacchi als »Cornet«-Übersetzer, bedauert jedoch die Anziehungskraft dieses Werkes auf die Übertragenden: »J'ai eu dans la main des versions russes, polonaises, tchèques, danoises, anglaises, hongroises, espagnoles, françaises et italiennes ...« R. lehnt ab, im »Convegno« aus eigenen Werken zu lesen. Es folgen längere Ausführungen über Gide, schließlich geht R. auf eine Äußerung über die Ruhrbesetzung ein: »En politique je n'ai aucune voix, aucune – et je me défends d'y engager aucun sentiment ... la date de 1866 me parait le commencement de bien des erreurs qui, à présent, nous font souffrir. Car c'est là la naissance de cette terrible hégémonie prussienne qui, en formant brutalement l'Allemagne unifiée, supprimait toutes ces Allemagnes simples et sympathiques d'autrefois.« R. fährt fort: »Hélas! ces traits d'une pieuse humilité qu'Albert Durer encore inscrivait si minutieusement sur les visages allemands, sachant qu'ils détiennent le secret de leur construc-

tion intime, qu'est-ce qu'ils sont devenus?« – »Aussi, sans donner dans un cosmopolitisme vague et évasif, je dois convenir que ce n'est guère l'Allemagne qui m'a formé, ni les influences confuses de l'Autriche et de la Bohême – mais la Russie immense et ineffable, mais la France, l'Italie, l'Espagne ...« Auf den Brief der Freundin geht R. in einem Punkte nicht ein, sie hat die italienischen Zustände unter dem Regime Mussolinis beklagt. Dagegen empfindet er lebhafte Freude bei der Nachricht von der Rückkehr der Duse zum Theater: in dem Stück »Cosi sia« von Tommaso Gallarati-Scotti, dem Gatten Aurelia G.-S.s; die Duse hatte 1909 die Bühne verlassen.

24. JANUAR: R. erläutert Elisabeth Ephrussi gegenüber die Probleme des Übersetzens: »Denn mit Gewalt ist da wenig zu erreichen, zuletzt erweist sich das Übersetzen als etwas Sanftestes, als ein gegenseitiges Wiedererkennen der stillsten und gültigsten Bezüge ...; daher ist Übersetzung nur dort möglich, wo Tiefe ist, denn erst im Tiefen wirkt Verkehr, Wandel und wechselseitige Gewahrung.«

25. JANUAR: An Frau Wunderly schreibt R., auf seinen letzten Brief Bezug nehmend: »Ein Theil dieser angoisses kommt natürlich von den politischen Ereignissen her, ist doch das Zeitungslesen beängstigend, fast wie in den Kriegsjahren! Wo gerathen wir hin auf diese heillose Art!? – Chère, vernichten Sie, bitte, das kleine politische weiße Beiblatt, das neulich in meinen vielen blauen Blättern lag, es ist zu schlecht im Ausdruck, um zu bleiben, höchstens sprechen hätte man so dürfen in einem unwilligen Moment, hingeschrieben, erstarrts zu einer schlechten Grimasse ...« Weiter erbittet R. aus der »Italiänischen Buchhandlung« die »große Monographie über Fogazzaro (den berühmten Romancier) von Tommaso Gallarati-Scotti« (1920). Zu binden sei die »vierbändige Kunstgeschichte von Elie Faure«.

In Prag stirbt an diesem Tag Paula von Rilke-Rüliken.

30. JANUAR: In einem zwanzigseitigen Brief an Frau Wunderly nimmt R. nochmals die Themen der letzten Briefe auf: »Denn nun ists, für unsere Generation vorbei, diese Hoffnung, mit der ich, vor nächstens vier Jahren, in die Schweiz kam, daß, nach einiger Zeit schwankenden Übergangs, uns noch ein paar Jahre, ein Jahrzehnt normaler, heilender, argloser Welt vergönnt sein würden – nun entscheidet sichs für lange hinaus zum Schwären, zur Entzündung, überall ...« R. fährt fort: »Wem die Schuld?! – Liebe, wieder, wieder, kann ich nur Deutschland anklagen ... Stellen Sie sich ein Deutschland vor, das mindestens, damals, da ihm

sein Geschlagensein noch ganz fühlbar war, die Ehrlichkeit, die Wahrhaftigkeit, die Würde gehabt hätte, den Vertrag von Versailles, der ihm doch immer unannehmbar schien, nicht zu unterzeichnen ...; ein Truppen-Einmarsch, der damals erfolgt wäre, wo alle Verhältnisse noch weich und malléable waren, wie anders hätte der gewirkt, – er hätte vielleicht wirklich zur Ordnung und Aufräumung der formlosen Umstände des Kriegsendes beigetragen, er hätte jedenfalls, als eine Art Nach-Krieg, noch zu jenem abschließenden Kriege gehört – während die jetzige Einrückung die nächsten, die kommenden, die vielleicht dicht bevorstehenden Kriege eröffnet! Und wieder nicht durch Schuld der Franzosen. Ihre Besetzung war die schonendste in den ersten Tagen, der natürlichste Impuls der Kohlengruben- und Eisenwerkbesitzer, der eines stillen würdigen Entgegenkommens, mit der einzigen Sorge: Wer wird uns bezahlen? Aber, da mußte dieser verlogene Geist falschen Stolzes eingreifen, und alles auf die brüchigste Spitze treiben. Die Regierung, wo es einzig ihre Aufgabe gewesen wäre, zu beruhigen und ehestens in einen Weg ernstester Verhandlungen einzugehen, fand sich berechtigt, zum Widerstand zu hetzen: sie wird damit eine Hitze erzeugt haben, die, wie man in Bayern schon sieht, weit entfernt, eine Einigkeit innerhalb des Reiches aufzukochen, alle Ambitionen auf die verschiedensten Siedepunkte treiben wird: Dies im Innern. Und draußen das böse Beispiel der Gewalt des französischen Eingriffs, der allen Staaten und kaum geschlossenen oder nicht recht schließbaren Gemeinschaften vorführt, daß Gewalt möglich ist.« Deutschland lege es darauf an, Frankreich »im augenscheinlichsten Unrecht seiner militärischen Erscheinung« bloßzustellen, das eigene Unrecht aber zu leugnen. Alle, die es bekannt haben, fährt R. fort, »sind nach und nach beseitigt worden, es bleiben nur die Großthuer, die Profiteure, die Geldmacher, alle diese herrlichen Patrioten, die Wohlfahrt und Gewinn mit dem wahren Wohl verwechseln, an dem ihnen so wenig gelegen ist, daß sie sich, vorläufig mit allen Greueln der Bolschewisten unbesehen verbünden würden, wenn ihnen das momentan zustatten käme.« Weiter heißt es: »vielleicht ist Deutschland bestimmt, diese widerwärtige Rolle durchzuführen, in der es sich heillos gefällt, um damit andere Umstürze heraufzurufen, die kommen müssen, kommen sollen ... Aber dann wird es selber in diesen Untergängen einbegriffen sein, wenn das Ferment seines Hochmuths die Welt noch einmal aus den Fugen getrieben hat; und der Rachen des Bolschewismus steht ihm dann schon jetzt groß genug offen.«

1. BIS 3. FEBRUAR: R. überträgt »Palme« von Paul Valéry: »Palme. Bedacht kaum, wie er verwische ...«, er datiert: »Traduit 1, 2, 3 Février / 1923«.

2. FEBRUAR: An Lisa Heise schreibt R. in ähnlichem Sinne wie an Frau Wunderly über die Situation in Deutschland – vor allem geht er auf die Hoffnungen von 1918 ein, auf die Möglichkeit eines Aktes »tiefer Wahrhaftigkeit und Umkehr«.

An Baladine K. nach Berlin heißt es: »Que c'est désolant! Moi qui voulais attendre en Suisse que le monde soit un peu plus guéri, – mais il devient toujours plus atrocement malade, en lisant les journaux on revient aux angoisses des années de guerre ... N'en parlons pas, – mais si je me plains et me tourmente ici, qu'est-ce que vous devriez faire là-bas, ma pauvre amie?!« R. übersendet ihr den kleinen Band der Colette »Rêverie de Nouvel-An« als Beispiel für die »Collection Les Contemporains«: »Un jeune poète vient de traduire les 60 premières pages du Malte pour cette même collection de la Librairie Stock, nous aurons donc prochainement un petit volume, tout pareil, avec ces fragments.« Weil man für das Bändchen ein Porträt wünscht, bittet R. die Freundin, ein solches »aperçu« zu versuchen.

An Dr. Stark nach Prag schreibt R. über seine Erschütterung anläßlich des Todes seiner Cousine Paula, (»bin ich doch, unbegreiflicherweise, ohne alle Verständigung geblieben«), zumal man verstehen wird, »welche Bestürzung mir diese rasch aufeinanderfolgenden Abgänge der letzten Zugehörigen bereiten müssen«.

6. FEBRUAR: »Eines ist erreicht, mein Schlaf, ich schlafe unerhört, wie ein Knabe in der Zeit des Wachsthums mit dem ganzen Körper der Länge nach, ich habe eine Million Schlaf-Stellen an mir, die alle ›arbeiten‹ ... vielleicht ist jetzt der Aufstieg begonnen, ich hoffe, ach gesund sein, unwillkürlich froh sein im Körper, welches Köstlichste.« (An N.W.-V.)

R. erbittet ihr Exemplar des »Malte«, er will das Manuskript der Betzschen Übertragung durchsehen und »habe natürlich, wie gewöhnlich, von meinen Büchern nichts vorräthig.«

7. FEBRUAR: R. übersendet die achte Strophe von Valérys »Palme« in seiner Übertragung an Frau von der Mühll: »Gedulden, Gedulden, Gedulden / Gedulden unter dem Blau! ...«

9. FEBRUAR: Aurelia Gallarati-Scotti und ihre Freundin Dr. Lavinia Mazzucchetti lehnen die neuerliche Übertragung des »Cornet« ab, R.

dankt besonders Frau Mazzucchetti für ihre sorgfältige Beratung. In seinem Brief berichtet R. von seiner Lektüre der Fogazzaro-Biographie Tommaso G.-S.s an den langen Abenden von Muzot.

10. FEBRUAR: An Xaver von Moos: »Sie werden – dessen bin ich gewiß – Nachsicht für mein Schweigen gehabt haben: ich fühle immer mehr, daß es die gleiche Feder ist, die beide Schriftlichkeiten, die der Arbeit und die des Verkehrs zu leisten hat, und ich gebe, wo die Kraft begrenzt erscheint, der ersten Fähigkeit den Vorrang vor dem Brieflichen, so sehr mir dieses an sich lieb, und, als wirklicher Theil meines Lebens und meiner Leistung natürlich ist. Es ist schade, daß wir bei unserer letzten, so kurzen Begegnung nicht allein waren, sonst wäre manches ... zur Aussprache gelangt.« R. geht auf Moos' Übersetzung der »Centauresse« von Heredia ein, sie gehöre »zu den schwierigsten Aufgaben. Ich habe nie einen Versuch gemacht, seine Sonette zu übersetzen ...« (Heredia: »Les Trophées« 1893)

An Paul Morisse schreibt R.: »Ayant votre lettre, il faut que je vous fasse, au sujet de Paul Valéry, la confession que voici: il était mon intention de faire pour lui, le mois prochain, une belle copie de toutes mes traductions; ce ne sera pas l'affaire d'un jour. Car je suis heureux de vous annoncer que presque toutes les poésies du volume ›Charmes‹ se trouvent être traduites! Peut-être renoncerai-je de m'essayer à deux ou trois petites pieces, délicieuses, mais si exclusivement nées en français que je ne voudrais pas les plier à mes moyens qui excluent toute violence. Mais le reste sera là, toutes ces merveilles, et je peux le dire, que je crois ma tâche réussie et bénie. L'entraînement était si fort que j'ai abandonné Michel-Auge et toutes mes autres occupations de traducteur, pour me vouer entièrement à celle-ci qui porte en elle-même une récompense infiniment douce et durable.«

11. FEBRUAR: Frau Wunderly hat für den kommenden Donnerstag ihren Besuch angekündigt, R. schlägt einen kleinen Aufschub vor, da beim eben beginnenden Tauwetter die Wege, auch der von Sierre nach Muzot, grundlos sind und zudem Carl J. Burckhardt sich für den 18. 2. angesagt hat. Zum Tode seiner Cousine Paula schreibt R.: »Ihr Tod weckt viele viele alte Erinnerungen in mir ... Das ist alles so traurig, wie nur im alten Oesterreich und im engen Prag etwas sein konnte. De la provence engourdie. Diese Familien-Dinge, auf die ich zurücksehe, sind nichts als Grotesk auf allen Seiten ...«

12. FEBRUAR: R. erbittet von Ludwig von Ficker das Brenner-Jahrbuch:

»Nicht allein, daß ich mir von den aus diesem Bande angeführten Beiträgen (Kierkegaard, Josef Leitgeb) mich nahe Angehendes verspreche, ich hätte auch bei meiner Bewunderung für Georg Trakl das Bedürfnis, jenen ›Aufruf‹ zu kennen, den Sie in Bezug auf das Grabmal des Dichters, erlassen haben.«

An Frau Nölke heißt es: »ich leide, bis zur Schlaflosigkeit, an diesen grausamen Konflikten, an ihrer Aussichtslosigkeit ... denn wenn man selbst das eigene Leben schon endgültig dieser Wirrnis preisgegeben glauben muß, für die Frist, die uns noch bleibt –, so möchte man doch wenigstens jenen kleinsten Riß im Himmel entdecken dürfen, der sich zu dem reinen Firmament entfalten soll, unter dem die leben werden, die jetzt aufwachsen.« R. berichtet über die Schwierigkeiten Baladine K.s in Berlin: »Das Pathos der Preise erreicht schon fast russische Ausmaaße, und alle die, die immer noch gewinnen dabei!«

Langer Brief an Baladine K., in dem R. auch auf das ›bestellte‹ Porträt eingeht – sie hat zwei Entwürfe geschickt: »Ni l'un ni l'autre ›aperçu‹ ne me convient tout à fait ...« Über die eigene Arbeit vermerkt R.: »Dans le Valéry j'ai fait des beaux progrès cependant, et le mois prochain je lui ferai une copie soigneuse de tout ce que j'ai traduit jusqu'à présent. C'était déjà mon intention, et maintenant, par M. Morisse, il m'en a exprimé le désir. C'est charmant!«

12. BIS 14. FEBRUAR: R. überträgt Valérys Gedicht »Aurore«: »Morgenröte. Das mürrische Verwüsten ...« mit der Datierung: »(Traduit le 12, 13 et 14 Février 1923)«.

13. FEBRUAR: R. an Elisabeth Ephrussi: »Ich freue mich, daß Sie mir, nach manchem Umgang mit den Gedichten des Buches ›Charmes‹, die unaussprechliche und (ja) oft unheimliche Beziehung bestätigen, die Paul Valéry's Werk und meine Arbeiten bald quer durch die Luft, bald gleichsam unterirdisch, zu verbinden scheint ... Aber freilich, irgendwo ist es ja doch nur Eines, was wir zu sagen haben, und es hat, durch die Zeiten hin, immer nur ein Dichter in den verschiedenen Gestalten gelebt. Das ganze Weltall hat Raum nur für Einen.«

15. FEBRUAR: An Frau Hedwig Jaenichen-Woermann schreibt R.: »Die Nachrichten über Marthe haben mir zu Denken und zu Fühlen gegeben, – wenn sie nur froh und glücklich würde und sich tiefer anwenden dürfte, in dem Leben, das durch die Heirath mit Lurçat sich vergegenständlichen und festigen wird. Wie gut, daß Sie nun auch ihm nahe gekommen sind und ihn lieb gewinnen konnten, und wie wunderbar

für Marthe, daß sich Ihre gegenseitige Beziehung immer weiter bestätigt und zu einem nun schon so alten Verbundensein ausgewachsen ist!« R. fährt fort: »Und Schuler war bei Ihnen –, und ist offenbar der gleiche, in seinem Wesen lebend, das wohl zusehr fortwährend Anwendung ist und Leidenschaft, um sich im Werke abzusetzen und niederzuschlagen; oder sind doch auch diese Verwirklichungen bei ihm fortgeschritten?« Von sich sagt R.: »Wie lang ichs so werde noch treiben können, ist nicht abzusehen –, es kann alles enden von einem zum andern Tag, und Ungewißheit und Wanderschaft können jeden Augenblick die Oberhand bekommen, wie so oft in meinem Leben ...«

17. FEBRUAR: R. sieht sich nicht in der Lage, eine von Yvonne de Wattenwyl mit M. de Mestral gemeinsam unternommene Übertragung seines für ihn zu weit zurückliegenden »Rodin« durchzusehen. R. fährt fort: »Sie nennen Proust ... Sein Leben hat sein größestes Maaß erfüllt, er hat das Wort ›Fin‹ unten auf das letzte Blatt des ›Cahier xx‹ schreiben dürfen, das ist alles, was unser einer zu wünschen hat, nicht fortzumüssen ehe dieses Wort geschrieben werden kann. – (Übrigens M. Guy de Pourtalès hat in einem ungemein geistreichen Aufsatz, endgültig, so daß nichts hinzuzufügen bleibt, Marcel Proust's Verhältnis zu Ruskin behandelt: ausgezeichnet. Revue Hebdomadaire No 6, vom 10. Februar 1923)«.

19. FEBRUAR: Über den Nachlaß Paula von R.s heißt es an Dr. Stark in Prag, R. wünsche sich alles, was an Familienbildern (Miniaturen und Photographien) vorhanden sei, ebenso alle Archivalien von der Hand Dr. Meisters aus Dresden, die dieser für Jaroslav von R. einst ausgezogen habe.

An Frau Wunderly, die erkrankt ist, schickt R. etwas »leichte Lektüre«: »Lesen Sie diesen Tourgénieff, den Dimitri Roudine und besonders die letzte Novelle des Buchs, diese Trois Rencontres –, ich habe sie zweimal hinter einander in völliger Bezauberung gelesen ...« Carl J. Burckhardt werde erst am 23. 2. kommen.

An Maurice Betz schreibt R.: »Par ce même courrier j'ai rendu à M. Fels le manuscrit qu'il a bien voulu me communiquer: je l'ai lu avec une attention particulière et avec une satisfaction croissante ... Si j'ajoute quelques remarques, veuillez les accepter en tant que simples propositions; vous aurez le temps de les utiliser lors des épreuves à corriger. Il me reste à compléter quelque peu les dates de votre introduction: Je suis né à Prague le 4 décembre 1875. J'y ai passé mon enfance et une partie de mon adolescence. J'ai fait mes études à Prague, Munich et Berlin. La plus grande partie des années 1899 et 1900, je l'ai passé en Russie (événement décisif de ma vie). En 1902, je suis venu m'installer à Paris que je n'ai plus quitté (jusqu'en juillet 1914), que pour faire mes autres voyages, assez nombreux, en Italie, dans les pays scandinaves, et tour à tour en Algérie, en Tunisie, en Egypte et à la fin en Espagne où j'avais pensé à me fixer un certain temps. Assez...«

20. FEBRUAR: »Ich bin recht traurig, Regina, daß ich Dich – am 5. März in Basel – nicht werde lesen hören! So klein mir die Schweiz oft erschien, für diesen Fall ist sie nun doch zu groß: Du wirst an dem einen Ende sein, ich wohne am andern –, und ›wohne‹ wahrhaftig, bin unendlich unbeweglich, ein Gefangener meiner selbst in meinem alten Turm. Gründe praktischer Art und anderer kommen zusammen, um mir das Reisen abzuschneiden.« (An Regina Ullmann)

R. soll aus dem Nachlaß seiner Kusine Paula zwei Miniaturen erhalten: »Es handelt sich um die Miniaturporträts unser[er] Urgroßeltern, hübsche kleine Malereien aus jener Zeit, die ich mir vor vielen Jahren bei Paula ausgebeten hatte: ich bin gerührt, daß sie Wort gehalten und mir diese lieben, mir sehr wertvollen Andenken wirklich hat verschreiben wollen.« (An die Mutter)

22. FEBRUAR: An Ilse Jahr heißt es: »vielleicht redest Du den an und jubelst mit dem, der ich vor zwanzig Jahren war, als ich jene Bücher schrieb, die Dir die nächsten wurden, unmittelbar Deine.« R. schließt: »Erst zu dem, dem auch der Abgrund ein Wohnort war, kehren die vorausgeschickten Himmel um, und alles tief und innig Hiesige, das die Kirche ans Jenseits veruntreut hat, kommt zurück; alle Engel entschließen sich, lobsingend zur Erde!«

Die Zeit der Gäste

23. FEBRUAR: Im Geburtstagsbrief an Balthusz K. entschuldigt sich R.: »Maintenant que vous connaissez Muzot et les boutiques de Sierre, vous comprendrez parfaitement que je dois venir les mains vides...« R. erzählt im Andenken an »Mitsou« von seiner Hauskatze: »Et voici encore Minot qui s'approche pour vous féliciter, mon cher B. C'est un chat

presque grandeur nature maintenant, très sage, extrêmement doux et grand dormeur ...« Es folgt ein Abenteuer Minots.
Carl J. Burckhardt trifft in Sierre ein.
26. FEBRUAR: R. dankt Ludwig von Ficker für das Brenner-Jahrbuch (7. Folge) und die übrigen Beilagen.
Der Gast reist weiter. An die Fürstin Taxis heißt es dazu: »Carl Burckhardt war, als erster meiner Besuche nach der Abgeschlossenheit des Winters, bei mir, drei schöne Tage, die uns in angenehmer Gegenseitigkeit vergangen sind.« (8. 3. 23)
27. FEBRUAR: »Chère, das kleine reizende Fiat-Auto, zu dem C. B. ein sehr zärtliches Verhältnis hat, ist fort ...« R. berichtet noch einmal von den ›bodenlosen‹ Wegen um Muzot (an N. W.-V.).
R. bedauert es, dem Bildhauer G. Ambrosi für eine Mappe mit Abbildungen seiner Skulpturen und einen eigenen Gedichtband: »Sonette an Gott«, jetzt nicht eingehender danken zu können.
3. MÄRZ: An Kippenberg: »Fast ein ganzes Buch schöner (und mir sehr lieber) Übertragungen liegt abgeschlossen vor. Und nun kündigen Sie mir die, in Ihrer getreuen Sorgfalt völlig verwirklichten Ergebnisse der größeren Arbeitszeit an: muß ich sagen, wie bewegt und dankbar ich diese Bücher aufnehmen und erkennen werde? Ich freue mich, zu wissen, daß das zuerst vollendete schon auf mich zu unterwegs ist.«
An seine Mutter schreibt R. über die Familie – Jaroslav müsse ein energischer, ja oft rücksichtsloser Mensch gewesen sein, aber auch ein unendlich unglücklicher und gequälter. Seinen Onkel Hugo R. nennt R. »lustig und beschränkt«, die Cousine Paula »ein armes krankes Geschöpf«, deren Mutter, Malvine von R., geborene von Schlosser, ist R. als ehrgeizig und kühl in Erinnerung geblieben.
5. MÄRZ: R. bittet Baladine K. um schnelle Übersendung einer neuen Zeichnung (die Wiedergabe des Porträts mißlingt dann im Druck so völlig, daß eine Bildbeigabe fortbleibt) und fährt fort: »La traduction du fragment n'était pas toute bonne, mais très-sympathique dans son allure; depuis, l'éditeur m'a fait faire, dans des termes charmants, une offre de publier – en plus du fragment dans les Contemporains – le Malte tout entier, dans une édition courante. J'ai accepté!«
VOM 6. BIS 18. MÄRZ ist Frau Wunderly in Muzot zu Besuch, sie wohnt im Hotel Bellevue in Sierre.
MÄRZ: Es erscheinen »Die Sonette an Orpheus. Geschrieben als ein Grab-Mal für Wera Ouckama Knoop«, Leipzig, im Insel-Verlag. Gleich-

zeitig kommt eine Vorzugsausgabe in 300 Exemplaren auf Bütten in den Handel.

8. MÄRZ: An Gertrud Ouckama Knoop: »Von den ersten drei Exemplaren, die eben bei mir eintreffen, ist dies das erste, das ich ausschicke: nehmen Sie, was Ihnen in einem so innigen und verschwiegenen Sinne gehört, nun endgültig in Ihre guten Hände.« Für später verspricht R. weitere Stücke »für den Fall, daß Sie Wera's Freunde damit beschenken wollen«.

Das zweite Exemplar der »Sonette« schickt R. sogleich an die Fürstin Taxis.

VOR MITTE MÄRZ kommen Regina Ullmann, der Freunde die Fahrkarte schenken, und Ellen Delp für drei Tage nach Sierre und Muzot. R. erinnert sich später: »Même, à Muzot, c'était le troisième jour peu avant son départ, qu'elle [= R. U.] me dit adorsée contre le poêle en bas, ›Rainer, ich bin angekommen!‹ Il faut compter avec cette extrême lenteur de son être ...« (An N.W.-V., 30.11.25)

14. MÄRZ: R. dankt durch den Rechtsanwalt Dr. Stark in Prag den Universalerben Paula von Rilkes und Dr. Černy für die Überlassung der Familienbilder und -papiere und bittet um sorgfältigste Zusendung, die sich deswegen als besonders schwierig erweist, weil es damals noch keine Schweizer Vertretung in Prag gibt. Erst im Mai kommen die wertvolleren Stücke an.

21. MÄRZ: In seinem Dank an Kippenberg betont R.: »wie schön und völlig ihrem Wesen entsprechend« er »die Ausgabe der Sonette an Orpheus gefunden habe«. Das erste Exemplar habe er Frau Knoop gesandt: »Sie werden wahrscheinlich erfahren haben, wie schwer Frau Knoop, die eine Art Buchhalterposten annehmen mußte, sich durchbringt ...« R. hat durch den Verlag einen Scheck über zehn Dollar aus New York erhalten, wohl das Honorar für eine Übertragung.

Über den Besuch Regina Ullmanns berichtet R. an Katharina Kippenberg; er schlägt ihr deren neue Arbeit: »Die Barockkirche« für die Insel-Bücherei vor. Am letzten Abend habe er seinen Gästen alle Orpheus-Sonette vorgelesen: »Mir wird erst jetzt jedes einzelne Sonett in seinen Bezügen und in seiner Stellung klar, und ich verstehe es nun, im Vorlesen, durch eine knappe wissende Weisung die Situation des Aufnehmens zu bestimmen. Und die Besitzergreifung ist dabei für mich selber ungeheuer. –«

24. MÄRZ: Besuch der jungen Polin Hela de Chelminska und ihrer Freundin Helene Hofer aus Lausanne.

26. MÄRZ: Frida Baumgartner muß nach Ostern wieder nach Hause zurück, wo sie benötigt wird; sie richtet das Haus für ihre Nachfolgerin Elise Windmeier, wie R. Frau Wunderly erzählt. Er dankt dieser für ein Heft, in welches er seine Übertragung von »Aurore« als Ostergeschenk für Baladine K. abschreibt, und fährt fort: »Die Eintragung der Valéry-Übersetzungen in den großen alten Leder-Band wird erfreulich zu bewerkstelligen sein: sehen Sie nur, wie schön die Probeseite aussieht. Die also, gelegentlich der Beschneidung der übrigen Seitenspuren, herauszunehmen wäre und dann Ihnen gehört. Ich wählte deshalb das starke Granaten-Gedicht, damit etwas Schönes für Sie dabei in Ihren Händen bliebe. –« Die Genfer Salis »sind ganz nach Malans übergesiedelt«. R. schließt: »Unsere Tage waren nicht genug Ferien für mich ... Muzot ist immer mehr eines geworden, so eindeutig ›Zelle‹, ganz nach Maaß von Arbeit und Einsamkeit gemacht. So wie es geworden ist, erträgt es den Gast nur noch als Gewürz, als kleinen Zusatz, als Tropfen, der sich gleich löst. Und manchmal frag ich mich, ob ichs, nach dieser Eingewöhnung und Einübung ins Hiesige, je noch ertragen werde, irgend einen Abend meines Lebens nicht allein zu sein?!« Am Ende des Briefs ein Hinweis auf Charles Derennes wichtigen Aufsatz »Emile ...« in der Revue Hebdomadaire (Heft 10-12).
28. MÄRZ: Baladine K. hat R. das Original ihrer Porträtzeichnung aus Genf (1920) geschickt, die leider dadurch gelitten hat. R. läßt sie nach Paris weitergehen. Seinem Brief an die Freundin liegt das Heft mit der Übertragung »Paul Valéry Aurore / pour M –, Pâques 1923 René« bei.
An Elisabeth von Salis schreibt R. nach Malans: »ich komme bald! (Vielleicht schon im May ...)«
30. MÄRZ »Vendredi-Saint«: R. geht zur Bahn, um Werner Reinhart und dessen Freunde, den Maler Freyhold und Alma Moodie, »Demoiselle-Violiniste«, abzuholen. Am Vortage sind Heinrich Wunderly, Frau Wunderlys Schwager und sein deutscher Freund Dr. W. Wengler bei R. gewesen. Frau Wunderly schenkt R. zu Ostern ein Kinderbild von sich, das ihn als Zehnjährigen zeigt (an N. W.-V.).
1. APRIL: Für Edmund von Freyhold, den Verfasser des von R. mehrfach verschenkten »Hasenbuchs«, schreibt R. das Gedicht »Wird erst die Erde österlich ...« nieder. Dazu berichtet er an Frau Wunderly: Ostersonntag »richtete ich ... etwas wie eine Bescheerung ein, die ... um 11, unter großer Lustigkeit stattfand. Daß gerade Freyhold da war! Sie wissen, wie sehr ich seine schönen Bilderbücher schätze und besonders sein wirklich beglückendes Haasen-Buch.« (11. 4. 23)

»Ostern war schön, hell und groß auf Muzot. Feierlich! Jeder Tag, solang Werner da war, ein Fest! ... Werner war heiter, glücklich, leicht mittheilsam: diesmal hat er Muzot, das sich in allem bewährte, wahrhaft in Besitz und (ich denke) zu Herzen genommen.« Besonders glücklich erzählt R. von Alma Moodie: »Welche Geigenstimme, welche Fülle, welche Entschlossenheit. Das, und die Sonette an Orpheus; das waren wie zwei Saiten derselben Stimme. Denn sie spielte meistens Bach! Muzot hat seine große Musik-Taufe empfangen ... Wie hab ich mirs voriges Jahr gewünscht, als ich Birgitt Engell's Besuch erhoffte, durch große Musik gewaltig belohnt zu sein. Es war noch nicht an der Zeit vor einem Jahr. Ich sollte noch den Valéry machen. Heuer kams und lohnte und lohnte.« (ebd.)

Das »Erste Morgenblatt« der Frankfurter Zeitung bringt am 1. 4. 23 bisher unpublizierte »Michelangelo-Übertragungen«, das 40., 66., 72. und 74. Sonett.

ANFANG APRIL notiert R. auf der Rückseite eines Briefes von Claire Goll die Strophe: »Ah moi à mon tour / si je te lis, Liliane ...«

R. sendet Frau Nölke die »Sonette an Orpheus« mit der Einschrift: »Frau G. Noelke / freundschaftlich, / diesen geschlossenen Umkreis, der Freude und Tröstung / R. M. R. (Muzot, nach Ostern 1923)«.

R. sendet Clara R. »Die Sonette an Orpheus« mit der Einschrift: »Für Clara, ist nicht, was früher in dem ›Requiem‹ noch Klang war und vorüberging, hier ganz Dauer und Denkmal geworden? Rainer Maria. Muzot, Anfang April 1923«.

5. APRIL: R. dankt Frau Ouckama Knoop für Bilder von Wera: »Zusammen mit den Aufzeichnungen, die Sie mir am Ausgang des Jahres 1921 gesandt haben (und die der entscheidende Anstoß für die Auslösung der Sonette geworden sind) bildet das alles ein reines, mir anvertrautes Vermächtnis.«

Auch an Inga Junghanns schickt R. die »Sonette«, die »Elegien« seien schon beim Buchbinder. »Sollten Sie, im May, nach Paris gehen, so schreibe ich an Gide; ganz besonders aber empfähle ich Sie dann an einen jungen (etwa 24-jährigen) Dichter, der eben dabei ist, den Malte zu übersetzen, der im Verlage der Librairie Stock erscheinen soll! (Paris ist leider recht recht theuer geworden und die Unterkunft schwierig: das ist's, was mich bisher abgehalten hat.)«

6. APRIL: Frida Baumgartner verläßt Muzot für den Sommer.

7. APRIL: R. berichtet Kippenberg über den Besuch Werner Reinharts

in Muzot und dankt: »Die zwanzig ›Sonette an Orpheus‹, die so willkommen rechtzeitig für Ostern da waren, hab ich schon fast alle hinausgeschickt, nach allen Seiten ...« Mit Spannung erwartet er die ersten Exemplare der »Duineser Elegien«.
Der Fürstin Taxis drückt R. zum Tode ihres Bruders Prinz Fritz Hohenlohe seine herzliche Teilnahme aus.
10. APRIL: R. lehnt eine Einladung Frau Weiningers auf die Brionischen Inseln ab.
11. APRIL: Über die neue Wirtschafterin meldet R. an Frau Wunderly: »Ich glaube, es wird gehen.«
R. entschuldigt sich bei Claire Goll für ein ›dreijähriges Schweigen‹ und dankt ihr und Ivan Goll für übersandte Bücher. Seine eigenen neuen Arbeiten seien noch nicht erschienen: »ich war ein Element, Liliane, und konnte Alles, was eben Elemente können!«
12. APRIL: R. hat durch Lilinka Knoop vom Tode Schulers (8. 4. 23) erfahren und schreibt nun an ihre Mutter: »Sollte es möglich sein, daß Sie nächstens eine Stunde finden, bitte, schreiben Sie mir, was sich etwa mittheilen läßt, soviel als nur geht. Ein Mensch, der so, seit lange, im Offenen und Ganzen – in dem, was er das ›Offene‹ nannte und was der ungeheure heile Kreis-Lauf des Lebens und Todes war – verweilte, kann (wenn nicht eine tückische Krankheit verwirrend und quälend dazwischen kam) nicht anders als einverständigt gestorben sein. Aber wie – Daß er doch die Sonette an Orpheus noch gekannt hätte! Er war einer von denen, die sie mit allen Untertönen zu empfangen verstünden; ich dachte oft daran, wie er sie wahrnehmen würde und ob alles darin, in seinem erhabenen und weitherkommenden Sinne, geltend und gültig sein könne. (Nun ists zu spät).«
Den Zusammenhang von Elegien und Sonetten erläutert R. für Gräfin Sizzo: »Die Identität von Furchtbarkeit und Seligkeit zu erweisen, dieser zwei Geslchter an demselben göttlichen Haupte, ja dieses einen einzigen Gesichts, das sich nur so oder so darstellt, je nach der Entfernung aus der, oder der Verfassung, in der wir es wahrnehmen ...: dies ist der wesentliche Sinn und Begriff meiner beiden Bücher ...« Er sendet ihr »Die Sonette an Orpheus«.
18. APRIL: An Katharina Kippenberg: »Die Elegien –, Sie wissen, ich eile und dränge nie! Lassen Sie sich Zeit und die rechte Stunde ...« (für die Auswahl des Einbands). R. bittet um einen weiteren »Schub Sonette an Orpheus«. Weiter heißt es: »Und Sie haben Schuler noch gesehen!: dar-

über müssen Sie mir einmal viel berichten, und dann so genau wie möglich, bei unserem Wiedersehen.« Schuler hat Frau Kippenberg noch am 1.2.23 in München in der Klinik besucht.
19. APRIL: An Frau Wunderly: »moi, j'ai complètement attelé ma plume à ma ›Grande Copie‹ pour Valéry. C'était impossible de la faire lentement, quelques pages tous les jours; cela rend impatient –, une fois commencée, je veux la finir d'un seul trait. Elle sera magnifique, peut-être pas si grandiose comme votre page isolée – des Grenades –, car j'ai choisi des lettres allemandes pour cette Copie, puisque Paul Valéry ne peut pas la lire, c'est égal, et moi, si j'écris en allemand, cela me contrarie d'employer les lettres latines, tellement ça va contre mon habitude. J'espère vous faire voir mon ›Œuvre‹ avant de l'envoyer au Poète qui devinera, n'est-ce pas ...« Der Lederband wird nicht ganz ausgefüllt.
20. APRIL: An Xaver von Moos schreibt R. über die Schwierigkeit, die »Sonette an Orpheus« aufzunehmen: »Sie sind vielleicht das geheimste, mir selber, in ihrem Aufkommen und sich-mir-Auftragen, rätselhafteste Diktat, das ich je ausgehalten und geleistet habe ...«
21. APRIL: »J'ai traduit de son volume Charmes, toutes les pièces sauf cinq ou six –, cela forme un magnifique ensemble de traductions commencé par le ›Platane‹ et finissant avec ›Palme‹ ...« (An Baladine K.)
23. APRIL: R. geht auf einen Brief Frau Nölkes ein, die Schulausbildung ihres Sohnes Hans betreffend: »Ich kenne die Schulverordnungen nicht, wäre aber der Meinung, daß er – wenn das geht – das Lateinische (ohne das Griechische) betreiben sollte: woraus ihm für die Naturwissenschaften einerseits, andererseits für andere Sprachen und für das Sprachgefühl und Sprach-Benehmen überhaupt allerhand Nutzen sich ergeben dürfte.«
An Clara R. äußert sich R. über den Tod Schulers, zu dem ihm Hedwig Jaenichen-Woermann Ausführliches mitgeteilt habe. »Aber nun hast Du mir, mit Deiner starken und wahrhaftigen Erfahrung, sein versöhntes und verständigtes Fortgehen so eingesetzt, wie es in mir bleiben wird ...« Schuler spräche auch aus manchen der »Sonette an Orpheus«, die er ihr erklärt.
»... ein übers andere Mal, und ganz unerwartet oft, überkommt mich die Freude, daß wir uns nun wiedergesehen haben!«, schreibt R. an Regina Ullmann: »Du kennst nun alles Hiesige ... augenblicklich hab ich meine Feder ganz eingespannt, die Valéry-Übertragungen sorgfältig abzuschreiben. Das ist langwierig und ermüdet mehr als die Arbeit selbst.«

25. APRIL: R. schickt Frau Nölke einen Zeitungsausschnitt aus dem Journal de Genève vom gleichen Tag über die goldene Hochzeit des Ägyptologen und Vizepräsidenten des Internationalen Komitees vom Roten Kreuz Edouard Naville, Genf.

26. APRIL: Langer Brief an Aurelia Gallarati-Scotti über seinen Eindruck des Dramas »Cosi sia« ihres Gatten. R. fährt fort: »Le Stundenbuch, hélas, lui aussi date de loin déjà... mais de ce travail-ci je ne pourrais jamais m'éloigner; la force qui me l'a dicté autrefois, je la reconnais encore et je resterai à jamais son émule et son humble obligé.«
Durch die Tschechoslowakische Gesandtschaft in Bern erfährt R., daß seine Kisten in Paris freigegeben sind. An Gide schreibt er: »Je suppose qu'elles se trouvent encore chez la concierge du 17, de la rue Campagne-Première; lors de mon passage à Paris, il y a un peu plus de deux ans, elles y étaient, mais je n'ai pas pu les voir et je ne sais pas ce qu'elles peuvent contenir. Une amie à moi qui les a vues plus tard, les a trouvées en assez mauvais état, même ouvertes, je crois, et dépourvues de couvercle ...« R. bittet Gide, seine »pauvres caisses« an einen sicheren Ort bringen zu lassen. Gide deponiert die beiden Kisten bei Gallimard in Kellerräumen, 15, boulevard Raspail.

27. APRIL: Der Fürstin Taxis empfiehlt R. als »wunderbares neues Buch« »Isvor« von der Fürstin Bibesco, die er zu grüßen bittet. (Marthe Bibesco: »Isvor. Le pays des Saules«, Paris 1923). Die Fürstin T. weilt in Rom.

29. APRIL: An Mme Morisse: »Je suis bien avancé ces derniers jours dans la copie de mes traductions que je fais pour Paul Valéry. Avant de l'offrir au poète, je voudrais que vous et Monsieur Morisse y jettiez un coup d'œil, ne vous étonnez donc pas si cet envoi vous arrive un jour.«

VON ENDE APRIL BIS ZUM 16. MAI Besuch von Mary Dobrčensky und ihrer Freundin, Frau Proeschel; sie wohnen im Hotel Bellevue in Sierre.

MAI: R. besitzt schon im Mai den im April bei Gallimard in Paris erschienenen Band »Eupalinos ou l'Architecte / précédé de L'Ame et la Danse« von Paul Valéry.

6. MAI: R. erzählt Frau Wunderly von Baladine K.s Erfolgen in Berlin, wo ein Kunstsalon sie zu ›lancieren‹ beginnt. R. hofft für sie »auf ein tägliches Arbeiten in der ihr so sehr zusäglichen Landschaft« des Valais, wenn sie im Sommer nach Muzot kommen kann. Auch ist die Rede von einem Auftrag für ein »walliser Tafel-Service (gemaltes Porzellan, das heißt, Entwürfe dafür aus walliser Motiven)«. Zum Besuch Mary Dobrčenskys heißt es: »Die erste Zeit hatte ich Mühe, mich in mei-

nen Besuch zu finden, – etwas von der Atmosphäre der Ermitage und etwas zuviel Böhmen machte sich geltend, – aber die Gfn. ist ein lieber Mensch ... Ihr schönstes ist der gute Wille in ihr, diese Entschlossenheit zum Guten, zum Besten, das sie einzusehen vermag, oder das man ihr zeigt.« Für die nächste Zeit erwartet R. die Besuche der Fürstin Taxis mit ihrer Enkelin und später Kassners: »Gestern abend hatt' ich einen Brief von ihm. Er schätzt, in den S. a. O. am Meisten, mehr als alle, das an Egon v. Rilke gerichtete, das von den Bällen.«

UM DEN 14. MAI suchen Dr. de Sépibus und Mme Jeanne de Sépibus-de Preux R. zum ersten Male nachbarschaftlich auf. Er ist Arzt in Sierre; es entwickelt sich eine warme Freundschaft zwischen ihnen.

16. MAI: Nach der Abreise seiner Gäste schreibt R. an Frau Wunderly aus Sierre: »Ich habe ziemlich viel (trotz brav eingenommenem Charbon-Fraudin [?]) zu leiden, der Zustand stabilisiert sich eher in chronischen oft sehr lästigen Schwellungen der Magen und Leibmuskeln und zahlreichen Malaisen aller Art, – so daß ich nicht ungern im Laufe des Sommers einem wahrhaft verständigen Arzt mich anvertraute und so schon deshalb ... Chère, voilà: in diesem Augenblick schaute ich (im Schreibzimmer, nach der Veranda zu) auf und sah, unangemeldet – ihr Telegramm war nicht angekommen – die Fürstin hereintreten. Saß eben einen Augenblick mit ihr, kurz: sie ist da: ich muß schließen!«

VOM 16. BIS 23. MAI ist die Fürstin Taxis in Muzot zu Gast, sie wohnt im Bellevue in Sierre. Da sie mit dem Auto gekommen ist, unternimmt man gemeinsame Ausflüge. R. liest aus seinen Valéry-Übertragungen vor, die Fürstin empfängt eine Abschrift von »Die Granaten«. Ferner macht er sie mit dem Eupalinos-Dialog, dessen Übersetzung er vorbereitet, im Original bekannt.

20. MAI: In das Buch der Prinzessin ›Maridl‹, in das die Fürstin ihr Gedichte R.s eingeschrieben hat (vgl. 2. 9. 20), trägt R. die drei Strophen ein: »Wir sagen Reinheit und wir sagen Rose ...« mit der Widmung: »Geschrieben (um Pfingsten 1923, bei ihrem Besuch auf Muzot) für die Prinzessin Marie von Thurn und Taxis, als ›Schließe‹ der liebevoll gewählten Reihe auf den vorhergehenden Blättern«.

23. ODER 24. MAI: R. berichtet Kippenberg: »Eben habe ich – durch acht Tage diesmal – die Fürstin Taxis mit ihrer ältesten Enkelin hier gehabt, schöne Tage, in denen nur eines gefehlt hat, das Eintreffen des ersten Exemplars der ›Elegien‹ ...«

24. MAI: An Mme Morisse: »La copie que j'ai faite de mes traductions

valériens ne me contente pas tout à fait; je crois que je la garderai pour moi et que je ferai une autre pour le poète; ces pages transcrites au net m'ont permis cependant de faire des lectures de Valéry a tous mes amis –, j'ai fondé en eux de très solides enthousiasmes que je voudrais entretenir maintenant par les originaux ...« R. bestellt mehrere Exemplare der »Charmes« und des »Eupalinos« zum Verschenken.

R. schreibt an Florent Fels, Librairie Stock in Paris, er erwarte die angekündigten Exemplare der »Cahiers«. Da sich der Verlag für eine Übersetzung des »Rodin« interessiert, erklärt R., M. de Mestral arbeite in seinen freien Stunden an einer Übertragung (er ist »attaché au Ministère des Affaires Etrangères«).

25. MAI: Hofmannsthal schreibt vom Schönenberg: »Mein lieber Rilke, es war mir sehr wohltuend, die ›Sonette an Orpheus‹ aus Ihrer eigenen Hand und begleitet von so guten Worten zu empfangen. Ich konnte fühlen, daß Sie noch freundlich nach dem alten Haus in Rodaun hindenken ... Ich wollte nicht sogleich danken, sondern erst bis mir die besondere Schönheit Ihres neuen Stiles (denn Sie haben Ihr Leben lang fast von Werk zu Werk ihren Stil umgeschaffen) aufgegangen wäre: ... An diesen Gedichten scheint es mir erstaunlich, wie Sie dem Gebiet des Kaum-zu-Sagenden einen neuen Grenzstreifen abgewonnen haben, und vielfach bezaubert hat mich die Schönheit und Sicherheit, mit der ein subtiler Gedanke wie mit dem bewundernswerten Pinselstrich eines Chinesen hingesetzt ist: Weisheit und rhythmisches Ornament in einem. Tagelang war die Hoffnung nahe, es würde sich fügen, daß ich Ihnen mündlich dankte: mit Carl Burckhardts flinkem kleinen Auto wären wir nach Süden gerollt, und es wäre von einem Haus zum andern ein Stück Ihres Lebensweges gewesen, das wir nachgezeichnet hätten. Das Wetter ... verwehrt es.«

IM MAI bringt »Il Convegno« Mailand, eine Besprechung der »Sonette an Orpheus« von Lavinia Mazzucchetti.

26. MAI: An die Fürstin nach Rolle: »Sie glauben nicht, wie gut das alles für mich war, das kleine untere Zimmer, in dem wir Dienstag, vor Tisch, zusammen saßen, behält dauernd etwas davon und umgiebt mich seither mit etwas Wesentlichem aus Ihrer Gegenwart, unseren Gesprächen, unserem Schweigen ...« R. hat Werner Reinhart den Besuch der Fürstin angekündigt, die wegen eines Konzertes des Pianisten Kerschbaumer mit ihm sprechen möchte; ihr gibt er Hinweise, wo sie die französischen Bücher von der mitgegebenen Liste besorgen kann: in Lau-

sanne bei Payot und in Zürich, Rämistraße 5, seiner französischen Buchhandlung, »geleitet von M. Morisse, einem angenehmen und unterrichteten Mann, der früher einer der Leiter des Mercure de France in Paris war. M. Morisse versorgt mich mit allen Büchern.« Er empfiehlt von Paul Morand »Ouvert la nuit« und »Ferme la nuit«; die »Memoires II.« von Francis Jammes (1922) und das »Journal de Marie Lenéru« stehen auf der ›Lese-Liste‹. In Bern soll sich die Fürstin das kunsthistorische Museum nicht entgehen lassen: »die Teppiche! Und verlangen, daß man Ihnen dort die ›Silber-Kammer‹ aufschließe ...«

28. MAI: R. dankt Hofmannsthal und bedauert, daß er nicht kommen konnte: »Gerade an Ihrer Aufnehmung [dieser Landschaft] würde mein etwas ermüdetes Hiersein sich unbeschreiblich erfrischt haben ...« R. hofft, es werde sich im Herbst ergeben, und fährt fort: »Was ich Ihnen nun aber rasch zu sagen hätte, lieber Hofmannsthal, ist die wirksame Freude, die Sie mir durch Ihre Worte zu den Orpheus-Sonetten so genau bereitet haben. Ich konnte, bei dieser Gelegenheit, merken, daß mir die Zustimmung zu den Neuen Gedichten, die Sie mir vor so vielen Jahren nach Paris schrieben, dem Werte und Einfluß nach, noch ganz gegenwärtig war, – und es ist mir klar, daß ich an keiner meiner weit auseinander liegenden Wendungen diese bestimmte und bedeutende Bejahung entbehren möchte, die einmal zu gewinnen, ich mir schon als Erwachsender, ganz frühe, gewünscht habe!«

An Mme de Sépibus schickt R. mit einem Strauß Akelei aus seinem Garten, in dem die Rosen verregnet sind, seinen ersten Brief.

29. MAI: Kippenberg an R.: »Etwa 1000 Schweizer Franken würde ich Ihnen jederzeit zur Verfügung stellen, ohne daß Ihre und unsere finanzielle Welt darum unterginge.«

An Frau Strohl sendet R. »Die Sonette an Orpheus«: »je me réjouis de pouvoir vous offrir (j'aurais presque dit ›rendre‹) les Sonnets dont vous étiez les premiers à connaître la première partie dans le petit carnet bleu.«

30. MAI: R. dankt Leopold von Schlözer für dessen Buch »Dorothea von Schlözer« (1923), seine Großtante; R. erinnert sich der Abende auf der Dachterrasse in Rom und des Besuchs in der Villa Lante. Er schenkt Schlözer die »Sonette an Orpheus« mit einer Anzahl handschriftlicher Erläuterungen (als »Anmerkungen des Dichters« sind sie den »Sonetten« seit 1948 angefügt). R. fährt fort: »Die Tradition – ich meine nicht die oberflächlich-konventionelle –, das wirklich Herkünftige (wenn schon

nicht um uns, wo die Verhältnisse es mehr und mehr abschnüren, so doch in uns) zu erhalten und klug oder blindlings, je nach der Anlage, fortzusetzen, möchte unsere (die wir nun einmal die den Übergängen Aufgeopferten bleiben werden) entscheidendste Aufgabe sein ...«
ENDE MAI: Entwurf einer Widmung: »Wege des Lebens. Plötzlich sind es die Flüge, / die uns erheben über das mühsame Land ...«
WOHL AM 1. JUNI entsteht das Gedichtfragment: »– Vergaßest du's von einem Jahr zum neuen, / wie Rosen duften? Wirst du's jetzt behalten? ...«

KLEINE REISEN IN DER SCHWEIZ

1. JUNI: An Gräfin Sizzo heißt es: »Da stürzt gestern unversehens die Notwendigkeit herein, in dringenden Angelegenheiten sofort nach Zürich (und wahrscheinlich Bern) zu fahren, ich fahre diesen Mittag – und so bleibt mir nur gerade Zeit zur Absendung von ›Isvor‹ der P^{sse} Bibesco, meines Exemplars, Sie müssen gütigst die vielen Spuren entschuldigen, die ich im Lesen darin eingezeichnet ...« Im folgenden gibt R. auch ihr einige ›Erläuterungen‹ zu den Sonetten.
VOM 1. BIS 20. JUNI ist R. von Muzot abwesend; nach Zürich führt ihn vorwiegend eine längere zahnärztliche Behandlung. R. ist während dieser Zeit auch wieder in Meilen.
2. JUNI: Gide berichtet R. von der Sicherstellung der beiden Kisten bei Gallimard: »Leur extraction de la sombre cave de la rue Campagne-Première n'a pas été très facile; mais Mme Clin s'est montrée très complaisante ...« Wegen der politischen Lage zögert Gide, R. nach Pontigny zu den Gesprächen einzuladen, er werde dort jedoch herzlich aufgenommen werden: »Vous retrouverez là-bas des amis: Jean Schlumberger et Mrs. Wharton ...« Edith Wharton hatte sich 1916 um die Freigabe von R.s Eigentum bemüht.
4. JUNI: R. besucht die Aufführung des Stücks »Le Paquebot Tenacity« von Charles Vildrac in Zürich.
Katharina Kippenberg erinnert R. an die Festschrift »Navigare necesse est« zu Kippenbergs 50. Geburtstag im kommenden Jahr: »Sie, lieber Freund ... wußten ja auch schon davon und sagten damals freundlich einen Beitrag zu.«

7. JUNI: R. bei Strohls.
VOM 11. BIS 18. JUNI sind Frau Wunderly und R. zu Gast in der ›Fluh‹, wo sie Alice Bailly und Karl Freyhold begegnen, wie Frau Wunderly in den ›Grauen Heften‹ notiert. Dort hält sie auch fest, daß R. am 18. 6. 23 in Winterthur mit dem Maler Karl Hofer zusammentrifft und am selben Tag in Zürich von Professor Max Cloëtta untersucht wird.
15. JUNI: R. schreibt als Gast von Werner Reinhart auf dessen Landgut in Maur am Greifensee die Verse »Wieviel Weite, wieviel Wandlung ...« ins Gästebuch, begleitet mit der Unterschrift: »R. M. R. (vom Abend des 15. Juni an und dann – voraussichtlich – zwei Tage über die Abreise des Hausherrn hinaus.)«
17. JUNI: Uraufführung in Donaueschingen: »Paul Hindemith. Das Marienleben« Gedichte von R. M. R. Für Sopran und Klavier ... op. 27. Aufgeführt durch Beatrice Lauer-Kottlar und Emma Lübbecke, der das Werk von Hindemith gewidmet ist. Am 15. 10. 23 wird die Aufführung in Frankfurt am Main wiederholt.
20. JUNI: Auf der Heimfahrt nach Muzot schreibt R. im Zug über den Lötschberg ins Wallis das Gedicht »Der Reisende«, das er für die Kippenberg-Festschrift »Navigare necesse est« bestimmt. »Wie sind sie klein in der Landschaft, die beiden ...« R. setzt die Widmung hinzu: »Auf einer Reise geschrieben, für den aus unerschöpflichem Vertrauen mitwirkenden Freund so vieler Jahre, Wege und Wandlungen«.
21. JUNI: An Baladine K.: »me voilà pour un seul jour à Muzot (car j'irai demain à Thoune) et je suis revenu de Zürich hier soir seulement ... d'ouvrir votre lettre ...« R. bietet ihr für Juli und August Muzot an: »Légère, heureuse par vous-même, travaillant: si vous venez telle, vous m'apporterez de véritables vacances et, doucement une plaie se fermera en moi qui saigne toujours ...« Für den Spätsommer will R. Muzot für Werner Reinhart und seine Freunde freihalten.
Im »Inselschiff«, Jg. 4, Heft 3, erscheint zu »Johanni«: »Michelangelo. Fragment. Übertragen durch R. M. R.« – »Ein Riese ist noch, über alles groß ...« (zuerst gedruckt 1917 in der Zeitschrift »Das Reich«).
22. JUNI: R. schreibt auf dem Bahnhof von Brig an Mme de Sépibus, er sei auf der Reise nach Thun; er lädt das Ehepaar auf den 28. 6. zum Tee nach Muzot ein.
23. JUNI: R. beendet in Thun, Hotel Bellevue, den am 21. 6. begonnenen Brief an Baladine K.
In Thun trifft R. Frau Wunderly und ihre Schwester Elisabeth Aman: sie

nehmen als Zuschauer am ›Concours hippique‹ teil, den Oberst Ziegler organisiert und an dem der Gatte der dritten Volkart-Schwester, Oberst Hans Bühler, als prominenter Reiter mitwirkt. Hans und Marguerite Bühler-Volkart sind Zieglers ›Nachbesitzer‹ von Schloß Berg am Irchel.

Über »Le voyage à Zurich et à Thoune (Concours Hippique) – Personnes rencontrées« hat sich in Frau Wunderlys Besitz eine Aufzeichnung erhalten.

UM DEN 26./27. JUNI ist R. in Muzot zurück.

IM JUNI erscheinen die »Duineser Elegien«, Leipzig, im Insel-Verlag: Vorzugsausgabe in 300 Exemplaren auf Bütten und in 5 Exemplaren auf Japan-Papier. »Aus dem Besitz der Fürstin Marie von Thurn und Taxis-Hohenlohe« lautet die Widmung.

29. JUNI: An Kippenberg: »ich hatte mir keine Post nachschicken lassen auf eine Reise nach Zürich, die ganz durch ärztliche und zahnärztliche Behandlungen bedingt gewesen ist und von der ich nicht voraussah, daß sie so lange dauern würde. Seither sind wieder acht Tage der Abwesenheit vergangen (über erfreulicheren Anlässen diesmal), und schon morgen lasse ich Muzot noch einmal im Stich, um, die Anwesenheit des Wunderlyschen Autos ausnutzend, eine kleine Fahrt ins Waadtland anzutreten.« R. findet nun die »Elegien« vor, die er ›außerordentlich schön verwirklicht‹ nennt: »Gestalt und Einband sind ein Ganzes, in seiner ungesuchten, aber gewählten Vollendung einfach Vollkommenes!« R. fährt fort, er freue sich: »daß Sie auf den Plan der Gesamtausgabe zu sprechen kommen; ich habe ab und zu das voriges Jahr, bei Ihrem hiesigen Besuche aufgestellte Inhaltsverzeichnis der sechs Bände wieder in die Hand bekommen, und jedes Mal schien mir die darin vorgesehne Verteilung die schönste und glücklichste ...« R. ist erfreut, daß Kippenberg sich für das kleinere Format, das des »Malte«, entschlossen hat.

30. JUNI: Aufbruch zu der Autoreise ins Waadtland.

JULI: An Clara R. sendet R. die »Duineser Elegien« mit der Einschrift: »Dieser (langsam geschlossene) größere Herz-Kreis um Malte und Stundenbuch / Rainer Maria (Muzot, Ende July 1923)«.

2. JULI: An Mme de Sépibus-de Preux meldet R. aus Villeneuve, Hôtel Byron: »ce sera aujourd'hui la seconde fois depuis samedi que je passerai par Vevey... l'ancien berceau de la famille de Preux était sans doute délicieux à cette époque lointaine! Hier, dimanche, me rappelant, malgré ma géographie insuffisante même aux emplois les plus élémen-

taires, que de l'autre côté du Rhône le Valais s'étend jusqu'au lac, j'ai proposé cette excursion ›cantonale‹ et par un joyeux après-midi de dimanche (beau temps et foires et fêtes un peu partout) nous avons visité Monthey, Collombey ... et j'ai pu respirer un peu de l'air de la France en surpassant le milieu du pont de St-Gingolph la longueur du nez.« R. stellt Mme de Sépibus seine Bücher in Muzot zur Verfügung; Frau Wunderly schließt sich mit Grüßen an.

3. JULI: Kippenberg an R.: »Die Schweizerische Kredit-Anstalt habe ich veranlaßt, bis zu 1000,– Franken zu Ihrer Verfügung zu halten ...« Clara R.s Monatsgeld wird jeweils stillschweigend erhöht.

Das Ende der Autoreise führt über Gruyères nach Bern, wo R. einige Tage bleibt. »Das Programm wurde nicht allein exakt, sondern sozusagen mit ›Koloraturen‹ ausgeführt, eine solche spontane Verzierung des Vorgesehenen hat mir zuletzt noch Gruyères eingetragen«, heißt es an Herrn Wunderly.

UM DEN 7. JULI Rückkehr nach Muzot. R. wohnt zunächst für einige Zeit in Sierre, Hôtel Bellevue.

8. JULI: R. besucht in Montana Frau von Le Suire, eine Bekannte aus München.

R. dankt Herrn Wunderly »für die schöne Fahrt in Ihrem bequemen vortrefflichen Auto auf das Herzlichste«. Von den Begegnungen in Bern heißt es: »z.B. die mit Gonzague de Reynold, der mir schon vor vier Jahren ›versprochen‹ worden war; am letzten Abende noch, vorgestern, konnte ich eine kleine soirée bei ihm mitmachen, die mir auch sonst sympathische Berührungen eingetragen hat.« R. erwähnt weiter das Wiedersehen mit Frau von Bonstetten, geb. Baronin Lambert.

9. JULI: R. bedankt sich bei Mme Contat für ihre Gastlichkeit im kleinen Hause »du Rabbenthal« in Bern. »Quant à Madame et Monsieur Briod, veuillez, je vous prie, leur dire de ne pas trop se presser à vous rendre mon manuscrit valéryen; il est vrai que j'en aurais besoin pour faire cette seconde copie, destinée à Paul Valéry, mais la correspondance ... ne me permettra pas d'y revenir de sitôt.« R. erbittet die Adresse von Mme Briod, die unter dem Namen Monique Saint-Hélier veröffentlicht: »car j'aimerais lui envoyer quelques livres dont nous causions à la soirée de Reynold.« R. erwähnt ein Gemälde von Alice Bailly, das er bei Jegerlehners gesehen hat.

11. JULI: R. schreibt an Annette Kolb nach Badenweiler, die nach den »Elegien« verlangt: »aus einem so großen und schönen Bedürfnis, daß

ich keinen Moment zögere, Ihnen das erste und schönste Exemplar zu schenken, das ich selbst empfing«. R. bittet, Grüße an René Schickele und den Prinzen Hohenlohe auszurichten.

12. JULI: R. dankt Mme Marie Morisse: »Vous êtes charmante d'avoir trouvé les vers préfacés de Paul Valéry malgré les indications très vagues que j'ai pu vous fournir sur ce livre.« R. bezieht sich auf »Avant-propos à la Connaissance de la Déesse« zu Gedichten von Lucien Fabre (1920).

SOMMER: Eintragung im Taschenbuch: »Aufgabe: Irgendwie die ganze Welt unter unendlichen Bejahungen in Gott zu stellen. So wie man vermag, zu ihr im Ganzen, zu ihren Widersprüchen und Wandlungen, Ja zu sagen, ist Gott ohneweiters evident. Das Jasagen zu ihm dagegen übertrifft uns, ist nur in der Hingerissenheit möglich, ist eine Übertreibung unseres Wesens, die nicht ohne Rückschlag bleiben kann. Daher die Kämpfe (Gewinne und Abfälle) des Gläubigen. Die Bejahung der Welt, an der wir theilhaben, ist uns, bei aller Schwere und Vielfalt, angemessen: in ihr giebt es eine Befestigung, eine übbare Fähigkeit, Fortschritte.« R. schrieb diese Aufzeichnung für den Heidelberger Theologen und Dichter Otto Frommel (1871-1951) ab, D. Dr. phil. und Honorarprofessor, der ihn offenbar nach der religiösen Bedeutung seiner Werke gefragt hatte; 1911 war sein Buch über »Das Religiöse in der modernen Lyrik« erschienen. R. antwortete in einem undatierten Brief aus Muzot: »Sehr verehrter Herr Professor, Ihr Brief war, von der ›Insel‹ her, mit einiger Verspätung an mich gelangt ... Meine Arbeiten sind ein langsam ausgebildeter und zuletzt unübertrefflicher Ausdruck jenes Erlebens, das Sie bei Ihrer sorgfältigen Anfrage in Betracht nehmen; so wie die Arbeit mit mir umgeht und ich, gehorsam, mit ihr, muß ich diesen Umgang, gerade nach der bezeichneten Richtung hin, für ein äußerstes halten, dem Begreifen und der Sagbarkeit nach.« R. übersendet gleichzeitig die »Duineser Elegien« und »Die Sonette an Orpheus«.

VOM 12. JULI BIS 20. NOVEMBER ist Baladine K. zu ihrem letzten langen Besuch auf Muzot.

13. JULI: Von einem Ausflug nach Leukerbad telegraphieren Baladine K. und R. an Frau Wunderly nach St. Moritz: »bien de pensées gentiment réunies d'une excursion à Loèche les Bains – Mouky et Rilke«.

14. JULI: Marie Taxis an R.: »Also das war eine Freude Serafico carissimo, gestern Ihre Elegien (in prachtvollem Einband!) zu erhalten. Eine Freude und ein Stolz! Was ich auch sage, genug danken kann ich

Ihnen nicht. Ich bin wieder darin vertieft, und mit jedem Lesen steigen neue Visionen auf – ... Kassner ist in der Schweiz – haben Sie ihn gesehen? ...« Die Fürstin ist zur Zeit mit der Übersetzung von Kassners »Dilettantismus« und der »Elemente der menschlichen Größe« ins Französische beschäftigt.

15. JULI: R. zieht wieder ganz nach Muzot hinauf.
In Paris erscheint: »Les Cahiers de Malte Laurids Brigge«, trad. de Maurice Betz, in »Les Contemporains« Stock 1923. R. erhält das Heft wenige Tage später. Am Schluß findet sich die Bemerkung: »Cette brochure contient environ le quart des Cahiers de Malte Laurids Brigge. La beauté de cette œuvre nous a incités à la publier pour nos lecteurs de ›Contemporains‹ non par extraits, mais en partie.«

17. JULI: R. sendet Katharina Kippenberg das Gedicht »Der Reisende« für die Festschrift: »Leider ist der Moment aller Hervorbringung ungünstig: teils weil meine physische Verfassung mir manches auszuhalten giebt, teils weil ich auch im Geist und Gemüt vielfach zerrissen und beunruhigt bin ... Sie müssen mir sagen, ob es Ihnen (obwohl Wünschendes und Feierndes darin nicht ausgesprochen scheint) passend wäre, diese gelegentlichen Verse (: ich sah einen jungen Mann und ein Mädchen, von meinem Zuge aus, beieinander in der sie übersteigenden Landschaft stehen –, was plötzlich in Anlaß überschlug –) als meinen verschwiegenen Fest-Beitrag anzuerkennen. Bedenken Sie's.«

20. JULI: R. erklärt Kippenberg, warum er dem ihm »persönlich sympathischen« Herrn von Klenau seinerzeit eine »Cornet«-Vertonung zugebilligt hat: ohne daran zu denken, daß Pászthory eine Art Monopol darauf hatte. Von sich erzählt R.: »Der Garten braucht mich, das Haus braucht mich, – ein paar Wochen Abwesenheit genügen jedes Mal, beides verwildern zu lassen. Dazu ist Frau Klossowska angekommen, die auch diesen, nun schon dritten, Sommer im Wallis zu malen hofft ... meine Kur scheint (leider) unvermeidlich, und ich danke Ihnen, daß Sie mir diese leidige Erforderlichkeit durch die Akkreditierung bei der Schweizerischen Kreditanstalt unbedenklich ermöglicht haben. Jedenfalls warte ich noch eben Kassners Besuch hier ab; er wollte von Lenzerheide um den 28. etwa herüberkommen. Eine der größten Freuden, die ich mir zu wünschen wüßte: ihn endlich wiederzusehen und ihm mein besondres Hiesige, im Engeren und Weiteren, vorzuführen.« R. dankt nochmals für die schöne Elegien-Ausgabe (die einfachen Exemplare für den Handel sind noch nicht heraus).

24. JULI: An Claire Goll schreibt R. von den Briefbergen auf seinen Tischen: »Eine Schweiz von Korrespondenzen ...«

25. JULI: »J'ai terminé dimanche la lecture de notre petit volume des ›Contemporains‹«, heißt es an Maurice Betz. »C'était pour moi une émotion indescriptible que de voir ces pages rentrées, en quelque sorte, au lieu de leur origine, identifiées désormais avec les conditions intimes qui les avaient fait naître. Si – il y a quatre ans – la traduction danoise parvenait à me toucher en rendant un peu plus authentique mon personnage mi-imaginaire, je le reconnais davantage encore depuis que vous l'avez replacé dans son milieu, vérifié et contrôlé par ce retour de langue.« Zu Betz' Plan, den »Malte« ganz zu übertragen gibt R. seine Zustimmung und bietet dringlich seine eigene Mitarbeit an. R. schickt ihm die »Sonette an Orpheus« und lädt ihn nach Muzot ein.

26. JULI: R. setzt sich in seinem Brief an Hans Reinhart mit dessen Ablehnung Franz Werfels auseinander: »Mir persönlich ist es nie eingefallen, die Produktion Werfels, soweit ihr Gelingen ab und zu auch sich steigern mag, für meisterhaft zu halten und so behielt ich alle Voraussetzungen dafür, sein Können und sein Versagen und den Kampf der Kräfte in ihm mit stiller Aufmerksamkeit zu verfolgen.«

28. JULI: Die Übertragung des »Malte«-Anfangs durch Maurice Betz sendet R. an Aurelia Gallarati-Scotti mit der Widmung: »A Madame la Comtesse Lella Gallarati-Scotti (en petit acompte d'été de la traduction complète des ›Cahiers‹, qui est en préparation). R.« R. ist sehr enttäuscht, daß ein Auftreten der Duse in »Cosi sia« – angezeigt im Journal de Genève – sich wegen einer Indisposition der Duse zerschlagen hat.

VOM 30. JULI BIS 2. AUGUST ist Rudolf Kassner Rilkes Gast in Muzot; auch er wohnt in Sierre im Bellevue.

R. begleitet zum Abschied Kassner bis nach Brig; dieser erinnert 1927: »Ich höre noch sein Lachen«, das er beschreibt: »Sein Lachen, unvergeßlich für die, die es je gehört haben, das sich überstürzende, ihn oft selbst wie erschütternde, das Lachen eines Knaben, das treuherzigste, darin auch etwas vom Lachen oder dem Maulverziehen eines überaus guten, unendlich dem Herrn ergebenen Hundes war, ich sage, dieses wundervollste Lachen, das ich bei Männern getroffen habe ...« (Jetzt: »Buch der Erinnerung«, Insel-Verlag 1938)

3. AUGUST: R. erhält in Muzot den Besuch von Frau Le Suire.

4. AUGUST: Nach längerer Pause berichtet R. Frau Wunderly von Muzot und seinen Bewohnern – auch von Elise Windmeier: »auf den

Herbst zu wird eine Änderung unvermeidlich werden, ich kann fast nichts essen, was sie kocht...« R. fährt fort: »Ich denke so längstens um den zehnten herum fortzugehen für drei bis vier Wochen: vielleicht doch nach ›Schoenegg‹ zur Kur...« R. fürchtet die »Kuranstalt« ein wenig und bittet Frau Wunderly noch einmal mit dem Arzt »am Telephon zu sprechen, anfragend, ob vielleicht außer Schönegg noch ein anderer Ort (in Berns oder Ihrer Nähe, etwa Brestenberg z.B.) in Betracht genommen werden könnte?« Zum Besuch Kassners heißt es: »Kassner war hier, als mein Gast im ›Bellevue‹ von Montag abend, bis vorgestern nachmittag!!... Es waren gute bestärkende Tage für mich. Durch Kassner's Vertrauen häng ich recht wesentlich mit den Menschen zusammen, sein Jasagen zu meinen Leistungen macht mir fast so viel Freude wie mein eigenes gutes Gewissen an ihnen... Es war sehr merkwürdig, mit ihm zu sein, fünfhundert gemeinsame Bekannte zogen zwischen uns durch, die er alle so in seinem Blick hielt, daß man sie drin erkannte und beurtheilte.« R. gibt den Gedanken an eine zweite Kopie seiner Valéry-Übertragungen auf: »Ich gebe den Lederband, tel quel, trotz der Kurrent-Schrift an Valéry, sowie ich mich fähig fühle, den richtigen Begleitbrief zu schreiben.«

24. AUGUST: Die Fürstin Taxis schreibt an R.: »Kassner hat mir den ›Eupalinos‹ gebracht, und wir lesen ihn zusammen mit großer Freude.«

17. AUGUST: Da der Züricher Arzt den Sanatoriums-Aufenthalt für notwendig hält, fügt sich R.: »Il le faut«... ich rüste und rege mich und werde Sonntag oder Montag aufbrechen...« (An N.W.-V.) R. meldet sich in Schöneck zunächst für vierzehn Tage bis drei Wochen an.

VOM 18. BIS 20. AUGUST ist R. mit Baladine K. zusammen in Thun: sie geht von dort nach Muzot zurück.

21. AUGUST: R. verweilt kurz in Beatenberg, Grand Parc-Hôtel Poste: an Baladine K. schreibt er aus Interlaken: »Vivez tranquillement à votre aise. Je suis si heureux de ces jours que nous avous passés à Thoune...« Er bittet sie, ihm Briefe in kleinen Päckchen von Zeit zu Zeit nachzusenden und alles, was von Morisse kommt.

Patient in Schöneck und Val-Mont

VOM 22. AUGUST BIS 22. SEPTEMBER bleibt R. zur Behandlung im Sanatorium Schöneck bei Beckenried am Vierwaldstätter See.»... es mußte sein; ich hatte die letzten Jahre mehr und mehr von Magen- und Darmzuständen zu leiden und als ich mich neulich in Zürich bei einem namhaften Arzt [Prof. Dr. Max Cloëtte] untersuchen ließ, empfahl er mir diese Anstalt, in der ich ... vor allem Massage, Bäder und Diät« erhalte. (An die Mutter, 27. 8. 23) R. kommt mit einem Körpergewicht von nur 49 Kilogramm dort an.
23. AUGUST: R. schildert Frau Wunderly seine Ankunft in Schöneck bei strömendem Regen. Die ersten Untersuchungen ergeben »certaines réalités palpables dans les intestins, ce que je préfère à tous les indices purement nerveux qu'on ne sait jamais atteindre ...« R. ergänzt: »Der alte Hofrath Wunderlich – es scheint weil seine Schwiegertochter in Karlsruhe mich zu lesen liebt – läßt es sich nicht nehmen, diese Massage selbst auszuführen und so tritt der groteske Fall ein, daß ein alter Herr jeden Morgen auf den Händen nachdenklich über meinen Leib spaziert. Eine Circus-Nummer –.«
24. AUGUST: »Die Wahl von Schöneck scheint richtig gewesen zu sein (abgesehen davon, daß ich in eine, im Gegensatz zum Wallis, überaus regnerische Gegend gerathen bin ...)«, berichtet R. der Fürstin Taxis und fährt fort: »Im Übrigen verlaß ich mich auf die alte Neigung meiner Natur, jeder Einladung zur Gesundheit zu folgen, hilft man ihr nur erst auf den Weg, – sie kommt schon an's Ziel ...«
27. AUGUST: »La cure continue, le massage éxécuté par le bon D^r en personne aboutit toujours à une consultation renouvelée, jamais j'ai subi un contrôle aussi exacte; on sait maintenant que ces enflures viennent d'une contraction, d'un crampe dans certaines parties des intestins –, la raison de cet état maladif devenu quasi constant reste encore à trouver, (si elle est trouvable) ...« Es regnet viel. (An N. W.-V.)
29. AUGUST: R. erklärt Sidie Nádherný sein langes Schweigen: er habe nach Janowitz kommen wollen, seine Gesundheit lasse es nicht zu. Weiter heißt es: »Die Aussendung meiner neuen Bücher (soweit sie von mir ausgeht) [hab ich] noch nicht recht in Angriff genommen; sie sind mit argen Verspätungen fertig geworden, ja ich glaube sogar, die ge-

wöhnliche Ausgabe der Elegien (über die allein ich verfügen kann) ist noch nicht einmal im Handel.« R. will ihr gern beide Bücher auf einmal geben, da sie zusammengehören.

30. AUGUST: R. dankt Frau Wunderly für »das Freud'sche Buch« »Das Ich und das Es« und bittet um ihren Besuch. Über die Kur heißt es: »auch das Bad (30°) ist eine Art Massage durch die Art des Begießens und Frottierens, nun ist noch Elektrisieren dazugekommen. Noch hat sich wenig dabei geändert ...«

R. lernt Fräulein Dr. Elisabeth Salomon »aus (vorläufig) Rom« kennen, die spätere Frau Friedrich Gundolfs.

31. AUGUST: R. fragt bei Elisabeth von Salis an, ob er Ende September ins Brüggerhaus nach Malans kommen könne: »bei Ihnen, nach Abschluß der hiesigen, eine stille Nachkur zu thun unter Ihrem Schutz und in der Milde Ihrer Umgebung ... es wäre vollkommen, scheint mir, dieser Herbst zu Malans, vollends da obendrein ein Arzt auf dem Bothmar wohnt«, der ältere Bruder Salis: Dr. med. Hans Wolf v. Salis.

R. schreibt an Kippenberg, daß er länger in Schöneck bleiben werde, und fügt betrübt hinzu, der Menge der Niederschläge nach rangiere Schöneck gleich hinter Salzburg.

SEPTEMBER: Elisabeth Salomon erhält die »Sonette an Orpheus« mit der Bleistift-Widmung: »Der unmittelbaren Freundin / im Sinne freudiger Tage als Maaß und Übermaaß. R. (Schöneck, im September 1923)«.

1. SEPTEMBER: An Betz, der die Absicht hat, ein weiteres Stück aus dem »Malte« zu publizieren: »Mais vous m'avez vivement surpris en me mandant l'intérêt, – précieux pour vous et pour moi, – que nous avons trouvé auprès de M. de Traz et d'Edmond Jaloux. (De lire ce dernier m'est toujours un plaisir profond et intensément profitable.) ... Je crois très probable que rien n'empêchera la publication en revue de certaines parties de votre traduction nouvelle« in der »Revue de Genève«, wo sie schließlich doch nicht erscheint.

3. SEPTEMBER: Für seine Rückreise erbittet R. die Adresse von Mme de Wolff in Luzern bei Mme de Sépibus.

Von seiner Mutter hat R. beunruhigende Nachrichten: »Sie mußte, in Karlsbad, einen Arzt holen lassen, bekommt Injektionen, ist rathlos und (wie ich sie seit Jahren nicht gekannt habe) ganz und gar kleinmüthig. Die arme Frau ...« (An N. W.-V.) An die Mutter selbst schreibt er: »Du wirst mir erlauben, ... einen kleinen Beitrag zu der Ruhe Deiner Kur zu stiften, der Dir hoffentlich wenigstens gestattet, dem Ärzte-Honorar ohne Beunruhigung entgegenzusehen und ... Deinen Aufenthalt in Karlsbad etwas zu verlängern ...«

4. SEPTEMBER: Kippenberg meldet das Erscheinen der einfachen Ausgabe der »Duineser Elegien« in vierzehn Tagen, die Vorzugsausgabe ist vergriffen.

5. SEPTEMBER: Frau Wunderly besucht R., sie unternehmen zusammen eine Fahrt zum »Haus der Treib« von 1658, einem der malerischsten Blockbauten der Innerschweiz (restauriert).

6. SEPTEMBER: »Times Literary Supplement« bringt eine Besprechung: »R. M. R.s new poems Sonnets to Orpheus«.

9. SEPTEMBER: Besuch Werner Reinharts, den Alma Moodie und Freyhold begleiten. Reinhart verabschiedet sich auf längere Zeit, da er geschäftlich ganz plötzlich nach Indien reisen muß.

10. SEPTEMBER: An Clara R.:»Dein reiner und großer Brief hat mir die fühlbarste Freude bereitet, ich habe ihn wieder und wieder gelesen ... Du wirst ja selbst verstehen, welche tiefe Genugtuung, ja, Beglückung, ich mir daraus hole, daß Du imstande warst, die Elegien so aufzunehmen und sie, ohne weiteres, als einen Einklang und eine Eintracht empfandest.« Von der Kur schreibt R.: »Allerhand krampfhafte Darmbeschwerden, die schon in den Kriegsjahren ab und zu sich geltend gemacht hatten, waren so zudringlich und dauernd geworden, daß ich mit meinen unschuldigen, sonst immer hinreichenden Mitteln wider sie nicht mehr auskam.«

R. bedauert, Strohls in Muzot zu versäumen, und meldet: »J'ai ici le livre de Bertrand Russel que je vous dois, et je le lis avec intérêt ... tout en lisant peu, en faveur du régime qui m'occupe suffisamment.«

Aus Muzot berichtet Baladine K., daß Baltusz seit einigen Tagen dort ist. Weiter heißt es: »Ta chambre est la plus belle de toute la maison. On devient bon, on devient meilleur quand on y est.« Sie überwacht die sommerlichen Ausbesserungsarbeiten.

11. SEPTEMBER: An Kippenberg schreibt R. von einer Krise, »vielleicht als Reaktion auf die ersten Kurwochen«; er dankt für ein Exemplar der Erstausgabe des »Cornet« (1906): »Ich hatte das kleine Buch so lange nicht mehr gekannt, daß es dem Wiedersehen an Bewegung (fast möcht ich sagen: auf beiden Seiten) nicht gefehlt hat.«

12. SEPTEMBER: Frau Wunderly bietet R. Hilfe für seine Mutter an, er dankt: »cela ... me met en état de parfaire ma cure tranquillement.« R. hat entschlossen Elise W. gekündigt: »Ich werde trachten, jemanden

zu finden, der Übung hat im Dienst zu sein, gute leichte Küche kennt und kann, kurz das non plus ultra.« Schließlich berichtet R., vor einigen Tagen sei »Annette« [Kolb] auf eine Stunde mit dem Auto von Mme G. bei ihm gewesen.

13. SEPTEMBER: An Mme de Sépibus meldet R., daß er nicht sogleich ins sonnige Wallis zurückkehren werde, sondern nach Malans: »Je connais là le vieux jardin, un peu abandonné du ›Bothmar‹ et depuis longtemps je me sens attiré vers la tapisserie royalement mélancolique qu'il forme en automne.«

14. SEPTEMBER: An Baladine K.; über ihre Beziehung zueinander heißt es: »mon aspect a tant changé pour vous, tandis que moi, malgré toute la souffrance dont je vous ai vu déchirée, je peux à tout moment vous évoquer rayonnante et, au fond d'une petite rue [rue Pré-Jérôme in Genf], dans la robe bleue de notre aurore. Aussi n'oubliez pas que c'est beaucoup moins la douleur qui vous maltraite et vous déchire que votre tempérament ...« Weiter meldet R.: »Quant à mon état physique, je vais un peu mieux de nouveau, mais ma nature n'a pas encore pris cet élan, ce beau départ vers la santé, que je lui aurai tant souhaité. Peut-être n'at-on pas encore découvert le centre d'où partent ces obstinés malaises –.«

Erster Brief an Max Rychner: »Was die Serie ›Die Schweiz im Spiegel‹ angeht, zu der beizusteuern Sie mich einladen, so wage ich hier keine Zusage auszusprechen. Mehr und mehr habe ich mich darauf beschränkt, nur der eigenen Fragestellung, die sich innerlich herausstellt, Rede zu stehen. ... Dazu müßte ich fürchten, gerade diesem Thema gegenüber, gegenwärtig zu sehr Partei zu sein. Die Schweiz und die Schweizer haben mir in den letzten Jahren so ungemeinen Schutz, so viel Hülfe ja vielleicht Rettung gewährt, dass ich, auf das hin angerührt, des Rühmens kein Ende wüßte.«

R. geht fast täglich zu einer Kapelle, in der ein alter Totentanz als Wandbild sich erhalten hat.

15. SEPTEMBER: Niederschrift des Gedichtes »Imaginärer Lebenslauf. Erst eine Kindheit, grenzenlos und ohne / Verzicht und Ziel ...«, das R. an Forstinspektor Burri sendet für die Festschrift der »Freien Vereinigung Gleichgesinnter« in Luzern: »Festschrift. Originalbeiträge. Aufsätze. Dichtungen. Musik«, Verlag Rascher, Zürich 1923.

16. SEPTEMBER: In französischer Sprache entstehen drei Gedichte, die dann in die handschriftliche Sammlung »Tendres Impôts à la France«

aufgenommen werden: »Le Dormeur. Laissez-moi dormir, encore ...«, »Pégase. Cheval ardent et blanc, fier et clair Pégase ...« und »Prière de la trop peu Indifférente. Aidez les cœurs, si soumis et si tendres ...« Ferner »Ossuaire. N'y a-t-il plus que des Victoires ...« und »Choix terrestre. Tu me poursuis ...« Für Elisabeth Salomon schreibt R. »Zwei Gedichte« nieder: »Ex voto. Welches, unter dein Bild, heft ich der Glieder, der kranken ...« (dazu eine unmittelbare Vorstufe in französischer Sprache: »Que veux-tu que je mets sous ton image ...«) und »Tränenkrüglein. Andere fassen den Wein, andere fassen die Öle ...«; beide Gedichte werden noch im selben Jahr veröffentlicht: »Insel-Almanach auf das Jahr 1924«.

17. SEPTEMBER: An die Fürstin Taxis: »Hier in Schöneck schließt man leider diese Woche, gegen Ende, mangels Kurgästen. Ich könnte mindestens noch ebenso viel Wochen brauchen, wie ich gehabt habe, vier, – denn es geht noch nicht besser. Das Übel ist obstinat und weit verwurzelt.« R. legt »Choix terrestre« und »Le Dormeur« ein, sowie »das vorläufige Fragment des M. L. B.; gelegentlich der Gesammtausgabe, die man vorbereitet, wird noch manche Ungeschicklichkeit zu corrigieren sein«.

In Schöneck ist während der letzten Woche herrliches Wetter, R. bleibt jedoch wenig Zeit: »die Zahl meiner Kur-Aufgaben ist auf sieben täglich gestiegen.« (An N. W.-V.)

An Katharina Kippenberg sendet R. die beiden Gedichte für den Insel-Almanach: »Es trifft sich nun, daß ich gestern, Sonntag, da die Kur mich etwas freier ließ, einige Verse aufgeschrieben habe: halten Sie sie nicht für allzu geringfügig und ist es nicht überhaupt zu spät –, so könnten die beiden Gedichte am Ende geeignet sein das, was Sie, in Ihrer Güte, als eine Lücke empfinden, auszufüllen.«

An die Gräfin Sizzo, die von einem Aufenthalt in Prag berichtet hat: »Prag (und was mit ihm zusammenhängt) bedeutet mir lauter Schweres ... alles das, was ›die Familie‹ war und eine in ihren meisten Gliedern ermüdete, absterbende, die Familie und nicht man selbst, dieser junge Mensch von damals, der sich gegen alles und alle zu wehren hatte mit unzureichenden Mitteln und Kräften, da alles und alle, auch noch der über Alles geliebte Vater, ihm das Fremdeste zumuten wollten. ... so war mein Prag.«

21. SEPTEMBER: Auf Grund der Nachricht von dem schweren Erdbeben in Tokio (1. 9. 23) fragt R. bei Frau Nölke, wie weit sie oder Fau Asa betroffen seien. Er selber freue sich auf Malans.

An Baladine K. heißt es: »Dimanche dernier j'étais comme poursuivi par une dictée spontanée de vers (?) en français. En voici quelques échantillons, offerts à votre indulgence.« Es folgen die Gedichte »Ossuaire«, »Choix terrestre«, »Pégase« und, mit dem neuen Namen: »Prière sentimentale (d'une Amante)« die Verse: »Aidez les cœurs ...« R. schließt: »C'était tout simplement irrésistible.« Baladine K. schreibt am selben Tag, von Frida habe sie noch nichts gehört, hoffentlich habe sie sich noch nicht anderweit verpflichtet.

ENDE SEPTEMBER: Für die Tochter des Hofraths Wunderlich, Frau Agnes Renold-Wunderlich, schreibt R. das Gedicht »Wir sind nur Mund. Wer singt das ferne Herz ...« als Widmung für ihr Exemplar des »Stunden-Buchs«: »Geschrieben für Frau Dr. E. Renold um ihr dieses, ihr Buch persönlicher und herzlicher anzueignen. R. M. R. (Schöneck, im September 1923)«. R. nimmt es später in die handschriftliche Sammlung »Aus Taschen-Büchern und Merk-Blättern« auf.

AM 22. SEPTEMBER verläßt R. Schöneck im Auto des Direktors Borsinger, der ihn nach Luzern mitnimmt.

23. SEPTEMBER: Aus Luzern, Grand Hotel National, schreibt R. an Frau Wunderly: »Ein naher Freund Clara Rilke's, ein junger Baron v. Veltheim hat mich hier erwartet; wir haben einen merkwürdigen und reichen Nachmittag zusammen verbracht.« Vermutlich konnte dieser von Schuler erzählen. »Heute déjeuniere ich bei Mlle de Wolff, sehe dann, wenn mir Zeit bleibt, den jungen von Moos und vielleicht abends Francine [Brüstlein]. Die hiesige ›Haushälterin‹ hat Nein gesagt: der Posten wäre zu einsam für sie.« R. hofft auf Frida, doch müsse sie zuvor bei Frau W. Diätkochen lernen.

Die Fürstin Taxis antwortet: »ich muß Ihnen danken für die zwei reizenden französischen Gedichte. Ich weiß nicht welches ich lieber habe – beide sind entzückend.«

24. SEPTEMBER: R. gibt noch einen Tag in Luzern zu: »gestern war ein sehr reizender langer Sonntag bei Mlle de Wolff... Als milieu ein entzückendes altes Haus, der Familie Göldlin gehörig, im 17. Jahrhundert von einem Italiäner gebaut. Dieses schöne Wiedersehn hat alles bewährt und erweitert, was die kurze Begegnung damals, auf Muzot, eben nur versprechen konnte.« Die beiden anderen Besuche unterbleiben. (An N.W.-V.) R. dankt Frau Wunderly für ihre und ihrer Schwester Gaben an Ruth, die ihr erstes Kind erwartet. »Wenn nur Ruths Gemahl besser dran wäre«, sein altes Leiden, das »immer noch besteht, giebt allen eine lebhafte Beunruhigung.«

VOM 25. BIS 30. SEPTEMBER besucht R. Elisabeth und Guido von Salis-Seewis im Brüggerhaus in Malans.
25. SEPTEMBER: Baladine K. dankt R. für die Gedichte: »Vos poésies, René, sont très étranges. ›Pégase‹ est beau, et la ›Prière‹ je la connais presque par cœur. Je n'aime pas tant ›Choix terrestre‹ à cause des ›aille‹. Mais Ossuaire je l'apprécie beaucoup ... Baltusz vous a beaucoup admiré et j'ai vu qu'il comprend infiniment plus qu'un être ordinaire. Merci!«
26. SEPTEMBER: An Werner Reinhart: »Nun bin ich seit gestern – wahrscheinlich bis Ende des Monats – bei meinem Freunde Guido von Salis in Malans und so ist aus dem reichen Bilderbuch der Schweiz wieder ein anderes, halb schon bekanntes Blatt, herbstlich koloriert, aufgeschlagen.«
Über den Besuch in Malans schreibt R. später an Frau Nölke: »Ich fühlte mich nicht wohl genug, die kräftige Frohheit der Weinlese (die bevorstand) ohne Anstrengung mitzumachen«; R. erinnert sich seines ersten Weges nach Malans und fährt fort: »Der Garten des ›Bothmar‹ war mir damals schon, in seiner wesentlichen Verzauberung, so nahe gegangen, daß der Eindruck nicht übertroffen werden konnte ...« (10.11.23)
In Deutschland bricht die Regierung unter Stresemann den passiven Widerstand im Ruhrgebiet ab.
27. SEPTEMBER: Aus Malans an Frau Wunderly: »Meine ›Nachkur‹ müßte etwas sehr Freies und Unabhängiges sein, ähnlich wie die drei Tage in Luzern, in denen eine eigenthümliche Ruhe und Freudigkeit mich erfüllte und gewissermaßen trug ...« R. fährt fort: »ich habe große Pläne, entweder doch noch Paris (in der zweiten Hälfte Oktober, von Meilen aus) – oder der Lago Maggiore, ein paar Herbsttage in der Villa d'Este mit kurzem Ausfluge nach Mailand, zu den Gallarati-Scotti ... Diese Pläne kamen mir so lebhaft auf: sie ein wenig zu pflegen – gleichviel ob sie sich nun erfüllen werden oder nicht – schafft mir eine Art Freiheit und Erleichterung ...«
29. SEPTEMBER: R. meldet sich für den 1.10. abends in Meilen an. Er hat inzwischen Frida Baumgartner gefragt, ob sie noch einen dritten Winter in Muzot auf sich nehmen wolle.
VOM 1. BIS 20. OKTOBER ist R. in Meilen bei Frau Wunderly zu Gast in der Unteren Mühle.
4. OKTOBER: R. lernt in Meilen die von Frau Wunderly eingeladene Anita Forrer persönlich kennen, doch mißglückt die Begegnung durch

ihre unüberwindliche Befangenheit, die sie in R.s Gegenwart völlig verstummen läßt. Auf ihre späteren Briefe antwortet R. nicht; ein Zufall führt sie erst am 21.8.26 in Bad Ragaz noch einmal zusammen, ohne daß eine gegenseitige Verständigung möglich ist.

10. OKTOBER aus Meilen an Elisabeth und Guido von Salis nach Malans: »Wenn ich Ihnen so spät ein Zeichen meines dankbaren Rückgedenkens an die Tage im Brüggerhaus sende, die Sie mir zu einer so schönen Station der Erinnerung ausgebildet haben, so liegt das an allerhand Ablenkungen... Es kam aber als wesentliche Hemmung die Beschämtheit hinzu, daß ich Ihnen thatsächlich – entgegen meiner Versicherung – das schöne Wetter wieder mitgenommen habe!«

15. OKTOBER: Frau Wunderly und R. sind am Tanzabend von Mary Wigmann in Zürich, am 17.10. besuchen sie gemeinsam die Kokoschka-Ausstellung (Aquarelle, Lithographien, Zeichnungen) im Kunstsalon Wolfberg in Zürich (Eintragungen von N.W.-V.).

AM 21. OKTOBER ist R. in Bern, wo er bis zum 27.10. bleibt, Hotel Bellevue. Den Gedanken, nach Italien weiterzureisen, hat er schon in Zürich aufgegeben: »Je n'ai pas, en ce moment, le bel élan voyageur, et hélas nul autre. Je renonce. Et Berne me suffit largement ...« (An N.W.-V., 22.10.23)

In Bern findet R. im Historischen Museum die Sammlung der Kaschmir-Shawls von Henri Moser (seit Mai 1922 dort zugänglich): »diesmal aber kam ich auf eine besondere Entdeckung: Shawls: persische und turkestanische Kaschmir-Shawls, wie sie auf den sanft abfallenden Schultern unserer Ur-Großmütter zu rührender Geltung kamen; Shawls mit runder oder quadratischer oder sternig ausgesparter Mitte, mit schwarzem, grünem, oder elfenbein-weißem Grund, jeder eine Welt für sich, ja wahrhaftig, jeder ein ganzes Glück, eine ganze Seligkeit und vielleicht ein ganzer Verzicht... Wie vor Jahren in Paris die Spitzen, so begriff ich plötzlich, vor diesen ausgebreiteten und abgewandelten Geweben, das Wesen des Shawls! Aber es sagen? Wieder ein Fiasko.« (An Gräfin Sizzo, 16.12.23)

IM OKTOBER entstehen in Bern die Entwürfe »Shawl. O Flucht aus uns und Zu-Flucht in den Shawl...« und »Shawl. Wie, für die Jungfrau, dem, der vor ihr kniet, die Namen...«

22. OKTOBER: R. berichtet Frau Wunderly von seinen Begegnungen in Bern: Frau von Steiger-Mülinen, Jean-Jacques von Bonstetten und dessen Freund Graf Sierstorff, Contats, Briods und Sinners – und den Ein-

käufen zu Baladine K.s Geburtstag am 27.10. R. schließt: »Que je n'avais pas assez maîtrise sur moi pour vous faire moins sentir mon malaise à Meilen! c'est ce que je me reproche à présent. Pensez quand même avec bonté et indulgence à nos jours ils étaient bons pour moi, tout simplement bons!«

Über die Kokoschka-Ausstellung berichtet R. an Werner Reinhart: »es waren meine besten züricher Stunden, die ich dort verbracht habe, auch Frau Wunderly, die ich hinführte, war ergriffen und erstaunt durch diese sich aus dem Wirrsten und Unwillkürlichsten so seltsam aufklärende und oft wahrsagende Kunst!«

In Deutschland ist am 22.10.23 ein Dollar 40 Milliarden Mark wert, im Rheinland wird eine »Rheinische Republik« ausgerufen und wieder zerschlagen.

26. OKTOBER: R. telegraphiert an Baladine K., er werde »demain« in Sierre eintreffen, pünktlich an ihrem Geburtstag.

VOM 27. OKTOBER bis 20. NOVEMBER sind R. und Baladine K. zusammen in Muzot.

OKTOBER: Die ›gewöhnliche‹ Ausgabe der »Duineser Elegien« erscheint, 1.-10. Tausend.

29. OKTOBER: R. ist beglückt über die von Baladine K. überwachte Renovierung seines Arbeits- und Schlafzimmers, auch Fridas Zimmer ist hergerichtet worden (an N.W.-V.).

30. OKTOBER: R. findet unter der ihn erwartenden Post einen Brief von Pierre Klossowski an Gide, den er diesem zusendet. Pierre möchte um jeden Preis nach Paris zurück. R. schreibt: »Je n'ai pas vu Pierre Klossowski, mais je crois qu'il s'est beaucoup développé pendant cette dernière année ... Si on le logeait à la pension dont vous parliez l'année passée, croyez-vous qu'il aurait quelque chance de trouver une place de volontaire ou d'apprenti dans une librairie ou auprès d'un éditeur? ...« R. bittet Gide, seine Antwort über ihn laufen zu lassen. Pierre ist bei Frau Nölke in Schloß Winkl bei Meran.

1. NOVEMBER: Gide antwortet umgehend: »Tant de zèle et de ferveur mérite l'aide et la récompense. Je suis fermement décidé à l'aider ...« Gide wünscht Pierre in Paris zu treffen und verspricht: »Je chercherais avec lui et le présenterais à quelques amis qui pourraient aider ma recherche.«

2. NOVEMBER: In Alt-Jocketa wird Christine Sieber-Rilke geboren, R.s erstes Enkelkind.

3. NOVEMBER: Frida Baumgartner kehrt wieder nach Muzot zurück.
5. NOVEMBER: R. an Gide: »Votre lettre est de celles qui sauraient décider d'une vie; non seulement par les conséquences qu'elle pourrait créer ... mais par le seul fait qu'elle existe.« R. schickt Gides Brief in Abschriften sogleich an Pierre, an Erich Klossowski und Strohls und dankt im Namen Baladine K.s . R. fährt fort: »Merci des bonnes nouvelles que vous me donnez du M.L. Brigge français; comment mon jeune et sympathique traducteur aura-t-il pu négliger de nommer et de s'incliner devant son grand précurseur ...« R. bezieht sich auf die Übertragung zweier »Malte«-Fragmente 1911. R. übersendet Gide die »Duineser Elegien« und die »Sonette an Orpheus«.
NOVEMBER: Der »Insel-Almanach auf das Jahr 1924« erscheint, von R. enthält er die beiden Gedichte für »E. S.« (= Elisabeth Gundolf-Salomon) »Ex voto« und »Tränenkrüglein«. In seinem Exemplar dieses Almanachs hat R. den Beitrag: »Arabische Liebeslyrik aus Tausendundeiner Nacht«, übertragen von Enno Littmann, mit vielen Notizen und kritischen Bemerkungen unter Heranziehung der französischen Übertragung von Mardrus versehen, dazu zwei der Gedichte in eigenen Übertragungen dem Bande eingelegt: »O Haus, wenn morgen der Geliebte hier / vorüberkommt ...« und »Wem werf ich die Liebesklage zu, in der / meine Seele befangen ist ...«
6. NOVEMBER: An Frau Wunderly: »Et moi, préparez-vous au respect dû à une telle promotion: je suis grand-père depuis samedi. C'est à une petite Christine que vous avez préparé, douillettement, son petit nid!«
6. UND 8. NOVEMBER: R. schreibt für die Baladine K. zugedachte Nr. 1 der großen Ausgabe der »Duineser Elegien« das Gedicht »Zueignung an M ...« – »Schaukel des Herzens. O sichere, an welchem unsichtbaren / Aste befestigt ...« mit dem Vermerk: »(als Arbeits-Anfang eines neuen Winters auf Muzot)«. Dazu hat sich eine erste Fassung als Entwurf erhalten.
8./9. NOVEMBER: Scheitern des Hitler-Putsches in München.
9. NOVEMBER: R. dankt Strohl für seine Bereitwilligkeit, Pierre bei der schwierigen Übersiedlung nach Paris zu helfen: »Cependant serait-il moins risqué de ramener ce pauvre garçon à Berlin où tout s'embrouille terriblement et où aucune main ne se tend vers lui?«
10. NOVEMBER: Nachdem die Inflation in Deutschland bis zu dem Punkte gestiegen ist, daß ein Dollar 4,2 Billionen Papiermark wert ist, wird die Rentenmark als neue Währung eingeführt.

Katharina Kippenberg schreibt, selbst schwer erkrankt: »Die Zustände hier sind himmelschreiend, der Durchschnitt friert, hungert und verhungert...«

R. teilt Frau Nölke mit, Pierre werde durch Strohl in Zürich sein Einreisevisum nach Frankreich erhalten können.

14. NOVEMBER: An Strohl meldet R., Pierre K. werde in Paris von Gide um den 17.11. erwartet. Weiter heißt es: »nous venons de lire un livre délicieux ›Ariel ou la vie de Shelley‹ par André Maurois« (1921).

17. NOVEMBER: R. dankt Gide zugleich im Namen von Erich und Baladine K. für seine große Hilfsbereitschaft.

Zu Clara R.s Geburtstag schreibt R. einen langen Brief voller Teilnahme an Ruth und Christine und mit Erleichterung, seine Mutter gut aufgehoben in Franzensbad zu wissen.

18. NOVEMBER: R. kündigt Strohl Pierre K.s Ankunft in Zürich an und überstellt 500 französische Francs für dessen Reise.

20. NOVEMBER: Baladine K. geht für den Winter nach Beatenberg, wo auch Baltusz lebt. Pierre bricht am folgenden Tag von Zürich nach Paris auf.

An Frau Wunderly heißt es: »je commence ma solitude d'hiver.« Zuerst werde er Briefe schreiben: »pas très nombreuse, mais combien désespérée quant aux messages qui viennent de l'Allemagne ... Europa erstickt an seinen schlechtesten Instinkten.« Auch zu den schlimmen Nachrichten von der Krankheit Frau Kippenbergs äußert sich R. bekümmert und fährt fort: »Was würde Coué sagen?; er hat eben in Lausanne gesprochen, Samstag. Ich wäre gern hingefahren, nur um zu hören, wie er selber sein: ›cela passe‹ ausspricht.« Eine gute Nachricht: »On m'a averti de Paris que l'affaire de la déséquestration se trouve à present être terminée et que mon petit actif que j'avais autrefois au Crédit-Lyonnais fait partie de cette déséquestration ...« Es sind freilich nur 115 Francs auf diesem Konto. Ferner sei für tschechoslowakische Staatsbürger der Visa-Zwang für Frankreich aufgehoben worden: »Je n'ai qu'à me mettre dans le train!« R. schließt: »rendez-moi à ma bonne cellule hivernale dont je veux devenir encore une fois le noyau qui, pour agir en silence, a besoin de ce doux climat constant que vous lui créez.«

21. NOVEMBER: R. meldet Frau Kippenberg den Empfang der ›allgemeinen Ausgabe‹ der »Elegien« und des Insel-Almanachs; die Übertragung zweier Leopardi-Gedichte durch Ludwig Wolde hat R. bereits ge-

lesen, er freut sich auf »die Prosa von Lawrence« und hebt Zelters Brief über die »Seefahrt« von Rügen nach Swinemünde hervor. »Aber, wie immer am Eingang des Winters, muß ich erst eine Menge angesammelter Korrespondenzen abgeschoben haben, um Raum zu gewinnen für das Spiel der eigenen Beschäftigungen.« Es handelt sich um folgende Almanach-Beiträge: »Zelter an Goethe am 14.9.1820«, Lutz Wolde »Giacomo Leopardi: Das Unendliche. Am Abend des Feiertages« (R. selbst hat Anfang 1912 in Duino Leopardis Gedicht »L'Infinito« übertragen: »Immer lieb war mir dieser einsame / Hügel und das Gehölz ...«), schließlich die Erzählung »Adolf« von D.H. Lawrence.
An Anton Kippenberg: R. dankt dafür, daß K. die Einnahmen Clara R.s auf »einen anderen Maßstab« umgestellt hat: »Ließen die schwierigen und absurden Umstände es zu, daß wir je fünfzig Schweizer Franken für Tochter und Enkelin als Weihnachtsgabe beiseite legten?« R. bittet für sich um ein Taschengeld, will aber dem Geschenk für Ruth und Christine den Vorrang lassen. Weiter: »selbst hier, an entlegener und dem unmittelbarsten Angriff entrückter Stelle, macht das Bewußtsein einer heillos verstörten und hin- und hergeschleuderten Welt unheimliche Fortschritte. Ich bewundere die Ruhe und Gleichmäßigkeit, mit der die Insel ihre Aufgaben durchsetzt ...«
NOVEMBER: R. überreicht ein Exemplar der »Duineser Elegien« an: »Loulou, unerwartet in Sierre, in der Aura ihres Geburtstages (1923) Rainer«. Frau Albert-Lazard hat am 10. November Geburtstag.
22. NOVEMBER: An Frau Weininger schreibt R.: »Vielleicht ist die Zeit nicht fern, da ich mich wieder nach Paris (oder in die Provence) versetzen kann: ich arbeite mit allen Mitteln auf eine solche Ansiedelung zu –, alle anderen Absichten werden immer wieder überwogen durch diese stärkste Neigung, mein Leben dort fortzusetzen, wo es durch das überlebensgroße Allgemeine unterbrochen worden war.«
23. NOVEMBER: R. fürchtet, Gide könnte während seines kurzen Paris-Aufenthaltes durch seine Bemühungen für Pierre belastet sein, womöglich reichten dessen Vorkenntnisse für eine Anstellung nicht aus: »Dans ce cas ... ne pourrait-il pas d'abord être reçu à l'Ecole du Vieux-Colombier et continuer ses recherches, tout en y suivant les cours?« Auch hätten Klossowskis von früher her Freunde in Paris.
24. NOVEMBER: Kippenberg an R.: Ruth S.-R. und Christine erhalten zu Weihnachten je fünfzig Schweizer Franken, R. kann über weitere 1000,– Franken als »Taschengeld« verfügen.

26. NOVEMBER: R. meldet Baladine K.: »d'excellentes nouvelles de Pierre ... Je suis sûr qu'un jour Baltusz pourra faire le même chemin.« Weiter: »Ce soir je terminerai la lecture du Lalou; c'est intéressant, on est presque toujours d'accord avec lui; les pages sur Romains, Claudel et Valéry sont d'une belle justesse.« (René Lalou: »Histoire de la litterature française contemporaine«, 1922, von R. am 20.11.23 erworben.)

28. NOVEMBER: R. dankt für Kippenbergs Zusagen; für den Fall, daß Kippenbergs im Frühjahr die geplante Reise nach Sizilien über Muzot führt, schreibt R.: »Ob ich Sie dann mit weiter begleite, wird von der Arbeit abhängen, die mich mehr oder weniger in meine Mauern binden soll. Zunächst, was kann ich anderes wünschen, als daß sie mich fasse und festhalte, damit diese dritte Klausur nicht zu sehr hinter dem Auftrag und Vollzug der beiden früheren zurückbleibe.«

Geburtstagsbrief für Sidie Nádherný: »Von Jahr zu Jahr, ach Sidie, ists nicht nur wie das Umblättern einer etwas großen Buch- oder Album-Seite: man weicht, nachdem man sie betrachtet und zum Theil mit Anmerkungen versehen hat, verzweifelnd oft, sich in ihren gegebenen Linien auszukennen – –, man weicht, umblätternd, ein bißchen zurück, daß sie vorüberkann, dann ist sie auch schon vorüber ... Und nichts, als ein wenig Wind und Kühle ihres Umschlagens an den Wangen.« Weiter heißt es: »Das ist es, wenn ich genau sein will, was mir fehlt, am Eingang dieses dritten völlig einsamen Winters, daß ich nicht zwischendurch irgendwo im Weiten, Weitoffenen gewesen bin, neue Elemente mitbringend in die unwillkürliche Verwandlung. Eine Reise.«

R. schenkt ihr die »Elegien« und die »Sonette«.

29. NOVEMBER: R.s Brief an Frau Wunderly beginnt mit Einlassungen über Baudouin und Coué; R. erinnert sich an seine Bemühungen, während der Lesung in Wien 1907 sein Nasenbluten zu stillen: »da kam mir wohl jedesmal der Wille in den Weg, ich gebrauchte ihn, statt der ›Imagination‹ und erfuhr dann das diesem Mißgriff entsprechende Fiasco; es bedürfte einer langen Übung bei mir, um in solchen Momenten am Willen vorbeizukommen.« Über einen wissenschaftlichen Beitrag von A. Koelsch, »Periodizitäten« betreffend, der angezeigt ist, äußert R.: »Alle diese Versuche sind auf einer richtigen Spur, lassen sich nur eine Unmenge Pedanterien und Eigensinnigkeiten zu schulden kommen...« Weiter heißt es: »Ich lese, meine Abende hin, den zweiten Theil der Dehmel-Briefe, und sie werden lang darüber, diese Abende. Ergrei-

fend wie alles Menschliche, wie alle Versuche, im Menschlichen echt zu sein, ertraggebend und dabei womöglich noch gut! ... Ich hätt ihn, ohne die Zerstreutheit des Lebens, leicht besser lieben können, als ich gethan habe: diese Einsicht ist nicht das Geringste, was mir diese Lektüre ergreifend macht, ja mich, fast mit Strenge, verpflichtet zu ihr.« R. fragt nach einem Schweizer Freund Dehmels, Charles Simon. Ferner bittet R. Frau Wunderly von Jakob Wassermann »Ulrike Woitich« und von Waldemar Bonsels »Narren und Helden« zu kaufen. Den »Ariel« von Maurois werde er ihr schenken.

ENDE NOVEMBER: Ausgehend von der »Liebe der Magdalena«, die Magdalena Schwammberger gelesen hat, antwortet ihr R. in einem langen Brief. Darin heißt es: »Wenn Sie mich fragen, mich, welchen Ausweg ich sehe für die Wandlungen und Leistungen jener Liebe, die anzuwenden den Mädchen und Frauen so schwer gemacht ist –, so wüßte ich nur zu vermuthen, daß zuletzt nicht diejenigen zu bedauern sind, die mit ihrem Übermaaß von Liebe und Liebesfähigkeit irgendwann allein bleiben – sondern, ganz und gar nur jene, die nie zu solcher Fülle erweckt worden sind.«

30. NOVEMBER: R. übersendet die »Duineser Elegien« und die »Sonette an Orpheus« an Yvonne de Wattenwyl: »Vous étiez la première personne en Suisse à laquelle j'avais confie mes espoirs de parfaire, sous la protection de votre pays, ces chers travaux interrompus et presque abandonnés; et c'était mon premier soutien que cette sympathie amicale dont vous acceptiez ma confidence. Ce n'est pas par hasard que ces belles heures du Gurten nous semblent tellement près depuis que les ›Elégies‹ existent!« R. trägt in ihr Exemplar die Entstehungsdaten der »Elegien« ein.

NOVEMBER: Niederschrift der Verse »Da stehen wir mit Spiegeln: / einer dort ......, und fangen auf ...«, das R. in ein Exemplar der »Duineser Elegien« einschreibt: »Für Max Picard« mit dem Zusatz: »(Muzot, um Weihnachten 1923)«.

NOVEMBER: Es entstehen »Sieben Entwürfe aus dem Wallis oder Das kleine Weinjahr« – »Geschrieben für den Freund und Gast-Freund als ein kleiner weihnachtlicher Ertrag seines Schloß-Gutes zu Muzot (1923)«, sieben Gedichte, das erste und letzte in französischer Sprache, für Werner Reinhart. (Zu dem kleinen Gedichtkreis sind Vorstufen und Entwürfe erhalten.)

3. DEZEMBER: R. schickt Frau Wunderly ein Manuskript Regina Ull-

manns zur kurzen Beurteilung (es soll an diese zurückgehen), außerdem Bilder von ihr und ihren Töchtern.

An Frau Nölke erläutert R.: »Pierre hat Alle und Alles vergessen, aufgesogen von den neuen Verhältnissen und (scheint es) Erfüllungen ...« Pierre hofft auf einen Sekretariats-Posten bei Gide, R. scheint dies bei seiner lückenhaften Schulbildung schwer vorstellbar: »aber wer weiß: hab ich nicht mal, mit einer noch viel unzulänglicheren [Orthographie], und ohne grammaire! Briefe für Rodin geschrieben? Alles ist möglich ...« R. sendet Frau Nölke »den gütigst ausgelegten Betrag von Pierre's Guthaben«: »Sicher ... wäre das alles undenkbar gewesen, ohne diese Monate bei Ihnen.«

4. DEZEMBER: R. erhält von Jean Strohl den erbetenen 8. Band von Joseph Ch. Mardrus: »Le livre de mille nuits et une nuit«, Paris 1899-1904, geliehen, in dem er – vergeblich – den von Enno Littmann übertragenen Abschnitt des Werkes zu finden hofft, den der Insel-Almanach bringt. Am 17.12.23 fordert R. Strohl auf: »Cependant lisez ce fragment à ›L'Insel-Almanach‹: n'est-ce point là de la ›poésie de philologue‹, tout pareille à celle qui nous a gâtée, depuis l'école tant d'œuvres sublimes? J'ai horreur de tous ces ›gar‹ et ›allzumal‹ qui, pauvrement rallongent les lignes remplis à moitié ...« R. übersetzt die beiden Gedichte aus »Tausendundeiner Nacht« selbst, sein Exemplar des Almanachs ist mit Marginalien bedeckt.

In seiner »neuen Würde als ›Großpapa‹« berichtet R. der »Ur-Großmama«: »Von Ruth trafen zum heutigen Tage ganz günstige Nachrichten ein. Die kleine Christine gedeiht unberufen, und ihre Mutter ist wohlauf und stolz abwechselnd auf Mann und Tochter ... Was für ein Glück, daß die Kinder auf dem Land leben und so die Absurdität der deutschen Verhältnisse doch weniger zu fühlen bekommen, als das in einer Stadt der Fall wäre.« (An die Mutter)

5. DEZEMBER: R. dankt Frau Wunderly für ihre Gaben zu seinem Geburtstag: »J'acceptais tout cela comme une bénédiction. Je me suis porté, supporté je peux dire, pendant toute ma dernière année sans bien me connaître, sans pouvoir me rendre compte de ce que je suis en ce moment et, peut-être même sans pouvoir m'employer selon mes propres forces. Un tel état ne se passe point sans mainte révolte intérieure ... J'ai bien plus de confiance en ma patience, même au prix qu'elle devienne une sorte d'engourdissement.« R. fährt fort: »Chère, votre confiance rajeunie au bout d'une telle année, cela me montre que je n'ai pas quitté mon chemin ...«

Kippenbergs dankt R. für das Geburtstags-Telegramm mit dem Gedicht »Neigung: Wahrhaftes Wort. Daß wir jede empfänden ...« aus dem Februar 1922. »Ein paar Tage zuvor hatte ich in einem älteren Taschenheft einige Verse entdeckt, vergeßne – ... Ich schreibe sie Euch ab, denn das wünsch ich mir ungefähr, daß diese (hier, auf Muzot, errungene) Verfassung, die sie ausdrücken, immer gültiger und dauernder, die meine bleiben möchte.« R. schließt mit den Worten »Euer Rilke«.

6. DEZEMBER: An Baladine K. sendet R. »Les Thibault« von Roger Martin du Gard (1922ff.): »enfin depuis Proust tout est devenu visible«; ferner »Les discours du Docteur O'Grady« von André Maurois (1922). Dazu einen langen Brief Pierres, den er zurückerbittet: »Gide a dû être si amical et si chaleureux qu'aucune nostalgie n'a pu prendre place à côté de la joie que Pierre éprouvait en se voyant admis chez lui et partout d'une façon si naturelle et parfaite ...«

7. DEZEMBER: R.s letzter Brief an Elya Nevar geht nach Saarbrücken: »meine Kastanien, an die ich denke ... sind um eine Armeslänge ausgebreiteter geworden in ihren Kronen, so lange wohn ich nun schon in meinem alten Thurm, daß ich dies beobachten konnte und was soll ich von meinen Rosen sagen, die mir noch vor vierzehn Tagen das Letzte eines wahrhaft zahllosen Ertrages schenken mochten und die ich doch selber, vor zwei Jahren, gepflanzt habe.« R. verspricht ihr die beiden Bücher »(aus dem Winter 1922)«: »ich habe deren Aussendung noch kaum begonnen.« Einen Leseabend in Deutschland lehnt R. ab: »Danke denen, die mich berufen wollten, meine strenge Klausur hat wieder begonnen, und es ist ausgeschlossen, daß ich reisen könnte.«

10. DEZEMBER: An Gide: »Notre jeune Pierre est dans l'émerveillement et ses nouvelles débordent de joie ...« Pierre hat um Geld gebeten bei seiner Mutter, R. fragt bei Gide an, wie hoch etwa ein monatlicher Wechsel für ihn sein müsse.

An Paul Morisse schreibt R. über seine Lektüre der bis dahin erschienenen Bände von Roger Martin du Gard »Les Thibault«: »Certaines scènes (avec Rachel) sont d'une pénétration inouïe – et la situation intérieure de Jacques ... se trouve précisée avec un art capable de la dernière exactitude.«

11. DEZEMBER: R. bittet Frau Wunderly, für Ruth und Christine ein Lebensmittelpaket zusammenzustellen. »Ich habe schlechte Tage. Meine Zustände geben mir viel zu thun und die Nerven sind dermaßen, dermaßen irritabel, daß sie mir alle An- und Zufälle phantastisch vergrößern. Schade: könnt es doch so gut und still haben!«

15. DEZEMBER: Gide berichtet aus Paris über Pierre: »J'ai eu plaisir à le présenter à nombre d'amis, dont certains (Jean Schlumberger, Charles du Bos, Marcel Drouin) sont vos amis aussi ... Un autre ami (André Rouveyre) a eu la gentillesse de mettre à sa disposition deux pieces délicieusement situées (75, boulevard Saint-Michel) avec une admirable vue sur le jardin du Luxembourg où il habite depuis hier soir ...« Für den ersten Monat werde Pierre 1000,– Francs brauchen (der französische Franc ist im Wert ungefähr ein Drittel des Schweizer Franken), dann 600,–; auf Anraten der Freunde solle er als »élève régulier« das lycée Janson de Sailly besuchen.

16. DEZEMBER: Langer Brief an Gräfin Sizzo; R. verspricht ihr das Buch »Dépaysement« von Robert de Traz, dem ›bekannten Herausgeber der Revue de Genève‹, zu senden, wegen eines Abschnitts über Ungarn. Es erscheint 1923 in den »Cahiers verts«.

18. DEZEMBER: Paul Morisse gegenüber äußert R., er hätte es vorgezogen, wenn statt Lucien Fabres »Rabevel« das neue Buch von Roger Martin du Gard »Les Thibault« mit dem ›Prix Goncourt‹ ausgezeichnet worden wäre.

19. DEZEMBER: An Gide: »je peux à peine croire que tous ces amis que vous m'énumerez aient la bonne grâce de s'intéresser à ce garçon étranger. Si cela me semble un miracle, comment cela doit paraître à Pierre! Qu'il ait pu s'installer dans ses deux chambres qui donnent sur le Luxembourg, mon Dieu, cela me tourne presque à l'envie, malgré tout ce que je lui souhaite dans mon cœur ...« R. hofft, im Frühjahr nach Paris zu kommen.

Mit Frau Wunderly korrespondiert R. wegen einer Mappe, in die ein ›fertiges Manuskript‹ für Elisabeth und Guido von Salis in Malans eingelegt werden soll: »Das war ja eigentlich das einzige Weihnachtsgeschenk, das ich mir vorgesetzt hatte, um mein rasches Fortgehen von Malans ein klein wenig gutzumachen ...« R. klagt: »Ah chère, c'est une crise, comme je n'en ai jamais eue, cela me jette d'une angoisse à l'autre; et sans raison apparente. Mais n'en parlons pas, cela ne sert à rien, – faut supporter et se taire.«

20. DEZEMBER: R. sendet »Elegien« und »Sonette« an Nora Purtscher-Wydenbruck – verspätet über der Kur in diesem ›verlorenen Sommer‹. Über seine Lektüre berichtet R.: »wie viel gute und merkwürdige Bücher aus der jüngeren und jüngsten französischen Generation hervorgehen ... Nie ist vielleicht Ausländisches, vom französischen Geiste

aus, gerade indem er sich auf sich besinnt (denn ich meine keineswegs die Romain-Rolland-Einstellung), besser und verhältnismäßiger erkannt worden. Die Politik, in ihrer Benommenheit, in ihrem starren beängstigten Eigensinn, ist freilich von diesen neuen Fähigkeiten noch nicht beeinflußt worden; aber auf diesem Gebiete stehen sich ja überall noch die trüben, veralteten und verheuchelten Scheinkräfte gegenüber. In unserem armen Österreich scheint ja doch eine Art vorläufiger Stabilität erreicht zu sein, die, wenn auch nicht die Not, so doch die Katastrophen ausschließt.«

21. DEZEMBER: Zu Weihnachten schreibt R. an Clara R. über die Pakete für Ruth und Christine, darunter Äpfel aus dem eigenen Garten in Muzot. »Sehr, sehr lob ich mir die Aussicht Deines, Eueres (Veltheim und Helmuth einbezogen) Besuches auf Muzot! Gewiß, das schöne ›Bellevue‹ ist immer da, Euch, soviel als möglich, als meine Gäste aufzunehmen ...« R. fährt fort: »Du könntest kaum erraten, welcher Lektüre ich, diese letzten Abende, mit ganz vertieftem Eifer gehört habe. Meine Haushälterin bekam die Briefe und Tagebücher Paula Beckers geschenkt, die ich doch zu kennen glaubte; aber diese, nach und nach offenbar ziemlich ergänzte Edition (es ist die fünfte Auflage, die mir vorliegt) gibt ein so viel geschlosseneres und tiefer zusammenhängendes Bild ihres erwachsenen Wesens, daß die Lesung für mich wie neu und unendlich ergreifend war. Jetzt erst läßt sich diese unerhört reine Verbindung von Schicksal und Aufgabe wahrnehmen; jetzt erst versteht man das Maß von stiller Ausschließung und ebenso stiller Zusage, das in ihr angelegt war, und bewundert, noch einmal, wie sie es, fast ohne Zweifel, fromm und freudig gebrauchte. Ich hatte im Lesen das Gefühl, als sollte ich meine beiden Bücher irgendwo in eine Nische ihres Andenkens niederlegen, daß sie mir nun mein ›Unfrohsein‹ und so manches andere verzeihe.«

Die erste Besprechung der »Duineser Elegien« erscheint im Karlsruher Tageblatt durch Adolf von Grolman. Eine spätere Äußerung von Ricarda Huch in einem Brief an Katharina Kippenberg vom 24.11.33 lautet: »Ich gestehe es und ich glaube, Sie wissen es schon, daß mir der Sinn für R. ganz und gar fehlt, daß ich die Art seiner Religiosität nicht verstehe, daß mir seine Gedichte, als ganz unmelodiös, nicht eingehen, daß mir seine Duineser Elegien unverständlicher als böhmisch sind, und daß sich alles in mir sträubt, darüber nachzugrübeln.«

22. DEZEMBER: R. sendet Nanny von Escher die »Elegien« und »Sonet-

te«: »Zwei innerste Erlebnisse waren für ihre Hervorbringung entscheidend: Der im Gemüt mehr und mehr erwachsene Entschluß, das Leben gegen den Tod hin offen zu halten, und, auf der anderen Seite, das geistige Bedürfnis, die Wandlungen der Liebe in dieses erweiterte Ganze anders einzustellen, als das im engeren Lebenskreislauf (der den Tod einfach als das Andere ausschloß) möglich war. Hier wäre, sozusagen, die ›Handlung‹ dieser Gedichte zu suchen, und ab und zu steht sie, glaub ich, einfach und stark, im Vordergrund.«
Für Frau Helene Burckhardt-Schazmann schreibt R. auf ein Stammbuchblatt das Gedicht »Weiß die Natur noch den Ruck...« mit der Unterschrift: »R. M. R. (Dankbaren Gedenkens: um Weihnachten 1923)«.
An Lou A.-S. schickt R. die Vorzugsausgabe der »Duineser Elegien« mit der Einschrift: »für Lou, die es seit immer mit mir besitzt, dies nun endgültig Gestaltete: Rainer (Muzot, um Weihnachten 1923)« und die »Sonette an Orpheus« mit der Widmung: »Lou, Rainer (weihnachtlich)«.
›A Monique et Blaise Briod‹ gehen die »Elegien« mit dem Gedicht »Et à la lampe et à votre feu ...« (nach Bern).
23. DEZEMBER: An Baladine K. schreibt R., er habe nichts für sie aus seiner Arbeit: »je veux absolument arriver à mon bon équilibre de travailleur, malgré ces attaques nerveuses, plus fortes que je n'en ai jamais ressenties.« R. schenkt ihr eine Photographie von sich (stehend im Türbogen am Balkon von Muzot) und Baltusz Wilhelm Worringers »Tafelmalerei« und einen Dante.
WEIHNACHTEN: Frau Wunderly erhält eine einfache Ausgabe der »Elegien« mit dem Gedicht »Für Nike / Weihnachten 1923. Alle die Stimmen der Bäche...« mit dem Vermerk: »(Das kleine Handexemplar)«. Die ersten elf Verse stammen vom 31.1. und 1.2.1922, die Verse 12-20 sind kurz vor der Einschrift entstanden. Außerdem sendet R. ihr eine Abschrift seines eigenen Weihnachtsbriefes an seine Mutter, mit dem er dieser die »Elegien« und »Sonette« soeben zuschickt. Dazu schreibt R. an Frau Wunderly: »Es war diesmal besonders schwer, da es galt, der verlassenen alten Frau, die beiden Bücher (Orpheus-Sonette und Elegien), von denen sie schon durch Zeitungsnotizen mochte erfahren haben und, die zu empfangen, sie gewiß im Stillen erwartet..., ihr diese beiden fremdartigen Bücher doch einigermaßen, mittels irgend einer Anleitung, in die zitternden Hände zu legen. Ich wußte, wie ich das thun würde, erst, als sich der Brief vor meinen Augen aus der Feder niederschlug, unter einem einzigen Diktat, an dem nicht eine Sylbe zu ändern oder zu ergänzen blieb ...«

In diesem Brief an die Mutter über das Wesen der »Freude« und der »Vor-Freude« heißt es zu seinen Büchern: »In diesem Sinne lies auch meine beiden neuen Bücher ...: als einen Versuch, irgendwie Leben und Tod in einer übergroßen Freude, die ohne Namen bleibt, zusammenzufassen und alles, was uns hier geschieht, so auszusprechen, daß es sich feiern läßt, wie eine Vorfreude, um des Zitterns, um der Erwartung, um des Geheimnisses willen!«
Dieser Brief trägt in der Abschrift für Frau Wunderly am Schluß den Vermerk: »Aus dem Briefe, geschrieben für den Weihnachts-Abend 1923, an meine Mutter nach Franzensbad. Diese Abschrift – weihnachtlich – für Nike. R.« Im Weihnachtsbrief an Frau Wunderly heißt es weiter: »niemand, Nike, seit ich lebe, hat so wie Sie meinen Wunsch zur Freude erkannt und geehrt, ja geehrt – ich kann es nicht anders sagen –, Sie haben gewußt, daß das weiterführe, mir Freude zu machen: und so bin ich weitergekommen dabei ... weitergekommen, durch Freude, Chère, voilà.«
24. DEZEMBER: R. verlebt Weihnachten allein in Muzot: Er schenkt Frida Baumgartner Stifters »Nachsommer« mit der Widmung: »Frida Baumgartner, der stillen getreuen Helferin und guten Hausgenossin auf Muzot für ihre einsamen Abende dieses Winters. R. M. R.«
»Die gute Frida hat es sich nicht nehmen lassen, trotz meterhohem Schnee, der, was noch schlimmer war, theilweise in's Thauen gerieth, zur Mitternachtsmesse nach Sierre hinunterzuwandern. Ich ging nur gegen neun in unser kleines Kapellchen hinauf, wo wir auch heuer wieder alle Lichter angezündet hatten.« (An die Mutter, 26.12.23)
In der Prager Presse erscheint das (aus den »Sonetten an Orpheus« ausgeschiedene) Gedicht: »O, das Neue, Freunde, ist nicht dies ...«
26. DEZEMBER: In den Band der Briefe und Tagebücher Paula Modersohn-Beckers schreibt R.: »Liebes Fräulein Frida / dieses Buch, erwünscht und wie bestellt, (erst für ein Geschenk gehalten) kurz vor Weihnachten für Sie auf Muzot eintreffend, wurde von mir in Besitz genommen und dem Bescheerungstisch vorbehalten: ich wüßte keines, das ich lieber hinzugelegt hätte. Lesen Sie's mit Freude und Andacht: es handelt von einem zum Reichsten entschlossenen Leben und legt dafür Zeugnis ab in seiner einfachen, wahrhaftigen Art! R. M. R.« Zu Weihnachten schenkte R. ihr die »Duineser Elegien«: »Meiner getreuen Frida Baumgartner diese Hauptarbeit des ersten Muzot-Winters, dankbar für alles, was sie aus so rein gewilltem Herzen zur Stille und Ord-

nung dieses Winters (und der andern) beigetragen hat. Weihnachten 1923 R.M.R.«

BIS ZUM ENDE DES JAHRES entstehen drei Entwürfe: »Spiele die Tode, die einzelnen, rasch und du wirst sie erkennen ...«, »und schreckt nicht nur die scheusten ...« und »Daß wir nichts verlieren, daß auch die, / die in Ungeduld vernichten wollen ...«

27. DEZEMBER: Niederschrift des Gedichtes »A une Amie. Combien cœur de Marie est exposé...«, das R. am 4. 2. 24 mit der Bemerkung »quelques vers, que je me rappelle d'avoir écrits, sous une dictée spontanée, le soir avant mon brusque départ pour Val-Mont«, an Baladine K. sendet.

VOM 28. DEZEMBER 1923 BIS ZUM 20. JANUAR 1924: Erster Aufenthalt R.s in der ›Clinique‹ Val-Mont sur Territet über dem Genfer See.

29. DEZEMBER: An Frau Wunderly: »à la continuation de Schoeneck, hélas! ... avant-hier, ne sachant plus comment faire, j'ai télégraphié à Georg Reinhart, s'il pouvait bien me donner une introduction à Valmont à un des docteurs. Réponse affirmative arrivée hier matin: il venait de me recommander à son ami, le Dr Haemmerli; deux heures après: mon départ, laissant la pauvre Frida en larmes. A 3^h j'etais à Val-Mont, à cinq j'avais la visite du Docteur qui est très sympathique et qui me semble avoir bien compris ... il espère pouvoir me mettre sur pied dans une quinzaine de jours. Voilà: esperons!« R. dankt für die Weihnachtsgaben. R. erhält die Nachricht vom Tode Carl Spittelers.

30. DEZEMBER: R. gibt Baladine K. Nachricht über seinen Aufbruch nach Val-Mont: »plusieurs indices étaient là qui rendaient le médecin indispensable.« Val-Mont sei strenger als Schöneck, und R. hofft, man werde endlich die Ursache seines Leidens diagnostizieren.

31. DEZEMBER: R. schreibt seinen Neujahrsbrief an Herrn Wunderly, »dankend zugleich für alle Freundschaft und Gastfreundschaft« während des vergangenen Jahres, die er »in der lieben ›Unteren Mühle‹ habe empfangen dürfen«.

Im Jahre 1923 veröffentlicht R. in folgenden Periodika: Frankfurter Zeitung« Frankfurt, »Prager Presse« Prag und »Festschrift« der »Freien Vereinigung Gleichgesinnter« (Jahrbuch) Luzern, außerdem »Inselschiff« und »Insel-Almanach auf das Jahr 1924« Leipzig.

Neuauflagen: »Das Buch der Bilder« 23.-26. Tausend, »Neue Gedichte« 18.-20. Tausend, »Der neuen Gedichte anderer Teil« 14.-16. Tausend, »Die frühen Gedichte« 18.-20. Tausend, »Requiem« 10.-12. Tausend und »Erste Gedichte« 14.-16. Tausend. Als Übersetzung erscheint in Triest: »La Melodia d'Amore e di Morte del Cornetta Christoforo Rilke« Traduzione di Leo Negrelli. Trieste 1923.

Gedichte R.s in tschechischer Übertragung sind enthalten in: Richard Messer, »Moderni pražský mystik. R. M. R.«, Prag 1923 (mit einer Bibliographie R.s).
In der Reihe »Les Contemporains« der Librairie Stock erscheint der Anfang der »Aufzeichnungen des Malte Laurids Brigge« in der französischen Übertragung von Maurice Betz, Paris 1923. Die Zeitschrift »Il Convegno« (Anno IV), bringt in ihrer Dezember-Ausgabe 19 Gedichte R.s aus der Frühzeit in der Übersetzung von Elio Gianturco.
Die Anthologie »Contemporary German Poetry« von Babette Deutsch und Avram Yarmolinsky (New York und London) enthält 13 Gedichte R.s aus dem »Buch der Bilder«, dem »Stunden-Buch« und den »Neuen Gedichten«.
Eine ungarische Übertragung von Gedichten R.s erscheint in Heidelberg bei Schröder und Fischer 1923: »Versek« Juhász Sandor forditása.

1924

1. JANUAR: R. dankt Kippenberg für die »große Freude« der Weihnachtsbücher, besonders: »Das Triptychon von den Heiligen Drei Königen« von Felix Timmermans, das Kippenberg selbst übertragen hat, »Die Reise nach Danzig« von Daniel Chodowiecki und die Faksimile-Ausgabe von Goethes Liedern an »Annette« in der Handschrift von Behrisch. Von sich meldet R.: »ich hatte so ungefähr seit dem 15. Dezember eine böse Zeit, und da sie böser und böser wurde und ich nicht mehr wußte, wie die Übelstände lindern oder ertragen, begab ich mich am 28. hierher, als dem nächsten Sanatorium, das für Darmleiden in Betracht kommt, und werde nun hier untersucht und beobachtet ... denn die Wurzel des Übels will sich nicht finden lassen ...« R. ist dankbar, über ein Guthaben verfügen zu können, und schließt: »Aber ich war empört, Muzot verlassen zu müssen, wo alles so gut und still im Gange war.«

2. JANUAR: Kurzer Bericht an Frau Wunderly: »der alte Dr Widmer (Chefarzt) behandelt mich, nach seinem Ausspruch, ›comme une porcelaine de Saxe‹«, aber: »Auskennen thut sich niemand vor der Hand, so wenig wie in Schöneck, meine Natur spielt ihnen ein kurioses Stücklein vor –, nur, ich bin es müde, die Schaubühne solcher Mysterien zu sein ...« R. hofft auf Dr. Haemmerli, der für drei Tage abwesend ist.

6. JANUAR: »... ça va mieux, objectivement beaucoup mieux ... subjectivement cette amélioration n'est pas encore tant sensible, ma nature est trop fatiguée et trop méfiante, après ces expériences des dernières semaines pour prendre à la lettre le progrès survenu depuis hier ... Une

très rapide détente des états spasmiques est à constater, et je dors ...«
R. hat in zwei Tagen ein Kilo zugenommen, nun soll eine Röntgenaufnahme gemacht werden. (An N.W.-V.)

9. JANUAR: An Mme Clavel: »Die Ärzte machen mir Aussicht, daß ich nächstens nach Hause kann, und ich sehne mich sehr in meinen Thurm aus der Neutralität und Ausschaltung dieses Sanatoriumszimmers ...«
R. verspricht ihr die »Duineser Elegien«: »nur ein kleines Buch, ob es gleich den Weg von zehn Jahren in sich faßt! (1912-1922)«.

10. JANUAR: Es wird eine Röntgenaufnahme gemacht: »nous avons fait l'expérience des rayons Roentgen: le résultat était parfait. Organiquement tout paraît absolument normal, ce qui donne une bonne base au rétablissement.« (An N.W.-V., 15.1.24)
Kippenberg stellt für Val-Mont weitere 1000,- Franken zu R.s Verfügung.

12. JANUAR: R. sendet Baladine K. Zeilen der Beruhigung: »je passe au lit la moitié du jour, adonné à une fatigue d'ailleurs bonne et qui, j'espère, m'aura vite reconstruit. Peut-être pourrai-je rentrer au courant de la semaine prochaine.«

13. JANUAR: R. dankt Kippenberg für dessen Bereitschaft, ihm einen Arzt zu senden: »objektiv geht es gut, und das subjektiv-empfindbare Gleichgewicht wird hinter diesem Erreichten nicht lange zurückbleiben können.« R. gibt sein Einverständnis für den »höchst überflüssigen« Abdruck seines Briefes an Christian Morgenstern vom 17.9.1896.

15. JANUAR: R. charakterisiert Dr. Haemmerli, seinen Arzt: »Le Dr H. est un médecin très consciencieux et d'un trempe toute personelle; je crois qu'il restera ce conseiller-médecin que j'ai tant désiré pour les prochaines années. Il passe tous les jours une longue heure auprès moi, si son temps le permet, nous causons longuement, enfin c'est presque déjà un ami!« (An N. W.-V.)

17. JANUAR: Albrecht Schaeffer schreibt an seine Frau: »Mir fällt hierbei ein, daß ich Rilkes Duineser Elegien bekam und darin las, fast mit Grausen. Das ist nun die heilloseste Geschwätzigkeit ... Und diesem Frommen, diesem Scheinheiligen, der sich nur noch mit Gott und Engeln unterhält, ist nichts heilig und nun zerreißt er die ewigen, heilig-notwendigen Bindungen des Hexameters, edelste Schöpfung des edelsten Volkes, nach seiner Spiel-Laune und versetzt sie mit seinen Freien Rhythmen, daß es ein Greuel ist, die Unnatur der Verfitzung zu sehn.«

20. JANUAR: R. kehrt aus Val-Mont nach Muzot zurück. Dort hat Frida Baumgartner inzwischen allein hausgehalten.
Es entsteht das Gedicht: »Starker Stern, der nicht den Beistand braucht ...« mit dem Vermerk auf der Handschrift: »(20 et 21 Janvier, à mon retour à Muzot, d'où la Vénus était admirablement visible le soir de ma rentrée)«. Seinem Brief an Haemmerli vom 23.1. legt R. das Gedicht »Starker Stern, der nicht den Beistand braucht...« bei und schreibt dazu: »Als ich Sonntag gegen Abend [21.1.] nach Muzot heraufkam, hatte der Abendstern eine besonders große und glänzende Weise gegen Westen hin unterzugehen, ihm zuschauend schrieb ich das Gedicht.«
21. JANUAR: An Frau Wunderly: »Chère, très Chère: rentré! Hier, dimanche, à 3^h 06; guéri? Hélas on ne peut pas parler de guérison dans un état stationnaire, question d'équilibre vital, – et qui ne changera qu'avec la vie et avec les changements qu'elle impose. Pourtant: rassuré, mieux instruit sur ce moment dangéreux de mon corps, et ayant gagné un ami-docteur qui ne me manquera plus désormais ...« – »A vous, je ne vous cacherai pas ce que je n'ai dit qu'au médecin et seulement au moment presque du départ quand je lui parlais amicalement après ce rapport continué pendant trols semaines: Que cette secousse que j'avais reçue vers la mi-décembre était terrible, c'était un choc que j'ai ressenti jusque dans la moelle de mes os, jamais dans aucune maladie même de mon enfance, je n'étais si profondément attaqué, si secrètement que même maintenant je ne peux pas dire comment et par où ... Qu'est-ce que se passait alors? Je l'ignore; le saurais-je jamais? Mais c'était si fort, qu'une frayeur que je n'ai jamais connue, est entrée jusqu'au plus profond de mon être ...« Weiter heißt es: »J'étais comme transposé sur un autre plan de la vie, peut-être celui où sont les incurables; ceux qui ne participent plus ...« R. beschreibt, wie Kranksein ihn trenne von jedem Auffassen der Umgebung, nichts könne ihn erreichen. Er fragt: »Pourrai-je travailler maintenant? Je ne sais. Pourrai-je retrouver quelque équilibre? Je ne sais non plus ...« Dr. Haemmerli hält es für richtig, daß R. seinen Lebensstil völliger Einsamkeit aufgibt, nach Paris geht. R. ist es dafür zu früh, schon wegen der Diät; er denkt für später an den französischen Süden, ans Meer. Zuerst will er den Versuch machen: »un sincère essai de revenir au travail proposé pour cet hiver«. Er schließt die schonungslose Darstellung seiner Krankheitserfahrungen: »Chère, voilà une confession sans retenue aucune ...«

SPÄTE GEDICHTE UND »POÈMES FRANÇAIS«

22. JANUAR: R. versichert Dr. Stark in Prag, er habe nicht die Absicht, gegen das Testament Paula von R.s Einspruch zu erheben, in dem die Familie völlig übergangen ist.
23. JANUAR: Mit dem Widmungsgedicht »Schweigen. Wer inniger schwieg...« und der Einschrift »Frau Fanette Clavel / Wenkenhof, zugeeignet: in Erinnerung und Ergebenheit. R. M. R. (Muzot, Januar 1924)« sendet R. das versprochene Exemplar der »Duineser Elegien« ab.
24. JANUAR: R. schreibt an seine Mutter über den frühverstorbenen Egon von R.: »Ich denke oft an ihn und komme immer wieder auf seine Figur zurück, die mir unbeschreiblich ergreifend geblieben ist. Viel ›Kindheit‹, das Traurige und Hilflose des Kindseins, verkörpert sich mir in seiner Gestalt, in der Halskrause, die er trug, dem Hälschen, dem Kinn, den schönen und durch das Schielen entstellten braunen Augen. So, rief ich ihn im Anschluß an jenes VIII. Sonett, das die Vergänglichkeit ausdrückt, noch einmal hervor, nach dem er ja schon in den Aufzeichnungen des M. L. Brigge seinerzeit als Vorbild für den kleinen Erik Brahe, den als Kind Verstorbenen, gedient hatte.« (»Sonette an Orpheus«, 11,8)
»Für Robert Faesi und Frau Jenny Faesi in herzlicher Zuwendung« schreibt R. das Gedicht »Wo sich langsam aus dem Schon-Vergessen...« in die »Elegien« ein, »(Muzot, im Januar 1924)«. Robert Faesi, Professor für Deutsche Literatur an der Universität Zürich, gehört zum Vorstand des Lesezirkels Hottingen.
28. JANUAR: An Baladine K.: »rentré depuis une semaine, j'ai trouvé de nombreuses choses à reprendre, correspondances et autres, et j'espère peu à peu m'avancer vers le travail véritable.«
29. JANUAR: R. sendet »Sonette« und »Elegien« an Frau Hedwig Fischer und schreibt ausführlich über die Entstehung der so eng aufeinander bezogenen Werke. Auch an Moritz Heimann soll ein Exemplar gehen.
30. JANUAR: Bei Morisse bestellt R. von Henri de Montherlant »Le Songe« (1920), »que je connais, mais que je voudrais posséder, m'intéressant de plus en plus à ses idées, exprimées parfois avec une rare et noble vigueur«.
ENDE JANUAR entsteht das Gedicht »Die Frucht. Das stieg zu ihr aus Erde, stieg und stieg...«, das ungedruckt bleibt, aber im November 1925

in die handschriftliche Sammlung »Aus Taschen-Büchern und Merk-Blättern« aufgenommen wird.
1. FEBRUAR: Langer Brief an Dr. Haemmerli in Val-Mont: »erschrecken Sie nicht vor diesen großen Bogen! Ich will, im Gegenteil möglichst knapp sein in meinem Bericht, den, etwa im Zeitraum von vierzehn Tagen abzustatten, Sie mir freundschaftlich erlaubt haben.« R. wählt das Format der Übersicht halber und um zu ermöglichen: »eine oder die andere Bemerkung, mit der Sie mir beistehen wollen, gleich im Lesen an den Rand zu schreiben. Sie sehen. das Wort ›beistehen‹ mußte aufgeworfen sein.« R. beschreibt seinen Gesundheitszustand in vielen Einzelheiten in großer Besorgnis: »Gern hätte ich besseres berichtet; Sie hättens verdient gehabt!«, schließt er.
Über Maurois' »Ariel ou la vie de Shelley« (1923) schreibt R. an Frau Clavel: »Unter den vielen schönen Büchern, die mir während der letzten Monate aus Frankreich gekommen sind, ist es bei weitem das schönste. Ein mit kaum zu erklärenden Mitteln geschaffenes und bewegtes Buch: ist das Leben eines Dichters je so schwebend berichtet worden? Aber es mußte eben auch dieses Leben sein, das nirgends ausruhte und lastete: ein Wunder!« R. schenkt das Buch für die Wenkenhof-Bibliothek.
MIT BEGINN DES FEBRUAR setzen die ›Poèmes Français‹ ein; von den im Februar niedergeschriebenen Gedichten in französischer Sprache, insgesamt etwa 34, finden zwanzig Aufnahme in den späteren Band »Vergers«, dessen erste sechs Gedichte aus diesen Tagen stammen. Auch R.s früheste handschriftliche Sammlung französischer Gedichte: »Tendres Impôts à la France« (die ungedruckt bleibt) wird in diesen Tagen zusammengestellt: neben drei der in Schöneck am 16. 9. 23 entstandenen Gedichte und zwei weiteren vom 27.12. 23, enthält sie drei Gedichte von Ende Januar und sieben, die um den 1. Februar 1924 aufgezeichnet werden. R. übernimmt daraus die Gedichte »Ce soir mon cœur fait chanter ...« und »Lampe du soir, ma calme confidente ...« und stellt sie an den Beginn der »Vergers«. Die ersten beiden Strophen des Gedichtes »Reste tranquille, si soudain ...« aus den »Tendres Impôts ...« fügt er als drittes in »Vergers« ein. Im Nachlaß fanden sich aus der Produktion des Jahres 1924 etwa 55 Entwürfe (»Ebauches et Fragments«), davon einige aus dem Februar.
2. FEBRUAR: »J'ai lu dans le ›Crapouillot‹ quelques vers délicieux que Supervielle avait signés, ce qui m'a donné envie de ses poésies.« (An Paul Morisse)

4. FEBRUAR: An Baladine K. schreibt R. nochmals über seine Erkrankung: »Peut-être cela parvient-il de l'approche de la cinquantaine qui amène toujours des troubles et impose la nécessité de préparer une nouvelle distribution d'élans et de forces; n'en sachant rien de précis, je préfère me taire ...« R. empfiehlt ihr »Attirance de la Mort« von Jacques Sindral (Paris 1924).

An Mme de Sépibus sendet R.: »Un livre sur la Russie, celui de Mme la princesse Paley complètera vos lectures dernières«: »Souvenirs de Russie 1916-1919« Préface Paul Bourget, Paris 1923, und macht sie auf »Les Thibault« aufmerksam.

5. FEBRUAR: R. berichtet Yvonne de Wattenwyl von seinem Aufenthalt in Val-Mont. Sie ist nach Genf übergesiedelt: »Je me suis beaucoup réjoui, en vous voyant contente de votre choix de Genève et surtout de votre Salon (Le verrai-je?!).« R. empfiehlt ihr Bücher, neben dem »Ariel« von Maurois und »L'Attirance de la Mort« von Sindral die Schriften Henry de Montherlants: »confessions d'un jeune homme du meilleur sang de France qui est sorti de la guerre comme d'une atroce puberté vitale et intellectuelle«, ferner von Mauriac »Génitrix« (1924) und »Dépaysements« von Robert de Traz (Paris 1923), den sie ja persönlich kenne.

R. dankt Claire Goll für ihr Gedicht »Le Boulevard nostalgique« (aus »Lyrische Films«, Zürich/Basel 1922) und fährt fort: »Je viens de recopier pour toi de mon carnet de poche quelques improvisations qui te reviennent par ton gentil ›boulevard‹. Je n'ose pas dire que ce soit du français; c'est un élan du souvenir vers une langue entre tous aimée. Les vers qui un peu, malgré moi, s'y rapprochent, sentent, je crains, le pastiche. Mais chez toi ils ne seront ni blâmés, ni méconnus –, mais aimés tout simplement ...« Das Heft enthält sieben Gedichte, darunter das erste, zweite, vierte und fünfzehnte aus den späteren »Vergers«, sowie das dritte und vierzehnte aus »Tendres Impôts ...«

7. FEBRUAR: Für Hans Carossa schreibt R. als Widmungsgedicht in die »Elegien«: »Auch noch Verlieren ist unser; und selbst das Vergessen ...«, »(Muzot, im Februar 1924)«. R. läßt Carossa wissen: »Wenn ich bedenke, wieviel hier greifbare tägliche Verhältnisse zu einem schon fast vereitelten Gelingen beigetragen haben, so kann ich Ihnen gar nicht genug wünschen, lieber Carossa, daß die Zurückgezogenheit – Ihre –, die nächstens dem Rumänischen Tagebuch zugute kommen soll, bald einsetze und Ihren Bedürfnissen genau entspreche ... jedenfalls bin ich der Freude schon gewiß, mit der ich diesen Band neben Eine Kindheit

stellen werde (die ich übrigens gerade wiederlese!).« Für den dänischen Übersetzer Carossas, Knud Capozzi, seien von R. nur die »Geschichten vom lieben Gott« noch frei, doch habe bisher Frau Junghanns für die von ihr übersetzten Bücher R.s noch keinen dänischen Verleger gefunden.

An Paul Valéry sendet R. nun die große Handschrift seiner Übertragungen der »Charmes« aus dem Winter des Vorjahres. Die Widmung auf der ersten Seite des Lederbandes lautet: »A / Paul Valéry / qui aime les résultats purement réalisés / cette somme / de consentement, d'obéissance / et d'activité parallèle«. Im Begleitbrief heißt es: »En dehors de ces pages, désormais vôtres, il ne me reste que les brouillons d'une lecture parfois difficile, car j'ai souvent travaillé en me promenant entre les vignes, le crayon à la main...« Dieser Brief beginnt: »Cher Monsieur, depuis que j'ai su, par monsieur Morisse, l'intérêt que vous portez à mes traductions, je n'ai pas cessé d'entourer de ma meilleure reconnaissance votre désir délicat d'en posséder les textes. Et pourtant je suis tard à vous les offrir! Est-ce que j'étais retenu par la certitude que vous ne les lirez point? Je ne crois pas; car, au contraire, cette circonstance séparative et qui me prive de votre autorisation consciente, confère à ma modeste dédication le rang d'une offrande: dans son abondance divine, le Dieu en vous l'acceptera sans y toucher. C'est mon propre manuscrit que je vous offre; son écriture même garde, il me semble, un peu de cet emportement heureux qui m'a permis de suivre d'assez près l'allure unique et inimitable de votre constante victoire...« R. schließt: »Je me sens – souffrez cet aveu – singulièrement ému de pouvoir vous offrir, au lieu de vous en parler, une action heureuse de mon intime admiration.«

AM 8. FEBRUAR berichtet R. an Frau Wunderly, daß er Dr. Haemmerli einen Zwischenbericht gegeben, aber noch keine Antwort erhalten habe. Es sei schwer für Haemmerli, sich ein gültiges Bild zu machen; denn: »was Dr H. nicht wissen kann, ist, wie weit dieser erreichte günstige Zustand unter jenem zurücksteht, der sonst (selbst noch in und nach Schöneck) meine ›Normalität‹ ausmachte.« Val-Mont ist sehr teuer, »die drei knappen Wochen haben über 1300 Frcs gekostet, dabei noch mit freundlicher Ermäßigung des täglichen Pensions-Preises auf 40 Frcs, statt 43,–«. Frau Wunderly plant eine Reise nach Tunis mit ihrem Sohn, R. begrüßt es, daß sie den ›Itinéraire einschränken‹ wollen. »... nur nicht zu viel ›Ruinen‹ und ›Sehenswürdigkeiten‹ vornehmen ...

Unser europäisches Leben (außer Paris), ist Lösung, Verdünnung, trotz seiner scheinbaren Heftigkeit und Intensität, immer nur ein Theelöffel auf eine Unmenge Wasser. Das arabische dagegen ist Essenz. Oh da genügt schon, was von selbst in die vorgestreckte Nase weht. Und dann, was heißt es eine Skala von Eindrücken vorbereiten, wo doch ein neues ungeahntes weltisches Element sie alle überwältigen wird: die Wüste!« – R. bedauert, daß Frau Wunderly eine Vorlesung von Beer-Hofmann nicht besucht hat, berichtet von seiner Lektüre des ›sogenannten‹ Romans »Laure« (Paris 1913) von »dem 1916 in der Champagne gefallenen Emile Clermont« und fragt nach dem Privatdozenten an der Technischen Hochschule in Zürich, Dr. Alfred Schaer: »Hat er eine Bedeutung in seinem Fach?« Er sei ein Freund von Nanny von Escher. R. schließt: »J'ai noté dernièrement quelques lignes de poésie qui me sont venues en français: il y en a que j'aime, sans prétendant pour cela que ce soit du français bien authentique. Mais, écoutez ceci: Qu'est-ce que les Rois Mages / ont-ils pu apporter ...« (entstanden um den 1. Februar, aufgenommen nur in die »Tendres Impôts ...«).

11. FEBRUAR: An Baladine K.: »Heute schrieb ich, um eine Probe zu machen, daß ich, französisch schreibend, nicht deutsch denke und dann irgendwie übertrage, gleich hinter einander dasselbe sujet in beiden Sprachen. Je vous envoie, cela va vous amuser, les deux textes, si differents! La version allemande (Füllhorn) j'ai dédié à Hofmannsthal pour son cinquantenaire. Qu'est-ce que vous allez préférer? Füllhorn ou Corne d'abondance ...«

Das unmittelbar vor dem ›Füllhorn‹ niedergeschriebene »Corne d'abondance. O belle corne, d'où / penchée vers notre attente? ...« nimmt R. in »Vergers« auf; Baladine K. gibt diesem den Vorzug. Das Gedicht »Das Füllhorn. Geschrieben für Hugo von Hofmannsthal. Schwung und Form des gebendsten Gefäßes ...« trägt R. zum 50. Geburtstag des Dichters in das ihm bestimmte Exemplar der »Duineser Elegien« ein. (Aus der handschriftlichen Sammlung »Aus Taschen Büchern ...« wird es zum Druck im »Insel-Almanach auf das Jahr 1927« ausgewählt.)

Im Begleitbrief an Hofmannsthal heißt es: »mir ist, ich habe nie das eigentliche Datum Ihres Geburtstages gewußt und es schien mir eine unbescheidene Neugierde, ihm nachzuforschen, nur, weil sich heuer mit ihm eine, in der allgemeinen Auffassung, betontere Zahl verbinden würde. Aber nun erschrak ich doch, als, gestern, das Februarheft der Rundschau (Zeitungen lese ich selten) mir zum Bewußtsein brachte, daß, den gewissen Tag im Stillen mitzufeiern, am Ende schon zu spät sein möchte...« R. schließt: »Dagegen gelangen mir eben ein paar Verse, bei denen ich, kaum standen sie da –, die Empfindung hatte, daß ich sie Ihnen geben dürfe. Ich schreibe sie in die Elegien, die ohnehin seit einer Weile für Sie bereitlagen, und bin ganz bei der Sache in diesem stillen Beweis meiner Zuwendung und freundschaftlichen Bewunderung.« H. ist am 1.2.1874 geboren.

An Alice Bailly sendet R. ein kleines Heft mit Gedichten in französischer Sprache als Dank für die Zeichnung, die sie ihm zu Weihnachten geschenkt hat: »Vous ne lisez pas l'allemand..., ce qui ne m'autorise guère, je le sais, de prétendre que ce soit du français.« Das Heft trägt den Titel »Souvenirs de Muzot (en Février 1924)«.

12. FEBRUAR: Dem dänischen Übersetzer Dr. Knud Capozzi teilt R. mit, daß er in Inga Junghanns bereits eine Übersetzerin habe; »meine Generation«, fährt R. fort, »hat so viel aus skandinavischen Büchern gelernt, daß die meisten von uns, (was die Prosa angeht) nach dieser Richtung hin höchstens zurückzugeben vermöchten: und das, wozu? Anders mag es um die Jüngeren stehen, man übersetze diese. – Fritz von Unruh z.B. um nur einen Dichter zu nennen, der Erschütterungen hervorruft, die die Welt, über alle Grenzen hinüber zu ergreifen fähig wären. Im Übrigen, wie ich Kopenhagen kenne, wäre es nun viel wichtiger ihm die jungen Franzosen zu bringen, jene großen Toten von gestern, Proust und Péguy, und die ganze jüngste Generation, zu der nun endlich die skandinavischen Einflüsse gedrungen sind...« R. schließt: »ich habe das Lesen Ihrer Sprache (: mein Gott, der Sprache Jacobsens!) nie ganz aufgegeben«, und bittet um die dänische Ausgabe von Carossas »Kindheit«, falls es zur Übertragung kommt.

»12. II. (um Mitternacht)« entsteht, aus den Strophen »Erfahren in den flutenden Verkehren...« erwachsen, die R. in das für Gertrud Ouckama Knoop bestimmte »Elegien«-Exemplar einträgt: »Der Magier. Er ruft es an. Es schrickt zusamm und steht...« mit Vorstufen. Unmittelbar darauf folgt im Taschenbuch »Le Magicien. Le magicien, les yeux tout creux et vides...« »Der Magier« wird von R. noch im selben Jahr im Insel-Almanach publiziert, »Le Magicien« bleibt unveröffentlicht.

13. FEBRUAR: R. sendet die »Elegien« mit dem am Vortag entworfenen Widmungsgedicht an Gertrud Ouckama Knoop (»... Erfahren in den flutenden Verkehren...«). Im Begleitbrief sagt R. über seine Erkrankung: »denn so viel große, ja gewaltige Gegenbeispiele man mir entgegenhal-

ten könnte, unendliche Ergebnisse aufweisend, die aus der Überwindung des Körperlichen, seiner Ignorierung, ja sogar noch aus der Ausnutzung seiner Übelstände, hervorgehen konnten, es wäre nicht mein Weg, dergleichen zu erreichen.« Über Rußland heißt es: »mögen die, die seinen Aufstieg gewahren, nicht zu früh zurücktreten, sondern sparen, sparen damit, es verheimlichen und verstellen, bis sein Glanz reif und die Zeit hinfällig geworden ist! Ich zweifle keinen Augenblick daran, daß der Abschnitt, den wir im Kriege sehen müssen, neue Anfänge erleichtert, aber man zittert um sie, daß sie sich zu früh zeigen und den Ausnutzern in die Hände fallen könnten. Erst müßten die Tage der profiteurs vorüber sein.« R. berichtet von der neuen Bereitschaft in Frankreich, auch Fremdes aufzunehmen, und fährt fort: »Unruh ist übersetzt und wird sehr gelesen in Paris; von seinem ›Verdun‹ hat man innerhalb von acht Tagen 6000 Exemplare verkauft. – Ich gestehe, daß ich ihn, Unruh, noch lieber einmal sprechen hören würde, als etwa Borchardt (von dem ich eigentlich nichts kenne, aber weiß, daß seine Worte für eine Art Währung genommen werden, selbst von denen, die sonst keine rechte Gewähr an ihm finden).« Schließlich geht R. noch auf seine Begegnung mit Veltheim in Luzern ein, der ihm viel von Schuler erzählt habe.

VOM 13. BIS 15. FEBRUAR entsteht ein kleiner Zyklus: »Prélude« und sieben Gedichte, dem R. am 20.2. zwei weitere Gedichte hinzufügt. Zwei zugehörige Entwürfe nimmt R. in die Reinschrift nicht auf. Auch eine französische Vorstufe hat sich erhalten: »Soudain il me souvient d'une place ...« R. sendet diese »Entwürfe aus zwei Winterabenden« zum 22.5.24 an Anton Kippenberg.

14. FEBRUAR: An Werner Milch, der R. seine Gedichte übersandt hat: »Da Sie meinen, starken Einfluß durch meine Arbeiten erfahren zu haben, war ich angenehm überrascht, diesen ... kaum zu erkennen.« R. geht auf einzelnes ein, beanstandet dann die ›doch nicht ganz aufgegebene Interpunktion‹: »Es bedarf schon der hohen göttlichen Geburt eines Georgeschen Gedichts, um diese Unterscheidungszeichen (die ja übrigens von sehr unschuldiger Art sind) zu verleugnen ... Es gehörte zu der großen Neuerung, die sich im Gedicht Georges vollzog, daß diese bürgerlichen Hilfsmittel der Einteilung und Disziplinierung des Satzes zurücktraten vor der angeborenen Ordnung, die im genauen und göttlichen Gang jener Zeilen sich fortwährend erfüllten.« Er meint: »man hat das lyrische Gedicht lesen gelernt«, damit sei der Verzicht auf Satzzeichen überflüssig geworden.

R. empfiehlt Strohl zur Lektüre »René Leys« von Victor Ségalen (posthum 1923 in Paris erschienen), und sendet einen Aufsatz über Maurice Betz zurück, der am 16.12.23 im »Nouveau Journal de Strasbourg« gestanden hat.

15. FEBRUAR: In sein Exemplar von Henri Martineau »La vie de P.-J. Toulet« (1921) – »(recu le 15 Fevrier 1924)« – trägt R. in roter Tinte sein Gedicht »Dans la multiple rencontre ...« ein, das in der ersten Niederschrift den Vermerk »A Toulet« trägt.

An Baladine K. schickt R. die beiden »Magier«-Gedichte: »Pour m'éprouver davantage, je me suis imposé, l'autre soir, un autre sujet: le magicien, pour voir si, celui-là aussi, je le traiterai diversement en le poursuivant dans les deux langues. Voilà ce qui est sorti de ce nouveau concours. La difference se montre assez grande encore, mais là je préfère la version allemande. C'est un petit jeu, rien de plus ...«

Witold Hulewicz hat R. von Vortrags- und Rezitationsabenden geschrieben, die er über diesen veranstaltet; R. sagt dazu: »Daß Sie Verwandtschaften und Beziehungen meiner Bücher zu älteren und jetzigen Werken der reichen und innerlich bewegten polnischen Literatur nachweisen konnten, mag den Anschluß an Ihr Auditorium eigenthümlich gefördert haben; meinem eigenen Gefühl entspricht es ja, mehr als ich sagen kann, zu vermuten, daß die slavische Strömung nicht die geringste sein möchte in den Vielfältigkeiten meines Bluts.« R. dankt Hulewicz für sein »großes Eintreten« für seine Arbeiten und schickt ihm die »Duineser Elegien« mit dem Gedicht »Glücklich, die wissen, daß hinter allen / Sprachen das Unsägliche steht ...« und der Widmung: »Dem getreuen und tätigen Vermittler: Witold Hulewicz (Olwid) in Dankbarkeit: R.M.R.«

AUS DER ARBEITSZEIT VOM 15. BIS 20. FEBRUAR stammt auch das Gedicht mit der Erinnerung an die Fahrt nach Chartres vom 25.1.1906, dessen letzte Strophe lautet: »Je me rappelle Rodin / qui me dit un jour d'un air mâle / (nous prenions, à Chartres, le train) / que, trop pure, la cathédrale / provoque un vent de dédain.« Das Gedicht, das R. in die »Vergers« aufnimmt, beginnt: »Combien le pape au fond de son faste ...«

SEIT MITTE FEBRUAR entstehen in Muzot neben den Gedichten in französischer Sprache bis in den Juni deutsche Gedichte, mehr als zwanzig (dazu Entwürfe und Vorstufen), die R. zu keiner geschlossenen Sammlung zusammenfaßt. Zu den ersten gehören »Eros. Masken! Masken! Daß man Eros blende ...«, »Irrlichter. Wir haben einen alten Verkehr /

mit den Lichtern im Moor ...« und »Da dich das geflügelte Entzükken ...«; »Eros« erscheint im »Insel-Almanach auf das Jahr 1925«, die beiden anderen Gedichte finden Aufnahme in »Aus Taschen-Büchern und Merk-Blättern«.

17. FEBRUAR: Valéry dankt R. aus Vence; er habe zunächst nur den Brief erhalten, die Handschrift sei in Paris.

18. FEBRUAR: R. übersendet Mme Morisse ein Heftchen seiner Gedichte in französischer Sprache und bittet um ihr offenes Urteil: »Aucun danger d'ailleurs que cela devienne mon ›violon d'Ingres‹; car ce tout petit violon ne se prête qu'à de longs intervalles et y jouant un peu de travers, je l'aurai bientôt cassé.«

An Katharina Kippenberg sendet R. die »Anrede« zurück, mit der sie die Festschrift für ihren Mann einleiten will: »Gewisse Stellen (wie der Eingang ...) sind von vollkommener Arbeit, andere haben die nachdenkliche Ergiebigkeit Ihrer schönsten Briefstellen ... Für alles also – auch für den Titel – hätte ich Zustimmung.«

19. FEBRUAR: R. übersendet die »Elegien« an Pia Valmarana mit dem Widmungsgedicht: »A Pia di Valmarana. Si la langue ne tout vous retient ...«, in dem R. von seinem »cœur vénitien« spricht.

20. FEBRUAR: Jean Strohl erhält die »Elegien« mit dem Gedicht »Ciel Valaisan. Comment notre cœur lorsqu'il vibre ...« Im Begleitbrief heißt es: »Ce livre ... reflète en mainte ligne l'influence de ce Valais que nous aimons tant.«

An Frau Wunderly sendet R. von Jacques Sindral »Les Attirances de la Mort«, den »Ariel« von Maurois und von E. Clermont »Laure«; außerdem die Weihnachtsbücher der ›Insel‹. R. erklärt: »Nein Chère, nein, ich habe nicht einen centime Schulden am Muzot-Fonds gemacht. Wäre ich sonst so getrost?! Die Insel hatte mir, sowie man dort mein Mißgeschick erfuhr, alles Nöthige aus meinem Guthaben zur Verfügung gestellt. Das mußte schließlich sein und ich mache mir keine Sorgen über das aus dem dortigen Fonds verausgabte. Das wird schon wieder nachwachsen.«

Über Baladine K. heißt es: »M. est à la veille de son départ pour Paris, où les anciens amis et des amis nouveaux (Gide! etc) l'attendent. Et ce sera enfin une nouvelle page de sa vie!«

UM DEN 20. FEBRUAR entsteht das Gedicht »Vorfrühling. Härte schwand. Auf einmal legt sich Schonung ...« (veröffentlicht im »Insel-Almanach auf das Jahr 1925«). Ferner notiert R. zwei weitere Gedichte als Ergänzung zu dem kleinen Gedichtkreis vom 13. bis 15. 2. 24: »Entwürfe aus zwei Winterabenden«.

22. FEBRUAR: R. bedauert Valérys Unpäßlichkeit in seinem Dank für dessen Brief: »Quelle délicieuse nouvelle pour moi que, peut-être, vous passerez par ce pays valaisan au mois de mars!« R. fährt fort: »Cela va sans dire, que – à moins d'être malade moi-même – je viendrai, soit à Brigue, soit à Sion pour vous saluer.« R. hofft, Valéry könne in Sierre als sein Gast Station machen. »Le désir que j'éprouve de vous envoyer avec cette lettre quelque attention plus sensible .... m'entraîne à joindre à ces lignes quelques vers (?) qui m'étaient dictés à l'instant même où votre lettre m'a été apportée; cette coïncidence saura peut-être excuser mon envoi téméraire. Je ne prétends pas à ce que ce soit du français, aussi la plupart du temps, si de pareilles tentations m'éprouvent, j'arrive presque toujours à résister.« Bei der Beilage handelt es sich um das Gedicht »Verger. Peut-être que si j'ai osé t'écrire, / langue prêtée ...« Bis zum 1. März erweitert R. diese Verse durch sechs weitere Gedichte zu einem kleinen Zyklus: »Verger I-VII«.

23. FEBRUAR: R. berichtet der Fürstin Taxis über seinen Aufenthalt in Val-Mont, verspricht eine Leseliste und greift glücklich »den wunderbar-überraschenden Satz« der Fürstin auf: »Duino wird aufgebaut!«

25. FEBRUAR: In einem sorgfältigen Brief an Frau Wunderly legt R. seine Beziehung zu Baladine K. dar. Für die notwendig gewordene Distanz gibt er sich selber die Schuld.

Die holländische Malerin Henriette Reuchlin-Lucardie erhält von R. das »Stunden-Buch« mit einer Widmung.

26. FEBRUAR: Im Hinblick auf R.s näherrückenden 50. Geburtstag mehren sich bei R. die Anfragen von Literarhistorikern. Dr. Alfred Schaer aus Zürich, der nach »Einflüssen« gefragt hat, nennt R. in einem ausführlichen Brief die Namen: Jacobsen, Bang, Liliencron, Dehmel, Stefan George, Hofmannsthal, Jacob Wassermann, Gerhart Hauptmann. R. verweist auf die Bezauberung durch Puschkin, Lermontow, Njekrassow und Fet. Von bildenden Künstlern führt er Rodin und Cézanne an und hebt hervor: »Daß ich Rodins Sekretär gewesen sei, ist nicht viel mehr als eine hartnäckige Legende, erwachsen aus dem Umstande, daß ich ihm einmal vorübergehend, während fünf Monaten (!) in seiner Korrespondenz behilflich war ... Aber sein Schüler bin ich viel besser und viel länger gewesen.« R. geht auf weitere Eindrücke ein, wie den »Töpfer am Nil«, die für sein Werk Bedeutung gewonnen haben.

R. berichtet Clara R. über seinen Aufenthalt in Val-Mont und seinen Gesundheitszustand: »Diesmal ... schien das Grundgeweb angegriffen.« Ihren Wunsch, die Hellingrathsche Hölderlin-Ausgabe zu besitzen, könne er erst erfüllen, wenn bei der Insel die Kosten des Sanatoriums ausgeglichen seien.

27. FEBRUAR: Zu Balthusz' Geburtstag am 29. 2. 24 schreibt R.: »Après-demain, une petite fois après quatre ans, vous consentez enfin à avoir un bout d'anniversaire véritable«, am Vorabend seiner Abreise nach Paris: »Donc, partez, mon cher, et soyez heureux: qui pourrait vous dire davantage, en considérant que c'est Paris qui vous attend et André Gide, et votre frère que, sans doute, vous allez trouver grandi.«

28. FEBRUAR: »Es war immer meine Hoffnung, daß im Nachlaß Paula's sich Briefe oder sonst Aufzeichnungen oder Erinnerungen finden möchten, die mir die oder jene Figur verständlicher machen könnten, aber was etwa da war, scheint verbrannt worden zu sein. Max, zum Beispiel, müßte doch manches aufgeschrieben haben, vielleicht, daß es sogar Tagebücher gab von ihm ..., aber es ist nichts übriggeblieben, und so werden diese Gestalten, für die ich so viel Interesse hätte, mir immer räthselhaft sein. Das ist das Schicksal der Dinge, wenn die Menschen, die mit ihnen gelebt haben, kein eigenes dauerndes Haus besitzen ... Wenn ich denke, wie sehr mein Muzot, das ich erst im dritten Jahr bewohne, schon voller Erinnerungen steckt, so sehr, daß eine Lade oder Truhe schon jetzt fähig ist, mir Überraschungen zu bereiten!« (An die Mutter)

29. FEBRUAR: An Baltusz' Geburtstag schreibt R. dessen Mutter: »Les dessins de Baltusz sont très beaux. C'est étonnant ...« Der Knabe ist für den kommenden Monat von Gide zur Übersiedlung nach Paris eingeladen. Zwei Tage vorher hat R. bewundernd über die Zeichnung gesprochen, die Baladine K. von ihrem Sohne gemacht hat. Auch sie glaubt, unmittelbar vor ihrer Abreise nach Paris zu stehen.

ENDE FEBRUAR entstehen die Gedichte: »Vergänglichkeit. Flugsand der Stunden. Leise fortwährende Schwindung ...« und »Ach, wie ihr heimlich vergeht! ...« Das erste gibt R. in den »Insel-Almanach für das Jahr 1925«, das zweite nimmt er in die Sammelhandschrift auf.

UM DEN 1. MÄRZ bis Mitte des Monats zeichnet R. einen weiteren Gedichtkreis von sieben ›poèmes français‹ auf: »Printemps I-VII«, später in »Vergers«, dazu mehr als zehn weitere französische Gedichte.

2. MÄRZ: Aurelia Gallarati-Scotti lädt R. nach Viareggio ein; wohin R.

ihr schreibt: »Depuis 1897 (la première fois) jusqu'en 1905, je m'y suis réfugié à plusieurs reprises; et toujours les semaines passées au bord de cette mer amie et divine – tombeau de Shelley – m'avaient apporté soit du réconfort, soit du travail ...« Es folgt ein Lob der Pineta. In der Nachschrift heißt es: »J'ajoute, pour qu'il vous accompagne pendant vos jours de Viareggio, mon exemplaire d'une récente traduction de Shelley; elle est agréable, parce qu'elle donne tous les petits fragments, souvent délicieux!« Es handelt sich um Percy B. Shelley »Odes, poèmes et fragments lyriques choisis«. Trad. et introduction de André Fontainas, Garnier 1923; das Exemplar enthält Spuren von R.s Lektüre und Zustimmung.

3. MÄRZ: An Alfred Schaer betont R., daß er über sein Werk nichts lese, er wisse mit »von außen einfallenden Reflexen« nichts anzufangen: »Was nicht sagen will, daß ich nicht Freude und Vorteil gezogen hätte aus der Wärme einer gelegentlichen persönlichen Zustimmung, oder selbst aus der Abgrenzung gegen meine künstlerischen Absichten, wie sie sich ab und zu in vertraulichen Gesprächen ergab. Diese Einwirkungen kommen unwillkürlich aus dem Leben –, und gegen diese an irgend einer Stelle ablehnend zu sein, ist mir nie eingefallen.«

ANFANG MÄRZ: Niederschrift der Gedichte »Schon kehrt der Saft aus jener Allgemeinheit ...« und »Spaziergang. Schon ist mein Blick am Hügel, dem besonnten ...« Ersteres findet Aufnahme in »Aus Taschen-Büchern ...«, das zweite wird im »Insel-Almanach« für 1925 publiziert.

5. MÄRZ R. berichtet Frau Wunderly: »Am 22. März wird nun Christinchen endlich getauft. Und eine andere Veränderung – wie ich meine, zum Guten – bereitet sich auf dem Vorwerk Alt-Jocketa vor: Carl Sieber giebt seine Juristerei auf, seine Referendar-Thätigkeit, und wird, mit seinem Bruder gemeinsam, die Landwirtschaft des ausgedehnten Gutes übernehmen! Ruth schreibt sehr glücklich über diese Wendung ...« Dr. Sieber fuhr bisher jeden Morgen früh nach Plauen aufs Amt und kam erst abends zurück. Auch von Frida B. erzählt R. Sie hat während seiner Abwesenheit in Val-Mont das Klöppeln gelernt und macht gute Fortschritte: »Ich lob mirs immer wieder, Frida da zu haben; die Gleichmäßigkeit ihrer Verfassung und Stimmung, dieses Herz, das immer dasselbe Maaß von Bereitschaft einhält, möchte heute, in Dienstverhältnissen, eine Seltenheit sein. Und ist ein Segen. Ein Segen!!« R. bittet Frau Wunderly, die Gedichte Robert Brownings in der französischen Ausgabe der »Cahiers verts« gegen ein anderes Buch zu tauschen, da er

diese Reihe vervollständigen möchte. Auch interessiere ihn das Vorwort von Mlle Mary Duclaux (Darmestetter).
7. MÄRZ: An Maurice Betz, der ihm ein Manuskript seiner weitergeführten »Malte«-Übertragung geschickt hat, betont R.: »je suis trop partisan de la lenteur en tout ce qui touche à l'œuvre d'art pour me permettre un tel sentiment [d'impatience].« R. bedauert, daß Robert de Traz, Herausgeber der »Revue de Genève«, Betz drängt. Vor Sonntag könne er die Lektüre nicht beginnen. R. bestellt Betz Grüße von dessen Landsmann Jean Strohl, beide sind Elsässer.
An die Fürstin Taxis: »ich gedachte ausführlicher zu schreiben ... aber da kommt eben die Fortsetzung der französischen Übertragung meiner ›Aufzeichnungen des M.L. Brigge‹, und da die ›Revue de Genève‹ diesen Theil, wie mir der Übersetzer schreibt, sofort veröffentlichen will, so bleibt mir nichts übrig, als wieder einmal den Malte vorzunehmen und seine französischen Aequivalenzen zu kontrollieren. (Mühsame Arbeit, vor einem über und über mit Veränderungen und Variationen überwucherten Manuskript.)« Zu der beigelegten Bücherliste heißt es: »Die Proust-Bände sind wieder von äußerster Wichtigkeit; die Musik im besonderen, die Kunst überhaupt führt ihn da zu letzten wunderbaren Vermuthungen ... Ein Capitel: ›Der Tod Bergotte's‹ gehört zu den großen Abschnitten der Litteratur überhaupt« (aus »La Prisonnière«, Bd. VI von »A la recherche du temps perdu«). Die weiteren Bücher sind: von Montherlant »Le Songe« (1922) und »Le Paradis à l'ombre des épées« (1924), von Valery Larbaud »Amants, heureux Amants ...« (1921) und die schon mehrfach empfohlenen Bücher von Maurois, Roger Martin du Gard und Jacques Sindral. Daneben weist R. auf »Lewis und Irene« (1924) von Paul Morand hin, sowie auf dessen frühere Bücher »Ouvert la nuit« (1923) und »Fermé la nuit« (1922), schließlich auf »Le cycle de Lord Chelsea« I-IV von Abel Hermant (Paris 1923). »Und dann bitte lassen Sie sich sofort aus der Buchhandlung das neueste, März-Heft der ›Neuen Rundschau‹ ... holen; an erster Stelle befindet sich ein sehr amüsanter und merkwürdiger Bericht von Thomas Mann über eine, im Hause von Schrenck-Notzing mitgemachte Séance, unter dem Titel ›Okkulte Erlebnisse‹. Bitte gleich lesen, nicht vergessen!«
Erster Brief R.s an Antoinette de Bonstetten, dem bis 1926 einundzwanzig weitere folgen.
8. MÄRZ: Auch gegen Mme Morisse äußert sich R. über »La Prisonnière« von Proust: »La densité de ces volumes m'a laissé un peu engourdi et

même après avoir fini la première lecture, je suis resté tout absorbé par ces présences latentes de la vie que Proust nous montre en activité. Si on ose détacher quelque chose, c'est ›la mort de Bergotte‹ qui restera un morceau unique peut-être dans toutes les littératures du monde ...«
An Baladine K.: »je pense à Baltusz, et je suis vraiment tout heureux pour lui! Quelle belle date pour arriver à Paris: le 7 mars! ... La lettre de Gide est charmante; comme il sera heureux de Baltusz!«
12. MÄRZ: Nach Durchsicht des Übertragungs-Manuskriptes von Maurice Betz ergeben sich für R. viele Änderungsvorschläge: »Vous m'avez permis d'introduire dans le texte les quelques changements qui me paraissent nécessaires; je me suis servi de cette liberté pour les cas les plus simples. Mais pour tout le reste je ne puis vous offrir mes notes qu'à titre de propositions ...« R. meint, da er eine Vorlesung in Genf habe absagen müssen, werde de Traz vermutlich nicht weiter drängen. R. hält zudem eine Abschrift des Manuskriptes für nötig. (Dieses Übertragungs-Fragment erscheint nicht.)
13. MÄRZ: Mme de Sépibus ist bei R. zum Tee.
15. MÄRZ: In der Zeitschrift »Die schöne Literatur. Kritische Monatsschrift«, herausgegeben von Will Vesper, 25. Jg. (Leipzig), erscheint R.s Brief an Christian Morgenstern vom 17. 9. 1896 aus Prag.
18. MÄRZ: Frau Wunderly wird vier Tage in Tunis bleiben, R. schreibt ihr dorthin: »Ich ... hatte Weihnachten dort ... Aber das ist nicht die entscheidende Erinnerung, – sondern die Souks, sondern so viele Gassen in der alten Stadt, sondern die Friedhöfe ... ›Carthage‹ n'a rien de spécial, mais la course est belle, et peut-être verrez-vous aussi ces milliers de flamingos au bord de la mer ... Et l'air partout: cet air de parfums rares et de poussière séculaire: vous allez respirer cela ...«
19. MÄRZ: Da sich für den kommenden Tag Werner Reinhart mit Freunden angesagt hat (Bankier Koenigs und Frau, geborene Anna Kalckreuth), sendet R. eilig die Beiträge für den Insel-Almanach an Katharina Kippenberg, ›bei später Nacht‹ abgeschrieben: »Hier: fünf Stücke. Wäre etwas Passendes darunter? Ich zögerte nicht, ›Leichteres‹ zu wählen, wie mir das immer für das weite Herumkommen des Jahrbuchs am angemessensten scheint.« Es sind die Gedichte »Vorfrühling«, »Spaziergang«, »Eros«, »Der Magier« und »Vergänglichkeit«, die dann alle im »Insel-Almanach auf das Jahr 1925« erscheinen.
An Anton Kippenberg schreibt R. von seinen Plänen, im Frühling nach Italien oder in die Provence zu reisen: »Für diese letztere Absicht läge

die meiste Neigung vor, und ein freundlicher Anlaß käme ihr von außen entgegen: Frau Wunderly, mit ihrem Sohn, ist gegenwärtig in Tunis. Es hätte einen Sinn, sie (wozu sie mich sehr eingeladen hat) am 14. April in Marseille zu empfangen und langsam mit den Freunden die Provence heraufzureisen...«

IM MÄRZ: »Herrn und Frau Franz Koenigs« widmet R. die »Duineser Elegien« mit den Versen: »Immerfort wechselt der Geist den Platz im unendlichen Umkreis...«

20. MÄRZ: Valéry dankt R. aus Paris für die Handschrift der Übertragungen und für seinen Brief mit dem französischen Gedicht, dem, wie Valéry schreibt: »Délicieux ›Verger‹. J'ai du moins votre poème français entre les mains et l'étrange grâce qui est la sienne me donne une impression directe et inestimable de votre poésie pure et profonde.« Über das Manuskript heißt es 1927 in einem Brief Valérys an die Fürstin Taxis, die ihm ihre italienischen Übertragungen R.scher Gedichte sandte: »Je joindrai lettre et traduction au manuscrit de mes vers traduits en Allemand par R., car il m'a donné jadis ce recueil de sa magnifique écriture, et ce m'est un objet sacré.«

22. MÄRZ: Kippenberg meldet an R., es seien weitere 2000,- Franken zu seiner Verfügung gestellt.

23. MÄRZ: R. antwortet Valéry: »Ensuite il faut que je vous dise que j'étais touché à l'idée que vous ayez pu me sentir dans cet essai du ›Verger‹, malgré les incorrections et les tournures inexactes qui certainement ne manquent pas à ces lignes. Pour avoir pu me deviner là-dedans, votre divination a dû égaler votre indulgence; je suis charmé de l'une et je vous remercie infiniment de l'autre.« In der Hoffnung auf den Besuch Valérys fährt R. fort: »j'imagine que notre contact personnel s'établira un jour sans effort avec la même douceur que j'avais éprouvée à ma première rencontre avec votre œuvre.« R. endet, es werde ihn sehr interessieren, eines Tages die beiden Valéry-Übertragungen, seine und die Ernst Robert Curtius', zu vergleichen. – Die Übersetzungen von Curtius: »Die Schlange« und »Kirchhof am Meer« erscheinen im Mai 1924 in der Zeitschrift »Der neue Merkur« (7. Jg., Heft 8).

24. MÄRZ: R. erteilt Professor Dr. Karl Viëtor die Genehmigung, »die genannten sieben Sonette« in eine Anthologie aufzunehmen; zudem weist er ihn auf die nachgelassenen Gedichte des jungen Grafen Kalckreuth hin (Insel-Verlag 1908): »es sind außerordentlich schöne Sonette darun-

ter ... Diese Frühvollendeten, die man so rasch vergißt, wären ja, mehr als andere, am Platz in einer solchen Auswahl ...«

29. MÄRZ: An Aurelia Gallarati-Scotti schreibt R.: »Quant au Shelley, – mais je suis heureux, si vous consentez à le garder: c'est un bien vilain exemplaire, mais j'ai passé des heures et des heures avec lui avant de vous l'envoyer ...« R. fragt, ob das von ihr genannte ›Leben Shelleys‹ die Biographie von Maurois sei, die ihn geradezu bezaubert habe.

ENDE MÄRZ: Niederschrift des Gedichtes: »Götter schreiten vielleicht immer im gleichen Gewähren ...«, später aufgenommen in »Aus Taschen-Büchern ...«

1. APRIL: Am 8.4.24 jährt sich der Todestag von Oswald von Kutschera zum zweiten Mal: R. schreibt an Frau Weininger mit der Bitte, Blumen zum Grab zu bringen. Inzwischen ist dort, dem Wunsche des Verstorbenen folgend, ein alter Empire-Grabstein errichtet worden.

Valéry meldet seinen Besuch in Muzot an: »Cher Monsieur Rilke, il se peut que je Vous voie, et que les circonstances me permettent de passer quelques heures avec Vous ...« Nach einem Vortrag in Genf werde er am 6.4. gegen 12 Uhr in Sierre ankommen. Gegebenenfalls bittet er um Absage.

2. APRIL: R. dankt Frau Wunderly für einen langen Brief aus Tunis: »Man ist dort wie der Würfel im Becher: eine unbekannte Spielerhand schüttelt ihn zwar, und man stürzt aus ihm und bedeutet draußen, im Auffallen, viel oder wenig« – so heißt es zum Lebensgefühl im arabischen Bereich. – »Aber man wird, nachdem der Wurf vorüber ist, in den Becher zurückgeholt, und dort, innen, im Becher, ... bedeutet man alle seine Zahlen, alle seine Flächen.« R. fährt fort: »der Stolz, zu wissen, daß es eines göttlichen Wagnisses bedürfe, damit einer aus der Tiefe dieses Bechers auf den Tisch der Welt geworfen werde, in's Spiel des Schicksals. Dies ist der reine Sinn von Tausend und Einer Nacht und dies die Spannung derer, die diesen Erzählungen zuhören ...« R. erwähnt Isabella Eberhardt, die in diese Welt hineingegangen sei. Das »können wir nicht«. – »Jenes arabische Dasein ist ja nur möglich, wenn man eben den Stern Erde bewohnt und den Weltraum athmet. Wir sind von der Erde durch Ablagerungen des Vergangenen abgetrennt, die sich bei uns nicht aufzehren, – und der größte Theil dessen, was wir athemholen, ist Ausgeathmetes von Menschen, Maschinen und Verwesungen.« R. meldet Reinharts Besuch mit Koenigs, »bis zum 24ten früh«, zum 16./17. April erwartet ihn R. nochmals.

3. APRIL: Die Kurfürstliche Buchhandlung in Berlin bietet in ihrem Katalog »Das Convolut« (Heft 3, April 1924) unter Nr. 980 R.s Brief vom 7.11.04 aus Jonsered an (ohne Angabe des Empfängers).
IN DEN ERSTEN APRILTAGEN erhält R. den Besuch eines deutschen Jurastudenten aus Genf. Gerd Kluge erinnert in einem Aufsatz zu R.s 100. Geburtstag an diesen »Abend auf Schloß Muzot«.
WOHL 4. APRIL: R. teilt Mme de Sépibus mit, er werde sie nicht in das angekündigte Don-Kosaken-Konzert begleiten: »Mais je ne me sens pas très bien tous ces jours, et maintenant, j'ai la préoccupation d'être bien pour dimanche, pour Paul Valéry ...«
4. APRIL: Als R.s Beitrag zu der Festschrift »Joachim von Winterfeldt zum sechzigsten Geburtstage 15.5.1925«, die im Pontos-Verlag Berlin (1925) erscheint, entsteht das Sonett: »Zum Gedächtnis an Götz von Seckendorf und Bernhard von der Marwitz / geschrieben für Joachim von Winterfeldt. Unangemessen traf der Wink des Geistes ...«
FRÜHLING: Niederschrift des Gedichtes »Quellen, sie münden herauf ...« (»Aus Taschen-Büchern ...«).
5. APRIL: R. antwortet Clara R., die ihm aus Holland geschrieben hat, auf ihre Begegnung mit dem Werk van Goghs: »Auch mir ist das oft nachgegangen, wie in Museen und Privatsammlungen die Kunst-Dinge erst recht jenem Kreislauf des Lebens entrückt scheinen, in den hinein zu wirken sie bestimmt wären ...«
6. APRIL: Besuch Paul Valérys auf Muzot – R.s erste Begegnung mit ihm. Valéry trägt in das Gästebuch von Muzot ein: »Ce jour de solitude à deux, mon cher Rilke, toujours me sera précieux. Je vous en remercie de tout cœur. P. V.« Am unteren Rand der Seite vermerkt R.: »(Le 8 avril on a planté un jeune saule au jardin de Muzot: je voudrais que ce soit un peu en souvenir de cette belle et mémorable visite du grand poète qu'il grandit. R. M. R.).« Valéry spricht von Cathérine Pozzi, die Deutsch und Englisch beherrscht, und schlägt vor, R. solle ihr seine Barrett Browning-Übertragung senden. R. folgt dem Vorschlag, sobald die »Sonette aus dem Portugiesischen« wieder greifbar sind (Juni 1924), und es beginnt ein wichtiger Briefwechsel, in dem R. ihr auch über die Elegien und Sonette Auskünfte gibt und mit ihr diskutiert.
R. sendet durch Valéry ein französisches Gedicht für dessen Tochter Agathe: »A Mademoiselle Valéry (pour son album) / A la bougie éteinte, / dans la chambre rendue à l'espace ...«; entstanden 13.-15. 2. 24, später »Vergers« (51).

7. APRIL: Valéry berichtet seiner Frau: »R. m'a reçu admirablement depuis le quai de la gare jusqu'au quai de la gare. Installé dans un hôtel, ancien palais de nobles d'ici – voutes et peintures. Après le lunch, nous sommes montés dans son castel qui est loin et haut. Drôle de pays! Il a été parfait. M'a remis un poème pour Agathe.«
R. schreibt am selben Tag an Mme Morisse: »Il faut que, vite, vous partagiez avec moi une très grande joie: Paul Valéry m'a fait l'honneur de s'arrêter ici, pour moi, en venant de Genève sur la route d'Italie; c'était un dimanche de fête, que celui d'hier: nous l'avons passé vivement, délicieusement dans d'inépuisables conversations. Valéry est reparti ce matin...« R. bestellt die Balzac-Ausgabe vom Verlag Flammarion als die vollständigere; er dankt für eine Büchersendung, die er auf Grund der Ratschläge der Lehrerin seines Schützlings Henri Gaspoz für diesen zusammengestellt hat.
NACH DEM 8. APRIL schneidet R. aus der englischen Zeitschrift »The Queen. Lady's Newspaper and Court Chronicle« (8.4.24) eine Abbildung der Filmschauspielerin Nicola Blake aus (Photos: Hay Wrightson) und notiert die Verse: »A Miss Nicola B... Comme tel dessin de maître accapare / le vide du papier entre les traits...«
10. APRIL: R. dankt Witold Hulewicz, der ihm über den Verlauf eines Rilke-Abends in Wilno berichtet hat, an dem verschiedene Künstler mitwirkten: »es ist seltsam: soviel Sie für meine Arbeiten tun, ich fühle mich nicht in Ihrer Schuld: alles, was im Geistigen und für Geistiges geschieht (wenigstens, wenn es so getan wird, so großmütig und glücklich, wie Sie es leisten), hat seinen Ausgleich in sich selbst; der in Ihrer Art Gebende und Weitergebende empfängt zugleich...« R. ist erfreut über die Erfüllung eines alten Bücherwunsches: »die Sammlung jener berühmten Pariser Vorlesungen von Adam Mickiewicz«. Den Gedanken, in Polen aus eigenen Werken zu lesen, weist R. nicht zurück; von eigenen Arbeiten erwähnt R.: »Ich habe, nebenbei, mit Paul Valéry auch die Herausgabe meiner Übersetzungen für nahe, oder doch absehbare Zeit verabredet.« in einem kleinen Fragebogen beantwortet R. die Frage nach »neuen, im Entstehen begriffenen Werken«: »Darüber ist nichts Bestimmtes auszusagen möglich.«
11. APRIL: Aus Mailand erhält R. einen gemeinsamen Gruß von Valéry, Aurelia Gallarati-Scotti und Filippo Sacchi: »Mon cher R., vous voyez que l'on pense à vous. Et même on en parle, et on en parle assez bien. De tout cœur P. V...« Valéry spricht in Mailand im Convegno über Lio-

nardo da Vinci, er wird von D'Annunzio empfangen. Als Nachtrag zu der Karte schreibt Aurelia Gallarati-Scotti sogleich an R.: »on n'a pas seulement pensé à vous et parlé de vous – ›assez bien‹ – mais je dois vous dire que d'avoir eu ici un de ses amis a renouvelé le plus vif désir d'entendre la voix du plus remarquable poète allemand ...«

UM DEN 12. BIS 15. APRIL: Der 22jährige Student J. R. (Hans) von Salis besucht – von Freunden angemeldet – R. für einige Ferientage in Muzot. Er schildert R.: »Das jugendliche Aussehen der Erscheinung und die weltmännische Ungezwungenheit des einsam hausenden Dichters überraschten mich ... Auf dem feingliedrigen, eher kleinen Körper wirkte der Kopf groß, fast schwer, und die Gesichtsbildung war äußerst auffallend durch die Trennung zwischen der oberen und der unteren Gesichtshälfte. Alle Geistigkeit schien in der prächtigen Wölbung der klaren Stirn und den groß blickenden malvenblauen Augen gesammelt, während seine Nase in breiten Nüstern endete und der Mund übermäßig groß war.« R.s Lachen erinnert Salis: »Es war ein natürliches gelöstes Lachen ... ein männliches Lachen, ohne Zwang, nicht gepreßt.« Er sagt weiter: »R. hatte noch ein anderes Gesicht: seine Hand. Es war eine der ausdrucksvollsten, die ich je gesehen habe. Sie war schmal und braun und konnte greifen: Werkzeug und Physiognomie in einem. Mit mehr Kraft begabt, und es wäre die Hand eines Malers oder eines Bildhauers gewesen.« Von R.s Vorlesen berichtet Salis: »Wir hatten uns nach dem einfachen Nachtmahl ins Arbeitszimmer im oberen Stockwerk begeben, wo ich erwartungsvoll auf dem Sofa sitzend den Hausherrn beobachtete, wie er die Petrollampe anzündete und auf dem Tisch im Hintergrund des Raumes stehen ließ, während zwei Kerzen ihr Licht über die Blätter auf dem Stehpult verbreiteten. Er las zuerst das französische Original, dann seine Übertragung einiger Gedichte von Paul Valéry (Der Gesang der Säulen, Der Friedhof am Meer, andere ...). Die bleibendste Erinnerung an den mit starken Betonungen und einer sehr reinen, sehr klangvollen Baritonstimme vortragenden Rilke ist der Eindruck souveränen Künstlertums. Hier las nicht nur ein Dichter, hier stand auch ein Mann ... ein Mann mit seiner Härte.«

R. sendet Frau Dorothea von Ledebur die »Duineser Elegien« und die »Sonette an Orpheus« – sie »ergänzen eines das andere« – als österlichen Gruß.

17. APRIL: Zu Ostern sendet R. an Georg Reinhart Verhaerens Gedicht

»Suprême Apothéose«: »vor ein paar Wochen hab ich aus dem (eben veröffentlichten) Nachlasse meines großen Freundes Verhaeren ein Gedicht übersetzt, bei dem ich nicht allein weil es Ihren Namens-Patron in Herrlichkeit und Handlung zeigt, an Sie denken mußte; es schien mir überdies irgendwie ein Bezug zu bestehen zwischen diesen Versen und der Intention mancher Ihrer eigenen Zeichnungen ...« R. sendet »Original und Übertragung« von seiner Hand: »Schwer von Jahrhunderten, doch stolz, voll Widerstreben ...«
Werner Reinhart und Alma Moodie treffen ein. Dem Schloßherrn zu Ehren hat R. eine Schweizer Fahne angeschafft und aufgezogen.
Um diese Zeit besuchen auch Alexander und Fanny Clavel R. in Muzot.
19. APRIL: R. berichtet Gräfin Sizzo vom Erdstoß am 15. 4. und dem Besuch Valérys: »der große Dichter, den zu übertragen die hinreißende Aufgabe meines vorletzten Winters gewesen ist, hat mich über einen Sonntag ... hier besucht. Die Beweglichkeit und der Glanz seines Geistes liegen noch in der Luft meines Zimmers, jeden Einfluß der gegenwärtigen Besuche überwiegend.«
An Mme de Sépibus heißt es, die Klavier-Begleiterin für Alma Moodie werde nicht gebraucht: »car j'ai compris en recevant Mlle Moodie, avant-hier, qu'elle a surtout besoin de repos (et de soleil!)«, R. wagt nicht, den Gast um ein Oster-Konzert in Muzot zu bitten. 49 Bände Balzac sind eben eingetroffen.
20. APRIL: Hans Reinhart und Ernst Křenek mit seiner Frau Anna, einer Tochter Gustav Mahlers, vergrößern am Ostersonntag den Kreis der Besucher.
21. APRIL: Werner Reinhart reist weiter.
An Frau Wunderly, die auf der Heimreise ist, schreibt R. von den Gästen, Křeneks würden noch einige Tage bleiben: »car Alma Moodie veut étudier une œuvre que M. Křenek (compositeur tchèque-autrichien) vient de composer pour elle ...«
22. APRIL: Frau Wunderly ist zurück in Meilen.
R. beantwortet den Oster-Brief von Lou A.-S., in dem diese ihm über ihre winterliche Tätigkeit als Psychotherapeutin in Königsberg berichtet. Sie schreibt über die Wirkung von R.s Gedichten auf ihre Patienten: »Andere aber horchten zum ersten Mal auf an Deinem Ton als dem des Lebens: und das war von unbeschreiblicher Erschütterung, daß sie ihn hörten und verstanden, ehe sie noch das Verständlichste des sie umge-

benden Tages lebendig zu fassen vermochten ...« R. nimmt dies auf: »Erst nächstens, wenn ich Dir die Geschichte meines vergangenen (dritten) Muzot-Winters erzählen werde, wirst Du merken, wie wunderbar es ist, daß Du mir gerade jetzt dies von Deinen Patienten berichten kannst: ich lese es immer wieder und hole mir daraus ein unbeschreibliches Geborgensein ...« R. spricht davon, daß der »Rückschlag« für seine Gesundheit eingetreten sei: »Körperlich ist der Querdarm die angegriffene Stelle geworden mehr und mehr, aber von dort aus war dann alles in Verstörung geraten ... eben vor meinem Fortgehen [aus Val-Mont], entdeckte der aufmerksame und wohlwillige, aber nicht sehr erleuchtete Arzt, obendrein einen linksseitigen Kropf, von dem er zwar versicherte, daß er 10 Jahre ›alt‹ und ›kompensiert‹ sei, der mir aber dann doch, einmal entdeckt, ins Bewußtsein wirkte, umso mehr als auch vom Querdarm aus durch Luftaufdrang Schluck- und Athembeschwerden ausgingen, die mir nun, durch die hinzugekommene Ursache, noch fühlbarer und verdächtiger wurden ...« R. schließt die »Krankheitsgeschichte« mit: »Ich halts aus. Und zwar auch nicht ganz unthätig dabei: ein ganzer Band französischer Gedichte ist (irgendwie unabweisbar) entstanden, (für mich merkwürdig; einige Mal nahm ich sogar das gleiche Thema französisch und deutsch vor, das sich dann, von jeder Sprache aus, zu meiner Überraschung, anders entwickelte: was sehr gegen die Natürlichkeit des Übersetzens spräche) ...« Von seiner Lektüre nennt R. in erster Linie Proust; als Beilage findet sich eine Strophe aus Valérys Gedicht »Aurore«: »Je ne crains pas les épines ...« mit R.s Übertragung: »Ich fürchte nicht Dornen im Laube! ...« R. bittet: »Sag Freud meine Erinnerung, wenn Du ihm schreibst.«

24. APRIL: R. hat erfahren, daß die Duse in den USA plötzlich gestorben ist, und schreibt an Aurelia Gallarati-Scotti: »E.D. est morte, morte loin de nous, dans un pays – on voudrait presque dire dans un monde étranger ... Quelle tristesse! ... Cent détails de ces jours vénitiens, qu'autrefois j'ai passés presque dans la familiarité quotidienne, m'obsèdent comme autant de regrets naïfs et nuancés. Mais je tâche de me tenir à ce qui fut définitif: à ces moments de la sublime artiste où de son accablement, de sa maladie, de son renoncement même surgissaient quelquefois une grandeur subite et quasi monumentale! ...«

25. APRIL: An Frau Wunderly: »Alma Moodie était déjà venue un peu avant eux [Křeneks], pour me jouer du Bach et du Couperin; puis, après

le déjeuner, je leur ai lu les Elégies (toutes); vers le soir on descendait au ›Bellevue‹ et après le dîner, ils m'ont fait le régal sublime de me jouer pendant une heure et demie des Sonates de Mozart, dont je n'avais pas su l'abondance et le bonheur parfait.« R. schließt: »La mort de la Duse! et encore en Amérique, à Pittsburgh ... Dieu sait si quelqu'un d'un cœur ami était auprès d'elle!« Nachschrift: »Křenek parait être un très grand musicien et qui, comme compositeur, promet beaucoup; sa femme est la fille de Mahler; tout les deux très symphatiques.«

AM 25. APRIL treffen Kippenbergs in Sierre ein, sie bleiben bis zum 28. 4. 24. Es ist die letzte persönliche Begegnung R.s mit den Freunden. Katharina K. schreibt am 9. 5. 24 an R.: »Eben von diesem durchaus Notwendigen, zu dem es mich so eilig drängt, habe ich so viel in Muzot empfangen, teurer Freund. Ausruhen war Valéry ja nicht, aber das beglückendste Ausruhen lag in der Lesung der siebenten Elegie, ein mystisches ...«

27. APRIL: Kippenbergs sind zum Tee in Muzot.

28. APRIL: Früh Abreise von Kippenbergs, am gleichen Tag trifft Frau Clavel mit dem Auto gegen Abend ein. Ihr hat R. sein um den 1. 4. 24 geschriebenes Gedicht »Moment entre les Masques. On était déguisé, pendant qu'on restait dans / les chambres ...« geschenkt.

30. APRIL: Besuch von Frau Fanette Clavel: Gemeinsame Autofahrt nach Montreux, Vevey, Bex (an N.W.-V. am 1. 5. 24).

›ZWISCHENZEIT‹

1. MAI: »Jetzt nach diesen Besuchen kommt wohl eine Pause. Ende Mai dann wollten Gallaratis von Mailand durchreisen und im Juny sollte vielleicht (falls es sich machen läßt) Clara R. hier sein und mir von sich selbst, von Ruth und Christinchen erzählen ...« (An N.W.-V.)

2. MAI: Als Beilage zu einem Brief an Anton Kippenberg sendet R. Frau Kippenberg das Gedicht »Frühling. Nicht so sehr der neue Schimmer tats ...«, das er ihr zueignet. Die zugehörige Strophe »Wie sich die gestern noch stummen / Räume der Erde vertonen ...« entsteht zwischen dem 2. und 8. 5. 24, beides bleibt unveröffentlicht.

An Lou A.-S. meldet R., daß er mit Kippenberg die baldige Herausgabe seiner Valéry-Übertragungen besprochen habe: »Du wirst staunen über Valéry. Nein: obwohl bei ihm Strophen stehen, die sich inhaltlich genau kommentieren lassen (wie jene neulich), so ist doch sein lyrisches Werk und sogar seine von diesem rein unterschiedene, bis zu ihrem innersten Gesetz ausgebildete Prosa ... nicht eigentlich aufklärbar.« R. fährt fort: »Proust steht dann am anderen Ende des Einsehens, so verschieden wie nur denkbar von Valéry: zwischen ihnen liegt die ganze jetzt so vielfältig sich erprobende und mittheilende französische Litteratur, die, scheint mir, eine ihrer großen Entscheidungen, in fast unerschöpflicher Erneuerung und Abwandlung, vollzieht.« R. verspricht, ihr die bisher vorliegenden elf Bände von »A la recherche du temps perdu« zu senden.

3. MAI: Für ein Exemplar des »Cornet« schreibt R. die Verse: »Wer begreift, warum ihn, auserlesen ...« mit der Widmung: »für Frau Gertrud von Mumm / in ihr Exemplar der Weise von Liebe und Tod / auf Veranlassung Edgar von Spiegl's, des lieben gemeinsamen Freundes«. Zu diesem Gedicht hat sich ein Entwurf erhalten. Im Begleitbrief heißt es: »Ich schreibe ein paar Zeilen auf, Ihnen jenes bevorzugte Buch nun besonders und endgültig anzuzeigen. Sie können sich vorstellen, wie weit ich von ihm getrennt bin ... Etwas wehmüthig und etwas lächelnd getrennt, wie von der Jugend selbst, – da ja die paar Vorzüge und die Mängel dieser Improvisation mit denen des Jungseins ungefähr zusammenfallen.« Das Gedicht steht auf einem Blatt zum Einheften.

ANFANG MAI: »Wasser berauschen das Land ...«, ein weiteres Frühlingsgedicht entsteht, später aufgenommen in die Sammel-Handschrift: »Aus Taschen-Büchern...«

4. MAI: Mme de Sépibus erhält erbetene Bücher: »Voici le Balzac ›maigre‹ mais toujours plus nourrissant, certes, que le plus gras des contemporains. Il n'y a que dix volumes des onze promis: car, les ›Chouans‹ ne sont pas encore parmi mes volumes arrivés; ›La Vendetta‹ (numéro 10 de votre petite liste) se trouve dans le tome intitulé: ›La Maison du Chat qui pelote‹, en dernier lieu.«

R. lädt Yvonne de Wattenwyl dringend ein, ihn jetzt zu besuchen, er habe gerade eine besuchsfreie Woche, sei selbst zu wenig wohl, um zu reisen. R. dankt der Freundin für ein teilnehmendes Wort zum Tode der Duse.

An den Schriftsteller Albert Sergel in Berlin schreibt R. absagend auf dessen Bitte, eigene Gedichte für die Anthologie »Saat und Ernte« beizusteuern: »Ihre Einrichtung, die Autoren selbst wählen zu lassen, ist alles Lobes werth; aber auch hier läge gegenwärtig ein Hindernis für meine Betheiligung, da ich Mühe hätte, ein solches Wählen gerade jetzt durchzuführen...« R. erklärt: »Sie verstehen es gewiss, wenn ein Maler sich von allgemeinen Ausstellungen fernhält: ähnlich geht es mir in meinem Verhältnis zu Anthologien.«

5. MAI: An Baladine K. nach Emmenbrücke: »vous allez revoir, que dis-je, reprendre: Paris! Cela dispense de toute autre parole. Que tout vous soit clément et que mille chances, inconnues encore, vous préparent à vous, et à vos deux garçons, un avenir!...« Alle Besucher R.s haben bei ihm Baladines Arbeiten gesehen und nach der Künstlerin gefragt: »Et Valéry (je vous raconterai cela un jour de vive voix) était de ceux qui ont admiré votre petit portrait. Il fait un peu de peinture lui-même, et il me disait à brûle-pourpoint quand je lui commentais le paysage valaisan étalé devant nos yeux: ›vous faites de la peinture, vous aussi, avouez!‹« R. und Baladine K. sehen einander erst im Januar 1925 in Paris wieder.

7. MAI: Für Frau Lisa Heise Niederschrift des Gedichtes »Die Blume sein, die sich vom steten Stoße / des arglos raschen Bachs erschüttert fühlt...«

8. MAI: »Le temps est si mauvais, si pluvieux, comme je ne l'ai jamais vu ici...« (An N.W.-V.)

9. MAI: R. wendet sich an J. R. von Salis mit der Bitte, ihm zur raschen Herstellung einer Druckvorlage für seine Valéry-Übertragungen eine Schreibkraft zu verschaffen: »fände sich eine Person – etwa eine im Handschreiben oder in Maschinenschrift geübte Studentin – die abkömmlich wäre, für acht bis zehn Tage nach Sierre zu kommen, um mit mir, ein paar Stunden täglich zu arbeiten? ... die Texte sind ja nicht leicht und setzen, um nicht voller Fehler aus dem Gehör in die schreibende Hand zu fallen, eine gewisse geübte und nüancierte Auffassung voraus. Zudem wäre es mir lieb, wenn die betreffende Mitarbeiterin, nicht nur deutsches, sondern auch französisches Diktat ebenso leicht aufzunehmen verstünde: da ich dann auch einige kleine französische Arbeiten in den endgültigen Zustand der Druckfertigkeit überführen könnte. (Eine russische oder polnische Studentin z.B. dürfte für eine solche Leistung durchaus geschickt und geeignet sein).« R. schließt: »denn da ich Paul Valéry meine eigentliche klare und genaue Niederschrift geschenkt habe, bleiben mir von mehreren Gedichten nur zer-

streute Zettel mit für mich allein lesbaren Entwürfen, so daß ich auf das mündliche Diktieren angewiesen bleibe und nichts aus der Hand geben könnte.« Salis ist damals Student, der kurz zuvor ein Jahr in Berlin studiert hat.

12. MAI: R. erzählt der Fürstin Taxis von seinen Ostergästen Alma Moodie und Křenek: »So war ein Klima von Musik entstanden, in dem ich, tauber Berg, mich recht felsig ausnahm, immerhin dankbar für die melodischen Angriffe und Zärtlichkeiten an allen Hängen meines Gefühls. Wie ich erfuhr – er selber läßt ja nie etwas merken – hat Werner Reinhart die nächste Zukunft Kř.'s in der großmüthigsten Weise gesichert: Musik steht ihm doch offenbar näher als alles übrige ...« In Gegensatz zu R.s Behauptung, er sei ein »tauber Berg«, steht eine Äußerung der Fürstin; nach einem Konzert – Gesang zur Laute – in Rom schreibt sie an R.: »ich bin noch ganz im Banne – und mußte Ihnen gleich schreiben. Ihnen dem musikalischesten Menschen, den ich kenne – denn irgendwie fühlte ich den Rhythmus des provençalischen Liedes, Ihnen, Serafico, so nahe verwandt und mußte fort an Sie denken.« (21.1.26)

An Kippenberg: R. dankt für die Erledigung einer Geldsendung zum Geburtstag Phia R.s. Ferner gestattet R. den Abdruck des noch unveröffentlichten »Requiem auf den Tod eines Knaben« (1915) in einer von Ludwig Hardt geplanten »Sammlung von Vortragsstücken«, neben anderen seiner Gedichte.

Ludwig Hardt wendet sich an R. mit dem Wunsch, das Gedicht »Ernste Stunde« aus dem »Buch der Bilder« in abgeänderter Form bringen zu dürfen – auch in der zweiten Strophe solle statt »in der Nacht« wie in den drei übrigen »in der Welt« stehen. R. erwidert ablehnend: »einfach, weil ich vermuthe, daß meiner Empfindung das fünfmal angeschlagene ›a‹ nothwendig erscheinen mochte«. Als Hardt insistiert, heißt es in R.s folgendem Brief, er wisse nun, warum er gegen die Änderung sei: »Daß jenes ›Ich‹ von dem das Gedicht erlebt wird, in die Nacht versetzt sei, daß diese ›Ernste Stunde‹ eine seiner Nachtstunden sei, das wird durch die zweite Strophe, in der meinigen Fassung festgestellt. So bleibt nicht allein der phonetische Grund bestehen, den ich neulich meinte vorgeben zu dürfen, sondern es kommt ein gründlicherer dazu.« (Die genauen Daten der Briefe sind nicht bekannt.) Hardt druckt in seinem »Vortragsbuch« beide Fassungen – wie R. gestattet hat – mit den Briefen ab (1924). Das »Requiem auf den Tod eines Knaben« bleibt dann doch fort.

13. MAI: Auch Frau Wunderly bittet R., ihm eine Schreibhilfe für die Valéry-Übertragungen zu verschaffen: »j'ai la plume rebelle«. Clara R.s Besuch steht bevor: »Ich logiere sie erst im Bellevue, nicht wissend, wie lang sie zu bleiben vor hat; will sie später noch für ein paar Tage herauf, in's Fremdenzimmer, ziehen so ist das ja jeden Augenblick möglich. Aber im Bellevue hat sie mehr Bequemlichkeit, die Annehmlichkeit zu baden und dazu ist die Terrasse, mit den großen Fliederbüschen, jetzt herrlich und wahrhaft erholend als Umgebung. Ich will alles thun, ihr diese paar Tage Wiedersehens, Erzählens und Ausruhens zu guten auszugestalten.«

15. MAI: R. sendet Katharina Kippenberg seinen Geburtstagsbrief für Kippenberg zum 22. 5. 24 mit einer ›kleinen persönlichen Zuwendung‹. »Hier hat sich nach viel zu vielem Regen, die Sonne verständlich gemacht: seit zwei Tagen gilt nur sie; die beiliegenden Verse handeln von diesem Fortschritt ...« R. meint das Gedicht: »Schon bricht das Glück, verhalten viel zu lang, / höher hervor und überfüllt die Wiese ...«, das er ihr einlegt. In einem zweiten Brief vom selben Tag dankt R. für den dritten Band des »Jahrbuchs der Sammlung Kippenberg« und »die drei Riemer-Bände«. »Vor dem 22. Mai« lautet das Datum auf R.s Brief an Kippenberg: »Soweit das Sagbare; das andere mag zwischen uns in Gebrauch und Schwebe bleiben. In Gebrauch und Schwebe halte sich auch, die mich Ihnen unbeschreiblich verbindet, meine Dankbarkeit ...« R. legt ein »einfaches Heft« ein, – ›in Freundschaft zugewendet‹ –, den kleinen Zyklus der Entwürfe aus zwei Winterabenden enthaltend: »Sie kennen längst diese Eigenheit meiner Natur, ab und zu auf einen früheren Ton zurückzugreifen; solche Rückfälle führen das, was wir zwischen uns im Vertrauen das Werk nennen mögen, kaum weiter, und sie bereiten dem, dem sie widerfahren, eine gewisse Befremdung und Verlegenheit ...« R. sei im Begriff gewesen, die Gedichte zu vernichten, hoffe damit nun Kippenberg einen »Spielplatz, eine Erholungsstunde« zu bereiten.

16. MAI: An Frau von der Mühll schreibt R., er wolle vorerst den von ihr empfohlenen Arzt Dr. Muthmann in Freiburg nicht aufsuchen, einmal weil er bei Dr. Haemmerli in Behandlung sei, zum andern weil er die Grenze nicht überschreiten möchte. R. dankt für das Heft der »Neuen Deutschen Beiträge« mit der »Kleinasiatischen Reise« von Carl J. Burckhardt (herausgegeben von H. v. Hofmannsthal im Verlag der Bremer Presse): »von denen ich noch nie etwas zu Gesicht bekommen

hatte. Ich möchte in der Tat nichts von dem versäumen, was Ihr Bruder je niederschreibt; gestern abend, nur eben den Aufsatz aufschlagend, befand ich mich sofort wieder unter dem charme und Einfluß seines Wesens...«

17. MAI: An Philipp Schey: »Der Tod der Duse (in Amerika!) hat in mir unzählige Erinnerungen an jene venezianischen Tage bewegt, in denen sie damals die Mitte meiner Erscheinungen ausmachte, und indem ich diesen Spuren in Gefühl und Gedächtnis nachging, kam ich bis an die Briefe des Jahres Vierzehn, die Sie mir nun unvermuthet vorlegen. Ich habe sie sofort durchgesehen... Was nun, mein lieber Freund, Ihren Vorschlag angeht, diese Schriftlichkeiten an den Tag zu geben, so merke ich in mir einen dreifachen Widerstand; erst einen ganz allgemeiner Art: es ist mir immer mehr Bedürfnis, in der Öffentlichkeit nur dort vorzukommen, wo mein Name unvermeidlich an eine Arbeit gebunden erscheint.« Weitere Bedenken sind: »ich staune, daß ich, vor zehn Jahren, nicht fähiger war, mich einfach und präzise auszudrükken« und: »Es scheint mir ferner, als ob diese Briefe, nur jetzt zum Gedächtnis von Eleonora Duse ein kleines beizutragen, nicht genug ihre unvergeßliche Gestalt erkennen ließen...«

MITTE MAI: Der erste ›Brief‹ aus Gedichten Erika Mitterers erreicht R. in Muzot.

17. MAI: Besuch der Glasmalerin Janine Seiler in Muzot, R. hat sie in Sierre kennengelernt. Später erhält sie von R. das Heft mit der Betzschen Übertragung aus dem »Malte« (Stock: Paris 1923) mit dem Gedicht: »Tout ce qui arrive...« (entstanden um den 1. 4. 24), das sie zuletzt dem rumänischen Dichter und R.-Übersetzer Jon Pillat weiterschenkt. Sie ist mit dem rumänischen Diplomaten Nicolas Lahovary verlobt, einem Vetter der Fürstin Bibesco. R.s Briefe an Janine Seiler-Lahovary sind verschollen.

VOM 17. BIS 27. MAI sind Clara R. und ihr Bruder Helmuth Westhoff R.s Gäste in Muzot und im Bellevue in Sierre.

22. MAI: In »Navigare necesse est. Eine Festgabe für Anton Kippenberg zum 22. Mai 1924«, seinem 50. Geburtstag, erscheint: »R. M. R. Der Reisende. Auf einer Reise geschrieben, für den aus unerschöpflichem Vertrauen mitwirkenden Freund so vieler Jahre, Wege und Wandlungen«.

24. MAI: Baladine K. schreibt aus Paris: »combien de lettres ne vous ai-je pas écrites depuis mon arrivée ici. Pas une n'était telle qu'elle eut pu passer la frontière pour faire son entrée dans votre belle retraite qui me

semble plus que jamais un Paradis perdu ...« Sie beschreibt ihre sehr schöne Wohnung in einem alten Pariser Haus mit dem Blick auf einen Garten. »Gide est venu hier soir pour un instant ... au revoir un jour, René!«
R. berichtet der Fürstin Taxis: »Clara R. ist hier, die ich seit 1918 nicht gesehen habe; sie ist gekommen, mir von ihren Arbeiten zu erzählen, besonders aber spricht sie mir von Tochter und Enkelin, und ich empfange eine Art Elementarunterricht in der ›Kunst Großvater zu sein‹...«
R. hofft, einige Kur-Tage mit der Fürstin in Ragaz verbringen zu können: »Es ist ein so angenehmer Ort, mit dem schönen alten Pfäffers über sich und allen den Salis- und Planta-Häusern in der Nähe.« R. betrauert den eben verstorbenen Prinzen Alexander Hohenlohe; auf eine Frage der Fürstin nach einer Psychotherapeutin empfiehlt er Lou A.-S., sie sei eine der ältesten Mitarbeiterinnen Freuds und »neben den wenigen schweizer Psychoanalytikern, ist Frau Andreas die einzige Nichtjüdin, die diese Behandlungen in besonderen Fällen ausübt«.
27. MAI: »Clara reist heute zurück (wie rasch sind diese zehn Tage vergangen!) hält sich noch je einen Tag in Bern, Zürich und bei Freunden am Bodensee auf, und will schon zum Sonntag in Jocketa sein ...« (An die Mutter)
28. MAI: An Kippenberg heißt es über Clara R.: »besonders bedeutend war mir die, aus dem Gedächtnis und aus zusammenfassender innerer Erfahrung, so seltsam gestaltete Schuler-Büste.«
R. schenkt seinen Gästen das Geld für die Heimreise; er sieht beide nicht wieder.
29. MAI: Gide lädt R. in warmen Worten erneut zu den Gesprächen von Pontigny ein: Curtius habe zugesagt, Kassner und George seien gebeten. Unter den Freunden, von denen Gide glaubt, R. kenne sie noch nicht, wird Valéry genannt.
1. JUNI: R. teilt Aurelia Gallarati-Scotti mit, er werde um den 10. 6. von Muzot fortgehen, die Reise aber verschieben, sollte sie auf ihrer Fahrt nach Paris durch Sierre kommen.
Niederschrift der Gedichte: »Weißt du noch: fallende Sterne ...« und »Wilder Rosenbusch. Wie steht er da vor den Verdunkelungen / des Regenabends, jung und rein ...« Beide bleiben unveröffentlicht, das erste nimmt R. in die Sammelhandschrift auf.
2. JUNI: R. legt das Gedicht »Wilder Rosenbusch« seinem Brief an Frau Wunderly bei: »Hätten Sie, Chère, ein altmodisches Stammbuch so

schrieb ich Ihnen heut umstehendes hinein ...« (Mit dem Vermerk: »Am Abend des 1. Juny, auf dem Rückwege von Corin-la-Chapelle«.) Clara R. und ihr Bruder sind inzwischen in der Unteren Mühle in Meilen zu Gast gewesen, R. berichtet: »Helmuth fand einfach, es sei ›wie im Märchen‹ bei Ihnen.«

An Clara R. heißt es, das vom Kater unfreundlich behandelte Katzenkind sei gerettet, von der ›Mutter‹: »Sie erstieg, um vor dem Rohling sicher zu sein, mit dem Kind im Maul den Pflaumenbaum, machte den gewohnten Sprung zu meinem Schlafzimmerbalkon und verbringt nun dort, auf der Stufe der Balkontür, ihre mütterlichen Nächte.«

3. JUNI: R. sendet die erste Antwort an Erika Mitterer, das Brief-Gedicht: »Daß Du bist genügt. Ob ich nun wäre ...« Der Briefwechsel in Gedichten zwischen R. und Erika Mitterer umfaßt bis zum 24. 8. 26 dreizehn Antworten R.s mit etwa fünfzig Einzelstücken, denen in der späteren Veröffentlichung (1950) die Gedichte E. M.s, soweit zum Verständnis nötig, eingefügt sind. Briefe im eigentlichen Sinne werden nicht gewechselt.

ANFANG JUNI entstehen die Gedichte: »Noch fast gleichgültig ist dieses Mit-dir-sein ...«, »An der sonngewohnten Straße ...« und »Mädchen ordnen dem lockigen / Gott seinen Rebenhang ...« (Später in: »Aus Taschen-Büchern ...«; das mittlere erscheint im »Insel-Almanach auf das Jahr 1927«.)

4. JUNI: In ein von Clara R. ihm übersandtes Exemplar der »Aufzeichnungen des Malte Laurids Brigge« schreibt R. die Widmung: »Herrn Baron von Lucius / dankbar zugewendet von Clara Rilke-Westhoff« über das Gedicht: »Wie die Natur die Wesen überläßt / dem Wagnis ihrer dumpfen Lust ...« mit der Unterschrift: »R. M. R. (Château de Muzot s. / Sierre/Anfang Juny 1924)«. R. meldet dazu am 15. 8. 24 an Clara R.: »Baron Lucius hat seinen schönen Malte noch vor meinem Fortgehen im Juni bekommen; sein Dankbrief lag längst bereit, Dir geschickt zu sein. Ich lege Dir auch die improvisierten Verse bei, die ich ihm in den ersten Band der hübschen Leder-Ausgabe eingeschrieben habe.«

5. JUNI: Zu dem Tode Albert Kösters, Ordinarius für deutsche Literatur in Leipzig und seit langen Jahren vertrauter Freund und Berater Anton Kippenbergs, schreibt R. teilnehmend an Katharina Kippenberg, sein Brief an Anton Kippenberg folgt am 9. 6. 24.

6. JUNI: Kippenberg meldet R., es stünden wieder 2000,– Franken zu seiner Verfügung.

7. JUNI: An Edgar von Spiegl: »Dieselbe Post, mit der, gestern abend, der Brief Philipp Schey's eintraf, brachte mir, von Seiten der Schweizerischen Kreditanstalt, Zürich, die beruhigende Nachricht, die Auffüllung meines dortigen Conto's betreffend. Vielen Dank für die rasche Fürsorge.«

PFINGSTEN: Eine starke Unpäßlichkeit nötigt R., seine Teilnahme an dem Ausflug nach Sion abzusagen, wo der Saal Supersaxo und die Granatbäume der Terrassen von Tourbillon besichtigt werden sollten; R. bittet Mme de Sépibus, ihn bei Mme Julie Ribordy, ihrer Tante, zu entschuldigen.

10. JUNI: Der italienische Sozialistenführer G. Matteotti wird ermordet.

12. JUNI: Es entsteht »Le Noyer I-III«, geschrieben: »A Madame Jeanne de Sépibus-de Preux«, unter deren Nußbaum R. oft gesessen hat.

13. JUNI: Frau Wunderly hat ihr Eintreffen mit dem Auto angesagt: »Das bedeutet endlich Ferien für mich ach, Liebe, machen wir gute gute Ferien, ich hätts so [nöthig], ein bißchen sorglos sein und in anderen Umgebungen. Welchen?« R. fragt, wo die Reise beginnen soll, und bietet an, nach Genf oder nach Bex entgegenzukommen. Die Fürstin Taxis ist bereits in Ragaz, so daß R. anschließend an die kleine Reise dort erwartet wird. »Ob es gelänge, daß wir über Val-Mont kämen irgendwann, ich mich Dr Haemmerli wieder mal präsentiere und Sie ihn kennen lernten? (Ich hätte Rath und Beistand, ärztlicherseits, nur zu nöthig!) ...« Die endgültige Verabredung folgt telephonisch vom Hôtel Bellevue aus, Muzot ist ohne Anschluß.

16. JUNI: R. meldet sich bei der Fürstin Taxis in Ragaz etwa auf den 27. 6. an – der Arzt in Val-Mont werde ihm Ratschläge für sein Kurverhalten dort geben können.

17. JUNI: R. dankt Katharina Kippenberg für das Exemplar Nr. 4 der Festschrift »Navigare necesse est«; im ersten Teil sei der Aufsatz von Karl Scheffler der Höhepunkt, der zweite künde sich herrlich an mit dem »Lebenslied« Carossas. R. sendet als Beilage das Gedicht »Heitres Geschenk von den kältern / Bergen ...« vom Vortag mit der Bemerkung: »Hier wieder ein kleiner Beitrag zu der Reihe des Jahreszeitlichen«. (Aufgenommen in »Aus Taschen-Büchern und Merk-Blättern«.)

Zweite Antwort »Für E. M.«, zu der sich mehrere Vorstufen erhalten haben: »Ach, wie beschäftigt wir sind ...« R. setzt hinzu: »(Als ein erster Entwurf.)«

VOM 18. BIS 27. JUNI: Autofahrt in der Schweiz, gemeinsam mit Frau Wunderly; zu dieser ist eine ›schnelle kleine Aufzeichnung‹ von R. gemacht und von Frau Wunderly aufgehoben worden. Die Reise geht von Muzot aus über Bex, Lausanne, La Sarraz, Yverdon, Valangin und Neuchâtel nach Bern. Über die Fahrt (»das Auto ohne Eile als Postkutsche behandelnd«) schreibt R. am 17. 7. 24 an Gräfin Sizzo: »wir fuhren ... von Muzot aus, durchs Wallis nach Bex, von dort an den Neuchâteler-See hinauf, bei allen merkwürdigen Ortschaften, Landhäusern und (meistens) verlassenen Herrensitzen zögernd oder anhaltend, so daß manches sich hätte anmerken lassen ... Bern gab wieder ein paar vollkommen erfreuliche Tage her –, das Ziel war Ragaz ...«

IM JUNI UND BIS ENDE JULI entstehen weitere »poèmes français«; R. nimmt vier in das Manuskript der »Vergers« auf, darunter den Zyklus »La Fenêtre I-III« und zwei, Ende Juli in Meilen entstehende: »J'ai vu dans l'œil animal ...« und »Faut-il vraiment tant de danger ...« (um den 24./25. 7. 24).

24. JUNI: Valéry dankt aus Paris für den Tag in Muzot: »J'ai gardé le Souvenir de votre refuge, et je m'en sers, sous cette forme logique: le souvenir d'un refuge est un refuge.« Weiter heißt es: »Etrange chose, colloque inattendu, nature profonde aperçue, disparue – et puis tout se remet à être tout. La confusion du monde et le fracas des trains recouvrent la résonnance d'un son pur.«

VOM 28. JUNI BIS 23. JULI verweilt R. in Bad Ragaz, wo er im alten »Hof Ragaz« absteigt, der sich damals im Besitz der Familie Simon befindet. Dort trifft R. den Fürsten und die Fürstin Taxis. Mit ihnen ist R. noch etwa zehn Tage zusammen – »im Übrigen überlaß ich mich den Überlieferungen dieses behaglichen alten Bades, das mich mit Mahlzeiten, Promenaden und den verschiedenen Intermezzis des Kurlebens hinreichend beschäftigt hält« (an Werner Reinhart, 14. 7. 24).

Die Fürstin hat Protokolle von Séancen nach Ragaz mitgebracht, außerdem trifft ein Brief ihrer Nichte Nora Purtscher-Wydenbruck in diesen Tagen ein. R. sagt zu dieser, die über ›mediales Schreiben‹ berichtet hat: »wir waren gerade in Ragaz dabei, ältere und neuere Ergebnisse dieser Sitzungen, davon ein Teil mir noch unbekannt war, durchzusehen, und so geriet, was Sie mir mitteilen mochten, in eine Atmosphäre, die jedes Ihrer Worte in seiner ganzen Vermutung, in allem seinem Ernste gewähren und wirken ließ. Nur hätten wir gerne noch so viel mehr gewußt! Die Fürstin ließ Ihnen sagen, still und genau fortzufahren ...« (11. 8. 24)

Schon während der ersten Tage macht R. einen Ausflug nach Malans; im Hof Ragaz trifft er mit Frau Clara von Salis-Soglio, der Mutter seines Freundes Guido von Salis zusammen.

1. BIS 21. JULI: R. trägt in sein Taschenbuch einen Zyklus von Gedichten ein mit dem Übertitel: »Im Kirchhof zu Ragaz Niedergeschriebenes I-IX«, das letzte, neunte Gedicht kommt erst Anfang August in Muzot dazu. R. nimmt den Gedichtkreis in die Sammlung »Aus Taschen-Büchern ... 1925« auf.

1. JULI: Aus Ragaz sendet R. seine dritte Antwort an Erika Mitterer: »An E. M.« – »Warum vergessen? Sag, wie Du mich sahst ...« und »Du ›Kamm auf meinen Wellen‹ ...: Kämme schäumen ...« (dazu ein Entwurf).

R. versucht ein drittes Mal, das Thema »Shawl« im Gedicht zu fassen: »Wie Seligkeit in diesem sich verbirgt ...«, in Bern hat er soeben die Sammlung Moser wiedergesehen.

5. JULI: Auf Gedichte Erika Mitterers erwidert R. mit seiner vierten Antwort: »Die Liebenden (Erika und Melitta) I-III«, »Dauer der Kindheit (Für E. M.)«, »Für E. M. Vertraust Du so? Nicht meine Demut nur ...« und »Für Heide. Sieh mich nicht als Stetes und Erbautes ...« (Auch zu diesen zwischen dem 1. und 5. 7. 24 entstandenen Gedichten gehören Entwürfe.)

7. JULI: An Frau Wunderly schreibt R. während der vorübergehenden Abwesenheit der Fürstin Taxis: »Ich glaube ich habe es schwer jetzt allein zu sein! Kennte man jemanden hier, mit dem man läse, spazieren ginge, der einem, womöglich, etwas Musik machte abends, alles wäre mit einem Schlage im Richtigen. Ich weiß mich nicht eines so unmittelbaren Bedürfnisses nach Umgang und Bezug zu erinnern, wie es mich jetzt erfüllt und beinahe mißhandelt.« R. fährt fort: »Ici il pleut, orageusement, tous les jours. Demain, le concert Kerschbaumer pour lequel la P^s T. revient de Rolle ...«

Bei abendlichen Spaziergängen in einem stillen, zum Hof Ragaz gehörenden Obstgarten lernt R. die Enkelin des Gründers von Bad Ragaz, Bernhard Simon, kennen: die junge Musikstudentin Lucie Simon. Diese und die ebenfalls im Hof Ragaz abgestiegene Gräfin Hartenau, deren Sohn R. in München begegnet ist, bereiten für R. Kammermusikabende; Bach, Mozart und Bruch werden gespielt.

10. JULI: Abreise der Fürstin Taxis nach Wien.

Es entsteht das Gedicht »Fenêtre, toi, ô mesure d'attente ...«, 1927 in dem Zyklus »Les Fenêtres« publiziert, ebenso wie ein weiteres Gedicht aus dieser Zeit: »N'es-tu pas notre géométrie ...« (= Nr. IV und III).

12. JULI: Als fünfte Antwort an E. M. sendet R. ihr »Die Liebenden IV-VIII«, »Für Erika. Dich, Heide, formen ...«, »Und womit willst Du Glück und Leid ermessen ...«, schließlich: »Dein Laut klingt auf wie ein Schritt ...« (5.-12. 7. 24).
MITTE JULI: Niederschrift der Gedichte: »Ach, im Wind gelöst ...«, »Empfange nun von manchem Zweig ein Winken ...«, »Blick, der mich dunkel erwog ...« und »Welt war in dem Antlitz der Geliebten ...« Nur dies letzte nimmt R. in seine Sammlung »Aus Taschen-Büchern ...« auf, aus der es Katharina Kippenberg 1926 für den Insel-Almanach auswählt.
14. JULI: An Mme de Sépibus heißt es: »Et j'ai vu beaucoup de monde, surtout ici où j'ai rencontré des amis suisses, autrichiens, italiens ...«
An Werner Reinhart meldet R.: »Damit mein Gewissen, auch nach der Seite der Arbeit hin, beschwichtigt sei, diktiere ich jeden Abend ein paar Valéry-Übertragungen in die Finger einer braven Daktylographin.«
Während seines Ragaz-Aufenthaltes besucht Frau Wunderly R. dort, gemeinsam fahren sie in die Tamina-Schlucht und suchen die Quellgrotte auf. Von diesem Ausflug berichtet R. den Prinzessinnen Windischgrätz, mit denen er, zu Fuß, dieses Ziel nicht erreicht hat; dieser 16seitige Brief enthält eine großartige Schilderung der Schlucht, der Quelle und der Bade-Anlagen des alten Bades Pfäfers. R. bestätigt sich darin unter anderem seine Gedanken aus der Prosa-Arbeit »Ur-Geräusch« (15. 7. 24).
15. JULI: Abendmusik mit Gräfin Johanna Hartenau und Lucie Simon.
17. JULI: R. bestellt bei Morisse folgende Bücher: »L'almanach des lettres françaises et étrangeres« von Leon Treich (1er année 1924, Paris 1925), P.J. Toulet: »Lettres à Madame Bulteau« Préface de J.L. Vaudoyer, Paris 1925, Pierre Lièvre: »Paul Valéry« (1924), Henri Hollard: »J H Fabre«, Genf/Paris 1924 und J. L. Vaudoyer: »Les Délices de l'Italie«, Paris 1924.
19. JULI: »... ich habe, die Abende über, mein Valéry-Manuskript in eine präzise Schreibmaschine diktiert, aus der es, druckfertig, zu Ihnen reisen wird, wenn nicht von hier aus, so bestimmt von Meilen, wohin ich in der nächsten Woche weitergehe«, schreibt R. an Kippenberg. Für R. schrieb die Ragazerin Emma Wenger.
An Clara R. heißt es später: »ich langte, Ende Juni, in dem sympathi-

schen alten Bade an, fand zu meiner freudigsten Überraschung auch den Fürsten vor, den ich durch Jahre nicht gesehen hatte –; und nun gehörten die folgenden zehn Tage diesem ausführlichen Wiedersehen. Aber Ragaz behagte mir so sehr (bei meiner Neigung für traditionelle alte Bade-Orte), daß ich, nach Abreise der Fürstin Taxis, Tag um Tag, schließlich wurdens Wochen, zugab; leider erst in der letzten Woche ließ ich mich dann sogar mit den Bädern ein, von denen ich bis dahin befürchtete, daß sie mich zu sehr ermüden würden ... Ich fand sie so ausgezeichnet wohltuend, daß ich vorhabe, nun, soweit es sich finanziell ermöglichen läßt, nochmals nach Ragaz zurückzugehen, um den guten Einflüssen dieser Heilquellen noch eine Weile ausgesetzt zu bleiben. Dieses Wasser, das dort seit unvordenklichen Zeiten in unerschöpflicher Fülle sich ergießt, ist radioaktiv und hat im übrigen eine sehr vielfältige chemische Beschaffenheit. Was es mir besonders zutunlich macht, ist seine Temperatur; es hat und behält, innerhalb des sich immer erneuernden Bades, genau die Wärme des menschlichen Körpers...« (15. 8. 24 aus Muzot)

22. JULI: R.s sechste Antwort an E. M.; die Gedichte entstehen in der Zeit vom 1 2.-22. 7. 24: »Nein, Du sollst mir nicht verfallen sein...«, »Laß uns, Heide, wie die Weisen reden...«, »(Wär es möglich, und Du gingest neben ...)«, »Die Liebenden (IX)« und »Für Erika 1-7«. Vermerk am Schluß: »(am 21. und 22. Juli, noch Ragaz.)«

R. macht Mme de Sépibus, die eine Reise nach Belgien vorhat, auf die »curieuse procession historique« am 27. Juli in Furnes aufmerksam. An Claire Goll, deren Besuch in der Schweiz bevorsteht, heißt es: »Je suis à Ragaz, je vais à Zurich, et je pense rentrer à Muzot le 2 août. Y resterai-je? Je ne sais...«

VOM 23. JULI BIS ZUM 1. AUGUST ist R. Gast bei Frau Wunderly in der Unteren Mühle in Meilen.

24. JULI: R. nimmt an der Feier zur Promotion des Chemikers Dr. Charles Wunderly teil, dem er das Gedicht: »Daß uns das Verbundene verrate / seinen höchst verschwiegenen Verein ...« ins Stammbuch schreibt mit der Bemerkung: »(Freundschaftlich beigesteuert, als Teilnehmer am festlichen ›Doktor-Essen‹ in der Unteren Mühle am 24. Juli 1924.)«

ENDE JULI: Aus Meilen sendet R. an Kippenberg ein Schreibmaschinen-Manuskript: »Paul Valéry / Traductions de Charmes ou Poèmes (Copie 3). Dieser Abschrift der Valéry-Übertragungen wurde vorläufig

entnommen für Wissen und Leben Der Gesang der Säulen / Die Schläferin / Die Granaten / Palme«.
2. AUGUST: R. kehrt nach Muzot zurück.
ANFANG AUGUST: Niederschrift des letzten Gedichtes aus dem Zyklus: »Im Kirchhof zu Ragaz Niedergeschriebenes« und der beiden Strophen: »Magie. Aus unbeschreiblicher Verwandlung stammen ...«

»LES QUATRAINS VALAISANS«

VON ANFANG AUGUST BIS ANFANG SEPTEMBER entstehen auf Muzot weitere ›poèmes français‹: »Les Quatrains Valaisans«, ein Zyklus von 36 Vierzeilern; die Gedichte 1-8 werden in den ersten Augusttagen, 9-12 vom 7. bis 11. 8. niedergeschrieben. Es folgen zwischen dem 13./14. und dem 23. 8. die Stücke 13-21, das 22. Ende August, die übrigen in den ersten Septembertagen. Der Gedichtkreis erscheint 1926 als Anhang des Bandes »Vergers« im Verlag der Nouvelle Revue Française in Paris. Eine größere Anzahl Entwürfe und Bruchstücke auch der »Quatrains Valaisans« bleibt zurück; weitere französische Gedichte aus dieser Zeit werden nur zu einem geringen Teil in »Vergers« aufgenommen.
3. AUGUST: Niederschrift des ›Poème en Prose‹: »Beau paysage, brodé de verdure ...«, Vorstufe zu dem unmittelbar danach notierten ersten der »Quatrains Valaisans«: »Petite Cascade«.
4. AUGUST: R. sendet Kippenberg ein Gedicht: »Das Beiliegende, das mir durch die Kräfte seiner Beschwörung merkwürdig ist, entstand in Ragaz. ›Toten-Mahl. Unsere Türen schließen sehr fest ...‹« (Aus: »Im Kirchhof zu Ragaz Niedergeschriebenes«: II, 13. 7. 24)
7. AUGUST: Sophie Dorothea Gallwitz hat R. ihr Buch »Dreißig Jahre Worpswede«, Bremen 1922, zugesandt, da sie des Plagiats an R.s »Worpswede« bezichtigt wird, und bittet ihn um seine Stellungnahme. R. erwidert: »Ich habe nun gleich gestern ... Ihr Buch in einem Zuge durchgelesen, und ich kann mich gar nicht genug eilen, Ihnen zu sagen, wie völlig unbegreiflich mir die Anklage ist, die Heimsuchung und Schaden über Sie gebracht hat. Ich habe es gelegentlich mit Plagiaten (des ›Cornet‹ z. B.) zu tun gehabt, und ich erinnere mich des widerwärtigen Gefühls, das solche Produkte bei der ersten Berührung hervorrufen ...«

R. schließt: »Ich kann mir, was Ihnen da widerfahren ist, in keiner Weise erklären, es betrübt und beunruhigt mich, und ich bitte Sie, Fräulein Gallwitz, wenn dieses persönliche Wort nicht genügt, jeden Dienst von mir zu verlangen, der dazu beitragen dürfte, Ihr Recht herzustellen.«
R.s siebente Antwort an E. M. besteht aus dem Gedichtkreis »Für Erika 1-9«. Die ersten fünf Stücke entstanden Ende Juli in Meilen, das vierte trägt den Zusatz »(Traum: Nacht vom 28. auf den 29. July)«. Unter dem neunten steht der Hinweis: »(wieder: Muzot, nur für eine kleine Weile diesmal)«. Am selben Tag geht die achte Antwort ab: »(Da der Brief schon geschlossen war.)«; sie enthält »Lied für die junge Freundin. Übersetz mir den Rosenduft ...«, »(am 7. August)«.
VOM 7. BIS 11. AUGUST Niederschrift von vier kleinen ›poèmes en prose‹: »Saltimbanques«; in keine Sammlung aufgenommen.
9. AUGUST: R. bedauert den Tod der russischen Emigrantin Gräfin Marie Hollnstein: »gerne gedenk ich manchen Abends bei ihr [in München], vor den Reihen russischer Bücher, an dem ich mich in jenes Rußland versetzt meinen konnte, an dem ich hing wie an einer mehr und mehr imaginären Heimat.« (An Gräfin Mirbach-Geldern)
11. AUGUST: Kippenberg meldet die Überweisung von weiteren 1000,– Franken.
An Nora Purtscher-Wydenbruck äußert R. zu ihrem Bericht über ›mediales Schreiben‹: »Ich war eine Weile geneigt, so wie Sie es nun scheinen, ›äußere‹ Einwirkungen bei diesen Versuchen anzunehmen; ich bin es nicht mehr in demselben Maße. So ausgedehnt das ›Außen‹ ist, es verträgt mit allen seinen siderischen Distanzen kaum einen Vergleich mit den Dimensionen, mit der Tiefendimension unseres Inneren, das nicht einmal die Geräumigkeit des Weltalls nötig hat, um in sich fast unabsehlich zu sein. Wenn also Tote, wenn also Künftige einen Aufenthalt nötig haben, welche Zuflucht sollte ihnen angenehmer und angebotener sein, als dieser imaginäre Raum? ...« R. führt diesen Gedanken weiter und fährt dann fort: »Wer, innerhalb der dichterischen Arbeit, in die unerhörten Wunder unserer Tiefen eingeweiht, oder doch von ihnen, wie ein blindes und reines Werkzeug, irgendwie gebraucht wird, der mußte dazu gelangen, sich im Erstaunen eine der wesentlichsten Anwendungen seines Gemüts zu entwickeln. Und da muß ich gestehen, mein größtes, mein leidenschaftlichstes Staunen ist bei meiner Leistung, ist bei gewissen Bewegungen in der Natur mehr noch als etwa bei den medialen Begebnissen, so ergreifend sie mir ab und zu gewor-

den sind ... nichts wäre mir fremder, als eine Welt, in der solche Mächte und Eingriffe die Oberhand hätten.« R. sagt von sich: »Ich bin, zum Glück, medial vollkommen unbrauchbar ...«

R. sendet der jungen Geigerin Lucie Simon die »Elegien« und die »Sonette an Orpheus« mit dem Gedicht »Musik«. Im Begleitbrief heißt es: »Da ich überlegte, was etwa in die Orpheus-Sonette könnte eingeschrieben sein, entstand mir, gestern, das beiliegende Gedicht; es ist zu einseitig und ein wenig zu gespenstisch, um dauernd in jenem weitaus gültigeren Buch zu stehen; da Sie es aber doch irgendwie verursacht haben in meiner Intention, so, scheint mir, sollte es Ihnen daneben doch auch gehören.« Das Gedicht nimmt Bezug auf zwei Jung-Verstorbene, Schwester und Freundin der Empfängerin.

11. ODER 12. AUGUST: Es entsteht das Gedicht »Nachthimmel und Sternenfall. Der Himmel, groß, voll herrlicher Verhaltung ...« (R. nimmt es 1925 in die Sammlung »Aus Taschen-Büchern ...« auf.)

12. AUGUST: Für den Bildhauer Hermann Haller trägt R. das Gedicht: »Unser ist das Wunder vom geballten / Wasser, das der Magier vollbracht ...« in ein Exemplar der »Elegien« ein.

14. AUGUST: R. an Valéry: »cela vaut la peine d'être rentre à Muzot, puisque votre livre m'y rejoint. Je suis content de le posséder et heureux que vous l'ayez orné de ces paroles qui constatent notre constance réciproque et les mouvements que nous avons déjà fait en elle. Si c'était d'un autre, je regretterais peut-être de connaître déjà tous ces textes; chez vous c'est different: on commence par vous re-lire, pour vous lire à la fin. Et cette fin est encore un commencement!« Der Dank bezieht sich auf den Band »Variété« (1924), der die Aufsätze enthält, die R. einzeln bereits kennengelernt hat. R. seufzt: »Combien il serait préférable d'être à Paris et de s'y appuyer (de quelle humeur que ce soit) sur cette balustrade au Luxembourg qui a tout juste la hauteur de mon pupître.« (An der Fontaine de Médicis)

15. AUGUST: R. erinnert Clara R. daran, wie sie diesen Tag ›Mariae Himmelfahrt‹ einmal in Gent erlebt haben, und meldet, er habe für die Besitzerin der großen Van-Gogh-Sammlung, Frau A. G. Kröller, in ihrem Namen ein Widmungsgedicht geschrieben: »Nach dem, was Du mir von Frau Kröller erzählt hast, meine ich, daß die zwei Vierzeiler, die ich für sie in die Elegien eingetragen habe, nicht unpassend sein möchten. Dieses Exemplar, zusammen mit einem der Sonette, für die gleiche Bestimmung, geht morgen ab ...« Die Widmung lautet: »Frau Kröller in

herzlich dankbarem Gedenken von Clara Rilke. Zueignung / geschrieben für Frau A. G. Kröller / Nach so langer Erfahrung sei ›Haus‹, / ›Baum‹ oder ›Brücke‹ anders gewagt...« R. unterzeichnet: »R. M. R. (Muzot, im August 1924)«.
MITTE AUGUST: »Nicht um-stoßen, was steht! / Aber das Stehende stehender / aber das Wehende wehender / zuzugeben ...« (Aufgenommen in »Aus Taschen-Büchern ...«).
17. AUGUST: Aus der Erwiderung auf zwei briefliche Anfragen von Hermann Pongs aus Marburg erwächst ein autobiographisches Dokument. R. beginnt: »Ich weiß Ihnen gewiß Dank, daß Sie kein biographisches Zubehör von mir erwarten, und muß nun trotzdem selbst einiges von dieser Art anführen, um Ihnen die Abneigung gegen meine früheste Produktion verständlich zu machen ... Um mein siebzehntes Jahr herum war ich auf das Leben und die Arbeit, die ich mir verwirklichen sollte, so unvorbereitet, als sich nur irgend vorstellen läßt. Eine fünfjährige Ausbildung in einer Militärschule war schließlich durch den Zustand meiner Gesundheit und meines Gemüts so offenkundig absurd geworden, daß sie mit einem Abbruch enden mußte.« Nach kurzem Rückblick auf die private Abitur-Vorbereitung fährt R. fort: »Diese von Leistung aller Art überstürzten Jahre waren zugleich die meiner frühesten, oft, trotz aller Pflichten und Aufgaben, recht lebhaften Produktivität ...« R. begründet dies aus seiner damaligen Situation: »Es ist die einzige Zeit in meinem Leben, da ich nicht innerhalb der Arbeit rang, sondern mit ihren dürftigen Ansätzen nach Anerkennung ausging.« Unter den Pragern, die ihn förderten, nennt R. Alfred Klaar, Friedrich Adler, Hugo Salus, Emil Orlik und August Sauer. Als stärksten ›dichterischen Einfluß‹ bezeichnet R. das Werk Liliencrons. Über die ›Münchener Frühzeit‹ heißt es, Jacob Wassermann habe ihn mit Strenge auf J. P. Jacobsen und Turgenieff hingewiesen: »die ›Blätter für die Kunst‹ z. B. sind mir auch damals unerreichbar oder unbekannt geblieben, so daß ich von Hofmannsthal nicht viel gelesen haben kann. Die Bezauberung, die von dem Wenigen ausging, das ich mir zu eigen machen konnte, hatte freilich nicht ihresgleichen. Von Stefan George war das ›Jahr der Seele‹ mir von Anfang an bedeutend gewesen; es erschloß sich mir aber erst als Überwältigung, seit ich den Dichter im Lepsius'schen Kreise seine gebieterischen Verse hatte sagen hören.« Über weitere ›Einflüsse‹ heißt es: »Sie nennen Jacobowski; ein Balte, Reinhold Maurice von Stern, und so und so viele andere, die in den kleinen Zeitschriften vorka-

men, die man las und denen man sich zudrängte, könnten mit ebensoviel Recht erwähnt sein.« R. nennt Wilhelm von Scholz und Emanuel von Bodman und schließt: »aber da wirkte, durch einen mir nahen Menschen, der es in seiner Natur zusammenfaßte, zwei Jahre ehe ich es bereiste, Rußland herein, und damit war, wie Sie richtig erkennen, die Wendung ins eigentlich Eigene vorbereitet.« Über die »religiösen Bedingungen« der ›Engel- und Mädchen-Lieder‹ sagt R. abschließend: »der Höhepunkt meiner katholisch-betonten Ergriffenheit hat seine Stelle in den Erschütterungen jener harten Militärschulzeit, die mir, unter fünfhundert Knaben, eine (für mein Alter) überlebensgroße Erfahrung der Einsamkeit zugemutet hatte. Gleich hinter ihr, oder schon in ihr, begann ein rücksichtsloses in-Gebrauch-nehmen jener Gottesbeziehung, die konfessionell nicht zu bezeichnen wäre.« R. schlägt Pongs vor, ihm doch einen Fragebogen zu schicken, wenn er weiteres wissen wolle.

18. AUGUST: R.s neunte, für das Jahr 1924 letzte, Antwort an E. M. enthält »Für Erika 1 und 2«, dazu »Über dem Bildnis« (vom 13. bzw. 14. August).

An Frau Wunderly, die ihren Mann zur Jagd ins Zillertal begleitet hat, schreibt R.: »Meine ... sind Muzot-Tage tout simplement, an sich gute also, – aber ... es regnet so unwallishaft viel.« Und weiter: »Ich schreibe Briefe um Briefe, aber auch eine Menge Überfluß, französische Gedichte und, denken Sie, dédiées au Valais de véritables ›Quatrains Valaisans‹ dont je me servirai pour appuyer ma future demande de nationalité Suisse; je ne peux pas prouver mieux que j'ai ce pays dans le sang, et j'espère que ce serait parfaitement convaincant pour les autorités qui décideront de ma demande. Von außen kam bisher nichts, als der kurze Besuch von Frau von Steiger-von Mülinen; aber Frau Weininger ist schon in Flims und wartet. Vielleicht daß ich vorher noch Claire Goll hier durchreisen sehe, ehe ich selbst fortgehe.« Frida Baumgartner arbeitet die neue Haushälterin Rosa ein.

19. AUGUST: R. überläßt der Zeitschrift »Wissen und Leben« vier seiner Valéry-Übertragungen, wie er an Max Rychner schreibt.

R. dankt Felix Strauch, der sich auf eine Begegnung im Jahre 1915 bezieht, für übersandte Gedichte.

20. AUGUST: Niederschrift des Gedichtes »Valangin. Die vier Kissen der vier Klöpplerinnen ...« – »Geschrieben für Frau Nanny Wunderly-Volkart, in Erinnerung an einen gemeinsamen Besuch des Château de Valangin bei Neuchâtel und an die dort gesehene ›Table de Dentellières

à quatre globes (qu'on remplissait d'eau) et une lampe. Commencement du XIX siècle«.

An Claire Goll, die in Zürich festgehalten ist, meldet R.: »Es ist ja nun wahrscheinlich, daß ich noch vor Deinem Weitergehen durch Zürich reise, in diesem Falle sähen wir uns dort. Ich laß Dichs noch wissen. Vor der Hand wart ich selber noch auf Nachrichten, die den Tag meines Aufbruchs und die Etappen meiner Reise bestimmen werden.«

VOR DEM 23. AUGUST: In R.s Taschenbuch folgen auf die kurze Prosaeintragung »Mélancolie matinale« mit dem Vermerk »(Indication d'un thème musical)« fünf kurze Gedichte in französischer Sprache, die unveröffentlicht bleiben. Die ersten werden schon am 12. bis 14. August notiert.

23. AUGUST: R. sendet dem Bildhauer Hermann Haller sein Gedicht »Le Masque«, das sich auf eine von dessen Arbeiten bezieht, eine weibliche Maske, die in R.s Arbeitszimmer steht: »Ce matin, en entrant dans ma chambre ...«

25. AUGUST: An Frau Weininger nach Flims schreibt R. noch unentschlossen, nur für Ragaz werde es zu spät.

26. AUGUST: R. bittet das Ehepaar de Sépibus, seiner Freundin Mlle Francine Brüstlein bei ihrem Bemühen zu helfen, Arbeiterinnen für die Viscose-Fabrik in Luzern anzuwerben, für die sie arbeitet. Ihr Gang zur Pfarrei sei vergeblich gewesen.

R. dankt Maurice Betz für die Übersendung des Heftes »Tendances« und seinen Roman, »Rouge et blanc«, Paris 1923. Er rühmt das Buch »Perroquet vert« der Fürstin Bibesco (Paris 1924).

VOR DEM 28. AUGUST vollendet R. das Gedicht »Da schwang die Schaukel durch den Schmerz ...« aus dem Vorjahr.

UM DAS ENDE DES MONATS entsteht das spätere Schlußstück der »Vergers« (59): »Tous mes adieux sont faits. Tant de départs / m'ont lentement formé dès mon enfance ...«; aus dem Gedicht-Vorrat des September wird eines: »La Passante d'Été« in die »Vergers« aufgenommen (14), aus dem Oktober keines. R. schließt in den ersten Septembertagen fast in einem Zuge die »Quatrains Valaisans« ab.

VOM 29. AUGUST BIS 1. SEPTEMBER ist Frau Weininger mit ihrem Sohn Thomas in Sierre.

3. SEPTEMBER: R. lehnt den Wunsch der Zeichnerin Elle Asmussen, das »Stunden-Buch« zu illustrieren, ab: »das dichterische Bild ... lebt von seiner Schwebe und erneut sich aus ihr.«

An Hauptmann Otto Braun schreibt R. über die Familien-Papiere des Onkels Jaroslav, deren Schicksal in Paris ungewiß sei. Er weist unter anderem darauf hin, daß im Ständehaus in Klagenfurt ein Wappen sich findet »über diesem dort urständigen Namen« Rilke, das »dem unseren verwandt oder gleichgestaltet ist«. Aber: »Das alles ist freilich mehr oder weniger legendärisch aufzufassen ...«

3./4. SEPTEMBER: Das Gedicht: »Eine Furche in meinem Hirn ...« wird nicht aus den Entwürfen ins reine geschrieben.

4. SEPTEMBER: Für eine Reise nach Prag, die Jean Strohl vor sich hat, weist R. diesem den Weg durch die Stadt – wobei er den deutschen Straßennamen jeweils die tschechische Bezeichnung hinzusetzt – bis: »l'ancien pont du roi Charles, et par lui vous entrerez dans ce quartier incomparable de la ›malá Strana‹ qui rivalise avec l'Italie et avec l'Espagne par la somptuosité expressive de ses palais, de ses couvents, de ses églises. Vous imaginerez facilement ce que c'était pour mon enfance!« R. fährt fort: »En évocant pour vous ces lointains souvenirs, je me sens bien attaché à eux et combien redevable; si je ne viens pas encore les rechercher, ce n'est, certes, pas par ingratitude ... mais d'autres souvenirs tout personnels, ceux-là de ces malheurs dont ma famille avait été frappés et sous le coup desquels mon enfance avait gémi ...« (R. ist seit 1911 nicht in Prag gewesen.) Er spricht bewundernd von ›Masaryk‹ und ›Beneš‹: »Si c'était l'idée qui conduisait le monde, perdu dans un grouillement d'ambitions, mes compatriotes allemands devraient, avec le peuple tchèque ressuscité, convenir que la présence de ces deux hommes éclairés comporte une solide promesse d'avenir ...«

5. SEPTEMBER: An Frau Wunderly: »Die Wiederabreise ist mir so unmerklich durch die Umstände entwunden worden: nach und nach wars zu spät geworden, und jedesmal wenn ich dran war, mir ein Datum vorzusetzen, löste es sich im Raume auf und ich fühlte mich seltsam hier festgehalten. Vielleicht wars besser so. Wirklich geholfen hat mir auch Ragaz nicht ...« R. berichtet von größeren Einkäufen in Bern, sonst habe er seine Mittel zusammengehalten: »für Paris!!!« – »Den Schreibereien (sie gehen immer weiter) ist mein Hiersein natürlich zustatten gekommen, meine Schreib-Schwielen waren nie sichtbarer – und hélas, meine endlich gefundene Abschreiberin ist schon am raschesten Heirathen und also für mich verloren. Finden Sie mir, Liebe, ach, finden Sie mir doch eine mädchenhafte Schreibehand, die ich hier anstellen kann,

ein Mädchen so tüchtig und aufmerksam wie die Ragazerin ... Von Valéry: ein neues Buch [»Variété«], eine neue von ihm herausgegebene Zeitschrift [»Commerce«] und, Montag, einen mich sehr bestürzenden Brief. Der Zustand von Mme P. [Mme Catherine Pozzi] ist so mysteriös und gefährlich geworden, daß V. schreibt, er hätte während der letzten Wochen oft gemeint, es sei um sie geschehen ...« An Gästen in Muzot nennt R. neben Weiningers Mme de Sépibus und deren Tante Julie sowie M. Chavannes. R. plant für die nächsten Tage eine kleine Reise nach Lausanne, um Herrn Weininger zu sprechen. Dem Brief ist für den 7. September das Gedicht »Valangin« als Geburtstagsgruß eingelegt.

An Nora Purtscher-Wydenbruck über deren okkulte Erfahrungen: »Sie sind da seltsamer Erlebnisse gewürdigt worden ...« Aber: »lieben Sie, unvermindert, unabgelenkt, das Sichtbare, Gute, Einfache, Tägliche.«

VOM 7. BIS 16. SEPTEMBER ist R. als Gast von Richard Weininger in Ouchy-Lausanne. In dieser Zeit schreibt er den Gedichtkreis »Les Roses« (I-XXIV, bis auf das XX. und das letzte, die beide 1926 hinzugefügt werden). Der Band »Les Roses« erscheint erst nach R.s Tod in Holland.

8. SEPTEMBER: Besuch bei Alice Bailly, deren Gemälde »Vendange« R. bewundert.

9. SEPTEMBER: Aus Ouchy-Lausanne, Savoy-Hôtel, an Frau Wunderly: »Les Weiningers m'ont loué ici la meilleure chambre, la vue en est splendide ...« R. berichtet: »A Paris cela va très-mal, et j'en suis énormément triste. Valéry m'écrit une lettre desolée, calme, mais d'une désolation d'autant plus sensible qu'elle semble déjà avoir acceptée la resignation. Mme P[ozzi] décidera avec sa mère s'il faut appeler un médecin suisse –, j'attends ses ordres.«

10. SEPTEMBER: R. ist mit Weiningers in Genf.

11. SEPTEMBER: In Le Prieuré von Promenthoux besucht R. Frau Elsy Schwarzenbach-von Muralt, die Schwägerin Georg Reinharts: »Sie hat das alte Haus wunderbar verstanden und sich angeeignet, es war eine ›Handarbeit‹ im Großen für sie ...« (An N.W.-V., 13. 9. 24)

12. SEPTEMBER: Richard Weininger reist ab, Frau und Sohn am folgenden Tage: »Ja, es war gut mit ihnen zu sein, genau wie früher; wir hatten uns alle, einzeln und zueinander, seit 1916 u. 17 kaum verändert. Ich will morgen fort, nachhause. Wenn nicht das, für Montag angesagte Konzert der Clara Haskill mich am Ende noch festhält.« (An N.W.-V., 13. 9. 24)

13. SEPTEMBER: R. dankt Frau Wunderly für ihren hilfreichen Brief: »Ach, ich brauchte viel inständige Tröstung jetzt, nicht allein wegen der Freundin in Paris, die mir so nahe bedroht wird, ehe ich sie mir im Mindesten verdient habe, und die unbeschreiblich leidet, sondern auch wegen des zerfallenen Zustandes zu mir selbst, der mich beschämt und erniedrigt, mehr als irgend eine strengste Dehmüthigung von außen.« Es folgen Überlegungen, wie Mme Pozzi zu helfen sei: »Aber es kommt ja übrigens kein Wink von Valéry, dem ich meine hiesige Adresse geschickt hatte.« R. fährt fort: »Schrieb ich Ihnen, Chère, daß ich hier den Hauptkritiker der Nouvelles Littéraires aus Paris, M. Edmond Jaloux getroffen habe, denselben, der so sehr für den Malte eingetreten war? Ich hatte ausgezeichnete Stunden mit ihm.« (Jaloux' Besprechung war am 7.10. 23 in seiner Zeitschrift erschienen.) »P.S. Was sagen Sie zu den ›Quatrains Valaisans‹? Die sind mir selbst so sehr Überraschung und Beschenkung gewesen und mir so bestärkend durch das in mir Sprachewerden des Lands, dem ich so viel verdanke.« Und weiter: »Selbstverständlich gehört Ihnen diese Copie N° 2!!! So war es gemeint!«: Bei der »Copie N°2« handelt es sich um eine Kopie der »Quatrains Valaisans«.

16. SEPTEMBER: R. telegraphiert Frau Wunderly, sie möchte die in Aussicht genommene Schreibkraft gegebenenfalls engagieren, er kehre heute nach Muzot zurück.

17. SEPTEMBER: Nach Muzot heimgekehrt, dankt R. Madame de Sépibus für ein Kissen, das sie für Muzot gestickt hat, offenbar mit einem Schwalbenmotiv, denn er verspricht, in seiner soeben erworbenen »jolie et ancienne édition de Buffon, Histoire naturelle, 43 (!) volumes (dont malheureusement un manque) ornée de nombreuses gravures« das Schwalben-Kapitel zu lesen.

R. fragt Kippenberg: »was sich dafür tun ließe, damit ich mir einen nicht zu eingeschränkten und ängstlichen Aufenthalt in Paris erlauben könnte. Mir wärs am beruhigendsten, Sie schlügen mir eine feste Mensualität für diese beiden Monate vor –«, für Oktober und November. R. übersendet »Da schwang die Schaukel durch den Schmerz ...«: »Das diesmal beiliegende Gedicht sollte eigentlich zum Goethe-Tag bei Ihnen sein: denn daß ich es eines Abends aufschrieb, war der Ausdruck einer besonderen inneren Feier.« (Goethes 175. Geburtstag)

18. SEPTEMBER: Telegramm an Frau Wunderly: »Je crois que cela vaudrait la peine de faire l'essai à partir de lundi ...«, die Schreibkraft betreffend.

In das »Cornet«-Exemplar von Fräulein Eva Schreier trägt R. die Verse ein: »Es muß wohl sein, daß jugendlicher Schwung / zur Jugend spricht...« Im Begleitbrief an deren Vater, Dr. Schreier in Prag, heißt es: »Durch einen Brief meiner guten Mama, erfahre ich den Wunsch Ihrer Tochter...« Sie treibt ›erfolgreiche Kunststudien‹.

KURZ NACH DEM 18. SEPTEMBER entsteht der Entwurf: »Heb mich aus meines Abfalls Finsternissen / in dein Gesicht, das mich so süß erkennt ...« Er bleibt unveröffentlicht. Am 1.4.26 beichtet Baladine K. dem Dichter: »j'ai eu l'imprudence de relire ce petit poème que j'ai volé dans votre carnet –, et j'ai pleuré sur vous, sur vous surtout.« Sie hat sich dieses Gedicht insgeheim abgeschrieben.

19. SEPTEMBER: R. dankt Thomas Weininger für einen Reisebericht, den dieser auf der Reiseschreibmaschine geschrieben hat: »Du handhabst sie wirklich mit vollkommener Fertigkeit...«

20. SEPTEMBER: Kippenberg teilt R. mit: »Die Schweizerische Kredit-Anstalt habe ich veranlaßt, Ihnen 800 schweiz. Franken für die Pariser Reise zur Verfügung zu stellen...«

IM SEPTEMBER weilt Ernst Křenek in Sierre und sieht R. ›öfter‹. R. liest ihm in seiner Weinlaube die »Quatrains Valaisans« vor, besucht ihn im Bellevue und, wie Křenek später schreibt: »erzählte, erzählte unermüdlich«, aus seiner Jugend, Gespenstergeschichten aus Prag, Erlebnisse während der Kriegszeit in Wien, komische Anekdoten von seinen Schweizer Vortragsreisen... (1927 im »Inselschiff«).

20. SEPTEMBER: Baladine K. antwortet auf einen nicht mehr erhaltenen Brief R.s: »J'ai écrit à Gide que j'aimerais connaître Paul Valéry; il m'a répondu qu'il transmettrait mon admiration, mais le sachant très fatigué, il ne croit pas à une réponse... On parle tant de Curtius et de sa traduction du serpent; et vous, qui aviez donné Valéry aux Allemands!...«

AM 20./21. SEPTEMBER ist Werner Reinhart kurz in Muzot.

VOM 21. SEPTEMBER BIS 5. OKTOBER übernimmt Fräulein Marga Wertheimer für R. Schreibarbeiten. Über diese Zeit berichtet sie später: »Arbeitsstunden mit R.«, Zürich 1940. Da R. keine eigene Schreibmaschine besitzt, stenographiert sie nach R.s Diktat und überträgt das Stenogramm abends in einem Architekturbüro in Sierre in die Maschine.

27. SEPTEMBER: Valéry bittet R. um einen Beitrag für »Commerce«: »Maintenant je fais acte directorial en vous prenant au collet pour vous demander vers ou prose (en français) ... Peut-être aurez vous l'idée de

nous apporter en personne votre copie. Cette idée plairait fort ici, où vous êtes un peu plus connu que peut-être vous ne pensez...«
ENDE SEPTEMBER: Die beiden Gedichte »Garten-Nacht. Nebelnd schweben durch den Rosenbogen...« und »Aus dem Umkreis: Nächte. Gestirne der Nacht, die ich erwachter gewahre...« entstehen. R. nimmt sie 1925 in die Handschrift »Aus Taschen-Büchern...« auf.
29. SEPTEMBER BIS 3. OKTOBER: Übertragung des »Eupalinos« von Paul Valéry: »Ich habe von Montag bis gestern, vom Blatt weg, eine erste Übersetzung von Valéry's ›Eupalinos‹ diktiert, herrlich!, 89 große Buchseiten, die nun abgeschlossen vorliegen! Félicitez-moi, Chère, et réjouissez-vous. Quelle sublime beauté et j'ai pu la saisir, presque partout, avec une assurance, un calme, comme si cela sortait de mes propres fonds. Heute und morgen vollendet Frl. W. die Schreibmaschinen-Niederschrift dieses Textes...« (An N. W.-V., 4. 10. 24)
1. OKTOBER: In der von Max Rychner redigierten Zeitschrift »Wissen und Leben. Neue Schweizer Rundschau« (Jg. 17, Heft 21) erscheinen »Gedichte Paul Valérys in der Übertragung von R. M. R.« – »Der Gesang der Säulen«, »Die Schläferin«, »Die Granaten« und »Palme« (jeweils französisch und deutsch nebeneinander).
In »Der Schriftsteller«, Jg. 11, Heft 5, Berlin: R.s Brief an S. D. Gallwitz in der Plagiatangelegenheit wird von dieser hier veröffentlicht: »Muzot, 7. 8. 1924«.
UM DEN 1. OKTOBER schreibt R. vermutlich für Betsy Steiger in Lausanne die Strophe »Les feuilles tombent, tombent...«
AM 1., 2. UND 3. OKTOBER Niederschrift der Gedichte »Handinneres. Innres der Hand. Sohle, die nicht mehr geht...« und »Aus dem Umkreis: Nächte. Nacht. Oh du in Tiefe gelöstes / Gesicht an meinem Gesicht...« (in: »Aus Taschen-Büchern...«, vorher veröffentlicht in der »Europäischen Revue«, April 1925).
2. OKTOBER: R. schreibt an Edmund von Freyhold über die Gedichte Hermann Burtes: »Ich meinte doch einen Begriff von der Bedeutung Hermann Burte's mir entwickelt zu haben: diese stämmigen und doch, wo es darauf ankommt, so zart biegsamen Gedichte übertreffen ihn bei Weitem...«
3. OKTOBER: R. meldet Katharina Kippenberg, statt der vorgesehenen Schreibarbeiten habe er etwas Neues begonnen: »ich habe die erste Version einer großen neuen Prosaübersetzung begonnen, die nun ihren merkwürdigen Gang geht, von mir zur Schreiberin und hinüber in

ihre (der Übersetzung) überraschende Existenz! Die Hülfe, die meine Abschlüsse und meine Reise beschleunigen sollte, wird so dazu beigetragen haben, beides hinauszuschieben; aber wenigstens wird darüber etwas Erfreuendes und Bleibendes zustand gekommen sein ...« R. ist gebeten worden, Gedichte von Hermann Burte, dessen Verlag Sarasin nicht länger besteht, bei der Insel zu empfehlen. R. liest ihn »unter dem stärksten und überzeugendsten Eindruck. Ja, hier ist ein fertiger reifer deutscher Dichter von Bedeutung, ja von einer gewissen definitiven Größe ...« R. legt eine Abschrift von Burtes Gedicht »Himmlische Ernte« ein. (Die Insel übernimmt den Gedichtband nicht, er erscheint erst 1930 im H. Haessel Verlag in Leipzig.)

4. OKTOBER: An Frau Wunderly: »aus dem Zustand in dem ich bin, läßt sich kaum schreiben. Mein Verhängnis, immer das gleiche, schließt mich manchmal so völlig ein und ab, daß ich wie unter einem Schutthaufen athme ...« R. sieht den ›zerrissenen‹ Walliser Herbst verdüstert; er schließt diesen Teil seines Briefes: »Soviel, Liebe, von uns, dem Wallis und mir, im Herbste 1924, einer uns recht gemeinsamen Jahreszeit.« R. berichtet von der Arbeit mit Fräulein Wertheimer, von der »Eupalinos«-Übertragung, und legt ein Gedicht ein: »noch ein Nacht-Gedicht ... gestern und vorgestern unter dem Nachthimmel aufgeschrieben ... Einmal möcht ichs Ihnen dort eintragen, in das Heft, darin der ›Rosenbusch‹ steht.« Frau Wunderly plant, ihren Sohn, der nach Übersee reist, bis Paris zu begleiten (11.10.24). Nachschrift: »Eben kommt das Oktober-Heft von Wissen und Leben mit den primeurs der Valéry-Übertragungen, den französischen Text en vue; zwei Exemplare« (für Frau Wunderly und ihre Schwester Elisabeth Aman-Volkart).

Vor der Abreise nach Paris:
Muzot · Bern · Val-Mont

ANFANG OKTOBER: Es entstehen einige Gedichte in französischer Sprache, die z. T. für das erste Manuskript der »Vergers« bestimmt, dort später keine Aufnahme finden. Zu ihnen gehören die an Monique Saint-Hélier (Mme Briod) in Reinschrift übersandten Verse: »Vous souvient-il de ces choses que l'on a perdues le lendemain? ...« Die Empfängerin veröffentlicht es als Abschluß ihrer »Souvenirs« zuerst in »A. R. pour Noël«, Bern 1927.

4. OKTOBER: Auf ihre Annonce vom 2.10.24 im »Journal de Genève« schreibt R. an Mlle Thea van Gils in Genf: »Il se pourrait que j'aurais besoin d'une collaboratrice pour certains travaux littéraires que je pense d'entreprendre l'hiver prochain.« Diese müsse Deutsch und Französisch beherrschen, »et se résigner d'habiter, avec moi, une vieille tour solitaire«. Auch Maschineschreiben sei gefordert; R. bittet um einen Besuch.

5. OKTOBER: Niederschrift des Gedichtes »Schwerkraft. Mitte, wie du aus allen / dich ziehst ...« (in: »Aus Taschen-Büchern ...« aufgenommen, zuerst veröffentlicht in der »Europäischen Revue«, April 1925).

In ein Exemplar der »Sonette aus dem Portugiesischen« schreibt R. »Für Fräulein Marga Wertheimer, dankbar, im Anschluß an die gemeinsamen Arbeitsstunden auf Muzot, (Herbst 1924)« das Gedicht: »Was unser Geist der Wirrnis abgewinnt, / kommt irgendwann Lebendigem zugute ...«

Eine Aufzeichnung R.s vom 5.10.24 lautet: »Quand Dieu sera tout à fait oublié, mais de façon qu'on aura trouvé le moyen d'être heureux et légers sans lui, on l'aura (malgré soi) retrouvé. / Quand les hommes auront tout à fait oublié les Dieux, ayant pourtant trouvé un état léger, insouciant et heureux, c'est alors que les Dieux renaîtront, neufs et puissants à leur insu.«

7. OKTOBER: R. antwortet Pierre Klossowski auf seine Fragen nach Musil: »pensez que je ne sais rien, mais absolument rien de Musil, sauf qu'il a passé par une jeunesse assez pareille à la mienne, dans une de ces Écoles Militaires que le diable avait prises sous sa protection spéciale. Le ›Zögling Törless‹ (livre très remarquable) est sorti de ces souvenirs et de ces souffrances. Longtemps, si on parlais [!] de Musil, c'était toujours ce livre, déjà ancien qu'on évoquait. En a-t-il publié d'autres? ... Personellement j'ai rencontré Robert Musil une seule fois ..., mais un instant seulement.« Ein Brief Musils an R. vom 16.11.24 ist im Rilke-Archiv erhalten.

Mit Elisabeth Ephrussi wird eine Begegnung geplant, die dann doch nicht zustande kommt.

10. OKTOBER: In R.s letztem Brief an Frau Nölke, in dem er von den Ragazer Wochen erinnernd erzählt, heißt es: »Gestern sah ich im Journal de Genève, daß die Frage des Privateigenthums zwischen Japan

und Deutschland endlich geregelt scheint: hoffentlich bedeutet das für Sie und die Ihren ein Gutes und Günstiges!« R. legt das Heft von »Wissen und Leben« ein: »die erste Publikation einiger meiner Valéry-Übertragungen«.

13. OKTOBER: An Frau Weininger übersendet R. eine Liste von »petites villas à vendre entre Lausanne et Genève« aus der Agentur von P. de Rham, Lausanne, die R. für sie hat zusammenstellen lassen. In dem Brief geht R. auf die Situation von Pierre und Baltusz Klossowski ein: »Von meinen jungen Freunden aus Paris sind etwas bessere Nachrichten da –, es scheint, als ob für den älteren, Pierre, die Nothwendigkeit, bei der afrikanischen Truppe zu dienen, doch noch mindestens hinausschiebbar sei. Er ist jetzt wieder litterarischen Beschäftigungen näher gerückt und hat, schreibt er mir, vor, Musil's ›Zögling Törless‹ zu übersetzen; ins Französische. Er bittet mich um Auskünfte über Musil, über seine Produktion seit jenem schon weit zurückliegenden, frühen Roman ... Da bin ich nun, leider, ganz ununterrichtet.« R. bittet Frau Weininger, ihm nach Muzot durch eine Buchhandlung alles seitdem Erschienene übersenden zu lassen: »Ich würde diese Bücher gern selber durchsehen und sie dann dem jungen Pierre nach Paris schicken oder mitbringen.« Auch ein ›unterrichtender Aufsatz‹ über Robert Musil sei erwünscht. R. fährt fort: »Das Schicksal der K.'schen Kinder geht mir nahe; ich denke oft daran, daß W[eininger] mir seine Hülfe für sie so natürlich und herzlich angeboten hat; glauben Sie, daß ich ihm, von Paris aus, wenn ich mir an Ort und Stelle klar gemacht habe, wie am Besten zu helfen sei, darüber schreiben dürfte? Ich scheue mich, sein In-Anspruch-Genommensein zu vermehren; aber wenn irgendwo, so ist der Generation gegenüber, mit der unsere Zukunft heranwächst, Hülfe am Platz und es fiele besonders ins Gewicht, daß es sich um zwei so außerordentlich begabte Knaben handelt, die vielleicht gerettet sind und jeder in seine ergiebigste Leistung eingesetzt, wenn man ihnen ein oder zwei Jahre Ausbildung zu dem Ihrigen gewährleistet ...«

14. und 16. OKTOBER: Editha Klipstein schreibt einen langen Brief an Regina Ullmann über die letzten Tage und den Tod Ilse Erdmanns. Sie antwortet am 6.11.24: »Wenn Du nichts dagegen hast, liebe Editha, dann sende ich R. M. Rilke Deinen ausführlichen Brief. Ich denke mir, dass er ihn ähnlich beeindruckt.« R. erhält den Brief im Dezember.

15. OKTOBER: Die große Pappel an der Wegegabel vor Muzot wird gefällt. »Bauern, denen sie gehört, haben, ganz unvermutet, am Morgen

des 15. Oktober, die schöne alte Pappel am Kreuzweg vor Muzot gefällt, nur einfach, weil sie fanden, die Wurzeln des Baumes verarmten ihre Wiese, an deren Rand er stand. Ich stand spät auf an diesem Tag und kam zu spät, den schönen Baum zu retten: ich hätte es können, erfuhr ich später –, und das macht diese Zerstörung nun um so empfindlicher. Die Landschaft hat sich damit, kannst Du Dir denken, sehr verändert –, diese starke Vertikale bezog sie nach oben und gab ihr Höhe und Herkunft.« (An Clara R., 17.11.24) R. trägt dies Ereignis ins Gästebuch von Muzot ein: »ein trübes Gegenstück zu der, nach Valéry's Besuch gepflanzten Weide«. (An N.W.-V. am 30.10.24)

17. OKTOBER: R. dankt Thea van Gils für ihren Besuch. Sie muß jedoch sofort nach Holland aufbrechen. R. will Hulewicz abwarten und dann nach Paris gehen.

IM OKTOBER entstehen einige Gedicht-Entwürfe: »Mausoleum. Königsherz ...« zunächst in Prosa, dann in Verse gegliedert: »Mausoleum. Königsherz. Kern eines hohen / Herrscherbaums. Balsamfrucht ...«; um die Mitte des Monats dann das zweistrophige »Wasser, die stürzen und eilende ...« und »Irgendwo blüht die Blume des Abschieds und streut / immerfort Blütenstaub ...« Ende Oktober schreibt R. »Urne, Fruchtknoten des Mohns – ...« und »Aufgedeckter das Land: auf allen Wegen ist Heimkehr ...« Nur »Mausoleum« trägt R. 1925 in seine Sammelhandschrift »Aus Taschen-Büchern und Merk-Blättern« ein, löst jedoch das Blatt später wieder heraus.

21. OKTOBER: R. beantwortet einen langen Fragebogen, den ihm Hermann Pongs zugesandt hat: »Ich muß mich aufs Sachlichste einschränken«, beginnt R. Die Fragen beschäftigen sich mit der Zeitspanne von 1894 bis 1913 und betreffen im wesentlichen die Frühwerke. Die »Neuen Gedichte« und die »Aufzeichnungen des Malte Laurids Brigge« werden bis auf die Frage nach den ›okkulten Begebnissen‹ im »Malte« von Pongs ausgespart. Im Begleitbrief geht R. ausführlich auf die Begegnung mit Tolstoi und seine Beziehung zu Rodin ein. Besonders wichtig erscheint es R. jedoch, auf die »merkwürdigen Erwägungen« von Pongs »in bezug auf ›reich‹ und ›arm‹«, deren Ausgangspunkt ihm unklar sei, zu antworten. Dabei heißt es: »Kommt er aus dem Begriff des ›Sozialen‹ her – wie es den Anschein hat –, so muß da gleich versichert sein, daß man unrecht hätte, irgendeine meiner Bestrebungen in diese Rubrik einzuordnen. Ein menschlich Gleichgesinntes, ein Brüderliches ist mir freilich unwillkürlich und muß in meinem Wesen angelegt gewesen

sein, sonst würde mich das Freiwerden dieser Eigenschaft unter dem Einfluß des russischen Beispiels nicht so tief und vertraulich ergriffen haben. Was aber eine solche freudige und natürliche Zuwendung vom Sozialen, wie wir es heute verstehen, durchaus unterscheidet, ist die völlige Unlust, ja Abneigung, irgend jemandes Lage zu verändern oder, wie man sich ausdrückt, zu verbessern. Niemandes Lage in der Welt ist so, daß sie seiner Seele nicht eigentümlich zustatten kommen könnte ...« Weiter: »Die Lage eines Menschen bessern wollen, setzt einen Einblick in seine Umstände voraus, wie nicht einmal der Dichter ihn besitzt, einer Figur gegenüber, die aus seiner eigenen Erfindung stammt.« R. betont: »So habe ich auch das Gewissen rein von jedem Vorwurf, eine Ausflucht zu begehen, wenn ich für mein Gedicht, den Begriffen ›reich‹ und ›arm‹ gegenübergestellt, die berechtigte Unparteilichkeit des künstlerischen Ausdrucks ganz und gar in Anspruch nehme. Es kann nie meine Absicht gewesen sein, den Armen gegen den Reichen auszuspielen oder mich zu dem einen überzeugter zu bekennen als zu dem anderen.« R. schließt diesen Gedankengang ab: »In einer Welt, die das Göttliche in eine Art Anonymität aufzulösen versucht, mußte jene humanitäre Überschätzung platzgreifen, die von der menschlichen Hülfe erwartet, was sie nicht geben kann. Und göttliche Güte ist so unbeschreiblich an göttliche Härte gebunden, daß eine Zeit, die jene, der Vorsehung vorweg, auszuteilen unternimmt, zugleich auch die ältesten Vorräte der Grausamkeit unter die Menschen reißt. (Wir habens erlebt.)«

23. OKTOBER: R. schreibt an Frau Wunderly von den herrlichen Spätherbsttagen: »Autant que mon malaise et mon terrible inquiétude le permettaient, je restais établi au jardin pendant des heures, me disant qu'il faut profiter de cette clémence tardive, mais parfaite ...«

24. OKTOBER: Im Geburtstagsbrief an Baladine K. heißt es: »j'avais traduit, en la dictant, une première version – provisoire, qui sera à reprendre, presque à refaire! – allemande d'Eupalinos ... Et depuis? Depuis j'ai mon cafard d'automne et mon ancien malaise en plus ... Savez-vous ce que je ressens depuis quelques jours: Muzot sans le 27 octobre, c'est à peu près comme Paris sans le 14 Juillet!«

AM 24. UND 25. OKTOBER erhält R. den Besuch seines polnischen Übersetzers Witold Hulewicz, der ihm Grüße von Valéry aus Paris bringt. Dieser veröffentlicht, nach Polen zurückgekehrt, den Bericht »Zwei Tage beim Autor des ›Buches der Bilder‹«.

27. OKTOBER: Frau Wunderly ist nach ihrer Rückkehr aus Paris erkrankt: »Ich fürchte, wir müssen uns einander diesmal trösten, in der unschuldigen Art ... in der ich, als junger Mensch, die Leser meiner ›Wegwarten‹, im Vorwort, versicherte, es sei ein beträchtlicher Trost, einen Anderen sagen zu hören: ›auch ich bin arm, auch mir geht es schlecht, auch ich hab es schwer‹ ... oder so ähnlich.« R. fährt fort: »Hätte eher geschrieben, hatte aber Samstag und gestern M. W. de Hulewicz da, meinen polnischen Übersetzer, der mir viel von den dortigen Abenden (mit Mme Solska) erzählte und mir einen ziemlichen Theil des ›Stundenbuchs‹ und mehrere Gedichte, polnisch, vorlas, damit Klang und Gleichgang der Verse sich mir anvertraue und für ihn spreche. Er hat, Sie erinnern, schon den Rodin polnisch ediert, bringt jetzt die Geschichten vom lieben Gott und dann, wovon schon viel übersetzt vorliegt, eine Art Anthologie (Auswahl) von 50 Gedichten; darauf das ganze Stundenbuch und den Malte. Alles in ansprechenden Ausgaben. Ich werde in Polen glänzend vertreten sein. Hulewicz kam von Paris, wo er vier Monate war –, hatte Valéry noch vor der Abreise besucht, brachte mir Grüße und Aufträge von diesem und die traurige Nachricht, daß der schwere leidende Zustand Mme P[ozzi]'s ganz unverändert sei.« R. kann jetzt nicht nach Paris reisen: »Als Renée Sintenis bei mir war (ein sehr lieber Besuch!), hielt ich noch immer so ein Datum aufrecht, ... und gestand niemandem ein, wie ganz und gar nicht ich daran glaube.« – Von dem Heft »Wissen und Leben«, das »(wie mir Dr Rychner schreibt)« vergriffen ist, erbittet R. aus Frau Wunderlys Vorrat zwei bis drei Stücke.

30. OKTOBER: Über einem Brief an Frau Wunderly steht: »Heut ins Taschenbuch geschrieben: Gieb mir, oh Erde, den reinen / Thon für den Thränenkrug ...« (zwei Strophen nebeneinander). R. ist dankbar, daß es der Freundin besser geht. »Von mir, Chère, seien Sie nun darauf gefaßt, daß ichs gelegentlich zu einem Entschluß bringe und ihn sogar ausführe; sei's, daß ich eines Tags zu Dr Haemmerli fahre und mir dort etwas Zutraun hole, daß Paris noch möglich sei. Oder nach Basel gehe, von wo, gestern, Frau v. d. Mühll mich an jenen Arzt, Dr Muthmann erinnert, in Freiburg i/B., den sie schon im Winter einmal in Vorschlag gebracht hatte; sie meint, er würde leicht nach Basel herüberkommen, oder aber sie führe mich im Handumdrehen hin (: denn sie lenkt nun selbst, mit viel Freude und Geschicklichkeit, ihr eigenes kleines Auto).« (Frau v. d. Mühll hat R. nicht zu Muthmann gefahren.) R. bittet um An-

fertigung eines Bändchens im Malte-Format »mit soviel Seiten, als es brauchte, die Quatrains Valaisans einzutragen ... Um diese Verse dauernd an ihr Land anzuschließen, möcht ich sie, zum Neuen Jahr, Mme de Sépibus zueignen, in so ein Bändchen sorgfältig eingetragen.«
SPÄTHERBST: Niederschrift des Gedichtes »Herbst. Oh hoher Baum des Schauns, der sich entlaubt ...«, mit dem R. im folgenden Jahr die Sammel-Handschrift »Aus Taschen-Büchern und Merk-Blättern« beginnt.
NOVEMBER: Der »Insel-Almanach auf das Jahr 1925« enthält »Fünf Gedichte von R. M. R.«: »Vorfrühling«, »Spaziergang«, »Eros«, »Der Magier« und »Vergänglichkeit« aus dem Frühjahr 1924.
ANFANG NOVEMBER: »Drei Gedichte aus dem Umkreis: Spiegelungen I-III« entstehen: »O schöner Glanz des scheuen Spiegelbilds! ...«, »Immer wieder aus dem Spiegelglase ...« und »Ach, an ihr und ihrem Spiegelbilde ...« Der kleine Gedichtkreis erscheint in »Vers und Prosa. Eine Monatsschrift« Heft 12, 1924. Der Herausgeber ist Franz Hessel. (Ernst Rowohlt Verlag, Berlin)
3. NOVEMBER: R. sendet die Verse: »Y a-t-il peu dans la vie de cet oublie ...« an die Malerin Mme Mika Mikoun nach Paris, vielleicht eine Widmung.
VOM 3. BIS 7. NOVEMBER ist R. in Montreux, Hôtel Lorius, von wo aus er Dr. Haemmerli konsultiert.
7. NOVEMBER: Von Montreux schreibt R. an Frau Weininger: »ich bin immer noch nicht in Paris –«
VOM 8. BIS 10. NOVEMBER ist R. wieder in Muzot.
10. NOVEMBER: In der rumänischen Zeitschrift »Cugetul Românesc« erscheint eine Übertragung der »Weise von Liebe und Tod des Cornets Christoph Rilke« durch Oscar Walter Cisek und Jon Pillat (»Cantecul vietii si al mortii Stegarului Cristoph Rilke«), Jg. 1924, S. 93-101. R. schreibt an Pillat: »Les fascicules de votre Revue me montrent le résultat de votre grand et aimable effort: je suis heureux d'y figurer. Quant à mes facultés linguistiques, vous les exagérez, hélas! Je devine cependant que vous vous êtes rapproché de mon texte avec une insistance heureuse et une obéissance de poète. Si je regrette une chose: c'est que ce soit ce travail de jeunesse qui accapare l'honneur d'entrer à peu près dans toutes les langues européennes ... N'étant pas étranger au métier de traducteur, je crains d'ailleurs qu'avec mes travaux plus mûrs je m'éloigne de plus en plus de la possibilité des équivalents.« R. fährt fort: »Comment ne pas aimer la Roumanie«, und weist auf »Isvor« hin, das

Buch der Fürstin Bibesco. Er möge doch Nicolas Lahovary sagen, daß er ihn in Muzot erwartet habe, den Winter über jedoch abwesend sein werde.

VOM 11. BIS 23. NOVEMBER ist R. im Hôtel Bellevue in Bern.

AM 12. NOVEMBER telegraphiert R. aus Bern an Frau Wunderly nach Val-Mont: »Est-ce possible! je suis passé par Montreux hier, si on avait su, en ce moment berne au bellevue, inquiète pour vous, mais content pourtant, de vous savoir à Valmont...«

14. NOVEMBER: In Bern trifft R. mit Frau Aman-Volkart zusammen, die ihn über das Befinden ihrer Schwester beruhigen kann; diese bleibt vorerst in Val-Mont.

15. NOVEMBER: An Frau Wunderly schreibt R., er sei gerade auf dem Wege nach Meilen gewesen. Nun erzählt er aus Bern: vor allem hat er sich in zahnärztliche Behandlung begeben, bei Dr. Gubler, den ihm Yvonne de Wattenwyl genannt hat. R. trifft in Bern viele Freunde und Bekannte, er zählt auf: »Le lendemain, Mme de Sinner. – Junghanns, que je suis allé voir cette fois et où j'ai passé toute une soirée. Les Briod. Hans von Salis, M. de Steiger. Mme Contat.« Letztere bereitet eine Ausstellung des Lausanner Malers Henri Bischoff vor, dem R. hier begegnet. Weiter bittet R.: »Dites au Dr Haemmerli bien de choses amicales. Il était charmant lors de mon dernier passage, ce qui ne m'a pas empêché d'avoir eu après, à Montreux, (au Lorius) quelques jours abominables! J'étais si bas que je n'osais pas vous écrire...« R. empfiehlt Frau Wunderly die mit französischer Literatur recht gut versehene Bibliothek in Val-Mont.

16. NOVEMBER: In Warschau erscheint das ›Interview‹ von Hulewicz »Zwei Tage beim Autor des ›Buches der Bilder‹. Gespräch mit R. M. R.« als Eigenbericht der Zeitschrift »Wiadomości Literackie Tygodnik«, Jg. 1, Nr. 46. Der Artikel ist mit ›Witold Hulewicz‹ unterzeichnet; Hulewicz berichtet, wie eindringlich R. ihn über Polen befragt habe, und schildert dann seinen Eindruck von Muzot, wo ihm in R.s Arbeitszimmer die einzige Photographie auffällt, das Bild Paul Valérys. Auf die Frage, ob er nicht Heimweh nach seinem Vaterland habe, läßt Hulewicz R. antworten: »Ich bin kein Deutscher ... ich wuchs auf in der alten, aber leider schon abgestorbenen Kultur der Tschechen, die in schauerlichster Weise die deutsche Sprache verunstalteten. Was die Deutschen anbelangt, so steht niemand ihrem Wesen fremder gegenüber als ich...« R. habe sogar gesagt: »Wenn ich dazu fähig wäre, einen Menschen um-

zubringen, wäre mein erstes Opfer dieser Verbrecher Wilhelm II. ...«
Heimatgefühl habe R. in und für Rußland gehabt. An anderer Stelle im
Gespräch sagt R.: »Meine Herkunft ist unbekannt und gerade deshalb
suche ich gern in Chroniken und Genealogien herum, denn das sagt
mir, daß ich doch zu irgend etwas in dieser Welt gehöre, mit etwas verbunden bin.« Besonders ausführlich läßt sich R. über die zeitgenössische polnische Literatur berichten, er verspricht, nach Polen zu kommen und dort einen Vortrag zu halten (Original polnisch).
Aus Wien schreibt Robert Musil an R., dem er für die Grüße und Anfragen dankt, die ihm Frau Weininger übermittelt hat. Zunächst berichtet
er von sich und seiner Arbeit und fährt dann fort: »Ich würde mich sehr
über eine Übersetzung freun und danke Ihnen herzlich für die Anregung. Das wenige, was ich von der französischen Literatur kenne, gab
mir immer das sonderbare Gefühl, daß ich ihr mehr zugehöre als der
deutschen ... vielleicht ist das aber einseitig und eine Täuschung. Am
schwierigsten zu übersetzen sind wohl die Vereinigungen [der Novellenband], am dankbarsten der Törless ...« Zu einer Übersetzung durch
Pierre Klossowski kommt es nicht.
17. NOVEMBER: Geburtstagsbrief an Clara R.; von sich berichtet R.: »ja
soweit ich denken kann, ist der Rest dieses Sommers und der Herbst
eine meiner ärgsten und innerlich schwierigsten Zeiten gewesen. Das
zunächst vom Physischen aus ...«
NOVEMBER: »Die Literatur. Monatsschrift für Literaturfreunde«, herausgegeben von Ernst Heilborn. Das Literarische Echo, Stuttgart, bringt
in Jg. 27, Heft 2, gleichfalls R.s Brief an Fräulein Sophie Dorothea Gallwitz
vom 7. 8. 24 (ihr angebliches Plagiat von »Worpswede« betreffend).
23. NOVEMBER: R. ruft aus Montreux in Val-Mont an und läßt Frau
Wunderly melden: »Monsieur R. sera ici vers midi.«
VOM 24. NOVEMBER 1924 BIS ZUM 6. JANUAR 1925 ist R. zum zweiten
Mal für längere Zeit in Val-Mont – auch Frau Wunderly bleibt in dieser
Zeit als Patientin dort.
28. NOVEMBER: An Baladine K.: »Depuis le 15 octobre je me préparais
à aller à Paris –, mais je n'ai pas eu de chance. Voyez, où, en échange, le
sort m'a reconduit lundi dernier. Ce n'est pas grave, mais c'est pénible,
et je vous envie de vivre la bonne la véritable vie, difficile, mais combien
généreuse, si on la compare à une chambre de clinique ...«
R. beschreibt Val-Mont: »Das Sanatorium selbst heißt Val-Mont s. / Territet; zu erreichen von Montreux aus mit einer kleinen Local-Bahn,

oder von Territet, von wo aus ein Funiculaire den Verkehr vermittelt; jedes Mal nach der Station Glion, von wo man dann kaum zwanzig Minuten nach Val-Mont zu Fuß geht. Der Gründer und Chef-Arzt von V.-M. ist ein sehr alter Herr –, mein eigentlicher Arzt Dr. Haemmerli senior (: die letztere Bezeichnung rathsam, da seit kurzem auch sein jüngerer Bruder an der Anstalt mitwirkt.) In ihm würdest Du einen aufmerksamen und nachdenklichen Arzt finden, mit dem sich, wie mit einem Freunde, über alles sprechen läßt. Und beruf Dich, bitte, auf mich, um gleich genauer eingeführt zu sein. Einen Übelstand hat Val-Mont: es ist theuer. Unter 40-50 Schweizerfranken (täglich) giebt es kein Abkommen, allerdings ist dann die ärztliche Behandlung und einige Kurmittel im Preise rühmlich einbeschlossen. Immerhin, ich bin dort recht arm geworden.« (An Claire Goll, 29. 6. 25)

ENDE NOVEMBER: Niederschrift der Verse: »... Wenn aus des Kaufmanns Hand...« (Aufgenommen in »Aus Taschen-Büchern...« und von dort in den »Insel-Almanach auf das Jahr 1927«).

Das von Hulewicz veröffentlichte ›Interview‹ ist Anlaß zur Kritik an R. in der deutsch-böhmischen Presse in Prag. In diesem Zusammenhang schreibt R. an Otto Pick einen Brief, dessen Veröffentlichung er zustimmt: »Ich konnte meinen Abstand zu den Äußerungen und Erscheinungen des deutschen Wesens nicht unbetont lassen; so wie es sich in den Wendungen der letzten Jahrzehnte gestaltet hat, ist es mir nie vertraut oder übereingestimmt gewesen. Meine unbeschreibliche Beziehung zu seinen älteren großen Grundlagen – wie sie zuletzt bei Goethe erkannt und baulich verwendet erscheinen –, habe ich in keiner Weise verleugnen wollen: wie dürfte es mir, anders als aus solchen Zusammenhängen, gewährt sein, die deutsche Sprache in so reiner Bestimmung zu gebrauchen? Daß ich gerade meine Abstammung als Osterreicher und Böhme zum Maß dieses Abstandes machte, hat Herr Hulewicz (jener polnische Interviewer) mißverstanden oder vergessen. Eine, im polnischen Text überdies verdruckte oder verschriebene Stelle macht diese Einstellung unkenntlich oder verkehrt sie völlig ins Gegenteil.« Der Brief erscheint erst ein Jahr später in der »Literarischen Welt«, Jg. 1, Nr. 9 vom 4. 12. 25, in einem Aufsatz von Otto Pick: »Der ›Fall‹ Rilke«. (In der »Prager Presse« vom 30. 11. 24 ist in der Beilage »Dichtung und Welt« eine deutsche Fassung von »Gespräche mit R. M. R.« von Witold Hulewicz erschienen.)

5. DEZEMBER: R. dankt Kippenberg für dessen Geburtstags-Telegramm,

das ihn über Muzot pünktlich erreicht hat. Dr. Haemmerli halte nichts von R.s Rückkehr in seine »strenge, winterlich gesteigerte Einsamkeit«, so daß ein Paris-Aufenthalt möglich bleibe. R. wünscht, wieder über ein regelmäßiges Einkommen verfügen zu können. R. schließt: »Carossa schickte mir eben sein schönes ›Rumänisches Tagebuch‹; ich lese es vor in stillen Abendstunden, wenns nicht der Insel Almanach ist, den ich vor mir habe: den Lawrenceschen Aufsatz hab ich wieder und wieder vorgelesen; seltsam, er enthält Sätze, die ich, beinahe wörtlich gleich, in meinen Anmerkungen weiß.« Es handelt sich um: D. H. Lawrence »Religiös Sein« im »Insel-Almanach auf das Jahr 1925«, übertragen von Philipp Lehrs.
20. DEZEMBER: Wieder an Kippenberg heißt es: »Der Arzt bestärkt mich immer noch in meinem Pariser Plan ... Valéry hält ein paar Menschen für mich bereit, mit denen ich mich gerne berühren würde«, und: »Im stillen hätte ich vor, wenn der Januar witterlich günstig wird, ans südfranzösische Meer zu gehen, vielleicht in Valérys Heimat, dorthin, wo das Urbild des herrlichen ›Cimetière Marin‹ zu finden ist (dessen Korrektur ich eben hier gelesen habe: entzückt von dem schönen Satz und der schönen Type unserer Valéry-Ausgabe!).« R. wünscht sich Albrecht Schaeffers neues Buch »Das Prisma«, Insel-Verlag 1924.
21. DEZEMBER: Katharina Kippenberg bemerkt in ihrem Brief an R.: »daß Sie den Aufsatz von Lawrence so schätzen, freut mich auch so. Ich fand ihn in den ›Adelphi‹ und ließ ihn übersetzen.«
An Baladine K. zu Weihnachten: »J'étais un peu moins bien ces derniers jours, mais cela va mieux depuis hier et j'espère me maintenir dans la ligne qui monte vers une certaine stabilité ...«
23. DEZEMBER: Kippenberg sagt R. zu, daß er wieder über einen bestimmten Monatsbeitrag werde verfügen können: 500,– SFrcs, zusätzlich die Kosten der Kur in Val-Mont und die Beträge für Clara R.
WEIHNACHTEN: R. und Frau Wunderly feiern gemeinsam in Val-Mont Weihnachten. »Mein stilles Fest war schön und heiter ... Ich habe liebe Bekannte zu Nachbaren, wir haben einen gemeinsamen kleinen Christbaum, und es war herzlich, sich alles, was nach und nach ankam, hinzustellen und dann gegenseitig zu zeigen ... mein guter Verleger und Freund Prof. Kippenberg hat sich heuer ganz besonders großmüthig erwiesen ...« (An die Mutter, 27.12.24)
»Das Inselschiff« bringt in der Weihnachts-Nummer: »Paul Valéry: Drei Gedichte. Übertragen von R. M. R.«: »Die Schritte«, »Heimliche Ode« und

»Morgenröte« als Vorabdruck aus der vorbereiteten Valéry-Ausgabe. (Jg. 6, Heft 1)

26. DEZEMBER: R. dankt Kippenberg für die klare finanzielle Regelung, vor allem aber für die schönen Büchergaben zum Fest, für das in nur 330 numerierten Exemplaren hergestellte »Gräflich Erbachsche Silhouettenbuch«: »es war die große Freude gestern meines Weihnachtsfeiertags, mich an der Klarheit und Gebärdigkeit dieser Scherenschnitte zu entzücken«, sowie für Adalbert Stifter: »Aus dem alten Wien. Zwölf Studien« Insel-Verlag 1924; bei R. heißt es dazu: »Und Stifters ›Alt-Wien‹, (– das übrigens auf das vollkommenste ergänzt wurde durch zwei große, mit vielen Abbildungen versehne Publikationen Dr Tietzes, mit denen Wiener Freunde mich überrascht haben.)« (Hans Tietze: »Alt-Wien in Wort und Bild vom Ausgang des Mittelalters bis zum Ende des 18. Jahrhunderts« und »Das vormärzliche Wien in Wort und Bild«, Wien 1924 und 1925) R. schließt mit dem Dank auch für in seinem Namen versandte Bücher, darunter an »den ›trefflichen Polen‹, der mir, in bester Absicht, allerhand polnische Unannehmlichkeiten bereitet«.

27. DEZEMBER: Baladine K. meldet, sie ziehe zum 1.1.25 um in die: »9 rue Férou, Paris VIe, cette petite rue délicieuse, qui descend du Musée du Luxembourg à la place St-Sulpice ...«

29. DEZEMBER: R. antwortet Baladine K.: »bientôt ne le leur dites pas, mes amis français auront une petite surprise, je brûle de vous la confier d'avance, mais, non, il faut que cela en reste une pour vous aussi.« (R. spielt auf seine Gedichte in »Commerce« an.) Baladine K. hat ihn gebeten, ihr Texte zu den Abbildungen ihrer Valais-Bilder für deutsche Freunde zu schreiben, R. verspricht es, nur möge sie ihn nicht drängen: »En ce moment ma plume est rouillée et ne vaut pas le sou. Et la main même qui la conduirait n'est pas heureuse ...«

30. DEZEMBER: R. entschuldigt sich bei Madame de Sépibus, daß er seine Neujahrsgabe, die Handschrift der »Quatrains Valaisans« nicht rechtzeitig überreichen könne: »Mais il vous arrivera un jour en 1925« – es wird Herbst darüber.

31. DEZEMBER: Neujahrsbrief an Herrn Wunderly: »Wenn ich indessen meinen vorjährigen Aufenthalt mit dem jetzigen vergleiche: welcher Unterschied! Die Gegenwart von Frau Wunderly hat mir alle Stunden, die sonst leere und ausgeschaltete geworden wären, in reiche und freundliche Momente verwandelt: dies traf besonders auf Weihnachten zu, das wir uns einander recht ins Helle vertröstet haben.« Lei-

der sei Dr. Haemmerli gegenwärtig verreist, der beiden »sehr, sehr fehlt«.

ENDE DEZEMBER erhält R. die Ausgabe von »Commerce. Cahiers trimestriels publiés par les soins de Paul Valéry, Leon-Paul Fargue, Valery Larbaud«, Paris (Automne 1924. Cahier 2). Darin: Drei Gedichte R.s in französischer Sprache: »La Dormeuse. Figure de femme, sur son sommeil...«, Muzot am 13. 8. 24 (»Vergers« 56), »Eau qui se presse, qui court –, eau oublieuse ...«, Muzot, September 1924 (»Vergers« 18) und »Salut! grain ailé qui s'envole vers / son sort ...«, Muzot, um den 1. 10. 1924. Es sind die ersten Gedichte in französischer Sprache, die R. veröffentlicht.

Im Jahre 1924 erscheinen Arbeiten R.s in folgenden Zeitschriften: »Zeitschrift für Bücherfreunde« Leipzig, »Der Schriftsteller« Berlin, »Die Literatur« Stuttgart, »Wissen und Leben« Zürich, »Vers und Prosa« Berlin, ferner im »Inselschiff« und dem »Insel-Almanach« Leipzig. (Die »Zeitschrift für Bücherfreunde«, Jg. 16, S. 41-48, bringt sechs Gedichte R.s aus dem »Buch der Bilder« und den »Neuen Gedichten«, die achte der »Duineser Elegien« und das erste der »Sonette an Orpheus«.)
Das »Vortragsbuch Ludwig Hardt. Die Hauptstücke aus seinen Programmen nebst Darstellungen seiner Vortragskunst sowie etliche Glossen von ihm selbst« Gebrüder Enoch Verlag, Hamburg 1924, enthält sieben Gedichte R.s und drei Abschnitte aus den »Aufzeichnungen des Malte Laurids Brigge«, ferner drei Brief-Fragmente.
Neuauflagen: »Auguste Rodin« 41-45. Tausend, »Geschichten vom lieben Gott« 34.-36. Tausend, »Das Stunden-Buch« 50.-56. Tausend, »Die Weise von Liebe und Tod des Cornets Christoph Rilke« 252.-295. Tausend, »Das Marien-Leben« 61-70. Tausend. R.s Übertragung von »André Gide: Die Rückkehr des verlorenen Sohnes« 21.-25. Tausend.
Übersetzungen: B. Pasternak versucht sich am »Panther«, die Veröffentlichung erfolgt erst viel später. Der Almanach ›Svitok‹, Nr. 3, Moskau, bringt den »Cornet«, übertragen von J. L. Gordon mit Vorwort von A. Belyj.

1925

2. JANUAR: Baladine K. schreibt aus Paris: »Surprise découverte: ›Commerce‹«.
R. übersendet Erika Mitterer seine zehnte Antwort mit dem Gedicht vom Vortag: »Wie scheinst Du mir als Dichterin vermehrt ...« E. M. hat ihm zu Weihnachten ein Bändchen eigener Gedichte geschenkt.
3. JANUAR: R. dankt Frau Emmy Sachs für ein Andenken an ihre Tochter Adrienne.

UM DEN 5. JANUAR hat Maurice Betz in Paris ein Gespräch mit Carl Sternheim darüber, wieweit in Frankreich bekannte deutsche Dichter auch in Deutschland selbst einen Namen haben. Betz nennt Werfel, Döblin, Unruh, zuletzt: »Et Rilke ...« Sternheim antwortet: »Il y a peut-être encore des jeunes filles pour le lire. Mais il n'est pas, voyez-vous, de notre époque.«

Ein letztes Mal: Paris

VOM 7. JANUAR BIS ZUM 18. AUGUST ist R. in Paris, er reist unmittelbar von Val-Mont aus, ohne nach Muzot zurückzukehren. R. wohnt in Paris im Hôtel Foyot.

7. JANUAR: Telegramm an Frau Wunderly nach Val-Mont: »voyage excellent et commode, Paris se détache d'un beau brouillard matinal, parfaitement chez moi et de grand cœur chez vous«.

10. JANUAR: Billett an Baladine K.: »Mercredi ... Cette fois il faut deviner l'invraisemblable: car c'est ni samedi ni jours de Rois – et pourtant – – – à tout à l'heure! R.« (mit einem großen Blumenstrauß). Die Wohnung Baladine K.s liegt günstig zum Hotel Fôyot, man sieht sich fast täglich.

UM DEN 10. JANUAR meldet sich R. bei Maurice Betz: »Combien je suis content de vous annoncer (enfin!) mon tout proche voisinage. Quand vous verrai-je? J'étais souffrant ces derniers mois et je ne suis pas très vaillant encore. C'est pourquoi, ces premiers jours à Paris, je me coucherai avec les poules, ou même avant. Faites-moi signe et croyez que je suis bien impatient de serrer la main que Malte a tant fatiguée.«

Betz begibt sich am folgenden Tag zu R. ins Hôtel, gemeinsam machen sie einen Spaziergang im Jardin du Luxembourg, R. fragt unter anderem, wie Betz, der Elsässer, »un écrivain de langue française« geworden sei, ihn interessiert dies wegen Pierre und Baltusz Klossowski. Danach gehen sie zu Gallimard in die rue de Grenelle, wo R. die Stunde festlegt, »à laquelle il ferait chercher ce colis«, R.s Pariser Papiere.

11. JANUAR: R. besucht die Messe in Notre-Dame: »hier par exemple, pendant la grande-messe à Notre-Dame, ce fut encore mon Paris, il m'a

semblé que j'avais la même chaise appuyée contre ce pilier éternel derrière lequel je me cachais toujours autrefois pour être mieux trouvé par cet ouragan d'orgue que le sacrifice à l'autel déchaîne.« (An N. W.-V., 2.1.25)

12. JANUAR: Nicht immer finde er sein Paris, schreibt R. an Frau Wunderly: »A d'autres moments, effrayé par la ville devenue tellement palpitante et inquiète (plus qu'il y a quatre ans!) ... je regrette mon Muzot. Mais il faut tenir bon, une fois venu ici, et attendre ce qui résultera de cette aventure. Valéry, affairé et bousculé, était pourtant le premier à venir me voir, il est charmant. Mme Pozzi, hélas, trop mal pour me recevoir!...«

An Aurelia Gallarati-Scotti: »Sans être, malgré la cure et un long repos, libéré de mon malaise, j'ai pris la semaine dernière la subite décision de partir quand même pour Paris ... pour essayer de me distraire d'un mal qui ne semble que profiter de l'attention qu'à Val-Mont on lui avait concédé.«

16. JANUAR: »Ich habe nun unter anderem, nach Aufhebung des Sequesters, die beiden Kisten in Besitz nehmen können, die den Verlust meines übrigen hiesigen Eigenthums durch die Jahre hin überdauert haben: ich habe in ihnen, zwar nichts von meinen Büchern, (worauf ich ja schon vorbereitet war –) aber alle Korrespondenzen, Manuscripte, Notizen und, was mich besonders freut und rührt, das schöne Daguerreotyp Papa's (aus seiner Kadettenzeit), das mir so sehr lieb war, wiedergefunden!« (An die Mutter) »Et le cachet ancien, avec les armes de mon arrière grand-père. Grande joie!! Déballé tout ceci dimanche dernier!« R. an Frau Wunderly, der er alle Vollmacht erteilt, über Posteingänge nach Gutdünken zu entscheiden: »J'ai Paris, mon Dieu, quelle énorme correspondance avec tant de choses. Rencontré: qui? Charles Burckhardt! Chez un Coiffeur, au moment où je m'y suis trouvé sans argent, étant sorti sans porte-feuille! ›Commerce‹ (mon numéro) vient de paraître! Je vous l'envoie ces jours-ci (Il y a trois poésies dedans) ...«

17. JANUAR: Paul Graf Thun bittet R. aus Wien um einen Beitrag für die neue Zeitschrift seines in Prag geborenen Vetters Karl Anton Rohan, die »Europäische Revue«. Für das erste Heft liegen Zusagen von Gide, Ferrero, Tagore, Max Scheler und Poul Bjerre vor. Ziel der Zeitschrift ist ein Gedankenaustausch über die europäischen Grenzen hinweg. Paul Thun dankt für die »Elegien«, deren eine die Fürstin Taxis ihm vor Jahren einmal vorgelesen habe.

An Frau v. d. Mühll berichtet R.: »Schwankend und unsicher von der langen Unentschlossenheit, dem vielen Liegen, den Bädern –, machte ich hier meine ersten Ausgänge, in der Heftigkeit der Straßen und dem Ungestüm der Straßenübergänge mich als der heillose campagnard fühlend, der ich über meinem langen Muzot – scheint es – geworden bin. Und meine erste Begegnung war, bei einem Coiffeur an der Madeleine, Ihr Bruder, der mich, von seinem Platz aus, in drei Spiegeln erkennen konnte. Das gab mir, bei meinem début ein Gefühl der Geborgenheit, ihn hier zu wissen; er ist nun zwar auf die rive droite übergesiedelt, aber ich fühle ihn gegenwärtig und erreichbar, das tut mir wohl.« R. fährt fort: »Valéry est plein d'amitié pour moi ...« R. fragt, ob sie die Ausgabe von »Wissen und Leben« mit seinen Valéry-Übertragungen gesehen habe.

18. JANUAR: Die NZZ bringt einen Nachdruck von »Spiegelungen« aus »Vers und Prosa« 12,1924.

22. JANUAR: R. sendet aus Paris an Werner Reinhart, seinen »Burg-Vogt-Verpflichtungen« nachkommend, die Abrechnung über den Muzot-Fonds von August bis Ende 1924 mit Ausgaben in Höhe von 988.24 Frcs; es wurde für 623.25 Frcs »Argenterie pour Muzot« in Lausanne angeschafft.

23. JANUAR: R. schreibt der Fürstin Taxis nach langem Schweigen zum ersten Male wieder, nachdem er die Fürstin Bibesco in Paris kennengelernt hat – seit Ragaz sei er nicht fähig gewesen zu schreiben. Paris: »Als Autor französischer Verse (!) (...... was Sie von solchen Versuchen in Ragaz durchgeblättert haben, war nur eine Vorübung für Besseres und Verantworteteres..), davon einige sogar in Valéry's neuer Revue eben zum Abdruck gekommen sind (: das Heft folgt nächster Tage) –, fühle ich mich hier nun noch eigenthümlicher einbezogen, als früher, obwohl Paris (das läßt sich nicht leugnen) auf dem Wege ist, sich recht fühlbar zu verändern.« R. schließt: »Sooft mir gute Dinge meines Lebens einfallen, erscheinen sie an Sie angeschlossen in irgend einer Weise. Auch daß Kassner mir sein neues Buch zueignet, rechne ich zu diesen guten Thatsachen. Diese Ehrung, die mir aus seiner Freundschaft stammt, wie oft hat sie mir jetzt wohlgetan.« Kassners 1925 erscheinendes Buch »Die Verwandlung« ist »R.M.R. gewidmet«.

IM JANUAR entstehen in Paris die französischen Gedichte: »Narcisse« (das R. für Baltusz K. bestimmt, der für ihn im Louvre das Gemälde »Narcisse« von Poussin kopiert), »A Madame la Baronne Renée de Brimont. Pour trouver Dieu il faut être heureux ...« (das einen Gedanken aus R.s Aufzeichnung vom 5.10.24 aufnimmt) und »Des masques se tendent à nous ...« Keines von ihnen wird in die »Vergers« einbezogen. Dazu kommt noch der Entwurf »Le vent de quel souvenir, de quelle vie le vent ...« Für »Vergers« bestimmt R.: »Paume. Paume, doux lit froissé ...« (7) und »Eros IV. Ce n'est pas la justice qui tient la balance précise ...« (zu 19).

ENDE JANUAR schreibt Gide aus Cuverville an R.: »Si sauvage que vous soyez, vous ne pouvez refuser de faire la connaissance de Charles Du Bos, qui vous connaît et vous aime depuis longtemps. Vous vous sentirez vite en confiance près de lui et comprendrez quel prix j'attache à sa sympathie. C'est à lui que j'ai dédié le plus intime de mes écrits. Au revoir – quel plaisir profond m'a fait votre lettre ...« Gide widmete »Numquid et tu ...?« 1922 Charles Du Bos.

28. JANUAR: »Chère, im- impossible d'écrire, ni de lire d'ailleurs. Je sors, je rentre, et c'est tout. Et c'est trop!« heißt es an Frau Wunderly: »Je vois tout le monde, exepté les deux êtres que je voudrais voir tous les jours: Valéry et Mme Pozzi. Maintenant lui aussi se trouvé être souffrant, il ne sort pas et je l'envie. Madame Pozzi: je l'ai vu une seule et première fois, c'était doux et douloureux, elle est éteinte et ardente sous cette pauvre cendre de maladie... J'ai vu Mme de Noailles qui m'assurait de se rappeler de moi avec intensité. Je vois beaucoup la Duchesse de Clermont. J'ai rencontré hier Boni de Castellane!!! J'ai beaucoup causé avec le Dr Mardrus; je me suis beaucoup occupé de Jacques Sindral (qui, à mon grand regret, part aujourd'hui). Et je pourrais sur toute une page parfaire ma nomenclature ...« Und weiter: »le temps manque à tout, je ne parviens même pas à prendre quelques notes journalières, ce qui est dommage, car ce serait une ressource pour plus tard –, ressource d'amusement et de pitié. Vous n'avez pas d'idée comme on s'entre-déteste ici. Dans un seul salon il y a toujours quelques ennemis, c'est à dire quelques amis revenus de l'amitié qui s'entre-ignorent avec une adresse et une jouissance incomparable. Je me demande mille fois par jour, si je ne fais pas tout pour perdre mon Paris d'autrefois ...«

29. JANUAR: R.s erster Besuch bei Charles Du Bos begründet deren freundschaftliche Beziehung. Du Bos notiert in seinem Tagebuch unter dem 30.1.25: »R. M. R. – pour qui Gide m'avait donné une très chaleureuse lettre d'introduction – est venu hier à 4 heures et demie et resta avec nous jusqu'a près de 7 heures. Il y a très longtemps – des années

peut-être – que je n'avais rencontré un homme d'une qualité aussi rare, une âme aussi pure, aussi parfaitement préservée, aussi inatteinte par tous les projectiles qu'à chaque moment la vie dirige sur nous pour nous faire plus sûrement déchoir... Sa connaissance et son usage de la langue française sont un délice perpetuellement renouvelé; rien ne semble jamais l'embarrasser pour rendre dans notre idiome la nuance la plus fine de sa pensée ou de sa sensation, et ses gestes, assez nombreux, ne gênent en rien.« Das Gespräch streift George – ausführlicher schildert R. die Begegnung mit diesem im Boboli-Garten über Florenz –, Hellingrath, Wolfskehl, Wassermann, Borchardt, Kassner, Simmel, Valéry und R.s eigene französische Verse im »Commerce«. Nach dem Tee erzählt R. lebhaft von seinen Reisen in Rußland und seinen Besuchen bei Tolstoi und Drožžin. Du Bos notiert ferner, daß R. bereits begonnen habe, die Übersetzungs-Arbeit von Maurice Betz an den »Aufzeichnungen des Malte Laurids Brigge« zu ›überwachen‹. Ihm, Du Bos, hat R. zugesagt: »de me réserver les proses qu'il compte écrire lorsqu'en mars il regagnera la tour du treizième siècle où il vit dans cette région du Valais.« Diese Prosa ist bestimmt für die geplante Zeitschrift »Textes«, die Charles Du Bos herausgeben will.

ENDE JANUAR: R. schreibt an Helene Woronin über »diese ganz und gar wunderbare Fügung... daß ich Sie nicht verloren habe.« Er betont: »Wenn ich mein Leben je daran am meisten, und am untrüglichsten, erkannt habe, daß es keine eigentlichen Verluste aufkommen läßt, sondern alles Verlieren, oft über weite Strecken, in rhythmische Wiederkehr verwandelt, so durfte ich mich unbeschreiblich bestätigt fühlen neulich, als Ihre Frau Schwester Ihren Namen aussprach, der mir unter die Namen der Sternbilder gerathen war: wie gern, wie seltsam ergriffen holt ich mir ihn zurück aus dem Himmel der Erinnerung.« Im Februar dankt R. für ein erstes kurzes Wiedersehen: »Madame et chère Amie, rempli du plus sincère désir de donner une suite à cette première heure passée chez vous et qui me fit un bien doux et infiniment sensible... Seulement, je ne m'appartiens pas.«

IN DEN NÄCHSTEN MONATEN arbeitet R. täglich mit Maurice Betz an dessen »Malte«-Übertragung. Betz erinnert sich daran in seinem Buche »Rilke Vivant« (1937): »R. arrivait chez moi [1, rue de Médicis], d'ordinaire un peu après dix heures, quelquefois plus tard. Lorsque son coup de sonnette ne résonnait qu'à onze heures, c'était généralement que, profitant du beau temps, il avait traversé le Luxembourg dont la porte ouverte, presque en face de son hôtel, renouvelait tous les matins la même tentation ...« Von Betz' im fünften Stock gelegener Wohnung kann man die Fontaine Médicis sehen. »Cette visite quotidienne se passait d'habitude à peu près de la manière suivante ... R. tirait de la petite serviette en cuir marron qui l'accompagnait toujours, un exemplaire de l'édition allemande des ›Cahiers‹, à reliure grise. J'ouvrais le manuscrit de ma traduction à la page où nous nous étions arrêtés la veille. Je lisais à haute voix le texte français. R. suivait sur le texte allemand. De temps à autre, il m'interrompait pour faire une remarque, me donner une explication ou me demander de reprendre un passage.« Während dieser Arbeitsstunden kommt es zu langen Gesprächen über den »Malte« und R.s frühe Pariser Zeit. »Après avoir évoqué ses premières impressions de Paris, R. en était arrivé à me parler de cet autre double de son héros, l'écrivain norvégien Sigbjörn Obstfelder. Le livre ouvert sur la table, R. racontait: Sigbjörn Obstfelder était un écrivain norvégien qu'il avait découvert au hasard de ses lectures. C'était un poète d'un impressionnisme subtil, d'une sensibilité suraiguë ...« Zur Entstehungsgeschichte des »Malte« erzählt R., er habe zuerst an eine Art Gegenstück zu den »Geschichten vom lieben Gott« gedacht: »j'eus recours à la forme dialoguée dont je m'étais servi pour évoquer Ewald et son ami ... J'écrivais une suite de dialogues entre un jeune homme et une jeune fille qui se confiaient leurs petits secrets. Il arriva que le jeune homme parla assez longuement à la jeune fille d'un poète danois qu'il avait connu, un certain Malte, qui était mort très jeune, à Paris ... le jeune homme eut l'imprudence de lui dire que son ami avait laissé un journal.« Danach habe R. den Dialog fallengelassen und die »Aufzeichnungen« begonnen.

1. FEBRUAR: Entwurf eines Gedichtes: »Notre-Dame. Voûte traversée de divines réponses ...«

3. FEBRUAR: An Kippenbergs schreibt R.: »diesmal (als Kontrast zu der langen Abgeschiedenheit im Wallis) lag mir daran, Menschen zu sehen und Beziehungen fortzusetzen –, und schon bin ich in der Lage des Zauberlehrlings ...« R. spricht von der Teuerung in Paris: »Reich zu sein für ein paar Monate, hätte mir manches erleichtert, und es ist ein rechtes Mißgeschick, daß ich mich finanziell vorher in Val-Mont so unverhältnismäßig erschöpft habe.« R. hofft, bis März in Paris bleiben zu können. Er erbittet die wichtigsten Bücher Kassners, um ihn in Paris bekannt zu machen, ferner einige Exemplare seiner »Sonette« und der »Elegien«.

An die Fürstin richtet R. die Bitte: »ich habe Charles Du Bos (einen hier sehr geschätzten Kritiker, der zu den älteren Bekannten Kassner's gehört) von Ihren vortrefflichen Übertragungen zweier Bücher K[assner]'s gesprochen; er wünscht dringend Ihre französische Version kennen zu lernen und es ist sehr möglich, daß er sie veröffentlichen wird in einer Sammlung von Ausländischen Autoren, die er zu begründen im Begriff ist ...« Es sind dies: »Dilettantismus« und »Die Elemente der menschlichen Größe«. »Kassner's alte Freunde hängen sehr an der Erinnerung an ihn, wissen aber wenig von seinen späteren großen Publikationen. Es ist wichtig und gut, sie ein wenig zu unterrichten ...«

An Frau Wunderly bedauert R., daß keine Zeit bleibe, sich Aufzeichnungen zu machen – die Zeit vergeht zu schnell: »Quelle hâte ici, quelle suprême incertitude, quelle méchanceté perfectionnée dans tous les rapports, quel manque de bonté: je m'effraie comme, autrefois, Malte s'est effrayé ... C'est de cet enchevêtrement vital que naît ce terrible excès de solitude qui semble être la seule forme possible de ce désespoir suprême qu'est la liberté!« R. bittet um das Buch »Flügel der Nike« von Fritz von Unruh – »Unruh y a imaginé une certaine transposition de différents entretiens qu'il a eus ici avec des personnes en vue que je connais presque toutes. Impossible d'avoir ce livre ici.«

AUS DIESER ZEIT von R.s lebhafter Teilnahme an der Pariser Geselligkeit überliefert Betz zwei Augenzeugenberichte: Jacques Benoist-Méchin, der R. in einem Pariser Salon zum ersten Male sieht, bemerkt mit Bedauern: »Tout semblait lui faire mal. L'éclat trop vif des lustres, le bruit trop animé des conversations. Il avait l'air de surgir de la pénombre des profondeurs, et sa politesse ne faisait qu'accroître mon malaise à son égard ...« Bei einer anderen Gelegenheit erlebt Raymond Schwab – »chez un homme de lettres parisien« – den Dichter: »Dans ce salon où l'on avait commencé par faire cercle autour de lui, peu à peu les gens s'échappaient discrètement, tôt fatigués par la loquacité de R. parlant droit devant lui, expliquant, sans nul égard à l'effet produit ...« Dagegen erinnert Jules Supervielle: »Je fis la connaissance de R. chez Jean Cassou en 1925. Je n'avais pas entendu son nom durant les présentations et nous causâmes un bon moment sans qu'il fît rien pour me révéler son identité. Quand il eut pris congé, je demandai à Cassou quel était ce Monsieur si intéressant ...«

4. FEBRUAR: R. schlägt seiner einstigen Petersburger Freundin Helene

Woronin diesen Tag für einen Besuch vor; sie lebt mit ihrem Gatten als Emigrantin in Paris. (Der Besuch wird noch zweimal verschoben.)

6. FEBRUAR: Kippenberg weist 500,– SFrs zusätzlich an, weil Paris derart teuer ist.

7. FEBRUAR: »Mein diesmaliger pariser Aufenthalt steht nicht nur im gegensätzlichsten Kontrast zu der Einsamkeit auf Muzot, er ist auch das gerade Gegentheil zu der Gepflogenheit, die mein Leben in Paris früher, durch die Jahre, eingehalten hat. Diesmal handelt es sich wirklich um Beziehungen, und ohne daß ich viel dazu thue, eröffnen sie sich mir von allen Seiten. Man hat mir in den großen Litterarischen Clubs und in den maaßgebenden Salons einen Empfang bereitet, auf den ich nicht gefaßt war, aber das Schönste dabei ist, daß man in dem oberflächlichen Getriebe der Geselligkeit immer wieder einzelne Menschen entdeckt, die im Stillen von einem wußten ...« (An die Mutter)

12. FEBRUAR: An Frau Weininger schreibt R., er wolle bis in den März hinein bleiben, dann »geht vielleicht mein Wunsch in Erfüllung, das Meer zu sehen. Man hat mir für ein paar Sommermonate eine Villa in Toulon angeboten, vielleicht daß ich die miethen kann, wenn sie mir zusagt. Ansehen will ich sie auf jeden Fall.« R. fragt dann: »Ob Weininger manchmal an meine zwei jungen Freunde denkt, die begabten Knaben K. [Pierre und Baltusz], von denen ich ihm gesprochen hatte? Ihr Schicksal beschäftigt mich viel, es wäre wunderbar, wenn er etwas dafür thun könnte, daß sie ein ruhiges Jahr Arbeit und Entwickelung haben dürften. Sie könnten hier wirklich, so wie ich es jetzt sehe, ihren Weg machen, wenn man ihnen hülfe.«

R. dankt Kippenberg für die Überweisung. Er selbst treibe »gelegentlich in dieser oberflächlichen Strömung ... aber wie gern sondere ich mich aus ihr aus, um zu dem anderen Paris zu gehören, das immer noch das Paris Villons ist oder Charles Louis Philippes, das Paris Gérard de Nervals und Baudelaires, das vollzählige Paris ...« R. empfiehlt das Buch Edouard Schneiders über die Duse zur Übersetzung für den Insel-Verlag, er treffe den Verfasser »vielleicht dieser Tage bei der Duchesse de Clermont«. R. erzählt: »Maserel traf ich einmal in der Untergrundbahn und verließ ihn mit dem Versprechen, ihn aufzusuchen; wohnte er nicht am anderen äußersten Rande von Paris, so wäre es längst zur Ausführung gekommen. Nun eifert mich Ihr Auftrag an, den Besuch in meinen kleinen Wochenplan einzuzeichnen ...« (Schneiders Buch »Eleonora Duse. Erinnerungen, Betrachtungen und Briefe« erscheint 1926 im Insel-Verlag.)

14. FEBRUAR: Jacques Rivière – R. persönlich unbekannt –, der ›directeur‹ der Nouvelle Revue Française, stirbt in Paris. R. spricht Gide, den der Tod Rivières nach Paris gerufen hat, seine Teilnahme aus (17. 2. 25).
IM FEBRUAR übersendet R. drei seiner Gedichte aus dem Vorjahr an Paul Thun für die »Europäische Revue« Rohans: »Handinneres«, »Nacht. Oh du in Tiefe gelöstes ...« und »Schwerkraft«. R. legt das Heft des »Commerce« mit seinen französischen Gedichten bei, da er mit einem Gedicht in französischer Sprache oder mit einer Übertragung in der neuen Zeitschrift vertreten sein möchte. R. lädt Thun nach Muzot ein.
MITTE FEBRUAR: In Verbindung mit ihren Übertragungen von Werken Kassners schreibt R. der Fürstin Taxis: »Es ist außerordentlich, wie lebhaft das Interesse für deutsche Bücher hier zunimmt, wenigstens unter den Autoren und ihren Damen, die sich fast alle erinnern, einmal deutsche Gouvernanten ertragen zu haben.« Ab und zu sei er bei der Tochter des Dichters José Marie de Heredia, Madame Lucien Mühlfeld. Im Zusammenhang mit ›seinem‹ Heft des »Commerce« erwähnt R.: »Von solchen essais de latinité hab ich nun einen ganzen Band; darunter einen Zyklus ›Quatrains Valaisans‹ und eine Serie ›Les Roses‹.«
SCHON VOR DEM 18. FEBRUAR stellt R., auf Bitte von Thankmar von Münchhausen, den Kontakt zu Christiane von Hofmannsthal her. R. schickt ihr ein erstes Billett: »welch schöne Überraschung bereiten Sie mir durch Ihre Nachbarschaft. Noch neulich gedachte ich im Gespräch mit Carl Burckhardt Ihrer und fragte nach Ihnen. Ich bin fast immer auswärts dieser Tage, hoffe aber gleichwohl, wir sehen uns bald.« (Aus den Monaten Februar bis Mai 1925 sind 15 Briefe und Billetts an Ch. v. H. erhalten.)
Christiane von Hofmannsthal wohnt zur selben Zeit länger – mit Übersetzungsarbeiten beschäftigt – im Hôtel Foyot.
18. FEBRUAR: Gide dankt R.: »Je suis profondément sensible au témoignage de votre sympathie ...« Er hofft, R. noch während dieses Aufenthaltes zu sehen.
19. FEBRUAR: R. erfährt durch Carl J. Burckhardt, daß Robert de Traz, Gründer der »Revue de Genève«, eine der Kassner-Übertragungen der Fürstin Taxis endlich gelesen habe: »Er hat, scheints, einen bedeutenden Eindruck empfangen, bedauert aber, dergleichen Schwieriges und Gewichtiges nicht in einer Zeitschrift bringen zu können, der man ohnehin vorwirft, daß sie zu ›seriös‹ sei«, meldet R. der Fürstin dazu am 23. 2. 25.

20. FEBRUAR: Zu diesem Tage lädt Paul Desjardins die ›Freunde von Pontigny‹ zu sich ein, Paul Valéry, Gide und auch R., damit sie Tolstois Tochter Tatiana Lvowna Tolstoi bei ihm treffen. R. ist verhindert. Ellen Delp hat R. gebeten, die Einleitung R.s zu Regina Ullmanns »Von der Erde des Lebens« noch einmal verwenden zu dürfen. R. antwortet: »Es ist Zeit, daß ich jenen früheren Versuch, etwas von Regina's Natur faßlich zu machen, durch die größeren und gültigeren Untersuchungen ersetze, zu denen ich nun befähigt sein müßte; ohne gewisse Ablenkungen und mein häufiges eindringliches Unwohlsein im Laufe des letzten Jahres, wäre etwas dergleichen schon verwirklicht worden.« So ist R. trotz innerer Einwände mit dem Wiederabdruck der älteren Arbeit einverstanden. Vor sich hat R. Georg Büchners Fragment »Lenz« auf seinem Tische.

Aus Berlin hat R. ein Telegramm Richard Weiningers erhalten: »Ich denke oft an Ihre zwei jungen Freunde und wäre für eine Nachricht dankbar, wie ich die Möglichkeit des ruhigen Jahres Arbeit und Entwicklung anpacken könnte...« R. schreibt diesen Text für Frau Weininger ab, stellt ein entsprechendes Exposé auf und übersendet beides: »Hier ist nun diese Nachricht. Wollen Sie sie, bitte, lesen und falls Sie der Meinung sind, daß die Blätter weitergehen sollen, sie an W. weitergeben, ohne Eile, bei der nächsten passenden Gelegenheit. Ich überlasse es völlig Ihrem guten Ermessen, ob meine Beschreibung fähig sein möchte, die Lage der beiden jungen Menschen und etwas von ihrer Art hinreichend zu bezeichnen –, und auch dieses bitte ich Sie recht rücksichtslos zu erwägen, ob ich W. damit nicht zu viel zumuthe. Wie immer Sie handeln wollen, wird es mir recht sein.« Die »3 Blätter Beilage« finden sich nicht bei dem Brief, sind also offenbar weitergeleitet worden. Ferner berichtet R.: »Ich lebe recht als Jonas im Bauche des Wal's Paris, – aber so oft der immense Fisch mich ins Freie speit, einen Augenblick, staune ich die herrlichen Wasser an und die Räume über ihnen und das Große und Mächtige dieser Welt, in der das Unthier mich, recht eigenmächtig, als ein winziges Gewicht seines Eingeweids, hinbewegt! Eindrücke mehr als man faßt. Alle übertreffend, beinah alle...«

VOM 21. BIS 23. FEBRUAR liest R.: Gabriel Marcel »Le Quatuor en fa dièse«, Pièce en cinq actes, Paris 1925. In dem Band steht außer dem Lesevermerk: »p. 122 (remarque de Doris sur la musique)«.

VOM 21. FEBRUAR BIS 2. MÄRZ hält sich Hofmannsthal vor Antritt seiner

Reise nach Marokko, die ihm »der freundlichste Zufall« dargeboten hat, in Paris auf. R. vermittelt ihm die Bekanntschaft seines jungen französischen Freundes Pierre Viénot, der mit demselben Schiff übersetzt und ihm mit Rat und Anregungen zur Seite stehen kann, da er in einem freundschaftlichen Verhältnis zu dem Marschall Lyautey steht, »der ihn wiederholt monatelang bei sich in Marokko sich angeschlossen hielt« (an Helene von Nostitz, 5. 5. 25).

Christiane v. H. erinnert aus diesen Tagen ein gemeinsames Diner mit Hofmannsthal, R., Valéry, Paul Claudel und einigen anderen Schriftstellern bei der Fürstin Marguerite Bassiano in Versailles. R. führt sie auch am 23. 2. bei der Fürstin Bibesco und Charles du Bos ein. Mit Carl J. Burckhardt, Helene Hessel und später Thankmar von Münchhausen sind R. und sie mehrfach zusammen.

Zu den deutschen Freunden, die R. in Paris wiedersieht, gehört die seit 1923 in dritter Ehe mit dem Bankier Rudolf von Goldschmidt-Rothschild verheiratete Marianne Mitford.

IM FEBRUAR entstehen die ›poèmes français‹ »L'enfant, à la fenêtre, attend le retour de sa mère ...« und »Les Fugitifs. Restons au bord de cette route sombre ...«, mit denen R. die handschriftliche Sammlung »Exercices et Evidences« beginnt. Daneben kommt es zur Niederschrift des Gedichtes: »La Paix. A Madame la princesse de Bassiano. Nous avons intacte la face ...«

»CE MERCREDI« ist ein Billett an Valéry datiert: »Combien cela m'a manqué tout ce temps de ne vous voir jamais ... La foule d'apparitions dont j'ai subi l'affluence était incapable de vous remplacer un instant; aussi me suis-je rendu à tout endroit où il y avait le moindre espoir de vous rencontrer. Grace à l'invitation de la princesse de Bassiano, j'espère vous retrouver demain à ce déjeuner Grill-Room des Champs-Elysées; seulement pour prolonger un peu les moments permis, j'aimerais aller vous prendre chez vous, rue Villejust, un peu avant midi.«

23. FEBRUAR: R. geht in Begleitung von Christiane von Hofmannsthal zum Tee bei Princesse Bibesco.

Aurelia Gallarati-Scotti erklärt R. sein langes Schweigen und fährt fort: »J'ai l'occasion, d'ailleurs, de voir la fatalité de ma propre situation triplée en considérant le sort de mon grand ami Valéry qui se consume et s'épuise en payant, avec une génerosité sans exemple, le tribut que la société, avide de sa gloire, lui impose. Partagé comme il l'est entre tant d'obligations quotidiennes, je le vois rarement, à moins qu'un heureux hasard ou une sollicitude amicale ne nous réunisse à un déjeuner ou à l'heure du thé dans un salon ami. De temps en temps, je vois, toujours avec une joie particulière, de vos compatriotes, dernièrement cette charmante Madame Lucien Henraux qui m'a chanté du Monteverdi. Quelle splendeur, quelle profonde et riche gravité!«

R. überbringt die Manuskripte der Kassner-Übertragungen der Fürstin Taxis und die Bücher Kassners an Charles Du Bos. Das Exemplar aus Genf – Carl J. Burckhardt wird es von de Traz erbitten – will R. in Paris Jean Schlumberger für die Nouvelle Revue Française vorlegen (an die Fürstin).

25. FEBRUAR: In einem Billett verabredet sich R. für den folgenden Nachmittag mit Claire Goll.

ENDE FEBRUAR: Niederschrift des Entwurfs »Stimmen, Flöten und Fiedeln / ordnet der Orgel Föhn ...«

ANFANG MÄRZ: Betz berichtet: »Ces souvenirs étaient si vivants en lui qu'il songeait alors à écrire une relation de ses voyages en Russie.«

5. MÄRZ: An Frau Wunderly: »Comme j'ai peu changé, malgré Paris; au milieu de ce changement qui m'occupe, qui même me submerge pendant des jours entiers, mes conflits intimes sont restés les mêmes et me rongent, me rongent. N'en parlons pas.« R. berichtet, viele seiner Freunde seien schon im Süden, auch Valéry, Mme Pozzi, die er seit drei Wochen nicht gesehen habe, werde ebenfalls Paris verlassen, sobald sie dazu in der Lage sei: »Et je la perd ...« R. fährt fort: »J'ai peu à peu retrouvé ici à peu près tous mes Russes d'autrefois ... la pauvre Hélène Woronine, que j'avais perdue, il y a 26 ans, parce que, en se mariant après mon départ de St. Petersbourg, elle n'avait pas voulu me donner son nouveau nom ... A présent elle est ici, avec son mari, parmi les réfugiés, pauvre (elle qui dès son enfance avait l'habitude d'une richesse toute naturelle) pauvre, souffrante et vieille, et comme tous ces russes ici, sans avenir aucun. Je me console depuis quinze jours en fréquentant beaucoup et intimement une petite troupe de délicieuses marionettes russes. Sont-elles heureuses, elles qui en exprimant l'essentiel de notre sort, l'ignorent et ne subissent que la loi la plus universelle qui les fait remuer, celle de la pesanteur! Quelle condescendance de la Gravitation qui fait tourner les astres, que de consentir, dans ces poupées, à exprimer les futiles détails de nos chères et tristes vicissitudes; jamais l'innocence et la force de la marionette m'était plus évident que devant ces figurines émouvantes qui aiment sans amour et qui souffrent sans

souffrance. Qui ne nous incitent jamais, pour nous dépasser toujours. Elles aussi, elles sont pauvres en ce moment et ne trouvent pas de salle où jouer. Je leur cherche un mécène. A la première représentation privée qu'on avait fait pour interésser quelques directeurs de Théâtre, j'ai rencontré toute une petite colonie genèvoise. Et Jean Morax en plus. C'est que c'est Mr. Frank Martin (l'oncle de Mariette Meyenburg) qui s'occupe de la partie musicale de ce petit Théâtre.« Dieses Marionetten-Theater wird von Madame Julie Sazonowa geleitet, im »Atelier«. Die Kostüme sind von Madame N. Gontscharowa. Mme S. hat russische, italienische und türkische Marionetten gesammelt und bereits in St. Peterburg ein Marionetten-Theater geführt. R. lernt sie auch persönlich kennen und wechselt mit ihr in seiner Pariser Zeit zwischen dem 31.3. und 6.5.25 mehrere Briefe in französischer Sprache. Madame Sazonowa erinnert sich später: »R. erzählte über seinen Aufenthalt in Petersburg, der ihn ganz durch seine Ungewöhnlichkeit überwältigt hatte und in welchem sogar die Steine von Gedanken beseelt zu sein schienen. Über Rußland sprach er immer mit auffallender Zärtlichkeit. Es schien, als ob dem in Böhmen geborenen Dichter Rußland als geistiges Vaterland des Slawentums erschien und als ob es ihn zu Rußland hinzöge mit einer blutsverwandten Liebe.« (1943, Original russisch)

In seinem Brief vom 5.3.25 setzt R. seinen Bericht fort: »Mes engagements parisiens se trouvent à tout instant compliqués par de passants inattendus; avant-hier c'était tout d'un coup, Mme von der Mühll ... / Hofmannsthal était là pendant une dizaine de jours, en route pour le Maroc où il sera présenté au Maréchal Lyautey ...« Weiter: »Le livre de Unruh: je suis parfaitement d'accord avec Korrodi. C'est dommage que cet allemand qu'on avait reçu ici avec tant d'égard et de confiance, exprime sa singulière gratitude en froissant tout ce monde ... Même les quelques personnes auxquelles il a bien voulu accorder sa pompeuse bienveillance, sortent tout à fait ridicules de cette plume qui prétend ne savoir dessiner que des héros. Valéry par exemple! – Et avec cela tout le monde aimerait tant comprendre et savoir ce que c'est »l'allemand«: de tels échantillons déconcertent et rendent l'orientation impossible.« (An N. W.-V.)

8. MÄRZ: Paul Thun sendet R. aus Wien Korrekturfahnen der Gedichte für die »Europäische Revue«. Wenn er im Sommer nach Pontigny gehen sollte, will er in Muzot vorbeikommen.

AM 21. MÄRZ erscheint in den »Nouvelles Littéraires« ein Artikel »R. M. R.«

von Maurice Martin du Gard, der nach einer Darstellung von R.s persönlicher Erscheinung, seinem Leben und seiner Dichtung kurz R.s Eindrücke von Paris aus einer Unterhaltung mit R. wiedergibt: »Toutes les nuances du bonheur ou du malheur ou de la solitude, c'est seulement sur le visage des hommes de Paris que je les retrouve, et la vitalité française s'exprime dans la multiplicité de ces apparitions différentes; dans la rue, je ne traverse jamais un vide: je vais d'un visage à un autre visage avec le souvenir de la valeur sincère et non approximative du premier et tout est comblé aussi par une lumière délicate et pleine.« Martin du Gard schließt: »Il y a toujours des Français, il y a toujours des Allemands. Mais il existe des poètes aussi, et celui-là m'a donné le goût du fruit qu'on ouvre pour la première fois et dont le fond si pur est rempli d'un plaisir inconnu.«

R. schreibt an Madame Marthe Verhaeren nach St-Cloud.

22. MÄRZ: Mme Verhaeren antwortet: »Cher Monsieur, Les deux mains que je vous tendrai le jour où vous voudrez bien venir jusqu'ici, seront bien les deux mains même de Verhaeren, celles que, pleines d'affection, il n'a cessé de vous tendre, durant les douloureuses années, les dernières qu'il a vécues! Souvent, après qu'il fut si tragiquement parti, j'ai cherché à vous dire combien sa pensée et son cœur vous étaient restés inébranlablement attachés, mais – où vous trouver? ...«

24. MÄRZ: R. dankt für die Einladung und meldet seinen Besuch bei Mme Verhaeren für den 26. März in St. Cloud an: »Si, pendant ces dernières années, depuis que je me trouve en Suisse, des circonstances presque miraculeuses m'ont permis de reprendre ma vie et mon travail que j'avais cru longtemps interrompus à jamais, – la plus chère, la plus valuable consécration de cette intime continuité me semble continue dans ce geste magnanime auquel, en me l'annonçant, vous consentez d'un cœur obéissant et, par lui-même, infiniment généreux ...«

25. MÄRZ: R. bittet Frau Wunderly um Verzeihung für sein langes Schweigen. »Ich bin manchmal nahe am Nachhausefahren, Muzot, der schon erwachte Garten, mein Zimmer endlich wieder, die Bücher, die ich dorthin mitbringen werde ...« R. fährt fort: »Ich sehe immer noch neue Menschen, es ist lebhaft und sehr natürlich, sie zu sehen, oft ist das Gefühl, daß es so kommen mußte, vollkommen, wie gestern bei Giraudoux.« R. ist dankbar, für seine vielen Verabredungen nun häufiger ein Taxi benutzen zu können: »welche Erleichterung! Außerdem sah ich mich instand gesetzt, die Leute, denen ich am meisten ver-

pflichtet war, bei mir im Foyot zum Déjeuner zu haben: einmal M. und Mme Jaloux, ein anderes Mal die Doppelperson Fabre-Luce = Jacques Sindral u. s. w.« – »Mein ›Commerce‹-Honorar ist ganz wieder vom ›Commerce‹ eingeschlungen worden, denn da alle Welt meine Gedichte lesen wollte und fast niemand Commerce besitzt, mußte ich ... an die 30 Exemplare verschenken.« R. fährt fort: »Das Buch der Duchesse de Clermont-Tonnerre über Montesquiou und Proust ist eben erschienen: ich schicks Ihnen dieser Tage. Und der neue, mir zugeeignete Kassner ist da: Die Verwandlung. Ich bin sehr stolz ...« R. schließt: »Vielleicht kann ich noch die Rückkehr von Wanda Landowska aus Amerika abwarten: sie würde mich entschädigen«, dafür, daß R. kaum Musik hört. Und: »Bei Pitoëff sah ich Pirandello's Henri IV.« (Das von R. erwähnte Buch »Robert de Montesquiou et Marcel Proust« ist 1925 in Paris herausgekommen.)

AM 26. MÄRZ gibt R. seinem Brief an Frau Wunderly ein Postscriptum: – sein Wunsch, die ältesten Freundschaften wieder aufnehmen zu können, erfüllt sich, nach der Begegnung mit Helene Woronin hat er nun Madame Verhaeren wiedergesehen. R. schreibt für Frau Wunderly deren Brief ab.

IM MÄRZ entwirft R. ein Robinson-Gedicht: »Wenn die von der Insel mitgebrachten ...«, das sich auf den Gedichtkreis »Images à Crusoé« von St.-John Perse bezieht (1904), in: St.-J. Perse, »Eloges«, Paris 1925. Ferner entsteht: »Meint des Teppichs blumiger Grund ...« mit dem Vermerk: »(Aus den Gedichten einer ›alten Jungfer‹.)«.

2. APRIL: R. bittet Frau Wunderly telegraphisch um die ›Blätter‹ von Hulewicz und alle Sendungen des Insel-Verlags, die Valéry-Übertragungen betreffen.

3. APRIL: R. und Hofmannsthal machen auf Vorschlag H.s, der am 30. 3. 25 aus Nordafrika zurückgekehrt ist, einen Spaziergang im Jardin du Luxembourg.

5. APRIL: Graf Harry Kessler notiert in seinem Tagebuch: »Unruhs Buch über Paris hat hier durch den pöbelhaften Ton, in dem er von Mme de Noailles (›die Noailles‹) und anderen spricht, die ihn hier freundlich empfangen haben, wie ein öffentlicher Skandal gewirkt. Annette Kolb meinte in ihrer drolligen Ausdrucksweise ›schlimmer als eine verlorene Schlacht‹. Man findet ihn taktlos ... Dagegen sei R. der Salonlöwe ›gerade so, wie sich Franzosen einen deutschen Dichter vorstellen‹. Er hat sich anscheinend hier ganz von der Klossowska einfangen lassen.«

APRIL: Die »Europäische Revue«, herausgegeben von Karl Anton Rohan (Jg. I, Heft 1, Leipzig, im Verlag Der Neue Geist), bringt »Gedichte von R. M. R.«, I. »Handinneres«, II. »Nacht. O du in Tiefe gelöstes ...« und III. »Schwerkraft«; entstanden am 1., 2./3. und 5.10. 24 in Muzot.
FRÜHJAHR 1925: Das französische Gedicht »Les Anges, sont ils devenus discrets! ...« entsteht, R. nimmt es, ebenso wie die gleichzeitigen »Qu'il est doux parfois d'être de ton avis ...« und »Dans la blondeur du Jour ...« in die »Vergers« auf, (22, 27 und 46); gleichzeitig entwirft R. noch folgende ›poèmes français‹: »A Marie Laurencin. Comme dans les cartes de géographie ...«, »L'Avenir. L'avenir: cette excuse tu temps ...«, »Maternité. Ma vie, tu me l'as remplie ...«, »Saint-Sulpice. Tout s'accorde parfaitement ...« und »La Danse dans l'Escalier. Ce Monsieur du premier ...«
VOM 10. BIS 18. APRIL liegt R. an Grippe erkrankt im Hôtel Foyot und wird von Baladine K. betreut. Betz berichtet: »Vers la fin d'avril, ce fut une grippe qui le tint alité pendant une huitaine de jours seulement, mais dont la fatigue, consécutive à des journées de fièvre, se prolongeait encore vers le milieu du mois de mai. Avec quelques interruptions, notre collaboration se prolongea ainsi pendant plusieurs mois ...«
13. APRIL, Ostermontag: R. meldet Christiane Hofmannsthal, die ebenfalls erkrankt ist: »Meine Freundin, Frau Klossowska, hatte, da sie mich gestern allzu verdrossen fand, die Idee, mir ›La femme changée en renard‹ vorzulesen –, das war charmant, ein wenig zu rührend für meine Schnupfenverhältnisse. Wie in gewissen Verwandlungs=Mythen (den japanischen, von der weißen Füchsin z.B.) wird hier ein Grund=Ton des Verhängnisses angeschlagen. Der alte Mythos schlägt ihn nicht so vielfach abgewandelt an: hier ists diese Abwandlung und zugleich die Sachlichkeit, mit der sie in unzähligen kontrollierbaren Nüancen angeboten wird, die diese Geschichte außerordentlich und zu einer unsrigen macht. Ich bin nun wirklich gespannt auf diese deutsche Version, die Sie ausarbeiten ...« Christiane H. arbeitete an der Übertragung des 1922 erschienenen Romans »Lady Into Fox. The Metamorphosis of Mrs. Tebrick« von David Garnett; sie kam nicht zum Abschluß.
19. APRIL: R. schreibt an die erkrankte Frau Wunderly in Meilen: »J'ai eu au même moment, ma petite maladie desirée ou appréhendée je ne sais, – une méchante grippe-bronchite. C'est passé, je sors depuis hier, mais l'ébranlement de la toux et la fièvre qui était subitement très violente le premier jour, m'ont laissé un désordre dans tous les organes

et surtout une ridicule faiblesse dans ma pauvre tête ... Cela passera. ›Gedulden, gedulden, gedulden!‹ ...« R. schließt: »J'ai trouvé le même jour un delicieux petit pâtre (ivoire ancien, Renaissance peut-être) petit chef-d'œuvre touchant que vous allez beaucoup aimer.«
Die »Frankfurter Zeitung« enthält in der Sonntagsausgabe »Gedichte von Paul Valéry. Übertragen von R. M. R.«: »Die Schläferin«, »Die Schritte«, »Interieur« und »Der Ruderer« mit dem Vermerk: »Aus der im Sommer im Insel-Verlag erscheinenden einmaligen Ausgabe«. (»Die Schläferin« ist bereits am 1.10.24 in »Wissen und Leben« publiziert.)

25. APRIL: An Charles Du Bos heißt es: »j'aurais été très content de retrouver, chez vous, dans le cercle d'amis, Wassermann que je n'ai pas rencontré depuis tant d'années.« Leider fühle er sich noch nicht wohl genug.

WOHL ENDE APRIL: Niederschrift des Gedichtes »Fragment d'Ivoire. Doux pâtre qui survit...« (»Vergers« 13). Die Elfenbeinfigur eines Hirten hat R. Ende März in Paris auf dem »Foire au Jambon« gekauft.

MAI: In der »Bibliothèque universelle et Revue de Genève« erscheint »R. M. R.: Sur les œuvres de Rodin«, traduction par René Rapin, ein Teildruck aus »Auguste Rodin«.

UM DEN 1. MAI entsteht das späteste der in »Vergers« aufgenommenen Gedichte: »Comment encore reconnaître ...« (32). R. schließt das Manuskript der »Vergers« ab und legt nacheinander zwei Hefte an, in die er die Reinschriften seiner Gedichte in französischer Sprache einträgt: »Exercices et Evidences« betitelt. Einzelnes hieraus ordnet er später den noch von ihm zum Druck vorbereiteten Gedichtkreisen »Les Roses« und »Les Fenêtres« ein. Die Hefte fassen Zerstreutes schon aus dem Februar 1925 aus Taschenbüchern und Notizen zusammen, oft in einer überarbeiteten Fassung. Sie entsprechen R.s handschriftlicher Sammlung seiner deutschen Gedichte »Aus Taschen-Büchern und Merk Blättern in zufälliger Folge« vom Spätherbst 1925. Die »Exercices et Évidences« werden als Ganzes nicht veröffentlicht. Die Sammlung beginnt mit »L'enfant, à la fenêtre, attend le retour de sa mère ...« aus dem Februar 1925, dreizehn Gedichte stammen aus diesem Jahr, vorwiegend aus dem Frühsommer und Sommer in Paris.

MAI ODER JUNI 1925: R. entwirft für Ernst Křenek den kleinen Zyklus »Ô Lacrimosa I-III«. Křeneks Komposition der drei Gedichte »Für eine hohe Stimme mit Klavierbegleitung« erscheint 1926 als sein Opus 48 bei der Universal-Edition A.-G. Wien: »Dem Dichter als kleine Gegengabe« gewidmet.

ANFANG MAI: Valéry schreibt an R. im Hôtel Foyot: »Lundi: Cher ami – Je suis désolé d'apprendre que Vous aviez été si souffrant. Etre seul à l'hôtel, et souffrant, est une idée qui est bien pénible. Je suis rentré depuis quelque deux jours sans grande reprise de mes forces, et sans joie. Je trouve bien des tourments ici, et un travail énorme et misérable [?]. Je reviendrai vous voir un de ces jours vers la fin de la semaine – car enfin on s'est peu vus! De tout cœur, ami, et du plus profond de l'esprit. P. Valéry.«

4. MAI: R. erzählt der Fürstin Taxis von seiner Erkrankung. »Ich sehne mich nach Muzot und kann doch, leider, aus mancherlei Gründen noch nicht fort. Kassners Buch (bitte, sagen Sie's ihm) ist mir eine tägliche Freude und die intimste Aufrichtung: durch seinen Inhalt und, sooft ich zu lesen nicht fähig bin, durch die große Thatsache, daß es mich nennt und mir so besonders und bleibend zugekehrt ist!« Die Fürstin hat R. gefragt, ob er in nächster Zeit nach Wien komme, um ihn für eine von Hofmannsthals Schwager, Pater Schlesinger, veranstaltete »Wohlthätigkeitssache« zu gewinnen, R. antwortet: »die Geschäfte in Wien sind immer noch zu erledigen, aber fürs Nächste ist keine Aussicht für mein Hinkommen. Wir werden uns wohl vorher in Ragaz sehen, darauf freu ich mich unbeschreiblich; und diesmal will ich auch richtig baden dort und etwas für mich thun.«

5. MAI: »Dans un petit cabaret du B^d Raspail, il y avait hier une soirée en honneur de Spitteler. Charles Baudouin était venu exprès de Genève pour faire la conférence: il y avait tout juste 8 personnes dans la salle, en ne pas comptant celles qui étaient venues pour réciter ou faire de la musique. Et les journaux avaient annoncé que cela se passera sous le patronage du ministre de Suisse!!!« (An N.W.-V.)

Auf eine Anfrage von Professor Jonas Fränkel, ob R. bereit sei, sich an einer Feier von Spittelers 80. Geburtstag aktiv zu beteiligen, antwortet R. ablehnend: »Und so bedeutend mein Erlebnis am ersten ›Prometheus‹ gewesen ist, so sehr es neulich belebt und abgewandelt wurde durch die Teilnehmung an dem ergreifenden Alterswerk das von der gleichen, früh aufgetürmten Gestalt einen so tiefen Abschied nimmt, – so sehr, gleich nach dieser Lesung, Spittelers Tod mich erschüttert hat –: augenblicklich bin ich von allen diesen Eigentümern meiner inneren Welt durch eine ständige Verschiebung meiner Aufmerksamkeit, wie von durchaus Unerreichbarem, abgetrennt ...« (Datum unbekannt)

R. trifft um diese Zeit Harry Kessler.
An Frau von Nostitz schreibt R., daß er bedaure, ihren ›Privatdruck‹ »Aus dem alten Europa« durch Kessler nicht erhalten zu haben, und bittet, ihn bei der nächsten Ausgabe zu bedenken. R. empfiehlt ihr seinen »jungen französischen Freund« Pierre Viénot, der nach Berlin geht, und schließt: »Der Aufsatz über das Unruhsche Buch [von Alfred von Nostitz] in der Europäischen Revue hat mir sehr wohl getan!, da ich, besonders am Anfang meines Hierseins, ungefähr die gleichen Menschen sah, die U. zu schildern oder auch nur zu zeigen sich so ungeschickt und plump und übertreibend erweist, so konnte ich aus erster Hand ermessen, welchen überflüssigen Schaden dieses, in allen seinen Mitteln sich irrende Buch hier angerichtet hat.« (= »Flügel der Nike«)
7. MAI: An Kippenberg berichtet R., er habe selbst die Malte-Übertragung von Betz ›überwachen‹ können: »Nun tut mir Edmond Jaloux die Ehre an, mein Buch als erstes einer Serie ausländischer Prosa in dem Verlage von Emile-Paul, schon im Oktober, publizieren zu wollen.« R. bittet um besonderes Entgegenkommen des Insel-Verlages bei den Verhandlungen. Ferner trägt er Kippenberg an, er solle für Deutschland die Zeitschrift »Commerce« in Kommission nehmen, die unter dem Protektorat der Fürstin Bassiano steht und von Valéry mitherausgegeben wird. »Commerce« zeige auch »große Werke des deutschen Schrifttums« an, – »bisher Büchner, Meister Eckhart – nächstens: Hölderlin«.
12. MAI: Valéry hat R. gefragt, ob er sich für ihn um die Verleihung des Ordens der Ehrenlegion bemühen solle. R. antwortet: »J'ai réfléchi depuis: non, cher ami, ce ne sera pas moi qui augmenterai le nombre de vos corvées; cela doit être une tâche bien ingrate, il me semble, que de faire une demarche pareille, et encore en faveur d'un étranger. Pour moi, si j'y pense ma situation, en cas d'une réussite, se compliquerait peut-être par le fait d'avoir (en 1918) décliné une décoration autrichienne qui tombait sur moi un peu au hasard. A ce moment je me sentais un goût très prononcé à ne jamais en accepter une. Il est vrai que de toutes les distinctions qui prétendent honorer un heureux courage d'esprit, ce petit ruban m'a toujours semblé la seule qui, à une certaine place reprend toute sa valeur significative. Mais il me suffit, croyez moi, mon cher ami, de constater l'éclat de ce rouge affirmatif à votre boutonnière (ou, par exemple, à celle de Valery Larbaud) où d'ailleurs, je le vois mieux que s'il était à la mienne.« R. bewundert die Perfektion des von Valéry eben in der N. R. F. veröffentlichten Prosatextes: »Fragment

d'un Descartes«. (Die Überlastung Valérys, von der R. spricht, hängt mit dessen bevorstehender Wahl in die Académie Française zusammen.)
Seine Mutter beruhigt R.: »Was mein hiesiges Leben angeht, so war es, auch in der Zeit, da ich viel ausging nicht so angreifend und ermüdend, wie Du es Dir vorstellen möchtest. Jetzt, vor allem, ist es viel ruhiger und behaglicher, ich sehe nur die näheren Freunde, höre viel Musik, was mir nach der jahrelangen Entbehrung dieser Kunst sehr wichtig und wohlthuend ist, und genieße, jede freie Stunde, den herrlichen Luxembourg-Garten, dicht vor meiner Thüre.«
15. MAI: Die Festschrift für Joachim von Winterfeldt erscheint in Berlin, darin R.s Gedicht: »Unangemessen traf der Wink des Geistes ...« vom 4. 4. 24.
23. MAI: Diner im Hause Bassiano, zusammen mit Hofmannsthal, Boris von Schlözer, Paul Valéry und Claudel.
24. MAI: Am Sonntag ist R. bei Jean Cassou, wo er Miguel de Unamuno trifft, dem er zwar andernorts bereits vorgestellt worden ist, aber mit dem es dort zu keinem Gespräch gekommen war. Am 26. 6. 25 dankt R. Jean Cassou für eine neuerliche Einladung.
25. MAI: Déjeuner mit Christiane und Hugo von Hofmannsthal.
FRÜHSOMMER: Aus der Produktion dieser Wochen nimmt R. folgende Gedichte in die Sammlung »Exercices et Evidences« auf: »Chat. Chat d'étalage, âme qui confère ...«, »Enterrement. Parmi les machines rapides ... und »Doute. Tendre nature, nature heureuse, où tant ...« Außerhalb verbleiben: »Leçon grammaticale. Je te compare à ce très énergique ›Ma‹ ...« und sieben Entwürfe.
26. MAI: R. hofft auf Kippenbergs Besuch in Muzot: »Könnten wir doch auch über die Fragen der Gesamtausgabe, ehe sie in Angriff genommen wird, uns erst noch mündlich unterhalten! Ich notiere heute nur zwei Bedenken, vorläufig. Das unmittelbare Nebeneinander meiner jugendlichen Vor-Prosa (die noch keine war) in den ›Geschichten vom Lieben Gott‹ und des ›M. L. Brigge‹ sagt mir wenig zu – (wird sich aber, seh ich ein, kaum ändern lassen). Ebenso verdrießlich ist die Verdrängung des Rodin unter die Übertragungen –, und ob dort überhaupt Raum bleibt für den ganzen Rodin-Text, wenn die Michelangelo-Gedichte ihren Platz in dem geplanten Bande erst eingenommen haben? Ich meine, seinerzeit, von München aus, eine Abschrift dieser Übertragungen im sichern Schranke der ›Insel‹ deponiert zu haben; es ist kaum etwas seither hinzugekommen.« R. schlägt vor, den »Rodin« zwischen die »Ge-

schichten vom lieben Gott« und den »Malte« zu stellen: »denn die Rodin-Monographie stellt in der Tat, was die Entwickelung meiner Prosa angeht, den Übergang dar zwischen jenen beiden anderen größeren Prosaarbeiten. Ließe sich nicht, wenn wir von Prosafragmenten ausgehen, der 4. Band doch noch aus diesen drei Elementen zusammenstellen? Über die Zusammenstellung von Band I, II, III besteht kaum ein Zweifel; und es wird, sowie ich mich auf Muzot finde, mein erstes sein, die neuesten Gedichte und Vers-Fragmente für den 2. Band zu ordnen.« R. bittet, nichts zu übereilen, es sei ihm ohnehin erwünscht, wenn die Ausgabe nicht zum 50. Geburtstag am 4.12.25 erscheine, da er diesen Tag von sich aus lieber »übersehen und übergangen« wisse. Im zweiten Teil des Briefes geht es um die Einladung R.s zum Bankett des »PEN-Klubs«, angeblich als Vertreter der Tschechoslowakei. »Von einer ›Vertretung‹ der Tschechoslowakei war bei alledem niemals die Rede gewesen. Allerdings hatten hiesige Zeitungen die Namen der Eingeladenen nach ihren Ursprungsländern angeführt, wogegen ja nichts einzuwenden ist. Das gab wohl die Basis ab für jene bösartige Notiz, die an Ungenauigkeiten nichts zu wünschen übrig ließ: der Einladende, z. B., war kein Amerikaner, sondern der große englische Romancier Galsworthy; Paul Valéry war durch viele Jahre, bis zu dessen Tode, Privatsekretär des Mr. Lebey, Direktors der Agence-Havas, nicht aber ›Schriftleiter‹ dieser Agence, etc. ... Im Übrigen, ohne jedes Recht, sie je zu vertreten, habe ich gegen die Tschechoslowakei nichts einzuwenden, und wenn man mich, dem Ursprung nach, dorthin rangiert, so verhalt ich mich still und höflich dieser Tatsache gegenüber, die ja immerhin an dem Kompositen meines Wesens ihren Anteil haben mag.« R. hat die Einladung zum Bankett bereits vorher abgelehnt.
ENDE MAI schreibt R. für Thankmar von Münchhausen in die »Duineser Elegien« die Mitte Februar entstandenen Verse ein: »... Antwort zu geben jedem, dem geringsten / Anruf des Lebens ...«
FRÜHSOMMER: Niederschrift der Entwürfe: »So laß uns Abschied nehmen wie zwei Sterne ...« und (im Juni): »Auch dieses ein Zeichen im Raum: dies Landen der Taube ...«
3. JUNI: Zusammensein R.s mit dem Tänzerpaar Alexander und Clotilde Sacharoff. R. schenkt ihr das »Commerce«-Heft mit seinen französischen Gedichten und widmet es ihr mit der Einschrift: »A Clotilde Sacharoff – au jour de Ste Clotilde – admirativement, amicalement, depuis toujours: R. (Paris, ce 3 juin 1925)« und dem Gedicht: »Danser: est-ce remplir un vide? ...«

»AU DÉBUT DE L'ÉTÉ«: Nach seinen Tagebuch-Aufzeichnungen berichtet Camille-Schneider, ein elsässischer Freund von Maurice Betz, über eine dreitägige, aus dem Stegreif unternommene gemeinsame Reise mit R. nach Straßburg, Molsheim und Colmar. R. und der kaum 25jährige Camille-Schneider werden durch Betz miteinander bekannt. Im Jardin du Luxembourg sprechen sie über einige Übersetzungen von C.-S. aus den »Geschichten vom lieben Gott«, die in der »Revue Rhénane« kürzlich erschienen sind. Beim Abschied sagt R. unvermittelt: »J'aimerais revoir Strasbourg avec vous, et Colmar aussi.« Am selben Abend reisen sie ab, kommen nachts in Straßburg an. »L'après-midi, R. vint me prendre et me proposa une promenade qu'il avait faite jadis, aux ›deux seuls monuments vraiment beaux‹ de la ville.« Sie besuchen das Münster: »comme un ›être vivant qui continue nuit et jour son dialogue avec l'éternité‹...« und einen Brunnen auf der Terrasse des Palais Rohan. »A quelques pas de là, rue des Bouchers, le poète me fit voir l'immeuble qui avait abrité l'imprimerie G.-L. Kattentidt. Il me raconta comment Kattentidt quittant Prague vers 1893 s'était établi à Strasbourg sous la raison sociale ›Jung-Deutschland-Verlag‹... Il [R.] avait fait une visite à son éditeur strasbourgeois... ›A ce moment‹, me dit-il encore, ›je voulais à tout prix me défaire de mes souvenirs de jeunesse en Bohême. C'est pour cette raison que je me fis éditer à Strasbourg. Mais c'est surtout la compréhension de M. Kattentidt, homme plein de goût et de force, qui décida peut-être de tout mon avenir, en satisfaisant ce ›Sturm und Drang‹ qui me poussa violemment à voyager au delà des frontières de mon malheureux petit pays‹.« Am Abend noch bringt der Zug die Reisenden nach Molsheim ins Elternhaus von Camille-Schneider. Nach einem morgendlichen Streifzug durch Molsheim geht es dann nachmittags im Auto nach Colmar und ins Unterlinden-Museum. »»Nous voici parvenus‹, dit-il, en respirant profondément, ›nous voici parvenus devant cette foi de tout un siècle matérialisée par la couleur, la lumière et les ombres, moulée dans les formes et les figures‹.« C.-S. fährt fort: »Il m'abandonna un instant pour examiner un par un les volets du retable... En quittant la haute voûte, il se retourna, montra le retable d'un doigt qui évoquait pour moi celui de saint Jean dans la Crucifixion, et affirma: ›Dire que Goethe n'est jamais venu découvrir cette grandiose métamorphose des siècles et des hommes‹... Nous nous quittâmes peu après assez brusquement.« R. kehrt allein nach Paris zurück. (Bis zur Französischen Revolution befand sich der Grünewald-Altar in Isenheim.)

R.s Aufgeschlossenheit für den jungen Elsässer stimmt zusammen mit seinem Interesse für die Zeitschriften der jüngsten Generation, über das Betz berichtet: »les revues, elles aussi, l'intéressaient, et de préférence les plus jeunes, les plus inconnues. Cette floraison incessante de cahiers éphémères dédiés à la poésie, à l'art, lui semblait un des plus sûrs garants de la vitalité française et il parcourait ces fascicules avec une curiosité qui était parfois récompensée. Les vers qu'il découvrait ainsi, il les transcrivait avec soin dans son carnet de poche, notant aussi les noms des poètes qui l'avaient frappé et qu il désirait connaître ...« So entdeckt sich R. die schönen Gedichte des bald darauf 25jährig verstorbenen Belgiers Odilon-Jean Périer.

15. JUNI: Die »Europäische Revue« bringt in Jg. 1, Heft 3: »Gedichte von Paul Valéry. Deutsch von R. M. R.« – »Morgenröte«, »Heimliche Ode« und »Der verlorne Wein« als Vorabdrucke.

20. JUNI: An Kippenberg: »Die nun aufgestellte Liste, die, wie die ursprüngliche Skizzierung, eine Verteilung auf sechs Bände vorsieht, scheint mir sehr glücklich angelegt: sie hat meine ganze Zustimmung, und die Verwirklichung unserer Gesamtausgabe tritt mit ihr, nun auch für mich, in das Gesichtsfeld des Nächsten und Übernächsten.« R. berichtet über seine gemeinsame Arbeit mit Betz am »Malte«, den er »Zeile für Zeile durchgesehen« habe, und fährt fort: »Eine sympathische Revue ›Les Cahiers du Mois‹ (an der mein Übersetzer, Maurice Betz, als Redaktionssekretär beteiligt ist) kündigt ein ganzes Heft an, das meinen Namen trägt.« Es soll »Reconnaissance à R.« heißen. Kippenberg möge dies Vorhaben durch Artikel und Broschüren aus dem Archiv der Insel bitte unterstützen.

UM DEN 20. JUNI: R. schreibt an Betz: »Cher Ami, Je suis, je crois, arrivé (à moins que trop de fautes ne s'y soient glissées) à vous épargner la peine de revenir sur ces deux strophes chantées qui se trouvent dans le second volume du Malte. Voici ma version. Elle a, me semble-t-il, l'avantage de reproduire à peu près cet élan rythmique qui, dans le texte allemand, fait que la voix de la jeune fille s'élève au-dessus de la prose et se détache d'elle de son propre essor ...« Die französische Fassung des Liedes beginnt: »Toi, à qui je ne confie pas / mes longues nuits sans repos ...« Im selben Brief geht R. auf eine weitere Einzelheit ein: »Et pour la tache sur le parquet: si nous pensions à ›profil‹, au lieu de nous heurter à ›physionomie‹?« (= »Malte«, 1. Teil, 32. Abschnitt) R. endet: »Quant à notre déjeuner: le mardi (23 juin) vous conviendrait-il?

Je vous prierais alors, Madame et vous, de venir me prendre à Foyot, à 12 h. ½, soit que nous y restions, soit que nous nous dirigions ensemble vers quelque autre restaurant, selon l'humeur du moment ...« Betz berichtet, R. habe zu ihm von Arbeitsplänen gesprochen, als sie die letzten Seiten des »Malte« durchgesehen hätten. R. habe gesagt: »De même que Muzot avait fermé le cycle des›Elégies‹, la Provence recelait, croyait-il, des mots et des images qui avaient eu le temps de mûrir depuis 1909 et qui s'éploieraient, bientôt peut-être, en quelque combinaison nouvelle. Telles choses qui n'avaient été qu'indiquées dans les ›Cahiers‹, en formeraient le puissant arrière-plan. C'était à un ouvrage en prose qu'il pensait, livre qui pourrait être aux ›Elégies de Duino‹, disait-il – répondant à mes questions, non sans surmonter des obstacles intérieurs, – ce que les ›Cahiers‹ avaient été aux ›Nouvelles Poésies‹ et au ›Livre d'Images‹.« In Paris, so berichtet Maurice Betz an anderer Stelle: »R. prit un plaisir très grand à lire les ›Messieurs Golovleff‹ de Chdchédrine dont je lui avais prêté la traduction française. Il lut également plusieurs ouvrages d'Ivan Bounine dont il avait fait la connaissance ...« Von Giraudoux liest R. seinem jungen Freund aus dessen eigenem Exemplar einen Abschnitt der »L'Ecole des Indifférents« vor: »il le feuilleta rapidement et me lu ce début de chapitre de ›Jacques l'Egoiste‹: ›La mort? Les morts? ...‹.« (Der Tod Ediths) Zu zeitgenössischer deutscher Literatur befragt, zeigt sich R. zögernd: »Hofmannsthal, Stefan George et Werfel étaient les noms qu'il citait en premier lieu. Il nommait encore deux femmes, presque inconnues en France, Regina Ullmann et Ruth Schaumann, dont l'œuvre poétique lui semblait importante.« R. macht Betz außerdem auf das Buch »Le dernier homme« von Max Picard aufmerksam. An eigenen Büchern, berichtet Betz, habe R. mehrere Bände einer Kierkegaard-Ausgabe mit sich geführt: »R. lut beaucoup Sören Kierkegaard.«

WOHL AM 23. JUNI: Betz berichtet: »Auparavant, nous avions eu ›notre déjeuner‹ pour fêter l'achèvement heureux des ›Cahiers‹. Il eut lieu rue de Valois, au premier étage du ›Bœuf à la mode‹, dans un cabinet particulier décoré d'anges de Boucher et d'inattendus canapés de soie rose. R. était franchement joyeux ... se plaisant d'un bout à l'autre du repas à inaugurer un R. inconnu, de la plus exubérante gaieté. Baladine K. et ma femme assistaient à ce déjeuner qui se prolongea assez tard dans l'après-midi.«

JUNI: R. hat André Gide nach dessen Blinddarmoperation im Hospital besucht und schreibt ihm nun: »Il faut que je vous dise l'émotion profonde que j'ai éprouvée à passer auprès de vous cette heure ... Je suis entré hier, sans difficulté aucune, en possession de mes deux caisses; la mémoire de M. Saucier n'avait point faibli; grâce à son amabilité elles étaient vite retrouvées et je m'occuperai aujourd'hui de leur secret. Pendant cette ›recherche du temps perdu‹ qui sans doute n'ira pas sans mainte émotion et mainte surprise, ma reconnaissance envers vous sera de la plus vive actualité.«

26. JUNI: R. schreibt an Frau Wunderly: »Si j'ai tant prolongé, c'était dans l'espoir de corriger certaines erreurs de ma vie de Paris, de la recommencer, d'un jour à l'autre, d'une plus libre façon ... Aussi c'est ma seule consolation: que notre cher Muzot existe ...« Sie möchte bitte alles tun, um »Sainte-Frida« in Muzot zu halten.

An Frau Weininger meldet R., »Erneuerung« sei ihm nicht gelungen. »Dafür hab ich hier, zum ersten Mal seit dem Krieg, die wirklich verstörenden Veränderungen im Tempo und in der Natur des täglichen Lebens zu erfahren bekommen, und (ich kann mir nicht helfen) mir kommt es vor, als ob die nächste Zukunft wider alles sei, was uns vordem lieb war und noch lieb sein muß, als ob sie eine Rücksichtslosigkeit und Blindheit haben würde allen unseren unaussprechlichsten Werthen gegenüber, ähnlich wie schon der Krieg sie bethätigt hat, nur im viel Größeren noch ... Das Amerikanische hat die Oberhand oder das Bolschewistische ...«

R. fährt fort: »Daß Weininger, so groß und reichlich, geholfen hat, war ein Wunder für die beiden jungen K. Der ältere, unbeschreiblich ermuthigt durch diesen Beistand, hat schon angefangen, seine Examina an der Ecole des Etudes Sociales zu machen, der jüngere steht mehr als je in seiner Malerei und hilft sich durch mit dem eigenthümlichen graden Instinkt seiner ächten Begabung. Sagen Sie W., wie es mich beglückt, so helfen zu können in diesem Fall· (denn er hat mir nicht erlaubt, zu sagen, daß er, hinter mir und durch mich, der Helfende sei.) Leider hab ich ihn nur einmal, und nur ganz kurz, hier gesehen ...«

Bei Claire Goll entschuldigt sich R. für sein langes Schweigen: »Elisabeth Bergner aber hab ich schön und lebhaft gesehen und eine Stunde mit ihr verbracht, die wir uns einander gegenseitig ins Licht gerückt haben: in ihr strahlendes Licht.«

1. JULI: Die »Nouvelle Revue Française. Revue mensuelle de Littérature et de Critique«, Directeur: Gaston Gallimard, Redacteur en chef

Jean Paulhan, bringt fünf französische Gedichte R.s (Jg. 12, Nr. 142). »Chemins qui ne mènent nulle part...« (»Quatrains Valaisans« 31, Muzot, Anfang September 1924), »Ici la terre est entourée...« (»Quatrains Valaisans« 23, Muzot, 1. 9. 24), »Reste tranquille, si soudain...« (»Vergers« 3, Muzot, Ende Januar 1924), »Vues des Anges, les cimes des arbres peut-être...« (»Vergers« 38, Muzot, Anfang März 1924) und »Ô mes amis, vous tous, je ne renie...« (»Vergers« 39, Muzot, Anfang März 1924).

3. JULI: Walter Benjamin dankt R. dafür, daß dieser ihn Hofmannsthal gegenüber für die Übertragung des im Januar 1924 in der Nouvelle Revue Française erschienenen Gedichtes von Saint-John Perse »Anabase« vorgeschlagen habe: »Ich bin sehr glücklich, an einem kleinen Teile, dank Ihrer Güte, an der Verbindung deutschen und französischen Schrifttums wirken zu dürfen...« Hofmannsthal hat ursprünglich R. für die Übersetzung gewinnen wollen.

Benjamin übersendet R.: »Beifolgend... sieben Kapitel« seiner Übersetzung der »Anabase« von St.-John Perse. Weiter heißt es: »Meine letzte erschienene Arbeit über Goethes Wahlverwandtschaften erlaube ich, zum Zeichen meiner dankbaren Ergebenheit, mir, Ihnen mit der nächsten Post zugehen zu lassen.« Benjamin bittet R. um Anmerkungen zu seiner Übertragung, worauf dieser ihm sein eigenes Exemplar der »Anabase« schickt, das Anstreichungen und Randnotizen aufweist. Im Spätherbst sendet R. Benjamin ein fragendes Telegramm, auf das B. am 9. 11. 25 aus Riga antwortet, er habe seine Übertragung fertiggestellt.

7. JULI: R. schreibt an die Fürstin Taxis nach Ragaz, wie sehr er bedaure, sie dort zu versäumen. »Ich kann nicht sagen, ob ich so sehr hier festgehalten bin, oder nur so entschlußlos und schwach, daß ich den letzten Ruck nicht leisten kann ... Ich muß (körperlich und seelisch zugleich) durch eine Zone eigenthümlicher Depressionen.«

JULI: »Der Türmer. Monatsschrift für Gemüt und Geist«, herausgegeben von Friedrich Lienhard in Stuttgart, bringt einen anonymen Beitrag »R. in Paris« (27. Jg., Heft 10). In dem Aufsatz ist der von der »Auslandspost« in München wiedergegebene Artikel von Maurice Martin du Gard aus den »Nouvelles Littéraires« vom 21. 3. 25 polemisch besprochen. »Wir haben diesen Artikel über einen nun wieder in Paris herumträumenden deutschen Dichter mit Kopfschütteln gelesen...« Der Kritiker nimmt besonderen Anstoß an dem vorletzten Absatz des ›Interviews‹ von Martin du Gard: »Es ist für uns schwerringende Deutsche, die wir mit ganzem Sinnen und Trachten auf Wiederaufbau bedacht sind ...

nicht leicht solche Dinge zu lesen. Am schwersten leiden wir unter Frankreich und der ›größte Lyriker des heutigen Deutschlands‹ flaniert in Paris herum.«

10. JULI: R. erklärt Werner Reinhart sein langes Schweigen: »Ich lebte mit mir selber in einer Art anonymer Abwartung, wie verpuppt in den Cocon der immer dichteren Umwelt und ohne Urtheil darüber, was das alles an mir grade zu leisten im Begriff sei. Diese Unklarheit hat schließlich meinem Aufenthalt diese absurde Länge zuwachsen lassen: immer, sooft ich des Hierseins müde oder überdrüssig war, meinte ich, hundert Anfänge abzubrechen, die zu weit gediehen waren, um sie einfach im Stich zu lassen ... Was zur Verwirrung beitrug, war, daß ein an sich vielfach verändertes und erschüttertes Paris mir immer unkenntlicher wurde, je mehr ich auf eine Lebensweise einging, die mit meinem langen einstigen Hiersein in fortwährendem Widerspruch stand.«

14. JULI: Gide bricht mit Marc Allégret nach dem Kongo auf, R. und Baladine K. sind zum Abschied am Bahnhof, auch Pierre und Balthusz. Gide und R. sehen sich nicht wieder.

15. JULI: »La Revue Nouvelle« Directeur J. Manel-Lelis (Jg. 1, Nr. 8/9) bringt vier Gedichte R.s in französischer Sprache: »L'Avenir«, »Saint-Sulpice«, »La Dame [sic!] dans l'escalier« (richtig: »La Danse ...«) und »Leçon grammaticale«, alle aus dem Frühjahr in Paris.

MITTE JULI notiert R. die Zeile »Die Stimmen warnten mich, da hielt ich ein.« In die Sammlung »Exercices et Evidences« nimmt R. folgende Gedichte auf: »Source. Parle, ô source, toi qui n'es pas humaine ...« (Anfang Juli), »Mouvement de Rêve. Ascenseur, qui parcourt sans bruît les étages du rêve ...« (um den 6. 7. 24), »Autre Source. Ô source qui jaillit, ô volonté secrète ...« (um den 7. 7. 24), »Pour une autre ›Source‹. ... échangeons nos avis, vante-moi la neige ...« und »A la Seine. ... la paix de ces contours ...« (beide Juli 1924). In die Sammlung »Aus Taschen-Büchern ...« trägt R. später die Gedichte »Ach, nicht getrennt sein ...« und »Unaufhaltsam, ich will die Bahn vollenden ...« aus dem Sommer mit dem Vermerk »(Paris, 1925)« ein.

31. JULI: An Frau Wunderly: »Pour moi, Chère, je rentre un de ces jours à Muzot, peut-être si le temps n'est pas trop mauvais ... ferai-je un petit détour par le midi de la France; mon désir de connaître le pays de Valéry (Montpellier, Cette ...) déciderait alors de mon itinéraire. J'avais remis tout à la fin de mon séjour d'ici ma rencontre avec Marthe: jeudi il y a

huit [?], je l'avais vu la première fois et deux fois depuis. C'est à présent le désir de la voir encore qui me retient un peu. Hier j'ai déjeuné chez elle dans sa toute petite maison à Montmartre, et elle et Lurçat (son mari) m'ont longuement parlé du désert algérien qu'ils avaient traversé, en des circonstances privilégiées tout dernièrement, ayant été les invités d'un grand chef arabe.« – Frida Baumgartner bleibt nur bis zum 1.9.25 in Muzot, R. will sich selbst um Ersatz kümmern.

1. AUGUST: »Das Tagebuch«, herausgegeben von Stefan Grossmann und Leopold Schwarzschild, berichtet, R. verteidigend, im »Tagebuch der Zeit, letzte Juliwoche« (Jg. 6. Heft 31) in Berlin über R.s Aufenthalt in Paris: »Der deutsche Dichter R. M. R. gibt in Paris einen Gedichtband in französischer Sprache heraus. Vor einigen Wochen las man in einigen Zeitungen die unwahrscheinlich klingende Nachricht, R. habe einem französischen Journalisten gesagt: ›Ich bin kein Deutscher‹ ... Fragt man sich, was R. zu diesem Ausflug über die deutsche Grenze verlockt haben mag, so gibt es dafür zwei sehr deutliche Erklärungen. Er ist in Prag geboren. Wann hat die Heimat an ihn gedacht? ... Zweiter Erklärungsversuch: Mit der deutschen Wirklichkeit ist R. in München zusammengestoßen, als das Hausknechtsgesicht des Herrn von Kahr über München zu strahlen begann. Damals ist R. als Tschechoslowak oder gar als judenverdächtig von den Polizisten des Herrn Pöhner in der rohesten Weise angefaßt worden. R. mußte über die bayrische Grenze ...«

UM DEN 1. AUGUST schreibt R. das Gedicht »Disgrâce divine«, das er in »Exercices et Evidences« aufnimmt.

ANFANG AUGUST: Auf die Fontaine de Marie de Médicis im Jardin du Luxembourg, die Acis und Galatea von Polyphem belauscht darstellt, bezieht sich der Entwurf: »Schon etwas von dem Abschied schwebt und drängt, / schon flecken gelbe Blätter die Fontäne ...«

AUGUST: »Durant les dernières semaines de son séjour à Paris«, berichtet Betz, »je ne devais revoir R. qu'à intervalles plus longs et rarement seul. C'était un jour chez l'éditeur des ›Cahiers‹, Emile-Paul, où nous avions pris rendez-vous, en même temps qu'Edmond Jaloux, alors directeur littéraire de cette maison, pour la signature du contrat.«

15. AUGUST: Walter Mehring schreibt im »Tagebuch« Berlin (Jg. 6, Heft 33) über R.s Gedichte in französischer Sprache unter dem Titel »Der Fall R.«. Darin heißt es: »Denn der Dichter hat mich um Veröffentli-

chung folgender mündlicher Aeußerung gebeten: ›Welch eine Unsinnigkeit, mir zu insinuieren, ich hätte je behauptet, kein deutscher Dichter zu sein. Die deutsche Sprache wurde mir nicht als Fremdes gegeben; sie wirkt aus mir, sie spricht aus meinem Wesen. Konnte ich an ihr arbeiten, konnte ich sie zu bereichern suchen, wenn ich sie nicht als ureigenstes Material empfand? Daß ich einige Verse französisch abfaßte, war lediglich ein Versuch, ein Experiment in einer, anderen Klanggesetzen folgenden, Formgebung‹ ...« R. gibt dann Berichtigungen zu dem »Tagebuch«-Artikel vom 1. August. R. betont, ihm sei in Prag »bei jedem Besuche wärmster Empfang und lebendigstes Interesse zuteil« geworden; »und vor allem, daß die ›Gesellschaft zur Förderung deutscher Literaturwissenschaft‹ mich viele Jahre meines Lebens großzügigst unterstützte«. Weiter heißt es: »Ich bin auch nicht aus München vertrieben worden, wo ich mich 1919 aufhielt. Eine Haussuchung war die einzige mir dort bereitete Unannehmlichkeit. Aber man zwang mich nicht, die Stadt zu verlassen.« Im Zusammenhang mit dem Artikel ist ein Brief R.s an Mehring vom 4. 8. 25 erschienen: »Die höchst überflüssige und thörichte Angelegenheit, in der Sie mir so spontan zum besten Beistand geworden sind, fängt an, sich nach ihren Voraussetzungen hin zu ergänzen: eine schweizer Freundin schickt mir soeben diese Stimmen, zwei (angreifende), beide aus Deutschböhmen (soviel ich begreife), und die dritte verständige der ›Prager Presse‹, die jene anderen auf das rechte Maaß verweist. Ob noch andere Artikel erschienen sind, weiß ich nicht. Quelle tempête dans l'encrier! Ich beeile mich, Ihnen diese ›Stimmen‹ zu schicken, damit Sie alles Material kennen und, soweit als möglich, die Herkunft der ganzen Erregung, die über mich fort sich ausnutzen möchte, überschauen können. Lebhaften Dank und Händedruck Ihr R.«

AM 18. AUGUST reist R. mit Baladine K. aus Paris ab. Betz berichtet: »C'était l'été et Paris se faisait désert. Une ou deux fois j'aperçus R. au Luxembourg, suivant une allée où contournant un bloc de chaises pliées, de son pas un peu balancé. J'évitais de croiser sa route et il ne me voyait pas. Un soir, j'appris qu'il venait de quitter Paris, brusquement, sans adieu, comme atteint d'un malaise subit.« R. kehrt nicht wieder nach Paris zurück.

Die Reise führt zunächst durch einige burgundische Städte, darunter Avallon und Autun.

19. AUGUST: Friedrich Märker verteidigt in einem Artikel »R. in Paris« (»Berliner Tageblatt« Nr. 391) R. gegen den Angriff im »Türmer«.

21./22. AUGUST: R. und Baladine K. sind in Dijon.
AM 24. AUGUST sind R. und Baladine K. für einen Tag in Sierre. Eine dringende Verpflichtung ruft R. für einen kurzen Aufenthalt nach Mailand (an Kippenberg, 12. 9. 25). Die Gallarati-Scotti sind zu dieser Zeit abwesend. Danach sucht R. mit Frau K. Baveno am Westufer des Lago Maggiore auf, wo er an einer Fleischvergiftung erkrankt, wie diese berichtet. So muß die Reise abgebrochen werden.

Zurück in der Schweiz

AM 1. SEPTEMBER trifft R. in Muzot mit Werner Reinhart zusammen; R. und Baladine K. bleiben im Hôtel Bellevue in Sierre.
5. SEPTEMBER: Aus Sierre schreibt R. an Frau Wunderly zu ihrem Geburtstag.
An seine Mutter heißt es: »Die Angriffe wegen der französischen Gedichte sind mir schon in Paris zu Gesicht gekommen. ... Übrigens höre ich, daß ich auch von anderen Seiten lebhaft vertheidigt worden bin. Man wird mir doch wohl erlauben müssen, in jeder Sprache zu schreiben, in der zu schreiben mir gefällt, wenn ich, vorübergehend, Fähigkeit und Neigung zu solchem Ausflug aufbringe! Also bitte keinen Moment der Aufregung oder Verstimmung um dessentwillen.«
11. SEPTEMBER: Baladine K. kehrt nach Paris zurück.
12. SEPTEMBER: R. gibt Frau Weininger einen Bericht: »Ich hatte Paris am 18. August verlassen, eine Woche später war ich in Sierre, aber nur für vierundzwanzig Stunden, da eine dringende Verabredung mich nach Mailand nöthigte. Zum ersten September kam ich wieder her ins Bellevue zurück, meinen Haus- und Thurmherrn zu empfangen, mit dem Verschiedenes, Muzot Angehende, zu besprechen war. Seit seiner Abreise bereite ich ein neues Fortgehen vor, da ich den Winter nicht antreten möchte, ohne eine wenigstens kurze Kur in Ragaz, dessen Bäder ich voriges Jahr nur eben versuchen konnte.« R. konnte nicht nach Lausanne kommen, nur eben, vergeblich, anrufen. »Auch Weininger hätte ich gern, wenigstens am Apparat wennschon nicht anders, ein Wort des Dankes und der Freundschaft zugerufen.« Das Geld für Pierre und Baltusz ist angewiesen: »es ist gar nicht zu sagen, was diese

große Hülfe für meine beiden jungen Freunde bedeutet und wie sehr sie an der Zeit war, gerade jetzt!«

Bei Kippenberg entschuldigt R. sein langes Schweigen: »Alles in allem: ich werde dieses Jahr, 1925, zu den schlimmsten rechnen, die ich seit den Heimsuchungen der Kindheit erinnern kann, wie jene hat es mich bis in meine physischen Grundlagen erschüttert und, wer weiß, verändert, und hat mit den Kindheitsnöten irgend eine innerste Unentrinnbarkeit gemein, die dadurch noch fühlbarer wird, daß man das Leben nicht mehr vor sich hat.« In diesem Brief erwähnt R. kurz den »Aufenthalt in kleinen Städten im Burgundischen« vor dem 24. 8. 25.

13. SEPTEMBER: Baladine K. schreibt aus Paris: »Oh René, que vous deveniez petit, vu de mon train und unerreichbar! Mon cœur s'est écrasé net.« Baladine K. und R. sehen sich nicht wieder.

ANFANG SEPTEMBER: Zwei Entwürfe entstehen in Muzot: »Lazar, da er aufstand, Lazar hatte ...« und »Bronzene Glocke, von eisernem Klöppel geschlagen, / hatte sein Herz einen unüberwindlichen Klang«. Ebenso wohl der Zweizeiler: »N'oublie pas, étranger, de faire tes adieux / à l'heure infinie où tout te tient et t'aime.«

15. SEPTEMBER: R. meldet aus Bern an Baladine K.: »voici un premier pas accompli: je suis à Berne, et pour aujourd'hui tout au dentiste qui à trouvé un travail très urgent ... Si tout va bien je repars demain, pour Ragaz... Ce qui ajoute à mes tristesses actuelles, c'est la conscience que mon accompagnement désordonné à gâté les voix de vos rares vacances. J'ai passé le dimanche dernier à Muzot dans un grand calme ...« R. schließt: »Je ferai tout, moi, pour vivre par l'esprit, car quant au cœur, je l'ai trop gros de mes mois de Paris et de ces dernières semaines confuses et contrites.«

Baladine K. berichtet aus Paris, sie habe im Verlag der N. R. F. wegen des »Vergers«-Manuskriptes vorgesprochen: »Il faut alors ôter 50 pages! On peut faire un strict partage et les faire paraître en 2 fois. Mais cela je ne trouve pas bien du tout. Votre muse française vous touchera de nouveau, j'en suis sûre et si l'on ajoute ces nouveaux poèmes aux cinquante que je vais retirer, on pourra faire un second volume. Les ›Quatrains Valaisans‹, les Roses et Vergers, de ce dernier j'ai retiré les poèmes du ›Printemps‹ ou est-ce que vous y tenez beaucoup? ... je choisirai avec soins et lentement.« Die »Quatrains Valaisans« bilden als Ganzes den zweiten Teil des Bandes »Vergers«, »Les Roses« erscheinen später.

Hans (J. R.) von Salis wird von R. zu einem abendlichen Treffen ins

Bellevue in Bern gebeten. Dieser berichtet: »R. saß, klein und schütter, in einem tiefdunklen Anzug in die Polster eines mächtigen Sessels versunken; sein maskenhaft verschlossenes Gesicht erzeugte den Eindruck völliger, leidender Abgeschiedenheit. Das Lächeln wurde ihm offenbar schwer, er schien sehr müde.« Salis sieht R. nicht wieder.

Ein Zusammentreffen mit R. in diesen Tagen erinnert auch Monique Briod: »Un autre soir, il m'a parlé de Giraudoux, à son retour de Paris en 1925. Paris l'avait surmené, deçu. Il n'accusait personne que sa fatigue...« Sie fährt fort: »ce que je ne peux oublier c'est la mort d'Edith Gocelan que R. a vécue devant moi« (aus Giraudoux: »Ecole des Indifférents«). Und weiter: »André Gide, Giraudoux, la douce princesse Bibesco, Edmond Jaloux, Jean-Louis Vaudoyer, Mme Vaudoyer ›qui est tout en or‹, Paul Morand, Marie Laurencin, Fabre-Luce, Adrienne Monnier, vous défiliez dans le salon plein d'ombre ... Paul Valéry. Je pense que personne en ce monde n'aimera, ne goûtera Valéry plus intensément que R....«

VOM 16. BIS 30. SEPTEMBER ist R. zu einem zweiten Kuraufenthalt in Bad Ragaz, wo er wieder im Hof Ragaz absteigt. Anfangs ist Mme de Sépibus dort, auch Lucie Simon sieht R. wieder, und Frau Wunderly besucht ihn für einige Tage.

17. SEPTEMBER: An die Fürstin schreibt R.: »da bin ich nun, Ragaz!: mit drei Monaten Verspätung ... Es scheint, daß die Wetteränderung, die vor Kurzem einfiel, alle Leute verjagt hat.« R. berichtet von seiner Reise und fährt fort: »fuhr gestern hierher und fand, hélas, einen verödeten vorherbstlichen Ort dem bei noch voll belaubten Bäumen die Augen zufallen. Trotzdem, acht bis zehn Tage, wenn's nicht ganz einregnet und die letzten Abreisen um mich nicht zu beispielgebend werden –, solche acht bis zehn Tage möcht ich gleichwohl aushalten, und, läßts das Wetter zu, so sollen immerhin ein paar Bäder an die Reihe kommen...«

18. SEPTEMBER: An Mme Morisse schickt R. seine Bücherwünsche: »Si la présence parlante de Paris m'a fait négliger les lectures accoutumées, combien, dans ma solitude de Muzot, j'aurai de nouveau besoin de les poursuivre ... Comme premier désir: Auriez-vous sur vos rayons le dernier livre de Mr. de Pesquidoux, intitulé, je crois, Le Livre de la Raison? Je serais content de le recevoir encore ici à Ragaz où, venu trop tard, je suis presque seul, avec la ›Kur-Musik‹, les bancs vides et la Source.« Am folgenden Tag bittet R. Morisse um die Übersendung eines

Exemplars des Pesquidoux an Gräfin Sizzo. In sein eigenes »Livre de Raison« von Joseph de Pesquidoux (Paris 1925) notiert R. »/Lu, à Ragaz en Septembre 1925«.

19. SEPTEMBER: Für die in Aussicht genommene neue Hausbesorgerin für Muzot – sie hat sich auf sein Inserat im Berner »Bund« gemeldet – beschreibt R. die Räume des Wohnturmes, der jetzt in der Küche fließendes Wasser besitzt, dessen drei Gärten und die Rosenpflanzung viel Pflege verlangen, dafür Obst und Gemüse für die »vegetarische feinere Küche« liefern. Zu allem komme »große Einsamkeit«, denn: »mit litterarischen Arbeiten beschäftigt, wünsche ich nicht gestört zu sein«, trotzdem könne eine »angenehme persönliche Aufgabe sich entwickeln, die lohnt und freut«. Ida Walthert wird R.s letzte Haushälterin.

22. SEPTEMBER: R. wendet sich an Mme de Sépibus: »pour vous dire que votre départ semble avoir entraîné tout le monde d'ici: personne! La plupart des volets clos, au restaurant du Hof-Ragaz une douzaine de personnes qui hésitent au seuil de honte d'être si peu ...« Auch ihr läßt R. das Buch von Pesquidoux senden.

Die Fürstin Taxis antwortet R.: »ich sehe Sie, in einsamer Herrlichkeit, in der langen Allee, vor dem Kurhaus oder über die kleine Brücke wandeln«, und fragt: »Ich höre, daß Sie französische Gedichte herausgeben, Serafico, les vergers? Ist es so?«

UM DEN 23. SEPTEMBER notiert R. auf dem Vortitel des Buches von Pesquidoux »Le Livre de Raison« ein französisches Gedicht: »I. Rien que cela, mon Dieu, si c'est permis, / de savoir que la joie est une / là où nous sommes et derrière la lune, / partout dans ton espace non fini ... // Nous l'avons eue ici, sur notre table, / la bouche en était pleine et le cœur / elle était belle, sûre, innombrable ..., / nulle autre qui la surpasserait ailleurs. // Si nous mourons, ce n'est pas la promesse / qui nous emporte de nous trouver mieux, / nous sommes comblés, nous connaissons la liesse; / c'est par la terre que l'on sent les cieux.« Es folgt eine weitere Zeile: »II. C'est par la terre que l'on sent aussi ...« (Erstveröffentlichung)

23. SEPTEMBER: R. gibt Herbert Steiner eine Absage: »Ich kam, seit mehr als einem Monat, vor lauter Unterwegssein nicht zur Ruhe, und wo doch kurze Ruhepunkte zu verzeichnen waren, da wurde mein in ihnen-Verweilen von innen her beunruhigt durch Nebengeräusche in der körperlichen Maschinerie. Diese schlechte Gesundheit vor Allem, neben anderen Hemmungen, nimmt mir alle Aussicht auf die mir ange-

nehm vorgestellte Möglichkeit, mich in Zürich (und gar an Seiten Paul Valéry's!) am Vortragstische zu betätigen...« Der Kommission des Lesezirkels bittet R. zu danken: »hoffentlich wird ihr die schöne und reiche Genugtuung, Valéry zusagen zu sehen«.

R. unterrichtet Max Rychner über den Stand seiner Valéry-Übertragungen und fährt fort: »Schließlich fragen Sie nach meinigen Gedichten; das meiste meiner Papiere ist nicht mit mir gereist, so daß ich, aus dem Stehgreif, gar nicht zu übersehen wüßte, was etwa anzubieten wäre; ich schätze mich arm übrigens: ein Beweis, dass ich (was eine mir selbst unliebe Ausnahme ist) den Insel-Almanach auf das Kommende Jahr ohne Beitrag lassen mußte...«

VON DEN LETZTEN SEPTEMBERTAGEN in Ragaz berichtet R. der Gräfin Sizzo, der er das alte ›großmütige‹ Bad empfiehlt, wo er »unter den alten Bäumen des Ragazer Kurparks« in den »schlichten und wahrhaftigen Blättern« des schönen Buchs von M. de Pesquidoux lese. R. schränkt jedoch ein: »Von ein paar freundlichen Stunden abgesehen war mein heuriger Aufenthalt auch traurig...« (12.11.25)

25. SEPTEMBER: Inga Junghanns übermittelt R. die Einladung des »Vereins Freunde deutscher Literatur«, Vorträge in Kopenhagen, Aarhus und Ålborg im Laufe des kommenden Winters zu halten; wohnen könne er bei dem deutschen Gesandten Gerhard von Mutius und seiner Frau Marie, einer geborenen von Bethmann-Hollweg.

Baladine K. schreibt aus Paris: »Hier j'ai eu la bonne surprise de revoir Bé de Waard, elle a déjeuné avec moi et nous sommes allés ensemble au Salon d'Automne. Là j'ai vu le charmant Bonnard tout seul devant un tableau... Il a exposé sa ›Baigneuse‹ et je la trouve encore plus belle que quand nous l'avons vue dans son appartement. Et pour finir cette petite légende, dans la rue Bonaparte j'ai vu, j'ai vu deux pâtres!! Doux pâtre qui s'est multiplié...«

27. SEPTEMBER: Von französischer Seite greift Maurice Betz den »Fall Rilke« auf und veröffentlicht den Artikel »Une polémique allemande: R. à Paris« in »Les Nouvelles Littéraires. Hebdomadaire«.

VOR DEM 1. OKTOBER zeigen sich bei R. neue Krankheitserscheinungen. An Werner Reinhart schreibt er darüber: »Ragaz hätte gut gethan, aber neue krankhafte Zustände kamen in die Quere und zehrten die gute Erneuerung auf, die ich mir sonst mit großem Vorzeichen ›+‹ gutgeschrieben hätte. Ich war unfähig zu sprechen.« (26.10.25) An Lou A.-S. nennt R. »Knötchen innen an der Lippe« als die neue Erscheinung

(31.10.25). R. befürchtet, an Krebs erkrankt zu sein. Die verbleibende Sprechbehinderung, die immer wieder auftritt, wird zu R.s »Phobie«.
1. OKTOBER: R. verläßt Ragaz und geht für eine Woche nach Meilen. Von dort aus konsultiert er zwei Züricher Ärzte, die seine Krebsfurcht für unbegründet erklären. Auch Dr. Haemmerli sieht er in Zürich für einen Augenblick. Über Bern reist R. dann nach Hause.
7. OKTOBER: Aus Paris berichtet Baladine K.: »j'ai été hier à la N. R. F. on à décidé de faire paraître ›Vergers‹ déjà dans deux mois ... J'ai vu en relisant de nouveau que c'était impossible d'enlever ›Printemps‹. Et Paulhan était de mon avis et a proposé d'enlever »les Roses‹, car cela faisait un tout qui paraîtrait une autre fois.« Weiter: »je trouve que l'on a très bien choisi, et qu'on ne remarque pas les coupures. Et les pages sont restées comme vous les avez voulu. Le contrat? On vous versera la somme au moment je crois de la parution.«
14. OKTOBER: R. kehrt nach Muzot zurück.

Muzot: Der fünfzigste Geburtstag

MITTE OKTOBER: Niederschrift des Gedichtes »Jetzt wär es Zeit, daß Götter träten aus / bewohnten Dingen ...«, das R. in die Sammlung »Aus Taschen-Büchern ...« aufnimmt.
24. OKTOBER: R. an Baladine K.: »Je suis rentré depuis dix jours seulement, juste à temps pour profiter encore des dernières splendeurs de cette vallée que vous connaissez si bien ... Dimanche dernier j'ai lu la première partie de ›Bella‹ de Giraudoux, dans la N. R. F. du 1er octobre. Lisez, lisez! ...« Weiter heißt es: »Grand merci de votre choix qui, j'en suis convaincu, sera parfait, et de toutes vos démarches en faveur de ›Vergers‹. Rappelez-moi, de toute mon amitié taciturne, auprès de Paulhan, de Mme Pascal, de Groethuyzen ...«
IN DER ZWEITEN OKTOBERHÄLFTE notiert R. ein ›poème en prose‹: »Cimetière«, das auf seinen Grabspruch hindeutet: »... Sommeil de personne sous tant de paupières?« endet es. (»Exercices et Evidences«)
27. OKTOBER: R. entwirft Antwortgedichte für Erika Mitterer. Im Anschluß an das Gedicht »An Erika I. Oh Herz, oh Stern: vor oder quer geschoben ...« stehen die Verse: »(... ja, ich bin krank. Du fragst genau zur

Stunde, / da ich unendlich wußte, daß ichs bin ...)«, im ganzen 25 Zeilen. Es folgt: »II. Dies nur als Antwort. Übertöns ...«
An diesem Abend schreibt R. sein Testament nieder: »Einige persönliche Bestimmungen für den Fall einer mich mir mehr oder weniger enteignenden Krankheit.« R. bestimmt für den Fall, daß er in eine Krankheit falle, »die am Ende auch den Geist verstört«, daß ›priesterlicher Beistand‹ von ihm fernzuhalten sei. Sollte er in der Schweiz sterben, so wünscht er nicht in Sierre beigesetzt zu sein. »3. Sondern ich zöge es vor, auf dem hochgelegenen Kirchhof neben der alten Kirche zu Rarogne zur Erde gebracht zu sein. Seine Einfriedung gehört zu den ersten Plätzen, von denen aus ich Wind und Licht dieser Landschaft empfangen habe, zusammen mit allen den Versprechungen, die sie mir, mit und in Muzot, später sollte verwirklichen helfen.« R. wünscht einen alten Grabstein »(etwa des Empire)« und bestimmt Wappen und Grabspruch: »Rose, oh reiner Widerspruch, Lust / Niemandes Schlaf zu sein unter soviel / Lidern.« Als fünften Punkt führt R. auf: »Ich halte, unter den Möbeln und Gegenständen auf Muzot, nichts für mein eigentliches persönliches Eigenthum; es sei denn, was an Familienbildern da ist: als welche meiner Tochter Frau Ruth Sieber, Vorwerk Alt-Jocketa bei Jocketa (in Sachsen) zukommen. Über alles Übrige hätte, soweit es nicht von vornherein zum Hause gehört, Frau Nanny Wunderly-Volkart in der Unteren Mühle zu Meilen, im Einklang mit ihrem Vetter, Herrn Werner Reinhart, Rychenberg-Winterthur, dem mir freundschaftlich-großmüthigen Eigentümer von Muzot, zu verfügen.« R. ergänzt, daß der Insel-Verlag, sollte er »dergleichen vorschlagen«, Teile seiner Korrespondenzen veröffentlichen dürfe: »Da ich, von gewissen Jahren ab, einen Theil der Ergiebigkeit meiner Natur gelegentlich in Briefe zu leiten pflegte ...« R. schließt: »7. Von meinen Bildern halte ich kein anderes für wesentlich gültig, als die bei einzelnen Freunden, in Gefühl und Gedächtnis, noch bestehenden, vergänglichen.«
28. OKTOBER: »Der Querschnitt«, eine von Alfred Flechtheim gegründete Zeitschrift des Propyläen-Verlags Berlin, hat gebeten, zu ihrem Artikel »Drei deutsche Dichter in Paris. Unruh. Sternheim. R.« von André Germain, französische Gedichte R.s abdrucken zu dürfen. Kippenberg rät ab, R. antwortet: »Nun muß ich der ... Neugier und Unbescheidenheit des ›Querschnitt‹ fast dankbar sein, da mir Ihre Zeilen daraus fällig geworden sind. Mir ist das Brodeln in dieser Garküche ›Querschnitt‹ ... zuwider ...« R. fährt fort: »Der kleine Band ›Vergers‹ wird also wirklich

(eben erhielt ich den Kontrakt) vorbereitet (in den Editions der N. R. F.). Ursprünglich plante man, ihn gleichzeitig mit der Übertragung des ›Malte‹ (auf die ich mich, propre und klar, wie sie nun dasteht, freuen darf) an den Tag zu geben, aber nun werden sich die Verse hinter der anderen Publikation etwas verspäten. Mein Manuskript (in Paris immer noch weiter angewachsen) war schließlich zu stark geworden für die Kollektion ›Une Œuvre, un Portrait‹: so überließ ich es den Freunden, eine neue Auswahl zu treffen, un surchoix, wie man bei Datteln sagt. Diese Verse haben sich aus einer tiefen Lebensschicht so unbedingt und fertig heraufgehoben, alles war da reines Geschenk und Überraschung für mich, die Entstehung, die Vorliebe der französischen Freunde dafür und, schließlich, der unerwartete Antrag Gallimards. Die ›Quatrains Valaisans‹ bilden den Kern des Bandes, aber wie vieles hat sich nun um diese Anfänge angesetzt.«

An Inga Junghanns schreibt R.: »Von einem Reisen- und Lesen-können ist bei mir keine Rede, mir scheints schon viel, wenn die körperlichen Verhängnisse und das durch sie verschattete Gemüth mir erlauben sollten, etwas Arbeit den gehemmten Kräften abzuringen.« R. ergänzt: »Herrn und Frau v. Mutius meine aufmerksamste Erinnerung ...«

R. notiert ein weiteres Gedicht für Erika Mitterer: »III. Wie aber mutet jetzt Dich Zeit an, Du ...«, dazu einen Gedicht-Entwurf: »Mehr nicht, als das Warmsein eines Rings ...«

Kippenberg benachrichtigt R.: »Der Valéry ist nun fertig geworden«, die Ausgabe der »Gedichte« im Insel-Verlag.

29. OKTOBER: R. übersendet sein Testament an Frau Wunderly: »Vous trouverez, en plus, une grande enveloppe que vous ouvrirez plus tard, au besoin. C'est peut-être puéril, mais je me suis laissé aller l'autre soir, sous une dictée spontanée, d'inscrire quelques indications pour le cas qu'une grave maladie me priverait de la possibilité de prendre certaines dispositions. De savoir ce papier, Chère, entre vos mains, fidèles entre toutes, est une de ces rares consolations que je peux m'offrir en ces jours infiniment douloureux et difficiles ...« Im weiteren äußert sich R. zu dem Buch »Der Stein der Weisen« von Anker Larsen (J. A. Larsens Roman erschien dänisch 1923, deutsch 1924): »Es handelt sich hier um eine lebenswandelnde Erfahrung, verwandt jener, die mir damals in Duino zum eigenthümlichsten Bewußtsein kam und die ich, später, unter der Überschrift ›Erlebnis‹ in einem (der älteren) Inselalmanache habe abdrucken lassen. Si on publie des compte-rendus sur la confé-

rence d'Anker Larsen, envoyez-les moi, je vous prie, avec, si possible, quelques petits commentaires de votre part.« R. spricht vom Abschied Frida Baumgartners; Ida Walthert arbeite sich gut ein.
OKTOBER: R. schenkt Frida Baumgartner zum Abschied seine Übertragung der »Sonette aus dem Portugiesischen« von Elizabeth Barrett-Browning mit der Eintragung: »Fräulein Frida / beim diesmaligen ›Auf-Wiedersehen‹. Muzot, Oktober 1925 R. M. R.«
30. OKTOBER: R. sendet seine elfte Antwort an Erika Mitterer ab, erweitert um das von diesem Tage stammende »IV. Wenn draußen jetzt der größre Sturm sich stellt ...«, im ganzen die vier Gedichte aus den letzten Oktobertagen.
31. OKTOBER: Valéry meldet sich aus Paris: »Comment va mon cher R.? On m'a dit que vous aviez été à Ragatz et puis souffrant. Est-ce vrai, est-ce très souffrant? Quels regrets de vous avoir si peu vu à Paris. Moi j'ai passé un vilain été, et l'hiver commence mal. Il m'a pris déjà à la gorge. Comptez vous revenir ici? J'ai vu la belle édition de nos poésies. Je pense écrire à Insel Verlag pour en avoir un exemplaire. C'est très joliment imprimé et cartonné. Je vous envoie toute ma profonde affection et mes vœux de tout cœur. Paul Valéry«.
An Lou A.-S. beginnt R. einen Bericht über seine Krankheit, den er erst am 8.12.25 beendet. Darin heißt es: »Es ist ein entsetzlicher Cirkel, ein Kreis böser Magie, der mich einschließt wie in ein Breughel'sches Höllenbild.« R. klagt: »Ich sehe nicht, wie ich so weiterleben soll.« Über Dr. Haemmerli sagt R.: »er sah (und sieht) meine Lage in so viel leichterem Licht, als ich sie immer wieder und immer mehr, in der Atmosphäre des Verhängnisses befangen, zu ertragen und zu leisten verurtheilt bin.« R. teilt auch Haemmerlis Auffassung über die Paris-Reise nicht: »daß nämlich ein so völliger Wechsel der Umgebung und aller Einflüsse mich, mit einem Schlage, dem Rhythmus der unsinnigen Versuchung entreißen würde, womit dann, wie er meinte, alle in den Körper hineingeworfenen Reflexe ihr Abklingen haben würden. Aber der Sieg kam nicht und nicht die Erleichterung.« R. berichtet weiter: »Nun, da seit Ende September, diese neuen Erscheinungen (Knötchen innen an der Lippe, die H. für Cysten hält, andere Ärzte gaben andere, beruhigende? Auslegungen) zu den anderen hinzugekommen sind, sah ich H. einen Augenblick – in Zürich, wo wir uns zufällig gleichzeitig aufhielten – wieder, und wieder war der Abstand zwischen seiner objektiven Feststellung und der subjektiven, kaum mehr wechselnden Grundfarbe meines

Zustands enorm.« R. wäre dankbar, wenn Lou A.-S. zu ihm kommen könnte. In einer Nachschrift ergänzt R., Haemmerli habe daran gedacht, Dr. Alphons Mäder in Zürich »in's Vertrauen zu nehmen, wobei aber nicht etwa an eine psychoanalytische Behandlung gedacht wurde«.
IM NOVEMBER Niederschrift der beiden Gedichte »Idol. Gott oder Göttin des Katzenschlafs ...« (dessen Motiv R. zuerst französisch notiert hat: »Divinité du sommeil des chats ...«, Paris, im Sommer) und »Gong. Nicht mehr für Ohren ...: Klang ...« mit einer Vorstufe von Ende Oktober 1925 (beide in »Aus Taschen-Büchern ...« aufgenommen).
1. NOVEMBER: R. übersendet Mme de Sépibus zwei weitere Bücher von J. de Pesquidoux und dankt für den Sonntagsbesuch des Ehepaars.
R. erhält die Exemplare von »Paul Valéry. Gedichte. Übertragen von R. M. R.« Handdruck der Cranachpresse für den Insel-Verlag mit einem Initial von Eric Gill. Die Druckanordnung und -leitung haben Harry Graf Kessler und Georg A. Mathéy (50 Exemplare auf Japan, 400 auf Bütten). Der Band trägt die Widmung: »Werner Reinhart / dem gastlichsten Freunde. R. M. R.«
An Kippenberg: »so hat mich also der Allerheiligentag mit der vorliegenden Erscheinung der Valéry-Übertragungen beschenkt: der Band ist ... in jeder Weise ausgezeichnet. Das einzige, was mir, als ein Versehen, auffiel, ist das Fehlen des Akzents im Namen: Valéry ...« R. meldet: »Die beiden ersten Exemplare, die mir zugedacht waren, mußten sofort weitergegeben sein; denn Valéry hatte, weiß Gott, wie das möglich war, unseren Band schon in Paris gesehen –, und ich befürchtete, daß nicht ein Gleiches oder noch Vorwegnehmenderes für Werner Reinhart zutreffe, der, von der Widmung nichts ahnend, wahrscheinlich seinen Buchhändler längst mit der Bestellung des angekündigten Buches beschäftigt hat.«
An Werner Reinhart: »Mein lieber Freund, ich muß mich beeilen, daß nicht ein von Ihnen vielleicht längst beauftragter Buchhändler mir, diensteifrig, mit der Überraschung zuvorkomme, die ich Ihnen, seit Monaten, vorbereite. Soeben empfange ich (endlich!) die langerwarteten ersten Exemplare der Valéry-Übertragungen, zwei: eines ist naturgemäß für Sie, das andere gehört Valéry. Je mehr alles, was in dem (wie mir scheint, schön gelungenen) Band untergekommen ist, Valéry zugerechnet wird, desto mehr muß es mir recht und rühmlich sein; – ein paar Worte aber, die Sie, unter Ihrem Namen, auf einem der ersten Blätter entdecken werden, sind durchaus meiner Eingebung entsprungen

und ich wäre froh, wenn Sie mich darin, recht aufrichtig und bestimmt, erkennen wollten. Ich will gestehen, daß Ihnen ursprünglich, für Ihre reichen Sammlungen von Handschriftlichem, mein sorgfältiges Manuscript der übersetzten Gedichte zugedacht war: sowie aber Valéry den Wunsch erkennen ließ, meine Texte zu besitzen, begriff ich, daß es ihm (statt etwa einer bloßen Abschrift) zukomme. Und nun ist es mir irgendwie recht, daß die Zueignung an Sie, indem sie so dem Buche selbst eingeprägt und für immer und vor Allen mitgegeben ist, über die private Geste hinaus, ein Verhältnis offenkundig macht, das zu meinen dauerndsten und überzeugtesten gehört ein für alle Mal. Möchte der schöne Band, so wie er nun verwirklicht vorliegt, mir erlauben, diese große Beziehung weniger Dankesschuld zu nennen als vielmehr: thätigste Dankbarkeit! Immer, lieber Freund, Ihr R.«

4. NOVEMBER: R. beurteilt eine ihm am 10. September von Mademoiselle Paule Levy aus Straßburg vorgelegte Übertragung des »Cornet« ins Französische wenig günstig; sie ist für die Nouvelle Revue Française bestimmt, Mitarbeiter ist Robert Derche.

UM DEN 5. NOVEMBER beginnt R. mit der Durchsicht und Ordnung seiner in Paris wiedergefundenen Papiere und überträgt ältere und neuere Gedichte in einen Lederband: »Aus Taschen-Büchern und Merk-Blättern in zufälliger Folge 1925«. ›Aus einem alten Taschenbuch‹ stammen sechs Gedichte aus dem Jahre 1906, dazu das Prosastück »Die Auslage des Fischhändlers (Neapel 1906)«, die übrigen Stücke sind in der Mehrzahl Arbeiten der Jahre 1924 und 1925. Ferner wählt R. aus dem Jahr 1922 das Gedicht »Neigung: wahrhaftes Wort« sowie »... Wann wird, wann wird, wann wird es genügen ...« mit dem Vermerk »(Am Vorabend der Orpheus-Sonette geschrieben)« und »Vasen-Bild (Toten-Mahl). Sieh, wie unsre Schalen sich durchdringen ...« Von 1923 stammt »Wir sind nur Mund. Wer singt das ferne Herz ...« (Schöneck). R. führt die Sammlung bis Anfang Juni 1926 weiter. Sie enthält insgesamt 52 Gedichte, darunter drei Zyklen.

5. NOVEMBER: R. schreibt zum erstenmal seit der Abreise an Betz nach Paris und dankt ihm für seinen Roman »L'Incertain«, auf den er durch einen Artikel von Emmanuel Bove in den »Nouvelles Littéraires« vorbereitet worden sei. Von Bove selbst hebt R. dessen jüngstes Buch »Visite d'un soir« (Paris 1925) hervor.

R. sendet Ernst Křenek den kleinen Zyklus »Ô Lacrimosa«: »die Datierung fiele mir schwer; aber es könnte leicht ein halbes Jahr sein, seit die beiliegenden Blätter bestimmt sind, Sie zu erreichen ... Bei dieser kleinen ›Trilogie Ô Lacrimosa‹ (die am liebsten einen imaginären italienischen Ursprung vorgeben möchte, um noch anonymer zu sein, als sie schon ist ...) erging es mir merkwürdig: sie entstand auf Musik zu ..., und das nächste war der Wunsch, daß es einmal (früher oder später) Ihre Musik sein sollte, in der diese Impulse ihre Erfüllung und ihren Bestand fänden!« Die Komposition Křeneks erscheint 1926.

7. NOVEMBER: Frau Wunderly gegenüber übt R. weiter Kritik an dem Buch »Der Stein der Weisen« von J. A. Larsen: »Wie wachsen einem die großen dänischen Namen über diesem Buch wieder zur frühererkannten Größe. Jacobsen oder Bang: es geht eben nicht an, es geht nicht an, ›hülfreiche‹ Bücher zu machen, die Hülfe darf nicht im Buch sein ...« R. sendet als Beilage das Gedicht »Fragment d'Ivoire« aus den »Vergers«.

9. NOVEMBER: Walter Benjamin antwortet aus Riga auf R.s Telegramm, die Übersetzung von St.-John Perses »Anabase« betreffend.

10. NOVEMBER: R. beantwortet – stark verspätet – einen Fragebogen von Witold Hulewicz zu den »Aufzeichnungen des Malte Laurids Brigge«. Die achtzehn Fragen, die der Übersetzer mit Angabe von Band und Seite dem Autor vorlegt, beziehen sich vereinzelt auf sprachliche Wendungen, sie betreffen vorwiegend die historischen Partien des Buchs. Dabei handelt es sich unter anderem um Marina Mniczek, die ›Mutter‹ des falschen Demetrius, um Jacob de Cahors: »als Papst Johann der Zweiundzwanzigste, der geistigste, religiös bewegteste und produktivste unter den Päpsten des Exils« in Avignon, um die Grafen Gaston Phöbus de Foix und de Ligny: »Mit allen diesen Figuren geht es mir übrigens so, daß ich genaue Daten nicht anzugeben wüßte! Der Malte ist um 1909 abgeschlossen (16 Jahre!), die Quellen für alles das existieren nicht mehr, und mein Gedächtnis hat natürlich nicht vorgehalten.« Zu Gaston Phöbus merkt R. an: »würde ich Ihnen wünschen, Sie könnten ein paar Stunden Zeit finden, die Stellen über ihn in der herrlichen Chronik des Froissart nachzulesen; die von Bouchon (1865) [= Buchon 1835] veranstaltete Ausgabe«. (Weitere Werke, die R. in seiner Pariser Zeit benutzt hat, zum Teil in der Bibliothèque Sainte-Geneviève – den Froissart besitzt er selber –, sind für die Gestalt des geisteskranken Karl VI. Jean Juvénal des Ursins »Histoire de Charles VI, Roy de France ... depuis 1380 jusqu'à 1422«, Paris 1836, und die »Chronique du Religieux de Saint-Denys contenant le règne de Charles VI ...«, Paris 1839-52. Auch der Band des Abbé Claude Fleury »Histoire ecclésiastique« (T. 6) Paris

1840 ist zu nennen.) Der Felsenstadt Les Baux widmet R. im Zusammenhang mit den Fragen Hulewicz' ein eigenes Beiblatt. R.s Taschenbuch mit seinen Auszügen aus französischen und italienischen Schriftstellern für 1906/07 ist erhalten, ebenso eine rasch hingeworfene ›Arbeitsliste‹ zum ›Malte‹ (wohl aus dem Herbst 1908) mit Themen, deren Behandlung R. sich damals vorsetzte. Die ersten vier Stichworte lauten: »Nachbar, Luxemburg, Mont Saint-Michel, Sainte Geneviève«, eine spätere Zufügung »(Wilde, Verlaine)«. R. schenkt dies kleine Manuskript Georg Reinhart.

In seinem Begleitbrief zu dem Fragebogen von Hulewicz betont R.: »Im ›Malte‹ kann nicht davon die Rede sein, die vielfältigen Evokationen zu präzisieren und zu verselbständigen. Der Leser kommuniziere nicht mit ihrer geschichtlichen oder imaginären Realität, sondern durch sie mit Maltes Erlebnis.« Die Beschworenen, so heißt es, »sind nicht historische Figuren oder Gestalten seiner eigenen Vergangenheit, sondern Vokabeln seiner Not«. Abschließend faßt R. zusammen: »Dies Buch ist hinzunehmen, nicht im Einzelnen auf-zu-fassen ... Ich wollte, Sie könnten, ehe Sie dem polnischen Text Ihr endgültiges ›Imprimatur‹ erteilen, den französischen Malte abwarten. Der ist nun durchaus verantwortlich ...« R. dankt für das ihm übersandte Werk des polnischen Dichters Cyprian Kamil Norwid: »Norwid ist mir ein sehr bedeutender Eindruck.«

10. NOVEMBER: R. antwortet Paule Levy abschlägig auf ihre Anfrage.

12. NOVEMBER: An Frau Wunderly: »Ich widme jetzt ab und zu, angethan wie ein Taucher, einen Tag dem Ordnen der aus Paris, von vor 1914, stammenden Papiere. ›Mémoires de ma vie morte‹. Da kommt manches Merkwürdige an den Tag, manches, was mein Gedächtnis vor mir bloßstellt. Wie viel Menschen, wie viel Lebensfäden, einmal durch meine Hände gezogen, losgelassen längst, zerrissen seit wie lange! Es ist trist, bestürzend oft, fühlt sich kalt an und doch noch wärmer, als ich jetzt bin. Und, seltsam, heißt mehr: ›Ich‹, totes Ich, aber doch ›Ich‹, als was die Briefe und Papiere des letzten pariser Aufenthalts mir zu bedeuten vermögen, wenn ich sie an mich halte ...« Weiter heißt es: »Manche Briefstöße hab ich, im Durchsehen und Ordnen, wiedergelesen: die Briefe, z. B., jener räthselhaften Freundin, mit der ich in Algier, Tunis und Aegypten war, (was für jetzt noch ganz und gar in Flammen stehende Briefe!). Von Rodin ist ein ziemliches Paket beisammen, ein kleineres mit sehr schönen Briefstellen von Verhaeren; drei haben sich

von Mme de Noailles gefunden, herrlich geschrieben, wie prachtvolle schmiedeeiserne Gitter; einer, ein einziger nur, bis jetzt, von der Duse! [Das Rilke-Archiv verwahrt ein Blatt von ihrer Hand mit den einzeln fallend gesetzten Worten: »Vous seul pourez faire le Miracle.«] 1910 erschien der Malte: eine ganze Reihe Briefschaften beziehen sich auf ihn ... Wievieles hätt ich Ihnen zeigen mögen, thu's noch nach und nach; (ein entzückendes kleines Amateurbild von Marthe ... u. Anderes).« Am Rand des Briefes erkundigt sich R. nach Büchern, die er von Frau Wunderly zurückerhalten hat: »Et le Kafka, vous ne l'avez pas regardé, je suppose, il avait l'air in-employé et trop neuf. J'ai lu une de ces nouvelles: extraordinaire. Qu'est-ce qu'on fait avec cet homme dans l'au-delà; il a dû rapidement avancer dans cette éternité provisoire et surprendre les anges par de remarques trop familières. Ce littérateur émérite qui certainement détestait la littérature, a su tirer de chaque événement banal et insignificant une goutte de l'invisible. Il prend une chose vilaine, quelconque, et il fait de l'espace avec. Tout aussi vide et tout aussi vivifiant que le ciel. On l'a vue, cette chose, un instant après on la respire!« Es handelt sich um F. K.: »Ein Hungerkünstler. Vier Geschichten«, Berlin 1924. Kafka ist am 3. 6. 24 in einem Sanatorium bei Wien gestorben.

An Gräfin Sizzo berichtet R. von Paris, er spricht von dem Fürsten und der Fürstin Roffredo Caëtani-Bassiano und Mme de Noailles. Über deren Ruhm führt R. aus: »Der Ruhm heutzutage, wo alles mechanisch betrieben wird, weit entfernt Stille zu erzeugen, ergibt, in Gang gesetzt, etwa den Lärm einer immensen Druckerei, man hört sein eigenes Wort nicht über den tausend Ruhm-Rädern und Ruhm-Riemen ... Wenn ich mich erinnere, wie unendlich und persönlich still es doch noch um Rodin sein konnte, wenigstens in den ersten Jahren unserer Beziehung (1902 etwa bis 1906); wie still es, lange darüber hinaus, um Emile Verhaeren war...« R. erzählt davon, wie er die wiedergewonnenen Pariser Papiere sichtet: »Mehr als meine eigenen (übrigens unvollständigen) Notizen, auf die ich ja kaum je zurückkommen werde, freuten mich die erhaltenen Briefschaften, gerade Rodins Briefe, viele kleine Zettel von seiner unmittelbarsten Hand, so hingezeichnet wie Entwürfe von dessins ...« R. teilt ihr mit, Gallimard habe sich für eine »Cornet«-Übersetzung (von Paule Levy) bereits entschieden.

R. dankt Pierre Jean Jouve für dessen neuen Roman »Paulina 1880«: »Vous avez accompli, il me semble, une tâche extrêmement difficile et

vous y avez pleinement reussi, grâce à la forme que vous avez adoptée.«
R. erinnert sich freundlich des bei Jouve verlebten Abends.
13. NOVEMBER (Poststempel): An Witold Hulewicz geht R.s eingehendste Äußerung zu den »Duineser Elegien« und den »Sonetten an Orpheus«. Hulewicz hat ihm vier Fragen vorgelegt, die letzte lautet: »Betrifft die ›Elegien‹.« – R. antwortet: »Hier, lieber Freund, wag ich selbst kaum etwas zu sagen ... Und bin ich es, der den Elegien die richtige Erklärung geben darf? Sie reichen unendlich über mich hinaus. Ich halte sie für eine weitere Ausgestaltung jener wesentlichen Voraussetzungen, die schon im ›Stundenbuch‹ gegeben waren, die sich, in den beiden Teilen der ›Neuen Gedichte‹, des Welt-Bilds spielend und versuchend bedienen und die dann im Malte, konflikthaft zusammengezogen, ins Leben zurückschlagen und dort beinah zum Beweis führen, daß dieses so ins Bodenlose gehängte Leben unmöglich sei. In den ›Elegien‹ wird, aus den gleichen Gegebenheiten heraus, das Leben wieder möglich, ja es erfährt hier diejenige endgültige Bejahung, zu der es der junge Malte ... noch nicht führen konnte.« R. streift kurz die Entstehungsgeschichte dieser Dichtung, für deren Verständnis die mit ihrer Hervorbringung eng verknüpften »Sonette« Wesentliches beitragen, und geht dann auf ihre Kerngedanken ein. In den Mittelpunkt stellt R. die Aufgabe, »diese vorläufige, hinfällige Erde uns so tief, so leidend und leidenschaftlich einzuprägen, daß ihr Wesen in uns ›unsichtbar‹ wieder aufersteht«. Mit besonderer Intensität bemüht sich R., Hulewicz den »Engel« der »Elegien« zu erklären, der ›nichts mit dem Engel des christlichen Himmels zu tun‹ habe »eher mit den Engelgestalten des Islam«. – »Der Engel der Elegien ist dasjenige Geschöpf, in dem die Verwandlung des Sichtbaren in Unsichtbares, die wir leisten, schon vollzogen erscheint.«
An Mme Contat schreibt R. nach Bern: »C'est moi qui perds d'avoir décidé de ne me présenter à personne lors de mon dernier passage à Berne ... Pour moi, rien n'a changé depuis notre entretien sur le pont à Berne.« R. dankt dafür, daß sie ihm einen Arzt empfohlen hat, er werde wohl wieder nach Val-Mont gehen.
13. NOVEMBER: In einem Brief an den Bibliothekar Hans Zesewitz erinnert sich R. an seine »Wegwarten-Hefte«.
14. NOVEMBER: An Baladine K.: »Je passé mes soirées en lisant Unamuno (›L'Agonie du Christianisme‹) il y est tout à fait, avec son veston, comme il sera dans l'Eternité espagnole.« (Das Buch ist 1925 erschie-

nen.) R. lobt die Hölderlin-Übersetzung von Groethuysen, besonders »Hälfte des Lebens« und fragt Baladine K.: »le connaissez-vous en allemand, ce poème inoubliable auquel le titre ajoute je ne sais quel désespoir consenti et quasi positif.«

17. NOVEMBER: Für Erika Mitterer schreibt R. das Gedicht »Bereites Herz: und wenn ich Dich belüde ...«, das er ihr bei ihrem Besuch am 21.11.25 persönlich übergibt (zwölfte Antwort).

Kippenberg hat R. den Privatdruck seiner Ansprache bei der Eröffnung einer Ausstellung seiner eigenen Goethe-Sammlung im Leipziger Kunstverein gesandt. R. fühlt sich damit in den Stand gesetzt: »meine eigene Ergriffenheit durch Gestalt und Werk unseres Größesten mit den reinsten Maßen meines Herzens nachzumessen. Sie vergessen, hoff ich, nie, daß ich Ihnen, lieber Freund, Ihrem Einfluß, Ihrer mit Ihnen erwachsenen Überzeugung und nicht zuletzt Ihren Sammlungen, den späten, aber noch rechtzeitigen Anschluß an die beherrschende Erscheinung verdanke.«

Zum 21.11. an Clara R.: »wie Du es gelernt hast, hell zu sehen, sehe ich schwarz, und das wirft nun über alles Wirrnis und Verdüsterung.« R. bedauert sein anhaltendes Schweigen, auch gegen Ruth, die ihn in Ragaz habe besuchen wollen; dort sei schon geschlossen worden: und »außerdem möcht ich für Ruth doch wirklich froh und ganz ich selber sein«. R., der seine Tochter in München zuletzt gesehen hat, trifft sie nicht wieder, Schwiegersohn und Enkelin lernt er nie persönlich kennen.

18. NOVEMBER: R. kündet Ernst Robert Curtius als Gegengabe für dessen Essayband: »Französischer Geist im neuen Europa« (Stuttgart 1925), den er mit ›Freude und Dankbarkeit‹ empfangen habe, die Zusendung seiner Valéry-Übertragungen an. In dem sechsseitigen Brief führt R. aus, bei Valéry habe er Curtius' Arbeiten kennengelernt und der Gedanke bedrücke ihn, es könne diese ›Coinzidenz‹ der Bemühungen Curtius weitere Übertragungen verleiden. Valéry habe ihnen beiden, R. und Curtius, alle Rechte eingeräumt. Der Handdruck seiner Valéry-Gedichte beim Insel-Verlag sei überdies auf 450 Exemplare beschränkt. R. wünscht, man solle sich ›verständigt halten‹: bei ihm selbst liege eine erste Niederschrift des »Eupalinos« vor; Dr. Rychner habe »La soirée avec M. Teste« übersetzt und ihn dazu angeregt, »L'Ame et la Danse« zu übernehmen. Aus dem Umkreis der »Narcisse«-Dichtungen möchte R. weiteres in seine Bemühungen einbeziehen, und er hofft, daß Valéry

diese bald mit einer »Introduction« zusammenschließt. Am Ende fragt R.: »aber wer vermag die Jeune Parque zu übersetzen?«

Die Einschrift in das Widmungsexemplar der Valéry-Übertragungen lautet: »Ernst Robert Curtius im Begriff dieser gemeinsamen Bemühung verehrungsvoll zugewendet. R. M. R. (Muzot im November 1925)«.

19. NOVEMBER: R. dankt Jean Cassou für die Übersetzung von Unamuno: »c'était palais et prison, cette fière et militante ›Agonie du Christianisme‹ que vous avez traduite avec une parfaite maîtrise.«

VOM 21. BIS 23. NOVEMBER besucht Erika Mitterer R. in Muzot.

AM 25. NOVEMBER nimmt R. die Einladung zu einem Konzert im Hause Sépibus erfreut an, am folgenden Tag aber meldet er: »je n'ose pas m'aventurer dans toute cette neige vers la soirée.«

26. NOVEMBER: R. dankt der Malerin Sophy Giauque für eine Auswahl ihrer farbigen Blätter, die er in Bern gesehen und nun bei sich hat. »Novembre« und vielleicht auch »Pavillon« möchte er behalten. R. vergleicht die Blätter mit japanischen Haï-Kaï: »Ces minuscules unités poétiques, cultivées par les Japonais depuis le 15me siècle. Jugez vous-même de cet art qu'on a appelé ›un bref étonnement‹ fait cependant pour arrêter longtemps celui qui le rencontre. Voici quelques-uns de ces légeres poèmes ...« Es folgen 28 Haï-Kaï, ein weiteres, modernes von Jules Renard. »Voici, Mademoiselle, un petit choix à votre usage que j'ai fait en présence de vos petites Œuvres qui me regardaient faire ...« R. hat diese Haï-Kaï dem Werk von Paul-Louis Couchoud entnommen: »Sages et poètes d'Asie«, Paris 1919. Auf dem Titelblatt ist vermerkt: »Acheté à Paris chez Flammarion et Vaillant le jour de mon départ« (d. i. der 29. Oktober 1920).

28. NOVEMBER: R. bittet Kippenberg um weitere 10 Exemplare der »Valéry-Gedichte« in seiner Übertragung (zwölf hat er bereits erhalten): »nun aber erweist es sich, daß ich (teils infolge Valérys Aufnahme in die Académie Française ...) noch einige zehn Exemplare mehr werde aussenden müssen.« Weiter heißt es: »Es geht merkwürdig mit den Valéry-Gedichten: sie sind in Frankreich, ob sie doch gewiß nicht zu der leichteren Lyrik gehören ... merkwürdig lebhaft wahrgenommen worden.« R. hofft: »wenn ich einzelnen Briefen glauben soll, so scheint es meinen Übertragungen nicht unähnlich zu gehen, sie werden, über alle Schwierigkeit hinüber, scheint es, verstanden und gebraucht. Gedichte wie ›Aurore‹ und ›Palme‹ z. B. wirken in ihrer ganzen angewandten Magie.«

An Baladine K.: »J'ai lu avec énormément de joie les bonnes nouvelles concernant Pierre et son bon et solide succès à l'examen –, et l'autre bonne nouvelle de la Copie du ›Narcisse‹ [Gemälde von N. Poussin] de Baltusz. Dites à tous les deux combien je suis avec eux dans ma joie! De ma santé –, je souffre beaucoup, et je crois que j'irai un de ces jours à Val-Mont, causer avec le Dr. H[aemmerli].« R. fährt fort: »j'ai terriblement besoin d'être secouru, parfois il me semble que mon malaise m'anéantit et me remplace; que c'est lui qui dit: ›moi‹ et que je n'existe plus: C'est lui: ›Rilke successeur‹ qui habite Muzot ... J'aimerais aller à Val-Mont la semaine prochaine, déjà pour éviter d'être ici le 4 Décembre. Quelque plaisantin a écrit à côté de la petite entrée en bas sur la route une énorme ›50‹, cela m'empêche presque de sortir ...« R. schließt: »Valéry est donc de ›l'Académie Française‹, mais il m'écrit qu'à la suite de cet événement, il y a mille lettres sur sa table, sans compter cartes et télégrammes! Quel malheur!« Valérys Wahl erfolgte am 19. November, er trat die Nachfolge des 1924 verstorbenen Anatole France an. R. erwähnt, daß eine Übertragung von Kassners »Le Lépreux« von der Fürstin Bassiano, überarbeitet von Groethuysen, im »Commerce« erschienen sei (= »Der Aussätzige«).

Bei Jules Supervielle bedankt sich R. für die Übersendung eines Widmungsexemplars von »Gravitations«, das R. sich bereits besorgt hat: »Depuis que j'avais trouvé ›le Portrait‹ dans une revue, je savais que j'aimerais tout ce que vous avez fait et tout ce que vous allez produire. Et ce poème magnifique me sert à présent de clef et pour ainsi dire de légitimation quand je m'avance dans votre multiple recueil de page en page ...«

ENDE NOVEMBER: Es entsteht das Gedicht »Gehn auf Treppen nicht und nicht der Brücken / Überholen ...«, das R. im Taschenbuch beläßt, ferner der Entwurf: »Aber versuchtest du dies: Hand in der Hand mir zu sein ...«

29. NOVEMBER: Die NZZ bringt einen Vorabdruck von R.s Beitrag zu dem Buche »Erinnerung an Georg Trakl«. Es handelt sich um Briefe, nicht um einen eigenen Aufsatz.

30. NOVEMBER: »Bitte, bitte, soviel als möglich, halten Sie alles von mir fort, was auf den Vierten Bezug haben könnte!« schreibt R. über seinen Brief an Frau Wunderly: »j'ai pris la décision, pour éviter toutes les complications, d'aller à Val-Mont, demain où mercredi, si possible. Plusieurs raisons viennent concourir à me faire désirer cette consultation, il est possible qu'on voie plus clair à présent, toute certitude serait meil-

leur que cette longue tourmente ...« R. fährt fort: »je ne cède pas facilement, tous ces jours encore j'ai fait d'innombrables efforts de rester calme, j'ai fait mes lettres, j'ai beaucoup lu ...«

1. DEZEMBER: Kippenberg läßt außer der Reihe 1000,– SFrcs anweisen und stellt 250 Mark als Weihnachtsgeschenk ihres Vaters für Ruth bereit.

An Baladine K. sendet R. das Exemplar Nr. 18 der »Valéry-Übertragungen« mit der Widmung: »à M –, à celle qui fut la première confidente de ce travail heureux. Muzot, le 1er décembre 1925«.

R. meldet Frau Wunderly, Dr. Haemmerli habe ihm abtelegraphiert wegen einer kurzen Abwesenheit von Val-Mont. R. erwägt, eine Züricher oder Berner Klinik aufzusuchen, ohne ärztliche Hilfe könnte er nicht bleiben; er denkt daran, eine »capacité« zu befragen.

Regina Ullmann telegraphiert aus ihrer Heimatstadt St. Gallen: »an Deinem Geburtsfest findet mein erster Vortrag in der Heimath statt, wunderbar! Ich bin in Deinem Weltraum und grüße Dich wie der Komet den Stern.«

R. schreibt an Regina Ullmann: »Gern hätt ich Dich hergerufen, Regina, zu dieser Mitte meines ›Welt-Raum's‹. Aber ich fühle mich krank und bin es wohl auch und kann niemanden sehen. (Wahrscheinlich mach ich dieser Tage zu meinem Arzt die kleine Reise, denn so ein ›Welt-Raum‹ ist kalt und finster, wenn man sich nicht in seine Schwünge und Rhythmen einbegriffen fühlt.) ...«

Supervielle antwortet auf R.s Brief: »Comment vous remercier ... Vous m'avez fait songer à des poèmes qui seraient, sur une neige délicate, mais éternelle, non pas effacés mais écrits par le vent. Puisqu'il n'y a rien de plus invisible que le vent.«

In London werden die Verträge von Locarno unterzeichnet.

2. DEZEMBER: R. bedankt sich bei Herrn Wunderly für eine kleine Weinsendung zu seinem Geburtstag. »Ich nehme mir täglich vor, nur gute oder mindestens neutrale Nachrichten auszusenden, – aber das ist doch am Ende wieder ein Betrug an den Freunden, die wirklich theilnehmen und helfen wollen ...«

3. DEZEMBER: Zu den Briefen, die R. unter den Pariser Papieren gefunden hat, gehören auch die von Sidie Nádherný, deren Geburtstagsbrief er sogleich beantwortet. In seinem Bericht über die beiden vergangenen Jahre heißt es im Zusammenhang mit seinen Valéry-Übertragungen, die er zu senden verspricht: »Jedenfalls ist hier ein Dichter, der

Elemente in sich zusammenfaßt, die noch kaum je in der Poesie zusammenkamen –, einer, der den Gefühlen die Flügel nimmt, um sie auf die Füße zu stellen und der dafür die vom vielen Gehen müden Gedanken mit Schwingen ausstattet, so daß ein großer Denkraum entsteht über einer Erde voll pilgernder Gefühle ... Neben ihm sah ich fast Alles, was jetzt im geistigen Paris Bedeutung hat, hinbewegt ja hingerissen zu einigen von den Jungen: es ist herrlich, wie vielfältig die Saat schwerer Jahre jetzt dort aufgeht und wie der Hinfall einer geopferten Generation die innere Intensität und Entschlossenheit der neuesten zu beleben und zu bereichern scheint.« R. ist bereit, ihr zwanzig Namen zu nennen: »aber das Englische liegt Ihnen wohl so viel näher ... (Dort giebt es übrigens jetzt zwei Autoren, die nicht im Original lesen zu können, mir anthut: jener D. H. Lawrence (von dem die Insel einiges in Übersetzungen gebracht hat) und der in Paris viel übersetzte und bewunderte James Joyce.)« R. meldet, daß er in Paris einem Freund von Johannes und Sidie Nádherný, Marcel Ray, begegnet sei.

Auch der Schwester eines Schulkameraden aus St. Pölten, Olga Quas von Eisenstein, gibt R. Nachricht über die in Paris geretteten Kisten. Er schickt ihr ein »Geschwisterbild« zurück: »Ich komme heute eine alte Schuld abtragen: es lag, Sie erinnern, in der Willkür des allgemeinen Schicksals, ob sie je würde abzutragen sein. Nun ist sie's: das kleine, einmal großmüthig über den Ozean herübergeliehene Bildnis kehrt in Ihre Hände zurück«, nach Buenos-Aires.

4. DEZEMBER: R.s 50. Geburtstag; er verlebt ihn allein auf Muzot. Er hatte, wie er der Mutter schreibt, »einen stillen Tag, ließ die übermüdete Feder, und mich mit ihr, ein wenig ruhen und wanderte durch das tiefeingeschneite Land«. (8.12.25)

Noch an seinem Geburtstag selbst dankt R. Werner Reinhart, dessen Brief er als ersten geöffnet habe: »Es war mein Bedürfnis und Gesetz, den gütigen Burgherrn, sowie Ich seine Schrift gewahrte, vor allen übrigen schriftlichen Gästen zu empfangen«, ihn, »dem ich nun seit Jahren die Basis meiner Existenz verdanke und die stillste friedlichste Sicherheit!«

Die Fürstin Taxis schreibt: »Serafico! Es heißt daß es heute Ihr Geburtstag ist, und in allen Zeitungen sind Sie gefeiert – Ich weiß zwar nicht, wohin ich Ihnen schreiben soll – aber ich probire nach Muzot – mache Ihnen aber nicht viel Phrasen, denn Sie wissen zu genau wie von ganzem Herzen ich Ihnen Glück und Segen wünsche – heute und immer.«

Von Baladine K. und den Ihren erhält R. eine Buddhafigur, für die er telegraphisch dankt: »sculpture magnifique arrivée«.
Unter den Stößen von Briefen und Telegrammen, die R. erreichen, befindet sich ein Glückwunsch Elisabeth Bergners aus Bern. In vielen Zeitungen und Zeitschriften erscheinen Artikel; soweit bekannt, schreibt Hans Benzmann in der Berliner Börsenzeitung (Nr. 567) und in der Augsburger Postzeitung, Literarische Beilage Nr. 49; Hans Bethge in der Badischen Presse und Handels-Zeitung, Literarische Umschau Nr. 23; Felix Braun in der Frankfurter Zeitung (Nr. 905); Hanns Martin Elster in der Täglichen Rundschau, Berlin, Unterhaltungsbeilage Nr. 281; E. K. Fischer im Stuttgarter Neuen Tagblatt (Nr. 568); Arthur Fischer-Colbrie in Tages-Post, Linz (4.12.25); Adolf von Grolmann in Schöne Literatur (Jg. 26); Peter Hamecher in der Deutschen Allgemeinen Zeitung (Nr. 569); Leo Hirsch im Berliner Tageblatt (Nr. 573); Camill Hoffmann in der Prager Presse, Beilage Nr. 49; Ernst Joseph in der Badischen Presse und Handels-Zeitung, Karlsruhe, Literarische Umschau Nr. 46; Inga Junghanns in Politiken, Kopenhagen; Else Kastner-Michalitschke im Getreuen Eckart, Wien (Jg. 3); Rudolf Kayser im Deutschen Boten, Hamburg (Jg. 32); L. van Lent in der Boekenschouw, Amsterdam (Jg. 19); Oskar Loerke im Berliner Börsen-Courier (Nr. 563); Wilhelm Meridies in Orplid, München (Jg. 2); Heinz Neuberger in der Bayerischen Staatszeitung, München (Nr. 280); Rudolf Noller im Baden-Badener Bühnenblatt (Jg. 5); Helene von Nostitz in der Vossischen Zeitung, Berlin, Unterhaltungsblatt Nr. 571; Friedrich von Oppeln-Bronikowski in der Kölnischen Zeitung, Literaturblatt Nr. 898; Emil Ott im Tag, Berlin, Unterhaltungsbeilage Nr. 289; O. K. in der Arbeiter-Zeitung, Wien (Nr. 336); Otto Pick in der Literarischen Welt (Jg. 1): »Der Fall R.« mit dem Auszug eines Briefes von R. an Pick, dazu »Chemins, qui ne mènent nulle part ...« und »Reste tranquille, si soudain ...« von R., mit der Übersetzung von Ernst Blaß (aus der N. R. F., vom Juli 1925, »Quatrains Valaisans« 31 und 3). Karl Röttger schreibt im Hannoverschen Kourier (Nr. 566/67); Will Scheller in der Kasseler Post (Nr. 334); A. Schmutzer in der Neuen Freien Presse, Wien, vom 4.12.25; Karl Georg Schrötter in der Königsberger Hartungschen Zeitung vom 4.12.25; Oskar Walzel (und andere) im Bund, Bern (Nr. 49, Beilage), und Paul Zech in den »Horen«, Berlin: »R. M. R. Ein Querschnitt durch sein Werk« (Jg. 2).
Inga Junghanns an R.: »Ich hoffe dringend, daß am 4. Dezember eine

›Chronik‹ über Sie in Darmstadt oder Flensburg erscheinen wird. Auch in der ›Politiken‹ hier wird auf sehr gedrängtem Raum ein kleiner Artikel über Sie erscheinen. Leider war der Platz in der Zürcher Zeitung schon besetzt (ich vermute von Dr. Faesi).« (1.12.25)
»Das Inselschiff« bringt »Zum 50. Geburtstag R. M. R.s« den Beitrag von Felix Braun »Über R. M. R.« und von R. selbst die Gedichte »Verkündigung über den Hirten« aus dem »Marien-Leben« sowie das Sonett »Singe die Gärten, mein Herz, die du nicht kennst ...« mit der Unterschrift: »Aus dem ›Orpheus‹« (II,21).

5. DEZEMBER: R.s Dank an Frau Wunderly für die »herrliche robe de chambre«. R. ist sehr enttäuscht, daß Dr. Haemmerli vor seiner Abreise keinen Termin für ihn frei gemacht hat. »Ich ginge gern zu einer ›Capacität‹ wie ich neulich schrieb, nur um zunächst zu erfahren, ob zuwarten falsch und gefährlich ist«, R. kann sich jedoch nicht dazu entschließen, einen der ihm genannten Ärzte aufzusuchen.

6. DEZEMBER: Die Beilage Nr. 49 der Prager Presse bringt: »R. M. R. 1875-1925«.

7. DEZEMBER: R. schreibt an Katharina und Anton Kippenberg, an letzteren heißt es: »25 Jahre Insel-Zusammenhangs und 20 Jahre persönlichen gegenseitigen Vertrauens –: ich verweilte dankbar und aufmerksam vor diesen Perspektiven ...« R. dankt für die Sendungen: »das ›Inselschiff‹ vor allem, das, so reich bewimpelt und beladen, diesmal unter meiner Flagge fährt«. In einer Nachschrift erzählt R.: »Ich habe noch bei weitem nicht alles Eingetroffene durchgesehen; ein größerer Korb, der einmal für eine unserer Apfelernten war angeschafft worden, füllt sich noch immer weiter mit Briefschaften und Telegrammen; ich werde nur den kleinsten Teil erwidern können. Aufgefallen ist mir, mit zahlreichen Unterschriften ausgestattet, ein großes Schreiben des ›German Department‹ der Universität Edinburg.« Es handelt sich um die Gratulation eines Arbeitskreises, der sich seit 1917 mit R.s Werk befaßt: »Wir können Ihnen versichern, daß bei unserm kritischen Bestreben, das Wesen Ihres Geistes und Ihrer Kunst durch Analyse zu erfassen, unser menschliches Interesse nicht gelitten hat, und unsere Verehrung für Ihr Werk und für Ihre Dichterpersönlichkeit, sowie unsere Dankbarkeit für Alles, was Sie uns geschenkt haben, nur vertieft worden ist«, heißt es darin. Federführend ist Dr. Otto Schlapp, alle Mitglieder unterzeichnen (vier Dozenten und dreizehn Studenten).

8. DEZEMBER: In seinem Geburtstagsbrief an Ruth S.-R. gibt R. seiner

Freude über die ihm geschenkte Porträtzeichnung seiner Tochter von Helmuth Westhoff Ausdruck, dazu über die Bildchen von Christine Sieber. Ruth werde keine solche Plage haben: »wie Dein armes und mit diesen fünfzig Jahren beladenes und geschmücktes Väterchen«.

R. schickt seinen Brief vom 31.10.25 an Lou A.-S. nun doch ab. In der Nachschrift: »Alles noch so wie da ichs schrieb, sogar die Phobie, nicht nur durch die kleinen Verhärtungen innen an der Lippe, sondern auch sonst durch allerhand Unbehagen im Munde, Schlund und Zunge unterhalten, hat zugenommen!« R. wird Dr. Haemmerlis Rückkehr abwarten, er bittet um ein paar Zeilen.

Für Betty Briod (Monique Saint-Hélier) füllt R. ein kleines Heft mit ›poèmes en prose‹: »A Monique un petit recueillement de ma gratitude. ›L'heure du Thé‹, ›Chapelle Rustique‹, ›Farfallettina‹ und ›Le mangeur de mandarines‹. (Muzot, 8 Décembre 1925)«. Das letzte Stück fehlt in der Taschenbuch-Aufzeichnung.

9. DEZEMBER: R. antwortet Frau Berta Flamm, die ihm von ihrem schwer kriegsbeschädigten Sohne berichtet hat: »Daß Einiges aus meinen Büchern imstand gewesen ist, einem so schwer Heimgesuchten wohlzutun, das spricht noch viel mehr für ihn, für Ihren Sohn, als für diese Bücher: wie leicht hätte er sich ihnen verweigern und verschließen können ...« (Der junge Flamm gesundet, er wird später Arzt.)

10. DEZEMBER: R. meldet Dr. Haemmerli: »zwar habe ich mir vorgeworfen, angesichts Ihres Telegramms, nicht im November nach Valmont gefahren zu sein: ich war oft so nahe dran, aber es ist so schwer, von Muzot aus eine Reise zu machen, die Anziehung der ›Massen‹ überwiegt in so einem festen Thurm – hätt ich Sie nur irgendwann eine Viertelstunde besuchen dürfen, wie würde mir das diese Tage, die wirklich recht bange sind, erleichtert haben! ... Fürchten Sie nicht eine zu große Inanspruchnahme durch mich; ich würde (auch diesmal war so meine Absicht) kaum in Valmont bleiben, sondern Sie nur eine intensive halbe Stunde mit meinen Nöthen beschäftigen.«

Brief an Achill von Karwinsky, der für seine Schwiegermutter, Frau Johanna von Kunesch, eine Einschrift in »Das Marien-Leben« erbittet. Diese ist die Schwester eines Jugendfreundes; R. betont: »Ich gehöre nicht zu denen, die vergessen ... Ihn selber nicht mehr erreichend, ist es mir doppelt lieb, seiner Schwester ein Zeichen meiner Anhänglichkeit, über so viel Jahre hinüber (mehr als 30!), zuwenden zu dürfen.« Die Widmung lautet: »Für Frau Johanna von Kunesch / geb. Wimhölzl« – »Die Jahre gehn ... Und doch ist's wie im Zug: / Wir gehn vor allem und die Jahre bleiben ...«

R. meldet Frau Wunderly eine »Grande action téméraire ... j'ai osé faire un don de 1000 Frcs, en honneur de mon anniversaire, pour que quelque chose survit à cette date qu'on à voulu marquer, à la restauration de la Chapelle Im-Winkelried en face de notre Muzot. Depuis si longtemps cela me peine de la voir se détériorer de plus en plus ...« R. begründet: »(Je puis l'oser, car à partir 1926 j'aurai enfin l'autorité de disposer de mon héritage de Vienne qui, paraît-il, me fera, dans les bonnes années, un revenu d'environ 30000 couronnes tchèques.)« Das Geld hat R. bereits beim Pfarrer in Sierre hinterlegt. Die St.-Anna-Kapelle soll sofort vor der Winterunbill geschützt werden, es sind bereits schwere Fröste vorübergegangen. »Wir benutzten die Milderung, um rasch einen chinesischen Baum zu pflanzen (Gingko-Biloba)[!], den der gute Strohl mir mit einem langen Brief, voll freundschaftlichster Zuwendung, verehrt hat ...«

11. DEZEMBER: An die Fürstin Taxis: »Wie gern wär ich unter diesem Geburtstag unbemerkt durchgekrochen! Ich hatte mir, aus lauter Scheu vor seiner Betonlichkeit, immer vorgestellt, ich würde ihm mindestens bis gegen El-Kantara zu, auf einen anderen weniger landläufigen Kontinent, ausweichen ...«

R. bittet Kippenberg, ihm bis zu seinem Verfügungsrecht über die Wiener Erbschaft die 1000 Franken für die Renovierung der St.-Anna-Kapelle vorzuschießen.

12. DEZEMBER: R. dankt Christiane von Hofmannsthal für ihren Geburtstagsglückwunsch und schließt: »Eben hat sich, sehr überraschend, Carl Burckhardt, auf der Durchreise in Sierre, bei mir angesagt!«

Lou A.-S. antwortet auf R.s Hilferuf, unter anderem heißt es: »Den Umkipp in das Arge, Verlassene, dem eigenen Leib Preisgegebene, erlebst Du nicht bloß als Reaktion nach angespanntem Schaffen, es ist eher etwas schon dem Zugehöriges, die Kehrseite der Sache selbst, und der Teufel nur ein deus inversus.« Sie schließt: »Nichts ist da Schuld ...«

MITTE DEZEMBER entsteht das Gedicht »Border un enfant dans son lit ...« (»Exercices et Evidences«), das R. am 15.1.26 an Jules Supervielle sendet.

MITTE DES MONATS erhält R. einen Brief Leonid Pasternaks vom 8.12.25: Pasternak ruft die gemeinsamen Erinnerungen herauf und fährt fort: »Wenn Sie wüßten. wie meine Kinder jede Ihrer Strophen, jede Ihrer Zeilen lieben! Besonders mein ältester Sohn Boris – ein berühmt gewordener und in Rußland geachteter junger Poet – ist Ihr glühendster Anbeter, Ihr ernsthaftester und aufrichtigster Verehrer – wohl auch Ihr Schüler und einer der ersten, der Ihr Schaffen propagierte, als man Sie in Rußland noch nicht kannte.«

17. DEZEMBER: R. dankt Strohl für den Ginkgo biloba, bewegt von dem Gedanken, daß dieser Baum in der Erde des Valais einwurzelt: »pour remémorer, dans mon voisinage, ces atomes engourdis dont quelques-uns, autrefois, faisant corps des plantes-mères, avaient été secoués par le Gong des Temples.«

Die Fürstin hat die schöne Ausgabe der Valéry-Übertragungen erhalten: »Welche Freude haben Sie mir gemacht mit den wundervollen Übersetzungen! Ich habe sie gelesen und wiedergelesen – speziell und zuerst die welche ich von Ihnen gehört hatte – Kassner war da, auch ganz begeistert.«

18. DEZEMBER: R. geht auf den Artikel von Arthur Fischer-Colbrie in der Linzer Tages-Post ein (vom 4.12.25). Es handelt sich um die Auseinandersetzung um R.s Gedichte in französischer Sprache: »Laß mich Dir, im Vertrauen, aufklären, was Du dort zu erwähnen genötigt warst.« R. spricht zuerst von Präsident Masaryk: »wie sollte ich mich nicht zum Beifall aufgefordert gefühlt haben, da ein Mann von universeller geistiger Bedeutung den obersten Platz in meinem Heimatlande einnahm, von dem ich abgelöst genug bin, um seinen besonderen Schicksalen, unabhängig, treu zu sein.« R. schildert die Bedeutung des Valais für seine Arbeit und die Entstehung der »Quatrains Valaisans« – »um die herum sich nach und nach andere französische Gedichte, im unabweisbarsten Diktat, anordneten ...: damit ist die Geschichte jenes ›Französisch-Schreibens‹ erzählt, das, wie ich aus einzelnen Gerüchten nach und nach erfuhr, zu so kuriosen Auslegungen in der Öffentlichkeit Anlaß gegeben hat.« R. fährt fort: »Ich weiß (um auf Deinen Artikel zurückzukommen), daß Du jene Version der ›Verstimmung‹ nur aufgenommen hast um der ›Verständigung‹ willen, weil dies nun einmal die leichteste Einsicht war, die dem Leser etwa erreichbar gemacht werden konnte. Indessen möchte ich gerade um diesen Preis am wenigsten nachsichtiger behandelt sein. Ich weiß nichts von einem Verstimmtsein, so wenig ich je von einer Ablehnung, von ›einer ablehnenden Haltung deutscher literarischer Kreise‹ gewußt habe.« R. schließt: »Es wäre

traurig um mich bestellt, wenn ich in meinem fünfzigsten Jahr, im Bereich meiner Kunst, irgend eine Erscheinung aus Enttäuschtheit oder ›rancune‹ zuließe, und es ist das seltsamste Mißverständnis, daß dieser meiner Art so fremde Verdacht gerade auf die Produktion jener französischen Gedichte, die mir das heiterste, glücklichste Beschenktwerden bedeutet, seinen dumpfen Schatten wirft!«

»An das German Department der Universität Edinburgh, zu Händen des Herrn Dr. Otto Schlapp: Ihre sorgfältige und ausführliche Kundgebung ist mir ein großes reichliches Geschenk gewesen … bedeutend durch den Beweis, daß soviel Bewegung, Mühe und Freude des Geistes an entfernter Stelle durch meine Bücher konnte aufgeregt werden; beglückend vor allem durch … verständige Theilnehmung an meinen (besonders auch den mir wichtigsten, jüngsten) Arbeiten.« R. schließt: »erlauben Sie mir, Ihnen und Ihrem Kreise, zu gemeinsamem Gebrauch, meine eben erschienenen Übertragungen einiger Gedichte von Paul Valéry (dem großen Dichter …) zu überreichen.«

Das Widmungsgedicht für die »Duineser Elegien«: »Musik. Für Herrn Lorenz Lehr«, einen Cellisten, entsteht: »Die, welche schläft …Um bei dem reinen Wecken / so wach zu sein, daß wir zu Schläfern werden …« (Die zweite Strophe: »Schlag an den Stern: die unsichtbaren Zahlen / erfüllen sich; Vermögen der Atome / vermehren sich im Raume. Töne strahlen …«)

19. DEZEMBER: Georg Reinhart hat R. die eigene »Geschichte des Hauses Volkart« zum 75jährigen Bestehen der gleichzeitig in Bombay und Winterthur gegründeten Firma seines Großvaters geschenkt. R. antwortet: »Was für ein Dokument liegt da vor, mit diesem Buche … Als ich zum ersten Mal Ihr Winterthurer Geschäftshaus betrat, empfand ich deutlich genug, aber weniger aussprechbar, was mich nun über diesem Buche von neuem ergreift: die Idee des Handels in ihrer humanen Unmittelbarkeit und Reinheit. Diese Sprache der Weltteile untereinander, deren Träger die gebrauchten und gewerteten Dinge sind …« R. schließt: »Wie sehr hätte der alte Goethe«, in der Freude »an dem Umgang mit dem Strukturellen der Welt und an dem Bedürfnis nach universellen Bezügen … Ihre Gedenkschrift in Ehren genommen.«

WIEDER IN VAL-MONT

20. DEZEMBER: R. trifft abends in Val-Mont ein und wohnt wie im Vorjahr: Nr. 47.
21. DEZEMBER: Untersuchung durch Dr. Haemmerli. R. schreibt über das Ergebnis: »Die Schwellungen im Munde, die so störend und quälend sind, sind noch ausgebreiteter als ich selber dachte, bieten aber, wie er mir wieder versichert, keinen Anlaß für die Phobie, die ich damit verbinde... das ganze, wenn schon er recht haben sollte mit seiner Unschuldigkeit, ist höchst höchst peinlich und langwierig. Ich bin jetzt am Meisten von diesen Übelständen gestört und gehemmt und es ist schade, daß man, wie es scheint, so gar nichts thun kann, die Beschwerlichkeiten, die mir daraus entstehen, zu mildern.« (An N.W.-V.) Von Frau Wunderly, die er zu ihrer Herkunft aus dem Hause Volkart beglückwünscht, erbittet R. den Roman von Sigrid Undset in einer Übersetzung (»Christine Lavranstochter«). R. bestellt selber Bücher bei Mme Morisse.
23. DEZEMBER: Telegramm an Katharina Kippenberg, in dem R. besonders für die ›herrliche‹ Ausgabe von Goethes »Italienischer Reise« dankt.
VOR WEIHNACHTEN: Für Dory von der Mühll trägt R. in ein Exemplar der Valéry-Übertragungen einen Abschnitt aus »Trivia« ein, dem 1902 im Original englisch erschienenen Band mit Beobachtungen und Aphorismen des in England lebenden Amerikaners Logan Pearsall Smith (1886-1946): »Le Peuplier / Il y a dans le Sussex, un grand arbre dont le nuage de feuilles légères flotte très haut dans le ciel d'été. La grive y chante et les merles remplissent de l'éclat d'or de leur voix l'heure somptueuse des soleils déclinants. Le rossignol y trouve son cloître de verdure, et sur les branches pend quelquefois, comme un enorme fruit, la Lune couleur de citron. Par l'Août torride, quand le monde tout entier se pâme de chaleur, il y a toujours un souffle de brise dans cette fraîche retraite, et toujours un murmure, pareil au murmure de l'eau, parmi les feuilles aux tiges fines. Mais le Possesseur de cet Arbre vit à Londres, et lit des livres.« R. setzt darunter: »... mais si, par exemple, il lit ›Platane‹ et ›Palme‹ ...?! A Madame Dory von der Mühll / amicalement dévoué R. M. R. (Inka) / Vers Noël 1925«.
WEIHNACHTEN: R. verlebt die Festtage zum zweitenmal in Val-Mont.

Seiner Mutter schreibt er: »Ich glaube, ... jene Erfüllung, jene Erfüllungen, die ich einst unter dem strahlenden Christbaum vorfand, ... [sind] maßgebend geblieben für alle Beschenkungen ... des Lebens. ... Wenn mein Dasein später, unter dem furchtbaren Druck der Militärschule, gewissermaßen in meine eigenen, oft so schwachen und rathlosen Hände überging, hielt ich es noch nicht, gab es Euch aber, Dir und Papa manchmal zu halten und es ist sicher bestimmend für mich geworden, daß Ihr fähig und entschlossen wart, es dann unter dem Schutz und Glanze dieses Festes so hoch als möglich in den Jubel hinaufzuheben, in jenen Jubel, der mir die Engel geschenkt hat, deren Bewußtsein, weit entfernt, mir verloren zu gehen, auf allen Stufen des Lebens mit mir gewachsen ist!«

24. DEZEMBER: R. subskribiert bei Stols in Den Haag auf Valéry: »Analecta«, den ersten Band einer geplanten, aber nicht weitergeführten Reihe, und sendet dem Verleger seinen Band »Paul Valéry: Gedichte«.

27. DEZEMBER: An Frau Wunderly: »Haemmerli s'en prend avec moi de toute une autre façon cette année: il sent que c'est sérieux et qu'il faut avancer à tout prix; il passe des heures chez moi et entre dans ma pauvre bouche avec ses miroirs en inspectant tous les recoins...«

30. DEZEMBER: An Mme de Sépibus mit einer Balzac-Biographie: »Le traitement est beaucoup plus actif cette année, et, fatigué par ces devoirs rigoureux, je me sens peu disposé à employer ma plume ...« Mme de Sépibus hat es übernommen, für den Fortgang der Arbeiten an der St.-Anna-Kapelle zu sorgen. Sie ist auch die Empfängerin des Manuskriptes der »Quatrains Valaisans«, das ihr R. widmet: »A Madame Jeanne de Sépibus-de Preux, pour que ces pages éprises de son pays restent à tout jamais attachées au sol valaisan«. Es handelt sich um die Reinschrift, die zu Neujahr 1924 nicht rechtzeitig fertig wurde.

Neujahrsbrief an Herrn Wunderly; R. wünscht für das kommende Jahr »seine schönsten Vergünstigungen nicht nur über das vertraute Wohnhaus herbei, sondern auch über die so schön erweiterte und ›zeitgemäß‹ gewordene Gerbe««. Der Sohn des Hauses tritt in die Gerberei ein: »mögen Sie und der junge Doktor die soliden Ansätze zu neuen ›Früchten‹ recht bald wahrnehmen und möge das Klima der Zeit (so unsicher es überall scheint) doch diesem Wachsthum von Jahr zu Jahr günstig bleiben!«

R. schenkt Werner Reinhart zum Jahreswechsel den Roman »Le Cantique des Cantiques« von Pierre Hamp, der »zu den Gebieten Ihres Berufes in einen gewissen Bezug gestellt« ist, da er die Gärtnereien von Grasse und die Duftgewinnung behandle.

31. DEZEMBER: R. beginnt das neue Jahr: »Votre longue et bonne lettre me tiendra compagnie ce soir, avant peu de discernement en ce moment, pour tout ce qu'on appelle avenir ...« (Telegramm an N.W.-V.)

Im Jahre 1925 erscheinen Arbeiten R.s in folgenden Zeitschriften: »Europäische Revue« Leipzig, »Frankfurter Zeitung« Frankfurt, »La Nouvelle Revue Française« Paris, »La Revue Nouvelle« Paris, »Neue Zürcher Zeitung« Zürich, »Revue de Genève« Genf und »Die literarische Welt« Berlin. Das »Inselschiff« bringt zwei bereits gedruckte Gedichte zum 4.12.25.
R. beteiligt sich an der Festschrift »Joachim von Winterfeldt zum sechzigsten Geburtstage 15.5.25«, Berlin.
Das Buch: Franziska Gräfin zu Reventlow »Gesammelte Werke«, in einem Bande herausgegeben und eingeleitet von Else Reventlow, Albert Langen Verlag, München, enthält einen Ausschnitt aus R.s Brief vom 23.7.1899 aus Schmargendorf bei Berlin, der beginnt: »Mein Liebling Rolf« (an Rolf Reventlow).
Neuauflagen: »Geschichten vom lieben Gott« 34.-36. Tausend, »Elizabeth Barrett-Brownings Sonette nach dem Portugiesischen« 16. his 20. Tausend und »Portugiesische Briefe. Die Briefe der Marianna Alcoforado« 26.-30. Tausend.
Übersetzungen: Die »Geschichten vom lieben Gott« erscheinen in einer polnischen Übertragung von Marja Czabanówna und Witold Hulewicz (»Powiastki o Panie Bogu«), Warschau 1925.
Marina Zwetajewa-Efron veröffentlicht Tagebuch-Aufzeichnungen unter dem Titel: »O Germanii« (Über Deutschland), worin sie R., ›das beste Deutschland‹, mit Alexander Blok, ›das beste Rußland‹, vergleicht.

1926

UM DIE JAHRESWENDE entsteht der Entwurf »Bedenkst du's auch, daß eine blinde Welt / uns rings umgiebt? ...«

2. JANUAR: R. stürzt in seinem Zimmer, verletzt sich nicht ernstlich, erleidet aber schmerzhafte Prellungen.
In einem Brief an Aurelia Gallarati-Scotti lehnt R. wegen seiner Krankheit, deren Ursache noch immer nicht gefunden sei, eine Lesung im »Convegno« in Mailand ab. Doch hofft R. nach Abschluß der Kur einen Italien-Aufenthalt ermöglichen zu können (wie im vorigen Jahr Paris): »J'avoue que je tiens tout autant à prolonger bientôt, non seulement sur une feuille de papier, cette autre ligne vitale, celle de l'Italie ..., de Venise, de Padoue, de Saonara ...«

5. JANUAR: R. dankt dem Rechtsanwalt Dr. Stark in Prag für Ausschnitte

aus Prager Zeitungen und für das Angebot, eine Lesung in Prag vorzubereiten – für eine so weite Reise sei er zu krank. Ein Honorar von 700 Kronen von der »Prager Presse« möchte R. auf sein Einlagebuch gestellt wissen, ferner bittet er um ein Verzeichnis der Gegenstände aus Paula v. R.s Besitz, die Stark für ihn verwahrt hält. R. trägt Grüße an Dr. Schobloch auf.

Die Einführung des ersten ›Governatore dell'Urbe‹, des Senators Fillipo Cremonesi, durch Mussolinis große Rede am 31.12.25 veranlaßt R. zu der Äußerung Aurelia Gallarati-Scotti gegenüber: »Mais en Italie aussi: quel essor, et non seulement dans la littérature, mais dans la vie publique! Quel beau discours que celui de M. Mussolini, adressé au Gouverneur de Rome! Entre vos beaux poètes on m'a beaucoup fait admirer à Paris Ungaretti ...«

An Frau Weininger schreibt R. zum Beginn des neuen Jahres über seinen 50. Geburtstag: »Es ist nicht leichter, einen Tag zu überstehen, als fünfzig Jahre, und Zahlen haben mir nie Eindruck gemacht, es sei denn in der reinen Mathematik oder Astronomie, wo sie uns und unser bischen Dasein beim ersten Schritt übersteigen und unter einander thun, als wären wir nicht ...« Ihrem Mann bittet R. zu sagen: »ich hatte die besten Nachrichten von meinen (und seinen!) beiden Schützlingen, den jungen K's. Es geht wirklich weiter mit ihnen (was ohne Weininger's großen Beistand unmöglich gewesen wäre!) Der ältere hat wieder zwei Examina mit besonderer Belobung bestanden und der kleine, nun auch schon große, jüngere, Baltusz, ist, was er von Anfang an war, ein wirklicher Künstler, ein Maler von Begabung, vielleicht von génie ... Es ist wirklich mein Glück in diesen Jahren, daß ich, dank Weininger's Hülfe, die Existenz dieser beiden Knaben fördern durfte; nur so erbaut sich Zukunft über uns hinaus!«

6. JANUAR: R. berichtet an Frau Wunderly über sein Befinden: »Et je suis si peu bien, du reste ... Mais mon poids augmente augmente, c'est peut-être cela aussi qui m'énerve et qui me fatigue. Je deviens un personnage lourd ...«

R. wiegt 55 kg, ist mit 52 kg in Val-Mont eingetroffen. In der Nachschrift heißt es: »Je vous ai copié dimanche cette belle poésie de Carossa, en souvenir de nos lectures de l'année dernière.« (»Ein Stern singt ...«, in: Hans Carossa, »Gesammelte Werke«, Insel-Verlag 1949, Band I, S. 64.)

8. JANUAR: An Kippenberg: »heute vor einem Jahr, genau auf den Tag, aus dem gleichen Zimmer, hab ich von hier den Sprung nach Paris gewagt.«

9. JANUAR: R. bestellt bei Mme Morisse »Entretiens avec Paul Valéry« von Frédéric Lefèvre, Paris 1926. Ferner heißt es: »Dans le ›Temps‹ j'ai vu annoncée pour tout prochainement une plaquette de Valéry Etude pour Narcisse: elle serait pour moi d'un intérêt capital, car j'espére pouvoir donner un jour une traduction des différents fragments de ce ›Narcisse‹ merveilleux.«

10. JANUAR: Aurelia Gallarati-Scotti antwortet R.: »A la fin de votre lettre, vous touchez à une plaie profonde qui divise l'Italie de ces dernières années. Non, cher Rilke, je ne suis pas une admiratrice de M. Mussolini ... je pense que la tranquillité d'un pays est seulement assurée lorsque la liberté permet d'avoir une idée exacte de ce que pense et veut le pays, – au moins un minimum de liberté, ce qui est du reste le premier droit apporté par la civilisation.«

11. JANUAR: R. übersendet der Fürstin Taxis eine Abschrift der Verse »Antiquaires« von Henri de Régnier und berichtet von seiner Lektüre. Er erwähnt Boni de Castellane: »L'Art d'être pauvre ...« (1925) – »weniger gut wie der erste Band« der Memoiren, ferner »Vie de Liszt« von Guy de Pourtalès (Paris 1925): »Er scheint sich gut dokumentiert zu haben...«

An Frau Wunderly: »J'ai beaucoup pensé, vous l'imaginez, le 8 à mon départ de l'année dernière; est-ce que cette fois Val-Mont pourra me servir de tremplin, non pas pour Paris, mais pour m'élancer vers un endroit sûr de ma nature et qui me porterait?«

12. JANUAR: R. erhält von A. A. M. Stols aus Den Haag die holländische Version der Louize-Labé-Sonette von P. C. Boutens, die Stols 1924 verlegt hat. R. tut es leid, ihm seine eigene Übertragung nicht senden zu können: er habe kein Exemplar des Insel-Bändchens zur Hand.

13. JANUAR: R. bedauert in seinem letzten Brief an Sidie Nádherný, ihren Besuch in Muzot jetzt nicht ermöglichen zu können, lädt sie aber für die gute Jahreszeit ein: »Es würden für Sie, meine liebe Sidie, außer der Reise keinerlei Kosten entstehen aus dieser Unternehmung: das müssen Sie wissen, in einer Zeit, wo diese praktischen Fragen sich überall hemmend ins Mittel legen ...« Die Freundschaft zwischen Sidie N. und der Fürstin Mechtild Lichnowsky veranlaßt R. zu einer Nachschrift: »oft hat es mir geschienen, als wäre ein ganzes Gebiet meines Lebens unangetreten geblieben, weil es nicht zu jener Begegnung mit der Fürstin kam, auf die, in einer gewissen Zeit, alles mich vorzubereiten schien.« R. empfiehlt zu gemeinsamer Lektüre »Dädalus« und

»Ulysses« von James Joyce, sowie »den wunderbaren, den unerhörten unerschöpflichen Marcel Proust«.

15. JANUAR: R. dankt Jules Supervielle: »vos beaux vers, cher Poète (avec cette toute admirable ›Bella‹ de Giraudoux) sont au centre de mes lentes lectures«. R. schickt ihm eine Besprechung der »Gravitations« aus der »Gazette de Lausanne« und trägt Grüße an Jean Cassou und die Seinen auf. In einer Nachschrift heißt es: »Je feuillette mon petit carnet de poche: rien qui pourrait vous faire plaisir; je transcris cependant les dernières lignes que j'y avais notées l'autre jour: ›Border un enfant dans son lit …‹«

17. JANUAR: Langer Brief an Aurelia Gallarati-Scotti. R. schreibt zunächst über Tagore, von dessen Dichtung er sich mehr und mehr entfernt habe: »C'est cela également qui m'éloigne d'un écrivain tel que Romain Rolland que j'estime pleinement sans aucune adhésion possible à ses intentions, si nobles qu'elles soient. Quant à la politique, je suis si loin d'elle, si incapable de suivre et de m'expliquer ses mouvements et ses contre-coups que ce serait ridicule de vouloir me prononcer sur n'importe quel événement situé dans son domaine … Mais je suppose que là, comme dans la poésie, les intentions purement humaines, volontairement humaines, ne valent pas grand'chose.« R. entwickelt seine Vorstellungen von der grundständigen Grausamkeit der Natur und den Gefahren der Freiheit: »La liberté! Mais n'est-ce point d'elle que le monde est malade?« Die äußerste Ausprägung dessen sieht R. in Rußland: »Les ›Soviets‹ nous ont montré où conduit le chemin de la liberté (car tout emploi de cette force inadaptable conduirait à des abus pareils: c'est trop et trop peu)!« Unmittelbar auf die Diktatur Mussolinis bezogen, fährt R. fort (und verläßt sich dabei auf einen Artikel Gonzague de Reynolds im »Figaro« vom 14.1.26, den er ihr einlegt): »En tout cas cette Italie de 1926 fait admirablement acte de vie et de bonne volonté, pendant le désarroi, soutenu dans les pays d'alentour, continue de les miner et de travailler à leur destruction. C'est un fait auquel, en attendant, je n'hésiterais pas de sacrifier quelques idées et quelques sentiments, tant est grand et impatient mon désir vers l'ordre …« Am Schluß geht R. auf Übersetzungen seiner Gedichte durch Elio Gianturco ein und die ihm in der Dezembernummer des »Convegno« gewidmeten Seiten.

18. JANUAR: R. beauftragt Dr. Stark in Prag, das bereits eingetroffene Honorar an seine Mutter weiterzuleiten. Nach Val-Mont erbittet er die Familienphotographien aus dem Nachlaß Paula R.s.

19. JANUAR: R. beantwortet umgehend einen Brief der Fürstin Taxis aus Rom, in dem diese einen Besuch im Palazzo Massimo genau beschreibt: »quelle richesse à laquelle je renonce en pleine connaissance de mon innombrable perte«. Den ihm von der Freundin empfohlenen Naturheilkundigen Höller-Hansl in der Steiermark zu besuchen, lehnt R. strikt ab.

21./22. JANUAR: R.s Exemplar des »Navire aveugle« von Jean Barreyre trägt die Einschrift: »Lu le 21 et 22 janvier dans la soirée«.

28. JANUAR: R. berichtet Frau Wunderly, er habe an diesem Tage vier Behandlungen gehabt, ein Kleie-Lavendel-Bad, sonst Massagen. »Sur moi, Chère, hélas, c'est toujours la même chose, je ne suis pas encore sorti du cercle vicieux qui m'enferme; Haemmerli, objectivement, est content et tâche de me convaincre que je devrais l'être aussi ...« R. ist zudem an einer Laryngitis erkrankt. Er ist zu erschöpft, um den neuen Proust zu beginnen.

3. FEBRUAR: Katharina Kippenberg fragt an, ob Valérys Bücher »La jeune Parque« und »La Soirée avec M. Teste« und der dazugehörige Text »La Lettre de Madame Emilie Teste« für den Insel-Verlag in Betracht kämen.

ANFANG FEBRUAR entsteht der Entwurf: »Früher, wie oft, blieben wir, Stern in Stern ...«

9. FEBRUAR: Über Valérys Prosa-Arbeit »La soirée avec M. Teste«, die R. gerade im Manuskript der Übertragung von Max Rychner (sie erscheint 1927 im Insel-Verlag) gelesen hat, schreibt er an Frau Kippenberg: »Was mich angeht, so habe ich an die zwei Jahre vor dem Teste-Problem gestanden, ohne den Eingang zu finden ... seither ist meine Bewunderung für das unbeschreibliche kleine Buch, das sich zeilenlang ins völlig Unbetretene niederschreibt, immer noch gewachsen ...« Valéry habe hier die Essenz eines Romans destilliert. »Mit der unerhörten ›Jeune Parque‹ ging es mir anders. Ich verstand dieses Gedicht der Gedichte (denn die Jeune Parque ist keine Prosa, wie Sie meinen!) im ersten (Vor)Lesen vom Blatt weg ... in plötzlicher Intuition ergriff ich seine Figur, die eine ruhende erwachende Nymphe ist.« Valéry schrieb dies 1917 erschienene Werk, wie R. betont, nach den »zwanzig Jahren künstlerischen Schweigens«. R. fährt fort: »Daß jemand die Jeune Parque zu übersetzen wagen könnte, scheint mir unwahrscheinlich. Ich schrieb es neulich E. R. Curtius.« Valéry arbeitete an der »Jeune Parque« von 1913-1917, das Gedicht umfaßt 512 Verse; erst Paul Celan

übertrug das Werk (1960 im Insel-Verlag erschienen). R. verspricht Frau Kippenberg zu ihrer Unterrichtung über Valéry die Studie F. Lefèvres »Entretiens avec Paul Valéry«. Als weitere Prosa des Dichters nennt R. »Introduction à la Méthode de Léonard de Vinci«, die »übersetzbar« sei, Herbert Steiner arbeite daran. (Die Steinersche Übertragung ist nicht erschienen.) Schließlich heißt es: »Und nun vergessen Sie nicht... daß in den Bereich von Valérys Prosa die beiden großen Dialoge gehören, dieser große herrliche ›Eupalinos‹ und ›L'Ame et la Danse‹, und daß (ich schrieb schon einmal davon) die Übertragung des Eupalinos-Dialoges fast abgeschlossen seit Herbst 1924 in den Vorräten eines gewissen R. M. R. ruht...«

10. FEBRUAR: Aus Val-Mont sendet R. seine Gratulation an Jean Cassou zu dessen Verlobung. In dem langen Brief spricht er von seiner Lektüre »Mais je suis entouré de livres et je vous ennuière entre les dernier lus et ceux qui m'occupent. ›Albertine disparue‹ (cela va sans dire!), Paulina 1880, cette prodigieuse ›Bella‹ de Giraudoux, Les Entretiens avec Paul Valéry, les volumes récents de Soupault et Drieu la Rochelle, les ›Figures Etrangères‹ d'Edmond Jaloux ...« Doch entbehrt R. Cassous Besuch: »visite d'ami, visite de vie et de tempérament!« Er erwähnt die Söhne Baladine K.s: »Je les aime beaucoup, beaucoup, et si parfois je m'amuse à peupler cet avenir qui me surpassera, ce sont eux que j'y mets en premier lieu.«

Aurelia Gallarati-Scotti weigert sich in ihrer Antwort, R.s Auffassung von der Diktatur Mussolinis unwidersprochen hinzunehmen.

An Madame Morisse: »Mais je mets un point final (provisoire, je me connais) à mes terribles instincts de prodigue en vous priant de vouloir souscrire pour moi à ces ›Pensées et Fragments inédits‹ de Valéry qu'on prépare au Divan.« Die Bestellung bezieht sich auf »Rhumbs«, Collection »Les Soirées du Divan« Nr. 21, Paris, mars 1926.

11. FEBRUAR: »Die Kinder in Alt-Jocketa stehen in einem schwierigen Moment... besonders leid thut es mir, daß sie das behagliche alte Haus von Alt-Jocketa verlassen sollen ... Ich habe mit ihnen viel korrespondiert in diesen Schwierigkeiten und auch den Rath erfahrener Finanzleute eingeholt...« (An die Mutter)

R. bittet Mme de Sépibus, der Redaktion der »Revue de Genève« zum Vorabdruck einiger Gedichte aus den »Quatrains Valaisans« die ihr geschenkte Handschrift zur Verfügung zu stellen: »Il est vrai que ce petit livre manuscrit ne contient qu'une partie de ces vers que l'on à réunis sous le titre de ›Vergers‹ mais ce cycle dédié au Valais en forme le noyau et pourrait, par son sujet même, se prêter davantage à être proposé à des lecteurs suisses ...« R. begründet seine Bitte: »ces poésies n'existent qu'éparpillées dans mes petits carnets de poche que personne à Muzot ne pourrait trouver et que d'ailleurs, je ne pourrais jamais confier à une redaction: les vers, écrits au crayon la plupart, étant entremêlés de notes et de propos les plus inextricables!«

Kippenberg schreibt an R.: »Mit großer Freude haben wir aus Ihrem Brief ersehen, daß Sie die zwei Dialoge von Valéry übertragen haben. Haben Sie sich das Übersetzungsrecht bei Valéry gesichert? Sonst wäre ich Ihnen dankbar, wenn Sie es täten. Sehr oft vergeben nämlich die französischen Verleger, ohne den Autor zu fragen, die Übersetzungsrechte ... Die 2000 Franken sind überwiesen worden.«

14. FEBRUAR: R. setzt sein briefliches Gespräch mit Aurelia Gallarati-Scotti in einem weiteren »lettre de dilettante« fort: »La question du sentiment national est une des plus épineuses qui soient ...« R. stellt dem übersteigerten Nationalgefühl der Deutschen unter Wilhelm II. – »(la figure la plus hideuse à mon avis dans l'histoire contemporaine)« – die berechtigten Nationalismen kleinerer Völker – besonders des tschechischen – gegenüber und kommt dann auf die romanischen Völker zu sprechen, denen er eine eigene Stellung einräumt: »L'Idée romaine est une des rares idées qui ait pu acquérir à certains tournants de l'histoire une valeur universelle ... C'est cette unité sentie et consentie, c'est ce passé glorieux dont votre sol porte les vestiges géants qui rend possible cet architecte de la volonté italienne, ce forgeron d'une conscience nouvelle à la flamme avivée d'un feu ancien. Heureuse Italie! N'oubliéz pas ... que cette pauvre Europe a failli dépérir, pour s'être nourrie d'abstractions. Car ›l'internationalité‹ en est une, ›l'humanité‹ en est une autre ...« Anläßlich des Gastspiels der Pitoëffs in Mailand erinnert sich R. an deren Aufführung von Shaws »Saint Joan« in Paris: »le blagueur qu'est Bernard Shaw jette toute son ironie, d'ailleurs respectueuse cette fois, dans une sorte d'épilogue.« Von Pirandello habe er »Henri IV« bei ihnen gesehen. Zudem sendet R. der Freundin »Navire aveugle« von Jean Barreyre.

15. FEBRUAR: R. dankt Mme de Sépibus für ihre Bereitwilligkeit, der »Revue de Genève« ihr Manuskript der »Quatrains Valaisans« zu leihen; M. Chenevière werde eine Auswahl treffen.

Für Mme Paula N. Riccard schreibt R. in die »Neuen Gedichte«: »Eine

Folge zur ›Rosenschale‹«: »Reich war von ihnen der Raum, immer voller und sätter ...«. Sie erinnert, daß R. ihr in Val-Mont erzählt habe: »ich schrieb die ›Rosenschale‹ vor 25 Jahren, ich war damals in Neapel, und auf der Piazza Santa Lucia war ein Streit entstanden. Zwei junge Menschen waren mit dem Messer aufeinander losgegangen; mich entsetzte und erschreckte dieser Anblick, so daß ich nach Haus flüchtete. Dort fiel mein Blick auf eine Schale mit herrlichen Rosen, die auf meinem Tisch standen ...« Mme Riccard beschreibt die Mit-Patienten in Val-Mont: »Amerikanische Ölmagnaten, brasilianische Pflanzer, argentinische Weizenkönige saßen Tisch an Tisch mit ungarischen Adligen, holländischen Industriellen, die für ihre in Java und Sumatra erkrankten Nieren und Magen Heilung suchten ...« R. sei ihr durch seine Bescheidenheit und die großen, etwas verschleierten Augen unter ihnen aufgefallen. R. schenkt ihr den »Malte« mit einer französischen Widmung. »An Madame Riccard – um ihr den Besitz dieses Buches persönlicher zu gestalten, in dem sie Paris wieder finden wird, ergriffen mit den Sinnen eines nordischen Herzens – imaginär – aber in glaubhafter Gestaltung –: übrigens der Sieg oder die Niederlage dieses Herzens ist von geringer Bedeutung: Man hat vielmehr zeigen wollen, wie auf einer gewissen Grundlage von vitaler Stärke alles Wirklichkeit und unmittelbare Gegenwart wird: Die Lebenden und die Toten, die vergänglichen Gedanken, das Unfaßbare, und vor allen Dingen die niemals überwundene Kindheit, die den ganzen Zauber unserer unermeßlichen Existenz enthält.« (Übertragung von G. Holz, Original nicht zugänglich.)

15./20. FEBRUAR: »Pour servir d'Epitaphe à la belle Madame B. ... Que j'étais belle! Ce que je vois ...« R. nimmt die Strophe, zu der sich ein Entwurf erhalten hat, in »Exercices et Evidences« auf.

MITTE FEBRUAR: In die »Vierundzwanzig Sonette der Louize Labé« trägt R. für Dr. Landolt aus Paris die Widmung ein: »Wie sollte so ein Buch nicht bleiben wollen, / wo man es so, wie Sie getan, empfing ...« R. schätzt diesen Mitpatienten, wie er am 18. 2. 26 an N.W.-V. schreibt.

17. FEBRUAR: R. dankt Mme Morisse für ihre vergebliche Bemühung: »L'essentiel pour moi n'est pas tant de posséder ces ›Notes pour Narcisse‹, mais de les connaître un jour, au moment où je m'occuperai, soit en l'admirant, soit en osant le traduire, du cycle valérien dont elles seront, j'en suis sûr, un incomparable et très fécond supplément ...« R.s Vermutung, hinter den von ihm »Notes« genannten »Etudes pour Nar-

cisse« verberge sich eine Kommentierung des Werkes durch Valéry, trifft nicht zu.
18. FEBRUAR: R. berichtet Frau Wunderly von einer erneuten Röntgenaufnahme, mit der Haemmerli zufrieden sei. Aber: »je suis en peine, l'état de ma bouche me rend toujours encore méfiant, et puisque lire ou travailler est pour moi identique avec l'emploi de cet appareil assez commun, je me sens toujours encore arrêté dans mes habitudes ...« Am selben Abend bittet R. die Freundin, ihm wieder eine Sekretärin zu suchen, mit deutschen, französischen und möglichst auch russischen Sprachkenntnissen. R. denkt daran, die Übertragung der Dialoge Valérys weiterzuführen.
24. FEBRUAR: Geburtstagsbrief an Baltusz K.; R. bittet, die ihm zugedachte Kopie des Gemäldes »Narziss« von Poussin vorerst nicht zu schicken, er gehe nach Ende der Kur nicht nach Muzot. Ferner wäre R. dankbar, wenn Baltusz ihn in der Buchhandlung von Adrienne Monnier (Paris) noch auf die Subskriptionsliste für die »Série de l'Horloge« setzen könne, in der neben Valérys »Etudes pour Narcisse« als erstes Heft »Prière mutilée« von Jean Cocteau erschienen sei.
25. FEBRUAR: R. antwortet einem russischen Leser der »Elegien«, Lev P. Struve, auf dessen Frage, ob die »Achte Elegie« eine innere Verwandtschaft zu dem Roman Iwan Bunins »Mitina ljubov'« (französisch: »Le sacrement de l'amour«) habe, indem er sich ausführlich damit auseinandersetzt.
26. FEBRUAR: R. dankt Edmond Jaloux für die Zusendung von »Figures étrangeres«, zuvor habe er in der »Revue Hebdomadaire« seine Seiten über Marseille gelesen: »Bien guidé par mon instinct comme je l'étais toujours autrefois, lors de la jeunesse de mon agile curiosité, la première fois à Marseille, à peine descendu du train, je me précipitai, en courant presque, vers Notre-Dame de la Garde ...«
ENDE FEBRUAR entsteht das Gedicht »Hiver. J'aime les hivers d'autrefois qui n'étaient point encore sportifs ...«, aufgenommen in »Exercices et Evidences«; kurz darauf der kleine Gedichtkreis »Mensonges I, 1-3 und II, 1-6«, auch dieser wird in die genannte Sammlung einbezogen. (Dazu zwei Entwürfe.)
ANFANG MÄRZ: Niederschrift des Gedichtes »Spiele. Hier ist ein Spiel von Frag und Antwort, das ...«, das R. Mitte März als Widmung in ein Exemplar der »Vierundzwanzig Sonette der Louize Labé« für Baronin Inge von Wildenkron einträgt: »(in Val-Mont, am Tage der Versuche)«.

1. MÄRZ: Veronika Erdmann hat R. eigene Gedichte gesandt und dabei von dessen »Winterlichen Stanzen« gesprochen; er erwidert: »Sie sprechen mir freundlich von einigen ... Verszeilen, die auch mir geheimnisvoll-lieb und irgendwie wichtig geblieben sind. Ich fand sie, eines Tages, schon verblichen, auf einem sonnenvergilbten Blatt, sie wiedererkennend: kurz nach meiner Rückkehr von Spanien, dürfte ich sie, in Paris, 1913 oder Anfang 1914, aufgeschrieben haben ...«

2. MÄRZ: R. meldet Frau Weininger, die vierte Einzahlung ihres Mannes sei eingetroffen, er bittet, seinen Dank an diesen weiterzugeben: »selten ist Geld mehr in's Leben gegangen, als diese Summen, die er großmütig dem von mir vorgeschlagenen Zweck hat widmen wollen, ins Leben und in die Zukunft: die jungen K[lossowski]s haben inzwischen mehrere meiner pariser Freunde kennen gelernt, mit denen ich sie, voriges Jahr, noch nicht in Berührung bringen mochte, weil sie mir zu jung dafür schienen und ihr Weg zu unentschieden. Inzwischen hat sich ihr Jungsein zur Wirklichkeit der Leistung mehr und mehr zusammengenommen ...« R. hat die Erbschaft Oswald von Kutscheras zugesprochen bekommen und bittet um die Beratung Weiningers für die Anlage: »Ich denke an meine Tochter, wenn ich den Ertrag dieses Bankdepot zu steigern wünsche, aber auch an mich selbst«, zumal der Val-Mont-Kosten wegen.

3. MÄRZ: Baladine K. schreibt aus Paris, sie habe die Fahnenabzüge von »Vergers« und dem französischen »Malte« erhalten.

4. MÄRZ: R. selbst unterbricht seine Behandlungen, um die Korrekturen von »Vergers« zu lesen, und dankt Baladine K.: »j'ai le plus grand besoin de vous chanter les louanges de votre choix et de l'ordonnance que vous avez imposée aux pièces choisies ... J'avais, en le lisant, de bien agréables surprises; il y avait telle poésie, inscrite dans mon petit carnet à Paris, dont je me rappelais à peine, et celles-là sont, peut-être, les meilleurs!« Auch die Fahnen der »Cahiers de Malte Laurids Brigge« begrüßt R.: »Peu à peu on avance vers les réalisations.«

5. MÄRZ: »Der Arzt will mich so lange hier haben, bis ich ›überm Berg‹ bin, und ein wenig getrösteter über die körperlichen Übelstände, die ja wohl ganz nicht mehr verschwinden werden. ... Mach Dir keine Sorgen über meine Anleihen beim Verlag ... Von einem Zinsen-Abzahlen ist keine Rede. Ich bekomme später eben nur um so viel weniger Honorare, als ich nun im Voraus aufbrauchen muß ...« (An die Mutter)

R. schreibt besorgt wegen des Winterwetters an Frau Wunderly, da Werner Reinhart mit Koenigs in Muzot ist: »Diese bourrasques und tempêtes dringen dort überall ein und machen das Haus unwirtlich; gäbe nur der Gott der Noble Contrée, daß die Ofen nicht gerade rauchen! Und der kleine Salon ist auch nicht benutzbar unter diesen Umständen ...« R.s Sorge ist begründet, Werner Reinhart bricht sich das Handgelenk.

R. schenkt seine Valéry-Übertragungen mit der Widmung: »A Madame P. Verrijn-Stuart / en ces jours de Val-Mont: regrettant de ne pas pouvoir lui faire admirer les textes originaux (épuisés en ce moment) de ces incomparables poèmes. R. M. R.« Darüber setzt R. eine Äußerung Valérys über »Le Cimetière Marin«: »Il est né, comme la plus part de mes poèmes, de la présence inattendue en mon esprit d'un certain rythme.«

9. MÄRZ: R. empfiehlt Frau Kippenberg – vergeblich – die Annahme der Gedichte Veronika Erdmanns für den Insel-Verlag.

An Mme de Sépibus heißt es über die Restaurierung der St.-Annen-Kapelle: »car c'est grâce à l'intérêt actif que vous prenez à ces réparations que nous arriverons, peut-être déjà pour Pâques, au but désiré: de rendre à Sainte-Anne habitable son petit pied-à-terre vénéré.«

10. MÄRZ: R. sendet Veronika Erdmann die Übertragung der »Gedichte« von Paul Valéry mit den Versen: »Daß solcher Auftrag unser Auftrag werde ...« als Einschrift. Im Begleitbrief heißt es: »Ja, bitte, denken Sie daran, mir, sowie sie vorliegt, Ihre Arbeit über Hans Arp mitzuteilen; die Namen der ›Bewegungen‹ haben mich nie so weit beirrt, daß ich verzichtet hätte, mich nach den Antrieben umzusehen, die sie, gereizt und vergröbert, plakatieren.«

11. MÄRZ: R. bittet Kippenberg um ein durchschossenes Exemplar der »Elegien« und der »Sonette«: »Die Lust wandelt mich an, ab und zu kurze Kommentare, zu meinem eigenen Gebrauch und zum Nutzen einiger Freunde, den schwierigen Gedichten beizuordnen ...«

Mit einem Billett begrüßt R. in Val-Mont als Mitpatientin Lally (Leonie) Horstmann aus Berlin: »seit Monaten die erste authentische Freude«. In einem der nächsten Briefe von Zimmer zu Zimmer bedauert R., sie »durch zu vieles und zu langes Reden ermüdet« zu haben: »Aber die Ebene zu Ihnen hat den rechten Neigungswinkel (wie gut, daß alles zuletzt Mathematik ist), ferner hören Sie wunderbar zu, und, zuletzt, merk ich, daß die lange Abschränkung und Isolierung mich, wo einmal die Gelegenheit schön und lohnend ist, geschwätzig gemacht haben.«

12. MÄRZ: An Paul Thun sendet R. einen Ausschnitt aus dem »Figaro«

vom 10. 3. 26 und schlägt vor, die »Europäische Revue« möge sich für die darin ausgesprochene Forderung verwenden, aus deutschen Spenden die Kathedrale von Reims wiederaufzubauen. Auch Korrodi und Hausenstein habe er aufmerksam gemacht und werde selber einen Betrag zeichnen.

An Aurelia Gallarati-Scotti: R. bedauert, ihren Vorschlag, das politische Gespräch mündlich fortzusetzen, seiner Gesundheit wegen nicht aufnehmen zu können; er weist sie auf das letzte Heft des »Commerce« hin, mit dem Aufsatz »Le vain travail de voir divers pays« von Valery Larbaud: »Comme il aime bien et sagement l'Italie!« (Der Artikel sieht den ›fascisme‹ positiv.)

13. MÄRZ: R. schreibt Otto Pick, Redakteur der »Prager Presse«, über eine ihm gewidmete literarische Beilage dieser Zeitung: »wie sehr ich durch die überlegte und wirklich bezeichnende Auswahl der Beiträge, die dieses Blatt ausmachen, überrascht und erfreut gewesen bin«. Weiter heißt es im Blick auf »Commerce«: »Man würde ... gewiß der Möglichkeit tschechische Autoren zu bringen, (junge oder mit Unrecht vergessene: die gehören vor allem in's Programm dieser großmütigen Revue) gern entgegenkommen, wenn die rechten Übersetzer ... sich finden ließen.«

14. MÄRZ: R. dankt Leonid Pasternak, der jetzt in Berlin lebt: »Nein, ich kann Ihnen nicht russisch schreiben, aber ich las Ihren Brief ... Und nun will ich gleich versichern ... wie alles, woran Sie mich in Ihrem Schreiben erinnern, mir nah, lieb und heilig geblieben ist, für immer eingelassen in die Grundmauern meines Lebens!« R. fährt fort: »mit wieviel Rührung habe ich das ... voriges Jahr in Paris gefühlt: ich habe dort alte russische Freunde wiedergesehen und neue gefunden, und der junge Ruhm Ihres Sohnes Boris hat mich von mehr als einer Seite her angerührt.« R. hat Gedichte von Boris Pasternak in der Anthologie »Portrét russkich poétov« (Berlin 1922) von Ilja Ehrenburg zu lesen versucht. R. schließt: »Gerade, in ihrer Winternummer hat die sehr schöne große Pariser Zeitschrift ›Commerce‹ [1925, 6]› die Paul Valéry, der große Dichter herausgibt, sehr eindrucksvolle Gedichte von Boris Pasternak gebracht, in einer französischen Version von Hélène Iswolsky (die ich auch in Paris gesehen habe).« Es handelt sich um »Dušnaja noč« (Nacht der Seele) und »Otplytie« (Aufbruch). R. ist glücklich zu erfahren, daß Boris P. seine Werke kennt.

Bei Lili Schalk bedankt sich R. herzlich für Rudolf Kassners »Aufsatz vom Ewigen Juden« aus der »Frankfurter Zeitung« (bereits 1927 in: »Die Mythen der Seele«, Insel-Verlag).

MITTE MÄRZ: Niederschrift des Entwurfs »Die Vogelrufe fangen an zu rühmen ...« und der drei Gedichte »Gong« für Suzanne Bertillon in Paris. Letztere nimmt R. in »Exercices et Evidences« auf, ebenso wie das in der zweiten Märzhälfte entstehende »Solitude. De tendresses pleines, les mains ...«

17. MÄRZ: An eine junge Freundin heißt es: »Ich würde Ihnen gern diejenigen Tatsachen aus meinem Leben kenntlich machen, die fähig wären, Ihre aufmerksame und ergriffene Beschäftigung mit meinen Schriften zu belohnen ..., aber welche sind das? Vielleicht müßte man auf die Kindheit zurückgehen, vielleicht wäre es nötig, von einigen Reisen zu sprechen ...« R. zeichnet auf den folgenden Seiten seinen Lebensweg in wichtigen Zügen nach.

18. MÄRZ: R. liest die zweite Korrektur der »Vergers«. An Baladine K. heißt es: »Oui, il faut absolument que nous fassions un jour une édition de vos ›Fenêtres‹: moi, dans mes trois pièces, j'ai à peine effleuré ce sujet tentant: vous en êtes pleine, et vous pourriez faire un ensemble unique et ravissant. Pensez-y souvent!« R. sendet ihr ein von ihm soeben beendetes Buch Duhamels: »le plus beau témoignage de sa capacité d'écrivain fort et consciencieux«.

Bei Katharina Kippenberg mahnt R., Frau Klossowska, die dem Insel-Verlag die Übertragung von »Paulina 1880« angeboten hat, müsse bis zum 31. 3. 26 eine Entscheidung haben. R. sagt zu diesem Roman Pierre Jean Jouves: er »gehört unbedingt zu den stärksten Büchern dieses Jahrs, er hat mich unmittelbar ergriffen beim ersten Lesen, das ich nicht zu unterbrechen vermocht hätte« (wird abgelehnt).

19. MÄRZ: R. bittet Hausenstein, sich für die Spendenaktion für den Aufbau der Reimser Kathedrale in Deutschland einzusetzen.

Dank an Georg Reinhart für dessen Festansprache zum Firmen-Jubiläum von Volkart Brothers: »Auch hier ist die Schweiz ... mir in eigentümlicher Weise mitteilend geworden und geschickt ... mir auch Verhältnisse vorzustellen, die in ihrer Bedeutung und Universalität an meinem Welt-Bild, seinen Maßen und seiner Spannung, mitwirken.«

20. MÄRZ: R. wendet sich an den ihm befreundeten Dr. Korrodi in Zürich, den er um Beistand angeht für den Fall, daß es wieder zu Anfeindungen kommt, wenn demnächst in Paris »Vergers« erscheint. R. charakterisiert die Entstehung seiner französischen »Nebenleistung«

und fährt fort: »So ist also, seinen Ursprüngen nach, dieses Buch Gedichte zunächst ein schweizerisches Buch ...« Er weist besonders auf die »Quatrains Valaisans« hin. »Der andere Wunsch, Frankreich und dem unvergleichlichen Paris, die in meiner Entwickelung und Erinnerung eine Welt bedeuten, als ein bescheiden Lernender und unbescheiden Verpflichteter, sichtbarer verbunden zu sein. Dahinter mitwirkend, die Erwägung, daß für mein Gedicht wohl kaum je gelingen dürfte ... eine wirklich entsprechende und gültige Übertragung« zu finden. R. schließt diesen Gedankengang: »Irgendwo sollte, für früher oder später, der Maßstab aufbewahrt sein, der denjenigen, die die Ordnung lieben, erlaubt, das Ergebnis ›Vergers‹ in die mich betreffenden Zusammenhänge angemessen einzufügen.«

21. MÄRZ: R. erfährt, daß er noch drei bis vier Wochen in Val-Mont bleiben muß, und bittet Kippenberg um eine Geldsendung.

24. MÄRZ: R. schreibt an Hanns Ulbricht, der ihm seine ›lyrischen Versuche‹ geschickt hat: »Mir ist ... (wieder einmal) klar geworden, eine wie drückende und aussichtslose Beschäftigung das lyrische Gedicht in gewissen Jahren darstellt«, und begründet dies eingehend.

25. MÄRZ: An Otto Pick in Prag schreibt R. über die Absichten, Karel Čapeks »W. U. R.« ins Französische zu übertragen. Er erhoffe sich »neue Möglichkeiten am meisten von denen, die in der Lage sein werden, ohne Umweg über das Deutsche ihre Versionen auszubilden«. In Paris habe er Fred Bérence kennengelernt sowie Frauen tschechischer Nationalität, die sich nach Frankreich verheiratet hätten: »Vielleicht, daß ich nächstens Gelegenheit haben werde mit Madame Revilliod-Masaryková in Montreux über derartige Fragen mich zu unterhalten.« R. bedauert, für den Altprager Almanach und für die »Prager Drucke« nichts beisteuern zu können. Von den Stücken des »Traumbuchs« heißt es: »Jahre und Jahre bin ich nicht auf diese Texte zurückgekommen.« An Aurelia Gallarati-Scotti: »J'ai un peu négligé les livres français ... pour lire un peu de l'espagnol (cet admirable San Juan de la Cruz) et de l'italien.« Letzteres in der Anthologie »Poeti d'oggi« von G. Papini und P. Pancrazi.

Kippenberg sagt R. »vier weitere Sonderwochenraten von je 350 Franken« zu.

29. MÄRZ: R. berichtet Frau Wunderly aus Val-Mont von einer kleinen Erleichterung, weil er Frau Horstmann, geborene von Schwabach wiedersieht, die er während des Krieges in Berlin kennengelernt hat: »le

N° 31 a une cheminée, il y avait, chez elle, un bon feu où je me suis allé me chauffer les deux dimanches passés.«
Mit Blick auf Ostern berichtet R. der Mutter, daß die auf seine Veranlassung und seine Kosten erfolgte Restaurierung der kleinen St. Annen-Kapelle »fast abgeschlossen« sei: »so wird, vielleicht gerade zum Feste, die erste Messe zu Ste Anne de Muzot wieder celebriert werden können. Das ist mir eine große oesterliche Freude und ich weiß, daß ich sie allen den vielen Andächtigen bereite, Bauern und Bäuerinnen aus der Umgebung, die noch gerne das alte Heiligthum aufgesucht und dort gebetet haben.«

30. MÄRZ: Kippenberg faßt in einem Brief den Stand der Verhandlungen über die vorgesehenen Übertragungen der Valéryschen Prosaarbeiten zusammen und bittet R. darum, Valéry dazu zu bestimmen, Kippenberg »sozusagen künftig als seinen deutschen Verleger zu betrachten und ihm vor allem auch die Gesamt-Ausgabe vorzubehalten«.

1. APRIL: R. sendet Baladine K. mit dem Dank für einen geweihten Palmzweig vom Palmsonntag das Gedicht »C'était un de ces premiers papillons ...« (»A M vers Pâques 1926 – Ecrit à Vevey l'autre jour«).
Niederschrift des Gedichtes »Le Christ Ressuscité. Comment rester avec ce corps, comme un grain / blessé ...« R. setzt es am folgenden Tag unter seinen Oster-Brief an Frau Wunderly.

2. APRIL: »Il fait si beau, si franchement printanier, je souffre de ne pas être à Muzot, mais le docteur se trouve d'accord avec moi dans l'opinion provisoire qu'il faut encore patienter, hélas, et rester.« Für einige Tage sind die Behandlungen ausgesetzt: »Je descends à Montreux ou à Vevey ...« (An N.W.-V.)
An Lalli Horstmann schreibt R.: »Ich habe dieser Tage ein paar ›Oster-Eier‹ aufgeschrieben, darunter dieses, das ich Ihnen schicke als Beweis für die ... Harmlosigkeit meiner französischen Produktivität«: »Tout bouge, tout se soulève ...«

2./3. APRIL: Bei diesen Gedichten handelt es sich um »Quelques Œufs de Pâques (pour 1926)«, von denen das erste am 1.4. Baladine K. erhalten hat. Das zweite, »Toute fleur n'est qu'une mince fontaine ...«, scheint R. nicht fortgegeben zu haben, das dritte, »Qui sait, si les Anges ne demandaient point ...«, geht an Madame Marie Mela Muter nach Paris (3.4.26), R. hat die bedeutende polnische Malerin 1925 dort kennengelernt. Alle drei Gedichte nimmt R. in die Sammlung »Exercices et Evidences« auf.

4. APRIL: Zu Ostern erhält Frau Horstmann den »Malte« mit der Einschrift: »A Lalli, honteux, oui vraiment confus de lui dédier si tard un livre qu'elle à bien voulu reconnaître lui appartenir. Puisse ce retard lui paraître aujourd'hui comme un signe précurseur de l'inévitabilité de notre rencontre.«

In »Exercices et Evidences« nimmt R. das kleine Gedicht »Bulles de Savon« auf, das er am folgenden Tag an Jean Paulhan sendet: »un petit impromptu dominical«.

VON ANFANG APRIL BIS ZUM 24. MAI vervollständigt R. den Gedicht-Zyklus »Les Fenêtres« auf zehn Stücke.

IM FRÜHJAHR 1926 bereitet Maurice Betz für die »Cahiers du mois« eine Sondernummer »Reconnaissance à Rilke« vor. Er erinnert später: »Thomas Mann se déroba en prétextant son programme de travail trop chargé et les refus qu'il avait déjà opposés à des demandes analogues de revues allemandes. Rudolf Kassner, qui était en voyage, ne fut pas rejoint par ma lettre ...« Valéry, von Betz persönlich angesprochen, habe ausgerufen: »Deux pages? Mais ce serait huit jours de travail!«, dann aber nach drei Tagen seinen Beitrag gesandt.

APRIL: Die »Bibliothèque universelle et Revue de Genève« bringt im April-Heft 18 Gedichte aus den »Quatrains Valaisans«.

5. APRIL: Dieter Bassermann hat R. um einen Beitrag für die von ihm herausgegebene Zeitschrift »Schallkiste. Illustrierte Zeitschrift für Hausmusik« gebeten. R. antwortet: »Immerhin will ich noch nicht ›Nein‹ sagen ... Mein Ja dagegen gilt schon heute Ihren aufmerksamen Intentionen, die Leser Ihrer Zeitschrift gelegentlich mit meinem Aufsatz ›Das Urgeräusch‹ (der Titel stammt nicht von mir) zu beschäftigen ... Der Einfall ist mir indessen immer noch so merkwürdig, daß ich jedem Dank weiß, der eine Weile über ihm verweilen mag.«

An Frau Wunderly: »ich weiß nicht weiter. Trotz ›Recresal‹. Selbst während der gute D[r] H[aemmerli] dasitzt, mir seine Trost-Argumente ... aufzählend, selbst während er spricht, merke ich keine Besserung an den verschiedenen Bruchstellen meiner Schadhaftigkeit, Mund- Leib- und alles Übrige ... bereiten mir weiter die gleichen Beschwernisse, und der Schrecken wohnt gleich um die Ecke.« Während einer Abwesenheit seines Arztes will R., um zu sparen, nach Glion ins Hôtel Victoria ziehen, das zu Val-Mont gehört, und bittet die Freundin, ihn dort zu besuchen.

7. APRIL: In Muzot sind bedeutende Reparaturen am Kamin notwendig,

die auch sein Arbeitszimmer in Mitleidenschaft ziehen, wie R. an Frau Wunderly schreibt. Er hofft, daß sie gemeinsam die Arbeiten einleiten können. »Die Hitze war zwischen der Decke meines Arbeitszimmers und dem Fußboden des darüberliegenden Gastzimmers so heftig geworden, daß die Dielen des letzteren sich bereits ganz verkohlt erwiesen, als man sie herausriß und umkehrte.« (An die Mutter, 29. 4. 26)
VOM 9. BIS 16. APRIL besucht Frau Wunderly R. in Glion.
12. APRIL: Aus Moskau wendet sich Boris Pasternak an R.: »Großer, geliebtester Dichter!« Er hat durch seinen Vater R.s Grüße erhalten und bittet diesen nun, der Lyrikerin Marina Zwetajewa-Efron nach Paris die »Duineser Elegien« zu senden, sie sei »eine Dichterin von Geburt, ein großes Talent vom Schlage einer Desbordes-Valmore«. Von sich sagt Pasternak: »Der Zauberzufall, daß ich Ihnen unter die Augen fiel, wirkte auf mich erschütternd ...« Er kenne nur R.s frühere Bücher, besonders die aus der Bibliothek seines Vaters. »Wollten Sie auch mich durch Ihr Autogramm beglücken, so möchte ich Sie bitten, die selbe Zwetajewsche Adresse zu benutzen ...« R. erreicht der Brief über den Insel-Verlag. Weder Boris Pasternak noch Marina Zwetajewa haben R. besuchen können, sie selber lernen einander erst 1935 in Paris persönlich kennen.
UM DEN 14. APRIL ist R. für einen Tag in Muzot und Sierre.
15. APRIL: R. schenkt Frau Wunderly »Bella« von Jean Giraudoux (1925) mit dem (auf dem Titelblatt an den Namen angeschlossenen) Widmungsgedicht: »Bella: en somme elle y est trop peu ...« – »A Nike / (à Val-Mont) ce 15 avril 1926«.
16. APRIL: Valéry aus Paris an R.: »Vous avez laissé ici de précieux souvenirs et des impressions dont je suis heureux. Fier aussi. Mais honteux et bien fâché de n'avoir pas profité de votre séjour à Paris comme je l'eusse aimé. La vie agitée a ceci d'étrange qu'elle nous contraint toujours à sacrifier le pur à l'impur, les connus aux inconnus, les préférés aux indifférents et ce que nous avons choisi à n'importe quoi. Au revoir, mon bon ami, radoubez le navire.«
17. APRIL: R. ist in Lausanne, wo er Besorgungen macht und eine Ausstellung des Lausanner Malers René Auberjonois besucht.
19. APRIL: Dieter Bassermann hat den für die »Schallkiste« vorgesehenen Text des »Ur-Geräusch« mit einer Ergänzung aus R.s Brief vorgelegt. R. ist fasziniert von dem Gedanken an eine »Sprechmaschine«: »Aufbewahrt in den Platten, bestände dann, jeweils aufrufbar, das Ge-

dicht in der vom Dichter gewollten Figur: ein beinah unvorstellbarer Wert...«

21. APRIL: An Mme de Sépibus heißt es: »déjà une semaine entière passée depuis ce petit voyage à Sierre qui, en somme, fut attristant: on montait à Muzot sous une chaleur presque accablante pour y contrôler un désastre et pour toucher distraitement à toutes ces choses familières que l'on quitta aussitôt...« R. berichtet vom Kauf zweier hölzerner gemalter Altarleuchter für die Annen-Kapelle; er hat für sich gleichzeitig in Vevey einen Tisch und einen Louis XIV-Sessel angeschafft. Für die fast beendeten Arbeiten an der Kapelle legt R. einen Scheck ein.

An die Fürstin Taxis schreibt R. über Möglichkeiten, sich – sei es in Muzot oder Ragaz – wiederzusehen. Einen Plan, nach St-Cyr-sur-Mer zu gehen, habe er aufgegeben. R. endet: »Daß Ihre schönen glücklichen Übertragungen in einer italiänischen Revue vorkommen sollen, macht mich stolz und froh ...« Es handelt sich um R.s Gedichte »Orpheus. Eurydike. Hermes«, »Judiths Rückkehr«, »Skizze zu einem Sankt Georg«, »Römische Fontäne«, »Hinter den schuldlosen Bäumen...«, »Ritter« und »Die Kurtisane«. Das erste erscheint in der September-Nummer (1926) der Zeitschrift »Il Baretti« Turin, die übrigen dort im Dezember.

22. APRIL: R. berichtet an Kippenberg über die Ergebnisse seiner Anfrage bei Valéry, dessen Prosa-Arbeiten betreffend, er kann Valérys Zustimmung übermitteln – für Ausgaben »à tirage limité«. Es soll dabei bleiben, daß Max Rychner »M. Teste«, Herbert Steiner »Léonard de Vinci« und R. die beiden Dialoge übernimmt. R. ergänzt: »Für mich denke ich ... an die Narcisse-Fragmente, wenn die einmal, samt den dazu gehörigen Anmerkungen vorliegen werden...«

Auf Anfrage von Dr. Fritz Homeyer, ob R. für die bibliophile Maximilian-Gesellschaft eine Auswahl seiner Gedichte zusammenstellen könne, antwortet dieser abschlägig: »Vielleicht aber, daß sich Anderes in Betracht nehmen ließe? Noch unveröffentlichte oder nur (ausnahmsweise) in Zeitschriften abgedruckte Gedichte, z.B., ehe diese in die vorbereitete Gesammtausgabe meiner Schriften eingehen?...«

24. APRIL: R. begleitet Frau Horstmann nach Vevey, trifft dort mit von der Heydts zusammen und geht bei dem Antiquitätenhändler Seiler vorbei.

Frau Olly Donner, geb. Synebrychoff (1881-1956), teilt R. aus Lausanne mit, sie habe den »Cornet« ins Schwedische übersetzt. R. antwortet ihr am 29. 4. 26 und kündigt für den 30. 4. 26 einen Besuch in Lausanne an.

An Maurice Betz sendet R. für das vorbereitete Heft der »Cahiers du mois«, das ihm gewidmet ist, elf Gedichte aus seiner Sammlung »Exercices et Evidences«: »(les deux derniers qui m'ont accompagné ici)«. Im Begleitbrief kommt R. Betz' Bitte nach und nennt die Namen seiner Übersetzer, die Betz zur Mitarbeit auffordern will: Inga Junghanns in Kopenhagen, Witold Hulewicz in Wilna, Michel Zetlin, der R. ins Russische übertragen hat, in Paris, Elio Gianturco in Mailand – die Übersetzer in Holland, England, Spanien und den USA kenne er nicht näher. »Quel dommage que le grand Verhaeren ne soit plus là pour vous parler de cette confiance fervente qu'il mettait en moi ...« Ferner heißt es: »Si par hasard M. Johan Bojer, le romancier norvégien, bien connu en France, se trouvait actuellement à Paris, il consentirait peut-être aussi à vous donner quelques lignes sur mes écrits et sur nos anciens rapports.« R. berichtet, daß er von Edmond Jaloux in Lausanne vor etwa zehn Tagen erfahren habe, »Vergers« und die »Cahiers de Malte Laurids Brigge« kämen fast gleichzeitig heraus.
27. APRIL: R. bittet Frau Wunderly, an Maurice Betz die Artikel von Paul Zech und E. J. Meyer über sich nach Paris zu senden, Betz brauche sie für »Reconnaissance à Rilke«.
29. APRIL: R. erhält den Besuch des schwedischen Neurologen und Freundes von Lou A.-S. Dr. Poul Bjerre: »Le Dr. B. était venu voir Widmer [Chefarzt von Val-Mont], sans me savoir à V. M. – Heureusement j'ai appris le lendemain sa présence à Villeneuve (chez Romain Rolland), j'ai tout de suite téléphoné, et il est venu sur le champ m'embrasser, et est revenu encore Samedi, le premier mai.« R. hört in langen freundschaftlichen Gesprächen mit Bjerre auch: »très tristes et même de terribles détails sur les derniers jours de Ellen Key ... Comme la vie est dangéreuse et impitoyable jusqu'au dernier moment ...« (An N. W.-V. am 11 5. 26) Ellen Key ist am 25. 4. 26 gestorben.
An Dieter Bassermann über das Grammophon: »Die Maschine aus dem Bereich des Sensationellen und Anspruchsvollen fort, mehr und mehr in ein Gebiet zu rücken, wo sie, auf ihre so besondere Weise, dienlich und dienend wird, (eine Kontrolle viel mehr, als eine Darstellung –): das dürfte die endliche Bestimmung jenes ›Fortschritts‹ sein, der jetzt, verwöhnt und unbesonnen, das ihm Konträrste überwältigt.«
R. antwortet Olly Donner: »lauter liebe gute schwedische Einflüsse kommen für mich in diesen Tagen«; er kündigt seinen Besuch im Savoy an.

30. APRIL: R. ist bei Edmond Jaloux in Lausanne zu Gast.
Leonid Pasternak dankt R. für dessen Brief vom 14. 3. 26. von dem er eine Abschrift an seinen Sohn Boris in Moskau geschickt hat. Leonid P. hat das Rilke-Bildnis von Paula Modersohn-Becker gesehen und »vermochte gar nichts zu entdecken, was an Sie, selbst im entferntesten, hätte erinnern können«.
1. MAI: R. schreibt in das »Stunden-Buch« für seine Mit-Patienten Frau Verrijn-Stuart und ihren Gatten die Verse »Bruder Körper ist arm ...: da heißt es, reich sein für ihn ...« Der Entwurf zu einem Widmungsgedicht für Frau Verrijn-Stuart: »Wer kann Amber schenken! Wem gehört er? ...« findet keine Verwendung.
Die Fürstin Taxis an R.: »Serafico ich war in Duino – habe dorten gewohnt – 3 Tage ... Und es war Duino. Dieses merkwürdige Schloß hat eine so starke eigene Individualität, lebt so stark eins mit dem wunderbaren ewigen Meer, mit den Felsen, mit der sublimen heroischen Landschaft, daß es wie ein Phoenix ... wieder ersteht.« Prinz Pascha hat Duino wiederaufgebaut. Die Fürstin teilt R. mit, sie werde im Juli drei Wochen in Ragaz sein.
IM MAI bringt die Zeitschrift »Schallkiste« Berlin (1. Jg.) »Ur-Geräusch« von R. M. R.; in den »Cahiers du Sud« Marseille veröffentlicht Maurice Betz als Teildruck aus dem französischen »Malte«: »Visite aux Schulin«.
AM 3. MAI erhält R., wie er an Marina Zwetajewa an diesem Tage schreibt, »einen mich unendlich ergreifenden, von Freude, vom strömendsten Gefühl übergehenden Brief von Boris Pasternak. Alles, was sein Schreiben an Bewegtheit und Dankbarkeit in mir aufregt, soll, so verstehe ich aus seinen Zeilen, zunächst zu Ihnen gehen und über Sie, durch Ihre Vermittelung, weiter zu ihm!«
R. schickt an Marina Zwetajewa-Efron nach Paris XIX, 8 rue Rouvet die »Duineser Elegien« und »Die Sonette an Orpheus« und legt ihr einen Brief an Boris Pasternak bei. An sie heißt es: »Ich bin so erschüttert durch die Fülle und Stärke seiner Zuwendung, daß ich mehr heute nicht sagen kann: aber das beiliegende Blatt schicken Sie dem Freunde von mir nach Moskau zu. Als einen Gruß.«
An Boris Pasternak: »Ihr Wunsch ist in derselben Stunde, da Ihr unmittelbarer Brief mich, wie ein Wehen von Flügelschlägen, umgeben hatte, erfüllt worden; die ›Elegien‹ und die ›Sonette an Orpheus‹ sind schon in den Händen der Dichterin. Dieselben Bücher kommen dann näch-

stens – in anderen Exemplaren – auch zu Ihnen. Wie soll ich Ihnen danken, daß Sie mich haben sehen und fühlen lassen, was Sie in sich so wunderbar vermehrt haben. Daß Sie mir so großen Ertrag Ihres Gemüts zuwenden können, ist ein Ruhm Ihres fruchtbaren Herzens. Möge aller Segen auf Ihren Wegen sein. Ich umarme Sie. Ihr R. M. R.« Eine Antwort Pasternaks erreicht R. nicht, an Marina Zwetajewa äußert dieser: »Boris' Schweigen kümmert und bekümmert mich« (undatiert).

MAI: Die »Duineser Elegien« tragen die Einschrift »Für Marina Zwetajewa / Wir rühren uns. Womit? Mit Flügelschlägen. / mit Fernen selber rühren wir uns an ...« und »Die Sonette an Orpheus« enthalten die Widmung: »Der Dichterin Marina Zwetajewa R. M. R.«

5. MAI: Kippenberg dankt R. für seine Mittlerrolle bei Valéry, dem er allerdings keine Luxus-Ausgaben versprechen könne: »Ihre Übertragung, die auf der Cranach Presse gedruckt wurde, hat leider nur einen sehr geringen Erfolg gehabt ... Ich werde daher Herrn Valéry einfache Ausgaben vorschlagen, die ja aber auch sehr schön sein können.« R. kann in den nächsten drei Wochen wiederum über 1050 Franken gesondert von den Monatsbeträgen verfügen.

9. MAI: In seinem letzten Brief an Gräfin Sizzo geht R. auf ihre tagebuchartige Zuwendung ein und schließt: »aber schließlich auch für unsereinen, vom künstlerisch Vollziehenden bis zum groß und leidenschaftlich Handelnden, bis zum Helden: was täte man ohne das herrische unausweichliche innere Diktat, ohne dieses immer viel zu Große: Du mußt!«

10. MAI: R. übersendet an Baladine K. »quelques esquisses pour des ›Fenêtres‹«. Es sind die Gedichte »Il suffit que, sur un balcon ...«, »Tu me proposes, fenêtre étrange, d'attendre ...«, »Elle passé des heures émues ...« und »Sanglot, sanglot, pur sanglot! ...« Die Gedichte sind im April entstanden.

Auf ihren ersten Brief antwortet R. Marina Z. aus Val-Mont: »schon bist Du eingetragen, Marina, in meine innere Karte: zwischen Moskau und Toledo irgendwo hab ich Raum geschaffen ...« In der Zeit vom 9. 5. bis 9.11.26 erhält R. neun Briefe von ihr (der zehnte ist nach seinem Tod geschrieben), sie von ihm sechs.

11. MAI: Baladine K. dankt für die Gedichte: »Elles sont toutes belles ...«

An Frau Wunderly meldet R., daß er nach Muzot gehen wolle, wo inzwischen die Maurerarbeiten sich dem Ende nähern. Dr. Haemmerli wird

Urlaub nehmen, von ihm heißt es: »et moi ... en espérant toujours que ce bon Haemmerli entrera un jour, en me disant: voilà, maintenant je sais ce qu'il faut faire, pour vous débarrasser de votre long tourment tenace.«

An Marie Mela Muter nach Paris sendet R. das Gedicht »Coucou. Depuis tant de semaines tout nous dispute nos / règles d'hiver ...«, ein Entwurf dazu hat sich erhalten.

13. MAI: Am Himmelfahrtstag ist R. in Montreux bei Dr. Revilliod zu Gast, dessen Frau eine Tochter des Präsidenten Masaryk ist: »Ils m'ont accueilli avec tant d'amabilité simple et cordiale, que je suis resté à dîner: c'était ma première sortie dans le monde, elle m'a laissé triste plutôt ...« (An Baladine K. am 24. 5. 26)

MITTE BIS ENDE MAI: R. übernimmt seine Gedichte »C'est vous, Cytise et Citronnelle ...« und »Entre elle et sa glace ...« in die Sammlung »Exercices et Evidences«, ferner eine Gruppe von vier Gedichten, für die er die Zeile »Mais il est plus pur de mourir« von der Comtesse de Noailles als Motto vorsieht. Einige Entwürfe, die nicht in die Sammlung aufgenommen werden, entstehen um dieselbe Zeit in Val-Mont: »Depuis que j'ai su (par mon jardin valaisan) ...«, »... Moment où il faudrait dire un mot en acanthe ...«, »On voudrait un peu de clémence, un peu ...« und »C'est pourtant en nous, le secret de la vie ...«

17. MAI: Auf zwei die »Duineser Elegien« paraphrasierende Briefe Marina Z.s antwortet R. ausführlich zur Entstehung des Werkes, aber auch zu seiner Erkrankung. Nach seiner Familie hat Marina Z. gefragt, R. schreibt: »Meine Tochter ... die einzige Zeit eigentlich, die ich wirklich mit ihr war, lag überhaupt vor aller Wörtlichkeit, so von ihrer Geburt bis über ihren ersten Geburtstag hinaus: dann schon löste sich, was an Haus, Familie und Gründung, ein wenig gegen meinen Willen, entstanden war, auf; auch die Ehe, obwohl nie gesetzlich aufgehoben, gab mich an mein natürliches Einzelnsein zurück (nach kaum zwei Jahren).«

18. MAI: »Die Litt. Welt hab ich, seit einer Weile, abonniert; es ist eine schwache und schon verengte Nachahmung der Nouvelles Littéraires«, schreibt R. an Frau Wunderly. In der Nachschrift: »En ce moment m'arrive un mot tout charmant de Mme de Noailles ...«

Nach dem Besuch von Frau Donner, die ihre Cigarettenspitze vergißt, übermittelt ihr R. diese: »mit Dank für alle, Christoph Rilke und mir erwiesene Sorgfalt« und der Einschrift in ein Exemplar des »Cornet«:

»Wieviel Grund, gnädige Frau, sie in ihrem Besitz dankbar zu bestätigen. 18. May 1926. R. M. Rilke«. Der schwedische »Cornet« ist nicht erschienen.

21. MAI: R. ist mit Fräulein von Bonstetten in Sierre und Muzot: »c'était délicieux de voir le jardin avec quelqu'un qui connaît ce beau métier, tout devenait autre. Nous avons fait tout un projet de remaniement et simplification pour la fin d'octobre ... Pas beaucoup de chose, mais un peu d'organisation, de l'ordre ...« (An N. W.-V. am 27. 5. 26)

22. MAI: In Vevey schreibt R. das Gedicht »Von nahendem Regen fast zärtlich verdunkelter Garten ...«, das er am 25. 5. 26 seinem Brief an Kippenberg beilegt: »der Herrin, für ihre private Sammlung, oder zu gunsten des nächsten Almanachs (falls sie diese Stufe der Gültigkeit erreichen sollten)«, diese Zeilen nämlich.

An Baladine K. sendet R. aus Vevey das neue Buch von Henry de Montherlant, wohl »Les Bestiaires« (1926).

24. MAI: R. legt einem Brief an Baladine K. vier Gedichte für den Zyklus »Les Fenêtres« bei: »Comme tu ajoutes à tout ...« (22. / 24. Mai), »Du fond de la chambre, du lit ...« (Mitte Mai), »Fenêtre, qu'on cherche souvent ...« (Anfang Mai) und »C'est pour t'avoir vue ...« vom 22./24. Mai: »C'est à vous de les disposer pour le plaisir de votre crayon!« R. spricht von einem Brief Jean Cocteaus: »ce tendre Cocteau qui revient de la vie et de l'opium, pour offrir à Dieu une grâce de cœur qui certainement étonnera les saints intermédiaires«.

25. MAI: An Kippenberg: »Dem geschäftlichen Fehlschlag gegenüber, den unsere schöne Valéry-Ausgabe zu ertragen hat, bedauere ich es fast, daß wir nicht eher eine gewöhnliche und zugängliche Ausgabe an den Tag gebracht haben ...«

R. dankt Frau Horstmann für das Buch über »Eleonora Duse« von B. Segantini und Francesco de Mendelssohn, in dem R.s Gedicht »Bildnis« abgedruckt ist: »wie schade, daß nur dieses ältere Gedicht ihm zur Verfügung war, nicht irgend eine Briefstelle aus den Tagen meiner persönlichen Beziehung zu Eleonora Duse: so gültig das Gedicht sich an ihrer Gestalt versucht haben mag, ich kann mir nicht vorstellen, daß ich mich später nicht noch vollkommener sollte erwiesen haben im Aussprechen meiner Ergriffenheit und Bewunderung.« Es handelt sich um »Eleonora Duse. Bildnisse und Worte«, ges., übers. und hg. von Bianca Segantini und Francesco von Mendelssohn, Berlin 1926.

Bei Stols subskribiert R. für sich und Frau Wunderly auf Valérys »Le Retour de Hollande«, Maestricht 1926.

26. MAI: Marina Zwetajewa-Efron bedauert in einem Brief an Boris Pasternak, daß R. ihre Verse im Original nicht verstehe, obwohl er doch vor zehn Jahren noch »Oblomow« von Gontschárow russisch gelesen habe.

27. MAI: R. läßt seine Wirtschafterin Ida Walthert zum Packen nach Val-Mont kommen, das er am 1. Juni verläßt: »il le faut à la fin: quoique il me semble qu'avec cela je m'arrête au 13ème Volume d'un ouvrage qui en à vingtcinq.« R. wird nicht in Muzot wohnen können, da sein Zimmer noch nicht tapeziert ist. In Lausanne hat er sich ein Visum für Italien besorgt: »De cette façon je pourrai, de Sierre, si l'envie me prend, monter dans le train de Milan, pour rendre enfin cette visite si longtemps différée aux Gallarati-Scotti et, peut-être, pourrai-je même pousser jusqu'à Venise: Pia Valmarana vient de m'écrire, combien on m'y attend...« (An N.W.-V.)
Während der letzten Woche in Val-Mont ist R. mehrfach in Lausanne, wo er Besorgungen erledigt.

28. MAI: R. sendet an Maurice Betz Korrekturfahnen seiner Gedichte für »Reconnaissance à R.« zurück: »Je voulais à peine croire que vous ayez pu juger digne de figurer aux ›Cahiers du Mois‹ toute cette suite détachée d'un ›Carnet de Poche‹. N'est-ce point montrer trop de condescendance à cette production de ma seconde lyre?...« R. legt auf Wunsch von Betz einen genealogischen Abriß bei, den er mit dem Kärntner Familienwappen beginnt.

29. MAI: Baladine K. dankt: »Vos poèmes, cher, commencent à les remplir, ces belles Fenêtres!! Un surtout m'a percé le cœur!...«

ENDE MAI: »A Madame Coby Voorhoeve / avec quelques reflets du ciel de France..., dont je lui avais vanté la splendeur: R.M.R.« widmet R. den ersten Band der »Neuen Gedichte«; in den zweiten Band trägt er ein: »A Madame Coby Voorhoeve / encore Paris..., l'Italie... et tant d'autres pays de la Géographie intérieure: R.M.R. / Val-Mont. en mai 1926«. »Das Buch der Bilder« schließlich schenkt er ihr: »pour ces jours de convalescence et de confiance nouvelle en la vie: R.M.R. / Val-Mont, fin de mai 1926«.
Zum Abschied von Val-Mont schreibt R. für Dr. Haemmerli: »Toute une maison où l'on ne fait qu'aider...«

31. MAI: R. übernachtet im Hôtel Victoria in Glion. Zu R.s Abreise aus Val-Mont erinnert Frau Wunderly nach seinem Tode: »alle hatten Freude, ihn so erholt entlassen zu können.« (An Frau Nölke, 16.2.27)

Kippenberg an R.: »Ich sende Ihnen anbei Stefan Zweigs Beschreibung des in seinem Besitz befindlichen Manuskriptes vom unsterblichen ›Cornet‹. Bitte sagen Sie mir, ob Sie mit der Facsimilereproduktion dieses Manuskriptes für die böhmische Gesellschaft der Bibliophilen einverstanden sein würden.« R. schenkte die Handschrift (= Vorlage des Erstdrucks von 1904) Stefan Zweig in Paris.

»LA VIE AU RALENTI«

1. JUNI: R. schreibt an Frau Wunderly aus Sierre: »le seuil est franchi: je viens d'arriver à Sierre.« Zunächst bleibt R. im Bellevue: in Muzot ist, »die zweite und oberste Etage unbewohnbar geworden, also gerade mein Schlaf- und Arbeitsraum ... aber da ich nun selber alles betreiben und in Athem halten kann, so zweifle ich nicht, daß die Arbeiter ... bald die noch nöthigen Instandsetzungen werden vollendet haben.« (An die Mutter, 7. 6. 26)
Niederschrift des Gedichtes: »Gente églantine ...«, das R. in »Exercices et Evidences«, aber nicht in den Zyklus »Les Roses« aufnimmt.
An diesem Tag dankt Inga Junghanns aus Kopenhagen dafür, daß R. sie bei Betz für die Mitarbeit an »Reconnaissance à R.« genannt habe. Sie fährt fort: »Wichtiger war es, daß ich Christian Rimestad bat, andere 60 Zeilen zu schreiben: Rilke – Jacobsen – Obstfelder.« Weiter berichtet sie von der Aussicht, den dänischen »Malte« herauszugeben: »in einem Keller hier hat Axel Juncker ein Antiquariat«, er will die Übertragung bringen (sie erscheint dann 1927 bei Jespersen und Pio in Kopenhagen).
IM JUNI druckt die »Schallkiste« unter dem Titel »Eine Anregung« einen Auszug aus R.s Brief an Dieter Bassermann vom 19. 4. 26 (»Was mich überrascht ...« bis »... umzugehen«).
ANFANG JUNI entstehen die beiden letzten, von R. für einen möglichen Druck vorgesehenen Gedichte »Vollmacht« und »Ankunft« (»Aus Taschen-Büchern ...«). »Vollmacht« erscheint im »Insel-Almanach auf das Jahr 1927«.
4. BIS 11. JUNI: R. überträgt Paul Valérys »Fragments du Narcisse«. Am 7. 6. 26 heißt es dazu an Frau Wunderly: »J'aurais voulu vous écrire

hier dimanche, mais pluie et froid étaient tels que, pour me réchauffer au moins l'âme, j'ai commencé une belle traduction si difficile qu'elle m'occupera longtemps ...« Es handelt sich um die drei im Februar 1926 in »Charmes« erschienenen Fragmente.

6. JUNI: Marina Zwetajewa-Efron schreibt ein Gedicht an R.: »Popytka Komnaty«. Sie hat im Traum ein Zimmer gesehen, dessen vierte Wand fehlte.

R. gibt Axel Juncker seine Zusage, er könne die Übersetzung der »Aufzeichnungen des Malte Laurids Brigge« ins Dänische durch Inga Junghanns bringen.

7. JUNI: Langer Brief an Frau Wunderly: R. berichtet, daß Werner Reinhart auf seine Bitte hin hilfreich eingreift, damit »notre petit Henri de Muzot«, Henri Gaspoz, nicht auf Dauer in den Aluminiumwerken in Chippis arbeiten muß. Seine Mutter kann ihn nicht auf das Collège in Sion schicken, weil sie zu arm sind. R. freut sich dieses Erfolges. Im weiteren setzt sich R. mit indischen Heilslehren auseinander, die Frau Wunderly beeindrucken, und schließt: »Chère, si on cherche: pourquoi pas Valéry: est-ce que Palme, le Platane, l'Aurore, le Cimetière Marin, ne sont pas inépuisable: de vie, de force, de consolation, enfin de nous? Et ceci, c'est à nous; à nous de nous diriger vers ces sources et de ne pas les quitter pour des fontaines de légende. L'Europe souffre justement pour ne pas employer ses propres richesses ...« R. meldet den Eingang seiner 52bändigen Ausgabe der »berühmten Biographie Universelle Michaud, erschienen in Paris um 1820«; R. hat aus ihr seinerzeit Materialien über Papst Johann XXII. für den »Malte« entnommen. Ferner geht R. auf den Brief von Inga Junghanns ein: »so stehen wir also im gesegneten Jahr eines dreifachen Malte. Des Französischen: Polnischen und Dänischen!« Frau Junghanns hat ferner ihren Aufsatz aus der NZZ über die Volksliedersammlung von Niels Andersson, die »låter« geschickt. »die mein alter Freund Ernst Norlind (schwedischer Dichter, Maler und Musiker) nun in ausgezeichnetem Vortrage vor die Leute bringt. Er sollte das auch mal in der Schweiz thun.« (Aus Muzot)

An Werner Reinhart heißt es aus Sierre: »Als ich das vorletzte Mal hier war, begleitete mich Mademoiselle Antoinette de Bonstetten, (die Schwester des jungen Jean-Jacques zu Gwatt). In ihr hab ich nun endlich eine erfahrene und sachliche Rathgeberin in allen Angelegenheiten unseres Gartens gewonnen ...«

R. erhält die »Vergers suivi des Quatrains Valaisans avec un portrait de

l'auteur par Baladine gravé sur bois par G. Aubert«, Editions de la Nouvelle Revue Française, Paris. Die Auflage beträgt 884 Exemplare.
8. JUNI: R. sendet sein Exemplar der »Vergers« an Frau Wunderly mit der Bitte, ihm für seine Versendung passende Umschläge zu besorgen (200). Frau Wunderly erwägt, nach Soglio zu gehen, R. erinnert sich: »moi sur une autre terrasse, seul, tout un après-midi, long comme un après-midi de l'enfance. Et sur mes genoux: le Spitteler! ›Prometheus und Epimetheus‹.«
An diesem Tag, (nicht am 9.6.26), Niederschrift der »Elegie an Marina Zwetajewa«: »Ich schrieb Dir heute ein ganzes Gedicht zwischen den Weinhügeln, auf einer warmen (leider noch nicht ständig durchwärmten) Mauer sitzend und die Eidechsen festhaltend mit seinem Aufklang...«
ANFANG UND MITTE JUNI: Unter dem Titel »D'autres ›Quatrains Valaisans‹« entstehen zwei Gedichte: »Les hannetons ont fini leur ravage...« und »Simple clocher trapu, au geste du semeur...« Das erste schreibt R. am Ende des Monats Mme de Sépibus in die »Vergers« ein. In dieselbe Zeit gehören die beiden Gedichte mit der Überschrift »Tombeaux«. (Alle in »Exercices et Evidences« aufgenommen.)
9. JUNI: An Katharina Kippenberg, die R. um Beiträge für den Insel-Almanach gebeten hat, sendet R. seine im Spätherbst 1925 begonnene Sammlung »Aus Taschen-Büchern und Merk-Blättern«, einen braunen Lederband, wie R. schreibt, ›ein Heft‹: »in das ich, vorlängst schon, wie michs der Zufall aufblättern ließ, älteres und neues zusammenschrieb. (Ältestes sogar: denn einiges stammt aus wiedergefundenen Pariser Papieren, so daß Sie Daten wie 1906 vorkommen sehen; sogar sei Ihnen aus jener Zeit, ›Der Goldschmidt‹ genannt und anempfohlen: dieses Gedicht hat mich, da ichs abschrieb, überrascht und erfreut. Und Sie?) Wählen Sie also...« R. findet diesen Ausweg: »mit einer Übersetzung, die mir dringend und wichtig zusetzt ... über und über beschäftigt« (»Fragments du Narcisse«). R. kündigt die »Vergers« an – »diese späte Nebenjugend auf geborgtem Boden«.
An Anton Kippenberg meldet R., daß er noch im Bellevue wohne und wegen der ausgebliebenen Anweisung in Sorge sei. Da Kippenberg in Weimar der Uraufführung der Oper »Hypatia« Roffredo Caetani-Bassianos beigewohnt hat, äußert R. über diesen, er: »ist ein Mensch von der reinsten Art, einer, in dem wirklich die Herkunft sich lohnt«. Die Fürstin wirke für die junge Malerei und durch »Commerce« für die Dichtung.

ZWISCHEN DEM 12. UND 18. JUNI entsteht der Entwurf »Längst, von uns Wohnenden fort, unter die Sterne versetztes / Fenster...«

14. JUNI: An Baladine K.: »ensierré de nouveau depuis une dixaine de jours, habitant le ›Bellevue‹ et montant à Muzot tous les jours quelquefois deux fois par jour«, bittet R., sie möchte sich um die Handschriften der nicht in »Vergers« aufgenommenen Gedichte bemühen und sie ihm senden: »il y en a plusieurs que je voudrais revoir, et puis, je voudrais y ajouter les quelques vers survenus depuis.« Von den »Vergers« hat R. 20 Freiexemplare erhalten, dazu vier weitere durch Paulhan.

16. JUNI: Baladine K. wird R. die Handschriften aus ihrer Obhut zugehen lassen. Paulhan hat bei ihr »Les Fenêtres« gesehen und will mit Gallimard über die Drucklegung sprechen.

MITTE JUNI entstehen die französischen Gedichte »Pourquoi tant te mentir ...«, »A quoi donc mesure-t-on ...«, »A la Lune« (»Exercises et Evidences«) und »Dis-moi, rose, d'où vient ...«, das R. als zwanzigstes Gedicht in den Zyklus »Les Roses« später aufnimmt. Aus dieser Zeit stammen ferner zehn Entwürfe, darunter ein Gedicht an Marthe Hennebert: »Douce perturbatrice!...« und die Vorstufe einer Widmung für die Duchesse de Clermont-Tonnerre: »Auront le paradis ceux qui vantent les choses...«

18. JUNI: R. sendet Albrecht Schaeffer »die Beilagen dieses Briefes« mit der Bitte: »Lesen Sie den Brief des Herrn ***, als ob er an Sie gerichtet sei (: er ist es ja nun auch!) und lassen Sie sich, nach Fügung und Gefühl, das eigenthümlichste Begebnis angehören.« Schaeffer möge »zugemuthet werden« – was ihm selber nicht möglich sei – »die Vergültigung des unerhört Einmaligen zu unternehmen«. Tatsächlich hat Schaeffer in seiner Erzählung »Zwillingsbrüder. Ein Begebnis« R.s Wunsch erfüllt. In seiner Nachbemerkung schreibt er 1927 über das Material, das er von und über R. erhalten habe: »die seltsame Voraussicht und Voraussage eines Todes und ihr unerwartetes Eintreffen enthaltend«, und bedauert, daß »er die in dem Brief ihm gestellte Aufgabe erst lösen konnte, als Der schon längst nicht mehr unter uns weilte, der ihn schrieb.« Vermittelt wurde die »Aufgabe« durch Bernhardus von der Marwitz, der auch an der Ausgabe der Briefe aus dem Umkreis von Bernhard von der Marwitz beteiligt war.

18. BIS 20. JUNI: R. schließt seine handschriftliche Sammlung »Exercices et Evidences« mit drei kleinen Gedichten zum Thema »Fenêtres« ab und den Versen: »Nos pertes, n'est-ce sur vous / que nos rêves s'érigent?...«

20. JUNI: An Baladine K. heißt es: »Encore une petite ›Fenêtre‹, en réponse à un gentil petit dessin: ›D'abord, au matin petite fenêtre farouche ...‹« Es wird nicht in den Zyklus aufgenommen. R. fragt: »(Avez-vous déjà vu, le ›Malte‹ français? D'apres les ›Nouvelles littéraires‹, il a du paraître le douze!)«
Der Fürstin erstattet R. Bericht über den Stand ihrer Kassner-Übertragungen, da im »Commerce« inzwischen die der Fürstin Bassiano erschienen sind. R. hat mit Jaloux darüber gesprochen und wird die Manuskripte der Fürstin Taxis von Du Bos zurückerbitten.
23. JUNI: Längerer Brief an Charles Du Bos zu den Kassner-Übertragungen der Fürstin. R. fährt fort: »Dans ma retraite forcée de Valmont j'ai tâché de suivre les nombreux événements dans les lettres françaises; je pense qu'aucun livre de quelque importance ait pu m'échapper, ce qui ne veut pas peu dire, car chez vous, la saison de l'esprit continue avec une incomparable splendeur.«
R. erzählt Frau Wunderly, daß sein Arbeitszimmer sehr schön geworden sei – »Ce n'est terminé que depuis samedi, à présent je suis en train de ranger les livres ... Ma traduction est terminée: c'était – vous l'avez deviné – du Valéry encore: les trois fragments de ›Narcisse‹ qui se trouvent dans la nouvelle édition de ›Charmes‹. C'est beau, c'est magnifique, et ma traduction me contente à souhait. De la faire était une félicité entre toutes les félicités. Je soupire toujours d'après une copiste gentille ... Si j'avais la personne desirée, que de choses je pourrai faire!!« R. ist nicht sicher, ob seine Gesundheit ihm erlauben wird, zur Fürstin Taxis nach Ragaz zu gehen.
Inga Junghanns schreibt an R. aus Paris mit der Bitte, ihr zu erlauben, ein fingiertes Interview zu verfassen. Eben habe ihr Betz seine »Malte«-Übertragung geschenkt.
25. JUNI: R. antwortet Frau Junghanns zustimmend und klagt: »Übrigens, seh ich, haben Sie den französischen Malte: vor mir: kein Mensch denkt daran, ihn mir zu schicken!« Wegen der dänischen Übertragung habe er an Axel Juncker sofort »im Sinn jeder Zustimmung« geschrieben – »Ich weiß nicht, wann ich ihm froher zusagte: jetzt oder vor zwanzig Jahren, als ihm sein Herz rieth, sich des ›Cornet's‹ anzunehmen.« (Dieser Brief erreichte Inga Junghanns erst 1935.)
Nachdem Hausenstein abgelehnt hat, um Spenden für die zerstörte Fensterrose in Reims zu werben, weil die Reparationszahlungen zu schwer lasteten und in Deutschland kein positives Echo zu erwarten

sei, schreibt ihm R.: »Ich weiss wohl (und bin selbst nicht unabhängig davon), dass Deutschland, unter der Last der von ihm verlangten Leistung, einen unerträglichen Druck auf seine Bürger auszuüben gezwungen ist ... Zu der Abstattung des Unterlegenen gehört nun einmal eine gewisse Haltung, die freilich mit dem (bei so Vielen) so rasch wieder zur Geltung gekommenen Aufbegehren im wilhelminischen Geschmack unverträglich gewesen wäre. So hat man das meiste Verlangte erfüllt, ohne aus dieser widerwilligen Gewissenhaftigkeit auf der anderen Seite den mindesten Gefühlsgewinn zu ziehen ...«

26. JUNI: Von Baltusz Klossowski erbittet R. jetzt für sein Zimmer die Poussin-Kopie, die dieser ihm geschenkt hat; weiter heißt es: »J'aimerais, B., connaître votre opinion au sujet de l'église de J.-M. Sert, actuellement exposée à Paris. Avez-vous vu ces décorations et souscririez-vous à l'article de Claudel que voici? ... Seul un Espagnol ou un Russe pourrait, en notre époque, être susceptible d'une tâche si énorme ...« R. bezieht sich auf die Ausmalung des Doms zu Vich bei Barcelona durch Sert.

Für Sophie Giauque entsteht das Gedicht »C'est notre extrême labeur ...«

27. JUNI: R. sendet Marina Zwetajewa-Efron »Vergers« mit dem Gedicht »Marina: voici galets et coquillages ...«

An Paul Valéry schreibt R. bei Übersendung der »Vergers«: »voici que, pour ›Rhumbs‹, je vous rends (enfin!) ›Vergers‹; un peu de foin coupé sur les prés du Valais, en échange de ce que vous appeliez des ›bouts de cigarettes‹ ... Je me promène avec ›Rhumbs‹ dans ma poche gauche, et la nouvelle édition de ›Charmes‹ dans ma poche droite; une telle intimité n'a pas pu rester sans conséquences: il m'est arrivé de traduire, d'un trait, les trois fragments du ›Narcisse‹ (: si vous pouviez entendre certains passages de ma version, vous comprendriez l'enchantement que ce travail m'a causé: de tendre un autre miroir au miroir du Narcisse!) ...« R. hofft die »Notes pour Narcisse« bald zu erhalten, um sie ebenfalls zu übertragen: »je pense de les traduire aussitôt.«

ENDE JUNI: Einschrift R.s in »Vergers«: »A Madame Dory von der Mühll / amicalement, cette petite lyre toute chaude du Soleil valaisan, que je n'ai pas su refuser / R. Muzot (fin de Juin 1926)«.

28. JUNI: R. bittet Frau Wunderly, sich weiter um eine Sekretärin für ihn zu bemühen, da er gleich nach der Rückkehr aus Ragaz beginnen müsse, die Übertragung der beiden Valéry-Dialoge abzuschließen.

Auch für die Gesamtausgabe benötige er dringend diese Hilfe – die Insel warte mit Ungeduld: »tout cela n'est pas mis à point, ni copié.« R. macht sich Sorgen wegen Regina Ullmann: »La ›Insel‹ passe par une crise, la plus grave, paraît-il, depuis qu'elle existe ... infolge der sehr argen Lage des deutschen Buchhandels«, Regina sei davon betroffen.

R. schickt den Band »Vergers« ins Muzot gegenüberliegende Chippis an das Ehepaar Détraz-Baechthold und lädt es für den 4. 7. 26 zusammen mit Dr. de Sépibus und seiner Frau zum Tee nach Muzot ein. Henri Détraz ist der Leiter des Aluminiumwerkes.

Der Fürstin Taxis sagt R. zu, nach Ragaz zu kommen.

29. JUNI: Die Pariser Buchhändlerin Adrienne Monnier, deren Librairie R. zuerst 1925 mit Pierre Klossowski besucht hat, erhält von R. ein Exemplar der »Vergers« mit der Widmung: »De voir ... n'importe quel objet dans sa félicité«, sie selber zitierend, und auf der nächsten Seite mit dem Gedicht »Le grand Pardon«.

Seinen kleinen Gedichtkreis »Les trois Porteuses« gibt R. drei Exemplaren von »Vergers« mit auf den Weg: »La Porteuse de Fleurs« ist gewidmet »A Jean Cassou et à Ida Jankelevitch«, »La Porteuse de l'Eau« schreibt er »A Madame et à Monsieur André Wurmser« und »La Porteuse de Fruits« ist bestimmt »A Madame la mère de Jean Cassou«. Der Zyklus ist am selben Tag entstanden. R.s Widmung der »Vergers« für Jean Cassou lautet – auf dem Vortitel –: »A Jean Cassou amicalement R. / (Fin de Juin 1926) Muzot / Tournez s. v. pl.«. Darauf folgt neben dem Impressum die Einschrift »Les Trois Porteuses / I La Porteuse des Fleurs / A Jean Cassou et Madame Jean Cassou«; darunter das Gedicht.

ENDE JUNI: R. sendet an Jules Supervielle die »Vergers« mit dem Gedicht »Nos pertes, n'est-ce sur vous ...« und der Widmung »A Jules Supervielle / admirable Poète que j'aime ...« Madame de Sépibus erhält den Band: »A Madame Jeanne de Sépibus-de Preux pour qu'elle prenne à tout jamais possession de son petit pied-à-terre dans ce verger désormais public. (Muzot, fin de juin 1926)«. Auf die leeren Seiten vor dem Beginn der »Quatrains Valaisans« schreibt R. ihr »Quelques autres ›Quatrains‹ (en souvenir d'une promenade à Muzot)«.

30. JUNI: An Katharina Kippenberg, die seine Sammlung »Aus Taschen-Büchern und Merk-Blättern« einen ›großen Gedichtband‹ genannt hat, erwidert R.: »Dieses Zusammenraffen des Verschiedengearteten, nur, weil es in den Laden zunimmt, widerspricht immer mehr meiner Vor-

stellung von einem Gedicht-Buch (und ich bin ja auch über die bloße geordnete An-Sammlung mit dem Orpheus und den großen Elegien endgültig hinausgekommen) ...« R. bestätigt die Auswahl für den Almanach (»Gruppe: ›B‹«), zehn Gedichte. Für den Insel-Verlag empfiehlt R. »Bella« von Jean Giraudoux (wo das Werk 1927 deutsch herauskommt) und legt in eigenhändiger Abschrift einige Gedichte von Richard Grande als Probe ein. Er erbittet die Adresse Elisabeth Bergners.
Gleichzeitig sendet R. »Für Katharina und Anton Kippenherg ›Vergers‹ / diese kleine, sonnenwarme Leyer, wie sie das vertrautere Land mir gereicht hat / R. (Muzot, Ende Juny 1926)«.
ENDE JUNI gehen aus Paris »Les Cahiers de Malte Laurids Brigge«. Traduction de Maurice Betz, Paris: Editions Emile-Paul Frères, 1926 ab. Das Lied Abelones darin entspricht R.s eigener französischer Fassung. Da die Belegstücke nach Val-Mont adressiert sind, gelangen sie erst Anfang Juli in seine Hände.
1. JULI: In den für Frau Wunderly bestimmten Band der »Vergers« schreibt R. das Gedicht »Les ›Victoires‹. Aucune n'avait plus ses ailes tout entières ...«: »A Nike (Muzot ce 1er Juillet 1926)«.
»A Madame la Comtesse Lella Gallarati-Scotti pour interrompre – non, pour rythmer plutôt un silence réciproque ces voix valaisannes et autres, et toute la mesure d'une pensée profondément amicale de l'auteur R.« gehen die »Vergers« ebenfalls.
Aus Paris berichtet Baladine K., sie habe die Aufführung des »Orphée« von Jean Cocteau gesehen und diesem durch Pierre die »Vergers« überreichen lassen. Sie sendet R. die Handschriften der für den Druck aus »Vergers« ausgeschiedenen Gedichte bis auf »Les Roses« zurück.
2. JULI: Telegramm an Betz: »Je n'ai pas encore vu l'ombre d'un exemplaire« (des französischen »Malte«).
R. dankt Charles du Bos für eine Sendung, die erstens die Übersetzungs-Manuskripte der Fürstin Taxis (Kassner) und ferner »Tante Berthe« von Paul Valéry enthielt: »vous n'auriez pu rien ajouter qui m'eût été plus précieux que ces pages de Valéry (sur Berthe Morizot)! Je viens de les lire et, comme toujours, le contact avec cet esprit suprême aura décidé du reste de ma journée ...« R. endet seine Gedanken über Valéry: »Et s'il parle peinture, on se demande si son silence d'ordre pictural ne nous cache pas un grand peintre accompli, comme l'autre silence avait masqué le plus grand poète de notre temps?« R. bedauert, wieder auf die Anwesenheit in Pontigny verzichten zu müssen.

3. JULI: R. rät Richard Grande davon ab, zu früh zu veröffentlichen (an Frau Emilie Loose über Grandes Sammlung »Jünglinge über den Zeiten«); über seine eigene Jugendproduktion sagt R.: »Heute ... käme kaum ein junger Mensch in die Lage, so Minderwertiges zur Geltung bringen zu wollen: man dichtet, banal gesprochen, ob man will oder nicht, auf einem anderen niveau ...«

An Maurice Betz: »A présent, tenant entre mes mains, très existant et parfaitement réel, ce premier exemplaire que vous venez, si promptement, de m'adresser, j'ai toute patience voulue pour attendre l'envoi que me prépare l'éditeur ...«

R. geht zum Bahnhof in Sierre, um die Fürstin Taxis womöglich auf der Durchreise zu begrüßen – vergeblich, so sendet er sogleich die »Vergers« nach Ragaz: »A Madame la Princesse Marie Taxis, amicalement cette petite lyre qui voudrait être une cousine d'un certain ›violon‹ (D.S.) Muzot, ce 3 Juillet 1926«. R. spielt vielleicht auf die frühe Novelle der Fürstin an: »Le violon de Jacob Steiner«.

ANFANG JULI entstehen drei Gedichte: »Que nous veut-elle, la vie dont chaque moment mortel ...«, »Prends-moi par la main ...« und »Migration des Forces«.

5. JULI: R. wendet sich an M. Détraz: »J'ai une prière (petite ou grande, je ne sais) à vous exposer ... J'ai, à Veyras, un petit protégé, le jeune Henri Gaspoz ... Ce garçon (ainsi que son excellente mère, une très brave femme) m'a prêté son secours en mille petites occasions depuis mon installation à Muzot.« Werner Reinhart habe für ein Jahr die Mittel zum Besuch der Ecole Industrielle in Sion bereitgestellt, nun bäte Henri Gaspoz, von seinem derzeitigen Arbeitsplatz in den Aluminiumwerken bis zu seinem Eintritt in die Fachschule in die Werkstatt des Werkes überwechseln zu dürfen, wo eine Stelle frei sei.

Dem jungen französisch-belgischen Dichter Odilon-Jean Périer widmet R. ein Exemplar der »Vergers«: »Il nous est permis de toucher les hommes, / par des moyens d'hommes‹/, Odilon-Jean Périer«. Unmittelbar unter das Wort »Vergers« trägt R. die Worte ein: »Merci, Monsieur, de votre livre délicieux«, es folgen die Verse »Nos anges, Monsieur, se sont bien reconnus ... Muzot, ce 7 juillet 1926«. Es handelt sich um »Le Passage des Anges«, Paris 1926.

7. JULI: Auch seiner Mutter sendet R. die »Vergers«: »gleichzeitig mit ›Vergers‹ erschien nun auch, übersetzt in einem starken Band, der französische Text der ›Aufzeichnungen des M.L. Brigge‹, und zur Feier die-

ser Publikationen, hat eine Zeitschrift in Paris mir ein eigenes Heft gewidmet, an dem mehrere bekannte Autoren mitarbeiten und das den ehrenden, ja mich rührenden Titel: ›Reconnaissance à Rilke‹ trägt.«
8. JULI: Valéry an R.: »Heureux Narcissus, si vouz l'avez changé en belle poésie! – La nouvelle de votre traduction m'a ravi. Il faut avouer que j'ai eu une chance inouïe avec vous qui me faites le plaisir d'exister en même temps que moi dans cette diablesse d'époque! Comment vous dire ma reconnaissance? Mais il n'existe pas de ›Notes pour Narcisse‹, sinon de vagues projets que je reprendrais si j'avais du ›temps‹ …« Valéry fährt fort: »En revanche, j'ai les ›Vergers‹. Vous ne pouvez concevoir l'étrangeté étonnamment délicate de votre son français. Je suis assez fier de vous avoir un peu sollicité de rendre ces sons singuliers et de composer en notre langue ces subtiles mélodies. Il y a du Verlaine souvent dans cette invention. Verlaine plus abstrait. Cf. No. 52 – que j'aime tant. Et le No. 1 des quatrains! Chose délicieuse! …« (= 52: »C'est le paysage longtemps, c'est une cloche …« und 1: »Petite Cascade«.)
R. dankt Henri Détraz für die Zusage seiner Hilfe im Falle des jungen Gaspoz. Gern wird er der Einladung auf den 10. 7. 26 zur Besichtigung der Werke in Chippis folgen: »En m'accordant cette faveur que je savais rare, vous êtes allé à l'encontre d'un de mes désirs. A mon ancienne curiosité d'admirer les règles et le ›rythme‹ d'une si importante organisation industrielle …« (Henri Gaspoz kann seine Ausbildung auf dem Technikum in Fribourg abschließen und als Ingenieur nach Chippis zurückkehren.)
Zu R.s Freude besucht ihn Baltusz K. auf dem Wege nach Italien. Baltusz schreibt seiner Mutter aus Florenz: »J'ai passé des heures délicieuses avec René, quel tremplin pour sauter en Italie!«
9. JULI: »A Madame Jeanne-René Dubost« geht als Widmung mit den »Vergers« das Gedicht »Ô le ruban léger dont les bouts flottent …«
10. JULI: R. besucht den Direktor der Usines de Chippis H. Détraz und seine Frau und besichtigt die großen Werke.
R. empfängt einen Brief Gides aus Cuverville (6. 7. 26), in dem es heißt: »Reçu hier ›Vergers‹. C'est votre voix, c'est votre geste, c'est le charme de votre regard … Ce petit livre délicieux m'arrache aux ›Duineser Elegien‹, que vous avez bien voulu me renvoyer dans une édition pour voyageur, et que j'étais occupé à relire.« Gide fährt fort: »Mais vos poésies françaises m'apportent une joie nouvelle, de qualité un peu différente et plus rare encore peut-être, plus délicate, plus subtile. Ah! que

vous avez bien fait de nous donner ce petit livre. C'est le plus bel hommage que vous pouviez faire à un pays qui vous aime (et vos admirables traductions des poèmes de Valéry).«
R. antwortet auf diese Worte über »Vergers«: »Elles me restent précieuses entre toutes. Si ce petit livre pèse dans vos mains du poids d'une fleur ... (c'est-à-dire tout juste assez pour se faire remarquer en tombant), sa realite doit être celle de la joie que j'ai eue à le faire. Mais l'ai-je fait? Ma surprise heureuse consistait à avoir pu recevoir tout cela, à avoir été assez jeune pour rendre mienne cette jeunesse verbale délicieusement offerte. Car vous ne pouvez pas vous imaginer, cher Gide, combien l'obéissance active à cette langue admirée m'a rajeuni ...« (Dies ist R.s letzter Brief an Gide.)
Die Fürstin Taxis telegraphiert aus Ragaz: »Enchantée des délicieux ›Vergers‹ ...«
JULI: Nach Erhalt seiner Exemplare des französischen ›Malte‹ sendet R. an die ihm aus Paris bekannte Amerikanerin Natalie Clifford-Barney die »Cahiers« mit der Widmung: »A N. C.-B. ce livre dont j'aurais voulu être précédé auprès d'Elle, pour n'avoir à lui dire que ... le reste« und dem Gedicht »Ô le temple défait ou jamais terminé! ...« (entstanden um den 26.6.26). Betz erinnert sich: »R. était tout d'abord allé vers ›l'amazone‹ [N. C.-B.], chère à son ami Paul Valéry.«
11. JULI: R. an Valéry: »Mon très cher Ami, je suis ému si je pense que, malgré vos terribles occupations, vous ayez pu trouver le temps non seulement de m'écrire, mais de vous intéresser au sort de mon jeune ami K[lossowski], mais d'ouvrir ›Vergers‹ ... Mais quelle tristesse que ces ›Notes pour Narcisse‹ existent à peine: il faut qu'elles soient! Si je pense à la souveraine facilité avec laquelle vous accédez aux propositions venant du dehors (preuve: entre tant d'autres, cette sublime introduction au Catalogue de l'Exposition de Berthe Morisot, que Charles du Bos avait la bonne grâce de m'envoyer), je voudrais vous engager à obéir, pour une fois, à une ancienne et chère proposition intérieure. Faites, d'un marbre spirituel, ces quelques marches destinées a conduire au temple de ›Narcissus‹ ...« R. betont: »Je voudrais renoncer à toutes les lettres que vous pourriez m'écrire, et même à ces rares moments avec vous, dont j'ai pourtant un si grand besoin, si j'étais sûr que vous donniez ce temps à Narcisse, Dieu aux moitiés entières. Venez à Muzot pour y rediger ces notes précieuses ...« (Die »Etudes pour Narcisse« erscheinen 1927 als bibliophile Ausgabe bei Laporte in Paris.)

R.s Dank am Anfang des Briefes betrifft die Bewerbung Pierre K.s um Aufnahme in das ›Internationale Institut‹ Paris, die Valéry fördert.

12. JULI: Nach seinem Besuch in Chippis übersendet R. an M. Détraz die Festschrift von Georg Reinhart und ein Heft der »Cahiers de la Quinzaine«: »Pour ou contre Ramuz«. Dazu bemerkt R.: »Ramuz. Ces voix rassemblées sont d'un grand intérêt; elles expliquent en partie la victoire tardive du grand poète et montrent la polyphonie de son triomphe.«

UM DEN 12. JULI reklamiert R. bei Betz, daß die letzte Sendung der »Cahiers de Malte Laurids Brigge« bereits den Vermerk »quatrième édition« trage, ohne daß man ihm dies vorher mitgeteilt habe.

14. JULI: Baladine K. berichtet aus Paris: »Betz m'a donné à lire quelques épreuves de ›Reconnaissance à R.‹, celui de Valéry, hélas, est d'une politesse écrasante, et tout à fait celle d'un homme du monde...« Sie erbittet zwei »Fenêtre«-Gedichte aus »Vergers«, wenn auch der Druck noch nicht gesichert sei, die geplante Ausgabe ist Gallimard zu kostspielig.

15. JULI: Katharina Kippenberg teilt R. mit, sie sei beauftragt, ein Inselbändchen mit einer Auswahl seiner Gedichte zusammenzustellen.

MITTE JULI entstehen noch vor R.s Abreise nach Ragaz fünf französische Gedichte und Entwürfe: »Après une journée de pluie pratique...«, »Ces ouvriers de la pluie, ces lourds nuages, voici...«, »J'ai trouvé un Saint-Esprit fort défait...«, »Parfois tel animal de son regard t'arrête...« und »La vigne fait tant de vrilles...« Letzteres ist vielleicht als Widmung für Alice Bailly bestimmt.

SOMMER: Louis Fürnberg besucht R. und schreibt darüber ein langes Gedicht: »Daß es ihn gibt! Und daß Château Muzot / auf Erden ist und nicht in andern Reichen! / ... Reis hin zu ihm und bitt ihn um ein Zeichen....«

17. JULI: R. vertröstet nochmals die Fürstin Taxis, die ihn dringend in Ragaz erwartet.

Aus dem Bellevue – in Erwartung eines Besuches – schreibt R. an Frau Wunderly: »Hélas, oui, Chère, mes tristes maux que j'avais (hélas!) au grand complet, rapportés de V.-M. (ci-inclus la terrible tendance – =Reiz-sucht= – de les augmenter et exaspérer) m'ont fait perdre tous ces jours que j'aurais voulu donner à la princesse T. ...« R. verabredet mit Frau Wunderly ein Wiedersehen für den Abend des 19.7.26 in Zürich – wenn möglich auch mit Werner Reinhart, der vor dem Antritt einer Japan-Reise steht.

18. JULI: Telegramm an Baladine K., die den Besuch Jean Cocteaus erwartet: »Déployez pour lui toute ma présence en vous et qu'il sente ma chaleur admirative, lui le seul à qui la Poésie ouvre le Mythe d'où il revient hâlé comme du bord de la mer ...«
19. JULI: Baladine K. berichtet über das Gespräch mit Cocteau über R.s »Vergers«: »Rilke est-ce que quelqu'un le comprend? Mais c'est un français, il parle le français mieux qu'un français, mais ici, ils vont lui trouver des défauts ...« Cocteau erinnert sich an die Zeit, in der sie beide im Hôtel Biron wohnten.
Am Abend des 19.7.26 ist R. in Zürich mit Frau Wunderly und am Morgen des folgenden Tages mit Werner Reinhart zusammen.
VOM 20. JULI BIS ZUM 30. AUGUST ist R. in Bad Ragaz, bis zum 27.7.26 noch gemeinsam mit der Fürstin Taxis.
21. JULI: R. entschuldigt sich bei Werner Reinhart für seine Erschöpfung: »Ich hatte eine ganz schlaflose Nacht hinter mir und über mir die Schwüle des gewittrigen Tags, für dessen atmosphärische Beschwerlichkeit ich jetzt immer besonders empfindlich bin ... Die Fürstin Taxis grüßt, leider sind ihr wegen einer Bronchitis die Bäder verboten ...«
Für Isabelle Trümpy schreibt R. die Widmungsverse in »Vergers«: »A ces moments si beaux ...«
ZWISCHEN DEM 21. JULI UND DEM 21. AUGUST entstehen zwölf französische Gedichte und Entwürfe, darunter »Cimetière à Ragaz. C'est ton repos inconnu ...« um den 1.8.26.
22. JULI: Im Kreis der Fürstin Taxis lernt R. die Fürstin Maria Gagárine kennen, eine Russin, die R. im Hinblick auf ihre Lektüre berät. Auf einer Karte meldet er: »Dès ce matin, Madame, je suis allé à la chasse des livres français avec un vague espoir de trouver ›Légende‹ [von Clemens Dane] ou ›les Gens de Dublin‹ [von James Joyce], ni l'un, ni l'autre. Mais voici ›Bella‹ [von Giraudoux] et voici ›les Bestiaires‹ magnifiques de Montherlant, qui vous montreront les Courses de Taureaux sous un jour antique ...«
24. JULI: In den »Nouvelles Littéraires« Paris publiziert Fréderic Lefèvre seinen Beitrag »Une heure avec Rilke«, der auf einem Gespräch während R.s Pariser Aufenthalt im Vorjahr fußt. Im Sommer 1925 war er von Betz zu einem gemeinsamen Déjeuner mit R. in ein Restaurant in Montmartre eingeladen worden.
25. JULI: R. stellt für die Fürstin Gagárine, die im Begriff ist, abzureisen, eine Leseliste zusammen; zu den in den letzten Jahren von R. häu-

fig empfohlenen Büchern treten hinzu: Georges Bernanos »Sous le Soleil de Satan« (1926), Valery Larbaud »Barnabooth« und die Einleitung zu »Dubliners« von James Joyce, Henry de Montherlant »Les Onze devant la Porte dorée« (1924), Duchesse de Clermont-Tonnerre »Almanach des Bonnes Choses de France« und Jean Cocteau »Lettre à Jacques Maritain«, Paris 1926.

26. JULI: In das von der Fürstin Taxis für ihre Enkelin Marie angelegte Bändchen Rilkescher Gedichte trägt R. die Verse ein: »Les Anges aiment nos pleurs ...« mit dem Vermerk: »(Geschrieben für Prinzessin Marie von Thurn-Taxis; ein paar Federfußstapfen in dieses Buch, diesmal leider nicht auf dem Wege des Wiedersehens). Ragaz, 26. VII. 1926«. Die Fürstin wird in diesem Jahr von ihrer Enkelin Eleonore (Lori) begleitet.

27. JULI: Die Fürstin Taxis reist nach Wien. In ihren Erinnerungen heißt es: »R. wollte mich zum Bahnhof begleiten; ich bat ihn, es nicht zu tun. Als ich aber am frühen Morgen in die Hotelhalle trat, war der liebe Serafico schon bereit. Er war wegen der kalten Witterung und des Regens recht besorgt, überreichte mir Blumen und beschwor mich, festzuhalten an dem Plan, uns im Herbst in Paris zu treffen. Und so nahmen wir Abschied – für immer ...«

An Frau Wunderly nach Pontresina schreibt R.: »Je suis seul, Chère, voici! La Princesse T. vient de partir ce matin, la pauvre Princesse qui avait de si mauvais jours et des nuits presque aussi mauvaises à la suite d'une bronchite ... Malgré tout cela nous avions des heures pleines et charmantes, et à chaque instant nous avons senti tous les deux combien il nous en fallu de ces heures ... J'ai beaucoup vu une amie de la Princesse qui, par comble, est russe, ce qui me fut d'un bienfait profond et pénétrant; malheureusement elle aussi est partie pour Paris, hier soir« (= die Fürstin Gagárine). Die Fürstin Taxis hat ihre Enkelin unter der Obhut von Gräfin Johanna Hartenau zurückgelassen, die R. aus den Ragazer Sommerwochen von 1924 kennt. R. bittet Frau Wunderly, bald zu kommen: »De vous lire Valéry en tout repos ...«

Für Johanna Hartenau schreibt R. das Gedicht »Les Eaux de R[agaz]. Welcher gelegene Ort: sich an den Quellen begegnen, ...« mit der Widmung: »Für Gräfin Hartenau, gelegentlich einer der Begegnungen in Ragaz, die, hoffentlich, sich wiederholen dürfen von Jahr zu Jahr. Rainer Maria Rilke. Bad Ragaz, am 27. July 1926«.

R. erzählt Pia Valmarana von seinem Zusammentreffen mit der Fürstin

Taxis. In einer Nachschrift heißt es: »J'écris à la hâte avec une faible plume de l'Hôtel, le jour de mon premier bain, c'est-à-dire avec la collaboration d'une certaine fatigue ...«

28. JULI: R. schreibt aus Ragaz an Marina Z.: »Wie eines Sternes Spiegelbild ist Dein Aussagen, Marina, wenn es im Wasser erscheint und vom Wasser, von seiner flüssigen Nacht gestört wird, unterbrochen, aufgehoben und wieder zugelassen und dann tiefer in der Flut, wie schon vertraut mit dieser Spiegelwelt und, nach jedem Wegschwinden, wieder da und noch tiefer in ihr! (Du großer Stern!) Weißt Du den Heimweg des jungen Tyge de Brahe, zur Zeit, da er eigentlich noch nicht Astronomie treiben durfte, sondern von der Universität Leipzig zu den Ferien nach Hause gekommen war, auf eines Oheims Gut ..., und dort zeigte es sich, daß er den Himmel (trotz Leipzig und Jurisprudenz!) schon so genau kannte, so auswendig wußte (pense: il savait le ciel par cœur!), daß ein einfacher Aufblick seines mehr ausruhenden als suchenden Augs ihm den neuen Stern schenkte, im Sternbild der Leyer: seine erste Entdeckung in der gestirnten Natur ...« Und weiter: »Genügte das übrigens nicht, uns diese Zeit anzuvertrauen, daß das wieder möglich ist: der Dichter unter die Sterne geworfen ... Aber mein Leben ist so merkwürdig schwer in mir, oft rück' ichs nicht von der Stelle; die Schwerkraft bildet, scheints, eine neue Beziehung aus zu ihm ...«

Nach langer unbequemer Reise in Wien angekommen, wendet sich die Fürstin an R.: »ich habe soeben ›Bella‹ [von Giraudoux] fertig gelesen – und ich finde es gräßlich – langweilig à mourir und falsch wie es nicht fälscher sein könnte – un faux Proust ... Es ist doch nicht möglich daß Sie das Buch bewundern? Bitte schreiben Sie mir darüber!«

31. JULI: R. geht sofort darauf ein, in einer kleinen Studie fast: »Giraudoux n'est pas comparable à Proust, et je crois que sa production est plutôt indépendante de la conception proustienne, elle en diffère et par son point de départ et par sa direction ... Giraudoux marche, par miracle, sur des eaux mouvantes; le lecteur imprudent qui essaie de marcher à côté de lui, perd pied et s'enfonce ... tout est là pour créer un mouvant équilibre gratuit, pas plus réel que ces reflets de certaines fontaines à Rome qui se jouent sur la coupe supérieure d'un bassin. Il faut accepter de loin ce jeu, auquel on ne peut nullement se mêler. Le liseur de Giraudoux se trouve invité d'assister à une sorte de ›Patience‹ spirituelle constituée par un jeu de cartes d'une beauté incomparable ...«

Aus Ragaz berichtet R., daß er nun mit Mauthners, der Gräfin Hartenau und Lori speise: »den Moment abwartend jedesmal, da Lanckoroński [der Wiener Kunstfreund], über zahlreiche Aufenthalte den ganzen Saal entlang, sich zu uns bewegt, um wenigstens unserem dessert, gesprächig und überlegen, zuzusehen ... Er ist schwer auszuhalten, aber man kann nicht umhin, seine Haltung und sein niveau zu bewundern ...« R. schließt: »Wie sehr Sie mir fehlen, läßt sich nicht beschreiben; wir haben so vieles angerührt und angefangen, und so viel anderes zwischen uns fortgesetzt: nun muß Paris ein Übriges thun für ein längeres, von allen Seiten genährtes Wiedersehen.« (Dies ist R.s letzter Brief an die Fürstin.)

An Princesse Gagárine nach Paris: »Vous me dites d'hésiter par quel livre il faut commencer? Je vous conseille ›Eupalinos‹ au premier lieu. Combien eussé-je voulu vous lire le premier dialogue, celui de l'Architecte ... et un autre soir, ouvrir l'Ecole des Indifférents [von Giraudoux] à ce passage de l'apparition de cette jeune et belle Edith ...« Er selber beginne »Elpénor« von Giraudoux (1919).

An Frau Wunderly, die im Engadin eingeschneit ist, meldet R. unaufhörlichen Regen aus Ragaz. »Je suis à mon cinquième bain aujourd'hui, et j'aimerais à arriver à vingt ou à quinze tout au moins. Donc je ne partirai pas de si tôt ...« R. erwartet die Freundin auf ihrer Rückreise.

In den »Nouvelles Littéraires« vom 31.7.26 erscheint als Vorabdruck aus der Übertragung der »Geschichten vom lieben Gott« durch Maurice Betz: »Comment le vieux Timofei mourut ...«

2. AUGUST: Niederschrift eines weiteren Gedichtes für Isabelle Trümpy: »L'Attente. C'est la vie au ralenti ...«

4. AUGUST: Mit Frau Wunderly zusammen besucht R. die Familie Gugelberg-von Moos auf Schloß Salenegg bei Maienfeld und schreibt dort in das Gästebuch: »Nach zwei Jahren ist mir der Wunsch Salenegg zu besuchen, in Erfüllung gegangen, auf die schönste freundlichste Art ...«

5. AUGUST: R. bittet Guido von Salis, den belgischen Damen, Mme de Neeff, ihrer Tochter und ihrer Enkelin, die Gärten von Malans zeigen zu dürfen, und fährt fort: »Eine andere Nachbarschaft hat sich mir auf das Großmüthigste und Gastlichste aufgethan: Salenegg: was für ein schönes, heiles und im Stile in seinem Überlieferten beruhendes Milieu: daß es solche Häuser noch giebt in einer Zeit, die ..., ja, man kann nicht viel von ihr verstehen: sie stürzt kopfüber ins Negative. Aber das,

ohne daß ich etwas Kopfhängerisches damit vertreten wollte: Le temps, quel que soit, n'aura jamais le dernier mot.«

An Katharina Kippenberg, die mit ihrer Familie in Vulpera (Engadin) weilt, schreibt R., da er die Bäder genau nehme – »täglich, den Sonntag nicht ausgenommen« – könne er nicht zu ihnen kommen. »Aber ich rechne ganz und gar damit, daß Sie, auf dem Rückwege von Vulpera, Ragaz berühren müssen und kann Sie versichern, daß ich – wenn ich noch hier bin – alles tun werde, Sie aus dem Zuge zu reißen ...«

6. AUGUST: Frau Wunderly und R. treffen beim Tee in Schloß Bothmar den Schriftsteller Manfred Kyber (1880-1935), der einen höchst unheimlichen Eindruck auf sie macht. Frau Wunderly berichtet: »Ich werde diesen Tag nie vergessen. R. sagt von Herrn Kyber: ›Er hat viel gut zu machen!‹«

Für Oberst Hans-Luzius Gugelberg-von Moos trägt R. sein Gedicht über »Die Weide von Salenegg« in das Gästebuch dort ein. Diese Weide, Wappenbaum des Vespasian von Salis, einstigen Besitzers von Salenegg, hatte sich durch einen Absenker zum neuen Stamm verjüngt und erneuert.

Wohl für die jugendliche holländische Sängerin Beppy Veder, die in Basel studiert und dort mit Frau von der Mühll zusammengetroffen ist, entwirft R. die Verse: »Da mit dem ersten Händereichen schon / hast du dich rein mir in die Hand gegeben ...«

7. AUGUST: R. sendet an Pia Valmarana die »Cahiers de Malte Laurids Brigge« mit der Einschrift: »A Pia ce livre un peu plus âgé que notre amitié. Ragaz, en Août 1926«. Auf dem Vortitel vermerkt R. »écrit 1905-1909«.

8. AUGUST: Billett an Beppy Veder: »So reich in der neuen Freude, Sie zu sehen, scheint es mir unerträglich, daß ich heute nichts Ihnen zu geben oder mindestens zu zeigen haben sollte ... Mögen Sie die beiliegenden Blätter durchsehen? Man schickt sie mir eben zur Correctur. Beiträge zu dem nächsten ›Jahrbuch‹ der Insel, die nun zu kennen Sie die Erste wären. Die Auswahl habe nicht ich getroffen: man hat diese Verse (Fragmentarisches zum Theil) aus meinen Papieren ausgewählt, es ist ganz altes dabei, wie zum Beispiel ›Der Goldschmied‹ (von 1906!) und Neueres und ziemlich Neuestes; auch finde ich die Folge nicht eben günstig, aber ich bin nicht schuld an ihr ...«

Die Fürstin Taxis dankt R. für seinen »wunderbaren Brief«.

9. AUGUST: An Beppy Veder: »Nicht unsere Stunden allein ..., daß sie

mir abends noch diese Nachschrift eingetragen haben, ist mir auf eine eigene Art gut und tröstlich gewesen ...« R. fügt an: »P. S. Heute trifft, vom Klausen-Rennen her, Herr Wunderly-Volkart ein, morgen gehen dann meine Freunde fort ...«

Dr. Karl Graf Lanckoroński übergibt R. vor seiner Abreise im Hof Ragaz ein Manuskript älterer eigener Gedichte zur Lektüre, darin die 1910 entstandenen Verse »Nicht Geist, nicht Inbrunst wollen wir entbehren, / Als Gottes Offenbarung beides ehren«. Auf dem Umschlag der Sendung notiert R. als Beginn eines fünfstrophigen Gedichtes die erste dieser Zeilen: »Nicht Geist nicht Inbrunst ...« Dieses Gedicht: »Geschrieben für Karl Grafen Lanckoroński« schenkt R. dem abreisenden Grafen. Es ist das letzte große Gedicht in deutscher Sprache, das R. vollendet. In den Aufzeichnungen das Grafen heißt es: »In Ragaz sah ich Rilke ... am Abend vor meiner Abreise schrieb ich ihm aus dem Gedächtnis einige Gedichte von mir auf und sandte sie ihm als Abschiedsgruß um 9 Uhr früh am Abreisetag. Um 10 Uhr kommt in mein Zimmer ein dicker Brief von Rilke nicht nur ein Dank in goethescher Prosa auch mit goethischen Untertänigkeitsformeln, sondern 5 formvollendete gewidmete Strophen zu je 6 Versen.«

10. AUGUST: Herr und Frau Wunderly reisen ab. Frau Wunderly erinnert sich: »Der Sommer in Ragaz war auch gut, [R.] genoß die Bäder sehr, war sehr entrain, machte viele, ihm sehr liebe und anregende Bekanntschaften. Ich war eine Woche bei ihm – und werde nie vergessen, wie er in der Allee stand und winkte – während mein Mann und ich langsam im Auto immer weiter von ihm wegfuhren – heim zu. Wie ein Jüngling war er – unerhört, und unvergeßlich. Er las mir dort die Übersetzung des Narciß von Valéry vor – die ganz unbeschreiblich ist!« (An Frau Nölke, am 16. 2. 27).

R.s letzter Brief an Katharina Kippenberg betrifft Korrekturbogen der zehn Gedichte für den »Insel-Almanach auf das Jahr 1927«. R. bittet um »betontere Trennung der einzelnen Stücke, augenfälliger«. Kippenbergs sind zu R.s Bestürzung aus Zeitgründen nicht in der Lage, ihre Rückreise in Ragaz zu unterbrechen. R. schreibt: »im ersten Augenblick, gestern, und im zweiten, wars wirklich ein Schrecken für mich, daß wir einander nicht sehen sollen, obgleich die Fügung uns einander hat nahelegen wollen und so viel Gründe für Wiedersehen und Austausch zusammenkämen.« So kommt es zu keiner Begegnung mehr.

13. AUGUST: Die »Neue Leipziger Zeitung« bringt: »Eine Stunde mit R.

M. R.«, eine Übertragung der wichtigsten Äußerungen R.s aus dem Artikel F. Lefèvres in den »Nouvelles Littéraires« durch F. A. Hünich.
14. AUGUST: Von Hans Reinhart erhält R. eine Ansichtskarte aus Duino, wo dieser »das im Wiederaufbau begriffene Castello besucht« hat und R. ›von der Stätte seines Schaffens herzlich grüßt‹.
15. AUGUST: Mit Frau Weininger verabredet R. brieflich ein Zusammentreffen für Ende August in Lausanne, besonders mit Richard Weininger: »mein Bedürfnis, ihn freundschaftlich wiederzusehen, ist ebenso groß wie der Wunsch seinen Rath in den wiener Angelegenheiten ausführlich zu beanspruchen.«
18. AUGUST: R. macht einen Besuch bei »der vortrefflichen alten Gräfin« von Salis in Zizers: »Ich fuhr Mittwoch mit den guten hiesigen Pferden hinüber und wüßte nicht, was ich mehr rühmen soll: die alte Dame selbst, das Schlößchen, den Empfang, den man mir bereitet hat: alles das wirkte zu einem besonderen Einklang zusammen (: außer der Gräfin Franziska Terlago – kennen Sie ihre merkwürdige Geschichte? – war auch noch die andere Schwester, Gräfin Theresa da, Stiftsdame zu Prag.)« (An Beppy Veder, 23. 8. 26)
19. AUGUST: Im Taschenbuch notiert R. die Verse: »Que ton absence soit une nouvelle figure ...«, wohl nach der Abreise Beppy Veders niedergeschrieben. Vom selben Tag ist die Zeile: »Comment te faire encore hésiter, bel été«.
Am selben Tag wendet sich R. aus Ragaz zum letzten Mal an Marina Z. Schon auf ihren ersten Brief hat er geantwortet: »Dichterin, fühlst Du, wie Du mich überwältigt hast, Du und Dein herrlicher Mitleser, ich schreibe wie Du und gehe wie Du die paar Stufen hinunter aus dem Satz in das Zwischengeschoß der Klammern, wo die Decken so niedrig sind und wo es nach früheren Rosen riecht, die nie aufhören.« (10. 5. 26) Jetzt, da sie ihn um eine Begegnung bittet, spricht er vom »Ja zum Leben selbst ...: aber in dem sind ja auch alle die zehntausend Nein, die unvorsehbaren«, von dem »Schweren, das ich durchmache und oft kaum mehr zu überstehen meine.«
Aus Rotterdam schreibt Frau Marcella Veder-Schreiner, Beppys Mutter, an R.: »wie unendlich leid es mir thut und gethan hat wegen eines dummen Tanzabendes Ihre so interessanten Erzählungen und Vorträge über Rodin etc. versäumt zu haben. Meine Tochter erzählte mir am folgenden Morgen gleich begeistert davon ...«
In einem Gedicht-Brief meldet Erika Mitterer ihre glückliche Genesung nach einer schweren Operation.

21. AUGUST: R. verschiebt seine Abreise nach Lausanne: »da ich, etwas müde, zwischen die letzten Bäder je einen Ruhetag einschieben muß« (an Frau Weininger).

22. AUGUST: Jean-Louis Vaudoyer hat R. sein Buch »Beautés de la Provence«, Paris 1926, geschenkt. R. sendet ihm die Verse »C'est déjà trop osé, quand il faut dire; j'aime ...«, dem er als Motto einen Satz aus Vaudoyers Buch (S. 118) voranstellt: »A cette époque, Aubanel ne sait pas qu'il aime, quil aimera bientôt ...«

23. AUGUST: An Beppy Veder nach Basel: »Nun hat jeder von den so verschiedenen Menschen, denen Sie hier eine immer sichere Freude gewesen sind, Zeit gehabt, seine Entbehrung zu üben: die meine ist von so besonderer Art, daß ich Ihnen immer noch nicht schreiben konnte ...« Im Zusammenhang mit dem ›guten‹ Brief ihrer Mutter bemerkt R., mit dieser habe er nur wenig gesprochen: »fast bewundert man ja auch ihre vollkommene Schönheit zu sehr und steht dem Bildhaften ihrer Erscheinung zu staunend und zu anschauend gegenüber.« R. wiederholt seine Einladung nach Muzot und freut sich auf ihr Kommen: »das ich schon jetzt (sagen Sie das unseren baseler Freunden ...) für fest versprochen halte«. (Der geplante Besuch, gemeinsam mit von der Mühlls, kommt nicht zustande, Beppy Veders Antwortbrief – erst zu Weihnachten 1926 – erreicht R. nicht mehr.)

Am Abend trifft Eva Cassirer zu R.s Freude in Ragaz ein.

24. AUGUST: R.s dreizehnte und letzte Antwort an Erika Mitterer: »Für Erika zum Feste der Rühmung. Taube, die draußen blieb, außer dem Taubenschlag ...«

25. AUGUST: Entwurf für eine Widmung: »Wenn Lesen sich auch da als nicht bequem erweist ...«

UM DEN 27. AUGUST entsteht das Gedicht, das R. später als Schlußstück für den Zyklus »Les Roses« wählt: »Rose, eût-il fallu te laisser dehors / chère exquise? «

27. AUGUST: Alice Bürer, die achtzehnjährige Telegraphistin und Tochter des Amtsvorstehers am Postamt Ragaz, schreibt an R.: »Es ist nicht Geheimnis geblieben, daß Sie, Herr Rilke, der größte lebende deutsche Dichter sind. Und ich habe das Glück, diese hohe Persönlichkeit kennengelernt zu haben. Zwar nur auf dem Dienstwege. Ihrer Güte vertrauend, Sie höflichst anzufragen, eines Ihrer für das Volk bestimmten Werke mir zum Lesen zu geben ...«

28. AUGUST: R. antwortet Fräulein Bürer, er habe leider kein Buch zur

Hand, werde gewiß in Ragaz eines finden und bitte sie, nach dem Abendessen in den Hof Ragaz zu kommen. Dort überreicht er ihr das »Buch der Bilder« mit der Widmung: »Wie waren Sie im Recht, dem Wunsche nachzugeben, / von meiner eignen Hand beschenkt zu sein! ...« Dazu sind zwei Entwürfe erhalten. Außerdem schenkt R. ihr den »Cornet« mit der Einschrift: »Für Fräulein Alice Bürer / um ihren Wunsch noch vielfältiger zu erfüllen, diese kleine Jugendarbeit: zum Gedächtnis eines Vorfahren, vor 27 Jahren (in einer einzigen Nacht), aufgeschrieben. Ragaz, am 28. August 1926«.

29. AUGUST: R. vermißt nach ihrer Abreise Madame de Neeff, eine Belgierin, die mit ihrer Mutter und einer kleinen Tochter Reine im Hof Ragaz gewohnt hat: »Ce double voisinage de chambre et de table a pu me maintenir dans la charmante illusion d'être un peu chez vous: votre départ à fait retomber le ›Hof‹ à l'état confus et diffus d'hôtel. L'autre jour, pour lire tranquillement à des amis, de passage à Ragaz, mes plus récentes traductions de Paul Valéry, j'avais loué votre salon pour quelques heures: ce qui n'était pas fait pour me rendre moins évidente votre absence ...« R. sendet dankend das von ihm nur angelesene Buch »Le Lion Ailé« des belgischen Schriftstellers Pierre Nothomb zurück.

An Antoinette de Bonstetten heißt es: »Tant et tant pensé à vous: ici, pendant mes semaines de cure, et surtout dans cet incomparable jardin du ›Bothmar‹ à Malans.«

Suzanne Kra sendet aus Todtnaumoos – sie ist lungenleidend – ihre Übersetzung des »Cornet« ins Französische; am 9. 9. 26 dankt sie R. für seine Zustimmung.

30. AUGUST: R. verläßt Ragaz, sein Trinkglas läßt er Alice Bürer ›bis zum nächsten Jahr‹ in Verwahr. Frau Wunderly erzählt er am 5. 9. 26: »En faisant mes malles à Ragaz, j'ai trouvé ce qui reste de la pauvre Nigrivorine: je me suis mis à la ›chanter‹! C'était la dernière ›poésie‹ commencée à Ragaz; je l'ai terminée à Zürich en attendant mon train: Lisez!« Das Gedicht auf den Radiergummi beginnt: »Tu fais ›non‹ de ton corps ...«

VOM 30. AUGUST BIS ZUM 20. SEPTEMBER ist R. in Ouchy-Lausanne, Savoy-Hotel, als Gast von Weiningers.

1. SEPTEMBER: R. erbittet eine Geldsendung vom Insel-Verlag, da er eine Sekretärin suche: »mit der ich nun (nach den günstigen Diktat-Erfahrungen von vor zwei Jahren) in einem Zuge die Übersetzung der beiden Eupalinos-Dialoge zu beenden hoffe«. Zudem möchte R. Valéry

in Thonon am anderen Ufer des Genfer Sees besuchen: »ich würde ihn dort um so lieber wiedersehen, als unser Beisammensein auf dem Lande sich ruhiger und ständiger gestalten könnte, als das je im Gedräng der Verabredungen, in Paris, möglich war –« R. fährt fort: »Sie wissen, daß ich eben vor der Abreise nach Ragaz Valéry's große ›Narziß‹-Fragmente übertragen habe: keine Übertragung hat mich bisher mehr beglückt als die dieser großen Gedichtstücke –; das Ergebnis erscheint mir überaus rein und gesichert, voll des ungezwungensten Gelingens. Vor ein paar Tagen erst, im Vorlesen vor Freunden, hat mich meine Arbeit, aus diesem ›Drüben‹, in dem sich ein Geleistetes selbständig niederläßt, zustimmend angesehen.« (An Kippenberg)

ANFANG SEPTEMBER: In Lausanne entstehen die französischen Gedichte »Des adieux, encore des adieux! ...«, »En musique seulement il y à de semblables surprises ...« und »De toujours vous voir ainsi sur ce travail qui vous penche ...«

4. SEPTEMBER: R. ist zum déjeuner bei Edmond Jaloux und berichtet lebhaft von Ragaz. Jaloux vermerkt diese Gespräche in der Niederschrift »Entretiens avec R.«.

5. SEPTEMBER: An Frau Wunderly: »Depuis lundi soir je suis à Lausanne chez les W[einingers]. C'est à dire j'avais tout juste le temps, au moment de mon arrivée, de causer avec W. lui-même; il partait deux heures plus tard pour Paris.« R. fährt fort: »Chère, j'aurais tant de choses à vous raconter de ces dernières semaines à Ragaz; je m'en suis détaché avec une peine singulière cette année; j'aurais tant voulu continuer encore cette vie au ralenti, sympathiquement portée par les circonstances ... sans que j'aie pu en somme en jouir, abîmé comme je suis dans mon secret et ridicule malheur.« R. legt eine Liste aller der Personen bei, denen er in Ragaz begegnet ist.

In Paris ist die Doppelnummer von »Les Cahiers du Mois« (23/24) erschienen· »Reconnaissance à Rilke«, Editions Emile-Paul Frères, 2700 Exemplare. Das Heft wird eröffnet durch den Beitrag Paul Valérys: »Rilke, mon cher Rilke, à qui doivent mes vers de sonner dans une langue que j'ignore, – tout conspire à m'ôter le loisir, et presque la force, de bien dire ce que je pense de vous ... Vous souvient-il comme je m'étonnais de cette extrême solitude où je vous ai trouvé quand j'ai fait votre connaissance?« Valéry beschreibt Muzot: »Un très petit château terriblement seul dans un vaste site de montagnes assez tristes; des chambres antiques et pensives, aux meubles sombres, aux jours étroits, cela me serrait le cœur ... Que j'étais simple de vous plaindre, cependant que votre pensée faisait des merveilles de ce vide, et rendait mère la durée! Enviable entre toutes est votre demeure, la tour basse, la tour enchantée de Muzot.« Valéry schließt; er kenne R.s größte Werke nicht und damit auch nicht »la figure admirable de votre âme«: »Mais je la connais d'une connaissance immédiate, je devine ce qu'elle attend, j'en distingue la profondeur, je pressens sa résonnance indéfinie; et rien ne m'est plus précieux que son amitié très douce, et tout impregnée de la mystérieuse délicatesse qui est en vous.« R. dankt in seinem Brief vom 5. 9. 26 Valéry: »Quelle exquise lettre, lente à l'intérieur, m'avez-vous, Valéry, adressée à l'entrée du ›Cahier‹: et comme elle reste, cette lettre ›ouverte‹, délicieusement close entre nous. D'ailleurs je me fais tout mince devant elle, pour que le monde puisse la lire par-dessus mon épaule.« Neben Valéry haben zwölf weitere französische Schriftsteller Originalbeiträge zu der Festschrift beigesteuert, darunter Edmond Jaloux, Jean Cassou, Daniel-Rops, Benoist-Méchin, Marcel Brion, Betz selber und Geneviève Bianquis. In der Abteilung: »Témoignages Etrangers« finden sich dreizehn europäische Stimmen zusammen, neben Inga Junghanns und Witold Hulewicz, Max Rychner und Camill Hoffmann ein nachgelassener Artikel von der im April des Jahres gestorbenen Ellen Key. Es folgen »Pages Inédites« von R.: »D'un Carnet de Poche: Doute. Source. Disgrâce divine. Cimetière. Solitude. Vieillir«, sechs Gedichte. »Aus dem Traumbuch« und R.s ›Anmerkung‹ zu »Der Kentauer« von Maurice de Guérin, beides übertragen von Maurice Betz. Ein Anhang vereinigt biographische und bibliographische Notizen mit kurzen Auszügen aus älteren Würdigungen R. s. Hier finden sich Beiträge von André Gide, Madame Saint-Hubert und Maurice Martin du Gard. Im ganzen umfaßt das Heft 160 Seiten. R. schreibt dazu an Valéry: »Je viens de recevoir ce Cahier des ›Cahiers du mois‹ qui me comble d'attentions et d'amitiés et qui surpasse tout ce que j'ai pu attendre d'un si émouvant hommage. Moi qui (l'ancien article d'Ellen Key excepté) n'avais jamais rien lu dans ce genre, je tourne ces pages qui, à leur tour, me font tourner la tête autour de mon cœur. Et je perds, de cette façon charmante, un peu d'une très ancienne innocence.« In diesem Brief vom 5. 9. 26 meldet sich R. zugleich für einen Besuch bei Valéry an: »à Evian? à Thonon?« R. schließt: »Au revoir, cher grand ami. J'attends un petit signe lumineux de la rive d'en face.«

6. SEPTEMBER: Katharina Kippenbergs Bitte, sie zur Nachkur in Noordwijk zu besuchen, schlägt R. telegraphisch ab.

9. SEPTEMBER: An Alice Bürer über Lausanne: »Ich denke oft daran, daß diese Stadt Ihnen freundlich und aufmunternd war, und finde sie auch selbst wieder vergnüglich, besonders an den Markttagen, wenn sich so viel Buntes und Frisches in den auf- und absteigenden Straßen anbietet...«

Suzanne Kra dankt R. für seine Zustimmung zu ihrer Cornet-Übersetzung.

AM 9. ODER 10. SEPTEMBER spricht Madame Nimet Eloui, eine junge Ägypterin mohammedanischen Glaubens, mit Edmond Jaloux im Garten des Savoy-Hotels in Ouchy über ihre Bewunderung für die eben gelesenen »Cahiers de Malte Laurids Brigge«. Dieser sagt lächelnd: »Retournez-vous et regardez cet homme aux moustaches tombantes qui lit à quelques pas de nous, seul, sous cet arbre! C'est Rilke!« Damit beginnt die freundschaftliche Beziehung zwischen R. und der schönen Ägypterin.

11. SEPTEMBER: R. folgt einer Einladung Carl J. Burckhardts nach Riencourt. An Frau Wunderly berichtet er: »Samedi dernier j'étais dans un charmant petit Château: Riencourt – où Ch. Burckhardt s'est installé, fiancé depuis trois semaines avec la plus délicieuse jeune fille de la Suisse, la jeune Elisabeth de Reynold, fille de Gonzague ...« (Am 17.9.26) Burckhardt erinnert sich: »R. verbrachte 1926 im September drei Tage bei mir im Hause Rientcourt[!] in Bougy-Villars. Stehend vor einem alten Geigenpult las er uns die ersten vier Elegien. Zuhörer waren Guy Pourtalès' Schwester, Baron Karl Wambolt von Umstadt, seine Gattin ... endlich meine Frau, wir heirateten im November. Während jenes Aufenthaltes in Rientcourt folgte eine kleine nicht zum Haus gehörende Katze, die ein blaues und ein grünes Auge hatte, R. bei jedem Schritt. Auf der Straße sprach eine alte Bäuerin den Dichter an, sagte: ›Monsieur, chassez cette bête, un chat à yeux différents signifie la mort dans l'année.‹ Der unglückliche Ausspruch bedrückte den Dichter, ja verdüsterte ihn vorübergehend.« (Brief vom 4.1.74)

12. SEPTEMBER: An Nimet Eloui: »Dimanche soir: Désolé, Madame, désolé: car demain je serai absent toute la journée: Paul Valéry m'attend de l'autre côté du lac, à Thonon ...« R. sendet ihr das Buch »Beautés de la Provence« von Vaudoyer.

13. SEPTEMBER: R. verbringt den Tag in Anthy bei Thonon, wo Valéry als Gast von Julien Monod weilt. Der Bildhauer Henri Vallette porträtiert Valéry hier. R. sagt über den Besuch: »c'était exquis et d'une incomparable valeur amicale.« (An N.W.-V., 17.9.26)

Valéry erinnert sich an den Tag in Anthy: »Zum letzten Mal habe ich R. im September gesehen ... in einem schönen Park nahe bei Thonon ... Lange Gespräche unter den großen Bäumen. Er sagte mir, er sei sehr zufrieden mit dem ›Narziß‹, dessen Übersetzung er vor kurzem vollendet habe. Er bat mich dann, ihm den Kerngedanken dieses Mythus auseinanderzusetzen, den ich früher benützt habe. Ich erklärte ihm, daß ich die Ideen, die ich diesem Symbol zuordne, nie in Versen habe aussprechen können, noch es je können werde. Sie schienen mir etwas zu abstrakt, um in einem Gedicht vorzukommen. Und ich entwickelte vor ihm eine These über den Narziß, die ich mir als Vorwort zu meinem Gedicht dachte, falls ich es jemals vollenden würde ... Wir begleiteten R. an den Landungssteg ... Man sah, wie sein Lächeln sich verlor; ein wenig Rauch und – Adieu!« (Mündlich in den Tagen nach R.s Tod an Max Rychner mitgeteilt und von diesem am 16.1.27 in der ›NZZ‹ deutsch veröffentlicht.)

14. SEPTEMBER: R. an Frau Weininger, die einige Tage unpäßlich war, vor ihrer Abreise: »Diesmal ist, scheints die Reihe an mir ... Ich habe eine arge Nacht gehabt mit fatalen Zuständen und den widerwärtigsten Krampf-Schmerzen im Leib ...« R. kann sein Zimmer nicht verlassen.

UM DEN 15. SEPTEMBER stellt sich Génia Tchernosvitowa, begleitet von ihrer Mutter, bei R. im Hotel Savoy als Sekretärin vor; sie erinnert: »Dans le grand hall demicirculaire de l'hôtel Savoy, je vis s'avancer vers nous la fine silhouette grise. Sans l'avoir jamais vu, je reconnus R.«
R. meldet Frau Wunderly am 17.9.26: »Mais le principal: je viens de trouver, grâce au recherches de la Princesse Gortchakoff, une jeune secrétaire charmante, une Mademoiselle Tchernoswitow qui, lundi, m'accompagnera à mon retour à Muzot. Je la crois intelligente et capable, si la connaissance de l'allemand suffit, sur quoi il faudra expérimenter.«

16. SEPTEMBER: R. sendet Madame Eloui Valérys Einleitung zu Baudelaires »Fleurs du mal«; abends besucht er ein Orgelkonzert in der Kathedrale.

Letzter Gruß der Fürstin Taxis an R.: »Ich kann nicht nach Paris!«

17. SEPTEMBER: An Frau Wunderly: »j'étais distrait par mon mal, par cette terrible et ridicule obsession qui me suit partout, et qui fait que je m'accroche à des impressions, à des personnes nouvelles avec le désespoir de celui qui veut être sauvé par le miracle qui vient de dehors ... vous ne pouvez pas vous imaginer, Chère, quelle vie je mêne; quel cercle sans issu où je tourne depuis des années.«

18. SEPTEMBER: An Herrn von Gugelberg nach Salenegg, der R. die Korrekturfahnen der »Weide von Salenegg«, die im »Bündner Monatsblatt« in Chur erscheinen soll, übersandt hat: »Sie sehen mich überrascht; ein wenig beschämt vielleicht, daß dieses schlichte Hausbrot meiner Lyrik, das für Ihren Schrank bestimmt war, in einem lokalen Schaufenster gezeigt werden soll!« R. merkt einige Druckfehler an und gibt seine Zustimmung zu kleinen Varianten. (Das Gedicht wird als »Sahle von Salenegg« in Nr. 9 der Zeitschrift, September 1926, veröffentlicht.)
SEPTEMBER: Gegen Ende seines Aufenthaltes in Lausanne schreibt R. die letzten Gedichte in französischer Sprache: »Nous savions tout cela avant ta venue tendre ...«, »Quel beau feu clair ...« und ein Haï-Kaï: »Entre ses vingt fards / elle cherche un pot plein: / devenu pierre.«
20. SEPTEMBER: Am Montagmorgen verabschiedet sich R. mit einem Billett von Madame Eloui: »l'avant-derniére nuit je l'ai passée en lisant mes ›Cahiers‹ (presque en entier) dans votre livre!« R. bittet um ihren Besuch in Muzot: »N'oubliez pas que les Elégies attendent le moment d'une commune offrande ...«
Nachmittags trifft R. mit Génia Tchernosvitowa in Sierre ein, sie gehen nach Muzot hinauf. Génia T. wohnt im Hôtel Bellevue in Sierre.

Muzot: Die letzten Valéry-Übertragungen

21. SEPTEMBER: Beginn der Arbeit an den Valéry-Dialogen: »nous nous plongeâmes dans Valéry, ›Eupalinos‹ d'abord, que R. avait déjà commencé à traduire«, berichtet Génia T. und fährt fort: »Labeur minutieux et pédant? – Non pas. Quand le soleil était trop beau, le matin trop chargé encore des senteurs de l'été ... c'étaient de longues promenades ...«
22. SEPTEMBER: An Frau Wunderly: »selon mon programme exactement, je suis arrivé Lundi dans l'après-midi, et hier déjà nous avons commencé nos traveaux Mademoiselle Tchernoswitow et moi: elle s'y prête avec beaucoup de grâce, une intelligence qui se déplace et s'adapte facilement, ce sera, pour certaines choses, une collaboratrice excellente ...« R. fragt, wann Frau Wunderly mit ihrer ungarischen Freundin eintreffen werde, vielleicht komme Jaloux ihr noch zuvor.

23. SEPTEMBER: Frau Wunderly und Frau Alice von Biró aus Budapest treffen in deren Auto in Sierre ein. Frau Wunderly erinnert: »Ich überraschte R., sah ihn von weitem im Eßsaal sitzen und erschrak ganz furchtbar: so elend, so ängstlich, bleich wie nach einer schweren Krankheit sah er aus. Aber nachher vergaß ich es – er war lebhaft, lieb und wir mußten erzählen. Tags über arbeitete er, abends kam er zu uns hinunter ...« (An Frau Nölke, 16. 2. 27)
R. dankt Stols für die Zusendung von Valérys »Album de Vers Anciens« – es sei das erste Exemplar gewesen, das Valéry gesehen habe: »lors de notre rencontre à Lausanne!« R. werde es als Ehre empfinden, bei Stols gedruckt zu sein: »mon petit volume de ›Vergers‹ ayant été épuisé tout de suite après sa parution (et la série de ›Une Œuvre, un Portrait‹ ne comportant point de réimpression) on pourra peut-être préparer sous peu un autre choix plus complet de mes vers écrits en français.« R. verspricht Stols, alles zu senden, was er zum Werk Valérys veröffentliche: »articles ou traductions; pour l'instant je n'ai rien à vous signaler«.
26. SEPTEMBER: R. bittet Madame Eloui um eine kurze Nachricht, ob sie nach ihrem Besuch in Muzot gut angekommen sei in Ouchy (Telegramm).
27. SEPTEMBER: R. fragt bei M. Détraz an, ob an diesem Tage die Möglichkeit eines Besuches in den Werken von Chippis für Frau von Biró bestünde: une »grande propriétaire dans son pays ... une personne qui saurait voir et apprécier vos magnifiques installations«. Die Besichtigung kann erst am kommenden Mittwoch stattfinden (29. 9. 26). Frau Wunderly leidet unter einem schweren Ischias-Anfall.
HERBST: Werner Helwig erzählt von seiner Begegnung mit R. Er schlägt gegenüber vom Château de Muzot sein Lager auf und wartet. »Meine Geduld wurde belohnt. Ein puppenhaft kleiner, für einen Spaziergang in den Tuilerien gekleideter Herr im Ulster und mit weißen Gamaschen kam des Weges daher ...« R. hält ihn zunächst für einen Handwerksburschen; auf die Frage, ob er einen Besuch machen wolle, antwortet Helwig: »Nein, dazu fehlt mir der Mut.« R. läßt ihm ein Glas Milch bringen. Helwig beschreibt R.: »Unvergessen ist mir sein im Schatten des Hutes sehr klein wirkendes, fast farbloses Gesicht, aus dem Lippen und Augen gleichsam übertrieben hervorstanden.« Er ist »verwundert über die tiefe, männliche Stimme, die aus dieser etwas zusammengesunkenen Gestalt tönte«.
SEPTEMBER: R. notiert: »und alles Nie-gehörende sei Dein!«.

OKTOBER: Dankbrief von Klaus Mann an R.
3. OKTOBER: In einem Billett an Frau Wunderly fragt R. an, ob er für einen Besuch bei dem ihm aus Florenz bekannten Kunstsammler Dr. Gustav Schneeli auf dessen Schlößchen Vuippens den Wagen Frau von Birós leihen könne. Da dies nicht möglich ist, verschiebt R. die kleine Reise auf den nächsten Tag.
GEGEN ENDE DER ERSTEN OKTOBERWOCHE reist Frau von Biró ab, Frau Wunderly bleibt einen Tag länger: R. »kam schon am Morgen herunter, sah sehr angegriffen aus, hatte einen verbundenen Finger: an einem Rosendorn geritzt, er war entzündet und tat sehr weh. Am nächsten Tag dasselbe am Finger der anderen Hand. Er litt. Wir konnten ihn überreden im Bellevue, der Pflege und des Arztes halber, zu wohnen. Génia (die Russin) sorgte wie eine Tochter für ihn, ich hatte sie wirklich lieb und es war mir ein großer Trost sie da zu wissen, so ruhig, verständig und gescheit.« (N.W.-V. am 16. 2. 27 an Frau Nölke) Génia T. berichtet, R. habe sich verletzt, als er Muzot in Erwartung des Besuches von Madame Eloui und ihrer Freundin mit Rosen versorgt habe.
9. OKTOBER: Génia T. erinnert: »Tout de suite après ›Eupalinos‹, R. s'était mis à traduire ›l'Ame et la Danse‹ ... Samedi 9 octobre fut la date solennelle à laquelle fut terminée la traduction de ›l'Ame et la Danse‹. A ce moment, R. vivait lui aussi à Sierre, à l'hôtel Bellevue ...«
10. OKTOBER: Die NZZ druckt das Gedicht »Die Weide von Salenegg« ab, (wie im »Bündner Monatsblatt« lautet die Überschrift: »Die Sahle von Salenegg«).
HERBST: »Das Inselschiff«, Jg. 7, Heft 4, bringt von »R. M. R.: Hymnus auf den Heiligen Franz«, den Schluß des »Stunden-Buchs«.
VOM 12. BIS 14. OKTOBER ist R. mit Génia T. zusammen in Lausanne; sie erinnert: »il avait voulu que nous allions voir Jacques Copeau et les ›Copiaus‹ jouer ›l'Illusion‹ à Lausanne. Petit voyage qui avait toute la saveur d'une escapade. Soirée merveilleuse, suivie d'un ›après-spectacle‹ qui se prolongea jusqu'à trois heures du matin, dans une société charmante, composée d'esprits cultivés et artistes, chez le peintre Rodolphe Burckhardt, à Chailly, au-dessus de Lausanne. Lendemain où le rêve a continué, dans le cadre somptueux de l'hôtel Savoy et la splendeur d'un bel automne. Le soir de ce jour-là, le 13 octobre, se fut une conférence de Mauriac sur la ›Défense du Roman‹ ...«
12. OKTOBER: Carl Jacob Burckhardt ist anwesend bei der Aufführung von Jacques Copeaus Stück »L'Illusion« und dem nachfolgenden

Beisammensein. Beides beschreibt er in einem Brief aus Basel vom 20.12.27 an den Germanisten Wilhelm Altwegg; als Antwort auf Burckhardts heftige Kritik habe R. gesagt: »nein, es war sehr schön«.

14. OKTOBER: An Frau Weininger: »einen Gruß aus dem Savoy, wo ich zwei Nächte war: dem Vieux-Colombier zuzusehen und eine Conférence von Mauriac zu hören«. R. fährt fort: »viele Übel kamen über mich gleich nach der Rückkehr nach Muzot; beide Hände krank, in Verbänden: daher Unmöglichkeit zu schreiben –, aber viel übersetzt mit Hülfe der ganz und gar sympathischen und intelligenten jungen Russin!...«
Auch Madame Eloui sieht R. in Lausanne wieder, er übersendet ihr »à l'instant du départ« den Roman »Isvor« der Fürstin Bibesco.
Von der Rückfahrt nach Sierre berichtet Génia T.: »R. avait voulu que nous nous arrêtions à Vevey. Nous passâmes là un après-midi contemplatif, tout éclairé d'un coucher de soleil mauve et pourpre, et terminé par un diner de choix à l'hôtel des Trois-Couronnes.«

15. OKTOBER: Bei Génia T. heißt es weiter: »le lendemain, 15 octobre (jour où fut commencée la traduction de ›Tante Berthe‹, de Valéry), nous allions à Sion, capitale du Valais. Dans la gloire de cette journée ensoleillée, les deux collines de Valère et de Tourbillon ... ont pu voir un R. plein d'une verve, d'une jeunesse qui ne faisait certes pas prévoir que sa fin était proche.« Die Übersetzung von ›Tante Berthe‹ schreitet rasch voran.

Inzwischen sind Strohls zu einem ihrer Aufenthalte in Sierre angekommen, R. schreibt ihm: »Vendredi soir ... Pour certaines raisons vous me voyez installé au ›Bellevue‹, mais j'espère de vous recevoir quandmême à Muzot où je monte souvent ...« R. lädt sie für Sonnabend zum Essen ins ›Bellevue‹ ein und für Sonntag zur Teestunde nach Muzot.

19. OKTOBER: An Mme de Sépibus: »Rentré vendredi, j'avais la détestable idée d'aller chercher une petite grippe intestinale que j'ai ramenée chez moi de Sion. Alité depuis et quoique déjà sans fièvre, je suis d'une faiblesse et d'une ›anéantise‹ parfaite ...«

21. OKTOBER: Strohls sind am Vortage allein nach Muzot hinaufgegangen R. fragt: »avez-vous pu trouver et reconnaître, dans le jardin ›votre‹ arbre qui à fait, vers les profondeurs valaisannes un grand pas d'acclimatation?« (An Frau Strohl) Strohls haben R. zum 50. Geburtstag einen Ginkgo geschenkt.

24. OKTOBER: In einem Bleistift-Billett sagt R. einen Sonntagsbesuch bei H. Détraz ab: »pris d'une mauvaise grippe avec fièvre«.

26. OKTOBER: R. sendet Mme de Sépibus »le livre d'Edouard Schneider [›Eleonora Duse‹, Paris 1925], attendu depuis longtemps, m'arrive enfin: j'aimerais … que vous le rangiez parmi vos livres«. R. fährt fort: »Je suis toujours encore alité et assez loin de ma normalité physique et d'esprit.«

27. OKTOBER: Für Kippenberg faßt R. die Ereignisse der letzten Wochen in einem langen Brief zusammen: »Die Zeilen Ihrer freundschaftlichen Besorgnis haben mich in einem Augenblick erreicht, da ich mich Ihrem Wohltun gerne überlassen mochte: so gut mir Ragaz gewesen ist (wo ich mich unter dem Einfluß von Umgebung und Bädern endlich wieder einmal nach gewohnteren Maßen fühlen und gebärden durfte), so gut auch noch Lausanne war im Anschluß an die Ragazer Wochen, – so viel Heimsuchung mußte ich mir gleich nach meiner Rückkehr hierher gefallen lassen. Die Verletzung durch einen tief eingedrungenen Rosendorn setzte meine linke Hand für Wochen außer Gebrauch, gleich darauf wurde auch die Anwendung der rechten, infolge einer schwierigen und schmerzhaften Nagelinfektion erschwert: beide Hände staken zehn Tage lang in teilweisen Verbänden; kaum daß diese Übelstände überstanden waren, holte ich mir in Sion, wo sie, scheints, umgeht, eine fiebrige Darmgrippe, mit der ich nun, seit nächstens vierzehn Tagen, sehr geschwächt, zu Bett liege …Trotz aller Hindernisse hab ich die Übersetzungen der beiden großen Valéry-Dialoge, ›Eupalinos‹ und ›L'Ame et la Danse‹, in diesen Wochen zum Abschluß gebracht; ebenso liegen die schönen (drei) Narziß-Fragmente fertig vor, die für sich ein Ganzes bilden; und eine dritte kleinere Übertragung Valéry'scher Prosa: ich bin hinter meinem Pensum nicht zurückgeblieben …« R. beantwortet Kippenbergs Frage nach Gaspara Stampa, (»die ich immer noch, teilweise wenigstens, zu übertragen hoffe«), in aller Ausführlichkeit. Über R.s Pläne heißt es: »ich bin fest entschlossen, Muzot für diesen Winter abzuschließen, um irgendwohin ans Meer zu ziehen (voraussichtlich nach St-Cyr sur Mer, in die Gegend von Toulon).« R. schließt: »P. S. Almanach und Inselschiff leisten mir gute tröstliche Gesellschaft.«

Der »Insel-Almanach auf das Jahr 1927« enthält folgende Gedichte R. s: »Das Füllhorn« (11. 2. 24), »Wenn aus des Kaufmanns Hand …« (November 1924), »Klage« (Anfang 1914), »Irrlichter« (Februar 1924), »Der Goldschmied« (1907 und 1925), »Durch den sich Vögel werfen …« (16. 6. 24), »Vollmacht« (Juni 1926), »Götter schreiten vielleicht …« (März 1924),

»An der sonngewohnten Straße …« (Juni 1924) und »Welt war in dem Antlitz der Geliebten …« (Juli 1924).

29. OKTOBER: R. bestätigt Maurice Betz den Eingang seines Buches »Le Démon impur«: »J'ai reçu votre livre avant-hier, je l'ai lu deux fois depuis, la seconde fois à haute voix … vous êtes d'emblée sorti de l'apprentissage pour vous mettre au rang de ceux qui sont les représentants du beau métier …« R. dankt für »Reconnaissance à R.«: »Pendant les derniers mois j'y ai lu telle et telle page un peu au hasard. Je suis tellement effrayé de la force de ces miroirs, et de l'un à l'autre je me dérobe à ma propre image. Combien l'ignorance de ce que j'ai fait m'est naturelle et chère … Ce qui d'ailleurs n'empêche pas que je me sente une profonde gratitude envers l'acte même de ce ›cahier‹ …«

30. OKTOBER: An Frau Wunderly, die um diese Zeit ihre schwere Lumbago-Erkrankung im Züricher Krankenhaus Theodosianum ausheilt, klagt R. über die Ungastlichkeit des Bellevue, wo Bauarbeiten begonnen haben: »si ce n'est pas absolument nécessaire, j'aimerais rester ›dans la vie‹ cette année (cet hiver) sans m'enfermer dans de circonstances qui ressemblent à mes interminables mois de Val-Mont … D'un côté je ne désire que ce chez moi dont, par un autre côté, je me sens exclu puisque ce ›chez moi‹ est identique avec Muzot, maison chère et fatale, qui m'a fait tant de bien et envers laquelle je me sens condamné à la plus absurde ingratitude …« R. denkt daran, Muzot am 30. November ganz zu schließen: »Et puis, et puis … je filerai vers la mer, vers le midi de la France …«

30. OKTOBER: An Eduard Korrodi schreibt R.: »ich habe, vom Bett aus, neulich eine kleine Übertragung Valéry'scher Prosa diktiert, die Sie hier eingelegt finden: ich dachte, es könnte Ihnen lieb sein, mit einem Beitrag in der N. Z. Z. des Dichters Anwesenheit zu betonen, und ›Tante Berthe‹ schien mir geeignet, liebenswürdig auf seine eigene Stimme vorzubereiten.« Valéry wurde zu einer Vorlesung in Zürich erwartet.

ENDE OKTOBER: Génia T. berichtet: »R. manifesta à ce moment le désir de classer toute sa correspondance. Nous commençâmes ce travail à Muzot, mais comme le poète souffrait de plus en plus (et récalcitrant à voir aucun médecin) je lui descendis au Château-Bellevue, liasse après liasse, des valises entières de lettres, qu'il tria avec une patience sans égale. De grandes enveloppes jaunes, sur lesquelles j'inscrivais le nom de chaque correspondant, se refermaient sur des trésors d'admiration et d'amitié …« R. liest ihr aus Gides »Si le grain ne meurt« vor und

»L'Eurydice deux fois perdue« von Paul Drouot (Paris 1921), letzteres vollständig: »il était deux heures du matin quand il termina.« Génia fährt fort: »Comme il voulait se remettre au russe, je lui lisais les ›Souvenirs‹ du prince Volkonsky, et des passages de Tourguéniev, entremêlé de poésie russe, dont il sentait si profondement le rythme et la musique...«

2. NOVEMBER: Kippenberg antwortet R. auf dessen Frage nach seiner finanziellen Situation, sein Konto sei mit 6000 Mark überzogen; Kippenberg ist deshalb »erhöhten finanziellen Wünschen« gegenüber recht sorgenvoll. Weiter berichtet Kippenberg von seinen Gesprächen mit Valéry in Berlin über die deutschen Ausgaben seiner Bücher und bittet R. um die Übertragungen, da das »Inselschiff« eine Probe bringen soll.

R. beantwortet einen Brief der Akademie der Künste in Berlin vom 28.10.26; Präsident ist damals Max Liebermann: »Verehrter Herr Präsident ... Die mir erwiesene bedeutende Ehrung erscheint mir unter dem doppelten Aspekt einer Würde und einer Bethätigung: in dem einen wie in dem anderen Betracht sehe ich mich zur Ablehnung der auf mich gefallenen Wahl genöthigt: denn einerseits ist es seit lange meine Regel, keinerlei Titel oder Auszeichnungen anzunehmen, andererseits aber würden die Entfernung meines ständigen Wohnsitzes und meine jetzt geringe Beweglichkeit mich von einer wirklichen thätigen Mitarbeit im Kreise der ›Sektion für Dichtkunst‹ ausschließen. Ich bitte Sie, Herr Präsident, den Mitgliedern der Akademie die Versicherung meiner besonderen Dankbarkeit zu vermitteln und selber den Ausdruck meiner Ehrerbietung anzunehmen. R. M. R.«

4. NOVEMBER: R. bedauert, Paul Thuns angekündigten Besuch absagen zu müssen: er sei krank und warte nur darauf aus seinem kleinen Hotelzimmer nach Val-Mont oder in eine Klinik (in Bern oder Zürich) gebracht zu werden. Thun ist unterwegs nach Cavalière an der französischen Riviera, R. bittet, da man ihm Seeluft empfiehlt, um eine Beschreibung des Ortes.

7. NOVEMBER: In der »Neuen Zürcher Zeitung«, Literarische Beilage Blatt 3, erscheint R.s Übertragung: »Paul Valéry. Tante Berthe«, Valérys Einleitung zu dem Katalog einer Ausstellung des Œuvres von Berthe Morisot, einer Tante Madame Valérys.

8. NOVEMBER: R. sendet Georg Reinhart den Band der Erzählungen von Regina Ullmann: »ist es Ihnen möglich, heut oder morgen, außer

diesem Brief (ich stehe, krank, eigens vom Bett auf, um ihn zu schreiben) die besonders bezeichnete Erzählung (Ste 49) zu lesen? ... Die Insel hat lange gezögert, ihr die kleine Mensualität zu entziehen« – nun stehe sie vor dem Nichts. R. bittet Reinhart um seine Hilfe für diese Schweizer Dichterin. Am 25.11.26 dankt R.: »Was bin ich froh und dankbar, Regina Ullmann die gute Nachricht anzuzeigen, die für sie eine Rettung bedeutet.« Georg Reinhart hat ihr für das kommende Jahr 2400,– fs ausgesetzt.

Als Gast des Lezezirkels Hottingen hält in der Aula der Universität Paul Valéry seine Conférence: »Souvenirs Littéraires«.

9. NOVEMBER: R. teilt Stols auf dessen Anfrage vom 2.11.26 mit, sein Manuskript »Vergers« werde erst in zwei bis drei Monaten vorliegen, auch müsse er Gallimard wegen der Verlagsrechte befragen. R. dankt für zwei Valéry-Publikationen, die Stols ihm gesandt hat: »De la Diction des Vers« und »Tante Berthe«, und fährt fort: »je peux vous raconter que j'ai dicté de mon lit une traduction de ›Tante Berthe‹ que la ›Nouvelle Gazette de Zurich‹ vient de publier en l'honneur de la présence de Valéry en cette ville.« R. spricht von seiner Erschöpfung: »La fièvre m'a terriblement affaibli et je n'écris qu'avec peine.«

WOHL IN DER ZWEITEN NOVEMBERWOCHE schreibt R. einen langen Brief an Frau Wunderly, die, wie er fürchtet, vorzeitig das Krankenhaus verlassen hat. R. dankt ihr dafür, daß sie ihm ermöglicht, seine Hotelrechnung zu bezahlen. Er leidet unter den Zuständen im Hotel und darunter, daß Génia T.s ablaufende Zeit statt von gemeinsamer Arbeit mit Krankenpflege erfüllt ist. »Un matin, il y a huit jours, j'étais très très mal et depuis, jusqu'à ce matin, je suis resté couché ... La plupart des jours j'ai la gorge contractée terriblement et une toux me secoue sans que ce soit un refroidissement.« R. faßt zusammen: »Quel temps perdu!« Er bittet Frau Wunderly, Clara R., die eine Reise in die Schweiz ankündigt, jetzt nicht zu sich einzuladen. Er könne sie nicht sehen, solange er ernstlich krank sei. Als Clara R. dann im Dezember nach Val-Mont kommt, reist sie ab, ohne R. gesehen zu haben. – Weiter teilt R. Frau Wunderly mit, daß er nach einigem Zögern Georg Reinhart um finanzielle Hilfe für Regina Ullmann gebeten habe: »Elle est pourtant suissesse!«

12. NOVEMBER: Über seine Krankheit schreibt R. an Max Picard: »Niemand wird je erklären können, was dieses reine Ineinandergreifen meines Daseins hat verstören dürfen: so viel steht fest, daß ich Tag und

Stunde nennen kann, da, von einem Augenblick zum andern, als ob ein Pakt abgelaufen sei, meine reinste Sicherheit mir gekündigt schien: plötzlich, im Ablauf einer einzigen Minute, war ich mit allem, was ich bin, auf eine schiefe Ebene gestellt. Das werden nun im Dezember drei Jahre sein.«

14. NOVEMBER: Hans und Theodora von der Mühll besuchen R. auf der Heimreise aus dem Süden und sind erschrocken über sein schlechtes Aussehen, seine Müdigkeit.

15. NOVEMBER: R., der einen Brief Kippenbergs vom 12.11.26 aus Wiesbaden erhalten hat, spricht diesem seinen Dank für seine Großzügigkeit aus: »dafür genügt nicht die geübteste Freundschaft allein: ein stetes Nachwachsen der wohlwollendsten Kräfte aus der Wurzel dieser Freundschaft ist die Voraussetzung eines solchen Beistands.« Als Nachschrift: »In der Beilage eine kleine Übertragung, die ich, vom Bett aus, in fähigeren Stunden diktiert habe.« (Valéry: »Tante Berthe«)

Am selben Tage bedankt sich Génia T. bei Frau Wunderly für einen Füllfederhalter und berichtet aus Sierre: »J'ai passé par d'assez mauvais moments la semaine dernière, à cause de la santé toujours encore chancelante de Monsieur R., et de mon angoisse à le quitter dans cet état ... Depuis quelque temps, – depuis jeudi, je crois, – il se lève chaque jour, descend même pour les repas et nous faisons des promenades. Aujourd'hui nous sommes même allés jusqu'à Muzot – aller et retour à pied. Nous n'avons plus eu la chance en effet (comme hier) d'être véhiculés par l'automobile de M. et Mme von der Mühll, qui sont venus à l'hôtel Bellevue pour le déjeuner. Cette surprise a été charmante et a fait du bien à Monsieur R. en apportant dans sa vie une légère diversion. Le temps est merveilleux ici tous ces jours, et le soleil est chaud comme en été.« Zu diesem Briefe schreibt R. eine Nachschrift, in der er auf Frau Wunderlys Vorschlag, zur Rekonvaleszenz das Tessin aufzusuchen, eingeht: »vous savez que je n'aime pas tant cette presque-Italie qui redevient de plus en plus un refuge des Allemands. Pensez, Hermann Hesse à Castagnola et demain peut-être Guillaume II au Monte-Verità ...«

19. NOVEMBER: Werner Reinhart schreibt von seiner Rückreise aus Indien an Bord des Dampfers ›Prinses Juliana‹ im roten Meer an R. – es ist der letzte Brief in ihrer Korrespondenz.

20. NOVEMBER: R. dankt Paul Thun für dessen langen Brief: »Schon bin ich zu Cavalière, mittels alles dessen, was Sie mich haben erkennen

lassen, auf das Vertraulichste und Hoffnungsvollste bezogen ...« Erst aber werde er Val-Mont aufsuchen müssen: »weil die Ärzte mich dort kennen und ich ohne Hülfe vor der Hand nicht auskomme«.

24. NOVEMBER: Bei Kippenberg verwendet sich R. dafür, daß Witold Hulewicz die Lizenz-Gebühr für den polnischen »Malte« erlassen wird; er übersendet als Beilage »diesen, äußerste Bestürzung ausdrückenden Brief« Hulewicz': »dem wir schon einen polnischen Rodin, eine handliche Ausgabe der ›Geschichten vom Lieben Gott‹ und, eben, eine Gedicht-Auswahl verdanken: alles das aus getreuester Hingabe hervorgegangen. An keine Übertragung aber hat Witold Hulewicz soviel Fleiß, Ausdauer und Ehrgeiz gewandt, wie an diesen seinen M.L. Brigge: (ich, übrigens, hatte auch meinen Theil an der Gewissenhaftigkeit seiner Bemühung: große Fragebogen waren auszufüllen, seitenlange Briefe versuchten, ihn in der genauesten Richtung des Auffassens zu erhalten ...) Soll das alles, wegen ein paar hundert Mark (unaufbringlich im Moment der polnischen Krise, der der deutschen parallel zu verlaufen scheint): soll das Alles umsonst gewesen sein?« R. fährt fort, daß er die Haltung des Verlags verstehe, sie sei ja zu seinen Gunsten: »Andererseits aber wissen Sie ja, von anderen Fällen her, bin ich für eine Erleichterung jeder einigermaßen verantwortlichen Übertragung; wenn sie dem Autor auch ein Mindestes zustatten bringt, ideel [!] breitet sie sein Wesen aus und ist wie einer der Winde der Welt, auf die wir uns im Geistigen, das Grenzen nicht kennt, verlassen sollten, auf die Gefahr hin, daß mit solchen Texten auch Mißverständnisse herumkommen: es giebt, gelegentlich die, die Valéry ›malentendus féconds‹ nennt ...« (R.s letzter Brief an Kippenberg)

25. NOVEMBER: R. teilt Regina Ullmann mit, daß Georg Reinhart ihr helfen werde, mit »monatlich schweiz. Francs 200,–, durch ein Jahr ... Das ist sehr wenig: aber wie alle Mäzene im großen Maaßstab, sind die Brüder R. nach hundert und hundert Seiten hin ausgiebig.« – R. dankt Georg Reinhart: »herzlich, sehr herzlich, daß Sie sich zur Gewährung dieses Jahresbeistands entschlossen haben«.

NOVEMBER: »Das Inselschiff«, Jg. 8, Heft 1, bringt R.s Übertragung: »Paul Valéry. Fragment zum Narziss«, das dritte. Es ist die letzte Veröffentlichung R.s zu seinen Lebzeiten.

26. NOVEMBER: R. sendet Mme de Sépibus Orchideen, die ihm geschenkt worden sind: »Pour moi, se sont à peine des fleurs, des êtres très étranges et qui ne me font guère des confidences ... peut-être entendrez-vous mieux leur langage exotique.«

27. NOVEMBER: R.s letzter Brief an seine Mutter: »ich bin in der That immer noch recht leidend.«
In seinem Brief an Mme Contat äußert R. seine Teilnehmung an der Erkrankung ihres Mannes: »car moi aussi, depuis de longues semaines, je vivote entre lit et fauteuil.«
An diesem Tage läßt R. wegen unerträglicher Schmerzen einen Arzt kommen.

Das Ende

30. NOVEMBER: R.s letzte Fahrt; Génia T. begleitet ihn nach Val-Mont: »Dans le train encore, son étonnante jeunesse intérieure reprit le dessus sur la souffrance. Il me parla de Weininger, prodigieux et un peu effrayant, du Dr. Fliess. Mais à Montreux et dans l'auto qui nous emporta jusqu'à Val-Mont, il était de nouveau le malade infiniment fragile et qui demandait tous les soins. Une fois qu'il fut installé dans sa chambre toute blanche (et moi, mais pour deux jours seulement, à l'hôtel Victoria, à Glion), la certitude qu'il ne sortirait plus vivant de la clinique me serra le cœur...«
Nach R.s Ankunft wird eine Blutuntersuchung vorgenommen, sie ergibt, wie Dr. Haemmerli am 25.2.27 an die Fürstin Taxis schreibt: »une maladie mortelle des globules blancs dans le sang qu'on appelle leucémie et malheureusement de la forme la plus rare et la plus aiguë de leucémie de myéloblastes. C'est une affection extrêmement rare qui se localisa chez R. en une forme spécialement douloureuse, dans les intestins et provoqua ensuite sur la peau des pustules noires comme dans les cas de septicémie – –.« Haemmerli selbst ist in Berlin, als R. eintrifft und kehrt erst am 9.12. zurück.
1. DEZEMBER: Génia T. benachrichtigt Frau Wunderly davon, daß R. in Val-Mont Zuflucht gesucht hat.
3. DEZEMBER: R. findet die Kraft zu einem langen, sorgfältig mit Tinte geschriebenen Brief an die Fürstin Marie Gagárine, die sich gerade in Boston aufhält. Er berichtet von seiner schweren Erkrankung: »dans mon univers, la tourmente physique n'avait qu'une place toute provisoire: celle à peu pres d'une faute d'impression à corriger à la prochaine lecture du texte par la nature attentive. Et voici que cet élément in-

sistant est venu s'établir dans mon monde!« Génia T. habe ihm Rußland vergegenwärtigt; R. bittet die Fürstin herzlich, sich nach ihrer Rückkehr Génias in Paris anzunehmen, sie brauche Beistand.

4. DEZEMBER: R.s 51. Geburtstag. An Génia T. heißt es: »Je suis livré jour et nuit à d'indicibles tortures.« Sie darf ihn zweimal besuchen. Da R. nur noch die notwendigsten Briefe schreiben kann, läßt er durch Frau Wunderly Karten drucken, auf denen er mitteilt, er sei »gravement malade«. Frau Wunderly versendet für ihn weit über hundert dieser Karten.

5. DEZEMBER: An Stols: »ma maladie aggravée depuis une quinzaine, est entrée dans une phase si miserablement douloureuse que je peux à peine vous écrire ces deux lignes: excusez-moi!« R. ist außerstande, sich an dem geplanten Bande »Hommage des écrivains étrangers à Paul Valéry« zu beteiligen: »Par contre je vous prie de disposer de ma traduction de ›Tante Berthe‹. Mais au lieu d'en faire en plus une plaquette, j'aimerais (puisque tant est que je peux vous exprimer mes plus immodestes désirs) que vous fassiez l'honneur de figurer entre vos belles éditions à ce cycle des ›Roses‹ que je viens de retrouver parmi mes papiers. Pour le cas, cher Monsieur, que vous vous décidiez à publier ces poésies, je vous prie de fixer vous-même vos conditions, car je ne m'entends guère en affaires! Que je serais content de vous voir accepter cette proposition! Je ne peux pas écrire davantage ...« Bereits im Januar 1927 erscheint »Les Roses« mit dem Brief Valérys aus »Reconnaissance à R.« zum Geleit; »Tante Berthe« wird in R.s Übertragung in »Hommage ...« aufgenommen.

8. DEZEMBER: Mit Bleistift schreibt R. an Frau Wunderly, die am folgenden Tag in Val-Mont eintrifft: »Tres Chère, jour et nuit, jour et nuit: ... l'Enfer! On l'aura connu! Merci que de tout votre être (je le sens) vous m'accompagnez dans ces regions anonymes. Le plus grave, le plus long: c'est abdiquer: devenir ›le malade‹ ...« R. fährt fort: »Wünsche, Chère, ein paar Erleichterungen«, zum Teil für den erkrankten Arm. R. versucht seine Angelegenheiten zu regeln; ob Werner Reinhart zunächst die Rechnungen aus Val-Mont übernehmen könne: »Später ordne ich mich mit Kippenberg, kann jetzt nichts veranlassen nicht mal richtig signieren.« Weiter geht es um eine Vollmacht für Weininger, die Wiener Erbschaft betreffend, und schließlich: »Wegen der Gründung des Litteraturpreises. Ich wäre natürlich sehr bereit mich, etwa mit Valéry in das Preisrichteramt zu theilen, wenn sich das wirklich machen liesse, kann

aber vor der Hand, krank wie ich bin, nicht versprechen, irgend eine Funktion in der nächsten Zeit auszuüben ...« In einer Nachschrift am Abend bittet R. um Bücher aus Muzot. Er schließt: »Le Dr Théodore Haemmerli doit rentrer demain. Quel surprise que je lui ménage là. Le pauvre ...«

9. DEZEMBER: Frau Wunderly trifft in Val-Mont ein: »sah Dr. Haemmerli – er war selbst ganz verstört«, schreibt sie später an Frau Nölke (16. 2. 27), und weiter: »Dann sah ich ihn – und das war furchtbar ... Er schien froh, daß ich da war, einmal sagte er ich hätte ihm das Leben gebracht.«

Anfang Dezember hat R. Janine Seiler gebeten, ihn in Val-Mont zu besuchen, jetzt erhält sie die Absage: »Ne venez plus, ma chambre est remplie de démons.«

10. DEZEMBER: R. bittet Nanny Wunderly, Elisabeth Ephrussi für einen Brief zu danken und Grüße auszurichten – er kann nicht schreiben.

12. DEZEMBER: Ernst Křenek hat R. zum Geburtstag mitgeteilt, die Komposition der »Ô Lacrimosa«-Trilogie sei vollendet, R. antwortet mit einem Bleistift-Blatt: »Ich bin sehr krank auf eine unsäglich elende und schmerzhafte Weise. Denken Sie wie gerade in einem solchen schweren Moment mich Ihre gute, Ihre große Nachricht berührt hat.«

AM 13. DEZEMBER wendet sich R. an Lou A.-S.: »Dorogája, das siehst Du also wars, worauf ich seit drei Jahren durch meine wachsame Natur vorbereitet und vorgewarnt war: nun hat sie's schwer, schwer durchzukommen ... Und jetzt, Lou, ich weiß nicht wie viel Höllen, du weisst wie ich den Schmerz, den physischen, den wirklich grossen in meine Ordnungen untergebracht habe, es sei denn als Ausnahme und schon wieder Rückweg ins Freie ...« R. schließt: »der Arzt schreibt Dir, Frau Wunderly schreibt Dir, die hülfreich hierher gekommen ist für ein paar Tage. Ich habe eine gute verständige garde-malade ... Bei Dir, bei Euch, Lou, wie? Seid Ihr beide gesund, es weht etwas Ungutes in diesem Jahresschluss, Bedrohliches ...« Die Grußworte am Ende des Briefes sind russisch.

Frau Wunderly legt diese Zeilen ihrem Brief bei: »Sie wissen alles von ihm, von Anfang an bis heute. Sie kennen seinen unbegrenzten Glauben an Sie – er sagte: Lou muß alles wissen – vielleicht weiß sie einen Trost ...« Dr. Haemmerli unterrichtet Lou A.-S. über R.s schwere akute Leukämie: »dem Kranken die Diagnose zu sagen, scheint mir in diesem Moment gefährlich.« Die letzten Briefe von Lou A.-S. an R. sind

nicht erhalten, möglicherweise von ihr vernichtet; an Frau Wunderly schreibt sie: »nein, ich weiß keinen Trost. Für Sie und für mich keinen ...« (21.12.26)
In tiefer Sorge schreibt Kippenberg, den Dr. Haemmerli über R.s Erkrankung informiert hat, einen letzten Brief an den ›geliebten Freund‹: »Auf das Herzlichste bitte ich Sie, sich keinerlei materielle Sorgen zu machen ... ›Siehe, was mein ist, ist auch Dein!‹ ...«
15. DEZEMBER: Letztes Billett R.s an Rudolf Kassner, Bleistift: »ich bin auf eine elende und unendlich schmerzhafte Weise erkrankt, eine wenig bekannte Zellenveränderung im Blut wird zum Ausgangspunkt für die grausamsten, im ganzen Körper versprengten Vorgänge. Und ich, der ich ihm nie recht ins Gesicht sehen mochte, lerne, mich mit dem inkommensurabeln anonymen Schmerz einrichten. Lerne es schwer, unter hundert Auflehnungen, und so trüb erstaunt.« R. bittet, die Fürstin Taxis zu unterrichten: »soviel, als Sie es für gut halten«. – »Und Sie, lieber Kassner? Wie war Paris, für Sie? Ich war glücklich, die ›Elements de la Grandeur humaine‹ im ›Commerce‹-Heft zu finden!«
Aus Paris schreibt Baladine K.: »Donnez-moi un petit signe que je sache où vous trouver à Noël. Etes-vous à Val-Mont? ... Mes dessins et vos poèmes sont contre toute ma volonté chez Valéry, qui ne daigne pas répondre.« Sie hofft, sowie sie sie zurückerhalten hat, einen Verleger zu finden.
MITTE DEZEMBER: R.s letzte Eintragung in sein Taschenbuch: »Komm du, du letzter, den ich anerkenne, / heilloser Schmerz im leiblichen Geweb...«
19. DEZEMBER: R. sendet Weininger einen Brief an Dr. Frischauer, den dieser aufgesetzt hat, unterschrieben zurück: »Ich bin sehr krank, mein lieber Weininger, auf eine unendlich miserable und schmerzhafte Art; ein noch wenig bekannter Zellenvorgang im Blut, ruft an meinem Körper überall Blasen und die peinlichsten Wunden hervor, und attaquiert auf allen inneren Wegen mit Nase und Mund angefangen, die Schleimhäute ... Der behandelnde Arzt hat zwei Professoren, Fachmänner in Blutfragen, zu rathe gezogen ...« (Bleistift)
20. DEZEMBER 1926: R. schreibt an seine Tochter Ruth: »ich denke an Euch, an Christine, an Carl, umarme Dich weihnachtlich. Seid froh, freudig zuversichtlich, das Leben ist immer das Gleiche, Gute.«
VOM 21. DEZEMBER AB: »Il resta, les 8 derniers jours, tranquille, les yeux mi clos, lucide, malgré ses 40° de fièvre presque constants«, berichtet Dr. Haemmerli an die Fürstin Taxis (25.2.27).

21. DEZEMBER: R. an Jules Supervielle: »Gravement malade, douloureusement, misérablement, humblement malade, je me retrouve un instant dans la douce conscience d'avoir pu être rejoint, même là, sur ce plan insituable et si peu humain, par votre envoi et par toutes les influences qu'il m'apporte. Je pense à vous, poète, ami, et faisant cela, je pense encore le monde, pauvre débris d'un vase qui se souvient d'être de la terre. (Mais cet abus de nos sens et de leur ›dictionnaire‹ par la douleur qui le feuillette!). R.« (Bleistift)

22. DEZEMBER: R. bittet Madame Eloui, ihm keine Blumen mehr zu senden: »leur présence excite les démons dont la chambre est pleine. Mais ce qui m'est venu avec les fleurs, s'ajoutera à la grâce de l'invisible. Oh merci!«

23. DEZEMBER: An Baladine K. schreibt R. noch eigenhändig: »enfermé cette fois pour longtemps avec des douleurs inhumaines (une maladie de cellules du sang, peu connue encore, qui sans doute s'était préparée en moi pendant trois ans ...), donc humblement, misérablement malade je ne puis vous prier que de croire que j'ai tous les soins, plusieurs médecins célèbres sont venus pour s'entendre avec le Dr. H. sur mon cas, et ils reviendront. Si votre cœur d'amie vous incitait à venir, vous seriez mal conseillée. Sauf la garde, excellente, personne n'entre chez moi. Merci de vos deux lettres, de l'envoi! Mais quel, quel chagrin pour moi, qu'on soit allé inquiéter Valéry avec nos ›fenêtres‹: jamais, vous le savez, je n'aurais consenti à pareille démarche: elle est tellement contraire aux lois tacites de notre profonde relation. Ma chère M. ...« Baladine K.s erklärende Antwort hat R. nicht mehr erreicht.

Dr. Haemmerli hat Professor Dr. Nägeli aus Zürich nach Val-Mont gebeten, Kippenbergs senden Professor Dr. R. Pfeifer aus Leipzig. Zu Frau Wunderly sagt R.: ›helfen Sie mir zu meinem Tod, ich will nicht den Tod der Ärzte – ich will meine Freiheit haben‹, und vom Tode sagt er: ›ich kenn ihn ja so gut!‹. (N. W.-V. an Frau Nölke, 16. 2. 27)

24./25. DEZEMBER: »Jusqu'au cinquième jour avant la mort il priait l'infirmière de lui lire un peu l'après-midi, non une lecture profonde, mais plutôt les nouvelles dans les journaux littéraires, la Revue des Deux Mondes, etc. La plupart du jour il aimait à réfléchir tranquillement sans ouvrir les yeux ...« (Aus dem Bericht Dr. Haemmerlis vom 25. 2. 27) Frau Wunderly löst die Pflegerin in langen Stunden beim Vorlesen ab: »Dann mußte ich ihm französisch lesen, oft von drei bis neun Uhr«, u. a. Proust. (An Frau Nölke, 16. 2. 27.)

25./26. DEZEMBER: Dr. Haemmerli meint: »Malgré ses souffrances jusqu'aux trois derniers jours de sa maladie il n'eut jamais l'idée qu'on ne pourrait pas le sauver.«

27. DEZEMBER: Lou A.-S. an Frau Wunderly: »Eben empfange ich Ihren zweiten Brief... nachdem ich am Montag mit Schreiben aufhörte, weil ich nicht mehr wagte, so ganz in's Ungewisse weiter zu schreiben wie ich es Mittwoch, Donnerstag, Freitag, Sonnabend, Sonntag getan... ob er es noch las?... Täglich trug ich mich mit dem Gedanken: ob er um sein Sterben wisse –. Jetzt scheint es mir so, nach Ihren letzten Äußerungen, – und nun giebt es nur noch ein Zurücktreten vor ihm...« R. hat drei der Briefe von Lou A.-S. noch erhalten und aufgenommen.

28. DEZEMBER: Dr. Haemmerli berichtet: »Les deux derniers jours il était extrêmement faible. Le 28 décembre depuis 3 heures il commença à sommeiller et nous disait de le laisser dans cet état aussi longtemps que possible sans lui faire perdre complètement sa connaissance ... Il sommeilla ainsi jusque vers minuit où il perdit connaissance ...«

Frau Wunderly an Regina Ullmann: »ich muss Ihnen heute Abend zwei Worte schreiben, um Ihnen zu sagen, dass Rainer Maria schwer krank ist. So krank, Regina – dass er schon beinah nicht mehr lebt, nur athmet – mit geschlossenen Augen – und nichts mehr hört – nur wartet bis die Stunde da ist, da er gerufen wird...«

29. DEZEMBER: R. stirbt: »A 3 heures 30, il levait légèrement la tête les yeux grands ouverts et retombait mort dans mes bras. Il y avait Mme Wunderly et la garde ...« Im Sarg wird R. aus der Klinik getragen und mit einem Schlitten in eine Kapelle gebracht, wo man ihn aufbahrt, bis er nach Raron überführt wird. Eine Totenmaske wird nicht abgenommen, er wird auch nicht gezeichnet oder photographiert.

R.s Freunde werden telegraphisch benachrichtigt. Supervielle erinnert: »Quant au dernier message ... il venait de me parvenir quand je rencontrai Valéry, avenue Victor-Hugo. Je lui dis mon angoisse, ce mot écrit au crayon, cette douloureuse écriture. Il avait reçu le matin même un télégramme lui annonçant que R. venait de mourir.«

Im Jahre 1926 erscheinen Arbeiten R.s außer im »Insel-Almanach« und im »Inselschiff« in folgenden Zeitschriften: »Schallkiste« Berlin, »Les Cahiers du mois« Paris, »Bündner Monatsblatt« Chur, »Neue Zürcher Zeitung« Zürich und »Revue de Genève« Genf. Neudrucke bringen »Die Horen« Berlin (Gedichte und die Prosaskizze »Furnes«), »Der Lesezirkel« Zürich (R.s Übertragung von »Paul Valéry. Morgenröte«). Das »Jahrbuch der Maximilian-Gesellschaft« veröffentlicht R.s Brief vom 22. 4. 26.

In dem Buch »Erinnerung an Georg Trakl«, Innsbruck: Brenner-Verlag 1926, wird »R. M. R. in Briefen an den Herausgeber des ›Brenner‹ vom Februar 1915« (an Ludwig von Ficker) dargestellt.
Die Anthologie »Lyrik der Gegenwart«, herausgegeben von Oskar Benda, Wien, Leipzig 1926, bringt eine Gedichtauswahl aus »Larenopfer«, »Buch der Bilder«, »Stunden-Buch« und »Neue Gedichte«, insgesamt neun Stücke.
Ferner erscheint: Ernst Křenek. »Ô Lacrimosa. Op. 48. Für eine hohe Stimme mit Klavierbegleitung«. Wien, New York: Universal Edition; dazu im selben Verlag: Hans Krása. »Fünf Lieder für eine Singstimme mit Klavierbegleitung. Op. 4«.
Neuauflagen: »Die Weise von Liebe und Tod des Cornets Christoph Rilke« 296. bis 320. Tausend, »Das Stunden-Buch« 55. bis 59. Tausend, »Die Aufzeichnungen des Malte Laurids Brigge« 21. und 22. Tausend.
Übertragungen: In »Reconnaissance à Rilke« (Les Cahiers du mois, 23/24) von Maurice Betz »Aus dem Traum-Buch« und die »Anmerkung« zum »Kentauer« von Maurice de Guérin.
»Il Baretti« bringt in Anno III, Nr. 1, die Übertragung des Sonetts »O Brunnen-Mund ...« durch Elio Gianturco (»Sonette an Orpheus« II, 8); in Nr. 9 und 12 die Gedichtübertragungen der Fürstin Taxis. Das Aprilheft von »Le Navire d'Argent« (Verlag von Adrienne Monnier, Paris) enthält von R. »Trois ébauches de portraits. Traduction par Maurice Betz«. Von Betz ist auch die Übertragung »Visite aux Schulin« aus dem »Malte«, in: »Les Cahiers du Sud« Marseille, Mai 1926.
Über R. erscheint das Buch von Geneviève Bianquis, »La poésie autrichienne de Hofmannsthal à Rilke«, Paris: Les presses universitaires 1926.

1927

1. JANUAR: Die R. nahestehenden Menschen, die zur Beisetzung kommen können, versammeln sich in Sierre, darunter Frau Wunderly-Volkart, Werner Reinhart, Anton und Katharina Kippenberg, Regina Ullmann, Frau Albert-Lazard und Alma Moodie. »Die Bestattung war für den 2. Januar festgesetzt. Wir fuhren am Neujahrstage von Glion nach Sierre. Mein Mann, der vorausgefahren war, war noch beschäftigt, als ich abends ankam«, erinnert Katharina Kippenberg. Hierzu berichtet Frau von der Mühll: »am Vorabend der Bestattung« habe Kippenberg in Muzot Rilkes Taschenbücher »und Alles was er sonst Schriftliches finden konnte, an sich genommen«. (An die Fürstin Taxis, am 8. 3. 27) Dieser Handschriftenbestand bildet den Kern des späteren Rilke-Archivs, das im Einverständnis mit den Schweizer Freunden R.s in die Obhut von Ruth und Carl Sieber-Rilke gegeben wird. Clara R. hatte alsbald einen Erbschein erwirkt und Anton Kippenberg alle Vollmachten erteilt; die Urheberrechte lagen bei ihr.

2. JANUAR: In eisiger Kälte wird R. auf dem Bergfriedhof von Raron beigesetzt, wie er es bestimmt hat. In der Kirche, an deren Außenmauer das Grab liegt, wird eine stille Messe gelesen, Alma Moodie spielt Bach. Es spricht für den Schweizerischen Schriftstellerverein und die Schweizerische Schillerstiftung Eduard Korrodi: »Ein paar Menschen nur stehen wir am Grab des doch von ungezählten Menschen geliebten Dichters ...« Für die Freunde aus der französischen Schweiz ruft René Morax über das offene Grab: »Adieu, grand poète!« Später läßt die Fürstin Taxis durch Freunde einen Lorbeerkranz am Grabe niederlegen: »Au poète incomparable, au cher et fidèle ami«. Frau Wunderly schreibt am 16. 2. 27 an Frau Nölke: »Ich bin so stolz, daß er in unserer Schweizer Erde ruhen wollte ... Wir wollen Muzot in seinem Andenken so lassen wie er es verließ.«

12. JANUAR: Hofmannsthal an Dory von der Mühll: »ich möchte noch Vieles so unwichtiges weiterreden. Ihnen auch manches erzählen, so traurig eigentümliches, das mir Frau Kippenberg von den letzten Wochen dieses armen Rilke erzählte, und von seinem Grab – in dem er nun schläft – dieser einzelne, volklose, heimatlose merkwürdige Mensch –«

Während des Jahres 1927 erscheinen letzte, noch von R. selbst vorbereitete Ausgaben eigener Werke im Druck, dazu erste Proben aus dem Nachlaß.
Werke:
JANUAR: R. M. R. »Les Roses«, 24 Gedichte mit einem Geleitwort von Paul Valéry (seinem »Brief« aus »Reconnaissance à R.«), Bussum: Stols 1927, Druck der Halcyon-Press.
FRÜHJAHR: »Paul Valéry: Eupalinos oder Über die Architektur. Eingeleitet durch Die Seele und der Tanz«. Übertragen von R. M. R. Leipzig: Insel-Verlag 1927.
28. JULI: »Les Fenêtres / dix poèmes de R. M. R. illustrés de dix eaux-fortes par Baladine«, Paris: Officina Sanctandreana 1927. Der Band trägt die Widmung: »A Mouky et à Baladine«.
IM SEPTEMBER erscheint nochmals R.s Übertragung von »Paul Valéry: Tante Berthe«, in: »Hommage des Ecrivains Etrangers à Paul Valéry«, Bussum: Stols 1927.
HERBST: Der Insel-Verlag bringt R.s »Gesammelte Werke«, Band I bis VI heraus. Sie enthalten: Band I: »Gedichte. Erster Teil« (Erste Gedichte, Frühe Gedichte, Die weiße Fürstin). Band II: »Gedichte. Zweiter Teil« (Das Buch der Bilder, Das Stunden-Buch, Das Marien-Leben, Requiem). Band III: »Gedichte. Dritter Teil« (Neue Gedichte, Duineser Elegien, Die Sonette an Orpheus, Letzte Gedichte und Fragmentarisches). Band IV: »Schriften in Prosa. Erster Teil« (Die Weise von Liebe und Tod des Cornets Christoph Rilke, Geschichten vom lieben Gott, Prosa-Fragmente, Auguste Rodin). Unter »Prosa-Fragmente« sind zusammengestellt:

Die Turnstunde, Samskola, Eine Begegnung, Furnes, Aus dem Traum-Buch, Puppen, Wir haben eine Erscheinung, Erlebnis, Ur-Geräusch. Band V: »Schriften in Prosa. Zweiter Teil« (Die Aufzeichnungen des Malte Laurids Brigge). Band VI: »Übertragungen«. Ein Herausgeber zeichnet nicht, der erste Band wird durch eine knappe »Vorbemerkung« des Verlags eröffnet; R.s Nachlaß wird für die »Gesammelten Werke« noch nicht erschlossen. Gedichte in französischer Sprache werden nicht aufgenommen.
Vorabdrucke und Proben aus dem Nachlaß:
OSTERN: »Das Inselschiff«, 8. Jg., Heft 2, ist »Dem Gedächtnis R. M. R.s« gewidmet. Es wird begonnen mit dem Grabspruch, den R. sich bestimmt hat: »Rose, oh reiner Widerspruch, Lust, / Niemandes Schlaf zu sein unter soviel / Lidern.« Es folgt eine Reihe von Faksimiles der Handschrift R.s, von der ersten Niederschrift des »Cornet« bis zu den »Duineser Elegien«. Die »Gedichte aus dem Nachlaß« stellen einen Vorabdruck aus der Abteilung »Letzte Gedichte und Fragmentarisches« der »Gesammelten Werke« dar. Ferner enthält das Heft R.s Brief an Anton Kippenberg vom 9. 2. 22 und vier Briefe an Franz Xaver Kappus.
JUNI: »Das graphische Kabinett«, 12. Jg. der Mitteilungen aus den Sammlungen des Kunstvereins Winterthur, enthält in Heft 4: »R. M. R. über die Kohlezeichnungen von Georg Reinhart«, Teildruck des Briefs ... Berg am vorletzten Tag des Jahres 1920, »Anmerkungen eines Reisenden zu den ›13 Einfällen‹« und die dazugehörige Widmung R.s vom Jahresende 1920.
HERBST: »Das Inselschiff«, 8. Jg., Heft 4, bringt eine Auswahl von zehn Stücken: »Michelangelo. Sonette. Übertragen von R. M. R.«, sowie einen Neudruck: »R. M. R. Die Turnstunde« (Erstdruck 1902).
NOVEMBER: Der »Insel-Almanach auf das Jahr 1928« enthält drei Gedichte R.s aus den »Gesammelten Werken«: »Wendung« (1914), »Zu der Zeichnung, John Keats im Tode darstellend« (1914) und »Wie der Abendwind durch geschulterte Sensen der Schnitter ...« (1913/14).
Ferner erscheinen 1927 die von R. noch selbst autorisierten Übertragungen eigener Werke:
»R. M. R. Malte Laurids Brigges optegnelser« von Inga Junghanns, Kopenhagen: Jespersen und Pio 1927; »The story of the love and death of Cornet Christopher Rilke« von B. J. Morse, Osnabrück 1927; »La Chanson d'amour et de mort du cornette Christoph Rilke« von Suzanne Kra, Paris 1927; die Übertragung des »Malte« ins Polnische durch Witold Hulewicz, Warschau 1927, dessen Übersetzung von »Das Buch der Bilder« im selben Jahr noch herauskommt; schließlich »Histoires du Bon Dieu«, traduction de Maurice Betz, Paris 1927.
WEIHNACHTEN 1927 wird ausgeliefert: R. M. R., »Briefe an Auguste Rodin«, Leipzig: Insel-Verlag 1928. Darin der Druckvermerk: »Diese auf den Handschriften des Musée Rodin beruhende Ausgabe ... wurde in einer Auflage von 420 numerierten Exemplaren ... gedruckt.« Französische Ausgabe: R. M. R., »Lettres à Rodin« Préface de Georges Grappe, Paris: Editions Lapina (1928).
IM JAHR 1929 beginnt die Veröffentlichung des Brief-Werks mit dem Band »Briefe aus den Jahren 1902 bis 1906«, herausgegeben von Ruth Sieber-Rilke und Dr. Carl Sieber, Leipzig: Insel-Verlag 1929.

Nachwort

Als Ingeborg Schnack 1972 mit der Arbeit an ihrer »Chronik von Rainer Maria Rilkes Leben und Werk« begann, waren wichtige Voraussetzungen gegeben. Erstens hatte Rilke seine Briefe sorgfältig datiert und zweitens hatte Ernst Zinn für die »Sämtlichen Werke« die Entstehungsdaten der meisten Dichtungen genau ermittelt und dokumentiert. Ingeborg Schnack konnte also von einem verläßlichen Gerüst biographischer und werkgeschichtlicher Daten ausgehen.
Als Erscheinungstermin war von vornherein der 4. Dezember 1975 vorgesehen – Rilkes 100. Geburtstag. Bis dahin entstand nicht nur die viele Hunderte von Karteikarten umfassende handschriftliche Materialsammlung, sondern auch das Schreibmaschinenmanuskript. Als erstes lagen die Jahre 1906/07 vor, die dem Verleger ein Bild von dem möglichen Gesamtumfang geben sollten: Siegfried Unseld rechnete zunächst mit 600 bis 700 Seiten, aber es wurden dann doppelt so viele, und der umfangreiche Anhang mit dem Nachweis der »Fundorte« und der Register (Namen, Länder/Orte, Werke) kam noch dazu.
Diese Fassung ist auch in der zweiten Ausgabe von 1990, mit ihrem angehängten, 85 Seiten starken Ergänzungsteil und einigen Berichtigungen erhalten geblieben. Inzwischen ist es dank der Computertechnik möglich geworden, diese »Ergänzungen« unmittelbar in den Text einzufügen. In der nun vorliegenden Ausgabe der »Chronik« konnten (ganz unauffällig) auch solche Nachträge eingearbeitet werden, die in der Zwischenzeit erschlossene Briefe, Lebenszeugnisse, Werke (Prosa und Lyrik), Widmungen und Übertragungen nahelegten oder gar zwingend forderten.
Zu ergänzen war auch manches zu Rilkes Reaktionen auf politisches Geschehen: seine »Briefe zur Politik«, gesammelt und herausgegeben von Joachim W. Storck, wurden mit vielen Selbstzeugnissen und Stellungnahmen Rilkes herangezogen. Für die Schweizer Jahre erwiesen sich die von Rätus Luck vorgelegten »Briefe an Schweizer Freunde« als wertvolle neue Quelle. Dazu kommt der Band »Übertragungen« (SW 7) von 1997, das »Taschenbuch Nr. 1. Tagebuch Westerwede. Paris 1902« (2000) und die Sammlung »Silberne Schlangen«, die die frühesten Erzählungen Rilkes enthält, darunter dreizehn, die bis dahin ganz unbe-

kannt waren (2004). Wie zu allen verwendeten Editionen geben die
»Fundorte« im Anhang die bibliographischen Daten.
Das gilt auch für die Briefwechsel, die früher nur als Handschriften in
Archiven, Sammlungen und Privatbesitz oder in vorläufigen Editionen
zugänglich waren. Dazu gehört der Band: »R. M. Rilke/Rudolf Kassner:
Freunde im Gespräch« (1997) und »Der Briefwechsel und andere Dokumente zu Rilkes Begegnung mit Auguste Rodin« (2001). Dazu zählen
auch die neu bearbeiteten Briefwechsel mit Anton Kippenberg (1995)
und mit Magda von Hattingberg ›Benvenuta‹ (2000), sowie »R. M. Rilke/
Sidonie Nádherný von Borutin. Briefwechsel 1906-1926« (2007).
Weiter liegen die Briefwechsel mit Paula Modersohn-Becker (2003),
mit Rolf von Ungern-Sternberg (2002), mit Thankmar von Münchhausen (2004) und mit Erwein von Aretin (2005) in neuen und z. T. erweiterten Ausgaben vor. Ferner gibt es jetzt die ursprünglich nur aus der
Handschrift bekannten Briefe Rilkes an Valery von David-Rhonfeld im
Druck (2003). Manches konnte glücklicherweise aus in Vorbereitung
befindlichen, noch nicht erschienenen Ausgaben zugänglich gemacht
werden.
Regelmäßig bringen zudem Briefe und Briefwechsel des Dichters sowohl die »Blätter der Rilke-Gesellschaft« (zuletzt Briefe an Ottilie Reyländer z. B.) als auch das »Jahrbuch der Deutschen Schiller-Gesellschaft« (etwa den Briefwechsel mit Elisabeth Ephrussi) als Dokumentationen heraus. Da alle Angaben in den »Fundorten« leicht zu finden
sind, kann hier auf Vollständigkeit verzichtet werden.
Zu den Zeugnissen von Rilkes Zeitgenossen sei dankbar auf die Tagebucheintragungen von Gudi Nölke in Soglio hingewiesen, die Dirk
Nölke freundlich zur Verfügung stellte, und auf die frühe Erinnerung
des jungen Werner Helwig (im Internet).
Das Verzeichnis der »Fundorte I und II« sowie die Register erleichtern
die Nutzung der »Chronik« als Nachschlagewerk – ihrer Intention nach
jedoch bleibt die »Chronik« ein Buch, das auch durchgehend gelesen
werden kann.
Dem Leser sei noch ein Wort über die Textgestalt gesagt: Die Chronik
folgt überall der jeweiligen Vorlage, der handschriftlichen wie der gedruckten. Die früheren Insel-Ausgaben haben Rilkes österreichische
Rechtschreibung der damals üblichen deutschen angeglichen, dadurch
erklären sich Unterschiede in der Schreibweise. Darüber hinaus finden
sich Abweichungen von der heute üblichen Form vor allem bei Eigennamen, geographischen Bezeichnungen und Büchertiteln.

Eine gewisse Schwierigkeit entsteht bei den russischen Namen, da für diese seit 1945 eine internationale Transkription eingeführt ist. Da es nicht angängig war, in diesem Einzelfall Rilkes und seiner Korrespondenten Schreibweise zu modernisieren, mußten diese in der um 1900 gebräuchlichen Umschrift wiedergegeben werden, die auch in den Zwischentexten beibehalten ist. Im Personenverzeichnis ist dann die heutige Transkription in Klammern eingefügt, Vornamen und Patronym ausgenommen. Soweit es erforderlich ist, wird von der heutigen Form auf die frühere verwiesen. Dort, wo Rilke selbst die russische Schrift benutzt, hat sich die moderne Umschrift bereits eingebürgert, wie etwa bei Drožžin.

Weiter scheint es wichtig darauf hinzuweisen, daß in den knappen, jedem Jahr zugeordneten Zusammenfassungen von Rilkes Arbeiten usw. die im jeweiligen Jahr erschienenen neuen Werke nicht noch einmal aufgeführt werden; sie stehen an ihrem Platz in der Chronologie. Der Zusatz »nicht veröffentlicht« bezieht sich auf Rilkes Lebzeiten. Wenn das genannte Stück auch heute noch unpubliziert ist, so wird dies besonders vermerkt.

Wie von Anbeginn haben auch diese Neuausgabe viele interessierte und sachkundige Rilkeforscher und -freunde unterstützt. Stellvertretend für sie alle werden hier herzlich dankend genannt: Klaus Bohnenkamp, Arne Grafe, Vera Hauschild (sie besonders für vielerlei Beistand), Walter Simon, August Stahl und Erich Unglaub. Für mich war es eine große Freude, das Werk, an dessen Entstehung ich von Anfang an unmittelbar beteiligt war, mit ihrer Hilfe fortsetzen zu dürfen: nicht zuletzt im dankbaren Gedenken an Ingeborg Schnack.

Renate Scharffenberg

Anhang

Verzeichnis der Fundorte für die im Text verwendeten Zitate

Teil I: Alphabet der Empfänger von Briefen R.s
Teil II: Alphabet der Autoren, deren Erinnerungen oder Briefe zitiert sind

Abkürzungen:

H   = Handschrift
A   = Abschrift
D   = Druck
W   = Widmung
GB = Gesammelte Briefe in sechs Bänden, Leipzig: Insel 1938-40
SW = Sämtliche Werke in sechs Bänden, Wiesbaden/Frankfurt: Insel 1956-66; SW 7: 1997
Rilke-Archiv = zuerst in Weimar, dann in Fischerhude, jetzt in Gernsbach
Rilke-Archiv Bern = in der Schweizerischen Landesbibliothek in Bern
Ritzer = Walter Ritzer, »R. M. R. Bibliographie«, Wien: O. Kerry 1951 (hier auch die nicht zitierten Briefe)
Mises = Katalog der Rilke-Sammlung Richard von Mises, Frankfurt: Insel 1966
RuR = »Rilke und Rußland. Briefe. Erinnerungen. Gedichte«, hg. von Konstantin Asadowski, Berlin und Weimar: Aufbau-Verlag 1986
BzP = R. M. R., »Briefe zur Politik«, hg. von Joachim W. Storck, Frankfurt: Insel 1992
BaSF = R. M. R., »Briefe an Schweizer Freunde«, hg. von Rätus Luck, Frankfurt: Insel 1994
Bl. d. R.-Ges. = »Blätter der Rilke-Gesellschaft«

Teil I

Abels, Ludwig H.
  D: »Erinnerungen«, Zeitungsartikel ohne Titel und Datum zu R.s 50. Geburtstag 1925
Adler, Paul
  H: Dt. Literaturarchiv, Marbach
Akademie der Künste in Berlin
  H: Archiv der Akademie der Künste, Berlin (West)
Albert-Lazard, Lulu (Lou)
  D: Lou Albert-Lasard, »Wege mit Rilke«, Berlin: Fischer 1952
  Brief vom 4. 3. 1916 in: Herman Meyer, »Die Verwandlung des Sichtbaren«, Deutsche Vierteljahrsschrift für Literaturwissenschaft und Geistesgeschichte 1957 (S. 484)
  H: München, 5. 10. 16 Privatbesitz
  Muzot, 14. 7. 1922 Sammlung Mises (515)
Aman-Volkart, Elisabeth
  D: GB 5 (Ritzer B 19)
Andreae, Edith geb. Rathenau
  D: BzP, S. 390
  H: Rilke-Archiv

Andreas-Salomé, Lou
D: »Rainer Maria Rilke. Lou
Andreas-Salomé. Briefwechsel«,
hg. von Ernst Pfeiffer. Neue, erweiterte Ausgabe der 1952 im Max
Niehans Verlag erschienenen Ausgabe, 1975. Widmung in »Auguste
Rodin« s. Jupp Schlicker: »... aber
das Rodinbuch soll bei Dir bleiben«, in: Bl. d. R.-Ges. 9, 1982; auch
in SW 7, S. 1218; Ausschuß der
Lese- und Redehalle Prag
H: Privatbesitz

Aretin, Erwein Freiherr von
D: »Der Dichter und sein Astronom. Der Briefwechsel zwischen
R. M. R. und E. v. A.«, hg. von Karl
Otmar von Aretin und Martina
King, Frankfurt: Insel 2005
H: Dt. Literaturarchiv, Marbach

Arnswaldt, Carl von
H: Privatbesitz

Asmussen, Elle
D: GB 5 (Ritzer B 22)

Bachrach, Elvire
H: Dt. Literaturarchiv, Marbach

Baden, Prinz Max von
D: BzP, S. 224

Bailly, Alice
H: Rilke-Archiv Bern

Bassermann, Dieter
D: GB 5 (Ritzer B 24);
BzP, S. 490

Bard, Julius
H: Dt. Literaturarchiv, Marbach

Baumgarten, Fräulein Antonie
D: GB 3.4 (Ritzer B 25)

Baumgartner, Frida
H: (W) Privatbesitz, bis auf »Mitsou« und »Duineser Elegien«:
Rilke-Archiv Bern
Dr. Bauschinger
D: GB 1 (Ritzer B 26)

Bay, Margrit
D: BaSF

Becker, Dr. Kurt
D: GB 3 (Ritzer B 28)

Beer-Hofmann, Richard
D: Klaus W. Jonas, »R. M. R. und
Richard Beer-Hofmann«, Philobiblon, Jg. 17, Heft 3, Hamburg 1973

Benemann, Maria
D: BzP, S. 141

Benjamin, Walter
D: in: H. v. H./R. M. R., »Briefwechsel«, hg. von Rudolf Hirsch und
Ingeborg Schnack, Frankfurt: Insel
1978

Benzmann, Hans
D: GB 1 (Ritzer B 29); SW 6
(S. 1327); Willy R. Berger in: Arcadia, Zs. f. vgl. Literaturwissenschaft, Bd. 11, H. 2, 1976

Beringer, Jos. August
D: SW 3 (S. 839)

Bernhard, Hedwig
D: Adolf Schmid, »R. in Rippoldsau
1909 und 1913«, 1984
H: Dt. Literaturarchiv, Marbach

Bernstorff, Jeanne Gräfin von
D: GB 3 (Ritzer B 30)

Bernus, Alexander von
D: »Worte der Freundschaft für
A. v. B.«, Nürnberg 1949, S. 109
H: Dt. Literaturarchiv, Marbach

Betz, Maurice
D: Maurice Betz, »Rilke vivant. Souvenirs. Lettres. Entretiens«, Paris:
Emile-Paul Frères 1937

Bibesco, Fürstin Marthe
D: SW 7, S. 121-123.
H: Rilke-Archiv

Bierbaum, Otto Julius
H: Insel-Verlag, Frankfurt; Stadtbibliothek München

Bielitz, Lotte (später Tronier-Funder)
D: GB 4

Bircher (Verlag Ernst Bircher)
H: Dt. Literaturarchiv, Marbach

Blüher, Hans
　D: Hans Blüher, »Werke und Tage«, 1953 (Faksimile)
Blumenthal-Weiß, Ilse
　D: GB 5 (Ritzer B 32)
Boddin, Hedwig von
　D: Briefe (Hg. Altheim) Nr. 210
Bodländer, Rudolf
　D: GB 5 (Ritzer B 34)
Bodman, Emanuel von
　D: GB 1 (Ritzer B 35)
Bodmer, Hans
　D: BaSF, S. 9
»Bohemia« Prag
　D: SW 5 (S. 515 f.)
Bondy, Josef Adolf
　H: Dt. Literaturarchiv, Marbach
Bonin, Edith von
　D: GB 2 (Ritzer B 37)
Bonstetten, Antoinette de
　D: R. M. R., »Lettres autour d'un Jardin«, 1977
Bonz, Adolf
　D: GB 1 (Ritzer B 38 falsch datiert); SW 3 (S. 790), SW 4 (S. 977 ff., 1001 ff.)
Bramsen, Alfred
　D: Poul Vad, »Vilhelm Hammershøj und R. M. R.«, in: Akzente, 43. Jg. 1996
Brandes, Georg
　D: GB 1.3 (Ritzer B 39)
Braun, Felix
　D: Briefe 07-14 (Ritzer B 40)
Braun, Otto
　D: GB 4.5 (Ritzer B 41)
Brockdorff-Ahlefeld, Luise Gräfin
　H: (W) Sammlung Dr. Gerard Mayer
Brod, Max
　H: Privatbesitz
Broglie, Madeleine de
　D: »Lettres à Madonna«, Ed. Serge de Fleury in: Journal de Genève. Lettres. Arts. Sciences, N. 17, 21./22. 1. 1961

Broman-Tichý, Zdeněk
　D: Carl Sieber, »René Rilke«, 1932 (S. 118)
Bruckmann, Elsa geb. Cantacuzène
　D: GB 3.4 (Ritzer B 42); Klaus E. Bohnenkamp, »R. an Elsa Bruckmann in München« (in Vorbereitung); BzP, S. 128
Brümmer, Franz
　D: SW 6 (S. 1525)
Brüstlein, Simone verh. Ziegler
　D: BaSF, S. 241
　H: Dt. Literaturarchiv, Marbach
Buchli, Hanns
　D: Hanns Buchli, »Celui qui veille voit venir l'heure de son départ«, in: NZZ vom 10. 6. 1962; BzP, S. 300-302
　H: Rilke-Archiv Bern
Bülow, Frieda von
　D: GB 1 (Ritzer B 43)
Bünemann, Hermann
　D: GB 5 (Ritzer B 44)
Bürer, Alice
　D: Ingeborg Schnack, »Rilke in Ragaz«, Bad Ragaz 1970
Bunsen, Marie von
　D: GB 4 (Ritzer B 45)
Burckhardt, Carl J.
　D: GB 4 (Ritzer B 46)
Burckhardt, Rudolf F.
　D: BaSF, S. 29
Burckhardt-Schazmann, Hélène
　D: GB 4 (Ritzer B 47)
Burschell, Friedrich
　D: GB 4 (Ritzer B 49)
　H: Stadtbibliothek München
Buschbeck, Erhard
　D: GB 4 (Ritzer B 51)
Cantacuzène, Fürstin Caroline geb. Gräfin Deym
　D: GB 4 (Ritzer B 52)
Capozzi, Knud
　H: Kgl. Biblioteket Kopenhagen
Carrière, Eugène

H: Dt. Literaturarchiv,
Marbach
Carossa, Hans
D: GB 3.4 (Ritzer B 53); »Hans
Carossa. Leben und Werk in Texten und Bildern«, hg. von Eva
Kampmann-Carossa, Frankfurt:
Insel 1993
Casani-Böhmer, Albertina
D: »Briefe an eine Reisegefährtin«.
Geschildert von Ulrich Keyn, Wien
1947
Cassirer, Eva geb. Solmitz
D: GB 3 (Ritzer B 54); BzP, S. 73 f.
H: Rilke-Archiv Bern
Cassou, Jean
H: Dt. Literaturarchiv, Marbach
Čech, Svatopluk
H: Kopie in der Sammlung Mises
(546)
Chlup, Jan
D: s. »Rilke heute«, Bd. 1, hg. von
Ingeborg Solbrig und Joachim W.
Storck, 1975 (S. 243 f., Anm.)
Clavel-Respinger, Fanette
D: »Brieven van Rilke«, in: De Litteraire Gids. Maandblat, Jg. 2, Nr. 28
vom 20. 4. 1928, Den Haag
Clermont-Tonnerre. Elisabeth de
H: (W) Rilke-Archiv Bern
Conrad, Michael Georg
D: GB 3 (Ritzer B 56); SW 3 (S. 831)
H: Stadtbibliothek München
Contat, Antoine und Madame L. Contat-Mercanton
D: »Rilke en Valais«. Numéro spécial de la Revue Suisse Romande. 3.
sér. Nr. 4, 1939
Contessa Lara, d. i. Evelina Cattermole Mancini
D: SW 7, S. 747-755
H: Rilke-Archiv
Cotta, Verlag J. G.
H: Cotta-Archiv, Marbach
Curtius, Ernst Robert

H: Rilke-Archiv
Cvetaeva, Marina
s. Zwetajewa
Darnbacher, Max
D: GB 4 (Ritzer B 60)
Dauthendey, Maximilian
D: GB 3 (Ritzer B 61)
David-Rhonfeld, Johanna von, geb.
Zeyer
H: Biblioteka Jagiellońska, Krakau
David-Rhonfeld, Valerie von
D: R. M. R., »Sieh dir die Liebenden
an. Briefe an V. v. D.-R.«, hg. von
Renate Scharffenberg und August
Stahl, Frankfurt: Insel 2003
Paul Leppin, »Der neunzehnjährige Rilke«, in: Die Literatur, Jg. 29,
Heft 11, 1926/27, und Carl Sieber,
»René Rilke«, 1932, S. 127 (Ritzer
B 62)
(W) Sammlung Dr. Gerhard Mayer
H: Biblioteka Jagiellońska, Krakau
Dehmel, Richard
D: GB 1.3 (Ritzer B 63)
Delp-Schachian, Ellen
D: R. M. R., »Briefwechsel mit
Regina Ullmann und Ellen Delp«,
hg. von Walter Simon, Frankfurt:
Insel 1987
H: Stadtbibliothek München
Dénes, Zsófia
D: Ferenc Szazs, »R. M. R. in
Ungarn«, in: Budapester Beiträge
zur Germanistik 26, 1994, S. 46
Derleth, Ludwig
D: Christine Derleth, »Das Fleischlich-Geistige«, 1973 (Faksimile)
Derp, Clotilde von verh. Sacharoff
D: Klaus W. Jonas, »Rilke und die
Welt des Tanzes«, in: Deutsche
Weltliteratur. Festgabe für J. Alan
Pfeffer, Tübingen: Niemeyer
1972
Dessoff, Albert
H: (9. 8. 12) Privatbesitz

Détraz, Henry
D: Maurice Zermatten, »Les Années valaisannes de Rilke avec des lettres inédites à ses amis valaisans«, Lausanne: Rouge 1941
Diederichs, Eugen
D: SW 6 (S. 1404)
Dietrichstein-Mensdorff, Graf Alexander
D: »Drei Briefe von R. M. R.«, hg. von Herbert Steiner, in: Mesa, Spring 1952, Nr. 4, Wells College Press, Aurora, N. Y.
Dietrichstein, Gräfin Aline
D: BzP, S. 164, 189
Dimitrijew, Alice
D: GB 4 (Ritzer B 67)
H: Dt. Literaturarchiv, Marbach
Dobrčensky, Mary Gräfin geb. Gräfin von Wenckheim
D: BzP, S. 327; Brief vom 18. 2. 1919 als Kopie im Annette Kolb Archiv, Stadtbibliothek München; Dreiländer-Verlag, München; »R. M. R. 1875-1975«
Katalog Nr. 26 der Sonderausstellungen im Schiller-Nationalmuseum Marbach
H: Staatsbibliothek (Preußischer Kulturbesitz) Berlin; Rilke-Archiv Bern
Döhle, Freddie
H: Privatbesitz
Donner, Olly, geb. Synebrychoff
D: Meddelanden från Stiftelens för Åbo Akademi Forskingsinstitut, Nr. 44, 1979
H: Privatbesitz
Drožžin, Spiridon
D: RuR; Marion Böhme, »Rilke und die russische Literatur«, masch. Diss. Wien 1966; dazu Ritzer B 68.
Du Bos, Charles
D: »Quelques Lettres de Rilke à Valéry et à Du Bos«, hg. von Herbert Steiner in: Mesa, Spring 1952, Nr. 4, Aurora N. Y.; R. M. R., »Six Lettres à Charles Du Bos«, in: SUD/Cahiers trimestriels, 26. Année, 1996: »Rilke en France«
Du Prel, Dr. Karl Freiherr
D: GB 1 (Ritzer B 69)
Egidy, Emmy von
D: GB 1.4 (Ritzer B 70)
Ehrenfels, Imma Freiin von
D: GB 4 (Ritzer B 71)
Eisner, Kurt
H: Stadtbibliothek München (Fotokopie)
Eloui, Nimet geb. Khaïri
D: Edmond Jaloux, »La dernière amitié de R. M. Rilke. Lettres inédites à Madame Eloui Bey«, Avant-propos de Marcel Ravel, Paris: Laffont 1949
Engels, Alexander
D: GB 1 (Ritzer B 72)
Ephrussi, Elisabeth
D: Joanna M. Catling, »Alle Werthe einer dauernden Befreundung. Der unveröffentlichte Briefwechsel R.s mit E. E. (1899-1991)«, in: Jb. d. dt. Schiller-Ges. 1997
Erdmann, Ilse
D: Briefe 1966 (Ritzer B 72 a); I. E./ R. M. R., »Ein Briefwechsel«, hg. von Wilhelm Kölmel, Waldkirch 1998
H: Dt. Literaturarchiv, Marbach
Erdmann-Czapski, Veronika
D: GB 4.5 (Ritzer B 59)
Ernesti, Robert
(s. auch Velhagen und Klasing)
D: SW 6 (S. 1271 ff.)
Ernst, Frantisek
H: Dt. Literaturarchiv, Marbach
Escher, Nanny von
D: GB 4.5 (Ritzer B 73)
Ettinger, Paul
D: RuR

Exner, Ernö
  D: Ferenc Szasz, »R. M. R. in Ungarn«, in: Budapester Beiträge zur Germanistik, Bd. 26, 1994, S. 48-50
Faehndrich, Alice
  H: Familienbesitz
Faktor, Emil
  D: SW 6 (S. 1377)
  H: Dt. Literaturarchiv, Marbach
Falk, Elsa
  H: Privatbesitz
Fels, Florent
  H: Dt. Literaturarchiv, Marbach
Ficker, Ludwig von
  D: GB 4 (Ritzer B 79); Ludwig von Ficker, »Rilke und der unbekannte Freund«, in: Der Brenner 18, 1954; Ludwig von Ficker, »Briefwechsel 1914-1925«, hg. von Ignaz Zangerle, Walter Methlagl, Franz Seyr, Anton Unterkircher, Innsbruck 1988 (darin acht Briefe R.s)
  H: Brenner-Archiv Innsbruck, ohne die »Beilage« für Wittgenstein (Elegien-Abschrift).
Fiedler, Friedrich
  D: RuR; s. Hans Pohrt, »Fr. Fiedler und die russ. Literatur«, in: Zs. f. Slavistik (Berlin) 5, 1970
Fidus, d. i. Hugo Höppner
  D: »Fragmente...«, in: SW 7, S. 1212-1217
  H: 5. 11. 1897: Bestand Fidus, Mappe 74, Staatsarchiv Hessen, Archiv der Jugendbewegung Burg Ludwigstein; Dezember 1899: Fidus-Nachlaß, Künstler-Archiv, Berlinische Galerie
Fischer, Hedwig geb. Landshoff
  D: »R. M. Rilke. Briefe. An das Ehepaar S. Fischer«, hg. von H. Fischer. Zürich: Classen 1947
  H: Privatsammlung
Fischer, Samuel
  D: ebd.

H: (W) Sammlung Sagan; 30. 6. 07: Privatbesitz
Fischer, Verlag S. Fischer
  D: GB 1 (Ritzer B 80)
Fischer-Colbrie, Arthur
  D: GB 5 (Ritzer B 83)
Flaischlen, Caesar
  H: (W) Sammlung Dr. Gerhard Mayer
Flamm, Bertha
  D: GB 5 (Ritzer B 85)
Fließ, Wilhelm
  H: 5. 8. 18: Privatbesitz
Förste, Jomar
  D: »Vom Alleinsein. Ein Brief R. M. Rilkes«. Zweiter Druck der Trajanus-Presse, Frankfurt 1951
Fontane, Theodor
  D: W. E. Rost, »Der alte Fontane hält Rilke für eine Dame«, in: Literarische Welt, 8. Jg., Nr. 45, 1932; Vorabdruck des Briefes in: Vossische Zeitung, 3. 11. 1932
Forrer, Anita
  D: R. M. R./A. F., »Briefwechsel«, hg. von Magda Kerényi, 1982
Fränkel, Jonas
  D: Jonas Fränkel, »Rilke und Spitteler«, in: Das Inselschiff, 8. Jg., Heft 2, 1927
Franck, Hans
  H: Dt. Literaturarchiv, Marbach
Franzos, Marie (Francis Maro)
  H: Österreichische Nationalbibliothek Wien
Frerichs, Ally
  D: GB 4 (Ritzer B 87)
Freud, Sigmund
  D: »Sigmund Freud. Lou Andreas-Salomé. Briefwechsel«, hg. von Ernst Pfeiffer, Frankfurt: Fischer 1966 (S. 31, Nachschrift zu einem Brief von Lou A.-S.); 7. 2. 16: »S. F. Sein Leben in Bildern und Texten«, Frankfurt: Suhrkamp 1977, S. 215

Freundin, junge
D: Briefe 2 (Nalewski, 1991), S. 426
Freyhold, Edmund von
H: Dt. Literaturarchiv, Marbach
Fried, Oskar
H: Dt. Literaturarchiv, Marbach
Friedländer-Fuld, Frau Milly von
H: German Literature Center, Pittsburgh, Pa.
Friedrich, Karl Joseph
D: GB 4 (Ritzer B 88)
H: Dt. Literaturarchiv, Marbach
Frisch, Fega
H: Sammlung Mises (523)
Frommel, Otto
H: Dt. Literaturarchiv, Marbach
Fuchs, Georg
D: »Zwei Rilke-Dokumente«, in: Deutsche Zeitschrift, Jg. 50, 1937 (Ritzer T 200)
Gagarine, Maria Fürstin
D: Ingeborg Schnack, »Rilke in Ragaz«, Bad Ragaz 1970
H: Rilke-Archiv Bern
Gallarati-Scotti, Duchesa Aurelia geb. Cittadella-Vigodarzere
D: R. M. R., »Lettres milanaises 1921-1926«, introd. par Renée Lang, Paris: Plon 1956
Gallwitz, Sophie Dorothea
D: GB 5 (Ritzer B 90)
Gamerra, Baronin Amélie de
D: GB 4 (Ritzer B 91)
Ganghofer, Ludwig
D: GB 1 (Ritzer B 92)
Gauchat, Louis
D: BaSF, S. 43
H: Rilke-Archiv Bern
Gebsattel, Victor Emil Freiherr von
D: GB 3 (Ritzer B 93)
Geiger, Benno
D: 28. 2. 05: B. G., »Memorie di un Veneziano«, Florenz 1958, Faksimile S. 432
Gellinek, Christian

D: SW 7, Nachträge
H: Gedicht, Mai 1891, Privatbesitz
George, Stefan
D: GB 1 (Ritzer B 94)
Gerding, Marliese
D: Briefe 1966 (Ritzer B 94 a)
German Department der Universität Edinburgh
D: Eudo C. Mason, »Rilke, Europe and the English speaking World«, Cambridge: University Press 1961 (Faksimile-Tafel neben S. 174)
Giauque, Sophy
D: »Rilke en Valais« (Ritzer B 95)
Gibson, John
H: Kungliga Biblioteket Stockholm (Beilage zu einem »Brev till Ellen Key«)
H: (W) Sammlung Sagan
Gibson, Lizzie
D: BzP, S. 68
H: Privatbesitz
Gide, André
D: »Rainer Maria Rilke. André Gide. Correspondance 1909-1926«, introd. par Renée Lang, Paris: Corrêa 1952
Gils, Thea van
H: Dt. Literaturarchiv, Marbach; 4. 2. 24, Privatbesitz
Gneisenau, Mary Gräfin, geb. von Bonin
D: GB 2.4; Briefe 06-07 (Ritzer B 97)
Gold, Alfred
H: Dt. Literaturarchiv, Marbach
Goldschmidt, Lucy von
H: (W) Privatbesitz; Dt. Literaturarchiv, Marbach
Goldschmidt-Rothschild, Marianne von
s. Mitford, Marianne
Goll, Claire
s. Studer-Goll, Claire
Goudstikker, Mathilde Nora
H: Dt. Literaturarchiv, Marbach

Greiner und Pfeiffer, Verlag
  H: Privatbesitz
Gründlinger, (Mimi) Wilhelmine
  D: Gedicht: SW 7, S. 1226
Gugelberg-von Moos, Hans Luzius von
  D: Ingeborg Schnack, »Rilke in Ragaz«, Bad Ragaz 1970
  H: Familienbesitz
H., J.
  D: GB 5 (Ritzer B 9, dort falsch datiert)
Haberfeld, Dr.
  D: SW 6 (S. 1383, 1387)
Haemmerli, Dr. Theodor
  D: Gedicht, SW 7, S. 1231; Fritz Meerwein, »Zwei unbekannte Briefe R.s an seinen Arzt Dr. Hämmerli«, in: »Narzißmus beim Einzelnen und in der Gruppe«, hg. von Raymond Battegay, 1988
Halbe, Max
  D: Siegfried Höfert, »Einige unveröffentlichte Briefe aus Rilkes Frühzeit«, in: Euphorion 66, Nr. 4, Oktober 1967
  H: Stadtbibliothek München
Hancke, Franz
  D: Hans Ankwicz-Kleehoven, »Rainer Maria Rilke und die Wiener Sezession«, in: Wiener Zeitung vom 1.1.1947
  H: Dt. Literaturarchiv, Marbach
Hansen, Paul
  H: Dt. Literaturarchiv, Marbach
Harden, Maximilian
  D: BzP, S. 31
  H: (W) Sammlung Dr. Gerhard Mayer
Hardenberg, Henriette
  H: Dt. Literaturarchiv, Marbach
Hardt, Ernst
  D: SW 6 (S. 1320, 1424-1126); »Briefe an Ernst Hardt«, hg. von Jochen Mayer, 1975
  H: Sammlung Mises (500)

Hardt, Ludwig
  D: »Vortragsbuch Ludwig Hardt. Die Hauptstücke aus seinen Programmen ... von ihm selbst«, Hamburg: Gebrüder Enoch Verlag 1924 (S. 232-239)
Hardy, Resi
  D: Maria Poelchau, »R.'s Briefe an Resi Hardy (1917-1920)«, in: Jb. d. Dt. Schiller-Ges. 1987
Hartmann-Reuter, Augusta
  H: 13.5.15, Privatbesitz
Hattingberg, Magda von, geb. Richling
  D: R.M.R. »Briefwechsel mit M. v. H. ›Benvenuta‹«, hg. von Ingeborg Schnack und Renate Scharffenberg, Frankfurt: Insel 2000
  H: Dt. Literaturarchiv, Marbach
Hatzfeld, Adolf von
  D: GB 4 (Ritzer B 104)
  H: Dt. Literaturarchiv, Marbach
Hauptmann, Carl
  D: Arne Grafe, »...ein Stolz jener Jahre – R.M.R.s Aufbruch in die Moderne«, Hannover 2003
Hauptmann, Erika
  s. Scheel, Erika von
Hauptmann, Gerhart
  D: Gedicht, SW 7, S. 1308; GB 1 (Ritzer 105); SW 6 (S. 1384); s. auch o. Arne Grafe
  A: German Literature Center, Pittsburgh, Pa.
Hauptmann, Grete, geb. Marschalk
  A: German Literature Center, Pittsburgh, Pa.
Hauptmann, Ivo
  D: »Ivo Hauptmann«, Freie Akademie der Künste in Hamburg 1957
Hausenstein, Wilhelm
  D: Herman Meyer, »Die Verwandlung des Sichtbaren«, in: Dt. Vierteljahrsschrift für Literaturwissenschaft und Geistesgeschichte,

Heft 4, 1957 (Anhang S. 504f.); »Wilhelm Hausenstein. Wege eines Europäers«, Katalog einer Ausstellung (Nr. 18) Marbach 1967; Joachim W. Storck, »Die Rose von Locarno«. Ein Kapitel aus dem Briefwechsel R.M.R.s mit Wilhelm Hausenstein«, in: Jb. d. Dt. Schiller-Ges. 1979
H: Dt. Literaturarchiv, Marbach
Heidenstam, Verner von
D: Geburtstagsgruß, mitgeteilt von Walter Simon, in: Bl. d. R.-Ges. 29, 2008
Heidrich-Herxheimer, Dora
D: Briefe 1966 (S. 1015) (Ritzer B 106)
H: Kopien in der Sammlung Mises (554)
Heise, Carl Georg
H: Dt. Literaturarchiv, Marbach
Heise, Lisa
D: R.M.R., »Briefe an eine junge Frau« (zuerst 1930), Insel-Bücherei Nr. 409
Heller, Hugo
D: Berliner Tageblatt, 1. Beilage zu Nr. 563, 29. 11. 1929 (Ritzer B 108); Joachim W. Storck, »Hofmannsthal und R.«, in: Hofmannsthal-Forschungen II, 1976 (S. 181, Anm.)
Heller, Robert
H: Dt. Literaturarchiv, Marbach
Hellingrath, Marie von, geb. Cantacuzène
D: GB 4 (Ritzer B 109)
Hellingrath, Norbert von
D: R.M.R./N.v.H., »Briefe und Dokumente«, hg. von Klaus E. Bohnenkamp, Göttingen: Wallstein 2008
Hellmann, Anna
H: Dt. Literaturarchiv, Marbach
Helmérsen, Gustave
H: Widmungsgedicht, Februar 1896, Privatbesitz

Hennebert, Marthe
H: Rilke-Archiv und Rilke-Archiv Bern
Hepner, Lotte (L.H.)
D: GB 4 (Ritzer B 10)
Herzfeld, Marie
D: »Elf Briefe Rilkes an Marie Herzfeld«, hg. von Karen Gallagher und Herbert Lehnert, in: Bl. d. R.-G. 26, 2005
Hesse, Hermann
D: Klaus W. Jonas, »R. und Hesse. Versuch einer Dokumentation«, in: Philobiblon, 23. Jg., Heft 3, 1979
Hessen, Landgraf Alexander Friedrich von
D: Robert Pessenlehner, »Ein Rilke-Brief in Schloß Fasanerie«, in: Fuldaer Geschichtsblätter, Jg. 42, Nr. 6, 1966
Hethey, Margarete
D: GB 4 (Ritzer B 111)
Heydt, Elisabeth von der, geb. Wülfing
D: R.M.R., »Die Briefe an Karl und Elisabeth von der Heydt 1905-1922«, hg. von Ingeborg Schnack und Renate Scharffenberg, Frankfurt: Insel 1986
Heydt, Gisela von der
D: s.E. v. d. Heydt
Heydt, Karl von der
D: s.E. v. d. Heydt
Heyl zu Herrnsheim, Eva Marie Freifrau von, geb. von der Marwitz
D: GB 4 (Ritzer B 115)
Heymel, Alfred Walter von
D: GB 3.4 (Ritzer B 116)
Hiersemann, Karl Wilhelm
D: Friedrich Wilhelm Wodtke, »Rilke und Klopstock«, masch. Diss. Kiel 1951 (S. 4f.)
Hilbert, Isabella
D: GB 4 (Ritzer B 117)

Hirschberg, Emmi
　D: GB 2 (Ritzer B 6)
Hirschfeld, Georg
　D: SW 7, S. 1207
Hirschfeld, Max
　H: 27.1.03, Privatbesitz
Hoechstetter, Sophie
　D: GB 3 (Ritzer B 118)
Hoen, Maximilian Ritter von
　D: BzP, S. 159
Hoerschelmann, Rolf von
　H: Stadtbibliothek München
Hoesch, Marie Josephe von, geb. von Carlowitz
　D: GB 4 (Ritzer B 119)
Hofmannsthal, Christiane von
　D: s. Briefwechsel H. v. H./R. M. R.
　H: Brief von Anfang Februar 1925, Privatbesitz
Hofmannsthal, Hugo von
　D: H. v. H./R. M. R. »Briefwechsel 1899-1925«, hg. von Rudolf Hirsch und Ingeborg Schnack, Frankfurt: Insel 1978
　H: Fotokopie des Briefes vom 19.3.1899 im Dt. Literaturarchiv, Marbach; Widmung, Juli 1902, Privatbesitz
Hohenlohe, Alexander Prinz zu
　D: GB 5 (Ritzer B 121)
Holitscher, Arthur
　D: »Briefe und Tagebücher aus der Frühzeit 1899-1902«; »Briefe 1902-1906«; »Briefe 1906-1907« (Ritzer B 122); Carl Sieber, »R. und Stefan George«, in: Corona, 5. Jg., Heft 6, 1934/35
Holm, Korfiz
　H: Stadtbibliothek München
Holmström, Tora
　D: R. M. R., »Briefe an Tora Vega Holmström«, hg. von Birgit Rausing und Paul Åström, 1989
　H: Dt. Literaturarchiv Marbach
Homeyer, Fritz
　H: Privatbesitz

Horstmann, Lalli, geb. von Schwabach
　D: Lalli Horstmann, »Rilke à Valmont«, in: R. M. R. (1875-1926), Collection Les Lettres, Paris 1952 (S. 205-213); R. M. R./L. H., »Eine Begegnung in Val-Mont«, hg. von Ursula Voß, Frankfurt: Insel 1996
　H: Dt. Literaturarchiv, Marbach
Hotop, Else
　s. Nevar, Elya Maria
Huch, Friedrich
　D: GB 1 (Ritzer B 125), 10.1.02: BzP, S. 42
Huch, Ricarda
　H: Privatbesitz
Hünich, Fritz Adolf
　D: R. M. R., »Briefwechsel mit F. A. H. 1913-1926«, hg. von Arne Grafe und August Stahl (in Vorbereitung)
　H: Insel Verlag, Frankfurt
Huf, Fritz
　D: Klaus W. Jonas, »Rilke und Fritz Huf«, in: Die Tat, Zürich, Nr. 115 vom 18.5.1974, sowie in: Frank Baron, »Rilke and the visual arts«, Coronado Press 1982
　H: Familienbesitz
Hulewicz, Witold
　D: GB 5 (Ritzer B 127)
Insel-Verlag
　H: Verlagsarchiv des Insel Verlags, Frankfurt
Jacobowski, Dr. Ludwig
　H: Hessische Landesbibliothek Wiesbaden
Jaenichen-Woermann, Hedwig
　D: Brief vom 28.6.17 in: R. M. R., »Haßzellen, stark im größten Liebeskreise ...«, hg. von Joachim W. Storck, 1988; sonst Hans Eggert Schröder, »Vier unbekannte Rilke-Briefe«, in: Jb. d. Dt. Schiller-Ges. 1979
　H: Dt. Literaturarchiv, Marbach; 8.9.16, Privatbesitz

Jaffé, Else geb. Richthoven
D: Joachim W. Storck, »R. M. R. als Briefschreiber«, masch. Diss. Freiburg 1957 (S. 154)
H: Dt. Literaturarchiv, Marbach
Jaffe, Heinrich
H: Stadtbibliothek München; Marbach
Jahr, Ilse
D: GB 5 (Ritzer B 129)
Jaloux, Edmond
D: Yanette Delétang-Tardif, »Deux amitiés de Rilke (Paul Valéry – Edmond Jaloux)«, in: R. M. R. (1815-1926), Collection Les Lettres, Paris 1952 (S. 161-167)
Jenny, Rudolf Christoph
D: R. M. R., »Briefe, Verse und Prosa aus dem Jahre 1896«, New York: Johannespresse 1946 (S. 19-40)
Jouve, Pierre Jean
D: »Lettre à Pierre Jean Jouve«, in: R. M. R. (1815-1926). Collection Les Lettres, Paris 1952 (S. 40f.)
Juncker, Axel
D: R. M. R., »Briefe an Axel Juncker«, hg. von Renate Scharffenberg, Frankfurt: Insel 1979
H: Dt. Literaturarchiv, Marbach
Junghanns, Inga, geb. Martin Meyer
D: »R. M. R./I. J., »Briefwechsel«, hg. von Wolfgang Herwig, Wiesbaden: Insel 1959; 5.1.21: Ulrich von Bülow, »Ein neuer Text von R. über Rodin«, in: Jb. d. Dt. Schiller-Ges. 2004, S. 3-15
Kalckreuth, Johannes Graf von
H: Dt. Literaturarchiv, Marbach
Kanitz-Menar, Gräfin Lili
D: GB 2.3; Briefe 06-07 (Ritzer B 134)
Kappus, Franx Xaver
D: R. M. R., »Briefe an einen jungen Dichter« (zuerst 1929), Insel-Bücherei Nr. 406

Karwinsky, Achill von
D: GB 5 (Ritzer B 136)
Kassner, Rudolf
D: »R. M. R. und R. K. Freunde im Gespräch«. Briefe und Dokumente, hg. von Klaus E. Bohnenkamp, Frankfurt: Insel 1997
H: Rilke-Archiv Bern (s. Klaus E. Bohnenkamp, »Kassner und R. im gegenseitigen Urteil«, in: Rilke-Symposion, Linz 1986)
Kastner, Eduard Fedor
D: Gedicht in SW 7, Nachträge; Joachim W. Storck, »René R.s Linzer Episode«, in: Bl. d. R.-Ges. 7/8, 1980/81
Kattentidt, Gottfried Ludwig
D: GB 1 (Ritzer B 138), SW 4 (S. 1008), und Renate Scharffenberg, »Der Beitrag des Dichters zum Formwandel in der äußeren Gestalt des Buches um die Wende vom 19. zum 20. Jahrhundert«, masch. Diss. Marburg 1953
H: Dt. Literaturarchiv, Marbach
Katzenstein, Dr. Erich
H: Familienbesitz
Kawerau, Heime Magdalene
H: Rilke-Archiv Bern; (W) Sommer 10 und April 12: Privatbesitz
Keim, Franz
D: GB 1 (Ritzer B 139)
Keller, Alwina von
D: GB 5 (Ritzer B 140)
Kessler, Harry Graf
D: Bernhard Zeller, »Aus unbekannten Tagebüchern Harry Graf Kesslers«, in: Jb. d. Dt. Schiller-Ges. 1968
H: Privatbesitz und Dt. Literaturarchiv, Marbach
Key, Ellen
D: R. M. R./E. K., »Briefwechsel. Mit Briefen von und an Clara Rilke-Westhoff«, hg. von Theodore Fied-

ler, Frankfurt: Insel 1993; Gedicht, SW 7, S. 1219
H: Kungliga Biblioteket Stockholm, »Brev till Ellen Key (1849-1926) från Rainer Maria Rilke (1875-1926)«

Kippenberg, Anton
D: R. M. R., »Briefwechsel mit A. K.«, 2 Bde., hg. von Ingeborg Schnack und Renate Scharffenberg, Frankfurt: Insel 1995
H: Dt. Literaturarchiv, Marbach

Kippenberg, Katharina, geb. von Düring
D: »R. M. R./K. K. Briefwechsel«, hg. von Bettina von Bomhard. Wiesbaden: Insel-Verlag 1954
H: Widmungsvers 1. 6. 11, Privatbesitz; Dt. Literaturarchiv, Marbach

Klingenberg, Helene, geb. Klot von Heydenfeldt
D: Widmung, mitgeteilt von Walter Simon, in: Bl. d. R.-Ges. 29, 2008

Klinger, Max
D: 30. 6. 1901, Renate Hartleb, »Max Klinger, Ernst Moritz Geiger, eine Mäzenin und die Villa Romana«, in: Jb. der Berliner Museen, 44. Bd. 2002, S. 207-221

Klossowska, Baladine geb. Spiro
D: »Lettres à Merline 1919-1922«, Paris: Éd. du Seuil 1950, und »R. M. R. et Merline. Correspondance 1920 1926«, Rédaction Dieter Bassermann, Zürich: Niehans 1954
H: Bibliotheca Bodmeriana Cologny

Klossowski, Baltusz
D: »Lettres à un jeune peintre«, in: Fontaine. Revue mensuelle des lettres françaises VI (Été 1945); Briefe 1966; »R./B. Lettres à un jeune peintre, suivi de Mitsou, quarantes images par B.«. Préface de Marc de Launay, Bibliothèque Rivages, Paris 2002

Klossowski, Dr. Erich
H: s. Briefe an Jean Strohl (Beischriften)

Klossowski, Pierre
H: Privatbesitz

Knyphausen, Franz Graf von
D: Bernhard Zeller, »R. in Marbach«, in: »Für Rudolf Hirsch. Zum 70. Geburtstag am 22. 12. 1975«

Knoop, Gerhard Ouckama
D: GB 3 (Ritzer B 144)

Knoop, Gertrud Ouckama
D: GB 4.5 (Ritzer B 145)
H: Dt. Literaturarchiv, Marbach

Koenig, Hertha
D: GB 4 (Ritzer B 148); Herman Meyer, »Die Verwandlung des Sichtbaren«, in: Dt. Vierteljahrsschrift für Literaturwissenschaft und Geistesgeschichte, Heft 4, 1957 (S. 491); »R. M. R. und Hertha Koenig. Erinnerungen, Dokumente, Erläuterungen«, in: Bl. d. R.-Ges. 5, 1978; BzP, S. 242

König, Leo von
D: GB 3 (Ritzer B 149)

Koenigs, Franz und seine Frau Anna, geb. Gräfin Kalckreuth
D: Gedicht, SW 7, S. 1229

Kokoschka, Oskar
D: Leonard Forster, »An unpublished letter from R. to Kokoschka«, in: German Life and Letters, Vol. 15. October 1961 (S. 21-24); R. M. R., »Haßzellen, stark im größten Liebeskreise ...« Verse für Oskar Kokoschka«. Faksimile der Handschrift. Mit unveröffentlichten Briefen hg. von Joachim W. Storck, 1988; auch in SW 7, S. 1220-1223
H: Dt. Literaturarchiv, Marbach

Kolb, Annette
D: GB 3.5 (Ritzer B 150)
Korrodi, Eduard
H: 30.10. 26, Privatbesitz
D: GB 5 (Ritzer B 151)
Kra, Suzanne
H: Rilke-Archiv Bern
Kraus, Karl
D: BzP, S. 158
H: Privatbesitz
Krell, Max
H: Dt. Literaturarchiv, Marbach
Křenek, Ernst
D: GB 5 (Ritzer B 152) und Ernst Křenek, »Zur Entstehungsgeschichte der Trilogie ›O Lacrimosa‹«, in: Stimmen der Freunde, hg. von Gert Buchheit, Freiburg: Urban 1931 (S. 160)
Kuenburg, Gräfin Aline s. Dietrichstein
Kühlmann, Richard von
D: BzP, S. 172
Kunst für Alle, Redaktion
H: Dt. Literaturarchiv, Marbach
Kutschera, Irene von, geb. von Rilke
D: GB 2 (Ritzer B 155)
Kutschera, Oswald von
D: GB 4 (Ritzer B 156)
Landshoff, Ludwig
H: Stadtbibliothek München
Landshoff, Philippine
H: Stadtbibliothek München
Langen, Verlag Albert
H: Stadtbibliothek München
Lazard, Leopold
H: Sammlung Mises (516)
Ledebur, Fräulein von
D: SW 6 (S. 144f.),
Ledebur, Dorothea Freifrau von
D: Gedicht: SW 7, S. 1225; GB 4.5 (Ritzer B 158); BzP, S. 185, 195
Lehmann, Walter
D: zu seinem Seminar s. R. M. R., »Briefwechsel mit Regina Ullmann und Ellen Delp«, hg. von Walter Simon 1987 (S. 347)
Lehrs, Max
D: Ingeborg Schnack, »Zwei Briefe R.s an Max Lehrs zur russischen Kunst (Oktober 1901)«, in: Bl. d. R.-Ges. 11/12, 1984/85
Lemont, Jessie
D: Eudo C. Mason, »Rilke, Europe and the English-speaking World«, Cambridge: University Press 1961 (S. 37 u. ö.)
Leppin, Paul
H: Privatbesitz
Lettré, Emil
D: GB 4 (Ritzer B 160)
Lichnowsky, Fürstin Mechtilde, geb. Gräfin Arco-Zinneberg
D: Klaus W. Jonas, »R. und Mechtilde Lichnowsky«, in: Modern Austrian Literature, Vol. 5, Nr. 1.2, 1972; D: Klaus W. Jonas, »R. und Mechtilde Lichnowski«, in: NZZ, Nr. 181 vom 9. 9. 1980 (Literatur und Kunst)
H: Familienbesitz
Lichtenstein, Grete
D: »Westfälische Landschaft. Ein unveröffentlichter Brief« (18. 8. 1917, Gut Böckel), in: Frankfurter Rundschau, 5. Jg., Nr. 205, 3. 9. 1949
H: Bayerische Staatsbibliothek München
Lichtwark, Alfred
D: Alfred Hentzen, »Ein Briefwechsel zwischen R. M. R. und Alfred Lichtwark«, in: Jahrbuch der Hamburger Kunstsammlungen, Bd. 5. Hamburg: Hauswedell 1960; auch in: »Die Bildhauerin Clara R.-Westhoff« Ausstellungskatalog Langenargen 1988
Liebenthal, Ite
H: Dt. Literaturarchiv, Marbach

Liebknecht, Sophie
D: Friedrich Wilhelm Wodtke,
»Rilke und Klopstock«, masch. Diss.
Kiel 1948; BzP, S. 169, 177
H: Rilke-Archiv
Liliencron, Detlev von
D: Briefgedichte in SW 3 (S. 551 f.,
597, 603, 776)
Linberg, Irmela
H: Dt. Literaturarchiv, Marbach,
16.3.18: Privatbesitz
Lingg, Hermann von
H: Privatbesitz
List, Wilhelm (Redaktion »Ver Sacrum«)
D: Hans Ankwicz-Kleehoven,
»Rilke und die Wiener Sezession«,
in: Wiener Zeitung vom 1.1.1947
(Ritzer B 162)
Löbl, Henriette
D: »R. M. R. und der Krieg«, in: NZZ,
Nr. 22 vom 1.6.1941; R. M. R. »Die
vierundzwanzig Sonette der Louize
Labé« Mit einem Nachwort von
Hella Sieber-Rilke 1979
Löwenfeld, Dr. Rafael
H: Privatbesitz
Loose, Emilie
D: GB 5 (Ritzer B 163)
Litterarische Gesellschaft Dresden
H: Stadtarchiv der Landeshauptstadt Dresden
Malybrock-Stieler, Ottilie
D: Acta Musei nat. Pragae, An. 7-8,
1962-63; auch in. Václav Černy,
»R. M. R., Prag, Böhmen und die
Tschechen«, Brünn 1966 (deutsche
Ausgabe); auch in SW 7, Nachträge
Marwitz, Adelheid von der
D: Briefe 1966 (Ritzer B 163 a)
Marwitz, Bernhard von der
D: GB 4 (Ritzer B 164)
Masson-Ruffy, Marguerite
D: 4.1.23, BaSF, S. 333
Mauthner, Fritz

D: Edith A. Runge, »Vier frühe Rilke-Briefe«, in: Symposion. A quarterly journal in modern literature. Summer 1962; auch in SW 6
(S. 1366 am 12.1.1899)
Mehring, Walter
D: Die literarische Welt, Berlin, 3.
Jg., Nr. 2, 1927 (Faksimile der Handschrift)
H: Privatbesitz
Mell, Max
D: GB 3 (Ritzer B 167)
Mendelssohn-Gordigiani, Giulietta
D: GB 3 (Ritzer B 168)
H: (W) Privatbesitz
Meszeleny, Dr. Richard
H: Dt. Literaturarchiv, Marbach
Mewes-Krutina, Anni
D: GB 4 (Ritzer B 169) und Joachim
W. Storck, »Rilke als Briefschreiber«, masch. Diss. Freiburg 1957
(S. 132, Auszug); BzP, S. 217
Meyenburg, Mariette von
D: 14.6.20 mit Gedicht, BaSF, S. 84
Meyer, Georg Heinrich
D: Auszug in: SW 6, S. 1374 f.
H: Dt. Literaturarchiv, Marbach
Mia, Freundin des jungen R. in Prag
D: »›Holder schönster Leitstern meines Daseins!‹«. Ein Brief... aus dem Jahre 1892, mitgeteilt von Arne Grafe, in: Bl. d. R.-Ges. 29, 2008
H: Archiv der Hauptstadt Prag
Michaëlis, Sophus
D: GB 2 (Ritzer B 170)
H: Kgl. Biblioteket Kopenhagen
Michel, Else
H: Dt. Literaturarchiv, Marbach
Milch, Werner
D: GB 5 (Ritzer B 171)
Milow, Stephan (d. i. Stephan von Millenkowich)
D: SW 6 (S. 1532)
Ministerium, Hohes k. k. Ministerium für Unterricht und Kultus in Wien
D: GB 3 (Ritzer B 153)

Mirbach-Geldern, Gräfin Marietta, geb. Gräfin Hoyos
D: R.M.R., »Briefe an Gräfin Mirbach-Geldern-Egmont 1918-1924«, hg. von Hildegard Heidelmann, Würzburg 2005
Mitford, Lady Marie Anne, geb. [von] Friedländer-Fuld, später von Goldschmidt-Rothschild
D: Briefe 1966 (Ritzer B 97 a); Brief vom 5.12.14 in: Briefe 1966; vom 28.5.15 in: Joachim W. Storck, »Zeitgenosse dieser Weltschande«, in: Jb. d. Dt. Schiller-Ges. 1982
A: German Literature Center, Pittsburgh, Pa.
Mitterer, Erika
D: R.M.R., »Briefwechsel in Gedichten mit Erika Mitterer 1924-1926«, hg. von Ingeborg Schnack, Wiesbaden: Insel 1950 (Aus R.M.R.s Nachlaß. Zweite Folge)
Moderní Revue Prag, Redaktion der
H: Privatbesitz
Modersohn, Otto
D: Hans Wohltmann, »Otto Modersohn«: im Anhang »Briefe R.M.R.s mit Otto Modersohn (1900-1903)«, in: Stader Archiv, N.F. Heft 31, 1941
Modersohn-Becker, Paula
D: P.M.-B., »Briefwechsel mit R.M.R.« Mit Bildern von P.M.-B., Frankfurt: Insel 2003
Mönckeberg, Carl
D: Briefe und Tagebücher 1899-1902 (Ritzer B 177); SW 6 (S. 1389)
H: Dt. Literaturarchiv, Marbach
Mondt, Eugen
H: Dt. Literaturarchiv, Marbach
Moos, Xaver von
D: GB 5 (Ritzer B 175)
Morgenstern, Christian
D: R.M.R., »Briefe, Verse und Prosa aus dem Jahre 1896«, New York: Johannespresse 1946 (S.47f.) (Ritzer B 176)
Morisse, Marie
s. Paul Morisse
Morisse, Paul
D: Auszüge in: Renée Lang, »Les Lectures françaises de Rilke«, in: Preuves, Année 5, Nr.49, Mars 1955; Renée Lang, »Rilke and his French contemporaries«, in: Comparative literature, Vol. 10, Nr.2, 1958; ferner in: Renée Lang, »R., Gide e Valéry nel carteggio inedito«, Firenze: Sansoni 1960, und Karin Weis, »Studien zu Rilkes Valéry-Übertragungen«, Tübingen: Niemeyer 1967
H: Rilke-Archiv Bern
Muehlon, Wilhelm
D: Joachim W. Storck, »Die Verheerung Europas«, in: Recherches Germaniques 1982, No 12
Müller-Brauel, Hans
D: SW 7, S. 1218
H: Privatbesitz
Müller-Mittler, Dr.
H: Familienbesitz: Bayerische Staatsbibliothek München
Münchhausen, Anna Freifrau von geb. von Keudell
D: GB 4 (Ritzer B 179)
Münchhausen, Thankmar von
D: R.M.R., »Briefwechsel mit T.v.M. 1913 bis 1925«, hg. von Joachim W. Storck, Frankfurt: Insel 2004
H: (W) Privatbesitz; Zeichnung zum »Ur-Geräusch« in: R.M.R., »Schweizer Vortragsreise 1919«, hg. von Rätus Luck, 1986
Mumm, Frau Gertrud von geb. Horstmann
H: Privatsammlung
Mutius, Marie von, geb. von Bethmann
D: BzP, S.204

Nádherný, Johannes von
D: Jiři Tywoniak, »R. M. R.s Briefe an Johannes Nádherný von Borutin (1907-1911)«, in: Bl. d. R.-Ges. 13, 1986
Nádherný von Borutin, Sidonie
D: R. M. R./S. N. v. B, »Briefwechsel 1906-1926«, hg. von Joachim W. Storck unter Mitarbeit von Waltraud und Friedrich Pfäfflin, Göttingen: Wallstein Verlag 2007
Neeff, Madame A. de
D: »Un triple Souvenir«, évoqué par Léo Simoens, in: La Revue nationale, 45. année, Nr. 459, Novembre 1973
Neubauer. Ferdinand
H: (W) Privatbesitz
Nevar, Elya Maria
D: »Freundschaft mit R. M. R. Begegnungen, Gespräche, Briefe ...«, mitgeteilt durch Elya Maria Nevar, Bern 1946
Noailles, Anna Comtesse de geb. de Brancovan
D: »Anna de Noailles et R. M. R.« (Lettres inédites), hg. von Marie Scheikevitch, in: Candide, Paris, 20. 4. 1937; deutsch in: Maurice Betz, »Rilke in Frankreich«, übersetzt von Willi Reich. Wien 1938 (Ergänzungen S. 277 ff.)
Nölke, Auguste (Gudi), geb. Senckel
D: R. M. R., »Die Briefe an Frau Gudi Nölke. Aus Rilkes Schweizer Jahren«, hg. von Paul Obermüller, Wiesbaden: Insel-Verlag 1953
H: Dt. Literaturarchiv, Marbach
Noll, Dr. Gustav
D: Bernd Thum, »R. und die Selige Angela da Foligno. Zwei bisher unbekannte Briefe R.s an Gustav Noll aus dem Jahre 1908«, in: Jb. d. Dt. Schiller-Ges. 1976
Nordeck zur Rabenau, Freifrau Julie (Frau Nonna) geb. Ducius von Wallenberg
D: GB 2.3 (Ritzer B 185)
Nordeck zur Rabenau, Marietta Freiin von
D: GB 3.4 (Ritzer B 186)
H: Privatbesitz
Norlind, Ernst
D: R. M. R., »Briefe an Ernst Norlind«, hg. von Paul Åström 1986
Nostitz, Helene von, geb. von Beneckendorff und von Hindenburg
D: GB 3. 4. 5 (Ritzer B 188); R. M. R./ Helene von Nostitz, »Briefwechsel«, hg. von Oswalt von Nostitz, 1976
H: Dt. Literaturarchiv, Marbach
Oestéren, Friedrich Werner van
D: Faksimile in: Zeitbühne, Dezember 1977
Oestéren, Láska van
D: R. M. R., »Briefe an Baronesse von Oe.«, hg. von Richard von Mises. New York: Johannespresse 1945 (R. im Jahre 1896, 2)
Oettingen-Oettingen, Fürstin Sophie
H: Privatbesitz
Olden, Marie, geb. Ratzel
D: Klaus E. Bohnenkamp, »Zwei Briefe R.s an Marie Olden«, in: Jb. der Dt. Schiller-Ges. 2005, S. 36-50
Oltersdorf, Jenny
H: Dt. Literaturarchiv, Marbach
Oppeln-Bronikowski, Friedrich von
D: GB 2 (Ritzer B 190); SW 6 (S. 1380)
H: Dt. Literaturarchiv, Marbach
Overbeck, Fritz
D: SW 6 (S. 1274)
Pasternak, Boris
D: GB 5 (Ritzer B 191); RuR
Pasternak, Leonid
D: GB 1. 2. 5 (Ritzer B 192) und Sophie Brutzer, »Rilkes russische Reisen«, Neudruck Darmstadt 1968 (S. 24); RuR

Pászthory, Casimir von
  H: 17.12.18, Privatbesitz
Pauli, Gustav
  D: GB 1 (Ritzer B 193)
  H: Dt. Literaturarchiv, Marbach;
  18.2.02, Privatbesitz
Petersen, Elly
  H: Dt. Literaturarchiv, Marbach
Picard, Max
  D: 19.5.21 und 12.11.28, BaSF,
  S. 219, 513
Pick, Otto
  D: Prager Presse vom 14.1.1925;
  »Der ›Fall‹ Rilke«, in: Literarische
  Welt, 1. Jg., Nr. 9, 1925; »Zwei
  unveröffentlichte Briefe R.s«, ebd.,
  4. Jg., Nr. 26 1928; Auszüge: Prager
  Presse, Kulturchronik vom
  4.12.1935 (Mises-Katalog Nr. 564)
  (Ritzer B 194); BzP, S. 359
  H. 13.3.26, Privatbesitz
Pillat, Jon
  D: »Ein Brief R. M. R.s an Jon Pillat«,
  mitgeteilt von Harald Krassner, in:
  Klingsor. Siebenbürgische Zeit-
  schrift, 13. Jg., Heft 11, Nov. 1936
Placci, Carlo
  D: »Lettere di Rilke a Carlo Placci
  1912-1914«, in: Rivista di letterature
  moderne e comparate, Anno IX
  1956 (mitgeteilt von Wolfgang
  Mauser).
Poche, Helene und Mat(h)issa
  D: Joachim W. Storck, »René R.s
  Linzer Episode«, in: Bl. d. R.-Ges.
  7/8, 1980/81, und Lieselotte Schla-
  ger, »Der junge R. in Linz. Das
  gesellschaftliche Umfeld«, in:
  »R. M. R. und Österreich«, Sympo-
  sion im Rahmen des Internat.
  Brucknerfestes 1983, Linz 1986
Poellnitz, Rudolf von
  H: Insel-Verlag, Frankfurt
Poeschel, Carl Ernst
  H: Insel-Verlag, Frankfurt

Pol de Mont, Karel Maria
  D: Briefe und Tagebücher aus
  der Frühzeit 1899-1902 (Ritzer
  B 196)
Pongs, Hermann
  D: GB 5 (Ritzer B 197)
Poritzky, Jacob Elias
  H: (W) Sammlung Dr. Gerard
  Mayer
Präsidium der Nieder-Österreichi-
  schen Landes-Regierung
  D: GB 4 (Ritzer B 157)
Pozzi, Cathérine
  D: C. P./R. M. R., »Correspondance
  1924-1925«, Édition établie et pré-
  sentée par Lawrence Joseph, Paris:
  La Difference 1990
Pritzel, Lotte
  D: Zitat aus dem Brief vom
  20.10.13 in: Ernst Zinn, »R. und die
  Antike«, Anmerkung zu S. 210
  (Antike und Abendland, Bd. 3,
  Hamburg 1948)
Prophezeiung der Wahrsagerin
  D: »fol. 58: Notes diverses«, hg. von
  Walter Simon, Bl. d. R.-Ges. 25,
  2004, S. 161
Przygode, Wolf
  D: GB 4 (Ritzer B 199)
Purtscher, May, geb. von Maydell
  H: 16.1.19, Privatbesitz
Purtscher, Nora, geb. Gräfin Wyden-
  bruck
  D: GB 5 (Ritzer B 209) und Nora
  Purtscher-Wydenbruck, »R. und
  das Übersinnliche«, in: Mensch en
  Kosmos«, Maandblad voor Geeste-
  lijke Stromingen, Deventer: Klu-
  wer, 1. Jg., Nr. 6 (Brief vom 5.9.24)
  H: Dt. Literaturarchiv, Marbach
Quas-von Eisenstein, Olga
  D: »Ein Brief R.s an Olga Quas-
  von Eisenstein«. Mitgeteilt von
  Rudolf Delling, in: Bl. d. R.-Ges. 26,
  2005

Rapp, Albert
H: Dt. Literaturarchiv, Marbach
Rapp, Dorothea
H: (W) und Brief: Dt. Literaturarchiv, Marbach
Rapp, Leonore
H: Dt. Literaturarchiv, Marbach
Reichel, Oskar
D: R. M. R., »Haßzellen, stark im größten Liebeskreise ...«, hg. von Joachim W. Storck, 1988
H: Privatbesitz
Reinhart, Georg
D: R. M. R., »Briefwechsel mit den Brüdern R. 1919-1926«, hg. von Rätus Luck, Frankfurt: Insel 1988
H: Rilke-Archiv Bern
Reinhart, Hans
D: Bw. R./Brüder Reinhart
Reinhart, Werner
D: Bw. R./Brüder Reinhart
H: Rilke-Archiv Bern
Reventlow, Franziska Gräfin
D: GB 1; Briefe und Tagebücher aus der Frühzeit 1899-1902 (Ritzer B 203)
Reylaender, Ottilie
D: R. M. R. »Die Briefe an O. R. 1908-1921«, hg. von Bernd Stenzig, Bl.d.Rilke-Ges. 27/28, 2006/07
Rilke, Clara geb. Westhoff
D: GB 1-5; Briefe und Tagebücher aus der Frühzeit 1899-1902, Briefe 1902-06, 1906-07, 1907-14, 1914-21 und 1921-26; Carl Sieber, »René Rilke«, 1932 (S. 49, 88); ferner: Lydia Baer, »Rilke and Jens Peter Jacobsen«, in: Publications of the Modern Language Association, Vol. 54, Nr. 4, Dez. 1939 (S. 1133-1180) (Ritzer B 204); Werkverzeichnis s. Marina Sauer, »Die Bildhauerin C. R.-W. 1878-1954«, 1986
H: (W) Rilke-Archiv
Rilke, Josef

D: Carl Sieber, »René Rilke«, 1932 (S. 83f.); Briefgedichte an den Vater s. SW 3; einige kurze Briefauszüge in R.s Briefen an Ellen Key
Rilke, Paula von
D: (W) George W. Schoolfield, »The Henry Sagan Rilke Collection«, in: ders., »Rilke's Last Year«, University of Kansas Publications Library Series 30, 1969
Rilke, Ruth
D: Briefe 1966; Carl Sieber, »René Rilke« (S. 39f.)
Rilke, Sophie (Phia) geb. Entz
D: R. M. R., »Weihnachtsbriefe an die Mutter«, hg. von Hella Sieber-Rilke, Frankfurt: Insel 1995; R. M. R. »Briefe an die Mutter. 1896-1926«, hg. von Hella Sieber-Rilke, Frankfurt: Insel 2009. Früher: GB 2.4 (Ritzer B 205, die dort als Nr. 4 und 5 aufgeführten Briefe sind identisch); Inselschiff, 18. Jg., 1936/37. Über die bei Ritzer angegebenen Stellen hinaus finden sich Briefzitate bei Carl Sieber, »René Rilke« (S. 59f., 102f., 109, 111, 115); Carl Sieber, »Rilke in Danzig«, in: Der Deutsche im Osten, 3. Jg., 1940 (S. 193f.); Carl Sieber, »Rilke in Rußland«, ebd. (S. 307-315); Carl Sieber, »Rilke und Worpswede«, in: Stader Archiv N. F., Heft 31, 1941 (S. 66 u. ö.); Brief vom 17.1.03: Mitteilung aus dem Rilke-Archiv. Auf Zitate aus Briefen R.s an seine Mutter stützt sich die Dissertation von Sophie Brutzer, »Rilkes russische Reisen« (1934), Neudruck Darmstadt 1969.
SW 3 (S. 802), SW 4 (S. 1005, 1050)
H: Rilke-Archiv; R.s Weihnachtsbrief für 1923 in einer Kopie für Frau Nanny Wunderly-Volkart: Rilke-Archiv Bern.

Rodin, Auguste
D: R. M. R./Auguste Rodin, »Der Briefwechsel und andere Dokumente zu Rilkes Begegnung mit Rodin«, hg. von Rätus Luck, 2002; R. M. R., »Lettres à Rodin«. Préface de Georges Grappe, Paris: Emile-Paul Frères 1928 u. ö. (zugleich im Insel-Verlag, Auslieferung Weihnachten 1927). Die Anordnung der Briefe entspricht nicht immer der chronologischen Folge. Brief vom 3. 11. 07: R. M. R., »Lettres à Rodin«, 1928, und (leicht zugänglich) in: Br. v. Heydt, S. 280; dort auch R. M. R., »Rodins Zeichnungen« (S. 266 f. und Anm. S. 432)

Rolland, Romain
D: »Correspondance Rilke-Romain Rolland«, in: R. M. R. (1875-1926), Collection Les Lettres, Paris 1952; BzP, S. 81

Roller, Alfred
D: Hans Ankwicz-Kleehoven, »R. M. R. und die Wiener Sezession«, in: Wiener Zeitung vom 1. 1. 1947

Romanelli, Adelmina (Mimi)
D: »Lettres à une amie vénitienne«, Milano: Hoepli 1941 (Ritzer B 209)

Romanelli, Pietro
D: »Lettres à une amie vénitienne« (Mimi Romanelli), Milano: Hoepli 1941 (Ritzer B 210)

Rosen, Lia
D: Auszug aus dem Brief vom 23. 10. 1913, in: »R. M. R. 1875-1975«, Marbach, Katalog Nr. 26, S. 161
H: Dt. Literaturarchiv, Marbach; Goethe-Museum Düsseldorf (Brief vom 23. 10. 1913); sonst Privatbesitz

Rosenhagen, Hans
D: SW 6 (S. 1405 f.)

Rowohlt, Ernst
H: Dt. Literaturarchiv, Marbach (Fotokopie)

Ruederer, Josef
H: Stadtbibliothek München

Rychner, Max
D: »Der Briefwechsel R. M. R. – Max Rychner 1923-1925«, hg. von Claudia Mertz-Rychner, in: »R. M. R. und die Schweiz«, Zürich 1993

Rzach, Edith, s. auch ›Prager Bekannte‹
D: Gedicht, SW 7, S. 1209

Sacharoff, Alexander
D: s. Derp, Clotilde

Sachs, Adrienne
D: weitere Briefe in: R. M. R., »Haßzellen, stark im größten Liebeskreise ...«, hg. von Joachim W. Storck, 1988
H: Dt. Literaturarchiv, Marbach; Brief vom 5. 6. 16: Privatbesitz

Sachs, Emmy
H: Dt. Literaturarchiv, Marbach

Sadée, Ilse
D: unter »N. N.« in: Briefe 1966, 26. 6. 11; in: Briefe 1 (Nalewski, 1991), S. 367

Sagan, Henry
D: SW 4 (S. 1052 f.)

Salis, Jean Rodolphe (Hans) von
D: J. R. von Salis, »R. M. R.s Schweizer Jahre«, 3., neubearbeitete Auflage, Frauenfeld: Huber 1952 (S. 193, 195)

Salis-Seewis, Elizabeth von, geb. Gräfin Bopp von Oberstadt
D: Ingeborg Schnack, »Rilke in Ragaz«, Bad Ragaz 1970
H: Archiv der Familie von Salis

Salis-Seewis, Guido von
D: GB 4 (Ritzer B 211); Ingeborg Schnack, »Rilke in Ragaz«, Bad Ragaz 1970
H: Archiv der Familie von Salis

Salomon, Elisabeth
  H: (W) Privatbesitz
Salus, Hugo
  D: GB 1 (Ritzer B 212); 26.12.22
  in: Briefe 2 (Nalewski, 1991),
  S. 262
Sauer, August
  D: Briefe 1966 (Ritzer B 213)
  H: Dt. Literaturarchiv, Marbach
Sauer, Hedda geb. Rzach
  D: GB 1.3; Briefe 1966 (Ritzer B 214)
Schachowskoi, Fürst Sergej
  D: Marion Böhme, »R. und die russische Literatur«, masch. Diss. Wien 1966 (S. 37); auch in: Rigasche Rundschau vom 5.1.1927. (Das Original wird in der Lenin-Bibliothek in Moskau verwahrt.); RuR
Schaeffer, Albrecht
  D: Das Inselschiff, 9. Jg., Heft 1, Weihnachten 1927
Schaer, Alfred
  D: GB 5 (Ritzer 216)
Schalk, Lily geb. von Hopfen
  D: GB 3.5 (Ritzer B 217)
  H: (W) Privatbesitz
Schaukal, Richard
  D: SW 6 (S. 1444) (Ritzer B 218)
Scheel, Erika von, später Gattin Ivo Hauptmanns
  D: Erika von Scheel, »Unbekannte Briefe von R.M.R. Mit Erinnerungen an den Dichter«, in: Die Welt am Sonntag vom 5.9.1948; Herman Meyer, »Die Verwandlung...« (S. 482); BzP, S. 131, 134 (W) Privatbesitz
Scheid, Richard
  H: Stadtbibliothek München
Schellenberg, Ernst Ludwig
  D: GB 2 (Ritzer B 219)
Schenk von Stauffenberg, Gräfin Caroline
  s. Stauffenberg

Schenk zu Schweinsberg, Elisabeth Freiin von
  D: Joachim W. Storck, »Gefühle auf Fernwirkung eingestellt – Briefe R.s an E. Freiin S. zu S.«, in: Jb. d. dt. Schiller-Ges. 2000
  H: Privatbesitz
Schey-Rothschild, Philipp Freiherr von
  D: GB 3 (Ritzer B 221)
  H: Dt. Literaturarchiv, Marbach
Schill, Sophia
  D: GB 1 (Ritzer B 222); Sophie Brutzer, »Rilkes russische Reisen« (1934), Neudruck Darmstadt 1969; RuR
  H: Universitätsbibliothek Moskau (6 Briefe R.s, ferner 16 Briefe von Lou A.-S. an Sophia Schill)
Schlapp, Otto
  D: Eudo C. Mason, »Rilke, Europe and the English-speaking World«, Cambridge: University Press 1961 (S. 192)
Schlözer, Leopold von
  D: GB 4.5 (Ritzer B 223); Leopold von Schlözer, »R.M.R. Erinnerungen«, in: Die Literatur, 29. Jg., Heft 6, März 1927; BzP, S. 85f.
Schlözer, Maria von, geb. Freiin von der Ropp
  D: (Ritzer B 224) S.L. von Schlözer
Schlumberger, Jean
  H: Abschrift von R.s Hand für Frau Nanny Wunderly-Volkart, Rilke-Archiv Bern
Schmidt-Pauli, Elisabeth von
  D: GB 4 (Ritzer B 225); BzP, S. 209
Schnitzler, Arthur
  D: Heinrich Schnitzler, »R.M.R. und Arthur Schnitzler. Ihr Briefwechsel«, in: Wort und Wahrheit, 13. Jg., 1. Halbjahr 1958
Schobloch, Rosa geb. Weibel
  D: GB 3 (Ritzer B 226); Carl Sieber,

»René Rilke«, Leipzig: Insel-Verlag
1932 (S. 64, 113 f.)
H: Sammlung Mises (505)
Schölermann, Wilhelm
D: SW 6 (S. 1421)
H: Staats- und Universitätsbibliothek Bremen; Archiv der Wiener Sezession
Schönaich-Carolath, Cathia Prinzessin geb. von Knorring
D: GB 3 (Ritzer B 228)
Schönaich-Carolath, Emil Prinz von
D: Jürgen Behrens, »Ein Brief René Maria Rilkes«, in: Literatur- und Geistesgeschichte. Festgabe für Otto Burger, Berlin 1968 (S. 267-270)
Schönburg, Johannes Prinz
D: 11.1.20 in: Briefe 2 (Nalewski, 1991), S. 46
Scholz, Wilhelm von
D: GB 1 (Ritzer B 230); SW 6 »Ein Brief an Wilhelm von Scholz« (S. 1153-1160);
Wilhelm von Scholz, »Eine Jahrhundertwende. Lebenserinnerungen«, Leipzig: P. List 1936; BzP, S. 12 f.
Schreier, Alois
D: GB 5 (Ritzer B 231)
Schröder, Rudolf Alexander
D: GB 1 (Ritzer B 232)
H: (W) Sammlung Dr. Gerhard Mayer
Schuler, Alfred
D: GB 4 (Ritzer B 233); Gustav Willibald Freytag, »R. M. R.s Briefe an Alfred Schuler«, in: Jb d. dt. Schiller-Ges. 1960 (S. 425 ff.)
H: Dt. Literaturarchiv, Marbach
Schwammberger, Magdalena
D: BaSF, S. 377
Schwerin, Gräfin Alexandrine (Adine), geb. Gräfin zu Eulenburg
D: Briefe 1966 (Ritzer B 233 a);

Ingeborg Schnack, »R. M. R.s Erinnerungen an Marburg und das hessische Land«, Marburg: Elwert ²1963 (S. 30)
H: Familienbesitz
Schwerin, Gräfin Luise, geb. Freiin von Nordeck zur Rabenau
D: GB 2 (Ritzer B 234); Gedichte in: Br. v. d. Heydt (S. 254 f.)
Sedlakowitz, Caesar von
D: GB 4 (Ritzer B 235); Carl Sieber, »René Rilke«, Leipzig: Insel-Verlag 1932 (S. 161-168)
Seidenberger, Dr. Ernst
H: Stadtbibliothek München
Seifert, Walter
H: Dt. Literaturarchiv, Marbach
Seiler, Janine
D: Renée Lang, »Zu Rilkes Walliser Jahren«, in: NZZ vom 6.11.1960
Seilern, Ilse Gräfin von, geb. Olden
H: Dt. Literaturarchiv, Marbach
Sépibus-de Preux, Jeanne de
D: Maurice Zermatten, »Les Années valaisannes de Rilke avec des lettres inédites à ses amis valaisans«, Lausanne: Rouge et Cie 1941 (S. 137-181; die Briefe sind z. T. nicht richtig datiert, die Anordnung entspricht nicht immer der chronologischen Folge)
Sergel, Alfred
H: Dt. Literaturarchiv, Marbach
Servaes, Franz
H: Privatbesitz
Sieber, Carl
D: GB 5 (Ritzer B 237)
Sieber-Rilke, Ruth
s. Rilke, Ruth
Simon, Lucie, (später Wedekind-Simon)
D: Ingeborg Schnack, »Rilke in Ragaz«, Bad Ragaz 1970
H: Familienbesitz

Sintenis, Renée
H: Rilke-Archiv
Sizzo-Noris, Gräfin Margot geb. Gräfin Crouy-Chanel
D: R. M. R., »Die Briefe an Gräfin Sizzo. 1921-1926«, hg. von Ingeborg Schnack, Frankfurt: Insel 1977 (erweiterte Neuausgabe)
Sohn-Rethel, Otto
H: Sammlung Mises (501)
Solmitz, Eva,
s. Cassirer, Eva
Solms-Laubach, Manon Gräfin zu
D: GB 3; Briefe 1906-07 (Ritzer B 240)
H: Gräflich Solms'sches Archiv, Laubach
Sorge, Reinhold Johannes
D: GB 3 (Ritzer B 241)
Speyer, Agnes
H: (W) Privatbesitz
Spiegel, Julius
H: (W) Privatbesitz
Spiegl, Edgar von
D: Hans-Albrecht Koch, »Rainer Maria Rilke an Edgar von Spiegl: Briefe aus dem Besitz des Deutschen Literaturarchivs Marbach a. N.«, in: »Rilke-Perspektiven«, hg. von Hans-Albrecht Koch und Alberto Destro, Overath 2004
H: Dt. Literaturarchiv, Marbach
Stadlin, Maria
D: Gedicht, SW 7, S. 1228
Stark, Dr. Josef und Dr. Wenzel
D: »Unbekannte Briefe R. M. R.s« (Teildruck), in: Prager Presse vom 7.8.1932
H: Dt. Literaturarchiv, Marbach; an seine Frau 1912: Privatbesitz
Stauffenberg, Gräfin Caroline geb. Gräfin Uxkull-Gyllenband
D: GB 4 (Ritzer B 242)
Steiger, Beatrix von
D: BaSF, S. 317

Steiner, Herbert
D: GB 5 (Ritzer B 243)
Stieler, Kurt
D: BzP, S. 113
Stoecklin, Francisca (später Betz)
D: GB 4.5 (Ritzer 245); BaSF, S. 43
Stols, A. A.
D: R. M. R., »Six Lettres à A. A. Stols«, Maestricht: Stols 1927
Strohl, Jean
A: German Literature Center, Pittsburgh, Pa.
Strohl-Moser, Frieda (Fry)
A: German Literature Center, Pittsburgh, Pa.
Struve, Lev Petrovič
D: Beigabe zur deutschen Ausgabe von Maurice Betz, »Rilke in Frankreich: Erinnerungen. Briefe. Dokumente«, Wien: Reichardt 1938, S. 289-291; Marion Böhme, »Rilke und die russische Literatur«, masch. Diss. Wien 1966
Studer-Goll, Claire, geb. Aischmann
D: »Ich sehne mich so nach Deinen blauen Briefen. R. M. R./Claire Goll. Briefwechsel«, hg. von Barbara Glauert-Hesse, Göttingen: Wallstein Verlag 2000
Sulzberger, Nathan
D: R. M. R., »Briefe, Verse und Prosa aus dem Jahre 1896«, New York: Johannespresse 1946 (S. 55 f.)
Supervielle, Jules
D: Jules Supervielle, »Correspondance Rilke-Supervielle«, in: R. M. R. (1875-1926), Collection Les Lettres, Paris 1952 (S. 48-55)
Suttner, Bertha von
D: Widmung, SW 7, Nachträge
Suworin, Alexej S.
D: RuR
Taubmann, Elisabeth
D: GB 4 (Ritzer B 249); Herman Meyer, »Die Verwandlung des

Sichtbaren«, in Dt. Vierteljahrsschrift für Literaturwissenschaft und Geistesgeschichte, Heft 4, 1957 (Anhang, S. 503 f.)
Teweles, Heinrich
D: »Miscellaneous Notes«, in: Modern Language Review, hg. von H. G. Fiedler, 1943 (S. 132 f.)
H: Privatbesitz; (W) Sammlung Sagan; Brief Marbach; 10.12. 98: Privatbesitz
Thun-Hohenstein, Graf Paul
D: Klaus W. Jonas, »The Correspondence between R. M. R. and Paul Thun-Hohenstein«, in: Books abroad. An international Literary Quarterly, April 1973 (Briefe in englischer Übersetzung)
H: Familienbesitz
Thurn und Taxis, Fürst Alexander von
D: GB 3 (Ritzer 250)
H: Sammlung Mises (511)
Thurn und Taxis, Prinz Alexander (Pascha) von
H: Sammlung Mises (versehentlich unter 511 eingeordnet)
Thurn und Taxis, Fürstin Marie von, geb. Prinzessin Hohenlohe-Waldenburg-Schillingsfürst
D: R. M. R./Marie von Thurn und Taxis, »Briefwechsel«, 2 Bde., besorgt durch Ernst Zinn, Zürich: Niehans & Rokitansky, und Insel-Verlag 1951
Tietze, Heinrich
D: Herman Meyer, »Die Verwandlung des Sichtbaren«, in: Dt. Vierteljahrsschrift für Literaturwissenschaft und Geistesgeschichte, Heft 4, 1957 (S. 483)
Tolstoi, Leo Graf
D: GB 1 (Ritzer 252); s. auch Böhme, M. und Brutzer
Tolstoi. Nicolai N.
D: RuR

Treu, Georg
D: Herman Meyer, »Die Verwandlung des Sichtbaren« (S. 481)
Tronier-Funder, Lotte
s. Bielitz (die Angaben unter Ritzer B 254 sind unzutreffend, die dort angeführten Briefe sind an Albertine Casani gerichtet)
Tschechow, Anton
D: Marion Böhme, »Rilke und die russische Literatur«, masch. Diss. Wien 1966 (S. 16)
Tucholsky, Kurt
D: SW 6 (S. 1481)
Uexküll, Gudrun Baronin, geb. Gräfin Schwerin
D: GB 2 (Ritzer B 255)
H: Familienbesitz
Uexküll, Jakob Baron
D: GB 3 (Ritzer B 256); Gudrun von Uexküll, »Jakob von Uexküll. Seine Welt und seine Umwelt«, 1964 (S. 129-131)
Ulbricht, Hanns
D: 24. 3. 26 in: Briefe 2 (Nalewski, 1991), S. 433
Ullmann, Regina
D: GB 3. 4. 5 (Ritzer 258); Regina Ullmann, »Erinnerungen an Rilke. Briefe des Dichters ...«, St. Gallen: Tschudy-Verlag 1945; auch das Faksimile der ihr übersandten »Elegie«. R. M. R., »Briefwechsel mit Regina Ullmann und Ellen Delp«, hg. von Walter Simon, 1987
H: Rilke-Archiv Bern; 2 Billette und der Brief vom 23.12. 20 Stadtbibliothek München
Umanskij, Dimitri
H: Rilke-Archiv Bern (Fotokopie)
Ungern-Sternberg, Rolf Freiherr von
D: GB 4.5 (Ritzer B 259); R. M. R., »Briefwechsel mit Rolf v. U.-S. und weitere Dokumente zur Übertragung der ›Stances‹ von Jean

Moréas«, hg. von Konrad Kratzsch
und Vera Hauschild, Frankfurt und
Leipzig: Insel 2002
Valentin, Antonia
   H: Anfang 1918: Privatbesitz
Valentiner, Wilhelm R.
   D: W. R. Valentiner, »R. M. R. und
   Renée Sintenis«, in: Omnibus. Son-
   derheft: Almanach auf das Jahr
   1931, Berlin/Düsseldorf: Flecht-
   heim (S. 52-54)
Valéry, Paul
   D: Herbert Steiner, »Quelques Let-
   tres de Rilke à Valéry et Du Bos«,
   Mesa, Spring 1952, Nr. 4, Aurora,
   N. Y. Weitere Zitate bei Renée
   Lang, »Rilke, Gide e Valéry nel car-
   teggio inedito«, Firenze: Sansoni
   1960, und Karin Wais, »Studien zu
   Rilkes Valéry-Übertragungen«,
   Tübingen: Niemeyer 1967; dort
   chronologische Zusammenstel-
   lung des Bekannten, S. 7-9.
Vallentin-Luchaire, Antonia
   D: GB 4 (Ritzer B 260)
Valmarana, Agapia (Pia) di
   D: GB 3 (Ritzer B 260 a); »La
   Rotonde«, in: Bw. H. v. H./R. M. R.,
   1978 (S. 72-75)
   H: Rilke-Archiv Bern
Vedel, Dr. Valdemar
   H: Kgl. Biblioteket Kopenhagen
Veder, Beppy
   D: GB 5 (Ritzer B 261); Leo Si-
   moens stellte aus einer noch
   unveröffentlichten Arbeit den vol-
   len Wortlaut zur Verfügung, nach
   der Handschrift im Besitz von Dr.
   Willem Veder, Rotterdam.
Veit, Charlotte
   D: GB 3 (Ritzer B 262)
Velhagen und Klasing, Redaktion
   s. auch Ernesti, Robert
   D: GB 1 (Ritzer B 263)
   H: Dt. Literaturarchiv, Marbach

Veltzé, Alois (Louis)
   H: Österreichische Nationalbiblio-
   thek Wien
Verhaeren, Emile
   D: GB 2.3 (Ritzer B 264); »Rilke,
   Gide et Verhaeren. Correspon-
   dance inédite recueillie et présen-
   tée par Carlo Bronne«, Messein
   1955 (La Roche-sur-Yon)
Verhaeren, Marthe
   D: »Zwei unveröffentlichte Briefe
   R. M. R.s an Marthe Verhaeren«,
   mitgeteilt von Fabrice van de
   Kerckhove, in: Bl. d. R.-Ges. 27/28,
   2006/07
Verrijn-Stuart, Mme P.
   H: (W) Privatbesitz
Viëtor, Karl
   D: GB 5 (Ritzer B 265)
Vildrac, Charles
   D: R. – C. V. »Briefwechsel« (Doku-
   mente), in: August Stahl, »franzö-
   sisch gedacht«. R. M. Rilke und
   Charles Vildrac«, in: Études germa-
   niques, 63, 2008
Vinnen, Carl
   H: 15.1.02: Privatbesitz
Vogeler, Heinrich
   D: Briefe 1866; SW 3 (S. 728, Brief-
   gedicht)
Vogeler, Martha
   H: (W) Privatbesitz
Vogüé, Eugène Melchior
   D: Jean-Yves Masson, »Deux Let-
   tres inédites de R. à E.-M. V.«, in:
   SUD 26, 1996
Voigt, Lina, geb. Schröder
   D: Widmung, mitgeteilt von Walter
   Simon, in: Bl. d. R.-Ges. 29, 2008
Vollmoeller, Mathilde, später Purr-
mann-Vollmoeller
   D: »Paris tut not. R. M. R./M. V.:
   Briefwechsel«, hg. von Barbara
   Glauert-Hesse, Göttingen: Wall-
   stein Verlag 2001

A: German Literature Center, Pittsburgh, Pa.
Von der Mühll, Hans
D: GB 4 (Ritzer B 177)
Von der Mühll, Theodora, geb. Burckhardt
D: GB 4.5 (Ritzer B 178); 2.12.19 und 4.12.22 in: BaSF, S. 32 und 320
H: Privatbesitz: (W) Rilke-Archiv Bern
Vonhoff, Else
D: SW 6 »Brief an eine Schauspielerin« (S. 1178-1191)
H: Privatbesitz: (W) Rilke-Archiv Bern
Vrchlický, Jaroslav
D: BzP, S. 9f.
Walden, Herwarth
H: Sturm-Archiv der Staatsbibliothek Berlin (Preuß. Kulturbesitz)
Wallpach, Arthur von
D: 24.9.1896 in: Anton Unterkirchner, »Unbekannter Brief R.s an W...«, Mitteilungen aus dem Brenner-Archiv, Nr.15, 1996
Walter, Reinold von
(= Herr v. W.)
D: Gert Bucheit, »Unveröffentlichte Rilke-Briefe,« in: Der Gral, 23. Jg., Heft 5, München 1929
Walthert, Ida
D: Ingeborg Schnack, »Rilke in Ragaz«, Bad Ragaz 1970 (S. 94, 159f.)
H: Kopien Sammlung Mises (569)
Wasielewski, Waldemar von
D: »Ein Briefwechsel Rainer Maria Rilkes mit Waldemar von Wasielewski. Mit einer Einleitung von Michael von Wasielewski«, in: Bl. d. R.-Ges. 24, 2002
Wattenwyl, Yvonne de, geb. von Freudenreich, (später Vallotton)
H: Rilke-Museum in Sierre (Siders)

Wedel, Charlotte (Lotti) von geb. von Gwinner
D: GB 4.5 (Ritzer B 268)
Weichardt, Dr. Carl
H: Privatbesitz
Weichberger, Konrad
H: 8.10.08: Privatbesitz
Weininger, Maria (Mieze)
H: Österreichische Nationalbibliothek Wien
Weininger, Richard
H: Österreichische Nationalbibliothek Wien
Weininger, Thomas
H: Österreichische Nationalbibliothek Wien
Weinmann, Julie
D: Briefe und Tagebücher aus der Frühzeit 1899-1902 (Ritzer B 269)
H: (W) Privatbesitz
Weixlgärtner, Arpad
D: Arpad Weixlgärtner, »Ein Brief R.M.R.s über Paul Cézanne und Oskar Kokoschka«, in: Die graphischen Künste, 53. Jg., Wien 1930 (Beilage)
Werfel, Franz
D: Edouard Goldstücker, »Rilke und Werfel. Zur Geschichte ihrer Beziehungen. Vier bisher unbekannte Briefe R.s an Werfel«, in: Panorama, 5. Jg., 1961
Westhoff, Friedrich
D: GB 1 (Ritzer B 271)
H: Privatbesitz
Wiener Sezession
D: Hans Ankwicz-Kleehoven, »R.M.R. und die Wiener Sezession«, in: Wiener Zeitung vom 1.1.1947
Wiesenthal, Grete
H: (W) Privatbesitz
Wildberg, Bodo, (H.L. von Dickinson-Wildberg)
D: GB 1 (Ritzer B 273)

Wilhelm, Paul
  H: 31.12.98: Privatbesitz
Wimhölzl, Arnold
  H: Rilke-Archiv
Windischgrätz, Antoinette und Marie, Prinzessinnen
  D: Ingeborg Schnack, »Rilke in Ragaz«, Bad Ragaz 1970 (S. 77 ff.)
  H: Familienbesitz, Kopie von Frau Wunderly-Volkart im Rilke-Archiv Bern
Winter, Käthe
  D: (W) mitgeteilt von Joseph Peter Stern in: The New Review, Vol. 3, No 27, London 1976
Winterfeldt, Joachim von
  D: GB 4 (Ritzer B 274)
Wintscher, Dora
  H: Kopie im Dt. Literaturarchiv, Marbach
Woermann, Hedwig
  s. Jaenichen-Woermann
Woerner, Roman
  H: 19.2.17: Privatbesitz
Wolfenstein, Alfred
  D: BzP, S. 214
Wolff, Kurt
  D: »Briefwechsel eines Verlegers 1911-1963«, hg. von Bernhard Zeller und Ellen Otten, Frankfurt: Scheffler 1966 (S. 136-152)
Wolzogen, Ernst von
  D: GB 1 (Ritzer B 277)
Woronin, Helene
  D: Vladimir Boutchik/E. L. Stahl, »Letters of R. M. R. to Helene*** [Woronin]«, in: Oxford Slavonic Papers, Vol. 9 1959/60 (S. 129-164); RuR
  H: Gedichte Privatbesitz
Wunderly, Hans
  H: Rilke-Archiv Bern
Wunderly-Volkart, Nanny
  D: J. R. von Salis, »R. M. R.s Schweizer Jahre«, Frauenfeld: Huber ³1952, dort auch »Einige persönliche Bestimmungen ...« (R.s Testament in vollem Wortlaut, S. 209); weitere Zitate in: Ingeborg Schnack, »Rilke in Ragaz«, Bad Ragaz 1970; R. M. R., »Briefe an N. W.-V.«, 2 Bde., hg. von Rätus Luck 1977
  H: Rilke-Archiv Bern
Zickel, Martin
  H: Sammlung Mises (304)
Ziegler, Lily geb. Fierz
  D: BaSF, S. 191
  H: Rilke-Archiv Bern
Zimmermann, Rudolf
  D: Briefe 1966 (Ritzer B 280)
Zoozmann, Richard
  D: GB 1 (Ritzer B 281)
Zuloaga, Ignacio
  D: »Die Briefe R. M. R.s an Don Ignacio Zuloaga«, in: Jean Gebser, »Rilke und Spanien«, Zürich: Oprecht ²1946
  H: Dt. Literaturarchiv Marbach
Zweig, Stefan
  D: Briefe 1906-07, 1907-14 (Ritzer B 283); »R. M. R. und Stefan Zweig in Briefen und Dokumenten«, hg. von Donald A. Prater, 1987
Zwetajewa-Efron, Marina
  D: GB 5 (Nr. 115 Beiblatt) im Band falsch eingeordnet. Ferner Marion Böhme, »Rilke und die russische Literatur«, masch. Diss. Wien 1966; RuR; ferner in R. M. R./Marina Zwetajewa/Boris Pasternak, »Briefwechsel«, hg. von Jewgenij Pasternak, Jelena Pasternak und Konstantin M. Asadowskij, 1983
Zwintscher, Oskar
  D: R. M. R., »Dreizehn Briefe an Oskar Zwintscher. Handschriftlich wiedergegeben«, Chemnitz: Gesellschaft der Bücherfreunde 1931
Unbekannte Empfängerin

Brief vom 5.9.1914
H: Privatbesitz
Ungenannte Dame
Brief vom 12.2.1894
H: Privatbesitz
Unbekannter Empfänger

Brief undatiert, wohl um Mitte
Oktober 1914
H: Privatbesitz
Eine junge Freundin
Brief vom 17.3.1926
D: Briefe 1966 (Nr. 424)

Teil II

Albert-Lazard, Lulu (Lou Albert-Lasard)
D: Erinnerungen an R., in: »Wege mit Rilke«, Frankfurt: S. Fischer 1952
Andreas-Salomé, Lou
D: Erinnerungen, in: »R. M. R.«, Leipzig: Insel 1928; »Lebensrückblick«, aus dem Nachlaß hg. von Ernst Pfeiffer, Zürich: Niehans, und Wiesbaden: Insel 1961 (darin: »Mit Rainer« und der Nachtrag »April, unser Monat«)
Brief an Sigmund Freud vom 17.7.16, in: »Sigmund Freud. Lou Andreas-Salomé: Briefwechsel«, hg. von Ernst Pfeiffer, Frankfurt: S. Fischer 1966, S. 55f.
Erinnerungen, in: Ernst Pfeiffer, »R. und die Psychoanalyse«, Literaturwissenschaftliches Jb. der Görres-Ges., N. F., 17. Bd., 1976
Tagebucheintragungen, in: R. M. R./Lou A.-S., »Briefwechsel«, hg. von Ernst Pfeiffer, 2., erweiterte Ausgabe 1975
H: Tagebücher (Ernst Pfeiffer, Göttingen)
Baltrušajtis, Jurgis
D: Besprechung von R.s »Buch der Bilder«, in: Vesy, Moskau. Übertragung in: Marion Böhme, »R. und die russische Literatur«, masch. Diss. Wien 1966
Becker, Paula (später Modersohn-Becker)

D: »Eine Künstlerin. Paula Becker-Modersohn. Briefe und Tagebuchblätter«, hg. von Sophie Gallwitz, Bremen: Leuwer ²1918. Darin: Brief an Clara R. Westhoff (S. 123), an Otto Modersohn (S. 138).
Benjamin, Walter
D: Brief an R. vom 3.7.1925, in: »R. M. R. 1875-1975«, Marbach: Katalog Nr. 26 (bearbeitet von Joachim W. Storck), S. 315; Bw. H. v. H./ R. M. R. (S. 253)
H: Rilke-Archiv
Benois, Alexander
D: Brief an R. vom 18.8.02, in: Sophie Brutzer, »Rilkes russische Reisen«, Diss. Königsberg 1934, Neudruck Darmstadt 1969 (S. 59); RuR
Benoist-Méchin, Jacques
D: Erinnerung, in: Maurice Betz, »Rilke vivant«, Paris: Emile-Paul Frères 1937 (S. 142f.)
Betz, Maurice
D: Erinnerungen, in: M. B., »Rilke vivant«, Paris: Emile-Paul Frères 1937, darin: S. 112-123, 141, 142f., 150, 194f., 206f. u. ö. (erweiterte dt. Ausgabe von Willy Reich, Wien: Herbert Reichner 1938); »Rilke à Paris et les Cahiers de Malte Laurids Brigge«, Paris: Emile-Paul Frères 1941; »Rilke et la France«, Paris: Plon 1942 (darin: M. B., »Supplément à ›Rilke vivant‹« S. 223-228)

Bierbaum, Otto Julius
H: Brief an R., Insel-Verlag Frankfurt
Borchardt, Rudolf an Josef Hofmiller
D: »Borchardt. Heymel. Schröder«, Ausstellung ... Marbach 1978 (S. 220 f.)
Bülow, Frieda von
D: über R. in: GB 1 (S. 493)
Bürer, Alice
D: Brief an R. in: Ingeborg Schnack, »Rilke in Ragaz«, Bad Ragaz 1970
H: Kopie in Privatbesitz
Burckhardt, Carl Jacob
D: über R., in: Hugo von Hofmannsthal/Carl J. Burckhardt, »Briefwechsel«, Frankfurt: S. Fischer 1956 (S. 48); an Altwegg, in: Merkur, November 1975
H: Brief an die Verfasserin vom 4.1.1974 aus Vinzel
Carossa, Hans
D: Erinnerungen in: H. C., »Führung und Geleit«, »Gesammelte Werke« Bd. 1, Wiesbaden: Insel 1949 (S. 646, 702); Tagebucheintragung in: Hans Carossa, »Tagebücher 1910-1918«, hg. von Eva Campmann, 1986
Czokor, Franz Theodor
D: Erinnerung, in: Basler und National-Zeitung, 12.8.1951
Dauthendey, Max
D: »Mich ruft dein Bild. Briefe an seine Frau von M. D.«, München 1930
David, Jakob Julius
H: an Hugo Salus, Privatbesitz
Degenfeld, Ottonie Gräfin, geb. von Schwartz
D: Briefe an Hofmannsthal, in: H. v. H./Ottonie Gräfin Degenfeld, »Briefwechsel«, Frankfurt: S. Fischer 1974 (S. 266, 278)

Droshshin (Drožžin), Spiridon an R.
D: RuR; dort auch seine »Erinnerungen«
Du Bos, Charles
D: Tagebuchaufzeichnungen, in: »Rilke et la France«, Paris: Plon 1942 (S. 207 ff.)
Duse, Eleonora
H: Brief an R., Rilke-Archiv
Engels, Alexander
D: Brief an R., GB 1 (S. 491)
Erdmann, Ilse
D: April 1914 an R., in: Rolf Haaser, »Editha Klipstein und R. M. R. im Sommer 1915«, Fernwald 2007
Ettinger, Paul
D: Brief an R., in: Sophie Brutzer, »Rilkes russische Reisen«, Neudruck Darmstadt 1969; RuR
Eysoldt, Gertrud
D: Brief an R., zitiert in: »Tagebücher aus der Frühzeit«, Frankfurt: Insel 1973, S. 339
Ficker, Ludwig von
D: Brief an R., in: L. v. F., »Rilke und der unbekannte Freund. In Memoriam Ludwig Wittgenstein«, in: Der Brenner, 18. Folge, 1954; Ludwig von Ficker, »Briefwechsel 1914-1925«, Innsbruck 1988
Fiedler, Friedrich F.
D: Erinnerungen, in: RuR (S. 516-518)
Fischer, Jacob (später Generalmajor)
D: Erinnerung, in: Byong Ock Kim, »Rilkes Militärschulerlebnis und das Problem des verlorenen Sohnes«, Bonn: Bouvier 1973 (S. 63 f.)
Freud, Sigmund
D: über R. an Lou A.-S., in: Sigmund Freud/Lou Andreas-Salomé, »Briefwechsel«, hg. von Ernst Pfeiffer, Frankfurt: S. Fischer 1966 (S. 56)

Fürnberg, Louis
D: L. F., »Gedichte 1946-1957«, Weimar 1964, S. 36-38
Gallarati-Scotti, Aurelia Duchesa, geb. Cittadella-Vigodarzere
D: Briefe an R., in: R. M. R., »Lettres milanaises. 1921-1926«, introduction par Renée Lang, Paris: Plon 1956
Gansberg, Fritz
D: Rundschreiben, in: SW 6 (S. 1449)
George, Stefan
D: an R., Carl Sieber, »R. und Stefan George«, in: Corona, 5. Jg., Heft 6, 1934/35; R.-Katalog Marbach 1975, S. 64
Gide, André
D: Brief an Verhaeren, in: »Rilke, Gide et Verhaeren. Correspondance inédite recueillie ... par Carlo Bronne«, La Roche sur Yon: Messein 1955; Briefe an R., in: »R. M. R. André Gide: Correspondance 1909-1926«, introduction par Renée Lang, Paris: Corrêa 1952; ebd. Briefe an Romain Rolland (S. 126f.) und »Relation de l'histoire du séquestre de l'appartement de R. M. R.« von Gide und dessen Tagebucheintragungen (S. 133 ff.)
Graf, Oskar Maria
D: Erinnerungen, »Über R. M. R.«, in: Frankfurter Hefte, 6. Jg., Heft 12. 1951
Groes, Friedrich an Alexander Benois
D: RuR (S. 544)
Haemmerli-Schindler, Dr. med. Theodor
D: Brief an die Fürstin Taxis, in: R. M. R./Marie von Thurn und Taxis, »Briefwechsel«, Zürich: Niehans, und Wiesbaden: Insel 1951 (Beilage 5, Nr. 7)
Hammer, Victor an R.
H: Rilke-Archiv

Hauptmann, Carl
D: Arne Grafe, »...ein Stolz jener Jahre – R. M. R.s Aufbruch in die Moderne«, Hannover 2003
Hauptmann, Gerhart
D: s. Grafe
Hausenstein, Wilhelm
D: Erinnerungen, in: »Stimmen der Freunde. Ein Gedächtnisbuch«, hg. von Gert Buchheit, Freiburg: Urban 1931 (S. 84-91)
Hellingrath, Norbert von
D: an R., in: »R. M. R. und N. v. H./ Der Briefwechsel und andere Dokumente«, hg. von Klaus E. Bohnenkamp, 2007; an Elsa Bruckmann und Marie von Sladovich, ebd.
Helwig, Werner
D: in: »Begegnungen«, www. wernerhelwig.de
Hennebert, Marthe
H: Brief an R., Abschrift von R.s Hand: Rilke-Archiv
Herxheimer, Dora
D: Erinnerungen, in: »Stimmen der Freunde. Ein Gedächtnisbuch«, hg. von Gert Buchheit, Freiburg: Urban 1931 (S. 91-94)
Hesse, Hermann an R.
D: Klaus W. Jonas, »R. und Hesse. Versuch einer Dokumentation«, in: Philobiblon, 23. Jg., Heft 3, 1979
Heydt, Karl von der an R.
D: Br. v. d. Heydt (S. 308)
Hofmannsthal, Christiane von
H: Tagebucheintragungen Privatbesitz
Hofmannsthal, Hugo von
D: Briefe an R. in: Hugo von Hofmannsthal, »Briefe. 1900-1909«, Wien 1937; Brief vom 18.1.1908, in: »Almanach 87. Hugo von Hofmannsthal. Briefe«, Frankfurt: Fischer 1973; Brief vom 25. 5. 23, in:

Corona: 10. Jahr, Heft 6.1943. Briefe an andere über R.: an Oskar Bie, in: »Almanach 87. Hugo von Hofmannsthal. Briefe«, Frankfurt: Fischer 1973; an Harry Graf Kessler, in: »Hugo von Hofmannsthal. Harry Graf Kessler: Briefwechsel«, Frankfurt: Insel 1968; an Frau von Nostitz, in: »Hugo von Hofmannsthal. Helene von Nostitz. Briefwechsel«, Frankfurt: Fischer 1963 (S. 104); an C.J. Burckhardt, in: »Hugo von Hofmannsthal. Carl J. Burckhardt: Briefwechsel«, Frankfurt: Fischer 1956 (S. 52); an Dory von der Mühll, 21.1.27, mitgeteilt von Rudolf Hirsch; Bw. H. v. H./ R.M.R.
H: an seine Frau, Hofmannsthal-Nachlaß; an Hermann Ubell, Privatbesitz

Holitscher, Arthur
D: Brief an R. in: Walter Simon, »R.M.R., Die Weise von Liebe und Tod. Texte und Dokumente«, Frankfurt: Suhrkamp 1974 (S. 95)

Holmström, Tora
D: Erinnerungen, in: R.M.R., »Briefe an Tora Vega Holmström«, hg. von Birgit Rausing und Paul Åström, 1989

Horaček, Professor
D: Erinnerung, in: R.M.R., »Briefe an einen jungen Dichter«, Insel-Bücherei Nr. 406

Huch, Ricarda
D: Brief an Katharina Kippenberg, in: »Die Insel. Eine Ausstellung«, Marbach 1965 (S. 285)

Hulewicz, Witold
D: Interview, »»Ksiegi obrazów«. Rozmowa z Rainerem Marja Rilke«, in: Wiadomości literackie Tygodnik. Rok 1, Nr. 46, Warszawa 1924 (im Text: deutsche Übersetzung von Frau Dr. Barbara Hoffmann M.A., Marburg); Auszüge in: Franz A. Doubek, Wilna, »R.M.R. und sein polnischer Übersetzer W. Hulewicz«, in: Die Horen, 6. Jg., Nr. 5/6, 1950

Jaloux, Edmond
D: Erinnerungen, in: »La dernière amitié de R.M.R. Lettres inédites à Madame Eloui Bey«. Avant-propos de Marcel Ravel, Paris: Laffont 1949
H: »Entretiens avec R.M. Rilke«, Rilke-Archiv Bern

Jaffé-von Richthofen, Else an R.
H: Rilke-Archiv

Kafka, Franz, über R.
D: Hartmut Binder, »Prager Profile. Vergessene Autoren im Schatten Kafkas«, Berlin 1991, S. 36-38.

Kassner, Rudolf
D: an R.: R.M.R./R.K., »Freunde im Gespräch...«, hg. von Klaus E. Bohnenkamp, 1997; Erinnerungen, in: R.K. »Buch der Erinnerung«, Leipzig: Insel 1938 (darin S. 304, »R.M.R. zu seinem 60. Geburtstag am 4. Dezember 1935«); R.K., »Zum Briefwechsel zwischen R.M.R. und der Fürstin Marie von Thurn und Taxis-Hohenlohe« (S. XXII), in: R.M.R./Marie von Thurn und Taxis, »Briefwechsel«, Zürich 1951; Erinnerungen, in: »R.M.R. Eine Ausstellung des Dt. Literaturarchivs...«, Marbach 1975 (S. 155); an Elsa Bruckmann, in: »R. an E.B. in München«, hg. von Klaus E. Bohnenkamp (in Vorbereitung)

Katzenstein, Erich
H: Brief an R. im Rilke-Archiv

Kessler, Harry Graf an R.
D: Tagebuchaufzeichnungen, in: Harry Graf Kessler, »Aus den Tagebüchern...«, mitgeteilt von Bernhard Zeller, in: Jahrbuch der Deutschen Schillergesellschaft 1968

(S. 48ff.); Harry Graf Kessler, »Tagebücher 1918-1937«, hg. von E. Pfeiffer-Belli, Frankfurt: Insel 1961 (S. 434); Bernhard Zeller, »Aus unbekannten Tagebüchern Harry Graf Kesslers«, in: Jb. d. Dt. Schiller-Ges. 1987;»R.M.R., Eine Ausstellung des Dt. Literaturarchivs...«, Marbach 1975 (S. 135) Brief an Hofmannsthal, in: »Hugo von Hofmannsthal. Harry Graf Kessler: Briefwechsel«, hg. von Hilde Burger. Frankfurt: Insel 1968 Brief an Frau von Bodenhausen: ebd. (S. 414)
H: Tagebucheintragungen, Dt. Literaturarchiv Marbach
Key, Ellen
D: Karte aus Göttingen, in: R.M.R./ Lou Andreas-Salomé, »Briefwechsel«, hg. von Ernst Pfeiffer, Zürich 1952 (S. 205)
H: Brief an R., von diesem als Abschrift dem Brief an Axel Juncker vom 10. 5. 04 beigelegt, in: Dt. Literaturarchiv, Marbach
Brief an S. Fischer (3.8.14): Sammlung Mises (534)
Kippenberg, Anton
D: R.M.R., »Briefwechsel mit Anton Kippenberg«, hg. von Ingeborg Schnack und Renate Scharffenberg, 1995
H: Briefe an R., Dt. Literaturarchiv, Marbach und Insel-Verlag, Frankfurt
Kippenberg, Katharina
D: Briefe an R., in: »R.M.R. Katharina Kippenberg: Briefwechsel«, Wiesbaden: Insel 1954
Erinnerungen in: K. K. »R.M.R. Ein Beitrag«, Leipzig: Insel ³1942 (S. 386)
Klein, Otto über R.s Rodin-Vortrag
D: Hans-Henrik Krummacher, »Paul Zech und R.M.R.«, in: Zeit der Moderne (Festschrift für Bernhard Zeller), 1984
Klipstein, Editha
D: Erinnerung, in: Rolf Haaser, »Editha Klipstein und R. im Sommer 1915«, 2007; E.K., »Ein Besuch bei Rilke«, in: Neue Schweizer Rundschau, 24. Jg. von Wissen und Leben, Heft 11, 1931 (Brief an Ilse Erdmann); an Regina Ullmann, in: R.M.R., »Briefwechsel mit Regina Ullmann und Ellen Delp«, hg. von Walter Simon, 1987
Klossowska, Baladine
D: Briefe an R., in: »R.M.R. et Merline. Correspondance. 1920-1926«, Rédaction Dieter Bassermann, Zürich: Niehans 1954
Kluge, Gerd
D: www.marburger-forum.de, Jg. 9, Heft 5, 2008
Kokoschka, Oskar an S. Geiser
H: Rilke-Archiv Bern
Korrodi, Eduard
D: Rede »An R.M.R.s Grab«, in: Maurice Zermatten, »Les Années valaisannes de Rilke«, Lausanne: F. Rouge 1941 (S. 215-219)
Kra, Suzanne an R.
H: Rilke-Archiv Bern
Kraus, Karl
D: über R., in: Karl Kraus, »Briefe an Sidonie von Nadherný, 1913-1926«, hg. von Heinrich Fischer und Michael Lazaras, Redaktion Walter Methlagl und Friedrich Pfäfflin, 2 Bde., München: Kösel 1974
Křenek, Ernst
Erinnerungen, in: E.K., »Zur Entstehungsgeschichte der Trilogie ›O Lacrimosa«, in: »R.M.R. Stimmen der Freunde. Ein Gedächtnisbuch«, hg. von Gert Buchheit, Freiburg: Urban 1931

Kühlmann, Richard von an R.
D: Ernst Zinn, in: Beiblatt zu
R. M. R., »Ausgewählte Gedichte aus
den Jahren 1902 bis 1917«, Faksimile der Handschrift ..., (Neudruck) 1975
Lanckoronsky, Karl Graf
H: Aufzeichnungen (9. 8. 26), mitgeteilt von Rudolf Hirsch
Lechter, Melchior
D: Erinnerung an R., in: Marguerite Hoffmann, »Mein Weg mit Melchior Lechter«, Amsterdam: Castrum Peregrini 1966 (S. 142-144)
Lefèvre, Frédéric
D: Interview »Une heure avec R. M. R.«, in: Les Nouvelles Littéraires vom 24. 7. 1926
Lichnowsky, Mechthilde Fürstin geb. Gräfin Arco-Zinneberg
D: Aufruf zur finanziellen Unterstützung R.s, in: »Kurt Wolff. Briefwechsel eines Verlegers 1911-1963«, Frankfurt: Scheffler 1966 (S. 553 f.)
Liebknecht, Sophie an R.
D: »R. M. R. Eine Ausstellung des Dt. Literaturarchivs ...«, Marbach 1975 (S. 231)
Mann, Thomas
D: Tagebucheintragungen in: Thomas Mann, »Tagebücher 1918 bis 1921«, hg. von Peter de Mendelssohn 1979 (S. 111, 230)
Martin du Gard, Maurice
D: über R., »Opinions et Portraits: R. M. R.«, in: Les Nouvelles Littéraires vom 21. 3. 1925
Mehring, Walter
D: »Der Fall Rilke«, in: Das Tagebuch, hg. von Stefan Grossmann und Leopold Schwarzschild, 6. Jg., Heft 33 vom 15. 8. 1925
Michaëlis, Karin

D: Erinnerungen, in: »Little Troll«, New York 1946, dt. »Der kleine Kobold«, übersetzt von Felix Horst, Wien 1947 (Kapitel »Wassermann und Rilke«)
Michaëlis, Sophus
D: an Alfred Bramsen, in: Akzente 43, 1996
Militärschulen: St. Pölten und Mährisch-Weißkirchen
D: Berichte und Zeugnisse, in: Byong-Ock Kim, »R.s Militärschulerlebnis und das Problem des verlorenen Sohnes«, Bonn: Bouvier 1973 (S. 41 ff.)
Mitterer, Erika
D: Briefgedichte an R., in: R. M. R., »Briefwechsel in Gedichten mit Erika Mitterer. 1924-1926«, hg. von Ingeborg Schnack, Wiesbaden: Insel 1959 (Aus R. M. R.s Nachlaß. Zweite Folge)
Monnier, Adrienne
D: Erinnerung an R. »Le Poète angélique«, in: »Rilke et la France«, Paris: Plon 1942 (S. 237 f.)
Muehlon, Wilhelm
H: Brief an R. in Familienbesitz
Musil, Robert
D: Robert Musil, »Briefe 1901-1942«, hg. von Adolf Frisé, Reinbek bei Hamburg 1981
Nádherný von Borutin, Sidonie Freiin
D: Tagebuchnotiz über R. in: Karl Kraus, »Briefe an Sidonie von Nádherný«, München: Kösel 1974 (Bd. 2, S. 184)
Nölke, Gudi geb. Senckel
D: Briefe an R., in: R. M. R. »Die Briefe an Frau Gudi Nölke«, Wiesbaden: Insel 1953 (im Anmerkungsapparat); Ingeborg Schnack, »Rilke in Ragaz«, Bad Ragaz 1970 (S. 34 u. ö.)
H: Familienbesitz, z. T. Dt. Litera-

turarchiv, Marbach; Tagebuch 1919,
Familienbesitz
Noether, Emma an R.
  H: Rilke-Archiv
Nostitz, Helene von, geb. von Beneckendorff und von Hindenburg
  D: Erinnerungen, in: H. v. N., »Aus dem alten Europa«, zuerst 1926, jetzt Wiesbaden: Insel 1950 (S. 92 f., 105, 132-140)
  Brief an Katharina Kippenberg, in: »Die Insel. Eine Ausstellung«, Marbach 1965 (S. 176)
  H: Tagebücher in Familienbesitz, an R.: 13. 5. 15: Privatbesitz
Österling, Anders
  D: Erinnerungen in: R. M. R., »Briefe an Axel Juncker«, hg. von Renate Scharffenberg 1979 (S. 275 f.); auch in: R. M. R., »Briefe an Tora Vega Holmström«, 1989
Oltersdorf, Jenny
  D: Erinnerung in: Hilde de Wilt-Stieler, Die Tat, 1946, Nr. 74 (S. 11)
Orlik, Emil
  H: an Hugo Salus: Privatbesitz
»Oskar«
  D: Brief an Josef Rilke, in: Carl Sieber, »René Rilke«, Leipzig: Insel-Verlag 1932 (S. 93 f.); Byong-Ock Kim, »R.s Militärschulerlebnis ...«, Bonn: Bouvier 1973 (S. 72)
Ottosen, Dr. med. C.
  D: Gutachten über R.s Gesundheitszustand, in: »R. M. R./Lou Andreas-Salomé: Briefwechsel«, Zürich/Wiesbaden 1952 (S. 348, Anmerkung)
Pasternak, Boris
  D: RuR; Brief an R., in: Christopher J. Barnes, »Boris Pasternak and R. M. R.: Some missing links«, in: Forum for Modern Language Studies, St. Andrews. Vol. 8, Nr. 1, 1972 (S. 61 ff.); auch Marina Cvetaeva, »Ausgewählte Werke«, hg. von Günther Wytrzens, München: Fink 1971 (abweichende Texte). Erinnerung an R. in: B. P., »Geleitsbrief«, übersetzt von Gisela Drohla, Berlin: Kiepenheuer und Witsch, 1958 (S. 9)
Pasternak, Leonid
  D: Brief an R., in: Sophie Brutzer, »R.s russische Reisen« (1934), Neudruck Darmstadt 1969 (S. 16); RuR
Pauli, Gustav
  D: Erinnerungen, in: G. P., »Erinnerungen aus sieben Jahrzehnten«, Tübingen: Rainer Wunderlich 1936 (S. 170/171, 212)
Pulver, Max
  D: »Erinnerungen an eine europäische Zeit«, 1953
Rathenau, Walter
  D: an R.: Walter Rathenau, »Briefe«, Teilband 2, 1914-1927, Düsseldorf 2006
Reinhart, Hans
  D: an R., Bw. R./Brüder Reinhart
Reinhart, Werner
  D: an R., Bw. R./Brüder Reinhart
Riccard, Paula
  D: Erinnerungen, in: Paula N. Riccard, »Begegnung mit R. M. R. (mit unbekannten Versen)«, Vorbemerkung von G. Holz, in: Vossische Zeitung. Unterhaltungsblatt Nr. 310, 25. 12. 1931
Rilke-Westhoff, Clara
  D: Brief an R. vom 8. 2. 1905, in: Rainer Stamm, »Ein kurzes intensives Fest«, Paula Modersohn-Becker. Eine Biographie, Stuttgart 2007
  H: Brief an R. im Rilke-Archiv
Rilke, Jaroslav von
  D: Brief an Josef R., in: Carl Sieber, »René Rilke«, 1932 (S. 58 f.)
Rilke, Josef
  D: Brief an R., in: Carl Sieber,

»René Rilke« 1932 (S. 43); Brief an seine Frau: ebd. (S. 101 f.)
Rilke, Sophia (Phia)
D: Brief an R., in: Carl Sieber, »René Rilke« 1932 (S. 56f.)
Rodin, Auguste
D: Auszug eines Briefs an R., in: GB 2 (Nr. 32) und GB 3 (Nr. 6), Briefe an Clara R.
Rolland, Romain
D: Briefe an R., in: »Correspondance Rilke-Romain Rolland«, in: »R. M. R. (1875-1926)«, Collection Les Lettres. Paris 1952
Brief an Stefan Zweig, in: »R. M. R. André Gide. Correspondance«, introduction par Renée Lang, Paris: Corrêa 1957 (S. 138f.)
Rülcko (Rülike), Christophorus
D: Besitzvermerk in: Hugo Rokyta, »Das Schloß im ›Cornet‹ von R. M. R.«, Wien: Bergland-Verlag 1966 (s. auch Anm. 25)
Saint-Hélier, Monique (Betty Briod geb. Eymann)
D: Erinnerung, in: M. St.-H., »Souvenir«, in: »A Rilke pour Noël 1927«, »Rilke et la France«, Paris: Plon 1942 (S. 233-236)
Salis, Jean Rodolphe (Hans) von
D: Erinnerungen, in: J. R. v. S., »R. M. R.s Schweizer Jahre«, Frauenfeld: Huber 1952
Sazonowa, Julie
D: über R., in: Novyj Žurnal, Vol. 5, New York 1943 (S. 281-292), vgl. Katalog der Sammlung Mises, Nr. 528 und 883.
Schaeffer, Albrecht
D: Brief über R., in: »Die Insel. Eine Ausstellung«, Marbach 1965 (S. 276)
Scheel, Erika von, später verheiratet mit Ivo Hauptmann
D: Erinnerungen, in: Erica Yvette Hauptmann, »Unbekannte Briefe von R. M. R.«, in: Die Welt vom 11. 9. 1948
Schey von Koromla, Philipp
D: an R.: in: Jb. d. dt. Schiller-Ges. 1998
Schill, Sophie
D: Briefe an R., in: Sophie Brutzer, »Rilkes russische Reisen« (1934), Neudruck Darmstadt 1969 (S. 15, im Original russisch, S. 62f. u. ö.). Aus ihren im ganzen unveröffentlichten Erinnerungen zitiert Leonid Certkov, »Rilke in Rußland. Auf Grund neuer Materialien«, in: Osterreichische Akademie der Wissenschaften. Veröffentlichungen der Kommission für Literaturwissenschaft Nr. 2, Wien 1975. Der Nachlaß Schill befindet sich in der Universitätsbibliothek Moskau; RuR (S. 438)
Schlapp, Otto
D: Brief an R., in: Eudo C. Mason, »Rilke, Europe and the English-speaking world« Cambridge: University Press 1961 (S. 187)
Schneider, Camille
D: Erinnerungen, in: Camille Schneider, »De Paris à Strasbourg et Colmar avec R. M. R.«, in: »R. M. R. (1875-1926)«, Collection Les Lettres. Paris 1952 (S. 134-192, vom Autor ins Französische übersetzt)
Schlözer, Leopold von
D: Erinnerungen, in: Leopold von Schlözer, »R. M. R. Erinnerungen«, in: Die Literatur, 29. Jg., Heft 6 (März) 1927
Schnitzler, Arthur
D: Briefe an R., in: Heinrich Schnitzler, »R. M. R. und Arthur Schnitzler. Ihr Briefwechsel«, in: Wort und Wahrheit, 13. Jg., 1. Halbjahr 1958

Schöne, Johanna
H: Familienarchiv
Schröder, Rudolf Alexander an O. J. Bierbaum
D: »Borchardt. Heymel. Schröder«, Ausstellung ... Marbach 1978 (S. 82)
Schwab, Raymond
D: über R., in: Maurice Betz, »Rilke vivant«, Paris: Emile-Paul Frères 1937 (S. 143)
Sedlakowitz, Caesar von
D: Brief an R., in: Carl Sieber, »René Rilke« 1932 (S. 159f.)
Shaw, Bernard
H: Privatbesitz
Sieber, Carl
D: C. S., »René Rilke. Die Jugend Rainer Maria Rilkes«, Leipzig: Insel 1932
Silberer, Zega (Geza) Pseudonym: Sil Vara
D: Erinnerung, in: Sil Vara, »Rilke im Kriegsarchiv«, in: Prager Tagblatt vom 1. 3. 1931
Steiner, Herbert
D: über R., in: H. St. »Rilke«, in: »R. M. R. (1875-1926)«, Collection Les Lettres. Paris 1952 (S. 180)
Supervielle, Jules
D: Briefe an R., in: Jules Supervielle, »Correspondance Rilke – Supervielle«, in: »R. M. R. (1875-1926)«, Collection Les Lettres, Paris 1952 (S. 51)
Erinnerungen ebd. (S. 48)
Thurn und Taxis, Fürstin Marie von
D: Briefe an R., in: »R. M. R. Marie von Thurn und Taxis: Briefwechsel«, Zürich und Wiesbaden 1951;
Erinnerungen in: Fürstin Marie von Thurn und Taxis-Hohenlohe, »Erinnerungen an R. M. R.«, München: Oldenbourg 1933 (Dt. Ausgabe besorgt von Georg H. Blokesch, Original französisch)

Toller, Ernst
H: Brief an R. im Rilke-Archiv Bern
Tolstoi, Leo
D: Brief an R., in: Marion Böhme, »Rilke und die russische Literatur«, masch. Diss. Wien 1966 (S. 5f.) (Handschrift im Tolstoi-Archiv in Moskau); Sophie Brutzer, »Rilkes russische Reisen«, 1934, Neudruck: Darmstadt 1969 (S. 48); vgl. auch E. Zejdenšnur »R. M. R. u. Tolstogo«, in: Lit. nasledstvo, L. N. Tolstoj (Bd. 37/38), Moskau 1939; RuR (S. 109)
Trog, Hans
D: über R., in: Hans Trog, »Der R. M. R.-Abend des Lesezirkels Hottingen«, NZZ vom 29. 10. 1919; Wiederabdruck: R. M. R., »Die Briefe an Frau Gudi Nölke«, Wiesbaden 1953 (S. 152-156)
Tchernosvitow, Génia
D: Erinnerungen, in: Génia Tchernosvitow, »Les derniers mois de R. M. R.«, in: »R. M. R. (1875-1926)«, Collection Les Lettres, Paris 1952 (S. 214-220)
Ullmann, Regina
D: Erinnerungen, in: Regina Ullmann, »Erinnerungen an R. Briefe des Dichters und die Genfer Ansprache von Carl J. Burckhardt für R. U.«, St. Gallen: Tschudy ²1945
Valéry, Paul
D: Briefe an R., in: Paul Valéry, »Lettres à quelques-uns«, Paris 1952 (dt. Ausgabe: Paul Valéry, »Briefe«, übertragen von Wolfgang Peters. Wiesbaden: Insel 1954); Renée Lang, »Rilke, Gide e Valéry nel carteggio inedito«, Firenze: Sansoni 1960 (darin Faksimile des Blattes vom 1. 4. 24, S. 50f., ferner S. 66ff.); über R. an Madame Valéry ebd. (S. 55). Offener Brief an R.:

»A R. M. R.«, in: »Reconnaissance à R.«, Paris: Emile-Paul Frères 1926 (S. 9 ff.);
Brief an die Fürstin Taxis in: R. M. R./Marie von Thurn und Taxis: »Briefwechsel«, Zürich 1951 (Beilage Nr. 10)

Veder, Beppy
H: Brief an R. im Rilke-Archiv Bern

Veder, Marcella geb. Schreiner
H: Brief an R. im Rilke-Archiv Bern

Verhaeren, Marthe
H: Brief an R. in einer Kopie seiner Hand an Frau Wunderly-Volkart (Paris, 26. 3. 1925): Rilke-Archiv Bern

Vildrac, Charles
D: Erinnerungen, in: Charles Vildrac, »Souvenir«, in: »Rilke et la France«, Paris: Plon 1942 (S. 231 f.); Gedicht, in: Gide/R. M. R., »Correspondance«, dt. Ausgabe; Rilke-Charles Vildrac, »Briefwechsel« (Dokumentation), in: August Stahl, »französisch gedacht«. R. M. Rilke und Charles Vildrac«, in: Études germaniques, 63, 2008

Vogeler, Heinrich
D: Heinrich Vogeler, »Werden. Erinnerungen«, mit Lebenszeugnissen aus den Jahren 1923-1942, hg. von Joachim Priewe und Paul-Gerhard Wenzlaff, Fischerhude 1989; Hans Wohltmann, »R. M. R. in Worpswede«, Hamburg 1952

Voigt, Lina, geb. Schröder
D: Widmung, mitgeteilt von Walter Simon, in: Bl. d. R.-Ges. 29, 2008

Von der Mühll, Theodora
D: Briefe an die Fürstin Taxis, in: R. M. R./Marie von Thurn und Taxis, »Briefwechsel«, Zürich 1951 (Beilagen Nr. 5 und 8)

Wimhölzel, Arnold Cajetan
D: Aufzeichnungen, in: Joachim W.

Storck, »René R.s Linzer Episode«, in: Bl. d. R.-Ges. 7/8, 1980/81

Werfel, Franz
D: Erinnerungen, in: Franz Werfel, »Begegnungen mit R.«, in: Das Tagebuch, 8. Jg., 1927

Wittgenstein, Ludwig
D: Brief an Ludwig von Ficker, in: Ludwig von Ficker, »Rilke und der unbekannte Freund. In Memoriam Ludwig Wittgenstein«, in: Der Brenner, 18. Folge, 1954; Ludwig von Ficker, »Briefwechsel 1914-1925«, hg. von I. Zangerle, W. Methlagl, F. Seyr, A. Unterkircher, Innsbruck 1988

Wolfenstein, Alfred
D: Erinnerung, in: Alfred Wolfenstein, »Erinnerung an R.«, in: Bohemia. Deutsche Zeitung, Prag, vom 1. 12. 1935

Wolff, Kurt
D: Briefe an R. in: Kurt Wolff, »Briefwechsel eines Verlegers 1911-1963«, Frankfurt: Scheffler 1966 (S. 136-152); Brief an Fürstin Lichnowsky ebd. (S. 158)

Wolfskehl, Karl
D: Brief über R. an Siegfried Guggenheim am 26. 2. 1946, in: Karl Wolfskehl, »Zehn Jahre Exil. Briefe aus Neuseeland. 1938-1948«, hg. von Margot Ruben, Nachwort von Fritz Usinger, Heidelberg/Darmstadt: Lambert Schneider 1959 (S. 349)

Wolzogen, Ernst von
D: in: »Wie ich mich ums Leben brachte. Erinnerungen und Erfahrungen«, 1923, S. 70

Wunderly-Volkart, Nanny
D: Briefe an Frau Gudi Nölke, in: R. M. R., »Die Briefe an Frau Gudi Nölke«, hg. von Paul Obermüller, Wiesbaden: Insel 1953; Aufzeich-

nungen: »Zeittafel der Begegnungen zwischen N.W.-V. und R.M.R.«, in: R.M.R., »Briefe an Nanny Wunderly-Volkart«, hg. von Rätus Luck, 1977 Bd. 2 (S. 1203-1211); an Regina Ullmann in: R.M.R., »Briefwechsel mit Regina Ullmann und Ellen Delp«, hg. von Walter Simon, 1987
  H: Familienbesitz Nölke

Zech, Paul
  D: über R., in: Paul Zech, »R.M.R. Ein Requiem«, Berlin 1927 (S. 27)

Zimmer, Christiane, geb. von Hofmannsthal
  H: über R. in einem Brief an die Verfasserin vom 24. 9. 74 aus München

Zweig, Stefan
  D: Briefe an Romain Rolland, in: »R.M.R., André Gide. Correspondance 1909-1926«, introduction par Renée Lang, Paris: Corrêa 1952 (S. 122/123, 128, im Original deutsch)
  Tagebucheintragungen, in: »R.M.R. und Stefan Zweig in Briefen und Dokumenten«, hg. von Donald A. Prater, 1987
  Stefan Zweig, »Briefe an Freunde« 1978 (S. 24)

Zwetajewa-Efron, Marina
  D: Briefe an Boris Pasternak (Originale sollen verschollen sein) in: Marion Böhme, »Rilke und die russische Literatur«, masch. Diss. Wien 1966; Christopher Barnes, »Boris Pasternak and R.M.R. Some missing links«, in: Forum for Modern Language Studies, St. Andrews, Vol. 8, Nr. 1 (S. 66, Anm. 29); RuR; ferner in: R.M.R./Marina Zwetajewa/Boris Pasternak, »Briefwechsel«, hg. von Jewgenij Pasternak, Jelena Pasternak und Konstantin Asadowskij, 1983

Anmerkung: Bei Handschriften, die sich zum Zeitpunkt der Einsichtnahme in Privatbesitz befanden, muß mit der Möglichkeit gerechnet werden, daß sie inzwischen in öffentliche Sammlungen übergegangen sind oder den Besitzer gewechselt haben.

Verzeichnis der Namen

Abweichende Schreibungen Rilkes werden in eckigen Klammern hinzugesetzt, andere Varianten in runden, darunter die moderne Transkription der russischen Namen.
Wo der Geburts- oder Sterbetag einer Person für R. von Bedeutung ist, wurde dieser beigefügt.
Vollständigkeit bei den Lebensdaten wurde angestrebt, aber noch nicht erreicht: die Verfasserin ist dankbar für Ergänzungen und Berichtigungen.

Abaelard, Petrus (1079-1142) französischer Philosoph und Theologe 449

Abenthum, Restaurant in München, Maximiliansplatz 1, Treffpunkt von Künstlern und Schriftstellern (Abenthum-Abend) 71

Abels, Ludwig (1867 Wien-1937 Paris), Herausgeber der Zeitschrift »Das Narrenschiff« 75

Ackerl, Isabella, Wiener Autorin 671

Adler, Friedrich (1857-1938), Prager Lyriker und Übersetzer, Mitarbeiter am Prager Tagblatt und der Bohemia 95, 899

Adler, Paul, Redakteur der Prager Presse 731

Ahlefeld(t), holsteinische Adelsfamilie: Stammsitz einer Hauptlinie war von 1494 bis 1739 Schloß Haseldorf 152

Aissé, Charlotte (1694-1735), Pariser Schriftstellerin, vierjährig als Tscherkessin auf dem Sklavenmarkt in Konstantinopel gekauft von M. de Ferriol; bekannt ihre 1787 herausgegebenen »Lettres« 315

Aksákow (Aksákov), Sergei Timofejewitsch (1791-1859), russischer Schriftsteller: S. T. Aksákows Familienchronik, Insel-Verlag 1919, erschien zuerst 1856 93, 648 f., 659, 663, 673

Alain-Fournier (1886-1914), eigentlich Henri Alban Fournier, französischer Schriftsteller, Romancier, »Le Grand-Meaulnes« erschien 1913 683

Albert, Eugen (1859-1929), Erfinder eines photomechanischen Reproduktionsverfahrens, Begründer der Münchner Firma Albert & Brockmann; Gatte von Loulou Albert-Lazard 477, 483

Albert-Lazard, Loulou (Lulu) (10.11.1891 Metz-21.7.1969 Paris), Malerin 477, 480, 482-486, 488-490, 492 f., 495, 497 f., 502, 504, 508, 510, 514, 526, 530, 532-534, 536, 539, 557-559, 580, 672, 776, 789, 849, 1042

– ihre Tochter: Ingo, verheiratete de Croux; lebt in Paris 488

Alberti, Dr. jur. Herbert (1884-1926), aus Bremen, befreundet mit R. A. Schröder und A. W. Heymel, Schriftsteller (1909 erscheinen seine »Gedichte« im Insel-Verlag) und Diplomat, im Weltkrieg Legationsrat; R. bewohnte von Oktober 1915 bis Juli 1917 sein Haus in München, Keferstraße 11 510-512, 535, 543, 554

Alberti, Leon Battista (1404 Venedig – 1472 Rom), italienischer Künstler und Gelehrter: »De re aedificatoria« Florenz 1485 76

Alberti, Renée Helene, geb. Junginger, Gattin von Herbert A. 512, 516, 535
Alcoforado, Marianna (1640-1723), die portugiesische Nonne, ihr Geliebter: Graf von Chamilly 179, 253, 266, 286, 289, 311 f., 412, 424, 444, 753, 977
Alexander (Alexej) Michailowitsch (1630-1676), russischer Zar aus dem Hause Romanov, Sohn des Zaren Michail Feodorowitsch 165
Alexéjew (Alekseev), Konstantin Sergejewitsch, Künstlername: Stanisléwskij, s. dort
Alkaios (um 600 vor Chr.) von Lesbos, griechischer Dichter 275
Allatini, Nora, Buchbinderin in Berlin 575
Allégret, Marc (* 1900), Neffe André Gides und dessen Begleiter auf der Kongo-Reise von 1925, Film-Regisseur 946
Allesch, Anna Elisabeth (Ea) von, geb. Täubele (1875-1953), 1. Ehe mit Theodor Rudolf, Buchhändler in Leipzig, geschieden 1902, 2. Ehe mit Johannes von Allesch Edler von Allfest, von diesem seit 1919 getrennt. Wiener Schriftstellerin, Freundin von Alfred Polgar und Hermann Broch 531
Altenberg, Peter (1859-1919), österreichischer Schriftsteller, eigentlich: Richard Engländer 73, 531
Altwegg, Wilhelm (1883-1971), Germanist, später Professor in Basel 1029
Aman-Volkart, Elisabeth (Lingli) (1888-1966), jüngere Schwester Frau Nanny Wunderly-Volkarts; ihr Gatte Dr. Charlie Aman war Direktor der Schweizerischen Revisionsgesellschaft in Zürich 786 f., 810, 831, 843, 907, 914

Am Ende, Hans (1864-1918), Maler und Radierer in Worpswede 150, 168
Ambrosi, Gustinus (1893-1975 Freitod), Professor, österreichischer Bildhauer und Graphiker 820
Amélie, Spielgefährtin R.s im Sommer 1885 23
Amenophis IV. von 1375-1358 v. Chr. ägyptischer König 432 f., 463, 486, 670, 760
– die Königin s. Nofretete
Ammann, August F. (1850-1924), Onkel Frau Wunderly-Volkarts 781
Ammon, Matthaeus (um 1585 in Kärnten lebend) 19
Andersen, Hans Christian (1805-1875), dänischer Dichter 317, 462
Andersson, Nils (1864-1921), schwedischer Jurist, 1901 Stadsnotarie in Lund, zuletzt dort Bürgermeister. Sammler schwedischer Volksweisen: »Musiken i Skåne« 1895-1816, zusammen mit Olof Andersson »Svenska lätar« 1922 1002
Andreae, Edith, geb. Rathenau (1883 Berlin - 1952 Zürich), Gattin des Berliner Bankiers Fritz Andreae 574, 575, 788
Andreas III., von 1290-1301 König von Ungarn 688
Andreas, Friedrich Carl (1846 Batavia - 1930 Göttingen), seit 1903 Professor für Iranistik in Göttingen, seit 1887 mit Lou Andreas-Salomé verheiratet 69 f., 82, 87, 90, 97, 119, 180
Andreas-Salomé, Louise (Lou) (12. 2. 1861 Petersburg - 5. 2. 1937 Göttingen), ihr Vater, General von Salomé, stand in russischen Diensten; 1880/81 Studium in Zürich, 1882 in Rom Begegnung mit Paul Rée und Friedrich Nietzsche. 1887 Heirat mit F. C. Andreas, bis 1903

Wohnsitz in Berlin, danach Göttingen. 1912/13 Mitarbeiterin Sigmund Freuds in Wien, seither psychoanalytische Tätigkeit. Von ihren schriftstellerischen Arbeiten werden für R. wichtig: »Ruth«, Roman (1895), »Drei Briefe an einen Knaben« 1917, »Rodinka. Eine russische Erinnerung« 1923 20, 27, 67-70, 72f., 79, 81f., 87, 90-94, 96-98, 101, 104-113, 115f., 118, 122f., 125f., 128, 153, 172, 175-181, 183f., 188-190, 192f., 195, 199f., 203, 205, 207f., 210, 213-220, 230f., 233, 239f., 243, 258, 283, 295, 303, 313, 324-327, 330f., 337, 358, 374, 384, 386, 388, 390-396, 398, 401, 413-417, 419, 431-434, 436-441, 445, 447, 459, 468-474, 477, 488f., 493-498, 511, 534f., 547, 548, 557f., 579, 587, 603, 615f., 618, 621f., 624, 626f., 629-634, 640, 643, 651, 668, 707, 732, 740f., 753f., 766, 768-770, 772, 809, 812, 856, 881, 883, 889, 953, 957f., 971f., 995, 1038, 1041

Angela da Foligno (1248 Foligno/Umbrien – 1309), Mystikerin, selig gesprochen. »Le livre des visions et instructions de la Bienheureuse Angèle de Foligno«, traduit par Ernst Hello, Paris 1910 310, 394, 411

Angelus Silesius (1624-1677), eigentlich: Johannes Scheffler, geistlicher Dichter, Arzt, dann Priester. »Der cherubinische Wandersmann« 1674 578

Anisimov, Julian (1889-1940), russischer Dichter, Freund Boris Pasternaks, übersetzte 1913 Teile des »Stunden-Buchs« 450

Anker-Larsen s. Larsen, Anker Johannes

Anna Amalia (1739-1807), Herzogin von Sachsen-Weimar, geb. Prinzessin von Braunschweig, seit 1758 verwitwet, Mutter des Herzogs Carl August. Im Wittumspalais und seit 1781 in Tiefurt Mittelpunkt des schöngeistigen Weimarer Cirkels 377

Annunzio, Gabriele d' (1863-1938), italienischer Dichter 450, 623, 775, 880

Antoine, André (1857-1943), französischer Schauspieler und Theaterdirektor 246

Apelt, Dr. jur. Ernst Otto August (1876-1960), Senator in Bremen, wirkte als Liebhaberschauspieler bei der Eröffnung der Bremer Kunsthalle in R.s Vorspiel mit 147

Arco auf Valley, Graf Anton (1897-1945), erschoß am 21. 2. 1919 in München Kurt Eisner 621

Arent (später Arendt), Wilhelm (*1864), Schriftsteller und Redakteur, Herausgeber der Zeitschrift »Die Musen« 50, 52, 61

Aretin, Erwein Freiherr von (1887-1952), Astronom und Schriftsteller, lebte in Solln bei München. Durch seine Gattin, geb. Gräfin Belcredi, mit dem Fürsten Alexander von Thurn und Taxis verwandt 492, 503, 511f., 563, 580, 582, 584, 589, 614, 720

Arnim, Achim von (1781-1831), Dichter 451

Arnim, Bettine von, geb. Brentano (1788 1859), Gattin Achim von Arnims; ihr Buch »Goethes Briefwechsel mit einem Kinde« erschien zuerst 1835 308f., 312, 315, 323, 342, 377, 425, 436, 451, 513, 665, 690, 699, 747, 762, 806

Arnold, Fräulein, R.s Haushälterin in der Widenmayerstraße 499

Arnold, Frau, Astrologin in München 589, 601

Arnold, Karl (1883-1953), Zeichner, Graphiker, Karikaturist; Mitarbeiter am »Simplizissimus« 444

Arnswaldt, Carl von (1869-1897), Lyriker. Jurastudent, dann landwirtschaftliche Ausbildung 52, 53

Arp, Hans (1887-1966), Dichter und Bildhauer, Mitbegründer des Dadaismus 366, 987

Arvers, Felix (1806-1850), französischer Schriftsteller 661

Asa, Frau, (Asoka Matsumoto), japanische Erzieherin der Nölkeschen Kinder 641, 842

Ashton, Winifred s. Dane, Clemence

Asmussen, Elle, Zeichnerin, wohnte in Berlin, später in Tilsit 901

Athman, arabischer Führer Gides in Biskra 356

Aubanel, Théodore (1829-1886), provençalischer Schriftsteller, Historiker, Dramatiker 1020

Auberjonois, René (1872-1957), Schweizer Maler. In seiner Ausstellung: »Esquisse pour l'hommage à Mme Pitoëff«, sieht R. unter den Zeichnungen »Saltimbanque bleu«, »Saltimbanque en maillot mettant son collet«, ferner Landschaften: Sion, Rhonetal 993

Aubert, G., französischer Holzschneider 1003

Auersperg, Fürst Franz (*1856), im Festsaal des Palais Auersperg in Wien fand die dortige Aufführung des »Cornet« statt 495

Augustinus, Aurelius (354-430), Heiliger, Kirchenvater; berühmt seine »Confessiones« 368, 372, 375, 377, 388, 400, 500, 504, 507

Bab, Julius (1880-1955), Herausgeber der »Schaubühne«, Dramaturg 348

Bach, Johann Sebastian (1685-1750), Komponist 532, 544, 596, 623, 674, 823, 882, 893, 1044

Bachofen, Johann Jacob (1815-1887), Philosoph, Professor des römischen Rechtes in Basel 659

Bachrach, Elvire (1872-1952) geb. Bachmann, verh. mit Paul Bachrach (1870-1949), Besitzerin des Castello San Materno bei Locarno. Sie übersetzte u. a. das Werk des belgischen Dramatikers Fernand Crommelynck (geb. 1888 in Paris): »Le sculpteur des masques« als »Der Maskenschnitzer«, München 1920 558, 654, 657, 660

Baden, Prinz Max von s. Max v. Baden

Baeckström, Arvid Fredrik (1881-1964), schwedischer Schriftsteller 204, 312, 707

Bahr, Hermann (1863-1934), österreichischer Schriftsteller, Regisseur, Theater- und Literaturkritiker 67, 144, 319

Bailly, Alice (1872-1938), Schweizer Malerin; sie lebte in Genf und Lausanne (Holzschnitte, Handstickerei); R. begegnet ihr u. a. am 11.6.1923 in der »Fluh« bei Werner Reinhart, auch Freyhold ist dort 793, 795, 831, 833, 867, 903, 1012

Baltrušajtis, Jurgis (1873-1944), litauischer Schriftsteller und Kritiker, übersetzte Byron, Hauptmann, Ibsen, d'Annunzio ins Russische 209

Balzac, Honoré (de) (1799-1850), französischer Romancier 163, 301, 324, 385, 387, 504, 879, 881, 884, 976

Bang, Herman (1858-1912), dänischer Dichter 150, 167, 197, 397, 871, 960

Barante, Amable-Guilaume Prosper Brugière de (1782-1866), Verfasser des Werkes »Histoire des Ducs de Bourgogne de la Maison de Valois. 1364-1477« T. 1-12, Paris 1825/26. Eine zweite Ausgabe mit Illustrationen von Tony Johanot erschien 1839; anscheinend kannte R. auch diese Ausgabe 276

Barbadigo (Barbarigo), venetianische Dogenfamilie aus Istrien, die am Ende des 15. Jahrhunderts Dogen stellte 291

Barbusse, Henri (1873-1935), französischer Schriftsteller, Kommunist. 1916: »Le feu« (Roman), 1919: »L'illusion. Une heure d'oublie« 556, 627, 732

Bard, Julius (*1874), Berliner Verleger 169, 183, 187f., 190, 204

Barlach, Ernst (1870-1938), Bildhauer und Dichter 732

Barrès, Maurice Jean (1862-1923), französischer Romancier und Politiker. 1921 erschien »Le génie du Rhin« (dt. im selben Jahr), darauf erwiderte Ernst Bertram »Rheingau und Génie du Rhin« 1922 779

Barrett, R. G. L., Übersetzer des »Marien-Lebens«, seine Fassung trägt den Vermerk: »This translation was submitted to Herrn R. M. R.« (1921) 743, 756

Barrett-Browning, Elizabeth (1806-1861), englische Lyrikerin, Gattin Robert Brownings. Ihre »Sonnets from the Portuguese« erschienen zuerst als Privatdruck 1847; diese Ausgabe ist eine Fälschung, die auf T. J. Wise zurückgeht: so Carter & Pollard. Browning nannte seine Frau wegen ihrer dunklen Erscheinung »the Portuguese« 179, 181, 266f., 275, 296, 303-306, 646, 654, 665, 705f., 718, 807, 878, 957, 977

Barreyre, Jean (*1888), französischer Schriftsteller 981, 983

Bartsch, Rudolf Hans (1873-1952), österreichischer Schriftsteller, der R. bewunderte und sich bei seiner Einberufung zum Militär hilfreich zeigte: Oberleutnant beim k. u. k. Kriegsarchiv in Wien (vom 20.11.1914 bis 1.12.1917 in der literarischen Gruppe) 518f., 522

Barye, Antoine Louis (1796-1875), französischer Bildhauer, Lehrer Rodins; seine Werke im Museum von Bayonne 160, 409

Bassermann, Dieter (1887-1955), Schriftsteller und Übersetzer, später Rilke-Forscher 992f., 995, 1001

Bassiano, Fürstin Marguerite (1882 New York-1963), geb. Chapin, Gönnerin der modernen französischen Literatur, besonders der Zeitschrift »Commerce«, die Valéry herausgab 930, 938f., 962, 966, 1003, 1006
– ihr Gatte: Bassiano, Fürst Roffredo Caëtani di (1871-1961)), zweiter Sohn des Herzogs von Sermoneta; Komponist 962, 1003

Battenberg, Alexander I. (1857-1893), Fürst von Bulgarien, Prinz von Battenberg, Graf Hartenau s. Johanna Hartenau

Battenberg, Fürst Franz Joseph (1861-1924); seine Gattin Anna, geb. Prinzessin von Montenegro (1874-1952) war die jüngere Schwester der Königin Elena von Italien 785

Baudelaire, Charles (1821-1867), französischer Dichter 158, 162f., 176, 283, 623, 703, 718f., 721, 723, 927, 1025

Baudissin, Graf, Gutsbesitzer bei Stolp in Pommern, wo er nach Bethelschem Muster eine Pflegestätte einrichtete 582

VERZEICHNIS DER NAMEN

Baudouin, Louis Charles (1893-1963), Schweizer Wissenschaftler. Zahlreiche Schriften zur Psychologie und Psychoanalyse, u. a. »La symbole chez Verhaeren. Essai de psychoanalyse de l'art«, Nouvelle édition, Genève 1924. 1921 gab er gemeinsam mit Paul Birukof ein Werk über Tolstoi heraus 850, 937
Bauer, Felice (1887-1960), Verlobte Franz Kafkas 541
Bauernfeld, Eduard (1802-1890), österreichischer Dramatiker. Seit 1894 wird der Bauernfeld-Preis für bedeutende Bühnenstücke verliehen 701
Baumert und Ronge, Verlag 55
Baumgarten, Antonie, Bekannte R.s aus der Jugendzeit, die er 1895 in Dittersbach in Böhmen kennenlernte; sie lebte damals in Dresden 358, 371, 506
Baumgartner, Frida (1895-1979), R.s Haushälterin in Muzot 741 f., 752, 776, 784-786, 794, 798, 800, 804 f., 822 f., 843 f., 846 f., 855, 857, 861, 873 f., 900, 944, 947, 957
Bauschinger, Dr. Julius (1860-1934), Observator an der Sternwarte München, dann in Berlin 45
Bay, Margrit (1888-1939), Plastikerin. Sie führte von 1918-1923 in Beatenberg ein Atelier für Kunsthandwerk, befreundet mit Baladine Klossowska und deren Sohn Balthusz 746, 753 f., 792
Bazalgette, Léon (1873-1929), französischer Schriftsteller; begründete »Revue Internationale« und »Europe« 421
Becher, Johannes R. (1881-1958), Lyriker 542, 544 f., 572, 576
Becker, Paula (8. 2. 1876 Dresden - 20. 11. 1907 Worpswede), Malerin, seit 1901 verheiratet mit Otto Modersohn 66, 75, 116-119, 120, 125-128, 132, 146 f., 168 f., 183, 234, 236, 238, 241, 244 f., 247, 249, 261, 265, 270, 284, 291, 300, 308, 314, 322 f., 326, 422 f., 540, 562, 566, 664, 855, 857, 996
– ihre Mutter Mathilde Becker, geb. von Bültzinglöven 562
– ihre Schwester Milly 117, 128
Becker, Wilhelm, Pfarrer; er schrieb 1915 an R. mit der Bitte, dieser möchte ihm die Zeile »Oh Herr, gieb jedem seinen eigenen Tod« zum Andenken an seinen gefallenen Bruder in das »Stunden-Buch« einschreiben. Während des Krieges war Becker Militärgeistlicher, danach in Liverpool (England) tätig, von 1920-22 Pfarrer am Landeszuchthaus Rockenberg bei Butzbach in Oberhessen 716
Becker-Glauch, Dr. med. Kurt (1873-1948), Bruder von Paula Modersohn-Becker 422
Beeh, René (1886-1922), elsässischer Maler und Lithograph; seine »Cornet«-Illustration erschien im Insel-Almanach auf das Jahr 1917 549
Beer-Hofmann, Richard (1866 Wien - 1945 New York), österreichischer Dichter; sein Trauerspiel »Der Graf von Charolais« wurde am 23. 12. 04 unter Max Reinhardt in Berlin uraufgeführt und erschien gleichzeitig im S. Fischer Verlag 100, 102, 148, 212, 216, 227, 234, 260, 290, 292, 294, 296, 318, 352, 398, 401, 415, 495, 529, 614, 780, 866
– seine Frau Paula, geb. Lissy (1879-1939) 401
Beerwald, Konrad, Herausgeber der Zeitschrift »Socialreform«, Berlin 43
Beethoven, Ludwig van (1770-1827), Komponist 106, 126, 315, 321, 432, 455, 704, 710

Behmer, Markus (1878-1958), Graphiker, Radierer; Meister dekorativer Buchausstattung; Neffe von Gabriele Reuter 135, 263

Behrens, George Eduard (1881-1956), Teilhaber des Bankhauses L. Behrens & Söhne; Gemäldesammler in Hamburg 117

Behrisch, Ernst Wolfgang (1738-1809), Gräflich Lindenauischer Hofmeister in Leipzig, Goethes Studienfreund, später Prinzenerzieher in Dessau 859

Bellman, Carl Michael (1740-1795), schwedischer Dichter und Komponist 505, 508, 511 f.

Belyj, Andrej (1880-1934), eigentlich Boris Nikolaevic Bugaev, russischer Dichter 919

Benda, Oskar, Herausgeber der Anthologie »Lyrik der Gegenwart« 1043

Benemann, Maria (1887-1980), Lyrikerin und Schriftstellerin 510

Bendixson, Arthur Lars (*1859), schwedischer Pädagoge, Leiter der Samskola in Göteborg 205

Beneckendorff und von Hindenburg, Sophie von, geb. Gräfin zu Münster (1851-1934), verheiratet mit Generalmajor Conrad v. B. u. v. H. (1830-1913); Mutter von Helene von Nostitz 432

Benedikt XV. (1854-1922), von 1914-1922 Papst 491, 497, 557, 568

Benesch (Beneš), Eduard (1884-1948), tschechischer Staatsmann 795, 902

Benjamin, Walter (1892-1940), Schriftsteller und Kritiker 512, 945, 960

Benndorf, Friedrich Kurt (1871-1945), Schriftsteller 774

Benois (Benua), Alexandre Nikolaevic (1870-1965), russischer Maler und Kunstschriftsteller, Mitbegründer von »Mir iskusstva« (R. kennt auch die Mitherausgeberin der Zeitschrift, Fürstin Maria Klavdievna Teniseva). Autor der »Geschichte der russischen Malerei des 19. Jahrhunderts«, erbaute 1888-1890 die Russische Kapelle auf der Mathildenhöhe in Darmstadt 114, 116, 120 f., 123, 125 f., 133 f., 138, 157, 242 f., 686

Benoist-Méchin, Jacques (1901-1983), französischer Romancier 926, 1023

Benvenuta s. Magda von Hattingberg

Benzmann, Hans (1869-1926), Schriftsteller, zuletzt Sekretär des Reichstags 51-53, 55, 63, 94, 183, 969

Berence, Fred (1889-1977), französischer Romancier und Kunstschriftsteller; gebürtiger Schweizer, reiste länger in der Tschechoslowakei 990

Berendts, Dr. Hans, Arzt und Lyriker 597

Bergemann, Dr. Fritz (*1885, gefallen im 2. Weltkrieg), Mitarbeiter des Insel-Verlags, u. a. Herausgeber von: Georg Büchner »Sämtliche Werke« 444

Berger, Alfred Freiherr von (1853-1912), Professor der Ästhetik an der Universität Wien, 1900 am Deutschen Schauspielhaus in Hamburg, 1910-12 Direktor des Burgtheaters 145, 238

Berger, Henning, Freund Tora Holmströms 270

Bergner, Elisabeth (1897-1986) eigentlich Ettel, Schauspielerin; sie emigrierte 1933 mit ihrem Mann Paul Czinner nach London, später in die USA. 1982 wurde ihr in Venedig der Eleonora-Duse-Pokal verliehen 612, 944, 969, 1008

Bergson, Henri (1859-1941), französischer Philosoph 468
Beringer, Josef August (1862-1937), Professor an der Hochschule für bildende Künste in Karlsruhe, Herausgeber der Thoma-Festschrift 94
Bernanos, Georges (1888-1948), französischer Schriftsteller 1014
Bernard, Emile (1868-1941), französischer Maler; seine »Souvenirs sur Cézanne« erschienen im Oktober 1907 im »Mercure de France«, später als Buch 281, 562
Bernays-Eysoldt, Peter s. Eysoldt
Bernhard, Hedwig (*1888, 1943 nach Auschwitz deportiert), Schauspielerin 430, 432 f., 435 f., 446
Bernhard, Lucian, eigentlich Emil Kahn (1883-1972 in New York) Designer, Typograph, Plakatkünstler. Er ordnete den Druck an für die zweite Auflage vom »Buch der Bilder«. 1901 in Berlin, seit 1910 in den Werkstätten von Hellerau, nach 1924 in den USA 259
Bernheim-jeune, Pariser Kunsthandlung 271, 283, 289, 339
Bernoulli, Carl Albrecht (1868-1937), seit 1922 Professor in Basel, Religionsgeschichtsforscher: Deckname Ernst Kilchner. Befreundet mit Franz Overbeck, Herausgeber von Nietzsches Briefwechsel mit Franz Overbeck
Bernoulli, Carl Christoph (1861-1923), Bibliothekar in Basel (R. schreibt fälschlich ›Bernouilli‹) 546, 677
Bernstein, Dr. (ob Eduard Bernstein (1850-1932)?) 146
Bernstein, Henry, französischer Kunstsammler (ob Henry Léon Gustave Charles Bernstein (1876-1953), Dramenautor in Paris?) 371

Bernstein, Max (1854-1925), Rechtsanwalt und Schriftsteller in München 62
– Elsa Bernstein, geb. Porges (1866-1949), seine Frau. Unter dem Namen Ernst Rosmer: Dramen und Dichtungen, u. a. Libretto zu Humperdincks Oper »Königskinder« 55, 62, 65
Bernstorff, holsteinisches Adelsgeschlecht; im 18. Jahrhundert Haupt der Familie: Graf Johann Hartwig Ernst (1712-1772), dänischer Staatsmann 153
Bernstorff, Graf Albrecht (1890-1945), Diplomat, Attaché an der Deutschen Botschaft in Wien, R. aus München bekannt 574
Bernstorff, Auguste Luise Gräfin von, geb. Gräfin zu Stolberg-Stolberg (1753-1835), Goethes ›Gustgen‹ in seinen Briefen aus dem Herbst 1775. Seit 1783 Gattin des dänischen Ministers Graf Andreas Peter B. Goethes Briefe an sie erscheinen zuerst 1839 bei Brockhaus, 2. Auflage 1881; Neuausgabe 1912 in der Insel-Bücherei 379, 384 f., 395, 404, 424, 639, 669
Bernstorff, Gräfin Jeanne von, geb. Luckemeyer (1867 in New York-1943), seit 1887 verheiratet mit Graf Johann Heinrich von Bernstorff (1862-1939), deutscher Botschafter in Washington; sie lebte später in Genf 342
Bernus, Alexander von (1880-1965), Naturwissenschaftler, ›Alchymist‹ und Schriftsteller; verheiratet mit Bertha von Hefner-Alteneck (*1887), wohnte auf Stift Neuburg bei Heidelberg 376, 498, 541, 553, 579, 584, 591
Bertillon, Suzanne (*1891), französische Journalistin 989

Bertrand, Madame, Besitzerin des
»kleinen braunen Gasthauses« in
El-Kantara 357
Bessen, Chevalier de, Kammerherr
aus Kopenhagen 329
Bethge, Hans (1876-1946), Dr. phil.,
Schriftsteller und Übersetzer 755,
969
Bethmann-Hollweg, Theobald von
(1856-1921), von 1909 bis 1917
Reichskanzler 570, 580
Bethusy-Huc, Graf Dodo Carl Georg
von (1835-1866), im preußisch-
österreichischen Krieg gefallener
erster Gatte von Frau Nonna, d. i.
Freifrau Julie von Nordeck zur
Rabenau 287
Betz, Harry (*1896), damals Buchhändler in Basel, verheiratet mit
der Malerin Francisca Stoecklin;
lebte in Brasilien 681
Betz, Maurice (1898-1946), französischer Romancier und Übersetzer.
Herausgeber der »Cahiers du
mois« 812, 815, 818, 823, 835f., 839,
847, 859, 869, 874f., 888, 901, 920,
924-926, 931, 935, 938, 941-943,
947, 953, 960, 992, 995f., 1000f.,
1008f., 1011-1013, 1016, 1023, 1031,
1043f.
– seine Frau 943f.
Beuret, Rose (1845-1917), Lebensgefährtin Rodins: Madame Rodin;
ihre Ehe mit Rodin wird förmlich
erst in dessen letztem Lebensjahr
geschlossen s. Madame Rodin
Beuthler, Margarethe (1876-1949),
Schriftstellerin, vorübergehend
verheiratet mit Kurt Friedrich
Freska, befreundet mit Morgenstern, Wedekind, M. G. Conrad 135
Beyer, Max (1813-1902), Schriftsteller, Herausgeber von »Der Gesellschafter« 38
Bianquis, Geneviève (1886-1974),
französische Germanistin, Profes-
sorin an der Universität Nancy
1023, 1042
Bibesco, Princesse Marthe, geb.
Lahovary (1888-1973), französische Schriftstellerin, Tochter des
rumänischen Außenministers Jean
Lahovary 402, 826, 830, 888, 901,
914, 922, 930, 951, 1029
Bichat, Marie François Xavier (1771-
1802), französischer Mediziner
326f.
Bie, Oscar (1864-1938), Herausgeber
der »Neuen Rundschau«, Musik-
schriftsteller, Opernkritiker des
Berliner »Börsen Couriers« 262,
295f.
Bielitz, Lotte (1899-1974), Schriftstellerin; verheiratete Tronier-Funder,
1953 geschiedene Biensfeldt, Paul
(1869-1933), Schauspieler bei Rein-
hardt 71, 616
Bienert, Ida, Mäzenin, befreundet mit
Kokoschka 590
Biensfeldt, Paul (1869-1933), Schau-
spieler bei Reinhardt 71
Bierbaum, Otto Julius (1865-1910),
Schriftsteller und Mit-Herausgeber
der Zeitschrift »Die Insel« 61, 64,
95, 101, 105, 136f., 157
Bierkowski (Holl-Bierkowski), Kae-
the (1892-1946), Schauspielerin am
Hoftheater in München 542
Binding, Rudolf G. (1867-1938),
Schriftsteller 451
Bing, Samuel (Siegfried) (1838-1905),
Sammler, Förderer japanischer
Kunst in Frankreich, Gründer der
Zeitschrift »L'art nouveau« 83
Bing, Suzanne, Schauspielerin am
Théatre du Vieux-Colombier,
unterrichtete auch an der Ecole du
Vieux-Colombier 780
Bircher, Ernst, Verlag in Bern 739,
740

Bircher-Benner, Dr. med. Max Oskar (1867-1939), Diätetiker, leitete ein Kurhaus am Zürichberg 639

Biró, Alice von, geb. von Pekâr, Freundin von Frau Wunderly-Volkart aus Budapest 1027 f.

Birukov, Pavel (Paul) Ivanowitsch [Birnkoff] (1860-1931), russischer Schriftsteller und Biograph Tolstois, lebte in Genf 338, 637

Bischoff, Henri (1882-1951), Schweizer Maler und Holzschneider 914

Bisk, Alexander Akimovič (1883-1973), russischer Dichter und Übersetzer. Von ihm stammt auch die Übertragung des Liedes aus den »Aufzeichnungen des Malte Laurids Brigge«, die 1913 von L. Gorbunova übersetzt wurden 665

Bismarck, Otto von (1815-1898), Reichskanzler 82, 460, 727

Bissing, Friedrich Wilhelm Freiherr von (1873-1956), Professor der Ägyptologie an der Universität München 379

Bithell, Jethro (1878-1962), M. A., Lecturer of German an der Universität Manchester 327, 329f., 338

Bjerre, Poul (1876-1963), Spezialarzt für Psychotherapie in Stockholm. Lou Andreas-Salomé lernte ihn 1911 bei Ellen Key kennen, er machte sie mit der Lehre Freuds bekannt; eng befreundet mit Walther Rathenau 436, 921, 995

Blackwood, Algernon (1869-1951), englischer Schriftsteller; die für Baltusz Klossowski zitierte Stelle stammt aus seinem Roman »The Education of Uncle Paul« 1909, »The Centaur« erschien 1911 398, 404, 715

Blake, Nicola, Filmschauspielerin (1924 »Chiquita«) 879

Blanchard, Marie s. Goutierres-Blanchard

Blanchet, Alexandre (1882-1861), Landschaftsmaler, lebte in Genf 690, 692

Blaß, Ernst (1890-1939), Schriftsteller und Übersetzer 969

Blei, Franz (1871-1942), Schriftsteller, u. a. Herausgeber des »Hyperion« 302, 465

Blicher, Steen Steensen (1782-1848), dänischer Schriftsteller 796

Bloch, Eduard (1831-1895), Verleger, Gründer des gleichnamigen Theaterverlages in Berlin 45

Blok, Alexander Alexandrovič [Block] (1880-1921), russischer Lyriker 721, 977

Blonay, de, Walliser Geschlecht, der Überlieferung nach Erbauer von Château de Muzot 736, 781

Blüher, Hans (1888-1955), Schriftsteller und Kulturphilosoph 621 f.

Blumenthal-Weiss, Ilse (1899-1987), Lyrikerin, seit 1920 verheiratet mit dem Zahnarzt Dr. Herbert Blumenthal, verlor Mann und Sohn im Konzentrationslager, lebte in den USA 753, 760, 780

Blumauer, Olga, Bonne im Haus des Kaufmanns Adolph Zelenka in Linz 30 f.

Bluth, Karl Theodor (1892-1964), Lyriker 743

Bobé, Louis (1867-1951), Historiker und Archivar in Kopenhagen; seine Editionen finden sich sämtlich auch in der Nationalbibliothek in Paris 153, 346

Boccaccio, Giovanni di (1313-1375), italienischer Dichter, Freund Petrarcas 183

Bode, Wilhelm von (1845-1929), Kunsthistoriker, seit 1872 an den Berliner Museen, 1906-1920 Generaldirektor 89

Boddien, Hedwig von (1862-um 1925), geb. Mutzenbecher 460
Bodenhausen, Eberhard Freiherr von (1868-1918), Kunsthistoriker und Industrieller, Mitbegründer der Zeitschrift »Pan«, Direktor bei Krupp 89, 341, 484
– Dora, geb. Gräfin Degenfeld-Schonburg (1877-1969), seine Gattin 438, 489
Bodländer, Rudolf (*1903), studierte Jura, wurde Bankfachmann; er lebte in Berlin 774, 777
Bodman, Emanuel Freiherr von (1874-1946), Schriftsteller 74, 135, 900
Bodmer, Dr. med., Arzt in Locarno 668f.
Bodmer, Hans (1863-1948), Dr. phil., bis 1911 Deutschlehrer an der Gewerbeschule in Zürich. Gründete 1882 zusammen mit seinem Bruder den »Lesezirkel Hottingen« und gab die gleichnamige Zeitschrift heraus. Initiator der Schweizerischen Schillerstiftung 600, 636, 644
Bodmer, Hermann (1870-1939), Professor an der Oberrealschule in Zürich, Germanist, Bruder von Hans Bodmer 794
Böcklin, Arnold (1827-1901), Schweizer Maler 117, 125, 127f.
Bödecker, Dr. Charlie, R.s Zahnarzt in Berlin 255, 435
Boelitz, Martin (1874-1918), Lyriker, Verleger und Herausgeber 50, 61
Boigne, Charlotte Luise Comtesse de, geb. d'Osmond (1781-1866), ihre »Mémoires« erschienen 1907. Verheiratet mit dem Gouverneur der französischen Besitzungen in Indien Comte de Boigne (1751-1830), der dort großen Reichtum erwarb 674

Bojer, Johan (1872-1959), norwegischer Dichter 166f., 176, 191, 247, 995
Bondi, Dr. Georg (1865-1935), Verleger 85, 775
Bondy, Josef Adolf (1876 Prag-1946), Herausgeber der Zeitschrift »Moderne Dichtung« 68, 74, 322
Bonin, Edith von (1875-1970), Malerin, Stiefschwester Karl von der Heydts, Schwester von Mary Gräfin Gneisenau 279, 304, 313, 323, 477
Bonn, Professoer Dr. Moritz Julius (1873-1965), Volkswirtschaftler, Bekannter von Thomas Mann 611
Bonnard, Abel (1883-1968), französischer Lyriker und Romancier 333
Bonnard, Pierre (1867-1947), französischer Maler 749, 953
Bonnet, Abbé Joseph, Editor des Sermons »L'amour de Madeleine«, den er in Petersburg auffand und mit einer Einleitung versah (Paris: Librairie des Saints-Pères 1909) 397
Bonsels, Waldemar (1880-1952), Verfasser von Natur- und Reisebüchern 707, 851
Bonstetten, Betty E. C., geb. Baronin Lambert (1894-1969), Gattin von Jean-Jacques von Bonstetten (1897-1975) in Bern 833
Bonstetten, Antoinette von (1899-1996) 874, 999, 1002, 1021
– ihr Bruder Jean-Jacques 845, 1002
Bonz, Ludwig Adolf (1824-1877), Verleger in Stuttgart; der Verlag wurde weitergeführt von Alfred Bonz (1854-1924) 67-69, 72, 76, 78, 81, 84, 87f., 95f., 107, 236f., 299, 323
Borch, Marie von, Schriftstellerin, Übersetzerin von J. P. Jacobsen 171
Borchardt, Rudolf (1877-1945), Schriftsteller, Freund Hofmanns-

thals 263, 268, 411, 566, 583, 868, 924

Bordeaux, Henry (1870-1963), Anwalt, französischer Romancier und Literaturkritiker 333

Bornstein, Paul (1868-1939), Schriftsteller, Herausgeber der »Neuen litterarischen Blätter« 42, 50, 61, 70, 79, 333

Borsinger, Karl (1878-1935), Direktor der Kuranstalt Schoeneck 843

Bossuet, Jacques Benigne (1627-1704), bedeutender französischer Kanzelredner, Bischof von Meaux 367

Botkin, Michail Petrovič (1839-1914), russischer Historienmaler und Restaurator. Sein Werk »A. A. Iwanoff« erschien 1880 gleichzeitig russisch und deutsch 121

Botticelli, Sandro (1445-1510) italienischer Maler 79

Boucher, François (1703-1770), französischer Maler des Rokoko 943

Bouchon siehe Buchon

Bounine siehe Bunin

Bourdelle, Emile-Antoine (1861-1929), von Rodin angeregter französischer Bildhauer und Kunstsammler 230, 242

Bourdet, Edouard (1887-1945), Dramatiker, Administrateur der Comédie Française in Paris von 1956-1940; geschieden von Catharine Pozzi, s. dort

Bourges, Clémence de, Freundin der Louize Labé 336, 407

Bourget, Paul (1852-1935), französischer Romancier und Schriftsteller 864

Boutens, Pieter Cornelius (1870-1943), niederländischer Lyriker 979

Bove, Emmanuel (1898-1945), eigentlich Emmanuel Bobovnikof, französischer Romanschriftsteller 959

Bowles, Frederick G., englischer Lyriker, gab zwischen 1899 und 1915 eigene Gedichte heraus, 1907 eine Anthologie »New Songs ...«; die von R. 1904 genannte Sammlung ist nicht erschienen 192

Brachvogel, Carry (1864-1942 in Theresienstadt), Schriftstellerin, führte in München einen Salon 59

Brahe, Tycho [Tyge de] (1546-1691) dänischer Astronom 1015

Brahm Otto (1856-1912), eigentlich: Abrahamson; Theaterkritiker und -direktor in Berlin 71, 341, 415

Brahms, Johannes (1833-1897), Komponist 56

Brajjer, Lajos, ungarischer Schriftsteller 456

Bramante, Donato d'Angelo Lazzari (1444-1514), italienischer Renaissance-Baumeister 44

Bramsen, Alfred, Dr. (1851-1932), Zahnarzt und Sammler in Kopenhagen 201 f., 229

Brancovan, Gregor Demeter Fürst von (1804-1873), aus dem Hause Bibesco, nahm nach seiner Heirat mit Prinzessin Zoä von Brancovan deren Fürstentitel an; Vater der Comtesse Anna de Noailles 279

Brandes, Eduard (Edward) (1847-1931), dänischer Publizist und Politiker, Herausgeber von Jacobsens Briefen: »Breve« 1899; Bruder von Georg Brandes 202, 322

Brandes, Georg (1842-1927), eigentlich: Morris Cohen, dänischer Schriftsteller. Sein Buch: »Polen. Aus dem Dänischen übersetzt von A. Neustädter«, München: Langen 1898; seine Bibliothek wurde von

Axel Juncker gekauft 81, 146, 171, 176, 201, 335
Braque, Georges (1882-1963), französischer Maler, s. Marie Laurencin
Braschi, Dr. Cecilia (B.-Villa), italienische Schriftstellerin 461, 467, 787, 792
Braun, Felix (1885-1973), österreichischer Schriftsteller 430, 531, 591, 969f.
Braun, Otto (1897-1918), Sohn der sozialistischen Schriftstellerin Lily Braun (1865-1916); sein Werk: »Aus den nachgelassenen Schriften eines Frühvollendeten« erschien 1921 im Insel-Verlag, übernommen aus dem Verlag von Bruno Cassirer 724
Braun, Otto († 1925), Hauptmann, Besitzer von Niederlangenau, einem der Güter aus der Familie des Cornet Christoph Rilke 22, 640, 902
Breitbach, Joseph (1903-1988), Schriftsteller
Brende, Ulrik, s. Leopold Liegler
Brentano, Bettine, s. Bettina von Arnim
Brentano, Clemens (1778-1842), Dichter, Bruder Bettine von Arnims, 1803-1806 mit Sophie Mereau verheiratet 451, 762
Brentano, Lujo (1844-1931), Professor für Nationalökonomie in München 609, 611, 794
Bresková-Mařáková, Beatrice (1883-1960), tschechische Lyrikerin 486
Bretschneider, Barbara, aus Prag, heiratete Carl Kinzelberger; R.s Urgroßmutter mütterlicherseits 18
Breughel, Pieter d. J. (1564-1638), niederländischer Maler, ›Höllenbreughel‹, Sohn des ›Bauernbreughel‹ 957

Breysig, Kurt (1866-1940), Professor für Geschichte in Berlin 90
Březina, Otokar (1868-1929), tschechischer Schriftsteller; seine »Hymnen und Gedichte« erschienen in der Übertragung von Franz Werfel und Emil Saudek in: »Genius«, 1. Jg., 2. Buch, 1919 457
Brimont, Renée de (1886-1943), französische Schriftstellerin 922f.
Briod, Blaise (1897-1981), lebte in Lausanne 833, 845, 856, 914
– Betty, geb. Eymann (1895-1955), seine Frau. Unter dem Namen Monique Saint-Hélier Veröffentlichungen, s. dort
Brion, Marcel (1895-1984), Publizist, Mitglied der Académie française 1023
Brockdorff-Ahlefeld, Louise Gräfin (1863-1917) 485
Brockdorff-Rantzau, Ulrich Graf von (1869-1928), 1918 Staatssekretär des Äußeren und Führer der deutschen Abordnung in Versailles, seit 1922 Botschafter in Moskau 811
Brockhaus-Verlag, Leipzig 494
Brod, Max (1884 Prag - 1968 Tel Aviv), Dr. jur., Kafkas Freund und Nachlaßverwalter, Schriftsteller. Sein Roman »Schloß Nornepygge, der Roman des Indifferenten« erschien 1908 bei Axel Juncker 185, 298
Broglie, Madeleine Annette, geb. Vivier-Deslandes (1866-1929), in erster Ehe verheiratet mit dem Comte de Fleury, seit 1901 mit Prince Robert de Broglie (*1881 in Paris), die Ehe wurde um 1906 gerichtlich für ungültig erklärt 247, 251f., 254, 256, 271, 280, 282f., 284, 299, 332
Broman, Zdeněk (1886-1968), eigentlich František Tichý, Gymnasial-

professor, tschechischer Lyriker
und Übersetzer 38, 233
Brown, Horatio, schottischer Gutsherr, Freund der Taxis, lebte damals seit 30 Jahren in Venedig 402, 466
Browning, Robert (1812-1889), englischer Dichter 179, 181, 184, 873
- Elizabeth Barrett-Browning, seine Gattin, s. dort
Bruch, Max (1838-1920), Komponist 88, 893
Bruckmann, Elsa, geb. Prinzessin Cantacuzène (1865-1946) 189, 352, 356, 364, 385, 399, 408, 412, 464, 481, 492f., 503, 505, 536, 617
- ihr Mann: Bruckmann, Hugo (1862-1941), Verleger in München 578
Brümmer, Franz (1836-1923), Herausgeber des »Lexikon der deutschen Dichter und Prosaisten des 19. Jahrhunderts« 48
Brüstlein, Francine (1891-1976), verh. Bradley, Dr. phil., Freundin Baladine Klossowskas und Schwester Simone Brüstleins 778, 805, 843, 901
Brüstlein, Simone (*1893), verh. mit dem Pianisten Oskar Ziegler, Krankenschwester, 1922 an einem New Yorker Hospital tätig 688, 708, 732, 745, 758f.
Bruns, Max Rudolf Georg (1876-1945), Schriftsteller 96
Buber, Martin (1878-1965), Dichter und Religionsphilosoph 306, 429f., 462, 586
Buchli, Dr. Hanns (1889-1977), Schweizer Werbefachmann, Journalist 673-675, 678
Buchon, Jean Alexandre C. (1791-1840), Historiker und Publizist. In seinem Hauptwerk »Collections des chroniques nationales françaises du XIIIe au XVIe siècle« (1824ff.),
erschien von Jean Froissart: »Les chroniques de France«, 3 vols., Paris 1835 164, 961
Buddho, Gotamo (um 560-um 480 v. Chr.), Religionsstifter 309
Büchner, Georg (1813-1837), Dichter und Arzt; Ausgaben: »Gesammelte Werke, nebst einer Auswahl seiner Briefe«, eingeleitet von Wilhelm Hausenstein, Leipzig: Insel 1916 und »Sämtliche Werke und Briefe«, hg. von Fritz Bergemann, Leipzig: Insel 1922. In der Insel-Bücherei erschienen 1914 als Bd. 92 »Lenz« und »Wozzek« 500-502, 506, 509, 608, 929, 938
Bühler-Volkart, Marguerite (*1897), jüngste Schwester von Nanny Wunderly-Volkart, verh. mit Oberst Hans Bühler (1893-1967), Spinnerei-Industrieller in Winterthur, Teilnehmer an den Reitturnieren in Thun; seit 1923 Besitzer von Schloß Berg am Irchel 832
Bülow, Frieda Freiin von (1857-1909), Schriftstellerin und Afrikareisende, befreundet mit Carl Peters und Lou Andreas-Salomé 67-69, 87, 89, 93, 96f., 105, 113, 118f., 327, 427
Bünemann, Hermann (1895-1967), Dr. phil., als Student Sammler japanischer Holzschnitte, lebte in München 794
Bünemann, Otto, aus Fischerhude, Verlobter Ruths 720
Bürer, Alice, später Strickler-B., Postbeamtin in Ragaz 1020f., 1024
Buffon, Georges Louis Comte de (1707-1788), Naturforscher: »Histoire naturelle, générale et particulière«, 44 vols., 1749-1804 904
Bulteau, Augustine (1860-1922), französische Schriftstellerin, Pseudonym: Foemina; befreundet mit P. J. Toulet 894

Bunin, Iwan (1870-1954), russischer Dichter. R. las »Mitina ljubov'«, in der französischen Übersetzung: »Le Sacrement de l'amour«; R. kannte ihn aus Paris 807, 943, 985
Bunsen, Marie von (1860-1941), Schriftstellerin 581, 584, 599
Burckhardt, Carl Christoph, Vater von C. J. Burckhardt 658
Burckhardt, Carl Jacob (1891-1974), Schweizer Diplomat und Historiker, verheiratet mit Elisabeth de Reynold (siehe dort), Freund Hofmannsthals 658, 672, 681, 691, 704, 706, 711, 722, 773, 816, 818, 820, 828, 887, 922, 928, 930f., 972, 1024, 1028f.
Burckhardt, Georg, Herausgeber des Gilgameš-Epos 546
Burckhardt, Jacob (1818-1897), Kulturhistoriker 76
Burckhardt, Rudolf (1888-1975), Schweizer Maler, entfernter Verwandter und Jugendfreund C. J. Burckhardts 1028
Burckhardt, Rudolf F. (1877-1964) Dr. phil., Kunsthistoriker, Kurator am Historischen Museum in Basel 658
Burckhardt-Schazmann, Hélène (1872-1949), Witwe von Professor Carl Christoph Burckhardt in Basel, Mutter von Carl J. Burckhardt und Theodora von der Mühll-Burckhardt 656, 672f., 677, 687, 856
Burne-Jones, Edward (1833-1888), englischer Maler und Zeichner 85
Burri, F. Xaver (1894-1941), Forstinspektor in Luzern, Betreuer der Festschrift der »Freien Vereinigung Gleichgesinnter« 656, 841
Burschell, Friedrich (1888-1970), Schriftsteller, Herausgeber der Zeitschrift »Neue Erde« 594, 611, 628f.

Burte, Hermann (1879-1960), Schriftsteller, eigentlich: H. Strübe 906f.
Buschbeck, Erhard (1889-1960), Wiener Schriftsteller, Chefdramaturg am Burgtheater, Schulkamerad und Jugendfreund Georg Trakls 551
Busoni, Ferruccio (1866-1924), Komponist 462-464, 544, 557, 639f.
– seine Frau 640

Calé, Walter (1881-1904 Freitod), Autor des Fischer Verlags 263
Calmann-Lévy, Pariser Verleger 279
Canonge, Jules Amédée (1812-1870), Schriftsteller und Kunstsammler aus Nîmes, schrieb über Les Baux: »Notice historique sur les Villes des Baux en Provence et sur la maison des Baux«, Avignon ²1857, mehrfach aufgelegt 331
Cantacuzène-Deym, Caroline Fürstin, geb. Gräfin Deym von Střítež (1842-1920), Mutter von Elsa Bruckmann und Marie von Hellingrath, Großmutter Norbert von Hellingraths 492
Čapek, Karel (1890-1938), tschechischer Dichter, Dramaturg und literarischer Direktor des Staatstheaters auf den Weinbergen in Prag 755, 990
Capozzi, Dr. Knud, dänischer Übersetzer, seine Übertragung des »Cornet« erschien 1933 bei Aschehoug in Kopenhagen 865, 867
Carlson, Birger, schwedischer Buchhändler und Verleger in Locarno 661, 667
Carlyle, Thomas (1795-1881), englischer Schriftsteller, Biograph und Historiker 398
Caroline s. Michaelis, Caroline
Carossa, Hans (1878-1956), Arzt und Dichter 340, 443, 483, 497, 501,

538, 554, 592 f., 784, 786, 864 f., 867, 891, 917, 978
Carpeaux, Jean Baptiste (1827-1875), französischer Bildhauer und Maler 160
Carriera, Rosalba Giovanna (1675-1757), italienische Malerin 282, 347
Carrière, Eugène (1849-1906), französischer Maler und Lithograph 160, 162, 170 f., 186, 224, 232, 245, 247, 337
Carsen, Jenny, Schauspielerin, vor der Spielzeit 1895/96 am Theater in der Josefstadt, Wien, dann am Deutschen Volkstheater in Prag, später in Hannover 53, 57
Caspar, Karl (1879-1956), Münchner Maler, Expressionist; seine Frau: Maria Caspar-Filser; aus den Trümmern von Caspars Atelier wurden vier R.-Briefe geborgen 513 f., 516
Caspari, Georg (1879-1930), Inhaber der Galerie in München, Briennerstraße 52 (?) 489, 504, 536, 553, 556
Cassani-Böhmer, Albertina (Putzi), Kabarettistin, Diseuse 636-640, 644, 653
Cassiani, Giuliano (1712-1778), italienischer Dichter 624, 627, 629, 666
Cassirer, Bruno (1872-1941), Kunsthändler, Verleger, Vetter von Paul C. 83, 120, 240, 280, 282, 406
Cassirer, Eva, geb. Solmitz (1885-1974), befreundet mit Ellen Key, verheiratet mit Kurt Cassirer, unterrichtete zwischen 1915 und 1934 an der Odenwaldschule Deutsch und Geschichte 209, 298, 306 f., 343, 399, 436 f., 443 f., 451, 454, 460, 477, 486, 513, 561, 576, 580, 587, 617, 760, 1020
Cassirer, Dr. Kurt (1883-1975), Kunsthistoriker, Mitbesitzer der Odenwaldschule, Bruder von Edith Geheeb; lebte lange in Rom 298
Cassirer, Paul (1871-1926), Berliner Kunsthändler und Verleger 83, 120, 240, 584, 628
Cassou, Jean (1897-1986), französischer Schriftsteller und Museumskonservator, lebte in Paris, seine Übersetzung von Unamunos »Agonie du Christianism« erschien 1925 926, 939, 965, 980, 982, 1007, 1023
– seine Frau 1007
– seine Mutter 1007
Castellane, Boniface gen. Boni Marquis de (1867-1932), von 1895-1906 mit Anne Gould verheiratet, die Scheidung bedeutete seinen finanziellen Ruin 923, 979
Castéran, A., Verfasser eines Führers über Les Baux 331
Caterina, Santa, siehe Katharina von Siena
Cato, Marcus Porcius (234-149 v. Chr.), römischer Staatsmann 25
Čech, Svatopluk (1846-1908), tschechischer Lyriker, 1895 erschiene in Prag »Pisné otroka«, ›Lieder eines Sklaven‹ 50 f.
Celan, Paul (1920-1970), deutscher Lyriker rumänischer Herkunft, lebte in Paris; eigentlich: Paul Anczel 981
Cena, Giovanni (1870-1914), italienischer Schriftsteller und Publizist 268
Černy, Dr. med., als Arzt Paula von Rilkes in Prag ihr Erbe 821
Cervantes-Saavedra, Miguel de (1547-1616), spanischer Dichter 411, 723
Cetlin, Michail Osipoviž, s. Zetlin
Cézanne, Paul (1839-1906), französischer Maler 120, 281-286, 293,

298f., 310, 339, 371, 388, 502, 555,
562, 658f., 676, 709, 713f., 752, 871
Chagall, Marc (1887-1985), französischer Maler russischer Herkunft
568f.
Chajjâm, Omar (um 1048-1123), persischer Dichter, Verfasser des Sentenzen- und Maximenbuchs
»Rubâ'ijât« 760
Chamilly, Noël Bouton Comte de
(1636-1715), von 1661 bis 1668 capitaine in portugiesischen Diensten, maréchal de France; Geliebter der Marianna Alcoforado 311
Chardin, Jean-Baptiste Siméon
(1699-1789), französischer Maler, berühmt für seine Stilleben und Intérieurs 271, 282, 502
Charles, Mademoiselle Marie, Patentante der Klossowskischen Knaben in Paris 695
Chateaubriand, François René, Vicomte de (1768-1848), französischer Schriftsteller 533
Chavannes, M. 903
Chdchédrine s. Sčedrin
Chelminska, Hela de, (*1901) polnische Verehrerin der Werke Valérys, lebte als Studentin in Lausanne 821
Chenevière, Jean, Redakteur der Revue de Genève 983
Chesterton, Gilbert Keath
(1874-1936), englischer Schriftsteller; R. kannte »Nommé Jeudy, un cauchemar«, traduit de l'anglais par Jean Florence. Paris 1911; den »Saint François« las R. nicht: selbst dieser Heilige sei ihm fremd geworden (1926) 796
Chevron, Isabelle de, Vorbewohnerin von Muzot, ihr Gemahl fiel 1515 bei Marignano, sie selbst erfror im Wahnsinn nachts auf dem Kirchhof von Miège 736

Chlup, Jan, Attaché an der tschechoslowakischen Gesandtschaft in Bern (1921) 680, 704, 722
Chodowiecki, Daniel (1726-1801), Kupferstecher 859
Choiseul, Claire Coudert Marquise de (1864-1919), seit 1891 verheiratet mit Charles-Auguste de Choiseul-Beaupré; Amerikanerin 334, 339
Chopin, Frédéric (1810-1849), polnischer Komponist 458
Christina, Königin von Schweden
(1626-1689), Tochter König Gustav Adolfs. Sie dankte 1654 ab, trat zum Katholizismus über und lebte meist in Rom. »Nebenstunden oder Lehrsätze und Denksprüche der Königin Christina« in: Arckenholtz »Historische Merkwürdigkeiten die Königin Christina von Schweden betreffend« Bd. 2-4, 1751.1907 erschienen in Stockholm »Pensées de Christine, reine de Suède«, Préface par le baron de Bildt 396
Christophe, Franz (1875-1946), österreichischer Maler, Mitglied der Berliner Sezession 573
– seine Frau 573
Chryselius, Carl, Berliner Verleger 740
Cimabue, eigentlich Cenni di Pepo
(um 1240-um 1303) florentinischer Maler 467, 742
Cima da Conegliano, Giovanni Battista (um 1459-1518), italienischer Maler 742
Cisek, Oscar Walter (1897-1966), rumänischer Schriftsteller 913
Cittadella, Graf Gino, Bruder der Gräfin Giustina di Valmarana, Besitzer von Saonara bei Padua, Onkel Pia di Valmaranas 405f., 687
Claire, Bedienerin im vegetarischen Restaurant Jouven, Boulevard Montparnasse in Paris 249

Claudel, Paul (1868-1955), französischer Dichter und Diplomat; »Le Repos du septième jour« erschien 1911 375, 422, 437f., 441, 551, 568, 660, 850, 930, 939, 1007

Claudius, Matthias (1740-1815), Dichter 544, 747

Clavel-Respinger, Fanette (Fanny) (1883-1967), verheiratet mit dem Schweizer Großindustriellen Alexander Clavel 657, 693f., 706, 860, 863, 881, 883

Clermont, Emile (1880-1916), französischer Schriftsteller, im ersten Weltkrieg bei Maisons-de-Champagne gefallen. R. liest von ihm »Laure«, 1913 866, 870

Clermont-Tonnerre, Elisabeth Duchesse de, née de Gramont (1875-1954) 693, 705, 923, 927, 934, 1004, 1014

Clifford-Barney, Natalie (1876-1972), in Paris lebende Amerikanerin, befreundet mit Valéry 1011

Clin, Madame, Concierge im Haus 17, rue Campagne-Première 356, 472, 522, 728, 830

Cloëtta, Max (1868-1940), Professor für Pharmakologie in Zürich 831, 838

Cochin, Henry (1854-1926), französischer Historiker, sein Buch »Le frère de Pétrarque« erschien 1903 760

Cocteau, Jean (1889-1963), französischer Dichter 308, 985, 999, 1008, 1013f.

Colarossi, Atelier-Agentur in Paris 270

Colette, Sidonie-Gabrielle (1873-1954), französische Schriftstellerin, veröffentlichte zuerst unter dem Namen Willy 702, 709, 815

Colin, Paul (1890-1940), belgischer Publizist, Herausgeber der Zeitschrift »Art libre« 671

Collalto, Graf Collaltino di, begegnete 1549 der Gaspara Stampa, warb später um die Marchesa Giulia Torella 312

Colomb, Michel (1430-1512), französischer Bildhauer 250

Colonna, Vittoria (1492-1547), italienische Dichterin, »Rime« 1538, verheiratet seit 1509 mit Ferrante d'Avalos, Marchese von Pescara 612

Contessa Lara, d. i. Evelina Cattermole Mancini (1849-1896), Dichterin 78

Commeter, Kunsthandlung in Hamburg 161

Conrad von Marburg, Beichtvater der Heiligen Elisabeth, Ketzerrichter, 30. 7.1233 von empörten Rittern erschlagen. Das genannte Grabmal ist das Landgraf Konrads, Titelgestalt eines Dramas von Karl von der Heydt 253

Conrad, Michael Georg (1846-1927), Schriftsteller und Kritiker, Begründer der Zeitschrift »Die Gesellschaft«, von 1893 bis 1898 Mitglied des Reichsrats 65-67, 71, 74, 76, 461

Contat, Dr. jur. Antoine (1869-1927), Vice-Kanzler der Eidgenossenschaft; wohnte in Bern in der Rabbentalstraße 37 E 795-797, 803, 805, 807, 845, 1036

– Contat-Mercanton, Léonie-Jeanne (1878-1969), seine Frau, Malerin 833, 846, 914, 964, 1037

– Antoinette Contat, seine Tochter (1908-1989) 805

Copeau, Jacques (1879-1949), Gründer des »Théâtre du Vieux-Colombier« 1913, Mitbegründer der »Nouvelle Revue Française«,

Freund André Gides; das 1926 in Lausanne aufgeführte Stück »Illusion« ist von ihm verfaßt 442, 520f., 780, 806, 811, 1028

Corot, Camille (1796-1875), französischer Maler 117, 738

Corinth, Lovis (1858-1925), deutscher Maler 341

Cortez, Hernando (1485-1547), Eroberer Mexikos, zerstörte 1519-21 das Aztekenreich, 1530-40 ist er zum zweiten Mal Statthalter dort. 1917 erschien: »Die Eroberung von Mexiko. Mit den eigenhändigen Berichten Cortes' an Kaiser Karl V.«, hg. von Arthur Schurig, Leipzig: Insel-Verlag 514, 597

Cossio, Manuel Bartolome (1857-1935), Direktor des Museo Pedagogico nacional, Verfasser des von Meier-Gräfe für eine Übertragung vorgesehenen Werkes über El Greco 406

Coster, Charles de (1827-1879), flämischer Dichter: »Uilenspiegel und Lamme Goedzak«. Übertragen von Albert Wesselski, Leipzig: Insel 1912 584

Cotta, J. G., Verlag in Stuttgart, damals von Adolf Kröner (1836-1911) geleitet, an den der Verlag überging 34

Cottet, Charles (1863-1925), französischer Maler 120

Couchoud, Paul-Louis (1879-1959), französischer Religionswissenschaftler. Herausgeber der »Sages et poètes d'Asie«, Paris 1916 694, 965

Coudenhove, Richard Graf (1894-1972) Schriftsteller und Politiker, verheiratet mit der Schauspielerin Ida Roland 599

Coué, Emile (1857-1926), Apotheker von Beruf, arbeitete ein Heilverfahren aufgrund von Autosuggestion aus 848, 850

Couperin, François (1668-1733), französischer Komponist 882

Courbet, Gustave (1819-1877), französischer Maler 218

Courten, de, Schweizer Adelsgeschlecht im Valais, das Château Bellevue in Sierre war ihr Stammsitz 692

Cranach, Lucas d. A. (1472-1553), Maler und Kupferstecher 128

Crémieux, Benjamin (1888-1944 im KZ), französischer Literaturkritiker, Übersetzer Pirandellos 422, 442

Cremonesi, Fillippo, Senator in Rom, von Mussolini 1925 als Gouverneur eingesetzt 978

Croce, Benedetto (1866-1952), italienischer Philosoph, Professor an der Universität Neapel. Gegner des Faschismus 532

Crommelynck, Fernand (1888-1970), Schauspieler und dramatischer Dichter. 1908 erschien »Le sculpteur des masques« (siehe auch Elvire Bachrach)

Csokor s. Czokor

Cuno, Wilhelm (1876-1933), Reichskanzler, parteilos, 1922/23 Leiter der HAPAG 811

Curtius, Ernst Robert (1886-1956), Romanist, Professor in Marburg, Heidelberg, Bonn 781, 870, 889, 905, 964f., 981

Cvetaeva Marina s. Zwetajewa

Czabanówna, Marja, übersetzte ins Polnische 977

Czernin, Graf Ottokar (1872-1932), bis 1918 österreichischer Außenminister und seine Frau, geb. Gräfin Kinski (1874-1945) 523

Czokor, Franz Theodor (1885-1969), österreichischer Schriftsteller,

arbeitete gleichzeitig mit R. im
Kriegsarchiv in Wien 522f., 534

Dähnert, Oskar, Emerson-Übersetzer 81
Däubler, Theodor (1876-1934), Dichter 462, 511f., 540, 542, 544f., 568f., 572
Dalcroze, Jacques Emil (1865-1950), eigentlich Emil Jacques-Dalcroze, Gründer der ›Bildungsanstalt‹ in Hellerau bei Dresden, Leiter der rhythmischen Vorführungen 440
Dane, Clemence (1888-1965), eigentlich Winifred Ashton, englische Schriftstellerin: »Legend«, London: Heinemann 1919, französisch in »Collection d'auteurs étrangers«: »Légendes«, Paris: Plon 1926 1013
Daniel-Rops (1901-1965), eigentlich: J. Ch. Henri Petiot, Autor religiöser Romane, unterrichtete bis 1944 am Lycée Pasteur in Neuilly-sur-Seine 1023
Dankl-Krasnik, Viktor von (1854-1941), österreichischer General 482
Dante Alighieri (1265-1322), italienischer Dichter. R. übertrug »Inschrift der Höllenpforte« und das Sonett »Deh peregrini«, das er am 31. 3.1898 an Wilhelm von Scholz sandte 76, 161, 163, 183, 263, 307, 378, 382, 448, 495, 685, 856
Darmestet[t]er, Mary s. Duclaux, M.
Darnbacher, Max (*1888), Schriftsteller und Kritiker 723
Darwin, Charles (1809-1882), englischer Naturforscher 58
Daubigny, Charles (1817-1878), französischer Maler und Radierer 117, 218
Daumier, Honoré (1808-1879), französischer Maler und Zeichner (s. auch Erich Klossowski) 690
Dauthendey, Maximilian (1867-1918), Dichter und Maler 135, 148, 195, 204, 209, 225, 334, 341, 358, 367, 483, 778
– seine Frau: Annie, geb. Johanson (1870-1945), schwedischer Herkunft 341, 483
David, Jacob Julius (1859-1906), Schriftsteller und Redakteur in Wien 103
David-Rhonfeld, Valerie von (21. 8. 1874-1947), Nichte von Julius Zeyer als Tochter von dessen Schwester Johanna; ihr Vater war Oberst. Graphische Arbeiten 33-35, 37-44, 170
– ihre Mutter 33f., 48
Deburau, Jean Gaspard (1796 Neukolin in Böhmen-1846 Paris), Schauspieler und Pantomime (R. schreibt irrig: Debureau) 709
Degas, Edgar (1834-1917), französischer Maler 83f., 218
Degenfeld-Schonburg, Ottonie Gräfin, geb. von Schwartz (1882-1970), Witwe des Majors Graf Christoph Martin Degenfeld (1868-1908), Schwägerin Eberhard von Bodenhausens und Freundin Hofmannsthals 427, 438, 489
Dehmel, Richard (1863-1920), Dichter 59, 75-77, 86, 95, 172, 210, 259, 261, 263, 334, 410, 445, 775f., 778, 850, 871
Delacroix, Eugène (1798-1863), französischer Maler 84, 693f., 711
Delbrück, Berta, geb. Gropius, zweite Frau von Heinrich Delbrück (1855-1922), Ministerialrat; Berliner Freunde Magda von Hattingbergs 485
Delp, Ellen (1890-1990), eigentlich: Ellen Schachian-Delp, verheiratete

Krafft, Freundin von Lou Andreas-Salomé, seit 1912 als Schauspielerin im Reinhardt-Ensemble, später in München. Auch mit Regina Ullmann befreundet; lebte auf der Insel Reichenau 434, 438, 440, 497, 505f., 510f., 621, 626f., 629, 821, 929

Demetrius, der falsche, angeblich der Mönch Grigori Otrepjew; tauchte 1603 auf, gab sich als Sohn Zar Iwan des Schrecklichen aus, bekämpfte Boris Godunow, bestieg 1605 den Thron und wurde nach einem Aufstand ermordet 960

Dénes, Zsófia, ungarische Journalistin 471

Dérain, André (1880-1954), französischer Maler 242

Derennes, Charles (1882-1930), französischer Schriftsteller 758, 822

Derche, Robert, Schriftsteller aus Straßburg 959

Derleth, Ludwig (1870-1948), Schriftsteller, er gehörte zum Kreis von Alfred Schuler und Ludwig Klages 495

Derp, Clotilde (1892-1973), eigentlich: Clotilde Margarete Anna von der Planitz, Tänzerin, seit 1919 verheiratet mit Alexander Sacharoff (s. auch dort) 437, 441, 443, 451, 494, 500, 504, 639, 653f., 940

Desbordes-Valmore, Marceline (1786-1859), französische Lyrikerin, seit 1817 verheiratet mit dem Schauspieler Valmore 706, 993

Descartes, René (1596-1650), französischer Philosoph 939

Desjardins, Paul (1859-1940), Gründer und Organisator der jährlichen Gespräche in Pontigny in Frankreich: »Entretiens de Pontigny« 351, 781, 929

Dessoff Albert (1865-1924), Bibliothekar 404

Détraz, Henry (1878-1959), Direktor der Aluminium-Werke in Chippis, Valais 1007, 1009f., 1012, 1027, 1029
– seine Frau: Martha Détraz-Baechtold 1007, 1010

Deubel, Léon (1879-1913 Freitod), französischer Schriftsteller; er ertränkte sich aus wirtschaftlicher Not in der Marne 449

Deutsch, Babette (1895-1982), Übersetzerin R.s ins Englische, Herausgeberin der Anthologie »Contemporary German Poetry« New York und London 1923 859

Diaghilew (Djagilev), Sergej (1872-1929), von 1898 bis 1904 Herausgeber der von ihm zusammen mit A. N. Benois und K. A. Somov gegründeten Zeitschrift »Mir iskusstva«, Petersburg; später Leiter des russischen Balletts 114, 119, 138

Dickinson, Harry (Heino) Louis von s. Wildberg, Bodo

Dieckerhoff-Suihotta, Erika, aus Köln: der Brief wurde fälschlich Ellen Delp zugeschrieben 756

Diederichs, Eugen (1867-1930), Verleger 103, 146, 148, 167

Dieffenbach, Karl Wilhelm (1851-1913), Maler 258

Dietmar von Eist (um 1140), Minnesänger 234

Dietz, Verlag in Stuttgart 51

Dietrichstein-Mensdorff, Alexander Fürst von (1899-1964) 528, 548

Dietrichstein, Alexandrine (Aline) Gräfin (1894-1981), seine Schwester, Tochter des Fürsten Hugo (1858-1920) und der Fürstin Olga Dietrichstein, geb. Fürstin Dolgoruky aus Petersburg; seit 1918 verheiratet mit Graf Wolfgang von Kuenburg. (1916 wurde sie mit ihren Geschwistern von Oskar Kokoschka gemalt) 527f., 538, 541, 548, 555-558, 568, 601, 643

Dimitrjew, Alice, baltische Malerin 215
Diotima, Gestalt aus Platons »Symposion« 314
Diotima s. Suzette Gontard
Dobrčensky, Mary Gräfin, geb. Gräfin von Wenckheim (1889-1970). Auf ihrem böhmischen Besitz Schloß Pottenstein verkehrten Sidonie von Nádherný, Karl Kraus, Mechtilde Lichnowsky und Rudolf Kassner 357, 618, 620, 636, 651 f., 663, 676, 709 f., 712, 718, 744, 767, 769, 788, 826 f.
Döblin, Alfred (1878-1957), Romancier. »Die Lobensteiner reisen nach Böhmen« erscheint 1917 195, 551, 554, 920
Döhle, Freddie, verheiratet mit dem in New York lebenden Bildhauer Arthur Lee, Lehrerin Ruth Rilkes 354, 492
Dohrn, Dr. Wolf (1878-1914). Sohn des Zoologen Anton Dohrn (1840-1909), Mäzen von Hellerau 444, 458
Dominikus, H., Prager Verleger 46, 83
Donna delle Rose, Graf, Besitzer eines Palastes in Venedig 291
Donner, Olly (1881-1956), Schriftstellerin, übersetzte den »Cornet« ins Schwedische 995, 998
Dostojewsky (Dostoevský), Feodor M. (1821-1881), russischer Romancier 96, 100, 157, 290, 296, 309, 365, 451, 491, 684, 804
– seine Tochter: Ljubow (Aimée) Dostojewskaja 684
Dayot, Armand (1851-1934) französischer Kunstkritiker 215
Dreyfus, Albert, französischer Literaturwissenschaftler 334
Drieu de la Rochelle, Pierre (1893-1945 Freitod) Essayist,

Schriftsteller, Bewunderer Mussolinis 982
Droste-Hülshoff, Annette von (1797-1848), Dichterin; sie lebte zuletzt bei ihrem Schwager von Laßberg auf der Meersburg, wo sie starb 66
Drouin, Marcel (1871-1946), eigentlich: Michel Arnould, Professor der Philosophie in Alençon, Bordeaux, Paris; Jugendfreund und Schwager André Gides. Er gehörte zum ersten Redaktionsstab der »Nouvelle Revue Française« 854
Drouot, Hans (1855-1945), Hofbuchdruckereibesitzer in Linz 28-30
Drouot, Paul (1886-1915), französischer Schriftsteller, im Kriege gefallen; sein unvollendeter Roman »Eurydice deux fois perdue« erschien posthum 1921 mit einer Préface von Henri de Regnier (Paris: Société litt. de France). R. erhielt diesen Band von Mme Jenny de Margery nach ihrem Besuch in Muzot zugesandt 1032
Drožžin, Spiridon Dimitrievič (1848-1930), russischer Volksdichter; seine Bauernhütte stand in Nisowka im Gouvernement Tver 22, 104, 106, 111-113, 116, 124, 205, 434, 924
– seine Frau 112
– seine Mutter 112
Du Bos, Charles (1882-1939), französischer Literaturkritiker und Übersetzer von Goethe, Hofmannsthal 854, 923 f., 926, 930 f., 936, 1005, 1008, 1011
Dubost, Jeanne-Renée 1010
Duclaux, Mary (1857-1944), Übersetzerin der Gedichte von Robert Browning, in erster Ehe mit dem französischen Orientalisten James Darmesteter verheiratet, 1894 ver-

witwet, 1901 wiederverheiratet mit Professor Camille Duclaux 874
Dürer, Albrecht (1471-1528), Maler und Holzschneider 103, 515, 812
Duhamel, Georges (1884-1966), französischer Schriftsteller. Sein Romanzyklus »Salavin« (1920-1932): »La confession de minuit« (1920), »Deux hommes« (1924), »Journal de Salavin« (1927) usf. 989
Duhem, Pierre (1861-1916), Mathematiker und Physiker, Historiker der exakten Wissenschaften 695
Duncan, Isadora (1878-1927), amerikanische Tänzerin 308
Du Prel, Karl Freiherr von (1839-1899), Dr. phil., Reiseschriftsteller, Okkultist 62
Durant-Ruel, Pariser Kunsthändler; das antike Wandbild, das R. 1903 bei ihm sah, ist jetzt im Metropolitan-Museum in New York 183
Du Roy de Blicquy, Reine, geb. de Neeff (*1920) 1016, 1021
Duse, Eleonora (1859-1924), italienische Tragödin 210, 215, 230, 232, 255, 278, 289, 308, 321, 348, 402-404, 444, 453, 458, 462 f., 466, 472, 508, 647, 813, 836, 882-884, 888, 927, 962, 999, 1030
Dušek, Dr. Cyril, 1920/21 tschechoslowakischer Gesandter in Bern 680, 709
Dworaczek, Wilhelm s. Paul Wilhelm
Dyonisius (Denis) de Burgo s. Robert de B.

E. M., wendet sich 1922 an R. 794
Eberhardt, Isabella (1877-1904), in der Schweiz geborene Tochter eines Russen, die in Nordafrika lebte und zum Islam übertrat; bekannt durch nachgelassene Romane und Reisebeschreibungen: »Le désert« 723, 877
Ebert, Friedrich (1871-1925), Reichspräsident 626, 798
Eckart (Eckehart), Meister (um 1260 - um 1327), Mystiker, Dominikaner, Pariser Magister 167, 216, 938
Eckermann, Johann Peter (1792-1854), Goethebiograph; Aufzeichnung von Goethes Gesprächen, Mitherausgeber der Ausgabe letzter Hand nach Goethes Tod 761
Eeden, Frederik van (1860-1932), holländischer Arzt und Dichter 436, 445, 462, 488, 668
Effenberger, Dr. Anton, Direktor der Handelsakademie in Linz 30
Effenberger, Hans (1902-1955), Komponist 333
Egidio, Franziskaner-Frater, einer der ersten Jünger des heiligen Franz von Assisi. Im 34. Capitel der »Fioretti« findet sich die Szene, in der er schweigend einen Pilger umarmt: König Ludwig den Heiligen 402 f.
Egidy, Emmy von (1872-1946), Tochter des Christoph Moritz v. E. (1847-1898) und seiner Frau Luise Albertine, geb. von Götz; Bildhauerin, befreundet mit Clara R.; 1922 lebte sie mit ihrer Mutter in Glokkenthal bei Thun 185, 656, 663
Ehrenburg (Erenburg), Il'ja (1891-1967), russischer Schriftsteller 988
Ehrenfels, Christian Freiherr von (1859-1932), Professor der Philosophie in Prag 212, 227, 287
– seine Frau Emma, geb. André 212, 227, 285, 287
– seine Tochter Imma (1895-1982), verlobt mit Norbert von Hellingrath, seit 1924 verheiratet mit Wilhelm von Bodmershof; später Schriftstellerin 551

Ehrenstein, Albert (1886-1950), Schriftsteller und Literaturkritiker in Berlin, Herausgeber der Zeitschrift »Die Gefährten« (Fortsetzung des »Daimon«), emigrierte 1933 in die Schweiz und starb dort verarmt. Kokoschka illustrierte 1911 sein berühmtes »Tubutsch« 711

Eidlitz, Walter (1892 Wien-1976), Schriftsteller 806

Einstein, Albert (1879-1955), Physiker 728, 778

Eirich, Dr. O. F., Wiener Theaterverlag 57

Eisner, Kurt (1867-1919), sozialistischer Schriftsteller, im November 1918 bayerischer Ministerpräsident, am 21. 2. 1919 von Anton Graf von Arco-Vallay ermordet. Sein »Gesang der Völker«, gedruckt im Programm der Revolutionsfeier vom 17. 11. 1918 in München, hat sich in R.s Besitz erhalten 582 f., 604 f., 621, 625, 626, 712

Eitingon, Max (1881-1943), Psychoanalytiker; er kam 1907 als erster der Züricher zu Freud nach Wien, später Leiter der Berliner »Psychoanalytischen Poliklinik« 436

Eliasberg, Alexander (1878-1924), Dr. phil., in Minsk geboren, Übersetzer aus dem Russischen 703, 756

Eloui, Nimet (etwa 1903-1945), Tochter des Ersten Kammerherren des Sultans Hussein, Achmed-Khairi Pascha aus Ägypten, in erster Ehe verheiratet mit Aziz Eloui Bey, in zweiter Ehe mit dem Fürsten Nicolas Metchersky 1024-1029, 1040

Elsner, Vladimir, russischer Literat, Herausgeber einer Anthologie deutscher Lyrik (1913) 450

Elster, Hanns Martin (1888-1983), Publizist und Verleger 969

Emerson, Ralph Waldo (1803-1882), amerikanischer Philosoph 81

Enckendorff, Marie Luise, eigentlich: Gertrud Simmel, geb. Kinel. Bücher: »Realität und Gesetzlichkeit im Geschlechtsleben« 2. Aufl. 1920, »Vom Sein und Haben der Seele. Aus einem Tagebuch« 2. Aufl. 1922 215, 788

Endell, August (1871-1925), führender Architekt des Jugendstils 66, 68, 70, 83, 236

Endell, Fritz (1873-1955), Graphiker. Bruder des Architekten 236

Enders, Dr. Karl, Korreferent in der Diskussion »Von R.s Art und Kunstübung«, Hauptreferent war Friedrich von Oppeln-Bronikowski (in: »Mitteilungen der Literarischen Gesellschaft in Bonn« 6. Sitzung vom 6. 7. 1907, 2. Jg., Nr. 6) 274

Engel, Regula, geb. Egli (1761-1853): »Lebensbeschreibung der Wittwe des Oberst Florian Engel von Langwies in Bündten, geb. Egli von Fluntern bei Zürich«, zuerst 1821, Neudruck Zürich 1914 667

Engelke, Gerrit (1890-1918 in einem englischen Lazarett), Arbeiterdichter 776

Engell, Birgit (1883-1973), dänische Opern- und Konzertsängerin (Sopran) 603, 787, 823

Engels, Alexander (1871-1933), Hofschauspieler in Wien (Burgtheater), seit 1923 in Frankfurt am Main 68

Entsch, A., Theaterverlag in Berlin 72, 166

Entz, Carl, R.s Onkel, Bruder seiner Mutter 18

Entz, Carl Joseph (1820-1895), Sparkassabeamter, stieg auf zum Kaiserlichen Rat und Direktionsrat der böhmischen Sparkasse in Prag; R.s Großvater 18, 25, 33, 789

- seine Frau: Caroline Entz, geb. Kinzelberger (1828-1927) aus Prag, R.s Großmutter 18, 25, 285, 374, 777, 779, 789
Entz, Franz (1789-1844), Städtischer Bauamtskanzlist in Prag; R.s. Urgroßvater 18, 819
- seine Frau: Theresia Entz, geb. Mayerhof (1780 [?]-1855) aus Brünn 18, 819
Ephrussi, Elisabeth (1899-1991), Lyrikerin 735, 739f., 776, 780, 783, 813, 817, 908, 1038
Erbach, Friedrich Graf zu, »Gräflich Erbach'sches Silhouettenbuch. Silhouetten von Verwandten und Freunden nach dem Leben gezeichnet von Johann Wilhelm Wendt. Angefangen Anno 1775 von Friedrich Graf zu Erbach«. Leipzig: Insel 1913 918
Erdmann, Ilse (1879-1924), lebte in Laubach in Oberhessen; Tochter des Philosophen Benno Erdmann (1851-1921), Professor in Berlin 186, 372, 448, 455, 463, 502 f., 505, 525, 539, 549, 557, 624, 772, 909
Erdmann, Dr. phil. Veronika, später Czapski (1894-1984), Schriftstellerin baltischer Herkunft 615, 628, 704, 718, 986 f.
Erhardt von Ehrhartstein, Robert Freiherr (1870-1956), Schriftsteller 518
Erler, Fritz (1868-1940), Maler 499
Erman, Adolf (1854-1937), Ägyptologe, bis 1923 Direktor des Ägyptischen Museums in Berlin 379, 484
Ernst, Frantisek, Professor an der 1. Deutschen Realschule in Prag 287
Ernst Ludwig, Großherzog von Hessen und bei Rhein (1868-1937), Mäzen, Gründer der Ernst Ludwig Presse in Darmstadt 407, 550, 552, 576

Ernst, Dr. Paul (1866-1937), Schriftsteller, Herausgeber der »Altitalienischen Novellen«, Leipzig: Insel 1902, 2. Auflage 1907 184
Ersch, Johann Samuel (1766-1828), Professor und Bibliothekar in Göttingen und Halle, Herausgeber der »Allgemeinen Enzyclopädie der Wissenschaften und Künste«, Leipzig: Gleditsch 1818 ff.; das überaus breit angelegte Werk blieb unvollendet 371
Ernesti, Robert, Verlagsleiter bei Velhagen und Klasing 41, 146, 152
Erzia [Erzya], Stepan Dimitrijevič (1876-1959), eigentlich: Nefedov, russischer Bildhauer, 1902-06 an der Moskauer Kunstschule, später in Paris 420, 422 f.
Eschenbach, s. Wolfram von Eschenbach
Escher, Nanny von (1855-1932), Schweizer Schriftstellerin, lebte in Langnau am Albis 689, 696, 856, 866
Essayé, Madame, und ihr Sohn, der Botenjunge von Muzot im Juli 1921 737
Ettinger, Paul (Pavel Davidovič) (1866-1948), russischer Kunstschriftsteller und -kritiker; Gemäldesammler. 1200 Briefe aus seinem Nachlaß finden sich für die Jahre 1888-1948 in: Gosudarstvennyj Muzej izobraziteľ nych iskusstv, Moskau, dort alle Briefe R.s an Ettinger, die Briefe Ettingers an R. im Pushkin-Haus in St. Petersburg 107 f., 120, 122, 137, 140, 143
Ettlinger, Dr. Josef (1869-1912), Herausgeber der im Oktober 1898 begründeten Zeitschrift »Das Litterarische Echo«, s. 102, 124
Eysoldt, Gertrud (1870-1955), Schauspielerin, verheiratete Berneis 121, 217, 219, 419, 587

- ihr Sohn Peter (1910-1985), R.s Patenkind 539, 625
Exner, Ernó, Maler, Sohn des Staatssekretärs im Budapester Finanzministerium Dr. Kornél von Exner 670

Fabre, Jean Henri (1823-1915), französischer Entomologist, beobachtete Bienen, Wespen, Spinnen 894
Fabre, Lucien (1889-1952), französischer Schriftsteller und Ingenieur-Wissenschaftler. Werke: »La connaissance de la Déesse« 1919, Gedichte mit einem Vorwort von Paul Valéry; »Les théories d'Einstein. Une nouvelle figure du monde«, Paris: Payot 1921; »Rabevel« 3 vols., 1923ff. 728, 749, 834, 854
Fabre-Luce, Alfred, s. Jacques Sindral
Fabre d'Olivet, Antoine (1768-1825), französischer Schriftsteller, Gelehrter und Komponist; Autor von »La Langue hébraïque restituée ...«, Paris 1816 411
Faehndrich, Alice, geb. Freiin von Nordeck zur Rabenau, »Frau Alla« (1857-1908 Capri), Witwe des Amtsrichters Hugo Faehndrich († 1898), Tochter des Adalbert Freiherrn v. N. z. R. und seiner Frau Clara, geb. Philips 220, 253f., 257, 259f., 265, 267, 269, 294, 297f., 302-306, 311, 388
Faesi, Robert (1883-1972), Professor für neuere deutsche Literatur in Zürich 665, 756, 862, 970
- seine Frau Jenny 862
Fagus (1872-1933), eigentlich: Georges Faillet, belgisch-französischer Lyriker 242
Faillet, private Kunstsammlung, bekannt für ihre Gauguin und van Gogh 246

Fairfax, Eve (1871-1978), ihre Portraitbüste von Rodin 241
Faktor, Emil (1876-1942), Schriftsteller und Redakteur, Mitglied des Ausschusses der »Lese- und Redehalle deutscher Studenten« in Prag; 1899 Redakteur der »Bohemia«, 1912 des »Berliner Börsen-Courier«, seit 1915 dort Chefredakteur 85, 93, 95, 100, 104, 414
Falckenberg, Otto (1873-1947), Mitbegründer des Cabarets »Elf Scharfrichter«; von 1916 bis 1944 künstlerische Leitung der Münchener Kammerspiele 129, 557
Falguière, Alexandre (1831-1900), französischer Bildhauer, porträtierte Rodin 230
Falk, Else, verheiratete Joergen, Buchhändlerin in Wien bei Hugo Heller, seit 1917 in München 525, 702
Falke, Gustav (1853-1916), Lyriker und Musiklehrer 86, 95
Fargue, Léon-Paul (1878-1947), Lyriker, im Lycée Schüler Mallarmés 919
Faure, Elie (1873-1937), französischer Kunsthistoriker und Essayist, sein Hauptwerk: »Histoire de l'art« in 4 vols. erschien 1909-1921 813
Faust, Dr. August, Schriftsteller 812
Federn, Edda (Etta), Herausgeberin und Übersetzerin von Jacobsens Gedichten 295, 463
Feichtingers Erben, Hofbuchdruckerei in Linz, im Besitz von Hans Drouot 28
Feist, Dr. Hans (1887-1952), ursprünglich Arzt; Schriftsteller, Übersetzer von Christopher Fry 634, 770, 806
Feist-Wollheim, Frau Hermine, Berliner Bekannte R.s, Sammlerin, befreundet mit Max Liebermann und Emil Orlik 559
Fels, Florent (*1897), Kunstkritiker in

Paris, französischer Schriftsteller, Herausgeber der »Cahiers verts« 818, 828

Fénéon, Leiter der Kunsthandlung Bernheim jeune in Paris; ob Fénéon, Felix (1861-1944), Schriftsteller, Kritiker, Kunstkenner? Von diesem erschien 1886 »Les Impressionnistes« 339

Ferénczi, Sandor (1873-1933), Nervenarzt in Budapest, seit 1908 der Psychoanalyse zugewandt 436

Ferrero, Guglielmo (1871-1942), italienischer Schriftsteller und Publizist, Mitarbeiter an der »Europäischen Revue« 921

Fet, Afanasij Afanas'evié (1820-1892), russischer Dichter 871

Feyghin (Fejgin), Jkov Aleksandrovič, Theaterkritiker, Redakteur des »Kur'er«, übersetzte auf R.s Empfehlung Hauptmanns »Michael Kramer« 123, 138

Ficker, Ludwig von (1881-1967), Herausgeber des »Brenner-Jahrbuchs« 472 f., 478 f., 481, 490 f., 653-656, 816, 820, 1043

Fidus, s. Hugo Hoeppener

Fiedler, Friedrich (1859-1917) Übersetzer und Sammler 91 f.

Finke, H., Bremer Liebhaberschauspieler, 1915 von Kokoschka porträtiert 147

Fischer, Eugen Kurt (1892-1964), Journalist 969

Fischer, Hedwig, geb. Landshoff (1871-1952), Gattin des Verlegers S. Fischer 102, 218, 238 f., 254 f., 258, 297, 302 f., 309, 324, 326, 333, 337, 341, 343, 345, 358, 381 f., 389, 409, 415, 448, 462, 551, 554, 572 f., 778, 862

– ihre Tochter Brigitte (Tutti), später verheiratet mit Dr. med. Gottfried Bermann-Fischer 329-333

– ihr Sohn Gerhart 448

Fischer, Jacob (1875-1952), Generalmajor; Mitzögling R.s in St. Pölten (9. unter 51 Zöglingen seines Jahrgangs in Mährisch-Weißkirchen) 26

Fischer, Samuel (1859-1934), Verleger; im März 1889 zusammen mit Otto Brahm, Maximilian Harden u. a. Gründer des Vereins »Freie Bühne« in Berlin 45, 63, 73, 84, 102, 164, 193, 197, 209, 218, 238 f., 244, 254 f., 259 f., 273, 295-298, 300 f., 304, 307, 324, 329, 341, 343, 345, 352, 448, 462, 474, 569, 572 f., 628

Fischer-Colbrie, Arthur (1995-1968), Landesbeamter in Linz, Professor h. c., Lyriker 969, 973

Flaischlen, Caesar (1864-1920), Schriftsteller und Illustrator, Redakteur des »Pan« 89, 100

Flake, Otto (1880-1963), Schriftsteller und Publizist; »Das Logbuch« erschien 1917 im S. Fischer Verlag 551, 569

Flamm, Frau Berta, lebte in Halle/Saale 971

– ihr Sohn: cand. jur. Otto Flamm 971

Flammarion, Camille (1842-1925), französischer Astronom, der auch allgemeinverständliche Werke schrieb; »Uranie« erschien 1888, als »Urania« übersetzt von Carl Wenzel 1894 45

Flammarion, Verlagshaus, 1867 gegründet von Ernst Flammarion (1846-1936), dem Bruder von Camille F. 694, 879

Flammarion et Vaillant, Pariser Buchhandlung 695, 965

Flaubert, Gustave (1821-1880), französischer Dichter; die von ihm nicht publizierte Frühfassung von »L'Education sentimentale« ent-

stand 1843-45, die zweite Fassung 1864-69, sie erschien 1869; »La Légende de Saint Julien L'Hospitalier« erschien 1877 in: »Trois Contes« 162, 284, 492f., 503f., 526
Flechtheim, Kunstgalerie in Berlin 770
Flechtheim, Alfred (1878-1937), Begründer und erster Herausgeber des »Querschnitt«, der im Propyläen-Verlag erschien 955
Flekser, Akim, s. Volinskij
Fleury, Claude (1640-1723), Abbé, Historiker und Parlamentsadvokat, seine »Histoire écclésiastique« erschien von 1691-1720 in 20 Bänden 960
Fließ, Wilhelm (1858-1928), Dr. med., Begründer der ›Periodenlehre‹, praktischer Arzt in Berlin; von ihm erschien 1914 in 2. Auflage »Vom Leben und vom Tode. Biologische Vorträge«; 1885 wurde am Berliner Börsen-Courier eine Rubrik »Medizin« eingerichtet, die er leitete 513, 596, 749, 1036
Florence, Jean, übersetzte Chesterton ins Französische 796
Förste, Jomar, Architekt, Veröffentlichungen in der »Aktion« 512
Förster, Professor 585
Förster, Franz Leopold, Nachbesitzer von Kamenitz an der Linde, das R.s Urgroßvater Johann Joseph R. an ihn 1811 verkaufte 19
Förster-Nietzsche, Elisabeth (1846-1935), Schwester des Philosophen und Betreuerin des Nietzsche-Archivs in Weimar 342
Fofanow (Fofanov), Konstantin Michailowitsch (1862-1911), russischer Lyriker; Titel des von R. übertragenen Gedichtes »Vesna i not« 104
Fogazzaro, Antonio (1842-1911), italienischer Dichter und Schriftsteller 813, 816
Fontainas, André (1865 Brüssel-1949), Lyriker, schrieb später auch Romane, übersetzte Milton, de Quincey, Keats, Swinburne 873
Fontane, Theodor (1819-1898), Dichter und Romancier 50
»Forestier Illuminato intorno le tose più rare e curiose antiche e moderne della citta di Venezia« Venedig 1784 292
Forrer, Anita (1901-1996), junge Freundin Frau Wunderly-Volkarts, Tochter eines Schweizer Nationalrats, Graphologin, die R. in St. Gallen vorlesen gehört hatte; lebte in Brissago 668, 703, 709, 723, 762, 844
Foscarini, Jacopo Vincenzo (1785-1864), italienischer Schriftsteller, Kenner des venezianischen Dialekts, sammelte »Canti del popolo veneziano« 1844 389
Fränkel, Jonas (1879-1965), Professor für Literaturgeschichte in Bern 937
Fraenkel, S. Martin, Berliner Antiquariat 784
Fragonard, Honoré (1732-1806), französischer Maler 271
France, Anatol (1844-1924), französischer Schriftsteller, 1921 erhielt er den Nobelpreis 966
France, Hector (1840-1908), französischer Schriftsteller und Offizier. Es erschien »Sac au dos à travers l'Espagne«, Paris 1888 667
Franck, Hans (1879-1964) Erzähler, Dramatiker, Lyriker 704
Franck, Henry (1880-1912), französischer Lyriker: »La Danse devant l'Arche«, eingeleitet von der Comtesse de Noailles, Paris 1913 418, 422, 774

Francke, s. Meister Francke
Frank, Bruno (1887-1945), Schriftsteller 604
Franz I., Fürst von und zu Liechtenstein (1853-1938), Diplomat 531
Franz von Assisi (Franciscus) (1181/82-1226), eigentlich: Giovanni Bernadone, 1228 Heiligsprechung 107, 172, 220, 260, 307, 347, 403, 467, 469, 560, 587, 625, 670
Franz Ferdinand, Erzherzog (1863-1914), österreichischer Thronfolger, in Sarajewo ermordet 470
Franz Joseph I., Kaiser von Österreich (1830-1916) 401, 542
Franyó, Zóltan, (*1887), ungarischer Übersetzer des »Cornet« 579
Franzos, Marie (Mizi) (1870-1941), Autorin, schrieb unter dem Namen »Francis Maro« in Wien, übersetzte aus dem Schwedischen, darunter Werke von Selma Lagerlöf, Geijerstam, Ellen Key 153, 189, 204, 210, 232, 237, 335, 425
Frenssen, Gustav (1863-1945), Pastor und Romanschriftsteller 154f.
Frentz, Bruno 750
Frères, Emile-Paul, Pariser Verleger 938, 947, 1008, 1022
Frerichs, Sissy, s. Gesine Naef-Frerichs
– ihre Schwester Ally aus Bremen 551
Freud, Ernst (1892-1970), Architekt, jüngster Sohn von Sigmund Freud, Verwalter von dessen Nachlaß 629
Freud, Sigmund (1856-1939), Begründer der Psychoanalyse 323, 436, 495, 523, 534f., 629, 741, 858, 881, 889
Frey, Carl (*1857), Professor für Kunstgeschichte in Berlin; Herausgeber von: Michelangelo Buonarroti, »Le Rime«, Berlin 1897 548

Freyhold, Edmund Karl von (1878-1944), deutscher Maler, befreundet mit den Reinharts in Winterthur; Autor u. a. des für Kinder bestimmten »Hasenbuchs« (Text von Christian Morgenstern), Berlin: Cassirer 822, 831, 840, 906
Freytag, Gustav Willibald (1876-1961), Professor für Ophthalmologie in München, Sohn des Schriftstellers Gustav Freytag; Gründer der Vereinigung »Isar-Athen«, Gönner von Alfred Schuler, gab R.s Briefe an diesen heraus 575
Fried, Kamerad R.s in St. Pölten (fiktiver Name) 39
Fried, Oskar (1871-1942 Moskau), Komponist und Dirigent 60, 62f.
Friedländer-Fuld, Fritz Viktor von (1858-1917), Geheimer Kommerzienrat, Großindustrieller 485, 488, 501, 517, 559
– seine Frau Milly, geb. Fuld, Tochter eines holländischen Bankiers 484f., 488, 517, 574
– seine Tochter Marie Anne s. Marianne Mitford
Friedrich, Karl Joseph (1888-1965), Pfarrer in Seifersdorf, Herausgeber von Agnes Günther »Die Heilige und ihr Narr«, Stuttgart 1913; schrieb selbst »Die Heilige«, Erinnerungen an Agnes Günther, Gotha 1915 502, 512
Friesenhahn, P., Verleger von »Traumgekrönt« (der Verlag wurde 1892 gegründet) 58, 60, 74, 320
Frisch, Efraim (1873-1942), Herausgeber des »Neuen Merkur« 611
Frisch, Fega, seine Gattin, übersetzte aus dem Russischen 628
Frischauer, Dr. Max, Wiener Rechtsanwalt, Testamentsvollstrecker Oswald von Kutscheras 781, 1039

Frisell, Stina, geb. Christiane Waern (1862-1944), verheiratet mit Erik Frisell (1859-1942), Bankdirektor und Industrieller in Göteborg, Tochter des Sägewerkbesitzers Mathias F. Waern, verwandt mit Lizzie Gibson 206f., 247
- ihre Tochter Karin 247

Froben, Johannes (1460-1527), berühmter Drucker in Basel, Freund des Erasmus von Rotterdam 19

Fröding, Gustaf (1860-1911), schwedischer Lyriker 197, 424, 623, 808

Froissart, Jean (1337-um 1410), französischer Historiker und Dichter, Weltgeistlicher; schrieb nach 1370 in mehreren Fassungen seine »Chroniques de France, d'Engleterre et des pais voisins«, das Werk liegt in verschiedenen Ausgaben vor, die von R. genannte des Buchon ist in der Reihe »Panthéon littéraire« erschienen, eine spätere Ausgabe ist die von Kervyn de Lettenhove, Joseph Maria (1817-1891), 1870-76 163, 960

Fromme, Carl, Verleger in Wien 183

Frommel, Otto (1871-1951), Theologe und Dichter 834

Fuchs, Georg (1868-1949), Schriftsteller und Theaterleiter in München, Korrespondent des »Berliner Tageblatts«; später Professor 143

Fuchs-Nordhoff, Irene von (1883-1963), Malerin 629

Fürnberg, Louis (1909-1957), aus Mähren, deutscher Schriftsteller 1012

Fürstenberg, Fürst Maximilian Egon (1863-1941), in Donaueschingen 666

Gabri, Ella, Schauspielerin, begann ihre Laufbahn 1886 in Bromberg, ab 1898 in Breslau, dann bei Reinhardt in Berlin; seit 1909 in Dessau 71

Gagárin(e), Marie (Mima) Dimitrievna Fürstin, geb. Fürstin Obolensky (* 1864 in Petersburg), verheiratet mit Fürst Andreas G. (1856-1921), Rektor der Technischen Hochschule in Petersburg; lebte in den USA 1014f., 1017, 1037

Gallarati-Scotti, Duchesa Aurelia, geb. Cittadella-Vigodarzere (1895-1978), seit 1918 verheiratet mit Tommaso G.-S., Kusine Pia di Valmaranas, in deren Haus R. ihr 1912 als ›Leila‹ Cittadella begegnet war 746, 792, 810, 812f., 815, 826, 836, 844, 872, 877, 879f., 882, 889, 921, 930, 949, 977-980, 982f., 988, 990, 1000, 1008
- ihr Gatte: Tommaso Duchese Gallarati-Scotti (1878-1966), Diplomat, Verfasser des Werkes: »Vita di Antonio Fogazzaro«; der literarische Kreis »Convegno« tagte in einem Flügel des Palazzo Gallarati in Mailand 813, 816, 826

Gallimard, Gaston (1881-1975), französischer Verleger 776, 826, 830, 920, 944, 956, 962, 1004, 1012, 1033

Gallwitz, Sophie Dorothee (Dorothea) (1869-1948), Schriftstellerin; zunächst Opern- und Oratoriensängerin, dann Musikkritikerin und Journalistin; gab 1917 die erste Ausgabe der »Briefe und Tagebuchblätter« von Paula Modersohn-Becker heraus. 1922 erschien ihr Buch »Dreißig Jahre Worpswede« 562, 896f., 906, 915

Galsworthy, John (1867-1933), englischer Romancier; erster Präsident des 1921 gegründeten PEN-Clubs 557, 940

Gamerra-Gambamar, Baronin Amélie, aus Budapest 669

Galtier-Boissière, Jean (1881-1966), Zeichner, Schriftsteller, Journalist; Herausgeber von »Le Crapouillot«, Paris, einer Schützengraben-Zeitung, die zunächst 1915-18 erschien, dann von 1919-39 als avantgardistische Zeitschrift, s. 863
Ganghofer, Ludwig (1855-1920), Romanschriftsteller; seine Frau Lolo G. 27, 61, 65, 67f., 73
Gans, Frau Dr., Bekannte R.s aus München 554
Gansberg, Fritz (Friedrich Wilhelm) (1871-1950), Lehrer und Schulreformer in Bremen, pädagogischer Schriftsteller, Mitbegründer der Zeitschrift »Roland«, Bremen 1905-14; Initiator der »Vereinigung für Schulreform«, Bremen, Februar 1905 216, 221, 227, 230, 238
Ganz, Hans (1890-1957), Schweizer Jugendfreund Carl J. Burckhardts 674
Garnett, David (1892-1981), englischer Schriftsteller 935
Garschin (Garsin), Wséwolod Michájlowitsch (1855-1888 Freitod), russischer Schriftsteller, nahm 1877 als Freiwilliger am russisch-türkischen Krieg teil. Werke: »Aus den Erinnerungen des Gemeinen Iwanow«, 1889, und »Attalea princeps und andere Novellen«, Deutsch von Mich. Feofanoff, Schmuck von Heinrich Vogeler. Leipzig: Insel 1903 116, 188, 544
Gaspoz, Henri (1910-2001), Schützling R.s aus Veyras bei Sierre, später Ingenieur der Usine in Chippis, lebte in Veyras/Sierre 879, 1002, 1009f.
– seine Mutter 1002, 1009
Gaston de Foix, genannt Phoebus (1331-1391), Graf aus den Vorpyrenäen 717, 960
Gauchat, Louis (1866-1942), seit 1907 Professor der romanischen Sprachen und Literaturen in Zürich; seine Schwester Jeanette Gauchat war Malerin 666
Gauguin, Paul (1848-1903), französischer Maler 246, 258, 273, 298, 302, 313, 562
Gebhard, Hans (1883-1947), elsässischer Komponist 225
Gebsattel, Victor Emil Freiherr von (1883-1976), Dr. phil., Arzt und Psychoanalytiker, lebte in Bamberg; kannte R. seit 1908, 323, 366, 370, 379, 386, 388, 390f., 394, 436, 460, 591
Geffroy, Gustave (1855-1926), französischer Schriftsteller und Kunstkritiker: »La vie artistique«, Paris; R. exzerpierte die 2. und 5. Serie 162, 164
Geheeb, Edith Charlotte, geb. Cassirer (1885-1982), verheiratet mit Paul Geheeb (1870-1961), dem Gründer der Odenwaldschule (1910); lebte in der Schweiz 513
Geiger, Benno (1882-1965), Schriftsteller und Kunsthistoriker 211, 355, 423
Geijerstam, Gustaf (1858-1909), schwedischer Romancier 167, 256f.
Geiser, S., Sammler, der R.s Gedicht »Halbzellen ...« von Kokoschka erbat 528, 530
Gelenius, Sigismund (1467(?)-1544), aus Prag, beherrschte außer Französisch, Deutsch und Italienisch auch Lateinisch und Griechisch, lernte auf seiner zweiten Deutschlandreise in Basel Erasmus von Rotterdam und den Drucker Johannes Froben kennen und

überwachte dreißig Jahre lang die Frobenschen Editionen 19
Gellinek, Christian (1869-1960), R.s Reitlehrer in Mährisch-Weißkirchen 27
George, Stefan (1868-1933), Dichter und Mittelpunkt des Kreises um die »Blätter für die Kunst«. Seine Übertragungen: »Charles Baudelaire«, Berlin 1901; »Zeitgenössische Dichter«, übertragen von S. G., Bd. 1. 2, Berlin: Bondi 1905; »Shakespeares Sonnette«, Umdichtung von S. G. Berlin: Bondi 1909 73, 79, 83, 85, 89, 145, 198, 209, 269, 334, 356, 411, 438, 441, 468, 496, 571, 596, 598, 669, 718f., 729, 751 f., 775, 868, 871, 889, 899, 924, 943
Georgi, Friedrich Freiherr von (1852-1926), österreichischer General aus Prag, von 1907-17 k. k. Minister für Landesverteidigung 519
Gerding, Marlise, damals Studentin 368
Germain, André (*1881 Paris), Pseudonym: Loys Cendré, französischer Kritiker, Leiter und Herausgeber der »Revue Européenne«. R. war Gast auf einem seiner ›Abende‹ 955
Geschwind, Professor, Lehrer R.s in Prag 37
Geyger, Ernst Moritz (1861-1941), Berliner Künstler 133
Geymüller, Freiherr von, seine Familie besaß zu R.s Knabenzeit und bis 1945 Kamenitz an der Linde (Kamenice nad Lipou) 19
Gezelle, Guido (1830-1899), flämischer Dichter, Geistlicher; seine Gedichte: »Kerk hofblommen« 513
Gianturco, Elio, italienischer Literat, Autor des »Convegno« und Übersetzer 859, 980, 995, 1042

Giauque, Sophy (Sophie) (1887-1943), Schweizer Malerin, sie lebte in Lausanne 965, 1007
Gibson, John James gen. Jimmy (1858-1932), schwedischer Zivilingenieur aus Göteborg, hatte in Frankreich Textilindustrie studiert. R.s Gastgeber in Furuborg 201 f., 205, 207, 211, 228, 234
– seine Frau Elizabeth, gen. Lizzie, geb. Waern (1860-1927), seit 1884 mit Jimmy Gibson verheiratet, Tochter des Großhändlers Morten Edv. Waern 201 f., 206, 208, 228, 234, 272, 308
Gide, André (1869-1951), französischer Dichter und Schriftsteller, veröffentlichte zunächst unter dem Pseudonym André Walter (1891-93). Die von R. genannten Werke Gides erschienen: »Nourritures terrestres« 1897, »L'Immoraliste« 1902, »Le Retour de l'Enfant prodigue«, Erstdruck in: »Vers et Prose« 1907, »La Porte étroite« 1909, »Les Caves du Vatican« 1914, »La Symphonie pastorale« 1920, »Si le grain ne meurt« 1920 und »Les Faux-Monnayeurs« 1925 335, 337 f., 348, 351, 353, 356 f., 367, 370, 372 f., 387, 421, 442, 445 f., 452-454, 456, 458-460, 467, 472, 477, 480, 520-522, 613, 620, 680, 693 f., 712, 715 f., 724, 727 f., 730, 737, 747, 749 f., 754, 780-782, 790-792, 797-799, 803, 806, 812, 823, 826, 830, 846-849, 852-854, 870, 872, 875, 889, 905, 919, 923, 928 f., 943, 946, 951, 1010 f., 1023, 1031
Gildemeister, Eduard (1848-1946), Bremer Architekt, Erbauer der Kunsthalle 147
Gill, Eric (1882-1940), englischer Zeichner und Typograph, Buchkünstler 958

Gils, Thea van (1873-1982); R. versuchte sie im Oktober 1924 als Sekretärin zu gewinnen 908, 910
Ginzkey, Franz Karl (1871-1963), österreichischer Schriftsteller, 1906 mit dem Bauernfeldpreis ausgezeichnet; Offizier 530
Giotto di Bondone (1266 (?)-1337), italienischer Maler 404, 467
Gippius, Sinaïda Nikolaevna, s. Sinaïda Hippius
Giraudoux, Jean (1882-1944), französischer Dichter 933, 943, 951, 954, 980, 982, 993, 1008, 1013, 1015 f.
Gisler, Leni (1893-1971) aus Flaach, R.s Wirtschafterin in Berg 696-698, 705, 741
Glaessner, Ella, Tochter eines Arzts und Hofrats aus Prag 43
Gleichen-Rußwurm, Carl Alexander Freiherr von (1865-1947), Schriftsteller 277 f., 408
Gleiß, O., Übersetzer Kierkegaards ins Deutsche 198
Glossy, Carl (1848-1937), Direktor der Bibliothek und des Historischen Stadtmuseums von Wien 77, 238
Glück, Gustav (1871-1952), Hofrat, Direktor der Gemäldegalerie des Wiener Kunsthistorischen Museums von 1911 bis 1931 522, 532
Gneditsch (Gnedič), P. Petrowitsch (1855-1927), russischer Kunsthistoriker, Autor von »Vsеоbščаjа istorija iskusstva« 3 Bände, 1897 93, 113
Gneisenau, Maria (Mary) Gräfin, geb. von Bonin (1873-1926), Stiefschwester Karl von der Heydts, in zweiter Ehe 1918 verheiratet mit Georges Freiherrn von Manteuffel-Szoege. Schriftstellerin; ihr Buch »Aus dem Tal der Sehnsucht«, Berlin: Bard 1907, trägt als Motto die zweite Strophe des Gedichtes »Es gibt Abende ...« aus »Mir zur Feier« 251-253, 279, 282, 562
Göldlin, Luzerner Familie 843
Goethe, Johann Wolfgang (1749-1832), Dichter 25, 31, 64, 107, 198, 235, 303, 308 f., 311 f., 329, 342 f., 349, 376 f., 379, 385, 394 f., 405, 414, 425, 429, 431, 436 f., 439, 442, 449, 451, 456 f., 470, 533, 538, 541, 544, 546, 548, 560, 567, 575, 600, 619, 621, 637, 639, 646, 649 f., 653, 669, 674, 676, 690, 723 f., 729, 731, 744 f., 747, 804, 811, 849, 859, 904, 916, 941, 945, 964, 975
Gogh, Theo van (1857-1891), Bruder des Malers, Kunsthändler in Paris 280
– seine Witwe 280
Gogh, Vincent van (1853-1890 Freitod), Maler. Der von seiner Schwägerin J. van Gogh-Bonger zusammengestellte Band »Vincent van Gogh. Briefe an seinen Bruder« erschien in der Übersetzung von Leo Klein-Diepold 1907 236, 246, 256, 261, 271, 280 f., 283 f., 562, 878, 898
Gogol (Gogol'), Nikolai Wassiljewitsch (1809-1852), russischer Dichter. »Taras Bulba« erschien zuerst 1835 mit zwei anderen Romanen unter dem Titel »Mirgorod« und diente mehrfach als Opernstoff. 1895 wurde in Turin die Oper »Taras Bulba« des argentinischen Komponisten Arturo Berutti (1862-1938) uraufgeführt 92, 309
Gold, Alfred (geb. 1874), Redakteur der »Zeit« in Wien 98
Goldschmidt, Baron, einer der Söhne von Maximilian Benedikt Freiherrn von Goldschmidt-Rothschild

(1848-1940), und seiner Gattin Minna Caroline, geb. Freiin von Rothschild 489
Goldschmidt-Rothschild, Baronin Lucy (1891-1977), Tochter des Berliner Bankiers M. B. von Goldschmidt-Rothschild, seit 1917 verheiratet mit Edgar von Spiegl, durch ihren Bruder Rudolf Schwägerin von Marianne Mitford 482, 490, 495, 509, 515, 549, 574, 579
Goldschmidt-Rothschild, Rudolf Freiherr von (1881-1962), Bankier. In erster Ehe verheiratet mit Baronin Lambert, in zweiter mit Marianne, geb. Friedländer-Fuld (s. Marianne Mitford) 930
Goldschmidt-Lambert, Betty, Baronin (1894-1969), erste Frau von R. v. Goldschmidt-R. 589
Goll, Claire, geb. Klara Aischmann (1890-1977), Lyrikerin, Jugend in München, in erster Ehe verheiratet mit dem Schweizer Verleger und Schriftsteller Heinrich Studer (1889-1961), Besitzer des Amalthea-Verlages, geschieden 1917. 1919 erste Begegnung mit Iwan Goll in der Schweiz, 1921 Heirat, seitdem in Paris. Frühe Werke: »Mitwelt«, Berlin: Verlag der Wochenschrift Aktion 1918, »Die Frauen erwachen« Frauenfeld: Huber 1918, »Der gläserne Garten«, München: Roland-Verlag 1919 607, 609, 612, 620, 624, 627f., 640, 643, 678f., 807, 823f., 836, 864, 895, 900f., 916, 931, 944
Goll, Iwan (1892-1951), eigentlich: Isaac Lang, geboren in St. Dié; französischer Schriftsteller und Lyriker 607, 629, 640. 643, 824
Golnipa, Helene s. Guttmann
Goltz, Hans, Bücherstube in München, Briennerstr. 8, mit Vorleseabenden 511, 539
Golubeff [Goloubew], Victor von (1879-1945), russischer Kunsthistoriker und Sammler in Paris, Begründer des Musée Guimet 230, 242
– seine Frau Nathalie Goloubew (1882-1941); beide befreundet mit Bodenhausen und Hofmannsthal 230
Golubkina, Anna Semjonowna (1864-1927), russische Bildhauerin, als Schülerin Rodins 1902/03 in Paris 108, 118
Goncourt, Edmond de (1822-1896) und Jules de (1830-1870), die Brüder G., gemeinsame Verfasser von Romanen und kulturhistorischen Darstellungen: »Portraits intimes du 18e siècle« 1857/58, »L'art du 18e siècle« 1859-1875, »La femme au 18e siècle« 1862. Seit 1903 wird der nach ihnen benannte Preis für erzählerische Werke verliehen 162
Gontard, Susette, geb. Borkenstein (1769-1802), seit 1786 Gattin des Frankfurter Bankiers Jakob Friedrich G., Hölderlins »Diotima« 311, 714
Gontschárow (Gončarov), Iwan Alexandrowitsch (1812-1881), russischer Dichter, 1859 erschien sein bekanntester Roman »Oblomow« 1000
Gontscharowa, Madame Natalia, russische Malerin, Mitarbeiterin am Diaghilew-Ballett in Paris 932
Gonzenbach, Elisabeth Emilie von (1840-1922), Gutsbesitzerin in Muri bei Bern 637f., 688
Gorbunova, L., eigentlich Lidija Vladimirovna Lepëškina, Gattin des Fürsten Sergej Schachowskoj. Russische Schriftstellerin, Übersetze-

rin Dehmels und R.s: ihre Übertragung der »Aufzeichnungen des Malte Laurids Brigge« war von großer Wirkung. Während ihres Aufenthaltes in Moskau (Sommer 1900) waren Lou A.-S. und R. fast täglich mit ihr und Sophia Schill zusammen 450
Gordon, Jacov L′vovič, russischer ›Proletkult‹-Dichter 919
Gorki (Gor'kij), Maxim (1868-1936), eigentlich Alexei Maximowitsch Peškov, sein Deckname bedeutet »Der Bittere«; russischer Dichter, ursprünglich einfacher Arbeiter fast ohne Schulbildung. 1902 verschaffte ihm seine Szenenfolge »Na dne« (›In der Tiefe‹) Geltung, seit 1903 unter dem Titel »Nachtasyl« in deutscher Übersetzung. Von 1906 bis 1913 lebte Gorki als Emigrant in Capri 111, 120f., 157, 218, 257f., 268f., 673, 718, 723
Gorter, Herman (1864-1927), niederländischer Schriftsteller, »Mei« erschien 1898; Herausgeber der sozialistischen Monatshefte »De jonge Gids« seit 1898 135, 137, 143
Gortschakoff (Gortčakov), Fürstin N., begegnete R. als Emigrantin in Genf 1025
Gotthelf, Jeremias, d. i. Albert Bitzius (1797-1854) Schweizer Pfarrer und Schriftsteller 804
Goudstikker, Mathilde Nora (›Puck‹) (1874-1934) Münchner Photographin, heiratete 1903 den Architekten Sigmund Göschel (1875-1962), seit 1920 Professor an der TU München. Sie arbeitete mit ihrer Schwester Sophie (1865-1919) zusammen, ihr Atelierhaus ›Elvira‹ war von August Endell erbaut 64-67

Goutierrez-Blanchard, Maria (1881-1932) spanische Malerin 757
Goya y Lucientes, Francisco José de (1746-1828), spanischer Maler, Radierer, Lithograph 218, 409, 420, 667
Graf, Oscar Maria (1894-1967), Schriftsteller; 1919 wegen seiner Beziehungen zu Sozialisten in München belastet 608, 631
Grande, Richard (* 1903), Lyriker 1008f.
Grantham, Alexandra Etheldred (* 1867), Urenkelin Herders, übersetzte den ›Cornet‹ ins Englische 435
Grappe, Georges (1872-1947), Leiter des Musée Rodin 1044
Grasset, Bernard, französischer Verleger 456
Graul, Richard (1862-1944), Kunsthistoriker, von 1896 bis 1929 Direktor des Kunstgewerbemuseums in Leipzig, Mitherausgeber des »Pan« 89
Grauthoff, Otto (1876-1937 in Paris), Kunsthistoriker und Publizist, seine Tochter heiratete Ernst Toller 324
Graupe, Paul, Antiquariat und Auktionshaus in Berlin 542, 566
Gréban, Arnoul (1420-1471) und Simon, Brüder. Verfasser von: »Mystère des passions«; einzeln: Arnoul Gréban »Passion de notre sauveur Jhésu Christ« (Passion de Paris 1448); Simon Gréban »Le triumphant mystère des actes des apôtres« 466, 468, 497
Greco, El (1541-1614), eigentlich: Dominico Theotokopuli, spanischer Maler 313, 317, 344, 378f., 384-386, 405-409, 412, 415, 418, 420, 662
Gregh, Fernand (1873-1960), französischer Lyriker 70, 161

Gregor der Große (um 540-604),
Papst 449
Greiner und Pfeiffer, Verleger 166
Greiner, Leo (1876-1928), einer der
Münchner »Elf Scharfrichter«,
Schriftsteller 125, 129
Gribojedow (Griboedov), Alexander
Sergejewitsch (1795-1829), russischer Dramatiker 107
Griefenberg, Hedwig s. Hedwig Zapf
Grillparzer, Franz (1791-1872) österreichischer Dichter 416, 804
Grimm, Herman (1828-1901), Professor für Kunstgeschichte in Berlin, Sohn von Wilhelm Grimm; seine Michelangelo-Übertragungen finden sich in seinem Werk über den Künstler 90, 538, 548, 756
Grimm, Jacob (1785-1863) und Wilhelm (1786-1859), Brüder, Begründer der Germanistik, ihr »Deutsches Wörterbuch« erscheint seit 1854 178, 193, 451, 453
Grimm, Ludwig Emil (1790-1863), Maler, Radierer, der jüngste der fünf Brüder Grimm 699
Groes, Fedor Ivanovič 114
Groethuysen [Groethuyzen], Bernhard (1880-1949), Professor Dr. phil., in der Redaktion der N. R. F. tätig 954, 964, 966
Grolmann, Adolf von (1888-1973), Literarhistoriker, Professor Dr. jur. et phil. 855, 969
Grossmann, Stefan (1875-1935), Publizist und Schriftsteller, Herausgeber des »Tagebuch« in Berlin 947
Groß, Otto, Dr. med. (1897-1919) Psychoanalytiker, s. Jaffé, Else
Grosz, George [Groß] (1893-1959), Maler und satirischer Zeichner 542
Grotowsky, Paul (1863-1938), Kritiker und Schriftsteller 2

Grubbe, Marie, Vorbild für die Titelfigur des Romans von Jens Peter Jacobsen »Fru Marie Grubbe«; über sie: Severin Kjær »Erik Grubbe og hans tre Detre Anne Marie Grubbe, Marie Grubbe, Anne Grubbe« Kopenhagen: Pio 1904 66, 119, 153, 421, 538, 796
Gruber, Johann Gottfried (1774-1851), Professor für historische Hilfswissenschaften in Halle-Wittenberg, Mitherausgeber der »Allgemeinen Encyclopädie der Wissenschaften und Künste« 371
Gruber, Henryk, übersetzte ins Polnische 707
Grünewald, Matthias (1460-1528), eigentlich: Mathis Nithart Gothardt, Maler, Hauptwerk: Der Isenheimer Altar 330, 595, 941
Gründlinger, (Mimi) Wilhelmine (1896-1991), Tänzerin 613
Gruss, s. Dominikus
Guasti, Cesare (1822-1889), italienischer Philologe, Tasso-Herausgeber; R. benutzte: Michelangelo Buonarroti »Le Rime« Pubblicate da C. G., Firenze 1863 548
Gubler, Walter (1892-1972), R.s Zahnarzt in Bern 914
Günderrode, Caroline von (1780-1806 Freitod), Dichterin unter dem Pseudonym »Tian«, Stiftsdame in Frankfurt, Freundin Savignys und Bettine Brentanos. Deren Gedenkbuch für sie 323
Günther, Agnes, geb. Breuning (1863-1911), Schriftstellerin, Gattin des Marburger Theologen Rudolf G. Ihr Roman »Die Heilige und ihr Narr« erschien posthum 1913 512, 564
Guérin, Maurice de (1810-1839), französischer Dichter; »Le Centaure« erschien posthum 1840. R.

benutzte die Ausgabe »Collection des plus belles pages / Maurice de Guérin, Le Centaure – La Bacchante – ...« Notice de Remy de Gourmont, Paris: Mercure de France 367, 370, 373, 601, 665, 705, 1023, 1042
- seine Schwester Eugénie (1805-1848) führte ihren Bruder betreffend ein »Journal« 369, 661

Gugelberg-von Moos, Hans Luzius (1873-1946), Oberst, Besitzer von Salenegg 1016f., 1026

Guggenheim, Siegfried (1873-1961), von 1900-1938 Rechtsanwalt und Notar in Offenbach/ Main, danach Emigration in die USA; Jugendfreund Karl Wolfskehls 635

Guicciardini, Carl Graf (1875-1935), Verlobter von Sidonie Nádherný von Borutin 494

Guilbeaux, Henri (1884-1938), französischer Schriftsteller, Herausgeber einer Anthologie deutscher Lyrik; 1919 wegen angeblicher Kollaboration mit Deutschland in Abwesenheit zum Tode verurteilt 450

Guilbert, Yvette (1866-1944), französische Diseuse 148

Guilleragues, Seigneur de, s. Gabriel-Joseph de Lavergne

Guitry, Sascha (1885-1957), französischer Dramatiker; schrieb meist Komödien 709

Gulbransson, Olaf (1873-1958), norwegischer Zeichner, Maler, Karikaturist, lebte in München 591
- seine Frau Grete, geb. Jehly, verheiratet mit ihm in seiner zweiten Ehe von 1906-1923 444, 471

Gundolf, Friedrich (1880-1931), eigentlich: Friedrich Gundelfinger; Freund Stefan Georges, Professor für deutsche Literatur in Heidelberg. Von ihm erscheinen »Shakespeare und der deutsche Geist« 1911, »Goethe« 1916, beide in Berlin bei Bondi 456, 473, 494, 538, 546, 548, 663, 751, 839
- seine Frau Elisabeth, geb. Salomon (1893-1958), Dr. phil. 839, 842, 847

Gurlitt, Berliner Verlag 532

Guth, Alfred (*1875), Bankfachmann, Redakteur und Schriftsteller, Herausgeber der »Modernen Dichtung« 74

Gutierrez-Blanchard, Maria (1881-1932), Malerin 744

Guttmann, Angela, geb. Müllner (*1890), in erster Ehe mit dem Bruder des Geigers Bronislaw Hubermann verheiratet, in zweiter Ehe mit dem Berliner Simon Guttmann. Als Angelina Rohr lebte sie später in der Sowjetunion und schrieb unter dem Pseudonym Helene Golnipa Erinnerungen: »Im Angesicht der Todesengel Stalins« 663-668, 670-674, 677, 680-682, 684, 692, 717, 748

Guttmann, Simon (1891-1990) Literat, später Geschäftsführer von Fotoagenturen 664, 671, 682

Gwinner, Arthur von (1856-1931), Dr. h. c., Direktor der Deutschen Bank, Berlin, Numismatiker 644

Haase, Hugo (1863-1919), sozialistischer Politiker 712

Haberfeld, Dr., Kunstschriftsteller und Redakteur der »Zeit« in Wien 137

Habermann, Hugo Freiherr von (1849-1929), Maler 83

Hâdek, Karel (1894-1950), Dr. jur., Beamter; übersetzte R. ins Tschechische 486

Haecker, Theodor (1879-1949), Kulturphilosoph. 1913 erschien sein

Werk: »Sören Kierkegaard und die
  Philosophie der Innerlichkeit«,
  München: Schreiber, 1914 als Titelauflage vom Brenner-Verlag übernommen; von 1914-32 war Haecker
  wichtiger Mitarbeiter des »Brenner-Jahrbuchs«, hier erschienen
  1915 seine Übertragung von Kierkegaards Rede »An einem Grab«
  und sein Aufsatz »Der Krieg und
  die Führer des Geistes« 505
Hähnel, Franziskus (1864-1929), Herausgeber und Redakteur von »Neue
  Litterarische Blätter« und der Vierteljahrsschrift der Gesellschaft
  »Psychodramenwelt«, Bremen.
  Realschullehrer in Bremen 41
Haemmerli-Schindler, Dr. med.
  Theodor (1883-1944), R.s Arzt im
  Sanatorium Val-Mont 858-861,
  863, 865, 887, 891, 912, 914, 916f.,
  919, 954, 957f., 966f., 970f., 975f.,
  981, 985-987, 991f., 997f., 1000,
  1036, 1038-1041
Händel, Georg Friedrich (1685-1759),
  Komponist 681
Haensel, Carl (1888-1868), Professor
  Dr., Rechtsanwalt und Schriftsteller 552
Haessel, Verlag in Leipzig 907
Halbe, Max (1865-1944), Dramatiker
  43-45, 47, 49, 51f., 58, 70, 146
Halem, Otto von (1867-1940), geborener Däne, Verleger und Buchhändler, betrieb seinen Kunstsalon in
  Bremen 135, 146
Haller, Albrecht von (1708-1777),
  Schweizer Dichter 644
Haller, Hermann (1880-1950),
  Schweizer Bildhauer, Freund von
  Karl Hofer 654, 898, 901
Hallwil [Hallwyl], Albrecht Friedrich
  Johann (›Hans‹) von (1776-1802
  Paris), Sohn eines bernischen
  Hauptmanns 684

Hamecher, Peter (1879-1938), Journalist 969
Hammer, Victor (1882-1921) Maler,
  Graphiker und Goldschmied 721
Hammershøj, Vilhelm (1864-1916),
  dänischer Maler 201f., 206, 229
Hamp, Pierre, eigentlich Henri Bourrillon (1876-1962), französischer
  Schriftsteller 976
Hamsun, Knut (1859-1952), eigentlich: Knud Pedersen, norwegischer
  Dichter 618f.
Hancke, Franz (1873-1909), Sekretär
  der Wiener Sezession 118f., 124
Hannibal (247/46-182 v. Chr.), punischer Feldherr 22
Hansen, Paul, Empfänger eines Briefes, 26.1.1920 670
Hanska-Rzewuska, Ewelina (1801
  Pohrebyszcze - 1882 Paris), in erster
  Ehe verheiratet mit Graf Waclaw
  Hanski, stand sie seit 1832 im
  Briefwechsel mit Balzac, dem sie
  im folgenden Jahr in Genf zuerst
  begegnete. Nach dem Tode ihres
  Gatten 1842 verzögert sich ihre
  Eheschließung mit Balzac durch
  Widerstände in ihrer Familie bis
  1850: Heirat in Rußland, wenige
  Wochen nach der gemeinsamen
  Rückkehr nach Paris stirbt der
  Dichter. Balzacs Briefe an sie
  erschienen zuerst 1899: »Lettres à
  l'Etrangère 1833-1842«, später
  erweiterte Auflagen. 1911 bringt
  der Insel-Verlag »Balzacs Briefe an
  die Fremde (Frau von Hanska)« in
  der Übertragung von Eugenie
  Faber 385, 387
Hardekopf, Ferdinand (1867-1954),
  Journalist, Lyriker und Übersetzer 729
Harden, Maximilian (1861-1927),
  eigentlich: Felix Ernst Witkowski;
  Herausgeber der Wochenzeit-

schrift »Die Zukunft«, die er dem im März 1890 gestürzten Fürsten Bismarck im Streit gegen Wilhelm II. zur Verfügung stellte. Sein Kampf gegen den Kaiser trug ihm 1899 wegen Majestätsbeleidigung sechseinhalb Monate Festungshaft ein, die er von Mai bis Dezember in Weichselmünde verbüßte 84, 87, 94, 126f., 141, 146, 149, 151, 161, 204

Hardenberg. Henriette (1894-1993), eigentlich Margarete Wolfenstein, geb. Rosenberg, Schriftstellerin, verheiratet mit Kurt Frankenschwert, lebte zuletzt in London; sie gehörte zum Münchner R.-Kreis 588, 593, 627

Hardt, Ernst (1878-1947), Dramatiker und Intendant; erste Begegnung mit R. wohl im Hause Lepsius 159, 161, 166, 176, 185, 205, 254, 263

Hardt, Ludwig (1886-1947), eigentlich E. Stöckhardt, Vortragskünstler 618, 886, 919

Hardy, Resi (1890-1969) aus Hamburg 575, 579, 585, 683
– ihr Bruder Dr. Hans Hardy 575, 579

Harnoncourt, René d' (1901-1968), Kunsthistoriker, publiziert in den USA 718

Haronobu [Harunobu] (1724-1770), japanischer Maler 794

Harrach, Gräfin, ob Elisabeth Gräfin von Harrach, geb. Gräfin von Preysing (*1883)? 530

Hartenau, Assen Graf (1890-1965), Sohn des Fürsten Alexander Battenberg und der Gräfin Johanna Hartenau, österreichischer Diplomat 594, 893

Hartenau, Johanna Maria Gräfin, geb. Loisinger (1865-1951), aus Preßburg, Pianistin und Sängerin;

morganatisch verheiratet mit dem Fürsten Alexander von Battenberg, s. dort 893, 1014, 1016

Hartig, Grafen, in ihren Diensten standen R.s Urgroß- und Großvater als Kastner und Güterverwalter 19

Hartel, Wilhelm von [Hartl] (1839-1909), von 1900-1905 Minister für Kultus und Unterricht in Wien 228

Hartmann-Reuter, Auguste, Sängerin 497, 606

Haskil[l], Clara (1895-1960), rumänische Pianistin und Cembalistin, in Paris ausgebildet, später Schweizerin; sie lebte in Vevey 782, 903
– ihre Schwester Jeanne, eine Geigerin 782

Hattingberg, Magda (Magdalena) von, geb. Richling (1883 Wien - 1959 Gmunden), Pianistin; in zweiter Ehe verheiratet mit dem Schriftsteller Hermann Graedener (1878-1956) 360, 454, 456-463, 465-467, 471f., 476, 479, 485f., 491, 495, 500, 509, 540, 597

Hatzfeld, Adolf von (1892-1927), Schriftsteller 560, 584, 586f.

Hauptmann, Carl (1859-1921), Schriftsteller (Dramen und Romane), älterer Bruder Gerhart Hauptmanns 73, 102, 116f., 121f., 168, 239

Hauptmann, Gerhart (1862-1946), Dichter 49, 59, 63, 67, 73, 76, 122-125, 128, 139-141, 151, 154f., 157, 166-168, 171, 173f., 239, 244, 259, 333f., 342, 345, 358, 408, 410, 446, 477f., 485, 516, 560, 569f., 575, 793, 798, 811, 871
– seine zweite Frau Grete, geb. Marschalk (1875-1957) 122, 125, 570, 573, 575

Hauptmann, Ivo (1886-1973), Maler; Sohn Gerhart Hauptmanns aus

dessen erster Ehe mit Marie Thienemann, verheiratet mit Erika von Scheel (siehe dort) 173f., 366f., 388, 435, 446
Hausenstein, Wilhelm (1882-1957), Kunsthistoriker und Schriftsteller, 1953-55 deutscher Botschafter in Paris. 1921 erschien sein Buch »Kairuan oder Eine Geschichte vom Maler Klee und von der Kunst dieses Zeitalters«, München: Kurt Wolff 500,509, 511, 525, 557, 591 f., 608, 611, 624, 629f., 714-716, 738, 988, 989, 1005
– seine Mutter 557
– seine Frau Margot s. Margot Lipper
Hauer, Franz, Sammler und Förderer Kokoschkas 587
Hauer, Witwe des Gastwirts Josef Hauer in Wien, die Bilder Kokoschkas besaß 587
Haydn, Joseph (1732-1809), Komponist 682
Hebel, Johann Peter (1760-1826), Dichter 804
Hebbel, Friedrich (1813-1863), Dramatiker 472
Heckscher, Dr. Siegfried (1870-1929), Herausgeber des »Lotsen« 125
Hefner-Alteneck, Marie Charlotte von (*1889), Tochter des Professors für Elektrotechnik Dr. Friedrich v. H.-A. (1845-1904), und Johanne, geb. Piloty; ihre Schwestern: B. v. Bernus und E. v. Wechmar (s. dort); sie lebte in Berlin 658
Hegner, Jakob (1882-1962), Verleger und Übersetzer 416, 438
Heidenstam, Verner von (1859-1940), schwedischer Dichter, sein Roman »Karolinerna« erschien 1905 bei Bonnier in Stockholm (R.s Briefe an Heidenstam sind unpubliziert, sie werden im Heidenstam-Archiv, Ûvralind/ Schweden verwahrt) 203, 327, 348

Heidrich-Herxheimer, Dora, s. Herxheimer
Heilborn, Ernst (1867-1941), Kritiker 140, 915
Heimann, Moritz (1868-1925), Essayist, Lektor im S. Fischer Verlag 862
Heine, Albert (1867-1949), Schauspieler am kgl. Schauspielhaus in Berlin, Leiter des »Berliner Ensemble Heine«, später Burgtheater-Direktor 69, 71
Heine, Heinrich (1797-1856), Dichter 40, 49
Heise, Dr. Carl Georg (1890-1979), Kunsthistoriker 585, 677
Heise, Lisa (1893-1969), ihre Briefe an R. veröffentlichte sie 1934 in der Rabenpresse, Jena: »Meine Briefe an R. M. R.« 642, 647, 783, 815, 885
Heiseler, Henry von (1875-1928), Dichter, übersetzte aus dem Russischen und Englischen 633
– sein Sohn Bernt (1907-1969), Schriftsteller 633f.
Helbig, Nadejda, geb. Prinzessin Schachowskoi, seit 1866 Gattin des Archäologen Professor Wolfgang Helbig (1839-1915), Sekretär des deutschen archäologischen Instituts in Rom, den sie in Moskau heiratete; ihr Vater: Fürst Dimitri S. 346
Heller, Hugo (1870-1923), Verleger, Besitzer der Buch- und Kunsthandlung auf dem Bauernmarkt in Wien 262, 274, 287-291, 295, 319, 326, 398, 410, 419, 525
Heller, Dr. Robert, Rechtsanwalt in Prag (Praxis Dr. Stark) 401 f., 405 f., 414, 443
Heller-Ammann, Fanny (1847-1946), verheiratet mit Alfred Heller (1844-1912), Luzern 656
– ihre Tochter Julie Heller (1875-1944) 656

Hellingrath, Norbert von (1888-1916), bei Verdun gefallen; mit R. 1910 in Paris bekannt geworden als Lektor an der Ecole normale und der Sorbonne 352f., 356, 364, 366f., 374, 391, 395, 412f., 421, 473-475, 481f., 491-493, 551f., 872, 924
- seine Mutter: Marie von Hellingrath, geb. Prinzessin Cantacuzène (1866-1954) 481

Hello, Ernest (1828-1885), französischer Schriftsteller und Mystiker 394

Hellmann s. Schewitz-Hellmann

Hellmérsen, Frau Gustave, erhielt 1896 eine Widmung von R. 49

Héloise, Geliebte des scholastischen Philosophen und Theologen Peter Abaelard (1079-1142) 312

Helsted, Axel (1847-1907), dänischer Maler und Graphiker 164

Helwig, Werner (1905-1985), Schriftsteller 1027

Henkell, Karl (1864-1929), Schriftsteller 46

Hendel, Otto, Verleger in Halle 46

Hennebert, Marthe (16. 2. 1894-1976), französische Arbeiterin, seit 1911 R.s Schützling, heiratete Jean Lurçat. 1925 geschieden, lebte sie später wiederverheiratet als Madame Baillou in Paris 371-373, 377-379, 389, 392, 402, 408, 420-423, 429f., 501, 504, 507-509, 636, 639f., 647, 650f., 654, 684f., 817f., 946, 962, 1004

Hennings, Emmy (1885-1948), Schriftstellerin und Diseuse, seit 1915 mit Hugo Ball (1886-1927) im Exil in der Schweiz, wo sie 1920 heirateten. »Letzte Freude« erschien 1913 als 5. Bd. der Reihe »Der jüngste Tag«, »Gefängnis«, Berlin: E. Reiss 1919 638

Henraux, Madame Lucien, Italienerin, sang für R. Monteverdi 931

Hepner, Lotte 513

Herder, Johann Gottfried (1744-1803), Theologe und Philosoph, Freund Goethes 435, 561

Heredia, José Maria de (1842-1905), französischer Dichter (seine Tochter: Madame Mühlfeld, s. dort) 816, 928

Hermann, Richard, schrieb Buchbesprechungen 50

Hermant, Abel (1862-1950), französischer Schriftsteller 874

Hertling, Georg Freiherr von (1843-1919), Professor für Philosophie, 1912 bayerischer Ministerpräsident, 1917 Reichskanzler 375, 570

Herxheimer, Dora (1884 London - 1963 New York), Bildhauerin, seit 1911 verheiratete Heidrich-Herxheimer 248, 270, 274

Herzen, Alexander Iwanowitsch (1812-1870), russischer Philosoph und Publizist 133

Herzfeld, Marie (1855-1937), Wiener Essayistin, Tochter eines in Günz/Ungarn ansässigen Arztes. Sie übertrug aus dem Skandinavischen, u. a. die Jacobsen-Gesamtausgabe für den Eugen Diederichs-Verlag, und aus dem Italienischen. Seit 1892 mit Hofmannsthal bekannt 214, 217, 229, 237, 239, 396

Herzfelde, Wieland (1898-1988), Schriftsteller und Verleger, begründete 1917 den Malik-Verlag 542

Herzog, Wilhelm (1884-1960), Schriftsteller und Publizist 482, 500, 517

Heß-Diller, Baron Friedrich (1847-1922), verheiratet mit Gisela, geb. Gräfin von und zu Gallenberg (*1862), lebten bei Wien 289

Hesse, Hermann (1877-1962), Dichter 95f., 257, 580, 583f., 669, 1034
Hessel, Franz (1880-1941), Schriftsteller, Proust-Übersetzer, Herausgeber von »Vers und Prosa«, einer Monatsschrift des Rowohlt-Verlages; Freund von Walter Benjamin und Thankmar von Münchhausen 601, 913
– seine Frau Helene Hessel, nannte sich als Schriftstellerin Helen Grund 600f., 930
Hessen, Landgraf Alexander Friedrich von (1863-1945); der Landgraf betrieb damals in Paris intensive Musikstudien (Komposition und Orgel) 138
Hessen, Großherzogin Alice von, geb. Prinzessin von Großbritannien (1843-1878), seit 1862 Gattin des Großherzogs Ludwig von Hessen 597
Hessen, Großherzogin Eleonore von, geb. Prinzessin zu Solms-Hohensolms-Lich (1871-1937), Gattin des letzten Großherzogs Ernst Ludwig (s. dort) 563, 579
Hethey, Margarete, Witwe eines Majors, lebte in München 609
Heydt, August von der (1851-1929), Bankier in Elberfeld, Vetter Karl v. d. Heydts 240, 266, 339, 585, 994
– seine Frau Selma, geb. Haarhaus (1862-1944) 266, 339, 585, 994
Heydt, Bernhard von der, Onkel Karl v. d. H.s in Berlin 240
Heydt, Karl von der (1858-1922), Bankier und Schriftsteller, seine Dramen über Jeanne d'Arc und Konrad von Thüringen erschienen als Privatdrucke 220, 222f., 227, 229, 231f., 234, 236, 242-244, 250-256, 258, 263, 268f., 274f., 277-279, 294, 317, 323, 328, 349, 372, 380, 468, 485, 571, 625-627, 629, 631, 644, 792

– seine Frau Elisabeth, geb. Wülfing (1864-1963) 223, 251, 255, 258, 262f., 294, 342, 349, 485, 626, 644, 792
– seine Tochter Gisela 300
Heygrodt, Robert Heinz (1895-1928), Dr. phil., Literarhistoriker 752, 758
Heyl zu Herrnsheim, Eva Marie Freifrau, geb. von der Marwitz (1889-1959), Schwester Bernhard von der Marwitz' 623
Heym, Georg (1887-1912), Lyriker; seine erste Gedichtsammlung »Der ewige Tag« erschien 1911 bei Rowohlt, die nachgelassenen Gedichte »Umbra Vitae« 1912 ebd. 671, 723
Heymel, Alfred Walter (von), ursprünglich Walter Hayes (1878-1914), Gründer der Zeitschrift »Die Insel«, Schriftsteller und Mäzen; in erster Ehe verheiratet mit Margherita, geb. von Kühlmann, der Schwester Richard von Kühlmanns (geschieden 1912) 105, 147, 294, 299, 320, 378, 389, 396, 423, 471, 473, 480, 482-484, 566, 571
Heyse, Paul (1830-1914), Schriftsteller 101
Hiersemann, K. W., Antiquariat und Verlag in Leipzig 423
Hilbert, Isabella, Gattin von Oberst Hilbert; sie lebte in Burghausen an der Salzach 543
Hildebrand, Adolf von (1847-1921), Bildhauer, war in Florenz und München tätig 543, 559
Hille, Peter (1854-1904), Dichter 76
Hiltbrunner, Hermann (1893-1961), Schweizer Schriftsteller (Lyrik, Essay) 628
Hindemith, Paul (1895-1963), Komponist 831
Hippius-(Gippius-)Mereschkowski,

Sinaïda, geb. Belew (1868-1945), russische Dichterin, verheiratet mit dem Schriftsteller Dimitrij S. Mereschkowski; ihr Pseudonym: Anton Krajnij 628, 703

Hirsch, Leo (1903-1943), Journalist 969

Hirschberg, Emmy (*1885 Berlin), Freundin von Eva Solmitz und Ellen Key 207, 666

Hirschfeld, Georg (1873-1935), österreichischer Dramatiker 55, 59, 71

Hirschfeld, Max (1860-1944) Redakteur 166

Hitler, Adolf (1889-1945 Selbstmord), 1923 versuchte er gemeinsam mit Ludendorff, die bayerische und die Reichsregierung zu stürzen 847

Hochstätter, s. Hoechstetter

Hock, Stefan (1877-1974), Regisseur und Dramaturg in Wien 664 f.

Hoechstetter, Sophie (1878-1943 in Dachau), Schriftstellerin, Freundin Frieda von Bülows 327, 536

Hölderlin, Friedrich (1770-1843), Dichter 367, 374, 411, 421, 456, 473-476, 480 f., 491-493, 714, 743, 872, 938, 964

Höhn, s. Maximilian von Hoen

Hoeppener, Hugo (1868-1948), Künstlername Fidus: Maler, Zeichner, Baumeister, Schüler von W. Diefenbach. R. und Lou A.-S. besuchten ihn in seinem Atelier 72, 100, 138

Höller-Hansl, Naturheilkundiger in der Steiermark 981

Hoen, Maximilian Ritter von (1867-1940), österreichischer Offizier, wirkte von 1896-1925 am Kriegsarchiv in Wien, dessen Direktionsgeschäfte er seit dem 1.1.16 führte; als Feldmarschallleutnant wurde er 1917 Direktor 519, 542, 549

Hoerschelmann, Rolf von (1885-1947), Schriftsteller, Zeichner und Bühnenbildner an den Münchener Kammerspielen; lernte seiner Erinnerung nach R. im Frühjahr 1911 in der Pariser Nationalbibliothek kennen (»Leben ohne Alltag« 1947) 506, 508, 512, 535 f.

Hoesch, Marie Josefa von, geb. von Carlowitz (1888-1976), heiratete im März 1908 Dr. Alfred Hoesch, der noch in diesem Jahr in Neapel starb; 1913 erhielt sie den sächsischen Adel: Frau von Hoesch 577

Hoetger, Bernhard (1874-1949), Bildhauer 265

Hodler, Ferdinand (1853-1918), Schweizer Maler 676

Hofer, Helene, Verehrerin des Werkes von Valéry aus Lausanne 821

Hofer, Karl (1878-1955), Maler 183, 831

Hoffmann, Camill (1879-1944 in Auschwitz verschollen), österreichischer Schriftsteller, übersetzte aus dem Französischen und Tschechischen 416, 969, 1023

Hoffmann, Joseph, Illustrator (ob J. H. (1870-1956), östereichischer Architekt und Designer 82, 140, 702

Hoffmann, Marguerite (1886-1966), Schauspielerin und Rezitatorin; befreundet mit Melchior Lechter. R. beriet sie 1925 in Paris über die von ihr geplante Übersetzung des Werkes von Edouard Schneider: »Eleonora Duse« 635

Hoffmann, Max (1869-1927), Generalmajor, seit 1916 Chef des Generalstabes des Oberbefehlshabers Ost, maßgeblich am Frieden von Brest-Litowsk beteiligt 581

Hofmann, Ludwig von (1861-1945),

Maler; verheiratet mit Elly, geb.
Kekulé von Stradonitz 84, 89,
342
Hofmannsthal, Christiane von
(1902-1987), die Tochter Hugo von
H.s, seit 1928 verheiratet mit dem
Indologen Professor Heinrich Zimmer (1890-1943) 680f., 928, 930,
935, 939, 972
Hofmannsthal, Hugo von (1874-1929),
österreichischer Dichter 74, 77,
88, 97, 119f., 122, 142, 148, 154f.,
178, 182, 198, 207-209, 227, 230,
234, 236, 239, 256, 262, 264-268,
272, 274, 279, 281 f., 288f., 292,
295-298, 301f., 316, 334, 341f., 352,
355, 364, 371, 377, 379, 389, 393f.,
396, 398, 402f., 408, 419, 427, 438,
441, 456, 494, 517, 520, 528f., 531-
534, 552-554, 559, 570, 574, 586,
653, 672, 676, 678, 680f., 691, 710,
740, 796, 828f., 866, 871, 887, 899,
929, 932, 934, 937, 939, 942, 945,
1043f. – seine Frau: Gertrude
(Gerty), geb. Schlesinger (1880-
1959) 295, 341, 366, 377, 408, 553,
574, 680f., 704, 706
Hofmiller, Josef (1872-1933), Schriftsteller, Herausgeber der Zeitschrift
»Hochland« 411, 591
Hohenlohe-Waldenburg-Schillingsfürst, Prinz Alexander zu
(1862-1924), Sohn des Reichskanzlers Fürst Chlodwig zu Hohenlohe
(1819-1901), dessen »Denkwürdigkeiten« er herausgab. Als Kriegsgegner lebte er seit 1914 in der
Schweiz; Autor von »Vergebliche
Warnungen«, München: Musarion
1919, das R. besaß 585, 659, 752,
803, 834, 889
Hohenlohe-Waldenburg-Schillingsfürst, Prinz Friedrich (Fritz) zu
(1850-1923), Bruder der Fürstin
Marie von Thurn und Taxis; lebte
in Venedig (Casa Rossa), verheiratet mit Donna Zina (Frau von
Waldenburg), einer Italienerin
282, 364, 402, 824
Hohenlohe-Waldenburg-Schillingsfürst, Konrad Prinz zu (1863-1818),
österreichischer Minister, der
»Statthalter« genannt im Taxisschen Kreise 518f.
Hohenzollern, Prinz Heinrich von
(1726-1802), preußischer General,
Bruder König Friedrichs II. 747
Hohenzollern, Prinz Louis-Ferdinand
von (1772-1806), Sohn des jüngsten
Bruders von Friedrich II., Ferdinand; musikalisch und künstlerisch begabt 747
Hokusai, Katsushika (1760-1849),
japanischer Maler, Meister des
Farbholzschnitts 179, 195, 309
Holbein, Hans d. J. (1497 oder 1498-
1543), seit 1515 in Basel, 1526 zum
ersten Mal, 1532 endgültig in England, starb in London an der Pest.
Die Holzschnittfolge »Der Totentanz« entstand 1538 550
Holdera, I., polnische Übersetzerin
des »Cornet« 548
Holdt, Hans (Johannes), Photograph
in München, Giselastraße 21 505
Holitscher, Arthur (1869-1941 in
Genf), österreichischer Schriftsteller, befreundet mit Rudolf Kassner 134f., 145, 147, 151, 156, 158,
162, 173, 180-182, 187, 189, 199,
233, 260, 271
Holländer, Felix (1867-1931), Schriftsteller, seit 1908 Dramaturg am
Deutschen Theater, Berlin, dann
Intendant in Frankfurt, ab 1920
Nachfolger Max Reinhardts als
Direktor des Großen Schauspielhauses in Berlin 618
Hollard, Henri, französischer Literarhistoriker, von ihm erschien 1924:

»J.-H. Fabre, le génial naturaliste (1823-1915)« (Genf/Paris) 894
Holnstein [Hollnstein], Maria Gräfin, geb. Apuchkin (1869-1924), aus Petersburg, heiratete 1894 in Wiesbaden Graf Ludwig Karl v. H. (1868-1930), 1903 geschieden 897
Holm, Korfiz (1872-1942), Schriftsteller, Mitinhaber des Albert Langen Verlages, Hauptschriftleiter des »Simplizissimus« 134, 166
Holmström, Tora Vega (1880-1967), schwedische Malerin 198f., 201, 266, 270, 272, 299, 304, 330, 372, 396, 444, 457, 561, 718, 722f., 726, 744, 757
– ihr Bruder Torsten Holmström 270, 304
Holz, G., Journalist 984
Homeyer, Fritz (1880-1975), Dr. phil., Germanist, u. a. Sekretär der Maximilian-Gesellschaft 994
Horaček (Haraček), Professor, Religionslehrer an der Militärunterrealschule St. Pölten, R.s Lehrer; später Akademiepfarrer an der Militärakademie Wien 26
Horne, Kirsten, Übersetzer 242
Horneffer, Franz (*1902), Sohn erster Ehe von Alwina von Keller; lebte in Mexiko-City 760
Hornig, Johannes S. J., Übersetzer des »Leben der Heiligen« von P. Ribadeneira 388
Horodezky, Samuel (1871-1957), Verfasser des Buches »Religiöse Strömungen im Judentum«, Bern und Leipzig 1920 674
Horstmann, Leonie (Lalli)(1989-1960), geb. von Schwabach, befreundet mit Marianne Mitford, R. aus Berlin bekannt 987, 990-992, 994, 999
Hospelt, Artur (*1890), Schriftsteller, Freund von Ilse Sadée; R. lernte ihn 1915 in München persönlich kennen 386, 395
Hotop, Else s. Elya Maria Nevar
Hubermann, Bronislav (1882-1947), Geiger, Schwager von Angela Guttmann 664
Huch, Friedrich (1873-1913), Romancier, Vetter Ricarda Huchs 134, 139f., 143, 145, 149, 153, 155, 165, 170, 263, 379, 430
Huch, Ricarda (1864-1947), Dichterin 133, 204, 379, 394, 410, 417, 855
Hübbe-Schleiden, Herausgeber der Zeitschrift »Die Sphinx« 62
Hübner, Ed. Joh., Prager Musiker 38
Hünich, Fritz Adolf (1885-1964), Dr. phil., Mitarbeiter des Insel-Verlages und R.s erster Bibliograph 126, 429, 437, 476, 501, 621, 632, 672, 700, 702, 705, 707, 716f., 723, 743, 747f., 751f., 755f., 761, 1019
Huf, Fritz (1888-1970), Schweizer Bildhauer 517f., 643, 652, 656, 663, 672
Hugo, Melchior von (*1872), Maler, Schüler von Carrière und Kalckreuth; befreundet mit Clara R. 1901 schuf er die Wandgemälde in Kloster Lüne bei Lüneburg 134
Hugo, Victor (1802-1885), französischer Romancier 163, 331
Hulewicz, Witold (1895-1941 im polnischen Widerstand erschossen), polnischer Schriftsteller und Übersetzer 796, 802, 807, 869, 879, 910f., 914, 916, 918, 934, 960f., 963, 977, 995, 1023, 1035, 1044
Humboldt, Wilhelm von (1767-1835), Gelehrter und Staatsmann 451
Humperdink, Engelbert (1854-1921), Komponist 62
Hus (Huß), Jan (Johannes) (1370 (?)-1415), tschechischer Reformator 66, 77, 710

Ibsen, Henrik (1828-1906), norwegischer Dramatiker 246, 255, 257, 286, 290, 348, 562
Igor (Igor') (1150-1202), altrussischer Volksheld, Fürst von Nowgorod-Sewersk, Held des Igor-Liedes (um 1185-87) 165
Illies, Arthur (1870-1953), Maler und Graphiker, Professor an der Landes-Kunsthochschule Hamburg 86
Illing, Vilma (1871-1903), Prager Schauspielerin aus Villach, später in Breslau 53, 159
Imboden, Schreinermeister 750
Im Winkelried, Familie, Stifterfamilie der St.-Anna-Kapelle bei Muzot 972
Ingres, Jean (1780-1867), französischer Maler 231, 366 f.
Isepp, Sebstian (1884-1954), österreichischer Landschaftsmaler 681
Israels, Jozef (1824-1911) holländischer Maler 123
Iswolsky (Izvol'skij), Hélène (Elena Aleksandrovna), in Paris lebende Übersetzerin (aus dem Russischen ins Französische), befreundet mit Marina Zwetajewa; sie veröffentlichte einen Artikel über R. in den Pariser »Poslednie novosti« von 1926 988
Iwanow (Ivanov), Alexander Andrejewitsch (1806-1858), russischer Maler, der in Rom an religiösen Bildern arbeitete 105, 108, 121-124, 126, 130
Iwanow (Ivanov), Wsévolod Wjatscheslèwowitsch (1895-1963), russischer Schriftsteller; 1922 erschien die deutsche Ausgabe seines Werkes »Dostojewski und die Romantragödie, Gedächtnisrede«, übersetzt von Dimitrij Umanskij (Wien) 761

J. H., ein schreibender Arbeiter 702
Jacob von Cahors s. Johannes XXII.
Jacobowski, Ludwig (1868-1900), Berliner Schriftsteller und Redakteur 43, 49, 55, 56, 94, 102, 899
Jacobsen, Dr. Carl Christian Hilman (1842-1914). Besitzer der Ny-Carlsberg Brauerei in Kopenhagen, Kunstsammler, Gründer der »Ny-Carlsberg Glyptothek« 196, 230, 237
Jacobsen, Jens Peter (1847-1883), dänischer Dichter aus Thisted, studierte Naturwissenschaften: 1874 erschien seine preisgekrönte Abhandlung »Aperçu critique et systématique sur les desmidiacées du Danemark« im »Journal de botanique«, Co penhague. Die dänische Ausgabe »Samlede Vaerker«, 2 Bände, Kopenhagen: Gyldendal, sowie »Breve« in der Ausgabe von Edvard Brandes kamen 1899 heraus. R.s Übertragungen sind nahezu vollständig veröffentlicht in: Lydia Baer »R. and Jens Pe ter Jacobsen«, Publications of the Modern Language Association of America, Vol. LIV, Nr. 3/4, 1939, jetzt in SW 7. 66, 74 f., 81, 119, 152, 164, 171 f., 186 f., 189, 191 f., 194 f., 200, 202, 204, 206, 230, 248, 252, 290, 293, 295 f., 350, 354 f., 415, 418, 426 f., 438, 527, 538, 662, 796, 808, 867, 871, 899, 960, 1001
Jacopone da Todi (1230-1306), italienischer Dichter, Franziskaner 446
Jacques, Frau Olly, Bekannte Baladine Klossowskas 729
Jaenecke, Anna, Frau von Dr. Max Jaenecke (1869-1911),Verleger des Hannoverschen Kuriers, Hannover, Landsitz: Groß-Burgwedel. Als Freundin Clara R.-Westhoffs richtete sie im Herbst 1908 Ruth R.s

Taufe aus, deren Patin sie wurde 309
Jaenichen-Woermann, Hedwig (1879-1960), Malerin und Bildhauerin, Tochter des Hamburger Reeders Adolph Woermann. Sie lebte mit ihrem Mann, dem Bildhauer (Finanzassessor a. D.) Johann Friedrich Chr. Jaenichen (1873-1945) von 1908-1914 in Paris, während des Krieges in Dresden, dann in Argentinien, zuletzt im Ostseebad Wustrow 379, 389, 402, 507, 537, 548, 557, 577, 590, 592 f., 817, 825
Jaffé, Edgar (1866-1921), Professor der Nationalökonomie in München, Vater des achtjährig verstorbenen Peter Jaffé; 1918/19 Finanzminister der Regierung Eisner 514, 605, 612
– seine Frau Else Jaffé, geb. von Richthofen (1874-1972), wohnte zuletzt in Heidelberg 514, 550
– sein Sohn Peter (1907-1915); angeblich Sohn von Otto Groß (1877-1919), Arzt und Psychoanalytiker 511, 514
Jaffe, Heinrich (1862-1922), Buchhändler in München, Briennerstraße 421, 441, 446, 448, 451, 456, 587, 663, 669
Jahr, Ilse 819
Jaloux, Edmond (1878-1949), französischer Romancier und Kritiker, Beamter im französischen Außenministerium 1917-1923 442, 839, 904, 934, 938, 947, 951, 982, 985, 996, 1005, 1022-1024, 1026
Jammes, Francis (1868-1938), französischer Dichter; sein Roman »Pomme d'anis« von 1904 erschien unter dem deutschen Titel »Röslein oder der Roman eines leicht hinkenden Mädchens« Hellerau 1920.

Ob R. aus den »Quatorze prières« (1898) einiges übersetzt hat, war vom Rilke-Archiv nicht zu klären 185, 193, 457, 628, 679, 829
Jankelevitch, Ida, s. Madame Jean Cassou
Jantschewetzki (Janceveckij), Wassilij Grigorewitsch (1874-1954), russischer Schriftsteller und Journalist; Originaltitel der von R. übersetzten Erzählung: »Chodoki« 114, 141
Jarnach, Philipp (1892-1982), Komponist 807
Jeanne d'Arc, »Jungfrau von Orléans« (1410/12-1431), französische Heilige 39, 232, 274
Jegerlehner, Johannes (1871-1937), Schweizer Schriftsteller 795, 833
Jenny, Rudolf Christoph (1858-1917), österreichischer Schriftsteller und Schauspieler aus Stuhlweißenburg; er kam als Student der Philosophie nach Prag 44, 53, 55, 57, 59, 64
Jensen, Johannes Vilhelm (1873-1950), dänischer Autor; es erschienen deutsch »Der Gletscher« und »Unser Zeitalter«, Berlin: Fischer 1917 389, 551
Jespersen, E. und Pio, dänischer Verlag 1001
Johannes der Evangelist 251
Johannes XXII. (um 1245 Cahors-1334), Papst im Exil zu Avignon 961, 1002
Johannes vom Kreuz (1542 Avila-1591), spanischer Heiliger. 1563 Eintritt in den Karmeliterorden, den er gemeinsam mit der heiligen Therese von Avila reformierte; Verfasser mystischer Schriften 990
Johst, Hanns (1890-1978), Schriftsteller 583
Joseph, Ernst, Journalist 969

Josten, Werner (1885-1963), Komponist, lebte seit 1923 in den USA 553

Jouve, Pierre-Jean (1887-1976), französischer Schriftsteller: »Paulina 1880«, Paris 1926 963, 989

Jouven, vegetarisches Restaurant, Paris, Boulevard Montparnasse 270

Joyce, James (1882-1941), irischer Romancier. R. besaß die französische Übersetzung von »Dubliners« (zuerst erschienen 1914): »Les gens de Dublin« mit einer Einführung von Valery Larbaud, außerdem »Portrait of the Artist as a young Man«. Aus »Ulysses«, London 1922, brachte »Commerce« einen Auszug in französischer Übertragung im Sommer 1924, den R. kannte; 1925 erschien die französische Übertragung von »Dedalus. Trad. par Ludmilla Savitzky«, Paris: Editions de la Sirène 442, 968, 980, 1013 f.

Juan de la Cruz s. Johannes vom Kreuz

Juhász, Sandor, übersetzte ins Ungarische 859

Julius II., (1443-1513), als Papst begann er 1506 den Neubau der Peterskirche in Rom 44

Juncker, Axel (1870-1952), aus Dänemark stammender Verleger und Buchhändler 120, 122, 125 f., 128, 135-140, 145 f., 150 f., 154, 159, 164, 167 f., 170, 172, 174, 181 f., 184-187, 189-195, 197, 200-205. 207, 209, 231, 234, 236, 239, 247, 249, 251, 254, 259, 299, 305, 317, 320 f., 375, 377 f., 391, 404, 481, 601, 1001 f., 1005

Jung-Stilling, Heinrich (1740-1817), eigentlich: Heinrich Jung; Professor der Kameralwissenschaften, Augenoperateur, Schriftsteller: Autobiographie. Studienfreund Goethes in Straßburg 451 f., 455 f., 784

Junghanns, Inga, geb. Martin Meyer (1886-1962), aus Kopenhagen, seit 1914 Frau des Malers R. R. Junghanns. Ihre Übertragung von R.s »Auguste Rodin« ins Dänische erschien 1960 bei Gyldendal in Kopenhagen 208, 464, 505, 511 f., 553, 555, 562, 565-567, 619, 624 f., 639, 641, 643, 648 f., 659, 661, 697, 703, 708, 757, 761, 823, 865, 867, 953, 956, 969, 995, 1001 f., 1005, 1023, 1044

Junghanns, Rudolf Reinhold (1884-1967), Maler und Bildhauer 505, 641, 761, 914

Junk, Viktor (1875-1948), Dr. phil., österreichischer Literaturforscher, Professor an der Universität Wien; Komponist 387, 392

Jurin (Jurjin) Nikolai Nikolajewitsch (1855-1920), russischer Schriftsteller und Dramatiker 136

Juvénal des Ursins, Jean (um 1360-1431), Jurastudium in Orléans und Paris, 1389 »prévôt des marchands«; die Stadt Paris beschenkt ihn mit dem Hôtel des Ursins. Sein Werk: »Histoire de Charles VI., Roy de France, et des choses mémorables advenues durant quarante-deux années de son règne, depuis 1380 jusqu'à 1422«, jetzt in »Nouvelle Collection des Mémoires pour servir à l'histoire de France«, Paris 1836 960

Kafka, Franz (1883-1924), Dichter aus Prag; die Bände »Die Verwandlung«, »Das Urteil« (»Der jüngste Tag« 22/23 und 34) und »Ein Hungerkünstler. Vier Geschichten« 1924 besaß R. 480, 541, 768, 962

Kahn, Gustave (1859-1936), Schriftsteller; sein Aufsatz »Auguste Rodin« in »L'Art et le Beau« erschien im Rodin gewidmeten Heft 12 des 1. Jahrgangs, Paris 1905 230

Kahr, Gustav Ritter von (1862-1934), bayerischer Ministerpräsident und 1923 Generalstaatskommissar 947

Kainz, Joseph (1858-1910), Schauspieler, zuletzt in Wien 296, 324

Kaiser, Georg (1878-1945), Dramatiker; 1916/17 erschienen von ihm »Von Morgen bis Mitternacht« Drama, »Die Sorina« Komödie, »Die Versuchung« Drama und »Die Koralle« Drama 551

Kalckreuth, Bertha Gräfin von, geb. Gräfin Yorck von Wartenburg (1864-1928), Gattin des Malers Leopold v. K. (1855-1928), Mutter des Dichters Wolf v. K. 322
- ihre Tochter Anna heiratete den Bankier Franz Koenigs s. dort
- ihr Sohn Johannes (1893-1956), Komponist, Musikkritiker 442

Kalckreuth, Wolf Graf von (1887-1906 Freitod), Lyriker und Übersetzer. Neben dem posthum veröffentlichten Band »Gedichte«, Leipzig: Insel 1908, waren seine Übertragungen: »Paul Verlaine: Ausgewählte Gedichte« 1906 und »Charles Baudelaire: Die Blumen des Bösen« 1907 im Insel-Verlag erschienen 315, 322, 876

Kanitz, Lili Gräfin (1869-1943), ihr Künstlername als Sängerin »Menar« 250, 253-255, 351

Kant, Immanuel (1724-1804), Philosoph 62, 222f., 320, 512

Kappus, Franz Xaver (1883-1966), österreichischer Offizier und Schriftsteller. Er publizierte an die 30 Romane 26, 168, 171f., 176, 180, 182, 193, 1044

Karl I., Kaiser von Österreich (1887-1922), regierte von 1916 bis zu seiner Abdankung 1918, starb im Exil auf Madeira; seine Gattin Zita (s. dort) 542, 558, 602, 610, 777, 779

Karl VI., der Wahnsinnige (1368-1422), französischer König 960

Karl XII., König von Schweden (1682-1718) 354

Karl der Kühne, Herzog von Burgund (1433-1477), von 1467-77 Herzog, gefallen in der Schlacht von Nancy 276, 688

Karwinsky, Achill von, Wirklicher Hofrat in Linz, Schwiegersohn von Johanna Kunesch, geb. Wimhölzl 29, 971

Kassner, Rudolf (1873-1959), österreichischer Denker. Seine Werke, soweit sie zu R.s Zeit erschienen: »Die Mystik, die Künstler und das Leben« 1900 (1920 unter dem Titel »Englische Dichter«), »Der Indische Idealismus« 1903, »Die Moral der Musik« 1905, »Sören Kierkegaard / Aphorismen« in: Die neue Rundschau, Bd. 1, 1906. Ebenfalls 1906 brachte der S. Fischer Verlag, Berlin den Band »Motive. Essays« heraus, in dem der Beitrag ohne die Einleitung »Aus seinem Tagebuch« und den Abschnitt »Sokrates« Aufnahme fand. 1908 erschien »Melancholie. Eine Trilogie des Geistes«, Berlin: Fischer (in 2. Auflage 1915 Leipzig: Insel). In den »Sozialpsychologischen Monographien«, Frankfurt 1910: »Der Dilettantismus«; von da an im Insel-Verlag 1911 »Von den Elementen der menschlichen Größe«, 1913 »Der Indische Gedanke«, 1914 »Die Chimäre. Der Aussätzige«, 1919 »Zahl und Gesicht«, 1922 »Die Grund-

lagen der Physiognomik«, 1923
»Essays. Aus den Jahren 1900-
1922«, 1925 »Die Verwandlung« 88,
135, 158, 288, 298, 300, 313, 336,
346, 350, 352, 354, 346, 362, 366,
369f., 380, 382, 384f., 390, 392, 394,
396, 399f., 402, 415, 421, 430, 459f.,
464, 466, 469, 482, 493, 511, 514,
531, 534f., 539, 542, 545, 547, 553f.,
556, 559, 586, 589, 591, 593, 597,
611, 614, 616, 630, 637, 655, 659, 661,
667, 732, 740, 766, 772, 782, 827,
835-837, 889, 922, 925f., 928, 931,
934, 937, 966, 973, 988, 992, 1005,
1008, 1039
– seine Frau: Marianne (1885-1969),
geb. Eissler, gesch. Glaser 494
Kastner, Eduard, Herausgeber der
Zeitschrift »Böhmens Deutsche
Poesie und Kunst« in Wien 30f., 33
Kastner-Michalitschka, Else
(1866-1939), Wiener Journalistin
969
Katharina von Siena (um 1347-1380),
Heilige. Sie gehörte dem Dritten
Orden des Dominicus an 343
Kattentidt, Georg Ludwig
(1862-1931(?)), Verleger und
Redakteur: Studium in Zürich,
unter Sonnemann Journalist an
der Frankfurter Zeitung: 1892
Gründung des Jungdeutschland-
Verlages in Straßburg, zuletzt
Schauspielkritiker und Redakteur
in Magdeburg 35-38, 40, 47-49, 51,
54, 941
Katzenstein-Erler, Dr. med. Erich
(1893-1961), Psychiater in Mün-
chen, später in der Schweiz;
befreundet mit Thomas Mann,
Gründer eines Hilfswerks für die
Kinder von Emigranten 606f.
Kaufmann, Herr von, Bekannter R.s
in München 609
Kautzsch, Emil (1841-1910), Professor

für Altes Testament in Basel,
Tübingen, Halle; seine Überset-
zung des A. T. erschien erstmals
in zwei Bänden 1892-94 181
Kawerau, Heime Magdalena, 1909
Krankenschwester an der Charité
in Berlin 334, 349, 399
Kayser, Rudolf (1889-1964), Litera-
turkritiker, Schriftsteller; 1921
Anthologie »Verkündigung«, Mün-
chen: Roland 969
Kayßler (Kayssler), Friedrich
(1874-1945), Schauspieler 582
Keats, John (1795-1821), englischer
Dichter 376, 454, 460, 1045
Keim, Franz (1840-1918), Professor
an der Landesoberrealschule in St.
Pölten 33, 34
Keller und Reiner, Kunstsalon in Ber-
lin, Potsdamer Straße 122 83f., 87,
121 f.
Keller, Alwina von (1878 New York -
1965 Zürich), fast 20 Jahre Erzieherin an der Odenwaldschule 760
Keller, Gottfried (1819-1890), Schweizer Dichter 69, 656, 667
Kerschbaumer, Walther (*1890), Kla-
viervirtuose (Beethoven-Interpret),
Professor an der Musikakademie
in Wien 682, 828, 893
Kerschensteiner, Georg (1854-1932),
Pädagoge und Schulreformer 630
Kessler, Harry Graf (1868-1937),
Diplomat, Mäzen, Mitherausgeber
des »Pan« und Gründer der Cra-
nach-Presse in Weimar 89, 150,
229. 240, 268, 281, 287, 294, 298,
302, 316f., 322, 332f., 337, 341f.,
348, 355, 365, 370f., 373, 380, 400,
428, 484. 523, 560, 570-572, 574,
617, 934, 938, 958
Key, Ellen (11.12.1849-25.4.1926),
schwedische Schriftstellerin und
Pädagogin 20, 153, 159, 166-170,
172, 174, 176f., 179, 181f., 184f.,

187-192, 196, 199-205, 207-214, 217, 220, 224, 226, 228, 230-232, 235-237, 239, 246-249, 255, 262-265, 268, 273, 296, 306, 313, 324, 327, 334f., 337, 352, 424f., 430f., 454, 472, 474, 691, 995, 1023
Keyserling, Eduard Graf von (1858-1918), baltischer Romancier, seit 1907 erblindet. Es erschienen bei S. Fischer, Berlin: »Wellen« 1911, »Abendliche Häuser« 1914, »Am Südhang« 1916, »Fürstinnen« (Erzählungen) 1917, »Feiertagskinder« 1919 464, 496, 554
Keyserling, Graf Hermann von (1880-1946), Philosoph, Begründer der »Schule der Weisheit« in Darmstadt. Sein »Reisetagebuch eines Philosophen« erschien 1919. Neffe von Ed. Graf Keyserling 615, 623, 626, 655, 663, 669, 702, 708, 712
Keyserlingk, Graf Paul von (1890-1918), als Leutnant gefallen; R.s Briefe an ihn sind verloren 599
Khayam, Omar s. Chajjâm, Omar
Kierkegaard, Soeren (1813-1855), Pseudonym Victor Eremita, dänischer Theologe und Philosoph; es lagen vor: »Samlede Vaerker« udg. af A. B. Drachmann, J. L. Heiberg og H. D. Lange. Bd. IXIV Kopenhagen: Gyldendal 1901 ff.; der Band »Fünf christliche Reden« erschien deutsch 1901 (Gießen) 184, 189f., 195, 197-199, 202, 300, 350, 505, 509, 817, 943
– seine Braut Regine Olsen s. dort
Kinzelberger, Caroline (1828-1927), R.s Großmutter, verheiratet mit Carl Entz. Ihr Vater Carl Kinzelberger war Fabrikant in Prag: »Chemische Farben- und Produktenfabrik Kinzelberger«, von ihm begründet. Einer seiner späteren Kompagnons war der Schwiegersohn Carl Entz.

Ihre Mutter Barbara, geb. Bretschneider stammte ebenfalls aus Prag 18, 276
Kionaga s. Kiyonaga
Kippenberg, Anton (1874-1950), Professor Dr. phil., seit 1905 Leiter, später Inhaber des Insel-Verlages; seine Goethe-Sammlung jetzt: »Goethe-Museum« in Düsseldorf 216, 231, 255, 262-264, 267, 269, 272, 274f., 277, 283, 293, 296, 299, 301, 303, 306, 312, 314f., 319-325, 329f., 332f., 336, 340-343, 345-349, 353-355, 358f., 362-366, 368-371, 374-380, 384, 387-392, 395, 400, 403f., 406-409, 412, 416-418, 421, 423f., 426-428-432, 435, 438-440, 444-447, 451-453, 456-459, 461-463, 465-467, 470f., 473, 478-480, 485-487, 493f., 497, 509, 513f., 521-524, 538-540, 553f., 558, 562, 576, 578f., 584, 594f., 598-600, 603f., 607f., 611, 616, 619, 629, 632f., 636f., 651, 653f., 658, 660, 663, 670, 682f., 687, 694, 696, 699f., 702 f., 708f., 711, 713f., 717, 719, 730, 732f., 738, 744, 747, 750, 760-762, 765f., 770f., 773f., 780, 785, 787f., 790-792, 797f., 801, 808, 820f., 823, 827, 829-833, 835, 839f., 849f., 853, 859f., 868, 875f., 883, 886-889, 890, 894-897, 904f., 916-918, 925, 927, 938f., 942, 949f., 956, 958, 964f., 967, 970, 972, 978, 983, 987, 990f., 994, 997, 999, 1001, 1003, 1008, 1017f., 1022, 1030, 1032, 1034f., 1037, 1039f., 1042, 1044
Kippenberg, Katharina, geb. von Düring (1876-1947), Frau von Anton Kippenberg, Mitarbeiterin im Insel-Verlag. Ihre Töchter: Jutta (1908-2004) und Bettina (1910-1956) 340-342, 347, 349f., 359, 368f., 372, 374, 376, 379, 383, 389, 403, 405, 423-425, 431, 433, 435,

438f., 449, 455f., 464f., 473, 484f., 491, 498f., 501, 504, 508-510, 512, 514, 518, 526, 529, 531, 533f., 537, 540, 542, 544f., 549f., 552, 554-556, 560f., 564, 567, 575f., 578, 580, 583f., 586, 588, 590f., 593-597, 599, 603, 605, 611, 618, 620, 622, 624, 628, 637, 639, 642, 644f., 648f., 651, 653, 666, 709, 714f., 719, 723, 743, 746, 748, 750, 770f., 776f., 785, 787f., 790f., 794, 796, 798, 801, 809, 821, 824f., 830, 835, 842, 848, 855, 870, 875, 883, 887, 891, 894, 906, 917, 926, 970, 975, 981f., 987, 989, 1003, 1007f., 1012, 1017f., 1023, 1042f.
Kirchthaler, Ludwig, österreichischer Schriftsteller, Major 522
Kirschner, Lola (Lula) s. Ossip Schubin
Kiyonaga (1742-1815), japanischer Maler, Meister des Farbholzschnitts, bedeutendster Vertreter der Torii-Schule 195
Kjær, Severin (1843-1907), dänischer Schriftsteller, Autodidakt; Verfasser von Schilderungen aus der dänischen Geschichte 209
Klaar, Alfred (1848-1927), Professor für deutsche Literatur an der Deutschen Technischen Hochschule in Prag, Theaterkritiker der »Bohemia« 34, 44, 214, 286, 899
Kläger, Emil (1882-1936), Herausgeber der »Legenden und Märchen unserer Zeit«, Anton Wolf Verlag 1917 579
Klages, Ludwig (1872-1956), Philosoph 411
Klee, Paul (1879-1940), Schweizer Maler, gehörte mit Marc und Kandinsky zur Künstlergruppe »Der blaue Reiter« (seit 1912); in München zeitweilig R.s Nachbar in der Ainmillerstraße 34. Klee vermerkt in seinem Tagebuch, seine Bekanntschaft mit R. sei durch Dr. Hermann Probst vermittelt worden (1915), R. brachte die über diesen entliehenen Blätter persönlich zurück 498, 593, 714-716
Klein, Ludwig (1857-1928), Dr. phil., Botaniker 786
Klein, Otto, Kritiker 240
Kleist, Heinrich von (1777-1811), Dichter; R. kannte auch die »Briefe« Kleists, vgl. »Über den jungen Dichter« SW 6, S. 1050 75, 141, 351, 444f., 447-451
Klenau, Paul von (1883-1946), dänischer Komponist und Dirigent 756, 835
Klettenberg, Susanne Catherina von (1723-1774), gehörte zur Frankfurter Herrnhuter-Gemeinde, Freundin von Goethes Mutter 385
Klingenberg, Helene, geb. Klot von Heydenfeldt (1865-1943) aus Riga, enge Freundin von Lou Andreas-Salomé; seit 1897 mit dem Berliner Architekten Otto Klingenberg verheiratet 86, 219f.
– ihr Sohn Reinhold K., an ihn die »Drei Briefe an einen Knaben« von Lou A.-S.,1907, 1911, 1913 geschrieben und 1918 im Kurt Wolff Verlag erschienen 447
Klimt, Gustav (1862-1918), österreichischer Maler 77
Klinger, Max (1857-1920), Bildhauer, Maler, Radierer; Lehrer Clara R.-Westhoffs 83, 117, 133, 139, 188
Klipstein, Editha, geb. Blass (1880-1953), Malerin und Schriftstellerin 186, 372, 502f., 505, 909
Klopstock, Friedrich Gottlieb (1724-1803), Dichter 334, 423, 448
Klossowska, Baladine (1881-1969), eigentlich: Elisabeth Dorothee K.,

geb. Spiro aus Breslau, Malerin; Frau von Erich Klossowski, Mutter von Pierre und Baltusz 226, 498, 637, 642, 652, 686-693, 695f., 699f., 703, 705f., 708-713, 715-722, 725, 728-730, 732-735, 737f., 741-743, 746, 749-752, 754, 757-759, 762, 764, 770, 777, 779, 782, 786f., 789-793, 795-802, 805f., 815, 817, 820, 822, 825f., 831, 834f., 837, 840f., 843f., 846-850, 853, 856, 858, 860, 862, 864, 866, 869, 870-872, 875, 885, 888, 905, 911, 915, 917f., 919f., 935, 943, 946, 948-950, 953f., 963, 966, 969, 982, 986, 989, 991, 997, 999f., 1003-1005, 1008, 1010, 1012f., 1039f., 1043

Klossowski, Arsène Davitcho Baltusz [Balthusz] (1908-2001), französischer Maler und Bühnenbildner, Sohn von Erich und Baladine K., von 1937 bis 1946 mit Antoinette de Watteville verheiratet 637, 652, 686, 689, 692, 695, 698, 701, 708, 715-717, 721f., 737, 742, 744, 748-750, 757, 759, 777f., 790, 792f., 795-799, 804, 807, 819, 840, 844, 848, 850, 856, 872, 875, 909f., 920, 922, 927, 929, 944, 946, 950, 966, 969, 978, 983, 985f., 1006, 1010

Klossowski, Dr. Erich (1875-1949), Maler und Kunstschriftsteller: 1908 erschien bei Piper in München seine Monographie über Honoré Daumier; lebte vor 1914 bereits in Paris 162, 164, 313, 686, 690, 692, 695f., 698, 737, 775, 780f., 785, 790, 847-849

Klossowski, Pierre (1905-2001), französischer Romancier, Publizist und Maler, Sohn von Erich und Baladine K., lebte in Paris 637, 652, 686, 688, 695, 708, 715-717, 721f., 742, 750, 759, 777, 780f., 795-799, 801, 806, 811, 846-850, 852-854, 872, 908-910, 915, 920, 927, 929, 944, 946, 950, 966, 969, 978, 982, 986, 1007f., 1011

Kluge, Gerd, Jurastudent 878

Knackfuß, Hermann (1848-1915), Kunsthistoriker 168

Knodt, Karl Ernst (1856-1966), Pfarrer und Schriftsteller, »Fontes Melusinae« erschien 1904 bei Geibel in Altenburg 166, 182

Knoop, Gerhard Ouckama (1861-1913), Ingenieur und Schriftsteller, verheiratet mit Gertrud, geb. Roth 328, 378, 436, 464

Knoop, Gertrud Ouckama, geb. Roth (*1870), sie wohnte in München, Ungererstraße 50 513, 617, 648, 745, 756f., 759, 762-764, 776, 821, 823f., 867

– ihre Töchter: Angelina (Lilinka) Knoop (*1897 in Moskau), Gattin des Bildhauers Professor Fritz Claus und Wera (1900 Moskau-1919), gestorben in München an Leukämie 617, 663, 745, 756f., 762f., 766, 775, 820f., 823f.

Knoop, Baron Johann (John), genannt ›Wanja‹ (1846-1917), in Moskau geboren als Sohn von Baron Joh. Ludwig Knoop (1821-1894), Bremer, lebte in England und Ägypten; in zweiter Ehe, nachdem er seine erste Frau an Schwindsucht verloren hatte, mit der viel jüngeren May Knoop verheiratet, einer Irin, die Musik studierte; er selbst besaß eine Geigensammlung 263, 362f., 476

Knoop, Baronin May, zweite Frau von Johann K., eng befreundet mit Clara R.-Westhoff 260, 263, 362f., 373, 384, 398, 476

Knuchel, Dr. Eduard Fritz (1891-1966), Redakteur an den Basler Nachrichten 657

Knüppers, Dr. 579
Knyphausen, Franz Graf von (1866-1958), R. kannte ihn und seine Töchter Gerda und Hyma in München 1896 64, 74
Kobald, Dr. Karl (*1876), Schriftsteller (Musikerbiographien), Herausgeber des »Kriegs-Almanach 1914/16« 547
Koegel, Fritz (1860-1904), Nietzscheforscher 96
Kölsch, (Koelsch) Adolf (1879-1948), naturwissenschaftlicher Schriftsteller, lebte in der Schweiz. 1919 erschien in Berlin »Das Erleben«, 1920 in Frankfurt »Kreatur. Erlebnisse und Gesichte« 565, 567, 640, 653, 659, 667, 740, 850
Kölwel, Gottfried (1889-1958), Schriftsteller 543f.
Koenig, Alma Johanna, verheiratete Freifrau von Ehrenfels (*1887, deportiert 1942), Schriftstellerin 547
Koenig, Hertha (1884-1976), kurze Zeit verheiratet mit Roman Wörner, Lyrikerin; begegnete R. 1910 im Hause von S. Fischer in Berlin, Verfasserin der Romane »Emilie Reinbeck« und »Die große und die kleine Liebe« neben Gedichten. Sie veröffentlichte eine Arbeit über R.s Mutter, lebte zuletzt auf Gut Bökkel, wo sie aufgewachsen war 487f., 499, 501, 504, 510, 544f., 556f., 559f., 568, 572, 578, 580, 582, 591-593, 595, 602, 606, 613, 624, 716, 767
– ihr Großvater 560
König, Leo von (1871-1944), Maler (Porträtist), eng befreundet mit dem Kunstschriftsteller Julius Meier-Gräfe, mit dem er 1908 in Spanien und Portugal reiste. Seine damals entstandene Kopie der »Himmelfahrt Christi« von Greco aus dem Prado, Madrid, schuf er für die evangelische Stephanskirche in Würzburg 341, 344, 406, 414, 572, 575
Koenigs, Franz (1881-1941), Bankier, und Frau Anna, geb. Gräfin Kalckreuth (1890-1946), Freunde Werner Reinharts 875f., 877, 987
Köppen, Edlef (1893-1946), Mitherausgeber von »Die Dichtung«, München 664
Köster, Albert (1862-1924), Geheimrat, Professor, Dr., Germanist in Leipzig, engster Freund Kippenbergs 890
Kohn, Max Maurice, s. Lipper, Margot
Kohn, Otto. R.s Begleitbrief zu dem für Max Nußbaum erbetenen Widmungsgedicht vom 22.12.1922 ist erhalten 803
Kohnstamm, Oskar Felix (1870-1917), Dr. med., Leiter eines Sanatoriums in Königstein 620
Kokoschka, Oskar (1886-1980), österreichischer Maler; anfangs Angestellter der Wiener Werkstätte, lernte er 1908 Adolf Loos kennen, der ihn förderte. 1913 übernahm er den Zeichenunterricht an den Schwarzwaldschen Schulanstalten, er hatte 1911 Hermann und Eugenie Schwarzwald porträtiert. 1914 Kriegsfreiwilliger, 1915 schwerverwundet Rückkehr nach Wien; »Der gefesselte Kolumbus« erscheint 1916 bei Gurlitt in Berlin, 1917 bringt der Kurt Wolff Verlag »Der brennende Dornbusch. Mörder Hoffnung der Frauen. Schauspiele«, als Bd. 41 von »Der jüngste Tag« 472, 526, 528, 530-533, 549, 556f., 587, 590-592, 634, 676f., 845f.

– seine Schwester Bertha 530
Kolb, Annette (1870-1967), Schriftstellerin. Ihre Mutter war Französin. Werke: »Das Exemplar« 1913, »Dreizehn Briefe einer Deutsch-Französin« 1915 379, 386, 391, 408, 417, 436, 438, 488f., 495f., 502, 538, 626, 629, 710, 712, 833, 841, 934
Kolbe, Georg (1877-1947), Bildhauer 560
Koljtzow (Kol'cov), Alexis Wassiljewitsch (1809-1842), russischer Schriftsteller, seine Gedichte und Meditationen erschienen 1846 posthum 104, 114
Kopernikus, Nicolaus (1473-1543), Astronom 25
Korff, Fritz, 1895/96 am Deutschen Volkstheater in Prag 53
Kornfeld, Paul (1889 Prag-1942 KZ Lodz), Schriftsteller, »Die Verführung. Trauerspiel« 1917, »Legende. Erzählung« 1918 551
Korrodi, Dr. Eduard (1885-1955), von 1914 bis 1950 Feuilletonchef der Neuen Zürcher Zeitung 653, 775, 932, 988, 989, 1031, 1043
Kotoschichin (Kotošichin), Grigorij Karpowitsch (1630-1667 Stockholm), russischer Historiker, Hauptwerk: »Über Rußland in der Regierungszeit von Aleksej Michajlovic« 165
Kottmeyer, Gretel († 1900), Freundin Clara Westhoffs 121
Kra, Suzanne, ihre »Cornet«-Übertragung erscheint 1927 im gleichnamigen Verlag in Paris 1021, 1024, 1044
Kramskoi (Kramskoj), Iwan Nikolajewitsch (1837-1887), russischer Maler 104f., 113, 115f.
Krapotkin (Kropotkin), Peter Fürst (1842-1921), russischer Schriftsteller und Anarchist 121

Krása, Hans (1899-1944), Prager Komponist, wie Arnold Schönberg Schüler von Zemlinsky 1042
Krattner, Karl (1862-1926), österreichischer Maler, Mitglied des Vereins Deutscher Bildender Künstler in Prag 44
Kraus, Karl (1874-1936), Dichter und Publizist, Herausgeber und später alleiniger Autor der Zeitschrift »Die Fackel« in Wien, die von 1899 bis 1933 bestand. Seit 1913 lebenslange Freundschaft mit Sidie Nádherný 54, 60, 67, 94, 353, 449, 451, 456, 458-460, 472, 519, 526-528, 530f., 533, 535, 542, 545, 711
Krauss, Clemens (1893-1954), Dirigent und Komponist 756
Krell, Max (1887-1962), Schriftsteller und Übersetzer 578, 601
Křenek, Ernst (1900-1991), österreichischer Komponist, Schüler von Franz Schrecker; lebte in den USA; Verfasser der Oper »Johnny spielt auf« 881, 882f., 886, 905, 936, 959f., 1038, 1042
Kretschmayr, Professor Dr. Heinrich (1870-1939), Historiker in Wien 396
Kröller-Müller, Helene (1869-1939), seit 1880 Gattin von Anthony George Kröller-Müller (1862-1941), Großindustrieller; Gründerin des gleichnamigen Museums bei Arnhem/Niederlande; van Gogh-Sammlung 898f.
Krüger, Therese, Übersetzerin, Freundin von Ellen Key und Lou Andreas-Salomé, 1886 übertrug sie L. A.-S. Nietzschebuch ins Dänische, 1899 Ellen Keys Essay »Mißbrauchte Frauenkraft« aus dem Schwedischen ins Deutsche 207
Kubin, Alfred (1877-1959), Maler und Graphiker 497, 511

Kühlmann, Richard von (1873-1948),
Diplomat, Staatssekretär des Äußeren. Sein Wohnsitz: Raunerhof in
Ohlstadt 409, 424, 450, 452, 511,
524, 540, 549, 552, 561, 567, 570 f.,
574, 585, 598, 602, 614, 623
– seine erste Frau: Marguerite von
Kühlmann, geb. Freiin von Stumm
auf Ramholz (1884-1917) 614
– seine zweite Frau: s. Marianne Mitford
Kühn, Julius, Herausgeber der
»Flöte«, Coburg 613
Kuenburg, Graf Wolfgang von
(1890-1949), heiratete 1818 Gräfin
Aline Dietrichstein 601
Kündig, Schweizer Antiquariat 773
Kulka, Georg (1897-1929), Journalist
und Lyriker 711
Kunesch, Johanna von, geb. Wimhölzl, Schwester eines Linzer
Jugendfreundes von R. 29, 971 f.
Kurella, Alfred (1895-1975), kommunistischer Schriftsteller, zuletzt
Vizepräsident der Akademie der
Künste (DDR) 608
Kutschera, Gabriele von, geb. Rilke
(1836-1909), einzige Schwester von
R.s Vater Josef R., verheiratet mit
Wenzel Ritter von Kutschera
Woborsky, Staatsanwalt in Prag
(sie lebten später getrennt); ihre
Kinder: Olga, Oskar, Helene und
Zdenko 17, 32, 285, 326
Kutschera-Woborsky, Irene von, geb.
von R. (1864-1911), Tochter Jaroslavs v. R., seit 1886 die Frau ihres
Vetters Dr. jur. Oskar von K.- W.
(1862-1887), der an einer Hirnhautentzündung starb 17, 23, 33,
58, 141, 259, 289, 374, 378, 401
Kutschera-Woborsky, Oswald von
(1887-1922), Dr. phil., Kunsthistoriker in Wien, R.s Vetter 2. Grades,
Sohn von Oskar und Irene v. K.-W.
17, 289, 378, 404, 527, 531 f., 543,
676, 685, 700, 711, 738, 779, 781 f.,
789, 877, 986
Kutschera-Woborsky, Wenzel von
(† 1896), Gatte von Gabriele, geb.
Rilke 17, 32
Kyber, Manfred (1880-1935), baltischer Schriftsteller 1017

Labé, Louize (um 1525-1566), französische Dichterin, Frau eines Seilers
in Lyon »La belle cordière«. R. verschenkte die zweibändige Ausgabe
der »Oeuvres«, Edition par Charles
Boy, Paris 1887 335 f., 368, 407,
424, 426, 429 f., 453, 550, 570, 575,
577, 589, 613, 642, 979, 984 f.
Lachowicz, L., polnischer »Cornet«-Übersetzer 548
Lacretelle, Jacques de (1888-1985),
französischer Schriftsteller. Sein
Roman »Silberman« erschien 1922,
»La vie inquiète de Jean Hermelin«
1920 808, 810
La Fontaine, Jean de (1621-1695),
französischer Fabeldichter; sein
»Adonis« erschien zuerst in: »Les
Amours de Psiché et de Cupidon
avec L'Adonis« 1669 741, 743, 751
Laforgue, Jules (1860-1887),geboren
in Montevideo, gestorben in Paris
an Tuberkulose, französischer
Schriftsteller, Vorleser der Kaiserin
Augusta, Gemahlin Wilhelms I.,
von 1881-86 186, 207
Lagerlöf, Selma (1858-1940), schwedische Dichterin, lebte auf ihrem
Gut Morbacka. Ihr Roman »Kejsarn
av Portugallien« erschien 1914 bei
Bonnier in Stockholm, deutsch:
»Jans Heimweh«, übersetzt von P.
Klaiber 156 f., 197, 308, 318, 430,
496, 684
Lahmann, Dr. med. Heinrich
(1860-1905), Natur-Arzt aus Bre-

men, gründete 1888 das Sanatorium »Weißer Hirsch« bei Dresden. Sein älterer Bruder Johann Friedrich L. war ein bedeutender Bremer Kunstfreund und Sammler 130f., 212

Lahovary, Nicolas, rumänischer Botschafter, Vetter von Marthe Bibesco, Gatte von Janine Seiler 888, 914

Lalou, René (1889-1960), französischer Literarhistoriker; R. besaß seine »Histoire de la littérature française contemporaine. 1870 à nos jours, essais, impressions, souvenirs«, 2 vols., Paris 1922 850

Lamartine, Alphonse-Marie de (1790-1869), französischer Dichter und Politiker. »Le manuscrit de ma mère« erschien zuerst 1871 676

Lambert, Baronin, s. Goldschmidt-Rothschild

Lanceray, Eugène (Lanssere, Jewgenij) (1875-1946), russischer Zeichner und Radierer, Buchkünstler 221

Lanckoroński, Karl Graf (1848-1933), österreichischer Kunstsammler und Mäzen, Oberstkämmerer Kaiser Franz Josephs 1016, 1018

Land, Hans (1861-nach 1935 verschollen), Schriftsteller, Herausgeber der Zeitschrift »Das neue Jahrhundert« 83

Landau, Hubert (*1895), Maler, sein Vater Hugo Landau (1851-1921) begründete mit Walther Rathenau die AEG. R.s Briefe an Landau sind verschollen 777

Landauer, Gustav (1870-1919), Anarchist 462

Landolt, Marc (1879-1928), Dr., entstammt der Basler Familie L., sein Vater war Augenarzt in Paris, R.s Mitpatient in Val-Mont 984

Landowska, Wanda (1877-1959), Cembalistin, verheiratet mit dem Schriftsteller Henryk Lew († 1918) 544, 549, 568f., 657, 681, 692f., 719, 728, 934
– ihre Mutter: Eva (1869-1922) 568f., 693, 727

Landru, Henri Desiré (1869-1922), 1919 verhafteter Angeklagter, vielfacher Frauenmörder, in dem Pariser Mordprozeß (Nov.1921) 744

Landshoff, Dr. Ludwig (1874-1941), Musiker, Bruder von Frau Hedwig Fischer; Dirigent des Bach-Vereins in München 554, 579, 596, 602, 623, 634, 793
– seine Frau: die Sängerin Philippine Landshoff (*1886) 580, 588

Lang, Siegfried (1887-1970), Schweizer Schriftsteller 643

Langen, Albert (1869-1909), Verleger in München und Paris, gründete den »Simplicissimus« 104, 135, 140, 143, 156, 166, 368, 428, 977

Lara, s. Contessa Lara

Larbaud, Valery (1881-1957), französischer Schriftsteller, Freund Gides. Von »Les poésies de A. O. Barnabooth« erschien 1923 eine Neuausgabe (Paris: N. R. F.), »Amants, heureux amants« im selben Jahr, 1925 »Ce vice impuni, la lecture … Domaine anglais«, eine Sammlung von Essays über englische Literatur (Paris: Messein) 442, 808, 874, 919, 938, 988, 1014

Larsen, Johannes Anker (1874-1957), dänischer Schriftsteller; »De Vises sten« 1923, deutsch 1924: »Der Stein der Weisen« 956f., 960

Larsen, Karl (Carl) Halfdan (1860-1931), Verfasser sozialkritischer Romane, schrieb 1894 dänisch »Sester Marianna og hendes kaerligheds breve« (Kopenhagen: Gyldendal), 1905 deutsch im Insel-Verlag, übertragen von Mathilde Mann. »Was siehest du den Splitter« (»Hvi ser du Skaeven« 1901/02), übersetzt von M. Mann, Axel Juncker-Verlag, ist ein Doppelroman, in dem eine Ehe zuerst von der Frau, dann vom Manne aus geschildert wird 169, 264

Larsson, Hanna (1880-1953), eigentlich Larsdotter, seit 1907 verheiratet mit Ernst Norlind 193, 196f., 199, 280

Larsson, Hans (1862-1944), Professor der Philosophie in Lund, angeregt von Rudolf Eucken 197

Larsson, Svea, Freundin von Tora Holmström 201

Lasker-Schüler, Else (1869-1945), Lyrikerin, seit 1903 verheiratet mit Georg Levin, der sich Herwarth Walden nannte. Sie erhielt 5000 Kronen aus der Wittgensteinspende. »Ein alter Tibetteppich« erschien zuerst in Karl Kraus' »Fackel« vom 31.10.1910; ihr Sohn Paul Schüler (1899-1927) war Zeichner am Simplizissimus 138, 239f., 439, 540, 542

Laßberg, Freifräulein von, Töchter von Joseph Freiherrn von Laßberg (1770-1850), dem Freunde der Brüder Grimm, Nichten Annette von Droste-Hülshoffs 66

Lauer-Kottlar, Beatrice, Musikerin (Sängerin) 831

Laurencin, Marie (1885-1956), französische Malerin, seit 1919 mit dem aus Düsseldorf stammenden Otto von Wätjen verheiratet. Lebte in Paris, befreundet mit Picasso, Braque, Paul Valéry 653, 667, 935, 951

Laurent, Walburga, Transsexualistin, die sich Walt L. nannte 622

Laurens, Jean-Paul (1838-1921), französischer Maler und Radierer, von Rodin porträtiert 230

Lautenburg, Sigmund (1857-1918), Direktor am Berliner Residenz- und Neuen Theater 145

Lautensack, Heinrich (1881-1919), Schriftsteller, einer der »Scharfrichter« in München 125, 129, 142

Laux-Sander, Lo, lebte in Stuttgart, später in Güstrow/ Mecklenburg 718

Lavater, Johann Caspar (1741-1801), Schweizer Schriftsteller, Freund Goethes 153

Lavergne, Gabriel-Joseph de, Seigneur de Guilleragues (1628-1685). Von ihm: »Lettres portugaises. Valentins et autres oeuvres de Guilleragues«, introduction, notes, glossaire et tables d'après le nouveaux documents par F. Deloffre et J. Rougeot. Paris: Garnier Frères 1962. Danach sind die »Lettres Portugaises« in der Urausgabe von 1668 keine Übertragung aus dem Portugiesischen, sondern eine literarische Neuschöpfung von Lavergne (vgl. SW 6, S. 999ff., und Anmerkung S. 1460) 290

Lawrence, David Herbert (1885-1930), englischer Dichter und Romancier; »The Rainbow« erschien 1915, der Originaltitel des Aufsatzes im Insel-Almanach lautet: »On being religious« 809, 849, 917, 968

Lazard, Leopold (1894-1927), Geheimer Kommerzienrat, Bankier, lebte in Wiesbaden, Vater von Loulou Albert-Lazard 483, 514

Lebey, Edouard, seit 1872 Direktor der Agence-Havas in Paris, 1900 krankheitshalber zurückgetreten; Valéry war sein Privatsekretär 940

Lechter, Melchior (1865-1937), Maler, Graphiker und Autor, Mitglied des George-Kreises; auf seinen Wunsch in der Nähe von R.s Grab in Raron beigesetzt 596, 635

Ledebur, von, freiherrliche Familie, Gutsnachbarn von Hertha Koenig in Westfalen 563

Ledebur, Fräulein von 210

Ledebur, Dorothea Freifrau von, geb. Prinzessin zu Solms-Hohensolms-Lich (1883-1942); als verwitwete Prinzessin zu Stolberg-Werningerode heiratete sie 1913 den Freiherrn Albrecht von L. (*1874), Fideikommiss Crollage und Figenberg, Kreis Lübbecke; später lebte sie in Rif bei Hallein (Salzburg) 563, 567, 572, 610, 668, 880

Lefèvre, Frédéric (1889-1949), französischer Publizist, seit 1922 Chefredakteur der »Nouvelles Littéraires« 979, 982, 1013, 1019

Léger, Louis Paul Marie (1843-1923), Professeur de langue et de littérature slaves au Collège de France, Paris 162, 166

Lehmann, Walter (1878-1939), Professor Dr., Ethnologe, damals Privatdozent in München, berühmter Amerikanist 512

Lehr, Lorenz (1889-1959), Solocellist der Berner Musikgesellschaft, Lehrer am dortigen Konservatorium 974

Lehrs, Max (1855-1937), Direktor des Kupferstichkabinetts in Dresden 136 f., 590

Lehrs, Philipp, Lawrence-Übersetzer 917

Leistikow, Walter (1865-1908), Landschaftsmaler 83

Leitgeb, Josef (1897-1952), österreichischer Schriftsteller, Mitarbeiter am »Brenner-Jahrbuch«, Dr. jur., Stadtschulinspektor in Innsbruck 817

Lemonnier, Camille (1844-1913), belgischer Romancier, Freund Verhaerens 430

Lemont, Jessie (1861-1947), Amerikanerin, die nach Paris kam, um Rodin kennenzulernen, 1908 Begegnung mit R. in Rodins Atelier. In zweiter Ehe verheiratet mit Hans Trausil 312, 321, 402, 613, 665

Lemp, Eleonore, Leiterin der Reinhardswaldschule bei Kassel 755

Lenau, Nikolaus (1802-1850), eigentlich Niembsch Edler von Strehlenau, Dichter. Die von R. angeführte Stelle »über die Nachtigall« steht im Brief vom 16.10.1832, den Lenau bald nach seiner Ankunft in den USA schrieb 32, 55, 375

Lenbach, Franz von (1836-1904), Maler, Porträtist 68

Lenéru, Marie (1875-1918), das »Journal de Marie Lenéru« 2 vols, erschien 1922 in Paris 789, 829

Lenin (1870-1924), eigentlich Wladimir Iljitsch Uljanow, russischer Revolutionär, Führer der kommunistischen Partei und Mitbegründer der UdSSR 554, 577 f., 811

Lent, L. van, niederländischer Literaturkritiker 969

Leo, d. i. Fra Leone, Franziskaner 469

Leopardi, Giacomo Conte di (1798-1837), italienischer Dichter 174, 344, 389, 848

Lepeschkin (Lepeškin) S., russischer Kunsthistoriker, Publizist 122

Lepëskina, Lidija s. Gorbunova

Leppin, Paul (1878-1945), Prager Roman-Autor 131, 242

Lepsius, Reinhold (1857-1922), Maler 73, 85, 899

- seine Frau: Sabine Lepsius, geb.
Graef (1864-1942) 73, 85, 899
Lerchenfeld, Otto Graf (1868-1958),
Münchner Bekannter R.s 613
Lermontow (Lermontov) [Ljermontoff], Michael Jurjewitsch
(1814-1841), russischer Dichter:
»Der Dämon«, lyrisches Epos,
wurde 1840 vollendet. Titel der von
R. übertragenen ›Gebete‹:
»Molitvy« 96, 104, 616, 871
Lernet-Holenia, Alexander
(1897-1976), Lyriker und Romanschriftsteller, lebte in Wien 717,
719 f., 722, 733
Lešehrad, Emanuel (*1877 in Prag),
Bankbeamter, Schriftsteller und
Sammler; Schulkamerad R.s
450
Leskov, Nikolaj Semenovič (1831-1895), russischer Dichter 68
Lespinasse, Julie de (1732-1776),
französische Schriftstellerin. »Correspondance entre Mademoiselle
de Lespinasse et le Comte Guibert«, Paris 1906; Pierre Marquis de
Ségur: »Julie de Lespinasse«, Paris
1905 271
Lessing, Gotthold Ephrahim
(1729-1781), deutscher Dichter 37
Le Suire, Walter von (1882-1919),
Offizier 611
- seine Frau: Irene von Le Suire,
geb. Schütte (1895-1972) 611, 833,
836
Lettré, Emil (1876-1954), Professor,
Kunstgoldschmied in Berlin 614,
710
Levi, Giorgio (*1887), Pianist in Venedig 682
Levy, Paule, französische »Cornet«-Übersetzerin aus Straßburg 959,
961 f.
Lewitan (Levitan), Isaak Iljitsch
(1860-1900), russischer Maler, Bilder von ihm in der Tretjakow-Galerie 106, 108, 115
Leykham, Freiherr von 329
Li-Tai-Pe (8. Jh. n. Chr.), chinesischer Dichter 261, 278, 551
Liberty, Sir Arthur Lasenby
(1843-1917) 83
Lichberg, Heinz von (1890-1951),
eigentlich: Heinz von Eschwege,
Schriftsteller 579
Lichnowsky, Fürstin Mechtilde, geb.
Gräfin Arco-Zinneberg
(1879-1958), Schriftstellerin; seit
1904 Gattin des späteren deutschen
Botschafters in London Fürst Karl
Max Lichnowsky (1860-1928), in
zweiter Ehe heiratete sie 1937 den
englischen Offizier Ralph Peto.
Befreundet mit Sidie Nádherný
433, 453, 469 f., 473, 478 f., 486 f., 979
Lichtenstein, Erich (1888-1967), Dr.
phil., Verleger, gründete zusammen mit Thankmar von Münchhausen nach dem Ersten Weltkrieg
den Lichtenstein-Verlag in Jena
704
Lichtenstein, Grete († 1948), gehörte
teilnehmend zum Münchner
Kunstleben, ohne selbst künstlerisch hervorzutreten 539 f., 563,
567, 578, 592, 602, 611, 635
Lichtwark, Alfred (1842-1914), Kunsthistoriker, Direktor der Hamburger Kunsthalle 86, 102-103, 155 f.,
161, 163, 410
Lichtenberger, Henri (1864-1941),
Professor, Mitbegründer der französischen Germanistik 744
Liechtenstein-Galerie, die Sammlungen des Fürsten Liechtenstein in
Wien 531
Liebenthal, Ite, Lyrikerin, lebte in
Berlin; ihre »Gedichte« erschienen
1921 in Jena 541, 546, 558 f., 562,
759

Liebermann, Max (1847-1935), Maler, Präsident der Preußischen Akademie der Künste in Berlin 83, 559 f., 1032

Liebknecht, Karl (1871-1919), Rechtsanwalt, seit 1900 Mitglied der SPD, 1908-16 Mitglied des Reichstags, 1916 wegen der Antikriegsdemonstration vom 1. Mai verhaftet und wegen Hochverrats zu 4 Jahren, 1 Monat Zuchthaus verurteilt. 1918 mit Rosa Luxemburg Gründung der KPD; Liebknecht wurde am 15.1.1919 in Berlin ermordet 558, 726

– seine Frau Sophie (Sonja) Liebknecht, geb. Ryss (1884 in Rostow/Don-1964 Moskau), studierte Kunstgeschichte, lernte 1906 auf einer Silvesterfeier russischer Sozialdemokraten in Berlin K. Liebknecht kennen; nach dem Tode seiner ersten Frau heirateten sie 1912. 1920 gibt sie gemeinsam mit Franz Pfemfert die Briefe Karl Liebknechts heraus, auch Rosa Luxemburgs »Briefe aus dem Gefängnis«, Berlin 1922, sind an sie gerichtet 556 f., 561, 563 f,

Liegler, Leopold (1882-1949), Pseudonym: Ulrich Brendel, Wiener Publizist; R. lernte ihn durch Karl Kraus in Wien kennen 528

Lienhard, Friedrich (1865-1929), Schriftsteller, Herausgeber der Zeitschrift »Der Türmer« 945

Lièvre, Pierre (1882-1939), eigentlich: Pierre Hase, französischer Autor, sein Buch über »Paul Valéry«, Paris: Le Divan, erschien 1924 894

Ligne, Fürst Charles-Joseph de (1735-1814), Feldmarschall, verheiratet mit Hélène, geb. Princesse Massalska, später Contesse Vincent Potocka. R. schrieb das Testament des Fürsten aus dem Bande ab: »Histoire d'une Grande Dame ... La Princesse Hélène de Ligne ...«, 12. éd., Paris 1888 717

Ligny, Graf de s. Luxembourg-Ligny

Liliencron, Detlev Freiherr von (1844-1909), Dichter 45, 60 f., 74, 77 f., 86, 101, 147, 193 f., 210, 334, 755, 871, 899

Lille, Ludwik, polnischer Übersetzer 807

Linberg, Irmela, aus Berlin 589, 627

Linde, Otto zur (1873-1928), Schriftsteller; seine Dichtung »Die Hölle« erscheint 1920-23 in der Zeitschrift »Kornpaß« des Charon-Verlages, Berlin 723

Leonardo da Vinci (1452-1519), italienischer Künstler. Die »Mona Lisa« wurde am 21.8.1911 durch Vincenzo Peruggia aus dem Louvre gestohlen, am 11.12.1913 in Florenz gefunden und in den Louvre zurückgebracht 173, 179, 195, 309, 393, 411, 727 f., 730, 879 f., 982

Lingg, Hermann von (1820-1905), Schriftsteller, lebte in München 64

Lipčik, Tomáš, Schriftsteller, übersetzte die »Geschichten vom lieben Gott« ins Tschechische 450

Lipper, Margot (1890-1994), Tochter des belgischen Industriellen Max Maurice Kohn; ihr erster Mann, ein Belgier, fiel im Kriege, seit 1919 verheiratet mit Wilhelm Hausenstein 624, 630, 750

Lipps, Theodor (1851-1914), Professor der Philosophie in München 58

List, Wilhelm (1864-1918), österreichischer Maler und Schriftsteller, Herausgeber der Zeitschrift »Ver sacrum« 125

Liszt, Franz (1811-1886), Komponist 346, 979

Littmann, Enno (1875-1958), Professor für Arabistik in Leipzig und Tübingen, Orientalist. Seine Übertragung der »Erzählungen aus den Tausend und ein Nächten« erschien von 1921-28 im Insel-Verlag, die Einleitung von Hugo von Hofmannsthal zur 1. Ausgabe in zwölf Bänden von 1907/08 wurde übernommen 847, 852

Ljunggren, Ellen, Bekannte von Ellen Key 166 f.

Löbl, Henriette, Beamtin der Ass.-Gen. in Wien I, Bauernmarkt 2 407, 412, 424, 429, 480, 506

Lönborg, Sven (*1871), von 1904-1913 Rektor von ›Göteborgs högre samskola‹; Pädagoge und Schriftsteller 205

Loerke, Oskar (1884-1941), Lyriker und Literaturkritiker, Herausgeber der »Neuen Rundschau« 969

Loeschcke, Georg (1852-1915), seit 1912 Professor der Archäologie in Berlin 488

Löwenbach, Jan (1880-1972), Dr. jur., Prager Musikkritiker, Librettist, Organisator im Musikleben der Stadt; übersetzte R. ins Tschechische 319

Löwenfeld, Dr. Raphael, Direktor des Schillertheaters, erhält von R. Widmungsexemplare von »Mir zur Feier« (1900) und »Die Aufzeichnungen des Malte Laurids Brigge« (1912) 102

Lohmeyer, Dr. Walter (*1890), Redakteur an der »National-Zeitung« Basel, Direktor des Rhein-Verlages 657

Loos, Adolf (1870-1933), Wiener Architekt und Kulturkritiker, befreundet mit Karl Kraus, Förderer Oskar Kokoschkas 535

Loose, Emilie 1009

Lorenz, Karl (1888-1961), Lyriker und Essayist 648

Loris s. Hugo von Hofmannsthal, der zuerst unter diesem Pseudonym veröffentlichte

Loti, Pierre (1850-1923), eigentlich: Julien Viaud, französischer Schriftsteller 669

Louis-Ferdinand, Prinz von Preußen, s. Hohenzollern

Lucius von Stoedtner, Hellmuth Freiherr von (1868-1935), Diplomat, 1924 Gesandter in Den Haag 890

Ludwig II. (1845-1886), König von Bayern 497

Ludwig III. aus dem Hause Wittelsbach (1845-1921), von 1913-18 König von Bayern; er dankte nicht ab 605, 660

Ludwig IX., genannt der Heilige (1214-1270), König von Frankreich, 1297 kanonisiert 402 f.

Lübbecke-Job, Emma (*1888), Konzertpianistin, förderte besonders die Musik Hindemiths und anderer Zeitgenossen, 1933 Auftrittsverbot 831

Lüdeke, Henry (1889-1962), Amerikaner, zunächst Lehrer an der Cantonschule Schaffhausen, seit 1930 Professor für Anglistik in Basel 641

Lugné-Poe, Aurélien (1869-1941), französischer Schauspieler und Theaterdirektor, zeitweise Impresario der Duse 230

Lund, Emil Ferdinand Svitzer, Verfasser von »Danske Malede Portraeter. En beskrivende Katalog. Under Medverkning af C. Chr. Andersen« Kopenhagen: Gyldendal 1895-1903 (9 Bde.), vorhanden in der Nationalbibliothek in Paris; wie die von L. Bobé herausgegebenen Werke

heute in der Schloßbibliothek von Haseldorf nicht nachweisbar 153
Lund, Henriette (1829-1909), Nichte Kierkegaards als Tochter seiner Schwester Severine und Henrik Ferd. Lunds. Die Originalausgabe der Brautbriefe Kierkegaards: »Mit forhold til hende‹ af Søren Kierkegaards efterladte papirer« Kopenhagen: Gyldendal 1904 189, 202
Lurçat, Jean (1892-1966), französischer Maler, Textilkünstler und Dichter, verheiratet mit Marthe Hennebert (später geschieden) 371, 639f., 647, 651, 659, 684f., 817, 947
Luther, Martin (1483-1546), Reformator 710
Luther, Arthur (1876-1955), Professor Dr., Slavist: »Geschichte der russischen Literatur« 1924, übersetzte aus dem Russischen 756
Lutoslawski, Wincenti (1863-1954), polnischer Philosoph, von 1919-28 Professor in Wilna; R. erwähnt ihn Hulewicz gegenüber (879)
Luxemburg, Rosa (1870-1919), aus Polen stammende Politikerin, seit 1907 Lehrerin für Nationalökonomie an der Berliner Parteischule der SPD, Theoretikerin des linken Flügels der Partei. Wegen antimilitaristischer Äußerungen 1915/16 im Gefängnis, danach bis 1918 in Schutzhaft. Gründung von Spartakusbund und KPD, mit Karl Liebknecht 1919 ermordet. Ihre »Briefe aus dem Gefängnis« an Sophie Liebknecht erschienen 1922 726
Luxembourg-Ligny, Pierre de, Comte de Saint-Pol (1369-1387), zehnjährig Student in Paris, 1384 Bischof von Metz, 1386 von Papst Clemens VI. nach Avignon berufen, Kardinal. An seinem Grabe trugen sich

Wunder zu, 1527 Seligsprechung 960
Lyautey, Louis-Hubert-Gonzalve (1854-1934), Marschall, Hochkommissar und Resident von Marokko 930, 932
Lyon, Otto (1855-1912), Dr. phil., Professor und Stadtschulrat in Dresden, Schriftsteller 450

Maack, Martin, Herausgeber 61
Mackensen, Fritz (1866-1953), Maler in Worpswede 117, 144, 145, 150, 168
Mäder [Maeder], Alphonse (1882-1771), Dr. med., Nervenarzt in Zürich, führte auch psychoanalytische Behandlungen durch 958
Mähler von Mählersheim, Charlotte, geb. Entz, R.s Tante, Schwester seiner Mutter 18, 25
– ihr Mann: Oberst Mähler v. M. 19
– ihre Tochter: Gisela Mähler v. M. 18, 33, 57 (?)
Märker, Friedrich (1893-1985), Dr. phil. Journalist 948
Maeterlinck, Maurice (1862-1949), belgischer Dichter 53, 74f., 87, 89, 106, 120, 135, 139, 142, 146-148, 161, 419, 468, 627
Magallon, Xavier de (1866-1956), französischer Dichter, Jurist; seine Gedichte: »L'Ombre«, Paris: Sant'Andrea 1921 755
Magnasco, Alessandro (1677-1749), Genueser Maler 468
Mahler, Gustav (1860-1911), Komponist 881, 883
– seine Tochter: Anna Mahler (1904-1988), von 1922-1924 mit Ernst Křenek verheiratet 881, 883
Makkavejskij, Vladimir, übersetzte 1914 das »Marien-Leben« ins Russische 486
Maillard, Léon, französischer Kunst-

schriftsteller; sein Buch: »Etudes sur quelques artistes originaux. Auguste Rodin«, Paris: Floury 1888 155

Maillol, Aristide (1861-1944), französischer Bildhauer 244, 265, 271, 290, 366-369, 371, 562

Majerszky, Adalbert von (*1866 in Ungarn), Schriftsteller und Redakteur 34

Mâle, Emile (1862-1954), Professor Dr., französischer Kunsthistoriker: »L'Art religieuse de la fin du moyen âge en France«, Paris 1908 545

Malfatti, Familie, Besitzer eines Hotels in Viareggio, wo R. 1897 und 1903 wohnte 169

Maljutin, Sergej Wasiljewitsch (1859-1937), russischer Maler und Illustrator 122, 136, 138

Mallarmé, Stéphane (1842-1898), französischer Lyriker 158, 445, 629f., 682, 707, 725, 754, 777, 812

Maltzew, Alexej Petrowich (1854-1915), Geistlicher 107

Malybrock-Stieler, Ottilie (1836-1913), eigentlich: Ottilie Kleinschrod-Stieler, Schriftstellerin. Tochter des Hofmalers Stieler in München, ihre Mutter Paula Becker stammte aus Moskau. Sie bearbeitete slavische Texte für Gesang und ließ 1887 in Prag einen Band lyrischer Gedichte und Übertragungen erscheinen. Begeistert für Julius Zeyer, übersetzte sie dessen Epen, darunter »Wyschehrad«, Prag 1888. Seit 1890 wohnte sie verwitwet in Tegernsee 48-50

Mamontow, Anatoli Iwanowitsch (1841-1918), Industrieller, Bildhauer und Mäzen 98, 137

Manel-Lelis, J., Directeur der Zeitschrift »La Revue Nouvelle« 946

Manet, Edouard (1832-1883), französischer Maler 231, 270, 502

Mann, Franziska (1859-1927), Schriftstellerin 284

Mann, Heinrich (1871-1950), Dichter. Sein Drama »Madame Legros«, Berlin: Paul Cassirer 1913, wurde am 19. 2. 1917 in den Münchner Kammerspielen aufgeführt 490, 500, 526, 549, 551, 630

Mann, Klaus (1906-1949 Freitod), Schriftsteller, ältester Sohn von Thomas M. 1028

Mann, Mathilde, geb. Scheven (1859-1925), Übersetzerin, besonders aus den skandinavischen Sprachen 264, 350, 355

Mann, Thomas (1875-1955), Dichter. Seine Besprechung »Das Ewig-Weibliche« von Toni Schwabes Roman »Die Hochzeit der Esther Franzenius« erschien in der kritischen Wochenschrift »Freistatt«, München, 21. 3. 03; der Aufsatz »Gedanken im Kriege« war im November 1914 bereits in der »Neuen Rundschau« publiziert worden 34, 150, 324, 409, 415, 490, 611, 630, 874, 992

Manoel II. (1889-1932), der letzte König von Portugal, er regierte bis 1910 407

Marc Aurel (121-180), römischer Kaiser 180

Marc, Franz (1880-1916), Maler, Gründer der Malergruppe »Der blaue Reiter« mit Kandinsky 1911, gefallen vor Verdun 539, 541, 555

Marcel, Gabriel (1889-1973), französischer Schriftsteller: »Le Quattuor en fa dièze« wurde 1918 geschrieben 929

Mardrus, Joseph Charles (1868-1949), Dr. med., Arzt und Orientalist 244, 761, 847, 852, 923

Marées, Hans von (1837-1887), Maler, befreundet mit A. von Hildebrand und K. Fiedler, ging 1864 nach Italien 257, 502

Marek, Josef (* 1882), Realschulprofessor, Kunsthistoriker; übersetzte ins Tschechische 579

Maria Theresia (1717-1780), Kaiserin 342

Marianne, Schwester s. Alcoforado

Marie Madleine s. M. M. von Puttkamer

Marieschi, Michele (1710-1744), venezianischer Maler, bekannt für seine Veduten der Stadt 386

Maritain, Jacques (1882-1973), französischer Philosoph und Schriftsteller; seine »Réponse à Jean Cocteau« erschien 1926 1014

Marlowe, Christopher (1564-1593), engl. Dramatiker; seine Tragödie »Eduard II.« erschien deutsch von Alfred Walter Heymel mit einer Einleitung von Hugo von Hofmannsthal 1912 im Insel-Verlag 396

Maro, Francis s. Marie Franzos

Marquet, Albert (1875-1947), französischer Maler 242

Marschalk, Grete s. Margarete Hauptmann

Martens, Kurt (1870-1945), Schriftsteller, enger Freund von Thomas Mann 611

Martin, Frank (1890-1974), Schweizer Komponist, 1923-25 in Paris; Onkel von Mariette von Meyenburg 932

Martin du Gard, Maurice (1896-1970), französischer Publizist, von 1923-1936 Directeur der »Nouvelles Littéraires« 933, 945, 1023

Martin du Gard, Roger (1881-1958), französischer Romancier, erhielt 1937 den Nobel-Preis für Literatur. Von seinem achtbändigen Roman »Les Thibault« erschienen zu R.s Zeit »Le Cahier gris et le Pénitencier« 1922 und »La Belle Saison« 1923 853f., 874

Martineau, Henri (1882-1958), französischer Wissenschaftler, studierte Medizin, veröffentlichte später literarhistorische Arbeiten, Stendhal-Forscher 869

Martinelli, Jeannot (* 1865), Schriftsteller, Schauspieler, Buchhändler und Verleger; »Das große illustrierte Dichter- und Künstlerbuch«, Berlin 1896, erschien in seinem Verlag. M. war Balte, lebte später in Petersburg 57

Martini, Frau Ada von, geb. Bossard, Freundin von Nanny Wunderly-Volkart 639

Marty, Anton (1847-1914), geboren in Schwyz, Professor für Philosophie an der deutschen Universität in Prag 45

Marwitz, Adelheid von der (1894-1944), jüngere Schwester von Bernhard v. d. M., zuletzt Oberin des Diakonissenhauses in Halle 599, 622

Marwitz, Bernhard von der (1890-8.9.1918), Gutsherr auf Friedersdorf, Mark Brandenburg, Dichter; er starb an seiner schweren Verwundung in Valenciennes 568, 585f., 588, 598f., 623, 878, 1004

Marwitz, Bernhardus von der, Herausgeber der Briefe Bernhard von der Marwitz' 1004

Masaryk, Thomas (Thomâs) Garrigue (1850-1937), seit 1918 Staatspräsident der Tschechoslowakei; zuvor seit 1882 Professor der in diesem Jahr gegründeten tschechischen Universität in Prag, 1891-93

Vertreter der Jungtschechen im Wiener Reichstag. Sein Werk »Die philosophischen und soziologischen Grundlagen des Marxismus« erschien deutsch 1899 44, 709, 795, 902, 973, 998
Masereel, Frans (1889-1972), flämischer Graphiker und Holzschneider 639, 652, 672, 927
Masson-Ruffy, Marguerite (1887-1972), befreundet mit Contats, lebte in Langenthal/Bern, wo ihr Mann Apotheker war 803, 807
Mathéy, Georg Alexander (1884-1968), aus Hermannstadt, Maler und Buchgraphiker, zuletzt Leiter des Klingspor-Museums in Offenbach 958
Matisse, Henri (1868-1954), französischer Maler 231, 242, 562
Matsumoto, Asa s. Asa
Mattauch, Ulla, junge Münchner Freundin R.s (1916) 543, 549
Matteotti, Giacomo (1885-10. 6. 1924), Führer der italienischen Sozialisten, von Faschisten ermordet 891
Mauclair, Camille (1872-1945), eigentlich: Faust, französischer Kunstkritiker, Schriftsteller. R. kannte seine »Sonatines d'automne«, Paris: Perrin 1894, sowie »Auguste Rodin«, Paris: Librairie de la Plume 1901 160
Mauriac, François (1885-1970), französischer Autor 864, 1028f.
Maurois, André (1885-1967), eigentlich: Emile Herzog, französischer Schriftsteller, Sprachlehrer König Edwards VII. von England; »Ariel. Vie de Shelley« erschien 1923 851, 853, 863f., 870, 874, 877
Mauthner, Fritz (1849-1923), Schriftsteller; Redakteur der »Bohemia« in Prag, dann Theaterkritiker am »Berliner Tageblatt« 73, 87

Mauthners aus Wien 1016
Max von Baden, Prinz (1867-1929), letzter Reichskanzler des Kaiserreichs 600, 605
Max, Edouard Alexandru de (1869-1924), französischer Schauspieler rumänischer Herkunft 308
Maydell, Margarethe von, verh. Schmidt-Imbreck (1888, 1945 mit ihrem Mann in Lodz verschollen) 496, 547
Mayerhof, Theresia s. Entz
Mayr, Hetta (*1879), Schriftstellerin. Ihr von R. beurteiltes Manuskript »Messiade« erschien 1920 im Insel-Verlag 552
Mayrisch, Aline, geb. de Saint-Hubert (1874-1947), Gattin des luxemburgischen Industriellen Emile Mayrisch, befreundet mit André Gide; sie veröffentlichte unter ihrem Mädchennamen 367, 372, 459, 716, 1023
Mazzucchetti, Lavinia (1889-1865), Dr., Literarhistorikerin, zahlreiche Übertragungen aus dem Deutschen ins Italienische (Goethe, Thomas Mann); verheiratet mit dem Schweizer Schriftsteller Waldemar Jollos; sie beriet 30 Jahre lang das Verlagshaus Mondadori in Mailand, wo sie lebte 815f., 828
Mechthild von Magdeburg (um 1207-1282), Mystikerin 310
Medici, Lorenzo di (1449-1492), Stadtherr von Florenz 80, 85
Meerheimb, Richard von (1825-1886), Oberst und Gründer der »Literarischen Gesellschaft Psychodrama« in Dresden 41
Mehring, Walter (1896-1981), Schriftsteller und Satiriker, München 569, 631, 947
Meier-Graefe, Julius (1867-1937),

führender Kunsthistoriker und Kunstschriftsteller, veröffentlichte gemeinsam mit Erich Klossowski »La Collection Chévanaye« (1908); aufgrund von Tagebuchaufzeichnungen von seiner Reise mit Leo von Koenig publizierte er 1910 »Spanische Reise« 161, 246, 258, 273, 281

Meiningen, Prinzessin Marie Elisabeth von Sachsen-M. (1853-1923), Tochter des Herzogs Georg II. (1826-1914) aus dessen erster Ehe mit Charlotte Prinzessin von Preußen (1831-1855) 96

Meister Franke, Maler in Hamburg, 1424 entstand der dortige Thomas-Altar 103

Meister, Dr., Archivar in Dresden, Genealoge 818

Melmoth, Sebastian, seit seiner Entlassung aus dem Zuchthaus von Reading 1897 Pseudonym Oscar Wildes (s. dort)

Mell, Max (1882-1971), österreichischer Dichter 368, 435, 468, 711

Memling, Hans (um 1430-1494), Maler, zuletzt in Brügge, wo u. a. sein Johannes-Altar entstand 251

Mendelssohn, Francesco de, Verfasser eines Buches über die Duse 999

Mendelssohn, Giulietta von, geb. Gordigiani (*1869), Pianistin, Gattin des Bankiers Robert von M. († 1917) in Berlin 255, 343, 349, 462-464, 485, 560

Mendelssohn-Bartholdy, Albrecht (1874-1936), Völkerrechtler in Würzburg, zuletzt in Oxford, Enkel des Komponisten Felix M. B. 52, 483

Mendl, Professor, R.s Deutschlehrer in Prag 37

Mensdorff, Graf Alexander s. Dietrichstein

Merck, Johann Heinrich (1741-1791 Freitod), Kriegsrat und Schriftsteller, seit 1771 mit Goethe befreundet 442

Mereau, Sophie, geb. Schubert (1770-1806), geschieden von ihrem ersten Mann, dem Jenaer Professor Mereau, heiratete sie 1803 Clemens Brentano. Der Briefwechsel zwischen Clemens Brentano und Sophie Mereau, hg. von Heinz Arnelung, erschien 1908 im Insel-Verlag 319

Mereschkowski (Mereikovskij), Dimitri Sergejewitsch (1865-1941), russischer Schriftsteller, sein »Lionardo da Vinci« erschien 1896, R. schenkte Lou A.-S. am 19.9.13 M.s Werk über Gogol 173

Meridies, Wilhelm (1898-1982), Dr. phil., Chefredakteur, Literaturhistoriker und -kritiker; lebte in Wangen im Allgäu 969

Mertens, Zollamtsvorstand 50

Messel, Alfred (1853-1909), Architekt, wirkte in Darmstadt 484

Messer, Richard, übersetzte ins Tschechische 859

Mestral, Aymon de (*1894), Beamter im Eidgenössischen Polit. Department, plante eine Übertragung des »Auguste Rodin« ins Französische 818, 828

Meszleny, Dr. Richard in Preßburg 667

Metschnikoff (Mečnikov, Il'ja Il'ič) (1845-1916), russischer Gelehrter, Professor, Erfinder des Lactobacillin*, eigentlich: Thermobacter bulgaricum u. Str. lactis: M. war überzeugt von dem wohltätigen Einfluß von Sauermilchprodukten auf den Organismus (*769)

Meunier, Constantin (1831-1905), belgischer Maler und Bildhauer 83, 290

Meuris, Madame, Französischlehrerin R.s an der Berlitz School, Bremen 154

Mewes, Anni (1895-1980), Schauspielerin, Schülerin Max Reinharts. Durch Vermittlung von F. Th. Czokor lernte R. sie im Februar 1916 in Wien kennen, sie ging 1917 an die Münchener Kammerspiele, 1918 an die Hamburger Kammerspiele. Verheiratet mit dem Schriftsteller Edwin Krutina, lebte sie seit 1937 in Badenweiler, jetzt in Müllheim. »Anfang September 1916« schenkte ihr R. den Band »Der Hasenroman« von Francis Jammes (Hellerau 1916) mit der Einschrift: »Annie Mewes: nach einem Umzuge; als ein Buch von der Seeligkeit ewiger und zeitlicher Unterstände. R. M. R.«; »München, 17. März 1919« empfing sie Knut Hamsuns »Segen der Erde« »im zuversichtlichen Geiste sowohl Ihrer ländlich-pfälzischen, als auch unserer gemeinsamen skandinavischen Zukunft! Rilke« 589, 594, 604, 610, 648

Meyenburg, Mariette (Henriette Maria) von (1900-1987), Tänzerin und Choreographin; lebte in Zürich 679, 932

Meyer, Conrad Ferdinand (1825-1898), Schweizer Dichter 680

Meyer, E. J., Verfasser eines Artikels über R. 995

Meyer, Georg Heinrich (1868-1931), Berliner Verleger, später Geschäftsführer im Kurt Wolff Verlag 95f., 101, 204

Meyer, Raphaël (1869-1925), dänischer Germanist, Bibliothekar in Kopenhagen, die Originalausgabe der Briefe Kierkegaards an Regine Olsen: »Kierkegaardske Papirer. Forlovelsen. Udg. for Fru Regine Schlegel af R. Meyer« Kopenhagen 1904 202

Meyrink [Meyrinck], Gustav (1868-1932), Prager Romanschriftsteller 525, 551, 581, 598

Meysenbug, Malwida von (1816-1903), deutsche Schriftstellerin 133

Mia, Freundin des jungen R. in Prag 33

Michaelis, Caroline (1763-1809), in erster Ehe verheiratet mit J. F. W. Böhmer, Berg- und Stadtmedikus zu Clausthal, ihre Tochter aus dieser Ehe, Auguste Böhmer, (1800-1785). Von 1796-1803 Gattin von August Wilhelm Schlegel, nach ihrer Scheidung Ehe mit Friedrich Wilhelm Schelling. R. las: »Briefe aus der Frühromantik« nach Georg Waitz (1871) vermehrt hg. von Erich Schmidt 1913; »Carolinens Leben in ihren Briefen. Auf Grund der von Erich Schmidt besorgten Gesamtausgabe hg. von Reinhard Buchwald, eingeleitet von Ricarda Huch« 1914 203, 451f., 454f., 608, 611

Michaelis, Georg (1857-1936), von Juli bis Oktober 1917 Reichskanzler 570

Michaëlis, Karin, geb. Bech-Bröndum (1872-1950), dänische Schriftstellerin 164, 170, 186, 202, 521, 527f., 530

Michaëlis, Sophus (1865-1932), dänischer Schriftsteller, Gatte von Karin Michaëlis 201f.

Michaud, Joseph (1767-1839), begründete mit seinem Bruder 1811 die »Biographie universelle ancienne et moderne ...« 1002

Michel, Else, junge Freundin R.s in
  München 536, 538
Michel, Wilhelm (1817-1942), Schriftsteller und Kritiker 150f., 169, 172,
  185, 187, 190, 209, 273
Michelangelo Buonarroti
  (1475-1564), italienischer Künstler.
  R. benutzte für seine Übertragungen die Ausgabe von Guasti, daneben die große kritische Ausgabe
  von Carl Frey (s. dort) 218, 452,
  454, 456f., 471, 488, 491, 504, 514,
  518, 537f., 541, 548, 553, 593, 595,
  612, 618, 624, 627, 662, 676 f., 739,
  741, 748, 751, 756, 810, 816, 823, 831,
  939, 1044
Michelot (Michellod), Maurice
  Joseph († um 1927, etwa 50jährig),
  schlichter Schweizer Hirt und
  Holzschnitzer im Vallée de Bagnes 805, 807
Michiels (Michieli), venezianische
  Dogenfamilie, stellte seit dem 11.
  Jahrhundert mehrere Staatsmänner 291
Mickiewicz, Adam (1798-1855), polnischer Dichter, Professor der slawischen Literatur am Collège de
  France von 1840-45, danach Bibliothekar an der »Bibliothèque de
  l'Arsenal« in Paris 879
Mikoun, Madame Mika, Paris 913
Milch, Werner (1903-1950), Professor
  Dr. phil., lehrte Literaturwissenschaft in Breslau, emigrierte nach
  England; nach seiner Rückkehr
  Lehrstuhl für vergleichende Literaturwissenschaft in Marburg 868
Milow, Stephan (1836-1915), eigentlich: Stephan von Millenkovich,
  Offizier und Schriftsteller 50
Miraviglia-Crevelli, Gräfin Olga
  Gabriele, Vorbesitzerin des Hauses
  Herrengasse 8 in Prag 18
Mirbach-Geldern, Marie Therese
  (Marietta) Gräfin, geb. Gräfin
  Hoyos (1883-1967), ihre Erinnerungen an R. sind unveröffentlicht
  615, 620, 625, 644, 694, 698, 717,
  897
Mitford, Marianne (Marie Anne), geb.
  Friedländer-Fuld, später von Kühlmann, dann von Goldschmidt-Rothschild (1892-1973). Ihre erste
  Ehe mit dem englischen Offizier
  Lord John Mitford (1884-1963),
  wurde 1914 geschlossen, 1915 für
  ungültig erklärt. 1917 nahm sie für
  kurze Zeit ihren Mädchennamen
  wieder an, heiratete 1920 den verwitweten Richard von Kühlmann;
  1923 geschieden, wurde sie im selben Jahr die Gattin von Baron
  Rudolf von Goldschmidt-Rothschild 218, 484f., 487-489, 491,
  493, 495f., 498-500, 504, 511f., 517,
  530, 536, 538f., 549, 552, 559f., 564,
  566f., 569f., 574, 576, 581, 584, 589,
  596f., 601, 930
Mitterer, Erika (1906-2001), österreichische Lyrikerin, Romanautorin;
  lebte in Wien 888, 890, 893-895,
  897, 900, 919, 954, 956f., 964f.,
  1019f.
Mniczek (Mniszkowa), Marina
  (1580-1613), polnische Prinzessin,
  Gemahlin des Pseudo-Demetrius;
  bei R. im Brief an Hulewicz als
  »Mutter« bezeichnet 960
Mocenigo, Gräfin. R. lernte sie in
  Venedig kennen 402
Modersohn, Otto (1865-1943), Maler,
  seit 1889 in Worpswede, heiratete
  1901 die Malerin Paula Becker 117,
  121, 127, 143, 145f., 150, 154, 165,
  168, 238
– seine Frau: Paula Modersohn-Becker, s. Paula Becker
Mönckeberg, Carl (1873-1939), Hamburger Schriftsteller, Herausgeber

der Zeitschrift »Der Lotse« 125,
139-141, 149
Mörike, Eduard (1804-1875), Dichter 69
Moissi, Alexander (1879-1935), österreichischer Schauspieler 255,
403 f., 419
Moltke, Detlev Graf von (1871-1944),
Flügeladjutant Kaiser Wilhelms
II. 571
Molza, Francesco Maria (1489-1544),
italienischer Dichter 624
Mombert, Alfred (1872-1942), Dichter 75, 95, 334, 774
Mondt, Eugen (1888-1982), Schriftsteller, zusammen mit Georg
Hecht Redakteur 558
Monet, Claude (1840-1926), französischer Maler 89, 218, 562
Monnier, Adrienne (1892-1955), Lyrikerin, Inhaberin einer Pariser Verlagsbuchhandlung, Herausgeberin
von »Le Navire d'argent« 951, 985,
1007, 1042
Monod, Julien, Freund Valérys 1024
Mont, Pol de, s. Pol de Mont
Mont, Renée Elisabeth du (* 1878),
Besitzerin von »Le Prieuré« in
Etoy 727
Montaigne, Michel de (1533-1592),
französischer Philosoph, Moralist.
M.s sterbender Freund war Stéphane de la Boëtie (1530-1563)
493, 759
Montesquiou-Fézensac, Robert
Comte de (1855-1921), französischer Schriftsteller; seine »Mémoires« wurden 1923 von Paul-Louis
Couchoud herausgegeben 934
Monteverdi, Claudio (1567-1643), italienischer Komponist 931
Montherlant, Henry de (1896-1972),
französischer Schriftsteller; zu R.s
Zeit erschienen: 1920 »Le songe«,
1922 »Les olympiques«, 1924 »Le

paradis à l'ombre des épées«,
1926 »Les bestiaires« 862, 864,
874, 999, 1014
Moodie, Alma (1900-1943), Geigerin
aus Australien, die Mutter war Irin,
der Vater Schotte 822 f., 840, 881 f.,
886, 1042 f.
Moore, Georges (1852-1933), irischer
Schriftsteller; R. besaß »Confessions of a Young Man« in der französischen Übersetzung »Confessions d'un jeune anglais«, Paris
1925 796
Moos, Xaver von (1901-1997), Dr. jur.,
Kunsthistoriker, später Lehrer am
kantonalen Lehrerseminar in Hitzkirch, lebte in Luzern 748, 754,
773, 816, 825, 843
Morand, Paul (1888-1976), französischer Schriftsteller 829, 874, 951
Morax, Jean (1869-1939), Schweizer
Maler aus dem Waadtland 794 f.,
932
Morax, René (1873-1963), Bruder von
Jean M., Dichter 1043
Moréas, Jean (1856-1910), eigentlich:
Jannis Papadiamantopoulos, französischer Dichter griechischer
Herkunft; »Pélerin passioné«
erschien 1891 in Paris bei Vanier.
Die von R. übertragene Stanze,
Quatrième livre, VII beginnt:
»Compagne de l'éther, indolente
fumée ...« 716 f., 719, 725, 733,
806
Moreau-Nélaton, Etienne
(1859-1927), französischer. Maler
und Zeichner; er schenkte seine
Sammlung moderner französischer Gemälde und Zeichnungen
dem Louvre 270, 368
Morgenstern, Christian (1871-1914),
Dichter 57, 860, 875
Morgenthaler, Dr. med. W
(1882-1965), Schweizer Psychiater,

Waldau bei Bern. Sein Buch: »Ein Geisteskranker als Künstler«, Arbeiten zur angewandten Psychiatrie, Bd. 1, Bern und Leipzig 739-741

Morice, Charles (1861-1919), französischer Symbolist, Autor von »La littérature de tout à l'heure« 224, 334

Morier, James (1780-1849), englischer Schriftsteller und Diplomat; »Die Abenteuer des Hadschi-Baba von Ispahan [in England]«, Roman, aus dem Englischen von A. von Kühlmann-Redtwitz. Leipzig: Insel 1913. Das Original war 1828 erschienen 608

Morisot [Morizot], Berthe (1841-1895), französische Malerin, Schülerin Edouard Manets, verheiratet mit dessen Bruder Eugène Manet; Tante von Mme Valéry 271, 1008, 1011, 1032

Morisse, Paul (* 1866), Leiter der französischen Buchhandlung in Zürich, Rämistraße; ging 1934 nach Paris zurück 636, 741, 743, 773, 776, 780, 783, 788, 798, 801, 816f., 826, 829, 837, 853f., 862f., 865, 894, 951

– seine Frau: Madame Marie Morisse (* 1893) 826f., 834, 870, 874, 879, 951, 975, 979, 982, 984

Morris, Max (1859-1918), Goetheforscher. R. besaß: »Der junge Goethe. Begründet von Salomon Hirzel. Neu hg. von Max Morris« 6 Bde., Leipzig: Insel 1909-12 541

Morris, William (1834-1896), englischer Künstler, Kunsthandwerker, Dichter 83

Morse, Benjamin Joseph (um 1890-1977), Universitätsprofessor in Cardiff/Wales 1044

Morwitz, Ernst (1887-1971), Freund, Deuter und Übersetzer von Stefan George 669

Mosch, von, wohl Friedrich Carl v. M. (1886-1915, vermißt in Rußland), Oberleutnant, Regimentskamerad Thankmar von Münchhausens 483f.

Moser, Henri (1844-1923), Kaufmann aus Schaffhausen, schenkte seine Sammlung von turkmenischen u. a. Shawls 1922 dem Historischen Museum in Bern 845, 893

Moses, Julius (1868-1942), Dr. med., gab 1900 die Arztpraxis auf und widmete sich dem politischen Leben 273

Mozart, Wolfgang Amadeus (1756-1791), Komponist 117, 442, 531, 883, 893

Mrva, Rudolf (ermordet 1893), Handschuhmacher in Prag, organisierte einen tschechischen Geheimbund, der wie die ›Omladina‹ (Jungvolk) gegen die Regierung kämpfte. Zugleich Denunziant, Spitzel und Provokateur, wurde er nach einem Femeurteil in Prag ›hingerichtet‹. R. hat seine Person in »König Bohusch« stark idealisiert 76

Mühlfeld, Madame Lucien, Tochter von José Maria Hérédia 928

Mühll, von der, s. Von der Mühll

Muehlon, Dr. Wilhelm (1878-1944), seit 1908 in leitender Stellung bei Krupp, emigrierte 1916 in die Schweiz. Verfasser des Werkes »Die Verheerung Europas«, Zürich: Orell Füssli 1918 607, 638, 645, 647

Mühsam, Erich (1878-1934 KZ Oranienburg), revolutionärer Schriftsteller, Mitglied der Münchner Räteregierung 603

Müller, Georg (1877-1917), Verleger in München 433, 498, 535f., 775

Müller, Dr. Hans, gehörte zur literari-

schen Gruppe im Kriegsarchiv,
Wien 522
Müller-Brauel, Hans (1867-1940),
Vorgeschichtsforscher 117, 189
Müller-Hofmann, Willy (1895-1948),
Wiener Maler, Freund Hofmannsthals 676
Müller-Mittler, Dr. 602
Müller-Raro, Josef, Oberoffizial an der Budapester Zollverwaltung; R.s Onkel (seine Frau Marie war eine Tochter Karl R.s, Bruder von R.s Großvater Johann Baptist R.) 54
Müllner, Laurenz (1848-1911), Theologe und Philosoph, Rektor der Universität in Wien 670
Münchhausen, Anna Freifrau von, geb. von Keudell (1853-1942), verheiratet mit Konsul Thankmar von Münchhausen, befreundet mit Lou A.-S. 438, 441, 475, 491, 524
Münchhausen, Thankmar Freiherr von (1893-1979), Schriftsteller, Dr. phil., Freund R.s, lebte in Bonn 427f., 449, 458, 474f., 477, 483, 493, 501, 540, 542, 552, 569f., 601, 674, 704, 928, 930, 940
Münster von Derneburg, Fürst Georg (1820-1902), Diplomat, Großvater von Frau von Nostitz 432
Muensterberg, Margarete (*1888), Autorin (Gedichte und Erzählungen), übertrug R.s Gedichte ins Englische 432, 486
Mumm, Gertrud von, geb. Horstmann (1893-1982), seit 1923 in zweiter Ehe verheiratet mit Arthur Mumm von Schwanenstein (*1893); sie war geschieden von Karl von Lang-Puchhof. Lebte in Eggstätt über Rosenheim 884
Munch, Edvard (1863-1944), norweg. Maler 436, 518, 676
Munthe, Axel (1857-1949), Dr. med., schwedischer Arzt und Kunstsammler, lebte in Capri: San Michele 265
Muralt, von, Schweizer Adelsfamilie 728
Muratori, Lodovico Antonio (1672-1750), italienischer Historiker, seine »Annali d'Italia« erschienen in 12 Bdn 1744ff. 396
Murillo, Bartolomé Esteban (1612-1682), spanischer Maler 413
Musil, Robert (1880-1942), österreichischer Dichter. »Die Verwirrungen des Zöglings Törleß« (Schauplatz: Mährisch-Weißkirchen) erschienen 1906, außerdem nur »Drei Frauen. Erzählungen« 1924; seit 1925 arbeitete M. an seinem Romanwerk »Der Mann ohne Eigenschaften« 462, 908f., 915
Mussolini, Benito (1883-1945), Führer der italienischen Faschisten, der ›Duce‹ 796, 813, 978f., 980, 982
Muter, Marie Méla (1873 Warschau - 1967 Paris), eigentlich: Mutermilch, Malerin, lebte seit 1900 in Paris, war mit Rodin, Rolland, Milhaud befreundet. R. lernte sie 1925 in Paris kennen; 3 seiner Briefe an sie in: »La Revue Européenne«, 15.3.27 991, 998
Muther, Richard (1860-1909), Kunsthistoriker, Professor in Breslau. Seine »Geschichte der Malerei im XIX. Jahrhundert«, Bd. 1-3, München 1893/94, wurde von R. für seine Monographie »Worpswede« benutzt 90, 101, 128, 138, 154-156, 168f.
Muthmann, Arthur (1875-1957), Dr. med., Arzt in Freiburg i. Br., wo er eine kleine Privatklinik als Nervenarzt besaß 536, 887, 912
Mutius, Gerhard von (1872-1934), deutscher Gesandter in Kopenhagen von 1923-1926 953, 956

- seine Gattin Marie v. M. (1872-1934), geb. von Bethmann-Hollweg, beide befreundet mit Frau von Nostitz 580, 953, 956

Nádherny, Johannes, Prager Großbürger, 1838 geadelt 19

Nádherný von Borutin, Carl (1885-1931), Zwillingsbruder Sidie Nádhernýs, Dr. jur., nach Johannes N.s Tod Verwalter der Güter 286, 292, 317, 350, 397, 523

Nádherný von Borutin, Johannes (1884-1913 Freitod), Besitzer von Schloß Janowitz 286, 350, 352, 354, 363, 375, 428, 430, 968

Nádherný von Borutin, Sidonie (Sidie) (2.12.1885-30.9.1950), Tochter von Karl Ludwig Johann Ritter N. v. B. (1849-1895) und seiner Gattin Amalie, geb. Freiin Klein von Wisenberg († 20. 3. 1910), 1915 verlobt mit Graf Carlo Guicciardini, 1920 Heirat mit Max Graf Thun-Hohenstein, den sie im selben Jahr verläßt, die Ehe wird erst 1933 geschieden. Bis zu seinem Tode enge Freundschaft mit Karl Kraus 20, 54, 173, 244, 247, 258, 276, 284-286, 291-293, 295f., 304, 306, 309, 311f., 314, 316-318, 322f., 325, 327, 329, 333, 335f., 343f., 350-352, 354, 357-359, 362, 369, 373, 375-377, 384, 386, 393, 397-399, 403-405, 407f., 412f., 418, 420f., 423, 426, 428f., 437-440, 443, 445, 447, 449, 451, 456f., 459-461, 464, 468, 474-476, 479f., 485, 491, 494, 498, 503, 505, 508, 512, 517-520, 523, 525f., 528, 530-533, 535, 537, 541-543, 545, 563, 566, 569, 574, 590, 600, 616, 618, 626, 632f., 637, 639, 643, 648, 671-674, 677, 697, 723, 731, 745f., 798, 812, 838, 850, 967f., 979

- ihre Mutter 244, 344

Nadson, Semjon Jakowlewitsch (1862-1887), russischer Lyriker. R. schätzte die Übertragung von N.s Gedichten durch Fedor Fiedler (1859-1917), den er im Mai 1899 in Petersburg wiederholt aufsuchte 116

Naef, Dr. Ernst, Gatte der Gesine (Sissy), geb. Frerichs, lebte in München 482

Naef-Frerichs, Gesine (Sissy), Lyrikerin 474, 482, 551

Nägeli, Professor Dr. med., Zürich, konsultierter Arzt in R.s letzter Krankheit 1040

Napoleon Bonaparte (1769-1821), als Napoleon I. französischer Kaiser 37, 134

Naumann, Friedrich (1860-1919), Theologe und liberaler Politiker 585

Naville, Edouard (1844-1926), Professor für Ägyptologie in Genf, einer der Vizepräsidenten des Internationalen Roten Kreuzes 826

Nebelong, Edith (1879-1956), dänische Schriftstellerin, in erster Ehe mit Fritz Julius Magnussen (1878-1920), in zweiter Ehe mit Helge Rode verheiratet 136, 139, 186, 193f., 197, 200, 775

Neeff, Madame A. de, († 1940 auf der Flucht), ihr Gatte Jean Baptiste de Neeff (1875-1920) 1016, 1021

- ihre Enkelin: Reine, s. Du Roy de Blicquy
- ihre Tochter: Mme G. van de Walle de Ghelcke 1016, 1021

Negrelli, Leo (*1894 in Triest), übersetzte neben dem »Cornet« Gedichte R.s, später an der italienischen Gesandtschaft in Lissabon 787, 858

Negri, Ada (1870-1945), italienische Schriftstellerin; R.s Übertragung

aus »Tempeste«, Mailand 1896
  (S. 199 »Bacio morte«) 63
Nero, Claudius Drusus (37-68), römischer Kaiser 493
Nerval, Gérard de (1800-1855), französischer Dichter 927
Nestler, Professor, Lehrer R.s in Prag 37
Neubauer, Ferdinand Matthias (*1887), Feldwebel 534
Neuberger, Heinz (*1900), Journalist 969
Neumann, Angelo (1838-1910), Regisseur, von 1885-1910 Direktor des Prager Neuen Deutschen Theaters 52
Neumann, Christiane (1778-1797), Schauspielerin in Weimar, Goethes »Euphrosyne« (verheiratet mit ihrem dortigen Kollegen Becker) 376
Neumann, Ernst (1871-1954), Maler und Lithograph, Mitarbeiter von »Avalun« 129
Neumann, Karl Eugen (1865-1915), Übersetzer und Herausgeber der »Reden des Gotamo Buddho«, München 1907 309
Neuwirth, Josef (1855-1934), Prager Kunsthistoriker, seit 1894 Professor an der Technischen Hochschule Wien 53
Nevar, Elya (Elga) Maria, eigentlich: Else Hotop; Schauspielerin. Ihr Künstlername: Anagramm des Mädchennamens ihrer Mutter (von Raven), ihr Vater war Oberst. 1918/19 ist sie am Schauspielhaus und am Lustspielhaus in München, 1920 bis 1922 an der Volksbühne in Kaiserslautern im Engagement. Sie heiratete den Regisseur Gümbel 180, 346, 603, 606, 611, 614f., 625, 629, 634, 642, 649, 661, 675, 679, 683, 711, 853

Ney, Elly (1882-1968), Pianistin 608, 729
Njekrassow (Nekrasov), Nikolai Alexewitsch (1821-1878), russischer Dichter 871
Nielsen, Ludwig Christian (1863-1947), dänischer Schriftsteller, von Beruf Typograph, stellte 1886 ein Liederbuch für die sozialdemokratische Arbeiterpartei zusammen 191
Niemann, Johanna (1844-1817), Schriftstellerin, Freundin von Lou A.-S. 94, 175
Nietzsche, Friedrich (1844-1900), Philosoph und Dichter, Freund von Lou A.-S.; sein Briefwechsel mit Franz Overbeck erschien 1916 im Insel-Verlag 96, 105, 133, 334, 383, 546, 608, 641
Nijinsky (Nizinskij), Vaclav (1890-1950), polnischer Tänzer im Ballett Diaghilews 370-372
Nikisch, Nora, Schauspielerin in Leipzig, jüngere Tochter des Dirigenten Arthur Nikisch (1855-1922), emigrierte 1933; verheiratet mit dem Schauspieler Ewald Schindler 705
Noailles, Anna de, geb. Princesse de Brancovan (1876-1933), französische Lyrikerin, Gattin von Mathieu Fernand Frédéric Conte de Noailles (*1873). »Les Vivants et les Morts« erschien 1913 in Paris 247, 279, 289, 300, 308, 325, 336f., 418, 422, 514, 595, 598, 688, 706, 724, 923, 934, 962, 998
Noeggerath, Felix (1885-1960), ›der junge Gelehrte‹, Philosoph 506, 511f.
Nölke, Gudi (Auguste), geb. Senkel (1874-1947), heiratete 1905 den Ingenieur Hans Nölke (1879-1917), lebte von 1905 bis 1914 in Japan

641-643, 646-652, 654, 657, 660,
662, 667, 673 f., 678-680, 685, 687,
689 f., 693, 697, 713, 726 f., 729, 750,
752, 758, 777, 793, 796 f., 799, 817,
825 f., 842, 844, 846, 848, 852, 908,
1000, 1018, 1027 f., 1038, 1040, 1043
– ihr Sohn Hans (*1908) 641, 678,
680, 825
Noether, Emma, Frau des mit Kassner befreundeten Malers Ernst
Noether (1864-1939) 189
Nötzel, Dr. Karl, über zwanzig Jahre
Leiter einer Fabrik in Moskau;
Werke: »Das heutige Rußland«,
München 1915, und »Tolstois Meisterjahre. Einführung in das heutige Rußland«, München 1918 498
Nofretete, Gemahlin des ägyptischen
Königs Amenophis IV.; ihre Büste
(1300 v. Chr.) wurde 1912 bei den
Ausgrabungen in Amarna gefunden 463, 760
Noll, Dr. Gustav (1876-1967) in
Frankfurt 310
Noller, Rudolf, Journalist (?) 969
Nordeck zur Rabenau, Julie Freifrau
von, geb. Ducius von Wallenberg,
verw. Gräfin Bethusy-Huc
(1842-1928), zweite Frau von Adalbert Freiherr von Nordeck z. R.,
»Frau Nonna« 220 f., 257, 259, 267,
277, 287 f., 298, 328, 351, 388
Nordeck zur Rabenau, Marietta
Freiin von (1886-1960), Geigerin,
ehemalige Hofdame der Großherzogin Eleonore von Hessen und bei
Rhein 298, 566
Norini, Emil (1859-1918), Schauspieler 53
Norlind, Ernst (1877-1952), schwedischer Maler und Dichter, seit
Herbst 1907 verheiratet mit Hanna
Larsson; ein enger Freund Walther
Rathenaus 189, 193 f., 196 f., 228,
266, 276, 279 f., 628, 1002

Norwid, Cyprian Kamil (1821-1883),
polnischer Dichter 961
Noske, Gustav (1868-1946) Journalist,
Politiker 626
Nostitz, Grafen, Besitzer des Gutes
Tschochau, dessen Wirtschaftsbeamter J. J. Rilke war, R.s Großvater 19
Nostitz-Wallwitz, Helene von, geb.
von Beneckendorff und von Hindenburg (1878-1944) 271, 340-342,
345, 364, 377, 432, 435, 438, 444,
452-454, 469, 472, 484, 502, 531,
533, 546, 710, 930, 938, 969
– ihr Gatte: Alfred von Nostitz-Wallwitz (1870-1953), von 1916 bis 1918
kgl. sächsischer Gesandter in
Wien 340, 342, 432 f., 938
Nothomb, Pierre (1887-1966), belgischer Autor historischer Romane
1021
Novalis (1772-1801), eigentlich:
Friedrich von Hardenberg, Dichter 101, 103, 107
Nowitzki (Novickij), Aleksej Petrowitsch (1862-1934), russischer
Kunsthistoriker: »Isto'rija russkago
iskusstva«, T. 1. 2., Moskva
1899-1903 93, 113
Nußbaum, Max, cand. med., aus Waltershausen in Thüringen 803
Nussbaum, Wilhelm, München 617
Nyland-Gruppe, literarische Gemeinschaft: Werkleute auf Haus Nyland,
dem Besitz von Joseph Winckler
776

Obolenskaja, Gräfin Maria L., Tochter Leo Tolstois 109
Obstfelder, Sigbjörn (1866-1900),
norwegischer Dichter 137, 167,
172, 174, 205, 207, 209, 269, 925,
1001
– seine Frau: Ingeborg, geb. Weeke
(1876-1920), seit 1902 mit dem

französischen Maler Armand Point verheiratet 167

Oeder, Georg (1846-vor 1925), Professor in Düsseldorf, Landschaftsmaler; zunächst Ausbildung auf der Handelsschule, seit 1868 Künstler (Autodidakt); heiratete 1879 Thusnelda Haniel. Sammler japanischer Kunst, 1924 wurde die Sammlung versteigert 195

Oehler, Richard (1878-1950), Professor Dr., Herausgeber von Nietzsches Werken 546

Oestéren, Friedrich Werner (Weri) van (1874-um 1958), Schriftsteller, geboren in Berlin, erzogen im Jesuitenkonvikt Kalksburg bei Wien; sein bekanntester Roman: »Christus, nicht Jesus« 1906 46f., 57, 59, 65

Oestéren, Láska van, Schwester Fr. W. van Oe.s, veröffentlichte Novellen und Gedichte in der »Bohemia« 46, 51, 53, 55, 57, 59

Österling, Anders (1884-1981), schwedischer Dichter, Mitglied des Nobel-Komitees 200, 270, 272, 299

Oettingen-Oettingen, Fürstin Sophie (1857-1941), geb. Prinzessin Metternich-Winneberg, Tochter der Fürstin Pauline M.-W., verheiratet mit Franz Albrecht Fürst Oettingen 598

Oldach, Julius (1804-1830), Hamburger Maler 86, 102

Olden, Hans (1859-1932), Schriftsteller 51

Olden, Marie, geb. Latzel (1874-1954), Cousine und Freundin Kassners 382, 394

Olsen, Regine (1822-1904), im Winter 1840/41 Kierkegaards Braut; sie heiratete Johan Frederik Schlegel (1817-1886), dänischer Staatsrat 189, 199

Oltersdorf, Frau Jenny (* 1885), ihr Gatte war ein reicher Kaufmann, später war sie mit einem bekannten Schauspieler verheiratet. Eine ihrer Adressen: München, Mühlbauerstraße 1 354, 358f., 361f., 365, 374, 455, 961

Onegin, Sigrid (1891-1943), eigentlich: Hoffmann-Onegin, Sängerin 614

Oordt, Dr. Martinus van, Badearzt in Rippoldsau 329

Oppeln-Bronikowski, Friedrich von (1873-1936), Schriftsteller, Übersetzer Maeterlincks 79, 146-148, 269, 274, 969

Oppen-Schilden, Freiherr Carl Rudolf von († 1896), Vorbesitzer von Schloß Haseldorf in Holstein 152f.

Orlamünde, Graf von 432

Orlik, Emil (1870-1932), Maler und Graphiker, 1902 Sonderausstellung im Salon Pisko in Wien, seit 1905 Lehrer an der Kunstgewerbeschule in Berlin-Charlottenburg, Prager Freund R.s 44, 53, 60, 74, 94, 101, 103, 120, 134, 145, 236, 341, 560, 564, 570, 899

Oskar (Slamezka), Mitschüler R.s in Mährisch-Weißkirchen, seine Eltern waren mit Jaroslav von Rilke befreundet 26

Ostermann, Professor, Lehrer R.s in Prag 37

Osthaus, Karl Ernst (1874-1921), Sammler und Kunstschriftsteller, Gründer des Folkwang-Museums in Hagen; R. begegnete ihm auch persönlich 227

– seine Frau Gertrud, geb. Colsman 342

Ott, Emil, Publizist 969

Ott, Josef, Wiener Kindesmörder 126f.

Ottosen, Carl (* 1864), Dr. med., seit

1900 Leiter des Sanatoriums Skodsborg bei Kopenhagen (bis 1936) 201, 252

Otty, N. J., Prager Verleger 319

Ouckma Knoop siehe Knoop Oukkama

Overbeck, Franz (1837-1905), Professor in Basel, Freund Nietzsches 546, 608

Overbeck, Friedrich (1869-1906), Maler und Radierer 116, 149, 150, 168

Ovid (43 v. Chr. bis etwa 17 n. Chr.), eigentlich Publius Ovidius Naso, römischer Dichter 42, 705

Paley, Princesse de, wohl: Olga Fürstin Paley, geb. Karnówitsch (*1865 in Petersburg), seit 1902 morganatisch verheiratet mit Großfürst Paul Alexandrowitsch (1919 ermordet). Sie lebte in Paris; ihre Erinnerungen »Souvenirs de Russie 1916-1919« erschienen 1923 864

Pancrazi, Pietro (1893-1952), italienischer Schriftsteller und Kritiker, die Anthologie »Poeti d'oggi« gab er zusammen mit G. Papini 1920 heraus 990

Pannwitz, Rudolf (1881-1969), Philosoph und Dichter 774

Papini, Giovanni (1881-1956), italienischer Schriftsteller, Mit-Herausgeber der Anthologie »Poeti d'oggi« (1920) 990

Papon, Jean Pierre (1734-1803), Abbé, historischer Schriftsteller: »Histoire générale de la Provence« und Arbeiten zur Französischen Revolution 331

Paracelsus, Theophrastus Bornbastus von Hohenheim (1493-1514), Arzt und Naturforscher 46

Paris, Gaston (1839-1903), bedeutender französischer Philologe; er gab die »Mystères« der Brüder Gréban heraus 468

Pascal, Madame, Mitarbeiterin im Verlag der N. R. F. 954

Pascal, Blaise (1623-1662), französischer Philosoph, Mathematiker und Physiker 387

Pasternak, Boris Leonidowitsch (1890-1960), russischer Dichter. Seine R.-Übertragungen: zuerst entstanden 1911 bis 1913 aus dem »Buch der Bilder«: »Der Schutzengel«, »Die Engel«, »Die Stille« und »Der Knabe«, die unvollendet blieben und damals nicht gedruckt wurden. In Pasternaks Gedicht »Zverinec« (Tiergarten, 1924) findet sich eine deutliche Anlehnung an R.s »Der Panther«; es folgen: »Requiem für Wolf Graf von Kalckreuth«, in: »Zvezda« 8, 1929; »Requiem für eine Freundin«, in: »Novyj mir« 8/9, 1929; ferner »Der Lesende« und »Der Schauende«, in: »Avtobiografičeskij očerk«, »Proza 1915-58«, Ann Arbor, Michigan 1961, S. 20-22 109, 450, 919, 973, 988, 993, 996f., 1000

Pasternak, Leonid (1862-1945), Professor, russischer Maler; der Vater des Dichters: er schenkte seinem Sohn am 18. und 20. 3. 1923 R.s »Neue Gedichte« I und II in den Ausgaben von 1919 und 1918 91, 93, 104-109, 122, 124, 142f., 194, 257f., 972, 988, 993, 996

Paszthory, Kasimir von (1886 in Budapest-1968), Komponist 485, 491, 494, 529, 540, 610, 835

Pater, Walter Horatio (1839-1894), englischer Kunstkritiker und Essayist: »The Renaissance. Studies in Art and Poetry« 1874 154, 156, 173

Paterson, James (1854-1932), englischer Landschaftsmaler 84

Paul, Jean (1763-1825), eigentlich: Johann Paul Friedrich Richter, Dichter 747, 775

Paulhan, Jean (1884-1968), französischer Literaturkritiker und Erzähler; Sekretär, dann Directeur en chef der N. R. F. (1920-1945) 945, 954, 992, 1004

Pauli, Gustav (1866-1938), Direktor der Bremer Kunsthalle, ab 1914 Direktor der Kunsthalle Hamburg als Nachfolger von Alfred Lichtwark, 1933 als Protektor ›entarteter Kunst‹ entlassen, verheiratet mit Magdalene, geb. Melchers (1875-1970), Schriftstellerin, Pseudonym: Marga Berck 135 f., 138, 142, 147 f., 225, 552, 664

Pauly, August (1850-1914), Dr., Privatdozent für Zoologie an der Universität in München 58

Payot, Librairie, R.s Buchhandlung in Lausanne 829

Pearsall Smith, Logan (1886-1946), amerikanischer Essayist und Kritiker 975

Peguy, Charles (1873-1914), französischer Philosoph, Publizist und Romancier, gefallen bei Villeroy 867

Pejacsevich, Maria Theodora (Dora) Gräfin (1885-1923), seit 1921 verheiratet mit Ottomar (Otto) Ritter von Lumbe, Freundin Sidonie von Nádhernýs 494

Pergolesi, Giovanni (1710-1735), italienischer Komponist 384, 465 f.

Perier, Odilon-Jean (1900-1928), belgischer Lyriker 942, 1009

Perl, Buchhandlung in Berlin 507

Pesquidoux, Joseph Dubosc de (1869-1946), französischer Schriftsteller 951-953, 958

Petersen, Elly (1874-1965), Schriftstellerin, in erster Ehe mit Georg Hirschfeld verheiratet, C. O. Petersen, ihr zweiter Gatte war Schwede, Zeichner am Simplizissimus. Leiterin eines landwirtschaftlichen Schulheims bei Moosschwaige über Dachau 615, 622, 627, 633

Petrarca, Francesco (1304-1374), italienischer Dichter 368, 371, 406, 587, 595, 623, 664, 679, 737, 757, 760, 763, 779, 806

Petzold, Alphons (1882-1923), österreichischer Schriftsteller 625

Pfeifer, Richard (1877-1957), Professor der Medizin an der Universität Leipzig 1040

Pfemfert, Franz (1879-1934), Schriftsteller, von 1911-1932 Herausgeber der Zeitschrift »Die Aktion«, s. Jomar Förste, ferner Sophie Liebknecht

Philippe, Charles Louis (1874-1909), französischer Romancier; »Lettres de Jeunesse à Henri Vandeputte« erschienen 1911 in Paris; »La Mère et l'enfant«, nouvelle édition, Paris: N. R. F. 1918 594, 601, 608, 611, 619 f., 927

Picard, Max (1888-1965), Arzt und Schriftsteller, Freund Wilhelm Hausensteins; R. lernte ihn 1918 in München kennen. »Expressionismus und Bauernmalerei« erschien 1918 in München, Delphin-Verlag 581 f., 660, 666, 728, 732, 738, 747, 851, 943, 1033

– seine Frau 666

Picasso, Pablo Ruiz y (1881-1973), spanischer Maler, lebte in Paris und Süd-Frankreich 487-489, 499, 500, 502, 504, 529, 536, 539, 555 f., 561 f., 592 f.

Piccolomini, Aeneas Silvius (1405-1464), seit 1458 Papst Pius II. 76

Pick, Otto (1887-1940), Lyriker und Übersetzer in Prag, nach 1818 Feuilletonredakteur der »Prager Presse« 746, 755, 916, 969, 988, 990

Pierro, Chauffeur der Fürstin Taxis 381

Pillat, Jon (1891-1947), rumänischer Schriftsteller, Übersetzer des »Cornet« 888, 913

Pineles, Friedrich (1868-1936), Professor Dr. med., Arzt in Wien. Er kannte Lou A.-S. seit 1895, war seit 1901 ihr eng verbunden: sie nannte ihn ›Zemek‹ 175

Pirandello, Luigi (1867-1936), italienischer Dramatiker 934, 983

Pistoia, Cino da († 1336), italienischer Dichter 624

Pitoëff, Georges (1888-1939), Schauspieler aus Tiflis, gründete 1912 in Petersburg ein Studio für dramatische Kunst; seit 1915 in Genf »Théâtre Pitoëff«, 1922 Übersiedlung nach Paris 652, 654f., 657, 685-687, 697, 709, 724, 755, 934, 983
– seine Frau Ludmilla (1895-1951) aus Noworossijsk 652, 983

Placci, Carlo (1862-1941), italienischer Schriftsteller, lebte in Florenz, gehörte zum Taxis-Kreis und war auch mit Hofmannsthal bekannt 374, 402, 418, 423, 463, 479

Platon (429-347 v. Chr.), griechischer Philosoph 25, 228

Plinius secundus, d. A. (23/24-79), römischer Schriftsteller und Offizier 19

Pocci, Franz Graf von (1807-1876), Dichter von Marionetten- und Kasperlespielen, Zeichner und Musiker 678

Poche, Helene und Matthissa, Töchter von Matthias P., Textilgroßhändler in Linz, Kusinen von Arnold Wimhölzel 29

Poehner (Pöhner), Ernst (1870-1925), Polizeipräsident in München, Teilnehmer am Hitler-Putsch 1923 947

Poellnitz, Rudolf von (1865-1905), von 1902-04 Leiter des Insel-Verlages, vorher Mitarbeiter bei Eugen Diederichs, mit dem er verwandt war 184, 213f., 229

Poeschel, Carl Ernst (1874-1944), Drucker und Verleger, von 1904-05 gemeinsam mit Anton Kippenberg Leiter des Insel-Verlages 214, 227f., 230, 232, 235, 242

Poincaré, Henri (1854-1912), französischer Mathematiker und Philosoph, Vetter des Politikers. »Wissenschaft und Hypothese« erschien deutsch 1914 503

Point, Armand (1861-1932), französischer Maler, verheiratet mit der Witwe Sigbjörn Obstfelders 167

Pol de Mont, Karel Maria (1857-1932), flämischer Dichter und Kritiker, Schüler Guido Gezelles, Volksliedsammler; er machte in Flandern die zeitgenössische deutsche und französische Literatur bekannt 82, 132, 142, 144, 156, 233

Polderman, Fabrice (1885-1948), Professor für Deutsch in Gent, floh nach England und schließlich nach Rio de Janeiro, Herausgeber von »La Société nouvelle. Revue française de Belgique« 424

Poletti, Cordula (1885-1971), italienische Schriftstellerin und Freundin der Duse 403, 458

Polgar, Alfred (1875-1955), eigentlich: Alfred Pollak, österreichischer Theaterkritiker und Essayist 522

Pongs, Hermann (1888-1979), Professor für deutsche Literaturgeschichte in Marburg, dann Göttin-

gen, lebte in Stuttgart 22, 32, 59, 199, 899f., 910
Porchet, Jeanne, aus Orbe, im November 1922 R.s Haushälterin in Muzot 795f., 800
Porges, Heinrich (1837-1900) aus Prag, seit 1871 kgl. Musikdirektor in München; Vater Elsa Bernsteins 62
Poritzky, Jacob Elias (1876-1935), Schriftsteller polnischer Herkunft 52, 56
Pourtalès, Guy de (1881-1941), Schweizer Schriftsteller: »La vie de Franz Liszt«, Paris: Gallimard 1925, sein »Chopin« erschien erst 1927 818, 979, 1024
– seine Schwester 1024
Poussin, Nicolas (1593-1655), französischer Maler, Begründer der ›heroischen‹ Landschaftsmalerei 922, 966, 985, 1006
Pozzi, Catarina (Cathérine) (1882-1934), französische Dichterin, Tochter des Chirurgen Samuel-Jean Pozzi (1846-1918) in Paris, geschieden von dem Dramatiker Edouard Bourdet, enge Freundin Paul Valérys; ihre Gedichte erschienen posthum, 1927 ihre Prosaarbeit »Agnès« 878, 903f., 912, 921, 923, 931
Pozzi, Franz s. Pocci
Pozzino-Gilli, Familie der Gattin Karl Vollmoellers, Norina, geb. Gilli in Florenz 302
Preetorius, Emil (1883-1973), Bühnenbildner, zuletzt Präsident der Bayerischen Akademie der Künste; er begegnete R. zuerst 1916 in der Bücherstube Horst Stobbe in München 551, 588, 630
Preuschen, Hermione von (1857-1918), Malerin und Dichterin, 1882 mit dem Arzt Dr. Oswald Schmidt, in zweiter Ehe 1891 mit dem Schriftsteller Konrad Telmann († 1897) verheiratet 57, 784
Prévost d'Exiles, Antoine-François (1697-1763), Abbé, französischer Schriftsteller, die »Histoire du chevalier Des Grieux et de Manon Lescaut« bildet den 7. und letzten Band seiner »Mémoires et aventures d'un homme de qualité« 285
Pribytkova, Olga, übersetzte R.s Erzählung »Die Flucht«: »Pobeg«, ins Russische 115
Pritzel, Lotte (1887-1952), Wachspuppen-Künstlerin 420, 437f., 448, 455, 459, 462, 578, 744, 747
Procházka, Arnost (1869-1925), tschechischer Theater- und Kunsthistoriker, begründete »Moderni revue«; darin seine Übertragung von R.s »Weißes Glück« 70
Proeschel, Frau, Freundin von Mary Gräfin Dobrčensky 826
Proust, Marcel (1871-1922), französischer Romancier 453, 456, 460, 601, 709, 724, 729, 786, 790, 798f., 803, 808, 810f., 818, 853, 867, 874f., 882, 884, 934, 944, 980, 1015, 1040
– sein Bruder Robert Proust, Arzt 798f.
Przygode, Wolf (1895-1926), Schriftsteller, Herausgeber der Zeitschrift »Die Dichtung« 565, 584, 612, 711
Pulver, Max (1889-1952), Schweizer Dichter, auch Graphologe; sein »Merlin« erschien 1918 im Insel-Verlag, die »Erinnerungen an eine europäische Zeit« 1953 541, 549f., 564, 576, 591
Purrmann, Hans (1880-1966), Maler, verheiratet mit Mathilde Vollmoeller 391
Purtscher, May [Marie], geb. von Maydell (1889-1937) in München 615

Purtscher-Wydenbruck, Nora, geb.
Gräfin Wydenbruck (1894-1959),
Nichte der Fürstin Taxis, seit 1919
verheiratet mit dem Maler Alfons
Purtscher. Ihre Arbeit »Rilke, Man
and Poet. A biographical Study«
erschien 1949 bei Lehmann in
London 407, 692, 735, 741, 789,
854, 892, 897, 903
Puschkin (Puskin), Alexander Sergejewitsc (1799-1837), russischer
Dichter. Sein Versroman »Eugen
Onegin« entstand von 1825-30 69,
91, 96, 110, 136, 871
Puttkamer, M. M. von, geb. Günther
(1881-1944), Pseudonym: Marie
Madleine, Schriftstellerin; ihr
Mann war General. Die Sammlung
»An der Liebe Narrenseil« erschien
1902, erreichte bis 1904 acht Auflagen 142

Quas-von Eisenstein, Olga, Schwester eines Schulkameraden R.s aus
St. Pölten 968

Rabenau s. Nordeck zur Rabenau
Radziwill, Luise Fürstin, geb. Prinzessin von Preußen (1770-1836),
seit 1796 verheiratet mit Anton
Heinrich Fürst Radziwill (1775-
1833), Musiker und Mäzen; ihr
Bruder war Prinz Louis Ferdinand
von Preußen (siehe unter Hohenzollern), ihre Tochter Elise (1803-
1834) die Jugendliebe Kaiser Wilhelms I. Ihre Memoiren erschienen 1911 in Paris »Quarante-cinq
années de ma vie (1770-1815)«, im
selben Jahr eine deutsche Ausgabe 746 f.
Rafael, Max s. Raphaël
Raffaëlli, Jean Francisque
(1845-1924), französischer Maler
und Bildhauer 84, 231

Raisky, Ferdinand von, s. Rayski
Ramberg, Egon Freiherr von
(1869-1938), österreichischer Konsul in München, seit 1917 verheiratet mit Gräfin Erna Preysing; R.s
Vorwohner in der Ainmillerstr. 34
591 f., 599
Rameau, Barthélemy (1840-1907),
Abbé aus Mâcon (Frankreich),
lebte in Saint Maurice im Wallis;
»Le Vallais historique. Châteaux et
seigneuries ...« Sion 1885 789
Ramuz, Charles-Ferdinand
(1878-1947), Schweizer Dichter,
lebte von 1902-1914 in Paris; seit
der Wiederauflage von »La Guérison des maladies« (zuerst 1917) im
Jahre 1924 (Paris: Grasset)
bekannt 1012
Raphaël, Max (1889-1950), Kunstschriftsteller: »Von Monet zu
Picasso«, München: Delphin 1917;
starb in den USA 562
Rapin, René (1899-1973), später Anglist an der Universität Lausanne;
Übersetzer eines Teilstücks aus R.s
»Auguste Rodin«, Mai 1925 936
Rapp, Albert (1889-1969) Dr., Kunsthistoriker, Direktor des Frankfurter Museums, gehörte in München
zum Kreis A. v. Bernus. R. kannte
ihn von einer Teeeinladung bei
ihm 496, 561, 604
– seine Mutter Dorothea Rapp 604
– seine Schwester Dr. Eleonore
Rapp 537, 604
Rassow, Christiane, geb. Grave
(1862-1906), verheiratet mit dem
Bremer Kaufmann und Senator
Georg Friedrich Gustav Rassow
(1855-1944) 147, 157, 313, 319
– ihr Sohn Fritz Rassow (1882-1916),
studierte Musik, wurde dann
Schriftsteller; gefallen bei Barleux
157

Rathenau, Walther (1867-1922), Industrieller und Politiker, Außenminister der Weimarer Republik, 1922 ermordet. An R.: »Am heutigen Tage habe ich keine freie Stunde ... Trotzdem hoffe ich am Abend frei in Zeit und Stimmung zu sein« (Berlin, 9.12.1915); »Eine große Freude brachte mir Ihr Gruß und Zuruf. Ich hoffe wir begegnen uns bald« (nach Etoy, 7.6.1921) 496, 498, 518, 574 f., 580, 588 f., 596 f., 716, 730, 787-789, 810

Ratzke, Herr und Frau, geb. Peter aus Winterthur, Besitzer der Pension Muralto in Locarno 661

Raunier, Monsieur et Madame Cécile, geb. Keller (1863-1921), seit 1903 Besitzer von Muzot: sie erweiterten die Fenster, bauten die beiden Balkons an, die neue Haustreppe und die Küche, sammelten alte Möbel; nach dem Tode ihres Mannes zog Madame Raunier aus, von ihr kaufte Werner Reinhart schließlich Muzot 734 f.

Ray, Marcel (1879-1951), französischer Diplomat und Schriftsteller, Professor an der Universität Montpellier; er lebte lange in Wien, Freund der Geschwister Nádherný 968

Rayski, Ferdinand von [Raisky] (1807-1890), Maler 518

Reboux, Paul (1877-1963), eigentlich: Paul-Henri Amillet, französischer Schriftsteller und Journalist 693

Redlich, Joseph (1869-1936), Historiker, Professor in Wien, dann Harvard; Freund Hofmannsthals 518

Redwitz, Maximilian Freiherr von (1858-1920), Generalmajor, persönlicher Adjutant des Prinzen Ludwig Ferdinand von Bayern 521, 523 f.

Régnier, Henri de (1864-1936), französischer Dichter, verheiratet mit Marie Louise Antoinette, geb. de Hérédia (1875-1963), ihr Pseudonym: Gerard d'Houville. Beide waren mit Madeleine de Broglie befreundet 401, 583, 979

Reichel, Oskar, Dr. med., Wiener Kunstsammler 528, 587

Reichl, Otto, Verleger in Darmstadt 655

Reinhardt, Max (1873-1943), eigentlich: Max Goldmann, Theaterleiter und Regisseur; spielte am 20.7.1897 in Prag eine Rolle in R.s Drama »Im Frühfrost«; übernahm im Februar 1903 das »Kleine Theater am Schiffbauerdamm« und 1905 das »Deutsche Theater« in Berlin 69, 341, 352, 458, 466, 497, 505, 570

Reinhart, Hans (1880-1963), zweiter Sohn von Dr. Theodor Reinhart und seiner Frau Lilly, geb. Volkart in Winterthur; Literatur- und Theaterfreund, eigene Veröffentlichungen, Herausgeber des Jahrbuchs der literarischen Vereinigung Winterthur 654 f., 657 f., 662, 697, 836, 881, 1019, 1035

Reinhart, Georg (1877-1955), ältester Sohn, Teilhaber und später Seniorchef der Firma Gebrüder Volkart, verheiratet mit Olga, geb. Schwarzenbach (1881-1970); Kunstliebhaber, eigene Zeichnungen 655, 658 f., 662, 664, 668, 670, 676, 690, 706, 796, 799, 805, 858, 880, 903, 961, 974, 989, 1012, 1032 f., 1035, 1044

Reinhart, Oskar (1885-1965), Dr. h. c., Teilhaber; Kunstsammler und Kunstkenner 655, 658, 662, 690, 1035

Reinhart, Werner (1884-1951), Dr.

h. c., Teilhaber; Musik-Mäzen 595, 655, 658, 661 f., 664, 676, 678, 732, 735, 738 f., 742, 749, 762, 774, 776, 778, 780-784, 791, 793, 795, 822 f., 828, 831, 840, 844, 846, 851, 875, 877, 881, 886, 892, 894, 905, 922, 946, 949, 953, 955, 958, 968, 976, 986 f., 1002, 1009, 1012 f., 1034 f., 1037, 1042

Reiter, Wilhelmine (1808-1879), R.s Großmutter, Frau von Johann Baptist Rilke 17

Rejzner (Rejsner), Larissa Michajlovna (1895-1926), russische Literarhistorikerin und Journalistin 579

Religieux de Saint-Denys, Le, Verfasser der »Chronique du Religieux de Saint-Denys, contenant le règne de Charles VI. de 1380 à 1422«, hg. von M. L. Bellaguet mit einem Vorwort von M. de Barante, Paris 1839-52 960

Rembrandt van Rijn, Harmensz (1606-1669), niederländischer Maler 219 f., 367, 384, 412, 482, 484

Remer, Dr. (ob Paul Remer (1867-1943)?), Herausgeber der Sammlung »Die Dichtung« 188

Renan, Ernest (1823-1892) französischer Religionswissenschaftler 264

Renard, Jules (1864-1910), französischer Schriftsteller, 1890 Mitbegründer des »Mercure de France« 965

Renk, Anton (1871-1906), Schriftsteller 49 f.

Renoir, Pierre Auguste (1841-1919), französischer Maler 658

Renold, E., Dr. med., Arzt in Schöneck, später in Val-Mont, Schwiegersohn von Hofrat Dr. med. Wunderlich 843
– seine Frau Agnes Renold-Wunderlich 838, 843

Rentsch, Eugen (1877-1948), Dr., Verleger, Inhaber des gleichnamigen Verlages in Erlenbach bei Zürich und Leiter des Rotapfel-Verlags 673, 695, 701

Repin, Ilja Jefimowitsch (1844-1930), russischer Maler 92

Reuchlin-Lucardie, Douarière Henriette (1877-1970), holländische Malerin 871

Reuter, Gabriele (1859-1941), Schriftstellerin 59, 113, 341

Reventlow, Grafenfamilie, von 1770-1827 auf Brahe-Trolleborg 153, 346

Reventlow, Franziska Gräfin zu (1871-1918), Schriftstellerin und Übersetzerin 85, 92, 95, 97, 131, 138, 184, 186, 977
– Else 977
– ihr Sohn Rolf (1897-1981) 95, 977

Reventlow, Julie Gräfin (Juliane Friederike) (1763-1816), sie galt im Familienkreis als ›Heilige‹ 345

Revilliod, Madame, Tochter des Staatspräsidenten Masaryk, lebte in Montreux 990, 998
– ihr Gatte: Dr. Revilliod 998

Reylaender, Ottilie (1882-1965), Malerin, mit R. seit Worpswede bekannt 300, 302, 322, 324, 344, 718

Reynold, Elisabeth de (1906-1989), seit 1926 verheiratet mit Carl J. Burckhardt 1024

Reynold, Gonzague de (1880-1970), Schweizer Historiker und Schriftsteller, Schwiegervater C. J. Burckhardts; sein Artikel »Le Bilan européen« erschien am 14.1. 26 im Figaro 739, 833, 980, 1024

Rex, Oskar (1857-1934), österreichischer Genremaler, lebte in Prag 85

Rham, Monsieur de, Immobilienmakler aus Lausanne 734 f., 909

Ribadeneira [Ribadaneira], Pedro (1526 in Toledo-1611), Jesuitenpater, Verfasser der »Flos Sanctorum« P.1, 2. Madrid 1599-1604, deutsch von Pater Johannes Hornig Augsburg 1710-12 388, 389

Ribordy, Julie, geb. de Courten, »Tante Julie« 891, 903

Riccard, Paula (*1875 in Amsterdam), verheiratet mit Gustaaf Nathan-Ricard (1864-1926), Mitpatientin in Val-Mont; sie zog 1948 nach Argentinien 21, 983f.

Riedl, Professor, R.s Mathematiklehrer in Prag 37

Riehl, Bertold (1858-1911), Professor Dr. jur., las Kunstgeschichte an der Universität München 58

Riemer, Friedrich Wilhelm (1774-1845), Dr. phil., von 1805-1812 Hauslehrer August Goethes, dann Gymnasialprofessor und Herausgeber des Goetheschen Nachlasses. 1921 erschienen seine »Mitteilungen über Goethe« (zuerst 1841) im Insel-Verlag. Riemer war auch Mitherausgeber von Goethes Briefwechsel mit Zelter 887

Riemerschmid, Richard (1868-1935), Architekt, Maler, 1913-24 Direktor der Kunstgewerbeschule in München 83

Rilke, Clara, geb. Westhoff (21.11.1878-9.3.1954), Bildhauerin, seit 28.4.1901 R.s Frau 27, 116-118, 120f., 126-128, 130-132, 134, 136, 138-140, 143f., 146f., 149-152, 154f.,156-162, 164-167, 169-175, 177, 179-182, 185, 188f., 191f., 194-209, 211f., 214, 217-228, 230, 232-242, 246-254, 256-261, 263-266, 268-290, 294, 300, 303f., 306-309, 311, 314, 316, 322, 324-327, 329, 333-335, 340-343, 346-349, 355-358, 360f., 363, 369, 377f.,

380f., 388, 390, 393f., 396, 398f., 401f., 405-407, 410, 417, 424-428, 435f., 438, 443f., 449, 464, 475f., 482, 487, 489, 497, 514-516, 524, 535, 538, 550, 552, 554-557, 568, 570, 573, 578, 591, 593f., 600, 602f., 605, 613, 618, 632f., 643, 653, 663, 670, 700, 723, 726, 742, 744, 747, 780, 782, 803, 823f., 832f., 840, 843, 848f., 855, 872, 878, 883, 887-890, 894, 898f., 910, 915, 917, 964, 1033, 1042

Rilke, Donath (um 1625), erster sicher nachweisbarer Vorfahr R.s 19

Rilke, Egon von (1873-1880), jüngstes Kind Jaroslav von Rilkes; Vorbild des Erik Brahe in den »Aufzeichnungen des Malte Laurids Brigge«. Ihm ist das VIII. Sonett im 2. Teil der »Sonette an Orpheus« gewidmet 22, 827, 862

Rilke, Emil (1837-1858), R.s Onkel, zuletzt Oberleutnant 17, 31

Rilke, Hugo (1841-1892 Freitod), R.s Onkel, zuletzt Hauptmann 17, 31, 820

Rilke, Irene von s. Kutschera von Woborsky

Rilke, Jaroslav, 1873 geadelt als Ritter von Rüliken (29.3.1833-12.12. 1892), Dr. jur., Rechtsanwalt und Notar in Prag, ältester Bruder von R.s Vater, zeitweilig Landtagsabgeordneter 17-20, 22f., 26, 28, 31, 33, 141, 248, 378, 431, 818, 820, 902
– seine Frau Malvine, geb. Freiin von Schlosser (1841-1879) 20, 22, 820

Rilke, Johann Baptist Joseph (1788-1855, auf dem Grabstein steht 1853), Güterverwalter, R.s Großvater 17
– seine Frau Wilhelmine, geb. Reiter (1807, auf dem Grabstein 1808-1879), Tochter des Magistratsrates

und Justiziars Alois Reiter und seiner Frau, geb. Edle von Goldberg 17

Rilke, Johann Joseph (1755-um 1842), verheiratet mit Maria Theresia, geb. Güssibel, Tochter des gräflich Nostitzschen Forstmeisters zu Falkenau, besaß zwischen 1806 und 1811 das Gut Kamenitz an der Linde, R.s Urgroßvater; das Ehepaar hatte acht Kinder, drei Söhne und fünf Töchter, R.s Großvater war das dritte Kind 19, 921

Rilke, Josef (25.9.1838-14.3.1906), R.s Vater; zur Zeit von R.s Geburt laut Taufregister Magazin-Chef, später Inspektor der Turnau-Kralup-Prager Eisenbahngesellschaft 17 f., 20-23, 26-32, 34 f., 37, 39, 43, 48, 54, 58, 60, 69, 74, 132, 134, 165, 170, 173, 177, 179, 186, 203, 212, 225, 227, 240 f., 243, 249, 259, 284, 294, 326, 417, 423, 587, 642, 746, 759, 921, 976

Rilke, Max von (1868-1891), älterer Sohn Jaroslav R.s, das dritte seiner Kinder 22, 872

Rilke, Paula von (1863-1923), die ältere Tochter Jaroslav R.s 23, 33, 58, 141, 212, 378, 813, 815 f., 818-820, 862, 872, 978, 980

Rilke, Ruth (12.12.1901-27.11.1972 Freitod), R.s einziges Kind, ihr galten letzte Bleistiftzeilen R.s. In erster Ehe 1922 verheiratet mit Carl Sieber (s. dort), in zweiter Ehe seit 1948 mit Willy Fritzsche († 1972 Freitod); ihre Kinder Christine (1923-1948), Josepha und Christoph Sieber-Rilke 21, 139, 143, 149, 152, 154, 159 f., 165 f., 170, 174 f., 177, 179, 189-191, 203 f., 208 f., 216, 226, 228, 233, 241, 243, 248, 251-254, 272, 298, 317, 336, 340 f., 349, 354, 369, 377 f., 380, 385, 393 f., 399, 407, 431, 435 f., 438, 449, 464, 475 f., 497, 514, 518, 524, 535, 538, 543 f., 548, 554-557, 564, 566, 568, 570, 575 f., 580, 591, 593, 600, 615, 618, 622 f., 627-629, 632 f., 643, 673, 684, 696, 700, 704, 720, 726, 741-747, 750, 760 f., 770, 773, 777, 782 f., 786, 790, 802 f., 843, 847-849, 852 f., 855, 873, 883, 889, 955, 964, 967, 970 f., 982, 986, 998, 1039, 1042, 1044

Rilke, Sophie, geb. Entz, ›Phia‹ (4.5.1851-21.9.1951), R.s Mutter; von ihr erschien 1900 ein Bändchen »Ephemeriden« 17 f., 20-29, 31-35, 48, 54, 60, 62, 64 f., 67, 71, 77-79, 81, 83, 86-88, 90 f., 93 f., 98-102, 107-110, 112-115, 119, 124 f., 127 f., 130 f., 133-136, 139, 142, 154, 157, 159, 166, 169 f., 179 f., 182, 187, 190, 194, 198, 208-210, 215, 222, 227, 241, 243, 258, 276, 285 f., 289, 291, 294, 297, 317, 331, 350-353, 356, 360-362, 367 f., 374 f., 377, 382, 385, 393, 396-398, 400-402, 404, 406-408, 410-415, 417, 421-423, 427, 434, 436, 440 f., 443, 446, 449, 460, 467, 469 f., 474 f., 482 f., 490, 494, 497, 510, 514, 518, 521, 523, 525 f., 528, 530 f., 533, 538, 542, 545, 553, 561, 563, 578, 591-593, 605, 609, 638, 643, 647, 661, 671, 682, 689 f., 694, 697, 700 f., 703, 705, 716, 720, 723, 726, 737, 741 f., 746, 759, 770, 777, 779, 782 f., 786, 789, 793 f., 796, 800, 802, 804, 819 f., 838-840, 848, 852, 856 f., 862, 872, 886, 889, 905, 917, 921, 927, 939, 949, 968, 976, 980, 982, 986, 991, 993, 1001, 1009, 1036

Rimbaud, Arthur (1854-1891), französischer Dichter; »Les Mains de Marie-Jeanne«, Paris 1919: R.s Geschenk für M. v. Meyenburg 302, 679

Rimestad, Christian (1878-1945), dänischer Schriftsteller 1001
Rinderspacher, Ernst (1879-1950), Schweizer Glasmaler 641
Rivière, Jacques (1886-1925), französischer Schriftsteller, Freund Gides 442, 454, 928
Robert, richtig: Denis Robert de Borgo San Sepolcro, Freund Petrarcas 368
Rode, Helge (1870-1937), dänischer Dichter, verheiratet mit Edith Nebelong 193, 197, 659, 661
Rodenbach, Georges (1855-1898), belgischer Dichter 106, 335
Roderich, Albert (1846-1913), Novellist; sein Buch »Zwischen Lachen und Weinen« erschien 1897 (München: Braun und Schneider) 71
Rodin, Auguste (1840-1917), französischer Bildhauer (geboren in Paris, lothringischer Herkunft) 81, 117f., 132, 139, 154-165, 167-175, 178f., 185-188, 190, 195f., 199, 204, 207, 213-215, 218f., 222-225, 227-233, 235, 237f., 240f., 243-247, 261, 263, 268, 271-274, 277, 279f., 283f., 287, 289f., 295, 298, 300f., 303-312, 314-318, 321f., 324, 326, 331f., 334, 337-340, 352, 354, 367f., 379, 387f., 395, 402, 404f., 409f., 415, 422, 424-428, 444, 447, 454, 463, 491, 508, 572-575, 578, 585, 613f., 619f., 624, 644, 647, 657f., 665, 669, 676, 678, 708f., 753f., 796, 798, 803, 869, 871, 910, 936, 961f., 1019, 1044
– seine Frau Rose, geb. Beuret (1845-1917), Lebensgefährtin, zuletzt Gattin Rodins 232, 243, 803
Rössing, Karl (1897-1987), Maler und Graphiker in Stuttgart 633
Röttger, Karl (1877-1942), Schriftsteller 969
Rohan, Karl Anton Prinz (1888-1973), Begründer des »Wiener Kulturbundes«, der »Union intellectuelle« und der »Europäischen Revue«; lebte in Schloß Albrechtsberg bei Salzburg 921, 928, 935
Roland, Ida (1881-1951), Schallspielerin, verheiratet mit Richard Graf Coudenhove; emigrierte 1938 in die Schweiz 599
Rolland, Romain (1866-1944), französischer Romancier 421, 424f., 445, 477, 488, 496, 520-523, 617, 855, 980, 995
Roller, Alfred (1864-1935), Herausgeber der Zeitschrift »Ver sacrum«, Direktor der Kunstgewerbeschule in Wien, später Bühnenbildner 77, 81, 101
Rollin, Père, Chef der Seiltänzergruppe seines Namens in Paris 274
Romain, Jules (1885-1972), eigentlich: Louis Farigoule, französischer Schriftsteller; »La mort de quelqu'un« und »Les puissances de Paris« erschienen 1911 442, 666, 709, 850
Romanelli, Adelmina (Mimi) (1877-1970), Venezianerin 290-293, 307, 314, 318, 326, 333, 337-339, 347, 384, 386, 426
– ihre Schwester Anna (Nana) 290f., 384, 386
– ihr Vater 326
– ihr Bruder Piero Romanelli (1874-1956), Dr., Kunsthändler in Paris 281, 291, 314, 316, 318, 338, 386
Rominowa, Marja, übersetzte den »Cornet« ins Polnische 756
Ronsard, Pierre de (1525-1585), französischer Dichter; R.s Übertragung ist bisher unveröffentlicht 594
Rops, Félicien (1833-1898), belgischer Maler, Radierer, Lithograph 84

Rosa (Müller), vorübergehend Haushälterin in Muzot 900
Rosa s. Rosa Schmid
Rosegger, Peter (1845-1918), österreichischer Schriftsteller 640
Rosen, Lia (Amalie, Liane) (* 1893), ging 1928 nach Palästina, wo sie nach dem Krieg starb, Schauspielerin, 1904 Volontärin beim Deutschen Theater in Berlin, 1905 Engagement am Kleinen Theater dort. 1907: Burgtheater in Wien, 1910 Rückkehr ans Deutsche Theater in Berlin. Spätere Engagements: 1914-16 Stadttheater Zwikkau, 1916 Burgtheater, 1925-27 Stadttheater Königsberg 289, 294, 436, 442, 523 f.
Rosenhagen, Hans (1858-1943), Schriftsteller, Kunst- und Theaterkritiker in Berlin 148
Rosetti, Dante Gabriel (1828-1882), englischer Dichter und Maler 643
Rosmer, Ernst s. Elsa Bernstein
Ross, Gräfin Margarete, geb. von Bülow (1855-1923), Freundin der Duse 434
Rothenstein, Sir William (1872-1945), englischer Maler, seit 1920 Leiter des Royal College of Art 244 f.
Rouault, Georges (1871-1958), französischer Maler 242
Rousseau, Henri (1844-1910), »Le Douanier«, französischer Maler 366, 555, 562
Rousseau, Jean Jacques (1712-1778), Genfer Philosoph und Schriftsteller 118
Rouveyre, André (* 1899), Mitarbeiter des »Mercure de France«, französischer Essayist und Romancier 854
Rowinsky (Rovinskij), Dimitri Aleksandrowitsch (1824-1925), Jurist und Staatsmann, russischer Kunsthistoriker 93

Rowohlt, Ernst (1887-1960), Verleger 482, 711, 913
Rožicyn, Valentin Sergeevič (1888-1942), russischer Autor; übersetzte als erster den »Cornet«, in: »Kolos'ja«, Jg. 1918 613
Rude, François (1784-1855), französischer Bildhauer, arbeitete mit am Arc de Triomphe de l'Etoile 160
Ruederer, Josef (1861-1915), zunächst Kaufmann in Berlin, dann Studium in München, Schriftsteller, mit Max Halbe Begründer des »Intimen Theaters« in München 70 f.
Rüegg, Ernst Georg (1883-1948), Schweizer Maler, Zeichner, Graphiker; 1920 Italienreise gemeinsam mit Werner Reinhart; er war auch schriftstellerisch tätig 595, 738
Rülcko, Christophorus (um 1585), aus Gamelitz (Garnlitz) in Kärnten 19
Rülike, Christoph s. Rülcko
Rülke, Georg, Bekannter des Hauptmanns Otto Braun, Niederlangenau 640
Ruffy, Odette (1892-1915), Malerin, jung verstorbene Schwester von Marguerite Masson-Ruffy: Töchter des Schweizer Bundesrates und Bundespräsidenten Eugène Ruffy 803, 807
Rulike, Franz, 1440 Amtmann in Brüx 19
Rupprecht, Tini (1868-1956), Münchner Malerin 574
Rurik aus dem Stamm Rus, der Überlieferung nach Gründer des russischen Reichs 112
Ruskin, John (1819-1900), englischer Schriftsteller, 1870-84 Professor für Kunstgeschichte in Oxford 818
Russell [Russel], Bertrand

(1872-1970), englischer Philosoph 654, 840

Russenberger, Otto (1876-1949) Dr., R.s Zahnarzt in Zürich 777

Rychner, Max (1897-1965), Dr., Schweizer Schriftsteller und Kritiker, von 1922-31 Redakteur der »Neuen Schweizer Rundschau« (Wissen und Leben) 841, 900, 906, 912, 953, 964, 981, 994, 1023, 1025

Rylke, Johann (um 1348), Vogt in Freiberg in Sachsen 19

Rysselberghe, Théo van (1862-1926), belgischer Maler, Freund von André Gide 348, 382
– seine Frau: die Schriftstellerin Saint-Clair (1865-1959) 348

Rzach, Edith, aus Prag, Schwester Hedda Sauers 62f., 261

Sabatier, Paul (1858-1928), französischer Theologe 347, 670

Sacchi, Filippo (1887-1971), italienischer Publizist und Romancier, Mitarbeiter der Zeitschrift »Convegno«; als Antifaschist war ihm nach 1926 für einige Jahre verboten, im Corriere della Sera zu veröffentlichen 812, 879

Sacharoff oder Ssacharoff (Sacharov), Alexander (1886-1963), russischer Künstler, zunächst Maler, seit 1910 Tänzer; er heiratete 1919 Clotilde von Derp 441, 433, 639, 641, 653f., 940
– seine Frau Clotilde, geb. von der Planitz (1892-1974), trat unter dem Namen Clotilde von Derp (s. dort) als Tänzerin auf. Tochter des Majors Hans Edler von der Planitz und seiner Frau Margarete, geb. von Muschwitz

Sachovskoi, Fürst s. Schachowskoj

Sachs, Adrienne († 1921 Freitod), aus Wien 532f., 545, 593, 608, 738, 742, 919
– ihre Mutter Frau Emmy Sachs; R. war in seiner Militärzeit in Wien wiederholt ihr Gast 532f., 742, 919

Sachs, Miriam (1890-1959), Cousine der Dichterin Nelly Sachs und zweite Frau von Oskar Maria Graf, den sie in New York heiratete. Ihre Eltern waren Richard Sachs und Anna, geb. Collinova 632

Sadée, Ilse (Franka Maria) (*1888), aus Krefeld, befreundet mit dem Schriftsteller Arthur Hospelt 56, 386

Sagan, Henry (1890-1962), Dr. med., Arzt und Autographensammler 535

Saint-Denis, Ruth (1880-1968), amerikanische Tänzerin 256

Saint-Hélier, Monique (1895-1955), eigentlich Betty Briod-Eymann, Schweizer Dichterin: sie schrieb französisch 833, 846, 856, 907, 914, 951, 971

Saint-Hubert, Aline s. Mme Mayrisch

Saint-John Perse (1887-1975), eigentlich Marie René-Alexis Saint-Léger Léger, französischer Diplomat und Dichter, erhielt 1960 den Nobel-Preis 934, 945, 960

Saint Louis s. Ludwig der Heilige

Salis, Schweizer Adelsgeschlecht 642, 728, 889, 1017

Salis (-Soglio), Jean Rodolphe von (Hans) (1901-), Historiker, Professor in Zürich 880, 885f., 914, 950f.

Salis (-Soglio), Graf John (1864-1939), Besitzer des Palazzo Salis in Soglio, britischer Botschafter beim Vatikan 647

Salis-Seewis, Guido von (1888-1947), Architekt und Oberst aus Malaus 686f., 690f., 713, 730, 779f., 822, 844f., 854, 893, 1016

- seine Frau Elisabeth, geb. Gräfin
  Bopp von Oberstadt (1891-1957)
  690, 730, 779, 822, 839, 845, 854
Salis-Seewis, Hans Wolf von
  (1887-1959), Dr. med., verheiratet
  mit Marguerite v. S. (*1895), Arzt,
  seit 1923 Besitzer des Bothmar in
  Malans 839
Salis-Seewis, Johann Gaudenz Freiherr von (1762-1834), Schweizer
  Dichter 643-645, 804
Salis-Seewis, Johann Ulrich von
  (1838-1921), Architekt und Major,
  Besitzer des Bothmar in Malans,
  Vater von Hans Wolf und Guido
  von Salis 687
- seine Frau Clara, geb. von Salis-
  Soglio (1855-1933) 687, 893
Salis-Soglio, Carl von (1886-1941),
  Maler; verheiratet mit Ellie, geb.
  von Jenner (1885-1974) 687
Salis-Soglio, Daniel Freiherr von
  (1826-1919), k. u. k. Feldzeugmeister aus Chur 649 f.
Salis-Soglio, Max von (1885-1963),
  Bruder des Malers Carl v. S.,
  gewählter Beamter am Bureau
  International du Travail in Genf
  687
Salis-Soglio, Paul Freiherr von (1861-
  1938), k. u. k. Oberst und Generalwachtmeister aus Chur 649
Salis-Terlago, Franziska Gräfin
  (*1882), nach ihrer Scheidung vom
  Grafen Terlago lebte sie wieder im
  Salisschloß in Zizers 1019
- ihre Schwester Maria Theresia von
  Salis (*1885) 1019
Salomé, Familie in Les Baux, vertriebenes Hugenottengeschlecht 331
Salomé, Louise von, geb. Wilm
  (1823-1913), die Mutter Lou
  Andreas-Salomés 93
Salomon, Elisabeth, s. Elisabeth Gundolf

Salten, Felix (1869-1947), eigentlich:
  Siegmund Salzmann, österreichischer Schriftsteller 227, 230, 302,
  324
Salus, Hugo (1866-1929), Dr. med.,
  Frauenarzt in Prag, Schriftsteller
  60, 79 f., 84, 92, 103, 123, 137, 285,
  805, 899
Sander, Anneliese, Zwillingsschwester von Lo Laux-Sander 718
Sappho von Mytilene (um 600
  v. Chr.), lebte auf Lesbos, griechische Dichterin 235, 275, 308, 311
Sarasate, Pablo (1844-1908) spanischer Geiger 88
Sarasin, Verlag, u. a. der Werke von
  Hermann Burte 907
Sarasin, Anny, geb. Von der Mühll
  (1877-1933), in den USA geborene
  Tochter Basler Eltern; ihr Gatte
  Ernst S. (1873-1933), Industrieller
  in Basel 679
Sarasin, Paul (1856-1929), Schweizer
  Autor; Dr. phil. et med., Präsident
  der Schweizer Naturschutzkommission. »Über Swastika und Triquetrum als Symbole des Sonnenkultes. (Mit 13 Textfiguren)« in:
  »Verhandlungen der Naturforschenden Gesellschaft in Basel«,
  Bd. 32, 1920/21, S. 209-229 779
Sargent, John Singer (1856-1925),
  englischer Porträtmaler 447
Saucier, R., Mitarbeiter im Verlagshaus Gallimard in Paris 944
Sauer, August (1855-1926), Professor
  für neuere deutsche Literaturgeschichte in Prag, Herausgeber kritischer Ausgaben der Werke Raimunds (1881 ff.), Grillparzers
  (1892 ff.), Stifters (1901 ff.); Universitätslehrer und Förderer R.s 44,
  63, 101, 120, 214, 227, 239, 285 f.,
  294, 318, 347, 366, 452, 517, 899
- seine Frau Hedda Sauer, geb.

Rzach (1875-1953), Schriftstellerin, Tochter des Prager Universitätsprofessors R., ihre Mutter Hedwig (*1853) schrieb unter dem Namen Robert Heddin Novellen und Essays. Hedda Sauer gebrauchte das Pseudonym Hedda Heddin 63, 120, 227, 261, 294, 318, 379, 392

Sazonowa (Sazonova-Slonimskaja), Julia Leonidovna aus Petersburg, Leiterin eines eigenen Marionetten-Theaters in Paris, ihre Spieler waren Russen und Italiener 932

Sčedrin, Michail Evgrafovič (1826-1888), veröffentlichte unter dem Pseudonym Michail E. Saltykov satirische Romane: »Gospoda Golovlëvy« 1875-80, deutsch »Die Herren Golovlëv« 1914 943

Schachowskoi (Sachovskój), Fürst Sergej Iwanowitsch (1865-1908), Freund und Förderer R.s in Moskau; stellte Lou A.-S. und R. ihre Reise zusammen. Ihm gehörte das Dorf Kresty-Bogorodskoe 108, 111, 123

Schack, Adolf Friedrich Graf von (1815-1894), Kunstsammler und Dichter 760

Schäfer, Wilhelm (1868-1952), Schriftsteller, Herausgeber der Zeitschrift »Die Rheinlande« 131

Schaeffer, Albrecht (1885-1950), Schriftsteller (Romane und Nachdichtungen), Autor des Insel-Verlags 548, 564, 576, 583, 596f., 744, 797, 860, 917, 1004
– seine Frau 860

Schaer, Alfred (1874-1953), Privatdozent für deutsche und nordische Literatur am Eidgenössischen Polytechnikum und für schweizerische Literatur an der Universität Zürich 866, 871, 873

Schalk, Lily, geb. von Hopfen (1873-1967), in erster Ehe: Lili Geyger, seit 1904 Gattin des Dirigenten Franz Schalk (1863-1951), Generalmusikdirektor und Intendant der Wiener Staatsoper 294, 368, 399, 988

Schaukal, Richard (von) (1874-1942), österreichischer Dichter; Jurist, Ministerialsekretär im Ministerium für öffentliche Arbeiten. Eine Wiederbegegnung mit R. 1916 in Wien fand nicht statt 63, 135, 198, 213, 249, 610

Schaumann, Ruth (1899-1974), Schriftstellerin und Zeichnerin 943

Scheel, Erika von (1881-1966), Malerin, verheiratet mit Ivo Hauptmann 366, 369, 371, 382, 384, 388, 396, 420, 429, 435, 505

Scheffler, Karl (1869-1951), Kunsthistoriker, Herausgeber der Zeitschrift »Kunst und Künstler« 280, 287, 290, 586, 891

Scheid, Richard (1876-1962), Apotheker und Schriftsteller in München, Herausgeber der Zeitschrift »Avalun«, 1919 Mitbegründer der USP in München 124, 126f., 129, 135, 142, 593

Scheits, Matthias (1640-1700), Hamburger Maler 103

Scheler, Max (1875-1928), Philosoph, Professor in Köln 468, 921

Schellenberg, Ernst Ludwig (1883-1964), Schriftsteller 38, 273, 278

Scheller, Will (1890-1937), Schriftsteller und Literaturkritiker 969

Schelling, Friedrich Wilhelm (1775-1854), Philosoph 455
– seine Frau Caroline, s. Caroline Michaelis

Schenk zu Schweinsberg, Elisabeth Freiin (1886-1955), seit 1915 ver-

heiratet mit Thomas B. Obladen 298, 311, 321, 328, 389
Schenkel, Domprediger in Bremen 131
Schewitz-Hellmann, Anna, Malerin aus Riga 213, 215
Schewtschenko (Ševčenko), Taras (1814-1861), ukrainischer Dichter, Denker und Maler 114
Schey-Rothschild, Philipp Freiherr (1881-1957), eigentlich Schey von Koromla, Offizier in der österreichischen Armee; von 1906 bis zur Scheidung 1921 mit Lily von Goldschmidt-Rothschild (1883-1929), Tochter von Maximilian v. G.-R., verheiratet, in zweiter Ehe mit der Berliner Schauspielerin Else Eckersberg. 1914 war Schey Ordonnanzoffizier bei General Viktor von Dankl 451, 453, 458, 462, 464, 466, 482f., 489, 515-518, 539f., 544-546, 735, 888, 891
Schickele, René (1883-1940), elsässischer Schriftsteller, seit 1915 Herausgeber der »Weißen Blätter«; die Novelle »Aissé« erschien als Bd. 24 von »Der jüngste Tag« 1916, »Hans im Schnakenloch« wurde am 6. 6. 1917 in den Münchener Kammerspielen aufgeführt 495, 628, 678, 732, 834
Schill (Šil'), Sofija Nikolajewna († 1928), veröffentlichte unter dem Pseudonym Sergej Orlowsky, hielt in Petersburg Vorlesungen über Literatur, in Moskau Arbeiterbildungskurse in der Preéistenka-Straße; befreundet mit Lou A.-S. 101, 103-108, 111, 113, 115, 365f., 628
Schiller, Friedrich (1759-1805), Dichter 21, 804
Schillings, Max von (1863-1955), Generalmusikdirektor in Stuttgart 608

Schimmelmann, Grafenfamilie in Holstein 153
Schlaf, Johannes (1862-1941), Schriftsteller; sein Roman »Der Kleine. Ein Berliner Roman in 3 Bänden« erscheint 1904 im Axel Juncker-Verlag 182
Schlapp, Dr. Otto (1859-1939), seit 1887 in Edinburgh, zunächst als Lehrer, später am »German Department« der Universität 970, 974
Schlegel, August Wilhelm (1767-1845), Dichter, Übersetzer und Literaturwissenschaftler 372, 396
– seine Frau Caroline, s. Caroline Michaelis
Schleich, Karl Ludwig (1859-1922), Arzt und Schriftsteller; sein Büchlein »Erinnerungen an Strindberg« erschien 1917 (München: G. Müller) 484, 554
Schlesinger, Franz (1852/53-1912), Direktor des Deutschen Volkstheaters in Prag 53, 55
Schlesinger, Hans (1875-1932), Maler, später katholischer Geistlicher, Schwager Hofmannsthals 937
Schleyer, Leopold von (1858-1920), seit 1912 Edler von Pontemalghera; er war 1915 als Feldzeugmeister Sektionschef im k. u. k. Kriegsministerium in Wien und Vorstand des Kriegsüberwachungsamtes 517, 519
Schlözer, Boris von (*1881 in Witebsk-1969), Vermittler russischer Musik 939
Schlözer, Kurd von (1822-1894), Onkel Leopold v. S.s, Diplomat 460
Schlözer, Leopold von (1859-1946), Major a. D., Schriftsteller, über-

setzte u. a. Maeterlinck 269, 346,
    457, 460, 472, 669, 829
- seine Frau Maria, geb. Baronesse
    von der Ropp (1867-1959) 269, 327
Schlosser, Friedrich Christoph
    (1776-1861), Professor in Heidelberg; die »Weltgeschichte für das
    deutsche Volk«, 19 Bde., 1845-57 ist
    in Gernsbach erhalten 28
Schlumberger, Jean (1877-1968),
    französischer Schriftsteller aus
    dem Elsaß, Mitbegründer der
    »Nouvelle Revue Française«; sein
    Roman »Un homme heureux«
    erschien 1920 343, 727, 800, 830,
    854, 931
Schmid, Heinrich Alfred (1861-1955),
    Professor in Basel, seit 1919 Konservator der dortigen Oeffentlichen
    Kunstsammlung 677
Schmid, Rosa, Österreicherin, R.s
    Haushälterin in München, Ainmillerstraße 34/iv 592, 595, 611, 677,
    711, 805
Schmid, Sebastian, von ihm die lateinische Version des »Hohelied«
    Salomons 442
Schmidt-Pauli, Elisabeth von
    (1889-1956), Autorin religiöser
    Schriften aus Hamburg 585, 596,
    643f.
Schmutzer, A., Literaturkritiker in
    Wien 969
Schneditz, Wolfgang, Schriftsteller,
    Briefpartner von Alexander Lernet-Holenia 720
Schneeli, Gustav (1872-1944), Dr.
    phil. und Dr. jur., Schweizer Privatgelehrter, Kunstfreund, Schriftsteller, Schriftleiter des Schweizer
    Geschlechterbuches; Wohnsitz seit
    1915 Schloß Vuippens 79, 1028
Schneider, Camille (*1900), elsässischer Schriftsteller, Mitarbeiter der
    »Revue Rhénane«; 1922 erschien
    sein Gedichtband »Seele-Lieder«,
    1923 sein Roman »Duso« 941
Schneider, Edouard (1880-1960),
    Schriftsteller; sein Werk über
    »Eleonora Duse« erschien deutsch
    von Th. Mutzenbecher 1926 im
    Insel-Verlag 927, 1030
Schneller, Theodor, Professor, R.s
    Klassenvorstand in Linz 29
Schnitzler, Arthur (1862-1951), österreichischer Arzt und Dichter 52,
    55, 88f., 107, 132f., 144f., 401, 494
Schnitzler, Liliane (Lilly), geb. von
    Mallinckrodt (1889-1981), seit 1910
    verheiratet mit Dr. jur. Georg
    August v. S. (1884-1962). Sie stellte
    nach 1919 R.s Verbindung zu Aurelia Gallarati-Scotti wieder her 624
Schobloch, Rosa, geb. Weibel
    (1842-1916), Gattin von Anton
    Schobloch (1835-1900), Präsident
    der Montan- und Industriewerke,
    vormals J. D. Storch; Prager
    Bekannte von Jaroslav Rilke, Förderer R.s 288, 305, 311, 326, 335,
    337, 342, 374f.
- ihr Sohn Dr. Anton Schobloch 978
Schoeck, Othmar (1886-1957),
    deutsch-schweizerischer Komponist; seine Oper »Venus« wird im
    August 1920 in Genf, dann 1922 in
    Zürich gespielt 687, 781-783
Schölermann, Wilhelm (1865-1923),
    Professor der Kunstgeschichte,
    Übersetzer von Ruskin und Pater
    77, 151, 154
Schönaich-Carolath, Prinz Emil von
    (1852-1908), Lyriker und Erzähler
    136, 139, 152f., 303
- seine Gattin Prinzessin Cathia, geb.
    von Knorring (1867-1946) 139, 303
Schönberg, Arnold (1874-1951),
    österreichischer Komponist, er
    wurde am 20. 5. 1915 zum k. k.
    Infanterieregiment Nr. Hoch- und

Deutschmeister eingezogen 487,
526, 527
Schönberner, Franz (1892-1970),
Redakteur des »Simplicissimus«,
entfernter Verwandter von Lou A.-
S. 634
Schönborn, Graf; der Rembrandtsche
»Samson« wurde aus seiner Sammlung für das Städelsche Institut in
Frankfurt erworben 384, 484
Schönburg, Johannes Prinz
(1864-1937), Botschafter beim Vatikan 667
Schöne, Johanna, Malerin 426
Schönemann, Anna Elisabeth (Lili)
(1758-1817), später Frau von
Türckheim; verlobte sich Ostern
1775 mit Goethe 639
Scholz, August, Übersetzer von
Maxim Gorki, »Meine Kindheit«,
Berlin 1919 673
Scholz, Wilhelm von (1874-1969),
Schriftsteller, von 1926-28 Präsident der Sektion Dichtung in
der Preußischen Akademie der
Künste 59-61, 63, 65 f., 70, 75 f.,
78 f., 87, 89, 180, 341, 900 – seine
Frau Irmgard, geb. Wallmüller
63
Schopenhauer, Adele (1797-1849),
Romanautorin, Schwester des Philosophen; ihre »Tagebücher«
erschienen 1909 im Insel-Verlag
344
Schopenhauer, Arthur (1788-1860),
Philosoph 32, 62
Schreiber, Rolf († 1921), Dr. jur., 1919
Bezirksamtmann in Lindau und
seine Frau Edith 635
Schreier, Alois, Dr. med., Zahnarzt in
Prag 905
– seine Tochter Eva Schreier studierte Kunstgeschichte 905
Schrenck-Notzing, Albert Freiherr
von (1862-1929), Dr. med., Forschungen zu Spiritismus und
Okkultismus 874
Schröder, Martha, Braut Heinrich
Vogelers 116, 175, 178, 349, 367
Schröder, Rudolf Alexander
(1878-1962), D. theol., Innenarchitekt, Dichter und Übersetzer 95,
105, 130, 134, 147, 155, 260, 263,
273, 341
– seine Schwester 147
Schrötter, Karl Georg, Journalist (?)
969
Schubin, Ossip (1854-1934), eigentlich: Aloysia (Lola) Kirschner, aus
Prag stammende Romanschriftstellerin 463
Schukowski (Žukovskij), Wladimir,
russischer Volksdichter 114
Schuler, Alfred (1865-8. 4. 1923), studierte Archäologie, lebte als Privatgelehrter und Schriftsteller in
München, befreundet mit Ludwig
Klages stand er bis 1900 dem
George-Kreis nahe 493 f., 496, 513,
558, 571, 575, 580, 586, 590-592,
594, 619, 668, 818, 824 f., 843, 868,
889
Schultz, Alwin (1838-1909), von 1882
bis 1903 Professor der Kunstgeschichte in Prag 44
Schultze-Naumburg, Paul (1869-
1949). Baumeister und Schriftsteller, seit 1902 Professor an
der Kunstakademie in Weimar
85
Schurig, Arthur (1870-1929), Dr.
phil., wissenschaftlicher Schriftsteller aus Dresden 597
Schuster und Löffler, Berliner Verlag,
in dem von 1899-1902 die Bücher
der Zeitschrift »Die Insel« erschienen 65, 68, 123, 188
Schwab, Raymond (1884-1956), französischer Schriftsteller 926
Schwabach, Erik Ernst von (1891-

1938 in London) Verleger Freund Kurt Wolffs 465

Schwabach, Lalla von, s. Horstmann.

Schwabe, Toni (1877-1951), Schriftstellerin 34

Schwammberger, Magdalena (1892-1979) aus Burgdorf bei Bern 851

Schwarzenbach-von Muralt, Elsy (1888-1927), Schwägerin von Georg Reinhart, dessen Frau Olga die jüngere Schwester ihres Mannes Edwin Schwarzenbach war (Seidenfabrikant und Schweizer Oberst der Kavallerie) 903

Schwarzschild, Leopold (1891-1950), Schriftsteller und Publizist, Herausgeber der Zeitschrift »Das Tagebuch« 947

Schwarzwald, Hermann (*1871), Dr., hoher österreichischer Beamter, später Finanzminister 527, 530

– seine Frau Eugenie (1878 Polupanowka/Ukraine-1940 Zürich), Gründerin der reformpädagogischen Schwarzwald'schen Schulanstalten (um 1900), an denen Adolf Loos, Arnold Schönberg und Oskar Kokoschka zeitweilig unterrichteten 527, 530

Schweitzer [Schweizer], Albert (1875-1965), Arzt und Philanthrop 698

Schwerin, Eberhard Graf von (1882-1954). Diplomat, Sohn von Gräfin Luise von Schwerin, Friedelhausen 254, 298

– seine Frau Alexandrine, geb. Gräfin zu Eulenburg (1880-1957) 784

Schwerin, Luise Gräfin von, geb. Freiin von Nordeck zur Rabenau (1849-24.1.1906), Tochter von Adalbert Freiherr v. N. z. R. (1817-1892) und Clara, geb. Phillips

(1826-1867) 212f., 215f., 220, 222f., 226f., 237, 235f., 261, 305

– ihr Gatte Karl Graf von Schwerin (1844-1901), Landrat in Weilburg 252

– ihre Tochter Gudrun, s. Uexküll

Schwob, Marcel (1867-1905) französischer Schriftsteller 157, 161

Scipio, Publius Cornelius Africanus major (235-183 v.Chr.), römischer Feldherr 25

Seckendorff, Götz von (1889-1914), Maler, im Krieg gefallen 569, 709, 878

Sedlakowitz, Cäsar Edler von Lanzenkampf (1856-1922), seit 1881 Lehrer an der Militärunterrealschule St. Pölten (deutsche Sprache, Geschichte, Schönschreiben und Exerzieren), von 1893-1813 in Fischau, als Generalmajor pensioniert 25, 33, 690, 701

Seemann, F. A. Verleger von Kunstbüchern in Leipzig 221

Ségalen, Victor (1877-1919), französischer Schriftsteller 869

Segantini, B., Verfasser eines Buchs über die Duse 999

Segantini, Giovanni (1858-1899), Schweizer Maler 149

Seidel, Annemarie (1894-1959), jüngste Schwester von Ina und Willi Seidel, Schauspielerin an den Kammerspielen in München, dann in Berlin; Freundin von Carl Zuckmayer, in erster Ehe mit dem Holländer van Hoboken, in zweiter mit Peter Suhrkamp verheiratet 635

Seidenberger, Ernst, Dr. jur., Rechtsanwalt in München, Verteidiger Oskar Maria Grafs 631

Seifert, Walter aus Straßburg 198

Seiler, Antiquar in Vevey 994

Seiler, Janine (*1901), Glasmalerin, verheiratet mit dem rumänischen

Diplomaten Nicolas Lahovary 888, 1038
Seilern-Aspang, Ilse Gräfin von, geb. Olden (1886-1974), heiratete 1913 in Baden-Baden den verwitweten Grafen Karl Joseph v. S.-A. (1866-1940) 572, 639
Selzer, Gasthof in Rodaun 532
Semenov (seit 1906 Tjan-Šanskij), Petr Petrovič (1827-1914), Geograph, Forschungsreisender, Staatsmann; 1856/57 Expedition in das Bergland von Tienshan; Besitzer einer Privatgalerie 92
Sépibus-de Preux, Jeanne de, geb. de Preux (*1886), lebte in Sierre 827, 829, 831f., 839, 841, 864, 875, 878, 881, 884, 891, 894f., 901, 903f., 913, 918, 951f., 958, 965, 976, 982f., 987, 994, 1003, 1007, 1029f., 1035
– ihr Mann Dr. med. de Sépibus, Arzt in Sierre; R. war nicht sein Patient 827, 831-833, 901, 958, 965, 1007
Sergel, Albert (1876-1946), Schriftsteller 884f.
Sert, José-Maria (1876-1945), spanischer Monumentalmaler, verheiratet mit Misia Sert, geb. Marie Godebska, danach Natanson, in zweiter Ehe Madame Edwards (1872-1950), Mäzenatin 1006
Servaes, Franz (1862-1947), Wiener Kunsthistoriker, um 1900 Kritiker an der »Neuen Freien Presse«, Wien 149, 398
Sessel, Graf von (ob Edgar Siegmund Seyssel d'Aix (1868-1939 (?)), in seiner Wohnung hielt Schuler 1915 in München seine Vorträge 493
Severn, Joseph (1793-1879), englischer Maler, Freund von John Keats 376, 454, 460
Sévery, de, eigentlich Charrière de Sévery, Ferdinand de, (1849-1922), Bankier in Lausanne, Oberst und Besitzer des Chateau de Mex 733, 795
– seine Frau 795
Shakespeare, William (1564-1616), englischer Dichter 32, 35, 80, 97, 370, 372, 376, 378, 387, 396, 404, 409, 412, 456, 473, 598, 623, 748
Shaw, George Bernard (1856-1950), englischer Dramatiker 244, 264, 488, 983
– seine Frau 244
Shelley, Percy Bysshe (1792-1822), englischer Dichter, er nannte sich in dem Gedicht »With a Guitar, to Jane« selber »Ariel« 863, 873, 877
Sickingen, Franz Graf von, Besitzer von Kamenitz an der Linde vor 1806 19
Sieber, Carl (1897-1945), Dr. jur., heiratete 1922 R.s Tochter; seine Mutter Elsbeth, geb. Hartung, war eine Schwester von Clara R.-W. Mutter Johanna 18, 134, 741-743, 782f., 803, 843, 852, 873, 964, 982, 1039, 1042, 1044
– sein Bruder 873
Sieber-Rilke, Christine (2.11.1923-3.12.1947), R.s Enkelin 846-849, 852f., 855, 873, 883, 889, 964, 971, 1039
Sieber-Rilke, Ruth, s. Rilke, Ruth
Siebertz, Paul (1877-1954), österreichischer Schriftsteller und Verlagsdirektor 553
Sierstorff, Graf, Freund von J. J. de Bonstetten 845
Signac, Paul (1863-1935), französischer Maler 84
Silberer, Geza (Zega) (1876-1938), veröffentlichte unter dem Pseudonym Sil-Vara, Titular-Korporal/Feldwebel der Landwehrinfanterie, 1915-17 Mitglied der »literarischen Gruppe« im Wiener Kriegsarchiv 522f.

Silesius, Angelus s. Angelus S.
Silfverstolpe [Silverstolpe] Montgomery, Magdalene (Malla) (1782-1861), verheiratet mit David Güden Silfverstolpe (1769-1819); ihr von Ellen Key eingeleitetes und von Marie Franzos übersetztes »Reisejournal einer Schwedin. 1825/26« in: »Das romantische Deutschland«, Leipzig 1912; ihre »Memoarer« erschienen 1908-1911 425
Sil-Vara, s. Silberer
Simmel, Georg (1858-1918), Professor der Philosophie in Berlin: »Kant. Sechzehn Vorträge, gehalten an der Berliner Universität«, Leipzig 1904; die Arbeiten über Michelangelo und Rodin in: »Gesammelte Essays«, Berlin 1911 75, 90, 106, 211, 213f., 216-218, 445, 487f., 924
– seine Frau 215, 306, 487
Simon, Bernhard (1816-1900), Baumeister, Gründer von Bad Ragaz 893
Simon, Charles (1862-1942), Begründer und Präsident der Schweizerischen Rückversicherungsgesellschaft in Zürich, Stendhal-Forscher 851
Simon, Heinrich (1880-1941), Besitzer und Verleger der Frankfurter Zeitung 659
Simon, Lucie (1901-1992), Geigerin und Musikpädagogin, Tochter von William Simon, Bad Ragaz, verheiratet mit dem Arzt Dr. med. Wedekind(t), lebte in Zürich 893f., 898, 951
Simon, Siegmund, Frankfurter Rodin-Enthusiast 352
Simon, William (1857-1928), Geschäftsführer der Bäder-Verwaltung in Bad Ragaz, Hausherr im Hof Ragaz 892

Simrock, N., Leipziger Musikverleger 225
Sindral, Jacques (1899-1983), eigentlich: Alfred Fabre-Luce, französischer Schriftsteller, »Attirance de la mort« erschien 1924 864, 870, 874, 923, 934, 951
Singer, Erich (1896-1960), Schriftsteller 144, 552
Singer, Isidor (1857-1927), Professor Dr., Redakteur für Volkswirtschaft an der »Zeit« in Wien 144
Singer, Kurt (1885-1962), Professor der Sozialökonomie, stand dem George-Kreis nah, übersetzte André Gide 445
Sinner, J. Rudolf de (1890-1960), Architekt in Bern 845
– seine Frau Helene de Sinner-Schneeli (*1895) 846, 914
Sintenis, Renée (1888-1965), Bildhauerin, seit 1924 verheiratet mit dem Maler und Graphiker E. R. Weiß 560, 572, 575, 579, 710, 722, 772, 912
Sizzo-Noris, Gräfin Margot, geb. Gräfin Crouy-Chanel (1891-1977), verheiratet mit Graf Christoph Sizzo-Noris (1856-1925) 151, 390, 745, 749, 756f., 775, 789, 807, 824, 830, 842, 845, 854, 881, 892, 952f., 962, 997
– ihre Mutter: Gräfin Livia Crouy-Chanel, geb. Gräfin Semsey 807
Skaller, Helene 564
Skram, Berthe Amalie, geb. Alver (1846-1905), norwegische Schriftstellerin; mit ihrem ersten Mann, einem Schiffskapitän, machte sie weite Reisen, 1884 heiratete sie in zweiter Ehe den dänischen Schriftsteller Erik Skram (1847-1923) 156f., 186, 559
Sladovich, Marie von (1870-nach 1936), Freundin Hellingraths 411, 413

Slamezka, Oskar aus Prag 26
Slevogt, Max (1868-1932), Maler, Illustrator 623
Slodki, Marcel (*1892, 1943 aus Frankreich nach Auschwitz deportiert), polnischer Graphiker 667
Sluter, Claus († 1406 in Dijon), niederländisch-burgundischer Bildhauer 173
Smirnow (Smirnov) [Smirnoff], Alexei Zacharowitsch, Lagerarbeiter der Webwarenfabrik Kotov in Moskau; er stammte vom Lande (Gouvernement Smolensk) 108, 188
Smyth[e], Dame Ethel (1858-1944), englische Komponistin und Suffragette 423
Sohn-Rethel, Otto (1877 Düsseldorf-1949 Anacapri), Maler 194
Sokrates (470-399 v. Chr.), griechischer Philosoph 25
Soldatenkow (Soldatenkov, Koz'ma Terent'evič) (*1818), Moskauer Großhändler; bedeutender Kunstfreund und -sammler, Herausgeber geisteswissenschaftlicher Werke 111
Solmitz, Eva, s. Eva Cassirer
Solms-Laubach, Manon Gräfin zu (1882-1975), lebte in Marburg 163, 257, 259, 262f., 265, 269, 275, 294, 298, 303f., 330, 345, 386, 388
– ihre Eltern: Graf Ernst zu Solms-Laubach (1837-1908) und Auguste, geb. Gräfin Schimmelmann (1847-1921) 222
Sologub, Fëdor Kuzmič (1863-1927), russischer Schriftsteller, R. übersetzte als einen ersten Versuch Teile seiner Novelle »Cerv«: »Der Wurm«, in sein Übungsheft (unveröffentlicht) 628
Solojew (Solov'ëv), Wladimir Sergejewitsch (1853-13. 8. 1900), russischer Philosoph und Publizist 115

Solska, Irene (1878-1958), polnische Schauspielerin aus Lemberg (Lwow), von 1919-1925 in Warschau tätig 912
Sombart, Werner (1865-1941), Professor für Nationalökonomie, Mitherausgeber der Zeitschrift »Der Morgen« (262)
Somov, Konstantin Andreevič (1869-1939), russischer Maler und Graphiker; R. wünschte einige seiner Bilder in die geplante Ausstellung aufzunehmen, s. auch Diaghilew 114
Sorge, Reinhard Johannes (1892-1916), Schriftsteller, gefallen in Frankreich; »Guntwar, die Schule eines Philosophen. Dramatische Dichtung« erschien 1914 444, 446, 468
Sorma, Agnes (1865-1927), eigentlich: Agnes Zaremba, Schauspielerin am Deutschen Theater in Berlin, 1901 am Lessing-Theater 255
Soupault, Philippe (1897-1990), französischer Schriftsteller 982
Spamer, Verleger von »Spamers Weltgeschichte« 261
Spengler, Oswald (1880-1936), Privatgelehrter, Kulturphilosoph; »Der Untergang des Abendlandes« erschien in 2 Bänden 1919 und 1922 bei C. H. Beck in München 613f., 618, 621, 669
Speyer, Agnes, Bildhauerin, Tochter des Hofrats Sp., Wien, Schwägerin von Jakob Wassermann, später verheiratet mit Oberlandesgerichtsrat Ullmann in München. R. schenkte ihr das »Requiem« mit der Einschrift: »Fräulein Agnes Speyer bei dem guten und schönen Wiedersehen in Paris: R. M. R. Juni 1909« 290, 326
Spiegel, Julius, Empfänger der

»Liebe der Magdalena« mit Widmung 633
Spiegl, Edgar Edler von Thurnsee (1878-1931), vorübergehend im österreichischen diplomatischen Dienst als Generalkonsul (1919 in Bern); seit 1917 verheiratet mit Lucy von Goldschmidt-Rothschild (1891-1977), Freund Hofmannsthals 529, 537, 544, 574, 579, 658, 884, 891
Spielberg (Spil'berg), Sof'ja M., übersetzte R.s Novelle »Alle in Einer« ins Russische 72
Spiero, Heinrich (1876-1947), Dr. jur., Jurist und Schriftsteller 416
Spinoza, Baruch Benedictus de (1632-1677), Philosoph, »Spinozas Briefwechsel und andere Dokumente«, ausgewählt und übertragen von J. Blumstein, erschien 1916 im Insel-Verlag 445, 538, 781
Spiro, Eugen (1874-1972), Porträtmaler in Berlin, geboren in Breslau als Sohn eines jüdischen Kantors, Bruder Baladine Klossowskas. Emigrierte in die USA 652, 722
Spiro, Gina, die Schwester Baladine Klossowkas 708, 742
Spitteler, Carl (24. 4.1845-29.12. 1924), Schweizer Dichter 646, 656, 684f., 732, 749, 754, 858, 937, 1003
Spork, Grafen, Gutsbesitzer in Böhmen 20
Spunda, Franz (1890-1963), Schriftsteller 664
Stadlin, Maria, Empfängerin einer Widmung R.s 671
Stang, Carl, Herausgeber der »Flöte«, Coburg 613
Stampa, Gaspara (1523-1552), italienische Dichterin, in Padua geboren, aufgewachsen in Venedig. 1549 begegnete sie dem Grafen Collalto, der bald darauf in die Dienste Heinrichs II. von Frankreich trat; sie sammelte ihre Verse und sandte sie dem Geliebten 307, 311f., 336, 1030
Stanislawski (Stanislavskij), Konstantin Sergejewitsch (1863-1938), russischer Regisseur, Schauspieler und Theatertheoretiker; 1898 wurde mit einer Aufführung von »Zar Fjodor« von Alexej Tolstoj das Moskauer Künstlertheater eröffnet, dessen Mitbegründer er war 121, 755
Stark, Josef, Dr. jur., Rechtsanwalt in Prag; er übernahm die Praxis von Jaroslav Rilke von seinem Vorgänger (?) Dr. Wenzel Stark 243, 285, 377, 379-383, 385, 390, 397f., 587, 774, 789, 815, 818, 821, 862, 977f., 980
– seine Frau 398
Stauffenberg, Gräfin Caroline Schenk von, geb. Gräfin Uxkull-Gyllenband (1875-1956), Gattin des kgl. württembergischen Oberhofmarschalls Graf Alfred Schenk von Stauffenberg (1860-1936), Freundin und frühere Hofdame von Königin Charlotte von Württemberg 587, 617-619
– ihre Söhne: Graf Berthold S. v. S. (1905-1944) und der jüngste Bruder Graf Claus Philipp (1907-1944) wurden nach dem Attentat auf Hitler hingerichtet, Graf Alexander S. v. S. (1905-1964), Zwillingsbruder Bertholds, war Professor für alte Geschichte in München 619
Stauffenberg, Dr. med. Wilhelm Freiherr Schenk von (1879-13. 2.1918), Privatdozent für innere Medizin in München 387, 469, 471, 475 f., 478, 487, 515, 586f.
Stecchetti, Lorenzo (1845-1916), italienischer Schriftsteller 63

Stedmann, Adele Maria Daniela, geb. von Grunelius (1893-1965), seit 1915 verheiratet mit Karl Barton gen. von Stedmann (1875-1933), Münchener Bekannte R.s, er traf sie 1919 in Basel wieder 589
Steffen, Albert (1884-1963), Schweizer Schriftsteller; 1916 war sein Roman »Der rechte Liebhaber des Schicksals« erschienen, 1917 »Sibylla Mariana« 551, 582, 697
Steiger, Betsy, aus Lausanne 906
Steiger, Beatrix von, geb. von Mülinen (1889-1974); für den Lyceumclub in Bern hielt sie 1922 einen Vortrag über R., am 12.11.1922 übersandte R. ihr durch Madame Contat das »Stunden-Buch« mit einer Einschrift 797, 845, 900
– ihr Gatte: der Berner Bundesrat und Bundespräsident Eduard von Steiger (1881-1962) 914
Stein, Gertrude (1874-1946), amerikanische Schriftstellerin und Kunstmäzenin in Paris 536
Steindorff, Georg (1861-1952), Professor für Ägyptologie in Leipzig, 1903 Leiter der Ausgrabungen hei den Pyramiden, 1912-14 der der alten Friedhöfe von Aniba in der Nubischen Wüste 431, 433
Steiner, Herbert (1893-1966), österreichischer Schriftsteller, Herausgeber der Zeitschrift »Corona« und von Hofmannsthals »Gesammelten Werken« 288, 291, 952, 982, 994
Steiner, Hugo (1880-1945), Prager Maler und Graphiker 44, 131
Steiner, Rudolf (1861-1925), 1889-96 Mitherausgeber von Goethes Naturwissenschaftlichen Schriften, 1894 Redaktion des »Magazins für Litteratur« zusammen mit O. E. Hartleben und Leitung der Berliner Freien Literarischen Gesellschaft, 1913 Begründer der »Allgemeinen Anthroposophischen Gesellschaft« 75, 83, 739
Steinicke, Kunstsaal in München 549
Steinrück, Albert (1872-1929), Schauspieler 408, 501, 513
Stelzer, Hotel in Rodaun bei Wien, wo Hofmannsthal vielfach seine Gäste logierte 531 f.
Stern, Maurice Reinhold von (1860-1938), Schriftsteller: »Sterns literarisches Bulletin der Schweiz«, Zürich 42, 59, 899
Sternberg, Kaspar Graf (1761-1838), Mineraloge, böhmischer Freund Goethes 457
Sternheim, Carl (1878-1942), Dramatiker und Erzähler, Mitherausgeber der Zeitschrift »Hyperion« in München, war 1912 mit seiner Familie nach La Hulpe bei Brüssel gezogen 302, 920, 955
Stieler, Kurt (1877-1963), Schauspieler in Leipzig 485, 491, 499, 611
– seine Mutter: Frau Hofrat Charlotte Stieler 74, 775
Stieler, Ottilie, s. Malybrock-Stieler
Stieve, Friedrich (1884-1966), Schriftsteller, Historiker und Diplomat, im 1. Weltkrieg an der Gesandtschaft in Stockholm, später Leiter der kulturpolitischen Abteilung im Auswärtigen Amt; übersetzte »Die politischen Probleme des Weltkrieges« von Joh. Rud. Kjellen, Leipzig 1916 571
Stieve, Ingrid, geb. Larsson (1884-1941), seit 1908 mit Friedrich Stieve verheiratet, aus Nordschweden stammende Freundin Clara R. Westhoffs, die sie 1908 in Paris besuchte. R.s Briefe an sie sind bei einem Bombenangriff auf Berlin verbrannt 428, 464, 535, 571
Stifter, Adalbert (1805-1869), öster-

reichischer Dichter 351, 417f., 452, 457, 558, 625, 857, 918
Stobbe, Horst (1884-1974), Buchhändler und Antiquar in München, Inhaber der »Bücherstube am Siegestor«, Ludwigstraße 17 a, dort von 1916-26 508, 542, 612
Stock, Verlag und Buchhandlung in Paris 815, 828, 859, 888
Stoecklin, Francisca (1894-1931), Schweizer Schriftstellerin, Schwester des Malers Niklaus Stoecklin, verheiratet mit Harry Betz, ihre »Gedichte«, Bern 1920, mit einer Widmung an R. befinden sich im Rilkearchiv 657, 664, 681, 717, 743
Stoecklin, Niklaus (1896-1983), Schweizer Maler, lebte in Riehen 657, 664, 681
Stoeving, Gurt Karl Gustav (1865-1939), Maler und Bildhauer, lebte seit 1902 in Italien; sein Bruder Alfred war Professor an der Kunstakademie in Düsseldorf 83-85
Stolberg-Stolberg, Auguste Gräfin zu, s. Bernstorff
Stolberg-Stolberg, Christian Graf zu (1748-1821), Dichter, Goethes Gefährte auf der ersten Schweizer-Reise, Bruder von Auguste und Friedrich Leopold zu Stolberg 329
Stolberg-Stolberg, Friedrich Leopold Graf zu (1750-1819), Dichter und Übersetzer (»Ilias«), mit Goethe vom 23.-26. 5. 1775 in Straßburg 329
Stols, Alexandre Alphonse Marius (1900-1973), niederländischer Verleger 976, 979, 999, 1027, 1033, 1037, 1043
Storm, Theodor (1817-1888), Jurist und Dichter 69, 804
Storoschenko (Storoženko), Nikolai Iljitsch, Professor für Geschichte der westeuropäischen Literatur an der Universität in Moskau 108, 122
Stranský, Joseph (1872-1936), Musikdirektor aus New York, früher in Prag 690
Strasser, Hans (1852-1927), Dr. med., Professor für Anatomie an der Universität in Bern; 1922 erschien »Die Grundlagen der Einsteinschen Relativitätstheorie. Eine kritische Untersuchung« Bern: Huber, im folgenden Jahr »Einsteins spezielle Relativitätstheorie. Eine Komödie der Irrungen« (ebd.) 778
– seine Tochter Felicia 778
Strauch, Felix, Schriftsteller, Bekannter R.s aus München 900
Strauss, Ludwig (1892-1953), Lyriker: die »Gesänge der Verkündigung« erschienen als »Wandlung und Verkündigung« im Insel-Verlag 1918 552, 596
Strauss, Richard (1864-1949), Komponist 342, 408
Stresemann, Gustav (1878-1929), Politiker, von August bis November 1923 Reichskanzler, danach bis zu seinem Tode Außenminister 844
Strich, Fritz (1882-1963), Dr. phil., Professor für neuere deutsche Literatur in München und Bern 608
Strindberg, August (1849-1912), schwedischer Dichter; seine Theaterstücke »Wetterleuchten«, »Die Brandstätte«, »Gespenstersonate« und »Der Scheiterhaufen« entstanden um 1907 197, 394, 396, 491-493, 502, 504, 506, 511, 524, 554, 556
– Frau Strindberg: Strindberg war dreimal verheiratet, in erster Ehe von 1877 bis 1881 mit der Schauspielerin Siri von Essen, in zweiter Ehe von 1893 bis 1895 mit der

österreichischen Schriftstellerin und Schauspielerin Frida Uhl (*1872) 62
- seine Tochter Kerstin, von Clara R. in München porträtiert 511, 556
Stroganov, Sergej Graf (1794-1882), Kunstsammler in Petersburg 92
Strohl, Jean (1886-1942), Elsässer, Professor für Zoologie in Zürich 690, 692, 695, 698, 741-743, 751f., 757f., 763, 769, 775, 777-781, 785, 789f., 796, 809, 831, 840, 847f., 852, 869f., 874, 902, 972f., 1029
- seine Frau Frida Strohl-Moser 690, 692f., 698, 701, 740f., 760, 763, 775, 785, 790, 800, 829, 831, 840, 1029
Strohl-Fern, Alfred (1845-1927 Rom), Maler, Bildhauer und Kunstmäzen aus dem Elsaß. In Rom erbaute er nahe der Porta del Popolo 28 Atelierhäuser, die er begabten Künstlern zur Verfügung stellte 180-182, 184, 194
Struve, Gleb Petrovič (1898-1985), zuletzt Professor für Slavistik und russische Literatur an der University of California, lebte in Berkeley. Von 1919-22 Student in Oxford, dann Publizist und Literaturkritiker in Deutschland und Frankreich; von 1932-46 an der University of London, School of Slavonic and East European Studies tätig. 1923 übersetzte er »Der Schutzengel«, der in der Berliner Zeitung »Rul« am 15.5.23 gedruckt wurde; »Russkaja mysl«, Paris 1927, brachte 5 weitere Übertragungen. Am 31.12.1926 erschien sein Artikel »Končina R.M.R.« (Der Tod R.) in der Pariser Emigrantenzeitung »Vozroždenie« 985
- sein Bruder Lev Petrovič (1902-1929) starb in Davos an Tuberkulose; er war ein Bewunderer Bunins und R.s. Das Original von R.s Brief an ihn ist verschollen 1072

Studer, Claire und Heinrich, s. Claire Goll

Stümcke, Heinrich (*1871), Herausgeber der »Neuen Litterarischen Blätter«; er stammte aus Jekaterinenburg 42

Sudermann, Hermann (1837-1928), Dramatiker und Erzähler 71

Sulzberger, Nathan, studierte Chemie in München, Studienfreund R.s aus Amerika 60, 64f., 74

Supervielle, Jules (1884-1960), französischer Dichter 863, 926, 966f., 972, 980, 1007, 1040f.

Susman, Margarete (1874-1966), verheiratete von Bendemann, Lyrikerin und Essayistin; »Mein Land« erschien bei Schuster und Löffler 1901, »Neue Gedichte« bei Piper 1907 142

Suttner, Bertha von, geb. Gräfin Kinsky (1841-1914), Schriftstellerin, Pazifistin 30, 46

Suworin, Alexeei Sergejewitsch (1834-1912), Verleger und Mäzen 149

Swietkow (Cvetkov), private Sammlung von Bildern russischer Künstler im Hause des reichen Moskauer Cvetkov 111

Swoboda, Dr., Privatdozent in Wien 417f.

Symons, Arthur (1865-1945), englischer Schriftsteller 321

Synge, John Millington (1871-1909), irischer Dichter 654, 728

Szafranski, Kurt (*1890), Zeichner, Illustrator und Schriftsteller 465

Tagore, Rabindranath (1861-1941), indischer Dichter 446, 448, 452, 710, 921, 980

Tartakover, Savelij Grigor'evič (1887-1956), der bekannte Schachmeister; übersetzte ins Russische 807
Tasso, Torquato (1544-1595), italienischer Dichter 624
Taube, Otto Freiherr von (1879-1973), baltischer Schriftsteller 426, 568
Taubmann, Elisabeth († 1936/37 in Königsberg), Malerin; R. lernte sie 1906 bei Rodin in Meudon kennen, aus Capri sendet er ihr den »Cornet« mit einer Widmung. E. T. war mit einem Litauer verheiratet, sie gab später die Malerei auf 250, 555, 559, 561
Teje, ägyptische Königin, Gattin des Amenophis in. (1433-1377 v. Chr.), Mutter des Echnaton 545
Telmann, Konrad (1854-1897) – eigentlich: Ernst Otto Konrad Zitelmann, Schriftsteller, verheiratet mit Hermione von Preuschen 784
Teniers, David, der Jüngere (1610-1690), einer der drei flämischen Maler dieses Namens 251
Teniševa, Fürstin Maria Klavdievna, s. Alexander Benois
Teweles, Heinrich (1856-1927), seit 1900 Chefredakteur des ›Prager Tagblatts‹, Dramaturg am Deutschen Landestheater in Prag, 1911 Direktor; Sekretär der »Concordia« in Prag 53, 63, 85, 122, 145
Theimer, S., Dr. jur., Rechtsanwalt in Wien 390, 398, 443
Teresia von Avila (1515-1582), spanische Karmeliterin, Heilige 342, 347
Thannhauser, Galerie in München 487
Thiel, Peter Th. (* 1870), Schriftsteller, studierte ab 1906 in Bonn Nationalökonomie, Philosophie und Literatur 51

Thoma, Hans (1839-1924), Maler 83, 94
Thomas von Kempen (1379/80-1471), niederländischer Mystiker: »De imitatione Christi«, frz. »Imitation de Jésus-Christ« 228, 235
Thoreau, Henry David (1817-1862), amerikanischer Schriftsteller; der größte Teil seiner Schriften, so auch »Winter« (1887), wurde erst nach seinem Tod publiziert 122
Thun-Hohenstein, Maximilian (Max) Graf (1887-1935), Dr. med., Sportarzt; 1920 heiratete er Sidie Nádherný, s. dort 463 (?), 677, 731
Thun-Hohenstein, Paul Graf (1884-1963), österreichischer Diplomat, verheiratet mit Gräfin Gabriella Thurn-Valsassina; Herausgeber der »Europäischen Revue«, die sein Vetter Karl Anton Prinz Rohan 1925 gründete 463 (?), 552, 584, 591, 594, 612, 638, 921, 928, 932, 987, 1032, 1034
Thurn und Taxis, Fürst Alexander von (1851-1939), Sohn des Prinzen Hugo Maximilian v. T. u. T. (1817-1889) und der Prinzessin Almeria, geb. Gräfin von Belcredi (1819-1914), Besitzer von Lautschin (Loucen) in Böhmen 350, 376, 382, 390, 417, 488, 516-518, 554, 682, 892, 895
Thurn und Taxis, Prinz Alexander (Pascha) von (1881-1937), zweiter Sohn des Fürsten Alexander, in erster Ehe verheiratet von 1906-19 mit Marie, geb. Princesse de Ligne (geschieden), in zweiter Ehe mit Hellena, geb. Holbrook-Walker (auch diese Ehe wurde geschieden) 346, 390, 398, 407, 466, 496, 519, 529, 573, 593, 684, 722, 996
– seine Kinder: Raymond

(1907-1986), Louis und Marguerite 375, 684, 726, 728, 732, 739
Thurn und Taxis, Prinz Erich von (1876-1952), älterer Sohn des Fürsten Alexander, verheiratet seit 1903 mit Gabriele, geb. Gräfin Kinsky, sie hatten 9 Kinder 387, 519, 529
– seine Töchter: Maria Theresia (Maridl) (1904-1972), Eleonore (Lori) (1904-1988) 564, 827, 1014, 1016
– sein Sohn Alexander (1906-1992) 559
Thurn und Taxis, Fürstin Marie von, geb. Prinzessin von Hohenlohe-Waldenburg Schillingsfürst (28.12.1855 Venedig - 16.2.1934 Lautschin), ihre Eltern: Prinz Egon von Hohenlohe-W.-Sch. (1819-1865) und Therese Gräfin Thurn-Hofer und Valsassina (1815-1893). Sie heiratete am 19.4.1875 in Venedig den Fürsten Alexander v. T. u. T., von ihrer Mutter erbte sie Schloß Duino. Die Fürstin war Mitglied der englischen Society for Psychical Research 23, 140, 282, 298, 336f., 339f., 343, 345-347, 349-351, 353, 363-365, 367-370, 372-379, 381f., 384-387, 389-394, 397-409, 411-414, 418-425, 428-430, 432-436, 439, 441, 443, 448f., 453, 455f., 460, 463, 466-468, 471, 474, 481, 483, 487f., 491f., 494 496, 499, 502, 504, 509, 513f., 516-519, 522-525, 527-532, 536, 543, 546, 556, 559, 563f., 573, 577, 581, 589-591, 593, 598, 610, 613f., 633f., 651, 653, 665, 668, 678-684, 687, 697, 702, 708, 712, 716, 722f., 725f., 728-730, 732f., 736, 739f., 758, 766, 768, 772f., 775, 784-787, 790, 792f., 796, 807f., 820f., 824, 826-829, 832, 834f., 837f., 842f., 871, 874, 876, 886, 889, 891-893, 895, 922, 926, 928, 931, 937, 945, 951f., 968, 972f., 979, 981, 994, 996, 1005, 1008f., 1011-1017, 1023, 1025, 1036, 1039, 1042f.

Thurn und Taxis, Prinz Max von (1876-1939) 375
– seine Frau Pauline (Titi), geb. Prinzessin von Metternich-Winnehurg (1880-1960) 375, 485, 572f.

Thurn-Hofer und Valsassina, Contessina Polyxena und Raimondina, jung verstorbene Tanten der Fürstin Marie Taxis, Schwestern ihrer Mutter 389

Thyssen-Bornemisza, Baron Heinrich (1875-1947), Kunstsammler, Sohn des Gründers der Firma Thyssen 245

Tichy, František, Zdeněk Broman, Redakteur 38

Tieck, Dorothea (1799-1841), Tochter des Dichters Ludwig Tieck (1773-1853), vollendete mit ihm die Shakespeareübertragung 372

Tiedge, Christoph (1752-1843), Dichter, Begleiter Elisa von der Reckes; aus seinem Nachlaß wurde in Dresden die Tiedge-Stiftung zur Unterstützung von Dichtern, Künstlern und deren Angehörigen errichtet, die bis zum 1. Weltkrieg über ein beträchtliches Vermögen verfügte 366, 497

Tiemann, Walter (1876-1951), Maler, Graphiker und Buchkünstler; Professor in Leipzig 229, 255

Tietze, Hans (1880-1954), österreichischer Kunsthistoriker 545, 918

Tilly, Johann Tserclaes Graf von (1559-1632), General im Dreißigjährigen Krieg 25, 134

Timm, Dora (1895-1981), Bildhauerin aus Basel, Schülerin und Mitarbeiterin von Margrit Bay 792

Timmermans, Felix (1886-1947), flämischer Schriftsteller 859
Tintoretto, d. i. Jacopo Robusti (1518-1594), italienischer Maler, Hauptwerke in Venedig 390
Tischbein, Johann Heinrich Wilhelm (1751-1829), Maler; Freund Goethes, der in Rom bei ihm abstieg: Corso Nr. 20, der Palazzo Rondanini liegt gegenüber 575
Tischner, Rudolf (1879-1961), Augenarzt, Privatgelehrter: Parapsychologie 728
Tittmann, Buchhandlung in Dresden 440
Tizian Vecelli (1476/77 oder 1489/90-1576), italienischer Maler 390
Tjutschew (Tjutčev), Fjodor Iwanowitsch (1803-1873), russischer Lyriker 104, 628
Töpffer, Rodolphe (1799-1846), Schweizer Schriftsteller und Zeichner aus Genf 674
Toller, Ernst (1893-1939 Freitod in New York), Dichter, 1918 Vorstandsmitglied des Zentral-Arbeiterrates in München, nach dem Zusammenbruch der Räterepublik im Juni 1919 verhaftet, bis Juli 1924 Festungshaft in Niederschönenfeld. Seine »Gedichte der Gefangenen« 1921 in »Der jüngste Tag« Bd. 84 608, 631, 651
Tolstoi (Tolstój), Gräfin Alexandra Andreewna (1817-1904), Kusine von Leo Tolstoi 433, 437, 451
Tolstój, Graf Alexéj Konstantinowitsch (1817-1875), ein Vetter zweiten Grades des Grafen Leo Tolstoi, Autor der dramatischen Trilogie »Der Tod Iwans des Grausamen«, »Zar Fjódor Iwanowitsch« und »Zar Boris« 240
Tolstoi (Tolstój), Leo (Lev) Graf (1828-1910), russischer Romancier 28, 36, 90-92, 98, 102, 104, 106, 108f., 115-117, 120, 123, 168, 192, 338, 355, 384, 424f., 433, 437, 451, 498, 504, 513, 585f., 595, 604, 625, 637, 718, 723, 804, 910, 924, 929
– seine Frau: Sophia Andreewna, geb. Bers (1844-1919) 92
– sein ältester Sohn: Sergej L'vovič (1863-1947) 109
Tolstoi, Nicolai A. Graf († 1917), Lyriker, Zeichner, Landedelmann, Gastfreund von Lou Andreas-Salomé und R. in Nowinki 112, 143, 414
– seine Frau Maria Alexandra 112
– seine Mutter Natalija 112
Tolstoi, Tatiana Lvowna Gräfin (1864-1950), Tochter Leo Tolstois 929
Torricelli, Evangelista (1608-1647), italienischer Physiker und Mathematiker 25
Toulet, Paul-Jean (1867-1920), französischer Lyriker und Romancier 869, 894
Tour-Chastillon, de la, Walliser Geschlecht, im 15. Jahrhundert Besitzer von Muzot 736, 781
Trakl, Georg (1887-1914 Freitod im Garnisonsspital Krakau), österreichischer Lyriker 472, 480, 490f., 501, 509, 542, 544, 551, 723, 732, 743, 817, 966, 1042
Trausil, Hans (1890-1945), Schriftsteller und Übersetzer, verheiratet mit Jessie Lemont: kehrte später nach Deutschland zurück 665
Traz, Robert de (1884-1951), Gründer der »Revue de Genève«, Schweizer Schriftsteller und Publizist 783, 839, 854, 864, 874f., 928, 931
Trebitsch, Siegfried (1869-1956), österreichischer Schriftsteller und Übersetzer. Er schenkte R. sein

Buch »Der Tod und die Liebe« 1916 mit der Widmung: »R. M. R. in alter Bewunderung und treuer Freundschaft gegeben, den 28. Februar 1916. S. Trebitsch« 56, 164, 257, 264
Trébutien, Guillaume-Stanislas (1800-1870), französischer Literat, befreundet mit Barbey d'Aureville; Herausgeber der Werke von Maurice und Eugénie de Guérin 369
Treich, Léon (1889-1974), französischer Bibliograph 894
Tretjakow (Tret'jakov), Pavel (1832-1898), russischer Industrieller, gründete eine Gemäldesammlung, vereinigte sie mit den Skulpturen seines Bruders Sergej; 1892 ging die Galerie in den Besitz der Stadt Moskau über 105, 107f.
Treu, Georg (1843-1921), Hofrat und Professor, Direktor der Dresdener Skulpturensammlung 231
Trog, Hans (1864-1928), Dr. phil., Feuilleton-Redakteur der Neuen Zürcher Zeitung 653
Troili-Petersson, Anna, schwedische Übersetzerin der »Geschichten vom lieben Gott« (1918) 613
Tronier-Funder, Lotte, s. Bielitz
Trotzki (Trockij), Leo Davidowitsch (1879-1940), eigentlich: Leib Bronstein, russischer Revolutionär, Mitglied des Rates der Volkskommissare 577
Trubetzkoi (Trubeckoj), Fürst Pavel Petrowitsch [Troubetzkoi] (1866-1928), russischer Bildhauer 91, 118, 238
Trümpy, Isabelle, Bekannte R.s aus Bad Ragaz 1013, 1016
Tscharner, Johann Karl von (1812-1879), Schweizer Schriftsteller, u. a. Chefredakteur des Berner »Bund«: »Der Kanton Graubünden historisch, statistisch und geographisch für einheimische und fremde Reisende« Chur 1842 649f.
Tschechow (Čechov), Anton Pawlowitsch (1860-1904), russischer Dichter 104-106
Tchernosvitow (Černosvitova), Génia (Evgenija), (1903-1974), russische Emigrantin, lebte mit ihrer Mutter in Lausanne; 1926 R.s Sekretärin. Sie starb als Universitätsdozentin in Lausanne 1025f., 1028f., 1031, 1033f., 1036f.
– ihre Mutter 1026
Tschertkow (Čertkov), Wladimir Grigorjewitsch (1854-1936), Tolstois Freund und Verleger in London; er brachte die in Rußland verbotenen Schriften des Dichters heraus 123
Tschernyschewski (Černyševskij), Nikolai Gawrilowitsch (1828-1889), russischer Romancier; literaturtheoretische und -kritische Schriften 134
Tzumikow, W., Verfasser eines Buchs über Leo Tolstoi 115
Tucholsky, Kurt (1890-1935 Freitod in Schweden), Schriftsteller 437, 465
Turdus, H., Kritiker in »Jung-Deutschland« 42
Turgeniew (Turgenev), Iwan Sergejewitsch (1818-1883), russischer Dichter 36, 100, 290, 818, 899, 1032
Týl, Josef Kajetán (1808-1856), tschechischer Dichter 46

Ubell, Hermann (1876-1947). Museumsdirektor in Linz 264
Uexküll, Jacob von (1864-1944), Naturforscher, Professor in Hamburg, »Biologische Briefe an eine Dame« erschienen 1920 in Berlin (Paetel), im selben Jahr dort auch das Werk: »Theoretische Biologie« 125, 220, 222f., 253, 328, 565, 571, 752, 779

- seine Frau Gudrun, geb. Gräfin von Schwerin (1878-1969) 220, 246, 253, 258, 260f., 263, 267, 571
- seine Tochter Damajanti (1904-1992) 220f., 261

Ugrjumova, Marie Charlotte, Philanthropin in Moskau, Bekannte von Lou Andreas-Salomé 108

Uhde, Fritz von (1848-1911), Maler 60

Ulbricht, Hanns (1905-1952), Schriftsteller 990

Ulfeldt, Leonora Christiana Gräfin (1621-1698), Tochter König Christians IV. von Dänemark. verheiratet mit dem dänischen Reichskanzler Corfitz Ulfeld(t) (1606-1664); ihr »Jammersminde. En egenhendig Skildring af hendes Fangenskab i B]aataarn i Aarene 1663-85«. udgivet med en Inledning af S. Birket-Smith. Folkeudgave med nyere Beskrivning. Kopenhagen: Gyldendal 1900. Die deutsche Ausgabe erschien, neu hg. von Clara Prieß, 1911 im Insel-Verlag 374, 386, 393

Ullmann, Regina (1884-1961), Schweizer Dichterin 309, 328, 343, 352, 407, 470f., 485f., 492, 497, 543, 550, 586, 588, 619, 627, 629, 643, 654, 659, 700, 702, 704, 709, 717, 732, 748, 760f., 778, 819, 821, 825, 851f., 909, 929, 943, 967, 1007, 1032f., 1035, 1041f. – ihre Töchter Gerda und Camilla 704, 852

Umanskij, Dimitrij Alexandrovic, Herausgeber von »Tolstoj-Denkwürdigkeiten. Erinnerungen und Briefe«, Bd. 1, Wien: Wiener graphische Werkstätten 1921 und »Leo N. Graf Tolstoj: Briefe an seine Frau«, eingeleitet von Tatjana Suchotina Tolstaja, Wien: Zsolnay 1925. Er ging 1945 nach Moskau zurück 761

Unamuno, Miguel de (1864-1936), spanischer Philosoph und Schriftsteller, er lebte von 1923 bis 1930 in Frankreich; »Die Agonie des Christentums« erschien deutsch 1925; R. traf ihn 1925 bei Jean Cassou 939, 963, 965

Undset, Sigrid (1882-1949), norwegische Erzählerin 975

Ungaretti, Giuseppe (1888-1970), italienischer Lyriker, 1961 von Ingeborg Bachmann übertragen; Professor an der Universität Rom 978

Ungenannte Dame 36

Ungern-Sternberg, Rolf von (1880-1943). Schriftsteller und Übersetzer, Vetter Otto von Taubes 426, 716, 717, 719, 733f., 761, 806

Ungnad, Arthur (1879-1945 Freitod). Assyriologe, von 1921-30 Professor in Breslau 546

Unruh, Fritz von (1885-1970), Offizier und Schriftsteller 759, 867f., 920, 926, 932, 934, 938, 955

Utámaro (1753-1806), japanischer Maler 195

Vacaresco(u), Hélène (1866 Bukarest – 1947 Paris), Lyrikerin (sie schrieb französisch); Hofdame der rumänischen Königin Elisabeth (Carmen Sylva) 333

Valentin, Antonia; R. schrieb ihr Anfang 1918 585, 587

Valentiner, Wilhelm R., Dr. phil., Kunsthistoriker; »Georg Kolbe. Plastik und Zeichnung« veröffentlichte er 1922 bei Kurt Wolff 572, 621

Valéry, Paul (1871-1945), französischer Dichter, von 1900 bis 1922 Privatsekretär bei Edouard Lebey. 1921 erscheint: ›Adonis, par Jean de La Fontaine, introduction de

P. Valéry‹. Paris: Devambez; 1926:
›Charles Baudelaire, Les fleurs du
mal. Texte de la deuxième édition.
Publié avec une introduction de
Paul Valéry et décoré de vingt dessins de Baudelaire‹ Paris: Payot
442, 630, 712, 718f., 724, 727-729,
737, 740f., 745, 749-752, 754, 758,
761, 764, 770, 773f., 776f., 779-783,
788, 796-803, 809f., 812, 815-817,
822f., 825-828, 833f., 837, 850, 865,
870f., 876-886, 887, 889, 892, 894f.,
898, 900, 903-907, 909, 911f., 914,
917-919, 921-924, 929-932, 936-
940, 942, 946, 951, 953, 956-959,
964-966, 973f., 975f., 979, 981-983,
985, 987f., 991, 993f., 997, 999,
1002, 1005f., 1008, 1010, 1012, 1014,
1016, 1021-1027, 1029-1035, 1037,
1041f., 1043
- seine Frau Jeannie, geb. Gobillard
(1877-1970), Nichte der Malerin
Berthe Morisot 879, 1032
- seine Tochter Agathe 878
Vallentin-Luchaire, Antonina
(1893-1957); verheiratet mit dem
französischen Publizisten und Politiker Jean Luchaire; die von ihr
geplanten Luxusdrucke R.scher
Werke lehnte dieser ab. R. begegnete ihr 1925 in Paris 596
Vallette, Henri (1877-1929), Schweizer Bildhauer 1024
Vallière, Paul Emanuel de
(1877-1959), Major im Schweizer
Generalstab, Direktor der Militär-
bibliothek und des Armeearchivs;
»Treue und Ehre. Geschichte der
Schweizer in fremden Diensten«
erschien 1913 728
Valmarana, Contessina Agapia (Pia)
di (1881-1948), lebte in Venedig
400f., 403, 405, 445, 450, 458, 463,
467f., 668, 680, 683, 687, 726, 746,
870, 1000, 1014, 1017

- ihre Mutter Contessa Giustina di
Valmarana, geb. Contessina Cittadella-Vigodarzere 400f., 405, 458,
680, 682f.
Vane, Sibyl (Vane-Grüder), frei ga-
stierende Künstlerin, lebte 1916 in
Frankfurt, 1918/19 am Berliner
Kabarett ›Die Tribüne‹ engagiert
543
Varnhagen, Rahel, geb. Levin (1771-
1833), Schriftstellerin, seit 1814
Gattin des Diplomaten und Schriftstellers Karl August Varnhagen von
Ense (1785-1858); ihr Salon war
Treffpunkt der Berliner Romantiker und des »Jungen Deutschland« 296
Vaudoyer, Jean Louis (1883-1963),
französischer Schriftsteller 894,
951, 1020, 1024 – seine Frau 951
Vedel, Valdemar (1865-1942), Dr.,
dänischer Literarhistoriker; R.
besuchte ihn auf der Rückreise aus
Schweden während der zehn Tage
in Charlottenlund, traf auch seine
Frau Charlotte 235, 237f.
Veder, Beppy (1901-1933), niederländische Sängerin; sie studierte in
Basel bei der Gesangspädagogin
Gertrud Götzingen, ist jedoch
wegen ihrer zarten Gesundheit nie
öffentlich aufgetreten 1017, 1019f.
- ihre Mutter Marcella Veder-Schreiner aus Rotterdam 1019f.
Veit, Charlotte, hörte als Studentin
R.s Vorlesung in Jena (1910); später
lebte sie in Halle, bei Kriegsbeginn
1914 wurde sie Krankenschwester
340
Velasquez, Diego de Silva
(1599-1660), spanischer Maler 420
Velde, Henry van de (1863-1957), belgischer Architekt und Künstler, bis
1917 in Weimar wirkend 83f., 341f.,
348, 382, 427, 438, 462, 480, 542

– seine Frau Marie, geb. Sèthe 341
Velhagen und Klasing, Verlag in Bielefeld 41, 142, 146, 149, 152, 168, 345, 358
Veltheim-Ostrau, Hans Hasso (1885-1956), Kunsthistoriker und Asienreisender, befreundet mit Alfred Schuler und Clara R. 843, 855, 868
Veltzé, Alois (Louis) (1864-1927), österreichischer Offizier und Schriftsteller, 1894-96 Ausbildungskurs im Institut für oesterreichische Geschichtsforschung, seitdem am Kriegsarchiv in Wien, seit 1. 5. 1916 als Oberst, 1917 Gründung der Zeitschrift »Donauland« 522, 529, 531, 542, 553, 577
Verhaeren, Emile (1855-1916 Eisenbahnunglück), belgischer Dichter. Das Gedicht »Hercule« erschien zuerst in der »Grande Revue« 1909 230f., 233f., 246, 249f., 257, 266, 268, 276, 292, 295f., 321, 345, 348, 359, 384, 421, 424, 429f., 444f., 450, 454, 500, 543, 573f., 614f., 618, 629, 667, 707, 748, 767, 773, 880f., 933, 961f., 995
– seine Frau Marthe, geb. Massin 231, 933f.
Verlaine, Paul (1844-1896), französischer Dichter 158, 445, 467, 472, 541, 553, 806, 961, 1010
Vermeylen, August (1872-1945), flämischer Dichter, Professor in Brüssel, erster flämischer Rektor der Universität Gent 553
Verrijn-Stuart, Martin (1893-1926) und seine Frau Pauline Louise, geb. Kemp (1889-1964), aus Bussum in Holland, Mitpatienten R.s in Val-Mont 987, 996
Vesper, Will (1882-1962), Schriftsteller und Anthologist 875
Viénot, André Pierre (1897-1944), französischer Diplomat, Sekretär des deutsch-französischen Studienkomitees, Vorsitzender: Alfred von Nostitz 930, 938
Viertel, Berthold (1885-1953), österreichischer Schriftsteller und Regisseur, Mitarbeiter der »Schaubühne« und der »Fackel«; in der Kontroverse zwischen Werfel und Karl Kraus stand er zu Kraus 353
Viëtor, Karl (1892-1951), Professor für deutsche Literatur in Gießen, seit 1938 an der Harvard University, Cambridge, Mass. 715, 876
Vigano, Salvatore, Tänzer (?) 774
Vigeland, Gustav (1869-1943), norwegischer Bildhauer 174
Villalonga, Graf; seine Familie traf R. zu Weihnachten 1912 in Ronda 416
Vildrac, Charles (1882-1971), französischer Schriftsteller 461, 501, 507, 533, 627, 674f., 693, 699, 702, 715, 739, 744, 830
Villon, François (um 1431-1463), eigentlich: de Montcorbier oder des Loges, französischer Vagant und Dichter 927
Vincenti, Leonello (*1891), vertrat deutsche Sprache und Literatur an der Universität Turin, italienischer Schriftsteller und Übersetzer 806
Vinnen, Carl (1863-1922), Maler 144, 146, 189
Vischer, Wilhelm., Dr. jur., Rechtsanwalt und Notar in Basel 678
Vittorio Emannuele, König von Italien 238
Vlaminck, Maurice de (1876-1958), französischer Maler 242
Vogeler, Heinrich (1872-1942 Kasachstan), Maler und Kunsthandwerker 79, 81, 84, 86, 99, 101, 105, 115-118, 120-122, 126, 132, 136, 144, 146-148, 160-162, 168, 175, 178, 208,

219, 232, 367, 387, 389, 395, 408, 427, 489, 613, 648, 664
- seine Frau Martha, geb. Schröder (s. dort)
- sein Bruder Franz 117

Vogelweide, Walther von der, s. Walther

Vogüé, Eugène Marie Melchior Vicomte de (1848-1910), französischer Diplomat und Schriftsteller; »Le roman russe« erschien 1886 100, 150 f., 157, 161, 166

Voigt, Lina, geb. Schröder (1875-1949), Schwester Rudolf Alexander Schröders 147, 294

Voigt, Robert (1865-1933), Dr. jur., Rechtsanwalt in Bremen, verheiratet mit Lina Schröder, einer Schwester Rudolf Alexander Schröders 380-383

Volkart, Georg Gottfried (1850-1928), Teilhaber der Firma Volkart von 1875-1908, verheiratet mit Molly Louise Ammann (1852-1901), Vater von Nanny Wunderly-Volkart, Elisabeth Aman-Volkart und Marguerite Bühler-Volkart; zwei Söhne starben früh 974 f.

Volkonsky, Sergej Mikhajlovič, Fürst (1860-1937), früher der Intendant der kaiserlichen Theater in Petersburg, seine »Souvenirs« erschienen 1923 in Berlin 1032

Vollmoeller, Karl Gustav (1878-1948), Schriftsteller, verheiratet mit Norma Gilli aus Florenz, Bruder von Mathilde und Kurt Vollmoeller (1890-1936), ebenfalls Schriftsteller 73, 135, 256, 272, 280, 302, 341, 344, 517

Vollmoeller, Mathilde (1876-1943), Malerin, Schülerin Leo von Königs; seit 1912 verheiratet mit dem Maler Hans Purrmann (s. dort); R. lernte sie 1897 in Berlin im Hause von Reinhold und Sabine Lepsius kennen 73, 248, 250 f., 270, 280-282, 285, 291, 293, 298, 301-306, 310 f., 315, 317 f., 323, 328-330, 339, 344 f., 349, 366, 370, 385, 391, 408, 411
- ihre Schwester 323

Voltaire (1694-1778), eigentlich: François-Marie Arouet, französischer Philosoph; 1727 schrieb er im englischen Exil an seiner »Histoire de Charles XII., Roi de Suède« 354

Volynskij-Flekser, Akim L'vovič (1863-1926), russischer Schriftsteller, führender Kritiker der Zeitschrift »Severnyj vestnik«; befreundet mit Lou A.-S. 68 f.

Von der Mühll, Theodora, geb. Burckhardt (1896-1982), Schwester Carl J. Burckhardts, lebte in Basel 656-659, 661 f., 672 f., 674-676, 678-681, 684, 691, 733, 787, 800, 806, 815, 887, 912, 922, 932, 975, 1006, 1017, 1020, 1034, 1042 f.
- ihr Mann: der Architekt Hans von der Mühll (1887-1953) 656, 674-676, 678, 680, 692, 733, 800, 1034

Vonhoff, Else, Schauspielerin in Bremen, ab 1902/03 in Gera, seit 1907 verheiratet mit dem Kammermusiker G. Roscher; nach einer Spielzeit in Hanau 1911 am Rosetheater in Berlin 139, 147

Voorhoeve, Cory, Mitpatientin in Val-Mont 1000

Voß, Richard (1851-1918), Romancier 599

Vrchlický, Jaroalav (1853-1912), eigentlich Emil Bohus Frida, tschechischer Dichter 49

Vries, Annette de, 1915 Schauspielschülerin in Saarlouis 505 f.

Waal, Elizabeth de, geb. von Ephrussi (s. dort)

Waard, Bee de (*1885), eigentlich: Helene Louise Engelberta, niederländische Malerin, starb in Paris 535, 634, 650, 668, 678, 953

Wagner, Richard (1813-1883), Komponist 133

Wagner, Siegfried (1869-1930), Komponist und Dirigent, Sohn Richard Wagners 62

Wald, Roderich, Herausgeber der Zeitschrift »Der Gesellschafter« 38

Walden, Herwarth (*1878, 1941 in Moskau verhaftet, seitdem verschollen); eigentlich: Georg Levin, Schriftsteller; Herausgeber des »Sturm«, seit 1903 mit Else Lasker-Schüler verheiratet 225, 229-231, 239-241

Waldow, Annamaria Elisabeth Klothilde von, geb. von der Planitz (1866-1928), Tante der Tänzerin Clotilde von Derp 269

Wallenberg, Karl Paul Ducius von (1850-1909), zuletzt Generalleutnant und Kommandant von Breslau; jüngster Bruder von Julie Freifrau von Nordeck zur Rabenau 287

– seine Frau 287

– seine Tochter Wanda Ducius von Wallenberg (1878-1945), seit 1912 verheiratet mit Graf Ernst von Eickstedt-Peterswaldt (1869-1931) 288

Wallenstein, Albrecht von, Herzog von Friedland (1585-1634), Heerführer im Dreißigjährigen Krieg 25

Wallmüller, General, Schwiegervater von Wilhelm von Scholz 63

Wallpach, Arthur von (1866-1946), Lyriker 58

Walser, Robert (1878-1956), Schweizer Dichter 262

Walter, Rein(h)old von (1882-1965), baltischer Schriftsteller, später Übersetzer Pasternaks 284, 721, 731

Walthert, Ida (1896-1975), aus Bern, R.s letzte Haushälterin in Muzot 952, 957, 1000

Walther von der Vogelweide (um 1170-etwa 1230), Dichter 132

Walzel, Oskar (1864-1944), Literarhistoriker, Professor für deutsche Literatur an der TH Dresden 497, 590, 969

Wambol[d]t von Umstadt, Karl Freiherr (1890-1965), seit 1923 verheiratet mit Ingeborg Freiin Silfverschiöld (1897-1986), einer Schwedin; sein Bruder Franz (1888-1922) war ein enger Freund Carl J. Burckhardts 1024

Wank, Anna, Schauspielerin am Deutschen Volkstheater in Prag 56

Wasielewski, Waldemar von (1875-1959), freier Schriftsteller in Sondershausen 774 f.

Wasnetzow (Vasnecóv), Appolinari Michailowitsch (1856-1933), russischer Maler, jüngerer Bruder von Viktor W. 113

Wasnetzow (Vasnecóv), Viktor Michailowitsch (1848-1926), russischer Maler 96, 98, 125 f.

Wassermann, Jakob (1873-1934), verheiratet mit Julie, geb. Speyer (1876-1963), Erzähler 63, 164, 227, 230, 290, 309, 345, 408, 494, 525, 810, 851, 871, 899, 924, 936

Wassilew (Vasil'ev), Fjodor (1850-1873), russischer Maler 111

Watteau, Jean Antoine (1684-1721), französischer Maler 502

Wattenwyl von, Schweizer Adelsgeschlecht 728

Wattenwyl, Yvonne de, geb. de Freudenreich (1891-1976), heiratete nach ihrer Scheidung von Dr. jur. Erich von Wattenwyl (1889-1977)

1931 Henri Vallotton (1891-1971), Schweizer Politiker und Diplomat, lebte in Sierre 637-642, 644, 646f., 650, 657f., 662, 664, 668, 670, 675, 685, 688, 694, 707, 723f., 818, 851, 864, 884, 914

Weber, Max (1864-1920), Nationalökonom und Soziologe, 1919 in München 603

Webern, Anton von (1883-1945), Komponist, Schüler von Arnold Schönberg 392

Wechmar, Elisabeth von, geb. von Hefner-Alteneck (1885-1940), heiratete 1906 in Berlin Rudolf Freiherrn von Wechmar (1870-1924), zuletzt Major 656

Wedekind, Frank (1864-1918), Dramatiker 62, 334, 500

Wedel, Lotte von, geb. von Gwinner (1897-1972), 1921 geschieden von Berndt v. W., kannte R. aus dem Hause von der Heydt 644, 760, 784

Weichardt, Carl, Dr., Feuilletonredakteur der Frankfurter Zeitung 336

Weichberger, Konrad (1877-1952), Professor Dr., Herausgeber von »Das Bremer Gastbett«, lebte in Weimar 312, 319

Weininger, Otto, Dr. phil. (1880-1903 Freitod), österreichischer Schriftsteller 213, 554, 573, 1037 (?)

Weininger, Richard (1887-1979), Industrieller in Wien, Bruder Otto Weiningers, lebte in New York 526-529, 533f., 540, 544, 550, 554, 556f., 573, 591, 781, 903, 909, 927, 929, 944, 949, 978, 986, 1019, 1021f., 1037, 1039

– seine Frau Marianne (Mieze) (1883-1966) 528, 533f., 540, 544, 546, 551, 554-557, 560, 567, 573, 591, 593, 619, 677, 685, 697, 700, 711, 721, 724, 738, 779, 781, 785, 802, 824, 849, 877, 900f., 903, 909, 913, 915, 927, 929, 944, 949, 978, 986, 1019f., 1021f., 1025, 1029

– sein Sohn Thomas (1913-1957) 901, 903, 905

Weinmann, Julie, Frau des Kommerzienrates Weinmann in München 74f., 154

Weisgerber-Collin, Grete (*1878), Malerin aus Prag, verheiratet in erster Ehe mit dem Münchner Maler Albert Weisgerber, 1915 gefallen; befreundet mit Karl Wolfskehl 534, 587

Weiß, Emil Rudolf (1875-1942), Maler, Graphiker und Autor, verheiratet mit Renée Sintenis 123, 135, 183, 341, 572, 722

Weiß, Ernst (1884-1940 Freitod beim Einmarsch der deutschen Truppen in Paris), österreichischer Schriftsteller und Dr. med., Schiffsarzt; seinen Roman »Die Galeere« veröffentlichte er 1913 im S. Fischer Verlag 456

Weissenburg, Josef Ritter von (1802-1871), Verwandter der Familie Rilke 18

– seine Frau 21

Weixlgärtner, Arpad (1872-1961), Kunsthistoriker, Direktor der Gemäldegalerie in Wien, Schriftleiter der Zeitschrift »Die Graphischen Künste« 676

Weizsäcker, Carl von (1822-1899), Professor der Theologie in Tübingen, seine Übersetzung des Neuen Testaments erschien zuerst 1875 181

Wenger, Emma, schrieb für R. in Ragaz, später Lehrerin 894, 902

Wengler, Heinrich, Dr., Freund Heinrich Wunderlys 822

Wenzel, Carl, Übersetzer 45

Wereffkin (Verevkin), Marianne von

(1867-1938), russische Malerin
653 f.
Werfel, Franz (1890-1945), österreichischer Dichter 432, 434 f., 437-441, 446-448, 451, 455-457, 465, 468, 470, 473, 480, 493, 498 f., 545, 551, 634, 684, 759, 836, 920, 943
Wertheimer, Marga (*1902), später Dr. Margarete Naville-Wertheimer, im Herbst 1924 R.s Sekretärin; ihre Erinnerungen »Arbeitsstunden mit R. M. R. (Aus einem Tagebuch)«, Zürich/New York 1940 904-908
Westhoff, Clara s. Rilke-Westhoff
Westhoff, Friedrich (20. 5. 1840 - 13. B. 1905), Bremer Import-Kaufmann wie sein Vater, seine Mutter, geb. Greiner, aus Rudolstadt (Porzellanmanufaktur), Vater von Clara Rilke-Westhoff, R.s Schwiegervater 130 f., 165, 176 f., 221, 228, 381, 394, 679
Westhoff, Friedrich (1884-1962), Kaufmann, älterer der Brüder von Clara R. Westhoff 131, 182, 191, 193
Westhoff, Helmuth (1881-1977), Maler, jüngster Bruder von Clara R.-Westhoff, lebte in Fischerhude 131, 149, 803, 855, 888, 890, 971
Westhoff, Johanna, geb. Hartung (26. B. 1856 - 16. 7. 1941), Tochter eines Gutsbesitzers im Vogtland, zweite Frau von Friedrich Westhoff, Mutter von Clara, Friedrich und Helmuth Westhoff; lebte seit 1914 in Fischerhude bei Bremen 130 f., 159, 165, 176 f., 226, 378, 394, 486, 564, 568, 679, 803
Westhoff, Paula, Stiefschwester Claras, mit ihrem Mann 131
Weißenburg, Onkel der Rilkes 241
Wharton, Edith, geb. Newbold-Jones (1862-1937), amerikanische Schriftstellerin, lebte in Frankreich 830

Wichert, Fritz (1878-1951), Dr., Direktor der Städtischen Kunsthalle in Mannheim, 1923 Leiter der Städel-Schule in Frankfurt/M., nach 1933 entlassen 404, 410, 574, 585
Widmer, Auguste (1853-1939), Dr. med., Gründer und Chef-Arzt von Val-Mont 859, 916, 995
Wiener, Oskar (1873-1944 in Theresienstadt), Herausgeber von »Deutsche Dichter aus Prag« 665
Wieniewska, Idy, übersetzte ins Polnische 807
Wiers-Jenssen, Hans (1806-1925), Pseudonym: Holge Wang, norwegischer Erzähler und Dramatiker. Das historische Drama »Anne Persdotter« wurde 1908 in Kristiania (Oslo) uraufgeführt; 1917 durch John Masefield ins Englische übersetzt, eroberte das Stück die Bühnen 599
Wiertz, Antoine (1806-1865), belgischer Maler; das Musée Wiertz: Brüssel, 62 rue Vautier, im früheren Wohnhaus des Malers 121
Wiesenthal, Grete (1885-1970), österreichische Tänzerin, verheiratet mit dem Maler Erwin Lang (1886-1862); Hofmannsthal schrieb eine Pantomime für sie 379, 487
Wigmann, Mary (1886-1975) deutsche Tänzerin und Choreographin 845
Wildberg, Bodo (1862-1942), eigentlich: Harry Louis von Dickinson-Wildberg, Schriftsteller 51 f., 58 f.
Wilde, Oscar (1856-1900), nannte sich nach der Entlassung aus dem Gefängnis Sebastian Melmoth; »The Ballad of Reading Goal« entstand 1898, »De Profundis« erschien posthum, deutsch von M.

Meyerfeld 1905 219, 298, 535, 646, 961
Wildencron, Baronin Inge von 985
Wildgans, Anton (1881-1932), österreichischer Schriftsteller 435, 517, 610
Wilhelm II. (Guillaume II) (1859-1941), von 1888 bis 1918 Deutscher Kaiser 141, 398, 729, 810, 915, 983, 1034
Wilhelm, Paul (1873-1916), eigentlich: Wilhelm Dworaczek, Mitschüler R.s an der Handelsakademie in Linz, später Schriftsteller 74, 78
Willy, s. Colette, Sidonie-Gabrielle
Wilson, Woodrow (1856-1924), Professor für Geschichte und Staatswissenschaften, von 1913-21 Präsident der USA 581, 602
Wilt-Stieler, Hilde de, Bekannte von Jenny Oltersdorf 362
Wimhölzl, Arnold, Freund R.s aus der Linzer Zeit, Bruder von Frau Johanna von Kunesch, Edle von Brugingen 29, 58, 971
Wimhölzl, Johann Evangelist, Bürgermeister in Linz 29
Winckler, Joseph (1881-1966), Zahnarzt und Schriftsteller 776
Windischgraetz (Windisch-Graetz), Prinzessin Marie (Mary) zu (1896-1988), lebte in London 894
– ihre Schwester Antoinette (1902-1990), seit 1935 verheiratet mit Ladislaus Fürst Batthyany-Strattmann, lebte in Wien 894
– ihre Mutter 494
Windmeier, Elise, R.s Haushälterin auf Muzot im Sommer 1923 822, 824, 836, 840
Winkelried, Arnold († 1396), aus Stans, opferte sich in der Schlacht bei Sempach auf, indem er mehrere Spieße auf sich zog und so den Sieg der Eidgenossen gegen Leopold III., Herzog von Österreich, ermöglichte 368
Winter, Käthe, Empfängerin einer Widmung im »Cornet« 534
Winterfeldt-Menkin, Joachim von (1865-1945), Landesdirektor der Provinz Brandenburg 568, 598, 709f., 722, 878, 939, 977
Winternitz, Friederike von (1882-1971), spätere Gattin von Stefan Zweig 530
Wintscher, Dora, Bekannte R.s aus München 582
Wit, Augusta de (1864-1939), niederländische Romanautorin 668
Wittelsbach, Prinz Ludwig Ferdinand von Bayern, Dr. med. (1859-1949), Kgl. Bayer. General d. Kavallerie 521
Wittgenstein, Ludwig (1889-1951), österreichischer Philosoph, später Mathematiker und Philosoph in Oxford 472f., 478f., 481, 487, 490, 513, 653, 655f.
Wölfli, Adolf (1864-1930), Patient in Waldau bei Bern, malte und schrieb; beruflich »ein Knechtli« 740
Woermann, Gertrud, geb. Krüger (1862-1945) aus Kopenhagen, zweite Gattin des Reeders Adolph Woermann (1847-1911); sie und ihre Tochter Irma (*1895) waren befreundet mit Clara R. Sie lebten auf dem Grönwohldhof bei Hamburg 435
Woerner, Roman (1863-1945), Philosoph 551
Woinovich von Belobreska, Emil Freiherr (1851-1927), General der Infanterie, von 1901-15 Direktor des Kriegsarchivs in Wien 519, 527
Wolde, Georg Ludwig (Lutz) (1884-1949), Dr. jur., Schriftsteller, Sohn des Bremer Bankiers Johann

Georg Wolde und seiner Frau
Adele, geb. Baronesse Knoop
(Tochter des Begründers der russischen Webwaren-Industrie); gründete 1911 gemeinsam mit Willy
Wiegand die »Bremer Presse«
(bibliophile Drucke) 262, 293, 516,
572, 848
Wolf, Gertrud, Dr., Leiterin des Frauenreferates im Bayerischen Kriegsministerium in München 597
Wolfberg, Kunstsalon in Zürich 845
Wolfenstein, Alfred (1888-1945 Paris), Dr. jur., Lyriker und Dramatiker, Herausgeber der Zeitschrift »Die Erhebung«; erste persönliche Begegnung im Hause von S. Fischer Frühjahr 1914 383, 539f., 591f., 612, 664
Wolff, Annemarie de (*1893), in Luzern, befreundet mit Madame de Sépibus 839, 843
Wolff, Emil (1879-1952), Dr. phil., Anglist in München, Autor von »Persephone«, Privatdruck München: M. Rieger 1917 564
Wolff, Hanna, geb. Josten, Gattin des Bankdirektors Alfred Wolff in München, befreundet mit Eberhard von Bodenhausen 438, 489, 580
Wolff, Kurt August Paul (1887-1963), Verleger, Sohn des Musikhistorikers Leonhard W. aus Bonn, in erster Ehe verheiratet mit Elisabeth, geb. Merck 344, 433, 446, 448, 452, 457, 459, 465f., 470, 473, 498, 550-552, 558, 576, 579, 581, 628, 714, 744, 747, 750, 759, 768
Wolfram von Eschenbach (um 1170-um 1220), Dichter 561
Wolfskehl, Karl (1869-1948 in Auckland, Neuseeland), Dichter, Angehöriger des George-Kreises 428, 477f., 535, 539, 580, 634f., 924

– seine Frau Hanna, geb. de Haan 635
Wolkoff-Muromzoff (Volkov Muromcev), Fürst Alexander Nikolajewitsch (1844-1928), russischer Staatsbeamter; malte unter dem Namen: Bussoff Aquarelle 401
Wolzogen, Ernst Freiherr von (1855-1934), Erzähler und Dramatiker, Gründer des »Überbrettls« 59, 80, 97, 147
Worms, Carl-Emanuel (1857-1939), baltischer Schriftsteller, »Die Stillen im Lande« erschien 1902 156
Woronin (Voronina-Kozicina), Helene Michailovna (um 1870-1954) aus Petersburg, später als Emigrantin in Paris 80f., 86f., 91-93, 96, 98, 924, 926f., 931, 934
Worringer, Wilhelm (1881-1965), Kunsthistoriker, Professor an der Universität Bonn; 1908 erschien »Abstraktion und Einfühlung«, 1911 »Formprobleme der Gotik« 431, 856
Wrightson, Hay, Photograph(in) 879
Wulf, Max von, »Über Heilige und Heiligenverehrung« erschien 1910 624
Wunder, Franz, Antiquar und Verleger 204, 236, 239, 312
Wunderlich, Hofrat Dr. med. Arzt in Schöneck 383, 843
Wunderly, Hans (1871-1941), Besitzer einer Gerberei in Meilen; sein Vater: Hans Heinrich W. (1842-1921), Spinnerei- und Gerbereibesitzer, von 1893-99 Nationalrat, seine Mutter: Amalia Wunderly, geb. von Murait; Gatte von Nanny Wunderly-Volkart 696, 833, 858, 918, 967, 976, 1018
– sein Bruder Heinrich Wunderly (1877-1926), Musikliebhaber 650, 705, 822
– sein Sohn Charles Wunderly,

Dr. phil.(1899-1979), Chemiker, 1924 Promotion, lebte in Meilen 654, 726, 778, 798, 865, 876, 895, 907, 976

Wunderly-Volkart, Nanny (1878-1962), Tochter von Georg Gottfried Volkart (siehe dort), und Molly, geb. Ammannn; verheiratet seit 1898 mit Hans Wunderly 650, 654, 656f., 659-663, 665-689, 691-696, 698-701, 703, 705f., 708f., 711, 713, 719f., 722, 725-730, 732-741, 743f., 747-751, 754, 759, 762-764, 767-770, 773, 775-785, 787f., 790-799, 801-806, 808, 810f., 813, 815f., 818, 820-822, 824-827, 831-834, 836-840, 842-848, 850-854, 856-861, 865f., 870f., 873, 875-877, 881f., 885, 887, 889, 891f., 894f., 900, 902, 903f., 906f., 910-912, 914f., 917f., 920f., 923, 926, 931, 932-935, 937, 944, 946, 949, 951, 955f., 960-962, 967, 970, 972, 978f., 981, 985f., 990-993, 995, 997-1003, 1005f., 1008, 1012-1014, 1016-1018, 1021f., 1024-1028, 1031, 1033f., 1036-1039, 1040-1043

Wurmser, André, Monsieur et Madame, befreundet mit Jean Cassou, lebten in Paris 1007

Yarmolinsky, Avram, Herausgeber der Anthologie »Contemporary German Poetry« New York/London 1923 859

Yeats, William Butler (1865-1939), irischer Dichter: »Erzählungen und Essays«. Übertragen aus dem Irischen und eingeleitet von Friedrich Eckstein, Insel-Verlag 1916 538

Zabelin, Iwan Egorowitsch (1820-1908), russischer Historiker, neben der Geschichte der Zaren erschien »Istorija russkoj žizni s drevnejšich vremen« in mehreren Auflagen, ferner »Russkoe iskusstvo« Moskau 1900 111, 113

Zabežinskij, Grigorij, Übersetzer aus dem Russischen, nach 1818 Emigrant 756

Zacharias, Leonie 750

Zähringer, Karl Friedrich (1886-1923), Maler und Graphiker 702

Zapf, Hedwig, geb. Griefenberg, Angestellte auf dem Paß- und Visumamt der bayerischen Regierung in München 630

Zappi, G. B. Felice (1667-1719), italienischer Dichter 624

Zech, Julius Graf (1885-1945), Diplomat, verheiratet mit Isa (* 1894), Tochter Theobald von Bethmann-Hollwegs; war der preußischen Gesandtschaft in München zugeteilt 580, 683

Zech, Paul (1881-1946 Buenos Aires), Schriftsteller, Mitherausgeber von »Das neue Pathos« 240, 339, 480, 630, 969, 995

Zelter, Karl Friedrich (1758-1832), Maurermeister, Dirigent der Berliner Singakademie und Komponist, Freund Goethes 849

Zeno, Carlo (1334-1418), venetianischer Admiral, Retter seiner Vaterstadt: im Chioggia-Krieg von 1380 besiegte er die Genueser in einer Seeschlacht 346f., 396f., 405, 550

Zesewitz, Hans, Bibliothekar in Hohenstein/Ernsttal 680, 963

Zelenka, Adolf, s. Blumauer 30

Zetlin (Cetlin), Michail Osipovic (1892-1945), Pseudonym: Amari, übersetzte ins Russische, Herausgeber der Erinnerungen von Julija Sazonova. R. schenkte ihm ein »Commerce«-Heft (1924, 2) mit der

Einschrift: »A Monsieur et Madame Michel Zetlin ayant retrouvés pour marquer la date heureuse. R. M. R. (fin janvier 1925)« 430f., 995

Zeyer, Julius (1841-1901), tschechischer Dichter, Onkel Valerie von David-Rhonfelds 33, 44, 48, 50

Zickel, Martin (1877-1932), Dr., Ober-Regisseur in Berlin, dann in Breslau 97, 105, 135, 145, 159, 269, 277

Ziegelroth, Paul, Dr. med., Leiter des Sanatoriums in Krummhübel/Riesengebirge (Naturheilkunde) 432, 439

Ziegler, Richard (1872-1944), Oberst, Chef der Eidgenössischen Remontenanstalt, Besitzer von Schloß Berg 693, 706, 719, 832
– seine Frau Lily, geb Fierz (1878-nach 1953) 693, 710, 719, 832

Ziegler, Yvonne 775

Zimmermann, Elsa, geb. Gebauer (1875-1906), in Wien lebende Schriftstellerin 95

Zimmermann, Rudolf (1895-1955), Pfarrer in Berg 710, 723, 774

Zita, Kaiserin von Osterreich, geb. Prinzessin von Bourbon-Parma (1892-1989), seit 1911 Gattin Karls I. 558

Zitterhofer, Karl Ludwig (1874-1939), österreichischer Hauptmann, von 1896-1919 dem Kriegsarchiv zugeteilt 542

Zlatnik, Franz Joseph (1871-1933), österreichischer Lyriker; Privatbeamter 53

Zoff, Otto (1890-1963), Dramatiker und Lektor aus Prag, seit 1941 in den USA 588

Zola, Emile (1840-1902), französischer Romancier 76, 500

Zoozmann, Richard (1863-1934), Schriftsteller 58, 60, 543

Zschokke, Heinrich (1771-1848), Schweizer Schriftsteller; »Die klassischen Stellen der Schweiz« erschien 1856-38 in Karlsruhe 680

Zschuppe, Arno, Herausgeber der Zeitschrift »Die Penaten« 36

Zukowski (Žukovskij), Stanislaw Julianowitsch (1873-1944), russischer Landschaftsmaler 108

Zuloaga, Ignacio (1870-1945), spanischer Maler 158, 161, 168f., 171, 174, 179f., 190, 195, 242, 244

Zweig, Arnold (1887-1968), Erzähler, Dramatiker und Essayist; die »Novellen um Claudia« erschienen 448

Zweig, Stefan (1881-1942 Freitod im Exil), österreichischer Erzähler, Verhaeren-Übersetzer: »Ausgewählte Werke« Verhaerens erschienen 1910 im Insel-Verlag (Bd. 13), der »Rembrandt« 1912, »Rubens« 1913 249, 260, 262, 276f., 309, 384, 421, 425, 494, 517, 520, 521-523, 526, 530f., 533, 567, 717, 806, 1001

Zwetajewa-Efron (Cvetaeva). Marina Ivanovna (1892-1941 Freitod), russische Lyrikerin, in Moskau aufgewachsen, Internate in Lausanne und Freiburg i. Br., 1912 Heirat mit Sergej Efron; von 1922 bis 1939 Emigration in Prag und Paris, dann Rückkehr nach Rußland, 1941 Evakuierung nach Jelabuga in der Tatarischen Sowjetrepublik; befreundet mit Boris Pasternak. 1927 erschien ihr Aufsatz »Tvoja smert« (Dein Tod) in »Volja Rossii« (5/6), Prag 977, 993, 996-998, 1000, 1002f., 1006, 1015, 1019

Zwintscher, Oskar (1870-1916), Maler, Professor an der Akademie in Dresden 134, 144, 149-151, 162, 179, 226

Zyka, Reinhard Jos., übersetzte ins Tschechische 86

Verzeichnis der Länder und Orte

Aarhus 953
Abramzevo (Gut bei Moskau) 93, 109
Adamosz (Schloß im Waagtal) 745
Adiek (Gut a. d. Oste) 116 f.
Ägypten 261, 263 f., 355-359, 362, 364, 367-369, 410, 433, 671, 761, 819, 961
Afrika (Afrique) 356, 723
Agnetendorf (Riesengebirge) 342
Aix-en-Provence 298, 301, 325, 463
Ålborg 953
Algerien (Algérie) 353, 357, 363, 819
Algier (Alger) 354-356, 359, 365, 368 f., 745, 769, 961
Allemagne s. Deutschland
Alsace s. Elsaß
Altenbruch (im Lande Hadeln) 134
Alt-Jocketa (Gut bei Liebau im Vogtland) 742, 782, 783, 790, 846, 873, 889, 955, 982
Amalfi 252
Amerika 167, 312, 397, 553, 668, 732, 745, 882 f., 888, 934, 995
Amsterdam 152, 220, 280
Anacapri 263, 386
Ansbach 599, 601
Anthy (Genfer See) 1024
Anticoli 190
Antwerpen 233
Appenborn (bei Londorf/Hessen) 222
Aquileja 382 f.
Arabien 411
Arco 64, 77-79, 81, 87, 99, 128 f., 241
Arendsee (Ostsee) 434
Arles 261, 325
Arlesheim 678 f.
Arqua, Sterbeort Petrarcas 406
Ascona 616, 654, 661
Assisi 172, 193, 467, 469
Assiut 360

Assuan 361, 368
Astapowo 355
Attnang (Salzkammergut) 56
Auckland (Neuseeland) 635
Aussee 56, 691, 738
Aussig (Böhmen) 19
Autriche s. Österreich
Autun 948
Avallon 381, 948
Avignon 173, 310, 330-332, 335, 368, 371, 381, 410, 426, 463, 692, 960

Bad Hall 464
Bad Kohlgrub 504
Bad Langenschwalbach s. Schwalbach
Bad Pfäf[f]ers (bei Ragaz) 889, 894
Bad Rippoldsau 329, 377, 429 f., 445, 677
Bad Steben 431
Bad Wartenberg (Böhmen) 23, 28, 793
Baden (bei Wien) 289, 594
Baden (bei Zürich) 680
Baden-Baden 31
Badenweiler 803, 833
Barcelona 1006
Barmen 240
Basel 19, 464, 624, 656 f., 659, 663, 665, 671-674, 677 f., 680 f., 684, 692 f., 698, 704, 819, 864, 912, 1017, 1020
Batignolles 246
Baveno (am Lago Maggiore) 949
Bayern 37, 497, 621, 661, 814
Bayonne 409
Beatenberg 686 f., 705, 739, 746, 792 f., 798, 837, 848
Beaucaire (Provence) 331
Beauvais 440, 443
Beckenried (Schweiz) 838

VERZEICHNIS DER LÄNDER UND ORTE

Bedraschên 360
Begnins sur Gland (Schweiz) [Bégnins] 650 f.
Belgien 250 f., 429, 478, 500, 514, 543, 549, 895
Bellerive 687
Bellinzona 194
Belvedere (Weimar) 377
Berg am Irchel, Kanton Zürich (Schloß) 525, 685, 693-698, 702, 705-709, 711 f., 714, 716, 719, 722-727, 729 f., 735, 743, 745, 753, 766, 774, 832, 1044
Bergamo 406
Berg Athos 390, 444
Bergell 640 f.
Bergen 200
Berlin 43, 45, 47, 50 f., 57, 59, 61, 67-72, 74 f., 77, 81-84, 86 f., 89 f., 94, 101-104, 106 f., 117-119, 120 f., 124-126, 128, 135, 137-141, 145 f., 150, 153 f., 158, 164-169, 175, 183 f., 198, 209, 211-220, 225, 227-229, 231, 234 f., 239-241, 253 f., 256 f., 259, 273, 274, 290, 295, 297, 302, 319, 322, 324, 334, 337 f., 340-344, 348, 352, 368, 377 f., 386, 398, 405, 416, 423, 428, 432 f., 435 f., 454, 461-464, 474, 482-489, 491, 493, 495, 499 f., 507, 517 f., 532, 538, 545 f., 548 f., 559-561, 564, 566-569, 571, 573-577, 579-581, 585, 587, 589, 598, 601 f., 607, 612, 614, 617, 621, 626 f., 634, 643 f., 562, 664, 667, 669, 671, 673, 676, 710, 712, 720-723, 726, 728 f., 740, 742, 750, 755-757, 775, 777, 784, 786-789, 796, 798 f., 804, 807, 811, 815, 817, 819, 826, 847, 878, 884, 886, 913, 919, 929, 938 f., 947, 955, 962, 987 f., 990, 996, 999, 1032, 1036, 1041
Bern 528, 580, 484, 606 f., 636, 637-639, 642, 645, 648, 655, 657 f., 674, 681, 686-688, 692, 696, 704, 708 f., 712, 722, 739, 778, 792 f., 795-797, 826, 829 f., 833, 837, 845 f., 856, 889, 892 f., 902, 907, 914, 950 f., 954, 963, 965, 967, 969, 1032
Bex 883, 891 f.
Bibersberg (bei Meiningen) 90, 96
Bielefeld 152, 168, 359, 450, 755
Bieren (Kreisstadt in Westfalen) 559
Bjerred (Schweden) 197
Biskra, Oase 356
Bodenbach an der Elbe 56
Bodensee 635, 889
Böckel (Gut bei Bieren) 499, 559 f., 562 f., 567, 595, 625
Böhmen 17, 19 f., 44, 46, 49, 53, 94, 101, 136, 286, 349-351, 374, 452, 457, 637, 642, 676, 680, 683, 709, 729 f., 737, 827, 932, 948, 1064
Böhmisch-Kamnitz 32
Böhmisch-Leipa 35, 68, 78
Bolleso 35
Bologna 63, 381, 459
Bombay 974
Bondo (Bergell) 647
Bonn 274, 520
Borgeby-gård (Schweden) 193, 196 f., 199-201, 205, 276, 279 f., 366
Boscoreale (bei Pompeji) 18
Bosnien 401
Boston 1036
Bothmar (Schloß in Malans) 687, 839, 841, 844, 1017, 1021
Bougy-Villars (Schweiz) 1024
Bozen 65
Brandenburg 568
Braunfels/Lahn 252
Braunschweig 47, 61
Brecia 406
Bredenau (bei Fischerhude) 700, 726, 742, 783
Bremen (Brême) 41, 47, 86, 117, 128 f., 130, 135 f., 138 f., 141 f., 145-149, 151, 153 f., 156 f., 164 f., 167, 175, 183, 188, 191, 195 f., 210, 216, 221, 228, 235, 240, 263, 293 f., 312 f., 319,

322, 380, 562, 573, 579, 613, 720, 742,
  896
Brescia 18
Breslau 61, 74, 90, 101, 138, 156 f.,
  268, 277 f., 285, 287-289
Brest Litowsk 107, 578, 581, 585, 588
Brestenberg (Schweiz) 684, 837
Bretagne 166, 250, 372, 627, 729
Brigue (Brig) 785, 831, 836, 871
Brioni (Inseln vor Pola) 824
Brissago 652, 660
Bruchsal 510
Brügge (Bruges) 250-252, 274 f., 367,
  390
Brüggerhaus (in Malans) 839, 844 f.
Brünn 18
Brüssel 195, 233, 368
Brüx (in Böhmen) 19
Buenos Aires 968
Buchara 384
Budapest 54, 55, 436, 452, 779, 789,
  1027
Budin (in Böhmen) 17
Bürgstein (Bez. Böhmisch-Leipa) 21
Bulgarien 411
Burghausen (an der Salzach) 543
Bussum 1043
Butzbach (Oberhessen) 716
Byzanz 411

Caillou-qui-Bique 429
Caire s. Kairo
Capri 163, 183, 254, 256-261,
  264-266, 268 f., 275, 278, 282, 293,
  297-299, 302, 304, 306, 388 f., 434,
  616, 679
Carlsbad s. Karlsbad
Carpentras (Provence) 331 f., 463,
  759
Carthage s. Karthago
Cassis 328
Castagnola 1034
Castello San Materno 657, 660
Cavalière (Riviera) 1032, 1034
Cette (Sète) 946

Canale (Friaul) 23
Chailly (bei Lausanne) 1028
Chandolin (Valais) 595, 692
Chantilly 247, 349, 466
Charkow 110, 613
Charlottenlund (bei Kopenhagen)
  207 f.
Chartres 161, 186, 237, 388, 410, 428,
  869
Château d'Œux 781
Chaville (bei Paris) 235
Chiemsee 555, 558
China 660
Chioggia 347
Chippis (Valais) 1002, 1007, 1010,
  1012, 1027
Christiania 200
Chur 649 f., 1026, 1041
Coburg 612
Collombey (Schweiz) 833
Colmar 330, 473, 941
Cologne s. Köln
Constantinopel s. Konstantinopel
Cordoba 413 f.
Corin-la-Chapelle (bei Sierre) 741,
  890
Cuverville 923, 1010
Cuxhaven 134
Czenstochau 484, 523

Dachau 618, 633
Dänemark 81, 155 f., 189, 191, 200,
  235
Danzig und Danzig-Langfuhr 81, 94,
  115, 175
Darmstadt 222, 234, 257, 373, 426,
  482, 550, 655, 970
Den Haag 512, 573, 976, 979
Desencano (am Gardasee) 406
Deutschland 59, 105, 111, 115, 127,
  143, 203, 210, 229, 233, 252, 307,
  326, 330, 337, 339, 417, 425, 429 f.,
  442, 472, 474, 478, 498, 518, 553 f.,
  559, 562 f., 600, 607, 628, 630, 634,
  637, 646 f., 654, 656, 661, 663, 667,

673-675, 684, 686, 697, 711, 747,
772, 778, 781, 788f., 790f., 794,
798f., 809, 811-815, 844, 846f., 853,
909, 920, 938, 946, 977, 989, 1005f.
Dijon 172f., 186, 949
Disentis 650
Dittersbach (in Böhmen) 42f.
Doberan 434
Dockenhuden (Blankenese) 435
Donaueschingen 831
Donauwörth 651
Dorfen-Wolfratshausen 68-70,
Dresden 36, 41, 51, 56f., 130, 132, 134,
136, 150, 158, 174, 198, 211f., 214f.,
220, 226, 256, 366, 433, 438, 440f.,
446, 556f., 566, 590, 592, 818
Düsseldorf 141, 193-195, 202, 252,
717
Duino 56, 140, 257, 340, 343, 346,
358, 361, 364, 378, 381-387,
389-391, 396, 398-400, 405-408,
419, 432, 448, 463, 466, 481, 499,
502, 514, 564, 572f., 593, 597, 617,
630, 643, 666, 685, 684, 758,
764-767, 772, 871, 943, 956, 996,
1019
Duisburg 717

Ebenhausen 563
Edinburgh [Edinburg] 970, 974
Eglisau (Schweiz) 739
Egypte s. Ägypten
Eibar (Nordspanien) 169
Einsiedeln 689
Elberfeld 235, 240, 336f., 339, 468
El Kantara (Nordafrika) 356f., 972
Elsaß 732, 779
Emmenbrücke (Schweiz) 885
Engadin 641, 649, 1016f.
England 199, 252, 375, 433, 476, 975,
995
Englar 64
Erfurt 61
Erlenbach (bei Zürich) 673, 695,
737, 755

Espagne s. Spanien
Essen 811
Estland 588
Etoy (Schweiz) Le Prieuré 726f., 730,
732f., 735
Europa 398, 425, 430, 478, 502, 577,
645, 769, 848, 964, 983, 1002
Evian 1023

Fexthal 641
Finnland 588
Fischau 690
Fischerhude 486, 535, 568, 573, 591,
602, 618, 622, 633, 653, 663, 742,
783, 803
Flaach (am Irchel, Kanton Zürich)
696, 710, 717
Flädie (bei Malmö) 196
Flandern 274, 277, 578
Flensburg 970
Fleurines (Oise) 428
Flims 900f.
Florenz (Florence) 79f., 93, 177, 180,
252, 256, 263, 301f., 393, 752, 924,
1010, 1028
Fontainebleau 249
Forte di Marmi 462
Frankfurt 220, 310, 336, 350, 352,
384, 404, 482, 484, 551, 573, 659,
672, 723, 831, 858, 977
Frankreich (France) 395, 425, 508,
609, 733, 789, 810, 813f., 833, 848,
863f., 868, 920, 943, 946, 965, 990,
995, 1031
Franzensbad (Böhmen) 350, 374,
848, 857
Fraueninsel (im Chiemsee) 497,
556f.
Freiberg (in Sachsen) 19
Freiburg (im Breisgau) 473, 505,
536, 677, 752, 887, 912
Fribourg 688, 737, 1010
Friedelhausen (in Hessen) 219-223,
227, 250, 252-254, 784
Furnes 250f., 253, 274f., 895

Furuborg (bei Göteborg) 183, 201-205, 207f., 221, 236

Galizien 482
Gamelitz (Kärnten) 19
Gardasee 64, 406
Genf (Genève) 496, 584, 599, 636f., 643, 647, 651f., 655, 685-692, 694, 696f., 701, 708f., 711, 722, 725f., 733, 735, 755, 758, 822, 826, 836, 841, 864, 875, 877-879, 891, 894, 903, 908f., 928, 931, 937, 977, 1041
Genfer See 650, 858, 1022
Gent 250f., 274, 898
Genua 80, 169, 172f., 381
Gibraltar 405
Gießen 252
Gizeh 457, 657
Gletsch (Schweiz) 650
Glion (Vaud) 916, 992f., 1000, 1036, 1042
Gmunden (Oberösterreich) 57
Godesberg 223, 250-252, 277
Göteborg 187, 189, 191, 201f., 206, 228
Göttingen 53, 180, 193, 210, 214, 216f., 220, 431, 449, 472, 474f., 505, 618, 629, 634
Goisern (bei Ischl) 56f.
Grado (am Golf von Triest) 406
Gränitz (Gut in Sachsen) 19
Grand-Saconnex (Genf) 687
Grasse 977
Griechenland (Grèce) 160, 252-254, 405, 411
Grics 65
Grönwohldhof [Grönwoldhof] (bei Hamburg) 435
Grottenhof, Schloß (bei Leibnitz in Kärnten) 19
Grunewald (Berlin) 255, 461, 485, 568
Gruyères 833
Gümligen (Schloß bei Bern) 607, 638

Gurten (Schweiz) 851

Hagen 227
Halberstadt 219
Halensee-Berlin 99, 254
Hall s. Bad Hall
Halle 46, 493, 774
Hallein 70
Hallwyl (Schloß in der Schweiz) 684
Hamburg 41, 85f., 101-103, 117f., 125, 140f., 149, 161, 195, 208, 228, 235, 240, 349, 410, 435, 575, 589, 720, 919
Hannover 293, 327, 566-568, 570
Harz 219f.
Haseldorf (Holstein) 136, 139, 152f., 154f., 303
Heeslingen (bei Bremen) 117
Heidelberg 227, 498, 579, 603, 737, 751, 786, 790, 834, 859
Heilbronn 285
Heiligendamm (Ostseebad, Mecklenburg) 432f., 435, 470
Heliopolis 375
Hellerau (bei Dresden) 416, 437f., 440f., 444, 446
Helsingborg 202
Heluan [Helouan] (bei Kairo) 260, 263, 360, 362f.
Herford 559
Herrenchiemsee (Herreninsel) 497, 556f., 561
Herzegowina 401
Hessen 221
Hietzing (bei Wien) 288, 523, 530
Hohenried (bei Tutzing) 633
Holland 60, 250, 633, 668, 878, 903, 910, 995
Holligen (bei Bern) 687
Hottingen/Zürich s. Zürich
Holzhausen (am Ammersee) 499
Hruby Rohozec (Schloß bei Wartenberg) 23
Hütteldorf (bei Wien) 520f.

Ile de Bartelasse (Rhône) 692
Indien 662, 840, 1034
Innsbruck 55, 352, 464, 1042
Interlaken 837
Irschenhausen (bei München) 470, 475, 477, 481, 490f., 664
Ischl 57
Isenheim 620, 941
Isonzo 532f., 564
Italien (Italie) 22, 97, 173f., 176, 179, 232, 252, 294, 412, 426, 479, 498, 508, 532, 675, 678-680, 683, 693, 705, 796, 813, 819, 845, 875, 879, 902, 977, 979f., 983, 988, 1000, 1010, 1034
Ithaka 364

Janowitz (Schloß in Böhmen) 284, 286, 314, 350-353, 375, 419, 459, 503, 566, 637, 788, 838
Japan 134, 338, 678, 908, 1012
Jaroslawl 111, 450
Jásnaja Poljána (Gut Tolstois) 97, 109, 117, 338
Java 984
Jena 336f., 340, 463, 634
Jenins (Graubünden) 690
Jocketa (Gut im Vogtland) s. Alt-Jokketa
Jonsered (bei Göteborg) 202, 204, 213, 878
Juan-les-Pins 381

Kärnten 19, 48, 730, 735, 738, 789
Kairo 362-364, 368-370, 715
Kairuan [Kairouan] 358, 367, 498, 714, 774
Kaiserstuhl (Schweiz) 735, 738f., 741
Kamenitz a. d. Linde (Gut in Böhmen) 19, 543
Karlsbad 179, 737, 839f.
Karlsruhe 376, 684, 838
Karnak (Ägypten) 361
Karthago 358, 875
Kasan 110

Kassel 219f., 376
Kephalonia 368
Kiel 195
Kiew 109f., 486
Klagenfurt 902
Kleinasien 472
Kochel 437
Köln 227, 292, 352
Königsberg 555, 559, 822
Königstein (Taunus) 620
Kongo 946
Konstantinopel 411, 549, 552, 571, 614
Konstantinsbad (Westböhmen) 20
Konstanz 66, 77
Kopenhagen 137, 153, 187, 189, 191, 195f., 199-204, 206, 208f., 229, 235, 238, 322, 329, 355, 393, 397, 585, 614, 659, 708, 761, 867, 953, 995, 1001, 1044
Korbonowka (bei Poltáwa) 110
Korsör 195
Koslowka-Saseka (bei Tula) 109
Krakau 479, 490, 509, 707
Kralup 17, 20
Krementschug (am Dnjepr) 110
Kremsier (Mähren) 17
Kresl (am Dnjepr) 110
Kresta-Bogorodskoje (bei Jaroslawl) 111
Kriau (Teil des Prater, Wien) 522
Krummau (Schloß in Böhmen) 77
Krummhübel (Riesengebirge) 439
Kufstein 50, 68f.
Kukusgradlitz (in Böhmen) 20
Kurland 588

La Sarraz (Schweiz) 892
Lago Maggiore 844
Landquart (Graubünden) 690
Langenau (Gut in Sachsen) 19, 640
Langenschwalbach s. Schwalbach
Lanke (bei Bernau) 570
Lausanne 505, 650, 652, 695, 733, 735, 782, 794f., 810, 821, 828f., 848, 892, 903, 906, 909, 914, 922, 949,

980, 993-996, 1000, 1019f., 1022, 1024, 1026-1030
Lautschin (Böhmen) 37f., 349-351, 364, 374-376, 385f., 430, 559, 563, 581, 598, 610, 613, 679, 683, 687, 739, 788
Le Caillou (Belgien), s. Caillou-qui-Bique
Leipa, s. Böhmisch-Leipa
Leipzig 38, 48, 60f., 74, 97, 102, 115, 154, 165, 168, 171, 177, 188, 198, 208, 216, 221, 225, 227, 232f., 259, 264, 273, 278, 294f., 297, 306, 315, 330, 333, 337f., 340, 342, 348f., 359, 369, 373f., 376f., 397, 416, 423, 325, 431, 433, 435, 439, 442f., 465, 468, 471, 473, 479, 484, 486, 491, 498, 510, 547, 549, 557, 578f., 584, 599, 605, 607, 623f., 636, 640, 651, 664f., 683, 705, 709, 711, 721, 732, 737, 755f., 762, 780, 820, 832, 858, 875, 890, 907, 919, 935, 977, 1015, 1040, 1042, 1044
Leitmeritz 17
Lemberg 807
Lens (Wallis) 741
Lenzerheide 835
Les Baux (Provence) 331, 463, 562, 961
Leukerbad 834
Lido (Venedig) 399, 401, 403
Liebau (Sachsen) 742, 746
Liestal 674, 679
Lilienthal (bei Bremen) 132
Linda (Gut in Sachsen) 19
Lindau 66, 635
Linz 28-31, 38f., 58, 65, 78, 264
Litauen 588
Livland 588
Locarno 525, 657f., 660f., 664, 667, 671f., 967
Loèche les Bains (Leukerbad) 834
Löwen 478
Lollar (Hessen) 227
London 97, 123, 200, 225, 235, 338, 376, 436, 452, 656, 671, 859, 967, 975
Londorf (Hessen) 220, 222, 328, 351
Lucca 666
Lückendorf (Lausitzer Gebirge) 637
Lüdingworth (im Lande Hadeln) 134
Lund 189, 197-199, 585
Luxemburg 716
Luxor 360f.
Luzern 374, 656, 839, 841, 842, 844, 858, 868, 901
Lyon 381, 407

Madeira 777
Madonna del Sasso 661
Madrid 405f., 409, 420
Mähren 18, 664
Mährisch-Weißkirchen 26f., 99
Maienfeld (Schweiz) 650, 690, 1016
Mailand 78, 169, 193, 195, 233, 461, 466f., 682, 746, 792, 828, 844, 879, 883, 949, 977, 983, 995, 1000
Mainz 807
Malans (Graubünden) 650, 687, 690, 822, 839, 842, 844f., 854, 893, 1016
Malmö 196
Mannheim 404f., 574
Marburg/Lahn 219f., 222, 253, 781, 899
Marienbad 179
Marignano [Marignan] 736
Marly-le-Roi (bei Paris) 366f., 369
Marokko 930, 932
Marosvásárhely 379
Marseille 298, 354, 356, 876, 985, 996, 1042
Maur (am Greifensee) 739, 831
Mecheln 478
Meersburg 66
Meilen (am Zürichsee) 654, 672, 679f., 690, 695, 713, 786f., 795, 830, 844-846, 858, 881, 890, 894f., 897, 914, 935, 954f.
Meiningen 90, 97-97, 238
Mekka 358

Meran 65, 752, 777, 796, 846
Meudon 158f., 161, 185, 215, 222f.,
  226f., 233f., 238, 242, 248, 271, 280,
  289, 301, 303, 305, 402, 427, 454,
  614, 669
Mex (Wallis) 733
Mexiko 344, 753
Miège 736
Milan s. Mailand
Misdroy (Ostsee) 43, 57
Mittelmeer 356, 268
Mlada Vozice (Böhmen) 19
Molsheim 941
Monfalcone 466, 499
Mont St. Michel 166, 178, 186, 372,
  623, 627
Mont Ventoux 368, 371, 757
Montana 833
Monte Gaino 18
Monte Verità 1034
Monthey 833
Montpellier 946
Montreux 187, 883, 914f., 990f., 998,
  1036
Moosschwaige 615, 622, 627
Morges 599, 733, 794
Moskau 90-93, 97f., 105, 107-109,
  111, 123, 136f., 138, 142, 189, 194,
  209, 240, 243, 365, 370, 430, 434,
  731, 919, 993, 996f.
Mühlenthal (Schloß bei Bremen) 293
München 37, 44, 56f., 58-60, 64f.,
  66-70, 74, 78, 82f., 86, 97, 102f.,
  124, 129, 135f., 140f., 154, 156,
  179f., 188, 256, 297, 302, 309f., 319,
  337f., 341, 343, 350, 352, 366, 368-
  370, 372, 377-379, 384f., 393f., 399,
  401, 407-409, 413, 421, 428, 433,
  436f., 441, 443, 451, 455f., 463f.,
  471f., 474, 476-478, 480, 482f.,
  486-496, 498, 504, 507f., 510-512,
  518f., 521, 423-525, 529, 532, 534-
  536, 539, 542f., 545, 549, 552f.,
  555-559, 564, 566-569, 574-576,
  578-581, 589, 591-594, 598, 601,
  605, 607f., 611-614, 616f., 620f.,
  623, 625-631, 633-635, 643, 652,
  660, 663f., 672f., 677f., 683, 697,
  711f., 714, 718f., 721, 723, 725, 737,
  745, 755f., 770, 775f., 778, 780,
  787, 794, 809, 812, 819, 825, 833,
  847, 893, 897, 899, 939, 945, 947f.,
  964
  – Ainmillerstraße 34/IV 592-635
  – Briennerstraße 48 58-62
  – Blüthenstraße 8/I 62-70
  – Finkenstraße 2/IV 480-482,
    488-499
  – Hotel Continental 576-592
  – Keferstraße 11 511-517, 534-559
  – Widenmayerstraße 23/III 499-511
Muri (bei Bern) 638
Muzot (bei Sierre) 21f., 32, 151, 199,
  208, 357, 481, 595, 720, 734-746,
  748f., 751, 762, 765, 767, 771-776,
  778-785, 787-791, 793-795, 797-
  799, 804, 808, 810, 816, 819-824,
  826f., 830-837, 840, 843f., 846f.,
  850f., 853, 855-857, 859, 864, 869f.,
  872, 877f., 880f., 883, 888, 890-893,
  895-900, 903-906, 908-911, 913f.,
  917, 919-922, 927f., 932-935, 937,
  940, 943-945, 946f., 949-952, 954f.,
  957, 965-967, 968, 971f., 979, 983,
  985, 987, 991-994, 997, 999f.,
  1001f., 1004, 1006-1009, 1011f.,
  1020, 1022f., 1025-1031, 1034, 1038,
  1042f.
Muzzano 729, 733

Naumburg 376
Nassau 536
Neapel 194, 243, 256, 260f., 264,
  268f., 297, 301f., 358f., 367, 684f.,
  959, 984
Nehmühle (-brücke) (bei Marburg)
  222, 253
Neuburg s. Stift Neuburg
Neuchâtel 892, 900
Neuwerk (Nordsee) 134

New York 486, 548, 613, 665, 668,
  690, 708, 745, 821, 859, 1042
Niederlangenau (Gut in Sachsen) 22,
  640
Nieder-Österreich 609
Niederschoenenfeld (bei Donau-
  wörth) 651
Nikolassee-Berlin 572
Nischni-Nowgorod 111
Nisowka (Gut an der oberen Wolga)
  111
Noordwijk 1023
Nordafrika 356, 359, 366, 422, 934
Nordböhmen s. Böhmen
Normandie 178, 186
Norrland 457
Norwegen 586
Nowgorod 112, 120, 331
Nowgorod Welíki 112
Nowinki (Dorf an der oberen
  Wolga) 112, 122, 143, 414
Nürnberg 103, 276, 285
Nyon 618, 621, 636, 638, 640, 651 f.,
  661 f., 685

Obergrund (bei Bodenbach/Elbe)
  56
Oberhessen 761
Ober-Krummhübel 439
Obermais-Meran 752
Oberneuland (bei Bremen) 162, 165,
  177 f., 191 f., 208 f., 211, 216, 226, 228,
  280, 292, 294, 296 f., 349, 377
Oberstdorf 667
Oberweimar 432
Oby Alfvesta (Schweden) 196, 207
Odessa 665
Österreich 119, 127, 133, 275 f., 397,
  401, 412, 416, 452, 472, 473, 482,
  494, 498, 518, 524, 553, 602, 632,
  648, 664, 667 f., 697, 718, 789, 813,
  816, 855
Ofen (s. auch Budapest)
Ohlstadt (Oberbayern) 598
Oldenburg 234, 293

Oliva (bei Danzig) 82, 94
Oostduinkerke 251
Orange 331, 348 f., 463
Orbe 795
Orient 91, 353, 356 f., 812
Osnabrück 1044
Osterndorf (bei Worpswede) 146
Ouchy-Lausanne 599, 616, 732, 903,
  1021, 1024, 1027
Oybin (Böhmen) 637

Paalsgaard 153
Paderborn 61
Padua (Padoue) 404, 459, 687, 726,
  977
Palästina 357
Palermo 358 f., 720
Paris 18, 54, 62 f., 70, 83, 97, 116, 148,
  150 f., 154-159, 161 f., 164-178, 183,
  186, 188, 203, 211, 214, 217 f., 222-
  228, 232, 234, 237 f., 241-247, 249,
  252, 257 f., 265 f., 268 f., 271, 273,
  274, 276, 278-280, 282, 284 f., 287,
  289, 291, 294, 296, 299, 301-306,
  311, 314, 318, 320, 322-324, 326 f.,
  330-333, 335-340, 342, 344-347,
  349, 352-356, 363 f., 365-368, 372,
  374, 376, 378 f., 381-384, 391, 393 f.,
  398, 402, 408, 410, 414, 418, 420 f.,
  424-431, 436 f., 439 f., 443-450, 453,
  455, 457, 460-462, 464-468, 472 f.,
  476, 477, 480 f., 485 f., 490-492,
  504 f., 507-509, 520-522, 524, 536,
  541, 545, 551, 553, 555 f., 559, 562,
  566, 571, 573, 577, 582, 587, 593,
  609, 612, 618, 620, 625, 629, 635,
  637, 640, 643, 646, 650, 662, 664,
  666, 669, 674 f., 678 f., 682, 686, 688,
  691-695, 697, 705, 707, 712, 715,
  719, 721 f., 724, 727 f., 732, 744, 747,
  752, 755, 757, 770, 778, 780, 785 f.,
  789, 791 f., 794, 796-799, 801, 808,
  811 f., 819, 822 f., 826, 828 f., 835,
  844-849, 852, 854, 859, 861, 864,
  866, 868-870, 872, 874-876, 879,

885, 888f., 894, 896, 898, 901-905,
  907, 909f., 911-913, 915, 917, 919-
  923, 928, 929-937, 940-951, 953,
  955-962, 965, 968, 977-979, 982-
  986, 988-991, 993, 995f., 998, 1001-
  1003, 1005-1010, 1011-1914, 1016,
  1020, 1022, 1025, 1030, 1032, 1037,
  1039, 1041, 1042-1044
- 11 rue Toullier 158-161
- 3, rue de l'Abbé de l'Epée 161-177
- 29, rue Cassette 245-251, 270-285
- 17, rue Campagne-Première
  303-308
- 77, rue de Varenne, Hôtel Biron
  308-329, 332-339, 347-349,
  353-356, 365-374, 379-381
- 17, rue Campagne-Première
  420-429, 440-461, 467-472
- 33, rue de Tournon, Hôtel Foyot
  920-949
Partenkirchen 489
Patmos [Pathmos] 251, 515
Peleponnes 364f.
Persien 90, 97
Pellworm (Hallig) 154
Pest s. Budapest
Peterhof (bei Petersburg) 687
Petersburg 68, 80, 86, 90f., 93, 104,
  112, 114, 120, 138, 149, 157, 162, 165,
  186, 200, 243, 367, 397, 633, 931f.
Petit Saconnex 686
Petrograd 579
Pfäffers s. Bad Pfäf[f]ers
Philae (Nilinsel) 361
Piacenza 381
Pisa 193
Pittsburgh 883
Plauen 873
Polen 81, 107, 588, 686, 747, 879, 912,
  914f.
Poltáva 110
Pommern 582
Pontigny 348, 351, 781f., 791, 830,
  889, 929, 932, 1008
Pontresina 1014

Portugal 407
Praderhof (in Obermais/Meran) 752
Prag 17f., 20-23, 26-29, 31-38, 42-63,
  65, 68-70, 72, 74, 76-80, 83,
  85f.,87f., 101-103, 118, 122, 124,
  129f., 134, 141, 145, 154, 165, 179,
  183, 187, 190, 196, 209, 212f., 217,
  226f., 233-235, 238, 241, 259, 262,
  284-289, 294f., 319, 323, 350, 374f.,
  378f., 380, 397, 401f., 405f., 410,
  414, 437, 443, 450, 463, 471, 486,
  517, 519, 523, 530, 541, 587, 625,
  628, 665, 680f., 691, 710, 731, 746,
  755, 774, 789, 795, 802, 804f., 813,
  815f., 818f., 821, 842, 858f., 862,
  875, 899, 902, 905, 916, 921, 941,
  947f., 977, 980, 990, 1019
Praglia, Abtei 406
Pratteln (bei Basel) 626, 673, 677,
  684
Preßburg 667
Preußen 747
Prieuré, Le, von Promentheux (Genfer See) 903
Provence 325, 331, 335, 381, 410, 463,
  736, 849, 875, 943, 1020

Rafz (bei Flaach) 705
Ragaz 678, 680, 689f., 845, 889, 891-
  896, 901, 903, 908, 922, 937, 945,
  949-954, 957, 964, 994, 996,
  1005-1007, 1009, 1011-1022, 1030
Rapallo 729
Raron (Rarogne) 738, 794, 955, 1041,
  1043
Ravello (bei Amalfi) 252
Ravenna 729
Reims 274f., 988, 989, 1005
Rheinau (Kloster in der Schweiz) 712
Rheinfelden 684
Rheinland 721, 846
Rheinprovinz 669
Riencourt (Schloß am Genfer See)
  1024
Riesengebirge 432, 439f.

Riga 945, 960
Rippolds-Au s. Bad Rippoldsau
Riva (am Gardasee) 352, 398
Rivapiana 660
Riviera 381, 1032
Rockenberg (b. Butzbach) 716
Rodaun 155, 288f., 296, 394, 528,
 531-533, 828
Rolle (am Genfer See) 726, 728,
 732f., 784f., 828, 893
Rom 153, 155, 173, 177, 180, 183, 185,
 189-191, 193f., 203, 211, 230, 239,
 243, 269, 297, 300-302, 333, 343f.,
 346, 454, 459f., 462, 466, 491, 575,
 616, 675, 688, 713, 773, 775, 786,
 796, 826, 829, 839, 886, 978, 981,
 1015
Romanshorn 635
Ronda 403, 413-417, 419f., 423, 431,
 434, 439, 448, 481, 554, 595, 612,
 615, 764, 769
Rongas (Finnland) 113
Rostock 433
Rotterdam 1019
Rouen 161, 440, 443
Rügen 597, 849
Rüschlikon 653
Rumänien 913
Ruhrgebiet 809, 811f., 844
Ruhrort 717
Runkelstein (Burg bei Bozen) 65
Rußland 87, 90-93, 96f., 101, 105, 107,
 112, 115f., 118-120, 127, 137, 141,
 143, 162, 165, 196f., 199, 294, 296,
 364, 383, 434, 450, 454, 498, 508,
 554f., 570f., 581, 588, 594, 643, 648,
 664, 684, 686, 721, 732, 741, 758,
 811, 813, 819, 864, 868, 897, 900, 915,
 924, 932, 973, 977, 980, 1037

Saarbrücken 853
Saarlouis 505
Sachsen 19, 640, 720
Sagrado (bei Triest) 499
Saillon (Valais) 738

Saint-Cloud (Paris) 231, 271, 321,
 444f., 933
Saint-Cyr sur Mer 994, 1030
Saint Denis 275
Saintes-Maries-de-la-Mer 325
Saint-Germain 648
Saint-Gingolph 833
Saint-Palais-sur-Mer 504
Saint-Pol-de-Léon 250
Saint-Prex 727
Saint-Remi (Provence) 331
Salenegg (Schloß bei Maienfeld)
 1016f., 1026
Salzbödetal (bei Friedelhausen) 222
Salzburg 27, 525, 717, 839
Salzkammergut 56f.
Samara 110
Sankt Gallen 654, 658, 709, 967
Sankt Moritz 600, 641, 709, 834
Sankt Petersburg s. Petersburg
Sankt Pölten 23, 25f., 33, 99, 690, 968
Sanpier d'Arena (Oberitalien) 381
San Remo 381
San Vincente 415
Santa Margherita Ligure 169
Saonara (Venetische Provinz) 405f.,
 516, 687, 788, 977
Sarajevo 470
Saratow 110
Savona 381
Sceaux (Paris) 324, 420
Schaffhausen 641
Schmargendorf (bei Berlin) 70, 82,
 86f., 100, 102, 117, 119, 125, 128,
 133, 977
Schneekoppe 439
Schönbrunn (Wien) 525
Schoeneck [Schoenegg] (Sanatorium
 bei Beckenried) 837-839, 842f.,
 858f., 863, 865, 959
Schönenberg (Gut bei Pratteln) 662,
 672-674, 680-682, 684f., 691, 704,
 828
Schönfeld (Nordböhmen) 31, 38, 40
Schonen (Südschweden) 193, 197

Schwabing 513
Schwabitz (in Böhmen) 17
Schwalbach (Taunus) 254, 256
Schwarzwald 329, 473, 677
Schweden 187, 193, 195, 202, 208, 217, 228, 235, 252, 272, 327, 348, 366, 396, 483, 498, 503, 535, 584-586, 605, 647
Schweiz 505, 508, 522, 525 f., 567, 572, 580, 584, 586, 598-600, 603, 606-608, 611, 614, 616-618, 620, 623 f., 626 f., 631 f., 634 f., 640, 642 f., 645, 648, 653 f., 658, 661, 665, 669-673, 675 f., 678, 680, 683, 692, 697, 711, 713, 722, 727 f., 733 f., 736 f., 742, 748, 750, 752, 767, 774, 787, 798, 805, 811, 813, 815, 819, 830, 835 f., 840 f., 844, 851, 892, 895, 900, 905, 933, 937, 949, 955, 989, 1002, 1033
Selo Ostankino (Gut bei Moskau) 93
Semmering 489, 656
Sendling 492
Senlis 428
Serbien 411, 473
Sevilla 171, 405, 413 f.
Siena 729
Sierre 595, 690-692, 728, 733-735, 740-744, 781, 784 f., 790 f., 793, 816, 820 f., 826 f., 833, 836, 846, 849, 857, 871, 877, 883, 885, 888-890, 901, 905, 949, 955, 972, 993 f., 999 f., 1001 f., 1009, 1026 f., 1028 f., 1034, 1042
Sils-Baselgia 553, 619, 639, 644
Sils Maria 404, 641
Simbirsk 110
Sion 690, 692, 735, 738, 741 f., 789, 871, 891, 1002, 1009, 1029 f.
Sizilien 264, 358, 405, 713, 720, 850
Skagen 204
Skandinavien 307, 819
Skodsborg (bei Kopenhagen) 201, 203
Smichow s. Prag

Soglio 525, 641-644, 647-649, 758, 766 f., 793, 1003
Solferino 18
Solln 503
Solothurn 741
Sorrent 256
Spanien 169, 227, 406 f., 409 f., 414, 420 f., 505, 508, 511, 565, 584, 617, 667, 736, 764, 807, 813, 819, 902, 986, 995
Sperning (Kreis Leitmeritz) 17
Stambul s. auch Konstantinopel 411
Stará-Ríse 579
Starnberg 68, 581
Steiermark 981
Stift Neuburg 498
Stockholm 189, 196, 228, 338, 446, 503, 585, 613, 707
Stolp 582
Straßburg 35-38, 41, 47, 61, 198, 329 f., 353, 429, 941, 959
Stuttgart 34, 51, 68, 78, 88, 97, 107, 205, 209, 285, 366, 408, 915, 919, 945, 964
Südfrankreich 378
Suisse s. Schweiz
Sumatra 483, 984
Sundsholm 212
Sussex 975
Swinemünde 849

Taschkent 384
Tátraszéplak 670
Territet (Schweiz) 916
Tessin 640, 647, 652, 656, 659 f., 1034
Thisted 187, 204
Thonon (am Genfer See) 1022, 1023 f.
Thun (Thoune) 792 f., 831 f., 837
Tiefurt (bei Weimar) 377
Tiflis 384
Tivoli 190
Todtnaumoos 1021
Tokio 680, 841
Toledo (Tolède) 48, 112, 379, 386,

405-407, 409-415, 417f., 424, 432,
511, 552, 554, 561, 643, 731, 997
Tollenstein (Ruine in Nordböhmen)
32
Toskana 82
Touggourt (Tuggurt) 356
Toulon 927, 1030
Tourbillon (Sion) 891, 1029
Transkaukasien 90
Trapani 358
Trauntal 57
Travemünde 554
Tre Fontane (bei Rom) 181
Treseburg (Harz) 219
Treviso 406
Triest 383, 399, 407, 593, 787, 858
Tschechoslowakei (tschechoslowakisch) 44, 605, 674, 679, 680, 704, 723, 731, 745, 826, 940
Tscheliabinsk 111
Tschochau 19
Türmitz (bei Aussig) 18f.
Tula 109
Tunesien (Tunisie) 353, 819
Tunis 48, 264, 355-359, 368f., 426, 448, 745, 761, 865, 875-877, 961
Turin 994
Turnau (Böhmen) 515-520
Tutzing 633

Ukraine 588
Ungarn 54, 471, 602, 777, 789, 854
Unter-Mais (Meran) 65
Upsala 585
USA s. Amerika

Valais s. Wallis
Valangin (Schweiz) 892, 900
Valency (Genfer See) 795
Valère (Sion) 1029
Val-Mont sur Territet 21f., 858, 858-861, 863f., 865, 871-873, 882, 891, 908, 914-917, 920f., 925, 963, 966f., 971, 975, 978-980, 982, 984-987, 990, 992f., 995, 997f.,
1000, 1005, 1008, 1031-1033, 1035-1040
Varone (am Gardasee) 64
Vaud (Schweizer Kanton) s. Waadtland
Vaucluse 692
Veleslavin (Schloß bei Prag) 55f.
Vence (Südfrankreich) 870
Venedig (Venise) 64, 74, 177, 179-181, 221, 280-282, 290-293, 300f., 326, 346f., 364f., 381, 384, 390, 396-398, 400-403, 405f., 408, 458 f., 464, 466f., 498, 550, 643, 668, 678-680, 682f., 697, 707, 725, 746, 977, 1000
Venetien 729
Ventimiglia 381
Verdun 539
Verona (Fort Monte Gaino) 18, 292, 460
Versailles 163, 224, 232, 243, 366, 368, 638, 814, 930
Vevey 832, 883, 991, 994f., 999f., 1029
Veyras (Valais) 1009
Viareggio 79f., 86, 169-171, 173f., 176, 178, 194, 399, 873
Vicenza 403
Vich (Spanien) 1006
Vienna, Vienne s. Wien
Ville-d'Avray 738
Villeneuve (Schweiz) 832, 995
Villeneuve-lès-Avignon 331, 463
Virofloy (bei Paris) 235
Vogtland 742
Volkardey (Gut v. d. Heydts) 244
Vulppens 1028
Vulpera (Engadin) 1017

Waadtland 832
Waagtal 35
Wallis (Valais) 595, 692, 720, 733, 735, 738, 740, 742, 745, 789, 791, 802, 804, 826, 831, 833, 835, 858, 842, 870, 892, 900, 907, 918, 924f., 973, 983, 1006, 1029
Wannsee (Berlin) 75, 559

Warschau 90, 107f., 707, 756, 807,
    914, 977, 1044
Wartenberg (bei Donaueschingen)
    666
Wartenberg, s. Bad Wartenberg
Wartenstein (über Ragaz) 678, 680,
    689f.
Weichselmünde 94
Weilburg/Lahn 252
Weimar 228f., 235, 240, 340, 342,
    349, 376f., 379, 386, 394, 431, 548,
    642, 682, 1003
Weißkirchen s. Mährisch-Weißkirchen
Wenkenhof (bei Basel) 693, 706,
    862f.
Wescheck (Domäne bei Kremsier,
    Mähren) 18
Westersatrup (bei Sonderburg) 485
Westerwede (bei Bremen) 115,
    127-129, 132, 134, 136, 138-141, 143,
    148f., 154-157, 159, 161f., 164, 211,
    250, 259
Westfalen 560, 567, 582
Wiedeń 548
Wien 26, 28, 30-32, 35, 41, 47, 54,
    59f., 67f., 70, 73f., 79f., 83, 86-88,
    94, 98, 101f., 104, 118f., 124, 127,
    137f., 140f., 143f., 149, 165, 175,
    183, 189, 204, 209, 213, 227-229,
    235, 238f., 249, 259, 262, 269, 274,
    276, 279, 287f., 290f., 293-295,
    297f., 300, 319, 343-345, 347, 353,
    364, 368, 387, 390, 392, 394, 396,
    398, 400, 415f., 419, 424, 443, 464,
    473, 480, 492f., 495, 506, 517-521,
    523f., 527f., 530-536, 540-542,
    544f., 547f., 550, 553f., 557, 563,
    569, 571, 573f., 577, 586, 589, 591,
    609, 665, 670f., 677, 681, 685, 700,
    707, 711, 756, 761, 772, 779, 781,
    789, 791, 850, 893, 905, 915, 918,
    921, 932, 937, 962, 972, 1014f.,
    1037, 1042
Wiesbaden 254, 483, 514, 1034
Wiesenstein (bei Agnetendorf) 168
Wilna (Wilno) 879, 995
Wilmersdorf-Berlin 70, 74f.
Winkl (Schloß bei Meran) 796f., 846
Winterthur 464, 595, 643, 654, 658f.,
    662, 664, 667, 685, 690, 696, 698,
    707, 748, 784, 805, 831, 955, 974,
    1044
Wolfratshausen (Isartal) 62, 68f., 70,
    82, 181
Woronesch 110
Worpswede 81, 84, 86, 109f., 115,
    117-119, 121, 125f., 128, 132, 138,
    144, 146, 175,177, 188, 211, 214f.,
    233f., 240, 253, 291, 300, 349, 359,
    367, 896
Württemberg 730
Würzburg 483, 437, 756

Ypern 250f.
Yverdon 892

Zanthe 364
Zawidava (obere Wolga) 111
Zeven (bei Bremen) 117
Zizers (Graubünden) 650, 1019
Zollikon-Zürich 785
Zoppot 81f.
Zürich 204, 464, 580, 603, 612, 618,
    621, 626, 632f., 636, 639-641, 644f.,
    648, 650f., 653, 654, 658-660,
    665-667, 677, 684f., 687-690, 695f.,
    698, 704, 709, 711f., 719, 726, 729,
    737, 739, 742, 749f., 752, 777f.,
    786f., 797f., 808f., 829f., 831f.,
    837f., 842, 845f., 848, 862, 864, 866,
    871, 889, 891, 895, 901, 905, 919,
    953f., 957, 967, 977, 989, 1012f.,
    1021, 1032f., 1040f.

Verzeichnis der Werke

Abkürzungen:
(D) = Dramatisches
(P) = Prosa
(Ü) = Übertragung R.s
(Rez) = Rezensionen
Einträge ohne derartigen Zusatz = Gedichttitel, bzw. -anfänge (Gedichte in Prosa werden wie Gedichte behandelt).
Übertragungen (Ü) finden sich unter dem Namen des übersetzten Autors; Übersetzungen von Werken R.s unter dem deutschen Titel des Werks.
Die Anordnung im Alphabet orientiert sich an den entsprechenden Verzeichnissen in den »Sämtlichen Werken« 1-6, die einfache Buchstabenfolge wird eingehalten.

A ces moments si beaux... 1013
A force de prier il se fait un archange... 372, 623, 627
A la bougie éteinte... 878
A la Lune 1004
A la Seine 946
A M... [Marthe Hennebert] 506
A Madame Helen Hessel 600
A Mademoiselle Valéry 878
A Marie Laurencin 935
A Miss Nicola B... 879
A Monique un petit recueillement de ma gratitude 971
A Pia di Valmarana 807
A quoi donc mesure-t-on... 1004
A une Amie (Combien coeur...) 858
Abend (ungedruckt) 41
Abend (aus: Advent) 42
Abend (Buch der Bilder, 2. Ausg.) 204
Abend einer Heiligen. Das Volk war durstig... 162
Abend im Dorfe 37
Abend in Schonen (Skåne) 204, 205 f.
Abend in Skåne, auch: Abend in Schonen 226
Abend-Lied 385
Abendstimmung 38

Aber, ihr Freunde, zum Fest, laßt uns gedenken der Feste... 768
Aber lieber Herr... 56, 63
Aber versuchtest du dies: Hand in der Hand mir zu sein... 966
Abhandlung über Regina Ullmann (P) 654
Abisag 235, 264, 290
Abschied 242
Ach alle, die mich sahn, wenn ich zu dir ging, glaub... 689
Ach, an ihr und ihrem Spiegelbilde... 913
Ach aus eines Engels Fühlung falle... 458, 547
Ach, da wir Hülfe von Menschen erharrten... 403
Ach, im Wind gelöst... 894
Ach in den Tagen, da ich noch ein Tännlein... 761
Ach, nicht getrennt sein... 946
Ach was hülft es, daß ich mirs versage... 533
Ach wehe, meine Mutter reißt mich ein... 510
Ach, wie beschäftigt wir sind... 891
Ach wie du ausholst, Vogel... 397
Ach, wie ihr heimlich vergeht!... 872

Ach zwischen mir und diesem Vogellaut ... (Villa Medici) 344
Adam 305
Adler, Friedrich: Neue Gedichte (Rez.) 95
Advent 42, 57, 62f., 64, 66, 74f., 76f., 81f., 86, 94, 154, 183, 236, 320f., 448, 450, 707
Agathe 59
Ah moi à mon tour ... 823
Aidez les coeurs, si soumis et si tendres ... 843
Albrecht Ostermann, s. Am 17. September ...
Alcoforado, Marianna: Portugiesische Briefe (Ü) 253, 264, 289, 308, 409, 421, 424, 426f., 613, 753, 977
Alkestis 262, 266f., 272, 279
Alle die Stimmen der Bäche ... 856
Alle in Einer (P) 68, 72
Alle, welche dich suchen ... (Stunden-Buch) 487
Allerseelen 24
... Als alle zu Bette waren ..., s. Aus einem Mädchenbriefe (P)
Als der Tod mit dem Morgen kam ... (P) 118
Als ob er horchte. Stille: eine Ferne ... 233
Als sollte sich mein Herz mit einem Schlag ... (für Max Halbe) 43
Am Abend 42
Am Leben hin (P) 67, 72f., 78f., 85, 115, 236f., 323
Am 17. September, abends um neun Uhr ...(P) 124
An Clara Westhoff, Briefgedichte 120, 128
An den Dichter: / Vita N:A 263
An den Engel 417, 561
An der sonngewohnten Straße ... 890, 1031
An die Musik 580
An die Nacht [Gedichte] 420f., 442, 446, 449-451, 458, 547, 561, 664

An diesen Abenden, da in der Nebeldauer ... (Ü, s. Verhaeren)
An einem Herbstabende ... (P) 203
An E. M. [Erika Mitterer] 893-895, 897, 900, 919
An Erika I./II 954f.
An Heinrich von Kleists wintereinsamem Waldgrab ... 75
An Hölderlin 476, 481
An Julius Zeyer 44
An Paula Becker: Briefgedicht 119
An Rolf Reventlow (P) 95, 977
An Stefan George 73
An Stephan Milow 50
Andere fassen den Wein, andere fassen die Öle ... 842
Anfänge und Fragmente aus dem Umkreis der Elegien 395, 402, 421, 470, 477, 603, 765, 768, 771
Anfänger, s. Das tägliche Leben (D) 107, 117
Ankunft 1001
Anmerkung / (Zu: Maurice de Guérin, Der Kentauer) (P) 370, 373, 1023, 1042
Anmerkungen (P) [für Lou A. S.] 459
Anmerkungen eines Reisenden zu den ›13 Einfällen‹ (P) 706, 1044
Annunzio, Gabriele d': An die Mutter (Ü) 450, 623
Antwort auf den Ruf »Die Waffen nieder!« 30
... Antwort zu geben jedem, dem geringsten ... 940
Après une journée de pluie pratique ... 1012
Archaischer Torso Apollos 304
Arnswaldt, Carl von: Schmetterlinge (Rez) 53
Ascenseur, qui parcourt sans bruit ... 946
Asraël 57
Atmen, du unsichtbares Gedicht! ... 771

Atmete ich nicht aus Mitternächten... 499, 547
Auch dieses ein Zeichen im Raum: dies Landen der Taube... 940
Auch ein Münchner Brief (P) 69
Auch noch Verlieren ist unser; und selbst das Vergessen... 864
Aucune n'avait plus ses ailes tout entières... 1008
Auf den hellen Wiesenfesten... 79
Auf der Heide 42
Auf einen Lampenschirm 656
Auf einmal faßt die Rosenpflückerin... 511
Auf, meine Seele, auf...
(Ü, s. Moréas) 734, 806
Auferstehung 249, 298
Auferweckung des Lazarus 417, 561, 585
Aufgedeckter das Land: auf allen Wegen... 910
Aufstehn war Sagen damals. Schlafengehn... 705
Aufzeichnung / Ronda. Drei-Königstag 1913 (P. Eigentlich war er längst frei...) 416
Auguste Rodin (P) 154f., 157, 162-171, 176f., 178, 183, 188, 190, 207, 209, 223, 226, 262, 264, 273f., 279f., 288, 290, 295, 297, 299f., 312, 400, 427, 435, 440, 444f., 447f., 450, 534, 579, 619, 624, 638f., 665, 668, 671, 703, 707f., 756f., 796, 802, 806f., 818, 828, 912, 919, 936, 939f., 1035
Augustinus: Confessiones (Ü) 372, 500, 504
Auront le paradis ceux qui vantent les choses... 1004
Aus dem hohen Jubelklanggedränge... 106
Aus dem Nachlaß des Grafen C. W. 699f., 702, 709f., 714, 716, 720, 791, 797, 804

Aus dem Traum-Buch (P) 262, 281, 1023
Aus dem Umkreis der Elegien, ... s. Anfänge und Fragmente...
Aus dem Umkreis: Nächte 906
Aus den Gedichten an die Nacht, s. An die Nacht [Gedichte]
Aus den Nachtwachen der Schwester Godelieve 306
Aus den Portugiesischen Sonnetten, s. Barrett-Browning, Elizabeth: Sonette nach dem Portugiesischen (Ü)
Aus der Frühzeit Rainer Maria Rilkes. Vers. Prosa. Drama (1894-1899) 42, 621, 751, 755, 761f.
Aus dieser Wolke, siehe... 416, 547
Aus einem Frühling (Paris) 424, 566, 612
Aus einem alten Taschenbuch 959
Aus einem Mädchenbriefe (P) 160
Aus einem ›Marienleben‹ 118
Aus einer Sturmnacht. Acht Blätter mit einem Titelblatt 126
Aus gedrucktem Wetterunterstand... 466
Aus Taschen-Büchern und Merk-Blättern... 762, 843, 863, 866, 870, 873, 877, 884, 890, 891, 893f., 898f., 906, 910, 913, 916, 936, 946, 954, 958f., 1001, 1003, 1007
Aus Thieren, Kräutern, Sternen brächen... (Michelangelo-Übertragung) 518
Aus unbeschreiblicher Verwandlung stammen... 468
Aus unvordenklichem Greis... 468
Ausblick von Capri 288
Ausgesetzt auf den Bergen des Herzens... 476f., 664, 797
Auswandererschiff!... 37
Autobiographische Darstellung 1896 48
Autre Source 946

Bad 49
Bang, Herman: Das weiße Haus (Rez) 150
Bang, Herman: Tine (Rez) 167
Barrett-Browning, E.: Sonette nach dem Portugiesischen (Ü) 266f., 269, 275, 278, 296f., 303-306, 314, 383, 387, 485, 646, 649, 654, 665, 697, 705f., 716, 718, 807, 878, 908, 957, 977
Baudelaire 723
Baudelaire, Charles: Ikarus (Ü) 703, 721
Baudelaire, Ch.: Der Tod des Armen (Ü) 623
Beau paysage, brodé de verdure... 896
Bedenkst du's auch, daß eine blinde Welt / uns rings umgiebt?... 977
Begleitung zu Bildern Heinrich Vogelers I-IV 120
Béguinage. B. Sainte-Elisabeth, Brügge (I/II) 274
Bella: en somme elle y est trop peu... 993
Bemerkungen zu: Lou Andreas-Salomé: »Drei Briefe an einen Knaben« (P) 459, 579
Benois, Alexander: Geschichte der russischen Malerei des 19. Jahrhunderts (Ü, unvollendet) 133, 138f.
Benzmann, Hans: Im Frühlingssturm (Rez) 53
Bereites Herz: und wenn ich Dich belüde... 964
Beschreibung dreier Bildwerke Rodins (P) 226
Beschwörung 39
Bestürz mich, Musik... 426, 477, 797
Bettys Sonntagstraum (P) 41
Bibesco, Princesse Marthe: Von der Geburt Alexanders (ÜP) und: Alexander stirbt zu Babylon (ÜP) 402
Bilden die Nächte sich nicht... 327, 335

Bildnis 278, 296, 304, 999
Bílé štěstí (s. Weißes Glück)
Bitte, s. Wenn ihr einst mich...
Blätter aus einer Sturmnacht 157
Blaue Hortensie 250
Blick, der mich dunkel erwog... 894
Blicke hielten mich hin... 395
Bodo Wildberg (P) 58
Böhmische Schlendertage (P) 43, 77
Boelitz, Martin: Aus Traum und Leben (Rez) 61
Border un enfant dans son lit... 972
Brand 94
Brau uns den Zauber, in dem die Grenzen sich lösen... 768
Brautsegen 120
Briefgedicht für Paula Becker 119
Briefgedicht für L. Jacobowski 49
Briefgedicht für D. v. Liliencron 60, 78
Briefgedicht für Ernst von Wolzogen 80
Briefgedicht nach Worpswede 119
Broglie, Madeleine de, s. Gedichtkreis
Bronzene Glocke, von eisernem Klöppel geschlagen... 950
Bruder Körper ist arm... 996
Bruns, Max: Lenz (Rez) 96
Buch der Bräute 100
Buch der Bilder, s. Das Buch der Bilder
Buch vom mönchischen Leben, s. Das Buch vom mönchischen Leben
Buddha. Als ob er horchte... 233
Buddha. Schon von ferne fühlt... 250
Buddha in der Glorie 305
Bücher einer Liebenden, s. Die Bücher einer Liebenden
Bulles de Savon 992

Cahiers de Malte Laurids Brigge, s. Die Aufzeichnungen des Malte Laurids Brigge

Caika, s. Tschechowa A.: Die Möve (Ü)
Car tu ne peux pas consoler aucun ... (P) 99
Carolinens Correspondenz (P) 454
Cassiani, Giuliano: Der Raub der Proserpina (Ü) 624, 627, 629, 666
Ce matin, en entrant dans ma chambre... 901
Ce Monsieur du premier... 935
Ce n'est pas la justice... 923
Ce soir mon cœur fait chanter... 863
Ce sont les jours où les fontaines vides... 160
Ces ouvriers de la pluie, ces lourds nuages, voici... 1012
C'est de ton repos inconnu... (im Text fehlt: de) 1013
C'est déjà trop osé, quand il faut dire: j'aime... 1020
C'est la vie au ralenti... 1016
C'est le paysage longtemps, c'est une cloche... 1010
C'est notre extrême labeur... 1006
C'est par la terre que l'on sent aussi... 952
C'est pour t'avoir vue... 999
C'est pourtant en nous, le secret de la vie... 689, 998
C'est pourtant plus lourd de porter... 689
C'est vous, Cytise et Citronnelle... 998
C'était un de ces premiers papillons... 991
Chanson orpheline 99
Chapelle Rustique 971
Chat 939
Chat d'étalage, âme qui confère... 939
Chemins qui ne mènent nulle part... 945, 969
Cheval ardent et blanc, fier et clair... 842
Choix terrestre 842-844

Chor: Wo soll ich hin?... 458
Christi Höllenfahrt 424, 438, 565 f., 586, 612
Christine Brahe (aus »Malte«, P) (u. ö.) 286
Christus / Elf Visionen (Christusvisionen) 59 f., 65-67, 81, 87, 337, 388, 431 f.
Christusvisionen, s. Christus/ Elf Visionen
Christuslegenden, s. Christusvisionen
Ciel Valaisan 870
Cimetière 954, 1023
Cimetière à Flaach 721
Cimetière à Ragaz 1013
Combien coeur de Marie est exposé... 858
Combien le pape au fond de son faste... 869
Comme dans les cartes de géographie... 935
Comme tel dessin de maître... 879
Comme tu ajoutes a tout... 999
Comment encore reconnaître... 936
Comment notre coeur lorsqu'il vibre... 870
Comment rester avec ce corps... 991
Comment te faire encore hésiter... 1019
Connaîtrai-je la main charitable... 507
Contessa Lara: Sieben Gedichte (Ü) 78
Corne d'Abondance 866
Cornet, s. Die Weise von Liebe und Tod...
Corrida 278
Coucou 998

D'abord, au matin, petite fenêtre farouche... 1005
D'autres ›Quatrains Valaisans‹ 1003
Da blüht sie nun schon an die achtzehn Winter... 656

Da dich das geflügelte Entzücken...
870
Da kenn ich Dich und was mich...
199
Da kommst du nun, du altes zahmes Fest... 485
Da mit dem ersten Händereichen schon... 1017
Da rauscht das Herz... 547
Da rauscht der Bach... 419
Da rinnt der Schule lange Angst und Zeit... 238
Da schwang die Schaukel durch den Schmerz... 901, 904
Da stehen wir mit Spiegeln: / einer dort... 851
Da steht der Tod, ein bläulicher Absud... 513, 517, 595, 612
Da stieg ein Baum... (Sonette an Orpheus I, 1) 762
Da vieles fiel, fing Zuversicht mich an... 602
Da war nicht Krieg gemeint, da ich... 641
Da ward ein solcher Vorrat Königseins... 360
Da wird der Hirsch zum Erdteil... 539
Dame vor dem Spiegel 302, 359
Dann aber stieg, hinter den merkwürdig verdrossenen oder eingeschüchterten Kastanienbäumen... (P) 751
Dans la blondeur du jour... 935
Dans la multiple rencontre... 869
Danser: est-ce remplir un vide?... 940
Dante Alighieri: Ihr Pilger, die ihr wandelt... (Ü) 76
Dante Alighieri: Du gehst durch mich... (Ü) 76
Das Abendmahl 174, 194, 205 f.
Das Bett 304
Das Brautpaar (D) 100
Das Buch der Bilder 84, 94, 97 f., 100,
116, 121, 125, 129, 137 f., 139, 150 f., 154-157, 159, 163, 168 f., 174, 183, 194, 204-206, 209, 226 f., 233, 236, 238, 245-248, 254, 259-261, 281, 286, 289, 292, 298, 327, 338, 377 f., 404, 407, 416, 426, 429 f., 450, 482, 579, 623, 632, 642, 665, 705, 707, 755 f., 806, 858, 886, 911, 914, 919, 943, 1000, 1021, 1042
Das Buch vom lieben Gott und anderes, s. Vom lieben Gott...
Das Buch vom mönchischen Leben 98, 179, 233, 368
Das Buch von der Armut und vom Tode 171, 174, 179, 215, 233
Das Buch von der Pilgerschaft 135, 174, 179, 215, 233
Das Christkind (P) 78
Das Eine (P) 40
Das Einhorn 235
Das Ereignis (P) 51
Das Fragment einer Auferstehung, s. Fragment einer Auferstehung
Das Fragment von den Einsamen (Vorstufe zum »Malte«, P) 183
Das Füllhorn 866, 1030
Das Gewitter 24
Das Grabmal 24
Das Haus (P) 99
Das Haus in der Herrengasse (P) 18, 756
Daß hier sich meine Nymphe niederließ... (Ü, s. Molza)
Das Igor-Lied (Ü) 104, 165, 176, 184, 188
Das ist der Sinn von etwas, was geschieht... 534
Das Jüngste Gericht 302
Das Kapitäl 249
Das Karussell 248, 264, 286 f., 290, 298, 657, 755
Das kleine Frühlings-KinderLiedchen, s. Frühling ist wiedergekommen...
Das Lachen des Pan Mráz (P) 96

Das Leben, das frei und unbesorgt...
  (Bruchstück, P) 124
Das Leben ist / ein leeres Heft für
  Viele... 49
Das Lied der Bildsäule 100
Das Lied der Witwe 255
Das Lied des Bettlers 657
Das Lied des Blinden 247
Das Lied des Idioten 247
Das Lied des Zwerges 247
Das Lied von den Lilien 207
Das Lied von der Gerechtigkeit (P)
  319
Das log das Mittelalter... 67
Das Marien-Leben 383, 387, 389,
  392, 395, 401, 408, 410, 416, 423,
  427-431, 437, 444, 446, 458, 472,
  482, 486f., 548, 613, 707, 743, 756,
  772, 807, 831, 919, 970f.
Das Meer unter nahem grauem Himmel (P) 261
Das noch nie Geöffnete der Knospe /
  das Auge, das nicht schaut... (P)
  755
Das Portal (I-III) 249
Das stieg zu ihr aus Erde, stieg und
  stieg... 862
Das Stunden-Buch 98, 135f., 172,
  179, 187, 199, 213-216, 219, 221f.,
  227-230, 232-236, 242, 249, 255,
  257, 260, 262f., 265, 283, 293, 295,
  306, 324, 329, 334, 338, 350, 358f.,
  368, 387, 392, 400, 416, 430, 450,
  482, 486f., 503f., 509, 518, 520, 534,
  547, 579f., 613, 616, 625, 651, 670,
  705, 707, 710, 732, 738, 743, 755f.,
  792, 806, 826, 832, 843, 859, 871,
  901, 912, 919, 963, 996, 1028,
  1042
Das tägliche Leben (D) 107, 117, 131,
  135, 139f., 143, 145f., 166, 269, 278,
  338, 428, 435, 535, 569, 571
Das Tauf-Gedicht / Meinem Taufkind 539
Das Testament (P) 724f., 729

Das Theater des Maeterlinck (P) 125,
  146
Das Thurmzimmer (D) 77
Das Überbrett'l-Gastspiel (Rez) 148
Das Versprechen erfüllt sich noch
  immer... (Aus dem »Malte«, P) 354
Das war doch immer das: Geheul,
  Gehärm... 283
Daß Demut je in Stolzsein überschlüge... 716
Daß Du bist genügt... 890
Daß eine Menge Wesen... (P) 459,
  587
Daß ich dereinst, an dem Ausgang
  der grimmigen Einsicht... (Duineser Elegien, X) 392, 450, 481, 490,
  603, 765-767, 769, 786
Daß ich, entartet meinem Tod,
  zuletzt... 417
Daß mir doch, wenn ich wieder...
  416, 547
Daß solcher Auftrag unser Auftrag
  werde... 987
Daß uns das Verbundene verrate...
  895
Daß wir nichts verlieren, daß auch
  die, / die in Ungeduld... 858
Daß wir, was wir erfahren, rein
  gebrauchten... (im Text fälschlich:
  gebrauchen) 680
Dauer der Kindheit 893
Dauthendey, Max.: Bänkelsang vom
  Balzer auf der Balz (Rez) 204, 209
David singt vor Saul (I-III) 235
De tendresses pleines, les mains...
  989
De toujours vous voir ainsi sur ce travail qui vous penche... 1022
Déesse à ta clémence... 787
Deine Seele sing ich... 372
Dein Laut klingt auf wie ein Schritt...
  894
Dekorativ 154
Delphine 275
Demnächst und gestern (P) 73

Den seligen Berg, den hohn ...
  (Ü, s. Pistoia)
Denk: Sie hätten vielleicht aneinander erfahren ... 768
Denn dies ist mein Wesen zur Welt ... 469
Denn wir sind nur die Schale ... 172
Depuis que j'ai su ... 998
Depuis tant de semaines ... 998
Der Abend bringt ein ›Ave Santa / Maria‹... 57
Der Abend kommt ... 75
Der Apfelgarten 276, 279
Der Apostel (P) 50, 52
Der aussätzige König 304
Der Auszug des verlorenen Sohnes 248
Der Ball 301
Der Ball (P) 40
Der Betteltoni (P) 40
Der Bettler und das stolze Fräulein (P) 80, 665
Der bleiche Knabe 77
Der Blinde (Paris) 304
Der blinde Knabe 81
Der Brief des jungen Arbeiters (P) 767, 781
Der Cornet, s. Die Weise von Liebe und Tod des Cornets Christoph Rilke
Der Dichter 235
Der Dichter einzig hat die Welt geeinigt ... 723
Der du mich mit diesen überhöhtest ... 442, 547
Der Drachentöter (P) 135
Der Dreiklang (P) 40
Der Einsame (Wie einer, der auf ...) 178
Der Engel (Mit einem Neigen ...) 248
Der Engel stemmt mit den Trompetenstößen ... 371
Der erste Gott 75
Der Fahnenträger 249, 298

Der Former der ersten Menschen bildete sie fest und dicht ... (P) 699
Der Fremde 304, 441
Der fremde Hirt (P) 96
Der Friedhof 24
Der Gast 656
Der Gedanke spielte mit seinen Möglichkeiten ... 475
Der Gefangene (I/II) 242
Der Geist Ariel 417, 430, 748
Der Goldschmied 1003, 1017, 1030
Der Gott als Dichter (P) 395
Der Grabgärtner (P) 99
Der Gram ist schweres Erdreich ... 742
Der Himmel, groß, voll herrlicher Verhaltung ... 898
Der Hirte (Die Spanische Trilogie, I) 585
Der Hund 301
Der Junggeselle 305
Der Käferstein 305
Der Kampf 24
Der Kardinal: Eine Biographie (P) 99
Der Kirchhof hoch im Sommerschnee ... 70
Der kleine Fridolin (P) 41
Der König 249, 298
Der König von Münster 304
Der Lesende 613
Der Leser 305
Der letzte Graf von Brederode 266
Der Liebende (P) 134, 136
Der Löwenkäfig (P) 163, 274
Der Magier 867, 869, 875, 913
Der Mann mit dem verregneten Gesichte ... 520
Der Marmor-Karren 273f.
Der Neuen Gedichte anderer Teil 275f., 278, 295, 301-306, 312-315, 318, 320, 323f., 327, 334, 338, 450, 531, 566, 613, 623, 665, 705, 707, 858, 963, 1000
Der Ölbaum-Garten 247

Der Page (Drei Spiele) 124f.
Der Panther 163, 180, 205f., 264, 290,
 298, 339, 646, 657, 807, 919
Der Platz. Furnes 274
Der Rath Horn (P) 40
Der Reisende 831, 835, 888
Der Sänger singt vor einem Fürstenkind 125, 150
Der Salon der Drei (Rez) 84
Der Schauende 298
Der Schicksale sind nicht viele ... (an Hugo Heller) 326
Der Schwan 235
Der schwarze Tod 70
Der Sieger trug sie. War sie schwer?... 701
Der Spielmann 112, 206
Der Sterbetag (P) 73
Der Sühnversuch 45
Der Thurm (D) 29
Der Tod 513, 517, 595, 612
Der Tod (P) 40
Der Tod der Geliebten 302
Der Tod des Dichters 247, 298
Der Tod des Kammerherrn Christoph Detlev Brigge (aus »Malte«, P) 288
Der Tod ist groß ... 127, 129, 730
Der Tod Moses 510, 516f., 561, 570, 643, 664
Der Totengräber (P) 99, 183, 730
Der Turm der Arbeit (P, aus »Rodin«) 280
Der Turm (Tours St. Nicolas, Furnes) 274
Der Ursprung der Chimäre 306
Der Wanderer (P) 33
Der Weltuntergang (D) 37
Der Wert des Monologes (P) 83, 85
Des adieux, encor des adieux! ... 1022
Des Gottes Antwort 517
Des masques se tendent à nous ... 923
Dich aber will ich nun ... (Sonette an Orpheus I, 25) 762

Dich, Heide, formen?... 894
Dich will ich rühmen, Fahne ... 474
Dich zu fühlen ... 466
- Die aufmerksame Aufforderung des L. H., der ich nun endlich folgen kann ... (P) 653
Die Aufzeichnungen des Malte Laurids Brigge (P) 153, 158, 164, 176, 183f., 186, 188, 192, 203, 205, 207, 229, 243, 246, 250, 262, 271, 276, 281-284, 295, 299, 301, 308-310, 317, 319-321, 323, 325, 327, 330, 332-335, 337-340, 342f., 345, 347-349, 351-354, 359, 364f., 367, 371-375, 386-388, 391f., 395, 398, 403, 405, 425, 446, 450, 453, 459, 479, 495, 505, 507, 513, 534, 553, 555, 562, 566f., 571, 579, 604, 613, 635, 639, 648f., 658, 661, 665, 667f., 688-690, 707, 710, 717, 722, 749f., 752, 760, 798, 802f., 806f., 812, 815, 820, 823, 832, 835f., 839, 842, 847, 859, 862, 874f., 888, 890, 904, 910, 912, 919f., 924-926, 938, 939f., 942f., 956, 960-963, 984, 986, 992, 995, 1001f., 1005, 1008f., 1011f., 1017, 1024, 1026, 1035, 1042
- Erste Fassung des Eingangs (P) 183, 186, 192
- Zweite Fassung des Eingangs (P) 203
- Entwürfe für den Schluß (»Tolstoi«, P) 338
Die aus dem Hause Colonna 183
Die Auslage des Fischhändlers 260, 959
Die bei den Dirnen trafen ... (Ü, s. Baudelaire: Ikarus) 721
Die Berufung 294
Die Bilder entlang 84
Die Blätter fallen ... 159
Die Blinde (Drei Spiele) 121, 125, 157
Die Blume sein, die sich vom steten Stoße / des arglos ... 885
Die Braut 116

Die Brunnen in der Certosa ... (P) 261
Die Bücher einer Liebenden / (Comtesse Anna de Noailles) (P) 279, 289, 300, 337
Die Bücher zum wirklichen Leben (Zuschrift an den Buchhändler Hugo Heller) (P) 290, 319
Die Darstellung Mariae im Tempel 416
Die Erblindende 248
Die Erde ist noch immer überschwemmt... 749
Die ersten Gedichte, s. Erste Gedichte
Die Erwachsene 274
Die Fensterrose 249
Die Festspielszene zur Einweihung der Kunsthalle am 15. 2. 1902 (D) 147, 313, 319
Die Feuersbrunst (in russischer Sprache) 122
Die Flamingos 314
Die Flucht (P) 115
Die Frau geht wie aus ihrer Laute ... 127
Die Freude, tief Erfahrenes zu bringen... 657
Die Frucht 862
Die Frühen Gedichte 194, 206, 319, 321, 323, 325, 334, 338, 416, 450, 613, 616, 665, 707, 806, 858
Die fünf Briefe der Nonne Marianna Alcoforado (P) 253, 262, 246, 266, 286, 289f., 412, 424, 435, 444, 548, 707, 716, 753, 977
Die Gazelle 274f., 277
Die Gebete, s. Gebete
Die Genesende 242
Die Geschichte von Michelangelo, s. Von Einem, der die Steine belauscht (P) 206
Die Geschwister (P) 76-78
Die Geschwister (I/II) 449, 561, 609

Die Getrennten (Immer noch verlieren...) 458
Die goldene Kiste (P) 40, 41, 43
Die Greisin 304, 314
Die große Kraft will ... 553
Die große Nacht 451, 561, 570, 662, 670
Die Hand 755
Die Heilige 163
Die Heiligen Drei Könige 95, 101, 105, 155
Die herbstlichen Alleen (s. auch: In herbstlichen Alleen) 544
Die Hirten 118
Die Hoffnung 36
Die Insel (I-III) 250
Die Jahre gehn ... 972
Die Jugend haben –, oder Jugend geben... 520
Die Kathedrale 249
Die Kinder 60
Die Kinder stehn ihr leer ... 442
Die Kirche von Nago 81
Die Konfirmanden 194
Die Kunst ist der dunkle Wunsch aller Dinge (P) 82
Die Kurtisane 266, 994
Die Lehre des Lebens 36
Die Letzten (P) 131, 134, 136, 138-140, 143, 146, 150, 168, 225, 404, 486
Die Liebe der Magdalena. Ein französischer Sermon ... (Ü) 369f., 378, 396-399, 401, 425, 575, 633, 665, 688, 756, 807, 851
Die Liebenden 320, 566
Die Liebenden (Erika und Melitta) (I-III) 893, (IV-VIII) 894, (IX) 895
Die Lösung der Judenfrage / Eine Rundfrage (P) 273
Die Mandelbäume in Blüte 415
Die Marien-Prozession. Gent 274f.
[Die] Mühle von Goisern 56
Die ›Mütter‹ haben geoffenbart ... 59
Die Näherin (P) 40

Die neue Kunst in Berlin (P) 83, 85
Die Nonne 81
Die phallischen Gedichte 511
Die politische Uhr ist ähnlich ... (P) 649
Die Rosenschale 260, 266f., 279, 339, 984
Die roten Rosen waren nie so rot 116
Die rothe Liese (P) 41
Die Sahle von Salenegg 1026, 1028
Die Schleppe ist nun Mode ... 28
Die Schönheit, welche eine Zeit enthält ... 97
Die Sonette an Orpheus 316, 762f., 765-773, 775f., 781, 783, 786, 790-792, 796f., 804, 820f., 823-825, 827-830, 834, 836, 838-840, 847, 850f., 853f., 855-857, 862, 867, 876, 878, 880, 898, 919, 925, 959, 963, 970, 987, 996f., 1008, 1042
Die spanische Trilogie 416, 466, 586, 662
Die Spitze I 248
Die Spitze II 266
Die Sternennacht 36
Die Stimme (P) 79
Die Stimmen – Neun Blätter mit einem Titelblatt 247f., 255, 657
Die Stimmen warnten mich, da hielt ich ein ... 946
Die Sturmnacht ist wie eine große Geste ... 127
Die Tauben 424, 566, 575, 612
Die Turnstunde (P) 98f., 146, 482, 531, 537, 752, 1044
Die vier Kissen der vier Klöpplerinnen ... 900
Die vierzehn Nachtwachen der Schwester Godelieve 334
Die vierzehn Nachtwachen der Schwester Luitgarde 334
Die Vogelrufe fangen an zu rühmen ... 989
Die vor uns und – wir 75
Die Waise 24

Die Weide von Salenegg 1017, 1026, 1028
Die Weise von Liebe und Tod des Cornets Christoph Rilke 201, 231, 236f., 245f., 248, 251, 254, 258-261, 271, 305, 317f., 320f., 339, 378, 389, 391, 395, 404, 413, 416, 434f., 458f., 461, 467, 472, 479, 482-486, 491f., 494f., 497, 500, 503, 520, 528f., 534, 538, 540, 544, 547-549, 565, 567f., 579, 590, 608, 610, 613, 635, 640f., 665, 669f., 707, 709, 713, 720, 745, 756, 787, 792, 803, 806f., 812, 815, 835, 840, 858, 884, 896, 905, 913, 919, 959, 962, 994, 998f., 1001, 1005, 1021, 1024, 1042, 1044
Die Weise von Liebe und Tod des Cornets Otto Rilke (Erste Fassung) 98, 121, 173, 1002
Die Weise von Liebe und Tod ... (Mittlere Fassung) 199, 201, 204, 205
Die weiße Fürstin (D) 80, 86, 94, 111, 116, 159, 187, 189, 206, 209-211, 255, 299, 321, 325, 403, 630, 707
Die weißen Häuser hin ... 419
Die, welche schläft ... 974
Die Zaren 97, 238, 287
Die Znamenskaja / Der Madonnenmaler 93, 97
Dies also: dies geht von mir aus ... 424, 431
Dies nur als Antwort. Übertöns ... 955
Diese Lieder sind verjährte Wunden ... 62
Dieses Buch vermeidet es ... (P, zu »Worpswede«)
Dietmar von Eist: Tag-Lied (Ü) 234
Dir zur Feier 67, 79
Disgrâce divine 947, 1023
Dis-moi, rose, d'où vient ... 1004
Divinité du sommeil des chats ... 958
Doch sind nicht unsere Eigentümer ... 264

Dostojewski, Fjodor: Arme Leute
  (Ü, Teilstücke) 157
Douce perturbatrice... 1004
Doute 939, 1023
Doux pâtre qui survit... 936
Douze Chansons (Ü, s. Maeterlinck)
Draußen Welten, Welt... 534
Drei Bücher sinds und drei Vergangenheiten... (für Helene Klingenberg) 86
Drei Gedichte aus dem Umkreis:
  Spiegelungen I-III 913, 922
Drei Gedichte in Prosa 207, 227, 230
Drei Spiele 125
Drožžin, Spiridon: Gedichte (Ü) 105
Das Gebet 113
Im Heimatdorf 106
Kraft des Liedes 113
Du aber warst schon da... 511
Du auf der Schwelle. Heimischer und Gast... 539
Du bist ein Meister... 44
Du blondes Kind... (später: Der Sänger singt...) 125
Du, der ichs nicht sage, daß ich bei Nacht... 335, 387
Du fond de la chambre, du lit... 999
Du gehst durch mich nun ein zu ew'gem Quälen... (Ü, s. Dante)
Du hast gewußt, erhaben – Herr... 263
Du im Voraus / verlorne Geliebte... 458
Du, ›Kamm auf meinen Wellen‹... 893
Du lebst. Den Himmel deiner Züge schlürfend... (Ü, s. Noailles) 514, 595, 598, 612, 617
Du nur, einzig du bist... 487
Du reisest, Schwalbe, und dann kehrst du wieder... (Ü, s. Tasso)
Du schöne dunkle Laute... 129
Du, Zeit, erfüllt von Dämmernacht... 42

Dunkelndes Moor, jetzt bist du tief... 159
Duineser Elegien 316, 376, 382, 389, 392, 394, 401, 408, 415f., 419, 432, 448, 473, 477, 481, 490, 499, 504, 514, 517, 528, 558, 571f., 585, 588, 603, 630-632, 662, 665f., 669f., 708, 712-714, 727, 732f., 735, 748, 762, 764-767, 769, 771-773, 775, 780, 782, 786f., 790-793, 797, 804, 820, 823f., 827, 832-835, 838-840, 846f., 848-851, 853-857, 860, 862, 864, 866f., 869f., 876, 878, 880, 883, 898, 919, 921, 925, 940, 943, 963f., 974, 985, 987, 993, 996f., 998, 1008, 1010, 1024, 1026, 1044
D'un Carnet de Poche 1000, 1023
Durch den sich Vögel werfen... 1030

Eau qui se presse, qui court – eau oubligeuse... 919
Ebauches et Fragments 863
Eben warst du noch, Bettine... (P, aus »Malte«) 806
... échangeons nos avis... 946
Ehe 242
Eigentlich war er längst frei... (P), s. Aufzeichnung. Ronda 461
Ein Abend (P) 98
Ein Brief des lahmen Ewald (P) 261
Ein Charakter (P) 47f.
Ein Doge 304
Ein Frauen-Schicksal 249
Ein Frühlingswind 262
Ein General im Krieg gefallen... 23
Ein Händeineinanderlegen... 82
Ein Märchen vom Tod und eine fremde Nachschrift dazu (P) 202, 579
Ein Morgen: Zwischen dem Kastellfelsen von Arco... (P) 99
Ein Prager Künstler / Emil Orlik (P) 101
Ein Prophet 304
Ein rar begangner Pfad... 351

... Ein Tagebuch ... 56
Ein Verleugneter der eigenen
  Hände ... 164
Ein weißes Schloß in weißer Einsamkeit ... 62
Eine Begegnung (P) 260, 269
Eine Folge zur »Rosenschale« 983 f.
Eine Furche in meinem Hirn ... 902
Eine Heilige (P) 41
Eine Nacht I-V 45, 61
Eine Sibylle 304
Eine Tote (P) 48
Eine von den Alten (Paris) 304
Einem unbekannten jungen Mädchen 534
Eines ist, die Geliebte zu singen ...
  (Duineser Elegien III) 392, 442,
  481, 490, 585, 603, 732 f., 1024
Eingang. Ist es eine Frage? ... (P,
  Fragment von den Einsamen) 183
Einladung 194
Einleitungen zu den Lesungen (1919,
  P) 653 f., 663
Einmal nahm ich zwischen meine
  Hände ... 450, 547
Einmalige Straße wie ein Sternenfall ... 487
Einsam tret ich auf den Weg, den leeren ... (Ü, s. Lermontow: Strophen) 616
Einsamkeit 159
Einst, als Ellen Key auftrat, war sie
  im Recht ... (P), s. Ellen Key
Einst war dies alles anders aufgeteilt ... 451
Elegie an Marina Zwetajewa-Efron
  1003
Elle passe des heures émues ... 997
Ellen Key / (Zu ihrem 60. Geburtstag
  am 11. Dez. 1909) (P) 334
Emmaus 424, 438
Empfange nun von manchem Zweig
  ein Winken ... 894
En musique seulement ... 1022
Engellieder 76, 900

Endymion 383
Enterrement 939
Entre elle et sa glace ... 998
Entre ses vingt fards ... 1026
Entsinnen ist da nicht genug ... 384,
  630
Entwürfe aus zwei Winterabenden
  868, 871, 887
Entwurf einer politischen Rede / (Die
  politische Uhr ist ähnlich jenen ...,
  P) 649
Er ruft es an. Es schrickt zusamm
  und steht ... 867
Er war ein einsamer Dichter ... 66 f.
Er war von jenen Großen ... 784
Eranna an Sappho 235
Erfahren in den flutenden Verkehren ... 867
Erhabne Flamme, mehr als schöne
  schön ... (Ü, s. Petrarca, 61) 664,
  806
Erinnern Sie sich jenes schönen
  Schwanes? ... 120
Erinnerung (P) 477, 751
Erinnerung in Verhaeren, s. Der
  Brief des jungen Arbeiters (P)
Erlebnis I (P) (Es mochte wenig
  mehr ...) 419, 595, 597, 611 f., 615,
  617, 661, 956
Erlebnis II (P) (Späterhin meinte
  er ...) 419, 615
Erläuterungen zur Französischen
  Revolution 25
Ernste Stunde 886
Eros 869 f., 875, 913
Eros IV 923
Erränge man's wie einst als Hingekneter ... 509
Erscheinung 397
Erste Gedichte 36, 75, 388 f., 437,
  448, 613, 665, 707, 756, 858
Erst eine Kindheit, grenzenlos ... 841
Erst: wem hält mans hin? ... 625
Es drängt so viel Gewürm sich dreist
  und dreister ... 55

Es ist so seltsam... 120
Es liebt ein Herz, daß es die Welt uns
  rühme... 658
Es mochte wenig mehr als ein Jahr
  her sein..., s. Erlebnis (I, P)
Es muß wohl sein, daß jugendlicher
  Schwung... 905
Es sucht das Lamm die Bitterkeit der
  Heide... (Ü, s. Verlaine) 806
Es war eine kühne Bestürzung (P,
  Kavallerie-Parade) 426
Es war einmal... 35
Es winkt zu Fühlung fast aus allen
  Dingen... 475
Et à la lampe et à votre feu... 856
Eva 305
Ewald Tragy (P) 83
Ex Voto (im Text: voto) 842, 847
Exercices et Evidences 930, 936, 939,
  946f., 954, 972, 984f., 989, 991f.,
  995, 998, 1001, 1003f.
Experiment (P), s. Ur-Geräusch

Fahrten (Advent) 74
Falke, Gustav: Neue Fahrt (Rez) 95
Faktor, Emil: Was ich suche (Rez)
  100
Farfallettina 971
Fast wie am Jüngsten Tag die
  Toten... 476
Faut-il vraiment tant de danger...
  892
Feder und Schwert (P) 34
Feiertage 72
Feigenbaum, seit wie lange schon
  ists mir bedeutend... (Duineser
  Elegien, VI) 419, 442, 481, 603, 764,
  766, 768, 773
Fenêtre, qu'on cherche souvent...
  999
Fenêtre, toi, ô mesure d'attente...
  893
Fernsichten (P) 81, 89, 96
Figure de femme, sur son som-
  meil... 919

Figurines pour un ballet 373
Finale (Drei Spiele) 125
Flammen 49
Florenzer Tagebuch 79, 81
Flugsand der Stunden. Leise fortwäh-
  rende Schwindung... 872
Flutet mir in diese trübe Reise...
  (SW 2: Ach wie Wind...) 461
Fofanow, Konstantin: Frühling und
  Nacht (Ü) 104
Foscarini, Jacopo Vincenzo: Dieser
  Deiner Thürme.. (im Text fälsch-
  lich: blaue) (Ü) 389
Frage an den Gott 516
Fragment d'Ivoire 936, 960
Fragment einer Auferstehung 371
Fragment von den Einsamen (P),
  s. Eingang...
Fragmentarisches, s. Anfänge und
  Fragmente...
Fragmente zu:»Die Pieta« von Arnold
  Böcklin (P) 128
Frau Blaha's Magd (P) 99
Frenssen, Gustav: Jörn Uhl (Rez)
  155
Fröding, Gustav: Narkissos (Ü) 424,
  623
Frühe Gedichte, s. Die Frühen
  Gedichte
Früher Apollo 249
Früher, wie oft, blieben wir, Stern in
  Stern... 981
Frühfrost, s. Im Frühfrost (D)
Frühling (Nicht so sehr...) 883
Frühling ist wieder gekommen. Die
  Erde... (Sonette an Orpheus I, 21)
  763, 769
Frühling und Nacht (Ü, s. Fofanow)
Fülle ist nicht, daß sie uns
  betrübe... 689
Fünf Briefe, s. Alcoforado (Ü)
Fünf Gesänge / August 1914 474-476,
  481f.
Fünf Sonette (Für Frau Grete Gul-
  bransson geschrieben) 444

Fünfzehn Gedichte für Lulu Albert-
   Lazard 477
Für alles, was den andern wohlgefällt
   (Ü, s. Pistoia)
Für Benvenuta 461
[Für Fräulein Ella Glässner] 43
Für E. M. [Erika Mitterer] 891,
   893-895, 897, 956 f.
Für Erika 894 f., 897, 900, 964
Für Erika zum Feste der Rühmung
   1020
Für Eueren Trauungs-Tag 22
Für Heide 893
Für Helene [Woronin] 92
Für jene Stunden, wo Sie im Vereine... 49
Für Nike / Weihnachten 1923 856
[Für Siegfried Trebitsch] 56
Für Werner Reinhart / ins Gäste-
   Buch auf Muzot 749
Fürst Poppov 36
Furnes (P) 251, 275, 1041, 1044

Gaben (Advent) 74, 154
Garten-Nacht 906
Gebet für die Irren und Sträflinge
   383
Gebete (s. auch Das Stunden-Buch)
   98, 171 f., 176, 179, 192, 210, 213-216
Gebete der Mädchen zur Maria 79
Geburt der Venus 183, 204, 227
Geburt Mariae 389, 416
Geburtstags-Morgen, Detlev Liliencron... 193
Gedanken der Nacht, aus geahnter... 446, 547
Gedenkblatt für Marguerite von
   Kühlmann (P), s. Wo wäre einer .
Gedicht, s.: Das war doch immer das:
   Geheul, Gehärm...
Gedichte an die Nacht, s. An die
   Nacht
Gedichte aus dem Nachlaß 1044
Gedichte aus den Jahren 1902 bis
   1917 (Handschrift Kühlmann) 623

Gedichte aus den Jahren 1905-1907,
   s. Neue Gedichte
Gedichte aus ›Tausendundeiner
   Nacht‹ (Ü) 847, 852
Gedichte in französischer Sprache,
   s. Poèmes français
Gedichtkreis für Madeleine de
   Broglie 247
Gegen-Strophen 764, 767 f.
Gegen Wiedererstattung (P) 96
Gegrüßet, Sankt Georg... (Meinem
   lieben Heinrich Vogeler...) 95
Gehn auf Treppen nicht und nicht
   der Brücken / Überholen... 966
Geijerstam, Gustaf af: Die Komödie
   der Ehe (Rez) 167
Geleitwort zu Rega Ullmann: Von der
   Erde des Lebens (P) 328
Generationen (P) 84 f., 96
Gente églantine... 1001
Géranium qui éclate... 600
Gern gäb' ich Dir dies Buch... 41
Gesammelte Werke [in sechs Bänden] 38, 328, 752, 760, 1043 f. Verteilung der Werke auf die einzelnen Bände s. 1043 f.
Gesamtausgabe [in 6 Bänden] 321,
   747 f., 768, 791, 808, 832, 842, 939 f.,
   942, 994, 1007
Gesang der Frauen... 266
Geschichte des Dreißigjährigen Krieges (P) 25, 27
Geschichte vom Fingerhut (P), s. Wie
   der Fingerhut dazu kam...
Geschichten vom lieben Gott (P) 167,
   173, 184 f., 190, 196, 200, 202, 206,
   213, 229, 233, 242, 251, 261, 293,
   319, 450, 454, 520, 547 f., 579, 613,
   665, 707, 710, 756, 806, 865, 912,
   919, 925, 939-941, 977, 1016, 1035
Gestirne der Nacht, die ich erwachter
   gewahre... 906
Gewitter Gewitter was willst du
   hier?... 470
Gewittersegen 470

Gezelle, Guido: Besuch am Grab (Ü) 513
Gide, André: Die Rückkehr des verlorenen Sohnes (Ü/P) 445, 452, 456, 467, 477, 613, 680, 756, 919
Gieb mir, oh Erde, den reinen ... 912
Giuditta, s. Judith's Rückkehr
Glaub nicht, es war seit immer ... 669 f.
Glaubt mir, ihr Lieblinge ... 149
Gleich und Frei (D) 49
Glücklich, die wissen, daß hinter allen ... 869
Glühwürmchen, fliegend an der Esche eben ... (Ü, s. Zappi)
Götter schreiten vielleicht immer im gleichen Gewähren ... 877, 1030
Gong 958
Gong (1-3) 989
Gott im Mittelalter 274
Gott läßt sich nicht wie leichter Morgen leben ... 625
Gott oder Göttin des Katzenschlafs ... 958
Grabmal eines jungen Mädchens 235
Graue Liebesschlangen hab ich aus deinen ... 520
Gregh, Fernand: La brise en larmes (Vom grauen Himmel sinkt ..., Ü) 70
Groß ist die Menge derer, die da ringen ... 53
»Gruß zum Geburtstag für Bernt Heyseler« 634
Guérin, Maurice de: Der Kentauer (Ü/P) 367-370, 373, 384, 386, 391, 451, 601, 637, 665, 705, 1023, 1042
Guter Tag. Da prüft man noch ... 458

Härte schwand. Auf einmal legt sich Schonung ... 870
Halte die Freude für mehr als das Glück ... (Nicht in SW) 775
Handinneres 906, 928, 935

Hardt, Ernst: Bunt ist das Leben (Rez) 159
Hassend nach dem Augenmaß ... 468
Haßzellen, stark im größter Liebeskreise ... 530
Haus-Segen, Anno d. 99 86, 664
Heb mich aus meines Abfalls Finsternissen ... 905
Hebend die Blicke vom Buch ... 458, 547
Heiliger Frühling (P) 67
Heimkehr: wohin? ... 477
Heimsuchung (Marien-Leben) 392
Heinrich Vogeler (P) 146, 150, 234
Heitres Geschenk von den kältern / Bergen ... 891
Henckell, Karl: Sonnenblumen (Rez) 46, 56
Herbst (Die Blätter fallen ...) 159, 206, 333, 657
Herbst (Oh hoher Baum ...) 913
Herbsttag 159, 657
Herr: es ist Zeit ... 159, 657
Herr, wir sind ärmer ... (Frühe Fassung) 172
Hesse, Hermann: Eine Stunde hinter Mitternacht (Rez) 95 f.
Hetären-Gräber 183, 227, 339
Heute will ich dir zu Liebe Rosen ... 471
Hier bin ich, hier bin ich, Entrungene ... 549
Hier ist ein Spiel von Frag und Antwort, das ... 985
Hier sei uns alles Heimat: auch die Not ... 658
Himmelfahrt Mariae I-II 417, 423
Hinhalten will ich mich ... 451, 547
Hinschwindende ganz leicht ... 438
Hinter den schuldlosen Bäumen ... 433 f., 994
Hinweg, die ich bat ... 450, 547
Hippius, Sinaïda: Liebe ist nur Eine (Ü) 628, 704

Hirschfeld, Georg: Agnes Jordan (Rez) 71
Hiver 985
Hoch schrie sie auf, warf fort die Blumen, hin ... (Ü, s. Cassiani)
Hochwald 84
Höhenluft (D) 66
Höllenfahrt, s. Christi Höllenfahrt
Hofmannsthal, Hugo von: De la Rotonde (Ü) 403
Huch, Friedrich: Peter Michel (Rez) 139f., 149, 153
Hymne an Aphrodite (Ü, s. Poletti)
Hymnus auf den Heiligen Franz 172, 1028

Ich bin allein, und vor mir auf dem Tische ... 69
Ich bin so allein ... (in russischer Sprache) 130
Ich bins, Nachtigall ... 426
Ich bliebe stumm, wärst Du nicht Dichter ... (Ü, s. Magallon) 755
Ich entstamme, wenn ich ... (P) 48, 471
Ich ging; ich wars, der das Verhängnis säte ... 716
Ich hielt mich überoffen ... 384, 630
Ich höre von weit ... 92
Ich komme mir leicht verstorben vor ... 761
Ich konnte Dich wie eine Rose rühmen ... 199
Ich möchte einmal nur tüchtig sein ... 100
Ich sehe den Bäumen (die) Stürme an ... 136
Ich singe, wie michs drängt ... 49
Ich weiß ein graues Schloß am See ... 64
Ich will bei meiner Arbeit emsig walten ... (aus: Teuerster Papa ...) 29
Ich will vom Leben eines schönen Dinges ... 177

Ich Wissender ... 417, 482
Ich wurde so müd ... (in russischer Sprache) 130
Ici la terre est entourée ... 945
Idol 958
Igor-Lied (Ü), s. Das Igor-Lied
Ihm geht das nah ... 417
Ihr Opfer (P) 55
Ihr Pilger, die ihr wandelt ... (Ü, s. Dante)
Il suffit que, sur un balcon ... 997
Im Elend 61
Im fremden Land ... 92
Im Frühfrost / Ein Stück Dämmerung (D) 43, 45, 47, 49, 55, 57, 59, 63, 65, 69, 71, 755
Im Gespräch (P) 131, 136
Im Kirchhof zu Ragaz Niedergeschriebenes (I-IX) 893, 896
Im Leben (P) 87, 96
Im Museum von Neapel ... (P) 261
Im Saal 249
Imaginärer Lebenslauf 841
Immerfort wechselt der Geist den Platz im unendlichen Umkreis ... 876
Immer lieb war mir dieser einsame / Hügel ... (Ü, s. Leopardi) 849
Immer noch verlieren die Getrennten ... 458
Immer noch zögernd, unter geliebten Erfahrungen ... (P) 447
Immer wieder aus dem Spiegelglase ... 913
Immer wieder, ob wir der Liebe Landschaft auch kennen ... 475f., 486, 797
Impressionisten (P) 84
Impromptu 57
Improvisationen aus dem Capreser Winter 259
In der Certosa 150
In diesem Haus der Blonay, de la Tour ... 781
In diesen Liedern ist noch Leid ... 81

In herbstlichen Alleen (Spiele) 125,
  544
In ihres Alters blühendstem
  Beginn... (Ü, s. Petrarca, 57) 664,
  806
In Karnak wars... 699, 702, 710, 717,
  797, 804
In sich blätternder Hain... 458
In späteren Jahren... (Aus dem
  »Malte«) 354
In und nach Worpswede... 116, 120,
  122, 387, 664
Innres der Hand. Sohle, die nicht
  mehr geht... 906
Intérieurs (P) 82f., 100
Irgendwo blüht die Blume des
  Abschieds... 910
Irrlicht 49
Irrlichter 869f., 1030
Ist Schmerz, sobald an eine neue
  Schicht... 442, 547
Ist Seligkeit in den abendbeschienenen Kronen?... 198
Italienische Sonette (Ü) 622, 624
Iwanow (P) 124

... ja, ich bin krank. Du fragst genau
  zur Stunde... (aus der 11. Antwort
  an Erika Mitterer) 954
Jacobowsky, Ludwig: Anne-Marie
  (Rez) 56
Jacobsen, J. P.: Gedichte (Ü) 427,
  662
– An Agnes 427
– Arabeske zu einer Handzeichnung
  von Michelangelo 427, 438, 662
– Das haben die Seraphim... 427
– Das hat man zu büßen... 427
– Der Waldtauben Lied 200
– Ellen 427
– Griechenland 427
– Gurrelieder 200, 427
– Landschaft 427
– Nun ist es Nacht... 427
– Wären Perlenreihen... 427

Jacopone da Todi: Liebe, Liebe...
  (Ü) 446
J'admire immensément la force solitaire... 260
J'ai toute ma vie... 688
J'ai trouvé un Saint-Esprit fort
  défait... 1012
J'ai vu dans l'œil animal... 892
J'aime les hivers d'autrefois... 985
Jantschewetzki, Grigorij: Die Bittschrift (Ü/P) 114, 141
Je te compare à ce très énergique...
  939
Je vois deux yeux comme deux
  enfants... 99
Jeder Engel ist schrecklich... (Duineser Elegien, II) 376, 382, 392,
  399, 400f., 408, 415f., 432f., 448,
  481, 572, 603, 766, 1024
Jenny, Rudolf Christoph: Noth kennt
  kein Gebot (Rez) 53f.
Jetzt gehn die Lüfte... 262
Jetzt und in der Stunde unseres
  Absterbens (D) 52, 54, 56, 58, 60,
  86
Jetzt wär es Zeit, daß Götter träten... 954
Jour d'Eté 213
Josuas Landtag 249
Judith, s. Judith's Rückkehr
Judith's Rückkehr 373, 423, 434, 471,
  994
Jugend 77, 85
Jugend-Bildnis meines Vaters 18,
  248f.
Jung-Stillings Jugend (P) 455f.
Junges Mädchen das sein Geheimnis
  Isis oder der Natur anvertraut (P)
  226

Kajetan Týl 46
Karl der Zwölfte von Schweden reitet
  in der Ukraine 665
Keiner, der finstere nur gefallene
  Engel... 510

Key, Ellen: Das Jahrhundert des Kindes (Rez) 153, 189
Kierkegaard, Sören: Briefe an seine Braut (Ü/P) 199 f.
Kind, die Wälder sind es ja nicht... 547
Kindheit (Da rinnt der Schule ...) 238
Kindheit (Es wäre gut viel nachzudenken...) 249
Klage (Wem willst du klagen...) 470, 566, 612, 1030
Klage über Trauer 23
Klage um Jonathan 315
Kleine Gegengabe / ins Gemüt der Schläferin 564
Kleine Motten taumeln schauernd ... 706
Kleines Haus. Es war in diesem Hause... 567
König Bohusch (P) 51, 72, 76, 98
Köstliche, o Öl, das oben will... 417
Königsherz... 910
Komm du, du letzter, den ich anerkenne... 1039
...komm wann du sollst... 410
Kommendes ist nie ganz fern... 251
Konsonanzen und Dissonanzen, Gedichte eines ungarischen Musikers (Rez) 95
Kore 262
Kraft des Liedes, s. Drožžin (Ü)
Kretische Artemis 304
Kreuzweg des Leibes. Und sind doch... 533
Kunst im Allgemeinen (P) 82
Kunstbrief, s. Münchner Kunstbrief
Kunstwerke (P) 165

L'Ange du Méridien 247
L'Attente 1016
L'automne sonne dans les feuilles vides... 213
L'Avenir 935, 946

L'avenir: cette excuse du temps... 935
La Dame à la Licorne 247
La Danse dans l'Escalier 935, 946
La Dormeuse 919
La Fenêtre (I-III) 892
La mort d'Athènes (Die Ruinen von Athen, P) 226
La Nascita del Sorriso 699, 703
La Paix 930
... la paix de ses contours... 946
La Passante d'Eté 901
La Porteuse de(s) Fleurs 1007
La Porteuse de Fruits 1007
La Porteuse de l'Eau 1007
La vigne fait tant de vrilles... 1012
Labé, Louize: Die vierundzwanzig Sonette... (Ü) 368, 407, 412, 424, 426 f., 429 f., 550, 554, 570, 575, 577, 579 f., 589, 613, 642, 658, 707, 979, 984 f.
Längst, von uns Wohnenden fort... 1004
Laforgue, Jules: Sagenhafte Sinnspiele (Rez) 186, 207
Lagerlöf, Selma, s. Zwei Nordische Frauenbücher (Rez) 157
Laissez-moi dormir, encore... 842
Lampe du soir, ma calme confidente... 863
Landschaft 275
Landschaft des Traumes. Tränensturz im Traum... 564
Larenopfer 32, 44, 46-52, 55 f., 59, 72, 94, 183, 437, 448, 1042
Lauda aus dem 15. Jahrhundert: Sag mir, süße Maria... (Ü) 303
Laß dich nicht irren die Zeit... 375
Laß dir, daß Kindheit war... 702
Laß Dir jede Freude geschehen... 92
Laß uns, Heide, wie die Weisen reden... 895
Laß uns in der dunkeln Süßigkeit... 609
Lautenlieder I-VI

Lazar, da er aufstand, Lazar hatte…
950
L'enfant, à la fenêtre… 930, 936
Le Christ et la Madeleine (P) 226
Le Christ Ressuscité 991
Le Dormeur 842
Le grand Pardon 1007
Le Magicien 867, 869
Le magicien, les yeux tout creux et vides… 867
Le mangeur de mandarines 971
Le Masque 901
Le Noyer (I-III) 891
Le Passage des Anges 1009
Le vent de quel souvenir… 923
Leben heißt es und genießen… 28
Leben und Lieder 28, 31, 33 f., 36-38, 42, 44 f., 198, 621
Leben und Tod: sie sind im Kerne Eins… 803
Leçon grammaticale 939, 946
Legende von den drei Lebendigen und den drei Toten 304
Lehnen im Abendgarten beide… 77
Leichen-Wäsche 305, 339
Leicht verführt sich der Gott… 458
Leise Begleitung (P) 83, 96
Leopardi, Giacomo: Immer lieb… (Ü) 389, 848
Lermontow, M. J.: Gebet I und II (Ü) 104
Lermontow, M. J.: Strophen (Ü) 616
Les Anges aiment nos pleurs… 1014
Les Anges, sont-ils devenus discrets!… 935
Les autres, c'était la tempête… 507
Les Eaux de R[agaz] 1014
Les Fenêtres (Zyklus) 893, 936, 989, 992, 997, 999 f., 1004, 1012, 1040
Les feuilles tombent, tombent… 906
Les Fugitifs 930
Les hannetons ont fini leur ravage… 1003
Les Quatrains Valaisans 896, 900, 901, 904 f., 913, 918, 928, 945, 950,
956, 969, 973, 976, 982 f., 990, 992, 1002 f., 1007
Les Roses (Zyklus) 903, 928, 936, 950, 954, 1001, 1004, 1008, 1020, 1037, 1043
Les trois Porteuses 1007
Les ›Victoires‹ 1008
Lese-Blätter / ab Januar 1914 (P) 454
Letzte Gedichte und Fragmentarisches 1044
Letzter Abend 248, 288
Letztes ist nicht, daß man sich überwinde… 673
L'heure du Thé 971
Liebe der Engel ist Raum… 764
Liebe-Gott-Buch (P) 188
Liebe – leuchtende Liebe spannte… 76
Liebe Maria, dein Leiden… 458
Liebende und Leidenden verwehten… 226
Liebesanfang 498
Liebes-Lied 266
Liebste Mama. Es naht ein Tag… 24
Lied (aus »Malte«) 392, 553, 555, 567, 942, 1008
Lied der Aussätzigen 247
Lied für die junge Freundin 897
Lied für Helene [Woronin] 92
Lied vom Meer 261, 807
Lieder der Mädchen 79, 84, 89, 900
Liederkreis um eine lichte Gestalt 225 f.
Liliencron, Detlev Freiherr von / Glückwunschgedicht zum 60. Geburtstag 194
Liliencron, Detlev Freiherr von: Poggfred (Rez) 61
[Littmann, Enno] Arabische Liebeslyrik aus Tausendundeiner Nacht (Ü) 852
L'Offrande fanée. Déese á ta clémence… 787
Loris 63

Ma vie, tu me l'as remplie... 935
Mach Einen herrlich, Herr... 172
Mädchen, Dichter sind... 116
Mädchen ordnen dem lockigen /
  Gott... 890
Mädchenlieder 900
Mädchen-Klage 249
Maeterlinck, Maurice: Douze Chansons (Ü), s. auch Zwölf Lieder (Ü)
  146
Maeterlinck, Maurice: Les sept filles d'Orlarnonde (aus: Douze Chansons, VI (Ü) 146, 149
Mais j'ai raison... 66
Magallon, Xavier de: Ich bliebe stumm... (Ü) 755
Magie 896
Mallarmé-Übertragungen 630, 662, 682, 707, 725, 777, 812
Mallarmé, St.: Gedichte (Ü) 629
- Das neue Heute 630, 662
- Der Fächer des Fräuleins Mallarmé 629, 630, 662, 682, 707
- Einer Spitze Entgleit... 630
- Tombeau. Der schwarze Block... 630, 777
Malte, MLB, s. Die Aufzeichnungen des Malte...
Man hat ihn einmal irgendwo befreit... 748
Man hat uns in einer Versammlung... (P) 767
›Man muß sterben weil man sie kennt‹... 470, 472, 566, 612
Manchen ist sie wie Wein, der das Glänzen des Glases... 770
Mandarinenrot, köstlich... 448
Mann, Thomas: Buddenbrooks (Rez) 150
Manuskriptbuch für Vogeler 118
Mariae Verkündigung 410
Marina: voici galets et coquillages... 1006
Marionetten-Theater 275, 277
Maritana (P?) 39

Masken (P) 77, 81
Masken! Masken! Daß man Eros blende... 869
Maternité 935
Maurice Maeterlinck (P) 146, 148f., 468
Mausoleum 910
Medici, Lorenzo de: Wie schön ist die Jugend... (Ü) 80
Meerleuchten 61
Mehr nicht, als das Warmsein eines Rings... 956
Mehr nicht sollst du wissen... 768
Mein Herz 38
Mein scheuer Mondschatten spräche gern... 770
Meine Hände gingen voran... 99
Meine Hände kommen weither... 129
Meine Lieder! Kennst sie lange... 37
Meint des Teppichs blumiger Grund... 934
Mélancolie matinale (P) 901
Mendelssohn-Bartholdy, Albrecht: Schmetterlinge (Rez) 53
Mensonges (I/II) 985
Mésange 805
Michaelis, Karin: Das Sckicksal der Ulla Fangel (Rez) 164
Michelangelo-Übertragungen (Ü) 452, 456, 471, 504, 537f., 541, 548, 553, 593, 601, 612, 618, 624, 627, 662, 676f., 678, 741, 748, 750f., 756, 823, 831, 939, 1044
- Auf den Tod der Vittoria Colonna 541, 612
- Fragment: Ein Riese ist noch, über alles groß... 553, 831
- Wenn hier mein grober Hammer... 452
- O Nacht, zwar schwarze, aber linde Zeit... 678
- Selige, die ihr euch im Himmel freut... 471

- So wende wieder mich zu jener
  Zeit... 624
- Weil Phöbus nicht die Arme streckt
  nach dir... 678
- Madrigal 541 Terzinen 553
- Migliera 262

Migration des Forces... 1009
Mir ist: es wandert der weiße Saal...
  126
Mir töne, Bellman, töne... 508
Mir zur Feier 76, 78-80, 84, 89,
  94-96, 100-104, 117, 120f., 124f.,
  183, 187, 204, 206, 225, 236, 239,
  312, 315, 319, 325
Mit allen Augen sieht die Kreatur...
  (Duineser Elegien, VIII) 468, 763,
  765f., 768, 919, 985
Mitsou, s. Préface à Mitsou
Mitte im Gerichte... 458
Mitte, wie du aus allen... 908
Moderne Lyrik (P) 77
Moderne russische Kunstbestrebungen (P) 164
Mohn (P) 43
Molza, Francesco Maria: Daß hier
  sich meine Nymphe niederließ...
  (Ü) 624
Moment entre les Masques 883
... Moment où il faudrait dire un mot
  en acanthe... 998
Mondnacht 372
Mondnacht [für Hans Thoma] 94
Moréas, Jean: Stanzen (Ü) 719, 734,
  806
Morgenschlaf (Mir war so weh...)
  65
Morgue 249, 305
Mouvement de Rêve 946
Mühle von Goisern 56
Münchner Kunstbrief (P) 68f.
Mütterchen (D) 75, 122, 755
Murillo 41
Musik: Atem der Statuen... 580
Musik. Für Herrn Lorenz Lehr 974
Musik (Wüßte ich für wen...) 898

Muther, Richard: Lucas Cranach
  (Rez) 128, 168
Mutter (D) 65, 74f.

Nach so langer Erfahrung sei
  »Haus«... 899
Nach unserer ersten Begegnung 34
Nacht (Nacht! / Nahst du dich...) 81
Nacht am Kanal 64
Nacht in der Fremde (Die große
  Nacht) 561, 570
Nacht. Oh du in Tiefe gelöstes /
  Gesicht... 906f., 928, 935
Nachtgedanken 36
Nachthimmel und Sternenfall 898
Nächtlicher Gang 302
Narcisse 922
Narkissos (Ü, s. Fröding)
Narziß (Dies also: dies geht von mir
  aus...) 424, 431, 561, 595, 612
Narziß (Narziß verging. Von seiner
  Schönheit hob...) 424
Natur ist glücklich. Doch in uns
  begegnen / sich zuviel Kräfte...
  625
Nebelnd schweben durch den Rosenbogen... 906
Nebelong, Edith: Mieze Wichmann
  (Rez) 139
Negri, Ada: Bacio morto (Der Frühling war so traurig...) (Ü) 63
  Storia breve (Ü) 63
  Te solo (Ü) 63
Neigung: wahrhaftes Wort! Daß wir
  jede empfänden... 770, 853, 959
Nein: die Natur ertrüge nicht
  mehr... 386
Nein, Du sollst mir nicht verfallen
  sein... 895
Nein! – Schafft die Zeit sich keine
  großen Männer... (aus: Es sei, so
  klagen edle Menschenkenner...)
  33
Nénuphar 688
N'es-tu pas notre géométrie... 893

Neue Gedichte 18, 163, 183, 227, 233,
235, 247-250, 260-263, 265-267,
269, 272-277, 279, 282 f., 288, 293-
296, 298, 300, 302, 319, 323, 327-
329 f., 334, 338, 348, 366, 387, 394,
404, 416, 441, 450, 486, 516, 528,
531, 566, 571, 579, 623, 639, 665 f.,
705, 707, 755, 807, 829, 858, 910,
919, 943, 963, 983, 1000, 1042
Neue Gedichte II, s. Der Neuen
  Gedichte anderer Teil
Nicht allein, weil sie viele Menschen
  umfassen... (Die großen Städte,
  P) 165
Nicht daß uns, da wir (plötzlich)
  erwachsen sind... 522
›Nicht Geist, nicht Inbrunst...‹ 1018
Nicht jauchzen, nicht klagen... 36
Nicht mehr für Ohren...: Klang...
  958
Nicht nur aus dem Schaun der Jünger... 431
Nicht so sehr der neue Schimmer
  tats... 883
Nicht um-stoßen, was steht!... 899
Nichts wie Toledo... (P) 418
Nicht, wie du ihn nennst... 430
Nike / Zu einer antiken Figur: (kleine
  Nike...) 701, 705
Noailles, Anna Comtesse de: Du
  lebst... (Ü) 514, 595, 598, 612, 617
Ich schreibe, daß man, wenn ich
  nicht mehr bin... (Ü) 279
Noch ein Wort über den ›Wert des
  Monologes‹ (P) 83
Noch einmal: ich begreife durch
  aus... (P) 477
Noch fast gleichgültig ist dieses Mit-
  dir-sein... 890
Noch weiß ich sie, die wunderliche
  Nacht... 484
Nochmal ›Heine‹ 40, 49
Nonnenhände 77
Nonnen-Klage (I-IV) 327, 338
Nordische Bücher II (Rez) 167

Nos anges, Monsieur, se sont bien
  reconnus... 1009
Nos pertes, n'est-ce sur vous... 1004,
  1007
Notizen zur Melodie der Dinge (P)
  82 f.
Notre-Dame 925
N'oublie pas, étranger, de faire tes
  adieux... 950
Nous avons intacte la face... 930
Nous savions tout cela avant ta venue
  tendre... 1026
Noyer: première ronde-bosse... 787
Nun bist du wach und es erwacht an
  dir / ein jedes Ding... 625
Nun reicht an's Antlitz... 454
Nur das Geräusch... 487
Nur Einer ist, ein Wachender... 172
Nur zu Verlierern spricht das Verwandelte... 565
N'y a-t-il plus que des Victoires...
  842

O alle diese Toten des April... 424,
  561
O alte Sanftmut meines Herzens...
  511
O Bäume Lebens, o wann winterlich?... (Duineser Elegien, IV) 515,
  517, 543, 603, 630, 732 f., 801, 1024
O belle corne, d'où... 866
O Brunnen-Mund... (Sonette an
  Orpheus II, 15) 1042
O das Neue, Freunde, ist nicht
  dies... 764, 857
O / das Proben / in allen Vögeln
  geschiehts... 718
O die Verluste ins All, Marina, die
  stürzenden Sterne!... 1003
O erst dann, wenn der Flug...
  (Sonette an Orpheus I, 23) 763,
  767
O Funkenglück aus dem Herzfeuerstein... 520
O Haus, wenn morgen die Geliebte

hier / vorüberkommt...
(1001 Nacht, Ü) 847
O Herr, gieb jedem... 172
Ô Lacrimosa (I-III) 936, 959f., 1038, 1042
O Lächeln, erstes Lächeln... 498
O laßt mich gehen, wie ich kam... 218
Ô le ruban léger dont les bouts flottent... 1010
Ô le temple défait ou jamais terminé!... 1011
O Leben Leben, wunderliche Zeit... 458
O Menschenangesicht: aus solcher Flut... 531
Ô mes amis, vous tous, je ne renie... 945
O schöner Glanz des scheuen Spiegelbilds... 913
O Sorge oft um euch, die ihr nicht lest... 761
Ô source qui jaillit... 946
Ô toi, petit coeur, qui hivernes... 805
O von Gesicht zu Gesicht... 450, 547
O weiche graue Dämmerung am Bug... 424
O wenn ein Herz, längst wohnend im Entwöhnen... 654
O wer die Leyer sich brach... 761
O wie haben wir, mit welchem Wimmern... 547, 609
O wo ist der, der aus Besitz und Zeit... 172
Ob ich damals war oder bin... 442, 547, 664
Oben wo die großen Stimmen wohnen... 202
Obstfelder, Sigbjörn: Pilgerfahrten (Rez) 205
Ode an Bellman 508, 512, 568
Odette R.... 803
Œil qui ne verra pas, qui donne son image... 755
Östliches Taglied 247

Offener Brief an Maximilian Harden (P) 126f.
Oft anstaunt ich dich, stand... 451, 547, 561, 570
Oft bricht in eine leistende Entfaltung... 486f.
Oft wenn Besuch da war... (P, »Malte«) 207
Oh, daß ihr hier, Frauen, einhergeht... 764
Oh Herz, oh Stern: vor oder quer geschoben... 954
Oh hoher Baum des Schauns, der sich entlaubt... 913
Oh, nicht, weil Glück ist... (Aus der Neunten Duineser Elegie) 764
Oh sage, Dichter, was du tust? / – ich rühme... 750
Oh wie fühl ich still zu dir hinüber... 461
Oh wie schälst du mein Herz aus den Schalen... 462
Ohne Gegenwart (D) 63, 72f., 74, 85, 119, 122, 124, 166, 535, 755
On était déguisé, pendant qu'on restait... 883
On voudrait un peu de clémence... 998
Opfer 235
Orpheus. Eurydike. Hermes 183, 204, 206, 227, 298, 434, 994
Ossuaire 842-844
Où je ne voulais que chanter... 727
Ouverture (P) 96

Parfois tel animal de son regard t'arrête... 1012
Park im Winter 50
Parle, ô source, toi... 946
Parmi les machines rapides... 939
Pater, Walter: Ein neues Buch von der Renaissance (Rez) 154, 156
Paume 923
Paume, doux lit froissé... 923

Pégase 842-844
Pelleas und Melisande (P) 87, 89
Perlen entrollen. Weh, riß eine der Schnüre?... 403
Petite Cascade 896, 1010
Petrarca-Übertragung 664, 737, 763, 806
Petrarca, F.: 57. und 61. Sonett (Ü) 623, 737, 806
Peut-être que si j'ai osé t'écrire, / langue prêtée... 871
Phantasie / Gedicht in Prosa (Auswandrerschiff) 37
Pierre Dumont (P) 37, 40f.
Pietà (Neue Gedichte) 247
Pietà (Das Marien-Leben) 383
Pietà in der Cathedrale zu Aquileja 383
Pistoia, Cino da: Zwei Sonette (Ü) 624
Poèmes en prose 971
Poèmes français 863, 872, 892, 896, 901, 924, 928, 930, 935, 940
Poletti, Cordula: Hymne an Aphrodite (Ü) 403
Poppé, fahr zu!... 64, 74
Portugiesische Briefe (Ü) s. Alcoforado, Marianna
Portugiesische Sonette (Ü) s. Barrett-Browning, Elizabeth. Sonette nach dem Portugiesischen
Pour servir d'Epitaphe à la belle Madame B.... 984
Pour trouver Dieu il faut être heureux... 923
Pour une autre ›Source‹ 946
Pourquoi tant te mentir... 1004
Prager Geschichten s. Zwei Prager Geschichten
Préface à Mitsou (P) 692, 695, 698f., 701f., 704, 709, 715, 725, 729, 737f., 740, 750, 752, 754f., 757, 759, 796, 804, 819
Prélude 868
Prends-moi par la main... 1009

Prière de la trop peu Indifférente 842, 844
Prière sentimentale (d'une Amante) 843
Printemps (I-VII) 851, 872, 954
Puppen. Zu den Wachs-Puppen von Lotte Pritzel (P) 112, 420, 455, 457, 459, 462, 744, 747, 755
Purpurrothe Rosen (aus: Advent) 66

Quai du Rosaire. Brügge 274
Quand Dieu sera tout à fait oublié... (P) 908, 922f.
Que j'étais belle! Ce que je vois... 984
Que nous veut-elle, la vie... 1009
Que ton absence soit une nouvelle figure... 1019
Que veux-tu que je mets sous ton image... 842
Quel beau feu clair... 1026
Quellen, sie münden herauf... 878
Quelques autres ›Quatrains‹... 1007
Quelques Œufs de Pâques (1-3) 991
Qu'est-ce que les Rois Mages... 866
Qui connaît les chats?... (Préface à Mitsou) (P) 694
Qui nous dit que tout disparaisse?... 688
Qui sait, si les Anges... 991
Qu'il est doux parfois d'être de ton avis... 935
Qu'il nous soit permis de temps en temps... 347

Rassow, Fritz: Barabbas, Zwei Frauen – Morgen und Abend (Rez) 157
Rast auf der Flucht 118
Rast auf der Flucht in Ägypten (Marien-Leben) 410
Rede / über die Gegenliebe Gottes (P) 426, 445
Reden will ich, nicht mehr wie ein banger... 511
Redensart 38

Reflexe (P) 99, 465
Refuse-toi à la vie... 522
Regenbogen 466
Reife [für Hans Thoma] 94
Reich war von ihnen der Raum... 984
Religionsunterricht? / An die Vereinigung für Schulreform, Bremen (P) 216, 227, 238
Renaissance (I/II) 80
Renk, Anton: Küsse (Rez) 50
Requiem (P) 41
Requiem (Sammlung) 322, 325 f., 328, 383, 398, 416, 665, 686, 797, 756, 823, 858
Requiem [für Gretel Kottmeyer] Seit einer Stunde... 121, 157, 236
Requiem auf den Tod eines Knaben 514, 550, 632, 886
Requiem für eine Freundin [Paula Becker-Modersohn] 283, 314 f., 322, 325, 540
Requiem für einen Knaben, s. Requiem auf den Tod eines Knaben
Requiem für Wolf Graf von Kalckreuth 315 f., 322, 325
Resignation 23 f.
Reste tranquille, si soudain... 863, 945, 969
Restons au bord de cette route sombre... 930
Reventlow, Franziska Gräfin zu: Ellen Olestjeme (Rez) 186
Rien que cela, mon Dieu... 952
Ritter [für Hans Thoma] 94, 994
Ritter in der Hölle 458
Riva am Gardasee, im April... (P) 106
Rodin (P, Tagebuchaufzeichnung) 120
Rodin (I und II) 164
Rodin-Monographie (P) s. Auguste Rodin
Rodin als Zeichner (P) 266, 279, 287
Rodin-Vortrag, s. Vom Werke Rodins (P)

Römische Fontäne 249, 994
Römische Sarkophage 247
Rose, eût-il fallu te laisser dehors... 1020
Rose, oh reiner Widerspruch... 955, 1044
Rossignol 805
Rossignol..., dont le cœur... 805
Rückschau 42
Rühmen, das ists! Ein zum Rühmen Bestellter... 762
Rühre einer die Welt... 528
Ruhe auf der Flucht 118
Russische Kunst (P) 101, 103, 137, 141

Säh ich, Herz, dich vor mir liegen... (C), s. Sologub, Fjodor
Saint-Sulpice 935, 946
Saltimbanques (poèmes en prose) 897
(Saltimbanques) s. Vor dem Luxembourg...
Salut! grain ailé... 919
Samskola (P) 204 f., 207, 210, 216, 617
Samuels Erscheinung vor Saul 302
San Marco 304
(Sandwiches-Männer) Mandarinenrot, köstlich... 448
Sanglot, sanglot, pur sanglot! 997
Sankt Christofferus (Erstdruck: Sankt Christophorus) 424, 542, 553
Sankt Sebastian 235
Santa Maria a Cetrella 263
Sappho an Alkaïos 275
Sappho an Eranna 235
Satan auf den Trümmern Roms 39
Schau in den Spiegel. Siehe dies Gesicht... (Ü), s. Shakespeare
Schaukal, Richard: Ausgewählte Gedichte (Rez) 63, 198, 213
Schaukel des Herzens. O sichere... 847
Schicksale sind... 118
Schlag an den Stern: die unsichtbaren Zahlen / erfüllen sich...

(2. Strophe von: Musik. Die, welche
    schläft...) 974
Schlangen-Beschwörung 339, 657
Schlußstück 730
Schmargendorfer Tagebuch (P) 81f.,
    98, 106, 116f.
Schön hab ichs aufgefaßt ... (P)
    459
Schöne Aglaja, Freundin meiner
    Gefühle... 716, 720
Schönheit war einst in tiefbemühten
    Zeiten... 638
Scholz, Wilhelm von: Frühlingsfahrt
    (Rez) 65
Scholz, Wilhelm von: Hohenklingen
    (Rez)
Schon bricht das Glück, verhalten
    viel zu lang... 887
Schon damals, als es mir zuerst
    beschert... 76
Schon etwas von dem Abschied
    schwebt und drängt... 947
Schon ist mein Blick am Hügel, dem
    besonnten... 873
Schon kehrt der Saft aus jener All-
    gemeinheit... 873
Schon von ferne fühlt ... (Buddha)
    250
Schweigen. Wer inniger schwieg...
    862
Schwer ist zu Gott der Abstieg. Aber
    schau... 616
Schwer von Jahrhunderten, doch
    stolz... (Ü, s. Verhaeren) 881
Schwerkraft 908, 928, 935
Schwester Helene (P) 40
Schwung und Form des gebendsten
    Gefäßes... 866, 1030
Sechs Gedichte in russischer Spra-
    che 122
Seele im Raum 549, 579
Seherische Seele mein... (Ü), s. Tjut-
    schew, Fjodor
Sehnsucht (Ein Aar, dem nie-
    mand...) 36

Sehnsucht (In veratmendes Entzük-
    ken...) 61
Sei allem Abschied voran ... (Sonette
    an Orpheus II, 13) 772 f., 777, 783
Sei der Flamme, die hinter dem
    Schirme brennt... 656
Seit den wunderbaren Schöpfungsta-
    gen... 455
Seit vierzehn Tagen bin ich hier ganz
    still... [Briefgedicht an Wilhelm
    von Scholz] 79
Selbstbildnis aus dem Jahre 1906
    242, 261
Sermon: de L'amour de Madelaine, s.
    Die Liebe der Magdalena (Ü)
Servaes, Franz: Giovanni Segantini
    (Rez) 149
Sexte und Segen 267, 616, 665
Shakespeare, W.: Sonett (No. 1 und 3)
    (Ü) 409, 623
Shawl. (O Flucht aus uns...) 845
Shawl (Wie, für die Jungfrau...)
    845
Shawl. (Wie Seligkeit in diesem...)
    893
Si la langue ne tout vous retient...
    870
Silberne Schlangen (P) 40
Sie lebte das Leben der anderen...
    (P) 118
Sieben Entwürfe aus dem Wallis oder
    Das kleine Weinjahr 851
Sieben Gedichte s. Contessa Lara
Sieh mich nicht als Stetes und Erbau-
    tes... 893
Sich, wie unsre Schalen sich durch-
    dringen... 767, 959
Sieh, wir wollen heute beim
    Altane... 616, 665
Siehe das leichte Insekt... 468
Siehe: (denn kein Baum soll dich zer-
    streuen)... 515
Siehe die kleine Meise... 755
Siehe, Engel fühlen durch den
    Raum... 449, 482, 547

VERZEICHNIS DER WERKE

Simple clocher trapu, au geste du semeur... 1003
Sind Nadeln (wie's daran ein Glaube hängt)... 369
Singe die Gärten, mein Herz, die du nicht kennst... (Sonette an Orpheus II, 21) 970
Sinnend von Legende zu Legende... 226, 237
Skizze zu einem Sankt Georg 294, 502, 547, 994
Skram, Amalie, s. Zwei Nordische Frauenbücher (Rez) 156f.
So angestrengt wider die starke Nacht... 420, 491, 501, 520, 547, 664, 746
... So ist mein Herz!... 24
So laß uns Abschied nehmen wie zwei Sterne... 940
So, nun wird es doch der Engel sein... 450, 547
So oft du auch die Blumen... 718
So will ich gehen, schauender und schlichter... 235
Solang du Selbstgeworfnes fängst, ist alles / Geschicklichkeit... 762
Solitude 989, 1023
So dies Herz einst Stille werde –... 33
Soll ich die Städte rühmen... 392
Soll ich noch einmal Frühling haben... 395
Sologub, Fjodor: Säh ich, Herz... (Ü) 628
Sonette an Orpheus, s. Die Sonette an Orpheus
Sonderbar: Träume zu zwein... 613
Sonntag (P) 57
Soudain il me souvient d'une place... 868
Source 946, 1023
Souvenirs de Muzot (en Février 1924) 867
Spätherbst in Venedig 304
Spanische Tänzerin 248

Spanische Trilogie, s. Die spanische...
Spaziergang 873, 875, 913
Spiel. Ludwig von Hofmann zu eigen
Spiele 84
Spiele 84, 124f., 140
Spiele (Hier ist ein Spiel...) 985
Spiele die Tode, die einzelnen, rasch... 858
Sprich von den Weinbergen zur Zeit... (P) 261
Sprüche 49
St. Peter (Leben und Lieder) 44
Städtische Sommernacht 383
Starker Stern, der nicht den Beistand braucht... 861
Starker, stiller, an den Rand gestellter... 417, 547
Stecchetti, Lorenzo: Postuma XIV und XXVII (Ü) 63
Steh froh auf zu deinem Werktage... (P) 221
Stein will sich stärken / Werkzeug... 669
Stelldichein 57
Stimme eines Armen an der Hand des Engels 458
Stimmen, Flöten und Fiedeln... 931
Stimmungsbild 40
Strandgut 43, 49
Strophen zu einer Fest-Musik 494
Stunden-Buch, s. Das Stunden-Buch
Sturm (... ich sehe den Bäumen...) 126
Sturm (Wenn die Wolken...) 204, 205
Sturmnacht (Der Gott erschrak...) 98, 125, 707

Täglich stehst du mir steil vor dem Herzen... 259
Tage, wenn sie scheinbar uns entgleiten... 566
Tagebuch 1902 145, 162-165
Tanagra 249

Tasso, Torquato: Du reisest,
    Schwalbe, und dann kehrst du wie-
    der... (Ü) 624
Taube, die draußen blieb, außer dem
    Taubenschlag... 1020
Tendre nature, nature heureuse, où
    tant... 939
Tendres Impôts à la France 841,
    863f., 866
Terzinen / für Dich als Gegengabe 70
Teuerster Papa! Zu diesem Feste... 8
Teufelsspuk (P) 23, 87, 96
Theater will der Wirklichkeit nicht
    gleichen... 657
Theaterzettel aus dem Jahre 2000 59
Tjutschew, Fjodor: Seherische Seele
    mein... (Ü) 628
To (P) 40
Todes-Erfahrung 261
Töpfer, nun tröste, treib... 761
Toi, à qui je ne confie pas... 942
Tombeaux 1003
Tombeaux, tombeaux, debout
    comme des personnes... 721
Toten-Mahl 896
Toten-Tanz 302
Totentänze (P) 51
Tous mes adieux sont faits... 901
Tout bouge, tout se soulève... 991
Tout ce qui arrive... 888
Tout cela s'en va, ce sera de nou-
    veau... 539
Tout s'accorde parfaitement... 935
Toute fleur n'est qu'une mince fon-
    taine... 991
Toute une maison où l'on ne fait
    qu'aider... 1000
Tränen 37
Tränen, die innigsten, steigen!... 803
Tränen, Tränen, die aus mir bre-
    chen... 422
Tränenkrüglein 842, 847
Träume (Bruchstück, P) 262
Träumerei 84
Traumbuch 990, 1023, 1042

Traumgekrönt 36, 47, 58, 60f., 63-65,
    67f., 72, 75, 94, 183, 236, 320f., 448,
    707
Trebitsch, Siegfried: Weltuntergang
    (Rez) 164
Tschechow, Anton: Die Möve
    (Tschaika, Ü) 104f.
Tu fais ›non‹ de ton corps... 1021
Tu me poursuis... 842
Tu me proposes, fenêtre étrange...
    997
Turnsaal. Der Jahrgang steht... (P)
    99

Über dem Bildnis 900
Über den Dichter (P) 361, 395
Über den jungen Dichter (P) 447,
    449, 451, 485
Über die Quelle geneigt... 761
Über Kunst (P) 81f., 85, 143
Überfließende Himmel verschwen-
    deter Sterne... 424, 547, 664
Übersetz mir den Rosenduft... 897
Uhdes's Christus (P) 76
Ullmann, Rega: Von der Erde des
    Lebens, s. Geleitwort
Un jour d'Automne... 316
Unangemessen traf der Wink des
    Geistes... 878, 939
Unaufhaltsam, ich will die Bahn voll-
    enden... 946
und alles Nie-Gehörende sei
    Dein!... 1027
Und doch in den Tod (P) 51
Und Dürer zeichnete das ›Große
    Glück‹... 649
Und ich ahne: in dem Abendschwei-
    gen... 78
Und nun, trotzdem, ist Wasser wieder
    nur / das Rasche... 625
und schreckt nicht nur die scheu-
    sten... 858
Und, wie die Eichel... (P) 433
... und wir staunen unbeschränkt...
    417

Und wo sich aus dem übervollem
  Blocke... 366
Und womit willst Du Glück und Leid
  ermessen... 894
Unendlich staun ich euch an... 415
Unser Dasein ist in unserm Werke...
  (jetzt in SW 7) 657
Unser ist das Wunder vom geballten /
  Wasser... 898
Unsere Türen schließen sehr fest...
  896
Untergang und Überstehen: beides... 634
Unwissend vor dem Himmel meines
  Lebens... 421
Uraltes Wehn vom Meer... 261
Ur-Geräusch (P) 643, 645, 649,
  651-653, 657, 659, 668, 674, 714,
  894, 992f., 996
Urne, Fruchtknoten des Mohns...
  910

Valangin 900, 903
Valéry, Paul: Die Seele und der Tanz
  (ÜP) 758, 764, 964, 982, 994, 1006,
  1028, 1030, 1043
Valéry, P. Eupalinos (ÜP) 749, 754,
  761, 765, 827, 837, 906f., 911, 964,
  982, 994, 1006, 1021, 1026, 1028,
  1030, 1043
Valéry, P.: Fragmente zum Narziß
  (Ü) 781, 964, 979, 994, 1001, 1003,
  1005f., 1010, 1018, 1022, 1025, 1030,
  1035
Valéry, P.: Übertragungen 630, 718f.,
  724, 733,758, 788, 799, 802, 816f.,
  820, 825-827, 837, 865, 876, 881f.,
  884f., 887, 894-896, 900, 906f., 909,
  922, 934, 936, 942, 953, 956-959,
  964f., 967, 973-976, 985f., 987, 994,
  997, 999, 1005f., 1010, 1026, 1032
Valéry, P.: Gedichte (Ü)
  – An die Platane 803, 825
  – Der Gesang der Säulen 803f., 880,
    896, 906

– Der Gürtel 783, 801f.
– Der Friedhof am Meer 718f., 724,
  751, 754, 773, 780, 801, 880, 917
– Der Ruderer 803, 936
– Der verlorne Wein 801f., 942
– Die Granaten 800-802, 827, 896,
  906
– Die Schläferin 800-802, 896, 906,
  936
– Die Schritte 801f., 917, 936
– Entwurf einer Schlange 733, 777,
  779, 780, 782, 801, 803
– Heimliche Ode 799, 801, 917, 942
– Intérieur 801f., 936
– Morgenröte 817, 822, 882, 918, 942,
  965, 1041
– Palme 815, 825, 896, 906, 965
– Poesie 801f.
– Pythia 809
Valéry, P.: L'Amateur des poèmes
  (Wenn ich plötzlich... Ü/P)
  718-720
Valéry, P.: Tante Berthe (Ü/P) 1008,
  1029-1034, 1037, 1043
Vasen-Bild / (Toten-Mahl) 767, 959
Venedig (aus: Advent) 64
Venedig (I-IV) 64
Venezianischer Morgen 304, 318
Vent orphelin sur la place vide...
  535
Verblühst Du schon? 35
Vergänglichkeit 872, 875, 913
Vergaßest du's von einem Jahr zum
  neuen... 830
Verger 871, 876
Verger (I-VII) 871
Vergers 863f., 866, 869, 872, 878, 892,
  896, 901, 907, 919, 923, 935f., 945,
  950, 952, 954f., 960, 983, 986, 989f.,
  995, 1002-1004, 1006-1013, 1027,
  1033
Vergessen 49
Vergiß, vergiß und laß uns... 323
Verhaeren, Emile: Die Toten (Ü) 614,
  629, 667, 707, 748

Verhaeren, Emile: Suprême Apothéose (Ü) 880f.
Verkündigung 118, 150
Verkündigung über den Hirten 410, 970
Verkündigung. Die Worte des Engels 665
Verlaine, P.: Agnus Dei (Ü) 467, 472, 553, 541, 806
Vertrau den Büchern nicht zu sehr... 291
Vertraust Du so? Nicht meine Demut nur... 893
Verweilung, auch am Vertrautesten nicht... 476
Vieillir 1023
Viel schon erreicht ein Buch... 375
Vigilien (D) 57
Vinse il Dio quelle chi sola al mondo... 699
Vision (I/II) 77
Vitali erwachte (P) 106
Vollmacht 1001, 1030
Vom lieben Gott und anderes 80, 99, 114, 119, 123, 134, 137, 166, 184
Vom Tode (Der Tod ist groß...) 127, 129, 730
Vom Tode Mariae 389, 410, 416, 431
Vom Tode / Worpsweder Skizzen (I-V) 116
Vom Wegrand ruht der Blick der blauen Rade... 351
Vom Werke Rodins (P, Vortrag) 220, 225-227, 229, 231, 235f., 240f., 248, 253, 265, 273f., 277, 288f., 290, 295
Vom Zeichner dringend hingeballter Schatten... 460
Von der Landschaft (P) 150
Von Einem, der die Steine belauscht, in: Geschichten vom lieben Gott (P) 206
Von Kronen träumte... 37
Von nahendem Regen fast zärtlich verdunkelter Garten... 999

Vor dem Luxembourg, nach dem Panthéon zu... (P) 274
Vor dem Sommerregen 249
Vor der Passion (aus dem Marien-Leben) 392, 416
Vor Weihnachten 1914 485, 504
Vorfrühling 870, 875, 913
Vorfrühling (Drei Spiele) 125, 544
Vorgefühl 204, 205
Vor-Ostern 314
Vorschläge zu einem Haus-Spruch 486
Vorspruch 544
Vous nommez des joies... 679
Vous souvient-il de ces choses... 907
Voûte traversée de divines réponses... 925
Vues des Anges, les cimes des arbres peut-être... 945

(Wär es möglich, und Du gingest neben...) 895
Waisenkinder (D) 95, 132
Waldesrauschen.(I-IV) 41
Waldteich, weicher, in sich eingekehrter... 469
Wallenstein in Eger 27
Wann war ein Mensch je so wach... 770
Wann wird, wann wird, wann wird es genügen... 762, 959
Warum muß einer gehn und fremde Dinge... 416, 547
Warum vergessen? Sag, wie Du mich sahst... 893
Warum, wenn es angeht, also die Frist des Daseins... (Duineser Elegien, IX) 397, 481, 490, 764f.
Was du auch immer empfingst: des Momentes gedenke... 658
Was gieht es Schönres... 29
Was hab ich mir für Namen eingeprägt... 514
Was, heute, drängt dich zurück... 397

Was hülfe es, daß man ein Werk beschriebe... 671
Was ihnen fehlt... 49
Was im hellen Sonnenstrahle... 29
Was ist so schön wie Anfang... 117
Was ist des Dichters... 117
Was Kühnheit war in unserem Geschlecht... 544
Was toben die Heiden (P) 40, 55
Was unser Geist der Wirrnis abgewinnt... 908
Was, was könnte dein Lächeln mir... 421
Was will ein kleines Gedicht?... 294
Was wünsch ich füglich der Erfinderin... 575
Wasser berauschen das Land... 884
Wasser, die stürzen und eilende... 910
Wassermann, Jacob: Der Moloch (Rez) 164
Weg in den Garten... 372
Wege des Lebens. Plötzlich sind es... 830
Wegwarten. Lieder dem Volke geschenkt 36f., 46f., 49f., 55, 58, 121, 755, 912, 963
Wegwarten I 46, 49, 621
Wegwarten II (D) 50, 52, 621
Wegwarten III 55, 59, 86, 136
Wehmut will uns zwingen... 296
Weihnacht 35
Weihnachten ist der stillste Tag im Jahr... 140
Werde leiser und weicher... 74
Weiset mir den Weg, ihr stillen Sterne... 27
Weiß die Natur noch den Ruck... 856
Weißes Glück 70
Weißt du, Gewölk von jenem offnen Grau... 705
Weißt du noch: auf Deinem Wiesenplatze... 485
Weißt du noch: fallende Sterne... 889

Weißt Du, wie oft wir... 70
Welche Stille um einen Gott!... 768
Welcher bist du, mein lieber Stern... 385
Welcher gelegene Ort: sich an den Quellen begegnen... 1014
Welches, unter dein Bild, heft ich der Glieder... 842
Welt war in dem Antlitz der Geliebten... 894, 1031
Weltuntergang (Libretto) 37
Wem werf ich die Liebesklage zu, in der / meine Seele befangen ist... (1001 Nacht, Ü) 847
Wem willst du klagen, Herz?... 470
Wen aber des Leidens je der Eifer... 402
Wendung 469, 1044
Wenn aus des Kaufmanns Hand... 916, 1030
Wenn die von der Insel mitgebrachten... 934
Wenn draußen jetzt der größre Sturm sich stellt... 957
Wenn endlich Drang und Stumpfheit sich entzwein... 371
Wenn es ein Herz zu jener Stille bringt... 718
Wenn ich nach Hause denke... (Aus dem »Malte«, P) 354
Wenn ich so an deinem Antlitz zehre... 450, 547
Wenn ich, wie du... 73
Wenn ihr einst mich... (Lautenlieder VI) 35
Wenn Lesen sich auch da als nicht bequem erweist... 1020
Wer aber sind sie, sag mir, die Fahrenden... (Duineser Elegien, V) 767, 770, 773
Wer aber weiß von uns? Nicht Baum, noch Sterne... 705
Wer also reine Töne weiß... 50
Wer begreift, warum ihn, auserlesen... 884

Wer darf dies anders sehen? Darf der
  Hülfe... 520
Wer ist der Gast?... 656
Wer kann Amber schenken! Wem
  gehört er?... 996
Wer könnte einsam leben... 259
Wer sich zur Liebe entschloß...
  386
Wer vermag es ein Haus zu
  bauen?... 223
Wer, wenn ich schriee, hörte mich...
  (Duineser Elegien, I) 376, 382,
  390-392, 394, 400f., 408, 415f.,
  432f., 481, 572, 603, 670, 708, 766,
  1024
Werbung nicht mehr, nicht Werbung... (Duineser Elegien, VII)
  763, 883
Widmungsgedicht für Nathan Sulzberger 60
Wie aber mutet jetzt Dich Zeit an,
  Du... 956
Wie der Abendwind / durch geschulterte Sensen... 458, 1044
Wie der Fingerhut dazu kam... (P)
  200
Wie der Verrat nach Rußland kam
  (P) 520, 548
Wie die Eichel in ihrem Becher s.
  Und, wie die Eichel... (P)
Wie die Natur die Wesen überläßt...
  890
Wie doch im Wort die Flamme herrlich bleibt... 662
Wie dunkeln und rauschen im Instrument... 289
Wie einer, der auf fremden Meeren
  fuhr... 178
Wie ist doch alles weit ins Bild
  gerückt... 659
Wie junge Wiesen, blumig... 433
Wie Kindheit nach uns langt und sich
  beruft... 600
Wie lange schon seit mir zuerst...
  430

Wie man ein Tuch vor angehäuften
  Atem... 384, 630
Wie scheinst Du mir als Dichterin
  vermehrt... 919
Wie sich die gestern noch stummen... 883
Wie sich die warmen Blumen an das
  All... 284
Wie sind sie klein in der Landschaft,
  die beiden... 831
Wie sollte so ein Buch nicht bleiben
  wollen... 984
Wie steht er da vor den Verdunkelungen... 889
Wie tief hat mich Ihr schöner... 68
Wie waren Sie im Recht, dem Wunsche nachzugeben... 1021
Wie waren sie verwirrt, die jungen
  Büglerinnen... 689
Wiegenlied 74
Wieviel Weite, wieviel Wandlung...
  831
Wieviel Zeit hatte er gebraucht...
  (P) 426
Wilder Rosenbusch 889, 907
Wilhelm, Paul: Welt und Seele (Rez)
  78
Winter 139
Winterabend 75
Winter-Seele (Spiele) 121, 125
Winterliche Stanzen 446, 482, 531,
  534, 537, 541, 545, 986
Wir alle brauchen solchen warmen
  Regen... 92
Wir haben diesem Buch ein Haus
  gebaut... 140
Wir haben eine Erscheinung. Sie
  steht in den Zimmern... (P)
  480
Wir haben einen alten Verkehr...
  869f.
Wir hören seit lange die Brunnen
  mit... 769
Wir, in den ringenden Nächten...
  764

Wir müssen immer wie die schwangern Frauen... 292
Wir rühren uns. Womit? Mit Flügelschlägen... 997
Wir sagen Reinheit und wir sagen Rose... 827
Wir schließen uns an das... 630
Wir sind ja. Doch kaum anders... 247
Wir sind keiner klarer oder blinder... 75
Wir sind nur Mund. Wer singt das ferne Herz... 843, 959
Wir wenden uns an das, was uns nicht weiß... 630
Wir wissen nichts von diesem Hingehn... 261
Wird erst die Erde österlich... 822
Wird mir nicht Nächstes...? 419, 439
Witwe. Die Kinder stehn ihr leer... 442, 561, 570, 612
Wladimir, der Wolkenmaler (P) 96
Wo sich langsam aus dem Schon-Vergessen... 862
Wo so viel stilles inneres Ereignen... 743
Wo umweht von tausend Sagen... 30
Wo wäre einer mit dem Blicke des Künstlers... (P) 614
Wo wir uns hier, in einander drängend... 470
Woher kennen alle uns, die Schmerzen... 495
Wohin? 35
Wohin reicht, wohin, die Stimme der Menschen... Wohin? 494
Wohl seh' ich goldig der Zukunft Weiten... 46
Worms, Carl: Die Stillen im Lande (Rez) 156
Worpswede (P) 142-144, 146, 150-152, 163-165, 168-170, 176, 189, 209, 345, 359, 755, 896, 915

Worpsweder Tagebuch 118, 120, 122, 124
Y a-t-il peu dans la vie de cet oubli... (im Text fälschlich: oublie) 913
Zappi, G. B. Felice: Glühwürmchen, fliegend an der Esche eben... (Ü) 624
Zeiten giebt es, in denen wie hinter Türen... 207
Zlatnik, Franz Josef: Träume des Lebens (Rez) 53
Zimmermann, Elsa: Der Tag hat sich geneigt (Rez) 95
Zu dem Märchen vom Kaiser Huang-Li (P) 739 f.
Zu der Zeichnung, John Keats im Tode darstellend 454, 460, 1044
Zueignung an M... 847
Zuerst glaubte ich... (P, zum »Malte«) 186
Zum Eingang (Worpswede, P) 164
Zum ersten Mal seh ich dich aufstehn... 474
Zum Gedächtnis an Götz von Seckendorf... 878
Zum Jubiläum der ›Bohemia‹ (P) 143
Zur Einweihung der Kunsthalle (D) 147, 313, 319
Zur Zeit, als ich die Schule besuchte... (Ur-Geräusch, P) 647
Zwei Gedichte (Für E. S.) 842
Zwei nordische Frauenbücher (Rez) 157
Zwei Prager Geschichten 78, 88 f., 91, 95, 97, 236 f., 319, 323
Zwei Schwärmer (P) 41
Zwei Spiele (1900) 544
Zwischen dem Kastelfelsen von Arco... (P), s. Ein Morgen
Zwölf Jahre oder dreizehn... (aus »Malte«, P) 221